CINQ LIVRES DV DROICT DES OFFICES,

AVEC

LE LIVRE DES SEIGNEVRIES,
ET CELVY DES ORDRES.

PAR

CHARLES LOYSEAV Parisien.

SECONDE EDITION, CORRIGEE & augmentée par l'Autheur.

A PARIS,

Chez la veufue Abel l'Angelier, au premier
pillier de la grand' Salle du Palais.

M. DC. XIII.

AVEC PRIVILEGE DV ROY.

A MONSEIGNEVR, MESSIRE NICOLAS BRVLARD, CHEVALIER SEIGNEVR DE SILLERY, CHANCELLIER DE FRANCE ET DE NAVARRE.

MONSEIGNEVR,

Le droict public est notoirement la principale partie de la diuision du droict, proposée en la premiere des Loix Romaines ; & toutesfois c'est chose estrange, qu'il ne se trouue presque point traicté, ni dans le Code, ni dans les Pandectes. Les anciés interpretes ont bien apperceu ce defaut, mais ne l'ont peu excuser par aucune suffisante raison: & quant aux modernes, ils s'en cuident eschaper, pour dire que le droict public dépend proprement de la science du Politique, ou Conseiller d'Estat, differente de celle du Iurisconsulte, de laquelle ils se font à croire, que le droict priué est le seul suiect. Mais pourquoy donc, apres que la iurisprudéce a esté définie *Science du droict diuin & humain*, auroit-on diuisé le droict en public & priué, si le droict public n'appartenoit point à la iurisprudence ? Et certes il est bien vray que le droict public dépend de la sciéce Politique, entant qu'il ha son regard au gouuernemét de l'Estat: mais quand il est referé à la Iustice distributiue, il appartient sans doute à la iurisprudence. Aussi est-il bien certain, que les Iurisconsultes, qui ont faict les loix des Pandectes, & redigé en ordre celles du Code, n'estoient moins versez en la science Politique, qu'en la iurisprudence, ayans presque tous esté, ou Chanceliers, ou du moins Conseillers d'Estat des Empereurs. Pour donc trouuer la vraye cause de ce manquement, il faut reprendre la subdiuision du droict public, contenuë en cette mesme loy, à sçauoir, qu'il consiste aux choses sacrées, & aux Magistrats. Quant au droict des choses sacrées, dont iadis à Rome les Iurisconsultes estoient les seuls interpretes, voire Legislateurs, on n'en a rien mis dans les Pandectes, pource qu'ayant esté ramassées depuis le Christianisme, il n'estoit plus saison d'y mettre les resolutions des Iurisconsultes Payens. Et pour le regard du Code, où sont les constitutions des Empereurs Chrestiens, d'autant que le Christianisme a separé la puissance spirituelle d'auec la temporelle, qui estoient iointes durant le Paganisme, ces bons Empereurs se sont contentez de faire des loix pour l'establissement & manutention perpetuelle de nostre Religion : mais au surplus ils ont laissé aux Prelats & pasteurs Ecclesiastiques le pouuoir de la regler par leurs propres loix, que nous appellons le droict canonique, expliquant les choses sacrées : lequel deslors a esté separé du droict ciuil, traictant des affaires humaines. Si qu'en ce droict ciuil, il n'est plus demeuré d'autre droict public, que ce qui concerne les Magistrats & Offices. Dont neantmoins le droict Romain a encores fort peu parlé : pource que n'estans aucunement en commerce, ains reuocables à la volonté des Empereurs, il n'y pouuoit escheoir beaucoup de questions concernantes la iustice des particuliers : qui est aussi la raison pour laquelle le droict des Offices n'a esté iusques à present traicté par nos Iurisconsultes modernes : d'autant que c'est seulement en ce dernier siecle, que le commerce en a esté plus ouuertement & absolument toleré. Quoy que ce soit, il est aisé à colliger que la plus noble partie du droict ciuil, voire le seul reste du droict public, est celuy des Offices. C'est pourquoy, ayant tout le premier entrepris de l'expliquer pleinement, mesme le rediger en Ordre de science, & (si i'ose ainsi parler) le reduire en forme de droict, & encor ayant faict cette hardie entreprise en lieu destitué de conference & de liures ; est-ce pas raison, que ie m'appuye de la faueur, & me fortifie de l'auctorité de vous, Monseigneur, qui estes le gardien du droict public, & le superieur & protecteur des Officiers de France ? Ioint que traictant ce droict public auec vne affection entierement voüée au public, ie me suis hazardé d'y entrelasser, selon les occurrences, quelques petits aduis, non de finance, ains de iustice ; lesquels ie ne puis mieux addresser, qu'au reformateur des mauuaises mœurs, au conseruateur des bonnes loix, & en vn mot, au chef de la iustice, sous l'auguste Maiesté de nostre inuincible Prince. Receuez donc Monseigneur, auec cette douceur & debonnaireté, qui vous est naturelle, & le liure & l'autheur, qui le consacre à l'immortalité de vostre nom, pour tesmoignage perpetuel, qu'il est, & sera toute sa vie,

MONSEIGNEVR,

Vostre tres-humble & tres-obeïssant seruiteur,

C. LOYSEAV.

ORDRE DES CINQ LIVRES DES OFFICES.

TABLE DES CHAPITRES.

Chapitres du I. liure traittant des Offices en general.

Chapitres du II. liu. traittant des Offices hereditaires.

Chapitres du 3. liu. traittant des Offices venaux.

Chapitres du 4. liu. traittant des Offices non-venaux.

Chapitres du 5. liu. traittant des Offices des Seigneurs.

DV DROICT DES OFFICES.

LIVRE PREMIER.

TRAITANT DES OFFICES EN GENERAL.

Sommaire de l'Auant-propos.

1 *Difficulté de cét œuure.*
2 *Venalité des Offices est contre raison.*
3 *De la venalité des Offices procede leur droict.*
4 *Incertitude du droict des Offices.*
5 *Le droict des Offices est vn sujet mal-aisé à comprendre.*
6 *Description des Offices.*
7 *Offices auidement recherchez.*
8 *Par trois chemins.*
9 *Effects de l'or à l'esgard des Offices.*
10 *Les Offices constituent maintenant vne tierce espece de biens.*
11 *Qu'il est necessaire d'y establir vn droict.*
12 *Que cela est faisable, & comment.*
13 *Project de cét œuure.*
14 *Ordre & style familier d'iceluy, & pourquoy.*

AVANT-PROPOS.

LA varieté infinie des affaires humaines produit tant de diuerses rencontres au droict, qu'estant mal-aisé de les assembler & comprendre toutes soubs vne proposition generale, qui soit de tout poinct veritable, le Iurisconsulte a peu resoudre sans hazard, que toutes definitions, c'est à dire, resolutions generales, sont hazardeuses en droict. Que si elles sont hazardeuses és matieres du droict bien estably, à plus forte raison le doiuent-elles estre en celles, qui ont esté introduictes en l'vsage par vne corruptele de mœurs, contre droict & raison. Car on dit en Dialectique, que d'vne faulse proposition, on ne peut tirer de conclusions asseurees, & qu'vne absurdité en engendre tousiours d'autres. 1 Difficulté de cét œuure.

Or ie n'estime pas qu'il y ait rien en nostre vsage plus contraire à la raison, que le commerce & venalité des Offices, qui prefere l'argent à la vertu en la chose du monde, où la vertu est plus à rechercher, & l'argent plus à rejetter. Car, si l'Officier merite sa charge, ce n'est raison qu'il l'achepte: s'il ne la merite pas, il y a encor moins de raison de la luy vendre. Quelle apparence y a-il, que le particulier baille de l'argent pour choisir de bons seruiteurs, & que le public en prenne, pour admettre au hazard de mauuais Officiers? 2 Venalité des Offices est cōtre raison.

Supposé donc, que de ceste iniuste venalité des Offices procede leur droict & condition, en-tant que c'est la vente qui les fait nostres, & les met au rang de nos autres biens, 3 De la venalité des Offices procede leur droict.

(Nam quod emas possis dicere iure tuum)

Il s'ensuit que de vouloir regler par raison le droict des Offices, c'est chercher de la raison où il n'y en a point, & establir vn droict à ce qui est estably contre le droict. Encor n'y peut-on estre aidé ny des exemples des anciennes Republiques, pource qu'en aucune d'icelles, ceste venalité publique des Offices n'a esté 4 Incertitude du droict des Offices.

admise: ni de l'auctorité des anciens liures, qui n'en ont parlé que pour la rejetter & condamner: ni mesmes des anciens arrests & préiugez des Cours souueraines de France, pource que c'est de nouueau, que ceste venalité s'y est establie; & comme elle s'augmente tous les iours, aussi ses regles & consequences s'amplifient. De sorte qu'il est vray de dire, que le plus souuent en ceste matiere, il n'est pas question de rapporter ce qui est obserué; ains de deuiner ce qui le doit estre, & mesme d'arrester ce qui change tous les iours. Que si lors qu'il fut question de faire vne coiffe à la Lune, il ne se trouua point d'ouurier, qui voulust entreprẽdre de la tailler, dit Plutarque, pource que la Lune change iournellement de forme: est-ce pas vne grande entreprise, de vouloir accommoder vn droict au commerce des Offices, qui dépendant de la fantaisie, voire frenaisie du peuple, n'est gueres moins sujeĉt à changement que la Lune?

5 Le droict des Offices est vn suiet mal aisé à comprẽdre.
6 Description des Offices.

Ce n'est pas mesme vn sujeĉt solide & essenciel, qui ait vne nature certaine pour definir, & des parties pour diuiser: Ains c'est vne Idee; vn accident & simple qualité, en fin vne fumée d'honneur, dont ie puis dire à l'imitation de Seneque. *Video isthîc diplomata, vacua honorum simulachra, vmbram quandam ambitionis laborantis, quæ decipiat animos inanium opinione gaudentes: humanæ cupiditatis extra naturam quæsita nomina: in quibus nihil est, quod subjici oculis, quod teneri manu poßit, inanis denique vmbræ somnia.*

7 Offices auidement recherchez.
8 Par trois chemins.

Et toutesfois, on s'est tellement laissé emporter à ce vent, & à ceste vanité, qu'il n'y a rien dont on face plus d'estat que des Estats, ausquels chacun refere sa condition, son honneur, sa vie, & son estre. C'est pourquoy ils ont esté auidement recherchez en tous Estats & Republiques. Premierement, par la voye de la vertu, dont certainement l'honneur est la seule recompense sortable: puis par la faueur, qui est encor vn chemin passable: & finalement par l'argent, qui est le détour le plus esloigné, & toutesfois seul traqué en ce siecle. Car c'est vouloir voler, comme a dit Euripide, auec des ailes d'or, faisant d'vne matiere la plus poisante, ce qui doit estre de la plus legere.

9 Effects de l'or, à l'égard des Offices.
10 Les Offices constituent maintenant vne tierce espece de biens.
11 Qu'il est necessaire d'y establir vn droict.

Mais depuis que l'or a trouué entrée parmy les Offices, il y a tellement exercé sa domination, que pour regner seul, il a bouché les deux autres chemins de la vertu, & de la faueur: puis s'y est meslé si auant, que c'est chose prodigieuse, & du taux qu'il leur a donné, & de la multitude qu'il en a produit. Tant y a que ce prix immense, & céte multitude infinie d'Offices, sont cause auiourd'huy, que nous en constituons vne tierce espece de biens, metoyenne entre les meubles & les immeubles, & vne troisiesme sorte d'acquests, outre les heritages & les rentes: qui estant extrauagante & irreguliere, produit iournellement au commerce tant de differẽs estrãges & extraordinaires, qu'il est bien necessaire de tascher desormais à y establir vn droict & reglemẽt certain, sans plus laisser les parties en incertitude, & les Iuges à discretion, en vne matiere si importante & si frequente: afin que la raison vniforme y preuaille plustost, que la fantaisie particuliere d'vn chacun.

12 Que cela est faisable, & comment.

Bien que cela soit difficile, si est-ce qu'il n'y a rien où l'esprit de l'homme ne penetre, & comme la coiffe de la Lune se pourroit imaginer, en la taillant de telle sorte qu'elle se peust resserrer par plis ou cueilleures, à mesure que la Lune croistroit ou discroistroit, pource qu'il faut que tout habit s'accõmode au corps: aussi le droict des Offices doit estre adapté & accommodé aux mœurs & vsage iournalier du peuple (dont il depend, ainsi que fait presque toute marchandise) sans vser de prejugez de ce qui s'obseruoit par le passé, auparauant que la venalité fust au periode, où elle est à present. Ce que nous apprẽd cét ancien Docteur de l'Eglise sainct Chrysostome en l'Homelie 6. sur l'epistre aux Ephesiens, disant, qu'à mesure qu'on a pris coustume de vendre les Offices, ce taux & commerce a trouué son train & entresuitte, ὁδόν τινα καὶ ἀκολουθίαν εἴλαχεν ἡ ἀξία: qui est vn poinct, dont i'aduerty de bonne heure le Lecteur, pource que c'est la clef de cét œuure.

13 Project de cét œuure.

C'est donc mon project de traicter des Offices, non pas en Philosophe moral, pour parler du deuoir des Officiers: ny en Politique, pour traicter comment ils doiuent estre establis & distribuez pour l'vtilité de l'Estat: ny en historien ou humaniste, pour discourir de l'erection de chasque Office, & comparer les nostres à ceux de l'antiquité: ny mesme en commentateur d'ordonnances, ou compilateur d'arrests, pour rapporter la function de chaque Office, & les reglemens d'entre les Officiers. Au moins ne parleray-je de tout cela, sinon incidemment, & autant qu'il sera besoing pour mieux expliquer mon vray project, qui est de traicter du droict des Offices purement en Iurisconsulte. Mesmement, comme le droict est estably generalement (dit la loy) & non sur les particuliers indiuidus, aussi i'expliqueray le droict & condition des Offices en general, sans discourir du droict de chacun Office en particulier.

Et combien que ie sois le premier à traicter ceste matiere, si est-ce que i'espere y garder vn ordre si net, & vn style si familier, qu'on pensera que ce labeur soit faict sans labeur, & que chacun en pourroit faire autant, comme Plutarque *in Marcello*, dit de la Geometrie d'Archimede. Aimant mieux (contre la coustume des Autheurs) dérober à mon ouurage vne partie de son lustre, à-ce qu'il soit de meilleur vsage, que non pas le farder & parer d'vne obscurité affectee, qui le rende moins vtile au public : ainsi que ce Prince des Philosophes, qui, desirant plustost estre admiré, qu'entendu, & estre honoré du peuple, que profiter au peuple, se venta d'auoir publié son œuure, comme s'il ne l'eust point publié. Mais de ma part, ie suiuray tousiours l'opinion de ce grand Empereur Auguste, rapportée par Suetone, au 86. chap. de sa vie, que cõme la langue nous est donnée, pour énoncer les conceptions de nostre esprit, aussi c'est sa perfection de les énoncer plus clairement. 14 Ordre & style familier d'iceluy, & pourquoy.

SOMMAIRES DV PREMIER CHAPITRE.

1 *Qu'és langues anciennes, il n'y a aucun terme vniuoque pour signifier l'Office.*
2 *Terme Hebreu.*
3 *Magistrats sont protecteurs du peuple.*
4 *Ἀρχὴ, que signifie.*
5 *Les Grecs n'ont point de mot propre, pour signifier l'Office.*
6 *Aristote mal repris par Bodin.*
7 *Les Latins n'ont point de mot propre pour signifier l'Office.*
8 Magister, Magistratus.
9 Munera publica.
10 Munus tria significat.
11 *Offices, pourquoy appellez* Honores & dignitates.
12 Officium vnde, & quid?
13 *Opinion de l'Autheur, sur l'etymologie* d'Officium.
14 *Vraye signification d'Office.*
15 Officium morale.
16 Officium diuinum.
17 Officium publicum.
18 *Loix qui en ont vsé en ceste signification.*
19 *Conciliation de deux loix.*
20 Officium pro apparitoribus Magistratuum.
21 *Office en François, signifiant les seruiteurs domestiques.*
22 *Cause de céte derniere signification.*
23 *Difference* inter Officium, Beneficium & Ministerium.
24 Officium *en fin accommodé à signifier les charges publiques.*
25 *Principalement en France, c'est le propre terme.*
26 *Estat ha deux deriuations.*
27 *Estat d'vn procez.*
28 *Dresser vn estat.*
29 *Estat tourné du Latin* Status.
30 *Les trois Estats de France.*
31 *Conseil d'Estat, &c.*
32 *Offices, pourquoy appellez Estats.*
33 De Militijs.
34 *Offices, appellez Milices par les doctes modernes.*
35 *Liure* de Magistratibus Fr. Conani, *non imprimé.*
36 Militiæ propriè quid?
37 *Les menus Offices de la maison du Roy ne sont proprement Offices, ains Milices.*
38 *Comment sont conferez.*
39 Militiæ quare dictæ.
40 Militia domesticorum.
41 *Pourquoy les domestiques de l'Empereur ne se qualifioient pas Officiers.*
42 *Comment les domestiques des Gouuerneurs furent mis entre les Milices.*
43 *Aduocats mis entre les Milices.*
44 Diuisio generalis Militiæ in armatam & ciuilem.
45 Diuisio Militiæ ciuilis.
46 Palatina Militia.
47 Togata Militia, seu Forensis.
48 Literata Militia.
49 Militia sacra, seu cælestis.
50 *La Milice ciuile auoit les mesmes reglemens & priuileges, que la Milice armee.*
51 Peculium quasi castrense.
52 *Conclusion du discours des Milices.*

DES NOMS, DEFINITIONS ET DIVISIONS DE L'OFFICE.

CHAPITRE PREMIER.

VEU qu'il n'est pas à presumer, qu'au commencement du monde les hommes ayent long temps subsisté, sans quelque forme de gouuernement ou societé politique, & par consequent sans Officiers, sans lesquels aucune cité ou police ne se peut imaginer, comme dit Ciceron au 3. des Loix, & Aristote au 6. des Polit. chap. 8. c'est chose bien estrange, qu'en nulle des langues anciennes, il ne se trouue point de terme particulier & vniuoque pour signifier l'Office & l'Officier, au moins qui comprenne indefiniment toutes sortes d'Offices. 1 Qu'és langues anciennes il n'y a aucun terme vniuoque, pour signifier l'Office.

En l'Hebraïque il y a les mots de מגן & מגן, qui signifient tout ensemble les Princes, & les Magistrats, c'est à dire les principaux Officiers: Mais ie ne sçache point qu'il y ait de mot propre, pour signifier les menus Officiers, ny de mot general, qui comprenne tous les Offices. Et est fort notable ce mot de מגן qui est deriué du verbe גנן, signifiant *protegere*, & partant מגן en sa signification primitiue signifie vn protecteur, puis en consequence le Magistrat, pour monstrer que le Magistrat doit estre protecteur du peuple, ainsi que dans Xenophon les Magistrats sont appellez Μετοικοφύλακες: & comme en France les Magistrats des Prouinces ont esté nommez Baillifs, terme qui en vieil François signifie Gardiens & Protecteurs. 2 Terme Hebreu. 3 Magistrats sont protecteurs du peuple.

Quant à la langue Grecque, elle a le mot Ἀρχὴ, qui respond directement à ces deux Hebreux, & signifie tout ensemble, le commencement, la principauté, le commandement & la magistrature: mais il ne signifie pas toute sorte d'Offices, sinon fort improprement, & à faute d'autre. D'où vient qu'Aristote au liure 3. des polit. chapitre 1. dit, qu'il n'y à point de mot propre pour comprendre & signifier tous les Offices, & sur cela il s'excuse que desormais, quand il parlera des Offices, il ne disputera pas du mot, ains de la chose. 4 Ἀρχὴ que signifie. 5 Les Grecs n'ont point de mot propre pour signifier l'Office.

C'est pourquoy au chap. dernier du 6. liu. il est contrainct de comprendre sous le terme de Ἄρχοντες les Notaires, Sergens, Trompettes & autres tels ministres des Magistrats, voire mesme les executeurs de haute Iustice, dont il est repris par Bodin, liu. 3. chap. 3. de sa Repub. qui n'auoit pas remarqué son excuse. Mais le plus souuent les Grecs, pour comprendre tous les Offices, sont contraincts d'vser de ces mots esloignez, Δύναμις, & Τιμὴ, que par vne Metonymie ils accommodent aux Offices. 6 Aristote mal repris par Bodin.

Pareillement les Latins n'ont point de nom propre & particulier, pour signifier tous les Officiers: car le terme de Magistrat ne signifie que leur plus noble espece, sçauoir est de ceux qui ont l'auctorité de commander, & ne comprend pas, ny les Officiers ministres, ny les moyens, qui ne sont ny Magistrats, ny ministres, comme ceux de finance. Neantmoins son etymologie est fort notable. Car comme ainsi soit, que *Magister* signifie celuy *qui magis potest, & cui præcipua cura incumbit*, dit la loy 57. *De verb. sign. Magistratus*, dit ceste mesme loy, en est deriué, & est comme vn diminutif du maistre. *Magister equitum dicitur* (dit Varro *lib. 4.*) *quod summa potestas eius in Equites. & Magister populi, Dictator. Reliqui, quod minores quàm hi magistri, Magistratus, vt ab albo albatus.* Vray est, que par vn terme plus general, les Romains ont appellé les Offices *munera publica*, mais c'est plustost vne periphrase, 7 Les Latins n'ont point de mot propre pour signifier l'Office. 8 *Magister Magistratus.* 9 *Munera publica.*

10 *Munus tria significat.* qu'vn mot propre : quoy que ce soit il est fort equiuoque. *Munus enim in iure tria significat, scilicet donum cum causa, deinde onus, postremò Officium publicum*, dit la loy *Munus. D. de verb. signif.* Et ont les Romains ainsi appellé les Offices, pource que c'estoit la remuneration & recompense de ceux qui auoient bien merité du public. *Apud maiores nostros*, dit Tacite, *virtutis id præmium fuerat.*

11 Offices pourquoy appellez *Honores & Dignitates.* Ils les ont aussi appellez, comme les Grecs, *Honores & Dignitates, ab effectu*, pource que les Offices accroissent les hommes en honneur & dignité, & pource particulierement que leurs Magistrats estans presque tous sans gages, & encor sans emolumens licites, n'auoient autre recompense que le seul honneur, qui à la verité, est plus pur & plus parfaict, quand il n'est point meslé auec le proffict. Aussi est-ce l'vne des vingt regles, que prescript le mesme Prince des Philosophes, pour la manutention des Republiques, au chap. 8. du 5. liu. des Politiques, de faire que les Magistrats n'ayent que le pur honneur, sans aucun lucre ni emolument de leurs Offices.

12 *Officium vnde, & quid?* Finalement par vn mot plus propre & plus significatif, ils les ont appellez Offices, mot qui de sa premiere origine signifie ce que chacun ha à faire. *Officium*, dit Donat sur Terence, *dicitur quasi efficium, ab efficiendo, quod cuique personæ efficere congruit*, qui est ce dit aussi S. Ambr. *lib.* 1. *Offic. Officium dicitur, quasi efficium, propter* 13 Opinion de l'Autheur sur l'etymologie d'*Officium.* *sermonis decorem mutata vna litera.* Mais plustost (s'il m'est permis de faire icy le Grammairien) il me semble, sauf le meilleur aduis de ces deux grands personnages, que sa deriuation vient de *ob, id est, circa, vel propter, & facio*, de sorte que *Officium* signifie vn employ continuel ou ordinaire à vn certain ouurage. Et ce que le verbe *Officio* a la mesme deriuation, & neantmoins la signification toute contraire, est d'autant qu'en sa composition, ceste mesme preposition, *ob*, signifie *contra*, & par ainsi la diuerse acception de ceste preposition, produit deux significations contraires en vne mesme composition, comme il aduient souuent en la preposition inseparable, *re*, qui tantost signifie priuation, & tantost iteration de l'acte, de sorte que plusieurs mots composez d'icelle ont deux significations toutes contraires.

14 Vraye signification d'Office. L'Office donc signifie proprement, & est mot pour mot, ce qu'en Francois nous nommons l'affaire, qui est ce que chacun ha à faire en sa vacation ou condition, que les Grecs appellent τὸ ἔργον, ἐργασίαν, ὑπουργίαν : les Philosophes l'ont pris, 15 *Officium morale.* pour le deuoir d'vn chacun, τὸ καθῆκον, & ainsi l'entendent Ciceron & S. Ambroise quand ils ont escrit des Offices. Et d'autant que la principale affaire de l'homme, c'est de seruir Dieu, les prieres ordinaires, & iournalieres, que chacun est 16 *Officium diuinum.* tenu faire à Dieu, s'appellent l'Office diuin, τὸ θεῖον ἔργον : d'autant aussi que les Officiers sont ceux, qui ont plus d'affaire & d'employ, on appelle leur charge *Officium* 17 *Officium publicum.* *publicum*, ou Office simplement : terme neantmoins, qui ne se trouue gueres vsité dans les anciens autheurs classiques, fors les Iurisconsultes, qui ont esté contraincts s'en seruir à faute d'autre, comme d'vn terme particulier de leur art, & 18 Loix qui en ont vsé en ceste signification. encor assez rarement en ceste signification, comme en la loy 30. *D. ad Senat. Trebell. Non multum Officio occupatur Legatus* : en la loy 1. *D. de adult. qui Officium in aliqua prouincia gerit*, & ceste l. *Munus. De verb. sign.* dit que *Munus aliquando significat Officium publicum.*

Finalement en la loy *si quis Officium* 38. *D. de ritu nuptiarum* : *Si quis Officium in aliqua Prouincia administrat.* Encor Cuias *lib.* 4. *Obser. cap.* 22. suiuant la traduction de Cy-19 Conciliation de deux loix. rille interprete Grec, entend en ceste loy *Officium pro ministerio*, & ainsi il la concilie auec la loy 1. *Cod. Si Rector prou.* Qui est encor vne autre signification du nom d'Office, laquelle a eu cours soubs les derniers Empereurs, du temps desquels 20 *Officiū pro Apparitoribus Magistratuum.* *Officium & Officialis* signifioient seulement les Appariteurs ou Ministres des Magistrats, & non les autres Officiers : comme en la rubrique *De concussionibus Officiorum, siue Apparitorum lib.* 12. *Cod.* & Tertulien, au liure *de anima. Grauior, inquit, in-* 21 Office en François, signifiant les seruiteurs domestiques. *iuria est in Præsidem : cum Officia pulsantur, plus cæditur qui iubet.* Mesme par tout dans la Notice de l'Empire Romain, le train de chasque Magistrat de Prouince est appellé *Officium*, comme encor auiourd'huy nous appellons particulierement Officiers, les seruiteurs domestiques des Princes, & appellons Offices leurs cuisines

& autres lieux de seruice, d'où est dit Clerc d'Office, qui est le controlleur des Officiers domestiques, ainsi qu'au droict le Maistre des Officiers de l'Empereur est appellé *Magister Officiorum, tit. de Off. Magistri Offic.* qui est à nous le grand Maistre de France, lequel ha la superintendãce sur les Officiers de la maison du Roy. 22 Cause de ceste derniere signification.
Ceste derniere signification procede de ce que souuent & en Latin, & en François, l'Office est dit pour l'assistance & aide deu à quelqu'vn, que les Grecs appellent θεραπείαν, tesmoin la distinction assignee par Seneque, *lib. 3. de Benef. c. 18. inter Beneficium, Officium, & Ministerium. Beneficium (inquit) alieni est, qui potuit sine reprehensione cessare: Officium eius, quem necessitudo suscitat & ferre opem iubet: Ministerium serui, quem conditio sua eo loco posuit, vt nihil eorum, quæ præstat, imputet superiori.* 23 Difference inter Officium, Beneficium, & Ministerium.

Mais à la parfin, l'occupation & employ qu'ont les Officiers, a faict accommoder ce terme indistinctement à tous Offices, de sorte qu'en la derniere Iurisprudence de l'Empire Romain, Harmenopule interprete disertement *Officium* ἐνεργείαν τινά. 24 Officiū en fin accõmodé à signifier les charges publiques.

Sur tout, nous autres François, qui faisons plus d'estat des Estats qu'autre nation quelconque, leur auons approprié ce terme en nostre langue: en sorte qu'il n'ha presque point d'autre signification: toutesfois nous en auons encor vn autre de nostre creu, sçauoir est celuy d'Estat; mais il est fort equiuoque, & ha plusieurs significations. 25 Principalement en Frãce c'est le propre terme.

Car quelquesfois nous en vsons, comme estant le nom verbal du verbe *estre*, pour signifier l'estre, c'est à dire, la cõdition & qualité presente de quelque chose. 26 Estat, ha deux deriuations.
Ainsi quand nous disons l'estat d'vn procez, ce n'est pas ce que les Latins appellẽt *statum causæ*, sçauoir est le poinct, & la principale question du procez: mais c'est l'estre auquel il est de present, & le poinct où il est demeuré: de mesme nous disons que quelque chose est en bon estat, c'est à dire en bon estre: & disons aussi dresser vn Estat, c'est à dire σύνοψιν vn memoire abregé, qui represente à veuë d'œil l'estat & estre d'vne affaire. D'où vient que nous disons faire estat de quelque chose, & estre couché sur l'estat d'vn Prince, mesme l'estat de la maison d'vn Gouuerneur de Prouince est iustement ce que la Notice de l'Empire Romain appelle *Officium Rectoris Prouinciæ*, bien que par diuerse rencontre. 27 Estat d'vn procez. 28 Dresser vn estat.

Mais quelquesfois aussi, le mot *d'estat*, est tourné & escorché du Latin *status*, qui vient non pas de *sum* ains de *sto*, & signifie vne qualité permanente & condition arrestée de quelque chose: comme en nos coustumes le premier tiltre est ordinairement *De l'estat & qualité des personnes*, & de là sont dits les trois Estats de France: c'est à dire les trois Ordres & qualitez diuerses du peuple François, & nous appellons le Royaume mesme Estat: *& inde* le conseil d'Estat, les Secretaires d'Estat, mots que le curieux Pasquier remarque auoir esté apportez d'Espagne, par la philoxenie ordinaire aux François, lors qu'ils traicterent auec les Espagnols la paix de l'an cinquante neuf. 29 Estat tourné du Latin Status. 30 Les trois Estats de Frãce. 31 Conseil d'Estat, &c.

Finalement de là est venu, que nous appellons les Offices, Estats, pource que leur vraye nature est d'estre vne qualité permanente & inherente à la personne. Et toutesfois il faut remarquer, que parmy ceux qui veulent parler plus curieusement & correctement, le mot d'Estat s'estend plus loin en sa proprieté, que celuy d'Office. Car l'Estat comprend, & l'Office formé, & la commission, & le grade militaire, & principalement l'Ordre: mais en nos Ordonnances, où la pureté & proprieté des termes est gardée plus exactement, le terme d'Office n'est gueres attribué qu'aux vrays Offices: & quand il est question de parler des commissions, des Ordres, ou des grades militaires, qui ne sont pas vrays Offices, ils y sont communément appellez Estats, & non pas Offices. 32 Offices, pourquoy appellez Estats.

Il y a encore vn autre nom Latin d'Office, qui est fort notable, & que i'ay laissé le dernier, afin de l'expliquer plus à loisir: sçauoir le nom de Milice, pource qu'en l'Empire Romain, les Milices estans les premieres tombées en commerce, c'est soubs leur nom que sont enoncées si peu de decisions qu'il y a dans nos liures, touchant le droict & condition des Offices: aussi que la pluspart de nos modernes sont si scrupuleux, que ne voulans pas vser en Latin du nom d'Office, l'estimant rude & barbare en ceste signification, appellent ordinairement les Offices, *Mili-* 33 De Militijs. 34 Offices, appellez Milices par les doctes modernes.

tias, mesme le docte Conan qui auoit composé vn liure Latin des Offices, comme
35 Liure *De Magistratibus Francisci Conani*, non imprimé. il dit au 3. liure de ses Commentaires, chap. 15. (liure qui n'a esté imprimé comme ie croy) ne les nomme gueres autrement que Milices: combien que les Milices ne fussent qu'vne certaine espece d'Offices, qui encor estoit impropre & irreguliere, dont ie n'expliqueray icy que le nom, reseruant en vn autre endroit plus commode, à expliquer leur nature.

36 *Militiæ propriè quid?* Les trois derniers liures du Code, la Notice de l'Empire, & les Commentaires *Reip. Rom.* de Lazius, nous apprennent asseurément, que les Milices estoient proprement les places des compagnies, ou bandes de seruiteurs domestiques, ou
37 Les menus Offices de la maison du Roy, ne sont proprement Offices, ains Milices. Officiers seruans en la maison des Empereurs: Ausquelles Milices se rapportent entierement les places des menus Officiers de la maison du Roy, comme des gardes du corps, de la venerie, fauconnerie, escurie, sommelerie, panneterie, cuisine, fruiterie, & autres semblables, qui ne sont pas proprement Offices formez, n'estans establis par Edict, & n'estans conferez par le Roy, & les pourueus d'iceux n'estans tenus de se faire receuoir solennellement en iustice, qui sont en passant les marques des vrays Offices Royaux.

38 Comment sont côferez. Ains ces places sont conferées par chacun chef d'Office, & ne s'en baille autre prouision, sinon vn simple breuet de retenuë, encor la pluspart n'en ont point: ains se contentent, d'estre couchez sur l'Estat du Roy, & d'en auoir vn certificat de leur Thresorier, tout ainsi qu'il s'obseruoit aux Milices Romaines, comme il se iustifie par la Nou. 35. & sera dit plus amplement en son lieu.

39 *Militiæ quare dictæ?* Or estoient-elles ainsi appellées, pour tiltre d'honneur, dautant que les Romains estans du tout addonnez à la guerre, n'estimoient rien plus honorable que la qualité de soldat, & partant estoient curieux d'appeller du nom de Milices, les functions mesmes de la paix:

> ——— *Tametsi bella quiescant*
> *Non perijt virtus: licet exercere togatæ*
> *Munera Militiæ, licet & sine sanguinis haustu*
> *Mitia legitimo sub Iudice bella mouere.*

40 *Militiæ domesticorum.* La premiere extẽsion du nom de Milice, fut pour les Officiers domestiques de l'Empereur, dont à la verité la function approche plus prés des Militaires, que nulle autre function de paix, *Alieni enim non sunt à labore castrorum, qui signa nostra comitantur, quos intentos eruditis studijs itinerum prolixitas, & expeditionum difficultas exercet*, dit l'Empereur Constantin en la loy vnique, *De Castrens. Palatin. pecul.*

41 Pourquoy les domestiques de l'Empereur ne se qualifioient pas Officiers. Aussi n'estoit-il pas raisonnable, qu'ils s'appellassent Officiers, attendu ce qui vient d'estre dit, que soubs les Empereurs ce nom d'Officier n'estoit attribué qu'aux appariteurs & ministres des Magistrats, dont la condition a tousiours esté reputée vile & abiecte, si qu'il n'y auoit anciennement, que les esclaues affranchis qui se missent à ces charges, comme il sera dit au liure des Ordres. Au contraire, ils se qualifierent du nom des gensdarmes, auec lesquels ils se trouuoient ordinairement, voyant l'honneur & le credit, qu'ils auoient soubs les Empereurs, iusques à les creér & deposer eux-mesmes.

42 Cômẽt les domestiques des Gouuerneurs furent mis entre les Milices. En fin ce nom de Milice fut tellement estendu, qu'il fut communiqué aux ministres & appariteurs des Gouuerneurs de Prouince, qui representãs l'Empereur, appellerent aussi leurs domestiques du mesme nom que les siens, comme il appert de la loy antepenultiesme, *De Cohortalibus. lib. 12. Cod. Propriè autem Cohortales vocabantur. l. 4. eod. tit. Cohors autem, manipularis seu infimæ Militiæ genus erat.*

43 Aduocats mis entre les Milices. Bref, ce mesme nom de Milice fut attribué aux functions pures ciuiles, & iusques aux Aduocats.

> *Hoc quoque Militiæ genus est, ciuilibus armis*
> *Compositum.* ———

44 *Diuisio generalis in armatam & ciuilem.* *Militant namque Aduocati*, dit la loy, *qui gloriosæ vocis confisi munimine, laborantium spem, vitam, & posteros defendunt.*

45 *Diuisio Militiæ ciuilis.* Ainsi donc il y eut deux sortes de Milices, *Armata scilicet, & ciuilis seu urbana Militia. Rursus ciuilis Militia triplex fuit: Palatina nempe*, qui comprenoit les Officiers de la
46 *Palatina Militia.* maison de l'Empereur, que nous auons retenuë seule en France, & des Gouuer-

neurs

neurs des Prouinces : *Togata, seu forensis*, qui estoient les Iurisconsultes & les Aduocats : *& Literata*, qui estoient les Secretaires & Officiers de la plume, *qui militabant in quatuor scriniis, scilicet memoriæ, epistolarum, libellorum, & dispositionum : de quibus in tit. de prox. sacror. scriniorum, & iis qui in sacris scriniis militant.* 47 *Togata Militia, seu forensis.*

Bref, à la parfin, ceux mesme qui deuoient estre les plus esloignez de la condition des gensdarmes, à sçauoir les gens d'Eglise, ont voulu auoir part à ce titre de Milice. Dont est venu encor vne autre sorte de Milice, appellée *Militia sacra, seu cælestis*, & ainsi voyons-nous que les anciens Autheurs de l'Eglise accommodent souuent le nom de Milice aux Ecclesiastiques : & nous-mesmes en France, qualifions les Prestres, du titre de Messire, ainsi que les Cheualiers, les recognoissans pour Cheualiers de Dieu. 48 *Literata Militia.* 49 *Militia sacra seu cælestis.*

Or comme les gensdarmes estoient distribuez par bandes & compagnies, aussi estoient toutes les Milices ciuiles : & notamment les Palatines auoient tous les mesmes grades & membres, que celles des vrais gensdarmes, comme il sera dit au liure des Ordres. Voire que la pluspart des priuileges & immunitez des gensdarmes estoient attribuez aux Milices ciuiles : *Vnde peculium quasi castrense* estoit le gain, que le fils de famille faisoit en ces Milices. 50 La Milice ciuile auoit les mesmes reglemens & priuileges que la Milice armée. 5 *Peculiũ quasi castrense.*

—— Quæsita labore,
Militiæ, placuit non esse in corpore census,
Omne tenet cuius regimen pater.——

Somme qu'ordinairement en nostre droict, *Militia* ne signifie pas la guerre, ains vne place és bandes ou compagnies, *siue Palatinæ, siue Forensis, siue Literatæ Militiæ*, comme quand il est parlé *de Militiis, quæ vendi & ad hæredes transmitti possunt, de hypothecis Militiarum, de earum imputatione in legitimam, de legato Militiæ.* 52 Cõclusion du discours des Milices.

Mais le terme de Milice nous engage à en expliquer deux autres, qui se trouuent encor dans le droict, & qui ont vne grande conformité auec la Milice, à sçauoir *tessera & tribus*, attendu mesmement que *legatum Militiæ & tesseræ*, semblent estre confondus ensemble *in l. Mortuo boue 49. §. 1. De leg. 2.* comme aussi *legatum tribus*, semble n'estre autre chose, que *legatum tesseræ, in l. Patronus, De leg. 3.* Expliquons premierement *Tesseram, seu legatum tesseræ*, dont nous auons trois loix, qui parlent, sçauoir en ceste loy 49. puis la loy *Titia 87. De leg. 2.* & encore la loy *Sed & si susceperit. 52. §. 1. D. De iudiciis.* 53 *De Tessera & Tesseræ legato.* 54 Explicatiõ de la loy *Sed & si. §. 1. D. de iudiciis.* 55 *Tessera Militaris.*

Tessera donc en guerre signifie le mot du guet, & hors la guerre il signifie le mereau ou symbole, au moyen duquel on receuoit du bled, ou autres viures du public, comme Budée nous apprend sur ceste loy *Sed & si susceperit*, ainsi qu'en aucunes Eglises collegiales on baille des mereaux aux Chanoines, qui assistent au diuin seruice, en vertu desquels ils reçoiuent par apres, ou leur pain de chapitre, ou d'autres commoditez. Il y en auoit deux sortes à Rome, à sçauoir, *tesseræ missiles*, qui estoient les mereaux, qu'apres quelque bon-heur, ou quand les Empereurs vouloient vser de largesse, ils faisoient jetter parmy le peuple, soit au theatre, ou en autre lieu public, qui sont descrits clairement par Dion *in Tito*, σφαιρία μικρὰ ξύλινα ἄνωθεν εἰς τὸ θέατρον ἐρρίπτει· σύμβολον ἔχοντα, τὸ μὲν ἐδωδίμου τινός, τὸ δὲ ἐσθῆτος, τὸ δὲ ἀργυρῶν σκευῶν, ἃ ἁρπάσαντάς τινας ἔδει πρὸς τοὺς δοτῆρας αὐτῶν ἀπενεγκεῖν καὶ λαβεῖν τὸ ἐπιγεγραμμένον : & ne sont point ceux dont il faut entendre nostre *legatum tesseræ.* 56 *Tesseræ Missiles.* 57 *Tesseræ annonariæ.*

Les autres estoient *Tesseræ annonariæ*, en vertu desquelles, ceux qui les auoient, receuoient tous les mois vn ordinaire de bled, ou autres viures du public, *quæ annonæ dicebantur*, dont il y en auoit de trois sortes, *nimirum annonæ Militares, quæ militibus ; Palatinæ, quæ Officialibus Palatinis ; & Ciuiles, quæ ciuibus Romanis erogabantur*, qui sont clairement distinguees en la loy 7. *de annonis ciuicis & pane gradili. C. Th.* où il est dit, que *æquum est, vt quilibet proprias annonas Ordo teneat : miles, Militares : Palatinus, Palatinas : popularis, populares annonas. Annonæ Militares*, estoient comme à nous le pain de munition des soldats : *Annonæ Palatinæ*, estoient comme le droict de bouche à Cour, qu'auoient aussi anciennement en France tous les menus Officiers de la maison du Roy. 58 *Annonæ Militares, Palatinæ & Ciuiles.*

Annonæ deniquè ciuiles, siue ciuicæ, siue populares, estoient vn droict attribué au menu peuple de Rome, sur la fin de l'Estat populaire, que chasque chef de famille re- 59 *Annonæ ciuiles, ciuicæ, vel populares quidè*

60 *Leges frumentariæ.* ceuoit tous les mois certaine quantité de fourment des greniers publics. Ce qui fut estably en vsage par le moyẽ des largitions que les grands de Rome faisoient faire au menu peuple pour entrer en sa bonne grace, luy faisant deliurer du bled, premierement à bas prix, puis gratuitement tout à fait, en vertu des loix appellées *frumentariæ, nimirum Sempronia, Liuia, Terentia, & Cassia, & Clodia,* qui sont expliquées par Lipse, *cap. 8. lib. 1. Electorum,* & par Rosinus, *Antiquit. Rom. lib. 8. cap. 12.* Ce qui fut continué soubs les Empereurs, tesmoin ce que dit Suetone *in Augusto. cap. 40. Censum vicatim egit, ac ne plebs frumentationum causâ frequentiùs à negotijs auocaretur, ter in annum quaternûm mensium tesseras dare destinauit: sed desideranti consuetudinem veterem concessit rursus, vt sui cuiusque mensis acciperet.* Et ailleurs il dit, *impetum cepit frumentationes publicas in perpetuum abolendi, quod earum fiduciâ cultura agrorum cessaret.* Neantmoins elles demeurerent iusques au temps de Iustinian, tesmoin le titre *De annonis ciuilibus,* respondant à celuy, *De annonis ciuicis & pane gradili,* au Code Theodosian. Et furent appellées *Panes ciuiles,* depuis que la coustume fut venuë de distribuer au peuple le bled en pain cuit.

61 *Panes ciuiles.*

62 Pourquoy appellees *Annonæ.* Elles furent aussi appellées *annonæ,* depuis qu'on eut pris coustume de distribuer au peuple, non seulement du bled, ou du pain; mais aussi de l'huile, & de la chair de porc, comme il se void dans *Vopiscus in Aureliano. Statuerat* (dit-il) *& vinum gratuitum populo dare, quemadmodum panis, oleum, & porcina gratuita præbebantur, sed à suo Præfecto prætorio prohibitus est, dicente, si & vinum Pop. Romano damus, superest vt & pullos & anseres demus.*

63 *Frumentum Constantinopolitanum.* Et lors que Constantin transfera le siege de l'Empire à Constantinople (qui fut partant appellée l'autre Rome) il y fist donner pareillement du bled, puis du pain gratuit au peuple, *tit. de frum. vrbis Constantin.* Voire ce fourment donné par Constantin au peuple de Constantinople, fut augmẽté par an de six vingts muids par l'Empereur Martian, qui pour ceste cause voulut, que les mereaux d'iceluy eussent ceste inscription, *Parapeteumata Martiana. l. 2. C. de annonis ciuil.* selon la correction de Cujas. Finalement, ce mesme droict fut donné au peuple d'Alexandrie, qui premierement fut appellé *Perissochoregia,* puis estant augmenté par l'Empereur Theodose, fut par luy appellé *Tesseræ Theodosianæ, l. 2. C. de frum. Alexand.* où il ordonne que ces Tesseres ou mereaux soient inscripts de son nom.

64 *Parapeteumata Martiana.*

65 *Perissochoregia.*

66 *Tesseræ Theodosianæ.*

Desquels passages il se cognoist, que pour euiter confusion en la distribution de ce bled, ou de ce pain, on bailloit au peuple des mereaux, qui en fin furent inscripts du nom des Empereurs, qui l'auoient, ou ordonnée, ou augmentée, au lieu que les Tesseres missiles estoyent inscrites de la quantité du bled, ou autres commoditez qu'on deuoit receuoir en vertu d'icelles, comme il appert du passage de Dion sus-allegué.

67 Difference des Tesseres missiles & annonaires.

68 Quand, & par qui se bailloient ces tesseres. Or ces mereaux ou Tesseres Annonaires estoient baillées par le *Præfectus annonæ,* dit la Nou. 88. chap. 2. & y a apparence, que lors de leur premiere introduction, on n'en bailloit qu'aux pauures gens, pour ayder à les nourrir. Ce qui se faisoit à chaque reueuë ou denombrement du peuple, appellé anciennement *census,* & du depuis *descriptio.* Mais dautant que ces reueuës se faisoyent fort rarement soubs les Empereurs (au lieu qu'en l'estat populaire elles se faisoient *singulis lustris,* c'est à dire tous les cinq ans) ceux qui auoient ces mereaux, les laissoient à leurs heritiers, ou bien en disposoient, soit par testament, ou entre-vifs, ainsi que bon leur sembloit, comme il est dit en la loy 1. *De annonis ciuil. C. Iust.* & en la loy 10. *eod. tit. C. Th.* Et de faict, nous voyons en la loy derniere §. dernier, *C. de inst. dot.* qu'on les bailloit en dot: & la Nou. 7. *in pr.* nous apprend, que les Eglises en auoyent, comme aussi les loix cy dessus rapportees qui traitent *de legato Tesseræ,* nous monstrent qu'elles pouuoient estre leguées.

69 Ces tesseres estoiẽt en commerce.

70 Autre sorte de pains. Ainsi donc ces Tesseres Annonaires, ou pains ciuils, estans tombez en commerce ordinaire, les riches ne tarderent gueres à les acquerir: & partant, les pauures, pour qui on les auoit introduicts, en demeurerent frustrez: qui fut cause qu'on leur distribua dans Rome d'autre pain, non pas gratuitement tout à fait, ainsi que i'estime, mais à bon marché: & ce pain s'appelloit *panis gradilis, quod è gradibus qui in vnaquaque regione vrbis erant ad pistrina (vt constat ex descriptione antiqua*

71 *Panes gradiles.*

antiqua vrbis) præberetur, comme Cujas l'explique sur la loy 2. *C. De conditis in horreis publ. hinc Prudentius aduersus Symmachum,*

Et quem panis alit gradibus dispensus ab altis.

En fin l'Empereur Valentinian le feit distribuer gratuitement, & voulut que les Tesseres ou mereaux de ce pain fussent differents des autres, sçauoir est que le nom de celuy à qui chaque mereau appartenoit, y fust graué, auec le poids du pain, qu'il deuoit auoir en vertu d'iceluy, comme il est contenu en la loy 5. *eod. tit. C. Th.*

72 Explication de la loy .. *De annonis ciuic. C. Th.*

Il y eut encor à Constantinople vne autre sorte de pains ciuils, appellez *panes ædificiorum: de quibus in ll.* 1. 5. 11. 12. *&* 13. *eod. Cod. & tit.* prouenus à mon aduis de ce que Constantin le Grand, ayant donné des pains ciuils aux habitans de Constantinople, à l'instar de ceux de Rome, voulut que les Officiers domestiques de son Palais y eussent part, pourueu qu'ils eussent maison dans la ville, ou qu'ils promissent d'en bastir, comme il se voit en ces lois 11. & 12. & de sorte que comme ces domestiques auoient deux qualitez, sçauoir est de Palatins & de citoyens de Constantinople, aussi estoient-ils capables d'auoir deux sortes de pains *nempe Palatinos panes, & ciuiles.*

73 *Panes ædificiorum.*

74 Explicatiõ de plusieurs loix du tit. *De Annonis. ciu. C. Th.*

Ce qui a mis Suidas en erreur quand sur le mot Παλατῖνοι, il dit que les pains Palatins furent attribuez au peuple par Cõstantin, & qu'ils furent ainsi appellez, pource qu'ils estoient fournis & distribuez dans le Palais, confondant par ce moyen *Palatinos panes cum ciuilibus*: combien que la verité soit toute apparente, que les pains Palatins estoient baillez aux Palatins, & les ciuils aux citoyens, ainsi qu'ils sont expressément distinguez en ceste loy 7. du Code Theodosien: dont aussi Suidas a esté fort bien repris par Cuias sur la loy 1. *C. De frum. vrbu Constantinopolit.*

75 Suidas bien repris par Cuias.

Reste de parler du droict de Tribu, qui estoit d'estre admis & enrolé en l'vne des trente cinq tribus ou bandes des citoyens Romains: dont venoient plusieurs aduantages, comme d'auoir voix aux assemblees, d'estre capables des Honneurs & Magistrats, capable des tesseres ou pains ciuils, d'auoir part aux dons des Empereurs appellez *congiaria*, comme il est dit en ceste loy *Patronus*. 35. *De leg.* 3. qui est le seul passage qu'en auons dans le droict: à l'explication duquel le docte Couarruuias a employé le premier chapitre de son quatr. liu. *Variar resolut.* qui sera cause que i'en parleray plus briefuement, ioinct que c'est chose plus esloignee de nos Offices. Or il est notoire que la premiere diuision, qui fut faite des habitans de Rome par Romulus, fut en trois nations, qu'il appella *Tribus, à ternario numero*, l'vne des Albanois, l'autre des Sabins, & la troisiesme de toutes sortes d'autres nations, qui à l'occasion de l'Asyle s'estoient refugiees dans Rome. Et du depuis, afin que ceste distinction des nations ne causast des seditions, le peuple fut distribué par le Roy Seruius selon les cantons ou regions de Rome, & du territoire circonuoisin, où chacun habitoit: & au lieu de trois, il fist trois fois trois tribus, tant de la ville, que des champs. Finalement en l'Estat populaire, les Censeurs distribuerent le peuple non plus selon le lieu de son habition, mais à leur fantaisie, selon les roolles ou denombremens qu'ils en feirent, & y eut en fin iusques à trente cinq tribus, comme ie diray plus particulierement *au 2. chapitre du liure des Ordres*, & encores au penultiesme chapitre, où ie specifieray les droicts que la tribu importoit.

76 *De Tribu & legato tribus.*

77 Explication de la loy *Patronus. De leg.* 3.

78 *Tribus Romanæ, tempore Romuli.*

79 *Tribus Romanæ tempore Seruij Regis.*

80 *Tribus Romanæ tempore Reipublicæ.*

Or le droict de Tribu ne pouuoit estre achepté qu'aux affranchis, aussi ceste loy *Patronus*, parle elle notamment d'vn affranchy. Car tous autres domiciliez de Rome l'auoient sans l'achepter. Encores est-ce vne tres-grande difficulté, si les affranchis ne l'auoient point, pource qu'il est certain qu'en l'Estat populaire, les affranchis l'auoient, & qu'apres Iustinian, ils l'eurent aussi: difficulté si grande, que le docte Couarruuias ne la peut soudre.

81 Le droict de Tribu estoit seulemẽt achepté par les affranchis.

Mais en voicy à mon aduis la solution, à sçauoir qu'Auguste voyant la ville de Rome trop remplie d'affranchis, *magni existimans à colluuione seruilis sanguinis incorruptum seruare populum, manumittendi modum terminauit, seruosque multis difficultatibus à seruitute iustâ remouit, cùm de numero & conditione ac differentia eorum qui manumitterentur, curiosè cauisset*, dit Suetone, chap. 40 entendant la loy *Ælia Sentia*, qui re-

82 Quand il fut necessaire aux affrãchis d'acheter le droict de Tribu, & pourquoy?

trancha tellement la parfaicte liberté des affranchis, que peu d'iceux deuenoient vrays citoyens Romains, comme il se veoid dans Vlpian, tit. 1. & 3. Pareillement sous Tibere fut faicte la loy *Iunia Norbana*, qui reduisit la plus part des affranchis à la condition des Latins, desquelles loix est parlé aux *Instit. tit. de libertinis.*

83 Le Tribu importoit d'estre Citoyen Romain, & comment.

De sorte que ce n'estoit pas de merueille que les affranchis, qui n'auoient pas la parfaicte liberté, impetrassent ce droict de Tribu de l'Empereur *vel prece, vel precio*, afin d'estre parfaicts citoyens Romains. Car c'estoit vn des trois antiques moyens d'estre faict citoyen que *censeri in tribu*: ce qui ne se pouuoit plus faire, que par les Empereurs, qui s'estoient attribué à perpetuité *Censoriam potestatem, sicuti Imperatoriam & Tribunitiam.* Mesme auparauant eux, lors que quelqu'vn estoit fait Citoyen en particulier, il n'auoit pas droict de Tribu, iusques à ce que le Censeur l'eust enroollé: comme il se voit en l'oraison de Ciceron *pro Cornelio Balbo*, & notamment les affranchis des citoyens Romains n'entroient pas *ipso facto* en la Tribu de leurs maistres, ains n'auoient droict de Tribu, iusques à ce qu'ils eussent esté enroollez par les Censeurs (& depuis par les Empereurs, lors qu'ils eurent tiré à eux l'Office des Censeurs) *in aliquam ex vrbanis tribubus, nam rusticarum erant incapaces.* Ainsi void-on que Pline en ses epistres, demande à l'Empereur Trajan,

84 Droict de Tribu estoit impetré, ou acheté des Empereurs.

ius Quiritium pour les affranchis d'Antonia Maximilla, en vn autre endroit pour L. Satrius Abascantus, & pour P. Censius Philosphorus aussi affranchis, pource qu'ils estoient *liberti Latinæ conditionis.* Ailleurs il demande le droict de la Cité Romaine pour Harpocrates, puis pour Chrysippus, d'autant qu'ils estoient *peregrinæ conditionis, vt potè manumissi à peregrinis.* Car il faut noter, que les affranchis *Latinæ conditionis*, ne demandoient pas la Cité, pource qu'ils estoient ja Citoyens

85 Le droict de Citoyen Romain acheté des Empereurs.

honoraires, comme ie diray en ce penultiesme chapitre du liure Des Ordres, ains demandoient *ius Quiritium*, c'est à dire, d'estre parfaicts Citoyens: mais ceux qui estoient *peregrinæ conditionis*, demandoient la Cité, *vel tribum* pour estre faits Citoyens. Et ne faut pas douter qu'on n'achetast la Cité; veu que dans les Actes des Apostres, chapitre 22. le Tribun de Felix dit à sainct Paul, qu'elle luy auoit cousté beaucoup d'argent.

Mais à succession de temps on ne parla plus d'acheter ny Tribu, ny Cité aux

86 *Restitutio natalium.*

affranchis. Car on inuenta des concessions plus pleines, & de plus grande efficace, à sçauoir *restitutionem natalium*, par laquelle, outre la Cité, ils obtenoient l'ingenuité, & consequemment le droict de Citoyens parfaicts, & de participer

87 Affranchis incapables des Magistrats.

aux Magistrats: ce qu'autrement les affranchis n'auoient point, tesmoin le faict de Flauius Scriba, qui estoit seulement fils d'vn affranchy; & neantmoins, pource qu'il auoit esté fait Edile Curule, la Noblesse de Rome quitta par despit ses anneaux d'or.

88 *Ius aureorum annulorum.*

L'autre concession que les Empereurs feirent aux affranchis, fut de leur donner le droict de porter anneaux d'or, en consequence duquel ils ne deuenoient pas seulement Citoyens Romains, mais aussi Cheualiers: ce qui sera expliqué en ce chapitre 2. du liure des Ordres.

89 De la definition de l'Office.

90 Dispute entre Sigonius & Grucchius.

91 Definition de Gouean.

Voila donc tous les noms de l'Office expliquez, & quāt à sa definitiō, ce n'est pas sans cause, que le Docteur Gouean, liure 2. *De Iurisd.* dit, qu'elle luy a tousiours semblé difficile: aussi fust-ce l'vn des principaux poincts de ceste memorable dispute, qui fut du temps de nos peres entre ces deux grands personnages, Sigonius & Grucchius. Et de faict, le mesme Gouean, qui auoit preueu ceste difficulté, s'y est porté fort laschement: ayant voulu definir l'Officier, *Celuy auquel le Prince a donné quelque charge.*

92 Celle d'Aristote.

Aussi diray-je hardiment apres Bodin, que mesme le Prince des Philosophes n'en a pas rencontré la vraye definition, quand au 15. chap. du 4. liure des Polit. il definit les Officiers, ὅσοις ἀποδέδοται βουλεύσασθαι, καὶ κρῖναι, καὶ ἐπιτάξαι: En quoy s'abusant sur la disette du mot, il n'a comprins que les Magistrats, & non les menus Officiers.

93 Celles de Cujas.

Et combien que Cujas *ad tit. De orig. iur.* se soit auancé d'en donner trois definitions pour vne, disant, que *Magistratus est publica persona, quæ iurisdictioni præest: vel quæ pro tribunali cognoscit: vel cui publicè iudicium, iurisque dictio data est*: si est-ce que

s'arrestant

s'arrestant trop à sa profession, il n'a comprins simplement que la function du Iuge, & non celle de tout Magistrat, moins encore celle de tout Officier.

Finalement, quant à Bodin qui a censuré toutes les autres, il faut confesser, que sa definition est la plus soustenable, quand il dit, que *l'Officier est la personne publique, qui a charge ordinaire limitée par Edict* : & neantmoins il y a encor beaucoup de defauts, quand ce ne seroit, qu'il y'a plusieurs Officiers, qui ne sont fondez en l'Edict : comme aussi il s'en trouue en celle de Charondas, qui au chap. 23. de son liure des Pandectes definit l'Officier : *La personne publique establie par le Roy, auec puissance ordinaire, pour gouuerner la partie du Royaume, qui luy est donnée en charge*, dont ie ne m'amuseray à cotter les defectuositez. 94 Celle de Bodin. 95 Celle de Charondas.

Mais ie diray, qu'il me semble qu'il ne s'en falloit point tant debatre par nos modernes Iurisconsultes, ny aller chercher si loing ceste definition, attendu qu'elle est nettement & disertement contenuë en nostre droict, sçauoir est en la loy 14. *De mun. & Honor.* où le Iurisc͠osulte Callistrate dit, que *Honor est administratio Reipublicæ cum Dignitatis gradu* : qui est à mon aduis la meilleure definition de l'Office, qui iamais ait esté donnée à l'Office, attendu qu'elle comprend en trois mots toute sa nature, qui consiste en trois poincts, à sçauoir en la function & administration, à cause de laquelle il est appellé Office : en la puissance & auctorité publique, à cause de laquelle il est appellé *δύναμις & potestas* : & finalement au tiltre d'honneur, à cause duquel il est appellé *τιμὴ*, *Honor & Dignitas*. 96 Celle de Calistrate, qui est la bonne. 9 Explicatiõ de la loy 14. *D. De muner. & honor.*

Toutesfois, comme les Iurisconsultes ne s'astraignent pas aux regles & formalitez de Dialectique, pource qu'en ceste definition le genre & la difference sont preposterez & renuersez, on peut la rendre du tout parfaicte, sans rien changer de ces mots, ains seulement en les renuersant, & disant que, *Honor est Dignitatis gradus cum administratione Reipublicæ*, & en François, que *l'Office est Dignité, auec function publique*. 98 Qu'il faut renuerser la definition de Callistrate.

Il n'y a rien de plus court, ni de plus parfaict aussi, soit en la matiere, puis qu'elle comprend toute la nature de l'Office, comme il vient d'estre dict ; soit en la forme, puis qu'elle contient tout euidemment son genre, & sa difference. 99 Que ceste definition est parfaicte.

Son genre est la Dignité, dont il faut dire vn mot en passant. I'appelle *Dignité toute qualité honorable, dont on se peut titrer, & accompagner son nom* : ie dy qualité honorable, à la difference de la condition qui est opposée & contrepointée à la Dignité : car la condition (que le droict appelle aussi *statum personarum, & fortunam*) est toute qualité qui conditionne & restraint la pure liberté de l'homme, comme d'estre affranchi, d'estre curial, d'estre adscriptice, d'estre fils de famille, d'estre en tutelle : au contraire, la Dignité est vne qualité, qui rehausse la personne par dessus la liberté, & qui la rend encor plus digne, c'est à dire de plus grande valeur & estime. 100 Definitiõ de Dignité. 101 Differẽce entre la Dignité & la cõdition.

Ie dy, *qualité dont on se peut titrer*, à la distinction des qualitez, qui peuuent estre attribuées aux hommes, à cause de leurs merites communs à plusieurs personnes, comme d'estre beau, bon, riche, sçauant, &c. dont pourtant ils n'ont accoustumé de se titrer, ni qualifier comme n'estant ces qualitez si particulieres en eux, que sont les *Dignitez*. 102 Des qualitez dont on peut accompagner son nom.

Et est fort notable à ce propos, que les Romains en leur estat populaire estoient si peu curieux de tiltres d'hõneur, qu'ils n'accompagnoient point leur nom d'aucunes Dignitez, non pas mesme du tiltre de leurs Offices, sinon lors qu'il estoit necessaire, pour auctoriser les actes qu'ils faisoient en qualité d'Officiers : mesme on void que Ciceron, haranguant deuant Cesar victorieux, & qui auoit ja enuahy la Dictature perpetuelle, combien qu'il eust besoing de le flatter, pour implorer sa clemence, ne l'appelle neantmoins que par son nom *C. Cæsar*. Ce fut seulement soubs les Empereurs, que l'adulation estant venuë en regne, & l'ambition augmentée, chacun commença de se qualifier du tiltre de ses Dignitez. 103 Les Romains n'accõpagnoiẽt leur nom d'aucun tiltre en l'Estat populaire.

Quoy que ce soit, ni les Romains, ni les Grecs, ni autres quelconques an- 104 Les Grecs & les

Romains ne cognoissoient autres dignitez que les Ordres & Offices.

ciens peuples, n'ont iamais recogneu d'autres Dignitez, que les Ordres, & les Offices. Ç'ont esté les anciens François, quoy que ce soit, les peuples Septentrionnaux, qui s'establissans aux païs d'autruy, ont inuenté les fiefs, & par consequent, la troisiesme espece de Dignité, qui est la Seigneurie.

105 Inuention des Seigneuries.

106 Difference des trois sortes de Dignitez, à sçauoir l'Ordre, l'Office & la Seigneurie.

Tant y a que nous auons maintenant trois sortes de Dignitez sans plus, dont nous accompagnons nostre nom, l'Ordre, l'Office, & la Seigneurie. Car les titres adiectifs, ou, pour mieux dire, les epithetes d'honneur attribuez aux personnes à cause de leurs Dignitez, *non sunt Dignitates, sed attributa Dignitatum*. L'Ordre est du tout inherent à la personne, tout ainsi presque comme vn accident inseparable, perit auec la personne, & ne passe point de personne en autre. L'Office est bien inherent à la personne, mais (ainsi que l'accident separable) demeure *idem numero* apres la mort de la personne, & pendant sa vie est resignable & transmissible à vn autre: & la Seigneurie ne subsiste pas proprement en la personne, ains en vn heritage, & est attribuée à la personne, non à cause d'elle, ains de l'heritage: c'est pourquoy quand ces trois Dignitez se rencontrent en vne mesme personne, l'Ordre doit estre nommé immediatement apres le nom, l'Office apres, & la Seigneurie la derniere.

107 Difference specifique de nostre definition.

Mais la difference specifique contenuë en nostre definition d'entre l'Office & l'Ordre & la Seigneurie, est *la function publique*. Aussi ceste function publique est la vraye proprieté de l'Office, qui luy appartient, *omni, semper, & soli. Omni*, pource que tout Office, quelque petit qu'il soit, ha quelque function publique, *semper*, pource qu'il ha tousiours, *si non actu, saltem potentiâ: Soli denique*, pour autant que ni l'Ordre n'ha function publique (au moins qui appartienne à chacune personne particuliere, car il y a certains Ordres, qui ont quelque puissance publique en corps) ny la Seigneurie ne l'ha aussi en elle-mesme, ains seulement la peut commettre, encor est-ce par abus & entreprise, comme ie prouueray en son lieu.

108 *Cur tutela dicatur munus publicum.*

Pourquoy donc (dira quelqu'vn) la tutelle est-elle qualifiée *munus publicum* en droict? Ie responds, que c'est entant que *munus, non Officium, sed onus significat*, & en cette signification, la tutelle est bien vne charge publique, pource que chacun du peuple en est tenu, si elle luy est deferée, & s'il n'ha excuse legitime: mais pourtant la function de la tutelle n'est pas publique, ni ne rend pas le tuteur personne publique. *Munus enim publicum* en ceste signification, *est Officium priuati hominis*, dit la loy *Pupillus. 239. §. Munus. De verb. sig.* Aussi la tutelle n'est pas vné dignité ni honneur, *non honor est, sed onus*. Qui est la distinction de *munus & Honor*, donnée par le mesme Callistrate; qui ayant definy l'honneur, *administrationem Reipub. cum Dignitatis gradu*, definit au mesme lieu *munus administrationem Reipub. sine Dignitatis titulo*. Dont s'ensuit que si les tuteurs, les gardiens de biens, & autres semblables administrateurs auoient la Dignité & puissance publique, ils seroient vrays Officiers, comme il pourra estre qu'en France (où on reduit à present toute charge en Office, pour en tirer argent) il seront erigez quelque iour en tiltre d'Office.

109 Explication de la loy *Pupillus. §. Munus. De verb. signif.*

110 Diuision de l'Office en sa plus generale signification.

Or est à noter, qu'en nostre definition, l'Office est pris en sa plus ample signification, comprenant toute charge honorable, & function publique, dont il y en a de trois especes principalement, sçauoir est le vray Office formé, la commission, & le Benefice: desquelles trois especes Ciceron fait mention en la 4. Verrine, diuisant les charges publiques *in Magistratus, Curationes & Sacerdotia*. Le vray Office est celuy qui est ordinaire, la commission est la charge extraordinaire, & le Benefice est la function Ecclesiastique. C'est pourquoy à la difference de ces deux autres especes, le vray Office peut estre definy, *Dignité auec function ordinaire en l'Estat*: le mot *ordinaire*, le distinguant d'auec la commission, & le mot *en l'Estat* (c'est à dire en la police ciuile) d'auec le Benefice.

111 Comment il est parlé en cét œuure des benefices & commissions.

Sera aussi noté vne fois pour toutes, que c'est en cette derniere signification, que desormais en tout cét œuure i'vsurperay le terme d'Office: comme aussi c'est de ce vray Office, que i'entens traiter principalement, comme estant mon vray subject: & non pas des Benefices, qui se gouuernent par les Constitutions Ecclesiastiques, qui sont souuent differentes des regles des Offices ciuils: ny de la commission, qui n'a presque loy ny regle, ains depend quasi du tout de la volonté de celuy qui la decerne: toutesfois i'expliqueray en son lieu, ce qu'elle ha de droict certain. Et quant au benefice, ie parleray seulement de son droict, entant qu'il sera besoing le conferer auec celuy de l'Office, pour plus grand esclaircissement. Pareillement, pour la grande conformité qu'ont l'Ordre & la Seigneurie auec l'Office, & pource que l'explication de leur droict sert grandement à la plus parfaicte intelligence de celuy de l'Office, & sur tout, à cause des belles & rares questions, qui s'y rencontrent, i'en ay fait deux liures separez, que i'ay adioustez apres ceux des Offices: quoy faisant, i'auray traicté les trois especes de dignité.

112 Pourquoy l'Autheur a faict vn liure des Ordres, & vn des Seigneuries.

113 Diuision de l'Office en sa propre signification.

Quant à la diuision des vrays Offices, il s'en peut assigner plusieurs, dont chasque profession en peut choisir selon son institut. Le Philosophe moral les diuisera, selon que plus ou moins ils ont de pouuoir: le Politique, selon les diuerses formes de Republique, ou selon la diuersité de leurs charges & functions: l'Historien & humaniste, selon le temps de leur erection.

114 Qu'il la faut faire selõ le commerce.

Mais moy ayant à traicter en Iurisconsulte, du droict des Offices, qui procede entierement de leur commerce & venalité, il faut que ie les diuise & distingue selon que plus ou moins ils tombent en commerce. Et combien que nos Iurisconsultes n'ayent recogneu sinon les Offices venaux, & non venaux: tesmoin nostre mesme Callistrate, qui diuise l'Office *in eum qui cum sumptu, & eum qui sine erogatione contingit. d.l. Honor.* 14. *De muner. & honor.* Si est-ce que les dernieres constitutions des Empereurs en ont inuenté vne troisiesme espece, à la verité anomale & irreguliere, des Offices hereditaires, notamment la loy derniere *C. de pignor.* traictant *de Militiis quæ vendi, & ad hæredes transmitti possunt.*

115 Diuision de Callistrate.

116 Troisiesme espece des Offices hereditaires.

117 Differēce de ces trois especes.

Comme donc ainsi soit que le commerce gist aux contracts & aux successions, il s'ensuit que les Offices hereditaires sont de tout poinct en commerce: ceux qui sont simplement venaux, n'y sont qu'à demy, à sçauoir au commerce des contracts, & non des successions: & les non venaux n'y sont point du tout, au moins en commerce du tout licite, comme il sera expliqué en son lieu: voila la vraye diuision de l'Office à l'esgard de leur droict, suiuant laquelle aussi i'ay diuisé les liures de cét œuure.

118 Diuision polytique des Offices.

Mais pour autant que les Offices sont de droict public & politic, pour bien discerner quels d'iceux sont hereditaires, venaux, & non venaux, & pour decider plusieurs difficultez qui escheent en chacune espece, il est besoing souuent d'auoir recours à la diuision Politique des Offices de France: par laquelle ils sont diuisez en Offices de gouuernement, de Iustice, & de finance. Diuision qui comprend tous nos Offices & commissions sans exception, referant les Offices de la maison du Roy à ceux de gouuernement.

119 Les trois fleurs de Lys en France.

Ces trois functions, ou puissances diuerses, sont les trois fleurons de la couronne, ou les trois fleurs de lys des armoiries de France: où les armes & la Iustice, comme les deux principales, sont posées d'egale hauteur, aussi sont-elles representées, par le sceptre & la main de Iustice, que nostre Roy tient en chaque main, quand il est en son habit Royal: & quant aux finances, comme n'estans si nobles que les deux autres, & pour autant neantmoins que ce sont les nerfs de l'Estat, elles sont representées par la troisiesme fleur de lys, qui est au bas des deux autres.

120 Le Roy seul ha ces trois functiõs ensemble.

121 Le Cõnestable ha celle des armes

122 Le Chancelier ha celle de la Iustice.

Nostre Roy comme il ha toute puissance, aussi ha-il seul en son Royaume toutes ces trois functions ioinctes en sa personne, & ce en toute souueraineté. Mais tous ses Officiers n'ont que l'vne d'icelles separément: & y a trois principaux Officiers, qui apres sa Majesté ont la superintendance de chacune d'icelles, tous les Officiers de laquelle leur doiuent obeïr: excepté seulement, que les compagnies souueraines ne dependent que du Roy immediatement. A sçauoir le Cõnestable ha la superintendance de la guerre, & soubs luy sont tous les Officiers militaires, soit des armées, soit des païs & places: le Chancelier de la Iustice, & apres luy sont les Parlemens, & soubs luy generalement tous les Iuges qui y ressortissent mediatement, ou immediatement, auec les ministres de Iustice: bref, le Superintendant des finances ha la premiere & vniuerselle charge des finances, & apres luy, ou soubs luy sont les Chambres des Comptes, Cours des Aydes, Thresoriers de France, Officiers des Elections & Greniers à sel, & tous autres Officiers de finance. Vray est qu'à l'occasion de ce que ce Superintendant n'est pas en tiltre d'Office formé, comme estoit jadis le grand Thresorier de France, le Conseil des finances participe à son auctorité, qui (comme celle de tous Cōmissaires) ne depend que de la teneur de sa commission.

123 Le Superintendãt celle des finances.

124 A qui s'addressent les mãdemẽs du Roy. Dont aduient que lors qu'il se presente quelque cōmãdement du Roy à executer par les Prouinces de ce Royaume, si c'est pour la guerre, il est addressé aux Gouuerneurs; si pour la Iustice, aux Baillifs & Seneschaux; si pour les finãces, aux Thresoriers de France, puis aux Esleus ou Grenetiers, chacun endroit soy.

125 Ceste separation n'estoit à Rome, ny en France, és deux premieres races. 126 Inconueniens qui en sont aduenus. Braue traict d'Estat à la verité, & que ie peux dire estre la principale cause de la manutention, & du repos de ce Royaume. Traict, que ni les Romains, ni noz anciens François ne s'estoient aduisez de pratiquer: car leurs principaux Officiers auoient en leur distroict la charge & des armes, & de la iustice, & des finances tout ensemble, comme il sera prouué en son lieu, dont aux vns & aux autres il est suruenu plusieurs mutations, ayans les *Præfecti Prætorio*, voire mesme les simples Gouuerneurs des Prouinces de l'Empire Romain, plusieurs fois troublé, & mesme enuahy l'Empire: & en France les Maires du Palais, par le moyen de la superintendance qu'ils auoient de ces trois functions, ayans par deux fois vsurpé le Royaume: & les Ducs & les Comtes (qui estoient les Gouuerneurs des Prouinces) ayans par ce mesme moyen vsurpé la proprieté de leurs distroicts, auec puissance presque souueraine.

127 Remede que les Roys modernes ont apporté. 128 Separatiõ de la charge du Maire du Palais. 129 Separatiõ de la charge des anciens Comtes. Mais en la derniere race de nos Roys, on a bien pourueu à cét inconuenient, par la separation perpetuelle de ces trois functions: ayant premierement dés long temps la charge de Maire du Palais esté démembrée & partie en trois: à sçauoir, que la Superintendance des armes a esté baillée au Connestable, celle de la Iustice au Chancellier, & celle des Finances au grand Thresorier de France, qui est à present nommé Superintendant des finances. Comme aussi la charge des anciens Ducs & Comtes, a esté (quoy que long temps depuis) partagée tout en mesme façon, ayant esté mis és Prouinces, des Gouuerneurs pour les armes, des Magistrats de longue robbe pour la Iustice; & des Receueurs, & maints autres Officiers pour les finances: dont les functions sont si nettement distinguées par-ensemble, qu'il est mal-aisé, qu'entre ceux qui se veulent gouuerner par raison, il arriue beaucoup de differens.

SOMMAIRES DV DEVXIESME CHAPITRE.

1 *L'Ordre du surplus de ce Liure.*
2 *Trois moyens d'acquerir les Offices.*
3 *La vertu.*
4 *La faueur.*
5 *L'argent.*
6 *Quatre moyens d'acquerir les benefices.*
7 *Declinaison des benefices.*
8 *Quatre degrez de droict sur les Offices.*
9 *Le droict à l'Office.*
10 *Le droict en l'Office.*
11 *L'ordre & charactere d'Officier.*
12 *La possession de l'Office.*
13 *Distinction du droict à l'Office, & en l'Office.*
14 *Droict à la chose.*
15 *S'acquiert en vertu de la vente.*
16 *Raison de la loy* Quoties. C. De rei vend.
17 *Clause, Dessaisissant, &c.*
18 *Tradition actuelle ne se peut faire de parole.*
19 *Composition n'engendre que droict à l'Office.*
20 *Vente d'Office pourquoy appellee composition.*
21 *La resignation n'engendre que droict à l'Office.*
22 *Pourquoy.*
23 *La Retenuë n'engendre que droict à l'Office.*
24 *Que c'est que Retenuë & Reserue.*
25 *Toute Retenuë est reuocable.*

26 Canonicatus sub expectatione præbendæ *est vne reserue reuocable.*
27 *Reserues, où, & quand tolerees.*
28 *Reserues du Roy & des patrons lais.*
29 *Retenuës, pourquoy rares.*
30 *Ont lieu seulement aux Milices.*
31 *Pourquoy és Milices les pures prouisions s'appellent à present Retenuës.*
32 Officiales supernumerarij & statuti.
33 *Coädiutoreries & suruiuances.*
34 *Pure prouision engendre droict en l'Office.*
35 *Droict en la chose, qu'est-ce?*
36 *Droict en l'Office, qu'est-ce?*
37 *Tiltre de l'Office, qu'est ce?*
38 *L'Officier seul se peut qualifier seigneur de l'Office, & non le collateur.*
39 *Quel droict ha le collateur és Offices.*
40 *Si le resignataire ha droict du resignant, ou du collateur.*
41 *De l'ordre & charactere d'Officier.*
42 *Effects de la prouision & reception.*
43 *Pourquoy és Offices il n'est besoin de reception.*
44 *Ordre Ecclesiastique.*
45 *La consecration est necessaire aux Euesques.*
46 *Effect de la reception des Officiers*
47 *Installation des Officiers.*
48 *Effects du droict à l'Office.*
49 *Effects de la composition d'vn Office.*
50 *Effects de la Retenuë.*
51 *Effect de la suruiuance.*
52 *Effect de la prouision de l'Office.*
53 *Entre deux pourueuz le premier est preferable.*
54 *Soit d'vn mesme, ou diuers collateurs.*
55 *Soit aux pures prouisions, soit aux Reserues.*
56 *Difference entre les pures prouisions, & les Retenuës, ou Reserues.*
57 Clausula Anteferri.
58 Clausula gratificationis.
59 Ius quæsitum est irreuocabile, quærendum reuocabile.
60 *Cinq Effects de la prouision de l'Office.*
61 *Effects de la reception.*
62 *Le rang des Officiers se prend du iour de la reception.*
63 *Effects de l'installation.*
64 *Que l'Officier peut former complainte pour les droicts de son Office.*
65 *Refutation des raisons de Du Moulin.*
66 *Office n'est seruitute, mais proprieté.*
67 *Difference entre l'vsufruict & l'Office.*
68 *Pourquoy l'Officier doit exercer en personne.*
69 *Que la complainte ha lieu aussi bien aux Offices qu'aux Benefices.*
70 *L'Officier ha plus de droict en l'Office, que le Beneficier au benefice.*
71 *L'Officier ne peut former complainte contre son collateur.*
72 *Procez des Offices se traictent deuant. Messieurs les Maistres des Requestes de l'Hostel.*
73 *N'ont gueres d'autre iurisdiction.*
74 *Et le Parlement de Paris seul par appel.*
75 *Cela n'ha lieu qu'és procez concernans le tiltre des Offices.*
76 *Encor leur sont-il ostez par le Conseil d'Estat, & de Parlement.*

DE L'ACQVISITION DES OFFICES.

CHAPITRE II.

C'EST assez fait le Grammairien en l'etymologie de l'Office, le Dialecticien en sa definition, & le Politique en sa diuision: il faut desormais, suiuant ma profession, faire le Iurisconsulte au surplus de cét œuure. Duquel, puisque les preparatifs sont acheuez, il est temps d'en commencer l'ouurage: ce qui sera par le discours de l'acquisition des Offices, suiuant l'ordre que la loy nous prescrit, disant, que *totum ius, vel in acquirendo, vel in conseruando, vel in amittendo consistit. l. vlt. D. De legib.* 1 Ordre du surplus de ce liure.

Pour donc parler en premier lieu des moyens de ceste acquisition, c'est chose notoire, que l'vnique moyen loüable de paruenir aux Offices, est la vertu: tant pource qu'elle est necessaire en ceux, qu'on esleue aux charges publiques, que pource que l'honneur est la vraye, voire la seule recompense sortable de la vertu. Ce que les Romains donnerent bien à entendre, quand ils edifierent les temples d'Honneur & de Vertu ioignant l'vn l'autre, de telle structure, qu'on ne 2 Trois moyēs d'acquerir les Offices. 3 La Vertu.

pouuoit entrer en celuy d'Honneur, que par celuy de Vertu : & encor les situerent au bout de la ruë des Muses, où estoit leur fontaine sacree. *Bene ac sapienter* (dit Symmache, *Epist.14.lib.1.*) *maiores nostri Ædes Honoris atque Virtutis iunctim locarunt, commenti ibi esse præmia honoris, vbi sunt merita virtutum: sed enim prætereà Camenarum religio ac sacris fontis aduertitur, quia iter ad capescendos Magistratus sæpe literis promouetur.*

4 La faueur. Voila la premiere entrée des Offices : mais il n'a gueres tardé, qu'il n'y en ait eu vne autre, à sçauoir celle de la faueur, quand ceux qui ont eu droict de choisir les Officiers, ont plustost donné leur suffrage à leurs amis, qu'aux plus gens de bien.

5 L'argent. Et finalement, comme l'or entre par-tout, ces suffrages ont esté achetez par argent, qui a esté vne troisiesme entrée aux Offices, laquelle de present est bien la plus commune, voire elle a tantost bouché tout-a-faict les deux autres.

6 Quatre moyens d'acquerir les benefices. Ces mesmes entrées se trouuent aussi aux benefices, qui en ont encor vne quatriesme, à sçauoir celle de succession, depuis qu'on en a admis les resignations sans contredit : de sorte qu'à present,

Quatuor Ecclesias portis intratur in omnes,
Cæsaris, & Giesi, Sanguinis atque Dei.
Prima patet magnis, & nummis altera, charis
Tertia, sed paucis quarta patere solet.

7 Declinaison des benefices. Ce qui reuient à la rencontre Grammaticale, qui fut faite du temps de nos peres. Qu'anciennement il n'y auoit qu'vn cas, pour appeller & attirer les benefices, qui estoit le vocatif, c'est à dire la vraye vocation : mais que les Ecclesiastiques d'à present ont si bien appris à decliner, qu'ils les font regir & posseder maintenant par tous les autres cas : par le nominatif, qui est la nomination & faueur des grands : par le genitif, qui sont les parentez : par le datif, qui est la simonie : par l'accusatif, qui sont les deuoluts : & finalement par l'ablatif, qui est la force & spoliation.

8 Quatre degrez de droit sur les Offices. Or n'ay-je pas entrepris de traiter comment il faut acquerir les Offices : mais il est question en ce chapitre de distinguer specifiquement quatre diuers degrez de droict, qu'on peut acquerir successiuement en iceux : sçauoir est, le droict à l'Office, le droict en l'Office, l'ordre & charactere d'Officier, & la possession

9 Le droict à l'Office. actuelle de l'Office. Le droict à l'Office ne consiste qu'en vne simple esperance, ou action personnelle, pour y paruenir, & s'acquiert par la composition, la resi-

10 Le droict en l'Office. gnation, & la retenuë. Le droict en l'Office, est la seigneurie de l'Office, qui en termes de pratique s'appelle le titre, & s'acquiert par la prouision. L'ordre &

11 L'ordre & charactere d'Officier. charactere d'Officier est l'application de l'Office à la personne du pourueu, qui se fait par la reception. Finalement la possession, c'est l'exercice actuel de l'Office, qui s'obtient par l'installation.

12 La possessió de l'Office. Voila bien de la besongne taillee en bref, mais il la faut appliquer & expliquer à loisir. Et premierement, il est besoin de discerner le droict à l'Office d'auec le

13 Distinction du droict à l'Office, & en l'Office. droict en l'Office, ainsi que les Docteurs distinguent le droict à la chose, d'auec le droict en la chose, qui sont termes de l'eschole, tirez de la loy 29. *D. de damno infecto*, qu'il ne faut pas entendre, comme a fait le bon homme Bouteiller au commencement de sa Somme Rurale, mais plustost comme les Canonistes sur le chap. pen. *De præbendis in 6.* & les Legistes sur la rubrique *Soluto matrimonio.*

14 Droict à la chose. Donques droict à la chose, est vn droict hors la chose mesme, mais qui produit vne iuste esperance, pour obtenir le droict en la chose, & paruenir à la seigneurie d'icelle : comme pour exemple, le droict qui est acquis à l'acheteur auparauant la tradition & deliurance de la chose : estant certain, que iusques apres ceste tradi-

15 S'acquiert en vertu de la vente. tion, il n'ha pas encor droict en la chose, & n'est pas seigneur d'icelle, *quia traditionibus, non nudis pactis dominia rerum transferuntur*, dit la loy 20. *C. de pactis.* Ains en vertu du contract de vente, l'acheteur n'acquiert qu'vne action personnelle, pour contraindre son vendeur à luy en faire deliurance.

16 Raison de la loy *Quoties. C. de rei vend.* De là vient, qu'entre deux acheteurs d'vne mesme chose, celuy auquel elle est liurée le premier, ores qu'il en soit le dernier acheteur, est preferable à l'autre,

suiuant la loy *Quoties. C. De rei vendic.* Et combien que cela procede d'vne subtilité de l'ancien droict Romain, qui requeroit certaines façons & ceremonies pour la translation de la seigneurie, neantmoins on l'obserue exactement iusques icy en France: encores mesme que pour cuider remedier à ceste subtilité, nos Notaires mettent en leurs contracts la clause, *Que le vendeur s'est dessaisy de la chose, & en a saisy l'acheteur*: laquelle clause nous tenons n'operer qu'vne permission à l'acheteur de s'emparer & mettre en possession de la chose, de sa propre auctorité, sans attendre que la deliurance luy en soit faite par le vendeur, suiuant la loy *Prædia. 48. D. De acquir. poss.* Et de verité la possession ne peut estre acquise de simple parolle sans apprehension de fait & occupation corporelle. *l. 3. §. 1. & 6. eod. tit.* ny par consequent sans cela ne peut estre faicte la tradition, que le vieil glossaire definit, ἀπὸ χειρὸς εἰς χεῖρα μεταδοθὲν, que nous disons *baillée de main en main.*

17 Clause, *dessaisissant*, &c.

18 Tradition actuelle ne se peut faire de parole.

Dont s'ensuit à plus forte raison, puisque les Offices ne sont pas en la pleine disposition des vendeurs, comme sont les biens patrimoniaux) que la vente d'iceux ne produit pas droict en l'Office, ains seulement droict à l'Office. C'est pourquoy, entre les moyens d'acquerir ce simple droict à l'Office, i'ay mis tout le premier la composition. Car ainsi la vente de l'Office est appellee particulierement en Iustice, soit pour-ce que la Iustice ne veut aduoüer & auctoriser tout ouuertement la pure vente des Offices: soit pource que le premier vsage d'icelle estoit vne maniere de gratification ou composition à petit prix, & non pas vne vente exacte & au plus offrant, comme celle d'apresent, ainsi que ie prouueray au 3. liure.

19 Composition n'engendre que droit à l'Office.

20 Vente d'Office, pourquoy appellée composition.

Mesmement celuy qui, apres auoir composé de l'Office, & payé le prix d'icelluy, a retiré de son vendeur vne procuration irreuocable pour le resigner en sa faueur, voire vn acte expres de resignation, n'a point encor de droict en l'Office, iusques à ce que la resignation soit admise par le collateur, & la prouision expediee à son profit: de sorte que iusques alors l'Office est encor *in bonis* du resignant, & par consequent peut estre saisi pour ses debtes, comme a decidé la Coustume de Paris, art. 95. voire peut par luy mesme estre resigné à vn autre, s'il preuient par effect son premier resignataire.

21 La resignation n'engendre que droit à l'Office.

Dont la raison est, que la resignation n'est pas vne tradition de l'Office, qui en puisse transferer la proprieté: attendu que les Offices ne sont pas en la libre disposition des pourueus, pour les pouuoir directement & immediatement transporter à autruy, ains faut qu'ils passent auparauant par les mains du collateur, duquel leur disposition depend principalement: estant la premiere regle du droict Canon, Que le benefice ne peut estre obtenu sans institution Canonique: regle qui a lieu és Offices par identité de raison.

22 Pourquoy?

Mais à l'opposite ce n'est pas assez d'en auoir la prouision, sans resignation; pource qu'auparauant que le collateur en puisse disposer à pur & à plain, il faut qu'ils soient vaquans: autrement tant qu'ils sont remplis, son droict n'est point ouuert: aussi qu'il n'est raisonnable de mettre vn nouueau titulaire en l'Office qui est legitimement remply de la personne d'vn autre. C'est pourquoy, la retenuë (ainsi s'appelle la prouision que donne le collateur de l'Office non encor vaquant, qui és benefices est appellee Reserue) n'attribuë pas droict en l'Office, non plus que la resignation du pourueu, ains seulement droict à l'Office.

23 La retenuë n'engendre que droict à l'Office.

24 Que c'est que retenuë & reserue.

Voire la retenuë n'oblige pas absolument le mesme collateur qui l'a donnee, d'en bailler sa prouision, lors que la vacation est suruenuë. Car il y a bien difference entre promettre & tenir: & est vray de dire, que la retenuë n'est pas vne collation de l'Office, ains vne simple promesse de le conferer, lors qu'il sera vacant: ce n'est pas vne donation, ains vne pollicitation, qui de droict n'est pas obligatoire regulierement. Comme il se voit qu'és benefices la Reserue n'oblige le collateur, que par honneur seulement *cap. relatum. & cap. Ex tenore. ext. De concess. preb.* attendu mesmement que c'est vne chose estroictement prohibée de tout droict (dit le chap. 2. *eod. tit.*) que de donner l'Office ou benefice d'vn homme viuant: mesme le droict canon nous apprend, que celuy qui a obtenu prouision d'vne chanoinie *sub expectatione præbendæ primò vacaturæ*: bien qu'il ait esté re-

25 Toute reserue est reuocable.

26 *Canonicatus sub expectatione præbendæ* est vne Reserue reuocable.

ceu & installé comme chanoine, & que par longue espace de temps il ait eu stal au chœur, voix en chapitre, & ait receu les distributions manuelles, ainsi que les chanoines prebendez, si est-ce qu'il n'a point encor de droict *in præbenda*, *sed tantùm habet ius ad præbendam*: de sorte que s'il aduient vne reuocation generale des reserues & graces expectatiues, son droict y est compris: c'est la decision du chap. dernier *De concessione præbendæ in 6.* & du chap. penult. *De præbendis. ibidem.*

27 Reserues, où, & quand tolerées.

28 Reserues du Roy & des patrons lais.

Or ces Reserues auparauant le concile de Trente, (qui les a prohibées en sa sess. 22. *cap.* 19. *decreto de reform.*) estoient fort communes és pays, qu'on appelle d'obeïssance: aussi voit-on, qu'il en est souuent fait mention au droit Canon, au moins aux Decretales, & principalement au Sexte & Clementines. Car le vieil decret n'en parle point, si ce n'est pour les prohiber, comme estans à la verité apparemment contraires aux bonnes mœurs, & prohibées par le Concile de Latran, auquel neantmoins on auoit mal à propos donné ceste limitation d'en excepter le Pape, *cap.* 2. *De præbendis in 6.* C'est pourquoy elles n'ont iamais esté tolerées par l'Eglise Gallicane, qui y a si bien resisté en tout temps, que c'est vne de ses libertez & franchises, de ne les point admettre ny souffrir. Vray-est que par l'importunité des courtisans, le Roy, & les patrons lais à son exemple, octroient quelquesfois des Reserues és benefices de leur nomination: ce qu'encor ne font-ils gueres sans le consentement du pourueu, pource qu'autrement, c'est luy assigner vn heritier estranger pendant sa vie, & donner sujet de chercher sa mort, voire c'est quasi l'enseuelir tout en vie.

29 Reserues pourquoy rares.

Mais il y a encor vne autre raison, qui empesche maintenant les Retenuës aux Offices, à sçauoir que les Offices se vendans presque tous, on ne peut par consequent refuser d'en admettre la resignation, ainsi que ie prouueray au 3. liure. C'est pourquoy la Retenuë n'y seruiroit gueres, pource, qu'outre qu'elle n'est pas obligatoire, il arriue ordinairement, que le pourueu les resigne auant que mourir: ce qu'il feroit plus soigneusement, s'il sçauoit qu'on en eust impetré la Retenuë. Ioint aussi que les Ordonnances de France defendent soubs grosses peines l'impetration des Offices, auparauant leur vacation, mesmement la declarent nulle.

30 Ont lieu seulemét aux Milices.

De sorte que la Retenuë se pratique seulement aux simples Milices ou places de domestiques des Roys ou Princes priuilegiez: esquelles la venalité n'est encor si communement establie, qu'és Offices formez, & qui partant ne sont pas ordinairement resignables. Ioinct que la Retenuë du premier Office vacant en vne grande compagnie, n'est comprise en ces ordonnances, pource qu'il n'y peut pas escheoir tant d'inconuenient à beaucoup prés, qu'és Offices vniques: Aussi qu'il y a tousiours plus d'attente, qu'entre quinze ou vingt Officiers, l'vn meure bien tost, que quand il n'y en a qu'vn seul, dont on attend la mort. C'est pourquoy les Rois & les chefs d'Office donnent souuent des retenuës expectatiues és milices, voire ils qualifient les impetrants d'icelles, comme Officiers supernumeraires, & les couchent sur l'estat, sans expression neantmoins d'aucuns gages: mesmement ces retenuës des Milices, en attendant leur vacation, ont esté de tout temps si frequentes, que pource qu'anciennement on ne paruenoit point aux milices par autre voye, de là est venu, que toutes prouisions de ces places de domestiques du Roy sont appellees Retenuës, encor qu'elles soient faites apres la vacance, & que ce soient de vrayes prouisions, comme il sera dit au quatriesme liure. Ce qui se pratiquoit aussi sous les Empereurs Romains, comme il se veoid en la loy 7. *de prox. sacror. scrin. lib.* 12. *Cod.* où ceux qui ont ces Retenuës sont appellez *supernumerarij*, *& opponuntur statutis*: desquels Suetone attribuë l'inuention à l'Empereur Claudius, *cap.* 25. *Instituit*, dit-il, *imaginariæ Militiæ genus, quod vocatur Supra numerum, quo absentes titulo tenùs fungerentur.*

31 Pourquoy és Milices les pures prouisions s'appellent à present *Retenues*.

32 *Officiales supernumerarij, & statuti.*

33 Coadiutoreries & suruiuances.

Voyla pour les Retenuës & Reserues, qui se font sans le consentement du pourueu: mais il y en a encor d'autres qui se font de son consentement, voire par sa requisition: qui és benefices s'appellent Coadiutoreries, & és Offices se nomment Suruiuances, dont y a plusieurs especes, que ie remets à expliquer ailleurs: n'estant raisonnable d'expliquer les prouisions irregulieres & extraordinaires auant les regulieres & ordinaires : & en les expliquant, ie monstreray que nulle d'icelles n'attribuë droict en l'Office, en sorte qu'elle soit irreuocable, & que l'Office reside proprement en la personne du pourueu à suruiuance, & vaque par sa mort, si le titulaire de l'Office ne luy a remis absoluëment son droict.

34 Pure prouision engendre droict en l'Office.

35 Droict en la chose, qu'est-ce?

36 Droict en l'Office, qu'est-ce?

37 Titre de l'Office, qu'est-ce?

Mais ce qui attribuë droict en l'Office, ou benefice, c'est la prouision pure & simple du collateur d'iceux, en vertu de laquelle l'impetrant en deuient seigneur, en tāt que seigneurie peut escheoir és Offices & benefices: ce que l'antique Faber a remarqué au §. *Inter. Instit. de rer. diuis.* Car combien qu'és autres choses, auoir droict en icelles, soit moins, que d'en estre parfaictement seigneur, & signifie seulement auoir quelque droict reel sur icelles, comme est celuy de l'vsufruictier, du superficiaire, & du creancier hypothecaire, ainsi qu'il se collige de ceste loy 19. *D. De damno infecto.* Neantmoins és Offices, d'autant que la parfaicte Seigneurie n'y peut escheoir, ains seulement vne Seigneurie imparfaicte & à vie, approchant aucunement du droict de l'vsufruictier, ou mesme de l'vsager, selon du Moulin, auoir droict en iceux est en auoir ceste seigneurie imparfaicte, qui mesme à parler proprement n'est pas qualifiee du nom de Seigneurie, ains en pratique est appellee titre, & celuy qui l'a, est appellé titulaire de l'Office ou benefice. Car iaçoit que proprement le titre d'iceux, soit la prouision en soy, neantmoins par vne Metonymie on appelle titre *ab effectu*, ceste seigneurie impropre de l'Office ou benefice, causée par la prouision: dont s'ensuit bien, que c'est la prouision, qui la produit entierement.

38 L'Officier seul se peut qualifier seigneur de l'Office, & non le collateur.

Quoy que ce soit, nul autre que le pourueu de l'Office & benefice ne s'en peut qualifier seigneur, mesmement ceste qualité ne peut estre enoncee du collateur d'iceux, qui n'en peut pas perceuoir les fruicts & reuenus, voire ne peut pas les conferer à soy-mesme, de sorte qu'il n'est aucunement capable du titre & Seigneurie d'iceux : Car il y à bien a dire d'estre Seigneur de la terre, dont dépend l'Office, ou bien du benefice dont dépend la collation : & d'estre Seigneur particulierement de l'Office ou benefice conferable.

39 Quel droit ha le collateur és Offices.

Mais le collateur des Offices ou benefices, n'a autre pouuoir sur iceux, que de les conferer quand ils sont vacans. Car quand ils sont remplis ils ne sont point en sa disposition, non plus que les fiefs couuerts ne sont exploitables par le Seigneur feodal. Et au rebours comme le Seigneur feodal peut exploiter le fief ouuert, & auquel il n'y a point d'homme, ainsi le collateur peut conferer l'Office vacant, & duquel nul n'est pourueu. Encor ceste collation n'est-elle pas tousiours libre, ains l'est seulement, quand l'Office est vacant tout à fait, comme par la mort, ou forfaicture, ou resignation absoluë de l'ancien pourueu, mais elle est contraincte, quand c'est par vne resignation faicte à la charge de conferer l'Office au resignataire exprimé par icelle.

40 Si le resignataire ha droict du resignant, ou du collateur.

Auquel cas, combien que les Canonistes dient, que *Resignatarius non habet ius in beneficio à resignante; sed à collatore*, neantmoins c'est la verité, que le resignataire ha droict & cause de tous deux : pource que cessant la resignation, le collateur ne l'eust peu conferer, d'autant qu'il n'eust esté vacant : & s'il eust vaqué par mort ou forfaicture, le collateur eust esté libre de le conferer à vn autre. Voire ie prouueray cy-apres en son lieu que la resignation *in fauorem* (qui est celle dont nous entendons tousiours parler en matiere d'Offices, qui ne sont gueres resignez autrement) n'est pas seulement vne cause *sine qua*, & comme vn leuement de l'obstacle qui empeschoit ou retardoit le droict du collateur, mais que c'est vne vraye cause *per quam*, & efficiente de la prouision : de sorte qu'il y a vne vraye translation du droict du resignant au resignataire, *medio* de la prouision du collateur, dont resulte plusieurs conclusions de grande importance. Mais la vraye intelligence de ce brocard du droict Canon, que le resignataire tient son droict du collateur, & non du resignant, est, qu'il ne s'entend que du droict *in beneficio*, & non pas de celuy *ad beneficium* : & signifie que la resignation ne produit point de droict en l'Office, ains c'est la collation qui le produit, & lequel droict en l'Office couure & absorbe le simple droict à l'Office, comme l'effect abolit l'esperance : laquelle ne seroit rien de soy, si l'effect ne suruenoit par aprés.

40 De l'Ordre & charactere d'Officier. Or d'autant que les Offices importent puissance publique, ce n'est pas assez d'en auoir la Seigneurie priuée, mais il faut, apres vne approbation publique, auoir la concession & application de ceste puissance publique, qui ne peut pas estre faicte par vn Seigneur particulier, lequel, ne l'ayant pas luy mesme, ne la peut transferer à autruy : Or pour le regard du Roy, bien que par sa prouision il la peust bien conceder s'il vouloit, neantmoins luy mesme s'en exclud par la teneur de ses lettres de prouision, par lesquelles il renuoye le pourueu aux Iuges superieurs pour esprouuer sa capacité, laquelle à la verité il aduient rarement que sa Majesté puisse cognoistre, notamment en vn Royaume de si grande estenduë que celuy de France. De sorte qu'à bon droict cet ordre y est estably, qu'apres la prouision, il faut encor passer par la reception solennelle, qui est celle qui, apres l'espreuue de la capacité du pourueu, luy transfere la puissance publique, & l'Ordre & charactere d'Officier.

42 Effects de la prouision & reception. Comme donc la prouision met l'Office entre les biens du pourueu, aussi la reception le ioint & applique directement à sa personne : celle-la le fait Seigneur de l'Office, & celle-cy le fait Officier: celle-là luy en attribuë le droict & la disposition, celle-cy l'effect & l'exercice : celle-là le titre & Seigneurie, celle-cy la qualité & le rang.

43 Pourquoy és Offices, il n'est besoin de reception. Neantmoins ceste reception solennelle n'est point pratiquee regulierement aux benefices, pour autant que l'approbation publique des Ecclesiastiques se fait par la collation des Ordres, lors de laquelle on fait inquisition de leur capacité : & par l'imposition des mains qu'on leur donne, on les declare capables indistinctement, & on leur donne la mission indefinie, pour faire les functions Ecclesiastiques, & obtenir les benefices affectez à leur Ordre. Laquelle mission

44 Ordre Ecclesiastique. generale & indefinie, s'appelle ordination, d'autant que ceux qui l'ont euë font vn certain Ordre & rang de personnes, ausquelles les charges Ecclesiastiques sont destinées. De sorte que deslors qu'vn benefice est conferé à ceux, qui ont cet Ordre, ils en obtiennent non seulement le titre & Seigneurie, mais aussi la function & puissance publique, qui en dépend.

45 La consecratiõ est necessaire aux Euesques. Il n'y a que les Euesques, qui ayans vn Ordre particulier pardessus celuy de Prestrise (Ordre qui n'est point conferé absolument & indefiniement, ainsi que les autres Ordres Ecclesiastiques, ains seulement à ceux qui sont canoniquement pourueus de quelque Eueschè) ont besoin par apres d'vne reception solemnelle, qu'on appelle consecration. Ce qui estoit anciennement obserué tout de mesme en toutes autres charges & functions Ecclesiastiques, que nous appellons maintenant benefices, à sçauoir qu'apres qu'on auoit esté esleu, ou autrement pourueu d'icelles, il falloit y estre admis & receu par vne cõsecration & imposition des mains de l'Euesque, & par icelle receuoir l'Ordre requis à la charge & function qu'on auoit obtenuë: n'estant alors l'Ordre separé d'auec l'Office Ecclesiastique, quoy que ce soit n'estant conferé qu'a celuy qui auoit l'Office, ainsi qu'il se patique encor à present en l'Office seculier, comme ie prouueray amplement au liure *Des Ordres*.

46 Effect de la reception des Officiers. Or ceste reception des Officiers ne leur attribuë pas la possession actuelle de leurs Offices, laquelle n'a rien de commun, ni auec la Seigneurie, ni auec la qualité d'Officier, ains seulement leur donne permission d'apprehender ceste possession. Mais quoy que ce soit, il faut vne apprehension corporelle, pour acquerir la vraye possession des Offices, aussi bien que de toute autre chose, *d. l.* 3. §. 1. & 6. *D. De acquir. poss.* laquelle apprehension ou occupation corporelle se fait és Offices, comme és autres droits incorporels, par l'vsage & exercice d'iceux, dit la

47 Installation des Officiers. loy derniere, *D. De seruit.* D'ont s'ensuit que le commencement de l'exercice des Offices, est la prise de possession d'iceux : qui s'appelle proprement installation, pource qu'és Offices de iudicature, & quelques autres, on met & installe solennellement l'Officier en son siege & place de l'auditoire, ainsi qu'il sera dit au 4. chap. mais és Offices de la gendarmerie & finance, l'Officier receu n'ha besoin de ceste instalation solennelle, ains peut de son auctorité priuée commencer l'exercice de son Office, sans aucune solennité.

Voyla

Voila les quatre diuers droicts qu'on peut acquerir aux Offices. Mais pour conceuoir plus particulierement les diuers effects de chacun d'iceux, il les faut repasser encor vne fois l'vn apres l'autre. En premier lieu, le simple droict à l'Office ne peut pas produire d'action, ni reelle ni possessoire, pour le disputer & pretendre. Car l'action reelle n'appartient qu'à celuy qui ha droict reel & en la chose : & la possessoire, qu'ha celuy qui est possesseur d'icelle. Mais il produit tout au plus vne action personnelle, à sçauoir la composition ou vente, engendre vne action contre le vendeur, à ce qu'il ait à en fournir resignation valable : & la resignation, vne action contre le collateur, à ce qu'il ait à l'admettre, & à bailler lettres de prouision suiuant icelle, au cas que l'Office soit resignable. Encor peut-il escheoir plusieurs occurrences, qui abolissent ce droict à la chose, comme si le vendeur vient à deceder, ou forfaire son Office, ou mesme à le resigner à quelqu'autre qui en ait obtenu la prouision, si vn creancier vient à la trauerse saisir l'Office : bref comme on dit, il y a bien difference entre tenir & querir.

48 Effects du droit à l'Office.

49 Effects de la compositiõ d'vn Office.

Et quant à la retenue, elle ne produit point d'action, ne liant nullement le collateur, qu'il ne puisse changer de volonté, & conferer l'Office à vn autre, quand il vient à vaquer, comme il a esté dit nagueres. Et combien qu'autre chose soit en la suruiuance, ou lors de la vacation, l'impetrant entre sans nouuelles lettres en la iouïssance de l'Office, si est-ce que les suruiuances sont tousiours en bransle d'estre reuoquees par Edict general : voire mesme auparauant la vacation, elles peuuent estre reuoquées particulierement, si elles ont esté donnees gratuitement, pource qu'elles sont contraires au droict commun, & partant odieuses. C'est pourquoy en matiere d'Offices, il ne se faut asseurer de rien, iusques à ce qu'on les tienne, c'est à dire qu'on en soit asseuré par vne prouision valable, & sans condition : car au parauant tout ce qu'il y a d'asseuré, c'est qu'il n'y a rien d'asseuré.

50 Effects de la retenuë.

51 Effect de la suruiuance.

Mais celuy qui a obtenu droit en l'Office par vne prouision pure & valable, ne le peut desormais perdre sans son fait, de sorte qu'à son preiudice il ne peut plus estre conferé à vn autre : attendu que n'estant plus vacant, ains remply de sa personne, il n'est plus en la disposition du collateur, iusques à ce qu'il suruienne vne autre vacation : estant le droict à luy deferé par la precedente, consommé & esteint par la premiere prouision, qu'il en a concedee.

52 Effect de la prouision de l'Office.

De fait c'est vn poinct tout notoire en pratique, qu'entre deux pourueus d'vn mesme Office, le premier pourueu est preferable, au premier receu : & és benefices, le premier pourueu est aussi preferable à celuy qui a couru le mieux, pour prendre la possession : n'ayant la possession rien de commun auec le titre ou Seigneurie, suiuant la regle de la loy *Naturaliter*. §. 1. *D. De acq. poss.* Aussi n'y a elle aucun poids, sinon en l'equilibre de deux prouisions d'vn mesme temps, dont on ne peut recognoistre la priorité, auquel cas à la verité la possession premiere prepondere & emporte la balance, *cap. Si à sede. De præ. in 6.* ce que Rebuffe a expliqué amplement au traicté *De pacif. possess. num. 298. & seq.*

53 Entre deux pourueus le premier est preferable.

Mais quand la priorité de la prouision apparoist, il n'y a exception quelconque, soit aux Offices, ou aux benefices, que la premiere ne preuaille, soit que celles du benefice soient procedées d'vn mesme, ou de diuers collateurs. Car à l'egard des diuers collateurs, celuy qui a baillé la prouision a preuenu & preoccupé la collation : & en celles du mesme collateur, il est vray de dire que par la premiere, il a consommé son droict, & remply le benefice. Voire mesme ceste regle, que le premier pourueu est preferable au premier receu, ha lieu non seulement és pures prouisions des Offices ou benefices vacans, mais aussi aux Retenuës ou Reserues des non vacans, *cap. Capitulum sanctæ Crucis. ext. De rescriptis. & cap. Eum cui. De præb. in 6.*

54 Soit d'vn mesme, ou de diuers collateurs.

55 Soit aux pures prouisiõs soit aux Reserues.

Toutesfois il y a difference en ce poinct entre les pures prouisions, & les Reserues ou Retenuës, que le pourueu de l'Office ou benefice vacant ne peut par aucun moyen perdre le droict, qui luy est acquis en iceluy, par vne pure prouision, estant vne des regles de la Chancellerie Romaine, *De non tollendo ius quæsitum:* de sorte que quand le Pape, ou le Roy l'auroit reuoquee par exprés *etiam*

56 Differences entre les pures prouisions & les Retenuës ou Reserues.

cum clausula motus proprij, & ex certa scientia, telle reuocation n'auroit lieu par puissance reglee, comme Rebuffe dit sur ceste regle. Mais la Reserue ou Retenuë peut estre reuoquee, soit par reuocation expresse, soit par la prelation d'vn autre en l'Office ou benefice Reserué, comme quand lors de la vacation vn autre en est pourueu par le Pape, ou par le Roy, au preiudice de celuy, qui en auoit la Reserue ou Retenuë: pource que le Pape & le Roy ne se peuuent lier les mains *in iure quærendo, sed tantùm in quæsito*: ou bien quand auparauant la vacation, qu'el-

57 *Clausula Anteferri.* qu'vn obtient vne autre Reserue ou Retenuë, auec clause de preference à toutes autres, *cap. penul. De præb. in 6. & cap. Auctoritate. De concess. præb. ibid.* ce qui s'appelle aux benefices, la clause *Anteferri*: qui est differente de la clause appellee *gratificationis*: celle cy ayant lieu és pures prouisions de mesme date, & celle-la és Reserues de diuerse date, comme le mesme Rebuffe nous apprend en sa pratique beneficiaire. Et quant à la reuocation des suruiuances, qui est vne question ambagieuse, i'en parleray à plein fonds en son lieu. Somme que le droict en l'Office ou benefice, qui est autrement appellé *ius quæsitum*, ne peut estre osté, mais seulement le droict à l'Office ou benefice, qu'on appelle *ius quærendum*.

58 *Clausula gratificationis.*

59 *Ius quæsitum est irreuocabile; quærendum reuocabile.*

60 Cinq effects de la prouision de l'Office. Notons donc, que la seigneurie, qui resulte de la prouision valable de l'Office, ha cinq effects notables, premierement, de remplir l'Office de droict, en sorte qu'il n'est plus vacant. Secondement qu'elle est irreuocable, si ce n'est és Offices suiets à destitution. Tiercement, de vendiquer & debattre l'Office par action reelle, contre tout detenteur ou autre y pretendant droict. En quatriesme lieu, d'en pouuoir disposer, & le resigner, si l'Office est resignable, comme presque tous le sont à present. Finalement d'en perceuoir les gages *iure dominij*, comme ie prouueray au chap. 8. que les gages des Offices achetez, notamment de ceux de finance, doiuent courir du iour de la prouision, ce qui n'est des autres droicts de l'Office, qui ne courent que du iour de l'exercice encommencé.

61 Effects de la reception. Et quant aux effects de la reception, c'est en vn mot de produire la puissance publique, l'honneur (qui comprend le titre & le rang) & finalement les priuileges dépendans de l'Office, ce que la prouision seule ne peut pas apporter, & aussi n'est besoin d'installation pour cet effect, ains deslors que le pourueu est fait Officier par la reception, le pouuoir, l'honneur, & les priuileges de l'Office luy appartiennent. D'ont s'ensuit que deslors il peut faire procez verbaux, qui font preuue, & sont escritures publiques, ores qu'il ne soit encor installé en son Office, voire que l'installation luy soit empeschee: qu'il peut aussi se qualifier du titre de son Office, & des epithetes d'honneur, qui y sont attribuez. Pareillement qu'il acquiert son rang, & les immunitez, qui appartiennent à son Office.

62 Le rang des Officiers se prend du iour de la reception. C'est pourquoy, combien qu'à l'égard de la Seigneurie de l'Office, on la mesure, non au temps de la reception, ains de la prouision, ainsi qu'il vient d'estre dit: neantmoins quand il est question du rang de deux Officiers, on a esgard en France au iour de la reception, combien que le droict Romain le defere du iour de la prouision: dont ie diray la raison au chap. *De l'honneur des Offices*, où ie discoureray amplement sur ce suiet.

63 Effects de l'installation. Finalement les effects de l'installation sont, d'attribuer les profits prouenans de l'exercice, de produire la possession publique de l'Office, & par consequent pouuoir de le prescrire par le temps de l'Ordonnance; bref de former complainte, pour raison d'iceluy.

64 Que l'Officier peut former complainte pour les droicts de son Office. Car combien que du Moulin sur l'art 1. de la Cou. gl. 5. nomb. 59. presuppose pour chose notoire, que la complainte n'ha lieu en matiere d'Offices, neantmoins Rebuffe, & apres M. Choppin, rapportent vn Arrest des grands iours de Moulins en l'an 1540. plaidans Seguier, & Marillac, par lequel la complainte y a esté admise.

65 Refutation des raisons de du Moulin. Aussi la raison que rend du Moulin de sa presupposition, est impertinente à mon aduis, que l'Officier n'est ny proprietaire, ny possesseur de la Iustice, ains seulement simple administrateur; & quant à son Office, qu'il n'en est pas seulement vsufruictier, mais simple vsager, n'en pouuant vser qu'en propre personne. Car de vray quand il est question nuëment des droicts de la Iustice, l'Officier n'en peut

peut pas former complainte. Mais quand il s'agit directement du droict de l'Office, qui est nostre question, ie dy qu'il n'y a non plus de repugnance à admettre qu'il en puisse plaider possessoirement, qu'à confesser qu'il peut estre possesseur de l'Office. Aussi est-ce la verité, qu'il n'en est pas simple vsager *iure seruitutis*, mais proprietaire & possesseur, selon la nature & condition de l'Office, comme Bodin prouue fort bien au 5. chap. du 3. de sa Republique.

66 Office n'est seruitute, mais proprieté.

Car c'est toute vne autre categorie de l'vsufruict & vsage, qui sont seruitutes odieuses, distraictes & separées de la proprieté, & desquelles le droict est frelle au possible, & l'extinction fauorable, à cause de la liberté, & pour paruenir à la reünion d'vne parfaicte Seigneurie, & de l'Office, qui n'est point vne seruitute separée de la proprieté, ni vn droict extraordinaire, ains du tout necessaire, & aussi qui ne se peut esteindre, ni consolider en la personne du collateur : ains quand il vaque il demeure neantmoins tousiours en son estre, attendant qu'il soit remply d'vne autre personne : & lors ce n'est point vn autre Office, ains le premier, qui n'a fait que changer de maistre. Et ce que l'Officier ne peut faire les functions de son Office, qu'en propre personne, n'est pas qu'il n'en soit qu'vsager (car comme i'ay prouué cy-deuant, il n'y a personne qui s'en puisse dire seigneur, ni possesseur que luy, non pas le collateur mesme, qui n'y ha autre droict, sinon de le conferer, quand il est vacant) mais cela prouient de la nature particuliere des Offices, sçauoir est à cause que les functions d'iceux sont publiques, pour lesquelles executer la personne des Officiers est choisie, approuuée & preposée particulierement par les Magistrats publics superieurs.

67 Difference entre l'vsufruict & l'Office.

68 Pourquoy l'Officier doit exercer en personne.

Et puis qu'ainsi est, qu'on ne fait nulle difficulté en matiere de Benefices, d'en permettre la complainte au pourueu, voire on la permet tellement, que tous les procez d'iceux sont intentez en France possessoirement, de sorte que par ce moyen ils sont attirez en la Iustice laye : pourquoy en fera-on plus de difficulté aux Offices ? attendu qu'il ne se peut en cecy assigner aucune raison de repugnance aux Offices, plus qu'aux benefices, ne se pouuant dire, que le beneficier ait plus de droict en son benefice, que l'Officier en son Office : au contraire, on peut bien dire que le Beneficier en a moins, & quant à la seigneurie, attendu qu'il ne peut vendre son benefice : & quant à la possession, pource que la possession n'eschet pas tant és choses sacrées & dediées à Dieu, comme aux profanes, *l. Qui vniuersus. §. 1. D. de acquir. poss.*

69 Que la cõplainte ha lieu aussi bien aux Offices, que aux benefices.

70 L'Officier ha plus de droict en l'Office, que le Beneficier au benefice.

Bien est vray qu'vn Officier ne peut pas intenter complainte contre le Roy, ou autre collateur de son Office, qui est comme le Seigneur direct d'iceluy, au nom duquel l'Officier le possede & exerce, & partant il ne peut pas retorquer sa possession contre luy, non plus qu'en matiere d'heritages on n'approuue pas la complainte d'vn vassal, d'vn censier, d'vn emphyteute contre son seigneur direct : ains pour le respect qu'ils luy doiuent, & aussi qu'ils sont tenus eux-mesmes de conseruer sa possession, il faut qu'ils se pouruoyent contre luy par autre voye, que par complainte.

71 L'Officier ne peut former cõplainte contre son collateur.

Or les Iuges de la complainte, & de tous autres procez intentez, pour raison du titre & droict pretendu en tous Offices Royaux, sont Messieurs les Maistres des Requestes de l'Hostel du Roy, en leur siege ordinaire du Palais à Paris, d'autant qu'ils sont comme les Assesseurs & Conseillers de M. le Chancelier, qui est celuy seul, qui expedie les prouisions d'Offices, en vertu desquelles on en obtient le tiltre & le droict. Aussi est-ce presque l'vnique attribution de leur iustice. Car quant aux renuoys qui leur sont faits du Conseil Priué, ils ne les ont que *delegato non ordinario iure*, & quant aux causes des Officiers domestiques du Roy, qui estoient aussi anciennement de leur naturelle iurisdiction, le Preuost de l'Hostel, & sur tout Messieurs des Requestes du Palais, ausquels elles sont attribuées concurremment, les attirent presque toutes. Mais la cognoissance des Offices leur est attribuée priuatiuement à tous Iuges, par les anciennes Ordonnances renouuelées en l'an 1539. & en l'an 1583. & par appel au Parlement de Paris, priuatiuement à toutes autres Cours souueraines, pource que c'estoit anciennement le Conseil priué du Roy, où se vuidoient les causes de ses Officiers.

72 Procez des Offices se traictent deuant Messieurs les Maistres des Requestes de l'Hostel.

73 N'ont gueres d'autre Iurisdiction.

74 Et le Parlement de Paris seul par appel.

75 Cela n'a lieu qu'és procez concernans le tiltre des Offices.

Toutesfois ceste attribution de cognoistre des causes concernantes les Offices, ne comprend que celles, qui concernent directement & precisément le tiltre & droict pretendu és Offices, & non celles où il est question de l'exercice, rang, & autres droicts dependans d'iceux: moins encor la faut-il estendre aux reglemens d'entre les Officiers, comme il a esté iugé par infinis Arrests. Comme au pareil il faut noter, que les procez suruenans touchant le compromis ou composition des Offices doiuent estre traictez en la Iustice ordinaire, ainsi qu'il fut iugé par Arrest du 21. Feurier 1584. rapporté par Guenois sur les Ordonnances: & ce, d'autant qu'il n'est pas question en iceux du tiltre ou droict acquis és Offices, comme il vient d'estre prouué.

76 Encor leur sont-ils ostez par le Conseil d'Estat, & le Parlement.

Mesmement c'est la verité, que la plusparr des procez concernans directement le tiltre des Offices, se vuident, ou au Conseil priué, par le moyen des oppositions qui se forment au seau à l'expedition des prouisions: ou aux Cours souueraines, à cause de celles qui se forment incidemment à la reception des Officiers: voire mesme le Conseil d'Estat en cognoist bien souuent apres la reception, comme si les Estats estoient vne matiere d'Estat.

SOMMAIRES DV TROISIESME CHAPITRE.

1 *La prouision est la porte de l'Office.*
2 *Difference entre les prouisions des Offices & Benefices.*
3 *Benefices estoient iadis tous conferez par élection du Clergé & du peuple.*
4 *Election des Benefices ostée au peuple.*
5 *Et laissée au Clergé.*
6 *A l'exemple des Sacerdoces Romains.*
7 *Changée en collatiõ és Benefices vniques.*
8 *Puis en ceux de compagnie.*
9 *Est demeurée la derniere és Prelatures.*
10 *La collation des Prelatures entreprise par les Papes.*
11 *Le Concordat a partagé les prouisions des Benefices.*
12 *Nomination des Prelatures attribuée au Roy, & pourquoy.*
13 *Nomination des graduez.*
14 *Indult du Parlement.*
15 *Sept sortes de prouisions des benefices.*
16 *Difference de l'Election & Postulation.*
17 *Presentation.*
18 *Nomination de deux sortes.*
19 *Confirmation, Institution, Collation.*
20 *Plusieurs collateurs d'vn mesme Benefice.*
21 *Le souuerain est le seul collateur legitime des Offices.*
22 *Pourquoy.*
23 *Limitation és Estats populaires.*
24 *Les Empereurs Romains conferoient les Offices par l'aduis de leur Conseil.*
25 *Notamment du* Præfectus Prætorio.
26 *Les grands Offices de l'Empire Romain commettoient les petits.*
27 *Les Milices estoient conferées par le chef d'Office.*
28 *Les Empereurs voulurent qu'on en prist confirmation d'eux.*
29 Probatoriæ.
30 *Le mesme s'obseruoit du commencement en France, ainsi qu'à Rome.*
31 *Les grands Officiers estoient pourueus par le Roy, par l'aduis de son Conseil.*
32 *Les grands Officiers pouruoyoyent les petits.*
33 *D'où vient que les Seigneurs conferent les Offices de leurs Iustices.*
34 *Les Baillifs commettoient leurs Lieutenans & Sergens.*
35 *Preuostez Royales, comment conferées.*
36 *Election ordonnée aux Offices.*
37 *Auoit lieu dés le commencement aux Offices de Finance.*
38 *Meilleure que la collation.*
39 *Les Anglois sous Charles VII. chãgerent l'élection en collation.*
40 *Expedient metoyen de la nomination, troué apres leur expulsion.*
41 *Raison de la Nomination.*
42 *La venalité des Off. a aboly la nomination.*
43 *Tout Office à present est en la collation du Roy.*
44 *Exception és Milices de la Cour.*
45 *Autre des Offices des Seigneurs.*
46 *Prouisions du Roy sont de deux sortes.*
47 *En l'Estat populaire de Rome les Officiers n'auoient point de lettres.*
48 *Mais auoient certaines enseignes, ou habits.*
49 Honorum insignia.
50 Cingulum militare.
51 Designatio ἀποδείχθεις, quid?
52 Codicili Officiorum.

53 Diplomata vnde dicta.
54 *Lettres patentes, ou closes du seau, ou de cachet.*
55 Epistolæ.
56 *Lettres d'Offices, comment faictes.*
57 *Ce qu'elles contiennent.*
58 *Clause*, Estans deuëment informez, &c.
59 *Clause*, S'il vous appert.
60 *Clause*, Tant que suffire doiue.
61 *A Rome les Officiers n'estoient subjects à information, ni examen.*
62 *Ni soubs les Empereurs.*
63 *Pourquoy.*
64 *Docteurs furent les premiers assubietis à l'examen.*
65 Probatoriæ quid, aduersus Brissonium.
66 *Comment les Senateurs estoient examinez.*
67 *Enqueste de la capacité des Officiers, ordonnée par Seuere.*
68 *En Grece, ceste enqueste auoit lieu.*
69 *Se faisoit par le Logiste.*
70 *Les Prestres des Romains examinez par le grand Prestre.*
71 *Ordonn. notable d'Alexius Comnenus.*
72 Facere Magistratus ad beneficium, vel ad iudicium.
73 *Pourquoy en France il a fallu enquerir de la capacité des Officiers.*
74 *Ce qui n'estoit anciennement.*
7 *N'est encor aux benefices.*
76 *Fors en quelques collations du Pape.*
77 *Pourquoy.*
78 *De la clause*, Tant qu'il nous plaira.
79 *De la durée des Offices.*
80 *Contrarieté entre Platon & Aristote.*
81 *Iugement sur icelle, & s'il est expedient que les Offices soient perpetuels.*
82 *Comment sous les Empereurs, les Offices deuindrent perpetuels.*
83 Successorem dare est abrogare Magistratum.
84 *En France les Offices estoient anciennement reuocables.*
85 *Offices de la Couronne, iadis reuocables.*
6 *Destitution appellée* descharge.
87 *Officiers du Parlement, reuocables.*
88 *Parlement, que c'estoit iadis.*
89 *Officiers du Parlement reuocables depuis qu'il a esté erigé en Cour ordinaire.*
90 *Lettres pour l'ouuerture du Parlement.*
91 *Ducs & Comtes, iadis Officiers reuocables.*
92 *Menus Officiers, iadis reuocables.*
93 *Baillifs destituoiẽt iadis leurs Lieutenans.*
94 *Pudeur en la destitution d'Officiers.*
95 *Bons Princes n'ont gueres destitué d'Officiers.*
96 *Ordonnance de Philippes le Bel, pour la perpetuité des Offices.*
97 *Destitution d'Officiers, faicte par Charles cinquiesme.*
98 *Et par Louys XI. cause de la guerre Bien public.*
99 *Ordonn. de Louys XI. prohibitiue de la destitution.*
100 *Iurée par Charles VIII.*
101 *Origine des commissions.*
102 *Offices, lors qu'ils estoient reuocables, estoient vrays Offices.*
103 *Effect de la clause*, Tant qu'il nous plaira.
104 *Elle fait que l'Office n'est concedé qu'à tiltre de precaire.*
105 *Office n'est reuocable de sa propre nature.*
105 *Offices, pourquoy iadis baillez en garde.*
107 *Prouision en garde, ou en Office, sont opposites.*
108 *Prouisions en garde, & la clause*, Tant qu'il nous plaira, *abolie.*
109 *Pourquoy on la laisse encor és lettres.*
110 *On garde mieux en France les vaines Coustumes, que les bonnes Loix.*

DE LA PROVISION DES OFFICES.

CHAPITRE III.

PVISQVE nos fondemens sont acheuez, & encor nos materiaux preparez pour trauailler à la surface de l'edifice, il la faut maintenant commencer, & ce par la porte, qui est la prouision des Offices, n'y ayant point d'autre entrée à iceux. Car c'est toute la premiere regle du droict Canon, que *Beneficium Ecclesiasticum non potest sine institutione canonica obtineri, cap. 1. De reg. iur. in 6.* regle, qui par identité de raison ha lieu aux Offices.

1 La prouisiõ est la porte de l'Office.

Et neantmoins, il y a bien de la difference entre la prouision des Benefices & celle des Offices; pour-ce que celle des Benefices, dependant de la Iurisdiction Ecclesiastique, ou puissance des clefs, peut appartenir à plusieurs colla-

2 Difference entre les prouisions des Offices & Benefices.

teurs, ausquels ceste puissance des clefs est communiquée: mais la prouision des Offices ciuils, dependant de la puissance souueraine, ne deuroit en bonne Iurisprudence appartenir qu'au Prince souuerain: mais quoy que ce soit, estant vn acte de Seigneurie & proprieté, ne peut appartenir qu'à vn seul, au moins pour le tout.

3 Benefices estoient iadis tous conferez par élection du Clergé, & du peuple.

Pour approfondir ceste difference, déchiffrons en peu de mots la suite & progrez des prouisions des benefices, puis des Offices. Premieremét, nous trouuons que iadis en l'Eglise les benefices estoient distribuez *per electionem cleri & populi, can. plebs. cum seq. 63. distinct. can. Ordinationes. 1. q. 1.* c'est à dire de tout le peuple Chrestien en general, qui en la douceur de la primitiue Eglise élisoit luy-mesme son Pasteur: & apres ceste élection le Superieur bailloit l'Ordre, & conferoit la charge Ecclesiastique tout ensemble à celuy qui auoit esté éleu: c'est à dire, que l'Euesque ordonnoit & consacroit le Prestre, ou Curé, au tiltre de la charge, à laquelle il auoit esté éleu, & le faisoit Prestre d'vn tel lieu: & l'Archeuesque auec ses suffragans, l'Euesque, & ainsi consequemment. Car de ce temps l'ordre & la charge Ecclesiastique (que nous appellons maintenant Benefice) n'estoient qu'vn, comme il sera expliqué particulierement au liure *Des Ordres*.

4 Election des benefices ostée au peuple.

Mais peu apres, & de degré en degré on osta au peuple lay ces élections, à cause de la confusion & desordre qu'il y apportoit: aussi qu'on mist en auant qu'il n'estoit pas conuenable que les laïcs disposassent des charges Ecclesiastiques. Premierement donc on leur osta la voix & suffrage électif, leur laissant toutesfois auant l'élection, la demande & nomination de celuy qu'ils desiroient estre éleu, que les Canonistes nommerent *desiderium*, la presence lors de l'élection, & apres icelle le consentement & approbation: comme il se void en ceste distinct. 63. & au can. *Si ergo. 8. quæst. 1.* & au can. *Si quis. 1. quæst. 6.*

5 Et laissée au Clergé.

6 A l'exemple des Sacerdoces Romains.

7 Changée en collation és benefices vniques.

Encor à la fin, tout cela fut entierement osté au peuple, & fut l'élection laissée toute libre au Clergé: voire mesme au Clergé particulier de l'Eglise, dont estoit le benefice vacant, *cap. 2. ext. De elect.* à l'exemple de ce que dit Ciceron *2. orat. contra Rullum, Sacerdotia, præter Pontificatum maximum, à populo non data fuisse, sed tantùm à Collegijs cooptari solitos, qui Sacerdotes fierent.* Et parce qu'il n'y auoit aucun Clergé aux Cures, & autres benefices vniques, les Euesques entreprirent de les conferer seuls, comme Superieurs: & ainsi l'élection fut changée à cét égard en collation. De sorte que l'élection, ne se faisant plus que par les Prestres de la mesme Eglise, ne peut par consequent demeurer qu'aux Eglises, où il y auoit plusieurs Prestres en societé, *cap. 1. de electio.* comme és Metropolitaines, Cathedrales, Conuentuelles & Collegiales. Encor en ces Eglises, le Prelat ou premier chef d'icelles, ne tarda gueres à entreprendre d'en conferer seul les benefices: autres partagerent ce droict de collation auec le corps du Chapitre: mais aux premieres Dignitez de ces Eglises, n'y ayant lors de leur vacance aucun Superieur sur le lieu, qui en peust vsurper la collation, l'élection y est demeurée toute la derniere, & demeure encor à present en quelques vnes.

8 Puis en ceux de cõpagnie.

9 Est demeurée la derniere és Prelatures.

10 La collatiõ des Prelatures entreprise par les Papes.

Neantmoins à succession de temps les Papes, qui ja auoient par droict de souueraineté, & comme ordinaires des ordinaires, gaigné la preuention és benefices collatifs sur les Ordinaires, qui les conferoient par droict de Superiorité, la voulurent aussi auoir és electifs, soustenans qu'ils auoient *de iure supra ius omnem potestatem in beneficijs*; mesme en fin ils donnerent des reserues sur iceux, ainsi que sur les autres, preuenans les élections auant la vacance, de peur d'estre preuenus par apres: & ainsi peu à peu ils abolirent presque tout à faict les élections des Prelatures, qui furent remises du temps de nos peres par le Concile de Constance, & par la Pragmatique Sanction.

11 Le Concordat a partagé les prouisions des Benefices.

12 Nominatiõ des Prelatures attribuée au Roy, & pourquoy?

A cause de laquelle, les Papes estans faschez contre les François, suruint le Concordat, qui fit en effect vn vray partage du droict de prouision des benefices de France, par lequel la prouision des Prelatures fut attribuée au Consistoire de Rome, auec le droict d'annate, pour l'entretien des Cardinaux; & la nomination d'icelles au Roy, qui desia y pretendoit droict au moyen de la concession faicte à Charles le Grand par le Pape Adrian, de l'inuestiture & confir-

mation des Euesques. *can. Adrianus 2.63. dist.* Et afin que les Vniuersitez de France, 13 Nominatiõ des graduez.
qui auoient lors plus de pouuoir qu'à present, & qui auoient moyenné la Pra-
gmatique Sanction, n'empeschassent cét accord, on leur laissa la nomination 14 Indult du Parlement.
des autres benefices, pendant huict mois de l'année, au profit des graduez sim-
ples ou nommez: & finalement on donna l'indult au Parlement de Paris, afin de
verifier & maintenir le Concordat.

Ainsi sont venus de temps en temps en l'Eglise tant de diuerses & bigearres 15 Sept sortes de prouisions des benefices.
sortes de prouisions des benefices, qu'on trouue dans le droict Canon; sçauoir
est, l'Eslection, la Postulation, la Presentation, la Nomination de deux sortes,
la Confirmation, l'Institution, & la Collation: qu'il faut ainsi distinguer en vn 16 Difference de l'Electiõ & Postulation.
mot, que l'Election & Postulation se font par plusieurs ensemble, & ont besoing
d'estre confirmées: mais l'Election se doit faire de personne digne & capable, &
lors on ne peut refuser de la confirmer; & au rebours la Postulation se fait de per-
sonne incapable, bien que digne, & n'est admise que de grace: La presentation se 17 Presentation.
fait de droict commun par le patron: La Nomination est de deux sortes: car ou 18 Nomination de deux sortes.
elle est d'vne seule personne, & lors elle est distinguée de la Presentation, en ce
qu'elle depend, non du droict commun, mais de quelque priuilege particulier,
comme la nomination du Roy aux Prelatures, celle des Graduez, & Indult du
Parlement: ou elle est de plusieurs personnes nommées ensemble, demeurant
le choix d'iceux au collateur, comme la Nomination des Offices de iudicature,
renouuelée par les Ordonn. d'Orleans, & de Blois: Finalement la Confirmation, 19 Confirmation, Institutiõ, Collatiõ.
est la prouision donnée sur l'Election, ou Postulation: L'Institution, celle qui suit
la presentation: Bref, la Collation est celle qui est donnée sur la Nomination, ou 20 Plusieurs Collateurs d'vn mesme Benefice.
qui est du tout libre.

Mais outre ces sept ou huict diuerses sortes de prouisions des Benefices, il se
void presque tousiours, qu'és Benefices collatifs, il y a plusieurs collateurs legi-
times d'vn mesme Benefice, comme l'ordinaire & ses Vicaires, le Pape & ses Le-
gats: & encor le Superieur intermediat, d'entre l'Ordinaire & le Pape, par la ne-
gligence de l'Ordinaire, peut conferer *iure deuoluto*, suiuant le decret du Conci-
le de Latran, rapporté au chap. 1. *De concess. preb.*

Voila pour les Benefices: & quant aux Offices, i'ay dit, & est vray, qu'ils ne peu- 21 Le Souuerain est le seul Collateur legitime des Offices.
uent proprement auoir qu'vn seul Collateur, qui est le Prince souuerain, *à quo
exeunt omnes Dignitates, vt à Sole radij*, dit Cassiodore, *lib. 6. Var. ep. 23.* & comme dit
Balde, *ab eo tanquam à fonte promanant omnes Dignitatum riuuli.*

——*Solus*, dit Claudian,

Iura Magistratúsque facit, sanctúmque Senatum.

Et cela est decidé au 2. liure des Fiefs, tit. *Quæ sunt Regalia*, & en la loy 1. *D. ad
l. Iul. De ambitu*: aussi Bodin au premier liure de sa Republique, chapitre dernier,
met la prouision des Offices entre les principales marques de souueraineté: Que
si, dit-il, quelques principaux Officiers ont pouuoir d'instituer ceux qui sont
soubs eux, cela se fait en vertu de leur Office, comme estans en ceste qualité Pro-
cureurs du Prince souuerain, auec pouuoir de substituer. Car en effect, il faut 22 Pourquoy?
que toute puissance publique depende du Monarque & souuerain, auquel la
toute-puissance reside: & disent les Interpretes de droict, qu'il est requis au-
tant de puissance, pour creér les Magistrats, que pour faire des loix, *cum lex sit
Magistratus mutus, & Magistratus lex animata*, νόμος ἔμψυχος.

Cela toutesfois ne peut pas estre obserué exactement és Estats populaires, n'e- 23 Limitation és estats populaires.
stant possible, que le peuple s'assemble aussi souuent qu'il est besoin, pour confe-
rer tous les petits Offices: & partant, il faut par necessité qu'en ces Estats les
grands Officiers pouruoyent les petits: comme il se faisoit à Rome, pendant l'E-
stat populaire, & fut continué soubs les Empereurs, qui tousiours faisoient con-
tenance de vouloir retenir quelque forme de Republique populaire. 24 Les Empereurs Romains conferoient les Offices par l'aduis de leur Conseil.

Mesme pour le regard des grands Offices, qui souloient estre conferez par l'E-
lection du peuple, apres que les Empereurs luy eurẽt osté ce pouuoir, ils les con-
feroient par l'aduis des principaux de leur Cour, afin d'y retenir tousiours quel-
que forme d'Election, d'où vient qu'ils appelloient suffrages les aduis & recom-

mendations des courtisans : mot qui sera amplement expliqué au 3. liure : & no-
25 Notãment du *Præfectus Prætorio*. tamment ils conferoient ces Offices par l'aduis du *Præfectus Pretorio*, comme il se void en la Nou. 8. & principalement en la loy 1. C. *Ad l. Iuliam. de repet.* où il est dit que, *Rectores Prouinciarum amplitudinis eius testimonio solent promoueri.*

26 Les grands Officiers de l'Empire Romain, cõmettoient les petits. Et ces principaux Officiers, tant des Prouinces, que de la Cour de l'Empereur, conferoient les menus Offices dependans de leur charge : comme appert par la Nou. 35. & plusieurs loix des trois derniers liures du Code. Mesmement pource que les Gouuerneurs des Prouinces, estoient plus gens de guerre, que de Iustice, ils commettoient des Iuges, pour rendre la Iustice en leur nom, & soubs leur auctorité : Iuges, qui n'estoient pas Magistrats, ains personnes priuées & simples commissaires, comme ceux que le Pape, ou les Primats deputent auiourd'huy, pour iuger sur les lieux les causes Ecclesiastiques à eux deuoluës par appel.

27 Les Milices estoient conferées par le chef d'Office. Et pour le regard des menus Offices des domestiques, soit de l'Empereur, soit des Gouuerneurs des Prouinces Romaines, voire mesme des ministres de Iustice (qui estoient tous appellez Milices) ils furent reduicts en bandes & compagnies, appellées *Scholæ*, ainsi que les bandes de la gendarmerie ; & estoient conferez par le chef de chacune compagnie, qui du commencement y pouruoyoit *pleno iure*,
28 Les Empereurs voulurent qu'on en prist confirmation d'eux. comme il est dit en ceste Nou. 35. Mais en fin, les Empereurs voulurent qu'en la plus part des Milices de leurs domestiques, on prist lettres de confirmation d'eux, qui, aux trois derniers liures du Code, sont appellées *Probatoriæ*, & aux Nou.
29 *Probatoriæ.* δοκιμασίαι : ce qu'ils ordonnerent soubs de grandes peines, mesme d'exil & de mort, tant cela fut mal-aisé à establir du commencement, ainsi qu'il se void en la loy *Probatoriæ. C. de diuer. Offic.* & sur tout en la loy derniere de ce mesme tiltre, où sont specifiées les Milices subiectes à prendre Confirmation de l'Empereur, & est dit, que les letres de confirmation doiuent estre enregistrées au greffe du Iuge, pardeuant lequel l'Officier preste le serment.

30 Le mesme s'obseruoit du cõmencemẽt en Frãce, qu'à Rome. Voila ce qui s'obseruoit au droict Romain, touchant la prouision des Offices : & tout cela s'est obserué tout de mesme en France, pource que lors de l'establissement de nostre Monarchie, nos Roys ayant trouué la Gaule toute accoustumée aux loix & façons Romaines, n'y ont presque rien changé, ni au Gouuernement, ni en la Iustice.

31 Les grands Officiers estoient pourueus par le Roy, par l'aduis de son Conseil. Car quant aux grands Officiers, comme ceux de la couronne, & les chefs d'Office & Intendans de chacune charge, ensemble les Gouuerneurs des Prouinces, (qui anciennement estoient les Ducs & les Comtes, aussi bien qu'à Rome, comme il sera prouué en son lieu) ceux-là seuls estoient pourueus par le Roy, par l'aduis de son Conseil, & notamment du Maire du Palais, qui estoit proprement le *Præfectus Pretorio* des Romains, tant selon la signification du nom, que le pouuoir de l'Office : & de fait, par les Ordonnances de Charles V. de l'an 1355. & de Charles VI. de l'an 1388. il est porté que les Baillifs & Seneschaux, ensemble les Officiers du Parlement, & Chambre des Comptes, voire encor les simples Officiers de finance seroient éleus par deliberation du Conseil du Roy.

32 Les grands Officiers pouruoyent les petits. Et quant aux menus Offices, qui estoient soubs la charge, tant des grands Officiers de la Cour du Roy, que des Ducs & des Comtes, lors qu'ils estoient simples Officiers, c'estoit eux seuls qui y pouruoyoient : ce que les chefs d'Office de la maison du Roy retiennent encor auiourd'huy : & iusques au regne de François I. le Chancelier auoit droict de pouruoir par preuention à tous les Offices sans gages, & à ceux dont les gages n'excedoient vingt cinq liures, comme Bo-
33 D'où vient que les Seigneurs conferent les Offices de leurs Iustices. din nous apprend au dernier chap. du 1. liure de sa Republique. Mesme les Ducs & les Comtes (tout ainsi que les Proconsuls Romains) commettoient des Iuges, pour iuger les procez de leur Prouince, soubs leur nom & auctorité, la Magistrature & Iurisdiction residant & demourant tousiours par deuers eux. Et depuis qu'ils ont conuerty leurs Offices en Seigneuries, ils ont tousiours par vne continuation de possession gardé ceste prerogatiue de conferer seuls, & de plein droict les Offices de leurs Iustices, qu'ils ont par ce moyen rendu patrimoniales, c'est à dire à eux appartenantes en Domaine & Seigneurie, comme leur autre patrimoine, & comme l'heritage de leurs peres.

Et és villes & prouinces qui ont esté reunies par apres à la couronne, & où les Baillifs & Seneschaux ont esté mis, pour succeder à la mesme charge, que faisoient auparauant les Ducs & les Comtes en qualité de simples Officiers, ils ont aussi eu du commencement ceste mesme prerogatiue de conferer les Offices dependans de leurs charges, mesme de les instituer & destituer à leur plaisir & volonté: voire ils auoient ce mesme pouuoir à l'esgard de leurs Lieutenans, comme il se veoid és anciennes ordonnances, qui sont dans le vieil stile du Parlement, tit. *Des Baillifs & Seneschaux.* 34 Les Baillifs cõmettoyent leurs Lieutenans & sergens.

Et quant aux Preuostez Royales, & Iustices primitiues, tantost elles estoient baillees à ferme par les Baillifs & Seneschaux au profit du Roy, & tantost en garde: comme Monsieur Pasquier a tres-bien discouru au 4. liu. de ses recherches, ce qui sera expliqué par cy apres. 35 Preuostez Royales comment conferées.

Finalement soubs le Roy Charles 6. fut fait vn tres-beau reglement touchant la distribution des Offices, tant de la Iustice, que des Finances, en l'an 1440. par lequel en somme il fut ordonné, que les Officiers de Parlement, & autres de la Iustice, seroient esleus par le Parlement mesme, en presence du Chancelier: & ceux des Comptes, & autres des Finances seroient esleus par la Chambre des Comptes, appellez en icelle quelques Seigneurs du Conseil du Roy: & par ceste Ordonnance fut defendu expressément *de vendre Offices par resignation, soit de Iustice, soit des Finances,* ce qui sera noté en passant. Et est à croire que ceste voye d'élection estoit de tout temps partiquée en France és Offices mediocres, notamment en ceux de Finance, dont les Esleus retiennent encor le nom, & les Generaux, soit de la Iustice, soit des Aydes, estoient les Esleus ou Deputez generaux pour toute la Prouince. 36 Eslection ordõnee aux Offices. 37 Auoit lieu dés le commencement aux Offices de Finance.

Aussi y a-il plus de raison en l'élection, qu'en la collation. *Melius quippe omnibus, quàm singulis creditur: singuli enim decipere & decipi possunt: nemo omnes, neminem omnes fefellerunt*, dit Pline au panegyriq à Traian: & comme dit Cassiodore, *Dignus est Principali iudicio, qui à multis meruit approbari: vni enim acceptum fuisse interdum gratia est, multis placuisse, iudicium.* 38 Meilleure que la collation.

Ces elections des Offices furent obseruées iusques à l'vsurpation des Anglois, qui pendant qu'ils occupoient la plus grande partie de la France, introduisirent la libre collation du Prince en tous Offices, afin de mettre aux charges leurs partisans & confidens, ce qu'ils n'eussent peu faire, si l'Election eust eu lieu: qui fut cause, qu'apres leur expulsion, les Roys voulans continuer la libre collation, & les Officiers desirans r'auoir l'Election, on inuenta vne façon metoyenne entre les deux, qui fut la Nomination, à sçauoir que le Parlement, ou Chambre des Comptes nommeroient au Roy trois personnages capables de l'Office vacant, dont le Roy gratifieroit celuy de trois, qu'il luy plairoit: ainsi que Tacite 4. *Annal.* dit, que quand il vaquoit vne place de *Flamen Dialis*, le college nommoit au peuple trois Prestres capables d'icelle, dont le peuple en acceptoit l'vn. 39 Les Anglois soubs Charles VIII. changerent l'electiõ en collation. 40 Expediẽnt metoyẽ de la nomination trouué aprés leur expulsiõ.

Or la raison dont on se seruit pour faire changer au Roy la libre collation en nomination, rapportée aux Estats de Tours, tenuz soubs Charles 8. merite bien d'estre notee. *Que le Roy estant chargé enuers Dieu de respondre de la suffisance & idoneité de ceux qu'il met aux Offices, ne s'en peut mieux descharger, que sur ses principaux Officiers.* 41 Raison de la nominatiõ.

Et de fait ceste nomination a duré presques iusques à ce que la venalité des Offices fut introduicte, sauf que bien souuent quand les Roys auoient grande volonté de gratifier quelqu'vn d'vn Office, ils n'attendoient pas qu'il y fust nommé. Et encor apres l'establissement des parties casuelles, quand aux Estats d'Orleans & de Bloys on a voulu oster la venalité des Offices de iudicature, on y a remis les nominations: ce qui n'a comme point duré, pource que c'est vne maxime en la nature, que depuis que l'Or a trouué place quelque part, on ne l'en peut plus chasser. 42 La venalité des Offices a aboly la nomination.

Doncque deslors qu'en France on s'est resolu de faire vn fonds aux Finances par la vente des Offices, la regle est venuë que quelque Office grand ou petit que ce fust, ne pourroit estre conferé par autre que par le Roy: iusques là, que 43 Tout Office à present est en la collation du Roy.

ceux mesme qui ont acquis le domaine aliené, auec clause expresse de pouruoir aux Offices, n'en ont pas pourtant la collation libre, ains seulement la nomination. Bref à present nul ne se peut dire Officier du Roy, qui n'ait lettres de prouision de sa Maiesté.

44 Exception des Milices de la Cour.

Enquoy il n'y a que deux exceptions, qui encor sont assez absurdes: l'vne que les chefs d'Office de la maison du Roy ont gardé leur prerogatiue de conferer les Milices de leur charge, qui à la verité ne sont pas proprement & tout à fait Offices formez: ains sont comme des places de compagnies & bandes militaires.

45 Autre des Offices des Seigneurs.

L'autre que les Seigneurs ayans iustice patrimoniale ont gardé leur possession d'y establir des Officiers pour l'exercer, *quia concessa Iurisdictione, omnia videntur concessa sine quibus iurisdictio exerceri non potest, l. 2. D. De iurisdict.* ce que du Moulin a noté sur l'art. 1. de la Coust. gl. 5. nomb. 57. & qui sera examiné cy apres: mais encor ceux là ne sont point Officiers du Roy, ains des Seigneurs.

46 Prouisions du Roy sont de deux sortes ou Collation, ou Confirmation.

De ce que dessus il appert, que les prouisions du Roy sont de deux sortes, aussi bien que celles des Empereurs Romains: les vnes émanées de son mouuement & libre volonté, qui sont lettres de Collation: les autres sont lettres de Confirmation, données sur la nomination, ou de ceux qui possedent le domaine aliené, ou de quelques principaux Officiers, qui ont la nomination des Offices dependans de leur charge. Car la nomination des Offices de iudicature n'a peu estre bien restablie, depuis que ces Offices sont entrez aux parties casuelles, quelques Ordonnances, qu'on ait fait, pour la cuider remettre.

47 En l'Estat populaire de Rome les Officiers n'auoient point de lettres.

Or touchant les lettres de prouision d'Offices, il faut noter qu'il n'en falloit point du tout en l'Estat populaire des Romains, lors que les Magistrats estoient conferez pour vn an seulement, par l'election publique de tout le peuple: ains pour tesmoigner leur qualité ils auoient certaines enseignes & remarques d'habits, qui les rendoient & remarquables, & respectables: dont les principales sont rapportees en ces vers de Prudentius,

48 Mais auoient certaines enseignes ou habits.

> *Fasces, secures, sella, prætextæ, toga,*
> *Lictor, tribunal, & trecenta insignia:*

49 Honorum insignia.

& en ce passage de Seneque, *Quid habet per se Corona pretiosum? quid prætexta, quid fasces, quid tribunal, & currus? Nihil horum honor est, sed Honoris insigne.* Mais principalement ils auoient la ceinture militaire, qui estoit vne marque commune

50 Cingulum militare.

à presque tous les notables Officiers. D'où vient qu'en plusieurs passages des bons liures *cingulum* est pris pour l'Office & Dignité. ζώνη ἐστὶ τὸ ἀξίωμα dit Suidas: & Lampride dit, qu'Alexandre Seuere *in animo habuit omnibus Officiis proprium genus vestium dare, & omnibus Dignitatibus, vt à vestitu discernerentur. App. lib.* 1. appelle *eiusmodi insignia Dignitatum* σύμβολα τῆς ἀρχῆς: & Dion liu. 38. ἐπίσημα τῆς ἀρχῆς, καὶ κοσμήματα τῆς ἡγεμονίας. Ce que nous pratiquons encor és Offices électifs des villes, qui au lieu de lettres de prouision, ont des habits particuliers.

C'est la cause pourquoy l'élection des Magistrats Romains, estoit appellee *de-*

51 Designatio ἀποδείχθεις, quid.

signatio, ἀποδείχθεις: mot qui ne signifie pas vne élection informe & subiecte à confirmation, ainsi que celle des benefices, comme on le prend communement auiourd'huy: mais vne election parfaite, & qui attribuë droit entier à l'Office: tesmoin la loy *Barbarius Philippus, D. De Offic. Prætoris*: aussi est-il certain, que les elections des Magistrats de Rome, n'estoient subiectes à confirmation, comme sont celles des benefices, qui requierent vn titre du superieur.

52 Codicilli Officiorum.

Mais soubs les Empereurs Romains, apres qu'ils eurent osté les Elections au peuple, force fut, que les Magistrats pour preuue de leur prouision, prinsent lettres d'eux; & ces lettres sont appellées en droict, *Codicilli Imperiales: in l. 1. C. Vt omnes Iudices &c. l. 12. C. De Dignit. & §. Filius fam. Instit. Quib. modis patria potestas solut. l. 1. De Pref. Prætor. C. Theod. l. 1. Ad. l. Iull. repet. eod. Cod. Sueton. in Claudio, Suppositos, aut etiam palam immutatos datorum Officiorum codicillos. Sidon. Apoll. epist. vlt. lib. 1. ad Gallias administrandas fascibus priùs, quàm codicillis ausus accingi.*

53 Diplomata vnde dicta.

Elles sont aussi appellées *Diplomata*, mot qui est amplement interpreté par Budé sur la loy *Militis. Ad l. Cornel. de falsis.* & par Cotta *in Memor. Seruius* dit que *diploma*, est toute escriture enuoyée à quelqu'vn. Il vient du verbe διπλόω, & signifie

à mon

à mon aduis vne lettre pliée d'vn double ply seulement, que nous appelons reply, & non de plusieurs plys, comme sont les lettres missiues. C'est donc proprement ce qu'en France nous appellons lettres patentes, qui n'ont qu'vn reply au dessous de l'escriture, à la difference des lettres closes, qui ayant plusieurs plis ne se voient point, si elles ne sont descloses, *quæ propriè vocantur Epistolæ. Sueton. In diplomatibus & Epistolis signandis initio Sphinge vsus est, mox imagine Alexandri Magni.* Nous appellons aussi les vnes lettres de seau, & les autres lettres de cachet. Ainsi voyons-nous, que les lettres de prouision d'Offices sont repliées : & si sont seellées soubs double queuë, & non pas soubs simple queuë, comme les commissions, ou autres lettres de moindre importance: & outre, elles sont tousiours seellées du seau de la grande Chancellerie de France, & non de celuy des petites Chancelleries des Parlemens.

54 Lettres patentes ou closes : du seau, ou de cachet.
55 *Epistolæ.*
56 Lettres d'Offices cōment faites.

Quant au formulaire de ces lettres, ie ne m'amuseray pas à traicter de celuy que les Empereurs Romains y obseruoient, qui se peut recueillir du 6. & 7. liu. de Cassiod. où se voient les formulaires de prouision de la plus part des Offices des Gots, qui gardoient les formes de l'Empire Romain : formulaires qui contenoient à peu pres les charges & aussi les dependances de chacun Office; c'est pourquoy ils estoient particuliers. Mais en France les tiltres de prouision de tous les Offices sont presque vniformes, & par icelles le Roy declare, qu'estant suffisamment informé des capacitez de l'impetrant, il luy donne & octroye l'Office vacant par telle sorte de vacation, pour en iouïr en tous droicts à iceluy appartenans, tant qu'il luy plaira : partant mande à ceux ausquels la reception en appartient, qu'ils ayent à l'y receuoir, & l'en faire iouïr. Voyla la substance des lettres de prouision des Offices, où il y a principalement deux clauses à remarquer, qui ne seruent plus de rien à present, sinon de nous rendre tesmoignage de l'antique obseruance.

57 Ce qu'elles contiennent.

La premiere est, que par ces lettres le Roy ne mande point, qu'on informe de la capacité du pourueu de l'Office, ains declare qu'il en est suffisamment informé : ce qui nous apprend qu'anciennement en France, on n'auoit point accoustumé d'informer de la vie & mœurs des Officiers, ni de les examiner. Car il est certain qu'és lettres du Prince, il y a deux clauses ordinaires, qui seruent pour attribuer aux Iuges, ausquels elles sont addressées, la cognoissance, l'vne du fait, c'est à dire de l'obreption & subreption, l'autre du droict, c'est à dire de la ciuilité, ou inciuilité d'icelles. Celle qui attribuë cognoissance du faict, c'est la clause, *S'il vous appert. &c.* & celle qui attribuë la cognoissãce du droict, ce sont ces mots, *Tant que suffire doiue*: & ces clauses sont tousiours inserées és lettres de Iustice: mais non pas d'ordinaire és lettres de commandement : & lors qu'elles n'y sont pas, le Magistrat executeur d'icelles ne doit entrer en cognoissance ni du fait, ni du droict, ains n'en ha que la simple execution, comme Bodin a fort bien discouru au 3. liu. de sa Repub. chap. 4. apres Seissel en sa Monarchie Françoise.

58 Clause, Estant deument informez & cæt.
59 Clause, *S'il vous appert.*
60 Clause, *Tant que suffire doiue.*

Aussi ne trouuerons-nous point qu'à Rome les Magistrats fussent suiects ni à informations de vie & mœurs, ni à examen. Car en premier lieu en l'Estat populaire, où ils estoient mis par election, c'eust esté chose superfluë, estant à presumer, qu'ils auoient esté esleus pour leur merite & capacité, & que par ceste election, ils estoient publiquement & en dernier ressort iugez capables par tout le peuple.

61 A Rome les Officiers n'estoyent suiets à informatiō ni examen.

Et apres que les Empereurs eurent aboly les elections, ils defendirent estroictement de doubter, & s'enquerir de la capacité des Officiers, qui auoient esté par eux choisis & pourueus : *Disputari de Principali iudicio non debet : sacrilegij enim instar est, dubitare an is dignus sit, quem elegerit Imperator*, dit la loy 3. *C. De crim. sacril.* & la loy *Sacrilegij. C. De diuers. rescript.* dit que *Sacrilegij instar est super quibuscunq; administrationibus vel dignitatibus diuinis obuiare beneficijs.* Ce que dit Cassiodore *lib. 9. Var. epist. 22. De illo nefas est ambigi, qui meruit eligi iudicio Principali*: dont la raison est renduë *epist. 43. lib. 1. Nam cum Principis sit de cunctis optimos quærere, videtur semper meritos elegisse* : en vn autre endroit il dit, *Principalis iudicij culmen excelsum est, ideoq; qui ab eo prouehitur, præcipuus & plenus meritis æstimatur. Nam si æquabilis credendus est, quem*

62 Ni soubs les Empereurs.
63 Pourquoy.

iustus elegerit, omnium profectò capax potest esse meritorum, qui iudicem cunctarum meruit habere virtutum. Regnantis quippe sententia iudicium de solis actibus sumit, nec blandiri dignatur animus dominij potestate munitus.

64 Docteurs furent les premiers assubiectis à l'examen.

Mesmement ceux d'entre les Docteurs & professeurs des sciences, qui auoient obtenu lettres de prouision de l'Empereur, n'estoient point du commencement examinez sur leur capacité: *sed quia cunctis ciuitatibus adesse non possum* (dit l'Empereur en la loy 7. *De profess. & medic.*) *ne repentè, vel temere prosiliant ad id munus, iudicio Ordinis probati, decretum Curialium mereantur.*

65 Probatoriæ quid? aduersus Brissonium.

C'est pourquoy ie ne puis adherer à l'opinion de ce grand personnage feu M. Brisson, qui en son liure *De verb. signif.* dit que *Probatoriæ, significant attestationem illam, qua, qui in Officium aut Ordinem aliquem adsciscuntur, idonei ac probati renunciantur*: attendu mesme que toutes les loix qui parlent de *Probatoriis*, denotent qu'elles se bailloient par l'Empereur, aussi sont elles tantost appelllées *sacræ*, tantost *diuinæ*, & tantost *Imperiales*. Or l'Empereur n'eust pas fait luy mesme telles attestations, ains les eust commises aux Iuges des lieux: & d'ailleurs il ne se trouuera point dans le droit, ni aillieurs, que ni deuant, ni apres la prouision des Officiers il se feist attestation de leur vie & mœurs.

66 Comment les Senateurs estoient examinez.

Car ce passage vulgaire *admittendos in Senatum examinare cogit sollicitus honor Senatus*, à cause duquel Bodin estime, que soubs les Gots les Senateurs estoient examinez auant qu'estre receus, ne signifie pas cela; ains seulement veut dire, que le Prince trioit & choisissoit soigneusement ceux, qu'il faisoit Senateurs, comme il se voit par ce qui est dit deuant & apres en l'epistre 41. du liu. 1. de Cassiodore, dont il est pris. Vray est qu'apres que le nouueau Senateur auoit obtenu lettres du Prince, il falloit qu'il se presentast, & feist receuoir au Senat, mais ceste reception se faisoit sans cognoissance de cause: *Iudicium nostrum, vester comitatur assensus* disoit Theodoric au Senat dans le mesme autheur, *epist. 4. lib. 1.*

67 Enqueste de la capacité des Officiers ordonnée par Seuere.

La seule remarque que i'ay trouuee de l'enqueste de la capacité des Officiers, qui se faisoit du mouuement du Prince, auant qu'il baillast ses lettres de prouision, est de ce bon Empereur Alexandre Seuere dans Lampride: *Vbi aliquos voluisset vel Rectores prouinciarum dare, vel Præpositos facere, vel Procuratores, id est, Rationales ordinare, nomina eorum publicè proponebat, hortans populum, vt si quis quid haberet criminis, probaret manifestis rebus: si non probasset, subire pœnam capitis. Dicebátque graue esse, cum id Christiani & Iudæi facerent in prædicandis sacerdotibus, qui ordinandi sunt, non fieri in prouinciarum Rectoribus, quibus & fortunæ hominum committerentur, & capita.* Aussi auoit-il vn soin particulier de mettre des gens de bien aux charges publiques, disant le mesme autheur, que *Præsides & Proconsules nunquam fecit ad beneficium, sed ad iudicium suum vel Senatus.*

68 En Grece ceste enqueste auoit lieu.

Vray est que pour la Grece, Libanius en l'argument de l'oraison de Demosthene *contra Androti.* nous apprend, que quand à Athenes il estoit question de receuoir vn Magistrat, il falloit au prealable informer de sa vie passee: voire mesme qu'estant trouué capable par ceste premiere information, on en faisoit encor vne seconde apres l'an expiré de son Magistrat: & si lors il se trouuoit, qu'il
69 Se faisoit par le Logiste.
s'y fust bien gouuerné, il demouroit du nombre des Areopagites. Et pour faire ceste inquisition de vie & mœurs, le Logiste (qui estoit comme le Censeur à Rome) faisoit proclamer par tout à cry public, Τίς βούλεται κατηγορεῖν comme cela se voit aussi en l'oraison d'Eschinés contre Demosthene & Ctesiphon.

70 Les Prestres des Romains examinez par le grand Prestre.

Il est vray aussi qu'en l'antiquité Romaine, les Augurs, & autres prestres du paganisme, qui n'estoient pas esleus par le peuple, ni pourueus par l'Empereur, ains choisis par leur college, estoient examinez par le souuerain Pontife, comme nous tesmoigne Dionis. Halic. liu. 2. Sigon. liu. 1. *de antiquo iure ciuium Rom. cap.* 19. & Onufre, *tit. de Pontific.* Et de fait par Iustinian en la Nou. 6. l'information de vie & meurs est enioincte en la reception des Prestres & des Diacres.

71 Ordonnance notable d'Alexius Comnenus.

Mais soubs les derniers Empereurs de Constantinople, apres que le trafic & venalité des Offices fut introduicte plus communement entre les particuliers, ie trouue vne notable constitution *d'Alexius Comnenus in lib. iuris Orient.* qui fait distinction entre les Officiers qui auoient esté immediatement choisis par l'Empereur,

reur, la capacité desquels il ne veut point estre recherchée: & ceux qui estoient pourueus à l'adueu & par l'entremise des courtisans, ausquels l'Empereur auoit permis de tirer recompense de l'Office, (qui est possible ce que Lampride au passage sus-allegué, appelle *facere Magistratus ad beneficium, non ad iudicium:* & ce qui est dit en ceste loy *Sacrilegij, Diuinis obuiare beneficijs*) & quant à ceste derniere sorte d'Officiers, cet Empereur defend de les receuoir, s'ils ne sont trouuez estre d'aage & capacité suffisante. Et pource que les vns & les autres auoient lettres du Prince en mesme forme, il ordonna que desormais pour les discerner, aux lettres de ceux par luy choisis, seroit mis le mot κατασπουδήτῳ, pour signe, qu'il les falloit receuoir & installer sans cognoissance de cause. 72 *Facere Magistratus ad beneficium, vel ad iudicium.*

Aussi en France par mesme raison, depuis que la venalité des Offices y a esté introduicte non seulement entre les particuliers, mais aussi à l'esgard du fisque, (estant ainsi que l'Office n'est plus conferé par choix du Prince, mais adiugé au plus offrant & dernier encherisseur, qui peut ordinairement estre incapable) il a esté tres-necessaire d'obseruer qu'il seroit informé de sa capacité: ce qui ne se faisoit pas lors que les Offices estoient conferez pour le merite, & non pour l'argent. De faict, la plus ancienne ordonnance, que i'aye veuë touchant l'information de vie & mœurs, est de l'an 1546. qui est apres l'erection des parties casuelles: encor en l'année suiuante 1547. fut faicte vne declaration, que ceux qui auparauant ceste premiere Ordonnance auoient esté receus à la mode ancienne, sans information ni examen, & qui auoient bien exercé leurs Offices, continueroient leur exercice, sans y estre subiects. 73 Pourquoy en France il a fallu enquerir de la capacité des Officiers. 74 Ce qui n'estoit anciennement.

Et encor auiourd'huy, pource que les benefices ne tombent en commerce, on n'y fait pas regulierement ces informations, principalement quand la collation s'en fait par le collateur ordinaire, qui énonce en sa prouision, *se fama & fide dignis testibus informatum de vitæ ac morum honestate & literarum scientia impetrantis*. Mais quand les prouisions viennent du Pape, qui à cause de son esloignement, ne cognoist pas ceux de ce pays: aussi qu'en Cour de Rome les benefices sont ordinairement conferez, non par choix, mais au premier qui les demande, le Pape mande quelquesfois, qu'il soit informé de la capacité de l'impetrant, principalement és prouisions, qu'on appelle *in forma Dignum, & in forma Pauperum*. 75 N'est encor aux benefices. 76 Fors en quelques collations du Pape.

L'autre remarque notable du formulaire des prouisions d'Office, c'est la clause, *Tant qu'il nous plaira*, qui n'est pas principalement adioustee, quoy qu'en die Bodin, pour remarque de la puissance absoluë du Roy: car il y a pour cet effect en ces mesmes lettres, comme en toutes les patentes de sa Maiesté, la clause, *Car tel est nostre plaisir*. Mais c'est vne modification apposee en la concession de l'Office, qui le rendoit anciennement reuocable à la volonté du Roy. 77 De la clause, *Tant qu'il nous plaira.*

Ce qui nous ouure le subiect de dire vn mot icy de la durée des Offices, en laquelle consiste l'effect de la prouision dont nous traitons. En quoy a esté l'vne des plus importantes contrarietez d'entre Platon & Aristote: celuy-là voulant qu'ils fussent perpetuels, c'est à dire à vie; & celuy-cy, qu'ils fussent annuels, ou à certain brief temps. 78 De la durée des Offices. 79 Contrarieté entre Platon & Aristote.

Dont ie ne m'amuseray à desduire les raisons d'Estat, que Bodin a discourues au 4. liu. de sa Repub. chap. 4. Ie diray seulement en gros, qu'és Estats populaires il y a plus d'apparence que les Offices soient à brief temps, *ne diutina potestate vnus insolescat, & vt plurimum prouectus gaudia reperiant* dit Cassiod. Mais és Monarchies où le Prince ne craint point que les Officiers le suppeditent, & où il n'est pas necessaire de rendre tant de gens participans de la puissance publique, comme aux Republiques populaires, où chacun ha part à l'Estat, il est plus à propos qu'ils soient perpetuels, à fin que par vne longue experience l'Officier face mieux sa charge, & aussi qu'il y soit plus authorisé. 80 Iugement sur icelle, & s'il est expedient que les Offices soient perpetuels.

Et de fait (à fin de ne dire icy, que ce qui est de l'histoire) en l'Estat populaire de Rome, il est notoire que les Offices estoyent annuels: mais soubs les Empereurs ils deuindrent presque tous à vie: non qu'il se trouue aucune loy ni constitution de ce changement, mais il se feist insensiblement, en consequence de ce que les Empereurs ne donnoient point de successeurs aux Officiers, qui par- 81 Comment soubs les Empereurs les Offices deuindrent perpetuels.

tant continuoient tousiours leur charge, comme la loy enioint de faire, iusques à l'aduenement du successeur, *l. Meminisse. D. De offic. Procons.*

82 *Successorem dare est abrogare Magistratum*

C'est pourquoy Budée sur la loy 2. *Ad l. Iul. maiest.* dit fort bien, que *successorem dare vel mittere* signifioit à Rome *Magistratum abrogare* : ce que Langlé prouue par plus de douze passages *lib. 13. Otij semestris, cap. 1.* Entre lesques est notable sur tous cestuy-cy de Lampride *in Alexandro Seuero. Si cui vnquam successorem dedit, semper illud addidit, Gratias tibi agit Respub. éumq; ita muneratus est, vt priuatus posset honestè viuere.*

83 En France les Offices estoyent anciẽnement reuocables.

Dont s'ensuit que les Offices de l'Empire Romain, bien qu'annuels de leur propre nature, estoient neantmoins ordinairement prorogez à plus long temps, par la conniuence des Empereurs. Et par ainsi comme lors de l'establissement de ce Royaume, les conquerans François ne voulurent rien changer de ce qu'ils y trouuerent estably soubs la domination des Romains, nos Officiers ont esté du commencement non temporels ni à vie, mais reuocables à la volonté du Prince, ainsi qu'en l'Empire Romain estoient les charges de Gouuerneurs des Prouinces: qui est vn expediant metoyen, que l'vsage a trouué fortuitement entre les opinions de Platon & Aristote.

84 Offices de la Couronne iadis reuocables.

En premier lieu, quant aux grands Offices de France, combien que ceux qui les tenoient, taschassent par tous moyens à s'y maintenir, soit en se qualifiant Officiers de la Couronne, & non simplement du Roy, comme s'ils eussent esté membres du Royaume, soit en faisant la foy & hommage d'iceux au Roy, comme si c'eussent esté des fiefs à vie, à fin qu'ils ne fussent non plus reuocables, que

85 Destitutiõ appellee descharge.

les fiefs: neantmoins du Tillet, traitant de ces Offices par chapitres separez, rapporte plusieurs exemples de destitutions de chacun d'iceux, qu'il appelle tousiours *descharges*, pour monstrer qu'elles se faisoient soubs honestes termes, ainsi qu'il vient d'estre dit de celles, que faisoit Alexandre Seuere, & comme si elles se fussent faictes pour descharger & soulager l'Officier destitué.

86 Officiers de Parlement reuocables.

A l'esgard du Parlement, lors qu'il estoit ambulatoire, il est certain que par vne autre raison les Officiers d'icelluy estoient reuocables, à sçauoir qu'ils n'estoient que Commissaires, & non pas Officiers ordinaires. Car c'estoit vne as-

87 Parlement que c'estoit iadis.

semblee de certains personnages du Conseil du Roy, qu'il choisissoit & deputoit vne fois ou deux en l'an (ainsi que Dion rapporte qu'Auguste faisoit des Senateurs Romains) pour iuger en son nom, & comme ses Assesseurs, certaines grandes causes touchant les droicts de sa Couronne, & les procez des Pairs de France: d'ont s'ensuit, que ce n'estoit pas vne iustice ordinaire, au moins que les Iuges du Parlement n'estoient pas vrays Officiers: Ainsi qu'encor auiourd'huy le Conseil priué du Roy n'ha point de iurisdiction ordinaire, & les Conseillers d'iceluy ne sont que Commissaires: aussi n'ordonnent-ils rien en leur nom, ains font tousiours parler le Roy en tout ce qu'ils ordonnent, comme au pareil fait encor le Parlement, en suite de ce qu'il faisoit lors qu'il estoit le Conseil du Roy, auant qu'estre reduit en Cour ordinaire, dit Bodin en ce 4. chap. du liure 4.

88 Officiers du Parlement reuocables depuis qu'il a esté erigé en Cour ordinaire.

Et depuis qu'il fut fait sedentaire, & erigé par Philippe le Bel en Cour ordinaire, encor Budée, & autres grands personnages ont tenu, que iusques à l'ord. de Louys XI. qui a introduit la perpetuité des Offices, il n'estoit qu'annuel, au moins que par chascun an les Officiers d'icelluy estoient muables & reuocables au plaisir du Roy. Ce qui se cognoist par les lettres patentes, que le Roy leur enuoye encor à present tous les ans, pour l'ouuerture du Parlement, & aussi par la

89 Lettres pour l'ouuerture de Parlement, & reïteratiõ annuelle du serment.

reïteration du serment, qui s'y fait chacun an le lendemain S. Martin, combien que les vrays Officiers ne soient tenuz de iurer qu'à l'entree de leurs Offices, comme il sera dit au chap. suiuant. Et de faict Bodin rapporte, que le Roy Henry 2. estant venu vn iour au Parlement, fasché de la difficulté qu'on faisoit de verifier quelques Edits, dist, que son Parlement n'auoit point de puissance, s'il ne luy enuoioit ses lettres patentes, pour en faire l'ouuerture chacun an, ce qui en estonna quelques-vns.

90 Ducs & Cõtes iadis Officiers reuocables.

Quant aux Magistrats des Prouinces qui estoient premierement les Ducs & les Contes, puis les Ballifs & Seneschaux, il est certain qu'ils estoient pareille-

ment

ment reuocables, tesmoin Paul Emyle, disant au liure premier, que *Duces ab initio, Comitesque ab Regibus præficiebantur gentibus ciuitatibusque: ac cùm videretur, dimittebantur: deinde inueterauit consuetudo, vt nisi sceleris conuicti, abire imperio non cogerentur: idque postremò, vt quisque eo munere donabatur, iureiurando Regum cauebatur*, qui estoit 91 Baillifs & Seneschaux, iadis reuocables. vne clause contraire à celle de *Tant qu'il nous plaira*, par le moyen de laquelle les Ducs & les Comtes se sont en fin rendus hereditaires. Et pour le regard des Baillifs & Seneschaux, les anciennes Ordonnances nous apprennent bien qu'ils estoient reuocables, & à temps, puis qu'ils estoient tenus s'arrester cinquante iours en la Prouince, apres que leur charge estoit finie, pour respondre aux plaintes qu'on voudroit faire contre eux.

92 Menus Officiers iadis reuocables. Finalement, il est assez notoire, que les Ministres de iustice, & autres menus Officiers, comme ils estoient instituez, aussi pouuoient estre destituez à volonté par leur chef d'Office, ainsi qu'encor auiourd'huy on pretend que les menus Officiers de la maison du Roy peuuent estre destituez à volonté par leur chef: voire nous voyons dans les Ordonnances de Charles VII. Charles VIII. & iusques à Louys XII. que les Baillifs & Seneschaux pouuoient non seulement instituer, 93 Baillifs destituoiẽt iadis leurs Lieutenans. mais aussi destituer leurs Lieutenans: ce qui a eu lieu mesme apres que les Officiers Royaux ont esté faits perpetuels par Louys XI. & ce par vne raison particuliere, à sçauoir qu'vn simple Officier ne peut faire soubs soy vn autre Officier irreuocable: ains seulement il peut faire vn Commissaire delegué, ou substitué, & partant reuocable. Mais d'autant que les Baillifs & Seneschaux abusoient de cette faculté, qui leur estoit laissée de pouuoir destituer les Lieutenans par eux commis, elle leur fut ostée par l'Ordonnance de Louys douziesme, de l'an mil quatre cens nonante neuf, article 47. sauf à eux en cas de maluersation d'en aduertir le Roy, ou le Parlement.

94 Pudeur en la destitution d'Officiers. Voila comme tous les Officiers de France estoient reuocables, & neantmoins c'est la verité, qu'il y auoit tousiours quelque pudeur & remords à destituer les Officiers, ne plus ne moins qu'on void que les Maistres honorables ont quelque vergongne à donner congé sans sujet à vn simple seruiteur domestique, qui leur a faict bon seruice. Et de faict, le Roy Robert, en la personne duquel a esté establie la troisiesme race de nos Roys mieux reglée sans comparaison, & de plus 95 Bons Princes n'ont gueres destitué d'Officiers. longue durée aussi, que les deux precedentes, est fort loüé dans l'histoire, de ce qu'il n'a iamais destitué vn seul Officier, qui est la loüange, que donne Capitolin à l'Empereur Antonin, que *successorem viuenti bono Iudici nullo dedit*, & que mesme il ne voulut destituer aucun des Officiers, pourueus par Adrian son predecesseur.

96 Ordõn. de Philippe le Bel pour la perpetuité des Offices. Le premier Roy qui rendit en France des Officiers perpetuels, & non destituables, fut Philippe le Bel, qui en l'an mil trois cens deux, apres vne recherche & reformation generale, destitua ceux qui auoient maluersé, & confirma les autres en leurs Offices, ordonnant qu'ils ne pourroient estre destituez. Mais à mon aduis, ce fut plustost vn priuilege qu'il donna aux bons Officiers de son temps, en recompense de leur integrité, qu'vne regle generale & perpetuelle pour l'aduenir.

97 Destitutiõ d'Officiers faicte par Charles V. De fait, deux des plus accorts de ses successeurs ont chopé lourdement à ceste pierre d'offension, & tous deux ont veu leur Estat en hazard, pour auoir trop hardiment destitué leurs Officiers. L'vn est Charles cinquiesme, dit le Sage, qui pendant la captiuité du Roy Iean son pere, desappointa (par l'aduis neantmoins des trois Estats) plusieurs des principaux Officiers du Royaume, dont il accrut fort le party au Roy de Nauarre son ennemy, qui fut cause qu'incontinant apres il les restablit tous: & pour ce faire alla exprés au Parlement, où il prononça luy mesme vn arrest, par lequel il declara ceste priuation auoir esté faicte contre raison & iustice, & comme telle, la cassa & annula.

98 Et par Louys XI. cause de la guerre, Bien-public. L'autre fut Louys XI. lequel à son aduenement changea la pluspart des principaux Officiers du Royaume: qui fut l'vne des principales causes de cette memorable guerre ciuile, nommée Bien-public: ce qu'ayant bien recognu, il ordonna en l'an mil quatre cens soixante sept, que desormais les Officiers de France

99 Ordõn. de Louys XI. prohibitiue de la destitution. ne pourroient estre destituez sans forfaiture iugée. Mesme cognoissant par espreuue la grande vtilité de cette sienne Ordonnance, & craignant qu'apres son decez elle ne fust non plus obseruée que celle de Philippe le Bel, il s'aduisa, quinze ans apres icelle faicte, & estant au lict de la mort, de la faire iurer par Charles
100 Iurée par Charles VIII. huictiesme son fils & successeur, luy remonstrant (dit l'histoire) que l'obseruation d'icelle seroit vne des grandes asseurances de son Estat: & non content de la luy auoir fait iurer, il enuoya tout à l'instant au Parlement l'acte de ce serment pour y estre publié & enregistré.

101 Origine des Commissions. Et par ainsi Charles huictiesme, ne pouuant honnestement rompre tout à fait ceste Ordonnance, y fit vne grande limitation. Car par son Edict de l'an 1493. il voulut que les Offices de finance fussent tous conferez, non plus en tiltre d'Office, ains par commission, afin qu'ils peussent estre reuoquez comme auparauant: qui a esté le commencement de faire en France distinction, autre qu'à Rome, des Offices en tiltre auec les commissions, comme il sera expliqué au liure quatriesme, chap. 5.

102 Offices, lors qu'ils estoient reuocables, estoient vrais Offices. Car à la verité, les charges ordinaires de France (aussi bien que celles de Rome) auparauant cét Edict, estoient vrais Offices, combien qu'ils fussent reuocables, non pas de leur nature, mais en vertu de cette clause, *Tant qu'il nous plaira*, inserée d'ordinaire és prouisions d'iceux par la volonté des Roys, qui au moyen de leur puissance souueraine les pouuoient conceder à telle condition qu'il leur
103 Effect de la clause, *Tant qu'il nous plaira*. plaisoit: & par consequent, s'estant ainsi par exprés reserué, en la concession d'iceux, la faculté de les pouuoir reuoquer à leur plaisir: cette reseruation imposoit aux Offices vne loy & condition particuliere, d'estre à tousiours reuocables, ores qu'ils ne le fussent de leur propre nature, suiuant la loy *Sancimus. C. de reb. alienis non alienandis*.

104 Elle fait que l'Office n'est concedé qu'à tiltre de precaire. Mesme cette clause faisoit que la concession de l'Office, n'estoit pas vne pure donation, important alienation d'iceluy; ains que c'estoit proprement vne constitution de precaire, duquel la definition conuenoit entierement à l'Office concedé soubs ceste clause; *Precarium est, quod precibus petenti conceditur vtendum tandiù quandiù is qui concessit patitur: & distat à donatione, quia qui donat sic dat, ne recipiat: at qui precario concedit, sic dat, quasi recepturus cùm sibi libuerit. l. 1. D. De precario.* Et de fait, l'Office ainsi concedé, se regloit en tout & par tout comme le precaire, n'estant transmissible à l'heritier de celuy auquel la concession auoit esté faite: & aussi ne finissant pas par la mort du concedant, comme dit du precaire la loy *cum precario. in fi. eod. tit.*

105 Office n'est reuocable de sa propre nature. Car au surplus, la propre nature de l'Office concedé en tiltre, c'est à dire donné purement & simplement en qualité d'Office, & non pas, ni en qualité de simple commission, ni à tiltre de precaire, au moyen de ceste clause, *Tant qu'il nous plaira*, est d'estre irreuocable pendant la durée qu'il doit auoir selon les loix de l'Estat: à sçauoir pour durer pendant son temps prefix és Estats où les Offices sont temporels, selon l'opinion d'Aristote: & pour durer irreuocablement iusques à la mort de l'Officier, és Estats où ils sont perpetuels, & à vie, suiuant l'opinion de Platon, au moins s'il n'interuient cause legitime pour en priuer l'Officier, laquelle priuation n'est pas destitution, ains forfaiture, comme ie prouueray amplement au dernier liure.

106 Offices, pourquoy iadis baillez en garde. Et c'est pourquoy auparauant l'inuention de la clause, *Tant qu'il nous plaira*, on bailloit seulement en garde, & non pas à tiltre d'Office, les Estats, qu'on ne vouloit pas conferer irreuocablement: tesmoin les trois diuerses façons qui se trouuent dans les anciennes Ordonnances, de conferer les Preuostez tantost
107 Prouisiõs en garde, ou en Office, sont opposites. à ferme, c'est à dire à certaine ferme & redeuance annuelle: tantost en garde, c'est à dire par commission reuocable: & tantost en tiltre d'Office, c'est à dire à vie & irreuocablement: de sorte que les prouisions en garde & en Office estoient diuerses especes opposées l'vne à l'autre, comme discourt fort bien M. Pasquier, au quatriesme liure de ses Recherches, chapitre 14. Ce que ie prouueray plus amplement au cinquiesme liure.

108 Prouisiõs en garde, Mais l'Ordonnance de Louys XI. a remis les Offices en leur propre nature,

d'estre irreuocables, comme les benefices, & a aboly tout à fait les prouisions en garde, qui ja auoient esté delaissées par l'inuention de ceste clause ordinaire, *Tant qu'il nous plaira*, de laquelle aussi elle a retranché l'effect : & neantmoins comme l'ancien styl de Chancellerie ne change gueres en ce qui concerne les expeditions ordinaires (comme sont les lettres de prouision des Offices, qui se dressent par les simples Clercs) on n'a laissé d'y inserer comme auparauant la clause *Tant qu'il nous plaira* : aussi bien que ceste autre clause, Que le Roy est suffisamment informé de la capacité de l'Officier, ores que l'Office soit à present conferé non par choix, comme anciennement, mais au plus offrant. De sorte que l'vne & l'autre de ces deux clauses est maintenant superfluë. Car nonobstant la premiere, on ne laisse d'informer des mœurs & capacité du pourueu, & nonobstant la seconde, il ne peut estre destitué sans auoir forfait. Tout ainsi que le Parlement obtient encor par chacun an des lettres patentes du Roy, pour son ouuerture, & les Officiers d'iceluy reïterent tous les ans leur serment, combien qu'estans dés y a long temps vrays Officiers, & reduits en Cour ordinaire, ils n'ayent plus besoing ni de cette commission annuelle, ni de cette reïteration de serment. Et voila comment en France nous sommes plus curieux de retenir les vaines coustumes & formalitez inutiles de l'antiquité, que de garder les bonnes loix.

& la clause, *Tant qu'il nous plaira*, abolie en effect.

109 Pourquoi on la laisse encor és lettres.

110 On garde mieux en Frãce les vaines coustumes, que les bõnes loix.

SOMMAIRE DV QVATRIESME CHAPITRE.

1 *La reception est plus necessaire que la prouision.*
2 *La reception consiste en deux poincts.*
3 *De la confirmation & consecration des Euesques, Prestres & Beneficiers.*
4 *Reception de l'Empereur appartient au Pape.*
5 *Confirmation, comment separée de la consecration.*
6 *Approbation des benefices en la primitiue Eglise.*
7 Scrutinium, & explicatio Rub. De scrutinio in ord. fac.
8 *Inquisition d'Office.*
9 *Inquisition d'Espagne, pourquoy dite.*
10 *Inquisition des Officiers se fait des mœurs, aage & capacité.*
11 *A deux fins.*
12 *Probité necessaire aux Magistrats.*
13 *Deferé de crime est incapable d'Office.*
14 *Interpretation de la loy* Reus delatus. D. De mun. & Hon.
15 *Pourquoy n'est obseruée en France.*
16 *Infame par renommée est incapable d'Office.*
17 *Infamie de fait empesche la reception.*
18 Ἄτιμος.
19 *Vile personne par race ou exercice est incapable de la Magistrature.*
20 *Information de mœurs, comment se faict.*
21 *De l'aage des Officiers.*
22 *Loix, Annales des Romains.*
23 *Aage des Magistrats Romains.*
24 *Aage des Officiers de iudicature en France.*
25 *Aage des Iuges Romains.* Suetonius correctus.
26 *Dispense de l'aage.*
27 Indoles.
28 Dignitas oris.
29 *Comment il appert de l'aage.*
30 *Suffisance des Officiers.*
31 *Examen des Officiers de Iustice.*
32 *Pourquoy les Aduocats ne sont examinez.*
33 *Et les Beneficiers.*
34 *Et les Sergens.*
35 *Sergens n'estoient iadis aucunement lettrez.*
36 *Exploict & procez verbal, pourquoy dits.*
37 *Iuges sont examinez sur le droict & la pratique.*
38 *Magistrats Romains n'estoient tenus sçauoir le droict.*
39 *Pourquoy.*
40 *Ils ne iugeoient par eux mesmes.*
41 *Iuges sont examinez en France sur le droict Romain, & pourquoy.*
42 *Iuges de courte robbe examinez seulement sur la practique, & Ordonnances.*
43 *Examen ne se reïtere, mais bien l'information.*
44 *Cas ausquels l'examen se reïtere.*
45 *Es Offices dont l'examen est diuers il se reïtere.*

DE LA RECEPTION ET INSTALLATION DES OFFICIERS.

CHAPITRE IV.

1 La receptiõ est plus necessaire, que la prouision.

PVIS QVE nostre Officier est pourueu, il faut parler de sa reception: qui est encor plus necessaire, que la prouision, pource qu'on peut bien estre Officier sans prouision; mais non sans reception, & que c'est la reception qui fait l'Officier, c'est à dire qui attribuë au pourueu l'Ordre & charactere d'Officier, au lieu que la prouision n'attribuë que le tiltre ou Seigneurie imparfaicte de l'Office. Donques la reception consiste en deux poincts, qu'il faut distinguer, sçauoir est, en l'inquisition de la capacité du pourueu de l'Office, qui est comme la confirmation de sa prouision, & en la prestation de serment, qui est comme l'execution d'icelle.

2 La receptiõ consiste en deux poincts.

3 De la Confirmation & consecration des Euesques, Prestres & Beneficiers.

Quant au premier poinct, ou premiere partie de la reception, il faut prendre garde qu'anciennement en l'Eglise, lors que l'Ordre estoit vny au benefice (ainsi qu'il sera discouru au liure *des Ordres*) cette approbation du Superieur, qu'à present nous appellons Confirmation, n'estoit pas vn acte du tout separé de l'Ordination ou Consecration, ains faisoit partie d'icelle, & neantmoins precedoit l'imposition des mains: tout ainsi qu'és Offices l'arrest ou sentence par laquelle vn Officier apres son information & examen est iugé capable, est vne des parties de la reception, & precede la prestation du serment, qui en est l'autre partie. Car ce qu'est la reception en vn Officier, cela estoit anciennement l'ordination en vn Beneficier, ainsi qu'encor à present és benefices, ausquels l'Ordre est demouré aucunement ioinct; comme aux Eueschez la Consecration de l'Euesque est sa vraye reception: ce qui est vn peu mal-aisé à entendre, si on ne conioinct icy le discours inseré au liure *Des Ordres*, touchant l'vnion de l'Ordre à l'Office Ecclesiastique en la primitiue Eglise.

4 Reception de l'Empereur appartient au Pape.

Donques lors que cette approbation ou confirmation du Beneficier estoit vne des parties de son ordination ou consecration, elle estoit faicte par celuy mesme qui faisoit l'ordination ou consecration, comme il est dit au chapitre *Venerabilem. ext. de elect.* où le Pape soustient que c'est à luy de faire l'inquisition de la vie & mœurs de l'éleu Empereur, puisque c'est à luy de le receuoir & consacrer. *Est enim*, dit-il, *regulariter & generaliter obseruatum, vt ad eum examinatio personæ pertineat, ad quem impositio manus spectat*: ce qui se collige encor du can. *Qui Episcopus*, 23. *distinct. & tota distinct.* 64.

5 Confirmation, comment separée de la consecration.

Mais depuis que le benefice a esté separé de l'Ordre, on a commencé de distinguer la Confirmation d'auec la Consecration, & de dire que *Spiritualis coniugij fœdus inter Episcopum & Ecclesiam in Electione initiatur, in Confirmatione fit ratum, & in Consecratione intelligitur consummatum, cap. vlt. de translat. Episc.* Et par ainsi les Papes ont entrepris la Confirmation des élections, & ont laissé la simple Consecration aux Archeuesques auec les Euesques de leur Prouince; encor la commettent-ils ordinairement à tels Archeuesques ou Euesques que bon leur semble, ce qui soit dit comme en passant: car c'est vn poinct qui merite vn plus long discours.

6 Approbatiõ des Beneficiers en la primitiue Eglise.

Or ce beau passage de Lampride rapporté au chapitre precedent, nous apprend la forme practiquée en l'Eglise primitiue pour cette approbation: à sçauoir qu'on mettoit des affiches aux portes des Eglises, & y faisoit-on des publications, telles à peu prés, que les bans du mariage charnel: contenant ce qui se publioit à Athenes, lors qu'vn Officier sortoit d'vne charge, pour entrer en vne autre, τίς βούλεται κατηγορεῖν? sçauoir est, que si quelqu'vn sçauoit quelque legitime empeschement, pourquoy celuy qui estoit éleu au benefice n'y deust estre admis, il eust à le reueler, en mettant de ce vn billet dans le tronc de l'Eglise. Et partant, cette enqueste secrette de la vie du Beneficier s'appelloit *scrutinium*: *& inde titulus, De scrutinio in ordine faciendo* mal entendu par tous les interpretes. Car *scrutinium* signifie vne recherche secrette & exacte, τὴν ἔρευναν, lequel mot on a accommodé aux élections, appellant *electionem per formam scrutinij*, celle qui se fait par billets ou suffrages secrets, combien qu'anciennement *scrutinium non in electione, sed in ordine fieret*, comme ce tiltre nous tesmoigne. Mais cette ancienne mode de scrutin, ayant esté changee en vne information de vie & mœurs, on l'a appellée desormais *inquisitionem, vt in cap.* 3. *& passim in tit. De elect.* Et en practique, nous l'appellons inquisition d'Office, non pource qu'elle est tousiours necessaire en la reception des Officiers, mais pource qu'elle se fait de l'Office & mouuement du Iuge, quoy que ce soit à la requeste du Procureur d'Office, qui est le Procureur du Roy, sans partie ni accusateur: & semble que l'inquisition d'Espagne ait esté imitée de cette ancienne forme de scrutin, se faisant souuent par bulletins secrets.

7 *Scrutinium, & explicatio Rub. De scruti. in ord. fac.*

8 Inquisition d'Office.

9 Inquisition d'Espagne, pourquoy dite.

10 Inquisitiõ des Officiers se fait des mœurs, âge & capacité.

Comme donc ainsi soit, que trois choses sont requises en vn bon Magistrat, la probité, l'experience, & la doctrine: aussi cette inquisition se fait touchant trois poincts, les mœurs, l'âge, & la suffisance du pourueu. Les bonnes mœurs sont

verifiées par l'information, l'âge par le registre baptistaire, auec l'attestation des plus proches parens; & la suffisance par l'examen aux Officiers de Iustice, & aux comptables par caution. Et faut noter, que toutes ces trois choses sont requises
11 A deux fins. à deux diuerses fins: L'vne, afin que le Magistrat face bien sa charge: L'autre, afin qu'il ne soit mesprisé du peuple, pource que le mespris du Magistrat est la ruine de l'Estat.

12 Probité necessaire aux Magistrats. En premier lieu donc, la probité de mœurs est la qualité la plus necessaire au Magistrat, qui estant la regle des autres, ne peut pas les redresser, si luy mesme est tortu & oblique. *Necessarium est Reipub.* dit Cassiodore, *vt cui iustitia committitur, malis moribus non grauetur, alioqui inefficax est ab homine exigere, quod agnoscitur non habere: è contrà vero confidenter quæritur, quod inesse sentitur:* & comme dit le can. *Miramur. 61. distinct. Integritas præsidentium salus est subditorum.* Aussi que l'honneur, qui signifie l'Office, estant la vraye recompense de la vertu, ne doit estre attribué aux meschans.

13 Deferé de crime est incapable d'Office. C'est pourquoy tout homme deferé de crime en Iustice, bien que possible il n'en soit coulpable (*non enim vtique qui accusatur reus est*) toutesfois est incapable d'Office, iusques à ce qu'il ait esté iustifié, *l. Reus delatus. De Muner. & Hono.* Et
14 Interpretation de la loy *Reus delatus. D. de mun. & hon.* combien que cette loy porte, qu'apres l'an le deferé à Iustice peut estre Officier, il faut prendre garde, que c'est à cause que par l'ancien droict les procez criminels deuoient estre terminez dedans l'an; autrement & l'an passé, l'accusé estoit tenu pour absouz purement & simplement, & mesme l'accusateur estoit tenu pour calomniateur, comme il est dit au tiltre, *Vt intra annum criminalis quæstio terminetur. C. Theod.* Ce que Iustinian remist à deux ans, en la loy vnique. *C. vt intra certum tempus crimin. quæstio terminetur.* Mais ces loix n'estans obseruées en France, où le vray accusateur est le Procureur du Roy, contre lequel il n'y a point de
15 Pourquoy n'est obseruée en France. peremption d'instance, principalement aux procez criminels, il s'ensuit que l'accusation demeurant apres l'an, l'empeschement qu'elle produit contre l'accusé, à ce qu'il ne puisse estre receu à aucun Office, dure aussi iusques à tant que par effect il soit iustifié, ou que les vingt ans, qui és crimes sont requis à la prescription, soient écoulez.

16 Diffamé par renõmée est incapable d'Office. Mesme quiconque par commune renommée, est notoirement taxé & diffamé d'aucun mauuais cas, combien qu'il n'en ait esté deferé en Iustice, ne doit estre receu en Office d'importance, qu'il n'en soit purgé: d'autant que l'Officier, ainsi que la preude-femme, doit non seulement estre exempt de mal, mais aussi de mauuais soupçon. Bref, il faut tenir pour maxime, que toute personne infa-
17 Infamie de fait empesche la reception. me, soit d'infamie de droict (en quoy n'y a nulle difficulté) soit de simple infamie de faict (qui consiste en la fame, c'est à dire la renommée, ou simple opinion commune du peuple, ou du moins des gens de bien) ne doit estre admis aux Magistrats. C'est ce qui est dit en la loy 2. *C. De Dignit. Neque famosis, aut notatis, aut quos scelus aut vitæ turpido inquinat, aut quos infamia ab honestorum cœtu segregat, Dignitatis portæ patebunt.*

18 Ἄτιμος. Pour ceste cause en Grec ἄτιμος signifie tant celuy qui est infame, que celuy qui est incapable du Magistrat: & Demosthene contre Aristog. nous apprend qu'à Athenes ἄτιμοι, estoient non seulement déchassez des honneurs, mais aussi des assemblées publiques. Et à la verité il n'y a rien si formellement contraire à l'Honneur & Dignité, que l'infamie, *quæ licet statum non minuat, tamen dignitatem minuit.* dit le §. 1. *Instit. de cap. diminut.* C'est pourquoy l'honneur & reputation de l'homme, appellée *existimatio*, est definie en droict, *illæsa dignitatis status. l. Cognitionum. D. De var. & extraord. cognit.*

19 Vile personne par race ou exercice, est incapable de Magistrature. Mais sur tout cette integrité de reputation est requise, afin que le Magistrat ait creance parmy le peuple, & soit par consequent respecté & obey. C'est pourquoy ceux qui sont reputez vils & abjects, soit à cause de leur extraction, ou de leur vie passée, ne doiuent estre aisément admis aux grands Offices, comme dit la loy 6. *eod. tit. De Dignit.* Iusques-là, qu'Athenée liure 13. rapporte, que celuy qui auoit soupé vne fois en tauerne, ne pouuoit iamais estre Areopagite à Athenes.

Doncques en France, pour estre asseuré des bonnes mœurs de ceux qui sont 20 Informatiō de mœurs cōme se fait.
pourueus des Offices, on en fait information à la requeste du Procureur du Roy,
& ce sur le lieu où ils ont residé les cinq dernieres annees, en laquelle information
ne doiuent estre ouys que tesmoins dignes de foy, & hors de soubçon, non
parens ny alliez du pourueu, qui soient nommez & produits par le Procureur du
Roy, auquel, sur peine de priuation de son Office, est defendu d'en receuoir aucuns
de la part du pourueu, porte l'Ord. de Bloys art. 109. qui en ce dernier
poinct n'est gueres obseruée.

Quant à l'aage, il sera dit au liure *Des Seigneuries.* chap. 1. qu'en Hebreu, en 21 De l'aage des Officiers.
Grec, en Latin, & encor en François, le vieillard & l'Officier, ont vn mesme
nom; qui est bien pour monstrer, qu'vn aage meur est requis aux Officiers.
*Ætas quippe feruorem & audaciam aufert, & consilium adfert, quotidiè senescentibus vitijs,
maturescente ætate,* dit Tite-Liue liure troisiesme, & cōme dit Ciceron 3. *De diuinat.*
Adfert vetustas omnibus in rebus, longinquâ obseruatione, incredibilem scientiam. C'est 22 Loix Annales des Romains.
pourquoy à Rome furent faictes les loix annalles, qui regloient l'aage des Magistrats,
desquelles parlant Ouide, en ses Fastes, dit

Iura dabat populo senior: finitáque certis
Legibus est ætas, vnde petatur Honos.

C'est ce que dit Pacatus *in laudat. Theod. In capescendis Magistratibus ætas spectata
est petitorum, nec quisquam annos Comitiali lege præscriptos, festinatus Honoribus occupauit.*
Laquelle loy Tite-Liue *lib.* 10. *Decad.* 4. dit auoir esté faicte à l'instance d'vn Tribun
du peuple *indéque cognomen familiæ ipsius inditum, vt qui ex ea essent Annales appellarentur.*

Il ne dit point quel estoit l'aage prescript par ceste loy, mais on le collige du di- 23 Aage des Magistrats Romains.
re de Polybe liu. 6. qu'on ne pouuoit obtenir dans Rome aucun Magistrat, auant
qu'auoir esté sept ans en guerre. Or il est certain d'ailleurs, qu'on ne pouuoit estre
soldat, qu'apres dix sept ans, & partant il s'ensuit, que pour auoir le moindre Magistrat
de Rome, il falloit auoir vingt-quatre ans au moins: ainsi en discourent
N. Grucchius, lib. 1. *De Comitijs Rom. & P. Faber. ad l.* 2. *De reg. iur.*

En France, l'aage est prescript particulierement par les Ordonnances presque 24 Aage des Officiers de Iudicature de France.
à chacun Office: mais quoy que ce soit le moindre Office de iudicature, mesme
de Notaire, qui n'est que Iuge cartulaire, ne peut estre tenu qu'à vingt-cinq ans,
qui estoit l'aage des Iuges du droict Romain, auparauant Auguste, lequel le remist
à vingt ans, comme nous apprend ce iudicieux Aduocat du Roy, M. le Bret
cap. 13. *Ordinis perantiqui*, où il corrige bien à propos ce passage de Suetone *in Au-* 25 Aage des Iuges Romains. *Suetonius correctus.*
gusto, Iudices à vicesimo anno allegit, id est, quinquennio maturiùs quam solebant, au lieu
qu'on lit communément *à tricesimo anno*: erreur qui dans les liures est frequent, en
matiere de nombres.

Neantmoins, comme ainsi-soit, que l'aage n'est requis au Magistrat, que pour 26 Dispense de l'aage.
les deux raisons susdictes, à sçauoir pour l'experience & pour la prestance & auctorité
qu'il apporte auec soy: quand il appert, la capacité d'vn ieune homme
estre telle, qu'elle supplee à l'experience, & que d'ailleurs la prestance du corps,
ou la noblesse de son extraction est suffisante pour luy concilier l'auctorité, alors
la dispense de l'aage est facilement donnee, *Spectata siquidem virtus Annalibus legibus
subiecta non est: iamque Honoris infulis adultam cingere dignus est cæsariem quisquis meritorum
laude ætatis præiudicia superauit*, dit Cassiodore. Ce que discourt amplement
Ciceron en la 5. Philipp. concluant *ab excellenti eximiaque virtute progressum annorum
expectari non oportere, ne antequam Reipub. prodesse possit, extinguatur.* Et Vopiscus
in Probo dit, *in eo non expectari ætatem, qui virtutibus fulget, & moribus pollet.* Et Pline 27 Indoles.
en ses Epistres dit *ob optima Indole frustrà exigi annorum numerum*, appellant *Indolem*
ce qui est definy *in gloss. Philox.* καλὴ ἐλπὶς ἐν νεωτέρῳ, qui est proprement ce que dit le
Iurisconsulte *in l. penult. De Decur.* selon la correction de Cuias, *Nisi dignitas, certa* 28 Dignitas oris.
spes Honoris, id faceret, vt Princeps indulgere posset; où il faut noter que ce mot, *Dignitas*
signifie la prestance du corps, τὴν σεμνοπρέπειαν, τὸ ἀξιωματικόν, τὸ ἐξοχώτερον τῆς ὄψεως, &
comme dit Pline *in Panegyr. ad Traianum, Iam proceritas corporis, honor capitis, & dignitas
oris, nonne nomen Principis longè latéque ostentat?*

Cessant ceste dispense, il faut auoir l'aage prescrit par les Ordonnances à chacun Office, que ie ne m'amuseray à rapporter : pource que ie n'ay entrepris d'expliquer le droict particulier de chasque Office : & de cet aage il faut faire preuue

29 Comment il appert de l'aage.

par le registre Baptistere, & conioinctement par la disposition des plus proches parens du pourueu, qui à ceste fin sont nommez par le Procureur du Roy, & ouys d'Office par le Iuge, dit le 109. art. de l'Ord. de Bloys.

30 Suffisance des Officiers.

Quant à la suffisance des Officiers, elle est de deux sortes, à sçauoir la science aux Iuges, & la soluabilité aux financiers comptables.

31 Examen des Officiers de de Iustice.

Les Iuges, & mesme les ministres de Iustice, ausquels est requis quelque capacité, comme les Greffiers & les Notaires, voire mesme ceux d'entr'eux, qui ne sont pas vrais Officiers, comme les Procureurs, doiuent faire preuue de leur science par examen public, auparauant la prestation de serment. Ce qui n'a toutesfois lieu aux Aduocats : à cause qu'ayans pris leur degré en Vniuersité fameuse, on presume que desslors ils ont esté suffisamment examinez & trouuez capables : & c'est aussi pourquoy on n'examine point les beneficiers, pource qu'on presuppose, qu'ils l'ont esté, lors qu'on les a promeus aux saincts Ordres. Et quant aux Sergens, pour la vilité de leurs Offices, & pour la difficulté qu'il y auoit anciennement d'en trouuer, on ne les a point rendus suiects à l'examen; mesme le temps passé il n'estoit pas seulemēt requis qu'ils sceussent lire ny escrire, non plus qu'à present les preuosts des Archers des Mareschaux, ains ils faisoient verbalement deuant le Iuge le rapport & relation de leurs exploits, ainsi appellez pour ceste cause, & non pas actes : parce qu'ils consistēt en fait, non en escriture : & c'est pourquoy encor nous appellons leurs relations, procez verbaux, c'est à dire, procedures verbales, & non par escrit. Mais auiourd'huy par Ordonnance de Charles VIII. de l'an 1485. il faut qu'ils sçachent lire & escrire, mesme c'est vne solemnité prescrite à leur reception, par Ordonnance de l'an 1563. qu'ils doiuent escrire leur sein manuel & paraphe dans le registre du Greffier, pour y auoir recours.

32 Pourquoy les Aduocats ne sont examinez.

33 Et les Beneficiers.

34 Et les Sergens.

35 Sergens n'estoiēt lettrez.

36 Exploict & procez verbal pourquoy dits.

37 Iuges sont examinez sur le droict & la pratique.

Pour le regard des Iuges, ceux qui doiuent estre legistes, cōme entr'autres tous ceux de la Iustice ordinaire sans exception, doiuent estre examinez tant sur le droict que sur la pratique : *Debent quippe esse periti legum & morum : nec enim ex vsu esset, vt aliqui Iudicum nomen gerant, qui & legum sint ineruditi, & in rebus gerendis nullum obtineant vsum.* dit la Nou. 8. *Quid enim turpius est quàm legitimarum & ciuilium controuersiatum cognitionem suscipere eum, qui sit legum & Iuris ciuilis ignarus?* dit Ciceron au liure *De Oratore*.

38 Magistrats Romains n'estoient tenus sçauoir le droict.

39 Pourquoy.

Neantmoins les Magistrats Romains, aussi-bien que les anciens de France, qui maintenant sont les Seigneurs, estans plus addonnez aux armes qu'aux lettres, n'estoient ni examinez sur leur science, ny mesme tenus d'auoir la science du Droit : C'est ce que dit Ciceron *pro Planco* auquel on reprochoit pour le rebuter d'vn Magistrat, qu'il n'estoit ni eloquent, ni versé au Droit, *virtus, probitas, integritas in candidato, non linguæ volubilitas, non Iuris scientia requiri solet. Vt nos in mancipijs parandis, quemuis frugi hominem, si pro fabro aut textore emimus, ferre moleste solemus, si eas artes nescierit : sin autem emimus vt villicum, nihil in eo nisi frugalitatem, laborem & vigilantiam curamus. Sic populus Rom. deligit Magistratus, quasi Reipub. villicos, in quibus siqua præterea est ars, facile patitur; sin minus, virtute eorum, & innocentia contentus est.* Ce qu'il traicte pareillement en l'Oraison *pro Murena*. Voire les Preteurs de Rome estoient d'ordinaire si ignorans, qu'ils n'eussent sceu prononcer leurs sentences, *tria verba pronunciare nequibant, nisi præeuntibus Assessoribus*, dit Seneque.

40 Ils ne iugeoient pas eux mesmes.

Aussi les Proconsuls & Presidens des Prouinces Romaines, ne iugeoient pas ordinairement les procez eux mesmes, ains les faisoient iuger par leurs Assesseurs, ou autres Iuges par eux donnez, qui auoient pour cet effect salaire du public, & c'estoient ceux-là, & non les Magistrats, qui *tenebantur præstare scientiam*, νόμων καὶ πείρας, comme il est bien exprimé au commencement de ceste Nou. 8. & se prouue encor clairement par la loy 2. *D. Quod quisque iuris*, &c. C'est dequoy se plaint dans Lamprid l'Empereur Alexandre Seuere, qui fut celuy qui ordonna à regret gages aux Assesseurs. *Assessoribus salaria instituit, quamuis sæpè dixerit, Proconsules*

consules ac Præsides esse promouendos, qui per se Rempub. regere possent, non per Assessores: addens militares habere suas administrationes, habere & literatos, & ideo vnum-quemque hoc agere debere, quod nosset: qui est la raison pourquoy en France nous auons tres-bien separé la Iudicature du Gouuernement, ce que les Romains n'ont iamais faict.

Quand ie dy, que les Iuges de France doiuent estre examinez sur le droict, i'enten le droict Romain, encor qu'il ne nous lie en France, ne nous en seruans comme de loy, ains comme de raison, ainsi que les Romains se seruoient, au faict de la marine, de la loy Rhodienne. Et pour ce aussi, que ce droict Romain est obserué quasi par tout le monde pour son excellence, nous l'appellons quelquesfois le droict commun, & entretenons des vniuersitez & escholes publiques en plusieurs de nos villes, pour l'enseigner, & en fin nous examinons sur iceluy nos Officiers de longue robbe, d'autant aussi que le droict François n'a encor esté reduict en art. 41 Iuges sont examinez en France sur le droict Romain, & pourquoy.

Quant aux Iuges non lettrez & de courte robe, comme sont presque tous ceux des Iustices extraordinaires, à sçauoir les Maistres des eaux & forests, Esleus & Grenetiers, ils sont seulement examinez sur les Ordonnances, & sur la pratique & ordre iudiciaire (qui est vn examen commun à tous Iuges) & non sur le droict Romain, dont ils ne sont tenus d'auoir la science. 42 Iuges de courte robe examinez seulement sur la pratique, & ordonnances.

Et faut noter, que combien que l'information de vie & mœurs doiue estre reiterée tout autant de fois, qu'on change d'Office, si est-ce que l'examen n'est point reïteré, pource que les mœurs de l'homme sont plus subiectes à se changer, que la science à s'oublier. 43 Examen ne se reïtere mais bien l'information.

Toutesfois, quand vn Officier se veut faire receuoir à vn Office nouueau, auquel est requis vn examen diuers, ou plus rigoureux qu'au premier, il faut qu'il soit de rechef examiné, ainsi qu'il est porté par Ordonnance de l'an 1548. Comme celuy qui apres examen a esté receu Commissaire ou Enquesteur, si apres il veut estre receu Conseiller Presidial, il faut qu'il soit derechef examiné, pource que le premier examen n'estoit que sur la pratique, & l'autre est aussi sur la loy. De mesme vn Esleu, ores qu'en sa reception il ait esté axaminé sur la loy en la Cour des Aydes, s'y estant presenté en longue robe, si par apres il prend vn Estat de la Iustice ordinaire, il doit estre derechef examiné, pource que ce sont diuerses sciences, de ce qui concerne l'Election, & la Iustice ordinaire. Parcillement vn Maistre des Comptes de longue robe, & examiné sur la loy, venant à estre Conseiller du Parlement, ou Iuge de Prouince, doit estre examiné de nouueau, pource que sont examens differens. Mais vn Conseiller Presidial transferé en autre, ou vn Conseiller d'vn Parlement, entrant en vn autre Parlement, ou du grand Conseil venant au Parlement, n'est plus subiect à examen. 44 Cas ausquels l'examé se reïtere. 45 Es Offices dont l'examen est diuers, il se reïtere.

Voila pour l'examen de diuerse sorte, & sur diuers suiets: quant à celuy de mesme sorte, mais plus rigoureux, si vn Conseiller Presidial deuient Lieutenant de Prouince, ou vn Lieutenant de Prouince deuient Conseiller de Cour souueraine, il le faut interroger derechef. Car il faut noter, qu'il y a trois sortes d'examen des Iuges au Parlement: le moindre, pour les moindres Iuges, comme Preuosts, Conseillers Presidiaux, Aduocats & Procureurs du Roy, qui est renuoié en l'vne des Chambres des Enquestes: le mediocre pour les Lieutenans de Prouince, qui se fait en la grand' Chambre, où aussi se fait leur reception en pleine audience, combien que celle des autres moindres Officiers se face à huis clos: & finalement le grand examen pour les Officiers du corps du Parlement, comme Maistres des Requestes, & Conseillers d'iceluy, qui se fait toutes les Chambres assemblees. 46 Quand le dernier Office requiert examen plus rigoureux, il se reïtere. 47 Trois examens des Iuges au Parlement.

Et faut encor noter ceste exception, touchant ces trois degrez d'examen, que celuy, qui par l'espace de dix ans a exercé Office subiect au moindre, n'est plus subiect au mediocre, & ainsi du mediocre au grand: pour exemple, celuy qui a esté dix ans Conseiller Presidial, n'est plus subiect à examen deuenant Lieutenant de Prouince: ny celuy qui a esté dix ans Lieutenant de Prouince, deuenant Conseiller de Cour souueraine. Pareillement les Aduocats de Cour souueraine, 48 Apres dix ans l'examen ne se reïtere. 49 Aduocats & Docteurs apres dix ans ne sont examinez.

qui ont tenu dix ans le barreau, où les Docteurs, qui ont regenté long temps aux Vniuersitez, son treceus ordinairement sans examen : ce qui se fait neantmoins par grace & dispense de la Cour, & non à mon aduis par droict commun. Finalement c'est encor vne autre regle, que quiconque a passé par l'examen du Parlement, quel qu'il soit, n'est plus subiect à examen en aucune Cour inferieure, pource qu'il a esté iugé capable par Arrest, & que le moindre examen de la Cour est plus, que le plus grand des sieges inferieurs.

49 Examiné au Parlemét n'est plus examiné ailleurs.

50 Suffisance des comptables.

Pour le regard de la suffisance requise aux Officiers comptables, c'est que pour l'asseurance de leur maniement, ils sont tenus bailler caution & certificateur de certaine somme prescripte par les Edicts pour chacun Office : ce qui s'obseruoit aussi à Rome, comme il se colige de la rubrique, *De periculo eorum, qui pro Magistratibus interuenerunt*, & de la rub. *De periculo nominatorum. lib. 11. Cod.*

51 Caution des comptables, par qui receuë.

52 Quand le Procureur du Roy est tenu de son insoluance.

Lesquels caution & certificateur sont receus en France par les Iuges, ausquels la reception de l'Officier est addressee, comme cela faisant partie d'icelle, & ce auec le Procureur du Roy en son siege, auquel appartient de les debattre, s'ils sont insoluables : autrement & s'il se trouue qu'ils le fussent lors de leur reception, c'est sans doute, qu'il en est tenu, mais non pas de l'insuffisance suruenante par apres, par la raison de ce tiltre, *De peric. nominat.*

54 Que les Iuges n'en sont tenus.

Mais pource que ce tiltre & celuy *de Magistrat. conuen.* parlent des Iuges, aussi qu'en nos anciennes Ordonnances il se trouue que les Baillifs & Seneschaux estoient tenus du dommage, qui suruenoit aux finances du Roy, c'est vne grande question, si le Iuge qui a receu la caution & certificateur de l'Officier comptable du consentement du Procureur du Roy, est tenu d'en respondre, aussi bien que luy : ce que ie n'estime pas : pource que le Iuge n'est responsable en France, & ne peut estre pris à partie (hors maluersation & ignorance) sinon quand il ordonne sans requisition de partie : mais y ayant partie, c'est à elle à soustenir le iugement qu'elle a requis, principalement quand les parties, ayans affaire deuant luy, sont d'accord, *nullæ sunt ipsius partes* : & ce seroit vne affectation, dont il pourroit estre recherché, s'il refusoit de receuoir la caution que le Procureur du Roy accepteroit : en quoy il se monstreroit plustost partie, que Iuge, si l'insuffisance n'estoit toute notoire : & de faict, si lors il y auoit appel de sa sentence, autre que luy ne pourroit estre intimé.

55 Response aux raisons contraires.

Et ne se faut arrester aux loix Romaines : car les Iuges Romains n'estoient pas assistez d'vn procureur d'Office, comme en France : & ce que nos anciennes Ordonnances declarent les Baillifs & Seneschaux responsables des deniers du Roy, est du temps qu'ils estoient eux-mesmes les Receueurs, comme il sera prouué en son lieu : tout ainsi qu'en l'Empire Romain les Proconsuls & Presidens des Prouinces auoient la superintendance des finances de leur Prouince, *Nou.* 8. *c.* 8.

56 Les Esleus en sont tenus.

Toutesfois par l'Ordonnance du Roy François de l'an 1543. les Esleus sont declarez responsables des deniers Royaux, apres discussion du comptable, ses cautions & certificateurs : mais possible est-il que lors de ceste Ordonnance il n'y auoit point de Procureurs du Roy és élections, comme encor les Thresoriers de France n'en ont point. Et de fait par l'Ordonnance d'Orleans, art. 133. l'Office de Procureur du Roy aux Elections fut supprimé & fut dit qu'és affaires, où le Roy auroit notable interest, les Esleus seroient tenus mander le Procureur du Roy en la Iustice ordinaire. En tout cas i'estime, que ceste Ordonnance est particuliere pour les Iuges de Finance, qui sont establis pour la conseruation des deniers du Roy, & ne doit estre estenduë aux Officiers de la Iustice ordinaire, qui sont seulement establis pour rendre la Iustice, & non pas pour auoir soin des finances : toutesfois cela n'est pas sans difficulté à cause de l'art. 20. de l'Ord. de l'an 1566. appellee l'Ordonnance du domaine, qui charge indistinctement ceux qui receuront les cautions des fermiers & des comptables.

57 Et autres Iuges des finances.

58 S'il faut discuter auãt que cõtraindre la cautiõ ou certificateur.

C'est encor vne autre question, si le Roy se peut addresser directement à la caution, sans discuter l'Officier : attendu que mesme auparauant la Nouelle 4. de Iustinian, qui a introduit la discussion, c'estoit vn cas special en droit, que le fideiusseur du Magistrat ne pouuoit estre conuenu, qu'apres le Magistrat discuté.

l. 3. §. vltim. D. De administ. rerum ad ciuit. pertin. Aussi que nous auons Ordonnance expresse du Roy Loys XII. en l'annee 1543. que *les pleges & cautions des comptables, ne sont contraignables qu'apres diligences faictes sur les personnes & meubles exploitables d'iceux comptables; & pareillement qu'on ne doit contraindre les certificateurs, sinon apres semblables diligences faictes contre les cautions*: encores (dit ceste Ordonnance) *que par l'acte du plegement, n'en fust rien exprimé*.

59 Discussion pour le fideiusseur auoit lieu au fisque auant la Nou. 4.

Enquoy il faut remarquer, que la diligence requise par ceste Ordonnance sur les personnes & meubles exploitables, est bien differente de la discussion ordonnee par la Nou. 4. de Iustinian, qui doit estre faicte *vsque ad saccum & peram*, disent les Docteurs. Mais sans obseruer à present ni discussion ni diligence, le fisque prend cet aduantage, de s'addresser directement & par corps à la caution, voire au simple certificateur. Et encor la Chambre des Comptes decerne ses contraintes contre les heritiers des pleges & cautions, mesme contre les tiers acquereurs de leurs heritages, sans garder aucun ordre de droict, discussion, ni diligence: ce qui engendre infinis procez entre les subiects du Roy: combien qu'à Rome auparauant ceste Nou. 4. qui a aussi introduict la discussion du personnellement obligé, au profit du tiers acquereur, le fisque la pratiquoit desia, *l. Moschis. D. De iure fisci. & l. 1. De conuen. fisci debitoribus. lib. 10. Cod.* ores, qu'elle n'eust encores lieu entre particuliers, & nous tout au rebours, sommes si fiscaux, que nous la gardons contre les particuliers, & non contre le fisque.

60 Diligence & discussion sont deux.

61 Ce qui s'en garde à present.

62 Discussion au profit du tiers acquereur auoit lieu contre le fisque auant la Nou 4.

Toutesfois il faut remarquer, que par l'vsage notoire de France, les priuileges de diuision & de discussion n'ont lieu aux cautions & certificateurs iudiciaires, pource que *in iudicio omnia præsumuntur solemniter acta*: & comme ainsi soit qu'és contracts les cautions & certificateurs se rendent maintenant par vn styl ordinaire coobligez solidairement, & renonçant par expres à ces priuileges, on tient qu'aux iugemens où les expeditions se font en vn mot, il n'est point besoin de renonciation expresse; ains que *ea quæ sunt moris & consuetudinis inesse censentur*. Vsage que ie ne puis approuuer, pource que la naïfue signification de la caution, n'importe qu'vne obligation subsidiaire, & celle du certificateur, n'est qu'vne asseurance de la suffisance de la caution, estant nos certificateurs, ceux que le droict appelle *adfirmatores fideiussorum*, & les douze Tables *subuades*: dont fait mention A. Gelle, liure 16. chap. 10.

63 Diuision & discussion n'ont lieu aux cautions & certificateurs iudiciaires, & pourquoy.

64 *Adfirmatores fideiussorum & Subuades.*

Finalement est à noter, que les cautions & certificateurs des Officiers ne sont tenus des amendes, qu'ils peuuent encourir pour leur maluersation: *fideiussores Magistratuum non debent conueniri in pœnam vel mulctam, quam non spoponderunt*, dit la loy 68. *D. De fideiuss.* & la loy vnique *C. De his qui pro Magistr. interuen.* Mesme ils ne sont pas tenus des interests deubs par les comptables, comme il est expressément decidé en ceste mesme loy, 68. §. 1. A quoy est conforme la loy *Quæro. D. Locati. & l. Centum Capuæ. D. Quod certo loco.*

65 Cautions des Officiers ne sont tenues des amendes, ni interests.

Pareillement faut tenir, que ces cautions & certificateurs des comptables, ne sont obligez qu'enuers le Roy & ses creanciers assignez sur l'Officier: mais ne sont pas responsables des deniers des communautez, mis és mains de l'Officier par commission particuliere, ores que ceste commission luy ait esté addressee à cause de sa qualité d'Officier: pource qu'ils ne sont chargez que du maniement de l'Office, & non des commissions, qui n'en font partie: dont ce nagueres oracle de la Cour des Aydes M. le Bret en ses plaidoyez en rapporte vn arrest d'icelle. Et a esté aussi iugé par plusieurs arrests, qu'vn particulier assigné, n'est receuable à rechercher la caution du comptable, qui a enuoyé la quittance d'iceluy en son compte, soubs contre-promesse, qui sans doute induit nouation.

66 Ne sont tenus des Commissions particulieres.

Nostre Officier donc estant trouué capable, & en mœurs & en aage, & en science, ou en biens, c'est raison qu'il soit receu, c'est à dire qu'il soit declaré publiquement Officier du Roy, par son superieur, apres lecture faicte de ses lettres; & qu'ayant presté le serment accoustumé, il soit enuoyé en l'exercice de son Office.

67 Prestation de serment.

Ceste ceremonie publique de reception, doit regulierement estre faicte en la Cour souueraine, d'où depend & où ressortit l'Officier, comme des Iuges ordi-

68 Se fait regulierement en Cour souueraine.

naires aux Parlemens, des Esleus & Grenetiers en la Cour des Aydes, & des
Officiers comptables en la Chambre des Comptes. Ie dy notamment en Cour
souueraine, encor que l'Officier n'y ressortisse pas immediatement. Car la rece-
ption d'vn Iuge Royal est vn acte de Iustice souueraine, qui n'appartient qu'au
Roy, ou à ses Cours souueraines qui le representent, & iugent sous son nom, Et
de faict par plusieurs Edicts, il est ordonné, que les Preuosts & leurs Lieutenans,
voire les simples Conseillers des Preuostez, seront receus au Parlement, & non
ailleurs. Et quant aux Conseillers Presidiaux, il en ont esté exceptez, & leur a
esté permis de se faire receuoir en leur Presidial mesme, à cause du contraste,
que le Parlement leur feist, lors de leur erection.

69 Exception. Il faut aussi excepter les Officiers des eaux & forests, qui sont receus au siege
du grand Maistre & general reformateur: & les Preuosts des Mareschaux, au
siege de la Conestablie & Mareschaussee: ceux de l'Admirauté au siege de Mon-
sieur l'Admiral, tous ces sieges estans à la table de marbre du Palais à Paris, pour-
ce que tous ces Offices dependent de leur chef, qui en souloit auoir la nomina-
tion, & en a gardé iusques icy la reception, laquelle se fait en sa iustice ordinai-
70 Autres. re. Aussi c'est vne regle, que les Officiers non comptables de la gendarmerie
font le serment deuant Monsieur le Cõnestable, ou en son absence deuant l'an-
cien Mareschal de France, estant en Cour. Les Officiers des Chancelleries de-
uant Monsieur le Chancelier, ainsi que les menus Officiers de la maison du Roy
deuant leur chef d'Office: & pareillement les Officiers ministres de Iustice, com-
me Greffiers, Notaires, Sergens & autres semblables, doibuent pour mesme
raison estre receus par le premier Iuge du siege.

71 Solennité du serment. Ce serment, que prestent les Officiers à leur reception, *est verè sacramentum, id
est religiosa obseruatio, quæ arcanis quibusdam ceremonÿs peragitur*, dit Erasme: *Sacramen-
tum enim dicitur à sacro, inquit Varro.* Aussi est-ce en ce serment que gist la principa-
le ceremonie de la reception: voire c'est ce serment qui attribuë & accomplit à
l'Officier, l'Ordre, le grade, & s'il faut ainsi parler, le charactere de son Office, &
qui luy defere la puissance publique.

72 Les simples gens d'armes iuroient. Aussi à Rome non seulement les Officiers, mais mesme les simples gendar-
mes, qui n'auoient aucune puissance publique, *non prius militare audebant, quàm
sacramento militiæ addicti fuissent, & postquam sacramento soluti erant, in hostem ampliùs
pugnare non poterant*, dit Vegece: tesmoin la lettre que Caton escriuit à son fils,
qu'il se gardast bien de combattre, qu'il n'eust renouuelé le serment militaire,
dont il auoit esté liberé, ainsi que rapporte Ciceron au 1. des Offices.

73 Officiers de Rome iuroiẽt. Mais pour les Magistrats, il y en a vn notable exemple dans Tite-Liue, liu. 31.
*C. Valerius Flaccus, quem præfectum creauerant, quia flamen Dialis erat, iurare in leges non
poterat. Magistratum autem plus quinque dies, nisi qui iurasset in leges, non licebat gerere.
Datus est, qui iuraret pro fratre, L. Valerius Prætor, plebsque sciuit, vt perindè esset, ac si
ipse iurasset.* Ce qui ne se feroit pas ainsi parmy nous, où le serment d'Office ne peut
estre faict par Procureur, ni mesme estre commis au Iuge du lieu; & où aussi les
Prestres ne font difficulté de iurer *in iudicio, veritate & iustitia. c. Et si Christus ext.
De iureiur.*

74 Empereurs entrãs en Office iuroient. Autre exemple du serment d'Office, est dans le Panegyric de Pline, où il reci-
te, que Traian l'Empereur, estant esleu Consul, ne desdaigna point de se pre-
senter tout debout deuant l'antique Consul, assis en sa selle curule, & de faire le
serment *illo iusiurandum præbente, & solemnia verba præëunte.* Ce que Dion *initio, lib.*
53. recite au pareil d'Auguste en son sixiesme Consulat: autant en dit de ceste
ceremonie Ciceron, *pro Muræna*: Dont il se collige, que c'estoit la coustume des
75 Anciẽs Officiers prenoient le serment des nouueaux. Magistrats Romains, que les anciens receuoient le serment des nouueaux: &
cela se faisoit le plus souuent au Temple du Capitole apres les sacrifices: autre-
ment le Magistrat perdoit son estat, si dans le cinquiesme iour de son exercice il
n'en faisoit le serment, dit Tite-Liue sur la fin du 31. liure.

76 Iuges Romains iuroiẽt en chacune cause, & pourquoy. Voire mesme Iustinian ordonna en la loy 14. *De iudicÿs*, que les Iuges prestas-
sent le serment en chacune cause, en quoy il dit *se rem non nouam, neque insolitam
facere. Cui enim, inquit, non est cognitum, antiquos Iudices non aliter Iudicialem calculum
accepisse*,

77 Explicatiõ de la loy *Rem non nouam. C. De iudicijs.*

accepisse, nisi priùs sacramentum præstitissent? Mais c'estoit d'autant que les Iuges n'estoient pas Officiers, ains en la Republique populaire, c'estoient des particuliers qui estoient choisis au sort pour iuger chacun procez, ausquels on bailloit des tablettes, pour declarer secrettement leur aduis, qui est ce que Iustinian appelle *Iudicialem calculum*: & aussi tost qu'ils estoient choisis par sort, d'entre les Iuges deputez pour l'année, & auant que prendre ces tablettes, ils faisoient le serment, comme declare fort bien Asconius. *in Verrem Sortitione facta*, dit-il, *iurabant in leges, vt obstricti religione iudicarent: iurabant autem omnes preter ipsum Pretorem.* Pource que le Preteur estoit Magistrat, qui auoit fait le serment à l'entrée de son exercice. C'est ce que dit Ciceron 2. *in Verrem, Cum Iudex sit Metellus, tabellam iudiciariam iuratus accipiet: cum Pretor fuerit, non iurabit, quia non est moris.*

78 Non les Preteurs, ou Magistrats, auant Iustinian.

79 Contre Iustinian.

80 L'Empereur Leõ abolit ce sermẽt.

Neantmoins Iustinian ordonne par cette loy, que tous les Iuges soit Pedanées, soit Magistrats, facent le serment en chacune cause: encor qu'il n'y ait pas grande apparence qu'vn Officier, estant fait vne fois personne publique par vn serment solennel, soit par apres tenu de reïterer son serment chaque fois qu'il fait sa charge. Mais il faut remarquer que Iustinian *nimius fuit in eiusmodi iuramentis*, ayant voulu que mesme les Aduocats iurassent en chacune cause, auant contester, & que les parties iurassent en plusieurs endroicts des causes. Au contraire, l'Empereur Leon en sa Nou. 97. fit conscience de faire iurer, mesme les Magistrats, au commencement de leur Office, disant que *lex, quæ in Magistratuum initio iusiurandum præcipit, diuino iussui, qui iusiurandum prorsus euitandum præscribit, aliquo modo contradicere videtur.*

81 En France, les Iuges ne iurẽt qu'à leur reception.

Quoy que ce soit, il est certain qu'en France, ni les Iuges, ni les Aduocats ne sont adstraints de iurer en chacune cause, ains seulement en la reception de leurs Offices. Ce qui se trouue en cét ancien liure de practique du sieur de Ioinuille, que par l'Ordonnance de sainct Louys, *Les Iuges font serment au commencement de leur Maistrise, mais non en chacune cause.* Où il faut noter en passant ce beau mot de Maistrise, qui en vieil & pur François signifie Magistrature, comme on void dans Froissart, que Messieurs de la Cour sont appellez Maistres de Parlement.

81 Pourquoy on reïtere chacun an le serment aux Parlemens.

Et ce qu'aux Parlemens, tant les Iuges que les Aduocats reïterent le serment tous les ans, prouient de la fausse opinion, qu'on auoit anciennement que la puissance du Parlement ne fust qu'annuelle, ou mesme semestre, de Parlement en Parlement, comme il a esté dit au chapitre precedent.

83 Où se faisoit ce serment.

84 Quel il estoit.

Quant à la forme de ce serment, il faut en premier lieu, qu'il soit faict publiquement, *in loco maiorum*, & en pleine audience: comme estant l'acte de plus grande ceremonie qui se puisse faire, que de conferer la puissance publique.

85 *Iusiurãdum corporale.*

D'ailleurs, il faut que ce soit, non vn simple serment verbal, ne consistant qu'en la seule prolation des paroles, ains que ce soit *iusiurandum corporaliter præstitum: de quo in l. 3. Cod. si minor se maiorem dixerit. & l. 1. Si aduers. vendit.* que Balsamo appelle σωματικὸν ὅρκον: & qui se fait en leuant la main deuant le Iuge: mesmement Iustin vouloit qu'il se fist *tactis sacro-sanctis Euangelijs*: comme auparauant l'Edict dernier faict en faueur de ceux de la religion pretenduë reformée, il falloit que les Officiers fissent protestation de foy, estans à genoux deuant le premier President, & mettans la main dessus le tableau, où estoit l'image du Crucifix & l'Euangile. Ceremonie fort ancienne entre les Payens, *qui iurabant aram tenentes, vnde prouerbium, Amicus vsque ad aras, id est, vsque ad iusiurandum*: voire tenuë si superstitieusement entre les Chrestiens, que le menu peuple pensoit que les autres sermens ne fussent obligatoires, comme il se void aux passages de sainct Chrysostome & de sainct Hierosme, rapportez par Gratian 22. q. 1. & de verité, comme dit Symmache *lib. 10. epist. 54. licet omnia Deo plena sint, plurimùm tamen valet ad metum delinquendi, præsentia Religionis vrgeri.*

86 Explicatiõ du prouerbe *Amicus vsque ad aras.*

87 *Conceptum iusiurandum.*

Il faut aussi que ce soit ἐπακτὸς ὅρκος, *conceptum & solemne iusiurandum*, ayant son formulaire precis & certain, lequel formulaire est prescrit en la loy *Sancimus. C. Ad l. Iul. repet.* & plus amplement en la Nou. 8. à la fin: & est fort bien expliqué par ce docte President Faber en son commentaire, *ad l. 2. De orig. iur.* où il explique aussi βουλευτικὸν & ἡλιακὸν ὅρκον des Atheniens, & ce qu'ils contenoient.

E

88 Celuy des Iuges de France. Celuy des Iuges de France est prescrit par l'Ordonnance de Charles VIII. art.3.& 62. & est composé mot à mot sur cette loy *Sancimus*. En somme il contenoit nagueres deux chefs; l'vn que le Iuge iuroit n'auoir rien baillé, ni promis directement, ou indirectement, pour paruenir à son Office: & combien qu'il y ait prés de cent ans que la venalité des Offices de Iudicature est tolerée, neantmoins cét article de serment a duré iusques en l'année 1597. lors de l'assemblée de Roüen, où il fut resolu (certes à bon droict) qu'il ne seroit plus exigé, voyant que cette venalité auoit pris tel pied, qu'il n'y auoit plus d'esperance de l'abolir. Aussi à la verité c'estoit vne honte que les Iuges de France entrassent en leurs Offices par vn pariure solennel, & qu'en l'acte de leur reception ils commissent vne fausseté publique.

89 Serment de n'auoir acheté l'Office aboly, & pourquoy.

90 Interpretation du serment d'à present. L'autre chef, qui reste seul à present, est en somme *de garder les Ordonnances* (qui est ce qu'on disoit à Rome *iurare in leges) Et au surplus faire bonne & brieue iustice*: car és cas non decidez par les Ordonnances & autre droict François, tout Iuge peut iuger *vti æquius, melius videtur*, qui est l'autre article du formulaire du serment des Iuges en cette Nou. 8. rapporté en l'Auth. *Sed hodie. De Iudic.* & que faisoient aussi les Iuges d'Athenes, comme prouue Petrus Faber au lieu preallegué.

91 Interpretation de l'Authentique, *Sed hodie. De iudiciis.* Vray est qu'en cette Auth. *Sed hodie*. le serment des Iuges pedanées est restraint aux loix, pource que n'estans pas Magistrats, ils n'auoient pas l'Office noble, & le pouuoir de moderer ou suppléer la loy par equité: ains estoient astraints totalement à la formalité des loix; ce qui merite vn discours à part.

92 De l'installation de l'Officier. Ce serment estant presté, voila l'Officier receu, & desormais faict personne publique, ayant toute la puissance qui depend de son Office: mais pourtant il n'est encor en possession actuelle d'iceluy. Car la reception luy donne seulement la possession de droict, & la permission d'apprehender celle de faict, qui est la vraye & parfaicte possession, puis qu'il est enuoyé en l'exercice de sa charge: neantmoins en France, la voye de fait est tellement reprouuée, que le plus souuent il n'est pas loisible à l'Officier receu d'entrer de sa propre auctorité en l'actuelle possession de son Office, ains faut qu'il soit installé par autruy en la seance & place d'iceluy.

93 Quãd l'Officier se peut installer soy-mesme. Ce qui ha lieu seulement aux Offices, pour l'exercice desquels y a siege ou bureau public: Et lors encor faut-il distinguer si l'Officier est le premier du siege, auquel cas il se peut installer & prendre sa place de luy-mesme, sans qu'il soit subject d'en demander permission à ses inferieurs: si ce n'est qu'il y ait debat ou empeschement: car alors il ne doit vser de violence, ni se faire droict à soy-mesme; ains auoir recours au superieur, à ce qu'il commette quelqu'vn pour l'installer: attendu mesme que son arrest de reception est seulement executoire, nonobstant l'opposition ou appellation de ceux qui sont parties, & ont esté ouïs en iceluy, mais non des tiers opposans, si precisément la Cour ne l'ordonne, estant aduertie de leur opposition: & en tout cas il faut tousiours vn commissaire pour executer l'arrest.

94 Officier nõ installé, peut faire procez verbal. Vray est, que l'Officier ayant ja par sa reception le charactere de puissance publique, peut luy mesme faire procez verbal du refus ou empeschement qu'on luy fait, qui aura force d'acte public: mais ne peut pas rien ordonner, pource qu'il n'est pas encor Iuge parfait.

95 Ordinairemẽt faut estre installé par autruy. Mais si au siege ou bureau il y a quelqu'vn au dessus de luy, il doit y venir par requeste, afin d'estre par luy installé en son siege, & admis en la possession & exercice de son Office: &, en cas de refus ou delay, se pouruoir comme au cas precedent.

96 Iusques à quand le resignant peut exercer. Iusques à laquelle installation, du moins iusques à ce que le nouuel Officier se soit presenté au lieu de son exercice, son resignant, bien qu'il n'ait plus aucun droict de proprieté ou possession en l'Office, peut neantmoins continuer l'exercice d'iceluy, en vertu du charactere d'Officier qui luy demeure. Ce qui se fait pour l'interest public, afin que les charges publiques ne soient delaissées, dit la loy *Meminisse. D. de Offic. Proconſ.* decidant que l'antique Proconsul doit continuer sa charge *vsque ad aduentum successoris, cum sit vnus Proconsulatus, & vtilitas*

Prouinciæ exigat, esse aliquem per quem negotia sua Prouinciales explicent. Puis donc que ceste loy dit, *vsque ad aduentum successoris*, il faut prendre garde, que si le resignataire se fait receuoir en la ville de son exercice, le resignant doit cesser d'exercer dés lors de la presentation de ses lettres : mais s'il se fait receuoir ailleurs, le resignant peut exercer iusques à ce que le resignataire estant receu, apparoisse sur les lieux pour estre installé ; & ainsi se pratique. 97 Interpretation de la loy *Meminisse, De Off. Procons.*

SOMMAIRES DV CINQVIESME CHAPITRE.

1 *De la conseruation des Offices.*
2 *Instruction morale aux Officiers.*
3 *Instruction aux Iuges.*
4 *L'exercice des Officiers doit estre faict en personne.*
5 *Distinction de la residence auec l'exercice personnel.*
6 *L'vn & l'autre est enioinct aux Officiers.*
7 *Il n'y a que la residence requise aux Beneficiers.*
8 *Et non l'exercice personnel.*
9 *Pourquoy il est requis aux Offices.*
10 *Pourquoy il n'est requis aux Benefices.*
11 *Occasion des Vicaires fermiers des Benefices.*
12 *Occasion de la non residence des Beneficiers.*
13 *Menace de Dieu aux Pasteurs non residens.*
14 *Si ces Vicaires fermiers sont prohibez par le droict Canon.*
15 *Explicacion du tiltre* Ne prælati vices suas ; &c.
16 *Explication du 3. chap.* eodem tit.
17 *Toutes functions Ecclesiastiques sont exercées par Vicaires.*
18 *Que c'est vn grand abus.*
19 *Il y a trois sortes de functions en l'Eglise, & comment chacune peut estre deleguée.*
20 *Trois Vicaires d'vn Euesque.*
21 *Offices requeroient residence à Rome.*
22 *Mais non pas l'exercice personnel.*
23 Optiones.
24 Legati Ducum & Proconsulum.
25 *Les Proconsuls auoient trois diuers Lieutenans.*
26 Quæstor.
27 Ἐκ προσώπου.
28 Vicarius.
29 Legati Proconsulum à Senatu legebantur.
30 Quæstores à quibus legebantur.
31 Adiutores Quæstoris.
32 Τοποτηρηταὶ, Locum-tenentes.
33 *A Rome toute function d'Office pouuoit estre commise.*
34 *La simple iurisdiction pouuoit estre deleguée en deux façons.*
35 *Difference* inter eum cui mandata erat iurisdictio, & iudicem datum.
36 *Pouuoir du mandataire de iurisdiction.*
37 *Pouuoir du simple Iuge delegué.*
38 *Où ressortissoit l'appel de l'vn & de l'autre.*
39 *Explication des loix* 1. & 3. D. Quis à quo appel.
42 Idem.
43 *Le* mixtum imperium *pouuoit estre delegué, & comment.*
44 An mandatarius iurisdictionis habeat merum Imperium.
45 Mixti Imperij duæ erant partes.
46 Quidnam ex mixto Imperio transiret ad mandatariũ iurisdictionis.
47 An actus legitimi possint delegari.
48 Merum Imperium delegari non poterat, & quare.
49 *Toutes ces delegations estoient abusiues.*
50 *D'où elles procederent.*
51 *Comment furent retranchées.*
52 *Defenduës par le droict du Code.*
53 *Origine des Iuges pedanées.*
54 *Erigez en Offices.*
55 *Tout cela a esté imité en France.*
56 *Les Ducs & Comtes commettoient des Lieutenans.*
57 *Pareillement les Baillifs & Seneschaux.*
58 *Neantmoins sont tenus resider.*
59 *Seul cas auquel on peut deleguer en Iustice.*
60 *Des Substituts des Procureurs du Roy.*
61 *Des Substituts & Substituez.*
62 *Procureurs generaux des Baillages.*
63 *Financiers peuuent auoir des Commis.*
64 *Si ces Commis peuuent decerner des contraintes.*
65 *Offices hereditaires peuuent estre exercez par fermiers.*

DE L'EXERCICE DES OFFICES.

CHAPITRE V.

1 De la conseruation des Offices.

CE n'est pas moindre vertu de conseruer que d'acquerir, dit le Poëte, d'autant que l'vn gist en art, & l'autre en hazard. Ce qui ne se verifie possible mieux en chose quelconque, qu'en l'Office, dont la rencontre prouient ordinairement, ou de fortune, ou des biens de fortune: mais de bien exercer vn Office, & s'y bien maintenir, cela depend totalement de nostre capacité & industrie, & c'est aussi en quoy gist la vertu & l'honneur.

Donques ayant traicté iusques icy de l'acquisition de l'Office, il faut traicter en suite de la conseruation d'iceluy, & notamment de l'exercice, entant qu'il concerne nostre project: car de traicter du deuoir de l'Officier, ce seroit entreprendre sur le Theologien ou Philosophe moral. Et me suffit à cét égard d'habiter chez moy, & prenant garde à ma vesselle, tascher à recognoistre ce qui me manque, sans entreprendre d'instruire, ou reprendre autruy.

2 Instruction morale aux Officiers.

Ie diray seulement en general, que tout Officier doit tascher à se rendre meilleur que ceux sur lesquels il est proposé, comme la raison veut que ce qui commande soit plus excellent que ce qui obeït: & en la nature, les corps superieurs sont de degré en degré plus excellens que les inferieurs. D'ailleurs, plus l'Officier est esleué en Dignité, plus il est tenu de craindre Dieu, qui luy a plus faict de grace, & auquel il a plus de compte à rendre: plus obligé aussi à seruir fidelement son Prince, qui l'a de plus prés approché de luy, & luy a faict plus de part de sa puissance: bref plus tenu d'affectionner le peuple qui luy est commis & confié, & duquel aussi il reçoit plus d'honneur. Il faut donc que tout Magistrat s'imagine, qu'il n'est pas estably sur le peuple pour le deuorer, comme les fables disent, que l'esperuier fist aux grenoüilles, & la ronce aux arbrisseaux, ains au contraire, pour le garder de foule & oppression. De sorte, que le profit qu'on luy permet de tirer du peuple, n'est pas vn droict, ou vn tribut que le peuple luy doiue, ains vne obuention fortuite qui luy aduient en recompense de sa peine: obuention, qui prouenant du malheur d'autruy ne peut estre desirée, & encor moins procurée par vn bon Magistrat. *Neque enim alienum iurgium reputare debet suam prædam*, comme dit la loy 3. *Ad l. Iull. repetund.*

3 Instruction aux Iuges.

Car c'est principalement aux Iuges, que mon propos s'addresse: ausquels à la verité Dieu a communiqué sa plus haute function, dont partant ils ne doiuent abuser par auarice: ains considerer qu'il ne vient escu dans leurs bourses, qui n'en couste dix d'ailleurs aux parties: lesquelles souuent ont plus de subiect d'en mandier que de pouuoir d'en donner: & qu'en outre vn procez dont ils seront cause, peut causer la ruine entiere d'vne famille: quoy que ce soit, qu'il n'y a procez deuant eux qui ne fasche en cœur, & trauaille grandement l'vne & l'autre des parties. Que si ainsi est, que l'vne des grandes afflictions de ce monde sont les procez, il s'ensuit que l'vne des grandes charitez, c'est d'empescher les procez, ou du moins les vuider promptement. Au rebours si les plus grands pechez sont ceux qui sont les plus contraires à la charité, ainsi que disent les Theologiens, il faut croire que c'est vn des plus grands pechez, que d'inuenter, multiplier & allonger les procez, principalement à l'esgard des Iuges qui sont establis pour les vuider & terminer: car certainement il n'y a point de plus grande iniustice (dit Ciceron aux Offices) que celle qui vient de la part, dont doit venir la Iustice.

4 L'exercice des Officiers doit estre fait en personne.

Mais ce qui concerne mon institut touchant l'exercice de l'Officier, est de dire, qu'il doit estre faict en propre personne, non pour la raison de du Moulin, que n'estant que simple vsager, il ne peut vser de son Office que par luy-mesme, ce qui a esté refuté au chapitre precedent: ains c'est d'autant que la puissance publique, qui est requise pour la function de l'Office, estant grauée & burinée en personne ne peut pas estre transmise à vn autre, & encor ceste function estant publique, ne peut estre faicte par vn particulier, non pas mesme par celuy qui auroit serment à Iustice pareil que l'Officier, pource que le pouuoir de chacun Officier est limité au fait de sa charge, hors laquelle il n'est plus qu'homme priué, sans puissance publique, fust-ce vn Roy hors son Royaume.

Cette function personnelle de l'Officier, aussi bien que du Beneficier, requiert deux choses, la presence & l'assistance, autrement appellées, la residence & l'exercice personnel: la presence ou residence, est la demeure ou habitation continuelle de l'Officier au lieu de son Office: l'assistance ou exercice personnel, est, qu'il en face l'exercice actuel entierement par soy-mesme, & non aucunement par commis ou delegué, ce que les Beneficiers appellent *desseruir*. Et combien que communément on confonde la residence auec l'exercice, si sont-ils fort differens: car le commandement de la residence est affirmatif, & celuy de l'exercice est plustost negatif, d'autant qu'il importe, que l'Officier ne peut commettre l'exercice de sa charge en tout, ny partie. 5 Distinction de la residéce auec l'exercice personnel.

Or la residence & l'exercice sont enioints conioinctement aux Officiers de France par les anciennes Ordonnances, rapportées par Guenois au tiltre *Des Baillifs & Seneschaux*, qui specifient toutes sortes d'Officiers, soit de gouuernement ou de finance, aussi bien que ceux de Iustice; mais l'vn & l'autre est clairement exprimé en l'Ordonn. de l'an 1560. *Ordonnons que tous nos Officiers ayent à faire Residence actuelle, & Exercer en personne leurs Offices, à peine de perdition d'iceux, que declarons vacans & impetrables.* Comme pareillement l'vn & l'autre semble commandé aux Beneficiers, par le Concile de Latran, rapporté au 5. chapitre, *De cler. non resid.* dont voicy les mots, *Ecclesia committi debet tali personæ, quæ Residere in loco, & curam eius per seipsam valeat Exercere.* 6 L'vn & l'autre est enioint aux Officiers.

Neantmoins c'est la verité, qu'il n'y a que la residence requise absolument aux benefices. Laquelle aussi est requise en tous de droict commun, quelques simples, ou petits qu'ils soient, s'il n'y a excuse legitime. Toutesfois les Casuistes tiennent qu'à present l'vsage ou coustume inueterée excuse de resider aux benefices simples. Mais quant à l'exercice personnel, ie n'estime pas qu'il soit si precisément requis aux benefices, comme aux Offices de France; ains se pratique notoirement, que tous benefices peuuent estre desseruis par Vicaires, ou commis, fors seulement ceux de compagnie, comme des Chanoines, où c'est vne regle perpetuelle qu'on ne peut commettre ni substituer, d'autant que les vns supléent au defaut & absence des autres. 7 Il n'y a que la residéce requise aux Beneficiers.

La raison de cette difference notable d'entre les Offices & Benefices, est fort difficile, mais tres belle: Qu'és Offices la Seigneurie d'iceux, qui s'acquiert par la prouision, & l'Ordre ou charactere d'Officier, qui s'obtient par la reception, n'ont onc esté separez, ains sont tousiours demeurez vnis en la personne de l'Officier apres sa reception: n'estant iamais le charactere d'Officier conferé, qu'à celuy qui ha vn Office, mesme ne luy est conferé que pour son Office, de sorte qu'il se perd aussi auec Office. 8 Et non l'exercice personnel. 9 Pourquoy il est requis aux Offices.

Mais aux charges Ecclesiastiques on a separé l'Ordre, c'est à dire l'aptitude, approbation & mission publique, pour les exercer, d'auec le Benefice, c'est à dire le droict & aptitude d'en perceuoir le reuenu: d'autant qu'on a conferé ceste mission publique aux personnes qui n'ont point de benefices, entendant par icelle les rendre capables, & d'en auoir à eux, & d'exercer ceux d'autruy: de sorte que ces personnes constituent vn certain Ordre de gens, à qui les benefices sont affectez, soit pour les auoir, soit pour les exercer au lieu de ceux qui les ont: comme ie deduiray plus amplement au liure *Des Ordres*. Ainsi donc l'exercice ayant esté fait separable du tiltre, le labeur du loyer, l'Office du benefice: bref le spirituel du temporel, la plus-part des beneficiers ont esté bien aises, en retenant le tiltre & reuenu de leur benefice, de se descharger de l'exercice & labeur sur de pauures gens, qui ayans l'Ordre, ont par consequent l'aptitude de desseruir leurs benefices: ausquels pour cét effect, tantost ils donnent gages, tantost leur baillét à ferme le tẽporel d'iceux, à la charge de desseruir au spirituel. 10 Pourquoy il n'est requis aux Benefices. 11 Occasion des Vicaires, fermiers des Benefices.

Separation qui certes a esté fort preiudiciable à la discipline Ecclesiastique. Car si elle n'eust point esté faite, & si les Beneficiers n'eussent non plus esté receus à faire leur exercice par commis, que les Officiers, il n'eust point fallu tant

12 Occasion de la non residence des Beneficiers.

de Decrets & Canons, pour les astraindre à la residence. Decrets qui au surplus sont tellement inutils, qu'il n'y a pas auiourd'huy le quart des benefices, mesme de ceux qui ont charge d'ames, s'ils sont de valeur pour estre baillez à ferme, qui ne soient desseruis par quelque pauure Vicaire mercenaire, qui met les ames à l'enchere, & fait party du tribut des pechez : & par apres Dieu sçait comment,

Hic alienus oues custos bis mulget in hora,
Et succus pecori, & lac subducitur agnis.

Mais laissant les authoritez profanes, escoutons ce que dit Dieu par la bouche de son Prophete Ezechiel, chap. 34. aux Ecclesiastiques, qui ne resident sur leur

13 Menace de Dieu aux Pasteurs non residans.

troupeau, *Væ pastoribus, qui pascunt semetipsos, & non gregem. Lac comedebatis & lanis operiebamini, & quod pingue erat occidebatis. Quod infirmum fuit non consolidastis, & quod ægrotum non sanastis, quod confractum est non alligastis, & quod abiectum est non reduxistis, & quod perierat non quæsistis. Et dispersæ sunt oues meæ, eo quod non esset pastor, & factæ sunt in deuorationem omnium bestiarum agri, & non erat qui requireret. Non erat, inquam, qui requireret. Propterea pastores audite verbum Domini. Viuo ego, dicit Dominus Deus, quia pro eo quod facti sunt greges mei in rapinam, & oues meæ in deuorationem, eo quod non esset pastor, Ecce ego ipse super pastores inquiram gregem meum de manu eorum, & cessare faciam, vt vltrà non pascant gregem meum, nec pascant ampliùs semetipsos, &c.*

Combien que cét vsage des vicaires fermiers des Cures & autres benefices soit si frequent, neantmoins la glose & la plusspart des Canonistes tiennent, qu'il est prohibé par le tiltre, *Ne clerici vel monachi vices suas, vel Ecclesias sub annuo*

14 Si ces Vicaires fermiers sont prohibez par le droit Canó.

censu concedant, notamment par le troisiesme chapitre d'iceluy, qui est vn Canon du Concile de Tours. *Quoniam*, dit le texte, *enormis consuetudo contra sanctorum patrum institutiones in quibusdam locis inualuit, vt sub annuo censu sacerdotes ad regimen Ecclesiarum statuantur, ne id fiat modis omnibus prohibemus, quia dum sacerdotium sub huiusmodi mercede venale proponitur, ad æternæ retributionis præmium consideratio non habetur:* où, par les Institutions des saincts Peres, est entendu le Canon *Præcipimus 21. quæst. 2. Præcipimus ne conductitijs Presbyteris Ecclesia committatur, sed vnaquæque Ecclesia, cui facultas suppetit, proprium habeat sacerdotem.* Tant y a, que de ces deux textes, auec les autres de ce tiltre, les Canonistes colligent que la charge de desseruir au spirituel ne peut estre baillée à ferme ou rente.

Neantmoins c'est la verité, qu'il ne les faut pas ainsi entendre, ains qu'ils signifient, que le Prelat, collateur du benefice, ne le peut pas conferer à tiltre de fer-

15 Explication du tiltre, *Ne Prælati vices suas, &c.*

me, cens, ou rente annuelle, au lieu de le conferer purement, & à tiltre de benefice. Qui estoit vn vsage, lequel s'estoit introduit en France aux benefices, à l'exemple des Offices de la Iustice, qui n'estoient gueres conferez autrement vn temps fut, comme ie diray au commencement du 3. liure. Ce qui conuient directement aux termes de ceste rubrique, qui ne parle que des Prelats, c'est à dire des collateurs des benefices, & non pas des autres Beneficiers, & leur defend de bailler à cens annuel *vices suas*, c'est à dire leurs Vicariats & charges d'Officiaux, & Doyens ruraux, desquels nommément parlent les deux premiers chapitres. Puis adiouste la rubrique, *vel Ecclesias*, sans repeter *suas*, c'est à dire les Eglises & Benefices, estans en leur collation. De faict, au 1. chapitre il est dit, que celuy qui a ainsi esté pourueu d'vn Office de Doyen rural doit perdre son Office, & que l'Euesque doit estre priué desormais du droict de le conferer. Aussi ce tiltre est enfermé entre celuy *De Simonia*, & celuy *De Magistris, & ne quid exigatur pro licentia docendi*, qui traicte encor d'vne autre sorte de Simonie.

16 Explicatió du 3. chap. eodem tit.

Autrement ce troisiesme chapitre, dont nous venons de rapporter les termes, seroit formellement contraire au chapitre suiuant, qui permet expressément au Beneficier, *Ecclesiam suam sub anno censu concedere.* Et n'y vaut la solution de la glose, que l'vn parle du spirituel, & l'autre du temporel : car tous deux vsent du mot *Ecclesia*, qui ne signifie iamais le seul temporel, mais bien le spirituel seul, ou le spirituel & temporel ioincts ensemble. Et quant au can. *Præcipimus*, quand il dit, que chasque Eglise doit auoir vn propre Prestre, il entend vn Curé en tiltre, qui ne soit pas fermier & rentier, c'est à dire pourueu à la charge d'en payer vne ferme ou rente annuelle au collateur, mais ne parle pas d'vn vicaire fermier, qui a pris à ferme du Curé le reuenu de la Cure. Ce que i'ay expliqué icy plus au long, pource que nous en auons affaire en vn autre endroit.

Tant y a que l'vsage des vicaires & commis, s'est tellement dilaté en l'Eglise, qu'auiourd'huy non seulement les benefices, mais aussi les purs Offices Ecclesiastiques, & presque toutes les functions personnelles des gens d'Eglise, sont exercées par des vicaires. Qu'ainsi ne soit, la iurisdiction contentieuse, où l'industrie de la personne est particulierement requise, est-elle pas ordinairement deleguée à des commissaires *in partibus*, choisis (qui pis est) presque tousiours par l'vne des parties? qui est certes vn grand abus. Et pour la iurisdiction volontaire, notamment la collation des benefices, il est notoire, que chacun Prelat y commet autant de grands vicaires qu'il luy plaist: par l'entremise desquels, ceux qui viuent à la mode d'à present, maquignonnent sourdement les benefices de leur collation en liberté de conscience.

17 Toutes functions Ecclesiastiques sont exercees par vicaires.

En fin sur ces vicaires, les Ecclesiastiques se deschargent s'il veulent, de tout l'exercice de leurs charges: comme s'ils n'auoient les Benefices sinon pour en prendre le reuenu temporel, & que la charge du spirituel ne les concernast point. Combien que Dieu ne les ait pas esleus à vne si digne & haute vacation, pour s'enrichir du reuenu du Crucifix sans rien faire, ains ait choisi specialement leur industrie, pour trauailler eux-mesme en sa vigne, c'est à dire au regime des ames, qui est l'art des arts: Et le reuenu que pour cest effect il leur a attribué, n'est pas vn patrimoine qui leur soit acquis sans rien faire, ains c'est la solde de leur milice, ce sont les gages de leur Office, & les salaires du seruice personnel qu'ils sont tenus rendre: estant certain que *Beneficium datur propter Officium*, & nostre Dieu ayant dict, *vt seminauerit homo, ita & metet: & qui non laborat, non manducabit*.

18 Que c'est vn grād abus.

Pour donc representer plus particulierement ce qui se pratique à ce regard entre les Ecclesiastiques, faut distinguer trois sortes de functions en l'Eglise: l'vne concerne la puissance, ou clef de l'Ordre; l'autre la puissance ou clef de Iurisdiction, & l'autre est la simple function sans clef ni puissance particuliere, comme de prescher, enseigner, prier Dieu &c. La simple function, & celle de iurisdiction peuuent estre indistinctement deleguées à toute personne, pourueu qu'elle soit Ecclesiastique (car les purs lays ne sont capables des functions de l'Eglise) enquoy n'y a nulle exception, sinon que le Pape ne commet les causes deuolues deuant luy qu'aux beneficiers estans en Dignité, Personnat ou Canonicat d'Eglise cathedrale, suiuant le chap. *Statutum. De rescript. in 6.* Et quant à la puissance de l'Ordre, encor peut-elle estre commise, mais seulement à ceux qui ont l'Ordre requis à icelle: pour exemple vn Euesque, voire mesme son grand vicaire, peut bien commettre vn autre Euesque, pour tenir les Ordres en son Euesché. Ainsi il me souuient d'auoir veu en mes ieunes ans dans la ville de Sens trois diuers vicaires de l'Archeuesque: sçauoir est vn suffragant, pour ce qui estoit de l'Ordre Episcopal: vn Official, pour la iurisdiction contentieuse: & vn Grand vicaire, pour la volontaire.

19 Il y a trois sortes de functions en l'Eglise, & comment chacune peut estre deleguee.

20 Trois vicaires d'vn Euesché.

Voila ce qui s'obserue aux benefices: & pour reuenir aux Offices, il est bien certain que ceux des Romains requeroient residence, aussi bien que les nostres, tesmoin ce que rapporte A. Gelle liu. 3. chap. 2. *Tribuno plebis nullum diem Roma abesse licuisse*, & Tite-Liue, liu. 5. *Flamini Diali noctem vnam manere extra vrbem fas non fuisse*: & Tacite 3. *Annal. Annuam absentiam, & proinde prouinciarum administrationem, Dialibus non concedi.*

21 Offices requeroyent residence a Rome.

Mais les Officiers de l'Estat Romain n'estoient pas tenus ainsi que les nostres, faire par eux-mesmes l'entier exercice de leur charge, en sorte qu'ils ne le peussent commettre en tout ou partie: au contraire c'est vne regle du droict Romain, que les Officiers peuuent commettre tout ce qui depend de leurs Offices, dit la loy 1. *De offi. eius. qui mand. est iurisd.* Si cela est raisonnable ou non, ie l'examine-

22 Mais non pas l'exercice personel: Ains ils pouuoyent substituer.

ray ailleurs : tant y a que presque tous les Officiers Romains, hors mis ceux de compagnie, auoient des commis ou Lieutenans, qu'ils choisissoient eux-mesmes.

23 *Optiones.* Pour commencer par les moindres, ceux qui auoient les menuës charges ou membres des bandes militaires, commettoient des substituts ou aides, qu'on nommoit *Optiones ab optando, quod antecedentibus ægritudine impeditis, hi tanquam adoptati eorum, atque vicarij solerent vniuersa curare*, dit Vegece liu. 2. chap. 7. & Varron liu. 1. *Quos primò Decuriones administros sibi adoptabant, Optiones vocari cæptum, quos nunc per ambitionem Tribuni faciunt.* Et Festus dit, que *Optio in re militari appellatus est, quem Centurio aut Decurio adoptabat olim sibi administrum, quia* (dit-il peu apres) *cooptare quem vellent ijs hoc tempore permissum erat.*

24 *Legati Ducum & Proconsulum.* Et quant aux grandes charges militaires, c'est chose notoire, que les chefs d'armee *sufficiebant sibi Legatos, quorum fiduciariâ operâ vterentur in regendo exercitu, si quando ipsos abesse contingeret*, dit Cesar lib. 2. *De bello ciuili.* Et pour le regard des

25 Les Procósuls auoient trois diuers Lieutenans. Gouuerneurs des Prouinces, comme ils auoient la charge des armes de la Iustice, & des finances de leur Prouince : aussi auoient-ils ordinairement des Lieutenans distincts pour chacune de ces trois functions. A sçauoir pour le fait des armes, ils auoient *Legatum*, qui ne se mesloit point de la Iustice, *nisi ei expressè*

26 *Quæstor.* *mandata fuisset iurisdictio à Proconsule, l. Legatis & l. Solent. §. Sicut. De off. Procons. & Leg.* mais en la Iustice, ils prenoient pour Lieutenant, *Assessorem* : bref pour les finances ils auoient *Quæstorem*, ainsi estoit appellé du commencement le Tresorier de chasque Prouince : puis quand il n'y eut plus qu'vn Questeur ou Tresorier general en tout l'Empire, ils auoient *Adiutores Quæstoris.* Quelquesfois aussi ils auoient vn Lieutenant general ; pour toutes ces trois functions, qui soubs les

27 Ἐκ παρόντου. derniers Empereurs s'appelloit ἐκ παρόντου, & (comme dit Cuias) par foys mais

28 *Vicarius.* rarement, *vicarius.* Car d'ordinaire les vicaires estoient ceux, que l'Empereur mettoit és prouinces, où il n'y auoit point de Gouuerneur, & en estoient Gouuerneurs en chef : estans ainsi nommez, non pour estre vicaires du Gouuerneur, ains de l'Empereur, comme il se collige du tiltre *De officio vicarij* au Code, & des authoritez que rapporte M. Brisson en son *De verb. signif.*

29 *Legati Proconsulum à Senatu legebãtur.* Il est bien vray, que les Legats des Proconsuls estoient choisis par le Senat, comme prouue fort bien le docte President Faber sur la loy 70. *De reg. iur. Indéque nomen habebant, quod publicè legerentur, vt mitterentur*, dit Varo liu. 5. Mais les Assesseurs estoient choisis par les Gouuerneurs des Prouinces, comme il se col-

30 *Questores à quibus legebantur.* lige de la loy 49. *D. De iudic.* Et quant aux Questeurs ils estoient aussi choisis par le Senat en l'estat populaire, comme il se veoit en la diuination contre Verres. Mais soubs les Empereurs, il est à croire, que c'estoit le Superintendant des finances de l'Empire appellé *Quæstor*, qui les enuoyoit comme ses commis par les

31 *Adiutores Questoris.* Prouinces, *ideóque Adiutores Quæstoris dicebantur* : ainsi que du temps de nos peres, les Thresoriers generaux des guerres enuoyoient leurs commis par les prouinces, pour payer les garnisons d'icelles, auparauant l'erection des Tresoriers prouinciaux en tiltre d'Office.

Pareillement les Gouuerneurs des Prouinces, comme aussi plusieurs des principaux Officiers de l'Empire, notamment *Comites largitionum, Comites rerum priuatarum, & Tribuni militum* auoient ceste coustume d'enuoyer par les villes des com-

32 Τοποτηρηταί, *Locum tenentes.* mis appellez Τοποτηρηταί, que Iulian l'interprete des Nouelles, tourne, *Locum-tenentes*; dont sans doute nous auons tiré le terme de Lieutenant. Mais Iustinian en sa Nou. 134. *quæ est* περὶ τοποτηρητῶν les supprima : voulant, que les Defenseurs des citez choisis par les habitans des villes, feissent la charge des Gouuerneurs des Prouinces en leur absence.

33 A Rome toute functiõ d'Office pouuoit estre cõmise. Bref à Rome toute function d'Office pouuoit estre commise & deleguée. Car la loy dit en propres termes, que *quæcunque iure Magistratus competunt, mandari possunt.* Mesmement les functions de la Iustice, bien qu'elles soient de plus grande consequence, & subiectes à plus de formalitez, que les autres charges, pouuoient neantmoins presque toutes estre deleguées, mesme aux personnes priuees. Ces functions sont le *merum imperium*, le *mixtum imperium*, & la simple Iurisdiction.

Quant

34 La simple iurisdiction pouuoit estre deleguee en deux façons.

Quant à la simple iurisdiction, il n'y a point de doubte, qu'elle ne peust estre deleguée, tesmoin le tiltre *De officio eius cui mand. est iurisd.* Mesme il faut noter, que celuy auquel elle estoit commise entierement & generalement, pouuoit encor subdeleguer & commettre en particulier les procez à iuger, pource que le principal effect de la simple iurisdiction, consistoit *in iudicis dandi licentia*, dit la loy 3. *in fi. D. De iurisdictione.*

35 Diference *Inter eum cui mandata erat iurisdictio, & indicem datū.*

Dont resulte, qu'il y auoit grande difference *inter eum cui mandata erat iurisdictio* qui estoit le commis general du Magistrat, *& iudicem datum*, qui n'estoit qu'vn delegué particulier, voire bien souuent qu'vn subdelegué du commis general. Aussi les Canonistes l'appellent Delegué special, & l'autre Delegué general: lesquels mots neantmoins ne comprennent pas l'emphase & energie du droit ciuil, qui merite bien d'estre éclaircie à loisir: à cause de sa grande difficulté.

36 Pouuoir du mãdataire de iurisdiction.

Car celuy auquel la iurisdiction estoit commise, auoit l'auctorité toute entiere en la Iustice, prononçoit luy mesme ses sentences, & pour le maintien de la iurisdiction, auoit la legere punition *l. vlt. De off. eius cui mand. est iurisd.* Bref il estoit tout ainsi qu'est à present vn Official en la Iustice Ecclesiastique, qui exerce la Iustice entiere de l'Euesque, & qu'estoient les Lieutenans des Baillifs & Seneschaux, lors qu'ils estoient commis & choisis par eux, comme il sera tantost dict.

37 Pouuoir du simple Iuge delegué.

Mais le simple iuge delegué, n'auoit pas la iurisdiction, ni l'auctorité de faire droict, ains seulement de iuger, c'est à dire de discerner le vray du faux, le iuste de l'iniuste, aussi est-il appellé en Grec διαιτητὴς & non pas δικαστής: & sa sentence n'auoit pas de soy l'auctorité publique, ains n'estoit que cõme vn aduis, iusques à ce que le Magistrat l'eust approuuee, soit en la prononçant luy mesme *pro tribunali*, soit en decernant sa commission pour l'executer. Aussi estoit elle conceuë soubs ces mots, *videri, arbitrari, siquid mei iudicij est*, ou autres semblables, & est bien certain, que luy mesme n'auoit le pouuoir de la faire executer.

38 Où ressortissoit l'appel de l'vn & de l'autre.

C'est pourquoy l'appel interietté du delegué general, c'est à dire du mandataire de l'entiere iurisdiction, estoit releué deuant le superieur du Magistrat qui l'auoit commis, pource que le mandataire estoit son Lieutenant en la Iustice, & n'estoit qu'vne mesme iustice & mesme auditoire de l'vn & l'autre: voire il est à croire que les sentences des mandataires estoient intitulees du nom des Magistrats, ainsi qu'en celles des Lieutenans des Bailliages de France, leurs Baillifs sont intitulez. Mais l'appel du simple Iuge delegué se releuoit deuant celuy qui l'auoit commis *l. 1. & vlt. D. Quis à quo appel.* pource que ce n'estoit pas proprement vn appel, ains comme disent Pollux & Moscopulus ἔφεσις ἢ μεταγωγὴ, καὶ ἡ μετάβασις ἀπὸ τῶν διαιτητῶν εἰς τοὺς δικαστάς. Qui est à peu pres la decision du chap. *Super. §. Porro. ext. De offic. Iud. deleg.* & la distinction que font les Canonistes *inter Officialem, seu vicarium, & delegatum, in cap. 2. De consuet. in 6.* rapportée par Rebuffe en sa pratique beneficiaire *tit. de vicarijs Episcoporum, num. 6.*

39 Explication des loix 1. & 3. De Quis à quo appell.

40 Où ressortissoit l'appel du Legat du Proconsul.

Que dirons-nous donc de l'appel interietté du Legat du Proconsul, auquel la iurisdiction auoit esté commise? veu que la loy dit que son appel peut estre releué deuant le Proconsul, *l. 3. D. eod. tit. Quis à quo apell.* & la loy *Legatus. D. De off. Procons. & leg.* dit que *proprium nihil habet, antequam ei mandata sit iurisdictio*, dont Cuias *lib. 7. Obseru. cap. 21.* infere que par apres *habet aliquid proprium*: voire il dit tout ouuertement, qu'il auoit quelque iustice à part.

Mais le President Faber *ad l. Nemo potest. De reg. iur.* refute bien ceste opinion, Comme à la verité puisque la loy dit, que *is cui mandata est iurisdictio, proprium nihil habet*, il n'y a point d'apparence de dire, que *Legatus simul habeat, & mandatam & propriam iurisdictionem*: & quant à la loy 3. *Quis à quo appell.* qui dit qu'on peut releuer l'appel de luy au Proconsul, il la faut restraindre à son cas particulier, que de l'amende irrogée par le Legat, on en peut appeller deuant le Proconsul, pource que la condemnation de ceste amende, ne pouuoit pas auoir esté faicte en vertu de la commission ordinaire & generale de la iurisdiction, *quia is cui mandata est iurisdictio, non habet multæ dicendæ facultatem. l. 2. in fi. D. De iudic.* mais en vertu d'vne delegation extraordinaire & particuliere: comme il aduenoit souuent que le Proconsul renuoioit à son Legat la cognoissance, ou du moins la punition de

41 Explication de la loy 3. D. Quis à quo appell.

certains crimes, *l. Solent. D. De offic. Pronsconf.* de sorte qu'en telles commissions particulieres, il falloit releuer au delegant, selon la distinction de ceste loy 2. *Quis à quo appell.*

41 Idem. Aussi ceste loy 3. ne dit pas par forme de regle generale, que *à Legato appellari debeat Proconsul*, mais seulement que *appellari potest, nimirum in eo casu speciali*, lequel sert d'exception à la regle contenuë en la loy immediatement precedente. Et quant à la loy *Legatus*, (outre que l'argument *à contrario* n'est pas tousiours certain en droict) quand elle dit, que *ante mandatam iurisdictionem Legatus nihil proprium habet*, elle signifie, qu'alors il ne peut rien faire à part soy, n'estant à la verité estably, que pour assister son Proconsul.

43 Le mixtũ imperium pouuoit estre delegué, & comment. Voila pour la iurisdiction, & quant au *mixtum imperium*, Papinian, qui auoit dit trop legerement *Legatum Proconsulis non habere animaduersionem mandata iurisdictione*, en fut repris par Paulus en la loy 1. *De offic. eius cui mand. est iurisd. Paulus notat, & imperium quod iurisdictioni cohæret, mandata iurisdictione transire verius est*, c'est à dire que le commandement inherent à la iurisdiction, & necessaire pour l'exercice d'icelle, estoit transferé à celuy, *cui mandata erat iurisdictio, vt in l. vlt. eod. tit. & l. 2. D. De iurisd.* Mais pourtant celuy-la n'auoit pas le *mixtum imperium* tout entier.

44 *An mãdatarius iurisdictionis habeat merum imperium.* Car la loy dict qu'il ne pouuoit pas affranchir les esclaues *l. 2. De off. Proconf.* receuoir les adoptions *l. 3. eod. tit.* assembler le Conseil *l. 2. De offic. eius cui. mand. est iurisd.* qui sont neantmoins tous actes du *mixtum imperium*.

45 *Mixti imperij duæ erant partes.* C'est pourquoy il faut remarquer, que le *mixtum imperium*, estant metoien entre le pur commandement & la iurisdiction, auoit deux parties, l'vne participante, voire coherente tout à fait à la iurisdiction, & necessaire à la manutention d'icelle, comme la legere punition *d. l. 1. & l. vlt. eod. tit.* L'autre plus separée de la iurisdiction, & au rebours plus approchante du pur commandement, qui gisoit aux decrets de iustice, restitutions en entier, adoptions, manumissions, émancipations, missions en possession, & autres tels actes de ceremonie, esquels reluit & paroist l'authorité & puissance du Magistrat, qui partant sont dits *esse magis imperij, quam iurisdictionis, in l. Ea quæ. D. Ad municip. & in l. 4. De iurisd.* Bref qui consistoit *in actibus legitimis, maximè ijs quæ alibi fieri non poterant, quàm pro tribunali.*

46 *Quidnam ex mixto imperio transiret ad mandatarium iurisdictionis.* Doncques ceste seconde partie du *mixtum imperium* n'estoit pas transferée à celuy, auquel la iurisdiction estoit commise, pource que les actes legitimes, qui consistent en l'execution de la loy, ne ressentent point tant la iurisdiction, que le commandement: & d'ailleurs, le mandataire de iurisdiction n'ayant droit de monter au tribunal, & tenir le siege du Magistrat, ne pouuoit par consequent expedier ce qui ne pouuoit estre fait ailleurs: comme le mesme Faber a bien discouru au lieu preallegué. Et en ce dernier poinct il n'y auoit nulle exception: mais

47 *An actus legitimi possunt delegari.* quant aux actes legitimes, aucuns d'iceux pouuoient estre deleguez, pourueu que ce fust par commission expresse & particuliere, *vt in l. 1. D. De damno infecto. & in l. penult. in fi. De offic. eius cui mand. est iurisd.* Ce qui n'est pas toutesfois sans grande difficulté, à cause de la regle de droict *Nemo alieno nomine lege agere potest.* A laquelle toutesfois on peut respondre, que le delegué special *suo nomine agebat, non delegantis* comme le general, qui estoit la cause, pourquoy l'appel interietté du delegué special, se releuoit deuant le delegant.

48 *Merum imperium delegari non poterat, & quare.* Mais ceste mesme loy 1. *De offic. eius cui mand. est iuris.* nous apprend, que le *merum imperium* (lequel consiste en la puissance du glaiue, & toute autre grande punition, que nous appellons en France acte de haute Iustice, *& inde* l'executeur de haute iustice) ne pouuoit estre aucunement commis ni delegué par le Magistrat, pource qu'il ne luy appartenoit pas du propre droict de son Office, ains seulement luy estoit deferé par concession speciale & particuliere, en laquelle partant il estoit plustost commissionnaire, qu'Officier, comme prouue fort bien le mesme President Faber au lieu sus-allegué, & sera dit au chap. suiuant. Or est-il que le commissaire particulier ne peut subdeleguer, *l. A iudice C. De iudicijs.*

49 Toutes ces delegations estoyent abusiues. Voila en somme le droict des Digestes, touchant les delegations & commissions des Officiers: en quoy neantmoins à bien entendre il ne laissoit pas d'y auoir de l'abus, ce me semble, entant qu'on permettoit, que les Officiers transferassent

aux

aux personnes priuées leur charge personnelle, pour laquelle leur industrie auoit esté specialement choisie, & la puissance publique, qui ne leur estoit particulierement deferée, & qui en bonne iurisprudence ne peut estre transmise par autre, que par le Prince souuerain, auquel elle reside parfaictement. Mais il faut considerer, que ceste pratique commença en l'Estat populaire, lors qu'il falloit de necessité, que les Magistrats estans en petit nombre, substituassent des personnes pour exercer soubs eux les petites functions dependantes de leur charge, ne pouuant le peuple se trouuer en assemblee generale, si souuent qu'il eust esté besoin, pour eslire tant de petits Officiers necessaires en l'Estat, comme ie diray ailleurs plus amplement. De sorte que non seulement ils permettoient aux Officiers de commettre ce qui estoit de leur charge, mais ils donnoient pouuoir aux grands Officiers d'en faire de petits: & ainsi ils tenoient que la function & puissance estoit propre à l'Officier, combien que le contraire soit veritable en bonne iurisprudence, comme ie prouueray au commencement du 2. liure. 50 D'où elles procederent.

De faict, soubs les Empereurs l'vsage de ces commissions fut retranché peu à peu: d'où vient que nous ne voyons point dans le Code de tiltre, *De offic. eius cui mandata est iurisdictio*: mesme nous n'y trouuons le mot *mandare iurisdictionem*. Car le tiltre *De officio eius qui vice Præsidis administrat*, parle de celuy qui au lieu du President estoit enuoyé pour gouuerner la Prouince, soit par le Prince, ou par le *Præfectus Prætorio*, comme les deux loix de ce tiltre le disent expressément, autrement, elles seroient repugnantes aux maximes du droit: ce que Cuias a bien remarqué, quoy que Robert l'en ait repris. 51 Comment furent retranchees.

Et semble qu'il s'ensuit bien, que la commission de l'entiere iurisdiction soit prohibée par le droict du Code, au moins pour estre deferée à autres, qu'aux Legats ou Lieutenans en tiltre d'Office, puisque mesme il defend aux Magistrats de commettre particulierement les procez à iuger, fors les petits, ou en cas de fort grande occupation *l. 2. & vlt. C. De pedan. iudic.* Encor l'Empereur Zenon, & apres luy Iustinian en sa Nou. *6.* voulurent-ils, que hors les causes legeres, les Magistrats donnassent d'eux mesmes, & l'appointement de contestation, & la sentence definitiue de tous procez, leur permettant seulement de commettre à leurs Conseillers & Assesseurs les autres appointemens de moindre consequence. Mesmement il est à croire, que ceste loy de Zenon, dont est fait mention és Nou. 60. & 82. que Contius dit estre vne Constitution Grecque, qui ne se trouue point, & qui deuroit estre dans le Code, apres la loy derniere, *De pedaneis iudicib.* abrogeoit par expres cet ancien droit des Digestes, de commettre l'entiere iurisdiction, principalement aux personnes priuées, dont aussi n'a esté laissé aucun vestige dans tout le Code. 52 Defendues par le droit du Code.

Quoy que ce soit, en consequence de ce que les Empereurs prohiberent la delegation des causes d'importance, il ne demeura plus aux Iuges deleguez, que la cognoissance des causes legeres, & partant ne pouuans plus estre dicts mandataires de iurisdiction, ils furent appellez iuges Pedanées: nom, qui auparauant estoit commun à tous ceux qui n'estoient point Magistrats, & par consequent n'auoient point de Tribunal ou Pretoire, qui estoit l'vne des marques & enseignes du Magistrat: ains rendoient la iustice *de plano, seu plano pede; atque in subselliis*, dont ils estoient appellez χαμαιδικασταὶ, *id est, humi iudicantes*. 53 Origine des iuges pedanées.

Mesmement cest Empereur Zenon establit des iuges Pedanées en chacun siege de Prouince, comme dit la Nou. 82. chap. 1. Et Iustinian en ceste mesme Nou. à son imitation, érigea sept iuges Pedanées dans Constantinople en tiltre d'Office, à l'instar des Defenseurs des Citez, qu'il y auoit és autres villes: & au lieu qu'ils n'auoient accoustumé de cognoistre, que iusqu'à cinquante sols (c'est à dire escus) il leur attribua cognoissance iusqu'à trois cens. Mais il faut bien noter, qu'ils ne cognoissoient que par renuoy du Magistrat, de sorte qu'ils n'estoient, que comme les deleguez particuliers, & non pas mandataires de iurisdiction: aussi leur appel ressortissoit au Magistrat, qui leur auoit renuoyé la cause, selon la regle des deleguez particuliers, comme il est dit en ceste Nou. 82. chap. 4. 54 Erigez en Offices.

55 Tout cela a esté imité en France. Voila ce qu'ont pratiqué les Romains de temps en temps touchant les delegations faictes par les Officiers. Qui a esté imité de fort prés par l'ancien vsage de France, lors que les Ducs & les Comptes estoient les Gouuerneurs des Prouinces, ayant tout ainsi que les Presidens & Proconsuls Romains l'administration de la Iustice, combien qu'ils fussent plus gens d'espée, que de lettres : & partant il falloit, qu'ils commissent, ainsi qu'eux, l'exercice de la Iustice aux gens de lettres, qui le faisoient soubs leur nom & auctorité : de sorte que ces Gouuerneurs retenans la seule proprieté du commandement & iurisdiction, comme inherente inseparablement à leur charge, & ayans en fin delaissé tout l'exercice de la Iustice à leurs Lieutenans selon le droict des Digestes, & par apres ayans trouué moyen de rendre leur charge hereditaire, & de la conuertir en Seigneurie, leur Iustice est en fin deuenuë patrimoniale tout à fait, ainsi qu'elle est de present, comme il sera discouru plus particulierement au liure *Des Seigneuries* : & voyla l'inconuenient qui est suruenu en France d'auoir toleré d'exercer la Iustice par commission.

56 Les Ducs & Contes commettoient des Lieutenans.

57 Pareillement les Baillifs & Seneschaux. Et à mesure que les villes des Ducs & des Comptes ont esté reuniës à la Couronne, les Baillifs & Seneschaux, qui ont esté mis en leur place, estans pareillement gens d'espée & non lettrez, ont eu ce mesme pouuoir, de commettre des Lieutenans de longue robbe, pour exercer la Iustice soubs eux, comme il se voit és Ordonnances de Charles VII. Charles VIII. & Louys XII. rapportées par Guenois. Ce qui estoit toleré, tant pource que l'exercice de la Iustice estoit vne des principales dépendances de leurs charges, que pource qu'on estimoit estre à propos, pour la paix de la Prouince, que ces Lieutenans fussent agreables à leurs Baillifs : aussi à l'imitation de ce qu'à Rome les Legats des Proconsuls n'auoient point de iurisdiction, si le Proconsul ne la leur concedoit. De faict, les Baillifs & Seneschaux ont gardé le pouuoir de commettre & instituer leurs Lieutenans iusques au regne du Roy François I. apres l'introduction de la venalité des Offices, & mesmes ils ont eu le pouuoir de les destituer, iusques au regne du Roy Louys XII. qui le leur osta par son Edict de l'an 1496. art. 47.

58 Neantmoins sont tenus resider. Mais combien que les Baillifs peussent commettre des Lieutenans, si ne pouuoient-ils leur laisser l'exercice entier de leurs charges, ains les Ordonnances leur enioingnent tres-expressément, & de resider en leurs Offices, & d'en faire l'exercice en propre personne. Et pour y auoir contreuenu, & auoir laissé à leurs Lieutenans l'exercice entier de la Iustice, on le leur a osté en fin totalement par l'Ordonnance d'Orleans : & neantmoins la mesme Ordonnance ne laisse de leur enioindre encore de resider en leur Prouince, à peine de priuation de leur Office; tant la residence est requise aux Officiers.

59 Seul cas auquel on peut deleguer en iustice. Il ne reste donc plus qu'vn seul cas, auquel les Iuges de France puissent commettre des deleguez, non pas generaux, mais particuliers : à sçauoir quand és procez pendans deuant eux, il eschet à faire quelque expedition hors leur ressort, alors pour le soulagement des parties, non seulement on a trouué bon, mais aussi on leur a enioint, de la commettre au Iuge des lieux, & non à autres, comme à des Aduocats, ou à des Iuges d'autre territoire. Car nous obseruons à present en France, qu'autre que le Prince ne peut commettre la puissance publique à celuy qui ne l'ha point. Mesmement encor vn Iuge ne peut pas commettre le iugement d'vn procés, ains quelque acte de l'instruction seulement, si ce n'est vne Cour souueraine, qui fait parler le Roy en ses Arrests, & vse de son auctorité en faict de Iustice : encor les Cours souueraines ne commettent-elles gueres que la seule instruction des procez, se reseruans d'ordinaire la definitiue : que si par fois leur commission s'estend iusqu'à sentence definitiue inclusiuement, c'est plustost vn renuoy en vn autre siege, pour le soupçon de l'ordinaire, qu'vne commission.

60 Des substituts des Procureurs du Roy. Vray est, que les Procureurs du Roy auoient gardé le pouuoir de commettre des substituts, iusques à nostre temps, que leurs substituts ont esté erigez en tiltre d'Office, comme à present on reduit tout en Offices, au lieu qu'anciennement les Procureurs du Roy és Baillages n'estoient eux mesmes que substituts

de

de Monsieur le Procureur general du Roy, qui seul les commettoit : d'où vient qu'encor auiourd'huy dans le Parlement ils ne sont point appellez autrement : de sorte qu'à present, quand on parle dans iceluy des Procureurs du Roy des Bailliages, on les appelle substituts de Monsieur le Procureur general ; & quant à leurs Substituts, on les appelle substituez. Mais hors le Parlement on appelle à bon droict les premiers Procureurs du Roy, puis qu'ils sont pourueus par sa Majesté soubs ce tiltre d'Office formé : mesmement il se trouue dans les Ordonnances, que iusqu'au temps du Roy François I. les Procureurs du Roy des principaux Bailliages & Seneschaussées s'intituloient Procureurs generaux d'iceux Bailliages : & de fait ils commettoient des substituts és sieges particuliers : ce qui leur fut osté par Edict de l'an 1522. par lequel en tous ces sieges particuliers il fut mis des Procureurs du Roy en tiltre d'Office, ainsi que par apres on en a erigé aux Preuostez, & iusques aux Elections, Greniers à sel, Eaux & Forests, & Preuostez des Mareschaux. Outre lesquels on a encor de nagueres mis par tout des substituts en tiltre d'Office : de sorte qu'à present les Procureurs du Roy ne peuuent substituer, non plus que les autres Officiers de iustice.

61 Substituts, & substituez.

62 Procureurs generaux des Bailliages.

Mais pour le regard des menus Officiers de finance, notamment des Officiers comptables, dont la function n'est si importante, ne s'agissant en icelle, que de la seureté des deniers du Roy, à laquelle on pouruoit assez par les plege & certificateur, qu'ils baillent lors de leur reception, de sorte que le public ni le particulier n'ont interest, qu'ils exercent en personne, il leur est permis par l'Ordonn. de l'an 1550. d'auoir vn commis pour faire leur recepte, pourueu qu'il ne soit banquier ni changeur ; & neantmoins ils demeurent tenus de rendre leur compte en personne.

63 Financiers peuuent auoir des Commis.

Encor à bien entendre, les commis des Officiers comptables ne peuuent pas deliurer contrainctes valables & executoires soubs leur sein, qui n'est qu'vne escriture priuée, puis qu'ils n'ont point de serment à iustice, ni le charactere d'Officier. Toutefois la faueur & la haste des deniers Royaux, fait qu'on ne s'arreste gueres à cette formalité en fait de finance, quand l'emprisonné en vertu de la contraincte d'vn simple Commis, se trouue liquidement redeuable : mesme i'ay veu declarer valable l'emprisonnement d'vn Receueur particulier faict par vn homme priué, qui n'estoit point Sergent, en vertu de contraincte du Receueur general, combien que cela soit defendu par article exprés des Estats de Tours.

64 Si ces Cōmis peuuent decerner des contraintes.

Pareillement les Offices hereditaires, soit feodaux, soit domaniaux peuuent estre exercez presque tous par commis, ou fermiers, non en tant qu'Offices, mais en tant que Seigneuries ou domaine aliené, comme il sera amplement deduit au liure suiuant.

65 Offices hereditaires peuuent estre exercez par fermiers.

SOMMAIRE DV SIXIESME CHAPITRE.

1 *Trois droicts prouiennent des Offices.*
2 *Executeur de haulte Iustice.*
3 *L'vn de ces trois droicts predomine en chasque espece d'Offices.*
4 *La puissance des Officiers vient de Dieu originairement.*
5 *Les Officiers ont des inspirations secretes.*
6 *Et du Prince immediatement.*
7 *Pourquoy les Officiers ont esté instituez.*
8 *Suitte des puissances de ce monde.*
9 *Entreprendre de soy la puissance publique est espece de leze Majesté.*
10 *La puissance publique est la plus grande prerogatiue des Officiers.*
11 *Son premier effect, qu'au moyen d'icelle les grands obeïssent aux petits.*
12 *Son second effect, que les Officiers sont inuiolables.*
13 *Rebellion.*
14 *Les Magistrats sont inuiolables en tout temps.*
15 *Les simples Officiers, lors de leur exercice seulement.*
16 *Effect 3. de la puissance publique, que les actes des Officiers sont authentiques.*
17 *Actes des Officiers sont pleine preuue.*
18 *Cela n'estoit à Rome.*
19 *Du commandement des Magistrats.*
20 Magistratus vnde, & quis.

DV POVVOIR DES OFFICIERS.

Chapitre VI.

AINSI donques nostre Officier exerçant dignement sa charge en recueille & moissonne trois sortes de fruicts, sçauoir est le pouuoir, l'honneur & le profit: le pouuoir prouient de sa qualité publique, l'honneur de la vertu qui doit estre en luy, & le profit de la peine qu'il prend au faict de sa charge. Car ie ne compte point separément les priuileges & autres menus droicts des Offices, pource qu'ils se rapportent tous, ou au pouuoir, ou à l'honneur, ou au profit. Aussi qu'il y a plusieurs Offices qui n'ont aucuns priuileges: mais ie puis dire qu'il n'y en a point qui en son espece & selon sa portée n'ait quelque pouuoir, quelque honneur, & quelque profit. I'excepte seulement, pour ce qui est de l'honneur, celuy de l'executeur de haute iustice: mais cét Office estant contre nature, quoy que tres-necessaire, ce n'est merueille qu'il soit irregulier: Et neantmoins Aristote au liure 6. Des Polit. chap. dernier, le met au nombre des Magistrats, voire il dit que pour sa necessité il doit estre tenu pour vn des principaux Offices. 1 Trois droits prouiennent des Offices. 2 Executeur de haulte iustice.

Faut toutefois prendre garde, qu'en chacun Office l'vn de ces trois droicts preuaut & predomine, les vns ayant pour partage le pouuoir & commandement, les autres l'honneur, & les autres le profit. Qui est cause de constituer trois sortes ou degrez d'Offices, les distinguant par les droicts qui y prédominent. A sçauoir les Magistrats qui ont le commandement, qui est le plus hault pouuoir: les Officiers mediocres, qui ne sont ni Magistrats ni Ministres, comme sont entre autres presque tous les Officiers de finance, esquels l'honneur préuaut: & les Officiers ministres, qui sont principalement fondez sur le gain. 3 L'vn de ces trois droits, predomine en chasque espece d'Offices.

Quant à la puissance publique des Officiers, elle vient originairement de Dieu, & se refere finalement à luy, comme sa premiere source, & à son dernier ressort: *Omnis potestas à Deo est*, dit l'Apostre, *& qui potestati resistit, Dei ordinationi resistit. Non haberes*, dit nostre Dieu à Pilate, *potestatem aduersum me vllam, nisi tibi datum esset desuper.* Luy mesme nous l'apprend encor en 11. chap. des Nombres, où Moyse luy ayant dit, *Non possum solus sustinere omnem hunc populum*, il luy respond, *Congrega mihi septuaginta viros, qui senes populi sint, ac Magistri: & auferam de spiritu tuo tradamque illis, vt sustentent tecum onus populi, & non tu solus graueris.* 4 La puissance des Officiers vient de Dieu originairement.

C'est pourquoy les Magistrats, & principalement ceux du peuple fidele, ont par fois des inspirations secretes au fait de leurs charges, prouenantes de la grace diuine, & non de leur merite particulier, comme ces septante Conseillers choisis par Moyse, ausquels Dieu fit part de l'esprit de Moyse, & partant ils deuindrent Prophetes, dit le texte: comme aussi Saül, qui prophetisa, *& mutatus est in alium virum*, dit l'Escriture, si tost qu'il fut sacré Roy: bref, comme le grand Prestre Caïphe, lequel ayant dict, *Expedit vnum hominem mori pro populo, hoc à semetipso non dixit*, dit l'Euangile, *sed quia erat Pontifex anni illius, prophetauit.* 5 Les Officiers ont des inspirations secretes.

Mais immediatement la puissance des Officiers vient du Prince souuerain, auquel Dieu, lors qu'il l'a estably, a remis & confié la puissance tem- 6 Et du Prince immediatement.

porelle de son Royaume: & ainsi faut-il entendre ce qu'il a dit, que son Royaume n'estoit pas de ce monde, & que c'estoient les Princes des hommes qui les dominoient. Mais le Prince ne pouuant seul & par luy mesme exercer, en tous

7 Pourquoy les Officiers ont esté instituez.

les endroits de son Estat, toute cette puissance sur-humaine, que Dieu luy a delaissée, est contraint d'en départir l'vsage & exercice à certaines personnes qu'il choisit pour cét effect. Ainsi qu'au 18. chap. de l'Exode, Iethro beau-pere de Moyse, voyant qu'il ne pouuoit suffire à rendre la iustice depuis le matin iusqu'au soir, luy dit, *solus hoc onus non potes sustinere: prouide autem de omni plebe viros sapientes ac timentes Deum, & constitue ex eis Tribunos, Centuriones, Quinquagenarios & Decanos, qui iudicent populum omni tempore. Quidquid autem maius fuerit referant ad te, leuiúsque sit tibi, partito in eos onere. Si hoc feceris, Imperium Domini & præcepta eius poteris sustentare.* Et s'il est permis de mesler les authoritez profanes auec les sacrées, Denis d'Halicarnasse en son 4. liure, nous dit tout de mesme, que le Roy Seruius Tullius, voyant qu'il ne pouuoit fournir à iuger tous les procez des Romains, retint seulement à luy tout à fait la cognoissance du crime de leze Majesté, & establit des Iuges pour vuider tous les autres procez soubs son auctorité: quoy-faisant, dit-il, il retrancha volontairement vne partie de sa puissance.

8 Suite des puissances de ce monde.

Comme donc la puissance souueraine du Prince est vn rayon & esclat de la toute-puissance de Dieu, aussi la puissance des Officiers est vn esclat & influence de la puissance absoluë du Prince:

Regum timendorum in proprios greges,
Reges in ipsos Imperium est Iouis
Cuncta supercilio mouentis.

9 Entreprēdre de soy la puissance publique est espece de leze Majesté.

Dont s'ensuit que quiconque, sans l'enuoy ou mandement du Prince, ou de ceux ausquels la puissance souueraine reside, entreprend de faire acte de Magistrat, & d'exercer en façon que ce soit la puissance publique, il entreprend sur la souueraineté, & partant est coulpable de leze Majesté, *Qui priuatus pro Magistratu, Potestate ve se gessit, lege Iulia Maiestatis tenetur*, dit la loy 3. *D. Ad l. Iul. Maiest.* Aussi fust-ce l'vne des trois premieres loix qui furent faictes à Rome, apres le dechassement des Roys, à l'instance du Consul Valerius Publicola (dit Plutarque en sa vie) que quiconque entreprendroit d'exercer Office sans concession du Peuple, seroit puny de mort.

10 La puissance publique est la plus grāde prerogatiue des Officiers.

I'ay donc mis à bon droict, la puissance publique des Officiers pour leur premiere prerogatiue. Car outre qu'elle leur est propre, & ne peut appartenir qu'à eux (au lieu que l'honneur & le gain sont communiquez à d'autres personnes) qu'y a-il de plus hault & plus important, que de representer la personne du Monarque, parler de par luy: bref, de participer à cette puissance publique, qui est deriuée originairement de Dieu?

11 Son premier effect, qu'au moyen d'icelle les grands obeissent aux petits.

Aussi voyons-nous qu'vn petit Sergent, porteur du mandement de son Iuge, fera des commandemens & des defenses à vn grand Seigneur, enleuera ses biens, les vendra, voire le mettra luy mesme prisonnier, si le cas y eschet: & faut qu'à tout cela il obeïsse; ou s'il pretend qu'on luy face tort, qu'il se pouruoye par les voyes de Iustice, implorant l'aide du Magistrat superieur, sans resister par voye de fait. Encor qui obserueroit l'Ordonn. de Moulins, art. 31. comme elle a lieu és Estats bien policez, si tost que le Sergent auroit touché de sa verge celuy qu'il voudroit emprisonner, il seroit tenu suiure volontairement sur peine de rebellion. Il y a de cela vn notable exemple au 1. de l'Iliade: où Achilles, nonobstant l'extreme desplaisir qu'il auoit de ce qu'on luy ostoit son amie Briseïs, ne se rebelle point pourtant contre les Sergens qui estoient venus pour l'emmener: au contraire, les saluë courtoisement, disant qu'il n'auoit sujet de se plaindre d'eux, ains d'Agamemnon,

Χαίρετε κήρυκες, Διὸς ἄγγελοι ἠδὲ κ(αὶ) ἀνδρῶν,
Ἆσσον ἴτ', ὅ τι μοι ὔμμες ἐπαίτιοι, ἀλλ' Ἀγαμέμνων.

& commanda à Patroclus de leur liurer paisiblement Briseïs, sans leur dire mot qui leur peust desplaire.

Plutarque, au traicté De la Superstition, rapporte vn autre exemple de Tiribafus Lieutenant general du Roy de Perse, qui estant enuironné par des gens qui s'efforçoient de le prendre prisonnier, mit la main au cime-terre, & se defendit vaillamment : mais si tost qu'ils luy eurent dit qu'ils estoient Sergens, & crié qu'il se rendist de par le Roy, il laissa tomber son cime-terre, & bailla ses mains à lier. Le mesme Autheur en la vie d'Agesilaüs, dit, qu'estant Capitaine de toute la Grece, & ayant entrepris de faire vn sacrifice en Aulide, où il estoit auec son armée, & les Sergens de la ville enuoyez seulemēt pour luy en faire defense, ayans par voye de fait renuersé la victime ja immolée de son sacrifice, il se contenta de se retirer pour en faire plainte, sans opposer la force à la force. Et voila le premier effect de la puissance publique, que tout Officier au faict de sa charge ha puissance legitime sus tous les subjets de son Prince, de quelque qualité qu'ils soient.

Le second est, que la personne de tout Officier, quelque petit qu'il soit, exerçant sa charge est sacrée & inuiolable, pource qu'en cét acte il represente la personne du Prince, lequel est garant de l'outrage faict en l'acte de son seruice : & partant c'est vne branche du crime de leze Majesté d'attenter à la personne d'vn Officier, quel qu'il soit, estant en l'acte de son Office : *l. Quisquis. in verbo cuiuslibet qui nobis militat. C. Ad l. Iul. Maiest.* C'est pourquoy nous appellons *Rebellion*, tout effort qui se fait pour empescher les executions de iustice : mot qui importe & signifie non seulement vne desobeissance, mais encor se rendre ennemy du Prince, & comme luy faire la guerre, *Extrauag. Qui sint rebelles. in lib. Feud.* Ce que Iulius Clarus a bien expliqué, *lib. 5. tit. De crim. lesæ Majest. vers. Quæro etiam.* 12 Son second effect, que les Officiers sont inuiolables. 13 Rebellion.

Encor en ce poinct icy faut-il distinguer les Magistrats & principaux Officiers, d'auec les autres. Car les Magistrats estans en la sauuegarde speciale du Prince souuerain, duquel ils font la plus haute function, sont sacrez & inuiolables en tout temps & en tous lieux, *lege Horatia, De sacro-sanctis Magistratibus* : sauf s'ils estoient en habits desguisez & incogneus, comme l'Edile Hostilius, qui fut mal mené, faisant effort à la porte d'vne courtisane, & le Tribun du peuple, qui pour auoir en habit desguisé voulu forcer vne fille, fut puny comme vn estranger par le Triumvir capital, ainsi que recite Valere, liure huictiesme. 14 Les Magistrats sont inuiolables en tout temps.

Mais les simples Officiers non Magistrats, qui n'ont le commandement, n'estans pas sacro-saincts (c'est à dire, mis en la sauuegarde publique, comme sont les Magistrats) bien que tousiours ils soient en honneur, neantmoins n'ont pas continuellement ce second effect de puissance publique, que ce soit rebellion de les outrager, ains ne l'ont seulement qu'en l'acte de leur exercice, auquel precisément ils representent le Prince : & hors ce temps ils sont en ce poinct icy reputez comme personnes priuées, si ce n'est qu'il leur fust faict iniure directement à cause & sur le subiect de leur exercice : car lors, rapportant l'effect à sa cause, il est vray de dire, qu'ils sont outragez entant qu'Officiers, & partant c'est le Prince qui est outragé en leurs personnes. Remettant le surplus de céte matiere, comme plus propre au Politique qu'au Iurisconsulte, à ce qu'en a tres-bien escrit Bodin au 5. chapitre du troisiesme liure de sa Republique, où il traite, entr'-autres ces questions fameuses, s'il est permis se reuanger contre vn Magistrat qui excede son pouuoir, & si le Magistrat peut luy-mesme faire le procez de celuy qui l'a outragé. 15 Les simples Officiers lors de leur exercice seulemēt.

Le troisiesme effect de la puissance publique est, que tout Officier est creu au rapport qu'il fait par escrit, de ce qui depend precisément & directement de sa charge, principalement lors qu'il n'y va nullement de son interest particulier : pource qu'ayant serment à Iustice, & estant approuué du public par vne reception solennelle, il est bien raisonnable qu'on se fie en luy de la charge qui luy est commise. 16 Effect 3. de la puissance publique, que les actes des Officiers sont Authentiques.

De là vient, que les escrits des Officiers, chacun au fait de sa charge sont publics, aussi bien que leurs personnes : c'est à dire qu'estans en bonne forme, ils sont munis & assistez de la foy publique, & par consequent font pleine foy entre toutes personnes, comme les procez verbaux des Iuges, les actes des Greffiers, Notaires, Sergens, & mesme les acquits des Officiers de finance, & autres sem- 17 Actes des Officiers font pleine preuue.

blables. Mesmement en France, tous ces actes ne sont subjects à recognoissance ny verification, ains *faciunt per se probationem probatam*, comme parlent nos pra-

18 Cela n'estoit à Rome.

cticiens, ce qui n'estoit à Rome, tesmoin la Nou. 72. qui prescrit la forme de verifier les contracts des Notaires : mais à nous ils font preuue sans verification, voire il n'y a autre moyen de les impugner, que par la maintenuë & accusation de faulx, au hazard d'vne grande punition, si la faulseté n'est bien prouuée : mais aussi si elle est prouuée il y va de la vie de l'Officier, qui contre son serment, & au preiudice de la foy publique à luy commise, a commis faulseté en acte public, comme il est porté par l'Ordonn. du Roy François, de l'an 1531.

19 Du commandement des Magistrats.

Voila en quoy consiste principalement la puissance publique, appartenant indistinctemēt à tous Officiers: mais il y en a vn autre degré particulier, qui n'appartient qu'aux Magistrats seuls, à sçauoir le commandement, appellé au droict *Imperium*, à cause duquel ils ont le nom de Magistrat. *Magistratus*, dit Festus, *à*

20 *Magistratus, unde, & quis.*

Magistrando dicti sunt, qui per Imperia potentiores sunt. Aristote au 4. liure des Polit. chap. 15. dit que le Magistrat est celuy qui ha puissance de deliberer, iuger & commander, & principalement, dit-il, de commander, qui est la marque parfaicte du Magistrat; & adiouste que ceux qui n'ont cette puissance, sont plustost simples Curateurs ou Prefects, que vrays Magistrats.

21 Excellence du commandement des Magistrats.

Or ce commandement rend les Magistrats participans de la haulte puissance du Prince, attendu qu'en Grec ἀρχὴ, & en Latin *Imperium*, & en François le commandement se refere & adapte tantost au Monarque & Prince souuerain, qui ha le commandement vniuersel & en proprieté, & tantost aux Magistrats, qui ont

22 Subiection à qui se refere.

le commandement, chacun au faict de leur charge, par exercice seulement. Et comme le commandement & l'obeissance ou subjection, sont mots relatifs : aussi ceux sur lesquels le Magistrat ha le commandement ordinaire, peuuent estre dits ses subjects ; tesmoin le dire de l'Apostre, *Subditi estote Regi, tanquam precellenti, & Ducibus, id est Magistratibus, tanquam ab eo missis*, & de là vient que les Seigneurs, qui ont toute iustice, à cause de laquelle ils sont reputez comme Magistrats proprietaires, appellent ceux-là leurs subjects, qui sont de leur Iustice.

23 Grands & petits Magistrats Romains.

Vray est que les Romains, n'ayans point de terme particulier pour distinguer les Officiers ayans commandement d'auec ceux qui n'en auoient point, appelloient les vns & les autres Magistrats, & estoient contraints faire deux sortes ou degrez de Magistrats ; à sçauoir les grands & les petits, definissans les grands Magistrats ceux *qui cum Imperio & potestate erant. l. 32. D. De iniur. l. 2. D. de in ius. voc. l. 12. §. Item hi. De iurisd. l. 26. §. hæc clausula. D. Ex quib. caus. maior. & l. 18. D. De minor.* es-

24 Priuilege notable des grands Magistrats.

quelles loix est dit, que les grands Magistrats ne pouuoient estre mis en procez pendant le temps de leur Magistrature, qui estoit en consequence de cette loy *Horatia, De sacro-sanctis Magistratibus*, qui defendoit à peine de la vie de les attaquer en aucune maniere.

25 Magistrat, que signifie à nous.

Mais nous, qui auons le terme general d'Officier, appellons particulierement Magistrats, ceux-là qui ont le commandement, qui est la propre & speciale puis-

26 *Potestas pro Magistratu.*

sance du Magistrat : *Potestatis verbo Imperium in Magistratu significatur*, dit la loy *Potestatis. De verb. signif.* Et les Magistrats mesme pour cette cause sont souuent appellez *Potestates. Non patiar mercatores Potestatum*, dans Lampride :

27 *Differentia inter potestatem & Imperium.*

—— An Fidenatum Gabiorúmue esse Potestas ?

dans Iuuenal. *Iurisdictionem de fideicommissis Potestatibus delegauit*, dans Suetone, *In Claudio, id est Rectoribus Prouinciarum.*

Vray est, que bien souuent nos loix font difference *inter Potestatem & Imperium, vt in l. 26. §. Ait Pretor. D. Ex quibus caus. maior. l. 1. D. Ad l. Iul. Majest. & l. 7. Ad l. Iul. de vi pub.* & lors *Potestas* signifie particulierement *merum Imperium, siue ius gladij. l. 3 De Iurisd. & Imperium*, signifie le commandement ordinaire appellé *mixtum Imperium.*

28 Deux sortes de commandemens au droict Romain.

Car comme dit cette loy 3. les Romains recognoissoient deux sortes differentes de commandement, à sçauoir *merum & mixtum Imperium* : ce qui merite bien d'estre expliqué vn peu à loisir icy, outre ce qui en a esté dit au chap. precedent, & ce qui en sera discouru au 10. chap. du liure Des Seigneuries. Car c'est, à mon

aduis, le plus difficile poinct de tout le droict Romain, sans exception, voire que
ce parfaict antiquaire d'iceluy, Cuias, est contrainct de confesser que la vraye si-
gnification de ces mots *merum*, *mixtum Imperium*, *& Iurisdictio*, s'est perduë auec 29 *Mixtum Imperium quid.*
l'Estat de Rome.

Commençons par l'explication du commandement mixte, attendu que c'e-
stoit le commandement & puissance ordinaire de tous les vrays Magistrats : &
estoit appellé mixte, pource que non seulement il estoit meslé & confus, mais
encor inherent inseparablement à la iurisdiction, *quia iurisdictio sine modica coërcitio-
ne nulla est*, dit la loy derniere *De offic. eius cui mand. est iurisd.* C'est pourquoy les Iu-
risconsultes disent ordinairement, que *Iurisdictio adhæret, cohæret & inhæret imperio:
& Dionysius* interprete Grec, appelle la iurisdiction ἀκόλουθον ἐπὶ τὴν ἀρχήν, la suitte du
commandement : de sorte que les deux ensemble font le commandement mix-
te, ainsi appellé, pource qu'il est composé des deux meslez ensemble : les effects
duquel commandement seront tantost specifiez.

Quant au *merum imperium*, que nous pouuons tourner le pur commandement, 30 *Merum imperium, quid.*
c'est celuy qui estoit exempt des formes & abstrictions de la iurisdiction, comme
estant vn degré de puissance plus haut, dont le principal effect estoit, de pouuoir 31 Cõment appartenoit aux Magistrats Romains.
condamner souuerainement & sans appel les hommes à mort : & pour ceste cau-
se il est appellé *ius gladij* en ceste loy 3. *De iurisdict.* Ce qui n'appartenoit pas au Ma-
gistrat Romain par puissance ordinaire, ny entant que Magistrat, comme vn
droict & pouuoir dependant de son Office, à cause des loix qu'ils appelloient Sa-
crees, qui osterent ceste puissance aux Magistrats Romains : mais ce pouuoir leur 32 Explication de la loy 1. *De Offic. eius cui mand. est iurisd.*
estoit attribué par concession speciale, ou de certaine loy (*id est imperio nominatim
à populo dato*, comme l'explique Festus) ou par mandement du Senat, en la Repu-
blique populaire : ou par octroy particulier du Prince en l'Empire : & ainsi faut
entendre ceste loy 1. *De off. eius cui mand. est iurisd.* Ce qui a esté assez bien expliqué
par Cuias liu. 21. des Obseruations, chap. 30. & sera plus à plein discouru au com-
mencement de mon second liure.

Et faut noter, que (comme remarque bien particulierement Dion liure 53.) 33 Droict de glaiue à qui appartenoit.
sous Auguste, lors du partage qui fut fait des Prouinces de l'Empire entre l'Em-
pereur & le peuple, dont parle aussi Suetone *in Octauio, cap.* 47. les Proconsuls,
qui estoient les Gouuerneurs enuoyez par le Senat és Prouinces du peuple, n'a-
uoient pas le droict de glaiue ordinairement, pource que le Senat qui les pour-
uoyoit ne le pouuoit pas octroyer, aussi qu'il n'en estoit besoin, d'autant que c'e-
stoient Prouinces paisibles, & pays d'obeissance : mais les Presidens des Prouin-
ces, qui estoient enuoyez par les Empereurs és Prouinces moins paisibles,
qu'ils auoient retenuës particulierement à eux, auoient d'ordinaire le droict de
glaiue, par concession neantmoins de l'Empereur. Qui fut cause qu'à succession
de temps, lors que les Empereurs eurent tiré à eux les Prouinces Proconsulai-
res, ils y enuoyerent eux-mesmes les Proconsuls : & partant ayant confondu les
vnes auec les autres, ils baillerent communément & indifferemment le droict de
glaiue aux Gouuerneurs des vnes & des autres Prouinces : c'est pourquoy ces
charges furent appellees *Potestates*, comme il vient d'estre dict, & quelquesfois
Honores iuris gladij : ce qui est bien prouué par le docte President Faber sur la loy
70. *De reg. iur.*

Voyla pour les Magistrats des Prouinces : & quant à ceux de Rome, ils auoient 34 S'il appartenoit aux Magistrats de la ville de Rome.
encor plus rarement le droict de glaiue. Car en la republique, nul ne l'auoit sur les
citoyens, non pas mesme les Consuls, dit la loy 2. §. *Exactis. De orig. iur.* Voire
qu'il n'y auoit vn seul Magistrat, qui eust puissance de condamner vn citoyen au
foüet, depuis la loy *Portia*, par laquelle le peuple Romain osta non seulement ce-
ste puissance aux Magistrats, mais aussi s'en despouilla soy mesme, permettant
aux condamnez à mort pour quelque crime que ce fust, de vuider le pays, com- 35 Impunité des citoyens Romains.
me il se voit dans Tite-Liue, liure 10. *Cic. pro Rab. perd. reo, & Salust. in Catil.* & qui
plus est, aucun Magistrat ne pouuoit faire le procez criminel au moindre ci-
toyen, s'il estoit question de crime public. Car si le crime n'estoit capital, le me-
nu peuple le iugeoit, & s'il estoit capital, il n'y auoit que le peuple en assemblée

generale qui en eust la cognoissance & iurisdiction, suiuant les loix sacrées : & iaçoit que cela ne fust tousiours gardé à la rigueur, si est-ce que Ciceron, pour y auoir contreuenu, fut banny, & perdit son bien.

36 *Iudices quæstionis.* Du depuis ayant esté trouué malaisé d'assembler tout le peuple, pour iuger tous les procez criminels, furent faictes les loix iudiciaires, suiuant lesquelles on élisoit certain nombre de citoyens, d'entre lesquels on en tiroit au sort quelques 37 *Pretores Vrbani.* vns pour chacun procés criminel, qui desormais s'appelloient *Iudices quæstionis*; lesquels ayans donné leur sentence, le Preteur, qui estoit le Magistrat ordinaire, la prononçoit solennellement, estant en son tribunal & siege de Iustice, reuestu de pourpre, puis la faisoit executer. Finalement furent faicts plusieurs Preteurs soubs Sylla, Iule Cæsar, & Auguste successiuement, comme il est dict en la loy 2. §. *Capta. De orig. iur.*

38 *Effectus mixti Imperij.* Quant aux effects du *mixtum imperium*, c'est à dire du commandement meslé de iurisdiction, qui estoit le commandement ordinaire de tous les Magistrats, il faut noter, qu'aucuns d'iceux auoyent *præhensionem tantùm*, autres auoient aussi *vocationem* : esquelles deux choses consistoit le commandement mixte ordinaire des vrays Magistrats. Car quand dans A. Gelle. liu. 13. chapitre 12. Varron dit, que *quidam Magistratus neque vocationem habent, neque præhensionem, vt Quæstores*, il ne prend pas le terme de Magistrat en sa particuliere signification, pour signifier seulement les Officiers ayans commandement ; ains en la generale, pour signifier tous Officiers notables, & qui ne sont point ministres d'autruy : n'ayans les Latins autre terme pour les exprimer, comme il a esté dit au premier chapitre.

Les Magistrats qui auoient *prehensionem tantùm*, c'est à dire, droict d'emprisonner sans iurisdiction, estoient les Tribuns du peuple, & à nous ce sont les Gouuerneurs des Prouinces, les Procureurs du Roy, & à Venise les Auougadours, comme dit Bodin. C'est pourquoy Plutarque en ses Quest. Rom. dit, que les Tribuns du peuple n'estoient pas parfaicts Magistrats, pour ce, dit-il, qu'ils ne rendoient pas la Iustice *ex sella curuli* : encor qu'à la verité ils eussent quelque maniere de iurisdiction, attendu que le mesme autheur dit *in M. Catone*, que *ius dicebant in Basilica Portia, & id quidem in subselliis* : comme aussi le tesmoigne Ascon. *in diuinat. Cicer.* où il dit, que *subsellia sunt Tribunorum, Triumvirorum, Quæstorum, & eiusmodi minora iudicia exercentium, qui non in sellis curulibus, sed in subsellijs considebant.*

39 En quoy cōsistoit proprement le cōmandement du Magistrat Romain. Car presque tous les Magistrats eurent en fin iurisdiction coherente à leur commandement, *id est, habuerunt præhensionem & vocationem*, non que la iurisdiction fust proprement la marque du Magistrat, *sed coherebat, ineratque imperio*, comme il vient d'estre dict. Car le vray commandement, auquel reluisoit & consistoit la marque du Magistrat, estoit *habere legis actionem*, c'est à dire auoir le mesme Office 40 *Legis actio quid?* & pouuoir que la loy, quoy que ce soit auoir l'execution de la loy. *Hæc vis est Magistratus* (dit Ciceron 3. *de leg.*) *vt præsit, præscribatque recta & coniuncta cum legibus : vt enim Magistratibus leges, ita populis præsunt Magistratus ; verèque dici potest, Magistratum legem esse loquentem, legem autem mutum Magistratum.* Comme donc *Legis virtus est iubere, vetare, permittere, punire. l. Legis. D. De legib.* Aussi le commandement du Magistrat appellé *Legis actio*, consistoit à commander ou bailler commission pour adiourner, *iubere vocari*, pour emprisonner, *iubere prehendi* : pour iuger, *iubere iudicare* : finalement pour executer & les actes de iurisdiction volontaire, & les sentences des Iuges par luy deleguez en la contentieuse, en prononçant ces trois 41 *Tria verba solemnia, Do, Dico, & Addico.* mots solemnels *Do, Dico, & Addico*, qu'Ouide referoit directement à l'action de la loy.

Ille nefastus erit, per quem tria verba silentur ;
Fastus erit, per quem lege licebit agi.

42 *Actus legitimi.* Bref ce commandement gisoit encor aux restitutions en entier, aux decrets de Iustice, missions en possession, adoptions, emancipations, & autres actes de ceremonie : qui pour ceste cause sont appellez en droict *Actus legitimi*, & qui ne pouuoient estre expediez que par le Magistrat, & la plus part encor *in loco maiorum, id est, pro tribunali, seu in Pretorio*, (qui appartenoit au seul Magistrat) & non *de plano.*

Et

Et quant au pouuoir du simple Iuge, ou Iuge pedanée, c'est à dire du Iuge priué, & non Magistrat, il estoit bien moindre. Car il ne pouuoit, ni prononcer ces trois mots *do, dico, & addico*, ny faire aucun commandement de sa propre auctorité, ny faire aucuns de ces actes legitimes, n'ayant point de Pretoire ou tribunal, n'ayant point mesme de iurisdiction, ains simple notion, ou pouuoir de iuger soubs le nom & auctorité du Magistrat: bref (comme dit la loy derniere. *C. vbi & apud quos restit. in integr. postul.*) *propriam Iurisdictionem non habebat, sed tantùm iudicandi facultatem*. Aussi rendoit-il sa sentence par forme d'aduis seulement, comme il a esté dit au chapitre precedent, & ce faict *functus erat Officio*, sa charge estoit finie, n'estant à luy de prononcer solemnellement, ny d'executer ses sentences, *l. A Diuo Pio. in pr. De re iudic.* Comme font encor en tout l'Orient les Cadis, qui iugent les procez: mais n'ont aucune puissance de contraindre, ains presentent leurs iugemens à executer aux Soubachis, qui ont le commandement & la force en la main. Et presque comme les Iuges Ecclesiastiques, qui enuoient leurs sentences aux Magistrats seculiers pour executer, dont partant la Iustice est appellee *audientia*, & non pas *iurisdictio*, & c'est ce que nous pensons dire en France, quand nous disons, que *Ecclesia non habet territorium*, c'est à dire plain territoire qui includ le commendement *Iusq; terrendi*. Car d'ailleurs le territoire ou enclaue des Iustices Ecclesiastiques est distinct aussi bien que des seculiers. Mais il faudroit dire que *Ecclesia non habet imperium*, que l'Eglise n'ha point de commendement, c'est à sçauoir sur les personnes & choses seculieres: ce qui sera expliqué au chap. penultiesme du liu. *Des Seigneuries*. 43 Pouuoir du simple iuge non Magistrat. 44 Les Cadis d'Orient. 45 Les Iuges d'Eglise.

Dont resulte (ce qui est fort à noter) que le pouuoir de iuger n'includ pas le cômandement, & par consequent la magistrature: laquelle appartient seulement à ceux qui sont Iuges ordinaires, ayans le plein, entier, & vniuersel territoire: & non pas à ceux qui exercent quelque Iustice extraordinaire, & limitee à certain genre de causes. *Nam Præfectus annonæ & vigilum non sunt Magistratus, sed extra ordinem vtilitatis causa constituti*, dit Caius en la loy 2. §. *Et hæc omnia. 33. De orig. iur.* 46 Pouuoir de iuger ne fait pas le Magistrat.

Doncques les Esleus de France, Officiers des Gabelles, des Eaux & Forests, Preuosts des Marescchaux, Iuges Consuls, & tous autres Iuges extraordinaires, ne sont pas Magistrats, ores qu'ils ayent prehension, vocation, puissance de iuger Greffiers, Sergens & autres ministres, voire mesme le droict de glaiue, (au moins ainsi que nous le pratiquons en France) c'est à dire le pouuoir de condamner à mort. 47 Iuges extraordinaires de France ne sont tous Magistrats.

Car nous tenons en France, qu'outre les Officiers des Cours souueraines extraordinaires, il n'y a d'ailleurs que ceux de la Iustice ordinaire, qui soient vrais Magistrats, ayans seuls puissance ordinaire, iurisdiction entiere, & vray distroit & territoire, qui est à nous la marque de la iurisdiction & Magistrature. Et quant aux Officiers des Iustices extraordinaires, ils ont plustost vne simple notion, ou puissance de iuger, qu'vne vraye iurisdiction. Les Esleus sont Iuges des Aydes & tailles; les Grenetiers Iuges du sel; les Maistres des Eaux & Forests, des riuieres & des arbres; les Preuosts des Mareschaux, des vagabonds: & les Iuges Consuls du faict de marchandise: mais les Iuges ordinaires sont Iuges des lieux & du territoire, *vbi tanquàm Magistratus ius terrendi habent*, & ont Iustice regulierement & vniuersellement sur toutes les personnes & les choses, qui sont dans iceluy: de laquelle Iustice ces autres Iustices extraordinaires & extrauagantes sont démembrees, *& extra ordinem vtilitatis causa constitutæ*. 48 Mais seulement les Iuges ordinaires.

Et ce que les Iuges extraordinaires ont droict de glaiue, ne les faict pas Magistrats. Car Cuias en l'obseruation sus-alleguée, & le docte President Faber sur la loy *Nemo potest. De reg. iur.* prouuent bien, que le droict de glaiue peut estre attribué à ceux qui ne sont Magistrats: comme aussi ce qu'ils ont prehension, vocation, & des ministres, ne conclud pas qu'ils soient vrays Magistrats, pource que autres que les Magistrats les auoient quelquesfois: comme pour exemple *Legati Proconsulis*, ainsi que le mesme Faber a prouué. 49 Le droict de glaiue ne fait pas le Magistrat.

Pareillement ne se faut esbahir s'ils executent quelquesfois leurs sentences: Car la voye ordinaire du droict Romain d'executer les sentences par mission en 50 Pourquoy les Iuges extraordinaires executêt leurs sentences.

possession *ex primo vel secundo decreto* (laquelle ne pouuoit estre ordonnée, que par la Preteur, qui estoit le Magistrat ordinaire; & partant s'appelle gage Pretorien) n'ha point de lieu en France, au moins en ce Parlement, ains seulement la voye extraordinaire par execution & vente de biens, qui s'appelloit *pignus iudiciale*, qui estoit mise à fin par vn simple executeur, ou commissaire: & toutesfois ce commissaire deuoit estre deputé par le Magistrat, & non autre, comme Cuias a bien prouué sur le tiltre du Code, *Si in causam iudicati pignus captum sit*.

51 Les Sergēs des Iustices extraordinaires ne peuuēt faire vente de biens.

52 Les executions des sentences des Iuges extraordinaires doiuēt estre traictées en la Iustice ordinaire.

Et c'est pourquoy on voit encor, que les Sergens de la Iustice ordinaire peuuent executer les sentences des Iuges extraordinaires: mesme il n'y a, & n'y doit auoir que les Sergens de l'ordinaire, qui puissent faire vente de biens à l'inquant, & par subhastation: pource que c'est comme vn acte legitime, & dependant de l'action de la loy, laquelle n'appartient qu'à la Iustice ordinaire. Et est vray en bonne eschole, que les oppositions formées aux executions de biens, faictes en vertu des sentences des Iuges extraordinaires, deuroyent estre traictées en la Iustice ordinaire; pource que les Iuges, qui ont pouuoir limité, ayant donné leur sentence definitiue, ont accomply leur pouuoir: & ce qui suruient par apres, est de l'ordinaire, sauf seulement s'il estoit question de l'interpretation de leur sentence: pource que lors c'est la mesme notion, & que d'ailleurs c'est tousiours à celuy à s'interpreter, qui a parlé obscurement, dit la loy *Eius est. De reg. iur.*

53 Les Iuges extraordinaires ne doiuēt faire des decrets.

Sur tout quant aux decrets, baux & ventes iudiciaires des heritages, c'est sans doute, qu'ils ne peuuent estre faicts, que pardeuant le Iuge ordinaire, qui seul peut prononcer, *Do, Dico, & Addico*, & faire les actes legitimes, & seul est le Iuge des lieux & territoire, & par consequent des heritages y enclauez. Et outre que cela est clair en poinct de droict, comme il se collige de tout ce qui vient d'estre dit, il s'en ensuiuroit autremēt deux absurditez fort apparentes: l'vne, que par le moyen des oppositions & autres incidens qui suruiennent aux decrets, les Iuges extraordinaires, non lettrez pour la plus part, auroient la cognoissance d'infinies matieres les plus difficiles de la Iustice ordinaire, estant mesme vn chef d'œuure de Iustice, de faire bien vn decret & vne sentence d'Ordre: l'autre, que les creanciers, & autres ayans interest aux decrets, ne se défians pas qu'on vendist les biens de leur debteur en ces Iustices borgnes, seroient bien souuent surpris, & priuez de leurs droicts.

54 Les Baillifs & Seneschaux sont Magistrats.

Puis donc que les Magistrats sont les Iuges ordinaires, ie ne fay point de doute que les Baillifs & Seneschaux ne soient Magistrats, ores que par l'Ordonnance d'Orleans ils n'ayent plus de voix en la Iustice: attendu qu'anciennement eux mesmes estoient les Iuges, & qu'encor à present ils sont Iuges titulaires & honoraires: d'autant que les sentences & commissions s'expedient sous leur nom: aussi que c'est à eux d'assister & tenir main forte à la Iustice, qui est vne des parties du commandement.

55 Et leurs Lieutenans, comme aussi les Preuosts & leurs Lieutenans.

56 Pourquoy le Preuost & son Lieutenāt, precedent les Conseillers Presidiaux.

Et quant à leurs Lieutenans ciuils ou criminels, generaux, ou particuliers (à present qu'ils sont en tiltre d'Office, & ne sont plus commis par les Baillifs & Seneschaux) ensemble les Preuosts de la Iustice ordinaire, & leurs Lieutenans, ce sont les plus vrays Magistrats, qui ont l'vsage & exercice du commandement: combien que Faber sur ceste loy 70. *De reg. iur.* prouue bien que *Legati Proconsulum non erant Magistratus*, mais ce n'est en ce regard en France, ainsi qu'à Rome, comme ie diray ailleurs. C'est pourquoy ce n'est pas sans cause que par plusieurs arrests de la Cour, les Preuosts & leurs Lieutenans sont iugez auoir la preseance sur les Conseillers Presidiaux.

57 Conseillers Presidiaux ne sont Magistrats.

58 Ne peuuent rien ordōner seuls.

Car i'estime à bien entendre que ceux-là ne sont pas Magistrats par effect, combien que lors de leur erection ceste qualité leur ait esté baillee pour vn tiltre d'honneur, & pour mieux vendre leurs Offices, tout ainsi qu'on a attribué aux Esleus & autres menus Officiers de finance, la qualité de Conseiller du Roy, ores qu'ils n'entrent point en son Conseil: comme au semblable les Conseillers Presidiaux, ne font aucun acte de Magistrat; n'estans mesmes Iuges separément & à part; ains seulement en troupe & compagnie, comme simples Conseillers & Assesseurs du Magistrat: & comme parle l'Egl. 7. des Basil. liure 1. chapitre 1.

σύμπεδροι

συμπάντων τῶν ἀρχόντων. Et partant c'est la verité, qu'ils ne peuuent rien ordonner seuls, & hors leur auditoire & Chambre de Conseil: non pas mesme respondre vne requeste, ni faire aucun autre acte de Iustice, s'ils n'y sont commis par les Magistrats, ou par toute la compagnie.

Ce qu'aussi Messieurs les Conseillers de la Cour n'entreprennent pas autrement; pource qu'ils ne sont Iuges, non plus qu'en corps & compagnie, d'autant que le Senat n'estoit anciennement qu'vn Ordre, & non pas vne troupe d'Officiers: or est-il que les Ordres n'ont point de puissance en particulier, mais en corps seulement, comme il sera prouué au dernier liure. Et toutesfois la maiesté des Parlemens, & ce qu'ils iugent au nom du Roy, comme ses plus anciens & originaires Conseillers, fait qu'on ne leur peut pas reuoquer en doute la qualité de Magistrats. 60 Ni les Conseillers du Parlement. 61 Qui toutesfois sont Magistrats.

Et ce que le plus ancien Conseiller Presidial peut faire seul les expeditions extraordinaires en l'absence des Lieutenans, est non du propre droict de son Office, mais pour la necessité publique, afin que la Iustice ne demeure, tout ainsi que l'ancien Aduocat d'vn siege où il n'y a point de Conseillers, encor qu'il soit personne priuee, peut neantmoins en ce mesme cas tenir l'audience, & faire tous autres actes de Iustice: qui ne peuuent estre differez. Et en ce cas il faut que les vns & les autres, pour auctoriser leurs actes, prennent qualité de Iuges en ceste partie, pour l'absence des Lieutenans: & ay ouy tenir concordamment au Palais, que les commissions du Roy & de la Cour addressantes au premier Iuge Royal ne peuuent estre executées par des Conseillers Presidiaux, s'ils ne sont denommez en l'addresse. 62 Pourquoy l'ancien Conseiller Presidial expedie en l'absēce des Lieutenans. 63 Ancien Cōseiller n'est capable des cōmissions adressées au Bailly ou son Lieutenant.

Et quant aux Aduocats & Procureurs du Roy és Bailliages & Preuostez, il y a beaucoup d'apparence de les tenir pour Magistrats, pource qu'ils sont comme Controlleurs de la Iustice, & qu'en certains cas ils peuuent enioindre aux Sergens d'emprisonner: & partant *prehensionem habere videntur*: & ainsi le tient Bodin au lieu sus-allegué, qui pourtant est vn peu suspect en ce poinct icy, pource qu'il estoit Procureur du Roy à Laon. 64 Aduocats & Procureurs du Roy des Bailliages & Preuostez sōt Magistrats. 65 Iuges des Seigneurs sōt Magistrats.

Pareillement à l'esgard des Iuges des Seigneurs, qui ont toute Iustice legitimement constituée, & qui ont ample territoire, principalement les Iuges des villes closes, ie tien qu'ils sont Magistrats; & le verifieray amplement au cinquiesme liure dedié particulierement pour eux.

Et quant aux Seigneurs de ces Iustices, il semble à la rigueur qu'ils ne sont pas Magistrats, tant pource que la Magistrature est soubs la categorie d'Office, non de Seigneurie, que pource que c'est l'exercice du commandement, qui fait le Magistrat. Toutesfois ayant égard à leur origine, qui estoit d'estre vrais Magistrats auant qu'ils eussent changé leur Office en Seigneurie, depuis laquelle mutation ils ont retenu la proprieté du commandement, qui semble plus aduantageuse que l'exercice, aussi pource qu'elle importe vne superiorité sur ceux-là mesme, qui ont cest exercice, & attendu la reigle de droict *Eum qui iudicare iubet, Magistratum esse oportere. l. Eum qui. De Iurisd.* il faut conclure à mon aduis, que s'ils ne sont vrais Magistrats, pour n'auoir l'exercice du commandement, au moins sont-ils Magistrats impropres pour en auoir la proprieté; pource que s'il n'est exercé par eux, au moins est-il exercé pour eux, & par personnes ordonnées par eux. Aussi Bodin au 5. chap. du 3. liure, les met au nombre des Magistrats. 66 Et les Seigneurs aussi.

Voyla pour les Magistrats ciuils, qui ont commandement en la Iustice, & qui sans doute sont les plus vrais Magistrats: mais comme ainsi soit qu'il y a deux sortes de commandement, l'vn de la Iustice, l'autre de la force: & comme dit Ciceron aux Offices, que *duo sunt genera imperandi, alterum per rationem, alterum per vim*: aussi y a-il deux sortes de Magistrats, à sçauoir ceux qui ont le commandement de la Iustice, & ceux qui ont le commandement de la force, qui sont les chefs de la gendarmerie, & les Gouuerneurs des Prouinces, villes & places: lequel commandement de la force, qu'on peut appeller autrement Iustice militaire, est beaucoup plus libre & aduantageux, que celuy de la Iustice ciuile & ordinaire, n'estant astraint à aucunes oppositions ni appellations: & partant on 67 Commandement de la force.

68 *Est vnera merum Imperium.* peut bien dire, que c'est le vray *merum Imperium* du droict, qui est separé de la iurisdiction, sinon qu'il ne s'estend pas si auant, que de pouuoir faire mourir les hommes, ni mesme leur irroger aucune amende, ou peine corporelle. Bref si on tourne le *merum Imperium* des Romains, pour signifier le haut & principal commandement, que nous appellons haute Iustice, c'est la verité qu'il reside en tous les Magistrats de Iustice, sauf qu'aucuns d'iceux sont liez par l'appel. Si on l'entend pour le commandement separé de la Iurisdiction & formes de Iustice, il reside proprement aux Magistrats militaires, & Officiers de gouuernement.

69 Commandement des chefs de guerre. Ce qui a lieu en toutes Republiques, dit Bodin, pource que sans ce commandement militaire la guerre ne peut estre conduitte: *Demus*, dit Ciceron aux Philippiques, *imperium Cæsari, sine quo res militaris geri non potest*: & est certain qu'à Rome les mesmes Magistrats, qui hors la guerre n'auoient pas droict de glaiue, l'auoient tous indistinctement en guerre; mesmement pouuoient faire mourir les soldats par iugement militaire, sans forme ne figure de procez, comme dit Polybe liure 6. *De milit. & domest. Rom. discept.* Tite-Liue liure 2. & 4. & Ciceron en la troisiesme Philippique. Ce qui est pratiqué en France encor à present à l'égard du chef de l'armee, & du Colonnel general de l'infanterie & caualerie legere seulement: & estoit pratiqué n'ya pas long temps iusques aux simples Capitaines de gens de pied, qui se licencioient, en vertu de ce commandement militaire, de tuer les soldats à discretion: ce qui leur fut defendu par Edict du Roy Henry 2. publié à la poursuitte du sieur d'Andelot, lors Colonel de l'infanterie.

70 Comment on le pratique en France.

71 Empereurs doù sõt dits, & pourquoy faisoyẽt mourir les hõmes à discretion. C'estoit à cause de ce commandement ou Empire militaire, qui de verité est le plus aduantageux, qui puisse estre, que les chefs des armées furent premierement à Rome appellez Empereurs, puis ceux qui s'emparerent de la souueraineté prirent ce tiltre qui importoit, qu'ils pouuoient vser par tout de ce libre & pur commandement, tel que les chefs d'armée l'ont en fait de guerre, qui est d'auoir puissance sur la vie & la mort des hommes: sans estre tenus de garder aucune forme de Iustice, ny deferer à aucune appellation ou opposition. C'est pourquoy il se voit que les premiers Empereurs, encor qu'ils ne fussent pas absolument souuerains, ains simples Princes, comme il sera dit au liure *Des Seigneuries*, neantmoins faisoient mourir à tout propos les plus honnestes gens à discretion, & sans forme de Iustice, à cause de ce droict d'Empire qui leur estoit concedé, ou plustost qu'ils auoient vsurpé sur les citoyens mesme, & en pleine paix. Tant y a que cela estoit tout accoustumé, tesmoin le trait de Caligula rapporté par Suetone, chap. 32. *Lautiore conuiuio effusus subitò in cachinos, Consulibus, qui iuxta cubabant, quidnam rideret blandè quærentibus, Nimirum, inquit, cogito, vno meo nutu iugulari vtrumque vestrum statim posse*, & au chapitre suiuant, *Quoties vxoris vel amicæ collum exoscularetur, addebat, Tam bona ceruix simulac iussero demeteur.* Et faut confesser, que cet Empire estoit proprement & veritablement le *merum Imperium*: car il estoit separé de iurisdiction, & exempt des formalitez de Iustice, d'appellation ou opposition: & si s'estendoit iusques à la mort. Bref estoit la puissance de la vie & de la mort: mais il deuoit n'auoir lieu qu'en guerre.

72 Comment cela s'obserue à present. Car combien qu'és Monarchies Seigneuriales cet absolu & parfait Empire ait lieu sur tous les subiects, tant en paix qu'en guerre, d'autant qu'ils sont traictez comme esclaues, sur lesquels le Monarque ha puissance de vie & de mort: si estce qu'és Monarchies Royales, où les subiects sont traictez comme enfans, il ne doit auoir lieu, mesme en la personne du Monarque, qu'en guerre, & contre les gens de guerre, pour la necessité de la discipline militaire, qui requiert plus grande seuerité & promptitude: mais hors la guerre le haut commãdement ne s'exerce que par la voye de Iustice, & par les Officiers d'icelle. Et quant au pur commandement, qui s'exerce par les Officiers du gouuernement, sans obseruer les formes de Iustice, il ne s'estend pas à la haute Iustice & droict de glaiue, & grieue coërcion, ains à la legere coërcion & punition seulement. Voyla comment se pratique en France le *merum & mixtum Imperium* des Romains.

73 Officiers de la Courõne sont Magistrats, & ceux du Conseil d'Estat. Finalement les Officiers de la Couronne, qui tiennent les plus nobles charges du Royaume, & tous ceux du Conseil d'Estat, qui par leurs bons aduis moyénnent

moyennent & maintiennent le repos de la France, & ordonnent de ce qui doit estre faict par les autres Magistrats, doiuent à mon opinion estre mis au rang des Magistrats.

Mesme i'estime que les Officiers principaux des corps de ville, comme Maires, Escheuins, Capitouls, Consuls doiuent aussi estre tenus pour Magistrats pendant le temps de leurs charges, attendu que dans le droict ils sont appellez *Magistratus municipales*: aussi que plusieurs d'entr'eux ont le premier degré de iurisdiction des villes, & l'auoient presque tous anciennement, comme il sera dit au cinquiesme liure: & en tout cas pource qu'ils sont Officiers de gouuernement, ainsi qu'il sera prouué au mesme lieu. 74 Côme aussi les Escheuins des villes.

Voila donques en somme les trois sortes de Magistrats recogneuës par Aristote, c'est à sçauoir les Officiers de conseil, de gouuernement, & de Iustice, quand au 15. chap. du 4. liure des Polit. il a definy Ἄρχοντας ὅσοις ἀποδέδοται βουλεύσασθαι, καὶ ἐπιτάξαι, καὶ κελεῦσαι: & ces trois sortes d'Officiers ont droict de commander au peuple, & le peuple est tenu leur rendre obeïssance, sans laquelle, ni vne famille priuée ne peut estre en repos, ni vne ville en tranquillité, ni vn Estat en paix: de sorte qu'à bon droict les Anciens ont feint que la Déesse Peitarchie estoit espouse de Iupiter Sauueur, & mere de Felicité. 75 Effect de ce commandement des Magistrats.

Reste de traitter en quel lieu s'estend & s'execute le pouuoir des Officiers, & principalement de ceux qui ont commandement, soit en la force, ou la iustice. Car au regard des Officiers de finance, qui n'ont point de commandement, bien que leur charge soit particulierement establie en certaine ville ou Prouince, si est-ce que pour le peu d'importance qu'il y a, ils la peuuent faire par tout, suiuant la decision notable de la loy, *Quæro. D. De solutionib.* 76 Où s'execute le pouuoir des Officiers de finance.

Donc quant aux Officiers des armes ou gouuernement, il est certain, que tant ceux de la Couronne, du Conseil d'Estat, que les Officiers ordinaires de la Gendarmerie ont pouuoir par toute la France: n'y ayant que les Gouuerneurs & Capitaines des places qui ayent leur pouuoir limité aux lieux de leur establissement, tel qu'il plaist au Roy le borner par leurs lettres. Que s'il ne s'y trouue expressément designé, ni par celles des precedens Gouuerneurs, il le faut *in dubio* regler par les limites des Bailliages de leur Prouince, qui sont tousiours certains, sans s'arrester à ceux des Dioceses Ecclesiastiques, ni des Elections: d'autant que la charge des Gouuerneurs a esté demembrée de l'Office des Baillifs & Seneschaux, qui auoient succedé aux Ducs & Comtes, lesquels ont esté tous les premiers Gouuerneurs en France. 77 Où s'estéd celuy de Gouuernement. 78 Gouuerneurs gardêt les limites des Bailliages.

Et est à noter, que combien qu'au fait de la Iustice le Magistrat ne puisse rien ordonner, ni faire aucun exploict, estant hors de son distroit: si est-ce qu'au gouuernement, où les formalitez iudiciaires ne sont requises, vn Gouuerneur estant hors sa Prouince, peut neantmoins commander & ordonner ce qui depend de sa charge. A l'exemple du Proconsul Romain, *qui vbique extra vrbem Proconsularia insignia gerebat, & vbique exercebat iurisdictionem voluntariam, sed non contentiosam. l. 1. & 2. D. De Offic. Proconf.* Ce que ne pouuoit pas le President de Prouince, *qui Imperium tantùm habebat, dum in Prouincia sua erat: & si excesserat, tanquam priuatus habebatur*, dit la loy 3. *D. De Offic. Presid.* Dont la raison est que le Proconsul estoit chef d'Office, au lieu que le President de Prouince n'estoit que le Lieutenant de l'Empereur, comme de fait il est souuent qualifié *Legatus Cæsaris, & Legatus pro Prætore*, comme par le Dion, & l'a remarqué Cujas, liu. 20. Des Obseruations, chap. 37. & c'est aussi pourquoy le Proconsul auoit ordinairement vn Lieutenant, mais le President de Prouince n'en auoit point, tesmoin leurs tiltres du Digeste *De Officio Proconsulis & Legati, & De Officio Præsidis.* 79 Gouuerneur ordône hors sô gouuernement. 80 Explicatiô de la loy 3. *De Off. Præs.*

Aussi au rebours, les mandemens des Gouuerneurs ne s'estendent pas si loing que ceux des Iuges: ne pouuant estre executez, ni hors leur Prouince, ni aprés leur charge finie; au lieu que ceux des Iuges (qui sont assistez des formes de Iustice, & partant font vn droict immuable) s'executent & hors leur distroit, & apres qu'ils ne sont plus Iuges. 81 Les mandemens des Gouuerneurs ne s'executêt hors leur Prouince, ni apres leur mort.

Et pour parler particulierement de la puissance des Iuges, elle est sans doute, 82 Ceux des Iuges doiuêt estre faits en leur territoire.

pour l'exercice, bornée à leur territoire, hors lequel ils ne peuuent faire aucun acte public, & comme dit cette loy 3. *cum excesserunt prouinciam priuati loco sunt.* c'est ce que dit la loy derniere. *D. De iurisdict. Extra territorium ius dicenti impunè non paretur.*

83 Territoire cõprend tout le ressort.

En quoy le territoire ne doit pas estre entendu seulement pour le distroit de la iustice ordinaire & primitiue, mais il comprend tout l'enclaue du ressort, par tout lequel leur puissance publique leur demeure : & partant ils y peuuent faire tous actes publics, soit de iurisdiction volontaire, ou de contentieuse : & de faict, on void notoirement que les sieges & auditoires des Baillifs & Seneschaux sont situez dans le territoire particulier de la Iustice primitiue des Preuosts & Iuges ordinaires.

Bien est vray, qu'au territoire de ressort, ils ne doiuent entreprendre que les cas de ressort, & non ceux de la Iustice primitiue: mais tant y a, que tous actes, qu'ils y font, bien ou mal, en qualité de Iuges, & soit qu'ils soient competens ou non, sont actes publics, qui ne peuuent estre impugnez, que par appel, ou opposition.

84 Les mandemẽs des Iuges competẽs s'executent hors leur territoire.

Mais tous les actes & mandemens des Iuges qu'ils ont faits dans leur territoire, peuuent estre executez non seulement en iceluy, ains aussi (supposé qu'ils fussent fondez de pouuoir lors qu'ils les ont donnez) ils peuuent estre executez par tout le monde, pource que la iustice est du droict des gens : en obtenant neantmoins permission des Iuges du lieu, où on veut les faire executer, dequoy le Iuge qui a donné la sentence, le prie & requiert en ayde de Iustice, offrant faire le semblable

85 Par permission des Iuges du territoire.

en pareille occurrence ; qui est ce que nous appellons commission rogatoire, dont est parlé au grand Coustumier, liure 2. chap. 2. & les Docteurs estrangers l'appellent *literas mutui compassus.*

86 Permissiõ, qui ne doit estre refusée.

Principalement cette permission ne peut estre iustement refusée és terres de la mesme souueraineté, pourueu que le Iuge qui a dõné la sentence, fust lors competent; ou mesme qu'estant incompetent, sa iurisdiction eust esté volontairement prorogée par les parties : ce que tous les interpretes sont d'accord pouuoir estre faict *in simili foro, non in dissimili, vt de Ecclesiastico Iudice ad secularem, vel è contrà :* pource que la fin de non proceder ne concerne que l'interest particulier de la partie, ou bien celuy du Seigneur de la Iustice, & non pas l'interest public: & partant est couuerte *quo ad omnes*, apres la sentence definitiue contradictoirement donnée.

87 S'il faut permissiõ aux mandemens Royaux.

Encor plusieurs sont-ils d'aduis, qu'il ne faut point demander de permission, pour executer les mandemens des Iuges Royaux, hors leur distroit, pource que le séel Royal, dont ils sont munis, est executoire par tout, sans demander placet,

88 Explicatiõ des Ordonn. touchant les placets, visa, & pareatis.

visa, ni parcatis suiuant les Ordonnances: lesquelles toutesfois i'estime deuoir estre entenduës seulement des commissions des Chancelleries, esquelles le Roy parle & commande ; & partant ne faut point demander permission d'y obeïr : ensemble des contracts, à cause du consentement & prorogation volontaire de iurisdiction faicte en iceux : & encor des sentences des Iuges superieurs, & de ressort, pour lesquelles executer, il n'est pas raisonnable de demander congé à leurs inferieurs : mais non pas des sentences des Iuges Royaux, qui distrayent la iurisdiction de leurs voisins ; sur lesquels ils n'ont aucun pouuoir ni auctorité ; attendu que c'est le Iuge, & non le séel Royal, qui fait le mandement, dont le séel est seulement la marque & preuue publique.

89 Faut tousiours permission pour distraire.

Principalement i'estime qu'il faut demander permission aux Iuges des lieux, quand on veut executer en leur territoire vne commission d'vn autre Iuge, portant mandement d'adiourner ceux du lieu pardeuant le Iuge duquel ils ne sont iusticiables, pour quelque cause que ce soit. Car c'est tousiours au Iuge ordinaire & naturel du lieu, & de la personne, *estimare an sua sit iurisdictio, necne :* Que si celuy qui veut euoquer son iusticiable ailleurs, est fondé en quelque exception & droict particulier, il faut qu'il en face apparoir au Iuge ordinaire du lieu, & seroit absurde & dangereux, qu'vn Iuge estranger peust distraire, & contraindre sans cognoissance de cause celuy qui regulierement n'est point son iusticiable, de venir plaider pardeuant luy-mesme.

90 Autremẽt on est cõdãné en l'amende.

C'est pourquoy i'estime, puisque la loy dit, que *licet Magistratui tueri Iurisdictionem suam modica coërcitione*, que le Iuge du lieu, pour maintenir sa iurisdiction, peut faire arrester le Sergent, qui distrait ses subiects, & le condamner en l'amende: voire la faire payer nonobstant l'appel, & sans preiudice d'iceluy, comme estant vne matiere de correction & de police, dont l'effect seroit vain, si l'execution n'en estoit prompte.

Mais aussi si c'est vn cas particulier, qui soit asseurément disposé pour estre traicté en autre iustice, & auquel neantmoins le Iuge du lieu refuse la permission, ie tien que le Sergent Royal (ayant d'ailleurs pouuoir d'exploicter sur le lieu) se peut hazarder d'executer sa commission: & s'il en est inquieté, ce sera lors au Iuge superieur des deux à cognoistre si le Sergent a mal exploicté, ou le Iuge du lieu mal denié sa permission, en quoy luy mesme peut estre pris à partie, s'il a faict arrester le Sergent, ou iceluy condamné en l'amende mal à propos. 91 Permission mal deniée, est comme donnée.

Car il y a plusieurs cas, esquels la iurisdiction d'vn Iuge s'estend contre ceux, qui ne sont demeurans en son distroict, comme és matieres criminelles, qui doiuent estre iugées en la Iustice où le crime a esté commis, par l'Ordonn. de Roussillon, suiuant la loy 1. *C. Vbi de crimine agi oporteat*: aussi és matieres reélles, possessoires & mixtes, il est en l'option du demandeur de plaider deuant le Iuge de l'heritage, ou de la personne, *l. 1. C. Vbi in rem actio.* Pareillement en garantie, c'est vne regle de practique, que le garant suit le garanty: comme aussi tous incidens se traictent au lieu où est pendant le procez principal. 92 Cas esquels on plaide hors sa demeurãce.

Et tout cela est tellement vray, qu'en tous ces cas le Iuge d'vn Seigneur ha iurisdiction sur les subiects & iusticiables immediatement de la Iustice Royale: mais tousiours il faut obtenir permission du Iuge, chez lequel on fait l'adiournement, par le moyen d'vne commission rogatoire; & cette permission estant par luy octroyée (comme il ne la doit refuser en ces cas, sur peine d'en faire sa cause) le Sergent de la Iustice, dont la commission est emanée, peut faire l'adiournement au distroit d'autruy: auquel d'ailleurs il n'auroit aucun pouuoir; pource que c'est le mandement de son Iuge, qu'il execute par la permission du Iuge du lieu. 93 Cõmission rogatoire.

Hors ces cas, & quelque peu d'autres, & cessant d'ailleurs la prorogation de iurisdiction par vne contestation volontaire, la sentence renduë par contumace contre celuy qui est notoirement d'autre territoire, est de soy nulle, *nec quempiam litigatorum sententia à non suo Iudice lata constringit*, dit la loy derniere, *C. Si à non compet. iud.* pource que la iurisdiction contentieuse ne requiert pas seulement la puissance publique de la part du Iuge; mais aussi la competence & la subiection de la part de la partie defenderesse, *ex cuius persona forum metimur.* 94 Sentence de Iuge incõpetent est nulle.

Et ce qui est dit en la loy 2. *D. Si quis in ius vocat. non ierit*, & en la loy 5. *D. De iud.* que *vocatus ad Pretorem venire debet, ad hoc ipsum vt sciatur, an sua sit iurisdictio*, qu'on dit en practique, que bien ou mal adiourné il faut comparoir, s'entend seulement du Preteur & Iuge ordinaire du territoire, & de celuy qui est adiourné deuant son Iuge naturel: mais qui ha quelque priuilege, ou raison particuliere de decliner sa iurisdiction, de fait cette loy 2. parle notamment *de competenti Iudice*: & cette loy 5. dit par exprés, qu'il faut que *vocati in ius veniant priuilegia sua allegaturi*, mais celuy qui est adiourné notoirement hors son vray & naturel territoire, est proprement au cas de la loy *Extra territorium. De iurisd.* & de la loy derniere. *Cod. Si à non compet. iud.* & est bien receuable d'appeller de la commission d'adiournement, & de tout ce qui s'en est ensuiuy, comme de Iuge incompetent. 95 Conciliatiõ de plusieurs loix.

Voila pour la iurisdiction contentieuse: & quant à la volontaire, dont les Notaires ont le plus frequent exercice, sous le nom toutesfois & auctorité des Iuges, qui sont tousiours intitulez és grosses des contracts, c'est chose bien certaine, qu'ils ne doiuent pas instrumenter hors le territoire de leurs Iuges: & s'ils le font, ils peuuent estre mulctez: mais la question est, si les contracts qu'ils ont passez hors leur territoire, sont nuls. Et certainement à l'égard des Notaires des Seigneurs, qui ont passé des contracts en la Iustice primitiue du Roy, ou d'vn autre Seigneur, qui ne ressortit deuant eux, il y a grande apparence que ces contracts soient nuls à la rigueur: tout ainsi que ceux qu'vn Notaire estrãger, comme de l'Empereur, du Duc de Lorraine, ou de Sauoye, auroit passé en France. 96 Si les contracts faicts hors le territoire des Notaires, sont nuls.

97 *Quid* de ceux faits hors leur branche. Mais la plus grande doute est és Notaires Royaux, qui ont instrumenté hors la branche & parroisse dont ils sont Notaires, ou mesme hors le Bailliage où ils sont establis ; attendu les Ordonnances du Roy François I. & Henry II. qui portent par exprés, *Qu'il ne leur est loisible d'entreprendre sur les limites les vns des autres, &c. à peine de nullité, & de tous despens, dommages & interests des parties, & encor de rendre le quadruple de l'emolument.*

98 Qu'ils ne sont pas nuls. Neantmoins cela seroit bien rigoureux, qu'vn contract d'importance comme de mariage, de vente, de constitution de rente ; ou mesme vn testament, fust declaré nul, soubs pretexte que des Gentils-hommes, des marchands, des estrangers, qui ne sçauent pas la separation des Iustices, s'en sont fiez au Notaire, qui le plus souuent n'ha pas moyen de les des-interesser. Seroit-ce pas establir le fondement de la Iustice qui gist en la foy des contracts sur vne pontille, vne formalité & subtilité de chicanerie, plustost que sur l'equité & bonne-foy toute apparente ?

99 Pourquoy. Attendu mesme qu'il semble que les contracts, estans munis du séel Royal, sont assez validez & auctorisez pour auoir force en tous les païs du Roy : aussi que comme disent Hostiense & Panorme sur le chapitre *Sicut erat. Ne cler. vel mon.* la charge du Notaire ne depend pas tant de la iurisdiction, qui est limitée à certain distroit, que de la puissance & auctorité publique, qui s'estend de soy par tout l'Estat, suiuant cette loy *Quæro. De solut.* Et ce qu'elle participe de la iurisdiction, n'est que de la volontaire, que la loy permet facilement d'exercer hors le territoire, *vt in l. 2. D. De Offic. Procons.* Que si la iurisdiction contentieuse peut estre prorogée, pourquoy la volontaire, & notamment celle du Notaire, qui ne fait que rediger par escrit la volonté des parties, ne le sera-elle de leur consentement, pour la validité des conuentions dont elles sont d'accord ?

100 Resolutiõ de la questiõ. C'est pourquoy i'estime auec le iudicieux Bacquet au 35. chap. de son 3. liure, & Pontanus sur le 17. art. de la Coustume de Blois, que nonobstant ces Ordonnances (les termes desquelles doiuent estre pris pour comminatoires seulement, & non pas executoires) les contracts des Notaires Royaux, passez hors leur distroit, sont bons & valables par tout, & entre toutes personnes : mais qu'eux, pour la contrauention à l'Ordonnance, doiuent estre condamnez en de bonnes amendes.

101 *Quid* aux Notaires & Sergens. Et encor à l'egard des Notaires des Seigneurs passans contracts hors leur pouuoir, ie tien, que si c'est en mesme Iustice, bien qu'en branche de Notariat separée, voire mesme, si c'est dans le ressort de leur Iuge, c'est à dire dans la Iustice primitiue d'vn Seigneur Iusticier ayant Notariat, & ressortissant par appel deuant le Iuge du Notaire, tels contracts sont valables, pource que la puissance du Iuge intitulé au contract, & par consequent celle de son Notaire, s'estend par tout son ressort, comme il vient d'estre dict : & son séel, dont le contract est muny, y est executoire, sans demander permission, ainsi que celuy du Roy est executoire par tout le Royaume ; vray est, qu'il faut tousiours punir le Notaire, qui a entrepris sur la branche de son voisin, ou sur le Notariat du Seigneur inferieur.

102 *Idem* és limites contentieux. Pareillement, i'estime que les contracts passez par le Notaire d'vn Seigneur, és limites contentieux de sa Iustice, doiuent *in dubio* estre tenus pour valables, soit en vertu de la possession, soit à cause de l'erreur commun, qui fait loy en telles matieres.

103 Les contracts passez hors le territoire ne sont nuls, à l'egard des cõtractãs, ni leurs heritiers. Mesmement hors ces cas particuliers, i'estime indistinctement que le contract, voire le testament (auquel la forme prescrite par la Coustume doit estre plus rigoureusement obseruée) passé par le Notaire d'vn Seigneur ; au lieu où il ne pretend aucune iurisdiction, doit estre tenu pour valable, & ne peut estre debattu par aucun des contractans, ni de leurs heritiers, à cause de leur consentement & prorogation volontaire, suiuant la loy 2. *C. Commun. vtri. iud.* mais que seulement il peut estre argué de nullité par personnes tierces, comme des creanciers ou acquereurs subsequens. Et certes à leur égard, il y a grande apparence, que tel contract ne vaut, que comme escriture priuée, qui partant n'ha effect, ni de pleine preuue, ni d'hypotheque, ni d'execution parée ; qui sont les trois effects des contracts publics. Autre chose est des contracts receus par des pretendus Notaires,

ou Substituts, exerçans publiquement, & qui neantmoins n'ont fait serment en iustice, & partant n'ont la puissance publique. Car l'erreur commun rend valables ces contracts entre toutes personnes, suiuant la loy *Barbarius Philippus. D. De offic. Præf.* comme il fut iugé au rapport de M. Loüet, le 14. Octobre 1595.

104 Cõtracts ont force par tout, & pourquoy.

Cela soit dit pour les contracts receus par les Notaires hors leur territoire : & quant à ceux qu'ils ont receu dans iceluy, c'est chose bien certaine, qu'ils ont force par tout le monde, c'est à dire, mesme hors la souueraineté, où ils ont esté passez, encores que l'obligé fust estranger : car en matiere de contracts, ni la subiection, ni la competence n'est requise, tant à cause du consentement, qui sert de prorogation de la iurisdiction volontaire, que pource qu'ils sont du droict des gens, ainsi que le commerce : autrement ce seroit vne grande incommodité, que celuy qui seroit hors de son païs, ne peust contracter.

105 Mais n'õt par tout, execution parée.
106 Explication de l'art. 69. de l'Ord. 1539 & de l'art. 165. de la Coustume de Paris.

Ce qui est sans difficulté à l'égard de la preuue & de l'hypotheque aussi : mais il y a de la difficulté à l'égard de l'execution parée : difficulté qui mesmement a lieu à l'égard des contracts passez sous seaux authentiques, c'est à dire par les Notaires des Seigneurs : attendu l'Ordonn. de l'an 1539. art. 66. & la Coustume de Paris, art. 165. qui n'attribuent l'execution parée à ces contracts, sinon dans le distroit de leur seau, & contre ceux qui estoyent demourans dans iceluy, lors que le contract a esté passé : dont la raison est, que le seel du Seigneur, qui produit l'execution parée, n'est pas cogneu & notoire hors son territoire, comme celuy du Roy, & neantmoins ne peut estre reuoqué en doute par celuy qui, par le contract mesme, s'est confessé demourant soubs iceluy seel.

107 Le Iuge peut permettre executer le cõtract authentique.

Dont j'infere, que le Iuge de l'obligé recognoissant ce seau pour authentique, & pour veritable, peut donner permission de mettre de prim-saut le contract à execution. Ce qu'il peut faire sans ouïr l'obligé, pource que desia le contract estant public, fait pleine foy contre luy, & ne luy reste que l'execution parée, qui est deniée seulement aux seaux authentiques, pour empescher les abus qui en pourroient suruenir, s'il estoit permis de les mettre à execution hors le territoire du seau : mais estant tolerez & approuuez par le Iuge de l'obligé, il n'y a nulle doute qu'ils ne soient executoires : autrement quelle apparence y auroit-il, apres vne bonne transaction bien liquide, d'estre contraint de recommencer vn nouueau procez, *& partam executionem ad initium alterius petitionis redigere?* comme dit la loy 40. *D. De minor.* Ce qui s'obserue auiourd'huy communément par les Iuges, qui ont en recommendation de faire briefue iustice : enquoy ie trouue encor moins de difficulté, que de donner semblables permissions d'executer les sentences des iuges subalternes hors leur distroit, veu que la prorogation de la iurisdiction volontaire est plus admissible, que de la contentieuse, & que les contracts requierent moins la competence, que les sentences.

108 Ce qu'il peut refuser aux cõtracts, mais non aux sentences.

Vray est, qu'il y a quelque difference en cét article, entre les contracts & les sentences, pource que les sentences de leur propre nature sont executoires selon le droit Romain, & les contracts ne le sont que par vertu du seau, ne l'estant pas de droit commun, comme il appert clairement de cette loy 40. *De minor.* C'est pourquoy le Iuge du condamné ne peut iustement refuser l'execution de la sentence d'vn autre Iuge : mais il ne baillera pas s'il ne veut la permission d'executer le contract passé sous seau authentique, sans ouïr l'obligé, attendu l'Ord. 1539. Dont resulte aussi la difference des contracts passez soubs seel ou Royal, ou authentique : à sçauoir que ceux-là sont executoires par tout de leur propre vertu, & sans permission ; & ceux-cy ne le sont hors leur distroit que par permission, qui peut estre refusée sans iniustice.

109 Des contracts passez hors le Royaume.

Et quant aux contracts passez hors le Royaume, pource que le seau, dont ils sont munis, n'est nullement authentique quant à nous, c'est à dire auctorisé de nostre Prince, combiẽ qu'à cause du droict des gens, ils facent preuue, & portent hypotheque, s'ils contiennent la clause hypothecaire, & non autrement ; la commune opinion est, que sans ouïr l'obligé, son Iuge ne doit donner permission de les mettre à execution, dont M. Choppin au 1. liu. sur la Coust. d'Anjou, rapporte vn arrest du 13. Aoust 1534.

SOMMAIRE DV SEPTIESME CHAPITRE.

1 Soli Deo honor, *interpreté.*
2 *Les Magistrats sont distributeurs de l'honneur mondain.*
3 Honor quid propriè.
4 Θεῖον ἀγαθὸν ἡ τιμή·
5 *Offices doiuent estre conferez aux gens vertueux.*
6 *Venalité diminuë l'honneur des Offices.*
7 *Honneur externe deu au Magistrat, ores que vicieux.*
8 *Office & Honneur synonymes.*
9 *Honneur externe.*
10 *Trois principales ceremonies de l'honneur externe.*
11 *Du salut deu aux Officiers.*
12 *L'honneur que Tibere rendoit aux Magistrats.*
13 *Histoire de Fabius Maximus, & son fils.*
14 *Reglement de la puissance publique, auec la domestique.*
15 *L'honneur appartient tousiours aux Officiers, mais le pouuoir non.*
16 *Les Officiers estans en l'acte de leur exercice, sont encor plus respectables.*
17 *Quand le Magistrat peut punir l'iniure à luy faicte.*
18 *Salut est deu aux Magistrats.*
19 *N'en doiuent paroistre curieux.*
20 *Magistrat doit maintenir l'honneur de sa charge par bons comportemens.*
21 *Ne doit endurer le mespris.*
22 *Du rang & seance des Officiers.*
23 *Les Officiers ont action pour leur rang.*
24 *Pourquoy.*
25 *Ce rang est presque impossible à specifier.*
26 *Principalement en France.*
27 *Officiers de mesme qualité ont rang ensemble selon leur antiquité.*
28 *Ce qui a lieu en toutes sortes de Dignitez.*
29 *Sainct Iacques le Majeur, pourquoy dict.*
30 *Officier alternatif premier receu precede l'ancien.*
31 *Qualité de premier President, depend de la gratification du Roy.*
32 *Sauf du 1. President des Monnoyes.*
33 *A Rome, le premier pourueu precedoit: en France, c'est le premier receu.*
34 *Raison de difference.*
35 *Le rang n'ha lieu que du iour de l'installation.*
36 *Receu à suruiuance ne gaigne pas son rang.*
37 *Mais bien le receu ha la charge de n'opiner, ni rapporter.*
38 *De la prerogatiue, ou rang d'opiner des Officiers.*
39 Prærogatiua quid? Ordine consulere. Seruare disciplinam Curiæ.
40 Prærogatiua Tribus, *& quel estoit l'ordre des suffrages aux assemblées de Rome.*
41 *Quel au Senat.*
42 Primæ sententiæ Senator.
43 *Ancien ordre d'opiner au Senat Romain estoit selon l'aage.*
44 *Puis selon les Dignitez.*
45 *Finalement à la discretion de celuy qui presidoit.*
46 *Remis selon l'ordre des dignitez.*
47 *Que cét ordre est dangereux.*
48 *Pourquoy les Areopagites opinoient en secret.*
49 *Les grands contraignent l'opinion des petits.*
50 *Ordre d'opiner en la Sorbonne.*
51 *Ordre d'opiner és consultations des Aduocats.*
52 *Pourquoy les Romains gardoient la prerogatiue.*
53 *Ordre d'opiner és Cours souueraines de France.*
54 *Du tiltre d'honneur des Officiers.*
55 *Epithetes ou tiltres d'honneur des Offices.*
56 *Tiltre de Cheualier à qui est deferé.*
57 *Tiltre de Conseiller du Roy.*
58 *Presidiaux appellez Conseillers Magistrats.*
59 *Tiltre de Conseiller du Roy en fin deuenu vil.*
60 *Bonne renommée vaut mieux que ceinture dorée, pourquoy dict.*
61 *Tiltre de Noble-homme à qui appartient.*
62 *Qu'importe le tiltre de Noble-homme.*
63 *Noblesse des Parisiens.*
64 *Officiers honorables peuuent faire leurs femmes Damoiselles.*
65 *Anciennement en falloit obtenir permission de la Royne.*
66 *Ces honneurs n'appartiennent aux Officiers apres resignation.*
67 Aliud Romæ. *Noms deriuatifs de l'Office exercé.*
68 *Raison de difference.*
69 *Autre raison.*
70 *Tiltres d'honneur prouenus des Offices ne se perdent par resignation.*

71 *On ne dédame point.*
72 *Priuilege de Veteran* remiffiuë.
73 *Rang perdu ne se recouure iamais.*
74 *Explication de la loy* 2. D. De Decur.
75 *Priuilege de Veteran ne conserue le rang pour vn Office nouueau.*
76 *Responce à la loy* Quod dicitur. §.1.D. De milit. test.
77 *Changement d'Office sans intermission d'exercice conserue le rang.*
78 *Mais s'il y a quelque discontinuation, le rang est perdu.*
79 *Raison.*
80 *Rang ne se pert par l'adeption d'vn plus grand Office.*
81 *Cas particulier auquel le dernier receu precede.*
82 *Antique superiorité considerable en matiere de simple honneur.*
83 *Autres exemples.*
84 *Soldat doit honneur à celuy qui a esté son Capitaine.*
85 *Rang des Presidens des Enquestes.*
86 *Ceux qui ont exercé Offices en retiennent l'honneur apres resignation.*
87 *Mais c'est vn hõneur gratuit & de bienseance.*

DE L'HONNEVR DES OFFICES.

CHAPITRE. VII.

IL n'y a rien plus digne, ni plus excellent que l'honneur : car c'est la dignité & excellẽce mesme. Aussi Dieu, pour remarque de sa grandeur & recognoissance de l'estre qu'il nous a donné, & des biens qu'il nous fait iournellement, ne veut autre recompense de nous que l'honneur. Honneur qui en sa perfection luy appartient proprement seul & pour le tout, *Soli Deo honor & gloria* : & dont il est si ialoux, qu'il ne veut pas qu'il soit communiqué à ses creatures, sinon entant qu'il le permet. Mais reseruant à soy le degré supresme d'honneur, qui est l'adoration, il a communiqué & comme baillé en depost aux Monarques, qui sont ses Lieutenans en terre, toute espece d'honneur mondain, dont il les a rendu distributeurs, ainsi qu'il est escrit au 6. chap. d'Hester : pour en faire part à qui ils verront bon estre, & principalement aux Magistrats & Officiers, qui les representent : & ce auec ceste sanction & commination, que qui mesprise les Magistrats, mesprise Dieu mesme, duquel tout honneur procede, comme il est dit au 8. chap. du 1. liure des Roys.

1 *Soli Deo honor, interpreté.*

2 Les Monarques sont distributeurs de l'hõneur mõdain.

Or l'honneur est la reuerence, que nous portons à autruy pour sa vertu, comme le definit Aristote au 4. des Ethiques. Car la vertu ne peut receuoir autre recompense bastante & proportionnée à son merite, que l'honneur : pource qu'estant diuine, c'est à dire essencielle en Dieu, & és hommes par sa communication, il faut aussi que sa recompense pour estre égale, soit diuine comme est l'honneur. Θεῖον γὰρ ἀγαθὸν ἡ τιμή, dit Platon 5. *De leg.* mots que Ciceron adapte aux Magistrats *lib.* 1. *epist. ad Attic. epist.* 1.

3 *Honor quid proprié.*

4 Θεῖον ἀγαθὸν ἡ τιμή.

Dont resulte, que les Monarques que Dieu à establis pour distributeurs de l'honneur, doiuent conferer les dignitez & Offices à gens vertueux : autrement ils commettent trois sortes d'iniustice, par vn mesme fait : l'vne de frustrer les gens de bien de la recompense à eux deuë : la seconde, d'attribuer aux autres, ce qu'ils ne meritent pas. Et la troisiesme & principale, que frustrant la Republique de la conduitte des gens de bien, ils la commettent à d'autres, des fautes desquels partant ils sont responsables deuant Dieu, *quia mala electio in culpa est.* Et reciproquement aussi ceux qui sont esleuez és honneurs & Dignitez, doiuent s'y guider & conduire continuellement par la vertu, afin de conseruer, voire d'augmenter, par leur propre merite, l'honneur dependant de leur Magistrat : & non pas le prostituer & trahir par leurs mauuais comportemens, comme parle l'Empereur en la loy *Curiales. De Decurio. lib.* 10. *Cod.*

5 Offices doiuẽt estre conferez aux gẽs vertueux.

Et à la verité il ne peut estre autrement que, & la mauuaise vie des Officiers, & aussi le choix qui s'en faict auiourd'huy par argent, ne raualle & diminuë beaucoup parmy le peuple l'honneur qui leur est deu. Car d'vne part il est malaisé d'attribuer au vice l'honneur qui appartient à la vertu : & d'ailleurs ceux, qui

6 Venalité diminue l'honneur des Offices.

n'ayans aucun merite en eux, cuident acheter l'honneur par argent, font comme celuy qui dans Euripide veut voler auec des aisles d'or, qui l'abaissent au lieu de l'esleuer. *Hæc res ipsa, quæ tot Magistratus & Iudices facit, pecunia, ex quo in honore esse cœpit, verus honor cecidit: mercatoresque & venales inuicem facti, quærimus, non quale sit quidque, sed quanti.* dit Seneque *Epist.* 115.

7 Honneur externe deu au Magistrat, ores que vicieux, ou issu de bas lieu.

Toutesfois il faut distinguer l'honneur interne d'auec l'externe: l'interne est celuy qui est proprement deu à la vertu: l'externe est celuy qui tout au moins est deu au Magistrat, non à cause de son merite particulier, mais à cause de sa qualité, pource qu'il est nostre superieur. Partant il luy faut obeïr, & l'honnorer du moins de cest honneur externe, tant que sa qualité luy demeure. Car il est dict, *Obedite Præpositis vestris etiam dyscolis.* Et quand nous faisons honeur à vn Magistrat, ou vn Prelat Ecclesiastique vicieux, ou issu de bas lieu, disons en nous mesmes, *non illi sed Magistratui, sed Religioni*: nous souuenans du trait d'Amasis Roy des Egyptiens, qui se voyant au commencement mesprisé par ses subiects, pour estre issu de bas lieu, fist faire d'vn vrinal la statuë d'vn Dieu, laquelle voyant estre adorée reueremment, il dist à son peuple dequoy elle auoit esté faicte, & par cest exemple luy persuada de l'honorer, nonobstant sa basse origine, dit Herodote liu. 2.

8 Office & Honneur sinonymes.

Car en fin l'honneur est tellement attaché à l'Office, que l'Office mesme est appellé en Latin, & en François Honneur & Dignité, en Grec τιμὴ & ἀξίωσις. & Varron baillant l'etymologie de *Honos*, le deriue *ab honesto onere.* Mais quant à l'honneur interne, il procede de la vertu, comme l'ombre du Soleil, & partant suit la personne vertueuse, comme l'ombre suit le corps. Et certes c'est vne belle chose quand le Magistrat peut par bons comportemens cumuler l'honneur interne dependant de la vertu, auec l'externe qui est deu à sa charge.

9 Honneur externe.

10 Trois principales ceremonies de l'honneur externe.

Or comme il y a plusieurs degrez d'Offices & autres dignitez, ausquelles l'honneur est communiqué, aussi y a-il plusieurs sortes & ceremonies de cet honneur externe, qu'il seroit impossible de particulariser. Ie parleray seulement de trois, qui sont les principales, à sçauoir du salut, du rang, & du tiltre d'honneur.

11 Du salut deu aux Officiers.

I'appelle le salut toute reuerence, inclination & autre telle submission, qu'on fait aux Officiers, à la rencontre que les Latins appellent *assurgere & cedere de via*: Car les Romains marchans teste nuë selon leur mode, ne pouuoient pas oster leur chappeau aux Magistrats. Or ce salut & inclination selon la mode des pays, est deu par chacun particulier à tous Magistrats, & autres Officiers d'eminente dignité, tesmoin ce que dit Plutarque en la vie des Gracches, qu'vn nommé Veturius, ou selon autres Vectius, fut tué sur le champ, par le commandement du Tribun du peuple, pour ne s'estre leué, lors qu'il passoit.

12 L'honneur que Tibere rendoit aux Magistrats.

Et Dion en la vie de l'Empereur Tibere dit, qu'il ne manquoit iamais à se leuer deuant les Magistrats, & quand ils l'alloient voir, de les aller receuoir, & quand ils sortoient de les conduire iusques à sa porte: & quand il se faisoit porter par la ville dans sa selle Curule, il ne permettoit point qu'aucun Magistrat, ni mesme aucun Senateur, ni Cheualier le suiuist.

13 Histoire de Fabius Maximus son fils.

Pareillement Valere le grand nous apprend, que Fabius Maximus estant fort vieil & caduc, ne voulut iamais s'arrester entre son fils estant Consul, & son Massier, lors qu'ils abboucha les Ambassadeurs des Samnites, encor qu'il l'en priast instamment, de peur qu'il fust estouffé de la presse: & qu'vne autre fois son fils l'ayant eu à rencontre, commanda à son massier de le faire descendre de cheual, qu'autrement le massier n'eust osé faire, à quoy le pere obeït, loüant grandement son fils, d'auoir bien sceu maintenir, mesme à l'endroit de son pere, l'honneur deu à son Magistrat.

14 Reglemẽt de la puissãce publique auec la domestique.

Ce qui nous apprend en passant, que la puissance domestique doit ceder, ou pour mieux dire surseoir & ployer soubs la publique, suiuant la loy *Quod attinet. Ad Trebell.* En quoy toutesfois il y a ceste distinction, qu'és lieux & assemblées publiques, la puissance publique doit preualoir: mais és compagnies priuées & particulieres, la puissance domestique & le rang deu selon nature à la parenté superieure doit auoir lieu, pource que les liens naturels sont plus forts que les ciuils,

uils hors les lieux où la puissance ciuile doit esclatter : qui est le discours de Fauorinus dans A. Gelle liu. 11. *In publicis locis atque muneribus & actionibus, patrum iura, cum filiorum, qui in Magistratu sunt, potestate collata, interquiescere paululùm & conniuere : sed cùm extra Rempub. in domestica re & vita sedeatur, ambuletur, in conuiuio familiari discumbatur, tum inter filium Magistratum & patrem priuatum publicos honores cessare, & genuinos exoriri.*

Car au surplus il y a ceste difference entre le pouuoir & l'honneur des Officiers, que le pouuoir requerant vne action & exercice, ne leur appartient pas continuellement *actu, sed tantùm potestate* : mais l'honneur qui ne requiert point d'action, leur est tousiours actuellement deu, mesme hors les actes de leur exercice, comme en tout temps ils sont vrais Officiers. Ce que i'enten seulement des vrais Officiers, car les simples Commissaires, n'ont rang ni honneur, que tandis qu'ils sont en l'acte de leur commission, comme ie prouueray en son lieu.

15 L'honneur appartiét aux Officiers, mais le pouuoir non.

Mais à l'esgard des vrays Officiers, quand ils sont en l'acte de leur exercice, lors leur honneur estant conioint à leur pouuoir actuel, ils sont encor plus respectables, & y a plus de danger de les offenser, voire de faire quelque insolence deuant eux. Car alors ce n'est pas seulement le Magistrat qui est offensé, ains le public, & le Prince mesme, qu'ils representent plus particulierement en l'acte de son seruice, d'où vient, que dans le Senat des Areopagites il estoit defendu de rire, dit Eschine contre Timarque, & à Rome vn citoyen fut noté d'ignominie par les Censeurs, pour auoir baaillé trop haut dans l'auditoire du Preteur.

16 Les Officiers estás en l'acte de leur exercice sont encor plus respectables.

C'est pourquoy ont voit, que les Iuges peuuent eux mesmes chastier moderément, comme par prison & par amende non infamante, ceux qui parlent à eux trop temerairement, ou font quelque insolence deuant eux *l. 15. §. vnde quærit. D. De iniurijs. l. 1. D. Siquis ius dicenti non obtempe.* comme n'estans pas en ce cas reputez venger leur propre iniure, ains celle faite au public en leur personne. Mais si l'offense faite au Magistrat meritoit punition corporelle, ou peine infamante, lors, pource que l'affection particuliere du Iuge, qui se pretend offensé, est considerable en matiere de telle importance, il est bien raisonnable, qu'il se deporte d'estre Iuge & partie, & qu'il reçoiue la Iustice d'vn autre : qui est la resolution, que donne Bodin de ceste fameuse question, Si le Magistrat peut venger l'iniure publique faicte en sa personne.

17 Quand le Magistrat peut punir l'iniure à luy faite.

Or pour reuenir au salut, ie tien qu'il n'est pas deu à la rigueur à tous Officiers ; ains seulement aux Magistrats : voire ne leur est deu hors l'acte de leur Office, que par ceux qui sont suiects à leur commandement, & non par autres : Car ceux-là deuant obeïssance à leur Magistrat, à plus forte raison luy doiuent ils le salut en tout temps & en tous lieux. Encor à mon aduis les Magistrats n'en doiuent ils pas paroistre si curieux, & si chatoüilleux, que de se piquer legerement contre ceux, qui par mesgarde ne les ont pas saluez. Car tel honneur doit plustost venir d'affection que de force : & est vn dire commun, que l'honneur, comme le Crocodile, suit ordinairement ceux qui le fuient, & fuit ceux qui le suiuent,

18 Salut est deu aux Magistrats.

19 N'en doiuent paroistre curieux.

Gloria vitantem sequitur, vitàtque sequentem.

Il faut donc que le Magistrat maintienne l'honneur de sa charge, principalement par la vertu, qui est la vraye source d'honneur ; puis par vne honorable grauité, & soigneuse accortise en ses paroles, ses actions, ses habits, & tous autres comportemens : bref que *auctoritatem Dignitatis suæ ingenio suo augeat* dit la loy *Obseruandum. De offic. Præsid.* Autrement s'il se rend contemptible, & que *non sibi honorem adyciat, sed indignitate sua vim & ius Magistratus demat*, comme parle Tite-Liue du Magistrat indigne de sa charge, il se doit prendre à luy mesme, s'il est contemné.

20 Magistrat doit maintenir l'honneur de sa charge par bons cõportemens.

Mais faisant son deuoir, si par malice, impudence, ou contumelie, quelque mutin ou glorieux differe de luy rendre l'honneur qui luy est deu, il ne le doit point dissimuler, quand ce ne seroit que pour l'exemple & consequence : autrement luy mesme offenseroit le public, & trahiroit sa propre charge par incuriosité ou pusillanimité. Que si le Sage *Prouerb. 5.* recommande au particulier de ne ce-

21 Ne doit endurer le mespris.

der son honneur à autruy, que doit faire le Magistrat qui ha l'honneur public en depost, & qui represente son Prince? Aussi voyons-nous que sainct Paul en la 1. aux Corinth. ch. 9. apres s'estre tãt humilié, que de se dire seruiteur d'vn chacun, se met tout incontinant en vne extresme cholere, contre ceux qui luy vouloient dénier le tiltre & qualité d'Apostre, iusques à dire, *Multo mihi præstat emori, quàm gloriam meam vllus exhauriat.*

22. Du rang & seance des Officiers. Voila pour le salut: & quant au rang & seance des Officiers, elle est encor de plus grãde importãce que le salut. Car cõbien que le Magistrat puisse sur le chãp reprimender ceux qui ne le salüent; si est-ce qu'on trouueroit estrange, que hors de là, il leur en feist action. Mais pour son rang & seance, il n'y a doute que tout Officier ne soit fondé d'en intenter action, comme estant vn droict dépendant de son Office: tesmoin la loy 1. *Vt dignit. ordo seruetur, lib.* 12. *Cod.* où l'Empereur
23. Les Officiers ont actiõ pour leur rang. dit que ceux qui troublent les Officiers en leur rang, sont coulpables de sacrilege, pource qu'ils volent l'honneur qui est diuin; & en la loy 1. *eod. tit. Cod. Theod.* est renduë la raison pourquoy les Officiers peuuent debattre leur rang en Iustice contentieuse, *Nihil est tam iniuriosum, quàm vsurpationis ambitio. Perit enim omnis prærogatiua, si absque respectu, vel qualitate prouectionis emeritæ, custodiendi honoris locus præsumitur potius, quàm tenetur: vt aut potioribus eripiatur, id quod est debitum, aut inferioribus prosit, quod est indebitum*: voire qu'il y a des loix qui ordonnent de grosses amendes contre ceux qui troublent les Officiers en leur rang, comme la loy vnique *De Comit. vac. eod. Cod. Theod.*

24. Pourquoy. Mais la vraye & decisiue raison est, que le rang est comme vne partie de l'Office, au moins vn des principaux droicts & appartenances d'iceluy: tesmoin les lettres de prouision des Offices, où ceste clause n'est iamais oubliée, *aux honneurs, prerogatiues & preeminences audit Office appartenans.*

25. Ce rang est presque impossible à specifier. Pour donc parler du rang des Officiers, quant à ceux de Rome: Valentinian premier auoit fait vne ample constitution, pour regler le rang de toutes les Dignitez Romaines, dont est fait mention en la loy 2. *Vt. Dignit. ordo seruetur. Cod. Theod.* qui est de Valentinian second son fils, par laquelle il declare criminels de sacrilege, ceux qui voudroient entreprendre autre rang, que celuy porté par la constitution de son pere. Mais par la faute des compilateurs des deux Codes, elle n'est paruenuë entiere iusques à nous, & ne nous en est demeuré, que des lambeaux & fragments, qui sont notez par Cuias sur la loy 1. du mesme tiltre *Cod. Iustin.* Que si nous l'auions entiere, il est à croire qu'elle nous apprendroit le rang des Offices, au moins des simples Dignitez de l'Empire Romain, qui maintenant est tres-mal aisé à deuiner.

26. Principalement en France. Pareillement en France, il est quasi impossible de s'en démesler, attendu le nombre innombrable des diuers Offices que nous auons, dont encor le rang est embarassé parmy les deux autres especes de Dignitez, qui sont les Ordres & Seigneuries, qui au pareil ont rang estably. Aussi voyons-nous que Chassanée y a employé vn gros volume *in folio*, intitulé *Catalogus gloriæ mundi*: encor a il laissé, comme ie croy, plus à dire qu'il n'en a dict: & du Tillet en ce beau recueil, qu'il a faict du rang des grãds de France, meut beaucoup plus de questions, qu'il n'en resout. C'est pourquoy, ioint que d'ailleurs i'ay resolu de ne traiter que des Offices en general, & ne point particulariser les droits & reglemens de chacune espece, ie me deporteray de specifier en particulier le rang des Officiers.

27. Officiers de mesme qualité ont rang ensemble selon leur antiquité. I'expliqueray seulement les difficultez, qui peuuent naistre entre Officiers de mesme qualité, ou Dignitez de mesme sorte: entre lesquels la regle a esté certaine en toute Republique, qu'ils doiuent auoir rang ensemble, non selon l'aage, mais selon l'antiquité de promotion en leur Office ou Dignité: pource que leur rang n'est pas deferé à cause de l'aage, mais de la Dignité. Ce qui est dit clairement en la loy 1. *De præpos. sacri Cubic. lib.* 10. *Cod. Is ordo seruetur, quem ordo prouectionis ostenderit: cùm manifeste decretum sit, eum esse potiorem, qui præcesserit, & illum subsequi, quem recentius probauerit examen*: & en la loy 1. *De Consulib. lib.* 12. *Quis enim in vno eodémque genere Dignitatis prior esse debeat, nisi qui prior meruerit Dignitatem? cum posterior, etiam si eiusdem Honoris prætendat auspicia, cedere tamen eius temporis Magistratui debeat,*

debeat, quo ipse non fuerit. Sit igitur (dit la loy 2. *C. De Praef. Praet.*) *sedes prior ante proiectis, locus conspectior, decernendi loquendique facultas antiquior, cui est splendor adepti Magistratus vetustior.* ce qui est general & aux Offices par la loy 1. *De Praef. Praetor.* & aux Milices *d. l.* 1. *De praepos. sacri Cubic.* & ès Ordres *d. l.* 1. *De albo scrib.* & ès simples dignitez & tiltres d'honneur, restans apres l'Office exercé *d. l.* 1. *De Consul.* & finalement ès benefices, comme dit la gl. au canon *Placuit.* 16. *distinct.* Et est notable à ce propos ce qu'a remarqué *Matthaeus de Afflictis* au 1. liu. de ses decisions, que S. Iacques le Maieur estoit beaucoup plus ieune que celuy qu'on appelle le Mineur : mais que les Docteurs de l'Eglise l'ont appellé Maieur, pource qu'il paruint le premier à l'Apostolat.

28 Ce qui a lieu en toutes sortes de Dignitez.

29 S. Iaques le maieur pourquoy dict.

Ceste prerogatiue d'antiquité se pratique tellement en France, qu'il a esté iugé par plusieurs arrests, dont M. Chenu en rapporte vn de la Cour des Aydes du 8. Mars 1595. que l'Officier alternatif premier receu precederoit le pourueu de l'ancien Office, bien que ses lettres de prouision portassent expressément, qu'il demeureroit l'ancien : ce qui est fondé sur la decision de la loy *Si quis in Archiatri. De profess. & med. lib.* 10. *Cod.* où il est dit, que le nouueau successeur du premier Medecin sera neantmoins le dernier des Medecins. Loy qui se pratique encor plus à propos entre les Presidens des Cours souueraines, où la qualité de premier President ne se transfere à leur resignant, si ce n'est par la particuliere gratification du Roy, cessant laquelle le resignataire du premier President demeure seulement dernier President : encor mesme que la qualité de premier ne soit pas deferée à l'ancien en vertu de son antiquité, mais à celuy d'entre tous, auquel il plaist au Roy la donner. Toutesfois i'ay ouy dire que la qualité de premier President de la Cour des monnoyes, a esté iugée transmissible par resignation : & ce par vne raison particuliere, que ceste qualité a esté particulierement attribuée & incorporée, moyennant finance, à l'Office qui la possede.

30 Officier alternatif premier receu precede l'ancien.

31 Qualité de premier President depēd de la gratification du Roy.

32 Sauf du 1. President des Monnoyes.

Mais il faut prende garde, que combien que ceste loy premiere *De Praef. Praet.* refere expressément l'antiquité, & par consequent le rang de l'Officier, *ad tempus promotionis & adeptionis codicillorum*, ce neantmoins en France on le mesure par le temps de la reception : dont la raison de difference est, qu'à Rome il ne falloit point de reception, comme il a esté prouué au quatriesme chapitre : & partant si tost que l'Officier auoit ses lettres il iouissoit de son Office : mais en France il faut, que par apres il passe par vne reception solemnelle, qui est celle qui luy baille l'approbation publique, & l'ordre & charactere d'Officier. Encor si c'est vn Office subiect à installation publique, ie tien que le rang de l'Officier ne se compte que du temps de ceste installation : comme il semble que ce mot mesme d'installation l'emporte, signifiant la seance honorable de l'Officier, ἐνθρονισμός : *vnde Canonicus dicitur habere stallum in choro, id est sedem honorabilem.* De sorte que si le dernier receu s'estoit fait installer le premier (ce qui toutesfois ne doit estre, & pourroit iustement estre empesché par celuy, qui a fait le serment auparauant luy) & qu'il n'y eust point d'appel de ceste installation, i'estimeroy que le premier installé deuroit preceder le premier receu : car en matiere de rang, la possession preuaut, *quae plurimum facti habet* : & n'est pas raisonnable d'oster le rang, qui vne fois a esté donné au premier installé, & luy faire faire vn pas d'escreuisse.

33 A Rome le premier pourueu precedoit. En France, c'est le premier receu.

34 Raison de difference.

35 Le rang n'ha lieu, que du iour de l'installation.

Ce que i'enten de la reception ou installation pure & simple, quoy que ce soit qui attribuë puissance à l'Officier de continuer sa seance en la compagnie, & non pas de celle qui n'est qu'à condition de suruiuance : pource qu'en ce cas l'Office demeure remply de la personne du resignant, qui en tient & occupe la seance, & en retient la vraye & actuelle possession ; laquelle seance & possession le resignataire ne peut auoir tant que son resignant la luy ait delaissée, ou par sa volonté, ou par son deceds. Aussi telle reception n'est aduancée que pour mettre l'Office en plus grande asseurāce : & n'est pas raisonnable que celuy qui n'est Officier que par esperance & en herbe, comme on parle vulgairement, & qui ne fait point la fonction de l'Office, precede le vray Officier, *qui in actu positus peragit administrationem*, comme parle la loy derniere, *C. Vt Dignit. ordo seru.* & la loy derniere, *De Honor. codicill. C. Th.* ce qui se garde notoirement au Parlement, & fut iugé contre M. Lar-

36 Receu à suruiuance ne gaigne pas sō rang.

cher Conseiller des Aydes, par arrest du 9. Iuillet 1551. rapporté par M. Choppin liu. I. *De sacra polit. cap.* 8.

37 Mais bien le receu à la charge de n'opiner, ni rapporter.

Mais si vn Officier estoit receu à la charge de n'auoir point voix deliberatiue, ou de ne point rapporter de procés iusques à certain temps, il ne laisse à mon aduis de gaigner son rang du iour de son installation : car c'est assez qu'il soit admis à seoir continuellement parmy les Officiers; attendu mesme qu'il iouïst des gages, & encor des droicts casuels de l'Office, comme il est decidé en la loy *Spurij* §. *Minores. D. De Decur. Minores xxv. annis Decuriones facti sportulas Decurionum accipiunt, licet suffragium inter cæteros ferre non possint:* ce qui ne s'entend pas de ce que nous appellons espices : car il est certain que ceux qui n'ont point de voix aux procez, voire qui ne rapportent point, ne participent point aux espices : mais s'entend du droict d'entrée que les nouueaux Decurions estoient tenus payer aux plus anciens, comme il sera expliqué en vn autre lieu.

38 De la prerogatiue ou rang d'opiner des Officiers.

Il y a encor vn autre rang des Officiers, qui ne concerne l'Ordre de marcher ou seoir, ains d'opiner, que les Romains appelloient d'vn mot propre *Prerogatiue,* comme dit Budée sur la loy 1. *Ad. l. Iul. de ambitu.* Car comme ainsi soit qu'en leurs assemblées nul ne disoit son aduis, qu'il ne luy fust demandé par celuy qui presidoit, qui estoit l'vne des trois loix du Senat rapportée par Ciceron liure troisiesme *De legib.* ce que Tite-Liue liure 2. appelle *ordine consulere*, & Seneque *in ludo de morte Claudij*, *seruare disciplinam curiæ* : il est aisé à entendre, que *prærogatiua erat prius rogari sententiam* : & pource que c'estoit vn droict de grand honneur & d'auctorité, de là est venu, qu'on a vsurpé ce mot, pour signifier toute preeminence honorable : *vt in l. Obseruare. §. Ingressum. D. De off. Proconf. l.* 1. *D. De veter. l. vlt. §. Patrimoniorum. D. De mun. & honor.*

39 *Prærogatiua quid. Ordine consulere. Seruare disciplinam curiæ.*

40. *Prærogatiua Tribus*, & quel estoit l'ordre des suffrages aux assemblees de Rome.

Or ceste prerogatiue prise en sa propre signification, és assemblées du peuple appartenoit à la Tribu appellée *Veturia, quæ ideo Prærogatiua tribus dicebatur* : & entre les diuerses classes de chacune Tribu, la prerogatiue appartenoit à la premiere, dont pourtant le suffrage estoit plus recherché, combien que l'Ordre des centuries se iettast au sort, dit Budée au lieu sus-allegué. Et au Senat ceste prerogatiue appartenoit à ceux qui estoient designez Consuls, & apres eux, ou bien s'il n'y en auoit point, au Prince du Senat, dit A. Gelle liure quatriesme, chapitre dixiesme, lequel pour ceste cause Vopiscus *in Aurel.* appelle *primæ sententiæ Senatorem. Et Cic.* en la 7. *Verr.* & Plutarque *in Scipione* disent que ce droict *primæ sententiæ dicendæ* estoit donné aux mieux meritez de la repub. comme au contraire Suetone *in Claudio* dit, qu'auant qu'estre Empereur, *sæpe ignominiæ causa post omnes est interrogatus.*

41. Quel au Senat.

42. *Primæ sententiæ Senator.*

41. Ancien ordre d'opiner au Senat Romain estoit selon l'âge.

Toutesfois faut noter que le plus ancien Ordre d'opiner au Senat de Rome, estoit selon l'aage, comme remarque Dionys. Halic. liu. 6. & 11. Ce que les Atheniens obseruoient, & les Lacedemoniens aussi, comme tesmoïgne Eschines contre Ctesiphon, & pareillement les Syracusains, dit Ciceron en la 6. Verrine: & cela aussi s'est tousiours obserué au college des Augures de Rome, dit le mesme Ciceron *De senect.* & quand Iuuenal en la 6. Satyre descrit le Senat des femmes,

Est, dit-il, *in concilio matrona, admotaque lanis,*
Emerita quæ cessat acu. Sententia prima
Huius erit, post hanc ætate atque arte minores
Censebunt, &c.

44. Puis selon les Dignitez.

Par apres au Senat de Rome on demanda l'aduis selon les dignitez & degrez de chacun Senateur, comme tesmoigne A. Gelle liu. 14. chap. 7. où il rapporte vn passage de Varron, portant *singulos gradatim consuli debere, incipique à Consulari gradu* : mais de son temps, dit-il, la mode estoit venuë, *vt qui haberet Senatum, rogaret quem vellet, dummodò is ex gradu Consulari esset* : ce qui dura iusques au temps de Iule Cesar, qui se licencia en son Consulat, de demander extraordinairement, & hors le rang, l'aduis à quatre seulement, dont Crassus estoit du commencement le premier, puis Pompée, quand il l'eut pris pour gendre, dit Suetone en sa vie, chap. 21. Mais Auguste s'aduantagea encore plus, *Sententias de maiore negotio*

45. Finalemẽt à la discretion de celuy qui presidoit.

non

non ordine, neque more, sed prout libuisset, prærogabat, vt perinde animum quisque intenderet, ac si censendum magis, quàm assentiendum esset.

Caligula fut celuy qui osta ceste licence & gratification, en desdain de M. Silanus son beau-pere, lequel par honneur on faisoit tousiours opiner le premier, & ordonna qu'on obserueroit entre les Consulaires l'antiquité du Consulat, combien que iusques alors la coustume fust demeurée, que celuy qui presidoit, pouuoit demander l'aduis aux Consulaires en tel ordre qu'il vouloit, dit Dion en sa vie: laquelle Ordonnance fut renouuellée par Theodose & Arcade, comme il se voit en l'epistre 21. de Symmaque, *lib.* 10. A quoy est conforme la loy 1. susalleguée, *Cod. De Præf. Præt.* & la Nou. 62. qui est *De ordine Senatorum*, & vse du mot de prerogatiue, & la loy 2. D. *De albo scrib.* 46 Remis selō l'ordre des Dignitez.

Toutefois cet ordre a esté à bon droict trouué dangereux par plusieurs grands personnages: comme dit *Dionys. Halicar.* liu. 6. pource, dit-il, que les anciens contraignoient les suffrages des ieunes, qui n'osoient leur contredire librement, comme estant vne honte à eux, qu'ils voulsissent paroistre plus aduisez que leurs anciens: qui fut l'occasion pourquoy aux assemblées du peuple les hommes priuez, qui auoient à haranguer, ou proposer quelque chose, estoient ouïs auparauant les Magistrats, afin qu'ils peussent parler en toute liberté, dit Dion Cassius, liure 36. comme au pareil ce fut vne des causes pourquoy les Areopagites voulurent que leurs opinions fussent baillées en secret par bulletins; de peur aussi que les ieunes, au lieu de dire leur aduis par eux mesme, se contentassent de suiure celuy des anciens. Pour ceste mesme cause T. Arrius, ayant appellé Cesar à iuger auec autres le procez criminel qu'il faisoit à son fils (car à Rome le pere de famille estoit Iuge de ses enfans) pria, que chacun opinast par escrit, *ne ea omnium sententia fieret, quæ Cæsaris fuisset*, dit Seneque 1. *De clem. cap.* 15. Comme Tacite rapporte de Tibere, qui au procez de Metellus se meit à vouloir dire son aduis tout haut, *vt necessitas alijs sequendæ sententiæ suæ esset: nec dubium*, dit-il, *si prior censuisset, quin cæteros pertracturus fuerit*. Mais Piso luy dit franchement, *Quo loco censebis, Cæsar? si primus, habeo quod sequar: si post omnes, vereor ne imprudens dissentiam.* 47 Que cet ordre est dangereux. 48 Pourquoy les Areopagites opinoient en secret. 49 Les grands contraignent l'opinion des petits.

C'est pourquoy le Theologien de Lira, sur le vingt-troisiesme chapitre de l'Exode, dit qu'en l'eschole de Theologie de Paris, lors qu'il faut consulter de quelque doute, les ieunes disent leur aduis les premiers, de peur, dit-il, que s'ils le disoient apres les anciens, ou ils n'osassent leur contredire, ou n'eussent plus rien à dire apres eux: qui est ce qui se garde és consultations des Aduocats, & en la pluspart des compagnies de iustice: & semble pour les raisons susdictes, que cet ordre soit meilleur, que l'autre: dont il ne faut toutefois reprendre les Romains, pource que leur Senat estant composé ordinairemēt de plus de mille personnes, & n'estant possible que chacun dist son aduis separément, c'estoit bien raison, que les principaux parlassent les premiers, & qu'on laissast les ieunes pour la fin, qui d'ordinaire, au lieu de dire particulierement leur aduis, estoient contraincts, pour abreger matiere, *pedibus ire in sententiam priorum, discessione facta:* & partant ils estoient appellez *Pedarij Senatores*: ce qui sera expliqué plus au long au dernier liure. 50 Ordre d'opiner en la Sorbonne de Paris. 51 Ordre d'opiner és consultations des Aduocats. 52 Pourquoy les Romains gardoient la prerogatiue.

Mais nos Cours souueraines de France, pour apporter encor plus de religion à la iustice, & faire que les premieres voix, qui ont certes vn grand poids de prerogatiue & preiugé, ne puissent estre briguées, lors qu'elles seront incertaines, ont voulu qu'on opine au hazard, selon que chacun, soit vieil ou ieune, se trouue assis pesle-mesle, prés ou loing du rapporteur du procez: & ainsi les anciens se demettent volontairement de leur prerogatiue, afin que la iustice soit plus religieusement renduë. 53 Ordre d'opiner és Cours souueraines de France.

Reste pour la troisiesme & derniere espece d'honneur, le tiltre, qui est la qualité honorable, dont les Officiers se peuuent qualifier, & en accompagner leur nom. Car en premier lieu, c'est à present la mode par tout le monde que les Officiers, mesme hors les actes de leur Office, en prennent ordinairement le tiltre, comme estant vne qualité inherente & permanente à leurs personnes, ce que 54 Du tiltre d'honneur des Officiers.

les anciens Grecs & Romains ne faisoient pas : mesmement nous viuons ainsi, qu'auiourdhuy les Officiers prendroient à iniure & desdain, si celuy qui leur escrit, oublioit à mettre ce tiltre en la suscription de sa lettre.

55 Epithetes, ou tiltres d'hôneur des Officiers. Mais outre le propre tiltre de l'Office, nous auons encor d'autres tiltres, ou plustost epithetes d'honneur, qui sont attribuez particulierement aux principaux Offices. Premierement, le tiltre de Cheualier appartient à tous Officiers 56 Tiltre de Cheualier, à qui est deferé. constituez en eminente Dignité, comme les Officiers de la Couronne, les chefs d'Office de la maison du Roy, les Conseillers du conseil d'Estat, les chefs des Cours souueraines, les Gouuerneurs & Lieutenans de Roy és Prouinces, qui tous ont ce tiltre d'honneur, de se pouuoir qualifier Cheualiers, ores qu'ils n'ayent receu aucun ordre de Cheualerie (ainsi qu'en l'Empire Grec ceux qui tenoient semblables Offices se qualifioient Comtes) ce qu'autrement ne peuuent pas auec droict & raison les Seigneurs & Gentilshommes, soit à cause de leur extraction (pource que nul ne naist Cheualier, non pas mesme les enfans des Roys, disent du Tillet & Choppin, sur l'art. 63. de la Coustume d'Anjou) soit à cause de leurs Seigneuries, pource qu'elles n'annoblissent pas seulement, porte l'Ordon. d'Orleans, art. 258. Dont i'excepte toutesfois les fiefs Royaux, & les hautes Seigneuries qui importent le tiltre de Cheualier, comme il sera dit au liure *Des Seigneuries*.

57 Tiltre de Conseiller du Roy. Il y a par apres le tiltre de Conseiller du Roy, tiltre iadis honorable, lors que les moindres qui le portoient, estoient les Baillifs & Seneschaux, & qu'il valoit autant qu'à present celuy de Conseiller d'Estat : pource que du commencement c'estoient gens du Conseil du Roy, qui estoient enuoyez pour gouuerner les Prouinces, & y rendre la iustice. Depuis il fut communiqué aux Lieutenans generaux des Baillifs, lors qu'ils furent erigez en tiltre d'Office, & qu'ils succederent au fait de la iustice, à la function entiere des Baillifs & Seneschaux. Et encor en l'an 1551. lors de l'erection des Conseillers Presidiaux, on ne leur voulut 58 Presidiaux appellez Conseillers Magistrats. pas communiquer ce tiltre, ains on aima mieux leur en forger exprés vn autre, & emprunter pour eux des Romains, la qualité de Magistrat ; bien qu'en effect ils ne soient pas vrays Magistrats, comme il a esté prouué au chapitre precedent. Mais cela se fist, ou afin qu'il y eust vne distinction d'honneur entr'eux, & leurs chefs, qui sont les Lieutenans du siege : ou plustost afin de les distinguer d'auec les anciens Aduocats, qui auparauant seruoient d'Assesseurs & Conseillers aux Magistrats, & estoient pour ceste cause anciennement en France appellez Conseillers (comme il sera prouué au liure Des Ordres, où tous ces tiltres d'honneur seront expliquez plus au long) de sorte que les Conseillers Presidiaux furent appellez Conseillers Magistrats, c'est à dire, Conseillers en tiltre d'Office.

59 Tiltre de Cōseillers du Roy en fin deuenu vil. Mais depuis que ce tiltre de Conseiller du Roy a esté communiqué pour de l'argent, & comme par impost (s'il faut ainsi parler) aux Esleus, & à d'autres petits Financiers, dont on a voulu parer les Offices de ce tiltre, afin de les mieux vendre, il en est aduenu comme des anneaux d'or, qui estoit jadis l'enseigne de la Noblesse Romaine, laquelle les jetta & quitta par despit d'vn commun consentement, lors que Flauius affranchi d'Appius Claudius, fut faict Edile Curule, & partant fut rendu capable d'en porter : & tout ainsi que les honnestes Dames de France quitterent la ceinture d'or, jadis leur marque & ornement, lors qu'elles veirent que les femmes impudiques affectoient d'en porter, contre la prohi- 60 Bonne renōmée vaut mieux que ceinture dorée, pourquoy dict. bition du Roy sainct Louys : dont est venu le prouerbe, que *Bonne renommée vaut mieux que ceinture dorée*. Ainsi ce tiltre de Conseiller du Roy, a esté en fin tellement mesprisé, que les Conseillers Presidiaux l'ont refusé, lors qu'on le leur a voulu attribuer pour de l'argent.

61 Tiltre de Noble hōme à qui appartient. Finalement, ainsi que soubs les Empereurs Romains, les principaux Officiers eurent certains epithetes d'honneur, comme *Illustres, Spectabiles, Clarissimi, Perfectissimi, Egregij* : aussi en France tous Officiers du Roy, & mesme les Officiers de iustice, ores que non Royaux, bref tous Officiers, horsmis les ministres de iustice, ont prescrit ce tiltre & epithete de se qualifier Nobles-hommes, pourueu toutesfois qu'ils viuent noblement, c'est à dire, sans faire mestier ni marchandise.

Car par les Ordonnances de France, notamment celles des Estats d'Orleans & de Blois, la marchandise est interdite aux Gentilshommes & Officiers, principalement à ceux de iustice. Ausquels à la verité, à cause du degré de science qu'ils doiuent auoir, ceste qualité de Noble-homme appartient mieux qu'aux autres.

Or ce tiltre de Noble-homme en France n'importe pas vne vraye Noblesse, comme celuy de Gentil-homme ou d'Escuyer, ains vne Noblesse honoraire, impropre & imparfaicte, que par mespris on appelle Noblesse de ville, qui à la verité est plustost bourgeoisie. Et de ceste Noblesse se doit entendre le priuilege des Parisiens, contenu en la charte de Louys XI, de l'an 1465. qu'ils peuuent auoir armoiries, sont exempts de l'Arriere-ban, & de l'impost des francs-fiefs, mesme des tailles : & c'est pourquoy il y a garde bourgeoise fructuaire à Paris, & non és autres villes. Non que ie vueille dire, que ceux qui se peuuent qualifier Nobles-hommes ayent tous les priuileges contenus en ceste charte, & encor moins ceux, qui par les Ordonnances sont attribuez à la Noblesse, qui ne doiuent estre entendus que de la vraye Noblesse, *quia verba statutorum debent intelligi in vera & propria significatione. l. Non aliter. De leg. 3.* 62 Qu'importe le tiltre de Noble hõme. 63 Noblesse des Parisiens.

Mais i'estime que ces Officiers viuans noblement, peuuent sans reprehension donner à leurs femmes l'habit & attour de Damoiselles : nonobstant l'Ordonnance de l'an 1576. qui defend aux non-nobles de porter, ni faire porter à leurs femmes les habits des Nobles. Car c'est vne coustume qui s'en va desormais prescrite, & qui au moins est bastante pour expliquer l'equiuoque du nom de Noble, contenu en ceste Ordonnance, *cum optima sit legum interpres consuetudo*. Vray est, qu'anciennement les bourgeoises qui vouloient prendre l'habit de Damoiselles, en prenoient lettres de permission de la Royne : ce qui ne se practique plus. 64 Officiers honorables peuuent faire leurs femmes Damoiselles. 65 Anciennemẽt en falloit obtenir permission de la Royne.

Finalement, faut noter qu'en France ces trois poincts d'honneur, le Salut, le Rang, & le Tiltre n'appartiennent, & ne sont deubs aux Officiers, sinon pendant qu'ils sont Officiers, & non pas apres qu'ils ont resigné, ou autrement perdu leurs Offices : combien que le contraire s'obseruast à Rome, où les Officiers retenoient, apres le temps de leur exercice, vn certain rang honorable, & pareillement vn tiltre d'honneur, qui estoit tiré du nom de leur Office, faisant d'iceluy vn deriuatif, & comme vn nom preterit, comme *Consularis*, *Pretorius*, *Questorius*, *Censorius*, *Ædilitius*, & autres semblables ; ou bien le composant auec la proposition, *ex*, comme *Exconsul*, *Exmagister*, *Exquæstor*, qu'on disoit premierement *Ex Consule*, *ex Magistro*, *ex Questore*. 66 Ces honneurs n'appartiennent aux Officiers apres resignation. 67 Aliud Romæ, Noms deriuatifs de l'Office exercé.

En quoy il y a double raison de difference : l'vne, qu'à Rome les Offices estans seulement annuels, ç'eust esté trop peu de temps pour iouir de l'honneur d'iceux : mais en France, où ils sont perpetuels & à vie, si l'Officier les resigne, ou les perd par forfaiture, ce n'est pas raison, qu'apres les auoir alienez de sa propre volonté, ou par sa faute, il en retienne encor le rang, ni le tiltre, non plus que les autres droicts. 68 Raison de difference.

L'autre & principale raison est, qu'à Rome, & principalement soubs les Empereurs, les Offices imprimoient en la personne des Officiers vn certain grade, ou Ordre honoraire, qu'ils appelloient particulierement Dignité, pource qu'il ne consistoit qu'au seul honneur, ainsi qu'il sera plus particulierement expliqué au dernier liure : or l'Ordre ha cela de particulier, qu'il est inseparable de la personne, combien que l'Office en soit separé, comme il a esté dit cy-deuant. 69 Autre raison.

Et de fait parmy nous, les tiltres dependans des Offices, qui importent vn ordre, quoy qu'honoraire simplement, ont cela de particulier, qu'ils ne se perdent point apres l'Office resigné ou perdu : comme celuy de Cheualier, qui importe la haute Noblesse, & celuy de Noble-homme, qui importe la simple Noblesse honoraire : pource qu'à la verité ce seroit chose aucunement absurde, que celuy qui a esté Cheualier, redeuint Escuyer : & que celuy qui a eu droict de se qualifier Noble, redeuint du tout ignoble. Ce qui se practique encor plus apparemment à l'endroit des femmes des Officiers : Car celles qui ont esté vne fois appellées Dames, ne dédament plus, comme on dit, & celles qui ont esté vne fois Damoiselles, ne redeuiennent plus bourgeoises : ce qui sera toutefois examiné ailleurs. 70 Tiltres d'hõneur procedans des Offices, ne se perdent par resignation. 71 On ne dédame point.

72 Priuilege de Veteran remissiue. Mais hors ceste exception, les Officiers ne retiennent plus l'honneur & rang de l'Office apres qu'ils l'ont resigné, si ce n'est que l'ayant exercé l'espace de vingt ans & plus, ils ayent obtenu du Roy ce priuilege de iouïr du rang & autres droits honorifiques, & mesme des priuileges dependans d'iceluy : ce que nous appellons, le priuilege de Veteran : dont sera traicté amplement cy apres au chapitre *Des priuileges des Officiers*.

73 Rãg perdu ne se recouure iamais. Reuenant donc à nostre propos, on obserue si estroitement en France, que l'Officier perd son rang, apres la resignation de son Office, qu'encor que par apres il prenne vn autre Office tout semblable en la mesme compagnie, voire qu'il reprenne le sien propre, auquel neantmoins son resignataire ait esté receu, il ne rentre plus en son premier rang & ordre, ains il marche desormais le dernier : dont il y a deux arrests dans de Luc, & y en a vn chapitre exprés dans Langlé, *li.* 7. *Otij semestris*, *cap.* 8.

74 Explicatiõ de la loy 2. D. De Decur. Ce qui semble toutefois contraire à la decision d'Vlpian en la loy 2. *De Decur.* où il est dit, que *Decurio ob delictum Ordine motus ad tempus, si post tempus locum suum plenum inuenerit, expectare debet donec locus vacet. Restitutus tamen eundem Ordinem retinet, quem primùm habuit.* Mais il faut considerer, que *motio ad tempus* n'est pas vne priuation, ains estoit à peu prés ce qu'en France nous appellons suspension. Car ceste mesme loy dit, que *Decurio motus ad tempus, manet tamen Decurio*, & ce qu'elle dit, que *expectare debet donec locus vacet*, n'est pas qu'il ne gardast tousiours son Ordre, en ce qui estoit de l'honneur, pendant la motion ou suspension, combien qu'il deuint supernumeraire, & perdist sa place d'ordinaire. Ce qui n'est pas de mesme en l'Office, dont la suspension ne fait point perdre la place de l'Officier, ains tient seulement l'exercice en suspends : & au contraire la resignation de l'Office oste irreuocablement à l'antique Officier toutes les prerogatiues d'honneur, aussi bien que les priuileges & autres droicts qu'il auoit estant Officier à cause de son Office.

75 Priuilege de Veteran ne conserue le rang pour vn Office nouueau. Ce qui s'obserue si à la rigueur, que i'ay veu depuis les derniers troubles, qu'vn Conseiller du Parlement, qui apres la resignation de son Office, iouïssoit encor de sa seance honoraire sans cõtredit, par le moyen du priuilege de Veteran, qu'il auoit obtenu du Roy, & de la Cour, s'estant depuis fait pouruoir d'vn autre Office de Conseiller de la Cour, en esperance de garder tousiours son rang ancien en la grande Chambre, fut en fin contraint de quitter ce dernier Office, sans oser s'y faire receuoir, ayant recogneu qu'il n'eust plus esté que le dernier de tous les Conseillers des Enquestes : dont resulte, que mesme la continuation de seance faicte en vertu du priuilege de Veteran, ne peut conseruer l'ancien rang à celuy qui reprend vn autre Office.

76 Response à la loy Quod dicitur. §. 1. D. De milit. test. Ce qui semble contraire à la decision de la loy *Quod dicitur*. §. 1. D. *De milit. testam.* où le Iurisconsulte interpretant ceste proposition, que *testamentum iure militari factum valet, si miles intra annum missionis decesserit*, demande, si dans l'an de la mission le gendarme ayant esté admis à vne nouuelle milice, & decedant apres l'an, le testament qu'il aura faict pendant la premiere milice, est valable : & il respond, *licet posterior illa militia alia sit à priore, tamen humanius est, valere testamentum, quasi coniuncto munere vtriusque militiæ* : mais il faut considerer, que l'Ordre, comme est la milice armée, au moins au droict Romain, ne se perd pas si aisément que l'Office, ains est plus inherent à la personne : & d'ailleurs, que le priuilege du gendarme n'appartient pas à celuy-cy, ni à celuy-là seulement, ains à tous gensdarmes, & n'est icy question d'vn rang, auquel autre que le public ait interest, au lieu qu'au rang des Officiers les posterieurs y ont interest.

77 Changement d'Office sans intermission d'exercice, cõserue le rang. Et toutefois la maxime, qui vient d'estre proposée, reçoit vne exception notable, à sçauoir que s'il y auoit continuation sans intermission, non seulement de la seance honoraire, mais aussi de l'exercice parfaict, alors la mutation d'Office ne feroit pas perdre le rang à l'Officier, qui seroit tousiours demeuré vray Officier, *coniuncto reuerà munere vtriusque militiæ*. Et ainsi se practique iournellement, qu'vn Conseiller d'Eglise, prenant vn Office de Conseiller lay, retient son rang ancien, pourueu qu'il soit si aduisé, de presenter ses lettres de nouuel

Office auparauant, ou du moins quand-&-quand son resignataire; comme quand vn Conseiller lay & vn d'Eglise permutent leurs Offices ensemble, si tout en mesme temps ils presentent tous deux leurs nouuelles lettres de prouision, i'estime, que tous deux doiuent garder leur ancien rang, pource qu'il ne se peut quoter d'interualle de temps, auquel l'vn ou l'autre ait esté homme priué, & non Officier, & ainsi par continuation d'exercice, ils ont conserué ce rang ancien. Que si vn des deux auoit vne fois esté demis & depossedé de sa qualité *per aduentum successoris*, voire par la simple presentation des lettres de son resignataire, (dés l'instant de laquelle tout Officier perd tout à fait son grade, rang & qualité d'Officier) ie dy, que par apres, il rentre au nouuel Office en qualité d'homme priué, & de nouueau venu; & partant ne doit garder son rang ancien, qu'il a discontinué & perdu, qui est ce qu'on dit parmy le vulgaire, *Demeurer l'Ourche*; & ainsi rapporte Langlé au lieu sus-allegué, auoir esté iugé au Parlement de Bretagne: ce qui conuient à la decision de la loy *Si manente D. De precario. Si manente adhuc precario, tu in vlterius tempus rogasti, prorogatur precarium: Si verò præteritâ die rogas, propius est vt soluta iam causa precarij non redintegretur, sed noua constituatur.*

78 Mais s'il y a quelque discontinuation, le rang est perdu.

79 La raison.

Toutefois il a esté iugé par arrest de Bordeaux, de l'an 1560. rapporté par Papon, & par Chenu, qu'vn Conseiller de Parlement, qui auoit esté auparauant Conseiller Presidial, ayant depuis repris vn autre Office de Conseiller au mesme Presidial, y retiendroit son premier rang: pource que l'amplitude de la dignité de Conseiller de la Cour comprend en soy l'honneur de tous les Offices inferieurs, *maiórque Dignitas nulli debet circa prioris Dignitatis priuilegia præiudicium facere. l. Maior. De Dignit. lib. 12. Cod.*

80 Rang ne se perd par l'adoption d'vn plus grand Office.

Pareillement a esté iugé au Parlement de Paris, qu'vn Conseiller Presidial, apres auoir exercé dix ans, prenant vn Office d'Aduocat du Roy au mesme siege, precederoit l'autre Aduocat du Roy ja receu, depuis la reception toutesfois de son collegue en l'Office de Conseiller, comme le mesme Chenu a rapporté.

81 Cas particulier, auquel le dernier receu precede.

Car sans doute l'antique superiorité du passé est tousiours considerable, principalement en ce qui ne va qu'à l'honneur & au rang: ainsi la loy dit, que *post mortem vxoris, idem honor socero habendus est. l. 17. Soluto matrim.* d'où vient la grande question en droict, si le beau-pere, apres la mort de sa fille, retient encor le priuilege de n'estre tenu du payement de la dot promise, sinon en tant qu'il en ha le moyen, qui est disputée en cette loy, & en la loy penult. *De iure dot.* & en la loy 21. *De re iudic.*

82 Antique superiorité est considerable en matiere de simple honneur.

De mesme, le droict decide que les serfs ne doiuent estre appliquez à la torture, ni contre leurs maistres, ni contre ceux qui l'ont esté, *in memoriam pristini dominij. l. Vnus.* D. *De quæst. l. Seruos. 2. eod.* Et ailleurs il est dit, que les heritiers du mary ne peuuent intenter contre la femme l'action fameuse *expilatæ hæreditatis, ob honorem soluti matrimonij. l. Aduersus. C. De crim. expil. hæred.* Et finalement la loy 1. D. *De Decur.* dit que celuy qui a esté Decurion, ne doit estre mis à la question, *in memoriam prioris Dignitatis.*

83 Autres exemples.

Ainsi le Soldat doit tousiours porter honneur & respect à celuy qui a esté son Capitaine, tesmoin ce que raconte Appian, liure quatriesme du Soldat Romain, qui ne voulut descouurir Regius proscrit, l'ayant recogneu en habit de charbonnier, ains luy dit, que mesme en cét habit, il le recognoissoit pour son Capitaine, tesmoin aussi la response que fit Vitellius, apres auoir esté vaincu, & qu'il se fut démis des enseignes de l'Empire, au Capitaine qui se moquoit de luy, que tel qu'il estoit lors, il auoit esté peu auparauant son Empereur, dit Tacite, *lib. 19. Annal.*

84 Soldat doit honneur à celuy qui a esté son Capitaine.

C'est pourquoy pour reuenir à nostre matiere, les Conseillers de la grande Chambre du Parlement, ores que plus anciens, cedent tousiours aux Presidens des Enquestes, qui les ont presedez, combien que les autres ne leur vueillent ceder, & ainsi de Luc & Langlé au lieu preallegué, rapportent auoir esté iugé.

85 Rang des Presidens des Enquestes.

Cette mesme raison fait, que, où il n'est point question de superiorité, neantmoins entre personnes d'honneur & de respect, on a tousiours accoustumé de deferer & rendre honneur à ceux qui ont esté Officiers notables, lesquels

86 Ceux qui ont exercé Offices notables sont tousiours honorez.

mesme on qualifie ordinairement du tiltre de l'Office qu'ils n'ont plus, & eux-mesme prennent qualité de nagueres Officiers: Ainsi L. Flaminius ayant esté mis hors du Senat par les Censeurs, s'estant venu asseoir parmy le populaire au theatre, fut contraint par le peuple de Rome, se mettre au rang des Senateurs, dit Valere, *lib.* 4. *cap.* 5. Mais tout cela n'est que par honneur, & non par droict & deuoir, ainsi qu'à l'égard de ceux qui sont encor Officiers. Comme au liure *Des Seigneuries*, chap. 11. en traictant des honneurs de l'Eglise, ie distingueray ceux à qui ils appartiennent par droict & deuoir, d'auec ceux ausquels on les defere par honneur & bien-seance.

87 Mais c'est vn honneur gratuit, & de bien-seance.

SOMMAIRE DV HVICTIESME CHAPITRE.

DV PROFIT DES OFFICES.

CHAPITRE. VIII.

IL faut que chacun viue de son Estat, *Sua cuique ars pro viatico est*, & Dieu a ordonné que chacun gaigne sa vie de son labeur & exercice. C'est pourquoy les profits & emolumens des Offices sont appellez generalement par les Latins *Salaria à sale*, qui est l'vne des choses la plus necessaire à la nourriture de l'homme: *Honoribus*, dit Pline liu. 31. chap. 7. *militijsque sal interponitur, Salarijs indè dictis*: & les interpretes Grecs & Suidas pareillement tournent *Salaria* σιτηρέσια & les definissent τὰ διδόμενα εἰς τροφὴν, ainsi que Sceuola *in l. vlt. De in rem verso. definit salarium, quod alicui, tuendi sui exhibendique gratia, erogatur*: & ainsi est-il pris *in l. 8. §. Si in singulos. D. De transact. & in l. vlt. D. De oblig. & act. & in l. 19. §. vlt. De annuis legat.* 1 *Salaria vnde.* 2 *Salaria quid.*

Pour mesme cause les profits annuels des Officiers sont appellez communement dans les trois derniers liures du Code, *annonæ*: pource que du commencement ils estoient fournis en viures, ou telles autres commoditez, qui leur estoient baillées en especes, comme il se voit en l'epistre de l'Empereur Valerian, rapportée par Vopiscus *in Probo*, où sont specifiées les commoditez qu'on fournissoit à vn Capitaine, *& huiusmodi annonæ, Palatinæ vocabantur: de quibus supra cap. 1.* Mais en fin elles furent conuerties en argent par Honorius & Theodosius en la loy *Annona. 15. De erogat. milit. ann. lib. 12. Cod.* que ceste loy appelle *adærare.* 3 *Annonæ, pro stipendijs.* 4 *Adærare annonas.*

Or il y a deux sortes de profits & émolumens des Offices, à sçauoir les gages, & les profits de l'exercice, dont ceux-là sont pris ordinairement sur le public, & ceux-cy sur les particuliers: ceux-là sont tousiours certains & liquides, & ceux-cy sont communément casuels & incertains: mais quoy que ce soit, leur vraye distinction est que les gages peuuent estre separez de l'exercice; & les autres profits en sont inseparables. 5 Deux sortes d'émolumens és Offices.

Les vns & les autres sont compris sous le nom de salaire: vray est qu'en France ayant destourné ce terme hors de sa vraye signification, pour signifier toute recompense du labeur, nous appellons plus communément salaires, les profits de l'exercice, & au contraire les Romains appelloient plus ordinairement les gages, salaires. *vt tit. D. præb. salario*: & en tous les anciens autheurs, ce mot signifie presque tousiours les gages des Officiers: dont la raison est qu'à Rome les Officiers n'auoient anciennement point d'autres profits que leurs gages, ne prenans rien sur les particuliers; tesmoin la Nou. 53. qui porte par expres, que *Omnis Militia nullum alium quæstum, quàm ex Imperatoris munificentia, habet*: ce qu'il faut prouuer particulierement. 6 Salaire que signifie à present. 7 En l'Empire Romain les Officiers n'auoient que leurs gages. 8 Des profits des Gouuerneurs.

Pour le regard en premier lieu des Gouuerneurs des Prouinces, Iustinian en sa Nou. 17. chap. 1. dit que *Puras Deo & legi seruare manus debeant, & nullum contingere lucrum, neque maius, neque minus, sed contenti esse solis à fisco ministratis.* De fait voicy le sommaire du serment qu'ils faisoient à l'entrée de leurs Offices, dont le formulaire est entier à la fin de la Nou. 8. & est aussi inseré en brief dans la loy derniere. *C. Ad l. Iul. repetund. Sicut sine suffragio percepi cingulum, sic etiam purè me exhibebo circa subiectos, contentus ijs, quæ mihi statutæ sunt de fisco, annonis.* Aussi ne trouuons-nous point qu'il ait iamais esté permis aux Magistrats Romains, quelque desordre qu'il y ait eu sur la fin de l'Empire, de prendre aucunes espices, ou autres tels émolumens sur les particuliers.

9 *Xenia cur permissa.* Vray est qu'il y a quelques loix dans les Digestes qui permettent aux Gouuerneurs des Prouinces, de prendre ces petits presens, appellez *Xenia*, à cause que ces Gouuerneurs estoient estrangers : c'est à dire n'estoient, ny natifs, ny domiciliez en la Prouince. Encor ces presens sont-ils limitez à choses propres à manger, ou boire dans trois iours, *l. Plebiscito, & l. Solet. §. Non verò. D. De off. Præsid.* Mesme à la fin ils furent du tout prohibez par vne belle loy de Constantin *tit. Ne damna prouincialibus inflig. Cod. Theod.* que Tribonian (qui luy mesme en prenoit, comme l'histoire nous apprend) n'a pas voulu mettre dans le Code de Iustinian,

10 *Xenia prohibita.* *Si qui eorum, qui in diuersis agunt Officijs Principatus, Xenia aut munuscula, quæ canonica ex more fecerunt, extorserit, vel etiam sponte oblata non refutauerit, sublatis omnibus facultatibus, vltimo subiungetur exitio* : combien qu'il y a grande apparence, que ceste loy doiue estre entenduë des ministres de Iustice, & non des Magistrats. Quoy que ce soit à l'esgard des Magistrats, il y en a vn beau passage au 4. liure des epistres de Pline, *Epist. ad Vrsum* : où il dit qu'il ne peut defendre la cause de Iulius Bassus, accusé de ce que, comme il dit, *homo simplex & incautus quædam à prouincialibus, vt amicus, acceperat.*

11 Ameublement donné aux Gouuerneurs des Prouinces. Aussi les Magistrats auoient-ils, outre leurs gages courans, vn bon ameublement, lors qu'ils alloient en leurs Prouinces, ainsi qu'ont nos Ambassadeurs, comme dit Lampride *in Seuero: Iudices cùm promoueret (exemplo veterum, vt & Cicero docet) & argento & necessarijs instruebat, ita vt Præsides prouinciarum acciperent argenti pondo vicena, phialas senas, mulos binos, equos binos, vestes forenses binas, domesticas singulas, balneares singulas, aureos centenos, coquos singulos : & (si vxores non haberent) singulas concubinas, quod sine his esse non possent : reddituri deposita administratione mulas, mulos, equos, muliones & coquos; cætera sibi habituri, si bene egissent, in quadruplum reddituri, si male.*

12 Les Assesseurs auoient gages : mais ne prenoient rien des parties. Voire mesme les Assesseurs & Conseillers des Magistrats auoient des gages du public : ordonnez & taxez par leur magistrat, *qui assidebant*, comme il se void en la loy *Diem functo. D. De offic. Assess.* Aussi est-ce particulierement d'eux, que Pisceninus Niger dans Spartian dit *oportere Iudices nec dare, nec accipere, & ideo*, adiouste-il, *salaria illis de publico constituit.* Et iusques aux petits Iuges des villes, appellez *Defensores ciuitatum, cæterique Iudices pedanei*, ils auoient ordinairement gages : comme il est dit en la Nou. 8. chap. 15. & ceux qui n'auoient point de gages, *extra omne commodum erant*, dit la Nou. 15. chap. 6. Occasion pourquoy en cet endroit Iustinian permet aux Defenseurs des citez, de prendre au lieu de gages, quatre escus pour chacune sentence definitiue : comme pareillement en la Nou.

13 Inuention des espices. 82. chapitre 19. il assigne aux Iuges pedanées quatre escus pour chacun procez à prendre sur les parties, outre deux marcs d'or de gages, à prendre sur le public : qui est la premiere ouuerture faite à Rome, de faire achetter la Iustice au peuple, & d'attribuer des menus profits aux Iuges; encor n'estoit-ce pas à l'esgard des Magistrats & Officiers publics, ains seulement des Aduocats; ou autres personnes priuées : ausquelles on commettoit le iugement des causes.

14 La charge de Iuge estoit iadis onereuse. C'est pourquoy la charge de iuger estoit de ce temps fuye d'vn chacun, comme il est dit en la preface de ceste Nouell. 15. & la loy dit que *iudicandi necessitas inter munera, id est, onera personalia, habetur. l. munerum. §. iudicandi. D. De mun. & honor.* mesme Ciceron en l'oraison *de Præt. vrb.* dit que *Iudicare est onus graue & incommodum.* De fait il y falloit mettre les hommes par contraincte, comme prouue amplement Budée sur ce §. *iudicandi.*

Mesmement

Mesmement les Aduocats ne prenoient rien des parties : *vetitum quippe erat lege Cincia munerali, nequis, ob causam orandam, pecuniam donúmve acciperet, inquit Tacit. lib.* 11. & Pline liure 5. de ses Epistres, *ait Nigrinum Tribunum plebis recitasse in Senatu libellum disertum & grauem, quo questus est venire Aduocationes, in eámque rem multa legum capita retulisse & senatusconsultorum.* Luy mesme en vne autre epistre du mesme liure, rapporte ces termes d'vn ancien arrest du Senat, *Omnes qui quid negotij haberent, iurare oportere priusquam agerent, nihil se ob Aduocationem cuiquam dedisse, cauisse, promisisse.* 15 Aduocats ne prenoient iadis rien des parties.

Aussi estoient-ce communément les Senateurs & autres gens notables, qui faisoient la charge d'Aduocats, comme il se collige de ce que dit Caton dans Tite-Liue liure 4. *Quis legem Cinciam excitauit, nisi quia per aduocationes vectigalis iam & tributaria plebs Senatui esse cœperat?* & encor mieux de ce discours de Ciceron au 3. des Offices, *Summo semper in honore fuit Iuris ciuilis cognitio atque interpretatio, quamquidem, ante hanc confusionem temporum, in possessione sua Principes retinuerunt.* Or eust-ce esté chose sordide à personnes de telle qualité, d'auoir la langue venale, & comme dit à ce propos Quintilian liu. 12. chap. 7. *vendere talem operam, & eleuare tanti beneficij auctoritatem : cum pleraque, hoc ipso videri possint vilia, quòd pretium habent, nec quisquam, qui sufficientia sibi possidebit, hunc quæstum sine crimine sordium fecerit.* 16 Pourquoy.

Mais la recompense qu'ils auoient de leur labeur estoit d'acquerir nombre d'amis & cliens estroictement obligez à eux, à l'ayde desquels ils estoient esleuez aux grands Estats : comme Plutarque recite de Marc Caton, qui estant homme nouueau gaigna la bonne grace du peuple, par le moyen de ce que dés sa ieunesse il alloit iournellement par les bourgades, puis vint à Rome, plaider les causes gratuitement. Aussi est-ce en consequence de ce trauail gratuit, que les Aduocats sont tant honorez és anciens liures, que mesme dans nostre droict il est dit, qu'apres auoir plaidé vingt ans ils deuiennent Comtes du premier rang, *& consequuntur Clarissimatus* Dignitatem *l. 1. C.* De *Aduoc. diuers. iudiciorum* : parce que lors à la verité ils auoient l'honneur pour partage, & non le gain. 17 Qu'elle estoit lors la recōpense des Aduocats. 18 Anciēs Aduocats Contes.

Mais sous les Empereurs, lors que les grandes charges ne furent plus en la disposition du peuple, on reduisit les Aduocats en forme de Milices par bandes ou compagnies *l. Militant. C. eodem titulo*, ainsi que ie deduiray amplement au liure *Des Ordres*, & se trouue quelques passages, desquels on peut inferer qu'ils auoient gages du public : ainsi que les autres milices : tant les Romains estoient soigneux de faire exercer la Iustice gratuitement. En voicy vn qui semble bien formel de Lampride *in Seuero* : *Etiam in prouincijs oratoribus forensibus multùm detulit, plerisque etiam annonas dedit, quos constitisset gratis agere* : l'en ay notté encor vn autre plus celebre dans le liure *Iuris Orientalis, inter sanctiones Pontificias in Luca.* *Diaconus quidam à fœlicis memoriæ Patriarcha* Domino *Luca, commemoratis canonibus, Aduocatum agere prohibitus coram Imperatorio tribunali, præsente Patriarcha dixit, canones illos in hodiernis Aduocatis non habere locum : sed in illius temporis Aduocatis, qui in ciuilibus iudicijs stationes habebant, Imperiales frumentarias tesseras accipiebant, sub Primicerijs erant, atque à mundanis Magistratibus confirmabantur* : Et peu apres, *Quod autem Aduocati Officium aliquando mundanum fuerit, & ordinarij Aduocati Imperatorias pensiones ceperint, atque sub Primicerijs fuerint, ex multis constat. Lege postremum caput tit. 1. lib. 8. Basil. & quæ in Præfecti libro de Aduocatis digesta sunt. Tradunt enim Aduocatos collegium esse, atque à cuiuscumque temporis Præfecto confirmari. Hæc cum dixisset* Diaconus, *applausúmque ipsi esset etiam à Patriarcha, patrocinari permissum illi est, vt antea.* Passage qui demeurera icy en termes Latins, comme plusieurs autres passages des autheurs Grecs, à faute d'auoir eu dans la ville de Chasteaudun (où cest œuure a esté premierement imprimé en l'an 1609. lors que i'y demeuroy) quantité suffisante de characteres Grecs ; ce qui me seruira d'excuse vne fois pour toutes. 19 Aduocats reduits en Milices. 20 Auoiēt gages.

Mais en fin on permist aux Aduocats de prendre salaires moderez des parties, que Quintilian liu. 1. chapitre dernier appelle par desdain *stipes Aduocationum* : mais leur propre terme est de les appeller *honoraria Aduocatorum. l. 1. §. In honorarijs.* D. De *extraord. cognit. l. 38.* D. *Locati. l. 3. C. de postul. l. 2. C.* De *legation. lib. 10. l. 13. C.* De *iudic.* dont voicy la raison *Inter Aduocatum & clientem licet, pecunia interueniat,* 21 De honorarijs Aduocatorū.

non tamen dicitur esse locatio & conductio: sed in his opera, beneficij loco, præberi: & cùm aliquid datur, ad remunerandum dari, & inde Honorarium appellari, dit *Vincentius Beluacensis, Speculi histor. lib. 7. cap.* 145. Lesquels honoraires, ou salaires des Aduocats aucuns disent auoir esté premierement permis par l'Empereur Claudius, autres par Neron. Tant y a que c'est de long temps vn droict estably, cóme dit S. Augustin, que *licet Aduocato vendere iustum patrocinium, & Iurisconsulto iustum consilium, quamuis non liceat Iudici vendere iustum iudicium.*

22 Les Greffiers Notaires Sergens n'auoient aucuns salaires, mais auoient gages & bouche à Cour.

Voire encor les ministres des Magistrats, comme Greffiers, Notaires, Sergens, & autres semblables ne prenoient du commencement rien des parties, tesmoin ce mesme formulaire du serment des Gouuerneurs de Prouince, qui porte ces mots, *Tales studebo assumere circa me omnes, vt non ego solùm purus sim, sed etiam qui circa me sunt.* Et se colligé encor mieux de la loy sus-alleguée *Ne damna prouincial. infe. C. Tr.* où il leur est defendu à peine de la vie, de prendre aucuns presens des parties, ores qu'ils leurs fussent offerts. Aussi estoient-ils reduits en Milices, & auoient ainsi que les soldats, & comme ont encor à nous les Archers des Preuosts, *stipendia, seu annonas publicas*, mesme ils estoient de la famille & du train ordinaire du Magistrat, & y a apparence qu'ils auoient bouche à Cour chez luy, comme il se colligé de la Notice de l'Empire Romain, & de plusieurs passages des trois derniers liures du Code.

23 *De Sportulis apparitorum.*

Mais à succession de temps ils s'aduantagerent par bien-seance & par forme de presens, de prendre de ceux qui auoient à faire à eux, certains petits salaires, qu'ils appelloient *sportulas. Sportulæ enim propriè sunt Executorum seu Apparitorum, non Iudicum. tit. De sportulis & Executor. litium. Cod.* Ne plus ne moins que nous disons donner le vin, quand on baille vne piece d'argent à des messagers, à des clers, ou autres menus gens pour aller boire, pource que ces sportules (qui de leur origine signifient vn gouster ou soupper leger) se bailloient en argent aux ministres des Magistrats, au lieu qu'on auoit accoustumé les faire boire par courtoisie, comme Budee discourt amplement sur la loy *Si mulier. De donat. inter vir. & vxorem.* & Alciat *lib. 2. Dispunct. cap. 17. & Cuiacius ad d. tit. De sportulis.* Et finalement Iustinien auctorisa ces sportules, *occasione*, dit-il, *consuetudinum, Nou. 8. cap. 8. Tolerabilia enim sunt, quæ longa consuetudo comprobat*: dit la loy penultiesme. *De pollic.*

24 Les Iuges de France ne prenoient iadis rien des parties.

Tout cela fut du commencement obserué en France presque tout de mesme qu'à Rome. Car par les anciennes Ordonnances, notamment par celle de l'an 1302. rapportée au vieil stil du Parlement, il est dit *Præfati Officiarij nostri nihil penitus exigant à subiectis nostris*, & le serment des Iuges contenu en toutes ces anciennes Ordon. rapportées en ce mesme liure, est tiré mot à mot de celuy de la Nou. 8. de Iustin. Car voicy ses termes, *Qu'ils ne prendront argent ni present des parties, sinon en menuë victuaille*, pource que les Baillifs & Seneschaux estoient pareillement estrangers, estant prohibé par ces anciennes Ordonnances, ainsi que par les loix Romaines, d'y en mettre qui fussent natifs de la Prouince.

25 Aussi n'y auoit-il condénation de despens.

C'est pourquoy la Iustice estant renduë gratuitement aux parties, on n'adiugeoit point de despens à celuy qui gaignoit sa cause, & estoit vne ancienne coustume ou stil des Iustices de France, qu'il n'y auoit point de condemnation de despens. Ce qui fut premierement changé és Iustices Ecclesiastiques au Concile de Tours tenu en l'an 1258. dont le canon est rapporté, *in cap. Calumniam. ext. de pœnis.* Puis le Roy Charles le Bel cassa ceste ancienne coustume à l'esgard des Iustices layes en l'an 1324. Encor son Ordonnance n'ayant esté pratiquée, il fallut qu'elle fust renouuellée par Philippe de Valois, puis par Charles 5. pour le pays de Touraine, desquelles Ordonnances *Ioh. Gal.* fait mention en sa question 275.

26 Salaires des ministres de Iustice.

Et quant aux ministres de Iustice, pource à la verité qu'ils n'estoient pas vrays Officiers pourueus par le Roy, ains commis par les Iuges, & que partant ils n'auoient ni gages du Roy, ni bouche à Cour, comme à Rome; ce n'est pas de merueille qu'il leur fust permis de prendre salaire moderé des parties, pour s'entretenir en seruant le public.

27 Iadis les menus profits ne côcurroiét auec les gages.

Quoy que ce soit c'est chose remarquable, que ni à Rome, ni en France anciennement, les gages & les menus salaires n'ont gueres esté attribuez tout en-

ſemble à meſme Officier, teſmoin ce qui eſt eſcrit aux Eſtats de Tours, que *mul-*
tiplication d'Offices eſt augmentation de gages: & s'ils n'ont gages, ils ont des pratiques ex- 28 Officiers deuroient auoir gages ſuffiſans à leur entretien.
traordinaires à la foule du peuple. Et de verité comme la ſolde eſt baillée au ſoldat,
afin qu'il ne viue ſur le bon homme, ainſi les gages ſont attribuez à l'Officier,
afin qu'il ne prenne rien du peuple: d'ailleurs, puis que le Prince eſt debteur de
Iuſtice, il s'enſuit qu'il la doit fournir, & faire rendre gratuitement, & non pas
faire acheter au peuple ce qui luy eſt deu. Mais ce diſcours ſeroit bon en la repu-
blique de Platon: car en toutes celles qui ſont de preſent au monde, la couſtu-
me contraire a de long temps preualu par deſſus la raiſon.

Or voicy ce que i'ay appris touchant l'origine des eſpices des Iuges. Homere, 29 Origine des eſpices des Iuges.
Iliad. 6. en ceſte belle deſcription du iugement, figurée au bouclier d'Achilles,
rapporte qu'il y auoit deux talens d'or, poſez au milieu des Iuges, pour bailler à
celuy qui opineroit le mieux;

> Κεῖτο δ' ἄρ' ἐν μέσσοισι δύο χρυσοῖο τάλαντα,
> τῷ δόμεν, ὃς μετὰ τοῖσι δίκην ἰθύντατα εἴπῃ.

Talens, qu'il ne faut pas imaginer de telle valeur qu'ils ont eſté du depuis. Car
Budée au 4. *De aſſe*, parlant *de talento Homerico*, prouue qu'il eſtoit de petite valeur,
par vn autre beau paſſage du 24. de l'Iliade, où deux talens d'or ſont moins eſti-
mez, qu'vn chauderon d'airain.

Mais Plutarque en la vie de Pericles dit, que ce fut luy, qui le premier attri-
bua des ſalaires aux Iuges d'Athenes, appellez πρυτανεῖα, pource qu'ils ſe prenoiẽt
ſur les deniers que les plaideurs à l'entrée du procés conſignoient au lieu public
appellé *Prytaneum*: qui eſtoit le dixieſme denier de ce dont eſtoit queſtion au pro-
cez, ſelon la commune opinion. Πρυτανεῖα δέ, ἃς κατέβαλλον δεκάδας τῶν χρεῶν, dit l'inter- 30 Πρυτανεῖα.
prete d'Ariſtophane; & en vn autre endroit il dit, Πρυτανεῖα, τὰ νῦν παρὰ Ῥωμαίοις Σπόρτυ-
λα· ἦν δ' ἀργύριόν τι, ὅπερ κατετίθεσαν οἱ δικαζόμενοι ἀμφότεροι. & ſur ces deniers ainſi conſignez
eſtoit pris, & le ſalaire des Sergens, & celuy du Iuge, dit Budée en ſes Com-
mentaires, lequel ſalaire du Iuge eſt appellé particulierement τὸ δικαστικόν. *Nou.* 82. 31 Δικαστικόν.
cap. 9. où le ſalaire des Iuges Pedanées eſt taxé à quatre eſcus, ſçauoir deux au
commencement, & deux à la fin du procez, és cauſes excedantes cent eſcus,
& és moindres il leur eſt defendu d'en prendre aucun: mais pour cela au lieu de
ſalaire il leur eſt attribué deux marcs d'or de gages, & voila à mon aduis l'vnique
paſſage du droit (auec la Nou. 15. chap. 6. qui en dit preſque autant des defen-
ſeurs des citez) qui attribuë des émolumens aux Iuges, à prendre ſur les parties.

Auſſi en France du commencement, les Iuges ne prenoient aucuns ſalaires 32 Eſpices que c'eſtoit anciẽnement.
des parties, au moins par forme de taxe & contre leur volonté: car les eſpices
eſtoient lors vn preſent volontaire, que celuy qui auoit gaigné ſa cauſe, faiſoit
par courtoiſie à ſon Iuge ou rapporteur, de quelques dragées, confitures ou au-
tres eſpiceries, comme le docte Ragueau a fort bien prouué rapportant trois an-
ciens extraits du Greffe de la Cour, par leſquels il ſe void, comme les eſpices
ont eſté changées en or. *Le* 12. *May* 1369. *le ſire de Tournon par licence de la Cour bailla*
vingt francs d'or pour les eſpices de ſon procez iugé, & les eurent les deux rapporteurs. Et le 4.
Iuillet 1371. *vn Conſeiller de la Cour rapporteur d'vn procez eut, apres le iugement, de chacune*
des parties, dix francs. Et le 17. *May* 1403. *au Conſeil fut ordonné, que les eſpices données aux*
viſiteurs des procez par permiſſion de la Cour, ne viendroient en taxe de deſpens.

Ainſi à ſucceſſion de temps les eſpices ou eſpiceries furent conuerties en or: & 33 Comment conuerties en or.
ce qui ſe bailloit par courtoiſie & liberalité, fut tourné en taxe & en neceſſité, &
ce inſenſiblement: car on ne peut dire quand ce fut, n'ayant eſté approuué par
aucune Ordonnance, qu'il ne fuſt long temps auparauant eſtably en l'vſage: & ſi
ce ne fut pas en meſme temps par toute la France. Car le docte Conſeiller de
Bretagne Langlé en ſon 7. liure *Otij Semeſtris* chap. 1. nous apprend que cela ne
commeça en Bretagne, que depuis l'an 1539. mais vn ancien praticien ſans nom,
qui a eſcrit du temps de Charles 6. nous en a laiſſé vne belle prophetie, *On penſe*,
dit-il, *mieux faire, de laiſſer prendre argent aux Iuges, pour les eſpices, mais ce n'eſt mie trop* 34 Salaires des expeditions extraordinaires.
bien fait, la Iuſtice n'en ſera que plus chere, c'eſt à dire qu'elle n'en ſera pas meilleure.

Car c'eſt choſe certaine que par tout où l'argent trouue entrée, quelque petite que ce soit, il s'en rend en fin le maistre, & en chasse, ou esloigne l'honneur & la vertu, desquels il est ennemy. Aussi ceste inuention d'espices d'or ayant esté establie, les Iuges ont voulu au semblable auoir taxe des autres expeditions, qu'ils font aux procez hors les heures, ausquelles ils doiuent (disent-ils) assistance & seruice en leurs Offices, qui sont les heures d'audience & de conseil, pour lesquelles ils confessent bien ne deuoir prendre aucun salaire.

35 Espices sont attribuez pour la vision du procez & extrait d'iceluy, & non pour le iugement d'iceluy.

Et de fait les espices, à bien entendre, ne sont attribuées pour le salaire des Iuges, qui vacquent aux heures de conseil au iugement des procez par escrit; ains seulement pour salarier le rapporteur du labeur qu'il a pris à voir & extraire le procez en sa maison: aussi par les anciennes Ordonnances sont-elles attribuées au Rapporteur seul, comme il se garde encor en la grande Chambre du Parlement, & la taxe s'en fait sur la veuë de l'extraict du procez: & d'ailleurs ceux qui ne rapportent point, comme les Presidens, ne participent point aux espices: & ce qu'ordinairement la moitié, ou le total des espices se distribuë entre les Iuges, est par vne societé volontaire, qu'ils contractent, s'associans volontairement ensemble à leur labeur: & de fait, quand la Cour fait reglement entre les Iuges, elle n'attribuë pas plus grand' part des espices aux Lieutenans generaux, mais plus grand nombre de procez. Dont resulte en passant vn poinct qui est fort à noter, qu'il ne faut pas proportionner les espices au nombre des Iuges, qui assistent au iugement des procez.

36 Appartient taxe aux Iuges des vacations extraordinaires.

Mais hors les heures ordinaires de l'audience & de Conseil, les Iuges pretendent n'estre tenus, en vertu de leurs gages, de vaquer gratuitement aux expeditions de Iustice, qu'ils appellent extraordinaires. Ce qui n'est pas sans quelque raison, à present que la vie est si chere, & les gages des Officiers de Iustice si petits, qu'ils n'est pas possible, qu'ils s'en puissent entretenir à beaucoup pres selon leur qualité: attendu qu'outre cela leurs Offices leur sont vendus si tres-cher, & encor eu esgard au labeur & assiduité, qu'ils sont tenus d'y rendre, —— *Atqui Cum labor in damno est, crescit mortalis egestas.*

Et de fait auparauant que ces salaires fussent approuuez, les Iuges ordinaires, & notamment ceux de Paris (qui estans de plus pres esclairez du Parlement, n'osoient se hazarder d'en prendre) ne vouloient ordinairement prendre la peine de faire eux-mesmes ces expeditions extraordinaires, ains les commettoient à des praticiens de leur siege, ausquels (n'estans point Officiers, ains simples commissaires) ils ne faisoient point difficulté de faire taxe: & de là est venuë l'origine des Commissaires du Chastellet de Paris, qui estoient dés le regne de Charles VI. comme il paroist par le grand Coustumier, qui fut fait en ce temps-là, lequel au 2. chap. du 1. liu. contient ces mots, *Il y a audit Chastellet seize Examinateurs, lesquels sont establis pour faire tous examens, enquestes, informations, inuentaires, partages, quand commis ils y sont par ledict Preuost, ses Lieutenans, ou Auditeurs, & doiuent tout rediger par escrit.* Ce qui monstre qu'ils ne faisoient rien sans y estre commis par les Iuges, qui par consequent pouuoient retenir à faire eux-mesmes ces expeditions, comme dependantes naturellement de leurs charges.

37 Origine des Commissaires du Chastellet de Paris.

38 Origine des Enquesteurs des Bailliages.

Et aux autres sieges, où il n'y a telle affluence d'affaires comme à Paris, les Iuges commettoient seulement les Enquestes & informations, qui sont à la verité les expeditions plus ennuieuses de la Iustice. C'est pourquoy les Commissaires examinateurs du Chastellet de Paris ont eu de tout temps plus d'attribution, que ceux des autres sieges, qui ont esté appellez seulement Enquesteurs & Examinateurs, pource qu'ils n'auoient autre charge que de faire les enquestes & informations; & furent premierement erigez en tiltre d'Office par Philippe le Bel, ou, comme aucuns tiennent, par Philippe le Gros, en l'an 1328. pource, dit l'Edict, *que nos Iuges cômettoient leurs enquestes à faire à leurs Clers ou leurs affins, dont plusieurs dommages s'ensuiuoient.* Mais nous trouuons que le mesme Roy, cognoissant ces Offices estre superflus, & mesme dangereux, supprima tost apres les enquesteurs des Bailliages, sans toucher aux Commissaires du Chastellet de Paris: & neantmoins les Estats de Tours au chap. *Des Officiers de la Iustice*, font mention des Enquesteurs & examinateurs: mais il est à croire, qu'ils n'estoient lors que simples

39 Erigez en Offices, supprimez & restablis.

Commissaires

Commissaires ordonnez par les Iuges, comme il se faisoit auparauant cet Edict de l'an 1328. Puis en l'an 1514. le Roy François I. les renouuela.

40 Commissaires nouueaux des Bailliages & Preuostez.

Finalement, le Roy à present regnant, outre ces Enquesteurs, a erigé encor des Commissaires en tous les Bailliages & Preuostez, à l'instar de ceux du Chastelet de Paris, qui outre les enquestes & informations, qu'ils peuuent faire concurremment auec les Enquesteurs, font les taxes de despens, auditions de comptes, interrogatoires tant ciuils, que criminels des adiournez à comparoir en personne, ordres des decrets : bref presque toutes les expeditions de la iustice, priuatiuement aux Iuges : combien que l'ancienne institution des Commissaires du Chastelet ne fust que pour faire ces expeditions, quand ils y estoient commis par les Iuges : & de faict, il s'y practique encor, que les Lieutenans (ie ne dy pas les simples Conseillers du Chastelet, car les menuës expeditions n'appartiēnent aux Conseillers Presidiaux, qui ne sont qu'Assesseurs pour assister les Lieutenans en l'audience & au conseil) peuuent retenir telles expeditions par deuers eux : & aux autres y commettre tel d'iceux Commissaires qu'il leur plaist.

41 Iniquité de ceste inuention.

Dont s'ensuit que c'est vne chose bien rude, afin que ie ne die absurde, d'auoir tout-à-fait priué les Iuges de la plus vtile partie de leurs Offices, & leur laissant le faix de toutes les expeditions gratuites, comme sont celles de l'audience, & du conseil, leur auoir osté toutes celles, dont ils pouuoient tirer quelque honneste moyen de s'entretenir, & maintenir leur dignité, qui est subiecte d'estre mesprisée, si elle est accompagnée de pauureté : quoy faisant, on leur donne occasion de cercher autre inuention de viure aux despens du peuple, dont ils ne manqueront iamais, quelque ordre qu'on pense y mettre, ayant le baston de la Iustice en la main. Et sur tout, on associe à leurs charges de simples practiciens ignorans, qui gastent les procez, au lieu de les instruire : Car quand mesme ils seroient aussi capables que les Iuges, si est-ce que n'estans instruicts du faict des procez, comme sont les Iuges, qui en conduisent toute l'instruction en l'audience, il est impossible qu'ils ne cornent bien souuent à gauche.

42 Qu'il est raisonnable de receuoir les Iuges à les rembourser.

Aussi Messieurs du Conseil d'Estat, recognoissans bien que ces nouueaux Offices n'ont esté mis en vsage, que pour secourir les vrgens affaires du Roy, maintenant que le party en est remply, commencent à bon droict à receuoir les Iuges à rembourser ceux qui les ont leuez à trop bon marché : & en ce faisant permettent aux Iuges de reprendre ce qui leur appartient.

43 Qu'il est licite aux Iuges prendre taxe des vacations extraordinaires.

Donques, pour reuenir à mon propos, laissant ceste bastarde inuention de Commissaires Officiers, ie dy que comme nous viuons à present, il est licite aux Iuges de prendre taxe moderée de tout ce qu'ils font hors l'audience & le conseil, & qui ne s'y pourroit commodément faire, principalement s'il y a grande vacation & labeur, *modicum enim non curat Pretor.*

44 Que Messieurs du Parlement en prennent.

Ainsi voit-on, que Messieurs les Conseillers de la Cour de Parlement, & Messeigneurs les Presidens prennent salaires des vacations qu'ils font aux procez de commissaires, hors les heures, qu'ils doiuent assistance à l'ordinaire. Aussi font de mesme mesdits sieurs les Conseillers, pour les taxes de despens, auditions de comptes, interrogatoires, & autres semblables assignations extraordinaires.

45 Comment faut entendre les arrests qui defendent de prendre taxe des assignations extraordinaires.

Quand donques les arrests de la Cour font defense aux Iuges de prendre taxe des assignations extraordinaires, cela ne se doit entendre, à mon aduis, que de celles qui pourroient & deuroient estre expediées en l'audience, & où il n'y a point de vacation, soit par vision de pieces, calcul, interrogatoires, ou autre labeur semblable. Car plusieurs Iuges, abusans extraordinairement de ces assignations extraordinaires, remettent mal à propos à l'extraordinaire ce qu'ils pourroient & deuroient expedier en l'audience, afin d'en auoir salaire ; qui est ce que ces arrests defendent fort iustement : & ay ouy dire, qu'il y en a aux petites Iustices de Normandie, qui n'expedient mesme point de causes à l'audience, qu'ils n'en prennent salaire : ce qu'ils appellent *payer le iugé*, destournant à leur profit la formule Romaine, *iudicatum solui, vel iudicatum facere.*

46 Du reglemēt des salaires des Iuges.

Voila dequoy les Iuges peuuent prendre salaire licitement : & quant à la taxe ou reglement de ce salaire, aucuns l'ont voulu regler par la proportion Arithmetique, ſelon la valeur de ce dont eſt queſtion en chacun procez : autres par proportion Geometrique, ſelon le labeur & vacation de l'Officier: la premiere façon eſt plus facile, mais l'autre eſt pluſt iuſte, attendu que le ſalaire eſt deu au Iuge à cauſe de ſon labeur, non à l'égard de la choſe contentieuſe, comme ſi elle luy deuoit vn certain tribut, à tant par eſcu.

47 Qu'il y faut ſuiure la proportion Geometrique, pluſtoſt que l'Arithmetique.

C'eſt donc ainſi qu'il le faut practiquer, referant l'effect à ſa cauſe : & de faict Meſſieurs du Parlement aux procez de commiſſaires ſe taxent à tant par heure, ſoit qu'il ſoit queſtion de peu, ou de beaucoup : & és commiſſions foraines, ils ſe taxent à tant par iour : vray eſt qu'és eſpices & autres menuës affaires, dont le temps n'eſt liquide, ils vſent quelquefois de la proportion harmonique, qui eſt meſlée des deux autres, balançant le labeur du rapporteur, auec la valeur du procez.

48 Que ce reglement doit eſtre laiſſé à l'honneur des Iuges.

Puis donc que la proportion Geometrique eſt la plus raiſonnable, & en tout cas que la harmonique eſt encor moins liquide, c'eſt la verité qu'il eſt impoſſible de conuenablement mettre vn taux certain à toutes les expeditions de Iuſtice: & n'y a ordinairement que le Iuge meſme, qui puiſſe eſtre arbitre de ſon labeur, auſſi ne faut-il trouuer eſtrange, en choſe de ſi petite conſequẽce, de ſ'en rapporter à ſon honneur & religion : veu qu'il faut d'ordinaire paſſer par la volonté de l'artiſan qui a fait de la beſongne ſans marchander ; que ſi de l'vn ou de l'autre on trouue la taxe trop haute, on ſ'en peut plaindre au ſuperieur: mais aux Cours ſouueraines, c'eſt le Preſident qui n'ha point de part aux eſpices, qui en fait la taxe.

49 De l'exaction de ces ſalaires.

Quant à la façon de perceuoir les ſalaires des Iuges, les Parlemens y ont touſiours fait garder ceſte modeſtie, de ne permettre qu'ils fuſſent exigez par executoires, ou autres contrainctes rigoureuſes : ains faut que les Iuges ſ'en facẽt payer gracieuſement, & encor par les mains du Greffier, ſans qu'eux meſme tendent la main aux parties, comme des mercenaires: & les Ordonn. aſtraignent les Iuges d'eſcrire de leur main leurs taxes ſur chacun acte, tant afin que leurs ſuperieurs voyent ſ'il y a excez, qu'afin qu'elles ſoient liquides pour la taxe des deſpens.

50 Honneur qu'y garde le Parlement.

Mais outre tout cela, le Parlement de Paris y garde ceſte grauité & honneur particulier pour ſoy, de ne point differer la prononciation de ſes arreſts, meſme d'ordinaire de ne point retenir les ſacs, faute de payement des eſpices : ce que toutefois il ne fait pas obſeruer à la rigueur aux Iuges de ſon reſſort, ains tolere & diſſimule, qu'ils ne mettent point au Greffe leurs dictons, ou autres expeditions meritans ſalaires, & qu'ils ne rendent point les ſacs, iuſques à tant que les eſpices ſoient payées.

51 Executoires pour eſpices, ou autres taxes des Iuges reprouuez.

Mais quoy que ce ſoit, il n'a iamais approuué les executoires faits directement au profit des Iuges, quoy que deliurez ſoubs le nom & à la requeſte des receueurs des eſpices : qui n'eſt qu'vn nom emprunté: mais bien les executoires que la partie, qui a auancé les eſpices entieres, obtient ſur l'autre, qui eſt iugée l'en rembourſer en tout, ou partie. Auſſi peu approuue-elle les executoires qui ſe baillent pour ſalaires extraordinaires, comme des auditions des comptes, taxes de commiſſions foraines, & autres ſemblables, combien qu'elles ſoient encor plus tolerables que les eſpices, qui ont leur origine d'vn preſent volontaire, au lieu que ces taxes ſont deuës à cauſe d'vn labeur & frais, quelquefois debourſez par le Iuge en commiſſion loingtaine; Mais quoy que ce ſoit, on paſſe cela par la maxime, que *multa honeſtè accipiuntur, quæ inhoneſtè petuntur*, & celle de Ciceron, que *iniquiſſimum eſt iuſtitiæ mercedem petere*. De ſorte qu'on dit qu'il faut faire conſigner les vacations auant que les faire, ou apres les auoir faictes, vſer ſeulement de retention des pieces, dont on eſt ſaiſi, ſans faire ni demande ni execution pour tels arrerages de practique.

52 Reſponſe à vne pretenduë Ordonn. du Code Henry.

Et combien que dans le Code Henry, liure 5. tiltre dernier, ſe trouue vne Ordonnance que les eſpices doiuent eſtre payées, nonobſtant l'appel, ſauf au condamné de ſe plaindre de l'excez pardeuant le Iuge ſuperieur, ſi eſt-ce qu'il faut noter que ce n'eſt pas vne vraye Ordõnance, ains vne addition de M. Briſſon, qui eſperoit faire cõfirmer & homologuer ſon Code par lettres du Roy, & verificatiõ du Parlement, ce qui n'a eſté fait: & ſous cette eſperãce il ſ'eſt aduãtagé d'y mettre plusieurs additions à la façon de Tribonian, qui se discernent par l'intitulation de l'article, où il met tousiours ces mots, quand il y a quelque decision nouuelle, *Henry* 3.1585. qui estoit l'année en laquelle il esperoit obtenir ceste homologation.

54 Officiers de gouuernement, & de finance, n'ont aucun salaire licite sur le peuple.

Voila ce que ie peu dire du reglement des menus profits des Iuges : car quant à leurs ministres, c'est à eux à les regler : ce qu'ils doiuent faire le plus soigneusement & seuerement qu'il leur est possible, pour obuier à la vexation du peuple. Et quant aux Officiers de Gouuernement & de Finance, ils n'ont aucun salaire licite sur le peuple, fors ce qui leur est disertement & par exprés attribué par le Roy : de sorte que tout ce qu'ils prennent d'ailleurs est pure concussion.

55 De quand commencent à courir les proficts des Offices.

Mais c'est vne grande question, de sçauoir si les profits des Officiers leur appartiennent dés lors de leur prouision, ou lors de leur reception seulement : en quoy, pour le regard des menus proficts, & mesme des taxations, quoy qu'ordinaires & payées par le fisque, il n'y a gueres de difficulté, pource que c'est vne maxime infaillible, qu'ils suiuent tousiours l'exercice, c'est à dire qu'ils appartiennent tousiours à celuy qui a faict la besongne, laquelle ne pouuant estre faicte par le pourueu de l'Office auant sa reception, il s'ensuit qu'il ne peut aussi auoir le profit qui en reuient, si ce n'est en vn cas qui sera dit incontinant.

56 Ancienne practique que les gages ne courent qu'apres la reception.

Mais quant aux gages, on tenoit anciennement en toute sorte d'Office, qu'ils ne couroient que du iour de la reception, voire de l'exercice actuellement encommencé. Car on disoit, que *beneficium datur propter Officium*, & que les gages estoient attribuez à l'Officier, ainsi qu'aux seruiteurs domestiques, en consideration du seruice : & de fait, en consequence de cette ancienne Iurisprudence, & sans prendre garde à la mutation qui prouient auiourd'huy au droict des Offices, à l'occasion de leur venalité, Messieurs de la Chambre des Comptes, trop religieux obseruateurs de l'antiquité, ne passent point encor purement & simplement les intermediats de gages d'Officiers d'entre la prouision & reception, si la difficulté en est faicte au bureau, ains ordinairement supersedent la partie ; de sorte qu'ils contraignent l'Officier de recourir aux lettres de restablissement, qui est vne peine & vn coust, qu'on luy donne sans raison à mon aduis, si ce n'est qu'il y eust vne trop longue demeure, & vn interualle notable, entre la prouision & la reception.

57 Intermediats de gages se restablissent par lettres.

58 Practique moderne, qu'ils courent du iour des prouisions.

Et de verité cela estoit raisonnable, lors que les Offices estoient donnez, ausquels partant les gages n'estoient attribuez que pour le seruice ; mais depuis qu'ils ont esté vendus, Messieurs du Conseil du Roy ont tres-iustement excepté de ceste antique obseruance les Offices de finance qu'on appelle, c'est à dire en ceste matiere tous ceux dont le Roy prend finance, encor qu'ils dependent de la Iustice : & ont tenu qu'à l'égard d'iceux, les gages estoient attribuez à raison de la finance entrée aux coffres du Roy. Raison que de nostre temps ils ont bien sceu tourner au profict de sa Majesté, fondant sur icelle l'Edict moderne, de la reduction des gages de ces Offices, à la proportion du huictiesme denier de leur finance.

59 Si les gages sont attribuez aux Officiers, à cause de leur finance.

Et toutefois, à bien entendre, il me semble que c'est vn faux fondement, de dire que les gages soient attribuez aux Officiers à cause de la finance ; estant certain que les gages ont esté donnez à tous Officiers, auparauant qu'il fust mention de les vendre : comme aussi seroit-ce chose inepte de prendre de l'argent d'vn Officier, pour luy bailler des gages, qui seroit tout ainsi que si on luy constituoit vne rente viaire pour le prix de son argent. Car si on le prenoit de ce biais, ce seroit plustost fait de ne point donner de gages aux Officiers, & aussi ne point prendre de leur argent : non plus que les particuliers n'en demandent point à ceux qu'ils reçoiuent à leur seruice, quelque grand profict qu'ils y puissent faire : mais bien en consideration de ce profict, ils ne leur donnent point de gages : ou si encor ce profict est si grand, qu'il y ayt presse à les seruir sans gages, cela leur donne le moyen de choisir les plus capables d'entre tous ceux qui se presentent pour les seruir, & en effect en sont de tant mieux seruis : en fin c'est la verité que les gages des Officiers, aussi bien que des seruiteurs domestiques, leur sont donnez pour les entretenir en faisant seruice ; c'est pourquoy és Estats, où les profits sont plus grands, les gages sont volontiers moindres : comme en ceux de Iustice.

60 Autres raisons pourquoy les gages doiuent courir dés la prouision.

Neantmoins ceste resolution est tousiours pleine de iustice & d'equité, que indistinctement les gages des Officiers qui ont acheté leurs Offices, doiuent courir dés le iour de leur prouision, sans attendre leur reception, & ce pour deux autres raisons; L'vne, qu'il n'est pas raisonnable que le Roy, ayant l'argent de l'Officier, retienne le reuenu de l'Office, & garde, comme on dit, l'argent & le drap : L'autre, que tout Office notable qui entre aux parties casuelles, & partant est mis en commerce public, doit auoir vn certain reuenu, qui suiue l'acheteur, attendu que ce n'est l'exercice qu'on achete, ains le reuenu : & en effect ce qui nous porte à bailler de l'argent au Roy, n'est pas tant le zele de luy faire seruice, & au public, que l'intention d'y profiter. Or ce reuenu certain ne peut estre autre que les gages de l'Office, desquels partant il est raisonnable que l'Officier iouïsse *iure dominij*, deslors que par la prouision il est faict seigneur de l'Office, & sans attendre qu'il l'exerce.

61 Gages sont les fruicts naturels des Offices, & les salaires sont les industriaux.

Car és Offices qui tombent en commerce, nous estimõs les gages pour fruicts, qui viennent sans main mettre, & qui par raison naturelle appartiennent au seigneur à cause de sa seule seigneurie, tout ainsi que les fruicts naturels des heritages : car quand aux industriaux, qui sont en matiere d'Offices, les menus profits de l'exercice, à la verité ils ne peuuent appartenir qu'à celuy qui exerce actuellement, quand mesme il seroit question d'vn Officier receu, & exerçant de longue main, qui pour quelque empeschement, quoy que fauorable, auroit cessé son exercice, comme il s'est practiqué apres les derniers troubles, ayant esté trouuée ridicule la demande d'aucuns Lieutenans generaux des villes de la ligue, qui vouloient que leurs Lieutenans particuliers, ou les Commissionnaires de leurs Offices, leur fissent raison des emolumens d'iceux, pendant le temps qu'ils auoient esté contraints s'en retirer, afin de demeurer au seruice du Roy, pource que tels salaires sont la recompense du labeur, & partant sont du tout inseparables de l'exercice : aussi voit-on qu'ils se reçoiuent manuellement à mesure qu'on trauaille, ainsi que les menuës distributions des Chanoines, à mesure qu'ils assistent au seruice diuin, estant pour ceste cause appellées *manualia beneficia, cap. vnico. De cler. non resid. in 6.* Et d'ailleurs, estans promptement consommez en l'entretien de celuy qui les gaigne, il n'y auroit aucune apparence de les luy faire rendre.

62 Salaires sõt inseparables de l'exercice.

63 Salaires des Offices de finance courẽt du iour de la composition de l'Office.

Mesme ie dy, que si l'exercice de l'Office estoit tel, qu'il peust estre faict par l'Officier auant sa reception, les profits ordinaires luy en appartiendroient *iure dominij*, deslors qu'il auroit contracté pour l'Office, deduit les salaires raisonnables de celuy qui auroit exercé en son lieu. Comme pour exemple, les droicts & taxations des Offices comptables, qui peuuent estre exercez par commis, & consequemment par le pourueu auant sa reception, soubs le nom & comme commis de son resignant, par deuers lequel à la verité le nom d'Officier, & le vray exercice de l'Office demeure iusques à l'aduenement de son successeur. Ce que le resignant ne peut empescher, pour dire qu'il veut faire luy mesme l'exercice actuel: attendu que par la vente & resignation qu'il a faicte, il a constitué dés lors le resignataire procureur *in rem suam*, & comme commis necessaire iusques à sa reception : & consequemment ne luy peut refuser ses blancs, ni ses contrainctes : pourueu toutefois qu'outre son recepissé, il luy baille bonne caution, s'il en est requis, de l'indemniser de l'exercice, qu'il fera en qualité de son commis.

64 Et l'exercice passe à l'acheteur.

65 Ampliatiõ.

Tout ce que dessus a lieu non seulement à l'egard de ceux qui ont acheté leurs Offices immediatement du Roy, mais aussi de ceux qui les ont achetez des particuliers : & non seulement à l'égard des Offices venaux, mais aussi de ceux de iudicature, & de tous autres qui ont accoustumé d'estre vendus, & qui entrent aux parties casuelles. Mais pour le regard des Offices, que le Roy ne vend point du tout, i'estime qu'il faut tenir l'ancienne resolution, que les gages ne courent que du iour de l'exercice : car c'est de ces Offices seulement, dont on peut dire, que *Beneficium datur propter Officium* : aussi que les deux autres raisons contraires

66 Es Offices qui n'entrent aux parties casuelles, les gages ne courẽt que du iour de l'installation.

n'y ont lieu : & partant ie tien, que les gages courus depuis la vacation de l'Office, iusques à la reception de l'Officier pourueu gratuitement, appartiennent au Roy, & luy reuiennent bons és comptes des Thresoriers, qui sont chargez de les payer.

Ce que i'enten seulement aux prouisions par mort, ou forfaiture, ou d'Office de nouuelle erection: mais és prouisions par resignation, où les gages ne peuuent reuenir bons au Roy, pource que le resignant exerce l'Office, & en remplit la place iusques à la reception du resignataire, il faut à mon aduis (cessant les conuentions particulieres du compromis, qui d'ordinaire en disposent) suiure presque la mesme consideration, distinguant l'Office vendu d'auec celuy qui est liberalement resigné : & dire que les gages de l'Office vendu appartiennent au resignataire dés lors de sa prouision *iure dominij*, ores mesme qu'il n'ayt promis payer le prix qu'apres sa reception; pource que le terme de payer accordé, parfait la translation de seigneurie, plustost qu'il ne l'empesche. §. *Venditæ. Instit. De rer. diuis.* Mais en resignation gratuite, les gages n'appartiennent au resignataire, que du iour qu'il depossede son resignant par la presentation de ses lettres: pource qu'és Offices non vendus, les gages suiuent l'exercice, selon l'ancienne obseruance, comme il vient d'estre dit. 67 De quand courét les gages en resignation onereuse, ou gratuite.

Mais à l'égard des benefices, le pourueu par mort prend le reuenu d'iceux, non seulement du iour de sa prouision, ains dés le iour du deceds de son predecesseur : *fructus enim seruari debent futuro successori*, parce qu'il n'y a aucun qui cependant aye droict de les recueillir; si ce n'est en certains lieux, où les Archidiacres ont vsurpé ce droict, de prendre les fruicts des Cures pendant leur vacance. Et quant au pourueu par resignation, Rebuffe en sa Practique beneficiaire, sur la regle *De public. resig. glo. 13. num. 5.* tient que les fruicts luy appartiennent dés le iour de sa prouision, & non pas seulement du iour de sa prise de possession, comme aux Offices : tant pource que le resignataire s'est demis de tout son droict, voire mesme de la possession par sa resignation, supposé qu'elle vienne à sortir son effect, comme dit la glose sur le chap. *Inter. ad verb. assignari. ext. De præb.* que pource qu'en matiere de benefices, où la reception solennelle n'est vsitée, le resignataire est faict seigneur du benefice, & mesme beneficier par la prouision : Or est-ce vn des effects de seigneurie, de gaigner les fruicts : ce qui toutefois n'ha pas lieu aux Offices par vne raison particuliere, à sçauoir que pour le bien public il est ordonné, que l'antique Officier doit demeurer en son exercice iusques à l'aduenement de son successeur : comme il a esté dit ailleurs. 68 De quand les fruicts du benefice appartiennent au nouueau beneficier. 69 Annate des Archidiacres. 70 Difference des Offices & benefices.

Reste d'expliquer quand les gages cessent de courir en la vacation par mort. Ce qui n'est du tout sans difficulté, pource que plusieurs loix Romaines nous apprennent que l'Officier mourant au commencement de l'année, transfere à ses heritiers les gages entiers d'icelle. *l. 15. Cod. de Aduocat. diuer. indic. l. 11. De prox. sacr. scrin. l. 3. De agent. in reb. l. 1. de primip. lib. 12. Cod.* Encor en la loy derniere, *De domest. & protect.* il est dit, que les heritiers doiuent auoir, non seulement l'année encommencée, mais aussi l'année d'apres le decez : & reciproquement en la loy *Diem. D. De assess.* il est dit, que le President de Prouince estant decedé pendant le temps de sa charge, son Assesseur doit auoir ses gages de tout le reste du temps. Mais il faut prendre garde que ce qui est dit en toutes ces loix, n'estoit pas vn droict commun & general pour tous les Offices, ains vne police & reglement particulier, ou plustost vn priuilege attribué seulement à certaines Milices & Offices de compagnie. Et dit la loy 3. *De agent. in reb.* que la Milice du decedé demouroit vacante le reste de l'année : De sorte que le fisque n'en payoit pas doubles gages. Or pour monstrer que ce n'estoit pas vn droict commun: Pline au 4. liure de ses epistres recite, que les heritiers du Greffier d'vn Questeur, demandans au fisque les gages du reste de l'année, en laquelle il estoit decedé, perdirent leur cause. Aussi en France, on practique notoirement que l'Officier ne gaigne ses gages que iusques au iour de son decez, & ce de iour à iour, & à proportió du temps escheu du quartier encommencé, comme estans les gages des fruicts ciuils qui s'acquierent & ameublissent chacun iour, ainsi que ie prouueray ailleurs. 71 De quád les gages cessent de courir. 72 Interpretation de plusieurs loix. 73 Gages cessent de courir dés le iour du decez.

74 Comment se partage l'année, entre le successeur au benefice, & les heritiers du defunct.

Mais à l'égard du reuenu des benefices, qui consiste ordinairement en fruicts, lesquels ne naissent qu'vne fois l'an, ç'a esté autrefois vne grande difficulté, comment il le falloit partager entre le successeur au benefice & les heritiers du predecesseur. Aucuns comparans le beneficier au pur vsufruictier, qui acquiert & fait siens les fruicts, à mesure qu'ils sont recueillis pendant sa vie, ores mesme que l'heritage soit baillé à ferme, & que le fermage n'en soit escheu, *l. Defuncta. D. De vsufr.* Autres le comparant au mary, qui fait les fruicts siens de l'heritage dotal, à proportion de l'année, soit qu'ils soient perceus ou non, & que le fermage en soit escheu ou non, lors que le mariage est dissolu, *l. Diuortio. D. sol. matrim.* ce qui est le plus vray: pource que le benefice n'est pas vn vsufruict gratuit, ains onereux, comme celuy du mary: estant vray de dire, que le beneficier & le mary ne gaignent pas les fruicts *ratione iuris, sed oneris.*

75 De quand on commẽce l'année en ce partage.

Mais il reste encor vne plus grande difficulté, de quand l'année se doit prendre, si du temps de la collecte des fruicts, comme on iugeoit anciennement: ou bien du temps de la prise de possession du beneficier decedé, comme le droict decide au mary en ceste mesme loy *Diuortio.* & se tenoit au Palais, lors que i'y entray: ou finalement à commencer au mois de Ianuier, qui est certes la plus liquide & facile computation, laquelle aussi est à present suiuie, par les arrests modernes, comme Monsieur Robert nous apprend, liure 3. chapitre 4. où il discourt tres-amplement & pertinemment de ceste matiere, comme de toutes autres.

76 Difference entre le beneficier & le mary.

I'adiousteray seulement à ce qu'il a dict, qu'il y a vne raison de difference en ce dernier point icy, entre le mary & le beneficier, pource que le mary prend l'heritage dotal, tel qu'il le trouue lors du mariage; mais le beneficier peut demander aux heritiers de son predecesseur, partage des fruicts de l'année, selon ce qu'il vient d'estre dit: c'est pourquoy il est raisonnable qu'à l'égard du mary, l'année commence au temps du mariage, & qu'à l'égard du beneficier, le commencement ordinaire de l'année soit gardé.

SOMMAIRE DV NEVFIESME CHAPITRE.

1 *Distinction des libertez & des priuileges.*
2 *Libertez de l'Eglise Gallicane, & non priuileges.*
3 *Effect de cette difference.*
4 *Droicts des Offices sont plustost priuileges que libertez.*
5 *De l'ennoblissement prouenãt des Offices.*
6 *Cause productiue de la Noblesse.*
7 *Cause materielle & formelle de la Noblesse.*
8 *Quelle vertu produit la Noblesse.*
9 *Vertu militaire.*
10 *Iustice est la plus parfaicte vertu.*
11 *Approbation publique de la vertu.*
12 *Gist en la collation des grands Offices.*
13 *N'y auoit point d'autre Noblesse à Rome que celle des Offices.*
14 *Noblesse impropre, prouenant de la valeur militaire.*
15 *Remarque de cette Noblesse impropre.*
16 *Les grands Offices de France ennoblissent tout à fait.*
17 *Cheualiers de loix.*
18 *Quels Officiers sont Cheualiers.*
19 *Offices qui ennoblissent de Noblesse personnelle.*
20 *Secretaires du Roy sont Nobles.*
21 *Et les Conseillers de Parlement.*
22 *Le Roy est le chef du Parlement.*
23 *Arrests pour la Noblesse des Conseillers de la Cour.*
24 *Officiers des autres Cours souueraines sont Nobles.*
25 *Preuue.*
26 *Autre preuue.*
27 *Si la Noblesse des Conseillers passe à leurs enfans.*
28 *Nostre Noblesse differente de celle des Romains.*
29 *Noblesse de race.*
30 *Noblesse de Dignité.*
31 *La Noblesse de Dignité ne passe aux enfans.*
32 *Exception, quand le pere & l'ayeul ont eu la Noblesse de Dignité.*
33 Patricij.
34 *Raison.*
35 *Que la Noblesse de Dignité demeure apres resignation de l'Office.*
36 *Contre.*
37 *Resolution.*
38 *Respõse à l'arrest des tailles de Dauphiné.*

39 *Responsé à l'arrest de la Roche-Thomas.*
40 *Si la succession de l'ennobly par dignité se partage noblement.*
41 Latini liberti.
42 *Noblesse empruntée n'induit partage noble.*
43 *Conclusion de ce discours.*
44 *Des Officiers simplement priuilegiez.*
45 *Interpretation de la clause des Commissions des tailles, exempts & non exempts, priuilegiez & non priuilegiez.*
46 *De mesme.*
47 *Difference entre les Nobles & les priuilegiez.*
48 *Priuileges des domestiques du Roy.*
49 *Droict de giste & cheuauchée.*
50 *Autres priuileges des domestiques du Roy.*
51 *Exemptions des charges personnelles.*
52 *Trois sortes de Committimus.*
53 *Priuileges des Secretaires du Roy.*
54 *Menus droicts de Messieurs des Comptes.*
55 *Priuileges se perdent auec l'Office.*
56 *Exemption des charges viles demeure apres la resignation de l'Office.*
57 *Explication de la loy* Eam legem. De excusat. mun. lib. 10. Cod.
58 *Collecte des tailles estoit charge honorable à Rome, en France elle est sordide.*
59 *Du priuilege de Veteran.*
60 *Opinion de Cuias touchant le priuilege de Veteran.*
61 *Priuilege de Veteran attribué aux Milices de la toge.*
62 *Comment s'obserue en France.*
63 *En faut obtenir lettres du Roy.*
64 *Les Secretaires du Roy seuls l'ont sans lettres.*
65 *Certificats de Veteran en l'Empire Romain.*
66 Testimoniales, instrumenta, Epistolæ.
67 *Si les veufues des Officiers iouïssent de leurs priuileges.*
68 *La noblesse passe indistinctement en la veufue.*
69 *Mais non les priuileges, si le mari n'est mort Officier.*
70 *Si la veufue de celuy qui a sauué son Office par la Paulette, demeure priuilegiée.*
71 *Resolution que non, és Offices subiects à suppression.*
72 Idem *és Offices non subiects à suppression.*

DES PRIVILEGES DES OFFICES.

CHAPITRE. IX.

OVTRE le pouuoir, l'honneur, & le profict des Offices, il y a encor les priuileges, soubs lesquels ie compren les libertez : combien qu'és autres matieres on distingue les priuileges, qui sont passedroicts, consistans en l'obtension d'vne grace ou dispense contre le droict commun, d'auec les libertez qui sont franchises procedantes d'vne continuelle retention de la liberté naturelle. C'est pourquoy on a iustement repris de nostre temps l'antique Ferraut, qui a escrit *De priuilegijs regni Francorum*, & le deputé general du tiers Estat és Estats encommencez à Blois en l'an 1588. qui appellerent les immunitez de l'Eglise Gallicane, priuileges, au lieu qu'ils les deuoient appeller, libertez. Car elles ne prouiennent pas d'aucune dispense ou concession particuliere, contre le droict commun, ains de la conseruation perpetuelle de nostre franchise originaire & naturelle, en ce que nous n'auons laissé le souuerain chef de l'Eglise vniuerselle entrer en possession de certains aduantages sur nous, que les autres Estats de la Chrestienté ont presque tous toleré.

1 Distinction des libertez, & des priuileges.

2 Libertez de l'Eglise Gallicane & non priuileges.

Difference au surplus qui n'est point verbale, mais réelle, & fort importante à l'effect. Car les priuileges sont odieux de leur nature, estans contraires au droict commun : & à l'opposite les franchises sont fauorables, estans fondées en la liberté naturelle continuellement maintenuë : c'est pourquoy les priuileges sont subiects à estre confirmez de Roy en Roy, comme ie prouueray ailleurs : ce qui ne peut estre des libertez, qui ne viennent point du Roy, ains de nature.

3 Effect de ceste difference.

D'ont s'ensuit qu'és droicts des Offices, qui tous procedent & dependent de la disposition du Prince, il ne peut y auoir proprement de libertez : aussi sont-ils

4 Droicts des Offices sont plustost priuileges, que libertez.

tousiours appellez priuileges dans nos liures. Et toutesfois il falloit expliquer ceste distinction, pource que le formulaire des prouisions d'Office fait mention expresse *de leurs priuileges, franchise & libertez*, ioint que nous en aurons besoin incontinant.

5 De l'ennoblissemét prouenát des Offices.

Or le plus grand & important priuilege qu'ayent les Officiers, c'est qu'aucuns sont annoblis par leurs Offices, non d'vne simple noblesse honoraire, que i'ay cy-deuant appellée Noblesse de ville, consistant seulement à se pouuoir qualifier *Nobles hommes*: mais d'vne vraye Noblesse qui leur attribuë par effect toutes les franchises & immunitez des Gentils-hommes de race, ce qui merite bien d'estre expliqué à loisir, pource qu'aucuns en veulent douter.

6 Cause productiue de la Noblesse.

Recherchons-le à la source, c'est à dire à la cause productiue de la Noblesse, que chacun est d'accord estre la vertu. Car c'est vn commun dire, que *Noblesse vient de Vertu*: de sorte que la vertu des ancestres fait la Noblesse de race, & la vertu d'vn chacun fait la Noblesse personnelle: bref la vertu est la cause de la Noblesse, & la Noblesse est l'effect de la vertu. Mais comme c'est vn effect public, aussi faut-il que sa cause soit approuuée d'vn tesmoignage public, pource aussi qu'autrement, chacun pensant estre vertueux, & issu de parens vertueux, penseroit estre Noble, qui seroit vne grande confusion: au contraire celuy auquel on denieroit la Noblesse, penseroit qu'on luy feroit iniure, & qu'on denieroit quand & quand, que luy & ses ancestres fussent gens de bien & de vertu.

7 Cause materielle & formelle de la Noblesse.

Somme que la Noblesse n'est autre chose qu'vne vertu approuuée publiquement, qui est en propres termes ce que dit Ciceron *in epist. ad Hirtium*, *Nobilitas nihil aliud est, quàm cognita virtus*: la Vertu est la cause materielle, & l'approbation publique la cause formelle de la Noblesse, qui luy donne l'estre & l'accomplissement.

8 Quelle vertu produit la Noblesse.

Expliquons encor plus particulierement l'vne & l'autre de ces causes. Premierement quant à la formelle, lors qu'on dit que la *Noblesse vient de Vertu*, on n'entend pas toute sorte de vertu. Car toute vertu n'est pas apte pour produire

9 Vertu militaire.

Noblesse: mais on entend communement la valeur militaire, que les Grecs ont originairemẽt appellée ἀρετὴν, ἀπὸ τοῦ Ἄρεως, καὶ ἀνδρείαν ἀπὸ τοῦ ἀνδρός: & les Latins *Virtutem à viro, seu viribus*: aussi en François par le mot de vertu simplement énoncé, nous entendons la vigueur & la force, & l'appellons proprement valeur & vaillance, comme si en icelle consistoit le prix & l'estime de l'homme. Et à la verité c'est la vertu la plus sortable à l'homme, & la plus necessaire à la societé des hommes, laquelle se maintient *sub tutela ac præsidio bellicæ virtutis*, dit Ciceron *pro Muræna*.

10 Iustice est la plus parfaite vertu.

Si est-ce que comme la force, ou vertu militaire est necessaire en guerre, aussi la Iustice l'est-elle en paix: voire en paix & en guerre. En paix pour empescher la guerre, & en guerre pour ramener la paix: mesme elle est tellement necessaire en guerre, que la force sans Iustice n'est pas vertu, mais violence, dit Ciceron au 1. des Offices, & au 2. des Tuscul. & encor nostre Iustinian en sa Nou. 68. où il appelle la Iustice πλειοτέλην ἀρετὴν, ainsi qu'Aristote au 5. des Ethiques l'appelle κρατίστην τῶν ἀρετῶν, καὶ τελείαν μάλιστα ἀρετήν. & au commencement du 8. chapitre du 3. liu. des Polit. il prouue que la Iurisprudence tient le premier lieu sur toutes les sciences: dont i'infere que la Noblesse peut aussi bien proceder de la Iustice, comme de la force ou valeur militaire.

11 Approbation publique de la vertu.

Et quant à l'autre cause de Noblesse, qui est l'approbation publique de ceste vertu, ie dy qu'elle ne peut estre faicte, que par ceux ausquels reside la disposition du public, c'est à dire la souueraineté, qui, comme i'ay dit cy-deuant, sont les seuls dispensateurs ordonnez de Dieu, de l'honneur solide & permanent, comme est la Noblesse: aussi que ceste approbation ne seroit pas publique, & n'auroit pas auctorité enuers tous, si elle n'estoit faite par celuy, qui commande à tous.

12 Gist en la collation des grands Offices.

Or la plus signalée approbation que le Prince souuerain puisse faire de la vertu, est par la collotion des Offices d'éminente Dignité, qui n'ont accoustumé d'estre conferez qu'à gens d'éminente vertu & de signalé merite. C'est

pourquoy

pourquoy le choix qu'il fait de ceux à qui il les confere, est vn signalé tesmoignage de leur vertu & merite. Car comme dit Cassiodore, *Non est maius meritum, quàm gratiam inuenisse regnantium. Nam quibus fas est de cunctis optimos quærere, videntur semper optimos elegisse*: & comme dit Iustin. en sa Nou. 8. *quis non putet magno honore compleri eum, qui Principis decreto iudicióque ad cingulum venit?*

Aussi est-ce la verité qu'il n'y auoit point d'autre Noblesse à Rome, que celle qui prouenoit des grands Offices, qui estoient appellez *Magistratus Curules & Magistratus Pop. Rom.* ainsi que ie prouueray amplement au liu. *Des Ordres*, chap. *De la Noblesse*, qu'il faut ioindre à celuy-cy. Comme aussi les descendans de ceux qui auoient eu les principaux Offices des autres villes, estoient appellez par les Romains *Domi nobiles*, c'est à dire Noble en leur pays, ainsi que ie monstreray au mesme chapitre. 13 N'y auoit point d'autre Noblesse à Rome, que celle des Offices.

Bien est vray que les Romains faisoient aussi beaucoup d'estat de ceux qui estoient descendus de parens signalez en valeur militaire & les estimoient aucunement Nobles: dont il y a vn beau tesmoignage dans Plutarque au commencement de la vie de M. Caton: qui lors qu'on l'appelloit homme nouueau (c'est à dire dit Plutarque, *non noble de race, mais nouuellement ennobly*) repartoit, *qu'il estoit voirement nouueau, quant à la Noblesse prouenant des Offices de la Repub. mais quant à celle, qui prouenoit des faits d'armes des predecesseurs, il maintenoit estre Noble de race*. Aussi Plutarque dit-il, que les ancestres de Caton auoient esté vaillans guerriers, qui auoient obtenu plusieurs dons militaires & prix d'honneur: ce qui semble vne autre sorte d'approbation publique de la vertu, bastante pour créer la Noblesse: mais pource que ceste approbation n'est pas faite par ceux qui tiennent la souueraineté, & qui sont les vrays distributeurs de l'honneur, elle ne pouuoit pas former à Rome la vraye Noblesse, ains seulement produisoit vne Noblesse impropre. Et comme les vrays Nobles de Rome auoient les images & statuës pour remarque de leur Noblesse, aussi ceux-cy auoient leurs escus & boucliers, lesquels mesme ils mettoieut aux temples & autres lieux publics, ainsi que Pline nous apprend au troisiesme chapitre de son trente-cinquiesme liure: mais en fin la vraye & propre Noblesse n'appartenoit qu'à ceux qui auoient eu les grands Offices, & à leurs descendans. 14 Noblesse impropre prouenant de la valeur militaire. 15 Remarque de ceste Noblesse impropre.

De mesme en France il est notoire, que les Offices d'eminente Dignité attribuent aux prouueus non seulement la simple Noblesse, mais aussi la qualité de Cheualier, qui est vn tiltre important haute Noblesse. Ce qui mesmement a eu lieu de tout temps à l'esgard des principaux Offices de Iustice, tesmoin les Cheualiers de loix, dont est souuent fait mention dans Froissart, notamment au 1. liu. chap. 177. où il parle de trois Cheualiers, *dont les deux*, dit-il, *estoient d'armes, & le tiers de loix: les deux Cheualiers d'armes estoient Monsieur Robert de Clermont gentil & Noble grandement: l'autre le seigneur de Conflans. Le Cheualier de loix estoit Monsieur Simon de Bussy. Qui estoit* (dit Guillaume de Nangy son contemporain) *Conseiller au grand Conseil* (c'est à dire pour parler comme à present, Conseiller au Conseil priué du Roy) *& premier President au Parlement*. Et ces Cheualiers de loix sont appellez poëtiquement Cheualiers de lecture, dans le Roman de la Roze. 16 Les grands Offices de France ennoblissent tout à fait. 17 Cheualiers de loix.

Qui voudra pour la foy defendre,
Quelque Cheualerie emprendre
Ou soit d'armes, ou de lecture.

Ie conclu donc que les Officiers de la Couronne, les chefs d'Office de la maison du Roy; tous ceux du Conseil priué, & par consequent les Presidens des Cours souueraines qui en sont, les Gouuerneurs & Lieutenans de Roy és Prouinces: bref tous ceux qui à cause de leurs Offices se peuuent qualifier Cheualiers, sont Nobles d'vne parfaicte Noblesse, eux & leurs enfans ainsi que nous apprend ce docte & iudicieux Aduocat general du Roy M. le Bret au 7. de ses excellens plaidoyez. Ne plus ne moins que ceux à qui le Roy confere l'Ordre de Cheualerie, qui est, comme dit du Tillet, *vn moyen d'obtenir Noblesse, sans aduoüer roture*: & de verité ce seroit chose absurde que le pere fust Cheualier, & du rang de la haute Noblesse, & les enfans roturiers. 18 Quels Officiers sont Cheualiers.

19 Offices qui ennoblissent de Noblesse personnelle. Mais il y a encor d'autres moindres Offices, qui n'attribuent pas la qualité de Cheualier aux pourueus, & toutesfois les ennoblissent, mais non pas d'vne parfaicte Noblesse, qui passe à la posterité: ains pource que la Noblesse qui en prouient n'est qu'vne Dignité procedante de l'Office, qui dailleurs n'est assez forte, pour passer en l'heritier, & pour effacer la roture de race, elle n'est non plus transmissible aux enfans, que l'Office mesme. Ainsi qu'en l'Empire Romain les enfans de ceux-là d'entre les Senateurs, qui auoient obtenu le tiltre & dignité d'Illustre, estoient Senateurs nays, & auoient voix au Senat, si tost qu'ils estoient paruenus en aage suffisant, ce que n'auoient pas les enfans des simples Senateurs, comme il est dit en la loy derniere *D. De Senat.* qui sera expliquée au liure *Des Ordres*.

20 Secretaires du Roy sont Nobles. Tels sont en France les Secretaires du Roy, maison & courōne de France, qui par Edicts des années mil quatre cens quatre vingts quatre, & mil cinq cens quarante neuf, sont expressément declarez Nobles & capables de *iouyr*, portent ces Edits, *de toutes qualitez, prerogatiues & preéminences de Noblesse, comme s'ils estoient Nobles de quatre generations, iusques à estre dignes de receuoir l'Ordre de Cheualerie.* Aussi se vantent-ils d'estre compagnons du Roy, qu'ils disent estre le premier Secretaire de la couronne: & de fait quand ils partagent les bourses des émolumens du seau, ils laissent tousiours la premiere au Roy.

21 Et les Conseillers de Parlement. A plus forte raison les Conseillers de Parlement sont tenus notoirement pour Nobles en vertu de leurs Offices, ores qu'il n'y en ait aucun Edict que ie sçache, d'autant qu'ils sont au lieu des Senateurs Romains, *quorum decus ducitur Nobilitas*, dit Symmaque en vne de ses epistres: & l'Estat desquels estoit particulierement signifié par le terme de Dignité, qui s'entend ainsi en la rub. *De Dignitatib.* au Code, laquelle correspond à celle du Digeste *De Senatorib.* comme Cuias a remarqué: & de fait leur commun & moindre epithete estoit d'estre appellez *Clarissimi*, qui est autant que *Nobilissimi*, comme a prouué Tiraqueau au 2. chap. *de Nobilit.* Aussi sont-ils dits *pars corporis Principis, in l. Quisquis C. Ad. l. Iul. Maiest.* & en la loy *Ius Senatorum. De Dignit.* l'Empereur se compte de leur nombre.

22 Le Roy est le chef du Parlement. Comme aussi en France le Roy est le vray chef du Parlement: c'est pourquoy on laisse tousiours en la grand' Chambre d'iceluy, la premiere place vuide, comme estant la place du Roy, appellée le lict de Iustice, où sa Maiesté se sied, quand il luy plaist: & lors mesme qu'elle en est absente, les arrests du Parlement ne laissent pas d'estre expediez soubs son nom, comme n'estans les Officiers du Parlement, que ses Conseillers & Assesseurs, qui en nostre France, purement Monarchique, ne pourroient pas exercer la Iustice souueraine autrement que soubs le nom de sa Maiesté, dont elle est inseparable: pouuoir que n'auoient pas les Senateurs Romains, comme ie diray au liure des Ordres.

23 Arrest pour la Noblesse des Conseillers de la Cour. C'est pourquoy à bon droict ces Assesseurs collateraux de nostre Prince, qui exercent pour luy, & en son nom sa plus noble & plus haute function, sont à bon droict tenus pour Nobles, & ont esté iugez tels par plusieurs arrests: dont M. Tiraqueau nous en rapporte deux de son temps, l'vn de l'an 1540. donné entre les enfans de l'Aduocat general le Maistre, l'autre de l'an 1546. entre les enfans du Conseiller de la Motte, que Bacquet nous apprend auoir esté donné au rapport dudit sieur Tiraqueau, & qui fut cause de luy faire composer son liure *De Nobilitate.* Finalement cela fut vuidé par vn arrest solemnel de la veille de Pentecoste 1573. touchant la succession du Conseiller Mesnager, prononcé par ce grand personnage feu Monsieur le President Seguier pere, tige heureux de ceste illustre maison des Seguiers, lequel prouua tres-doctement la Noblesse des Conseillers du Parlement par infinies raisons & auctoritez, tant sacrées, que profanes.

24 Officiers des autres Cours souueraines sont Nobles. Or ceste Noblesse des Officiers du Parlement de Paris, n'estant pas fondée seulement sur ce que c'estoit iadis le Senat ou Conseil d'Estat de la France, mais plustost sur ce que comme Assesseurs du Roy ils exercent auec luy sa Iustice souueraine, il faut tenir que les autres Cours souueraines de France doiuent

iouïr

ioüir de mesme prerogatiue, comme le grand Conseil, les autres Parlemens, les Chambres des Comptes, & Cours des Aydes, és arrests desquels le Roy est intitulé, ainsi qu'en ceux du Parlement de Paris. Dont Guy Pape rapporte vn arrest pour ceux du Parlement de Dauphiné en sa decision 376. mais il y en a maintenant vne preuue bien signalée par cest arrest notable du Conseil d'Estat de l'an 1602. contenant le reglement des tailles de Dauphiné, que l'historiographe Mathieu a trouué digne d'enchasser en son liure.

Car les deux & troisiesme articles d'iceluy portent notamment que les Presidens & Conseillers du Parlement de Grenoble, & les Presidens Maistres & Auditeurs de la Chambre des Comptes de Dauphiné demeureront exempts des tailles. Et afin qu'on ne pense point que ce soit vn simple priuilege d'exemption, tel qu'ont plusieurs autres Officiers, & qui sera expliqué incontinant, ce mesme article second adiouste, que ces Offices *peuuent, selon les loix & mœurs du Royaume, donner commencement de Noblesse*: mais il faut considerer qu'en cest arrest il n'estoit question, que de regler les tailles, & non pas de parler des autres prerogatiues de la Noblesse, de toutes lesquelles ie ne doute point que les Conseillers des Cours souueraines ne doiuent ioüir pendant leur vie, tout ainsi que les Nobles de race. Car les Ordres ont cela de particulier, qu'ils ne peuuent estre à demy, ni pour vn temps, & ne reçoiuent ni augmentation ni diminution, non plus que la substance de Dialectique. Mesmement nous trouuons quelque tesmoignage parmy les Romains que ceux, au lieu desquels sont en France les Maistres des Requestes, Maistres des Comptes, & Secretaires du Roy, estoient reputez Nobles, tesmoin ce qui fut obiecté à *Torquatus Silanus*, dans Tacite *lib.* 15. *Annal. Eum Nobiles habere, quos à libellis, rationibus & epistolis appellaret, nomina summæ curæ & meditamenti.* 25 Preuue. 26 Autre preuue.

Voire ç'a esté autresfois vne grande doute, si la Noblesse des Officiers estoit pas indifferemment transferée à leurs enfans, comme est sans difficulté celle qui prouient de l'ennoblissement concedé par le Roy. Ce que Lucas de Penna *in l. Mulieres. col. 2. vers. Sextò ex nobilitate C. De Dignit.* dit deuoir à plus forte raison auoir lieu en la Noblesse, qui prouient des Offices & Dignitez. Toutesfois la glose sur la loy premiere du mesme tiltre dit, que la Noblesse prouenant des Dignitez *non extenditur vltra pronepotes*, alleguant à ce propos la loy *Diuo. D. De questio.* qui dit *Eminentissimorum, necnon etiam perfectissimorum virorum, vsque ad pronepotes, liberos, plebeiorum pœnis non subiici*: ce que tous les interpretes du droict Romain ont suiuy, fors *Ioh. Platea*, qui restraint ceste decision aux eminentes Dignitez, & dit que les moindres n'estendent la Noblesse, qu'aux enfans du premier degré seulement, suiuant la loy *Sed & milites. D. De excus.* qui pourtant ne parle que du priuilege des gendarmes, & non pas de la Noblesse. 27 Si la Noblesse des Cõseillers passe à leurs enfans.

Mais comme ie diray plus amplement au liure *Des Ordres*, nous auons en France vne pratique de la Noblesse, differente de celle des Romains, tesmoin le dire de Ciceron au lieu preallegué que *Nobilitas, quæ ex imaginibus procedit, Populi Rom. est vniuersa*. Et en vn mot nostre Noblesse vient, ou de race ou de Dignité. Celle de race consiste à estre issu d'vne race exempte de condition roturiere, & partant elle est interne, principale & directe, que les Grecs appellent Εὐγένειαν, & qu'Aristote definit ἀρετὴν τοῦ γένους, au 8. chapitre du 3. liure des Polit. dont s'ensuit qu'il n'y a difficulté aucune, qu'elle ne continuë eternellement en la race, tant qu'on n'y deroge point: voire plus elle est ancienne, plus elle est renforcée, ainsi que prouue la gl. de la pragm. sanction, sur le §. *Insuper. De collat.* 28 Nostre Noblesse differẽte de celle des Romains. 29 Noblesse de race.

Au contraire la Noblesse prouenant des Offices est accidentale (dit la glose sur la loy 1. *C. De Dignit.*) externe, accessoire, & indirecte, n'estant pas attribuée interieurement & principalement à la personne à cause d'elle mesme, ains luy estant transferée exterieurement & accessoirement, *nempe medio* de l'Office, dont elle depend nuëment: ainsi presque comme la Noblesse deferée à la femme à cause de celle de son mary, des rayons duquel elle est illustrée, dit la loy. 30 Noblesse de Dignité.

Or comme les rayons du Soleil sont plus forts, que ceux de la Lune, qui emprunte sa lumiere de luy: aussi la Noblesse, soit de la femme mariée à vn 31 La Noblesse de Dignité ne passe aux enfans.

homme Noble, ou de l'homme pourueu d'Office ennoblissant, n'est pas si vigoureuse, que celle de race, qui appartient à la personne de son chef, & est infuse (s'il faut ainsi dire) dans son propre sang. C'est pourquoy nous pratiquons en ces Noblesses empruntées tout l'opposite qu'en celles de race: à sçauoir qu'elles ne sont point transmises aux enfans : *neque enim potest esse perpetuum, quod personis contemplatione Dignitatis indultum est*, dit la loy treiziesme *De excus. mun. lib.* 10. *Cod.* Qui est la responsе que fist le Roy Antigonus au fils d'vn Capitaine demandant estre continüé aux honneurs de son pere, que ces honneurs estoient la recompense de l'andragathie, & non de la patragathie.

32 Exception, quand le pere & l'ayeul ont eu la Noblesse de Dignité.

Neantmoins ainsi qu'en la Noblesse de race nous pratiquons, que quand le pere & l'ayeul ont vescu noblement, la Noblesse est comme prescrite & acquise à leur posterité, ainsi qu'il est contenu au reglement des tailles de l'année 1600: Aussi a plus forte raison en la Noblesse de Dignité, c'est à dire prouenant des Offices, nous obseruons, que le pere & l'ayeul ayans esté pourueus d'Offices ennoblissans, leur posterité deuient Noble desormais : ce qu'aucuns veulent tirer de la loy 1. *C. De Dignit. Si auum Consularem, & patrem Pretorium habuistis, claritatem generis retinetis.* A quoy se peut aussi accommoder ce passage de Pline second en vne epistre qu'il escrit à son beau-pere *lib.* 9. *epist. Non ardentiùs tu nepotes, quàm ego liberos cupio, quibus videor à meo tuóq; latere pronum ad Honores iter, & audita latiùs nomina, & non subitas imagines relicturus.* Et de verité la suitte & continuation de Noblesse en deux races, merite de l'asseurer à la posterité, & ainsi s'obserue presque en tous les pays de l'Europe. *An fando vnquam audiuistis* (disoit P. Decius Mus dans Tite-Liue liure 10.) *Patricios primò esse factos, non de cælo demissos, sed qui patrem aliúmque ciere possent, id est nihil aliud quàm ingenuos. Consulem iam patrem ciere possum, auúmque poterit filius meus.* Aussi ces mots *gens & genus nomina sunt multitudinis, quæ plus vno desiderant, sed duorum numero sunt contenta l.* 12. *D. De testib.* Et tout ainsi que les alchimistes disent, que l'or se change trois fois auant qu'acquerir sa qualité, aussi la troisiesme mutation & generation purifie le sang & la race, & en efface tout vestige de roture.

33 *Patricij.*

34 Raison.

35 Si la Noblesse de Dignité demeure apres resignation de l'Office.

Mais c'est vne grande question si la Noblesse de Dignité demeure à l'Officier apres la resignation ce son Office, question qui est traictée par Guy Pape en la decision 377. où il resoult pour l'affirmatiue, suiuant la decision de la loy *Eam legem.* D. *De excus. lib.* 10. *Cod.* qui semble toute formelle. *Illi in quos munera nostra redundarunt, beneficijs eorum, non solùm quandiù militauerint, sed etiam quandiù vixerint, perfruentur*, & rapporte qu'il fut ainsi iugé de son temps au Parlement de Dauphiné : comme aussi en l'an mil cinq cens quatre vingts quinze le mesme fut ordonné au Parlement de Paris, entre les heritiers de feu M. de la Roche-Thomas Conseiller en iceluy, qui furent iugez à partager noblement sa succession, combien qu'il eust resigné son Office plusieurs années auant son deceds.

36 Contre.

Neantmoins tout cela semble auoir esté renuersé du depuis. Car quant à l'arrest de Grenoble, il est destruit apparemment par ce reglement moderne des tailles de Dauphiné, qui en l'artice second ne conserue aux Officiers de ce Parlement l'exemption des tailles apres resignation de leurs Offices, sinon qu'ils les ayent exercez par l'espace de vingt ans, de sorte qu'ils semblent n'auoir desormais ceste exemption, que par le droict de Veteran, qui sera expliqué incontinant. Et quant à l'arrest de la Roche-Thomas il a esté retracté en l'an 1607. par vn autre arrest notable, donné sur proposition d'erreur, iugée par quarante ou cinquante iuges tant de la grand' Chambre, que de la cinquiesme, où le premier arrest auoit esté donné.

37 Resolutió.

Et toutesfois i'estime, sauf meilleur aduis, qu'il est plus equitable de reuenir à l'affirmatiue: pource que la Noblesse n'est pas comme vn simple priuilege inherent & attaché inseparablement à l'Office, & qui partant se perde auec l'Office, ains c'est vn vray Ordre & qualité absoluë, qui combien qu'elle procede, & soit causée par l'Office, toutesfois elle s'attache directement à la personne de l'Officier, qui a esté trouué digne de tenir vn Office ennoblissant, auquel par consequent il forme & imprime desormais l'Ordre & condition de Noblesse:

qui

qui est vn charactere indeleble & inseparable, ainsi qu'il sera prouué au liure *Des Ordres*, que les Ordres sont Dignitez permanentes à la vie des hommes, qui en sont vne fois honorez, s'ils ne sont perdus par forfaicture. Estant d'ailleurs vray de dire que la Noblesse, comme tout autre Ordre, est vne qualité absoluë qui ne peut estre à temps, ni soubs condition, non plus que les actes legitimes du droict.

Consideration, qui combien qu'elle soit pertinente, est neantmoins fort abstruse & esloignée de la cogitation de ceux qui ne se sont pas donné loisir de mediter profondément sur ceste matiere, & dont, comme ie croy, on ne s'aduisa pas lors du reglement des tailles de Dauphiné, auquel sur la grande difficulté de ceste question qu'on ne voulut decider à la rigueur, soit en continuãt indistinctement, apres la resignation, la Noblesse à tous Officiers, soit les en deboutant tous indistinctement, on s'aduisa de prendre vne voye metoyenne, à sçauoir que ceux qui auroient exercé vingt ans, demeureroiẽt Nobles, & les autres non : combien qu'en bonne Iurisprudence, ce ne soit pas la longueur de l'exercice qui asseure la Noblesse à l'Officier (pource mesme que le priuilege du Veteran n'est point deferé en France sans lettres particulieres, ainsi qu'il sera tantost dit) ains c'est le merite de celuy qui a esté vne fois trouué capable de seoir sur les fleurs de lys, & qui de fait a eu l'honneur d'exercer au nom du Roy, & auec luy, ou soubs luy sa iustice souueraine, comme son Assesseur : ce qui honore & éleue tellement sa personne, que desormais il n'est raisonnable qu'elle rentre au rang du menu peuple, & soit assubiectie aux subsides & charges des roturiers : & de fait, seroit-ce pas vne honte d'imposer aux tailles vn Conseiller de la Cour, apres qu'il auroit resigné son Office ? 38 Responce à l'arrest des tailles de Dauphiné.

Et quant à l'arrest moderne de la Roche-Thomas, il y a grande apparence qu'il a esté donné sur le particulier de la coustume du Maine, attendu qu'au premier procez, il y auoit eu arrest interlocutoire, qu'il seroit informé par turbes de l'vsage du 271. article d'icelle, lesquelles turbes auoient rapporté qu'on auoit tousiours partagé roturierement telles successions : voire que les successions des ennoblis estoient partagées roturierement pour la premiere fois, comme nous tesmoigne en ses arrests M. Loüet, qui fut des Iuges de ce dernier arrest. Et neantmoins le premier arrest definitif de l'an mil cinq cens quatre vings quinze, contrariant à ces turbes, auoit ordonné que la succession du sieur de la Roche-Thomas seroit partagé noblement, *cum hoc elogio*, suiuant la coustume. Ce qui auroit donné suject, à mon opinion, de faire dire par ce dernier, qu'il y auroit eu erreur en l'autre. 39 Response à l'arrest de la Roche-Thomas.

En tout cas, i'estime que cét arrest decide vne autre belle question, si, supposé que la Noblesse d'vn Conseiller de Cour souueraine luy demeure iusques à la mort, sa succession doit estre partagée noblement, notamment en la coustume du Maine, & autres semblables. Car encor que les ennoblis par Offices iouïssent pendant leur vie de tous les effects de la Noblesse, si est-ce vne grande difficulté, si apres leur decez leurs biens doiuent se ressentir de leur qualité : d'autant qu'il est à presumer que les coustumes qui ont dit que la succession des Nobles se partage noblement, & celle des roturiers roturierement, ont entendu parler de l'ordinaire, propre & parfaicte Noblesse, qui affecte le sang & la famille, & par consequent les biens : & non de ceste noblesse impropre, irreguliere & imparfaicte, prouenant des Offices, qui est restrainte & limitée à la personne, & ne s'estend ni aux enfans, ni aux biens, principalement apres la mort de la personne, qui emporte toutes les qualitez qui residoient en elle. Ne plus ne moins qu'à Rome, *liberti Latinæ conditionis, qui Latinam, id est, imperfectam libertatem consecuti erant, vt liberi quidem vitam peragebant, attamen vltimo vitæ spiritu simul animam ac libertatem amittebant, & ideo bona ipsorum, manumissores iure quodammodo peculij consequebantur*, dit Iustin. §. *vltim. De successor. libert.* C'est pourquoy luy mesme en la loy vnique *De Latina libertate tollenda*, dit qu'en l'instant de leur mort, & la liberté & la seruitute se rencontroient ensemble en leur personne : ce qui doit à plus forte raison estre accommodé à la 40 Si la successiõ de l'ennobly par dignité se partage noblemẽt. 41 Latini liberti.

succession des ennoblis par Offices, qui ne transferent pas la Noblesse à leurs enfans, comme *Latini liberti* transferoient la liberté aux leurs.

42 Noblesse empruntée n'induit partage noble. De faict, nous auons comparé la Noblesse procedât de l'Office à celle qui vient à la femme à cause de son mary: or les Coustumes d'Anjou & du Maine decident que la succession de la femme roturiere mariée à vn Noble, se partage roturierement, encor que ces mesmes coustumes portent expressément que ceste femme est noble: ce qui monstre bien qu'on ne doit partager noblement, sinon les successions de ceux à qui la iuste & parfaicte noblesse appartient, & non pas la Noblesse accessoire & accidentale, qui n'ont que l'vsage pendant leur vie, & non le plein droict à tousiours de la Noblesse, comme Plaute a dit de la liberté Latine, qu'il appelle liberté vsuraire.

43 Conclusion de ce discours. Donques pour conclusion de ce discours, ie dy que la Noblesse prouenant des Offices demeure tousiours aux Officiers pendant leur vie, apres mesmement qu'ils ont resigné leurs Offices. Mais que hors ceux qui ont le tiltre de Cheualier, elle ne continuë pas sur les biens, apres la mort du nagueres Officier, en sorte qu'ils doiuent estre partagez noblement, comme ceux des Gentilshommes de race: notamment aux coustumes qui n'ont admis ceste diuerse maniere de partager, qu'en la Noblesse de race.

44 Des Officiers simplement priuilegiez. Voila pour ce qui concerne les Offices ennoblissans. Mais il y en a d'autres qui n'ennoblissent pas tout-à-fait les pourueus, ains seulement les rendent priuilegiez, c'est à dire leur apportent presque toutes les immunitez & exemptions qu'ont les Nobles, notamment celle des tailles: ce que M. le Bret en ce 7. plaidoyé appelle *demy-noblesse*. Car comme dit Tertullian *in Apologetico, Vt agri tributo onusti viliores sunt, sic hominum capita stipendio censa viliora sunt*.

45 Interpretatiõ de la clause des cõmissiõs des tailles, Exempts & nõ exempts, priuilegiez & nõ priuilegiez. C'est pourquoy la clause vulgaire des commissions des tailles fait mention des exempts & non exempts, & des priuilegiez & non priuilegiez. Car les exempts sont les Ecclesiastiques & les Nobles, qui de leur propre condition sont francs & exempts de la taille: & à l'égard desquels ne point payer la taille n'est pas vn priuilege ou passe-droict, ains vne franchise & liberté: & neantmoins on ne les appelle pas libres ni francs, à cause de l'equiuoque de ces noms, ains exempts. Et les priuilegiez sont ceux qui estans de condition roturiere, & par consequent tenuz de droict commun au payement de la taille, en sont toutefois deschargez par quelque priuilege special.

46 De mesme. Et d'autant qu'il y a certaines exemptions, & aussi certains priuileges, que le Roy ne veut pas estre entretenuz, il enioinct par ses commissions d'imposer aux tailles generalement tous ses subjets, & mesmement les exempts & priuilegiez, ainsi que les non exempts & non priuilegiez, fors seulement (portent-elles par apres) les Ecclesiastiques & les Nobles viuans noblement, & non autres; voila pour les exempts: & quant aux priuilegiez, ces commissions specifient ceux que sa Majesté entend estre exclus des tailles, à sçauoir les domestiques des Roys & Roynes, & autres Princes qui ont droict d'auoir Officiers priuilegiez, iceux Officiers couchez sur l'estat de leur maison, & seruans actuellement: pource qu'il y a plusieurs autres gens qui se pretendent priuilegiez, que le Roy ne veut estre immunes du payement des tailles.

47 Difference entre les Nobles & les priuilegiez. Et faut hardiment remarquer en ceste matiere vne difference fort importante entre les nobles & les simples priuilegiez; que les nobles, soit de race ou de concession moderne, ou à cause de leurs Offices, ne doiuent iouïr de l'exemption des tailles, sinon pendant qu'ils viuent noblement, ainsi qu'il est par exprés contenu en ces commissions, & non pas quand ils font marchandise, ou exercent arts mechaniques. Mais les simples priuilegiez pourueus d'Offices, ausquels le trafic de marchandise n'est d'ailleurs interdit (comme pour exemple, les menus Officiers de la maison du Roy, ausquels l'exemption est donnée, non tant pour honneur, que pour supplément de gages, & pour aider à leur entretien) peuuent sans perdre leur priuilege, faire trafic de marchandise, & exercer en leurs maisons, & hors la Cour tous arts & mestiers, comme mondit sieur le Bret en son 21. plaidoyé, nous rapporte auoir esté iugé par plusieurs arrests de la Cour des Aydes.

Or entre les Officiers priuilegiez, les vrays domestiques & commensaux du Roy sont ceux qui ont plus de priuileges, comme certes il est bien raisonnable: veu qu'ils approchent de plus prés celuy qui donne les priuileges: *Immunitate digni sunt, quos lateris nostri comitatus illustrat*, dit l'Empereur en la loy 1. *De Præpos. laborum lib.10.Cod.* Aussi ne sont-ils pas seulement immunes des tailles, francs-fiefs, & tous autres subsides, dont les Gentilshommes sont exempts: mais ils ont en outre des priuileges que les Nobles n'ont pas, comme entre autres l'exemption du ban & arriere-ban. En fin ils sont exempts de tous emprunts, dons gratuits, fortifications des villes & places, auittaillemens & munitions, & generalement de toutes leuées de deniers quelconques. Pareillement ils sont exempts du guet & garde des portes, de logis de Cour, ou gendarmerie, & de fournir cheuaux d'artillerie, que les anciennes Ordonnances appellent *Droict de giste & de cheuauchée*, & que la loy nomme *recipiendi hospitis necessitatem, & angariarum præstationem. l. Ab his. D. De iure immunitatis.* 48 Priuileges des domestiques du Roy. 49 Droict de giste & cheuauchée.

Ils sont aussi exempts de tous peages, trauers, coustumes, entrées de ville, & tous autres nouueaux subsides, si par exprés en l'Edict d'establissement d'iceux, il n'est derogé à leurs priuileges, ores qu'il portast la clause *Exempts & non exempts, priuilegiez & non priuilegiez*, comme il est porté par exprés en l'Ordonnance de Henry II. de l'an 1548. 50 Autres priuileges des domestiques du Roy.

Voila pour les immunitez des charges, que les Romains appelloient *patrimoniales, quæ nimirum sumptibus patrimonij, & damno accipientis expediuntur.* Mais il y a plusieurs Officiers qui sont aussi exempts des charges personnelles, *quæ animi prouisione, & corporalis laboris intentione, sine aliquo gerentis detrimento administrantur*: dit la loy *Munerum. D. De muner. & honor.* comme des tutelles & curatelles de toutes sortes, des commissions & gardes de biens, administrations d'hospitaux; Escheuinages ou Consulats des villes, gageries & syndicats des parroisses, assiette & collecte des tailles, & autres telles charges. 51 Exemptiõs des charges personnelles.

Pareillement plusieurs Officiers *habent priuilegium fori*, qu'aucuns appellent *ius reuocandi domum*, & que nous appellons vulgairement le priuilege de committimus, dont il y en a de trois sortes. Car aucuns n'ont que le simple committimus de la petite Chancellerie, pour addresser leurs causes aux Requestes du Palais, contre ceux seulement qui sont demeurans dans le mesme Parlement. Autres ont droict de committimus du grand seau pour attirer aux Requestes du Palais de Paris les residans és autres Parlemens, comme ont entr'-autres les Cheualiers du sainct Esprit. Finalement, aucuns ont committimus pour addresser leurs procez, ou aux Requestes de l'Hostel, ou en celles du Palais à leur choix & option: lequel troisiesme committimus n'est pas seulement pour les actions personnelles, possessoires & mixtes comme les deux autres, mais encor pour les hypothecaires, ainsi qu'il est contenu en ceste Ordonn. de l'an 1548. 52 Trois sortes de committimus.

Ie laisse à part les droicts de bouche à Cour, & de liurée, pour en discourir plus à loisir au quatriesme liure, où ie traicteray exprés des domestiques du Roy: comme aussi ie passeray briefuement le priuilege particulier qu'ont les Secretaires du Roy, de ne rien payer de l'émolument des Greffes, ni des seaux de France, & encor vn autre beau droict qu'ils ont, de ne rien payer des droicts seigneuriaux deubs au Roy pour les heritages qui leur aduiennent, soit par acquisition, ou succession. Duquel priuilege ils iouissent, mesme contre les Seigneurs qui tiennent le domaine de la Couronne, soit par appanage, dot, doüaire, ou engagement, comme estant vn priuilege immemorial, realisé, & à la charge de l'entretien duquel les appanages & tous autres engagemens du domaine sont reputez estre faicts: voire par plusieurs arrests il a esté iugé que celuy qui par retraict lignager retire l'heritage acquis par vn Secretaire, luy en doit payer entierement les droicts seigneuriaux, ores que le Secretaire n'en ait rien payé au Roy à cause de son priuilege. 53 Priuileges des Secretaires du Roy.

De mesme les Officiers des Chambres des Comptes ont plusieurs menus droicts, dit Bodin, comme droict de busche, de robbe de Pasques, & de Toussaincts, droict de roses, de harencs, d'escurie, de verre, de sel blãc: outre le papier, 54 Menus droicts de Messieurs des Comptes.

parchemin, les plumes, les jectons, les bourses, la bougie, la cire rouge, & iusques aux tranche-plumes, poinçons, racloirs & lassets.

55 Priuileges se perdét auec l'Office. Or il ne va pas ainsi de ces priuileges, comme de la Noblesse des Officiers, qui estant vne fois imprimée & characterisée en leur personne, leur donne vn Ordre permanent pendant leur vie. Mais les priuileges ne s'attachent point directement à la personne des Officiers; ains demeurent tousiours attachez aux Offices, & ne sont communiquez aux Officiers, sinon en tant, & pourtant qu'ils demeurent iouïssans des Offices: de sorte qu'apres les auoir resignez, ou autrement perdus, ils en perdent quand-&-quand les priuileges, qui passent à leurs successeurs auec les Offices: en quoy toutesfois il y a deux exceptions.

56 Exemptió des charges viles, demeure apres la resignation de l'Office. 57 Explicatió de la loy *Eam legem. De excusat. mun. lib. 10. Cod.* L'vne, comme il a esté dit au chap. 7. que les Officiers honorables retiennent apres leur resignation le tiltre de Nobles hommes, & quelque reste honoraire de leur pristine Dignité: aussi gardent-ils ce priuilege de n'estre subjects aux charges viles & abiectes, que les Romains appelloient *sordida munera*, suiuant la decision de la loy 12. *De excus. mun. lib. 10. Cod.* qui est la vraye intelligence de la loy *Eam legem*, au mesme tiltre, & cy dessus rapportée, laquelle, bien qu'elle face mention *De extraordinarijs sordidisque muneribus*, ne peut neantmoins estre entenduë *nisi de sordidis*, comme Cujas a bien remarqué, ayant esté faicte pour l'interpretation de la loy 18. *eod. tit. C. Theod.* apres laquelle elle y est aussi inserée: or en ceste loy 18. l'exemption des charges extraordinaires est ostée à tous Officiers. Pareillement y sont specifiées les charges sordides, entre lesquelles celle de la collecte des tailles, ou tribus n'y est point, qui aussi n'estoit pas charge sordide à Rome, estant deferée aux Decurions, qui estoient les principaux des villes. *l. 17.*
58 Collecte des tailles estoit charge honorable à Rome, en France elle est sordide. *§. Exigendi. D. Ad municip. l. 7. Cod. De sacro-san. Eccl.* Mais en France elle est reputée charge sordide, comme aussi celle de Commissaire, ou gardien de biens saisis, & partant suiuant ceste loy, elles ne peuuent estre deferées à ceux qui ont esté en Office honorable.

59 Du priuilege de Veterá. La seconde exception est, que les Officiers, qui par l'espace de vingt ans ont exercé leur Office, obtiennent par fois du Roy droict de iouïr, apres leur resignation, & pendant le reste de leur vie, de tous les priuileges de leur Office, ce qui s'appelle vulgairement le droict de Veteran: à l'exemple des vieils soldats, qui estans licenciez honorablement apres vingt années de seruice, auoient droict de iouïr le reste de leur vie de tous les priuileges des soldats seruans actuellement. Βετεράνος, dit Suidas, ὁ παρὰ Ῥωμαίοις ὁ ἀπολυθεὶς τῆς στρατείας. Ἐπὶ εἴκοσι δὲ ἔτη οὗτοι ἐδούλευον. Car Tibere reduisit le temps legitime de la milice, à vingt ans, dit Tacite, liure 1.

60 Opinion de Cujas, touchant le priuilege de Veteran. Vray est que Cujas sur la loy 8. *D. De excus.* fait difference entre ceux qui *post vicennium causariam missionem ob senium indulgentiâ Principis impetrauerant*, & ceux qui *post impleta legitima stipendia (nempe ab anno ætatis decimo septimo ad quadragesimum sextum ex instituto Seruij Tullij, & lege Gracchorum, & sic post viginti-nouem stipendia) prorsus honestam missionem obtinuerant, qui propriè, inquit, Emeriti dicebantur. Illi enim immunitatem tantùm consequebantur, id est vacationem à muneribus personalibus: hi autem omnia priuilegia veteranorum adipiscebantur. l. 2. & 3. De his qui non impletis stipend. sacram. soluti sunt, lib. 10. Cod.*

61 Priuilege de Veterá, attribué aux Milices de la toge. Comme donc les places des Offices de compagnie furent appellées Milices, *siue in Palatina, siue in forensi, siue in literata Militia*: aussi les priuileges & immunitez des soldats Veterans furent en fin attribuées presque à toutes ces especes de Milices, apres y auoir faict vingt ans de seruice, comme il se voit en plusieurs endroicts du douziesme liure du Code, notamment au tiltre *De Professoribus, qui in vrbe Constantinop. docentes ex lege meruerunt Comitiuam.* & au tiltre *Quibus muneribus excusantur, qui post impletam Militiam aut Aduocationem, per Prouincias suis commodis vacantes commorantur. lib. 10. Cod.* où le priuilege de Veteran est mesme attribué aux anciens Aduocats.

62 Comment s'obserue en France. A cét exemple on practique ordinairement en France és compagnies de Iuges, que ceux qui ont exercé vingt ans entiers vn Office, apres l'auoir resigné retiennent leur seance & rang ancien en icelles, mesmement y ont voix deliberatiue, & tous autres honneurs, fors qu'ils ne peuuent presider, ni en l'audience,

ni au conseil, ores qu'ils s'y rencontrent les plus anciens: pource que la Presidence & voix conclusiue ne peut estre simplement honoraire. Et cela s'appelle vulgairement parmy nous le droict de Veteran, qu'il faut impetrer de la compagnie, en prenant congé d'icelle.

Mais ceux qui en veulent estre plus asseurez, obtiennent lettres du Roy à ceste fin, par lesquelles sa Majesté ordonne, qu'apres leur resignation ils continueront la iouïssance des honneurs, franchises & priuileges de leur Office: lettres qui s'obtiennent aisément pour les simples honneurs & seances: *cum hoc ad implendum postulantium desiderium, & ad nullius læsionem respicere videatur*, dit la loy 5. *C. De Præpos. sacri cubic.* Mais pour l'exemption des tailles, ou autres priuileges, qui peuuent tendre, ou à la diminution des droicts du Roy, ou à la surcharge du peuple, elles sont fort mal-aisées à faire passer. Car mesme il les faut faire verifier aux Cours souueraines, pource qu'elles contiennent vne dispense du droict commun. 63 En faut obtenir lettres du Roy.

Combien que du Tillet rapporte vne Ordonnance du 3. Decembre 1408. contenant que les Officiers de la maison du Roy, ayans seruy vingt ans auront desormais, non seulement leurs priuileges, mais aussi leurs gages sans seruir. Mais cette Ordonnance est de long temps hors d'vsage: & n'y a plus que les Secretaires du Roy, qui ont par Edict le priuilege de Veteran, apres vingt ans de seruice, sans qu'il leur en faille obtenir lettres particulieres, pour apres leur resignation iouïr des honneurs & priuileges de leurs Offices: mais non pas des gages, ou autres émolumens, esquels le priuilege de Veteran, pour ample qu'il soit, n'est iamais estendu. 64 Les Secretaires du Roy seuls l'ont sans lettres.

Ces lettres de Veteran semblent aussi auoir esté necessaires à Rome, & s'appelloient *Testimoniales*, que Cujas definit *missionis honorariæ epistolas*, *ad l. vltim. De prof. & med. lib.* 10. *Cod.* Et y en a vn tiltre exprés au Code Theodosian, *De testimoniali exhibenda, &c. Vegetius lib. 2. Contubernalibus completis stipendijs per testimoniales de more dimissis*. Elles sont appellées *Instrumenta* en la loy *Si solennibus. Cod. de fide instrumentorum*: *& Epistolæ in l. 1. C. De Veteranis. l. Laudabile. l. Restituendæ. C. de Aduoc. diuers. Iud.* Toutesfois il y a plus d'apparence de dire, que c'estoient simples certificats que les soldats obtenoient de leur Capitaine, comme ils auoient fait leur temps: car il est certain que le priuilege de Veteran estoit indifferemment & de droict commun attribué à tous soldats qui auoient seruy vingt ans, sans qu'il leur fust besoing d'en obtenir lettres particulieres du Prince. Mais en France ces lettres particulieres sont necessaires, ainsi qu'il est contenu au reglement des tailles de l'an 1600. 65 Certificats de Veteran en l'Empire Romain. 66 *Testimoniales. Instrumēta. Epistolæ.*

Voila comment les Officiers iouïssent de leurs priuileges iusques à leur decez: mais pour expliquer si par apres leurs veufues en doiuent iouïr, il faut reprendre la distinction des Officiers Nobles, d'auec les simples priuilegiez. Car la veufue d'vn Officier ennobly par son Office, demeure indistinctement Noble: pource qu'ayant esté faicte mesme chair auec son mary, elle retient apres la mort d'iceluy la noblesse qu'il luy auoit communiquée, iusques à ce qu'elle ait suiuy la condition d'vn autre mary, suiuant la decision expresse de la loy *Cum te. Cod. De nuptijs. Fæminæ. De Senator. l. vltim. De incolis. lib.* 10. *Cod. & l. Mulieres. De Dignit. lib.* 12. 67 Si les veufues des Officiers iouïssent de leurs priuileges. 68 La noblesse passe indistinctemēt en la veufue.

Mais en la veufue d'vn simple priuilegié, il faut distinguer. Car si son mary est mort Officier, c'est à dire sans auoir resigné son Office, on obserue fauorablement qu'elle retient ses priuileges, comme si le mary n'estoit pas mort tout entier, tant que sa moitié reste en vie: & de faict, les Edicts contenans les priuileges attribuez aux Officiers, portent d'ordinaire par exprés, que leurs veufues en iouïront apres leurs decez: sans laquelle expression, on tient que le priuilege de l'Officier doit estre restraint à sa seule personne, pource que les priuileges ne reçoiuent point d'extension. Mais encore que les priuileges soient par exprés concedez aux veufues des Officiers, si est-ce que si le mary auoit resigné son Office auant que mourir, puisque luy mesme par ceste resignation auoit perdu ses priuileges, & n'en pouuoit plus iouïr, à plus forte raison ne les a-il peu delaisser apres son decez à sa veufue, qui n'en peut iouïr qu'à son occasion. Ce qui est 69 Mais non les priuileges, si le mary n'est mort Officier.

fort notable, & de grande importance, combien que souuent on n'y prenne pas garde à la rigueur.

70 Si la veufue de celuy qui a sauué son Office par la Paulette demeure priuilegiée.

Partant c'est vne belle & nouuelle question, prouenant de l'Edict moderne de la dispense des quarante iours, si la veufue d'vn Officier priuilegié, qui n'a point de son viuant quitté son Office, bien qu'iceluy ait esté apres sa mort conserué par le moyen de cet Edict, doit iouïr de l'exemption des tailles, & autres priuileges d'iceluy. Car il est bien certain qu'il n'est pas necessaire, pour la continuation des priuileges en la veufue, que l'Office du mary ait vaqué par sa mort, pource que cela ne porte aucune correspondance ou consequence à la continuation des priuileges : mais la cause formelle & raison ponctuelle, qui induit ceste continuation, est que le mary soit demeuré priuilegié iusqu'au dernier souspir de sa vie, & soit mort en ceste qualité d'Officier priuilegié, afin qu'elle puisse estre immediatement continuée à sa veufue, sans aucune interruption. Que si on peut imaginer vn moment, auquel le mary n'ayt plus esté priuilegié, il est aisé à entendre, qu'ayant perdu luy mesme son priuilege, il ne peut plus estre continué en sa veufue.

71 Resolution que nõ és Offices subjects à suppression.

C'est pourquoy à l'égard des Officiers subjects à suppression, qui par cét Edict sont astraints de resigner auant que mourir, il n'y a guere de difficulté à mon aduis, que leurs veufues ne perdent l'exemption. Car encor qu'on ne face pas expedier & admettre la resignation pendant la vie de l'Officier, ains qu'on se contente qu'il ait passé procuration pour resigner, laquelle apres son decez on remplit du nom de celuy auquel la veufue & heritiers vendent lors son Office, si est-ce qu'en ceste matiere on tient telle procuration pour vne resignation, autrement, selon les termes de cét Edict, l'Office vaqueroit par mort, s'il n'estoit point resigné lors d'icelle.

72 *Idem* és Offices non subjects à suppression.

Mais la difficulté demeure à l'égard des Officiers non subjects à suppression, si peu qu'il y en a, qui ne sont point tenus de resigner pendant leur vie, pource que l'Edict permet par exprés à leurs veufues & heritiers de disposer de leur Office apres leur decez. Neantmoins i'estime que telle disposition extrauagante & irreguliere, *vt minus lædat ius commune*, doit estre referée & tirée arriere au temps precedant le decez ; voire doit estre reputée, comme faicte par le defunct par vne fiction de droict : pource qu'autrement il n'y auroit point d'apparence que l'Office fust resigné par ceux qui n'en sont pas pourueus. De faict, les lettres de prouision du resignataire portent tousiours que l'Office a vaqué par la resignation du defunct. Et quand ceste consideration cesseroit, tousiours est-il vray de dire, que l'Office ayant esté vendu, ou autrement aliené par la veufue; il n'est pas raisonnable qu'elle en ait le prix, & qu'elle en retienne encor les priuileges, qui seroit auoir le drap & l'argent, & au contraire, le public seroit surchargé de deux, ou plusieurs priuilegiez au lieu d'vn.

SOMMAIRE DV DIXIESME CHAPITRE.

1	*Perte des Offices fort frequente.*	11	*A present il n'en faut plus qu'vne.*
2	*Pourquoy appellée vacation.*	12	*Que c'est trop de cinq ans.*
3	*Comment elle aduient.*	13	*Qu'elle court pendant l'hostilité.*
4	*Plusieurs sortes d'vsufruict.*	14	*Qu'elle se compte du iour de la possession.*
5	*Six moyens de l'extinction de l'vsufruict.*	15	*L'Office se perd par faute d'exercer.*
6	*Six sortes de vacations és Offices.*	16	*Qu'elle commence du iour de la reception.*
7	*Les trois irregulieres sont comprinses sous les trois ordinaires.*	17	*Doit estre continuë, & sans interruption.*
8	*De la prescription des Offices.*	18	*Si la possession du predecesseur peut estre cumulée.*
9	*Ordonnance de la prescription des Offices.*	19	*Raisons de la negatiue.*
10	*Deux choses requises en ceste prescription.*		

20 *Le pourueu par mort ne cumule.*
21 *Mais bien le pourueu par resignation.*
22 *Es benefices le pourueu par permutation, cumule.*
23 *Le litige est personnel, & non réel.*
24 *De la suppression des Offices.*
25 *Suppression est odieuse.*
26 *Mesme auec remboursement.*
27 *Quand est tolerable.*
28 *Remboursement quand peut estre ordonné par la Cour.*
29 *Quand le Roy seul le peut ordonner.*
30 *Quand est fauorable.*
31 *Comment doit estre faict.*
32 *Suppression, vacation aduenant, est fauorable.*
33 *Ne s'entend de la resignation.*
34 *Ces suppressions sont souuent ordonnées, mais peu executées.*
35 *Bon mesnage du Roy d'àpresent.*
36 *Si la suppression tombe sur le dernier erigé, ou sur le dernier receu.*
37 *Qu'elle tombe sur le dernier receu.*
38 *Ores que possesseur de l'Office ancien.*
39 De *l'incompatibilité.*
40 *Offices ne vaquent pas parfaictement par incompatibilité.*
41 *Pourquoy en incompatibilité on condamne à opter.*
42 *L'Office non opté peut estre resigné.*
43 *Qu'importe la formule d'opter.*
44 *Quels sont les Offices incompatibles.*
45 *Benefices incompatibles.*
46 *Rarement y a incompatibilité ès Offices de finance.*
47 *Deux Offices de Iudicature incompatibles.*
48 *Offices du Roy incompatibles auec ceux des Seigneurs.*
49 *Deux Offices de la Couronne de la maison du Roy & de la gendarmerie, incompatibles.*
50 De *la destitution* remissiuè.
51 *Si l'Office vaque par la mort du collateur.*
52 *Lettres de Confirmation des Officiers.*
53 *Commissions vaquent par la mort du collateur, & non les Offices.*
54 *Inconuenient si les Offices vaquoyent par la mort du Roy.*
55 *Ancien arrest de Paris.*
56 *Arrest de Tholose.*
57 *Contre l'arrest de Tholose.*
58 *Le Roy ne meurt point en France.*
59 *Offices ne vaquent par la mort du Prince, mesme és Estats électifs.*
60 *Lors mesme que les Offices estoient reuocables, ils ne vaquoyent par la mort du Roy.*
61 *Pourquoy on prenoit iadis lettres de confirmation.*
62 *Pourquoy on les prend à present.*

DES VACATIONS IRREGVLIERES DES OFFICES.

CHAPITRE. X.

APRES auoir traicté de l'acquisition, puis de la conseruation & droicts des Offices, reste de traicter de la perte d'iceux, qui est plus frequente & eschet en beaucoup plus de façons és Offices, qu'en toutes autres sortes de biens : de sorte que le dire d'Horace s'y verifie bien mieux. 1 Perte des Offices fort frequente.

Quis putet esse suum, puncto quod mobilis horæ
Nunc prece, nunc pretio, nunc vi, nunc sorte suprema
Permutat dominos, & transit in altera iura?

2 Pourquoy appellée vacation.

Ceste perte des Offices n'est pas appellée alienation, comme és autres biens qui passent de main en autre par la seule disposition du proprietaire : ny extinction, comme celle du vray vsufruict, qui s'estaint & aneantit tout à fait : mais elle est nommée vacation, pource qu'elle rend seulement l'Office vacant & sans maistre ou titulaire, iusques à ce que le collateur d'iceluy ait mis & pourueu vn autre au lieu de celuy qui l'auoit perdu.

Or pour sçauoir comment aduient la vacation des Offices, il faut prendre garde qu'il y a des choses qui nous appartiennent en pleine proprieté, τῇ κτήσει : les autres seulement par vsufruict, τῇ χρήσει. De celles-cy il y en a plusieurs especes rapportées par Cuias sur le troisiesme tiltre du premier liure Des fiefs : à sçauoir en l'ancien droict Romain le vray vsufruict, le quasi vsufruict des meubles perissables, l'vsage, l'habitation, le bail à longues années ou à vies : & au droict intro- 3 Comment elle aduient. 4 Plusieurs sortes d'vsufruict.

duit depuis le Romain, le fief, le cens, & le precaire Ecclesiastique. A quoy faut adiouster deux autres especes en nostre droict d'àpresent, à sçauoir l'Office & Benefice, que les Romains, ni autres anciens peuples n'ont point cogneües, pource qu'ils ne faisoient estat des Offices ni des Sacerdoces, sinon pour l'honneur & l'employ, & ne les mettoient pas, comme nous, en commerce, & entre les especes des biens profitables.

5 Six moyens d'extinction de l'vsufruict. Comme donc le vray vsufruict se pert par six moyens, *scilicet morte, cessione, capitis minutione, non vtendo, consolidatione, & rei interitu. l. Corruptionem. C. De vsufr. & §. Finitur. eod. tit. apud Iustin.* Aussi l'Office vaque par tous les mesmes moyens, ne plus ne moins: sçauoir est par la mort, par la resignation, par le defaut d'exercer, par la forfaicture, par l'incompatibilité, & par la suppression. Car iamais les Offices n'ont vaqué par la mort du collateur, & ne vaquent plus par la destitution, au moins les vrais Offices Royaux, depuis l'Ordonnance de Louys XI. comme il sera dit incontinant.

6 Six sortes de vacation és Offices.

7 Les trois irregulieres sõt comprinses sous les trois ordinaires. Et ce que ceste Ordonnance n'y admet que trois sortes de vacation: sçauoir par mort, par resignation, & par forfaicture, est à cause qu'il n'y a que ces trois vacations vrayes & propres, & les autres, qui sont le defaut d'exercer, l'incompatibilité, & la suppression, sont anomales & irregulieres: & d'ailleurs elles sont facilement comprinses sous les trois premieres: à sçauoir la suppression sous la mort, estant la mort & extinction de l'Office: le defaut d'exercer ou prescription sous la resignation, *quia cedere & alienare videtur, qui patitur vsucapi*: & l'incompatibilité soubs la forfaicture, ainsi qu'és benefices elle est comprinse soubs le deuolut.

8 De la prescription des Offices. Pour donc expedier en ce chapitre ces trois especes de vacation irreguliere (pource que chacune des trois autres merite bien son chapitre separé) commençons par la prescription, ou defaut d'exercer, lequel reuient & correspond au moyen introduit par le droict Romain de perdre l'vsufruict *non vtendo*, qui en l'ancien droict se perdoit par l'espace d'vn an aux meubles, & de deux ans aux immeubles, iusqu'à ce que Iustinian l'eust remis au train des prescriptions ordinaires de dix ans entre presens, & vingt ans entre absens. *l. Sicut vsumfructum. C. De seruitutib.*

9 Ordonnance de la prescription des Offices. Mais les Offices ne se prescriuent en France par le temps de cinq ans, suiuant l'Ord. de Charles VII. de l'an 1446. dont ie rapporteray les mots, pource qu'elle est vnique en son espece. *Ordonnons que ceux, qui auront iouy paisiblement de leurs Offices par l'espace de cinq ans sans interruption, & sans qu'à cause d'iceux on leur aye fait question, ou demande durant ledit temps, demeureront en leursdicts Offices, sans qu'on leur puisse donner empeschement, par vertu de dons par nous faicts à autres, qui ne s'en seroient aydez durant lesdits cinq ans: Voulons, que ceux qui par leur faict, negligence ou autrement, ne se seroient aydez desdicts dons dans ledict temps, ou sur ce n'auroient encommencé procez, demeurent entierement forclos & deboutez de leurs dons, & des droicts, qu'ils pourroient auoir esdits Offices.* Ordonnance qui se rapporte presque entierement au decret *De pacificis possessoribus.*

10 Deux choses requises en ceste prescription. Et ne se faut estonner, si elle requiert concurremment, & la iouïssance de la part du prescriuant, & la cessation de partie aduerse, de s'ayder de son don. Car au temps qu'elle fut faicte, les Offices n'estoyent encor perpetuels, ains estoyent destituables à volonté: de sorte que la longue iouïssance ne pouuoit pas empescher, que le Roy ne destituast ses Officiers, & ne donnast leurs Offices à autres: toutesfois il falloit, que le don fust plus recent, que de cinq ans. Mais à present, que les Offices sont perpetuels & non reuocables, la seule iouïssance de l'Officier pendant cinq ans, suffit, sans que la cessation de partie aduerse soit requise concurremment: encor voit-on rarement arriuer ceste prescription: pource qu'il n'eschet pas souuent, que celuy, qui pretend droict en l'Office, en laisse si long temps ioüir celuy auquel il n'appartient pas.

11 A present il n'en faut plus qu'vne.

12 Que c'est trop de cinq ans. Que si és benefices il ne faut que trois ans de possession paisible, à plus forte raison est-ce assez de cinq ans aux Offices, dont la possession & exercice est beaucoup plus notoire & public, & est plus requis qu'il soit fait en propre personne,

que

que des benefices: aussi ceste Ordonnance fut faicte pendant les troubles des Anglois, de sorte qu'attendu que le decret *De pacificis possessoribus* excepte disertement le temps d'hostilité, ce n'est de merueille, qu'elle requist lors vn temps plus long: mais aussi il est à croire, que le temps d'hostilité n'en doit estre defalqué, si l'hostilité n'estoit telle, qu'elle empeschast les autres prescriptions entre toutes, comme il se pratique de celle de nos derniers troubles de France, & non des precedents, sinon entre ceux de diuers party. 13 Qu'elle court pendāt l'hostilité.

Et faut remarquer que ces cinq ans, non plus que les trois ans és benefices, ne se comptent pas du iour de la prouision de l'Officier ou Beneficier; mais du iour de leur possession: pource que ceste Ordonnance, & aussi le decret *De pacificis possessorib.* requierent expressément la iouïssance continuelle & sans interruption: comme aussi c'est la reigle du droict commun, que *sine possessione non currit præscriptio.* C'est pourquoy ie dy, que quand vn Officier auroit esté dix ans sans exercer son Office, si cependant vn autre ne l'a possedé par cinq ans continuels, il ne le pert point: tout ainsi que le benefice ne se pert iamais *ipso iure* faute de residence: vray est que le superieur peut enioindre à l'Officier d'exercer, & au beneficier de resider, à peine de priuation: & faute d'obeïr, peut declarer en fin l'Office & Benefice vacant: mais en ce cas c'est forfaicture en l'Office, & deuolut au Benefice, & non pas prescription. 14 Qu'elle se compte du iour de la possession. 15 L'Office ne se pert faute d'exercer.

C'est encor vne question, si ceste prescription commence dés le iour de la reception, ou seulement du iour de l'installation és Offices, où l'installation est requise, & és autres du iour que l'Officier est actuellement entré en exercice: attendu ce qui a esté dit cy-deuant au chap. 4. que la possession actuelle de l'Office ne s'acquiert que par l'installation. Neantmoins i'estime qu'elle doit commencer dés le iour de la reception, qui donne à l'Officier le grade & le charactere, & qui l'inuestit & l'enuoye en l'exercice de l'Office, bref qui luy en donne la possession ciuile, bien que non encor la réelle & actuelle: & ma raison est, que la seule possession ciuile, sans la corporelle, suffit pour la prescription, & pour tous autres effects ciuils, *l. Possessio. D. de acquir. poss.* & toutesfois faut prendre garde, que si entre la reception & installation, la partie aduerse auoit exercé actuellement l'Office, il ne faudroit plus compter la prescription, que du temps que l'Officier auroit repris l'exercice actuel, pource que par l'Ordonnance les cinq ans doiuent estre continuels, & sans interruption. 16 Qu'elle cōmēce du iour de la receptiō. 17 Doit estre continue, & sans interruption.

Voicy vne autre plus grande difficulté, si la possession du predecesseur en l'Office peut estre ioincte & cumulée auec celle du moderne Officier, pour accomplir les cinq ans, comme on voit qu'il se pratique és prescriptions ordinaires de droict. *l. Pomponius. §. Cum quis. D. de acquir. possess. l. Id tempus. D. de vsuca.* Neantmoins plusieurs tiennent regulierement, qu'en matiere de benefices ceste cumulation n'a lieu, comme a tenu la glose de la Pragmatique Sanction, sur le decret *De pacif. poss. ad verbum, Possedit.* & Rebuffe au mesme traicté, nomb. 266. & Gomes *ad reg. De triennali possess. quæst.* 16. pource que le tiltre & la possession, & finalement tout le droict du predecesseur, estant inherent à sa personne, est esteint par sa mort, voire mesme, ainsi qu'ils disent, par sa resignation: ne prenant le successeur au benefice son droict de la part du predecesseur, ains du collateur. 18 Si la possession du predecesseur peut estre cumulée.

Laquelle raison semble auoir pareille force és Offices, qui non plus que les benefices, ne passent pas directement & immediatement d'vne personne en l'autre, comme les autres biens, ains reuiennent au collateur par la mort, resignation, & toute autre vacation, & par luy sont transmis au nouuel Officier: partant il semble qu'ils soient premierement reünis & consolidez à la proprieté: puis quand le collateur les confere à vn autre, il semble que c'est comme vn nouueau vsufruict, qu'il crée en vne nouuelle personne, comme il est decidé en l'espece bien entenduë de la loy 4. *D. De nouation.* 19 Raisons de la negatiue.

Ce qui a lieu sans difficulté en la vacation par mort ou forfaicture, qui perime & consomme entierement le droict, qui residoit & estoit attaché à la personne de l'antique Officier: iusques là, dit Rebuffe, nomb. 268. apres la glo. *in can. Li-* 20 Le pourueu par mort ne cumule.

cite. 12. *qu.* 7. que si par miracle le beneficier, ou Officier ressuscitoit, il ne rentreroit pas en son benefice, ou Office.

21 Mais bien le pourueu par resignation. Mais en la resignation *in fauorem* de l'Office, i'estime que le resignataire, qui est subrogé au lieu & droict du resignant, auec la clause, *Non autrement, & cæt.* comme il sera dit au chapitre suiuant, peut accumuler la possession de son resignant auec la sienne: n'estant pas ceste resignation vne vraye & pure consolidation, puisque l'Office ne peut resider en la personne du collateur: mesme on peut dire, que ce n'est pas vne absoluë vacation, notamment quand le collateur est forcé & necessité de conferer precisément l'Office au resignataire, comme il est vray de dire, qu'aux Offices venaux, & mesme aux non-venaux qui ont esté vendus par le collateur, il ne peut refuser d'admettre la resignation faite à personne capable, ainsi qu'il sera prouué en son lieu: de sorte que la resignation d'iceux n'est pas vne demission ou vn quittement pur & simple, qui abolisse & aneantisse le droict du resignant, ains c'est seulement vne ceremonie necessaire pour l'execution de la vente de l'Office, afin que le collateur en inuestisse l'acheteur, luy baillant ses lettres de prouision, sans lesquelles on ne peut tenir Offices. Ce qui n'est pas de mesme en la resignation *in fauorem* des benefices, qui n'est iamais necessaire, ains despend tousiours de la grace & gratification du Pape, comme il sera dit cy apres.

22 Es benefices le pourueu par permutation, cumule. Mesmement pource qu'il y a vn cas, auquel la resignation *in fauorem* des benefices est auiourd'huy permise de droict commun, & peut estre admise par le collateur ordinaire, à sçauoir au cas de permutation: en ce cas particulier Rebuffe au mesme traicté, nombre 158. prouue par plusieurs raisons, que tel resignataire peut accumuler la possession de son resignant auec la sienne, voire il semble, qu'il tienne en fin le mesme en toute resignation.

23 Le litige est personnel & non réel. Finalement à l'esgard de ceste prescription, faut noter, que l'Officier ou beneficier est reputé possesseur paisible à l'esgard de celuy, qui l'attaque de nouueau, *& respectu illius liberas ædes habere dicitur*, combien qu'il ait tousiours esté en procez pour son Office ou benefice contre autres y pretendans droict: comme Rebuffe iustifie fort bien au mesme traicté nomb. 167. contre l'opinion de Gomes, quest. 22.

24 De la suppression. 25 Suppression est odieuse. La seconde espece de vacation irreguliere, c'est la suppression, laquelle dependant de la volonté du Souuerain, il ne s'en peut donner de regle: mais si on y veut apporter de la raison, elle ne doit pas estre faicte sans grande cause; attendu que c'est enfraindre l'Ordonn. qui a fait les Offices perpetuels: mais sur tout c'est interuertir la foy publique, quand les Offices, qu'on veut supprimer ont esté vendus par le Prince. Car lors c'est oster à vn homme son bien d'auctorité & de force, voire son bien & sa qualité tout ensemble.

26 Mesme auec remboursement. Aussi les Cours souueraines ne verifient pas aisement les Edicts de suppression, sinon à la charge de remboursement actüel & prealable. Enquoy faisant encor y reste il double iniquité, l'vne d'oster à vn homme ce qu'il a achetté sans reserue de faculté de rachat: l'autre, & la plus importante, qu'vn second acheteur, qui se fiant à la foy publique, aura achetté l'Office à plus haut prix, que la finance entrée aux coffres du Roy, perdra cet outre-plus. Ce qui sera plus au long examiné au troisiesme liure.

27 Quand est tolerable. Et neantmoins quand la suppression vient asseurément au soulagement du peuple, ou au bien de l'Estat, comme il ne peut gueres estre autrement *priuata illa iniquitas publica vtilitate rependitur*: & dit-on lors que c'est assez de ne rien perdre auec le Roy: autrement la suppression est vrayement vne oppression & pure iniustice.

28 Remboursement quand peut estre ordonné par la Cour. Sur tout quand l'ancien Officier, qui se voyant priué des meilleurs droicts de son Office par vne nouuelle érection, se submet à rembourser le nouueau pourueu, afin de faire supprimer l'Office supernumeraire, il est ordinairement receu, mesme par la seule auctorité des Cours souueraines, sans attendre declaration du Roy, moyennant qu'il se presente auant la reception du nouuel Officier. Car alors c'est notoirement vn bon mesnage pour le Roy, qui retient l'argent

gent de l'Office, & neantmoins demeure quitte des gages, & si c'est vne descharge au peuple, qui, plus il y a d'Officiers, est tousiours plus foulé. Toutesfois faut prendre garde, qu'on n'ose gueres permettre ce remboursement, auparauant que les Offices de nouuel erigez soient tous leuez aux parties casuelles, pource que par apres on feroit difficulté de leuer ceux qui resteroient, & ainsi le Roy ou le partisan seroit interessé.

Mais apres que l'Officier nouueau est receu, aucuns tiennent, qu'il n'y a plus que le Roy, qui le puisse priuer de son Office par remboursement. Car c'est vn poinct, non plus de Iustice, ains de puissance souueraine, c'est pourquoy lors il faut obtenir à ceste fin declaration de sa Maiesté en forme d'Edict, sans laquelle ie n'ay gueres veu la Cour de Parlement contraindre l'Officier receu à prendre son remboursement, combien que Messieurs du Conseil d'Estat l'ordonnent assez souuent. 29 Quand le Roy seul le peut ordõner.

Et quant au Roy, il n'a gueres accoustumé de refuser ceste permission apres le party remply, pource qu'elle tend euidemment, & à son profict, & au soulagement de son peuple. Encore quelquesfois permet-il le remboursement à condition de iouïr par l'ancien Officier, des gages ou des droicts du nouuel Office, ou partie d'iceux: qui sont des conditions ou modifications, que les Cours souueraines ne peuuent pas admettre, quand elles auctorisent le remboursement, pource que ce n'est à elles de disposer des Finances du Roy: chose à quoy partant il faut bien prendre garde. 30 Quand est fauorable.

Quand ie dy remboursement actüel & prealable, c'est à dire argent comptant, qui soit payé auparauant, que l'Officier supprimé se desiste de son exercice. Car de luy constituer rente de sa finance, c'est *soluere aliud pro alio*, encor à vn creancier fait par force: & de le payer en assignations, ou differer son remboursement, apres qu'il sera dépossedé de son Office, c'est luy retenir cependant son bien par force, sur vne mauuaise asseurance: consideré que le Prince souuerain ***non est idoneus debitor, quantum ad potestatem conueniendi.*** 31 Comment doit estre fait.

Mais il y a vne autre voye de suppression, non seulement exempte de toute iniquité, ains encor pleine de merite, à sçauoir quand on ordonne la suppression des Offices inutiles vacation aduenant. Ce qui s'entend de la vacation par mort, ou forfaicture, & non par resignation, comme il est expressément decidé en la loy 13. *De prox. sacro. scrin. lib. 12. C.* n'estant raisonnable d'oster à vn homme la faculté de resigner l'Office, qu'il a acheté, comme il sera prouué au 3. liure, ioinct que la resignation se faisant auec la clause *Non autrement, & cat.* ou il faut qu'elle sorte son plein effect, ou bien qu'elle demeure sans effect, & partant que l'Office demeure au resignant. Mais ès vacations de mort, & forfaicture iugée, la suppression ne fait tort à personne, ains tombe seulement à la tare des parties casuelles, mais en recompense le peuple en est soulagé, & le fisque deschargé des gages. 32 Suppression vacation aduenant. 33 Ne s'entend de la resignation.

Ainsi fut-il ordonné aux Estats d'Orleans & de Blois: & toutesfois & quantes qu'on a voulu apporter vn bon Ordre & reformation aux affaires du Royaume, on a tousiours resolu la suppression des Offices inutils, ce qui est aisé à resoudre, quand ils ne vaquent pas, mais est mal executé par apres, quand ils viennent à vaquer: car mal-aisément refuse-on l'argent, qu'on porte aux parties casuëlles: aussi est-ce l'ordinaire de la France, que nos reformations ne sont point de tenuë, si elles ne sont promptement executées, tandis que nostre humeur est porté à bien faire. 34 Ces suppressions sont souuent ordõnées, mais peu executées.

I'ay veu neantmoins nostre Roy à present regnant y commencer vn tres-bon mesnage, lors qu'il vaquoit des Offices non necessaires, qui estoit de ne les supprimer pas tout à fait par Edict, mais de n'y point pouruoir, les reseruant, comme il est à presumer, au temps qu'il aura plus de besoin d'argent: & cependant il en espargne les gages, & si le peuple en reçoit du soulagement: puis c'est vn fonds tousiours prest au besoin, estant chose bien certaine, qu'on ne manquera iamais en Frãce d'acheteurs d'Offices en quelque temps que ce soit: & lors il ne sera besoin d'Edict pour les faire reuiure, d'autant qu'ils n'ont point esté supprimez par Edict. 35 Bon mesnage du Roy d'à present.

36 Si la suppression tombe sur le dernier erigé, ou sur le dernier receu.

Or c'est vne difficulté, quand entre plusieurs Officiers de mesme compagnie & de mesme tiltre, le Roy en supprime l'vn promptement, si ceste suppression doit tomber sur le dernier erigé, ou sur le dernier receu possedant vn Office d'ancienne erection : & certes il semble en poinct de Iustice & d'équité, que le dernier érigé doit estre supprimé, pource que la suppression estant vray-semblablement fondée sur le trop grand nombre, doit tomber sur l'Office supernumeraire, & qui a creu le nombre : au contraire il semble que le pourueu de l'ancien Office, ne doit porter le dommage d'vne nouuelle erection, principalement s'il est pourueu par resignation, ayant hardiment sous la foy publique acheté plus cher le droict de celuy, qui dés auparauant la nouuelle erection possedoit vn Office necessaire, quoy que ce soit exempt de suppression : autrement l'obseruance contraire feroit tort à cét ancien Officier, pource que son Office seroit de pire vente, deuenant subiect à suppression apres qu'il l'auroit resigné, luy qui d'ailleurs est ja trop interessé, de ce qu'on luy a baillé vn compagnon.

37 Qu'elle tōbe sur le dernier receu.

Toutesfois, nonobstant toutes ces raisons, on obserue communément, que le dernier receu, bien que de plus ancienne erection, est le premier supprimé : ce qui se fait à mon aduis par vn traict d'Estat, afin que les nouueaux Offices (dont autrement la suppression seroit tousiours fort à craindre) soient mieux vendus soubs ceste asseurance, qu'ils entrent en mesme droict que les vieils : & comme dit Martial,

Ne me, quòd tibi sum nouus, recuses.
Omnes hoc veteres tui fuere.
Hoc tantùm inspice, qui nouus paratur,
An possit fieri vetus sodalis.

Possible aussi que cela se fait pource qu'és anciens erigez, qui ont esté continuez par vne longue suitte de resignations, il y a ordinairement moins de finance, qu'aux nouueaux, qui ont esté erigez depuis la cherté des Offices : & encor on appuye cest vsage & obseruance sur vn pretexte de Iustice, disant qu'en matiere d'Offices la possession préuaut, & l'antiquité de la reception doit estre considerée, soit pour la seance, soit pour la suppression ; & que partant il faut que le hazard tombe sur celuy, qui se trouue à la queuë, & le dernier en rang, que

Occupet extremum scabies.——

38 Ores que possesseur de l'Office ancié.

Ce qui est tellement pratiqué, qu'il a lieu non seulement aux Offices de mesme tiltre : mais aussi en ceux qui semblent auoir qualitez differentes : comme és Offices où il y a des alternatifs & des triennaux, la suppression tombe, non sur l'alternatif, ou le triennal, mais sur le dernier receu, ores qu'il tienne l'ancien Office, comme il a esté dit cy dessus de la preseance : toutesfois en ce poinct icy, il faut à mon aduis prendre garde de prés aux termes de l'Edict, qui ordonne la suppression.

39 De l'incompatibilité.

La troisiesme espece de vacation impropre, c'est l'incompatibilité, que i'appelle vacation impropre, pource que l'incompatibilité n'induit pas vacation absoluë & prompte és Offices, comme és benefices, esquels par le decret du 2. Concile de Latran, *per adeptionem secundi beneficij incompatibilis, vacat ipso iure primum ; & qui illud retinere contendit, altero etiam priuandus est. cap. De multa. ext. De Præb.* De sorte que deslors, que la possession est prise du second benefice incompatible, le premier est vacant & impetrable, sans qu'il soit besoin d'aucun iugement ni declaration : mesmement les six mois ordonnez par ce mesme Concile, dans lesquels l'ordinaire doit conferer les benefices vacans, courent & se comptent du iour de la prise de possession du benefice incompatible, & iceux expirez, la collation de l'autre est deuoluë au superieur immediat de degré en degré, ainsi qu'il est contenu en ce mesme chapitre *De multa.*

40 Offices ne vaquent pas parfaictement par incompatibilité.

Mais en matiere d'Offices, combien qu'és Estats de Tours, soubs Charles VIII. on eust demandé au Roy, que par l'impetration du dernier Office, le premier fust vacant, si est-ce que cela ne fut accordé, ains le Roy se reserua d'y donner ordre, de sorte que ceste rigueur, qui est aux benefices, n'a iamais esté obseruée aux Offices : & encor que les Ordonnances defendent la pluralité des Offices,

Offices, neantmoins c'est la verité, que ni le premier, ni le second ne vaquent *ipso iure* par incompatibilité; ains lors que la Iustice en ha cognoissance, elle enioinct à l'Officier d'opter & choisir l'vn des deux dans certain temps, à peine d'estre priué de tous deux, qui est ce qui estoit obserué aux benefices, auparauant ce Concile de Latran, *cap. Referente, & cap. Praeterea. De praeb.* comme la glose a noté sur ce chapitre *De multa. ad verb. contenderit.* de laquelle glose est pris le terme d'opter, dont on vse en practique en matiere d'Offices.

41 Pourquoy en incompatibilité on cõdãne à opter.

Vray est, que suiuant cét ancien droict, apres que le beneficier auoit opté l'vn de ses benefices, l'autre estoit dés lors vacant & impetrable, sans qu'il le peust resigner: ce qui auoit aussi anciénement lieu aux Offices, du temps qu'ils n'estoient point vendus, & que partant la resignation n'en estoit admise, que de grace, cõme est encor celle des benefices: & de là vient qu'on retient encor l'ancienne forme de prononcer, que l'Officier optera, & non pas qu'il resignera l'vn de ses Offices: combien qu'à present qu'ils se vẽdent presque tous, & que partant la resignation n'en peust estre iustemẽt refusée, le mot d'opter signifie & includ qu'optant celuy qu'on veut retenir, on peut resigner l'autre, ou plustost qu'on opte & choisit lequel des deux on resignera, & ainsi se practique, suiuant la decision formelle de la loy 5. *Qui militare possint, lib. 12. C.* où il est dit, que celuy qui est pourueu de deux milices *siue armatis, siue ciuilibus, debet alteram eligere, & alteram deponere: si tamen Militia qua decedendum est, inter eas habeatur, quas licet distrahere, clementia Imperatoris concedit eam in alium conferre, & pretium consequi*: & sur ceste belle loy est fondé nostre vsage, que l'Office ne se perd point promptement par incompatibilité.

42 L'Office nõ opté, peut estre resigné.

43 Qu'importe le terme d'opter.

Aussi à bien entendre, le temps qu'on donne pour opter, est pour trouuer vn acheteur de l'Office, qu'on se resoudra de resigner. Mesmement combien qu'il soit dit par la sentence qu'à faute d'opter dans ce temps, les deux Offices sont declarez vacans & impetrables, si est-ce que ce n'est encor qu'vne commination, *& nondum est canon latae sententiae, sed ferendae*: & partant faut encor obtenir vn iugement, par lequel, à faute d'auoir opté dans le temps prefix, la vacation soit definitiuement iugée: si ce n'est que la premiere sentence portast ces mots, *dés à present comme deslors, & deslors comme dés à present*: ou bien ces mots, *en vertu de ces presentes, sans autre iugement ou declaration*, ou autres semblables, qui importent execution prompte de la peine irrogée. Encor en ces cas *facile admittetur purgatio morae*, si l'Officier resigne auparauant qu'aucun ait esté pourueu de l'Office.

44 Quels sõt les Offices incompatibles.

Or pour sçauoir quels sont les Offices incompatibles, faut noter que combien que par l'ancienne Ordonnance de Philippe IIII. de l'an 1302. il soit porté qu'on ne peust tenir qu'vn seul Office, ce qui a esté renouuelé és Estats d'Orleans, art. 31. & est conforme à la disposition de droict, *in d. l. 5. Qui militare possunt. l. 10. & 13. Cod. de prox. sacr. scrin. & l. Nemo. Cod. De Assessoribus.* où la raison est renduë, *Neque enim facilè credendum est duabus necessarijs rebus vnum sufficere: nam cum vni affuerit, alteri abstrahi necesse est: sicque nulli eorum in totum idoneum reperiri, & dum ad vtrumque festinat, neutrum bene peragere*: Et le mesme auoit lieu és benefices par les anciens Canons, *can. Sanctorum 70. distinct. can. Episc. 80. distinct. can. In apibus. 7. quaest. 1. can. 1. 13. quaest. 1. can. Sicut. 2. 1. quaest. 2.*

45 Benefices incõpatibles.

Toutefois on s'est relasché auec le temps de ceste rigueur: & en matiere de benefices, on a distingué les simples (qu'on a permis doubler, pourueu qu'ils ne soient subiects à residence) d'auec les Curez, c'est à dire, ayans iurisdiction, ou charge d'ames, dont on a seulement defendu la pluralité, & encor des simples requerant residence, ou exercice personnel, comme les Chanoinies.

46 Rarement y a incõpatibilité és Offices de financ.

Et en matiere d'Offices, où la residence & l'exercice personnel est encor requis auec plus de rigueur qu'aux benefices, on regarde si les deux Offices peuuent estre exercez par mesme personne, sans incommodité du public, ce qui est laissé d'ordinaire à l'arbitrage des Cours souueraines. De sorte, qu'és Offices de finance, qui peuuent estre exercez par commis, il arriue rarement, qu'il y ait incompatibilité, si ce ne sont Offices, ayans à voir l'vn sur l'autre, comme le Receueur & son Controlleur, le Receueur general & son particulier, & ainsi des autres.

47 Deux Offices de iudicature incompatibles.

Mais és Offices de iudicature, qui ne peuuent estre exercez par commis, & esquels l'auctorité est plus grande, par Ordonnance expresse de l'an 1517. art. 3. il est porté qu'on n'en peut tenir deux, fust-ce en mesme ville, & ores que l'vn soit de la iustice ordinaire, & l'autre de l'extraordinaire : voire mesme il est porté que les Offices de l'Election sont incompatibles auec ceux du grenier à sel.

48 Offices du Roy incõpatibles auec ceux des Seigneurs.

49 Deux Offices de la Couronne de la maisõ du Roy, & de la gendarmerie, incompatibles.

Par autre raison, l'Ordonnance de Blois, art. 269. defend aux Officiers du Roy de tenir Offices de Seigneurs, pource que le Roy veut que ses Officiers soient du tout à luy, & par autre raison encor, il est defendu de tenir deux Offices de la Couronne, de la maison du Roy, ou deux charges de la gendarmerie, par la mesme Ordonnance de Bloys, art. 267. pource que ces charges notables & importantes, seruans de recompense pour les grands seigneurs, & les plus vaillans hommes, il est bien necessaire qu'elles soient dispersées, & n'est raisonnable que parmy tant d'hommes qu'il y a en ce Royaume, dignes de recompense, il y en ait peu qui soient recompensez.

Voila les trois vacations irregulieres des Offices expliquées : mais quelques-vns en supposent encor deux autres : à sçauoir la destitution, & la mort du collateur, dont il est besoin de dire icy vn mot en passant, au moins de la derniere.

50 De la destitution *remissiue*.

Quant à la destitution, qui est autre que la forfaicture, pource qu'elle se fait sans cause, & la forfaicture auec cause, il est certain qu'elle n'a point de lieu en France, au moins aux Offices Royaux, ayant esté abolie disertement par ceste signalée Ordonnance du Roy Louys XI. comme i'ay discouru assez amplement cy deuant au troisiesme chapitre. De sorte, que la difficulté ne demeure plus qu'à l'égard des Offices des Seigneurs, & partant ie la reserue au dernier liure qui leur est dedié, où i'en feray deux chapitres exprés.

51 Si l'Office vaque par la mort du collateur.

Mais pour parler icy de la vacation qu'on pretend proceder de la mort du collateur, il y en a qui s'imaginent que la puissance publique des Officiers depend tellement de celle du Seigneur, auquel la proprieté de ceste puissance reside, que la mort d'iceluy abolit leur droict, comme la puissance du procureur expire notoirement par la mort de celuy qui l'a constitué, & ainsi que la cessation de la cause fait cesser l'effect. Aussi fust-ce l'occasion principale, pourquoy les Gantoys, apres la mort de Charles Duc de Bourgongne, & Comte de Flandres, firent mourir les trente-six hommes de leur loy, à sçauoir qu'ils auoient condamné, & fait executer vn homme à mort, auant qu'auoir obtenu confirmation de leurs Offices, ainsi qu'il se lit en l'histoire de Flandres. Et c'est aussi pourquoy en France les Officiers sont tenus de prendre lettres de confirmation de leurs Offices à l'aduenement de chasque nouueau Roy, pour laquelle mesmement ils luy payent quelque finance.

52 Lettres de confirmation des Officiers.

53 Cõmissions vaquent par la mort du collateur, & non les Offices.

Il n'est pas neantmoins veritable, que les Offices vaquent par la mort du collateur, non plus que les benefices, ains seulement les commissions, (qui seules ressemblent aux mandemens & procurations) expirent par la mort du constituant : pource qu'elles n'ont autre fondement ni subsistence que sur sa volonté, qui ne peut durer apres la mort. Mais les Offices ont leur fondement & subsistence perpetuelle sur l'Edict qui les a erigez, ou la coustume inueterée d'y auoir tousiours de semblables Offices, laquelle coustume a force de loy, iusques à ce qu'elle soit abolie par loy expresse du Prince souuerain. Donques cét Edict ou coustume realise les Offices, & rend les Officiers comme membres de l'Estat, ou seigneurie subalterne, dont ils dependent, par deuers laquelle, & non par deuers la personne du Seigneur, reside proprement & directement la vraye proprieté des Offices.

54 Inconueniét, si les Offices vaquoiét par la mort du collateur.

Autrement, quel desordre seroit-ce, si apres la mort d'vn seigneur, tous les Offices de sa iustice cessoient tout à coup, & demeuroient estaints, tant que sa succession demeureroit vacante ? Et sur tout seroit-ce pas vne confusion intolerable, voire vne vraye anarchie, si à l'instant du decez du Roy il n'y auoit plus d'Officiers en tout le Royaume, & que ceste anarchie demeurast, tant qu'il y eust vn successeur estably pour pouruoir à tous les Offices : ce qui est aucunefois bien long, & principalement aux Monarchies electiues, où, pendant l'interregne, tout est en trouble & en guerre, par les brigues & factions de ceux qui y pretendent: pendant lequel temps il est plus necessaire que iamais, que les Officiers demeurent en leur pouuoir, pour empescher les inconueniens qui peuuent lors arriuer.

Aussi Bodin nous rapporte vn ancien arrest de l'an 1381. par lequel le Parlement de Paris ordonna que les Officiers d'iceluy continueroient leur charge, en attendant qu'ils eussent obtenu confirmation du nouueau Roy. Vray est qu'il en cite vn autre du Parlement de Tholose, qui apres la mort du Roy Charles VII. ordonna qu'il ne seroit point tenu d'audience, ni donné d'arrest, iusques à ce qu'on eust receu lettres du nouueau Roy. Que si neantmoins il suruenoit quelque affaire pressée & necessaire, la Cour y procederoit par lettres & commissions extraordinaires, qui seroient intitulées, *Les gens tenans le Parlement Royal de Tholose*, & séellées du séel de la Cour, sans faire mention du Roy. 55 Ancien arrest de Paris. 56 Arrest de Tholose.

Enquoy il me semble qu'ils failloient en tout & par tout. Premierement, c'estoit vne faute toute apparente de cesser la Iustice, lors qu'il estoit plus besoin de la tenir. Secondement, c'estoit vn grand abus de faire leurs expeditions en autre qualité, que d'Officiers du Roy. Aussi estoit-ce errer en la premiere maxime de nostre droict François, que *Le mort saisit le vif*, qui fait qu'au mesme instant que le Roy defunct a la bouche close, son successeur est Roy parfaict par vne continuation immediate, & du droict & de la possession de l'vn à l'autre, sans qu'on y puisse imaginer aucun interualle d'interregne: tout ainsi que la loy Romaine a recogneu la continuation du droict & seigneurie *in suis hæredibus, l. in suis. D. De lib. & posth.* Ie dy Roy parfaict, sans attẽdre son Sacre, comme Bodin a bien prouué au 1. liure, chap. 8. & le Parlement le declara par arrest notable de l'an 1498. combien que du Tillet remarque qu'anciennement on tenoit le contraire. Et c'est pourquoy nous disons vulgairement que *Le Roy ne meurt point*, c'est à dire, que la Royauté est tousiours remplie, & non iamais vacante. 57 Cõtre l'arrest de Tholose. 58 Le Roy ne meurt point en France.

Mais encor és Estats électifs, qui admettent l'interregne, comme pour exemple, quand l'Empire vaqua six mois depuis la mort d'Aurelian iusques à l'élection de Tacite son successeur, il n'y a point de doute, que pendant cét interregne tous les Officiers ne demeurent vrays Officiers, & ne doiuent continuer leurs charges; autrement tout seroit à l'abandon: aussi cét arrest de Tholose ne parle pas des Offices ordinaires, ains de ceux du Parlement seulement, qu'on a autrefois tenu n'estre que par commission, comme i'ay dit au 7. chap. Or est-ce vn poinct qu'on ne peut nier, que les commissions, ainsi que les procurations, expirent par la mort du concedant, comme il sera discouru amplement au 4. liure. 59 Offices ne vaquẽt par la mort du Prince, mesme és Estats électifs.

Soit donc tenu pour certain, que mesme au temps que les Offices de France estoient reuocables en vertu de la clause *Tant qu'il nous plaira*, apposée en leurs prouisions, c'est à dire, auparauant l'Ordonn. de Louys XI. la puissance des Officiers ordinaires de ce Royaume n'a iamais cessé, ni mesmement esté suspenduë par la mort du Roy: & ce que de tout temps les Officiers ont esté soigneux d'obtenir confirmation du nouueau Roy, n'estoit pas qu'ils ne peussent cõtinuer leur charge auparauant, mais c'estoit pour s'asseurer d'auantage de n'estre point destituez, pource que c'estoit la coustume des Roys de disposer des Offices lors de leur aduenement à la couronne, afin de recompenser leurs particuliers seruiteurs, & de s'establir dauantage, en mettant aux charges des gens à leur deuotion: de sorte, que c'estoit lors à qui viendroit le premier vers le nouueau Roy, pour auoir confirmation de son Office, afin d'euiter ce hazard de destitution. 60 Lors mesme que les Offices estoient reuocables, ils ne vaquoient par la mort du Roy. 61 Pourquoy on prenoit iadis lettres de cõfirmation.

Et de faict à present, combien que notoirement les Officiers continuent leur charge auant qu'auoir confirmation, & qu'on ne les puisse destituer, tant à cause de l'Ordonn. de Louys XI. qu'à cause de la venalité establie du depuis, si est-ce qu'on ne laisse de les contraindre encor de prendre lettres de confirmation de leurs Offices, combien qu'elles ne leur seruent de rien, mais c'est vn impost que le nouueau Roy leue sur ses Officiers, duquel ie traicteray amplement au 3. liure. 62 Pourquoy on les prend à present.

SOMMAIRE DV VNZIESME CHAPITRE.

1 *Termes signifians resignation.*
2 Resignare quid ?
3 Resignare *décacheter.*
4 Aperire & resignare testamentum duo sunt.
5 Resignare restituere.
6 Designare & resignare ad Officia pertinent.
7 Resignare instrumenta.
8 *Forme de resignation.*
9 Eiuratio, abiuratio.
10 *De mesme.*
11 *Les charges de l'Eglise estoiēt fuyes iadis.*
12 *Ne pouuoient estre quittées sans excuse iurée.*
13 Resignatio iurata quid ? contra communem.
14 Resignatio voluntaria.
15 *Resignation qu'importe proprement.*
16 *Conciliation de plusieurs loix.*
17 *Le resignant nommoit iadis vn successeur.*
18 *Si sainct Clement a esté le 2. ou le 4. Pape.*
19 *Nomination du successeur reprouuée.*
20 *Resignation en faueur d'autruy reprouuée aux benefices.*
21 *Partant ne peut estre admise que par le Pape.*
22 *Les ordinaires la deuroient plustost admettre.*
23 *Resignation incogneuë aux Romains.*
24 *Iule Cesar la practiqua le premier.*
25 *Introduicte aux Milices.*
26 *Resignation en faueur plus raisonnable és Offices qu'és benefices.*
27 *Resignation plus absoluë n'est plus practiquée és Offices.*
28 *Demission.*
29 *Resignation simple, que c'est és Offices.*
30 *Resignation simple, que c'est és benefices.*
31 *Cautele pour ces resignations.*
32 *Clauses des Resignations* in fauorem, *és benefices.*
33 *Celles des Offices.*
34 *Deuant qui doit estre faicte.*
35 *Cas auquel n'est besoin de nouuelle resignation.*
36 *Autre cas.*
37 *Pourquoy la resignation se fait par procuration, & non de viue voix.*
38 *Resignation de viue voix.*
39 *Procuration à resigner, doit estre speciale & particuliere.*
40 *Et pardeuant Notaires.*
41 *Suffit d'vn Notaire seigneurial.*
42 *Doit estre attachée soubs contre-sel à la prouision.*
43 *Par qui peuuent estre alleguées les nullitez de la procuration.*
44 *Si la procuration à resigner peut estre en blanc.*
45 *Si elle peut estre sans minutte.*
46 *Pourquoy on ne fait minutte des obligations ne procurations.*
47 *Resolution que les procurations à resigner Offices peuuent estre faictes sans minutte.*
48 *Et non celles des benefices.*
49 *Le nom du procureur peut estre laissé en blanc.*
50 *Et non du resignataire, du moins aux Offices.*
51 *Et encor le nom de l'Office, mais non du benefice.*
52 *Procurations surannées ne valent plus rien.*
53 *De mesme.*
54 *Pourquoy.*
55 *Sont bonnes, si le resignataire & le collateur les passent.*
56 *Les irreuocables sont bonnes apres le suran.*
57 *Sont bonnes quand la volonté du resignant dure.*
58 *De la reuocation des resignations.*
59 *Resignation d'Office faicte en vertu de contract est irreuocable.*
60 *Resignation gratuite est reuocable.*
61 *Ne se faut asseurer en la procuration, s'il n'y a compromis, ou quittance.*
62 *Porteur de procuration peut prouuer son achat & payement par tesmoins.*
63 *A qui faut signifier la reuocation.*
64 *Ce qui peut aduenir de ne signifier la reuocation au procureur,* ad resignandum.
65 *Si la reuocation peut estre faicte soubs sein priué.*
66 *Vaut mieux qu'elle soit pardeuant Notaires.*
67 *Resignation à suruiuance* remissiuè.

DE LA RESIGNATION DES OFFICES.

CHAPITRE XI.

POSSIBLE n'y a-il aucun terme de practique, dont l'etymologie soit plus difficile, que de celuy de *Resigner*, qui a esté mis en vsage par les Canonistes: lesquels encor anciennement vsoient du mot *renunciare*, tesmoin le tiltre *De renunciationibus*. Tant y a que nous n'en auons point d'autre en nostre practique Françoise: & combien que ceux qui affectent de bien parler Latin, n'en osent vser, soubs pretexte qu'ils ne le trouuent point aux anciens liures, & aiment mieux dire *cedere, abdicare se, aut eiurare*: si est-ce la verité, que *resignare* est plus elegant, & plus propre, comme ce discours fera foy. 1 Termes signifians resignation.

Signare ne signifie pas en Latin ce que nous appellons signer, ains signifie séeller & cacheter: mais nous autres François ayans substitué le sein manuel au séel ou cachet, dont on vsoit anciennement: nous y auons par mesme moyen adapté & detorqué le terme de signer, ainsi qu'il sera dit au liure suiuant, en traictant des seaux. 2 *Signare, quid.*

Donques *resignare*, qui est le contraire de *signare* (*quia particula, re, vt plurimum priuatiua est*) signifie quelquefois décacheter, *sicuti resignare litteras, resignare testamentum, id est, signa frangere: vt in lege Cornelia De falsis, cuius verba extant apud Paulum lib. 5. sent. tit. 25. Et in l. Siquis aliquid. §. Qui viui. D. De pœnis. Qui viui testamentum aperuerit, recitauerit, resignauerit*, où il se voit que *aperire & resignare testamentum duo sunt: nimirum aperire ibi significat signa frangere*, ἀποσφραγίζειν, comme il est tourné en la 60. Eclogue des Basiliques, tit. 41. Mais le plus souuent [*resignare*] signifie *ouurir*, pource que la mode des Romains estoit de fermer leurs coffres, non seulement auec des clefs comme nous, ains aussi auec des seaux ou cachets, ainsi que ie prouueray au mesme endroit. 3 *Resignare*, décacheter. 4 *Aperire & resignare testamentum, duo sunt.*

Finalement, il signifie quelquefois rendre & restituer ce qui estoit séellé: ainsi Horace, *epist. 7. lib. 7.* dit *cuncta resigno, id est, restituo*, comme tous les interpretes le tournent: mais directement le mesme Autheur vse de ce terme pour la resignation des Offices, *Ode 29. lib. 3.* 5 *Resignare, restituere.*

Fortuna sæuo læta negotio
Transmutat incertos honores,
Nunc mihi, nunc aliis benigna.
Laudo manentem, si celeres quatit
Pennas, resigno quæ dedit, & mea
Virtute me inuoluo, probámque
Pauperiem sine dote quæro.

Et tout ainsi que *designare* signifie élire & pouruoir vn Officier, & non pas le nommer simplement comme on pense, *vt in l. Barbarius D. De Off. Prætoris. Præturam petiit*, & *Prætor designatus est, id est, factus, & apud Salust. Catilina Consulatum petebat, sperans si designatus esset, &c.* aussi resigner, qui est son contraire, signifie quitter l'Office. 6 *Designare & resignare ad Officia pertinent.*

Mesme les anciens Canonistes ont vsé de ce terme, pour signifier la restitution des pieces & prouisions d'vn benefice, au chapitre *Cum pridem. ext. De pactis. Instrumenta, quæ habebat, in manibus nostris resignauit.* Ce qui nous apprend qu'en resignant vn Office ou benefice, l'ancienne forme estoit, de rendre au collateur les lettres de prouision d'iceluy, comme il se collige encor du chapitre. *Sanè. ext. De renunciat.* ne se pouuant la demission ou tradition des choses incorporelles faire autrement qu'en rebaillant le contract ou tiltre d'icelles, comme les Docteurs ont traicté sur la loy 1. *Cod. de Donation.* C'est pourquoy fort à propos le mot de resigner a esté particulierement adapté au quittement des Offices & benefices, *quasi resignare sit signatum diploma restituere*: estant les autres termes, dont vsent les curieux, *renunciatio, cessio, dimissio*, communs à l'abandonnement & deguerpissement de toutes autres choses. 7 *Resignare instrumenta.* 8 Forme de la resignation.

9 Eiuratio, abiuratio. ἐξωμοσία, ἐξόμνυσις.

Et quant à celuy de *eiuratio*, *seu abiuratio* que les Grecs appellent ἐξωμοσίαν καὶ ἐξόμνυσιν, ils sont à la verité particuliers pour les Offices & benefices : mais signifient proprement le refus, ou l'excuse proposée auec serment par celuy qui ne veut pas accepter l'Office, ou autre charge publique à luy deferée. Ἐξωμοσία, dit Budée, ἐστὶ παντελὴς ἄρνησις μεθ' ὅρκου. Le commentateur d'Aristophane *in Vespis*, Ἐξωμοσία ἄρνησις σὺν ὅρκῳ, ὡς ἀδυνάτου ὄντος, ἢ παρὰ καιρὸν ὄντος αὐτῷ τὸ λειτουργεῖν. Iulius Pollux, liure 8. Ἐξωμοσία ὅταν τις ἢ πρεσβευτὴς αἱρεθῇ, ἢ ἐπ' ἄλλην δημοσίαν ὑπηρεσίαν, ἀρρωστεῖν, ἢ ἀδυνατεῖν φάσκων, ἐξόμνυται αὐτὸς, ἢ δι' ἑτέρου.

10 De mesme.

Toutefois, pour autant que les excuses, pour refuser les charges publiques, peuuent suruenir quelquefois apres qu'elles sont encommencées, ἐξωμοσία, & *eiuratio* signifioient non seulement le refus d'icelles accepter, ains aussi le quittement & descharge apres l'acceptation : mais quoy que ce soit, ils ne signifioient pas vn quittement du tout volontaire, & sans excuse, ains seulement celuy qui se faisoit par le moyen d'excuse, & encor d'excuse iurée. Car anciennement les charges publiques, & notamment celles de la primitiue Eglise estoient plus onereuses que profitables : tesmoin le dire de l'Apostre *qui Episcopatum desiderat, bonum opus desiderat* : lequel interpretant sainct Augustin, dit que *Episcopus nomen est operis, non honoris* : & sur tout, on n'y mettoit pas ceux qui les briguoient, ains ceux qui les fuyoient & s'en excusoient y estoient mis par force, *can. In scripturis.* 8. *quest.* 1. tesmoin ce bon Siricius, qui estant esleu Euesque, s'arracha l'oreille, afin d'auoir excuse, comme mutilé & essorillé : dont est demeuré iusqu'à nostre temps, qu'en la ceremonie de la consecration des Euesques, on leur demande *Vis Episcopari* ? & ils respondent *nolo* : combien que le temps ne soit plus de s'en faire tirer l'oreille.

11 Les charges de l'Eglise estoient fuyes jadis.

12 Ne pouuoient estre quittées, sans excuse iurée.

Pareillement, & à plus forte raison, apres l'acceptation des benefices, on n'estoit pas receu à les quitter sans excuse legitime, iurée, ou dont autrement il apparust. Car on tenoit qu'il y auoit vn mariage spirituel contracté entre le Prestre & son Eglise : laquelle partant il ne pouuoit repudier sans grande cause, *can. Sicut.* 1. *&* 2. 7. *quaest.* 1. *cap. Admonuit. ext. De renunciat. & cap. Nisi cum pridem.* au mesme tiltre, où sont rapportées les excuses legitimes de ceux qui veulent quitter leur benefice.

13 *Resignatio iurata quid? cōtra communem.*

De là est venu, à bien entendre, qu'au droict canon on trouue deux especes de resignation, l'vne iurée, l'autre non iurée, *cap.* 2. *eod. tit.* mais les Canonistes ont mal entendu la resignation iurée, disant que c'estoit quand le resignant iuroit de ne plus redemander son benefice, qui seroit vn serment superflu, estant vne de leurs maximes, que *resignantibus iura sua non datur regressus ad ea.* Mais sans doute, la resignation ou renonciation iurée est celle, qui se fait auec cause ou excuse iurée ; & la renonciation non iurée, celle qui se fait de la seule volonté du resignant, & sans aucune autre cause legitime.

14 *Resignatio voluntaria.*

Car à succession de temps la richesse estant augmentée, & la vertu diminuée en l'Eglise, les charges Ecclesiastiques, qui auparauant estoient fuyes, commencerent d'estre recherchées : & lors on ne fit plus tant de difficulté d'en permettre les quittemens volontaires & sans excuse iurée, pource qu'on ne manquoit point de trouuuer qui les acceptast, mais tousiours pourtant falloit-il demander permission & congé de resigner le benefice vne fois accepté, à cause de ce mariage spirituel, *cap.* 1. *d. cap. Nisi cum pridem, cap. Quidam. & cap. vlt. hoc ipso tit.*

15 Resignatiō qu'importe proprement.

Quand ie parle des resignations de l'ancienne Eglise, ie n'enten pas que le resignataire choisist luy-mesme celuy qui auroit le benefice, par le moyen de sa resignation ; ains i'enten qu'on quittoit & abandonnoit purement & simplement le benefice, & le laissoit-on vacant, & en la libre disposition du collateur, aussi renoncer & resigner, ceder & quitter vn benefice, n'est pas le transferer à vn autre, ains le quitter tout-à-fait : & est vray, que celuy qui a quitté son droict, n'i a desormais plus rien : ainsi voit-on en droict, qu'en matiere d'vsufruict, celuy qui le cede, le perd absolument, voire par le moyen de ceste cession, l'vsufruict se cōsolide à la proprieté, *l. Si vsufructus. D. De iure dot. & §. Finitur. Inst. De vsufr.* cōbien qu'autre chose soit, quand l'vsufruict est donné, vendu, ou concedé à autre tiltre :

16 Conciliation de plusieurs loix.

car lors l'vsufruict demeure tousiours attaché à la personne de celuy qui l'a ainsi concedé, & aussi finit-il par sa mort, & n'y a que la commodité de perceuoir les fruicts, qui soit transferée à l'acquereur de l'vsufruict, *l. Si vsufructus. D. De vsufr.* §. 1. *Institut. De vsu & habit.*

Bien est vray que comme c'estoit vn ordinaire à Rome, que les Officiers sortans de charge, nommassent ou presentassent au peuple ceux qu'ils estimoient capables de succeder à leur charge, aussi en la saincteté de la primitiue Eglise, lors qu'vn Euesque se voyoit prés de sa fin, ayant fait assembler deuant luy le Clergé & le peuple, il leur nommoit celuy, qu'il estimoit le plus digne d'estre son successeur, lequel le plus souuent estoit esleu. Ainsi S. Pierre nomma S. Clement pour son successeur, *can. Vnde ipse.* 8. *quæst.* 1. Et toutesfois la gl. du Canon precedent, dit, que S. Clement ayant eu scrupule d'auoir esté fait Pape de telle façon, resigna & quitta la Papauté, & que Linus & Cletus furent faits Papes successiuement en son lieu; apres le deceds desquels S. Clement fut derechef esleu & fait Pape: & ainsi tasche-elle de concilier ceste grande dispute de l'histoire Ecclesiastique, sçauoir si S. Clement a esté le second, ou le quatriesme Pape.

17 Le resignāt nōmoit iadis vn successeur.

18 Si S. Clemēt a esté le 2. ou le 4. Pape.

Tant-y a que ceste façon de nommer ainsi son successeur, fut incontinant reprouuée par le Concile d'Antioche, *can. Episcopo. cum seq. ead. quæst.* dont S. Hierosme sur l'epistre *ad Titum* fait vn beau discours, *Moyses*, dit-il, *amicus Dei, cui facie ad faciem locutus est Deus, potuerat posteris propriam relinquere Dignitatem: sed tamen de alia tribu eligitur Iosuë, vt sciremus Principatum non sanguini deferendum esse, sed vitæ.*

19 Nominatiō du successeur reprouuée.

Ainsi donc il fut defendu fort iustement, de deferer les benefices, soit pour cause de parenté, soit pour quelque autre consideration charnelle, *can. Ordinationes* 1. *quæst.* 1. & fut enioint aux beneficiers, lors qu'ils les voudroient quitter, d'en laisser la disposition aux electeurs, & partant n'estoient receuës aucunes resignations en faueur d'autruy: qui est le droict commun encor de present gardé en l'Eglise, pource qu'on tient, qu'elles ressentent tousiours, & emportent vn soubçon de Simonie: & de les permettre indistinctement, c'est ouurir la porte, & au trafic, & à la succession des benefices: comme a fort bien traicté du Moulin sur la regle *De infir. resign. num.* 78. *& sequentib.* Et de fait c'est chose notable, que ni dans le vieil Decret, ni mesme dans les Decretales, il n'est fait aucune mention de resignation *in fauorem*: iusques-là mesme, que la permutation des benefices, qui en est la plus fauorable espece, est expressément defenduë *cap. Maioribus. De præb. & cap. Quæsitum. De rerum permut.*

20 Resignation en faueur d'autruy reprouuée aux benefices.

C'est pourquoy elles ne peuuent estre admises, que par le Pape, qui, comme disent les Canonistes, *De iure supra ius omnem habet potestatem in beneficijs*, lequel en les admettant, dispense des prohibitions canoniques, & purge ceste presumption de Simonie: pouuoir, qui est reputé si important, que mesme les Legats *à latere* ne l'ont pas, si par expres il ne leur est donné entre leurs facultez. Et toutesfois la verité est, que le Pape n'en refuse point: ains ces resignations s'expedient en forme commune, comme nos lettres ordinaires de la petite Chancellerie: de sorte que ceste ancienne prohibition ne sert plus, que pour lier les mains aux ordinaires, d'admettre les resignations *in fauorem*, combien qu'il seroit bien plus à propos, qu'eux (qui estans sur les lieux peuuent mieux sçauoir le motif d'icelles, que le Pape) eussent seuls le pouuoir de les admettre, auec deuë cognoissance de cause, pour obuier au trafic & nondination des benefices, qui s'en va tantost autant en vsage, que celuy des Offices. Et voyla comme les resignations en faueur d'autruy ont esté receuës en l'Eglise: ce qu'il a esté besoin de discourir plus au long, pource que c'est du droict Canon, & non du droict Romain, que nous auons appris les resignations des Offices.

21 Partant ne peut estre admise que par le Pape.

22 Les ordinaires les deuroient plustost admétre.

Car les Romains, dont les Magistrats ne duroient qu'vn an, & estoient electifs, ne sçauoient que c'estoit de resignation, tesmoin la loy penult. *De Offic. Præsidis. Legatus Cæsaris, id est Præses vel rector Prouinciæ, abdicando se non amittit imperium.* Bien est vray, qu'en la Republique populaire, lors qu'il y auoit quelque guerre d'importance, à laquelle les Consuls ne se trouuoient propres, on en

23 Resignatiō incogneuë aux Romains.

mettoit quelquesfois d'autres en leurs places de leur consentemēt, & non autrement, dit Dion liu. 48. qui fut en fin la cause de creér des Proconsuls, qui estoient comme les aydes ou Lieutenans des Consuls. Et le mesme Dion liu. 43. dit que

24 Iule Cesar la pratiqua le premier. Iule Cesar fut le premier, qui de sa propre auctorité resigna le Consulat au milieu de son armée à Q. Fabius, & C. Trebonius: & Fabius estant mort le dernier iour de l'an, il mist en sa place C. Caninius, qui partant ne fut Consul que six heures, dont vint la rencontre de Ciceron, qu'il auoit esté si vigilant, qu'il n'auoit point dormy pendant son Consulat. En quoy, dit Dion, Cesar viola doublement les loix du pays, entreprenant, & de se demettre du Magistrat de sa propre volonté, & encor d'y mettre d'autres en sa place, sans l'eslection du peuple. Toutesfois depuis que soubs les Empereurs ceste espece d'Offices perpe-

25 Introduite aux Millices. tuels & à vie, qui furent appellez Milices, eust esté introduite, l'vsage vint incontinant de les resigner: ce qui fut appellé *subrogare, vt in l. 15. Cod. De prox. sacr. scrin. & in l. 13. eod. tit.* (où la forme de ceste subrogation est prescripte) *quemadmodum dicitur abrogari Officium, quando aufertur: & prorogari, quando vltra tempus consuetum relinquitur.*

26 Resignatiō en faueur plus raisonnable és Offices, qu'és benefices. De mesme parmy nous, où les Offices sont perpetuels & collatifs, il y a pareille raison d'y receuoir les resignations qu'és benefices, & encor plus, pource qu'il ne peut eschoir de simonie, ny de paction illicite, en ceux qui sont venaux: & quant aux non-venaux la gratification enuers vn parent, ou vn amy, n'en peut estre trouuée mauuaise, comme és benefices, où toute propension & affection charnelle est reprouuée par les anciens Canons: de sorte que l'argument de la resignation des benefices à celle des Offices, est d'ordinaire impertinent: ce qui est fort à noter.

27 Resignatiō absoluë n'est plus pratiquée és Offices. Aussi en matiere d'Offices, on ne sçait quasi que c'est de les resigner purement & absolument: laquelle espece de resignation est communément appellée en pratique *Demission*: mais nous appellons particulierement resignation, celle qui

28 Demission. se fait en faueur d'autruy, pource que nous n'en cognoissons presque plus d'autre: de sorte que le resignant & resignataire sont relatifs, ainsi que le donateur & donataire, le cedant & cessionnaire: & combien qu'és benefices on contre-

29 Resignatiō simple, que c'est és Offices. poincte la resignation simple à celle qui est faicte en faueur d'autruy, neantmoins en matiere d'Offices la resignation simple est opposée à celle qui est faicte à condition de suruiuance: de sorte que quand nos Ordonnances parlent de la resignation simple des Offices, elles s'entendent tousiours de celle qui est faicte en faueur d'autruy, mais qui est faicte purement, & sans condition de suruiuance, & non pas de la pure demission ou quittement & abandōnement absolu des Offices, comme il se veoit au 46. art. de l'Ord. de Blois: laquelle demission n'a presque plus lieu qu'és Ordres, qui ne peuuent estre resignez en faueur d'autruy: comme ie diray au liure *Des Ordres*.

30 Resignatiō simple, que c'est és benefices. Mais és benefices, à cause que les collateurs ordinaires n'en peuuent admettre la resignation *in fauorem*, on a esté contraint de retenir le terme de la resignation pure & simple, pour signifier la démission, qui se fait pardeuant l'ordinaire: combien qu'en effect, il ne s'en face gueres qu'apres vne asseurance secrette

31 Cautele pour ces resignations. de faire tomber le benefice à son amy. C'est pourquoy, de peur d'y estre trompé, on fait volontiers ceste resignation ou demission en personne, & par le mesme acte & les mesmes lettres de collation, faite au profict de celuy à qui on veut faire tomber le benefice, afin qu'il n'y eschée point de hazard, combien qu'aucuns doubtent que ceste façon de faire soit licite, disans, qu'vne resignation ainsi faite, sent sa resignation *in fauorem*, & que cela se fait en fraude du droict commun, qui la defend: c'est pourquoy, quand on n'est pas asseuré tout à fait de la foy de l'ordinaire, & qu'on n'est point autrement pressé, on ayme mieux courir iusques à Rome, pour plus parfaicte seureté.

32 Clauses des resignations in fauorem és benefices. Car il n'y a point de hazard aux procurations qui se passent pour resigner deuant le Pape en faueur d'autruy, parce qu'on y met la clause, *Non aliàs, nec aliter*, & encor ces autres clauses, *Dummodo ipse N. acceptare voluerit, & non aliàs, non intendens resignationem sortiri effectum, donec dictus N. dicti beneficij possessionem ceperit actualem,*

lem, suum animum de illa acceptanda declarando, cessant lesquelles clauses, aucuns tiennent, que si le resignataire se trouuoit incapable, ou qu'il ne voulust accepter la resignation, le benefice ne laisseroit d'estre vacant, comme discourt du Moulin sur la regle, *de verisimili notitia. num.* 77.

Mais on n'apporte pas tant de scrupulosité aux Offices, dont la resignation en faueur d'autruy n'est point de soy contre les bonnes mœurs, ni le droict commun. Car en premier lieu, tout collateur ordinaire la peut admettre, & outre il suffist d'y mettre la clause, *En faueur d'vn tel, & non autrement*, pour monstrer que ce n'est pas vne pure demission ou quittement de l'Office : & n'est point besoin d'y adiouster ces autres clauses, que la chicane de la Cour d'Eglise a inuentées, lesquelles on tient & garde inuiolablement, que s'il aduenoit que le resignataire, ou n'acceptast, ou ne fust capable de l'Office, le resignant demeure en son premier droict ; pource que son intention n'ayant esté autre, que de transferer l'Office à son resignataire, si elle ne peut sortir son plein effect, la resignation demeure du tout nulle, & cóme non faicte, par la raison de la loy derniere *C. De pactis inter empt. & vendit.* de sorte que le resignant retient son Office, & le rang d'iceluy, sans qu'il luy soit besoin de nouuelle prouision, ni reception. Voire si la resignation estoit faicte pour cause de permutation à vn autre Office, dont le resignant fust par apres éuincé, il rentreroit en son premier Office, sans nouuelle prouision ni reception, mesme il garderoit son rang ancien, bien que le resignataire y eust esté receu : comme il se pratique és benefices, depuis l'arrest de Bouchetel du 23. Ianuier 1549. par les raisons rapportées par M. Loüet en ses arrests lettre B. 33 Celles des Offices.

Au surplus, quant à la forme de la resignation de l'Office, il faut noter qu'elle ne peut pas estre faite, ni deuant vne personne priuée, ni mesme deuant vn Iuge, ou vn Notaire, ains directement és mains du collateur. Car comme le déguerpissement doit estre faict en plein iugement, qui est le lieu où on adiuge les biens de Iustice, aussi la resignation de l'Office & benefice, doit estre faicte à celuy, qui ha droict d'y pouruoir, *cap. Quod in dubijs. & cap. Admonet. & cap. vlt. eod. tit. l. vlt. C. De Defensorib. ciuit.* autrement la resignation ne seruiroit de rien, & demeureroit tousiours l'Office au resignant *d. l. Legatus. D. De Offic. Præsid.* 34 Deuant qui doit estre faite.

En quoy il n'y a que deux exceptions, l'vne, quand le resignataire de l'Office n'a esté receu en vertu des prouisions, qui luy ont esté expediées sur la resignation d'iceluy : car alors la moindre declaration que face l'vn ou l'autre, soit en iugement, ou pardeuant Notaires, qu'ils n'entendent accepter la resignation, est bastante pour aneantir tout ce qui s'est faict, sans qu'il soit besoin de nouuelle prouision du collateur, pource que la resignation n'a pas sorty effect, & que le resignant n'a pas esté depossedé, ains son droict a esté conserué en vertu de la clause *Non autrement*, sans qu'il luy soit besoin de nouuelle prouision, ainsi qu'il vient d'estre dict : comme au pareil, le pourueu par mort ayant fait ceste declaration, le collateur peut derechef conferer. *cap. In præsentia. & cap. Veniens. eod. tit.* 35 Cas auquel n'est besoin de nouuelle resignation.

L'autre exception est, que quand l'Office ou benefice est litigieux, l'vne des parties peut ceder son droict à l'autre, soit en iustice ou deuant vn Notaire, sans qu'il soit pareillement besoin de nouuelle prouision sur ceste cession, posé que le cessionnaire soit ja deuëment pourueu : pource que telle cession du droict litigieux, est plustost vne renonciation au procés, qu'vne resignation de l'Office ou benefice, comme resout du Moulin, sur la regle *de infirmis resign. num.* 159. 36 Autre cas.

Encor faut-il noter, que la resignation ne se fait gueres de viue voix par le resignant, comparoissant à ceste fin deuant le collateur, qui ordinairement n'est pas personne, qui puisse deliurer vn acte public & authentique : ce qui est necessaire pour la validité du tiltre du benefice & Office, ainsi qu'il s'obserue en toutes procedures iudiciaires : combien qu'anciennement le contraire s'obseruast au droict Canon, où la resignation se pouuoit faire de viue voix, & par apres la preuue en estoit receuë par tesmoins. *cap. Super hoc. & cap. In præsentia. eod. tit.* Toutesfois il y a apparence, que la resignation faite de viue voix deuant le collateur, tesmoignée par les lettres de prouision faites tout à l'instant, est bonne & valable, pourueu que ces lettres soient signées du resignant & non autrement, pource que les 37 Pourquoy la resignation se faict par procuratiõ, & non de viue voix. 38 Resignation de viue voix.

parties doiuent signer en tous actes publics de iurisdiction volontaire: & est bien sans doute que les lettres de prouision d'vn collateur legitime soit d'Office, ou Benefice, sont actes publics, pource qu'en cela le collateur est muny de puissance publique, ainsi qu'vn Officier au faict de sa charge: c'est pourquoy elles font pleine preuue & prompte, & ne les peut-on impugner, que par maintenuë de faux: toutesfois ceux qui soustiennent, que la resignation contenuë dans les lettres de prouision est doubteuse, disent que les prouisions du collateur, sont seulement publiques, & font pleine foy en ce qui dépend de sa puissance, qui est l'acte de collation seulement, & non à l'esgard de l'acte de la resignation, qui doit estre receu par vn Notaire, ou autre tel Officier fondé, quant à ce, de puissance publique.

39 Procuratiõ à resigner doit estre speciale & particuliere. C'est donc le plus seur de faire la resignation par acte separé pardeuant Notaires: aussi est-ce l'ordinaire, qu'elle se fait par procuration speciale, ie dy speciale, pource qu'estant vne alienation, elle requiert mandement special: & mesme icy il faut mandement particulier de resigner tel Office és mains de tel collateur, *& c.et.* Car l'Ordonnance de l'an 1550. appellée vulgairement *Des petites dates*, art. 10. defend, en matiere de benefices, les procurations generales, pour resigner tous benefices: & combien qu'il n'y ait pas du tout tant de raison és Offices, si est-ce qu'on n'a point accoustumé s'y seruir de procurations generales.

40 Et pardeuant Notaires. Aussi combien que de droict le Procureur puisse estre constitué par simples missiues & escritures priuées, *l. 1. & l. Si procuratorem. D. De procuratoribus.* si est-ce que pour l'importance des resignations, on n'y receuroit pas vne escriture priuée, *quæ non facit probationem probatam, sed probandam*: & partant ne peut asseurer pleinement & parfaictement le collateur de la verité de la resignation: ioinct le hazard des faulsetez & antidates.

41 Suffist d'vn Notaire seigneurial. Mais encor que la resignation de l'Office doiue estre faicte és mains du Roy, si est-ce qu'il suffist d'en auoir vne procuration passée par vn Notaire seigneurial, pource que son escriture est publique, probante & authentique, autant que celle des Notaires Royaux, quant à la preuue: & n'y a difference entre les contracts passez soubs seel Royal, ou authentique, sinon quant à l'execution parée.

42 Doit estre attachée sous contre-seel à la prouision. Ceste procuration a accoustumé d'estre attachee soubs contre-seel aux lettres de prouision: quoy que ce soit il doit apparoir d'icelle au collateur, auparauant qu'il confere l'Office ou benefice: comme pour les benefices il est decidé en ceste Ord. *Des petites dates, art. 12.* Ce qui n'est toutesfois si rigoureusement obserué és benefices, desquels tout commerce est interdict, & où par consequent il peut eschoir beaucoup plus de fraudes.

43 Par qui peuuent estre alleguées les nullitez de la procuration. C'est pourquoy il y a difference notable entre la resignation des Offices, & celle des benefices, qui seruira de limitation à tout ce qui vient d'estre dict, ou sera dict cy apres touchant les nullitez de la procuration: qu'és Offices ces nullitez ne peuuent estre alleguées, ni par le collateur qui a admis la resignation, ni par celuy qui du depuis auroit esté par luy pourueu de l'Office, comme vacant puis apres par la mort du resignant: pourueu qu'il apparoisse par quelque moyen que ce soit de la volonté du resignant, soit deuant la resignation admise, soit mesme apres par vne simple ratification, *quæ retrotrahitur, & mandato comparatur.* Ce qui est general en droict, quand autre que celuy qui ratifie n'y ha interest. Or icy l'interest du collateur n'est considerable, puisque luy mesme, ayant volontairement conferé l'Office, a consommé son droict, & se doit imputer de n'auoir pas regardé de plus prés, si la resignation estoit bien faicte: ce qui n'est pas aux benefices, où il y a plusieurs collateurs d'vn mesme benefice, soit concurrément, soit successiuement. Pareillement n'est considerable l'interest du pourueu par mort, pource qu'il n'ha pas plus de droict que son collateur, & ne seruiroit de rien, quand il seroit pourueu auparauant la ratification du resignant, pource qu'il ne peut fonder la vacation de l'Office, que sur sa mort.

44 Si la procuration à resigner peut estre en blanc. C'est encor vne grande question, si la procuration pour resigner peut estre deliurée en blanc, soit pour le nom de procureur, soit pour celuy du resignataire, soit encor pour le nom de l'Office: mais auparauant que la resoudre, il en

faut

faut traicter vn autre, dont elle depend, qui est de sçauoir, si ceste procuration peut estre expediée, sans que le Notaire en retienne minute : attendu que par l'Ordonnance *Des petites dates* art. 4. il est dit, qu'il doit estre fait registre non seulement des procurations pour resigner les benefices, mais aussi du temps qu'elles auront esté deliurées, combien de fois, & à quelles personnes : & d'ailleurs il est certain, que nos Ordonnances chargent indistinctement les Notaires, de faire minutes de tous contracts : toutesfois ils se sont licentiez de deliurer aux parties les minutes des obligations à vne fois payer, & aussi des procurations, sans en rien retenir par deuers eux, comme il est notoire. 45 Si elle peut estre sans minute.

Ce qui se fait quant aux obligations, afin que le debteur, s'estant acquité, ne demeure plus escrit dans les papiers du Notaire : & quant aux procurations, pource que c'est chose vsitée d'y laisser en blanc le nom du Procureur, pour la commodité des parties, qui souuent passent procurations pour affaires à expedier au loin, sans sçauoir qui en sera le Procureur, de sorte que si on en retenoit minute, & qu'en apres, la procuration fust remplie d'autre nom, que de celuy qui auroit occupé, & qui auroit remply la grosse de son nom, ce seroit vne espece de faulseté : c'est pourquoy les Notaires bien aduisez ne font iamais minute de procuration en blanc. 46 Pourquoy on ne fait minute des obligations ni procurations.

Mesme combien que les procurations pour resigner les Offices soient ordinairement de plus grande consequence, que les communes *ad lites, aut ad negotia*, neantmoins c'est chose accoustumée, qu'elles ne s'expedient gueres autrement parmy nous, que sans minute & en blanc, pour le nom du Procureur, comme mesme l'a remarqué Boërius *in decis. Burdeg. quest.* 274. combien que Chassanée sur le tiltre *Des droicts appartenans à gens mar. art.* 5. *gl. sans procuration*, & Rebuffe en sa pratique beneficiaire tiennent indistinctement, que les procurations en blanc ne sont valables. 47 Resolution que les procurations à resigner Offices, peuuent estre faites sans minute.

Toutesfois pour le regard des benefices, i'estime leur opinion veritable, à cause de l'Ordon. *Des petites dattes*, qui requiert l'enregistrement de telles procurations : dont s'ensuit qu'elles ne peuuent estre expediées en blanc, pource que, comme il vient d'estre dit, ce seroit vne faulseté de les remplir, ou apres leur datte, ou sur les lieux en l'absence du Notaire : mais en celles des Offices, on n'y obserue point ceste rigueur. 48 Et non celles des benefices.

Voire on y obserue ordinairement, que non seulement elles se deliurent en blanc, quant au nom du Procureur, mais mesme qu'on ne se soucie pas lors de l'expedition, qui se fait en vertu d'icelles, de remplir le nom de celuy, qui a occupé, & pris qualité de Procureur, ce qui est neantmoins bon à faire, pour obuier à plusieurs inconueniens. Et sur tout en matiere d'Offices, on se contente d'attacher soubs contre-seel la procuration non remplie, auec la prouision faicte sur icelle : comme aussi n'est-il point besoin de la remplir, pource qu'en la prouision on ne fait mention d'aucun Procureur, qui ait resigné, ains on tient la procuration à resigner, pour acte de resignation. 49 Le nom du Procureur peut estre laissé en blanc.

Mais quant au nom du resignataire, il y a bien plus d'apparence de ne le laisser en blanc en la procuration, tant pource qu'il semble que la resignation *in fauorem*, comme tout contract, doit estre faicte auec partie certaine, & aussi pource que si le resignant vouloit reuoquer sa procuration, n'y ayant ni Procureur, ni resignataire certain, il ne pourroit à qui signifier sa reuocation. Et neantmoins puisque les Offices tombent en commerce soit licite absolument, soit au moins toleré, ie dy qu'on peut licitement laisser en blanc le nom du resignataire, pource qu'il aduient souuent, que l'acheteur de l'Office ne l'achette pas pour luy mesme, ains pour le reuendre, ou pour en faire pouruoir quelqu'vn, qu'il ne veut, ou ne peut encor nommer au resignant, ou qu'il ne sçait pas, s'il le voudra accepter. Et quant à la reuocation de la resignation, il arriue rarement, qu'elle puisse estre faicte en matiere d'Offices, ainsi qu'il sera dit incontinant : & aux cas qu'elle pourroit estre faicte, on la peut signifier au collateur (suiuant la Clementine 1. *De renunciat.*) qui est tousiours certain en matiere d'Offices, & quand mesme on ne sçauroit à qui la signifier, le resignant se doit imputer de l'auoir faite de telle sorte. 50 Et non du resignataire, du moins aux Offices.

51 Et encor le nom de l'Office, mais nō du benefice.

Finalement quant au nom de l'Office qu'on resigne, il n'est gueres laissé en blanc aux procurations, & est certain qu'aux benefices cela rendroit la procuration nulle, attendu que l'Ord. *Des petites dates* defend les procurations generales, & par consequent les indefinies : dont à la verité il naist vn grand soubçon de confidence, & peut suruenir infinis abus : mais cela n'ayant lieu aux Offices, il n'y a aucun interest public, qui puisse empescher la validité de telles procurations, n'y ayant que le resignant, qui y puisse auoir interest, lequel ne peut venir contre son propre faict, & se doit prendre à luy mesme, d'auoir ainsi basti sa procuration, s'il luy en arriue inconuenient, comme si on la remplit d'vn Office pour vn autre.

52 Procuratiōs sur-années ne valent plus rien.

Mais il eschet vne autre nullité aux procurations à resigner, soit Offices, ou benefices, qui est estroictement gardée en nostre vsage, sçauoir est, quand elles sont sur-années. Car nous tenons qu'elles ne sont valables aprés l'an : comme pour les benefices il est dit en ceste mesme Ordonnance *Des petites dates*, article 10. & pource qu'àpres ceste Ordonnance on doutoit, si comme declaratiue du droict commun, elle deuoit auoir lieu pour le passé, il en fut fait vne declaration de l'an 1551. le dixneufiesme Auril conformément à l'opinion de du Moulin, & mesme és nominations, que fait le Roy aux Prelatures, il faut par les Ordonnances, que les bulles en soient expediées dans les six mois apres la date du placet ou breuet du Roy.

53 De mesme.

Et quant aux Offices, cela se garde inuiolablement en la grande Chancellerie, qu'on n'expedie point de prouision d'Office sur vne procuration sur-année. Ce qui n'est pas à l'occasion du seau, car les contracts ne se sur-annent point, ains seulement les commissions: & d'ailleurs le seau n'est necessaire aux procurations, comme il sera dict au liure suiuant, en traictant des seaux, où la matiere du sur-an sera expliquée.

54 Pourquoy.

Mais c'est pource que comme ainsi soit, que *aliquando voluntas præsumitur mutata ex longinquitate temporis*, disent les Docteurs sur la loy *Peregrè. D. De acquir. possess.* en matiere de resignation d'Office ou benefice, qui n'est point presumée se faire sans grand suiect, dit le chap. *Super hæc. hoc tit.* la volonté du resignant n'est point presumée perseuerer plus d'vn an, d'autant que de soy ceste volonté semble repugnante à l'intention de l'homme, *cap. Quia verisimile. De præsumpt.* combien que regulierement és autres matieres la volonté soit presumée durer iusques à la mort, comme tient du Moulin.

55 Sont bōnes, si le resignataire & le collateur les passent.

Toutesfois en ce sur-an des procurations à resigner les Offices, il y a trois exceptions notables : l'vne que si le collateur de l'Office a baillé sa prouision sur vne procuration sur-année, elle ne laisse d'estre bonne à son esgard, pourueu que le resignant ne s'en plaigne point, pource que l'ayant peu reietter & refuser, il se doit imputer de l'auoir admise volontairement, laquelle admission volontaire couure à son esgard la nullité de la resignation : autrement le resignataire seroit trompé, pource que si on luy eust refusé son expedition, à l'occasion de ce sur-an, il luy eust esté facile de tirer vne procuration recente pendant la vie de son resignant. Ce qui est indubitable aux Offices, à l'esgard desquels il n'y a aucune Ordonnance, ou droict commun, qui irroge nullité aux procurations sur-années, comme aux benefices.

56 Les irreuocables sont bonnes apres le sur-an.

L'autre exception est, que si la procuration estoit de la nature de celles, qui ne sont reuocables, à sçauoir qu'elle fut faicte en vertu d'vn contract ou conuention precedente, le resignant ne s'en peut plaindre de sa part, si vne fois elle est admise par le collateur : car ne pouuant estre reuoquée par vne expresse reuocation, moins le peut-elle estre par vne taisible & presumée : voire mesme si le collateur refusoit d'admettre ceste procuration, le resignant pourroit estre contraint en ce cas d'en passer vne autre, comme cela estant de la suitte & execution necessaire de la conuention precedente.

57 Sont bonnes quand la volōté du resignant dure.

La troisiesme est, que s'il apparoissoit & se prouuoit, que le resignant eust perseueré en sa premiere volonté, lors la prouision expediée au resignataire, ou mesme que par apres il l'eust approuuée, alors ni luy, ni autre ne s'en pourroit plaindre,

plaindre, pource que cessant la raison, la regle cesse: or est-il que la presumption de la mutation de volonté, resultant du sur-an, est renuersée par la preuue du contraire: ce qui mesme a lieu aux benefices, dit du Moulin, sur le 10. art. de ceste Ord. gl. 1. nomb. 5. & gl. 2. nomb. 7.

Voila pour la procuration à resigner: & quant à la reuocation d'icelle, faut considerer, que combien qu'en matiere de benefices telles procurations puissent tousiours estre reuoquées, iusques à ce qu'elles soient admises par le collateur, *Clem. vnica De renunciat.* si est-ce qu'il eschet rarement, en matiere d'Offices, qu'on les puisse reuoquer. La raison de la difference est, que tout commerce, voire toute paction precedente la resignation est prohibée en matiere de benefices: mais en Offices, dont le commerce est, ou licite tout-à-fait, ou du moins toleré, il n'aduient gueres qu'on resigne, sinon en vertu d'vne conuention precedente: auquel cas la resignation est irreuocable, tout ainsi que le contract, en execution duquel elle est faicte: & c'est la raison pourquoy en permutation de benefices, quand elle est au poinct de ne pouuoir plus estre reuoquée, comme quand elle est accomplie d'vn costé, la procuration à resigner est pareillement irreuocable, comme dit fort bien Rebuffe *tract. de pacif. possess. num.* 145. 58 De la reuocation des resignations. 59 Resignatiõ faicte en vertu de cõtract, est reuocable.

Mais si la procuration pour resigner l'Office est passée sans contract, ni marché precedent, estant fondée sur la seule volonté & gratification du resignant enuers le resignataire, alors elle est reuocable, tout ainsi qu'és benefices. Car encor que la procuration passée en consequence d'vne donation parfaicte, soit desormais irreuocable, comme Iustinian a decidé en la loy *Illam* 33. *De donation.* & que la donation soit reputée parfaicte, apres que le tiltre de la chose donnée a esté mis és mains du donataire, *l.* 1. *eod. tit.* si est-ce que cela n'a lieu és choses qui ne se peuuent transferer pleinement par vne personne à l'autre, comme les Offices & Benefices, qui doiuent de necessité passer par les mains du collateur: de sorte que quand mesme le resignant bailleroit au resignataire les lettres de son Office, auec sa procuration pour resigner, cela ne l'empescheroit pas de la pouuoir reuoquer, iusques à ce qu'elle ait esté admise: car la procuration n'est rien, tant qu'elle soit effectuée. 60 Resignatiõ gratuite est reuocable.

Dont resulte qu'il ne faut pas temerairement payer le prix de l'Office, sans retirer quittance, ou faire vn compromis par escrit, soubs pretexte qu'on est nanty de la procuration à resigner, qui regulierement est reuocable: & ce principalement és Offices de iudicature, & autres non-venaux, ou bien entre personnes conioinctes, ou la donation sera aussi tost presumée que la vente. I'estime neantmoins que cela estant arriué, le resignataire, se trouuant saisi de la procuration, seroit bien receuable, nonobstant l'Ordonnance de Moulins, à verifier par tesmoins auoir acheté & payé l'Office, pource que la procuration est vn commencement de preuue par escrit, qui partant se peut parfaire par tesmoins, comme on tient en practique. 61 Ne se faut asseurer en la procuration, s'il n'y a compromis, ou quittance. 62 Porteur de procuration peut prouuer son achat & payement par tesmoins.

Donques és cas, où la procuration pour resigner vn Office peut estre reuoquée, il en faut, auparauant la resignation admise, faire signifier la reuocation au procureur nommé en icelle procuration, ou au collateur de l'Office, comme dit ceste Clementine *De renunciat.* laquelle ne parle point du resignataire, pource que la resignation des Benefices de sa propre nature doit estre pure & simple, & non en faueur d'autruy, comme il a esté dit au commencement de ce chapitre. Toutefois, il n'y a nulle doute, que la reuocation signifiée au resignataire, & és Offices, & és Benefices, n'empesche la validité de la prouision subsequente, estant le resignataire la vraye partie, qui ha le principal interest en l'affaire, & ainsi le tient Rebuffe sur le Concordat, *ad tit. De sublata Clem. Literis.* 63 A qui faut signifier la reuocation.

Vray est que la reuocation ayant seulement esté signifiée au resignataire, & non au procureur expressément nommé en la procuration, ni au collateur, si le procureur, estant ignorant de ceste reuocation, payoit de bonne foy le quart denier de la resignation, il auroit son recours contre le resignant qui l'auroit mis en besongne. Car c'est vne regle infaillible, que le reuoquant doit rembourser au 64 Ce qui peut aduenir, de ne signifier la reuocation au procureur, *ad resignandum.*

procureur, & mesme au resignataire tous les fraiz qu'ils ont faits, iusques à la signification deuëment faicte de la reuocation, ou qu'elle soit paruenuë à leur cognoissance, *cùm beneficijs iuuari nos oporteat, non decipi.* Ce qui va bien plus loin aux Offices qu'aux Benefices, où il n'y a perte que des voyages & fraiz de l'expedition: mais és Offices, le quart denier, estant vne fois payé aux parties casuelles, est bien mal-aisé à retirer.

65 Si la reuocation peut estre faicte soubs seing priué.

C'est pourquoy il faut considerer comment ceste reuocation doit estre faicte & signifiée: & combien que Rebuffe au mesme endroit du Concordat, tienne qu'elle peut estre faicte sans escriture, pourueu qu'il y ait des tesmoins, ie passeray auec luy, que telle reuocation est bonne de soy (bien toutefois qu'il y ait suject d'en douter, pource qu'il faut autant de solennité à rompre vn acte, qu'à le faire, *l. Nihil tam naturale. De reg. iur.*) & la raison est, que l'interuention du Notaire n'estoit necessaire en la procuration pour la validité & substance d'icelle, *l. 1. D. De procur.* ains pour la preuue seulement.

66 Vaut mieux qu'elle soit pardeuant Notaires.

De mesme aussi sans l'interuention du Notaire, la reuocation subsiste dés l'instant de la mutation de volonté, *l. Si verò. §. Si mandauero. D. Mandati.* Mais pour la preuue, c'est sans doute, que s'il n'appert par escrit de la reuocation, ensemble qu'elle soit paruenuë à la notice du procureur, ou du resignataire, la prouision tiendra, suyuant cette Clementine, pource que la preuue testimoniale n'y est receuable, obstant l'Edict de Moulins, mesme ne suffiroit la confession du Procureur, au preiudice du resignataire, mais bien la sienne seroit suffisante, pource que luy seul y a interest.

67 Resignatiõ à furuiuance remissiue.

Finalement faut remarquer qu'il y a deux sortes de resignations d'Offices; l'vne pure & simple: l'autre, à condition de suruiuance, qui est presque le contraire de ce qui s'appelle Regrés, en matiere de benefices. Car proprement le Regrés importe que le resignant laisse promptement le benefice au resignataire, à condition d'y rentrer, si le resignataire vient à deceder deuant luy: & au rebours en la suruiuance, l'exercice & le profict de l'Office demeure au resignant, & apres son decez seulement, il est affecté & reserué au resignataire: mais pource que ce chapitre est desia assez long, ie remets à traicter la matiere des suruiuances au chapitre suiuant: ensemble la clause des 40. iours qu'on a coustume d'inserer aux prouisions expediées sur les resignations.

SOMMAIRE DV DOVZIESME CHAPITRE.

1 *La mort est la plus certaine vacation.*
2 *La regle de 20. iours, & des malades resignans és Benefices.*
3 *La clause des 40. iours és Offices.*
4 *Si elle a lieu aux Offices de iudicature.*
5 *Remede nouueau à la fraude.*
6 *Les 40. iours courent du iour du quart denier.*
7 *Que ce terme est trop long.*
8 *Difference entre les 20. iours des Benefices, & les 40. des Offices.*
9 *Si les 40. iours doiuent estre francs.*
10 *Les 20. iours des Benefices doiuent estre francs.*
11 *Mais non les 40. iours des Offices.*
12 *En tout cas faut compter de moment à moment.*
13 *Autre difference entre les 20. & les 40. iours.*
14 *Les 40. iours n'ont lieu, s'il n'est dit par la prouision.*
15 *Dispense des 40. iours.*
16 *Moyen subtil, par lequel les Officiers sauuoient leurs Offices en la ligue.*
17 *Moyen de sauuer l'Office, quand le resignataire meurt apres les quarante iours.*
18 *Si apres les 40. iours l'Office vaque par la mort du resignataire, qui a faict acte d'acceptation.*
19 *Cela est aux Benefices.*
20 *Mais non és Offices.*
21 *Raison de difference.*
22 *Autre.*
23 *L'Office ne vaque par la mort du resignataire auant sa reception.*
24 *Ni du pourueu par mort.*
25 *Raison.*
26 *Que ceste resolution est la plus equitable.*
27 *Si la regle* De public. resig. *ha lieu és Offices.*
28 *Arrest de Bordeaux.*

DE LA VACATION PAR MORT.

CHAPITRE XII.

IL n'y a point de plus ordinaire & plus certain moyen, comme de l'extinction de l'vsufruict, aussi de la vacation de l'Office, que la mort: moyen qu'on estend tellement, & és Offices, & és Benefices, qu'encor que lors d'icelle ils se trouuent auoir esté resignez, neantmoins ils ne laissent de vaquer par la mort du resignant, si la resignation n'est faicte 40. iours auparauant és Offices, & 20. iours és Benefices. 1 La mort est la plus certaine vacation.

Dont pour le regard des Benefices, il y a constitution expresse, à sçauoir la regle, *De infirmis resignantibus*, autrement appellée *De viginti diebus*: Combien qu'à la verité la regle *de infirmis resignantibus* soit autre, que celle *de viginti diebus*, qui estoit l'ancienne regle, qui ne requeroit point que le resignant fust malade: & qui est encor obseruée à l'égard de l'indult des Cardinaux: mais cette ancienne regle a esté corrigée & changée en cela par le Pape Innocent VIII. ou plustost par Boniface VIII. qui l'a restrainte au cas de maladie. C'est pourquoy à present elle est appellée propremẽt la regle des malades resignans, & nõ la regle des vingt iours: comme depuis la premiere edition de ce liure, i'ay appris des doctes notes, non encor imprimées, de feu M. Loüet, sur le commentaire de du Moulin, aux regles de Chancelleries, & encor mieux des arrests du mesme Loüet, *in littera B*. Mais és Offices il n'y en a point d'Edict, ni d'Ordonnance pour ce suject, ains seulement l'obseruance des 40. iours depend de la condition, qui (suiuãt le styl de la grande Chancellerie de France) est par exprés apposée és prouisions des Offices faictes sur resignations, *Pourueu que le resignant viue quarante iours apres la date des presentes*. De sorte que le Roy n'admet la resignation, que soubs cette condition: comme de verité, sans icelle les Offices deuiendroient presque hereditaires, estant bien aisé de signer vne procuration pour resigner, quand on est prest & asseuré de mourir: ce qui sera discouru amplement au 5. liure, en traictant de la resignation des Offices des Seigneurs. 2 La regle des 20. iours és Benefices. 3 La clause des 40. iours és Offices.

4 Si elle a lieu aux Offices de iudicature.

Neantmoins on a autrefois douté si les quarante iours auoient lieu aux Offices de iudicature, attendu qu'ils semblent auoir esté introduicts pour les Offices venaux principalement, esquels le Roy ha particulier interest, qu'ils tombent en ses parties casuelles. Et de faict, à l'égard de ceux de iudicature, c'est la verité que jadis le Parlement n'y obseruoit pas à la rigueur les quarante iours, notamment és resignations fauorables, comme de pere à fils, ou gendre, de frere à frere, & d'oncle à nepueu : de sorte, que plusieurs fois les resignataires ont gaigné leur cause contre les pourueus par mort, & contre ceux qui poursuiuoient la suppression des Offices, comme vacans par mort, dont M. Chenu rapporte plusieurs arrests en son Recueil.

Mais l'Edict de Roüen 1597. a retranché ce doute, portant en l'art. 10. que *Les Cours souueraines garderont exactement en tous Estats & Offices la clause des quarante iours, estant portée par les lettres de prouisions, & à faute de ce faire, la reception est declarée nulle, & les Offices vacans & impetrables, nonobstant tous arrests au contraire.* Encor y a on depuis apporté vn remede bien plus certain : car à present on ne séelle plus de lettres de prouision des Offices, qui sont en la libre collation du Roy, sinon apres les quarante iours expirez; & faut qu'alors il apparoisse à Monsieur le Chancelier, que le resignant soit encor en vie.

5 Remede nouueau à la fraude.

Or ces quarante iours sont comptez du iour de la prouision, comme en France és benefices (car à Rome ils se comptent du iour du consens) mais aussi la prouision se date tousiours és Offices du iour de la quittance du quart denier : dont s'ensuit, à bien entendre, que ces quarante iours commencent seulement à courir à l'instant de ce quart denier payé.

6 Quarante iours courent du iour de payement du quart denier.

Ce qui est certes bien rude és Offices de Gascongne, & autres Prouinces esloignées de la Cour du Roy, esquelles il faut vn long temps pour en apporter la procuration, puis la faire mettre en taxe, puis en poursuiure la moderation, s'il y eschet : attendu mesme qu'aucunefois le Conseil des finances est long temps sans s'assembler : principalement s'il vient à la trauerse quelque coureur de l'Office, qui en recule l'expedition, taschant le faire vaquer par mort, à la ruine d'vne pauure veufue & orphelins, ja assez affligez de perdre leur pere, sans perdre son bien quand-&-quand.

7 Que ce terme est trop long.

Aussi y a-il quelque apparence, que ce qu'aux benefices, on requiert vingt iours, est à cause de la distance des lieux pour recourir au Pape : à l'égard duquel seul, on tient que la regle *De infirmis* a lieu; comme au pareil, il est bien certain qu'à present elle n'a lieu és benefices, sinon quand le resignant estoit malade lors de la resignation admise, c'est pourquoy elle est intitulée *De infirmis resignantibus*: & neantmoins és Offices Royaux les quarante iours ont lieu aux sains, comme aux malades, pource que la clause s'y met indifferemment, qui est en passant vne difference bien notable.

8 Differences entre les 20. iours des Benefices, & les 40. des Offices.

Et neantmoins il y a encor des gens si fiscaux & si rigoureux, qu'ils requierent que ces quarante iours soient francs, sans compter ni le iour de la prouision, ni celuy du decez, sous pretexte que Gomes & du Moulin, sur la regle *De infirmis resign.* tiennent que les vingts iours des benefices doiuent estre francs : ce qui est vray, à cause de la teneur expresse de ceste regle, qui est conceuë en ces mots, *Si resignans postea intra viginti dies decesserit, à die consensus computandos* : car ces mots *postea*, & *à die consensus*, importent que le iour du consens, ni celuy de la resignation n'y doit estre compté : & d'ailleurs il est vray de dire, que celuy qui meurt à la derniere heure du vingtiesme iour, decede dans les vingt iours, qui est la raison decisiue de l'opinion de Gomes & du Moulin.

9 Si les 40. iours doiuent estre francs.

10 Les vingt iours des Benefices doiuent estre francs.

Mais la clause des quarante iours és Offices, est conceuë tout autrement, *Pourueu que le resignant viue quarante iours apres la date des presentes.* Or est-il que celuy qui decede le quarantiesme iour, peut estre dit auoir vescu quarante iours, combien que non pas entiers : tout ainsi qu'au legs faict soubs ceste condition, *Pourueu que le legataire viue l'aage de vingt ans*, s'il decede le premier iour de la vingtiesme année, la condition est purifiée, & le legs luy est tellement acquis, qu'il le transfere à ses heritiers, *l. 74. D. Ad S.C. Trebell.* attendu mesme la maxime

11 Mais non les 40. iours des Offices.

de droict, que *in fauorabilibus dies cœptus habetur pro completo. l. 1. D. De manum. test. l. Qua ætate. D. Qui testam. fac. poss. & l. Anniculus, 134. De verb. signif.*

Qui plus est en matiere d'Offices, c'est vne regle particuliere, que *annus cœptus habetur pro completo, ex constitutione. D. Adriani. l. Ad Rempub. D. De munerib. & honor.* Et en tout cas, quand le fisque voudroit traicter à toute rigueur les pauures vefues & orphelins affligez, il ne leur sçauroit pis faire que de compter ces quarante iours de moment à moment, comme regulierement le temps doit estre compté, *l. 3. §. minorem. D. De minor.* Et en ce cas il faudroit considerer à quelle heure le payement du quart denier auroit esté faict, & à quelle heure le resignataire seroit decedé: autrement ce seroit demander quarante & vn iour, pour quarante iours. 12 En tout cas faut compter de moment à moment.

Il y a encor vne autre difference notable entre les vingt iours des benefices, & les quarante des Offices, à sçauoir que les vingt iours ont lieu en toutes prouisions du Pape expediées sur resignation, encor qu'elles n'en facent point de mention: mais les quarante iours des Offices, n'estans fondez en aucune Ordonnance, ains ne procedans qu'en vertu de la clause apposée aux prouisions, il s'ensuit que si elle y est obmise, les quarante iours n'y ont point de lieu. Et de fait, cét Edict moderne de Roüen, qui seul en a parlé, porte en propres termes, que *la clause des quarante iours sera gardée, estant portée par les lettres de prouision*, dont s'ensuit à l'opposite, que n'y estant portée, il n'est enioint de la garder. 13 Autre difference entre les 20. & les 40. iours. 14 Les 40. iours n'ont lieu, s'il n'est dit par la prouision.

Que si le collateur de l'Office en peut dispenser taisiblement, omettant la clause en la prouision, à plus forte raison en peut-il dispenser par exprés: & ce non seulement en admettant la resignation, auec dispense des quarante iours, comme de tout temps il s'est practiqué, lors qu'vn malade resignoit, de faire taxer ceste dispense parmy le quart denier de la resignation, & la faire par exprés coucher dans les lettres de prouision: mais aussi il peut donner à part ceste dispense ou priuilege à son Officier, de n'estre subiect à la clause des quarante iours, quand il voudra resigner: ce qui ne se peut pas faire aux benefices, obstant le droict commun, & que ne tombans en commerce, il seroit de mauuais exemple de les rendre comme hereditaires par telle dispense: raison qui n'ha lieu és Offices, où telle dispense n'est point contre les bonnes mœurs, & ne tourne qu'à l'interest seul du collateur, auquel partant il peut bien renoncer. 15 Dispense des 40. iours.

Voire on a veu, pendant ces troubles, qu'au party de la ligue on permettoit à celuy qui se qualifioit Lieutenant general de l'Estat & Couronne de France, de dispenser des quarante iours, mesme apres la mort des Officiers, admettant leurs resignations en vertu des procurations à resigner, qu'ils auoient passées auant que mourir, combien qu'on ne luy permist pas de conferer par mort les mesmes Offices, au cas qu'ils fussent subiects à suppression par Edicts verifiez auparauant les troubles: pource qu'on disoit, qu'il y falloit nouuelle erection, ce qui ne luy estoit permis faire; & par ceste fauorable inuention, on sauuoit presque tous les Offices, pource qu'on trouuoit tousiours quelque pretexte pour soustenir qu'ils estoient supprimables. 16 Moyé subtil, par lequel les Officiers sauuoiét leurs Offices en la ligue.

Mais apres les quarante iours, le resignataire est fait seigneur incommutable de l'Office, lequel partant deuroit, ce semble, vaquer desormais par sa mort, suiuant la regle de droict, que *res perit periculo domini*. Et toutesfois on y a encor troué vne eschappatoire, aussi bien qu'aux benefices, à sçauoir, que comme la donation ne vaut rien, si elle n'est acceptée par le donataire, aussi la resignation des Offices & benefices ne subsiste qu'apres l'acceptation, comme du Moulin prouue bien sur la regle *De public. resig.* nomb. 245. où il recite l'Arrest donné au profit de M. Iean Bouchetel, Chanoine de Bourges, lequel apres la mort de son resignataire qui n'auoit pris possession, ni autrement accepté sa resignation, fut non seulement maintenu en sa Chanoinie, mais aussi en son antique seance, lequel Arrest est aussi rapporté par M. Chopin. *lib. 1. De sacra. polit. cap. 8.* 17 Moyens de sauuer l'Office, quand le resignataire meurt apres les quarante iours.

Donques si le seul defaut d'acceptation empesche que l'Office & benefice vaque par la mort du resignataire apres les quarante iours, il s'ensuiura qu'il vaquera par sa mort, si on peut faire liquidement apparoir qu'il ait fait quelque 18 Si apres les 40. iours l'Office vaque par la mort du resignataire, qui a fait acte d'acceptatiõ.

acte d'acceptation, ou approbation de la resignation, comme si le resignataire du benefice auoit en propre personne requis l'insinuation de ses prouisions ; & que celuy de l'Office eust passé contract, ou compromis de la composition, ou que luy mesme eust payé le quart denier, ou presenté requeste afin d'estre receu, qui sont tous actes suffisans, pour induire qu'il a accepté la resignation & prouision à luy faicte.

19 Cela est aux Benefices. Car on ne peut nier que deslors que le resignataire a accepté la prouision à luy faicte sur la resignation, le resignant ne soit despoüillé de tout le droict, qu'il auoit en l'Office ou benefice, qui partant ne peut plus vaquer par sa mort apres les quarante iours, si ce n'est quant aux benefices, au cas de la regle *De publicandis resignationibus* : mesme il est tout certain, que les benefices apres les vingt iours, & la resignation acceptée, vaquent desormais par la mort du resignataire.

20 Mais non és Offices. Mais autrechose est és Offices. Car il y a grande apparence que iusqu'à ce que l'Office soit appliqué, &, s'il faut ainsi dire, attaché & incorporé à la personne du resignataire, par sa reception en iceluy, il ne peut vaquer par sa mort : ains, s'il decede auparauant sa reception, le droict qu'il auoit, ou à l'Office, ou en l'Office est transferé à ses heritiers, qui en peuuent disposer, voire sans payer nouuelle finance, principalement és Offices qui entrent aux parties casuelles.

21 Raison de difference. Car il y a double difference entre les Offices & les Benefices : L'vne, qu'és Benefices il ne faut point de reception, & si tost qu'on est pourueu, on deuient beneficier, & est le benefice & le charactere ou qualité de beneficier, appliqué à la personne par la simple prouision : mais és Offices, on en deuient titulaire, & en acquiert-on le droict par la prouision ; mais on ne deuient pourtant Officier, & n'acquiert-on pas la puissance publique : bref, on n'attache l'Office à la personne que par la reception.

22 Autre. L'autre, que les Benefices ne tombent pas en commerce, comme les Offices, mesme le simple interest d'affection y est illicite. De sorte, que le resignataire estant mort, il n'y auroit apparence que ses heritiers eussent la disposition du benefice : attendu mesme que la resignation des benefices *semper est ex gratia* : & celle des Offices vendus est *ex debito, & ex necessitate*, comme il sera prouué au 3. liure.

23 L'Office ne vaque par la mort du resignataire, auãt la reception. Et de faict, en practique, il se voit és benefices, que si le pourueu en veut disposer auparauant qu'en auoir pris possession, il faut que ce soit par la voye de resignation : mais és Offices, c'est chose toute notoire, que quand vn pourueu rapporte & represente ses lettres toutes entieres, & sans acte de reception endossé, notamment quand elles sont de fraische date, on ne luy demande point de quart denier pour pouruoir vn autre en son lieu, ni mesme de procuration *ad resignandum* : ains on appelle cela changer les prouisions, & de faict, on cancelle les premieres, & seelle les autres de mesme teneur, & où il n'y a rien changé que le nom du pourueu.

24 Ni du pourueu par mort. Voire, ie n'ay iamais veu faire de difficulté que celuy qui a leué vn Office aux parties casuelles, estant decedé auant que s'y faire receuoir, ses heritiers ne puissent reuendre l'Office à vn autre, qui mesme en sera pourueu sans payer quart denier.

25 Raison. Bien est vray, qu'il y a vne raison particuliere en celuy qui a acheté tout fraischement l'Office du Roy, lequel auroit, comme on dit, l'argent & le drap, si auant que l'achepteur y eust esté receu, il luy reuenoit par sa mort, & y a apparence qu'en tout cas ses heritiers pourroient intenter la condiction *causâ data, causâ non secutâ*, pour r'auoir leur argent, au lieu dequoy on leur permet de reuendre l'Office. Mais si le Roy auoit donné gratuitement l'Office à vn homme qui decederoit auant qu'y estre receu, ce ne seroit la raison que ses heritiers le vendissent par apres : pource que quand luy mesme viuroit encor, il ne le pourroit vendre ni resigner, que par grace du Roy, comme il sera dit au troisiesme liure.

26 Que ceste resolution est la plus equitable. Mais combien qu'il y ait quelque peu plus de difficulté en la resignation admise, où le Roy n'a eu que la taxe d'icelle, neantmoins, puisque auiourd'huy les Offices sont *omnino in bonis*, ie m'en resoudray par ceste proposition, que sous

vn bon Prince la cause du fisque doit estre reputée mauuaise à l'esgard des pauures heritiers de celuy qui a achepté son Office, & qui n'en a point iouy : principalement si le resignataire n'a point esté en demeure & negligent de s'y faire receuoir.

Comment donc arbitrerons-nous le temps de ceste negligence, c'est à dire dans quel temps dirons-nous, que le resignataire non receu pert l'Office par sa mort ? Car en matiere de benefices il y a six mois, dans lesquels si le resignataire ne publie ses prouisions, le benefice vaque desormais par la mort du resignant, suiuant la regle *De publicandis resignationibus* : mais c'est la verité, que ceste regle n'estant faicte que pour les benefices, ne s'obserue pas és Offices seculiers, mesme en la Cour de Rome. 27 Si la reigle De public. resig. ha lieu és Offices.

Toutesfois le President Bohier en sa decision 150. rapporte, que ceste question ayant esté agitée de son temps au Parlement de Bordeaux, touchant l'Office du Procureur du Roy à Xainctonge, bien que le resignataire fust en plus forts termes, ayant esté receu & installé, neantmoins pource qu'il auoit laissé son resignant en l'exercice actuel de l'Office, apres le decez d'iceluy il en fut euincé par le pourueu par mort : ce que toutesfois il dit auoir esté iugé contre son opinion : mais il ne rapporte pas l'interualle qu'il y auoit entre la resignation & le deceds du resignant. 28 Arrest de Bordeaux.

De moy i'estime qu'il n'y a nulle ressemblance entre la resignation des Offices, & principalement de ceux qui entrent aux parties casuelles, qui est non seulement fauorable, mais mesme ne peut estre iustement refusée, & celle des benefices qui ne dépend que de grace, & est tousiours odieuse, comme prouue bien du Moulin sur ceste regle *De public. resignatio.* C'est pourquoy il n'est pas raisonnable d'apporter tant de rigueur à celle des Offices, que des Benefices : mesme de limiter vn temps si bref, pour publier la resignation des Offices, que celle des benefices. Ioinct que les resignations des Offices, ne sont pas d'ordinaire admises gratuitement, quoy que ce soit, elles ne sont pas receuës indifferemment par forme d'expedition commune, comme sont en Cour de Rome celles des Benefices : c'est pourquoy il ne faut point y craindre les petites dates & prouisions renouuellées de temps en temps, pour asseurer les Offices, ni les autres fraudes, qu'on pratique és benefices. 29 Qu'elle n'y doit auoir lieu

Toutesfois i'estime que si le resignataire gardoit ses lettres vn an entier sans se presenter pour estre receu, n'ayant aucune excuse valable, elles deuiendroient nulles par la regle du sur-an, qui notoirement est pratiqué en toutes lettres de Chancellerie, comme il sera dict au liure suiuant : & partant si le resignant decedoit par apres, l'Office seroit en danger de vaquer par sa mort, si on s'en aduisoit. 30 Sinon apres l'an.

Que si le resignataire s'est faict deuëment receuoir, & qu'il laisse par apres son resignant iouïr & exercer publiquement l'Office iusqu'à sa mort, qui est le cas de l'arrest de Bordeaux, i'estime qu'il ne peut perdre son droict, sinon par vne cessation de cinq ans, suiuant l'Ordonnance de Charles VII. attendu que le Roy n'a point d'interest, puis qu'il y a homme, par la mort duquel l'Office peut vaquer : aussi que le resignataire ayant esté receu publiquement, sa prouision est publiée & enregistrée, & ne peut estre cachée en fraude : toutesfois les matieres d'Estat sont si chatouilleuses, que ie ne voudroy conseiller à mon amy d'esprouuer ce hazard. 31 Resignataire receu, par quel téps pert l'Office par cessation d'exercice.

C'est assez discouru comment l'Office vaque par mort, disons maintenant comment il ne vaque point : & premierement il est certain que les Offices hereditaires sont exempts non seulement de vaquer par mort, mais aussi presque de toute autre vacation, ainsi qu'il sera dict au liure suiuant. 32 Cas esquels l'Office ne vaque point par mort.

Item l'Ordonnance de François II. de l'an 1559. veut que les Offices des Huissiers, Sergens & Archers occis en l'exercice de leurs charges, soient conseruez à leurs veufues & heritiers : ce qui deuroit estre general en tous Offices, n'estant raisonnable que le Roy herite du bien de celuy, qui a perdu la vie pour son seruice, & que ses enfans, outre la perte de leur pere, perdent encor son Office : 33 Sergés tuez faisãs leur Office, ne le perdent point.

veu qu'au contraire, en bonne Iustice, le Roy deuroit les indemniser entierement de sa mort.

34 Lettres aux Officiers pour cõseruer leurs Offices pendant la peste. Ainsi il me souuient d'auoir veu à Paris, és années des pestes, que le Roy enuoyoit ses lettres patentes, par lesquelles il declaroit, que les Officiers des compagnies souueraines & du Chastelet, qui y decederoient de peste, pendant la mortalité, ne perdroient point leurs Offices, & ce afin de les inciter à ne point quitter la ville, & l'exercice de leurs charges.

35 Officiers tuez en guerre pour leur Prince ne deuroient perdre leur Office. Le mesme, & à plus forte raison, deuroit auoir lieu pour les Officiers occis en guerre, pour la defense de leur Prince, ou de leur patrie, suiuant la decision expresse du tiltre *De filijs Officialium, qui in bello moriuntur. lib. 12. Cod. Hi enim, qui pro Repub. ceciderunt, in perpetuum per gloriam viuere intelliguntur,* dit Iustin au §. *Filij. Instit. De excus. tut. Eiusmodi quippe mortuorum vitam in memoria viuorum positam esse, inquit Tullius, Philipp.* 7. & Aristote en ses Politiques rapporte vne loy de Hippodamus, que les enfans de ceux qui estoient morts pour la patrie, seroient entretenus du Thresor public, qui est aussi la disposition, que fait Pericles dans Thucydide liu. 2.

36 Secretaires du Roy seuls dispensés des 40. iours apres auoir exercé 20. ans. Dauantage il y a quelques Officiers, qui ont ce droict & priuilege dependant de leurs Offices, que les ayant exercez vingt ans continuels, ils les peuuent resigner sans payer aucune finance, & sans estre suiects à la clause des quarante iours, notamment les Secretaires du Roy, au moins ceux du nombre des six vingts, ont ce priuilege par l'Ordonnance du Roy Charles IX. de l'an 1572. & sçay bien que tous les autres en iouïssent sans contredict. C'est pourquoy on dit communement, qu'ils ont leur suruiuance acquise: ce qui toutesfois n'est pas vray, & ne se peut colliger des termes de cet Edict, ains resulte seulement d'iceluy, qu'ils sont dispensez de la clause des quarante iours, de sorte qu'il faut qu'ils resignent auant que mourir, autrement leur Office seroit vacant: mais il est aisé d'y donner ordre, n'estans suiects aux 40. iours.

37 Quatre sortes de suruiuãces. Or il y a grande difference entre la dispense des quarante iours, & la suruiuance, comme ie diray incontinant, apres auoir expliqué les especes de suruiuances, qui sont quatre, à chacune desquelles, pour plus facile distinction, ie donneray vn nom à part: à sçauoir la simple suruiuance, la suruiuance receuë, la suruiuance iouïssante, & la suruiuance en blanc.

38 De la simple suruiuance. I'appelle la simple suruiuance, quand on resigne l'Office à certaine personne, non pas purement, & pour en iouïr promptement, ains seulement au cas qu'il suruiue le resignant, qui est la naïfue & la primitiue inuention des suruiuances, dont toutes les autres sont deriuées: & ceste suruiuance est proprement vne donation de l'Office à cause de mort, qui ne peut auoir son effect qu'apres la mort ou demission volontaire du resignant: demission, qu'il peut faire desormais quand il voudra, de sa propre volonté, & sans recourir plus au Prince, qui a desia admis la resignation. Mais iusques à ceste demission, ou iusques à la mort du resignant, le resignataire n'ha pas droict en l'Office, ains seulement droict à l'Office, c'est à dire vne simple esperance, qui est faicte caduque par son predeceds: ne

39 Son effect. plus ne moins, que le legs conditionnel par la mort du legataire aduenuë auparauant la condition escheuë. *l. vnica. §. Et cum triplici. C. De caduc. tollend.* de sorte qu'apres le deceds du resignataire à suruiuance, le resignant rentre en sa pleine liberté de disposer de son Office: mais pendant la vie d'iceluy, il n'en peut plus disposer en faueur d'vn autre. Somme, que ceste suruiuance importe que l'Office ne vaque, ni par la mort du resignant, pource que c'est la condition, & l'effect, qui est commun à toutes les suruiuances, ni du resignataire, pource qu'il n'ha encor point de droict en l'Office.

40 De la suruiuance receuë. Mais pource que de tout temps ces simples suruiuances, comme portans dommage aux parties casuelles, ont esté subiectes à estre reuoquées par le Roy, principalement quand elles auoient esté concedées gratuitement, ainsi qu'il s'est faict par Edict de l'an 1541. & 1559. comme aussi c'est l'ordinaire des Papes, de reuoquer à leur aduenement les graces, & reserues de leur predecesseur: ceux qui se veulent rendre plus asseurez de leurs suruiuances, & principalement les Officiers

ciers de Iustice (dont lors de ces Edicts les Offices n'estoient encor vendus si communément, ni par consequent les suruiuances d'iceux) font dés leur viuant receuoir & installer leurs resignataires à suruiuance, afin qu'ayans par ce moyen le tiltre, ordre, & charactere d'Officiers, ils ne puissent plus estre priuez de leur droict, *quia Turpius eijcitur, quàm non admittitur hospes*, & qu'auenant la mort du resignant, ou sa demission (qu'il peut faire en vn instant, & de sa priuée volonté, si tost qu'il est bruit de reuocation des suruiuances) il ne leur fallust plus d'autre ceremonie, pour auoir entierement l'Office, que d'en apprehender l'exercice librement, & de leur propre auctorité, attendu leur installation precedente, qui est la seconde espece de suruiuance, que ie nomme suruiuance receuë: & de fait és Estats de Blois art. 111. les suruiuances furent toutes reuoquées, fors celles, dont auroit esté payé finance, *& les suruiuances ia receuës* (porte l'art.) *encor qu'on n'en eust payé finance.*

Et certes il semble de prime-face, que ceste suruiuance receuë, produise droict en l'Office: car ce seroit chose absurde, qu'vn homme fust receu & installé en vn Office, auquel il n'eust point de droict: voire mesme il semble, que tout le droict de l'Office appartienne à ce resignataire, & que le resignant n'en retienne plus que le simple exercice, non pas mesme l'vsufruict, ains le simple vsage non transmissible à autruy. Toutesfois si ainsi estoit, il s'ensuiuroit qu'apres la mort du resignataire à suruiuance, receu & installé en l'Office, le droict qu'il y auoit, viendroit à vaquer, & estre acquis au collateur: de sorte qu'il ne reuiendroit pas au resignant, lequel par consequent ne pourroit pas vne autresfois disposer de son Office. Car combien que le droict procedant de la simple suruiuance, qui n'est qu'vn simple droict à l'Office, s'euanoüisse, & soit fait caduque par le predeceds du resignataire, ainsi que le droict, ou pour mieux dire l'esperance & attente du legataire decedé *pendente conditione*, ou du substitué qui predecede l'institué: neantmoins le droict acquis en l'Office par la suruiuance receuë, semble estre au moins vne nuë proprieté, qui est transmissible apres sa mort, à celuy qui y doit succeder, à sçauoir au collateur, & non à l'vsufruictier, ou vsager de l'Office: ne plus ne moins que la nuë proprieté des choses corporelles, ne se reioint pas à l'vsufruict apres la mort du proprietaire, ains est transferée à son heritier.

41 Si elle produict droict en l'Office.

42 Si en iceile l'Office vaque par la mort du resignataire.

Toutesfois c'est la verité, & ainsi se pratique sans controuerse, qu'apres la mort du resignataire à condition de suruiuance receuë, la libre disposition de l'Office reuient au resignant, tout ainsi qu'en la simple suruiuance. Aussi n'est-il pas vray, que la suruiuance receuë produise vn droict en l'Office, comme il se collige du chapitre dernier *De concess. preb. in 6.* où il est dit, que combien que la reuocation des graces expectatiues ne comprenne que celles, en vertu desquelles l'impetrant n'auoit encor acquis droict en la chose, ains seulement droict à la chose, ce neantmoins elle comprend & exclud les Chanoines *sub expectatione præbendæ*, bien que receus & iouissans du stal au chœur, & de la voix au chapitre, & encor des distributions quotidianes.

43 De l'effect de ceste suruiuance.

Et de verité, il n'y a pas vn mot de plus en la prouision de l'vne, que de l'autre de ces deux suruiuances: de sorte que le resignant n'est non plus exclus de son droict par l'vne, que par l'autre: & ce qu'on permet la reception, n'est iamais qu'aux resignations fauorables, comme de pere à fils, ou gendre, ou d'oncle à nepueu, par vne grace & faueur particuliere, qui pourtant ne peut faire preiudice au resignant, lequel n'est ouy en ceste reception, & contre lequel en tout cas sa liberalité ne doit estre retorquée, outre sa disposition.

44 Qu'elle n'en ha point plus, que la simple suruiuance.

D'ailleurs, il est aisé à entendre que la mesme condition de suruiuance, qui est en la prouision, est sous-entenduë en la reception, pource que la reception est l'execution de la prouision: autrement ce seroit chose absurde, qu'vn homme fust receu purement en l'Office, auquel il n'ha droict, que sous condition: mais ce que la condition n'y est pas repetée par expres, est à cause qu'vn acte legitime, comme est la reception d'vn Officier, ne peut estre faict, sous condition expresse: ioinct aussi, que pendant ceste condition, l'Officier receu à suruiuance est Officier honoraire, qui peut se qualifier du tiltre de l'Office, & ha rang & seance

45 La conditiō de suruiuance est sous-entenduë en la reception.

apres ceux qui sont en exercice, ainsi qu'il sera dict au liure *Des Ordres*, qu'entre les Officiers honoraires de l'Empire Romain, il y en auoit qui estoient appellez *supernumerarij, de quibus agitur in 7. C. De proxen. sacr. scrin.* qui estoient receus és Milices, sous esperance d'auoir la premiere place ordinaire vacante, ce qui s'appelle à nous retenuë és Offices, & Reserue aux benefices: vray est qu'il y a ceste difference entre la Retenuë & la Suruiuance, que la Retenuë se donne sans le consentement des Officiers, en attendant que l'vn d'eux vienne à mourir: & la Suruiuance se donne du consentement d'vn Officier, qui resigne son Office à condition, que son resignataire n'en aura l'exercice qu'apres sa mort, ainsi que i'ay dict cy-deuant au 2. chap.

46 Retenuë d'Office.

47 Difference entre la Suruiuance & la Retenuë.

48 Apres le deceds du resignataire receu en suruiuãce, comment le resignant peut derechef disposer de son Office.

Doncques pour reuenir à nostre propos, il faut conclure, qu'apres le deceds de celuy qui auoit esté receu en suruiuance, l'Officier peut derechef disposer librement de son Office, ce qui s'entend par resignation pure & simple, & non plus à condition de suruiuance: pource que la dispense & priuilege de suruiuance est esteint par la mort du resignataire.

I'estime par mesme raison, que lors que l'Officier veut de rechef resigner son Office, il faut qu'il paye nouuelle finance. Car la premiere, qui auoit esté payée pour la dispense & grace de suruiuance, est consommée par la mort du resignataire à suruiuance: toutesfois on peut dire que la premiere expedition, pour laquelle auoit esté payé finance, contenoit deux poincts, sçauoir l'admission de la resignation, & la dispense de suruiuance: & supposé que la condition de la suruiuance soit esteinte, si est-ce qu'il semble, que la faculté de resigner demeure, & que la premiere resignation n'ayant sorty effect, la finance payée pour icelle doit seruir à vne autre resignation, ne plus ne moins que quand le pourueu par mort, ou le resignataire pur & simple n'a point esté receu en l'Office, on ne demande point de quart denier, pour changer ses lettres au profit d'vn autre.

49 Suruiuance iouïssante.

La troisiesme sorte, ou degré de suruiuance, est quand par les lettres il est expressément permis au resignant & resignataire d'exercer l'Office concurremment, ou en l'absence l'vn de l'autre, que i'appelle partant suruiuance iouïssante: ce qui se peut faire és Offices, sous lesquels il n'y a point de Lieutenant, ou collegue, qui ait droict d'exercer, en cas d'absence, ou autre empeschement du resignant, lequel Lieutenant, ou collegue pourroit empescher ceste concurrence, comme estant à son preiudice. Ceste espece de suruiuance se pratiquoit anciennement aux Eueschez, lors qu'on donnoit des coadiuteurs aux Euesques de leur consentement, pour les soulager en leur vieillesse, ou longue maladie, comme il est dict de sainct Augustin au can. *Non autem 7. quæst. 1. Qui ita est consecratus, vt non succederet cathedræ, sed accederet. Nam incolumi Valerio Hipponensis Ecclesiæ Episcopo, Coëpiscopus Augustinus est*: autant presque en est dit au can. *Quamuis. can. Petisti. & can. Quia frater. eadem quæst.* en tous lesquels, & notamment au can. *Sicut vir. ead. quæst.* il est porté expressément, que tels Coadiuteurs ne peuuent estre baillez sinon à la postulation des Euesques.

50 Coadiutoreries de benefices.

51 Exemples modernes de Coadiutoreries.

Le mesme a esté pratiqué du temps de nos peres en l'Abbaye de Cluny, lors qu'elle appartenoit à Monsieur le Cardinal de Lorraine, qui en fist donner la Coadiutorerie à celuy qui en est maintenant Abbé. Et l'auons veu pratiquer de nostre temps en l'Euesché de Paris, auquel feu Monsieur de S. Germain, depuis Abbé de Challis, fut fait Coadiuteur à Monsieur le Cardinal de Gondy, lors Euesque de Paris, de son consentement: & sous ce tiltre fut sacré Euesque, & iouïssoit de quelque portion du reuenu temporel de l'Euesché, & souuent y faisoit l'Office d'Euesque. Ce qui dura peu d'années, pource qu'ayant eu l'Abbaye de Challis, il retroceda volontairement son droict audit sieur Cardinal, qui long temps apres resigna ledict Euesché à Monsieur son nepueu, qui le tient à present.

52 Elles reuiẽnent en pratique és Abbayes de Religieuses.

Aussi voyons-nous, que ceste pratique recommence aux Abbayes de Religieuses, y en ayant eu de n'agueres deux de ma cognoissance, qui ont obtenu & du S. Siege, & du Roy, d'auoir vne Coadiutrice, qui partant est receuë Abbesse en suruiuance, & cependant commande en l'Abbaye, tant au spirituel, qu'au temporel, apres la mere Abbesse, & comme sa Vicaire generale: & ne faut point douter, puisque ceste ouuerture est faicte, que desormais plusieurs n'y desirent passer, comme estant vn fort facile moyen, pour asseurer les benefices, soit à ses parens, soit aux plus gens de bien.

Donques en ceste espece de suruiuance, l'Office est comme remply de deux personnes, esquelles reside solidairement, & le droict & l'exercice d'iceluy : de sorte qu'il ne peut vaquer par la mort, forfaicture, ou démission de l'vn ni de l'autre ; ains seulement du dernier suruiuant. 53 Effect de ceste suruiuance.

Il y a encor vne autre espece impropre de suruiuance iouïssante, à sçauoir quand le resignant à condition de suruiuance, qu'elle que ce soit, delaisse par apres, par vne démission volontaire, l'exercice entier de l'Office à son resignataire : ce qui se fait ordinairement sans en passer aucun acte nouueau, en s'abstenant par le resignant de l'exercice, & le laissant entier au resignataire. Quoy faisant il semble qu'il se depart de la condition de suruiuance, apposée en sa resignation, qui par consequent deuient pure & simple: de sorte que desormais l'Office semble appartenir absolument & incommutablement au resignataire: dont s'ensuiuroit qu'il vaqueroit par sa mort, sans reuenir au resignant. 54 De la demission faite au suruiuant.

Toutesfois on peut dire (notamment au cas de la suruiuance receuë, & de la vraye suruiuance iouïssante) que le resignant n'a quitté ny remis taisiblement que l'exercice, mais qu'il ne s'est pas démis du droict, tiltre, & proprieté, qu'il auoit en l'Office, lequel il ne peut perdre que par démission expresse, & dont il apparoisse. Ainsi Charondas rapporte auoir esté jugé par arrest du 7. Iuillet 1579. donné en l'audience entre Maistre Alexandre Gruyer & Maistre Edmé le Sain, que l'Office d'Aduocat du Roy à Chaumont en Bassigny, resigné à condition de suruiuance par le beau-pere à son gendre, auquel il en auroit depuis quitté l'exercice, s'estant mesme fait Prestre, ne vaquoit point par le deceds du gendre, ains retournoit au pere, qui neantmoins seroit tenu le resigner dans quatre mois, & ainsi en auroit esté éuincé le pourueu par mort. 55 En resignatió fauorable, la demission n'est entéduë que de l'exercice, & non du tiltre. 56 Arrest notable.

Et de faict tous les Edicts de suruiuances, qui seront cy-apres rapportez, portent que l'Officier qui a financé pour sa suruiuance, ayant resigné absolument son Office à son fils ou gendre, rentre en iceluy apres leur mort, qui est pourtant vn priuilege special à mon aduis, attribué à telles resignations, afin d'attirer les marchands, pource qu'on finançoit pour icelles le tiers de la valeur de l'Office. C'est pourquoy au cas que nous traitons, i'estime que s'il apparoissoit d'vn acte de resignation ou démission pure & simple du droict du resignant, (ce qui n'aduient gueres, & quand il y en auroit vn, on le peut supprimer & cacher apres sa mort) l'Office vaqueroit par la mort du resignataire. Mais au cas de la suruiuance expediée en faueur d'vn estranger, auquel par apres on auroit delaissé l'exercice de l'Office, ie dy que sans faire apparoir de démission expresse, il est assez à presumer par le seul quittement de l'exercice, que le resignant s'est departy de la condition de suruiuance, & qu'il a entendu faire le resignataire seigneur parfait & incommutable de l'Office, moyennant bon payement, qu'il en a receu de luy. Et partant (ioinct que telles resignations ne sont fauorables, comme sont celles de pere à fils, ou gendre, ou d'oncle à nepueu) i'estimeroy qu'apres le quittement de l'exercice, l'Office deuroit vaquer par la mort du resignataire. 57 Raison. 58 A l'esgard de l'estranger la demission s'entend de tout droict.

Si ce n'est que les lettres de prouision portassent clause de Regrés, qui est vne suruiuance renuersée au profit du resignant, à sçauoir qu'apres la mort du resignataire, le resignant rentreroit en son premier droict : ce qui est fort rare és Offices : mais és benefices a esté iadis pratiqué tout communement en Cour de Rome, iusques là, qu'il s'est trouué trois especes de Regrés. A sçauoir le vray Regrés, que nous venons de dire : l'Ingrés qui est, quand celuy qui resigne n'auoit encor pris possession du benefice, & neantmoins le Pape luy permet, aduenant le predeceds de son resignataire, d'entrer au benefice, & d'en prendre possession, en vertu de ses premieres prouisions : & finalement l'Accés, qui est, quand le Pape, ayant intention de conferer le benefice à vn enfant, qui n'a encor l'aage de le tenir, le confere cependant à son precepteur ou parent auec ceste clause, que si tost que l'enfant aura attaint l'aage suffisant, il pourra entrer au 59 Du Regrés 60 De l'Ingrés 61 De l'Accés.

benefice, & iouïra desormais d'iceluy : mais on tient que tous ces Regrés de benefices ne sont receus en France; *quia sapiunt reseruationem*, & est vn prouerbe de pratique beneficiaire, *Qu'il faut laisser les Regrés aux gens mariez*. Quoy qu'il en soit, c'est la verité que les Reserues se font sans le consentement des pourueus, & à leur dommage : & au contraire, les Regrés se font de leur consentement, & à leur profit.

Toutes ces trois sortes de suruiuances se font au profit de certaine personne dénommée particulierement en la resignation, & aux lettres de prouision : mais la quatriesme est generale & indefinie, que pour ceste cause nous auons nommée suruiuance en blanc, pource qu'elle est expediée en blanc, ou donnée par
62 De la suruiuãce en blanc
Edict en termes generaux, sans que le resignant soit tenu la conceuoir soubs le nom, & au profict de certaine personne, voire elle reside en luy-mesme, sans qu'il soit tenu resigner aucunement son Office pendant sa vie, ni mesmement passer procuration en blanc, pour le resigner, ains importe vne faculté à ses heritiers de disposer de l'Office apres la mort de l'Officier. Et sans doute ceste suruiuance est beaucoup plus aduantageuse que les trois autres, voire est presque vne heredité de l'Office à l'esgard de sa premiere mutation : quoy que ce soit, c'est vne asseurance parfaicte d'iceluy, en sorte qu'il ne peut plus vaquer par la mort du pourueu, ains au cas qu'il decede sans parler, ses heritiers en disposent, & le resignent apres sa mort, comme il eust peu faire luy-mesme de son viuant.

63 Edict de suruiuance.
Telles ont esté les suruiuances contenuës par les Edicts des années mil cinq cens soixante huict, soixante quatorze, soixante dixsept, & quatre vingts six, qu'on appelle les Edicts des suruiuances, qui attribuoient ceste suruiuance en finançant le tiers denier de la valeur de l'Office, mesme auec la clause de Regrés, és resignations faites à fils ou gendre: & encor auec la clause d'Ingrés, ou Accés: à sçauoir que si l'Officier qui auoit financé delaissoit vn fils mineur, il succederoit neantmoins à l'Office, & y seroit receu estant en aage, & cependant l'Office seroit exercé par commission.

64 Suruiuance resultant de la Paulette.
Telle est aussi la suruiuance attribuée par l'Edict moderne des quatre deniers pour liure, appellé vulgairement *l'Edict de Paulet*, au moins à l'esgard des Offices non subiects à suppression : Et à l'esgard des autres, combien que ce ne soit qu'vne dispense des quarante iours, pource qu'il faut auoir resigné auant que mourir : neantmoins, attendu qu'on pratique notoirement, qu'il suffit auoir passé procuration en blanc pour resigner, chose qui est facile à faire, & que les Officiers n'obmettent point, c'est en effect vne suruiuance en blanc, qui se renouuelle tous les ans : comme ie diray au dernier chapitre du liure suiuant, où i'expliqueray cet Edict tout au long : & de faict plusieurs l'appellent l'Edict de suruiuance annuelle; Edict qu'il faut aduouër estre mieux inuenté sans comparaison, que tous les precedens, comme il sera dit cy-apres.

SOMMAIRE DV TREIZIESME CHAPITRE.

1 *Forfaicture*, quid ?
2 *Forfaire, que signifie.*
3 *Forfaict, delict, amende.*
4 *La commise, quand ha lieu.*
5 *Deuolut est de trois sortes.*
6 *Quel Deuolut rapporte à la forfaicture.*
7 *Forfaicture ne doit estre obtenuë du Roy auant qu'estre iugée.*
8 *Deuolut peut estre obtenu auant l'incapacité iugée.*
9 *Charges rigoureuses des deuolutaires.*
10 *Deuoluts plus frequents que les forfaictures.*
11 *Et de plus grande estenduë.*
12 *Incapacité autre que pour delict.*
13 *Il y a plus d'incapacitez aux benefices qu'aux Offices.*
14 *Deux sortes de priuation.*
15 *Resignation est suspenduë pendant le procez d'incapacité.*
16 *De quand le criminel perd la faculté de resigner.*
17 *Effect de la resignation faicte par le criminel.*
18 *Son effect apres l'absolution.*
19 Quid *Si le resignataire a esté receu.*
20 *Si le resignant decede pendant le procez criminel, sa resignation est bonne.*

21 On

21 On ne doit refuser prouision sur la resignation d'vn criminel.
22 Modification qu'on peut apporter en telles prouisions.
23 Cautele pour l'accusé, duquel on refuse la resignation.
24 Resignation de l'accusé admise, est valable.
25 Pourueu qu'elle soit admise sciemment.
26 Quels cas induisent forfaicture.
27 De la priuation expresse de l'Office.
28 Se prononce en deux façons.
29 Iuge non Royal ne peut declarer l'Office Royal vacant.
30 Declaré incapable d'Office, peut resigner.
31 Pourquoy jadis le contraire estoit practiqué.
32 Il y a deux parties aux Offices, la Seigneurie & l'exercice.
33 Cautele pour sauuer l'Office au condamné.
34 De mesme.
35 Ainsi se practique par les Cours souueraines.
36 Retentum pour resigner l'Office.
37 De la priuation venant en consequence de condamnation infamante.
38 Infame est incapable d'Office.
39 Exemple notable.
40 Effects de l'infamie.
41 Deux sortes d'infamie, à sçauoir de droict & de faict.
42 Ignominia quid?
43 Infamie de droict.
44 Infamie de faict.
45 L'infamie de faict empesche l'entrée des Offices.
46 Mais ne priue l'Officier receu.
47 Interpretation de la loy 6. Cod. de Dignit.
48 Comment la vraye infamie est encouruë.
49 Comment au droict Romain.
50 Comment en France.
51 Infamie irrogée par la nature de l'action.
52 Tout conuaincu de crime est infame.
53 Cautele pour sauuer l'infamie au condamné pour crime.
54 De l'infamie contractée ex genere pœnæ.
55 Bannissement irroge infamie.
56 Explication de la loy 4. C. Ex quib. caus. infam. erog.
57 Amende honorable incognuë aux Romains, irroge infamie.
58 D'où est dicte.
59 Difference entre l'amende, & la satisfaction honorable.
60 L'amende pecuniaire n'irroge infamie.
61 S'il n'y a declaration de conuiction de crime.
62 Pourquoy les Iuges n'ausent prononcer sans note d'infamie.
63 La Cour seule peut dispenser de l'infamie meritée.
64 Si la priuation de l'Office irroge infamie.
65 Resolution pour l'affirmatiue.
66 Responce aux raisons contraires.
67 Condamnez par les Censeurs n'estoient pas vrayement infames.
68 Censeurs n'auoient pas iurisdiction, mais simple censure, ou correction des mœurs.
69 Priuez d'Offices n'en peuuent plus tenir d'autres.
70 Si la suspension ou interdiction irroge infamie.
71 Ouy selon le droict Romain.
72 Fors en vn cas.
73 Si cette infamie demeuroit apres le temps de l'interdiction.
74 Resolution du droict ancien.
75 Resolution des Constitutions.
76 Conciliation de plusieurs loix.
77 De mesme.
78 Difference entre l'exilé, & le priué d'Office à temps.
79 Nulle suspension n'est infamante en France.
80 Non pas mesme pendant qu'elle dure.
81 Nostre suspension ne regarde que l'exercice.
82 Celle des Romains estoit vne priuation temporelle.
83 Gages courans pendant la suspension doiuent estre reseruez à l'Officier.
84 Fors en deux cas.
85 Officier suspendu, doit choisir vn Commissaire pour exercer son Office.
86 Ce qui doit auoir encor plustost lieu en l'interdiction ordonnée pendant le procez criminel.
87 Des sentences de contumace de Rome.
88 Correction de la Rub. De requir. reis.
89 Absent n'estoit iamais condamné à mort.
90 Sentence de contumace n'estoit retractée à Rome.
91 Des sentences de contumace de France.
92 Confiscation iugée par contumace n'a lieu qu'apres cinq ans.

93 *Ni la forfaicture.*

94 *Cependant l'Office est exercé par commission.*

95 *Commissaire pendant les cinq ans est receu auec mesme solennité qu'vn titulaire.*

96 *Faut neantmoins qu'apres les cinq ans il obtienne prouision.*

97 *Bien souuent pendant les cinq ans l'Office est conferé en tiltre.*

98 *Pendant les cinq ans le condamné ne peut resigner.*

DE LA FORFAICTVRE.

CHAPITRE XIII.

1 Forfaicture, quid.

RESTE la derniere sorte de vacation des Offices, à sçauoir la forfaicture, qui est la priuation de l'Office, ordonnée par sentence du Iuge, pour quelque faute de l'Officier, & est la forfaicture és Offices, ce qui s'appelle Deuolut aux benefices, Commise aux fiefs & aux emphyteoses, & Confiscation aux autres biens.

2 Forfaire, que signifie.

Car Forfaire signifie mettre hors de soy, & partant ce terme est extremement conuenable à l'Office, qui est inherent à la personne : & pour mesme raison il est quelquefois adapté au doüaire personnel & viager, que la femme est dicte forfaire par adultere, en la coustume de Clermont, art. 160. Quelquefois aussi il est accommodé à la commise du fief, qui est vne espece d'vsufruict, comme en la coustume de Sens, art. 283. Quelquefois à la confiscation, comme en la coustume de Mons, chap. 12. & 22. & en l'ancienne chronique de Flandres, chap. 16. 26. 40. 81. Et pour-autant qu'on n'est point priué de l'Office, ni du doüaire, ni des autres biens sans delict ou faute, le delict mesme par vne metonymie est

3 Forfaict, delict, amende.

communément appellé Forfaict, comme en la coustume de Bretagne, art. 446. dans *Yuo Carnotensis epist.* 197. & au chap. *Ex parte. 27. ext. de priuil.* voire aucunefois l'amende pecuniaire du delict est appellée *Forisfactum. vt in cap. Ad audientiam. ext. De præscript.*

4 La cõmise, quand ha lieu.

Vray est, que la commise n'est pas tousiours encouruë pour delict, ains a lieu en l'emphytheose, pour cessation de payement du canon emphytheotique par deux ou trois années consecutiues : ce qui n'est obserué en France par droict commun, & sans stipulation expresse, comme au droict Romain : encor combien qu'il y en ait stipulation expresse au bail emphytheotique, elle n'est pourtant pratiquée à la rigueur. Mais au fief, la Commise a lieu pour felonnie & desadueu seulement. Et quant à la confiscation, elle n'est pas si facilement irrogée, que la forfaicture, n'ayant lieu que *in maxima capitis diminutione*, combien que la forfaicture ait lieu *ob solam infamiam*, comme il sera dit incontinant.

5 Deuolut est de trois sortes.

Bref, le deuolut des Benefices est bien plus commun que la forfaicture des Offices. Car en premier lieu, il y a trois sortes de deuolut: L'vne regarde la collation du benefice, qui pour la negligence du collateur ordinaire est deuoluë au superieur immediat de degré en degré, suiuant le Concile de Latran, rapporté au chapitre 2. *De concess. præb.* L'autre, concerne le droict & tiltre du benefice, qui n'appartenant legitimement à aucun des collitigeans, est par le Pape conferé à vn autre par le rescrit appellé *Si nulli.* La troisiesme regarde la personne du pourueu, qui estant incapable ou indigne du benefice, il est pour cette cause conferé à vn autre.

6 Quel deuolut rapporte à la forfaicture.

Or ce n'est ni la premiere, ni la seconde sorte de deuolut, qui correspond à la forfaicture, ains seulement la troisiesme, qu'on appelle deuolut par incapacité. Lequel est encor, & plus frequenté, & de plus grand effect, que n'est la forfaicture.

7 Forfaicture ne doit estre obtenuë du Roy, auant qu'estre iugée.

Car en premier lieu, on garde exactement en matiere d'Offices les Ordonnances de l'an 1547. article 85. & d'Orleans, article 87. qui defendent d'en obtenir prouision, voire mesme vn simple breuet du Roy fondé sur forfaicture, auant qu'elle soit definitiuement iugée : autrement non seulement l'obtention est nulle, mais encor y a danger qu'elle apporte vne instrusion, qu'on appelle, c'est à dire vne inhabilité à obtenir desormais le mesme Office: c'est pourquoy si en cachette quelqu'vn a eu don d'vn Office par incapacité du pourueu, il se garde bien de le declarer, & d'accuser luy mesme l'Officier, ains luy fait faire son procez sous le nom de quelque partie interessée, ou du Procureur du Roy seulement, auquel encor il suppose vn instigateur, ou denonciateur autre que luy.

Mais aux benefices, le deuolutaire n'est tenu d'attendre la sentence de priuation, ains si tost qu'il a découuert quelque incapacité du pourueu, bastante pour faire vaquer le benefice, il en obtient tout publiquemẽt prouision du Pape, prend possession en vertu d'icelle, pour la forme seulement, & pour auoir sujeɛt de plaider possessoirement: puis hardiment il met le Beneficier en procez, & se porte partie contre luy, soit criminellement par voye d'accusation, si la matiere y est disposée, soit ciuilement par voye de complainte: à la charge neantmoins de garder les conditions prescriptes aux deuolutaires par les Ordonnances, qui sont d'exprimer en leur prouision la cause particuliere du deuolut, de nommer le lieu de leur natiuité & demeurance, d'eslire domicile au lieu où ils intentent procez, de bailler caution du iugé, de contester en cause dans trois mois, & mettre le procez en estat de iuger dans trois ans; & cependant ne s'immiscer aucunement en la iouïssance actuelle du temporel, ou spirituel du benefice auant la recreance, ou maintenuë iugée à leur profit, auec celuy qui en iouït, lequel auparauant ne peut estre depossedé par sequestre, ni autrement: qui sont les remedes que nos loix de France ont trouué pour empescher le desordre des deuoluts.

8 Deuolut peut estre obtenu auāt l'incapacité iugée.

9 Charges rigoureuses des deuolutaires.

Nonobstant lesquels ils sont beaucoup plus frequens que les forfaitures des Offices, pource que celuy qui sçait le secret de l'incapacité obtient le benefice, comme premier occupant, & n'en est iamais refusé à Rome: mais és Offices, quand la forfaiture est iugée, la vacation deuient notoire à vn chacun: puis l'Office n'est pas donné à celuy qui le demande le premier, ains ordinairement est vendu au plus offrant.

10 Deuoluts, plus frequens que les forfaictures.

Pareillement, le deuolut par incapacité est de plus grande estenduë, que la forfaiture: pource que le deuolut comprend toute sorte d'inhabilité, incompatibilité & priuation pour delict, iugée ou non iugée; & la forfaiture ne comprend que la priuation pour delict iugée, d'autant que l'inhabilité & incompatibilité n'induisent pas vacation prompte & absoluë de l'Office, ains seulement vne contraincte de resigner.

11 Et de plus grande estenduë.

Vray est, que quand l'inhabile ou incapable (ce que i'enten de l'incapacité suruenante apres la reception, laquelle couure toute incapacité precedente) ne veut de son bon gré resigner son Office: comme pour exemple, celuy qui est deuenu sourd, muet, perclus, aueugle, ou qui s'est fait Prestre, on luy prescrit vn temps dans lequel on le condamne à resigner, & à faute de ce faire, on declare l'Office vacant & impetrable, qui est le seul cas où il peut eschoir vacation par incapacité, ce qui eschet fort rarement és Offices, & bien moins qu'aux benefices. Car outre qu'il y a beaucoup de sortes d'incapacité suruenante apres la prouision aux benefices, qui n'ont lieu aux Offices, comme le mariage, l'irregularité, la non-promotion: encor faut-il prendre garde que l'incapacité, comme aussi l'incompatibilité fait vaquer *ipso iure* le benefice, & le rend impetrable sans sentence ni declaration du Iuge, ce qui n'est en l'Office.

12 Incapacité autre que pour delict.

13 Il y a plus d'incapacitez aux benefices, qu'aux Offices.

Finalement, encor à l'egard de la priuation à cause du delict (car il a esté traité cy deuant de l'incompatibilité des Offices) elle est de deux sortes és benefices. Car il y a des crimes qui font vaquer le benefice *ipso iure*, dés l'instant qu'ils sont commis, de sorte que deslors le pourueu ne le peut plus resigner: comme l'heresie, *cap. Ad abolendam.* §. 1. *De haeret.* Le schisme, *cap. Quia diligentia. De electione.* Le crime de leze Majesté, *cap. Cum secundum. De haeret. in* 6°. La simonie, & confidence, *cap. Cum detestabile. De simonia.* comme traicte Rebuffe en sa Prat. benef. Aucuns adioustent encor l'assassinat, c'est à dire l'homicide pourpensé. Mais regulierement aux autres crimes le benefice ne vaque point *ipso iure*, sans condamnation: ce qui est perpetuel aux Offices, qui iamais ne vaquent *ipso iure*, pour quelque grand crime que ce soit.

14 Deux sortes de priuation de benefices pour delict.

15 Resignatiõ est suspenduë pendant le iugement du procez.

Mais ce qui deuoit, à mon aduis, estre commun aux Offices & benefices, c'est que la validité de la resignation faite apres l'accusation intentée, fust suspenduë iusques à la sentence definitiue, & deuint nulle, si la condamnation ensuiuoit important forfaicture, ou deuolut. Ie dy notamment auec du Moulin, apres l'accusation intentée, *id est, à quo die quis delatus est inter reos, nedum* depuis le decret emané. Encor aucuns disent, *à die commissi criminis*, suiuant la decision de la loy *Post contractum. D. De donat. l. Si aliquis. D. De donat. causâ mort. l. In fraudem. in princ. D. De iure fisci, l. Sed si maritus. D. Qui & à quib.* & mesme l'opinion de du Moulin est, qu'il faut regarder le temps que le resignant a eu doute probable d'estre condamné suiuant la loy *Quæsitum. eod. tit. Qui & à quib.* où il est dit contre la liberté mesme, *ex eo tempore, quo quis, propter facinorum suorum cogitationem, iam de pœna certus esse cœperat, multo priùs conscientiâ delictorum, quàm accusatione, ius dandæ libertatis amisisse.* Vray est, qu'à l'égard des benefices la relaxation de la discipline Ecclesiastique a gaigné ce poinct en practique contre l'opinion de du Moulin, & possible contre la droicte raison, que la resignation de l'accusé de crime qui n'induit vacation *ipso iure*, est tenuë pour valable, suiuãt la gl. de la Prag. Sanct. *tit. de collat. §. Item insuper, in verbo disponere vbi Probus not. 12. Boër. decis. 206. Reb. tract. de pacif. poss. num. 262.* & ainsi se practique indistinctement. Combien qu'il faudroit, ce semble, distinguer la resignation simple d'auec celle *in fauorem*. Car quant à la simple, c'est bien sans doute que l'accusé peut quitter absolument son benefice, *iuxta gl. cap. 2. in verb. finita. Vt litt. pend. in 6.* ce qui ne peut estre fait en fraude du collateur, puis qu'il peut conferer le benefice à qui luy plaist. Et encor quant à la resignation *in fauorem*, il y a bien apparence que le Pape de certaine science peut admettre celle de l'accusé, tout ainsi qu'il peut conferer le benefice comme vacant par deuolut, *nec videtur fraudatus qui sciuit.* Mais si l'admission de la resignation est obtenuë sans auoir donné à entendre l'accusation du resignant, comment peut-on nier qu'il n'y ait de la subreption & de la fraude?

16 De quand le criminel perd sa faculté de resigner.

17 Effect de la resignatiõ du criminel.

Quoy qu'il en soit, aux Offices ie tien auec du Moulin, que pendant le procez criminel la resignation deuroit demeurer en suspends: car s'il y a eu prouision expediée sur icelle, elle est de soy valable, mais non pas incommutablement, ains resolutiuement, presque tout de mesme qu'elle est suspenduë pendant les vingt iours és benefices, & les quarante iours és Offices, comme prouue fort bien du Moulin, sur la regle *De infirmis resign. num. 369. & seq.* duquel voicy la resolution: *In Officijs ciuilibus accusatus de crimine, quod Officij priuationem inducit, & præsertim de delicto admisso in Officio, non admittitur ad resignandum in fauorem. Quod si iam admissa sit resignatio, & collatio facta à Rege, procuratores Regij, vt aduersus obreptionem & inciuilitatem intercedunt, & receptionem impediunt, donec cognitum sit de crimine: & si resignans damnetur, vacabit Officium per priuationem, non per resignationem, non obstante collatione Regia, tanquam subreptitia.*

18 Son effect, apres l'absolution.

Au contraire donc, si le resignant est enuoyé absous, ou pour le moins si son procez estant parfaict, il est eslargy, à la charge de se representer toutesfois-&-quantes, qui est vne definitiue en France en matiere criminelle, la resignation deuient bonne & asseurée, & peut le resignataire se faire receuoir & installer, tant qu'il n'y a point d'appel de ceste sentence: mesmement estant installé, l'appel qui en seroit interjetté par apres, ne le pourroit empescher d'exercer: voire, à mon aduis, quand par apres en l'instance d'appel son resignant seroit conuaincu de crime, induisant priuation de l'Office, le resignataire ne pourroit plus perdre pour la faute d'autruy l'Office dont il auroit deuëment receu le charactere par la reception, la possession par l'installation, & dont il auroit faict exercice public & paisible. Car la loy *Chirographis. §. 1. D. De administ. tut.* qu'on pourroit alleguer au contraire, parle de celuy qui auoit acheté du condamné pendant l'instance de l'appel, *cui quidem fundus ablatus est, appellatione iniustâ pronunciatâ.* Mais icy le resignant auoit esté absous, & si ie pose que le resignataire se soit fait receuoir & installer, tandis que ceste sentence absolutoire tient, & auparauant qu'il y en eust appel. Mesme ie tien indistinctement, que tout resignataire pourueu, receu & installé sans opposition, ni empeschement, ne peut

19 *Quid* si le resignataire a receu.

plus estre troublé pour le faict & faute de son resignant, non plus que pour les debtes & hypotheques d'iceluy, comme il sera traicté au 3. liure.

20 Si le resignant decede pendāt le procez criminel, sa resignation est bonne.

Or de ce qui vient d'estre dit, que la resignation de l'accusé n'est pas nulle, ains seulement est en suspends pendant le procez, i'infere que si le resignant vient à deceder auparauant la condamnation, comme il decede *integri status*, aussi sa resignation deuient bonne, tout ainsi qu'elle seroit apres son absolution: *crimen enim morte extinguitur*: & d'ailleurs, n'estant pas licite de faire le procez à vn mort, hors le crime de leze Majesté, & de l'homicide de soy-mesme, on presume plustost que le defunct estoit innocent, que coulpable.

21 On ne doit refuser prouision sur la resignatiō d'vn criminel.

Dont s'ensuit que pendant le procez, on ne deuroit refuser d'admettre la resignation d'vn Office venal, *non enim vtique qui accusatur, nocens est*, & puisque l'innocence est plustost presumée, pourquoy oste-on à l'Officier la faculté de resigner pendant son accusation? qui est exposer cependant son Office au hazard de vaquer par mort: notamment en France, où les procez de recherche d'Officiers sont ordinairement si longs pour la multiplicité de faicts d'accusation qu'on y entre-lasse, qu'on n'en voit gueres la fin; & quel recours auront les heritiers de l'Officier, s'il vient à mourir cependant, & que son Office partant soit perdu? recours, dis-je, ou contre vn Procureur du Roy, ou contre vn homme de paille qu'on aura interposé, pour se rendre denonciateur, ou partie ciuile.

22 Modification qu'on peut apporter en telles prouisions.

Que si on doute de preiudicier au fisque, en admettant simplement la resignation de l'Officier accusé, peut-on pas y mettre la clause resolutoire, qu'elle ne sorte effect, qu'apres l'absolution ou renuoy du resignant, ainsi qu'on met la clause des quarante iours, pour mesme raison és malades? afin qu'au moins l'Office ne coure plus risque par la mort naturelle: en tout cas, peut-on pas disertement, exprimer que le resignataire ne pourra estre receu, sinon apres que le resignant se sera purgé & iustifié. Et ce qu'on practique le contraire au Conseil des finances, est en consequence de ce qu'anciennement, lors qu'on ne vendoit pas les Offices, la resignation n'en estoit aussi admise que de grace. *Sed alia ætas, alios mores postulat*, puis qu'à present la resignation ne peut estre refusée sans iniustice és Offices achetez, comme il sera prouué au 2. chapitre du 3. liure, pourquoy peut-on la differer & proteler, pour faire vaquer l'Office par mort?

23 Cautele pour l'accusé, duquel on refuse la resignation.

Partant, ie tien qu'en bonne iustice, si l'accusé, apres auoir presenté sa requeste au Roy, à ce que sa resignation fust admise, ou ayant voulu faire mettre icelle en taxe, & en ayant esté refusé, vient à deceder quarante iours apres, son Office doit estre conserué à ses heritiers, d'autant qu'il n'a tenu à luy, qu'il ne le resignast, ains seulement au Roy, qui ne doit profiter du refus qu'il a fait d'admettre la resignation.

24 Resignatiō de l'accusé admise, est valable.

Pareillement, ie tien que le Roy, ou autre collateur, ayant sciemment admis la resignation de l'Office, pendant l'accusation du resignant, & sans aucune condition, il n'y a rien qui puisse empescher la validité de la prouision, qui en ce cas ne peut estre arguée de subreption: comme il vient d'estre dict des prouisions du Pape.

25 Pourueu qu'elle soit admise sciemment.

Quoy que ce soit, en telles prouisions, il faut qu'il apparoisse liquidement de la science du collateur, autrement elles sont subreptices, encor à plus forte raison que celles du Pape: pource que la resignatiō des benefices n'est iamais necessaire à admettre, comme ordinairement est celle des Offices. C'est pourquoy, quand il n'appert point de la science du collateur de l'Office, la reception du resignataire doit estre differée iusques à ce que le resignant se soit purgé, comme il a esté iugé par arrest du 19. May 1602. sur l'appel interietté par M. le Procureur general de la reception d'vn nommé Gohier, faite au siege d'Angiers, en l'Office de Seneschal de Beaufort, à luy resigné par M. Louys Crouin, accusé de maluersation.

26 Quels cas induisent forfaicture.

Pour donc sçauoir quelles maluersations induisent la forfaicture, faut remarquer qu'il y a de deux sortes de priuation de l'Office: l'vne expresse, quand par la sentence l'Officier est nommément priué de son Office : l'autre taisible, qui vient en consequence d'vne peine infamante, contenuë en la sentence.

27 De la priuation expresse de l'Office.

Parlons en premier lieu de la priuation expresse, qui est vne espece particuliere de peine, vsitée parmy nous, ainsi qu'au droict Romain, *l. Cognitionum.* §. 1. *D. De varijs & extraord. cognit.* & au droict Canon, *can. Nullus 2. 11. quæst. 1. & cap. 2. De pœnit. & remiss.*

28 Se prononce en deux façons.

Et faut noter qu'il y a deux formes de prononcer ceste priuation : l'vne, de declarer l'Office vacant & impetrable, ou l'Officier priué de son Office, qui est tout-vn : l'autre, de le declarer incapable de tenir Office, combien qu'on ne prononce gueres le premier sans le dernier, aussi s'ensuit-il que celuy qui est priué de son Office pour delict, est desormais incapable d'en tenir d'autres, comme il sera dict incontinant.

29 Iuge non Royal, ne peut declarer l'Office Royal vacant.

Mais il faut prendre garde qu'il n'y a que le Iuge Royal, qui par mots exprés puisse declarer l'Office Royal, vaquant & impetrable : pource que le Iuge non Royal ne peut directement prononcer touchant l'Office Royal, sur lequel il n'ha point de iurisdiction : & neantmoins i'estime que pour euiter absurdité, il peut bien, quand le cas y eschet, declarer indefiniement, & en termes generaux, l'accusé priué de tous Offices.

30 Declaré incapable, peut resigner.

31 Pourquoy jadis le contraire estoit practiqué.

Voila quant à la premiere forme de prononcer, qui induit vne prompte & parfaicte vacation par forfaicture des Offices du condamné : mais autre chose est de la seconde forme, quand le condamné est seulement declaré incapable de tenir Offices. Car combien que le temps passé, lors que les Offices n'estoient point vendus, & que partant la resignation en pouuoit estre refusée, toute incapacité, inhabilité & incompatibilité faisoit absolument vaquer les Offices, posé que le collateur voulsist vser de rigueur, & ne point admettre la resignatiõ : si est-ce qu'à present les Offices qui ont esté vẽdus, & dont partant la resignation ne peut estre refusée, ne vaquent plus directement & absolument, ni par incompatibilité, ni par inhabilité, ains peuuent estre resignez. Et partant ie dy par mesme raison, que quand le Iuge n'a pas voulu expressément priuer l'Officier de son Office par sa sentence de condamnation, ains seulement l'a declaré incapable de le tenir, cette incapacité n'induit pas vne prompte & parfaicte priuation, ains seulement vne contraincte de le resigner : ce que de prime-face plusieurs trouueront estrange, ne prenans garde à la mutation de droict, qui prouient à cause de la vente des Offices.

32 Il y a deux parties aux Offices, la Seigneurie & l'exercice.

Car maintenant ainsi que nous en vsons, il y a comme deux parties aux Offices venaux, soit licitement, ou par simple tolerance, qui peuuent estre considerées separément, à sçauoir la seigneurie d'iceux, *quatenus sunt in bonis, & in commercio*, qui s'acquiert par la composition, ou pour parler naifuement par l'achat qui s'en fait, & la prouision obtenuë en consequence : & l'exercice ou qualité d'Officier, concernant la puissance publique, qui s'obtient par la reception, & qui attache cette seigneurie de l'Office, à la personne de l'Officier. Dont s'ensuit, que supposé qu'vn homme soit priué, ou iugé incapable de la puissance publique, & qualité d'Officier (pource qu'il importe au public que l'Office ne soit exercé par celuy qui a esté trouué en faute, ou qui est infame) il n'est pas pourtant priué de la seigneurie, & de ce qui est patrimonial en l'Office, en sorte qu'il le perde tout-à-fait, & ne luy soit loisible, comme il l'a acheté, aussi de le reuendre, & par ce moyen de mettre en son lieu personne digne & capable : ainsi qu'on void notoirement, que peut faire celuy qui est deuenu aueugle, sourd, ou muet, ou qui par tout autre inconuenient est rendu incapable d'exercer l'Office : pouuoir qu'il n'auoit pas, contre le gré du collateur, lors que les Offices ne se vendoient point. Comme donc il est notoire que cela s'est changé en ceux-cy, pourquoy trouuera-on estrange de le changer en celuy-là ? attendu mesme qu'il arriue ordinairement que le delict de l'Officier n'est pas si grief, qu'il merite telle punition, que de perdre vn Office de dix mil escus de valeur, & neantmoins il est tel, qu'il n'est pas raisonnable que l'Officier demeure plus en l'Office, auquel il a malversé.

Vray est que c'est le plus seur pour oster ceste difficulté, que le Iuge, qui n'entend pas faire perdre l'Office au condamné, en le declarant incapable d'iceluy, luy permette, voire enioigne de le resigner dans certain temps. Ce que i'estime, sauf meilleur aduis, que tout Iuge Royal peut faire: Car outre qu'il n'y a point en cela de traict de souueraineté, comme le Iuge peut absoudre l'Officier, ou luy bailler telle condamnation, par laquelle son Office ne vaquera point: aussi ne declarant pas precisément son Office vacant, il luy peut enioindre de le resigner. 33 Cautele pour sauuer l'Office au cōdamné.

Mais le Iuge non Royal n'ha autre pouuoir en ce cas, sinon de declarer le condamné incapable de tous Offices, & ne peut pas ordonner, qu'il resignera l'Office Royal. C'est pourquoy, comme ainsi soit que la peine doit estre proportionnée au delict, autrement si elle excede, c'est iniustice & cruauté, si le Iuge, quel qu'il soit, recognoist qu'il est expedient pour le public que l'accusé n'exerce plus l'Office auquel il a maluersé, & que d'ailleurs sa maluersation ne merite qu'vne legere amende, & non pas la perte d'vn Office de grand prix, qui seroit la totale ruine du pauure Officier, outre l'infamie qu'il encourt, faut-il qu'il soit lié à l'vne de ces deux extremitez, ou de laisser le delinquant en son Office, au preiudice du public, ou de faire perdre vn Office de trente mil liures, à celuy qui n'est condamnable qu'en cinquante liures d'amende? est-il pas plus raisonnable, voire necessaire selon iustice, de prendre la voye moyenne, qui est de l'oster de son Office, à fin qu'il n'y face plus de mal, & neantmoins luy en laisser la disposition, à fin qu'il ne soit point ruiné, ni puny outre son demerite. 34 De mesme.

Aussi voit-on presque tousiours, à present que les Cours souueraines (où d'ordinaire aboutissent les procés des recherches d'Officiers) quelques grandes maluersations dont ils les trouuent coulpables, les condamnent seulement en de grosses amendes pecuniaires, selon la qualité des delicts; & outre, leur enioignent de resigner leurs Offices: & est fort rare qu'on voye declarer par arrest les Offices vacans, pour simples maluersations, qui ne meritent peine corporelle: la Cour ne trouuant raisonnable de ruïner les Officiers & leurs enfans, & encor bien souuent leurs creanciers, pour enrichir le fisque. 35 Ainsi se pratique par les Cours souueraines.

Mesme le plus souuent, quand elle les veut exempter d'infamie, elle ordonne *tacito senatusconsulto*, & par vn retentum secret, qu'ils se deferont de leurs Offices quelquesfois promptement & sans rentrer en exercice, quelquesfois apres qu'ils auront encor exercé certain temps, afin d'espargner leur honneur, selon qu'elles estiment, que le condamné merite d'estre plus humainement traicté: en quoy gist le pouuoir particulier qu'ont les Cours souueraines, par dessus les autres Iuges, qui ne peuuent faire de tels retentums ni modifications. 36 Retentum pour resigner l'Office.

Voyla pour la priuation expresse, & quant à la taisible, qui prouient en consequence d'autre peine irrogée à l'Officier, tirant apres soy la perte de l'Office, il faut reuenir, ce me semble, à la distinction, qui vient d'estre faite en la priuation expresse: à sçauoir que la seigneurie & disposition de l'Office, qui est en commerce, ne se pert, qu'ainsi que celle des autres biens, ou pour mieux dire, qu'ainsi que le vray vsufruict, qui se pert seulement *maxima & media capitis diminutione*, *l. Corruptionem. §. 2. C. De vsufr.* Aussi par ceste forfaicture l'Office n'est pas acquis à celuy auquel la confiscation des autres biens de l'Officier appartient: mais la libre disposition en reuient au collateur, ainsi que l'vsufruict estaint, *per capitis minutionem*, reuient au proprietaire. Mais la qualité d'Officier, & ce qui en dépend, & qui s'acquiert par la reception (pour à laquelle paruenir il faut estre recogneu pour homme de bien & d'honneur) ceste qualité, dis-ie, d'Officier, qui attachoit & incorporoit l'Office à la personne, & tout ce qui en dépend, se perd par la simple infamie, combien que *infamia non sit capitis minutio, ne minima quidem, sed tantùm famæ*, dit le §. *Quoties. Instit. De cap. diminut.* 37 De la priuation venāt en consequence de condānation infamāte.

Car l'Office, estant definy Dignité & tiltre d'honneur, ne peut demeurer à ceux qui n'ont plus l'honneur: i'appelle l'honneur, ce que nos loix nomment *integram famam*, & en vn mot *existimationem*. *Existimatio* (dit Callistrate en la loy *Cognitionum. De extraord. cognit.*) *est Dignitatis illæsæ status, legibus aut moribus comprobatus,* 38 Infame est incapable d'Office.

qui ex delicto nostro, aut consumitur, aut minuitur. Minuitur autem, quoties manente libertate circa statum Dignitatis pœna plectimur, sicut cùm relegatur quis, vel cùm Ordine mouetur, vel cùm prohibetur publicis Honoribus fungi. Et la loy vnique *C. De infamib.* dit que *infames Honoribus, qui integræ dignitatis hominibus deferri solent, vti non possunt: infamia quippe quæsitum adimit Honorem* dit la loy *Infamia eod. tit.*

39 Exẽple notable. C'est pourquoy la loy 1. *D. Ad. l. Iul. de vi priu.* dit, que le condamné *omni Honore quasi infamis carebit.* Aussi lisons-nous dans Valere liu. 2. chap. 2. que Liuius Salinator estant Censeur, nota d'ignominie, voire mesme *inter ærarios retulit* toutes les Tribus du peuple Romain, pource qu'apres l'auoir condamné par iugement public, elles l'auoient fait Consul, puis Censeur, exceptant seulement la tribu Metia, qui ne l'auoit ni condamné ni fait Magistrat: car comme dit Ciceron *pro Cluentio, Turpi iudicio damnatus, in perpetuum omni Honore & Dignitate priuatur.*

40 Effects de l'infamie. Et non seulement l'infamie priue des Offices, mais aussi de iuger, d'estre Assesseur, d'estre soldat, d'estre tesmoin, mesme de postuler en iustice, comme il se voit au tit. *De his qui not. infam.* C'est pourquoy on met aucunesfois l'infamie entre les peines capitales, *l. Licet capitalis. De verb. signific.* Mais quoy que ce soit ces considerations ne portent point à la perte entiere de l'Office, ains seulement à la perte de la qualité d'Officier.

41 Deux sortes d'infamie, à sçauoir, de droict & de faict. Encor faut-il entendre tout cela de la vraye infamie: car les interpretes du droit en remarquent de deux sortes: l'vne qu'ils appellent *infamiam iuris*, qui est la vraye infamie irrogée par le droict: l'autre *infamiam facti*, qui est en l'opinion des hommes, *& propriè dicitur probrum aut dedecus.* Bodin liure troisiesme, chapitre troisiesme, dit qu'elle s'appelle proprement ignominie, & ainsi est pris ce terme *in l. 1. D. De liber. causa.* Et dit que *Censoria nota ignominiam tantùm irrogabat, non infamiam*, suiuant le passage de Ciceron rapporté par Nonius, *Censoris iudicium nihil ferè damnato adfert, præter ruborem: itaque vt omnis ea iudicatio versatur tantùm in nomine,*

42 *Ignominia, quid?* *animaduersio illa ignominia dicta est*; neantmoins comme *nomen & fama* signifient également la renommée, aussi Cuias, Sigonius & Brisson confondent l'infamie auec l'ignominie: & de fait il se voit, que l'ignominie signifie la vraye infamie en la loy 1. *D. De Decurio. l. 24. §. vlt. D. De adulter. l. 36. D. De oblig. & act. l. 7. D. De recept. arb.*

43 Infamie de droict. I'appelle donc la vraye infamie, ou l'infamie de droict, celle qui est irrogée par la loy, comme par l'Edict du Preteur *in l. 1. D. De his qui not. infam.* Au lieu

44 Infamie de fait. que l'infamie de fait resulte seulement du fait, *quod apud bonos & graues opinionem & famam onerat*, comme parle la loy *Ea quæ pater. C. Ex quib. caus. infam. irrog.* Et en la loy 2. *D. De alim. à lib. par. præst.* il est dit que le pere, ou le patron condamnez *actione in factum* (qui ha lieu contre eux au lieu des actions fameuses) *licet Edicto non sint infames, re tamen ipsa & opinione hominum non effugiunt infamiæ notam*: dont les interpretes ont tiré les termes d'infamie de fait & de droict. Et combien que Balde *in cap. 1. An testes remoueri possint. in vsib. Feud.* se trauaille fort à subdiuiser ceste infamie de fait, & qu'il en constituë deux degrez, si est-ce que consistant en l'opinion des hommes, il ne s'en peut donner de regle certaine, ains par necessité il la faut laisser à l'arbitrage du Iuge.

45 L'infamie de fait, empesche l'êtrée des Offices. Ceste distinction de l'infamie presupposée, il faut tenir que toute infamie, & mesme celle de fait, qui est notable & notoire, empesche l'entrée & reception des Officiers *l. 2. & 6. D. Dignit. lib. 12. Cod.* comme il a esté prouué cy-deuant

46 Mais ne priue l'Officier receu. au chap. 3. Mais comme on dit, que *multa facta tenent, quæ facienda prohibentur*, & que *Turpiùs eÿcitur quàm non admittitur hospes*: aussi il faut tenir, que la simple infamie de fait, ne priue pas l'Officier de son Office, comme il se colligе de la loy 1. & 4. *C. Ex quib. caus. infam. irrog.* autrement ce seroit chose absurde, que pour l'opinion des hommes, vn Officier receu & exerceant fust dechassé de son Office.

47 Interpretation de la loy *6. C. De Dignit.* Et ce que la loy *6. C. De Dignit.* dit ces mots *Et si quis meruerit, repellatur*, parlant des infames tant de fait que de droict, doit estre entendu de l'infame, qui auoit subrepticement obtenu lettres de prouision d'vne dignité, en l'exercice de laquelle il n'estoit encore entré.

48 Comment la vraye infamie est encouruë. Reste donc de sçauoir, quand la vraye infamie de droict est encouruë: pource que

ce que ce n'est pas en France, comme au droict Romain, où elle estoit irrogée par trois moyens, *nimirum ipso facto, per sententiam, & ex genere pœnæ*, dit la gl. sur la loy 1. *ad verb. Qui eum. D. De his qui not. infam.*

L'infamie estoit encouruë *ipso facto*, és cas publics & notoires, comme par les putains & farceurs publics, par l'adultere surprise sur le faict, par celuy qui espousoit publiquement deux femmes, & autres semblables. Elle estoit irrogée *per sententiam*, c'est à dire par la nature de l'action aux condamnez d'action fameuse, ou de crime public. Finalement elle venoit en consequence de certaine peine, és procés extraordinaires, & partant c'estoit à Rome le moyen d'infamie le moins frequent. 49 Comment au droict Romain.

Or en France nul n'est infame *ipso facto*, ains c'est vne regle generale, que tout ce qui auoit lieu *ipso iure, vel ipso facto* au droict Romain, requiert à nous sentence declaratiue. 50 Comment en France.

L'infamie aussi irrogée par la nature & suitte de l'action ne nous est si commune qu'aux Romains, pource qu'en premier lieu, nous n'auons point d'actions fameuses, ains tenons pour maxime, que l'infamie n'est point encouruë par vn procés pur ciuil. Que si en France, comme à Rome, les condamnez és actions de tutele, depost, mandat, societé, dol, ou fraude, & autres semblables actions fameuses du droict, estoient infames, à peine s'y trouueroit-il assez d'hommes d'entiere renommée, pour tenir tant de sortes d'Offices, qu'il y a de present. Et quant aux crimes publics, encor que nous instruisions tous les procés criminels extraordinairement, comme on faisoit à Rome ceux des crimes extraordinaires, de sorte que l'infamie n'y deuroit auoir lieu, *nisi ex genere pœnæ* comme à Rome, si est-ce que nous pratiquons, que quiconque par sentence, dont n'y a point d'appel, est expressément declaré attaint & conuaincu de crime quel qu'il soit, & ores qu'il ne soit de ceux que les Romains appelloient publics, comme pour exemple celuy qui est declaré conuaincu de larcin, ou de pariure, il encourt infamie par telle sentence, encor que par icelle il ne soit condamné, qu'en amende pecuniaire: c'est pourquoy les Iuges qui veulent sauuer l'infamie au condamné, ne le declarent pas conuaincu de crime, ains prononcent, que pour les cas verifiez par le procez, il est condamné en telle amende. 51 Infamie irrogée par la nature de l'action. 52 Tout conuaincu de crime est infame. 53 Cautele pour sauuer l'infamie au condãné pour crime.

Mais comme en France tous nos procés criminels sont extraordinaires, aussi tout au rebours qu'à Rome, la plus frequente infamie, se contracte *ex genere pœnæ*. Car il y a plusieurs peines, qui par vne consequence necessaire causent l'infamie, comme toutes les peines corporelles, & encor toutes celles qui sont executées par l'executeur de haute Iustice: au lieu que c'est vne grande question au droict Romain, *an ictus fustium irroget infamiam*: en laquelle il se trouue plusieurs loix, qui semblent contraires, que ie ne m'amuseray pour le present à concilier, les reseruant ailleurs. 54 De l'infamie cõtractée ex genere pœnæ.

Pareillement le bannissement irroge l'infamie en France, aussi bien qu'au droict Romain, *l. Capitalium.* §. 1. D. *De pœnis*: fors au cas special de la loy 4. *C. Ex quib. caus. infam. irrog.* (où le lecteur remarquera en passant, qu'il faut lire *relegandum*, au lieu de *relegatum*, *& damnatum* au lieu de *damnandum*) si ce n'est que pour quelque particuliere consideration, il fust seulement ordonné, qu'vn homme s'absentast pour certain temps d'vne ville, comme il se fait souuent pendant & apres les troubles ou guerres ciuiles. 55 Bannissemẽt irroge infamie. 56 Correction de la loy 4. *C. ex quib. caus. infam. irrog.*

Mais il y a vne peine particuliere en France, qui n'est point cogneuë au droict Romain (quoy qu'en die le docte Langlé, qui en a exactement recherché l'origine *lib. 10. Otij semestris. cap. 1.)* qui est l'amende honorable, laquelle sans doute apporte infamie & perte de l'honneur, combien qu'elle soit ainsi appellée, plustost en consideration de celuy auquel l'amende honorable est faicte, pour reparation de son honneur offensé, que de celuy qui la faict: ainsi que son opposite, qui est l'amende profitable, ne peut estre dicte qu'au respect de celuy qui la reçoit. 57 Amẽde honorable, incogneuë aux Romains, irroge infamie. 58 D'où est dicte.

Toutesfois pource qu'il y a plusieurs especes & degrez de satisfaction honorable, comme les declarations ordonnées estre faictes en la maison du Iuge, en 59 Difference entre l'amende & la satisfaction honorable.

presence de certain nombre de personnes, ou en la Chambre du Conseil, ou en pleine Audience, aucunes debout, autres à genoux, autres mesme nuds en chemise auec la torche en main, & aucunesfois la corde au col, & encor auec la conduitte de l'executeur de haute Iustice. Quant à moy ie suis de l'opinion de Coquille sur le quinziesme article de la coustume de Neuers, qui n'estime vrayes amendes honnorables & infamantes, sinon celles qui se font auec des circonstances & marques ignominieuses: & quant aux autres ce ne sont, à mon opinion, que declarations ou satisfactions d'honneur, ordonnées pour reparer l'honneur du plaintif, mais non pour tollir celuy de l'accusé, si ce n'est que la sentence contint le mot d'amende honnorable. Car ie croy que de ce terme l'infamie resulte. Bref à mon aduis la vraye amende honnorable est celle qui se faict enuers Iustice, & de celle là, & non d'autre, doit estre entenduë l'Ordonnance de l'an mil cinq cens quarante deux, qui dispose que l'appel de l'amende honnorable doit estre releué directement à la Cour.

60 L'amende pecuniaire n'irroge infamie.

Quant à l'amende pecuniaire, combien que nos plus huppez practiciens croyent qu'elle est tousiours infamante, quand elle est irrogée en procez criminel, tesmoin le chapitre *Cum te. ext. De sent. & re Iudic.* où celuy qui auoit esté sur vne action d'iniures, condamné en dix sols d'amende, pour auoir dict, que son cheual valoit mieux que les cheueus de son voisin, demande au Pape ses lettres pour estre reïntegré en son honneur : si est-ce que ie tien asseurément le contraire, par le texte expres de la loy 1. C. *De modo mult. Multa damnum famæ non irrogat.* aussi est-ce la difference *inter multam & pœnam*, assignée en la loy *Aliud fraus*. 131. §. 1. *De verb. signif.* que *multa tantùm est pecunia, pœna capitis aut existimationis.* Vray est,

61 S'il n'y a declaration de conuiction de crime.

que comme il vient d'estre dict, le conuaincu de crime, bien qu'il ne soit condamné qu'en amende pecuniaire, ne laisse d'estre infame: mais c'est la conuiction iugée, & non la condamnation de l'amende qui le rend infame, *non multa, sed causa*, dit la loy, *Ictus fustium.* D. *De pœnis.* Autrement quelle apparence y auroit-il, que pour vne iniure verbale proferée par vne promptitude de langage, vn homme soit rendu infame à toute sa vie, soubs pretexte qu'il aura esté condamné en vingts ou trente sols d'amende vers le fisque, & en consequence de cela, que s'il ha vn Office de dix mil escus, il le perde absolument & sans remede?

62 Pourquoy les Iuges n'osent prononcer sans note d'infamie.

Neantmoins c'est la verité, que les Cours souueraines, ialouses à bon droict de leur auctorité, trouuent mauuais, que les Iuges inferieurs adioustent aux condamnations d'amende, ceste queuë, *sans note d'infamie* : se voulans reseruer ceste forme de prononcer, comme dispensatiue : aussi qu'à vray dire, si la condamnation d'amende ne procede point de conuiction infamante, ceste clause est superfluë, mesme nuist plus qu'elle ne sert, *quia indulgentia illa, quos liberat, notat.* Si au contraire elle procede d'vne conuiction de crime, prononcée disertement par la sentence, ce n'est pas aux Iuges inferieurs à remettre l'infamie ja encouruë, comme dit la loy 63. D. *De furtis. Non potest Præses Prouinciæ efficere, vt furti damnatum non sequatur infamia*, & comme dit la loy *Diuus.* D. *De iniur. atrocis iniuriæ damnatus, in Ordine Decurionum esse non potes : nec prodesse tibi debet indulgentia Præsidis,*

63 La Cour seule peut dispéser de l'infamie meritée.

qui de te aliud pronunciauit. Dont la raison est renduë en la loy *Ordine.* D. *Ad municip. Cum facti quidem quæstio in potestate sit iudicantis, iuris autem auctoritas non sit*, & en la loy *Siqua pœna.* *De verb. sign.* que *pœna à lege statuta non est in potestate iudicantis* : n'appartenant qu'au Roy de remettre l'infamie iugée, & à ses Cours souueraines de dispenser de celle qui est meritée : encor faut-il que ce soit par le mesme arrest de condamnation, combien que les Docteurs ayent tenu le contraire, sur la loy 3. C. *Ex quib. caus. inf. irrog.* & sur la loy *Quid ergo.* §. *penult.* D. *eod. tit.* soubs pretexte que ces loix permettent au Iuge d'augmenter la peine ordonnée par la loy, pour espargner l'infamie : ce que toutesfois on ne peut pas pratiquer en France, où les peines ne sont pas certaines & determinées par les Ordonnances ou coustumes; ains arbitraires, c'est à dire laissées à l'arbitrage des Iuges.

64 Si la priuation de l'Office irroge infamie.

Finalement on peut douter, si comme l'infamie induit la priuation de l'Office, aussi au rebours la priuation de l'Office induit l'infamie, en sorte que celuy, qui en aura esté priué par delict, ne soit plus capable d'en tenir d'autre, s'il n'est

rehabilité

rehabilité par le Prince. Car la loy *Aut facta* D. *De pœnis*, met la peine de priuation d'Office apres celle d'infamie: & le Preteur en son Edict *De his qui notantur infamia*, ne met point ceux qui ont esté priuez de leurs Offices; & combien qu'il y mette *milites ignominiæ causa missos*, si est-ce qu'auparauant cet Edict ils n'estoient pas infames, comme prouue Bodin liure troisiesme, chapitre troisiesme: mais en fin pour apporter plus de seuerité à la discipline militaire, on les declara tellement infames, que mesme il leur fut defendu de resider à Rome, ni en Cour, *l. 2. §. Ignominiæ. D. eod. tit.* Ce qui n'auoit pas lieu aux autres Ordres, non pas mesme *in Senatoribus Ordine motis*, *l. Senatorem.* D. *De Senator.* Et est bien certain, que ceux *qui à Censoribus ordine mouebantur*, n'estoient pas infames de vraye infamie, au moins qui fust permanente: comme Bodin prouue bien au mesme lieu.

Nonobstant toutes ces raisons, il faut tenir, à mon aduis, que la priuation expresse de l'Office irroge vne vraye infamie, comme il est disertement decidé en la loy *Cognitionum.* §. *Minuitur.* D. *De var. & extraord. cognit.* & en la loy 2. *De Senat.* C'est pourquoy le §. *Quibus. Instit. De cap. minut.* dit que *moti à Senatu*, *Dignitate, non capite minuuntur. Atqui existimatio est Dignitatis illæsæ status*, dit ceste loy *Cognitionum.* 65 Resolution pour l'affirmatiue.

Et ne se faut esbahir que la priuation d'Office soit mise apres la peine d'infamie en la loy *Aut facta*: pource que ce sont peines egales, & qui se comprennent l'vne l'autre, attendu que quiconque est infame, est priué de son Office, & quiconque est priué de son Office est infame: de sorte qu'il n'importe pas laquelle soit mise la premiere en rang. Et pareillement ne faut trouuer estrange, si ceux qui sont priuez de leur Office, ne sont dénommez en l'Edict du Preteur, pource que cét Edict ne comprend pas tous les infames, notamment ceux qui deuiennent infames *ex genere pœnæ.* Et finalement ce que ceux qui *Ordine moti fuerant à Censoribus* n'estoient pas parfaitement infames, c'est à dire d'vne infamie permanente, est à cause que la note des Censeurs n'auoit pas pareille force, que les sentences des Iuges: n'ayans pas les Censeurs vne vraye iurisdiction, pour iuger les crimes, ains vne simple correction sommaire, pour amender les mœurs, comme prouue Bodin au mesme endroit, notamment par ce beau passage de Ciceron *pro Cluentio. Nunquam animaduersionibus Censorijs hæc ciuitas, vt rebus iudicatis, vsa est*: & apres auoir rapporté l'exemple de L. Metellus, qui fut chassé du Senat par les Censeurs, & par apres luy mesme fut fait Censeur, il adioustent ces mots, qui decident nostre question: *Quod si illud iudicium putaretur, vt cæteri turpi iudicio damnati in perpetuum omni Honore ac Dignitate priuentur, sic hominibus ignominia notatis, neque ad Honorem, neque ad Curiam reditus esset. Timoris enim causam, non vitæ pœnam in illa potestate esse voluerunt. Quare qui vobis in mentem venit, hæc appellare iudicia, quæ à populo Rom. rescindi, à iuratis Iudicibus repudiari, à Magistratibus negligi, ab ijs, qui eandem potestatem adepti sunt, solent commutari?* 66 Responce aux raisons contraires. 67 Condamnez par les Censeurs n'estoient pas vrayement infames. 68 Censeurs n'auoyent pas iurisdiction, mais simple censure, ou correction des mœurs.

Puis donc que ceux qui ont esté priuez de leurs Offices deuiennent infames, il s'ensuit qu'ils ne peuuent plus tenir d'autres Offices, encor que disertement par la sentence ils ne soient declarez incapables de tous Offices, si ce n'est que le Iuge ait limité ceste incapacité aux plus grands Offices, & reserué par expres au condamné la faculté d'en tenir de moindres, ce qui se fait rarement; & neantmoins en la loy 7. §. *Item potest.* D. *De interd. & releg.* ceste puissance est donnée au Iuge, mais il faut suiuant ceste loy, que la reseruation soit expresse, autrement celuy, qui est priué de son Office, deuient incapable à iamais d'en tenir d'autre. En quoy ie ne distingue point, si le condamné a esté priué tout à faict de son Office, ou si seulement il luy a esté enioint de s'en défaire, pource que tousiours il est declaré incapable de la puissance publique & qualité d'Officier: & ce qu'on luy permet d'en tirer commodité, n'espargne pas son honneur, mais son bien seulement, comme il est decidé en cas semblable, *in l. Ordine.* D. *Ad municip.* combien que ceste resolution n'est pas sans difficulté. 69 Priuez d'Office n'en peuuent plus tenir d'autres.

Voyla pour la priuation absoluë & perpetuelle de l'Office: & quant à la simple suspension ou interdiction faite pour certain temps seulement, c'est sans doute qu'elle estoit infamante au droict Romain, comme il se colligé de la loy *Ad* 70 Si la suspension ou interdiction irroge infamie.

tempus. D. De Decur. & autres loix cy-apres alleguées : & afin qu'il ne semble, que l'infamie ait seulement lieu à l'esgard de ceux, qui par mots expres auoient esté

71 Ouy selon le droict Romain. priuez à temps de leurs Offices, *aut qui Ordine moti fuerant*, la loy *Imperator. D. De postulando*, dit que celuy, qui a esté interdict de postuler pendant certain temps, est infame : autant en dit la loy 4. *C. Ex quibus caus. infam. irrog.* de celuy qui a esté

72 Fors en vn cas. iugé s'abstenir de l'exercice de sa charge. Enquoy le droict ne pose qu'vne seule exception, quand le Iuge a ordonné plus grande peine à l'accusé, que celle de la loy, lors ni la suspension de l'Office, ni la relegation temporelle n'apportent infamie, non pas mesme pour le temps, que la suspension ou relegation dure, *quoniam sententiæ seueritas de infamia transegisse videtur d. l. 4. Ex quib. caus. l. Quid ergo, §. penult.* D. *De his qui not. infam. l. Ad tempus.* D. De *Decur. l. Ordine. Ad Municip. l. Seruorum. §. vlt.* D. *De pœnis.*

73 Si ceste infamie demeuroit apres le temps de l'interdiction. Mais c'est vne des plus difficiles questions de tout le droict, si regulierement, & hors ceste exception, les releguez ou priuez à temps de leurs Offices demeurent infames apres le temps de leur relegation ou priuation : & sur ceste question il y a dix ou douze loix, qui semblent formellement contraires, voire mesme il y en a deux d'vn mesme autheur & d'vn mesme liure, qui est Papinian *lib. 2. quæst.* dont l'vne est affirmatiue, & l'autre negatiue, à sçauoir la loy 8. *De postul.* & la loy 5. *De Decur.*

74 Resolution du droict ancien. Pour resoudre ceste difficulté, & concilier ces loix, ie diray auec Cuias sur la loy vnique, *De his qui in exilium dati, vel Ordine moti sunt, lib. 10. Cod.* qu'il faut distinguer le droict ancien des Iurisconsultes, d'auec celuy des constitutions des Empereurs. Par le droict ancien on distinguoit si la condamnation estoit émanée d'vne action fameuse, ou crime public, & lors, attendu que par l'Edict du Preteur le condamné estoit absolument infame *per sententiam*, & non pas *ex genere pœnæ*, l'infamie duroit tousiours : mais si le bannissement, ou priuation temporelle estoient irrogez pour vn delict non public, ou sur vne action non fameuse, le condamné n'estoit pas infame *per sententiam, sed tantùm ex genere pœnæ*, comme il a esté dit cy-dessus : de sorte que l'infamie ne duroit qu'autant que la peine. C'est la distinction de la loy 4. §. *Ad tempus.* D. *De re milit.* & de la loy *Falsi. §. 1. Ad. l. Corn. De falsis*, & de la loy 5. *De Decur.*

75 Resolution des Constitutions. Mais du depuis les Empereurs ordonnerent sans distinction, que l'infamie ne dureroit qu'autant que la peine : ce qui fut premierement ordonné par Adrian en la relegation temporelle, puis par Antoninus Pius en l'interdiction de postuler *l. Imperator.* D. *De postul.* Finalement par *Seuerus & Antoninus* en la priuation

76 Conciliatiõ de plusieurs loix. temporelle de l'Ordre, ou Office *l. 3. Ex quib. caus. infam. irrog.* Toutes lesquelles Constitutions ne furent toutesfois exactement obseruées, comme contrarians à la raison de droict : c'est pourquoy Antonius Caracala les renouuella, pour les interdicts de postuler, & les priuez à temps de leur Ordre ou Office *l. 1. De his qui in exilium dati, vel ordine moti sunt lib. 10. Cod. & l. 3.* D. *De Decur.* mais non pour ceux, qui auoient esté exilez, ou releguez à temps pour crime infamant, lesquels, selon le droict ancien, & nonobstant l'Edict d'Adrian, sont demeurez infames à iamais, *l. 6. C. Ex quib. caus. infam. irrog. & d. l. 3.* D. *De Decur.*

77 De mesme. Mais les exilez à temps pour cause non infamante, & encor les priuez à temps de leur Ordre, ou Office indistinctement, bien qu'apres le temps ils ne fussent plus infames à cause de la Constitution de Caracale, si est-ce qu'auparauant qu'estre capables de nouueaux honneurs, ils deuoient attendre derechef autant de temps, comme leur exil, ou interdiction auoit duré, *l. 2. C. De his qui in exil. & cæt. & d. l. Ordine. Ad municip.*

78 Difference entre l'exilé & le priué d'Office à temps. Il y auoit encor vne autre difference entre l'exilé à temps, & le priué à temps de son Ordre : à sçauoir, qu'apres le temps de l'exil irrogé pour cause non infamante, l'exilé ne reprenoit pas son Ordre, ou Office, ains seulement estoit capable d'y rentrer, lors qu'il y auoit place vacante : mais le priué à temps recouuroit & reprenoit son Office ou Ordre de son propre droict sans nouuelle eslection ni prouision, voire y gardoit son ancien rang, supposé que pendant son interdiction aucun n'eust esté mis en sa place *l. 2.* D. *De Decur.*

Voyla

Voila ce que gardoient les Romains touchant la priuation à temps des Offices: mais nous ne le gardons pas ainsi en France, où i'estime que la suspension n'est de soy aucunement infamante, ni à perpetuité, ni mesme pour le temps qu'elle dure: de sorte que pendant ce temps l'Officier peut estre receu à vn autre Office. Car nous n'irrogeons pas l'infamie si legerement qu'à Rome. Mesme qui plus est, i'estime que quand la suspension porteroit conuictiõ d'vn crime infamant, neantmoins puis que le suspendu à temps est taisiblement recognu capable de son Office apres ce temps (ce qui ne pourroit estre, s'il demeuroit infame) que son infamie ne peut durer au plus, que pendant sa suspẽsion, par la raison de ceste loy 4. *Ex quib. caus. &c.* Voire c'est vne grande doute en nostre droict François, si l'infamie a lieu en ce cas pendant le temps de la suspension, pource qu'on peut dire, que nous n'admettons point d'infamie temporelle, & que comme la pudicité de la femme, aussi l'honneur de l'homme estant vne fois perdu, ne se recouure plus, sinon par le benefice du Prince, qui est distributeur de l'honneur.

79 Nulle suspension n'est infamante en France.

80 Non pas mesme pẽdãt qu'elle dure.

Ie passe encor plus outre, & dy qu'en France, où nostre practique s'est plus accommodée au droict canon qu'au ciuil, la suspension de l'Officier (dont mesme le terme est emprunté des Canonistes) ne regarde que l'exercice, & non pas la seigneurie, le tiltre, ni le rang de l'Office: de sorte que pendant icelle, l'Officier peut resigner son Office comme seigneur, s'en peut qualifier comme titulaire, & doit marcher au rang & grade d'iceluy: tout ainsi qu'au droict Canon, le suspendu de son benefice, mesme celuy qui est suspendu des saincts Ordres, retient non seulement son Ordre, mais encor il retient en effect l'exercice & execution d'iceluy: combien que s'il en vse contre la defense, il encourt irregularité, *can. Qui celebrat. De cler. excomm. vel depos. minist.* ce qui sera amplement expliqué au liure *Des Ordres*.

81 Nostre suspensiõ ne regarde que l'exercice.

Aussi auons-nous diuerse forme de prononcer la suspension que les Romains, *qui Ordine vel Officio mouebant ad tempus*, ainsi qu'il est enoncé en toutes les loix cy dessus rapportées, & partant leur suspension estoit vrayement vne priuation temporelle, mais en France nous prononçons que le condamné est suspendu, ou interdit, ou qu'il s'abstiendra de l'exercice de sa charge: de sorte qu'en effect nous ne touchons qu'à l'exercice. Et ce qu'aucunefois on prononce qu'il est suspendu de son Office, est par vn racoursissement de langage, au lieu de dire suspendu de l'exercice de son Office, & partant cela ne doit estre entendu que de l'exercice, & non du tiltre, ou de la seigneurie de l'Office, qui cependant n'est, ni ne peut estre occupé par autre, si ce n'est par commission és Offices vniques & necessaires, ce qui est tout notoire en nostre vsage, combien qu'au droict Romain le contraire se pratiquast, comme il se voit en la loy 2. *D. De Decur.*

82 Celle des Romains estoit vne priuation temporelle.

C'est pourquoy par cette mesme raison ie tien que les gages escheans pendant la suspension de l'Office, doiuent estre reseruez à l'Officier, pour luy estre payez apres icelle expirée: tout ainsi que le reuenu du benefice est reserué au beneficier suspendu, à cause que l'vn & l'autre appartiennent au pourueu par droict de seigneurie qui leur demeure entiere, quoy que non libre: ce qui a esté prouué cy deuant au chapitre 8. En quoy il y a seulement deux exceptions: l'vne, quand par la sentence de suspension ces gages sont adiugez au fisque, comme le Iuge le peut ordonner, pour plus grande peine du condamné, ce qui neantmoins y doit estre exprimé à mon aduis: l'autre, quand l'Office est tel, qu'il faut qu'il soit exercé par quelqu'vn: & partant, qu'on y met vn Commissaire pour l'exercer pendant la suspension. Car il y a quelque apparence que ce Commissaire, ou Commissionnaire doit iouïr des gages comme des autres droicts de l'Office: ce qui n'est pourtant sans difficulté: pour laquelle euiter ie conseille à l'Officier suspendu de faire obtenir ceste commission par vn amy, auec lequel il compose des profits: chose que i'estime ne luy deuoir estre refusée, y presentant vn homme capable, puis que l'Office demeure tousiours son bien.

83 Gages courans pendant la suspension doiuent estre reseruez à l'Officier.

84 Fors en deux cas.

85 Officier suspendu, doit choisir vn Cõmissaire, pour exercer son Office.

Que si cela ha lieu en l'interdiction ou suspension ordonnée pour peine par sentence definitiue, à plus forte raison doit-il estre obserué sans aucune doute en celle qui est ordonnée pendant le procez criminel: pource qu'estant encor

86 Ce qui doit auoir encor plustost lieu en l'interdictiõ ordõnée pendãt le procez criminel.

incertain, si l'accusé est coulpable, ce qu'on l'interdit cependant, ne peut estre vrayement vne peine, ains c'est plustost vne precaution, qu'on veut apporter au public, ou vne bien-seance, que celuy qui est en voye d'estre iugé pour crime, n'abuse cependant de sa charge, & ne iuge les autres: & de ceste interdiction il sera amplement discouru au chapitre suiuant.

87 Des sentẽces de contumace de Rome. Or tout ce qui a esté dit cy dessus, doit estre entendu des sentences contradictoires, & non de celles données par cõtumace. Car au lieu qu'au droict Romain on ne faisoit point regulierement le procez aux absens, dit la loy 1. *D. De requir. reis; vel absentibus damnandis*, où Haloander dit fort bien, qu'il faut lire *nec*, au lieu de *vel*, ains seulement on saisissoit leurs biens, qui leur estoient rendus, pourueu qu'ils comparussent dans l'an, & se iustifiassent par apres: sinon ils estoient apres l'an acquis irreuocablement au fisque, demeurant neantmoins par apres aux accusez la faculté de se purger en quelque temps que ce fust, sans toutefois qu'en ce cas ils peussent rauoir leur bien, *l. Mandatis. eod. tit. D. & l. 2. Cod. eod.*

88 Correctiõ de la Rub. *De requir. reis.*

89 Absent n'estoit iamais condamné à mort. Que si quelquefois, ou par loy speciale, ou par commission expresse du peuple, ou du Prince, on faisoit le procez à l'absent, comme au crime de leze Majesté, encor n'estoit-il iamais condamné à la mort, ains ou à l'exil, ou à l'interdiction de feu & eau, où declaré prescrit & ennemy du païs, auquel cas chacun le pouuoit tuer impunément, & estoit capital de le retirer, ou communiquer auec luy: mais quoy que ce soit, telle sentence de contumace auoit tout autant de force, que si elle eust esté contradictoire, & n'estoit iamais retractée, comme le docte Airaut a bien prouué en son 4. liure de l'Ordre iudiciaire.

90 Sentẽce de cõtumace n'estoit iamais retractée à Rome. Tout au rebours en France, on fait indistinctement le procez à tous les absens, voire en haine de la contumace on les condamne plus hardiment à mort, & declare-on leurs biens confisquez: mais aussi telles sentences sont plustost comminatoires, qu'executoires. Car en premier lieu, quant à la peine corporelle, on ne les met iamais à execution, ains soit que le condamné se represente volontairement, ou qu'il soit apprehendé, on recommence son procez tout de nouueau: & s'il decede sans se representer, il est bien vray que le crime n'est pas estaint tout-à-fait par sa mort, apres la sentence definitiue donnée par contumace, comme il seroit s'il decedoit pendant le procez, mais ses heritiers sont tousiours receus à purger sa memoire.

91 Des sentẽces de contumace de France.

92 Cõfiscatiõ iugée par cõtumace n'ha lieu qu'apres cinq ans. Et quant à la confiscation, elle n'est acquise irreuocablement au fisque, qu'apres cinq ans; encor à compter du iour de la condamnation, & non pas de la saisie & annotation de biens, comme l'an du droict Romain. De sorte, que le condamné par contumace se representant, ou mourant dans les cinq ans, si par apres il est purgé & trouué innocent, ses biens luy sont rendus, ou à ses heritiers, comme le tout est contenu en l'Edict de Moulins, art. 28. Encor le Roy se reserue-il le pouuoir de dispenser de ceste rigueur apres les cinq ans; mais au contraire il se priue du pouuoir de donner les confiscations des contumax auparauant ces cinq ans expirez.

93 Ni la forfaicture. Dont s'ensuit que la forfaicture prouenant d'vne sentence de contumace, n'est pas encor certaine ni asseurée, puis que le condamné se representant & purgeant dans les cinq ans, rentre sans doute en son Office, tout ainsi qu'en ses autres biens: mesme selon ceste Ordonnance le Roy ne peut valablement, auparauant les cinq ans, ni conferer l'Office, ni donner la confiscation du condamné par contumace.

94 Cependant l'Office est exercé par commission. Et toutefois, pource que les Offices ne peuuent pas commodément estre regis par Commissaires, comme les autres biens, & d'ailleurs, qu'ordinairement il importe au public qu'ils soient exercez actuellemẽt, & non pas delaissez vacans, on obserue en ce cas de conferer par commission les Offices, laquelle commission est volontiers conuertie en tiltre apres les cinq ans expirez, soit en vertu d'vn breuet de don de l'Office (que le Commissionnaire doit obtenir secrettement, de peur d'instrusion, à cause de l'Ordonnance qui defend de demander les Offices auparauant l'actuelle vacation) soit au cas qu'il ait financé pour acheter la commission. Car en ce cas il est reputé auoir acheté & pris à ses

risques tout le droict que le Roy auoit en l'Office, estant certain qu'on n'achete-roit pas vne simple commission.

De fait, en vertu de telle commission, il se fait receuoir auec toutes les mesmes solennitez qui sont requises en vn vray titulaire, & aussi estant receu de telle sorte, il peut dire tant que sa commission dure, qu'il est comme vray Officier, & mesme il iouït du rang, honneur & autres preeminences qu'auroit le vray titulaire de l'Office : ce qui n'est pas de mesme des Commissionnaires, qui sont mis pendant l'accusation, ou la suspension, pource que leur commission n'ha point d'aptitude à estre conuertie en tiltre. Vray est neantmoins, qu'apres les cinq ans, le Commissionnaire de forfaicture iugée par contumace, doit estre soigneux de prendre prouision en tiltre d'Office, en vertu de laquelle il doit seulement prester nouueau serment, sans reïteration d'information, ni d'examen, supposé qu'il y ait ja passé, lors qu'il a esté receu en sa commission, ainsi qu'il a deu.

95 Cõmissaire pendant les cinq ans est receu en mesme solennité qu'vn titulaire.

96 Faut neantmoins, qu'apres les cinq ans il obtienne prouision.

Voire mesme comme on ne garde pas tousiours à la rigueur la prohibition de donner les confiscations auant les cinq ans, aussi bien souuent on confere l'Office du condamné par contumace en tiltre : & combien que cela soit abusif, si est-ce que le condamné, ni autres pour luy, non pas mesme ses creanciers, ne sont receuables d'y former empeschement, pource que toute audience luy doit estre deniée, iusques à ce qu'il se soit rendu en estat, & cependant est reputé pour bien condamné, & son Office pour vacant. C'est pourquoy telles prouisions sont le plus souuent tolerées, & les impetrans receus en vertu d'icelles, sauf apres la representation du contumax, & qu'il sera purgé, de les resoudre : quoy que ce soit, il est bien certain que le condamné par contumace ne peut resigner cependant, puis qu'il a esté prouué cy-dessus, que cela n'est permis, mesme au simple accusé de crime, important priuation de l'Office.

97 Bien souuẽt pendant les cinq ans, l'Office est conferé en tiltre.

98 Pendãt les cinq ans le cõdãné ne peut resigner.

SOMMAIRE DV QVATORZIESME CHAPITRE.

39 Les Iuges deleguez seuls tenus de l'imprudence, & non les Magistrats.
40 Baillifs iugeoient jadis en dernier ressort.
41 Mais non les Ducs & les Comtes.
42 Deuant qui ressortissoit l'appel d'eux.
43 Abus des Commissaires ad partes.
44 Missi, seu Missi Dominici.
45 Cur Dominici.
46 Cur Missi.
47 Iugeoient sans appel.
48 Missi, supprimez en la 2. race de nos Roys.
49 Dernier ressort empieté par les grands Seigneurs.
50 Baillifs & Seneschaux au lieu des Missi Dominici.
51 Missi deuenus Maistres des Requestes.
52 Leur charge d'apresent.
53 Pourquoy president aux Bailliages.
54 Assises des Baillifs & Seneschaux.
55 Garderent le dernier ressort.
56 Mais on pouuoit faire plainte d'eux.
57 La plainte estoit dirigée contre le Iuge, non contre la partie.
58 Querela, quid.
59 Exemples au droict Romain de ces plaintes.
60 Supplicatio pro querela.
61 Plainte remede subsidiaire à l'appel.
62 Difference de l'appel, & la plainte.
63 Supplicatio contra sententias Præfecti Præt.
64 Reuision.
65 Requeste ciuile de France.
66 Pourquoy ainsi appellée.
67 Blasphemia, blasme de faux Iugement.
68 Plaintes estoient aussi appellées requestes.
69 Referendarij.
70 Procedures de ces plaintes.
71 Beau reglement nouueau du conseil d'Estat.
72 Pourquoy on adiourne le Iuge, & intime la partie.
73 Aliud en la vraye appellation.
74 Pourquoy on dit Griefs hors le procez.
75 Ces plaintes en fin confonduës auec les appellations.
76 Vestiges qui en sont demeurez.
77 Pourquoy on releue par lettres du Superieur, fors en Cour d'Eglise.
78 Pourquoy on adiourne le Iuge, & intime la partie.
79 Fors au païs de droict escrit.
80 Intimé est dit à Tholose, l'appellé.
81 Pourquoy on met l'appellation, & ce au neant.
82 La Cour seule peut prononcer ainsi.
83 Pourquoy les Baillifs doiuent comparance au Parlement.
84 Tout cela n'est plus que formalité.
85 De mesme.
86 Pourquoy les Iuges estoient jadis condamnez à l'amende.
87 Pourquoy on prononce l'appellation, & ce sans amende.
88 Intimé par fois condamné en l'amende.
89 Que cela est inique.
90 Pourquoy le Seigneur est condamné en l'amende pour le mal iugé de son Iuge.
91 Raison commune.
92 Fausse.
93 Magistrats des Prouinces iugeoient sans appel.
94 Inuention de l'appel.
95 Cautele pour empescher l'appel.
96 Relatio, cōsultatio, & rescriptum.
97 Appellations empeschées par les Iuges.
98 Establies en droict commun par Constantin.
99 Amende contre les Iuges, ne receuans l'appellation.
100 Appellations empeschées en France par les Ducs & Comtes.
101 Causes des exemptions par appel.
102 Remede pour maintenir les appellations.
103 Pourquoy le Iuge est condamné en l'amende.
104 Pourquoy ceste amende est irrogée aux Seigneurs, & non aux Iuges.
105 Qu'elle seroit absurde, si c'estoit pour auoir mal iugé.
106 Qu'il n'eschet amende pour mal iuger sans maluersation.
107 Absurdité manifeste de ceste vieille practique.
108 Qu'elle s'est corrigée d'elle mesme.
109 Le Iuge adiourné en cas d'appel ne compare plus.
110 La sentence est declarée nulle, quand elle est iniuste simplement.
111 Erreur de l'Ordonn. de Roussillon.
112 Que les Presidiaux ne doiuent condamner les Seigneurs à l'amende.
113 Inconuenient qui en aduient.
114 Que ceste vieille routine doit à present estre delaissée.

DE LA RECHERCHE DES OFFICIERS.

CHAP. XIIII. ET DERNIER.

LA forfaicture expliquée au precedent chapitre, nous ouure le pas, pour traicter icy des recherches ou accusations qui se font contre les Officiers: ce que i'ay reserué à ce dernier chapitre, ainsi que les compilateurs du corps de droict ciuil & canon, ont rejetté à la fin d'iceluy les matieres criminelles. 1 Continuation.

Or les actions des personnes publiques, soit vertueuses, ou vicieuses, ne peuuent qu'elles ne soient fort importantes au public. C'est pourquoy, comme il a esté dit cy-deuant, qu'en bien-faisant, ils doiuent estre honorez par dessus les personnes priuées: aussi viuant mal, ils doiuent estre plus seuerement punis, pource qu'ils violent les loix, dont ils sont gardiens, & la foy publique, qui leur est commise: & d'ailleurs que *magis exemplo, quàm peccato nocent*, comme dit Ciceron. 2 Fautes des Officiers plus seuerement punies.

Il y a trois crimes, ausquels les Officiers sont plus subjets de tomber, la concussion, le peculat & la faussété: & combien que tous Officiers puissent tomber en chacun d'iceux, si est-ce que la concussion est plus ordinaire aux Magistrats, soit de gouuernement, ou de iustice, le peculat aux financiers, & la faussété aux ministres de Iustice. 3 Trois crimes ausquels les Officiers sont subjects.

La concussion est toute exaction, ou autre tort, qui se fait par le moyen de l'auctorité & puissance publique, *l. 1. D. De concussione, l. 4. C. Ad l. Iuliam repetund.* dont la recherche se faisoit au droict Romain *per iudicium priuatum*, contre les particuliers, qui auoient vsé de concussion: mais à l'égard des Officiers, c'estoit vn crime public, appellé *crimen repetundarum, l. 2. D. De concuss. & toto tit. Ad l. Iul. repet.* 4 Concussion.

Pareillement, la faussété est beaucoup plus punissable en vn Officier, duquel les actes sont publics, & font pleine preuue entre toutes personnes, que non pas en vn homme priué: mesme qu'on doute si la supposition d'vne escriture priuée est vne faussété. Quoy qu'il en soit, la faussété n'est point capitale contre vne personne priuée, mais elle l'est à l'égard des Officiers: comme il est dict des Notaires & Greffiers, par l'Ordonn. de l'an 1551. & des financiers, au fait de leurs charges, par l'Ordonn. de l'an 1532. 5 Faussété.

Bref, quant au peculat, qui est le larcin ou interuersion des deniers publics, combien qu'il ne fust capital regulierement par la loy *Iulia*, si l'est-il à l'égard des Officiers par la loy vnique. *C. De crim. pecul.* & en France, par l'Ordonn. de l'an 1545. il porte confiscation de corps & de biens contre toutes personnes: mais encor contre les financiers, il y a cela de particulier en ceste Ordonnance, que s'ils s'absentent du Royaume, ou latitent, auant qu'auoir satisfait le Roy, ils doiuent estre punis de mort comme criminels de peculat. 6 Peculat.

Or d'autant qu'il n'y a ordinairement que le Roy qui ait interest à la recherche du peculat, au lieu qu'en la concussion, ou faussété il y a presque tousiours vne partie interessée, c'est pourquoy les recherches generales des financiers sont plus ordinaires, & aussi plus necessaires, que celles des Magistrats, ou de leurs ministres. Et ce que soubs le Roy S. Louys, & soubs Philippe le Bel on a vsé de Syndicats, pour rechercher indifferemment toute sorte d'Officiers, est, que de ce temps-là les finances n'estoient encor separées de la iustice, comme il a esté prouué cy-deuant: ioint que le Parlement n'estoit encor estably en Cour ordinaire, quoy que ce soit, il n'estoit encor en possession paisible, d'auoir égard sur tous les autres Iuges du Royaume, qui aussi n'estoient pas lors si souples & obeissans qu'ils sont à present, ains ayans les armes, la iustice, & les finances à manier tout-ensemble, ils s'en faisoient bien plus à croire, que nos robes longues de maintenant, ainsi que l'histoire fait foy. 7 Pourquoy les financiers sont plustost recherchez que les autres Officiers. 8 Pourquoy tous Officiers estoient jadis recherchez.

Et à la verité, ce seroit vne chose qui affoibliroit par trop l'auctorité de la Iustice, & le respect particulier, qui luy est deu par le peuple, & qui est vn des principaux fondemens de l'Estat, si on voyoit que par vne recherche generale, tous ceux qui iugent les autres, fussent eux-mesmes en posture de criminels, & que 9 Inconueniét de rechercher les Iuges.

leur honneur fust exposé à la mercy d'vn partisan, qui seul en tout cas profiteroit des iniustices & exactions pretenduës faites au pauure peuple, à qui il n'en seroit faite aucune raison, comme il s'est veu à la recherche des vsures. Inconuenient qui n'est pas en la recherche du peculat contre les financiers, d'autant que le Roy seul y ayant interest, il en peut bien faire party : combien qu'à la verité c'est tousiours chose honteuse d'achepter des procez, & encor des procez d'vne recherche generale d'Officiers.

10 Des Commissaires des recherches. Mais ce qui est plus estrange en ces recherches des financiers, c'est qu'on y met par fois des Commissaires au choix & à la deuotion du partisan, voire qui souuent sont eux-mesmes associez au party : ce qu'estant, qui est l'Officier, pour homme de bien qu'il soit, qui n'ait occasion de trembler parmy la malice & la subtilité des hommes d'à present, voyant sa partie estre son Iuge, & son honneur, voire quelquefois sa vie, estre exposée à la mercy de celuy qui ha interest à sa condamnation ?

11 Ne doiuët estre choisis par le partisã. Quand le partisan n'auroit autre aduantage que de choisir des Iuges à sa poste, n'est-ce pas assez pour faire courir fortune à l'innocent, veu qu'il y a auiourd'huy tant d'ames de Cour, qui, estans d'ailleurs sans employ, ne cherchent qu'à se loüer pour gaigner leurs despens : dont mesme il y en a, qui tout exprés se rendent plus rigoureux, ou qui autrement se sçauent accommoder au gré de celuy qui les employe aux despens des biens, de l'honneur, & quelquefois de la vie de ceux à qui on en veut : afin qu'estans recogneus publiquement pour gens de seruice (ainsi les qualifie-on) ils soient achallandez & accoursez, pour auoir souuent de telles commissions.

12 Ni aller par païs auec luy. Mais outre cela, le partisan ha encor vn autre aduantage, à sçauoir que lors qu'il faut aller par païs, c'est luy qui porte la bourse, qui paye, qui traicte, qui défraye Messieurs les Commissaires, & par ce moyen il est pair & compagnon parmy eux, & estant tousiours auec eux, il apprend leur secret, recognoist leur inclination, bref en fin il les pousse comme il veut : qui sont à la verité de grandes tentations à des Iuges, pour se laisser couler parmy la corruption de ce siecle : où il ne s'en void gueres de si entiers & si fermes, que *valeant perrumpere iniquitates*, comme dit le Sage. O que les façons de faire de ces Commissaires sont naïfuement bien décrites en la Nou. de Valentinian *De indulgentijs reliquorum*, que ie prie le lecteur de voir sur ce propos.

13 Doiuent estre faictes par les Iuges ordinaires. N'y a-il pas en France assez d'Officiers ordinaires gens de bien, sans auoir recours à ces Commissaires extraordinaires ? veu que l'experience nous apprend assez, que le dire de Ciceron est veritable, que toutes puissances extraordinaires sont pernicieuses, & de dangereuse consequence. Ce qui deuroit principalement estre consideré, quand il est question de l'honneur, ou de la vie des personnes publiques. Car lors qu'elle apparence y a-il d'attribuer ceste puissance à de simples Commissaires, & à des Iuges bottez, entre lesquels i'ose dire qu'il y en a qui ne se persuadent pas estre establis pour iuger les meschans, ains pour taxer & rançonner indifferemment tous ceux qui ont à passer par leurs mains, coulpables, ou non.

14 Plainte faicte aux Estats de Tours, cõtre ces Commissaires. Cette plainte n'est pas de moy, elle fut faite solennellement par les trois Estats de France, en l'assemblée d'iceux tenuë à Tours, soubs le Roy Charles VIII. où ayant égard à icelle, telles commissions extraordinaires furent estroittement defenduës. En voicy les mots, *Item & au temps passé, quand vn homme estoit accusé, supposé que ce fust à tort, il estoit pendu. Car il estoit mis entre les mains d'aucuns Commissaires, quis & trouuez à poste, & tres-souuent ceux qui auoient don des forfaictures & amendes, estoient à voir les procez, & les conduire, comme commissaires & Iuges: & s'ils n'estoient Commissaires, si auoient-ils lettres pour estre presens auec les Iuges à faire les procez. Si semble aux Estats, qu'on ne doit iamais souffrir tels Commissaires extraordinaires, mais, si aucuns sont accusez de quelque crime, informations en soient faictes par les Iuges ordinaires, & soient gardées les formes de droict*: & ainsi fut-il arresté.

15 Bonne rencõtre touchãt ces Commissaires. Il me souuient à ce propos d'vne bonne rencontre faite par vn moine, sans y penser, que rapporte M. Pasquier en ses Recherches de la France. Le Roy Fran-

çois estant au conuent des Celestins de Marcoussy parlant de Messire Pierre de Montagu fondateur d'iceux, qui auoit esté grand Maistre & Superintendant des Finances de France soubs Charles VI. & auoit esté condamné & executé à mort, puis quelque temps apres trouué innocent, & enterré honorablement en l'Eglise de ce lieu : Il falloit bien, dist le Roy, que les Iuges qui l'auoient condamné, eussent mal Iugé : vn moine Celestin reprenant brusquement le Roy, dist, Que ce n'estoient pas des Iuges qui l'auoient condamné, ains des Commissaires; voulant dire que les Commissaires n'estoient pas vrayement des Iuges, & que ceste condamnation n'estoit qu'vn faux pretexte de Iustice.

Vray est, qu'il y a quelquesfois des occurrences, où il est bien à propos d'vser de Commissaires, notamment en ces recherches generales d'Officiers, comme Bodin discourt fort bien au 2. chapitre du 3. liure. Mais lors c'est le deuoir d'vn bon Prince de les choisir luy mesme, ou faire choisir par ses principaux Officiers, ausquels il ha creance entiere, & ce auparauant que le party de la recherche soit fait & adiugé ; & encor les prendre dans les Cours souueraines, quoy que ce soit du nombre des Magistrats ordinaires, voire mesme tirer & choisir d'entr'eux, non pas les plus violents & seueres, mais les plus gens de bien (car ceux-là ne peuuent manquer de capacité) comme il a esté faict en ces dernieres érections des Chambres Royale, & de Iustice, composées des Officiers des quatre compagnies souueraines, qui aussi ont rendu si bonne & equitable Iustice, que ni les particuliers n'ont eu occasion de s'en plaindre, ni le public de s'en mescontenter. 16 Commenc faut choisir ces Commissaires. 17 Chambres Royale & de Iustice.

Et pour parler maintenant des recherches particulieres, c'est à dire des procez criminels, qui se font contre les Officiers en particulier, il me semble, sauf correction, qu'és procedures d'iceux, nous leur faisons beaucoup d'iniustice. Premierement en ce que nous les suspendons trop legerement de l'exercice de leurs charges, & ce ordinairement dessors du premier decret d'adiournement personnel : puis, tant que leur procez dure, nous les tenons en interdiction, & les faisons mascher à vuide, voire nous les despouillons, entant qu'à nous est, de leur honneur, & de leur pouuoir, auant que sçauoir s'ils sont coulpables : ce qui est, ce semble, contre la decision de la loy *Libertus. §. In quæstionibus. Ad Municip.* où Papinian dit que *Magistratus capitalis criminis accusati pristinam Dignitatem interim retinent.* 18 Des recherches particulieres des Officiers. 19 Que l'Officier accusé ne doit estre interdict par le decret.

Est-ce pas preiuger leur condamnation, auant qu'auoir ouy leur defense? voire est-ce pas les condamner par prouision pendant le procez? combien qu'il faille plustost presumer l'innocence, & que pendant l'accusation le préuenu doiue demeurer *integri status*. Et neantmoins, fussent-ils les plus innocens du monde, ceste subite interdiction leur apporte vne tres-mauuaise reputation parmy le peuple, enclin à presumer plustost le mal, que le bien: reputation qui ne se repare iamais tout à fait, pource que la playe de la calomnie estant guarie par l'absolution, la note & cicatrice en demeure neantmoins, disoit vn ancien, c'est à dire la memoire, & le mauuais soubçon resultant de ceste suspension publique. 20 Deshôneur prouenant de l'interdiction.

Voyla pour l'interest d'honneur: & quant au dommage, qui aduient à l'Officier, d'estre priué pendant le procez de l'emolument de son Office, qui est ordinairement le plus beau de son reuenu, il n'eschet gueres, que par apres on luy en face raison, ores qu'il soit trouué entierement innocent. Car le plus souuent il n'y a autre partie, qu'vn Procureur du Roy, qui est vne partie sans partie, & vn aduersaire invulnerable, & comme la Quintaine, laquelle celuy qui heurte au corps est en danger d'en auoir dans le dos, s'il n'esquiue vistement. Que si on leur met en teste vn denonciateur, ou partie ciuile, ce sera quelque homme de paille aposté, qui ne sera, ni de qualité, pour reparer le deshonneur, ni de moyens, pour satisfaire au dommage, qu'vn Officier innocent aura receu par vne calomnieuse accusation. 21 Dommage qui en prouient.

Ie sçay que de tout temps on a pratiqué l'interdiction des Officiers pendant leur accusation, notamment des maluersations pretenduës commises en leurs charges : mais ie dy, que ceste pratique pouuoit estre tolerable, lors que les Offices estoient donnez gratuitement, pource qu'à lors on ne mettoit en conside- 22 Pourquoy iadis on pratiquoit ceste interdiction.

ration l'interest pecuniaire de l'Officier: & quant à l'interest d'honneur, on le couuroit de ceste bien-seance publique, de ne voir iuger les autres par celuy, qui estoit en train d'estre iugé luy mesme. Mais à present, que les Offices non seulement se vendent, ains que sur le reuenu d'iceux est bien souuent fondé l'entretien d'vne famille honorable, est-ce pas grand conscience de priuer vn homme qu'on ne sçait encor s'il a failly, de la iouïssance de son bien, lors qu'il en ha le plus de besoin, pour se defendre?

Quàm nosmet nobis legem sancimus iniquam!

23 Autre incõuenient qui en prouient.

Il en suruient encor vn autre grande absurdité, c'est que le delateur du pauure Officier, le voyant bouclé par ceste interdiction, ne faudra pas de l'embarasser parmy infinis chefs d'accusation, dont la plus part seront controuuez à plaisir, fera ouyr infinis tesmoins contre luy, soit qu'ils le chargent, ou non, pour enfler le procez, lequel par apres il laissera là, sans en faire poursuitte. Et si on poursuit ce delateur pour poursuiure, ce ne seront que fuittes, que delais, que defauts, qu'appellations, que recusations, que faits nouueaux, nouueaux incidens, & telles autres allonges de chicane: de sorte qu'en fin le pauure Officier sera contrainct de faire instruire son procez luy mesme; payer ceux qui ont trauaillé contre luy, & se faire fouëtter, comme on dict, à ses despens, pour tascher à sortir d'accusation, & rentrer en son Office. Encor le plus souuent les fuittes de sa partie seront telles, qu'il trouuera plustost la fin de son argent, voire de sa vie, que de son procez, & mourant ainsi, voila son Office perdu.

24 Autre encor.

S'il ha les rains assez forts, & la vie assez longue, pour en voir la fin, encor au iugement definitif d'iceluy, on luy faict vn autre iniustice. Car si de vingt chefs d'accusation proposez contre luy, il y en a seulement vn ou deux, des plus legers, verifiez: comme il est quasi impossible, que parmy cinquante ou soixante affaires, qui se traictent chasque iour deuant vn Iuge, il ne luy arriue en plusieurs années de commettre vn peché veniel, ou par la surprise de la partie, ou par l'embusche d'vn ennemy, ou par la faute d'vn clerc du Greffe, ou par incogitance, ou quelquesfois par ignorance, voire par fois par vne subite passion, voyla le pauure Officier, pour ceste seule peccadille, condamné en tous les despens du procez, s'il y a partie ciuile.

25 Au criminel qui pert en vn chef, paye tous les despens.

Car on pretend, qu'au criminel on ne fait pas comme au ciuil, où on distingue les chefs de demande, & on prononce separément sur chacun, tant pour le principal, que pour les despens. Mais au criminel on dit, que *qui in vno peccauerit, factus est omnium reus*. Qu'on ait accusé vn Iuge de concussion, de peculat, de faulseté, que de tout cela il se trouue innocent: mais qu'il ait failly en quelque Ordonnance mal obseruée, qu'il ait pris cinq sols pour quelque expedition, qui deuoit estre gratuite, & laquelle faute il ait luy mesme confessée, & qui partant n'ait rien cousté à verifier, on luy fera neantmoins payer les despens de tout le procez, & par ainsi on luy fait salarier la calomnie de son accusateur, qui sçachant ceste pratique, quand il est asseuré d'auoir preuue de quelque peccadille, ne manque point de mettre en fait, contre le Iuge, tous les crimes qu'il peut imaginer: & puis le peuple, qui voit son Iuge ruïné, & payer les despens de tout le procez, infere & conclud, qu'il a esté trouué coulpable de tous ces grands crimes, dont il estoit accusé.

26 Contre.

Aussi ay-ie ouy dire, que de nouueau le Parlement, en iugeant le procez d'vn Conseiller d'icelluy, a distingué les chefs de son accusation, & a prononcé separément sur chacun d'iceux; & pource que de trois chefs, il n'y en auoit que deux prouuez, ne l'a condamné qu'au tiers des despens, les deux autres tiers compensez.

Que si de fortune il ne se trouue rien du tout à redire en la vie de l'Officier accusé, encor rarement sera-il absous. Car il y en a qui disent, qu'on n'absout point en France: mais ou on mettra les parties hors de Cour sans despens, ou on permettra au Procureur du Roy d'informer plus amplement: ou si on veut tant fauoriser son innocence, que de l'enuoyer absous, c'est chose rare, & que ie n'ay iamais veuë, de condamner son faux accusateur en semblable supplice, comme

27 On ne faict pas assez de satisfaction à l'Officier innocent.

la loy

la loy veut. On le condamnera en cent escus de reparation, plus ou moins, selon sa qualité : si on vient iusques à vne amende honorable, c'est grande merueille. Et pour les despens du procez on luy permettra de faire cession de biens. Ainsi, fust l'Officier aussi iuste qu'Aristide, & aussi sage que Caton, lequel fust accusé soixante fois, la victoire qu'il obtient, est vne victoire de Cadmus, dont il demeure ruiné, & quant à son calomniateur, apres auoir fait cession (car ce sont ordinairement gens de cession, qu'on met en teste aux Officiers) le voyla sans soucy, comme n'ayant plus que perdre,

——— Damnatus inani
Iudicio (quid enim saluis infamia nummis?)
Exul ab octauâ Marcus bibit, & fruitur Dijs
Iratis: at tu victrix Prouincia ploras.

Considerons, ie vous supplie, en combien de poincts nostre procedure criminelle est plus rude aux accusez, que celle des Romains. Premierement pour vn coup de poing, nous vsons de la mesme procedure secrette, dont les Romains vsoient au crime de leze Majesté, comme le docte Iuge criminel Airaut a bien prouué en sa pratique. Secondement nous cumulons plusieurs accusations ensemble, ce qui n'auoit lieu au droict Romain, *l. 4. & ibi Doct. D. De pub. iud.* Tiercement nous permettons à l'accusateur d'auoir du conseil, & non à l'accusé, qui en auoit à Rome, comme les oraisons de Ciceron nous tesmoignent. Quartement nous ne permettons regulierement, qu'à l'accusateur de faire preuue de son accusation, & non à l'accusé de son innocence, comme il luy estoit permis à Rome, ainsi que les mesmes oraisons nous apprennent. En cinquiesme lieu à Rome, il y auoit tousiours vn accusateur apparent, *l. Quamuis C. De adult. l. vlt. D. De priu. delict.* au lieu qu'en France l'accusé n'ha d'ordinaire, qu'vn Procureur du Roy en teste, qui apres l'absolution s'excuse bien souuent sur la necessité de sa charge, ou nomme en tout cas quelque homme de paille pour denonciateur. Pour sixiesme difference, il faut quotter la rigueur de l'Ord. 1539. que les tesmoins des faits iustificatifs & de reproche soient nommez promptement par l'accusé, dont l'autheur s'en trouua luy mesme embouclé. En septiesme lieu au droict Romain le procez criminel ne pouuoit durer qu'vn an, *tit. vt intra annum criminalis quæstio terminetur. C. Theod.* que Iustinian estendit à deux ans, lesquels expirez, l'accusé estoit enuoyé absous sans autre cognoissance de cause, & l'accusateur puny comme calomniateur, *tit. Intra quæ tempora crimin. quæst. termin. Cod. Iusti.* & en France les procez criminels durent plus que les hommes. En huictiesme lieu selon le droict on prononçoit tousiours l'absolution, quand l'accusation n'estoit confirmée de preuues concluantes ; icy on absout rarement, ains permettant au Procureur du Roy d'informer plus amplement, on laisse l'accusé trainer eternellement son lien. Finalement en droict le calomniateur n'eschappoit iamais le talion : & en France és accusations capitales, il en est, pour le plus, quitte pour vne amende honorable. 28 Neuf rigueurs qu'on tient en France aux accusez.

Voyla pas assez de rigueurs, que nous tenons aux accusez, sans encor y adiouster ceste-cy contre les pauures Officiers, de les déposseder honteusement de leurs Offices, si tost qu'on vient à les accuser à tort, ou à droict? Certes ie ne mesbahy pas, si parmy toutes ces rigueurs les recherches des Officiers sont auiourd'huy si frequentes & si plausibles, que sur icelles on a faict en ce temps vn nouueau fonds des Finances : chose neantmoins preiudiciable au public, d'autant que cela diminuë extremement le respect, que le peuple doit aux Magistrats, dont naist par vne suitte necessaire le mespris des loix, & en fin la desobeissance vers le Prince, qui est le souuerain Magistrat. 29 Pourquoy les procez criminels contre Officiers sont si frequents.

Ce qui soit dit touchant les recherches criminelles, qui sur tout ne doiuent estre legerement admises contre les Iuges, veu qu'à Rome tous Magistrats, qui auoient pouuoir d'emprisonner, ne pouuoient estre appellez en iugement, mesme en cause ciuile, pendant que leur charge duroit, *l. 2. D. De in ius vocando.* Parlons maintenant des recherches & poursuittes ciuiles, qui peuuent estre faictes contr'eux. Car ce ne seroit iamais fait de traicter, quand les Officiers de finance 30 Ne doiuent estre legerement admis contre les Iuges.

sont tenus en leur nom à payer leurs assignez, quand les Notaires sont tenus garantir la validité de leurs contracts, & declarer les hypotheques qu'ils sçauent, ni quand les Sergens, faute d'auoir fait à temps leurs diligences, doiuent estre declarez debteurs.

31 Iuges ne doiuent estre garãs de leurs sentences. Nous parlerons donc seulement des Iuges qui ont mal iugé, afin de descouurir plusieurs beaux secrets de nostre pratique. Or est il bien certain, que les Iuges ne sont pas garants regulierement de leurs iugemens, & que *vt consilij, ita & iudicij non fraudulenti, nulla obligatio est.* Car parmy la varieté des affaires humaines, parmy le nombre infiny des loix, ordonnances, & coustumes, parmy la diuersité des opinions des hommes, parmy la malice des parties, parmy la negligence d'aucuns Aduocats, parmy la surprise des Procureurs, parmy l'ignorance des Greffiers, qu'elle apparence y auroit-il, qu'vn Iuge deust garantir tous les iugemens qu'il rend de saine conscience, & auec droicte intention? & qui seroit celuy qui voudroit estre Iuge, pour estre au hazard d'auoir autant de procez en son nom, comme il donneroit de sentences, dont il n'en faudroit possible qu'vn en toute sa vie pour le ruïner? seroit-ce pas auoir tousiours en iugeant l'espée de Damocles penduë sur son chef? Veu qu'on void mesmement és Cours souueraines, qui sont presumées *habere omnia iura in scrinio pectoris*, & où il y a ordinairement plus de vingt Iuges à concerter la decision d'vn procez, que neantmoins

32 Arrests des Cours souueraines sont souuent retractez. quand on obtient requeste ciuile contre leurs arrests, ceux mesme qui les ont donnez les cassent & corrigent bien souuent. Et voit-on pas aussi infinies sentences des Requestes du Palais dont y a appel, infirmées, combien que ceux qui les donnent soient du corps de la Cour, & de mesme qualité en tout & par tout, que ceux qui donnent les arrests?

33 Belles questions de nostre pratique. D'où vient donc, qu'en France les Iuges Royaux sont adiournez en cas d'appel pour soustenir leur iugé? d'où vient aussi que les Seigneurs sont condamnez en l'amende, pour le mal iugé de leurs Iuges? comme il est porté par l'Ordonnance moderne de Roussillon, qui est vne des plus belles, que nous ayons. D'où vient encor que quelquesfois au Parlement l'intimé est condamné en l'amende, pour le mal iugé du Iuge Royal? & que pour ceste cause, quand la Cour infirme vne sentence, elle prononce qu'elle la met au neant sans amende? Certes ce sont des plus difficiles secrets de l'antiquité de nostre droict François, non iamais recherchez par aucun, qui meritent bien d'estre esclaircis icy tout à loisir, pour la catastrophe de ce liure.

34 *Litem suam facere, quid.* Il y a certains cas au droict Romain, esquels le Iuge fait la cause sienne, c'est à dire (comme l'explique Cujas aux Paratitles) que celuy, qui est greué par sa sentence, peut tourner teste contre luy, & quittant sa partie aduerse, se prendre directement à son Iuge, & le poursuiure *extraordinaria cognitione*, prenant contre luy les mesmes conclusions, qu'il auoit pris auparauant contre son aduersaire, *l. vlt. De extraord. cognit. &, Si Iudex litem suam fecisse dicatur.*

35 Quand on auoit recours contre la partie on ne s'adressoit au Iuge. Ce qui ne pouuoit estre, sinon lors qu'il n'y auoit point de voye d'appel, ou bien quand le Iuge auoit fait vn grief irreparable par la voye d'appel. Car tant que la cause estoit entiere, & que le grief estoit reparable par appel, la partie n'auoit point d'occasion de quitter la voye ordinaire de poursuiure son aduersaire, pour s'attaquer à son Iuge, par vne action extraordinaire, *quia quoties ordinarium iudicium competit, non datur extraordinarium*, *l. In causæ. D. De minor.* Vray est que si en cause d'appel il se trouuoit que le Iuge eust notoirement failly, il pouuoit estre puny selon l'arbitrage du Superieur; mais pourtant il ne faisoit pas la cause sienne, c'est à dire, qu'il ne transferoit pas sur soy l'euenement du procez.

36 Deux cas esquels le Iuge faisoit la cause sienne. Or y auoit-il en somme deux especes de fautes, à cause desquelles le Iuge pouuoit faire la cause sienne, sçauoir est la maluersation, & l'imprudence. La

37 La maluersation. maluersation estoit, quand il auoit esté corrompu par argent, faueur, ou quelque autre semblable moyen, ou bien qu'autrement il estoit en dol, qui sont les cas du tiltre *De pœna iudicis qui male iudicauit, id est, malignè: seu qui male versatus est in iudicio*, ainsi qu'il se collige des loix qui sont dans ce tiltre, car le Iuge n'est pas punissable pour auoir mal iugé, s'il a iugé selon sa conscience, sans maluersation, ou

imprudence,

impudence, tout ainsi que c'est autre chose de mentir, & de dire vn mensonge, comme discourt Fauorinus dans A. Gelle.

L'imprudence est la supine ignorance & imperitie manifeste du droict, qui est le contraire de la prudence, ou iurisprudence. C'est pourquoy au cas de ceste imprudence il y auoit au droict Romain distinction des Iuges. Car les Magistrats, qui estoient ordinairement plus gens d'espée, que de lettres, n'estoient point tenus de l'imprudence, & n'y auoit que les Iuges Pedanées, c'est à dire les Assesseurs des Magistrats, ou Iuges par eux deleguez, qui en fussent tenus, comme il est expressément decidé en la loy 2. D. *Quod quisque iuris &c.* où les interpretes Grecs en rendent la raison comme rapporte Cujas *lib. 23. Obseru. cap. vlt.* Πολλάκις γὰρ οἱ ἄρχοντες, ἤτοι οἱ τῶν δικαστηρίων προκαθήμενοι, οὐκ ἴσασιν ἀκριβῶς τοὺς νόμους, προβαλλόμενοι οὐχὶ διὰ τὸ καλῶς εἰδέναι τοὺς νόμους, ἀλλὰ διὰ τὴν ἀξίαν, καὶ τὴν περὶ τὸν βασιλέα, ἢ πίστιν, ἢ συνήθειαν. Mais les Iuges pedanées *profitebantur se peritos, & ideo præstare debebant scientiam legum & morum, id est,* πεῖραν, comme parle la Nou. 82. *in princip.* que Cujas au lieu sus-allegué interprete *continuatam & tritam experientiam trituræ, vsusque forensis*, qui est-ce que nous appellons pratique.

38 L'imprudence.

39 Les Iuges deleguez seuls tenus de l'imprudence & non les Magistrats.

Ceste distinction sert grandement à découurir ces secrets de nostre ancien droict : car Paul Emile, Budée, & apres eux du Haillan, nous apprennent que nos Baillifs & Seneschaux iugeoient anciennement en dernier ressort : ce qui est aisé à colliger de ce qu'auparauant que le Parlement eust esté estably sedentaire par Philippe le Bel, il ne s'assembloit qu'vne ou deux fois l'an, & tenoit fort peu de iours. Et lors ne cognoissoit il pas proprement des causes d'appel, ains seulement des grandes causes en premiere instance, comme des Duchez & Contez, des crimes des Pairs de France, & encor des causes du domaine de la couronne, qui est sa iurisdiction primitiue & originaire, qu'il retient encor en premiere instance, & n'ay iamais veu d'arrests de ce temps là donnez sur des appellations des Baillifs & Seneschaux.

40 Baillifs iugeoiët en dernier ressort.

Il est bien vray, qu'en France il y auoit anciennement appel des Ducs & Contes, aussi bien qu'au droict Romain il y auoit appel des Proconsuls, & pareillement des Ducs Romains, lequel appel ressortissoit pardeuant l'Empereur, ou son *Præfectus Prætorio l. 32. §. 1. C. de appellat.* Comme aussi en France l'appel des Ducs & Contes de Prouince ressortissoit deuant le Roy, ou deuant le Maire du Palais, qui estoit appellé le Duc des Ducs, ou le grand Duc de France. Mais eux à succession de temps, ne pouuans prendre la peine, ni auoir le loisir de vuider tant d'appellations, les faisoient vuider par des Commissaires qu'ils enuoioyent pour cet effect de temps en temps par les Prouinces, afin que la Iustice souueraine fust renduë sur le lieu, au soulagement du peuple, ainsi qu'on voit encor auiourd'huy que le Pape & les Primats Ecclesiastiques deleguent des Commissaires sur les lieux, pour iuger les appellations interiettées deuant eux.

41 Mais non les Ducs & les Contes.

42 Deuant qui ressortissoit l'appel d'eux.

En quoy toutesfois ils commettent vne absurdité que nos Rois ne commettoient pas. Car les Commissaires Ecclesiastiques sont deleguez particulierement pour chacune cause, & sont choisis & nommez ordinairement par la partie, qui poursuit la commission : mais ces anciens commissaires de France estoient choisis par le Roy mesme, qui les enuoyoit par les prouinces, pour decider generalement toutes les appellations interiettées des Ducs, ou Contes, ou autres Iuges residens en icelles.

43 Abus des Commissaires *ad partes.*

Ces Commissaires estoient appellez *Missi*, ou *Missi Dominici*, pource que l'inuention en fut trouuée au commencement de la seconde lignée de nos Rois, qui estans aussi Empereurs de Rome, se faisoient appeller *Dominos*, (ainsi que les precedens Empereurs Romains depuis Domitian) ne se voulans en France qualifier Rois simplement, & les François ne voulans qu'ils se qualifiassent Empereurs à l'esgard de la France, qu'on ne vouloit pas permettre de ioindre à l'Empire. Et pource que ces Commissaires estoient enuoyez par les Prouinces, ils estoient appellez *Missi*, que le moderne Pasquier tourne Enuoyez, au lieu que les vieils Historiens François escorchans le Latin, les appellent Messagers. Aymon le moine les nomme *Legatos*, & en quelqu'endroit, *fideles ac creditarios à late-*

44 *Missi, seu Missi Dominici.*

45 *Cur Dominici.*

46 *Cur Missi.*

47 Iugeoiens sans appel.

re. Tant y a que ces Commissaires representans le Roy au fait de leur charge, comme ses Nonces & Ambassadeurs, iugeoient *vice Regia* les causes deuoluës par appel à sa Majesté : & par consequent en dernier ressort, ainsi qu'il n'y a point d'appel des Commissaires deleguez par le Pape. Aussi ces *Missi Dominici* estoient pris du nombre de ceux qui assistoient au Parlement, ou Conseil priué du Roy, comme auiourd'huy y entrent les Maistres des Requestes, qui ont succedé à quelque partie de leur function. Et ceste ancienne façon de France, d'enuoyer ainsi des Iuges par les Prouinces, pour iuger les causes d'appel, & principalement les procez criminels, est encor gardée auiourd'huy par les Anglois, plus soigneux que nous mesmes de retenir les formes anciennes, qu'ils ont apprises de nous, lors que les François, les ayant conquis, les ont ciuilisez.

48 *Missi* supprimez en la 2. race de nos Rois. Voyla comment on en vsoit en la seconde race de nos Roys : mais en la troisiesme, lors que les Ducs & les Contes eurent changé leur Office en Seigneurie, voire que les principaux d'entr'eux se furent faits demy souuerains, comme i'ay
49 Dernier ressort empesché par les grands Seigneurs. discouru particulierement au liure *Des Seigneuries*, ils ne voulurent plus souffrir que ces *Missi Dominici* residassent ni rendissent la iustice dans leurs pays : au cõtraire firent faire aux Rois plusieurs Ordonnances, de ne plus enuoyer d'Officiers ni Commissaires dans leurs terres, pour y rendre la Iustice, qui sont rapportées
50 Baillifs & Seneschaux au lieu des *Missi Dominici*. en la Conference des Ordonnances tit. *Des Baillifs & Seneschaux*. Et ainsi s'estans affranchis de ces Commissaires, ils vsurperent à peu pres le ressort & souueraineté de la Iustice : voire en fin les plus puissans & les plus esloignez du Roy l'vsurperent tout à faict, comme les Ducs de Guyenne, Normandie, Bretagne & Bourgongne.

Mais les moindres & plus proches de la Cour en furent empeschez par le moyen de ce qu'à mesure que les Rois trouuoient suiect de reünir à la Couronne quelque ville proche d'eux, ils attribuoient au Iuge ordinaire d'icelle, appellé Bailly ou Seneschal, la Iurisdiction des cas Royaux, & causes d'appel du territoire des Contes, ou autres Seigneurs voisins, ainsi que l'auoient auparauant
51 *Missi* deuenus Maistres des requestes. ces *Missi Dominici*, qui n'allans plus l'exercer par les Prouinces demeurerent pour assister au Parlement & au Conseil priué du Roy en qualité non plus d'Enuoyez, ains de Referendaires ou Maistres des Requestes, ainsi qu'ils sont à present, c'est à dire ayans la charge de rapporter & representer au Roy les requestes & plaintes suruenantes des Prouinces, où aussi ils estoient iadis tenus faire leurs cheuau-
52 Leur charge d'àpresent. chées & reueües pour la conseruation des droicts du Roy seulement, & pour empescher que le peuple ne fust vexé par les Seigneurs, & receuoir les requestes
53 Pourquoy President aux Bailliages. & plaintes d'iceluy : & c'est pourquoy encor auiourd'huy passans par les Prouinces ils ont droict de tenir le siege des Baillifs & Seneschaux Royaux, comme iceux ayans succedé en leur lieu.

54 Assises des Baillifs & Seneschaux. Doncques ces Baillifs Royaux succederent à la charge des *Missi Dominici* : c'est pourquoy ils gaignerent ce poinct peu à peu, d'aller tenir leurs assises dans les terres des petits Seigneurs estans en leur ressort : esquelles assises ils vuidoient
55 Garderent le dernier ressort. les plaintes faictes contre leurs Officiers, & pareillement les causes d'appel : & ainsi ils garderent le mesme pouuoir, qu'auoient anciennement les *Missi Dominici*, de iuger en dernier ressort : & de verité il y auoit bien moins de hazard de le
56 Mais on pouuoit faire plainte d'eux. leur permettre, qu'aux Ducs & aux Contes, qui le pretendoient, & en iouyrent la plus part, apres la suppression des *Missi Dominici* : ioint qu'en la simplicité ancienne des François, on n'auoit encor cogneu que deux degrez de iurisdiction, & ne sçauoit-on que c'estoit d'appeller deux fois.

57 La plainte estoit dirigée cõtre le Iuge, non contre la partie. Mais on inuenta vne autre bride pour les retenir en leur deuoir, qui fut celle mesme, que pratiquoient les Romains à l'esgard des Iuges, desquels il n'y auoit point d'appel, à sçauoir, que s'ils dénioient Iustice, ou rendoient quelque faux iugement, on en faisoit sa plainte au Roy. Car (comme dit la Nou. de Theod. tit. *Contra sententias Præfectorum Pretorio iniustas supplicandum*) *quid litigantibus relinquitur, si post sententiam, quam nefas est appellatione suspendi, nec nostræ Serenitatis imploretur auxilium ?*

Or ceste plainte ne pouuoit estre dirigée contre la partie, qui n'auoit pas tort de mainde maintenir & faire executer ce que le Iuge auoit ordonné en dernier ressort, ains contre le Iuge mesme, qu'on pretendoit auoir maluersé en son iugement: *idque non per viam ordinariam appellationis, sed per viam extraordinariam querelæ.* Aussi le mot *Querela*, est adapté dans le droict à toute chose, dont il n'y auoit point d'action ordinaire, & dont neantmoins on a occasion d'implorer extraordinairement l'Office du Iuge: comme quand le fils se plaint du testament du pere *per querelam inofficiosi testamenti*: quand la femme se plaint du mary, *l. 7. C. De nuptijs.* Le seruiteur du Maistre, *l. 2. §. 1. De ijs qui sunt sui, vel alien. iur. l. 1. §. Quod autem. D. De off. Præf. vrbi.* L'affranchy du patron, *l. 1. D. De obseq. patr. præst. l. 1. & 7. De iu. patron.* 58 *Querela, quid.*

Mais particulierement nous trouuons au droict Romain plusieurs exemples des plaintes qui se faisoient contre les Iuges, hors la voye d'appel. Comme en la loy derniere, §. *Illud. C. De tempor. & repar. appell.* où l'Empereur dit que celuy qui n'a fait iuger son appel dans l'an, en est decheu. *Cùm apertissima fuerit facultas nostram adire Maiestatem, & tarditatem Iudicis in querelam deducere.* Il en est aussi fait mention, *in l. vlt. §. penult. in fi. C. De fide instrum. Si iam plenissimum finem lis accepit, neque per appellationem suspensa est, neque per solitam retractationem adhuc viuere speratur, tunc satis durum est huiusmodi querelæ indulgeri, ne in infinitum causæ retractentur, & sopita iam negotia per huiusmodi viam iterum aperiantur.* Il y a encor la loy 2. *De his qui per metum iudicis non appellauerunt. C. Th.* qui en parle bien expressément. *Prouocatione minimè subsecutâ, præsidium postulare fas erit, Iudicum metu territos se esse firmantibus. Tunc enim aut per me cognoscam, aut excellentiæ tuæ impertiam notionem. Cum vero consularium, vel Præsidum, aliorúmve sententiæ in querimoniam deducentur, prioris legis statuta sequenda sunt, quæ certo terrore proposito auxilium poscentibus detulit.* Or la loy precedente dit, que ceux qui font temerairement ces plaintes, doiuent estre releguez auec confiscation de tous leurs biens. 59 Exemples au droict Romain, de ces plaintes.

Cette plainte estoit aussi appellée *Supplicatio, de qua l. 6. De appellat. eod. C. Theod. Supplicare, causa appellationis pendente, non licet, nisi fortè ei cui opinionis exemplum negatum est, vel instructionis vniuersæ suppressa transmissio. Quo facto crimen Iudici sacrilegij imminebit. Aliter supplicanti dimidiæ partis rei imponenda est multa. Eo etiam, qui terminatam rescripto vel consultatione quæstionem supplicatione refricare tentauerit (quoniam maius crimen committit) in omnem rei æstimationem protinus condemnãdo.* Il y en a encor vn bel exemple au chapitre *Ex literis. ext. De in integrum restit.* 60 *Supplicatio pro querela.*

Dont s'ensuit, que cette plainte ou requeste estoit vn remede subsidiaire à l'appellation, comme le docte Godefroy a noté sur la loy *Si quis aduersus. C. De precibus Imperat. offer.* Remede qui auoit lieu, lors qu'il y auoit quelque iuste sujet de se pouruoir contre la sentence, & que neantmoins la voye d'appel estoit fermée: soit à cause de la qualité de Iuge, *à quo appellare non licebat, vt de Præfecto prætorio dicitur in l. vnica. C. De sent. Præf. præt.* soit que le temps d'appeller fust passé, *vt in dd. ll. 1. & 2. De his qui per metum Iud. non appell. C. Th. & l. vnica, De secundo lapsu. eod. Cod.* soit à cause de la qualité de la partie, *vt de seruo dicitur in l. Serui. D. De appell. iuncta l. Vniuersis. C. De precib. Imperat. offer.* soit finalement qu'il ne fust pas encor temps d'appeller, *vtpote ante definitiuam sententiam, vt in d. l. vlt. De appell. C. Iust. & in d. l. 6. eod. tit. C. Th.* Voire mesme la loy *Si Prætor. D. De Iud.* appelle *querelam* l'empeschement formé par le condamné à l'execution de la sentence de contumace pardeuant l'executeur d'icelle; pource qu'il est au lieu d'appel, & en vn cas auquel l'appel ne seroit receu à cause de la contumace. 61 Plainte, remede subsidiaire à l'appel.

Or il y auoit ceste difference principale entre l'appel & la plainte ou requeste, que l'appel estoit dirigé contre la partie, & ne cõcernoit point l'honneur ni l'interest du Iuge, *Appellatio ad Iudicis iniuriam non pertinet, l. 20. C. De appellat.* Mais la plainte estoit tout droict dirigée contre le Iuge, & ne touchoit la partie, sinon indirectement, pource que la chose iugée estoit tenuë pour verité, & estoit rarement retractée, & ne le pouuoit estre, sinon pour cause de nullité, & non pour simple grief, ou cause de mal iugé, comme il est dit au tit. *Sententiam rescindi non posse.* Bref, en l'appel on se plaignoit de l'iniquité de la sentence, & en la plainte on arguoit la faute du Iuge: à cause de laquelle aussi le Iuge estoit puny, ou multé, 61 Difference de l'appel, & la plainte.

comme il se voit en ceste loy *6. De appellat. C. Theod.* & en ceste loy vnique *De secundo lapsu*, *eod. Cod.*

63 *Supplicatio contra sententias Praefecti praet.* Enquoy toutesfois il faut excepter la requeste, qu'on presentoit contre les iugemens du *Praefectus pretorio*, qui n'estoit iamais pris à partie, διὰ τὸν ὄγκον καὶ τὸ ὕψος τῆς ἀρχῆς, dit *Theodorus Hermapolites*. Aussi ceste requeste n'est iamais appellée au droict *Querela*, *sed tantùm Supplicatio*, & par icelle on paruenoit, non pas à transferer l'euenement de la cause sur luy, *sed ad retractationem sententiae*, *quae passim vocatur solita retractatio*: ce qui nous monstre aussi qu'elle estoit admise indifferemment, tout ainsi que l'appel à l'égard des autres Iuges, comme il se collige de cette loy vnique, *De sentent. Praef. praet.* aussi estoit-elle à mon aduis fondée sur simple grief, sans qu'il fust besoin d'arguer ce premier Magistrat de maluersation, ou nullité; ainsi que cette mesme loy nous apprend en ces mots, *si contra ius se laesos affirment*: Et de fait, le mot *retractatio*, & encor plus le Grec ἀναψήφισις, καὶ παλινδικία denotent, que le procez estoit reiugé sur les mesmes pieces, & mesmes moyens, comme
64 Reuision. en la reuision, dont on vsoit nagueres en France, auparauant qu'elle eust esté abolie par les Ordonnances modernes. Et de fait, anciennement il y auoit appel *à Praefectis praetorio*, tout ainsi que des autres Magistrats, dit la loy vnique *D. De off. Praef. praet.* & comme il falloit appeller des autres dans les dix iours, aussi Iustinian ordonna en la Nou. 19. que dans les dix iours il falloit protester de se pouruoir contre la sentence du *Praefectus praet.* & Cujas nous apprend sur la Nou. 82. que ce n'estoit pas luy qui iugeoit la requeste presentée contre sa sentence, comme aussi ceste loy vnique *De sentent. Praef. praet.* dit, qu'elle se presentoit directement à l'Empereur: Bref, cette requeste n'estoit autre chose qu'vn appel, fors seulement quant au nom.

65 Requeste ciuile de France. Dont s'ensuit, qu'elle ne ressembloit pas du tout à nos requestes ciuiles, qu'on obtient contre les arrests des Cours souueraines, qui ne sont pas receuës indifferemment, ne sont pas fondées sur simples griefs, ains sur certains moyens nouueaux & particuliers: sont iugées par ceux mesmes qui ont donné l'arrest: aussi on ne se plaint point en icelles de la faute des Iuges, ains seulement de la nullité ou precipitation de l'arrest, qu'encor on pallie ciuilement & accortement de la
66 Pourquoy ainsi appellée. surprise de la partie, ou qu'on fonde sur autres moyens externes. C'est pourquoy on l'appelle requeste ciuile, à la difference des simples requestes ou plaintes, qu'on faisoit autrement cõtre les sentences des Baillifs & Seneschaux, lors qu'ils iugeoient sans appel: qui estoient plustost accusations, que procedures ciuiles.

67 *Blasphemiae*, Blâme de faux iugement. Ces plaintes sont appellées dans les Capitulaires de Charlemagne *Blasphemiae*, que M. Pithou en son petit, mais docte glossaire d'iceux, tourne Blasme de faux iugement. Et nous en auons vn exemple moderne és Ordonnances de Moulins, art. 42. & de Roussillon, art. 6. qui defend de receuoir les appellations des sentences des Preuosts des Mareschaux (qui sont à present les seuls Iuges particuliers, qui iugent en dernier ressort) mais permettent de faire sa plainte d'icelles au Roy.

68 Plaintes estoient aussi appellées requestes. Il y a grande apparence que ces plaintes s'appelloient communément requestes, ainsi qu'au droict *Querela & supplicatio* sont ordinairement confondus, pource que ces plaintes se faisoient par requeste presentée au Prince, comme M. Brisson a bien prouué au 1. & 3. liure des Formules. Aussi Martial appelle les requestes presentées au Prince *querulos libellos*, *Epigr. vlt. lib.* 8. Et ces requestes estoient rapportées, ainsi qu'en France, par ceux que les Romains appelloient *Magistros libellorum*, *seu Referendarios*, & que nous appellons Maistres des requestes, dont la charge est bien descrite dans Cassiodore, liure *6. Var. in formula Referendariorum*, où il est
69 *Referendarij.* dit, que *dolores alienos afferunt*, *& conquerentium vota satiant*: & par apres, que *per eos Iudices corriguntur*. C'est pourquoy en France les Maistres des requestes ont esté adioustez au corps du Parlement, lors que la cognoissance de ces requestes ou plaintes luy a esté attribuée, ainsi qu'il sera dit tout incontinant.

70 Procedure de ces plaintes. Or voicy quelle en estoit anciennement la procedure. Si la requeste estoit trouuée admissible par le Maistre des requestes, le Roy decernoit à la partie ses lettres de commission, qui commençoient par ces mots, *Nous auons receu*

l'humble requeste de,&c. qui est l'antique formulaire des commissions de Chancellerie, ainsi qu'il est dit en ce chap. *Ex literis. De restit. in integ. Supplicationem mulieris admisimus, & eam ad audientiam restituimus.* 71 Beau reglement nouueau du Conseil d'Estat. Comme encor i'ay appris depuis peu de iours que Monseigneur le Chancelier d'à present, a fait de nagueres ce beau reglement au conseil d'Estat, (pour euiter qu'on y introduisist indifferemment toutes causes) qu'on ne deliure plus de commissions pour intenter procez en iceluy, sinon sur requestes admises en plein conseil, sur le rapport d'vn des Maistres des requestes, lesquels encor ont ce pouuoir particulier de rejetter d'eux-mesmes celles qu'ils trouuent inadmissibles.

72 Pourquoy on adiourne le Iuge, & intime la partie. Donques pour reuenir aux commissions qu'on obtenoit anciennement sur les plaintes faites des Baillifs ou Seneschaux, lors qu'il n'y auoit point d'appel d'eux, le Roy mandoit par icelles qu'on adiournast deuant luy le Iuge, & qu'on intimast seulement, & feist sçauoir à la partie cette poursuite, afin d'y entendre, si elle voyoit que la matiere la touchast. Ce qui se faisoit, d'autant qu'il pouuoit aduenir qu'en l'instance de cette plainte, la sentence seroit declarée nulle, par quelqu'vne des regles du tiltre, *Quando prouocare non est necesse*: en quoy la partie auoit interest, au lieu qu'en l'appellation, la forme estoit toute autre: 73 *Aliud* en la vraye appellation. Car c'estoit le Iuge mesme, dont estoit appel, qui la receuoit & admettoit, & qui bailloit ses lettres dimissoires, pour renuoyer les parties pardeuant le Superieur, qui sont appellées Apostres en la loy *Eos. §. vlt. C. De appellat.* Ce qui se garde encor és Cours d'Eglise, tout en la mesme forme qu'au droict Romain.

74 Pourquoy on dit Griefs hors le procez. Mais en l'instance de plainte, les escritures qu'on fournissoit n'estoient pas de simples moyens d'appel deduicts au procez principal, mais c'estoient des tors & griefs hors le procez, c'est à dire, des articles de plainte contre le Iuge qui ne pouuoient estre au procez, & qui ne resultoient point des raisons contenuës & disputées en iceluy: pource que la sentence estant donnée en dernier ressort, ne pouuoit estre retractée par les moyens d'appel, resultans du procez, tout ainsi qu'en la requeste ciuile on ne doit toucher les moyens du mal-iugé, ains seulement les poincts sur lesquels on l'a fondé: au lieu qu'au vray appel, où il s'agist de sçauoir s'il a esté bien, ou mal iugé, il faut reprendre par necessité les moyens du procez.

75 Ces plaintes en fin confonduës auec les appellations. Toutefois, d'autant que ceste plainte & l'appellation ont grande ressemblance, ioinct l'equiuoque du mot Appeller, qui tantost signifie adiourner en iugement, & tantost interjetter appel d'vne sentence: à succession de temps nous auons confondu l'vn auec l'autre, pour ce mesmement qu'ayant trouué cette ouuerture de former vne plainte contre le Iuge, duquel on ne pouuoit appeller, ces plaintes en fin ont esté aussi ordinaires que les appellations interjettées des autres Iuges: notamment depuis que le Parlement (auquel communément elles estoient renuoyées) eust esté fait sedentaire, & reduit en Cour ordinaire, lequel, pour accroistre son pouuoir, confondit accortement les plaintes auec les appellations, afin d'oster le dernier ressort aux Baillifs & Seneschaux: voire en fin conuertit peu à peu, & de degré en degré ceste forme extraordinaire de plainte, en la forme ordinaire des appellations, qui de verité est plus iuste & plus conforme au droict.

76 Vestiges qui en sont demeurez. Neantmoins, comme les practiciens ne changent point leur styl & formules accoustumées, ainsi que i'ay desia dit au 3. chapitre, nous auons retenu iusques à present plusieurs vestiges & remarques de ces anciennes plaintes. Car en premier lieu, nous releuons auiourd'huy toutes nos appellations par lettres du superieur, ou par requeste à luy presentée, 77 Pourquoy on releue par lettres du superieur, fors en Cour d'Eglise. combien qu'au droict, & ciuil & canon, ce soit au Iuge de qui on a appellé à les receuoir & addresser ses Apostres, ou lettres dimissoires au superieur, ou bien declarer qu'il n'entend deferer à l'appel, auquel cas seulement il est permis se pouruoir vers le superieur, ce qui se practique encor aux Cours d'Eglise: mais aux iustices seculieres il n'y a si petit Iuge de ressort qui n'ait entrepris de bailler des lettres de relief, mesme des lettres d'anticipation: ce qui ne pouuoit estre fait anciennement que par la Chancellerie.

78 Pourquoy on adiourne le Iuge, & intime la partie.

D'ailleurs, par ces lettres de relief nous faisons encor à present au païs coustumier adiourner le Iuge en cas d'appel, ainsi que s'il estoit la vraye partie, & nous contentons de faire intimer la partie perfunctoirement, & comme pour la forme, & à telle fin que de raison, c'est à dire, luy denoncer qu'il compare s'il veut. Ce que ceux du païs de Droict escrit ayant trouué tout contraire à leurs loix & à la raison, ont renuersé à bon droict, & font, tout au rebours de nous, appeller la partie, & intimer le Iuge.

79 Fors au païs de droict escrit.

Et toutefois, *vt à maiori parte fit denominatio*, nous appellons indistinctement au Parlement de Paris (où il y a beaucoup plus de païs coustumier, que de Droict escrit) l'intimé, la partie aduerse de l'appellant, soit que l'appel vienne du païs du Droict escrit, ou du coustumier. Mais au Parlement de Tholose, qui est tout de Droict escrit, on dit l'appellant & l'appellé: & indistinctement aussi nous appellons tors & griefs hors le procez, les escritures qu'on fournit en cause d'appel, comme si c'estoient encor des articles de plainte, qu'on baillast contre le Iuge, & non des simples moyens d'appel pris du mesme procez.

80 Intimé est dit à Tholose l'appellé.

81 Pourquoy on met l'appellation, & ce dont est appel, au neant.

De là vient aussi, que les Cours souueraines en l'arrest definitif qu'elles rendent sur les appellations, mettent ordinairement l'appellation, ou la sentence, au neant, qui estoit la vraye forme de prononcer sur les plaintes, de declarer les sentences absolument nulles : c'est pourquoy mesme quand le Parlement les met au neant, il ne les veut pas seulement appeller sentences, ains ce dont estoit appel : pource que supposé que ce fussent sentences, elles n'eussent peu jadis estre retractées, estant données en dernier ressort, *l. vlt. C. Sententiam rescindi non posse:* tout ainsi qu'és requestes ciuiles on remet les parties en tel estat qu'elles estoient auparauant l'arrest dont on se plaint : mais on ne dit pas qu'il ayt esté mal & iniquement iugé, qui est la forme de prononcer és pures appellations. Et c'est la cause pourquoy il n'y a que la Cour qui puisse mettre les sentences au neant, pource qu'elle represente le Roy, auquel seul ces plaintes pouuoient estre adressées : & quant aux autres Iuges, il faut qu'ils prononcent directement sur l'appel, *an bene, vel male*, disent nos Ordonnances, conformément au texte de la loy *Eos. C. De appellat. Cùm super omni causa interpositam prouocationem, vel iniustam tantùm liceat pronunciare, vel iustam.*

82 La Cour seule peut prononcer ainsi.

83 Pourquoy les Baillifs doiuent comparence au Parlement.

C'est possible aussi pourquoy selon les anciennes Ordonnances les Baillifs & Seneschaux, & à present leurs Lieutenans doiuent se presenter en personne au Parlement tous les ans, lors qu'on commence le roolle des causes de leur Balliage, afin que s'il y auoit contr'eux quelque plainte d'importance, ils s'en defendissent par leur bouche : ce qu'à present n'est pas practiqué à la rigueur.

84 Tout cela n'est plus que formalité inutile.

Comme aussi en fin tous ces vestiges retenus des procedures qui se faisoient sur ces anciennes plaintes, ne seruent plus auiourd'huy que pour la forme. Car encor qu'on adiourne le Iuge, & que seulement on intime la partie : si est-ce que si le Iuge ne compare, on ne peut prendre de defaut contre luy ; & au contraire, si l'intimé ne compare, c'est contre luy qu'on prend defaut, & par vertu d'iceluy, au moins de deux defauts il pert sa cause : combien que hors la matiere d'appel le defaut donné contre vn simple intimé, n'emporte aucun profit, pource que l'intimation n'est qu'vne signification ou interpellation de comparoir si on veut.

85 De mesme.

Aussi, combien que les escritures qu'on fournit en cause d'appel soient intitulées *Griefs hors le procez*, si est-ce qu'ordinairement ce sont de simples moyens d'appel pris de la cause mesme, & non de la faute ou maluersation du Iuge, ou autres moyens externes. Et finalement, encor que la sentence ne soit nulle de soy, pour auoir esté venale, ou donnée contre les formes de iustice, ains seulement elle soit trouuée inique & iniuste au fonds, si est-ce que la Cour ne laisse de la mettre au neant, voire de luy dénier le nom de sentence.

86 Pourquoy les Iuges estoient jadis condamnez à l'amende.

Et d'autant que iamais vn iugement n'est declaré nul, qu'il n'y ayt de la faute du Iuge, c'est pourquoy anciennement les Baillifs & Seneschaux estoient condamnez en l'amende, quand leurs sentences estoient mises au neant, pour cause de vraye nullité. Et pour cét effect, ils estoient adiournez eux-mesmes, afin de receuoir correction de leur faute. Mais depuis qu'on s'est seulement attaché à la partie, ainsi qu'au vray appel on doit faire, on ne les a plus condamnez à l'amende, sinon qu'il se trouuast quelque particuliere maluersation incidente : auquel cas on ne se contente pas de les faire adiourner en l'ancienne forme, mais on les prend à partie en leur propre & priué nom.

Et neantmoins, depuis qu'on a eu pris coustume d'examiner leurs sentences en cause d'appel, non plus auec eux, ains seulement auec les parties intimées, les fiscaux, qui n'ont voulu laisser perdre le fonds, qui reuenoit aux finances du Roy par le moyen des amendes, qui d'ancienneté estoient infligées aux Iuges, qui auoient commis nullité en leurs sentences, firent en sorte que ces amendes furent transferées contre les parties qui les soustenoient. De sorte, que c'est encor auiourd'huy le formulaire de la Cour, de ne mettre iamais vne sentence au neant, qu'elle n'adiouste, sans amende : pource que si cela n'estoit adiousté, on pretendroit que cette forme de prononcer importeroit amende, ainsi que quand on prononce mal, & sans grief appellé, ou non receuable appellant, ou descheu de l'appel. Aussi ay-je ouy dire à mes anciens, qu'ils ont par fois veu condamner des intimez en l'amende, lors que la sentence qu'ils soustenoient contenoit vne manifeste iniquité, & que la Cour prononçoit mal & nullement iugé. 87 Pourquoy on prononce l'appellation, & ce au neant, sans amende. 88 Intimez par fois condamnez à l'amende.

Neantmoins, qui prendra garde à la raison, recognoistra aisément que c'est le Iuge qui doit estre condamné en l'amende, pour auoir rendu vne sentence, ou nulle, ou apparemment iniuste, & non pas la partie pour l'auoir soustenuë, veu qu'il y a moins de temerité en vn intimé, qui est muny d'vne sentence contradictoire, *pro qua præsumitur*, qu'en vn demandeur ou defendeur en premiere instance, qui toutefois n'est iamais condamné à l'amende en France, où n'est pratiqué le tiltre *De pœna temere litigantium*. Aussi se trouue-il bien en droict, comme il a esté dit cy-dessus que le Iuge qui a failly en son iugement, est condamné en amende arbitraire, mais il ne s'y trouue point qu'vn intimé puisse estre multé d'amende. 89 Que cela est inique.

De fait en France, quand la sentence dont est appel, est émanée des Iuges des Seigneurs, dont les appellations ressortissent à la Cour, ce n'est pas l'intimé qui est condamné en l'amende, ains le Seigneur, quand il est dit mal iugé : & ce suyuant l'Ordonnance de Roussillon cy-dessus recitée, qui est vne autre antiquité de nostre droict, qu'il faut encor découurir. 90 Pourquoy le Seigneur est condamné à l'amēde pour le mal-iugé de son Iuge.

Car combien qu'il semble de prime-face (& l'ay ainsi creu autrefois) que cela procede de ce qu'au droict Romain les seuls Iuges Pedanées, & non les Magistrats, *præstare debebant scientiam motum & legum ; & ideo tenebantur de imprudentia*, comme il vient d'estre dict : si n'est-ce pas encor la vraye raison, ains il la faut rechercher de plus loin : Car outre que les Iuges des Seigneurs, tels qu'ils sont auiourd'huy, ne ressemblent pas aux Iuges Pedanées des Romains, ains sont les vrays Magistrats, comme il a esté touché cy-deuant, & sera prouué en son lieu, ce n'est pas les Iuges, ains les Seigneurs, qui payent en France l'amende du mal-iugé : de sorte qu'à bien entendre, c'est tout au rebours du droict Romain, où les Magistrats, qui commettoient les Iuges, ne payoient pas l'amende, ains les Iuges par eux commis, ainsi qu'il est dict en ceste loy 2. *D. Quod quisque iuris*. 91 Raison commune. 92 Fausse.

Pour donc en trouuer la raison, il la faut chercher dés sa source, & déchiffrer briefuement l'origine & le progrez des appellations interiettées au droict Romain des Gouuerneurs de Prouince, qui en l'Estat populaire iugeoient sans appel, comme les Verrines de Ciceron nous apprennent, & est aisé à colliger de ce que nous ne trouuons point qu'il y eust de Iuges pour cognoistre de leurs appellations : voire on ne sçauoit en ce temps quasi que c'estoit d'appeller : Et ce que nous lisons aux Actes des Apostres, que sainct Paul appella, n'estoit pas vne appellation, mais vne demande de renuoy, comme le passage fait foy. Mais soubs les Empereurs, l'inuention ayant esté trouuée de reclamer leur auctorité par ceste voye d'appel, & bien souuent les Gouuerneurs des Prouinces, pour le grand respect qu'ils leur portoient, differans apres cét appel, 93 Magistrats des Prouinces iugeoient à Rome sans appel. 94 Inuention de l'appel.

à executer leur sentence, iusqu'à ce qu'ils en eussent leur permission : les Empereurs voyans que cette façon de faire augmentoit & asseuroit fort leur auctorité és Prouinces éloignées, tournerent en fin cela en necessité, & ordonnerent par leurs constitutions que les Gouuerneurs des Prouinces, deslors que l'appel seroit interjetté, au cas qu'ils ne le voulsissent receuoir tout-à-fait, c'est à dire, renuoyer la discussion du procez à l'Empereur, au moins qu'ils differassent l'execution de leur sentence, iusqu'à ce que l'Empereur eust deliberé, si l'appel seroit receu, ou non, *l. Sciendum. D. De appellat. recip.* & *l. vnica. D. Nihil nouari appellat. interposita.*

95 Cautele pour empescher l'appel. 96 Relatio, consultatio, rescriptum.

D'autre costé, les Gouuerneurs pour obuier à telles appellations, auant que iuger les causes d'importance, en escriuoient à l'Empereur, ce qui s'appelloit *Relatio seu consultatio* : puis ayant receu sa response appellée *Rescriptum*, iugeoient suiuant icelle, & lors il n'y auoit plus lieu d'appel, comme Constantin ordonna par vne loy que nous n'auons point, & qui est recitée en la loy *Ne causas. De appell. C. Th.* Car auparauant luy, on pouuoit neantmoins appeller, *l. 1. §. 1. D. eod. tit.* & *l. 2. C. eod.* ce qui merite vn discours à part. Tant y a, que de ces rescrits des Empereurs sont faites quasi toutes les loix du Code, comme au pareil les Decretales sont faites de semblables Rescrits des Papes.

97 Appellatiõs empeschées par les Iuges. 98 Establies en droict cõmun par Constantin.

Mais Constantin le Grand, ayant transferé son siege à Constantinople, craignant qu'à cette mutation les Gouuerneurs des Prouinces éloignées voulsissent vsurper la souueraineté, & voyant que desia pour empescher les appellations ils se bandoient contre les appellans, iusqu'à les mettre prisonniers, ou les faire garder par leurs soldats, ou leur boucher le passage pour aller à l'Empereur, comme il se voit en la loy *Minimè. C. eod. tit.* & en la loy *Imperator. D. eod.* & encor en la loy *Non rectè. C. Th.* ordonna par la loy *A Proconsulibus. eod. tit.* que generalement toutes appellations des sentences definitiues seroient receuës par les Gouuerneurs, sans plus attendre si l'Empereur les voudroit faire receuoir, ou non : & qu'incontinant apres l'appel interjetté, on enuoyeroit le procez pardeuers luy : qu'à faute de ce faire l'appellant pourroit plaider tout de nouueau deuant le *Praefectus Pretorio* ; que s'il auoit mauuaise cause, il seroit multé d'infamie ; si bonne, il en seroit fait rapport à l'Empereur pour punir le Iuge. Et pource que cette loy de Constantin ne specifioit la punition du Iuge, ses enfans & successeurs Constant & Constantius la liquiderent à trente marcs d'or d'amende, par la loy *Quoniam iudices. C. eod.* Ce qui fut confirmé par Valentinian, qui toutefois modera cette amende à vingt marcs d'or, *l. Quicunque Iudicum. eod. tit. C. Th.* où il se voit plusieurs autres loix sur ce mesme suject.

99 Amende contre les Iuges ne receuans l'appel.

100 Appellations empeschées en France par les Ducs & Comtes. 101 Cause des exemptions par appel.

De mesme en France les Ducs & les Comtes, qui furent les premiers Gouuerneurs des Prouinces, taschãs d'empieter de tout poinct la souueraineté, comme il vient d'estre dict, empeschoient tant qu'ils pouuoiẽt qu'on appellast d'eux, & ne manquoient iamais à faire executer leurs sentences, nonobstant l'appel ; mesme faisoient des outrages aux appellans : de sorte qu'il les fallut mettre desormais en la protection du Roy, & les declarer exempts de leur iustice : d'où sont venuës les exemptions par appel, qui encor ont lieu en quelques coustumes : & faute d'y auoir donné ordre en Italie & Allemagne, les Potentats s'y sont acquis en fin la souueraineté de ressort, en ne permettant point qu'on releuast les appellations en la Chambre Imperiale.

102 Remede pour maintenir les appellations.

Mais pour empescher cela en France, sans attendre que les Ducs & les Comtes receussent l'appel, & que volontairement ils baillassent leurs lettres dimissoires, on se pouruoyoit incontinant par deuers le Roy, & obtenoit-on sa commission, pour faire adiourner deuant luy le Duc ou le Comte, auquel par les mesmes lettres il estoit fait defenses d'attenter au preiudice de l'appel, à peine de tant de marcs d'argent, clause qu'on insere encor aux reliefs d'appel.

103 Pourquoy le Iuge estoit condamné en l'amende.

Et pource qu'ordinairement on ne laissoit d'executer les sentences, nonobstant ces lettres, si par apres il se trouuoit auoir esté mal iugé, le Iuge estoit condamné à l'amende, suyuant les loix de Constantin, & de ses enfans, non pas comme on pense, pour auoir mal iugé (car il n'y a Iuge auquel il ne puisse arriuer de mal iuger, quelquesfois, sans qu'il y ait de sa faute) mais pour n'auoir receu l'appel, ains auoit executé au preiudice d'iceluy vne sentence iniuste : qui est ce que nous enseigne fort bien la loy *Cum de appellationib. eod. tit. C. Th. Legibus promulgatis de appellationibus recipiendis, proposita pœna est his, qui rite ab iniusta sententia prouocantes audire noluerunt.* Car si la sentence se trouuoit iuste, tant s'en faut que le Iuge d'eust estre multé pour l'auoir fait executer, qu'au contraire l'appellant meritoit d'estre puny, pour s'en estre plaint à tort, comme porte notamment la loy de Constantin.

Et c'est pourquoy ceste amende n'est pas en France irrogée directement aux Iuges des Ducs & des Comtes, mais à eux mesmes, attendu que ce sont ceux qui soubs leur nom & par leur auctorité font executer par dessus l'appel les sentences de leurs Iuges, taschans anciennement par ce moyen d'empieter la souueraineté du ressort, qui estoit presque tout ce qui manquoit aux anciens Ducs & Comtes, qu'ils ne fussent parfaictement souuerains. 104 Pourquoy ceste amende est irrogée au Seigneur & non au Iuge.

Autrement s'il'amende estoit ordonnée seulement à cause du mal iugé, ce seroit chose du tout inepte, que le Iuge en fust excusé, & que le Seigneur la payast: *Sic enim alius peccaret, & alius plecteretur.* Attendu mesme que ceste loy 2. *Quod quisque iuris*, sur laquelle on fonde la raison, pourquoy les Iuges Royaux ne payent point ceste amende, decide expressément, que le Magistrat n'est point tenu de l'imprudence du Iuge par luy commis, ce qui renuerse directement la raison rapportée en l'Ord. de Roussillon. Et d'ailleurs il a esté bien prouué cy dessus, qu'il n'y a point d'apparence de condamner le Iuge en l'amende, pour auoir mal iugé, s'il n'a point maluersé. Que s'il escheoit amēde pour auoir mal iugé, c'est bien sans doute, que les Baillifs & Seneschaux Royaux, au moins leurs Lieutenans de longue robbe, ausquels est requis plus de suffisance, qu'aux Iuges des Seigneurs, y deuroient plustost estre condamnez qu'eux : en tout cas, plustost que les Seigneurs mesmes, ausquels on ne peut imputer autre faute, que d'auoir pourueu de leurs Offices des Iuges, ausquels il a eschappé de mal iuger. Et quand ces Iuges seroient du tout ignorans, c'est chose certaine qu'eux, qui ne sont pas de qualité pour cognoistre leur capacité, n'ont pas tant de tort de les auoir pourueus, que les Iuges Royaux, qui entreprennent de les condamner à l'amende, de les auoir receus. 105 Qu'elle seroit absurde si c'estoit pour auoir mal iugé. 106 Qu'il n'eschet amende pour mal iuger sans maluersation.

Et pour monstrer dauantage l'absurdité de ceste routine, posons qu'vn Seigneur a perdu sa cause deuant son Iuge, (comme il aduient souuent) & soit appellant : s'il est dict mal iugé, faudra-il que le Seigneur qui obtient en cause d'appel, paye l'amende pour son Iuge, qui l'auoit condamné luy-mesme? 107 Absurdité manifeste de ceste vieille practique.

Voyla donc les absurditez de nostre vieille practique découuertes dés leur source, qui sont à la verité si esloignées de raison, qu'elles se sont presque toutes corrigées d'elles mesmes, & n'y a nulle apparence de vouloir soustenir le peu qu'il en reste à corriger. 108 Qu'elle s'est corrigée d'elle mesme.

Qu'ainsi ne soit, voit-on pas que les anciennes plaintes, qu'on intentoit contre les Iuges, sont à present du tout hors d'vsage? & à bon droict, pource que les Baillifs & Seneschaux ne iugeans plus en dernier ressort, ains la voye ordinaire d'appel estant ouuerte contre leurs iugemens, qu'elle apparence y auroit-il de recourir à ceste voye extraordinaire de plainte, qui n'a esté inuentée, qu'à faute d'auoir celle d'appel? Dont s'ensuit que le Iuge n'ha plus aucun interest en la cause d'appel, & partant il n'est plus de besoin de l'y adiourner, si ce n'est que, pour auoir ordonné sans requisition de partie, ou pour auoir excedé son pouuoir, il soit expressément pris à partie en son propre nom : & de faict, encor qu'il soit porté par le relief d'appel de l'adiourner (ce que les plus habiles Procureurs ne mettent plus) les Sergens ne l'adiournent pas: ou s'il est adiourné, il ne compare pas, & iamais pourtant on ne le met en defaut. 109 Le Iuge adiourné en cas d'appel ne compare plus.

Et ce qu'à present la Cour met la sentence au neant, sans prononcer directement le mal iugé, n'est pas qu'elle l'entende declarer nulle tout à faict, pour les nullitez de droict contenuës au tiltre, *Quando appellare non est necesse*, ains c'est ordinairement, pource qu'elle est iniuste: mais ceste forme de prononcer a esté re- 110 La sentence est declarée nulle, quād elle est iniuste simplement.

tenuë, pour euiter vn scrupule, qui ne deuroit non plus auoir lieu, à sçauoir que les vieils routiers de pratique, s'imaginent mal à propos, que depuis qu'on prononce mal iugé, l'amende est acquise, ainsi que quand on dit, mal appellé: combien que le sens commun nous dicte notoirement, qu'il n'y a point d'apparence de condamner vn intimé à l'amende, & encor moins le Seigneur qui n'en peut mais.

111 Côtre l'Ordõn. de Roussillon.

C'est pourquoy, combien que les mauuaises pratiques soient malaisées à desapprendre, ie ne me puis assez estonner, que ce grand Chancellier de l'Hospital, qui dressa l'Ordonnance de Roussillon, d'ailleurs si nette & si exacte, ne s'est aduisé de ceste iniustice si apparente, se laissant emporter par l'vsage ancien, sans prendre garde aux changemens depuis suruenus. Et de fait cest article est si notoirement iniuste, qu'il s'est corrigé tout seul en nostre vsage, n'ayant pour mon regard iamais veu condamner par la Cour vn Seigneur en l'amende, pour le mal-iugé de son Iuge.

112 Que les Presidiaux ne doiuent condãner les Seigneurs à l'amende.

Bien est vray, qu'aucuns Iuges Presidiaux, ou ignorans l'origine de ceste vieille pratique, ou se voulans monstrer plus fiscaux que de raison, ou finalement pour tascher à trauerser les Iustices inferieures, condamnent à la rigueur les Seigneurs ressortissans deuant eux, en l'amende du mal iugé: en quoy ie puis dire hardiment qu'ils font plus qu'il ne leur est commandé. Car l'Ordonnance de Roussillon ne parle que des Iuges des Seigneurs ressortissans à la Cour, comme aussi par le discours que dessus il appert assez, que ceste amende n'est d'euë qu'au Parlement, auquel il ne faut pas que les Presidiaux se comparent.

113 Inconuenient qui en aduiendroit.

Aussi en aduiendroit-il vn inconuenient manifeste: pource que comme ainsi soit que les Presidiaux sont astraints de iuger precisément sur les appellations *an bene, vel malè*, sans qu'ils puissent mettre les sentences au neant, il s'ensuiuroit que toutesfois & quantes qu'on corrigeroit la sentence d'vn Iuge subalterne, il faudroit par necessité que le Seigneur en payast l'amende, sans qu'elle luy peust estre sauuée ni espargnée, & par consequent il aduiendroit, qu'autant de causes dont y auroit appel d'vn Iuge, son Seigneur seroit en hazard de payer autant d'amendes, ce qui est si esloigné d'apparence, que rien plus.

114 Que ceste vieille routine doit à present estre delaissée.

Concluons donc que ceste vieille pratique de condamner les Seigneurs en l'amende pour le mal-iugé de leurs Iuges, ne doit plus auoir de lieu, pource que les deux raisons, sur lesquelles elle estoit fondée anciennement, cessent à present, à sçauoir que les Seigneurs ne font plus executer les sentences de leurs Iuges par dessus l'appel, sinon aux cas permis par les Ordonnances, & qu'ils ne taschent plus à empieter; & n'est plus à craindre qu'ils empietent la souueraineté de ressort, comme au temps passé.

FIN DV PREMIER LIVRE.

SOMMAIRE DV PREMIER CHAPITRE, DV SECOND LIVRE.

1 *Gageure notable d'entre Lothaire & Azon.*
2 *Iugement de l'Empereur Henry 4. sur icelle.*
3 *Repris & soustenu.*
4 *Pourquoy est mis au commencement de ce liure.*
5 *Difficulté de ceste gageure.*
6 *Qu'elle comprent 4. questions.*
7 *1. question.*
8 *2. question.*
9 *3. question.*
10 *4. question.*
11 *Qu'en ces quatre questions nous gardons le contraire des Romains.*
12 *Si le droict du glaiue est des dependances de la Magistrature.*
13 *Vray poinct de la gageure.*
14 *Que le droict de glaiue n'appartenoit aux Magistrats Romains.*
15 *Preuue.*
16 *Ce qui a trompé Bodin.*
17 *En France les Magistrats ont droict de glaiue.*
18 *Si le commandement appartient au Magistrat en proprieté, ou par exercice.*
19 *A Rome appartenoit en proprieté.*
20 *En France par exercice seulement.*
21 *Partant ne peut estre delegué comme à Rome.*
22 *Pourquoy le seel & la voix du commandement sont reseruez aux Seigneurs.*
23 *La iurisdiction n'est propre au Iuge.*
24 *Inconuenient aduenu pour auoir en France suiuy la decision Romaine.*
25 *Raison de difference.*
26 *Autre.*
27 *Reduction de ces deux raisons.*
28 *Si l'Office est propre à l'Officier.*
29 *A Rome non.*
30 *En France si.*
31 *Contre du Moulin.*
32 *Officier peut former complainte pour les droicts de son Office.*
33 *Si l'Office peut estre patrimonial.*
34 *Non au droict Romain.*
35 *En France si.*
36 *Office est alienable en France par l'Officier.*
37 *Aucuns encor sont hereditaires.*
38 *Aucuns patrimoniaux tout à faict.*
39 *Comment cela s'est faict.*
40 *La vraye proprieté des Offices appartient à la Seigneurie.*
41 *Et ce inseparablement.*
42 *Trois sortes d'Offices hereditaires.*
43 *Inuention des Offices feodaux.*
44 *Inuention des Offices domaniaux.*
45 *Inuention des Offices hereditaires par priuilege.*
46 *Suiect de ce liure.*

DV DROICT DES OFFICES, LIVRE SECOND.

TRAITANT DES OFFICES HEREDITAIRES.

DE LA PROPRIETE' ET HEREDITE' DES OFFICES.

CHAPITRE. X.

1 Gageure notable d'entre Lothaire & Azon.
2 Iugemẽt de l'Empereur Henry IIII. sur icelle.

IL y eut iadis vne memorable dispute entre ces deux celebres Docteurs de droict, Lothaire & Azon, sçauoir si le cõmandement estoit propre aux Magistrats, Azon soustenant que si, & Lothaire que non. Surquoy ayãs gagé vn cheual, l'Empereur Henry quatriesme, qu'ils auoient choisi pour iuge de leur gageure, donna gain de cause à Lothaire, & luy adiugea le cheual. Et toutesfois Azon ne se tint pas vaincu tout à faict, ains feist tellement esclatter ses moyens de requeste ciuile contre l'arrest de l'Empereur, qu'ils furent approuuez par tous les Docteurs de son siecle, qui en feirent vn commun dire, que *Lotharius equum habuerat, sed Azo æquum.*

3 Repris & soustenu.

Mais du temps de nos peres ce grand personnage Alciat, nouuelle lumiere du droict Romain obscurcy des tenebres de l'antiquité, & de la nuict d'ignorance des siecles intermediats, a remis sus l'opinion de Lothaire, & soustenu par raisons fort pertinentes l'arrest de l'Empereur, au 6. chap. de son second liure des Paradoxes. Enquoy il a esté suiuy par le profond du Moulin sur l'art. 1. de la coust. glo. 5. nombre 58.

4 Pourquoy est mis au cõmencemẽt de ce Liure.
5 Difficulté de ceste gageure.

Par ainsi la question demeure encor comme en balance. Question que les anciens Docteurs ont pensé estre non seulement à l'esgard du commandement (qui est la plus noble espece de la puissance publique) mais aussi à l'esgard de toute autre puissance publique des Officiers. Et partant elle est bien propre pour seruir de frontispice à ce liure, tant pource que c'est l'entrée de son project, & le principe de sa matiere : que aussi pour sa grande difficulté & perplexité. Car combien qu'il n'y ait quasi pas-vn des Docteurs de droict soit anciens, ou modernes, qui ne l'ait traittée, si puis-ie dire, que nul ne l'a encor suffisamment expliquée & esclaircie.

6 Qu'elle cõprend 4. questions.

A mon aduis, que sa plus grande difficulté procede de l'équiuoque de ses termes. Car quand on demande si la puissance publique est propre à l'Officier, chacun des deux termes de ceste question peut estre entendu en deux façons: pource que tantost on prend la puissance publique en sa vraye signification, tantost on la prend pour l'Office mesme, ainsi qu'on prend la Milice pour l'Office & la place, & non pour la function de l'Officier ou soldat. Pareillement le mot de propre se prend en deux façons, *χρήσει nimirum ἢ κτήσει. id est vsu, vel mancipio*, à sçauoir, ou pour ce qui est propre par vsage, ou par ce qui est patrimonial : de sorte qu'en combinant & multipliant ces deux termes par chacune de leurs deux significations, il se retrouue quatre questions notables & importantes, comprises & enueloppées soubs la these proposée.

7 Question 1.

La premiere, si la puissance publique, notamment le *merum imperium*, est propre aux Magistrats par vsage & exercice, en sorte qu'il soit des droicts & dependances de leur Office, ou bien s'ils ne l'ont point en consequence de leur Office, ains seulement en vertu d'vne concession expresse & particuliere du Prince.

La

La seconde, si la puissance publique des Officiers leur appartient en vraye propriété, ou bien s'il en ont seulement l'vsage, exercice & administration. 8 Question 2.

La troisiesme, si les Offices mesme sont propres aux Officiers, en sorte qu'ils en puissent estre dits Seigneurs pendant leur vie, & que les Offices puissent estre dicts leur appartenir : ou bien s'ils en sont seulement possesseurs precaires. 9 Question 3.

La quatriesme, s'il peut y auoir des Offices, qui soient non seulement propres aux Officiers pendant leur vie, mais aussi hereditaires, & mesme patrimoniaux tout à fait. Questions qu'il faut expliquer separément, pour ce que comme la confusion d'icelles a rendu ceste matiere extremement difficile, aussi la separation la rendra aucunement facile. Et c'est chose fort estrange, qu'en chacune de ces quatre questions nous pratiquons en France tout le contraire de ce qu'en obseruoient les Romains. 10 Questiõ 4. 11 Qu'en ces quatre questions nous gardons le contraire des Romains.

Pour le regard de la premiere, qui est de sçauoir si la puissance publique des Magistrats leur peut appartenir du propre droict de leur Office, ou par commission & concession speciale seulement : ceste question ne peut escheoir qu'à l'esgard du pur commandement, ou droict de glaiue. Aussi n'estoit-il question que d'icelluy en la gageure de Lothaire & Azon. Car il est aisé à entendre, qu'il faut bien, que toute autre puissance publique soit des droicts & dependances des Offices, puisque l'Office mesme est definy Dignité ayant puissance publique. Mais la dispute d'entre Lothaire & Azon estoit, si le *merum imperium*, *seu ius gladij* (qui consiste à pouuoir condamner les hommes à mort, comme il a esté dit au 1. liu.) estoit des appartenances ordinaires de l'Office des Magistrats Romains, ou bien si ce droict leur estoit seulement deferé par commission particuliere. Ce qui à la verité depend plustost de l'histoire & de l'vsage positif des Romains, que du poinct de droict & de raison. 12 Si le droict de glaiue est des dépendãces de la Magistrature. 13 Vray poinct de la gageure.

Or c'est chose auiourd'huy bien auerée par les autheurs modernes (qui ont mieux entendu sans comparaison l'histoire & la suitte de la Iurisprudence Romaine, que les anciens Docteurs de delà les monts) qu'en l'Estat populaire des Romains, les Magistrats, & notamment les Gouuerneurs des Prouinces n'auoient le droict de glaiue, que par concession speciale du peuple, comme Bodin a bien prouué au 5. chapitre du 3. liure de sa Rep. Mais combien qu'il dise, qu'ils l'auoient soubs les Empereurs du propre droict de leur Office, il ne le prouue pas toutesfois, encor qu'il y employe vn long discours. Aussi le contraire est veritable, & est bien verifié par Cujas liu. 21. des Obseru. chap. 30. & encor mieux par le President Faber sur la loy 7. *De reg. iur.* 14 Que le droict de glaiue ne dependoit des Magistrats.

Sans aller plus loin, cela se prouue apertement par la loy 1. *De Officio eius cui mandata est iurisdictio*, où Papinian, (ayant posé pour maxime, que tout ce qui appartient au Magistrat du droict de son Office, peut estre par luy delegué, mais non pas ce qui luy appartient par concession speciale,) infere de ceste maxime, que partant les Magistrats ne peuuent deleguer le pur commandement. Et en la loy *Solent. D. De Officio Proconsulis* il est dict, que le Proconsul peut bien deleguer l'instruction, mais non pas le iugement des procez criminels, pource, dit ceste loy, que *nemo potest gladij potestatem sibi datam ad alium transferre*. Dont s'ensuit que l'Empereur Henry auoit bien iugé. 15 Preuues

Mais ce qui a induit en erreur les anciens Docteurs, & mesme Bodin en ce qu'il a dit, que soubs les Empereurs les Gouuerneurs des Prouinces auoient droict de glaiue du propre droict de leurs Offices, est que de verité les derniers Empereurs bailloient le droict de glaiue indifferemment & ordinairement à tous les Gouuerneurs, sans plus faire distinction des Prouinces Presidiales d'auec les Proconsulaires, comme il me semble que i'ay dit au 1. liu. & toutesfois c'estoit par attribution & concession particuliere, qu'ils le leur bailloient, à sçauoir en vertu de ceste clause *cum iure gladij*, qui estoit tousiours inserée en leurs prouisions, sans laquelle ils n'eussent pas eu le droict de glaiue, ainsi que Faber a bien prouué. 16 Ce qui a trompé Bodin.

Cet erreur donc des anciens Interpretes du droict Romain a esté cause, qu'en France nous auons tenu de tout temps, que nos Magistrats auoient le pur commandement & le droict de glaiue du propre droict de leurs Offices : voire que 17 En France les Magistrats ont droict de glaiue.

non seulement les Magistrats Royaux l'auoient, mais encor les simples Iuges des Seigneurs hauts iusticiers, au moins interpretant le pur commandement, ainsi que le definit Vlpian en la loy 2. *De iurisd.* pour estre le pouuoir de condamner les hommes à mort.

18 Si le commandement appartient au Magistrat en proprieté, ou par exercice.

Quant à la seconde question, sçauoir si le commandement qu'ha le Magistrat du droict de son Office, luy appartient en vraye proprieté, ou bien s'il n'en ha que le simple vsage & exercice, c'est chose notoire, qu'en maintes loix le commandement & la iurisdiction sont dits estre propres au Magistrat, comme en ceste loy 1. §. dernier, & en la loy 3. *De offic. eius cui mand. est iurisd.* c'est pourquoy

19 A Rome appartenoit en proprieté.

au droict Romain les Magistrats pouuoient commettre leur iurisdiction, & deleguer ce qui concernoit le commandement mixte: ce qu'ils n'eussent peu faire, s'ils n'en eussent eu que le simple vsage & exercice, pource qu'vn vsager ne peut transferer son vsage à vn autre en tout, ni partie, notamment vn Officier ne peut deleguer que ce qui luy est propre, dit ceste loy 1.

20 En France, par exercice seulement.

Mais en France, combien qu'au temps passé on se soit laissé emporter à l'obseruance des Romains: si est-ce qu'àpresent nous tenons auec iuste raison, que la pleine proprieté du commandement est inseparable du Prince souuerain, qui n'en transfere que le simple exercice à ses Magistrats, ainsi que le Soleil ne transfere la proprieté & essence de sa lumiere aux choses, sur lesquelles il darde ses rayons.

21 Partant ne peut estre delegué comme à Rome.

22 Pourquoy le séel & la voix du commandement sont reseruez aux Seigneurs

C'est pourquoy nous pratiquons notoirement, que l'Officier ne peut transferer ni son commandement ou iurisdiction, ni mesme regulierement toute autre puissance publique à vn autre, s'il n'est proprietaire de son Office, c'est à dire si son Office n'est hereditaire. Et c'est pourquoy aussi il faut que les sentences des Iuges soient séellées du séel du Roy, ou du Seigneur auquel appartient la iustice en proprieté, & non de celuy du Iuge; pource qu'au séel consiste l'auctorité, & l'adueu du commandement, que nous appellons l'execution parée: voire mesme le Sergent executeur du séel ne fait pas commandement de par le Iuge, ains de par le Roy, ou de par le Seigneur de la Iustice: & quand le Iuge faict faire des proclamations, ou affiches publiques, c'est tousiours de par le Roy, ou de par le Seigneur de la iustice, & non de par luy mesme, pource qu'il n'ha que l'exercice du commandement, & que c'est le Roy, ou le Seigneur iusticier, qui en ha la proprieté.

23 La iurisdictiõ n'est propre au Iuge icy comme à Rome.

Pareillement quant à la iurisdiction, elle n'est point propre au Iuge comme à Rome, ains il n'en ha que l'administration: & au lieu qu'au droict Romain il est dit, que la iurisdiction est & appartient au Preteur, nous disons en France que le Iuge est Officier & administrateur de la Iustice, *vt puta*, Bailly ou Lieutenant pour le Roy de tel Bailliage: qui est la raison pour laquelle les Officiers d'vne Iustice ne peuuent former complainte de leur chef, pour les droicts d'icelle, ains n'y a que le Procureur du Roy, ou le Seigneur qui le puissent faire: les Officiers n'estans ni possesseurs, ni proprietaires de leur iustice, ains simples administrateurs.

24 Inconuenient aduenu en Frãce, pour auoir suiuy la decision Romaine.

Et pour auoir anciennement tenu le contraire, & auoir suiuy la faulse practique du droict Romain, les Seigneurs de France, qui de leur origine n'estoient que simples Officiers, ont vsurpé la proprieté de leurs charges, & ont conuerty leurs Offices en Seigneuries, comme il sera dict incontinant. Car en effect il n'y a autre difference entre les Seigneuries & les Offices, sinon que les Seigneuries ont la proprieté, & les Offices la simple function ou exercice de la puissance publique.

25 Raison de difference des Romains & nous.

Vray est que les Romains en leur estat populaire, auquel fut estably l'vsage & maxime, que le commandement & puissance publique estoit propre aux Magistrats, auoient deux raisons particulieres de l'obseruer ainsi, que nous n'auons pas en nostre Estat Monarchique: L'vne que chacun des citoyens ayant part à l'Estat ou souueraineté, estoit par consequent capable de participer à la proprie-

26 Autre.

té de la puissance publique. L'autre que les Magistrats estans annuels, & mesme ne pouuans estre creés tous les ans qu'en assemblée generale du peuple, auec beaucoup

beaucoup de brigue & de ceremonie, il ne pouuoit pas y auoir beaucoup de vrays Magistrats : autrement le peuple eust esté occupé toute l'année pour les élire : & partant il estoit necessaire, que si peu de principaux Magistrats qu'il y auoit, peussent commettre les moindres Officiers, & deleguer ce qui dependoit de leur charge, quand ils n'y pouuoient vaquer eux-mesme.

C'est pourquoy en France, où il y a grand nombre d'Officiers, qui sont, non pas annuels, mais à vie, & non pas éleus par le peuple, mais pourueus par le Roy, nous ne gardons pas la maxime de ceste loy 1. que toute puissance dependante d'vn Office, puisse estre deleguée par l'Officier, ains tenons qu'il n'y a que le Roy & les Seigneurs iusticiers (encor à leur égard, n'est-ce que par vsurpation & abusiuement) qui puissent conferer la puissance publique, & principalement celle qui concerne la Iustice, où les formes doiuent estre obseruées plus precisément : & que ceux ausquels ils ont conferé ceste puissance publique en qualité d'Officiers, n'en peuuent pas disposer comme de chose à eux propre, pour la commettre à d'autres, fors en cas de necessité : & lors mesme ne la peuuent-ils commettre generalement, ains particulierement certains actes specifiez par leur commission, & encor non à personnes priuées, ains à personnes qui desia ayent puissance publique, ou du moins qui ayent serment à Iustice, comme i'ay discouru particulierement au 5. chap. du 1. liure.

27 Reduction de ces deux raisons.

Quant à la troisiesme question, qui est de sçauoir, si l'Office est propre à l'Officier, en sorte qu'il puisse estre dit Seigneur de l'Office, & que l'Office puisse estre dit sien, ie dy en vn mot, que l'explication d'icelle dépend de ce qui a esté dict au liure precedent, qu'à Rome les vrays Offices estoient annuels en l'Estat populaire, & soubs les Empereurs ils estoient reuocables à volonté : de sorte, que les Officiers ne les tenoient que precairement : & partant, n'en pouuoient estre dicts Seigneurs, & les Offices ne pouuoient estre dicts leur appartenir. Mais en France, combien qu'il y ait apparence qu'en suitte du droict Romain ils ayent esté reuocables iusques à l'Ordonnance de Louys XI. qui les a faits perpetuels & irreuocables, il est vray de dire auiourd'huy qu'ils sont propres aux Officiers. Et n'est pas vray ce que dit du Moulin, au lieu sus-allegué, que l'Officier n'est qu'vsager & administrateur de son Office, & que partant il ne peut former complainte pour raison d'iceluy. Car ce qui le trompe, est qu'il confond la proprieté de l'Office auec la proprieté de la Iustice. Or il est bien vray, que l'Officier n'est pas proprietaire, ains n'est qu'vsager & administrateur de la Iustice : mais il est proprietaire & Seigneur de son Office, dés lors qu'il luy est conferé, tout ainsi que le droict nous dit, que l'vsufruictier est Seigneur de son vsufruict, *l. Qui vsumfructum. D. Si vsufr. pet.* encor est-il vray de dire, que l'Office ha plus de subsistance à part soy que l'vsufruict. Aussi la consequence, que du Moulin tire de sa proposition, que l'Officier ne peut former complainte pour son Office, n'a pas esté receuë en practique. Car il est bien veritable, qu'il ne peut former complainte pour les droicts de la Iustice, dont il n'en est qu'vsager : mais notoirement on reçoit les Officiers à former complainte, & pour leur Office en soy, & mesme pour les droicts, qui dependent directement d'iceluy, pourueu que cette complainte ne soit dirigée contre le Roy, ou le Seigneur de la Iustice, comme i'ay dit au mesme lieu.

28 Si l'Office est propre à l'Officier.

29 A Rome non.

30 En France si.

31 Contre du Moulin.

32 Officier peut former complainte pour les droicts de son Office.

Finalement (pour venir à la quatriesme question, s'il peut estre des Offices hereditaires) quand ie vien de dire que l'Office est propre à l'Officier, i'enten qu'il luy est propre, non comme vn patrimoine, ains en qualité d'Office, & selon sa nature particuliere, qui est d'estre inherent à la personne mesme, & de luy appartenir, en sorte qu'il ne luy puisse estre osté : bref, de luy estre propre τῇ χρήσει seulement, mais non pas τῇ κτήσει, c'est à dire, d'estre hereditaire, ou patrimonial tout-à-fait, à sçauoir d'estre alienable à vn tiers par la puissance particuliere de l'Officier, & encor moins d'estre transmissible à ses heritiers apres sa mort. Ce qui estoit vray au droict Romain sans exception aucune, fors que soubs les Empereurs il y eut certaines menuës places de leurs domestiques, ou de ceux des Gouuerneurs de Prouinces, appellez Milices, qui n'estoient pas vrays Offices,

33 Si l'Office est patrimonial.

34 Non au droict Romain.

lesquelles, par priuilege & concession particuliere des Empereurs, furent non seulement venales, mais aussi hereditaires soubs certaines conditions, comme il sera dit cy-apres au chapitre 8.

35 En France. Mais en France il n'y a que les Offices non vendus, & non mis en commerce par les collateurs, qui soient propres, τῇ χρήσει seulement. Car au demeurant, tous Offices vendus par le collateur deuiennent aucunement propres τῇ κτήσει, pource que toute vente induit alienation, & attribuë à l'acheteur la proprieté de la chose venduë, & que c'est vn droict des gens, & vne loy du commerce, de pouuoir reuendre ce qu'on a acheté: comme donc en France nous auons esté les inuenteurs de vendre les Offices (au moins de pure vente, ainsi qu'il sera dict en
36 Office est alienable en France par l'Officier. son lieu) aussi auons-nous practiqué les premiers, que ceux qui les auoient achetez les pourroient reuendre: non toutefois en telle sorte que de leur propre auctorité ils les puissent transferer aux acheteurs, ains seulement les resigner en leur faueur, c'est à dire les remettre au collateur à telle condition, qu'il est tenu les conferer à eux, & non à autre, & qu'il ne peut refuser d'admettre cette resignation.

37 Aucuns encor sont hereditaires. Encor auons-nous passé deux ou trois degrez plus outre. Car en premier lieu nous auons fait aucuns de nos Offices, non seulement resignables & transmissibles apres la mort: de sorte, que sur iceux le Roy n'a plus autre droict, que de bailler lettres de prouision aux resignataires, ou à l'heritier, moyennant certaine
38 Autres patrimoniaux tout-à-fait. finance. Voire de longue-main nous auons fait plusieurs Offices patrimoniaux tout-à-fait, c'est à dire transmissibles, & entre-vifs, & par succession de personne en autre, sans l'auctorité ni les lettres du Roy: sur aucuns desquels le Roy n'a plus d'autre droict, sinon qu'il les peut rauoir & racheter pour le mesme prix, qu'il les a autrefois vendus, & sur les autres il n'a pas ceste faculté de rachat, ains seulement on luy en faict la foy & hommage, comme de vrays fiefs: mais tant y a que ceste faculté de rachat, & ceste feodalité conseruent au Roy la Seigneurie directe d'iceux, & en empesche l'expropriation parfaicte.

39 Comment cela s'est fait. Expliquons en peu de mots, comment tout cela s'est peu faire. Car c'est la verité qu'en bonne Iurisprudence, tant s'en faut, que la proprieté de l'Office appartienne à l'Officier, que mesme elle n'appartient pas au Prince & Monarque souuerain, ains il n'en ha que la collation, lors qu'il vient à vaquer, ainsi qu'vn
40 La vraye proprieté des Offices appartient à la Seigneurie. Euesque n'est pas proprietaire des benefices, qui sont en sa collation: mais la vraye proprieté des Offices & benefices est publique, & de droict public; & partant ne peut appartenir à aucun, & n'est nullement en commerce, voire mesme on peut dire, que celle des Offices n'appartient pas à l'Estat, en sorte que les Estats du Royaume la puissent aliener par expropriation parfaicte, ainsi que le domaine de la couronne pourroit estre aliené absolument, sans inconuenient ni absurdité, si n'estoit la prohibition de la loy: mais la proprieté des Offices ne peut à par soy estre absolument alienée, & irreuocablement separée de l'Estat,
41 Et ce inseparablement. sans absurdité, & sans démembrer l'Estat mesme, qui consiste principalement en la proprieté de la puissance publique, ainsi qu'il sera dit au liure *Des Seigneuries*. C'est le discours que fait Balde *in proœm. Feud. & in proœm. Cod.* & sur le chap. *Licet causam. ext. De probat.* il dit que le Prince qui aliene tout-à-fait quelque partie de sa iurisdiction, *homicida est suæ Dignitatis*.

42 Trois sortes d'Offices hereditaires. Neantmoins en France, on a trouué trois inuentions pour attribuer aux particuliers la proprieté des Offices: l'vne, par infeodation des iustices: l'autre, par l'alienation à faculté de rachat d'aucuns Offices domaniaux, c'est à dire, desquels l'exercice auoit accoustumé d'ancienneté, tant deuant, que depuis l'erection des parties casuelles, d'estre baillé à ferme au profit de la couronne, comme les autres droicts domaniaux d'icelle: & la troisiesme par la pure volonté du Roy, qui sans y apporter ces ceremonies, a voulu attribuer ce priuilege à certains Offices, qu'ils ne vaqueroient point par mort, ains seroient hereditaires, ainsi à peu prés, qu'estoient la plus part des Milices Romaines.

43 Inuention des Offices feodaux. Quant à la premiere inuention, elle est prouenuë de ce que les Ducs & Comtes (qui n'estoient anciennement que simples Officiers, mais auoient conioincte-

ment l'exercice, & des armes, & de la iustice, & des finances és Prouinces, & és villes) comme aussi leurs inferieurs à leur exemple ont trouué moyen d'annexer & rendre accessoires leurs Offices à leurs fiefs, c'est à dire, aux droicts Seigneuriaux, qui du commencement estoient dependans de leurs Offices, ne plus ne moins que les Seigneuries & reuenus temporels sont encor auiourd'huy dependans des benefices, & ainsi ont rendu leurs Offices hereditaires, voire mesme patrimoniaux tout-à-fait, comme sont les fiefs: & ce par les degrez & moyens qui seront discourus au chapitre suiuant: enquoy ils ont soustenu qu'il n'y auoit point d'incompatibilité, ni d'absurdité, & que ce n'estoit point vn démembrement parfait, ni vne pure expropriation, n'estant la proprieté d'iceux separée tout-à-fait de la couronne, à cause de la reseruation, tant de la foy & hommage, que du ressort & souueraineté. Et voila la premiere inuention & plus ancienne espece des Offices hereditaires, à sçauoir de ceux qui sont annexez aux fiefs, & qui partant ont esté faits patrimoniaux, tout ainsi que les fiefs: inuention, qui ayant esté trouuée en France, a esté suiuie presque par tous nos voisins, & encor plus aduantageusement par les Allemans & Italiens.

Mais de nagueres ceste premiere source d'Offices hereditaires, ayant esté retranchée en ce Royaume par l'Ordonnance de l'an 1566. qu'on appelle vulgairement l'Ordonnance du domaine, qui defend de plus infeoder, soit les heritages, soit les autres droicts du domaine, ceste mesme Ordonnance a donné ouuerture à l'autre espece d'Offices hereditaires. Car ayant ouuert vne autre voye, pour aliener le domaine, à sçauoir de le vendre à faculté de rachat, pour la necessité des guerres, & desia par ceste nouuelle inuention, presque tout le domaine de France ayant esté aliené en moins de trente ans, on commença en l'an 1580. seulement à mettre la main à certains Offices domaniaux, c'est à dire, desquels de tout temps le reuenu estoit reputé faire partie du domaine & reuenu ordinaire de la couronne, & desquels l'exercice estoit baillé à ferme, & le fermage receu par les Receueurs du domaine, & non par les Thresoriers des parties casuelles, (qui ont accoustumé de receuoir la finance prouenante des purs Offices) ni par autres Receueurs des deniers extraordinaires. Ces Offices sont les Greffes, Notariats, Seaux, & quelque peu d'autres, qu'on a vendus hereditairement à faculté de rachat, tout ainsi que le domaine solide de la couronne. 44 Inuention des Offices domaniaux.

Finalement, trois ans apres, & en l'année 1583. on s'aduisa de faire hereditaires certains Offices, qui iamais n'auoient esté domaniaux, ni baillez à ferme, ains auoient tousiours esté conferez à tiltre d'Office formé, à sçauoir la plus part des Offices des forests, comme ceux de Gruyers, Verdiers, Forestiers, Chastellains, Segrayers & Gardes-marteau: ensemble tous les Sergens d'icelles forests, les droicts desquels Offices ne furent point pour cét effect vnis & incorporez à la couronne, ainsi que les Greffes, Notariats & Seaux y auoient esté reünis, lors qu'ils furent faits Offices hereditaires, ni aussi ne furent point reuendus au plus offrant à faculté perpetuelle de rachat, ainsi que les Offices domaniaux: ains n'y eut autre ceremonie en l'attribution qui leur fut faite de l'heredité, sinon que le Roy ordonna par son Edict que les pourueus de ces Offices luy payeroient certaine finance, pour iouïr du benefice d'icelle: dont s'ensuit que cette heredité n'est qu'vn benefice & priuilege, qui leur fut concedé. Inuention, qui a neantmoins cuidé passer si auant, que de comprendre tous les Offices de finance: & de fait, trois autres années apres, à sçauoir en l'an 1586. le feu Roy en fit l'Edict, lequel il fit luy-mesme publier au Parlement: & toutesfois il ne fut executé, comme ie diray cy apres au huictiesme chapitre, dedié pour l'explication de ces Offices. 45 Inuention des Offices hereditaires par priuilege.

Voila donc en somme trois especes d'Offices hereditaires, à sçauoir les Offices feodaux, les Offices domaniaux, & les Offices hereditaires par priuilege, lesquelles, & principalement les deux dernieres, il faut expliquer en ce liure: car quant à la premiere espece, elle a presque entierement perdu & le nom & la nature d'Office, & a degeneré en vne autre espece de Dignité, que nous appellons 46 Sujet de ce liure.

Seigneurie, l'explication de laquelle merite bien vn liure à part. Toutesfois, pource qu'il est encor resté quelques-vns de ces Offices feodaux, qui n'ont degeneré tout-à-fait en Seigneuries, ains sont demeurez Offices & Fiefs tout ensemble, il en faut parler premierement.

SOMMAIRE DV DEVXIESME CHAPITRE.

1 *Ressemblance de l'Office & du Fief.*
2 *Leur dissemblance.*
3 *Iadis les Offices & Fiefs estoient ioincts ensemble.*
4 *Fors és simples fiefs.*
5 *Fiefs comment deuenus hereditaires.*
6 *Et patrimoniaux.*
7 *Marque de ce qu'ils estoient jadis à vie.*
8 *Fiefs de Dignité estoient à vie.*
9 *Depuis faits hereditaires.*
10 *Comment.*
11 *Changez en Seigneuries.*
12 *Et Seigneuries hereditaires.*
13 *Pourquoy les Seigneuries Ecclesiastiques ne sont hereditaires.*
14 *Distinction de l'Office, Fief & Seigneurie.*
15 *Seigneurs ne sont pas Officiers.*
16 *Pourquoy les Grecs & les Romains n'auoient des Seigneuries.*
17 *Seigneuries ne sont Offices feodaux.*
18 *Deux sortes d'Offices feodaux.*
19 *Distinction d'icelles.*
20 *Des Offices Seigneuriaux.*
21 *Le Roy est Officier de Dieu.*
22 *Et feudataire de Dieu.*
23 *Pourquoy sacré.*
24 *N'est Roy parfait auparauant, à l'égard de Dieu.*
25 *Roy de France ha l'Ordre, l'Office & Seigneurie tout-ensemble.*
26 *Roys sont Officiers à l'égard du peuple.*
27 *Anciennement estoient purs Officiers.*
28 *Conformité de l'Office & Seigneurie.*
29 *Roys ont encor beaucoup de marques d'Officiers.*
30 *Royaumes ne sont hereditaires regulierement.*
31 *Comment se sont faits hereditaires.*
32 *Cette heredité est au profit du peuple.*
33 *N'est vne pure heredité, ains vne succession graduelle.*
34 *Ce qui est particulierement en France.*
35 *Le Roy n'est tenu des debtes de son predecesseur.*
36 *Monarchies hereditaires ne chéent en testament.*
37 *Sont impartables.*
38 *Ne doiuent tomber en quenoüille.*
39 *Monarchies ne sont transmissibles par contracts.*
40 *En tout.*
41 *Ni en partie.*
42 *Raison de toutes ces decisions.*
43 *Des Pairs de France.*
44 *De leur exercice personnel.*
45 *Pourquoy precedent les autres Officiers & Seigneurs.*
46 *Pourquoy indiuisibles.*
47 *Et incommunicables aux femmes.*
48 *Des simples Offices feodaux.*
49 *Sergenteries fieffées.*
50 *Sergens Chastelains.*
51 *Mairies de village.*
52 *Preuostez hereditaires.*
53 *Leurs menus droicts.*
54 *Coustumes pourquoy signifient menus droicts.*
55 *Deux sortes de ces simples Offices feodaux.*
56 *Fiefs boursiers.*
57 De camera, aut de cauena.
58 *Fiefs de reuenuë.*
59 *Offices de la Couronne faits feodaux.*
60 *Pourquoy.*
61 *Office separé en fief & Office.*
62 *Offices de la Couronne, pourquoy n'ont peu estre faits hereditaires.*
63 *Arrests prohibitifs de faire les Offices hereditaires.*
64 *Baillifs & Seneschaux punis pour ce sujet.*

DES OFFICES FEODAVX.

CHAPITRE II.

IL y a eu autrefois vne grande affinité, voire vne conformité preſque entiere entre le fief & l'Office. Car outre que l'vn & l'autre conſiſte en function perſonnelle, & ſubſiſte formellement en la foy, le fief auſſi bien que l'Office finiſſoit anciennement par la mort du vaſſal, meſmement l'vn comme l'autre eſtoit de ſa premiere inſtitution reuocable à la volonté du Seigneur. *Antiquiſſimo tempore poterat Dominus auferre rem in feudum datam, deinde obſeruatum eſt, vt ad vitam Fidelis produceretur*, dit le 1. tiltre Des Fiefs. 1 Reſſemblance de l'Office & du fief.

Bref, l'Office & le fief n'auoient lors autre difference, ſinon que la function de l'Office eſt publique, & celle du fief eſt priuée, à ſçauoir d'aſſiſter ſon Seigneur en guerre : en ſigne dequoy le ſerment de l'Office ſe fait publiquement, & l'hommage du fief ſe rend en priué : & auſſi la recompenſe de l'Officier conſiſte ordinairement en gages perceptibles du public, & celle du feudataire en heritages, dont il iouït par ſes mains. 2 Leur diſſemblance.

Mais ces differences ne concernent le droict & le commerce, & encor cette derniere n'eſt pas perpetuelle, teſmoin les fiefs *de camera, vel de cauena*, qui conſiſtent en vne penſion perceptible des mains du Seigneur. Voire meſme dés lors du premier eſtabliſſement des fiefs, qui ſans doute eſt de l'inuention de nos antiques François, lors qu'ils conquirent la Gaule, c'eſt la verité que les Offices & les fiefs ſe rencontrerent en meſmes perſonnes. Car quand ce peuple victorieux partagea & diſtribua les terres de ſa conqueſte, il les attribua à tiltre & condition de fief à ſes Capitaines, tant pour recompenſe de leur merite, que pour tenir deſormais lieu de gages à leur Office : attendu que ces Capitaines eſtoient lors leurs vniques Magiſtrats, qui auoient enſemble le commandement des armes & de la Iuſtice, que i'ay prouué cy-deuant, n'auoir eſté ſeparé en ancienne Republique quelconque. Et voila comment le fief & l'Office furent dés lors ioints enſemble, & concedez à meſme perſonne, mais ce fut de telle ſorte que le fief eſtoit acceſſoire à l'Office. 3 Iadis les Offices & fiefs eſtoiét ioints enſemble.

Cela toutefois n'eut pas lieu en tous les fiefs, ains ſeulement aux principaux. Car les contrées ou territoires tous entiers furent baillez en fief à ces Capitaines, tant pour eux, que pour en faire part à leurs ſoldats : auſquels partant les Capitaines baillerent certaines terres à meſme tiltre de fief, c'eſt à dire, à la charge de les aſſiſter touſiours en guerre, & ces fiefs là eſtoient ſimples fiefs non ioints à aucun Office, & neantmoins finiſſoient du commencement, tout ainſi que les autres, par la mort du vaſſal. Mais comme toutes choſes tendent & s'eſtabliſſent en fin à la proprieté, à ſucceſſion de temps on vint à conſiderer que c'eſtoit vne cruauté d'oſter le fief aux enfans d'vn pauure ſoldat bien merité, qui ne leur auoit laiſſé aucun autre bien, & partant on s'accouſtuma à le rebailler par pitié à l'vn deſdits enfans, tel qu'il plaiſoit au Seigneur d'en gratifier ; puis ce fut vn droict commun, que les enfans maſles ſuccederoient tous enſemble au fief du pere, mais les filles, ni les maſles collateraux n'y ſuccedoient point, & tel eſt le droict des Lombards aux liures Des fiefs : fors qu'en fin ils admirent encor la ſucceſſion collaterale au profit des maſles *in feudo antiquo*, & pourueu qu'ils fuſſent deſcendus du premier Vaſſal, auquel il auroit eſté concedé. 4 Fors és ſimples fiefs. 5 Fiefs, comment deuenus hereditaires.

Mais en France, nous auons à la par-fin admis indiſtinctement les ſucceſſions collaterales des fiefs, meſme au profit des filles, en defaut toutefois de maſles en pareil degré : Voire meſme nous auons permis le commerce & libre alienation des fiefs, qui eſtoit eſtroitement prohibée par les Lombards : de ſorte, que nous auons fait nos fiefs non ſeulement hereditaires, mais auſſi patrimoniaux tout-à-fait, c'eſt à dire, ſemblables aux autres heritages de noſtre patri- 6 Et patrimoniaux.

7 Marques de ce qu'ils estoient jadis à vie. moine: sauf qu'il nous est resté quelques marques de l'ancienne rigueur, à sçauoir qu'à toutes mutations de fief, il est dit ouuert, & sans homme, c'est à dire, vacant au respect du Seigneur, lequel se peut remettre dans iceluy, & en iouïr, comme reüny à son domaine, iusques à ce qu'il se presente vn successeur qui le vienne couurir & releuer, & se declarer homme & vassal du Seigneur: & quand il tombe en succession collaterale, ou en alienation quelle qu'elle soit, il le faut racheter du Seigneur par certains droicts qu'on luy paye.

8 Fiefs de Dignité estoient à vie. Or ceste succession n'auoit lieu du commencement qu'aux simples fiefs, mais les fiefs de dignité qui estoient concedez aux Capitaines, au lieu de gages, finissoient tousiours par leur mort, & ne tomboient nullement en succession. *In feudo Comitatus, vel Marchiæ, vel aliarum Dignitatum, successio non est secundùm rationabilem vsum*, disent les liures des fiefs: & non sans cause, car estans accessoires aux Offices, il falloit bien qu'ils expirassent auec les Offices. Mais comme c'est le vœu commun des peres, de transferer à leurs enfans & leurs Dignitez, & leurs biens, 9 Depuis faits hereditaires. ces Capitaines voyans que desia les simples fiefs estoient deuenus hereditaires, rechercherent & trouuerent en fin, à cause de leur auctorité, le moyen de faire practiquer le mesme aux leurs, encor qu'il n'y eust tant de suject.

10 Comment. Ce moyen fut, qu'au lieu qu'originairement leurs fiefs estoient accessoires à leurs Offices, ils rendirent desormais tout au rebours leurs Offices accessoires à leurs fiefs, les inserant & comprenant dans leurs adueuz, comme droicts & dependances anciennes & ordinaires de leurs fiefs: de sorte que, comme c'est vne regle, que l'accessoire suit son principal, leurs Offices suiuirent en fin la nature des fiefs, & furent faits hereditaires, comme les fiefs dont ils dependoient. Ce 11 Chãgez en Seigneuries. qui leur fut d'autant plus aisé à faire, que desia ils s'estoient licenciez de n'exercer plus leurs Offices en propre personne, ains de mettre des Commis ou Lieutenans pour en faire l'exercice, comme il est permis par le droict Romain, & par ce moyen ils perdirent peu à peu la qualité d'Officiers, qui consiste en l'exercice personnel de la puissance publique, & vsurperent la qualité de Seigneurs, c'est à dire la proprieté de leurs Offices, laquelle à bon droict ils annexerẽt à leurs fiefs, pource que tout fief importe proprieté.

12 Et Seigneuries hereditaires. Comme donc ainsi soit, que le propre de la Seigneurie est d'estre inherente directement & immediatement au fief, ou terre feodale, & non pas à la personne qui en iouït, à qui la qualité de Seigneur est seulement communiquée à cause de la iouïssance du fief (comme ie prouueray au quatriesme chapitre du liure *Des Seigneuries*) ces principaux vassaux du Royaume tenans les fiefs de Dignité, ayans ainsi changé leur ancien Office de Capitaine, qui residoit en leur personne, en Seigneurie residente en leurs fiefs, ont par consequent gaigné aussi ce poinct, de faire leur Seigneurie hereditaire, ainsi qu'estoient les simples fiefs.

13 Pourquoy les Seigneuries Ecclesiastiques ne sõt hereditaires. Le mesme n'a peu estre fait és Seigneuries temporelles, appartenantes aux Benefices, ou Offices Ecclesiastiques. Car combien que la puissance temporelle, attribuée aux Beneficiers, ayt pareillement esté annexée à leurs fiefs, qui par ce moyen sont deuenues Seigneuries, ainsi que celles des Officiers seculiers: si est-ce que les Seigneuries temporelles des Ecclesiastiques n'ont peu estre vnies parfaictement à la function Ecclesiastique, à cause de la distinction des deux puissances, & sur tout, la function spirituelle n'a pas esté renduë accessoire à la temporelle, ains au contraire la temporelle, comme moins digne, est demeurée subiecte & accessoire à l'Ecclesiastique. Et par ainsi, les Offices & charges Ecclesiastiques n'ont peu estre renduës hereditaires: obstant aussi la prohibition de la saincte Escriture, de posseder par heredité le sanctuaire de Dieu: ioinct que les Ecclesiastiques viuans en celibat, n'ont point d'enfans, ausquels ils puissent transferer les Seigneuries temporelles de leurs benefices: mais quoy que ce soit, ces Seigneuries temporelles sont demeurées perpetuellement vnies à leurs benefices, sans qu'elles reuiennent iamais tout-à-fait en la puissance du Seigneur, dont elles releuent en fief; ains demeurent tousiours amorties & possedées par main-morte, ainsi que nous parlons en practique.

Remarquons donc hardiment la distinction notable & euidente de ces trois termes, à sçauoir que l'Office consiste au simple exercice de la puissance publique, le fief en la pleine proprieté & iouïssance de quelque chose qu'on tient d'autruy, à ceste charge de l'assister en guerre, & la seigneurie consiste en la nuë proprieté de la puissance publique, qui est inherente en vn fief, comme i'ay prouué en ce 4. chap. *Des Seigneuries*, qu'il faut necessairement ioindre auec ce discours, pour le bien comprendre. 14 Distinction de l'Office, Fief, & Seigneurie.

Dont s'ensuit que ces principaux vassaux du Royaume, ayant laissé aux Officiers par eux instituez l'exercice de la puissance publique, & ayant ioint à leurs fiefs la nuë proprieté d'icelle par eux vsurpée, d'Officiers qu'ils estoient anciennement, sont deuenus Seigneurs, & ont tellement perdu la qualité d'Officiers, qu'ils ne la peuuent plus auoir, & ne seroient point admis auiourd'huy à faire eux mesme l'exercice de la charge, dont la nuë proprieté leur appartiét: de sorte qu'ils ont esté metamorphosez en ceste troisiesme espece de Dignité, quottée au premier liure, qui s'appelle Seigneurie, & que i'ay dit n'auoir esté cogneuë par les Grecs, ni les Romains: pource que c'est la verité, qu'elle est prouenuë de l'vsage des fiefs, dont nos antiques Francs, ou François ont esté les premiers inuenteurs. C'est pourquoy ie n'en diray rien dauantage en ce lieu, ayant dedié vn liure entier, pour l'expliquer à plein fonds. 15 Seigneurs ne sont pas Officiers. 16 Pourquoy les Grecs & les Romains n'auoiét des Seigneuries.

Car les Seigneuries ne sont pas propremenr à present du nombre des Offices feodaux, dont i'enten traitter en ce chapitre: combien qu'elles en fussent originairement, mais maintenant elles constituent vne troisiesme espece de Dignité, differente specifiquement des Ordres & des Offices, & ne retiennent plus rien de leur ancienne qualité d'Offices, sinon quelques droicts honorifiques, auec l'indiuisibilité, laquelle encor n'a presque plus lieu qu'aux grandes Seigneuries. 17 Seigneuries ne sont Offices feodaux. 18 Deux sortes d'Offices feodaux.

Mais il nous reste encor deux sortes d'Offices feodaux, c'est à dire d'Offices annexez aux fiefs, ou bien d'Offices & fiefs tout ensemble, ausquels, parmy la feodalité, est encor demeuré l'exercice personnel de la function publique: à sçauoir en premier lieu ceux qui sont Offices & Seigneuries tout ensemble, qu'on peut nommer Offices Seigneuriaux: & en second lieu ceux qui sont Offices & simples fiefs ensemble, qu'il faut appeller simples Offices feodaux. Car la Seigneurie comprend en soy le fief, mais elle est plus qu'vn simple fief, pource que c'est vn fief, auquel est adiointe la proprieté de la puissance publique: que si non seulement ceste proprieté de puissance publique est adiointe au fief, mais encor l'exercice d'icelle, à lors c'est vn Office Seigneurial: auquel partant il y a trois choses vnies ensemble, à sçauoir le fief, l'Office, & la Seigneurie: au lieu que les simples Offices feodaux n'ont que les deux premieres qualitez, à sçauoir d'Office & de fief: mais non celle de Seigneurie, pource qu'ils n'ont la proprieté de la puissance publique. 19 Distinction d'icelles. 20 Des Offices Seigneuriaux.

De ceste premiere sorte d'Offices Seigneuriaux, nous en auons deux pour le moins, à sçauoir le Roy, & les Pairs de France. Le Roy est parfaictement Officier, ayant le parfaict exercice de toute puissance publique: & est aussi parfaictement Seigneur, ayant en perfection la proprieté de toute puissance publique. Voire ie d'y qu'il est Officier & feudataire tout ensemble, & à l'esgard de Dieu, & à l'esgard du peuple. Premierement il est Officier de Dieu, entant qu'il est son Lieutenant, qui le represente en tout ce qui est de la puissance temporelle: 21 Le Roy est Officier de Dieu.

Regum timendorum in proprios greges,
Reges in ipsos imperium est Iouis,
Cuncta supercilio mouentis.

Et c'est à la verité, que comme la puissance des Officiers, n'est qu'vn rayon & esclat de la puissance du Prince, aussi celle du Prince n'est qu'vn rayon & esclat de la toute-puissance de Dieu. C'est pourquoy sainct Paul dict, que les Rois sont ministres, c'est à dire Officiers de Dieu: & le payen Marc Aurele a dict fort Chrestiennement, que les Magistrats sont Iuges des particuliers, les Princes des

Magiſtrats, & Dieu des Princes : & vn de nos anciens eſcriuains François M. Alain Chartier, dit en ſon Curial, que les Royaumes ne ſont pas meſmes Offices, ains ſont ſimples Commiſſions, reuocables au plaiſir de Dieu, qui les transfere de gent en gent : auſſi eſt-ce luy ſeul, auquel ces ſupremes Officiers ſont comptables & reſponſables de leurs actions.

21 Et feudataire de Dieu.

Pareillement ils ſont vaſſaux & feudataires de Dieu, c'eſt pourquoy ils ſont intitulez Rois par la grace de Dieu, & ſont dits tenir de Dieu & de l'eſpée, qui eſt la raiſon pour laquelle ſainct Clement au liure des Conſtit. Apoſtoliques appelle le Roy le feal, & homme de Dieu τὸν πιστὸν, καὶ ἄνθρωπον τοῦ Θεοῦ.

23 Pourquoy ſacré.

C'eſt auſſi pourquoy les Rois ſont ſacrez & couronnez par les Prelats Eccleſiaſtiques, qui ſont les Vicaires de Dieu en ſa puiſſance ſpirituelle, ainſi que les vaſſaux ſont inueſtis de leur fief par les Seigneurs, ou leurs Officiers : & comme le vaſſal n'eſt pas maiſtre de ſon fief, au moins à l'eſgard de ſon Seigneur, qu'apres l'inueſtiture, auparauant laquelle le fief eſt dict ouuert & vacant, & ce que le vaſſal en iouït, n'eſt que par ſouffrance & negligence du Seigneur feodal, ainſi qu'il eſt dict au 1. liure Des fiefs, que *hæres non ſuccedit vllo modo niſi per inueſtituram acquiſierit* : auſſi pluſieurs tiennent, que les heritiers du Royaume ne ſont pas parfaictement Rois, au moins ne le ſont ils à l'eſgard de Dieu, iuſques à ce qu'ils ſoient ſacrez, ou couronnez : & que c'eſt la cauſe pourquoy le fils poſthume du Roy Loys Hutin nommé Iean, qui ne veſcut que huict iours, n'eſt point mis au nombre des Rois de France, pource qu'il ne fut point ſacré : comme l'Eueſque mourant auant qu'eſtre ſacré ne ſeroit point mis au catalogue des Eueſques. Voire meſme on peut dire, que le Roy de France & les autres Rois, qui ont accouſtumé d'eſtre ſacrez, ont tout enſemble les trois eſpeces de Dignitez *l'Ordre*, *l'Office & la Seigneurie* : comme certes il eſt bien à propos qu'en ceſte ſouuueraine & parfaicte Dignité, toutes ſortes de Dignité ſe rencontrent.

24 N'eſt Roy parfaict auparauant à l'eſgard de Dieu.

25 Roy de Frãce ha l'Ordre, l'Office & Seigneurie tout enſemble

26 Rois ſont Officiers à l'eſgard du peuple.

Voila ce que ſont les Rois à l'eſgard de Dieu : & ſemblablement à l'eſgard du peuple, il eſt vray de dire que les Rois ſont & Officiers & Seigneurs : ie dy ſouuerains Officiers, deſquels dependent tous les Officiers, & ſouuerains Seigneurs deſquels dependent tous les Seigneurs de leur Royaume. Bien eſt vray que du commencement ils n'eſtoient que ſimples Princes, c'eſt à dire ſimples Officiers, n'ayans que l'exercice, & non pas la proprieté de la ſouueraineté : ains le peuple, qui les éliſoit & prepoſoit ſur ſoy, demeuroit en ſa liberté naturelle toute entiere, ſans ſe ſubmettre ni rendre ſubiect au Prince par droict de Seigneurie, comme i'ay prouué au 2. chap. du liure *Des Seigneuries*.

27 Anciennement eſtoient purs Officiers.

28 Conformité de l'Office & Seigneurie.

Mais comme la mutation de l'Office en Seigneurie eſt facile (l'vn eſtant ſi conforme à l'autre, que ni les Grecs, ni les Romains n'ont point eu de terme particulier pour diſtinguer leur puiſſance, ains ont confuſément appellé l'vne & l'autre ἀρχὴν, *imperium*) l'Office ſouuerain eſt encor plus aiſé à conuertir en Seigneurie ſouueraine, n'y ayant aucun qui l'en empeſche. Auſſi il y a ja long temps que tous les Rois de la terre, qui par conceſſion volontaire des peuples, qui par vſurpation antique (laquelle fait loy en matiere de ſouuerainetez, qui n'en peuuent receuoir d'ailleurs) ont preſcript la proprieté de la puiſſance ſouueraine, & l'ont iointe auec l'exercice d'icelle.

29 Rois ont encores beaucoup de marques d'Officiers.

Neantmoins il eſt vray de dire que les Rois ont encore plus de remarques & proprietez d'Officiers que de Seigneurs. Premierement il eſt notoire, qu'ils font le principal exercice de leur puiſſance par eux meſmes, & en propre perſonne : & Bodin prouue qu'en poinct de conſcience, & en poinct d'Eſtat ils le doiuent faire, tant qu'il leur eſt poſſible : combien que le contraire ait lieu à l'eſgard des Seigneurs ſubalternes, qui s'eſtans contentez de l'honneur & du reuenu de leurs Seigneuries, ont tout à faict quitté l'exercice de la puiſſance publique à leurs Officiers.

30 Royaumes ne ſont hereditaires regulierement.

Secondement les Royaumes ne ſont pas tout à faict patrimoniaux, comme ſont tous les fiefs & Seigneuries, ſoit à l'eſgard des ſucceſſions, ou des contracts. Car quant aux ſucceſſions, il y a pluſieurs monarchies électiues, & à vie, ainſi que les purs Offices, & l'eſtoient toutes de leur origine, dit Ariſtote. Mais les

Monarques

Monarques au moyen de leur puissance absoluë ont presque par tout sceu perpetuer leur Estat à leur posterité, faisans du commencement couronner leurs enfans, & les establissans de main en main pendant leur vie, tout ainsi que ceux, qui veulent asseurer vn Office, y font dés leur viuant receuoir leur fils à suruiuance: de sorte qu'en fin, ceste continuation des Royaumes du pere és enfans, est passée en coustume & vsage ordinaire, qui fait loy en telles matieres. C'est ce que dict Ciceron au 1. des Offices, *Reges iustitiæ reddendæ causa primùm constituti, deinceps posteris per manus regna tradiderunt.* Et est aisé à entendre, que tous les Offices & benefices deuiendroient hereditaires par ce moyen, s'il n'y auoit point de superieur, qui pour son interest y mist empeschement.

31 Comment se sont faits hereditaires.

Et toutesfois ce qu'en plusieurs Monarchies on a admis ceste succession, n'a pas esté pour les rendre purement hereditaires & patrimoniales, comme les Fiefs, ni en effect pour le profict & aduantage des Monarques: ains seulement, que pour le repos du peuple, & pour euiter les malheurs & desordres, qui aduiennent ordinairement: quand il n'y a point de successeur certain au Royaume, on a trouué à propos de s'asseurer, & se fournir à perpetuité de successeurs à l'Estat, en sorte qu'il ne peut estre sans chef. Ce qui ne s'est peu faire autrement, qu'en destinant, par vne loy Royale & fondamentale, les plus proches de la lignée Royale à regner successiuement, comme appellez par la loy de l'Estat, laquelle induit vne maniere de sustitution graduelle en la famille des Princes du sang, ne plus ne moins que nos loix disent des fideicommis laissez aux familles, *vt in l. Cum ita. §. vlt. De leg. 2. l. Pater filium. D. Ad l. Falcidiam. l. filius familias. §. Cum pater. De leg. 1. l. Peto. §. fratre. & l. Vnum ex familia. De leg. 2.* ou plustost comme les fiefs destinez & affectez à certaines familles, qui doiuent estre restituez perpetuellement à ceux du nom & armes, sans charge de debtes, *vt in tit. An agnat. poss. retrah. feud. repud. h.e. lib. 2. feudorum.*

32 Ceste heredité est au profit du peuple.

33 N'est vne pure heredité, ains vne succession graduelle.

Et ainsi en vsons-nous en France, où il est vray de dire que la couronne n'est pas purement hereditaire, ni par testament, ni mesme *ab intestat*, ains est deferée par la loy du Royaume au premier Prince du sang *iure sanguinis, & citra ius & nomen heredis*: & c'est ainsi, sans doute, qu'il faut entendre ce beau discours, auquel se sont rencontrez Cedrenus, & Theophanes en sa Chronique, Ἔθος εἶναι τοῖς Φράγγοις τὸν Κύειον αὐτῶν, ἤτοι τὸν Ῥῆγα, κατὰ γένος ἄρχειν· sans que pourtant il soit tenu pour heritier, ni chargé des debtes du Roy son predecesseur, non realisées au Royaume, ne plus ne moins qu'vn successeur à l'Office ou benefice n'est tenu des debtes de son predecesseur, qui ne sont contractées au profict perpetuel du benefice: & ce que nos Rois payent ordinairement les debtes personnelles de leurs predecesseurs, est par honneur, deuotion, & charité, sans y estre tenus, comme on voit que le Poëte Corippus louë grandement l'Empereur Iustin le ieune, de ce qu'il auoit payé les debtes de son predecesseur, disant que *Priscorum hoc vno vicit nouus omnia facto*: ou possible c'est en consideration, de ce que nos Rois ont herité d'ailleurs au patrimoine de leurs predecesseurs non reüny & incorporé à la couronne.

34 Ce qui est particulierement en Frãce.

35 Le Roy n'est tenu des debtes de son predecesseur.

Et combien qu'il y ait des Monarchies, qu'on ne peut denier estre purement hereditaires, & qui passent du defunct à son heritier *ab intestat* en qualité de vray heritier, si est ce qu'encor en icelles, on fait grande difficulté, si elles peuuent estre leguées par testament à l'exclusion du plus proche parent habille à y succeder *ab intestat*: bref si l'institution d'heritier y a lieu, ou mesme la substitution: pource qu'on dit que les Monarchies viennent immediatement de Dieu, qui semble auoir destiné les plus proches parens pour heritiers legitimes d'icelles, ainsi que c'estoit la loy ancienne des Fiefs, que *nulla ordinatio defuncti in feudo valeret*: ioint aussi qu'on dit, que le peuple, qui s'est submis d'obeïr à vne race, n'est tenu pourtant d'obeïr à vne autre.

36 Monarchies hereditaires n'écheent en testament.

Dauantage les Monarchies sont du tout impartables, ainsi que les Offices: & de verité vne couronne ne seroit plus couronne, si elle estoit departie: aussi que les Rois n'ont pas tant esté ordonnez pour leur aduantage, que pour le besoin du peuple, qui ha notable interest, que le Royaume demeure en son integrité & perfection.

37 Sont impartables.

38 Ne doiuét tomber en quenouille.

Finalement les Monarchies, selon leur vray droict & propre nature, ne doiuent appartenir aux femmes, encor moins que les Offices, *à quibus fœminæ remotæ sunt*, attendu le prouerbe Grec, disant que

Γυναικὶ ἀρχὴν οὐ δίδωσιν ἡ φύσις.

& Platon *in Menone*, que Ἀνδρὸς ἀρετὴ πόλιν εὖ διοικεῖν, γυναικὸς δ' οἰκίαν. Aussi Bodin au penultiesme chap. du dernier liure, prouue que c'est le droict commun des Monarchies de ne tomber en quenouille: & ce qui s'obserue autrement en aucunes, est par vsurpation.

39 Monarchies ne sont transmissibles par contracts.

Voyla pour la succession, & quant aux contracts, la Royauté ou Souueraineté est encor moins alienable, & plus inherente à la personne que le simple Office. Car combien que l'Office soit resignable en certains cas, la souueraineté ne l'est iamais: estant tres-certain que quelque Monarque que ce soit ne peut, sans consentement des Estats de son pays, valablement, & à tousiours ceder son Estat en famille estrangere. Car c'est vne obligation reciproque, comme au suject d'obeïr à son Prince, aussi au Prince de maintenir son suject: & comme le suject ne se peut distraire de l'obeïssance de son Prince, aussi vn Prince ne peut aliener ses

40 En tout.

subiects. Ce que i'enten pour les transferer à vn autre: car és Estats électifs le Prince peut bien remettre son Estat à ses sujects mesme, pour choisir vn autre Prince à leur volonté, comme il est dict du Pape au chap. 1. *De renunciat. in 6.* qu'il peut bien resigner simplement la Papauté, mais non pas en faueur d'autruy: ce qui n'ha lieu és Seigneuries subalternes, qui sont alienables sans contredict, en payant les droicts au Seigneur, dont elles releuent.

41 N'en partie.

Pareillement il est certain, qu'vn Roy ne peut aliener les droicts de sa couronne, ni démembrer son Royaume: voire mesme l'obliger, soit pour debte, ou par alliance, sans le consentement libre & solemnel des Estats, ou Parlement de son Royaume: au moins que telle alienation, démembrement, obligation, ou alliance, tienne, & ait effect apres sa mort, non plus que le reglement ou accord, que fait vn Officier des droicts de son Office, ou l'alienation que faict vn beneficier du reuenu de son benefice: combien que tout cela puisse estre faict par vn Seigneur subalterne.

42 Raison de toutes ces decisions.

La raison de toutes ces particularitez est, que comme les Offices ne doiuent pas estre conferez aux hommes à cause d'eux, mais au contraire les hommes doiuent estre donnez aux Offices à cause du public, aussi la verité est, que les principautez souueraines n'ont pas esté establies en faueur des Princes, ains en consideration du peuple, qui ha besoin d'vn chef, pour estre gouuerné & maintenu, qui est ce que dit Ciceron au 1. des Offices, *vt tutela priuatorum, sic cura Reipublicæ, ad vtilitatem eorum, qui commissi sunt, non eorum quibus commissa est, instituta fuit.* Ce qui ne peut pas estre dit des autres Seigneuries, qui sont tout à faict patrimoniales aux Seigneurs. Bref de toutes ces raisons il appert, que les Monarchies sont plus Offices, que Seigneuries.

43 Des Pairs de France.

Au regard des Pairs de France, ils sont pareillement Officiers & Seigneurs ensemble, & quant au tiltre, & quant à la nature de leur dignité. Quant au tiltre, il est notoire, qu'outre celuy de Pair, qui est vn tiltre d'Office, ils ont aussi le tiltre de Duc, ou de Comte, qui sont tiltres de Seigneuries, n'y ayant aucune Pairie, qui ne soit Duché ou Comté: quant à la nature aussi, d'autant qu'ils en doiuent hommage au Roy comme Seigneurs, & serment au Parlement comme Officiers, au moins s'ils veulent faire l'exercice de leur Pairie, lequel exercice il faut qu'ils facent en propre personne, comme d'vn Office, & ne le peuuent commettre, comme la puissance des Seigneuries. Mais la raison est que l'Office & function des Pairs est distincte & separée de leur Seigneurie, & au tiltre, & en la nature: ce qui n'est és Seigneuries souueraines, où l'vne & l'autre est meslée & vnie ensemble.

44 De leur exercice personel.

Ceste function ou exercice personnel des Pairs, consiste principalement en deux actes: L'vn, que c'est eux qui inuestissent le Roy de son Royaume, & luy baillent les ornemens Royaux lors de la solemnité de son sacre & couronnement. L'autre, que c'est à eux de iuger, auec sa Majesté, les differens des vassaux

du

du Royaume, selon les anciennes loix des fiefs, qui auoient estably vne Iustice particuliere pour le fait d'iceux, distincte de la Iustice ordinaire, & ceste Iustice pour raison des fiefs de la couronne s'appelloit la Cour de Pairs: Iustice extrauagante, qui à bon droict a esté reiointe à la Iustice ordinaire, lors que le Parlement a esté faict sedentaire: de sorte que c'est le Parlement qui auiourd'huy s'appelle la Cour des Pairs: dont partant les Pairs de France sont les plus anciens Conseillers. Mais pour estre tels, il faut qu'ils y facent le serment, sans lequel nul ne peut estre Officier.

Et sans doute c'est à cause de cela (& non à cause de l'opinion du vulgaire, qu'ils sont au lieu des Patrices de Constantinople) que les Pairs de France precedent tous les autres Officiers, & aussi tous les Seigneurs de France, fors seulement les Princes, pour le respect du sang Royal, & de la parenté du Roy, & aussi qu'ils sont capables de regner sur eux-mesmes, ou d'engendrer des Princes, qui regneront sur leur posterité: encor ont-ils autresfois marché deuant eux, lors que les Pairs estoient Princes, & qu'ils auoient vsurpé la souueraineté, comme il sera dict au liure *Des Seigneuries*. 45 Pourquoy precedent les autres Officiers & Seigneurs.

Ceste mesme qualité d'Office est cause, que les Pairies sont indiuisibles, encor plus que les autres grandes Seigneuries, & qu'elles tombent moins qu'icelles aux femmes, ainsi qu'on le pratique, à present que l'Ordre est trop plus beau aux affaires de France, qu'il n'estoit anciennement, lors que l'vsurpation y maintenoit le desordre, & que la force y entretenoit la confusion. Mais hors ces particularitez, les Pairies sont reiglées en tout & par tout, comme les autres grandes Seigneuries. C'est pourquoy ie reserue de traicter de leurs droicts au liu. *Des Seigneuries*, ensemble de ceux des Seigneuries souueraines, pource qu'ils concernent plus la Seigneurie, que l'Office. 46 Pourquoy indiuisibles. 47 Et incommuniquables aux femmes.

Quant aux simples Offices feodaux, qui ne sont point Seigneuries, n'ayant aucune Iustice annexée, ie n'en cognoy point d'autres à present en France, que les Sergenteries fieffées, dont en Normandie il y en a plus que de Sergenteries simples: & ie trouue dans le grand Coustumier, qu'il y en doit auoir quatre au Chastellet de Paris, qu'on appelloit anciennement, dit-il, *Sergenteries foraines*; pource à mon aduis, que leur principale charge estoit de faire les saisies des Fiefs, qui sont volontiers situez hors la ville: & de faict les Sergens fieffez pretendent que c'est à eux, & non aux autres Sergens de faire ces saisies. Quoy qu'il en soit, les commissions du Preuost de Paris, contiennent ordinairement ceste addresse, *Au premier nostre Sergent à cheual, fieffé, ou à verge*. 48 Des simples Offices feodaux 49 Sergenteries fieffées.

Il y a aussi en Poitou, & quelques autres Prouinces de France, des Sergens hereditaires, qui sont appellez Chastellains, ou Sergens Chastellains: qui tiennent pareillement leurs Offices en fief, & qui, à mon aduis, estoient iadis les gardes & concierges des Chasteaux, dont vient qu'en aucuns lieux, il sont aussi Sergens des forests, & en d'autres ils sont Receueurs des amendes, & des autres menus droicts de la Iustice du Seigneur. De sorte qu'ils se rapportent aux fiefs *Guardiæ, vel Castaldiæ*, dont traictent les Feudistes. 50 Sergens Chastellains.

Ie ne sçay si ie doy mettre en ce rang, ou au rang des pures Seigneuries, les Maires de village: d'autant qu'en plusieurs païs, & notamment en Beausse (où il y en a grand nombre) ils sont tenus, à certains iours, porter la verge, & seruir de bedeaux, & appariteurs aux processions des Eglises, dont ordinairement ils releuent, & non pas des Seigneurs temporels. 51 Mairies de village.

Toutesfois il y a d'autres païs, où ces Maires de village ont basse iustice, ainsi que les Maires des villes l'ont en quelques villes: c'est pourquoy en aucuns lieux ils sont appellez Preuosts hereditaires, & ont ordinairement plusieurs menus droicts en leur village, comme de mener les mariées au monstier, & à cause de ce ont droict de mets, qui est vn plat du festin des nopces: ont aussi droict d'auoir la premiere pinte de vin, qui se debite au village, vn iambon de chasque porc qui s'y tuë, & plusieurs autres telles menuës coustumes, ainsi appellées pource qu'on a tourné la coustume en droict, & la courtoisie en obligation: comme dit Bouteiller, que *accoustumance est desheritance*: Coustumes que partant les gens de bien, 52 Preuostez hereditaires. 53 Leurs menus droicts. 54 Coustumes pourquoy signifient menus droicts.

qui ont ces Mairies, ont à bon droict desaccoustumées, & laissé abolir.

55 Deux sortes de ces simples Offices feodaux. Or ces Mairies sont quelquesfois inherentes à certaines terres, ainsi que les Seigneuries quelquesfois subsistent par soy, & n'ont aucun domaine, ainsi que sont communément les Sergenteries fieffées : auquel cas la coustume de Normandie decide, qu'il n'en est deu aucun relief, comme estans plustost Offices, que fiefs. *Dignitez*, dit-elle en l'art. 157. *sans fonds, ni glebe, doiuent hommage, & non relief.* Toutesfois la coustume de Chartres art. 17. dit qu'il en est deu relief indistinctement, ores qu'ils ne soient que fiefs Boursiers (comme elle les appelle, & pareillement la coustume de Valentiennes, art. 4.) c'est à dire fiefs sans domaine, & consistans seulement en menus émolumens, qui entrent en la bourse.

56 Fiefs Boursiers.

57 Fiefs de camera, aut de cauena. C'est pourquoy il semble, que ces fiefs boursiers, ou Offices fieffez sans domaine, ressemblent aux fiefs *de camera, aut de cauena*, dont est parlé au commencement du 2. liu. Des fiefs, qui estoit vne rente, ou pension en bled, ou en vin, que les Seigneurs bailloient à leurs estaffiers, pour les seruir & assister iournellement, qui sont fiefs impropres, dit Cujas : *quia propriè feudum in rebus soli consistit.* Fauchet nous apprend, qu'on les appelloit iadis en France, Fiefs de reuenuë, & du Tillet en rapporte vn bel exemple, que Geoffroy de Limoges feist hommage au Roy Philippe de Valois de deux cens liures de rente à vie, à prendre sur le thresor du Roy, à la charge de le seruir auec vingt hommes d'armes. Car nos antiques François estoient si amoureux des fiefs par eux inuentez, qu'ils infeodoient non seulement les heritages, mais aussi les Offices ; & encor les rentes & pensions.

58 Fiefs de reuenuë.

59 Offices de la Couronne faicts feodaux. Voire mesme anciennement, presque tous les grands Offices de France furent faicts feodaux; notamment les Offices de la Couronne, qui tous, sans exception, ont eu des Iustices dépendantes de leur Office, & mesme y ont annexé à succession de temps plusieurs rentes & droicts annuels, mesme plusieurs heritages, que du Tillet quote particulierement en son recueil : ce que ie discoureray plus amplement au 4. liure, chap. 4. qui est dedié pour en traicter. Ainsi du Tillet dit que le Connestable fait hommage au Roy de l'espee Royale, comme la tenant en fief, vny auec son Office, & que tous les autres Officiers de la Couronne ont esté receus à hommage de leurs Offices, *aucuns*, dit-il, *par erreur, autres comme leurs Offices estans reputez fiefs à vie, à cause des Iustices dépendantes d'iceux.*

60 Pourquoy. Mais c'estoit en effect que ces grands Officiers taschoient à rendre leurs Offices hereditaires en les changeant en fiefs, tout ainsi qu'auoient fait les Ducs & Comtes, pource que selon la reigle Des fiefs, le Seigneur est obligé de conseruer son vassal en son fief, à cause du mutuel deuoir, & foy reciproque, qu'ils ont l'vn à l'autre, de se defendre & maintenir. Et de fait l'Office de grand Bouteiller a esté par ce moyen continué si long temps en la maison de Senlis, qu'on disoit vulgairement le Bouteiller de Senlis, & que ceux de ceste maison prennent encor auiourd'huy ce tiltre, dit du Tillet: comme au pareil l'Office de grand Chambrier a este en fin tout à faict changé en vn fief hereditaire, & possedé successiuement par tous les Ducs de Bourbon, de sorte qu'on a esté contraint mettre vn autre Officier en sa place, qu'on appelle grand Chambellan, comme ie diray au mesme endroict.

61 Office feodal separé en fief & Office. Mesmement Fauchet au 1. liure de ses Origines, chap. 10. rapporte vne merueilleuse sorte d'infeodation d'Office, à sçauoir que Foulques, Comte d'Aniou, depuis Roy de Hierusalem, eut dissension auec le Roy Loys le Ieune, pource qu'il l'auoit despoüillé de la Mairie & Seneschaussée de France (qui est à present l'Office de grand Maistre de France) & en auoit pourueu le Seigneur de Garlande : De sorte que le Roy ayant affaire du secours de Foulques, en vne guerre qui luy suruint contre les Anglois, fut contrainct d'entrer en cet appointement auec luy, que le Seigneur de Garlande tiendroit en fief l'Office de Seneschal de France du Comte Foulques, comme Seigneur feodal & hereditaire de la Mairie & Seneschaussée de France, annexée par ce moyen au Comté d'Anjou, qui est cause que les Rois d'Angleterre, auparauant qu'ils prissent le tiltre de Rois de France, se qualifioient, à cause du Duché d'Anjou, qu'ils pretendoient leur appartenir, Seneschaux hereditaires de France.

Mais

Mais il a esté impossible aux Officiers de la couronne de rendre tout à fait leurs Offices hereditaires & patrimoniaux, comme auoient faict les Ducs & les Comtes, pource que leur charge s'estendant generalement par toute la France, & n'ayant point de païs à eux, où ils se peussent cantonner, establir, & prendre pied comme les autres, il a esté facile de les ranger à la raison: ce que le Parlement a faict toutefois-&-quantes qu'on s'en est addressé à luy, dont du Tillet recite plusieurs arrests. Entre lesquels est notable celuy du 22. Ianuier 1361. où il est dict, que *Les Offices des Mareschaux de France appartiennent à la couronne, comme domaine d'icelle, & l'exercice ausdits Mareschaux pendant leur vie*: Et vn autre de l'an 1274. par lequel Guy de Mirepoix fut debouté du tiltre de Mareschal de la foy par luy pretendu hereditairement, à cause qu'vn de ses predecesseurs auoit esté Mareschal en l'armée de Simon de Montfort contre les Albigeois: & fut dit que *Les offices de France n'estoient hereditaires, si expressément n'estoit ordonné*: Ainsi les enfans de Messire Guillaume Crespin, pretendans, à cause de leur mere, la Connestablie hereditaire de Normandie, en furent deboutez par arrest de l'an 1275. Quoy que ce soit, les grands Officiers de France par le moyen de cette infeodation ont gaigné ce poinct de rendre leurs Offices fiefs à vie, & partant de n'estre point destituez, comme de ce temps-là pouuoient estre tous les simples Officiers. 62 Offices de la couronne, pourquoy n'ont peu estre faits hereditaires. 63 Arrests prohibitifs de faire les Offices hereditaires.

Pareillement, les Baillifs & Seneschaux ont tasché de faire ainsi que les Officiers de la couronne, que leurs Offices fussent feodaux; mais ils s'en sont mal trouuez. Car on a consideré à bon droict, qu'ayans succedé en tout & par tout à l'ancien Office des Ducs & des Comtes, & ayans jadis eu, comme eux, la charge, & des armes, & de la iustice, & des finances de leur Prouince, il leur eust esté aussi facile qu'à eux d'empieter la proprieté & seigneurie d'icelle. Partant, on y a mis bon ordre: car on a peu-à-peu tellement démembré leurs Offices, qu'il ne leur en est presque demeuré que le tiltre: la charge des armes ayant esté baillée à des Gouuerneurs: celle de la iustice ayant esté laissée entierement aux Lieutenans generaux, qui ont esté pourueus par le Roy, au lieu qu'anciennement les Baillifs & Seneschaux les commettoient: & celle des finances ayant esté attribuée aux Receueurs du domaine, ainsi que i'ay dit ailleurs. 64 Baillifs & Seneschaux punis pour ce sujet.

SOMMAIRE DV TROISIESME CHAPITRE.

1 *Offices domaniaux sont Offices & domaine tout ensemble.*
2 *Ces deux natures sont separables.*
3 *Enumeration des Offices domaniaux.*
4 *Origine de ces Offices.*
5 *Clergies, Escritures.*
6 *Vendre Offices, comment s'entend és anciennes Ordonnances.*
7 *Greffes, Notariats & Seaux, jadis baillez à ferme.*
8 *Puis conferez en vray Office à vie.*
9 *Greffes faits Offices hereditaires.*
10 *Raison de cette heredité.*
11 *Notaires faits hereditaires.*
12 *Seaux conuertis en Offices.*
13 *Puis faits hereditaires.*
14 *Recettes des consignations.*
15 *Ancien exemple de Greffe hereditaire.*
16 *Greffes des Seigneurs, comment conferez.*
17 *Qu'ils ne doiuent estre alienez tout à fait.*
18 *Seigneurie ne doit estre démembrée.*
19 *Autre raison.*
20 *Autre encor.*
21 *Alienations des Greffes, comment doiuent estre limitées.*
22 *La faculté de rachat y doit estre sous-entenduë.*
23 *Mesme en la donation du Greffe.*
24 *Estimation doit estre prise selon le temps du don, & non du rachat.*
25 *Discours notable des alienations à faculté de rachat.*
26 *Si ce sont simples engagemens.*
27 *Que ce sont ventes.*
28 *Pourquoy quelques Ordonn. les appellent engagemens.*
29 *Difference entre l'engagement & la vente à faculté de rachat.*
30 *Origine des engagemens.*
31 Fiducia.
32 Emancipatio.
33 Iudicium fiduciæ.
34 *Fiducies abolies.*

DES OFFICES DOMANIAVX EN GENERAL.

CHAPITRE III.

1 Offices domaniaux sont Offices & domaine tout ensemble.

COMME les Offices feodaux ont deux natures, à sçauoir d'Office & de fief, aussi les domaniaux ont tout ensemble la nature d'Office, & de domaine alienė, pource que la function personnelle, en laquelle ils consistent formellement, leur conserue le nom & l'estre d'Office, & d'ailleurs ils consistent materiellement en certains droicts du Roy, qui sont alienez aux particuliers à faculté perpetuelle de rachat, soubs ce specieux tiltre d'Office, tant appeté en ce siecle: c'est pourquoy ie les appelle Offices domaniaux, (ainsi qu'vn Edict moderne fait en l'an 1596. pour la reuente des Offices de Receueurs des Decimes) à cause qu'ils sont Offices en la forme, & domaine en la matiere: Offices à l'égard de leur function publique, domaine à l'égard de leur reuenu & proprieté.

2 Ces deux natures sont separables.

Mesmement il faut prendre garde, que ces deux natures sont encor plus separables que les deux des Offices feodaux. Car combien que ni le Roy ni les Pairs de France ne puissent separer actuellement leur Office de leur Seigneurie, en commettant l'exercice entier d'iceluy, si est-ce que notoirement l'exercice entier des Offices domaniaux peut estre distrait & separé de la proprieté d'iceux, soit par bail à ferme, ou autrement: & en ce cas, le fermier de l'Office domanial est le vray Officier, auquel desormais reside la function publique, & qui pour cét effect doit estre receu, & faire le serment en iustice: & l'acquereur en est simplement le Seigneur ou proprietaire, tout ainsi que d'vn autre domaine aliené: ce qu'il faut perpetuellement noter en ceste matiere, pource que de la distinction de ces deux natures depend la decision de presque toutes les difficultez qui se rencontrent en ces Offices.

3 Enumeratiō des Offices domaniaux.

Or comme l'inuention d'iceux est fort nouuelle, ayant esté commencée de nostre temps, & en l'année 1580. seulement, aussi n'y en a-il pas encor beaucoup. Car ie n'en sçay point d'autres que les Greffes, & les charges qui en ont esté autrefois démembrées comme les Notariats, les places de Clercs, les Seaux, les Recettes des consignations, & encor quelques nouueaux seaux, ou marques qu'on a forgées à l'instar de ceux de la iustice, pour marquer & controller certaines marchandises.

4 Origine de ces Offices.

Pour rechercher dés la source l'inuention de ces Offices, il faut entendre qu'anciennement, lors que la iustice s'exerçoit gratuitement en France, & qu'au lieu d'estre à profit au Roy, elle luy estoit à despense, les Iuges se seruoient de leurs Clercs domestiques pour Greffiers, & pour Notaires, qui n'estoit qu'vne mesme charge, appellée Clergie, dans les anciennes Ordonnances, comme ie prouueray au chapitre suiuant, où il sera dict que le Roy Philippe le Bel leur osta cette puissance, & voulut commettre luy mesme aux Clergies ou Notariats.

5 Clergies, Escritures.

Et 15. ans apres, Philippe le Long declara par son Ord. que les *Escritures* (qui sont les mesmes Offices de Greffiers & Notaires appellez en droict *Scribatus*) & *seaux estoient de son domaine, & partant qu'ils seroient doresnauant vendus par encheres à bonnes gens & conuenables.*

Où il faut remarquer (ensemble en toutes les anciennes Ordonnances, qui parlent de la vente des Offices) que cette vente ne signifie pas vne adiudication à vne fois payer, telle qu'on la practique à present, ains il la faut interpreter *secundum subiectam materiam*, pour signifier vn simple bail à ferme au plus offrant & dernier encherisseur, ainsi que des autres fermes du domaine, lequel ne se vendoit point alors, l'inuention de le vendre à faculté de rachat pour la necessité des guerres, n'ayant esté auctorisée que par l'Ordonnance du domaine de l'an 1566. Ce que ie prouueray au 1. chap. du liure suiuant. 6 Vendre Offices, côment s'entêd és anciennes Ordonnances.

Donques depuis cette Ordonnance, qui est de l'an 1319. les Greffes, Notariats & Seaux ont presque tousiours esté baillez à ferme, comme droicts domaniaux, & non pas conferez à tiltre d'Office. Ce qui a tellement eu lieu, que la ferme des Greffes, Notariats, Seaux, amendes, & autres menus emolumens de la iustice, attira en fin à soy l'Office de Iuge és Preuostez, Chastellenies, & petits Bailliages Royaux : de sorte, que le tout fut long temps baillé à ferme ensemblement, comme il sera dict au mesme lieu : iusques à ce que le Roy Charles VIII. par son Ordonn. de l'an 1493. separa l'Office de Iuge d'auec le Greffe, & autres émolumens de la iustice, ordonnant que desormais il seroit conferé à tiltre d'Office, & que le Greffe & émolumens de la iustice seroient baillez à ferme, ainsi qu'auparauant, afin que le Roy en peust tirer du reuenu : car il n'en tiroit point encor lors des Offices. 7 Greffes, Notariats & seaux iadis baillez à ferme.

Partant, cette façon de bailler les Greffes à ferme continua iusques en l'an 1521. que l'inuention de vendre les Offices ayant esté trouuée, le Roy François pour tirer de l'argent de la vente d'iceux, ordonna qu'il y seroit pourueu à tiltre d'Office : Edict, qui du commencement fut trouué si estrange, qu'il ne fut point executé, comme nous font foy plusieurs Ordonnances subsequentes, qui presupposent que les Greffes estoient tousiours baillez à ferme. C'est pourquoy le Roy Henry II. le renouuela en l'an 1554. mais le Roy Charles IX. le cassa en l'an 1564. remettant les Greffes à ferme : puis le restablit en l'an 1567. Et finalement, en l'an 1580. le feu Roy reünit les Greffes à son domaine, & par le mesme Edict, ordonna qu'ils seroient vendus à faculté de rachat, tout ainsi que l'autre domaine de la couronne, en qualité neantmoins d'Offices hereditaires. 8 Puis conferez en vray Office à vie. 9 Greffes faits Offices hereditaires.

Et à la verité, il semble que cette inuention n'est pas du tout sans raison, pource que par le moyen de l'heredité de ces Offices, il y a plus d'asseurance de la foy publique, & du bien d'vn chacun en particulier, dont les Greffiers & les Notaires sont comme gardiens & depositaires : & sur tout, pource que par leur continuation en vne mesme famille, leurs minuttes sont plus seurement gardées, plus aisées à trouuer, & moins sujettes à estre, ou égarées, ou diuerties. Ce que Cassiodore liure 12. *Var. epist.* 21. nous apprend auoir esté consideré dés son temps. *Scriba*, dit-il, *ad paterna transit Officia, vt incorruptè sit veritas custodita. Nam sicut diligens genitor seruat, quod otiosus successor inueniat : sic arbiter artium Princeps nullum patitur propria vtilitate fraudari, imò tantæ rei iugem præcipimus esse custodem.* 10 Raison de cette heredité.

Quant aux Notariats & Tabellionnez, ce n'a esté que soubs le Roy d'à present & en l'an 1597. qu'ils ont esté faits hereditaires : pourquoy faire les Offices de Tabellions, Notaires & Garde-notes, qui souloient estre Offices differens (au moins en aucuns lieux, comme il sera dict au chap. 5.) furent par le mesme Edict ioincts ensemble : & ce fait, ont esté vendus au plus offrant à faculté de rachat, ainsi que les Greffes. 11 Notariats faits hereditaires.

Mais les seaux des iustices Royales, qui, depuis l'Edict de Philippe le Long, auoient esté continuellement baillez à ferme, tout ainsi que les amendes & autres émolumens d'icelles iustices, furent dés l'an 1568. conuertis en vn Office de Garde des Seaux, à l'instar de l'ancien Officier du Chastelet de Paris, appellé le Séelleur, dont le grand Coustumier fait mention : puis en fin furent derechef reünis au domaine ainsi que les Greffes, en la mesme année 1580. & ven- 12 Seaux conuertis en Offices. 13 Puis faits hereditaires.

dus tout de mesme à heredité & faculté de rachat. Depuis lequel temps il a esté institué plusieurs autres semblables Officiers hereditaires & domaniaux de Séelleurs ou Marqueurs, ainsi qu'il sera dit cy-apres en ce 5. chapitre.

14 Recettes des consignations. Et en l'an 1595. les Receueurs des consignations (qui auoient esté démembrez des Greffes, & erigez en tiltre de pur Office en l'an 1578.) furent aussi rejoints au domaine, puis reuendus à faculté de rachat. Voyla tous les Offices domaniaux, horsmis ceux des decimes, qui sont d'autre sorte que les autres, pource qu'ils concernent vn certain ménage d'entre le Roy & le Clergé, mais quant aux autres ce ne sont iusques à present que les anciennes dépendances des Greffes.

15 Ancien exemple de Greffe hereditaire. Or M. Choppin sur la coust. de Paris nous rapporte vn exemple fort notable, comme de long temps il y a eu des Greffes hereditaires, à sçauoir vn arrest de l'an 1254. dont voicy les mots, *Cùm Rex Henricus Angliæ dedisset cuidã & suis hæredibus, quòd esset Scriptor suæ Præpositturæ Cadomi, & iam illud donũ de hærede ad hæredes transisset ex successione, fuit orta quæstio, ad petitionem cuiusdam mulieris, dictum Officium petentis tanquam hæres propinquior. Dubitabatur, cùm non esset Officium muliebre, vtrum ipsa mulier esset admittenda. Iudicatum fuit, quòd cùm charta Regis Henrici donum factum testificaretur cuidam & suis hæredibus, propter hoc, quòd erat mulier, non debebat repelli, & quòd Officium illud facere poterat per interpositam personam.*

16 Greffes des Seigneurs cóment hereditaires. Toutefois il faut remarquer que ce n'estoit pas vn Greffe Royal. Car le Roy d'Angleterre l'auoit donné comme Duc de Normandie, & Seigneur de la ville de Caen: & de verité il a tousiours esté loisible aux Seigneurs de conferer, ainsi qu'il leur a pleu, les Greffes, Notariats & Seaux des iustices, qui leur sont patrimoniales, soit en Office, ou à ferme. Ce qu'ils ne pourroient pas faire des Offices de iudicature, qui ne peuuent estre conferez qu'à tiltre d'Office, & à personne capable, à cause de l'interest public. Aussi a on veu de tout temps, que la plus-part des Seigneurs, au moins les meilleurs ménagers, ont retenu les Greffes, Notariats & Seaux parmy leur domaine, & les ont baillez à ferme plustost, que de les conferer à tiltre d'Office.

17 Qu'ils ne doiuent estre alienez tout à fait. Mais de les conceder hereditairement, & à tousiours, comme au fait de cét ancien arrest, ce n'est pas seulement vn mauuais ménage, ains c'est encor vne absurdité & incompatibilité toute certaine, pour plusieurs raisons, qui meritent bien d'estre approfondies à loisir: pource que ce discours concerne directement la forme & establissement des Offices domaniaux.

18 Seigneurie ne doit estre démembree. Premierement, si ces Offices estoient vendus à perpetuité, & sans faculté de rachat, ce seroit vne expropriation parfaite, & vn démembrement formel des dépendances du fief & seigneurie, qui est estroitement prohibé par nos coustumes. Car la Seigneurie, dont depend la collation des Offices, est des dependances du fief, comme i'ay prouué au 4. chap. du liure *Des Seigneuries*. Que si les coustumes defendent le demembrement du fief, ou domaine feodal, qui est vn corps heterogenée & partable naturellement, à plus forte raison doit-il estre prohibé en la Seigneurie, qui est vn droit incorporel, homogenée & impartable.

19 Autre raison. D'ailleurs il faut considerer, que les Offices ne concernent que le simple exercice de la function publique, & en consequence d'iceluy, de receuoir les emolumens, qui en prouiennent & dependent. Or il faut par necessité, que cét exercice depende de quelque Seigneurie: & combien qu'vne terre puisse estre naturellement sans Seigneur, l'Office neantmoins ne peut subsister, sans qu'il depéde de quelque Seigneurie, & l'Officier ne peut estre sans son correlatif, qui est le Seigneur, non plus que le maistre sans le valet, ny le pere sans l'enfant.

20 Autre encor. D'auantage il a esté dit au 1. chapitre de ce liure, que la proprieté des Offices n'appartient pas tellement aux Seigneurs, qu'ils la puissent aliener par expropriation entiere, ains qu'ils en sont seulement collateurs pour en disposer selon leur nature lors qu'ils sont vacans, mais que la pleine & parfaite proprieté d'iceux reside inseparablement par deuers l'Estat, ou bien la Seigneurie subalterne, comme vne partie integrale & inseparable du corps d'icelle: laquelle

en estant distraite, la Seigneurie n'est plus entiere, non plus que l'homme n'est plus parfait, ains est mutilé, quand il ha le bras couppé tout-à-fait : voire qu'alors la Seigneurie pert sa qualité, comme la courone n'est plus couronne, quand son cercle n'est plus entier, qui est à peu prés le discours de Balde sur le chap. *Licet causam. col.* 3. *De probat.* Reciproquement, l'Office ainsi aliené à pur & à plain, n'est plus vn Office, pource qu'il est tout à fait hors de la Seigneurie, ains c'est vn lambeau, ou morceau de Seigneurie, ne pouuant la Seigneurie estre imaginée, sinon d'vne iustice toute parfaite, & non d'vn Greffe seul, & separé absolument & à tousiours du corps de la Seigneurie, & ne se peut imaginer, que le surplus de la iustice ou Seigneurie appartienne à vn, & le Greffe à vn autre parfaictement & sans aucune esperance de reuersion, ou aucun droict de directe.

C'est pourquoy, à la rigueur, telles alienations & expropriations deuroient estre iugées nulles: toutefois pource qu'en les faisant, on ne s'aduise pas de ces raisons, qui à la verité sont abstruses & éloignées de la cogitation, bien que vrayes, voire necessaires à garder, il est plus equitable d'y apporter par apres vne modification & interpretation conuenable, *vt potius valeat actus, quàm pereat, imo vt valeat, quatenus valere potest*, & d'accorder l'intention des parties, auec le droit, & accommoder ce qu'ils ont faict, à ce qui se peut faire. Donc puisque cét ancien arrest n'a point declaré nulle la concession à perpetuité d'vn Greffe, ains l'a taisiblement approuuée, i'estime qu'il ne la faut pas reprouuer tout à faict : ains quand vn Seigneur a vendu, ou mesme donné à perpetuité le Greffe de sa iustice, la faculté perpetuelle de rachapt doit estre soubs-entenduë en telle concession, à fin que ce ne soit vne alienation absoluë, & vne expropriation parfaicte. Tout ainsi que ceste mesme faculté est tousiours soubs-entenduë aux rentes constituées, qui autrement ne seroient valables : & de mesme façon qu'és alienations que fait de ses Greffes le Roy, qui les fait auec le sage conseil de ses Officiers, ceste faculté y est tousiours exprimée, comme necessaire. 21 Alienatiõs des Greffes cõment doiuent estre limitées. 22 La faculté de rachat y doit estre sous entenduë.

De sorte que ie dy, qu'vn Seigneur est receuable en quelque temps que ce soit, à racheter le Greffe de sa iustice, pour le mesme prix qu'il la vendu, ores qu'en la vente, il n'ait retenu ce droict de le pouuoir racheter, pource qu'il est de l'essence du contract, voire est necessaire à la validité d'iceluy. Que si le Greffe a esté non-pas vendu, mais donné à perpetuité, ie dy pareillement qu'il peut estre racheté & retiré en tout temps, pour sa iuste valeur, pource qu'il n'a peu estre aliené tout à faict. 23 Mesme en la donation du Greffe.

Valeur qui encor doit, à mon aduis, estre estimée, non pas eu égard au temps qu'on le veut retirer, mais au temps qu'il a esté donné, entant qu'il en peut apparoir, ainsi que le Greffe vendu se rachete au mesme prix de la vente, & non à celuy du temps du rachat : pource aussi, que deslors de la donation, la faculté de rachat y a esté soubs-entenduë, comme necessaire pour la validité d'icelle, & partant c'est à l'egard de ce temps là, que son prix doit estre taxé : voire on doit imaginer que ç'a esté plustost le prix de l'Office, qui a esté donné absolument, ou bien l'vsufruict de l'Office iusques au rachat, que l'Office en soy purement & absolument, puisqu'en cette façon il est inalienable: toutefois il faut confesser, que ce poinct est fort douteux. 24 Estimatiõ doit estre prise selon le tẽps du don & non du rachat.

Puis donc que les Offices domaniaux ne peuuent estre autrement alienez, qu'à faculté de rachat, soit expresse, ou pour le moins taisible, il est bien necessaire de discourir de l'effet, energie & importance de telles alienations, & si iusques au rachat elles importent quelque proprieté ou Seigneurie de la chose ainsi alienée, ou bien si en elles importent vne simple constitution d'vsufruict, qui ne fait partie de la proprieté *l. Recte D. De verb. signif.* voire mesme vn simple engagement, qui ne transfere point la proprieté de la chose engagée au creancier, ains ne sert que d'asseurance de l'argent presté *l. Cum sortis. §. vlt. D. De pignor. act.* 25 Discours notable des alienations à faculté de rachat.

Ce qui semble deuoir principalement auoir lieu en ces Offices, qui sont du domaine de la courone, lequel de sa nature est sacré & inalienable : & partant il 26 Si ce sont simples engagemens.

semble que l'acquereur d'vn Office domanial n'en est pas Seigneur, ains de son argent seulement, pour l'asseurance duquel il detient l'Office engagé, iusques à la restitution d'iceluy, iouïssant cependant des fruicts & emolumens de l'Office, au lieu de l'interest de ses deniers, par vne maniere d'Antichrese. Et de faict nous voyons, que la pluspart des ordonnãces qualifient les alienations, mesme du domaine solide, du nom d'engagement simplement, leur déniant le tiltre de vente à faculté de rachat.

27 Que ce sont vrayes ventes.

A quoy on peut respondre, qu'encor que le domaine soit regulierement inalienable, si est-ce que c'est vne des exceptions, qu'il peut estre alienê à faculté de rachat, pour la necessité du Royaume, comme il est dict en l'ord. de l'an 1566. appellée vulgairement l'Ordonnance du domaine, qui vse notamment du terme d'alienation, & non pas de celuy d'engagement: comme aussi tous les Edits faits pour la vente des Offices domaniaux, portent expressément le mot de vente ou alienation. Et ce qu'il y a des ordonnances qui vsent du mot d'engagement, au lieu de vente à faculté de rachat, est par fois pour distinguer ces ventes d'auec les alienations du domaine faites par appanage, dots, ou doüaires: & d'autre-fois encor, pour dénoter que certaines alienations, ores que conceuës en termes de vente à faculté de rachat, neantmoins pour n'estre du tout au cas de l'ordonnance du domaine, ne sont tenuës que pour des simples engagemens, ce qui sera expliqué incontinant.

28 Pourquoy quelques ordonnances les appellent engagemens.

29 Difference entre l'engagement, & la vẽte à faculté de rachat.

Or il y a bien de la difference entre la vente à faculté de rachat, & le simple engagement, autrement appellé contract pignoratif: qui est vn poinct de tres-grande importance en nostre vsage, & qui n'est pas bien esclaircy ny dãs le droit Romain, ny en nostre droict François: & partant il merite bien d'estre approfondy en ce lieu.

30 Origine des engagemens.

Pour en faire recherche dés sa premiere origine faut noter, que l'inuention des hypotheques a esté fort tardiue à Rome, ayant seulement esté introduite par les Preteurs, mais en la primitiue iurisprudence on vsoit seulement de gages mobiliers, qui pouuoient estre baillez de main en autre, & pour cette cause estoient appellez *pignora à pugno*, disent nos Iurisconsultes, pource qu'on ne se pouuoit imaginer, qu'on peust acquerir droict en aucune chose sans tradition.

31 *Fiducia.*

C'est pourquoy à fin de pouuoir engager les immeubles, aussi bien que les meubles, on inuenta vne maniere de contract appellé *fiducia*, qui estoit vne vente simulée, par lequel celuy qui auoit affaire d'argent, vendoit & liuroit, auec l'antique ceremonie de la mancipation, son heritage à celuy qui luy en prestoit, à ceste condition neantmoins, qu'il seroit tenu le luy rendre & reliurer auec la mesme ceremonie, lors qu'il luy auroit rendu ses deniers: *fiducia contrahitur* (dit Boëce sur les Topiques de Ciceron) *cùm res alicui mancipatur ea lege, vt eam mancipanti remancipet, estque remancipatio fiduciaria, cùm restituendi fides interponitur.* Mesme quand les peres vouloient mettre leurs enfans hors leur puissance, ils n'en sçauoient autre moyen, sinon de les vendre *titulo fiduciæ*, à quelqu'vn de leurs amys, qui à l'instant leur donnoit la liberté, ce qui s'appelloit *emancipation*. Et ces ventes fiduciaires estoient si communes aux Romains, que parmy le peu d'actions qu'ils auoient d'ancienneté, il y en auoit vne tout exprés pour icelle, appellée *Iudicium fiduciæ, cuius formula erat, inter bonos bene agier, & sine fraudatione*, dit Ciceron au 3. des Offices, *Quod quidem iudicium magnæ existimationis, imò etiam famosum fuisse ait, in Orat. pro Rosc. Com. & pro Cæcinna.*

32 Emãcipatio

33 *Iudicium fiduciæ.*

34 Fiducies abolies.

Mais apres que les engagemens, & mesme les simples hypotheques conuentionnelles des immeubles, furent auctorisées, on n'eut plus besoin de ces feintes, & formalitez de mancipations & remancipations, esquelles il y auoit tousjours hazard de la mauuaise foy de l'acheteur fiduciaire, & partant quand il vouloit estre nanty de l'heritage de son creancier, pour plus grande asseurance de sa debte, on vsoit seulement d'vn simple engagement, *nec ampliùs res mutuæ pecuniæ gratia mancipabatur, vel in iure cedebatur, sed tantùm pignori tradebatur: Sicque manente apud debitorem dominio, nuda eius possessio transferebatur*, dit Isidore liu. 5. *Des Ethymol.* chap. 21. Car c'est la difference *inter pignus & fiduciam*, que *fiducia dominium transf-*

fert, pignus manente apud debitorem proprietate, solam possessionem transfert ad creditorem, l. Cum & sortis. §. vlt. D. De pignor. act. Et de faict le terme de *fiducia* ne se trouue point en tout le corps du droict ciuil, au moins *pro pignore*, combien qu'il soit fort commun és anciens liures.

Neantmoins en consequence de ce que le fiduciaire auoit accoustumé de prendre à son profit les fruicts de l'heritage, on continua au moins au droict Romain, ceste tolerance aux engagemens, que le creancier en prendroit les fruicts en recompense de l'interest de son denier, si ainsi estoit accordé entre les parties: paction qui conuertissoit le simple engagement en la nature d'vn autre contract, appellé ἀντίχρησις, *l. Si ea pactione & l. Si ea lege. C. de vsur.* Lequel contract on appelloit en France anciennement *Mort-gage*, à la difference du simple engagement, qui ne portoit gain de fruicts, qu'on appelloit *Vif-gage*, comme i'ay prouué au 1. liu. *Du déguerpissement chap.* 7. Combien que regulierement l'Antichrese, ou mort-gage est reprouué en France, dit du Moulin en son traicté Des vsures, quest. 35. fors en peu de coustumes, où on appelle tels marchez contracts pignoratifs, ou gracieux, pource qu'ils sont conceus en forme de vente à faculté de rachapt, qu'on appelle grace, comme si c'estoit de grace seulement, qu'on promist au debteur de retirer son heritage par luy actuellement vendu. 35 Antichrese. 36 Mort-gage. Vif-gage. 37 Belle regle des Romains aux engagemens.

Toutesfois les Romains apporterent vn sage reglement aux engagemens, à sçauoir, que iamais par quelque laps de temps que ce fust, le creancier ne pourroit acquerir la Seigneurie de l'heritage engagé *l. vlt. C. De pactis pigno.* loy qui sans doute pour son équité doit estre obseruée en toutes les especes d'engagemens, sçauoir est aux simples, aux fiduciaires, qui sont les ventes simulées à faculté de rachapt, & aux Antichreses. Car l'engagement est en effect si contraire à la vente, que iamais il ne peut estre conuerty en icelle. 38 Vente à faculté de rachapt.

Mais si le contract n'a point commencé, par vn engagement, pour l'asseurance d'vn prest, ains par vne vraye vente & non simulée, on n'a iamais trouué mauuais d'y inserer ceste paction, qu'en rendant par le vendeur à l'achetteur ses deniers, il sera tenu luy rendre l'heritage: ce que nous appellons retraict conuentionnel, & nos Docteurs l'appellent *pactum de retrouendendo*, qui est disertement approuué par la loy 2. *C. De pactis inter empt. & vendit.* aussi ne contient-il rien contre les bonnes mœurs, ains est à l'aduantage du vendeur, qui *in traditione rei suæ potuit quoduis pactum apponere l. Sancimus. C. De reb. ali. non alien.* paction, qui au surplus ne change point la nature du contract. 39 Pactum de retrouendendo.

Il y a donc bien de la dissemblance entre la vraye vente sous faculté de rachat, & les engagemens ou contracts pignoratifs. Car combien qu'ils soyent ordinairement conceus en mesmes termes, si ont ils en l'effect trois differences fort notables: l'vne qu'en la vente à faculté de rachat l'achepteur deuient Seigneur de la chose iusques au rachat, ce qui n'est en l'engagement: pource que la tradition faicte pour cause de vente transfere la seigneurie, mais celle qui est faicte pour cause d'engagement ne transfere que la simple detention de la chose. L'autre qu'en la vente, en consequence de ceste Seigneurie transferée, l'achetteur gaigne les fruicts de l'heritage *iure dominij*, & en l'engagement, il les doit rendre, si ce n'est és coustumes, où l'Antichrese est tolerée, encor en ces coustumes ne les gaigne-il pas indistinctement, & à l'infiny, mais iusques à la concurrence de l'interest licite, que la loy dict, *fini legitimæ vsuræ*. Et la troisiesme & principale difference est qu'en la vente, apres le temps du rachapt expiré, l'achetteur deuient Seigneur incommutable de l'heritage suiuant ceste loy 2. *C. De pactis inter empt. & vendit.* ce qui ne peut estre en l'engagement, à cause de ceste loy derniere *De pact. pignorum.* 40 Trois effects differens de l'engagemēt & la vente à faculté de rachapt.

Mais d'autant que les vsuriers ne manquent iamais à faire conceuoir leurs engagemens en mesme forme, & en mesmes termes, que les ventes à faculté de rachapt pour les discerner, nous ne prenons pas garde à leur forme, ni à leurs termes, ains à l'intention vray-semblable des contractans, laquelle nous colligeons & coniecturons des trois circonstances, que les Canonistes nous ont apprises au chap. *Ad nostram. De empt.* & au chap. *Illo vos. De pignor.* à sçauoir la vilité du prix, 41 Comment se discerne l'engagement auec la vente à faculté de rachapt.

la recondu&ion, la couſtume d'vſurer : leſquelles ſe rencontrans toutes trois en vn contract, ou du moins deux d'icelles, ſelon la plus ſaine opinion, le contract eſt iugé pignoratif, & ſimple engagement, ores qu'il ſoit conceu en termes precis de vente à faculté de rachapt.

42 Que la vẽte des Offices domaniaux n'eſt point engagement.

Or eſtant notoire, que nulle de ces trois circonſtances ne peut auoir lieu és adiudications publiques, ſoit du domaine ſolide du Roy, ſoit des Offices domaniaux, leſquelles d'ailleurs ne ſe font pas en intention de preſt, ains de vente, il n'y a nulle difficulté, qu'elles ne doiuent eſtre tenuës pour vrayes ventes à faculté de rachapt, & non pas pour ſimples engagemens, ou contracts pignoratifs. Et toutesfois d'autant que ce principal aduantage, qu'ont les ventes à faculté de rachapt pardeſſus les engagemens, qu'apres le temps d'icelle faculté expiré, l'achetteur en deuient ſeigneur incommutable, ne peut auoir lieu au domaine du Roy, à cauſe de ſa nature & condition particuliere, de ne pouuoir eſtre parfaictement aliené. Il y a quelques ordonnances, qui qualifient les alienations du domaine du nom d'engagemens pour les diſtinguer des alienations, qui ſe font pour appannages, dots, ou doüaires, qui à la verité ſont beaucoup plus fauorables. Mais cela n'empeſche que les deux autres conditions particulieres des ventes à faculté de rachapt, n'ayent lieu en ces alienations du domaine, ou Offices domaniaux, à ſçauoir que iuſques au rachapt l'acquereur eſt Seigneur, du moins vtile, du domaine aliené, & qu'il en faict les fruicts ſiens, par droict de Seigneurie.

41 Pourquoy par fois elle eſt appellée engagement.

44 Il y a des ventes du domaine, qui ne ſont qu'engagemens.

Mais encor c'eſt la verité, qu'en matiere des alienations du domaine ſolide, faictes aux particuliers, bien qu'elles ſoient faictes en meſme forme, & ſoubs meſmes clauſes, il y en a neantmoins qui ſont vrayes ventes à faculté de rachapt, & d'autres qui ne ſont que ſimples engagemens. Car celles qui ſont faictes auec les conditions portées par l'Ordonnance du domaine, ſçauoir eſt publiquement, ſans fraude, au plus offrant & dernier encheriſſeur, & à deniers comptans, pour la neceſſité des guerres, ſont vrayes ventes à faculté de rachapt. Mais celles qui ſont faictes par contract priué, pour le payement des debtes du Roy precedentes le contract, ne ſont que ſimples engagemens. Tout ainſi qu'aux particuliers, quand le marché commence par la vendition ſans fraude, ni deſguiſement, c'eſt vente à faculté de rachapt ; mais quand il commence par le preſt, c'eſt engagement ſimple, ores que le contract ſoit conceu en forme de vente. Voire il y a encor vne tierce eſpece d'alienation du domaine, qui eſt encor moins forte que le ſimple engagement, à ſçauoir l'alienation pour cauſe de bien-faict, quand en recompenſe de ſeruices, ou autre telle cauſe, le Roy concede la iouïſſance de quelque portion de ſon domaine par forme de preſt ſimulé, & ſans bourſe deſlier.

45 La diſtinction des ventes du domaine, & des engagemens.

46 Alienation du domaine par bien-faict.

47 Diuiſiõ generale des alienations du domaine.

Doncques pour faire vne generale énumeration des façons, que nous auons d'aliener le domaine, combien que l'Ordonnance du domaine n'en mette que deux, ſçauoir l'appannage, & la faculté de rachapt, ſi eſt-ce qu'il faut prendre garde, que chacune de ces deux eſpeces peut eſtre ſubdiuiſée en trois. Car l'appanage comprend le vray appanage des fils de France, l'aſſignation des deniers dotaux des filles, & le doüaire des Roynes veufues : & chacune de ces trois ſortes ha ſes regles particulieres, comme il ſera dict au dernier chap. du 4. liure. Pareillement la vente à faculté de rachapt comprend la vraye vente, l'engagement & le bien-faict : qui au pareil ont chacune leur droict à part, auſſi ſont-elles toutes trois diſtinguées expreſſément par trois articles diuers, conſecutifs en l'Ordonnance de Blois, qui ſont les art. 332. 333. & 334. que le lecteur curieux pourra voir.

48 Trois ſortes d'appanages.

49 Trois ſortes de conceſſion à faculté de rachapt.

SOM-

SOMMAIRE DV QVATRIESME CHAPITRE.

1 *Vsage des seaux.*
2 Annulus signatorius, vel sigillatitius.
3 Signum.
4 *Deux vsages de l'anneau, ou cachet.*
5 *1. Vsage pour l'approbation des escritures.*
6 *Seaux des testamens.*
7 *Seaux des contracts.*
8 *De mesme.*
9 *2. Vsage des seaux pour cacheter les coffres.*
10 *Nuls seaux publics à Rome.*
11 *Edicts des Empereurs estoient soubscrits & non seellez.*
12 Sacrum encautum *encre particuliere de l'Empereur.*
13 *Edicts soubscrits par le Questeur.*
14 *Seau d'Auguste.*
15 *En France on seelloit & ne signoit point iadis.*
16 *Sein proprement signifie le seau.*
17 *Pourquoy on vsoit iadis de seau au lieu du sein manuël.*
18 *Pourquoy on en vse aux sentences & contracts.*
19 *Preuue.*
20 *Seaux appartenoient iadis aux Iuges.*
21 *Seaux n'estoient tousiours semblables.*
22 *Seaux ioincts au Domaine.*
23 *Deux sortes de seaux Royaux.*
24 *Trois sortes de Chancelleries.*
25 *Le grand Seau de France.*
26 *Le Seau des Chancelleries des Parlemens.*
27 *Le Seau des Chancelleries Presidiales.*
28 *Les petits Seaux de Iustice.*
29 *Par qui gardez.*
30 *A quoy seruent.*
31 *Si le Seau est necessaire aux sentences & contracts.*
32 *Que non.*
33 *Ains seulement aux lettres de Chancellerie, & pourquoy.*
34 *Si le Seau est necessaire pour la preuue.*
35 *Que non.*
36 *Exception notable.*
37 *Pourquoy le seau Royal est executoire par tout.*
38 *Seau necessaire pour l'execution parée, & pourquoy.*
39 *Principale raison.*
40 *Aduis touchant les Seaux de Iustice.*
41 *Si le seau supplée le sein.*
42 *Non, fors aux tiltres antiques.*
43 *Seau doit estre entier.*
44 *Du sur-an.*
45 *Auoit lieu és mandemens du Preteur.*
46 *Et és rescrits des Empereurs, du commencement.*
47 *A quoy sert le sur-an.*
48 *Si les sentences y sont subiectes.*
49 *Et les contracts.*
50 *Du seellé.*
51 *Garnison en la maison du mort.*
52 *Abus de faire inuentaire indistinctement.*
53 *Reglement touchant les seellez & inuentaires.*
54 *Inconueniens faute du seellé.*
55 *Inconuenient du serment* in litem, *ioinct la commune renommée.*
56 *Que ce reglement n'est encor suffisant.*
57 *Autres inconueniens faute du seellé.*
38 *Explication de l'art. 317. de la coust. de Paris.*
59 Differentia sui hæredis & extranei.
60 *En France* omnes sunt sui hæredes.
61 *Aduis touchant les seellez.*
62 *De mesme.*
63 *Seaux erigez en Offices.*
64 *Seelleur du Chastellet de Paris.*
65 *Plusieurs Officiers au Chastellet de Paris, qui n'estoient ailleurs.*
66 *Rang des Gardes des seaux.*
67 *L'*Ita est *de Paris.*
68 *Aduis d'en faire de mesme ailleurs.*
69 *Gardes des seaux faicts hereditaires.*
70 *Chaufe-cires.*
71 *Seaux possedez comme simple domaine alienė.*
72 *Que cela n'est raisonnable.*
73 *Seaux ou marques des marchandises.*
74 *Abus qu'il y a.*
75 *Regratiers du sel.*
76 *S'ils sont domaniaux, ou hereditaires par priuilege.*

DES SEAVX.

Chapitre IIII.

1 Vſage des ſeaux. QVÆ fuit illa priſcorum vita, quæ integritas, in qua nihil ſignabatur? dit Pline, liu. 33. chap. 1. où il s'émerueille, que de ſon temps, en la plus part du monde, on n'vſoit point de ſeaux. *Non ſignat*, dit-il, *Oriens, neque Ægyptus, literis contenta ſolis.* Mais à Rome (ainſi que de preſent en Allemagne, & principalement en Suiſſe) chacun auoit ſon cachet, qui eſtoit appellé *annulus ſignatorius, vt in l. 74. De verb. ſignif. & in l. 25. §. 10.* 2 Annulus ſignatorius vel ſigillatitius. *D. De auro & arg. leg.* & par Vopiſcus *in Aureliano, annulus ſigillatitius.* Et quant à la marque que cet anneau imprimoit, elle eſtoit indifferemment nommée *ſignum, ſignaculum & ſigillum, vt in l. 1. §. ſi pecunia. D. Depoſiti.* Quelquesfois auſſi l'anneau 3 Signum. ou cachet eſtoit appellé *ſignum, vt in l. 20. §. vlt. D. De teſtam. milit.* comme à nous le ſeau ſignifie *tam ſignans, quam ſignatam*; c'eſt à dire, tant le charactere dont on ſeelle, que la marque qu'il imprime.

4 Deux vſages de l'âneau ou cachet. Or les Romains ſe ſeruoient de leur anneau, ou ſeau en deux façons, à ſçauoir pour approbation de leurs eſcritures, & pour cacheter & fermer tout ce qu'ils vouloient tenir ſecret, ou clos. Quant au premier vſage, il eſt notoire que pour la validité des teſtamens, il falloit qu'ils fuſſent non ſeulement ſouſcrits, mais 5 L'vſage pour l'approbation des eſcritures. auſſi ſeellez par tous les teſmoins. Vray eſt que *poterant alieno annulo ſignare, imo omnes vnico*, dit Iuſtinian aux Inſtitutes: mais quoy que ce ſoit, il y falloit autant de ſeaux, bien que conformes, que de teſmoins.

6 Seaux des teſtamens. Et combien qu'és contracts le ſeau des parties, ni des teſmoins ne fuſt du commencement neceſſaire *l. Cùm tabernam. §. 1. D. De pignorib.* toutesfois pour 7 Seaux des contracts. plus grande ſolemnité, & pour plus facile preuue, il y eſtoit ſouuent appoſé, *l. 6. C. De fideiuſſ. & l. 11. C. De adminiſt. tut.* principalement aux contracts de mariage, *l. vlt. D. De donat. inter. vir. & vxor. Inde Iuuenalis,*

Signatæ tabulæ: dictum, fœliciter.

Toutesfois ſous Neron fut faicte vne Ordonnance au Senat, qui eſt rapportée par Paulus *lib. 6. Sent. tit. 25. Ampliſſimus ordo decreuit, eas tabulas, quæ publici vel priuati contractus ſcripturam continent, adhibitis teſtibus ita ſignari, vt in ſumma marginis ad mediam partem perforatæ triplici lino conſtringantur, atque impoſitum ſupra linum, ceræ ſigna imprimantur, vt exteriores ſcripturæ fidem interiori ſeruent. Aliter tabulæ prolatæ nihil momenti haberent.* Qui eſt ce que dit Suetone *in Nerone, Aduerſus falſarios tunc primum repertum, ne tabulæ valerent niſi pertuſæ, ac ter lino per foramina traiecto obſignatæ.* Toutesfois i'eſtime que ceſte grande ſcrupuloſité ne fut pas long temps obſeruée.

8 De meſme. Seneque s'en moquant à la mode des Stoïques, *Vtinam*, dit-il, *ne pacta conuenta impreſſis ſignis cuſtodirentur, ſed fides potius illa ſeruaret, & æquum colens animus. Sed neceſſaria optimis prætulerunt, & cogere fidem, quàm expectare malunt. O turpem humano generi, fraudis ac nequitiæ publicæ confeſſionem! Annulis noſtris pluſquam animis creditur. In quid teſtes adhibentur? in quid imprimunt ſigna? nempe ne ille neget ſe accepiſſe quod accepit. At his ipſis ſtatim non aliter pecuniæ committentur. Nonne honeſtius erat à quibuſdam fidem falli, quàm ab omnibus timeri?*

9 2. Vſage des ſeaux pour cacheter les coffres. Le ſecond vſage de ſeaux entre les Romains eſtoit qu'ils s'en ſeruoient à fermer & cacheter leurs coffres, cabinets, & gardes-manger, outre les ſerrures, *vt in l. Cum pater. 77. §. Pater pluribus. 21. De leg. 1. Pater filiæ maiori natu claues, & annulum cuſtodiæ cauſa tradidit, & res, quas ſub ſua cura habuit, adſignare iuſſit.* Pline au lieu ſuſ-allegué, *Nunc*, dit-il, *cibi quoque & potus annulo vindicantur à rapina. Et claues quoque ipſas ſignare non eſt ſatis: grauatis ſomno, aut morientibus annuli detrahuntur, maiórque vitæ ratio circa hæc inſtrumenta eſſe cœpit.* Ce que Lipſius confirme par pluſieurs belles auctoritez ſur le 2. liu. des Annales de Tacite, où meſme il rapporte la figure *clauis annulatæ*, c'eſt à dire qui ſeruoit de clef & ſeau tout enſemble.

10 Nuls ſeaux publics à Rome. Tout cela ne concernoit que les ſeaux priuez, qu'il me ſemble deuoir eſtre proprement appellez Cachets, laiſſant le nom de Seau aux publics. Mais ie ne

trouue

trouue point, que les Romains eussent de seaux publics comme nous. Car nos liures ne font point de mention, que ni les contracts ni les sentences fussent seellées des seaux des Iuges, ou autre seau public. Mesme nous ne trouuons point que les Edits & toutes sortes de rescrits des Empereurs fussent seellez, ains seulement qu'ils estoient souscrits de la main de l'Empereur, comme il est dit en la loy 3. *De diuers. rescript.* Et faut noter que ceste souscription estoit escrite d'vne encre particuliere, appellée *Sacrum Encautum*: composée du sang du Murex, ou Purpura, dont autre que l'Empereur ne pouuoit vser, sans encourir le crime de leze Majesté, & la confiscation de corps & de biens, comme dict la loy penult. *eod. tit.* duquel *Encautum* traicte Cel. Rhodigin. liu. 7. chap. 31. Et finalement Iustin. ordonna par sa Nou. 114. que tous les rescrits seroient soubscrits, ou contresignez par son Questeur, auquel correspond en France le Chancellier, laquelle soubscription se conceuoit en ces mots *Quæstor legi*: dont ensemble de celle de l'Empereur, il se voit des exemples *in Constit. vnica Iustini Imperat. De filijs liber. & pragmatica sanctione Tiberij*, *&* De *confirmat. constitut. Iustin. Imperat.* rapportées au cours de Godefroy.

11 Edicts des Empereurs estoient souscrits, & non seellez.

12 *Sacrum Encautum* encre particuliere de l'Empereur.

13 Edits souscrits par le Questeur.

Bien trouuons-nous dans Pline liu. 37. chap. 1. qu'Auguste auoit vn seau, ou cachet, *Initio*, dit-il, *Sphinge signauit. Duas in matris annulis indiscretæ similitudinis inuenerat. Altera per bella ciuilia, absente eo, amici signauere epistolas & Edicta, quæ ratio temporum nomine eius reddi postulabat, non infaceto lepore accipientium, afferre ænigmata eam Sphingem. Quinctiam Mæcenatis rana propter collationem pecuniarum in magno terrore erat. Augustus postea ad euitanda conuitia Sphingis, Alexandri magni imagine signauit.* Mais il semble que ce seellement d'Edits faict pour la necessité des guerres ciuiles, ne doit estre tiré en consequence. Et nonobstant ce passage, ie tien que les Empereurs ne cachetoient en tout cas que leurs missiues & lettres closes, & non leurs Edits, ou Lettres patentes, & qu'il faut ainsi entendre ce qui est encor dit en ce mesme chapitre, que *Principes signabant Augusti imagine*, & tous les autres cachets qui y sont rapportez.

14 Seau d'Auguste.

En France, c'estoit anciennement tout le contraire de ce que dit Pline d'Orient & d'Egypte. Car au lieu de soubscrire ou signer, comme à present, on se contentoit de seeller toutes sortes de lettres: & de faict nous voyons encor infinies chartres, mesme des contracts, sentences, & encor des rescripts des Rois, qui sont seulement seellez & non signez, & ne laisse-on pas de les tenir pour authentiques. Cela se peut colliger de deux passages de S. Bernard és epistres 330. & 339. où il s'excuse de ne les auoir cachetées, pour n'auoir lors son cachet en main: mais dit que son style tesmoignera assez, qu'elles sont de luy. Car si la signature eust esté lors en vsage, ceste excuse n'eust rien valu. Et le mot mesme de sein ou signature signifie originairement en nos liures le seau, & non pas le sein que nous appellons manuel, à la difference du seau, comme il vient d'estre dict: lequel sein manuel nous auons substitué du depuis au lieu du seau, & l'appellons maintenant sein, & le seau priué, cachet. *Signare quippe est signum rei ponere. Cuicunque rei ponis signum, ideo ponis, ne confusa cum alijs, à te non possit agnosci. Signare ergo est imponere aliquid, quod non confundatur cum cæteris*, dit S. Augustin *tract. 25. in Iohannem.*

15 En France on seelloit, & ne signoit point iadis.

16 Sein premiet signifie le seau.

La raison pourquoy on se seruoit de seau, au lieu de signature, est, que chacun est capable d'appliquer vn cachet, au lieu qu'anciennement peu de gens sçauoient escrire. Car Cesar au 6. *De bello Gallico*, remarque, que les vieils Gaulois n'estoient gueres curieux d'escrire: & est certain que l'escriture a esté autresfois tellement negligée en France qu'il n'y auoit presque que les gens d'Eglise, qui sceussent lire & escrire, & de là est venu qu'on a appellé Clers ceux qui sçauoient escrire, ou qui faisoient profession de l'escriture.

17 Pourquoy on vsoit iadis du seau au lieu du sein manuel.

De là est aussi venu qu'és sentences, & aux contracts, qui aussi bien que les sentences ont de tout temps esté faicts soubs l'adueu du Iuge, les Iuges y ont apposé leur seau, au lieu de leur signature pour les auctoriser, & pour monstrer qu'ils y auoient passé, non que les Iuges ne sceussent escrire, mais pource que parmy le peu de gens qu'il y auoit en France qui sceussent lire & escrire, leur seau estoit

18 Pourquoy on en vse aux sentences & contracts.

beaucoup plus recognoissable que n'eust esté leur sein : aussi que s'il eust fallu qu'eux mesmes eussent signé toutes les expeditions tant du Greffe, que de leurs Notaires, ils eussent esté trop occupez : au lieu que le seau peut estre apposé par vn clerc, ou autre personne à qui les Iuges ont confiance & qui recognoisse le sein tant du Greffier, que des Notaires. Qui est la cause pourquoy auiourd'huy és actes, où la signature est requise, les Gouuerneurs des Prouinces, & autres grands Seigneurs apprennent à leurs Clers, qu'ils appellent Secretaires, à contrefaire leur sein, afin de se descharger sur eux de la peine de signer : mais aussi ils leur font contre-signer leurs expeditions, pour euiter aux suppositions.

19 Preuue. De l'apposition du seau des Iuges, au lieu du sein, nous en auons vn exemple notable en l'Ord. de Philippe le Long de l'an 1319. portant ces mots, *Nos Baillifs & Seneschaux feront inuentaire des forfaictures, appellez auec eux deux preud'hommes, lesquels y mettront leurs seaux auec les seaux desdits Baillifs, & feront leurs noms escrits dans lesdits inuentaires* : où il n'est parlé, ni de sein manuel, ni de paraphe au dessous de l'inuentaire. C'est pourquoy par les Ordonnances de Philippe le Bel de l'an mil trois cens trois, & de Charles VI. de l'an mil trois cens quatre vingt huict, il est defendu aux Iuges *sub pœna priuationis Officiorum, ne pro sigillis suis aliquid accipiant.*

20 Seaux appartenoiét iadis aux Iuges. Dont s'ensuit que les Seaux de iustice appartenoient originairement aux Iuges : aussi est-ce la seule marque dont ils aduoüent & auctorisent leurs sentences, & les contracts conceus soubs leur nom : & c'est pourquoy encor auiourd'huy, en defaut du seau, ils les signent auec ceste adiection, *pro sigillo* : ce qui leur a esté defendu, depuis que le Roy a tiré les seaux à son domaine.

21 Seaux n'estoient tousiours semblables. Il s'ensuit aussi qu'anciennement les seaux de iustice n'estoient pas tousiours semblables. Car le Iuge changeoit son seau quand il vouloit : quoy que ce soit aux mutations de Iuge, le seau estoit changé. Mais le mesme Philippe le Long, ayant adioinct à son domaine les seaux des iustices Royales, aussi bien que les escritures, c'est à dire les Greffes & Notariats, pour estre les vns & les autres baillez à ferme à son profict, les seaux sont deuenus non seulement publics tout à faict, mais aussi Royaux & domaniaux : mesme ont tous esté faicts semblables en tous lieux, & en tout temps, à sçauoir grauez des armes de France, combien qu'auparauant on ne seellast des armes de France, sinon les expeditions esquelles le Roy parloit, à sçauoir celles de Chancellerie, & les arrests des Cours souueraines.

22 Seaux ioincts au domaine, & grauez des armes de France.

23 Deux sortes de seaux Royaux. Il y a donc à present deux sortes de seaux Royaux, à sçauoir ceux de Chancellerie, & ceux de iustice qu'on appelle les petits seaux. Quant aux Chancelleries, il y en a de trois sortes : sçauoir est la grande, estant lez le Roy : les petites Chancelleries, instituées pour chacun Parlement : & les Chancelleries Presidiales instituées de nouueau, pour chacun siege Presidial.

24 Trois sortes de Chancelleries.

25 Le grand seau de France. Le grand seau de France ha l'image du Roy emprainte, & est tousiours gardé par Monsieur le Chancelier, ou le Garde des seaux de France, & en iceluy seul sont expediées toutes lettres de commandement, ou de finance, & encor celles de iustice concernantes les affaires pendantes au Conseil d'Estat, ou au grand Conseil : & si peuuent y estre expediées toutes lettres concernantes les Parlemens, & ce seau est executoire par tout le Royaume.

26 Le seau des petites Chancelleries des Parlemens. Le seau des petites Chancelleries ha, non l'image du Roy, mais seulement ses armes empraintes, est gardé par l'vn des maistres des Requestes tour à tour : & sert pour toutes expeditions de iustice, qui escheent en tout le ressort de son Parlement, & n'est point executoire ailleurs.

27 Le seau des Chancelleries Presidiales. Bref le seau des Chancelleries Presidiales, ha pareillement les armes du Roy emprainctes, mais en beaucoup moindre forme, que celuy des petites Chancelleries : estoit anciennement gardé par vn Garde des seaux institué pour cest effect auec icelles Chancelleries, & qui estoit aussi Conseiller du siege, lequel a depuis esté supprimé, & ceste garde attribuée tour à tour aux Iuges Presidiaux, qui toutesfois la negligent, & la laissent ordinairement à celuy qui en reçoit les émolumens. Sert pour expedier seulement les reliefs d'appel, & anticipations és sieges Presidiaux, & les sentences Presidiales, c'est à dire données aux deux

chefs

chefs de l'Edict, ensemble les executoires émanez des Iuges Presidiaux: mais ne peut seruir és sentences, ni autres expeditions ordinaires des Bailliages, n'estans au cas de l'Edict Presidial: & est executoire par tout le Parlement, où ressortit le siege Presidial.

Quant aux petits seaux de Iustice, ils ont pareillement les armes du Roy empraintes, mais en forme encor plus petite, que ceux des Chancelleries Presidiales, & telle à peu prés que les contre-séels des Chancelleries, voire n'auoient anciennement qu'vne fleur de lys: & de fait, celuy du Chastelet de Paris n'en ha encor qu'vne. 28 Les petits seaux de iustice. Ils sont gardez par vn Officier appellé Garde des Seaux, qui fut erigé en l'an 1568. en tiltre d'Office, & à present est hereditaire, & iouït proprietairement de l'émolument d'iceux, ainsi que celuy des Chancelleries est employé à l'entretien des Officiers d'icelles. 29 Par qui gardez. Ils seruent à séeller les contracts, sentences, & tous autres mandemens expediez sous le nom des Iuges, & sont executoires, sçauoir est, à l'égard des contracts par tout le Royaume, en vertu de l'Ordonn. 1539. & pour le regard des sentences, ils sont executoires de soy dans le ressort du Iuge seulement, & hors d'iceluy, par permission du Iuge des lieux. 30 A quoy seruent.

Pource donc que c'est particulierement de ces seaux de iustice, desquels nous auons icy à traicter, il ne sera point hors de propos de discourir plus specialement de leur vsage & effect. On demande en premier lieu, si le seau est vne partie formelle & necessaire à la subsistence & perfection des sentences, ou des contracts: ainsi qu'il estoit au droict Romain aux testamens, & comme il l'est notoirement en France és lettres des Chancelleries, ainsi que prouue Math. *De Afflictis, decis.* 258. 31 Si le seau est necessaire aux sentences & contracts. Neantmoins, il faut tenir que le seau n'est pas necessaire absolument à la perfection des sentences ou contracts, d'autant que la sentence est parfaicte dessors qu'elle est prononcée, & le contract deslors qu'il est signé des parties, & du Notaire: voire mesme l'escriture n'est pas absolument necessaire à l'estre des sentences & contracts, ains n'est requise que pour la preuue seulement, fors és cas où la preuue literale est precisément requise, *vulg. l. contrahitur. D. de pignor.* 32 Que non. mais és testamens du droict Romain, les seaux des tesmoins estoient requis, comme vne solennité essencielle: & quant aux lettres de Chancellerie, leur forme est toute contraire à celle des sentences & contracts. 33 Ains seulement aux lettres de Chancellerie, & pourquoy. Car les lettres de Chancellerie sont composées & signées sans cognoissance de cause, & ne sont examinées que au seau, *vbi (inquit Glossarium vetus) Cancellarij Officium est, rescripta iniusta cancellare, & iusta signare.* Au contraire, toutes sentences & contracts sont expediez auec cognoissance de cause, mais sont séellez sans autre examen, ni cognoissance de cause: sinon que le séelleur doit cognoistre qu'ils soient vrayement signez du Greffier, ou de Notaire, encor doute-on s'il est tenu à cela.

Secondement, c'est vne grande question, si le seau est necessaire pour la preuue en vne sentence, ou contract produict en grosse. 34 Si le seau est necessaire pour la preuue. Guy Pape, en sa quest. 481. dit qu'ouy, & qu'ainsi se practique en Dauphiné: au contraire Chassanée tout à la fin de sa coustume, dit que non, & qu'il n'en faut nullement douter.

De verité, ie tiendrois pour Guy Pape, si le seau estoit gardé par le Iuge, comme il deuroit estre, & l'estoit possible en Dauphiné du temps de Guy Pape, en sorte que le Iuge memoratif de ses sentences, & ayant creance certaine à ses Notaires apposast son seau pour adueu & recognoissance publique des actes où il est intitulé: 35 Que non. mais auiourd'huy qu'il est gardé par des ignorans, & quelquefois par des femmes qui n'y apportent autre ceremonie, sinon de séeller indifferemment tout ce qui leur est presenté, ie ne m'estonne point qu'on reçoiue tout notoirement en iustice la preuue des sentences & contracts non séellez: combien que par Edict exprés de l'an 1571. renouuellé en l'an 1595. par l'Edict du doublement des seaux, il soit defendu aux parties de faire aucunes poursuites, en vertu de sentences ou contracts non séellez, & aux Iuges d'y auoir esgard, lors qu'ils seront ainsi produicts pardeuant eux. Edicts que ie ne voy point obseruer.

Toutesfois il faut noter, que combien qu'en iustice, où on peut examiner à loisir la verité d'vn instrument, les sentences & contracts facent preuue sans estre séellez: 36 Exception notable. cette preuue neantmoins n'est pas publique & notoire, que chacun soit-tenu de cognoistre & aduoüer. Car vn particulier ne peut pas recognoistre ordinairemẽt le seing du Notaire, ou du Greffier, au lieu que le seau, où se voyent les armes de France, est public & notoire à chacun. C'est pourquoy i'excuseroy vn debteur, qui n'auroit voulu bailler son argent à celuy qui luy auroit fait signifier vn transport non séellé : & c'est aussi à mon aduis, pourquoy l'Edict de 1568. veut que les procurations soient séellées, encor qu'il ne requiere le seau és contracts & sentences, sinon pour l'execution : ce qui prouient aussi de la mesme raison, à sçauoir que les obligez ou condamnez n'estans tenus croire aux contracts ou sentences non séellées, ne sont aussi tenus de souffrir l'execution en vertu d'icelles : & de fait, les contracts séellez du seau Royal sont executoires par tout le Royaume, pource que le seau du Roy, dont ils sont munis, est public & notoire, au lieu que ceux qui sont seulement séellez du seau authentique, c'est à dire, d'autre que du Roy, approuué neantmoins publiquement, ne sont executoires que dans le destroit de la iustice du Seigneur, où ce seau est notoire, & ha auctorité publique.

37 Pourquoy le seau Royal est executoire par tout.

38 Seau necessaire pour l'execution parée, & pourquoy.

Vray est qu'il y a encor deux autres raisons, pourquoy les sentences & contracts ne sont executoires sans estre séellez : l'vne, qu'anciennement les Sergens ne sçauoient lire ni escrire, non plus qu'auiourd'huy les archers des Preuosts, & faisoient leur rapport & procez verbal de viue voix deuant le Iuge, comme il a esté dict au premier liure, & partant il leur estoit plus aisé & plus certain de cognoistre le seau du Roy, que les signatures des Greffiers, ou des Notaires.

39 Principale raison.

Mais la principale raison est, qu'vn Sergent ne doit pas entreprendre d'entrer en la maison, & prendre le bien d'autruy, s'il n'ha le mandement de son Iuge, ou l'adueu du Prince souuerain, qui est le seau, lequel estant apposé aux sentences, les rend executoires, & les contracts pareillement, combien qu'ils ne le fussent au droict Romain. *l. Minor.* 40. *D. De minor.* Ce que i'ay amplement traicté à la fin du liuret, *De la garantie des rentes.*

40 Aduis touchãt les seaux de iustice.

Voila donc le vray & particulier effect du seau, de rendre l'instrument & notoire & executoire : & partant il seroit fort vtile en la malice de ce siecle, de renouueller l'article 8. de l'Edict de l'an 1568. portant qu'il sera fait des seaux neufs, ausquels à l'entour des armes du Roy, seront escrits les noms des sieges & villes pour lesquelles ils seront faits : & faire le mesme és seaux des Seigneurs, le tout à la diligence des Iuges des lieux. Car il ne se peut dire combien il se fait de fourbes & surprises iournellement par le moyen de la representation de beaux parchemins escrits à plaisir, qui paroissent bien signez & séellez à ceux qui n'en cognoissent pas, ni les seings, ni les seaux, & partant, qu'on suppose pour de bonnes procurations, contracts, ou sentences, pource qu'vn instrument public, estant en bonne forme, *facit probationem probatam*, & ne peut estre denié, ou contredict valablement, sans entrer au hazard d'vne inscription en faux. Mais l'escriture estant grauée dans le seau, rendroit vn tesmoignage certain & recognoissable à vn chacun, de la verité de la piece : estant fait expresses defenses, à peine de la vie, aux orphevres ou graueurs, de faire tels seaux sans auctorité publique, ainsi que les coins à faire monnoye : & par mesme moyen, aux Gardes d'iceux seaux, de séeller aucuns contracts ou sentences, qu'ils ne recognoissent bien icelles estre signées des Notaires, ou Greffiers, & estre d'ailleurs en forme probante & authentique, dont ils seront responsables.

41 Si le seau supplée le seing.

Car c'est encor vne autre question, de sçauoir si le seau peut suppléer le sein du Notaire ou Greffier, c'est à dire, si l'instrument séellé & non signé est valable, & fait preuue : question qui est amplement discouruë par Guy Pape *Decis.* 175. & par Couarruuias *Practic. quæst. c.* 22. qui resoudent que non, pource que le sein est entierement de la substance de l'instrument : en quoy neantmoins il faut apporter vne exception, à l'égard des instrumens fort antiques, & faits du temps que la signature n'estoit pas vsitée, ains estoit suppleée par le seau, ainsi qu'il vient d'estre dit.

42 Non, fors aux tiltres antiques.

43 Seau doit estre entier.

Or le seau, pour estre public & notoire, doit par consequent estre entier, & recognoissable visiblement, comme il se collige du chap. *Inter dilectos. ext. De fi. in-*

strum. où les Canonistes l'ont traicté, & dit fort bien Guy Pape, *quæst*. 481. que *sigillum, in quo literæ non apparent, non meretur dici sigillum*, & comme dit Chassanée à la fin de sa Coust. *vt sigillatum sit authenticum, debent apparere characteres & orbita*.

Aucuns pensent, que de là soit venuë la practique du sur-an, presumant qu'apres l'an, le seau doit estre corrompu. Ce qui n'est pourtant : car le sur-an ne se compte pas du iour de l'apposition du seau, ains du date de la piece. Mais la verité est, que le sur-an a commencé d'estre practiqué aux rescrits des Chancelleries, qui en France ont le mesme pouuoir qu'auoit à Rome le Preteur, à sçauoir de suppléer, corriger & moderer la rigueur des loix, chose qui plus à propos se fait en ce Royaume, sous le nom du Roy aux Châcelleries. Or il est notoire que comme la charge du Preteur Romain estoit annale, aussi ses mandemens n'auoient force que pour vn an, dit Iustinian aux Instit. *tit. De perpetuis & temporal. action. Qui plus edicto Prætoris tribuunt, legem annuam esse dicunt*, dit Ciceron, *in Verrem*, mesmemét apres que les Edicts des Preteurs concernans le droict public, eurent esté faits perpetuels, les mandemens qu'ils decernoient *in causis priuatorum*, demeurerent annaux, comme discourt fort bien Monsieur Brisson, *lib*. 5. *De verb. signif*. 44 Du sur-an. 45 Auoit lieu és mãdemens du Preteur.

Voire nous trouuons que les rescrits des Empereurs Romains ont esté annaux, non qu'il y en eust aucune loy, mais par vne practique de Chancellerie seulement, dont y a vn signalé tesmoignage au 10. liure des Epistres de Pline, où ayant escrit ainsi à Trajan, *Diplomata, quorum dies præterita est, an omnino obseruari, & quandiu velis, rogo scribas* : Trajan luy respond, *Diplomata, quorum præteritus est dies, in vsu esse non debent. Ideo inter prima iniungo mihi, vt per omnes prouincias ante mittam noua diplomata, quàm desiderari possint*. Ce qui toutesfois fut depuis corrigé, pour les lettres de Iustice seulement, par l'Empereur Fl. Claudius, en la loy 2. *C. De diuers. rescript. Falsò asseueratur auctoritatem rescriptorum, deuoluto spatio anni obtinere firmitatem suam non oportere : cùm ea quæ ad ius rescribuntur, perennia esse debeant*. Le mesme est dit en la loy derniere, *eod. tit. Cod. Theod*. 46 Et és rescrits des Empereurs, dés cõmencemét.

Soit donc que nous ayons appris des Romains la practique du sur-an, soit des Canonistes, sur le chapitre *Plerunque ext. de rescriptis*, tant y a, que nous nous sommes laissez aisément porter à sa suiure és rescrits de Chancellerie : non pour aucune vtilité publique, mais pour le profit des Officiers de Chancellerie : & afin qu'on n'en doutast point, eux-mesmes mettoient anciénement ceste clause à toutes leurs lettres, *Les presentes apres l'an non valables*. Ce que les Iuges ont fauorablement estendu à leurs seaux pendant qu'ils en auoient la garde, & en prenoient l'émolument : & de là vient, qu'apres l'an on prend permission du Iuge pour executer sa sentence, nonobstant le sur-an. Et n'y a que les commissions de prise de corps, qu'on dit ne se sur-anner point, *in odium scilicet criminum, & contumaciæ*, comme discourt Rebuffe en la preface des Ordonnances, nomb. 44. 47 A quoy sert le sur-an. 48 Si les sentences y sont sujettes.

Encor y a-il des Iuges qui veulent faire obseruer le sur-an és contracts, afin qu'on leur apporte des cinq sols pour bailler leur permission de les executer, nonobstant iceluy, chose du tout inutile, soit aux contracts, soit aux sentences, soit aux lettres de Chancellerie, & qui n'est qu'à la foule du peuple : mais qui és contracts particulierement est du tout iniuste, & sans pretexte, pource que les contracts ne contiennent point de commission pour l'executió d'iceux, comme les lettres de Châcellerie, & les mandemens de iustice : ains sont mis à execution en vertu de l'Ordonnance generale de France, qui leur donne execution parée. 49 Et les contracts.

Nous auons encor vn autre vsage des seaux de iustice, moins obserué, mais plus necessaire, que nous appellons le Séellé. Qui est, qu'apres le decez de quelqu'vn, le Iuge du lieu va en sa maison séeller ses meubles & papiers, pour la conseruation de ses heritiers mineurs, ou absens, & aussi de ses creanciers, ce qui vient de l'antiquité du droict Romain, où on voit que les Iuges permettoient quelquefois de séeller la maison de quelqu'vn, ou absent, ou decedé, comme il y en a vne remarque en la loy penult. *D. Ex. quibus caus. pig*. en la loy *Si iniuriæ. D. De iniurijs*. au tiltre du Code. *Vt nemini liceat sine Iudicis authoritate, signa imprimere rebus quas alius tenet, in l. vlt. De author. & peric. tut. Cod. Theod. & Nou. Iustin*. 60. & 164. 50 Du Séellé.

51 Garnison en la maison du mort.

En France, anciennement apres la mort d'vn homme, on obseruoit en plusieurs lieux de mettre garnison de Sergens (qu'on appelloit mangeurs) en sa maison, iusques à ce qu'il y eust heritiers apparens : en autres lieux, le Iuge ne partoit point de la maison, qu'il n'eust fait inuentaire : & en autres, il se contentoit de séeller, & enfermer les principaux meubles, & establir vn gardien au séellé : & certainement c'estoit vn desordre de mettre garnison en la maison d'vn homme, soit de son viuant pour ses debtes, soit apres son decez à faute d'heritier apparent. Car ce n'est pas conseruer son bien, ains le manger : aussi a-il esté defendu par plusieurs arrests rapportez par Ioh. Galli.

52 Abus de faire inuentaire indistinctement.

C'est aussi vn abus, d'aller faire inuentaire indistinctement des biens d'vn defunct malgré ses heritiers presens, & sans requisition de partie : bref sans autre suject, que pour gaigner de l'argent : car c'est espier la charongne comme le vautour. Qui est l'vne des plaintes que fait le docte Turnebus en cette excellente Epistre, que i'ay rapportée tout au long, au bout de mon liuret *De l'abus des iustices de village.*

Ast obeat si quis, Harpyæ protinus illæ,
Creditor id nullus poscat licet, atque cohæres,
Aduolitant, bonáque obsignant, & plurima inuncant,
Ad prædam adcurrunt vnâ, inuentaria scribunt,
Omnibus inuitis hæredibus, optima furtim
Auertunt, comedúntque palam quamplurima, siquid
Restat, & illa cohors id mancipat, atque sequestro
Tradit, & hæredi non ante emancipat id, quàm
Omnibus est aurata manus prædonibus, vt se
Emptorem, ast illos heredes dicere possis.

53 Reglemét, touchant les seellez & inuentaires.

A quoy l'Edict de Blois a pourueu en l'art. 164. ordonnant *Qu'aucun heritier ne soit tenu admettre garnison, ni appeller le Iuge, ni son Greffier, pour faire inuentaire, sinon en cas de pretenduë confiscation, ou aubaine, ou que quelqu'vn le requist à ses despens, perils & fortunes : sauf neantmoins* (adiouste l'Ordonnance,) *de proceder par voye de séellé, pour la conseruation des biens des mineurs, ou absens.* Il faut donc tenir qu'en cas d'absence, ou minorité d'aucun des presomptifs heritiers, le Iuge peut proceder par voye de séellé, sur les meubles d'vn defunct : mais non pas promptement faire inuentaire d'iceux, s'il n'en est requis par quelqu'vn à ses despens, perils & fortunes, & ainsi se practique-il à Paris, & aux villes bien reglées.

54 Inconueniens, faute du séellé.

Toutesfois, d'autant que cette Ordonnance est simplement permissiue, & qu'elle ne charge pas expressément les Iuges, ou les Procureurs d'Office, il y a plusieurs villes, où le séellé ne se practique point du tout. Dont il aduient que les mineurs & les absens sont le plus souuent frustrez de leur bien, n'y ayant que ceux qui se trouuent à l'escheute, qui sont les plus habiles à succeder, & font la part aux plus ieunes, & aux absens. Ce qu'il n'est possible d'empescher, que par le moyen du séellé. Mesmement, il y a beaucoup de tuteurs, voire des peres qui ne veulent pas faire inuentaire aux mineurs, s'asseurant qu'à la reddition de leur compte, ils en seront quittes pour vn serment *in litem* : ioinct la commune

55 Incóueniét du serment *in litem*, ioinct la commune renommée.

renommée, laquelle commune renommée est tousiours au dommage des mineurs, pource qu'apres vn long temps les voisins n'ayans compté auec le defunct, ni regardé en ses coffres, & craignans de iurer en iustice ce dont ils ne sont pas bien asseurez, estiment tousiours à moins le bien d'vn defunct, qu'il ne valoit vray-semblablement. Encor plusieurs Iuges en taxant cette commune renommée par la disposition des tesmoins, la reduisent à la moindre somme, & non à la plus haulte, ni la mediocre : disans que tous les tesmoins s'accordent à la moindre somme, *quia in maiori summa minor inest*, & que *In obscuris, quod minimum est sequimur* : combien qu'il y auroit plus d'equité de suiure la plus haute estimation *in odium tutoris, qui repertorium non fecit* : & en tout cas il faut suiure la plus commune, & au pis aller la mediocre.

56 Que ce reglement n'est encor suffisãt.

Ce n'est donc pas assez de laisser à l'arbitrage & pure volonté du Iuge, de faire séeller lors qu'il y a des mineurs, ou des absens; mais le Procureur d'Office, qui est leur protecteur, en deuroit estre chargé expressément. Et si ie passe encor plus outre, & dy qu'vne heredité vacante & non acceptée, deuroit demeurer en la garde de iustice, iusques à ce qu'il y ait heritier certain & apparent, ores mesme que les heritiers presomptifs soient presens & majeurs.

Car outre qu'on ne sçait, s'ils seront heritiers, ou si en renonçant ils feront place à des absens ou mineurs, il en arriue bien souuent de tres-grands inconueniens. Car de les laisser seuls, & sans controlleur, manier les meubles, & principalement les tiltres d'vne maison, auparauant qu'on sçache s'ils en voudront estre heritiers, est-ce pas leur donner congé, & leur faire voye pour emporter & destourner tout ce qu'ils voudront, afin de se porter par apres heritiers soubs benefice d'inuentaire, à la charge de ne faire paroistre que ce qu'ils n'auront peu faire cacher? ou bien apres qu'ils auront tout pris, de dire qu'ils n'en veulent plus, & renoncer tout-à-fait à la succession, & sous main par apres y faire créer vn curateur aux biens vaquans à leur deuotion, pour consommer tout ce qui restera? 57 Autres inconueniens, faute du séellé.

Attendu mesme que, comme nous viuons à present, les presomptifs heritiers ne craignent gueres d'expiler la succession, pource que rarement les Cours souueraines les declarent pour ce subject heritiers simples, soit qu'ils ayent faict leur main auant, ou apres la renonciation: & au lieu de practiquer cette tant necessaire decision de l'article 317. de la Coustume de Paris, que l'Autheur du grand Coust. liu. 2. chap. 40. dit auoir esté practiquée dés son temps, elles iugent sans distinction suiuant la loy *Si quis extraneus. De acquir. hered.* bien qu'elle parle *de extraneo hærede, non autem de suo*: au contraire *in suo hærede* la loy *Si seruum.* §. *si quis suus.* au mesme tiltre dit, que *si quis suus se dicit retinere hæreditatem nolle, aliquid autem ex ea amouerit, abstinendi beneficium non habebit.* 59 Differentia sui hæredis & extranei.

La raison de ceste difference est bien pertinente, que *extraneus hæres non est, quousque adierit hæreditatem, suus autem ipso iure est hæres, imò mero iure hæres est necessarius, sed habet à Prætore beneficium abstinendi, quoquidem priuatur si quovis modo res hæreditarias attingat. Requiritur ergo in extraneo vera aditio, in suo sufficit quævis immixtio; & idcirco extraneus dicitur hæres fieri, acquirere hæreditatem, quasi nondum suam: suus vero dicitur hæres existere & apparere, atque immiscere se hæreditati, quasi iam suæ.*

Or en France *omnes sunt sui hæredes*, y ayant non seulement vne continuation de seigneurie, comme au droict Romain, mais encore vne continuation de possession & saisine du defunct à l'heritier par la coustume generale, *le mort saisit le vif.* Et de fait, nous practiquons indistinctement, en consequence de cette regle (mesmement à l'égard des heritiers collateraux) qu'il n'est besoin d'adition, pour transferer l'heredité à eux escheuë à leurs heritiers, contre la maxime du droict Romain, que *hæreditas ab extraneo non adita non transmittitur.* Mais outre, que la raison de droict est de ce costé, l'equité, voire necessité, y est encor d'auantage, pour obuier aux inconueniens qui en arriuent si communément, qu'auiourd'huy, apres la mort d'vn homme, c'est grand hazard si ses creanciers sont payez. 60 En France omnes sunt sui hæredes.

Mais encor vn autre bon remede seroit, d'enioindre & commander à tous Iuges, de proceder indistinctement par voye de simple séellé, sans inuentaire, sur les biens de tous les decedez, fors des pauures, qui seroient à certain taux de la taille, incontinant apres qu'ils seroient aduertis de leurs decez, ce que seroient tenus procurer leurs heritiers presomptifs, ou à leur defaut le plus proche parēt, estant sur le lieu, dans vingt quatre heures apres l'enterrement du defunct, & ce soubs certaines peines, quoy que ce soit auant qu'atoucher aucunement les biens de sa succession. Et au cas qu'ils se trouuassent en auoir destourné malicieusement quelque chose auparauant, ou apres, qu'ils fussent declarez heritiers purs & simples, & outre condamnez au quadruple vers le fisque, par forme d'amende. Car on ne sçauroit trop brider auiourd'huy les tromperies des hommes. Et apres le séellé ainsi fait, deslors que les presumptifs heritiers, estans tous majeurs & presens, declareroient qu'ils acceptent la succession purement & simplement, ils auroient main-leuée du séellé, sans aucuns frais ni despens. Que si 61 Aduis, touchant les séellez. 62 De mesme. 63 Seaux erigez en Offices.

aucuns estoient mineurs, pourueus toutesfois de curateur, absens, ou voulans deliberer, ou se porter heritiers par benefice d'inuentaire, en ce cas le Iuge seroit tenu commettre vn Notaire conuenu par les parties, ou auec le Procureur d'Office, pour, en leuant le séellé, proceder tout à l'instant & sans demeure à la confection de l'inuentaire.

64 Séelleur du Chastelet de Paris.

Voila donc l'vsage des petits seaux, ou seaux de iustice, lesquels dés l'an 1319. le Roy Philippe le Long annexa à son domaine, aussi bien que les Greffes, & ordonna estre baillez à ferme parmy les autres émolumens de la iustice, comme vn pur domaine dépendant de la proprieté des iustices Royales: ce qui a esté obserué iusques en l'an 1567. que le feu Roy, voyant son peuple curieux de nouueaux Offices, mist les Greffes en Offices, & en l'année suiuante il erigea en toutes ses Iustices des Gardes des seaux en tiltre d'Office, ausquels il laissa premierement la moitié, puis le total de l'émolument d'iceux pour leur appoinctement. Ce qui fut fait à l'exemple du Séelleur du Chastelet de Paris, Office fort ancien & vnique, comme ie croy, en tout le Royaume, duquel l'origine est venuë de ce que le bon Roy sainct Louys, ayant recogneu le peu de iustice qui se rendoit dans sa capitale ville de Paris par les Preuosts fermiers, ausquels la iustice estoit baillée à ferme, ordonna que desormais la Preuosté de Paris ne seroit plus baillée à ferme, ainsi qu'estoient lors, & ont esté long temps depuis toutes les Preuostez de France, comme ie diray plus amplement au commencement du liure suiuant.

65 Plusieurs Offices au Chastelet de Paris, qui n'estoient ailleurs.

Or la Preuosté entiere comprenoit non seulement la charge du Iuge, mais aussi le Greffe, les Notaires, & le seau, mesme la Recette du domaine, ainsi qu'encor à present les Vicomtes de Normandie ont toutes ces fonctions annexées à leur Office: c'est pourquoy deslors ce bon Roy mist non seulement vn Preuost dans Paris, mais aussi des Greffiers, des Notaires, vn Séelleur, & vn Receueur comptable du domaine, tous en tiltre d'Office, & non pas fermiers & admodiateurs, comme ceux des autres iustices: & de fait, au liure intitulé le grand Coustumier de France, qui fut fait du temps de Charles VI. entre les Officiers du Chastelet de Paris, sont nombrez les Greffiers, les Notaires, & le Séelleur, *qui est*, dit ce liure, *personne publique, & moult notable*: combien qu'és autres iustices Royales les Greffiers & Notaires n'ayent esté pourueus en Office plus de cent ans apres.

66 Rang des Gardes des seaux.

C'est pourquoy les Gardes des seaux, instituez à l'exemple du Séelleur de Paris, furent par Edict de l'an 1571. trois ans apres leur premiere erection, incorporez entre les Officiers des sieges où ils estoient establis: mesme leur fut attribué seance immediatement apres les Iuges, & partant deuant les Aduocats & Procureurs du Roy, qui neantmoins ne leur ont iamais voulu ceder. Qui a esté cause qu'en plusieurs lieux ces Gardes des seaux ont entreprins de faire intituler les contracts de leur nom, au lieu de celuy des Iuges, chose pourtant absurde, pource que cela ne leur est attribué par leurs Edicts, & aussi que le Séelleur de Paris, à l'instar duquel ils ont esté erigez, ne l'a iamais pretendu.

67 L'Ita est de Paris.

Mais le Séelleur de Paris ha encor vne autre charge, que ie ne voy point estre attribuée aux Gardes des seaux des autres villes: à sçauoir que quand l'vn des Notaires, qui a passé le contract, est mort ou absent, il doit mettre son *Ita est* au lieu du seing d'iceluy, c'est à dire, qu'apres qu'il luy est apparu de la minute, (& non autrement) il certifie au bas du contract, qu'il est veritable, ce qu'il doit signer de son seing, ou du moins de son paraphe manuel, puis séeller iceluy contract: pourquoy faire par l'Ord. de Louys XII. de l'an 1510. luy est attribué quatre deniers parisis: ce qui seroit vtile d'obseruer aux Gardes des seaux, & encor tant aux sentences, qu'aux contracts, pour obuier au desordre qu'il y a, & au hazard, quand vne sentẽce ou contract sont signez d'autre que de celuy qui les a receus.

68 Aduis d'en faire de mesme ailleurs.
69 Gardes des seaux faits hereditaires.

Finalement, comme les seaux ont tousiours suiuy les Greffes, l'Office de Garde des seaux a esté fait hereditaire en l'an 1580. par mesme Edict que celuy de Greffier. En quoy certes il y a encor plus d'apparence qu'au Greffe, pource que l'émolument du seau semble estre vn droict domanial, & comme vn leger impost que le Roy prend sur les procez, l'exercice duquel ne gist en aucune addresse, ou industrie, ains plustost en trauail de la main: & ce qu'on luy a donné le nom d'Office, n'a esté que pour le mieux vendre : & de fait il y a eu de tout temps aux Chancelleries certains Offices hereditaires, comme les Chaufecires, qui consistent pareillement en la seule manufacture, estans ceux qui apposent le seau aux lettres. Offices que Bodin dit auoir esté faicts hereditaires par priuilege à eux concedé par le Roy sainct Louys, & se voit par l'Edict de creation des Gardes des seaux, que dés auparauant iceluy aucuns seaux des Iustices Royales, auoient esté alienez à faculté de rachapt, sans tiltre d'Office toutesfois, & parmy les alienations de l'autre domaine. 70 Chaufecires de la Châcellerie.

Voire mesme à present la pluspart des proprietaires des Seaux Royaux les possedent, non point comme Offices, ains comme simple domaine aliené, n'en ayans aucune prouision, n'y aucune reception en iustice, pour les garder & exercer : mesmement on admet des personnes non lettrées, voire des femmes à les exercer, qui ont vn charactere imprimé, auec lequel ils marquent le iour de l'apposition de leur seau: combien que cela ne soit point requis. Toutesfois il me semble, puis que les seaux sont auiourd'huy reduits en Offices hereditaires, & non pas alienez comme simple domaine, que nul ne deuroit estre admis à les exercer, qui n'eust esté receu en iustice apres information de vie & mœurs, & qui ne sceust escrire, afin d'estre capable de recognoistre le seing des Notaires & Greffiers, qui par le seau est tesmoigné veritable à ceux qui ne le cognoissent pas : & par mesme raison me semble que les femmes ne deuroient estre receuës d'en faire l'exercice : non plus que de tous autres Offices, mesme des hereditaires, ainsi que ie diray cy-apres. 71 Seaux possedez comme simple domaine alieué. 72 Que celà n'est raisonnable.

Or parmy les nouuelles leuées de ce temps à l'exemple des seaux de Iustice, on a inuenté des seaux ou marques publiques de plusieurs marchandises, lesquels y sont apposez pour tesmoignage public que la marchandise a esté visitée par expers, & trouuée loyale : lesquels seaux ou marques on a érigez pareillement en Offices hereditaires : comme les jaugeurs & marqueurs de vins, les marqueurs d'ouurages de soye, les controlleurs des cuirs, les controlleurs des draps, & autres semblables, qui en effect ont esté érigez pour leuer vn impost sur les marchandises, sous ce pretexte specieux de les faire controller & visiter : & de faict il est notoire que ceux qui ont ces Offices sont ordinairement gens incapables de faire la visitation & controlle des marchandises, & aussi ne regardent pas quelle elle est, pourueu qu'ils soient payez de leur droict: & s'ils l'examinent, c'est afin d'exiger plus grand droict, qu'il ne leur est attribué pour l'apposition de leur seau. Ce qui est neantmoins cause de tromper le peuple, qui voyant en vne marchandise la marque d'approbation publique, ne fait difficulté de l'acheter pour bonne. 73 Seaux, ou marques des marchâdises. 74 Abus qu'il y a.

Bref comme en ce Royaume de consequence les inuentions d'argent sont tousiours estenduës pied à pied, on a faict hereditaires ces petits Offices de reuendeurs de sel à petites mesures, qu'on appelle Regratiers, qui trente ans sont n'estoient pas seulement Offices, ains simples permissions qui se donnoient par les Officiers des gabelles : mais le temps est venu qu'on fait argent de tout. Car ils furent erigez en tiltre d'Office formé l'an 1579. & en l'an 1588. faicts hereditaires : mais dautant que cest Edict fut l'vn de ceux qui furent reuoquez apres les barricades de Paris, par l'Edict de Chartres fait en la mesme année, le Roy d'apresent l'a renouuellé en l'an 1594. Et combien que selon la teneur de ces deux Edicts il semblast que ces petits Officiers fussent plustost hereditaires par priuilege que domaniaux, neantmoins par le moyen d'vne declaration de l'an 1606. on les a rembourséz & reuendus comme Offices domaniaux: c'est pourquoy i'estime qu'il les faut plustost mettre en ce rang, qu'en celuy des Offices hereditaires par priuilege, combien que cela ne soit pas sans difficulté. Car és choses qui dépendent de l'arbitrage des Grands, il est malaisé d'y deuiner vn droict ou regle certaine. 75 Regratiers du sel. 76 Séels sont domaniaux ou hereditaires par priuilege.

SOMMAIRE DV CINQVIESME CHAPITRE.

1 *Noms des Greffiers & Tabellions.*
2 *Que ce n'estoit iadis qu'vne charge.*
3 Tabularius.
4 Tabularium.
5 Notarius.
6 Quid propriè.
7 Notæ.
8 Σίγλα.
9 Ars Noti scribendi.
10 ταχύγραφος, ὀλιγόγραφος, σημειόγραφος, καλλίγραφος.
11 Librarius.
12 *Signatures de Rome.*
13 *Scribes Romains estoient serfs.*
14 *Pourquoy les Notaires stipulent pour les parties.*
15 *Greffiers Romains estoient serfs.*
16 *Depuis mis par election.*
17 *La iustice estoit entierement gratuite à Rome.*
18 *Greffiers choisis par election* ex cohorte.
19 *Explication de la loy*, Nullus. C. de assessor.
20 Officium, cohors, apparitio.
21 Exceptores.
22 Regerendarij.
23 Cancellarij vnde dicti.
24 Cancelli, *barreaux.*
25 *Auctorité des Chancelleries des Magistrats.*
26 *Leur charge.*
27 *Comment pourueus.*
28 Actuarius, siue ab actis.
29 Gesta, ὑπομνήματα.
30 *Belle antiquité.*
31 *Insinuation des contracts.*
32 *Deuoit estre faicte en pleine audience.*
33 *Escriptures forenses & publiques.*
34 *Insinuation des donations.*
35 *Auctorité des Tabellions.*
36 *Practique Romaine des Notaires.*
37 Scheda.
38 *Greffe des contracts.*
39 *Parties signoient les contracts à Rome.*
40 *C'est à dire qu'ils les souscriuoient.*
41 *Explication & correction de la loy* In donationibus. C. De donat.
42 *Et de la Nou.* 44.
43 *Tabellions ni tesmoins ne signoient point la minute.*
44 *Ains la grosse.*
45 *Contracts n'estoient enregistrez.*
46 Breues, breuia, breuicula, *breuets.*
47 *Practique de France des Greffiers & Notaires.*
48 *Les Iuges se seruoient de leurs Clercs pour Greffiers.*
49 *Et pour Notaires.*
50 *Imitation des insinuations Romaines.*
51 *Pourquoy les Notaires mettent que les parties sont comparües comme en iugement.*
52 *Pourquoy à nous les contracts ont execution parée, & font pleine preuue.*
53 *Greffiers appellez Notaires és vieilles Ordonnances.*
54 *Et Clercs.*
55 *Greffiers & Huissiers seuls en Parlement.*
56 *Seuls vrays Officiers iadis.*
57 *Clergies ou Clergez.*
58 *Clerc signifie trois choses.*
59 *Greffes & Notariats ioincts au domaine.*
60 *Es Vicontez le Greffe & Notariat appartiennent au Iuge.*
61 *Comment en ont esté separez.*
62 *Greffes baillez à ferme.*
63 *Clercs des Greffes & Notariats.*
64 *Deuenus maistres.*
65 *Notaires erigez en Offices.*
66 *Distinction des Notaires.*
67 *Clercs du Greffe érigez en Office.*
68 *Reünis aux Greffes.*
69 *Conference de la practique Romaine des Notaires auec la nostre.*
70 *Nos contracts se font deux fois.*
71 De l'Etcætera *des Notaires.*
72 *Anciennement nos contracts s'escriuoient trois fois.*
73 *Et les sentences.*
74 *Inconueniens prouenus du defaut de registre.*
75 *Aduis pour y obuier.*
76 *Comment doiuent estre faicts les registres des Notaires.*
77 *Explication de la loy* Contractus. C. de fide instrum.
78 *Paraphe du registre.*
79 *Commoditez de cest aduis.*
80 *Responce aux obiections.*
81 *Autre.*
82 Protocollum quid.
83 *Explication de la Nou.* 44.
84 *Aduis tiré de ceste Nou.*

DES

DES GREFFIERS, TABELLIONS, ET LEVRS CLERCS.

CHAPITRE V.

ARISTOTE liu. 6. des Polit. chap. 8. faisant le dénombrement des Officiers necessaires à vne cité, y met celuy qui reçoit les sentences & les contracts, qu'il dit estre en aucuns lieux appellé Μνήμονα, καὶ Ἱερομνήμονα, en autres Ἐπιστάτην, καὶ τοιούτοις ἑτέροις ὀνόμασι. Quoy que ce soit il n'en faict qu'vn Office, vray est qu'il dict qu'en quelques Republiques ce sont Offices separez, qui toutesfois n'ont qu'vn mesme pouuoir & auctorité. 1 Noms des Greffiers, & Tabellions.

C'est pourquoy aussi ie ne fay qu'vn chapitre des Greffiers & des Tabellions: & à la verité leurs charges sont si connexes & si semblables, qu'ordinairement és loix Romaines *Scribæ & Tabularij* sont conioincts ensemble, comme en la Rubrique, *De Tabularijs, Scribis & Logographis lib.* 10. *Cod.* voire combien que l'vsage ait apporté, que *Scriba* signifie le Greffier, & *Tabularius* le Tabellion: si est-ce que proprement le nom de Scribe comprend tous les Praticiens, comme il sera dict au liu. des Ordres, & principalement les Tabellions aussi-bien que les Greffiers: tesmoin la 21. épistre de Cassiodore *lib.* 12. *variar.* escrite au Scribe de Rauenne, où rapportant ce qui estoit de sa charge, il se voit qu'il estoit Greffier & Tabellion tout ensemble: comme au reciproque *Tabularius* est pris quelquesfois pour le Greffier, dont l'vne des charges est de garder les actés publics, appellez *Tabulæ*, & le Greffe où ils sont gardez est appellé *Tabularium* ainsi qu'il sera dit cy-apres: aussi le *vetus Glossarium* dit que *Tabularius siue Tabellio dicitur Scriba publicus.* 2 Que ce n'estoit iadis qu'vne charge. 3 Tabularius. 4 Tabularium.

Pareillement le terme de Notaire est commun à tous ceux qui escriuoient sous autruy, soit les sentences, ou les contracts, tesmoin Lampride *in Alex. Seuero, Notarium, qui falsum causæ breuem in consilio Imperatoris retulisset, incisis digitorum neruis, ita vt nunquam posset scribere, deportauit.* Et proprement ce mot signifie ceux qui receuoient & plumetoient soit les sentences ou les contracts, autrement appellez *Exceptores*: voire tous ceux qui sçauoient l'art & industrie d'escrire par notes & abbreuiations. *Notas qui didicerunt propriè Notarij appellantur*, dit S. Augustin liu. 2. *de doctrina Christ. Notæ autem non erant litteræ, sed signa litterarum*, dit la loy *Sed cum patrono.* §. *vlt. D. de bonor. possess.* C'estoient, comme dit Plutarque *in Catone*, σημεῖα ἐν μικροῖς καὶ βραχέσι τύποις, πολλῶν γραμμάτων δύναμιν ἔχοντα. que Iustinian *in Constit. Græca Digestorum* dit auoir esté de son temps appellées Σίγλας: dont Cujas dit venir nostre mot de Sifres, ou Chifres: combien que luy-mesme liu. 12. des Obseruat. chap. dernier mette difference entre les nottes & les sigles, qu'il dit estre *singulares litteras.* 5 Notarius. 6 Quid propriè. 7 Notæ. 8 Σίγλα. 9 Arts des Notariats.

Quoy que ce soit, il est certain, qu'à Rome on apprenoit aux ieunes gens, & principalement aux serfs de bon esprit, cest art d'escrire en notes (qui n'est pas venu iusques à nous) afin de seruir de Clercs. *Inde Ausonius*,

> *Puer notarum præpetum*
> *Solers minister, aduola.*

Prudentius de Cassiano martyre,

> *Verba notis breuibus comprendere multa peritus,*
> *Raptímque punctis dicta præpetibus sequi,*
> *Fictis notarum verba signis imbuens.*

Manilius lib. 4. *Astronom.*

> ——— *Scriptor erit fœlix, cui littera verbum est,*
> *Quique notis linguam superat cursumque loquentis,*
> *Excipiens longas, nota per compendia, voces.*

Martialis in distichis de Notario,

> *Currant verba licet, manus est velocior illis,*
> *Nondum lingua suum, dextra peregit opus.*

Paulus in l. Lucius. De testam. milit. L. Titius miles testamentum scribendum notis dictauit, & antequam litteris scriberetur vita functus est. Seneca epist. 91. *Multa disertè in foro dixit, quæ Notarius persequi non potuit.* Suetone dit que l'Empereur Titus sçauoit bien

10 ταχύγραφος ὁλόγραφος, σημειόγραφος, καλλίγραφος. 11 *Librarius.*

cest art, & que *notis scribebat velocissimè. Notarius igitur est* ταχύγραφος, ϗ σημειόγραφος, *cui opponitur* ὁλόγραφος *Nou.* 115. *cap.* 1. qui est celuy qui mettoit au net & estendoit en grosse le contract ou sentence: *Alius à librario, qui* καλλίγραφος *dicitur*, & estoit celuy qui gaignoit sa vie à escrire des liures, auparauant l'inuention de l'Imprimerie, mestier qui estoit ordinaire aux moines. Gruterus en son liure, curieux des inscriptions, a rapporté vn long alphabet des Notes de Tiro & de Seneque. Et l'vsage des notes modernes se voit encor aucunement en la Chancellerie de Rome, où il y a les signatures en papier, pleines d'abreuiations, & de *& cæt.* & les bulles estenduës en grosse sur le parchemin.

12 Signatures de Rome. 13 Scribes Romains estoiét serfs.

Or les Scribes du droict Romain, soit Greffiers ou Notaires, estoient du commencement des esclaues publics, c'est à dire appartenans à la communauté de chacune cité ou Republique, qui estoient employez à faire ces expeditions, afin qu'elles ne coustassent rien au peuple. Ce qui estoit si ordinaire, qu'en la loy derniere *C. De seruis Reipub.* il est mis en question, si l'esclaue d'vne cité ou Republique ayant esté affranchy, & par apres ayant continué l'exercice du Notariat d'icelle, auoit pas derogé à sa liberté.

14 Pourquoy les Notaires stipulent pour les parties.

Et de là est venu qu'encor auiourdhuy nos Notaires se mettent dans leurs contracts stipulans & acceptans pour les parties, ce qu'ils n'eussent peu faire, si de leur origine ils n'eussent esté serfs publics, obstant la regle du droict Romain, que *Alteri stipulari nemo potest*: de laquelle regle estoit excepté le serf, *qui, vt acquirere, ita etiam stipulari poterat domino, & seruus communis cuique dominorum: & similiter seruus publicus, id est Reipublicæ seu ciuitatis, cuique ciui, vt patet ex l.* 1. *D. Rem pupilli saluam fore l.* 1. §. 15. *D. De Magistr. conuen. & l.* 18. *D. De adopt.*

15 Greffiers Romains estoient serfs.

Ces serfs, ou esclaues publics faisoient non seulement la charge de Notaires, mais aussi celle de Greffiers, tesmoin ce que dict Spartian *in Gordianis*, parlant d'vn retentum, ou arrest secret du Senat, appellé *Senatusconsultum tacitum. Non Scribæ*, dit-il, *non serui publici, non censuales excepere.* C'est la remarque que faict Emilius Probus en la vie d'Eumenes, disant que *Scribæ nomen apud Græcos honorificentius fuit, quàm apud Romanos. Nam apud hos*, dit-il, *sicut sunt, mercenarij existimantur: at apud illos nemo ad id Officium admittitur, nisi fide & industria exquisitus.*

16 Depuis mis par eslection.

En fin Arcadius & Honorius defendirent de mettre des esclaues aux charges de Greffiers & Notaires *l.* 3. *C. De tab. scrib. &c.* de sorte que d'oresnauant on elisoit és villes les Greffiers & les Notaires, tout ainsi que les Iuges d'icelles appellez *Defensores ciuitatum.* Occasion pourquoy ces charges sont nombrées *inter munera municipalia, in l. vlt.* §. *Is quoque &* §. *Mastigophori. D. De mun. & honor.* tout ainsi qu'à nous on élit les Escheuins des villes, & les Consuls des marchands, desquels aussi du commencement le Greffier estoit mis par élection.

17 La iustice estoit entierement gratuite à Rome.

Belle police certes des Romains: car par ce moyen, & les Iuges & les Greffiers & les Notaires faisoient gratuitement leurs charges, comme charges ordinaires, que chasque honneste bourgeois exerçoit tour à tour: lesquelles pour ceste occasion on estimoit si onereuses, que plusieurs, pour les euiter, quittoient les villes & s'en alloient à la guerre, ou bien se faisoient Officiers domestiques de l'Empereur: ce qu'il fallut en fin defendre par Ordonnance expresse, qui est en la loy 1. *C. de Tabul. Scrib. & Logogr.*

18 Greffiers choisis par *ex cohorte.*

Tels estoient les Greffiers des Defenseurs des citez & des Iuges pedanées, appellez en la Nou. 82. ταχύγραφοι, qui est tourné *exceptores*: mais quant aux Presidens, & autres Gouuerneurs des Prouinces, ils se seruoient de leurs clercs domestiques, pour Greffiers ou bien en choisissoient à volonté iusques à ce que cela leur fut defendu par Honorius & Theodosius, en la loy *Nullus Iudicum. C. De Assess.*

19 Explicatiõ de la loy *Nullus C. de Assessor.*

où ces Greffiers sont appellez *Cancellarij*, & est dit que desormais ils seront pris par élection solemnelle de l'Office, c'est à dire du corps & compagnie des Officiers ministres ordonnez à la suitte du Gouuerneur, à la charge que ce corps & compagnie respondroit ciuilement des fautes de celuy qu'il auroit esleu pour Greffier: & c'est ainsi à mon opinion qu'il faut entendre ceste loy, combien qu'on luy ait donné d'autres interpretations. Et en fin à cest exemple Iustinian ordonna par ses Nou. 15. & 81. que les Greffiers des Defenseurs des citez & des Iuges pedanées

pedanées seroient aussi pris & esleus de ce mesme corps & compagnie des ministres du Gouuerneur de Prouince.

Car il a esté dict au commencement du 1. liure, que chasque Gouuerneur de Prouince auoit vne troupe, ou compagnie ample de Ministres & Appariteurs, qui estoit appellée *Officium*, autrement *cohors*, *& apparitio* : comme il se voit clairement au liu. de la Notice de l'Empire, où l'Office & compagnie des ministres de chacun Magistrat est specifiée par le menu, & d'ordinaire y sont denommez quatre Officiers entr'autres, dont nous auons icy affaire, à sçauoir *Exceptores, Regerendarij, Cancellarij, & Ab actis, siue Actuarij.* 20 *Officium, cohors, apparitio.*

Exceptores estoient ceux, *qui acta iudiciorum scribebant*, c'est à dire, qui minutoient & receuoient soubs le Iuge ses expeditions iudiciaires : desquelles le formulaire est rapporté en la loy penult. *D. De auctor. tut.* Ils estoient aussi appellez Notaires, *quia notis scribebant acta Præsidum*, *l. inter eos.* §. 1. *D. ex quibus causis maiores.* Vray est que ce nom estoit commun aussi à ceux, qui receuoient les contracts soubs les Tabellions. 21 *Exceptores.*

Regerendarij estoient ceux qui escriuoient & mettoient au net ces expeditions dans des registres, comme il se voit en la Nou. 15. *in princ. Regerere enim iterum gerere est, & inde regestum, iterum gestum seu scriptum*, comme prouue Budée sur la loy *Herennius. De Decur. Et Vopiscus in Probo* dit, qu'il a recueilly son histoire *è registris Scribarum.* 22 *Regerendarij.*

Cancellarij (dont est faict mention en plusieurs endroicts du Code, & notamment au tiltre *De Assessorib. Domesticis, & Cancellarijs Iudicum*) estoient ceux qui mettoient en forme, quoy que ce soit, qui souscriuoient les actes & sentences, & les deliuroient aux parties. Ainsi appellez, non pas *à cancellando*, qui signifie barrer l'escriture, pour signe qu'elle ne sert plus de rien : mais *à cancellis*, ἀπὸ τῶν κιγκλίδων *inquit Agathias lib.* 1. *quia nimirum cancellos agebant*, comme parle Cassiodore *lib.* 12. *id est, cancellis præerant.* Ce qu'il nous apprend encor bien mieux en l'Epistre 1. du 11. liu. ou Theodoric escriuant à son Chancellier, il luy dict, *Respice quo nomine nuncuperis. Latere non potest, quod intra cancellos egeris. Tenes quippe lucidas fores, claustra patentia, fenestratas ianuas : & quamuis studiosè claudas, necesse est vt te cunctis aperias. Nam si foris steteris, meis emendaris obtutibus : si intus ingrediaris, obseruantium non potes declinare conspectus. Vide, quo te antiquitas voluerit collocari. vndique conspiceris, qui in illa claritate versaris. Cancelli autem siue* κιγκλίδες, estoit le barreau du Iuge : ainsi appellez en toutes les trois langues, pource que c'estoit vn lieu clos de treillis, ou barres à claire veüe, ainsi que sont aussi en France les auditoires des petites iustices : & en ce lieu tous les scribes deuoient faire leur besongne, afin de ne rien faire en cachette. 23 *Cancellarij, vnde dicti.* 24 *Cancelli, barreaux.*

Et combien que le Chancelier fust du commencement le dernier en rang de tous les scribes, ainsi qu'il est mis le dernier dans la notice, & en la rubrique *De Assessorib. Domest. & Cancell. Iud.* neantmoins estant celuy seul duquel les parties auoient affaire, & non pas de l'excepteur ny du regerendaire, il deuint en fin le plus auctorisé, comme il est dict au commencement de ceste mesme epistre de Cassiodore. *Quamuis statutis gradibus omnis militia peragatur, tuus Honor cognoscitur solemni ordine non teneri, qui suis primatibus meruit anteponi. Tibi enim reddunt obsequia, qui te præire noscuntur, & reflexa conditione iusticiæ, illis reuerendus aspiceris, quos subsequi posse monstraris.* Aussi dit-il que l'honneur du Iuge dependoit aucunement de luy, pour autant que c'estoit luy qui gardoit, qui signoit, & qui deliuroit aux parties ses expeditions. *Iussa nostra sine studio venalitatis expedias, omniáque sic geras, vt nostram possis commendare iustitiam. Actus enim tui, Iudicis opinio est : & sicut penetrale domus de foribus potest congruenter intelligi, sic mens Præsulis de te probatur agnosci, &c.* ce qui se voit encore mieux en la 1. Epist. du liu. 12. où il est dict en outre, *fasces tibi Iudicum parent, & dum iussa Pretorianæ sedis portare crederis, ipsam quodammodo potestatem reuerendus assumis* : epistre qui nous apprend, que lors c'estoit le *Præfectus pretorio* qui choisissoit les Chancelliers des Gouuerneurs des Prouinces, lesquels il leur bailloit pour controlleurs de leurs actions. Ce qui fut cause qu'à la fin cest Office vint en grande auctorité, & signifia celuy qui faisoit toutes les expeditions des 25 Auctorité des Chancelliers des Magistrats. 26 Leur charge. 27 Comment pourueus.

grands Magistrats : ce qui sera plus amplement discouru au 4. liure en traictant
du Chancellier de France.

Finalement en l'Empire Romain les Gouuerneurs des Prouinces auoient vn
Officier particulier, appellé *Ab actis, seu Actuarius*, pour receuoir les actes de iuris-
28 *Actuarius, siue Ab actis.* diction volontaire, comme les émancipations, adoptions, manumissions, &
notamment les contracts & testamens, qu'on vouloit insinuer & publier: de tous
lesquels actes, ensemble de ce qui ce passoit de memorable en la Prouince, il se
faisoit pareillement vn registre, autre que celuy des actes de iurisdiction conten-
tieuse: & c'est de ces registres, dont a entendu parler Vopiscus *in Aureliano*, quand
il dit auoir recueilly son histoire *è regestis Scribarum*.

29 *Gesta* ὑπομνήματα. De faict ces actes volontaires sont particulierement appellez *gesta & monimen-
ta*, en Grec ὑπομνήματα, *& Actuarius* ὑπομνηματογράφος. Et faut noter, pour vne tres-bel-
30 Belle antiquité. le antiquité du droict Romain, que presque tous les contracts & testamens
estoient insinuez volontairement dans ces actes: comme il se collige de la loy *Te-
31 Insinuation des contracts. stamenta* 18. *C. de testam.* & l'a fort bien discouru le Pancirole sur la Notice. Ce qui
se faisoit, d'autant que les contracts passez par les Tabellions ne faisoient pas à
Rome, comme à nous, plaine foy, auant qu'estre verifiez par tesmoins, ou com-
paraison d'escritures, non plus qu'à nous les cedules chirographaires : *non facie-
bant probationem probatam, sed tantùm probationem probandam*, comme il paroist eui-
32 Deuoit estre faite en pleine audiēce. demment de la Nou. 73. qui prescrit la façon de verifier les contracts des Tabel-
lions : de sorte que pour s'exempter de la peine & de la difficulté de ceste verifi-
cation, on les insinuoit & publioit *apud acta*, ce qui se faisoit à Rome & Con-
stantinople *apud magistrum census*, & és Prouinces pardeuant le Magistrat de la
Prouince, ou bien pardeuant les Magistrats municipaux, qui en fin, pour la com-
modité du peuple, *actorum conficiendorum potestatem habuerunt l. vlt. C. de Mag. mu-
nicip.* & falloit que ceste publication se feist en plein iugement, & en la presence
du Iuge, comme dit la gl. sur la loy derniere *C. de re iudicata*, & se collige de la loy
2. *De custodia reorum*, où cela est appellé *publicum testimonium*, & de la loy 2. §. *Simi-
lique modo C. de Latina libert. toll.* en ces mots *actis interuenientibus, & quasi sub figura iu-
dicij*, où il est dit quasi pource que *vera figura iudicij* ne pouuoit estre qu'aux actes
contradictoires, où se rencontrent trois personnes, à sçauoir le Iuge, le deman-
deur & le defendeur. Quoy que ce soit, ces actes auoient force publique à tous-
iours, à cause de l'auctorité publique de la Iustice. *Gesta, quæ translata sunt in publi-
ca monumenta, habent firmitatem perpetuam l. vlt. C. de re iudic.* Aussi estoient-ils desor-
33 *Scripturæ forenses & publicæ.* mais appellez proprement *scripturæ publicæ*, & auparauant les contracts des Ta-
bellions estoient seulement nommez *scripturæ forenses*, ἀγοραῖοι, comme qui diroit
escritures du marché : combien que par fois les escritures des Tabellions soient
appellées publiques, à la difference des escritures priuées, comme tout cela se
collige de la Nou. 49. & de la 73. & du commentaire de Cujas sur icelles.

34 Insinuatiō des donatiōs. Mesme il falloit particulierement, que les donations excedantes cinq cens
escus fussent ainsi publiées & insinuées, pource que les donations sont plus mal-
aisées à croire, que les contracts negotiatifs ou onereux, qui n'estoient insinuez
qu'à volonté, & *ad abundantiorem cautelam* : & cela s'appelloit publication, insi-
nuation, & inthimation, comme prouue le mesme Pancirole par plusieurs au-
ctoritez. Le formulaire de laquelle nous est rapporté tout au long par Cujas sur
le 4. liu. *Sent. Paul. tit. 6.* pris d'vn vieil liure manuscript *Marculphi*, intitulé *De for-
mulis publicarum priuatarúmque actionum.* Et pouuons dire en vn mot, que *l'Actuarius*
des Romains estoit nostre Greffier des insinuations.

35 Auctorité des Tabelliōs. Neantmoins c'est la verité, qu'à Rome, aussi bien que parmy nous, les Tabel-
lions n'auoient pas peu de pouuoir : estant en effect & Iuges & Greffiers tout en-
semble, voire Iuges sans appel, *quorum indisputabile testimonium, quod cognitores reue-
renter excipiunt, litigantes, quamuis improbi, coacti tamen obediunt : & cùm fas sit senten-
tiam appellatione suspendi, illis non licet obuiari. Apud Præsides de illorum cura litigatur, imo
36 Pratique Romaine des Notaires. illi potiùs iudicant, & causarum vincula dissoluunt*, dit Cassiodore en la formule des
Notaires.

C'est pourquoy il ne sera point mal agreable, de discourir de la pratique Ro-
maine

maine des Notaires, qui est descrite notamment en cette belle Nou. 44. de Iustinian, dont ie puis dire, qu'il n'y a presque mot, qui ne soit fort notable. Elle nous apprend en premier lieu, que les Romains auoient cette mode, que leurs cõtracts estoient premierement escrits en notes par les Notaires, ou Clercs des Tabellions, & lors ils s'appelloient σχέδαι, ἀπὸ τοῦ σχίζειν, *vel à scindendo*, dit Cujas, & en cette forme ils n'estoient point encor obligatoires, ni parfaits, iusques à ce que par apres ils eussent esté escrits en lettres, & mis au net, *quousque in purum seu in mundum redacti fuissent*, εἰς χάρτην καθαρόν, dit cette Nou. ce qui se faisoit par les Tabellions, & cela s'appelloit *completio contractus*, πλήρωσις ϗ πλήρωμα τοῦ συμβολαίου: c'est pourquoy en la loy *Contractus. C. de fi. instrum.* il est dit que *pœnitentiæ locus est, donec contractus sit in mundum redactus, & subscriptione partium confirmatus*: ce que Iustinian interprete en ses Institutes, *De empt. & vend.* §. 1. *completionem accipere, & esse absolutum.*

37 *Schedæ.*

38 Grosse des contracts.

Ce qui nous tesmoigne que les parties souscriuoient les contracts, comme cela paroist aussi par la loy 9. §. *vlt. D. Quib. mo. pig. l.* 20. *D. De in rem verso. l.* 2. *C. De nuptijs. l.* 8. *D. De rescind. vendit. l.* 15. *C. De administ. tut.* Mais quand ie dy qu'ils souscriuoient, c'est à dire, qu'ils escriuoient au bas du contract, qu'ils l'auoient pour agreable, & accordoient le contenu en iceluy. Car ils n'vsoient pas de seings manuels de leur nom, auec paraphes tousiours semblables, ainsi que nous, ains ce qu'ils appelloient *signum* signifioit leur seau, ou cachet, dont ils vsoient communément outre la souscription, comme il a esté dit au chapitre precedent.

39 Parties signoient les contracts à Rome.

Subscriptiones autem non erant nudæ nominis appositiones, sed qui subscribebant, adnotabant, cur subscriberent dit Gregorius, sur la Nou. 126. chap. 3. ce qui se iustifie par la Nou. 73. chap. 8. où celuy qui ne peut escrire du tout, & celuy qui ne peut escrire que peu de lettres, sont égalez ensemble, & est dit qu'il faut qu'vn des tesmoins instrumentaires souscriue pour eux. Car si les contractans ne sçauoient escrire, vn amy estoit receu à souscrire pour eux, ou bien le Tabellion, comme il est dit en la loy *In donationibus. C. De donat. si ipse donator, vt alius voluntate eius* (car ainsi faut-il lire, & non pas *voluntatem*) *secundum solitam obseruationem, subscripserit.* Et ainsi Cujas explique fort bien la Nou. 44. qui parle d'vne femme qui ne sçauoit escrire, & neantmoins porte, que le contract auoit esté par elle souscrit, c'est à dire par le Tabellion pour elle.

40 C'est à dire, qu'ils les souscriuoient.

41 Explicatiõ de la loy *In donationib. C. De donat.*

42 Et de la Nou. 44.

Car d'ordinaire, & pour la forme necessaire du contract, le Tabellion n'y souscriuoit pas, ains seulement falloit qu'il l'escriuist tout au long, comme il appert, *ex d. l. In donationibus. ex d. l. Contractus. & ex dd. Nouellis* 44. & 73. Et pour le regard des tesmoins, il n'estoit point necessaire qu'ils souscriuissent, comme le dit expressément ceste loy *In donationibus*: aussi ces Nou. requierent seulement qu'ils soient inscrits aux contracts comme presens. En quoy il n'y a qu'vne exception, à sçauoir au cas de la Nou. 52.

43 Tabellion ni tesmoins ne signoient point en la minute.

Mais ce que les parties signoient, & les tesmoins aussi par fois (c'est à dire, qu'ils séelloient de leurs seaux priuez, comme il a esté dit au chapitre precedét) n'estoit pas la note, ou minute du Notaire, ains la grosse, *completionem.* Car suiuant la loy *Contractus*, il n'eust rien seruy de signer la minute. Et faut aussi noter que cette grosse estoit baillée incontinant par le Tabellion à la partie, sans que le Tabellion fust tenu de l'enregistrer auparauant, ni mesme de garder sa note par apres, qui n'estoit qu'vn broüillart inutile, ainsi qu'il se collige de tous ces passages, & encor des deux dernieres loix, *De fi. instrum. Cod.*

44 Ains à la grosse.

45 Contracts n'estoient enregistrez.

Quant à ce qui s'appelle dans le droict *Breues, Breuia, Breuicula*, ce ne sont pas les notes & minutes des obligations, que nous appellons *Breuets, sed erant aduersaria & priuatæ adnotationes breuiter scriptæ*, comme il se collige de la loy 5. *De conuen. fisci debit. lib.* 10. *Cod.* où Cujas l'a tres-bien expliqué.

46 *Breues, Breuia, Breuicula,* Breuets.

Voila quelle estoit la practique du droict Romain, touchant les Greffiers & Notaires, qui sert grandement à l'explication de la nostre. Car il faut noter, qu'anciennement, lors que la iustice n'estoit si questueuse, ni les procés si frequens parmy nous, nos Iuges se seruoient de leurs Clercs pour Greffiers, & pour Notaires: iusques à ce que cela leur fut defendu par l'Ordonn. de Philippe le Bel, de l'an 1303. Mesme il se voit au chapitre *Quoniam contra. ext. De probat.*

47 Practique de France des Greffiers & Notaires.

48 Les Iuges se seruoiét de leurs Clercs pour greffiers.

T

qu'aux Cours d'Eglise, où il y auoit lors beaucoup plus de procez qu'aux iustices layes, bien souuent il n'y auoit point de Scribe, ou Greffier en Office, tant on faisoit peu d'estat de cét Estat: & de fait, ce chapitre permet au Iuge d'en nommer & commettre tel que bon luy semblera en chacune cause.

49 Et pour Notaires. Et tout ainsi que les Clercs des Iuges expedioient soubs eux, & en leur presence les actes de iurisdiction contentieuse, aussi ils expedioient seuls, & en l'absence du Iuge (soubs son nom toutefois) les actes de iurisdiction volontaire, qui sont les contracts: pource que quand les parties sont d'accord, le Iuge n'y a que

50 Imitation des insinuations Romaines. voir. Ce qui est prouenu de ce que nous auons voulu imiter la coustume que prirent en fin les Romains, de faire publier *apud acta* leurs contracts desia faicts. Mais nous imaginans que c'estoit peine superfluë de les faire hors iugement, puis les publier en iugement, les auons voulu faire tout du premier coup pardeuant le Iuge. Et combien qu'il y a apparence que les Romains les publiassent en la presence du Iuge, neantmoins pource que les interpretes ont tenu qu'il suffisoit faire ces publications *apud acta, siue apud Officium*, hors la presence du Iuge, comme prouue le Pancirole au lieu sus-allegué, nous auons pris coustume d'expedier nos contracts hors la presence du Iuge: mais quoy que ce soit, c'est tousiours le Iuge

51 Pourquoy les Notaires mettent, que les parties sōt comparuës comme en iugement. qui parle en iceux, & y est intitulé ainsi qu'aux sentences: & en plusieurs Prouinces le styl des contracts porte, que *les parties sont comparuës deuant le Notaire comme en droict, ou en iugement*, ou bien (comme on parle en quelques lieux) *comme en droict iugement*: & encor en quelques lieux il porte, *qu'elles sont iugées & condamnées de leur consentement, à entretenir tout ce qui est contenu au contract*: qui est aussi la cause pourquoy

52 Pourquoy à nous les cōtracts ont execution parée, & font pleine preuue. les contracts en France ont execution parée, ainsi que les sentences: ce qu'ils n'auoient au droict, comme i'ay discouru au liuret *De la garantie des rentes* chapitre dernier. Car ils sont escritures, non pas forenses, comme ceux des Romains, ains du tout publiques.

53 Greffiers appellez Notaires és vieilles Ordonn. Aussi i'ay remarqué soigneusement qu'en toutes les anciennes Ordonnances, iusques à celles de Louys XII. les Greffiers sont appellez communément Notaires, aussi bien que les Tabellions, & qu'en icelles la function & charge des Greffiers & Tabellions est confonduë, comme n'estans qu'vne mesme charge. Cela se voit en l'Ordonnance de Philippe le Bel, de l'an 1303. de Philippe IX. de l'an 1399. & de Charles VIII. de l'an 1490. où les Greffiers des iurisdictions

54 Et Clercs. non souueraines sont appellez tantost Notaires, & tantost Clercs, mais iamais Greffiers. Et en l'Edict de Charles VIII. de l'an 1485. *touchant le reglement de la iustice du Chastelet de Paris*, rapporté au grand Coustumier, les Greffiers du Chastelet sont seulement appellez Clercs.

55 Greffiers & Huissiers seuls en Parlement. Car il n'y a que les Greffiers & les Huissiers du Parlement, & autres Cours souueraines, qui puissent estre appellez de ces noms, comme il est contenu en vn arrest notable du Parlement, de l'an 1405. rapporté par M. Pasquier, liure 2. chap. 4. *De ses recherches*. Ne plus ne moins qu'encor auiourd'huy les Procureurs du Roy des iustices Royales, ne sont appellez dans le Parlement, que Substituts de Monsieur le Procureur general. Donques les Greffiers des Baillifs, Seneschaux, ou

56 Seuls vrays Officiers jadis. Preuosts Royaux n'estoient anciennement appellez que Notaires, ou Clercs, comme s'ils n'eussent esté que les Substituts du Greffier en chef du Parlement, ou plustost pource qu'ils n'estoient que Clercs des Iuges. Et de faict, il n'y auoit en France que les Greffiers & Huissiers du Parlement, qui fussent vrays Officiers, ayans esté erigez dés lors que le Parlement fut faict sedentaire, & estably dans Paris. Mais quant aux Clercs & Sergens des Baillifs & Seneschaux, ils estoient commis par les Iuges, & estoient ordinairement du nombre de leurs domestiques & seruiteurs: à sçauoir, leurs Greffiers estoient ceux que nous appellons encor Clercs, *Amanuenses*: & les Sergens sont ainsi appellez *quasi seruientes*, comme le mesme Pasquier prouue au 17. chap. du liure 6.

57 Clergies, ou Clergez. Ainsi les Greffes sont appellez Clergies, ou Clergez, en l'Ordonn. de Charles V. de l'an 1357. & de Charles VI. de l'an 1388. & en celle de Charles VIII. de l'an 1485. où il est dit que les Clercs ne postuleront és auditoires, tandis qu'ils exerceront le Clergé, qui est ce que nous gardons encor qu'vn Procureur, tandis qu'il

exerce le Greffe, ne peut exercer sa charge de Procureur. En quoy s'est mespris le docte & exacte compilateur des Ordonnances M. Guenoys, estimant que les Clercs fussent espece de Iuge, à cause de l'equiuoque du mot de Clerc, qui signifie entre nous trois choses, à sçauoir l'Ecclesiastique, puis l'homme de lettres, & finalement celuy qui escrit sous autruy. 58 Clerc signifie trois choses.

Or bien tost apres l'Ordonnance de Philippe le Bel, de l'an 1303. qui osta la puissance aux Iuges de se seruir de leurs Clercs pour Notaires & Greffiers, Philippe le Long son successeur, par Ordonnance de l'an 1319. declara par exprés *Que les seaux & escritures estoient de son propre domaine* (ce sont les termes de cette Ordonn.) *partant qu'ils seroient d'oresnauant vendus par encheres à bonnes gens & conuenables*: Où ce mot d'escritures (*Scribatus* en Latin, *vt in l.3.C. De appellat.*) comprend les Greffes & Tabellionnez. Et c'est la plus ancienne Ordonnance que i'aye veuë, faisant mention de la vente publique des Offices: mais encor ce n'estoit que des Offices domaniaux, & ce n'estoit que bailler à ferme, & non pas aliener à vne fois payer, comme il sera prouué au commencement du liure suiuant, où ie monstreray comme on bailloit à ferme les Preuostez, soubs lesquelles les Greffes & Notariats d'icelles estoient compris. 59 Greffes & Notariats ioincts au domaine.

Car c'est la verité, qu'anciennement les charges de Greffiers & Notaires estoient du tout dependantes de celles des Iuges, comme cela se practique encor és Vicomtes de Normandie, qui iouïssent des Greffes & Tabellionnez de leur iustice, & mesme la recepte du domaine est annexée à leurs Offices. Et le premier qui les separa en ce Parlement, ce fut Charles VIII. par son Ordonnance de l'an 1493. qui voyant ses predecesseurs auoir fort varié en la façon de conferer ces Preuostez, les vns les baillans à ferme, les autres en garde, & les autres en Office, y apporta vne tres-pertinente distinction, qui fut de separer les charges des Iuges d'auec celles des Notaires & Greffiers, & conferer celles des Iuges en tiltre d'Office, & celle des Notaires & Greffiers à ferme, attribuant aux Preuosts des gages à prendre sur la ferme des Greffes, comme à la verité il seroit fort à propos que les Iuges eussent de bons gages, suffisans pour les entretenir selon leur qualité, à prendre sur le reuenu des Greffes, & autres émolumens de la iustice, & qu'ils ne tendissent point la main aux parties. 60 Es Vicomtez le Greffe & Notariat apartiennent au Iuge. 61 Comment en ont esté separez.

Cette façon de bailler les Greffes à ferme a continué iusques en l'an 1521. que le Roy François I. ordonna par Edict faict à Argilly, que les Greffes ne seroient plus baillez à ferme, ains qu'il y seroit pourueu en tiltre d'Office, tout ainsi qu'aux Estats non domaniaux: ce qu'il renouuela par autre Edict de l'an 1554. Et le Roy Charles IX. les ayant derechef reünis à son domaine, pour estre baillez à ferme, les remist incontinant apres en tiltre d'Office, par Edict de l'an 1567. 62 Greffes baillez à ferme.

Donques les Greffiers & les Notaires ayans ainsi esté erigez en tiltre d'Office, & de Clercs des Iuges, qu'ils estoient anciennement, estans deuenus maistres, aucuns d'eux desdaignerent en fin d'exercer leurs Offices en propre personne, & voulurent eux-mesmes auoir des Clercs soubs eux, sur lesquels ils se reposoient de l'exercice de leurs charges en tout, ou partie. Clercs qui du commencement estoient leurs domestiques, tout ainsi que les Greffiers & Notaires estoient auparauant domestiques des Iuges. Partant le nom de Clerc, qui auoit jadis esté attribué à plusieurs nobles Officiers, comme aux Secretaires du Roy, aux Auditeurs de la Chambre des Comptes, & aux Controlleurs de la maison du Roy, fut desormais rejetté par eux, &, comme vil, delaissé aux ministres & seruiteurs, qu'on appelle en Latin *à manu seruos, seu Amanuenses*. 63 Clercs des Greffes & Notaires.

Finalement, & comme il aduient en toutes vacations, que ceux qui font la besongne s'accroissent & augmentent tousiours, voire supplantent en fin leurs maistres qui sont negligens, ces Clercs, qui auoient vescu soubs leurs maistres comme domestiques, voyans que leurs charges meritoient bien d'estre continuées, apres qu'ils estoient mariez & separez de demeure d'auec leurs maistres, se faisoient par eux commettre & substituer, pour exercer entierement leurs Offices, tant en presence qu'absence, & à ceste fin se faisoient receuoir en iustice, comme leurs commis: ce qui estoit practiqué par les Tabellions de l'Empire 64 Deuenus maistres.

Romain, comme la Nou.44. fait foy, permettant aux Tabellions d'auoir vn substitut, & non plus, qui auroit serment à iustice, ordonnant neantmoins, que si ils venoient à se reposer de leurs charges sur eux, leurs substituts deuiendroient maistres. Ce que le Roy François I. executa tout-à-fait, comme il aduient d'ordinaire, que le fisque fait son profit de ce que le particulier neglige. Car il erigea en l'an 1542. ces Clercs des Tabellions, en tiltre d'Office, & en fit vn Office separé d'auec celuy du Maistre : voulant qu'en chacun siege Royal, où il y auoit vn Tabellion, il y eust vn certain nombre de Notaires au lieu des Clercs, ou Substituts qu'il y souloit mettre. Pareillement, qu'és lieux où il y auoit plusieurs Notaires, il y eust par dessus eux vn Tabellion.

65 Notaires erigez en Office.

66 Distinctiō des Notaires & Tabellions.

Et furent par cét Edict les Tabellions reglez auec les Notaires, en sorte que les Notaires receuroient les minutes des contracts, *essentque reuerà Exceptores & Notarij*, & les Tabellions en auroient la grosse, *in mundum & chartam puram cōtractus redigerent*, qui est à reuenir à la definition du Tabellion, que donne Suidas, ὁ τὰ τῆς πόλεως γράφων συμβόλαια, ὁ παρὰ τοῖς πολλοῖς Νομικὸς λεγόμενος, ἅπερ τὰ ἐπιπλῶν τὰ τῶν πολιτῶν γραμματεῖα, ἕκαστον αὐτῶν οἰκείοις ἐπιγραφίζων γράμμασι.

67 Clercs du Greffe, erigez en Office.

Tout de mesme les Clercs du Greffe furent faits Offices separez des Greffiers, par Edict de l'an 1577. & leur fut attribué la moitié d'autant d'émolument qu'aux Greffiers, & ce au lieu du vin de Clerc dont parle l'Ordonn. de l'an 1493. & que ces Clercs du Greffe s'estoient licenciez de prendre contre l'Ordonnance d'Orleans, qui en l'art.77. leur defend, à peine de concussion, de rien prendre des parties, ores qu'il leur fust liberalement offert.

68 Reünis aux Greffes.

Mais lors que les Greffes furent faits hereditaires, les Clercs y furent reünis, comme au pareil les Offices de Notaires ont esté reünis à ceux de Tabellion, par l'Edict de l'heredité d'iceux, ainsi qu'il a esté dit au chap. 3. qu'vn Officier domanial & purement hereditaire peut mettre des Commis pour faire l'exercice de son Office : ce qui n'est permis à l'Officier pur & simple.

69 Conferēce de la practique Romaine des Notaires, auec la nostre.

Mais il ne sera point hors de propos, ni sans profit aussi, de conferer (pour la fin de ce chapitre) la practique Romaine des Notaires, auec la nostre, tant afin que façions profit de ce qui vient d'estre discouru de la Romaine, que pource qu'à faute de prendre garde de prés à leur diuersité, on se trompe ordinairement sur la decision de la loy *Cōtractus. C. de fide instrum*, & autres semblables resolutions du droict Romain en ceste matiere, qu'on pense adapter à nostre vsage, sans prendre garde qu'il est fort different de celuy des Romains.

70 Nos contracts se font deux fois.

Car il est bien vray que nos contracts s'escriuent deux fois, ainsi que ceux de Rome : mais au lieu que les notes Romaines n'estoient que broüillards inutils, les minutes de nos Notaires sont les vrays contracts, soit quant à la perfection, pource qu'estant arrestées on n'y peut plus rien adiouster, soit quant à la preuue, pource que si on doute de la verité de la grosse, on a recours à la minute : aussi est-ce aux minutes, & non aux grosses, que les parties doiuent signer.

71 *Et cætera* des Notaires.

Et quant à ce que nous appellons l'*Et cætera* des Notaires, bien qu'il approche des notes Romaines, c'est toutefois autre chose. Car les minutes Romaines estoient toutes escrites en notes & abbreuiations : & l'*Et cætera* de nos Notaires ne comprend que ce qui est du styl ordinaire des contracts, *quæ assidua sunt in contractibus, quæque, etsi expressa non sint, inesse videntur. l. Quod si nolit. §. Quia assidua. D. De Ædilit. Edicto* : mais il ne se peut estendre à vne clause particuliere & insolite, comme il a esté iugé par plusieurs arrests.

72 Anciennement nos cōtracts s'escriuoient trois fois.

Vray est, qu'auparauant l'Ordonnance d'Orleans les Tabellions escriuoient ordinairement par trois fois les contracts, sçauoir est en plumetif ou minute, qui se rapportoit presque aux notes Romaines, puis les mettoient au net dans leurs registres reliez, qui deuoient estre escrits tout d'vne suite, que l'Ordonn. de l'an 1535. dit tout d'vn dactylé ; ce qui deuroit signifier tout d'vne main, mais nous l'entendons tout d'vne suite, selon le temps & l'ordre que les contracts ont esté passez, & sans laisser aucun papier blanc entre-deux. Finalement, ils les escriuoient en grosse, cōme à present, pour les deliurer aux parties. Ainsi que font encor les Greffiers bien soigneux, à l'égard des expeditions de l'audience, és sieges

73 Et les sentences.

où les causes s'appellēt par billets ou placets. Car ils ont leur plumetif escrit sur le billet de l'audience, puis ils l'estēdent & rescriuent au net en vn registre, & finalement ils le deliurent en grosse aux parties. Mais depuis l'Ordonn. d'Orleans, qui a voulu que les parties signent en la minute, nos Notaires ont negligé de plus faire de registres : sinon qu'il y en a quelques-vns plus soigneux, qui au bout de l'an ramassent les fueilles de leurs minutes, & les relient ensemble : c'est pourquoy on ne trouue pas estrange quand il y a quelque interposition, ou quelque blanc en la fin des fueilles, ou cahiers.

Dont aduient vn inconuenient, qui n'estoit pas si commun auparauant, à sçauoir que les mauuais Notaires font tant d'antidates qu'ils veulent, principalement quand les parties en sont d'accord, comme pour vn homme oberé, qui en frustrant ses creanciers, veut sauuer son bien soubs le nom d'vn amy, ils luy passeront tant d'obligations, voire de constitutions de rente qu'il voudra : & n'auons iusqu'à present aucun remede pour empescher cette espece de faulseté. En voicy encor vne autre, c'est que bien souuent les Notaires changent la fueille du milieu d'vn contract, & la refont à leur volonté, sans toucher à la derniere fueille, où sont les seings des parties, dont i'ay veu arriuer de grands incōueniens. 74 Inconueniens prouenās du defaut de registre.

Pour donc obuier à ces deux meschancetez, à sçauoir de l'antidate, & du changement de la fueille du milieu, & encor aux autres sortes de faulseté qui s'inuentent chacun iour parmy la malice de ce siecle, il seroit tres-necessaire de renouueler les Ordonnances qui enioignent aux Notaires de faire des registres continus, desquelles tant s'en faut qu'ils soient dispensez par l'Ordonnance d'Orleans, qu'au contraire, l'article de cette Ordonnance immediatement precedent celuy qui introduict les signatures des parties, reïtere cette inionction de faire registres. 75 Aduis pour y obuier.

Or quand ie dy qu'ils doiuent faire des registres, ie n'enten pas qu'ils copient dans les registres les minutes, qui auront esté signées des parties, comme ils faisoient du temps de cette Ordonnance, mais que tout du premier coup ils escriuent leurs minutes dans leurs registres, quoy que ce soit, s'ils font des notes, broüillards ou plumetifs, ainsi qu'il s'en faisoit au droict, que ces broüillards ne soient point reputez les vrayes minutes, ains suiuant la loy *Contractus*, ne soient encor rien, iusques à ce qu'en la presence des parties ils ayent esté regerez & remis au net dans leurs registres, & signez par apres de ceux qui les doiuent signer. Comme aussi ie n'entend pas qu'ils reçoiuent leurs minutes en fueilles, esparses comme celles de la Sibylle Virgilienne, & que par apres ils les ramassent & facent relier ensemble. Mais i'enten, qu'ils les minutent dans des registres qui soient reliez auparauant, afin que ces registres soient escrits tout d'vn contexte, sans aucun blanc, suiuant ladite Ordonnance de l'an 1535. 76 Comment doiuent estre faits les registres des Notaires. 77 Explicatiō de la loy *Contractus. C. de fide instrum.*

Et encor pour plus grande asseurance de la foy publique des contracts, en laquelle consistent tous nos biens & facultez, & qui ne peut estre assez asseurée parmy la subtilité & malice de ce siecle, ie desireroy que tous les registres des Notaires fussent nombrez & paraphez en blanc, à la teste de chacun fueillet, par le Iuge du lieu : dont seroit fait acte au dernier fueillet, contenant combien il y auroit de cahiers, & combien de fueillets au registre. Ce qui a desia esté enioinct aux Greffiers des insinuations par l'Edict de leur erection, qui est de l'an 1552. art. 4. Et si faudroit que tous les cahiers fussent égaux en nombre de fueillets, voire mesme on pourroit séeller des deux costez la nerueure de la relieure du registre, auec le seau de la iustice, pour éuiter que le registre fust refaict & relié de nouueau, afin de changer quelque fueillet. 78 Paraphe du registre.

Or il est sans doute, que tout cela ne seroit point à beaucoup prés de si grand coust & difficulté, comme il apporteroit de bien & de repos au public : d'autant qu'il empescheroit toutes sortes de faulsetez, & si aideroit à la conseruation des notes & minutes, qui bien souuent se perdent, ou par negligence, ou par malice, & principalement aux villages, où les Gentilshommes s'en saisissent par force. Ce qu'ils n'oseroient faire lors, ou bien il faudroit bon-gré malgré, que tout à l'instant le Notaire en fist sa plainte, d'autant qu'il seroit puny comme faulsaire, 79 Commoditez de cét aduis.

s'il se trouuoit quelque fueillet manque en son registre, & qu'il ne s'en fust plaint en temps & lieu.

80 Response aux obiectiõs. Que si on obiecte qu'il y a plusieurs contracts qui se commencent, & ne s'acheuent pas, & d'autres aussi, ausquels on s'aduise de rechanger quelques clauses, auant qu'ils soient arrestez, ie responds, qu'il y aura bien peu d'inconuenient de bastonner ce qui ne sera pas bien fait, & en mettre la cause en la marge, aussi bien est-il par fois expedient qu'on voye à qui il aura tenu que le contract ne soit acheué. Que si vn Notaire craint qu'il y ait trop de ratures & bastonnemens, qu'il face plustost vn plumetif & broüillart, auant qu'escrire en son registre, auquel cas le contract escrit à deux fois, sera tousiours mieux dressé & mieux deliberé entre les parties: & de fait, l'Ordonn. 1539. article 126. presuppose que les Notaires doiuent auoir vn plumetif, outre leur registre.

81 Autre. Si d'ailleurs on obiecte qu'il y a des Notaires tellement employez, qu'ils ont besoin de trauailler à deux contracts en mesme temps, notamment aux iours de marché, qu'il y a affluence d'affaires (chose pourtant dangereuse de s'en fier à leurs Clercs, & qui est defenduë par cette Nou. 44.) ie dy qu'vn Notaire de ville pourra bien auoir deux registres, & non plus, en mesme temps, si son Iuge voit que bon soit, dont il fera mention en l'acte du paraphement, ou controlle de chacun d'iceux: & rapporteray à ce propos ce qui est dit en cette mesme Nou. que *Melius est pauca agere cautè, quàm multis interesse periculosè*.

82 *Protocollum quid.* Cette mesme Nou. nous apprend encor vn beau secret, qui auoit esté ignoré iusques à ce que le docte Cujas l'ait descouuert, à sçauoir, qu'elle defend de couper & oster le protocolle des Chartes, que nous pensons vulgairement estre la minute & premiere escriture du contract: & de fait, les Ordonn. des années 1512. & encor celle d'Orleans, art. 83. l'vsurpent en ceste signification: combien qu'à la

83 Explicatiõ de la Nou. 44. verité ce soit la marque du papier ou parchemin, où estoit inscrite l'année qu'il auoit esté fait, laquelle marque Iustinian defend de couper, comme on pouuoit aisément faire, d'autant qu'elle estoit au haut du papier, & non pas au milieu, comme celle de nostre papier. Pource, dit-il, que par le moyen de ce protocolle, ou marque du papier, plusieurs faulsetez ont esté descouuertes, ce qui s'est aussi veu quelquefois en France. Partant, pour se seruir à propos de cette antiquité, il

84 Aduis tiré de cette Nou. seroit expedient, ce semble, d'ordonner que tout papier seroit marqué, & que la marque contiendroit l'année qu'il auroit esté fait: chose qui ne cousteroit rien, & empescheroit plusieurs faulsetez, tant aux contracts qu'aux escritures.

SOMMAIRE DV SIXIESME CHAPITRE.

1 *La garde des pieces & des consignations démembrée des Greffes.*
2 Tabularium.
3 Ἀρχεῖον, *archiue.*
4 *Maison publique des Iuges ordinaires.*
5 *Maison des Gouuerneurs des Prouinces.*
6 *Palais des villes delaissez aux Iuges.*
7 *Garde-liure de la Chambre des Comptes.*
8 *Expeditions ne doiuent bouger du Greffe.*
9 Sunt iuris publici.
10 *C'est chose mal-aisée de les changer de place & de main.*
11 *Garde-note reüny à l'Office de Notaire.*
12 *Les minutes des Notaires Royaux suiuent l'Office.*
13 *Non celles des Notaires subalternes.*
14 *Inconueniens prouenans de la vente des minutes des Notaires.*
15 *Autres.*
16 *Faut produire la commission du Commis à la signature des minutes.*
17 *Minutes des Greffiers & Notaires non Royaux, doiuent estre mises au Greffe.*
18 *Et non celles des Notaires Royaux.*
19 *Les Procureurs d'Office y deuroient tenir la main.*
20 *Moyen d'inuentorier les papiers d'vn Greffe.*
21 *Minutes des Notaires ne doiuent estre en commerce.*
22 *Les consignations estoient mises en lieu public.*
23 *Consignation, pourquoy dicte.*
24 *Consignataire doit rendre les mesmes corps.*
25 *Consignations se faisoient anciennement au Greffe.*
26 *Consigner en Cour, ou en iustice.*

27 *Consignation ne doit estre faicte entre les mains du Iuge.*

28 *Le Seigneur respond de la consignation faicte en son Greffe.*

29 *Consignation est de l'Office du Greffier, & non vne commission extraordinaire.*

30 *Partant le Greffe affecté par preference aux consignations.*

31 *Et non l'Office de Commissaire ou Huissier.*

32 *N'y a hypotheque sur les biens du Greffier que du tout de la consignation.*

33 *Ni sur les biens des Sergens.*

34 *Explication de deux Ordonnances.*

35 *Comment les Greffiers sont tenus des consignations.*

36 *Comment les Receueurs des consignations en sont tenus.*

37 *Comment tous les Officiers sont tenus des consignations.*

38 *Des biens pris par execution.*

39 *Deuroient estre apportez au Greffe.*

40 *Iniquité des gardiens de biens, que les Sergens establissent.*

41 *Edict pourpensé de les eriger en Offices.*

42 *Que cet Edict seroit au soulagement du peuple.*

43 *Faudroit qu'ils fussent hereditaires.*

44 *Des bancs des Procureurs.*

45 Stationes.

46 *Bancs du Palais de Constantinople.*

47 *Des loges du Palais de Paris.*

48 *Des bancs du Palais.*

49 *Bailly du Palais les confere.*

50 *Vaquent ainsi que les purs Offices.*

DES GARDES-REGISTRES, RECEVEVRS DES CONSIGNATIONS, BANCS ET PRACTIQVE DES PROCVREVRS.

Chapitre VI.

LA vraye & antique charge des Greffiers, au moins de ceux de France, n'est pas seulement de receuoir les actes & expeditions, mais aussi de garder les papiers & deposts de iustice. C'est pourquoy le Greffier du Parlement est intitulé d'ancienneté, Greffier & Garde-registre, comme M. Choppin nous apprend sur la Coust. de Paris liu. 2. tit. 6. & n'y a pas encor long temps, que n'y ayant point de Receueurs des consignations au Parlement, c'estoit le Greffier qui gardoit les deniers consignez. 1 La garde des pieces & des consignations démembrée des Greffes.

Car pour parler premierement des papiers des Iuges (soubs lesquels ie comprens leurs actes, & ceux de leurs predecesseurs, les sacs & pieces des parties produittes au Greffe, mesmement les minuttes des Notaires decedez) il faut remarquer que le Greffe est en France, ce que les Romains appelloient *Tabularium*, qui estoit le lieu où les actes publics estoient conseruez, comme a prouué Lipsius sur le 5. des Annales de Tacite, & ce que soubs les Empereurs Grecs on appella ἀρχεῖον, que nos Docteurs tournent *archiuum*, & partant le vulgaire appelle *archiue public*, pensant qu'il soit deriué *ab arca*, combien qu'il vienne de ἀρχῆ. Car ἀρχεῖον est proprement la maison de l'Office, ou Magistrature, definie par Suidas, ἔνθα αἱ δημόσιοι χάρται ἀπόκεινται, καὶ χαρτοφυλάκιον: appellé par Iustinian Nou. 15. δημόσιον οἴκημα. 2 *Tabularium.* 3 ἀρχεῖον, *Archiue.*

Au commencement de laquelle Nou. il rapporte les inconueniens qui arriuoient, faute d'auoir en chacune ville des lieux publics pour reserrer les monumens publics, & des gens destinez pour les garder: ce qui merite bien d'estre rapporté icy, pource que les mesmes inconueniens ont maintenant lieu parmy nous, faute de bien garder nos Ordonnances. *Cùm nullum sit* ἀρχεῖον, dit il, *in quo acta reponantur, deperit quod conficitur, & nequaquam inuenies plurium annorum monumenta: sed qui his egent, apud hæredes Scribarum, vel alios successores ea quærunt: & sæpe, quæ inueniuntur, nulla fide sunt digna, multa verò pereunt, vel in tantum cadunt, vt in similitudine actorum non sint.* C'est pourquoy au chap. 5. il ordonne, *vt in singulis ciuitatibus sit domus publica, in qua monumenta recondantur, vtq; eligatur, qui horum habeat custodiam, quatenus incorrupta maneant, & velociter inueniantur à requirentibus: hócque sit*, dit-il, *apud Defensores ciuitatum*, ἀρχεῖον. 4 Maison publique des Iuges ordinaires.

5 Maison des Gouuerneurs des Prouinces. Mais quant aux Recteurs & Gouuerneurs des Prouinces, ils estoient logez, & auoient leur ἀρχεῖον, *vel in Pretorijs, vel in Palatijs*, comme il se void en la loy derniere *C. De officio Rectoris Prouinciæ*, où il leur est defendu de loger ailleurs, & en outre il est dict, que si en vne mesme ville, il y a vn Pretoire, & vn Palais, ils doiuent loger dans le Palais, & quant au Pretoire, ils le doiuent faire seruir de magazin aux viures.

6 Palais des villes delaissez aux Iuges. De mesme en France il se voit, que nos Rois amateurs extremement de la iustice, luy ont quitté presques en toutes les villes, leurs Palais & maisons Royales, où maintenant la iustice est exercée, & y est estably ordinairement le Greffe d'icelle, auquel les monumens publics, & les pieces des particuliers produittes en iustice, sont conseruées par la diligence & garde du mesme Greffier, qui reçoit les expeditions de iustice. Combien qu'il y a apparence, qu'au droict Romain du commencement, & lors qu'on se seruoit des esclaues pour Greffiers, le gardien de l'ἀρχεῖον fust autre, que le Scribe ou Greffier, pource qu'en la loy derniere §. *Ii quoq; D. De mun. & honoribus*, l'Archiota est distingué *à Scriba & à Tabulario*.

7 Garde-liure de la Chambre des Comptes. Ainsi que le Garde-liure de la Chambre des Comptes, qui ha charge des papiers d'icelle, est à present autre que le Greffier: ce qui est, d'autant qu'anciennement il n'y auoit point de Greffier en icelle, ains les Auditeurs des Comptes en seruoient, qui pour ceste cause estoient appellez Clercs des Comptes, terme, qu'au chap. precedent nous auons prouué signifier vn Greffier.

8 Expeditions ne doiuent bouger du Greffe. C'est pourquoy il y a plusieurs Ordonnances qui disposent que les registres & minutes des expeditions iudiciaires, ne doiuent bouger du Greffe, soit és iustices Royales, soit és Seigneuriales, & qu'auenant mutation de Greffiers, soit lors que les Greffes estoient baillez à ferme, soit depuis qu'ils sont en Office, tous les registres & minutes anciennes doiuent estre baillées au moderne Greffier: voire mesme l'ord. d'Orleans art. 83. veut qu'apres le deceds d'vn Notaire, ses minutes soient apportées au Greffe, comme au lieu public, destiné pour la garde des actes publics, où chacun les peut aisement recouurer: & qu'elles soient deliurées par le Greffier moyennant salaire competant, dont la moitié demeurera au Greffier, & l'autre aux heritiers du decedé. Et de verité les minutes, soit des Notaires, soit des Greffiers, n'appartiennent point proprement à ceux qui

9 *Sunt iuris publici.* les ont receuës, ni à leurs heritiers, ains appartiennent au public, puis-que ce sont actes publics. *Armarium Scribæ*, dit Cassiodore, *fortuna cunctorum est*.

10 C'est chose malaisée de les châger de place & de main. Toutesfois en la malice de ce siecle on trouue souuent mal-aisé & mesme dangereux d'obseruer ces Ordonnances. Car s'il falloit que les minutes des Notaires, & principalement celles des Greffiers, qui sont en plus grand nombre, & de diuerses sortes, changeassent autant de fois de main, que les Greffes changent de personnes, ce seroit vn moyen ouuert pour en supprimer, changer ou interuertir tant qu'on voudroit: pource que l'antique Greffier soustiendroit tousjours auoir baillé toutes ses minutes au nouueau, & le nouueau que la suppression ou alteration de la minute, dont on se plaindroit, n'auroit esté faite de son temps: n'estant possible de se charger par inuentaire exact des minutes d'vn Greffe, & à cause du nombre, & à cause des diuerses formes d'icelles.

11 Garde-note reuny à l'Office de Notaire. Or ceste difficulté cesse à present pour le regard des Notaires Royaux, pource qu'en l'an mil cinq cens soixante & quinze le Roy erigea vn Garde-note en chacun siege Royal, pour auoir la garde des minutes de tous les Notaires decedez, ou ayans resigné leur Office: lesquels Gardes-notes ne durerent gueres, ains furent quatre ans apres reünis aux Offices de Notaires; & en l'an mil cinq cens nonante sept, lors que les Offices de Notaires ont esté faicts hereditaires & domaniaux, les Offices de Tabellions, Notaires & Gardes-notes, ont esté derechef vnis & incorporez ensemble, de sorte que la garde des minutes fait aujourd'huy partie de l'Office des Notaires. Neantmoins, d'autant que ces Offices sont

12 Les minutes des Notaires Royaux suiuét l'Office. alienez hereditairement, on tolere aux particuliers de faire entre-eux telles pactions que bon leur semble, touchant les minutes du Notaire qui vend son Office: dont ie collige qu'à faute de paction contraire, il s'ensuit de ceste reünion, que les minutes suiuent l'Office de Notaire, en quelques mains qu'il passe.

Mais

Mais aux Notaires subalternes, & en toutes sortes de Greffiers, le contraire s'obserue communement: à sçauoir que les minutes anciennes ne sont point baillées au nouueau Officier, ains demeurent à l'ancien, ou bien à sa veufue & heritiers, tout ainsi que la pratique des Procureurs: & de faict on appelle ces minutes, la pratique des Notaires, ou des Greffiers: pource qu'outre le profict des grosses, ces minutes apportent vne chalandise & aptitude, pour estre plus employé à l'aduenir. 13 Non celles des Notaires subalternes.

Neantmoins ceste comparaison de la practique des Procureurs à celle des Notaires ou Greffiers, n'est pas bonne, d'autant que la pratique des Procureurs n'est point publique, ains ne cõsiste qu'en pieces appartenantes aux particuliers. Et toutesfois soubs pretexte d'icelle, on a mis tout à faict en commerce priué les minutes publiques des Notaires & des Greffiers: dont il arriue de grands inconueniens. Comme pour exemple voicy ce que i'ay veu aduenir: Apres le deceds d'vn Notaire, homme de bien & de biens, qui delaissa tous ses enfans mineurs, leur tuteur, pensant bien faire sa charge, feist vendre à l'enquant les minutes du defunct, qui estoient d'assez grand'valeur, & qui furent achetées par vn praticien affamé, qu'on pretend auoir esté aposté par vn Gentil-homme, lequel peu auparauant le deceds du Notaire auoit constitué pardeuant luy cinq cens liures de rente à vn bourgeois, à qui par apres il dénie ceste rente, combien que le bourgeois ait la grosse de la constitution, mais la minute ne se trouue point, dont y a procés pendant entre le bourgeois, le Gentil-homme, l'acheteur des minutes, & le tuteur de ces mineurs. 14 Inconueniens prouenãs de la vente des minutes des Notaires.

Mais voicy d'autres inconueniens ordinaires & necessaires, qui regardent le public, à sçauoir qu'vn particulier gardant les minutes d'vn Notaire, ou d'vn Greffier decedé, outre que ceux qui ont affaire de quelque piece, ne sçauent bien souuent où la chercher, & l'ayant trouuée n'ont aucune contrainte contre luy, pour la faire deliurer s'il ne veut, de sorte qu'il la vend si cher qu'il luy plaist: posons encor que le marché en soit faict, si n'est il pas personne capable pour la deliurer en forme authentique. Et combien que le Iuge l'ait commis à ce faire, si est-ce qu'outre l'iniquité qu'il y a d'auctoriser vn particulier, & à garder les minutes publiques, & à deliurer les grosses authentiques, c'est d'ailleurs vne grande incommodité aux parties, que tout autant de fois qu'ils leuent vne grosse, il leur faille en outre leuer vn acte ou copie de la commission de celuy qui la leur a deliurée, sans produire lequel acte de commission, les bons praticiens sont d'accord que la grosse de ce commissionnaire ne fait point de foy, n'estant assez qu'il mette apres sa signature, qu'il est commis par iustice par acte de tel iour, dont il ne peut estre creu luy mesme: voire quand il auroit transcrit tout au long sa commission. Car c'est l'vne des differences d'vn Officier & d'vn Commissaire, qu'vn Officier est creu de sa qualité, & non pas vn Commissaire: ce qui est fort à noter pour la matiere des contredicts: & faute d'y prendre garde, il se pert souuent de bons procez. 15 Autre. 16 Faut produire la commission du cõmis à la signature des minutes.

Ie conclu donc qu'il est non seulement iuste, mais aussi tres-vtile, & au public, & mesme aux heritiers des Notaires & Greffiers, d'obseruer l'ordonnance d'Orleans, & autres anciennes Ordonnances, qui veulent que les minutes tant des Greffiers, que Notaires decedez, soient mises és mains du moderne Greffier estant en exercice, tant afin que les parties sçachent où les trouuer, & qu'on ne les puisse refuser, pour les vendre plus cher, que aussi afin que celuy mesme qui les garde, soit capable de les deliurer en forme authentique, & sur tout, afin qu'elles soient plus seurement gardées. 17 Minutes des Greffiers & Notaires non Royaux, doiuent estre mises au Greffe.

Ce que ie n'enten pas à l'esgard des Notaires Royaux, ains à leur esgard le successeur en l'Office doit auoir toutes les minutes de son predecesseur, comme estant l'Office de Garde-note vny à celuy de Notaire, & ce nonobstant toutes pactions contraires, qui à mon aduis ne peuuent estre faictes valablement par les particuliers, au preiudice du public. Et certes il deuroit estre enioinct aux Procureurs du Roy, ou d'Office, d'y tenir la main, en chacune iustice, à peine d'en respondre en leurs propres & priuez noms. 18 Et non celles des Notaires Royaux.

19 Les Procureurs d'Office y deuroiẽt tenir la main.

Car s'ils n'y mettent la main, iamais ces Ordonnances ne ſeront obſeruées: principalement à l'eſgard des minutes des Greffes, qui ſont de moindre profict, & plus difficiles à inuentorier que celles des Notaires: & que partant le moderne Greffier ne ſe ſouciera pas de retirer, tant à cauſe du hazard qu'il y a de s'en charger, que pource auſſi que ni les heritiers du decedé ne les voudroient bailler ſans inuentaire, ni le nouueau Greffier les receuoir autrement. Or il eſt quaſi impoſſible de faire ceſt inuentaire, notamment à l'eſgard des minutes des Greffes, qui bien ſouuent ſont en ſi grand nombre & de tant de ſortes, qu'elles ne valent pas le couſt, ni la peine de les inuentorier.

20 Moyen d'inuentorier les papiers d'vn Greffe.

En ceſte perplexité i'eſtimeroy que le Iuge appellé pour faire ceſt inuentaire pourroit tirer les papiers de plus grande conſequence, & de plus commun vſage, & les bailler par inuentaire au nouueau Greffier, & quant aux autres, les enfermer dans vn coffre, qu'il feroit apporter au Greffe, & dont la clef demeureroit aux heritiers de l'ancien, qui neantmoins ſeroient tenus la bailler à vn homme reſidant en la meſme ville, auquel on peuſt auoir recours facilement, quand il ſeroit beſoin d'y fouiller. Et me ſemble que ceſt inuentaire doit eſtre faict aux fraix communs du moderne Greffier, & des heritiers de l'ancien, comme faict à leur profict commun, attendu que l'Ordonn. veut que les émolumens des groſſes ſoient entr'eux partagez par moitié.

21 Minutes de Notaires ne doiuent eſtre en commerce.

De ce que deſſus il s'enſuit, que c'eſt choſe du tout abuſiue de faire ſaiſir, ou vendre à l'inquant, ou autrement mettre en commerce les minutes des Notaires, ou des Greffiers: & que ce que nous appellons leur practique, ne doit deſormais conſiſter qu'en ceſte moitié des émolumens des groſſes, qui apres leur Office finy, ſont deliurées ſur leurs minutes: laquelle practique ainſi entenduë tombe veritablement en commerce licite, & doit eſtre reglée par les meſmes maximes que celle des Procureurs, à ſçauoir qu'elle eſt reputée mobiliaire tout à faict, tombe en communauté, & eſt ſubiecte à rapport, comme M. Choppin ſur la Couſt. de Paris tit. 1. rapporte auoir eſté iugé.

22 Les conſignations eſtoient miſes en lieu public.

Voila pour ce qui eſt de la garde des actes & papiers publics: & pour ce qui concerne la garde des deniers, ou autres biens depoſez en iuſtice, ſera noté, que les Atheniens eſtoient ſi ſoigneux des depoſts iudiciaires, qu'ils les mettoient en leur Threſor, ou Palais public, appellé πρυτανεῖον, & pour ceſte cauſe appelloient les choſes ainſi depoſées, πρυτανεῖα, comme Budée nous apprend en ſes Commentaires. Et les Romains y apportoient tant de religion, que de les depoſer dans leurs temples ſacrez, *l. Acceptam. C. De vſuris. & l. 7. §. 2. D. De minor.* Ce que Tiraqueau prouue par pluſieurs autres paſſages, au traicté *Du retraict conuentionnel*, §. 4. *nomb.* 12. où il prouue auſſi qu'ils mettoient pareillement leurs finances, ou threſor public appellé *ærarium*, dans le temple de Saturne, comme en la garde de Dieu. C'eſt pourquoy Ciceron 2. *De leg. Sacrilegum eſſe dicit, non ſolùm qui ſacrum abſtulit, ſed etiam qui ſacro commendatum*: & Varron liu. 2. *De ling. Lat.* appelle le depoſt iudiciare *Sacramentum*.

23 Conſignation pourquoy dicte.

Doncques ni les Grecs ni les Romains ne choiſiſſoient pas les perſonnes, ains les lieux où ils mettoient leurs depoſts publics. Auſſi ne bailloient-ils pas par compte les deniers qu'ils y depoſoient, mais ils les conſignoient, c'eſt à dire ſéelloient & cachettoient dans des ſacs: car l'obſignation que nous diſons conſignation, eſtoit prealable à la depoſition *l. Si creditrici. & d. l. Acceptam. C. De vſuris l. 11. C. De compenſat. l. 56. §. 1. D. Mandati l. 7. D. De vſu. l. 1. C. Qui potio. in pign. l. vlt. D. De lege commiſſ.* de ſorte que celuy qui retiroit par apres les deniers depoſez, ne les retiroit pas par compte, ains falloit qu'on luy repreſentaſt les ſacs, ayans les ſeaux & cachets entiers, *l. 1. §. Si pecunia D. Depoſiti.* Et combien qu'en France nous n'ayons pas retenu ceſte façon de faire, ſi en auons nous gardé le mot, appellans le depoſt iudiciaire, Conſignation, encor' que plus ordinairement nous baillions nos deniers depoſez par compte, qu'en ſacs cachetez. Neantmoins nous obſeruons ainſi qu'à Rome, & encor à plus forte raiſon, qu'au depoſt priué, que le depoſitaire ou conſignataire doit touſiours rendre le meſme corps, & les meſmes deniers: & c'eſt pourquoy, ni la perte fortuite, ni la diminution interne,

24 Conſignataire doit rendre le meſme.

ne, suruenant en iceux, n'est à son dommage, comme aussi l'accroissement n'est à son profict, combien que le contraire ait lieu *in mutuo, vbi non idem, sed tantundem reddi debet*, ainsi qu'il s'est pratiqué au dernier Edict du rehaussement des monnoyes.

25 Consignations se faisoient anciennement au Greffe.

Or en France on laissoit anciennement le choix du lieu de la consignation ou deposition publique aux parties pretendantes droict aux deniers consignez, pourueu qu'elles s'en accordassent. Mais d'autant qu'il aduient souuent qu'elles ne s'en peuuent accorder force a esté qu'il y eust vn lieu certain & necessaire, pour, en cas de discord des parties, faire les consignations : & ce lieu n'a onques esté autre (auparauant l'erection des Receueurs des consignations) que le Greffe du Iuge pardeuant lequel se faict la consignation : comme il est contenu en plusieurs ordonnances, notamment en celle des criées art. 27. qui est ce que nos coustumes disent *consigner en Cour, ou en main de Cour, ou en Iustice*, que la loy 8. *de accusat.* dit *apud acta deponere* : & la loy 7. *in fine*, *D. Qui satisd. cog.* dit *apud Officium*. Car le Greffe est à nous ce que le droict appelle ἀρχεῖον, c'est à dire la maison d'Office, ou Magistrature, δημόσιον οἴκημα, la maison publique, où doiuent estre gardez non seulement les actes publics, mais tous autres biens de iustice, tant que faire se peut.

26 Consigner en Cour, ou en Iustice.

27 Consignation ne doit estre faicte entre les mains du Iuge.

Donques és lieux où il n'y a point de Receueur des consignations, comme en toutes les terres des Seigneurs, les consignations doiuent estre faictes au Greffe comme en la maison publique, & non point entre les mains du Iuge, ainsi qu'il se faict encor en quelques iustices subalternes, suiuant la glose de la loy *Senatusconsulto. §. vlt. in verb. deponatur. D. De offic. Præsid.* Chose à la verité honteuse & sordide au Iuge, & dangereuse aux parties, estans tousiours les Iuges de conuention mal-aisée, & bien souuent insoluables, au moins quant à ces Iuges de village, qui sont ordinairement de pauures praticiens affamez.

28 Le Seigneur respond de la consignation faicte en son Greffe.

Mais il n'y a point de peril de mettre les consignations au Greffe d'vne iustice Seigneuriale, moins encor que d'vne Royale. Car ie tien, qu'apres discussion du Greffier, le Seigneur est tenu de la consignation, ainsi qu'il sera dict au chapitre suiuant, que le proprietaire est tenu du faict du commis : au moins la terre & Seigneurie en est-elle tenuë par preference, comme d'vne charge de la iustice, pource que le Seigneur doit garantir toute asseurance en sa iustice, & qu'aucun n'y soit fraudé, *ne inde fiat iniuria, vnde ius promanare debet*.

29 Consignatió est de l'Office du Greffier, & non vne commission extraordinaire.

Pareillement ie dy que c'est vne vraye dependance de l'Office de Greffier, de garder les consignations, quand il n'y en a point de Receueur particulier, & non pas vne commission extraordinaire, & hors de sa charge. Car c'est la verité que l'Office de Greffier ha deux parties, l'vne d'expedier les actes de iustice, dont i'ay traicté au precedent chapitre, l'autre, dont ie traicte icy, de garder non seulement les actes publics, mais aussi tout ce qui a accoustumé d'estre gardé au Greffe, comme en la maison publique. Qui est ce que dit Cassiodore *Scribæ Officium securitas solet esse cunctorum, quoniam ius omnium eius solicitudine custoditur.* Et peu apres, *Armarium ipsius fortuna cunctorum est : & meritò refugium omnium dicitur, vbi vniuersorum securitas inuenitur.*

30 Partant le Greffe affecté par preference aux consignations.

Dont i'infere que l'Office de Greffe est affecté aux consignations, par preference à toutes autres debtes & hypotheques. Et de fait en la preface de l'Edict de l'an 1580. par lequel les Greffes furent faicts hereditaires, il est porté que c'est afin que les consignations & autres choses, que les Greffiers ont en garde, soient plus asseurées par le moyen de ceste heredité.

31 Et non l'Office de Commissaire, ou Huissier.

Encor que i'aye ouy dire le contraire auoir esté iugé à l'esgard des Offices de Commissaires du Chastelet de Paris, & Huissiers du Parlement, pource qu'à la verité les consignations, ou deposts iudiciaires ne dependent pas naturellement & necessairement de leurs charges, comme de celles des Greffiers, ains à leur esgard ce sont plustost commissions particulieres & extraordinaires.

32 N'y a hypotheque sur les biens du Greffier, que du iour de la cõsignation.

Ce neantmoins, pource qu'vn Greffier n'est pas vn Officier comptable, dont la principale charge soit de garder le bien d'autruy, & qui à sa reception *soleat indemnitatem publicè repromittere, vel tacitè vel expressè*, ie n'estime pas qu'il y ait hypotheque tacite sur ses autres biens du iour de sa reception, pour les consignations comme de ce iour les biens des Officiers comptables, & de leurs cautions sont hypothequez à tout le maniement, que fera desormais le comptable en son Office, fust-ce trente ans apres, ainsi que les biens d'vn tuteur, ou curateur sont tacitement obligez, du iour de son élection, à tout le maniement qu'il fait par apres en consequence d'icelle : ains i'estime que le Greffier contracte hypotheque en ses autres biens du iour de chacune consignation seulement.

33 Ny sur les biens des Sergens.

Voire, encore que par l'Ordõnance, les Sergens, lors de leur reception, soient tenus bailler caution, pour l'asseurance des parties qui ont affaire à eux, si est-ce qu'on ne tient pas en practique, que ceux qui ont baillé leurs obligations aux Sergens, ayent hypotheque sur leurs biens du iour de leur reception, ains seulement du iour qu'ils sont declarez debteurs : vray est que leur caution en est obligée du iour de l'applegement, iusques à la concurrence de la somme portée par iceluy.

34 Explication de deux Ordonnances.

35 Comment les Greffiers sont tenus des consignatiõs.

Et pour reuenir aux Greffiers, c'est ainsi à mon aduis qu'il faut entendre l'Ord. de l'an 1548. art. 34. & celle de l'an 1535. chap. 18. art. 6. qui portent que les Greffiers seront seulement tenus des consignations, comme simples depositaires de la garde des biens consignez & deposez, c'est à dire à mon aduis, non pas comme Officiers comptables, & partant qu'il n'y a hypotheque sur leurs biens, sinon du iour de chacune consignation, & non du iour de la reception en leurs Offices. Mais non pas qu'ils n'en soient tenus par corps, & sans esperance de cession, ce qui est general & indubitable en tous depositaires de biens de iustice, & que plusieurs estiment deuoir estre pratiqué aux simples depositaires, pource que l'interuersion du depost est vn larcin. Que si la contrainte par corps n'auoit lieu contre les Greffiers, il seroit bien mal-aisé d'auoir raison d'eux, & seroit bailler la brebis à garder au loup. Combien que l'asseurance doiue estre parfaicte, & l'exaction toute prompte, en ce qui est deposé au temple de Iustice.

36 Comment les Receueurs des consignations en sont tenus.

Mais quant aux receueurs des consignations en tiltre d'Office, & semblablement leurs cautions, ie ne fay point de doute qu'ils ne contractent hypotheque dés le iour de leur reception, pour toutes les consignations qu'ils receuront par apres en quelque temps que ce soit, ainsi que les tuteurs & tous Officiers comptables, pour le reliqua de leurs comptes : pource que c'est leur principale charge aux vns & aux autres, de manier le bien d'autruy par auctorité publique, dont s'ensuit qu'il faut bien prendre garde, quand on contracte auec telles gens, qui ne sont iamais exempts de debtes priuilegiées, quoy que ce soit ayant hypotheque du iour de leur reception, dont on ne peut sçauoir la quantité, ains qui peuuent naistre iournellement, tant que leur charge dure.

37 Comment tous Officiers sont tenus des Consignatiõs.

Somme que tous Consignataires & depositaires de biens de iustice sont tenus par corps, & sans cession : les Receueurs des consignations contractent hypotheque dés le iour de leur reception sur tous leurs biens : les Greffiers ne la contractent que du iour de chacune consignation sur leurs autres biens : mais leur Office est affecté par priuilege à toutes consignations : ce qui n'est és Offices d'Huissiers des Cours souueraines, ou Commissaires du Chastellet, non plus qu'en celuy des Iuges, qui auroient receu les consignations.

38 Des biens pris par execution.

Or quand ie dy que les biens deposez en iustice doiuent estre mis au Greffe, i'enten seulement de ceux qui sont deposez en iustice par l'Ordonnance du Iuge, & non pas des gages de iustice, que les Sergens prennent par execution : attendu qu'il n'y a que le Iuge, qui puisse commander à son Greffier, & le charger des deposts de iustice.

39 Deuroient estre apportez au Greffe.

Neantmoins c'est la verité qu'il seroit expedient que les biens pris par execution fussent apportez au Greffe, ainsi que les autres deposts de iustice, plustost que d'en establir gardiens & depositaires de pauures laboureurs, ou artisans : qui

40 Iniquité des gardiens de biens que les Sergens establissent.

est sans doute vne mauuaise pratique que nous auons en France, de contraindre les menus gens, & les plus innocens à garder les biens des plus puissans & plus malins : & qu'il faille que les plus occupez à gaigner leur vie soient employez à garder les biens des saffraniers & gens oiseux : bref, que ceux qui apprehendent le le plus, & entendent le moins les affaires & procez, soient contraints à plaider pour les affaires d'autruy, & contre les plus grands plaideurs. Ce qui est cause de descourager, desbaucher, voire souuent de ruiner les meilleurs mesnagers du menu peuple, dont les plus accorts s'exemptent en corrompant les Sergens, & leur baillant force argent afin de les renuoyer chez leurs voisins, de sorte qu'vn Sergent porteur d'vne commission ruineuse, branquetera l'vn apres l'autre tous les bons laboureurs d'vn païs, & tous les bons marchands & artisans d'vne ville.

Aussi y a-il long temps, qu'on dit qu'il y a Edict arresté pour eriger en tiltre d'Office des Commissaires & gardiens de biens: qui sera à mon aduis vn bon Edict, pourueu que le fisque ni prenne rien, ou peu: autrement ce seroit chose & dangereuse & honteuse, qu'il profitast de la misere des plus miserables, & qu'il prist part au bien de ceux qui n'en ayant pas assez pour s'acquiter, sont au delà du pain, comme on dit communément. 41 Edict pourpensé de les eriger en tiltre d'Office.

Mais cela cessant, cét Edict espargneroit la ruine des meilleurs mesnagers du menu peuple, & les concussions ordinaires des Sergens. Et d'ailleurs, quand vn seul homme auroit toutes les cõmissions d'vn païs, il luy seroit de moindre coust d'expedier les vns parmy les autres: ioinct que la qualité d'Officier du Roy, & l'habitude ordinaire qu'il auroit au fait de sa charge, la rendroient facile. Toutesfois il me semble qu'il seroit expedient que ces Offices fussent hereditaires, ainsi que les Greffes & les Receptes des consignations, tant afin que l'Office, outre les cautions, seruist de seureté enuers les parties, que pource qu'il seroit necessaire que celuy qui feroit ceste charge eust vn grand logis, pour retirer les biens saisis: logis qui seroit comme la maison de iustice, & partant comme ce logis seroit hereditaire, aussi seroit-il à propos que l'Office le fust. 42 Que cét Edict seroit au soulagement du peuple. 43 Faudroit qu'ils fussent hereditaires.

Or ce qui vient d'estre touché en passant de la practique des Procureurs, nous met en train de parler des bancs qu'ils ont dans le Palais de Paris, qui semblent se rapporter directement à ceux du Palais de Constantinople, dont est parlé en la Nou. 44. où ils sont appellez βαθμοὶ, en Latin *stationes*, desquelles stations M. Brisson a faict vn chapitre en ses Antiquitez de droict ciuil. Il me semble auoir leu en quelque endroit, & pense que ce soit dans Curopalates, qu'elles furent en fin baillées aux particuliers, à droict de superficie, qui est presque comme on baille à Paris les bancs des Eglises. 44 Des bancs des Procureurs. 45 *Stationes.*

De ces bancs, ou loges du Palais de Constantinople, il est encor fait mention en la Nou. 82. chap. 13. où il est dit que les Iuges Pedanées demeureront assis & arrestez depuis le matin iusqu'au soir dans le Palais, ou dans la gallerie du Palais, és loges où ils ont accoustumé de iuger: & Agathias, liure 3. dit qu'il s'arrestoit depuis le matin iusqu'au soir en la gallerie du Palais, pour expedier les affaires des particuliers. 46 Bancs du Palais de Cõstantinople.

Or dans le Palais de Paris, il y a des loges ou boutiques, & aussi des bancs, dont le droict est different: les loges ou boutiques sont occupées par les merciers, ou autres marchands, ausquels elles sont loüées à longues années, ou venduës à faculté de rachat, au profit du Roy, & d'icelles est parlé au 148. art. de la Coustume de Paris, & sont proprement ce que les Romains appellent *superficies*, *de quib. in tit. De superficiebus*. qu'ils appelloient aussi *ius embateuticum*, *de quo in l. 3. §. Si ius. D. De rebus eorum*, *&c.* au moins selon la plus probable opinion. Car Alciat, *lib. Parerg. cap.* 36. luy donne vne autre interpretation. 47 Des loges du Palais de Paris.

Mais quant aux bancs, ils sont occupez par les Procureurs du Parlement, & deux d'iceux par les Notaires du Chastelet: & leur sont cõferez en la mesme sorte que les Offices, par le Bailly du Palais, qu'anciennement on appelloit le concierge d'icelluy; de sorte que le premier Iuge du Bailliage estoit appellé Bailly, & maintenant on l'appelle Lieutenant general du Bailliage du Palais. Et pour monstrer que le Bailly du Palais cõfere ces bancs en forme d'Office, c'est qu'il y a Ordonnance de l'an 1564. donnée à Roussillon, le 9. Aoust, par laquelle *il est astraint d'admettre, apres la requisitiõ qui luy en sera faicte, les resignations des places & bancs du Palais faictes par personnes saines & nõn malades, & en expedier lettres sans adiection de la clause des* 48 Bancs du Palais. 49 Bailly du Palais les cõfere.

50 Vaquent ainsi que les purs Offices.

quarante iours : de laquelle neantmoins il pourra charger ceux qui auront procuration de resignans malades. En verifiant laquelle Ordonnance, le Parlement y adiousta cette modification, *A la charge qu'il les expedie soubs l'auctorité du Roy, & non de sa propre personne.*

Dont s'ensuit, que ces bancs vaquent par mort, & par resignation, comme Offices non hereditaires : & par consequent, il y a grande apparence qu'ils vaquent aussi par forfaicture, ainsi que cette Nou. 44. decide que les stations des Tabellions se perdoient par la faute du Tabellion, qui en estoit Seigneur : mais elle dit, que si le Tabellion qui auoit delinqué, n'estoit pas seigneur de la station, le seigneur d'icelle ne la perdra point par la faute d'iceluy. Dont s'ensuit au pareil, que le banc du Procureur tombe seulement en forfaicture par la faute de celuy auquel il a esté conferé, & non de celuy qui l'occupe par sa permission, ou qui le tient de luy à loyer. Et quant au surplus du droict de ces bancs, il y faut garder les resolutions, non pas des Offices hereditaires, mais des simples Offices venaux.

SOMMAIRE DV SEPTIESME CHAPITRE.

1 *Distinction des deux qualitez de ces Offices.*
2 *Peuuent estre exercez par vn fermier.*
3 *Acquereur du Greffe n'est Greffier, s'il n'y est receu.*
4 *Greffe possedé par fémes, & par mineurs.*
5 *Fermier du Greffe, quand se peut qualifier Greffier.*
6 *L'exercice des Offices domaniaux est separable de la proprieté.*
7 *Greffes des Cours souueraines ne sont exercez par commis ou fermier.*
8 *Excellence de ces Greffiers.*
9 *Clef & secret de cette matiere.*
10 *Lettres de prouision non necessaires en ces Offices.*
11 *Officiers qui n'ont point de lettres.*
12 *Reception est necessaire à celuy qui les exerce.*
13 *Si le proprietaire du Greffe est tenu de la faute de son fermier.*
14 *Qu'il n'en est tenu.*
15 *Explication d'vne Ordonnance.*
16 *Resolution.*
17 *Mais l'Office en est tenu.*
18 *Qu'il n'eschet aucune vacation en ces Offices.*
19 *N'en faut rien payer pour la resignation.*
20 *Ne se perdent par forfaicture.*
21 *Si la confiscation en peut appartenir à vn Seigneur.*
22 *Que non.*
23 *Si elle peut appartenir au Seigneur du domaine alienė.*
24 *Ne vaquent par les trois vacations irregulieres.*
25 *Ni par la suppression.*
26 *Se perdent seulemēt par le remboursemēt.*
27 *Ne sont reuendus qu'en deux cas.*
28 *En vertu d'Edict.*
29 *Ou par tiercement.*
30 *Forme de cette reuente.*
31 *Comment se paye l'enchere.*
32 *Cela n'a lieu aux Greffes des Seigneurs.*
33 *Pourueu que le Seigneur ait la libre administration de son bien.*
34 *Autrement faut faire la reuente au rabais des droicts, ou gages.*
35 *Si ces Offices sont meubles ou immeubles.*
36 *Si l'hypotheque y ha lieu.*
37 *Semble que non.*
38 *Distinction d'aucuns.*
39 *Resolution que si.*
40 *Preuue.*
41 *Responce aux raisons contraires.*
42 *De mesme.*
43 *Autre preuue.*
44 *Prouision du resignataire n'empesche la suite d'hypotheque.*
45 *Conclusion.*
46 *Cautele pour acheter seuremēt ces Offices.*
47 *De mesme.*
48 *Du decret de ces Offices.*
49 *De la distribution des deniers.*
50 *Si l'hypotheque demeure quand la reuente est faicte à l'ancien acquereur.*
51 *Que si.*
52 *Cautele pour acheter seurement vn Office domanial.*
53 Quid, *en matiere de succession.*
54 Quid, *en la communauté.*
55 *De la cõmunauté à l'égard de ces Offices.*
56 *De mesme.*
57 *De celuy qui est acquis pendant la communauté.*
58 *Si ces Offices entrent en doüaire.*
59 *Si estãs rachetez, doüaire a lieu sur le prix.*
60 *Resolution.*

DV DROICT DES OFFICES DOMANIAVX.

CHAPITRE VII.

SOVVENONS-NOVS hardiment de ce qui a esté dit au chapitre 3. & qui certes est la clef de ceste matiere, que les Offices domaniaux sont deux qualitez, sçauoir est d'estre Offices, & d'estre domaine aliené, voire ce sont deux parties tellement dissemblables, que non seulement elles peuuent estre distinguées par l'intellect, mais aussi estre separées réellement l'vne de l'autre, & resider en diuerses personnes sans inconuenient. 1 Distinction des deux qualitez de ces Offices.

Car il est notoire que le proprietaire d'vn Greffe en peut laisser l'exercice entier, soit à vn fermier, ou autre qu'il y commettra gratuitement: auquel en ce cas, l'Office, comme Office, residera entierement: aussi faut-il pour cét effect qu'il soit receu, & face solennellement le serment en iustice, apres information de vie & mœurs, ainsi que tout Officier doit faire: laquelle reception est ce qui fait l'Officier, & non pas la prouision de l'Office. Bref ce fermier ha, & doit auoir toutes les qualitez d'vn vray Officier. Et de faict, du temps que les Greffes du Roy estoient baillez à ferme au profit de sa Majesté, il n'y auoit autre Greffier que le fermier du Greffe, & ne doutoit-on point qu'il ne fust vray Officier: ce qui ha encor lieu és Greffes des Seigneurs, qui ordinairement les baillent à ferme. 2 Peuuét estre exercez par vn fermier.

Et quant à l'acquereur du Greffe qui l'a baillé à ferme, on ne peut dire qu'il soit Officier, s'il ne s'est fait receuoir en iustice. Quoy que ce soit, ayant laissé à son fermier l'exercice entier du Greffe, ce n'est pas luy qui est le vray Greffier, ains est seulement le seigneur du Greffe, tout ainsi qu'auparauant estoit le Roy, au droict duquel cét acquereur est subrogé, & tout ainsi qu'est l'acquereur d'vn domaine solide. 3 Acquereur de Greffe n'est Greffier, s'il n'y est receu.

C'est pourquoy il se practique notoirement, qu'vne femme, vn mineur, voire plusieurs femmes, ou plusieurs mineurs ensemble sont capables d'acquerir & posseder vn Greffe, ne plus ne moins qu'vn heritage. Ce qui ne seroit pas, si en l'Office domanial, la qualité d'Office estoit inseparable de celle de domaine. Estant certain, que ni vne femme, ni vn mineur, ni plusieurs personnes ensemble ne peuuent pas posseder vn vray Office. Aussi voyons-nous maintenant qu'il y a des Seigneurs, & autres personnes de qualité, qui possedent des Greffes, lesquels pour rien ne voudroient estre qualifiez Greffiers, ni faire l'Office de Greffier. 4 Greffe possedé par femmes & par mineurs.

Vray est que bien souuent ces deux qualitez de Greffier, & de seigneur du Greffe sont en vne mesme personne: comme quand l'acquereur d'vn Greffe, s'estant fait receuoir à iceluy, en fait luy mesme l'exercice. Qui si par apres il luy vient en fantaisie de bailler son Greffe à ferme, le fermier, ores que receu en Iustice (ce qui est tousiours necessaire) & partant vray Officier, ne se doit pas qualifier Greffier simplement, & sans queuë, pource que ce tiltre reside en celuy qui est proprietaire du Greffe, lequel, bien qu'il n'en face pour lors l'exercice, en ha neantmoins les honneurs, quand il y a esté receu comme Officier, & s'appelle en ce cas, Greffier en chef: & quant au fermier, il se doit qualifier commis au Greffe, ou Greffier commis, ou exerçant le Greffe: mais quand le proprietaire n'ha pas la qualité d'Officier, i'estime que le fermier se peut qualifier Greffier simplement, d'autant qu'autre que luy n'ha cette qualité. 5 Fermier du Greffe, quand se peut qualifier Greffier.

Voila donc la premiere particularité des Offices domaniaux, qui est celle dont dépendent toutes les autres, qu'au lieu que les simples Offices sont tellement inherens aux personnes des Officiers, que regulierement l'exercice d'i- 6 L'exercice des Offices domaniaux est separable de la proprieté.

ceux n'en peut estre commis en tout, ni en partie, comme il a esté amplement discouru au 5. chapitre du 1. liure : tout au rebours és Offices domaniaux, l'exercice est separable de la proprieté, comme il est disertement contenu en ce vieil arrest, touchant le Greffe de la Preuosté de Caen, de l'an 1254. rapporté tout au long cy-deuant au chapitre 3. qui à la fin contient ces mots, *Iudicatum fuit, quod mulier non debeat repelli, & quod Officium facere poterit per interpositam personam.*

7 Greffes des Cours souueraines ne sont exercez par Commis, ou Fermier.

Il n'y a que les Greffes des Cours souueraines exceptez, desquels l'exercice ne peut estre separé de l'Office, & esquels il faut que le proprietaire se face receuoir luy-mesme, & qu'il exerce sa charge en propre personne. A quoy les Cours souueraines ont tousiours tenu bon, ne voulans estre seruies par des commis : & de fait, ce n'est pas chose nouuelle d'y apporter plus de ceremonie qu'aux autres. Car pendant tout le temps que les autres Greffes de France ont esté baillez à ferme, ceux du Parlement ont tousiours esté en Office, comme prouue Choppin sur la Coustume de Paris, liure 2. chap. 6. nomb. 11. & est sans doute, que si l'Edict de l'heredité des Greffes eust esté verifié au Parlement hors la presence du Roy, le Parlement en eust excepté les Greffes des Cours souueraines, ou du moins y eust exprimé cette modification, qu'ils ne pourroient estre possedez que par personne capable, qui seroit tenu les exercer soy-mesme, à cause de l'excellence

8 Excellence de ces Greffiers.

de leur charge, ayans l'honneur d'estre du corps de la Cour, & en cette qualité de porter la robbe rouge, & d'auoir indult : ce qui ne peut pas estre communiqué à des Fermiers & Commis mercenaires : & aussi pour l'importance de leur charge, *cui veritas concessa est seculorum, vt acta Senatus sua reddant integritate probanda*, dit Cassiodore, liure 5. epist. 21. parlant du Greffier du Senat. Voire mesme à Rome, le Greffier du Senat estoit Senateur, comme prouue Lipse sur le 5. des Annales de Tacite ; aux passages duquel il s'en peut adiouster vn autre de Cicero, *pro Sylla.* C'est pourquoy par arrest donné au Conseil priué, le 23. Octobre 1582. au pro-

9 Clef & secret de cette matiere.

fit de Iean de Nolet, Greffier du Parlement de Tholose, les Greffes des Cours souueraines furent iugez exempts de la reuente : mais depuis, à l'instance du partisan, ils y furent declarez subjects, ainsi que les autres, par arrest du 4. Iuillet 1581. rapporté par Choppin au mesme endroit.

Donques pour comprendre sommairement la nature des Offices domaniaux, il n'y a qu'à bien distinguer ces deux qualitez, & discerner en iceux ce qui concerne particulierement l'exercice, d'auec ce qui touche leur domaine & proprieté : & tenir perpetuellement cette regle, que ce qui concerne l'exercice de l'Office domanial, plustost que la seigneurie d'iceluy, doit suiure la regle des Offices : & au contraire, ce qui concerne le commerce, ou la seigneurie plustost que l'exercice, doit estre reglé comme l'autre domaine aliené. Regle qui est tellement certaine, que qui la sçaura bien mettre en practique, s'expediera par le moyen d'icelle de toutes les difficultez qui se peuuent rencontrer en ces Offices : mais d'autant qu'il est par fois mal-aisé en practique, de discerner si les questions qui s'offrent dependent de l'exercice, ou de la seigneurie, il ne sera point inutile de parcourir les principales questions qui peuuent escheoir en ces Offices.

10 Lettres de prouisiō non necessaires en ces Offices.

Premierement, quant est des lettres de prouision, puis qu'ainsi est qu'elles concernent proprement la seigneurie de l'Office, comme il a esté prouué au 3. chapitre du 1. liure, ie dy qu'elles ne sont point necessaires en vn Office domanial, ni à l'égard de l'acquereur d'iceluy, tout ainsi qu'il ne faut point de prouision, pour iouïr d'vn autre domaine aliené, ains le tiltre de son acquisition luy suffit : ny pareillement à l'égard du Fermier, ou Commis, pource qu'il n'a aucune seigneurie en l'Office. Aussi ne se baille-il d'ordinaire aucunes lettres de prouision, ni aux

11 Offices qui n'ont point de lettres.

Officiers à bref temps, comme aux Escheuins des villes, ni à ceux qui sont destituables, comme à ceux qui tiennent les places de domestiques du Prince, tous lesquels ne sont pas vrayement seigneurs de leurs Offices. Dōques le Fermier de l'Office domanial en iouït en vertu de son bail, le second acquereur en vertu du tiltre du premier, & de l'achat qu'il en a fait de luy. Et ce qu'on obserue, que le premier acquereur en prend lettres de prouisiō du Roy, est plus pour cōfirmation de son adiudication, (ainsi que bien souuent les acquereurs du domaine solide prennent lettres du Roy, confirmatiues de la vente à eux faite par les Commissaires) que pour prouision d'Office, ou qu'elles soient du tout necessaires.

Mais quant à la reception, qui concerne directement l'exercice, & non la seigneurie de l'Office, elle est tousiours necessaire à celuy qui veut exercer l'Office domanial, soit qu'il en soit proprietaire, ou simple commis: pource que sans icelle on ne peut pas auoir la qualité d'Officier, ni la puissance publique: au contraire, elle n'est point necessaire au proprietaire qui ne veut pas exercer en personne son Office. 12 Reception est necessaire à celuy qui les exerce.

Quant est de l'exercice de l'Office domanial, il y eschet vne difficulté notable: car comme ainsi soit qu'il peut estre fait par vn commis ou fermier, on demãde si le proprietaire est tenu de la faute d'iceluy, du moins ciuilement. D'vn costé le droict Romain nous apprend, que *dominus tenetur de culpa institoris, procuratoris & domesticorum*, & particulierement pour ce qui cõcerne directement les Offices, il n'y a nulle doute qu'vn Greffier ne soit tenu ciuilement de la faute de son Clerc; & encor non seulement du Clerc qui n'a point de serment à iustice, mais mesme du Commis ayant serment à iustice: comme il est dit par exprés en l'Ordõnance de Louys XII. de l'an 1498. art. 69. & 130. Voit-on pas aussi que les Seigneurs sont condamnez à l'amende pour le mal-iugé de leurs Iuges, mesme qu'anciẽnement ils estoient entierement tenus de leur faute, sans qu'ils les peussent desaduoüer? 13 Si le proprietaire du Greffe est tenu de la faute de son fermier.

I'estime neantmoins qu'il y a bien difference entre vn facteur, vn procureur, vn domestique, vn clerc, qui sont toutes personnes priuées, dõt la faute doit estre reparée par celuy qui les met en besongne, & vn Officier, qui est seulement presenté en iustice pour estre admis s'il est capable, & refusé s'il est incapable, & qui estant receu solennellement, c'est à dire iugé capable, son exercice, qui est public, ne doit estre garanty par autre que par luy-mesme. A quoy ne nuit l'Ordonn. de Louys XII. qui estant faite auparauant que les Greffes fussent hereditaires, parle des Clercs ou Commis, qui sont soubs les Greffiers, afin que pendant leur iuste absence, maladie, ou autre legitime empeschement, les expeditions de la iustice ne demeurent, lesquels partant ne font pas l'exercice entier des Greffes, & ne sont pas Officiers, ni Greffiers, ains simples Commis. Aussi n'est-il pas besoin qu'ils soient receus solennellement en iustice, apres information de vie & mœurs; ains seulement cette Ordonnance dit, qu'ils auront serment à iustice, qui n'est qu'vn simple serment pour les obliger en conscience à bien faire, mais non pas pour leur donner l'ordre & charactere d'Officier, qui n'est attribué que par vne reception solennelle: & quant à ce que les Seigneurs payent l'amende du mal-iugé de leurs Iuges, c'est vn vieil abus qui a esté refuté au dernier chapitre du premier liure, & le sera encor au dernier liure. 14 Qu'il n'en est tenu. 15 Explication d'vne Ordonnance.

Ie conclu dõc, que le proprietaire d'vn Greffe n'est point tenu personnellemẽt de la faute de son fermier, auquel il en delaisse l'entier exercice, & qui pour cet effect a esté receu solennellement en iustice, apres informatiõ de vie & mœurs; ains seulement est tenu ciuilement de la faute du Clerc, ou simple Commis, qui exerce auec luy, & sous luy, sans auoir esté receu solennellement, ores qu'il ait fait serment en iustice sans information precedente: en quoy toutesfois il y a vne exception, à sçauoir aux Offices comptables, comme Receueurs des consignations, ou des decimes, s'il n'y auoit autre qui eust baillé caution que le proprietaire, il s'ensuiuroit qu'en consequence de l'indemnité promise au public, il seroit tousiours tenu de la restitution des deniers de sa charge receus par son Commis. 16 Resolution.

Mais il faut tenir indistinctement, qu'en tous Offices domaniaux, & autres, l'Office doit respondre des dommages & interests des particuliers, procedans de la faute ou maluersation du Commis, ou fermier. Car encor que ce fermier ne puisse hypothequer l'Office, ce neantmoins, puis qu'il a fait la faute par le moyen de l'Office, il faut que l'Office en responde: qui est la mesme raison pour laquelle on iuge communément les Offices tenus de ces dommages & interests, par priuilege & preference aux autres creanciers. Aussi il se voit par l'Edict de l'heredité des Greffes, que le principal suject d'iceluy a esté, afin que par le moyen de ceste heredité, le peuple fust plus asseuré de ce qui dependoit de l'Office. 17 Mais l'Office en est tenu.

18 Qu'il n'y escheut aucune vacation. Quant à la vacance des Offices domaniaux, il est aisé à entendre, qu'il n'y en peut escheoir aucune, pource qu'estre vacant, c'est n'auoir point de maistre, ce qui ne peut estre qu'à l'egard des simples Offices; mais ceux-cy consistent en vn droict domanial, qui n'est iamais sans maistre. Premierement, ils ne vaquent point par la mort de l'acquereur; ains passent à ses heritiers, pource que telle est la condition de l'alienation. Pareillement, les Offices domaniaux ne vaquent point par resignation, comme les simples Offices qu'il faut quitter & remettre au collateur, pour par son moyen les faire passer en la puissance du resignataire, pource que le proprietaire d'vn Office domanial peut directement, & de son propre droict, le transferer à vn autre par toute sorte de contract, sans qu'il soit besoin de le faire passer par les mains du collateur, ni que sa grace ou permission soit necessaire, non plus que pour la vente d'vn bien patrimonial.

19 N'en faut rien payer pour la resignation. Dont s'ensuit qu'il ne faut point payer de finance au Roy pour telle alienation: car ce qu'on en paye pour la resignation d'vn simple Office, est pour la dispense ou permission de resigner, c'est à dire, de transferer l'vsufruict de l'Office à vn autre: aussi pource que telle est la loy imposée aux purs Offices Royaux du temps de nos peres, laquelle loy n'a esté imposée aux Offices domaniaux. Voire mesme il n'est deu au Roy, ni rachat, ni lots & ventes pour la reuente d'vn Office domanial, pource que l'alienation que le Roy en a faicte, à faculté de rachat, est vne espece de contract, toute differente de l'infeodation, ou accensiuement, & qui n'importe ni rachats, ni ventes, comme font le fief & le cens de leur propre nature: que si le Roy eust voulu auoir tels droicts aux mutations de ces Offices domaniaux, il les deuoit aliener à cette charge expresse, ce qu'il n'a pas faict.

20 Ne se perdent par forfaicture. Pareillement, ils ne vaquent point par forfaicture, ains se perdent seulement par confiscation, comme les biens patrimoniaux. Bien est vray que le proprietaire, & le fermier peuuent pour delict estre priuez & declarez incapables de l'exercice d'iceux, mais non pas de la proprieté: de sorte que pourtant l'Office ne vaque pas par forfaicture: si ce n'est que par la sentence, pour la grauité du delict commis en l'Office, le proprietaire fust expressément priué de son Office: comme au cas de la Nou. 44. il est dit, que si le Tabellion *est etiam dominus stationis, omni iure priuatur*. Pour laquelle priuation induire, i'estime que ce ne seroit assez que la sentence declarast le proprietaire d'vn Greffe, ou Tabellionné, incapable de tenir & posseder Offices Royaux, pource que cela ne deuroit estre referé qu'à l'exercice, & non à la proprieté du domaine aliené.

21 Si la confiscatiō en peut appartenir à vn Seigneur. Supposé donc que les Offices domaniaux ne sont subjects à forfaicture, mais à confiscation seulement, c'est vne grande question, lors que le proprietaire d'vn Office domanial, situé dans le territoire d'vn hault iusticier, comme pour exemple, le Greffier d'vne Eslection establie dans la ville d'vn Seigneur, tombe en confiscation de tous ses biens, & la confiscation de ce Greffe doit appartenir à ce Seigneur, ou bien au Roy. Car d'vne part, aucuns tiennent que mesme en plus forts termes la confiscation des fiefs mouuans du Roy, situez dans le territoire des Seigneurs haults iusticiers (ce qui peut arriuer, pource que fief & iustice n'ont rien de commun) leur appartient, & non au Roy, d'autant que la confiscation suit la iustice ordinaire du territoire, comme il sera dit au 12. chapitre du liure *Des Seigneuries*.

22 Que non. Toutesfois, le contraire est veritable par cette mesme raison, que la confiscation suit la iustice, c'est à dire, appartient au Seigneur qui ha la iustice & Seigneurie publique sur la chose confisquée: or est-il qu'vn Seigneur subalterne n'a iamais la iustice, ou seigneurie publique sur vn Office Royal, ni sur vn droict du domaine du Roy, lequel estant inalienable, & aussi n'estant aliené qu'à faculté de rachat, demeure tousiours Royal, & partant subject à la seule iustice du Roy, & par consequent, confiscable vers luy seulement.

23 Si elle peut appartenir au Seigneur du domaine aliené. Neantmoins la difficulté demeure, quand vn Duché ou Comté du domaine est aliené à faculté de rachat auec la iustice Royale d'iceluy: attendu qu'en telles alienations on ne separe point à present les cas Royaux d'auec ceux de l'ordi-

naire, ains la iustice demeurant Royale, & s'exerçant, ou sous le nom du Roy seul, ou sous le nom du Roy & de l'acquereur conioinctement selon les diuersitez des alienations : tant y a que toutes les confiscations, mesme irrogées pour les cas Royaux, appartiennent indistinctement à l'acquereur du domaine, fors seulement au cas de leze Maiesté au premier & second chef, pour vne raison particuliere, à sçauoir que ceste confiscation est comme vne espece de felonnie, qui a cest effect d'operer vne reünion des biens confisquez au domaine de la couronne : mais hors ce cas, i'estime, sauf meilleur aduis, que le Greffier estant condamné à mort, son Greffe appartient à l'acquereur de la iustice domaniale, & ne reuient pas au Roy, attendu que la confiscation, és autres cas que de leze Maiesté, n'opere pas vne reünion de la seigneurie vtile à la directe, ains est vn fruict & émolument de la iustice, comme il a esté dict au penultiesme chap. du premier liure.

Pareillement les Offices domaniaux ne vaquent point par les trois vacations irregulieres, côme en premier lieu par defaut d'exercer, d'autant que ces Offices estans aptes à estre exercez par commis, si le proprietaire est en demeure de les exercer, ou d'y presenter vn commis, le Iuge ordinaire y en peut mettre. Aussi n'estimé-ie pas que la prescription des cinq ans, suiuant l'Ord. de l'an 1446. ait lieu en ces Offices, ains pource que la prescription regarde directement la Seigneurie, ie tien asseurément qu'ils ne se prescriuent sinon par mesme temps que les heritages. Quant à l'incompatibilité, elle ne regarde que l'exercice, & non pas la seigneurie de l'Office domanial, laquelle partant ne le peut faire perdre, puisque cet exercice peut estre separé de la seigneurie. 24 Ne vaquêt par les trois vacations irregulieres.

Et finalement quant à la suppression, elle ne peut escheoir aux Offices domaniaux, dont le Roy a aliené la proprieté, de sorte que ce seroit faire perdre le bien d'autruy, que de les supprimer, sans les auoir prealablement racheptez. Voire mesme, combien qu'és autres Offices on tolere, en memoire de ce qu'ils ne se vendoient point anciennement, que le Roy sous certains pretextes de bien public, en diminuë la function, ou en augmente le nombre : si est-ce que cela ne se faict point és Offices domaniaux : pource qu'outre qu'on le trouue desia trop rude aux simples Offices, depuis qu'on a pris coustume de les vendre au plus offrant : il y a encor deux raisons particulieres aux Offices domaniaux, l'vne que le Roy les peut racheter quand bon luy semble, ce qui luy est vne voye ouuerte, quand il y veut faire quelque mutation : l'autre, que par la vente d'iceux le Roy s'en est exproprié iusques au rachapt, & partant iusques alors, il n'en retient aucune seigneurie priuée, pour en disposer au preiudice de l'achepteur, qu'il en a faict proprietaire, & qu'il a subrogé en son lieu & droict. 25 Ni par la suppression.

Il s'ensuit donc, que hors le cas de confiscation, l'Office domanial ne se perd que par le remboursement actuel, ainsi que la rente constituée. Encor n'est-ce pas tout à faict de mesme : car la rente constituée est du tout esteinte & amortie par le rachapt, au lieu que l'Office demeurant en son entier, ne faict que changer de maistre. Car le remboursement ne se faict gueres, & malaisément sera-il iamais faict, pour les reünir actuellement au domaine du Roy, ains il se faict pour les reuendre plus cher. 26 Se perdent seulement par le remboursement.

Toutesfois il faut noter, que pource qu'il est bien seant que les contracts du Roy soient constans & de durée, aussi qu'il seroit incommode au public que ces Offices changeassent de iour à iour, ils ne sont pas reuendus legerement, & sur vne petite enchere. Ains en effect ne sont reuendus qu'en deux cas, ou par vne reuente generale, qui se faict en vertu d'Edict, quand le Roy y attribuë quelque nouueau droict, & lors en consequence de ceste accession, il les faut tous reuendre. 27 Ne sont reuendus qu'en deux cas. 28 En vertu d'Edict.

Ou bien ils sont reuendus en particulier, & sans nouuel Edict, ains en consequence de l'ancien reglement du domaine aliené, qui est, que quand il se trouue vn tiercement, c'est à dire vne enchere du tiers du prix, mise sur quelque Office, ou sur quelque piece du domaine aliené, alors ceste enchere estant faicte au Greffe des Thresoriers de France, & signifiée au proprietaire, auec assignation 29 Ou par tiercement.

30 Forme de ceſte reuente. pour voir ſur icelle proceder à la reuente, meſme ayant eſté affichée pendant quinze iours, tant aux principaux endroicts de la ville, où ſe faict le principal exercice de l'Office, qu'à la porte du bureau des Threſoriers de France, contenant en outre icelle affiche, le iour qu'il ſera procedé à la reuente & adiudication: à ce iour il doit eſtre procedé à huis ouuerts, à vne nouuelle adiudication de l'Office tiercé, au plus offrant & dernier encheriſſeur, ſi aucun ſe trouue qui le vueille encor encherir par deſſus le tiercement: & eſt faicte ceſte adiudication à la charge de rembourſer l'ancien proprietaire du prix de ſon adiudication, frais & loyaux couſts, & du ſol pour liure de la ſur-enchere pour les frais de la reuente:

31 Comment ſe paye l'enchere. & le ſurplus d'icelle, venant au profict du Roy, ſe payent maintenant les deux tiers en argent contant, & l'autre tiers en rentes ſur l'hoſtel de ville de Paris: deſquelles tant le principal que les arrerages à proportion, ſont pris en payement comme argent contant, demeurant à ce moyen la rente amortie au profict du Roy.

32 Cela n'a lieu aux Greffes des Seigneurs. Voila le meſnage qui ſe faict en la reuente du domaine du Roy. Mais ſi vn Seigneur a vendu hereditairement à faculté de rachapt, le Greffe, ou Tabellioné de ſa iuſtice, (ce qui eſt licite, mais non de l'aliener tout à faict ſans ceſte faculté, comme i'ay prouué au 3. chap.) il peut, ſans toutes ces ceremonies, rembourſer l'acheteur quand bon luy ſemble, ſoit de ſes propres deniers, ou de ceux d'vn autre particulier auquel il reuendra l'Office, ou à plus haut, ou à meſme prix, voire à moindre, s'il veut. Meſmement, ſans que le ſeigneur en face le rachapt en ſon nom, il en peut ceder la faculté à vn autre, ſous pareille faculté de rachapt, & ce tiers acquereur rachetera l'Office ſous ſon nom, en vertu de ſa ceſſion & tranſport: car le retraict conuentionnel eſt ceſſible, auſſi bien que le feodal, & n'y a que le lignager qui ne le ſoit point.

33 Pourueu que le ſeigneur ait la libre adminiſtration de ſon bien. Lequel tranſport peut eſtre faict indiſtinctement par quiconque ha la libre adminiſtration de ſon bien, comme par celuy qui eſt maieur par lettres d'aage, & encor par le mary, qui eſt comme ſeigneur des propres de ſa femme, quant à la libre adminiſtration, ores meſmes qu'il ſoit mineur, pourueu qu'il ne les engage point dauantage. Mais le tuteur d'vn mineur ne ſeroit pas, à mon aduis, receuable à vouloir à ſa fantaſie & ſans ſuiect, changer vn Officier hereditaire, le faiſant rembourſer par vn autre, ores meſme qu'il y vouluſt mettre enchere,

34 Autrement faut faire la reuente au rabais des droicts, ou gages. pource que ceſte enchere engage plus auant le patrimoine du mineur, & faudroit pluſtoſt que ceſte enchere fuſt faicte à la charge de faire quelque petite ferme annuelle au mineur ſur l'Office, ou diminuer partie des gages à ſa deſcharge, demeurant touſiours l'engagement au meſme prix, ainſi qu'il ſera dit au chap. 9. en traictant des Offices des decimes. Car alors, pour l'euidente vtilité du mineur, l'enchere ſeroit infailliblement receuable. Mais hors ce cas, i'eſtime qu'vn tuteur *non poteſt temere & ſine cauſa mutare creditorem*, *& verſuram inutilem facere*, principalement en matiere d'Offices, où le public ha intereſt, qu'il n'y ait ſi ſouuent des mutations: en tous cas, cela ne ſe peut faire ſans l'aduis des parens.

35 Si ces Offices ſont meubles, ou immeubles. Ce diſcours nous met au train de parler du commerce des Offices domaniaux, ayant ja expliqué tout ce qui concerne leur exercice. La premiere queſtion, dont on tient que toutes les autres dépendent, eſt de ſçauoir, s'ils ſont meubles, ou immeubles. En quoy il n'y a gueres de difficulté, pour autant que ces Offices, outre l'heredité qu'ils ont, conſiſtent encor en vn domaine perpetuel, duquel il a eſté prouué au 3. chap. que les acquereurs à faculté de rachapt ſont vrayement proprietaires & ſeigneurs vtils, iuſques au rachapt. Toutesfois pource que ce n'eſt pas vne parfaicte ſeigneurie & incommutable, auſſi que ce domaine n'eſt pas ſolide, on ne peut dire que ces Offices ſoient parfaictement immeubles, ains ſeulement qu'ils ſon reputez tels. Et partant il peut arriuer des rencontres au commerce, où il s'y trouuera des difficultez, pour leſquelles reſoudre il faut repaſſer les poincts de noſtre vſage, eſquels les meubles ſont differens des immeubles.

36 Si l'hypotheque y a lieu. Premierement on peut douter, ſi la ſuite d'hypotheque a lieu és Offices domaniaux, ainſi qu'aux immeubles, car c'eſt la verité, qu'aux Milices hereditaires des Romains

Romains elle n'auoit point de lieu, comme il paroist de la Nou 53. chap. 5. & sera prouué au chap. suiuant. Et de n'agueres a esté iugé par arrest du 11. Mars 1606. touchant l'Office de Gruyer hereditaire de la forest de Rets, que l'hypotheque n'auoit suitte sur iceluy contre le tiers resignataire pourueu & receu, non plus que sur vn Office à vie.

Aussi qui se voudra rapporter de ceste question à la coustume de Paris, qui est l'abregé du droict François, elle décide expressément en l'art. 95. que l'Office venal, bien qu'il soit reputé immeuble, n'a point pourtant de suitte par l'hypotheque, sinon qu'il soit saisi sur le debteur, auparauant resignation admise, & prouision expediée au profict d'vn tiers : & encor elle adiouste, qu'en ce cas les deniers procedans du decret d'iceluy, seront distribuez par deconfiture. Article qui a esté trouué si iuste, qu'il a esté inseré mot à mot és coustumes depuis reformées, comme celles de Normandie, Orleans, & Calais. 37 Semble que non.

Partant suiuant iceluy aucuns distinguent, si le tiers acquereur, sur lequel on a saisi l'Office domanial, le possede sans prouision particuliere du Roy, ou en vertu de son contract d'achapt, & des lettres de son vendeur, comme nous auons dit estre licite, & que lors il ha suitte contre luy par hypotheque: mais non, si ce tiers acquereur en a obtenu prouision du Roy, sur la resignation de son vendeur: comme ne iouïssant pas en ce cas de l'Office, en vertu du droict cedé de son autheur, mais en vertu de la prouision du Roy qui est ce qu'on dit és benefices, que le resignataire *habet ius à collatore, non à resignante.* 38 Distinction d'aucuns.

Combien que ces raisons soient plausibles, si est-ce que ie tien pour certain, auec ce docte personnage feu Monsieur Choppin, sur la coustume de Paris liu. 1. tit. 1. & liu. 3. tit. 3. que l'Office domanial, iusques à l'actuel remboursement du Roy, ha suitte par hypotheque, soit contre le tiers acquereur, ores qu'il ait prouision, soit pour l'ordre d'hypotheque, sur les deniers du decret d'iceluy : attendu la reigle generale cy deuant posée, Que les Offices domaniaux, en ce qui concerne leur seigneurie, & par consequent leur commerce, doiuent estre reglez, comme les heritages, au moins tout ainsi que le domaine solide aliené : or est-il qu'on ne doute point, que ce domaine ne reçoiue hypotheque, & droict de suitte: lequel ne peut estre purgé ou esteint, que par le remboursement actuel fait par le Roy. 39 Resolution que si.

Aussi que, comme il sera plus particulierement expliqué au liure suiuant, en traictant de l'hypotheque des Offices venaux: la raison ponctuelle, pour laquelle ces simples Offices venaux n'ont point de suitte par hypotheque, est d'autant qu'ils sont tellement attachez à la personne du pourueu, qu'ils ne peuuent estre transferez aucunement en vne autre, ni quant à l'exercice & possession, ni quant à la proprieté, sinon par la disposition du Roy. Ce qui n'a pas lieu aux Offices domaniaux, dont & l'exercice, & la seigneurie peut estre librement transferée à vn tiers, sans permission du Roy, & du propre droict de l'acquereur d'iceux. Comme donc ils peuuent estre transferez au tiers par vente, donation, permutation, & tous autres contracts, aussi luy peuuent-ils estre hypothequez; & peut ce tiers acquerir sur iceux vn droict de suitte par hypotheque, lequel ayant vne fois acquis, il ne le peut plus perdre sans son faict. 40 Preuue.

A quoy ne nuisent les raisons de l'opinion contraire. Car en premier lieu, c'est chose toute certaine, que les Milices hereditaires des Romains ne se rapportent pas à nos Offices domaniaux, & que l'argument des vns aux autres n'est concluant : pource que ces Milices n'estoient pas vn domaine aliené, qui fust separable de l'Office, ou exercice, ains estoient seulement hereditaires par priuilege, comme ie prouueray au chapitre suiuant. Or c'est vne maxime, que le priuilege ne change point la nature de la chose, sinon en ce qui dépend directement d'iceluy : mais les Offices domaniaux ont vne nature & vne subsistance materielle, toute differente des autres Offices. Ce qui sert de response à l'arrest touchant l'Office de Gruyer de Retz, qui n'est pas vn Office domanial, ains vn Office hereditaire par priuilege, ainsi qu'il sera dict au chap. suiuant. 41 Response aux raisons contraires.

Comme aussi l'argument tiré des Coustumes, qui decident que les Offices ve- 42 De mesme.

naux n'ont suitte par hypotheque, ne conclud rien à l'esgard des Offices domaniaux, attendu qu'ils constituent vne autre espece d'Offices, esquels la raison est toute differente, notamment en ce poinct icy de la suitte d'hypotheque. Et ne se faut point targuer de l'auctorité de la coustume de Paris, car elle fut arrestée en l'an 1579. & verifiée au mois de Feurier 1580. & le premier Edict qui a introduit les Offices domaniaux, est du mois d'Aoust en la mesme année: de sorte qu'il n'y a pas d'apparence de penser, que ceste coustume ait donné loy, par esprit prophetique, à ce qui n'estoit point encor.

43 Autre preuue. Aussi la coustume de Bretaigne, qui fut reformée quatre ans apres, és art. 212. & 425. accompare ces Offices (qu'elle appelle Offices *venaux, acquis à condition de rachapt perpetuel*) aux rentes constituées sur le domaine du Roy, qu'on ne doute point qu'elles n'ayent suite par hypotheque. Et combien que ces articles ne parlent pas particulierement de l'hypotheque, ains seulement declarent ces Offices immeubles en succession & en communauté: si est-ce que le Parlement de Bretaigne les a estendus par identité de raison en la suitte d'hypotheque, ainsi qu'il a iugé par arrest de l'an mil six cens, ou six cens vn, en l'Office de Greffier d'iceluy Parlement, au profict de la veufue Répichon de Paris.

44 Prouision du resignataire n'empesche la suitte d'hypotheque. Pareillement, n'est valable à mon aduis la derniere raison, que par le moyen de la resignation l'Officier domanial a remis tout son droict és mains du Roy, de sorte que son resignant ne tient rien de luy, ains du Roy seulement: attendu ce qui a esté dict cy dessus, que ni la resignation, ni la prouision du Roy n'est necessaire aux Offices domaniaux, comme elle est aux simples Offices, qui ne consistent qu'en vn vsufruict attaché à la personne du pourueu, & lequel ne peut passer en vn autre, sans la prouision du Roy sur sa resignation. Que si par vne cautele superflue & superabondante, apres la vente de l'Office domanial, on vient à en prendre prouision du Roy, cela ne change en rien la nature de l'Office, & principalement ne peut preiudicier au droict d'hypotheque acquis auparauant sur iceluy par vn tiers creancier. Attendu mesmement qu'on ne peut dire, ni que le vendeur en le resignant ait remis tout son droict en la main du Roy, comme se departant de son adiudication, ni que l'achepteur de l'Office domanial le possede en vertu des lettres de prouision, ains en vertu de la vente & adiudication que le Roy en faict faire, ainsi que d'vn domaine solide: le droict & finance de laquelle adiudication passe par necessité du vendeur à l'achepteur; autrement il ne posséderoit pas son Office comme domaine aliené, ains comme vn simple Office à vie.

45 Conclusion. Concluons donc, que l'hypotheque des Offices domaniaux passe au tiers detenteur, ores qu'il ait lettres de prouision du Roy, & qu'en fin elle dure iusques au rachapt & remboursement actuel du prix d'iceux. A quoy doiuent bien prendre garde ceux qui les achetent des particuliers, s'en trouuant (aussi bien que des heritages) plus de fols acheteurs, que de fols vendeurs.

46 Cautele pour acheter seurement ces Offices. Mais comme ceux qui achetent des rentes ja constituées, pour purger les hypotheques d'icelles, les font racheter de leurs deniers par le debteur, & du consentement d'iceluy se font subroger par le premier creancier à ces droicts & hypotheques, afin d'auoir l'hypotheque de la premiere rente, sans neantmoins qu'elle soit subiecte aux hypotheques du creancier d'icelle (practique, qui s'en va fort commune à present, que le taux des rentes constituées, qui souloit estre au denier douze, est au denier seize:) de mesme ceux qui achetent vn Office hereditaire, qu'ils craignent estre hypothequé, font mieux de se le faire readiuger publiquement par les Thresoriers de France, apres les affiches & autres solemnitez accoustumées, & ce du consentement de l'ancien proprietaire, qui acceptera son remboursement. Car par apres le nouueau adiudicataire peut dire, qu'il tient l'Office immediatement du Roy, & non pas du precedent adiudicataire, qui a esté actuellement remboursé, & consequemment, que les hypotheques qu'il auoit creées sur l'Office, sont amorties & resoluës, suiuant la regle de la loy *Lex vectigali. D. De pignor.*

47 De mesme. Toutesfois combien que ceste precaution soit indubitable és ventes à faculté

té de rachapt des particuliers, qui aussi-bien que leurs rentes, se rachetent quand ils veulent, sans qu'il y ait aucune ceremonie necessaire pour ce faire, si est elle fort douteuse és Offices domaniaux, & en tout autre domaine du Roy, où il y a vn ordre estably, & vne regle certaine, pour le remboursement & reuente, qui ne se faict qu'en deux cas, d'Edict general, ou de tiercement, comme il vient d'estre dict. De sorte que hors ces deux cas, il est aisé à entendre que la reuente est collusoire & frauduleuse, faicte pour interuertir les hypotheques. Partant pour les purger bien asseurement & sans difficulté, c'est le meilleur de faire passer l'Office domanial par decret, ainsi que les autres immeubles.

Auquel decret il faut obseruer les mesmes solemnitez, qu'és Offices à vie qui 48 Du decret de ces Offices.
seront expliquées plus à propos au liu. suiuant. Et n'y a iamais eu, que ie sçache, qu'vne seule diuersité, à sçauoir qu'auparauant ce decret, il ne fust onq necessaire de discuter les autres biens, comme on a tenu autresfois és Offices à vie, qui sont du tout inherens & attachez aux personnes. Mais si l'Office domanial estoit saisi sur vn tiers detenteur pour les debtes de son vendeur, i'estime qu'il peut demander discussion de ses biens, mesme hors le pays de discussion, comme en la Coust. de Paris. Car telle coustume estant exorbitante, & contraire au droict commun & à l'equité (ainsi que i'ay monstré au troisiesme liu. *Du Deguerp. chap.* 8.) doit estre restraincte à ses termes: or est-il qu'elle ne parle que des detenteurs des heritages chargez de rente, & partant ne doit pas estre estenduë aux Offices, qui ne peuuent pas estre baillez à rente perpetuelle comme les heritages: aussi que ces Offices sont droicts incorporels, & non pas choses solides, qui est vn poinct fort notable. Vray est que le Commissaire estabi à la saisie d'vn Office domanial (qui tousiours est necessaire) en doit indistinctement faire-faire bail iudiciaire pendant les criées, ainsi que d'vn heritage, dont l'adiudicataire fera l'exercice entier, puisque ces Offices sont de telle nature, qu'vn fermier les peut exercer.

Aussi apres l'adiudication par decret des Offices domaniaux, il est aisé à entendre, qu'il n'est point besoin de poursuiure le saisi de les resigner, ni que l'adiudicataire prenne prouision du Roy, encor moins que l'acquereur par contract volontaire. Et pareillement les deniers procedans de ceste adiudication, ne sont pas distribuez par déconfiture, comme ceux d'vn Office à vie, ains selon l'ordre des hypotheques, comme ceux des vrais immeubles, qui est le second effect de la suitte d'hypotheque que nous venons de prouuer auoir lieu en ces Offices. 49 De la distribution des deniers.

Mais c'est vne question de grande importance, quand l'Office domanial chargé d'hypotheques est reuendu par le Roy sans fraude, soit par Edict general, ou par tiercement sur vn tiers acquereur, & est derechef adiugé au mesme, qui l'auoit auparauant acquis du premier adiudicataire, si par ceste nouuelle reuente, les hypotheques, qui auoient suiuy l'Office, lors qu'il auoit esté par luy premierement acquis, sont auiourd'huy purgées & esteinctes. Car d'vn costé on peut dire, que par ceste reuente la premiere adiudication est reduite à neant *ex antiqua & praeexistente causa*, comme parle du Moulin, & par consequent que les hypotheques sont amorties: aussi que telle reuente est vn nouueau contract, par la loy, *Pacta conuenta. §. Paulus notat. D. De contrah. empt. Si omnibus integris manentibus de augendo vel minuendo pretio rursus conuenit, recessum à priori contractu, & noua emptio intercessisse videtur*: le mesme est dit, *in l.* 2. *D. De rescind. vendit. Si quam rem à te emi, eandem rursus à te pluris, minorisue emero, discessimus à priore venditione*. Et pour le regard du remboursement du prix de la premiere vente, il est confus en la personne de l'adiudicataire, auquel il eust esté rendu, si la reuente eust esté faicte à autre que luy, & partant il est reputé s'estre remboursé luy mesme. 50 Si l'hypotheque demeure quand la reuente est faicte à l'ancien acquereur.

D'autre part on peut dire, que ceste reuente faicte à l'antique proprietaire, 51 Quest.
doit estre reputée seulement pour vn supplément & accroissement du prix de sa premiere adiudication, *caeteris manentibus integris*, comme il s'obserue au supplément du prix payé en vertu de la loy 2. *C. De rescind. vendit.* Et que le cas des loix sus alleguées est, quand la nouuelle vente se faict *omnibus integris manentibus*, dit la loy, c'est à dire auparauant que la premiere fust executée *per traditionem rei & pretij solutionem*, suiuant la maxime du tiltre *Quando liceat ab emptione discedere*. Ce qui

n'est pas és reuentes du domaine, lesquelles aussi ne se font que pour le profict du Roy, non pas pour interuertir le droict, & abolir les hypotheques des particuliers.

52 Cautelle pour acheter seurement vn Office domanial.

Mais quand ce seroit vne nouuelle vente, il est certain que la premiere, & consequemment l'hypotheque d'icelle, ne seroit resoluë que par vn actuel remboursement, & non par vn remboursement feint & imaginaire. C'est pourquoy celuy qui voudra amortir bien seurement & sans hazard de procez, les hypotheques de son Office domanial, le doit faire adiuger à vn tiers, & receuoir de luy son remboursement: puis par contract separé, acheter l'Office de luy.

53 *Quid*, en matiere de succession.

Quoy que ce soit il n'y a nulle difficulté en ce mesme cas en matiere de succession, que si l'Office domanial estant du propre de Titius, luy est en vne reuente generale, ou sur vn tiercement derechef adiugé à plus haut prix, il luy demeurera tousiours propre iusques à la concurrence de l'ancien prix, & ne sera acquest qu'à proportion de l'augmentation, ou supplément, voire quand mesme il auroit passé par d'autres mains entre deux. Ainsi que nous tenons, que l'heritage propre vendu, & par apres racheté par le mesme vendeur, en quelque façon que ce soit, est tousiours reputé propre, & non pas acquest, si ce n'est iusques à la concurrence de l'outre plus du prix: *neque enim videtur alienasse, qui reperitur possidere l. Sicut. §. Superuacuum D. Quib. mod. pignus vel hypoth. solu.*

54 *Quid*, en la communauté.

Ce qui doit auoir lieu à plus forte raison en la communauté d'entre mary & femme. Car en succession vn homme peut vendre son propre, & conuertir les deniers en acquests, sans que l'heritier des acquests, en face remplacement à celuy des propres: ce qui ne se peut faire en communauté, pource que ce seroit aduantage prohibé entre mary & femme. Mesme qui plus est, si vn Office hereditaire, ou vne rente constituée, ou vn domaine alienè propres, sont rachetez au proprietaire, il ne peut pas faire, que les heritages qu'il achetera des deniers de ces rachapts, soient remplacez en son propre, pour estre deferez à son heritier des propres, à l'exclusion de celuy des acquests, pource que les rentes constituées, & le domaine aliené ne sont immeubles, ni par consequent propres, sinon iusques au rachat. En quoy n'y a qu'vne exception, quand ils appartenoient à des mineurs: car lors les deniers de ces rachapts, ores qu'ils n'ayent esté remployez en autres immeubles, sont toutesfois reputez immeubles, & à eux propres, par l'art. 49. de la Coust. de Paris, & par l'Ord. 1441. faicte sur le rachapt des rentes assignées sur les maisons de Paris.

55 De la communauté à l'esgard de ces Offices.

Mais quant à la communauté d'entre mary & femme, il est certain premierement que l'Office domanial appartenant à l'vn deux auparauant mariage, n'y entre nullement: & que s'il est racheté pendant le mariage, les deniers doiuent estre repris par preciput sur la communauté, en laquelle ils sont entrez, & ce en quelque coustume ou pays que ce soit, comme il s'obserue generalement en toutes ventes forcées, & mesme s'obseruoit ainsi pendant l'ancienne coustume de Paris, comme Carondas rapporte auoir esté iugé par arrest du 21. Iuillet 1565. combien-que lors on dist, que le mary ne se pouuoit leuer assez matin, pour vendre l'heritage de sa femme.

56 De mesme.

Mais si volontairement le mary ou la femme vendent à vn tiers l'Office domanial, propre à l'vn d'eux, sans stipulation de remploy, & sans qu'il soit employé actuellement pendant la communauté, il y faut garder les mesmes maximes, qu'on tient à l'esgard des autres immeubles, selon la diuersité des Coustumes, qui en fin, à mon aduis, aboutiront toutes à garder la decision de celle de Paris, pour son équité toute apparente.

57 De celuy qui est acquis pendant la communauté.

Et quant à l'Office domanial acquis pendant la communauté, il n'y a nulle doute, que la femme n'y ait part, comme à vn autre conquest, i'enten au corps & à la proprieté de l'Office & non pas seulement au prix d'iceluy, comme il sera dict de l'Office à vie, qui est inherent à la personne du mary. Dont s'ensuit qu'en l'Office domanial l'heritier immobilier de la femme aura ceste moitié d'Office, & non pas l'heritier mobilier: ce qui est decidé par la Coust. reformée de Bretaigne, article deux cens douze, & quatre cens vingt & cinq, qui veulent que le domaine du Roy vendu à faculté de rachat, & mesme les Offices domaniaux, soient partagez comme immeubles, tant en communauté que succession, encor que peu apres la dissolution du mariage, ou l'escheance de la succession, le domaine ou Office domanial soit racheté par le Roy. Ce qui est bien raisonnable, & fort notable, attendu que par arrest donné entre les enfans du President Bailly, rapporté par Bacquet au 12. chapitre Des droicts de iustice, il fut iugé que l'aisné rapporteroit les deniers du rachat de la Seigneurie de la ferté Aleps, qui, apres le decez du pere, auoit esté retirée par le Roy, comme estant de son domaine, pour estre partagez également soubs pretexte, qu'en faisant le partage, les puisnez auoient protesté à cette fin: que si cette pratique auoit lieu, il faudroit que les heritiers immobiliers rendissent les deniers des rentes constituées à l'heritier des meubles, apres qu'elles auroient esté racquittées, qui seroit vne iurisprudence toute nouuelle.

Quant au doüaire coustumier, c'est vn grand doute, s'il ha lieu en l'Office domanial, veu que les coustumes, pour la plus part, n'y assujetissẽt que les heritages, & non pas indistinctement tous les immeubles, & encor moins les choses reputées immeubles: mesme on a autrefois douté, s'il auoit lieu au domaine solide aliené à faculté de rachat. Toutefois, puis qu'on tient à present communément qu'il a lieu és rentes constituées, comme Bacquet a escrit au chapitre 15. *Des droicts de iustice*, lesquelles sont moins immeubles, & plus subiectes à vn prompt racquit, que les Offices domaniaux, & puis qu'il a esté iugé par l'arrest rapporté par M. Robert, liure 2. chapitre 2. qu'il a lieu és simples engagemens, ou contracts pignoratifs d'Anjou & du Maine, qui n'attribuent aucune seigneurie au creancier, i'estime à plus forte raison, qu'il doit auoir lieu és Offices domaniaux. 58 Si ces Offices entrent en doüaire.

La question est plus difficile, de sçauoir si les rentes constituées, ou les Offices hereditaires, qui estoient sujects au doüaire, ayans esté rachetez pendant le mariage, le doüaire y doit desormais auoir lieu, veu qu'ils ne sont reputez immeubles que iusques au rachat: & de fait, Baquet au lieu sus-allegué, dit que par ce rachat, le droict, ou pour mieux dire, l'esperance de doüaire futur, qui estoit sur iceux, est esteincte, & deuient caduque, si le mary n'en a remployé actuellement les deniers en autres immeubles pour luy demeurer propres: car sans doute, lors l'heritage remployé en leur lieu, *in vicem permutati dominij succedit*. Neantmoins, i'estime, puis que la coustume fait le remploy au lieu de l'homme, ordonnant que le prix du propre aliené sera repris par preciput sur la communauté apres dissolution, que ce prix est subject au doüaire, & que la femme doit iouïr par forme de doüaire, de moitié de l'Office domanial, en baillant caution. Car le doüaire estant acquis à la femme, dés l'instant de son mariage, sur l'Office domanial, elle ne le peut plus perdre sans son fait: n'estant le doüaire reglé par la quantité des immeubles que laisse le mary lors de son decez, ains de ceux qu'il auoit lors de son mariage, & qui depuis luy sont écheuz en ligne directe. 59 Si estant rachetez, doüaire ha lieu sur le prix.

Comme donc vn heritage suject à doüaire, ayant esté aliené pendant le mariage, la femme, lors que doüaire ha lieu, peut demander de iouïr de moitié des derniers d'iceluy par forme de doüaire: ce qui a esté iugé mesmement, quand elle a consenty la vente de l'heritage, voire expressément renoncé au doüaire, qu'elle auoit sur iceluy, sans stipulation de remplacement: comme Charondas a bien prouué sur la coustume. Aussi, & à plus forte raison, la rente constituée, le domaine aliené, ou l'Office domanial, ayant esté racheté mal-gré elle, pendant le mariage, elle doit auoir doüaire sur les deniers du rachat, qui, en ce cas si fauorable, succedent sans doute au lieu de la chose, comme en cas semblable est decidé en la loy *Vxor marito. D. De donat. inter vi. & vxor. & l. Ita constat. cum l. seq. D. De iure dot.* ce qui est encor plus à l'aduantage du mary, que si ces deniers estans reputez meubles, on les laissoit en communauté, en sorte que la femme y eust part. 60 Resolutiõ.

Quant au retraict lignager, pource que les Offices domaniaux ne sont pas proprement, & tout-à-fait immeubles, on tient communément qu'il n'y a 61 Si le retrait lignager y a lieu.

pas lieu, non plus qu'és rentes constituées, ni en toutes autres choses, qui ne sont pas vrays immeubles, comme és actions immobiliaires, és seruitutes, és couppes achetées de haut-bois, en l'vsufruict, & autres semblables: dont pour le regard des Offices hereditaires, M. Choppin rapporte vn arrest notable sur la coustume d'Anjou, tome 2. au tiltre *De laudimijs*, & sur la coustume de Paris, liure 2. tiltre 6.

62 Non és coustumes, qui ne l'admettét qu'aux heritages.

Toutefois, pource que les resolutions generales sont dangereuses en droict, ie voudroy faire distinction des coustumes, & dire qu'en celles où le retraict lignager n'est admis que sur les heritages (comme és coustumes de Paris, d'Anjou, & plusieurs autres, & comme au Deuteronome, & és Constitutions des Empereurs *Romanus Senior* en Orient, & Federic I. en Occident, περὶ τῆς προτιμήσεως, & comme en fin c'est le droict commun) que l'Office domanial ne doit choir en retraict. Car selon la commune acception le mot d'heritage signifie & comprend seulement l'immeuble corporel & solide, comme prouue Coquille sur la coustume de Neuers, tiltre *Des doüaires*: vray est que la rente fonciere est comparée à l'heritage en matiere de retraict, pource qu'ordinairement la seigneurie directe de l'heritage, consiste en icelle.

63 Mais bien és coustumes qui l'admettent és immeubles.

Mais és coustumes particulieres, qui portent par mots exprés, que le retraict lignager ha lieu en toutes choses reputées immeubles, comme celle de Poictou, & quelque peu d'autres, i'estime qu'il doit par cõsequent auoir lieu és Offices domaniaux. Et ne faut pas trouuer estrange qu'au doüaire, l'Office hereditaire soit compris sous le nom d'heritage, & non au retraict lignager: pource que le doüaire est fauorable, & le retraict odieux. Toutefois à l'egard du domaine solide, vendu à faculté de rachat, i'estime qu'indistinctement en toutes coustumes le retraict lignager y doit auoir lieu, pource que c'est vn vray heritage & immeuble corporel, & ainsi est decidé par l'art. 148. de la coustume de Paris.

64 De la succession & rapport de ces Offices.

Finalement, quant à la succession, il vient d'estre dict, que ces Offices sont tousiours partagez comme immeubles: & quant au rapport, il ne faut douter qu'ils n'y soient subiects, ou à moins prendre. En quoy il n'y a aucune difficulté pour le regard de leur estimation, pource qu'elle est certaine, tout ainsi que celle des rentes constituées, à sçauoir le prix de l'alienation: de sorte que c'est vne grande commodité au fils, de n'estre tenu de rapporter que ce prix, pource qu'il aduient ordinairement que les Offices domaniaux pourroient estre vendus dauantage.

SOMMAIRE DV HVICTIESME CHAPITRE.

1	*Inuention des Offices domaniaux.*	16	*Euitez accortement en la Paulette.*
2	*Estoit tolerable.*	17	*Deux sortes d'heredité d'Offices.*
3	*Inuention des Offices hereditaires par priuilege.*	18	*Des droicts hereditaires des Officiers des gabelles.*
4	*Tous Offices de finances faits hereditaires par Edict.*	19	*Des Chaufe-cires anciens de Chancellerie.*
5	*Histoire notable.*	20	*Chaufe-cires nouueaux és Chancelleries des Parlemens.*
6	*Reuocation de cét Edict.*	21	*La charge des anciens.*
7	*Offices en bransle d'estre reduicts en Commissions.*	22	*Comment faits hereditaires.*
8	*Offices à present presque tous hereditaires.*	23	*Sont hereditaires par priuilege, & non pas domaniaux.*
9	*Inconueniens à craindre de la Paulette.*	24	*Des heredítez parfaictes.*
10	*Offices hereditaires contre raison.*	25	*Difference de ces Offices auec les domaniaux.*
11	*Sont mal asseurez.*	26	*Autre difference.*
12	*Cela n'est és Offices domaniaux.*	27	*Difference specifique.*
13	*Cautele pour estre asseuré des Offices domaniaux.*	28	*Ces Offices ressemblent aux Milices hereditaires des Romains.*
14	*Qu'on ne doit contraindre les Officiers d'acheter l'heredité.*	29	*Leur nature mal-aisée à expliquer.*
15	*Trois incõueniẽs des Offices hereditaires.*	30	*Grands personnages l'ont ignorée.*

31 *Milices* quid remissiuè.
32 *En quoy consistoit l'heredité des Milices.*
33 *Droict d'entrée payé pour les Milices.*
34 *Argent qui se payoit aux heritiers du decedé.*
35 *Parties casuelles, d'où dictes.*
36 An sint aliquæ Militiæ ex casu.
37 *Noms des deniers qui se payoient pour les Milices.*
38 *Comment estoient taxez.*
39 *Leur prix estoit certain.*
40 *Gens affectez pour y succeder.*
41 Casus Militiæ, *comment appartenoit aux heritiers.*
42 De legato Militiæ.
43 *Cōment ces Milices estoient hereditaires.*
44 *En quoy differentes de nos Offices hereditaires.*
45 *En quoy semblables.*
46 *Lettres de prouision necessaires en ces Offices.*
47 *Faut payer la finance de la resignation.*
48 *Preuue.*
49 *L'exercice doit estre faict en personne.*
50 *Comment ces Offices sont hereditaires.*
51 *Ne peuuent appartenir qu'à personne capable.*
52 *Ces Offices vaquent par toute sorte de vacation, fors par mort.*
53 *Vacation imparfaicte*, Feudum finitum, & Feudum apertum.
54 *Vaquent par forfaicture.*
55 *Vaquent par les vacations irregulieres.*
56 *Sont reputez immeubles.*
57 *Non toutesfois, tant que les rentes constituées.*
58 *N'ont suite par hypotheque apres resignation admise.*
59 *Mais le prix du decret d'iceux se distribuë par déconfiture.*
60 *Raison de cette diuersité.*
61 *Du decret d'iceux.*
62 *Comment entrent en communauté & en doüaire.*
63 *Comment en succession.*
64 *Comment en rapport.*

DES OFFICES HEREDITAIRES PAR PRIVILEGE.

CHAPITRE VIII.

QVELLE varieté & incertitude il y a aux affaires de ce monde! *O quantum est in rebus inane!* On ne sçauoit encor en France, il y a trente ans, que c'estoit des Offices hereditaires, fors les feodaux, qui de longue-main ont degeneré presque tous en seigneuries, ayans suiui tout-à-fait la nature des fiefs. Ce ne fut qu'en l'an 1580. lors de la grand' peste, que ceste peste d'Estats s'apparut, ayant lors les Greffes esté faits hereditaires: & possible qu'vn moderne a aucunement bien rencontré, quand il a escrit que sur ces Greffes s'entoit la ruine de l'Estat, au moins pouuoit-il dire la ruine des Estats & Offices. 1 Inuention des Offices domaniaux.

Si est-ce que l'heredité des Greffes estoit aucunement tolerable, pource qu'il y a presque trois cens ans qu'ils auoient esté compris parmy les droicts domaniaux, & baillez à ferme, comme les autres droicts & reuenus ordinaires de la couronne: & partant il n'y auoit gueres plus d'inconuenient de les aliener à faculté de rachat, que le domaine solide d'icelle. Mais comme par petites mutations on vient à de grandes absurditez, dés trois ans apres on inuenta vne autre sorte d'Offices hereditaires, à sçauoir ceux qui ne sont point domaniaux; ains sont seulement hereditaires par priuilege. Car soubs couleur que les forests du Roy sont du domaine de la couronne, le feu Roy Henry III. bon Prince certes autant qu'il en fut oncq, mais trop facile & indulgent aux partisans, se laissa persuader à donner le priuilege d'heredité, moyennant vn petit supplément de finance, à la plus-part des Officiers des forests, sçauoir est aux Gruyers, Verdiers, Forestiers, Chastelains, Segrayers, Gardes-Marteau, Maistres, Sergens des eaux & forests; combien que ces Offices n'ayent iamais esté domaniaux, & que par l'Edict de cette heredité ils ne soient point vnis ni incorporez au domaine. De sorte, que de tous les Offices des forests, il ne reste que ceux des Maistres, & leurs Lieutenans & Procureurs du Roy, qui ne soient hereditaires. 2 Estoit tolerable. 3 Inuention des Offices hereditaires par priuilege.

Cette breche estant faicte, de faire les Offices hereditaires, par vn simple Edict, & sans que de leur nature ils fussent domaniaux, voila venir trois autres années 4 Tous Offices de finance faits hereditaires par Edict.

apres le grand débord. Car en l'année 1586. le mesme Roy fit vn Edict, par lequel il voulut rendre tous les Offices de finance hereditaires. Edict qu'il verifia luy mesme au Parlement, lequel l'auoit plusieurs fois refusé. Mais l'ayant par apres enuoyé publier en la Chambre des Comptes par vn Prince du sang, & ce Prince

5 Histoire notable.

n'ayant voulu permettre à Messieurs de la Chambre, d'opiner touchant cette verification, disant auoir charge expresse de sa Majesté de la faire sans cognoissance de cause, ils luy dirent vertueusement, que puis qu'on ne vouloit receuoir leurs opinions, il n'estoit point besoin de leur presence : & partant se retirerent, à raison dequoy ils furent interdits de leurs Offices. Mais peu apres, ayans faict co-

6 Reuocation de cét Edict.

gnoistre à ce bon Prince la dangereuse consequence de cét Edict, non seulement il leua cette interdiction, mais aussi il reuoqua l'Edict, le changeant en vn Edict de Suruiuances, tel que son predecesseur auoit faict és années 1568. & 1574. Encor ne fust-ce que pour la forme seulement, & afin de ne sembler vaincu : car la suruiuance n'eut non plus de lieu que l'heredité.

7 Offices en bransle d'estre reduicts en commissions.

Tout au rebours, deux ans apres, lors des derniers Estats commencez à Blois, en l'an 1588. le mesme Roy cuida se laisser tomber en l'autre extremité, ayant mis en deliberation de changer tous les Offices en Commissions, quoy que ce soit les faire annuels, ainsi qu'estoient les principaux Magistrats de Rome. Dont les Officiers de France furent en telle alarme, qu'ils firent vn deputé pour donner à entendre leurs raisons au Roy & aux Estats, qui fut Antoine de la Val, Capitaine du chasteau de Moulins, lequel depuis peu d'années a faict imprimer en son liure *Des desseins*, les harangues qu'il fit sur ce sujet.

8 Offices à present presque hereditaires.

Nous voila maintenant sur le poinct de tomber encor en la premiere extremité, & de voir tous les Offices quasi hereditaires, par le moyen de l'Edict de la dispense des quarante iours, appellée vulgairement la Paulette, ou la Palotte. Edict, qui, comme i'ay discouru au premier liure, n'est pas si fort mauuais de soy, pourueu qu'il demeure en ses premiers termes. Mais comme on ne peut ficher vn gros clou en vn ais bien mince & bien sec, sans qu'il le fende bien auant : aussi ne

9 Incōueniés à craindre de la Paulette.

peut-on faire en France aucune ouuerture d'argent, qu'elle ne s'esclatte incontinant en vn grand desordre. Et combien que du commencement la nouuelle inuention soit plausible, & paroisse aucunemét vtile, si est-ce qu'en ce Royaume de consequence, *ex bonis initijs mala exempla*, d'vn bon principe nous en tirons de mauuaises consequences, comme vn estomac deuoyé tourne les douceurs en aigreur, & les bonnes viandes en corruption. C'est pourquoy toutes nouueautez & nouueaux aduis y sont extremement suspects.

10 Offices hereditaires cōtre raison.

Or puis-je dire, qu'il n'a iamais esté donné d'aduis plus desraisonnable, & plus pernicieux, que de rendre les Offices de France hereditaires tout-à-fait. Car si on dit entre particuliers, que c'est vn mauuais mesnage de vendre son bien, pource qu'on ne vend qu'vne fois, à plus forte raison, en matiere d'Estat est-ce vn tres-mauuais mesnage au Prince, qui n'est qu'vsufruictier des droicts de sa couronne, d'aliener les Offices, pource que c'est priuer tout-à-fait, & soy, & ses successeurs de la distribution des charges publiques, qui est le plus beau fleuron de sa couronne, & la plus noble & importante partie de sa puissance ; voire c'est priuer les Roys de leur puissance mesme, & vouloir oster de l'Estat ce qui en est inseparable, & sans quoy l'Estat ne peut estre, comme i'ay prouué au premier chapitre de ce liure.

11 Sont mal asseurez.

C'est pourquoy ie dy, qu'il n'y a point d'asseurance pour les particuliers acquereurs en ces Offices hereditaires par priuilege : pource que, comme en bonne Iurisprudence tous priuileges sont reuoquez par la mort du Prince, qui les a concedez, ainsi que ie prouue au dernier chapitre du liure *Des Seigneuries*, aussi il semble que ces Officiers pourront iustement estre priuez de leur heredité par les Roys successeurs, mesme sans leur rendre la finance qu'ils ont payée pour icelle, au cas qu'elle ne soit tournée au profit de l'Estat. Et ce pour deux raisons : La premiere, pource qu'il est certain qu'vn Roy ne peut, non plus qu'vn Officier, ou Beneficier, faire preiudice aux droicts de ses successeurs : La seconde, que c'est chose absurde & incompatible, que l'Estat soit exproprié & priué tout-à-fait de la collation des Offices, comme il seroit à l'égard de ces Offices hereditaires par priuilege, si ce priuilege duroit tousiours.

12 Cela n'est és Offices domaniaux.

Le mesme n'est pas aux Offices domaniaux, posé qu'ils soient vendus pour la necessité des guerres, comme il est permis de vendre le domaine par l'Ordonn. de l'an 1566. Auquel cas, les deux raisons contraires cessent, tant pource que ce n'est point vne alienation incommutable, ni expropriation parfaicte, à cause de la faculté de rachat: que pource que la vente s'en est faite selon les loix du Royaume, pour employer au profit & aux necessitez de l'Estat: & partant, elle lie les Roys successeurs, ne plus ne moins que les alienations qu'vn Beneficier fait faire solennellement du fonds Ecclesiastique, pour employer, non en ses affaires particulieres, ains aux debtes, ou affaires necessaires de l'Eglise, ou du benefice, lient les successeurs, & sont valables à perpetuité. Quoy que ce soit, c'est le plus seur aux acquereurs des Greffes, & autres Offices domaniaux, & de tout autre domaine, de prendre garde que leurs deniers soient vtilement employez aux necessitez de l'Estat.

13 Cautele pour estre asseuré des Offices domaniaux.

14 Qu'on ne doit contraindre les Officiers d'acheter l'heredité.

Dont s'ensuit, qu'il n'y a gueres d'apparence de contraindre les pauures Officiers à financer pour obtenir ce priuilege d'heredité, puis qu'il n'est ni vtile à l'Estat, ni asseuré pour eux: aussi n'a-on encor iamais veu, que les Edicts d'attribution de cette heredité, ayent esté verifiez par le Parlement, ains si peu qu'il y en a, ou ont esté verifiez par le Roy mesme seant en iceluy, comme l'Edict de l'heredité des Offices des forests, ou bien n'y ont point esté verifiez du tout, ains la leuée de cette finance a esté faicte sur les Officiers, en vertu d'arrests du Conseil priué; comme celle de l'attribution de l'heredité des sept deniers, faite en l'an 1603. aux Officiers des Gabelles, dont ie parleray incontinant.

15 Trois inconueniens des Offices hereditaires.

Voila donc trois inconueniens notables qui se trouuent en cette attribution perpetuelle d'heredité. L'vn, qu'on la fait acheter par force aux Officiers, combien que tous contracts doiuent estre volontaires, notamment, c'est contre la nature du priuilege de le faire acheter à celuy qui n'en veut point. L'autre, qu'il n'y a point d'asseurance en tel achat apres la mort du Roy. Et tiercement, que si cette heredité demeuroit, ce seroit vne parfaicte expropriation d'vn droict de la couronne, des plus importans & plus inseparables, & vn preiudice perpetuel aux successeurs Roys.

16 Euitez accortement en la Paulette.

Lesquels trois inconueniens ont esté accortement & habilement euitez par l'inuenteur de l'Edict moderne des quatre deniers pour liure, en ce que premierement le payement d'iceux est laissé à la volonté & faculté des Offices. Secondement, comme le droict est payé d'an en an, aussi le priuilege ne dure qu'vn an, & n'est à craindre, qu'il y aduienne mutation en si peu de temps. Tiercement, il ne fait point de preiudice aux Roys successeurs, pource que comme il est en la faculté des Officiers, de ne point demander ce priuilege par chacun an, aussi il est en celle du Roy, de ne le point donner.

17 Deux sortes d'heredité d'Offices.

De ce discours il appert, qu'il y a deux sortes d'Offices hereditaires par priuilege, à sçauoir ceux qui le sont tout-à-fait, comme les Offices des forests: & autres qui ne le sont que conditionnellement, ou en certains cas: comme les Offices de ceux qui en l'année ont payé les quatre deniers pour liure, qu'on appelle maintenant le droict annuel, & de ceux qui en ont la suruiuance, soit qu'ils l'ayent achetée ou acquise par le seruice de vingt ans, comme les Secretaires du Roy.

18 Des hereditez parfaictes.

Quant aux premiers, qui sont ceux ausquels ce chapitre est dedié, il n'y en a encor gueres d'autres, que les Officiers des forests cy dessus specifiez. Bien est vray que par Edict du mois de Ianuier 1603. verifié au mois de Feurier ensuiuant à la Cour des Aides, vn certain droict de sept deniers pour minot de sel, attribué aux Officiers des Gabelles, par Edicts des années 1594. & 1595. a esté fait hereditaire, à la charge de suppléer par lesdits Officiers la finance pour iceluy, à raison du denier douze dudit droict, à prendre pied sur les ventes qui se font aux Gabelles: de payer lequel supplément lesdits Officiers s'excuserent sur ce que cét Edict n'auoit esté verifié au Parlemét, cõme il estoit necessaire pour rẽdre ce droict domanial, neãtmoins en fin ils ont esté cõtraints à le payer en vertu d'arrests du Cõseil, de l'an 1604. de sorte qu'à present ils iouïssent hereditairement de ce droict; qui, encor qu'il soit annexé à leur Office, ne vaque point toutesfois par leur mort; ains, comme porte l'Edict de cette heredité, il se conserue apres icelle à leur veufue & heritiers, iusques à ce qu'ils en ayent esté remboursez par le successeur de l'Office: ce qui me fait estimer qu'il n'est pas vrayement separé de l'Office, & partant qu'il est plustost hereditaire par priuilege, que domanial: attendu mesme qu'il est attribué pour garder les registres des ventes, descentes & droicts leuez és gabelles, que chasque Officier est chargé de faire, lesquels registres doiuent estre baillez au successeur de l'Office, ainsi que porte l'Edict.

19 Des Chauffe-cires de la grand' Chancellerie.

Mais il ne faut pas oublier de parler icy des Chauffe-cires de Chancellerie, qui me semblent deuoir plustost estre mis au rang des Offices hereditaires par priuilege, que des domaniaux. Car il y a quatre Chaufe-cires hereditaires en la grande Chancellerie, seruans par quartier, qui seruent aussi à la Chancellerie du Parlement de Paris, & souloient auoir leurs commis en toutes les Chancelleries des autres Parlemens: mais en l'année 1605. ces Commis furent erigez en tiltre d'Office hereditaire, à l'instar des anciens Chaufe-cires, par Edict que ie n'ay point veu, & ay ouy dire n'auoir point encor esté verifié ausdits Parlemens: neantmoins on n'a laissé d'y mettre des Chaufe-cires, qui de present iouïssent paisiblement.

20 Chaufe-cires nouueaux és Chancelleries des Parlemens.

Mais les quatre autres Chaufe-cires sont Officiers tres-anciens, la charge desquels est d'apposer le seau aux lettres: & partant ils doiuent estre continuellement à la suite de M. le Chancelier, & lors qu'il auoit logis en la maison du Roy, ils y auoient aussi leur habitation prés iceluy, mesme le plat attribué à M. le Chancelier, est pour les Maistres des Requestes, l'Audiencier, Controlleur, &

21 La charge des anciens.

Chaufe-cires de la Chancellerie: de sorte qu'ils sont vrayement commensaux du Roy, aussi iouïssent-ils des priuileges de commensaux. On dit qu'ils ont esté faits hereditaires par le moyen de ce qu'ayans vaqué par forfaicture, lors du syn-

22 Comment hereditaires.

dicat, ou recherche generale, qui fut faicte des Officiers de France soubs le Roy sainct Louys, il les donna hereditairement en recompense à vne sienne nourrice, qui en fit pouruoir quatre enfans qu'elle auoit, & du depuis par succession, ou vendition ont esté perpetuez successiuement iusques à ceux qui les tiennent auiourd'huy.

23 Sont hereditaires par priuilege, & non pas domaniaux.

Or ces Officiers n'estans point subiects à remboursement, ou rachat, comme les domaniaux; ains estans seulement hereditaires par priuilege, sont tenus à chacune mutation prendre prouision du Roy: & toutesfois ils ont ce priuilege ou possession paisible de ne payer aucun droict de resignation, ni mesme aucun marc d'or, pour en obtenir les prouisions à quelque mutation que ce soit: mesmement lors qu'ils sont receuz par M. le Chancelier, ils n'ont point accoustumé de donner du satin, par forme de droict d'entrée, comme les autres Officiers de Chancellerie. Mais cela est encor vn second priuilege qu'ils ont, qui pourtant ne les rend pas domaniaux; aussi ne peuuent-ils pas, comme ie croy, bailler leur Office à ferme, ou en commettre l'entier exercice; n'estant raisonnable que chose de telle importance, qu'est le seau de France, principalement le grand seau, passe par mains de commis mercenaires: & ce qu'on permettoit anciennement, qu'ils deleguassent des Commis és Chancelleries des Parlemens, c'estoit par necessité toute apparente, attendu qu'ils ne pouuoient pas estre en mesme temps, à la suite du Roy, & de ses Parlemens. C'est pourquoy i'estime qu'à l'égard de ces Offices, il faut garder les regles qui seront cy-apres discouruës en ce chapitre, & non celles du chapitre precedent.

24 Difference de ces Offices auec les domaniaux.

Car il faut prendre garde que le droict des Offices hereditaires par priuilege est quasi du tout contraire à celuy des Offices domaniaux, comme il sera prouué tout incontinant; combien qu'ils semblent de prime apparence leur ressembler de telle façon, que communément le vulgaire les confond. C'est pourquoy il est fort necessaire de les sçauoir discerner les vns d'auec les autres, pourquoy faire, il y a deux marques fort notables: l'vne, qui regarde la matiere, l'autre la forme. Celle qui regarde la matiere est, que les Offices domaniaux ont vn droict domanial, separé d'auec l'Office, comme il a esté amplement prouué au chapitre precedent, quoy que ce soit vn droict qui pourroit estre baillé à ferme par le Roy, s'il ne les vouloit point vendre à faculté de rachapt. Car c'est la verité qu'il y a de nouueaux Offices domaniaux, dont les droicts & emolumens n'ont iamais esté encor reputez pour domaniaux: mais quoy que ce soit ils ressemblent aux droicts domaniaux, & ont esté inuentez à l'instar d'iceux, comme les Greffes des iustices extraordinaires, les marques des cuirs, le jaugeage, & autres semblables: mais les Offices hereditaires par priuilege, sont Offices, où l'exercice preuaut, & qui ne consistent point en droict domanial, qui iamais ait accoustumé d'estre baillé à ferme au profict du Roy, ni en aucun droict nouueau, qui ressemble aux anciens droicts domaniaux.

L'autre marque, qui concerne la forme, est que les Offices domaniaux sont adiugez à faculté de rachapt au plus offrant & dernier encherisseur, & possedez en vertu de telle adiudication comme vn domaine: c'est pourquoy en la coustume reformée de Bretaigne article 212. & 425. ils sont nommez *Offices venaux, acquis à condition de rachapt perpetuel.* Mais au contraire les Offices hereditaires par priuilege, ont esté premierement conferez par le Roy comme purs Offices à vie, puis le priuilege de l'heredité leur a esté attribué moyennant finance, & tousiours sont possedez en vertu de lettres de prouision des Roys, qu'il faut obtenir à chasque mutation d'iceux, ainsi qu'és Offices à vie. 25 Autre difference.

Mais voicy la difference specifique des vns & des autres, qui resulte de ces deux marques, de laquelle depend toute la diuersité de leur droit, à sçauoir que les Offices domaniaux ont les deux natures d'Office & de domaine tout ensemble, & notamment la nature de domaine y preuaut, & est considerée en tout ce qui concerne leur commerce, qui partant est reglé en tout & par tout, comme le droict & commerce du domaine solide alienė, lequel est presque reglé comme les heritages. Mais les Offices hereditaires par priuilege n'ont autre nature que leur ancienne & pristine nature d'Office, & par consequent, hors le priuilege d'heredité, & ce qui en depend, ils sont d'ailleurs reglez tout ainsi que les Offices à vie, n'estant de la nature du priuilege, de changer la nature de la chose, ains seulement les qualitez, & encor en cela seulement, qui depend du priuilege, non plus que de l'exception de changer la regle és cas non exceptez. 26 Difference specifique.

Dont s'ensuit que ces Offices hereditaires par priuilege, peuuent estre comparez directement aux Milices du droict Romain, aucunes desquelles estoient hereditaires par priuilege semblablement, & non pas par nature, & de droict commun, comme il est dict en la loy 11. *C. De prox. sacr. scrin.* en la loy derniere *C. De pignorib.* & la Nou 53. chap. 8. C'est pourquoy il ne sera point hors de propos de discourir du droict & œconomie obseruée par les Romains en ces Milices: discours que i'ay reserué à bon droict en ce lieu, pource qu'il sert grandement, pour esclarcir la matiere de ces Offices, & que ie puis bien dire estre vne des plus obscures recherches du droict Romain. 27 Ces Offices ressemblent aux Milices hereditaires des Romains.

Car soubs pretexte que la nature & condition de ces Milices estoit notoire pendant qu'elles estoient en vsage, comme a dict Iustin. en sa Nou. 53. elle n'a esté ni expliquée aucunement, ni mesme rapportée dans les liures des autheurs de ce temps là, qui ont esté les derniers escriuains du droict Romain. De sorte qu'à present elle nous est aussi cachée, comme possible d'icy à mil ans il sera malaisé de parler auec certitude de la nature & vsage des Offices, qui sont maintenant en la Cour du Roy, si iusqu'à lors personne n'en met rien par escrit. 28 Leur nature mal-aisée à expliquer.

De faict *Antonius Augustinus*, l'vn des plus doctes personnages de nostre siecle, & sur tout des mieux versé en l'antiquité Romaine, est contrainct, en l'epistre qu'il a escrit sur ce suiect à *Lælius Taurellus*, d'aduouer & recognoistre qu'il n'y entend rien. Et *Lælius Taurellus*, qui à sa suasion en a faict vn petit traicté, confesse tout au commencement d'iceluy, que c'est vne matiere tellement pleine d'obscurité & incertitude, qu'il y faut plustost deuiner que resoudre: aussi i'ose dire, qu'en tout son traicté il n'y a presque chose, ni remarquable, ni possible veritable de tout poinct. 29 Grands personnages l'ont ignorée.

30 Milices quid remifsiue. Or desia au commencement du 1. liure i'ay assez amplement interpreté le nom de Milice, mesme i'ay monstré, que les Milices Romaines estoient proprement les places des Officiers domestiques, ou de l'Empereur, ou des Gouuerneurs des Prouinces: de sorte qu'il n'est question icy, que d'expliquer le droict & condition de celles qui estoient hereditaires, autant qu'on en peut recueillir d'vne si esloignée antiquité, à fin de les conferer aux Offices hereditaires d'à present.

31 Enquoy cõsistoit l'heredité des Milices. Donc nous trouuons dans le droict, que les derniers Empereurs auoient donné ce priuilege à la plusspart des compagnies ou bandes de leurs Officiers domestiques, que leurs Offices ou places, appellées Milices, ne se perdoient point tout à faict par leur mort, ains que si l'vn de leurs heritiers s'en trouuoit capable, il y estoit receu: ou bien si aucun d'iceux n'y estoit propre, ils en tiroient recompense de celuy qui estoit admis à la Milice. Ie dy qu'elles ne se perdoient point tout à faict par la mort, comme les autres Milices, aussi ne se conseruoient-elles pas tout à fait, comme nos Offices hereditaires. Car si l'heritier y succedoit, il falloit qu'il fournist quelques deniers d'entree, qui estoient baillez, non pas au fisque, mais ordinairement à la communauté de la mesme bande ou compagnie: que si vn estranger y estoit admis, il falloit qu'outre ceste finance, qui estoit deuë à la compagnie, il payast encor quelque argent aux heritiers.

32 Droit d'entree payé pour les Milices. Ceste premiere somme, qui se payoit ordinairement à la compagnie, est appellée droict d'entrée, *onus aut introitus Militiæ, in l. penult. & vlt. D. De leg. 3.* que Cujas sur la loy 7. *De prox. sacr. scrin.* à corrigé trop hardiment, ce me semble, disant qu'il faut lire *honorarium.* Car en ceste loy qui liroit *honorarium*, c'est à dire le droict, ou émolument honoraire de la Milice, sa decision seroit notoirement faulse, comme la lecture en fera foy. Et ne parleray dauantage icy de ce droict d'entrée, pource que ie reserue d'en traicter en vn autre lieu; seulement ie diray, que selon les diuers statuts, ou coustumes des compagnies, il estoit tantost baillé à tous ceux de la compagnie, tantost aux chefs & principaux d'icelles, & tantost au premier & second des retenus ou supernumeraires, qui auoient la reserue des places vacantes, que la loy appelle *Proximum supernumerarium, & Mello-proximum*: comme il se collige de la Nou. 35. de la loy 5. & derniere, *C. De prox. sacr. scrin.* de la loy *6. C. De aduocat. diu. Iudic.* & de la loy *5. C. Qui milit. poss.*

33 Argent qui se payoit aux heritiers du decedé. Quant à l'autre argent, qui se payoit aux heritiers du decedé, il estoit proprement appellé *casus Militiæ, Nou. 53. & 97. & l. Omnimodo. C. De inof. testam. & in l. 11. C. De prox. sacr. scrin.* & en la loy derniere *C. De pignor.* Dont possible nous auons tiré

34 Parties casuelles d'où dictes. le nom des parties casuelles, qui est la finance prouenant des Offices venaux, car à Rome toutes les Milices venales estoient aussi hereditaires, comme il sera tantost dict.

35 An sint aliquæ Militiæ ex casu. Ce qui vuide vne grande difficulté que forment nos modernes, de sçauoir *quænam sint militiæ ex Casu.* Car pour n'auoir sceu entendre que c'estoit, *Casus Militiæ*, & notamment, pour n'auoir peu interpreter ces mots de ceste Nou. 53. chap. 5. qui de verité sont assez embarassez & difficiles, τὰς ἐκ τοῦ Κάσου καλουμένου στρατείας, *Id est, hæc (nimirum hæ pecuniæ) quæ (proueniunt scilicet) ex eo, quod vocatur Casus Militiæ*: lequel *Casus Militiæ* est appellé aux mots precedents du passage, *nomen antiquum omnino, & deficiens*, ils ont voulu lire τὰς ἐκ τοῦ Κάσου καλουμένας στρατείας: & partant se sont imaginez qu'il y auoit quelques Milices appellées *Militiæ ex casu.* Qui est le principal suiet du doute d'*Antonius Augustinus*, & par consequent du liure de *Lælius Taurellus*, qui estans tous deux tombez en cest erreur, n'ont peu toutesfois trouuer *quænam essent illæ Militiæ ex Casu.* Comme aussi c'est la verité qu'il n'y en a aucunes, ainsi que Cujas a tres-bien dict sur la loy 3. §. *Si quid minori. D. De minorib.*

36 Noms de ces deniers, qui se paioyét pour les Milices. Or ces deux sortes de deniers sont confusément appellées *suffragium*, pource qu'ils estoient baillez pour obtenir le suffrage, soit de la compagnie, soit des heritiers: tantost *solatium*, pource qu'ils leur estoient attribuez pour la consolation des vns & des autres, de la fascherie de la mort du defunct: tantost *scholeplacitum*, pource qu'ils estoient ordinairement reglez *pro tenore communis Militantium placiti*, dit la loy: vray est que bien souuent l'Empereur les regloit deslors qu'il

attribuoit aux Milices le priuilege de venalité & heredité : comme dict ceste mesme loy, *vel diuinæ sanctionis tale præstantis beneficium* : & s'en voyent les exemples en la loy 7. *De prox. sacr. scrin.* & en la Nou. 35. *De Adiutor. Quæst.*

Or il est certain, que l'vne & l'autre, sçauoir est le droict d'entrée, & le *Casus Militiæ*, estoient taxez à mesme somme, comme il est expressément decidé en la loy 11. *De prox. sacr. scrin.* la conioignant auec la loy 7. du mesme tit. & se void aussi en ceste mesme Nou. 35. Dont on peut colliger, que chacune estoit communément taxée à la moitié de la valeur de l'Office, quoy que ce soit de la somme, à laquelle il estoit estimé, puisque celuy qui y succedoit, payoit autant aux heritiers du defunct pour le *Casus Militiæ*, qu'à la compagnie pour le droict d'entrée. 37 Comment estoiét taxez. 38 Leur prix estoit certain.

Car quoy que ce soit les Milices, qui auoient ce priuilege d'estre venales & hereditaires, n'estoient pas en la libre disposition ni du pourueu, ni de ses heritiers apres sa mort, pour les vendre à tel prix qu'ils vouloient, mais ils ne les pouuoient vendre que certaine somme taxée & definie (comme ie vien de dire) soit par le statut de la compagnie, ou par l'Edict de l'Empereur, comme il est dict expressément en ceste Nou. 35. Donques d'autant que les Milices valoient ordinairement mieux que ceste taxe, il y auoit presque en toutes les Milices certains postulans, ou tetenus, ausquels les Milices vacantes estoient affectées, appellez *Supernumerarij*. comme il se void au tit. *De prox. sacr. scrin.* & en sera parlé au liure *Des Ordres*. 39 Gens affectez pour y succeder.

Il y auoit encor vn reglement fort notable en ce droict, qui estoit conserué aux heritiers, appellé *Casus Militiæ*, à sçauoir qu'il estoit en premier lieu affecté aux creanciers, qui auoient presté l'argent, dont la Milice auoit esté achetée, pourueu qu'ils fussent, ou banquiers, ou bien que lors du prest ils eussent stipulé hypotheque speciale sur la Milice. Puis en defaut de tels creanciers, la veufue & les enfans du defunct le prenoient cõioinctement, sans toutesfois que pour ce ils feissent acte d'heritiers, voire ils l'auoient, ores qu'ils renonçassent à sa succession. Et finalement il estoit baillé aux autres heritiers, en acceptant la succession, & non autrement. Comme il est decidé en ceste loy 11. *C. de prox. sacr. scrin.* Ce qui sera plus particulierement expliqué au liure suiuant. 40 *Casus Militiæ*, comment appartenoit aux heritiers.

Comme donc ces Milices estoient transferées aux heritiers, aussi pouuoient-elles estre leguées. C'est pourquoy il y a tant de loix, qui parlent *de legato Militiæ, nempe l. 22. & 49. §. 1. De leg. 2. l. 11. §. Si seruo. De leg. 3. l. Libertis. §. Ab hæredibus. D. De aliment. & cibar. leg. l. 3. §. Si quid minori. D. De minor.* & sur tout ceste notable loy *penult. §. penult. & vlt. De leg. 3.* où il est dict, que *Militia simpliciter legata, onera & introïtus Militiæ ab hærede præstari debent* : ce qui sera aussi interpreté au liure suiuant. 41 De legato Militiæ.

Voila ce qui se peut dire des Milices hereditaires des Romains, qui par vn priuilege attribué à quelques vnes passoient à l'heritier, en qualité de simples Offices, & encor moyennant qu'il financast la moitié du prix d'icelles, & pourueu que l'heritier fust capable de les tenir. Autrement l'heritier n'auoit que l'autre moitié du prix d'icelles, laquelle mesme la veufue & les enfans obtenoient *citra ius & nomen hæredis : non hæreditatis, sed priuilegij nomine*, dict ceste loy 11. *De prox. sacr. scrin.* & comme parle la Nou. 53. οὐχ ὡς πατρῷον κλῆρον, ἀλλ' ὡς βασιλικῶν φιλοτιμίαν. Ce qui ne se peut accommoder à aucuns de nos Offices hereditaires, pource qu'ils sont tels, non par bien faict du Prince, mais moyennant la finance, que les pourueus en ont payée, les ayant achetez à plus haut prix, à cause de ceste condition. De sorte que ce priuilege ayant esté acquis des deniers du defunct, appartient à sa succession, & consequemment est affecté à ses creanciers. 42 Comment ces Milices estoient hereditaires. 43 Enquoy differentes de nos Offices hereditaires.

Hors ce poinct, nos Offices hereditaires par priuilege ont presque en tout vn mesme droict, que les Milices hereditaires des Romains, qui pareillement n'estoient hereditaires que par priuilege, & non pas de droict commun : & partant leur droict est quasi du tout contraire à celuy des Offices domaniaux. Ce qu'il faut expliquer de poinct en poinct. 44 En quoy semblables.

Premierement quant aux lettres de prouision, combien qu'il ait esté dict au chapitre precedent, qu'elles ne sont point necessaires aux Offices domaniaux, 45 Lettres de prouision necessaires en ces Offices.

lesquels sont possedez en vertu de l'adiudication, qui en est faicte à faculté de rachapt, si est-ce qu'elles sont tousiours necessaires aux Offices hereditaires, pource qu'on n'en peut auoir d'autre tiltre, n'y en ayant point d'adiudication.

46 Faut payer le droict de resignation. Dont s'ensuit vn poinct, qui est de grande importance, à sçauoir qu'en toutes mutations, ou subrogations d'iceux, il en faut payer la finance au Roy, vulgairement appellée quart denier, combien qu'elle n'ait point de lieu és Offices domaniaux, esquels aussi les lettres du Roy ne sont necessaires, pour l'admission

47 Preuue. de la resignation, comme elles sont és Offices hereditaires par priuilege. Car le priuilege d'heredité n'exempte pas de prendre lettres du Roy, approbatiues de la resignation, ains seulement sert à ce que l'Office ne soit tout à faict perdu par la mort. De faict, combien que les fiefs soient non seulement hereditaires, mais aussi patrimoniaux tout à faict, si est-ce qu'on ne les peut vendre, sans qu'il soit deu profict au Seigneur direct, mesmement pour la vente des heritages censuels il luy est deu lots & ventes, en memoire de ce droict ancien, qu'ils ne pouuoient estre vendus sans sa permission. Bref il n'y a point de difficulté, qu'il ne soit deu quart denier, pour la resignation des Offices hereditaires par priuilege, veu que ç'a esté proprement, pour les Milices hereditaires que le droict d'entrée a esté inuenté, au lieu duquel semble estre le quart denier de France: aussi que tout priuilege est suiect à estre restrainct tant que faire se peut. Il n'y a donques qu'vn cas auquel les Offices hereditaires par priuilege soient exempts du quart denier, à sçauoir quand par l'Edict de leur heredité ils en ont esté expressément affranchis: auquel cas c'est vn second priuilege, outre celuy d'heredité.

48 L'exercice doit estre faict en personne. Quant à l'exercice de ces Offices, i'estime qu'il ne peut pas estre faict par commis ou fermier, comme és Offices domaniaux, pource qu'ils n'ont pas, comme iceux, deux natures distinctes, & actuellement separables, à sçauoir d'Office & de domaine alienė, ains ceux-cy sont simples Offices, qui combien que par priuilege ils soient conseruez à l'heritier, ne laissent neantmoins d'estre selon la nature commune des Offices, inherens à la personne du pourueu, comme il est dict notamment des Milices hereditaires *in l. 3. §. Quod si minor. D. De minoribus.*

49 Comment ces Offices sont hereditaires. Et mesme en matiere d'heredité & succession, encor qu'on les appelle hereditaires, si est-ce qu'ils ne passent pas directement de la personne du defunct à celle de l'heritier, par vne continuation de seigneurie, ainsi que les autres biens, & comme mesmement font les Offices domaniaux, ains se faut souuenir que pourtant s'ils sont hereditaires, ils sont neantmoins tousiours Offices simples, & non pas domaine, de sorte que leur heredité consiste seulement en ce qu'ils ne sont pas perdus tout à faict par la mort du pourueu, comme les non hereditaires, ains est conseruée à ses heritiers la faculté d'en disposer, ainsi que le pourueu peut faire de son viuant des Offices non hereditaires, laquelle faculté n'est pas d'en disposer de plein droict, c'est à dire de sa propre auctorité à vne tierce personne, mais seulement de les resigner, & remettre en la disposition du Roy, pour en pouruoir celuy en faueur duquel on en a disposé: qui est la raison pourquoy ie vien de dire, qu'il luy faut payer finance, pour admettre ceste resignation, & pour bailler ses lettres de prouision au resignataire.

50 Ne peuuent appartenir qu'à personne capable. Que si l'heritier est capable de les tenir luy mesme, encor faut-il que l'Office soit appliqué à sa personne par la prouision du Roy, sans laquelle il n'y seroit pas receu, non plus qu'en vn pur Office, *quod sine canonica institutione possideri nequit.* Puis donc qu'ils sont inherents à la personne, comme les autres Offices, il faut que le pourueu d'iceux s'y face receuoir luy mesme, & qu'il les exerce en propre personne, & non par fermier ou commis. Dont s'ensuit, qu'ils ne peuuent appartenir qu'à personne capable de les exercer, & non point aux femmes, ni aux hommes incapables: & aussi qu'ils ne peuuent estre diuisez ny appartenir à plusieurs, non plus que les purs Offices: combien que le contraire de tout cela ait lieu és Offices domaniaux, dont la pure seigneurie peut appartenir aux femmes, & demeure en commun à plusieurs heritiers, ou plusieurs associez.

51 Ces Offices vaquent par toute sorte de vacation, fors par mort. Pour le regard des vacations, combien qu'il n'en eschée aucune és Offices domaniaux, si est-ce que toutes celles qui ont lieu aux purs Offices, ont aussi

lieu

lieu en ceux-cy, fors la vacation par mort, qui encor se resout en celle de resignation, pource qu'apres la mort du pourueu, il faut que l'Office soit remis & resigné au Roy, pour en pouruoir, soit l'heritier, soit celuy en faueur duquel il en a disposé. Qui n'est, à la verité, qu'vne demie & imparfaicte vacation. Car comme en matiere de fiefs y a difference *inter feudum apertum*, *& feudum finitum*, de mesme és Offices on peut dire, que par la resignation ils sont ouuerts, & y a faute d'homme, de sorte qu'ils reuiennent bien en la disposition du collateur, mais ceste disposition n'est pas libre, ains forcée: au lieu que par la mort ils sont finis tout à faict, & reuiennent en la libre disposition du collateur, ainsi que les fiefs finis, & dont la reuersion est escheuë, retournent parfaictement en celle du Seigneur. 51 Vacation imparfaicte, *feudū finitum, & feudum apertum.*

Aussi à mon aduis ces Offices hereditaires vacquent de ceste vacation parfaicte au cas de la forfaicture, & reuiennent à la libre disposition du collateur, pource que le priuilege d'heredité n'empesche que la pure vacation par mort, & non pas celle de forfaicture, qui est vne espece toute differente: & est vne regle que *vnum genus vacationis aliud non comprehendit. cap. Susceptum. De rescript. in 6.* Ioint que les loix qui parlent de la forfaicture des milices, *ceu de Militibus cingulo spoliandis*, ne distinguent point les Milices hereditaires d'auec les autres. 53 Vaquent par forfaicture.

Quant aux vacations irregulieres, sans doute elles ont lieu en ces Offices, tout ainsi qu'aux autres, à sçauoir l'incompatibilité, la prescription des cinq ans, & la suppression: car il n'y a point de raison particuliere qui les en exempte, comme il y a és Offices domaniaux. Mesme il n'y a point de difficulté, que le Roy ne puisse diminuer leurs droicts, leur donner des compagnons, ou les faire financer pour nouuelles attributions, tout ainsi qu'il se faict és autres Offices, encor que tout cela ne se face és domaniaux. Mais au contraire, ils ne vaquent point de leur propre nature par remboursement, ainsi que les Offices domaniaux. Vray est, que, comme és autres Offices, les pourueus de ceux-cy peuuent bien estre remboursez, afin de les supprimer pour vn bien public, ainsi qu'il a esté dit au premier liure. 54 Vaquent par les vacations irregulieres.

Venons maintenant à leur commerce, & premierement quant à la question preiudiciable, s'ils sont meubles ou immeubles, ie la remets au chapitre du liure suiuant, où ie la traicteray amplement, & generalement pour tous les Offices, comme estant son vray endroict: mais ie diray icy particulierement, pour ce qui concerne ces Offices hereditaires par priuilege, qu'il y a grande apparence de les reputer immeubles, & les accomparer aux *panes seu annonæ ciuiles* des Romains, expliquez au premier chapitre du liure precedent, que le droict dit *inter immobilia computari*, *Nou. 6.* tout ainsi que nos rentes constituées sont à present reputées immeubles, presque en toutes les coustumes, à cause qu'elles sont transmissibles à l'heritier, combien qu'elles soient incorporelles, ainsi que sont ces Offices. 55 Sont reputez immeubles.

Si faut-il confesser, que ces Offices ne sont pas tant immeubles que les rentes constituées, pource qu'ils sont inherens à la personne, & que leur heredité n'est pas si parfaicte, pourautant qu'ils ne passent pas directement du defunct à l'heritier, ni aussi si bien establie comme celle des rentes constituées attendu ce qui vient d'estre dict, que le Roy successeur n'est tenu de l'entretenir. Pareillement il est certain qu'ils ne sont si immeubles que les Offices domaniaux, qui consistent en vn domaine perpetuel. Puis donc qu'il se trouue des rencontres aux Offices domaniaux, où on doute s'ils doiuent estre reglez comme les vrais immeubles, ou comme les meubles, à plus forte raison s'en trouuera-il en ces Offices. 56 Non toutesfois tant que les rentes constituées.

En premier lieu, pour le regard de la suitte d'hypotheque, il y a bien de la difficulté: mais pourautant que ceste question est ample & arduë, & partant qu'elle merite estre traictée à part, ie la reserue au liure suiuant, où ie l'expliqueray en deux diuers chapitres, me contentant d'en mettre icy tout simplement la resolution: qui est, que ces Offices n'ont pas le premier effect de la suitte d'hypotheque, qui est de passer au resignataire pourueu, comme il a esté iugé par l'arrest moderne de la Gruerie de Retz, rapporté au chapitre precedent: mais bien qu'ils 57 N'ont suitte par hypotheque apres resignation admise. 58 Mais le prix du decret d'iceux se distribuë par deconfiture.

ont le second effect d'icelle, qui est, qu'estant vendus par decret sur l'obligé, son creancier premier en hypotheque est preferable sur leur prix, qui n'est pas distribué par déconfiture, comme celuy des Offices venaux.

59 Raison de ceste diuersité. La raison de ceste difference est, qu'au premier cas l'hypotheque est purgée & amortie par la resignation faicte és mains du Roy, & par la prouision que sa Majesté en donne au resignataire, qui desormais n'est pas dict auoir droict *à resignante, sed à collatore*, comme on dict és benefices. Aussi que ce seroit vne absurdité, voire vn preiudice au public, que ces Offices demeurassent éternellement chargez d'hypotheque, en sorte qu'vn resignataire ne s'en peust asseurer que par vn decret. Lesquelles raisons cessent au second cas, de sorte qu'en iceluy, il n'y a rien qui empesche que la suitte d'hypotheque n'y ait lieu, tout ainsi qu'és rentes constituées.

60 Du decret d'iceux. Pour le regard de la saisie & du decret, i'estime en vn mot qu'il faut tenir toutes les mesmes regles & decisions, qui ont lieu és simples Offices venaux, & qui seront deduites au liure suiuant, sauf que, comme ie vien de dire, la distribution des deniers du decret ne se faict pas par déconfiture, ains selon l'ordre des hypotheques, comme és rentes constituées.

61 Comment entre en communauté & en doüaire. Pareillement à l'esgard de la communauté d'entre mary & femme, il y faut garder les mesmes maximes qu'aux Offices venaux. Comme aussi à l'esgard du doüaire, ie n'estime point qu'il doiue auoir regulierement lieu en ces Offices, pour les raisons contenuës à la fin du neufiesme chapitre du liure suiuant, ni au pareil le retraict lignager, mesme és coustumes qui l'admettent és choses reputées immeubles, pource qu'en ces Offices l'acheteur *habet ius à Rege potius quàm à resignante*, ainsi qu'il vient d'estre dict.

62 Comment en succession. Mais quant à la succession, la question me semble plus douteuse que toutes les autres, d'autant que la raison decisiue, pour laquelle ie resoudray au liure suiuant que les purs Offices sont partageables comme meubles, milite en ceux cy, à sçauoir que ce n'est pas l'Office en soy qui tombe en succession, ou en partage, ains seulement la faculté de le vendre & d'en tirer deniers. Neantmoins pource qu'en l'équilibre de ceste difficulté à l'esgard des purs Offices, le droict d'heredité, qui est de plus en ceux cy, me semble suffisant, pour faire pancher la balance du costé de l'immeuble, aussi que la proprieté des Offices s'establit parmi nous pied à pied, i'estime qu'en attendant que la Cour ait decidé ceste difficulté, il est plus asseuré de les tenir pour immeubles en matiere de succession, ainsi que les rentes constituées, & ie donne cela à nostre vsage, encor qu'à y prendre garde de prés, ce soit contre la droicte raison.

63 Comment en rapport. Finalement à l'esgard du rapport d'entre coheritiers, si le fils pourueu d'vn de ces Offices par la resignation de son pere, veut rapporter l'estimation, il ne la faut pas faire, à mon aduis, sur la finance payée pour l'Office, comme i'ay dict des Offices domaniaux au chapitre precedent: pource que ces Offices ne sont pas suiets à vn rachapt perpetuel comme les domaniaux, qui aussi ont leur prix certain, comme les rentes constituées, mais ces Offices, ainsi que les vrais Offices à vie, appartiennent *optimo iure* aux pourueus, qui les reuendent communément beaucoup plus que la finance d'iceux: & partant ce seroit vn grand aduantage à l'enfant resignataire de n'en rapporter que la finance. Toutesfois combien que l'estimation de l'Office à vie doiue estre faicte à l'esgard de ce qu'il valoit lors qu'il a esté resigné par le pere, & non à ce qu'il vaut lors du partage & rapport, pource que dessors de la resignation, le peril & le profict de l'Office casuel concerne le resignataire, neantmoins il faut tenir le contraire aux Offices hereditaires par priuilege, qui ne sont point casuels ni perissables par mort, & par consequent en ce regard doiuent suiure la regle des autres biens, & la decision de l'article 305. de la Coustume de Paris. En laquelle estimation, c'est sans doute qu'il faut apprecier la simple procuration de l'Office, & non pas l'Office tout expedié: pource que quand on le rapporteroit en espece, il n'y auroit que la procuration qui tournast au profict commun. Si toutesfois le pere auoit fourni l'Office au fils tout expedié, il faudroit encor qu'il rapportast le droict de resignation, & les frais de l'expedition payez par le pere.

SOM-

SOMMAIRE DV NEVFIESME CHAPITRE.

1 *Comment le Clergé doit contribuer aux necessitez de l'Estat.*
2 *Origine des decimes.*
3 *Decime Saladine.*
4 *Decimes des Papes.*
5 *Abolies.*
6 *Decimes du Roy.*
7 *Quand faictes ordinaires.*
8 *Que ce fut soubs Charles IX.*
9 *Origine des rentes sur le Clergé.*
10 *Renouuellement de la leuée des decimes.*
11 *Indictions de l'Empire.*
12 *Eslection des Empereurs renouuellée tous les dix ans.*
13 *Erection d'vn Receueur des deniers extraordinaires & casuels.*
14 *Origine des Receueurs des decimes.*
15 *Receueurs des deniers extraordinaires remboursez par le Clergé.*
16 *Restablis en qualité de Receueurs des decimes.*
17 *Attribuez à la nomination du Clergé.*
18 *Pourueuz par commission irreuocable, sinon apres remboursement.*
19 *De mesme.*
20 *Erection des Receueurs alternatifs, & des Controlleurs des decimes.*
21 *Remboursez la plus part.*
22 *Erection des Receueurs generaux Prouinciaux des decimes.*
23 *Esteints apres dix ans, sans remboursement.*
24 *Greffes, apres la iouïssance de seize ans, rendus au Roy.*
25 *Receueurs Prouinciaux reuendus au sieur de Castille.*
26 *Du Receueur general du Clergé.*
27 *N'est qu'vne commission reuocable.*
28 *Du droict des Estats des decimes.*
29 *Qu'ils sont tous de mesme nature.*
30 *Que le Roy a touché les deniers de tous.*
31 *S'ils sont Offices Royaux.*
32 *Des Thresoriers des Princes.*
33 *Ne sont Officiers.*
34 *Que les Receueurs des decimes ne sont vrais Officiers.*
35 *Resolution que si.*
36 *Ont tous droicts d'Officiers du Roy.*
37 *Difference d'entr'eux, & les Thresoriers des Princes.*
38 *Autre difference.*
39 *S'ils sont Offices domaniaux.*
40 *Peuuent estre reuendus par le Clergé.*
41 *Comment cette reuente peut estre faicte.*
42 *Sont Officiers du Roy, à l'egard de l'exercice: & du Clergé, à l'egard de la proprieté.*
43 *Ne doiuent estre reuendus, sinon au rabais des gages ou droicts.*
44 *Cette reuente seroit vtile.*
45 *Aduis d'vn fonds de deniers, pour l'entretien des Ministres conuertis.*
46 *Vtilité de cét aduis.*
47 *Que ce mesnage seroit meilleur que l'extinction de ces Offices apres certaines années.*
48 *Questions sur ces Offices.*
49 *S'il faut en prendre lettres du Roy.*
50 *Resolution que non.*
51 *S'ils peuuent estre exercez par Commis general.*
52 *Resolution que si.*
53 *Ne vaquent par aucune vacation.*
54 *S'ils sont subiects au doüaire.*
55 *Du droict des Receueurs Prouinciaux, pendant les dix ans d'extinction.*

DES RECEVEVRS ET CONTROLLEVRS DES DECIMES.

CHAPITRE IX.

COMME on voit chacun des membres du corps humain contribuer ses facultez à la nourriture d'iceluy, aussi est-il raisonnable que tous les membres de l'Estat contribuent à ses necessitez, ce qui est de leur puissance. Neantmoins, encor que la Noblesse de France employe sa propre vie pour la defense du Royaume, & le tiers Estat ses biens, les Ecclesiastiques ont tousiours maintenu que c'estoit assez, qu'ils y contribuassent leurs prieres vers Dieu, mais quant à leurs biens, ils se sont faict à croire qu'ils estoient hors de l'Estat, & exempts de la puissance temporelle. De sorte qu'ils n'en ont voulu faire aucune contribution, fors en vn seul cas, à sçauoir lors qu'il a esté question de quelque guerre saincte. 1 Comment le Clergé doit côtribuer aux necessitez de l'Estat.

La premiere contribution par eux faicte, au moins dont nostre histoire face 2 Origine des decimes.

mention, fut à la guerre que Charles Martel entreprist pour la defense du Pape contre les Lombards, pour laquelle ils fournirent la dixiesme partie de leur reuenu, appellée en Latin *decima*. Ils fournirent encore vne autre decime soubs Philippe Auguste, au premier voyage de la terre saincte, qui fut appellée *decime*
3 Decime Saladine. *Saladine*, pource qu'elle fut promptement leuée sur le bruit arriué, que Saladin auoit pris Hierusalem. Pareillement, en ce grand Concile de Latran, tenu soubs Innocent III. il fut ordonné que pour semblables voyages de la terre saincte, il seroit pris vne decime sur les Ecclesiastiques. Et depuis ce temps, à mesure qu'il s'est presenté quelque guerre, où les Ecclesiastiques ont eu tant soit peu d'interest, on n'a cessé de leuer sur eux des decimes, tantost pour la defense des Papes (notamment lors qu'ils residoient en Auignon, ce leur estoit quasi vn reuenu ordinaire) tantost pour le Roy par permission du Pape: de sorte que, comme dit
4 Decimes des Papes. le vieil Annaliste, le Pape & le Roy pratiquoient l'vn enuers l'autre cét ancien dire, *Donne m'en, ie t'en donray*.

5 Abolies. Pour le regard des decimes que les Papes auoient pris coustume de leuer, elles furent retranchées par le Concile de Constance, fors en cas de consentement vniuersel des Prelats: & de fait il n'en a point esté leué du depuis en France, comme aussi les Papes n'en ont eu grand besoin: mais quant à celles des
6 Decimes du Roy. Roys, elles leur ont esté si souuent concedées par les Papes, ou accordées par les Ecclesiastiques, qu'à la parfin, en ce Royaume de consequence, elles ont esté reduictes en subside ordinaire, tout ainsi que les tailles du tiers Estat, qui au pareil n'estoient du commencement imposées, sinon pendant la guerre, & du consentement du peuple.

7 Quand faites ordinaires. On tient communément que ce fut soubs le Roy François I. que les decimes furent conuerties en subside ordinaire: ce qui n'est pas vray-semblable, attendu l'Edict du Roy Henry second son successeur, de l'an 1557. contenant l'erection d'vn Receueur des deniers extraordinaires & casuels, *pour entr'autres deniers, receuoir* (porte cét Edict) *les dons gratuits & charitatifs, équipollens à decimes, quand ils nous sont & seront accordez par les Prelats Diocesains de nostre Royaume*: noms qui furent premierement attribuez à céte subuention du Clergé, par le rescrit du Pape Boniface VIII. lors qu'il permist au Roy Philippe le Bel, de faire vne leuée sur les Ecclesiastiques pour la defense du Royaume, comme il se voit au vieil styl du Parlement, *tract. De iur. Reg. Franc.* où elle n'est pas appellée decime, pource qu'il n'y auoit que les leuées faictes pour les guerres sainctes, qui fussent proprement appellées ainsi.

8 Que ce fut soubs Charles neufiesme. Mais ie tien pour certain que ce fut seulement du temps du Roy Charles IX. pendant la continuation des guerres de la Religion, qu'on fut contraint d'auoir recours annuellement à ceste subuention: à laquelle partant on redonna le nom de decime, comme estant faicte pour vne guerre saincte, toutesfois d'autant que au fort de la guerre elle estoit mal-aisée à leuer, aussi que la decime n'estoit pas suffisante aux grands fraiz, & promptes necessitez de cette guerre (à laquelle neantmoins les Ecclesiastiques auoient le principal interest, pource que c'estoit
9 Origine des rentes sur le Clergé. principalement à leurs personnes à qui on en vouloit, & leur reuenu qu'on vouloit vsurper) on s'aduisa d'emprunter pour eux à rente grandes sommes de deniers, soubs le nom & credit des Preuosts des Marchans, & Escheuins de Paris, ausquels le Roy transporta par engagement ses aydes & gabelles à proportion, dont les Ecclesiastiques luy baillerent indemnité, & luy promirent de racquitter ces rentes apres la paix. Et de faict, en l'an 1568. eux mesmes se chargerent directement de ces rentes, & les assignerent & realiserent sur leurs domaines & reuenus solidairement, moyennant laquelle assignation les Preuosts des Marchans & Escheuins de Paris rendirent au Roy les aides & gabelles dont ils iouissoient par engagement ou assignat. Et outre, les Ecclesiastiques promirent d'acquiter & amortir entierement lesdictes rentes dans dix ans, afin que le Roy &
10 Renouuellement de la leuée des decimes. l'Hostel de ville de Paris en fussent entierement deschargez.

Ce que n'ayant faict depuis ce temps, il a fallu continuer par chacun an à faire leuée de decimes sur le Clergé, pour payer les arrerages de ces rentes. Car encor qu'il maintienne à present, que dans ces dix ans il fut leué des deniers à suffire pour racquiter entierement le sort principal d'icelles, outre les arrerages, & que partant il pretende en estre quitte, neantmoins, si ainsi est que la leuée ait esté faicte, il faut que les deniers ayent esté diuertis, & baillez aus defuncts Roys, à mesure qu'ils en ont eu besoin. C'est pourquoy en l'an 1580. les Ecclesiastiques consentirent que la leuée de treize cens mil liures par an, fust continuée pendant six ans seulement: en l'an 1586. ils la renouuelerent pendant dix ans, & en l'an 1596. pendant autres dix ans: & finalement en l'an 1606. ils l'ont encor renouuelée pour dix ans, tousiours soubs de belles protestations de n'estre tenus de ces rentes, & que ce qu'ils les payent, c'est seulement de grace, & pour contenter le Roy.

De sorte, que c'est en effect, comme les indictions de l'Empire, qui n'estoient faictes que pour quinze ans, mais se renouuelloient tousiours de quinze en quinze ans, qui fut cause qu'en fin l'indiction signifia le temps de quinze ans. Ou bien comme les premiers Empereurs Romains se faisoient eslire tous les dix ans par le Senat, auec beaucoup de magnificence, à cause qu'Auguste ayant proposé au Senat de quitter l'Empire, & redonner l'entiere liberté au peuple, fut prié d'attendre encor dix ans, & apres ces dix ans fut derechef prié d'en attendre dix autres: mais tout cela n'estoit que pour la forme. Car ces Empereurs, ni possible Auguste mesme, n'auoient pas dessein de quitter l'Empire, si on l'eust pris au mot: comme au pareil ce n'est pas l'intention des Roys de quitter cette indiction ou subside des Ecclesiastiques apres les dix ans. 11 Indictions de l'Empire. 12 Eslections des Empereurs renouuellées tous les dix ans.

C'est pourquoy il a esté besoin de Receueurs pour en faire la leuée. Et desia, comme nous venons de dire, soubs le Roy Henry II. & en l'an 1557. fut erigé vn Receueur des deniers extraordinaires & casuels en chacun Diocese, auquel on fit semblant de bailler la charge de receuoir l'octroy des cinquante mil hommes de pied, & les emprunts generaux & particuliers; mais sa principale charge estoit de receuoir les dons gratuits & charitatifs des Ecclesiastiques, equipollens à decimes: aussi luy attribua-on au lieu de gages, douze deniers sur iceux, & trois deniers seulement sur l'autre maniement de sa charge: & de fait, en la iussion faite trois mois apres, pour la verification de cét Edict, ces Offices sont qualifiez par exprés Receueurs des decimes & deniers casuels, qui est cause que les compilateurs des Ordonnances rapportent tous à cét Edict, l'origine des Receueurs des decimes. 13 Erectiō des Receueurs des deniers extraordinaires & casuels. 14 Origine des Receueurs des decimes.

Aussi les Ecclesiastiques, preuoyans que l'erection de cet Office seroit vn suiet, ou vn prejugé de continuer la leuée de leur subuention, le rembourserent bien tost apres, & par l'Edict que partant ils obtindrent pour la suppression d'iceluy, firent ordonner, que d'oresnauant, quand il escherroit à leuer des subuentions sur le Clergé, ce seroit le Clergé mesme, qui commettroit les Receueurs: comme à la verité c'estoit l'ancienne mode de France, lors que les tailles du tiers Estat n'estoient encor ordinaires, que quand on les accordoit pour la necessité du Royaume, le peuple mesme eslisoit & deputoit toutes sortes d'Officiers necessaires pour en faire la leuée. 15 Receueurs des deniers extraordinaires rembourssez par le Clergé.

Neantmoins, en l'an 1572. le Roy Charles ne laissa d'en eriger d'autres en tiltre d'Office, qu'il appella lors tout ouuertement Receueurs des decimes & subuentions du Clergé, & mesme l'Edict en fut verifié au Parlement, nonobstant l'opposition des Ecclesiastiques, lesquels toutesfois firent tant enuers le Roy, que la finance d'iceux tourna en acquict d'vne somme de huict cens mil liures, qu'il leur demandoit lors, pour le voyage du Roy de Pologne son frere, & en ce faisant, obtindrent Edict en Iuin 1573. par lequel, au lieu que par le precedent Edict ces Receueurs estoient en la pleine prouision du Roy, & comptables à la Chambre des Comptes, ils demeurerent en la nomination du Clergé, & comptables à iceluy, ou à son Commis general: mais quoy que ce soit, ce n'estoient encor que purs Offices à vie, ainsi qu'estoient lors sans exception, tous les Offices de France, n'ayant encor esté trouuée l'inuention des Offices hereditaires. 16 Restablis en qualité de Receueurs des decimes. 17 Attribuez à la nominatiō du Clergé.

18 Pourueus par commission.

Mais par autre declaration du 29. Aoust ensuiuant, sur ce que les Ecclesiastiques remonstrent ne pouuoir promptement trouuer deniers de ces Offices, pour fournir lesdits huict cens mil liures, à cause que l'Edict precedent portoit clause de suppression d'iceux, toutesfois-&-quantes, moyennant remboursement, le Roy leur permist *de prendre deniers par forme de prest, de gens suffisans & capables, pour les faire pouruoir desdits Offices en tiltre, si faire se pouuoit, sinon par commission, eux & leurs successeurs, qui les pourroient tenir & exercer aux gages, charges & conditions qui leur seroient prescrites & limitées par ledit Clergé, iusques à l'entier remboursement des deniers qui luy auroient pour cét effect esté prestez.*

19 De mesme.

Donques en vertu de cette declaration, tous ces Receueurs ont esté pourueus, non pas en tiltre d'Office, mais par commission seulement, voire plustost par contract, que chacun d'eux a faict separément auec le Clergé de son Diocese, par lequel sont specifiées les conuentions accordées reciproquement, soit pour l'asseurance des deniers prestez, soit pour les gages & droicts, stipulez tant pour l'interest d'iceux, que pour la peine de faire la Recette.

20 Erection des Receueurs alternatifs, & des Controlleurs des decimes.

Et en l'an 1588. le feu Roy ayant obtenu du Pape permission d'aliener pour cinquante mil escus de rente des biens Ecclesiastiques, & au lieu de ladicte alienation, le Clergé ayant composé à la somme de quinze cens mil liures, il erigea pour cet effect, *Vn Receueur des decimes alternatif, & deux Controlleurs en chacun Diocese, en tiltre d'Offices hereditaires, à faculté de rachat perpetuel, & à la charge que les pourueus d'iceux les pourroient ceder & transporter à autres, comme leur propre & vray heritage, sans pour ce payer au Roy aucune finance, ni demander aucune permission de sadicte Majesté.* Toutesfois, par le contract faict entre le Roy & le Clergé, en l'an 1596. ayant esté permis au Clergé de rembourser tous ces Receueurs & Controlleurs en six ans, & à trois payemens égaux, en leur payant cependant la rente, à raison de sept pour cent, ces Receueurs alternatifs, & deux Controlleurs (qui certes estoient du tout inutiles) ont esté remboursez, au moins en la plus part des Dioceses: mais à l'égard de l'ancien Receueur, le remboursement n'a esté effectué, pource qu'il en falloit tousiours vn, & principalement à cause d'vne clause, que ce mesme contract portoit, que le Clergé seroit responsable de l'insuffisance des Commis, qui seroient mis en sa place, ainsi qu'il estoit auparauant l'érection de ces Offices. Et neantmoins cette permission de le rembourser comme les autres, a seruy en plusieurs Dioceses, pour diminuer ses gages ou droicts, crainte du remboursement.

21 Rébourfez la plus part.

22 Erection des Receueurs generaux Prouinciaux des decimes.

Voila pour les Receueurs de chacun Diocese, qui ont esté appellez Receueurs particuliers, apres l'érection des Receueurs generaux Prouinciaux, qui fut faicte & verifiée dés l'an 1581. mais non executée, au moyen de l'empeschement du Clergé: & a esté remise sus en l'an 1594. par le feu Roy Henry IIII. qui les crea en qualité d'Officiers hereditaires, au lieu des commis que le Receueur general estoit tenu mettre en chacune des generalitez qui estoient seulement dix-sept en nombre, lors que cette erection fut faicte: laquelle erection de ces dix-sept Receueurs generaux Prouinciaux en tiltre d'Office hereditaire, a esté fort disputée & debatuë par le Clergé. Lequel, en fin au dernier renouuellement de la leuée des decimes, faict en l'an 1606. ayant obtenu du Roy permission de les rembourser, a faict ce mesnage auec eux, que par contract passé pardeuant Lusson & le Noir, Notaires de Paris, le 30. Mars 1606. ils ont consenti l'estinction & suppression de leurs Offices, sans aucun remboursement, moyennant qu'on les laisseroit iouïr d'iceux pendant dix ans seulement, tant ils auoient esté vendus à bon marché, ou bien tant le prix des Offices, & folie des François a augmenté depuis l'an 1594. Et à cét exemple, ce subtil donneur d'aduis M. Charles Paulet, de n'agueres, & au mois de Mars 1608. a faict parti auec le Roy pour luy rendre & restituer franchement & quittement, de ses Greffes, ou autres domaines, iusques à la somme de quatre millions de liures, dont il sera tenu rembourser les acquereurs, en luy delaissant seulement la iouïssance d'iceux pendant seize ans, qui est certes vn tres-bon mesnage au Roy.

23 Estains apres dix ans, sans remboursement.

24 Greffes, apres la iouïssance de seize ans rendus au Roy.

25 Receueurs Prouinciaux reuendus au sieur de Castille.

Mais ce mesnage n'a gueres duré à l'égard des Ecclesiastiques: car dés l'année derniere 1608. pour fournir promptement au Roy trois cens mil liures, ils ont reuendu au sieur de Castille, leur Receueur general, ces dix-sept Offices de Receueurs generaux Prouinciaux, pour en faire pouruoir qui bon luy semblera à perpetuité, en qualité d'Offices hereditaires, apres l'expiration des dix ans, pendant lesquels les pourueus d'à present en doiuent iouïr, & soubs autres clauses contenuës au contract passé entre les syndics du Clergé, & iceluy sieur de Castille pardeuant iceux Lusson, & le Noir, le 30. Iuillet 1608.

Ce qui nous met en train de parler de ce Receueur general des decimes, i'enten le general generalissime, tel qu'est à present le sieur de Castille, & estoit auparauant luy & son pere, le sieur Marcel. Or celuy-là ne fut onc erigé en tiltre d'Office, ains seulement le Clergé le commet par contract, & pour temps prefix & limité, qui est tousiours le mesme temps du renouuellement de la leuée des decimes, & encor à la charge de pouuoir estre reuoqué pendant ce temps, par la libre volonté du Clergé, comme il se voit par le contract faict entre le Clergé, & ledit sieur de Castille, en l'an 1596. inseré au recueil des remonstrances & ordonnances du Clergé : dont s'ensuit que cette charge n'est point vn Office ; ains vne simple commission deferée par vn corps priué, laquelle toutesfois estant auctorisée par le Roy, & estant au profit de sa Majesté, includ vne auctorité publique, pour decerner contrainctes, faire procez verbaux, & tous autres actes necessaires à l'exercice d'icelle, tout ainsi que pourroit faire vn Receueur en tiltre d'Office : mais en fin cette commission, n'ayant onc esté venduë par le Roy, ou par le Clergé, ains estant reuocable à volonté, n'est nullement venale. 26 Du Receueur general du Clergé. 27 N'est qu'vne cōmission reuocable.

Quant aux Offices de Receueurs generaux Prouinciaux, il faut confesser qu'ils sont de la mesme nature que ceux des Receueurs particuliers. Car ce que les anciens Receueurs particuliers ne furent pourueus que par commission, fut à cause que de ce temps l'inuention des Offices hereditaires n'auoit encor esté introduicte, de sorte qu'on ne pouuoit imaginer qu'ils peussent estre hereditaires, s'ils estoient pourueus en tiltre d'Office : & partant, pour en asseurer l'heredité, il falut prendre ce circuit, de permettre au Clergé de les pouruoir par commission, laquelle ne pourroit estre reuoquee, sinon en rendant les deniers prestez pour icelle obtenir : mais depuis que les Offices hereditaires ont esté inuentez, quand on a creé les Receueurs particuliers alternatifs, & les Controlleurs, on n'a plus dit qu'ils seroient pourueus par commission du Clergé ; ains qu'ils seroient pourueus par le Roy, comme d'Offices hereditaires : ainsi qu'au pareil il est contenu en l'erection des Receueurs generaux Prouinciaux. 28 Du droict des Estats des decimes. 29 Qu'ils sont tous de mesme nature.

Ne sert de dire, que les Receueurs particuliers, tant anciens qu'alternatifs : ensemble les Controlleurs, ont esté vendus par le Clergé, ou son partisan, à tel prix qu'il a voulu, & que les Prouinciaux ont esté vendus directemét par le Roy. Car c'est la verité que le Roy a aussi bien touché les deniers prouenus de l'erection des Offices des Receueurs, tant anciens qu'alternatifs, & des Controlleurs, que ceux des Receueurs Prouinciaux. Ceux des anciens Receueurs ayans esté employez à payer les huict cens mil liures promis par le Clergé pour le voyage du Roy de Pologne ; & ceux des Receueurs alternatifs, & des deux Controlleurs ayans seruy pour payer les cinq cens mil escus promis au Roy par le Clergé, pour & au lieu de l'alienation permise par le Pape, de cinquante mil escus de rente du bien d'iceluy. Et de fait, cette derniere reuente, faicte en l'année 1608. des Offices de Receueurs Prouinciaux, a esté faicte par le Clergé mesme, & non par le Roy, qui toutesfois en a eu les deniers, comme il vient d'estre dict. 30 Que le Roy a touché les deniers de tous.

Supposé donc que tous ces Estats du Clergé sont de mesme nature, on peut douter en premier lieu, s'ils sont vrays Offices Royaux. Car en les rapportant à leur origine, il semble que c'est vn emprunt de deniers, faict par le Clergé à gros interests, pour payer ce qu'il auoit promis au Roy, au lieu de mettre la main à l'heritage. Interests, qui neantmoins sont tolerables, pource que ce qui excede le legitime interest est attribué en consequence de la peine que prennent ces Receueurs au recouurement des deniers. 31 S'ils sōt Offices Royaux.

Tout ainsi qu'on pratique auiourd'huy és maisons des Princes & grands seigneurs, de prendre des Argentiers (qu'on appelle improprement Thresoriers, 32 Des Thresoriers des Princes.

pource que ce tiltre n'appartient qu'à ceux du Roy) qui d'entrée prestent & aduancent aux Seigneurs vne bonne somme de deniers, pour laquelle on leur paye double interest par forme de gages, lequel partant ils reçoiuent licitement, suiuant vn bon contract qu'ils en passent, contenant les conditions de leur charge, entr'autres de ne pouuoir estre reuoquez d'icelle, sans estre prealablement remboursez de leurs aduances.

33 Ne sont Officiers. Et neantmoins on ne les peut qualifier Officiers; ains c'est la verité qu'ils font leurs charges en vertu d'vn contract meslé *ex antichresi & locatione operarum*: ce qu'on peut dire au pareil des Receueurs des decimes, au moins des anciens Receueurs particuliers, ausquels l'Office est seulement engagé par forme d'antichrese, c'est à dire, à la charge d'en prendre les fruicts à leur profit, tant pour leur peine, que pour l'interest des deniers par eux prestez au Clergé: que si ceste opinion estoit vraye, il faudroit tenir ces Offices pour meubles, ainsi que sans difficulté est l'argent aduancé aux Princes par leurs Thresoriers.

34 Que les Receueurs des decimes ne sont vrays Officiers. Mais pour monstrer plus particulierement, qu'ils ne sont pas vrays Officiers, cela semble determiné expressément par les articles arrestez en l'assemblée du Clergé és années 1595. & 1596. inserez en ce mesme recueil, dont voicy les mots: *Les Receueurs particuliers des Dioceses ne sont proprement pourueus desdites Recettes en tiltre d'Office formé, mais par commissions, pour par eux leurs hoirs & successeurs (qui les pourront tenir) estre exercées aux gages & conditions prescrites & limitées par ledit Clergé.*

35 Resolution que si. Toutesfois i'estime, voire ie tien tout asseuré que tous les Estats des decimes sont vrais Offices. Car desia pour les Receueurs particuliers alternatifs, & les Controlleurs, ensemble pour les Receueurs Prouinciaux, il n'y a nulle difficulté, attendu qu'ils sont erigez & pourueus par le Roy en tiltre d'Office hereditaire: & quant aux anciens Receueurs particuliers, ils ont aussi esté erigez par le Roy en tiltre d'Office: mais on y a pourueu par commission, pource qu'on n'auoit encor trouué l'inuention de pouruoir en tiltre hereditairement d'vn Office formé: mais ce circuit a esté delaissé, si tost que les Offices hereditaires ont esté mis en vsage. Or il est certain, que tout Estat erigé par le Roy en tiltre d'Office, est Office: voire mesme c'est la definition que Bodin donne à l'Office, d'estre vne charge publique limitée par Edict, au lieu qu'il definit la commission, vne charge limitée par simples lettres.

36 Ont tous droits d'Officiers du Roy. C'est pourquoy ie conclu, que les Officiers des decimes sont non seulement vrais Officiers, mais encor vrais Officiers du Roy, qui en cette qualité ont puissance publique, ont rang & seance selon la dignité de leur charge, & si ont, ou peuuent auoir des tiltres d'honneur, & des priuileges, ainsi que les autres Officiers Royaux: tesmoin l'Edict d'erection des Receueurs Prouinciaux, qui porte expressément *Qu'ils iouïront de tels & semblables honneurs, priuileges, prerogatiues, preeminences, franchises & libertez, dont iouïssent les Receueurs generaux des finances.*

37 Difference d'entr'eux, & les Officiers des Princes. Et ne faut point comparer ces Offices aux Thresoriers des Princes, qui ne sont pas Officiers érigez par Edict, comme ceux des decimes, mesme qui n'ont charge ni puissance publique, ains cette comparaison conuient seulement à la commission du Receueur general, qui encor est bien plus que les Thresoriers des Princes, attendu que le Roy luy a deferé pour l'exercice de sa charge la puissance publique, que ceux-là n'ont aucunement.

38 Autre difference. Il y a encor vne autre difference entre ces Officiers des decimes, & les Thresoriers des Princes: à sçauoir que ceux-cy n'alienent pas tout-à-fait les deniers qu'ils prestent & aduancent aux Princes; ains quand ils decedent, ou se veulent retirer de leur seruice, ils les peuuent repeter & exiger: mais les Officiers des decimes ont fait vn prest à iamais rendre, si le Clergé ne veut, & ont aliené leurs deniers, tout ainsi que s'ils les auoient baillez à rente. C'est pourquoy comme nous iugeons les rentes immeubles, à cause de l'alienation du principal, c'est mon aduis, que ces Offices doiuent estre reputez immeubles, attendu mesme qu'on iuge ordinairement les simples contracts pignoratifs d'Anjou, & du Maine, comme il a esté dit cy-deuant, combien qu'en iceux les deniers ne soient pas tout-à-faict ailleurs.

39 S'ils sont Offices domaniaux.

Mais c'est vne grande & importante question, si ces Offices doiuent estre mis au rang, ou des domaniaux, ou des hereditaires par priuilege, attendu que les regles des vns & des autres sont presque tousiours contraires, ainsi qu'il se voit par la conferéce des deux chapitres precedens: c'est pourquoy i'ay reserué ceux-cy à part, pour mieux expliquer leur nature, qui en vn mot est, à mon aduis, moyenne, & participante de ces deux especes. Car encor que de prime-face ils semblent ne pouuoir estre du nombre des domaniaux, pource qu'ils n'ont pas les deux marques d'iceux, rapportées au precedent chapitre: à sçauoir qu'ils ne consistent pas en vn droict domanial, qui puisse estre baillé à ferme, & qu'ils ne sont pas adiugez publiquement au plus offrant, ainsi que le domaine du Roy: neantmoins c'est la verité, que ceste secóde marque leur conuient aucunement, attédu qu'ils ont esté vendus au plus offrant à faculté de rachapt, & ce qu'ils n'ont este licitez publiquement, est à cause qu'ils ne sont point part du domaine du Roy, auquel seul ceste forme est necessaire: mais tant y a qu'ils ont esté vendus aux meilleures conditions que le Clergé en a peu tirer, & notamment à faculté de rachapt, & non pas conferez en Office formé, qu'on ne peut racheter: aussi que l'heredité ne leur a point esté attribuée depuis leur creation, & apres leur nature formée, ainsi qu'aux Offices hereditaires par priuilege; ains ils ont esté érigez en ceste nature d'estre hereditaires: d'ailleurs il est certain qu'ils peuuent estre reuendus, quand il plaira au Roy & aux Ecclesiastiques à mesme faculté de rachapt, ainsi que les Offices domaniaux: & de faict y a eu Edict à ceste fin, verifié au Parlement dés l'an 1596. lequel neantmoins n'a point esté executé au moyen d'vn arrest de defenses du 6. Mars 1598. donné à la poursuitte des deputez du Clergé, qui empescherent ceste reuente, comme estant vne nouuelle alienation des biens d'Eglise: mais pour le regard des proprietaires de ces Offices, ils ne l'eussent sceu empescher de leur chef, attendu qu'ils les ont achetez sous faculté expresse de rachapt. Et est fort notable, que par cet arrest de l'an 1598. ces Offices sont qualifiez domaniaux & hereditaires.

40 Peuuent estre reuendus par le Clergé.

41 Comment ceste reuente peut estre faicte.

Ce qui nous met en train de declarer en premier lieu, si, & comment ces Offices peuuent estre reuendus: ce qu'il faut resoudre à mon opinion, par les mesmes regles qui ont esté discourues au chap. 7. à l'esgard des Greffes des Seigneurs; à sçauoir qu'ils peuuent estre & retirez & reuendus sans tiercement & sans Edict, pource que ces deux voyes ne sont prescrites, que pour les Offices du domaine du Roy. Et ne sert de dire que ces Offices icy sont Royaux, puisque les pourueus d'iceux sont, & se peuuent qualifier Officiers du Roy, ayant esté érigez en vertu d'Edits, & la pluspart d'iceux ayant lettres de prouision de sa Maiesté, estans receus par les Thresoriers de France. Car cela est vray en ce qui concerne l'exercice, qui és Offices hereditaires est distinct & separable de la proprieté: mais en ce qui concerne la proprieté & seigneurie directe d'iceux, il est certain qu'ils appartiennent vrayement, non au Roy, ains au Clergé, qui les met & oste, vend & rachete quand il luy plaist, sans l'entremise du Roy. Et ce que le Roy a pris les deniers prouenus de la vente des Receueurs prouinciaux en l'an 1594. a esté par entreprise qui neantmoins estoit necessaire, à cause de la guerre estrangere qui lors commençoit: & de faict le Clergé auoit desia empesché ce coup en l'an 1581, & s'opposa encor à cet Edict de 1594. & en fin a tant faict, qu'il a supprimé ces Offices, puis les a reuendus luy mesme pour sa necessité.

42 Sont Officiers du Roy à l'esgard de l'exercice, & du Clergé à l'esgard de la proprieté.

43 Ne doiuent estre reuendus sinon au rabais des gages, ou droits.

Mais d'autant que l'Eglise est comparée au mineur, comme en ce 7. chapitre il a esté dit, que le Greffe d'vne iustice appartenant au mineur, ne peut pas estre reuendu par son tuteur, ni pour le mesme prix (au moins sans aduis de parens) ni à plus haut prix, sans decret de iustice, pourautant que la vente, ou engagement à plus haut prix est vne nouuelle alienation du bien du mineur: aussi est-ce la verité, que ces Offices ne peuuent pas estre reuendus à autres, soit pour le mesme prix, sans occasion, *& per inutilem versuram*, & encor moins à plus haut prix, sans obseruer toutes les solemnitez requises aux alienations Ecclesiastiques. Au rebours aussi comme il a esté dict, que le tuteur peut reuendre le Grefse au rabais des gages, ou des droicts, sans hausser le prix, pource qu'en telle reuente l'vtilité du mineur est toute euidente : aussi ie ne fay nulle doute, que les Ecclesiastiques ne puissent reuendre ces Offices au rabais des droicts & des gages, sans augmenter le prix de la vente, pource que le profict de l'Eglise y est tout apparent.

44 Ceste reuente seroit vtile.

Et diray en passant, qu'auiourd'huy, que les Offices sont encheris notoirement du double de ce qu'ils valoient au temps de la vente de ceux-cy, ioinct que du depuis on a appris d'en tirer la quinte-essence tout autrement, qu'on ne s'aduisoit lors de leur premiere érection, les Ecclesiastiques pourroient faire vn bon mesnage de les reuendre au rabais des gages, ou des droicts d'iceux, auec charge de rembourser l'ancien adiudicataire de son prix. En quoy faisant, ie m'asseure que tel de ces Offices seroit mis au rabais de moitié des gages, ou droicts d'àpresent.

45 Aduis d'vn fonds de deniers pour l'entretien des ministres conuertis.

Que si on vouloit continuer à leuer ces gages & ces droicts entiers, puis qu'on y est desia tout accoustumé, sans changer les taxes anciennes, le fonds & deniers bons qui reuiendroient annuellement au Clergé, par le moyen de ces reuentes au rabais, suffiroit aisément pour appoincter vn ou deux ministres conuertis en chacun diocese, & en attendant qu'il s'en conuertist, pourroit estre employé à quelques autres œuures pieux.

46 Vtilité de cet aduis.

Que si on sçauoit publiquement, qu'il y eust vn fonds si asseuré pour l'appoinctement perpetuel des ministres conuertis, ie ne doute point, qu'il ne s'en conuertist plusieurs, à present que nos controuerses de religion sont si nettement esclaircies, que les doctes n'ont plus rien qui les retienne, sinon la necessité de leur famille, ou autres considerations du monde. De sorte que ce petit fonds tout trouué, sans surcharge, feroit possible plus d'effect pour la conuersion des desuoyez, que n'ont faict les guerres du temps passé.

47 Que ce mesnage seroit meilleur que l'extinction, apres certaines années.

Ce qui seroit au surplus encor vn meilleur mesnage, que celuy de l'extinction apres quelques années, qui a esté pratiqué aux Receueurs prouinciaux, attendu qu'on ne se peut passer d'vn Receueur particulier, & s'il estoit esteint & supprimé, il faudroit tousiours que les Ecclesiastiques en commissent vn autre, de l'insoluance duquel ils seroient tenus, ainsi qu'ils estoient auparauant qu'il fust érigé en Office, comme porte notamment le contract de l'an 1596. Mais estant à present Officier du Roy, receu & cautionné en iustice, pardeuant les Threresoriers de France, les Ecclesiastiques sont deschargez à bon droict de son insuffisance par l'Edict de l'an 1573.

48 Questions sur ces Offices.

Or puisque nous auons dict que ces Offices ne sont tout à fait, ni domaniaux, ni hereditaires par priuilege, ains qu'ils ont leur nature distincte, laquelle neantmoins participe des vns & des autres, il faut repasser toutes les questions qui ont esté traictées aux vns & aux autres és deux chapitres precedens.

49 S'il faut en prendre lettres du Roy.

Premierement il ne faut point douter de la question, s'ils peuuent estre exercez sans lettres de prouision du Roy, attendu qu'il est notoire que les anciens Receueurs particuliers n'en auoient point, ains iouïssoient de leurs Offices en vertu du contract par eux faict auec le Clergé, contenant leur commission : & leurs heritiers, ou ayans cause en iouïssoient en vertu de leur reception, laquelle, & non pas la prouision, est necessaire à toutes sortes d'Officiers : que si quelques vns d'entr'eux ont pris lettres du Roy, ce ont esté plustost lettres de confirmation du contract par eux faict auec le Clergé, que vrayes lettres de prouision d'Office. Et combien que les prouinciaux ayent pris prouision du Roy, & que

50 Resolution que non.

l'Edict de leur érection porte *Qu'il ne sera pourueu ausdicts Offices, sinon à la nomination des acheteurs d'iceux, leurs hoirs, ou ayans cause.* Neantmoins i'estime que les prouisions du Roy n'y ont esté necessaires, non plus qu'aux Offices des Receueurs particuliers, aussi l'Edict ne porte pas qu'ils en prendront, ains que le Roy n'en deliurera qu'à la nomination de leurs ayans cause, & encor il adiouste ces mots, qui sont fort notables, *sans que pour lesdictes prouisions ils soient tenus financer aucune chose, ains seulement renoueller leurs cautions, & se faire receuoir, ainsi que les precedens pourueus.* Et l'Edict d'érection des Receueurs particuliers alternatifs, & des deux

Controlleurs

Controlleurs, porte, *Que les pourueus desdicts Offices les pourront aliener, ceder & transporter à autres, comme leur propre & vray heritage, sans pour ce payer au Roy aucune finance, ni demander aucune permission de sadicte Maiesté*: mots qui deschargent infailliblement de prendre lettres de prouision. Vray est qu'ils en ont pris la pluspart, afin d'auoir plus d'occasion de se qualifier Officiers du Roy, combien que ce soit proprement la reception, & non la prouision qui face l'Officier.

Mais la difficulté est plus grande, s'ils peuuent estre exercez entierement par commis, & si par consequent les femmes & les mineurs les peuuent posseder, ainsi qu'il a esté dict des Offices domaniaux, ce qui n'est és Offices hereditaires par priuilege. Car la declaration de l'an 1573. porte, que les Offices des anciens Receueurs particuliers, ne pourroient estre baillez qu'à gens suffisans & capables de les exercer, & les Edicts de l'an 1588. des Receueurs alternatifs, & des deux Controlleurs, ensemble celuy de l'an 1594. des Receueurs Prouinciaux, portent qu'il y sera pourueu de gens suffisans & capables. Neantmoins c'est chose toute notoire, qu'on permet aux veufues & aux mineurs de les posseder, & d'en retenir la proprieté, les faisant exercer par vn fermier, ou commis general, tout ainsi que les Offices domaniaux. 51 S'ils peuuẽt estre exercez par commis general.

En quoy il semble que le Roy, ni le public n'est point interessé, puisque ces Offices ne vaquent, ni par mort, ni par forfaicture, & que le Roy ne prend rien de la resignation d'iceux, ou autre mutation quelconque. Et quant aux Ecclesiastiques il ne leur importe qui en soit proprietaire, ains seulement ils ont interest, que celuy qui en fait l'exercice soit homme de bien, ce qui apparoist par sa reception, & qu'il soit soluable, ce qui depend de sa caution: que si le commis n'a point baillé de caution, le proprietaire qui l'a presenté, en est tousiours responsable, comme il a esté dit au 7. chapitre, en tout cas l'Office y est tousiours affecté par preference, ainsi que contiennent par expres tous les Edicts cy-dessus quotez. C'est pourquoy quand ils portent qu'il y sera pourueu de personne capable & suffisante, ils entendent parler de celuy qui pretend en porter le tiltre, & en faire l'exercice, & non de celuy qui en veut auoir la simple proprieté. Comme de faict, quand le proprietaire n'en veut faire l'exercice, il n'a que faire d'en prendre lettres de prouision, puisque cela n'est necessaire. 52 Resolution que si.

Ce poinct icy, presupposé pour veritable, sert à la decision de la plusspart des autres difficultez qui peuuent escheoir en ces Offices. Car il est aisé à entendre que ces Offices ne vaquent par aucune sorte de vacation reguliere ou irreguliere, non plus que les domaniaux: & aussi de ce qu'ils ont vne proprieté separable de l'exercice, il s'ensuit qu'ils sont susceptibles d'hypotheque & de la suitte d'icelle, qui n'est purgée par la prouision obtenuë du Roy par le tiers acquereur; pource que ceste prouision n'est pas le fondement de son droict, ains la vente à luy faicte, voire mesme elle n'est point necessaire, ains est seulement obtenuë par cautele superabondante, comme il a esté dict à l'esgard des Offices domaniaux en ce chapitre 7. les resolutions duquel ie dy en vn mot, qu'il fait pratiquer en ces Offices à l'esgard du decret, distribution des deniers d'iceluy, communauté, retraict lignager, & succession, & non celles des Offices hereditaires par priuilege, contenuës au chapitre precedent. 53 Ne vaquent par aucune vacation.

Et quant au douaire, i'estimeroy qu'il deuroit auoir lieu en ces Offices, ainsi qu'aux rentes constituées, ne s'en pouuant, à mon aduis, assigner aucune pertinente raison de diuersité. Car de dire que les rentes subsistent en hypotheques d'heritages, outre qu'il y en peut auoir qui n'en ont point, comme celles qui sont deuës par vn marchant qui ha tout son bien en marchandise, il est aisé à entendre que les gages & droicts de ces Offices se prennent sur les heritages des Ecclesiastiques; voire il est vray de dire, que ces Offices sont plus durables, & sont moins souuent rachetez, que les rentes constituées. Et toutesfois il faut tenir le contraire regulierement, à cause de la decision formelle d'vn arrest notable de Parlement, donné le dernier Ianuier 1607. plaidans Cornoüaille & Loysel, par lequel l'Office du defunct Receueur des decimes de Senlis fut declaré exempt du doüaire, en consequence que la coustume de Senlis n'attribuë 54 S'ils sont sujets au doüaire.

doüaire que sur les heritages : duquel arrest ie discoureray plus amplement au troisiesme liure.

55 Du droict des Receueurs Prouinciaux pendant les dix ans d'extinction.

Au surplus, i'estime que toutes ces resolutions doiuent encor auoir lieu és Offices de Receueurs Prouinciaux, à present qu'ils sont sujects à demeurer esteints sans remboursement, en l'année 1605. Car cela ne change point au reste leur nature & qualité, puisque cependant les proprietaires d'iceux en iouïssent tout en la mesme sorte qu'ils faisoient auparauant qu'ils eussent consenty ceste extinction. Toutesfois cela apporte vn changement notable de leur droict, à l'esgard de la communauté d'entre mary & femme. Car d'autant que ces Offices se consomment d'eux-mesmes dans les dix ans, & que le profict annuël, par le moyen duquel ils sont en fin consommez, & qui tient lieu du remboursement, a esté opté par le chef de famille, au lieu d'iceluy, entre en la communauté, il est raisonnable qu'apres dissolution d'icelle, le prix du remboursement d'iceux Offices (au cas qu'ils fussent propres à l'vn ou l'autre des conioincts) soit repris par preciput & hors part : mesme si la dissolution eschet dans les dix ans, que pour chacune de ces dix années, qui sera entrée en la communauté, la dixiesme partie de ce remboursement soit repris : ce qu'il faut pratiquer tout de mesme en ces Greffes, desquels, en consequence du party de Paulet, les acquereurs ont (pour éuiter d'en estre par luy remboursez) consenty la reuersion au profict du Roy, apres la iouïssance de seize ans, sans aucun remboursement.

SOMMAIRE DV DIXIESME CHAPITRE.

1 *Presse qu'il y a à la Paulette.*
2 *Consideration pieuse sur l'Edict de Paulet.*
3 *Proiect de ce chapitre.*
4 *Heredité des Offices appetée.*
5 *Suruiuance, pourquoy dicte.*
6 *Suruiuances particulieres.*
7 *Suruiuance des Secretaires.*
8 *Facilité de la finance des Offices.*
9 *Suruiuances generales.*
10 *Autres Edicts de suruiuances.*
11 *Plus tolerables que l'heredité.*
12 *Inconueniens des suruiuances.*
13 *Reuocations d'icelles.*
14 *Inuention de Paulet.*
15 *Edict de Paulet.*
16 *Pourquoy ainsi appellé.*
17 *La Paulette.*
18 *Inconueniens des suruiuances éuitez en cet Edict.*
19 *Suruiuances ne comprenoient les Offices de iudicature.*
20 *Sont compris en cest Edict.*
21 *Inconuenient d'iceluy.*
22 *Remede palliatif.*
23 *Difficulté resultant des termes d'iceluy.*
24 *Effect de la dispense des quarante iours.*
25 *Effect de la suruiuance generale.*
26 *Procuration à resigner n'est pas resignation.*
27 *S'il falloit resigner pour la Paulette on perdroit le huictiesme denier.*
28 *Quels sont les Offices subiects à suppression.*
29 *Moyen par lequel on sauuoit les Offices en la ligue.*
30 *Pourquoy cet Edict a esté autrement practiqué qu'il n'est conceu.*
31 *Plusieurs Offices sauuez sans payer le droict annuel.*
32 *La distinction portée par cet Edict n'estoit raisonnable.*
33 *Interpretation benigne de cest Edict.*
34 *Remede pour leuer l'ambiguité d'iceluy.*
35 *Le partisan desiroit qu'on ne payast point le droict annuel.*
36 *Qu'il n'est besoin de procuratiõ pour payer la Paulette.*
37 *Vains pretextes du partisan.*
38 *Incõueniens de requerir ceste procuration.*
39 *Que ce payement peut estre faict par vn tiers.*
40 *Si le creancier retire les deniers payez pour la Paulette.*
41 *Que non.*
42 *Que si.*
43 *Resolution.*
44 *Si la femme reprend sur la communauté les deniers payez annuellement par le mary pour l'Office à luy propre.*
45 *Que non.*
46 *Raison.*
47 *Autre.*
48 *Resolution.*
49 *Comment se compte l'an de la Paulette.*
50 *Qu'il le faut compter du premier Ianuier au dernier Decembre.*

51 *Si les priuileges de cest Edict sont réels, ou personnels.*
52 *Qu'il faut qu'ils ayent leur effect, s'il y eschet dans l'an.*
53 *Le priuilege du huictiesme denier n'est transferable au resignataire.*
54 *Si le priuilege de conseruer l'Office dans l'an est transferable au resignataire.*
55 *Qu'il est transferable, quand il n'est point consommé.*
56 *Que le partisan n'y est greué.*
57 *Faueur de l'heritier en ceste question.*
58 *Si la resignation doit estre presentée dans les six mois apres le deceds.*
59 *Procuration à resigner que sert à la Paulette.*
60 *Si apres l'an de la procuration l'Office est perdu.*
61 *Arrest du tiers en ascendant.*
62 *Office ne se pert dans l'an apres le deceds.*
63 *Ains seulement par cinq ans.*
64 *Tiers en ascendant que signifie, pourquoy ainsi appellé.*
65 *Si apres les six moix il faut payer le 8. ou le 4. denier.*
66 *Resolution.*
67 *Exception.*
68 *Des fraudes qui se font sur cest Edict.*
69 *De la substraction de la quictance du partisan.*
70 *Si l'acheteur de la procuration soubstraicte est faict Seigneur de l'Office.*
71 *S'il l'a achetée des heritiers auant leur renonciation.*
72 *Si depuis.*
73 *Preuue.*
74 *Si l'acheteur peut estre poursuiuy pour le prix de l'Office.*
75 *Que non.*
76 *Que si.*
77 *Preuue.*
78 *Response aux raisons contraires.*
79 *Resolution pour l'affirmatiue.*
80 Quid *si la resignation est faicte à personne conioincte.*
81 *De la resignation de pere à fils faicte en fraude des creanciers.*
82 *Autre question en ce mesme poinct.*
83 *Resolution.*
84 *De l'action reuocatoire.*
85 *De la quictance supprimée par l'heritier, s'entendant auec le partisan.*

DES HEREDITEZ IMPARFAICTES, NOTAMMENT DE L'EDICT DE PAVLET.

CHAPITRE X.

AV commencement du mois de Ianuier dernier 1608. pendant les gelées, ie m'aduisay, estant à Paris, d'aller vn soir chez le partisan du droict annuel des Offices, pour conferer auec luy des questions de ce chapitre. Il estoit lors trop empesché. I'auoy mal choisi le temps. Ie trouuay là dedans vne grande troupe d'Officiers se pressans & poussans, à qui le premier luy bailleroit son argent: aucuns d'eux estans encor bottez venans de dehors, qui ne s'estoient donné loisir de se débotter. Ie remarquay qu'à mesure qu'ils estoient expediez, ils s'en alloient tout droict chez vn Notaire assez proche, passer leur procuration pour resigner, & me sembloit qu'ils feignoient de marcher sur la glace, crainte de faire vn faux pas, tant ils auoient peur de mourir en chemin. Puis quand la nuict fut close, le partisan ayant fermé son registre, i'ouy vn grand murmure de ceux qui restoient à dépescher, faisans instance qu'on receust leur argent, ne sçachans, disoient-ils, s'ils mourroient point ceste mesme nuict. 1 Presse qu'il y a à la Paulette.

Contemplant ces façons de faire, il me vint vne poincte en l'esprit, de dire en moy-mesme: Bon Dieu que ne sommes-nous aussi soigneux de sauuer nostre ame que nostre Office! *Nonne anima pretiosior est quàm esca, & corpus plus quàm vestimentum?* L'vn & l'autre court risque par nostre mort, mais auec vn interest bien dissemblable. Car apres la mort, nous n'auons plus besoin d'Office, & au rebours c'est lors qu'il nous est necessaire que nostre ame soit sauuée pour l'eternité. Et toutesfois si pour la sauuer il nous falloit payer annuellement en l'honneur de Dieu, le soixantiesme denier des biens qu'il nous a donnez, il y auroit bien à dire, qu'y fussions aussi prompts, que sont les Officiers à payer le droict annuel, 2 Consideration pieuse sur l'Edict de Paulet.

veu que nous reculons & procrastinons tant que nous pouuons à nous reconcilier vers sa diuine Majesté par vraye penitence, encor qu'il ne nous en couste rien. Est-ce pas faire comme ceux qui se hazardans d'aller par eau, font porter par terre leur procez ? Certes il me souuient de ce traict d'vn escriuain moderne, bien hardy, mais fort veritable, que les Chrestiens sont plus qu'hommes, en ce qui est de la foy, mais que leur foy presupposée, ils sont moins qu'hommes, en ce qui est des mœurs.

3 Project de ce chapitre. Le lecteur pieux m'excusera de ceste petite digression, dont Dieu vueille que luy & moy puissiõs faire nostre profict : il faut venir au proiect de ce chapitre, qui est, que comme au surplus de ce liure i'ay traicté des hereditez parfaictes des Offices, aussi de traicter icy des hereditez imparfaictes, c'est à dire de certains cas & conditions, esquelles les Offices qui ne sont hereditaires de soy, passent neantmoins à l'heritier.

4 Heredité des Offices appetée. Or c'est le commun vœu des peres de laisser leurs enfans heritiers de leur Dignité, encor plus que de leur patrimoine, dit Vlysses dans Homere liure 6. de l'Odyssée, voire generalement c'est le desir de tout homme d'asseurer à ses heritiers ce qu'il a acheté, & que partant il presume estre sien. Occasion pourquoy, depuis que la venalité a esté establie aux Offices, on a tousiours tendu à l'heredité d'iceux, du moins chacun a tasché de les asseurer & conseruer apres sa mort: premierement par l'inuention des suruiuances, ainsi appellées, pource qu'elles font comme suruiure l'Office apres la mort de l'Officier. Les diuerses sortes des-

5 Suruiuance pourquoy dicte. quelles ont desia esté expliquées au douziesme chapitre du liure precedent.

6 Suruiuances particulieres. Car de long temps nos Rois ont concedé, qui par faueur, qui par argent, des suruiuances de plusieurs sortes, à aucuns de leurs Officiers en particulier, ainsi que i'ay dict en ce mesme endroict. Voire ils en ont concedé à certaine espece

7 Suruiuance des Secretaires. d'Officiers, sçauoir est aux Notaires & Secretaires de leur maison, apres vingt ans de seruice, pource que ce sont Offices qui approchent aucunement des Greffes & Notariats, ausquels il a esté prouué cy deuant, que l'heredité est plus tolerable. Comme aussi ils ont donné le mesme priuilege de suruiuance à tous Sergens & Archers occis en l'exercice de leur charge, par Edict de l'an 1559.

8 Facilité de la finance des Offices. Quoy que ce soit, les premieres de ces Suruiuances n'estoient que particulieres pour les Officiers qui les obtenoient, & les secondes ne sont attribuées qu'à certaine espece d'Offices. Mais depuis que nos Rois ont trouué goust à la douceur & facilité de la finance prouenant des Offices, qui est apporté iusques dans leurs coffres sans la demander, en fin ç'a esté leur recours plus ordinaire en leurs necessitez.

9 Suruiuances generales. Donques s'estans renouuelez les troubles de la religion, le feu Roy Charles IX. en l'année 1568. permist par deux diuers Edits, à ceux qui promptement luy payeroient le tiers de la valeur de leurs Offices, de les resigner quand bon leur sembleroit, voire voulut que leurs heritiers en disposassent apres leur mort. Adiousta encor, que si les Officiers auoient quitté la iouïssance de leur Office à leur fils, ou gendre qui les predecedast, ils rentreroient en iceux, auec iteratiue faculté de les resigner, sans plus payer aucune finance : mesmement que s'ils delaissoient vn enfant mineur, il seroit pourueu de leur Office, lequel seroit exercé par commis pendant sa minorité.

10 Autres Edicts de Suruiuances. Edict qui fut renouuelé en l'an 1574. les mesmes troubles estant recommencez. Et apres la mort du Roy Charles, ces troubles continuans, le Roy Henry le renouuela encor en l'an 1576. presque soubs mesmes clauses. Et encor en l'an 1586. sur le mesme suject des troubles, il voulut faire tous les Offices hereditaires, dont estant démeu par les remonstrances de Messieurs des Comptes, comme i'ay dict au chapitre 8. de ce liure, il changea son Edict d'heredité, en vn autre renouuellement de Suruiuances.

11 Plus tolerables que l'heredité. De verité ces Suruiuances estoient beaucoup plus tolerables, que l'heredité absoluë des Offices : tant pource qu'elles n'estoient que volontaires, au lieu que les Officiers ont esté contraints acheter l'heredité : ce qui est, & contre le droict des gens, & contre la nature des priuileges : pource aussi que ceste heredité estant attribuée

attribuée à perpetuité, faisoit vn preiudice perpetuel à la couronne, au lieu que 12 Inconueniens des Suruiuances.
les Suruiuances n'ont traict qu'à la premiere vacation de chacun Office.

Mais pourtant c'est tousiours vn preiudice fait aux Rois successeurs: ioint qu'il
y auoit deux autres iniquitez en ces Suruiuances, l'vne, à cause du regrés permis
aux Officiers par icelles, au cas du predecez du fils ou gendre, ce qui est contre
la regle des resignations: l'autre, que l'Office conserué au fils mineur estoit exer-
cé par commission, ce qui est contre la nature des Offices. Bref, il y auoit en icel-
les vn autre inconuenient notable, à sçauoir que les acheteurs de ces Suruiuan-
ces ne pouuoient estre bien asseurez d'icelles, d'autant que le successeur Roy
n'est tenu en bonne iurisprudence de les entretenir, non plus que le successeur
au benefice, les alienations faites par son predecesseur.

C'est pourquoy aussi elles ont esté reuoquées & reprouuées par plusieurs 13 Reuocatiõs d'icelles.
Edicts, à sçauoir de l'an 1541. de l'an 1559. de l'an 1577. & finalement par les Estats
de Blois 1579. art. 111. Esquels Edicts neantmoins les Rois par vne consideration
d'équité, ont excepté les Suruiuances achetées. Encor le Roy d'à present les a-il
reuoquées comme les autres par son Edict de l'an 1598. conuertissant la finance
d'icelles, en augmentation de gages au denier dix.

Mais nonobstant toutes ces reuocations des Suruiuances, on n'a pas laissé de 14 Inuention de Paulet.
tendre tousiours à la conseruation des Offices apres la mort des pourueus. Pour
quoy faire on a trouué vne inuention fort accorte & commode en apparence,
d'autant qu'elle paroist vtile tout ensemble, & au Roy, & aux Officiers: Par la-
quelle les Officiers, soit de finance, ou de iustice, payans au Roy à chacun com-
mencement d'année, la soixantiesme partie du prix ou taxe de leur Office, ob-
tiennent la Suruiuance d'iceluy pendant l'année, & outre, obtiennent modera-
tion de moitié de la finance de leur resignation.

Cette inuention fut premierement auctorisée par arrest du priué Conseil du 15 Edict de Paulet.
7. Decembre 1604. sur lequel le 12. du mesme mois fut faicte vne declaration du
Roy en forme d'Edict: qui fut seulement publiée en la grande Chancellerie, &
non aux Parlemens, soit pour-ce que les Officiers d'iceux y auoient interest en
leur particulier, soit pour-ce que la disposition des Offices depend nuëment du
Roy, suiuant la volonté duquel les prouisions d'iceux sont expediés en la grand'
Chancellerie.

Cét Edict est vulgairement appellé l'Edict de Paulet, *ab inuentore*, comme l'a- 16 Pourquoy ainsi appellé.
ction Pauliane fut nommée du nom du Preteur qui l'inuenta: ou plustost com-
me on donnoit aux loix de Rome le nom de celuy qui les auoit proposées, pour-
ce que M. Charles Paulet Secretaire de la Chambre du Roy en a donné l'aduis,
au moins en a presenté les memoires. Aussi qu'il a esté le premier fermier & par-
tisan de la finance prouenant d'iceluy, les quittances de laquelle estans par con-
sequent signées de luy, estoient, & sont encor appellées vulgairement *Paulettes*. 17 La Paulette.
Aucuns le nomment l'Edict des femmes, pource qu'il redonde principale-
ment à leur vtilité, entant qu'apres la mort des maris les Offices leur sont con-
seruez.

Par cét Edict, (dont il n'est besoin de rapporter icy la teneur, pource que cha- 18 Incõueniẽs des Suruiuances euitez en cét Edict.
cun la sçait assez) les trois ou quatre inconueniens des anciennes Suruiuances
cy-dessus quotez, sont euitez accortement. A sçauoir la clause de regrés, la per-
mission d'exercer les Offices par commis, le preiudice redondant aux successeurs
Roys, & le defaut d'asseurance aux acheteurs des Suruiuances.

Outre cela, cét Edict est plus ample que ceux des Suruiuances, qui ne com- 19 Suruiuãces ne cõprenoiẽt les Offices de iudicature.
prenoient que les Offices de finance, qui sont ceux qui en iceux sont dits estre
reputez venaux: pource que de ce temps-là les Roys ne vouloient qualifier au-
cuns Offices simplement venaux, tenans que la venalité estoit vne qualité re-
pugnante aux Offices. Mais quoy que ce soit, il est bien certain qu'en ces Edicts
des Suruiuances les Offices de iudicature n'estoient nullement compris: ne
voulans lors les Roys leur attribuer la venalité publique, pource qu'ils ne les
vendoient encor que par forme de prest, comme il sera dict en son lieu. Vray
est qu'au dernier Edict de ces Suruiuances, qui fut celuy de 1586. le feu Roy se

reserua de pouruoir particulierement aux Officiers de iudicature, en se retirant vers luy, qui estoit en effect leur accorder pareillement la suruiuãce en cachette.

20 Sont compris en cét Edict. Mais du depuis le masque a esté leué tout-à-fait, & la vente des Offices de iudicature n'a plus esté deguisée du nom de prest, ainsi qu'auparauant, comme aussi le serment ancien que faisoient les Officiers de iudicature, de n'auoir acheté leur Office, a esté aboli. C'est pourquoy en cé dernier Edict, les Offices de iudicature ont esté expressément compris, voire il est dict en son auant-propos, que c'est principalement pour les Conseillers de la grand' Chambre du Parlement, & autres anciens Officiers de iudicature que l'Edict est fait.

21 Inconueniés d'iceluy. Tout l'inconuenient, à mon aduis, qu'on peut imaginer en cét Edict, est, que par le moyen d'iceluy, le Roy demeure frustré du choix & élection des Officiers, lequel neantmoins importe fort à son auctorité, & que la puissance des Officiers, notamment de ceux de iustice, croistra possible par trop, quand ils se verront asseurez de perpetuer leurs Offices en leurs familles : & outre que le prix des Offices, qui desia est trop hault, augmentera encor : ce qui redondera à la foule du peuple, lequel porte tousiours la perte de ces fols marchez, attendu que l'Officier se ressouuenant que son Office luy tient lieu d'vn grand denier, & d'ailleurs, qu'estant asseuré d'iceluy, il luy est comme vn heritage, sera plus enclin à le faire valoir, & en augmenter les profits aux despens du pauure peuple. Inconueniens qui regardent principalement les Offices de iudicature, & sur tout les plus grands. Mais il y a moyen d'y remedier par vn expedient tres-aisé, tres-iuste, & tres-vtile, que ie proposeray au 4. liure.

22 Remede palliatif. Et en attendant, ie dy que ces inconueniens peuuent estre moderez & diminuez, en ne comprenant point en l'Edict les Offices de plus grande importance, comme i'ay ouy dire que les Offices de Presidens, & gens du Roy des Parlemens, en ont tousiours esté exceptez, & qu'és dernieres années on en a excepté ceux des Lieutenans generaux des Bailliages & Seneschaussées.

23 Difficulté resultant des termes d'iceluy. Il y a encor vne difficulté aux termes & contexte d'iceluy, qui m'est vn peu suspecte : à sçauoir la distinction qu'il contient des Offices subiects à suppression (à l'égard desquels il ne concede que la dispense des quarante iours, voulant que le pourueu les resigne de son viuant) auec les non subjects à suppression, desquels il permet la libre disposition aux heritiers, apres la mort de l'Officier. Et de fait il n'est pas intitulé *Edict de suruiuance*, comme les precedens, ains seulement *Edict contenant dispense des quarante iours*.

24 Effect de la dispése des quarãte iours. Or chacun sçait que c'est de la dispense des quarante iours qu'on auoit accoustumé, auparauant cét Edict, d'acheter pour ceux qui estans pressez de maladie mortelle resignoient leur Office : & d'autant qu'ils craignoient de ne viure pas les quarante iours, requis pour la validité de leur resignation, ils en achetoient la dispense, afin que s'ils decedoient pendant iceux, l'Office ne vaquast point par mort ; de sorte qu'en consequence de l'achat de cette dispense on expedioit les prouisions du resignataire, sans faire mention de la clause de quarante iours. Mais quoy que ce soit, si le resignant reuenoit à conualescence, & qu'il voulust retenir son Office, on ne luy rendoit pas l'argent qu'il auoit payé pour ceste dispense. Car c'estoit comme vne composition faicte auec le Roy, du hazard qui luy pouuoit escheoir si la mort de l'Officier fust suruenuë.

25 Effect de la suruiuance generale. Mais comme i'ay dit au premier liure, la suruiuance, notamment la generale & en blanc, contient vne parfaicte asseurance de l'Office, en sorte qu'il ne peut plus estre perdu par la mort du pourueu, dont s'ensuit qu'elle apporte vn aduantage sans comparaison plus grand, que la simple dispense des quarante iours. Et ne

26 Procuration à resigner n'est pas resignation. sert de dire, que celuy qui paye le droict annuel de la Paulette, passe incontinant sa procuration en blanc pour resigner. Car cette procuration gardée en la pochette n'est pas vne resignation, ains seulement vn preparatif, ou plustost vn instrument pour pouuoir resigner, tout ainsi que la procuration pour vendre ou donner, n'est ni vente ni donation. Mais l'actuelle resignation est, quand le procureur resigne, & remet l'Office au collateur, pour en pouruoir celuy qu'il luy nomme. Tout ainsi qu'és benefices, on ne tient pas qu'vn beneficier ait resigné,

pour auoir trouué apres sa mort dans son coffre vne procuration *ad resignandum*.

Que si d'autre costé on tenoit cette rigueur à l'Officier malade, de le contraindre à faire vne resignation actuelle & parfaicte, c'est à dire, qu'il luy fallust faire pouruoir le resignataire pendant sa vie, il est bien certain que le huictiéme denier de la resignation seroit acquis incommutablement au partisan, & qu'il ne seroit point tenu de le rendre par apres, ores que le resignant vint à conualescence, & partant que la resignation ne vint à effect, non plus qu'en ce mesme cas, auparauant le parti de Paulet, le Roy ne rendoit point la finance à celuy qui auoit payé la dispense des quarante iours. 27 S'il falloit resigner pour la Paulette, on perdroit le huictiesme denier.

Or si tout cela auoit lieu, il importeroit infiniement de sçauoir, comment en cét Edict il faudroit entendre les Offices subiects à suppression. Car si d'ailleurs on vouloit pratiquer la rigueur des anciennes Ordonnances, notamment de celle de Blois, article 211. qui supprime tous les Offices erigez depuis le regne du Roy Henry second, & qui és autres articles ensuiuans reduit les Offices de compagnie à certain nombre par suppression, c'est la verité qu'il se trouueroit bien peu d'Offices qu'on ne peust dire estre supprimables. 28 Quels sont les Offices sujets à suppression.

Aussi fust-ce le moyen que tindrent les Officiers pendant les troubles derniers au parti de la ligue, pour conseruer leurs Offices apres leur mort. Car nul n'ayant pouuoir en ce parti, de déroger aux Ordonnances, on excluoit en vertu d'icelles les pourueus par mort des Offices supprimables, de sorte que celuy qui lors s'estoit attribué l'auctorité de conferer les Offices, estoit contraint de les rebailler aux heritiers du decedé, quoy que ce soit, à celuy qui se trouuoit porteur de sa procuration *ad resignandum*, sur laquelle on expedioit les prouisions de la mesme date d'icelle, sans la clause des quarante iours. 29 Moyen par lequel on sauuoit tous les Offices en la Ligue.

Et certainement ie ne doute point, que lors qu'on dressa l'Edict de Paulet, l'intention du Conseil ne fust telle que la teneur d'iceluy l'exprime disertement, à sçauoir, qu'il ne seruiroit que de dispense des quarante iours és Offices supprimables, comme de fait il est intitulé ainsi. Mais l'vsage l'a detorqué tout autrement: dont la raison est, que le partisan n'ayant pas (comme ie presume) la disposition des Offices supprimables vacans par mort, a tousiours mieux aimé prendre, apres le decez de l'Officier, le huictiesme denier de la resignation, que n'en auoir rien. Et en ce faisant, afin qu'on ne pretendist point que l'Office eust vaqué par mort, il date sa quittance d'auparauant son decez, selon la date de laquelle c'est chose accoustumée de tout temps en la Chancellerie de dater les lettres de prouision: ce que les Officiers de la Chancellerie, (qui eux mesme sont en pareil interest pour la pluspart) ont laissé couler doucement, comme en matiere fauorable. 30 Pourquoy cét Edict a esté autremẽt pratiqué, qu'il n'est conceu.

Voire par ce mesme moyen il est aduenu depuis cét Edict, que quelques Officiers, notamment des Cours souueraines, qui n'auoient pas payé le droict annuel, estans morts sans resigner, on a neantmoins conserué partie de leur Office, pource que si le partisan n'eust accordé auec leurs heritiers, & n'eust admis la resignation en vertu de la procuration du defunct, l'Office eust appartenu au Roy, mesme on eust empesché la reception du pourueu par mort, en soustenant que l'Office estoit supprimable: & voila comment ce fauorable vsage s'est absolument establi contre la teneur de l'Edict, de sorte qu'à present il n'en faut plus faire de doute. 31 Plusieurs Offices sauuez, sãs payer le droict annuel.

Et de verité puisque tous les Officiers sans distinction payent vn mesme droict ou finance annuelle, à sçauoir quatre deniers pour liure, afin de iouïr du benefice de l'Edict, il est bien raisonnable qu'ils ayent tous vn mesme benefice. Car il n'y auroit point d'apparence, de faire autant payer pour la simple dispense des quarante iours, que pour la vraye suruiuance & parfaicte asseurance de l'Office. Puis donc que la raison & l'vsage constant (qui est le plus certain interprete d'vne loy obscure) concurrent en ce suject, ie conclu qu'il faut entendre cét Edict, en ce qu'il parle des Offices subiects à suppression, des seuls Offices qu'il prendroit enuie au Roy de supprimer actuellement & à tousiours: de sorte qu'encor que le partisan soit par malice, ou pource qu'il se seroit accordé auec le Roy, ne 32 La distinction portée par cét Edict n'estoit raisonnable. 33 Interpretation benigne de cét Edict.

voulust receuoir le huictiesme denier de la resignation, ni en antidater la quittance d'auparauant le decez, ie tien neantmoins pour certain, qu'auiourd'huy l'Office supprimable par les anciennes Ordonnances, ne laisseroit à estre conserué malgré luy, sinon en tout cas, que le Roy le voulust supprimer actuellement. N'estant pas raisonnable que le partisan reputast en mesme temps l'Office pour supprimable, afin d'en frustrer la famille affligée de celuy qui se seroit fié en l'vsage commun, & qu'au rebours on le tint pour non supprimable, mettant en iceluy vn pourueu par mort. Or si l'Office demeuroit actuellement supprimé, le partisan perdroit la finance de la resignation: & partant luy mesme ha notable interest, que tous Offices soient reputez non supprimables, afin qu'ils entrent tous en son parti, & qu'il en ait le droict annuel, & les profits de la vacation.

34 Remede pour leuer l'ambiguité.

C'est pourquoy, afin de leuer le scrupule de cette ambiguité, qui possible retient quelques Officiers d'entrer en la Paulette, se ressouuenans que les Rois ont les mains bien longues, voire mesme pour asseurer de plus en plus le droict du partisan en ces Offices, il seroit expedient qu'il obtint vne declaration du Roy, par laquelle cette distinction fust ostée expressément, & tous Offices fussent égalez, si mieux ne plaisoit au Roy de specifier les Offices qu'il n'y voudroit comprendre: ou bien qu'en particularisant clairement ceux ausquels il ne voudroit attribuer que la dispense des quarante iours, & non la suruiuance, il n'en prist si haute taxe que des autres, attendu que le priuilege n'y seroit pas égal à beaucoup prés.

35 Le partisan desireroit que on ne payast point le droit annuel.

Or comme le Roy a toleré iusques icy cette benigne interpretation au profit de ses Officiers, au rebours le partisan & fermier de la Paulette en a voulu introduire vne fascheuse contre eux. Car soubs pretexte, que depuis cette inuention les Offices sont fort encheris, il tasche à present par tous moyens à destourner les Officiers de payer le droict annuel, esperant plus de profit au hazard de la vacation par mort. Qui seroit en effect les vouloir exclure de la fin, pour laquelle l'Edict est dressé, & les priuer du priuilege, sur lequel son bail est fondé, & en consequence duquel les Officiers sont d'ailleurs surchargez par luy d'vne finance de resignation beaucoup plus grande qu'ils n'estoient de la part du Roy, auparauant l'Edict.

36 Il n'est besoin de procuration pour payer la Paulette.

Premierement, pour les trauailler, il les a voulu astraindre à venir en personne apporter annuellement leur taxe, combien que l'Edict n'en porte rien: & à present encor il leur tient cette rigueur, de les contraindre à passer procuration speciale pour faire ce payement: combien qu'on n'ait iamais ouy parler qu'il fallie vne procuration pour payer, comme pour receuoir, ou pour s'obliger. Or est-il que les Officiers payans contant leur taxe annuelle, il ne leur reste rien, en quoy ils soient tenus s'obliger: mesme ie tien que le priuilege leur estant acquis par l'Edict en payant, ils peuuent estre liberez & acquitez de ce payement par vn tiers, qui payera pour eux, fust-ce sans leur charge, voire à leur desceu, pource que c'est vn pur profit qu'on leur fait.

37 Vain pretexte du partisan.

En quoy n'est considerable, à mon aduis, le pretexte du partisan, qu'il pourroit aduenir qu'on payeroit la taxe pour vn Officier decedé. Car pour sauuer l'Office il faut voir sa procuration *ad resignandum*, de date posterieure au payement du droict annuel. De dire aussi qu'és Offices de compagnie il peut y auoir deux Officiers d'vn mesme nom, c'est chose trop rare pour y fonder vne regle generale: *Ex his enim, quæ fortè vno aliquo casu accidere possunt, iura non constituuntur*, dit la loy *Ex his. cum l. seq. D. De legibus*. Ioint que le partisan ayant la liste de tous les Officiers, ainsi qu'vn Seigneur censier ha dans son papier terrier le nom de tous ses redeuables, il luy est aisé de prendre garde s'il s'en trouue de telle sorte, de les distinguer par ses quittances: tant y a que tous les autres Officiers ne doiuent estre gehennez à cette occasion, outre la teneur de l'Edict.

38 Incõueniēs de requerir cette procuration.

Car les inconueniens qui en redondent sur eux, sont bien autrement considerables, pource qu'il arriue souuent qu'au temps destiné pour le payement de leur taxe annuelle, ils sont, ou malades, ou absens en voyages loingtains, & cependant leurs femmes, leurs peres, ou autres proches parens peuuent payer pour eux. Mais sur tout il arriue souuent, que les Officiers sont gens, ou mal-aisez, ou auares, qui s'imaginans qu'eux morts tout sera mort pour eux, aiment mieux hazarder leur Office sous l'incertitude de la mort, que desbourser vn argent tout certain, & partant il n'est pas possible de les faire resoudre à payer le droict annuel, & de leur faire passer vne procuration pour cét effect. Que si cette procuration n'estoit point requise, il aduiendroit souuent qu'ou leurs creanciers, ou bien leurs presumptifs heritiers ne feroient pas difficulté de hazarder le payement du droict annuel, pour sauuer vn Office de valeur.

Que si on ne les y reçoit, c'est oster aux Officiers vne des plus grandes commoditez de l'Edict, à sçauoir qu'à l'occasion d'iceluy on leur preste aisément, on les cautionne hardiment, ils trouuent plus haut mariage, à cause que les Offices sont auiourd'huy presque hereditaires, & non perissables. Et qui doute que cette asseurance ne soit la vraye cause d'auoir faict hausser de prix les Offices, pour le moins du tiers, depuis l'Edict ? aussi voit-on que ceux qui prestent maintenant de l'argent aux Officiers, les font obliger à payer le droict annuel, voire stipulent qu'ils le pourront aduancer eux-mesme pour l'Officier : toutes lesquelles precautions n'auroient plus de lieu, si les Officiers estoient astraints de faire le payement en personne, ou en vertu de procuration speciale. 39 Que ce payemét peut estre faict par vn tiers.

Supposé donc, que ce payement du droict annuel puisse estre fait par vn tiers, comme i'ay ouy dire qu'il y en a eu arrest, ou retentum du Parlement de Paris, en Ianuier 1608. au moins à l'égard des Officiers d'iceluy, comme aussi c'est le droict commun de France que les creanciers, pour l'asseurance de leur debte, peuuent vser des droicts, & exercer les actions de leurs debteurs : c'est vne belle question, si l'Officier endebté, n'ayant voulu payer le droict annuel, son creancier qui l'aura payé pour luy contre son gré, le pourra repeter de luy, notamment à l'égard des années qu'il n'aura rien seruy. 40 Si le creancier retire les deniers payez pour la Paulette.

Il semble de prime-face, qu'il n'y a gueres de raison de vouloir accroistre les debtes de l'Officier de cet argent perdu, qui a esté exposé sans son mandement, de sorte qu'il ne peut estre repeté *actione mandati* : *sed neque etiam actione negotiorum gestorum*, qui n'ha lieu que quand le negoce a esté geré vtilement ; aussi qu'il n'a esté exposé par le creancier, que pour son propre interest, & non pas pour faire les affaires de l'Officier, qui estant insoluable, n'auoit que sa vie en ce monde, comme on dit, & partant il luy estoit plus vtile de ne point payer le droict annuel, qu'en s'endebtant d'auantage conseruer son Office, non pas à ses heritiers, mais à ses creanciers : si au contraire il estoit soluable en ses autres biens, outre son Office, pourquoy sans son consentement le veut-on obliger à ce que le Roy a remis à sa volonté ? & luy faire acheter par force vn priuilege à luy inutile, à l'appetit de la vaine crainte d'vn creancier ? 41 Que non.

Nonobstant ces raisons, l'equité semble fort apparente au contraire. Car puisque chacun recognoist notoirement la Paulette estre si vtile, qu'en deux ans elle a fait augmenter du tiers le prix des Offices : pourquoy sera-on si indulgent à la malice d'vn homme perdu, qui n'ha soucy du payement de ses debtes, ni de l'acquit de sa conscience, que de luy laisser negliger ce bon mesnage ? Ie sçay que ce seroit chose rude de le forcer à la payer luy mesme, qui possible n'en ha pas le moyen : mais pourquoy vn creancier fauorable, comme pour exemple vn fideiusseur gratuit, qui voit que si l'Office est perdu, il sera ruiné pour la debte de l'Officier, ne le sommera-il pas, ou bien de le descharger de sa fideiussion, ou bien de conseruer son asseurance, qui est l'Office, par le payement de la Paulette : ou en tout cas, s'il ne la veut payer, de consentir qu'il la paye pour luy ? ce qu'ayant fait pour vn bon mesnage, seroit-il raisonnable que pour auoir cautionné son amy, il perdist son argent ? 42 Que si.

Certainement cette question, outre qu'elle est toute nouuelle, est d'ailleurs si perplexe & difficile, que ie ne m'y puis resoudre tout-à-fait. Bien diray-je qu'vn creancier de rente constituée n'y seroit fondé, pource que ce payement de la Paulette seroit vne sur-charge au debteur de la rente, ce qui ne peut estre, ni pareillement vn creancier à terme ou condition non escheuë, pource qu'on ne peut, à mon opinion, conclure contre l'Officier, sinon alternatiuement, ou qu'il 43 Resolutiõ.

paye la debte, ou qu'il asseure l'Office : or est-il qu'auparauant l'escheance, on ne peut demander le payement. Mais ceux qui ont fait à l'Officier vn prest, ou fideiussion gratuite, & tous autres creanciers fauorables, sont fondez, ce me semble, à payer la Paulette apres sommation, & l'ayant payée, à repeter ce payement contre l'Officier, ores qu'il n'ait rien seruy, n'estant l'Officier mort dans l'an. Sur tout ie ne fay point de doute que l'Office ayant esté conserué par tel payement, celuy qui l'a fait ne doiue indistinctement estre preferé sur le prix d'iceluy, non seulement sur l'année, en laquelle l'Officier est decedé, mais aussi pour les precedentes, *quia saluam fecit pignoris causam.*

44 Si la femme reprēd sur la cōmunauté les deniers payez annuellement pour l'Office propre au mary.

Mais c'est vne belle question de sçauoir, si quand le mary a payé par plusieurs années les quatre deniers pour liure, afin de sauuer l'Office, qui luy estoit propre, la femme, ou ses heritiers peuuent apres dissolution demander remboursement de moitié de cette impense, ainsi que sans doute ils peuuent faire de celle qui a esté faicte pour meliorer les heritages propres du mary. Ce qui semble de prime apparence, principalement quand en fin par le moyen de ce payement, l'Office a esté conserué, pource que ce payement tend non seulement à la melioration de l'Office, entant que le payement de deux années consecutiues du droict annuel modere de moitié la taxe de la resignation ; mais aussi à la conseruation entière d'iceluy, entant que sans ce payement l'Office eust esté perdu par la mort du mary : ioint qu'il est notoire, comme ie vien de dire, que cét Edict a fait augmenter de beaucoup le prix des Offices.

45 Que non.

Neantmoins l'equité est tres-forte au contraire. Car puisque la communauté receuoit tous les émolumens de l'Office, voire la diminution interne d'iceluy, qui échet iournellement en tout vsufruict, mesmement la consommation entière, si le decez du mary fust aduenu sans faire ce payement, quelle apparence y a-il, que la communauté ne contribuë à le conseruer? Au contraire, seroit-ce raison que le mary, en conseruant son Office à l'égard du Roy, par vn bon mesnage, en perde vne portion à l'égard de sa femme? Si qu'ayant payé les quatre deniers pour liure par vingt années, il approprie à la communauté le tiers de son Office, laquelle d'ailleurs pendant ces vingt ans, en aura retiré deux fois autant de profit que l'Office vaut.

46 Raison.

Mais la principale consideration est, que ce payement annuel des quatre deniers pour liure, se peut prendre & imputer sur le reuenu de l'Office, qui par apres reste encor plus grand que de tout autre bien. Et de fait, il est notoire que chacun reserue & destine vne partie de ses gages, ou de ses espices, bref vne portion du plus clair reuenu de son Office, pour porter au partisan, faisant, comme on dit, de la terre le fossé : encor y en a-il de si grands mesnagers, qu'ils se licencient d'augmenter pour cét effect les émolumens iournaliers de leurs Offices, & reprendre par le menu sur le peuple ce qu'ils payent en gros au partisan.

47 Autre.

Et est sans doute, que si n'estoit que ce payement est volontaire, le Roy le prendroit directement sur les gages des Officiers, qui en ce faisant seroient diminuez & retranchez à la proportion du droict annuel. Ce qui aduiendra sans difficulté, si iamais on rend ce subside necessaire. Car en ce cas, quelle raison y auroit-il, que l'Officier prist d'vne main ses gages du Roy, & de l'autre main luy payast vne rente annuelle, à cause du mesme Office? seroit-il pas plus court & aisé de compenser ou deduire l'vn de l'autre?

48 Resolutiō.

Ie me fermeray donc du costé de l'equité, & concluray, qu'il n'est pas raisonnable qu'apres qu'vn mary a hazardé son bien, a employé son industrie & son labeur, & mis encor tous les profits de son Office en la communauté, il faille qu'apres dissolution d'icelle, la femme ou ses heritiers, non contens d'auoir la moitié de ses labeurs, luy demandent encor la restitution de ce peu d'argent,

----- *Quod vix vi, de demenso suo,*
Suum defraudans genium, comparsit miser,

pour euiter la ruine de sa famille, & sauuer son Office, lequel, s'il ne se fust asseuré sur la commodité de cét Edict, il faut presumer, que comme bon pere de famille, il eust vendu de bonne heure, afin de ne faire le Roy son heritier, &

en eust possible gardé les deniers oiseux, ou bien les eust employez en heritages, dont le reuenu eust apporté beaucoup moins de profict à la communauté. Car en fin il faut icy imaginer vne communauté riche & accreuë par le labeur & industrie de l'Officier, pource que si elle estoit onereuse, la femme, ou ses heritiers y renonceroient.

On demande encor si l'Officier ayant payé le droict annuel le 15. Feburier, vient à deceder au mois de Ianuier de l'année suiuante, auparauant qu'auoir reïteré le payement, son Office vaquera par sa mort au profict du partisan. Car les heritiers soustiennent, que le payement du droict annuel doit seruir d'asseurance vne année entiere, à compter du iour du payement faict: au contraire le partisan maintient qu'il n'en sert que durant l'année, en laquelle il a esté payé, à compter l'année à la mode ordinaire, & à la façon ciuile, c'est à dire du premier Ianuier au dernier Decembre: de sorte que l'Officier qui paye au 15. Feburier, n'asseure son Office que pour dix mois & demy. Et de verité il semble que les termes de l'Edict sont en ce poinct pour le partisan. Car apres auoir faict mention de l'année en laquelle l'Edict fut faict, & de l'année suiuante, il porte, que ceux qui auront payé les quatre deniers pour liure, dans les mois de Ianuier & Feburier d'icelles années, seront dispensez en icelles des quarantes iours: dont il semble s'ensuiure, qu'il entend parler de l'année ciuile, & selon la computation ordinaire. En quoy les Officiers ne sont gueres greuez. Car pouuans payer le droict dés le premier iour de Ianuier, ils se doiuent prendre à eux mesmes, de ne l'auoir payé deslors: ioint que si en l'année suiuante ils se sentent malades tant soit peu au mois de Ianuier, il leur est aisé d'enuoyer en toute diligence payer le droict, de sorte qu'il n'y a que ceux qui meurent subitement, qui puissent perdre leur Office par leur negligence pendant ce peu de temps.

49 Commét se cõpte l'an de la Paulette.

50 Qu'il le faut compter du 1. Ianuier.

Or presupposé que le payement du droict annuel acquiert à l'Officier deux priuileges distincts, l'vn d'empescher que son Office vaque par mort, l'autre de moderer le droict & finance de la resignation au huictiesme denier au lieu du quart, on demande si ces deux priuileges sont réels, ou personnels, c'est à dire, s'ils sont acquis & adioincts à l'Office, en sorte qu'ils suiuent l'Office, apres qu'il est passé en main tierce, ou s'ils sont seulement acquis à la personne de l'Officier, en sorte qu'ils ne passent point à son resignataire. Qui en voudra croire le partisan il dira, qu'ils sont personnels, attendu que les termes de l'Edict sont dirigez à la personne. Et toutesfois c'est la verité que l'Edict les dirige tant à la personne, qu'à l'Office. Car il dit qu'en l'année du payement l'Office ne sera point acquis au partisan, ains conserué à la veufue & heritiers. Et de faict on ne peut dire qu'ils soient purement personnels, puisque notoirement, apres la mort de la personne, ses heritiers en peuuent vser, & semble plustost qu'ils soient réels, pource que ce droict estans acquis à l'Office, qu'il ne peut estre perdu en l'annee, & qu'il est resignable moyennant le huictiesme denier, il en est de plus grand prix, tout ainsi qu'vn fief aboné vaut mieux, que s'il ne l'estoit pas.

51 Si les priuileges de cet Edict sont reels, ou personnels.

Mais la raison ponctuelle, par laquelle, à mon aduis, il faut decider, si ces deux priuileges sont transmissibles au resignataire, c'est, qu'outre qu'ils ne sont attribuez que pendant l'annee, l'intention de l'Edict n'est d'attribuer chacun priuilege qu'vne seule fois, ainsi que les Edicts des suruiuances ne s'estendoient qu'à la premiere vacation: de sorte que deslors que chacun des deux priuileges a operé, & eu son effait, il est consommé, & ne peut plus estre reïteré: mais aussi iusques à ce qu'il ait eu son effait, on ne peut dire qu'il soit consommé; ains est raisonnable, qu'il serue & opere au moins vne fois, si l'occasion en eschet dans l'annee: autrement le payement, par lequel il est acquis, seroit frustratoire.

52 Qu'il faut que les deux priuileges ayent leur effait.

C'est pourquoy à l'egard du priuilege du huictiesme denier, il est aisé à entendre, qu'il ne peut estre transferé au resignataire, pource qu'il a esté effectué & consommé lors de la resignation à luy faite, la finance de laquelle n'a esté payée qu'à raison du huictiesme denier, au moyen du payement du droit annuel fait pendant deux annees consecutiues.

53 Le priuilege du huictiesme denier n'est trãsferable au resignataire.

54 Si le priuilege de conseruer l'Office dãs l'an est trãsferable au resignataire.

Mais quant au principal priuilege, qui est de conseruer l'Office apres la mort du pourueu, encor que le partisan pretende indistinctement, qu'il n'est iamais transferé au resignataire, neantmoins i'estime, qu'il en faut passer par la distinction, que ie vien de rapporter, à sçauoir que si ce priuilege a esté desia effectué, comme si le resignant est decedé, ou auparauãt, ou dans les quarante iours apres l'actuelle resignation, ce priuilege ne peut seruir vne autre fois au resignataire, non pas qu'il ne soit apte à luy estre transferé, mais d'autant qu'il est consommé & estaint, pour auoir eu son effait auparauant.

55 Qu'il est transferable quand il n'est point cõsommé.

Que si à l'opposite ce priuilege n'a point esté effectué, d'autant que le resignant a suruescu les quarante iours d'apres la resignation, si que l'Office ait esté transferé au resignataire par droit commun, & non en vertu du priuilege, i'estime que comme l'abonnage du fief, aussi ce priuilege estant encor entier & non consommé, est trãsferé au resignataire, qui a acheté l'Office auec tous ses droits, franchises & priuileges, à plus forte raison, que l'acheteur d'vn heritage se peut preualoir de la possession de son aucteur. Ie dy donc que celuy qui a esté pourueu au mois de Mars par resignation de celuy qui en l'annee auoit payé le droit, & a vescu quarante iours apres sa resignation, ce resignataire, dis-ie, venant à deceder en la mesme annee, son Office doit estre conserué à ses heritiers par le moyen du payement du droit annuel fait par son resignant. En quoy le partisan

56 Que le partisan n'y est greué.

n'est nullement greué, pource que son party est basty sur le compte qu'il a fait d'auoir chascun an, ou le soixantiesme denier de chascun Office, ou biẽ le hazard de la vacation par mort. Or icy il a desia eu non seulement le soixantiesme denier, mais encor le huictiesme, & si aura encor le quatriesme denier : il n'est donc pas raisonnable, qu'outre cela, il ait en la mesme annee l'Office tout entier, comme vacant par mort. Et combien que les coustumes decident, que le Seigneur de fief ne doit auoir deux rachats en vne annee, permettons neantmoins au partisan d'auoir le huictiesme denier de la premiere resignation, & le quart denier de la seconde, mais qu'il se contente de les auoir, & d'auoir encor eu le droit annuel en la mesme annee.

57 Faueur de l'heritier en cette questiõ.

Mais la pretension du partisan n'est point encor tant odieuse que celle des heritiers du resignataire est fauorable, attendu que n'ayant esté pourueu qu'au mois de Mars, il ne luy a esté permis de payer le droit annuel au reste de l'annee, pour acquerir de son chef le benefice de l'Edict : par lequel neantmoins le Roy declare indefiniment, qu'il entend donner le moyen à ses Officiers de sauuer leurs Offices apres leur mort : & toutefois, si l'intention du partisan estoit suiuie, ceux-là en seroient excluds & priuez, à l'endroit desquels il y a le plus de faueur & d'equité qu'il ait lieu, à sçauoir ceux, qui en la mesme annee ont acheté leurs Offices, lesquels autrement les perdroient tout incontinant, sans en auoir retiré presque aucun fruict, au lieu que le partisan retirera tousiours du mesme Office trois diuers droits en vne annee. C'est pourquoy i'estime qu'en ce cas Messieurs du Conseil & des Cours souueraines iugeront plustost les pauures enfans du nouueau Officier, assez affligez d'ailleurs de la mort de leur pere, que pour le partisan desia plus que satisfait pour le mesme Office, sans luy attribuer encor vn gain inesperé & exorbitant, qui causeroit la ruine d'vne famille honorable : autrement on leur pourroit dire auec le Poëte,

Quàm vosmet vobis legem sancitis iniquam!

58 Si la resignation doit estre presẽtee dans les six mois apres le deceds.

Voicy vne autre subtilité du partisan, qui a esté incontinant reiectee. C'est qu'il voulut soustenir du commencement, que suiuant la regle de Chancellerie Romaine *De public. resig.* la procuration pour resigner l'Office deuoit estre effectuee & presentee dans six mois apres estre passee, du moins dans six mois apres le deceds de l'Officier, qui a payé le droit annuel ; autrement que l'Office vaquoit par mort, nonobstãt l'Edict. En quoy aussi il n'y auoit nulle apparence. Car outre que cette regle n'a lieu és Offices temporels, n'ayant mesme pas lieu en ceux de la Cour du Pape, comme il a esté dit en ce 12. chap. du liure precedent, supposé mesme que la procuration *ad resignandum*, qu'on fait faire en payant le droit annuel, fust tenuë pour vne resignation au fait de cet Edict, comme on l'obserue à present, il est aisé à entendre que ce n'est point vne nullité en icelle, d'estre plus ancienne que six mois, pourueu qu'elle ne soit surannee. Voire mesme ie tien, suiuant la vraye intelligence de cet Edict, & en le prenant pour vn Edict de suruiuance annuelle, que la procuration n'y sert de rien, & n'est nullement necessaire, ains qu'elle ne se passe que par vne precaution surabondãte, à sçauoir pour, en cas qu'il pleust au Roy supprimer actuellement l'Office, obtenir habilement en consequence d'icelle la quittance du huictiesme denier, antidatee d'auparauant le deceds de l'Officier, laquelle par ce moyen vaudroit tout au moins dispense des quarante iours. De sorte qu'à l'egard du partisan (& cessant ce cas que le Roy voulust supprimer l'Office) il est certain que tout Officier, qui a payé les quatre deniers pour liure, ne peut plus perdre son Office par mort. Et au rebours, quand le Roy entendroit supprimer l'Office, la seule procuration non assistee de la quittance du huictiesme denier, de date precedente le deceds, ne seruiroit de riẽ, voire s'il apparoissoit que cette quittãce eust esté faite apres le deceds, l'Office à la rigueur vaqueroit par mort, & seroit supprimable nonobstant icelle. 59 Procuratiõ à resigner que sert à la Paulette.

Cette consideration vuide vne autre difficulté, qui semble bien plus grande, à sçauoir touchant la procuration surannee. Car c'est sans doute, que les procurations surannees sont nulles en nostre pratique, comme il a esté dit au 11. chapitre du premier liure, & y en a ordonnance expresse pour les procurations à resigner les benefices. Mais puisque la procuration n'est point necessaire pour conseruer l'Office apres la mort de l'Officier, fors au seul cas de suppression, qui ne s'est point encor pratiqué, ce seroit sans raison, à mon aduis, de faire force sur la nullité de la procuration. 60 Si apres l'an de la procuratiõ l'Office est perdu.

Donques le premier dessein du partisan, de pretendre la vacation entiere de l'Office, duquel les heritiers de l'Officier n'auroient disposé dans six mois apres sa mort, ayant esté incontinant reprouué & rebutté, il s'est aduisé d'vne autre consideration beaucoup plus pertinente. A sçauoir que tandis qu'on laisse l'Office vacant, il n'ha point d'homme viuant & mourant pour iceluy, c'est à dire de titulaire, qui paye son droit annuel, ou bien par la mort duquel l'Office puisse vaquer à son profit. Surquoy ayant presenté sa requeste au Cõseil d'Estat, il a fait dõner vn arrest assez equitable du 27. Octobre. 1607. par lequel est ordõné, que les veufues & heritiers des Officiers, qui auront payé le droit annuel, seront tenus faire pouruoir aux Offices des decedez dans six mois apres que lesdits Offices auront vaqué, autrement, ledit temps passé, payeront le droit de la resignation, sur le pied du tiers en ascendant, suiuant les eualuations faites audit Conseil, ce sont les termes de l'arrest. 61 Arrest du tiers en ascẽdant.

Dont s'ensuit, que quand les heritiers de l'Officier manqueroient plus d'vn an apres son deceds à disposer de l'Office, il ne seroit pas pourtant perdu tout à fait pour eux, ni acquis au partisan, attendu que la faculté à eux donnee par l'Edit estant indefinie, & non limitee à aucun temps, est comme perpetuelle, *quia indefinita æquipollet vniuersali*: & par cet arrest la peine de leur demeure & cessation est limitee au payement de la resignation, sur le pied du tiers en ascendant. Ie doute neantmoins, qu'ils pourroient perdre tout à fait l'Office par la cessation de cinq ans, suiuant l'Edict de l'an 1446. puisque c'est le droit ancien des Offices, dont l'Edict de Paulet ne les affranchit pas. En tout cas pendant le temps que l'Office demeurera vacant, les gages d'icelui doiuent demeurer au Roy, suiuant l'ancienne pratique de la Chambre des Comptes, ainsi que i'ay dit ailleurs. 62 Office ne se pert dans l'an apres le deceds. 63 Ains seulemẽt par cinq ans.

Mais il faut expliquer les termes de cet arrest, que la resignation sera payee sur le pied du tiers en ascendant, qui sont termes de l'art, & de la caballe des parties casuelles, dont m'estant informé, i'ay entendu, que lors de la translation du bail ou parti de Paulet à Saulnier, par le moyen de ce qu'il augmenta fort la ferme des parties casuelles, il demanda qu'à l'egard des Officiers, qui ne payeroient le droit annuel, & par consequent ne se pourroient preualoir, ni de l'Edict, ni des eualuations des Offices, faites en execution d'iceluy, il luy fust permis prendre le quart dernier, pour leur resignation sur le pied de la composition par eux faite de leur Office auec leur resignataire: & neantmoins Mes- 64 Tiers en ascendãt que signifie.

sieurs du Conseil preuoyans que ce pied n'estant liquide,il en naistroit des procez, ne luy voulurent accorder cette demande, ains seulement luy permirent de prendre liquidement ce quart denier sur le tiers de plus que lesdites éualuations, qui de verité sont beaucoup moindres que le prix des Offices courant à present, lequel s'est du moins augmenté du tiers à l'occasion de l'Edict de Paulet. Lequel tiers ils appellent le tiers en ascendant, pour mieux exprimer, que ce n'estoit pas seulement le tiers de l'eualuation qu'on leur permettoit augmenter, mais le tiers de plus qu'icelle, c'est à dire adiouster encor la moitié de ce que montoit ladite éualuation : comme pour exemple, si l'éualuation d'vn Office est de deux mil liures, ce tiers ascendant est de mil liures, de sorte qu'il en faut payer sept cens cinquante liures pour le quart denier de la resignation, si on n'a point payé le droit annuel.

65 Pourquoy ainsi appellee

66 Si apres les six mois il faut payer le 8. ou 4. denier

Or combien que Saulnier eust aussi demandé par la requeste, sur laquelle est interuenu l'arrest de 1607. qu'en cas de cessation ou demeure faite par les heritiers du defunt Officier de pouruoir à son Office, la quittance du droit annuel par luy payé, ne seruist que pour conseruer l'Office, & non pour iouïr du benefice du huictiesme denier : neantmoins le Conseil n'a point prononcé sur ce chef, ains a dit par son arrest indefiniment, que le droit de la resignation seroit payé sur le pied de ce tiers en ascendant : de sorte que la question demeure, si ce droit de resignation sera payé à raison du huictiesme denier, ou bien du quart denier seulement.

67 Resolution.

En quoy il faut sans doute auoir recours au droit estably auparauant par le premier Edit, à sçauoir, que si la prouision s'expedie dãs l'annee que le droit annuel a esté payé, ores que ce soit six mois apres le decedz de l'Officier, comme il peut aduenir, il n'est deu que le huictiesme denier: mais si elle s'expedie apres l'annee, il en faut payer le quart denier. Et mesme ie n'estime pas que les heritiers fussent receuables à payer le droit annuel en l'annee suiuante, contre le gré du partisan, afin de iouïr du benefice du huictiesme denier, pource que l'Edict ne permet cela qu'aux Officiers, & non à leurs heritiers, apres que l'Office est vacant. Toutesfois si le partisan auoit receu des heritiers sciemment ce droit annuel, il ne seroit plus receuable, à mon aduis, ni à demander par apres le quart denier, ni mesme à pretendre que le huictiesme denier deust estre payé sur le pied du tiers en ascendant: pource que cessant la cause de cette augmentation, qui est pour l'indemniser, quand il n'y a homme qui paye le droit annuel, la disposition d'icelui doit aussi cesser.

68 Exception.

69 Des fraudes qui se font sur cet Edict.

Ce discours nous met au train de parler des fraudes, qui se font auiourd'hui tout communement en consequence de cet Edict, au preiudice des creanciers des Officiers apres leur decedz, qui neantmoins s'y asseurent tellement, qu'à l'occasion d'icelui, reputant à present les Offices comme hereditaires, le credit des Officiers est fort augmenté. Et toutesfois comme dit l'Italien, *Trouata la legge, si troua l'inganno.* Car sous pretexte de ce qu'au moyen de la procuration du defunct Officier, on peut aisement antidater la quittance du huictiesme denier, & que du datte d'icelle on expedie les prouisions du resignataire, il peut aduenir qu'apres son deceds sa veufue, ou heritiers presumptifs trouuans sa procuration dans ses coffres, la vendent promptement & en cachette, & combien qu'ils en ayent receu le prix, ils ne laissent de mettre la clef sur la fosse, comme on dit, & declarent qu'ils renoncent & à la communauté, & à la succession. Et quant à l'acheteur, il obtient au mesme temps ses prouisions du iour de la quittance du huictiesme denier, qu'il fait antidater d'auparauant le deceds, & par ce moyen voila, ce semble, les creanciers frustrez de l'Office, sur lequel ils auoient tant d'asseurance.

70 Substraction de la quittance de Paulet.

71 Si l'acheteur de la procuration substraite est fait Seigneur de l'Office.

Voyons premierement si cet acheteur de procuration est fait seigneur incommutable de l'Office, en vertu des prouisions qu'il en a obtenu: puis s'il peut au moins estre poursuiuy par les cranciers pour le payement du prix d'iceluy. Quant à la premiere question, il est bien certain, que ses lettres se trouuant dattees auparauant le deceds du defunct Officier, la presumption est forte pour luy;

que c'est le defunct mesme, qui l'a saisi de sa procuration, s'il n'appert du contraire: voire mesme quand il apparoistroit, qu'il auroit esté pourueu peu de temps apres son deceds, cette presumption auroit encor lieu, pource que la bonne foy est plustost presumee, que le larcin ou substraction.

Mais supposé que ou par sa confession, ou par bons témoignages (que ie tien bien receuables en cette matiere de fraude à l'egard des tiers creanciers, nonobstant l'Ordonnance de Moulins, voire qu'on peut permettre en ce cas la querimonie) il apparoisse que cette procuration ait esté baillee, & la vente d'icelle faite par la veufue & heritiers apres le deceds de l'Officier, il faut à mon aduis distinguer, si elle est faite auant, ou apres la repudiation de la communauté & succession. Si auant, ie tien sans doute, que ce nouueau pourueu ne peut estre euincé de l'Office; pource qu'il l'a acheté en effait *à vero domino*: estant vray de dire, que par cette vente, la veufue a fait acte de commune, & les habiles à succeder, d'heritiers purs & simples, comme il sera prouué tout incontinant. 72 S'il l'a achetee des heritiers auāt leur renonciation.

Que si à l'oposite il a fait son marché apres que l'heritier presumptif a renoncé à la successiō, & la veufue à la communauté, il est bien certain que cette veufue & heritiers sont tenus representer la procuration entiere, & non effectuee, & à faute de ce faire, sont tenus en tous despens dommages & interests, & par corps: mais en outre ie dy, que celuy qui a acheté la procuration *à non domino*, est tout ainsi que celuy qui l'auoit euë d'vn larron, lequel l'auroit dérobée, & partant qu'elle peut estre vendiquee sur lui, & qu'il peut estre poursuiui pour la rendre en son entier, quoy que ce soit pour retroceder & resigner derechef l'Office au profit des creanciers, & par corps, sauf son recours contre son vendeur. Et ne sert de dire qu'il ignoroit cette renonciation, & qu'il a contracté de bonne foy auec ceux qu'il estimoit estre les vrais heritiers, *quia qui cum alio contrahit, scire debet conditionem eius cum quo contrahit*, dit la regle de droit, ioint que c'est vne autre regle perpetuelle, que celuy qui n'est point Seigneur de la chose, n'en peut transferer la seigneurie à autruy: Et ne faut point dire, que l'Office n'a point de suitte par hypotheque apres la prouision expediee au profit d'vn tiers: car ce n'est pas ici vne suitte d'hypotheque, ains vne vendication & suitte de proprieté, & est sans doute, qu'vn pur meuble pourroit estre vēdiqué de mesme façon par le creancier, sur celuy qui l'auroit achetté *à non domino*. 73 Si depuis.

Or la raison de difference de ces deux cas depend de la loy *Si seruum* §. *vlt. D. De acquir. vel omitt. hered. Qui antè amouit*, dit cette loy, *deinde se abstinet, nihil agit: qui autem antè se abstinuit, deinde tunc amouit, videamus an heres sit. Magisque est vt putem istic Sabini sententiam admittendam, scilicet vt furti potiùs actione creditoribus teneatur*. De sorte qu'au premier cas l'heritier presumptif ayant fait acte d'heritier, a peu disposer valablement de l'Office, qui estoit en l'heredité, lequel apres la resignation admise au profit d'vn tiers, n'a plus de suitte par hypotheque, pour les debtes du resignant: & en l'autre cas, ayant renoncé, & n'ayant plus rien à l'heredité, ni par consequent à l'Office, il ne l'a peu aliener valablement & par effait, non plus qu'vn estranger, ou vn larron & expilateur. 74 Preuue.

L'autre question est encor plus difficile, quand le defunct se voyant pressé de maladie, a mis sa procuration és mains d'vn amy, comme on a accoustumé de faire, ou quand il n'apparoist point, qu'autre que lui l'ait baillée au pourueu auquel cas i'ay dit, qu'on presume que lui-mesme l'ait baillee de son viuant. Mais la question est, supposé qu'il n'apparoisse point aussi de la composition de l'Office, ni du payement du prix d'icelui, ni aussi que l'Office ait esté donné, sçauoir si on presumera que le resignataire ait payé ce prix, puis qu'il se trouue pourueu du viuant du defunct, ou bien s'il pourra estre poursuiui pour le payer. Question qui ne peut escheoir aux benefices, qui en sorte quelconque ne peuuent estre vendus: mesme qui n'est pas si difficile, à l'esgard des Offices non venaux, qu'en ceux qui sont absolument venaux. 75 Si l'acheteur peut estre poursuiuy pour le prix de l'Office.

Mais encor à l'esgard des Offices venaux, il semble, que par la tradition de la procuration *ad resignandum*, faite sans stipuler aucun prix, l'Office soit presumé auoir esté donné, quoy que ce soit, que le payement du prix d'iceluy soit 76 Que non.

presumé, ainsi que le payement de la debte est presumé par la restitution de la scedule *l.2.in fi.D.De pactis*, & comme la loy *Qui chirographum. De legatis* 3. decide que qui vend ou qui legue vne scedule, est reputé disposer de la debte. Et sur tout la loy 1.*C.De donat.* dit que la donation assistee de la tradition de l'instrument d'achapt, équipolle à la tradition actuelle de la chose. Aussi qu'en matiere d'Offices, le resignateire se contente ordinairement, qu'en baillant son argent, on luy baille de main en main, ou la procuration, ou les prouisions, selon le marché qu'il a fait.

77 Quest. D'autre costé on peut dire, que la tradition de la procuration ne peut induire & conclure autre chose, sinon la vente, & encor la liuraison de l'Office, en tant qu'il se peut liurer par le resignant: aussi ne debat-on point que celuy auquel la procuration a esté deliuree, s'estãt par apres fait pouruoir en vertu d'icelle, ne soit Seigneur incõmutable de l'Office: mais toutes ces loix ne decidẽt pas que cette tradition face preuue, ou mesme presumptiõ du payement du prix, qui est nostre questiõ. Or tãt s'en faut que la liuraison actuelle de la marchandise, presuppose & face presumer le payement du prix, principalemẽt és matieres subiectes à fraude, qu'au cõtraire, c'est cette liuraison qui oblige celuy qui l'a receuë, à payer le prix.

78 Preuue. Et n'y a en ce regard, ce semble, rien de particulier en l'Office venal, qui n'est pas comme les benefices, esquels la tradition de la procuratiõ fait pleine preuue de la resignation d'iceux, ce qui peut auoir lieu pareillement aux Offices non venaux: mais aux Offices venaux il y a le payement qu'il faut faire par apres. De sorte qu'il en faut auoir quittance, ou preuue de donation. Aussi est-il vray qu'en cõmun vsage, on en fait vn cõtract ou cõpromis, ou pour le moins, on baille quittance de l'argent qu'on reçoit, & qui oublie à prẽdre cette asseurance, qui est ordinaire en toutes affaires, se doit imputer à luy-mesme s'il est inquieté par apres.

79 Response aux raisõs contraires. A quoy ne sont contraires les loix, qui decident que qui rend, ou qui vend la scedule, est reputé disposer de la debte. Car elles contiennẽt par expres leur raison, qu'en commun langage la scedule signifie la debte mesme, ce qui n'est pas de la procuratiõ de l'Office: ioint qu'elles ne disent pas, au cas de la vente d'vne scedule faite à vn tiers auquel elle a esté liuree, que ce tiers soit presumé quitte du prix de la vente, ains seulement disent, qu'estant renduë au debteur d'icelle, il est presumé quitte du contenu en la scedule. Et quant à la loy 1.*C. De donat.* qui est la plus forte obiectiõ, elle presuppose, qu'il y ait eu auparauãt vne donation actuellement faite, & d'autant que lors de ceste loy, & auant le temps de Iustinian, la donation nuë, & sans tradition, ne produisoit point d'action, non plus que la nuë paction, ceste loy resout seulement, que la tradition de l'instrumẽt d'achat, estoit suffisante pour vestir & parfaire la donation precedemmẽt faite, à ce qu'elle produisist actiõ, & ainsi l'a fort bien interpretée le Iurisconsulte Hotman *lib.12. Illustr. quæst.cap.*1. En fin tout tant qu'il y a de Docteurs, qui ont escrit sur ceste loy, sont d'accord que la tradition de l'instrument ne fait pas presumer la donation, si ce n'est entre personnes conioinctes, où qu'il y ait d'autres presumptions.

80 Resolution pour l'affirmatiue. C'est pourquoi ie conclu, sauf meilleur aduis, que si c'est vn estranger auquel la procuration ait esté liuree, il faut qu'il verifie le payement du prix de l'Office par quittance valable du defunct, ou autrement deuëmẽt. Quittance qui est suffisante de soy, ores qu'elle soit sous sein priué, sauf les preuues contraires de dol & fraude. Car mesme si elle estoit faite le iour de son deceds, & que neantmoins cette grosse somme de deniers ne se trouuast en sa succession, il y auroit encor plus d'apparence (n'y ayant autres coniectures contre le resignataire) de croire, que les presumptifs heritiers auroient mis la main sur icelle, que de dire, qu'elle n'auroit pas esté actuellement payee par celuy qui en ha bonne quittance. Nonobstant laquelle toutesfois ie ne fay nulle doute, qu'il ne soit tenu se purger par serment de la fraude, & mesmement subir l'interrogant sur tous les faits pertinẽs qu'on proposera contre lui: voire i'estime, qu'on peut obtenir quéremonie, sur le fait de fraude, ores que possible on ne fust receuable, à la prouuer simplement par tesmoins *contra scriptum*: pource qu'en ce cas, la queremonie n'est que comme vn examen de conscience, ainsi que Bacquet discourt au liure *Des droicts de iustice, chap.*7. voire mesme on pourroit articuler des faits de fraude si probables, qu'on

deuroit

deuroit estre receu à les verifier, nonobstãt l'Ord. de Moulins, & qu'on n'ait gueres accoustumé d'admettre hors le cas de fraude, la preuue vocale contre la literale.

Que si la resignation estoit faite à personne conioincte, comme du pere au fils, à la verité il n'y faut point de quittance du prix, ains elle sera tousiours présumée faite à intention de donner l'Office. Mais il y a vne autre difficulté, c'est qu'aucuns estiment que cette donation est subjette à l'action reuocatoire, comme estant faite en fraude des creanciers par vn hõme insoluable, & qui ne laisse point d'heritiers. Voire quand mesme le fils ne seroit point participant à la fraude : pource que c'est vne regle de l'action reuocatoire, qu'au cas de donation, il suffit de verifier qu'il y a eu fraude, sans qu'il faille encor prouuer que le donataire en ait esté participant, comme il est necessaire en tiltre onereux : qui est la distinction de la loy *Quod autem 6. §. Simili modo. D. Quæ in fr. cred. & l. 5. Cod. eod.* 81 *Quid* si la resignatiõ est faite à personne cõioincte.

Ce qui pourroit principalement auoir lieu, quand le pere auoit payé les quatre deniers pour liure, de sorte que son Office estoit asseuré, & n'auoit point de haste d'en faire pouruoir son fils, sinon pour frauder ses creanciers. Toutesfois pource que cette action reuocatoire n'est gueres pratiquée en France, i'estime que si c'estoit pour pouruoir son fils non marié, auquel il n'eust encor rien baillé, en ce cas elle ne deuroit estre pratiquée contre luy, notamment en matiere d'Offices, où telles resignations sont fauorables par le vœu de la nature, & sur lesquels, estans perissables, on ne presume pas que les creanciers ayent fondé leur asseurance, comme sur autres biens. Mais quoy que ce soit, si l'Office auoit esté donné de cette sorte à vn gendre, pour le mariage de sa femme, ou en payement des deniers promis lors d'iceluy, c'est sans doute, que la reuocatoire n'y auroit lieu, pource que c'est vn tiltre onereux, & à l'égard du gendre entierement, & à l'égard de la fille aucunement, *& secundum quid: quia pater tenetur dotare filiam.* 82 De la resignatiõ de pere à fils, faite en fraude des creanciers.

Comme aussi à l'égard du fils, c'est vne grãde doute, si le pere n'ayãt point payé les quatre deniers pour liure, & se voyãt pressé de maladie resigne à son fils, & par apres suruit les quarante iours, ou bien achete la dispense d'iceux, si tel Office est subiect à la reuocatoire. D'autant que l'action reuocatoire n'a lieu, que quand on aliene son bien, & non pas quand on manque à acquerir, dit cette loy *Quod autem. in princ.* Or il est bien certain que le pere n'estoit pas tenu de conseruer son Office pour ses creanciers, & pour cét effect hazarder le quart denier, ou l'argent payé pour la dispense des quarante iours. Aussi que l'effect de la reuocatoire est de reuoquer ce qui a esté faict en fraude : *atqui* la resignation n'est point faite en fraude d'eux, ains pour sauuer l'Office, qui autrement eust esté perdu : & encor si la resignation estoit reuoquée, il s'ensuiuroit que l'Office demeureroit vacant par mort. 83 Autre questiõ en ce mesme poinct.

C'est pourquoy i'estime que l'action reuocatoire n'a point de lieu en matiere d'Offices, mais quand elle auroit lieu, tousiours la faudroit-il intenter dans l'an d'apres la resignation, pource que l'action est annale : ce qui doit principalement estre gardé en matiere d'Offices, dont les pourueus ne doiuent estre long temps tenus en suspens. Encor croy-je que ce seroit le plus seur de preuenir la reception & installation du resignataire, d'autant qu'vn Officier receu & installé est bien fort, principalement en vne matiere douteuse & inaccoustumée, comme est à la verité en France cette action reuocatoire. 84 Resolutiõ. 85 De l'action reuocatoire.

Quoy donc, si apres la mort du pourueu, qui auoit payé les quatre deniers pour liure, l'heritier s'entendant auec le partisan, supprime & la quittance & la procuration à resigner, & se fait pouruoir par mort, ou celuy auquel il a vendu l'Office? Ie dy, qu'apparoissant de ce payement par compulsoire des registres du partisan, ou Controlleur, les creanciers éuincerõt ce pourueu par mort, ores qu'ils n'ayẽt point de preuue, qu'il y ait eu procuratiõ passée par le defunct, dont on n'a accoustumé faire minute, tant pource que cette procuration n'est point necessaire, cõme il viẽt d'estre prouué, que pource qu'il est assez à presumer, à cause du commun vsage, que le defunct en auoit passé vne, qui a esté perduë, ou supprimée, tout ainsi que la quittance du droict annuel, à laquelle on a accoustumé de l'attacher. 86 De la quittance supprimée par l'heritier.

FIN DV DEVXIESME LIVRE.

SOMMAIRE DU PREMIER CHAPITRE DU TROISIESME LIVRE.

1 *Discours de la cherté des Offices.*
2 *Valeur des Offices du temps de Comines.*
3 *Valeur d'à present.*
4 *Hausse subite des maisons de Rome.*
5 *Mauuais traittement qu'on fait aux Officiers.*
6 *Rareté d'argent à present parmy le plat païs.*
7 *Oisiueté des Officiers.*
8 *Abondance des Offices.*
9 *Ambition de nostre aage.*
10 *Archomanie.*
11 *Commodité de la finance, prouenant des Offices.*
12 *Venalité des Offices n'estoit en aucune Repub. ancienne.*
13 *Bien de les conferer aux plus riches.*
14 *Principalement les Ordres.*
15 *De la distribution des Offices à Rome.*
16 Ambitus vnde? leges 10. de ambitu.
17 *Condamnations memorables, selon les loix* de ambitu.
18 *Pourquoy les brigueurs d'Offices estoient desceints, & sans saye.*
19 *Beau discours de Plutarque, sur la venalité des Offices.*
20 *Brigues des Offices par argent en l'Estat populaire des Romains.*
21 Interpretes, sequestres, diuisores.
22 *Cela a esté l'vne des causes de changer l'Estat.*
23 *Exemple memorable de largition pour Offices.*
24 *Partage des elections entre I. Cesar, & le peuple.*
25 Candidatus Cæsaris.
26 *Liberté des élections redonnée au peuple par Auguste.*
27 *Elections ostées tout-à-fait par Tibere.*
28 *Suffrages venaux des Courtisans, soubs les Empereurs.*
29 *Inconuenient de cette venalité.*
30 *Condamnation de Turinus.*
31 Suffragium quid, & vnde.
32 *Suffrages defendus.*
33 *Nulle action pour les repeter estant payez.*
34 *Remis par Theodose.*
35 Certi condictio pro suffragio.
36 *Offices des Iuges & Gouuerneurs, exceptez des suffrages.*
37 *Serment des Officiers de iudicature.*
38 *Suffrages defendus derechef en tous offices.*
39 *Suffrages pris par les Empereurs mesme.*
40 Suffragium duplex, priuatum & Dominicum.
41 De Dominico suffragio.
42 *Prohibitions dernieres des suffrages.*
43 *Non gardées.*
44 *La Dignité mesme d'Empereur a esté venduë.*
45 *Des pollicitations faites pour obtenir les Offices populaires des villes.*
46 *Faux fondement tiré de là, pour la venalité des Offices.*
47 *Origine des pollicitations.*
48 *Des Ædiles Curules de Rome.*
49 *Ieux exhibez au peuple par les Magistrats.*
50 *Droit d'entrée des Officiers des villes.*
51 Aurum oblatitium Senatorum, aurum glebale, follis.
52 *Droit d'entrée des Consuls de Rome.*
53 *Droit d'entrée qui se payoit aux colleges.*
54 Sportulæ.
55 *De mesme.*
56 *Droict d'entrée aux Sacerdoces de Rome.*
57 *Et en ceux du Christianisme, tant és benefices, qu'és Ordres Ecclesiastiques.*
58 *Offices ne furent iamais venaux tout à fait à Rome.*
59 *L'argent qui s'en payoit n'approchoit de leur valeur.*
60 *N'estoient anciennement venaux en France.*
61 *Comment s'y est introduite la venalité.*
62 *Explication de l'Ordonn. de l'an* 1493.
63 *Prohibition de vendre les Offices de finance.*
64 *Officiers de finance iuroient anciennement n'auoir acheté leurs Offices.*
65 *Que les Offices de finance n'estoient venaux anciennement.*
66 *Auditeur des Comptes destitué, pour auoir acheté son Office.*
67 *Preuostez anciennement baillées à ferme.*

DV DROICT DES OFFICES,
LIVRE TROISIESME.
TRAITANT DES OFFICES VENAVX.

DE LA VENALITE' DES OFFICES.

Chapitre I.

AVREA nunc verè sunt secula, plurimus auro
Venit Honos,

1 Discours de la cherté des Offices. disoit le Poëte, au temps qu'on donnoit encor les Offices, se plaignant qu'on les briguoit par argent. Qu'eust-il dit en ce temps, que non seulement on les vend, & entre particuliers, & au profit du fisque: mais mesme on les suruend excessiuement, voire qu'ils n'ont point de prix?

Certainement si Philippe de Commines viuoit à present, il corrigeroit l'endroit de son histoire, où il quotte pour grand merueille, que de son temps *en la Ville de Paris, tel Office sans gages, s'estoit vendu iusques à huict cens escus, & tel, où y auoit gages, quinze fois plus que les gages*. Et l'Autheur de l'Anti-Machiauel composé du

2 Valeur des Offices, du temps de Cōmines. temps du feu Roy Henry III. ayant voulu encherir par dessus Commines, rapporte par admiration, que les Offices de Conseillers du Parlement, coustoient en ce temps-là iusques à neuf mil liures, & ceux de Presidens iusques à vingt mil. Que diroient-ils maintenant, de voir les Offices de Conseillers montez iusques à soixante mil liures, & ceux de Presidens quatre fois plus?

3 Valeur d'à present. Certes nous auons veu de nostre temps presque vn pareil sault tout à coup

4 Hausse subite des maisons de Rome. aux Offices, qu'il y eut à Rome aux maisons, du temps de Lucullus, qui acheta deux cens cinquante mil escus la maison de Marius, laquelle peu d'années auparauant n'auoit esté venduë, que sept mil cinq cens escus, dit Plutarque, *in Mario. Tant la superfluité*, dit-il, *& la somptuosité s'allerent multipliant en peu de temps à Rome.*

5 Mauuais traittement qu'on fait aux Officiers. Si n'est-ce pas le bon traittement, qu'on fait aux Officiers, qui est cause d'encherir ainsi les Offices: car iamais on ne taxa plus hault la finance des resignations, iamais on ne tint plus de rigueur à ceux qui meurent, iamais on ne recercha tant la vie de ceux qui exercent, & iamais l'exercice n'en fut plus incommode. Tantost on arreste leurs gages, tantost on les supprime, afin de les restablir pour de l'argent, tantost on démembre leur charge, tantost soubs pretexte de quelque attribution imaginaire, on leur demande de l'argent. Bref, il n'y a point au monde de marchandise plus chere, & si on n'en est iamais asseuré tout-à-fait.

6 Rareté d'argēt, à present parmy le plat païs. Ce n'est pas aussi l'abondance d'argent, qui nous le fait ainsi profusément employer en l'achat des Offices, comme ne sçachans qu'en faire. Car ni soubs Philippe de Valois, lors qu'il amassoit l'or de France, pour faire son cerf, ni soubs le Roy Iean, qu'on fait accroire auoir forgé de la monnoye de cuir apres sa prison, ni soubs Charles septiesme, apres les rauages des Anglois, il n'y auoit peut-estre telle rareté & disette d'argent, qu'il y a de present: ie ne dy pas à Paris, & quelques-vnes des bonnes villes, mais au plat païs, & aux petites villes.

Pareillement, ce n'est pas le grand employ & exercice qui fait dauantage desirer les Offices. Car leurs charges sont tellement demembrées & diuisées, que l'Office n'est plus Office *à faciendo*, ains c'est vne honneste oisiueté, & comme disoit vn Ancien περικόσμημα τῆς ῥᾳθυμίας, vn ornement externe, ou, pour mieux dire, vn honneste couuerture de paresse. 7 Oisiueté des Officiers.

Finalement, ce n'est pas la rareté des Offices qui les fait desirer. Car combien que Seissel en sa Monarchie de France, liure 1. chap. 15. dise, *Qu'il y auoit de son temps plus d'Offices en France, qu'en tout le remanent de la Chrestienté*, si est-il vray que pour cent qu'il y auoit du temps de Seissel, il y en a mil à present : & que depuis cinquante ans on en a erigé plus de cinquante mil : & tantost dans les villes chasque honneste homme ha son Office, comme chasque moyne dans les cloistres. 8 Abondance des Offices.

Reste donc de conclure, que c'est la seule ambition, qui a pris plus de pied en nostre nation, qu'en nulle autre, & plus encor en nostre aage qu'auparauant. C'est vn cacoëthes, & vne mauuaise disposition d'humeurs, ou plustost de mœurs qui nous tient : voire c'est vne espece de manie qui nous agite. Car le mot d'ambition est desormais trop doux, bien qu'inuenté expres par les Romains, pour signifier le desir immoderé des Offices : il en faut forger vn autre pour nous, & l'appeller *Archomanie*, fureur d'Offices. Est-il pas vray, que nous-nous opiniastrons desesperément contre nostre pauureté, contre la cherté, le mauuais traitement, le hazard, & le peu d'employ qu'il y a maintenant és Offices? que toutes ces incommoditez ne seruent qu'à irriter nostre appetit, qu'à chatoüiller nostre ambition, qu'à éueiller nostre folie? Le coust nous en augmente le goust : plus on taxe hault les resignations, plus nous sommes aspres à y prodiguer & profonder nostre argent : plus on tient de rigueur à ceux qui meurent, plus il y a de presse à faire le Roy son heritier : plus on recherche les Officiers, plus on recherche les Offices : plus il y a de hazard, plus hardiment on s'y hazarde : plus l'argent est rare, plus on y en met à perdition : moins il y a d'employ, plus on les prefere aux autres exercices : bref plus il y a d'Offices, plus il y a de presse à en cercher. 9 Ambitiō de nostre aage. 10 *Archomanie*.

C'est pourquoy ayant esté, du temps de nos peres, découuert vne fois ce beau secret de finance, de leuer par le moyen des Offices vne taille immense, & neantmoins insensible, voire volontaire & desirée, sur l'ambition & folie des aisez du Royaume, on s'en sert tous les iours au besoin, & sans besoin. C'est vne manne, qui ne manque iamais : c'est vn fonds sans fonds : c'est vne source que puisant iournellement on ne peut épuiser. On à beau eriger des Offices sur le bruit d'vne erection nouuelle, ils sont retenus auant que l'Edict en soit minuté. En face le Roy tant qu'il voudra, il trouuera tousiours à les débiter : car comme dit le Sage, Le nombre des fols est infiny, & c'est maintenant vn cōmun dire parmi nous, Qu'il y a tousiours plus de fols que d'Estats. S'il y a iamais vn Roy en France qui ait dessein de s'approprier tous les biens de ses subiects, comme fit ce Roy d'Egypte en la chere année, il ne faut que créer force Offices : chacun à l'enuy portera sa bourse au Roy : qui n'aura argent, vendra sa terre, qui n'aura assez de terre, se vendra soy-mesme, si on luy permet, & consentira d'estre esclaue, pour deuenir Officier. Est-ce pas là vne vraye folie, vne pure Archomanie? 11 Cōmodité de la finance, prouenāt des Offices.

Puis donc que ce commerce des Offices est venu à si merueilleux progrés, c'est bien raison de rechercher tout à loisir son commencement. Or ie n'estime pas qu'en aucun ancien Estat ou Seigneurie la vente publique des Offices ait esté licitement pratiquée. Car quant à celles de Grece, dont Aristote en son 2. liure des Polit. fait vne énumeration, rapportant leurs principales loix & vsages, notamment touchant la distribution des Offices, il n'en rapporte vne seule, où il fust permis de vendre les Offices, soit à l'égard du public, soit entre particuliers : seulement il recite au 9. chapitre qu'en la Republique de Cartage, les principaux Offices estoient conferez aux plus riches citoyens. Ce que toutesfois il reprouue totalement, disant que c'est rendre les Offices comme venaux, & que c'est preferer la richesse à la vertu, & partant induire le peuple à l'auarice & gain deshonneste, & ouurir la porte aux largitions populaires pernicieuses à l'Estat. 12 Venalité des Offices n'estoit en aucune Repub. ancienne. 13 Bien de les conferer aux plus riches.

C'est la mesme plainte que fait Seneque de la Republique Romaine, *Postquam Senator censu legi cœptus, pessum iere vitæ pretia*, & Ouide quand il a dit,

In pretio pretium nunc est, dat census Honores.

14 Principalement les Ordres. Car il est bien vray, qu'à Rome, non pas les Offices, mais les Ordres estoient deferez aux personnes de moyens : *Senatores, Equitesque census ascendere faciebat, ne splendor Ordinum angustiâ rei familiaris vilesceret*, dit le mesme Seneque en ses declamations : mais pourtant ni en l'Estat populaire, ni soubs les Empereurs on n'a iamais tout-à-fait vendu publiquement & licitement, ni les Ordres, ni les Offices.

15 De la distributiō des Offices à Rome. Au contraire, pour le regard de l'Estat populaire, il est certain que les Magistrats estoient deferez par l'élection du peuple, & pour empescher que le peuple y fust corrompu par brigues & largitions, il fut fait l'vne apres l'autre iusques à dix loix *De ambitu*, ainsi appellées *ab ambiendo, id est, circum-eundo populo* : à sçauoir les loix nommées *Protelia, Æmilia, Maria, Fabia, Calphurnia, Tullia, Aufidia, Licinia, Pompeia & Iulia*, qui sont rapportées par Rozinus *lib. 8. Antiq. Roman. cap. 29.* & par Alexandre *ab Alexandro lib. 3. Genial. dier. cap. 17.*

16 *Ambitus vnde leges 10. de ambitu.*

17 Cōdamnations memorables selō les loix *de ambitu*. En vertu desquelles Pline liure 35. chap. 12. dit que Q. Coponius fut condamné, *quòd vini amphoram dono dedisset ei, cui suffragij latio erat* : & que Marius cuida estre condamné, pource que le seruiteur d'vn sien amy fut trouué parmi le peuple, lors qu'il donnoit ses suffrages, dont il s'excusa, disant : qu'il l'auoit enuoyé querir de l'eau pour boire.

18 Pourquoy les brigueurs d'Offices estoient desceints & sans saye. Et Plutarque en ses Problemes, dit que ceux qui briguoient les Offices, deuoient estre desceints, & sans sayes, lors qu'ils assistoient aux Comices & assemblées, afin qu'ils ne peussent cacher sur eux de l'argent pour acheter les suffrages du menu peuple. Il est toutesfois d'autre opinion *in Coriolano*, disant, que cette coustume auoit esté introduite long temps auparauant qu'on eust commencé d'acheter les suffrages du menu peuple.

19 Beau discours de Plutarque sur la venalité des Offices. Et en suitte, il fait vn discours tres-beau sur ce suject, *Ç'a esté bien tard*, dit-il, *que le vendre & l'acheter sont entreuenus en l'élection des Magistrats, & que les vœux & suffrages des élisans se sont achetez à prix d'argent. Mais aussi depuis que cette corruption a vne fois commencé és élections des Offices, elle est passée de main en main iusques aux sentences des Iuges, & iusqu'aux gens de guerre : tant qu'à la fin elle a esté cause de reduire l'Estat populaire en Monarchie, en asseruant & assujettissant les armes mesmes à l'argent. Pourtant me semble-il, que celuy ne parla point sans raison, qui dit, que qui premier fit des banquets & largitions au menu peuple, fut celuy qui luy osta son auctorité, & qui ruina la chose publique. Mais ce mal là se coula peu à peu, & glissa secrettement sans estre apperceu. Car on ne sçait pas qui fut le premier qui acheta & corrompit les voix du peuple par argent.*

20 Brigues des Offices par argent en l'Estat populaire.

Tant y a que nonobstant toutes ces loix *De ambitu*, on ne peût tant faire à Rome, qu'on empeschast les brigueurs d'Offices de distribuer de l'argent à la populace pour gaigner ses suffrages, ce qui mesme par fois se faisoit tout publiquement : & à cét effect on se seruoit de trois sortes de gens, les vns appellez *Interpretes*, qui en faisoient l'abouchement & paction auec le peuple : les autres *Sequestres*, par deuers lesquels l'argent promis estoit consigné : & les derniers *Diuisores*, qui le partissoient & distribuoient. Qui est-ce que Petronius Arbiter a mis *inter signa pereuntis Reipub.*

21 *Interpretes, sequestres, diuisores.*

22 Cela a esté l'vne des causes de chāger l'Estat.

----emptique Quirites
Ad prædam, strepitumque lucri suffragia vertunt :
Venalis populus, venalis Curia patrum.
Est fauor in pretio.

Et encor mieux Lucain, liure premier, sur le mesme propos.

Hinc rapti fasces pretio, sectorque fauoris
Ipse sui populus, letalisque ambitus vrbi,
Annua venali referens certamina campo.

23 Exēple memorable de largitiō pour Offices. De ces largitions il s'en voit vn memorable exemple dans Suetone, *In Iulio. E duobus*, dit-il, *eius competitoribus in Consulatu Luccio & Bibulo, Lucceium Cæsar sibi iunxit, pactus vt is, quoniam inferior gratiâ esset, pecuniâque polleret, nummos de suo, communi*

nomine, pronunciaret: qua re cognitâ, Optimates, quos metus ceperat nihil non ausurum eum in summo Magistratu, concordi & consentiente collegâ, auctores Bibulo fuerunt, tantumdem polliceendi, ac plerique pecunias contulerunt: ne Catone quidem abnuente eam largitionem è Repub. fieri. Igitur cum Bibulo Consul creatus est.

Il auoit dict auparauant, que Cesar s'estoit endebté extremement, pour briguer le Pontificat, ayāt esté desia refusé de la Preture. Ainsi donc ayāt appris par luy-mesme, quel profit reuenoit au peuple de ces données & largitions, estant Dictateur perpetuel, il partagea auec le peuple les Comices, dit le mesme autheur, c'est à dire les elections des Magistrats, & voulut que *de numero Candidatorum, pro parte dimidia, quos populus vellet eligeret, pro altera parte, quos ipse dedisset. Et edebat libellos circum Tribus missos scriptura hac breui: Cæsar Dictator illi Tribui S. Commendo vobis, illum, & illum vt beneficio vestro suam Dignitatem teneant:* & pource qu'on ne pouuoit refuser ceux qui estoient porteurs de ces billets, de là vint le prouerbe, *Petis tanquam Candidatus Cæsaris.*

24 Partition des elections entre I. Cesar & le peuple.

25 Candidatus Cæsaris.

Auguste son successeur, ayant redonné au peuple la liberté entiere des elections, feist la derniere des dix loix *De ambitu*, qui est la loy Iulia, dont est traité au titre du Digeste, & du Code Theodosien *Ad l. Iuliam de Ambitu.* Mais pour ne rien faire perdre à ceux de sa tribu ou parroisse, il leur distribuoit tous les ans du sien vne bonne somme de deniers le iour des Comices, c'est à dire auquel on élisoit les Magistrats, à fin qu'ils ne demandassent point d'argent à ceux qui seroient éleus.

26 Liberté des elections redonnee au peuple par Auguste.

Et finalement Tibere prenant sujet de ce, qu'on ne pouuoit empescher ces largitions, qui échaufoient tellement le peuple, qu'il arriuoit souuent des seditions aux Comices, osta entieremēt au peuple les Comices & elections, retenāt à luy seul le pouuoir de conferer les Magistrats: qui est la raison pourquoi le Iurisconsulte Modestin en la loy 1. de ce tit. *De ambitu*, dit que *hodie lex Iulia cessat in vrbe, quia ad curam Principis Magistratuum creatio pertinet, non ad Populi fauorem.*

27 Electiōs ostees tout à fait par Tibere.

28 Suffrages venaux des Courtisans sous les Empereurs.

Mais ce peuple accoustumé de si long-temps à briguer les Offices par argent ne laissa, sous les Empereurs à continuer ses brigues enuers ceux, qui auoient faueur & creance vers eux: ce qui tourna en tel desordre, qu'à la fin les courtisans & fauoris des Empereurs, vendoient tout ouuertement leurs suffrages & recommandations. Ainsi l'Eunuque Eutrope est appellé par Claudian

29 Inconuenient de ceste venalité.

-------*Caupo famosus Honorum.*

C'est dequoi se plaint Seneque, representant naïuement ce qui aduient de la vente des Offices, *Prouincias spoliari, & nummarium tribunal, auditâ vtrinque licitatione, alteri addici, mirum non est, quia quæ emeris, vendere gentium ius est.* C'est aussi ce que dit Alexandre Seuere dans Lampride. *Necesse est vt qui emit vendat: at ego non patiar mercatores Potestatum, quos si patiar, punire non possum. Erubesco enim punire eum, qui emit & vendit.* Aussi fut-ce vne des causes de la memorable condamnation qu'il fist de Turinus, *qui ab omnibus acceperat, qui prouincias, aut præposituras acceperant*: & partant à bon droit *fumo periȳt, qui fumum vendiderat*: & le mesme Lampride *in Commodo*, dit, *Prouinciæ omnes venduntur, omnia Cleander* (qui estoit le grand mignon de Commodus) *pecuniâ venditabat.* Il y a encor vn beau passage dans Dion *in Vespas.* de Cenis sa concubine, *quæ Magistratus procurationésque prouinciarum, & Officia militum ac Sacerdotia, ipsa quoque responsa Principis vendebat. quod ex voluntate Vespasiani fieri suspicio erat.*

30 Condamnation de Turius.

Or l'argent qui se bailloit ainsi aux fauoris des Empereurs, pour paruenir aux Offices, s'appelloit *Suffragium*, à l'imitation des données & largitions qui se faisoient au peuple pour obtenir son suffrage. *Suffragium*, disent les interpretes des Nouuelles, *erat pecunia, quæ suffragatoribus aulicis dabatur, aut promittebatur, Honoris cupiscendi causâ.* Ce qu'estant tourné en desordre, fut en fin defendu par l'Empereur Constantin, sous grosse amende, *in l. Ad Honoris. De mun. & Honorib. C. Th. & l. vnica De perfect. Dignit. C. Iustin.* Mais Iulian l'Apostat son successeur estant importuné par les Egyptiens, gens plaideurs, qui ne cessoient d'accuser ses principaux Officiers, pour auoir pris ces suffrages, ordonna qu'il n'y auroit plus d'actiō, pour

31 Suffragium quid, & vnde.

32 Suffrages defendus.

33 Nulle action pour les repeter estant payez.

repeter ce qui auoit esté baillé, dit Ammian Marcellin liu.22. & sa loy est au Co. de Theod. *l.1. Si cert. pet. De suffragijs.*

34 Remis par Theodose. 35 *Certi condictio pro suffragio.* Par apres Theodose en la loy vnique *C. De suffragio.* donna action, pour exiger ces suffrages, tout ainsi que les pollicitations faites au public, dont sera parlé incontinant: action, qui fut appellee, *certi cōdictio pro suffragio*, c'est pourquoy le titre, qui en traitte, au Cod. Theod. est intitulé *Si certum petatur de suffragijs*: & est different de celuy, *Si certum petatur de chirographis*: & au Code de Iustinian, apres le titre, *Si certum petatur*, suit immediatement le titre *De suffragio.* Voire Zosime dit qu'il erigea expres de nouueaux Offices pour les vendre, dont il fut en mauuaise reputation, ce que ie n'ay point leu ailleurs: aussi est-il vray que Zosime se picque souuent contre Theodose à cause du Christianisme.

36 Offices des Iuges & Gouuerneurs exceptez des suffrages. 37 Serment des Officiers de iudicature. Neantmoins le mesme Theodose excepta par apres des suffrages, les Offices de Gouuerneurs des prouinces par la loy derniere *C. Ad l. Iuliam repetund.* où il est dit, *ad eiusmodi Honoris insignia, non ambitione, vel pretio, sed probatæ vitæ testimonio accedendum esse*: & partant est fait defense sur peine du quadruple tant contre le donneur, que le preneur, de rien bailler, ni prendre, pour paruenir à ces Offices: & à cette fin est ordonné, que les Gouuerneurs des prouinces (qui en estoient aussi les Iuges) iureront, *neque se dedisse quicquam, neque daturos postmodùm fore, siue per se, siue per interpositam personam, in fraudem legis sacramentique, aut venditionis donationisque titulo, aut alio velamento cuiuscunque contractus*, qui est mot pour mot, le formulaire du serment, que faisoient n'agueres nos Iuges, lors qu'ils estoient receus en leurs Offices: dont Theodose est grandement loüé par Claudian, en ces vers,

Cumque suo demens expellitur Ambitus auro,
Non dominantur opes, non corrumpentia sensus
Dona valent, emitur sola virtute Potestas.

38 Suffrages defendus derechef en tous Offices. Cette loy de Theodose fut estenduë par Honorius son successeur en tous Offices, esquels il defendit generalement les suffrages, à peine de deportation & confiscation de tous biens, *in l.1. De ambitu. C. Theod.* dont le mesme Claudian le loüe en ces mots,

Trudis Auaritiam, cuius sæuissima nutrix
Ambitio, quæ vestibulis foribusque potentum
Excubat, & pretio commercia poscit Honorum.

39 Suffrages pris par les Empereurs mesme. Toutes-fois comme les mauuaises mœurs s'opiniastrent contre les bonnes loix, toutes ces belles & sainctes constitutions n'ont peu empescher la corruption des suffrages, ausquels les Empereurs ne pouuant mettre ordre, se resolurent en fin, cedans à la necessité, d'y prendre part eux-mesmes. A quoy donna ouuerture, ou bien ce qui vient d'estre dit, que Iule Cesar voulant auoir part au profit que le peuple tiroit des suffrages, partagea auec luy les Comices, & elections de magistrats: ou bien le trait de l'Empereur Vespasian, qui ayant esté prié par vn de ses fauoris, de conferer vn Office à quelqu'vn, qu'il disoit estre son frere, feist venir à lui le poursuiuant, & ayant receu de lui l'argent, qu'il auoit promis au suffragateur, le pourueut de l'Office, & de fait Suetone dit qu'il ne faisoit point de difficulté de prendre argent de ceux qui briguoient les Offices.

40 *Suffragiū duplex, priuatum & Dominicum.* 41 *De Dominico suffragio.* Ainsi donc il y eut en l'Empire Romain deux sortes de suffrages, *priuatum scilicet suffragium, quod suffragatoribus aulicis dabatur*: & *Dominicum suffragium, quod Imperialibus rationibus inferebatur*, comme parle la Nou. 161. qui adiouste, que *eiusmodi Dominica suffragia magnum reddebant pecuniarum cumulum*: & en la Nou. 8. il est dit, qu'en ostant ces suffrages, *quæstus immodicus imminuitur Imperio*: & voyla comment, sous la couuerture de ces suffrage, les Princes ont commencé de prendre argent des Offices: mais quoy que ce soit, ces suffrages n'estoient que des presens, qui ne montoient pas à beaucoup pres à la iuste valeur des Offices, de sorte que ce n'estoit pas les vendre tout à fait, ains partie donner, & partie vendre.

42 Prohibitions dernieres des suffrages. Finalement pour abolir l'vn & l'autre de ces suffrages, & en effait pour oster toute venalité des Offices de iudicature, furent faites ces deux Nou. de Iustinian à sçauoir la 8. intitulee *Vt Iudices sine quoquo suffragio fiant, id est, siue priuato, siue*

Dominico:

Dominico: & en la Nou. 161. intitulee *De Præsidibus prouinciarum*. Mais ces prohibitions n'ont esté non plus de tenuë, que les autres; témoin les Edicts de l'Empereur Zoa, & celui d'Alexius Comnenus, rapportez au liu. du droict Oriental. Car depuis que l'or a vne fois trouué entree quelque part, il est du tout impossible, de l'en dechasser.

43 Non gardees.

Mais où est-ce qu'il ne trouue entree? veu que mesme la souueraine Dignité d'Empereur fut achetee plusieurs fois par le moyen de l'argent qui fut donné aux soldats, qui s'estoient acquis l'auctorité d'élire les Empereurs: dont entr'autres l'exemple est memorable de l'Empereur Iustin; qui ayant receu vne grande somme d'argent de l'Eunuque Amantius, affranchi de l'Empereur Anastase son predecesseur, afin d'acheter les suffrages des soldats pour Theocritian, les acheta accortement pour lui-mesme, & par cette ruse fut faict Empereur. En quoy a esté accomplie la prediction de Iugurtha dans Saluste, que tout à Rome estoit venal, & que Rome mesme se vendroit, s'il s'en trouuoit des acheteurs.

44 La Dignité mesme d'Empereur estoit vendue

Quant aux Offices qui estoient demeurez en l'election du peuple, comme les Offices populaires des autres villes que Rome, les loix *De ambitu* demeurerent en leur vigueur à l'égard d'iceux, dit cette loy 1. *Ad l. Iul. ambitus*. Toutesfois on y trouua vne exception, à sçauoir qu'on permettoit, que ceux qui desiroient estre esleus à ces Offices, fissent promesse de faire quelque œuure public, ou representer quelques jeux ou spectacles au peuple, ou bien employer quelque somme d'argent aux affaires de la ville, lesquelles promesses, appellees en droit pollicitations, estoient approuuees & tenues pour obligatoires, comme il se voit en tout le tiltre *De pollicitationibus*, & y en a vn bel exemple en la loy *Publius*. D. *de condit. & demonstr.* & partant on restraignit les loix *De ambitu*, aux seules largitions faites au profit des particuliers. Et sur cette consideration, on a fait accroire à nos Rois en ces derniers temps, qu'il n'estoit defendu qu'aux particuliers, & non au fisque, de prendre argent des Offices, comme Pasquier a quotté en ses Recherches.

45 Des pollicitations faites pour obtenir les Offices populaires des villes.

46 Faux fondement de la venalité des Offices.

47 Origine des pollicitations.

Tacite liu. 1. des Annales, nous apprend que cette breche fut faite à Rome par Cneus Dolabella, qui feist ordonner par le peuple, que les nouueaux Questeurs ou Thresoriers generaux feroient tenus faire representer à leurs despens vn spectacle de gladiateurs, dont il fut blasmé par les gens de bien, *quia*, dit-il, *quod virtutis præmium anteà fuerat, id posteà veluti venundatum est*.

Toutesfois dés auparauant on pratiquoit que les Ædiles Curules (dont l'Office estoit l'échelon pour monter aux plus grands hõneurs de Rome, dit Ciceron liu. 2. *De legib.*) estoient tenus faire des jeux publics à leurs despens: mesme qu'ils furent erigez à cette fin, en vne annee, que les Ædiles plebeiens, qui auparauant auoient charge d'en faire aux despens du public, n'en voulurent faire, comme raconte T. Liue sur la fin de son 6. liure. De fait Ciceron au mesme lieu, dit, que les Ædiles Curules deuoient sur-tout éuiter le soubçon d'auarice, en faisant ces jeux: & que plusieurs ayant euité cette charge, pour espargner la despense d'iceux, auoient par apres esté rebutez honteusement des autres charges, alleguant l'exemple de Murena, qui n'ayant point esté Edile feist des ieux en la Preture, à fin de n'estre rebuté du Consulat. Ce qu'il discourt encor en l'oraison pour le mesme *Muræna*, qui pour cette cause auoit esté accusé *ambitus*, où il conclud, que *nec plebi Romanæ eripiendi fructus isti sunt ludorum, gladiatorum, conuiuiorum, nec Candidatis ista benignitas adimenda est, quæ liberalitatem magis significat, quàm largitionem*. C'est pourquoy Plutarque *in Bruto* dit, que ces spectacles estoient l'honneste recompense des Magistrats donnez.

48 Des Ædiles Curules de Rome.

49 Ieux exhibez au peuple par les Magistrats.

Quoy que soit, aux autres villes de l'empire Romain, on pratiqua tout communément, que ceux qui entroient aux principaux Offices, faisoient quelque present au public. Notamment c'estoit vn ordinaire, que les Decurions, Buleutes, ou Senateurs des villes, mettoient à leur aduenement certaine somme d'argent dans les coffres de la ville, comme il appert de la 115. epistre de Plin. liu. 10. où il mande à Traian, *vt dispiciat, an in omnibus ciuitatibus certum*

50 Droict d'entree des Officiers des villes

aliquid omnes, qui Buleutæ leguntur, debeant pro introitu dare : & Traian respond *In eius modi honorario* Decurionatus *sequendam cuiusque ciuitatis legem:* & en vne autre epistre il fait mention de l'argent, que les Buleutes de Claudiopolis bailloient pour droit d'entree.

51 *Aurum oblatitium Senatorum, aurum glebale, follis.* Mesme à la fin les Senateurs de Rome, lors qu'ils estoient éleus, payoient certaine quantité d'or, appellé *aurum oblatitium*, dont est parlé au commencement du 6. liu. du Code Theod. qui n'ha point de titre, *l. omnes, & l. Dudum.* Different *ab auro glebali, seu folle*, qui estoit vn autre tribut, que payoient annuellement les Senateurs, à proportion de leur reuenu, dont est fait mention en la loy derniere *De Prætorib. lib. 12. Cod. Iust.* laquelle loy abolit toutes ces contributions des Senateurs.

52 Droit d'entree des Consuls de Rome. Pareillement l'Empereur Valentinian voulut, que les Consuls de Rome payassent à leur entree cent marcs d'or, pour l'entretien des aqueducs de Rome, au lieu de l'argent qu'ils auoient accoustumé de ietter & espandre parmy le peuple, lors de leur élection, par forme de largesse, *l. 2. De Consulibus, & non spargendis ab eis pecuniis. eod. lib. Cod.* Ce que Zeno estendit mesme aux simples Consuls honoraires, en la loy 2. du mesme titre. Et y a apparence que ces droits d'entrée, que payoient tant les Senateurs, que les Consuls, furent cause de les abolir en fin, quand apres qu'on leur eut osté toute auctorité, il aduint que la despense d'iceux excedoit la commodité qu'on en retiroit.

53 Droit d'entree qui se payoit aux collegues. Il y auoit encor vn autre droit d'entrée, que le nouuel Officier payoit à ses collegues, ou compagnons d'Office, appellé *sportula*, pource que c'estoit au lieu du festin, qu'on auoit accoustumé faire à l'entrée de l'Office. *Qui Magistratum ineunt* (dit Pline *lib. 10. epist.*) *solent totam Bulen vocare, vel binos denarios singulis dare*: Il en est parlé en la loy *Si mulier* D. De *donat. inter vir. & vxor. Si mulier acceptam à marito pecuniam in sportulas pro cognato suo, Ordini erogauerit.* Et en la loy 6. §. 1. D. De *Decurion. Minores* XXV. *annis Decuriones facti sportulas Decurionum accipiunt, sed interim suffragium inter cæteros non ferunt.* Mais tout apertement en la

54 *Sportula.* Nou. 62. il est dit, que les Senateurs Romains payoient ces sportules à l'entrée de leurs charges.

55 De mesme. De ces sportules, ou droit d'entrée, il faut entendre la loy *Nuper. eod. tit. De donat. inter vir. & vxor. Si vxor viro laticlauij petendi causâ donet, vel vt Equestris ordinis fiat.* & la loy *Quod adipiscendæ, eod. tit. Quod adipiscendæ Dignitatis gratiâ ab vxore marito collatum est, & cæt.* & la loy derniere D. De *petit. hæred.* où il est parlé *de sumptu, quem pater in honorem filij, cum Senator esset, fecit.* Lequel droict d'entrée estoit ordinaire és Milices Romaines, mesme y alloit bien plus auant. Car il montoit communément iusques à la moitié de la valeur de la Milice, comme il a esté dit au liure precedent, & ce d'autant que les Milices estoient plus venales, que toute autre sorte d'Offices.

56 Droit d'entree aux sacerdoces de Rome. Ce mesme droit se payoit aussi *in Sacerdotiis*, qui à Rome estoient ordinairement conferez par l'élection du college, voire quelquefois il y montoit bien haut, témoin Suetone *in Claudio, cap. 9. Sestertium octogies pro introitu noui Sacerdotij Claudius coactus impendere, ad eas rei familiaris angustias decidit, vt cum obligatam ærario fidem liberare non posset, in vacuum lege prædiatoria venalis pependerit sub edicto Præfectorum.* Et les Nou. de Iustinian nous témoignent que ce droit se payoit pour l'entrée des

57 Et en ceux du Christianisme tãt és benefices qu'és Ordres Ecclesiastiques. benefices, depuis le Christianisme, & qu'a l'égard des Euesques il s'appelloit ἐνθρονιαστικόν, Nou. 123. *cap.* 3. où il est reglé: & és autres benefices il s'appelloit ἐμφανιστικόν Nou. 36. Et l'ordonnance de l'Empereur *Isacius Comnenus*, rapportée *in lib. Iuris Orient.* nous monstre qu'il se payoit à l'Euesque vn droit d'entrée, pour la promotion aux Ordres Ecclesiastiques, que cette ordonnance appellee κανονικὸν, καὶ τῶν ὑπὲρ χειροτονίας διδομένων συνήθειαν.

58 Offices ne furent iamais venaux tout à fait à Rome. Recueillons donc de ce discours que les Offices n'estoient point tout à fait venaux à Rome, ni pendant la Republique populaire, ni soubs les Empereurs, au moins licitement, ni à l'egard du public, & moins encor entre particuliers: aussi n'estoient-ils perpetuels, ou à vie, comme à nous, ains estoient annuels presque tous, sinon que les Officiers continuez à plus long-temps, qui est vn autre

discours,

discours, qui seroit icy superflu. Vray est, qu'ès Offices electifs, les pollicitations au profit du public, estoient admises, & ès collatifs les suffrages, & ès Offices de compagnie, & mesme aux sacerdoces & aux Ordres Ecclesiastiques, le droit d'entree: mais tout cela n'estoit que des presens, que faisoient par honneur ceux qui entroient aux charges, pour se concilier la bien-veillance du peuple ou de l'Empereur, ou de leurs compagnons d'Office: que partant Trajan, au lieu preallegué, appelle *honoraria*, & n'approchoient pas de la vente absolue des Offices, que nous pratiquons en France.

59 L'argẽt qui s'en payoit n'approchoit pas de leur valeur.

Voyla pour les Romains, & quant à nous, il est bien certain, que lors qu'on a erigé les Offices; on les eust ordonnez sans gages, si les profits licites d'iceux eussent esté bastans pour recompenser l'Officier de son exercice. Ce qui eust esté plus à propos, que de prendre argent de lui, & lui bailler par-apres des gages: qui est en effait constituer vne rente pour de l'argent, & non pas appointer vn Officier: voire mesme il est aisé à entendre, qu'il n'y a pas long-temps que nous pratiquons cette vente publique des Offices, d'autant que les Offices ont tousiours esté destituables, ainsi que sont à present les simples commissions, & n'ont esté faits perpetuels, que par l'ordonnance de Loys XI. de l'an 1467. de sorte qu'il n'y a guere d'apparence, qu'auparauant ce temps là on les eust voulu acheter: veu que s'ils eussent esté achetez du public, ce n'eust esté raison de les oster par apres.

60 Offices n'estoient anciennement venaux en France.

Et combien que la perpetuité des Offices introduite par cette ordonnance, ait esté desormais la premiere cause de leur venalité, si est-ce que cette venalité ne fut pas auctorisee de long-temps apres, au moins à l'egard du fisque, mesme ès Offices de finance. Car ce que dit Philippe de Commines, que dés le tẽps de Louys XI. le Parlement dissimuloit desia le commerce des Offices de finance, estoit non pas à l'égard du public, mais entre particuliers. Et combien que plusieurs croyent, que l'ord. de Charles VIII. son successeur, de l'an 1493. par laquelle il defend seulement de vendre les Offices de iudicature, approuue taisiblement la vente de ceux de finance, neantmoins c'est bien le contraire, car c'est d'autant que par cette mesme ordonnance, il est porté que les Offices de finance ne seront baillez que par commission, & partant il ne falloit point defendre de les vendre, estant reuocables au plaisir du Roy.

61 Comment s'y est introduite la venalité.

62 Explication de l'ord. de l'an 1493.

De fait par cette belle ordonnance du Roy Charles 7. qui contient vn reglement general de tous les Offices, il est porté, que non seulement les Offices de la iustice ordinaire, ains aussi ceux des élections & greniers à sel, voire mesme les Receptes seroient conferees par élection, auec defense tres-expresse de vendre aucun Office, soit de iudicature, ou de finance, conformément aux ordonnances du Roy S. Louys & de Charles 5.

63 Prohibition de vendre les Offices de finãce.

Occasion pourquoy Carondas sur les ordonnances, a fort bien remarqué & prouué, que le serment, que de nagueres on faisoit au Parlement pour les Offices de iudicature, de ne les auoir achetez, & qui iustement a esté aboly en l'an 1597. se faisoit anciennement tout tel, pour les Offices de finance, pource que lors estans gratuitement conferez par le Roy, il n'estoit raisonnable, d'en trafiquer entre particuliers.

64 Officiers de finance anciennemẽt n'achetoient leurs Offices.

Mais M. Pasquier au 4. liure de ses Recherches chap. 15. nous fait part de deux anciens arrests de la chambre des Comptes, par lesquels il se cognoist, que la venalité n'estoit anciennement admise ès Offices de finance, l'vn de l'an 1404. sur ce que deux Tresoriers de France, nommez Aiguetonuille & la Cloche, qui auoient esté supprimez l'annee precedente, ayans esté restablis moyennant la somme de cinq mil liures, qu'ils auoient fournie pour la necessité vrgente de la guerre, furent neantmoins refusez à la Chambre, qui deputa deux Maistres des Comptes, pour faire remonstrances, que cette ouuerture de financer deniers pour Offices, estoit de pernicieuse consequence, & que pour vne petite somme, on corromproit l'ordre general de la France. L'autre arrest est de l'an 1372. par lequel Messire Iean Blanchet, Prestre & Auditeur des Comptes, fut destitué de son Office, auquel il auoit esté receu, & qu'il auoit exercé six ans

65 Que les Offices de finance n'estoyent venaux anciennement.

66 Auditeur des Comptes destitué pour auoir acheté son Office.

auparauant,sur ce que la Chambre fut aduertie, que pour la resignation d'iceluy,il s'estoit obligé vers Messire Amaury de Condé son resignant, luy payer six queuës de vin, & soixante liures tous les ans, laquelle obligation fut par le mesme arrest declarée nulle.

67 Preuostez anciennemét baillées à ferme.

Bien est vray, que d'ancienneté il s'estoit glissé vn abus en France, que les Preuostez,Vicomtez,Chastellenies & Viguieries, qui sont les iustices ordinaires & primitiues des villes,ainsi diuersement nommees selon la diuersité des prouinces, estoient baillées à ferme presque par tout, soubs pretexte d'affermer les droits domaniaux d'icelles,comme les defauts & amendes,les confiscations,

68 Auec leurs droits&emolumens.

les Greffes,les Tabellionnez,les Seaux: & bailloit-on quant & quant à ferme l'Office de Preuost,Viconte,Chastellain ou Viguier,qu'on ne s'estoit point encor alors aduisé de separer d'auec les émolumens de la iustice:comme encor en

69 Fermiers des amendes pourquoy appellez Preuosts.

Normandie les Vicontes,qui sont les premiers Iuges des villes, ont les Greffes & autres émolumens de la iustice conioints à leurs Offices. Et c'est pourquoy en plusieurs prouinces de ce Royaume les fermiers des amendes, peages & autres menus droits des iustices,sont encor appellez Preuosts.

70 Comment cét abus fut introduit.

Cet abus fut introduit par l'auarice des Ducs & Contes, qui ayant rendu leurs Offices patrimoniaux, & les ayant conuerty en Seigneuries, non seulement se déchargerent d'exercer eux-mesme la iustice, mais aussi conuertirent cet exercice, & les émolumens d'icceluy en fermes patrimoniales. De sorte que cela se trouuant tout accoustumé & estably, lors de la reünion des anciens Duchez & Contez à la Corone,nos Roys se laisserent emporter eux-mesme à continuer cette mauuaise coustume.Et par ainsi nous trouuons qu'elle auoit lieu dés auparauant le regne de S.Louys, mesme en la ville capitale du Royaume,

71 Preuosté de Paris venale anciennement.

estant deslors(comme parle Nicole Gilles) *la Preuosté de Paris reputee venale, ce que ce bon Roy corrigea.* Voicy ce qu'en dit Gaguin, *Per id tempus Præpositura Parisiensis venalis habebatur: vnde fiebat, vt inopes premerentur,opulenti omnia licenter agerent, sumis nullis pœnis afficerentur.Hanc vænalitatem Rex prohibuit, constituto annuo stipendio ei qui*

72 Venalité d'icelle prohibee par le Roy S.Louys.

Præfectus esset.Atque ita Stephanum Boilæum Præpositum instituit, qui id Officium adeptus,intra paucos dies statum ciuitatis longè tranquilliorem reddidit. Ce que la chronique S.Denys esclaircit encor mieux, disant, *Que la Preuosté de Paris estoit si mal administree (pource qu'elle estoit baillee à ferme à des marchands) que chascun citoyen se retiroit sur les territoires des hauts iusticiers Ecclesiastiques,& demeuroit la terre du Roy comme deserte, iusques à ce que ce bon Roy reprist la iustice, & la bailla en garde à vn nommé Boileau* &c.

73 Autre preuue des Preuostez baillees à ferme.

En voicy vn autre exemple tiré du grand Coustumier fait du temps de Charles 6. tit. *Des Baillys & Seneschaux*, où il rapporte leur charge & function, en ces mots,*Ils bailleront à ferme les Preuostez à personnes sages, non nobles & bien renommez, qui sçachent bien faire & garder iustice,nonobstant qu'aucune personne,qui seroit moins suffisante,ou noble,en voudroit plus donner:& celuy qui les achetera n'y pourra nully accompagner occultement,ne en appert,ains il y sera tout seul.*

74 Autre encor.

Autre tesmoignage dans le vieil Praticien Masuere au tit. *De Iudicibus, Item isti Præpositi firmarij, ad quos spectat iustitiæ commodum,non deberent exercere ipsimet suam iurisdictionem vt no. Bart.l.De iure. Ad municip.quæ quidem iustitia meritò dicitur venalis & perniciosa.*

75 Petits Baillages baillez à ferme.

Il y en a encor vn autre tesmoignage plus notable d'vne vieille ord.du mesme Roy S.Louys rapportee par Benedicti sur le chap. *Rainutius* en ces mots *Siquis Bailliuiam aut Officium aliud publicum,cum emolumentis iustitiæ emerit,ne possit alij vendere aut subarrentare.* Dont il pourroit sembler de prime-face,que les Bailliages & Offices de iuges de prouince,se vendissent lors ou baillassent à ferme. Ce qui n'est toutefois veritable, ains faut entendre cette ordonnance des petits Bailliages subalternes & ressortissans au grand Bailliage ou Seneschaussee de la prouince,

76 *Vendre* en ces anciennes ord. signifie bailler à ferme.

tout-ainsi que les Preuostez,ce qui sera expliqué au liure *Des Seigneuries*: & faut noter,qu'en tous ces passages le mot de *vendre* signifie bailler à ferme, *quia venditio & locatio iisdem iuris regulis consistunt.* Ce qui apparoist clairement du beau discours,qu'en fait M.Pasquier au lieu sus-allegué.

Mais

Mais il n'y a point de plus notable & signalé tesmoignage de cette vente, ou plustost location publique d'Offices, que ce qui est escrit dans la Chronique de Flandres, ch.33. que *le Roy Philippe le Bel poursuiuant la canonisation du Roy sainct Louys, en fut refusé par le Pape Boniface VIII. pource qu'il fut trouué, qu'il auoit mis ses Bailliages & Preuostez à ferme, dont plusieurs estoient desheritez.*

77 Canonisation de sainct Louys refusée pour ce sujet.

Ce mesme abus se glissa aux Offices de la iustice Ecclesiastique, comme il se voit au chap. 2. *ext. Ne Prælati vices suas, & cæt.* qui est tiré du Concile de Tours. *Quoniam in quibusdam partibus Decani quidam, vel Archipresbyteri, ad agendas vices Episcoporum, seu Archidiaconorum, & terminandas causas Ecclesiasticas sub annuo pretio statuuntur, id vlterius fieri prohibemus.* Et au chap. 1. du mesme tiltre. *In quibusdam partibus sub pretio statuuntur, qui Decani vocantur, & pro certa quantitate pecuniæ Episcopalem iurisdictionem exercent: statuimus, vt qui de cætero hoc præsumpserit, Officio suo priuetur, & Episcopus conferendi hoc Officium potestatem amittat.* Ce qui fut en fin pratiqué de mesme aux benefices, comme il se voit au chapitre suiuant du mesme tiltre, que i'ay amplement interpreté cy-deuant, au 5. chap. du 1. liure.

78 Offices de la iustice Ecclesiastique, baillez à ferme en France.

79 Benefices conferez à tiltre de ferme.

Pour reuenir à nos Preuostez, la varieté qui se trouue dans les anciennes Ordonnances touchant la distribution d'icelles, est estrange: les vnes voulans qu'elles soient baillées à ferme, autres seulement en garde, comme a bien remarqué M. Pasquier au mesme lieu, & diray en passant, que ce que nous disons maintenant conferer par commission, ces Ordonnances l'appellent *bailler en garde*, n'appellans iamais les Preuostez, Offices: pource que c'estoient plustost Seigneuries qu'Offices, attendu qu'elles auoient le domaine & les émolumens de la iustice annexez, ainsi que les Seigneuries: mais pourtant n'estoient-elles non plus appellées Seigneuries, pource qu'elles n'estoient pas données en fief, ni en proprieté, ains en garde ou depost reuocable seulement.

80 Bailler des Preuostez en garde, que signifie.

En fin le Roy Charles VIII. par son Ordonn. de l'an 1493. retrancha ce mal par la racine, separāt fort à propos les droits & profits domaniaux de la iustice d'auec l'Office de Iuge: & ordonnant que ces droits dépendans des Preuostez fussent baillez à ferme separémét, & quant à la charge de Iuge, qu'il y fust pourueu en tiltre d'Office, de personnage capable, par élection des praticiens du siege, auquel seroient attribuez gages suffisans, qui seroiēt pris sur cette ferme: de sorte que les Preuostez ne furent plus conferées en garde, ains en Office: & ceux ausquels elles furent conferées s'appellerent Preuosts, & non plus Gardes de la Preuosté: comme ils faisoient lors que le domaine faisoit partie d'icelle, & que le Roy en estoit le vray Seigneur, ainsi que d'vn Comté, Chastellenie, ou autre Seigneurie.

81 Retranchement de tous ces abus.

Toutefois ce tiltre de Garde est demeuré au Preuost de Paris, qui ne s'intitule que Garde de la Preuosté de Paris, soit à cause que le reglement de la Preuosté de Paris auoit esté faict separément par l'Ordonnance du Roy sainct Louys, aussi que cette Preuosté est autre que les autres, attendu qu'elle ressortit directement à la Cour: soit à cause de l'éminence de la ville capitale du Royaume, où le Roy est ialoux qu'aucun prenne vn tiltre approchant de Seigneurie, ains veut estre reputé luy-mesme le vray Preuost de Paris: & de fait, pendant la vacance de cét Office, c'est M. le Procureur general du Roy, qui comme Preuost de Paris, au lieu du Roy, est intitulé en tous les actes & contracts de cette iurisdiction, & ainsi se pratique notoirement.

82 La Preuosté de Paris est encor cōferée en garde, & pourquoy.

Mais pour reuenir à nostre propos, pour autant que cette notable Ordonnance de Charles VIII. qui separa le domaine des iustices d'auec les Offices de Preuosts ou Chastelains, ne fait expresse mention des Vicomtes (combien qu'entre les Preuosts & Vicomtes, il n'y ait que le nom different) elle ne fut receuë ni pratiquée en Normandie, où les premiers Iuges s'appellent Vicomtes: de sorte que encor auiourd'huy les Vicomtes de Normandie ont les Greffes, & autres émolumens de la iustice annexez à leurs Offices.

83 Vicomtes de Normādie iouïssent encor des émolumēs de leur iustice.

Tant y a, que voila l'vnique exemple qui se peut trouuer en l'antiquité de nostre France, de la vente publique des Offices. Car au demeurant, il ne fut iamais, que les particuliers ne s'emancipassent de les vendre en cachette, quoy que ce soit d'en retirer du profit, aussi bien qu'à Rome, contre la prohibition des loix,

84 Vente des Offices entre particuliers.

comme nous tesmoigne ce beau passage de Philippe de Commines cy dessus remarqué, qui merite bien d'estre rapporté au long, pource qu'il nous apprend en outre, que ce n'est pas d'auiourd'huy que les Parisiens sont ambitieux, & particulierement conuoiteux d'Offices, *Plusieurs de Paris*, dit-il, *estoient adherens aux*

85 Passage de Commines. *Bourguignons, esperans que par leur moyen ils pourroient paruenir à quelques Offices ou Estats, qui sont plus desirez en cette ville-là, qu'en nulle autre du monde. Car ceux qui les ont, les font valoir ce qu'ils veulent, & non pas ce qu'ils doiuent: & y a Offices sans gages, qui se vendent bien huict cens escus, & d'autres où y a gages bien petits, qui se vendent bien plus que les gages ne valent en quinze ans.*

86 Vente publique des Offices par le Roy, quand introduite. Nicole Gilles & Gaguin disent, que ce fut le Roy Louys douziesme, qui pour s'acquitter des grandes debtes faictes par Charles VIII. son predecesseur, pour le recouurement du Duché de Milan, & ne voulant surcharger son peuple de tailles ou emprunts, prist de l'argent des Offices, *dont il retira grandes pecunes*, dit Nicole Gilles.

87 Que ce fut par le Roy Louys XII. Ce qu'il fit à l'imitation des Venitiens, qui ayant dépensé plus de cinq millions de ducats à la guerre, qu'ils auoient contre luy, s'aduiserent, pour remplir leur thresor tout espuisé, de vendre les Offices de leur Republique, dont l'histoire dit, qu'ils retirerent cent millions. De sorte que le Roy Louys XII. les voyant si promptement releuez par cette inuention, ne se peût empescher de s'en aider, au prix que la necessité vrgente l'y contraignoit: mais il n'en fit pas vn reuenu ordinaire, ainsi qu'à present, & si n'en vsa qu'à l'égard des Offices de finance, & non de ceux de iudicature, comme ces Annalistes recognoissent.

88 Excuse de Louys XII. Ce que ie dy pour excuser la memoire de ce bon Roy, pere du peuple, que nous reclamons encor auiourd'huy, lors que nous desirons la descharge des subsides, & la reformation des Offices, demandans que tout soit reduit au temps du Roy Louys XII. Et certes si le mal n'eust point rampé plus auant, il estoit bien tolerable, mesme possible iuste, eu égard à la necessité de ses affaires. Car ce bon Prince, pour espargner le pauure peuple, iugea, qu'il n'y auoit point de plus aisé moyen de subuenir à son besoin, que d'imposer, ou pour mieux dire, laisser couler vne taille insensible & imperceptible, voire purement volontaire sur l'ambition des plus riches, voyant mesme que les principaux de sa Cour tiroient soubs

89 Offices de finãce ne sont de telle importance que les autres. main de grandes commoditez des Offices, lors qu'il les conferoit par leur recommandation. Aussi que les charges de finance ne sont pas d'importance au public, où l'industrie & la preud'hommie soit si particulierement necessaire, que aux Offices de iudicature, & aux charges de la guerre: voire que du temps de ce bon Roy, ce n'estoiẽt que commissions reuocables, pource que depuis l'Ordonn. de Louys XI. on n'y pouruoyoit point en tiltre d'Office, tout ainsi qu'à Rome les Officiers de finance estoient appellez *procuratores, vel rationales*. Vray est que Suetone dit que l'Empereur Claudius *iis extra ordinem honores concessit, ne metu offensionum segniùs Officium peragerent*: en vn mot, ce qu'on les a fait Officiers, & qu'on les a fait participer à la puissance publique, n'a esté que pour les auctoriser, afin de faire leur charge plus facilement.

90 Offices de iudicature vendus par l'entremise des Courtisans. Vray est, que de son temps en consequence de ce que les Offices de finance estans vendus au profit du Roy, ses courtisans, qui n'en tiroient plus de lucre, ayans tourné leurs suffrages venaux aux seuls Offices de iudicature, il donnoit par leur importunité permission à plusieurs Officiers de iustice, de tirer commodité de leurs Offices en les resignant. Dont s'estant repenti par apres, il reuoqua toutes ces dispenses & permissions par Ordonnance de l'an 1508. & fit defenses au Chancellier d'en plus seller à l'aduenir, & aux Parlemens d'y auoir égard, mesme declara par cette Ordonn. qu'il n'entendoit plus déroger aux Ordonnances des Roys ses predecesseurs, prohibitiues de vendre les Offices.

91 Establissement des parties casuelles. Mais comme en France vne ouuerture, pour tirer de l'argent, estant vne fois commencée, s'accroist tousiours de temps en temps, parmi l'extreme deuotion & obeissance de ce peuple, & soubs le specieux & ordinaire pretexte de la necessité publique, le Roy François successeur de Louys XII. pratiqua tout ouuertement, & sans restriction, la venalité publique des Offices, qu'il establit

comme vn nouueau reuenu ordinaire, au lieu de son domaine, qui ja estoit aliené: erigeant le bureau des parties casuelles, en l'an 1522. pour seruir de boutique à cette nouuelle marchandise. Bureau qui n'estoit du commencement, que pour les Offices de finance, ainsi appellez, comme ie croy, à cette occasiõ. Car les Offices de finance ne sont pas seulement ceux qui concernent les finances du Roy, mais tous ceux qui sont conferez moyennant finance, c'est à dire, au plus offrant: car finer est vn vieil mot François, qui signifie payer le dernier denier.

92 Offices de finance pourquoy dits.

En fin toutefois, soit soubs luy, ou ses successeurs, la venalité s'est glissée mesme à l'égard des Offices de iudicature, qui ont esté mis en taxe aux parties casuelles, non pas du commẽcement par forme de vente, comme ceux de finance, ains par forme de prest seulement; mais c'estoit vn prest à iamais rendre, & plustost vne vente déguisée de ce nom: aussi à la parfin, & de nostre temps seulement, on a confondu és parties casuelles la vente des Offices de finance auec ceux de iudicature.

93 Venalité introduite aux Offices de iudicature, sous couleur de prest.

Toutefois, le Parlement, qui ne pouuoit approuuer la venalité des Offices de iudicature, laquelle neantmoins il ne pouuoit prohiber, en esperance d'y voir quelque iour vne reformation, & afin que parmy cette tolerance forcée, la memoire de la raison & du deuoir ne se perdist, faisoit tousiours prester aux Officiers, lors de leur reception, le serment prescrit par les anciennes Ordonnances, & tiré mot pour mot de cette loy derniere, *C. Ad l. Iul. repetund.* de n'auoir acheté leur Office directement, ou indirectement: en quoy on entendoit taisiblement excepter le prest entré aux coffres du Roy, & sans fraude, que neantmoins la Cour, de peur de l'auctoriser, ne vouloit estre exprimé. Et ainsi on a tenu fort long temps en iustice contentieuse, que ces Offices n'estoient nullement venaux.

94 Sermẽt de n'auoir acheté ces Offices entretenu iusques à nostre tẽps, & pourquoy.

Mais depuis qu'on a perdu l'esperance, que le Roy renonçast iamais à vn si grand & aisé reuenu, on a conclud à bon droit, que *quod emeris, vendere gentium ius erat:* & partant on s'est tellement licencié de vendre & trafiquer ces Offices entre particuliers, que non seulement on n'y entre plus autrement, mais mesme le prix y est deuenu si excessif, que nulle sorte d'heritage ne seroit à beaucoup prés achetée si cher, pour n'en iouïr qu'à vie. Ainsi on voit auiourd'huy ceux qui ont consommé toute leur ieunesse, & partie de leur bien à apprendre les lettres, estans en aage de prendre party, hazarder encor le surplus de leurs moyens, voire auec les leur ceux de leurs amis, pour acheter excessiuement vn Office de iudicature. Et en ce faisant, se mettre au hazard, non seulement de faire le Roy leur heritier, en desheritant leurs enfans, mais aussi de ruiner leurs amis par vne mort inopinée. Encor falloit-il nagueres qu'ils entrassent en leurs Offices, par vn pariure solennellement faict en l'acte de iustice le plus celebre de leur vie. Mais le Parlement, ayant recogneu qu'il ne falloit plus en ce siecle esperer de reformation à ce regard, a iustement aboly ce serment en l'an 1597. peu apres l'assemblée tenuë à Roüen, pour la reformation de la Iustice.

95 Prix excessif des Offices de iudicature.

96 Ce serment aboly.

Voila donc comme de temps en temps, & de degré en degré cette nondination & trafiq d'Offices est venuë à l'infiny, & en la confusion que nous voyons à present, mesme qu'on ne s'est pas contenté de vendre excessiuement les Offices ordinaires & necessaires, mais encor on en a erigé infinis extraordinaires & superflus, tout exprés pour les vendre: & pour ce faire on en a cherché des inuentions iusques au centre de la terre; si que de nostre temps le plus court moyen de deuenir bien tost riche, c'est de donner des aduis pour eriger de nouueaux Offices. Mesmement quand on n'a peu trouuer d'inuention & de pretexte pour en créer, on a inuenté de nouueaux droits, pour attribuer aux Offices ja créez, & ce tousiours à la foule du peuple: ou, si on n'a peu mieux faire, on leur a augmenté leurs gages à la surcharge de l'Estat, le tout moyennant de l'argent: & est notable sur ce mesme propos, ce qu'vn moderne a remarqué du temps du feu Roy, que l'Estat de la recepte des parties casuelles és dix dernieres années de son regne, s'est monté plus de soixante & dix millions.

97 Erectiõ de nouueaux Offices, & attributions nouuelles pour tirer argent.

98 Moyen de deuenir riche à present.

99 Combien valoient les parties casuelles soubs le feu Roy.

100 Gages des Officiers d'à present montẽt quasi autãt que le reuenu du Royaume, soubs Louys douziesme.

Aussi peut-on dire, qu'à present les seuls gages des Officiers montent plus que tous les deniers, qui se leuoient sur le peuple du temps du Roy Louys XII. lors qu'il commença à vendre les Offices, sans mettre en compte l'oppression qui en reuient au peuple, tant par le moyen des droicts & attributions, que les Officiers leuent sur luy, que pour les émolumens casuels, qu'ils tirent iournellement de luy en l'exercice de leurs charges. Voila comment le mauuais conseil des derniers Roys a trouué moyen, non seulement d'exposer le peuple à la mercy des Officiers, mais encor d'engager insensiblement, & comme aliener presque tout le fonds legitime des finances du Roy, contre les loix de l'Estat.

101 Cõmoditez qui en reuiennent à l'Estat.

Ie sçay bien que ce qui se tire d'vn costé reuient de l'autre, & que la multitude d'Offices sert d'employ & occupation, & augmente le rang, & quand-&-quand le courage à beaucoup de ieunesse de bonne maison, qui autrement demeureroit inutile, & sçay encor, qu'il reuient vn grand aduantage indirect à l'Estat par la multitude d'Officiers, lesquels ayans le plus clair de leur bien en la foy & mercy du Roy, sont plus obligez de le suiure & assister en temps de troubles, comme en ces dernieres guerres ciuiles le feu Roy esprouua bien ce secours. Trait d'Estat qu'Auguste sceut bien pratiquer, pour s'establir en la nouueauté de l'Empire Romain, qui comme dit Suetone, *vt plures partem administrandæ Reipub. caperent, noua excogitauit Officia*. Mais en fin trop est trop, comme lon dit. Car auiourd'huy moi-

102 Inconueniens de la multitude d'Officiers.

tié des habitans des villes sont Officiers, de sorte que la marchandise est delaissée, & le labour laissé aux païsans, qui sont comme esclaues des Officiers, aussi y a-il plus d'autre trafiq entre nous, que nous brouiller & trauailler les vns les autres par le moyen de nos Offices: pource qu'en fin il faut que chacun viue de son Estat.

103 Trafiq des Offices aduãtageux au Roy.

Somme qu'auiourd'huy l'establissement des parties casuelles est comme vn trafiq d'argent, que le Roy fait auec ses subjects, fort aduantageux toutefois, s'il n'induisoit point vne alienation au preiudice de ses successeurs, ou comme des rentes à vie, qu'il impose & constitue sur ses finances, moyennant les deniers qu'on luy baille soubs tiltre d'vn Office. Et par ce trafiq il vend cherement l'auctorité publique, le rang & l'honneur qui prouient des Offices. Car combien

104 Que leur prix est trop excessif.

que du Moulin en son traicté *Des vsures*, quest. 72. dise, que la rente viaire ne doit estre achetée qu'au denier dix, tout au plus : si est-ce qu'il est bien certain, que, horsmis peu de nouueaux Offices faits à la haste, dont encor on trouue bien moyen par apres de tirer le iuste supplément par nouuelles attributions, les Officiers de finance n'ont pas des gages au denier douze de l'argent qu'on en payeroit maintenant aux parties casuelles, s'ils estoient vacans. Et quant aux Offices

105 Principalement des Offices de iudicature.

de iudicature, qui deuroient à tout le moins estre donnez à meilleur marché, pource qu'il y est requis plus d'industrie & d'assiduité de labeur, il ne se trouuera pas qu'ils ayent gages au trentiesme denier, & aucuns ne les ont pas au soixantiesme, voire au centiesme de leur prix d'à present. Grande vergongne aux gens de lettres, d'auoir tellement laissé entonner le vent d'ambition dans leurs longues robbes, que sans mettre leur science en compte, ils se sont eux-mesme donné loy d'acheter les Offices au triple des financiers. Mais plusieurs des vns & des autres font ce qu'ils peuuent, pour retirer bien tost par le menu, soit sur le Roy, soit sur le peuple, l'argent qu'ils ont deboursé pour leurs Offices, & y en a qui se hastent tant, qu'ils se mettent en danger de se rompre le col.

SOMMAIRE DV DEVXIESME CHAPITRE.

1 *Distinction des Offices venaux auec les hereditaires.*
2 *Offices hereditaires par priuilege, suiuent ordinairement la nature des Offices venaux.*
3 *Distinction des Offices venaux d'auec les non-venaux, mal-aisée.*
4 *Comment sont entendus les Offices venaux.*
5 *De mesme.*
6 *Tous Offices regulierement sont non-venaux.*
7 *Quels sont les Offices venaux.*
8 *A sçauoir ceux des finances du Roy, & les ministres de iustice non-hereditaires.*
9 *A l'égard du Roy les Offices de iudicature sont de ce nombre.*
10 *Pource qu'à present ils se vendent par luy, tout ainsi que ceux de finance.*
11 *Vente du Roy n'est semblable à celle de Rome.*
12 *Ains c'est vne pure vente au plus offrant.*
13 *Semblable à vn decret.*
14 *La reception est au lieu de caution.*
15 *Acheteur d'Office n'en peut estre destitué.*
16 *Le Roy est son garant.*
17 *Partant ne doit estre remboursé.*
18 *Le Roy est encor plus tenu de ses contracts que les particuliers.*
19 *Le resignataire de l'acheteur du Roy, ne doit estre remboursé.*
20 *Il y a encor plus d'inconuenient à rembourser le resignataire que l'acheteur.*
21 *Si ce n'est pour supprimer l'Office dommageable.*
22 *Démembrement, ou autre surcharge d'Offices achetez.*
23 *Comment se doit faire.*
24 *Office donné ne peut estre reuoqué, en rendant l'estimation.*
25 *Successeur du donateur ne peut destituer.*
26 *Pourquoy.*
27 *De la garantie des Offices entre particuliers.*
28 *Lesion d'outre moitié n'ha lieu és Offices.*
29 *Si les Offices sont subiects à garantie.*
30 *Ce qu'opere la vente d'vn Office.*
31 *Cas esquels y a garantie és Offices.*
32 *Comment s'entend le commun dire, qu'és Offices n'y a point de garantie.*
33 *Garantie ha encor plus de lieu és Offices, qu'és autres choses.*
34 *Poinct particulier de la garantie des Offices, à sçauoir que l'Office subsiste.*
35 *Exception en l'Office vendu à toutes risques.*
36 *Effect de cette clause és debtes, ou heredite z venduës.*
37 *Intelligence de la loy* Cùm hæreditas. D. De hæred. vel act. vend.
38 *Son effect és Offices vendus.*
39 *Raison de diuersité.*
40 *Effect de la clause* Sans garantie.
41 *Cas auquel la clause* Sans garantie, *n'exclud pas la restitution des deniers.*
42 *Autre cas.*
43 *De la Commission venduë pour Office.*
44 *Resolution.*
45 *Ampliation.*
46 *Exception.*
47 *Sub-exception.*
48 *Garantie ha lieu, si le vendeur meurt dans les 40. iours.*
49 *Pourquoy.*
50 *S'il n'y a paction contraire.*
51 *N'y échet aucuns dommages & interests.*
52 *Des autres poincts de garantie.*
53 *Regle de cette garantie.*
54 *De la garantie de l'Office supprimé.*
55 *Cette garantie ne peut produire dommages & interests.*
56 *Preuue par exemples.*
57 *Que mesme la restitution du prix n'est deuë apres l'Office supprimé.*
58 *Ce qui s'en garde à present.*
59 *Iniquité de cét vsage.*

QVELS SONT LES OFFICES VENAVX, ET DE LA VENTE ET GARANTIE D'ICEVX.

CHAPITRE II.

1 Distinction des Offices venaux auec les hereditaires.

DISTINGVONS premierement les Offices venaux, dont il faut traiter en ce liure, d'auec les hereditaires, dont nous auons traité au liure precedent, puis d'auec les non-venaux, dont nous traiterons au suiuant. Premierement, pour les distinguer nettement d'auec les Offices hereditaires, il se faut souuenir, qu'au liure precedent nous n'auons expliqué le droit d'autres Offices hereditaires, sinon de ceux qui sont domaniaux, c'est à dire du domaine du Roy aliené, soubs tiltre d'Office. Mais nous n'auons comme point expliqué le droit des Offices hereditaires par priuilege, sinon pour monstrer qu'il est tout contraire à celuy des Offices domaniaux; pource que ceux-cy sont hereditaires par nature, & ceux-là par priuilege contre leur nature, non autrement que ceux qui ont priuilege d'auoir leur suruiuance acquise, ou par certain laps de temps, ou moyennant finance vne fois payée, ou par le payement du droit annuel, suiuant le nouuel Edict, ont ce mesme priuilege de ne vaquer par mort, ains estre perpetuellement transferez aux heritiers des pourueus.

2 Offices hereditaires par priuilege suiuent ordinairement la nature des Offices venaux.

Tant y a, que ces Offices hereditaires par priuilege sont bien de la plus bastarde, irreguliere, & i'ose dire inique sorte, qui puisse estre iamais excogitée. Car comme nous auons dit, puisque le priuilege ne change la nature de la chose, sinon en ce qui depend d'iceluy, ainsi que l'exception ne change la regle, qu'en ce qui est excepté, il s'ensuit, qu'à bien entendre, nonobstant ce priuilege d'heredité, ces Offices demeurent en leur vraye & ancienne nature & espece d'Offices venaux. Aussi que ce n'est pas l'Office en soy, qui par le moyen de ce priuilege est conserué aux heritiers du pourueu, c'est à dire, ni la seigneurie d'iceluy, qui consiste au tiltre & prouision, ni la possession pareillement qui consiste en la qualité d'Officier, & en l'exercice actuel de l'Office; ains rien n'est transferé à l'heritier, que la faculté de le vendre, ou bien de le prendre luy-mesme pour le prix qu'il en tireroit d'vn autre. Mais il faut tousiours qu'il en obtienne prouision du Roy, & par apres, qu'il s'y face receuoir, s'il en est capable: de sorte que par cette heredité il ne luy est transferé aucun droit en l'Office, ains vn simple droit à l'Office.

3 Distinction des Offices venaux d'auec les non-venaux, malaisée.

Voila donc nos Offices venaux distinguez d'auec les hereditaires: mais puisque la venalité des Offices est contre raison, il ne faut pas trouuer estrange, s'il est difficile de distinguer par raison les Offices venaux d'auec les non-venaux. Car estre venal ou vendible, c'est auoir vne aptitude & disposition à estre vendu, soit que cette aptitude soit licite, soit qu'elle soit abusiue. Or si nous voulons presupposer vne aptitude du tout licite en la vente des Offices, & appeller venaux ceux-là seulement qui peuuent estre vendus licitement, il semble qu'il ne doit point y auoir d'Offices venaux, selon les bonnes mœurs, & la droite raison, comme il vient d'estre prouué. Si au contraire nous y presupposons & entendons vne aptitude abusiue, appellans Offices venaux tous ceux qui se vendent en effect, il faudra dire que tous les Offices sont venaux. Car l'or a penetré maintenant par tout, & n'y a de present Office, quelque grand, quelque petit, quelque mal-asseuré qu'il soit, qui ne se vende. Somme qu'ayant égard à ce qui se doit faire, nuls Offices ne sont venaux, & ayant égard à ce qui se fait, tous Offices sont venaux.

4 Comment sont entendus les Offices venaux.

Mais ce n'est en l'vne, ni en l'autre de ces deux façons, qu'il faut entẽdre les Offices estre venaux, ou non venaux. Car d'vne part, nous ne considerons pas simplement ce qui se doit faire, selõ l'hõnesteté publique, qui en cette matiere a de long temps cedé à l'vtilité, ains nous laissons cette parfaicte rectitude aux Philosophes. Comme aussi n'auctorisons-nous pas ce qui se fait du tout illicitement, & bien qu'il soit toleré & dissimulé, si est-ce que nous n'en establissons pas nostre droit, qui ne peut consister és choses purement illicites. Ains comme c'est le debuoir du legislateur de biaiser & ployer par-fois la droicture rigoureuse des loix, en les accommodant à l'vsage & aux mœurs presentes, entant que l'equité le requiert, & que la iustice le peut souffrir, nous appellons Offices venaux, ceux-là desquels la vente ne repugne pas formellement à la iustice & droite raison, bien qu'il fust plus honorable de ne les point vendre, à sçauoir ceux que nous appellons Offices de finance. Car comme dit Ciceron aux Offices, les philosophes reglent les actions humaines seulement par la droite raison & intelligence, & les iurisconsultes les menent par la main, s'accommodans, ainsi que la regle Lesbienne, au biais de nostre infirmité, & ayant égard, à ce que nous n'auons pas à viure *cum perfectis, plenéque sapientibus, sed cum ijs, quibuscum bene agitur, si sint in eis aliqua simulacra virtutis.*

D'autre costé aussi, puis qu'en termes de droict, le mot de *venal* doit signifier vne aptitude licite à la venalité, & non totalement abusiue, encor ne faut-il pas tomber en l'autre extremité vitieuse, de laisser cette venalité à l'abandon, sans regle ni mesure : ains tenant vne voye moyenne, il faut resoudre, que les Offices non venaux sont ceux, desquels la vente n'est permise par aucune ordonnance publique, bien que le Roy par la dispense, qu'il se donne à soy-mesme, les vende publiquement, & les particuliers en cachette & par dissimulation & tolerance. Dont s'ensuit au contraire, que les Offices venaux sont ceux qui par approbation publique de la loy, c'est à dire de nos ordonnances, peuuent estre vendus, non seulement à l'egard du public (car le public ne peut faire de regle, ni estre tiré à exemple, pour le particulier, pource que souuent il se dispense de la loy) mais aussi par les particuliers, sans qu'il y ait aucune ordonnance, qui y repugne. 5 De mesme.

Donques, comme ainsi soit que les anciennes ordonnances de France, notamment celle de Charles 7. raportée au precedent chapitre, defendoient generalement selon la droite raison de vendre aucuns Offices, il s'ensuit, & est vray en bonne eschole, que tous Offices regulierement sont non-venaux : & partant cette regle presupposee, il faut, pour pouuoir dire qu'vn Office soit venal, qu'il y ait quelque ordonnance plus moderne, qui fonde l'exception, & qui déroge à ces anciennes ordonnances, du moins taisiblement. Car pourtant si le Roy, pour la necessité de ses affaires, s'est licentié & dispensé de vendre certains Offices, ce n'est pas à dire que les particuliers les puissent vendre du tout licitement, ainsi que par les loix Romaines les pollicitations faites au public, pour paruenir aux honneurs & Dignitez, estoient approuuees, & non celles qui estoient faites aux particuliers. Et de fait nous voyons, que les ordonnances qui ont esté faites depuis l'erection des parties casuelles, & introduction de la vente publique des Offices, ont continué les defenses de vendre les Offices de iudicature, bien que notoirement lors d'icelles ils entrassent aux parties casuelles. Mais elles n'ont plus fait de defenses de vendre les Offices concernans les finances du Roy, ains prohibant la venalité és autres, elles l'ont taisiblement permise en ceux-cy. 6 Tous Offices regulierement sont non venaux. 7 Quels sont les Offices venaux.

Ce sont donc les Offices concernans les finances du Roy, qui sont proprement & tout à fait venaux, & à l'egard du Roy, & entre particuliers, non seulement par tolerance, mais par vne pure licence & liberté. Et ce que les ordonnances de France ne les appellent pas venaux absolument, mais simplement *reputez venaux*, est à cause que cet epithete leur a esté premierement attribué, lors qu'on commença de les vendre, & partant qu'on auoit honte de les appeller venaux tout à fait : tant y a qu'il n'y en a point de plus parfaitement venaux, que ceux de finance, comme le mot mesme l'emporte. Ce qui est tellement vray, qu'à present en cette matiere les Offices de finance ne signifient pas seulement ceux qui concernent les finances du Roy, mais tous ceux qui se vendent publiquement & licitemẽt tout à fait : de sorte que soubs iceux sont compris ceux des ministres de iustice, comme Greffiers & Notaires non hereditaires, Sergens, & autres semblables. 8 A sçauoir ceux des finãces du Roy & les ministres de iustice non hereditaires.

9 A l'égard du Roy les Offices de iudicature sont de cenôbre.

Et partant c'est pour l'explication d'iceux que ce liure est dedié : où il éscher à traiter premierement de la vente qu'en fait le Roy, puis de celle des particuliers. Et faut toute-fois noter, que comme à l'égard du Roy les Offices de iudicature sont publiquement & licitement venaux, aussi bien que ceux qui concernent les finances, sa Majesté se dispensant de les vendre, pour la necessité de ses affaires : aussi en ce que ie diray de la vente du Roy, ie compren aussi bien les Offices de iudicature, que ceux de finance : bref quand ie traite de la vente du Roy, i'enten parler de tous les Offices, qui entrent aux parties casuelles, où est le bureau & boutique de cette marchandise.

10 Pource qu'à present ils se vendent par luy tout ainsi que ceux de finance.

Car combien que du commencement les Offices de iudicature ne fussent pas vendus absolument par le Roy, ains que seulement il en tirast argent par forme de prest, comme les abus ne naissent pas tout à coup, ains de degré en degré, si est-ce qu'en fin on a tout à fait franchy le saut, & voyant que ce prest ne se rendoit point, on a quitté cette vaine couuerture de la pudeur publique, & sans plus de honte on a vsé en tout & par tout de mesme forme & de mesmes termes en la vente des Offices de iudicature, qu'en ceux de finance : & de fait les modernes reglemens des parties casuelles, ne font plus aucune distinction des vns & des autres.

11 Vente du Roy n'est sẽblable à celle de Rome.

Or il faut prendre garde, que la vente des Offices faite par le Roy n'est pas vne gratification, comme celle des Empereurs Romains, lors qu'ils tiroient de l'argent des Offices soubs le nom de suffrages. Car ces suffrages ne reuenoient pas à beaucoup prés, à la iuste valeur des Offices, qui aussi n'estoient pas conferez au plus offrant comme à nous. Mais c'estoit vne mediocre somme de deniers, qu'ils prenoient de l'Officier, pour le gratifier de l'Office, & le preferer à d'autres competiteurs: choisissans neantmoins le plus capable, ou quoy que ce soit le plus agreable, & non-pas celuy qui leur offroit le plus d'argent. Ce qui deuroit au moins estre pratiqué en France aux Offices de iudicature, comme il sera discouru en son lieu.

12 Ains c'est vne pure vẽte au plus offrant.

Mais c'est vne vraye & pure vente que celle qui se fait en France des Offices aux parties casuelles : mesme c'est vne vente iudiciaire & publique, & vne adiudication au plus offrant & dernier encherisseur. Car ce qu'on les taxe au Conseil du Roy auant que les adiuger, n'est pas pour les adiuger au prix de la taxe, mais c'est pour les faire encherir dauantage, ainsi qu'au droict Romain *in hasta fiscali*, il falloit qu'il y eust vne taxe & prisee precedente. *l. Si quis debitorum. C. De rescind. vend. l. 2. C. De fide & iure hastæ fisc. & l. 2. C. Si propter publicas pensit. venditio fuerit celebrata.* Et comme en nos decrets on affiche vne premiere enchere pendant quinze iours, auant que proceder à l'adiudication : aussi on taxe les Offices au conseil des finances du Roy, & est cette taxe inseree au roole ou registre des parties casuelles, qui est au bureau d'icelles : lieu public, pour estre communiqué à quiconque le veut veoir, & y doit cette taxe demeurer quinze iours entiers, & par-apres l'Office est adiugé par Messieurs du Conseil des finances, au plus offrant & plus haut encherisseur, & non-pas au plus capable de ceux qui le poursuiuent : *& sic, virtus post nummos*, bref l'Office est liuré à l'argent, & non-pas à la vertu.

13 Semblable à vn decret.

14 La reception est au lieu de cautiõ

Vray est, que comme és adiudications iudiciaires, quand le prix ne se doit payer contant, pource que le dernier encherisseur pourroit estre insoluable, il faut qu'il iustifie & asseure sa suffisance par le moyen d'vne caution ; aussi pource que le dernier encherisseur de l'Office pourroit estre incapable, il faut qu'il iustifie sa capacité par l'information de sa vie & mœurs, pour ce qui appartient à la probité: par l'exhibition du registre de son baptesme, pour ce qui touche l'aage: par l'examen, pour ce qui regarde la science: & finalement par vne caution, pour ce qui concerne la soluabilité des Officiers comptables.

15 Acheteur d'Office n'en peut estre destitué.

Puis donc, que c'est vne vraye vente, que celle des Offices, qui se fait aux parties casuelles du Roy, il s'ensuit qu'elle doit produire tous les effaits ordinaires du contract de vente. Dont resulte en premier lieu, que tout Officier qui a acheté son Office, n'en peut estre destitué pendant sa vie.

Nam quod emas possis dicere iure tuum,

dit Martial, & eut grace Iule Cesar, lors que le Dictateur Sylla le menaçoit d'vser contre lui de sa puissance, de repartir, que c'estoit veritablement sa puissance & son Magistrat, puis qu'il l'auoit acheté.

Aussi est-ce vne regle infaillible, que toute vente, de sa nature, est subiecte à garantie, *l. Non dubitatur. C. De euictio.* & quand mesme elle est faite soubs cette clause expresse, de n'estre subiecte à garantie, elle ne laisse d'estre subiecte à la restitution du prix, *l. Emptorem. D. De act. empti.* dont s'ensuit à plus forte raison, que celui qui a vendu l'Office, ni son heritier ou successeur, ne peut pas lui-mesme en euincer & destituer l'acheteur, par la regle, *Quem de euictione tenet actio, eundem vendicantem repellit exceptio, vulg. l. Venditorem. D. De euictio. & l. Cum à matre. C. De rei vend.* 16 Le Roy est son garant

C'est pourquoy ie dy, qu'en bonne iurisprudence, l'Office vendu ne doit estre osté par le Prince à l'acheteur, ores mesme qu'il lui voulust rendre le prix qu'il en auroit desboursé, comme nos donneurs d'aduis ont voulu naguères persuader au Roy, soubs pretexte que les Offices augmentent à present chacun iour de prix par nostre folie. Car c'est vn contract de bonne foy, s'il y en a aucun, que celuy de vente, qui ayant esté vne fois parfait, ne peut plus estre reuoqué ni resolu, sinon d'vn mutuel consentement: & comme l'Officier ne seroit pas receuable, apres que l'Office seroit diminué de prix, de le vouloir rendre au Roy, pour r'auoir son argent: aussi estant haussé de prix, le Roy n'est fondé à le redemander en rendant l'argent à l'Officier: ce qui doit estre obserué à plus forte raison par le Roy, lequel doit auoir plus de tenuë & de constance en ses contracts, que les particuliers, puis qu'il est l'autheur de la iustice, & que la foy publique, qui reside en lui, est engagée par iceux. Et pareillement il y a plus de raison de maintenir la vente d'vn Office, que toute autre vente; pource que l'Office estant attaché à la personne, & en icelui consistant sa vacation, sa condition, voire son estat, & comme son estre, il ne lui peut estre osté sans incommodité particuliere. 17 Partant ne doit estre rébourfé. 18 Le Roy est encor plus tenu de ses contracts que les particuliers.

Ce que ie tien non seulement à l'égard du premier acheteur, qui a eu son Office immediatement du Roy, mais aussi à l'égard de tous ses resignataires, qui sont en son lieu & place mediatement, ou immediatement. Car ce qu'on dit en matiere de benefices, que *resignatarius non habet ius à resignante, sed à collatore*, s'entend des resignations pures & simples, plustost que de celles *in fauorem*, principalement ne doit estre entendu de celles, que le collateur est forcé & tenu d'admettre, ce qui ne peut iamais eschoir és benefices, *in quibus omnis resignatio est ex gratia.* Mais aux Offices vendus, *quia quæ emeris vendere gentium ius est*, le collateur ne peut refuser d'en admettre la resignation, comme il sera prouué au chapitre suiuant. Dont s'ensuit à plus forte raison, que le resignataire estant vne fois admis à l'Office, n'en peut par apres estre priué & dechassé. Aussi est-il certain, qu'il est vray successeur de son resignant, & que tout le mesme droit que le resignant auoit en l'Office, lui est transferé entierement par l'application que lui en a faite le collateur: ce que mesme on pratique és benefices en plusieurs occurrences, comme à l'égard des pensions creées par le resignant, & des baux par lui faits. Aussi ne doute-on point, qu'il ne faille rembourser le resignataire de la finance déboursee par son resignant: puis donc qu'on ne peut nier, qu'il ait le droit de son resignant, on ne le peut non plus chasser de l'Office que son resignant. 19 Le resignataire de l'acheteur du Roy ne doit estre remboursé.

Voire mesme ie dy, qu'il y a ordinairement plus d'inconuenient de rembourser celui-là, que cestui-cy. Car quand on rembourse celui, qui a leué son Office aux parties casuelles, luy rendant tout l'argent qu'il a payé, il n'est plus en perte, ains seulement il manque à gaigner. Mais il aduient communément, que celuy, qui a acheté son Office d'vn particulier, n'ha pas quittance de finance fournie au Roy, la moitié d'autant que son Office luy couste, à cause de la subite hausse, qui est suruenuë aux Offices depuis peu: de sorte que si on ne luy rembourse que cette finance, il est en danger d'estre ruiné. 20 Il y a encor plus d'inconuenient à rébourser le resignataire, que l'acheteur.

21 Si ce n'est pour supprimer l'Office dommageable.

Tout cela ha lieu regulierement selon le droit commun, mais quand le bien public cōbat au contraire, il est tousiours preferable à l'interest particulier. C'est pourquoy quand le Roy veut supprimer quelques Offices inutiles, & qui sont à la foule du peuple, en remboursant le prix d'iceux, cette destitution a tousiours esté reputée iuste & fauorable. Ce qui ne seroit pas, si on ostoit à quelqu'vn son Office, pour le bailler à vn autre.

22 Demembrement ou autre surcharge d'Offices achetez.

Et neantmoins c'est la verité, que le Roy, qui est souuerain par-tout, mais principalement ha toute puissance sur les Offices, lesquels sont comme vn démembrement inalienable de sa puissance souueraine (à plus forte raison que les Canonistes disent du Pape, que *de iure supra ius omnem potestatem habet in beneficiis*) peut estre contraint aucunes-fois par les vrgentes necessitez de son Estat, de démembrer les anciens Offices, pour en eriger de nouueaux, ou bien de leur attribuer de nouueaux droicts moyennant finance, qui est de present le plus prompt & asseuré secours d'argent, que le Roy puisse trouuer en ses affaires pressantes, comme on esprouua en l'an 1597. lors du siege d'Amiens. Mais alors il me semble, puis que cela se fait par vne raison d'Estat, contre le droict commun, qu'il faut rendre indemnes les Officiers tant qu'il est possible.

23 Commét se doit faire.

C'est pourquoy ie dy, que si on démembre leurs charges par des erections nouuelles, on leur doit augmenter leurs gages, ou droicts à la iuste valeur annuelle de ce qui leur dechet par le moyen de ces erections: & encor, qu'on leur doit laisser le choix de receuoir leur remboursement, s'ils ne se veulent contenter de cette recompense. Pareillement si on leur demande de l'argent pour quelque attributiō nouuelle, on leur doit laisser le choix, ou d'en payer la taxe, ou de quitter leur Office, & en receuoir le remboursement par les mains de celuy qui entrera en leur place. Lequel choix exclud toute iniustice (pourueu que la recompense, ou attribution soit égale à la finance qu'on leur demande) & si ne preiudicie point au Roy en ce temps, que les Offices sont fort haussez de prix: que s'ils estoient abaissez, il ne seroit pas raisonnable, que l'Officier, qui pert desia sur le prix & valeur de son Office, fust encor surchargé d'acheter par contrainte de nouuelles attributions.

24 Office donné ne peut estre reuoqué en rendant l'estimation.

Ie passe plus outre, & dy, puis que c'est vn ordinaire en France, & comme vn droit commun, que les Offices, soit de iudicature, soit de finance, se vendent par le Roy regulierement, que si quelquesfois le Roy donne tout à fait quelque Office, non seulement il ne le peut oster, obstant l'Ordonnance de Louys XI. mais mesme il ne pourroit pas destituer le donataire, en lui rendant la iuste valeur d'icelui. Car cōme vn particulier seroit mal-fondé, ayant donné quelque chose, de la redemander par-apres pour son estimation, encor moins le doit faire le Prince, *cuius beneficium decet esse mansurum* : principalement encor à l'égard de l'Office, qui estant attaché à la personne, n'en peut pas estre si tost separé que les autres biens: aussi qu'il peut arriuer qu'vn Officier, pour exercer l'Office à luy donné par le Prince, aura quitté & perdu son ancien exercice, & vacation ordinaire, comme qu'vn bon Aduocat aura quitté le Palais pour aller exercer vn Office de iudicature : & partant il seroit deceu & lesé, si par-apres on lui ostoit l'Office. *Atqui beneficiis iuuari nos decet, non decipi.*

25 Successeur du donateur ne peut destituer.

Ie collige aussi de ce que dessus, que le successeur du Prince, qui a pourueu l'Officier, ne le peut pas destituer: ce qui doit auoir lieu en tous Offices, soit vendus, ou donnez : & soit venaux, ou non-venaux : attendu que par l'Ordonnance de Louys XI. tous Offices ont esté faits perpetuels, c'est à dire, non temporels ny reuocables, ains à vie. Car le mot *perpetuel* est quelques-fois opposé à ce qui est temporel, comme au titre *De perpetuis & temporal. action.* & quelquesfois à ce qui est reuocable, comme quand on dit qu'aucuns contracts *perpetuam causam habent, vt emptio, donatio* : *quædam non perpetuam, id est reuocabilem, vt mandatum, depositum, pignus, commodatum, precarium* : & bien souuent *perpetuel* signifie ce qui dure toute la vie de l'homme, comme il est dit en droict du mariage, & du dot.

Dont

Dont depend la raison punctuelle, pourquoy tout Office Royal ne peut estre reuoqué par le successeur du Roy, qui l'a conferé, à sçauoir que la collation de l'Office est vn fruict, & vne obuention casuelle, comme disent les Canonistes, que *Beneficiorum collatio est in fructu* : de sorte que quand la vacance, qui donne ouuerture à ce droict & à ce fruict de collation, est escheuë pendant la vie d'vn collateur, il lui est ameubly, & acquis à tousiours, pour en disposer irreuocablement & incommutablement, puis que la nature des Offices de France, comme des benefices, est d'estre à vie & irreuocables : & faut que le successeur attende vne autre vacance, pour auoir vne autre fois ce mesme droit, — 26 Pourquoy.

Voila pour ce qui concerne la vente du Roy : & quant à celle des particuliers, & garantie d'icelle, ie n'en parleray ici qu'au regard des Offices purement venaux, & non de ceux de iudicature, & autres non venaux, encor qu'ils se vendent en effait : de la garantie desquels ie traiteray particulierement au liu. suiuant. — 27 De la garantie des Offices entre particuliers.

Premierement on demande si en vente d'Offices purement venaux, la rescision, pour lesion d'outre moitié de iuste prix, a lieu. Et certes, il semble que non ; tant pource que le iuste prix des Offices est incertain, & subiect à changement continuel, comme consistant du tout en l'opinion & affection, voire en la folie des hommes, ainsi que le prix des pierres precieuses : aussi que le droit du resignataire & acheteur ne depend pas du tout du marché, qu'il a fait auec son resignant, ains depend principalement du collateur. Ioint qu'il n'est pas à propos, pour le bien public, que les Offices changent si facilement de maistre, que les autres biens : c'est pourquoi aussi la restitutiõ en entier *ex capite doli, metus, vis & minoris ætatis*, sont moins fauorables, & plus difficiles à obtenir és Offices, qu'és autres ventes. — 28 Lesion d'outre moitié n'a lieu és Offices.

Neantmoins depuis la premiere impression de ce liure, il s'est donné vn arrest en la grand' Chambre le 21. Aoust 1610. entre le curateur de Louys Anceau, & M. Mathurin Sauuageau, par lequel on pretend le contraire auoir esté iugé en consequence d'vn autre arrest du 23. Feburier, 1596. touchant l'Office d'Aduocat du Roy à Clermont, rapporté par Carondas en ses obseruations du droit François. Mais apres auoir veu ces arrests, i'estime qu'ils sont plustost fondez sur le dol, ou sur la minorité de ceux à qui les Offices appartenoiẽt, que sur lesion d'outre moitié : de sorte que ie persiste, nonobstant iceux, en ma premiere opinion.

Voire mesme, combien que toute vente de sa propre nature soit subiecte à garantie, si est-ce qu'on dit communémẽt en pratique, qu'en vente d'Office il n'y a point de garantie : & c'est pourquoi, à fin d'euiter les procez naissans à cause de l'incertitude de cette matiere, les sages acheteurs d'Offices venaux en passent vn ample contract ou compromis, par lequel ils s'asseurent de toutes les doutes & difficultez, qu'ils peuuẽt préuoir : & ne peuuent neantmoins si bien prendre leurs mesures, qu'il n'en arriue bien souuent des procez. Partant il faut tascher à donner des regles & maximes à cette garantie, par lesquelles on puisse paruenir à la resolution de toutes les difficultez, qui y peuuent escheoir. — 29 Si les Offices sont subiets à garantie.

Or il vient d'estre dit, qu'aux Offices venaux il y a succession & transmission du droit du resignant à la personne du resignataire, par l'application que luy en fait le collateur. Et quand ainsi seroit, que le droit du resignataire viendroit seulement de la collation, & non de la resignation, ainsi qu'aux benefices, si est-ce que, comme discourt du Moulin, sur la reigle *De publicandis resignat. num.* 36. le collateur ne confere iamais plus de droit au resignataire, que le resignant en auoit. C'est pourquoy ie dy, qu'apres la vente de l'Office, il faut que la tradition, qui s'en fait par le moyen de la resignation, soit telle, que sur icelle le resignataire acheteur puisse obtenir vne prouision valable, & bastante pour acquerir la seigneurie, ou titre de l'Office à luy vendu, sans qu'il en puisse estre euincé à cause du defaut d'icelle : autrement la vente ne sortiroit à effait, & y auroit lieu de garantie, quoy que ce soit à l'action *ex empto ad tradendum*. — 30 Ce qu'opere la vente d'vn Office.

31 Cas esquels il y a garantie és Offices.

Soit donc que l'Office soit supprimé, ou autrement esteint, ou qu'il ne soit point vn vray Office resignable, soit qu'il n'appartienne pas au resignant vendeur d'iceluy, soit qu'auparauant la prouision admise il soit saisi pour ses debtes, ie dy qu'en tous ces cas il eschet garantie. Et veoit-on pas mesme aux benefices qu'au seul cas, auquel ils peuuẽt estre transferez licitement à titre onereux, qui est

32 Comment s'entend le commun dire, qu'és Offices n'y a point de garantie.

la permutation, la garantie y eschet en ces mesmes occurrences?

Consequemment ce qu'on dit *qu'en Offices il ny a point de garantie*, est d'autant que l'acheteur ou resignataire d'vn Office n'est subiect à en estre éuincé par hypotheque ou autrement, comme d'vn heritage: ou bien il peut estre, que ce vieil quolibet de pratique est venu en vsage du temps que les Officiers estoient destituables, & signifioit que le destitué n'auoit recours contre celuy qui luy auoit vendu l'Office: comme encor auiourd'huy, pour ce qui concerne le fait du Roy,

33 Garantie a encor plus de lieu és Offices, qu'és autres choses.

comme s'il supprime vn Office, ou s'il y donne des compagnons, ou diminue les droicts, il n'y a point de garantie. Mais hors cela, tant s'en faut que la garantie n'ait point de lieu és Offices venaux, qu'au contraire elle y a plus de lieu, qu'és ventes des choses corporelles. Car combien qu'en icelles il n'y ait que deux poincts ou causes de garantie, à sçauoir que la chose appartienne au vendeur, & qu'elle soit franche d'hypotheques: si est-ce qu'és choses incorporelles il y a encor vn autre poinct de garantie, qui est le plus important & difficile, à sçauoir que la chose incorporelle, qui ne se void point, soit & subsiste. Voila dõc trois poincts de garantie en l'Office. Qu'il soit & subsiste, qu'il appartienne au vendeur, & qu'il ne soit point saisi pour ses debtes. Et ces trois poincts ont lieu, encor mesme qu'il n'y ait aucune stipulation de garantie *l. Non dubitatur. C. De euiction.* comme il aduient souuent, en matiere d'Offices, que sans en passer aucun contract, ou compromis, le resignant baille sa procuration au resignataire, en receuant le prix de la vente de son Office.

34 Poinct particulier de la garantie des Offices, à sçauoir que l'Office subsiste.

Quant au premier poinct, concernant la subsistence de l'Office, qui est le poinct particulier de la garantie des choses incorporelles, lequel ne peut escheoir és corporelles, dont la tradition se fait visiblement, il est fondé sur la loy qui dit, que *primò necesse est in rerum natura esse rem, quæ vænierit, l. I. D. De hæred. vel act. vend.* De sorte que si lors de la vente, l'Office n'estoit point en estre, soit qu'il n'eust point esté erigé du tout, ou qu'il ne l'eust point esté valablement, soit qu'il eust esté supprimé auparauant, ou autrement esteint, il est sans doute, qu'il y a lieu de garantie.

35 Exception en l'Office vendu à toutes risques.

Toutesfois si le vendeur auoit seulement vendu, & promis resigner tout & tel droit qu'il auoit en tel Office, alors on pourroit dire, que *non res, sed spes empta esse: ipsum enim incertum rei vænire potest, vt in iactu retis,* dit la loy *Nam hoc modo. D. eod. tit.* Ce qui se fait souuent, quand apres la suppression l'Officier supprimé vend l'esperance de son restablissement. Le mesme peut estre dit, si par expres l'Office a esté vendu tel qu'il est, ou que l'acheteur l'ait pris à ses risques, perils & fortunes, ou bien sans garantie. Car bien qu'en vne debte venduë soubs ces termes, il faille que la debte subsiste, c'est à dire, qu'elle ait esté legitimemẽt creée, & qu'elle soit

36 Effait de cette clause és debtes, ou heréditez vendues.

encor deuë, n'ayant telles clauses autre effait, sinon de décharger le vendeur de garantir la soluabilité de la debte, *l. si nomen. D. eod. tit. De hæred. & act. vend.* & qu'en vente d'heredité, ces clauses deschargent seulement du second poinct de garantie, à sçauoir si l'heredité n'appartient pas au vendeur; mais il faut neantmoins

37 Intelligence de la loy *Cùm hæreditas D. De hæred. vel act. vend.*

que l'heredité soit & subsiste, qui est la vraye intelligence de la loy *Cùm hæreditas,* & de la loy *Quod si sit. D. eod.* Neantmoins il faut considerer, qu'en vente de dettes il échet vne garantie de fait, concernant la bonté interne, c'est à dire la soluabilité de la debte, laquelle garantie ne peut escheoir és Offices, où il n'importe pas pour la garantie, qu'ils soient bons ou mauuais, vtiles ou inutiles, asseurez ou mal-asseurez: ains c'est à celuy qui les achete d'y prẽdre garde. Et en vente d'he-

38 Son effait és Offices vendus.

redité, la plus grande difficulté tombe tousiours sur ce poinct, que l'heredité soit: & d'ailleurs il ne chaut pas pour la garantie, si elle est profitable ou onereuse, *quia hæreditas sine re esse potest.*

39 Raison de diuersité.

Mais l'Office est vne marchandise du tout incertaine & hasardeuse de sa nature, tant pource qu'elle depend de la volonté du Prince souuerain, auquel on ne peut donner loy, que pource qu'elle n'a aucune vraye subsistence: & partant il ne il ne faut trouuer estrange, que celui qui la vend se descharge des hazards d'icelle, & celui qui l'achete & en veut acquerir le droit, se submette volontairement à les porter: & ce par le moyen de l'expression diserte des clauses susdites, qui seules sont en vsage, pour stipuler vne parfaite descharge de toute garantie, & ausquelles on ne peut donner autre interpretation commode & approchante du sens commun, & de l'intention vray-semblable des parties, sinon qu'elles exemptent le vendeur de la restitution du prix, aussi bien que des dommages & interests. Chose qui n'est non plus incompatible, ni à reprouuer, que *emptio aleæ, vel iactus retis*, que la loy approuue, & mesme donne action en vertu d'icelle, *l. 8. in fine. D. De contrah. empt. l. 11. D. de actio. empti.* Consequemment, il semble que celui qui prend sur soy tous les hazards de l'Office, les doit porter selon la proprieté des termes de sa conuention, & se doit imputer de s'estre submis à porter la risque d'vne marchandise si hazardeuse. C'est pourquoy passant plus outre, i'estime qu'encor qu'és autres ventes la clause *sans garantie*, n'excluë pas la restitution du prix, elle la doit exclure és ventes d'Offices, à l'exemple de celle du iet de la rets, suiuant cette loy 11. *in fi. De actio. empti.* Et c'est ainsi, à mon aduis, qu'on peut encor entendre & pratiquer auiourd'huy ce dire commun, Qu'en matiere d'Offices il n'y a point de garantie. 40 Effect de la clause, *Sans garantie*.

41 Cas auquel la clause, *Sans garantie* n'exclud pas la restitution des deniers. Toutesfois, il y a deux modifications ou limitations notables à toutes ces decisions: L'vne, que s'il n'y auoit point d'esperance probable en l'Office acheté soubs ces clauses, il faudroit à mon iugement rendre les deniers, pource qu'en toute vente, *si non res, saltem spes subesse debet, quæ sit loco mercis*, qui est vne partie essencielle à la vente: autrement ce seroit vne circonuention, plustost qu'vne vendition.

42 Autre cas. L'autre, que s'il y auoit en ce marché quelque dol, ou mesme quelque reticence frauduleuse, il ne deuroit auoir lieu. Comme si celui qui a découuert que son Office alloit estre supprimé, l'auoit vendu à toutes risques à celui qui ne s'en défioit pas. Car tel dol ou mal-engin doit estre esloigné des cõtracts de bonne foy: & c'est tout ainsi que le fait de Claudius Centimalus, recité par Ciceron au 3. des Offices, qui vendit sa maison, si tost qu'il luy eust esté dénoncé par les Augures, qu'il eust à la démolir, pourautant qu'elle nuisoit à leur perspectiue.

43 De la commission vẽduë pour Office. C'est encor vne autre grande question, s'il y a lieu de garantie quand on a vendu pour Office ce qui n'estoit qu'vne commission: en quoi il y a bien du mesconte, pource que le vray Office est perpetuel & transmissible par resignation: & au contraire la commission est reuocable, & ne peut estre resignée, comme il sera dict en son lieu. Neantmoins on peut dire, qu'és contracts de bonne foy, il faut prendre les mots, non pas selon leur propre signification, qui bien souuent n'est cognuë que des doctes, mais selon l'vsage & commune intelligence du peuple,

Quem penes est & vis, & lex, & norma loquendi,

comme les Docteurs traitent sur le proœme des Decretales, & principalement il les faut prendre selon la vray-semblable intelligence des parties contractantes. Or est-il notoire, qu'en commun langage nous appellons Offices la pluspart des commissions, comme les Capitaineries des places, & plusieurs autres, & encor les Offices reuocables, & qui ne sont pas tousiours resignables, comme les Milices ou places de domestiques du Roy, & les Offices des Seigneurs.

44 Resolutiõ. C'est pourquoy en cette question, i'estime qu'il faut distinguer si la resignation a esté admise, & en vertu d'icelle l'acheteur a iouï ou peû iouïr de la charge à luy venduë, & lors soubs pretexte que par apres il aura esté destitué ou empesché de la resigner à vn autre, il ne seroit pas raisonnable qu'il redemandast son argent, attendu que l'acheteur a cognu presomptiuement, quoy que ce soit, à peu & deu cognoistre la nature, voire pour mieux dire, le vice visible de ce qu'il achetoit, & aussi que le peril suruenant apres la vente du tout parfaite ne regarde plus le vendeur.

45 Ampliatiõ. Mais si l'acheteur n'a peu faire admettre la resignation, & partant que la procuration de son vendeur soit demeurée inutile entre ses mains, c'est sans doute,

qu'il luy faut rendre son argent, comme la vente n'ayant sorti effect, & la tradition entiere n'ayant peu estre faite. Voire quand bien sur cette resignation le collateur auroit pris sujet de donner à vn tiers la commission, voyant que le premier commissionnaire ne la vouloit plus exercer, cela n'y feroit rien, pource que cette commission estant reuocable de sa nature, le vendeur ne peut trouuer estrange, que le collateur vse de son droit, ainsi qu'il en pouuoit vser, cessant la resignation. Que si elle n'estoit reuocable (comme il y a des charges non resignables, qui toutesfois ne sont pas reuocables) il peut se defendre de son chef, & soustenir que sa resignation *in fauorem* n'a point induit de vacation, pour en pouruoir vn tiers, comme il sera dit au chapitre suiuant.

46 Exception. Tout cela ha lieu, quand vray-semblablement la nature de la charge venduë estoit cognuë à l'acheteur, ou le deuoit estre, pource qu'alors le contractant doit estre certain de la condition de la chose dont il contracte, aussi bien que de la personne auec qui il traite. Mais si c'estoit vn secret incogneu communément, & que par iuste erreur de l'acheteur ou reticence frauduleuse du vendeur, vne commission eust esté achetée pour vn Office, i'estime qu'il y a lieu de garantie en tout temps, mesme auant l'euiction suruenuë, pource qu'en tout temps elle est imminente, aussi que la faculté de la reuente est ostée à l'acheteur.

47 Sub-exception. Si toutesfois hors le cas de dol, ou reticence frauduleuse, l'acheteur auoit pris la commission à ses perils & fortunes, il n'y a point de doute, qu'il n'a aucun recours contre son vendeur, mesme pour la restitution de ses deniers, comme il vient d'estre dit, fors toutesfois en vn cas, si le vendeur demeuroit par apres en iouïssance de la commission, ainsi qu'auparauant la vente, n'ayant le collateur voulu admettre sa resignation. Car alors il ne seroit pas raison que le vendeur eust l'argent & le drap, comme on dit, ainsi qu'en cas semblable decide la loy *Emptorem. D. de actio. empt.* Mais encor en ce mesme cas il me semble qu'il ne seroit pas raisonnable, qu'vn marché profitable qu'auroit fait le vendeur, auec exemption expresse de garantie, fust resolu de tout poinct par le fait d'autruy : quoy que ce soit par le hazard que l'acheteur auroit promis porter, & sans la faute du vẽdeur. Et qu'au contraire le hazard, que l'acheteur deuroit supporter, estant suruenu, il n'en receust aucun dommage, mais le fit porter au vendeur contre la contrauention de leur marché. Ains il me semble qu'il faudroit en ce cas apprecier la commission, & si elle valoit moins que l'argent payé ou promis, que l'acheteur retinst, ou peust demander la plus-valuë.

48 Garantie a lieu, si le vendeur meurt dans les quarante iours. Or non seulement il faut que l'Office subsiste lors de la vente, mais encor il est besoin qu'il subsiste par tel temps, que la resignation puisse sortir à effect : de sorte que si cependant il estoit supprimé, il y auroit lieu de garantie, & ce, soit qu'il eust esté vendu auec charge de fournir la prouision, en quoy n'y a difficulté ; soit que la simple procuration soit venduë, ce qui s'entend tousiours d'vne procuration valable, & apte pour paruenir à la prouision : tellement que si dans le temps conuenable, à l'arbitrage des preud'hommes, pour obtenir les lettres, l'Office venoit à estre supprimé, i'estime que le peril d'iceluy tombe encor sur le vendeur : ne plus ne moins qu'on ne doute point, que si dans ce mesme temps il venoit à vaquer par la mort du vendeur, la vente n'en fust resoluë.

49 Pourquoy. Car combien qu'és autres ventes *perfecta emptione, vt commodum, ita & periculum ad emptorem pertinet, l. Necessario. D. De peric. & comm. rei vend. tunc autem perfecta emptio intelligatur, cum primùm de re & pretio conuenit, Inst. de empt. & vend. in princ.* Si est-ce que cela n'a lieu qu'és ventes pures, & non conditionnelles. Car és conditionnelles il y a vne autre regle, à sçauoir que *si pendente conditione res pereat, perimitur emptio, eadem l. Necessariò.* Or la vente d'vn Office contient vne condition, si non expresse, au moins taisible, & resultant de la nature de la chose, que le resignant viue le temps necessaire, pource que toute vente d'Office, & mesme la tradition de la simple procuration sans compromis, implique selon le sens commun, qu'elle soit en puissance d'estre effectuée, estant certain qu'on n'entend pas acheter vn morceau de parchemin.

50 S'il n'y a paction contraire. Si ce n'est toutesfois que par expresse paction on eust pris la procuration à

toutes risques : comme il aduient souuent que ceux qui sont plus hazardeux, ou qui esperent de la faueur en Cour, achetent en cette sorte à meilleur marché la procuration d'vn homme prest de mourir, ou d'vn Office prest à supprimer, voire desia supprimé, en esperance d'vn restablissement. Ce qui est proprement acheter l'esperance & non pas l'Office, en quoy partant il n'y a point de garantie, *l. Si in venditione. D. De peric. & comm. rei vend.*

Mais hors cette clause, si le resignant meurt, ou l'Office est supprimé auant que le resignataire soit en demeure d'obtenir ses prouisions, il faut rendre le prix : 51 N'y a aucũs dommages & interests.
& ce toutesfois sans aucuns dommages & interests, tant pource que c'est vne perte fortuite, suruenant sans la faute du resignant, que pource que ce n'est pas vne action de garantie, ains vne resolution de la vente, qui n'a peu estre effectuée. Que si l'acheteur est en demeure d'obtenir sa prouision, c'est sans difficulté, que le peril suruenant par apres en l'Office, tombe sur luy, par la maxime de la loy *Quod te. D. De reb. cred.*

Tout ce qui vient d'estre dit ne concerne que le premier des trois poincts de garantie cy-dessus rapportez, qui regarde la subsistence de l'Office : & quant au second poinct, qui est, que l'Office appartienne au vendeur, aucuns sont d'opinion, que cette garantie ne peut durer que iusques à la reception de l'acheteur en l'Office : pource qu'on n'a pas accoustumé de troubler vn Officier receu, installé & iouïssant publiquement de son Office. Toutesfois, puis que l'Ordonn. de Charles VII. de l'an 1546. (qui a esté expliquée au 10. chap. du 1. liure) requiert la iouïssance paisible de cinq ans continuels, & sans interruption, tout ainsi qu'és benefices il faut trois ans de possession pacifique, pour exclure tous autres pretendans, il s'ensuit que la garantie des Offices doit continuer autant de temps, & iusques à ce que l'acheteur se puisse apparemment & asseurément defendre de son chef, qui est la seule raison, qui peut exclure ce poinct de garantie : dont ie ne parleray point dauantage en cét endroit, pource qu'au surplus il n'y a rien de particulier en iceluy pour les Offices : comme aussi ie ne traiteray icy du troisiesme poinct de cette garantie, qui concerne les debtes du resignant, dont l'Office vendu doit estre pleuuy exempt, pource que ce poinct merite bien vn chapitre à part. Et poseray seulement en ce lieu vne regle generale, touchant ces deux derniers poincts de garantie des Offices, Que toutesfois-&-quantes que l'acheteur de l'Office peut estre probablement troublé & inquieté en iceluy, pour ce qui concerne le fait de son resignant, il y eschet garantie.

52 Des autres poincts de garantie.

53 Regle de cette garãtie.

Mais à l'opposite, s'il est troublé à l'occasion de l'Office mesme, comme pource qu'il est supernumeraire à la foule du peuple, mal verifié, & de peu de finance, il y a grande apparence de conclure generalement, qu'il n'y eschet point de garantie, pource que c'est à l'acheteur de prendre garde à la qualité de l'Office qu'il achete : & aussi il est à presumer, qu'il en a eu meilleur marché à cette occasion, & partant qu'il a taisiblement pris sur soy le hazard de la perte d'iceluy, comme du profit & accroissement extraordinaire, qui y pouuoit suruenir : estant tout Office vne marchandise de soy hazardeuse, & de laquelle on ne peut estre plainement asseuré : qui est la cause pourquoy on dit, qu'il n'y a point de garantie. Ioinct que la suppression procede principalemẽt, non du defaut de l'Office, mais du fait du Prince souuerain, qui est compté entre les cas fortuits, & partant ne tombe point en garantie, suiuant la decision notable de la loy *Lucius. D. De euictio.*

54 De la garãtie de l'Office supprimé.

Ce qui est sans difficulté, à l'égard de la pure garantie, qui concerne les dommages & interests de l'acheteur euincé, pour lesquels il n'y a sans doute aucun recours en ce cas contre le vendeur : mais le droit nous apprend que quand la garantie cesse, la restitution des deniers ne laisse d'auoir lieu, *Neque enim bonæ fidei contractum hanc pati conuentionem, vt emptor rem amittat, & pretium venditor retineat*, dit la loy *Emptorem. D. De action. empti.* C'est pourquoy quand on se veut liberer de la restitution du prix, on stipule au contract vne descharge non seulement de la garantie, mais aussi de la restitution des deniers.

55 Cette garãtie ne peut produire dõmages & interests.

Pour exemple, quand apres les troubles on a cassé les decrets faits pendant iceux, & quand on a permis aux Ecclesiastiques, par vn priuilege particulier, de 56 Preuue par exemple.

rentrer aux biens par eux alienez, si les premiers acquereurs les auoient reuendus à plus hault prix à d'autres, encor que ceux-cy ne fussent remboursez que du prix de la premiere acquisition, on n'a iamais douté qu'ils ne recuperassent contre leurs vendeurs l'outre-plus qu'ils leur auoient payé.

57 Que mesme la restitution de prix n'est deuë apres l'Office supprimé.

Mais on peut respondre qu'en ces recisions, comme aussi au cas de la loy *Emptorem*, il est question de vente d'heritage, où la pleine garantie a lieu, ce qui n'est pas aux Offices. Voire en vente d'heritage euincé par fait de Prince cette loy *Lucius*, exclud non seulement la garantie, mais aussi la restitution de deniers: & encor elle l'exclud non seulement par voye d'exception, mais mesme elle donne action contre celuy qui a esté ainsi euincé pour luy demander ce qu'il doit de reste du prix de l'heritage, dont il ne iouït plus, ce qui est fort notable. Et partant ie conclu, qu'en poinct de droict, celuy qui est euincé de l'Office par suppression, moyennant remboursement, ne peut redemander à son resignant ce qu'il luy a payé de plus, que la finance dont il est remboursé, voire mesme que s'il deuoit encor quelque reste du prix de l'Office, il faut qu'apres la suppression il le paye tout du long.

58 Ce qui s'en garde à present.

59 Iniquité de cét vsage.

Combien que veritablement l'équité est fort grande au contraire, pource qu'ainsi faisant, le resignant retient en pur gain l'argent du resignataire, & le resignataire le pert en pure perte: de sorte qu'il seroit, ce semble, plus raisonnable, que telles suppressions, qui se font contre le droict commun, pour le profit du fisque, fussent accommodées de telle sorte, que les particuliers y fussent le moins lezez que faire se pourroit. Ce qui auroit lieu en donnant action à l'Officier supprimé, contre son vendeur, de l'outre-plus par luy receu. Car en ce faisant, il aduiendroit que l'vn ni l'autre n'y perdroit, ne n'y gaigneroit, entant qu'on osteroit au vendeur le gain qu'il auroit fait par la reuente de l'Office, & aussi on exempteroit le supprimé de perte, voire de ruine, luy donnant son recours contre son vendeur: ce qui toutesfois n'a encor iamais esté pratiqué, & ne le seroit, si en l'Edict de suppression il n'estoit par exprés ordonné.

SOMMAIRE DV TROISIESME CHAPITRE.

39 *Confirmation n'est necessaire.*
40 *Pourquoy se paye.*
41 *Diuers arrests touchant cette confirmation.*
42 *Inuention des Commissions.*
43 *Tiltre d'Office formé, pourquoy dict.*
44 *Confirmations pratiquées par Louys XII.*
45 *Et par Henry second.*
46 *Madame de Valentinois, marine de l'Autheur.*
47 *Confirmations auctorisées par les Estats d'Orleans.*
48 *Sont à present iustes.*

DE LA RESIGNATION DES OFFICES VENAVX, TAXE D'ICELLE, ET DROIT DE CONFIRMATION.

CHAPITRE III.

RIEN ne sert la vente d'vn Office, sans la resignation, ni la resignation, sans l'admission d'icelle, qui est la prouision. Car l'Office, non plus que le benefice, ne peut pas, par vn commerce du tout libre, estre transferé directement & immediatement de personne à autre, par vente ou autre transport, accompagné de tradition, ou acte equipollent, ainsi que les autres biens, soit corporels, ou incorporels; ains faut qu'il passe par les mains du collateur, sans la prouision duquel nul Office ni benefice ne peut estre possedé. 1 Resignation & prouision sont necessaires apres la vente.

Dont la raison est claire, à l'egard des benefices, à sçauoir qu'ils ne tombent point en commerce, mais à l'egard des Offices, & principalement des venaux, elle est vn peu obscure. Car ce n'est pas comme il pourroit sembler de prime-face, pource que la puissance publique, qui est en l'Office, ne peut estre deferée par vn particulier: attendu que c'est la reception, & non pas la prouision, qui attribuë à l'Officier la puissance publique, ainsi qu'il a esté dit au premier liure: & de fait, nous voyons que les Offices hereditaires peuuent estre transferez d'vne personne à autre, sans lettres de prouision. 2 Faulse raison.

Donques la vraye raison est, à cause que l'Office est vne espece d'vsufruict, comme il a esté prouué au premier liure, encor plus inherent à la personne, que le vray vsufruict, & dont la proprieté reside au Prince, ou autre collateur, quoy que ce soit à son Estat ou Seigneurie. Par consequent, comme le vray vsufruict ne peut estre transferé d'vne personne à autre, sans la permission du proprietaire, en sorte que desormais il soit mesuré à la vie du cessionnaire, aussi l'Office ne peut changer de main, sans la prouision du collateur. 3 Vraye raison.

Car ç'a esté vne grande difficulté en droit, si l'vsufruict pouuoit en tout estre cedé, estant decidé expressément, que *vsusfructus cedi non potest, nisi domino proprietatis; & si alij cedatur, nihil ad eum transit, sed vsusfructus ad dominum proprietatis reuertitur*, dit la loy *Si vsusfructus. D. De iu. dot.* Toutesfois pour la necessité du commerce on trouua vne inuention d'en disposer en telle sorte, que l'vsufruict demeureroit & resideroit tousiours en la personne de l'vsufruictier, & par consequent finiroit par sa mort, mais que la commodité & profit d'iceluy seulement seroit transferé au cessionnaire, qui en iouïroit au lieu & au nom de son cedant, pource que si on changeoit de personne, ce seroit vn autre vsufruict. C'est ce qu'adiouste cette mesme loy; *Quidnam ergo remedij loco recte putauerunt introducendum, vt si vendatur vel locetur vsusfructus, ipsum quidem ius penes eundem fructuarium remaneat, perceptio verò fructuum ad emptorem pertineat. Nam & qui locat, vtitur, & qui vendit vtitur*, dit la loy 12. §. 2. *D. De vsufr.* 4 Comment l'vsufruict peut estre vendu. 5 Interpretation de plusieurs loix.

Or ce remede ou inuention n'a peu estre accommodée à l'Office, pour autant que l'Office ne consiste pas seulement en la perception des fruicts, sçauoir est des gages & droits qui en dependent: ains il consiste principalement en vne function personnelle, en consequence de laquelle ces gages & droits luy sont attribuez: & cette function personnelle estant publique, ne peut estre exercée par autre que celuy qui est approuué du public. C'est pourquoi la iouïssance de l'Office, qui est inseparable de l'exercice d'icelui, ne peut estre venduë ni transferée 6 Comment l'Office est transferé au resignataire.

à vn autre, si on ne le fait luy-mesme Officier: ce qui ne se peut faire, non plus qu'en l'vsufruict, sans la disposition du proprietaire: pour à quoy paruenir, il n'y a autre moyen, sinon que l'Officier remette l'Office en la disposition du collateur, à la charge neantmoins qu'il le rebaillera à celuy auquel on le desire transferer. Ce que nous appellons resignation en l'Office & benefice, & au droict ciuil est

7 Subrogatio. appellé *Subrogatio*, *l. 13. & l. vlt. De prox. sacr. scrin. lib. 12. Cod.* desquelles loix les decisions sont notables.

8 Resignation plus raisonnable que la cessiõ d'vsufruit. C'est toutesfois la verité que la resignation de l'Office ou benefice est beaucoup plus raisonnable que la cession de l'vsufruict: pource que la cession de l'vsufruict opere de sa nature vne consolidation d'iceluy à la proprieté, & partant la fin, abolition & aneantissement de l'vsufruict. Mais la resignation n'aneantit & n'anichile pas l'Office, & ne le consolide pas au proprietaire ou collateur, qui n'est capable de le tenir luy-mesme, ains luy impose vne necessité de le conferer à vn autre, pour l'occuper, & remplir le lieu de celuy qui l'a quitté.

9 Et que celle du benefice. Pareillement, la resignation de l'Office en faueur d'autrui, est beaucoup plus fauorable que celle du benefice, laquelle n'est gueres exempte de soubçon de simonie, comme il a esté dit au premier liure. C'est pourquoy elle ne peut estre admise par les collateurs ordinaires, ains par le Pape seul, pource que luy seul peut dispenser de la simonie, ou pour mieux dire, en purger le soubçon, par l'admission de la resignation. Et combien qu'en icelle le Pape ait les mains liées de ne pouuoir conferer le benefice à autre qu'au resignataire; si est-ce que iustement, & par puissance reglée il peut refuser tout-à-fait d'admettre la resignation, laissant le benefice au resignant, comme dit Rebuffe en la pratique beneficiaire, *tit. De resig. condition.* qui est ce que disent les Canonistes, que *omnis resignatio est ex gratia.*

10 Resignatiõ d'Office vẽdu ne peut estre refusée par le collateur. Mais le Roy, & tout autre collateur, ayant vendu vn Office, ne peut par puissance ordinaire, & selon iustice en refuser par apres la resignation faite à temps opportun, & à personne capable. Ce qui a lieu non seulement aux Offices absolument venaux (qui ne pourroient estre dits tels, si estans vendus, la resignation n'en estoit admise par necessité) mais aussi aux Offices de iudicature, & autres, qui ne sont reputez venaux, qu'à l'égard du Prince: lequel toutesfois les ayant vendus, les a par consequent luy-mesme mis en commerce, sinon public & licite entre particuliers, au moins tolerable, & dont il ne les peut reprendre ni empes-

11 Preuue. cher sans trop de rigueur, *quia quæ emeris, vendere gentium ius est*, dit Seneque: & comme disoit le bon Alexandre Seuere, *Necesse est, vt qui emit vendat. Erubesco eum hominem punire, qui emit & vendit:* & vn Poëte moderne a dit,

Emerat ille prius, vendere iure potest.

Mais quand il seroit du tout inutile de les reuendre, si est-ce qu'on ne pourroit iustement frustrer l'acheteur d'en gratifier, ou ses enfans, ou ses parens, ou ses amis, lors qu'il ne les voudroit plus exercer, puis qu'ils sont siens, par le moyen de son argent. Consideré principalement, qu'estant auiourd'huy, sinon vn droit, au moins vn erreur commun establi parmi nous, de reuendre ces Offices entre particuliers; celuy qui les achete du Roy, s'attend vray-semblablement de les pouuoir reuendre, selon l'vsage ordinaire, & ne se deffie pas qu'on l'en empesche par vne rigueur extraordinaire: que s'il s'en fust deffié, il est à croire, qu'il ne les eust pas achetez si cher du Roy. Ce qui sera plus amplement prouué au cinquiesme liure, en traitant de la resignation des Offices des Seigneurs.

12 Que le Roy l'a tousiours permise. Aussi cette faculté de resigner a esté tousiours permise, depuis que la venalité des Offices a esté introduite, voire estoit jadis pratiquée de telle sorte, que la resignation estoit admise gratuitement, & sans payer aucune finance, combien qu'il n'y eust aucune Ordonnance qui y obligeast le Roy, (comme aussi il n'y a iamais eu aucune Ordonnance faite pour introduire la venalité des Offices) ains cette seule raison du droict des gens, & de la loy naturelle du commerce, que tout acheteur peut reuendre ce qu'il a acheté.

13 Offices dõnez non resignables. Non que ie vueille dire, que tout Office en tiltre, de sa propre nature, soit resignable, en sorte que la resignation n'en puisse estre refusée. Car les Offices

qui ne se vendent point par le Roy,& ceux des Seigneurs qu'ils n'ont point vendus,n'ont pas ce priuilege,nõ plus que les benefices,tant pource que le collateur ayant liberalement esleu l'industrie,quoy que ce soit choisi la personne de l'Officier,n'est tenu d'en admettre vne autre en son lieu,que pource qu'ayant gratuitement conferé l'Office,il ne l'a point mis au commerce. Ce qui est decidé par l'art.110.de l'Ordonnance de Blois.*Ceux*,dit-elle,*qui ont esté,ou seront cy-apres pourueus gratuitement d'Offices,ne seront receus à les resigner,sauf à les gratifier,selon que leurs merites le requerront.* Et en l'art.272.il est dit,que les Offices des douze Gouuerneurs,ou Lieutenans generaux du Roy és Prouinces de France,ne seront point resignables,pource qu'ils n'entrent point aux parties casuelles du Roy.

Mais on demandera pourquoy donc à present le Roy prend de l'argent pour admettre la resignation des Offices venaux,veu qu'il ne la peut iustement refuser? A cela ie respon,qu'il n'en deuroit point prendre, & aussi n'en prenoit-il point anciennement:mais sur la nouuelle introduction de la venalité des Offices, ce poinct,que le Roy fust tenu admettre les resignations,n'estant vuidé par aucune ordonnance(combien qu'en effait il ne les refusast,non plus que le Pape celles des benefices)& comme en matiere d'Edits fiscaux,c'est assez d'auoir vn pretexte,notamment lors que le Roy est pressé de necessité,le Roy Charles 9. au fort des guerres ciuiles de la religion,imposa ce nouueau subside sur ses Offices, par Edit de l'an 1567.portant que *tous Officiers tant des finances,qu'autres,dont les Offices auoient esté vendables* (c'est le mot de l'Edict) *seroient receus à resigner iceux à personnes capables,en payant aux parties casuelles la finance,à quoy leurs resignations seroient taxees.* Et pource que cet Edit,qui ne parloit que des Offices vendables,ne sembloit assez formel pour les Offices de iudicature,il y eut vn autre Edit fait tout exprés pour iceux,en l'an 1569.par lequel il fut permis de les resigner,comme ceux des finances,en payant la taxe.De sorte que comme les guerres d'Italie ont esté cause de la vente des Offices aussi les guerres ciuiles ont causé la vente des resignations.

14 Pourquoy le Roy prend argent des resignations.

15 Ord.introductiues de cette taxe.

Mais pour monstrer,que c'estoit vn subside nouueau,que le Roy se vouloit reseruer à luy seul,il declare expressément par ce mesme Edit de l'an 1567.introductif d'iceluy,que cette taxe est imposee pour employer aux guerres de la religiõ, & partant que les Princes possedans le domaine de la courone,ne la pourront prendre sur les Offices,dont ils ont la nomination.

16 Les Seigneurs n'en doiuẽt prendre.

Toutesfois à present que cette loy est establie,& que cette condition est imposee publiquement aux Offices Royaux,elle est desormais iuste,& ne s'en peut-on plaindre:ains faut que ceux qui les achetent,facent leur compte, auant que s'y engager,qu'ils ne les pourront resigner,s'ils n'en achetent la permission.

17 Cette taxe est à present iuste.

Aussi voit-on qu'en tous heritages,lors qu'ils changent de main, il faut payer quelque droit ou profit au Seigneur direct, comme aux feodaux le rachat,ou quint denier,aux censuels ou autres heritages roturiers,les lots & ventes,qu'on appelle en Normandie les treiziesmes, & n'y a presque de tous les immeubles, que les seules rentes cõstituees,qui en soient exemptes,encor en certaines coustumes les y a-on voulu assubietir,comme és pays de nantissement, & quelques autres.Mesmement y a plusieurs benefices,pour lesquels il faut payer des Annates,ou des Deports.

18 En tous heritages est deu quelque argent és mutations.

Ce que ie trouue auoir eu lieu par le droict ancien, tant aux fiefs,qu'aux baux Ecclesiastiques appellez *Precariæ*: en tous lesquels on payoit vn certain droict d'entree,appellé Ανάκαμψις καὶ Ανανέωσις *vt in Leonis constit*.13. aux Emphyteoses ordinaires il se payoit vn droit appellé Εἰσδεκτικὸν,*l*.3.*Cod.de iure Emphyt*.Et mesme és benefices Ενθρονιαστικὸν,pour les Eueschez, *Nou*.123.*cap*. 3. & pour les autres benefices Εμφανιστικόν,*Nou*.56.voire encor pour les ordres Ecclesiastiques l'Euesque prenoit vn droit,au moins en l'Eglise Grecque,comme il a esté dit au 1.chap.de ce liure.

19 Mesme és benefices.

Or combien que les fiscaux appellent la taxe des resignations quart denier,si ne pense-ie point, qu'il y ait aucune Ordonnance generale, qui l'ait arrestee à cette quote.Comme aussi il seroit mal-aisé de prendre ce pied és ventes des Offices,qui entre particuliers se font par compromis secrets,& sous seins priuez ordinairement,au moins s'ils sont recognus au bas pardeuant Notaires, il ne s'en

20 Que cette taxe ne doit monter au quart denier.

fait iamais de minute: & quand elles se feroient par contracts publics, il seroit aisé de n'y mettre toute la somme, pource que ni le retraict n'y ha lieu, ni les garanties n'y durent, sinon iusques à la reception, de sorte que pour si peu de temps vne contre-promesse suffiroit.

21 Edict qui parle du quart denier. Il est bien vray, que par l'Edict d'erection des seaux du Roy en titre d'Offices, il est dict, qu'ils seront resignables en payant le quart denier de la premiere taxe, qui est le seul Edict, que i'aye iamais leu faisant mention du quart denier: mais cet Edict est particulier pour ces seuls Offices: & n'est de merueille que cette loy & condition leur soit imposee deslors de leur erection: condition au sur-plus, qui est autre, que ce qui s'obserue és autres Offices, car en ceux-cy la finance de la resignation estoit liquidee à tousiours par cet Edict au quart denier de leur premiere taxe, qui est tousiours moindre que la iuste valeur, au lieu qu'és autres Offices elle est incertaine, & faut qu'elle soit taxee au conseil des finances, qui souuent la modere iusques à deux & trois fois.

22 Edicts faisans mention du tiers denier. Il est vray aussi que le mesme Roy Charles en l'an 1568. feit vn autre Edict, par lequel il ordonna que tous les pourueus d'Offices venaux seroient tenus acheter la suruiuance ou resignation premiere de leurs Offices, en payant le tiers denier de la valeur d'iceux: lequel Edict fut renouuelé par le feu Roy Henry III. en l'an 1586. au lieu de l'Edict de l'heredité des mesmes Offices: mais outre qu'il y a bien de la difference entre la suruiuance en blanc, & la resignation faite à certaine personne sans condition de suruiuance, il faut considerer que ces Edicts estoient des subsides & leuees de deniers, que les Roys vouloient faire en leur necessité sur leurs Officiers.

23 Ancienne taxe des resignations. Aussi est-ce la verité, qu'auparauant ce temps ici, iamais le conseil des finances n'a taxé les resignations au quart denier de la iuste valeur des Offices, non pas mesme au douziesme denier couramment & ordinairement. Et encor à present en ce regne, que les taxes des parties casuelles sont notoirement doublées du prix des anciennes, si est-ce qu'auparauant l'Edit de Paulet, és Offices de finance on taxoit volontiers la resignation d'vn Office à vne annee des gages ou deux annees tout-au plus, à l'egard de ceux qui n'auoient aucun support au Conseil. Et aux Offices de iudicature, dont les gages sont petits, on ne taxa iamais la resignation plus haut, que le dix ou douziesme denier du prix des Offices. Mais il y a danger, que cet Edict de Paulet n'establisse indefiniement cy-apres le quart denier en droit commun, qui seroit vne grande playe aux Offices, si par apres, l'Edict n'auoit plus de lieu.

24 Comment s'entend le quart denier. Mais quant à moy i'estime, que s'il faut appeller auec le vulgaire cette taxe quart denier, on doit entendre, que c'est le quart du quart: ou bien il faut dire que nostre Roy fait, comme Zonare remarque de ce Roy de Perse, qui ayant commandé quelque leuee sur ses prouinces, apres auoir eu aduis de ses Gouuerneurs qu'elle estoit bien tolerable, la diminuoit neantmoins encor de moitié sur l'execution de son Edict.

25 Les droits qui se payent pour les heritages n'approchent pas du quart denier. Aussi tous les droicts d'entree cy-dessus remarquez de l'ancien droict, n'approchoient pas du quart denier, voire n'excedoient point l'annee du reuenu. Premierement la loy 3. *De iu. Emphyt.* taxe les lots & ventes des Emphyteoses à la cinquantiesme partie du prix. Et quant au droit qui se prenoit pour les renouuellemens des Emphyteoses, ou precaires de l'Eglise, la constitution treiziesme de l'Empereur Leon porte, qu'il ne pouuoit exceder le double du canon Emphiteuque. Et au regard du droict d'entree des Benefices, il est taxé à beaucoup moins que leur reuenu annuel, comme pareillemẽt sont encor auiourd'huy les Annates du Pape. Et en toutes les coustumes les reliefs des fiefs deus pour succession collateralle (car pour la directe il n'en est point deu) & en la plus-part des coustumes, les rachats deubs pour la vente d'iceux sont arrestez à l'annee du reuenu au plus, dont encor les Seigneurs ont accoustumé de quitter le tiers par courtoisie. Et pour le regard du quint denier, qui est deu en quelque peu de coustumes pour la vente des fiefs, il a tousiours esté à bon droict reputé odieux & trop rigoureux: & n'y a si rude Seigneur, qui n'en remette du moins le tiers: &

si on

si on le retranche tant qu'on peut aux reformations des coustumes, qui se font à present, comme desia en celles de Paris & Orleans on a retranché le requint.

Neantmoins c'est la verité, qu'il n'y a pas à beaucoup prés tant de raison, de prendre haute taxe aux mutations d'Offices vendus, que des fiefs, qui de leur origine ont esté concedez gratuitement, & de leur premiere nature n'estoient non-plus vendus, que les benefices, comme il se veoid aux titres *De prohib. feudi alienat. per Federic. & per Lotharium.* Et de fait ce sont contracts separez que *venditio, & datio in feudum.* De sorte que les ayant faits patrimoniaux en France, contre leur nature & concession originaire, pour la commodité du commerce, & par consequent ayant priué à iamais le Seigneur de la reuersion d'iceux, qui luy appartenoit, il l'a fallu indemniser d'ailleurs de ces rachats qu'on lui attribuë, és mesmes mutations du vassal, esquelles la reuersion entiere luy aduenoit anciennement. 16 Rachats des fiefs sont plus raisonnables, que cette finance.

Et quant aux lots & ventes des heritages censuels, qui sont taxez au douziesme denier, qu'on dit en Normandie le treziesme, en comprenant l'ascendant, c'est vn droit reserué & stipulé par exprés aux baux à cens des heritages, qui se font communément *ad libellam* disent les Latins, c'est à dire à fort petite redeuance, dont les Seigneurs censuels se recompensent par cette retention de lots & ventes, ou pour mieux dire *Lots és ventes* ou *Lot és ventes* c'est à dire, le lot, part & portion que le Seigneur a accoustumé de prendre sur le prix des ventes, qui à mon opinion est la vraye etymologie de ce terme du tout François, sans l'aller rechercher, comme ont fait nos modernes, chez les Romains, ausquels ce droit, & ce contract de bail à cens estoit incogneu. 17 Et les lots & ventes. 18 Lots & ventes d'où dits.

Reuenant donc à la finance des resignations, ie conclu qu'elle est sans comparaison trop haute au quart denier, puis qu'és heritages, dont la parfaite proprieté est transferee, le droit de mutation, qui partant n'y eschet pas si souuent à beaucoup pres, ne passe quasi iamais l'annee du reuenu. C'est pourquoy il me semble, qu'il suffiroit la taxer à vne annee de gages, comme les Annates & Deports des benefices, & les reliefs des fiefs. Car encor que les Offices ayent quelques profits, si est-ce que ces profits estans casuels, & attribuez à la peine que prend l'Officier en son exercice, ils ne doiuét, ce me semble, venir en consideration, attendu la regle, que i'ay posée au 1. liure, que iamais les salaires ne peuuent estre distraits de l'exercice. Que si on trouue qu'en ce faisant l'Officier ait trop bon marché, qu'on considere, que cette taxe est inique de soy, & contre la loy du commerce. Et pour les Offices, qui n'ont aucuns gages, comme des Sergens & autres tels menus Offices, on pourroit à tous leur donner vn taux certain, comme de trente ou quarante liures: car il est aisé à entendre, que ce ne sont pas Offices de grande valeur. Mais cela ne se fera iamais, au contraire cette taxe s'en va tantost establie au quart denier, au moyen de l'Edict de Paulet. 19 Vray pied de cette taxe.

Or en outre il faut remarquer, qu'il y a trois cas, ausquels la resignation des Offices est admise sans payer aucune finance. Le premier est quád le nouueau pourueu de l'Office s'aduise de le resigner à vn autre, auant y auoir esté receu, soit qu'il n'ait peu, soit qu'il n'ait voulu s'y faire receuoir. Car cōme on dit aux benefices, que si le resignataire n'accepte la prouision, la resignation est nulle & n'induit aucune vacation: aussi en matiere d'Offices (où la reception est necessaire auát que se pouuoir dire Officier) si le resignataire ne se fait receuoir, le quart denier par lui payé pour la resignatiō, pourroit estre repeté *quasi causâ non secutâ*: mais pource qu'il faut tousiours, que celui qui entre en sa place, en paye autant, on ne le repete point, ains il sert pour le posterieur resignataire, qui partant n'en paye point d'autre. Ou plustost on peut dire que la permission de resigner, acquise moyennant le quart denier, est indefinie, & sans expression de certaine personne: comme aussi elle est indefiniement taxée par le Conseil, sans nommer le resignataire: de sorte qu'en effait on achete la permission de resigner l'Office à qui on voudra, & non pas de resigner specialement à tel, & partant si la premiere resignation ne vient point à effait, ceste permission n'est pas consommée, ains peut seruir à celle qui se fera par apres auec effait. Pourueu toutefois qu'elle soit faite dans six mois apres la premiere. 30 Trois cas où elle n'a lieu. 31 Pourquoy n'est deu nouuelle finance pour la secōde resignatiō.

32 Ampliatiõ. Ce qui s'obserue par vne grande equité, soit que le premier resignant viue encor, auquel cas il n'y a nulle difficulté, pource qu'on n'y peut imaginer aucune vacation ni fraude, & ne faut que supprimer & canceler les prouisiõs du premier resignataire, soit que le premier resignant soit decedé, auquel cas il semble à la rigueur qu'il faille auoir vne seconde resignation du premier resignataire, en la personne duquel l'Office a esté conserué, qui autrement eust vaqué par la mort de son resignant, & neantmoins pource que la permission de résigner estant vne fois achetée *est in rem*, & est comme vn droit acquis à l'Office, elle ne perit point auec la personne, ains passe au premier resignataire, qui peut transmettre son droit à vn autre auant qu'estre receu, ce qui ne s'appelle pas resignation, mais simplement démission. Et de verité cet vsage est fort equitable, que comme en la plus part des coustumes le Seigneur n'ha qu'vn rachat de deux mutations aduenuës en vne mesme annee, aussi le Roy n'ha qu'vne finance des deux resignations, dont il n'y a qu'vne qui ait eu effait de faire vn Officier. Ce qui est encor plus raisonnable en l'Office qu'au fief: pource que l'acheteur du fief, en est fait Seigneur deslors qu'il lui est vendu, quoy que ce soit, deslors qu'il en veut prendre possession apres son contract passé, mais le pourueu de l'Office n'est Officier iusques à ce qu'il ait esté receu.

33 Pratique d'icelle. Cela se pratique communément, quand vn pauure Officier est affligé de maladie, resigne son Office à son amy, pour, en cas de mort, le conseruer à sa veufue & enfans, qui par apres l'ayant vendu à loisir, en font pourueoir l'acheteur, en vertu de la mesme finance payee lors de la resignation admise du decedé. Au contraire en cas de conualescence il reprend son Office, mesmement rentre en son premier droit & en son premier rang, sans qu'il lui soit besoin de nouuelle prouision ni reception, comme il a esté dit au 8. chap. du 1. liure, mais aussi s'il

34 Restrictiõ. vient à resigner vne autre-fois, apres auoir repris l'exercice, il faut qu'il paye nouuelle finance, au moins s'il resigne long-temps apres, qui estoit vn cas d'amy, auant le party de Paulet: mais à present il seroit mal-aisé, à mon aduis, de s'en sauuer.

35 De la confidence des Offices. Que si le resignataire confidentaire d'vn pauure Officier pressé de maladie mortelle, vsoit de perfidie, & se faisoit receuoir actuellement en l'Office, il n'y a nulle difficulté, qu'apparoissant de la confidence, le resignant ou ses heritiers ne se puissent iustement opposer à sa reception, & le faire condamner par corps à rapporter ses prouisions, & à fournir sa procuration en blanc, pour resigner de rechef lui-mesme, si besoin estoit. Mesmement s'il s'estoit trop hasté de se faire receuoir, & qu'à cette cause il fallust vn second quart-denier, il seroit tenu de payer icelui, & tous autres despens dommages & interests encourus à l'occasion de sa perfidie. Comme il fut iugé par arrest, pour le Secretaire du Roy, Michel. Et a encor esté iugé cette année en l'audience. En quoy n'y a nulle difficulté, car puis que mesme aux benefices, où la confidence est estroitement prohibee, cela se iuge ainsi, au moins au priué & au grand Conseil, tesmoin l'arrest du Curé des Innocens, il doit à plus forte raison auoir lieu aux Offices, où la confidence n'est aucunement illicite.

36 Second cas auquel n'est rien deu pour la resignation. Le second cas auquel on ne paye rien pour la resignation, est quand le resignât leue & achete aux parties casuelles vn Office incompatible auec celui qu'il auoit auparauant. Car alors il ne doit rien de la resignation de ce premier Office, qu'il est contraint de resigner à cause de l'achat du second, au moins ne doit-il qu'à proportion de ce que le premier Office est de plus grand prix que le nouueau: autrement le Roy auroit, comme on dit, d'vn sac deux moutures. Pour donc s'exempter de payer cette finance, la pratique est de presenter requeste au Conseil, afin d'obtenir permission de resigner l'ancien Office sans payer finance. Mesmement le temps passé l'Officier ayant obtenu cette permission auoit vn an pour cercher marchant. Toutefois si sans demander cette permission il laissoit passer cette fraische memoire de l'Office acheté du Roy, taschant à retenir tous les deux ensemble, il seroit desormais mal-aisé d'obtenir icelle.

Le troisiesme cas est en la permutation d'Offices à peu pres égaux, qui est si fauorable és benefices, qu'elle peut estre admise par l'Ordinaire, biẽ qu'il ne puisse admettre aucune autre resignation *in fauorẽ, Clem. 1 iunct. gl. De rer. permut.* Et comme en eschange d'heritage on ne paye point de lots & ventes, aussi en permutation d'Offices égaux, le Roy n'a accoustumé de prendre aucune finance. 37 Troisiesme cas.

Il y a encor vne autre sorte de finance, que le Roy prend sur les Offices à sçauoir celle de la confirmation, qui se leue à chaque mutation de Roy, pour obtenir du nouueau Roy nouuelles prouisions des Offices : comme si celles du predecesseur ne seruoient plus de rien apres sa mort. Ce qui est encor plus éloigné de raison que la finance de la resignation, estant certain, comme il a esté prouué au chapitre precedent, qu'apres la mort du Roy, il n'est non plus besoin aux Officiers de lettres de confirmation, qu'aux beneficiers apres la mort du collateur, d'autant que ce qui leur a vne fois esté concedé pour leur vie, ne leur peut plus estre osté. Aussi qu'entre les trois genres de vacation specifiées par l'ord. de Louys XI. celuy de la mutation de Roy n'y est point : au contraire cette ord. est faite principalement pour l'exclure, comme il a esté discouru au 10. chap. du 1. liure. 38 Du droit de confirmation du nouueau Roy. 39 Confirmation n'est necessaire.

Toutefois pource qu'au-parauant cette ordonnance, les Officiers, estans lors destituables, auoient accoustumé, pour s'asseurer de leurs Offices, d'en demander la confirmation au nouueau Roy, à fin que les tenans desormais de lui, il n'eust pas tant d'occasion de les reuoquer : comme aussi les Rois ne destituoient gueres les Officiers pourueus par eux-mesme. Tout ainsi qu'à present les Seigneurs (ausquels on permet iusques icy regulierement de destituer leurs Officiers) n'ont accoustumé de destituer ceux qu'ils ont pourueus eux-mesme : enquoi à la verité il y a beaucoup plus de pudeur & de legereté : & partant c'est vn ordinaire, qu'apres la mort d'vn Seigneur, ses Officiers, de crainte d'estre destituez par son successeur, se retirent incontinant deuers lui, pour estre confirmez & maintenus en leurs Offices. Et parce qu'en France le fisque ne démord & ne quitte iamais vn droit qu'il a eu autrefois, & d'ailleurs qu'il ne faut qu'vn leger pretexte, pour maintenir à tousiours ce qui a vne fois apporté du profit, depuis que les Offices ont esté vendus, on a estimé, que comme on tiroit argent de la prouision d'iceux, aussi on en pourroit demander de la confirmation : combien qu'elle ne seruist plus de rien apres l'ordonnance de Louys XI. 40 Pourquoy se paye.

Et de fait apres son deceds, le Parlement de Paris ordonna que les Officiers continueroient leur charge, cõme ils faisoient auparauant, attendant la responce du nouueau Roy, qui fut vne queuë, qu'il adiousta à son arrest, par honneur & submission, & possible encor pource qu'ils doutoient si le Roy Charles 8. voudroit entretenir l'ordonnance de son pere. Autremẽt en ordonna le Parlement de Tholose apres la mort du Roy Charles 7. à sçauoir qu'on ne donneroit audience, ni arrest, iusqu'à ce qu'on eust lettres du nouueau Roy : neantmoins que s'il suruenoit affaire pressée, il y seroit procedé par lettres & commissions intitulées *Les gens tenans le Parlement Royal de Tholose*, comme recite Bodin liu. 3. chap. 2. Et se lit en l'histoire de Flandres, qu'apres la mort de Charles Duc de Bourgongne & Conte de Flandres, les Gantoys feirent mourir les trente six hommes de leur loy, pource principalement, qu'ils auoient condamné vn homme à mort, auant qu'auoir obtenu confirmation de leurs Offices. 41 Diuers arrests touchãt cette confirmation.

Mais pource que le Roy Charles 8. ne pouuant honnestement déroger tout à plat à l'ordonnance de son pere, laquelle mesme sondit pere, peu auparauant son deceds, lui auoit fait iurer d'entretenir, & en auoit enuoyé l'acte au Parlement pour y estre publié & enregistré, il trouua vn moyen oblique d'y contreuenir, qui fut d'inuenter les commissions, ne conferant point les charges de finance à titre d'Office, ains par commission seulement. Et cette façon d'y pouruoir dura iusques à l'introduction de la venalité des Offices, lors de laquelle on qualifia ces prouisions, titres d'Office formé, y adioustant ce mot, formé, pour les distinguer de celles d'auparauant, qui estoient à titre de commission : d'autant que le mot d'Office en sa plus ample signification comprend la commission, principalement 42 Inuention des Commissions. 43 Titre d'Office formé pourquoi dit.

l'exercice d'vn Office ordinaire fait par vn commissionnaire, ainsi qu'il sera dit en son lieu. Encor pour le regard des Offices comptables de la maison du Roy, ils ne furent pourueus en titre d'Office formé, que soubs le Roy Henry 2. comme il se veoit par l'ord. de l'an 1554. C'est pourquoi iusques alors, la confirmation estoit necessaire à l'égard de ces Offices: mais aux autres qui estoient conferez à titre d'Office, & par consequent perpetuels, elle n'estoit point necessaire.

44 Cōfirmations pratiquees par Louys XII.

Toutefois le Roy Louys XII. ne laissa, à l'instant de son aduenement à la courone, d'enuoyer, selon la forme ancienne, ses lettres de confirmation aux Officiers de son Parlement, contenant qu'il leur redonnoit & confirmoit leurs Offices, comme vacans par la mort du defunct Roy son predecesseur, à la reception desquelles fut protesté, par M. Nicolas Cheualier lors Procureur general, que cette clause ne leur pourroit nuire ni preiudicier, comme il se trouue aux registres de la Cour du 28. Iuin. 1498.

45 Et par Henry 2.

Ie ne sçay comment cela passa au regne du Roy François son successeur, mais quant au Roy Heury 2. il est certain, qu'il contraignit tous les Officiers tant de iudicature, que de finance, de prendre lettres de confirmation de leurs Offices, moyennant finance, sauf qu'on bailla aux Cours souueraines leur confirmation gratuitement, & en corps, par vne seule lettre pour tous, afin qu'elles n'empeschassant point les autres Offices de payer. Et fut cette finance donnee à feuë Madame la Duchesse de Valentinois (de qui i'ai eu l'honneur d'auoir esté tenu sur les saincts fonds de Baptesme) & me semble auoir ouy dire à feu mon pere, que Dieu absolue, qui fut peu apres & iusques à sa mort son Aduocat au Parlement, que cette finance fut exigee auec beaucoup de murmure.

46 Madame de Valentinois ma maraine.

47 Confirmations auctorisees par les Estats d'Orleans.

C'est pourquoi le Roy Charles 9. en feit vuider la question aux Estats d'Orleans, où il fut arresté qu'aux nouueaux aduenemens des Rois, tous Officiers seroient tenus prendre lettres de confirmation de leurs Offices, ainsi que les priuilegiez, de leurs priuileges: combien qu'il y ait beaucoup de difference entre les Offices & les priuileges, pource que les priuileges ont cela de particulier, qu'estant purement volontaires, & d'ailleurs contraires au droit commun, & partant odieux, ils ne lient iamais le Prince successeur, comme il sera dit à la fin du liure *Des Seigneuries*: mais la collation des Offices est necessaire, afin que les charges ne demeurent vacantes au preiudice du public: & est vn fruit appartenant au collateur, du temps duquel ils viennent à vaquer, qui les peut conferer en la forme & au titre qu'ils ont accoustumé de l'estre, & partant en France il les peut conferer à la vie de l'Officier, puisque telle est la nature des Offices de France.

48 Sont à present iustes

Quoi que ce soit, puis qu'il a pleu au Roy imposer cette loy & condition à ses Offices, d'estre subiects à estre confirmez moyennant finãce à chaque mutation de Roy, ie dy que c'est à present comme vn droit appartenant au Roy, & comme vn impost ordinaire, que chaque Roy peut leuer vne fois en sa vie sur ses Officiers: qui a esté inuenté assez à propos pour faire vn fonds de finance tout prest au Roy lors de son aduenement à la couronne. Droit, qui d'ailleurs n'est point iniuste desormais, pource que sans plus se souuenir si son origine est bië fondee, il est certain que le Roy a peu iustement imposer cette loy publique, & cette charge à ses Offices, à condition de laquelle il les a par apres conferez, & les Officiers les ont achetez de sa Majesté.

SOMMAIRE DV QVATRIESME CHAPITRE.

1 *En France, n'y a que deux sortes de biens.*
2 *Tierce espece au droit.*
3 *Generale diuision des biens.*
4 *Les droits incorporels sont compris sous les meubles, ou les immeubles.*
5 *Raisons pour monstrer que les Offices sont immeubles.*
6 *Excellence des Offices.*
7 *Toutes choses perissables par mort ne sont pas meubles.*
8 *De mesme.*
9 *Offices semblables aux rentes constituées.*
10 *Autre raison prise du liure des fiefs.*
11 *Raison prise de la coustume de Paris, article 95.*
12 *Raisons pour monstrer que les Offices sont meubles.*
13 *Droits incorporels reputez meubles en droit.*
14 *Description des Offices par Seneque.*
15 *Offices ne sont qu'accidens.*
16 *Definition des meubles par Bouteillier.*
17 *Response aux raisons contraires.*
18 Familia pro patrimonio, & pro multitudine seruorum.
19 Pecunia pro vniuerso patrimonio.
20 Quædam mobilia non consumuntur vsu.
21 *Response à l'argument, tiré de l'excellence des Offices.*
22 *Difference de l'Office, & de l'vsufruict.*
23 *Difference des Offices & des rentes constituées.*
24 *Difference des Offices à vie, & des fiefs.*
25 *Response de l'argument tiré de la complainte.*
26 *Interpretation de l'article 95. de la coust. de Paris.*
27 *Qu'il ne decide pas indefiniement que les Offices soient immeubles.*
28 *Qu'ils ne sont immeubles en aucune façon.*
29 *Pourquoy ont suitte par hypotheque apres la saisie.*
30 *Pourquoy se vendent par decret.*
31 *Pourquoy les deniers du decret d'iceux tombent en déconfiture.*
32 *Pourquoy la coustume dit, que les rentes ne sont immeubles que iusqu'au rachat.*
33 *Resolution que les Offices sont tantost meubles, & tantost immeubles.*
34 *Comment cela se fait.*
35 *Qu'il n'y a point de repugnance.*
36 Mixta species facilè sub duabus simplicibus continetur.
37 *Exemples.*
38 *Comment les actions sont tantost meubles, & tantost immeubles.*
39 *Et les hereditez.*
40 *Vne mesme chose est tantost reputée meuble, & tantost immeuble.*
41 *Cateus de Picardie*, quid.
42 *Ce sont les bleds pendans par les racines.*
43 Ruta cæsa.
44 *Chastels de Beausse.*
45 *Sont meubles-immeubles.*
46 *Comment.*
47 *Cela ha lieu semblablement aux Offices.*
48 *Resolution finale que les Offices hereditaires sont reputez immeubles.*
49 *Les non-venaux ne sont reputez meubles ni immeubles, & les venaux tãtost meubles, tantost immeubles.*
50 *Que partant sur cette question il ne faut vuider les autres du commerce des Offices.*

SI LES OFFICES SONT MEVBLES, OV IMMEVBLES.

CHAPITRE IIII.

LA PREMIERE & principale, voire, comme chacun estime, la fondamentale question du commerce des Offices, est de sçauoir, s'ils sont meubles, ou immeubles: de sorte que pour vuider toutes les autres questions qui eschéent aux Offices, on ha ordinairement recours à icelle. Car c'est à bon droit que la coustume de Paris recognoist seulement deux especes de biens, à sçauoir les meubles & les immeubles, pource que nostre droit François fait vne perpetuelle distinction des vns auec les autres, qui n'estoit pas au droit Romain, comme aux hypotheques, saisies, criées, retrait lignager, doüaires, communauté, donations, testamens, successions, & autres matieres. De sorte, que par necessité il faut rapporter & accom- 1 En France, n'y a que deux sortes de biens.

Dd

moder à l'vne de ces deux especes les choses, qui proprement ne sont meubles, ni immeubles. Autrement, nos coustumes qui ne disposent que des meubles & immeubles, & neantmoins entendent disposer de tous biens, seroient manques & defectueuses à l'égard de cette tierce espece.

2 Tierce espece au droit.

I'enten par cette tierce espece les droits incorporels, dont de verité le droit Romain semble faire vne tierce espece, outre les meubles & les immeubles, en la loy *A Diuo Pio. §. 1. D. De re iud.* en la loy vnique §. *Pactio. C. De rei vxor. act. & in l. vlt. in fi. D. De præscript. longi temp.* comme de fait ce qui est incorporel & inuisible ne peut estre meuble ni immeuble, qui sont qualitez des choses corporelles.

3 Generale diuision des biens.

Donques pour les comprendre, & pour faire vne diuision parfaite des biens, il la faut prendre vn degré plus haut, & diuiser les choses ou biens en corporels & incorporels, ainsi qu'a fait Iustinian aux Institutes, & comme les interpretes Grecs ont diuisé ὐσίαν, εἰς φανερὰν ϗ ἀφανῆ: & par apres subdiuiser les choses corporelles en meubles & immeubles. De fait ces deux diuisions se trouuent en la loy *Pecuniæ. D. De verb. signif.* quand elle dit, que *Pecuniæ appellatione continentur res omnes, tam soli quàm mobiles, & tam iura quàm corpora.*

4 Les droits incorporels sont compris sous les meubles, ou les immeubles.

Et toutesfois, puis que nos coustumes ne recognoissent autre sorte de biens que les meubles & les immeubles, il faut que les droits incorporels, comme sont les actions & les Offices, prennent party, & élisent domicile, ou chez les meubles, ou chez les immeubles: qui est ce que la coustume de Paris tasche de faire en son troisiesme tiltre adiousté à sa derniere reformation: au dernier article duquel elle traite des Offices. Autrement si les droits incorporels faisoient bande à part, il leur faudroit aussi assigner vn droit à part.

5 Raisõs pour monstrer que les Offices sõt immeubles.

Or il semble de prime-face, qu'il faille renger les Offices du costé des immeubles, au moins qui en voudra croire les mesnagers de ce temps. Car ils font trois sortes d'immeubles, les heritages, les Offices, & les rentes: mettant les heritages au premier rang, comme l'immeuble le plus solide & asseuré, duquel il faut faire le corps du patrimoine: les Offices apres, qui outre le plus grand profit, donnent rang, auctorité & employ au pere de famille, & si seruent à maintenir les autres biens, & laissent les rentes pour les dernieres, qui seruent seulement pour le profit & accroissement du reuenu. Et pour soutenir cette diuision, ils disent, que tout ce qui apporte fruit, & profit licite, sans se consommer, doit estre reputé immeuble: au contraire, que le meuble est ce qui se consomme par l'vsage, *quod non in vsu, sed in abusu consistit.*

6 Excellence des Offices.

Aussi puis que nos loix disent, que *mobilium vilis est, & abiecta possessio*, quelle apparence y auroit-il d'y comprendre les Estats, qui est la plus noble espece du bien qui honore la personne, & qui forme son estat & qualité? C'est pourquoy ils s'appellent Estats en François, en Latin *Magistratus*, comme qui diroit *Magistri-ses*: & en Grec ἀρχαὶ, comme qui diroit principautez: mot qui encor signifie tout ensemble le commandement & le commencement, pource que les Magistrats sont ceux qui commandent aux autres, & qui tiennent les premiers rangs de la cité. Ce qui denote aussi que le Magistrat represente le Prince souuerain au fait de sa charge, estant le commandement du Magistrat, comme vn rayon, vn esclat & vne influence de la puissance souueraine: mesme il a esté prouué au liure precedent, que le Monarque souuerain estoit plus Officier que Seigneur, tesmoin cet antique escriuain François, Maistre Alain Chartier, qui, entre ses mots dorez qualifie les Rois *Officiers de Dieu.* Chose donc si noble, que l'Office, doit-elle estre mise au rang des meubles, que la loy estime vils & abiects?

7 Toutes choses perissables par mort ne sont pas meubles.

Et bien que les Offices se perdent quelquefois par la mort, ils ne sont meubles pour ce plustost. Car ce n'est point vne remarque vniuoque & proprieté infaillible des meubles, de se perdre par la mort: veu qu'au droict l'vsufruict est compté entre les immeubles. Et neantmoins l'Office est moins perissable que l'vsufruict, tant pource qu'il peut estre conserué apres la mort, s'il est resigné à temps, que pource qu'en tout cas, la mort n'y apporte pas vne extinctiõ & annihilation, comme en l'vsufruict, ains simplement vne vacatiõ & vn changement de maistre.

8 De mesme.

Quoy que ce soit, il faut ce semble, iuger la qualité de l'Office, selon le temps qu'il nous demeure *in bonis*, & non pas selon celuy auquel nous ne l'auons plus. C'est la vicissitude de ce monde, que non seulement les Estats, mais aussi tout autre bien est suject à changer,

> *Nunc prece, nunc pretio, nunc vi, nunc sorte suprema*
> *Permutat dominos, & transit in altera iura,*
> *Heresque heredem velut vnda supernatat vndam.*

9 Offices semblables aux rentes constituées.

D'ailleurs, puis que nous tenons auiourd'huy les rentes constituées pour immeubles, au moins iusques à ce qu'elles soient rachetées, pourquoy n'en dirons-nous autant des Estats, iusques à ce qu'ils soient resignez, ou perdus par la mort? veu que l'vn & l'autre est vn droit incorporel & fructueux : & mesme que la rente est du tout estainte & amortie par le rachat, & non l'Office par la mort, ne faisant que changer de maistre.

10 Autre raisõ prise du liure des fiefs.

Mais pour monstrer plus precisément, que les Offices doiuent estre reputez immeubles, il y en a vn beau texte au premier tiltre du second liure Des Fiefs, où il est dit, que le fief ne peut consister qu'en immeubles, ou choses reputées immeubles, comme sont les fiefs *de camera, aut de cauena*, dit le texte. Or est-il que ces fiefs sont especes d'Offices, à sçauoir Offices feodaux, ainsi qu'il a esté dit au liure precedent. Et de fait, encor que ni par le droit Romain, ni par nos coustumes, la complainte n'ait lieu pour chose mobiliaire, si est-ce que notoirement elle a lieu pour les Offices, comme il a esté prouué au premier liure.

11 Raison prise de la Coust. de Paris, article 95.

Sur tout, il semble qu'il ne faut plus hesiter en cette question, puis que la Coustume reformée de Paris, vray abregé du droit François, dit notamment en l'article 95. que *l'Office venal est reputé immeuble*. Article qui a esté trouué si raisonnable, qu'on l'a inseré mot à mot presque en toutes les coustumes qui ont esté reformées du depuis, comme celles de Normandie, Orleans, Calais & autres.

12 Raisons pour mõstrer que les Offices sont meubles.

Voila certes de fortes raisons, mais celles de l'autre costé ne sont pas moins fortes. En premier lieu, on dit, que sans difficulté les droits incorporels symbolisent dauantage aux meubles, qu'aux immeubles. Car qu'y a-il de moins solide, que ce qui est incorporel? qui, s'il n'est mobile tout-à-fait, au moins est-il muable, & principalement vn Office, qui est plus suject à changement & à perte que les meubles mesme.

13 Droits incorporels reputez meubles en droit.

Aussi voit-on que le droit, en deux passages fort notables, a conioint & comparé les droits incorporels auec les meubles, à sçauoir en la loy premiere, §. *Cum autem. Cod. De rei vxor. act.* & en la loy seconde, §. *Mouentes autem. Quando & quib. quarta pars. lib. 10. C.* Que si quelquefois il a comparé quelques droits incorporels aux immeubles, comme en la loy vnique, *C. De vsucap. transform.* ç'a esté à l'égard des seruitutes seulement qui sont inherentes inseparablement aux heritages : encor les interpretes Grecs ont-ils reputé les seruitutes pour meubles, & tenu qu'elles se prescriuoient par trois ans comme les meubles : & de fait en la loy seconde *Cod. De seruitutibus.* ils lisent *exemplo mobilium*, au lieu que nous lisons vulgairement *immobilium*, comme Cujas l'a remarqué.

14 Descriptiõ des Offices par Seneque.

Aussi est-il certain que les droits incorporels ont encor moins d'estre & de subsistence, que les simples meubles. Voicy comme les descrit Seneque, au passage que nous auons cy-deuant accommodé aux Offices, *Video diplomata* (qu'on peut entendre pour les prouisions des Offices) *& cautiones & syngraphas, vacua habendi simulachra, umbram quandam auaritiæ laborantis, quæ decipiat animum inanium opinione gaudentem. Quid enim ista sunt nisi humanæ cupiditatis extra naturam quæsita nomina, voluntaria mala ex consuetudine nostra pendentia, in quibus nihil est, quod subijcit oculis, quod teneri manu possit, inanis denique auaritiæ somnia?*

15 Offices ne sont qu'accidens.

Or entre les choses incorporelles, il n'y en a point qui ait moins de subsistence que l'Office : car ce n'est pas seulement vne substance, ni rien de positif, ni chose qui puisse estre considerée à part soy : ains c'est vn simple accident, à sçauoir vne qualité inherente à la personne qui nous suit & accõpagne, mesme qui meurt & se pert auec nous. Dirons-nous donc qu'il soit immeuble, puis qu'il n'est rien de plus mobile? dirons-nous qu'il est solide, puis qu'il n'est rien de plus muable

& perissable? Le droit fait vne perpetuelle difference de ce qui est personnel, & de ce qui est réel. L'Office est personnel, & non réel: partant il n'est point immeuble, puis qu'il n'est ni réel ni corporel, mesme qu'il ne peut pas estre proprement compris soubs le nom des choses, ni soubs la categorie de substance, estant soubs celle d'accident.

16 Definition des meubles par Bouteiller.

Et puis qu'ainsi est, que la proprieté des meubles est de suiure la personne: & de fait l'antique Bouteiller, voulant definir le meuble, dit que *ce n'est autre chose que ce qui peut ensuiure le corps*: au contraire *l'immeuble*, dit-il, *est ce qui ha son assiette & situation ferme & solide à part, & qui ne peut ensuiure le corps*: il s'ensuit bien qu'il n'y a rien qui doiue plustost estre iugé meuble, que l'Office, qui suit incessamment la personne: & qui aussi soit plus esloigné de l'immeuble, puis qu'il n'ha aucune assiette à part, & hors la personne: raison qui semble decisiue de nostre question.

17 Responce aux raisons contraires.

Aussi les raisons de l'opinion contraire sont assez aisées à soudre. En premier lieu, cette diuision des immeubles en heritages, Offices & rentes, bien qu'elle conuienne fort à l'œconomie de nostre siecle, si est-ce qu'elle ne quadre nullement à la iurisprudence. Car si tout ce qui est fructueux deuoit estre mis au rang des meubles, il y faudroit mettre les nauires, & sur tout les esclaues & les bestiaux, dont autrefois on a fait, & fait-on encor en quelque païs la plus commune espece de biens: de fait l'heredité & patrimoine d'vn homme est pour cette cause appellée au droit, famille, *vt in tit. Familiæ herciscundæ*, & en la loy des 12. tables *Proximus agnatus familiam habeto*. Or famille signifie d'ordinaire vne multitude d'esclaues, *vt in tit. Si familia furtum fecisse dicatur, & l. Prouinciarum. De verb. signif. & l. Si familia. D. De iurisd.* & pareillement *pecunia* signifie tout le patrimoine d'vn homme, *l. Pecuniæ. D. De verb. sign. dicta nimirum à pecudibus*, pource qu'au premier temps c'estoit la plus commune richesse: d'où vient aussi que nous l'appellons en François cheuance.

18 *Familia pro patrimonio & pro multitudine seruorum.*

19 *Pecunia pro vniuerso patrimonio.*

20 *Quædam mobilia nõ consumuntur vsu.*

Et quand le droit a parlé *de vsufr. earum rerum quæ vsu consumuntur, quæque in abusu, non in vsu consistunt*, il n'a pas entendu parler de tous les meubles, d'autant qu'il y en a, *quæ vsu non consumuntur, & in quibus proinde verus vsufr. consistit*, comme les troupeaux de bestial, & autres, qui pourtant ne sont immeubles. Au contraire, si tout ce qui est consomptible & perissable doit estre iugé meuble, il n'y a rien qui le soit plus que l'Office.

21 Responce à l'argument tiré de l'excellence des Offices.

Pareillement, il ne faut point dire que la dignité de l'Office le doit faire iuger immeuble: car qui a-il plus digne que l'homme mesme, qui neantmoins est meuble, quand il tombe en commerce: aussi les plus dignes Offices, & notamment ceux qui portent qualité de Magistrats & de Ἄρχοντες, ne tombent point en commerce. D'ailleurs, le prix ne fait pas les immeubles: car les pierreries de valeur inestimable ne laissent d'estre meubles: aussi le prix des choses, & principalement des Offices & des pierreries, ne consiste point en la nature, ains depend de nostre affection: & d'ailleurs, on sçait que le plus & le moins ne font point de difference en droit.

21 Difference de l'Office & de l'vsufruict.

Aussi ne faut-il point comparer l'Office à l'vsufruict d'vn heritage. Car l'vsufruict fait partie de la chose, & partant est reputé de pareille nature: mais l'Office ne se rapporte, & ne fait partie de rien, qui soit immeuble.

23 Difference des Offices & des rentes cõstituées.

Et quant à la comparaison des Offices auec les rentes constituées, tant s'en faut qu'elle verifie que les Offices sont immeubles, qu'au contraire elle découure clairement qu'il les faut plustost mettre au rang des meubles. Car vne rente constituée pour estre reputée immeuble, doit auoir deux qualitez que n'ont point les Offices: l'vne, qu'elle soit perpetuelle & transmissible à l'heritier. Car si elle n'est que viagere elle est reputée mobiliaire, comme Bouteiller a fort bien remarqué, & apres luy du Moulin, en son traité Des vsures, quest. 37. nomb. 273. L'autre qu'elle ait hypotheque sur des immeubles. Car si elle est constituée par simple scedule, qui ne porte hypotheque, elle est tenuë pour meuble, comme a prouué M. Choppin sur la coustume d'Anjou.

24 Difference des Offices à vie, & des fiefs.

Finalement, le passage rapporté du liure Des fiefs parlant des fiefs *de camera & de cauena*, ne prouue pas que les Offices soient immeubles, car posé que ces fiefs soient especes d'Offices, toutesfois le mot de fiefs emporte auiourd'huy qu'ils soient hereditaires, & partant, comme il vient d'estre dit des rentes, il n'y a point de repugnance qu'ils soient reputez immeubles.

Comme aussi il ne faut trouuer estrange que la complainte ait lieu pour les Offices. Car en France principalement, où nous l'auons fort estenduë, elle ha lieu aux droits incorporels, comme aux successions, ores qu'il n'y ait aucun immeuble aux benefices, ores que ne tombans en commerce, ils ne soient ni meubles ni immeubles, de sorte qu'en effect il n'y a que les purs & vrays meubles, qui soient exempts de la complainte, encor a-elle lieu en vne Vniuersité de meubles. 25 Responce à l'argumēt tiré de la cōplainte.

Donques tout l'appuy de l'opinion contraire reste en l'article 95. de la coustume reformée de Paris, sur la decision duquel ie demeure d'accord qu'il se faut arrester, mais il faut prendre garde de prés à ses termes, au moins à sa punctuation. *Office venal*, porte-il, *est reputé immeuble, & ha suitte par hypotheque, quand il est saisi, & cæt.* Notons qu'apres ce mot *immeuble*, & encor apres ce mot *hypotheque*, il ne faut pas mettre vn (.) ni vn (:) ains vne simple (,) *quæ nunquam claudit orationem.* Dont resulte qu'il ne faut pas entendre que l'Office venal soit indefiniement reputé immeuble & susceptible d'hypotheque, ains seulement *quand il est saisi.* Mots qui partant doiuent estre referez à toute la clause, c'est à dire, non seulement aux paroles immediates de la suitte par hypotheque; mais aussi aux précedentes d'estre reputé immeuble, attendu mesme que la conjonction, *&, copulat similia.* 26 Interpretation de l'art. 95. de la coust. de Paris.

Or ne seroit-ce chose semblable, ni mesme concordante, que l'Office fust immeuble indefiniment, & qu'il ne receust hypotheque, sinon quand il est saisi, tout ainsi que les meubles. Et de fait, ce qui suit par apres en cet article, monstre bien, que mesme apres la saisie, l'Office n'est pas tousiours regi comme vn immeuble, puisque les deniers procedans du decret d'iceluy tombent en déconfiture, ainsi que s'ils estoient procedez de la vente d'vn meuble. Or est-il que par l'art. 179. la déconfiture n'ha lieu que sur les meubles. De sorte que si on vouloit entendre le commencement de cet article, absolument & indefiniment, il contrarieroit manifestement à sa fin. Donques pour éuiter cette contrarieté, il est necessaire d'entendre que l'Office n'est dit immeuble, que quand il est saisi: & consequemment qu'il est tantost meuble, & tantost immeuble, & non pas immeuble par tout, qui est, à mon aduis, la vraye resolution de cette question. 27 Qu'il ne decide pas indefiniement que les Offices soient immeubles.

Mais ie passeray encor plus outre, afin de rabatre l'opinion du vulgaire, qui tient communément les Offices pour immeubles indistinctement, à cause de la fausse punctuation, & mauuaise intelligence de cet article: & diray que l'Office ne doit estre reputé immeuble pourtant s'il ha suitte par hypotheque, quand il est saisi auant resignation, ni pourtant s'il se vend par decret comme vn immeuble, qui sont les deux seuls effects de son immobilité (si i'ose ainsi parler) rapportez en cet article. Car quant à la suitte par hypotheque, il est certain que tout meuble ha pareillement suitte par hypotheque, quand il est saisi, auant qu'estre transporté hors la possession du debteur, suiuant l'article 170. de la mesme coustume de Paris. Voire il est vray de dire, que le droit de suitte, a plus d'efficace és simples meubles, qu'en l'Office, comme il sera prouué cy apres au chapitre suiuant. 28 Qu'ils ne sont immeubles en aucune façon.

Pareillement, ce que l'Office ne se vend point par simples subhastations, comme les meubles, ains par criées solennelles, comme les immeubles, n'arguë pas vne consequence, qu'au surplus il le faille reputer immeuble. Car cela se fait par vne police particuliere fort raisonnable: à ce que la qualité d'vn homme ne soit subiecte à vn si prompt changement, que d'en pouuoir estre priué tout à coup par vne simple subhastation: & d'ailleurs le public seroit fort incommodé par des mutations si subites: c'est pourquoy mesme on pratiquoit nagueres de ne permettre le decret d'vn Office, sinon apres discussion des autres biens, comme il sera dit en son lieu. Outre cela, quelle apparence y auroit-il, 29 Pourquoy ont suite par hypotheque apres la saisie. 30 Pourquoy se vendēt par decret.

qu'vn simple Sergent non seulement dépossedast vn notable Officier du Roy, mais encor qu'il peust disposer de son Office par vne prompte subhastation. Mais quand on ne considereroit en ceci que le prix & valeur des Offices, ce seroit vne raison bastante pour y requerir les solennitez d'vn decret, comme a faict la loy aux pierreries, & autres meubles precieux du mineur, *l. Lex quæ tutores. C. De adm. tut.* & de fait on a veu de nostre temps disputer au Parlement, si vn diamant de grand prix pouuoit estre vendu autrement que par decret.

31 Pourquoy les deniers du decret d'iceux tombent en déconfiture.

Et ne faut point dire, que ce que les deniers procedans du decret de l'Office tombent en déconfiture, est d'autant que l'Office n'est immeuble, sinon tant qu'il nous demeure, ainsi que nostre coustume dit des rentes en l'article precedent. Car il est certain que l'argent procedant de la vente de tout immeuble n'est plus immeuble. D'ailleurs, on voit qu'il s'obserue vn droit tout contraire au prix d'vn Office, que d'vne rente decretée. Car le prix de la rente decretée se distribuë notoirement selon l'ordre des hypotheques, quoy que la coustume die, que les rentes ne sont immeubles, sinon iusqu'au rachat : & au contraire, cet article dit, que le prix de l'Office vendu par decret est distribué par déconfiture, ainsi que le prix d'vn meuble vendu par subhastation : & partant cette comparaison n'est nullement bonne.

32 Pourquoy la coustume dit que les rẽtes ne sõt immeubles, que iusqu'au iour du rachat.

Pourquoy est-ce donc (dira quelqu'vn) que la coustume de Paris dit, que les rentes ne sont immeubles, sinon iusques au iour du rachat? Car il semble de prime-face que ce soit vne friuole énonciation, pource qu'on sçait bien que les rentes rachetées ne subsistent plus du tout, & que l'argent du rachat d'icelles n'est pas immeuble de soy, non plus que le prix d'vn heritage vendu : mais il faut prendre garde que ces mots contenus en l'article 94. d'icelle, *iusques à ce qu'elles soient rachetées*, ont esté mis seulement pour lier & ioindre l'exception & limitation, qui est en ce mesme article, parlant du prix du rachat des rentes des mineurs, qui est tousiours reputé immeuble, par la raison de la loy *Quid ergo. §. si ergo. D. De contr. act. tut.*

33 Resolution que les Offices sont tãtost meubles, & tãtost immeubles.

Donques pour conclure ce discours, si ce n'estoit l'auctorité de la coustume de Paris, ie resoudroy hardiment, que les Offices venaux doiuent plustost estre reputez meubles qu'immeubles, comme à la verité la droite raison nous iette de ce costé plustost que de l'autre. Mais d'autant que cette auctorité est irrefragable, ie concluray suiuant icelle, qu'il les faut tenir tantost meubles, & tantost immeubles, sçauoir est meubles, à cause que leur nature approche plus des meubles & immeubles, eu égard à leur valeur & importance. C'est pourquoy il ne se faut pas esbahir, s'il se trouue des raisons probables pour les comparer aux immeubles, & d'autres au contraire, pour les faire reputer meubles.

34 Comment cela se fait.

Car comme il a ja esté dit, ils ne sont proprement ni l'vn ni l'autre : mesme ne sont capables de garder & retenir tousiours, quoy qu'improprement, ni la qualité de meubles, ni celle d'immeubles ; ains tantost empruntent l'vne, & tantost l'autre, selon les diuerses occasions & occurrences. Car quand il eschet quelque rencontre, où il faut principalement considerer leur valeur & importance, on les repute immeubles, comme au decret, & selon aucuns en succession : mais quand cette consideration cesse, on reuient volontiers à s'accommoder à leur plus grande aptitude, & les tenir pour meubles, comme en l'hypotheque, & en la distribution des deniers du decret d'iceux.

35 Qu'il n'y a point de repugnance.

En quoy il n'y a nulle repugnance. Car comme il est permis à ceux qui n'ont point de propre domicile, de vaguer çà & là par occasion és maisons empruntées : aussi n'est-il pas inconuenient qu'vne chose incorporelle, n'ayant point de propre place en la diuision des meubles & immeubles, qui ne conuient proprement qu'aux choses corporelles, s'accommode tantost auec les meubles, & tantost auec les immeubles, selon les diuerses occurrences. Car encor que la coustume de Paris die, que tous biens sont meubles ou immeubles, & qu'il n'y a point de tierce espece : il suffit que les choses incorporelles ne soient point neutres, mais elles peuuent bien estre mixtes, ou d'vn genre douteux, comme parlent les Grammairiens.

Et comme en la nature il se veoit maintes choses meslees & métoyennes qui participent des deux especes opposites : aussi en l'art il n'est point inconuenient, qu'entre deux especes simples, dont est seulement composee la diuision, il y ait quelque espece mixte, qui neantmoins ne constitue point vne tierce espece, ains soit comprise soubs les deux autres : estant vn axiome de Physique, de Dialectique, & de Iurisprudence aussi, que *mixta species facilè continetur sub duabus simplicibus*. 36 *Mixta species facilè sub duabus simplicibus continetur*

Pour exemple à l'égard de la Iurisprudence, les actions sont diuisees en personnelles & reelles : & neantmoins il y en a de mixtes, autrement appellées personnelles, escrites *in rem*, qui en certains poincts sont reelles, & en certains autres sont personnelles. De mesme la loy dit, que les stipulations *sunt aut ad dandum, aut ad faciendum*; & neantmoins il est certain, qu'il y en a de mixtes, qui participent des vnes & des autres, comme l'antique Faber a bien discouru, sur les Institutes. Ainsi donc quand la coustume a dit que tous biens sont meubles, ou immeubles, cela n'exclud pas qu'il n'y en ait, qui sont partie meubles, & partie immeubles, & neantmoins ne font pas vne tierce espece : ce qui se verifie presque en tous les droits incorporels. 37 Exemples.

Premierement quant aux actions, la distinction est vulgaire, si elles tendent à vn immeuble, on les repute immobiliaires, si à vn meuble, mobiliaires : & par ainsi on les iuge selon leur sujet, c'est à dire, selon la chose qu'elles poursuiuent, par la regle, *qui actionem habet, rem ipsam habere videtur*. Le mesme se dit des debtes, appellees en droit *nomina*, qui aussi prennent leur qualité selon celle de la chose deuë, *quia nimirum nominis appellatione res debita significatur : & cùm nomen legatur, id quod debetur intelligendum est*, disent nos loix. 38 Comment les actions sont tantost meubles, & tantost immeubles.

Autant s'en dit d'vne heredité : car combien que proprement *hæreditas nihil aliud sit quàm ius, & sine re esse possit* : si est-ce qu'elle est reputee partie mobiliaire, & partie immobiliaire, selon les biens qui y sont. *Iurisconsultorum hæ sunt ineptiæ*, disoit Seneque, *qui hæreditatem negant vsucapi posse, sed ea quæ in hæreditate sunt : tanquam aliud sit hæreditas, quàm ea quæ sunt in hæreditate*. Tant y a qu'il n'est point inconuenient, qu'vn droit incorporel soit reputé partie meuble, & partie immeuble. 39 Et les heréditez.

Mais qui plus est, voicy comme vne mesme chose corporelle est tantost reputee entierement mobiliaire, & tantost du tout immobiliaire : à sçauoir ce qui est appellé Cateus, és coustumes de Picardie, & és liures des anciens praticiens, terme, qui estant assez à propos de ce discours, il ne sera point mal-agreable d'expliquer en passant. Voici ce qu'en dit Bouteiller, *Aucuns sages mettent difference entre meubles & cateus. Si sçachez que cateus sont meubles immeubles. Si comme vrays meubles sont, qui transporter se peuuent, & ensuiuir le cors : immeubles sont choses, qui ne peuuent ensuiuir le cors, ny estre transportees : Cateus donc comprend les deux, à sçauoir meubles immeubles, & tout ce qui n'est point heritage*. 40 Vne mesme chose est tantost reputee meuble & tantost immeuble. 41 Cateus de Picardie quid?

Or Cateus sont, entre autres, les bleds & fruicts pendans par les racines, que les Latins appellent *Segetes*, & les Iurisconsultes *fructus pendentes*; nos coustumes *désblees, emblures, & abledz*, selon le diuers langage des prouinces. Les coustumes de Beauquesne, d'Artois & autres, disent que *Bleds verds iusques à la my-May sont reputez heritages, depuis sont reputez Cateus, & le pied couppé, meubles*. Et en ce païs icy nous obseruons par vne tradition, ou coustume non escrite, que iusques à la S. Barnabé, ou en aucuns endroits iusques à la S. Iean, les desblées sont appellées herbe, & ne peuuent estre saisies à part du fonds, comme n'ayant encor aucune subsistence, & par apres sont appellees fruicts, & peuuent estre saisies separément. Vray est, que les Cateus comprennent aussi (comme disent ces coustumes) plusieurs besongnes rustiques, qui peuuent estre transportees commodément hors de l'heritage, comme les huis, les fenestres, les granges, & estables toutes de bois, & autres choses semblables, qui semble estre à peu pres ce que les Romains appelloient *Ruta cæsa*, & disent ces coustumes, que les Cateus sont partagez comme meubles. 42 Ce sont les fruicts pédants par les racines. 43 *Ruta cæsa*.

Du Moulin, en l'apostille de la coustume d'Artois, dit que *Catus sunt im-*

mobilia caduca, rencontrant plus à propos à la signification, qu'à l'etymologie.
44 Chastels de Beausse. I'estime de ma part, que les Cateus de Picardie, sont à peu prez ce qu'au pais de Beausse nous appellons *Chastelz*. Car c'est chose notoire, que le dialecte picard change volontiers Ch, en simple c. Les coustumes de Chartres & Dreux disent, que l'heritier du mary ou femme decedez, doit auoir les fruicts pendans par les racines sur ses propres, en rendant moitié des Chastels & loyaux coustumens. Autant en disent-elles du retrayant, qu'il doit rendre les chastels & loyaux coustumens, c'est à dire les impenses des labours & semences : dont vient que nous disons enchasteler vn heritage, pour dire, qu'on le met en labour.

45 Sont meubles immeubles. Or n'est-ce pas sans grande raison, que les Cateus, c'est à dire les fruicts pendans par les racines, sont appellez *meubles immeubles*. Car si on les considere comme tenans & inherents au fonds, & selon le temps qu'on les saisit, ils sont immeubles : au contraire si on les considere comme fruicts, ou selon leur future nature, ils sont meubles. Car si la destination de l'homme peut faire reputer immeuble, ce qui est naturellement meuble, à plus forte raison la destination de nature peut faire reputer meuble, ce qui le doit deuenir infailliblement.

46 Comment De fait en pratique il est certain, que si on saisit l'heritage chargé de fruicts, sans faire mention des fruicts, ou bien si on saisit conioinctement le fonds auec les fruicts pendans par les racines, les fruicts sont en ces deux cas reputez comme accessoires du fonds, & partant ont suitte par hypotheque, comme immeubles : mais si on saisit simplement les fruicts pendans par les racines sans le fonds, alors, pource que les fruicts sont pris & considerez, comme s'ils estoient separez du fonds, par l'abstraction ciuile & intellectuelle, qu'en fait la saisie, ils sont reputez meubles : de sorte que les deniers, qui en prouiennent, doiuent estre baillez au premier saisissant, ores que dernier en hypotheque : voyla comment vne mesme chose, selon diuerse consideration, est tantost consideree comme meuble, & tantost comme immeuble.

47 Cela a lieu semblablement aux Offices. Que si cela a lieu és choses corporelles, qui sont aptes d'estre propremēt meubles ou immeubles, à plus forte raison peut-il auoir lieu és droits incorporels, qui proprement ne peuuent estre ni l'vn ni l'autre, & sur tout és Offices, qui entre tous les droits incorporels sont les moins aptes à receuoir ces qualitez. Car les debtes, actions, successions, & rentes representent, supposent, ou s'adioignent tousiours à quelque meuble ou immeuble : dont à cette cause ils empruntent la qualité, mais l'Office non. D'aillieurs ces autres droits incorporels sont au moins du nombre des choses, & sont soubs la categorie de substance : mais l'Estat n'est rien de positif, ains n'est qu'vn accident ou qualité inherente à la personne, qui se pert auec la personne : c'est pourquoy il ne faut trouuer estrange, s'il ne s'arreste tousiours à vne mesme qualité de meuble ou immeuble.

48 Resolutiō que les Offices hereditaires sont reputez immeubles. Pour donc conclure tout à fait ce discours, ie tien que quant aux Offices hereditaires par nature, comme sont les feodaux & domaniaux, ils doiuent estre reputez immeubles en tout & par tout, ainsi que le fief ou le domaine aliené, dont ils ont & le nom & la nature. Et pareillement en l'équilibre de difficulté, qui est sur ceste question si les Offices sont meubles ou immeubles, i'estime qu'il faut encor donner cela à l'opinion vulgaire, de reputer immeubles les Offices hereditaires par priuilege, ainsi qu'à present les rentes constituees à perpetuité sont presque par tout tenuës pour immeubles. Mais quant aux purs
49 Les non-venaux ne sōt meubles ny immeubles & les venaux tātost meubles tantost immeubles. Offices à vie, ie dy en premier lieu, que ceux qui ne sont nullement venaux & qui ne tombent point du tout en commerce, ne sont meubles ni immeubles non plus que les benefices : pource qu'il n'y a que le commerce qui nous face distinguer les meubles d'auec les immeubles. Et finalement les Offices venaux, & encor les non-venaux, entant qu'ils tombent en commerce, sont tantost reputez meubles, & tantost immeubles, selon diuerses considerations ou occurrences.

Dont resulte que pour euiter les difficultez qui escheent en tels Offices il ne faut pas aller recercher (ainsi qu'on fait communément) s'ils sont meubles, ou immeubles. Car sur vn fondement si incertain on ne peut pas bastir des conclusions asseurees, aussi que ce seroit resoudre *ignotum per ignotius, obscurum per obscurius*: ains il faut cercher d'autres fondemens & des mediums plus certains & plus faciles, comme nous tascherons de faire au reste de ce liure. Et c'est pourquoy il a esté necessaire de s'estendre d'auantage sur cette question, tant afin de rabatre l'opinion du vulgaire, que pource que cette conclusion est le principal fondement de tout ce liure.

50 Que partant sur cette question il ne faut vuider les autres du cõmerce des Offices.

SOMMAIRE DV CINQVESIESME CHAPITRE.

1 *Difficulté de cette question.*
2 *Qu'elle ne depend de la precedente.*
3 *L'hypotheque ne peut auoir lieu és choses incorporelles.*
4 *Comment elle a esté accommodee aux seruitutes.*
5 *Puis aux debtes.*
6 *Les Offices en sont encor moins capables.*
7 *Qu'elle n'auoit lieu aux vrais Offices de Rome.*
8 *Mais auoit lieu seulement aux Milices venales.*
9 *Encor n'estoit-ce vne vraye hypotheque.*
10 *Ains vn priuilege ou action personnelle.*
11 *Comment ce priuilege auoit lieu aux banquiers.*
12 *Explication de la loy derniere* Cod. De pignor.
13 *Explication du 2. chap. de la Nou. 136.*
14 *Vsage des banquiers à Rome.*
15 *Auoient leur droit à part.*
16 *Que les Offices de France ont plus d'aptitude à l'hypotheque que ceux de Rome.*
17 *Que leur hypotheque est impropre & debile.*
18 *Trois effaits notables de l'hypotheque.*
19 *Le premier effait est inusité en France, & pourquoy.*
20 *Suitte d'hypotheque,* quid?
21 *Auoit lieu à Rome és meubles, aussi-bien qu'és immeubles.*
22 *En France non.*
23 *Trois raisons de nostre vsage.*
24 *Premiere raison.*
25 *Seconde raison.*
26 *Troisiesme raison.*
27 *En Normandie le premier en hypotheque est preferable sur les meubles.*
28 *Difference de la suitte d'hypotheque & celle de saisie ou execution.*
29 *Que c'est que l'vne & l'autre.*
30 *Sont differentes en leur cause productiue & au suiet.*
31 *Sont fondees sur diuers principes de droit.*
32 *Fondement de la suitte de saisie.*
33 *Interpretation du 179. art. de la coust. de Paris.*
34 *Preuue de ce discours.*
35 *De mesme.*
36 *Quand auoit lieu en droit la suitte de saisie.*
37 *Pourquoy en France elle n'a lieu és meubles.*
38 *Que c'est que deconfiture.*
39 *Quelle suitte a lieu en l'Office.*
40 *Les deux effaits de la suitte d'hypotheque n'y ont lieu.*
41 *Interpretation exacte de l'art. 95. de la coust. de Paris.*
42 *Pourquoy il dit* suitte par hypotheque.
43 *Resolution.*
44 *Effait de la suitte de l'Office contre l'acheteur.*
45 *Pourquoy n'a lieu apres sa prouision.*
46 *Elle n'a lieu és Offices hereditaires par priuilege.*
47 *La simple procuration pour resigner n'exclud cette suitte.*
48 *Saisie faite entre la prouision & reception ne vaut rien.*
49 *Encor que la prouision ait esté ignoree.*
50 *Et que le resignataire n'ait encor payé le prix de l'Office.*
51 *Limitation.*
52 *Arrests touchant l'opposition formee auant le payement du prix.*
53 *Que ce n'est à cause de l'hypotheque.*
54 *Pourquoy la Coustume dit* Resignation admise, & prouision expediée.
55 *Resolution de ce discours.*
56 *Si l'hypotheque continue apres la resignation faite au fils.*
57 *Qu'elle ne continue pas.*
58 *Le fils resignataire n'est mesme tenu de la debte priuilegiée sur l'Office.*
59 *Ou à laquelle l'Office estoit expressement hypothequé.*

60 *Comment les pensions des benefices subsistent apres la resignation.*
61 *Exception en l'Office, dont le fils a esté immediatement pourueu.*
62 Idem *si le pere en a esté pourueu, mais non receu.*
63 *De la suitte d'hypotheque entre les creanciers.*
64 *Aucuns tiennent que le premier saisissant est le premier payé sur l'Office.*
65 *Autres que c'est le premier en hypotheque.*
66 *Resolution qu'il y a lieu de contribution au sol la liure.*
67 *Opinion moderne.*
68 *Qu'elle n'est veritable.*
69 *Premiere raison.*
70 *Autre raison.*
71 *Troisiesme raison.*
72 *Occasion de l'erreur.*
73 *Toutefois & quantes qu'il n'y a vraye hypotheque, il faut venir à la contribution.*
74 *N'y a vraye hypotheque és Offices.*
75 *Belle comparaison.*

DE L'HYPOTHEQVE DES OFFICES VENAVX.

CHAPITRE V.

1 Difficulté de cette question. MAxima fuit olim dubitatio, dit Iustinian en la Nou. 53. chap. 5. *an oporteat Militas sub hypothecæ deduct vinculis, an verò his liberas esse.* Mais i'ose dire, qu'entre nous ce doute est encor auiourd'huy plus grand qu'il ne fut iamais entre les Romains: car combien qu'il semble expressément decidé par ce 95. art. de la coustume de Paris que i'ay commencé d'expliquer au chap. precedent: si est-ce que cet article est si obscur & embarassé, qu'au lieu d'oster la difficulté, il l'a augmentée.

2 Quelle ne dépend de la precedente. Or il n'y a personne, qui ne croye de primé-face, que cette question depende de la precedente, pource que cet article 95. les conioint ensemble: & toutefois, puis que la question precedente *Si les Offices sont meubles, ou immeuble*, est si incertaine & irresoluë, il n'y a nulle apparence de se seruir d'vn principe si douteux, & d'vn fondement si mal-asseuré, pour resoudre celle d'àpresent, *s'ils recoiuent hypotheque ou non.* Il la faut donc examiner à part, & la traiter à loisir, la recherchant de plus loing, cõme estant à la verité vne des plus profondes & difficiles questions de tout le droit François, à laquelle partant ie prie le lecteur d'estre attentif, & suspendre son iugement, iusques à ce qu'il ait veu entierement, & consideré diligemment ce chapitre, qui m'a plus donné de peine, qu'aucun autre de cet œuure.

3 L'hypotheque ne peut auoir lieu és choses incorporelles. Il est vray de dire, que proprement & naturellement, ni le gage, ni l'hypotheque ne peuuent auoir lieu qu'aux choses corporelles, qui seules peuuent estre prises & apprehendées actuellement,

Tangere enim, aut tangi, nisi corpus, nulla potest res.

Atqui pignus à pugno dicitur, & l'hypotheque suppose vn sujet solide, auquel elle puisse subsister: d'ailleurs l'effait du gage est, que le creancier soit nanty de la chose deslors de la conuention, & de l'hypotheque, quand il la demandera, au moins selon le droit Romain: & de l'vn & l'autre, qu'il puisse retenir la chose, iusques au parfait payement de sa debte, si ce pendant il ne la veut vendre *iure creditoris:* comme i'ay discouru plus particulierement au 3. liu. *Du deguerpissement.*

4 Comment elle a esté accommodée aux seruitutes. C'est pourquoy ni le gage, ni l'hypotheque n'auoient lieu du commencement aux droits incorporels, *quæ nec tangi possunt, nec verè possideri.* Neantmoins comme à succession de temps on y imagina vne maniere de possession fantastique, aussi on y introduisit vn engagement imaginaire, pour augmenter la commodité & facilité du commerce, dit la loy 11. *in fi. cum l. seq. D. De pignorib.* Encor cette loy ne parle elle que des seruitutes, qui sont inherentes aux choses corporelles: mais la difficulté fut plus grande à permettre l'engagement ou hypotheque des debtes & actions, qui n'ont aucune coherence aux choses corpo-

relles.

relles: & toutefois pour la mesme necessité du commerce (où elles sont encor plus frequentées que les seruitutes) *eò decursum est, vt etiam nomina debitorum pignori dari possent*, dit la loy *Postquam eò decursum. C. De hered. vel act. vend.* ce qui pourtant ne peut estre vn gage vray & reel, ains fantastic & imaginaire.

5 Puis aux debtes.

6 Les Offices en sont encor moins capables.

Mais aux Offices, il y a encor deux autres degrez particuliers de repugnance par-dessus tout cela: l'vn, que quoy qu'ils soient venaux, ils ne sont toutefois en commerce du tout libre, ains la disposition & titre d'iceux dépend principalement du collateur: or la loy nous dit, que les choses, qui ne sont en cõmerce libre, ne peuuẽt estre hypothequées l. 11. §. 12. *D. De pignor.* l'autre que les Offices sont attachez par auctorité publique à la persõne du pourueu, de laquelle ils ne peuuent estre separez, quant à la simple detention, qui est neantmoins l'effait du gage & de l'hypotheque. Somme, qu'il ne se peut imaginer chose au monde plus repugnante à l'hypotheque, que les Offices.

7 Quelle n'auoit lieu aux vrays Offices de Rome.

8 Mais auoit lieu seulemẽt aux milices venales.

Aussi est-ce vn point bien certain, que selon le droit Romain les vrays Offices n'estoient anciennement susceptibles d'hypotheque: pource mesme que la resignation en faueur d'autruy n'y eut iamais de lieu, ni par consequent la vente de particulier à particulier, comme il a esté dict cy-deuant. Mais d'autant qu'il y auoit certaines Milices, qui pouuoient estre vendues, & mesme transferées à l'heritier, en certaine façon expliquée au liure precedent, en ces Milices seulement on trouua moyen d'asseoir vne maniere d'hypotheque impropre, & qui mesmement n'estoit qualifiée du nom d'hypotheque, ains d'autres noms à present incognus, dit Iustin. en cette Nou. 53. Encor ne pouuoit-elle auoir lieu, qu'en celles des Milices, qui dépendoient entierement de l'Empereur: voire qu'en celles-là mesmes, elle n'auoit lieu, que par sa concession & attribution speciale. *Scimus* dit-il, *quia antiquis temporibus in Militijs non erat hypotheca, sed quædam nomina omnino antiquata & deficientia in talibus efferebantur. Paulatim verò Imperatores interpellantium creditorum miserati hæc præbebant, cùm vtique tota Militia publica existebat.* Qui est le seul passage du droict auec la loy derniere *C. de pignor.* & le chap. 2. de la Nou. 136. qui parle de l'hypotheque des Milices: lesquels trois passages partant il faudra expliquer au fil de ce discours.

9 Encor n'estoit-ce vne vraye hypotheque.

Mais encor la plus notable restriction de cette bastarde hypotheque des Milices est, que par tous ces passages, elle n'est attribuee qu'aux seuls creanciers priuilegiez, à sçauoir ceux, qui auoient presté leur argent pour l'achat de la Milice: donc s'ensuit, que c'estoit plustost vn priuilege, qu'vne hypotheque.

10 Ains vn priuilege ou action personnelle.

Bien est vray, que Iustinian voulut, que le *Casus militiæ*, c'est à dire le droict ou portion de la Milice, qui estoit conserué apres la mort du pourueu, & demeuroit en sa succession, (comme il a esté amplement discouru au 8. chap. du liu. precedent) ne peut estre pris & recueilly par les heritiers collateraux, sans faire acte d'heritiers, & partant sans s'obliger à payer indistinctement tous les creanciers du defunct: mais pourtant cela n'estoit pas vne hypotheque, ains vne action personnelle descendant du defunct à l'heritier.

11 Comment ce priuilege auoit lieu aux banquiers.

Et quant au priuilege, dont nous venons de parler, qui en ces passages est improprement appellé hypotheque, combien qu'il n'eust lieu de droict commun, que quand l'argent auoit esté presté directement au pourueu de la Milice, si est-ce que Iustinian en cette loy derniere *De pignor.* voulant asseurer la foy publique des banquiers, ordonna que quand ils auoiẽt acheté vne Milice à leurs enfans ou proches parens, elle fust presumée auoir esté achetee de l'argent des particuliers, qui auoient leur bien en la banque d'iceux, ores qu'ils ne peussent verifier precisement que la Milice auoit esté achetee de leurs deniers, & partant voulut qu'ils eussent hypotheque sur icelle. Que si la Milice auoit esté achetee par le banquier à quelque estranger, il falloit, pour auoir hypotheque sur icelle, que le creancier du banquier prouuast nommément, que l'achat en eust esté fait de ses deniers. Voila en peu de mots la decision de cette loy derniere *De pignor.* qui certes est fort intrinquee & embarassee.

12 Explication de la loy derniere *Cod. de pignor.*

13 Explication du 2. chap. de la Nou. 136.

Et reciproquement en ce chap. 2. de la Nou. 136. il donna le mesme priuilege aux banquiers, qu'ayant presté leur argent à ceux qui auoient acheté vne Milice

pour eux, ou pour leurs enfans, cette Milice fust presumée auoir esté achetée d
l'argent des banquiers, si on ne verifioit au contraire, qu'elle eust esté donnée p
l'Empereur, ou acquise par autre moyen.

14 Vsage des banquiers à Rome. La raison de ces constitutions de Iustinian estoit tres-iuste, mais elle nous e
tres-obscure, à cause que nous n'auons pas l'vsage des banquiers tel & si ord
naire, qu'auoient les Romains, comme encor les Italiens s'en seruent à pre
sent plus que nous. Mais anciennement à Rome, pource que la valeur d
la monnoye estoit mal-aisee à cognoistre au commun peuple, ainsi que prouu
Cujas *lib.10.Obseru.cap.14.* & que d'ailleurs elle estoit si massiue & lourde, qu'il l
falloit poiser plustost que compter (tesmoin les mots *pendere, impendere, expender*
rependere, dont nous auons emprunté les nostres *d'impense & despense*) & pou
ceste cause estant importune à manier & à transporter, on se seruoit communé
ment, & presque tousiours, du ministere des banquiers ou changeurs, *quorum*
officium ideo publicam causam habere dicitur, in l. Argentarius.§.1. D. De edendo. Car no
seulement ils gardoient & ménageoient l'argent des particuliers, mais e
consequence de cela, ils faisoient ordinairement toutes leurs affaires, vendoien
& achetoient, receuoient & payoient pour eux : bref en tout ce qui se faisoi
hors la maison, c'estoient les procureurs, agens & facteurs continuels des gen
de moyens: c'est pourquoy la banque est appellee προγματία dans les Basiliques

15 Auoient leur droit à part. Partant afin de maintenir parmy eux la foy publique, dit la loy *Si ventri,§*
In bonis. D. De reb. auctor. Iud. possid. il y auoit, & pour eux, & contre eux plusieurs
regles particulieres, ainsi qu'on void auiourd'huy à l'egard des financiers, & des
marchãds, comme de cautionner par la simple parolle, d'auoir hypotheque sans
conuention, d'auoir interest sans stipulation, & aussi d'auoir hypotheque sur les
Milices: & tout cela *propter necessarium vsum eorum ex vtilitate publica receptum fuit*, dit
la loy *Quorum priuilegium. D. Depositi*: ou comme dit cette Nou. 136. *propter commu-*
nem vtilitatem, quam in contractibus exhibent, dum multis periculis se immiscent, vt ingruen-
tibus aliorum necessitatibus medeantur.

16 Que les Offices venaux de Frãce ont plus d'aptitude à l'hypotheque que ceux de Rome. Voyla quel estoit au droit Romain l'hypotheque des Milices venales seule-
ment : car les non-venales ne la receuoient aucunement, comme aussi tous les
vrays Offices sans exception ne la receuoient point : mais à la verité, les Offices
venaux de France ont quelque aptitude à la receuoir plustost que ceux des Ro-
mains: pource qu'estans vendus par le Roy, & par consequent pouuans estre re-
uendus par les particuliers, on peut dire qu'ils sont en commerce presque libre:
or est-ce vne regle de droict, que tout ce qui peut estre vendu, peut à plus forte
raison estre hypothequé, *l.9.§.1.D. De pignor. & l.vnica.C. Rem alien. ger.*

17 Que leur hypotheque est impropre & debile. Ils reçoiuent donc hypotheque, mais impropre & debile, comme celle
des meubles, dont nos coustumes ne disent-pas, qu'ils n'ont point d'hypothe-
que, mais qu'ils n'ont point de suitte par hypotheque: aussi voyons-nous, que
tous nos contracts contiennent l'hypotheque de tous biens meubles & im-
meubles presens & à venir : mais ie dy que cette hypotheque est impropre,
pource que la loy nous apprend que *proprié hypotheca consistit in rebus soli, pignus in*
mobilibus. Ie dy aussi qu'elle est debile, pource qu'elle n'a point de suitte, qui est
presque tout l'aduantage de l'hypotheque, comprenant ses deux principaux
effaits.

18 Trois effaits notables de l'hypotheque. Car à bien entendre, l'hypotheque ha trois effaits, qui sont distinguez selon les
trois diuerses personnes contre lesquelles on se peut preualoir d'icelle. L'vn à
l'encontre de l'obligé, pour lui oster la detention de la chose hypothequée,
puis la vendre, s'il est besoin: l'autre à l'encontre de son creancier posterieur, pour
estre preferé à lui sur icelle : & le troisiesme contre le tiers acquereur d'icelle,
pour lui en demander le delaissement par hypotheque.

19 Le premier effait est inusité en France, & pourquoy. Le premier effait estoit fort vsité à Rome, notamment auparauant l'inuen-
tion du *pignus Iudiciale*, comme i'ay discouru au 3. liu. *Du deguerpissement.* Mais en
France il est presque du tout inutile, estant absorbé & couuert sous vne autre
voye plus brefue, que nous auons trouuée, pour nous faire payer par nostre
debteur, à sçauoir *l'execution parée*: car nous n'auons que faire de plaider contre
luy,

luy, comme faisoient les Romains, à ce qu'il nous nantisse de la chose hypothequée, ains en vertu de nostre obligation, qui a son execution prompte & parée, tout ainsi qu'vne sentence, nous la prenons fort bien sans demander, c'est à dire, que nous faisons saisir de prim-sault par vn Sergent, non seulement ce qui nous est expressément hypothequé, mais tous les biens indistinctement de nostre debteur, voire nous faisons arrester toutes ses debtes, comme i'ai amplement discouru à la fin du liuret *De la garantie des rentes.*

Il ne nous reste donc apparemment, que les deux autres effects de l'hypotheque, qui regardent, ou le posterieur creancier, ou le tiers acquereur : l'vn & l'autre desquels nous appellons proprement suitte d'hypotheque, soit que ce soit sa suitte & consequence, soit à l'exemple des Romains, qui l'appellent *ius persequendi pignoris, in l. Paulus. §. 1. D. Quibus mod. pignor. vel hyp. solu.* pource que nous poursuiuons l'hypotheque contre celui qui n'est pas nostre debteur, quittant la personne debtrice, pour suiure la chose hypothequée : comme en la vendition, on dit qu'on suit la chose, quand on la demande à vn tiers détenteur non obligé personnellement à la rendre : & nos anciennes coustumes nomment *serfs de suitte*, ceux que le droit appelle *adscriptos glebæ*, que le Seigneur pouuoit suiure & rechercher en quelque lieu qu'ils allassent, pour les faire reuenir demourer en sa terre. Et de verité on ne peut pas dire proprement, qu'on suiue quelque chose, sinon quand elle est sortie hors de sa place. 20 Suitte d'hypotheque, quid.

Or il y a grande apparence (car chacun n'en est pas d'accord) que cette double suitte d'hypotheque eust lieu au droit Romain, tant aux meubles qu'aux immeubles, pource que Iustinian au §. *Item Seruiana. Instit. De actio.* nous dit, que *inter pignus & hypothecam, quantum ad actionem hypothecariam, nihil interest* : & les loix qui parlent de cette suitte, soit contre l'acquereur, ou creancier posterieur, ne distinguent point les meubles d'auec les immeubles : ains la loy *Debitorem. Cod. de pign.* dit indistinctement, que le debteur en alienant, comment que ce soit, la chose hypothequée, ne peut preiudicier à son creancier : & la loy 12. §. *vlt. D. Qui potior. in pig.* dit notamment, que *qui prior conuenit de pignore aut hypotheca, potior est, licet posteriori res sit tradita.* 21 Auoit lieu à Rome és meubles, aussi bien qu'és immeubles.

Mais en France, c'est vne vieille regle du droit coustumier, & comme vn prouerbe de pratique, que *Meuble n'a point de suitte par hypotheque*, termes qui excluent ces deux effects de la suitte d'hypotheque, & importent, que l'acquereur du meuble hypothequé n'en peut estre inquieté, & aussi que la suitte & ordre d'hypotheque n'a lieu aux meubles entre plusieurs creanciers, ausquels ils sont hypothequez. 22 En France non.

Dont la raison n'est pas celle qu'on allegue vulgairement, que *mobilium vilis est possessio*, pource que le plus ou le moins ne font point de difference au droit, mais il y en a trois autres pertinentes. L'vne, que les meubles n'ont pas vne subsistence permanente & stable comme les immeubles, & partant ne sont si aptes à receuoir en soy, par la nuë conuention, & sans qu'ils soient actuellement occupez, le charactere d'hypotheque, & à conseruer ses effects. Car iadis proprement & originairement l'hypotheque n'auoit lieu aux meubles, ains seulement le gage, appellé *pignus à pugno.* 23 Trois raisons de nostre vsage. 24 Premiere raison.

L'autre, que les meubles peuuent facilement & sans incommodité estre mis és mains du creancier, les luy baillant en gage : auquel cas on ne doute point qu'ils n'ayent suitte, comme il a esté iugé, touchant la tapisserie de M. de Luc en l'année 1587. en l'audience : de sorte que quand il n'y a que la simple conuention, sans nantissement, on peut imputer au creancier de n'auoir pas pris son asseurance, comme il pouuoit : ce qui n'est aux immeubles, dont il est mal-aisé & incommode de transferer la detention au creancier, & partant à bon droit on a obserué que la simple conuention estoit bastante pour y imprimer vn droit réel, qui eust suitte : encor y a-il plusieurs de nos coustumes, qui ne pouuans admettre qu'on acquist droict en la chose sans tradition, ont requis pour cet effect, mesmement aux immeubles, quelque forme de tradition imaginaire, qu'elles appellent nantissement, verp, saisine, ou mission en possession. 25 Seconde raison. 26 Troisiesme raison.

La troisiesme raison est, que si les meubles auoient suitte par hypotheque en vertu de la simple conuention de l'hypotheque generale, qui resulte de tous contracts & sentences, le commerce seroit grandemẽt incommodé, voire aboli presque tout-à-fait, pource qu'on ne pourroit pas disposer d'vne espingle, d'vn grain de bled, sans que l'acheteur en peust estre éuincé par tous les creanciers du vendeur.
27 En Normãdie, le premier en hypotheque est preferable sur les meubles.
Et pource que cette derniere raison, qui certes est la plus sensible, ne porte qu'à la suitte de l'hypotheque, concernant l'acheteur, & non à celle qui concerne le creancier posterieur, cela est cause, qu'en Normandie, & en quelques autres Prouinces de France, on admet ce second effect de suitte, à sçauoir que les creanciers ont preference sur les meubles, selon l'ordre de leur hypotheque, comme porte l'article 596. de la coustume de Normandie.

28 Difference de la suitte d'hypotheque & celle de saisie, ou execution.
Donques pour exclure bien expressément l'vn & l'autre de ces deux effects, quelques coustumes ont exprimé dauantage cette regle, que nous expliquons, comme entre autres la coustume de Melun, disant que *Meuble n'a point de suitte en execution par hypotheque*, & celle de Sens, de Chaumont, & de Bar ont dit, *Qu'il n'a suitte en execution, ni par hypotheque.* distinguant élegamment la suitte en execution, c'est à dire, celle qui prouient de l'execution, ou gage de Iustice, d'auec celle qui prouient nuëment de l'hypotheque, comme de verité elles sont fort dissemblables: qui est ce qu'il nous faut approfondir, pource que de cette distinction depend l'explication de nostre art. 95. & l'intelligence de nostre question.

29 Que c'est que l'vne & l'autre.
La suitte par hypotheque est, quand vn creãcier suit son hypotheque, ou cõtre l'acquereur, ou contre le creancier posterieur: & la suitte en execution ou saisie, est, quand le creancier non hypothecaire, ores que l'hypotheque lui manque, ne laisse de suiure la chose saisie sur son debteur, soit contre celui qui l'a achetée par apres, ou contre celui qui l'a saisie: voila leurs deux premieres differences, qui
30 Sont differẽtes en cause productiue, & au sujet.
concernent la diuersité de leur cause, & quand-&-quãd de leur sujet: pource que l'vne est causée par l'hypotheque, l'autre par la saisie: & l'vne a lieu quand il y a hypotheque; l'autre quand l'hypotheque defaut, soit qu'il n'y en ait point de contractée, comme sur l'immeuble à l'égard du creancier chirographaire, soit que la chose ne soit susceptible de suitte d'hypotheque, comme vn meuble ou vn Office.

31 Sont fondées sur diuers principes de droit.
Aussi ces deux sortes de suittes viennent-elles de diuerses sources, principes & fondemens. Car la suitte d'hypotheque, quand elle est dirigée contre le tiers acquereur, vient de la regle de droit, que *Res transit cum onere hypothecæ, quia debitor alienando rem hypothecæ suppositam non potest nocere creditori, l. Debitorem. Cod. De pign.* & quand elle est dirigée contre le creancier posterieur, elle est fondée sur la regle, *Qui prior est tempore, potior est iure.*

32 Fondement de la suitte de saisie.
Mais la suitte que produit la saisie contre l'acquereur, procede de ce qu'il n'a peu acquerir du proprietaire la chose saisie, dont il estoit dépossedé. Et la suitte que la saisie produit à l'égard des creanciers, prouient de ce que *pignus Pretorium in rem est, & conseruat omnes*, c'est à dire, que la saisie profite à tous, & conserue le droit de chacun des creanciers. De sorte qu'en ce poinct icy l'effet de la suitte de saisie est quasi contraire à celui de la suitte d'hypotheque. Car la suitte d'hypotheque fait que les premiers en hypotheque sont preferez, & celle de saisie faict, que ni le premier en hypotheque, ni mesme le premier saisissant n'est point preferé, ains que tous les creanciers sont payez également & par contribution. Et
33 Interpretation du 179. art. de la coustume de Paris.
c'est ainsi en passant, qu'il faut entendre le 179. art. de la coustume de Paris, qu'on trouue si contraire à l'vsage, *Qu'en déconfiture il n'y a preference ou prerogatiue, pour quelque cause que ce soit*: ce qui n'exclud pas les priuileges personnels, mais seulement la preference des hypotheques, & la prerogatiue des premiers saisissans.

34 Preuue de ce discours.
Tout ceci se prouue clairement par la loy, *Quod autem. §. Sciendum. D. Quæ in fraudem credit. Qui post bona possessa* (c'est à dire, apres la saisie, à parler en termes de nostre pratique) *debitum suum recepit, in portionem vocandus est, exæquandusque cæteris creditoribus.* Voila en peu de mots les deux effets de la suitte de saisie énoncez, sçauoir est contre l'acquereur, c'est à dire, le creancier qui a eu l'argent du detteur commun, en ce qu'il faut qu'il rapporte ce qu'il a touché depuis la saisie, &

entre les creanciers, en ce qu'ils sont égalez ensemble : dont la raison est adioustée immediatement, *Neque enim debuit præripere cæteris post bona possessa : cùm iam par conditio omnium creditorum facta esset.*

Voicy vne autre belle loy qui distingue manifestement la suitte d'hypotheque d'auec celle de saisie à l'égard des creanciers. *Creditores, qui pignori res acceperunt, potiores te chirographario haberi non ambigitur.* Voila la suitte d'hypotheque, & voicy par apres celle de saisie, *Quod si nemini res sint obligatæ, æquali portione pro rata debiti omnibus creditoribus succurritur.* c'est la loy *Pro debito. C. De bon. auctor. iud. possid.* 35 De mesme.

Or il faut noter, que cette derniere sorte de suitte n'auoit pas lieu au droict Romain, en toute sorte de saisie, ou gage de iustice, ains seulement au gage Pretorien, & non pas au gage Iudiciel. *Pignus enim Prætorium in rem est, & omnibus creditoribus prodest*, dit la loy *Vnus. D. De reb. auct. iud. possid. Pignus verò Iudiciale est in personam, sicuti actio iudicati, & ideo ei soli prodest, secundum quem iudicatum est, l. Si iure. D. Qui potior in pign.* C'est pourquoy en France cette suitte n'a lieu en execution de meubles, qui est comparée au gage Iudiciel des Romains, pource qu'elle se fait sommairement & promptement par vn Sergent executeur de la sentence du Magistrat. Mais elle a lieu au decret, qui se fait par le Magistrat mesme, auec les proclamations & affiches solennelles, & partant se rapporte au gage Pretorien : encor n'y a elle lieu (non plus qu'au droict Romain) qu'entre les chirographaires seulement, qui sont payez par contribution. Car les hypothecaires marchent deuant, chacun en son rang, à cause de la suitte d'hypotheque, le tout suiuant cette loy *Pro debito*. 36 Quãd auoit lieu en droit la suitte de saisie. 37 Pourquoy en France elle n'a lieu és meubles.

Vray est, que cette suitte de saisie ou gage de iustice, & cette contribution égale qu'elle produit, a lieu en vn cas sur les meubles, à sçauoir au cas de déconfiture, quand le creancier est déconfit, c'est à dire, ruiné & insoluable, & qu'on fait ou pretend faire discussion generale de son bien, que nos antiques praticiens ont appellée *déconfiture*, qui estoit le vray gage Pretorien des Romains, lequel comprenoit tous les biens d'vn homme, & qui aussi n'auoit lieu qu'aux banqueroutiers, comme i'ay discouru assez amplement au troisiesme liure *Du deguerp.* chapitre 1. & 5. C'est pourquoy le grand Coustumier, liure 2. chap. 17. distingue elegamment le cas de déconfiture d'auec le cas de simple execution : cestui-cy se rapportant au gage Iudiciel, & celui-là au gage Pretorien. 38 Que c'est que déconfiture.

Tout cela presupposé, voyons si la suitte d'hypotheque a lieu en l'Office, ou bien la suitte de saisie seulement. Qui en doute, dira-on, puisque la coustume dit, *qu'il est reputé immeuble, & a suitte par hypotheque ?* peut-on rien dire de plus exprés? Et neantmoins le contraire est veritable. Car elle adiouste *Quand il est saisi*, dont s'ensuit que ce n'est pas l'hypotheque, qui luy cause la suitte, ains la saisie, puis que sans icelle il n'a suitte, & au contraire, il a suitte sans l'hypotheque, comme il appert de la fin de l'article, où il est dit, que les creanciers sont tous payez par contribution, sans distinguer les chirographaires d'auec les hypothecaires, non plus qu'en la déconfiture des meubles. 39 Quelle suitte a lieu en l'Office.

Aussi ce qui suit en ce mesme article, decide particulierement & indiuiduellement, que les deux effects de la suitte d'hypotheque n'ont lieu en l'Office. Premierement, quant à la suitte de l'acquereur, qu'elle n'a lieu en l'Office, sinon en consequence de la saisie faite auparauant la resignation admise. Et quant à la suitte d'entre les creanciers, il decide que l'ordre d'hypotheque n'est suiui en la distribution du prix de l'Office decreté, ains que ce prix est distribué à tous les creanciers, à proportion de leur debte. Dont resulte au contraire, que les deux effects de la suitte de saisie sont énoncez directement en ce mesme article, à sçauoir celuy contre l'acquereur, en ce qu'apres la saisie, l'Office a suitte pour l'éuincer: & celui d'entre les creanciers, pource que le prix de l'Office est distribué également entr'eux : i'enten par égalité & proportion Geometrique, ainsi qu'au droit, & non pas Arithmetique. 40 Les deux effects de la suitte d'hypotheque, n'y ont lieu.

Quand donc cet article dit au commencement, que l'Office est reputé immeuble, c'est pour dire qu'il doit estre vẽdu par decret, & non pas par simple subhastation, & aussi que le prix n'en doit pas estre baillé au premier saisissant, com- 41 Interpretation exacte de l'art. 95. de la coust. de Paris.

me d'vn meuble. Et quand il dit *Qu'il a suitte par hypotheque quand il est saisi*, c'est à dire, qu'il ha suitte en saisie seulement: comme quand la coustume de Melun a

42 Pourquoy il dit suitte par hypotheque. dit, que *meuble n'a suitte par hypotheque en execution*. Car en cet endroit, *hypotheque* signifie gage, comme *pignus & hypotheca* sont ordinairement confondus au droict Romain, de sorte que la loy 5. *De pign.* dit que *sono tantum nominis differunt*: & pource qu'en nostre pratique Françoise, le terme de suitte par hypotheque est fort vsité, & non pas celuy de suitte par saisie (que moy mesme ay esté contraint de forger pour plus facile intelligence) c'est pourquoy nostre article n'a peu exprimer autrement la suitte de saisie, qu'en disant que l'Office a suitte par hypotheque quand il est saisi.

43 Resolutiō. Concluons donc, que l'Office ne reçoit point de vraye suitte d'hypotheque, mais seulement la suitte de saisie: les deux effects de laquelle il faut encor repasser separément, & les expliquer à loisir. Premierement, quant à celuy qui a lieu contre l'acheteur, il est énoncé fort clairement en nostre article, *Office venal a suitte par hypotheque, quand il est saisi auparauant la resignation admise, & prouision expediée au profit d'vn tiers*.

44 Effect de la suitte de l'Office contre l'acheteur. Dont s'ensuit que la saisie faite par apres ne sert plus de riē, pource que mesme en vn immeuble la saisie ne seroit valable, apres qu'il est transferé par effect à vn tiers, contre lequel on se peut seulement pouruoir par action hypothecaire, *vt aut cedat, aut soluat*. Mais qui plus est, en l'Office cette action hypothecaire n'a lieu en ce cas, pource que la coustume dit, qu'il n'a point de suitte par hypotheque, sinon quand il a esté saisi auparauant la prouision du tiers: en quoy il y a vne raison particuliere, qui n'est pas aux meubles, ni aux immeubles, à sçauoir que le resignataire ne tient pas proprement son droit du resignant, qui a creé l'hypotheque, ains du collateur, auquel par la resignation le resignant l'auoit remis &

45 Pourquoy n'a lieu apres la prouision. quitté. C'est pourquoy de nagueres cela a esté estendu aux Offices hereditaires par priuilege, par ce notable arrest donné, apres en auoir demandé aduis aux Chambres l'vnziesme Mars mil six cens six, au profit du Gruyer de la forest de

46 Cela ha lieu és Offices hereditaires par priuilege. Rets, comme il a esté dit au liure precedent, chapitre 7. où toutesfois il a esté prouué que la decision d'iceluy ne doit estre estenduë aux Offices domaniaux, lesquels, en ce qui concerne leur commerce, sont cōsiderez non comme Offices, ains comme domaine aliené: de sorte qu'ils ont suitte par hypotheque en tout temps, iusques à ce qu'ils ayent esté rachetez par le Roy.

47 La simple procuration pour resigner n'exclud cette suitte. Or il faut prendre garde que nostre article limite notamment le temps qu'on peut valablement saisir l'Office au datte de la prouision du resignataire: de sorte que la datte de la procuration pour resigner l'Office, n'est suffisant pour exclure la saisie, comme, auparauant la reformation de la coustume, il fut iugé pour l'Office de l'Huissier Potier, resigné à Belot, par arrest du 3. Auril, 1579.

48 Saisie faite entre la prouision & reception ne vaut rien. Au contraire, la saisie ne seruiroit plus de rien, estant faicte apres la prouision, bien que faite auparauant la reception, comme il fut iugé à Paris pendant les troubles pour l'Office de la Chappelle Marteau Maistre des Comptes. Car la coustume arreste disertement le poinct de cette saisie à la resignation admise, & prouision expediée, & non sans cause: pource que le droict de l'Office dépendant plus du collateur, que du resignant, est transferé absolument, *& optimo iure* par la prouision qu'en baille le Roy: attendu que la grace du Prince porte auec soy son execution: & quant à la possession de l'Office, elle dépend de la Iustice qui reçoit par apres le resignataire, & non pas de la tradition du resignant qui a remis tout son droict és mains du Roy par la resignation: & ce qu'apres icelle il iouït encor de l'Office *vsque ad aduentum successoris*, n'est que precairement, & par vne police introduite pour l'vtilité publique, afin que la charge publique ne demeure sans estre exercée. C'est pourquoy l'Office estant resigné à deux, ce n'est pas le premier receu qui l'emporte, mais le premier pourueu: combien qu'és autres choses, dont la seigneurie se transfere par la tradition, le premier en possession soit preferable au premier acquereur, *l. Quoties. C. De rei vendicat.*

49 Encor que la prouisiō ait esté ignorée. Ne sert de dire que la prouision s'expediant sans qu'aucun en sçache rien, ne doit preiudicier aux creanciers qui l'ignorent: car il n'est pas ainsi d'vn Office

perissable, comme d'vne chose solide, qui reçoit vne vraye & parfaite hypotheque : de sorte que si vn creancier n'a autre asseurance de sa debte, que sur l'Office de son debteur, il faut qu'il le face saisir de bonne heure, pour obuier qu'il soit resigné à son desceu : tout ainsi que celuy qui a hypotheque sur vne rente constituée, doit estre diligent d'en faire arrest, & faire faire defense au debteur d'icelle de la racheter, sans qu'il en soit aduerti.

C'est pourquoy i'estime qu'il ne faut point distinguer, si lors qu'vn creancier (50 Et que le resignataire n'ait encor payé l'Office.) forme opposition à la reception du pourueu, pour la conseruation de son hypotheque, il auoit ja payé le prix de l'Office à son resignant, ou non. Car, à bien entendre, le defaut de ce payement ne proroge point l'hypotheque du creancier : ains y a sujet seulement de se pouruoir contre luy par voye d'arrest de ce qu'il doit à son resignant : bien est vray, que comme le resignant pourroit empescher (51 Limitation.) sa reception, iusques à ce qu'il eust payé le prix de l'Office, aussi pourroit son creancier, lequel peut exercer les actions de son debteur : mais ce n'est pas que l'hypotheque de l'Office continuë apres la prouision.

Dequoy M. Choppin sur la coustume de Paris, nous rapporte deux arrests no- (52 Arrests touchãt l'opposition formée auant le payement du prix.) tables, l'vn donné en la quatriesme Chambre des Enquestes, au rapport de Monsieur Lescalopier, le deuxiesme Septembre mil six cens, pour raison de l'Office de Lieutenant du Preuost de l'Isle de France, par lequel l'opposition du creancier du resignant, empeschant la reception du resignataire, fut receuë, & ordonné que tant le creancier opposant, que tous autres creanciers, seroient payez sur le prix, restant deu de l'Office par contribution au sol la liure. L'autre est vn arrest d'appointé au Conseil, du 10. Decembre 1601. donné en la grand' Chambre, plaidans ces deux excellens Aduocats, Dolé & Duret, pour raison de l'Office de Payeur des gages de Messieurs des Comptes sur l'appel du Preuost de Paris, qui auoit receu l'opposition du creancier du resignant, sur le prix de l'Office non en- (53 Que ce n'est à cause de l'hypotheque.) cor payé par le resignataire : chose à la verité raisonnable en ce cas, mais ce n'est pas que l'Office porte encor hypotheque : & ne fay nulle doute, que si le resignataire auoit de bonne foy payé le prix de l'Office, lors qu'on luy auroit baillé ses lettres de prouision deuëment expediées, il n'en fust tellement quitte, qu'il n'en pourroit estre inquieté desormais, lors de sa reception, attendu les raisons cy dessus, & l'expresse decision de nostre article.

Auquel il faut en outre remarquer, qu'il conioinct ces deux termes *resignation admise, & prouision expediée* : ce qui semble superflu, estant certain qu'il n'y a point, (54 Pourquoy la coustume dit, Resignatiõ admise, & prouision expediée.) selon nostre vsage, d'autre admission de la resignation, que l'expedition de la prouision, qui est tousiours datée du iour de la quittance du quart denier, ainsi qu'ès benefices, la bulle se datte du iour de la signature, qui est l'Ordonnance ou concession apposée au bas de la supplique, ou requeste presentée au Pape à fin d'impetration du benefice. Toutesfois on peut dire que la coustume a ioinct ces deux termes pour signifier, que si afin d'éluder vne saisie faite en temps valable, on auoit faict dater la prouision, auparauant la vraye admission de la resignation, (comme par surprise, ou autrement, il pourroit aduenir) il se faudroit regler selon la vraye date de la resignation admise, qui peut estre verifiée par le registre des parties casuelles, la representation de la procuration pour resigner, & autres moyens, que sçauent mieux ceux qui suiuent la grande Chancellerie.

Tant y a qu'il faut conclure, que celuy qui n'a point fait saisir l'Estat aupara- (55 Resolution de ce discours.) uant la prouision expediée, ne peut plus pretendre, ni hypotheque, ni suitte sur iceluy : ains seulement se peut pouruoir par voye d'arrest és mains du resignataire des deniers, qu'il peut encor deuoir au resignant pour la composition d'icelui : duquel arrest il sera traité au chapitre huictiesme, & en consequence de cét arrest, empescher sa reception, iusques à ce qu'il ait payé, ou consigné entierement le prix.

Toutesfois, ce que nostre article dit notamment, *prouision expediée au pro-* (56 Si l'hypotheque continuë apres la resignatiõ faite au fils.) *fit d'vn tiers*, ne semble point inutilement adiousté. C'est pourquoy on peut douter, si apres la resignation admise du pere au fils, l'Office peut encor estre saisi pour la debte du pere, attendu que le fils n'est pas tenu pour tiers, ains pour mesme personne que son pere, *filius est caro patris aucta*, disent nos Docteurs sur la loy *In suis. D. De liber. & posth. hared. instit.* Ce qui semble estre decidé expressément à l'égard des Milices, par cette loy derniere, *C. De pignorib.* où il est dit, que la Milice peut estre venduë sur le fils pour l'argent presté au pere, & encor que ce soit vn cas special à l'égard de l'argent presté pour l'achat de la Milice, se faut-il souuenir que par le droit Romain il n'y auoit que ce cas auquel il y eust hypotheque sur la Milice, de sorte qu'il y a apparence de dire que la premiere loy, qui a attribué hypotheque sur les Milices, a decidé cette difficulté. Ioinct que les resignations, comme toutes autres donations de pere à fils, se font volontiers pour frauder les creanciers, quand le pere est oberé. *Siquidem clandestinis ac domesticis fraudibus inter tam coniunctas personas facilè quidvis pro opportunitate negotij confingi potest. l. Data. Cod. De donationibus.*

57 Qu'elle ne continue pas. Ce neantmoins, i'estime que n'y ayant point de resignation plus fauorable que celle de pere à fils, qui est l'effect de la loüable esperance qu'ont les peres de laisser leurs enfans successeurs de leur Dignité, cette espece de resignation ne doit estre moins fauorablement receuë que les autres, ni renduë inutile, voire souuent onereuse par cette suitte d'hypotheque. Aussi le mot de *tiers*, n'est pas adiousté en nostre article, pour exclure le fils, ains pour signifier celuy qui n'est obligé au creancier saisissant: ainsi qu'on dit le tiers detenteur, à l'exclusion du personnellement obligé: & quant au fils, s'il estoit heritier de son pere, ce ne seroit pas vn tiers, autrement c'est vrayement vn tiers. Car ce que par fiction de droict, il est reputé par fois mesme personne que son pere, est seulement és cas qui sont en sa faueur, mais non pour le rendre tenu des debtes de son pere auant qu'il en soit heritier. Ioinct que les termes des coustumes doiuent estre pris en leur propre signification, & non pas selon les fictions du droict Romain, qu'il ne faut estendre hors leur cas particulier.

58 Le fils resignataire n'est mesme tenu de la debte priuilegiée sur l'Office. Voire mesme i'infere de ces raisons, que le fils resignataire n'est tenu de la debte priuilegiée sur l'Office, comme du prest faict pour l'achat d'iceluy, & pour le marier luy-mesme, comme on voit iournellement que les peres pouruoyent leurs enfans d'estats, & les marient aux despens de leurs creanciers & de leur propre conscience. Car la loy derniere *De pignor.* n'a lieu qu'à l'égard des Banquiers, & ne s'estend és autres conditions de personnes, comme ses termes le tesmoignent.

59 Ou à laquelle l'Office estoit expressément hypothequé. Parcillement, quand le pere auroit specialement hypothequé son Office au prest des deniers duquel il l'auroit acheté, si est-ce que ie tien que cette hypotheque speciale, & ce droit de preference est purgé par la resignation qui remet l'Office en la disposition du Roy, lequel par apres en a pourueu le fils *optimo iure*, & sans charge d'aucunes debtes. De maniere que *resoluto iure dantis, resoluitur ius accipientis, l. Lex vectigali. D. De pignor.* Et ce qu'és benefices la pension demeure quelquesfois apres la resignation, est quand elle est realisée sur iceux par le Pape, qui

60 Comment les pensions des benefices subsistét apres la resignatiõ. par cette realisation la faict estre comme vne charge réelle, & rente fonciere sur le benefice, pendant la vie du pensionnaire. Mais l'hypotheque ou droict de preference dont nous parlons, n'est point realisé sur l'Office par le Roy, duquel le resignataire ha le droit, plustost que du resignant: n'estant la resignation, sinon vn consentement de l'Officier, sans lequel le collateur ne luy pourroit oster son Office, pour le donner à vn autre.

61 Exception en l'Office dõt le fils a esté immediatement pourueu. Mais si le pere auoit faict l'achat & composition de l'Office venal, pour en faire immediatement pouruoir son fils, ie ne fay en ce cas nulle doute, encor que le fils n'ait parlé au compromis, que neantmoins l'Office ne demeure obligé au payement du prix de la composition, non seulement si par icelle le resignataire a retenu hypotheque sur l'Office, *quia in venditione rei suæ potest quodvis pactum apponi*: paction, qui sans doute lie le fils, pource que sans icelle il n'eust eu l'Office: mais mesme cessant la stipulation d'hypotheque, ie tien que le resignataire ha vn priuilege sur l'Office, par le moyé duquel il le peut suiure, ores que son resignataire ne luy soit expressément obligé, comme il sera traitté plus amplement cy-apres au chapitre huictiesme, cas qui est different du precedent, auquel l'Office a passé par

vne nouuelle resignation, que le pere, qui auoit esté receu en iceluy, a depuis faicte à son fils : l'admission de laquelle faite par le Roy abolit tout droict d'hypotheque & de priuilege.

Que dirons-nous donc si le pere en a esté pourueu, mais n'y a point esté receu, ains l'a incontinant laissé à son fils? Quant à moy i'estime plus equitable en ce cas de tenir que l'hypotheque & priuilege demeure, d'autant que l'Office n'a point esté appliqué & attaché à la personne du pere par la reception, & sur tout pource qu'il n'a point esté besoin qu'il passast par vne nouuelle resignation, qui peust estaindre l'hypotheque, ains en ce cas ne falloit, comme on dit en Chancellerie, que changer les lettres de prouision, & mettre le nom du pere au lieu de celui du fils. Toutesfois en ce mesme cas, si c'estoit vn estranger qui feist apparoir que de bonne foy il eust acheté & bien payé l'Office, ie resoudroy le contraire, pource qu'en matiere d'Offices on n'a accoustumé d'y prendre autre seureté, sinon d'en tirer de bonnes lettres de prouision en baillant son argent. 62 Idem, si le pere en a esté pourueu mais non receu.

Reste à expliquer le second effait de la suitte de saisie sur l'Office, qui concerne les creanciers, lequel aussi-bien que le precedent, est enoncé fort clairement en nostre art. 95. en ces mots, *Et toutesfois les deniers prouenans de l'adiudication de l'Office, sont sujets à contribution, comme meubles, entre les creanciers opposans, qui viennent pour ce regard à déconfiture au sol la liure.* Ce qui a esté suiui aux coustumes depuis reformées, comme celles d'Orleans, & de Calais: mais non en celle de Normandie, pource qu'en icelle les meubles ont suitte par hypotheque à l'egard des creanciers, & par consequent les Offices: de sorte qu'on a esgard à la suitte & ordre des hypotheques, dit l'article 396. d'icelle coustume. 63 De la suitte d'hypotheque entre les creáciers.

Et toutesfois, pource que la raison de cette decision de la coustume de Paris est si obscure & difficile, on ne laisse pas d'en douter, & d'en plaider encor tous les iours. Mesme i'ay ouy dire qu'il s'en est donné des arrests fort differens. Car en premier lieu, ceux qui tiennent les Offices pour meubles, ont soustenu que le premier saisissant deuoit estre le premier payé sur leur prix, & ainsi disent-ils auoir esté iugé par arrest donné au profit de M. Benigne Bernard, à present Greffier en la Cour des Aydes, auquel, comme premier saisissant, fut adiugé le prix de l'Office de Boisrouuet Receueur general de Lionnois : mais i'estime que ce prix ne prouenoit pas du decret de l'Office, ains d'vne vente volontaire, apres laquelle il fut arresté: auquel cas c'est sans doute, que mesme le prix d'vn immeuble seroit baillé au premier arrestant, & non au premier en hypotheque. Voire apres le decret d'vn immeuble, le prix d'iceluy est baillé au premier arrestant, apres que tous ceux qui ont formé opposition au decret, ont esté payez: de sorte qu'on ne considere le merite de l'hypotheque, sinon à l'égard de ceux qui l'ont conseruée par le moyen de l'opposition formee au decret: mais à l'egard des autres, elle est purgee & esteinte par le decret, comme il a esté iugé par arrest du 12. Ianuier 1596. pour le sieur de Chemeraut rapporté par Carondas sur le 178. art. de la coustume. 64 Aucuns tiennent que le premier saisissant est le premier payé sur l'Office.

Ceux, au contraire, qui reputent en tout & par tout les Offices pour immeubles, disent, que leur prix doit estre distribué selon l'ordre des hypotheques, & en rapportent vn arrest donné au profit des Poncets de Paris, touchant les deniers d'vn Office de Controlleur des bastimēs du Roy. Arrest que i'estime auoir esté donné, non au cas d'vne simple hypotheque, mais plustost d'vn priuilege, comme il sera prouué cy-apres au chap. 8. que les creanciers priuilegiez sont preferez sur le prix des Offices. 65 Autres que c'est le premier en hypotheque.

Mais comme les Offices ne sont proprement ni meubles, ni immeubles, aussi c'est la verité que leur prix ne doit estre distribué, ni comme celuy des meubles, ni comme celuy des immeubles, ains comme l'Office ha sa qualité à part, aussi pour cette distribution il ha sa façon à part, à sçauoir que son prix doit estre distribué par contribution au sol la liure entre tous les creanciers de l'Officier, comme il fut iugé par arrest solemnel de la veille de Pentecoste 1557. prononcé par M. le President le Maistre: sur lequel arrest a esté dressé nostre art. 95. qui a esté transcrit mot à mot aux coustumes depuis reformées : & lequel par- 66 Resolution qu'il y a lieu de contribution au sol la liure.

tant doit, à mon aduis, estre obserué par tout.

67 Opinion moderne. Toutesfois comme il n'y a encor rien de certain en cette matiere des Offices, combien que la decision de cet article soit si claire, neantmoins on n'a laissé tout de n'agueres d'estriuer au Palais contre iceluy, disant qu'elle fut faite en consequence de ce que lors de la reformation de la coustume de Paris, on obseruoit que les Offices ne pouuoient estre decretez, sinon apres discussion des autres biens, de sorte qu'on estoit tousiours au cas de la déconfiture, qui égale les creanciers les vns aux autres. Et partãt qu'à present, que cette obseruance est changée, on doit distribuer le prix de l'Office decreté selon l'ordre des hypotheques, à la charge neantmoins, que ceux qui en toucheront les deniers bailleront caution de les rapporter, pour estre mis en contribution en cas d'insoluance du debteur, apres discussion de ses autres biens, suiuant l'art, 180. de la mesme coustume de Paris, qui toutesfois ne parle que des meubles.

68 Qu'elle n'est veritable. Combien que cette imagination semble plausible de prime-face, voire que possible elle sera suiuie, maintenant que les Offices tendẽt plus que iamais à l'heredité & proprieté: neantmoins i'ose dire asseurément, qu'elle n'est ni vraye, ni en tout cas bastante pour establir vne practique directement contraire à la decision claire & expresse de nostre coustume. Car en premier lieu au cas mesme de la déconfiture, combien que la coustume requiere que le debteur soit insol-

69 Premiere raison. uable, & en meubles & en immeubles, si est-ce que par l'art. 179. la contribution ou distribution au sol la liure n'a lieu, qu'à l'egard du prix de ses meubles, & non en celui de ses immeubles, qui tousiours est distribué selon l'ordre des hypotheques, suiuant cette belle loy *Pro debito.* De sorte que si la coustume eust tenu l'Office pour estre immeuble & susceptible de vraye suitte d'hypotheque, ainsi que les immeubles, elle n'eust pas decidé que son prix fust venu en contribution, au cas mesme de la déconfiture & insoluance approuuee du debteur.

70 Autre raison. D'ailleurs c'est chose notoire, que deslors de la reformation de cette coustume on pratiquoit, que les creanciers priuilegiez pouuoient faire decreter l'Office d'vn homme soluable, auant la discussion de ses autres biens, auquel cas il n'y a apparence de dire qu'il ne fallust pas suiure (à l'égard des autres creanciers opposans au decret d'icelui) la decision de cet article, qui est generale & indefinie.

71 Troisiesme raison. Finalement c'est vrayement *contrarium in obiecto*, de distribuer le prix de l'Office decreté selon l'ordre des hypotheques, à caution de le rapporter en contribution en cas d'insoluance. Car c'est le iuger immeuble, entant qu'on y garde l'ordre des hypotheques, & le iuger meuble en tant qu'on le remet en contribution en cas d'insoluance, n'y ayant que le prix des meubles, qui y entre. Or ay-ie bien dit au chapitre precedent, qu'en diuerses occurrences, l'Office estoit tantost reputé immeuble, & tantost meuble pour diuerses considerations: mais ce seroit vne absurdité monstrueuse, voire vne impossibilité de droit, qu'en vn mesme cas & vne mesme occurrence, l'Office fust tenu tout ensemble pour meuble & pour immeuble.

72 Occasion du paralogisme. Mais ce paralogisme moderne vient de s'estre mespris en la raison de decider de nostre article, qui n'est pas fondé sur l'obseruance ancienne de ne decreter les Offices, si non apres discussion des autres biens: ains sur ce que l'Office n'est susceptible de vraye suitte d'hypotheque: ains seulement de la suitte de saisie: c'est pourquoi estant decreté, son prix doit estre distribué par contribution, suiuant cette belle loy *Pro debito.* qui veult, que cessant la suitte d'hypotheque, *æquali portione pro rata debiti quantitate omnibus creditoribus succurratur.*

73 Que toutesfois & quantes qu'il n'y a vraye hypotheque il faut venir à la contribution. Qui est vne regle generale & vn droit commun, tant de Rome, que de France, qui n'a aucune fallence, sinon en la simple execution des purs meubles, où nous auons admis la preference du premier occupant, suiuant la loy *Inter.* D. *De re iud.* Ce qui encor n'est pratiqué au païs de droit escrit, & mesme cesse au païs coustumier au cas de déconfiture. Mais au decret des immeubles, on pratique notoirement par tout la distribution égale entre les chirographaires, soit que le debteur soit soluable, ou non: mesme elle se pratiquoit du temps de nos

nos peres entre les creanciers fondez en sentences & arrests, auparauant l'ord. de Moulins, qui leur a donné hypotheque, comme il se void dans M. le Maistre au 32. chap. *Des criées*: de sorte que c'estoit lors presque la plus ordinaire façon de distribuer le prix du decret.

Et ne faut point dire, que les creanciers de l'Officier ont stipulé hypotheque 74 N'y a vraye hypotheque és Offices.
sur tous ses biens, & partant qu'ils ne sont au cas de cette décision. Car il a esté prouué, que cette hypotheque n'a point de vraye suitte hypothecaire: & de fait si elle l'auoit, il ne faudroit point bailler caution de rapporter les deniers en cas d'insuffisance. Et partant puis que c'est la suitte d'hypotheque, qui cause la preference, il s'ensuit que quand elle cesse ou defaut, soit que la chose n'en soit susceptible, ou que l'hypotheque ne soit stipulee, la preference doit aussi cesser.

Comme donc il a esté dit au chap. precedent, & sera encor dit au suiuant, qu'en 75 Belle cóparaison.
la saisie ou arrest des fruicts non encor naiz, ou des loüages & arrerages de rente non escheus, il les faut par-apres distribuër égalgment aux saisissant & opposans: pource que lors de la saisie n'estans encor en nature, l'hypotheque ne s'y pouuoit attacher, pour attribuer preferente à l'ancien creancier, & pareillement l'occupation actuelle n'y pouuoit auoir lieu, pour donner prerogatiue au premier saisissant: tout de mesme en l'Office, ie dy qu'estant vne chose incorporelle, qui n'a point de subsistẽce reelle, ains vne simple qualité residente en la personne, & perissable auec elle, ni le charactere de l'hypotheque n'y peut estre imprimé, ni l'occupation actuelle n'y peut escheoir: & par-ainsi cessant & l'hypotheque, & la preoccupation, il s'ensuit, que leur prix ne peut estre autrement distribué, que par contribution égale: que ie puis dire estre la plus équitable distribution, voire le propre effait de la Iustice: laquelle *Hierax in lib. de Iustitia* a definie ἕξιν τῆς ἰσότητος ἀπονεμητικήν: & Iustinian Nou. 163. τὸ ἴσον ἑκάστῳ νέμουσα.

SOMMAIRE DV SIXIESME CHAPITRE.

1 Pignus Prætorium.
2 Pignus Iudiciale.
3 *Trois sortes de saisies en France.*
4 *L'execution és meubles.*
5 *La saisie reelle és immeubles.*
6 *Et l'arrest és choses incorporelles.*
7 *Qui partant a lieu és Offices.*
8 *Comment il se fait.*
9 *Forme de l'exploit d'iceluy.*
10 *Effait d'iceluy.*
11 *Ce qu'il faut faire apres l'arrest.*
12 *Saisie réelle de l'Office.*
13 *Simple arrest d'Office est mal-asseuré.*
14 *Que c'est vn grand inconuenient.*
15 *Remede à iceluy.*
16 *Quand au preiudice de l'arrest la resignation est admise, si l'Office a encor suitte par hypotheque.*
17 *Equiuoque du mot de* saisie.
18 *Par le creancier.*
19 *Pour le resignataire.*
20 *Si le simple arrest d'vne rente constituée peut produire droit de suitte.*
21 *Resolution de la question.*
22 *De mesme.*
23 *Office ayant gages doit estre saisy de saisie réelle.*
24 *Mais non celuy qui n'a aucuns gages.*
25 *Limitation.*
26 *Si le simple arrestant de l'Office gagé peut s'opposer à la reception du resignataire.*
27 *Non, si le resignataire ignoroit l'arrest.*
28 *S'il faut signifier la saisie reelle à M. le Chancellier.*
29 *Que si.*
30 *Effait de la saisie réelle.*
31 *Si cet effait dure apres la reception & installation du resignataire.*
32 *Semble que non.*
33 *Resolution que si.*
34 *Preuue.*
35 *Autre preuue.*
36 *Autre encor.*
37 *Responses aux raisons contraires.*
38 *De mesme.*
39 *De mesme.*
40 *De mesme.*
41 *Conclusion.*
42 *Semble que cette suitte ne doit durer que trois ans.*
43 *Pratique de la poursuitte de cette saisie.*
44 *Si cette saisie sert aux autres creanciers.*
45 *Que si.*
46 *Resolution que non.*
47 *Responses aux raisons contraires.*
48 *Mais elle sert aux opposans à icelle, auant la resignation.*

DE L'ARREST ET SAISIE DES OFFICES VENAVX.

Chapitre VI.

1 *Pignus Pretorium.*

LEs Romains auoient deux moyens d'executer les iugemens sur les biens des condamnez (car leurs contracts n'estoient point executoires) l'vn estoit ordinaire, *per missionem in possessionem omnium bonorum condemnati, ex primo & secundo decreto, idque vocabatur pignus Pretorium:* l'autre estoit extraordinaire, & qui neantmoins fut en fin le plus commun, comme aussi il estoit le plus aisé, *per capionem pignorum, eorúmque venditionem*

2 *Pignus Iudiciale.*

mandato Iudicis, ce que les interpretes appellent *pignus Iudiciale.* Et en ce gage de Iustice, ils ne faisoient point de distinction des meubles d'auec les immeubles, ni encor d'auec les debtes du condamné, quant à la forme & solemnité de les saisir & vendre, ains seulement quant à l'ordre de les vendre: pource qu'ils vendoient premierement les meubles, puis les immeubles, & finalement les debtes & actions, *l. A Diuo Pio. D. De execut. rei iudic.*

3 Trois sortes de saisies en France.

En France nous ne sçauons quasi plus que c'est de la mission en possession, ou gage Pretorien, au moins en ce Parlement: car il se pratique encor au Parlement de Tholose, & ici nous vsons seulement du gage de iustice, tant pour l'execution de nos sentences, que mesme de nos contracts, qui ont parmy nous execution parée. Mais nous auons distingué la forme d'en vser en chacune de ces trois especes de biens, & auons par ce moyen fait trois diuerses sortes

4 L'executiõ des meubles.

de gages de Iustice. A sçauoir l'execution és meubles, ainsi appellée, pource qu'elle se fait prõptement & soudainement, par vne subite vente & subhastation des meubles: aussi que dessors de l'exploit elle doit déposseder entierement l'executé: la saisie réelle és immeubles, qui se paracheue plus à loisir par

5 La saisie reelle és immeubles.

les solemnitez d'vn decret, & ne dépossede pas tout à fait l'executé dessors de l'exploict, ains lui oste seulement la saisine & possession ciuile de son immeuble, par l'establissement d'vn commissaire, & la naturelle par apres par le bail à ferme. Finalement l'arrest és choses incorporelles, qui ne pouuans estre actuellement saisies & apprehendées, sont seulement arrestées verbalement és mains de celui, vers lequel elles resident, ou qui en est debteur: iusques à ce que l'arrestant ayant exercé contre luy la mesme action, qui appartenoit à celui pour le deu duquel est fait l'arrest, en obtienne sentence à son profit: & lors il peut vser, ou d'execution, ou de saisie.

6 Et l'arrest és choses incorporelles.

7 Qui partãt ha lieu és Offices.

Dont resulte, que proprement, ni l'execution, ni la saisie ne peuuent auoir lieu és Offices, puis que veritablement ils ne sont ni meubles, ni immeubles. Mais estans incorporels, le simple arrest y peut eschoir. Aussi est-ce la forme ordinaire dont on vse, que de faire arrest de l'Office és mains de Monsieur le

8 Comment il se fait.

Chancellier, qui a vn commis expres à sa suitte, ayant charge de receuoir les exploits de ces arrests, & les enregistrer: & telle est proprement la solemnité essencielle & necessaire des arrests des Offices. Quelquefois aussi, par vne precaution surabondante, on les signifie encor au Thresorier des parties casuelles, & les fait-on enregistrer en son registre, ce qui est le plus seur: voire mesme aucuns, peur de faillir, les font signifier en outre au Procureur du Roy de la iustice, où le resignataire doit estre receu.

9 Forme de l'exploit d'iceluy.

Par la teneur de l'exploict on leur signifie & insinue, qu'à faute de payement de telle somme &c. on saisit & arreste tel Office en la main du Roy nostre Sire, & de Monseigneur le Chancelier de France, lequel on supplie tres-humblement n'expedier aucunes lettres de prouision, sur la resignation dudit Office: on supplie aussi le Thresorier des parties casuelles, de ne mettre la resignation d'icelui en ses roolles, & le Procureur du Roy de ne consentir la reception d'aucun resignataire, iusques à ce que l'arrestant ait esté ouy, ou son arrest, & empe-

empeschement leué, aux fins dequoi il élit domicile par l'exploit.

Et par le moyen de cet arrest, lors que l'Officier ou son resignataire veulent faire mettre la resignation au roolle des parties casuelles, le Thresorier d'icelles, s'il s'en souuient, y forme difficulté. En tout cas lors qu'on presente au seau les prouisions du resignataire, on regarde sur le registre des arrests faits sur les Offices : & trouuant que l'Office est arresté, on en differe l'expedition iusques à ce que l'arrest soit leué. Mais quoi que ce soit, si alors la taxe de la resignation est payée, l'Office ne se pert plus par la mort du resignant, au moins dedans l'an : pource qu'à l'égard du Roy la resignation est reputée admise par la reception de cette taxe : aussi la prouision est-elle tousiours datée du iour de la quittance d'icelle. 10 Effait d'iceluy.

Or comme tous arrests n'ont autre effait, que d'arrester les debtes & autres droits incorporels, c'est à dire empescher, que le debteur, pour le deu duquel l'arrest est fait, ne les reçoiue & en dispose, mais non de faire, qu'elles soient conuerties au payement d'icelui deu, ains pour en venir là, il faut auoir sentence sur l'arrest, par laquelle il soit declaré bon & valable, partant soit ordonné, que celui, és mains duquel il est fait, payera à l'arrestant ce qu'il doit; ou si c'est quelque autre chose, qu'elle sera venduë en la maniere accoustumée, & les deniers conuertis au payemẽt du deu de l'arrestant. Aussi cet arrest de l'Office n'a autre effait sinon d'empescher que l'Officier le vende & le resigne : mais pour le faire vendre, au profit du creancier il faut passer plus outre. 11 Ce qu'il faut faire apres l'arrest.

C'est pourquoi, & aussi que l'Office ne reside pas en vne tierce personne, comme les debtes & actions, ains reside en celle mesme du debteur, on a trouué, outre cet arrest, vne autre voye pour acheminer le payement de la debte, qui est de faire vne saisie reelle sur l'Office, afin de le faire vendre. Ie dy vne saisie reelle, comme d'vn immeuble, pour en apres le decreter, & non pas vne execution, pour le vendre à l'enquan & subhastation, comme vn simple meuble : & ce à cause de la valeur & consequence publique des Offices : saisie qui sera expliquée au chap. suiuant. 12 Saisie reelle de l'Office.

Reuenant donc au simple arrest de l'Office, il y a bien moins d'asseurance en icelui, qu'aux arrests des debtes & actions. Car si apres l'arrest des debtes, celui és mains duquel il est fait, paye au creancier arresté, ou autre qui que ce soit, sans ordonnance de Iustice, & au preiudice de l'arrest, il faut qu'il paye deux fois, pour auoir contreuenu à la defense de Iustice, qui l'a rendu comme gardien & depositaire de la debte, afin de la payer, à qui il seroit par elle ordonné. Mais és Offices, si au preiudice de l'arrest le Thresorier des parties casuelles baille sa quittance de la taxe de la resignation, ou mesme M. le Chancelier par surprise, ou par la negligence de son commis, seelle les prouisions du resignataire, comme il peut aduenir, il est notoire, qu'on ne leur en fera pas payer les dommages & interests : n'estant ce Magistrat des Magistrats chargé de cette subiection, parmy les affaires d'Estat qu'il a en la teste. 13 Simple arrest d'Office est mal asseuré.

Neantmoins c'est vn grand inconuenient, quand cela aduient. Car il faut, ou que le creancier, qui volontiers n'a plus d'autre recousse que sur l'Office, & qui a fait tout ce qu'il a peu pour s'en asseurer, ou que l'acheteur de l'Office, qui possible en aura payé le prix de bonne foy, lors qu'on lui a fourny les lettres de prouision, ainsi qu'on a accoustumé de faire, perdent la valeur de l'Office : c'est alors qu'il y a bien à disputer entr'eux, sur qui doit tomber cette perte si notable. Et certainement en bonne eschole, c'est le commis de M. le Chancelier, qui en deuroit estre responsable ; ce qui toutefois ne s'est encor iamais pratiqué, pource que ce n'est pas l'ordinaire de s'addresser à vn commis, ains plustost à l'Officier qui le commet, sauf son recours contre luy : aussi que ce commis se peut tousiours excuser, que les lettres de prouision ont esté seellées par surprise, & sans son sceu : n'y ayant rien de son fait en cette expedition, qui l'en puisse rendre responsable selon l'ordre de Iustice. 14 Que c'est vn grand inconuenient.

A quoy il me semble qu'il seroit bien necessaire de pouruoir, notamment à present, que les Offices estans quasi hereditaires, le creancier s'y asseure plus 15 Remede à iceluy.

que iamais : ce qui est bien aisé à faire. Car afin que ce ne soit point, à l'égard de ce commis, vn simple peché d'omission, & qu'il n'y puisse estre surpris, il seroit expedient, qu'il baillast certificat aux resignataires, qu'il n'y auroit point d'arrest sur leur Office, & que sans ce certificat les resignations ne peussent estre valablement expediées, non plus que sans la quittance du quart denier. Et par consequent il n'y auroit plus de doute, qu'il ne demeurast responsable de la verité de son certificat, pour lequel aussi, ensemble pour l'enregistremét de chacun arrest, le Roy lui pourroit attribuer quelque petite taxe, comme d'vn escu au plus, qui sur le prix d'vn Office, ne seroit à foule ni au creancier, qui voudroit faire l'arrest, ni au resignataire, qui en voudroit retirer le certificat. En quoy il n'y auroit pas plus de peine, qu'à visiter, comme on fait à present, le registre des Offices au seau tout promptement auant que seeller les lettres.

Commis de M. le Chancelier tenant registre des arrests. Qui seroit pourtant vne grande augmentation à la charge de ce commis, qui aussi est de soy vne charge tres-noble, & de tres-grande importance : attendu qu'elle correspond à celle du *Primicerius Notariorum* de l'ancien Empire, *qui erat inter Spectabiles*, & que Socrates & Marcellin appellent *primum Notarium*, comme qui diroit le premier Secretaire. Lequel auoit la garde *maioris laterculi*, c'est à dire *Primicerius Notariorum.* du registre des Offices, ainsi appellé à cause de sa forme, d'autant que les Mathematiciens appellent la figure quadrangulaire *laterculum*, & en Grec πλινθίον, mot *Laterculū maius.* qui signifie vne tuille ou brique.

16 Quand au preiudice de l'arrest la resignation est admise, si l'Office a encor suitte par hypotheque. Mais comme nous viuons à present, lors qu'il aduient, qu'au preiudice de l'arrest solemnellement fait és mains de Monsieur le Chancelier, la prouision est neantmoins expediée au resignataire, disputons sur qui la perte doit tomber. Cela semble de prime face decidé par nostre art. 95. de la coustume de Paris, disant que *l'Office a suitte par hypotheque, quand il est saisi auparauant resignation admise.* Mais ce qui fait la difficulté, est qu'il dit *saisi*, & non-pas *arresté*. Or le mot de saisie est equiuoque, estant tantost special, & signifiant particulierement la saisie reelle

17 Equiuoque du mot de saisie. des immeubles, tantost estant general, & comprenant les trois especes de gage de iustice cy-dessus rapportées. Et de fait quand le Sergent fait vne execution sur des meubles, il dit, qu'il les saisit & prend par execution, & quand il arreste vne debte ou vn Office, il dit qu'il le saisit & arreste.

18 Pour le creancier. De sorte que le creancier, qui n'a fait qu'vn simple arrest de l'Office, peut dire qu'il a satisfait à la coustume, & que c'est la seule façon, quoy que ce soit, la plus propre & specifique, en laquelle l'Office peut estre saisi : aussi que toute espece de gage de iustice a effait de saisir la main de iustice, & de déposseder le debteur, en sorte qu'il ne peut plus valablement disposer de la chose saisie au preiudice du saisissant, à cause duquel effait, l'arrest semble particulieremét estre ainsi dénommé, d'autant qu'il arreste le pouuoir & disposition de l'Officier, en sorte qu'il ne peut plus resigner son Office, au preiudice de l'arrestant.

19 Pour le resignataire. D'autre part, pour le resignataire on peut dire, que les termes des coustumes doiuent estre entendus en leur plus propre & specifique signification, que la saisie est vne espece de gage de iustice, differente de l'execution & de l'arrest : & puis que és Offices il peut eschoir arrest & saisie, & que la coustume a precisément requis la saisie, pour leur attribuer suitte par hypotheque, que *vnius inclusio est alterius exclusio*. Principalement que les termes suiuans en ce mesme article, qui parlent de la distribution du prix de l'Office decreté, montrent bien, qu'il le faut entendre de la vraye saisie, faite pour paruenir à vn decret, & non du simple arrest, qui de soy n'y peut rēdre. Aussi qu'il est notoire, que la saisie reelle est beaucoup plus forte, que le simple arrest, comme il se void aux rentes, & en tous autres droits incorporels, qui neantmoins participans de la nature des immeubles, peuuent non seulement estre arrestez, comme droits incorporels, mais aussi saisis reellement, comme reputez immeubles.

20 Si le simple arrest d'vne rente constituee peut produire droit de suitte. De fait c'est vne grande question, si le simple arrest des choses incorporelles, où la saisie reelle peut escheoir, comme és rentes constituées, peut produire droit de suitte : & me souuient de l'auoir veu traiter au Palais, sur le fait que voicy. Vn creancier ayant fait proceder par voye d'arrest, sur vne rente constituée,

stituée, auec defenses de l'amortir & raquitter, sans qu'il en fust aduerti, le seigneur de cette rente la vend par apres à vn tiers, és mains duquel elle est rachetée. L'arrestant se réueille apres le rachat, & pource que celui qui l'auoit faict au preiudice de l'arrest n'estoit plus soluable, il tourne teste contre ce tiers acheteur, & soutient que la rente n'a peû estre raquittée ni amortie à son preiudice, attendu son arrest, au moyen duquel il soutient qu'il peut suiure le prix du raquit. L'acheteur au contraire, soutenoit qu'il auoit acquis la rente de bonne foy, qu'il en auoit par apres touché le raquit, comme à luy appartenant, ne sçachant rien de l'arrest, que *nulla est condictio ab eo, qui suum recepit.* Au surplus, que le simple arrest personnel & verbal n'empeschoit le seigneur de la rente de disposer d'icelle valablement, & que pour ce faire il falloit vne saisie réelle, qui le dépossedast tout-à-fait, & mist la rente en la possession d'vn commissaire, que si cela eust esté, il ne l'eust pas achetée: partant que l'arrestant seroit luy mesme cause de sa deception, si tant estoit qu'il fust contraint rendre les deniers par luy touchez. Que ce simple arrest personnel, qu'il ne pouuoit deuiner, n'auoit autre effect, sinon de lier la personne de celui és mains duquel auoient esté faites les defenses de iustice : mais que n'estant point réel, il ne pouuoit affecter la chose, & la rendre litigieuse & inalienable : & me semble qu'il fut ainsi iugé.

C'est pourquoi, afin de resoudre nettement cette question, si le simple arrest peut produire droit de suitte, i'estime qu'il faut distinguer les choses qu'on ne peut autrement saisir, & mettre és mains de iustice, que par vn simple arrest, & celles esquelles l'arrest & la saisie peuuent auoir lieu concurremment. En celles où il n'y a voye que d'arrest, comme és pures debtes mobiliaires, ie tien, que l'arrest ha suitte, & pour empescher qu'au preiudice d'icelui vn tiers cessionnaire les reçoiue, & pour rendre preferable le premier arrestant à tous autres creanciers, qui sont les deux effects de la suitte : dont la raison est, que l'arrestant ayant suffisamment veillé, & fait tout ce qu'il a peu pour s'asseurer, ne peut estre accusé d'aucun defaut. Mais és choses où l'arrest & la saisie peuuent auoir lieu concurremment, comme és rentes constituées, ie tien que le droit de suitte ne peut auoir lieu, que par la saisie réelle, qui est la plus exacte diligence, & celle par laquelle le debteur est plus effectuellement dépossedé. 21 Resolution de la questiõ.

Dont s'ensuit, qu'en matiere d'Offices, où comme és rentes constituées, l'arrest & la saisie ont lieu ensemble, il faut que le creancier, qui se veut asseurer de son deu sur l'Office, qui est encor moins susceptible d'hypotheque, & par consequent de suitte que n'est la rente, face tout ce qui est en luy, pour réaliser sa saisie, afin qu'elle imprime vn droit de suitte en l'Office, & qu'elle ne demeure és termes d'vn simple arrest personnel. 22 De mesme.

Et consequemment ie dy, que si l'Office consiste en gages, l'arrest d'iceluy faict és mains, soit de Monsieur le Chancelier, ou du Thresorier de l'Espargne, n'est suffisant pour produire vn droit de suitte, au preiudice de celui qui ayant par apres de bonne foy acheté & payé l'Office, en a esté pourueu par le Roy sans contredit. Ains qu'en ce cas pour empescher tout à fait que l'Officier debteur puisse vendre son Office, il l'en faut déposseder par vne saisie réelle, auec establissement de commissaire, pour receuoir les gages d'icelui, comme la coustume de Paris requiert en l'article 353. 23 Office ayãt gages, doit estre saisi de saisie réelle.

Mais au rebours, s'il n'y a aucuns gages en l'Office, alors, comme il sera dit au chapitre suiuant, il n'est besoin d'y establir commissaire, pour en réaliser la saisie, & déposseder dauantage l'Officier, & partant ie dy qu'en ce cas la saisie ou arrest faict és mains de Monsieur le Chancelier, & signifié au debteur, auec élection de domicile, peut estre pris pour vne saisie réelle, attendu que sur icelui on peut enter valablement vn decret. Car cet exploict qui peut estre pris pour vne saisie réelle, & pour vn simple arrest, doit estre interpreté en la part qu'il peut seruir dauantage à celui qui l'a fait. Et neantmoins, si apres icelui le creancier cessoit par vn long temps à commencer les criées de l'Office, on pourroit par vn argument *à consequentibus*, & par vne presomption de l'éuenement à la cause, & du temps present au passé, interpreter l'exploict pour vn simple arrest, 24 Mais non celuy qui n'a aucuns gages. 25 Limitation.

& non pour vne saisie réelle, & partant luy dénier la suitte par hypotheque. Comme à present, en consequence de l'article 172. de la coustume de Paris, on oste & dénie le droit de preference & de suitte au premier executant, qui deux mois apres les oppositions iugées ou cessées, n'a fait vendre les meubles pris par execution à sa requeste. Et partant c'est le plus seur pour mieux realiser la saisie de l'Office sans gages, d'en commencer les criées, car encor qu'on les discontinuast par apres, voire qu'on les laissast suranner, & mesme perimer, la saisie demeure tousiours en sa force, en qualité de saisie réelle.

26 Le simple arrestant de l'Office gagé, peut s'opposer à la reception du resignataire.

Quoy donc, si n'y ayant qu'vn simple arrest sur l'Office ayant gages, & nonobstant iceluy le resignataire ayant esté pourueu, l'arrestant peut-il en consequence de son arrest s'opposer à la reception d'iceluy? i'estime, quant à moy, sauf meilleur aduis, que cette opposition n'est valable, si ce n'est que le resignataire ait bien sceu l'arrest, & partant soit en dol & mauuaise foy, d'auoir acheté sciemment vn Office saisi, & dont le pourueu n'auoit la libre disposition. Ce qui doit estre obserué à plus forte raison en celuy qui a moyenné, que l'arrest fust caché à Monsieur le Chancelier, lors qu'il a séellé ses lettres de prouision. Car celuy-là, en quelque temps que ce soit, & mesme apres son installation, peut estre poursuiui à cause de son dol.

27 Non si le resignataire ignoroit l'arrest.

Mais à l'égard du resignataire, qui ignoroit absolument l'arrest de l'Office, il faut distinguer s'il n'a pas encor payé ses deniers à son resignant, auquel cas le creancier d'iceluy les peut faire arrester, & sans nouuel arrest le poursuiure, soit par voye d'opposition ou d'arrest (ainsi que pourroit le resignant) au payement d'iceux, comme il a esté dit au chapitre precedent. Mais s'il les a payez de bonne foy (comme il est à presumer selon la mode ordinaire, qu'en baillant les prouisions on baille l'argent) est-il raisonnable qu'il les perde, luy qui a eu iuste occasion de croire que l'Office n'estoit point arresté, puis qu'on n'a faict aucune difficulté de luy en expedier les prouisions: & qu'il les paye encore vne fois au creancier, qui a esté negligent d'vser de la voye qui lui estoit ouuerte, à sçauoir de la saisie réelle de l'Office, auec establissement de commissaire? laquelle l'acheteur eust vray-semblablement peû sçauoir par le moyen du Payeur des gages, auquel elle a accoustumé d'estre signifiée.

28 S'il faut signifier la saisie réelle à M. le Chancelier.

Puis donc que ce sont deux façons differentes de saisir l'Office, que le simple arrest & la saisie réelle, il semble de prime-face qu'il n'est point necessaire de signifier la saisie réelle faite auec establissement de cómissaire au commis de Monsieur le Chancelier, pource que c'est la forme du simple arrest. Toutefois, il faut tenir le contraire: car comme pour realiser la saisie des immeubles corporels, il faut que le Sergent se transporte sur iceux, lors qu'il les saisit, aussi pour realiser la saisie des immeubles incorporels, comme des rentes constituées, il faut, lors que on les saisit, se transporter à la personne ou domicile du debteur d'icelles, & luy en signifier la saisie, & en deliurer exploict, afin qu'au preiudice d'icelle il ne raquitte la rente, ou ne la paye à d'autres, & afin aussi qu'apres le decret il soit tenu de continuer la rente à l'adiudicataire d'icelle: sans laquelle signification, c'est sans doute qu'il la pourroit raquitter entre les mains du saisi, voire mesme si apres l'adiudication, le debteur pretendu de la rente saisie vouloit dénier la deuoir, il rendroit l'adiudication illusoire.

29 Que si.

De mesme en matiere d'Offices, dont la vraye proprieté reside pardeuers le Roy, il en faut signifier la saisie à M. le Chancelier, qui represente le Roy, autrement la saisie n'est pas realisée par prise & apprehension suffisante de la chose saisie: quoy que ce soit, telle saisie ne produira pas droit de suitte pour empescher que le resignataire en demeure vray seigneur, ayant obtenu ses prouisions de M. le Chancelier qui n'auoit garde, ignorant la saisie, de refuser à les séeller.

30 Effect de la saisie réelle.

Supposé donc, que la saisie de l'Office ait esté bien & deuëment faite, il n'y a plus de doute, qu'elle ne produise droit de suitte sur l'Office, par le moyen duquel le resignataire d'icelui sera tenu, ou de satisfaire aux causes d'icelle, c'est à dire, payer la debte du saisissant, ou de souffrir que l'Office soit vendu par decret sur cette saisie.

31 Si cet effect dure apres la reception & installatiõ du resignataire.

Mais c'est vne autre grande question, iusques à quand dure ce droit de suitte en l'Office. Car il semble, depuis que non seulement le Roy en a donné la prouision au resignataire, mais aussi que la iustice l'a receu, & faict Officier : & en outre, qu'il a esté installé sur les lieux en l'exercice de l'Office, sans contredit ni opposition, que l'Office luy appartient *optimo iure*, & qu'il n'y peut plus estre troublé ni inquieté, apres toutes ces solennitez, non plus qu'vn adiudicataire par decret ne peut plus estre poursuiui pour les hypotheques precedentes. Car le Roy & la iustice ne trompent personne: & dit-on communément, qu'aux Offices comme aux decrets, c'est le Roy qui en est le garant : c'est à dire, qu'il n'y eschet ni trouble ni garantie entre particuliers : principalement apres qu'vn Officier a esté installé sans opposition ni empeschement quelconque, & qu'il exerce paisiblement son Office, quelle apparence y a-il de l'en vouloir priuer & déposseder pour la debte d'autrui, deuë à vn creancier negligent, & luy tollir le charactere d'Officier du Roy, s'il ne paye celuy auquel il ne doit rien?

32 Semble que non.

Autrement si cela auoit lieu, quel moyen y auroit-il d'acheter seurement vn Office? Car toute l'asseurance qu'en peut prendre l'acheteur, est que le prix demeure consigné & sequestré en main tierce, iusques apres les quarante iours: & entre les plus exactes iusques apres la reception, ou mesme iusques à l'installation paisible sur les lieux. Mais cela estant faict, si lors l'Officier nouueau n'est asseuré, il ne le sera, ce semble iamais: & ne s'estant iusques alors presenté personne pour le troubler, quel subiect auroit-il de retenir l'argent à son resignant, si ce n'est que par malice il voulust garder, comme on dit, l'argent & le drap?

33 Resolution que si.

Ce neantmoins l'opinion contraire est la plus veritable. Car puisque la coustume dit indefiniment & indistinctement, que l'Office saisi auant la resignation ha suitte par hypotheque, il s'ensuit qu'apres la reception & installation le resignataire en peut estre poursuiui: autrement ce ne seroit qu'vne matiere d'opposition, s'il falloit precisément la former auant la reception & installation: & ne seroit pas suiure l'Office, ains seulement l'arrester, & empescher la reception du resignataire: au moins ne seroit-ce pas vne vraye suitte d'hypotheque, si elle ne duroit & perseueroit apres la seigneurie & possession de l'Office vrayement acquise par vn tiers. Car l'effect de cette suitte est, que *res transit ad tertium possessorem cum onere hypothecæ*, suiuant la loy *Alienatio. D. De contrah. empt.*

34 Preuue.

Aussi seroit-ce vn pauure recours, si apres la saisie réelle, l'Office n'auoit suitte par hypotheque, sinon iusques à la reception. Car le resignant, sçachant que son Office seroit saisi, feroit tousiours receuoir à petit bruit son resignataire dans peu de temps, sans que mal-aisément personne en peust rien découurir: & partant cette suitte d'hypotheque seroit de bien peu de durée, & tandis que le pauure creancier penseroit dormir en repos, ayant fait tout ce qui est requis pour s'asseurer de l'Office, on l'en frustreroit & priueroit bien facilement.

35 Autre preuue.

D'ailleurs, puisque la coustume dit, qu'en ce cas special & particulier, l'Office est reputé immeuble quand il est saisi, il faut qu'il ait aussi sa suitte entiere & parfaite, comme vn immeuble : au moins faut-il qu'il ait autant de suitte qu'vn simple meuble. Or vn meuble saisi réellement ha suitte, mesme apres la tradition & translation de possession faite à vn tiers : estant certain que le creancier ne le peut vendre au preiudice de la saisie, *l. Quod autem. §. sciendum. D. Quæ in fraud. credit.*

36 Autre raison.

Aussi ni la reception, ni mesme l'installation du resignataire ne peut pas annuller & rendre sans effect la saisie réelle de l'Office : non plus que la liuraison du meuble à vn tiers acheteur, faite apres l'execution réelle d'iceluy, n'empesche pas que le gardien ne soit poursuiui pour le representer, afin d'estre subhasté. Et bien que la reception de l'Officier se face en iustice, si est-ce que les maximes de droit, que *Res inter alios acta alijs non præiudicat*, que *alteri per alterum iniqua conditio inferri non debet* : & que *nemo sine suo facto potest amittere ius sibi quæsitum*, ont aussi bien lieu és actes iudiciaires, qu'aux contracts.

37 Responce aux raisons contraires. Et quant à la prouision du Roy, elle se baille sans cognoissance de cause, & n'est iamais refusée à celui qui paye le quart denier; & aussi ne produit-elle pas vne garantie contre le Roy, si le resignant n'auoit rien en l'Office, ou si l'Office estoit saisi & hypothequé. Car c'estoit au resignataire de s'enquerir de la condition de celui auec lequel il contractoit, & de l'asseurance de l'Office qu'il achetoit: & y a bien difference entre vn decret, qui se fait auec tant de longueurs & de publications, toutes faites à cette fin de purger les hypotheques, & la reception d'vn Officier, qui se peut pratiquer sourdement & promptement, & en tout cas n'est pas faite à ce dessein. Et n'est pas chose nouuelle qu'vn Officier deuëment receu, ou vn beneficier, qui est en bonne possession, soient par apres éuincez de l'Office ou benefice.

38 De mesme. De vouloir d'ailleurs imputer quelque negligence au creancier, il n'y a nulle apparence: attendu qu'il a réellement saisi l'Office, auec establissement de commissaire, qui est tout ce qui s'y peut desirer, pour acquerir le droit de suitte. Et le plus souuent il seroit impossible à vn homme éloigné de la Cour, ou du lieu où l'Officier sera receu, de former empeschement, ni à sa prouision, ni à sa reception.

39 De mesme. Au contraire, c'est le resignataire auquel on peut imputer negligence, de n'auoir fait recherche dans le registre des arrests des Offices, pour sçauoir si celuy qu'il achetoit, estoit saisi ou arresté: & ce auparauant que de contracter, ou du moins de bailler son argent: car c'est à celuy qui débourse ses deniers, de rechercher son asseurance.

40 De mesme. Et ne peut-on pourtant dire, qu'il n'y ait point de seureté en l'achat des Offices. Car voila vn moyen aisé, & presque infaillible, pour s'en asseurer, voire qu'il n'y en a point de tel en l'achat d'vn heritage, qu'il faut par necessité acheter au hazard, sans qu'il y ait aucun moyen de sçauoir au vray s'il est hypothequé ou non, si ce n'est par vn decret, qui est au long, & auiourd'huy si plein de formalitez, que quand on vient à en appeller apres l'adiudication, il s'en trouue plus de mauuais que de bons: & y a presque autant de personnes trompez pour s'asseurer aux decrets, sans les auoir bien examinez, que pour se fier aux ventes volontaires: de sorte que la plus grande asseurance qu'il y ait en l'achat des heritages, c'est de contracter auec vn homme qui soit notoirement homme de bien & soluable.

41 Cõclusion. Concluons donc, que la saisie réelle de l'Office faite auant la resignation admise, attribuë suitte sur iceluy, mesme apres la reception & installation du resignataire, qui pourtant ne dure pas dix ans, & vingt ans, comme les autres hypotheques: ains c'est sans doute, qu'elle ne peut durer plus de cinq ans, à compter du iour de la reception de l'Officier, attendu que comme la prescription des benefices est reglée à trois ans par le decret *De pacificis possessoribus*: aussi celle des Offices est reglée à cinq ans, par l'Ordonn. de Charles VII. qui a lieu non seulement pour la proprieté d'iceux, mais à plus forte raison pour les hypotheques, qui certes conuiennent mal aux Offices.

42 Sẽble que cette suitte ne doit durer que trois ans. C'est pourquoy on peut tenter & mettre en auant, que cette suitte ne doit durer plus de trois ans, à commencer du iour de la saisie, au moins de la derniere procedure faite sur icelle, & ce en vertu de l'Ordonnance de Roussillon. Car encor que cette Ordonnance ne parle que de la peremption d'instance, & qu'on die au Palais, que saisie ne perit point, cela se doit entendre à mon aduis, qu'elle ne perit point, à l'effect que la prescription puisse continuer son cours, pource qu'il est certain, que celuy sur lequel on pouuoit valablement saisir, pour estre obligé ou condamné, ne peut prescrire. Mais hors cela, est-il pas raisonnable qu'vne saisie, qui est odieuse, finisse en moindre temps qu'vne action fauorable? principalement quand en vertu de la saisie, le saisi n'a pas esté actuellement dépossedé, mais seulement par fiction comme en vn Office. Et desia és saisies feodales la coustume de Paris y a pourueu, décidant qu'elles n'ont effect que pour trois ans: & celle de Normandie a dit qu'elles ne sont qu'annales, & on commence à pratiquer que le commissaire establi en toute autre saisie, si dans les trois ans

le saisissant n'a fait diligence pour paruenir au decret, peut demander estre deschargé: & qui plus est la mesme coustume de Paris, art. 172. veut qu'en execution de meubles, l'executant en face faire la vente dans deux mois, apres les oppositions cessées: dont on collige qu'apres ce temps le gardien est deschargé *ipso iure*, de sa commission. Il y a donc apparẽce de tenir que cette suitte ne dure que trois ans, encor seroit-il raisonnable qu'il y eust ordonnance pour la restraindre à vn, comme l'action de retrait, de complainte, & autres actions odieuses. Car c'est assez pour réueiller vn creancier endormi, quand il void par vn an tout entier, vn tiers exerçant l'Office qu'il a saisi.

Finalement pour la pratique, il faut noter, que pour se bien preualoir de cette suitte, il ne faut pas intenter contre le resignataire l'action hypothecaire *vt aut cedat, aut soluat*: mais en reprenant les erres de la saisie, faut continuer le decret de l'Office, faisant neantmoins appeller le possesseur nouueau, pour voir interposer le decret, qui est vn chemin plus court, que de commencer par action, en laquelle on ne peut obtenir autre chose, sinon permission de le faire decreter. Et ne peut-on trouuer estrange, qu'on continuë le decret sur le nouueau resignataire, pource que son resignant, estant dépossedé par la saisie, ne luy a peu valablement vendre l'Office au preiudice d'icelle, & combien que le resignataire puisse dire, que *non habet ius à resignante, sed à Rege*, si est-ce que *non potest habere pinguius ius, quàm resignans habebat*, comme discourt du Moulin sur la regle *De public. resignat.* 43 Pratique de la poursuitte de cette saisie contre le resignataire.

Puis donc qu'on peut au preiudice du resignataire réueiller la saisie faite auant sa resignation, & sur icelle enter & cõtinuer le decret, ce n'est pas vne petite difficulté, si les creanciers du resignant, qui auparauant la resignation n'auoient fait aucune diligence de saisir, ou s'opposer, seront conseruez en leurs hypotheques par telle saisie; en sorte qu'ils se puissent opposer apres la resignation, lors que le decret est recommencé: en vn mot, si l'Office saisi a suitte, tant au regard du saisissant, que des autres creanciers de l'antique Officier. 44 Si cette saisie sert aux autres creãciers.

Car il semble de prime-face, que la coustume disant indistinctement qu'il a suitte par hypotheque, cela se doit entendre sans distinction, du saisissant & des autres creanciers aussi, attendu mesme que *Pignus Pretorium in rem est, & omnibus creditoribus prodest*, *l. Cùm vnus. D. De bon. auct. iud. poss.* & se pratique iournellement, qu'apres qu'vn saisi a satisfait le saisissant, les autres creanciers se font subroger aux criées, encor mesme qu'ils n'y ayent formé opposition: pourueu toutesfois qu'ils se presentent auant vne plaine main-leuée. 45 Que si.

Ce neantmoins i'estime, qu'il ne faut pas tant estendre cette suitte des Offices si exorbitante: ains qu'il la faut restraindre au seul saisissant, & à ceux qui se sont opposez auparauant la resignation admise. Mais apres que le temps de saisie est passé, le temps de s'opposer l'est pareillement: & c'est icy qu'il faut pratiquer la regle, que *vigilantibus ius subuenit*. Car la suitte d'hypotheque, que la coustume attribuë apres la saisie, n'est qu'vne suitte ou continuatiõ de l'hypotheque du saisissant, lequel si le resignataire veut satisfaire, il amortit sans doute cette suitte d'hypotheque, comme il semble bien decidé en la Nou. 112. chap. 1. Ioinct qu'vn resignataire seroit trompé: car ayant recogneu, ou par les procedures du decret, ou par le registre de M. le Chancelier, qui sont les saisissans & opposans, il se charge volontiers de les payer sur le prix de l'Office, esperant que par apres son Office sera libre. 46 Resolution que non.

Et ce qu'on dit que *Pignus Pretorium omnibus creditoribus prodest*, est bien vray au droit Romain, où le gage Pretorien estoit possedé sous le nom general de tous les creanciers d'vn homme, *qui omnes simul mittebantur in possessionem bonorum omnium debitoris latitantis*, & par apres on en faisoit la vente, puis la distribution des deniers par déconfiture, qui estoit infamante comme vne banqueroute: mais nos saisies de France ne sont pas de cette sorte, ains se rapportent mieux au gage de iustice, qui n'estoit pas *in rem*, *sed in personam*, & ne seruoit qu'au creancier executant, au moins nostre simple saisie. Car à la verité, les criées & decret se rapportent aucunement au gage Pretorien, pource que tous les creanciers y sont appellez pour assister à l'adiudication, ainsi qu'à la vente du gage Pretorien. 47 Responsé aux raisons contraires.

43 Mais elle sert aux opposans à icelle, auant la resignation.

Mais puisque en France l'opposition formée à la saisie, ha pareille force que la saisie mesme en ce qui concerne la conseruation du droit de l'opposant, comme aussi elle se fait au lieu de saisie, pour autant que saisie sur saisie ne vaut, ains s'il y a vne seconde saisie, il la faut conuertir en opposition, il faut tenir que quand il n'est plus tẽps de faire de saisie, on ne peut plus aussi former d'opposition, autrement il s'ensuiuroit que l'oppositiõ seroit plus forte que la saisie. C'est pourquoy ie cõclu, que les oppositions formées apres la resignation admise, ne seruent plus de rien.

SOMMAIRE DV SEPTIESME CHAPITRE.

1 *Office saisi est vendu par decret.*
2 *Formalitez des autres decrets impossibles en l'Office se supplēent par d'autres qui sont rapportées en ce chapitre.*
3 *Saisie des Offices se fait à deux fins.*
4 *A qui doit estre signifiée la saisie des Offices.*
5 *Pour realiser la saisie, faut establir commissaire.*
6 *A Rome n'y auoit point de Commissaires, ni gardiens de biens.*
7 Curator, siue Magister bonorum, quis.
8 *Faut establir commissaire en France aux choses saisies.*
9 *Comment le saisi est actuellement dépossedé aux immeubles incorporels saisis.*
10 *Comment és Offices.*
11 *Le commissaire ne peut empescher l'Officier saisi en son exercice.*
12 *Mais les Thresoriers de France peuuent commettre à son exercice, si le Roy y a interest.*
13 *Ce que peut faire le commissaire de l'Office saisi.*
14 *En l'Office où n'y a que droits sans gages n'est besoin de commissaire.*
15 *Pourquoy.*
16 *Principalement ne faut point de commissaire és Offices où n'y a gages ni droits.*
17 *Bail à ferme est necessaire au decret des immeubles corporels.*
18 *Mais non és incorporels.*
19 *Mais au lieu de bail, le commissaire doit faire signifier son establissemẽt au Payeur des gages.*
20 *Anciennement falloit discuter les autres biens auant que saisir les Offices.*
21 *Le seul creancier priuilegié faisoit vendre les Milices à Rome.*
22 *Pratique ancienne de cette discussion.*
23 *De mesme.*
24 *Pourquoy cette discussion a esté abolie.*
25 *A presẽt le premier qu'õ saisit c'est l'Office.*
26 *Où doiuẽt estre faites les criées des Offices.*
27 *Deux situations imaginées en l'Office.*
28 *Faut faire les criées de l'Office en deux parroisses.*
29 *Limitation.*
30 *Ampliation.*
31 *Autre limitation.*
32 *Panonceaux necessaires aux Offices.*
33 *Si en vente volontaire, c'est à l'acheteur, ou au vendeur à payer le quart denier.*
34 *Qu'en adiudication par decret c'est à l'adiudicataire.*
35 *De mesme.*
36 *Par l'adiudication, le saisi doit estre condamné par corps à fournir sa procuration à l'adiudicataire.*
37 *Mesme y peut estre condamné par la sentence de 40. iours.*
38 *Preuue.*
39 *Cette condamnation est executoire, nonobstant appel.*
40 *Adiudicataire tenu consigner, nonobstant l'appel du saisi.*
41 *Mais la distributiõ doit estre differée, ou que les creanciers offrissent caution.*
42 *Adiudicataire n'est tenu consigner qu'apres la procuration à luy fournie.*
43 *Inconuenient qui en aduiendroit autrement.*
44 *Si apres l'adiudication le saisi meurt sans resigner, l'Office est vacant.*
45 *Prouision deuroit estre expediée sur l'adiudication.*
46 *En tout cas l'Office ne deuroit vaquer par mort, apres le quart denier payé.*
47 *Adiudicataire doit consigner pendant les quarante iours.*
48 *Mais la distribution doit estre differée.*
49 *Si l'adiudicataire est en demeure de se faire pouruoir, il pert ses deniers consignez.*
50 Idem *en la vente volontaire.*
51 *Le temps de cette demeure dépend de l'arbitrage du Iuge.*

DV DECRET DES OFFICES VENAVX.

CHAPITRE VII.

PVISQVE nostre coustume repute l'Office venal immeuble quand il est saisi, il s'ensuit qu'il ne doit estre vendu par vne prompte subhastation cōme vn meuble, ains par les solemnitez du decret comme vn immeuble. Dont la raison a esté cy-deuant attribuée à la consequence publique des Offices, & à la difficulté qu'il y a de separer de la personne la qualité, qui luy est inherente, & le charactere d'Officier, qui luy est imprimé. 1 Office saisi n'est védu que par decret.

Il faut doncques au decret des Offices obseruer les formalitez requises aux autres decrets tant que faire se peut, & qu'elles s'y peuuent accommoder. Mais tout ainsi que l'Office est vne espece d'immeuble anomale & impropre, aussi la façon de le decreter est irreguliere en quelques rencontres. Car lors que les solemnitez des decretz ordinaires n'y peuuent estre accommodées, il les faut suppléer par d'autres particulieres: & peut-on dire que c'est vn chef-d'œuure de pratique, que faire bien le decret d'vn Office. Ce sont donc ces solemnitez extraordinaires, qu'il faut expliquer en ce chapitre, sans qu'il soit besoin de parler de celles qui sont communes aux autres decrets. 2 Formalitez des autres decrets impossibles en l'Office se suppléét par d'autres, qui sont expliquées en ce chapitre.

Le fondement de tous decrets est la saisie, par laquelle la chose qu'on veut decreter est ostée de la possession du saisi, & mise en la main de iustice, pour estre par apres venduë publiquement par auctorité d'icelle. Toutefois cette saisie se fait à deux fins és immeubles incorporels, qui de leur nature sont amortissables & extinguibles, comme sont les rentes constituées & les Offices: l'vne, afin qu'ils ne puissent estre amortis & esteints au dommage du saisissant; l'autre, afin qu'ils puissent estre vendus à son profit. Ainsi au chapitre precedent nous auons traité de la saisie de l'Office, en tant que faite pour empescher qu'il soit vendu & resigné par l'Officier: mais icy il en faut parler, en tant que faite pour le faire vendre par iustice. 3 Saisie des Offices se fait à deux fins.

Comme c'est tousiours vne mesme saisie, qui peut tendre à ces deux diuerses fins, aussi les solemnitez n'y sont-elles point differentes; à sçauoir, comme il a esté dit, qu'au lieu qu'és immeubles solides on se trāsporte sur iceux, pour en faire vne saisie reelle, aussi és immeubles incorporels, on fait cette saisie entre les mains de celuy auquel ils resident le plus, comme celle des rentes constituées en parlant au debteur d'icelles: & celle des Offices entre les mains du Roy, qui en est le collateur, la personne duquel est representée à ce regard par M. le Chancelier de France, qui expedie les lettres de prouision d'iceux. 4 A qui doit estre signifiée la saisie des Offices.

Or en France en toute sorte de saisie, voire en toute espece de gage de iustice, ce n'est pas assez de saisir: ains il faut en outre establir commissaire. Car à bien entendre, ce qui realise n'est pas la voix du Sergent, ni l'escriture de son exploict, mais c'est l'effait qui en resulte, à sçauoir la prise & apprehension actuelle de la chose, quand on l'oste au saisi, & on l'en dépossede au mieux que faire ce peut. Or n'en peut-il estre actuellement dépossedé, si on ne baille la possession & detention d'icelle à vn autre, comme en sequestre, qui desormais le possede par l'auctorité du Roy & de iustice: & voila proprement que c'est saisir reellement, qui est la cause pourquoy l'ordonnance des criées requiert notamment l'establissement de commissaire pour realiser la saisie. 5 Pour realiser la saisie faut establir commissaire.

Qui est pourtant vne pratique particuliere à nous autres François. Car bien que les Romains eussent des sequestres iudiciaires, és mains desquels la chose litigieuse estoit sequestrée, par ordonnance expresse du Iuge, donnée contradictoirement, desquels est fait mention *in l. Licet. D. Depositi.* si n'auoiét-ils point de Commissaires, ou gardiens de biens comme nous, establis par les Sergens executeurs des sentences & obligations. Car à Rome *in pignore Iudiciali execu-* 6 A Rome n'y auoit point de Cōmissaires, ni gardiens de biens.

tor ipse retinebat pignora, quousque illa venderet: laquelle vente se faisoit promptement, mesme à l'égard des immeubles (ainsi qu'à nous és meubles, au moins en plusieurs coustumes) comme il se voit en la loy *A Diuo Pio. D. De re iudic. In pignore autem Prætorio creditores ipsi mittebantur in possessionem, siue ex primo, siue ex secundo decreto*, & celuy qui est nommé au droit *Curator* ou *Magister bonorum*, n'en estoit pas le commissaire ou gardien, mais c'estoit vn homme, dont on empruntoit le nom, soubs lequel, comme d'vn curateur aux biens vacans, *debitoris absentis vel latitantis bona vendebantur*, afin de luy sauuer l'infamie qu'il eust encouruë, si cette vente eust esté faite soubs son nom, comme i'ay discouru au 3. liu. *Du deguerpissement*.

7 *Curator siue Magister bonorum, quis.*

8 Faut establir commissaire en France aux choses saisies incorporelles reputees immeubles.

Mais en France, aux meubles saisis on establit vn gardien, aux immeubles vn commissaire: & quant aux choses incorporelles, c'est la difficulté comment on y peut obseruer cette solemnité, pource que n'estans visibles ni maniables, on ne les peut bailler reellement à gardien ni commissaire. Neantmoins encor s'en eschappe-on: quant à celles, qui sont reputées meubles, comme les debtes & actions mobiliaires: car on se contente d'en faire arrest és mains du debteur, lequel par ce moyen en demeure gardien: mais quant à celles qui sont reputées immeubles, si on les veut decreter, il y faut vn commissaire, puis que c'est vne solemnité essencielle du decret, que la saisie soit realisée, & le saisi dépossedé par l'establissement d'vn commissaire, qui la possede desormais soubs le nom & auctorité de la iustice.

9 Comment le saisi est actuellement depossedé aux immeubles incorporels saisis.

Car ce commissaire estably aux immeubles incorporels ne les peut pas tousiours posseder reellement & visiblement, attendu qu'ils n'ont point de possession reelle & visible, ains seulement vne possession intellectuelle & imaginaire, qu'on appelle *quasi possessionem*; comme pour le regard des rentes cõstituées, cette quasi possession consiste en la perception des arrerages, & partant c'est au commissaire estably à la saisie d'icelles, d'en perceuoir les arrerages. Mais quãt aux Offices, qui sont inherens à la personne du pourueu, il y a encor plus de difficulté de l'en deposseder, & d'en faire iouïr vn commissaire estably à leur saisie: car leur iouïssance consiste en deux poincts, qu'il faut hardiment distinguer, à sçauoir d'en faire l'exercice, & d'en receuoir le reuenu. Quant à l'exercice, attendu qu'il est entierement public, & d'ailleurs qu'il est attaché à la personne de l'Officier, qui en a le charactere public, il est notoire qu'il ne peut estre transferé au Commissaire, lequel n'a pas les qualitez, & sur tout l'approbation publique requise pour faire cet exercice: aussi qu'il ne seroit pas raisonnable qu'vn Sergẽt peust commettre à iceluy. Ioint que le public seroit interessé, s'il falloit changer d'Officiers tout autant de fois, que les saisies & main-leuées des Offices pourroient estre reïterées.

10 Comment és Offices.

11 Le Cõmissaire ne peut empescher l'Officier saisi en son exercice.

12 Mais les Thresoriers de France peuuent cõmettre à son exercice, si le Roy y a interest.

Vray est, qu'au contraire si pour le manifeste interest du public, il estoit requis d'empescher l'Officier d'exercer sa charge, comme vn Receueur qui seroit notoirement insoluable, en ce cas, non pas le Sergent qui saisit son Office, mais les Thresoriers de France ont accoustumé de commettre à l'exercice d'icelui. Car en fin ce seroit chose absurde, qu'vn simple Sergent peust deleguer la puissance publique.

13 Ce que peut faire le Commissaire de l'Office saisi.

Doncques tout ce que peut faire le Commissaire estably par le Sergent à l'Office saisi, est de receuoir les émolumens d'icelui: c'est à sçauoir en premier lieu les gages, en quoy n'y a nulle difficulté: & outre, de receuoir les droits & taxations qui ont accoustumé d'estre payées par vn Receueur, comme il sera dit au liu. suiuant, que ces droicts peuuent estre saisis & arrestez, & aussi que l'art. 353. de la coustume de Paris dit, que le Commissaire estably à l'Office ayãt gages, en doit receuoir, non pas les gages simplement, ains les fruicts. Mais pour le regard des profits manuels, que l'Officier reçoit par ses mains à mesure qu'il exerce, il est certain que le Commissaire ne les peut receuoir, attendu qu'il a esté dit au 1. liure, qu'ils sont inseparables de l'exercice, duquel ce Commissaire n'est capable: ce qui sera aussi prouué au mesme endroit.

14 En l'Office, où n'y a

Est-il donc vray qu'à tout Office, où il y a des droicts, qu'vn Commissaire peut

peut receuoir, il faille y establir vn Commissaire pour la validité de la saisie? veu qu'autrement si l'Officier reçoit tousiours ses droits, il semble qu'il ne soit pas valablement dépossedé. A la verité c'est vne grande question, & tiendroy de ma part pour cette opinion, n'estoit cet article 353. de la coustume de Paris, duquel les termes sont à poiser, *Es Offices où y a gages, sera estably Commissaire pour receuoir les fruicts*: dont s'ensuit qu'il n'est necessaire d'establir Commissaire qu'és Offices où y a gages, combien que ce Commissaire soit estably non seulement pour receuoir les gages, mais aussi les fruicts de l'Office ayant gages; dont la raison peut bien estre, que c'est chose incognuë au vulgaire, si les droicts des Officiers sont subjects à estre saisis & receus par Commissaire, & encor plus de discerner les grands droicts qu'vn Commissaire doit receuoir, d'auec les menus émolumens, qui ne peuuent estre ostez à l'Officier: de sorte que sur ce defaut il seroit inique de declarer vn decret d'Office nul. Quoy que ce soit il est certain, qu'és Offices, où il n'y a ni gages ni droits, qui puissent estre receus par vn Commissaire, il n'est besoin d'y en establir, pource que cet establissement seroit du tout frustratoire: & de fait la coustume ne le requiert qu'és Offices où y a gages: or est-il, que *qui de vno dicit, de altero negat, vulg. l. Cùm Pretor. D. De iudic.* Aussi est-ce assez d'obseruer aux decrets toutes les formalitez requises par les ordonnances & les coustumes, qui sont des-ja en assez grand nombre & possible trop, sans nous assubiectir encor par fantaisie à d'autres, qui ne sont prescrites par icelles.

que droicts sans gages, n'est besoin de Commissaire.

15 Pourquoy

16 Principalement ne faut point de Commissaire és Offices où n'y a gages ni droits.

Or il ne suffit pas de saisir & establir Commissaire: car tout cela n'est encor que du papier sans effait. Mais pour la validité du decret, il faut qu'il y ait bail à ferme, fait en Iustice, des choses saisies: pource que c'est par ce bail que le saisi est actuellement & mesme publiquement dépossedé: & de fait à faute d'iceluy, on casse tous les iours des decrets, & ce pour deux raisons. L'vne, qu'vn Commissaire ne peut rendre liquidement son compte des fruicts de l'heritage saisi, s'il n'en fait vn bail à ferme public: l'autre, & la principale, que les creanciers, qui voyent leur debteur demeurer tousiours en sa maison, & continuer la iouyssance de ses heritages, n'ont suject de croire, qu'on les decrette, & n'y a rien qui les puisse mieux aduertir du decret, que de veoir qu'vn autre en iouysse.

17 Bail à ferme est necessaire au decret des immeubles corporels.

Cela est vray és immeubles corporels, mais és incorporels, comme les rentes & les Offices, ce bail, sans doute, n'est point necessaire: d'autant qu'à leur égard ces deux raisons cessent. Premierement les fruicts des rentes & des Offices, au moins ceux dont le Commissaire est comptable, sont liquides: & secondement és choses incorporelles, il n'y a point de possession visible, au moins qui puisse estre ostee au saisi: car celle des rentes est intellectuelle, & celle des Offices, qui est l'exercice d'iceux, ne peut estre ostée au saisi: c'est pourquoy le bail à ferme y seroit frustratoire: & m'estonne comment aucuns Iuges le font, veu que c'est contre le sens commun.

18 Mais non és incorporels.

Mais puis qu'il vient d'estre dit, que les solemnitez ordinaires des criées, qui ne peuuent auoir lieu és choses incorporelles, doiuēt estre supplееs par d'autres qui y soient correspondantes: il semble que du moins au lieu du bail à ferme, le Commissaire deuroit faire signifier son establissement au payeur des gages. Ce qui ne seruiroit pas seulemēt pour son asseurance, afin d'empescher que l'Officier touchast ses gages, mais aussi cela seruiroit pour plus grande notorieté du decret, en tant que celuy qui achete vn Office, va ordinairemēt s'enquerir au payeur des gages d'iceluy, s'ils sont point saisis ou arrestez. Toutesfois pource que ces raisōs ne portent pas à la nullité du decret, & sur tout que cette solemnité n'est requise par aucune coustume ni ordonnance, & qu'elle concerneroit plus-tost la diligence du Commissaire que du saisissant, i'estime que le defaut de cette signification ne doit point rendre vn decret nul.

19 Mais au lieu de Bail le Commissaire doit faire signifier son establissement au payeur des gages.

Pour donc venir au decret des Offices, on obseruoit en France, n'y a pas encor long-temps, de ne les point decreter iusques apres discussion des autres biens, & ce par vne apparence d'équité resultante de ce que la saisie, & encor plus la vente forcée d'vn Office, qui dépend plus du Roy que du pourueu, estant

20 Anciennement falloit discuter les autres biens, auant

que saisir les Offices. de soy exorbitante & estrange, il sembloit raisonnable de n'y venir qu'à toute extremité, & de se prendre aux biens externes, auparauant que s'attaquer à la qualité inherente à la personne, & auant que le dégrader, & luy oster son Estat, & comme son estre.

21 Le seul creancier priuilegié faisoit vendre les Milices à Rome. Aussi ne trouuons-nous point en droit, qu'il fust permis aux creanciers de faire vendre, ie ne dy pas les Offices, mais les Milices venales, sinon *quando debitum aliunde recuperari non poterat.* dit la Nou. 136. encor cette permission n'estoit-elle donnée, qu'au creancier priuilegié, qui auoit presté son argent pour l'achat de la Milice, comme il se collige de cette Nou. & de la loy derniere *Cod. de pignor.*

22 Pratique ancienne de cette discussion. Et toutesfois en France, où nous auons esté plus libres à permettre & la vente volontaire & le decret des Offices, cette discussion des autres biẽs n'a onc esté requise à l'egard du creancier priuilegié, poursuiuant le prix de l'Office par luy vendu & resigné, ou ayant presté son argent pour l'acheter. Mais à l'egard des autres creanciers on l'obseruoit, possible en consequẽce de la loy *A Diuo Pio. §. In venditionib. D. De re iudic.* qui dit, qu'il faut vendre premierement les meubles, puis les immeubles, & en fin les droits incorporels, ce qu'on pratique encor à l'egard des immeubles des mineurs.

23 De mesme. Non que iamais cette discussion ait esté vne solemnité necessaire au decret des Offices, comme elle est en celuy des immeubles du mineur: n'estant pas enjointe expressément par aucune Ordonnance, ainsi que l'autre: & partant l'omission d'icelle n'apportoit pas nullité inéuitable au decret, posé qu'elle n'eust esté demandée pendant le cours d'iceluy, ainsi que la mesme exception de discussion n'empesche pas la condemnation en l'action hypothecaire, posé qu'elle ne soit point proposée par le tiers detenteur. Mais seulement elle estoit pratiquée par vne équité: de sorte qu'estant proposée & requise par l'Officier saisi, elle arrestoit le decret, ainsi que la discussion introduite par la Nou. 4. arreste la condemnation hypothecaire, quand elle est proposée par le tiers detenteur. Ie dy, qu'elle arrestoit le decret, & non pas la saisie reelle, qui sert à vne autre fin, sçauoir est, pour empescher que l'Officier resigne: ni encor l'establissement de Commissaire, qui sert à empescher qu'il reçoiue & consomme ses gages & droits.

24 Pourquoy cette discussion a esté abolie. Mais la malice des hommes a fait paroistre de nostre temps vne équité toute contraire, & beaucoup plus considerable. Car quand on retardoit le decret des Offices, apres la discussion des autres biens meubles, il aduenoit qu'vn Officier endebté, pour retenir son Office, auquel consistoit & son honneur & sa fortune, bandoit toute son industrie à retarder & allonger cette discussion; & comme les procez des fuyards sont immortels, il la faisoit durer plus que sa vie, & cependant l'Officier venãt à deceder, l'Office estoit perdu, & les debtes des creanciers par consequent. Inconuenient, qui est aduenu si souuent depuis que les Offices venaux ont esté en plus grand nombre, en plus grand' valeur, & en commerce plus ordinaire, que force a esté de corriger l'ancienne pratique, & reduire à ce regard le decret des Offices au droit commun des autres biens: pource que le peril qui arriuoit d'vn costé estoit plus grand, que la commodité qui reuenoit de l'autre: ioint que l'equité, qui concerne l'interest du creancier, est plus considerable, que celle qui regarde la commodité du debteur: estant la fin de la iustice, de rendre à chacun ce qui luy appartient.

25 A present le premier qu'on saisit c'est l'Office. Donques auiourd'huy, tant s'en faut qu'on retarde le decret des Offices iusques apres celuy des heritages, qu'au contraire vn rude creancier s'attaque directement à l'Office de son debteur, afin de le picquer, & faire venir à raison par cette importunité & honte de voir son Office, auquel son rang & comme son honneur consiste, estre saisi & crié publiquement: mais il n'y a remede, car en payant quitte, & comme dit Ciceron aux Offices, c'est la manutention d'vn estat, que l'accomplissement de la foy des contracts, & payement prompt des debtes.

26 Où doiuẽt estre faites les criées des Offices. Commençons donc les criées des Offices, à l'esgard desquelles ça esté autrefois vne grande difficulté, en quelle Eglise elles deuoient estre faites, &

où les

où les affiches d'icelles deuoient estre mises: attendu que les Offices estans incorporels, ils n'ont point d'assiette ni situation. Mais la coustume de Paris (qui seule a traité cette matiere, comme aussi il est à presumer que ç'a esté à Paris, où on s'est premiérement hazardé à décreter les Offices) nous en a donné la resolution és art. 350. 351. & 352. decidant en somme, que regulierement il les faut faire en deux endroits peur d'y faillir. Car comme l'Office a deux qualitez, l'vne d'estre réputé réel & immobilier, notamment à l'egard des criées, ainsi qu'il a esté dit cy-deuant: l'autre, d'estre de sa propre nature personnel & inherent à la personne de l'Officier: ainsi cette coustume a voulu, en tant qu'il est reputé reel, que les criées d'iceluy fussent faites, & les affiches d'icelles mises, à la porte de la paroisse du siege dont il dépend, & où il fait son principal exercice, auquel lieu elle refere son assiette & situation intellectuelle: & en tant qu'il est personnel, elle a ordonné qu'elles seroient encor reïterées à la paroisse de l'Officier. 27 Deux situations imaginées en l'Office.

Combien donc qu'és autres decrets il ne soit besoin de faire les criées qu'en vne paroisse, qui est celle où l'heritage est situé, neantmoins en celuy des Offices, à cause de leur double respect, il les faut faire en deux paroisses: à sçauoir celle du siege dont dépend l'Office, & celle du saisi. Toutesfois faut noter, que si le saisi est demourant en la mesme ville où est le siege, dont dépend son Office, ores qu'en diuerse paroisse, il suffist faire les criées en la paroisse du siege, & n'est besoin les faire en celle de l'Officier. 28 Faut faire les criées de l'Office en deux paroisses. 29 Limitation.

Et d'autant que les Officiers comptables n'ont autre siege dont ils dependent, que la Chambre des Comptes, c'est en la paroisse d'icelle, qu'il en faut faire les criées, dit cette coustume en l'art. 350. Et quant aux Offices, qui ne dependent d'aucun siege, comme pour exemple les Offices non comptables de la gendarmerie, & de la maison du Roy, dont elle ne parle point, i'estime qu'il suffit en faire les criées en la parroisse du saisi, pource qu'ils n'en ont point d'autre, où on puisse referer leur situation. 30 Ampliation. 31 Autre limitation.

Mais il faut prendre garde, que cette mesme coustume requiert expressément és art. 350. & 352. que pour plus grande notorieté du decret des Offices, aussi bien que des rentes, outre les affiches, qui sont ordinaires en tous decrets, il soit mis des panonceaux tant contre la porte des Eglises, où s'en font les criées, que contre la maison du saisi: combien que l'ord. des criées ne requiere les panonceaux qu'és maisons saisies seulement, & non aux heritages: desquels panonceaux, i'ay discouru amplement au 1. chap. du 3. liu. *Du deguerpissement*. 32 Panonceaux necessaires aux Offices.

Quant à l'adiudication par decret de l'Office, c'est tout le contraire qu'en la vente volontaire: car si la vente volontaire d'vn Office est faite sans dire, si c'est les lettres au poing, ou la simple procuration, elle importe qu'on fournisse les lettres de l'Office expediées: pource que la procuration à resigner n'est pas vn Office, & que la loy a determiné que *legata Militiæ onera & introitus Militiæ ab hærede præstanda sunt, l. pen. §. vlt. De leg. 3.* ce qui doit auoir lieu à plus forte raison au titre onereux de vente. Ioint que l'argent que le Roy prend pour la resignation, est pour permettre au resignant de vendre, ou autrement disposer de son Office. 33 Si en vente volontaire c'est à l'acheteur, ou au vendeur à payer le quart denier.

Mais tout au rebours, l'adiudication par decret de l'Office doit estre entenduë de la simple procuration seulement, & à la charge de payer par l'adiudicataire la finance deuë au Roy, pour la resignation d'iceluy, ainsi que l'ordon. veut que les heritages soient adiugez à la charge des droits seigneuriaux: ce qui ne signifie pas seulement la continuation des droits, dont l'heritage est chargé vers le seigneur direct: mais signifie, que l'adiudicataire sera seul tenu payer les profits deus au seigneur à cause du decret, mesme és coustumes, où ils sont payables en tout ou partie par le vendeur, si la vente n'est faite francs deniers; laquelle clause n'est besoin inserer en la vente par decret, pource que l'ordonnance la supplée: voire mesme quãd l'adiudication seroit faite sans exprimer la charge des droicts Seigneuriaux, l'adiudicataire en est tousiours chargé en vertu de l'ordonnance, qui supplée la disposition du Iuge. 34 Qu'en adiudication par decret, c'est à l'adiudicataire.

35 De mesme.

Ainsi en l'adiudication par decret d'vn Office, encor que par expres l'adiudicataire ne soit chargé de payer la finance de la resignation, comme on ne s'en aduise pas tousiours, si est ce qu'il faut tenir, que cette charge y est soubs-entenduë, pource qu'on ne peut vendre par decret, ni transferer à l'adiudicataire, que la procuration simple de l'Officier, estant certain, que celuy, de qui on vend l'Office par force, ne se hastera pas de poursuiure l'expedition des prouisions, & moins encor de payer la finance de la resignation: ainsi que quand nous lisons dans les Nouuelles, que les Milices estoient venduës ou transferées aux heritiers, cela s'entédoit à la charge d'en payer le droit d'entrée, comme il a esté dit au 8. chap. du 2. liure.

36 Par l'adiudication le saisi doit estre cõdamné par corps à fournir sa procuration à l'adiudicataire.

Dont resulte vne autre particularité de cette adiudication, c'est que par icelle l'Officier saisi doit estre condamné par corps à passer & fournir à l'adiudicataire, incontinant & sans delay, sa procuration pour resigner l'Office en sa faueur, sans laquelle procuration l'adiudication seroit inutile, n'estant iamais, sans icelle, la prouision expediée. Que si on auoit oublié de l'exprimer en l'adiudication, il en doit estre expedié vne sentence separémẽt sur la simple requeste de l'adiudicataire, ou des creanciers y ayans interest: sans qu'il soit besoin d'ouïr le saisi: d'autant que c'est vne suitte & consequence necessaire de l'adiudication de l'Office, en laquelle il a esté suffisamment ouy, ou attendu, pendant les longueurs du decret.

37 Mesme y peut estre condamné par la sentence de 40. iours.

Mesme pour accelerer matiere, attendu qu'il y a du peril en la demeure, il me semble, que deslors de la premiere sentence des quarante iours, qu'on appelle autrement le congé d'adiuger, par laquelle on discute les oppositions, afin d'annuller, distraire ou pour charges foncieres, & on ordõne qu'il sera passé outre à l'interposition du decret au quarantiesme iour, il seroit fort à propos de condamner le saisi, qui n'a peu proposer aucuns moyens de nullité contre le decret, à passer cette procuration, où le nom du resignataire soit laissé en blanc, comme on fait maintenant és procurations, qu'on passe apres auoir payé la Paulette, & icelle mettre és mains du Commissaire, si aucun y a, sinon du Greffier, pour estre deliurée à celuy qui sera adiudicataire de l'Office.

38 Preuue.

Combien que cela n'ait esté encor pratiqué, si est-ce qu'il n'y a aucun inconuenient. Car puis qu'il est ordonné, que l'Office sera vendu par decret, le saisi a luy-mesme interest que l'affaire soit accelerée, afin d'estre plustost quitte. Et tousiours le temps ordinaire des quarante iours, & les delays d'apres, demeurent pour luy donner loisir de payer ses creanciers, & obtenir main-leuée: quoy faisant il retirera sa procuration entiere & non effectuée.

39 Ceste condamnation est executoire nonobstãt appel.

Et faut noter, que la sentence par laquelle le saisi est condamné de passer procuration pour resigner, peut estre executée nonobstant l'appel, en baillant caution: tant à cause que les decrets participent de la nature des contracts, que sur tout à cause qu'il y a plus de peril à deferer à l'appel, qu'à executer la sentẽce sous bonne caution: autrement vn Officier, qui ne manque iamais d'appeller, afin de garder tousiours son Office, seroit plustost preuenu de mort, que contraint de resigner.

40 Adiudicataire tenu consigner, nonobstant l'appel du saisi.

Comme pareillement i'estime, que pendant cet appel, l'adiudicataire (posé que la procuration luy ait esté fournie, & non autremẽt) peut estre contraint par corps à consigner le prix de son adiudication: autrement il seroit Officier sans payer. Mais sa consignation estant faite, ie tien pour certain, qu'il la peut faire arrester par apres, & en empescher la distribution iusques apres la decision de l'appel: voire mesme quand les creanciers luy offriroient caution des deniers qu'ils receuroient par la distribution: tant pource qu'il auroit à faire à trop de

41 Mais la distribution doit estre differee, ores que les creãciers offrissent caution.

persõnes, pour retirer ses deniers en cas d'euiction, lesquels il ne seroit raisonnable qu'il retirast par parcelles: que sur tout, pource que *tutius est incumbere in rem, quàm in personam.* A quoy ne nuist la loy *Post perfectam. C. De euictio.* qui decide, que l'euiction imminente n'empesche le payement du prix de la vente, pourueu qu'on baille caution de l'euiction, pource que le payement ordonné par cette loy, a esté desia fait par l'adiudicataire, lors qu'il a fait sa consignation, laquelle

laquelle desormais doit demeurer, pour l'asseurance parfaite de tous ceux qui y ont interest.

De ce que dessus resulte vne autre particularité de ce decret, à sçauoir que l'adiudicataire de l'Office n'est pas tenu de consigner le prix incontinant apres son adiudication, pource qu'elle n'est pas bastante pour lui attribuer la seigneurie de l'Office, comme d'vn heritage, ou d'vne rente, ains faut qu'il en obtienne prouision du Roy, ce qui ne peut estre qu'apres qu'on lui aura fourni la procuration du saisi, laquelle le plus souuent est si longue & difficile à obtenir, que cependant l'Office se perd par sa mort, & partant l'adiudication demeure inutile. 42 Adiudicataire n'est tenu consigner qu'apres la procuration à luy fournie.

Car comme ainsi soit, qu'on ne decrete point vn Office, que le pourueu ne soit insoluable, il aduient ordinairement, que lui se voyant du tout ruiné, s'absente & se rend fugitif, & mesmes ores qu'il soit mis prisonnier, pource qu'il aduient communément qu'il y a sur lui d'autres contraintes par corps (comme rarement vn saffranier s'exempte de la prison) il ne se soucie pas de passer cette procuration, tant afin de garder tousiours le tiltre & qualité de son Office, que pource qu'il marchande auec ses creanciers, ou sa liberté, ou quelque terme, ou quelque remise de ses debtes, ou mesme vne piece d'argent pour sa derniere main, afin de bailler cette procuration. 43 Incõueniét qui en aduiédroit autrement.

Et pendant ces longueurs, il aduient souuent que le pauure homme fatigué de prison & de fascherie, meurt & emporte l'Estat, qui reuient au Roy *optimo iure*, ores qu'il soit adiugé par decret, pource que le decret n'en transporte pas la seigneurie, & que le droit du pourueu estant esteint par sa mort, l'hypotheque de ses creanciers, & le droit de l'adiudicataire est par consequent resolu & reduit à neant, suiuant la loy *Lex vectigali. D. De pignor.* Et ainsi il aduient que les creanciers ayans beaucoup trauaillé à discuter les autres biens de l'Officier, puis à faire passer par decret son Office, & par apres encor à le faire prendre prisonnier pour le contraindre à resigner, sont frustrez de toutes leurs peines, & de leurs frais par sa mort. 44 Si apres l'adiudication le saisi meurt sans resigner, l'Office est vacant.

C'est pourquoi il semble qu'il seroit tres-iuste d'expedier en vertu de l'adiudication les lettres de prouision de l'adiudicataire, s'il plaisoit au Roy, & à Messieurs de son Conseil, à present que les Offices sont si chers, de laisser arriere l'interest par trop éloigné du fisque, pour faire iustice aux pauures creanciers, qui certes ne deuroient estre frustrez de leur deu par la malignité de leur debteur: laquelle ne deuroit profiter au fisque à leur dommage: attendu que *factum Iudicis est factum partis*, & que l'adiudication du Iuge vaut autant que la vente, ou resignation de la partie. Ainsi qu'on voit qu'és saisies des autres droicts incorporels, comme des debtes ou des rentes, on n'attend pas que le saisi en baille quittance, ains le debteur en demeure deschargé par la sentence du Iuge, en les payant à l'adiudicataire. En tout cas, i'estimeroy que si le Thresorier des parties casuelles, ou le partisan auoient receu la taxe de la resignation, l'Office ne deuroit vaquer par la mort de l'Officier, aduenuë dans les six mois, sans passer sa procuration. 45 Prouision deuroit estre expediée sur la resignatiõ.

Mais pource que cela est douteux, & ne s'est encor point pratiqué, & d'ailleurs qu'on ne pouruoit point l'adiudicataire sans procuration de son resignant, qui meurt souuent sans la vouloir bailler, il n'est nullement raisonnable qu'il consigne le prix de l'Office, iusques à ce que cette procuration lui ait esté fournie. Encor peut-on douter, si apres icelle fournie il est tenu consigner, auant qu'il soit tout-à-fait asseuré de l'Office par le laps des quarante iours, qui ne courent que du iour de la prouision, pendant lesquels l'Office court risque par la mort du resignant. Ce neantmoins, i'estime qu'il est à propos, qu'il consigne les deniers dés lors qu'on lui fournit la procuration, attendu que c'est en effect la procuration, & non l'Office qui lui est adiugé, & qu'il ne tient plus qu'à lui, qu'il ne s'en face pouruoir, autrement lui-mesme differeroit sa prouision, pour dilayer la consignation. 46 En tout cas l'Office ne deuroit vaquer par mort apres le quart denier payé. 47 Adiudicataire doit cõsigner pẽdant les quarante iours.

Ie dy donc qu'il doit consigner: mais il faut que son argent demeure consigné, sans que la distribution actuelle s'en face, iusques à ce qu'il soit du tout asseuré de 48 Mais la distributiõ doit estre differée.

l'Office, par le cours des quarante iours. Vray est, que si l'adiudicataire estoit en
49 *Si l'adiudicataire est en demeure de se faire pouruoir, il pert ses deniers consignez.* demeure de faire expedier ses lettres, sous pretexte de vouloir faire moderer à loisir la taxe de la resignation, les creanciers pourroient apres interualle competant, demander que les deniers fussent distribuez. Voire mesme si pendant cette demeure indeuë, l'Office venoit à estre perdu par la mort du resignant, les creanciers pourroient empescher que l'adiudicataire retirast ses deniers, suiuant la regle de la loy *Quod te. D. Si certum petatur.* Comme cela mesme se pratique d'ordinaire en ceux qui ont acheté de gré à gré la simple procuration d'vn Office, pendant la maladie de l'Officier, qui est vn marché bien casuel.

50 *Idem en la vente volontaire.* C'est pourquoi en cas de vente volontaire on limite ordinairement vn temps dans lequel le resignataire se doit faire pouruoir à ses perils & fortunes, afin d'oster la difficulté de sçauoir s'il y a eu de la demeure ou non, sur les excuses que le
51 *Le têps de cette demeure dépend de l'arbitrage du Iuge.* resignataire peut prendre de l'absence de M. le Chancelier, ou de ce qu'il n'aura point séellé, ou que le conseil des finances n'aura point tenu. Cessant lesquelles considerations particulieres, soit en composition volontaire, soit en adiudication par decret d'vn Office, le temps de cette demeure dépend de l'arbitrage du Iuge, comme regulierement toute demeure : dont partant ne s'en peut bailler de regle certaine, *l. Mora. D. De vsuris.*

SOMMAIRE DV HVICTIESME CHAPITRE.

1 *Si les creanciers priuilegiez sont preferables à la contribution.*
2 *Interpretation de la loy* Planè. D. De tributoria actione.
3 *En l'action tributoire, les creanciers hypothecaires marchent selon leur ordre.*
4 *Que les priuilegiez sont preferables sur le prix de l'Office.*
5 *Interpretation de l'article 179. de la coustume de Paris.*
6 *Priuilegiez preferables en la déconfiture.*
7 Actio tributoria, quid.
8 *Pourquoy tous priuileges cessoient en l'action tributoire.*
9 *Que nostre déconfiture n'est pas l'action tributoire.*
10 *Que c'est que la déconfiture.*
11 *Difference du cas de déconfiture auec le cas de simple execution.*
12 *Particuliere interpretation de l'art. 179.*
13 *Femmes deboutées de preference en la déconfiture, & pourquoy.*
14 *Pourquoy le creancier hypothecaire vient en contribution sur l'Office, plustost que le priuilegié.*
15 *Vendeur est priuilegié sur sa chose.*
16 *Exception.*
17 *Pareillement, celuy qui a presté pour l'achat, ou pour la conseruation de la chose.*
18 *Comment se gaigne ce priuilege.*
19 *De l'ordre des creanciers en general.*
20 *Hypotheque & priuilege*, quid.
21 *Que c'est qu'hypotheque priuilegiée.*
22 *Ha lieu au dot par le droict Romain.*
23 *Et és frais funeraux.*
24 *Et l'argent presté pour achat & cõseruatiõ.*
25 *Bref, quãd l'hypotheque & priuilege concurrent.*
26 *Le fisque ne l'ha pas.*
27 Nisi in post quæsitis.
28 *Quatre rangs des creanciers.*
29 *Celuy qui a presté pour l'achat, s'il ha stipulé hypotheque ha priuilege réel.*
30 *Explication de la loy* Licet. C. de pig.
31 *Faut qu'il y ait hypotheque stipulée.*
32 *Explication de la loy* Interdum. Cod. Qui potior. in pigno.
33 *Pourquoy celuy qui a presté pour la conseruation, ha priuilege réel sans stipulation d'hypotheque.*
34 *Celuy qui a presté pour l'achat n'ha pas hypotheque tacite.*
35 *Explication du chapitre 3. de la Nou. 97.*
36 *Que ces questions ne peuuent gueres eschoir en France.*
37 *Principalemẽt ne peuuẽt eschoir és Offices.*
38 *Comment celuy qui preste pour acheter l'Office, acquiert priuilege.*
39 *Qu'il faut stipuler que l'argent sera employé en l'achat.*
40 *Preuue.*
41 Quid *si l'argent ny a esté employé.*
42 *Resolution qu'en ce cas il n'y a priuilege.*
43 *Explication de la loy* Lucius. D. De exerc. act.
44 *A qui c'est de prouuer l'employ.*
45 *Response à la loy derniere*, C. de pig.
46 *Si le vendeur de l'Office est priuilegié.*
47 *Qu'ouy.*
48 *Le fisque est priuilegié sur l'Office.*
49 *Ce priuilege est cõmuniqué à ses agens.*

50 *Que c'est vn autre priuilege que celuy des deniers Royaux.*
51 *Priuileges generaux cessent en la déconfiture.*
52 *Sinon au pupille & dot.*
53 *Responsé à l'arrest de Cadier.*
54 *Le plege de l'Officier est priuilegié.*
55 *Le creancier pour le fait de l'Office est priuilegié.*
56 *Limitation.*
57 *Comment celuy qui a payé le creancier priuilegié, entre en son priuilege.*
58 *Premiere opinion.*
59 *Seconde.*
60 *Troisiesme.*
61 *Importance de cette question.*
62 *Distinction quand le presteur a baillé son argent à l'ancien creancier, il n'est subrogé en son droit, sans cession d'actions.*
63 *Ou subrogation du Iuge.*
64 *Responsé à la loy* 2. C. De his qui in prior. cred. loc. succ.
65 *Exception* in iure offerendi.
66 *Cette exception, ni le* ius offerendi *n'ont lieu en France.*
67 *Le payement fait par vn tiers, amortit la debte.*
68 *Si ce tiers n'estoit fideiusseur ou detenteur d'hypotheque.*
69 *Ausquels la cession des droits peut estre faite apres coup.*
70 *Ce qui n'a lieu en l'estranger.*
71 *Le creancier n'est tenu ceder ses droits à vn tiers.*
72 *Les droicts cedez passent auec leur hypotheque.*
73 *Si la subrogation faite par le debteur trâsfere l'ancienne hypotheque.*
74 *Preuue que si, par de belles loix.*
75 *Preuue par auctoritez des interpretes.*
76 *Preuue par raisons.*
77 *Si le creancier est tenu ceder ses droicts à vn tiers à la requisition de son debteur.*
78 *Inconueniens de l'opinion contraire.*
79 *Qu'il n'y a aucun inconuenient en la nostre.*
80 *Comment l'action passe sans cession du creancier.*
81 *Les posterieurs creanciers n'y ont interest.*
82 *Que le dernier creancier ayant traité auec tous deux, la rente à luy cedée n'est subiette aux hypotheques du premier creancier.*
83 *Que l'ancienne hypotheque ne s'aquiert sans stipulation d'hypotheque.*
84 *Mais n'en est besoin pour acquerir l'ancien priuilege personnel.*
85 *Mais il fait paction auec le debteur.*
86 *Ordre des creanciers, sur le prix de l'Office.*
87 *Explication de la loy* Priuilegia. D. De priuil. credit.
88 *Priuileges ne gardent le rang de leur temps.*
89 *Ains de leur cause.*
90 *Sur l'Office, le fisque est le premier priuilegié.*
91 *Priuilege d'Office n'est purgé par le decret.*
92 *Apres le fisque marchēt les creanciers priuilegiez* ratione administrationis.
93 *Et marchent ensemble communément.*
94 *Comme par apres ceux qui ont presté pour l'achat ou conseruation de l'Office, ensemble le vendeur.*

DE LA DISTRIBVTION DV PRIX DE L'OFFICE DECRETE'.

CHAPITRE VIII.

IL a esté dict au chapitre cinquiesme, que suiuant la decision expresse de l'article 95. de la coustume de Paris, le prix de l'Office decreté vient en contribution, & se distribuë au sol la liure entre les creanciers de l'Officier. Mais c'est vne grande question, si les creanciers priuilegiez, comme ceux qui ont presté pour l'achat de l'Office, voire celui-mesme qui l'a vendu, doiuent point estre exceptez de cette regle, & receuoir par preference leur deu tout entier. Car de prime-face il semble que la coustume, qui parle indistinctement, doit estre generalement entenduë, n'estant à nous de distinguer ce qu'elle ne distingue point. 1 *Si les creanciers priuilegiez sont préferables à la contribution du prix de l'Office.*

Ioinct que la mesme coustume en l'art. 179. dit, qu'au cas de déconfiture, chacun creancier vient à contribution, *& qu'il n'y a point de preference ou prerogatiue, pour quelque cause que ce soit.* Ce qui est conforme à la loy *Procuratoris. §. Planè. D. De tribut. actio.* où il est dit que *in actione tributoria, etiam merces emptæ ex pecunia vnius creditoris veniunt in tributum.* Et ne faut point deuiner, comme a faict la glose, *in l. Quod quis. D. De priuil. credit.* que *pecunia non erat ad hoc credita expressè, vt ex ea merces emerētur.* Car le §. suiuant dit, que mesme le vendeur n'est pas preferé sur sa chose *si fidem habuerit* 2 *Interpretation de la loy Planè. D. De tributoria actione.*

de pretio. C'est pourquoi il faut necessairement confesser, qu'en droit *in actioni tributoria priuilegia creditorum cessant.*

3 En l'action tributoire les creäciers hypothecaires marchent en leur ordre.

Et neantmoins c'est chose certaine, qu'en cette mesme action les creanciers hypothecaires estoient préferez, *d.l. Procuratoris.* §. *Quid tamen.* & *d.* §. *Plané.* comme aussi en tout le droit *hypotheca priuilegio personali potior est*, dit la loy *Eos. C. Qui potiores in pign.* Donc puis que le creancier hypothecaire vient à contribution sur le prix de l'Office, pourquoi le creancier priuilegié y sera-il preferé?

4 Que les priuilegiez sont preferables sur le prix de l'Office.

I'estime toutesfois, que comme il n'y a regle si generale, qui n'ait quelque exception, le resignataire de l'Office, & celui qui a presté argent pour l'acheter doiuent estre préferez sur le prix. Car combien qu'en droit la femme soit tellement priuilegiée pour son dot, qu'elle deuance tous les autres creanciers hypothecaires & priuilegiez, & notãment ceux qui ont presté *in emptionem rei, Nou.* 97 *cap.* 3. neantmoins cela est particulier en la Milice, que sur le prix d'icelle la femme est deuancée par celui qui a presté pour l'achat d'icelle, lequel est reputé plus priuilegié que celui qui a presté pour l'achat de toute autre chose, pource qu'où il y a moins d'asseurance, il y a plus de charité: aussi que celui qui donne moyen à vn homme de s'auancer en vn Estat, l'oblige dauantage que celui qui lui preste pour acheter vn heritage: & sur tout cette préference ne peut estre déniée, attendu que par le droit Romain autre creancier ne pouuoit auoir hypotheque sur la Milice, que celui qui l'auoit venduë, ou qui auoit presté pour l'achat d'icelle, comme il a esté prouué cy-deuant.

5 Interpretation de l'art. 179. de la Coustume de Paris.

Et quant à ce que nostre Coustume dit en l'art. 179. *qu'au cas de déconfiture il n'y a aucune préference ou prérogatiue, pour quelque cause que ce soit*: Outre, que la vente de l'Office n'est pas la déconfiture, c'est à dire, la subhastation generale des biens d'vn homme, comme ie vay monstrer tout incontinant, i'ose bien dire que cette decision, comme elle a esté trop legerement & inconsiderément adioustée à nostre Coustume à sa derniere reformation, aussi n'est-elle nullement obseruée.

6 Priuilegiez preferables en la déconfiture.

Car il est tout notoire que le loüage de maison, les frais funeraux, les impenses de la maladie, les gages des seruiteurs, sont préferez en la déconfiture. Mesme i'ay veu iuger par arrest solennel de Pasques, 1588. touchant des cuirs vendus à vn marchant d'Espernon, que le vendeur seroit préferé sur iceux pour son prix, dont il auoit donné terme: nonobstant la decision du §. *Sed si dedi*, en cette loy *Procuratoris*, qui est toute formelle au contraire.

7 *Actio tributoria.*

Mais en effect, qui y prendra garde de prés, trouuera que c'estoit vn droit particulier, qu'en cette action tributoire, introduite par le Preteur contre le droit commun, tous priuileges cessoient, pource que le Preteur par son Edict appelloit également à contribution tous ceux qui auoient trafiqué auec l'esclaue, non pas sur tout son pecule, mais sur son cabal & marchandise seulement; mesme il n'appelloit pas à cette contribution tous les creanciers de l'esclaue, ains seulement ceux qui auoient trafiqué auec lui: ausquels le Preteur, pour la faueur du cõmerce & trafiq, donnoit ce priuilege d'estre préferez à tous autres creanciers, sur le cabal & marchandise du serf: & quant aux autres creanciers, ils estoient payez en la forme ordinaire sur le reste de son pecule. De sorte, qu'il ne se faut pas esbahir si tous ces trafiqueurs venoient ensemble par contribution: attendu qu'ils auoient tous vn mesme priuilege; ni pareillement si en cette contribution tous priuileges cessoient, pource qu'on n'admet pas priuilege sur priuilege. Voire qu'en cette action le maistre mesme de l'esclaue n'estoit point préferé, qui pourtant deuoit estre le plus priuilegié, ayant presté son argent à son serf pour trafiquer, comme de fait il estoit preferé en l'action *De peculio*, & partant il n'estoit pas raisonnable, qu'au mesme cas vn estranger fust plustost preferé que lui. Mais hors le cas particulier de l'action tributoire, il est notoire, qu'au droit, le creancier qui auoit vendu la chose, ou presté pour l'achat d'icelle, estoit priuilegié.

8 Pourquoy tous priuileges cessoient en l'action tributoire.

9 Que nostre déconfiture n'est pas l'action tributoire.

Or nostre déconfiture n'est nullement cette action tributoire, qui auoit lieu seulement en la marchandise trouuée parmi le pecule du serf, auquel le maistre auoit permis de trafiquer publiquement, & se trompent fort ceux qui l'y pensent accommoder, soubs pretexte que la distribution & partage s'en faisoit au sol la liure, comme il se fait en la déconfiture: mais ce n'estoit pas en ce seul cas qu'on faisoit au droit Romain la distribution au sol la liure, ains cela s'y faisoit presque tousiours, quoi que ce soit bien plus communément qu'à nous. Car en toutes ventes iudiciaires, apres les creanciers hypothecaires & priuilegiez payez, les autres venoient à contribution ensemblément, sans que iamais les premiers saisissans fussent preferez sur les meubles, comme ils ne sont pas encor aux Prouinces qui se regissent par le droit escrit.

Donques nostre déconfiture est proprement & directement cette action & distraction generale des biens d'vn homme insoluable, & qui est ruiné & déconfit, de laquelle est traité au tiltre *De bonis auctoritate Iudicum possidendis & venundandis.* Comme l'explique fort bien l'antique Bouteiller en ces mots, *Contribution que rudement on appelle Cas de déconfiture, est quand le vaillant de la personne ne suffit pour satisfaire à tous ses creanciers.* Or en cette déconfiture (qui estoit vrayement le *pignus Pretorium* du droit, c'est à sçauoir, quand les creanciers estoient mis en possession des biens de leur debteur banqueroutier) il est tout certain que les creanciers priuilegiez estoient preferez aux chirographaires, & c'est pourquoi tant au Digeste qu'au Code, apres ce tiltre ensuit immediatement celui *De priuilegiis creditorum*, mesme aux Pandectes Florentines le tiltre *De bonis auctor. iud. possid.* & celui *De priuil. credit.* ne sont point distinguez, & ne font qu'vn mesme tiltre, estans les deux rubriques adioustées ensemble. Aussi toute la matiere *De priuilegiis creditorum* seroit inutile, mesme n'y auroit point de creanciers priuilegiez, s'ils n'estoient preferez lors de la contribution. Car il est certain que leurs priuileges ne les rendent pas preferables aux hypothecaires, ains seulemẽt aux chirographaires, qui tousiours viennent par contribution, sauf que les priuilegiez sont preferez à eux. 10 Que c'est que la déconfiture.

En quoi l'Autheur du grand Coustumier, liure 2. chap. 17. accommode naïfuement nostre droit auec le Romain: disant que le cas de déconfiture est, quand il n'y a autres biens que ceux qui sont saisis, en distinguant le cas de dẽconfiture, qui est la subhastation generale des biens d'vn homme, d'auec le cas de simple execution, *quand autres biens*, dit-il, *restent à celui qui est executé*: ce qui reuient en effect à la difference du *pignus Pretorium*, qui comprenoit tous les biens d'vn homme, & se faisoit au nom de tous les creanciers, & du *pignus Iudiciale*, qui ne comprenoit, qu'autant de biens qu'il en falloit pour vn particulier creancier. Et dit bien ce mesme Autheur, qu'en cas de déconfiture le premier saisissant n'a aucun auantage, ni prerogatiue, fors pour les frais d'execution: mais il excepte notamment les debtes priuilegiées: qui est precisément ce que nous pratiquons encor auiourd'huy. 11 Difference du cas de dẽconfiture, auec le cas de simple executiõ.

Et c'est, à mon aduis, ce que vouloit dire l'ancienne coustume, art. 176. contenant *qu'en ce cas de déconfiture il n'y a point de preference ni prerogatiue*, c'est à dire, de préoccupation ou aduantage, soit pour le premier en hypotheque, ou pour le premier saisissant, comme il y a regulierement en cas de simple execution: ce que nos reformateurs auoient du commencement bien interpreté, adioustant ces mots à ce mesme article, *encor qu'aucun des creanciers eust fait premier saisir*, qui estoit sa vraye interpretation: mais quelques-vns d'entr'eux estimans que la decision de ce §. *Plane*, qui ne concerne que le cas particulier de l'action tributoire, fust vn droit commun, ont mal-à-propos entre-lassé ces mots à cet article, *pour quelque cause que ce soit*: voulant exclure tous priuileges de la déconfiture. Ce qui s'est trouué si contraire à l'équité, que l'vsage ne l'a point suiui. 12 Particuliere interpretatiõ de l'art. 179.

Ie sçai bien, que par plusieurs arrests les femmes ont esté deboutées de la preference par eux requise en la déconfiture: mais ce n'est pas que pourtant les priuileges n'ayent lieu en icelle, ains à cause qu'en France on ne garde pas le priuilege, que Iustinian, trop amoureux d'icelles, a attribué à leur dot. Bref, il ne faut plus hesiter en cette question: car il a esté iugé par arrest solennel de la prononciation de Pasques 1588. que nonobstant cet article le vendeur estoit preferé sur sa chose en la déconfiture, ce qui doit auoir lieu à plus forte raison au decret de l'Office. 13 Femmes déboutées de préference en la dẽconfiture, & pourquoy.

Et ne faut pas argumenter, que comme le creancier hypothecaire vient en

14 Pourquoy le creancier hypothecaire vient en contribution sur l'Office, plustost que le priuilegié.

contribution au decret de l'Office, aussi le priuilegié y doit venir. Car ce que l'hypothecaire n'a point de préference, est à cause que l'hypotheque ne s'assiet pas, quoy que ce soit, n'imprime pas vn charactere & vn droit réel, que nous appellons *droit de suitte* sur l'Office, non plus que sur vn meuble, comme il a esté prouué cy-deuant: & c'est pourquoi au païs de droit escrit, où les meubles ont suitte par hypotheque, les creanciers hypothecaires sont préferez en la déconfiture, & icy mesme, suiuant l'article 181. de nostre coustume, il y a preference en l'engagement actuel, qui est la seule hypotheque, dont les meubles sont capables tout-à-fait.

15 Vendeur est priuilegié sur la chose.

Expliquons donc maintenant quels sont les creanciers priuilegiez sur l'Office. Premierement, il n'y a nulle doute que celui qui l'a vendu ne soit preferé pour son prix: car ce priuilege est recognu au droit Romain, particulierement en la Milice, Nou. 53. 97. & 136. Et est notoire que generalement en France, comme au droit, le vendeur est priuilegié sur la chose achetée de luy, suiuant la loy *Quod quis. D. De reb. auctor. iud. possid.* & l'art. 177. de la coust. de Paris estendu aux autres coustumes par cet arrest solennel de Pasques 1588. Ce qu'il faut entendre, tant que la chose mobiliaire est trouuée en la seigneurie de l'acheteur: car s'il l'auoit reuenduë à vn tiers, il n'y auroit plus de priuilege pour le prix de la premiere vente, comme il fut iugé le 10. Mars 1587. en l'audience contre le tapissier Dargouges: ce qui doit auoir lieu en l'Office à plus forte raison, pource que par la prouision derniere du Roy toute hypotheque & preference est amortie, combien que par la precedente, obtenuë par celui qui est debteur, elle ne le fust pas, pource que celle-là est faite sur la vente & resignation du creancier, & consequemment est presumée faite sous les charges d'icelle.

16 Exception.

17 Pareillemēt celui qui a presté pour l'achat, ou pour la conseruation de la chose.

Pareillemēt, celui qui a presté son argent pour l'achat de l'Office, est priuilegié, suiuāt la decision expresse de la loy derniere, *C. De pign.* cōme aussi cela est general en droit, *l. Qui in nauem. D. De priuil. credit.* Comme au pareil celui qui a presté pour la conseruation ou augmentation de l'Office, comme pour financer au Roy, afin d'obtenir quelque nouuelle attributiō. Mais en ces deux priuileges, il y a bien de la difficulté. Car aucuns estiment, qu'il suffit qu'on puisse monstrer que l'argent ait esté actuellement employé à l'achat ou cōseruation de l'Office: autres requierēt en outre, que le prest soit fait par exprés pour ce sujet, suiuant cette loy *Qui in nauem.* & la loy *Qui nauis. D. De priuil. credit.* & l'Auth. *Quod obtinet. C. de pign.* Autres requierent outre tout cela qu'il y ait stipulation d'hypotheque, du moins generale, suiuant la loy *Quamuis. 17. C. de pign.* Bref, il y en a qui veulent notamment qu'il y ait stipulation d'hypotheque speciale sur la chose, suiuant la loy *Licet. C. Qui pot. in pign.* & toutes ces quatre opinions ne manquent ni de raisons, ni d'auctoritez.

18 Comment se gaigne ce priuilege.

19 De l'ordre des creāciers en general.

Sans m'amuser à les rapporter particulierement, ie diray que pour bien comprendre toute la matiere de l'ordre des creanciers, qui est vne des plus confuses de tout le droit, il faut distinguer quatre sortes de prerogatiues, que peuuēt auoir les creanciers selon le droit Romain & le nostre, à sçauoir l'hypotheque expresse, l'hypotheque tacite, le priuilege personnel, & l'hypotheque priuilegiée.

20 Hypotheque & priuilege, *quid.*

Chacun sçait que c'est que l'hypotheque expresse, qui resulte de la conuention: & la tacite, qui prouient de la loy, qui en certains cas a attribué l'hypotheque sans conuention de l'homme. On sçait aussi que c'est que le priuilege personnel, ainsi appellé en l'Authentique *Quo iure. C. De pignor.* pource qu'il n'affecte point la chose, & partant il cede au droit réel d'hypotheque, *l. Eos. C. eod.* & de ce priuilege est traité au tiltre *De priuil. credit.*

21 Que c'est qu'hypotheque priuilegiée.

Mais toute la difficulté de cette matiere est de sçauoir, que c'est qu'hypotheque priuilegiée, de laquelle est parlé en termes exprés en la Nou. 97. chapitre 3. *Nouimus*, dit Iustinian, *antiquioribus creditoribus præponi aliquas hypothecas iuniores existentes ex priuilegiis à legibus datis*, dont en suitte sont rapportez les exemples. Or ie dy que l'hypotheque priuilegiée, qu'on peut aussi appeller priuilege réel, ou hypothecaire, est vne certaine prérogatiue attribuée par le droit à l'hypotheque tacite ou expresse, que qui la rend preferable, non seulement aux debtes chirographaires, & aux priuileges personnels, mais aussi aux autres hypotheques, quoi qu'anterieures. & pource que dans le droit elle est tantost confonduë auec les simples priuileges personnels, tantost auec les simples hypotheques, ne lui ayant aussi esté donné d'autre nom, que d'estre par fois appellée priuilege, & par fois hypotheque: afin de la distinguer & de la simple hypotheque, & du priuilege personnel, ie luy ay trouué le nom d'hypotheque priuilegiée, que i'ay pris dans la Nou. 97. nom qui luy est fort propre, pource qu'elle comprend en soy le priuilege & l'hypotheque tout ensemble: & puis dire qu'à faute de l'auoir distinguée des simples hypotheques & simples priuileges, on quote plusieurs antinomies en cette matiere, qui ne peuuent estre conciliez, que par le moyen de cette distinction.

Cette hypotheque priuilegiée a lieu auant toutes autres en la dot, selon le droit Romain. Car combien que la dot n'eust anciennement que l'hypotheque tacite auec le priuilege personnel, *de quo in tit. De priuilegio dotis*, toutesfois Iustinian lui attribua l'hypotheque priuilegiée par la loy *Assiduis. C. Qui pot. in pign.* & depuis encor par la Nou. 97. chap. 3. il lui attribua preference par dessus toutes hypotheques priuilegiées, exceptant seulement ceux, qui auoient presté pour l'achat de la Milice, lesquelles prerogatiues de la dot nous ne gardons pas en France. 22 A lieu au dot par le droit Romain.

Elle a lieu aussi és frais funeraux, *l. Et si quis. §. 1. & l. penult. D. De religiosis & sumpt. fun.* esquels sont compris, ou concurrent les frais de la derniere maladie, comme salaires de medecins, apothecaires & barbiers. Pareillement elle a lieu en l'argent presté pour l'achat ou conseruation de la chose *l. Interdum. & l. seq. C. In quibus caus. pignus.* Bref elle a lieu toutes fois & quantes que le priuilege personnel se rencontre en vne certaine chose, specialement auec l'hypotheque, & ce à cause du double droit & lien, & comme en la loy *Licet. C. Qui potio. in pign.* 23 Et és frais funeraux. 24 Et en l'argent presté pour achat & cõseruatiõ. 25 Bref quãd l'hypoteque & priuilege concurrent.

Et notez, que ie ne mets point le fisque entre ceux qui ont hypotheque priuilegiée, ou priuilege réel: car il a bien son priuilege personnel sur tous les biẽ generalement, & non pas sur vne certaine chose, comme il est requis pour auoir hypotheque priuilegiée, aussi ne preuient-il point les cranciers anterieurs en hypotheque, *nisi in pòst quæsitis*, à l'égard desquels seulement on peut dire, qu'il a hypotheque priuilegiée, *l. 28. D. De Iure fisci*, ce que Cujas a assez bien expliqué *lib. 10. Obseru. cap. 22.* contre Fournier *lib. 2. Select. cap. 4.* 26 Le fisque ne l'a pas. 27 *Nisi in pòst quæsitis.*

Voila donc quatre rangs de creanciers, à sçauoir ceux qui ont hypotheque priuilegiée, qui doiuent estre mis les premiers en ordre. Ceux qui ont simple hypotheque, soit expresse soit tacite, qui marchent ensemble au second rang. En troisiesme lieu ceux qui ont le simple priuilege personnel: finalement les simples chirographaires. Vray est qu'és choses, où l'hypotheque n'a point de suitte, comme és meubles, & és Offices, les deux premiers rangs n'y peuuent auoir lieu: & partant n'y reste que les deux derniers, à sçauoir des creãciers priuilegiez, & des non priuilegiez. 28 Quatre rangs des creanciers.

Cela presupposé, la matiere de l'ordre des creanciers est assez aisée à comprendre nettement. Car en premier lieu il est facile à entendre, que celui qui a presté son argent pour l'achat de quelque immeuble, sur lequel il a stipulé hypotheque, a sur icelui le priuilege réel, ou hypotheque priuilegiée, pource que le priuilege *in certa re* & l'hypotheque expresse s'y rencontrent, & partant est preferable aux simples hypothecaires, quoi qu'anterieurs, & aux simples priuilegiez: soit que l'hypotheque par lui stipulée soit generale, ou speciale. Car l'vne a regulierement autant d'effait que l'autre: & d'ailleurs la Nou. 136. chap. 3. requiert seulement, que *in contractu fiat aliqua mentio hypothecæ.* A quoi n'est contraire la loy *Licet*, qui semble requerir l'hypotheque speciale, pource qu'en cette loy le mot *specialiter* signifie *expressè*, & est mis pour exclure la tacite hypotheque, que le droit a bien attribuée à celui, des deniers duquel la chose a esté augmentée ou conseruée, mais non à celui des deniers duquel elle a esté achetée: si ce n'est aux banquiers par priuilege special, cõme il est dict en cette Nou. 135. chap. 3. Interpretation que, quiconque prend la peine d'estudier exactement cette matiere, trouuera vraye: & faute d'icelle, on se trompe iournellemẽt en la decision 29 Celuy qui a presté pour l'achat s'il a stipulé hypotheque a priuilege réel. 30 Explication de la loy *Licet. C. De pignor.*

de cette loy *Licet*. qui a fait de bons procés faute de les bien entendre.

31 Faut en cas qu'il y ait hypotheque stipulée.

Encor donc que le prest soit fait nommément pour l'achat de la chose, si est-ce que cela n'engendre pas le priuilege hypothecaire, s'il n'y a stipulation expresse d'hypotheque, ains seulement le priuilege personnel, ce qui est clairement decidé en la loy 17. *C. De pignor.* & en cette loy *Licet.* & en cette Nou. 136. chap. 3. Et ce que la loy *Interdum. cum l. seq. C. Qui potior. in pign.* attribue cette hypotheque priuilegiée à celui des deniers duquel la chose a esté augmentée ou conseruée, encor qu'il n'ait stipulé aucune hypotheque expresse, il faut remarquer que c'est vn cas particulier, auquel l'hypotheque tacite, & par consequent le priuilege reel a lieu en faueur de celui, *qui saluam fecit pignoris causam, & proinde negotium commune creditorum vtiliter gessit*: comme Cujas dispute fort bien contre Robert *in Mercatore* 4. *Not.* Mais il ne se trouuera pas que l'hypotheque tacite & sans stipulatiõ, soit attribuée à celui des deniers duquel la chose a esté achetée. Au contraire, la loy 17. *C. De pign.* dit qu'il n'a aucun droit réel sur icelle, & la loy *Idemque. D. Qui pot. in pign.* dit qu'il n'y a que le pupille qui ait hypotheque tacite en la chose achetée de son argent: & mesme en l'action tributoire, celui qui a presté pour l'achat de la chose n'est pas preferé aux simples chirographaires, ains vient en contribution auec eux, combien qu'en cette action les simples hypothecaires soient preferez, *d. l. Procuratoris. §. Plane. De tribut. act.*

32 Explication de la loy *Interdum. C. Qui potior. in pigno.*

33 Pourquoy celuy qui a presté pour la conseruation, a priuilege reel sans stipulation d'hypotheque.

34 Celuy qui a presté pour l'achat, n'a pas hypotheque.

35 Explicatiõ du chap. 3. de la Nou. 97.

Et d'ailleurs combien que celui qui a presté pour l'achat de la chose, semble egalé à celui qui l'a augmentée ou conseruée par ses deniers au chap. 3. de cette Nou. 97. qui est le passage le plus formel qui soit dans le droit touchant l'hypotheque priuilegiée: mesme qu'il semble, que d'icelui on puisse inferer, que celui qui a presté pour l'achat, ait hypotheque tacite: neantmoins cela n'est pas: car le texte de ce chap. presuppose notamment & par expres, qu'il y ait hypotheque acquise d'ailleurs, en tant qu'il commence par ces mots, *Nouimus aliquando iuniores hypothecas antiquioribus præponi.*

36 Que ces questions ne peuuent gueres escheoir en France.

37 Principalement ne peuuent escheoir és Offices.

Ie me suis d'auantage arresté sur ce discours, à cause de la diuersité des loix, & du conflit merueilleux des opinions des Docteurs en cette question, qui toutefois peut eschoir rarement parmi nous, d'autant que nos contracts portent hypotheque de leur nature, comme i'ay dit ailleurs: attendu que soubs pretexte d'icelle plusieurs treuuent que pour auoir le priuilege réel il faut stipulation de speciale hypotheque: & partant, ou la declaration que le prest est fait pour cause priuilegiée, est pardeuant Notaires, & lors elle porte sans doute hypotheque, voire hypotheque priuilegiée, à cause de la rencontre du priuilege *in certa re* auec l'hypotheque: ou bien elle est faite sous sein priué, & lors elle est fort douteuse & suspecte, mesme pour acquerir le priuilege personnel, ne faisant foy au preiudice d'vn tiers. Mais sur tout en matiere d'Offices cette question est du tout inutile. Car puis qu'ils n'ont point de suitte par hypotheque, ils ne peuuẽt auoir d'hypotheque priuilegiée: & le priuilege personnel, tout ainsi qu'aux meubles, y vaut autant que réel.

38 Comment celuy qui preste pour acheter l'Office, acquiert priuilege.

Mais toute la difficulté, qui y peut escheoir en ce mesme cas, regarde le priuilege, & non l'hypotheque, & est de sçauoir, si pour auoir priuilege sur l'Office, il suffist de pouuoir monstrer, que les deniers du prest ont esté actuellement emploiez en l'achat de l'Office, sans qu'il soit declaré dans l'obligation, que le prest a esté fait pour ce suject: ou bien si cette declaration ou stipulation d'employ est necessaire. L'antique Faber sur la loy *Licet*, a tenu formellement qu'elle n'estoit necessaire, & a esté suiui de plusieurs autres: toutefois le contraire est decidé en termes expres par cette Nou. 97. chap. 4. *Si expreßim scriptum sit in instrumento, creditum fuisse aurum occasione Militiæ, & in hoc fiat pactum, vt, casu proueniente, sit solus qui ad hoc credidit*: comme aussi le mesme est decidé par l'Auth. *Quod obtinet. C. De pignor.* qui est prise de la Nou. 53. Voire la Nou. 97. passe bien plus outre, requerant que cette declaration se face en l'acte mesme du prest, & encor que ce soit par instrument authentique. *Non enim*, dit-elle, *facilè credendum hoc testibus, sed negotio ex scripto gesto, & testium habente subscriptiones, & ipso opere procedente: sicque per omnem huiusmodi viam res procedat, vt suspicionem non habeat*, ce qui est fort à noter.

39 Qu'il faut stipuler que l'argent sera employé en l'achat.

Aussi

Aussi ne seroit-il pas raisonnable, que le creancier, qui auroit presté son argent purement & sans cette précaution, acquist par-apres vn priuilege par le fait du debteur, au moyen de ce qu'il auroit employé les deniers du prest en l'achat de l'Office, qui possible n'auoient esté prestez à cette intention, ou consideration : que si l'intention auoit esté telle, il la falloit exprimer, *quia propositum in mente retentum nihil operatur.* 40 Preuue.

41 Quid si l'argent n'y a esté employé. Mais posons qu'il apparoisse suffisamment, que le prest a esté fait pour l'achat de l'Office, si toutefois il se trouue qu'il n'y ait esté employé, le creancier aura-il priuilege? il semble qu'ouy, & que la tromperie du debteur ne lui doit nuire, veu qu'il n'eust pas presté son argent, s'il n'eust esté asseuré d'auoir le priuilege : & de fait la loy dit, que si i'ay presté de l'argent au preposé à la nauire, pour la refaire, encor mesme que l'argent n'y ait esté emploié, ie ne laisse d'auoir action contre le seigneur de la nauire, pourueu qu'en prestant mon argent, i'aye stipulé, qu'il seroit emploié à la refection d'icelle, & que la verité fust qu'elle auoit besoin d'estre refaite, *l. Lucius. D. De exercit. act.*

42 Resolution, qu'en ce cas il n'y a priuilege. Neantmoins le contraire est veritable, que s'il appert, l'argent du prest n'auoir esté emploié en l'Office en tout ou partie, le priuilege cesse à proportion : comme il est decidé en la loy derniere, *C. De pignor.* en ces mots, *Dum tamen non probetur alios ex suo patrimonio dedisse pecunias :* & ainsi le resoult le docteur Zazius *Ad l. 25. D. De cess. bon. num.* 7. Aussi la loy *Lucius.* ne parle pas du priuilege, dont nous traitons, mais *de exercitoria actione, quæ datur in dominum nauis ex facto præpositi,* & ne concerne l'interest des personnes tierces, ains seulement celui du maistre de la nauire, & la raison de cette particularité de l'action exercitoire est renduë au §. *Vnde.* de la loy 1. *eod. tit.* où la mesme question est traitée, que *dominus sibi imputare debet, qui talem præposuit.*

43 Explicatiō de la loy Lucius. D. De exerc. act.

44 A qui c'est de prouuer l'employ. Mesmement on passe bien plus outre auiourd'huy. Car on ne se contente pas que le prest soit fait *in causam emptionis*, mais on requiert que le contract d'achat contienne par expres que le payement est fait de l'argent presté : & ainsi s'obserue suiuant les arrests rapportés par M. Louet. *lit. H. num.* 12. combien que le droit ne le requiere pas.

45 Responce à la loy derniere, C. De pignor. Mais tout ceci semble estre renuersé par la loy derniere, *Cod. De pignor.* & par la Nou. 136. chap. 2. qui disposent par expres, que si les banquiers ont emprunté argent des particuliers, ou les particuliers des banquiers, sans aucune expression de cause, & qu'incontinant apres le prest fait, le debteur ait acheté vn Office ou Milice pour lui, son fils, ou proche parent, l'Office est presumé auoir esté acheté de l'argent presté, & y a priuilege sur icelui, sans qu'il soit besoin d'aucune declaration. Toutefois cette objection est facile à soudre, se souuenant de ce qui a esté dit au chap. 5. de ce liure, où ces deux textes ont esté expliquez, que c'est vn droit special à l'égard des banquiers : & de fait il est dit par expres en cette mesme Nou. chap. 4. qu'entre autres personnes que les banquiers cette presumption n'a lieu.

46 Si le vendeur de l'Office est priuilegié. Voila pour celuy qui a presté pour l'achat de l'Office, parlons maintenant de celuy qui l'a vendu, lequel au cas pareil doit estre priuilegié, comme Carondas dit auoir esté jugé par arrest du 8. Mars 1585. Car encor que le droit ne donne point d'hypotheque au vendeur pour le prix de sa chose *post traditionem & fidem habitam de pretio*, comme il se collige de la loy *Quidam fundum. D. De in rem verso*: ains seulement auant la tradition luy donne la retention *quasi iure pignoris*, dit la loy *Iulianus. §. Offerri. D. De act. empti.* Et ainsi faut-il entendre la loy *Hæreditatis. D. De hered. vel act. vend.*

47 Qu'ouy. Neantmoins c'est chose certaine, que le vendeur a vn priuilege personnel sur la chose pour le prix d'icelle, *l. Quod quis. D. De priuileg. cred.* Et ne faut point opposer le §. *Planè.* qui decide le contraire, attendu ce qui vient d'estre dit, que c'est vn cas particulier *in tributoria actione.* Sur tout en France ce priuilege est fort auantageusement gardé par le moyen de l'art. 177. de la coust. de Paris, qui le prefere mesme au premier saisissant. Dont s'ensuit qu'il n'est besoin que cette preference soit expressément stipulée par le vendeur, ainsi qu'il est requis en celuy

qui a presté pour l'achat de la chose, puis que la loy ni la coustume ne le requierent: aussi qu'apparoissant de la vente, & n'apparoissant point du payement du prix, l'intention du vendeur est assez fondée.

48 Le fisque est priuilegié sur l'Office.

Pareillement il n'y a point de doute, que le fisque ne soit priuilegié sur l'Office du comptable, pour les deniers de son administration, dont l'Office est le special gage & asseurance. Voire mesme ce priuilege a suitte contre le tiers detenteur de l'Office, pourueu par resignation du debteur, lequel resignataire ne doit estre receu, qu'il n'ait fait apparoir du quittus de son resignant qui est vne exception tres-notable à nostre art. 95. lequel n'a lieu contre le fisque, à qui on ne peut imputer de negligence, comme aux particuliers. Ioint que la prouision du Roy, qui est comme le Seigneur direct de tous les Offices, s'entend tousiours sauf son droit ; ainsi que la reception en foy ou ensaisinement fait par le seigneur direct d'vn heritage, qui partant ne preiudicie aux hypotheques qu'il auoit sur iceluy.

49 Ce priuilege est communiqué à ses assignez.

Lequel priuilege du fisque est communiqué à ses assignez, tant pource qu'ils succedent à son droit, que pource que s'ils ne sont payez par l'Officier, le fisque leur demeure debteur. Mais faut noter qu'il n'a lieu que pour les deniers de la charge, & non pas pour les amandes que l'Officier encourt pour quelque cause que ce soit. *In sortis enim quantitate fisci conditio potior est, sed in eo quod pœnæ nomine adiectum est, propria forma seruanda est*, dit la loy vnique *Pœnis fiscal. credit. antef. lib.* 10. *Cod.* qui est la maxime de la loy *In summa. D. De iure fisci.* C'est pourquoi iustement du Moulin, en quelque endroit de ses œuures, se plaint que les Iuges deleguez de la Tour quarrée du Palais, lors de la recherche des financiers, faicte soubs le Roy François 1. auoient declaré les amendes auoir hypotheque du iour que le financier auoit cõmencé l'exercice de sa charge, en vertu de la loy 2. *Cod. In quib. caus. pig.* & la loy. 3. *C. De priuileg. fisci.* Comme aussi le priuilege qu'a le fisque sur l'Office n'a lieu pour les Commissions particulieres, que l'Officier pourroit auoir gerées, outre ce qui depend de son Office, encor mesme que ces Commissions ne lui eussent esté deferées, s'il n'eust esté Officier, comme il a esté dit au 1. liu. chap. 4. que de telles commissions les cautions de l'Officier ne sont tenuës.

50 Que c'est vn autre priuilege que celuy des deniers Royaux

Or quand ie parle du priuilege special, qu'a le fisque sur l'Office comptable, ie n'enten pas parler de ce priuilege general qu'il a sur tous les biẽs de ses debteurs, que nous appellõs en Frãce le priuilege des deniers Royaux. Car i'estime, qu'en consequence de l'art. 179. de nostre coustume, tous priuileges generaux cessent en la déconfiture, hors mis celui des frais funeraux, & ce qui en dépend, comme

51 Priuileges generaux cessent en la déconfiture.

gages de seruiteurs, parties d'Apothecaires, &c. qui sõt preferez *intuitu pietatis*, par dessus toutes autres dettes. Comme notoirement en la déconfiture le pupille n'est preferé pour le reliqua de son compte, ni la femme pour la restitution de son dot, ce qui a esté iugé par plusieurs arrests.

52 Sinon au pupille & dot.

Et toutefois si on prouuoit clairement que l'Office eust esté acheté des deniers pupillaires ou dotaux, i'estime que le pupille & la femme deuroient estre preferez sur icelui, attendu qu'en ces deux cas speciaux la loy donne priuilege à celui, de l'argent duquel la chose a esté achetée, comme à l'égard du pupille

53 Response à l'arrest de Cadier.

il est decidé *in l. Idemque. D. Qui pot. in pign. & l.* 3. D. *De rebus eor.* & à l'egard du dot *in l. Vxor marito.* D. *De donat. inter vir. & vxor.* & ne leur faut point de declaration expresse, comme il vient d'estre dit des autres, pource que le pupille & la femme mariée ne la pouuans stipuler, la loy y supplée pour eux. Ainsi a esté iugé par arrest du 12. Iuin 1603. pour la femme de Maistre Iean Cadier Notaire, qu'elle seroit preferée sur l'Office de son mary, bien qu'il en fust pourueu auparauant son mariage, pource que par le contract d'icelui, il auroit promis employer ses deniers dotaux au payement des debtes qu'il auoit contractées pour l'achat de son Office, comme il m'a esté rapporté.

54 Le plege de l'Officier est priuilegié.

I'estime pareillement que celuy qui-a cautionné l'Officier lors de sa receptiõ, est priuilegié sur l'Office, tant comme ayant le priuilege du Roy, que mesme de son propre chef, comme creancier de l'Office plustost que de l'Officier, entant que sans son intercession, l'Officier n'y eust esté receu : & partant que l'Office est

son

son special gage, comme on voit en droit *in tributoria actione*, que les cranciers qui ont trafiqué auec le serf, ou fils de famille, sont preferez aux autres, en tant que le cabal ou marchandise du serf sont distraites du pecule d'icelui, & sur icelles ces marchands sont payez par preference aux autres, & par contribution entr'eux : mesme si le serf ou fils de famille faisoient deux sortes de marchandise, chascun vient sur l'espece de marchandise, pour laquelle il a eu affaire auec luy, pource, dit la loy, que *merci magis quàm seruo credidit, d. l. Planè. §. Si plures.*

Cette mesme raison nous apprend, que tout creancier, pour le fait & dépendance propre de la charge de l'Officier, doit estre preferable sur l'Office : comme le consignataire sur celui de Receueur des consignations, celui qui a baillé son obligation à vn Sergent pour en faire les contraintes, sur le prix de son Office. Car ceux-cy ont suiui la foy publique, & ont contracté auec l'Officier, non en tant que priué, mais en tant qu'Officier, *& ex necessitate Officij.* Comme aussi ce priuilege se peut soustenir à l'exemple du curateur, & tout autre qui a semblable charge, és biens duquel le pupille, ou celui qui est en curatelle, n'a pas seulement hypotheque tacite, mais aussi priuilege personnel, *l. Dubium sque. cum seq. ll.* D. *De priuileg. credit.* Et de ce Carondas sur la Coust. rapporte vn arrest du mois de Iuin. 1581. touchant vn Office de Sergent. Neantmoins ie ne voudroy pas estendre si auant ce priuilege, que de le bailler à tous ceux qui auroient esté interessez par vn Officier en faisant sa charge, ains seulement à ceux, qui pour la necessité de l'Office ont esté contraints bailler leur bien à l'Officier, & qui ont suiui la foy publique, comme il est dit du banquier en la loy *Si ventri. §. In bonis Mensularij.* D. *De priuil. credit.*

55 Le creancier pour le fait de l'Office est priuilegié.

56 Limitatiō.

Voila à mon aduis, tous ceux qui ont priuilege sur l'Office. Mais c'est encor vne grande question, qui merite bien d'estre expliquée en ce lieu, comment celui qui a payé vn creancier priuilegié, peut iouïr de son priuilege, Aucuns disent. qu'il faut qu'il lui soit expressement cedé par le priuilegié, *l. Cum alter. C. De fideiuss.* pource que sans cette cession, non seulemēt le priuilege, mais mesme l'action est esteinte *solutione à quocūque facta, l. Soluendo.* D. *De negot. gest.* aussi que le priuilege & l'action estās personnels, & inherens à la personne du creancier, ils n'en peuuent estre separez sans son fait. Mesme qu'il ne seroit tenu les ceder à autrui, s'il ne vouloit, *l. Nulla. C. De solut.* & voila la premiere opinion.

57 Comment celuy qui a payé le creancier priuilegié entre en son priuilege.

58 Premiere opinion.

Autres tiennent, que cette cession, ou pour mieux dire subrogation, se peut faire par le debteur, au desceu, & sans qu'il soit besoin du fait ou consentement du creancier, soit en matiere de priuilege personnel, *vt in l. 2.* D. *De cess. bon.* soit en matiere d'hypotheque, *vt in l. 1. & 3. C. De his qui in priorum credit. locum succed.* Mais quoy que ce soit, qu'il faut vne subrogation du debteur, ou pour le moins vne declaration expresse, que le prest soit fait pour acquiter la debte priuilegiée ; comme ces loix le requierent, & c'est la seconde opinion.

59 Seconde.

Finalement la troisiesme opinion est, qu'il suffist qu'on puisse verifier que *pecunia peruenerit ad priuilegiarium creditorem , etiam per manus debitoris , modo tamen eo casu , id fiat post modicum interuallum* : comme il semble decidé en la loy *Si ventri. §. penult.* D. *De priuileg. credit.* & en la loy 2. *C. De his qui in prio. cred. locum succed.*

60 Troisiesme.

Que si cette matiere est difficile, à cause de la rencontre des loix & opinions contraires, elle est encor sans comparaison plus importante, en tant qu'elle comprend par identité de raison celle de la subrogation des hypotheques, qui eschet tous les iours en vsage, touchant l'acquisition des rentes constituées, mesme dauantage à present qu'auparauant, à cause de l'Edict de la reduction des rentes au denier seize, qui fait, qu'on ayme mieux acheter les rentes ja constituées au denier douze, que d'en constituer de nouuelles au denier seize. Aussi que ceux qui doiuent des rentes au denier douze, sont bien aises d'emprunter de l'argēt au denier seize, pour raquitter icelles, ce qu'ils ne trouuēt ordinairement à faire, sinon en subrogeant leurs nouueaux creanciers aux hypotheques des anciens.

61 Importāce de ceste question.

Pour donc bien esclaircir cette matiere, si obscure & si importante, i'estime

62 Distin-

ctiō, quand le presteur a baillé son argent à l'anciē creancier, il n'est subrogé à son droit sans cession d'actions.

qu'il faut distinguer, si celuy, qui veut acquerir le priuilege, ou l'ancienne hypotheque, a baillé directement son argent à l'ancien creancier, ou bien s'il l'a baillé au debteur, par les mains duquel il soit paruenu à iceluy. Au premier cas il est certain que celuy qui a payé le creancier d'autruy, & n'a traité qu'auec luy, n'est point subrogé en son droit sans expresse cession d'action : car iamais vne action ne passe sans cession : que si le creancier est tel, qu'on ne puisse commodément tirer de luy cette cession d'actions, comme le fisque, il faut que le Iuge

63 Ou subrogation du Iuge.

subroge le payeur en son droit, que *priuilegium ei à iudice transscribatur, l.* 3. *& vlt. C. De priuilegio fisci*: ce qui equipole à la cession, *quia factum Iudicis est factum partis.* A quoi n'est contraire la loy *Si ventri.* pource qu'elle presuppose notamment, que le payeur soit creancier posterieur du debteur, & partant qu'il ait traité auec lui, & non pas simplement auec l'autre creancier. Et quant à la loy 2. elle

64 Responce à la loy 2. *C. De his qui in prior. cred. loc. succ.*

parle d'vn creancier hypothecaire posterieur, comme ces mots (*pignora tua*) le denotent, ou bien, comme on l'interprete communément, ce mot (*iure*) signifie que *priuilegium fisci ei à Iudice transcriptum est.* En quoi il n'y a qu'vne exception, à sçauoir que le creancier hypothecaire posterieur, payant la debte anterieure, voire mesme l'offrant réellement, est dés l'instant subrogé par la loy au

65 Exception *in iure offerendi*

droit d'icelle, sans qu'il soit besoin de cession expresse d'actions, pource qu'il est reputé auoir faict ce payement pour asseurer sa debte posterieure, & pour deuenir premier & principal creancier *l.* 1. *C. Qui potiores in pign. l. vlt. C. De his qui in prior. cred. locum succed.* ce qui a esté estendu à tout legitime possesseur de la chose hypothequée *l. penult. eod. tit.* Mais encor i'estime, que cette exception

66 Cette exception, ni le *ius offerendi* n'ont lieu en France.

n'est receuë parmi nous, pource qu'elle dépend du droit d'offrir, que nous ne pratiquons point en France, comme M. le Maistre a noté en ses criées. Dont la raison est, que ce droit d'offrir auoit lieu à Rome, à l'occasion de ce qu'il n'y auoit que le premier creancier, appellé *potior creditor*, qui peust, soit demander la detention de l'hypotheque, soit la faire vendre : ainsi que le docte l'Eschassier a bien prouué en ce profond petit liuret *Des hypotheques*, qu'il fist quatre ou cinq ans y a trotter dans le Palais. Donques au droit les posterieurs creanciers ne pouuans vendre l'hypotheque, ains n'y ayāt que le premier & principal creancier qui le peust faire, afin qu'ils ne demeurassent sans se pouuoir faire payer, pouuoient offrir à ce premier creancier de lui payer comptant sa debte, quoi faisant, deslors de leur offre réelle, la loy les subrogeoit en ses droits. Ce que le docte moderne *Antonius Faber cap.* 4. *lib.* 1. *De error pragmat.* soustient deuoir encor estre obserué. Toutefois nous ne l'obseruons pas en France, ains permettōs à tous creanciers indifferemment de faire decreter l'hypotheque : c'est pourquoi ils n'ont besoin d'offrir le payement au premier creancier, & partant l'ayant fait, ils n'entrent point en ses droits, s'ils n'en ont cession.

67 Le payement fait par vn tiers amortit la debte.

Somme qu'en France, à mon aduis, en nul cas le simple payement, sans expresse cession d'actions, n'acquiert les prerogatiues de l'ancienne dette. Au contraire ce payement non assisté d'vne prompte cession d'actions, tant s'en faut qu'il transfere la debte, ou l'hypotheque d'icelle, qu'au contraire il l'esteint & amortit

68 Si ce tiers n'estoit fideiusseur, ou debteur d'hypotheque.

tout-à-fait, *d. l. Soluendo. De neg. gest.* Si ce n'est en vn seul cas, à sçauoir que ce payement soit fait par celui, qui estoit tenu & pouuoit estre poursuiui pour le faire, comme vn coobligé, vn fideiusseur, & vn tiers detenteur de la chose hypothequée. Car tous ceux-là ne sont pas presumez faire le payement, au nom du debteur, & pour le liberer, & amortir par consequent la debte, mais en leur nom, & pour se liberer eux-mesme d'icelle, & se la conseruer, *l.* 28. *D. Mandati.* Mais

69 Ausquels la cession des droits peut estre faite apres coup.

pourtant elle ne leur est pas transferée sans cession expresse, dit cette mesme loy, vrai est qu'ils ont cet auantage pardessus les autres, que cette cession leur peut estre faite apres coup *ex interuallo, l. Si res obligata. De legat.* 1. *l. Stichum. §. Mandato. D. De solut. l. Si minoris D. De administ. tut. l. Dominus Sticho. D. De pecul. leg.* Ce qu'encor Ant. Faber au liu. XI. de ses Coniectures du droit, ne veut aduoüer, ains

70 Ce qui n'a lieu en l'estranger.

dispute fermement le contraire : mais quoi que ce soit chacun est d'accord, que cette cession de droits faite apres coup à l'estranger, ne sert plus de rien, attendu que la debte, estant vne fois esteinte par le payement volontaire d'vn tiers,

ne peu

ne peut plus reuiure, qui est la decision de la loy *Modestinus. D. De solut.* ce que i'ay expliqué plus amplement au 2. liu. *Du deguerp. chap.* 8.

Comme aussi chacun est d'accord, que y ayant eu cession de droits faite lors du payement à qui que ce soit, celuy à qui elle est faite, a toutes les prerogatiues de l'ancienne debte. Neantmoins en cette cession il se rencontre ordinairement deux difficultez fort notables. La premiere, que le creancier n'est tenu faire icelle à l'estranger, s'il ne veut : car combien qu'il ne puisse refuser de receuoir sa debte pour liberer le debteur, si est-ce qu'il n'est tenu la vendre à vn autre, *l. Nulla C. De solut.* La seconde qu'en tout cas la debte cedée passe *cum sua causa*, de sorte que si c'est vne rente constituée, qui a suitte par hypotheque, elle demeure hypothequée aux debtes du cedant, ce qui est de grande importance : lesquels deux inconueniens on euite en traitant simplement auec le debteur, qui est l'autre membre de nostre diuision, qu'il faut maintenant expliquer.

71 Le creancier n'est tenu ceder ses droits à vn tiers.

72 Les droits cedez passent auec leur hypotheque.

Car il s'est trouué de ce temps des formalistes, qui ont voulu faire croire, que le debteur ne pouuoit subroger son mary, ou celui qui fera sa condition meilleure, à la place de ses creanciers anciens, ou priuilegiez, ne pouuans comprendre, que l'action peust passer d'vne personne en autre, sans transport de celui auquel elle reside & appartient : combien que cela soit decidé formellement par les loix, tenu concordamment par les interpretes, extrement vtile en commerce, & receu tout communement en la pratique ancienne.

73 Si la subrogatiõ faite par le debteur transfere l'ancienne hypotheque.

Pour les loix, se peut-il rien trouuer plus clair & expres que la loy *Si prior. §. A Titio, D. Qui potior. in pignor. A Titio mutuatus, pactus es cum illo, vt ei prædium tuum pignori esset : deinde mutuatus à Mæuio, pactus es, vt si Titio desierit teneri, ei teneatur. Tertius denique aliquis dat mutuum pecuniam tibi, vt Titio solueres, & paciscitur tecum, vt idem prædium ei pignori sit, & eius locum subeat. Num hic medius tertio potior est?* voila directement nostre question, voici la responce du Iurisconsulte *Tertius hic secundo preferendus est.* Et en la loy 1. *C. De his qui in prior. credit. locum succedunt. Non omnimodo*, dit l'Empereur, *succedunt in locum hypothecarij creditoris hi, quorum pecunia ad creditorem transit. Hoc enim tantum obseruatur, cum is qui pecuniam dat, sub hoc pacto credat, vt idem pignus ei obligetur, & in locum eius succedat* : autant en decide la loy 3. au mesme tit. Et en la loy *Si pupillorum §. vlt. D. De reb. eorum* il est dit que cette subrogation d'hypotheque se peut mesme faire par le tuteur du debteur, & qu'elle est tellement valable, que le droit de l'ancien creancier est trans-feré à celui auquel elle est faite, *Valere obligationem, ita vt ius prioris creditoris ad sequentem transeat.*

74 Preuue que si par de belles loix.

Aussi ni la glose, ni aucun des interpretes, que ie sçache, ni principalemẽt l'antique Iurisconsulte de nostre France, *Ioh. Faber.* sur ce titre *De his qui in priorum cred. locum succ.* ne font aucune difficulté en cette question. Ie rapporterai ce qu'en dit le Prince de nos Docteurs François du Moulin au traité Des vsures, nomb. 276. pource qu'il confirme nostre decision par de tres-belles raisons. *Non requiritur*, dit-il, *istam cessionem fieri cum priore creditore vel eo sciente : sed sufficit fieri cum solo debitore vel eum representante. Sicque iste secundus creditor nullam causam habet à primo, sed solum causam habet à debitore : & tamen succedit in ius primi, saltem in ius simile & æquè potens, etiam in præiudicium intermediorum creditorum, quibus tamen non dicitur damnum inferri, sed lucrum non afferri, quia duntaxat nouissimus iste loco primi subrogatur, eodem alioquin statu rei manente : ideo hoc toleratur licet non interueniat factum primi. Et merito est iure introductum & moribus confirmatum, quia creditoribus damnum non infert, debitoribus autem prodest, quò faciliùs viam inueniant dimittendi acerbiorem creditorem, vel commodiùs mutuandi.*

75 Preuue par auctoritez des interpretes.

Ce qui est non seulement vtile, mais quelquefois necessaire en ce temps, que le taux des rentes constituées est remis au denier seize : & neantmoins on a laissé à bon droit les rentes ja constituées à leur premier taux du denier douze, afin de ne violer la foy publique des contracts. De sorte que les Gentils-hommes & autres gens oberez & qui doiuent plusieurs rentes seroient priuez du fruict de cet Edict, s'il ne leur estoit permis *vtilem versuram facere*, c'est à dire emprunter de l'argent au denier seize, pour en racquiter leurs rentes au denier douze : pour quoi faire, il est besoin qu'il leur soit permis à eux-mesme, de pouuoir subroger

76 Preuue par raison.

ces nouueaux rentiers en l'hypotheque des anciēs, dont les rentes seront amorties de leurs deniers: & ce sans prendre cession d'eux, pource qu'ils ne la bailleront pas de leur volonté, estans assez marris qu'on leur racquitte vne rente du denier douze bien asseurée, & que d'ailleurs ils ne peuuent estre contraints à vendre leur debte: & sur tout pource qu'il y a apparence, qu'au cas de cette cession la rente demeurera tousiours hypothequée à leurs debtes: ce qu'estant, il vaudroit mieux bien souuent n'entrer point en leur place, que d'estre tenu de leurs debtes & hypotheques.

77 Si le creācier est tenu ceder ses droits à vn tiers à la requisition de son debteur.

Il est vray qu'on tasche à oster le premier inconuenient en contraignant auiourd'hui les creanciers de ceder leurs droits sans garantie ni restitution de deniers pour quelque cause que ce soit, mesme de leurs faits & promesses: dont i'ay ouy dire qu'il a esté donné de nagueres quelques arrests: & quant au second inconuenient, on dit, que n'estant pas la mesme rente, ains seulement l'hypotheque d'icelle ayant esté conseruée pour l'asseurance plus grande de la nouuelle rente, le creancier d'icelle n'est tenu des hypotheques, qui estoient sur l'autre.

78 Inconueniens de l'opinion contraire.

Mais ce sont emplastres, sauf correction, qui couurent le mal sans le guarir. Car quant au premier, est-il pas plus aisé de donner, selon le droit, permission au debteur de subroger au droit de son ancien creancier celui des deniers duquel il amortit sa debte, que de contraindre le creancier de la ceder & vendre contre la regle de droit: voire mesme si c'est chose qu'il ne puisse refuser, pourquoi la loy ne le fera-elle pas bien sans lui? Et quant au second, sçait-on pas que l'hypotheque est accessoire à l'actiō personelle, de sorte que si la rēte est esteinte, l'hypotheque l'est aussi? & quand il n'y auroit que l'hypotheque, pourroit-on pas dire qu'estant mobiliaire, en tant qu'elle suit la nature de son action, elle seroit tousiours obligée aux debtes du cedant?

79 Qu'il n'y a aucun incōuenient en la nostre.

Pour donc faire cesser toutes ces difficultez, suiuons l'expresse decision du droit, la concordante interpretation de tous les siecles & de tous les Docteurs, l'vtilité euidente du commerce; & disons, que le debteur peut de lui-mesme subroger au lieu & place de son ancien creancier, celui de l'argent duquel il le paye: en quoy il n'y a nulle absurdité, quoy qu'en vueillent dire nos modernes praticiens, qui ne peuuent comprendre, qu'vne action puisse passer d'vne personne en autre sans cession du creancier, auquel elle appartient, & en la personne duquel elle reside, ce qui est vray: mais il faut considerer, que cette action du second creancier n'est pas tout à fait la mesme qu'auoit le premier, ains vne autre toute pareille, que le droit subroge au lieu d'icelle, comme cette belle gl. de la loy 1. *De his qui in pri. cred. locum succedunt*, Faber & du Moulin le disent expressément. Aussi toutes les loix qui en parlent, ne disent pas, que *secundus creditor succedat in actionem primi*, mais disent nommément *in locum primi, id est, in ordinem hypothecæ*: c'est pourquoi il ne faut point craindre en ce cas d'estre poursuiui pour les hypotheques, dont la premiere action estoit chargée. Dequoi ie puis encor assigner vne autre raison, outre celle cy-dessus, à sçauoir qu'on peut dire aux creanciers intermediats (qui seuls ont interest d'empescher cette subrogation du dernier creancier en l'ordre du premier) que le dernier creancier n'eust baillé son argent, & partant la debte premiere n'eust esté acquittée, sinon à cette condition expresse, qu'il entreroit au lieu d'icelle: de sorte que n'estant qu'vn mesme acte, que le payement de la debte anterieure & cette subrogation, il faut ou qu'ils l'approuuent, ou qu'ils le reprouuent tout entier, & ainsi en vne façon & en l'autre ils auront tousiours vn premier creancier deuant eux.

80 Comment l'action passe sans cession du creancier.

81 Les posterieurs creanciers n'y ont interest.

82 Que le creancier ayāt traité auec tous deux, la rente à luy cedée n'est suiete aux hypotheques du premier creācier.

Ie dy donc, que si ce moderne creancier a traité tant auec le debteur, qu'auec le premier creancier, comme font ceux qui veulent euiter toute difficulté, prenans leur asseurāce des deux costez, sçauoir est qu'il ait pris subrogation du debteur, & cession du creancier, encor mesme que la rente lui demeure au denier douze, ainsi qu'elle estoit premierement constituée, si qu'il semble que ce soit en effait la mesme rente, n'estant auiourd'hui permis en constituer de nouuelles à ce taux: neantmoins cette rente n'est point chargée des hypotheques du cedant: pource que ce nouueau creancier se peut contenter de la subrogation du debteur, qui fait que c'est vne nouuelle rente subrogée au lieu de la premiere, & ne s'aider point de la cession de l'ancien creancier, qui conserueroit l'identité de l'ancienne rente : ains dire qu'il auroit pris cette cession par forme de cautelle sur-abondante, qui ne peut nuire. Et ne seruiroit de dire, qu'on ne peut constituer auiourd'huy de nouuelles rentes au denier douze, pource que cette-cy est subrogée par la loy en tout & par tout au droit, & à la place de l'ancienne, & partant n'est point illicite, comme il est decidé en cas semblable en ce §. dernier de la loy *Si pupillorum. D. De reb. eor.* que combien qu'il soit defendu au tuteur d'hypothequer l'heritage du pupille, neantmoins il le peut obliger, pour amortir vne ancienne debte, pourueu, dit le texte, que cette derniere obligation ne soit à plus hault interest.

Soit donc tenu pour constant, qu'on peut acquerir l'hypotheque & le priuilege de l'ancienne debte, en traitant auec le debteur, sans qu'il soit besoin de cession du creancier. Dont en fin, pour la facilité de la conuersion des rentes du denier douze, ou denier seize, il y eut vne declaration du Roy faite en l'an 1609. incontinãt apres cet endroit icy de mon liure imprimé la premiere fois. Declaration qu'il ne faut pas prendre pour vn droit nouueau, ni limiter à son cas particulier : mais plustost pour vne explication du droit ancien, dont on faisoit lors si grande doute, que s'en estant presenté vn procez au Parlement, la Cour commanda aux parties de s'accorder, & laisser le procez indecis. Mais il faut noter, qu'il y a plus de façon à acquerir l'hypotheque, que le priuilege personnel : car pour acquerir l'hypotheque, il faut stipuler de nouueau hypotheque en la chose, pource que l'hypotheque ne s'acquiert iamais sans conuention expresse, fors és cas particuliers où le droit donne la tacite : or cette subrogation qu'on prend du debteur, donne seulement l'ordre & le lieu, ou rang de la premiere debte : mais non pas la mesme action ou hypotheque, comme il vient d'estre dit. C'est ce que nous apprend la loy *Aristo. D. Quæ res pignori oblig. poss. Etiamsi conueneris vt antecedens dimitteretur, non aliter in ius pignoris succedes, nisi conueneris, vt eadem res tibi esset obligata : neque enim in locum primi succedere potest, qui nihil ipse conuenit de pignore.* C'est aussi la raison exprimée en la loy 1. *C. De his qui in prior cred. locum succ. Iudicatum enim est*, dit le texte, *te pignora non accepisse.* 83 Que l'ancienne hypotheque ne s'aquiert sans stipulation d'hypotheque.

Mais pour acquerir le priuilege personnel, il n'est besoin de stipuler hypotheque sur la chose, d'autant que ce priuilege se ioinct à l'action personnelle, qu'acquiert le nouueau creancier en prestant son argent au debteur : c'est pourquoy les loix, qui ne requierent, sinon que l'argent paruienne à l'antique creancier, pour subroger le second en son droit, parlent par exprés des actiõs personnelles, *vt l. 2. D. De cessione bonorum*, & *d. l. si ventri* : mais la loy *Aristo.* & cette loy premiere, parlent notamment des creanciers hypothecaires, ce qui est fort à noter, pour la conciliation de ces loix. 84 Mais n'en est besoin pour acquerir l'ancien priuilege personnel. Conciliation de plusieurs loix.

Toutefois c'est encor vne grande question, de sçauoir s'il suffit que l'argent soit paruenu incontinant au creancier priuilegié par les mains du debteur, comme Cujas semble tenir en sa dixhuitiesme Obseruation du 18. liure, & la gl. pareillement sur cette loy *Si ventri*, dont le texte semble le décider notamment : ou bien s'il faut qu'il y ait paction expresse faite auec le debteur, ce qui est plus veritable à mon aduis, & est décidé par cette loy 2. *De cess. bon. In personalibus actionibus, qui posteà quidem contraxerunt, verum ita vt eorum pecunia ad priores perueniat, in locum eorum succedunt* : ce que requiert aussi la loy 1. *De his qui in prior. cred. Sub hoc pacto vt in locum prioris succedat*, & autant en suppose le §. *A Titio* cy-dessus rapporté. En quoy il y a mesme raison, qu'en celui qui preste pour l'achat de la chose, voire plus forte. Car si desia on trouue estrange & éloigné que le priuilege, qui residoit au premier creancier, puisse estre acquis sans sa cession, au moins faut-il qu'il soit stipulé du debteur. Concluons donc que celui qui a presté son argent à l'Officier, pour payer vne debte priuilegiée, est subrogé au priuilege, pourueu qu'il l'ait ainsi stipulé de l'Officier, sans qu'il soit besoin qu'il ait cession de droit, ni consentement aucun du creancier priuilegié. 85 Mais il faut seulement paction auec le debteur.

Reste d'expliquer l'ordre que doiuent tenir ensemble les creanciers priuile- 86 Ordre des creanciers sur le prix de l'Office.

giez ſur le prix de l'Office decreté. Ce qui dépend de la loy *Priuilegia. D. De priuil. credit. Priuilegia non ex tempore æſtimantur, ſed ex cauſa, & ſi eiuſdem tituli fuerint, concurrunt.* 87 Explicatiõ de la loy *Priuilegia. D. De priuil. credit.* Et faut noter que cette loy ne parle que des priuileges perſonnels, qui ſont auſſi les vrais & propres priuileges, & non pas des priuileges réels ou hypotheques priuilegiées, qui ne concurrent gueres enſemble eſtans de diuers temps. Auſſi en matiere d'Offices, n'y a-il point de priuileges réels, non plus que d'hypotheques.

88 Priuileges ne gardent le rang de leur temps. Cette loy donc dit, que les priuileges ne prennent leur rang du temps : la raiſon eſt, qu'és actions perſonnelles, auſquelles ils ſont attribuez, on n'a point d'égard au temps du contract, ainſi qu'aux hypotheques, *quia licet vnicuique adijciendo ſibi nouos creditores, veterum creditorum conditionem reddere deteriorem, l. 1. §. 1. D. De ſeparat.* 89 Ains de leur cauſe. Mais les priuileges prennent leur rang de leur cauſe & tiltre, de ſorte que les plus fauorables, & ſ'il faut ainſi dire, les plus priuilegiez entrent en ordre les premiers. Car ce qui ſe dit, qu'vn priuilegié n'vſe point de ſon priuilege contre vn autre priuilegié, ſ'entend des priuileges égaux : mais entre inegaux le plus fort l'emporte. Si donc deux priuilegiez ont vn priuilege égal, ou de meſme titre, c'eſt à dire vn meſme priuilege, comme deux, qui ont preſté pour l'achat de l'Office, ils concurrent enſemble, bien que l'vn ait fait ſon preſt pluſtoſt que l'autre : & la raiſon de cette concurrence, eſt que ne pouuans vſer de leur priuilege *contra æquè priuilegiatos, res reducitur ad ius commune* : qui eſt de concurrer & venir à contribution l'vn auec l'autre en dettes perſonnelles. Mais és hypothecaires c'eſt vn droit perpetuel, que *qui prior eſt tempore, potior eſt iure* : pource que l'hypotheque, dés l'inſtant qu'elle eſt contractée, affecte tellement la choſe, qu'elle retient touſiours par apres cette impreſſion : c'eſt pourquoi aux priuileges réels, il n'y a point de concurrence, comme de deux qui ont preſté pour l'achat d'vne maiſon ſouhs diuers contracts portans hypotheque, le premier en hypotheque, doit eſtre mis en ordre deuant l'autre.

Il faut donc voir quels priuileges ſont les plus forts. Or entre les priuilegiez 90 Sur l'Office le fiſque eſt le premier priuilegié. ſur l'Office, le fiſque eſt touſiours le premier : non pas en conſequence du priuilege ordinaire du fiſque, ou des deniers Royaux : ains pource que l'Office venant du Roy, c'eſt ſon ſpecial gage & aſſeurance, pour le maniment de ſes deniers. C'eſt pourquoi le debet ou reliqua des comptes de l'Officier comptable doit eſtre pris deuant toute autre debte, ores que priuilegiée ſur le prix de l'Office decreté : auſſi bien ſi le fiſque n'eſtoit payé, l'acheteur de l'Office ne pourroit eſtre receu. Meſme on tient pour cette cauſe, que cette debte du fiſque n'eſt point 91 Priuilege du fiſque n'eſt purgé par le decret. purgée par le decret de l'Office, ores qu'il ne ſ'y ſoit oppoſé. Voire le fiſque a encor cette autre prerogatiue, que *perſecutione extraordinaria repetere poteſt, quod minùs priuilegiato creditori ſolutum eſt, l. 5. C. De priuil. fiſci.* Partant puis que le Roy a les mains ſi longues, l'adiudicataire de l'Office bien conſeillé tiendra la main, à ce que le fiſque ſoit payé auant tout autre, afin qu'il ne trouue point de difficulté en ſa reception, faute du quittus de ſon predeceſſeur : qui toutefois ne doit eſtre retardée, quand tout le prix de l'Office a eſté diſtribué au Roy, attendu le vieil prouerbe, Que où il n'y a rien, le Roy perd ſon droit : ce qui fait à noter en paſſant.

91 Apres le fiſque marchẽt les creãciers priuilegiez, *ratione adminiſtrationis.* Et apres le debet du Roy acquitté, il me ſemble, ſauf meilleur aduis (car ce poinct eſt fort douteux) que les creanciers, qui ont priuilege ſur l'Office *ratione adminiſtrationis*, doiuẽt entrer en rang. Car combien que de prime-face ils ſemblent deuoir eſtre mis apres ceux qui ont preſté pour l'achat de l'Office, pource que leur priuilege n'eſt ſi fauorable ni ſi bien recogneu en droit : ioint que ceux qui ont preſté pour l'achat de l'Office, ſe ſont aſſeurez de ce ſpecial gage, qu'il ne ſeroit raiſonnable de leur diuertir en tout ou partie, pour ce qui ſeroit ſuruenu par apres : toutefois la raiſon eſt forte au contraire, que l'Office eſt l'aſſeurance du public, pour ceux qui ſont neceſſitez ſuiure la foy publique de l'Officier : de ſorte que i'eſtime qu'ils doiuent ſuiure le fiſque immediatement, voire concurrer auec lui, comme le fiſque & le public eſtans également priuilegiez, & ne doit-on dire, que les autres ne doiuent eſtre fruſtrez de leur ſpecial gage à l'occaſion du

mauuais mesnage de l'Officier, puis qu'il peut mesme perdre l'Office tout entier par forfaiture.

Que s'il y en a plusieurs de ceste espece, comme plusieurs consignataires opposans sur le prix d'vn Office de Receueur des consignations, i'estime qu'ils doiuent cócurrer ensemblemēt, ainsi que les autres priuilegiez de mesme titre, sans auoir egard au temps que chacune consignation a esté faite, par la raison de cette mesme loy *Priuilegia. De priuil. credit.* — 63 Et marchent ensemble concurremment.

Comme au pareil tous ceux qui ont presté pour l'achat ou conseruation de l'Office, doiuent venir à contribution ensemblement, *quia eiusdem tituli sunt.* mesme le vendeur de l'Office doit concurrer pour le reste de son prix auec le creancier de l'achat ou conseruation, comme estans tous ces deux priuileges égaux, sans regarder, ni au temps de leur contrat, pource que le temps ne fait rien en priuileges : ni à la premiere hypotheque, pource que la suitte d'hypotheque n'est aux Offices. — 95 Comme par apres ceux qui ont presté pour l'achat, ou conseruation, de l'Office, ensemble le védeur.

SOMMAIRE DV NEVFIESME CHAPITRE.

DV DROIT DE LA FEMME EN L'OFFICE VENAL DV MARY.

CHAPITRE IX.

1 Raison de douter si l'Office entre en communauté, ou en doüaire.

C'EST icy possible vn des plus scabreux & difficiles endroits de cette matiere, sçauoir, si l'Office entre en la communauté du mariage & au doüaire : encor que de prime-face ces questions semblent aisées. Car puisque les meubles & conquests immeubles y entrent, il est facile à entendre, que si l'Office est tenu pour meuble, il y doit entrer indistinctement : si pour immeuble, encor y doit-il entrer, estant acquis pendant le mariage. Et s'il est acquis auparauant, au moins doit-il, ce semble, entrer au doüaire coustumier, qui ha lieu sur tous les immeubles possedez par le mary, lors de la benediction nuptiale.

2 Raison de decider qu'il n'y en entre point.

Mais il a esté dit cy-dessus, que l'Office n'est proprement ni meuble ni immeuble : non seulement à cause qu'il est incorporel (car les debtes & les rentes, bien qu'incorporelles, ne laissent d'entrer en communauté & en doüaire) mais pource que sa condition est d'estre non vne vraye substance, qui puisse par effect subsister à part-soy, ains plustost vn accident & qualité inherente à la personne : comme le Iurisconsulte a recogneu en la loy 3. §. *Si quid minori. D. De minorib.* Puis donc qu'il est vni & conioinct à la personne de l'Officier, il ne peut estre communiqué à autre, & principalement à la femme, qui par la loy en est incapable, *l. Fœminæ. D. De regulis iuris.*

3 Raison de la difficulté de ces deux questions.

Comme donc l'accident, qui n'a point de vraye & positiue nature, ne peut estre parfaictement apprehendé, aussi la condition de l'Office ne peut pas estre reglée parfaictement par les principes & ratiocinations du droit, & principalement en cette rencontre de la communauté d'entre mary & femme, qui n'est traictée dans le droit Romain, & partant doit estre moderée par les cōsiderations de l'equité naturelle, laquelle doit seruir de guide en l'obscurité de la raison, *& quando iuris auctoritate deficimur*: & sur tout doit estre resoluë par l'vsage receu parmy nous, qui est le vray interprete du droit ambigu: dont la preuue se fait principalement par les arrests de la Cour. Qui sera cause, que combien qu'és autres poincts ie n'aie pas esté si curieux de rechercher & rapporter des arrests, ayãt desfein de fonder mon discours en raison, & non pas en exemples, ou auctoritez; aussi que les arrests decident plus souuent les hypotheses, que les theses: neantmoins en cette difficulté si perplexe, ie suis cõtraint d'auoir recours aux oracles, *quasi in nodo vindice digno*. 4 Pourquoy l'autheur n'allegue gueres d'arrests.

Donques pour la resoudre nettement, ie dy, qu'en premier lieu il faut garder soigneusement en ce poinct ici, encor plus qu'en tout autre, les conuentions apposées aux contracts de mariage, qui doiuent principalement regler cette communauté d'entre mary & femme, & notamment celle des Offices. Et certes puis qu'il s'y trouue de si grandes difficultez, il est fort à propos de les retrancher & euiter par les contrats de mariage, desquels toutes les pactions sont gardées inuiolablement, tant pour leur faueur, que pource que ce sont marchez qu'on ne peut plus dissoudre. 5 Premiere consideratiõ.

Mais posé qu'il n'en soit rien accordé par le contract de mariage, il faut distinguer si l'Office a esté acquis auparauant la communauté, ou pendant icelle. Si auparauant, qu'elle equité y auroit-il, qu'il entrast en la communauté, & qu'apres dissolution, les heritiers d'vne femme voulussent oster au mary la moitié de son Estat? bref qu'vn homme, pour s'estre marié, perdist la moitié de l'Office qu'il auoit auparauant? Car qui a-il de plus propre à vn homme, que son Office? qui a-il de moins communiquable à la femme? Donques à bon droit il a esté iugé par infinis arrests, que les Offices, dont le mary estoit pourueu auant le mariage, n'entrent en communauté. 6 De l'Office acquis auant le mariage.

Ainsi par arrest du mois de Decembre 1598. donné au profit de M. Garnier Secretaire du Roy, contre M. Tonnelier & consors, il fut iugé, que le pere auoit peu resigner son Office de Secretaire du Roy (qu'il auoit auant son second mariage) à son fils du premier lit, sans que sa seconde femme, ou ses heritiers y peussent demander part. En voici vn autre particulier & fort notable: vn nommé Hardy estant pourueu de l'Office d'Huissier Audiencier au Chastelet de Paris, se marie: pendant son mariage il en achete la suruiuance, qui fut payée des deniers de la communauté. Apres la mort de Hardy, sa veufue veut auoir moitié de l'Office. Il n'estoit point question de despoüiller le mary de son Office, chose qui a esté tousiours trouuée odieuse, & d'ailleurs l'Office auoit esté fait hereditaire, moyennant les deniers de la communauté, & sans cela il eust esté perdu par la mort de Hardy. En outre il auoit changé de nature, ce sembloit, attendu que d'Office à vie, il estoit deuenu hereditaire, & consequemment immeuble, par ainsi sembloit estre vn vray conquest, tout-ainsi que si le mary auoit acheté, des deniers de la communauté, la proprieté d'vn heritage, dont l'vsufruict lui appartenoit. Ce neantmoins par arrest du mois de Iuin 1598. donné en la troisiesme chambre des Enquestes au rapport de ce tres-pieux & tres-docte Conseiller M. le Congneux (par la suasion duquel i'ay entrepris la composition de ce liure) cet Office fut adiugé entierement aux heritiers du mary, à la charge toutesfois, qu'ils rendroient à la femme la moitié des deniers financez pour la suruiuance d'icelui. Autant en auoit esté iugé auparauant au Parlement seant à Tours le 23. Decembre 1592. touchant vn Office de Notaire acheté auparauant le mariage, & conserué par le moyen d'vne suruiuance, achetée pendant icelui, par arrest donné entre vne veufue le Clerc, & les enfans d'vn nommé Girault. 7 Arrests qu'il n'entre point en la communauté.

Desquels arrests resulte vn poinct fort notable, que les taxes payées au Roy des deniers de la communauté, mesme pour l'heredité de l'Office, n'attribuent point de droit à la femme sur le corps d'icelui, ainsi qu'vne rente deuë sur les propres du mary racquittée des deniers de la cõmunauté, est reputée conquest. Mais seulement la femme, acceptant la communauté apres dissolution, a son action 8 Taxes payées pour l'Office n'y attribuent point de part à la femme.

contre les heritiers du mary, pour repeter moitié d'icelle, tout ainsi que pour vn edifice, ou autre impense faite sur le propre heritage d'icelui.

9 Mais se reprennent sur la communauté.

Enquoi il semble, qu'il ne faut point distinguer les impenses vtiles, necessaires, ou voluptueuses, comme fait le droit au tit. *De impensis in res dotales factis*, & comme en Pratique nous distinguons ordinairement les impenses d'auec les meliorations, suiuāt la loy *In fundo. D. De rei vendic.* Car bien que ces distinctions ayent lieu aux impenses faites par le mary sur le propre de la femme, il ne seroit raisonnable de les pratiquer en celles qu'il faict lui-mesme sur son propre: pource qu'encor qu'il puisse donner & perdre le bien de la communauté, dont il est le maistre, toutesfois au preiudice de sa femme il ne le peut donner à ses propres parens, ni hazarder sur son propre heritage.

10 De mesme.

Il semble donc à la rigueur, que de toutes les taxes qu'il paye des deniers de la communauté pour l'Office acquis auparauant le mariage, & de tous les frais qu'il fait pour les procez suruenans à l'occasion d'iceluy, il en faut rendre moitié à la femme apres dissolution, soit que les taxes ayent augmenté par effect l'Office, soit que non, & soit que les procez ayent esté gaignez, ou non: soit aussi que l'Office ait esté sauué, ou perdu par sa mort. Toutesfois comme en cette matiere le droict faict difference des impenses faictes pour l'vtilité perpetuelle du fonds dotal, & de celles qui sont faictes pour la perception annuelle des fruicts: aussi sans doute il faut distinguer les frais faicts, ou deniers payez au Roy pour l'augmentation & conseruation de l'Office, & ceux faicts en consequence de la iouissance & exercice d'iceluy. Car il est certain que ceux-cy ne sont aucunement restituables à la femme, ains doiuent estre compensez auec les fruicts, *l. 3. & vlt. D. De impens. in re dot. fact.* comme pour exemple les taxes faictes sur les financiers, pour les exempter de recherche.

11 Limitation fort notable.

12 Autre limitation quand l'Office a esté perdu par la mort du mary.

Mais en celles qui concernent la conseruation, ou augmentation perpetuelle de l'Office, il y a beaucoup de difficulté. Car à la rigueur il en doit estre faict raison à la femme apres dissolution, comme de toutes les taxes qui augmentent la finance de l'Office, quand mesme d'ailleurs elles ne seruiroient plus de rien, comme la finance payée pour vne suruiuance depuis supprimée, ou qui autrement n'a sorty effect, & autres semblables. En quoy toutesfois il me semble qu'il seroit fort équitable d'y apporter vne moderation, que si l'Office auoit par apres esté perdu tout à faict par la mort du mary, il ne seroit raisonnable qu'apres vne perte si notable, faicte afin d'accroistre la communauté, il fallut encor rapporter en icelle ce qui auroit esté payé par force au Roy, pour augmenter, ou conseruer l'Office, qui en fin auroit esté perdu tout à faict: ains semble qu'il doit suffire à la femme d'auoir profité, non seulement de l'industrie & trauail continuel de son mary, mais encor du grand reuenu de l'Office à luy propre, parmi lequel reuenu le corps & le capital de l'Office se minoit, vsoit & consommoit iournellement, ainsi que le sort principal d'vne rente viaire se consomme & diminuë tous les iours: de sorte qu'en fin il est vray de dire, que tout l'Office du mary est entré & fondu en la communauté.

13 Autre encor és taxes qui n'ont rien seruy.

Ie passe encor plus outre, & voudroy tenir en ceste matiere, où le mary hazarde le plus beau de son bien, que tous les frais par luy faicts pour la conseruation, ou augmentation de l'Office, qui n'ont rien seruy, & dont l'Office n'a esté augmenté par effect, doiuent estre presumez auoir esté payez du reuenu d'iceluy (comme i'ay dit au liure precedent touchant le droict annuel qui se paye en vertu de l'Edict moderne) & partant qu'ils ne sont restituables par le mary apres dissolution, afin que la femme ne gaigne sur l'Office, lors que le mary y pert: ains afin que comme les profits, aussi les pertes procedantes d'icelui tombent sur la communauté. C'est pourquoi i'estime que les frais des procez qu'a eus le mary pour son Office, au moins ceux qui concernoient non le tiltre & proprieté, mais les droicts & reglemens d'icelui, ne doiuent estre rendus par le mary, ou ses heritiers apres dissolution, comme il ne reprend pas par preciput les despens qui luy sont adiugez en tels procez.

14 Question notable, si les deniers de l'Office propre sont subiects à remploy.

Voicy vne autre difficulté plus grande: supposé, comme il vient d'estre dit.

que l'Office en soy n'entre point en la communauté, s'il aduient que le mary vende pendant icelle l'Office dont il estoit pourueu auparauant, les deniers seront-ils suiects à estre remployez, ou repris par preciput apres dissolution? Certainement il y a de tres-grandes raisons pour la negatiue. Car en premier lieu la raison 15 Raisons de la negatiue. pourquoy l'Office en soy n'entre pas en la communauté, soit que ce soit à cause qu'il est inherent à la personne du mary, ou pource qu'il est reputé immeuble, cesse notoirement quand il est vendu & conuerty en deniers, qui ne peuuent estre inherens à sa personne, ni immeubles: aussi que la coustume ne repute l'Office immeuble que iusques à la resignation, & dit que les deniers de la vente d'iceluy (mesme de celle qui est faicte par decret) sont distribuez par déconfiture, comme meubles.

Mais quand bien l'Office seroit reputé immeuble, mesme apres auoir esté 16 De mesme. vendu, si est-ce qu'auparauant l'an 1580. que la coustume de Paris fut reformée, on ne sçauoit que c'estoit de remploy par toute la France: ains on disoit lors, que le mary ne se pouuoit leuer assez matin pour vendre l'heritage de sa femme, quoy que ce soit on pratiquoit à plus forte raison, que vendant volontairement le sien, il n'en pouuoit pretendre de remploy. Mais en consequence de ce que par cette mesme coustume tous aduantages estoient prohibez entre mari & femme, les reformateurs d'icelle introduisirent fort iustement le remploy, non pas en l'alienation de tous propres, & de toutes choses reputées immeubles, ainsi qu'elle faict de la complainte, mais des heritages & rentes propres seulement. Et desia c'est vne grande question, si cette coustume particuliere est bastante pour introduire le remploy és autres Prouinces contre l'ancien vsage, & le droict general de toute la France. Et c'est encor la plus commune opinion du Palais, que le remploy n'a lieu qu'en trois cas, à sçauoir de coustume particuliere, contract de mariage, & protestation d'iceluy lors de la vente.

Et quand ores la coustume de Paris deuroit en ce regard estre obseruée par 17 Autre encor. tout, si est-ce que n'introduisant expressément le remploy qu'à l'esgard des heritages & rentes, il n'y a gueres d'apparence de l'estendre aux Offices, d'autant qu'outre que les coustumes, estans de droict estroit, ne reçoiuent point d'interpretation extensiue, dit Bart. sur la loy *Omnes. De iustitia & iure*, il y a encor icy deux raisons particulieres, qui empeschent cette extension.

L'vne, que la coustume de Paris est contraire au droict commun, soit de la 18 Autre encor. France, attendu qu'auparauant icelle le remploy n'estoit pratiqué: soit de Rome, estant chose notoire, que le droict Romain ne recognoist point en tout la communauté d'entre mary & femme. Contraire aussi à la raison naturelle, pource que naturellement le prix ne retient pas les qualitez de la chose venduë: comme il est notoire que quand vn homme à vendu ses propres, & employé le prix d'iceux en acquests, l'heritier des propres en demeure frustré.

L'autre, que les Offices sont moins propres, & partant moins suiects à remploy 19 Autre encor. que les heritages, ou rentes, d'autant qu'ils ne passent pas à l'heritier. D'ailleurs, si ainsi est que le remploy ait esté introduit pour empescher les aduantages d'entre mary & femme, cette consideration est moins forte aux Offices qu'aux heritages, ou rentes. Car c'est vne exception que le droict donne à la prohibition des donations d'entre mary & femme, que celles-là sont permises, par lesquelles le donataire n'est point appauury, l. 5. §. *Cùm igitur. & l. 25. D. De donat. int. vir. & ux.* Or est-il que l'heritier du mary n'est point appauury pour laisser en la communauté le prix de l'Office vendu, pource que si le mary ne l'eust vendu, il eust esté perdu par sa mort: & possible est-il ainsi qu'il ne l'a vendu que pour faire profict à sa femme, autrement il l'eust laissé perdre.

Et de fait Carondas liure 7. des Responses chapitre 173. en rapporte vn arrest 20 Arrest. touchant vn Office d'Auditeur des Comptes, donné entre Iean le Febure curateur de Geneuiefue Beaux-amis & M. Iean Dudre, le 7. Decembre 1577. & tient qu'il doit estre ainsi obserué, nonobstant l'article de la coustume reformée.

Ces raisons sont à la verité fort preignantes, & neantmoins comme nos mœurs 21 Raisons de l'affirmatiue. panchent apertement à augmenter le commerce & proprieté des Offices, la contraire opinion a preualu, & en fin s'est establie de nostre temps, dont aussi les raisons me semblent encor plus pertinentes.

22 Equité du remploy introduit par la coustume de Paris. Car à bien entendre la communauté d'entre mary & femme, qui n'ha lieu en endroict du monde que ie sçache, fors en vn petit canton de la France, faisant partie du païs coustumier, ne deuroit comprendre (outre son premier fonds, qui sont les meubles qu'y apportent les conioints lors de leur mariage) que leur collaboration (ainsi que parlent les Capitulaires de Charlemaigne, qui est l'ancien droict François) c'est à dire ce qu'ils acquierent par leur labeur & industrie: quoy que ce soit elle ne comprend de plus que ce qu'ils acquierent à tiltre lucratif, & non pas ce qu'il leur aduient pour cause onereuse, c'est à dire de la vente, ou diminution de ce qui estoit propre & peculier à chacun d'eux. Car c'est en ce cas plustost vn changement d'vne chose en autre, qu'vne acquisition nouuelle: voire aussi-tost perte que gain, & diminution qu'augmentation de bien.

23 De mesme. Quelle apparence y a-il, qu'vn mary, sous pretexte que pour approcher son bien pres de luy, ou pour autre bon suiect, voire quelquesfois pour payer les debtes de sa communauté, aura vendu son propre heritage, il en transfere la moitié des deniers à sa femme, & par ainsi que la moitié de l'ancien propre du mary soit transferée en vne famille estrangere, voire que le mary mesme en soit frustré, si sa femme decede la premiere, ou ses enfans s'il predecede? Qu'elle apparence au rebours, qu'vn mary ayant, ou par amour, ou par autre moyen induit sa féme à vendre ses propres, s'approprie par ce moyen de la moitié d'iceux?

24 De mesme encor. Certainement cela est contre toute équité naturelle, voire contre le sens commun, & m'estonne comment nos ancestres (qui ont esté d'ailleurs tellement curieux de conseruer les propres aux familles, qu'il semble que ce soit la principale fin du droict François, & sa perpetuelle difference d'auec le Romain) se sont endormis, & endorment encor auiourd'huy si long temps en cet erreur prouenu, à mon aduis, de ce que les gens de Iustice ont voulu retenir le pouuoir d'attirer en leur communauté le bien de leurs femmes.

25 De mesme encor. Voila pour le poinct d'équité: & pour le poinct de droict, est-il pas certain que les donations entre vifs sont prohibées entre mary & femme, & par le droict Romain, & par toutes les coustumes de France? Or qui doute que ce ne soit en effect vne donation, que d'attribuer la moitié de ses propres l'vn à l'autre par le moyen de la vente d'iceux? Et de faict, Bacquet nous apprend que dés son temps on estendoit la coustume de Paris, introductiue du remploy, à toutes les coustumes qui prohibent les aduantages indirects entre mary & femme.

26 Remploy receu maintenant par tout. C'est pourquoy, comme les mauuaises pratiques se corrigent peu à peu auec le temps, maintenant qu'on vient à considerer que par le droict commun, & de Rome & de France, tous aduantages directs & indirects d'entre mary & femme sont prohibez, afin que l'vn ne soit enrichy du dommage de l'autre, les plus iudicieux obseruent à bon droict le remploy par toute la France, comme vn droict commun, & esperent qu'en fin cet vsage s'establira, à cause de son équité toute apparente.

27 Raisons particulieres pour le remploy des Offices. Or puisque toutes ces raisons, sur lesquelles le remploy est fondé, ont autant de poids és Offices alienez qu'és heritages, ou rentes, il s'ensuit que le remploy y doit pareillement auoir lieu, attendu mesme qu'il y a encor des raisons particulieres pour les Offices. Car dés auparauant la reformation de la coustume de Paris on iugeoit le remploy à l'esgard des alienations necessaires, comme des rentes raquittées, dont Carondas sur la coust. rapporte vn arrest du 21. Iuillet 1565. donné au profict d'vne veufue Dupré: or est-il que l'alienation de l'Office est comme necessaire, pource qu'il faut, ou que le mary le vende, ou qu'il le perde par sa mort, ce qui n'est aux heritages & aux rentes.

28 De mesme. D'ailleurs il faut qu'il y ait égalité entre les conioints, que Dieu par le mariage vnit comme en vn corps: & notamment cette égalité doit estre en leur societé, afin qu'elle ne soit pas leonine, mais coniugale. C'est pourquoy les femmes ne pouuans apporter en icelle le prix des Offices, dont elles ne sont capables, il n'est pas raisonnable que les maris y apportent le prix des leurs.

Or

Or est-ce pas assez d'inégalité, & d'aduantage pour les femmes que les maris 29 Autre encor.
contribuent tous seuls à la communauté leur industrie, & leur labeur continuel en l'exercice de leurs Offices, & sur tout qu'ils portent seuls la perte entiere d'iceux, & neantmoins que les femmes participent également aux honneurs, aux profits d'iceux, & mesme aux priuileges dont elles iouïssent encor apres la mort des maris : & ce sans y rien hazarder de leur bien, & sans y contribuer ni industrie, ni labeur? Outre tout cela seroit-il raisonnable, que le mary ne voulant perdre par sa mort l'Office, pour l'achat duquel il auoit vendu les plus beaux de ses propres, la femme non contente d'en auoir eu auparauant la moitié des honneurs, des profits, & des droicts & priuileges, vueille encor, apres la vente d'iceluy, en auoir la moitié du prix & sort principal? de sorte que le mary soit reduit en ces deux extremitez, ou de perdre son Office entier par sa mort, ou d'en perdre la moitié par la vente.

Puis donc qu'il y a beaucoup plus de raison & d'équité au remploy des Offices, qu'en celui des heritages, ou rentes, il n'y a point d'apparence de dire, que 30 Responses aux raisons contraires.
l'article de la coustume de Paris, qui introduit le remploy aux heritages & aux rentes, ne doit point estre estendu aux Offices : ioint que nous ne fondons pas tout à faict le remploy des Offices sur cet article : mais sur celui qui prohibe tous aduantages indirects entre mari & femme, entre lesquels seroit infailliblement celuy qui prouiendroit de la vente de l'Office, si le prix d'icelle demeuroit en la communauté, sans estre remployé au profict du mari. N'estant d'ailleurs vray 31 Resolution pour le remploy des Offices.
ce qu'on allegue au contraire, que le mari ne soit appauuri pour laisser en la communauté le prix de son Office : & quant à l'arrest de l'an 1577. il est du temps que le remploy n'estoit encor en pratique. Concluons donc que le prix de l'Office qu'auoit le mari auant son mariage, & qui a esté vendu constant icelui, doit estre remployé à son profict, ou bien apres dissolution estre repris par preciput sur la communauté, comme il a este iugé par l'arrest de Coquebert de l'an 1598. qui 32 Arrests.
sera recité plus au loug à la fin de ce chapitre. Mais sur tout cette difficulté a esté resoluë de n'agueres par arrest tres-solennel donné en la premiere chambre des Enquestes, par conuocation de deux Conseillers des autres Chambres, & prononcé en robbes rouges à la Nostre-dame de Septembre 1607. par ce Nestor François M. le premier president de Harlay, entre la veufue de feu M. Louis de la Grange, Thresorier de France à Orleans, & le curateur subrogé de sa fille.

Parlons maintenant de l'Office acheté des deniers de la communauté, sçauoir si 33 De l'Office acheté des deniers de la communauté.
& comment il entre en icelle. Qui s'en voudra rapporter au bon homme Benedict, qui a touché cette question sur le chapitre *Raynutius. in verbo Et vxorem. decis.* 5. *num.* 787. & à Chassanée qui l'a traictée sur le tiltre 4. de sa coustume article 2. 34 Opinion de Benedicti & Chassanée.
ils nous disent tous deux absolument que la femme n'y a rien : voire mesme que si le mari achetoit des deniers de la communauté vne Pairie de France, elle n'entreroit aucunement en la communauté, ains appartiendroit entierement au mari & aux siens.

Mais deux braues Espagnols releuent fort bien l'opinion contraire, à sçauoir 35 Opinion de Couarruuias & Garsias.
Couarruuias liure 3. *Variar. resolut. cap* 19. *& Ioha. Garsias tract. De expens. & melior. cap.* 4. qui disent que la femme ha la moitié non en l'Office, mais en l'estimation d'iceluy.

Or d'autant que cette matiere est scabreuse, & *reuera de apicibus iuris Gallici*, il 36 Pourquoy l'Office n'entre en communauté.
faut examiner à loisir ces deux opinions. En premier lieu il est bien certain que l'Office en soi n'entre pas en la communauté, tant pource qu'il est inherent à la personne du titulaire, que pource que la femme en est incapable, finalement pource qu'il est indiuisible, & ne peut estre à deux. Ne sert de dire que tout ce que le mari acquiert des deniers de la communauté, dont il dispose comme il lui plaist, il l'acquiert comme mari, c'est à dire tant pour lui, que pour sa femme, à plus forte raison qu'au droict c'est vne specialité, que *res empta ex pecunia dotali, dotalis efficitur, l. Res quæ. D. De iure dotium.* Car la communauté n'est pas capable de tenir & auoir à soi l'Office, & combien qu'en droict tout ce que le fils de famille acquiert appartienne au pere, si est-ce qu'acquerant vne Milice, elle appartient à

luy seul, *non patri acquirit, sed ipse habet, quia personæ eius cohæret,* dit ce beau §. *Si quid minori. l. 3. De minor.*

37 Qu'il faut neantmoins indemniser la femme.

Quoy donc la femme perdra-elle sans son faict, & par la ruse du mari, la part qu'elle auoit aux deniers, dont l'Office a esté acheté? Cela seroit contre toute équité: voire contre le sens commun, quoi qu'en dient ces bonnes gens, Benedicti & Chassance, qui estoient du temps, auquel on laissoit encor toute licence au mary de vendre le bien de sa femme, pour augmenter sa communauté, & de bastir sur son propre sans restitution des impenses, comme Chassanée le dit au mesme lieu: sur tout ils estoient du temps que le commerce des Estats n'estoit encor establi: mais auiourd'hui tout cela n'a plus de lieu, ains on tient auec iuste raison, qu'en quelque sorte que ce soit, le mari ne peut diuertir à son profit particulier, ou des siens, le bien de la communauté, pour en frustrer sa femme: & cette generale consideration d'équité naturelle, que *nemo cum aliena iactura locupletior fieri debet*, est principalement gardée entre mari & femme: de sorte qu'on a faict vne regle particuliere de nostre droict, que mary & femme ne se peuuent aduantager l'vn l'autre directement, ni indirectement.

38 Moyen de pouruoir à son indemnité.

Tout ainsi donc que quand le mari a employé l'argent de la bourse commune à bastir sur son propre heritage, on pourueoit à la recompense de la femme, en luy donnant action apres dissolution de la communauté, pour repeter la moitié de cet argent: aussi *mero iure* il faudroit que la moitié des deniers de la communauté, employez en l'achat de l'Office, qui est peculier & inherent à la personne du mari, fussent par luy rendus à la femme, ou aux siens apres dissolution.

39 Que ce moyen n'est propre en l'Office.

Mais la qualité de l'Office y apporte vne consideration particuliere. Car il y a grande difference entre le bastiment fait sur l'heritage du mari, qui est perpetuel, & qui aussi n'apporte à la communauté que le fruict ordinaire des heritages, & le plus souuent rien, & l'Office qui n'est qu'à vie, & est iournellement perissable, & qui d'ailleurs apporte en la cõmunauté vn grand reuenu, lequel aussi s'y fond, mine, & consomme de iour à iour. De sorte qu'il ne seroit nullement raisonnable, que l'Office ayant esté perdu par la mort inopinée du mari, ses heritiers demeurassent neantmoins debteurs de ce mi-denier enuers la femme. C'est pourquoy on a esté contrainct d'entrer en cet expedient, que comme le reuenu annuel de l'Office, aussi sa perte residassent en la communauté, suiuant cette autre regle d'équité naturelle, que qui reçoit le profit doit porter la perte.

40 Qu'il la faut indemniser par l'estimation.

Donques on est en fin venu à ce poinct, que comme le droict decide que la personne incapable de la Milice doit auoir l'estimation d'icelle, *l. 11. & 16. De leg. 3.* aussi la femme, voire la communauté du mari & femme, estant incapable de la pure & parfaicte seigneurie de l'Office, on a attribué à cette communauté l'estimation d'iceluy, qui tousiours dans le droict supplée, & represente la chose és occurrences d'équité où il est besoin.

41 Que cette estimation est malaisée à regler.

Toutesfois ce n'est pas encor assez dict. Car le droict ne cognoist que deux sortes d'estimation, l'vne *quæ facit emptionem*: l'autre qui se fait seulement pour liquider, & asseurer vn prix certain à la chose. Que si l'Office entroit en la communauté selon ces sortes d'estimation, on retomberoit tousiours au premier inconuenient: car il s'ensuiuroit que le mari seroit seulement & precisement tenu lors de la dissolution, de rapporter la moitié du prix que l'Office auroit cousté, qui seroit tousiours la plus certaine estimation qu'on en pourroit faire: de sorte que s'il estoit augmenté de prix, il suffiroit qu'apres la mort de la femme le mari rendist la moitié de ce qu'il auroit cousté: & aussi au rebours, s'il estoit diminué de prix, voire qu'il eust esté perdu tout à faict par la mort du mary, il faudroit tousjours que ses heritiers rendissent ce mi-denier. Ce qui n'est nullement raisonnable, car puisque les profits de l'Office entrent entierement en la communauté, pourquoy faut-il qu'il soit aux risques du mari seul, outre que seul il y contribue son industrie & son labeur, que si au contraire il est aux risques & perils de la communauté, il est necessaire, que l'accroissement d'iceluy reuienne à la communauté.

42 Comment il la faut regler.

Cela est assez aisé à entendre. Car le sens commun nous le dicte, & la pratique

en

en est toute notoire. Mais il est bien mal-aisé de dire cõment cela se peut accommoder à la raison de droict, & quelle est en effait cette estimatiõ variable & incertaine: voire cette estimatiõ nõ estimée ni estimable de l'Office, qui entre en la cõmunauté, & toutesfois il la faut trouuer, pource que c'est le fondemẽt de tout ce discours. Or cõbiẽ que le mari soit tout ensemble l'Officier & le titulaire de l'Office, si est-ce qu'en l'effait, quoi que ce soit quãt au profit & au peril, augmẽtation & diminutiõ, l'Office appartient à la cõmunauté: tout ainsi que quand vn hõme ayant acheté vn Office le met sous le nom de son amy, qu'il fait pouruoir d'icelui, en ce cas le pourueu n'est pas effectuellement seigneur de l'Office, ains en est simple titulaire *& fiduciarius possessor*, que nous disons en matiere de benefices cõfidenciaire. 43 De l'Office laissé en confidence. Ou encor pour approcher plus pres de nostre cas, quãd deux achetent vn Office en commun, celui qui en est pourueu, en est seul titulaire, & seul Officier, mais il n'est seigneur de l'Office que pour moitié. 44 De l'Office commun à deux. Ainsi peut-on dire du mari, qu'il est l'Officier & le titulaire de l'Office, mais que l'Office appartiẽt en effait à la cõmunauté: vray est que comme il est maistre de tous les biens de la communauté, & en peut disposer à son plaisir sans fraude, il a encor plus de droit en l'Office, que n'a le confidenciaire ou l'associé titulaire en l'Office commun.

Dont resulte, que ce n'est pas encor proprement la simple estimation de l'Office, qui entre en la communauté, comme aussi ce n'est pas vrayement & réellement l'Office mesme, en-tant qu'il est consideré auec l'aptitude à l'exercice, & est definy *Dignité auec fonction publique*, mais c'est vn droit imaginaire, & vn certain *ens rationis* abstrait de l'exercice, que les Canonistes appellent *ius in re* droit en l'Office, & nous l'appellons vulgairement la seigneurie ou proprieté de l'Office, telle peu apres que l'acheteur de l'Office l'a auant que d'en estre pourueu, ou qu'y estre receu: droict que nous auons dit au liu. precedent, pouuoir estre separé réellement és Offices domaniaux d'auec l'Office en soy, c'est à dire d'auec l'exercice public, mais qu'és autres Offices n'en peut estre separé & abstrait, que par l'intellect. 45 Resolution cõment l'Office entre en communauté. Quoi que ce soit tous les effaits de la seigneurie vtile & profitable, telle qu'elle peut escheoir aux Offices, dependent de ce droit. Car qui a ce droit, acquiert les fruits de l'Office, les augmẽtations intrinseques & extrinseques d'icelui viennent à son profit, comme aussi les diminutions, soit de partie soit de total de l'Office tombent à son dommage: bref il est tout ainsi que le parfait seigneur de l'Office, sinon que n'estant pas Officier, il n'en a pas le titre & l'honneur, ni la function & le pouuoir: & voila comment l'Office entre en la communauté: ce qui estoit bien necessaire d'estre approfondy & particularisé, pource qu'il s'en peut tirer infinies belles consequences, qui se rapportent du tout à nostre pratique des Offices: laquelle il est bien besoin d'accommoder aux raisons de droit, afin d'euiter les paralogismes & erreurs, qui y sont ordinaires encor à present, d'autant que iusques icy on la maniée plus par routine, que par raison.

Il s'ensuit donc, que si l'Office vient à estre perdu, soit par suppression, ou mesme par la mort du mary, cette perte tombe sur la communauté: 46 Que la perte de cet Office tombe sur la communauté. encor que la loy ait decidé, que *si socius cõmunem pecuniam suo nomine fœnerauerit, ipsa eius periculo cedit. l. Si vnus. §. 1. D. Pro socio.* Car la raison est bien differente, attendu que le mary ne risque pas les deniers de la societé au profit de lui seul, quand il les conuertit en vn Office, ains il apporte iournellement les profits d'icelui à la communauté, encor qu'il ait seul la fatigue de l'exercice, & que seul il y contribue son industrie. Sa femme mesme participe au rang & honneur de l'Office, voire encore apres la mort du mari iouit du rang & des priuileges d'icelui: seroit-il donc raisonnable que le mary en portast seul la perte?

Tout l'aduantage qu'y a le mari par dessus elle, en recompense de ce qu'il contribue seul son labeur & son industrie à l'Office, c'est que ne pouuant estre perdu que par sa mort, il ne peut pendant sa vie estre incommodé de cette perte, 47 Aduantage qu'y a le mary. comme la femme peut estre par la mort du mari. Et c'est pourquoi on a appellé l'Edict moderne du droit annuel, l'Edict des femmes. Aduantage, que le titulaire a tout pareil en l'Office commun: mais encor les femmes sçauẽt bien s'exempter de la perte de l'Office, & la reietter sur le mari. 48 Remede qu'y trouuent les femmes. Car elle s'asseurent ordinairement par leurs contracts de mariage, de reprendre ce qu'elles ont apporté en cas de renonciation à la communauté, principalement si elles suruiuent le mari. Clause que les Parisiens (*certè nimiùm vxorij*) n'oublient gueres à present d'inserer aux contracts de mariage, pour faire tomber entierement la perte des Offices, & autres semblables pertes fortuites sur le pauure mari. Qui est vrayement contracter vne societé leonine, pource que la femme prend part au profit de la communauté s'il y en a, & s'il y a de la perte, elle n'y participe point.

49 Differen-ce entre l'Office commun à deux, & celuy de la communauté. Toute la difference qu'il y a entre l'Office appartenant à la communauté de mari & femme, & celui qui appartient à deux qui l'ont acheté en commun, n'est autre, que la difference ordinaire & generale d'entre la societé particuliere *in certa re*, & la communauté & societé vniuerselle des meubles & conquests d'entre mary & femme. Car la societé particuliere demeure iusques à ce que la chose commune soit partagée, ce que chacun peut demander quand il lui plaist. Mais la communauté d'entre mary & femme, finit par la mort de l'vn ou de l'autre, & par la separation de biens iugée, & executée.

C'est pourquoi, combien qu'en la societé particuliere de l'Office appartenant à deux, le titulaire n'en est point fait seigneur entier par le deceds de l'autre, qui delaisse à ses heritiers tout le mesme droit à l'Office qu'il auoit: neantmoins tout au rebours, ie dy qu'en la communauté vniuerselle du mari & femme, *quæ morte finitur*, l'Office apres la mort de la femme, demeure desormais entieremēt au mari, selon son propre droit, duquel l'effait & energie estoit seulement empesché par l'inconuenient n'agueres rapporté, à sçauoir que le reuenu de l'Office entre en la communauté. Ce qui cesse apres la mort de la femme, estant notoire, que lors le mari prend pour luy seul ce qu'il gaigne de son Office.

50 L'Office reuient au mary seul dés le deceds de la femme. C'est pourquoi ie conclu, qu'il n'est point tenu de rēdre ou representer aux heritiers de sa fēme l'Office mesme, pour en estre mis en partage auec les autres biēs de la cōmunauté, ore mesme que l'heritier de la femme fust capable de le tenir: en la personne duquel en tout cas il ne pourroit passer sans resignatiō du mari & prouision du Roy. Mesmemēt ie dy, que cōme és autres choses impartageables, l'heritier n'est pas fondé d'en demāder au mari la licitation, ains qu'il lui peut seulement demander le mi-denier de sa valeur, au dire de gens à ce cognoissans.

51 Mais en doit le mi-denier à ses heritiers. Bien est vray, que si le mari ne vouloit garder l'Office, soit qu'on le luy appreciast à trop haut prix, ou qu'il n'eust moyen de payer le mi-denier, il peut offrir par forme de déguerpissement, le resigner pour estre vendu en commun. Mais cela est en sa faculté, comme tout déguerpissemēt, & non en obligation. Car mesme à bien entendre, le mari n'est point tenu alternatiuemēt à payer le mi-denier, ou à quitter l'Office, pource que l'Office est attaché à sa personne, & n'est debteur en effait que du mi-denier: mais comme quiconque est poursuiui pour raison de quelque chose, se peut descharger en la déguerpissant, aussi on luy permet de quitter l'Office, s'il n'en veut payer le mi-denier. C'est pourquoy i'estime que cette faculté & option lui doit estre permise, non seulement auparauant l'appreciation faite, mais aussi par apres, s'il la trouue trop haute: pource qu'estant chose de soy vn peu rude de faire payer au mari le mi-denier de l'Office, ou le lui faire quitter, il lui faut donner tout loisir de se resoudre, & faire son choix: & se souuenir que la communauté a esté accreuë par son trauail, & partant ne le pas traiter en estrange, *non ita amarè, nec tanquam inter infestos, sed tanquam inter summa necessitudine coniunctos, & solam inopiam metuentes*, comme dit la loy.

52 Ce mi-denier s'entend de la simple procuration. Par mesme raison ie dy, que l'estimation se doit faire de la seule procuration, & non pas de l'Office tout expedié: pource que si le mari optoit de le resigner à profit commun, tousiours faudroit-il que le resignataire payast la finance de la resignation: & n'est pas raisonnable, que l'heritier de la femme vende sa part plus cherement au mari, qu'à vn estranger, attendu que ce qu'il a esté mis sous le nom du mari, estoit que la femme n'en estoit pas capable.

53 Entre deux associez faut estimer l'Office tout expedié. C'est pourquoy si cette mesme question se rencontroit entre autres associez en vn Office, comme il aduient souuent és Offices de finance, qu'ils appartiennent à deux, i'estimeroy tout au contraire, que lors que l'vn d'eux veut dissou-

dre l'associatiõ (comme il est certain, que chacun le peut faire en quelque temps que ce soit, nul n'estant contraint de perseuerer en communauté) l'Office doit estre estimé cõme tout expedié, & non pas eu egard à la simple procuratiõ, d'autant que ça esté vne grace & passe-droit, que l'vn des associez a fait à l'autre de mettre l'Office sous son nom, dont partant il auoit tout seul l'honneur & les priuileges, au lieu que l'autre court risque par la mort de son compagnon.

Encor y auoit-il de n'agueres vn grand different entre deux associez en l'vn des principaux Offices de finãce de ce Royaume, si le pourueu pouuoit estre contraint à mettre l'Office en licitation. Ce que ie n'estime pas, pource que l'Office en soy ne peut estre à deux, ni quant à la qualité d'Officier, ni quant à la parfaite seigneurie de l'Office qui gist en la prouision: mais l'Office appartenant au pourueu seul, on s'y peut associer auec lui à telle condition, que le prix de l'achat sera payé en cõmun, & aussi les emolumens, & par consequent l'augmentation & diminutiõ d'icelui, bref la seigneurie imparfaite de l'Office, abstraite du titre & de l'exercice: & en vn mot, ce que i'ay appellé droit en l'Office, demeura commun entr'eux. C'est pourquoi quand cette cõmunauté se dissoult, il faut estimer l'Office au iuste prix qu'il vaut alors tout expedié: & neãtmoins il y a grande apparẽce, que le pourueu peut rapporter l'Office mesme, pour estre vendu à profit commun: pource que par l'associatiõ il n'est pas obligé de le garder tousiours: mais en tout cas, i'estime que deslors qu'il est conuenu pour rompre l'association, il doit opter de rapporter en cõmun, ou l'Office, ou l'estimatiõ d'icelui, sãs attẽdre qu'elle soit faite, pource que cette faculté de raporter l'Office, ne lui est laissée que par equité, & parce aussi que s'il en veut vser, il n'est besoin de faire aucune estimation. 54 Mais le titulaire ne peut estre contraint à la licitation. 55 Et si l'Office est trop estimé, il le peut remettre en commun.

Pour donc reuenir à l'estimation de l'Office, qui se fait apres dissolution de la communauté d'entre mary & femme, c'est vne grande question, si elle doit estre faite selon ce que l'Office valoit lors de la dissolution, ou selon ce qu'il se trouue valoir lors du partage de la communauté: ce qui peut estre de grande importance. Car il peut arriuer, que *medio tempore* l'Office augmentera ou diminuera beaucoup de valeur, voire qu'il sera démembré, ou mesme supprimé tout à fait, messmement que le mari decedera auant le partage, & perdra l'Office. 56 Si l'estimatiõ du mi-denier doit estre faite selon le temps du deceds, ou du partage.

Enquoy il semble de prime face, que comme *in iudicijs vniuersalibus fructus omnésque accessiones hæreditatẽ augent, quia hæreditas nomen iuris est, & recipit ipso iure augmentum & diminutionem*, voire mesme *in iudiciis particularibus*, il est certain que *augmẽtum & periculũ rei communis omnes dominos respicit* aussi le mesme soit en l'Office, puis qu'il fait part de la communauté: principalement si le mari n'a point esté constitué en demeure de la partager, ou de resigner l'Office. Ce qui semble decidé par le §. dernier de la loy *Titiæ textores. De legatis*. 1. *Si alteri Stichum hæres dederit, quem duobus dare damnatus erat, & antequam interpellaretur ab altero, Stichus mortuus est, hæres non tenetur, quia nihil per eum factum intelligitur.* 57 Semble que ce soit du partage.

Neantmoins i'estime le contraire plus veritable. Car il est bien vray que tant que la communauté a duré, cõme les profits de l'Office y entroient, aussi faisoit la perte, & generalemẽt toutes les augmentatiõs ou diminutiõs: mais cela se faisoit par la force de la cõmunauté, qui faisoit que le mari & la femme n'auoiẽt qu'vne mesme bourse, de sorte que si tost que cette cõmunauté est dissoluë, & cette bourse diuisée, deslors l'Office demeure tout à fait au mari: qui n'est plus debteur que du mi-denier enuers l'heritier de la femme, sauf la faculté qu'il a de rendre l'Office, la chose estant entiere: & par consequent ie dy, que de ce iour là tous les profits lui en appartiennẽt, sans qu'il soit tenu les rapporter, & en tenir cõte cõme de fruits de chose cõmune: dõt s'ensuit aussi que dés ce mesme tẽps l'Office est entierement à ses perils, comme tient Choppin *De mor. Paris. lib.* 2. *tit.* 1. *nu.* 34. si ce n'est qu'il y eust des enfans mineurs, qui à faute d'inuẽtaire, optassent continuation de la communauté, pour auoir part à l'accroissement suruenu en l'Office. 58 Resolution au contraire. 59 Dés lors du decez de la femme, l'Office est entierement aux risques du mari.

C'est pourquoi, si le mary se veut descharger de la risque de l'Office, il doit incontinant apres le deceds de sa femme, faire signifier à ses heritiers, qu'il entend & est prest de resigner l'Office à profit commun, les sommer & interpeller qu'ils ayent de leur costé à cercher acheteur. Apres laquelle signification, l'Of- 60 Moyen de s'en descharger.

fice est hors de sa risque, quant à la moitié de la femme. Mais aussi ayant par icelle consommé son droit d'opter, il ne peut plus varier, & dire, qu'il veut garder l'Office & payer le mi-denier de son estimation: autrement cette signification auroit esté doleuse & frauduleuse: bien croy-ie qu'il deuroit tousiours estre preferé à vn estranger pour le mesme prix que l'heritier lui auroit laissé sa moitié.

62 De l'Office acquis par eschange aux propres du mary pour le prix de l'Office. Voila pour le regard de l'Office acheté des deniers de la communauté: que dirons nous, si pendant la communauté, le mari l'a acquis par eschange contre ses propres? i'estime qu'en ce cas, à cause de la subrogation necessaire qui resulte de l'eschange, l'Office est entierement propre au mari, & en doit estre dict, côme de celui, qu'il auoit auant le mariage, voire mesme quand le compromis ne porteroit pas le terme d'eschange, mais contiendroit que pour la composition de l'Office arrestée à certaine somme, le mari auroit baillé au resignant ses propres. Car cela estant arresté par le mesme marché, c'est tousiours en effait vn eschange: mais si apres coup, le mari, pour demeurer quitte du prix qu'il deuoit de l'Office par lui acheté pendant le mariage, baille ses propres en payement, i'estime que l'Office appartient à la communauté, & que la communauté doit rendre & remplacer les propres au mari, comme baillez en payement de sa debte: distinction qui est de grande importance: car de là s'ensuit, qu'au premier cas, l'Office estant perdu par la mort du mary, la perte d'icelui tombe sur lui seul, & non sur la communauté, qui n'est neantmoins chargée du remploy des propres contreschangez à l'Office: & au second cas il faut garder tout l'opposite.

63 De l'Office payé des deniers prouenus de la vente des propres du mary. A plus forte raison, si le mary auoit vendu ses propres pour acheter l'Office, comme il aduient ordinairement, i'estime que combien que la vente des propres fust faite en mesme têps que l'achat de l'Office, & qu'il peust estre verifié, que les deniers d'icelle auroient esté emploiez en l'achat de l'Office, voire que la vête fust faite expres pour paier l'Office par les mains de l'acheteur: neantmoins il n'y a point de subrogation de l'Office au propre, pource que la subrogation n'a lieu, qu'au pur eschange par vne fiction de droit, qui n'admet point d'interpretation extensiue, ni de surcharge d'autre fiction, si ce n'est que le mari en achetant l'Office, ou vendant son propre, feist declaration expresse aux fins de remploy, de l'vn à l'autre, qui ne seroit pas vne subrogation d'eschange, mais vn remploy stipulé & effectué.

64 Resolution. Cessant laquelle declaration, ie dy que l'Office, payé du prix des propres du mari, entre en la communauté, & par consequêt est à la risque d'icelle: comme de verité il est bien raisonnable, puis que la cômunauté en perçoit le reuenu. Dont s'ensuit que l'Office estant perdu par la mort du mari, ses heritiers ne laissent neantmoins de reprendre sur la communauté le prix des propres alienez.

65 De l'Office acquis à mesme les propres de la femme. *Quid si è contrario*, l'Office est acquis du prix prouenu de la vente des propres de la femme? En ce cas il ne faut point distinguer, si c'est par eschange ou par vente, ains faut tenir indistinctement, que l'Office est acquis à la communauté & non à la femme, qui en est incapable, & que par consequent la communauté doit le remploy du propre de la femme. Que si la communauté n'est suffisante pour faire ce rêploy, apres que l'Office a esté perdu par la mort du mari, comme il aduient ordinairement, i'estime, puis que nostre coustume, qui a introduit tel remploy, en rend la seule communauté debtrice, que quâd n'y a rien en icelle, le Roy mesme y perdroit son droit, *estque inanis actio.*

66 De l'Office donné au mari pendât le mariage. Mais que dirons-nous de l'Office qui pendant le mariage a esté donné au mari? Certes c'est vne belle question: car d'vn costé on peut dire qu'il n'est plus bel acquest que de don, & nostre coustume decide que ce qui est donné aux mariez, entre en leur communauté, ores mesme qu'il soit donné par vn parent collateral de l'vn d'eux: combien que la loy Romaine presumast en ce cas le don n'estre fait qu'en faueur du parent, *l. Titio centum. §. Titio genero. D. De condit. & demonst.* En quoy il n'y a d'exceptées que les donations en ligne directe, pource qu'elles tournent tousiours en aduancement d'hoirie, & celles qui sont faites à cette condition par expres, qu'elles seront propres au donataire, pource que le donateur *potest rei suæ legem dicere.*

Ce neantmoins i'estime, sauf meilleur aduis (car il faut confesser que la question est fort problematique) que n'apparoissant point que l'Office ait esté donné en contemplation de la femme, ni que son credit, ou de ses parens, ait esté cause du don, *in dubio* l'Office doit appartenir au mari seul, par la decision de cette loy *Denique.§.si quid minori.D.De minor.* où il est dit que la Milice donnée au fils de famille lui est acquise, & non à son pere, auquel appartiennent toutes autres choses acquises par le fils de famille: pource, dit le Iurisconsulte, que *personæ eius cohæret.* Et d'ailleurs puis que la femme est incapable de l'Office, il semble superflu d'exprimer au don d'icelui, suiuant la coust. de Paris, qu'il sera propre au mary.

Ce qui doit paincipalement estre tenu au don du Roy: car aucuns tiennent generalement, que les dons du Roy ne sont communicables aux femmes, dont M. Choppin *lib.5.De Domanio, cap.12.* en raporte vn ancien arrest fort notable, de l'an 1298. contre vne vefue qui demãdoit part en deux cẽs liures de rente, que le Roy auoit dõnez à son mari: dont elle fut deboutée *attenta conditione donorũ Regis*, porte l'arrest & au l.2.tit.1. *De morib. Paris.* il cite encor vn autre anciẽ arrest de l'an 1267. & la loy des Visigots liu.5.tit.2.chap.3.& vne loy des Lombards, tit.60. *De fratribus qui in casa communi remanserunt.* & encor vne ordonnance de Portugal, qui parle directement de l'Office, *Lusitan.leg.lib. 4. tit. 77.* ce qui se rapporte à la decision de la loy *Cùm multa.C.De bonis quæ liberis.* & à la decision des deux loix du tit. *Si petitionis socius sine hærede decesserit.C.Theod.* ce qui n'est toutesfois sans difficulté, veu ce qu'a escrit au contraire Bacquet au liu. *Des droicts de Iustice*, chap. 21. nomb. 16. 68 De l'Office partie donné & partie vendu.

Toutesfois si l'Office auoit esté partie donné & partie vendu, comme quand le Roy par breuet expres auroit moderé la finance d'vn Office à vne petite somme en faueur de l'impetrant, & pour ses bons seruices, ou bien s'il lui auoit remis discrettement vne portion de la iuste finance de l'Office, il me semble qu'il faudroit estimer *in dubio* l'Office comme vendu, & par consequent qu'il deuroit en ce cas, entrer entierement en la communauté, *quia venditio, licet viliori pretio facta donationis causa, donatio tamen non est, si modo non sit facta vno nummo. Nam tunc imaginaria isthæc venditio, potius donatio est quàm venditio, l.vlt.D. Pro donat. vbi Cuiac. & Faber. ad l. 16. De reg.iur.* Dont s'ensuit qu'il est tres-mal-aisé d'en donner vne resolution generale, attendu que cela depend des particularitez du fait. 69 De l'Office donné, puis vendu.

Quoi donc si l'Office donné tout à fait au mari constant le mariage, est vendu pendant icelui, faudra-il qu'il soit remployé à son profit? Certes ie subsiste en cette difficulté si problematique, & confesse que ie ne sçay de quel costé m'y resoudre. Neãtmoins à present que la pratique du remploy est establie aux Offices par arrest solemnel, i'estime qu'il aura lieu en ce cas, comme encor à plus forte raison en l'Office donné ou resigné gratuitement par le pere ou ayeul du mari, qui doit estre reputé comme vn vrai propre, attendu la decision de l'art. 246. de la coust. de Paris. Ce que mesme on pourroit bien estendre fauorablement à toute donation de l'Office faite par vn des parens du mari: combien qu'au contraire l'Office donné au mari par les parens de la femme, ne puisse estre propre à icelle: ains necessairement à cause que la femme n'en est capable, il apartiẽt au mari quant à la parfaite seigneurie, mais le droit en icelui ou sa seigneurie imparfaite appartiẽt à la cõmunauté, ainsi qu'il vient d'estre dict de l'Office acheté dés deniers d'icelle.

Voila cõment les Offices entrent en cõmunauté: reste de voir s'ils entrent en doüaire, c'est à sçauoir si l'Office qu'auoit le mari lors de son mariage, ou qui lui a esté gratuitemẽt resigné par son pere pẽdant icelui, est subiect au doüaire coustumier, au cas qu'il soit conserué apres la mort du mari, soit en vertu de nouuel Edict, ou pour auoir esté vendu pendant sa vie, ou pour auoir esté resigné 40. iours auparauãt son deceds: question qui me semble encor plus difficile, que celle de la cõmunauté, & qui sera encor plus frequẽte par ci-apres, si ce nouuel Edit cõtinuë. 70 Si les Offices sont suiets au doüaire.

Qui voudra rechercher l'origine du doüaire, trouuera que les Offices y sont compris, puis qu'on ne peut nier, qu'ils ne soiẽt *in bonis* du mari. Car la Philippine, c'est à dire l'ordonnance du Roy Philippe Auguste de l'an 1514. introductiue du doüaire, porte notamment, que *la femme est doüée de ce que l'homme a au iour qu'il* 7. Que si.

l'espouse, comme la rapporte Beaumanoir. Et de fait le grand Coustumier liu. 2. chap. 3. dit que la femme est doüée de moitié des biens du mari, fors des meubles: & l'ancien formulaire du ceremonial de l'Eglise, porte que le mari doit dire à la femme lors de ses espousailles, *De mes biens ie te douë*. Or ce que les meubles en sont exceptez a esté, à cause que la femme y a moitié en proprieté par droit de communauté: dont resulte, ce semble, que tous les biens du mari, qui n'entrent en communauté, doiuent entrer en doüaire, & partant qu'il ne faut point distinguer si l'Office, ou les deniers prouenus d'icelui, sont meubles, ou immeubles, pource que si on les prenoit comme meubles, la femme y auroit moitié par droit de communauté; si comme immeubles, elle y doit auoir moitié par droit de doüaire. Et ainsi semble l'auoir resolu M. Choppin sur la coust. d'Anjou tit. *De connubiali societ. num.* 10.

72 Que non. D'autre costé on dit, que sans disputer, si l'Office est meuble ou immeuble, la mesme raison, qui l'exclud de la communauté, l'exclud aussi du doüaire, à sçauoir que de sa nature il n'est communicable à la femme, ains est inherent à la personne du mari, suiuant ce §. *Quid si minor.* qui decide que la Milice donnée au fils n'est point acquise au pere, ce qu'il faut entendre non seulement quant à la proprieté, mais aussi quant à l'vsufruict, combien que le droit dispose generalement, que tout ce qu'acquiert le fils, soit meuble ou immeuble, appartient au pere. Voire mesme il y a vne raison particuliere à l'egard du doüaire, qui n'est pas en la communauté, à sçauoir qu'vn Office ne peut receuoir de seruitute, ains il faut, comme les benefices, que *sine diminutione conferatur*: principalement il ne peut pas estre chargé d'vn vsufruict, pource que seroit vsufruict d'vsufruict, ce que le droit defend.

73 Que mesmes les deniers de l'Office vendu n'entrent en doüaire. Et de dire que ce n'est pas aussi sur le corps de l'Office, que la femme pretend auoir doüaire, ains sur les deniers procedez de la vente d'icelui, la replique est aisée, que toutes les mesmes raisons, qui excluent ces deniers de la communauté, ont pareillement lieu à l'egard du doüaire, & si en voici encor de particulieres, à sçauoir que ces deniers estans meubles, ils ne doiuent entrer en doüaire: & quand on voudroit dire, qu'ils sont reputez immeubles, comme ressentans la nature de l'Office qu'ils representent, la response est, que s'ils sont reputez de mesme nature que l'Office, ils les faut donc reputer personnels & incommunicables à la femme comme l'Office : soit donc qu'on les considere selon leur propre nature, soit selon celle de l'Office, ils ne peuuent entrer en doüaire: attendu mesmement que la communauté s'estend plus auant sur les meubles, que le doüaire sur les immeubles : car les meubles venans au mari apres le mariage, soit par succession collaterale ou autremẽt en quelque façon que ce soit, entrent en communauté, mais il n'y a point d'autres immeubles, qui entrent au doüaire, que ceux qui apres le mariage viennent de succession directe. Dont ie collige que quand l'Office pendant le mariage auroit esté eschangé à vn immeuble, il n'entreroit pourtant en doüaire, soit qu'on le considerast comme de nouueau aduenu au mari, pource que le doüaire n'a lieu en tels immeubles, soit qu'on le considerast comme subrogé à l'Office, pource que la qualité de l'Office repugne au doüaire, estant vn bien personnel, peculier au mary, & incommunicable à la femme.

74 Arrest pour l'affirmatiue. Outre ces raisons, il y a encor des arrests, pour l'vne & l'autre partie de cette question. En voici vn pour l'affirmatiue. Oudart Coquebert, espousant Marie Cheualier, estoit pourueu de l'Office de Controlleur general de la grand Chancellerie, lequel Office ayant vendu pendant le mariage, ses heritiers veulent apres son deceds reprendre par preciput sur la communauté le prix d'icelui. Ce que la femme empesche. A Reims les heritiers perdent leur cause. Dont ayans appellé au Parlement, & subordinément la veufue ayant demandé doüaire sur ces deniers, au cas que la Cour les iugeast subjects à remploy, la Cour par son arrest du 27. Iuin 1598. ordonna qu'ils seroient reprins, mais que la vefue iouiroit la vie durant de la moitié d'iceux.

75 Arrest pour la negatiue. En voici vn autre pour la negatiue. Apres la mort de M. Pierre Cheron, qui

auoit vendu à M. Pierre Hemert l'Estat de Receueur des decimes à Senlis, sa veufue vendique sur lui par droict de douaire la moitié d'iceluy. Hemert soustient qu'il n'est point suiect à douaire, principalement à l'esgard de lui qui en iouït des y a pres de vingt ans: M. Seruin pour le Roy dit que selon les termes de la coustume de Senlis le doüaire ne s'estend sur l'Office. Et finalement par arrest du dernier Ianuier 1607. les parties sont mises hors de Cour & de procez.

I'ay cherché dans le Palais la conciliation de ces deux arrests, & n'y en ay peu apprendre d'autre, sinon que le premier est donné en la coustume de Troyes, qui estend le doüaire coustumier sur tous les immeubles: & le second en celle de Senlis, qui ne l'attribuë que sur les heritages, ce qui ne me satisfaict pas. Car desja si on prend l'Office pour immeuble, celui de Controlleur de la grande Chancellerie deuoit estre reglé selon la coustume de Paris, qui est le siege du Royaume, & le domicile du Roy, & de la Cour, & non pas selon celle de Troyes. Et sur tout la difference de ces deux termes *d'immeubles*, ou *d'heritages*, ne peut à mon aduis produire si grande diuersité de droict. Veu que notamment en cette mesme matiere de doüaire, ils sont apertement confondus l'vn auec l'autre en la coustume de Paris. Car ayant dit en l'article 248. que *Doüaire coustumier est la moitié des heritages du mary*, elle dit en l'article 253. *La moitié des immeubles*. Aussi est-il obserué notoirement, que les rentes constituées sont suiectes au doüaire, mesme aux coustumes qui vsent du mot *d'heritages*, comme resout Coquille sur la coustume de Neuers. 76 Conciliation vulgaire de ces arrests.

Ce n'est pas aussi à mon opinion, que la Cour ait entendu dénier la suitte d'hypotheque, ou vendition du doüaire contre le tiers acquereur en cet Estat de Receueur des decimes qui est hereditaire, & mesme patrimonial ainsi que i'estime. Car la raison punctuelle pourquoy és Offices à vie il n'y a point de suitte d'hypotheque apres resignation admise, est, que par la resignation, le droict de l'ancien pourueu, qui ha l'hypotheque, ou le doüaire, est esteint & aboly, & l'Office deuient vacant & reuient au Roy selon sa propre nature, *vti optimus maximus*, c'est à dire exempt d'hypotheque & de seruitute, & comme tel, est par luy conferé *optimo iure* au resignataire: mais l'Estat de Receueur des decimes ne vaque point, & ne reuient point au Roy par resignation, voire mesme il n'appartient point du tout au Roy, ains au Clergé, & n'est qu'vne simple commission du Clergé, dont on iouït en vertu du contract fait auec lui, sans qu'il soit besoin, ni au premier acquereur, ni à ceux ausquels par apres ces Estats sont reuendus, de lettres du Roy, & s'ils en obtiennent par cautelle superabondante, ce ne sont point lettres de prouision, ains plustost lettres de confirmation du contract faict auec le Clergé, comme il a esté dit au neufiesme chapitre du 2. liure. 77 Consideratiõ sur ce dernier arrest.

Bref cet arrest n'est point fondé sur la longue iouïssance de Hemert, attendu qu'vn doüaire ne se prescript point pendant la vie du mary. Partant ie ne m'y puis autrement resoudre, sinon de dire qu'il declare cet Estat non suiect au doüaire, à cause que c'est vn Office viril & incommunicable à la femme. Et quant à l'arrest de Coquebert, tout ce que i'en puis dire, est que lors qu'il fut donné, la question n'auoit encor esté decidée, s'il y auoit lieu de remploy és deniers de l'Office propre au mary, vendu pendant le mariage, & que sur l'incertitude de cette question la Cour voulut épieicizer, comme on dit, c'est à dire mediocrer les choses, en deboutant la femme de la proprieté du mi-denier, & le lui adiugeant par vsufruict: mais à present que par arrest solemnel la question de la communauté est vuidée absolument, i'estime qu'il est plus raisonnable de tenir que les Offices, ni les deniers prouenus d'iceux, n'entrent aucunement en doüaire. Attendu mesmement qu'il n'y a gueres d'apparence d'amplifier de nouueau le doüaire coustumier, d'vne augmentation si notable, que des Offices sauuez par la Paulette, ou autrement: veu que le doüaire est vn pur lucre que la femme prend sans cause & sans recompense mutuelle sur le bien du mari: au lieu que la donation *propter nuptias* du droict ancien, & l'ὑπόβολον du nouueau droict, qu'on pratique encor en France és païs regis par le droict escrit, sont esgaux & reciproques. En quoi les coustumes n'ont iamais pensé de comprendre les Offices; qui est vn bien qui ap- 78 Responce à l'arrest de Coquebert. 79 Autre raison pour mõstrer que doüaire n'a lieu és Offices.

porte assez d'autre commodité à la femme, & de foule au mari, & ses heritiers, entant que la femme participe à l'honneur & profict entier d'iceux, & n'en porte aucunement la perte : de sorte que non sans cause de tout temps, & mesmement auparauant qu'on songeast de les comprendre au doüaire, les femmes ont esté curieuses d'espouser des maris qui eussent des Offices.

80 Ampliatiõ és Offices hereditaires par priuilege.

Mesmement i'estime que les Offices hereditaires par priuilege ne doiuẽt estre assubiectis au doüaire, pource qu'ils ne sont non plus communicables aux femmes, que les Offices à vie: & ce qu'ils sont conseruez apres la mort du mari, n'est pas que les Offices mesmes entrent en succession, ains seulement la faculté d'en disposer, ou bien d'en faire pourueoir par le Roy l'vn des heritiers qui en sera capable : mais en effect par la mort du pourueu, l'Office hereditaire par priuilege reuient au Roy, & vacque de vacation imparfaicte, telle que celle de resignation, de sorte qu'en effect ce n'est que le prix d'icelui qui est conserué aux heritiers, lequel prix est mobilier, & partant incapable de doüaire : combien qu'autre chose soit és Offices domaniaux, qui entrent eux-mesmes en succession, sans qu'ils vaquent aucunement par mort, ni qu'il soit besoin d'en obtenir par les heritiers nouuelle prouision du Roy. Toutesfois comme toutes choses s'establissent de plus en plus au commerce parfaict, & à la patrimonialité, s'il faut ainsi parler, il pourra estre qu'on comprendra à la fin au doüaire tous les Offices hereditaires.

81 Limitation és Offices domaniaux.

82 Que toutes ces decisions ont lieu aux Offices non venaux.

Mais tout au contraire, il est aisé à entendre que les Offices non venaux de toutes sortes, n'entrent ni en communauté ni en doüaire, encor moins que les venaux, soit en leur espece, soit apres qu'ils ont esté vendus. Et quant est de sçauoir si les Offices, soit venaux, ou non venaux, entrent au don mutuel de mari & femme, il sera traicté au chapitre suiuant.

SOMMAIRE DV DIXIESME CHAPITRE.

1 *Comment l'Office peut entrer en succession.*
2 *Sergens & Archers tuez en seruant, ne perdent leurs Offices.*
3 *Offices par fois redonnez à la veufue & enfans.*
4 *Secretaires du Roy gaignent leur suruiuance par vingt ans.*
5 *Edicts des suruiuances.*
6 *Edict moderne de suruiuance annuelle.*
7 *Offices hereditaires par priuilege*
8 *Outre ces priuileges il y a encor d'autres cas, ausquels l'Office ne vaque par mort.*
9 *Confidence des Offices.*
10 *Offices soubs le nom d'autruy.*
11 *Office commun à deux personnes.*
12 *Office appartenant par moitié à la femme.*
13 *Si en succession l'Office est meuble, ou immeuble.*
14 *Offices approchent plus du meuble que de l'immeuble.*
15 *Resolution que l'Office appartient à l'heritier mobilier.*
Preuue.
16 *Pourquoy il n'entre en la communauté.*
17 *De mesme.*
18 *Pourquoy l'Office tombe en succession mobiliaire, plustost qu'en communauté.*
19 *Ampliation notable.*
20 *Examen de plusieurs questions.*
21 *De l'Office conserué à la veufue & enfans.*
22 *Comment doit estre partagé entr'eux.*
23 *Leur appartient sans charge de debtes.*
24 *Raisons au contraire.*
25 *Responce à icelles.*
26 *Decision formelle du droict.*
27 *Si le priuilege demeure sur l'Office conserué à la veufue & enfans.*
28 *Que non, au don particulier du Roy.*
29 *Office conserué par suruiuance appartient à l'heritier mobilier.*
30 *On n'y peut succeder sans faire acte d'heritier.*
31 *Limitation en resignation effectuée pendant la vie de l'Officier.*
32 *Ampliation en tout Office delaissé en succession.*
33 *Et és suruiuances des Secretaires du Roy*
34 *Ce qui ha lieu és Offices conseruez par le payement du droict annuel.*
35 *Et és Offices hereditaires par priuilege.*
36 *Difference entre les Milices & Offices hereditaires par priuilege.*
37 *Si les Offices hereditaires par priuilege appar-*

DE LA SVCCESSION DES OFFICES VENAVX.

CHAPITRE X.

SVPPOSE' que les Offices venaux constituent vne espece differente d'auec les hereditaires, le tiltre de ce chapitre semblera ridicule & se contrarier. Car comment vn Office non hereditaire peut il entrer en succession? Mais la responsce est prompte, que combien qu'il n'y entre ni regulierement, ni proprement, si est-ce qu'il y a plusieurs cas particuliers, ausquels l'Office ne se pert pas par la mort du pourueu, ains est conserué à ses heritiers, au moins quant à la faculté d'en disposer, ou d'en obtenir prouision par l'vn d'eux: & partant cette faculté tombe en succession, & s'en peut quoter plus de dix, ou douze cas. 1 Comment l'Office peut entrer en succession.

Premierement par ordonnance du Roy François II. de l'an 1559. les Offices des Huissiers, Sergens & Archers occis en exerçeant leurs charges, sont conseruez à leurs veufues & enfans, conformément aux lois Romaines tiltre *De filys Officialium, qui in bello moriuntur, lib. 12. Cod.* Ce qu'il me souuient auoir esté pratiqué au Parlement seant à Paris, pendant les derniers troubles de la ligue, à l'esgard de tous les Officiers morts en guerre, dont M. Choppin a fait vn ample discours sur la coustume de Paris liure 1. tit. 11. nombre 35. Ce qu'aussi i'ay veu qu'on obtenoit quelquesfois en particulier du Roy, ou par merite, ou par faueur, lors qu'il tenoit en sa main ses parties casuelles, qu'apres la mort d'vn Officier, le Roy par vn breuet remettoit tout à faict l'Office à sa veufue, & enfans. 2 Sergens & Archers tuez en seruant, ne perdent leurs Offices. 3 Offices par fois redonez à la veufue, & enfans.

Pareillement il y a quelques Officiers qui ont ce priuilege, qu'apres auoir seruy & exercé certaines années, leur suruiuance est acquise, & peuuent librement resigner leurs Offices sans payer finance, & sans estre suiects à la regle des quarante iours, comme les Secretaires du Roy, notamment ceux de l'ancien nombre des six-vingts, ont ce droict par Edict de l'an 1572. apres vingt ans de seruice, en consequence duquel Edict, tous les autres colleges des Secretaires iouïssent auiourd'huy sans controuerse. 4 Secretaires du Roy gaignẽt leur suruiuance par vingt ans de seruice.

Priuilege qui fut attribué generalement à tous Officiers de finance, en payant le tiers denier de la valeur de leurs Offices, par les Edicts de l'an 1568. 1576. & 1586. qu'on appelle vulgairement les Edicts de suruiuance, qui ont esté specifiez plus amplement au premier liure. Comme aussi i'ay veu soubs le regne du feu 5 Edicts des suruiuances.

Roy, qu'on obtenoit fort communément des permissions particulieres de resigner les Offices, notamment ceux de iudicature, à personnes conioinctes, à condition de suruiuance, dont les especes ont esté aussi rapportées en ce premier liure.

6 Edict moderne de suruiuance annuelle. A l'exemple desquelles suruiuances a esté fait l'Edict moderne de la dispense des quarante iours, moyennant le payement annüel des quatre deniers pour liure du prix de l'Office, qui n'est autre chose qu'vne espece de suruiuance, mieux comprise toutesfois, qu'en ces Edicts precedents, esquels la suruiuance s'achetoit à vn seul payement, & aussi pour tousiours: au lieu qu'en celuy-cy elle s'achete pour moindre prix, & pour vn an seulement. Tant y a que cet Edict s'est trouué si commode & aduantageux pour les Officiers, qu'il a des-ja faict encherir les Offices de plus du tiers, combien qu'ils fussent ja trop chers, & qu'il y a peu d'Officiers qui ne hazardent ce droict annuel, afin de mettre leur Office hors de hazard. Que si ce marché dure, tous les Offices deuiendront quasi hereditaires.

7 Offices hereditaires par priuilege. Finalement il y a des Offices, qui ont ce priuilege d'estre hereditaires tout à fait, & à perpetuité par Edicts expres, comme plusieurs menus Offices des eaux & forests, & quelques autres, ainsi que i'ay dit au liure precedent.

8 Outre ces priuileges il y a encor d'autres cas, esquels l'Office ne vaque par mort. Voila en somme quatre diuerses sortes de priuileges qui conseruent l'Office apres la mort du pourueu, & le font tomber en succession: mais cessant tous ces priuileges, il arriue certaines occurrences, selon le droict commun, esquelles l'Office, qui n'est qu'à vie, chet neantmoins aucunement en succession.

9 Confidence des Offices. Comme il aduient souuent, qu'vn Officier pressé de maladie, & ne trouuant promptement à qui vendre son Office au prix qu'il desireroit, le resigne confidemment à vn amy, qu'il en faict pouruoir par sa resignation, moyennant vne contre-promesse qu'il retire de le luy remettre, ou à ses heritiers, toutesfois & quantes qu'il en sera requis. Ce qui est fort fauorable en matiere d'Offices, puisque mesme és benefices, (où les confidences sont estroitement prohibées) cette paction a esté quelquesfois maintenuë en haine de la desloyauté & trahison du confidentaire perfide.

10 Office soubs le nom d'autruy. Pareillement il arriue quelquesfois entre les principaux financiers, que pour plusieurs considerations, qu'entendent mieux ceux qui sont de leur cabale, ils font pouruoir leurs parens, leurs commis, ou autres confidens, à certains Offices qui leur appartiennent, desquels ils prennent leur asseurance, ce qui sera doresnauant plus frequent que iamais, à cause de la Paulette. Comme pour exemple,

11 Office cómun à deux personnes. il eschet souuent que deux personnes s'associent pour acheter en commun vn Office de valeur à certaines conditions, dont ils s'accordent ensemble. Bref toutes & quantesfois que l'Office appartient en tout, ou partie à celuy qui n'en est pas pourueu, il est aisé à entendre que ne se perdant point par sa mort, il est transferé à ses heritiers; ainsi qu'en droict l'vsufruict vendu par l'vsufruictier à vne tierce personne, ne se pert pas par la mort de l'acheteur, ains par celle du vendeur, auquel le droict d'iceluy reside tousiours, & partant en ce cas il tombe en succession.

12 Office appartenát pour moitié à la féme. Presque le mesme se peut dire de la femme mariée, qui ha moitié en la seigneurie de l'Office acheté pendant la communauté, comme il a esté amplement discouru au chapitre precedent: & est aisé à entendre que ce droict ne se pert point par son deceds, ains est transferé à ses heritiers, voire mesme d'heritier en heritier. Il n'est donc point hors de propos de discourir de la succession des Offices, puisque voila tant de cas esquels elle peut eschoir. En quoy il se rencontre plusieurs questions difficiles.

13 Si en succession l'Office est meuble, ou immeuble. La premiere & principale, si en matiere de succession ils doiuent estre iugez meubles, ou immeubles, comme és coustumes, où il y a vn heritier mobilier distinct d'auec les heritiers immobiliers, à sçauoir en Anjou, Poitou, Touraine & au Maine, l'Office appartiendra-il à l'heritier mobilier, ou aux immobiliers? question qui ne peut pas eschoir és coustumes de deça, où les immeubles, & les acquests vont tousiours ensemble, & partant si on doute que l'Office soit meuble,

au

au moins ne peut-on nier qu'il ne soit acquest; par consequent il ne va iamais à l'heritier des propres.

Or il ne faut point douter que cette question ne dépende de la generale, qui a esté si amplement traictée au quatriesme chapitre de ce liure, si en general les Offices sont meubles, ou immeubles: où en fin nous auons monstré que les Offices, & principalement les non-hereditaires, dont nous traittons icy, ores que proprement ils ne soient ni l'vn ni l'autre, approchent neantmoins plus des meubles: & que ce que nostre coustume les répute immeubles, c'est seulement quand ils sont saisis, dont semble resulter que hors le cas de saisie, il les faut plustost estimer meubles qu'immeubles. 14 Offices approchét plus du meuble que de l'immeuble.

C'est pourquoy cette espece neutre, ou hermaphrodite, estant iugée *ab eo quod preualet*, i'estime, sans preiudice de meilleur aduis, que regulierement en matiere de succession, l'Office doit estre adiugé à l'heritier mobilier. Encor que ie sçache bien que la disposition & propension qu'ont auiourd'huy les Offices à l'heredité & proprieté, fera possible establir en l'vsage tout le contraire: mais i'en dy mon aduis selon la droicte raison, sans considerer la mutation future de nos mœurs. 15 Resolution que l'Office appartient à l'heritier mobilier.

Or outre cette consideration generale, que les Offices doiuent plustost estre reputez meubles qu'immeubles, il y a encor vne raison particuliere au faict de la succession, & qui est fort considerable, à sçauoir que ce n'est pas proprement l'Office en soy qui tombe en succession, ains la commodité d'iceluy (comme le droict parle en matiere d'vsufruict) c'est à dire la faculté d'en disposer, de sorte que cette commodité qui chet en succession, ha vne disposition presque necessaire à vendre l'Office, attendu qu'il ne peut estre possedé par tous les heritiers ensemblément, ni estre diuisé entr'eux. Que s'il le faut attribuer à vn seul, ce doit estre plustost à l'aisné de la maison, qui en ces coustumes, dont nous parlons, est l'vnique heritier mobilier, & qui aussi semble estre appellé par nature, & par droict de primogeniture à succeder au tiltre, & à la dignité de son pere, ainsi qu'aux armes pleines, & autres droicts honorifiques de la maison. Et de fait, il se voit qu'en la loy derniere *C. De filijs Official. qui in bello mor.* l'Empereur attribuë la Milice du pere au fils aisné à l'exclusion des autres enfans. Preuue.

Ne sert de dire que l'Office, dont le mary estoit pourueu auant le mariage, n'entre point en la communauté, à cause qu'il est reputé immeuble, & partant qu'il y a mesme raison de le tenir pour immeuble en succession. Car comme il a esté dit au chapitre precedent, ce que l'Office en soy n'entre en la communauté, n'est pas pource qu'il soit reputé immeuble, ains c'est proprement pource qu'il est inherent à la personne du mary, & non communicable à la femme: c'est pourquoy l'Office, dont le mary estoit pourueu auant son mariage, n'entre point en la communauté. Et la raison pourquoy ce mesme Office estant vendu pendant le mariage, son prix n'entre point encor en la communauté, est à cause que nous deuions pratiquer à present generalement, que la communauté ne s'accroist que des collaborations, quoy que ce soit des purs conquests du mary & femme, & non pas par le moyen de la vente de ce qui est peculier à l'vn, ou à l'autre, dont le prix est tousiours suiect à remploy. 16 Pourquoy il n'entre en la cômunauté.

Voire mesme il a esté dit en ce chapitre precedent, que l'Office acheté pendant le mariage des deniers de la communauté, deuroit appartenir *mero iure* au mary seul, par la raison de la loy 3. §. *Quod si minor. D. De minor.* lequel par consequent deuiendroit debteur enuers sa femme de la moitié des deniers pris dans la bourse commune pour l'acheter: Mais d'autant qu'il n'est pas raisonnable que la communauté perçoiue les profits d'icelui, & n'en porte pas la risque, on pratique à bon droict, que la communauté ha vne maniere de seigneurie imparfaicte de cet Office, qui gist à en auoir le profict & la perte. Encor cette seigneurie impropre & imparfaicte, ne demeure-elle à la communauté, que tant que la communauté subsiste, & tant que le mary y porte les profits de l'Office. Mais si tost que la communauté est dissoluë, & que le mary commence à retenir par deuers soy les émolumens de l'Office, alors suiuant cette premiere raison, il en deuient seigneur entier & parfaict, & par consequent deuient detteur enuers sa femme, ou ses heritiers du my-denier de l'Office. 17 De mesme.

18 Pourquoy l'Office tombe en succeßió mobiliaire, plustost qu'en communauté.

Or ceste inherence à la personne, cesse en matiere de succession, d'autant que par la mort l'Office est separé de la personne: ioint que comme ie vien de dire (& qui est vne forte raison) c'est plustost la faculté de vendre l'Office, qui chet en succession, que l'Office mesme, lequel ne peut passer directement du defunt à l'heritier, ainsi que les autres biens: & qui ne peut appartenir, ni aux femelles, ni à plusieurs heritiers ensemble: puis donc que c'est vne faculté de recouurer deniers, elle doit plustost estre iugée mobiliaire qu'immobiliaire, attendu que les actions, & autres droicts incorporels suiuent volontiers la qualité des choses à quoy ils tendent, & sont reputez, ou meubles, ou immeubles *ab effectu*.

19 Ampliation notable.

Ie passe plus outre, & dy qu'il n'y a nulle incompatibilité qu'vn mesme Office, entre tout en mesme temps en succession mobiliaire, & n'entre point en communauté: comme si vn Officier d'Anjou venoit à mourir, ayant payé le droict annuel, ie dy que son fils aisné auroit son Office entier comme meuble, & que s'en faisant pouruoir, ce mesme Office n'entreroit point en la communauté de lui & de sa femme, à cause de cette inherence à la personne: aurc chose seroit s'il le vendoit sans en auoir esté pourueu. Car lors les deniers entreroient en la communauté, ores mesme, comme ie croy, qu'il en eust stipulé le remploy, ce qui ne se peut faire de ce qui ne lui a iamais esté propre: toutesfois encor cette derniere decision n'est pas sans difficulté.

20 Examen de plusieurs questions.

Mais pource que toutes resolutions generales sont dangereuses en droict, pour resoudre plus certainement cette grande question, si en succession l'Office doit estre iugé mobilier, ou immobilier, ensemble pour en examiner tout d'vn fil vne autre, qui n'est pas moins importante & difficile, à sçauoir en quel cas les enfans peuuent succeder à l'Office de leur pere sans faire acte d'heritiers: repassons l'vn apres l'autre tous les cas cy-dessus specifiez, esquels l'Office peut choir en succession.

21 De l'Office conserué à la veufue & enfans.

Pour le regard du premier qui est, quand pour la recompense de la mort de l'Officier, ou de son merite particulier, soit par Edict general, soit par concession speciale du Prince, son Office est conserué à sa veufue & enfans, i'estime qu'en l'vn & l'autre cas, il ne leur est point deferé par droict de communauté, ou de succession, ains par la seule concession de la loy, ou liberalité particuliere du Prince, qui a voulu recompenser la mort, ou le merite de son Officier, à l'endroit de sa veufue, & de ses enfans, non entant qu'heritiers, ains entant qu'enfans d'vn pere qui est mort pour le public, ou qui autrement auoit bien merité de son Prince.

22 Comment doit estre partagé entr'eux.

Dont ie tire deux conclusions. La premiere, que puis qu'ainsi est que l'Office prouient de la concession de la loy, ou du Prince, sans laquelle de droict commun il estoit perdu par la mort du defunct, les termes de ceste concession, soit generale par Edict, soit particuliere par breuet du Roy, doiuent estre exactement suiuis, de sorte que puisque l'Edict de l'an 1559. touchant les Sergens & Archers occis en acte de seruice, attribuë par expres l'Office à la veufue & enfans, la veufue y doit auoir moitié, ores que d'ailleurs l'Office ne fust de la communauté *vtpote in solatium & subsidium viri amißi*: & les enfans l'autre moitié, qui doit estre entr'eux partagée également, *vtpote inter coniunctos re & verbis*, sans consideration des coustumes qui attribuët la succession mobiliaire à l'aisné. De mesme en concession particuliere; que si le Roy remet l'Office à la veufue seule, elle l'aura tout entier, si au fils aisné seul, il l'aura aussi entierement & sans rapport.

23 Leur appartiét sans charge de debtes.

La seconde conclusion est, qu'en disposant de cet Office, ni la veufue ne fait acte de commune, ni les enfans acte d'heritiers, & par consequent ne se chargent des debtes du defunct: mesme supposé que la veufue n'est tenuë des debtes, que iusques à la concurrence de sa part en la cõmunauté, ou que les enfans soient heritiers par benefice d'inuentaire, le prix de l'Office n'y doit estre compté, ains ils en iouïssent *iure sanguinis, & citra ius & nomen hæredis*, ainsi que le droict dispose *de lucris nuptialibus matris*, & comme nous pratiquons és reparations adiugées sur celui qui auroit tué le pere. Et de cela M. Choppin sur la coustume de Paris nous rapporte deux arrests, l'vn du 12. Auril 1593. l'autre du 29. Ianuier 1574.

24 Raisons au contraire.

Il y en a toutefois, qui soustiennent le contraire, au cas de l'Edict de l'an 1559. que l'Office doit demeurer affecté aux creanciers, pour autant, disent-ils, que cet Edict est fondé sur la fiction du droit, que ceux qui sont morts pour le public, sont encor tenus pour viuans, §. *Filij. Instit. De excusat. tut. l. Bello amissi. D. eod. l. vlt. D. De vacat. munerum.* Quoy que ce soit, qu'estant fondé sur les merites du pere, qui est encor presumé viure, il n'est pas raisonnable de dõner plus de priuilege aux enfans, qu'en auroit le pere mesme, si veritablement il estoit encor viuant, sur lequel l'Office pourroit estre saisi & decreté pour ses debtes. Raison qui a meu vn des plus grãds personnages de ce temps à resoudre pour les creanciers en deux endroits de ses œuures.

25 Responce à icelles.

Neantmoins ie persiste en ma conclusion. Car il est certain que cet Edict n'est pas fait pour aduantager les creãciers, & empescher que par la mort de leur debteur ils ne perdent, selon le droit commun, le pouuoir qu'ils auoient de saisir l'Office, ains pour pouruoir aux pauures enfans orphelins, & les recompenser aucunement de la perte de leur pere, tué en seruant le Roy, ou le public, la vie duquel leur seruiroit plus (comme il est à presumer) que l'Office ne leur peut profiter: bref afin qu'ils ne perdent le corps & les biens tout ensemble. Aussi il est notable, que cet Edict ne reserue pas l'Office aux heritiers collateraux, ains seulement à la veufue & aux enfans: puis donc que s'il n'y auoit point de veufue ni d'enfans, ains seulement des parens collateraux, l'Office seroit perdu tout à fait, & pour eux & pour les creanciers, il n'est pas raison, que la veufue & les enfans, en faueur desquels seuls il est conserué, en soient frustrez par des creanciers.

26 Decision formelle du droit.

Et de fait cela se trouue decidé en plus forts termes en la Nou. 53. chap. 5. où il est dit generalement de toutes les Milices, qui auoient ce priuilege d'estre hereditaires, qu'en icelles la veufue & les enfans du defunct pourueu, excluent ses creanciers, & succedent à la Milice, non comme à vn bien paternel, mais comme à vn bien-fait de l'Empereur, & partant qu'ils la peuuent prendre sans estre heritiers du pere, *vt & hæreditatem paternam capientibus, & non capientibus meritò solatium prebeatur*, dit le texte, & par apres il dit, que la Milice leur est conseruée *non vt paterna substantia, sed vt Imperialis munificentia.*

27 Si le priuilege demeure sur l'Office conserué à la veufue & enfans.

Mais c'est vne grande question, si du moins le creancier priuilegié, qui a resigné l'Office, ou qui a presté son argent pour l'achat d'iceluy, le peut pas saisir en ce cas sur la veufue & les enfans, veu que cette mesme Nou. le decide ainsi, & que la Nou. 97. prefere ce mesme creancier à la veufue, qui demande son dot. Et de fait par arrest du 12. Iuillet 1582. plaidans le Bel & Duual, il fut declaré preferable sur l'Office sauué au moyen de cet Edict, ainsi que rapporte M. Choppin sur la coust. d'Anjou tit. *De connubiali societate.*

28 Que non au don particulier du Roy.

Ce que ie ne voudroy pourtant estendre au don particulier que le Roy auroit faict à la veufue & enfans. Car au cas de l'Edict on peut dire, qu'il a empesché que l'Office vaquast par la mort, & partant que le priuilege de la debte est demeuré en icelui. Mais au cas de la concession particuliere faite apres la mort, il est vrai de dire, que l'Office auoit vaqué & estoit reuenu au Roy *optimo iure* par la mort de l'Officier; & partant le priuilege du creancier estoit esteint absolument, lequel par consequent ne peut renaistre au moyen de la liberalité du Roy, qui n'est pas faite en sa faueur.

29 Office cõserué par suruiuance appartiét à l'heritier mobilier.

Quant au cas des suruiuances, il est certain, que les plus auantageuses transferent seulement aux heritiers du pourueu le droit de disposer de son Office apres sa mort: de sorte que ce droit leur vient en qualité d'heritiers, comme se trouuant en la succession & entre les biens du defunct. Dont s'ensuit qu'il doit estre deferé & partagé selon sa nature. En quoy i'estime qu'il faut pratiquer ce que ie vien de dire, que ce n'est pas l'Office en soy, qui est en la succession, lequel seroit impartageable & incommunicable aux mineurs, aux femelles, & mesme aux masles majeurs, qui ne seroient capables de l'exercer, mais c'est le droit de le vendre & d'en tirer de l'argent, & partant il s'ensuit, qu'il le faut partager comme on fait l'argent qui en peut prouenir, ou qui en est prouenu.

30 On n'y peut ſucceder ſans faire acte d'heritier.

Dont auſſi il s'enſuit, qu'on n'y peut ſucceder ſans eſtre heritier des autres biés, & par conſequent tenu des debtes: ce qui eſt indubitable és ſuruiuances generales deferées en vertu des Edicts de 1568. & 1576. & 1586. & moyennant finance; car l'achat d'icelles fait entrer en la ſucceſſion la cõmodité qui en reuient. Auſſi que ce ſont ſuruiuances deferées en blanc, & qui, pendant la vie de l'Officier, ne requierent qu'il affecte ſon Office à aucun.

31 Limitation en reſignatiõ effectuée pẽdant la vie de l'Officier.

Mais voici vne belle limitation, c'eſt que ſi en conſequence, ſoit de telle ſuruiuance generale, ou d'vne particuliere, l'Officier reſignoit ſon Office à ſon fils, ou autre heritier preſomptif, il eſt aiſé à entendre, qu'apres ſa mort le fils le pourroit garder ſans faire acte d'heriter, attendu qu'vn eſtranger pourroit tout de meſme auoir cette reſignation, de ſorte que le fils peut dire, qu'il ne tient pas tant ſon Office de ſon pere, que du Roy, & ce qu'il le tient de ſon pere, c'eſt par vn don entre-vifs, & non à droit ſucceſſif. Ce que i'enten, pourueu qu'il apparuſt que cette reſignation euſt eſté actuellement faite & executée du viuant du pere, non en blanc, ou autrement en fraude des creanciers: ſauf aux creanciers à luy demander, en cas de fraude, le prix de l'Office, ou qu'il le remiſt en la ſucceſſion à leur profit par le moyen de l'action reuocatoire, comme il a eſté dit au chap. dernier du liure precedent.

32 Ampliation en tout Office delaiſſé en ſucceſſion.

Mais apres la mort du pourueu qui n'a point reſigné, ſes enfans ne pourroient pas, ni accepter eux-meſme l'Office pour l'vn d'eux, ni le reſigner, ou pour mieux dire y nõmer vn eſtrãger, ſans faire acte d'heritiers, pource que c'eſt vne faculté, qui par ces Edits eſt deferée aux heritiers par droit, non de ſang, ains de ſucceſſion, cõme eſtant vn droit, qui ayant eſté acquis des deniers du defunct, fait partie de ſon heredité.

33 Et és Suruiuances des Secretaires du Roy.

Ce qui eſt plus douteux és ſuruiuances des Secretaires du Roy, qui ſont acquiſes *labore & merito*, ſçauoir eſt par vne continuation de ſeruices, qu'en celles qui ſont acquiſes par argent, toutefois puis que leur effait & leur droit n'eſt point limité à la ſeule faueur des enfans, par les Edits qui les ont attribuées, ie dy, que ce droit eſtant vne fois acquis, & adioint entre les biens du pourueu, les creanciers, auſquels ſes biens ſont affectez, n'en peuuent eſtre fruſtrez.

34 Ce qui a lieu és Offices conſeruez par le payemẽt du droit annuel.

Mais c'eſt ſans doute, que ce qui vient d'eſtre dit des ſuruiuances doit eſtre gardé és Offices, dont le pourueu a payé le droit annuel, puis que l'effait du dernier Edict n'eſt autre que de ceux des ſuruiuances. Et tant aux vnes qu'aux autres, faut ſe resouuenir de ce qui a eſté dit en ce dernier chap. du liure precedent, que ſi l'heritier diſpoſe de l'Office apres auoir renoncé à la ſucceſſion, il ne fait point acte d'heritier, ains pluſtoſt d'expilateur, & partant ſa diſpoſition eſt de nulle valeur: au contraire, s'il en diſpoſe auant qu'auoir renoncé, ſa diſpoſition tient, mais auſſi il fait irreuocablement acte d'heritier, ſuiuant la loy *Si ſeruum. §. vlt. D. De acquir. vel omitt. hered.*

35 Et és Offices hereditaires par priuilege.

Quant aux Offices hereditaires par priuilege, puis qu'il a eſté dit cy-deuant qu'ils reſſemblent aux Milices hereditaires des Romains, il ſemble que ſuiuant la deciſion expreſſe de la Nou. 53. chap. 5. les enfans y ſuccedẽt ſans faire acte d'heritiers, & ſans ſe charger des debtes, fors de celles qui ont priuilege ſur l'Office. Neantmoins le contraire eſt veritable, & faut tenir, que les Offices hereditaires par priuilege, ſont affectez aux creanciers de l'Officier apres ſon deceds, ainſi qu'auparauant, & comme les autres biens par luy delaiſſez, du moins iuſques à ce que les heritiers en ayent diſpoſé en faueur d'vn tiers, qui en ſoit pourueu par le Prince. Mais ils n'en peuuent diſpoſer ſans faire acte d'heritier, ores que ce ſoient les enfans du defunct, nonobſtant les deciſions de cette Nou. Car il y auoit deux particularitez aux Milices Romaines, fort conſiderables en ce poinct icy, qui ne ſe retrouuent pas en nos Offices hereditaires par priuilege.

36 Differences entre les Milices & Offices hereditaires par priuilege.

L'vne, que le priuilege d'heredité eſtoit attribué gratuitement par les Empereurs aux Milices Romaines, non pas moyennant finance, comme aux Offices de France. L'autre, que cette attribution fut par expres limitée & conditionnée lors qu'elle fut faite, pour deferer la milice à la veufue & enfans, ſans eſtre heritiers, comme il eſt exprimé en cette Nou. Ce qui n'eſt pas contenu de meſme ès Édicts,qui ont attribué le priuilege d'heredité aux Offices de France:auſſi ne peut-on pas dire,que le priuilege de leur heredité procede de la pure liberalité du Prince,& non de la ſubſtance du pere,comme dit cette Nou. mais au contraire l'heredité des Offices de France, eſtant achetée des deniers du pourueu, entre par conſequent en ſon patrimoine & heredité.

37 Si les Offices hereditaires par priuilege appartiennẽt à l'heritier mobilier, ou immobilier.

Mais la difficulté eſt bien plus grande, ſi ces Offices doiuent appartenir à l'heritier mobilier ou biẽ à l'immobilier. Car qui ne dira de prime-face qu'ils ſont immeubles? puis qu'ils cheent en ſucceſſion comme les rentes: voire ils ſemblẽt eſtre plus immeubles, que les Offices domaniaux, qui toutefois & quantes peuuent eſtre retirez & rachetez par le Roy, ce qui n'eſt des hereditaires par priuilege, que de droit commun le Roy ne peut retirer, ains faut qu'à perpetuité ils paſſent aux hoirs & ayans cauſe. Et de verité il ſemble de prime-face, que cette opinion ſoit la plus probable, & pourra eſtre, qu'à faute de prẽdre garde à la droite raiſon de decider cette queſtion, on eſtablira en fin ce droit general aux Offices hereditaires, de les partager comme immeubles.

38 Que c'eſt à l'heritier mobilier.

Mais qui y prendra garde de pres, trouuera, qu'en bonne iuriſprudence le contraire doit eſtre tenu, attendu que ce n'eſt pas l'Office en ſoy, qui paſſe du defunct à ſes heritiers, ains ſimplement la faculté d'en diſpoſer, & d'en tirer argent: de ſorte qu'en effait, c'eſt le prix de l'Office, & non l'Office meſme, qui paſſe aux heritiers: ce qui n'eſt pas de meſme aux Offices domaniaux, qui ſans prouiſion du Roy paſſent de plein droit à l'heritier, voire au tiers acquereur, cõme il a eſté dit au 7. chap. du liu. precedent. Tout ainſi que les rentes conſtituées, leſquelles toutefois le profond du Moulin n'a iamais voulu aduoüer eſtre immeubles, cõbien que de ſon temps on les confondiſt ordinairement auec les foncieres, en conſequence de l'aſſignat, ainſi que i'ay diſcouru au 1. liu. *Du déguerpiſſement.* chap. 8.

39 Office cõſerué par confidẽce appartient à l'heritier mobilier.

A plus forte raiſon dõc en tous autres cas, eſquels l'Office non hereditaire peut choir en ſucceſſion, il doit apartenir à l'heritier des meubles, comme quand il appartient à vn autre, que celuy qui en a le titre, ou quand il eſt conſerué apres la mort de l'Officier ſous le nom de ſon amy, auquel il l'auoit reſigné cõfidemment: auquel dernier cas noſtre raiſon deciſiue eſt bien apparẽte, que l'Office n'eſt plus *in bonis* du defunt, ains ſeulement la faculté de le vendre.

40 Et ne peut eſtre accepté ſans faire acte d'heritier.

C'eſt pourquoi en ce meſme cas, comme aux precedens, ie tien auſſi pour certain, que les enfans ou autres préſomptifs heritiers du defunct, ne peuuent auoir droit à l'Office, ou prix d'icelui, qu'en qualité d'heritiers. Car ils n'y peuuent auoir droit par la retroceſſion du confidentaire, qui lui meſme en effait n'y auoit rien. Et poſé que cette confidence fuſt vn fidecommis en leur faueur, ſi eſt-ce que touſiours les creanciers ſont preferables au fidecommiſſaire. Et quand meſme il apparoiſtroit par eſcrit, que le fidecommis fuſt fait par vn don entre-vifs, ſi eſt-ce qu'eſtant fait par vn homme inſoluable & preſt à mourir, il ſeroit ſujet à l'action reuocatoire, principalement eſtant fait à vn heritier preſomptif. Ie n'eſtime pas toutefois en ce cas icy, comme aux autres, qu'on doiue tenir cette rigueur à l'heritier preſomptif, que pour auoir participé au prix de l'Office, auant que renõcer à la ſucceſſion, il ait fait acte d'heritier, pource que prendre vn don ou fideicommis n'eſt pas apprehender vne ſucceſſion: auſſi que par la reſignation effectuée du viuant du defunct, l'Office eſtoit diſtrait de ſa ſucceſſion, mais il eſt quitte pour rendre le prix de l'Office aux creanciers.

41 Mi-denier de l'Office appartiẽt à l'heritier mobilier de la femme.

Sur tout il n'y a nulle difficulté à mon aduis, à l'égard des heritiers de la femme, qui par droit de communauté prennent moitié en l'eſtimation de l'Office achete par le mari des deniers d'icelle. Car cõme il a eſté dit au chap. precedẽt, ce n'eſt pas proprement l'Office qui entre en la communauté, & principalement qui y demeure apres la mort de la femme, pource qu'il eſt perſonnel, impartable & incommunicable à la femme, & encor plus à ſes heritiers, mais c'eſt le mi-denier du prix de l'Office, duquel ſeul, & non de la reſtitution de moitié de l'Office, il eſt dit que le mary eſt debteur: c'eſt pourquoi il a eſté dit, que les heritiers de la femme ne le peuuent pas faire liciter entr'eux & le mary, comme il ſe fait des choſes communes impartables. Or ne peut-on dénier, que ce mi-denier ſoit vn pur meuble: & ne sert de dire qu'il est en la faculté du mari de quitter l'Office pour estre vendu en commun. Car ce quittement, comme tout autre déguerpissement, est seulement en faculté, non en obligation: & d'ailleurs se faisant aux fins d'vne vente prompte, il se resoult tousiours en deniers.

42 Et par cõsequent au pere, heritier de ses enfans.

Dont s'ensuit qu'il y a encor moins de difficulté en la question que i'ay veu controuerser entre les plus grands personnages de nostre Palais: Quand l'enfant cõme heritier de sa mere, trouue en sa succession ce mi-denier de l'Office, achetté des deniers de la communauté de ses pere & mere, & duquel son pere est encor pourueu, vient par apres à deceder, delaissant son pere heritier de ses meubles & acquests, & ses parens maternels heritiers de ses propres, sçauoir si cette moitié d'Office, ou pour mieux parler, si le mi-denier de cet Office, doit appartenir aux heritiers maternels, ou estre confus en la personne du pere, qui estoit non pas possesseur d'vn Office immeuble appartenãt pour moitié à son fils, mais debteur d'vne estimatiõ mobiliaire. En quoi outre cette raison qui est toute apparente, l'équité naturelle combat pour le pere, de ne le point despouïller, apres la perte de son enfant, de l'Office, qu'il a acquis par son labeur. Aussi en cette question il s'agist, non seulement de sçauoir, si vn Office est vn immeuble impropre, cõme és precedentes: mais si c'est vn vray propre de l'enfant affecté à l'estoc & souche, ainsi qu'vn heritage & patrimoine ancien.

43 Ampliation.

Resolution que ie tien si asseurée, que i'estime qu'elle doit estre estenduë, mesme en l'Office acquis pendant la communauté par eschange, ou des deniers prouenus de la vente des propres maternels: attendu ce qui a esté dit au chap. precedent, que l'Office n'estoit pourtant propre à la mere, ni n'estoit point à ses risques tout à fait, ains à celles de la communauté, tout ainsi que s'il auoit esté acquis des deniers d'icelle, & que reciproquement l'estimation des propres contr'eschangez estoit reputée estre entrée en la communauté, laquelle partant, apres dissolution, la femme ou les siens, deuoient reprendre par preciput sur la communauté, & non pas vendiquer l'entiere proprieté de l'Office.

44 Si l'Office entre en la donation mutuelle.

De ceste mesme consideration, que ce n'est pas l'Office en soy qui entre en la communauté, dépend la decision d'vne autre belle difficulté, sçauoir, si l'Office commun entre en la donation mutuelle, & encor s'il y entre en telle sorte, qu'apres dissolution estant perdu par la mort du mari donataire mutuel des meubles & conquests par vsufruict seulement, suiuant la plus-part des coustumes, ses heritiers soient exempts, ou non, d'en rendre le mi-denier, tout ainsi que quand il est perdu constant la communauté.

45 Qu'il n'y entre que par estimation.

Car soit que l'Office soit meuble ou immeuble, si est-ce qu'estant acquis des deniers de la cõmunauté, il semble, qu'il doit entrer en la donation mutuelle, qui comprend tout ce qui est de la communauté, & qu'il y doit entrer en sa propre nature & qualité. Toutesfois la verité est, que l'Office en soy ne peut entrer en la donation mutuelle, non plus qu'en la communauté, voire mesme encor moins qu'en la cõmunauté, pource qu'il a esté dit au chap. precedent, que des l'instant du deceds de sa femme, le mi-denier de l'Office est acquis & asseuré à son heritier, lequel mi-denier partant, & non pas la moitié de l'Office, entre en la donation mutuelle. Mais voici vne raison particuliere qui est fort considerable. C'est que quand l'Office mesme en soy entreroit en la communauté, si est-ce que comme en l'vsufruict des choses perissables, aussi en celuy de l'Office, il faut restituer, non les choses mesmes, apres l'vsufruict finy, mais l'estimation d'icelles: de sorte qu'il n'y a doute quelconque, qu'il ne faille rendre le mi-denier de l'Office, suiuant l'estimation qui en doit estre faite lors de l'inuentaire, & partãt l'augmentation ou diminution, voire la perte entiere d'icelui, demeure desormais au mari.

46 Du rapport des Offices venaux.

Reste de parler de la collation & rapport des Offices venaux. Et premierement il n'y a nulle doute, qu'ils ne soient subjects à rapport, ainsi que les autres biens, comme il est decidé par exprés en la loy *Omnimodo*. §. *Imputari*. *C*. *De inof. test.* & en

47 Office ne se rapporte que par estimation.

la loy *Illud*. §. 1. *C*. *De collat.* & és coustumes de Laon, tit. 9. art. 96. & de Reims tit. 10. art. 324.

Toutesfois il y a bien de la diuersité entre le rapport de l'Office, & celuy des autres biens. Car en premier lieu, il est bien certain que l'Office ne doit estre precisément rapporté en espece, comme il est dit des autres biens en l'art. 305. de la coust. de Paris: à cause qu'il est attaché à la personne, & aussi qu'il est impartageable: ains le rapport de l'Office se fait par estimation seulement: comme pour exemple, voila vn Auditeur des Comptes, qui pour mieux marier son fils, luy a donné & resigné son Office, il est notoire qu'apres sa mort le fils n'est pas tenu se dépoüiller de l'Office, pour le mettre en partage, & aussi ne seroit receuable à le rapporter en espece, encor mesme qu'il opte de rapporter les aduantages à luy faits par son pere, & non pas de moins prendre, ains il faut à l'égard de l'Office, qu'il en rapporte l'estimation.

48 Si l'estimatiõ de l'Office rapportable se doit faire selõ le tẽps de la resignation, ou de la succession, ou bien du partage.

Mais c'est vne grande question, si cette estimation de l'Office subiect à rapport, doit estre faite eu égard au temps ou de la donation & resignation d'iceluy, ou bien au temps du partage de la succession paternelle, comme dit cet art. de la coust. de Paris, & le tient particulierement en l'Office, Alexandre sur cette loy *Illud. & Ioh. Garsias tract. De expens. & melior. cap 4. num.* 14. Ou finalement eu egard au temps du deceds du pere, comme il semble decidé, tant en ce §. *Imputari.* qu'en cette loy *Illud.* où tous les Docteurs, sans exception, le tiennent ainsi: voire mesme ces deux loix semblent charger expressément le fils, de rapporter tous les profits & émolumens qu'il a perceus de la Milice à luy donnée par le pere. *Imputari in legitimam & illa volumus, quæ occasione Militiæ ex pecuniis mortui filio quæsitæ, posse lucrari eum manifestum est*, dit le §. *Imputari.* & la loy *Illud.* dit, *Conferenda esse ea, quæ occasione Militiæ ex defuncti pecuniis acquisitæ, filius lucratur.*

49 Differencc entre les collatiõs du droit & nos rapports.

Certainement on peut bien dire, que cette rencontre est de celles, dont le Iurisconsulte a dit, que *sub iuris auctoritate perniciosè erratur.* Quand on rencontre vne decision formelle du droit Romain, on pense auoir cause gaignée, sans prendre garde qu'il y a certaines matieres de nostre droit François, dont les principes sont du tout differens de ceux du droit Romain: comme est entre autres la matiere des rapports. Car il y a grande difference entre les collations ou apports du droit Romain, & les rapports du nostre.

50 Sur quoy est fondée la collation du droit.

La collation du droit fut introduite pour égaler les enfans retenus en la famille, qui acqueroient au pere tout ce qu'ils gaignoient, auec les émancipez, qui auoient leur bien à eux: de sorte que quand ils venoient à succeder ensemble, c'eust esté vne grande inegalité, que les émancipez, ores que moins fauorables, eussent part au labeur des fils de famille, & non au contraire. C'est pourquoi on pratiqua fort équitablement en l'ancien droit, que les émancipez, au cas qu'ils voulussent venir à la succession, apportassent en la masse d'icelle tout le bien qu'ils auoient, soit qu'il leur eust esté donné par le pere, ou qu'ils l'eussent acquis d'ailleurs. Excepté seulement le pecule castrense & quasi castrense, qui demeuroit peculier aux vns & aux autres, & la raison de ce rapport, ou plustost apport des émancipez, est renduë par la loy 1. *D. De collat. vt sua bona conferant, si appetant aliena.*

51 Sur quoy sont fondez nos rapports.

Mais en France, où il n'y a point de deux sortes d'enfans, le rapport ne se fait que de ce qui a esté donné par le pere, & est fondé sur vne autre regle & principe, à sçauoir, qu'vn pere ne peut aduantager l'vn de ses enfans plus que l'autre: regle, qui n'auoit pas lieu au droit Romain, témoin la loy 1. *C. Si certum pet.* & les autres loix qui admettent les prélégats, & dons faits par le pere aux enfans. Et c'est pourquoi le pere pouuoit prohiber le rapport au droit Romain, *l. 9. C. De collat. & Nou 18 § Illud quoque*, ce qui n'est à nous; mesme c'est la commune opinion, qu'au droit le rapport ne deuoit estre fait des choses données puremẽt & simplement à l'enfant, suiuant la loy *Filiæ. C. Fam. hercisc.* vrai est que le contraire s'obseruoit en la dot, ou donation *propter nuptias*, pource que tels aduantages se faisoient comme par obligation naturelle, c'est pourquoi ils estoient rapportables indifferemment, au moins aux successions *ab intestat*, si le rapport n'en estoit expressément prohibé.

52 Pourquoy au droit la Milice estoit cõferable selon la valeur du deceds.

Puis donques qu'au droit Romain il falloit que l'émancipé rapportast tout ce qu'il auoit lors du deceds du pere, auparauant Iustinian, & apres luy, tout ce qui lui estoit venu de la part du pere, il ne faut pas trouuer estrange, qu'il rapportast la Milice, au prix qu'elle valoit lors du deceds auec les émolumens, qu'il auoit perceus d'icelle. Car il est certain, que non seulement les accroissemens, mais aussi les fruits se rapportoient au droit Romain, *l. Filius. in fi. D. De collat. dot.* combien qu'à nous, ils ne se rapportent point à cause de cette diuersité de droit.

53 Autre difficulté. Toutefois il y a vne autre plus grande difficulté en ce poinct. C'est que les biens castrenses ou quasi castrenses ne se rapportoient point: or est-il que les profits de la Milice estoient quasi castrenses, pourquoy donc ces loix disent-elles, qu'il les faut rapporter? Mais qui y prẽdra garde de pres, trouuera qu'elles ne disent pas, qu'il faille rapporter, ni imputer en la legitime les fruicts de la Milice, combien que chacun iusques icy les ait ainsi entenduës.

54 Interpretation du §. *Imputari. in l. Omnimodo Cod. De inof. testam.* Voici les termes du §. *Imputari. Imputari volumus filiis ea, quæ occasione Militiæ ex pecuniis mortui quæsitæ, posse lucrari eos manifestum est*, il ne dit pas *potuisse* au preterit, mais *posse* au present. C'est à dire, que le fils doit imputer en sa legitime le prix qu'il peut gaigner & retirer de la Milice, *nimirum casum Militiæ, de quo dictum est libri superioris cap. 8.* Ce que les mots qui suiuent en cette loy monstrent euidemment, interpretans la forme de ce rapport, *eo quòd talis sit Militia, vt vendatur, & vt mortuo militante certa pecunia ad eius hæredes perueniat: Ita tamen vt ille gradus Militiæ inspiciatur, quem in morte testatoris Militans obtinet, vt tanta ei pecuniæ in legitimam portionem imputetur, quantam dari constitutum est, si in eo gradu mortuus esset is, qui Militiam ex bonis testatoris adeptus est.* Mots qui seroient superflus, si on entendoit cette loy selon la cõmune interpretation. Le mesme est dit en la loy *Illud. C. De collat. Quod*

55 Interpretation de la loy *Illud. Cod. De collat.* *in his quæ occasione Militiæ vni hæredum ex defuncti pecuniis acquisitæ, lucratur is, qui Militiam meruit, locum habebit, vt lucrum, quod tempore mortis defuncti ad eum peruenire poterat, ab intestato conferatur.* Où il n'est pas dit *Lucratus est & lucrum peruenire potuerat* par le preterit, mais *lucratur* par le present. Dont s'ensuit qu'il faut entendre ces loix *de casu Militiæ*, lequel y est exprimé par vne periphrase ou circumlocution, pource que le terme de *casus Militiæ* est impropre, inusité, & mal-aisé à entẽdre. Et de fait faute d'auoir sceu par les interpretes que c'estoit, ces deux loix ont esté iusques icy mal entenduës. Somme que le sens d'icelles est de signifier, qu'il faut rapporter autant pour la Milice venale & hereditaire, comme on en pourroit auoir d'argent en la vendant, ou bien que on en retireroit apres la mort du pourueu d'icelle, & non pas autant qu'elle a cousté.

56 Resolution que l'estimation de l'Office rapportable doit estre faite au temps du don. Mais en France, où le rapport se fait seulement de ce qui est donné par le pere, & non des fruicts, lesquels iamais ne se rapportent, si ce n'est ceux, qui sont perceus depuis la succession ouuerte, il faut sans doute rapporter l'estimation de l'Office, eu égard au temps, non de la succession escheuë, mais du don de l'Office. Et ce pour deux raisons: l'vne que l'Office qui est perissable par mort, est au peril, & par consequent au profit du fils, deslors qu'il en est pourueu: comme donc s'il diminuoit de prix par apres, voire s'il se perdoit tout à fait, ce seroit au dommage du fils: aussi s'il augmente de prix, il est bien raisonnable que ce soit à son profit. L'autre raison est, qu'il se pratique notoiremẽt en matiere de choses, qui se consomment par l'vsage, comme des meubles perissables, qu'il en faut rapporter l'estimation au temps du don, ce qui doit auoir lieu à plus forte raison aux Offices, qui se consomment & vsent tous les iours, ainsi que la vie du pourueu.

57 Ampliatiõ. Et cela doit estre pratiqué non seulement en l'Office que le pere a resigné gratuitement à son fils, mais aussi (voire encor plustost) en celui, qui n'ayãt iamais appartenu au pere, a esté acheté de ses deniers, pour en faire pouruoir son fils. Auquel cas il est vray de dire, que ce n'est pas l'estimation de l'Office, qui doit estre rapportée, & remise en la succession du pere, puis qu'il n'y a iamais esté, ains les deniers qui en sont sortis, & qui ont esté donnez au fils.

58 En l'Office acheté pour le fils faut rẽdre le prix & non la iuste valeur. Ie dy donc, qu'au cas de l'Office, que le pere a acheté pour son fils, il faut rapporter les deniers de l'achat, & non pas la iuste valeur, que valoit l'Office au temps d'icelui. Car à bien entendre, l'Office n'a point de iuste valeur, ains son prix consiste en la fantasie, & ce qu'il se vend & s'achete, est presumé sa

iuste prix : & quand on y en voudroit imaginer vn autre, si par hazard on en a eu bon marché, ce bon hazard doit estre pour le fils, qui s'est trouué capable de tenir l'Office : que s'il a trop cousté, puis qu'il l'a accepté, il en a approuué l'achat : & qui croira que le pere ait en cela trahy son fils, & faict bon marché de sa bourse, puis que la loy presume que la pieté paternelle prend bon conseil pour son enfant ?

Toutesfois, si pour gratifier le pere, l'Office auoit esté partie vendu, partie donné, soit à luy ou à son fils, comme c'estoit l'ancienne façon de pouruoir les Officiers par gratification, c'est à dire pour vne finance bien modique, & beaucoup moindre que la iuste valeur de l'Office : i'estime, puis que le rapport est introduit, pour garder l'égalité entre les enfans, *l.* 1. *D. De collat. bon.* & que le merite, ou industrie du pere, qui a moyenné cette gratification, doit profiter également à tous les enfans, qu'il seroit équitable en ce cas de rapporter le iuste prix de l'Office. Ce qui est sans difficulté, quand l'Office venal a esté tout à fait donné au pere, c'est à dire quand en sa faueur son fils en a esté gratuitement pourueu, ainsi que Garsias a prouué en ce chap. 4. nomb. 14. & le tient *Ioh. Faber.* sur cette loy *Sed si plures.* §. *In arrogato. D. De vulg. & pupil. substit.* 59 Office donné au pere en tout, ou partie est rapportable à la iuste valeur.

Comme à plus forte raison il n'y a point de difficulté, que si le pere a apprecié à trop bas prix à son fils, ou gendre, l'Office qu'il leur a luy-mesme resigné, encor que cette appreciation soit faicte par contract de mariage, & sous cette clause, que autrement le mariage n'eust esté fait, neantmoins l'Office doit estre rapporté selon sa iuste estimation, pource que c'est apparemment vn aduantage indirect qui est prohibé par nos coustumes: & ainsi le resoult M. Choppin sur la coust. d'Anjou *tit. De collat. bonor.* contre l'opinion du vulgaire, qui pense que ce soit le seul moyen que peut auoir vn pere de gratifier son fils, principalement à l'esgard de l'Office de Iudicature qu'il luy resigne. Et neantmoins c'est la verité qu'entre gens paisibles en tous ces cas on n'a pas accoustumé d'entrer en cette recherche, si l'estimation de l'Office n'est notoirement trop basse, eu esgard tousiours au temps de la resignation, & ne faut pas dédire pour peu de chose le pere commun, duquel la loy a dict, que *pietas paterna consilium pro liberis capit.* 60 Office apprecié à vil prix par contract de mariage, est rapportable à sa iuste valeur.

FIN DV TROISIESME LIVRE.

SOMMAIRE DV PREMIER CHAPITRE

DV QVATRIESME LIVRE.

1 *Semble qu'il n'y a gueres d'Offices non-venaux.*
2 *Suiect de ce liure.*
3 *Plusieurs sortes d'Offices non-venaux.*
4 *Reduction d'iceux à trois especes.*
5 *Quels sont ceux de chacune espece.*
6 *Ne se faut arrester en cette matiere aux anciens arrests.*
7 *Recherche particuliere des Offices non-venaux.*
8 *Offices de Iudicature sont du premier rang.*
9 *Ne reste en iceux autre particularité, fors qu'ils ne se vendent par decret.*
10 *Offices de la Gendarmerie ayans soin des finances, deuenus venaux.*
11 *Sous quelle espece doiuent estre mis les Offices de guerre.*
12 *Diuision generale des Milices, ou Offices militaires.*
13 *Subdiuision.*
14 *Seconde subdiuision.*
15 *Difference de ces deux especes de Milices.*
16 *Assignation particuliere de toutes les Milices à l'vne des especes des Offices non-venaux.*
17 *Inconuenient de vendre les Gouuernemens.*

DV DROICT DES OFFICES,

LIVRE QVATRIESME.

TRAICTANT DES OFFICES NON-VENAVX.

DIVISION DES OFFICES NON-VENAVX.

CHAPITRE PREMIER

1 Semble qu'il n'y a gueres d'Offices non venaux.

IL n'y a rien si sainct, que l'or ne viole: rien si haut où il ne se guinde: rien si bien fermé où il ne penetre. Et comment donc parmi l'Archomanie de nostre France, presupposons-nous encor des Offices qui soient exempts de sa puissance? Non, non il n'y a sorte d'Office, ou Estat qui ne se vẽde pour le iourd'huy, & comme disoit de Rome Iugurta dans Saluste, l'Estat mesme seroit venal, s'il s'en trouuoit vn acheteur: ainsi qu'il a esté dict au liure precedent, que l'Empire Romain a souuentesfois esté vendu. Et certes Diogenes n'estoit pas plus empesché à chercher vn homme en vne grande assemblée auec sa lanterne, que ie me trouue embesogné parmy le grand nombre de nos Offices, de trouuer vn Office qui soit tout à faict non-venal: & faut que i'aduoüe que ce chapitre dedié pour faire l'enumeration des Offices non-venaux, bien que le plus court de tout l'œuure, m'a esté le plus difficile.

2 Suiect de ce liure.

Si n'ay-ie pas à traicter en Dialecticien des Offices non-venaux, entant qu'ils sont tels, & selon leur propre nature, ni encore en Philosophe moral selon ce qui doit estre. Car de cette façon comment pourroit-on parler de leur droict, & commerce? mais i'en traicte en Iurisconsulte selon ce qui est en effect, & entant que ces Offices contre leur propre nature, sont assuiettis sous la tyrannie de l'or, & que la venalité s'y est glissée: bref ie traicte icy des Offices non-venaux, entant qu'ils se vendent en quelque façon.

3 Plusieurs sortes d'Offices non-venaux.

Ie dy notamment en quelque façon: car combien qu'il ne puisse y auoir qu'vne sorte d'Offices venaux, ainsi que ie les ay définis au liure precedent, estre ceux qui sont tels absolument, & de tout poinct, de sorte que de ceux-là il n'y en peut auoir de plus venaux les vns que les autres: si est-ce qu'au rebours, puis que i'ay mis au rang des Offices non venaux tous ceux desquels la venalité n'est pas licite tout à fait, il s'ensuit qu'il y en a de plusieurs sortes & degrez, selon les diuerses façons que la venalité y a pris pied, soit à l'esgard du Prince, ou des particuliers, & encor selon qu'elle y est plus, ou moins vsitée & tolerée.

4 Reduction d'iceux en trois especes.

On les peut toutesfois reduire à trois especes, à sçauoir de ceux qui sont tout à faict non-venaux: c'est à dire tant à l'esgard du Prince que des particuliers: des non-venaux à l'esgard du Prince seulement, qui sont tous ceux qui n'entrent point aux parties casuelles du Roy, & dont neantmoins on tolere la vente entre particuliers, & des non-venaux à l'esgard des particuliers seulement, à sçauoir

5 Quels sont ceux de chacune espece.

ceux qui se vendent par le Roy publiquement, & desquels neantmoins entre particuliers, la vente publique & par decret n'a esté encor auctorisée tout à faict en iustice.

Mais auant qu'entrer en l'explication du droict, & de la nature particuliere de chacune de ces trois especes, il est besoin de specifier leurs indiuidus, voire de referer tous les Offices à leur propre espece, & expliquer quels sont ceux qui sont entierement non venaux, quels ceux qui sont non venaux à l'esgard du Roy seulement, quels à l'esgard des particuliers seulement. Car il ne seruiroit rien de sçauoir la nature, & le droict de chacune espece, si on ne sçauoit qui sont les Offices qui en dépendent. Et certes c'est en quoy consiste la plus grande difficulté de cette matiere : pource que tels Offices ne se vendoient pas au temps passé, qui se vendent auiourd'huy, & tels ne se vendent pas encor maintenant bien communement, qui se vendront possible tout à faict à l'aduenir.

C'est pourquoy en cette matiere qui dépend principalement de l'vsage, comme faict presque tout commerce, & partant est subiecte à changer de temps en temps, il ne se faut pas attacher scrupuleusemẽt, ni à l'antique obseruance, ni aux arrests, ni mesme aux ordonnances du temps passé, pource qu'ayant esté faictes lors que les Offices, dont elles parlent, ne se vendoient point, auiourd'huy qu'ils se vendent, la cause de la loy cessant, l'effect aussi en doit cesser : & c'est proprement en cecy qu'on peut dire auec le Comique. 6 Ne se faut arrester en cette matiere aux anciens arrests.

Mores iam perduxerunt leges in potestatem suam.

Qui est vn poinct, dont i'ay aduerti le lecteur tout au commencement de cet œuure, que comme S. Iean Chrysostome dit notamment des Offices, depuis qu'on a eu prins coustume de les vendre, cette marchandise a pris son train, & ses consequences. Dequoy il se faut principalement souuenir en ce liure, afin de ployer, & accommoder à nos mœurs le droict des Offices non venaux, comme la regle Lesbienne, puis que nous auons permis, qu'à leur esgard principalement nos mœurs ayent maistrisé les loix. Et est vray de dire qu'à faute d'auoir iusques icy tenu cette regle, il se trouue auiourd'huy en nostre pratique plusieurs absurditez, & iniquitez tout apparentes à l'esgard de ces Offices.

Or pour referer particulierement les Offices non venaux à chacune des trois especes proposées, il faut premierement discerner en general les Offices non venaux d'auec les venaux : & pour cet effet puis que les Offices en soy, & leur venalité dépend originairement de la science politique, qui est l'vne des trois parties de la Philosophie morale, il est besoin d'auoir recours à cette belle diuision politique des Offices en general rapportée au 1. chapitre de cet œuure, en ceux de guerre, de iustice, & de finance, que nous auons dit auoir esté inuentée & pratiquée fort à propos par les François, auant aucune autre nation: & puis qu'il a esté dit au liure precedent, qu'il n'y en a autres, qui soient absolument, & proprement venaux, que ceux de finance, & les menus Offices de iustice concernans le ministere d'icelle, il s'ensuit que tous les Offices de guerre, & de iudicature demeurent du nombre des non venaux. 7 Recherche particuliere des Offices non venaux.

Mesmement quant à ceux de Iudicature, il est aisé à entendre qu'ils sont de la troisiesme espece, à sçauoir du rang de ceux qui sont non venaux, à l'esgard des particuliers seulement, attendu que le Roy les vend tout publiquement, & qu'ils entrent notoirement en ses parties casuelles : & y entrent, non plus par forme de prest, comme au temps passé, lors qu'on auoit honte de les vendre tout ouuertement, mais par vne pure vente, tout ainsi que ceux de finance, & encor sans gratification (au moins regulierement) ains au plus offrant & dernier encherisseur: mais ce que les particuliers les vendent, n'est pas par vne venalité du tout licite, pource que les ordonnances la defendent, ains par tolerance simplement : tolerãce toutesfois, qui est tellement establie, qu'elle est tournée en droict commun, & que iustement on pourroit trouuer mauuais, si le Roy ayant vendu ces Offices, vouloit empescher les acheteurs d'en disposer à leur profit enuers personne capable. Neantmoins il nous est demeuré cette seule remarque de l'ancienne prohibition de leur venalité, qu'on n'y permet point encor la vente publique, & par decret, ainsi que des Offices purement venaux: de sorte qu'on repute cela auiourd'huy, comme vn priuilege des Offices de Iudicature, que les pourueus les vendent quand ils veulent, mais on ne les leur peut faire vendre par force. 8 Offices de Iudicature sont du premier rang. 9 Ne reste en iceux autre particularité fors qu'ils ne se vendẽt par decret.

Partant toute la difficulté reste és Offices de guerre, entre lesquels ie n'enten pas comprendre les Commissaires & Controlleurs des guerres, & toutes sortes 10 Offices de la gendarmerie ayans soin des finances, deuenus venaux.

de Threforiers, Receueurs ou Payeurs des gens de guerre, d'autant que ces Offices consistans plus au mesnagement des deniers du Roy, qu'au commandement, ou faction militaire, sont, en ce qui concerne leur commerce, reputez plustost Offices de finance que de guerre, pource que par tout où l'or se mesle, il en deuient le maistre. Et toutesfois hors ce qui est de leur commerce, i'estime qu'ils doiuent plustost estre mis au rang des Offices de guerre : & de faict ils sont qualifiez Offices de la gendarmerie, & en cette qualité ont les honneurs, & priuileges de la gendarmerie, mesme auoient esté iusques à la recherche derniere, exempts des recherches, & des taxes des Officiers de finance, ce qui estoit tres-raisonnable, au moins à l'esgard des Commissaires, & des Controlleurs.

11 Sous quelle espece doiuēt estre mis les Offices de guerre.

Doncques pour le regard des purs & vrais Estats de la gendarmerie, il est bien certain qu'ils ne peuuēt estre de cette troisiesme espece des Offices non venaux, attendu que le Roy ne les vend pas, comme il faict les Offices de Iudicature : ils sont donc, ou de la premiere espece de ceux qui sont absolument non venaux, & qui ne se vendent point du tout ; ou en tout cas de la seconde, qui est de ceux dont la vente est seulement vsitée entre particuliers. Car, comme dit Plutarque *in Coriolano*, *Depuis que le vendre & l'acheter sont entreuenus en l'élection des Magistrats de iustice, cette corruption a passé iusques aux gens de guerre, tant qu'à la fin elle a assuietty les armes mesmes à l'argent.* Mais la grande difficulté est, de discerner quels d'iceux sont de la premiere, & quels de la seconde espece, pour laquelle expliquer, il faut en peu de mots faire vne diuision exacte de tous les Estats militaires. Aussi bien est-il necessaire d'expliquer en ce liure le droict & nature de chacune sorte d'iceux.

12 Diuision generale des Milices, ou Offices militaires.

Ie dy donc qu'il y a deux sortes d'Offices de guerre, *Palatinæ nimirum Militiæ, & Armatæ.* Ceux de la milice armée sont en vn mot les charges de la gendarmerie : aussi les appellons-nous communément & proprement *Estats de la gendarmerie* : & quant à ceux de la Milice Palatine, que i'appelle Offices de la Cour, c'est à dire de la suitte du Roy, ce sont les charges concernances la personne, ou la maison du Roy, qui est le souuerain chef de la guerre, lesquelles le droict Romain a mis notamment entre les Offices militaires. *Alieni quippe non sunt à labore castrorum, qui signa nostra comitantur, quos itinerum prolixitas & expeditionum difficultas exercet,* dit Constantin *l. vnica. De castr. Palatin. pecul.*

13 Subdiuisiō.

L'vn & l'autre de ces deux genres d'Offices militaires est diuisé en deux especes, sçauoir en Capitaineries, & menuës Milices. Les chefs, ou Capitaines commandent, & les Milices obeïssent. Les chefs de la Milice Palatine, ou Offices de Cour, sont les Officiers de la couronne, & les chefs d'Office de la maison du Roy : les Milices sont les places des menus Officiers seruans de la maison du Roy.

14 Seconde.

Les Capitaines de la Milice armée, sont ceux, ou des places, qui plus communément sont appellez Gouuerneurs, ou des compagnies de gens de guerre, qui ont retenu le nom commun de Capitaines. Les Milices sont les charges des membres, ou Officiers inferieurs des compagnies & bandes de gens de guerre, soit de cheual, soit de pied, & encor, selon aucuns, les places des simples soldats enrollez en chacune d'icelles.

15 Difference des deux especes de Milices.

Vray est, qu'il y a cette difference entre les charges de ces deux Milices, que celles de la Milice Palatine estans referées à la personne du Roy, qui demeure tousiours, sont ordinairement vrais Offices non muables ni reuocables, quoy que ce soit sont tousiours plus stables & asseurées, que celles de la Milice armée, lesquelles estans referées à la guerre, qui n'a tousiours cours, sont par consequent plus subiectes à estre cassées & abolies : & partant ce sont plustost commissions, ou charges extraordinaires, que vrais & ordinaires Offices : comme il sera prouué en son lieu. Ce qui nous mettra au chemin de traicter particulierement des commissions, qui sont comprinses sous le nom d'Office, quand il est vsurpé en sa plus generale signification, pour signifier toute charge publique.

16 Assignatiō particuliere de toutes les Milices, à l'vne des especes d'Offices non venaux.

Donques pour venir à bout de mon entreprise, qui est de referer toutes ces charges militaires à l'vne des trois especes d'Offices non venaux, ie dy que celles de la Milice Palatine doiuent sans difficulté estre mises sous la seconde espece, qui est des Offices non venaux à l'esgard du Roy seulement, pource qu'encor que le Roy ne les vende, si est-ce que comme nous viuons, les particuliers en trafiquent ordinairement entr'eux. Mais quant aux charges de la Milice armée, il y a plus d'apparence de les rapporter à la premiere espece, qui est des Offices qui ne se vendent, ni par le Roy, ni par les particuliers. Toutesfois les Gouuerneurs des places commencent desia à faire vn ordinaire de vendre leurs Estats, & y a danger, si on n'y donne ordre, qu'ils s'accoustument tant à les vendre, qu'ils vendent en fin leurs places quand & quand : voire qu'ils s'achetent leurs charges, à dessein d'en reuendre les places : ce que i'approfondiray cy-apres au chapitre qui leur est dedié. 17 Inconuenient de vendre les Gouuernemens.

SOMMAIRE DV DEVXIESME CHAPITRE.

1 *Pourquoy les Offices de la couronne ne sont venaux.*
2 *Pourquoy les principaux Officiers se sont qualifiez Officiers de la couronne.*
3 *Premiere raison.*
4 *Seconde raison.*
5 *Troisiesme raison.*
6 *Quatriesme raison.*
7 *Du Maire du Palais, & 1. de son nom.*
8 *De son pouuoir.*
9 *Les Maires du Palais ont deux fois vsurpé l'Estat.*
10 *Pourquoy ont esté supprimez.*
11 *Leur charge departie entre les quatre principaux Officiers.*
12 *A l'exemple du* Præfectus prætorio *qui fut parti en quatre.*
13 *Les quatre Officiers successeurs du Maire du Palais sont les premiers & plus vrais Officiers de la couronne.*
14 *Du Conestable.*
15 Comes stabuli *est nostre Conestable, contre Cujas.*
16 *Conestablies d'où dictes.*
17 *Premiere prerogatiue du Conestable.*
18 *Seconde prerogatiue.*
19 *Son pouuoir ne s'estend qu'aux armées, & non aux places fortes.*
20 *Iehan 1. Conte de Dunois.*
21 *Du Chancelier de France.*
22 *Est chef des Officiers.*
23 *De son nom.*
24 *Chancelier estoit iadis le premier Secretaire.*
25 *Appellé Referendaire.*
26 *De son pouuoir.*
27 *Ses trois prerogatiues.*
28 *La premiere, d'auoir les seaux de France.*
29 *Donne perfection aux Edicts du Roy.*
30 *Puissance qu'il ha au seau.*
31 *2. Prerogatiue, de presider au Conseil d'Estat.*
32 *3. Prerogatiue, d'estre chef de la iustice.*
33 *Intendans des Princes, iadis nommez Chanceliers.*
34 *Chancelier de l'vniuersité de Paris.*
35 *Chancelier du S. Siege.*
36 *Supprimé, & n'y a plus qu'vn Vice-Chancelier.*
37 *Grand Thresorier de France.*
38 *Diuisé en quatre.*
39 *Erection des Receueurs generaux des finances.*
40 *Changeur du Thresor.*
41 *Controlleur du Thresor.*
42 *Thresorier de l'Espargne.*
43 *Thresoriers de France, distribuez par les Prouinces.*
44 *Pourquoy dicts Thresoriers generaux.*
45 *Generalitez d'où dictes.*
46 *Thresoriers Generaux multipliez en bureaux, ou compagnies.*
47 *Pretendent seance en la Chambre des Comptes.*
48 *Pretendent marcher deuant les Lieutenans generaux de la Iustice.*
49 *Intendans des finances.*
50 *Superintendans des finances.*
51 *Controlleur general des finances.*
52 *Du grand Maistre de France.*
53 Magister Officiorum.
54 *Autres Officiers de la couronne.*
55 *Des Mareschaux de France.*
56 *Comment deuenus Officiers de la couronne.*
57 *De l'Admiral de France.*
58 *De ceux de Guyenne & Bretagne, & du General des Galeres de Prouence.*
59 *Du grand Maistre des Arbalestiers.*
60 *Du grand Colonel de France.*
61 *Du grand Maistre de l'artillerie de France.*
62 *Du grand Chambrier de France.*
63 *Tenu presque tousiours par la maison de Bourbon.*
64 *Grand Chambellan.*
65 *Grand Chambrier supprimé.*

66 *Office de grand Chambellan par qui possedé.*
67 *Du grand Veneur.*
68 *Grand Fauconnier démembré du grand Veneur.*
69 *Et le grand Maistre des eaux & forests.*
70 *Plusieurs grands Maistres des eaux & forests.*
71 *Le Seigneur de Fleuri Marchaumont.*
72 *Du grand Escuyer.*
73 *Du grand Panetier, grand Eschanson, & grand Queux.*
74 *Du grand Aumosnier.*
75 *M. le Cardinal du Perron grand Aumosnier.*
76 *Du grand Preuost.*
77 *Des Secretaires d'Estat.*
78 *Des simples Secretaires du Roy, maison, & couronne de France.*
79 *Leurs preéminences en l'ancien Empire.*
80 *Ne sont Officiers de la couronne, ains seulement de la maison du Roy.*
81 *Enumeration sommaire des Offices de la couronne.*
82 *Il n'y en a plus que de deux sortes.*
83 *De leur prouision.*
84 *De leur reception.*
85 *De leur pouuoir.*
86 *Ils disposent des menus Offices de leur charge.*
87 *Ils ont chacun leur iustice.*
88 *Iustice du Conestable.*
89 *Iustice de l'Admiral.*
90 *Iustice du Chancelier.*
91 *Celle du Maistre des eaux & forests.*
92 *Celle du grand Thresorier.*
93 *Iustice des Officiers de la couronne estans en la maison du Roy.*
94 *Celle du Grand Maistre.*
95 *Celles du grand Bouteiller, grand Panetier, & Maistre Queux.*
96 *Celle du grand Chambrier.*
97 *Celle du grand Veneur.*
98 *Celle du grand Preuost.*
99 *Ont tasché de changer leurs Offices en Seigneuries.*
100 *Rencontre du grand Chambrier & Chambellan.*
101 *Office de grand Chambellan par qui possedé.*
102 *Pourquoy faisoient hommage de leurs Offices.*
103 *Que les Offices de la couronne ne sont pas Seigneuries.*
104 *N'y a aucun premier Officier en leurs iustices.*
105 *Peuuent presider en leurs iustices*
106 *Le Parlement pretend leur reception, & pourquoy.*
107 *Quand ils ne peuuent presider en leurs iustices.*
108 *De l'honneur des Offices de la couronne.*
109 *De leur titre.*
110 *De Herauts, grand Voyer, grand Arpenteur, & grand Balancier de France.*
111 *Des autres qualitez d'honneur des Offices de la couronne.*
112 *De leur rang.*
113 *De leurs profits.*
114 *De leurs priuileges.*
115 *De leur vacation par mort.*
116 *Par resignation.*
117 *Par forfaicture.*
118 *Par mutation de regne.*

DES OFFICES DE LA COVRONNE.

CHAPITRE II.

1 Pourquoy les Offices de la couronne ne sont venaux.

DE tous les Offices non-venaux, voire mesme de tous les Offices de France sans exception, les premiers & principaux sont pour certain les Offices de la couronne, qui pour l'excellence de leur dignité, sont à bon droict demeurez au dessus de tout prix d'argent, & affectez, ou à la generosité des Princes, & principaux Seigneurs, ou à l'éminente vertu des plus signalez personnages du Royaume: estans la generosité & la vertu les deux seules choses, dit Euripide dans Stobée, qui ne peuuent estre acquises par argent. Et certes ce seroit auilir ces augustes dignitez, de les prostituer à l'enquant: & les estrousser, non aux plus nobles, ni aux plus vertueux, mais aux plus pecunieux, quoy que ce soit aux plus hardis encherisseurs: voire puisque ce sont membres de l'Estat, ce seroit vendre l'Estat par pieces & morceaux, que de les vendre.

O:

2. Pourquoy les principaux Officiers sont qualifiez Officiers de la couronne.

Or assez d'autheurs ont escrit de ces Offices, mais tous, ce me semble, assez confusement, & sans y apporter d'ordre, ce ie que tascheray de faire. Et diray en premier lieu, que tous les chefs & premiers Officiers des functions principales de l'Estat, soit de la guerre, soit de la iustice, soit des finances, ou finalement de la maison du Roy, pour auoir vn titre particulier par dessus les autres Officiers de sa Majesté, se sont qualifiez Officiers de la couronne, dont on peut assigner quatre raisons.

3. Premiere raison.

La premiere qu'ils ont emprunté ce magnifique titre de semblables Officiers de l'Empire d'Allemagne, qui se qualifient tous, Officiers du Saint Empire, & non pas de l'Empereur. Combien que la raison ne soit semblable en France, pource que la souueraineté de France reside au Roy, au lieu que celle de l'Empire reside en l'Empire mesme, & s'exerce par l'assemblée des Estats d'icelui, comme Bodin prouue fort bien en sa Repub. aussi cette raison ne m'agrée pas : car il y a beaucoup plus d'apparence que l'Estat de la maison de l'Empereur d'Allemagne ait esté dressé sur celui de France, que non pas celui de France sur celui d'Allemagne attendu que l'Empire a esté transferé de France en Allemagne, qui est pourquoi tous ces grands Officiers y ont retenu le mesme nom de ceux de France.

4. Seconde.

L'autre raison est, que les Officiers de la couronne prirent cette denomination du temps que les autres Officiers du Roy estoient destituables à volonté, & ceux de la maison du Roy estoient au moins muables à toute mutation de Roy. Et la prirent afin qu'estans tenus, non pour simples Officiers du Roy, mais pour membres & instrumens de la couronne, qui est immuable & immortelle, ils ne fussent subjects à aucune destitution ni mutation : qui fut aussi la cause pourquoi ils tascherent à conuertir leurs Offices en fiefs, faisant hommage d'iceux au Roy, afin de les rendre perpetuels comme les fiefs. A quoi pourtant ils n'ont rien gaigné ayans esté souuent destituez d'iceux, comme du Tillet nous en donne maints exemples au traité qu'il en a fait.

5. Troisiesme.

La troisiesme raison est, d'autant que la charge des Officiers de la couronne n'est pas bornée & limitée en aucuns endroits ou prouinces, ainsi que celle des Ducs & Contes & des autres Officiers, ains s'estend generalement par tout le Royaume, qui est aussi pourquoi chacun d'eux adiouste au titre de son Office le mot de France, comme Conestable de France, Chancelier de France, grand Maistre de France, & ainsi des autres, qui est l'vne des marques de ces Offices de la couronne.

6. Quatriesme raison.

La quatriesme raison est la plus obscure, mais possible la plus veritable, qu'en France anciennement, aussi bien qu'en l'ancien Empire, tous les menus Estats dépendoient entierement de leur chef, & quant à la disposition & prouision, & aussi quant au commandement : de sorte qu'il n'y auoit que certains grands Officiers ou chefs d'Office, ausquels toutes les charges fussent deferées, comme il se voit naïuement en la Notice de l'Empire. Et partant on appelloit Office chasque sorte de charge ou function particuliere de l'Estat, comprenant sous ce nom le chef d'Office auec les menus Officiers estans sous sa disposition, comme parle la Notice : & tout cela ne faisant ensemble qu'vn corps, ce corps estoit appellé Office. Et en cette façon de parler, les Offices dont nous traitons sont vrayement Offices de la couronne, voire ce sont mẽbres, portions, ou pour le moins, instrumens de l'Estat.

7. Du Maire du Palais.

8. De son pouuoir.

Quoy qu'il en soit, il est certain que le premier de tous les Officiers de la couronne estoit anciennement le Maire du Palais, voire c'estoit le chef des chefs d'Office, & le superieur general de tous les Officiers de France sans exception. Il correspondoit au *Præfectus Prætorio* de l'ancien Empire : comme aussi le nom de l'vn se rapporte directement à celui de l'autre. Car Maire signifie majeur, ou superieur, & le Palais signifie la maison du Roy. Mais il faut dire que nostre Maire du Palais auoit encor plus de puissance, que le *Præfectus Prætorio* de l'Empire, pource que le nostre auoit la superintendance & de la guerre, & de la iustice, & des finances, & mesme encor de la maison du Roy : somme que comme dit Aimon le moine *lib. 4. cap. 35. Palatium cum regno gubernabat.* Car il commandoit à tous les Officiers de la maison du Roy, & si auoit commandement sur les Ducs & Contes, qui estoient les Gouuerneurs des prouinces & des villes, & en icelles auoient toute la charge de la guerre, de la iustice & des finances, comme il a esté prouué au premier liure. C'est pourquoy les Maires du Palais, à cause de ce commandement qu'ils auoient sur les Ducs & Contes, se qualifierent Ducs des Ducs, ou Ducs de France, ainsi que l'Histoire nous tesmoigne.

9 Les Maires du Palais, ont deux fois vsurpé l'Estat.

Comme donc ainsi soit, qu'en la guerre, en la iustice & aux finances consiste tout l'Estat, en comprenant les charges de la maison du Roy sous celles de la guerre, ce n'est pas de merueille, que tout ainsi comme les *Præfecti Prætorio* des Empereurs Romains vsurperent plusieurs fois l'Empire, aussi toutes les deux fois, que ce Royaume a changé de race, ce a esté que les Maires du Palais s'en sont appropriez à l'aide des Ducs & des Contes, ausquels par mesme moyen ils permirent d'vsurper la Seigneurie de leur distroit.

10 Parquoy ont esté supprimez.

Mais les Rois de la troisiesme race, entre autres bons fondemens, qu'ils establirét pour perpetuer la couronne en leur famille (qui dure encor en plus grãde puissance & asseurãce que iamais, & durera, s'il plaist à Dieu, en la nombreuse posterité de nostre Hercule Gaulois) s'aduiserent bien à propos de supprimer cet Office si dangereux: de laquelle suppression quatre autres Offices de la couronne furent grandement accreus, entre lesquels les quatre functions d'iceluy furent diuisées. A sçauoir le Conestable, qui n'estoit de son origine que le grand Escuyer du Roy, *Regalium Præpositus equorum*, dit *Rhegino*, eut la superintendance de la guerre: le Chancelier, qui n'estoit que le premier Secretaire du Roy, *Primicerius Notariorum*, eut la superiorité de toute la Iustice: le Grand Thresorier de France, eut la superintendance des finances: & finalement le grand Maistre de France, anciennement appellé Conte du Palais, (c'est à dire Iuge, à mon aduis, comme i'ay prouué au 4. & dernier chap. du liu. *Des Seigneuries*) eut le gouuernement de la maison du Roy.

11 Leur charge departie entre les quatre principaux Officiers.

12 A l'exemple du *Præfectus Pretorio* qui fut parti en quatre.

Belle inuention certes de diuiser & partir entre plusieurs la puissance, qui estoit dangereuse en vn seul. Ce qui fut fait à l'imitation de Constantin le Grand, qui redoutant, par l'exemple de ses predecesseurs, le trop grand pouuoir du *Præfectus Pretorio*, diuisa pareillemẽt son Office en quatre parties, mais ce fut par multiplication, faisant quatre *Præfecti Pretorio*, l'vn des Gaules, l'autre d'Afrique, l'autre d'Orient, & l'autre d'Illyrie, qui est la Grece. Mais nos Rois ont encor fait plus prudemment & seurement. Car ils ont supprimé tout à fait le titre de l'Office des Maires du Palais, & ont party sa charge, non par prouinces & regions, ains en quatre functions ou Offices separez.

13 Les quatre Officiers successeurs du Maire du Palais sont les premiers & plus vrays Officiers de la couronne.

Tant y a que ces quatre grãds Officiers estans enrichis des despoüilles du Maire du Palais, qui se qualifioit Duc de France, adiousterent desormais au titre de leur Office, le mot de France à son imitation, & y a apparence que ç'ont esté les premiers, & sont encor les plus vrays Officiers de la couronne, ayans la superintendance des quatre diuerses functions de l'Estat.

14 Du Conestable.

Le premier de ces quatre est le Conestable, que i'ay dit apres ce plus asseuré antiquaire de Frãce du Tillet, auoir esté iadis celui que nous appellons auiourd'hui grand Escuier, cõme mesme tesmoigne son nom Latin *Comes stabuli*, assez frequẽt és anciens liures, dont Carondas au 1. de ses Pandectes chap. penultiesme rapporte plusieurs beaux passages: mais en voicy deux sans response, l'vn d'Aimon liu. 3. chap. 70. *Landegisilus Regalium Præpositus equorum, quem vulgo Comestabilem vocant*: l'autre de Rhegino *lib. 2. Annal. Burchardum Comitem stabuli sui (quem corrupte Constabulum appellamus) cum classe misit in Corsicam.* Ce que i'ay bien voulu confirmer en passant, pource que la plus part des modernes, & notamment Cujas, est d'opinion contraire sur la loy vnique *C. De Comitib. & Tribunis Scholarum*, sous pretexte d'vn passage de la Notice Grecque des Offices de Constantinople, qui ne le conclud pas, & de ce que depuis l'establissement du Conestable, les compagnies de gens de guerre ont esté appellées Conestables. Car i'estime que

15 *Comes stabuli* est nostre Conestable, contre Cujas.

ces Conestablies ont plustost pris le nom du Conestable, qui les ordonnoit & dressoit, que le Conestable d'icelles. Mais quant aux autres Offices de la couronne, ie ne m'amuseray à rechercher leur etymologie, d'autant que plusieurs modernes en ont escrit. 16 Conestablies d'où dictes.

Or le Conestable a deux grandes prerogatiues exprimées dans les lettres de prouision d'Artus de Bretagne, selon le rapport de du Tillet: l'vne qu'il est gardien de l'espée du Roy, que sa Majesté lui liure toute nuë en le receuant, & pour laquelle à l'instant il lui fait la foy & hommage: comme on dit de l'Empereur Trajan, qui bailla son espée nuë à *Sura Licinius* son *Præfectus Pretorio*, lui disant qu'il en vsast pour lui s'il gouuernoit bien l'Empire: si mal, contre luy. C'est pourquoi la marque & enseigne de cette dignité, c'est l'espée Royale nuë, cõme celle du grand Escuier, qui a succedé à la premiere charge du Conestable, est la mesme espée dans le fourreau. 17 Premieres prerogatiue du Conestable

L'autre prerogatiue est que dans les armées il a commandemẽt sur toutes personnes, mesme sur les Princes du sang, comme il est contenu en ses lettres, & dans vn ancien extrait de la chambre des Comptes rapporté par du Tillet, & y en a encor vn tesmoignage fort notable dans Froissart, qui recite que Charles cinquiesme voulant pouruoir Bertran du Guesclin de cet Office, il s'en excusa, disant, *Qu'il estoit de pauure Noblesse, pource n'auseroit bonnement commander aux Princes du sang, & s'il le vouloit entreprendre, seroit chargé d'enuies. A quoy le Roy respondit, Qu'il n'auoit frere, neueu, ni cousin, n'autre son subiect, qui ne luy obeist, & que celuy qui ne le feroit, s'apperceueroit de son courroux.* 18 Seconde prerogatiue.

Mais quoi que ce soit, son commandement n'est principalement qu'en la campagne, c'est à dire és armées, & nõ sur les places, ni mesme sur les Gouuerneurs de prouince, voire quand le Roy fait vn Lieutenant general par tout son Royaume, comme nous en auons veu de nostre temps (qui n'est pas vn Office, ains vne simple cõmission reuocable) le pouuoir d'icelui ne s'estend qu'aux armées & en tout cas, sur les villes, mais non sur les places fortes. Vray est, que les Gouuerneurs & Capitaines lui déferent par honneur, aussi bien qu'au Conestable. 19 Son pouuoir ne s'estend qu'aux armées & non aux places.

Et n'ay point leu, qu'il y ait iamais eu en Frãce, depuis la suppressiõ des Maires du Palais, qu'vn seul Lieutenant general pour le Roy en toutes ses armées & places fortes, à sçauoir Iean Conte de Dunois, tige heureux de l'Illustre maison de Longueuille, lequel apres auoir esté le principal instrument de la deliurance de ce Royaume des mains des Anglois, fut à bon droit honoré de ce haut pouuoir, qui du depuis n'a pas mesme esté attribué aux fils ou freres des Rois, cõme à la verité ce seroit chose perilleuse de donner la puissance souueraine, tant és armées, que places fortes, à mesme personne. 20 Ieani. Conte de Dunois.

Or comme le Conestable est le chef des armes, aussi le Chancelier de France a tousiours esté le chef de la iustice depuis la suppression des Maires du Palais, voire mesme le chef de tous les Officiers de paix, & cõme le Magistrat des Magistrats, *genitorque omnium Dignitatum*, ainsi que Cassiodore epist. 5. liu. 6. appelle le Questeur, duquel en France le Chancelier tient la place sans difficulté, ainsi que dit Cujas sur la loy deniere, *C. De pet. bon. sublat.* pource que c'est lui qui baille le titre, c'est à dire les lettres de prouision à tous les Officiers, lesquels il peut refuser, ou differer comme il lui plaist, aussi est-il Iuge des differens interuenans sur les Offices, lesquels sont terminez en sa propre iustice, à sçauoir celle des Maistres des Requestes de l'hostel qui sont ses Assesseurs, comme i'ay dit ailleurs. C'est pourquoi i'auroy tort de passer legerement ce premier Officier, voire ce chef des Officiers de France: cõbien qu'il soit assez mal-aisé d'en rien dire de nouueau, apres tant de grands personnages qui en ont escrit. 21 Du Chancelier de France. 22 Est chef des Officiers.

Le vieil Glossaire dit, que *Cancellarius est, qui habet Officium scripta, responsaque Principis, atque mandata inspicere, & malè scripta cancellare, & bene scripta signare.* Neantmoins il n'y a gueres d'apparence, que le Chancelier ait pris son nom de ce qu'il défait plustost que de ce qu'il fait. Partant l'etymologie d'Agathias liure premier, & de Cassiodore liure vnziesme epist. 6. qui le deriuent à cancellis est plus vray-semblable, comme i'ay dit au cinquiesme chapitre du 23 De son nom.

24 Chancelier iadis estoit le premier Secretaire.

deuxiesme liure, qu'il faut conioindre auec ce discours, où i'ay prouué, qu'à Rome & en France anciennement le Greffier en chef, qui gardoit & authentiquoit les actes des Iuges & Gouuerneurs des prouinces, estoit appellé Chancelier, à cause que son bureau estoit fermé de treillis ou barreaux à claire veuë, appellez *cancelli*, afin qu'il ne s'y passast rien, qui ne fust veu d'vn chacun.

25 Appellé Referendaire.

26 De son pouuoir.

Comme donc ceux qui gardoient & deliuroient les expeditions des Magistrats des Prouinces, estoient nommez Chancelliers de la Prouince, aussi celui qui gardoit & deliuroit celles du Roy, estoit appellé Chancelier de France, qui autresfois estoit le premier Secretaire du Roy, dont M. Pithou sur les capitulaires de Charlemagne nous rapporte vn beau tesmoignage d'vne épitre de *Hincmarus* Archeuesque de Reims, *Summus Cancellarius, à secretis tum appellabatur, erántque illi subiecti prudentes ac fideles viri qui præcepta Regis, absque immoderata cupiditate scriberent, & secreta illius fideliter custodirent.* Il fut aussi aux premiers temps appellé Referendaire, *ideò* (dit Aimon le Moyne liu. 4. chap.) *quod ad eum vniuersæ publicæ referrentur conscriptiones, ipséque eas annulo Regis, siue sigillo firmaret.* Et Gregoire de Tours liu. 10. chap. 10. deduisant l'accusation de Gilles Euesque de Reims, auquel on imputoit d'auoir falsifié quelques lettres Royaux, *negat Rex se largitum fuisse, requisitusque Otho, qui tunc Referendarius erat, negat se subscripsisse: conficta enim erat manus in huius præceptionis scripto.*

27 Trois prerogatiues du Chancelier.

Voila quant aux noms, & quant à la function & pouuoir du Chancelier outre l'auctorité qu'il a sur les Officiers, il a encores les trois plus grandes prerogatiues, qui puissent estre, à sçauoir l'expedition des Edicts, & tous autres mandemens du Roy, la presidence au conseil d'Estat, & la superintendance de la Iustice, lesquelles trois prerogatiues sont elegamment ramassées par Symmaque en l'espit. 17. du 1. liu, *Quæstor es, legum conditor, Regalis consilij particeps, Iustitiæ arbiter.*

28 La 1. d'auoir les seaux de France.

29 Donne perfection aux Edicts du Roy

Pour le regard de la premiere, c'est celle qui dépend du seau, en consequence de laquelle il dresse, quoy que ce soit il donne la forme publique aux Edicts, & toutes autres lettres patentes du Roy, lors qu'il y appose le seau de France, ainsi que Iustinian ordonna *vt Diuinæ iussiones subscriptionem habeant gloriosissimi Quæstoris*, porte le tit. de la Nou. 114. & de fait il se voit plusieurs Nouuelles soubscrites de ces mots, *Quæstor legi*, bref le Chancelier est le correcteur & controlleur des loix, & des mandemens du Prince.

Hic est, qui Regum leges cancellat iniquas,
Et mandata pij Principis æqua facit.
Si quid obest populo, vel legibus est inimicum,
Quicquid obest, per eum desinit esse nocens:

dit vn ancien Poëte. Tant les Rois sont zelateurs de la iustice, *vt sibi patiantur contradici pro æquitate seruanda, cui maximè oportet obediri*, dit Cassiod. *in formula Quæsturæ.*

30 Puissance qu'il a au seau.

Voire il y a plusieurs expeditions d'importance, que le Chancelier peut faire de son auctorité, sous le nom du Roy, sans neantmoins lui en parler. C'est pourquoi Cassiodore au mesme lieu appelle le Questeur, la bouche, la voix, la parole & l'image du Prince.

31 Prerogatiue de presider au Conseil d'Estat.

Chancelier premier President du grand Cōseil.

Quant à la seconde prerogatiue, il est notoire, que c'est le Chancelier qui preside au conseil du Roy, & qui d'ordinaire y tient le premier rang, comme representant sa Majesté en son absence. Mesmemēt en sa presence, & des Princes du sang, c'est lui qui en prononce les arrests & resultats, & qui a soin de les faire dresser, & les reuoir. Prerogatiue, qui lui demeure tousiours, encor que les seaux lui soient ostez, comme estant sa vraye charge & function, en consequence de laquelle il est encor premier President nay du grand Conseil: de sorte que nul des Presidens d'icelui n'a titre de premier President, pource qu'anciennemēt c'estoit le conseil d'Estat, & en fut separé par Charles 8. afin de la descharger des procez, qui à la verité n'y conuiennent gueres bien: & de là vient aussi que les Maistres des Requestes, qui sont les Assesseurs du Chancelier, sont Presidens nays, & honoraires du grand Conseil, & à chacun Office de President du grand Conseil y a vn Office de M. des Requestes annexé.

Finalement à l'égard de la troisiesme prerogatiue du Chancelier, comme Valentinian en la Nou. *De homicidio casu facto.* Cassiodore & Symmaque appellent le Questeur, gardien & conseruateur de la Iustice, de mesme c'est chose asseurée qu'en France, ainsi que le Conestable a succedé au Maire du Palais en ce qui concerne les armes: aussi le Chancelier luy a succedé en la superintendance de la iustice. C'est pourquoy il a droit de presider au Parlement quand il y va, soit pour la verification des Edicts, ou pour l'élection des Officiers d'iceluy, lors qu'icelle luy estoit laissée: & quand le Roy y tient son lict de iustice, c'est luy qui prononce les arrests sous le nom de sa Majesté.

32 3. Prerogatiue, d'estre chef de iustice

Mais encor le Chancelier a cela de plus que le Conestable & le Superintendant des finances, à sçauoir que le Conestable n'a pouuoir, qu'en ce qui concerne la guerre, ni le Superintendant qu'en ce qui concerne les finances, au lieu que le Chancelier ha à voir & sur les affaires de la guerre, & sur celles de finance, en ce qu'il faut qu'elles passent par le Conseil ou par le seau, ou par la iustice, de sorte qu'il est vray de dire, qu'il est comme le Controlleur & correcteur de toutes les affaires de France.

C'est pourquoy nous appellons vulgairement Chanceliers des Princes & des communautez notables, ceux qui ont l'intendance de leurs affaires. Et vn moderne a tres-bien remarqué, qu'és vieils Romans ce mot est souuët vsurpé en cette signification. Comme le Chancelier de l'Vniuersité de Paris, qui estoit anciennement vn Office de telle importance, que Boniface huictiesme lors des grandes affaires qu'il auoit en France, le tira à soy, afin d'auoir l'auctorité particuliere en l'Vniuersité, principalement enuers les docteurs de Theologie, ausquels c'est le Chancelier qui donne les degrez, benediction & commissions de prescher par tout le monde. Mais apres la mort de Boniface, l'vniuersité ayant voulu rauoir cet Office, Benoist II. son successeur le luy rendit, & pour éuiter semblable vsurpation à l'aduenir, il fut affecté à vne chanoinie de l'Eglise cathedrale de Paris, comme il se voit par la bulle de ce Pape estant és registres de ladite Eglise, en ceux de saincte Geneuiefue, & au liure du Recteur, où il y en a encor vne autre bulle de Gregoire XI.

33 Intendans des Princes, iadis nõmez Chanceliers.

34 Chancelier de l'vniuersité de Paris.

Pareillement il y a eu autrefois vn Chancelier du S. siege de Rome: estant parlé de la Chancellerie Romaine en plusieurs endroits du droit canon, & en l'epitaphe du Pape Gelase 2. composé par *Petrus Pictauiensis*, porte, qu'auant qu'estre Pape.

35 Chancelier du S. Siege.

Archileuita fuit, & Cancellarius vrbis:

Aussi il se trouue qu'Alexandre troisiesme lors qu'il fut éleu Pape, *erat sedis Romanæ Cancellarius*. Mais le Docteur Tabarelli sur la Clem. *Romana. D. de elect.* dit que ce fut ce mesme remueur de mesnage Boniface huictiesme, qui osta le Chancelier de Rome, & prenant la Chancellerie à soy, y establit seulement vn Vice-Chancelier, *quia* dit-il, *Cancellarius certabat de pari cum Papa*: & de fait ce n'est qu'au Sexte qu'il est fait mention du Vice-Chancelier, comme remarquent la glose de la Pragmatique sanction, §. *Romanæ. in verbo. Vice-Cancellarius*, & Gomes sur les regles de Chancellerie, combien qu'Onuphre au liure des Pontifes dise, que ce fut du temps d'Honorius 3. qu'il n'y eut plus de Chancelier à Rome, ains seulement vn Vice-Chancelier.

36 Supprimé & n'y a plus qu'vn vice-Chancelier.

Quant aux finances, il y auoit jadis pareillement vn Officier de la courone pour en estre le chef, qui s'appelloit le grand Thresorier de France, dont est fait mention dans Gregoire de Tours liu. 1. chap. Et n'y en auoit qu'vn anciennement, dit Monsieur Pasquier, iusques au regne de Philippe de Valois, qui en erigea vn second, & Charles le quint vn troisiesme, puis Charles 6. vn quatriesme, & demeura ce nombre de quatre iusques au regne de Hẽry II. qui en erigea seize tout d'vn coup, au lieu des quatre anciens.

37 Grand Thresorier de France.

38 Diuisé en quatre, puis en seize.

Ce qui fut fait à l'imitation de ce que le Roy François son pere auoit erigé seize Receueurs distribuez en seize Prouinces, que neãtmoins il auoit appellez Receueurs generaux des finances, pource qu'ils receuoiẽt generalement & confusément tous les deniers du Roy en leur prouinces, tant ordinaires qu'extraordi-

39 Erection des Receueurs generaux des finances.

naires, au lieu qu'il n'y auoit anciennement en France qu'vn Receueur general du domaine, non plus qu'vn Thresorier de France, lequel Receueur general du

40 Changeur du Thresor. domaine on appelloit changeur du Thresor, dont le Controlleur est encor demeuré iusques à nostre temps, qui n'est plus qu'vn simple Officier de la Chambre des Comptes, tousiours neantmoins appellé Controlleur du Thresor: &

41 Controlleur du Thresor. maintenant est employé à verifier les *debentur*, au lieu qu'il estoit anciennement ce qu'est à present le Controlleur general des finances, sinon qu'il n'auoit point à voir sur les deniers extraordinaires, qui estoient perpetuellement distinguez des ordinaires, & pour les receuoir y auoit vn Receueur general des Aydes, & vn Controlleur. Laquelle difference de deniers ordinaires & extraordinaires, ce

42 Thresorier de l'Espargne. mesme Roy François voulut confondre expres, afin d'oster la memoire au peuple, de ce que les Aydes & deniers extraordinaires prouenoient de son octroy & consentemét libre. Par dessus tous lesquels Receueurs generaux des finãces (car ainsi furent-ils qualifiez) ce mesme Roy erigea, soit en Office ou commission, le Thresorier de l'Espargne, pour recueillir & amasser tout ce qui seroit espargné par toutes les prouinces, apres les charges acquittées, & necessitez du Royaume fournies. Fonction qui correspond presque à celle du *Comes sacrarum largitionum* de l'ancien Empire, qui certes plus à propos auoit pris son nom de la liberalité, que le nostre de l'Espargne.

43 Thresoriers de France distribuez par les prouinces. Donques à cet exemple, le Roy Henry 2. erigea en chacune de ces seize prouinces vn Thresorier general, pour estre l'ordinateur de chasque Receueur general: les appellent pareillement Thresoriers generaux, tant pource qu'ils succedoient à ces quatre anciens Thresoriers, la charge desquels estoit generale & s'estendoit par toute la France: que pource principalement, qu'en eux fut

44 Pourquoy dicts Thresoriers Generaux. reünie la charge des Generaux sur le fait des Aydes, qui estoient des hommes notables esleus par le peuple pour auoir l'intendance & direction generale des deniers des Aydes: ainsi que les Eleus l'auoient particulierement en leurs departemens, comme M. Pasquier a clairement discouru en ses Recherches: laquelle reünion de ces deux diuerses charges de Thresoriers & de Generaux, fut aussi faite à mesme dessein de confondre les deniers extraordinaires auec les ordinaires.

45 Generalitez d'où dictes. Tant y a que pour cette cause les prouinces & estenduës particulieres des Thresoriers Generaux ont esté appellées Generalitez, qui de present sont vingt en nombre. En chacune desquelles y a vn bureau, c'est à dire vne compagnie

46 Thresoriers Generaux multipliez en bureaux & cõpagnies. complette de dix ou douze Thresoriers de France, & Generaux des finances (ainsi sont-ils appellez à cause du meslange des deux charges de Thresoriers & de Generaux) combien qu'ils ne soient en effait ni Officiers de France (i'entende la couronne) ni generaux par tout le Royaume. Mais ces beaux titres leur ont

47 Pretendẽt seance en la Chambre des Comptes. esté laissez pour mieux vendre leurs Offices. Neantmoins en consequence d'iceux, & qu'ils ont succedé à ces quatre anciens, ils pretendent tous auoir seance apres les Presidens, & voix deliberatiue en la Chambre des Comptes & Cour des Aydes. Ce que toutesfois on a voulu, par la verification de leurs Edicts, restraindre aux seuls pourueus des Offices des quatre anciẽs, qui à la verité estoient Presidens nays de la chambre des Comptes: & de fait en cette qualité, tous les Thresoriers d'à present iouïssent des priuileges d'icelle Chambre, & sont reputez commensaux du Roy.

48 Pretendent marcher deuant les Lieutenans generaux de la Iustice. Comme aussi, sous pretexte que l'ancien grand Thresorier de France auoit commandement sur les Baillys & Seneschaux du temps qu'ils receuoient le domaine de leur prouince, on a donné rang à ces nouueaux venus par dessus les Lieutenants generaux de la iustice. En quoy à mon aduis il n'y a nulle apparence de preferer de simples financiers aux premiers Magistrats de la prouince: veu qu'il est certain, qu'en l'Empire Romain les Proconsuls & autres Magistrats des prouinces commandoient à leurs Thresoriers, comme il se voit dans Ciceron, 1. *Actio. in Verrem*, où il dit *Pretorem Quæstori suo parentis loco esse oportere, & hanc eorum coniunctionem liberorum necessitudini proximam esse.*

49 Intendans des finances. Ainsi donc les Thresoriers de Frãce estans maintenãt dispersez, & leur charge

diuisée par les prouinces, il a fallu par necessité, qu'il y eust vn bureau souuerain & general des finances, où se dressast l'estat entier d'icelles, & s'en fist le departement à chacun de ces bureaux particuliers des prouinces, bref où tout se rapportast en fin, c'est pourquoy du temps de nos peres, les Rois ont institué les Intendans des finances, & pource qu'en toutes compagnies il faut vn chef, ils ont mis au dessus d'eux vn Superintendant des finances, qui correspond aucunement à l'antique grand Thresorier de France: & encor pour autant que les finances sont chatoüilleuses, ils luy ont baillé vn Controlleur general: mais toutes ces charges ne sont deferées que par commission, pource que les Thresoriers de France en occupent le vray & ancien tiltre, & aussi qu'il est bien à propos que les charges des finances soient tousiours reuocables à la volonté du Roy, & partant tous ces Estats de Superintendant, Controlleur des finances, & Thresorier de l'Espargne, ne peuuent plus estre Offices de la couronne.

50 Superintendans des finances.

51 Controlleur general des finances.

Finalement quant à la maison du Roy, comme de tout temps és maisons des Princes le Maistre d'Hostel ha la superintendance sur tous les domestiques, aussi en celle du Roy, celuy qui anciennement s'appelloit le souuerain Maistre d'hostel du Roy (ainsi que du Tillet nous apprend.) & qui maintenant se qualifie grand maistre de France, pour marque qu'il est Officier de la courōne, en a tousjours eu la superintendance: correspondant à celuy qui en l'ancien Empire estoit appellé *Magister Officiorum*, comme qui diroit le chef des Officiers de la maison du Prince. Et de fait il y a apparence qu'il estoit du commencemēt seul Chef de la maison du Roy, & qu'il auoit iadis la superintendance sur tous les Officiers d'icelle indistinctement, & qu'il n'y auoit en icelle qu'vn Estat, & qu'vn Thresorier: & de faict aucuns des grands Officiers d'icelle, qui depuis se sont faicts Officiers de la couronne, sont encor à present couchez en l'Estat general de la maison, qui est le vray Estat des Offices estans sous le grand Maistre, encor qu'aucuns d'eux ayent depuis gaigné ce poinct, d'auoir leur estat à part. Aussi tous les menus Officiers estans sous eux, sont encor iusticiables du Preuost de l'Hostel, qui estoit anciennement le Iuge estably par le grand Maistre, pour faire sa primitiue charge de *Comes Palatij*, qui signifie le Iuge de la maison du Roy, tout ainsi qu'au droict tous les domestiques de l'Empereur indistinctement estoient iusticiables du *Magister Officiorum, ad quem omnis Palatij disciplina pertinebat*, dit Cassiodore en sa formule.

52 Du grand Maistre de France.

53 *Magister Officiorum.*

Et voila sans doute les quatre les plus vrais Officiers de la Couronne, mais d'autant que ce tiltre a esté trouué magnifique, & aduantageux par dessus tous les autres, cela a esté cause que plusieurs des grands Officiers, tant de la guerre, que de la Cour, & maison du Roy, y ont voulu auoir part: voire y en a eu aucuns d'erigez encor de nostre temps.

54 Autres Offices de la couronne.

Premierement quant à ceux de guerre, tout ainsi que le Conestable, de grand Escuyer qu'il estoit, deuint superintendant au faict de la guerre: aussi les Mareschaux qui estoient principaux Escuyers, ou grands Officiers de l'Escurie du Roy (car comme dit du Tillet, Mareschal en Alleman signifie *Officier de cheuaux*, ce qu'il prouue par vne notable ordonnance du Roy Clotaire le Grand) & n'estoient que deux en nombre, iusques au regne du Roy François I. en fin furent faicts conducteurs des armées, estans neantmoins tousiours comme auparauant sous le Conestable: & leur vraye charge estant de loger, & ranger l'armée, suiuant son commandement, & aussi y commander en son absence, sous l'auctorité, & bon plaisir du Roy: de sorte qu'ils faisoient du commencement ce que font auiourd'huy ceux que nous appellons Mareschaux de camp, qu'eux mesmes ont depuis establis, ausquels auec leur nom, ils ont baillé la plus vile partie de leur charge, en tesmoin dequoy les Mareschaux de France ont encor pour enseigne de leur dignité, la hache auec laquelle ils marquoient iadis les logis de l'armée, & de là vient que tous ceux qui font marquer les logis, s'appellent encor auiourd'huy Mareschaux.

55 Des Mareschaux de France.

Mareschal pourquoy signifie vn marqueur de logis.

Mais d'autant que fort souuent les Rois (ayans à suspect le trop grand pouuoir des Conestables, de crainte qu'ils feissent comme les Maires du Palais) laissoient

56 Comment deuenus Officiers de la couronne.

cet Office vaquant, & comme supprimé, les Mareschaux de France ont cependant pris la premiere auctorité de la guerre, & par ainsi se sont faicts Officiers de la Couronne, ne faisans ensemble qu'vn corps, & college, comme membres ioints & vnis, dit l'ord. de 1547. Qualité qu'ils n'ont point quittée du depuis, lors qu'il y a eu derechef des Conestables au dessus d'eux. De sorte qu'ils sont irreguliers, d'autant que les marques & proprietez principales des Officiers de la couronne, sont de ne recognoistre autre que le Roy, & d'estre les premiers chefs de l'Office, ou bande d'Officiers estans sous leur charge. Mais à cela on respond, qu'ils sont les collateraux & coadiuteurs du Conestable, & que la Conestablie & Mareschaussée de France n'a faict ensemble qu'vn corps & Office, auquel appartient la superintendance de la guerre, & le commandement sur les Officiers de la gendarmerie. Et cette vnion se recognoist manifestement en leur iustice, qui est nommée la iustice de la Conestablie, & Mareschaussée de France, & les sentences qui y sont renduës, sont intitulées de ces mots, *Les Connestable & Mareschaux de France. &c.*

57 De l'Admiral de France.

Or pource que la conduitte de la guerre est autre sur mer que sur terre, depuis que ce Royaume fut estendu iusques à la mer du costé de Normandie & Picardie, il fallut auoir vn chef des armées nauales qui est l'Admiral de France: lequel commande sur mer, non seulement en guerre, mais aussi en paix, pour maintenir le commerce, tenir les ports en seureté en toute l'estenduë du Royaume, & conseruer la coste maritime en asseurance, sous l'obeïssance du Roy, pour raison dequoy il ha de tres-beaux droicts specifiez par les Ordonnances, & auoit anciennement pour enseigne de son Office la lanterne, ou phanal comme il se voit en l'Ordonnance de Charles VI. de l'an 1400. & à present il ha les ancres.

58 De ceux de Guyenne & Bretagne, & du General des Galeres de Prouence.

Mais lors que la Guyenne, la Prouence, & finalement la Bretaigne ont esté reünies à la couronne, on y a trouué des Admiraux en tiltre d'Office, qu'on a laissez : c'est pourquoy cette charge est à present diuisée en quatre, y ayant vn Admiral separé en Guyenne, vn autre en Bretaigne, & vn general des Galeres en Prouence, ayant mesme puissance que les Admiraux : de sorte qu'il n'est demeuré à l'antique Admiral, que son ancienne coste de Normandie & Picardie, auec le tiltre d'Admiral de France indéfiniement, & sans queuë, & par consequent la qualité d'Officier de la couronne.

59 Du grand Maistre des Arbalestiers.

Il y auoit aussi anciennement le grand Maistre des Arbalestiers de France, qui estoit pareillement Officier de la couronne, & ce dés le temps du Roy S. Louis, & a duré long temps du depuis, comme prouue du Tillet au chapitre *Du Conestable* : & commandoit à tous les gens de pied, entre lesquels les Arbalestiers estoient en plus grande estime.

60 Du grand Colonel de France.

Au lieu duquel Office de Maistre des Arbalestiers, a esté mis le Colonel de l'Infanterie Françoise, que le feu Roy Henry III. en l'an 1584. erigea en Office de la couronne, en faueur de Monsieur le Duc d'Espernon, & ordonna qu'il seroit intitulé le grand Colonel de France, comme de faict la Notice nous apprend, qu'entre les Offices Illustres de l'ancien Empire d'Occident, il y auoit vn *Magister peditum.*

61 Du grand Maistre de l'artillerie de France.

Toutesfois aucuns estiment, que dés auparauant, le grand Maistre de l'artillerie de France remplissoit la place de cet ancien Office de grand Maistre des Arbalestiers, pource qu'il commandoit aux Cranequiniers, qui estoient ceux qui auoient la charge des machines de guerre, qu'on nommoit anciennement Cranequins : aussi que les Arbalestiers auoient la garde & conduitte de ces machines, tout ainsi qu'auiourd'huy les Soüisses ont ordinairement la garde de l'artillerie : tant y a qu'il n'y a nulle doute, que l'Office de grand Maistre de l'artillerie de France ne soit auiourd'huy Office de la couronne : combien qu'en l'ancien Empire les fabriques des engins de guerre fussent sous la charge & disposition du *Magister Officiorum*, qui est à nous le grand Maistre de France : & c'est possible la cause pourquoy les Officiers de l'artillerie sont reputez pour commensaux du Roy.

62 Du grand Chambrier de France.

Quant aux grands Offices de la maison du Roy, qui sont deuenus Offices de la

couronne

couronne, il y a eu premierement celuy qui auoit la charge de la Chambre du Roy, qu'Aimon le moine appelle *Camerarium Regis, seu cameræ Regis Præfectum*, & qui estoit nommé Comte de la Chambre du Roy, lequel s'est faict aisément Officier de la couronne, & partant s'est nommé grand Chambrier de France : aussi Philon Iuif dit, que c'estoit la premiere Dignité, pour auoir l'aureille de l'Empereur : & de faict la loy 1. *De Prepositis sacri cubiculi lib. 12. Cod.* l'égale au *Præfectus Prætorio*, & la Notice de l'vn & l'autre Empire le met tout le premier *inter Illustres Palatinos* : mesme parmy nous en l'Estat de la maison du Roy, le grand Chambellan, qui tient auiourd'huy sa place, est encor couché auparauant le grand Maistre : ce qu'il faut presumer auoir esté ainsi estably, du temps qu'il y auoit vn Maire du Palais, & que le grand Maistre n'estoit que Conte du Palais, & n'auoit encor la superintendance sur les Officiers de la maison du Roy.

Office au demeurant si noble, (i'enten celuy de grand Chambrier) qu'il a presque tousiours esté tenu par des Princes du sang, notamment par les Ducs de Bourbon, qui l'ont continuellement possedé depuis le premier iusques au dernier, comme prouue du Tillet : & partant l'auoient rendu hereditaire, quoy que ce soit, feodal, y ayant adioint plusieurs cens, rentes & autres beaux droicts domaniaux. C'est pourquoy ne se tenans assidus à l'exercice d'iceluy, le premier Chambellan a pris leur place à la fin, & s'est faict Officier de la couronne & intitulé grand Chambellan de France, comme il sera tantost discouru plus amplement.

> 63 Tenu presque tousiours par la maison de Bourbon.
>
> 64 Grand Chambellan.
>
> 65 Grand Chambrier supprimé.
>
> 66 Office de grand Chambellan par qui possedé.

Il y a aussi le grand Veneur de France, qui est, à mon aduis, celuy qui anciennement estoit appellé le grand Forestier, & n'en faut point chercher de semblable en la Notice de l'Empire, pource que les Empereurs n'estoient addonnez à la chasse, comme sont nos Rois : de sorte qu'en France c'estoit anciennement, & seroit encor à present vn tres-bel Office, si on ne l'eust point démenbré. Mais outre la fauconnerie, qui en a esté separée par le moyen de l'Office de grand Fauconnier, le principal démembrement faict de fort long temps, a esté par l'Office de grand Maistre des eaux & forests de France, lesquelles souloient dépendre de la charge de grand Veneur. Démembrement qui fut faict sous Charles VI. lequel destitua de l'Office de grand Veneur le sieur de Gamaches, pource qu'il l'auoit souuent faict faillir à la chasse, & en pourueut le sieur d'Oguechin : pour raison de quoy y ayant eu procez entr'eux, ils s'appointerent par la volonté du Roy, en sorte que Oguechin demeura grand Veneur, & Gamaches retint l'intendance des eaux & forests, sous ce tiltre de grand Maistre. C'est pourquoy estant decedé incontinant apres, & cette qualité ayant esté releuée par le Comte de Tancaruille, & de ce y ayant eu procez au Parlement, le Procureur general soustint que ce n'estoit Office, & qu'il n'en falloit point. Neantmoins il ne laissa de demeurer, & a continué iusques en l'an 1575. qu'il fut supprimé : & toutesfois la surintendance des eaux & forests n'a esté rendue au grand Veneur, ains ce qu'on le supprima, fut pour mettre en son lieu six grands Maistres des eaux & forests, qui furent départis par les Prouinces du Royaume : desquels la suppression fut ordonnée par les Estats de Blois : mais au lieu de l'executer, on leur bailla bien tost apres des alternatifs. Et finalement en l'assemblée de Roüen, en l'an 1597. leur suppression a esté derechef resoluë, moyennant remboursement, & fut arresté, qu'il n'y auroit plus qu'vn grand Maistre des eaux & forests : dont quelque temps apres fut verifié vn Edict au profict de ce sage Conseiller d'Estat le seigneur de Fleury Marchaumont, qui tenoit le mesme Office en l'an 1575. lors qu'il fut supprimé & multiplié. Edict qui n'a encor esté executé (au moins qu'en fort peu d'Offices) & en attendant, ledit Seigneur de Fleury demeure superintendant des eaux & forests de France par commission.

> 67 Du grand Veneur.
>
> 68 Grand Fauconnier démembré du grand Veneur.
>
> 69 Et le grand Maistre des eaux & forests.
>
> 70 Plusieurs grands Maistres des eaux & forests.
>
> 71 Le Seigneur de Fleury Marchaumont.

Pareillement le grand Escuyer de France, qui a succedé à la charge ancienne de Conestable, ou Comte d'estable, a voulu comme luy estre Officier de la couronne. Et de faict du Tillet l'y nombre : mais de peur qu'on en fist doute, dorenauant le sieur de Bellegarde, qui l'est à present, en a obtenu declaration expresse du Roy. Aussi doit-ce estre vn Office bien proche de sa Maiesté, attendu

> 72 Du grand Escuyer.

que de tout temps en France les Escuyers ont esté ceux qui assistoient continuellement les Cheualiers & Seigneurs, & qui portoient leurs armes, comme il sera dit au liure *Des Ordres*. C'est pourquoy aussi és entrées du Roy : c'est le grand Escuyer qui marche deuant le Roy, portant l'espée Royale dans son fourreau & baudrier, reuestu d'vne casaque de velours violet semée de fleurs de lis d'or : & son cheual caparassonné de mesme.

73 Du grand Panetier, grãd Eschanson, & grãd Queux.

Comme aussi le temps passé le grand Panetier, le grand Eschanson, ou Bouteiller, & le grand Queux de France, c'est à dire le superintendant des cuisines du Roy, estoient tous trois tenus pour Offices de la couronne : & de fait ils sont qualifiez tels par du Tillet, notamment le grand Eschanson estoit de grande auctorité, assistant au iugement des Pairs de France, & souscriuant, auec aucuns des autres grands Officiers, les chartres du Roy de plus grande importance : comme aussi le Genese, le liure d'Esdras, & Herodote liure 3. nous tesmoignent que les Eschansons auoient grand credit pres des Rois d'Egypte, & de Perse : & pareillement en l'Empire d'Allemagne, l'Office de grand Eschanson est ioint au premier Electorat affecté au Roy de Boheme. Neantmoins pource que la charge de ces trois Offices de grand Panetier, grand Eschanson, & grand Queux dépendent naturellement de l'Office de grand Maistre de France, il y a apparence que les grands Maistres les ont fait supprimer, du moins quant au tiltre, & aussi quant à la qualité d'Offices de la couronne : dont toutesfois ie n'en trouue rien dans les liures : mais i'ay veu l'Estat de la maison du Roy d'àpresent, auquel ces trois Offices ne sont point, ains s'y trouuent seulement employez le premier Panetier, premier Eschanson, & premier Trenchant.

74 Du grand Aumosnier.

Au contraire il y a grande apparence de mettre au rang des Officiers de la couronne le grand Aumosnier de France ; ores que du Tillet ne l'y mette pas, & que toutes les Ordonnances & l'Estat de la maison du Roy le qualifient seulement grand Aumosnier du Roy. Toutesfois il est nommé tout le premier audit Estat, & du Haillan dit que c'est le premier Office de chez le Roy : & d'ailleurs il ha toutes les marques, & proprietez des Offices de la couronne, qui seront tantost rapportées. Autrement il ne seroit pas tenu par vn Cardinal, qui est Prince de l'Eglise, comme il est de present par ce ferme arc-boutant de la foy, Monseigneur le Cardinal du Perron, si ce n'estoit vn Office de la couronne : estant notoire que les Princes n'acceptent point d'autres Offices. Neantmoins il me semble qu'il seroit bien à propos, pour éuiter le doute, d'en obtenir declaration du Roy, comme a faict de n'agueres le grand Escuyer. Quoy que ce soit il est bien certain, que c'est vn Office de tres-grande auctorité prés du Roy, qui conferoit anciennement la plus-part des benefices estans en la nomination, ou presentation de sa Majesté, & encor ha de present la prouision, & aussi la reformation des hospitaux & maladries.

75 Le Cardinal du Perron grand Aumosnier.

76 Du grand Preuost.

Finalement le Preuost de l'Hostel du Roy estoit anciennement soubs le grand Maistre de France, & selon l'opinion plus commune des modernes, c'estoit celuy qui iadis estoit appellé le Roy des ribauds, dont le pouuoir est amplement descrit par Bouteiller : opinion qui neantmoins est faulse : car Carondas rapporte l'auctorité d'vn vieil manuscrit, qui tesmoigne, que le Roy des ribauds estoit vn Commissaire, ou Sergent commis par le Preuost de l'Hostel, pour faire les visitations escheantes en sa iustice, & luy en faire son rapport, tout ainsi que le Roy des merciers estoit celuy qui visitoit les poids, mesures, & balances des merciers, & autres marchands. Mais il y a bien plus d'apparence de tenir que le Preuost de l'Hostel fust le Iuge de la maison du Roy, estably d'ancienneté par le grand Maistre de France, lors qu'il changea sa premiere qualité de Comte du Palais, c'est à dire de Iuge de la maison du Roy, & que par la suppression du Maire du Palais, il obtint la superintendance de la maison du Roy, sous le tiltre de grand Maistre de France. Et se trouue dans deux Ordonnances de Charles IX. qu'il le qualifie son grand Preuost, & de son Hostel. Ce qui m'a faict croire depuis qu'il eust esté faict Officier de la couronne, ainsi qu'il m'auoit esté rapporté.

77 Des Secretaires d'Estat.

Quant aux Secretaires des commandemens, on ne les tient pas pour Officiers de la de la couronne, pource qu'encor que leur employ, & leur pouuoir soit plus grand que de certains Officiers de la couronne, neantmoins, comme toutes les charges du conseil d'Estat ne sont que commissions, & comme les Secretaires des finances n'ont esté iusques à de nagueres que par commission, aussi sont ces Secretaires, au moins hors ce qui est l'Office ordinaire de Secretaire du Roy maison & couronne de France, dont il est necessaire qu'ils soient pourueus en tiltre, pour estre capables d'auoir la commission de Secretaire d'estat: & certes il ne seroit raisonnable que les Secretaires d'Estat fussent Officiers perpetuels, & necessaires (ainsi qu'ils seroient s'ils estoient Officiers de la couronne) & que le Roy fust forcé de s'en seruir és plus secretes & importantes affaires de son Estat, attendu qu'vn particulier ne voudroit perdre cette liberté de changer son clerc quand il luy plaist. Voire mesme on tient, que la commission de Secretaire d'Estat n'apporteroit de soy nul rang, si par mesme moyen ils n'estoient Conseillers d'Estat, ce qui n'estoit anciennement. Toutesfois i'ay sçeu que ceux d'à present en ont de nagueres obtenu du Roy prouision en Office.

Quoy que ce soit, l'Office des simples Secretaires du Roy est orné de plus d'honneurs, immunitez, priuileges & droicts, qu'aucun autre de France prix pour prix, & ce en cette consideration, que les premiers Secretaires furent instituez pour seruir immediatement la personne du Roy, ainsi que font auiourd'huy les Secretaires d'Estat, & celuy du cabinet du Roy, appellé anciennement *le secré* dit M. Pasquier en ses recherches, du mot latin *Secretum*, ou *Secretarium*. Combien que les Secretaires peussent estre ainsi appellez, pource que le secret du Prince leur est confié. *Honor hic*, dit Cassiodore *lib.* 1. *Epist.* 4. *datur egregijs, dum ad Imperiale secretum tales constat eligi, in quibus reprehensionis vitium non potest inueniri. &c. Et in formula Notariorum. Ornat*, dit-il, *subiectos Principis secretum, dum nullis æstimantur necessaria posse committi, nisi qui fuerunt fide magna solidati. Publicum est omne quod agit Princeps, sed multa non sunt antè scienda quàm fuerint, Deo auxiliante, perfecta: tantóque plus debent occuli, quantò amplius desiderantur agnosci. Regis consilium solos decet scire grauissimos. Imitari debent armaria, quæ continent monimenta chartarum, vt quando ab ipsis aliqua instructio quæritur, tunc loquantur: totum autem dissimulare debent, quasi nesciant scientes.*

78 Des simples Secretaires du Roy, maison & couronne de France.

79 Secretaire du cabinet.

Simples Secretaires.

Et depuis mesme que les Secretaires du Roy ont esté simples Officiers de Chancellerie, ce n'estoit raison que la cire leur fust refusée, & qu'eux qui dressent, pour les autres, les lettres d'exemptions & priuileges, oubliassent d'en prendre leur part, comme certainement ils l'ont prise à bonne mesure, ainsi qu'il a esté monstré au 9. chapitre du 1. liure. De fait afin de comprendre soubs le tiltre & qualité de leur Office, tous les priuileges des Offices de France, ils se sont intitulez *Conseillers, Notaires & Secretaires du Roy, maison & courõne de France*, ioignant ensemble, peur d'y faillir, ces trois qualitez, d'Officiers du Roy, de sa maison, & de la couronne. Neantmoins il est bien certain, qu'ils ne sont pas Officiers de la couronne, au moins de ces grãds Officiers, chefs d'Offices dont nous parlons icy n'en ayant pas les marques cy apres rapportées: mais c'est sans doute, qu'ils sont du nombre des Officiers de la maison du Roy, & en cette qualité ils se sont faict attribuer particulierement dix liures de gages, pour leur droict de manteau, & ne faut point douter, qu'il ne iouïssent de tous les autres droicts & priuileges des domestiques & commensaux, voire mesme ils en ont encor des particuliers que les autres commensaux n'ont pas: & partant ie remets à discourir de leurs Offices au chap. suiuant, qui est dedié pour ces Offices de la maison du Roy.

80 Ne sont Officiers de la couronne, ains seulemẽt de la maison du Roy.

Voila tous les Officiers de la couronne, tant ceux qui ont esté par le passé, que ceux d'à present: sçauoir est quant à ceux du temps passé, le Maire du Palais, le grand Thresorier, grand Maistre des Arbalestiers, grand Chambrier, grand Maistre des eaux & forests, grand Panetier, grand Eschanson, & grand Queux de France: & quant à ceux d'à present, outre le Conestable, le Chancelier, & le grand Maistre de France, qui sont les trois principaux plus anciens, & plus vrais Officiers de la couronne, il y a encor pour la guerre les Mareschaux de France, le Colonel de l'Infanterie, le grand Maistre de l'artillerie: & pour la maison du

81 Enumeration sommaire des Offices de la couronne.

Roy, le grand Aumosnier, grand Chambellan, & grand Veneur.

82 Il n'y en a plus que de deux sortes. De sorte qu'à bien entendre, il n'y en a plus que de deux sortes : les vns de la guerre, & les autres de la maison du Roy, en mettant le Chancelier entre ceux de la maison, comme de faict il est vray domestique, & souloit auoir logis chez le Roy, & encor ha son plat de la cuisine du Roy, quoy que ce soit vne somme de deniers pour iceluy.

83 De leur prouision. Et pour parler maintenant de leur droict, c'est sans doute qu'ils sont vrais Officiers, pourueus en tiltre d'Office perpetuel, ce que ne sont regulierement les Officiers de la guerre, & les menus Officiers de la maison du Roy : voire ils ont autresfois pretendu estre Officiers feodaux & hereditaires, dont toutesfois ils ont esté deboutez par plusieurs arrests du Parlement, & neantmoins ont gardé ce priuilege particulier de n'estre tenus prendre lettres de Confirmation aux mutations de Rois, & voila quant à leur prouision.

84 De leur reception. Quant à leur reception & installation, ils ne sont tenus, ni à aucune information de vie & mœurs, ni autre ceremonie, sinon de faire le serment entre les mains du Roy : & ne le doiuent à aucun autre, attendu qu'ils sont chefs souuerains, chacun en ce qui est de leur Office, & ne dépendent d'autre que du Roy. Bien est vray que pendant les guerres ciuiles de France, ceux qui se vouloient asseurer plus plainement de ces Offices, en faisoient le serment au Parlement, & encor maintenant aucuns d'iceux y font enregistrer leurs lettres pour plus grande approbation & notorieté publique de leur qualité. Mais ce n'est par obligation, comme à la verité ils ne dépendent en rien du Parlement, voire il n'y a aucune connexité ni correspondance de leurs charges au Parlement, si ce n'est à l'occasion de leurs iustices, dont sera parlé tout incontinant. Et puis dire que selon la droicte raison il n'y a qu'eux seuls qui doiuent le serment au Roy seul : tout ainsi qu'il n'y a qu'eux seuls des Officiers de France, qui soient chefs purement souuerains au faict de leur charge sous l'auctorité du Roy : encor que quelques vns des grands Officiers de la maison, comme entre autres les Capitaines des gardes du corps, & des cent Gentils-hommes, ayent vsurpé cette mesme prerogatiue de ne faire serment à autre qu'au Roy, & aussi de ne recognoistre autre que le Roy, combien qu'ils fussent anciennement sous le Conestable, comme Bouteiller nous apprend, & les Ordonnances anciennes, qui luy attribuent iurisdiction sur eux.

85 De leur pouuoir. Pour le regard des droicts des Officiers de la couronne, premierement quant au pouuoir, ils ont ce droict particulier par dessus les autres Officiers de France, de disposer des menus Offices qui sont sous eux : comme les Conestable & Mareschaux auoient anciennement la pleine disposition des Offices de la gendarmerie, à sçauoir Commissaires, Controlleurs, & mesme des Payeurs des compagnies, auparauant que le Roy les eust vendus : & encor chasque Mareschal pretend droict d'instituer vn Commissaire des guerres : & sur tout ils disposent des commissions particulieres, qui sont addressées aux Officiers de la gendarmerie, pour leur employ, voire il y a plusieurs autres Offices de la guerre dont ils disposent plainement. Comme au pareil le Chancelier souloit disposer de tous les Offices de la Chancellerie, auparauant que le Roy en tirast argent, & se trouue en l'arrest de M. Estienne Porchier, de l'an 1414. qu'il conferoit encor lors le premier Office de Secretaire vacant apres son institution : mesme la reception luy en est demeurée, pour laquelle il peut prendre quelques menus droicts.

86 Ils disposent des menus Offices de leur charge.

L'Admiral dispose des menus Offices de l'Admirauté. Le grand Maistre de l'Artillerie de ceux de l'Artillerie. Le grand maistre de France, de la pluspart des menus Offices de la maison du Roy, & mesmement de ceux qui sont des sept Offices, qu'on appelle, dont ie parleray au chapitre suiuant. Le grand Escuyer des menus Offices de l'Escurie. Le grand Veneur, & le Fauconnier, des Offices de la venerie, & fauconnerie, mesmement le grand Maistre des eaux & forests a disposé autresfois des Offices de Maistres particuliers, comme du Tillet nous fait foy. Et tous ceux-là dressent les Estats des menus Offices de leur charge : en vertu desquels les menus Officiers iouïssent de leurs gages, vray est que le Roy les arreste par apres pour la forme, & pour la conseruation de son auctorité : encor y en a-il (comme le grand Maistre de l'Artillerie) qui ont gaigné ce poinct, qu'ils arrestent eux-mesmes les Estats de leur charge.

Ils ont encor vn autre article de pouuoir, qui est d'auoir presque chacun vne iustice particulierement à eux; à sçauoir le Conestable & Mareschaux de France, outre ce qu'ils ont chacun leur Preuost prés leurs personnes, qui est tenu les suiure & assister continuellement en guerre, ont encor tous ensemble leur iustice ordinaire à la table de marbre du Palais de Paris, qui est la table de la grand' salle du Roy, où tous les anciens Officiers de la couronne tiénent leur iustice dés le temps que le Palais estoit le domicile ordinaire du Roy. L'Admiral de France y ha aussi sa iustice, & en a encor vne autre à Roüen, pour la prouince de Normandie : celui de Guyenne à Bordeaux : celui de Bretagne à Renes : le General des galeres de Prouence, à Marseille. Aussi quand l'Office de Colonel de l'Infanterie a esté faict Office de la couronne, on lui a baillé vn Preuost des bandes, qui est Iuge non seulemét criminel, mais aussi de police entre les soldats de pied, estans en corps d'armée : comme aussi le grand Maistre de l'Artillerie ha sa iustice pour tout ce qui dépend de sa charge.

87 Ils ont vne Iustice à eux.

88 Iustice du Conestable.

89 Iustice de l'Admiral.

Quant au Chancelier, outre qu'il est le chef de toutes les iustices, & qu'il preside en toutes les Cours souueraines, quand il lui plaist s'y trouuer : & encor qu'il est le premier President nay du grand Conseil, comme il vient d'estre dit, encor ha-il sa iustice particuliere, à sçauoir celle des Maistres des Requestes de l'Hostel, qui sont ses Assesseurs, establis comme les autres dans le Palais de Paris, dont la propre iurisdiction est de iuger les differens concernans le titre des Offices, matiere qui dépend du grand seau de France, & par consequent, de l'auctorité du Chancelier.

90 Iustice du Chancelier.

Comme aussi le grand Maistre des Eaux & Forests, pour & au lieu du grand Veneur, duquel il a entrepris la charge, ha sa iustice tres-ample en la mesme table de marbre, qui cognoist des appellations de tous les Maistres particuliers des Prouinces : Et le grand Thresorier de France, lors qu'il estoit l'vn des Officiers de la couronne, estoit chef de la iustice du Thresor, establie pareillement dans le Palais de Paris.

91 Celle du Maistre des Eaux & Forests.

92 Celle du grand Thresorier.

Mesmement les grands Officiers de la maison du Roy, qui sont à present, ou ont esté le temps passé recogneus pour Officiers de la couronne, lors qu'ils ont voulu se mettre en ce rang, ont tous entrepris quelque maniere de Iustice, non seulement sur les menus Officiers, estans sous eux, mais encor sur les mestiers seruans à leur charge. Iusques à entreprendre à leur aduenement en leurs Offices, de leuer cinq sols sur chacun maistre d'iceux mestiers : ce qui leur a esté defendu par plusieurs arrests du Parlement, rapportez par du Tillet.

93 Iustices des autres Officiers de la couronne.

Le grand Maistre de France auoit anciennement toute iustice dans la maison du Roy, à l'exclusion de tous autres Iuges quelconques : d'où vient, qu'encor auiourd'hui on n'y auseroit faire aucun exploit sans sa permission, ou du Maistre d'Hostel du Roy, estant en exercice, & qui partant le represente. Et y a tres-grande apparence que le Preuost de l'Hostel fust son Iuge, comme il vient d'estre dit. C'est pourquoi aussi il cognoist des causes de tous ceux de la maison du Roy; mesmement de tous ceux qui sont à la suitte de la Cour : qui est vne ample iustice, qui jadis ressortissoit au Parlement, comme proue du Tillet, ainsi que les autres iustices des Officiers de la couronne : mais à present le grand Conseil en possede le ressort au regard du ciuil. Car en criminel, le Preuost de l'Hostel iuge sans appel, à plus forte raison que les simples Preuosts des Mareschaux.

94 Celle du grãd Maistre.

Le grand Bouteiller auoit iustice sur les Hosteliers & Tauerniers. Le grand Panetier sur les Boulangers & tallemesliers (ainsi s'appelloient jadis les pasticiers) dont il se trouue plusieurs arrests & reglemens entre lui & le Preuost de Paris. Le grand Queux sur les cuisiniers, chaircuitiers, & rostisseurs, & pour cet effect, tous ceux-là auoiét leur Preuost, ou garde de leur Preuosté, comme nous apprend du Tillet. Le grand Chambrier ou Chãbellan auoit iustice sur les merciers, frippiers,

95 Celle du grãd Bouteiller, grand Panetier, & Maistre de queux.

cordoüanniers, pelletiers, & plusieurs autres. Et pource qu'on pretendoit que
96 Celle du grand Chambrier. cet Office fust hereditaire, ou pour le moins feodal, il auoit son Maire, pour exercer sa iustice, & soubs lui estoit le Roy des Merciers, pour faire les visitations & recherches.

97 Celle du grād Veneur. Le grand Escuyer auoit iustice sur les Mareschaux ferrans, Selliers, Esperonniers. Le grand Veneur, outre la iustice des Eaux & Forests qui lui deuroit appartenir, ha encor sa iustice sur le faict des Chasses, qui est exercée par les Capitaines des chasses, qu'il pouruoit & enuoye és principales forests. Le grand Aumosnier sur les Hospitaux & Maladeries.

99 Ont tasché à changer leurs Offices en Seigneuries. Donques les Officiers de la couronne, en consequence de ces iustices dépendantes ou annexées à leurs Offices, ont fait tout ce qu'ils ont peu pour changer leurs Offices en fiefs & seigneuries, afin de les rendre hereditaires, ainsi que les Ducs & Comtes auoient fait. Et n'a-on peu empescher que l'Office de grand Chambrier, estant tombé és mains des Ducs de Bourbon Princes du sang, n'ait esté conuerti tout-à-fait en fief hereditaire, de sorte qu'il a esté possedé successiuement par tous les Ducs de Bourbon, depuis le premier iusques au dernier, qui fut Charles de Bourbon, dont les biens furent confisquez. Et au moyen de cette confiscation, le Roy François premier le donna à Monsieur Charles de France Duc d'Orleans, son fils puisné: apres la mort duquel il le supprima tout à fait, & reünit les droits & dépendances d'icelui au domaine de la couronne.

100 Rencōtre du grād Chābrier & Chābellan. Et de là peut estre venuë la rencontre de ces deux Offices de grand Chambrier, & grand Chambellan, qui ne deuoient estre qu'vn mesme Office: mais à cause que d'vne part il estoit pretendu par succession comme fief, d'autre-part, estoit conferé par mort comme Office, on trouua moyen de diuiser l'Office entre deux contendans, si que ce qui pouuoit estre feodal en icelui, comme la iustice & ses droits annuels, fust laissé à celui qui le pretendoit par droit de succession, auec l'ancien nom de Chambrier, & le pourueu par mort eut ce qui estoit de l'exercice & function de l'Office: auec les profits manuels, soubs le tiltre de grand Chambellan de France: ou bien on peut dire auec du Tillet, que l'Office de Chambrier estant tenu successiuement par des Princes du sang, le Roy ne se voulant seruir d'eux en l'exercice d'icelui, qui est de grande subjection, à sçauoir de coucher continuellement en la Chambre du Roy, le premier Chambellan, qui estoit soubs le grand Chambrier (ainsi qu'en l'ancien Empire, *Primocerius* ou *Decurio cubiculariorum* estoit *sub Præfecto sacri cubiculi*) le supplanta en fin de son exercice, & des émolumens manuels d'icelui, & se feist Officier de la couronne. Ce qui n'est aduenu de mesme sorte aux autres Officiers de la couronne, qui sont en la maison du Roy, bien qu'ils ayent tous vn premier Officier de leur charge, ainsi que les grands Officiers de l'ancien Empire, *habebant Primicerium Officij*: comme pour exemple, le grand Maistre ha soubs lui vn premier Maistre d'hostel, le grand Aumosnier vn premier Aumosnier, le grand Escuyer vn premier Escuyer: & neantmoins tous ces premiers Officiers ne se sont point faits Officiers de la couronne, pource que leur chef est demeuré Officier, & n'a point conuerti son office en fief, ainsi que feist le grand Chambrier.

101 Office de grand Chambellā, par qui possedé. Tant y a que du temps que les grands Offices estoient continuez de pere en fils, les Comtes de Tancaruille possederent successiuement l'Office de grand Chambellan de France, & le pretendirent pareillement hereditaire en leur maison, mesmement Iean Bastard d'Orleans, ayant espousé Marie de Harcourt, heritiere de ce Comté, eut en consequence cet Office, duquel neantmoins son fils ne peut iouïr paisiblement à cause des broüilleries, qu'il eut auec le Roy Louys vnziesme. Mais si tost que ses descendans furent rentrez en grace soubs Louys douziesme, duquel ils estoient parens naturels, il leur fut remis, & en ont iouy iusques au deceds du petit Duc François: & apres sa mort, le Duc de Guise, son tuteur, en fut pourueu, les descendans duquel le possedent encor à present.

102 Pourquoi faisoient hōmage de leurs Offices. Car du temps que les Offices de France estoient destituables, les Officiers de la couronne faisoient tout ce qu'ils pouuoient pour euiter cette destitution:

& n'y trouuerent point de meilleur expedient, que de faire la foy & hommage au Roy, de leurs Offices, comme i'ai prouué au deuxiesme chapitre du deuxiesme liure: ce qui ne se trouue point s'estre fait du depuis que les Offices ont esté faits perpetuels par Louys vnziesme, aussi n'a-il esté plus de besoin d'en faire la foy.

Or il me semble, qu'il n'y a guéres d'apparence de dire, auec du Tillet, qu'ils feissent l'hommage seulement des iustices dépendantes de leurs Offices, comme seigneuriales & patrimoniales, attendu que ces iustices n'en dépendent pas par droit de seigneurie, c'est à dire, en sorte qu'ils en ayent la proprieté, & non l'exercice: ains c'est la verité, que l'exercice de ces iustices estoit jadis vne des vrayes & propres functions de leur Office: & estoient tenus les exercer en leur propre personne, quoi que ce soit, elles estoient & sont encor exercées en leur nom, comme celle des Baillifs & Seneschaux, ce qui n'est de celles des Seigneurs, qui ne sont pas intitulez aux sentences de leurs Iuges. Et ce que les Officiers de la couronne mettent des Lieutenans en leurs Iustices, c'est pour les soulager, & non pas pour les descharger tout-à-fait d'exercer leur iustice: ains sont tousiours intitulez aux sentences, comme chefs & premiers Officiers de leur iustice.

103 Que les Offices de la couronne ne sont pas seigneuries.

Ainsi void-on qu'és sieges de la Connestablie, Admirauté, Eaux & Forests du Thresor, de l'Artillerie, Venerie, qui sont à peu prés toutes les iustices qui sont restées aux anciens Officiers de la couronne, il n'y a point de premiers Officiers de iudicature, qui les exercent, ains sont toutes exercées soubs le nom de l'Officier de la couronne, soubs le nom duquel sont conceuës toutes sentences qui y sont renduës par ses Lieutenans; voire mesme l'Officier de la couronne ha plus de puissance en son siege, que non pas les Baillifs & Seneschaux au leur, ni le seigneur en sa iustice. Car le seigneur ne peut exercer lui mesme sa iustice, & les Baillifs & Seneschaux n'ont voix deliberatiue en leurs sieges, qui leur a esté ostée par l'Ordonnance d'Orleans: mais à mon aduis, les Officiers de la couronne peuuent presider, & auoir voix deliberatiue, conclusiue & prononciatiue au leur: n'y ayant Ordonnance aucune qui les en priue: ioint que l'exercice de la iustice ordinaire est plus difficile, que des iustices extraordinaires dépendantes des charges des Officiers de la couronne, qu'il est à presumer estre encor mieux entendu par eux mesme, que par leurs Lieutenans.

104 N'y a aucun premier Officier en leurs iustices.

105 Peuuent presider en leurs iustices.

Et c'est là principale raison, pour laquelle le Parlement pretend, que tous les Officiers de la couronne, comme estans Iuges de son ressort, doiuent estre receus en icelui, en la mesme solennité, que les Baillifs & Seneschaux, & les y a par fois condamnez, dit du Tillet: & adiouste, que cela a esté cause, qu'aucuns d'iceux ont mieux aimé quitter leurs iustices, que de se soubmettre à cette reception. Mais la dispute est bien aisée à accorder à mon aduis. Car si les Officiers de la couronne veulent eux-mesme exercer leurs iustices, ils ne se peuuent exempter de prester serment au Parlement, comme Iuges de son ressort: ne pouuant aucun faire Office de Iuge, qu'il n'ait fait serment en iustice: mais s'ils ne veulent en faire l'exercice, ils ne doiuent serment à autre qu'au Roy, duquel seul dépend la vraye charge, de laquelle ils font l'exercice. Dont aussi se collige la decision de l'autre difficulté, qui est de sçauoir quand les Officiers de la couronne peuuent presider, & auoir la voix prononciatiue en leurs iustices, comme auoient les Baillifs & Seneschaux en la leur, auparauant qu'il leur eust esté interdit par l'Ordonnance d'Orleans, à sçauoir que s'ils ont fait le serment de Iuges au Parlement, ils le peuuent, n'y ayant aucune Ordonnance qui les en priue, supposé qu'ils y soient habilitez par ce serment, & n'y ayant d'ailleurs que l'exercice de la iustice ordinaire, comme plus difficile, qui soit reserué aux Officiers de longue-robbe: au lieu que celui des iustices extraordinaires est permis en France indistinctement aux gens de courte-robbe.

106 Parlemēt peut pretēdre leur receptiō.

107 Quād ils ne peuuent presider en leurs iustices.

Quant à l'honneur de ces Offices, il consiste, ainsi qu'aux autres Offices, au tiltre & au rang. Pour le regard du tiltre, ils se qualifient tous sans exception *Officiers de France*, mot qu'ils adioustent au propre nom de leur Office, qui est tout

108 De l'honneur des Offices de la couronne.

109 De leur tiltre. autant que s'ils disoient *de la couronne*. Mais le tiltre de Secretaires & Conseillers d'Estat, que prennent les Secretaires des commandemens & Conseillers du Conseil priué, n'ha pas mesme emphase, ains seulement signifie qu'ils sont employez aux affaires d'Estat, à la difference des autres Secretaires & Conseillers du Roy, qui sont employez aux expeditions ordinaires de la iustice, & autres semblables. Et quant aux Herauts, qui s'intitulent mal à propos Herauts

110 Des Herauts, grand Voyer, grand Arpenteur, & grand Balancier de Frãce. de France, au lieu qu'ils doiuent seulement estre appellez Herauts d'armes, & pareillement le grand Voyer de France, & le grand Arpenteur de France, & le grand Visiteur, ou grand Balancier de France (anciennement appellé le Roy des merciers) ils ne sont pas neantmoins Officiers de la couronne: pource que ce sont Officiers imaginaires, mis en vsage par les anciens Officiers de la couronne, lors qu'ils vouloient conuertir leurs Offices en fiefs, quoy que ce soit, ce sont Officiers qui dépendent d'autruy: comme les Herauts du grand Escuyer: & quant aux autres, ce sont simples ministres de iustice, qui mesme, à bien entendre, sont suiects aux Iuges ordinaires de police, dans le territoire desquels ils font leurs visitations, dont ils ne peuuent faire qu'vn simple rapport, & non pas iuger ni ordonner: vray est que de nostre temps vn des premiers Seigneurs de France a fort rehaussé & amplifié le pouuoir d'vn de ces Offices: en quoy il a verifié le prouerbe François, que *Tant vaut homme, tant vaut sa terre*, ou plustost l'opposite du Latin, que *Magistratus virum facit*.

111 Des autres qualitez d'hõneur des Officiers de la couronne. Ils ont en outre la qualité de Cheualier annexée à leur charge: & partant sont du nombre des Seigneurs, & de la haute Noblesse de France, tesmoin du Tillet, qui au liure *Des grands de France* a mis vn chapitre pour eux, & partant il n'y a nulle doute qu'ils n'ennoblissent le roturier, auquel ils sont conferez (ce qui est fort rare, & toutefois s'est veu) & qu'ils ne rehaussent la noblesse du simple Gentilhomme, le colloquant desormais au rang des Seigneurs: voire mesme il est notoire que les Princes ne desdaignent d'accepter ces Offices, qui sont les seuls qu'ils peuuent tenir auec les Estats de Gouuerneurs de Prouince.

112 De leur rang. Pour le rang, il est certain qu'ils precedent tous les autres Officiers, quels qu'ils soient, & comme dit du Tillet, ils marchent au rang des Comtes, & ont la dignité de Comte vnie à leurs Offices: voire à reprendre la vraye origine & denomination des Comtes, ce sont les vrais & premiers Comtes: *sunt enim Comites Regis*, les vrais compagnons du Roy, les premiers & principaux de sa Cour, & de sa suitte, nourris presque continuellement prés de sa personne.

113 De leurs profits. Quant aux profits de ces Offices, ie ne sçay pas quels ils sont, outre les gages & appointemens que le Roy leur donne; aussi n'est-il besoin les exprimer icy, où ie n'ay pas entrepris de traiter du droit des Offices en particulier: vrai est qu'anciennement le Connestable auoit vne iournée de tous les gens de guerre, comme Fauchet nous appréd en ses Origines: & ne sçai s'il iouït à present de ce droit, ou autre semblable, mais il est bien vray que le grand Colonnel prend six deniers pour liure de tous les deniers employez au payement des regimens de gens de pied, & son Secretaire prend vne paye de soldat en chasque compagnie, pour chacune montre. Mais hors ceux-là, i'estime que le plus beau droit qu'ayent à present les Officiers de la couronne, c'est la disposition des menus Offices de leur charge, depuis qu'ils se sont licenciez de les vendre, dequoi ie parlerai au chapitre suiuant.

114 De leurs priuileges. Et pour le regard des priuileges des Officiers de la couronne, i'estime, qu'outre qu'ils sont ennoblis de parfaicte Noblesse, ils sont Conseillers nais du Conseil d'Estat: & sans doute qu'ils sont tous les premiers des domestiques & commensaux du Roy, & partant ils en ont tous les priuileges, à plus forte raison que les menus Officiers qui sont soubs leur charge, lesquels iouïssent tous des priuileges des commensaux, fors seulement que les Officiers de la gendarmerie ne iouïssent que de l'exemption des tailles & du priuilege de Committimus; mais non des autres priuileges des vrais commensaux, desquels priuileges sera traité au chapitre suiuant.

Finalement quant à la vacation de ces Offices, il y faut obseruer presque toutes les mesmes regles, qu'aux autres. Car quoy qu'on ait fait anciennement pour les cuider rendre hereditaires, neantmoins c'est la verité qu'ils vaquoient tousiours, & vaquent encor à present par mort. Vray est qu'à cause du credit & auctorité qu'ont chez le Roy les grands Seigneurs qui en sont pourueus, sa Majesté ne refuse gueres apres leur deceds, d'en gratifier leurs enfans, si aucun d'eux en est capable, voire mesme vn de leurs proches parens : c'est pourquoi ils ne changent gueres de maisons. 115 De leur vacation par mort.

Quant à la resignation, ils ne sont point resignables, s'il ne plaist au Roy, puisque sa Majesté ne les vend point, mais c'est la verité, que la resignation, que font les Seigneurs de telle qualité, n'est gueres refusée, qui est cause que ces Offices se vendent & trafiquent communement entr'eux. Et finalement quant à la forfaiture, ils n'y sont pas moins sujets que les autres, mais on ne voit gueres declarer tels Offices vacans, ni faire le procez à Seigneurs de telle estoffe. 116 Par resignation. 117 Par forfaiture.

Bref il est bien certain, que ces Offices vaquent encor moins que les autres à mutation des Rois, estant principalement pour iceux, que fut faite l'ordonnance de Louys XI. mesmement ils ont gardé cette immunité par dessus tous autres, de n'estre point tenus de prendre lettres de Confirmation des nouueaux Rois, à cause de leur qualité particuliere d'Officiers de la couronne, qui ne meurt ni ne change point. 118 Par mutation de regne.

SOMMAIRE DV TROISIESME CHAPITRE.

1 *Pourquoy sont dicts Officiers de la maison.*
2 Palatini.
3 *Diuisez en Chefs & Milices.*
4 *Les Thresoriers des Offices de la maison, & les Maistres des requestes n'appartiennent à ce chapitre.*
5 *Des Chefs ou grands Officiers de la maison du Roy.*
6 *Appellez iadis Comtes.*
7 *Comtes de Palatins.*
8 Comes cum adiuncto Officij.
9 *Estoient iadis tous soubs quelqu'vn des Officiers de la couronne.*
10 *Enumeration des grands Officiers, & soubs qui ils sont.*
11 *De leurs droits.*
12 *Grands Estats chez le Roy, estans seulement par commission.*
13 *Conseillers & Secretaires d'Estat.*
14 *Intendans, Superintendant & Controlleur general des finances.*
15 *Pourquoy les Conseillers & Secretaires d'Estat ne sont que par commission.*
16 *Et ceux du Conseil des finances.*
17 *Des menus Offices.*
18 *Sont vrayes Milices.*
19 *De ceux affectez aux Gentils-hommes.*
20 *Explication de l'art. 270. de l'or. de Bloys.*
21 *Des Archers des gardes.*
22 *C'estoit iadis la recompense des bons soldats.*
23 Domestici Protectores, seu Domestici, qui?
24 *Sergens d'armes, pourquoy dicts.*
25 *Des cent Gentils-hommes, ou Massiers d'armes.*
26 Protectores qui?
27 *Des gentils-hommes de la Chambre.*
28 *Des gentils-hommes seruans.*
29 Castrensiani.
30 *Des gentils-hommes de la venerie & fauconnerie.*
31 *Des Escuiers d'escurie.*
32 Protostrator.
33 *Iadis appellez Mareschaux.*
34 *De la grande Escurie du Roy.*
35 *De la petite Escurie du Roy.*
36 *Escuyers seruans.*
37 *Des Mareschaux des logis du Roy.*
38 *Pourquoy ainsi nommez.*
39 *Des Secretaires du Roy.*
40 De Notarijs antiqui Imperij.
41 Cur dicti Tribuni.
42 Cur Candidati.
43 Tres eorum ordines, scilicet Prætorianorum, Tribunorum, & Domesticorum.
44 Primicerius Notariorum.
45 *Secretaires pourquoy dits.*
46 *Trois sortes de Secretaires du Roy.*
47 *Secretaires du cabinet.*
48 *Des Secretaires du Roy maison & couronne de France.*
49 *L'ancien college de 60. puis de 120.*
50 *Autres creations de Secretaires.*

51 *Corps separé des 54. Secretaires.*
52 *Secretaires des finances nouueaux.*
53 *Pourquoy ont plus de priuilege qu'aucuns autres Officiers.*
54 *Enumeration de leurs priuileges particuliers.*
55 *Sont vrays Officiers, & de leur droit.*
56 *Des menus Officiers.*
57 *Les sept Offices de chez le Roy.*
58 *Pourquoy diuisez en chefs, aydes & sommiers.*
59 *Fiscalins.*
60 *Tous Ordres ont entrée en la maison du Roy.*
61 *Ecclesiastiques.*
62 *Nobles des trois degrez.*
63 *Ceux de iustice.*
64 *Ceux de la plume & des finances.*
65 *Menus gens & purs roturiers.*
66 *Du droit des menus Offices en general.*
67 *De leur prouision.*
68 *De la prouision de ceux de l'Empire.*
69 Probatoriæ.
70 *Lettres de Retenuë des menus Offices.*
71 *Les menus Offices de chez le Roy se vendent à present par les Chefs.*
72 *Contre cette vente.*
73 *Inconueniens d'icelle.*
74 *Malaisé d'y trouuer remede.*
75 *Remede vnique.*
76 *Preuue d'iceluy.*
77 *De la reception des menus Officiers.*
78 *De l'honneur qui en dépend.*
79 *Des profits.*
80 *Preferez aux escheoittes.*
81 *Des droits de bouche à cour, & robe de liurée.*
82 *Recommandation de ces droits.*
83 *Anciens domestiques curieux de retenir quelque remarque de ces droits.*
84 *Des priuileges des domestiques.*
85 *En vertu dequoy ils en iouyssent.*
86 *Comment les Officiers des Princes en iouyssent.*
87 *Comment conseruez aux veufues.*
88 *Cautele pour les conseruer aux veufues.*
89 *Leurs gages ne peuuent estre saisis.*
90 *De la vacation de ces Offices.*
91 *Deuroient estre conseruez aux enfans capables.*
92 *De leur resignation.*
93 *De la resignation des Milices Romaines.*
94 *Rigueur qu'on tient aux menus Officiers.*
95 *S'ils vaquent par destitution.*
96 *Ce qui s'en garde.*
97 *Qu'ils ne sont destituables par leurs chefs.*
98 *Explication de l'Edict de l'an 1554.*
99 *Preuue.*
100 *Comment sont destituables.*
101 *Forme de leur destitution.*
102 *Modification qu'il y faudroit apporter.*
103 *Comment vaquent à faute d'exercer.*
104 *Comment ils vaquent de cette sorte par le droit Romain.*
105 *Comment vaquent par incompatibilité.*
106 *Comment par suppression ou retranchement.*
107 *Priuileges sont conseruez aux retranchez.*
108 *Ne vaquent à mutation de Roy.*

DES OFFICES DE LA MAISON DV ROY.

CHAPITRE III.

1 Pourquoy sont dits Officiers de la maison.

CE sont ici sans doute les plus vrays Officiers du Roy, qui l'assistent & seruent lui-mesme iournellement : au lieu que les autres seruent l'Estat & le public, & non pas directement la personne du Roy. Car le nom d'Office referé à certaine personne, signifie proprement τὴν θεραπείαν, le ministere qu'on lui rend, & ainsi s'entend au tit. *De filijs Officialium &c.* & par tout és trois derniers liures du Code. Mais pource qu'en France nous appellons Officiers du Roy (à la difference des Officiers des Seigneurs) tous ceux qui ont Offices publics conferez par le Roy, nous auons esté contraints, pour discerner les Officiers domestiques de sa Majesté d'auec les autres Officiers, de les nommer Officiers de la maison du Roy, ainsi que les domestiques de l'Empereur sont dans le droit appellez *Palatini*, *vt in tit. De Pala-*

2 Palatini.

tinis sacrarum largit. & tit. De castrensi Palatinorum peculio, & plusieurs autres endroicts: mais domestici, estoient particulierement ceux de sa garde, comme il sera tantost dit.

Or & en l'Empire, & à nous, comme en la Milice armée, aussi en la Palatine il y a tousiours eu deux sortes d'Estats, à sçauoir les chefs, qui commandent, & les Milices, & bandes d'Officiers qui obeissent. Car ie ne parleray point icy des diuers Thresoriers qu'il y a en la maison du Roy, d'autant que l'argent qu'ils manient, les a tirez de son costé quant au commerce, & mis en la categorie des Offices venaux: de sorte que comme tels ils entrent aux parties casuelles, ce que ne font les domestiques, dont i'enten parler en ce chapitre, & neantmoins ces Thresoriers, en consequence de leur origine, ne laissent de iouïr de tous les priuileges des Officiers domestiques: ainsi qu'au pareil les Maistres des Requestes, pour la conuenance qu'ils ont auec les Offices de Iudicature, sont entrez aux parties casuelles, combien qu'ils soient encor vrais domestiques du Roy.

3 Diuisez en chefs, & Milices.

4 Les Thresoriers de la maison, & les Maistres des requestes n'appartiennent à ce chapitre.

Quant aux Chefs de la maison du Roy, ie n'enten pas comprendre entre iceux les premiers Chefs de chascun Office, ou charge: car ceux-là sont maintenant Officiers de la couronne, dont a esté traicté au chapitre precedent. Mais d'autant que ces premiers chefs, qui volontiers sont Princes, n'ont voulu s'assuiettir à faire continuellement en personne l'exercice de leurs charges, il y a fallu mettre d'autres chefs sous eux, qui s'y tenans assidus commandassent aux menus Officiers, ainsi qu'en l'ancien Empire, il y auoit presque soubs chascun grand Officier vn *Primicerius Officij*. Et ces chefs subsidiaires estans sous le premier chef, auoient la dignité de *Spectabiles* au lieu que les premiers auoient la dignité d'Illustres, qui estoit la plus haute dignité: comme au pareil en France les premiers chefs se qualifient Officiers de la couronne, & les autres sont seulement qualifiez grands Officiers, ou chefs d'Office de la maison du Roy.

5 Des Chefs, ou grands Officiers de la maison du Roy.

Mais les vns & les autres estoient anciennement en l'Empire, & en ce Royaume, appellez *Comites*, Comtes: comme qui diroit compagnons du Prince, ou plustost Courtisans, la Cour du Prince estant appellée en Latin *Comitatus, vt in l. 43. D. De testam. mil. l. 13. §. ignominiosa. D. De re milit. & l. 1. C. De his qui per. met. &c.* Et pource qu'il y auoit d'autres Comtes, à sçauoir ceux des villes & prouinces, qui furent ainsi appellez, pource qu'ils estoient choisis d'entre ces principaux Courtisans, à la distinction d'iceux, on appella ceux qui estoient employez aux principales charges de la Cour, *Comites Palatinos*: & à nous Comtes Palatins, & en fin Palatins, ou Paladins simplement, comme nous voyons dans les vieils Romans: dont encor il nous demeure vne remarque dans les bons liures, qui font souuent mention de Comtes Palatins de Champagne: tiltre, qui toutesfois ne leur fut pas donné en France, ains en la Cour de l'Empereur d'Allemagne, auquel Thibaut second de ce nom Comte de Champagne se donna, pour l'inimitié qu'il conceut contre le Roy de France Henry I.

6 Appellez iadis Comtes.

7 Comtes Palatins.

Or de ce qu'on apelloit ainsi les chefs d'Office de la maison de l'Empereur *Comites*, il aduint, que pour specifier leur qualité, on adiousta à ce tiltre le nom de leur charge, comme *Comes palatij, Comes stabuli, Comes sacrarum largitionum*: & de mesme en France on a dit autresfois, comme du Tillet nous apprend, le Comte du Palais, le Comte d'Estable, pour signifier les Courtisans, qui auoient charge du Palais, & de l'Escurie du Roy: de sorte que *Comes* signifia en fin vn Chef d'Office, ou principal Officier de compagnie, *vt in tit. De Comitibus & Tribunis schol. lib. 12. C.* & de faict le *Comes Palatij* est appellé dans le droict, & dans Cassiodore *Magister palatij*; & par nous anciennement le grand Maistre de la maison du Roy, & à present le grand Maistre de France, & pareillement le *Comes stabuli* est souuent appellé *Praefectus stabuli*, qui est nostre Conestable.

8 *Comes cum adiuncto Officij.*

Quoy que ce soit, les grands Officiers de la maison du Roy, dont nous parlons en ce chapitre, estoient tous anciennement sous quelqu'vn des Officiers de la couronne, combien qu'à present plusieurs se soient exemptez d'obeïr à autre qu'au Roy. Car sous le grand Aumosnier il y auoit le premier Aumosnier, le maistre de l'Oratoire, & le Confesseur ordinaire du Roy.

9 Estoient iadis tous sous quelqu'vn des Offices de la couronne. Sous le Conestable estoient anciennement les Mareschaux de France, qui en fin, pendant qu'il n'y a point eu de Conestable, se sont faicts eux mesmes Officiers de la couronne, les Capitaines des gardes du corps : & des cent gentils-hommes de la maison du Roy, comme Bouteiller, & du Tillet nous apprennent: mais à present les Conestable & Mareschaux de France, n'ont plus de charge en la maison du Roy, & partant n'ont plus d'autres Officiers sous eux, outre les Mareschaux de camp, & les Commissaires, Controlleurs & Payeurs de la gendarmerie, que les Preuosts de la Conestablie, & des Mareschaux, & autres Preuosts prouinciaux, qui encor ne sont pas Officiers domestiques, ni grands Officiers: mais seulement sont exempts de tailles, pource que les tailles se payoient anciennement pour la gendarmerie, du corps de laquelle ils sont reputez.

10 Enumeration des grands Officiers, & sous qui ils sont.

Sous le Chancelier sont les Maistres des Requestes, & les grands Audienciers & Controlleurs de l'audience de France, seruans en la grand Chancellerie, & neantmoins, d'autant qu'ils sont entrez aux parties casuelles, on leur debat le rang de grands Officiers de la Cour.

Sous l'Admiral n'y a aucuns grands Officiers domestiques, si ce n'est son Lieutenant, d'autant que sa charge n'est proprement de la maison du Roy, combien que les menus Offices, tant de l'Admirauté, que des Galeres, iouïssent des priuileges des commensaux.

Mais c'est sous le grand Maistre de France, qu'il y a le plus d'Officiers, tant grands que petits : aussi estoit-il appellé en l'ancien Empire *Magister Officiorum*. Les grands Officiers sont, le premier Maistre d'Hostel, le premier Panetier, premier Eschanson, premier Trenchant, le Maistre d'hostel ordinaire, quand il ne plaist au Roy d'y en mettre, & selon aucuns les Maistres d'hostel seruans par quartier, ausquels toutesfois quelques vns debatent auiourd'huy le rang de grands Officiers à cause de leur grand nombre. Pareillement le grand Mareschal des logis du Roy estoit anciennement sous le grand Maistre, mais à present il luy défere seulement, & fait serment és mains du Roy.

Sous le grand Chambellan il y a le premier gentil-homme de la Chambre (qui maintenant sont deux) le Maistre de la Garde-robe, le Maistre des ceremonies, le Capitaine de la porte, le Conducteur des Ambassadeurs, le Chambellan ordinaire. Vrai est que ceux-la ont gaigné ce poinct de ne plus obeïr qu'au Roy, entre les mains duquel ils font le serment, & déferent seulement par honneur au grand Chambellan. Aucuns mettent encor sous le grand Chambellan, le premier Medecin, & le Maistre de la Librairie, mais pource que ce sont gens de longue-robe, d'autres leur dénient le grade des grands Officiers.

Sous le grand Escuyer est le premier Escuyer, & l'Escuyer ordinaire, quand il y en a.

Sous le grand Veneur, deuroit estre le grand Fauconnier, & le Maistre des eaux & forests, comme i'ay dit au chapitre precedent. Sont les quatre Lieutenans de la Venerie.

Et quant au grand Colonnel, grand Maistre de l'artillerie, ils ont esté nouuellement erigez en Offices de la couronne. C'est pourquoy ie ne sçay point qu'ils ayent de grands Officiers sous eux.

11 De leur droict. Voila à peu prés tous les grands Officiers de la maison du Roy, dont les pourueus tiennent rang de Seigneurs, & sont de la haulte Noblesse; voire anciennement, comme ie vien de dire, ils estoient tous qualifiez Comtes, terme qui selon son origine leur appartient plus proprement qu'aux Seigneurs des Comtez, & à present prennent tiltre de Cheualiers. Or ceux-là sont vrais Officiers pourueus par lettres du Roy, séellées du grand seau de France, & receus à serment par sa Majesté mesme, ou par l'Officier de la couronne, sous lequel ils sont, & par consequent sont perpetuels, & non destituables : & toutesfois sont du nombre des Offices non-venaux, pource qu'ils n'entrent aux parties casuelles, ains, comme i'ay dit des Offices de la couronne, ils sont reseruez pour la recompense des personnages de grande maison, ou de grand merite.

12 Grands Estats chez le Mais il y a d'autres grands Estats en la maison du Roy, qui ne sont en tiltre

d'Office, ains plustost sont simples Commissions reuocables au bon plaisir de sa Majesté, à sçauoir generalement tous ceux du Conseil priué du Roy, que nous appellons vulgairement le Conseil d'Estat, comme les Conseillers d'Estat, correspondans à ceux qui au Code ce sont appellez *Comites Consistoriani*, les quatre Secretaires des commandemens, qui semblent correspondre aux quatre *Magistri scriniorum* de l'ancien Empire, vray est que leur charge estoit autrement separée entr'eux, qu'elle n'est entre les quatre Secretaires des commandemens.

Roy estans seulemẽt par commission.

13 Conseillers & Secretaires d'Estat.

Pareillement, ceux du Conseil des finances, qui fait vne des trois chambres du Conseil priué, sont de cette categorie, comme les Intendans, & notamment le Superintendant & Controlleur general des finances, mesme il n'y a gueres que les Secretaires des finances n'estoient que par commission : mais en l'an 1605. ils furent erigez en tiltre d'Office. Car tous ceux-là n'ont que de simples breuets du Roy pour la remarque de leurs charges, ou tout au plus, des lettres de commission, encor aucuns n'en ont-ils point, ains leur charge subsiste en la nuë volonté du Roy.

14 Intendans, Superintendant, & Controlleur general des finances.

Dont la raison est, à mon aduis, que les anciens Conseillers d'Estat en titre d'Office, sont Messieurs du Parlement, comme mesme il y a quelque apparence que les quatre Notaires & Secretaires du Parlement fussent jadis les Secretaires d'Estat : mais le Roy ayant de long temps occupé les vns & les autres à l'exercice de la iustice souueraine de son Royaume, il n'a point du depuis voulu auoir en son conseil aucuns Cõseillers ni Secretaires en tiltre d'Office, ains s'est tousiours reserué cette liberté de les choisir tels que bon luy sembleroit : chose à la verité bien raisonnable, que le Prince souuerain soit libre de prendre conseil & commettre son secret à ceux ausquels il aura plus de creance.

15 Pourquoy les Cõseillers & Secretaires d'Estat ne sont que par commission.

Et quant au Superintendant, & Intendans des finances, c'est sans doute qu'ils sont au lieu du grand Thresorier de France, qui fut multiplié en deux, puis en quatre. En fin estans distribuez par les Prouinces : & mesme y estans érigez en bureaux, comme il a esté dit au chapitre precedent, il a fallu par necessité, qu'il y eust vn Conseil par dessus eux à la suitte du Roy, où tout se rapportast à la fin : mais tant y a que la souueraineté des finances estant chatoüilleuse, les Rois n'y ont voulu commettre des Officiers perpetuels, ains de simples Commissaires reuocables.

16 Et ceux du Conseil des finances.

Voilà tous les grands Estats de la maison du Roy expliquez, & partant reste de parler des petits, ou menus Offices, que i'appelle ainsi à comparaison des grands Officiers qui sont leurs chefs, ausquels ils obeïssent, & non pas pource qu'ils soient petits en soy : car au contraire on dict vulgairement qu'il n'y a point de petit Office chez le Roy. On les peut bien appeller Milices, ou places & Offices de compagnie. Car de chacune sorte il y en a plusieurs, au lieu que les grands Officiers sont quasi tous vniques en leur espece. Aussi sont-ce vrais Offices : & les petits, dont ie parleray desormais, ne sont pas vrais Offices fondez en lettres de prouision : mais simples Milices, ou places de compagnie, qui n'ont que de simples retenuës, & ne iouïssent de leurs gages qu'en vertu de l'Estat, auquel ils sont couchez : comme il sera tantost dict.

17 Des menus Offices.

18 Sont vrayes Milices.

Or en a-il de deux sortes, les vns affectez aux Gentils-hommes, & les autres laissez aux roturiers : ceux qui sont affectez aux Gentils-hommes, sont les places de Gentils-hommes de la chambre, du temps qu'il y en auoit, des deux compagnies des cent Gentils-hommes, & des Escuyers d'Escurie, comme il est expressément contenu en l'article deux cens cinquante neuf de l'Ord. de Blois. A quoy faut adiouster les Gentils-hommes de la venerie, que i'estime auoir esté obmis par oubliance en cette Ordonnance. Et quant aux Pages il n'y sont denommez, pource qu'ils ne tirent aucuns gages, ains la liurée seulement. Mais d'autant que la parfaicte noblesse (comme doit estre celle qui ha l'honneur d'estre continuellement pres de son Roy) ha deux parties, à sçauoir d'estre en la personne, & en la race, il n'est pas seulement requis que tous ces Officiers soient extraicts de noble race, ains encor qu'ils soient valeureux de leurs personnes. C'est pourquoy l'article suiuant de cette mesme Ordonnance veut, qu'auant

19 De ceux affectez aux Gentils-hõmes.

20 Explication du 260. art. de Blois.

qu'estre re-admis en ces places, ils ayent seruy par trois ans ès compagnies d'ordonnance, ou bien qu'ils ayent esté Capitaines en chef de gens de pied.

21 Des Archers des gardes. Bien est vray qu'il y a encor vne autre sorte de places chez le Roy, où il n'est requis, que l'vne ou l'autre de ces deux parties de noblesse, à sçauoir celles d'Archers des gardes, qui par l'article suiuant de cette Ordonnance ne doiuent estre conferez qu'aux Gentils-hommes de race, ou à ceux qui ont esté Capitaines, ou soldats signalez. Et de verité, si cela estoit bien obserué, ce seroit vne honnorable & magnifique recompense au braues soldats, d'auoir la garde de leur Prince, & quand & quand vne grande asseurance pour la personne du Roy de n'estre gardée que par soldats signalez. Ce qui estoit bien obserué en l'ancien Empire, comme nous tesmoigne la loy 3. *De domest. & protect. Cod. Theod.* en ces mots *varijs itineribus ad Protectorum domesticorum scholam venire perspicimus*, & S. Hierosme en l'vne de ses epistres dit, *votum militum fuisse, vt tandem Protectores fierent.*

22 C'estoit iadis la recompense des bōs soldats.

23 *Domestici siue, Protectores domestici, qui.*

24 Sergens d'armes pourquoy dicts. Car il est certain que ceux que les Romains appelloient *Protectores domesticos*, ou bien *Domesticos* simplement, estoient nos Archers des gardes, qui combien qu'ils soient, & domestiques, & soldats tout ensemble, sont toutesfois plus domestiques que soldats: pource qu'ils sont assiduëment pres la personne, & en la maison du Roy, tant en guerre qu'en paix, & partant estoient anciennement appellez *Sergens d'armes*, *quasi seruientes armati*: mais la vilité des Sergens de Iustice leur a faict changer ce nom en celuy d'Archers, lors que l'arc estoit l'arme plus honorable.

25 Des cent Gentils-hommes, ou Massiers d'armes. Et quant aux cent Gentils-hommes, qui estoient anciennement appellez Massiers d'armes, & de faict portent encor la masse d'armes, ou bec de corbin lors qu'ils marchent deuant le Roy en ceremonie, ils sont au rebours plus gens de guerre, que domestiques, encor qu'ils soient pareillement l'vn & l'autre: car ils ne seruent pas d'ordinaire chez le Roy, ains seulement quand ils sont mandez, sçauoir est en paix aux grandes ceremonies, & en guerre aux grands effects. Et partant ils se rapportent proprement à ceux qui en l'ancien Empire estoient appellez simplement *Protectores*, qui estoient autres que les *Domestici*, ou *Domestici protectores*, & estoient plus gens de guerre que domestiques, comme il est dit en la loy 3. *De Protect. & Domest. Cod. Iustin.* où Cujas l'a fort bien expliqué. Car c'est vne grande dispute entre les autheurs, qui en ont traicté, comme a bien remarqué le Panciroie sur la Notice.

26 *Protectores, qui.*

27 Des Gentils-hommes de la Chambre. Puisque i'ay tant parlé des gardes du Roy, il faut en suitte dire vn mot des autres Gentils-hommes, qui sont en l'Estat de la maison. Dont les plus honorables, & aussi les premiers nommez en l'Ordonnance de Blois, sont les Gentils-hommes de la Chambre, qui en l'ancien Empire estoient appellez *Decuriones Cubiculariorum*, & commandent aux menus Officiers de la Chambre. Ils furent instituez par le Roy François I. dit du Tillet, à fin d'auoir en sa Chambre des Gentils-hommes, recognoissant que les Gentils-hommes desdaignoient les Estats de valets de Chambre, possible à cause du nom de valet, qui anciennement estoit honnorable, & significatif de noblesse, mais maintenant est réputé fort vil, comme ie diray au liure *Des Ordres*. Vray est qu'auparauant il y auoit des Chambellans, dont faict mention l'Ordonnance de Charles VII. article 9. en ces mots *Chambellans couchans lez nous*. Mais, comme dit du Tillet, ils estoient en fort petit nombre, au lieu que les Gentils-hommes de la chambre se trouuerent incontinant en nombre effrené, notamment sous le feu Roy Henry III. qui pour les honorer dauantage, voulut qu'ils portassent la clef d'or pour marque de leur dignité: mais à present ie ne trouue en l'Estat de la maison du Roy, ni Chambellans, ni Gentils-hommes de la Chambre, fors qu'il y auoit n'agueres vn Chambellan ordinaire, qui a esté supprimé par la mort du Vicomte de Mirepoix. Ce qui me faict croire que les Gentils-hommes de la Chambre ne sont plus payez de leurs gages, & ne sont plus qu'Officiers honoraires.

28 Des Gentils-hommes seruans. Quant aux Gentils-hommes seruans, ce sont ceux qui en l'Empire s'appelloient *Castrensiani*, dont les interpretes ne peuuent rendre raison: mais on peut dire qu'ils furent ainsi appellez *à similitudine Castrorum*: comme il se collige

29 *Castrensiani.*

de

de ce passage de Tertullian *De corona militis*, *Est quædem militia familiarum Regiarum; nam & Castrenses appellantur.* Car de la mesme sorte que l'Empereur auoit pris le nom du chef d'armée, qui seul anciennement estoit appellé *Imperator*: aussi ceux qui le seruoient prirent le nom de *Castrensiani*. On les pourroit appeller Officiers de la table du Roy, estans ceux qui le seruent à table les vns de Panetiers, autres d'Eschansons, & autres finalement de Threnchans, ou Escuyers trenchans.

Au regard des Gentils-hommes de la venerie, ce sont ceux qui assistent le Roy à la chasse, differens des veneurs qui sont roturiers, & sont ceux qui ont soin de dresser la chasse. Il y a aussi des Gentils-hommes à la fauconnerie qui ont charge de chasque vol, ou vou, comme ils parlent, & ne faut point en chercher de semblables en l'ancien Empire. Car les Empereurs n'estoient si communément addonnez à la chasse comme sont nos Rois. 30 Des Gentils-hommes de la venerie, & fauconnerie.

Finalement les Escuyers d'Escurie sont ceux qui au droict sont appellez *Stratores* (*& inde apud Curopalatem* Πρωτοςράτωρ c'est le premier Escuyer, ce qui me semble plus vray-semblable que de le deriuer ἀπὸ τοῦ ςράτου, quoy qu'en die *Curopalates*) & furent en France premierement appellez Mareschaux, terme Alleman, qui signifie Officiers de cheuaux, comme il se voit en l'Ordonnance de Clotaire le grand, rapportée par du Tillet au chapitre du Connestable: (d'où vient que nous appellons encor Mareschaux, ceux qui medecinēt & ferrent les cheuaux.) Mais depuis que le Conestable, qui estoit leur chef, eut eu la superintendance de la guerre, les Mareschaux le suiuirent en cette prerogatiue, de sorte que les Officiers, qui furent mis en la place qu'ils auoient quitée, furent appellez Escuyers, & encor Escuyers d'escurie à la distinction des autres Escuyers, qui sont chez le Roy, terme qui sera amplement expliqué au liure *Des Ordres*. 31 Des Escuyers d'Escurie. 33 Iadis appellez Mareschaux.

Or comme les Escuyers ont deux charges bien differentes; l'vne de monter, & assister à cheual leur Maistre, l'autre d'auoir soin des cheuaux: aussi il y a en France la grande, & la petite Escurie. En la grande sont seulement les grands cheuaux du Roy, & pretend-on qu'il n'y en a en icelle qu'vn, qui soit vrayement Escuyer, & aussi qui soit couché en l'Estat de la maison du Roy: mais les autres de la grande Escurie, qui se disent Escuyers, & la charge desquels est de dresser les grands cheuaux du Roy, sont appellez Caualcadours, ou dresseurs de cheuaux, par les Escuyers seruans en la petite Escurie: en laquelle sont les haquenées, courtaux, & autres moindres cheuaux du Roy. Toutesfois la charge des Escuyers de la petite Escurie, dont le tiltre est d'estre appellez Escuyers seruans, est plus honorable. Car ce sont ceux qui montent le Roy à cheual, & l'assistent continuellement par apres: aussi sont-ils couchez en l'Estat de sa maison, & les autres sont simplement couchez en l'Estat du Thresorier de l'Escurie. 34 De la grande Escurie du Roy. 35 De la petite Escurie du Roy. 36 Escuyers seruans.

Il y a encor les Mareschaux des logis du Roy, qui, combien qu'ils ne soient specifiez en l'Ordonnance de Blois, entre les Offices affectez aux nobles, neantmoins en l'Estat de la maison du Roy, sont qualifiez Sieurs, qui est signe qu'ils doiuent estre nobles. Car les roturiers y sont nommez par leur nom, & surnom seulement, & les Officiers de lettres, ou de plume, sont intitulez Maistres. Or ces Mareschaux des logis sont ainsi appellez, pource qu'anciennement c'estoient les Mareschaux, c'est à dire les Escuyers, qui auoient la charge de distribuer les logis à la suitte du Roy, comme Carondas a monstré en ses Antiquitez de France, & comme il a esté dict au chapitre precedent, que c'estoient les Mareschaux de France qui faisoient les logis de l'armée. En l'ancien Empire ils estoient appellez *Mensores & Metatores*. 37 Des Mareschaux des logis du Roy. 38 Pourquoy ainsi nommez.

Mais il y a encor vne autre compagnie d'Offices de la maison du Roy, qui ne sont pas à la verité affectez aux Nobles, mais qui rendent Nobles ceux qui en sont pourueus, & mesme leur posterité en certains cas. A sçauoir l'Office de Secretaire du Roy, que l'Empereur en la loy derniere *De Primicerio & Notarijs lib.* 12. C. appelle *preclaram nobilémque Militiam Spectabilium Tribunorum Notariorum*: où il se voit que *erant Spectabiles*, qui estoit le second degré de Dignité, immediatement apres celle d'Illustre, laquelle estoit toute la plus haute. 39 Des Secretaires du Roy. 40 De Notarijs imperij.

Ils sont aussi en cette loy appellez *Tribuni*, qui signifie Capitaines, aussi auoient- 41 *Cur dicti Tribuni.*

ils droict de porter l'espée, *cingulum habebant*: tesmoin ce que rapporte Suidas d'vn nommé *Auxentius* Notaire de l'Empereur Licinius, lequel luy commanda de couper auec son espée vn beau sep de vigne remply de force grappes, & l'offrir à l'idole de Bacchus, ce qu'ayant refusé faire, pource qu'il estoit Chrestien, il fut chassé de la Cour, & dégradé des armes, *cingulo exutus est*.

42 *Cur Candidati.*

Ils estoienr appellez *Candidati*, tesmoin Cassiodore, liu. 4. epistr. 3. *Pater meus*, dit-il, *Candidati Tribuni, & Notarij gessit laudabiliter Dignitatem: Hinc & Corripi versus,*

Cumque Palatinis stant candida turba Tribuni.

Et estoient ainsi nommez, soit pource que c'estoient gens nourris en Cour, pres la personne de l'Empereur, qui estoient destinez aux grandes charges, & Offices, soit aussi pource qu'ils portoient vne robe blanche, pour enseigne de leur dignité. *Tertulianus lib. de Idololatria. Qui familiaritate Regum vtebantur, Purpurati Regum vocabantur, sicut apud nos à toga candida Candidati.*

43 *Tres eorum ordines, scilicet Prætorianorũ, Tribunorũ, & Domesticorum.*

Or y auoit-il trois sortes, ou degrez de Notaires en l'ancien Empire, qui sont apertement distinguées en la loy 2. & 3. *De Primicerio & Notarijs Cod. Theod.* dont les premiers estoient intitulez *Tribuni Prætoriani & Notarij*, & ceux-là auoient la Dignité de Comtes: les seconds simplement *Tribuni & Notarij*, & ceux-là auoient la Dignité de Vicaires: qui sera expliquée au penultiesme chapitre du liure *Des Ordres*: & finalement les troisiesmes estoient nommez *Notarij familiares, siue domestici*, qui auoient l'Ordre, ou Dignité de Consularité: laquelle sera aussi expliqué au mesme endroit. Et le Doyen, ou plus ancien de tous ces Notaires, appel-

44 *Primicerius Notariorum.*

lé *Primicerius Notariorum*, auoit la Dignité Proconsulaire, & apres deux ans d'exercice deuenoit Illustre, *& consequebatur Magisteriam Dignitatem vacantem* par preference à tous autres, ores que plus anciens Maistres, *l. 2. 3. & 4. eod. tit. Cod. Theod.* ce qui sera encor expliqué au mesme lieu.

45 Secretaires pourquoy dicts.

46 Trois sortes de Secretaires du Roy.

En France il y a pareillement trois sortes de Notaires & Secretaires du Roy, ainsi appellez à l'exemple de *Vopiscus*, qui nomme ceux de l'Empire *Notarios secretorum*: & la loy 9. *Cod. Qui milit. poss.* les nomme *A secretis*, comme aussi Procope liu. 2. de la guerre Persique dit que, Τὸν τῶν ἀπορρήτων γραμματέα *A secretis* καλοῦσι. Et ces trois sortes de nos Secretaires se rapportent assez bien à ceux de l'ancien Empire.

Les premiers sont les Secretaires d'Estat, ou des commandemens, dont ie vien de parler, qui comme les Pretoriens de l'Empire, sont du rang des Comtes & grands Officiers. Les seconds sont les Notaires, & Secretaires du Roy, maison & couronne de France, qui sont nobles: & desquels il faut parler maintenant: & les troisiesmes sont les Secretaires de la Chambre du Roy, qui sont simplement priuilegiez, qu'il faut laisser au rang des autres Milices, ou Offices de compagnie de la maison du Roy. Bien est vray qu'il y a encor à present quelques Se-

47 Secretaires du cabinet.

cretaires du cabinet, qui se rapportent aux *Chartularij cubicularij*, dont est parlé és Nou. 8. 24. 26. & 27. *qui emittebant symbola, siue commonitoria.*

48 Les Secretaires du Roy, maison & couronne de France.

Pour donc parler de ceux du second rang, qui sont les Notaires & Secretaires du Roy, maison & couronne de France, ils n'estoient anciennement que soixante en nombre, pour faire toutes les lettres patentes des Chancelleries, comme il se trouue dans vn ancien arrest de Guillaume Regnier de l'an 1409. Et auoict gages de six sols parisis par iour, & encor dix liures par an pour leur droict de manteau, & outre, partissoient entr'eux par bourses les émolumens des Chan-

49 L'ancien college de soixante, puis de six vingts.

celliers par chacun mois. Mais comme les affaires se multiplierent, ne pouuans fournir à l'expedition de toutes les lettres, ils obtindrent permission du Roy de démembrer, & separer leurs Offices en deux, & en bailler la moitié à vn de leurs fils, ou gendre, auquel il baillerent leurs gages, retenans à eux leurs bourses: & ainsi y en eut six vingts, tant peres qu'enfans (ainsi qu'ils s'entr'appellent encor) moitié boursiers, & moitié gagez: dont les boursiers se subdiuiserent encor en trois classes égales, de grands moyens, & petits boursiers, selon l'antiquité de leur matricule & reception, comme il est porté par l'Edict de Louys XI. de l'an 1481. & tous ceux-là n'oublient gueres à adiouster en leurs tiltres, qu'ils sont du nombre ancien des six vingts, pour se distinguer des autres depuis erigez.

Car

Car en l'an 1554. le Roy Henry second en adiousta quatre vingts, gagez de trois cens liures par an, sans toucher aux bourses. Edict que i'estime n'auoir esté effectué: Mais le Roy Charles neufiesme, en l'an 1570. en erigea encor quarante à pareils gages. Et à iceux le feu Roy Henry troisiesme, en l'an 1583. apres auoir augmenté les émolumens des seaux, en adiousta encor quatorze, qu'il incorpora auec ces quarante, de sorte qu'il en fit vn corps à part de cinquante quatre, & leur attribua d'autres bourses à prendre sur cette augmentation du seau, & cent cinquante liures de gages, compris les dix liures pour droit de manteau, qui est enuiron pareils gages qu'auoient les premiers soixante. Et depuis les derniers troubles, le Roy d'à present en a erigé plusieurs aux gages de trois cens liures, & sans bourses: premierement vingt deux, puis vingt trois, puis neuf: & en l'an 1605. il en erigea encor vingt & six, à mil liures de gages, pour ceux qui auoient commission de signer en finance, qui seuls peuuent signer les lettres d'Offices. Finalement en l'année derniere 1608. il en a encor erigé vingt aux gages de trois cens liures par an, en consequence de la reünion de son ancien domaine à la couronne de France, le Doyen desquels est Maistre Iean de Panchevre, sieur de la Lamberdiere, mon allié & parfait ami, qui de long temps est Secretaire d'Estat de la maison de Nauarre, homme de grande probité & capacité, auquel ie doi cet adueu, qu'il m'a fort aidé en ce liure.

50 Autres creations de Secretaires.

51 Corps separez des cinquante quatre Secretaires.

52 Secretaires des finances nouueaux.

Or tous ces Secretaires du Roy, maison & couronne de France, ont plus de priuileges qu'aucuns autres Officiers de ce Royaume, auquel nous auons pratiqué à bon compte le dire de l'Empereur Zeno en la loy 2. *De Primicerio & Notarijs, Praeclaram nobilémque Militiam Spectabilium Tribunorum Notariorum, qui gloriosis obsequijs nonnihil Reipublicae commoditatis adferunt & decoris, diuersis beneficiorum titulis muniendam credimus & augendam.* Et certainement ce ne seroit pas raison, qu'eux qui dressent les priuileges pour les autres, oubliassent d'en demander pour eux mesme, ni que la cire leur fust déniée.

53 Pourquoy ont plus de priuilege que aucuns autres Officiers.

Voici à peu prés les priuileges particuliers, qu'ils ont de plus que les autres commensaux du Roy. Premierement, ils ont droit de college, communauté & confrerie, notamment les six vingts anciens, dont le Roy mesme est le chef, prenant la premiere bourse ordinaire, porte l'Edict de l'an 1554. Et se tient leur confrerie en la chapelle du Cloistre des Celestins de Paris, qui pour cette cause se disent en leurs titres premiers Secretaires du Roy, comme il est contenu en cét ancien arrest de l'an 1409. Confrerie, qui est habilitée à receuoir legs, & posseder biens immeubles, que le Roy a amortis iusques à trois cens liures de reuenu annuel: & qui au surplus, est entretenu du demi marc d'or, que chasque nouueau Secretaire est tenu payer pour droit d'entrée. Dont eux-mesme oyent les comptes en leur college, ou maison commune, qu'il leur est permis d'auoir: & ont pouuoir de faire statuts pour le bien & conseruation de leurdit College, & confrerie, où toutesfois ils ne peuuent rien conclure, qu'ils ne soient assemblez au nombre de 21. Ils sont exempts de l'arriere-ban, logis de Cour, & de gens de guerre, & des francs fiefs, ainsi que de tous subsides & peages quelconques.

54 Enumeration de leurs priuileges particuliers.

Pareillement, ils ne sont tenus payer aucun émolument de tous les Greffes & seaux Royaux de France. Comme aussi de payer aucuns droits Seigneuriaux au Roy, quels qu'ils soient, & soit de leur chef, ou à cause de leurs femmes, duquel priuilege i'ai parlé au 9. chapitre du 1. liure.

Item, ils sont nobles de parfaite noblesse, comme s'ils l'estoient de quatre generations, voire sont capables de l'ordre de Cheualerie, porte l'Edict de l'an 1549. & encor leurs enfans masles & femelles sont nobles, si le pere est mort Secretaire, ou auoit resigné à fils, ou gendre.

Dauantage, apres auoir serui vingt ans, ils sont exempts de la clause de 40. iours en resignant. Mesmemẽt ceux qui ont serui trente ans gaignent la moitié de leurs bourses ordinaires sans seruir, & outre leurs gages, celles de collation entieres.

Desquels priuileges ils iouïssent encor apres auoir resigné à fils, ou gendre, & pareillement en iouïssent les vefues de ceux qui sont morts Secretaires, ou qui ont resigné à fils, ou gendre. Priuileges, qui au surplus sont perpetuels & irreuocables, sans qu'il soit besoin d'en obtenir confirmation aux mutations des Roys, porte l'Edict de Charles huictiesme, de l'an 1484.

55 Sont vrais Officiers de leur droit.

Or ces Offices ne sont pas simples Milices, comme les menus Offices de la maison du Roy, dont on iouït en vertu de l'Estat du Thresorier, quoi que ce soit d'vne simple retenuë, comme il sera dit incontinant. Mais ceux-cy sont Offices formez en titre, dont on obtient lettres de prouision du grand seau, ainsi que des grands Offices de la maison du Roy, & de tous les autres vrais Offices de France. Vray est, que non plus que lesdits grands Offices, ils n'entrent point aux parties casuelles, fors que des érigez depuis la venalité introduite aux Offices, la finance de leur premiere creation y est entrée. Mais quand ils vaquent par mort les vns & les autres, il ne s'en fait point de taxe aux parties casuelles, ains le Roy les donne à ses fauoris : & quand on les resigne, il ne prend rien pour l'admission de la resignation, laquelle toutesfois ne se refuse point. C'est pourquoi ils se vendent tout communément entre particuliers. Et neantmoins ie les mets au rang des Offices non-venaux, à plus forte raison que ceux de iudicature qui entrent auiourd'hui aux parties casuelles : pource qu'à mon aduis, il seroit encor moins qu'iceux, permis de les vendre par decret contre le gré du pourueu, dont il y a plusieurs arrests.

Aussi aux mutations de Roys, les Secretaires du Roy ne payent point de droit de confirmation, non plus que les Officiers de la couronne, & grands Officiers de la maison. Et en fin ils ne payent rien pour leur prouision, que le marc d'or, dont nuls des Officiers, quels qu'ils soient, ne sont exempts.

56 Des menus Officiers.

Reste de parler des menus Offices laissez aux roturiers, dont il seroit ennuyeux & importun de rapporter icy le dénombrement tout entier. Ie remarquerai seulement ceux qui apprestent le mãger du Roy & de ses domestiques, qu'on nomme les sept Offices, (non pas à cause de leur charge, mais à cause des cuisines, où ils l'exercent, qu'on appelle vulgairement Offices chez le Roy, & chez les Princes) à sçauoir ceux de la paneterie, eschansonnerie, & cuisine de bouche : & de la paneterie, eschansonnerie & cuisine du commun, & la fruicterie, & encor ceux de la fourriere, ausquels sept Offices, ou bandes de menus Officiers, il y a tousiours trois rangs d'Officiers, à sçauoir les Chefs, puis les Aydes, & finalement les Sommiers : vrai est qu'és deux cuisines, les chefs sont appellez Escuyers de cuisine, & les Aides des Maistres Queux. Ce qui nous monstre, que c'estoient anciennement trois diuerses conditions de personnes : & quant à moi, i'estime que les Chefs estoient Gentils-hommes (comme les Escuyers de cuisine nous tesmoignent) qui auoient la superintendance sur les autres, pour plus grande asseurance de la personne du Roy : puis il y auoit des roturiers libres, qui estoient les aides : & finalement des esclaues, du temps que l'esclauage auoit lieu, qui estoient les Sommiers de besongne : & ces esclaues du Roy estoient anciennement appellez *Fiscalins*, comme le President Fauchet a bien prouué en ses Origines : mais depuis que l'esclauage a esté aboli, & d'ailleurs, que les Gentilshommes ont desdaigné ces places, il n'est plus demeuré qu'vne sorte de gens és Offices du Roy, à sçauoir les roturiers : de façon qu'à present on monte par degré à ces trois diuers rangs, ce qui estoit perpetuel en toutes les Milices Palatines de l'Empire, aussi bien qu'és grades de la Milice armée.

57 Les sept Offices de chez le Roy.

58 Pourquoy diuisez en chefs, aydes & sommiers.

59 *Fiscalins.*

60 Tous Ordres ont entrée en la maison du Roy.

61 Ecclesiastiques.

De ce que dessus il s'ensuit, que toutes sortes d'Ordres & conditions de personnes ont place en la maison du Roy, qui partant est comme l'abbregé de tout le Royaume. Premierement, les Ecclesiastiques y ont les quatre grands Offices cy-dessus rapportez, dont le premier, qui est celui de grand Aumosnier de France, estant, à mon aduis, Office de la couronne, peut estre tenu par vn Cardinal, comme il l'est à present. Et outre, il y a vne grande troupe d'Aumosniers, de Chappellains & de Clercs.

62 Nobles des trois degrez.

Pareillement, les trois degrez de Noblesse y ont leur place, à sçauoir Princes aux Offices de la couronne, les Cheualiers ou Seigneurs és grands Offices, & les simples Gentilshommes és Offices de compagnie à eux reseruez, dont aucuns ont la fonction de paix, autres de guerre. Mesme pour les soldats, il y a tous ceux des gardes, les Archers du grand Preuost, ceux du Capitaine de la Porte: & encor on peut mettre en ce rang tous les Preuosts des Mareschaux, & leurs Lieutenans & Archers, qui neantmoins ne iouïssent pas de tous les priuileges des domestiques, mais leurs Offices sont reglez au surplus tout ainsi que les Milices de la maison du Roy.

Ceux de la Iustice y ont aussi part, comme les Maistres des Requestes, Conseillers du grand Conseil, Lieutenans de longue-robe du Preuost de l'Hostel, & selon aucuns, les Lieutenans de la Conestablie, Admirauté, & Eaux & Forests: & encor y a d'autres Officiers de lettres, comme les Gardes de la Librairie, & les Lecteurs du Roy, selon aucuns. 63 Ceux de iustice.

Ceux de la plume y ont pareillement leur place, à sçauoir les Greffiers du Conseil, les Secretaires du Roy, tant de la Chancellerie, que de la Chambre & du Cabinet, & les autres Officiers de la Chancellerie. Bref, ceux des finances y ont aussi leur place, pource qu'il y a plusieurs sortes de Threforiers. 64 Ceux de la plume & des finances.

Finalement, pour le regard des purs roturiers, il y a toutes ces bandes & caterues de menus Officiers, soit des sept Offices, soit de la chambre, de l'escurie, venerie, fauconnerie, artillerie, mesme ceux de la Musique, voire encor ceux des Monnoyes pretendent en estre. Et si y a vn artisan, du moins de tous les principaux mestiers, qui se pretend estre Officier du Roy, voire de tel mestier, il y en a iusques à cinq ou six couchez sur l'estat. 65 Menus gés, & purs roturiers.

Puis donc qu'il y a tant d'Officiers de la maison du Roy, il est bien necessaire d'expliquer icy leur droit, & notamment de ces menus Offices de compagnie, qui ne sont pas vrais Offices, comme sont ceux des Chefs, dont le droit sera discouru au sixiesme chapitre, ni commissions reuocables, comme les charges du Conseil d'Estat & des Finances, desquelles le droit sera expliqué au 5. chapitre. 66 Du droit des menus Offices en general.

Mais les menus Offices, les droicts desquels i'expliquerai icy, sont vrayes Milices Palatines, telles qu'estoient celles des Romains de leur premiere nature, & auparauant qu'on leur eust attribué le priuilege de venalité & heredité, que n'ont pas les nostres.

Premierement, pour le regard de leur prouision, c'est chose notoire que le Roy permet à leurs Chefs de les choisir tels qu'il leur plaist, afin qu'ils s'y puissent mieux fier, & aussi qu'ils soient responsables de leur faute, s'il en suruenoit, qu'ils eussent peu preuoir. Aussi est-il certain, que du commencement en l'ancien Empire, les chefs d'Office pouruoyoiét tous les menus Officiers estant sous leur charge, comme il se collige de la Nou. 35. & de plusieurs loix des trois derniers liures du Code, & c'est possible pourquoi le *Magister Officiorum* est qualifié par Cassiodore *gloriosus donator Aulici consistorij, quasi alter Lucifer.* 67 De leur prouision.

Mais en fin les Empereurs voulurent que la plus part de ces Milices, ensemble de celles qui estoient soubs les Gouuerneurs de Prouinces, fussent par eux conferées sur la suggestion (ainsi appellent-ils la nomination) de leurs chefs, & qu'ils en obtinsent lettres d'eux, qui sont appellées *Probatoriæ*, comme il se void en la loy 6. penultiesme & derniere, *De diuers. Offic. lib.* 12. *Cod. & l.* 3. *De Agentibus in rebus, eod. lib.* Lesquelles loix, & notamment la loy derniere *De diuersis Officijs*, disent qu'elles estoient annotées *manu diuina*, c'est à dire, par l'Empereur mesme, & soubscrites par leur chef d'Office, en signe de sa nomination. Mais ces lettres n'estoient pas expediées *à Quæstore, aut Primicerio Notariorum, neque prodibant à laterculo maiore, vt codicilli Magistratuum, sed à laterculo minore, id est, ex scrinijs Memoriæ, Epistolarum, vel Libellorum*, où la minutte en demeuroit: puis estoient encor enregistrées au Registre ou Estat de l'Office duquel elles estoient. En vertu duquel Estat ou enregistrement ces menus Officiers iouïssoient des priuileges de leur Milice, & non autrement, dit cette loy 3. *De Agentib. in reb.* 68 De la prouisió de ceux de l'Empire. 69 Probatoriæ.

Ce qui est obserué presque tout de la mesme sorte en la Cour du Roy. Car ce sont les chefs d'Office, qui ayans choisi à leur volonté les menus Officiers, les font pouruoir par le Roy, non pas par lettres de prouision du grand seau, mais par simples lettres de retenuë, séellées en placard du cachet du Roy, qui s'expedient par l'vn des quatre Secretaires des commandemens, sur la simple rela- 70 Lettres de retenuë des menus Offices.

tion du chef d'Office, fors à l'egard des Officiers de bouche, dont les retenuës ne s'expedient point sans le commandement du Roy, pource que le grand Maistre n'en veut estre responsable. Et par apres ils sont tous couchez sur l'Estat du Roy, & en vertu de ce ils iouïssent de leurs gages, droicts & priuileges. Mesme i'ay ouy dire que ceux de l'artillerie, & aucuns de l'escurie, venerie, fauconnerie, ont de simples retenuës de leur Chef, & iouïssent de leurs gages & priuileges, en consequence de ce qu'ils se trouuent couchez sur l'Estat du Thresorier de la charge.

71 Les menus Offices de chez le Roy sont vendus à present par les Chefs.

Or comme i'ay dit au premier chapitre du liure precedent, que les Courtisans de l'Empire prenoient ordinairement de l'argent pour leurs suffrages, & pour nommer aux Offices, aussi les nostres de France se sont accoustumez long temps y a de vendre à beaux deniers comptans leur nomination de ces menus Offices, voire que le profit qu'ils en tirent est auiourd'huy estimé vn des plus beaux droicts de leurs Estats.

72 Cõtre cette vente.

Chose honteuse, qu'il faille bailler de l'argent pour seruir son Prince, & que, au lieu que les particuliers choisissent pour leur argent les meilleurs & plus capables seruiteurs, le Prince soit contraint bien souuent d'accepter les pires & plus incapables, pour l'auarice de ses premiers Officiers. Chose d'ailleurs fort importante, pource qu'au lieu que s'ils estoient pourueus gratuitement, ils se tiendroient beaucoup plus obligez à seruir leur Prince de courage & affection, en recognoissance de ce qu'il les auroit choisis à son seruice par sa bienveillance, ou bien pour leur merite, non pour leur argent, auiourd'huy ils ne seruent que par acquit, & comme par coruée, estimans que leurs gages sont le profit & interest legitime de l'argent, qu'ils ont payé pour leurs Offices.

73 Incõueniẽs d'icelle.

Mais sur tout, c'est chose dangereuse, pource que l'entrée prés la personne du Roy estant ouuerte à l'argent, ennemi perpetuel de la vertu, & instrument ordinaire de trahison, est-il pas à craindre, que les ennemis de sa Majesté y iettent, à force de doublons, tant de personnes qu'ils voudront à leur deuotion, pour faire vn coup à tout perdre? Chose à quoy on ne peut penser, qu'auec terreur & horreur. Car comme dit vne loy du Code, *Quid vspiam sanctum, quid intemeratum, si auri sacra fames intra penetralia veneranda proserpat?*

Aurum per medios ire satellites,
Et perrumpere amat saxa, potentiùs
Ictu fulmineo. Diffidit vrbium
Portas vir Macedo, & subruit æmulos
Reges muneribus.

Ce sont les dards d'argent, ἀργύρεαι λόγχαι, dont le Roy Philippe se sçauoit bien seruir contre ses voisins. Non, non, il n'y a possible abus en France plus necessaire à reformer, que cetui-là. La personne, voire la vie du Roy est continuellement en la possession, & en la puissance de ses Officiers domestiques: s'ils sont meschans & traistres, il est du tout impossible d'exempter nostre Alexandre d'vn mauuais complot: *Colligunt se in plures, & vnum consilium ad perdendum Imperatorem capiunt, sic bonus, cautus, optimus venditur Imperator*, disoit Aurelian dans Vopiscus.

74 Mal-aisé de trouuer remede.

Mais puis que l'or a trouué si frequente entrée en la maison du Roy, voire qu'il y est installé & establi de si long temps, il sera bien mal-aisé desormais de l'en chasser: Et croi que cela est du tout impossible, au moins tant que la disposition des Offices demeurera aux Chefs. Car qui les en controllera ou corrigera? veu qu'encor que par plusieurs Ordonnances il soit defendu, mesme sur peine de la vie, aux Preuosts des Mareschaux, qui n'ont à beaucoup prés tant d'auctorité de vendre les places d'Archers de leur compagnie, neantmoins il est notoire, qu'il n'y en a vn tout seul qui s'en abstienne.

75 Remede vnique.

Il n'y a point d'autre remede, sinon que le Roy reprenne l'entiere disposition de ces menus Offices, qui en bonne iurisprudence ne peut appartenir à autre qu'à sa Majesté, laquelle autrement seroit de pire condition, que les moindres peres de famille de son Royaume, qui ont liberté de choisir eux mesmes leurs domestiques, & tiendroient pour vne maniere d'esclauage, si on les forçoit d'en accepter par le choix d'autrui: ioinct ce qui sera approuué au liure *Des Seigneuries*, que la prouision des Offices est vn des droits inseparables de la souueraineté. Et ne faut point dire, que le Roy pourroit estre surpris au choix de tant de menus Officiers. Car leur reception demeurant aux Chefs, comme de coustume, ce seroit à eux à s'informer exactement de leur fidelité & capacité, auant que de les admettre: mais quoi que ce soit, le choix & la gratification deuroit demeurer au Roy, afin que ses domestiques lui ayans l'obligation entiere de leur fortune, & non à autre, fussent plus engagez d'affectionner son seruice.

Et n'est point chose nouuelle, que le Roy reprenne la libre prouision de ses Offices, qu'il a autresfois delaissée par souffrance à ses principaux Officiers. Car depuis la venalité introduite aux Offices, on a osté aux Baillifs & Seneschaux la disposition des Offices de Sergens, & au Chancelier celle des Offices sans gages, ou n'ayans que vingt cinq liures de gages, & au dessous, que Bodin au dernier chapitre de son premier liure, nous apprend, qu'il auoit: au grand Aumosnier la collation des Benefices, estans au patronage de sa Majesté, qu'il auoit du temps de nos peres. Mesmement le Roy Henry second, par Edict de l'an 1554. osta à l'Admiral la prouision des Officiers de l'Admirauté au siege de la table de marbre. 76 Preuue d'icelui.

Voila pour la prouision de ces menus Officiers: & quant à leur reception, elle se fait par le chef d'Office, lequel, comme on vit à present, les ayant lui-mesme choisis, n'a plus que faire d'informer de leur vie & mœurs, ni d'apporter en icelle aucune autre ceremonie, sinon de prendre garde si leur argent est bon, & au surplus receuoir d'eux la simple prestation de serment, qui est tousiours necessaire, pour attribuer la puissance publique. Mais si c'estoit le Roy qui les conferast plainement, & sans leur nomination, ils seroient plus exactes à s'informer de leur fidelité & capacité, n'estans engagez, comme ils sont à present, par la vente qu'ils en font. 77 De la reception des menus Officiers.

Et pour parler maintenant des droits de ces Milices: Premierement, quant à l'honneur qui en dépend, il se faut souuenir de ce commun dire, *Qu'il n'y a point de petit Office chez le Roy*, & ne peut-on estre proche du Soleil, qu'on ne soit esclairé de ses rayons, ni manquer d'honneur prés de celui de qui tout honneur procede: bref, estre sans dignité auec celui qui est le distributeur de toutes les Dignitez. C'est pourquoi, dit du Tillet, *Nos Roys recognoissans que la retribution d'honneur est plus à personnes de cœur, que celle de richesse, voulurent par Edicts, que leurs domestiques fussent honorez par tous les païs de leur obeissance: les Empereurs Charlemagne & Louys Debonnaire l'ordonnerent, ainsi qu'il appert par les chapitres de l'Abbé Ansigise* (c'est le chapitre 24. du 2. liure *Des Capitul.* dont voici les mots. *Volumus vt nobis famulantes condignum apud omnes habeant honorem, sicut à genitore nostro, & à nobis sæpe admonitum est*) (*Ce que renouuela*, adiouste du Tillet, *Charles le Chauue, le 25. Iuin, l'an* 864. *en la diete tenuë à Piste* (*c'est à dire à Poissy*) *mandant à tous ses Comtes, que s'ils vouloient estre entretenus de luy en honneur, ils honorassent ses Officiers domestiques, comme il estoit accoustumé du temps de ses predecesseurs*. 78 De l'honneur qui en dépend.

Quant aux profits, le mesme du Tillet remarque, que les gages de ces Offices estoient anciennement fort petits, pource que la Noblesse de France, qui les tenoit presque tous, estant jalouse que les roturiers approchassent de la personne du Roy, estoit assez contente d'auoir l'honneur de seruir son Prince. Ce qu'elle ne faisoit pas pour l'argent, comme les mercenaires, ains par affection: de sorte que les gages que ces Officiers receuoient, n'estoient que pour leur menu entretien, pendant leur quartier, & non pour porter par apres chez eux. Mais aussi, lors qu'il se presentoit quelque bon Office, quelque belle charge, quelque benefice, ou autre escheoite, qui fust propre aux domestiques, pour eux, ou leurs enfans, ils estoient preferez à tous autres competiteurs. Dont le mesme du Tillet nous rapporte vne belle remarque, à sçauoir vne missiue du Roy Louys XI. au Parlement, qui se trouue encor aux registres d'icelui, contenant mandement 79 Des profits. 80 Preferez aux escheoites.

d'adiuger les Offices aux premiers impetrans, si non que l'vn des deux contendans fust son domestique, auquel cas il en veut estre aduerti pour declarer sa volonté.

81 Des droits de bouche à Cour, & robe de liurée.

I'ay dit, que leurs gages n'estoient que pour leur menu entretien, car ils auoient chez le Roy leur viure & leur vestement, ce qui s'appelloit *bouche à Cour, & robe de liurée*, desquels droits Budée fait mention sur la loy *Nequicquam. De offic. Præf.* C'est pourquoi on appelle encor les domestiques du Roy, Commensaux. Ce qui estoit ordinaire en l'Empire Romain, non seulement aux milices Palatines, mais aussi aux milices armées, dont il s'en voit vn bel exemple dans *Vopiscus in Probo*, en l'epistre d'Aurelian, par laquelle il regla la liurée & le plat de Probus, lors qu'il le prist à son seruice. Voire du commencement les gages, & des Officiers Palatins, & des Soldats, n'estoient qu'en viures, *vt patet ex tit. De erogat. milit. anno. lib. 12. Cod.* c'est pourquoi ils estoient appellez *annonæ. De quibus suprà lib. 1. cap. 1.* iusques à ce qu'Honorius & Theodosius les eussent reduits à argent, *l. Annonæ. eod. tit.*

82 Recõmandation de ces droits.

Estoit-ce pas vne chose bien honorable en France, de voir cette grand troupe d'Officiers domestiques du Roy, estre nourrie dans son Palais, & principalement de les voir tous reuestus de sa liurée, soit qu'ils fussent tous habillez de mesme façon, soit que chasque sorte d'Office eust son habit dissemblable, afin d'estre mieux recogneus? comme voulut faire Alexandre Seuere, *qui statuerat omnibus Officijs proprium genus vestis dare, vt à vestitu discernerentur*, dit Lampride. Chose que nos voisins sçauent bien entretenir. Mais du Tillet nous apprend, que la parsimonie de Louys XI. osta à la plus part de ses domestiques ces droits de bouche à Cour, & robe de liurée. Neantmoins, pource qu'on les repute tousiours pour les plus certaines marques de domesticité & commensalité, plusieurs d'entr'eux ont esté curieux d'en retenir quelque vestige ou remarque, comme il vient d'estre dict des Secretaires du Roy, qu'ils ont à part dix liures de gages pour leur droit de manteau. Les Maistres des Requestes disent, que le plat de Monsieur le Chancelier, est tant pour lui que pour eux, & sur tout les Officiers de la Chambre des Comptes, qui se pretendent aussi estre Commensaux, ont leur droit de robe de Pasque & de Toussaincts, & leurs beuuettes fort bien entretenuës aux despens du Roy, auec plusieurs autres menus droits.

83 Anciẽs domestiques, curieux de retenir quelque remarque de ces droits.

84 Des priuileges des domestiques.

Finalement, les domestiques du Roy ont de tres-grands priuileges, comme certes il y a bien apparence que residans prés de la source des priuileges, elle ruisselle sur eux. *Immunitate quippe digni sunt quos lateris nostri Comitatus illustrat*, dit la loy *1. De præpos. lab.* Priuileges qui pour la plus part ont esté rapportez au neufiesme chapitre du 1. liure. Comme les trois sortes de Committimus, l'exemption de toutes charges réelles & personnelles, ensemble de toutes sortes de subsides, ores qu'ordonnez par exprés sur *exemptz & non exemptz, priuilegiez & non priuilegiez*, si nommément les domestiques du Roy n'y sont specifiez, comme il est contenu és Ordonn. des années 1548. 1572. 1578. 1580. 1581. & 1606.

85 Comment ils iouyssẽt de ces priuileges.

Desquels priuileges ils iouïssent, non en vertu de leurs Retenuës (car les supernumeraires en ont de toutes semblables à ceux qui sont couchez sur l'Estat) mais en vertu de l'Estat, & du certificat de leur seruice actuel: mesmement les Ordonnances d'Orleans & de Blois requierent qu'ils soient couchez sur l'Estat à plus de vingt escus de gages, & qu'ils en soient payez actuellement, & en apparoisse par le certificat de leur Thresorier.

86 Et les domestiques des Princes priuilegiez.

Ce qui est aussi ordonné à l'égard des Officiers de Roynes, enfans de France, & autres Princes qui ont droit d'auoir Officiers priuilegiez. Toutesfois cette derniere rigueur, qu'il leur faille faire apparoir, qu'ils soient payez de leurs gages, n'est obseruée à present: d'autant que ces Princes font verifier l'estat de leur maison par chacun an à la Cour des Aides: de sorte que les Officiers qui y sont employez, sont iugez exempts par arrest, pourueu seulement qu'il apparoisse de leur seruice actuel: ce qui est tousiours necessaire, & obserué à present auec plus de rigueur que iamais, au moyen d'vn arrest donné pour cet effect au Conseil priué, en l'an 1608.

Priuileges qui mesme apres leur mort sont conseruez à leurs veufues, tant qu'elles demeurent en viduité : voire bien plus communément qu'aux autres Officiers. Car comme il a esté dit en ce 9. chap. és autres Offices, qui passent par les parties casuelles, il se cognoist tousiours quand l'Officier a resigné auant que mourir, pource que son successeur se trouue pourueu par resignation : mais és Offices de chez le Roy, cela ne se cognoist point si on veut: pource que le successeur en iouït en vertu de l'Estat du Roy, où il se trouue couché, lequel ne quote point, s'il est pourueu par mort, ou par resignation : & s'il faut qu'il exhibe sa lettre de Retenuë, il ne s'en expedie gueres par resignation, pource que les chefs d'Office ne veulent aduouer, que ces Offices soient resignables ; & ne leur importe pas qu'elles soient conceuës par mort. Quoy que ce soit ie conseille à vne vefue, qui desire cõseruer son priuilege, de faire expedier la Retenuë du resignataire de son mary, cõme si l'Office estoit vacant par mort, & non par resignation.

87 Comment les priuileges se conseruent aux vefues.

88 Cautele pour les conseruer aux vefues.

Mais les Officiers domestiques ont encor ce priuilege, que leurs gages ne peuuent estre saisys ni arrestez pour aucunes de leurs debtes, si ce n'est par permission speciale du Roy, ou bien pour achat d'armes, ou cheuaux, ou viures à eux fournis à la suitte de la Cour, comme il est contenu és Edits des annees 1551. & 1577. & 1586. En consequence desquels, Carondas nous rapporte vn arrest donné en l'audience le 3. Auril 1556. par lequel l'arrest des gages d'vn Maistre des requestes fut declaré nul, & tortionnaire, sauf au creancier à se pouruevoir sur ses autres biens.

89 Leurs gages ne peuuent estre saisis.

Pour le regard de la vacation de ces Offices, combien qu'en premier lieu celle par mort soit generale en tous Offices à vie, voire en toutes charges personnelles, si est-ce qu'il n'y en a aucunes, qui ayent plus d'aptitude à estre transferées aux enfans, que ces Offices icy, qui en l'ancien Empire estoient presque tous hereditaires. Et de verité il seroit fort à propos que l'enfant d'vn Officier domestique, qu'il auroit instruit soigneusement au seruice du Roy, & laissé capable de sa charge, fust preferé aux estrangers : chose qui seroit facile à obtenir, si ces places ne se vendoient point. Et en ce faisant, outre qu'on recompenseroit sans coust les longs seruices du pere, cette regle estant establie, les Officiers seroient plus soigneux à conseruer leur Office par vn seruice fidel, pour leurs enfans, qui estans de pere en fils extraicts d'anciens seruiteurs, & dediez dés leur naissance au seruice de leur Prince, & ayans, auec le laict de leur nourrice, succé l'affection de seruir sa Majesté, puis y estans esleuez, & appris continuellement par leurs peres, y seroient sans doubte plus aptes, & en fidelité, & en capacité, que tous estrangers qu'on pourroit choisir.

90 De la vacation de ces Offices.

91 Deuroient estre conseruez aux enfãs capables.

Mais au rebours, il faut aduoüer que la resignation à personnes estranges y est bien moins fauorable, qu'en tous autres Offices, puis que la vente y est plus dangereuse. Toutesfois tant qu'on permettra aux chefs de les vendre, il n'y a pas plus de danger que les particuliers les vendent aussi à personnes capables : voire la vente des collateurs includ celle des particuliers, par vne consequence du commerce : attendu la regle du droict des gens, qu'on peut vendre ce qu'on a acheté : mesme qu'en l'ancien Empire on permettoit bien aux particuliers de les vendre, mais on ne trouue point que cela fust permis aux Chefs. C'est pourquoy à cause de l'interest public qu'il y a, que ces places soient conferées par choix, plustost que par enchere d'argent, les Milices venales de l'Empire auoient vn certain taux, que le pourueu en pouuoit retirer, quand il s'en vouloit défaire, mesmement en quelques vnes des principales, ce n'estoit pas à luy, ains au chef d'Office, de choisir celuy qui entreroit en sa place par sa resignation, tesmoin, entre autres passages, la Nou. 35. *De Adiutoribus Quæstoris.* qui fut vn expedient fort commode, que Iustinian inuenta. Car auparauant c'estoit le resignant qui choisissoit luy-mesme son successeur, comme il se veoit en la loy 13. & 15. *C. De prox. sacr. scrin.* Mais aussi cette resignation n'estoit pas indifferemment admise, ains seulement pour iuste cause, comme quand l'Officier paruenoit par son merite à plus haute charge, ou que par vieillesse, maladie, ou autre inconuenient de nature, il ne pouuoit plus seruir.

92 De leur resignation.

93 De la resignation des Milices Romaines.

94 Rigueur qu'on tient aux menus Officiers. Expediens qui sont bien raisonnables : mais on ne gaignera rien de les vouloir pratiquer en France, tandis qu'on permettra aux Chefs de vendre les Milices Palatines. Car par ce dernier, on leur osteroit le moyen, voire le hazard d'en trafiquer, & le premier leur donneroit suiect de les reuendre, & regratter apres la vente du pouruеu, & d'en faire vente sur vente. Ce qu'ils sçauent desia bien faire à present. Car quand vn pauure Officier, qui a acheté son Office, le desire quitter, ou pour paruenir à plus grande charge, ou pour quelque autre iuste suject, sous pretexte que c'est à eux à admettre & receuoir son resignataire, il a beau leur presenter le plus homme de bien, & le plus capable du mõde, ils ne le receuront pas, s'il ne leur paye encor vne fois l'Office; pource qu'il n'y a point de superieur sur eux, ni de iustice, qui y puisse mettre ordre. Mais qui en voudroit passer par la raison, il faudroit en ce poinct icy pratiquer toutes les mesmes regles, qu'és Offices des Seigneurs, au moins des Seigneurs Ecclesiastiques, qui seront discouruës au liure suiuant.

95 S'ils vaquent par destitution. 96 Ce qui s'en garde. Quant à la forfaicture, il faut expliquer auparauant si ces Offices vaquent par destitution, pource que s'ils estoient destituables à volonté, il ne seroit gueres besoin d'en faire iuger la forfaicture. Or qui s'en voudra rapporter aux Chefs, ils se font à croire que ces menus Officiers sont destituables par eux à leur simple volonté, ce qu'ils appellent casser, ou chasser, & non pas destituer, comme si c'estoient simples soldats, ou seruiteurs priuez, & non pas Officiers publics, instituez solemnellement par lettres du Roy, & reception des Chefs : & disent qu'il ne faut qu'vn traict de plume, pour les rayer sur l'Estat. Comme de faict ils se sont attribué cette auctorité de les chasser, & desapointer (voire souuent les plus fideles) sans autre cause ni suiect, sinon pour vendre leurs places à d'autres: combien qu'entre les particuliers, il n'y a si mauuais maistre, qui ne face conscience de chasser son seruiteur, quand il le sert bien, pour en mettre vn autre en sa place. C'est bien loin de faire, comme il s'est faict en l'antique maison de Bourbon, & encor par le Roy Louys XII. & par la Royne Anne sa femme, qui ont fondé des hospitaux pour leurs pauures Officiers, lesquels par vieillesse, maladie, ou autre accident ne pouuoient plus seruir. Et de tout temps ç'a esté la coustume des Rois, quand en ces cas ils donnoient congé à leurs Officiers, de les renuoyer en leurs maisons à mi-gages, & à condition de iouïr de leurs priuileges, mesmement du Tillet rapporte vne Ordonnance du Roy Charles VII. de l'an 1408. que les Officiers domestiques ayans seruy vingt-ans, auroient desormais leurs gages sans seruir.

97 Qu'ils ne sont destituables par les Chefs. Aussi dit-on que ce fut principalement pour eux, que Louys XI. feit son ordonnance de la perpetuité des Offices : quoy que ce soit, du Tillet nous tesmoigne que ce fust pour eux, qu'estant au lict de la mort, il feist iurer son fils Charles VIII. qu'il ne destitueroit point ses Officiers, notamment ses domestiques. Bref le Roy Henry II. feist pour eux vn Edict expres à cette fin, en l'an

98 Explication de l'Edict de l'an 1554. 1554. dont voicy les mots: *D'autant que sans auoir esgard à l'Ordonnance dudit Roy Louys XI. on a voulu pretendre, que les Officiers comptables, & domestiques de nostre maison deuoient estre destituez, ostez & démis à mutation de regne, & à volonté, comme aucuns d'iceux Offices n'estans estimez que commissions, ou pour autres raisons, à cette cause, afin de rendre lesdits Estats de la mesme condition, & seureté, que sont les autres Offices de nostre Royaume, tant de Iudicature, qu'autres, ordonnons que lesdits Estats de nostre maison, & dépendans du faict d'icelle, seront tenus, censez, & reputez de la nature & qualité des autres de nostre dict Royaume, & non destituables, sinon és cas de ladicte Ordonnance.* Edict sur lequel les Chefs veulent subtiliser, disans qu'il n'est que pour eux, qui sont seuls vrais Officiers, ayans lettres de prouision du grand seau. Neantmoins il y a apparence, que comme il est general, aussi il doit estre entendu generalement pour tous les domestiques du Roy grands & petits, aussi qu'il semble vser expres du mot d'Estats, pour comprendre tant les vrais Offices, que les simples Milices; & ce qu'en iceluy les comptables y sont specifiez plustost que les autres, est à cause qu'il y auoit plus de suiect de douter d'eux : d'autant que quand ces Offices comptables n'estoient vendus, ils n'estoient conferez que par commission, & non en tiltre d'Office, comme i'ay dict ailleurs.

C'est

C'est pourquoy ie concluds hardiment, que les menus Officiers domestiques ne sont point destituables par la pure volonté de leurs chefs : qui seroit à la verité vne auctorité trop grande, attendu que la plus-part d'entr'eux ne les peuuent pas instituer & pourueoir d'eux-mesme, ains qu'ils n'en ont que la nomination, mais la prouision appartient au Roy, voire cette auctorité pourroit estre suspecte & dangereuse, si l'Estat & la fortune de ces menus Officiers dépendoit absolument de leur chef. Et de fait, encor que les Preuosts des Mareschaux, qui sont reglez à l'instar des domestiques, instituent seuls & pleinement leurs Archers, si est-ce qu'ils ne les peuuent destituer, ou casser, sans cognoissance de cause. Et s'ils ont esté destituez iniustement, ils en peuuent appeller pardeuant les Conestable & Mareschaux de France, en leur siege de la Table de marbre, comme il est porté par l'Ordonnance du Roy Iean, de l'an 1355. du Roy Charles IX. de l'an 1573. & du feu Roy Henry III. de l'an 1586. mesmement ces Ordonnances portent que les simples soldats ne peuuent estre cassez par leurs Capitaines, ni par les Commissaires & Controlleurs des guerres sans cause valable. Et qui doute que s'il y auoit quelque superieur ordinaire sur les Chefs d'Office de la maison du Roy, qu'il ne receust pareillement l'appel de la destitution, qu'ils s'efforcent trop souuent de faire des Officiers domestiques ? Notamment à present que notoirement ils vendent leurs places, & partant ont interest eux-mesmes à la destitution. 99 Preuue.

Ie ne veux pourtant pas dire absolument, que ces menus Officiers ne soient pas destituables par le Roy, sinon apres forfaicture iugée par les formalitez de la iustice contentieuse, suiuant l'Ordonnance de Louys XI. Car ce ne sont que simples Milices, & non pas Offices formez, ni mesme vrais Offices, & n'y a Estats en France où la venalité soit plus dangereuse, & moins tolerable qu'en ceux-cy; pource aussi que ces domestiques sont retenus, & receus auec moins de ceremonie que les vrais Officiers, & par consequent peuuent estre destituez plus facilement, & sur tout pource que le peril de les tolerer, apres vn iuste soubçon, est beaucoup plus dangereux, entant que c'est eux qui possedent, & ont en garde la vie du Prince, & partant ils doiuent estre, non seulement exempts de faute, ainsi que les autres Officiers, mais aussi de soubçon, comme les preudes-femmes. 100 Commēt sont destituables.

C'est pourquoy i'estime que sans qu'il soit necessaire d'auerer contr'eux aucuns delicts par les longueurs, & ceremonies de la iustice, s'il y a sur eux quelque soubçon apparent, & quelque grand indice de malignité, & perfidie, ils peuuent estre rayez sur l'Estat du Roy, par son commandement expres, sans toutefois que par puissance reglee il soit besoin de leur en rendre raison, non-plus que feist cet ancien, qui repudiant sa belle femme, n'en voulut enseigner autrement la cause, sinon de monstrer son soulier neuf, & bien faict, qui neantmoins le blessoit.

Voicy donc l'ancienne façon, dont on vse encor à present, à sçauoir que si le menu Officier domestique a faict quelque faute, son Chef l'interdit de l'exercice de sa charge, faisant mesme seruir vn autre pour luy, si cette interdiction eschet en son quartier. Et par apres c'est à luy à se faire restablir par le Roy. Forme qui estoit tres-pertinente lors que ces Offices ne se vendoient point. Mais à present, i'estimeroy qu'il seroit raisonnable, au cas que l'Officier interdict ne peut estre restably, & qu'il peust faire apparoir d'auoir acheté son Office, qu'on luy permist de le resigner à personne capable, & exempte de soubçon, pource que son delict n'estant approuué par l'ordre de iustice, & par consequent la forfaicture n'estant vrayement ouuerte, le Chef ne doit tirer profict de la precaution qu'on prend pour le salut du Prince, & pour laquelle on passe par dessus le droict commun de l'Ordonnance de Louys XI. C'est pourquoy il est fort vtile à ces menus Officiers, de retirer quittance, ou autre preuue par escrit, de l'argent qu'ils auront baillé au Chef: mais en cas qu'ils n'en ayent, il ne leur reste autre preuue que s'en rapporter à son serment, lequel i'estime qu'il ne peut refuser. 101 Forme de leur destitution. 102 Modification qu'il y faudroit apporter.

Finalement quant aux trois vacations irregulieres, elles ont encor plus de lieu en ces Offices, qu'aux autres. Premierement, celle qui prouient du defaut 103 Commēt vaquēt à faute d'exercice.

d'exercice ne requiert pas, à mon aduis, la cessation de cinq ans entiers, ni sur tout que pendant iceux vn competiteur en ait faict continuellement l'exercice, suiuant l'Ordonnance de Charles VII. Car si sans congé, ou iuste excuse, l'Officier domestique ne se rend à son quartier, il est tout estonné que venant au quartier d'apres, il trouue sa place prise. Licence que les Chefs se sont donnée sous pretexte de l'opinion qu'ils ont de pouuoir vser de destitution à volonté. Ce qui toutesfois meriteroit bien estre reglé, pource que telles fois l'Officier aura eu vn empeschement legitime, que le chef n'aura voulu excuser: attendu mesme que le seruice du Roy ne demeure pas pour l'absence d'vn Officier, y ayant tousiours quelqu'vn de ses compagnons, qui ne demande pas mieux, que seruir pour les gages de l'absent, voire pour le seul quartier de seruice.

104 Côment ils vaquoient de cette sorte par le droict Romain.

Or le reglement qui s'en trouue dans le droict, estoit que les Officiers domestiques ne perdoient point leur place, pour l'absence d'vne, deux, trois, voire quatre années consecutiues, ains seulement perdoient leur rang estans retrogradez, c'est à dire mis derriere certain nombre de ceux qu'ils deuançoient auparauant: mais ne perdoient absolument leur Office, que par l'absence de cinq ans, *l. 3. C. De Protect. & Domest. l. 2. & 3. C. De comeatu. & l. 2. C. De Primicer. & Secundocer.* ce qui sera expliqué au liure *Des Ordres*.

105 Comment vaquent par incompatibilité.

Quant à l'incompatibilité elle est pareillement fort ordinaire en ces Offices, attendu que par l'article 113. des Estats d'Orleans, il est dit, *qu'aucun ne peut tenir deux Offices, & charges en la maison du Roy*, & par le 208. de ceux de Blois, il est porté que *quiconque sera pourueu d'Office, ou couché en l'Estat d'icelle ne pourra estre en l'Estat, ou Office d'aucun autre Prince & Seigneur, quel qu'il soit, autrement sera l'Estat & Office, tenu du Roy, reputé vacant*: chose certes bien raisonnable, que le Roy ait ses Officiers tout à luy, & qu'ils ne seruent à aucun autre.

106 Côment par suppression, ou retranchement.

Bref, pour le regard de la suppression en ces places de la maison du Roy, elle est proprement appellée retranchement, & és places de soldats s'appelle cassation, & és commissions, reuocation, & est differente de la destitution, qui ne regarde que la personne de l'Officier, au lieu que cette-cy abolit l'Office. Or ce retranchement est plus facile à faire en ces Offices que la destitution és Offices formez, qui estans érigez par Edicts verifiez ne peuuent estre supprimez qu'en vertu d'Edicts: au lieu que le Roy peut retrancher ses Officiers domestiques par sa simple volonté, comme il fait souuent, quand il en trouue le nombre trop grand

107 Priuileges sont reseruez aux retranchez.

sur l'Estat, enquoy il ne faut qu'vn traict de plume. Toutesfois quand pour vne reformation, & auec cognoissance de cause, on retranche les domestiques, on leur reserue ordinairement de iouïr pendant leur vie, & encor leurs vefues apres leur deceds, des priuileges d'iceux: ce qui se fait aussi tout communément apres que les maisons des Princes sont rompuës par leur mort, ou autre semblable mutation, dont neantmoins il faut qu'il y ait declaration verifiée, pource que les priuileges n'appartenans qu'à ceux qui font seruice actuel, il s'ensuit que ceux qui ne seruent plus, ne s'en peuuent plus preualoir.

108 Ne vaquent à mutatiō de Roy.

Quand ie parle de la rupture des maisons, ie n'enten que de celles des Princes priuilegiez, qui se faict auec certaine ceremonie, lors qu'à la fin des obseques du Prince decedé, le Maistre d'hostel rompt publiquement son baston: mais la maison du Roy ne se rompt point, non plus que le Roy ne meurt point en France, ains comme le Royaume, aussi les Officiers de la maison du Roy sont transferez au successeur dés l'instant de la mort du predecesseur, pource qu'estans Officiers publics, comme i'ay dict cy-deuant, ils ne sont pas attribuez à la personne, ains à la qualité du Roy. Ce qui est decidé par l'Edict de Henry second, cy-dessus rapporté, contenant expressément que les Offices de sa maison ne vaquent point à mutation de regne. Et de verité, si vn nouueau Roy vouloit faire maison neufue, il seroit bien mal-aisé d'y retenir en tout & par tout les antiques regles, & loüables ceremonies de la maison de France.

SOMMAIRE DV QVATRIESME CHAPITRE.

1 *Leur diuision.*
2 *C'estoient à Rome des grades militaires.*
3 *La Milice estoit vray Ordre à Rome.*
4 *Estoient affectées aux bons soldats.*
5 *Degradation.*
6 *Offices militaires de Rome.*
7 *Leurs grades militaires.*
8 Tribunus.
9 Primicerius.
10 Senator.
11 Ducenarius.
12 Biarchus.
13 Circitor.
14 Eques.
15 Tiro.
16 *Estats militaires de France.*
17 *Grades militaires de France.*
18 *De leur droict.*
19 *Inconuenient de les vendre.*
20 *Des Estats des places.*
21 *Baillifs & Seneschaux iadis simples Commissaires.*
22 *Capitaines mis en leur place.*
23 *Capitaines estoient iadis ceux des villes, & Gouuerneurs, ceux des Prouinces.*
24 *Baillifs pourquoy se qualifient Capitaines, & Gouuerneurs.*
25 *Aucuns Gouuerneurs simplement.*
26 *Origine des Gouuerneurs d'à present.*
27 *Pourquoy y en a au cœur de la France.*
28 *Leur reuocation.*
29 *Leur multiplication.*
30 *Trois degrez d'iceux.*
31 *Outre les Lieutenans de chacun degré.*
32 *Pourquoy y en a tant à present.*
33 *Inconuenient.*
34 *Si ces Capitaines sont Officiers.*
35 *Si les Gouuerneurs sont irreuocables.*
36 *Ce qu'en dict du Haillan.*
37 *Ce qu'en dict du Tillet.*
38 *Qu'ils sont reuocables.*
39 Merum Imperium, *n'appartient par droict d'Office.*
40 *Pourquoy commis aux Gouuerneurs.*
41 *Les deux marques essencielles des commissions se retrouuent és Gouuernemens.*
42 *Gouuernemens ne sont érigez par Edicts.*
43 *Terme d'Estat, que signifie dans les Ordonnances.*
44 *Gouuernemẽs n'ont aucuns vrais gages.*
45 *La function des Gouuerneurs est extraordinaire.*
46 *Et leur procedure pareillement.*
47 *Puissance de la vie & de la mort à qui, & sur qui appartient.*
48 *Moyen de se pouruoir contre icelle.*
49 *Charges militaires démembrées d'autres Offices.*
50 *Pourquoy.*
51 *Charges eclipsées des Offices ne sont que commissions.*
52 *Pourquoy n'ont accoustumé d'estre reuoquez.*
53 *Que l'Ord. de Louys XI. doit estre estendüe aux Gouuernements.*
54 *Preuue.*
55 *Interpretation du dire de du Haillan.*
56 *Vraye cause de l'inuention des Gouuerneurs.*
57 *Gouuerneurs ordinaires.*
58 *Inconuenient qui en arriue au peuple.*
59 *Incoueniens qui en vient au Roy.*
60 *Et à l'Estat.*
61 *Que c'est le plus grand peril de la France.*
62 *Exemples fort notables.*
63 *Accortise des Roys de la troisiesme race.*
64 *Premiers Gouuerneurs pourquoy nommez Baillifs & Seneschaux.*
65 *Estoient destituables.*
66 *Tascherent de se faire hereditaires.*
67 *On leur osta le maniment des finances.*
68 *Et celuy des armes.*
69 *Et celuy de la iustice.*
70 *Faudroit vser de semblable preuoyance à l'égard des Gouuerneurs.*
71 *Hazard eschappé.*
72 *Seroit bon d'y preuoir à present.*
73 *Du remede* remissiuè.
74 *Liuret* De la maladie de la France.
75 *Remede que le Roy d'à present y a apporté.*
76 *Autre remede.*
77 *Que ces remedes ne sont suffisans.*
78 *Remede plus certain.*
79 *De la charge & pouuoir des Gouuerneurs.*
80 *Gouuerneurs ne se doiuent mesler de la iustice, ni des finances.*
81 *Entreprises anciennes des Gouuerneurs.*
82 *Pouuoir particulier du Gouuerneur de Dauphiné.*
83 *Les Gouuerneurs n'ont plus que la charge des armes.*
84 *Comment leur charge s'estend contre les citoyens.*
85 *Moyen de se pouruoir contr'eux, quand ils l'excedent.*

DES CHARGES MILITAIRES.

CHAPITRE IIII.

1 Leur diuision.

QVANT aux charges militaires, il a esté dict cy-deuant, qu'il y en auoit de deux sortes, sçauoir, celles des compagnies, & celles des places. Celles-là s'appellent plus communément Capitaineries, & celles-cy, Gouuernements. Expedions premierement celles des compagnies, comme les plus anciennes, & plus necessaires.

2 C'estoient à Rome des grades militaires.

3 La Milice estoit vray Ordre à Rome.

En l'Empire Romain ce n'estoient proprement ni Offices, ni Commissions, au moins pour la pluspart, ains c'estoient plustost Ordres, ou encor pour mieux dire, grades de l'Ordre militaire, esquels les soldats montoient de degré en degré. Car à Rome c'estoit vn vray & pur Ordre, que celuy des gens de guerre, ainsi qu'à nous celuy des gens d'Eglise. Ie dy Ordre permanent, & obligatoire à la vie de l'homme. Au lieu qu'en France ce n'est qu'vne vacation, & condition volontaire, à laquelle nul n'est obligé, sinon que s'estant volontairement enrollé, il ne doit partir sans congé de son Capitaine, qui n'est gueres refusé hors le temps de l'expedition. Mais à Rome comme les soldats estans choisis, falloit qu'ils s'enrollassent, & entrassent en l'Ordre militaire (voulsissent, ou non) aussi par apres il falloit qu'ils y demeurassent toute leur vie; mesme falloit qu'ils continuassent la faction, iusques à ce qu'ils eussent faict leur temps, *quousque legitima stipendia impleuissent*, qui estoient de vingt années, suiuant la reduction de Tibere, dans Tacite liu. 1. & par apres ils estoient veterans, & lors bien qu'ils fussent exempts de la faction, ils demeuroient neantmoins en l'Ordre militaire, & iouissoient des priuileges d'iceluy.

4 Estoient affectées aux bons soldats.

Donques les charges militaires des Romains estoient la plus part des grades affectez aux soldats signalez, qui auoient faict quelque acte genereux: par le moyen duquel vn soldat ayant obtenu le plus bas grade paruenoit aux autres graduellement, à mesure qu'ils vaquoient, comme nous apprend Vegece liure 2. chap. 21. *In Legionibus decem cohortes ita sunt ordinatæ, vt omnium vnum corpus, vna videatur esse coniunctio. Nam quasi in orbem quendam per diuersas cohortes milites promouentur: Ita vt ex prima cohorte ad gradum quempiam promotus vadat ad decimam cohortem, & rursus ab ea, crescentibus stipendijs, cum maiore gradu per alias recurrat ad primam.* Ce qui estoit aussi obserué aux Milices Palatines, qui estoient reglées comme les vrayes Milices, ainsi que le dit Vegece au mesme lieu, & a esté touché au chapitre precedent. Et au rebours, quand vn soldat, qui estoit en grade, auoit delinqué, on le dégradoit: c'est à dire on le rabaissoit d'vn degré, comme il sera prouué plus amplement au liure *Des Ordres*: ce que les Canonistes n'ont pas entendu. Belle police certes: car par ce moyen les derniers, & plus bas grades ne pouuoient estre acquis que par de bons soldats, & les premiers ne pouuoient estre tenus que par de vieils, & sages gendarmes, & d'ailleurs l'esperance de ces grades les obligeoit tous à continuer volontairement la Milice, & s'y affectionner.

5 Degradatiõ.

6 Offices militaires de Rome.

Vray est, que les principales charges militaires, & encor certaines autres, estoient plustost Offices que grades, n'estans deferées par degrez: ains conferées à discretion par l'Empereur, ou les Chefs dont ils dépendoient: comme les charges *Imperatoris seu Ducis exercitus, Præfecti Legionum, castrorum, fabrorum, maioris Tribuni, Aquiliferi, Optionis, Signiferi, seu Draconarti, Tesserarij, Metatoris, Mensoris, Tubicinum, Cornicinum. Buccinatorum*, & autres qui sont recitées, & expliquées par le mesme autheur chap. 7. 9. 10. 11. & 12. & tous ceux-là, comme il dit au chap. 7. estoient exempts de la faction, combien que ceux qui estoient en grade y fussent suiects.

Quant aux grades militaires, ils sont rapportez la plus part en la loy 2. *C. De Of-* 7 Leurs grades militaires.
fic. Pref. Prat. Africa, & encor mieux dans sainct Hierosme contre Iouinian, *Finge*, dit-il, *aliquem Tribunitia potestatis suo vitio regradatum, per singula militia Officia ad Tyronis vocabulum deuolutum, numquid ex Tribuno statim fiet Tyro? non, sed ante Primicerius, deinde Senator, Ducenarius, Biarchus, Circitor, Eques, dein Tyro.*

Le Tribun estoit le Capitaine de chasque cohorte ou compagnie, & y en auoit 8 Tribunus.
communément deux, l'vn *Tribunus maior, seu Augustalis*, qui estoit Officier : l'autre *minor seu ordinarius*, qui estoit simplement en grade militaire. *Maior Tribunus*, (dit Vegece, *d. cap. 7.*) *Imperatoris iudicio promouetur, minor prouenit ex labore.*

Primicerius, dit Suidas, ὁ πρῶτος τῆς τάξεως, le premier degré de la legion. *A Vege-* 9 Primicerius.
tio vocatur Centurio Primipili, qui non solum Aquilæ præerat, verumetiam quatuor centurias, id est, quadringentos milites in prima acie gubernabat.

Senator estoit aussi vn grade militaire, & signifie le Cõseiller de la Compagnie, 10 Senator.
soit en la Milice Palatine, ou en la vraye Milice, ainsi est-il pris en la loy 3. *C. De Offic. Mag. Offic. & in l. 1. C. De priuil. schol.* où il est parlé de dégrader le Senateur : & se trompent ceux qui entendent ces loix d'vn Senateur de Rome, ou d'autre ville.

Ducenarius, qui olim primus Hastatus dicebatur, erat is qui duas centurias, id est, ducentos 11 Ducenarius.
homines ducebat in secunda acie, vt Centenarius qui centum, & Decanus qui decem, qui quidem posteà caput contubernij vocatus est, dit Vegece au mesme liure, chapitre huict.

Biarchus, dont aussi est fait mẽtion en la loy 2. *De Off. Præf. Pret. Afr.* & la loy 1. *C. De* 12 Biarchus.
Off. Mag. Offic. estoit celui qui auoit charge des viures, cõme le mot le démonstre.

Comme aussi *Circitor* estoit celui, qui auoit charge des rondes, *Idoneos milites Tri-* 13 Circitor.
buni & probatissimos éligunt, qui circumeant vigilias, & renuncient, siqua emerserit culpa, quos Circuitores appellabant: nunc militiæ factus est gradus, & Circitores vocantur, dit le mesme Autheur, liure 3. chap. 8. voila comme d'Office il est deuenu grade militaire.

Eques en matiere de Milice est le soldat de cheual, comme *pedes* celui de pied : 14 Eques.
au lieu qu'en la ville c'estoit le second Ordre des citoyens Romains. Ainsi qu'en France nous faisons difference à present de Cheualier, qui est vn titre de Dignité en l'Ordre de Noblesse, & de Caualier, qui signifie le soldat de cheual.

Finalement *Tyrones sunt, qui nondum in numeros relati, lecti tamen vt militent, publicis* 15 Tyro.
expensis iter faciunt, & sub campi ductore exercentur, l. 42. D. De testam. milit. Et voila à peu prés les grades de la Milice Romaine.

Pareillement, en nostre Milice de France, nous auõs & des Estats, & des grades 16 Estats militaires de France.
militaires. Des Estats, comme ceux de Lieutenãt general de l'armée, Mareschaux de camp, Colonels des regimens, Capitaines des compagnies, soit de cheual, ou de pied, Mareschaux des logis, ou fourriers, trõpettes, fifres, tambours, & autres,
qui sont conferez par le Roy, ou le chef duquel ils dépendent. Des grades mili- 17 Grades militaires de France.
taires, comme les Lieutenans des compagnies, Guidons, Enseignes, Caporaux, Sergens, &c. qui deuroient estre déferez de degré en degré aux soldats de merite. Toutefois la discipline militaire n'estant pas exactemẽt obseruée parmi nous, les Capitaines en disposent presque tousiours maintenant à leur discretion.

Voila pour les Estats des cõpagnies, du droit desquels il n'est besoin de discou- 18 De leur droit.
rir, pource qu'ils ne tombent nullement en cõmerce, au moins n'y deuroient-ils nullement tomber: aussi ne sont-ils pas ordinairement de durée, non plus que les compagnies dont ils sont, qui sont subjectes d'estre cassées: & quant à celles qui sont ordinaires & entretenuës en paix & en guerre, on commence desia bien fort
d'en vendre les charges, non pas le Roy, mais les particuliers par sa tolerance, qui 19 Incõueniẽt de les vendre.
est certes vn grand desreglement à la discipline militaire: pource qu'en ce faisant, ce ne sont pas les plus vaillans, ni les plus fideles, qui y paruiennent, mais les plus pecunieux, qui ayant acheté leurs charges, se licencient dauantage à les faire valoir aux despens des soldats, & successiuement à la foule du peuple.

Quant aux Estats de la gendarmerie, concernans les places, les Romains, ni les 20 Des Estats des places.
anciens François n'en auoiẽt aucuns, au moins qui fussent purs Estats de gendarmerie: Ains les vns comme les autres laissoient l'entier gouuernemẽt des Prouinces, des villes & des places aux Magistrats ordinaires, qui à Rome estoient premierement les Procõsuls, ou Presidẽs des Prouinces, puis eurent diuers noms en

diuerses Prouinces, & en aucunes, comme en Gaule, estoient appellez Ducs & Comtes, & auoient en leur Prouince l'administration des armes, de la iustice & des finances.

21 Baillifs & Seneschaux, jadis simples Cōmissaires.

Et apres qu'en France les Ducs & les Comtes eurent vsurpé la proprieté & seigneurie de leur territoire, les Rois mirent en leur place des Baillifs & Seneschaux, qui auoient le mesme pouuoir és armes, en la iustice, & aux finances: mais n'estoient pas de leur premiere institution vrais Officiers, au moins perpetuels & non destituables, ains simples Commissaires reuocables, enuoyez pour vn temps dans les Prouinces du Royaume, ainsi que les Ambassadeurs sont enuoyez aux Prouinces estrangeres: aussi furent-ils appellez tout premierement *Missi Dominici*, ou *Missi Regij*, & depuis furēt appellez Baillifs, c'est à dire, Gardes ou Gardiens, ou bien Seneschaux, c'est à dire en bas Alleman, dit du Haillan, domestiques, ou gens de la Cour, & suitte du Roy: & de fait par les anciennes Ordonnances, inserées dans le vieil styl du Parlement, nul ne pouuoit estre Baillif ou Seneschal de la Prouince, dont il estoit natif, les Baillifs ne pouuoient se marier, ni acquerir heritage en leur Prouince, & si estoient tenus y demeurer cinquante iours apres l'aduenement de leur successeur, afin de respondre aux plaintes qui pourroient estre faites contr'eux, le tout conformément aux loix Romaines.

22 Capitaines mis en leur place.

Mais pource qu'à succession de temps les Baillifs & Seneschaux s'occuperent tellement à l'exercice de la iustice, que la plus-part d'entr'eux negligerent celuy des armes, il aduenoit souuent qu'és villes frontieres, lors qu'on auoit guerre contre l'estranger, ils ne se trouuoient pas assez capables, pour maintenir leurs places, & partant l'interest notable du Royaume requeroit de jetter en icelles des Seigneurs ou Gentilshommes experts aux armes, pour y cōmander pendant l'hostilité, qui furent appellez Capitaines, c'est à dire, gens de commandement en guerre: estant chose notoire, que nous appellons ainsi vulgairement ceux qui ont telle industrie aux armes, qu'ils sont capables de commander aux autres. Car

23 Capitaines estoient jadis ceux des villes, & Gouuerneurs ceux des Prouinces.

du commencement, comme dit du Haillan, les Gouuerneurs des villes ne s'appelloient que Capitaines, & non pas Gouuerneurs, ains ce nom estoit laissé à ceux qui commandoient aux grandes Prouinces entieres: mais ceux des villes n'ont gueres tardé d'vsurper ce titre, & de s'intituler Capitaines & Gouuerneurs: à la difference desquels ceux des Prouinces se sont intitulez Gouuerneurs & Lieutenans generaux du Roy.

24 Baillifs, pourquoy se qualifient Capitaines & Gouuerneurs.

Voire mesme les Baillifs & Seneschaux, recognoissans que ces nouueaux Estats de Capitaines & Gouuerneurs estoient démembrez de leurs Offices, & que c'estoit eux-mesmes qui estoient les vrais & naturels Gouuerneurs de leur Prouince, pour tascher à euiter qu'on n'y en mist d'autres qu'eux, se sont qualifiez, & se qualifient encor à present Baillifs, Capitaines & Gouuerneurs; voire mesme aucuns, comme ceux de Peronne, Boulongne, Mondidier, Roye, Narbone & Bayonne, ont quitté tout-à-fait le nom de Baillif, & se sont seulement intitulez Gouuerneurs. Ce qui neantmoins n'a pas empesché qu'il n'y ait en fin eu par tout des Gouuerneurs, outre les Baillifs.

25 Aucuns Gouuerneurs simplement.

26 Origine des Gouuerneurs d'à present.

Voici ce que dit du Tillet de leur origine, *Il ne souloit y auoir Gouuerneurs ou Lieutenans de Roy qu'és Prouinces limitrophes, pour veiller sur les ennemis voisins, & garder frontiere en bon estat & defense. En celles qui n'estoient limitrophes, les Officiers ordinaires suffisoient. Et pource que par faueur en aucunes auoient esté mis des Gouuerneurs, le Roy François premier les reuoqua, le 6. May 1545. ne laissant que le seul Gouuerneur de Paris plus pour l'honneur de sa ville capitale, que par necessité.* Et peu apres, *Depuis ont esté instituez autres Gouuerneurs és Prouinces non limitrophes, & est apparu par la diuision de Religion ou pretexte d'icelle, que cela estoit necessaire, puis qu'en temps de diuision toutes Prouinces sont limitrophes, la guerre intestine estant la plus dangereuse & dommageable, comme chacun sent & voit. Quand Dieu sera appaisé à la France, & que la paix & vnion y sera retournée, la reuocation en sera necessaire.*

27 Pourquoy y en a au cœur de la France.

28 Leur reuocation.

Aussi fut-elle ordōnée peu apres le liure de du Tillet, à sçauoir és Estats de Blois art. 271. qui ne laisserēt pour tous Gouuerneurs en France que les douze anciens Lieutenans de Prouince: où il est notable en passant, que les lettres des Gouue neurs des villes sont appellées commissions, & non pas prouisions. Et cette reuocation auoit desia esté ordonnée par le Roy François I. en l'an 1545. incontinant apres la paix faite auec Charles le quint. Mais il eust bien esté besoin d'en faire autant apres ces derniers troubles de la ligue, qui ont encor augmenté le nombre des Gouuerneurs, de sorte qu'à present il n'y a quasi petite ville, mesme de celles des Seigneurs, où il n'y ait vn Gouuerneur particulier, dépendant du Gouuerneur de la Prouince, pourueu neantmoins par le Roy. Mesmement les Gouuerneurs des villes establissent de leur propre auctorité des Capitaines aux Chasteaux & places fortes de leur territoire, qui dépendent d'eux : de sorte qu'il y a tantost autant de degrez de Gouuernemens, que de Iustices. Et pour les distinguer, on leur a donné des noms diuers, appellãs ceux des Prouinces Lieutenans de Roy, ceux des villes Gouuerneurs particulierement, & ceux des Chasteaux Capitaines. Mesmement en plusieurs Prouinces le Roy a establi des Lieutenans aux Gouuerneurs d'icelles : voire plusieurs en vne mesme Prouince, qui ont leur charge diuisée par les Bailliages, ou autres cantons & limites. Et pareillement és villes où y a citadelles ou chasteaux, il a mis des Capitaines particuliers en iceux, autres que ceux des villes, & qui ne dépendent point d'eux, voire mesme il a encor baillé des Lieutenans à la pluspart de ces Capitaines. Car le Roy recognoist que plus il y en aura, moins ils s'accorderont ensemble, ains s'enuieront & controlleront l'vn l'autre. C'est pourquoy il ne refuse point à sa noblesse cette recompense d'honneur, qui en la plusspart des lieux ne lui couste rien : n'ayans tous ces Gouuerneurs aucuns gages, ni mesmement aucuns appointemens : fors ceux des frontieres, qui ayans des gens de guerre soubs eux, ont leur paye de Capitaines de compagnie, & quelques autres ont des pensions extraordinaires. Mais quand la guerre arriue, Dieu sçait comment tous ces gens-là font valoir le mestier, aux despens du pauure peuple, qu'ils traitent à discretion, ayans la force en main, & estans exempts des oppositions & appellations de la Iustice ordinaire, voire se pretendans exempts des recherches d'icelle.

29 Leur multiplication.

30 Trois degrez d'iceux.

31 Outre les Lieutenans de chacũ degré.

32 Pourquoy y en a tant à present.

33 Inconuenient.

Voila tous les Estats de la Milice armée, ou gendarmerie, tant des compagnies, que des places : examinons maintenant leur nature, & voyons si ce sont vrais Offices formez, & partant irreuocables suiuant l'Ord. de Louys XI. Premierement à l'égard de ceux des cõpagnies, il est tout notoire, qu'ils sont reuocables, & subjets à estre cassez & licenciez, soit que ce soient Estats déferez par collation, soit que ce soient grades militaires acquis par degré merité : cõbien qu'il sera prouué au dernier liure, que la degradation, ou reuocation des Ordres & grades d'iceux est beaucoup plus difficile, que n'est la priuation ou destitution des vrais Offices.

34 Si les Capitaineries sont Offices.

Mais on doute fort en nostre vsage, si les Estats des places, qui sont les Gouuernemens des Prouinces, villes & chasteaux, sont reuocables à la volonté du Roy, ou non. Pource que les Rois n'ont accoustumé de les reuoquer, & que le pouuoir qu'ont les Gouuerneurs, semble leur auoir acquis cét establissement & asseurance, qu'il seroit & mal-aisé & dangereux de les oster & destituer : & de fait on void qu'ils sont ordinairement admis à resigner leurs charges, voire qu'apres leur mort on trouue moyen de les continuer en leurs familles, comme si elles leurs estoient propres.

35 Si les Gouuernemẽs sõt irreuocables.

Il semble que du Haillan incline à cette opinion, disant ces mots au 4. liure *Des affaires de France. Aucuns disent que le premier Gouuernement donné en titre d'Estat, & perpetuel fut celuy de Languedoc, que Charles V. donna à Louys Duc d'Anjou, son frere, apres la rebellion de Montpellier, & qu'auparauant les Roys enuoyoient Gouuerneurs aux Prouinces pour vn an ou deux, plus ou moins, selon les affaires.* Combien que ce qu'il dit de Charles V. ne puisse estre veritable, d'autant que nuls Offices de France ne furent perpetuels, iusques à Louys XI. de sorte qu'il faut necessairement entendre ce mot perpetuel, pour estre opposé à temporel, & non pas pour signifier vn Estat irreuocable.

36 Ce qu'en dit du Haillan.

Mais du Tillet tient expressément l'opinion contraire au chap. *Des Gouuerneurs*, en ces mots, *Lesdits Gouuerneurs & Lieutenans generaux du Roy ne sont qu'en commission, & non en titre d'Offices. Quand le Roy François premier, en l'an 1545. reuoqua les pouuoirs*

37 Ce qu'en dit du Tillet.

des Gouuerneurs, & autres principaux Estats de son Royaume, le Parlement n'en feit difficulté ne remonstrance, qu'à l'égard des Offices de la couronne : sçachant que les Gouuerneurs & Lieutenans generaux des Prouinces sont reuocables à volonté.

38 Qu'ils sont reuocables. Et de verité, qui y prendra garde de prés, trouuera qu'il n'y a rien si certain selon droit & raison. Car premierement il a esté prouué au 1. liure, & au commencement du second, que la voye de la force, & la charge des armes (qui est proprement, & à bien entendre, ce que les Romains appelloient *merum imperium, semotum scilicet ab omni iurisdictione*) ne peut appartenir à aucun par droit d'Office, ains seulement par commission & delegation speciale, comme il se collige de la loy 1. *D. De Offic. eius cui mand. est iurisd.* & l'ay discouru au 1. ch. du 2. liu. La raison est, que tous Magistrats & Officiers doiuent garder l'ordre & les formes de iustice, dont il n'y a que le Roy seul, qui soit exempt, & par cõsequent la voye de force lui appartient à lui seul, estãt certes vn acte de Seigneur, & non d'Officier, & encor de Seigneur souuerain, duquel seul la guerre & les armes dépendent, & lequel est le seul & vrai Seigneur des personnes residantes en sa souueraineté : & n'y deuroit proprement auoir que lui qui peust vser à l'endroit de ses subjets de cette voye de force, extraordinaire & cõtraire à celle de iustice. Neantmoins pource qu'il ne peut pas estre par tout, & que partant il est necessaire qu'autres que lui en vsent en temps de guerre, où on ne peut attendre les longueurs, ni obseruer les formes de iustice, on tolere qu'il commette ce pouuoir extraordinaire à quelque personne signalée, à la charge toutefois de n'en vser qu'en cas de necessité seulement, & encor d'en vser alors au nom du Roy, (ce qui est general en tout Commissaire) & non au sien propre, ainsi que fait vn Officier en ce qui dépend de sa charge.

39 *Merum imperium*, n'appartient par droit d'Office.

40 Pourquoy commis aux Gouuerneurs.

41 Les deux marques essẽcielles des cõmissions se retrouuent és Gouuernemens. Aussi les deux marques essencielles & differences specifiques, qui distinguent la Commission d'auec le vray Office (à sçauoir que la Commission n'est érigée par Edict, & que c'est vne function extraordinaire, comme il sera amplement discouru au chapitre suiuant) se trouuent concurremment en ces charges de Gouuerneurs.

42 Gouuernemens ne sont érigez par Edicts. Quant à la premiere, de n'estre érigée par Edict, qui est celle que Bodin recognoist toute seule, pour difference specifique d'entre l'Office & la Commission, il est certain qu'il n'y eut iamais d'Edict portãt erection des Gouuerneurs, & quãt aux Ordonn. qui font mention d'eux, elles sont faites, ou pour les supprimer & reuoquer tout-à-fait, ou pour les reformer & retrancher leurs vsurpations, & non pas pour les establir & ériger en titre d'Office formé, cõme parlẽt nos Ordon. Et

43 Terme d'Estat que signifie dans les Ordõnances. est notable, que toutes celles qui parlent des Gouuernemens, ne les qualifient iamais du nom d'Offices, ains de celui d'Estats, qu'il a esté dit au commẽcement de cét œuure, estre vn terme general, signifiant proprement & de soi, toute charge publique, & comprenant la Cõmission aussi bien que l'Office, mesmement le simple Ordre : comme aussi Estat n'est autre chose que qualité. Mais nous auons dit, que dans les Ordonn. où la proprieté des mots doit estre gardée soigneusement, ce mot est ordinairement accõmodé aux charges, qui ne sont point vrais Offices.

44 Gouuernemens n'ont aucuns vrais gages. De fait, les Gouuerneurs n'ont tous aucuns gages, au moins qui soient vrais gages, & qui soient payez par les Receueurs ordinaires du Roy, & comme charge ordinaire de leur recepte, ains ceux d'entr'eux, qui ont quelque appointement, l'ont, ou en forme de paye ou solde, comme Capitaines de gens de guerre, ou par forme de pension, comme Commissaires, & en sont payez par les Thresoriers des guerres, ou de l'Espargne en vertu des estats qui se renouuellent, & peuuent estre changez par chacun an. Aussi n'entrent-ils point aux parties casuelles, & ne sont point resignables, non plus que les Commissions, comme il est porté expressément par le 272. article de l'Ordonn. de Blois.

45 La functiõ des Gouuerneurs est extraordinaire. Quant à la seconde marque, il est certain, que la function des Gouuerneurs, & de tous autres Officiers militaires est tousiours extraordinaire & hors la police ciuile, puisque la guerre mesme est non seulement extraordinaire, mais encor contre nature. Aussi la procedure des Officiers militaires, qu'on appelle la

46 Et leur procedure pareillement. puissance ou la discipline militaire, *est reuerà extra ordinem*, comme parlent les Iurisconsultes, c'est à dire, *extra legitimum & consuetum morem & ordinem iudicio-*

rum, que nous disons en France, *sans forme ne figure de procez*: on y plaide sans escrire, on condamne sans parler, on execute sans condamner, on confirme sans appel. C'est ce qu'entendent Polybe, T. Liue, & autres anciens Autheurs, quand ils disent qu'en fait de guerre le Consul Romain, & tout autre chef d'armée auoit toute puissance de la vie & mort sur les soldats, c'est à dire, qu'il les pouuoit faire executer à mort, de lui mesme & par son simple commandement, sans garder aucun ordre de iustice.

Ce qui a encor lieu en France à l'egard des soldats, sur lesquels, & non sur les habitans s'estend proprement cette puissance militaire. Vrai est, qu'encor les sages Chefs d'armées & Gouuerneurs de Prouince renuoyent les delinquans aux Preuosts des Mareschaux, pour leur faire le procez par les formes ordinaires: mais s'ils veulent, ils les peuuent faire executer à mort sur vn simple breuet signé d'eux, & ainsi va la iustice militaire. Voire mesme que du temps de nos peres les simples Capitaines pretendoient auoir puissance de tuer impunément leurs soldats: ce qui leur fallut defendre par Edict exprés, qui fut fait à la poursuitte du sieur d'Andelot Colonel de l'Infanterie Françoise. De sorte qu'à present les simples Capitaines, comme aussi les Gouuerneurs des villes & places, n'ont plus que la legere correction, auec la contrainte prompte par la force militaire, pour executer ce qui dépend de leur charge. Sans que ni les vns, ni les autres soient tenus de déferer à appellation ni opposition, qui sont formalitez de la iustice ordinaire, ains seulement quand ils excedent leur pouuoir ou leur deuoir, on se peut pouruoir contr'eux par plainte par deuers leurs superieurs, ou en tout cas par deuers le Roy, ou son conseil d'Estat: comme i'ai dit au dernier chapitre du premier liure qu'on faisoit anciennement contre les Baillifs & Seneschaux, lors que le Gouuernement faisoit partie de leurs Offices. 47 Puissance de la vie, & de la mort, à qui & sur qui appartient. 48 Moyen de se pouruoir contre icelle.

Les charges militaires sont encor extraordinaires d'vne autre façon, c'est que toutes celles qu'on veut pretendre estre Offices, ont esté démembrées & eclipsées des anciens Offices. Comme la charge de Lieutenant general des armées du Roy est vne commission démembrée de l'Office de Conestable: celle des Mareschaux de camp des Offices de Mareschaux de France: celle des Gouuerneurs des Offices de Baillifs & Seneschaux, ne plus ne moins que celle de Garde des seaux, est démembrée de l'Office de Chancelier de France: comme à la verité c'est chose bien raisonnable, & presque necessaire, qu'és charges de si grande importance le Prince souuerain, s'estant lié les mains de ne pouuoir destituer les Officiers pourueus en titre d'Office, puisse au moins, en leur laissant leur titre, leur rang, & les droits de leur Office, commettre l'exercice de leurs charges à personnes qu'il estimera plus idoines, pour certaines considerations, qui dépendent de son mouuement, & opinion particuliere, comme du Tillet discourt fort bien en ce mesme chapitre *Des Gouuerneurs de Prouince*. 49 Charges militaires démembrées d'autres Offices. 50 Pourquoy.

Or il est certain, que celui auquel est commise en tout, ou partie la charge d'vn vrai Officier, soit sous le mesme titre de son Office, s'en pouruoyant par commission, comme il aduient quelquefois, soit sous vn autre titre, qui n'est toutefois érigé par Edict en Office separé, est simple Commissaire, & non pas Officier: l'Office demeurant à l'Officier, auquel il appartient, & la function estant exercée par le Commissaire, auquel elle est commise. 51 Charges eclipsées des Offices ne sõt que commissions.

Ie ne sçaurois imaginer que deux objections, qu'on me puisse faire, pour soutenir que les Gouuerneurs soient Officiers. L'vne, qu'ils n'ont accoustumé d'estre reuoquez par les Rois. Mais (outre qu'il se trouuera qu'en tous les regnes on en a reuoqué quelqu'vn, qui est assez, pour continuer la possession de ce qui est en pure faculté) si les Rois n'en ont vsé, ou pour leur bonté, comme on dit du Roy Robert, qu'il ne destitua iamais vn seul Officier, combien qu'ils fussent destituables indifferemment, ou pour la preud'hommie de ceux qui ont eu ces charges, ou pour crainte d'vne reuolte, ou autre mauuais accident, comme cela pourroit estre à craindre pendant les guerres ciuiles, ce n'est pas à dire qu'ils ayent perdu leur droit, & que leurs subjects l'ayent prescrit contre eux, non plus qu'on ne peut dire que les Ambassadeurs ordinaires ne soient reuocables pendant leur 52 Pourquoy n'ont accoustumé d'estre reuoquées.

temps, combien que depuis long temps on n'en puisse quoter aucun qui ait esté reuoqué: estant vne maxime infaillible de droit & d'équité, que ce qui consiste en pure faculté, n'est prescriptible.

53 Que l'Ord. de Louys XI. ne doit estre estenduë aux Gouuerneurs. L'autre objection resulte de l'Ordonn. de Louys XI. qui a introduit la perpetuité des Offices indefiniement, & sans referuer ni excepter ceux de guerre plustost que ceux de iudicature, ou de finance. Mais la response est, que le texte de cette ordonnance ne parle que des Offices, & non pas de toutes charges publiques: & de fait, il est bien certain, qu'en vertu de cette ordonnance, vn Ambassadeur, vn Conseiller d'Estat, & mesme vn Capitaine de gens de pied ne se peut pas pretendre estre Officier perpetuel & irreuocable.

54 Preuue. Mais sur tout, il faut noter, que lors de cette Ordonnance les Gouuerneurs, soit des prouinces, ou des villes n'estoient encor en vsage, quoy que ce soit en qualité de charges ordinaires & accoustumées. Et de fait, du Tillet remarque, que le Duc d'Orleans fut fait par le Roy Louys XII. premier Gouuerneur de Paris, & Isle de France, en l'an 1484. Que si du temps de Louys XI. il y auoit quelques Gouuerneurs, comme il est certain, que lors des remuemens des prouinces on y enuoyoit pour les pacifier, ou tenir en seureté, c'estoit par commissions particulieres, qui n'auoient force sinon tant que le trouble duroit, & estant cessé, ils s'en retournoient en leurs maisons, & n'estoient plus rien: de sorte qu'on n'auoit nulle occasion de les tenir pour Officiers ordinaires, & compris en l'ordonnance:

55 Interpretatiō du dire de du Haillan. & ainsi faut entendre le dire de du Haillan, cy dessus rapporté, que le premier Gouuerneur perpetuel fut le Duc d'Anjou en Languedoc, sous Charles V. pource que les precedens Gouuerneurs n'estoient enuoyez és prouinces, que pour donner ordre à certaine affaire, mais luy qui estoit frere du Roy fut enuoyé en Languedoc, pour y estre continuellement Gouuerneur: mais pourtant ce n'est à dire, qu'il ne fust reuocable, ainsi qu'estoient lors tous les Officiers de France.

56 Vraye cause de l'inuention des Gouuerneurs. Voire mesme la verité est, que ç'a esté cette ordonn. de Louys XI. qui a donné cause à l'introduction des Gouuerneurs, pource que par icelle les Offices de Baillifs & Seneschaux ayans esté faits perpetuels & irreuocables, ainsi que les autres, quād il est aduenu, pendant vne guerre, que le Baillif ou Senechal, auquel à cause de son Office, la charge des armes appartenoit, n'y estoit pas propre, ou bien qu'on auoit quelque défiance de lui, le Roy estoit contraint de cōmettre vn Capitaine, pour la defense & cōseruation de sa ville, qui estoit appellé Gouuerneur.

57 Gouuerneurs ordinaires. Et comme nous sommes portez en France à l'ambition & augmentation du nombre des Estats, & charges publiques, que chacun brigue à outrance, il est aduenu, à succession de temps, que par vne accoustumance ordinaire on a mis és Prouinces des Gouuerneurs generaux au dessus de ceux des villes frontieres, qui se sont intitulez Lieutenans generaux du Roy. Et finalement pendant les guerres ciuiles, soit de la religion, soit les dernieres de la Ligue, toutes villes estans comme frontieres en leur parti, il s'est installé dans les villes estans au cœur du Royaume, des Gouuerneurs particuliers, aucuns recognoissans celui de la Prouince pour superieur, aucuns non: n'y ayant encor de regle arrestée en ces charges, qui se sont establies tumultuairement en temps de troubles. Mesmement il s'est veu en ces derniers, plus qu'auparauant, que les Gouuerneurs des villes

58 Incōueniēt qui en arriue au peuple. les se sont ingerez de mettre soubs eux de leur propre authorité des Capitaines, dans les places de leur territoire, ce qu'ils appellent des establissemens, & par le moyen d'iceux ils font les Rois & Princes absolus dans leurs Gouuernemens, voire font plus que les Rois, pource qu'ils n'ont moyen de maintenir leur train, & d'assouuir leur ambition sans l'extreme foule du peuple, & d'ailleurs n'ont droit de commander par la douceur & la voye de iustice, comme les Rois: & de fait tant que la guerre dure, nul n'auseroit, non seulement les contredire appertement, mais mesme faire semblant de trouuer mauuais leurs comportemens, qu'il ne soit incontinant accablé.

59 Incōueniēt qui en vient au Roy. Et qui pis est, ayant gousté la douceur & commodité de ce commandement presque absolu, Dieu sçait, s'il leur est possible de se soumettre tout-à-fait à leur

60 Et à l'Estat. Prince. Ce que tant s'en faut qu'ils facent pendant leur vie, qu'apres leur mort

leurs enfans prennent à iniure, si le Gouuernement est conferé à vn autre, ne se reputans pas Gouuerneurs, ains Seigneurs, voire aspireroient volontiers à se faire Seigneurs absolus. Et de faict ils se liguent, & associent les vns auec les autres, pour se maintenir, disent-ils, mais c'est contre leur Prince, ne plus ne moins que peuuent faire des Seigneurs souuerains, en faisant des alliances, pour se conseruer contre des Princes estranges.

61 Que c'est le plus grand peril de la France.

Qu'on prenne garde à tous les hazards, qui menacent la France, il n'y en a point de plus grand que cestuy-cy : la France est si bien fournie, & de belle noblesse, & de bons soldats, qu'elle n'ha point suiect de craindre l'ennemy estranger : tant qu'elle sera vnie en soy-mesme, elle ne peut perir que par ses propres forces. Mais y arriuant vne guerre ciuile sous vn Prince mineur, ou autrement foible, le desordre & tyranniques entreprises des Gouuerneurs sont bastantes pour la ruiner, du moins pour la cantonner, comme desia par le mesme moyen l'Italie, puis l'Allemagne a esté cantonnée, & reduite en petits Estats, tels qu'on les voit à present : & sans aller plus loin, desia par deux fois la France a esté diuisée par les Ducs & les Comtes predecesseurs en charge de nos Gouuerneurs d'auiourd'huy, qui du commencement, n'estans que simples Officiers destituables, neantmoins par le moyen du gouuernement qu'ils auoient des Prouinces & des villes se sont faicts Seigneurs, voire Seigneurs presque entierement souuerains de leurs Gouuernemens : & ont esté cause de toutes les deux mutations de race de nos Rois, lesquels par ce moyen dépouillez de leur domaine, & de la proprieté quasi entiere de leur Royaume, estoient presque tout ainsi qu'est à present l'Empereur parmy les Potentats d'Allemagne : mesme pource qu'ils n'auoient pas tant de domaine à eux, ni d'autres commoditez qu'ha l'Empereur, ils estoient contraints d'entretenir continuellement quelque guerre, afin de continuer leur auctorité.

62 Exemples fort notables.

63 Accortise des Rois de la troisiesme race.

Mais les Rois de la troisiesme lignée ont par grande accortise trouué moyen par mariages, reuersions à fautes de masles, guerres & confiscations, de retirer peu à peu ce qui leur auoit esté osté tout d'vn coup : & nous-nous pouuons bien souuenir encor, combien les dernieres pieces ont cousté à rauoir : & si n'auons peu si bien faire, que le païs de Flandre, & le Comté de Bourgogne ne nous soient eschappez tout à faict, & encor le Duché de Bar est demeuré aux mesmes termes, qu'estoient alors tous les autres.

64 Premiers Gouuerneurs pourquoy nômez Baillifs & Seneschaux.

Donques à mesure que ces pieces ont esté retirées, nos Rois craignant de retomber au mesme inconuenient, au lieu qu'auparauant en conferant les Comtez & Duchez en Offices ils promettoient & iuroient, dit Paul Emile, de ne les point reuoquer, ils feirent desormais tout le contraire, & baillerent ces mesmes charges à certains tiltres importans & signifians vne simple commission : & pource que le mot de commission n'estoit point encor en vsage, ils appellerent ces nouueaux Officiers Baillifs, c'est à dire gardiens, ou Seneschaux, c'est à dire Officiers domestiques : termes qui importent, qu'ils estoient reuocables, comme est notoirement vn gardien, & vn seruiteur domestique.

65 Estoiét destituables.

Et ces termes auoient desia esté inuentez par les Ducs & Comtes, lesquels apres leur vsurpation, nommerent ainsi les Officiers, qu'ils commettoient sous eux, en leurs Seigneuries, afin que par le propre nom de leurs Offices, ils cogneussent, qu'ils estoient reuocables à volonté : comme aussi estoient lors tous les Officiers de France indistinctement, voire mesme les Officiers de la Couronne, comme i'ay prouué en leur chapitre.

6 Tascherent de se faire hereditaires.

Mais quand par le moyen de l'Ordonnance de Louys XI. ces Offices deuindrent perpetuels comme les autres, les Baillifs & Seneschaux, aussi bien que les autres grands Officiers, non contents de ne pouuoir plus estre reuoquez (comme l'ambition augmente tousiours, principalemét quand est elle assistée de la force) tascherent encor de se rendre hereditaires : dont le Parlement les a empeschez, comme il a esté prouué au deuxiesme chapitre du second liure : & mesme auiourd'huy en toute l'Escosse les Seneschaux se sont faicts hereditaires : dont le Roy d'Angleterre & d'Escosse, à present regnant, se plaint en ce vrayement Royal petit liure, du present Royal, imprimé depuis quelques années.

67 On leur osta le maniement des finances.

Pource donc qu'on craignit en France que les Baillifs & Seneschaux feissent comme les Ducs & les Comtes, attendu qu'ils auoient la charge des armes de la iustice, & des finances conioinctement ainsi qu'eux, on y apporta vn prompt & asseuré remede, qui fut de démembrer, & diuiser leurs charges, & premierement on leur osta les finances qu'ils manioient lors (comme il se voit au grand Coustumier) & pour raison dequoy ils faisoient le serment, & estoient comptables à la Chambre des Comtes, ainsi que M. Pasquier a remarqué, mettant sur les lieux des Receueurs du domaine. Puis on leur osta le principal maniement des armes par l'establissement des Gouuerneurs, si qu'à ce regard il n'est resté aux Baillifs que la conduitte de l'arriere-ban, qu'on leur laisse pour marque de leur ancien pouuoir. Finalement on leur a osté le maniement de la iustice, leur donnant en premier lieu des Lieutenans de longue robe, en tiltre d'Office Royal, au lieu qu'eux mesmes en souloient commettre, qu'ils destituoient à leur poste, mesmement en fin on leur a osté toute l'entremise de la iustice, de sorte qu'il ne leur en reste que la simple seance à l'audience sans mot dire comme statuës, & que les sentences & contracts sont intitulez de leurs noms.

68 Et celuy des armes.

69 Et celuy de la iustice.

70 Faudroit vser de semblable preuoyãce à l'esgard des Gouuerneurs

Voila comme ils ont esté punis de s'estre voulu faire hereditaires. En quoy il faut remarquer vne grande preuoyance de nos ancestres, & vn sage traict d'Estat, d'auoir si à propos diuisé les grandes charges, afin qu'on n'en abusast au hazard du public. Et s'ensuit bien de ce discours, que les Gouuerneurs qui leur ont succedé à la charge des armes, au moins ceux des villes, sont reuocables: comme de faict ils ont desia par deux fois esté tous reuoquez depuis l'Ordonnance de Louys XI. à sçauoir par le feu Roy François I. puis par le feu Roy aux Estats de Blois, où mesme il est dict en l'article 272. que ceux des Prouinces ne seront admis à resigner, non plus que ceux des villes.

71 Hazard eschappé.

Et peus dire qu'à faute d'auoir entretenu ceste reuocation, la seule puissance des Gouuerneurs (parmy l'ambition de ce siecle, l'impunité, & les moyens nouueaux d'establissement qu'ils ont desia mesnagez) est bastante pour nous faire retomber aux mesmes hazards du passé. Comme on a veu pendant l'anarchie de ces derniers troubles, la France presque en train d'estre cantonnée en autant d'Estats souuerains, qu'il y auoit de Gouuerneurs, si pour nostre éternel malheur la Ligue eust esté victorieuse. Mais Dieu qui a tousiours faict paroistre vne particuliere bien-veillance à ce Royaume tres-chrestien, dissipa ces pernicieux desseins par la vaillance extresme, puis par la clemence insigne de nostre tres-victorieux Roy Henry quatriesme, qui en chassant tant de petits tyrans de son Royaume, a encor plus fait pour nous que pour luy.

72 Seroit bon d'y preuoir à present.

Remercions-le donc, qu'à ce grand esbranlement de tout l'Estat il s'est trouué tout à propos vn Atlas pour le soustenir: & considerons au surplus que les Chefs de cette qualité sont si rares, que si la race en faut, il ne se faut pas attendre d'en trouuer vne autre fois de tels au besoin. C'est pourquoy l'ayant si belle eschappée, nous auons bien occasion pendant cette profonde paix, que Dieu semble nous prolonger expres, pour l'establissement de la posterité de ce Prince, qu'il fauorise en tant de manieres, le supplier de pouruoir, & remedier à ce mal, ce qu'il peut mieux faire qu'aucun de ses predecesseurs, n'y ayant onc eu Roy en France plus absolu que luy: autrement ce mal ne manquera point de recommencer à la premiere guerre ciuile, dont la diuersité de religion nous est vn suiect continuel, outre les autres qui peuuent naistre inopinément: & Dieu vueille que ce ne soit point pendant la minorité de ses enfans.

73 Du remede remissiué.

Surquoy ie me suis contenté de rapporter succinctement les raisons de l'histoire, & du droict, sans m'estendre sur les raisons d'Estat, ni sur l'ouuerture des remedes, pource qu'il est malaisé de traicter plus pertinément ces deux poincts, qu'ils l'ont esté en l'excellent petit discours *De la maladie de la France*, que cette belle ame publique *M. l'Eschassier* mon confrere & amy, donna au Roy, & au public, quatre ans sont, ou enuiron: discours qui ne merite pas seulement estre veu du peuple, mais estre exactement consideré de sa Maiesté, & de son Conseil. Et pleust

74 Liuret de la maladie de la France.

pleust à Dieu que pour toute recompense du labeur de nostre œuvre, luy & moy eussions ce contentement, & ce merite d'estre cause qu'on remediast à ce mal. Car nous nous pourrions vanter d'auoir preueu & empesché la ruine de nostre patrie, qui autrement est inéuitable quelque iour de cette part.

Vray est que desia sa Maiesté y a apporté deux commencemens de remede: L'vn, qu'au lieu que les Lieutenans generaux des Prouinces auoient entrepris de choisir & establir eux mesmes les Gouuerneurs des villes, c'est elle auiourd'huy qui les commet tous: comme certes il est tres-raisonnable & tres-important, que la force publique ne soit deferee que par le Prince souuerain, duquel seul elle doit dépendre. Ce qui au reste a esté fort aisé à faire, pource que les Gouuerneurs des villes, afin d'estre plus auctorisez, ont esté bien aises de prendre lettres du Roy. 75 Remede que le Roy d'à present y a apporté.

L'autre, que sa Maiesté a donné & institué accortement des Lieutenans à sa deuotion, presque à tous ces Gouuerneurs, soit des prouinces ou des villes, qui partant sont comme leurs Controlleurs, & d'ordinaire plustost leurs contretenans que leurs Lieutenans, les retenans en deuoir par vne braue emulation au seruice du Prince. Au lieu qu'anciennement, ou il n'y auoit point de Lieutenans, ou s'il y en auoit, ils estoient choisis & commis par les Gouuerneurs mesmes: comme du Tillet nous en donne des exemples, ainsi qu'auparauant le Roy François I. c'estoit les Baillifs & Seneschaux qui instituoient leurs Lieutenans. 76 Autre remede.

Mais à vray dire ces remedes ne sont que palliatifs, & non pas curatifs. Car laissant les Gouuerneurs toute leur vie dans les Prouinces, & les villes: voire continuant, comme on fait, leurs Estats de pere en fils aux grandes maisons, les Lieutenans des Prouinces peuuent aisément, pendant vn si long temps, pratiquer des habitudes, alliances & obligations estroites auec les Gouuerneurs des villes, & les Gouuerneurs des villes reciproquement auec les Capitaines des places & forteresses, pour s'en preualoir en temps de troubles à l'encontre du legitime heritier de la couronne, s'il se trouue mineur, ou autrement foible, & incommodé. 77 Que ces remedes ne sont suffisans.

Partant il semble que le vray remede seroit d'oster & reuoquer absolument pendant la paix tous ceux des villes, qui aussi bien n'ont alors nul exercice, comme feist ce sage Roy François I. en l'an 1545. incontinant apres la paix faicte auec l'Empereur, & le feu Roy aux Estats de Blois apres les troubles de la religion cessez. Et quant à ceux des Prouinces, qui sont à la verité Estats plus ordinaires, au moins quant au douze anciens, mentionnez en ces deux Edicts de 1545. & des Estats de Blois, il seroit expedient de les changer, & remuër par fois de Prouince en autre, comme enseigne ce liuret *De la maladie de France*, afin qu'ils apprissent qu'ils ne sont pas en tiltre d'Office, ains par commission seulement. 78 Remede plus certain.

Puis donc qu'il y a tant de Gouuerneurs auiourd'huy en France, il est bien à propos de discourir de leur charge & de leur pouuoir, qui certes est bien malaisé à regler, pource qu'il s'exerce principalement en faict de guerre, où il est difficile de donner vn ordre certain, & où en tout cas le bruit des armes empesche qu'on entende la raison. Toutesfois si faut-il borner la force, de peur qu'elle s'aduantage par dessus la raison, comme c'est son ordinaire: voire il faut à son esgard faire pratiquer, tant qu'on pourra, ce dire ancien, que *In maxima potentia minima licentia est*. 79 De la charge, & pouuoit des Gouuerneurs.

Pour cet effect il se faut ressouuenir de ce que i'ay dit plusieurs fois, qu'en France les trois functions, des armes, de la iustice, & des finances, sont entierement separées, & que chacune d'icelles ha ses Officiers à part, qui ne doiuent s'entremettre en sorte que ce soit des deux autres. Dont s'ensuit que les Gouuerneurs estans les vrais & particuliers Officiers des armes, ils ne se doiuent mesler en façon quelconque, ni de la iustice, ni des finances: sinon de leur prester main forte, pour le seruice du Prince, & repos de l'Estat. Mais pource que la force, qu'ils ont en main, les enhardit bien souuent à faire le contraire, les Parlemens, lors qu'ils reçoiuent les Gouuerneurs de Prouince, ou qu'ils verifient leurs pouuoirs, les font iurer qu'ils n'entreprendront sur la iustice. Et y a aussi plusieurs Ordon- 80 Gouuerneurs ne se doiuent mesler de la iustice, ni des finances.

nances, qui leur en font defense, à sçauoir celle des Louys XII. de l'an 1498. art. 7. celle de Moulins art. 22. & celle de Blois art. 274. & les mesmes Ordonnances leur défendent aussi de toucher aux finances du Roy, ni faire leuée de deniers sur le peuple, à peine de confiscation de corps, & de biens, dit celle de Moulins art. 23.

81 Entreprises anciennes des Gouuerneurs.

Car notamment les Lieutenans de Prouince establis au pays d'Estats (qu'on appelle) & entr'autres ceux de Dauphiné, & de Prouence, ont pretendu estre, comme sont les Vice-Rois, enuoyez és Royaumes, ou Estats non reünis à la Couronne, qui ordinairement ont l'exercice de plusieurs droicts Royaux & de souueraineté, comme auoit le Viceroy de Naples, ainsi que du Tillet nous apprend, à sçauoir de donner graces, foires & marchez, annoblissemens, legitimations, & autres semblables droicts. Mais il dit en suitte que le Roy François I. reduisit les Gouuerneurs de Dauphiné & Prouence au pouuoir des autres Gouuerneurs du Royaume, ausquels par l'Ord. de Louys 12. art. 70. reïterée par celle de Moulins art. 22. tout cela est expressément interdict.

82 Pouuoir particulier des Gouuerneurs de Dauphiné.

Toutesfois le feu Roy permist au Duc de Montpensier en l'an 1576. par ses lettres de prouision du Gouuernement de Dauphiné, de pouruoir aux Offices, dont le Parlement de Grenoble, par sa verification, excepta ceux des deux compagnies souueraines, & ceux de nouuelle creation pour la premiere fois, & Guy Pape en sa decision 234. nous apprend que cela estoit accoustumé de tout temps. Mais quatre ans apres y eust lettres patentes du mesme Roy, par lesquelles il declara, que les successeurs dudit Duc de Montpensier ne iouïroient point de ces prerogatiues de conferer les Offices, donner graces, & se faire intituler aux arrests.

83 Les Gouuernemens n'ont plus que la charge des armes.

Somme, qu'il ne reste plus aux Lieutenans de Prouince, & aux Gouuerneurs des villes, ou Capitaines des places à plus forte raison, que ce qui concerne les armes, & la deffense des lieux ausquels ils sont préposez. Or d'autant que la voye des armes, ou de la force ne doit auoir lieu, sinon lors que celle de iustice manque, comme dict Ciceron, au liure premier *Des Offices*, apres Aristote au 1. des Polit. il s'ensuit que leur charge est proprement ordonnée, & doit estre principalement dirigée contre l'ennemy estranger, duquel on ne peut pas auoir raison par iustice, & non pas contre le citoyen, qui est suiect à la iustice de l'Estat. Ou bien si elle est dirigée contre le citoyen, faut ou qu'il soit rebelle, & ait quitté l'obeïssance de son Prince, ou du moins qu'il soit seditieux: encor cōtre les seditieux la force des armes ne doit estre employée, sinon tant que la iustice n'en peut cheuir, & n'est en ce cas que tenir main-forte à la iustice. Que si par fois elle est employée à l'endroict du suiect obeïssant, c'est indirectement, & non à cause de luy, ains en consideration de l'ennemy, & sur le suiect de guerre: voire seulement entant & pourtant que l'vrgente necessité d'icelle le requiert. Encor lors principalement y faut-il apporter vn ordre, tant que faire se peut: comme pour exemple, si on leue des minutions, faut qu'il ait des gens soluables deputez pour en faire la leuée, & qu'ils baillent quittance de ce qu'ils receuront, pour esgaler la taxe sur le peuple, apres la guerre cessée. Que si le Gouuerneur en vse autrement il abuse de sa puissance, & en peut-on faire plainte à ses superieurs, voire recherche en iustice, à laquelle appartient de punir toute sorte d'excez, qui se font dans le Royaume.

84 Comment leur charge s'estend contre les citoyés

85 Moyen de se pouruoir contre eux, quād ils l'excedent.

N'estans, comme dit du Tillet, les Gouuerneurs exempts de la iustice, non plus que les Officiers de iustice ne sont exempts de leur puissance, chacun endroict soy, & en sa saison: autrement, & si la force n'estoit controllée par la iustice, ce seroit volerie & brigandage plus malaisé à euiter, que celuy des forests, & de la mer.

86 *Merum & mixtum imperium.*

Au surplus pour ce qui est de la forme de proceder en leurs charges, le pouuoir des Gouuerneurs est proprement ce que les Romains appelloient *merum imperium, id est, semotum ab omni iurisdictione*, comme Duarein l'interprete fort bien, c'est à dire, exempt de toute formalité de iustice: au lieu que celuy des Iuges est appellé *mixtum imperium*, pource qu'il est meslé de iurisdiction, & doit estre conduit

duit selon l'ordre, & les formes de iustice. Et n'est pas de merueille, que les Gouuerneurs des Prouinces Romaines eussent d'ordinaire l'vn & l'autre commandement, pource qu'ils estoyent Gouuerneurs & Iuges tout ensemble.

Dont ie conclu, que le Gouuerneur, en ce qui dépend de sa charge, n'est tenu d'obseruer aucune formalité de iustice, comme de verbaliser, & rediger par escrit sa procedure, & son Ordonnance, ains la faict executer par son commandement verbal, sans deferer à aucune opposition, ou appellation: qui aussi n'ont lieu à l'encontre de ses mandemens, pource que l'opposition, & appellation sont actes & procedures iudiciaires, & seroit les aduoüer pour Iuges, que d'appeller d'eux. Que s'ils excedent en leur pouuoir, il en faut faire sa plainte au superieur, ou apres la guerre les poursuiure par iustice. 87 Gouuerneurs ne sont astraints aux formes de iustice.

Or combien que i'appelle *merum imperium* le pouuoir de nos Gouuerneurs, ie n'enten pas neantmoins qu'il s'estende iusques à la mort, comme nos Iurisconsultes ont defini celuy des Gouuerneurs Romains, qui estoient Iuges quand & quand: encor n'auoient-il pas ce pouuoir du propre droict de leur Office, ains seulement par concession particuliere de l'Empereur, comme i'ay discouru au premier chapitre du second liure: où i'ay dict en outre, qu'au commencement il n'estoit concedé qu'à ceux qui estoient establis aux Prouinces belliqueuses, & suiectes à rebellion. 88 N'ont toutesfois puissance de vie & de mort.

Mais en France les Rois mesmes n'entreprennent pas d'vser de ce commandement, qui est en effect ce que nous appellons la puissance de vie & de mort, ainsi que les Empereurs Romains en vsoient en consequence de ce qu'ils s'estoient attribué, & le nom, & la puissance en tout temps, & en tous lieux des Generaux d'armée, appellez à Rome *Imperatores*. Ains seulement nos Rois vsent de cette puissance de vie & de mort contre les gens de guerre, & ne la permettent qu'au Conestable, Mareschaux de France, Generaux d'armées, & Colonel general de l'Infanterie sans plus, & encor pour en vser seulement lors de l'expedition militaire, suiuant l'Edict du Roy Henry II. fait à la poursuitte du sieur d'Andelot, par lequel ceste puissance fut interdicte à tous autres Capitaines & Officiers, comme i'ay discouru au 9. chap. du 1. liure: de sorte que les Gouuerneurs des places n'ont autre pouuoir sur les personnes des suiects du Roy, sinon de s'en asseurer, & par apres faire faire leurs procez par leurs Iuges naturels. 89 Le Roy mesme n'en vse qu'en guerre. 90 Quels Officiers, & Capitaines en peuuent vser en guerre.

SOMMAIRE DV CINQVIESME CHAPITRE.

1 *Different notable à Athenes sur la difference de l'Office & de la commission.*
2 *Autre de n'agueres entre Sigon & la Grouche.*
3 *Difficulté de les distinguer.*
4 *Que Bodin s'y est trompé.*
5 *Qu'il y a des Officiers sans Edict.*
6 Differentia inter Curationes & Magistratus extraordinarios.
7 *Autre difference.*
8 *Difference entre les Offices & commissions de Rome.*
9 *Deux marques qui distingent les commissions d'auec les Offices.*
10 *Deux sortes d'Offices en France.*
11 *Deux sortes de commissions, sçauoir est les propres.*
12 *Et les impropres.*
13 *Effect different de l'Office & la commission.*
14 *Qu'il n'auoit lieu iadis.*
15 *Pourquoy les Offices ont esté conferez par commission.*
16 *Inuention des commissions.*
17 *Quels Offices conferez par commission, & quels en tiltre.*
18 *Commissions des Offices de finance desaccoustumées.*
19 *Offices de la maison du Roy comment conferez.*
20 *Charges militaires comment conferées.*
21 *Commissions érigées en Offices.*
22 *Commissions des Requestes du Palais.*
23 *Presidens du grand Conseil & des Enquestes du Parlement.*
24 *Debat de la preseance entre les Presidens des Enquestes & Conseillers de la grand' Chambre.*
25 *Commissaires des guerres.*
26 *Ceux cõmis par les Mareschaux de Frãce.*
27 *Commissions particulieres des Commissaires des guerres.*

DES COMMISSIONS.

CHAPITRE V.

1 Different notable à Athenes, sur la difference de l'Office, & de la commission.

CE n'est pas d'auiourd'huy, qu'on se debat touchant la distinction d'entre l'Office & la commission : c'estoit le principal poinct de ce memorable procez, d'entre Eschine & Demosthene, dont les plaidoyez se voyent encor auiourd'huy : sur ce que Ctesiphon, ayant faict requeste au peuple d'Athenes, à ce que Demosthene fust couronné en plein theatre pour ses merites enuers la Republique, & signamment pour auoir fait fortifier la ville d'Athenes, Eschine l'empescha, disant qu'il falloit au prealable qu'il rendist compte, ainsi que tout Magistrat estoit tenu faire par la loy, auant qu'estre recompensé. Sur ce Demosthene entre en cause pour son interest, & respond, que la loy ne parloit que des Magistrats & Officiers, mais que la charge des fortifications qu'il auoit euë, n'estoit point vn Office, ains simplement vne commission, οὐκ ἀρχὴν εἶναι, ἀλλὰ ἐπιμέλειάν τινα, καὶ διακονίαν.

2 Autre de n'agueres entre Sigon & la Grouche.

Et ceste mesme dispute a esté renouuelée du temps de nos peres entre Sigon & la Grouche, parmy cette signalée contention, qu'ils eurent l'vn contre l'autre : où ils se sont tous deux tellement embarassez par plusieurs repliques, que par leur trop grande altercation ils ont plustost égaré, que trouué la verité.

3 Difficulté de les distinguer.

Si est-il vray que les Romains auoient des Commissions differentes des Offices, tesmoin Ciceron en sa 4. Verrine, où il énonce distinctement les trois especes de charges publiques *Magistratus*, *Curationes*, & *Sacerdotia* : & luy mesme au 3. *Des loix* distingue les Magistrats ordinaires d'auec les extraordinaires. Mais il faut confesser que la distinction d'entre les Curations, ou Magistrats extraordinaires de Rome, & les vrais Offices, ou Magistrats ordinaires, est extremement difficile,

difficile, comme les escrits de ces deux grands personnages font foy. Ainsi qu'au pareil parmi nous la distinction d'entre l'Office & la commission, est infiniement mal-aisée, comme il se peut colliger du discours, qu'en fait Bodin au 2. & 3. chapitre du troisiesme liure de sa Republique, où ayant quoté pour leur difference specifique, que l'Office est erigé par Edict, & non la commission, il n'a compris entre les Officiers, que les derniers érigez, & en a exclud les anciens, dont on n'a memoire de l'érection, qui neantmoins sont les plus vrais Officiers; comme entre autres les anciens Officiers de la couronne, & les premiers Officiers de la iustice, qui ne peuuent montrer l'Edict de leur erection, voire qu'il y a grande apparence auoir esté erigez sans Edict, comme les Baillifs & Seneschaux, qui ont esté créez par les Ducs & les Comtes, lors qu'ils tenoient les villes, & leurs Lieutenans qui ont esté instituez par eux-mesme, lors qu'ils auoient droit de les commettre: de sorte que cette fantaisie de Bodin de vouloir remarquer & distinguer les vrais Officiers par l'Edict d'érection, est tout ainsi que si on vouloit remarquer les vrais Gentils-hommes par les lettres d'ennoblissement, & soustenir, que ceux qui ne peuuent faire apparoir de leur ennoblissement, ou celuy de leurs ancestres, ne seroient pas nobles: combien que la verité soit, que ceux qui sont nobles de tout temps & ancienneté sont les plus vrais Gentils-hommes.

4 Que Bodin s'y est trompé.

5 Il y a des Officiers sans Edict, comme des Nobles sans lettres.

Or pour distinguer les Offices des Romains d'auec les commissions, qu'ils appelloient tantost Curations, tantost Magistrats extraordinaires, il faut remarquer premierement, qu'il y auoit quelque difference entre les simples curations & les Magistrats extraordinaires, qui possible estoit toute la mesme, que celle d'entre les Officiers Magistrats, ou non Magistrats, distinguant tousiours les Magistrats par le commandement: de sorte que les curations estoient les moindres commissions, qui n'attribuoient point de commandement, & les Magistrats extraordinaires estoient les grandes commissions, qui importoient commandement, comme celles du Dictateur, du Magistrat de la caualerie, des trois hommes pour establir la Republique, des deux hommes pour iuger le crime de perduellion, des Questeurs, des parricides, du Preuost des viures, du Preuost du guet, & autres semblables, desquels deux derniers la loy 2. *De orig. iur.* §. *Et hæc omnia*, dit, que *non erant Magistratus (ordinarij & veri scilicet) sed extra ordinem vtilitatis causa constituti*. Ou bien on peut dire que les Curations estoient les charges extraordinaires *ratione temporis*, c'est à dire, qui ne subsistoient pas tousiours, & en tout temps, comme le Dictateur & Maistre de la cauallerie: & les Magistrats extraordinaires, qui bien qu'ils fussent en tout temps, estoient neantmoins extraordinaires quant à la function, comme les Preuosts des viures & du guet. Car ce mesme §. *Et hæc omnia*, nous apprend que le Preuost de la ville n'estoit anciennement que commission, lors qu'on n'en mettoit pas tous les ans; mais que la coustume estant venuë d'en mettre par chacun an, il auoit esté mis au nombre des Magistrats. Voila donc les deux marques & differences d'entre l'Office & la commission: que l'Office est en tout temps, & qu'il est employé à vne charge ordinaire: Au contraire la commission ne dure pas tousiours, & est communément dirigée à vne function extraordinaire.

6 *Differētia inter Curationes & Magistratus extraordinarios.*

7 Autre difference.

8 Difference entre les Offices & commissions de Rome.

Dont s'ensuit que les vrais Officiers & Magistrats ordinaires de Rome estoient ceux qui tout ensemble estoient permanens en tout temps, & auoient vne charge & function ordinaire: les curations ou Magistrats extraordinaires estoient ceux, ou qui n'estoient pas permanens, ou desquels la function estoit extraordinaire. Lesquelles deux marques ou differences peuuent estre comprises sous ce mot *ordinaire & extraordinaire*, qu'on peut entendre, *vel ratione temporis*, *vel ratione subiecti*. C'est pourquoy au commencement du premier liure i'ay défini l'Office *function ordinaire*, & la commission *function extraordinaire*.

Car ces deux marques ont lieu presque autant en France qu'à Rome, & principalement la premiere, que les charges qui n'ont pas vne perpetuelle subsistence sont commissions, & non pas Offices: mais quant à l'autre, de tenir pour commission toutes les functions extraordinaires *ratione subiecti*, elle

9 Deux marques qui distinguent les commissions d'auec les Offices.

n'y a pas tousiours lieu à present, pource que depuis la venalité introduite aux Offices, la plufpart des commissions ont esté érigées en titre d'Office formé, afin de les rendre perpetuelles, & par consequent les pouuoir vendre.

10 Deux sortes d'Offices en France.

Dont s'ensuit, qu'il y a deux sortes de vrais Offices en France, à sçauoir ceux dont la function est ordinaire, & de tout temps accoustumée, comme les Offices de la couronne, & les Offices des Iustices ordinaires : & ceux dont la function est extraordinaire, & qui neantmoins ont esté erigez par Edict en titre d'Office formé, comme ceux des Elections, Greniers à sel, & autres iustices extraordinaires, ensemble la plus part des Thresoriers & Receueurs.

11 Deux sortes de cõmissiõs, sçauoir est, les propres.

Tout au rebours, il y a deux sortes de Commissions, contrepointées à ces deux sortes d'Offices, à sçauoir celles dont la function est, ou non permanente de tout temps, comme les Ambassades & Capitaineries, ou extraordinaire quant au sujet, comme les Gouuernemens : & i'appelle les vnes & les autres

12 Et les impropres.

Estats ou Offices extraordinaires, de sorte que cette premiere espece se subdiuise en deux, à sçauoir celles qui sont extraordinaires *ratione temporis*, *vel ratione subiecti*. Et outre, il y a les pures & vrayes commissions, à sçauoir les charges d'Officiers conferées par commission, soit sous autre nom que celuy de l'Office qu'elles suppléent & representent, comme sont celles du Garde des seaux, Superintendant, Intendans des finances, Conseillers & Secretaires d'Estat : soit sous le mesme nom de l'Office, comme toutefois-&-quantes que les Offices sont conferez, non en titre, mais simplement par commission : de sorte qu'ainsi que des charges extraordinaires on en fait des Offices en les erigeant en titre d'Office, aussi des charges ordinaires on en fait des commissions, en les conferant par commission.

Et pour parler desormais plus clairement & distinctement de ces deux sortes de commissions, i'appelleray ceux qui exercent les charges extraordinaires, Commissaires, & ceux qui exercent les Offices ordinaires par commission, Commissionnaires.

13 Effect different de l'Office, & la Commission.

Voila quant à la marque qui distingue les Commissaires d'auec les Officiers : mais leur distinction est bien plus éuidente à present en ce qui est de leur effect : à sçauoir que toutes sortes d'Offices sont perpetuels : & au contraire, toutes sortes de commissions sont reuocables : laquelle difference n'auoit lieu en l'Estat Ro-

14 Qu'il n'auoit lieu jadis.

main, où le Magistrat extraordinaire n'estoit pendant son temps non plus reuocable que l'ordinaire, comme i'ay dit ailleurs. Et au rebours en France, auparauant que les vrais Offices eussent esté faits irreuocables par l'Ordonnance du Roy Louys XI. les Officiers & Commissaires estoient reuocables les vns comme les autres, estans tous conferez sous la clause, *Tant qu'il nous plaira* : de sorte que leur prouision estoit par apres restrainte & limitée au temps qu'il plaisoit au Roy les laisser en leurs charges, & partant il n'importoit lors, ni au Roy, ni aux Officiers, qu'ils fussent pourueus, ou par commission, ou en titre d'Office. Mais l'effect de la clause, *Tant qu'il nous plaira*, ayant esté aboly à l'égard des Officiers, qui ont esté faits irreuocables par cette Ordonnance, il a depuis importé beaucoup, & à eux d'estre plustost Officiers que Commissaires, afin de n'estre reuoquez : & au Roy tout au contraire, de les pouruoir plustost par commission, qu'en titre d'Office, afin de les pouuoir reuoquer.

15 Pourquoy les Offices ont esté conferez par commission.

C'est pourquoy le Roy Charles VIII. fils & successeur de Louys XI. n'osant abroger tout-à-fait, ni enfraindre apertement l'Ordonnance de son pere, laquelle mesme il luy auoit faict iurer solennellement peu auparauant son deceds, inuenta ce moyen oblique pour la limiter selon son intention, de conferer certains Offices par commission seulement, & non en titre, afin qu'ils fussent reuocables :

16 Inuention des commendes.

ainsi que les Papes pour bailler les benefices à ceux qui n'estoient capables de les tenir en titre, selon le droict Canon, se sont aduisez de les leur conferer en commende : de sorte que des trois sortes d'Offices qu'il y a en ce Royaume, à sçauoir

17 Quels Offices conferez par commission, & quels en titre.

de guerre, de iustice, & de finance, il confera seulemẽt ceux de iustice à titre d'Office irreuocable, pource que ceste vacation requiert vne experiẽce particuliere : mais quant à ceux de guerre, dont la perpetuité est dãgereuse à l'Estat, & ceux de finance, où la longue experience n'est necessaire, il les confera seulement par commission reuocable, horsmis les seuls Offices de la Couronne, qui pour leur dignité ont esté tousiours conferez en titre.

Vray est, que cette façon de conferer les Offices par simple commission, ne dura gueres en ceux de finance, pource que Louys douziesme, successeur de Charles huictiesme, ayant commencé de les vendre, il fallut qu'il les conferast en titre, ce qui a depuis esté continué. Et quant aux Offices de guerre, pour le regard de ceux de la Milice Palatine, c'est à dire des Offices de la maison du Roy, ils ont esté conferez par commission, quoy que ce soit, tenus pour reuocables, iusques au temps de Henry deuxiesme, qui en l'an mil cinq cens cinquante quatre fit vne Ordonnance, pour les rendre irreuocables; combien qu'à bien prendre, ils fussent vrais Offices de leur propre nature, estant leur function & permanente & ordinaire. 18 Commissions des Offices de finance des-accoustumées. 19 Offices de la maison du Roy, comment conferez.

Mais pour le regard de ceux de la Milice armée, que nous appellons charges militaires, il est vray de dire, que ce n'ont iamais esté de vrais Offices, ains simples commissions, à sçauoir les Capitaineries, d'autant qu'elles ne sont pas tousiours permanentes, ainsi que la guerre n'est pas tousiours continuelle: & les Gouuernemens, pource que leur function est extraordinaire, aussi que l'importance de ces charges, ausquelles la voye de force est commise, requiert bien qu'elles soient reuocables à la volonté du souuerain. 20 Charges militaires, comment conferées.

Or comme la perpetuité introduite aux Offices, fut cause de reduire plusieurs Offices en commissions, afin qu'ils fussent reuocables: aussi au rebours, la venalité, qui y fut introduite par apres, feit eriger en Offices plusieurs commissions, afin de les rendre perpetuelles, & de les pouuoir vendre: aucunes mesme desquelles ont retenu leur ancien titre de commissions, combien que ce soient à present vrais Offices. Notamment celles qui sont affectées à certains Offices: pour exemple, les Estats de Commissaires aux Requestes du Palais, sont ainsi qualifiez, pource que de leur origine c'estoient simples commissions deferées par la Cour de Parlement aux anciens Conseillers d'icelle, pour instruire & iuger en premiere instance les causes des priuilegiez, neantmoins du depuis elles ont esté erigées en titre d'Office formé. Aussi entrent-elles aux parties casuelles, ne sont reuocables par destitution, ni muables par la mort du Roy; ains au contraire, ayant esté conferées moyennant finance, sont resignables. Bref elles sont en tout & par tout reglées tout ainsi que les autres Offices de iudicature. 21 Commissions érigées en Offices. 22 Cõmissaires des Requestes du Palais.

Pareillement, & pour les mesmes raisons, ie croy que les Estats de Presidens du grand Conseil, & des Enquestes du Parlement, sont vrais Offices, combien que vulgairement on les qualifie & estime commissions, & qu'ils soient affectez, ceux-là aux Maistres des Requestes, & ceux-cy aux Conseillers Clercs du Parlement; pource que tous les Maistres des Requestes se disent Presidens nais du grand Conseil, & qu'anciennement les charges de Presidens des Enquestes estoient commises par la Cour de Parlement aux Conseillers Clercs de la grand' Chambre: comme celles de Commissaires aux Requestes, aux Conseillers laics d'icelle. Or est-il que jadis les Conseillers de la grand' Chambre estoient tous appellez Presidens, & ceux des Enquestes Residens, comme du Tillet & Miraumont nous tesmoignent. Consideration, sur laquelle le debat de préseance, d'entre les Conseillers de la grand' Chambre, & les Presidens des Enquestes est plustost fondé, & celuy d'entre les Presidens du grand Conseil, & les plus anciens Maistres des Requestes, que sur ce que leurs Estats ne soient que commissions. Car s'il n'y auoit point d'autre raison, il ne se faudroit pas regler sur ce qui estoit au temps passé, ains sur ce qui est au temps d'à present. 23 Presidens du grãd Conseil, & des Enquestes du Parlement. 24 Debat de la préseance entre les Presidens des Enquestes, & Cõseillers de la grand' Chambre.

Il y a encor beaucoup d'autres Officiers, qui sont appellez Commissaires: soubs pretexte qu'anciennement leurs charges estoient déferées par Commission. Comme les Commissaires des guerres, qui jadis estoient des anciens Capitaines, ausquels cette charge estoit commise par le Roy, ou par les Mareschaux de France, comme encor à present chacun Mareschal de France retient ce droit, qu'à l'entrée de son Office, il peut commettre vn Commissaire des Guerres. 25 Commissaires des guerres. 26 Ceux commis par les Mareschaux de France.

Lequel neantmoins n'est pas Officier, ains simple Commissaire, n'ayant pouuoir de resigner, ains reuocable, & par la mort, ou autre mutation, & à la volonté du Mareschal de France qui l'a commis. Ce qui n'est de ceux qui sont pourueus par le Roy: d'autant que par Edict exprés ils ont esté érigez en titre d'Office. Toutesfois d'autant qu'il y a beaucoup plus de Commissaires, que de compagnies de gens de cheual, ou de regimens de gens de pied entretenus, il y a des commissions particulieres, ou plustost emplois qui sont attribuez par le Roy, ou par le Conestable, ou autres premiers Officiers de la Gendarmerie de France, à certains Commissaires des guerres, pour faire faire les montres de chacune compagnie ou regiment, lesquelles commissions sont reuocables à volonté, & non resignables.

27 Commissions particulieres des Cómissaires des guerres.

28 Commissaires du Chastelet.

De mesme il n'y a point de difficulté, que les Commissaires du Chastelet de Paris, & ceux qui de n'agueres ont esté érigez à leur exemple en toutes les iustices Royales, ne soient vrais Officiers : mais d'autant que du commencement c'estoient de simples praticiens commis par les Iuges, pour les soulager des menuës expeditions les plus ennuieuses, comme i'ay dit au cinquiesme chapitre du premier liure, ils ont tousiours retenu leur nom originaire de Commissaires.

29 Du droit des commissions.

Pour donc expliquer la nature & le droit des Commissions, entant seulement qu'il est different de celuy des Offices, il faut prendre garde en premier lieu, que pour l'estre & subsistence d'icelles, il n'est pas tousiours & absolument requis d'en auoir lettres du Roy, non plus qu'il n'est pas necessaire du tout, ains seulement vtile & commode, pour estre mandataire ou procureur, d'auoir sa procuration par escrit, n'estant en tels cas l'escriture requise pour solennité essencielle, ains pour preuue seulement, *vulg. l. Contrahitur. D. De pignor.* Si donc il peut apparoir d'ailleurs de la Commission, comme par notorieté publique, cela suffit quelquesfois: & ainsi i'ay dit cy-deuant que les Conseillers d'Estat n'ont parfois autre approbation de leur qualité, que la parole publique du Roy.

30 Les lettres n'y sont necessaires.

31 Fors en iustice contentieuse.

Ce qui est vray hors iustice contentieuse: mais en icelle, (où il est requis pour vn ordre & formalité necessaire, que tous actes soient par escrit, afin que la preuue en soit prompte) il faut auoir commission expediée en bonne forme, mesme faut qu'elle contienne par le menu tout le pouuoir, qui est attribué au Commissaire. C'est pourquoy d'ordinaire les lettres de commission sont plus amples & plus longues, que celles de prouision d'Office, qui ne seruent qu'à appliquer l'Office à la personne de l'impetrant, estant sa charge specifiée par l'Edict de son érection. Mais d'autant que la commission n'est ordinairement fondée en Edict, il faut que les lettres d'icelle declarent particulierement & expressément tout ce qui est commis au Commissaire.

32 La receptió n'y est requise.

Pareillement le Commissaire ne se fait point receuoir publiquement & solennellement apres informations de vie & mœurs, examen de sa science, & telles autres solennitez requises au vray Officier: estant assez approuué, puisque le Roy l'a choisi particulierement, pour luy addresser sa commission. Aussi ces solennitez n'auoient-elles lieu, ni à Rome, ni en France, lors que les Officiers estoient nommément choisis par le Roy: mais depuis qu'ils ont esté resignez par les particuliers, & sur tout depuis qu'ils ont esté vendus aux plus hauts encherisseurs, il a esté necessaire d'approuuer par apres en iustice la capacité des pourueus.

33 Ni le serment.

Mesmement le serment n'est pas absolument necessaire en la commission, comme en l'Office, pource que le Commissaire n'est pas proprement personne publique, ains est plustost comme vn procureur, qui ne fait rien qu'au nom de son maistre, ainsi qu'il sera dit tout incontinant. Que si quelquesfois le Roy prend le serment d'vn Commissaire, ou le fait prendre par quelqu'vn de ses Officiers, c'est par vne solennité surabondante, & afin de l'obliger plus estroitement à bien faire. Ce que i'enten seulement des Commissaires, & non pas des Commissionnaires, qui sont pourueus d'Offices par Commission : car i'estime que ceux-là sont tenus aux mesmes solennitez de reception, que les vrais Officiers, toutesfois on doute s'ils sont tenus à l'examen, mais il n'y a point de doute, qu'ils ne soient tenus au serment.

34 Fors les Commissionnaires.

Et ce que les Gouuerneurs de Prouince se font maintenant receuoir au Parlement, n'est pas que cela soit necessaire pour leur acquerir la qualité de Gouuerneurs, ou Lieutenans de Roy, de laquelle du Tillet dit, qu'en tout cas ils ne doiuent serment qu'au Roy. Et dit en outre, qu'en l'an 1484. quand le Duc d'Orleans, qui fut le premier Gouuerneur de Paris, & Isle de France, presenta ses lettres au Parlement, pour y estre publiées & enregistrées, pource qu'en cette nouueauté de charge le Parlement ne les voulut verifier, qu'au prealable il n'eust promis & iuré de ne rien entreprendre contre l'auctorité d'iceluy, & contre la iustice ordinaire, *il feist*, dit du Tillet, *ce serment par procureur*. Ce qui monstre bien que ce n'estoit pas comme vn serment d'Officier, ou mesme de Commissaire, qui ne se peut faire qu'en personne, ains vne promesse & asseurance particuliere, que le Parlement exigeoit de luy. 35 Pourquoy les Gouuerneurs se font receuoir aux Parlemens.

Vray est, que du depuis aucuns des Gouuerneurs ont desiré faire serment solennel en cette auguste assemblée, tant pource qu'ils pretendent y auoir seance aux hautes chaires, que pour s'establir à perpetuité en leurs charges, comme s'ils estoient vrais Officiers : & d'autre costé le Parlement n'a refusé de receuoir leur serment, quand ils s'y sont presentez d'eux mesme, afin de les submettre tousiours à soy, mais il ne se trouuera point, qu'il les ait poursuiuis pour y venir, ni qu'auant ce serment il ait fait difficulté de les recognoistre pour Gouuerneurs, hors la seance de Parlement. 36 De mesme.

Mais voicy vne autre solennité qu'vn Commissaire doit faire, pour & au lieu de reception, c'est qu'il doit faire publier ses lettres de Commission, au lieu où il entend l'exercer, principalement si elle tend à faire quelque acte public, & notamment quelque execution odieuse, qui est ce qu'on dit en propos communs, *publier son Committimus*. Car nul n'est tenu obeir ni recognoistre quelque Commissaire que ce soit, tant qu'il peut pretendre iuste cause d'ignorance de son pouuoir, mesmement la iustice ordinaire du lieu le peut empescher, voire informer contre celuy qui entreprend faire actes publics, sans auoir faict apparoir de son pouuoir, suiuant la regle de droit *Non est singulis. D. De reg. iu.* Et me souuient d'auoir veu sur ce sujet faire publiquement des affronts à des Officiers de grande qualité, voulans exercer des commissions particulieres, sans auoir insinué leurs lettres au Iuge du lieu : bien qu'il fust de qualité beaucoup moindre qu'eux. Qui est aussi vne des raisons pourquoy les Gouuerneurs des Prouinces font ordinairement verifier leurs lettres aux Parlemens, tant afin que leur pouuoir soit plus authentique, estant approuué par la Cour, qu'afin aussi que la publication faite en iceux serue de notification publique, & les releue de les faire publier aux iustices inferieures. 37 Commissaires doiuent faire publier leurs lettres.

Quant au pouuoir du Commissaire, il est bien distingué au droit Romain, d'auec celuy d'Officier : en ce que celuy de l'Officier luy est propre, *l.* 1. §. *vlt.* & *l.* 3. *D. De Offic. eius cui mand. est iurisd.* & celuy du Commissaire n'est que commis, ou presté : *Qui mandatam iurisdictionem suscepit, proprium nihil habet; sed eius, qui mandauit, iurisdictione vtitur*, dit la mesme loy premiere de mesme titre. *Et si ipse Prætor sit, non tamen pro suo imperio agit, sed eius cuius mandato ius dicit, l. Etsi. eod. tit.* 38 Pouuoir du Commissaire de Rome.

Mais en France, où nous tenons que la proprieté de la puissance publique demeure tousiours au Roy, & que l'Officier n'en a autre chose que l'exercice, cette difference n'a point de lieu : & n'y en a aucune en ce regard, sinon que l'Officier fait cet exercice pour soy, & en son nom, comme proprietaire de son Office : & le Commissaire le fait pour & au nom de son deleguant, ainsi que le Procureur besongne au nom de son maistre : car en fin, ce qu'est le Procureur en fait priué, cela est le Commissaire en fait public. Encor cette difference d'entre l'Officier & le Commissaire ne paroist-elle pas visiblement : car l'vn & l'autre inferent ordinairement leur qualité de mesme sorte és actes qu'ils expedient. 39 Pouuoir de celuy de France.

Toutesfois voici vne autre difference, concernant leur pouuoir, c'est que celuy du Commissaire est borné & limité par sa commission, de laquelle il doit sui- 40 Difference du pouuoir du Cõmissaire, & de celuy de l'Officier.

ure exactement les termes, ainsi qu'vn Procureur ceux de sa procuration, sans les outrepasser aucunement, & sans vser d'interpretation extensiue, pource que toute commission est specifique, extraordinaire & odieuse. Au lieu qu'vn Officier, dont au rebours la charge est generale, ordinaire & fauorable, peut estendre dauantage son pouuoir, selon les considerations d'équité & de iustice; d'autant qu'il n'est possible que toutes les occurrences particulieres ayent esté, & imaginées & exprimées par la loy, ou Edict d'érection de son Office, *l. Non possunt. D. De legibus.*

41 Pouuoir du Commissaire n'est extensible.

Mesme attendu que la puissance publique est plus mal-aisée à transmettre que la priuée, puisque la procuration generale *cum libera* ne comprend pas les cas qui requierent special mandement, à plus forte raison la commission, ores qu'elle soit vniuerselle, voire qu'elle contienne la clause *A la volonté, ou à la discretion, &c.* ou autres termes semblables, ne s'estend pas, dit Bodin, aux cas qui requierent expression speciale, ains ne comprend que les dépendances necessaires des articles exprimez, pource qu'vn Commissaire n'a point dauantage de puissance, que ce qui luy en est specifiquement & expressément concedé.

42 De mesme.

Et jaçoit qu'en affaires particulieres, vn Procureur ne puisse estre desaduoüé, quand il a mieux fait que ce qui estoit porté par sa procuration, si est-ce qu'en affaires publiques, notamment où il va de l'Estat, la commission ne doit estre excedée, mesme pour mieux faire: autrement, encor que tout ait bien succedé, on peut neantmoins estre repris, afin que telle entreprise ne tire vne autrefois à mauuaise consequence. Comme l'histoire est vulgaire de Manlius Torquatus, & de Papirius Cursor, qui punirent, cettuy-là son fils, & cettuy-cy son Lieutenant, pour auoir donné bataille sans permission expresse, combien qu'ils l'eussent gaignée. Et du temps de nos peres, le Comte d'Aiguemont fut repris d'auoir hazardé la bataille contre le Mareschal de Termes, ores qu'il en eust remporté la victoire. Mais vn chef d'armée en titre d'Office, comme le Consul à Rome, & en France le Conestable, ou vn Mareschal de France, peuuent sans charge speciale donner bataille, & assieger places, s'il n'y a defense expresse du souuerain. Toutesfois ils ne peuuent pas rendre les places, ni donner liberté au chef des ennemis, le tenant prisonnier, sauf l'extreme necessité, ou sans permission expresse du souuerain, pource qu'il n'appartient qu'au maistre de donner & aliener: comme Bodin discourt plus amplement.

43 Actes d'vn Commissaire ne sont pas publics.

Et afin de parler de petites choses apres les grandes, il y a encor vne autre notable difference en pratique, entre la puissance d'vn Commissaire, & celle d'vn Officier, c'est que les actes & expeditions d'vn Commissaire ne sont pas du tout publics, au moins ne font pas d'eux mesme entiere preuue, que nous appellons *probationem probatam*, ainsi que ceux d'vn Iuge, ou autre Officier, s'il n'appert quand-&-quand de la Commission: ou bien si ce n'est de ces grands & notables Commissaires, dont la charge est autant, ou plus notoire & publique, que celle des Officiers, comme d'vn Ambassadeur, ou d'vn Gouuerneur: qui est vn poinct fort à noter pour la matiere des contredits, & qui a esté traité par du Moulin, sur la coustume de Paris.

44 Honneur des Commissaires.

45 Commissions ne donnent rang.

Quant à l'honneur qui resulte des Commissions, on tient communément, qu'elles n'attribuent point de rang asseuré aux Commissaires, dont la raison est euidente, à sçauoir qu'elles mesmes ne leur sont pas asseurées, comme sont les Offices aux Officiers, & n'est pas possible, que l'effect soit plus puissant que sa cause.

46 Limitation en l'acte de leur exercice.

Toutesfois cette regle reçoit deux exceptions ou limitations. La premiere, qui à la verité est plustost vne simple modification qu'vne vraye exception, qu'ils ont rang, pendant qu'ils font les actes de leur commission: voire ie dy qu'ils sont alors plus respectables que les vrais Officiers, pource qu'ils representent plus particulierement la personne du Prince, au nom duquel ils exercent, au lieu que les Officiers exercent en leur propre nom. D'où vient la maxime du droit Canon, que *omnis delegatus maior est ordinario in causa delegata. cap. Sanè. De Offic. deleg. & cap. Pastoralis. §. Prætereà. De Officio ordinarij.*

Ce qu'il faut toutesfois entendre sainement, à sçauoir quand la cause, qui est commise au Delegué, est interdicte à l'ordinaire, comme cela est regulierement. Mais si vn simple Commissaire, ou Commissionnaire se trouuoit auec vn Officier de semblable tiltre à iuger concurremment des procez, il n'y a point de doute, que le Commissaire ne deust ceder à l'Officier. Comme pour exemple on a veu pendant ces derniers troubles des Conseillers par commission és compagnies de Iuges, qui tousiours cedoient aux Conseillers titulaires, bien que receus posterieurement: & au parquet du Parlement de Paris, où il s'est veu vn Conseiller de la grand Chambre commis à l'Office de Procureur General, & deux simples Aduocats commis aux Offices d'Aduocats Generaux, le Procureur general precedoit tous les deux Aduocats, combien que le rang ordinaire soit qu'il marche entre les deux. 47 Comment s'entend que *Delegatus maior est ordinario.*

Neantmoins de Luc rapporte vn arrest par lequel vn Conseiller de la Cour, receu premierement par commission, pendant la longue absence du titulaire, puis ayant eu l'Office en tiltre, auroit eu rang du iour de sa premiere reception, en qualité de simple Commissionnaire. Mais la raison est, à mon aduis, qu'il auoit esté receu auec les mesmes solemnitez qu'vn vray Officier, puis, sans discontinuation de seruice, auoit obtenu le tiltre du mesme Office, qui estoit partant comme vne ratification ayant effect retroactif, ou plustost encor comme vne continuation & confirmation de son premier tiltre: attendu mesme que la conuersion de la commission en tiltre est fort fauorable, ainsi que de la commende en tiltre, & n'y a gueres de difference d'vn Commissionnaire, & d'vn Officier pendant que sa charge dure, ce qui n'est de mesme d'vn simple Commissaire. 48 Commissionnaire fait titulaire, garde son premier rang.

L'autre, & plus vraye exception à nostre regle est, que les Commissions, esquelles y a commandement, ont rang estably és lieux, & sur les personnes esquelles leur commandement s'estend, & ce non seulement pendant les actes de l'exercice, mais tant que la commission dure. Ce qui prouient de la force & auctorité du commandement, qui ha cette aptitude d'estre tousiours exercé, & que ceux sur lesquels il s'estend sont comme suiects à iceluy. Ainsi voit-on que les Gouuerneurs des Prouinces, & des villes, bien qu'ils ne soient que simples Commissaires, y tiennent neantmoins le premier rang, mesme precedent notoirement les Iuges, pourautant que le commandement des armes est plus noble que celuy de la iustice. C'est pourquoy aucuns estiment que les Conseillers, & Secretaires d'Estat doiuent auoir rang, pource qu'ils sont aucunement Magistrats, comme i'ay prouué au 7. chap. du 1. liu. 49 Autre limitatiõ és commissions qui ont commãdement.

Et c'est pourquoy aussi on n'a iamais faict doute qu'vn President des Enquestes ne precedast par tout les Conseillers de sa Chambre, ores que plus anciens Conseillers que luy. Mesme ces Conseillers venans à estre de la grand' Chambre ne laissent de ceder à celuy qui les a presidez dans les Enquestes *in memoriam veteris potestatis*. Comme discourt fort bien le docte Langlé *lib. 7. Otij semestris, cap. 9.* 50 Rang des Presidens des Enquestes.

Voila pour le rang, & quant au tiltre de Dignité, qui est vne autre partie de l'honneur des Officiers, ainsi qu'il a esté dit au 1. liure, combien qu'à bien entendre, la raison y soit toute pareille qu'au rang: neantmoins, pource que le tiltre ne preiudicie directement à personne, comme faict le rang, les Commissaires, & notamment ceux dont les charges sont permanentes, & non transitoires, ont vsurpé des tiltres de Dignité semblables à ceux des Officiers. Comme nous voyons que les Ambassadeurs, Conseillers d'Estat, & les Gouuerneurs des villes, & des Prouinces se qualifient Cheualiers, & font pour cette cause appeller leur femme Madame. Voire mesme pource que ces tiltres de Dignité ne se quittent iamais, ils les retiennent apres leur commission expirée. 51 Commissaires permanens ont tiltre d'hõneur.

Quant aux profits des Commissaires, ils n'ont ordinairement point de gages, au moins qui soient vrais gages, si ce n'est ceux qui sont pourueus d'vn Office par commission, qui faisans l'exercice de l'Office, en doiuent sans doute auoir tous les gages & les droicts. Aussi les gages sont proprement attribuez aux Officiers ordinaires par l'Edict de leur érection. Mais aucuns des Commissaires ont des pensions, ou appointements annuels, & y en a plusieurs qui ont des taxations, 52 Profits des Cõmissaires. 53 Gages.

54 Menus profits. ou autres émolumens du public, pource que toute peine merite salaire. Et pour le regard des émolumens, qui se prennent sur le peuple, les Commissaires establis és charges dependantes de la iustice, en prennent plus hardiment que les Officiers, pource que les Officiers sont tenus, en consequence de leurs gages, de faire gratuitement ce qui est de l'exercice ordinaire de leurs Offices: mais eux qui sont extraordinaires ne sont tenus trauailler, s'ils ne sont payez. C'est pourquoy on dit communément, taxe de Commissaire, pour signifier la plus haute: & viande de Commissaire, pour denoter vn bon traictement: & marcher, ou besongner en Commissaire, quand on va à petites iournées, & qu'on trauaille à petites vacations.

55 Expiration des Commissions. Reste de parler de la fin, & expiration de la commission, qui ne peut estre appelle vacation, comme celle de l'Office, qui à bon droict est dict vacant, pource qu'estant érigé par Edict, pour estre & subsister perpetuellement, sa place neantmoins, ou son tiltre deuient vuide, & non remply, par la mort de l'Officier, iusques à ce qu'il soit occupé & remply par vn successeur. Mais par la mort du Commissaire, la commission n'est pas proprement vacante, ains est esteinte tout à faict, pource que comme elle n'estoit érigée que pour luy, aussi ne subsistoit-elle qu'en luy. Et si par apres elle est renouuellée en la personne d'vn autre, ce n'est pas la mesme, ains plustost vne nouuelle commission, bien que pour mesme faict.

56 Commissions ne sont resignables. C'est pourquoy, à bien entendre, vne commission ne peut estre resignee, non plus qu'vn Ordre: pource que l'vn & l'autre n'ont point d'autre subsistance qu'en la personne de ceux qui les tiennent. Bien y peut-on vser de démission, qui est quand on s'en démet purement & simplement, afin que le Prince ait plus d'occasion de la renouueller en la personne du nouueau poursuiuant. Mais quoy que ce soit, le Prince n'est tenu, ni d'accepter tousiours ceste démission, & descharger le Commissaire (pource qu'ayant accepté la commission, il faut qu'il la paracheue, s'il n'y a excuse legitime) ni sur tout de la conferer à celuy, à l'intention duquel la démission est faicte. D'autant que si le Prince la peut reuoquer à son plaisir auant la démission, à plus forte raison la peut-il redonner à vn autre, quand le Commissaire s'en démet volontairement. Bref en matiere de Commission & d'Ordre, il ne faut point parler de resignation *in fauorem*, ou autrement conditionnée.

57 Quand la Commission ne finit par la mort du Cómissaire. Ie ne m'amuseray point à dire que la Commission finit par l'acheuement du negoce commis, par l'expiration du temps prefix à icelle, & par la mort du Commissaire. Car tout cela s'entend sans le dire: combien qu'il y a vn cas auquel la Commission ne finit pas par la mort du Commissaire, à sçauoir quand vne Commission particuliere pour quelque acte de iustice, est attribuée à vn Iuge en qualité de Iuge, si celuy auquel elle est addressée n'est plus Iuge, lors qu'il la conuient executer, son successeur en l'Office ne laissera de l'executer, pource qu'on presume en ce cas, que la commission est attribuée plustost à l'Office qu'à la personne. Ce qui est vray indistinctement, si la seule qualité de l'Officier est inserée en la Commission, comme en celles que décernent les Iuges: mais si outre la qualité, le nom de l'Officier y est exprimé, comme aucunesfois aux Commissions du Prince, expediées en la grand' Chancellerie, cela seroit vn peu douteux. Quoy

58 Commission addressée au Bailly, ou son Lieutenãt ne peut estre executée par vn Cóseiller, ou Aduocat du siege. que ce soit en bonne iurisprudence, la Commission addressée au Bailly, ou Lieutenant ne peut pas estre executée par vn Conseiller du siege en leur absence, & encor moins par vn Aduocat és sieges où il n'y a point de Conseillers: combien qu'en ce qui est de l'ordinaire, le plus ancien Conseiller, ou Aduocat represente le Iuge, mais és Commissions, il en faut exactement suiure les termes, & ne s'y admet point d'interpretation extensiue, ains *tantum valent, quantum sonant*.

59 Commission finit par reuocation. Pareillement la commission finit par la reuocation, tout ainsi que la procuration, pource que l'vne & l'autre ne subsistent, que par la seule volonté du constituant, qui est retractée par vne contraire volonté expressément declarée. En quoy consiste la plus importante difference qui soit outre la commission & l'Office: lequel n'est pas reuocable de mesme sorte, pource qu'il subsiste par l'Edict

d'érection

d'erection d'icelluy, qui est perpetuel de sa nature, & qui ne peut estre reuoqué que par vn contraire Edict de suppression.

Mais touchant cette reuocation des Commissions, c'est vne grande dispute non encor bien resoluë entre nos Docteurs, si elle ha effect deslors qu'elle est émanée du Prince, comme il semble decidé au chap. *Dudum.* & au chap. penult. *De præbendis, in 6.* ou bien lors seulement que le Commissaire en est aduerty, suiuant la loy *Si fortè. D. De offic. Præsid.* Et quant à moy, i'estime qu'à la rigueur la commission, aussi bien que la procuration, deuroit cesser deslors qu'elle est reuoquée, mais que par l'equité, qui est la plus forte, en ce cas elle est tolerée, & les actes du Commissaire sont tenus pour valables, tant qu'il ait sceu, ou peu sçauoir la reuocation. Autrement il faudroit, ou que la partie, qui auroit contracté de bonne foy auec le Procureur, fust trompée, ou que le Procureur ayant geré de bonne foy fust trompé luy mesme, s'il pouuoit estre desaduoué au moyen d'vne reuocation secrete, & ainsi est-il du Commissaire. 60 Reuocatiõ n'a effect qu'apres estre sceuë.

Quoy que ce soit, en France, pour oster cette difficulté, on met ordinairement és lettres reuocatoires des Commissions cette clause, *Du iour de la signification des presentes*, & si par fois elle se trouue omise, Bodin dict qu'elle est sous-entenduë, comme estant vne clause ordinaire, par la raison de la loy *Quod si nolit.* §. *Quia assidua. De Ædilit. edicto.* 61 Clause des reuocations.

Ce qui nous apporte vne autre difficulté, non moindre que la precedente, si, quand cette clause est exprimée, il est besoin de signification expresse de la reuocation, posé que d'ailleurs le Commissaire la sçache bien: veu que la clause dict, que la reuocation n'ha lieu que du iour de la signification, de sorte qu'il semble que la signification soit prescrite pour la solemnité requise à la reuocation: qui est le cas auquel les Docteurs tiennent, qu'il la faut faire *etiam scienti.* Toutesfois i'estime que si la science du Commissaire reuoqué, estoit ou confessée, ou clairement prouuée, il auroit eu tort de trauailler par apres: & ne croy point que cette clause soit adioustée aux lettres de reuocation, pour faire que la reuocation soit formellement requise, ains pour oster le scrupule de ceux qui ont tenu que le Commissaire reuoqué ha les mains liées, auant qu'il en sçache rien. Mais pourtant ie n'oseroy dire que les actes ainsi faicts soient absolument nuls, principalement à l'esgard de ceux qui ignoroient cette reuocation secrete. 62 S'il les faut signifier.

Finalement la commission expire par la mort du constituant, si ce n'est pour ce qui estoit commencé, & ne peut bonnement estre delaissé *cap. Licet. & cap. Relatum. De offic. deleg.* autant en decide le droit ciuil en la loy *Et quia. D. De iurisd.* Dont la raison est apparente, que la volonté du constituant, par laquelle seule subsiste la Commission, finit par sa mort, & que le Commissaire ne peut plus representer celuy qui n'est plus au monde, & ainsi le tient du Moulin en son apostile sur Decius *ad reg. Mandatum. De reg. iur. in 6.* 63 Si la Commission finit par la mort du constituant.

Mais d'autre costé on dict que le Prince ne meurt point, quant à sa qualité, de laquelle il semble que la commission prouienne plustost, que de sa personne. Aussi qu'apres la mort du Prince legitime, tout ce qu'il a faict demeure en sa force & vertu. Et de faict la loy nous apprend en plus forts termes que la Commission baillée par le President de Prouince à son Assesseur, de iuger les causes, ne finit point, quand la charge du Proconsul expire. *Iudices à Præside dati, solent etiam in tempus successorum durare, & cogi pronuntiare, easque sententias seruari Scæuola respondit,* dit la loy *Venditor. in fi. D. De Iudicijs.* Et suiuant cette decision, lors que les Lieutenans des Baillifs & Seneschaux, & pareillement leurs Greffiers Notaires & Sergens estoient par eux commis, leurs charges ne finissoient point par la mort, ou resignation des Baillifs, ains continuoient iusques à ce que leur successeur les eust reuoquez, d'autant, comme dict le bon Accurse, que le successeur ne les reuoquant point, estoit reputé les confirmer taisiblement. Mais moy ie dy que c'estoit pour le bien public, & pour euiter le desordre, qui fust aduenu pour la cessation de la iustice. 64 Semble que non pas tousiours.

Voila donc ce semble vne contrarieté manifeste entre ces deux loix *Et quia. De iurisd. & Venditor. De iudicijs.* Toutesfois i'estime qu'il est assez aisé de les con- 65 Conciliation de deux loix.

cilier en disant que la loy *Et quia.* & le droict Canon parlent des Iuges deleguez, ou Commissaires *in partibus*, ainsi que les Canonistes les appellent, qui ne sont deleguez qu'à vne seule cause, & ressemblent plus aux Procureurs, qu'aux Officiers. Et la loy *Venditor.* doit estre entenduë des deleguez *ad vniuersitatem causarum*, comme estoient les mandataires de iurisdiction, qui ressemblent plus aux Officiers : & de faict le droict Canon decide que la commission de l'inquisiteur

66 Autre, & meilleure. de la foy n'expire pas par la mort du Pape, *cap. Ne aliqui. De hæreticis, in 6.* Ou bien il y a plus d'apparence de dire que regulierement toute commission, comme toute procuration, finit par la mort du constituant: mais qu'en la commission, qui est pour faict public, il est quelquesfois necessaire pour le bien public, qu'elle continuë apres la mort, comme c'est vn cas special en droit, que le facteur d'vn marchant demeure apres sa mort, s'il n'est expressément reuoqué par l'heritier; *idque propter vtilitatem promiscui vsus*, dit la loy 17. §. 2. *D. De instit. actio.* & la loy suiuant dict *periculi causa* : & de faict cette loy *Venditor*, dit *solent*, & non pas *debent*, & partant parle de l'vsage, & non pas du droict.

67 Quels mandemens du Roy s'executent apres son decede. Mais pour dauantage approfondir ce poinct selon nostre vsage, mesme pour sçauoir quels mandemens du Roy s'executent apres sa mort, il faut distinguer les lettres de iustice d'auec celles de commandement, & tenir que les lettres de iustice, soit que ce soient expeditions ordinaires faictes sans cognoissance de cause, ou mesme que ce soient expeditions faictes auec cognoissance de cause, s'executent indifferemment apres la mort du Roy : d'autant que ce qui a esté vne fois iugé iuste, doit tousiours estre estimé tel: mais les lettres de commandement, qui procedent de sa propre volonté, ne s'executent pas apres sa mort, par laquelle toute volonté finit : si ce n'est les Edicts, qui demeurent perpetuels, au moyen de la verification d'iceux faicte en iustice, autrement ils ne le seroient. Comme aussi il y a certains autres mandemens, qui ont traict à perpetuité, pource qu'ils sont decernez auec cognoissance de cause. Or ces mandemens sont séellez de cire verte en lacs de soye verte & rouge, & commencent par ces mots, *A tous presens & à venir &c.* mais les autres lettres, & mesme les commissions, ne commencent pas ainsi, & sont séellées en cire iaune sous queuë de parchemin.

Mais i'estime pour l'vtilité publique, qui est preferable à la formalité, que les

68 De mesme. commissions vniuerselles, ordinaires & necessaires doiuent demeurer & subsister apres la mort du Prince, iusques à ce qu'elles soient reuoquées par le successeur. En telle façon toutesfois que leur exercice doit demeurer suspendu, fors pour les affaires du tout necessaires, & qu'il seroit preiudiciable d'omettre, ainsi que ie vien de dire, que la charge de facteur demeure apres la mort du marchant *periculi causa.* Comme pour exemple, il est notoire que les Gouuerneurs des villes & des Prouinces demeurent apres la mort du Roy, pour tenir les païs en repos, & les places en asseurance. Comme aussi les Conseillers d'Estat demeurent en leur qualité. Mais ni les Gouuerneurs ne doiuent rien innouer, ni les Conseillers d'Estat s'assembler, iusques à ce qu'ils soient commandez par le nouueau Roy, ou celuy qui le represente, duquel la moindre lettre, ou commandement verbal qu'ils ayent, vaut vne tacite confirmation, ou continuation de leurs charges.

I'adiousteray pour la fin ce mot touchant les commissions particulieres, que celles qui sont pour faict de iustice, ne sont gueres addressées à autres qu'aux Officiers des lieux, comme les delegations du Pape *in partibus* ne s'addressent qu'à ceux, qui sont en dignité Ecclesiastique, *cap. Statutum. De Rescr. in 6.*

69 Commissions de Iustice ne s'addressent qu'aux Officiers. Et ces commissions sont, ou excitatiues, ou attributiues de iurisdiction. Les excitatiues ne sont pas proprement commissions, ains sont plustost expeditions ordinaires, c'est pourquoy elles sont expediées sans cognoissance de cause ès petites Chancelleries, & faut par necessité qu'elles soient addressées aux Iuges ordinaires, & à qui naturellement appartient la cognoissance du negoce, autrement elles deuiendroient attributiues de iurisdiction. Mais les attributiues de iu-

70 Des Commissions excitatiues, & attributiues de iurisdiction. risdiction ne peuuẽt estre expediées sans cognoissance de cause, pource qu'elles dérogent & contreuiennent au droict commun qui regle les iustices : ou bien il faut qu'elles soient émanées de l'expresse volonté & commandement du Roy.

lequel

lequel au moyen de sa puissance vniuerselle peut interdire les Iuges, éuoquer les causes, & les commettre à qui il luy plaist. Mais il faut que ces lettres soient expediées en la grande Chancellerie, & signées par le Secretaire des commandemens, hors-mis celles qui sont expediées en vertu d'vn Edict, ou d'vn arrest de Cour souueraine.

SOMMAIRE DV SIXIESME CHAPITRE.

1 *Les Commissions & Offices reuocables sont moins aptes au commerce que les autres.*
2 *Puis les Offices non vendus par le collateur.*
3 *Les plus aptes au commerce sont les Offices vendus par le collateur.*
4 *Trois degrez d'Offices non-venaux.*
5 *Suiet de ce chapitre.*
6 *On ne peut specifier les Offices reuocables ou non resignables, qui entrent en commerce.*
7 *Le droit de ces Offices depend absolument du commerce.*
8 *Collation de cette diuision auec celle qui a esté rapportée au 1. chapitre.*
9 *Pourquoy ce chapitre est intitulé ainsi.*
10 *La vente du collateur est celle qui establit la condition en ces Offices.*
11 *Le collateur ne peut estre garãt des Estats non vendus.*
12 *De leur garantie entre particuliers.*
13 *Si quand le collateur ne veut admettre la resignation, le vendeur doit dommage & interests.*
14 *Que ouy.*
15 *Si l'acheteur de la procuratiõ peut repeter le prix quand le collateur ne veut admettre la resignation.*
16 *Resolution que ouy.*
17 *Modification.*
18 *Clauses pour la descharge de cette garantie.*
19 *Autre modification notable.*
20 *Si la peine excedante les dommages, & interests, est deuë.*
21 *Si ces Offices entrent en communauté.*
22 *S'ils sont suiects à remploy.*
23 *Resolution que ouy.*
24 *Comment ceux, dont le mary est pourueu constant le mariage, entrent en communauté.*
25 *Du rapport de ces Offices.*
26 *Explication du §.* Imputari. *en la loy* Omnimodo. C. De inof. testam.
27 *Dignitez non-venales ne sont suiectes à rapport.*
28 *Raisons des anciens Docteurs, pour monstrer que les Offices non-venaux ne sont rapportables.*
29 *Arrest de Fauier.*
30 *Resolution que ces Offices sont rapportables.*
31 *Difference entre l'imputation à la legitime, & le rapport.*
32 *Explication du §.* Sed an in id quod. in l. 1. De collat. bon.
33 *Response aux opinions des anciens Docteurs.*
34 *Opinion contraire.*
35 *Response aux raisons des anciens Docteurs.*
36 *Response notable à l'arrest de Fauier.*
37 *Arrest contraire.*
38 *Que ces Offices estans perdus ne sont imputables en la legitime, mais bien au rapport.*
39 *Comment ils sont imputables en la legitime.*
40 *Ceux qui ne se vendent point du tout, ne sont suiects à rapport.*
41 *Quels sont ceux dont la vente est illicite.*
42 *Quels ceux dont la vente est impossible.*
43 *Tout cela dépend de l'vsage accoustumé.*
44 *Pourquoy.*
45 *Exemple.*
46 *Autres exemples.*
47 *Estats qui se vendent quelquesfois: mais non par vsage ordinaire.*
48 *Ceux-là ne tombent en rapport.*
49 *Si du moins leur prix tombe en rapport.*
50 *Ouy, s'ils ont esté achetez par l'enfant des deniers du pere.*
51 *Trois cas notables.*
52 Quid *si l'achat a esté faict par le pere pour son fils.*
53 *Au moins en faut-il rapporter les fruicts.*
54 *Idem au benefice acheté par le pere pour son fils.*
55 *Les frais pour l'obtention du benefice, sont rapportables, contre Balde.*
56 *Deniers déboursez pour vne simple Dignité non profitable, ne sont rapportables.*
57 Quid *des frais du Doctorat.*
58 *Explication de quelques art. des Coustumes.*

DV DROICT ET COMMERCE DES ESTATS NON VENDVS.

Chapitre VI.

1 Les commissions, & Offices reuocables sont moins aptes au commerce.

Les commissions, dont nous venons de parler, & les Offices reuocables (comme on tient regulierement estre tous ceux des Seigneurs desquels nous traicterons au liure suiuant) ont bien moins d'aptitude au commerce & venalité, que tous les autres Offices, pource que non seulement le collateur n'est tenu d'en admettre la resignation, mais aussi quand il l'aura admise, le resignataire en peut estre deschassé à toute heure, & partant vn homme est bien mal aduisé d'employer son argent en vne marchandise si mal asseurée.

2 Puis les Offices non vendus par le collateur.

Pareillement les vrais Offices Royaux, bien que de leur nature ils soient irreuocables, si est-ce que quand ils n'ont point esté vendus par le Roy, ils n'entrent pas si auant au commerce que ceux qui ont esté vendus, pource que la resignation d'iceux dépend nuëment de la volonté du Roy, qui n'est pas tenu l'admettre, s'il ne luy plaist; & s'il l'admet vne fois, il n'est pas tenu de l'admettre vne autre.

3 Les plus aptes au commerçe sōt les Offices vendus par le collateur.

Mais quant aux Offices vendus, soit par le Roy, ou autre collateur, bien qu'à cause de quelque prohibition ancienne de les vendre, ils soient mis au nombre des Offices non-venaux, comme pour exemple les Offices de iudicature, ils sont neantmoins plus auant en commerce que tous ceux que ie vien de dire, pource que non seulement ils sont irreuocables, mais aussi leur resignation ne peut estre refusée: estant vne regle de commerce, & vn droict des gens, comme dict Seneque, de pouuoir reuendre ce qu'on a acheté.

4 Trois degrez d'Offices non-venaux.

Voila donc trois sortes d'Offices non-venaux, à sçauoir ceux qui sont reuocables à volonté, comme les commissions: ceux desquels la resignation peut estre refusée, comme les Offices non vendus: & ceux desquels elle est necessaire, comme ceux qui ont esté vendus par le collateur. Les premiers ont deux empeschemens au commerce, sçauoir est qu'ils peuuent estre reuoquez, & encor leur resignation refusée; les seconds n'ont que le second empeschement, & les derniers n'en ont aucun, fors l'ancienne prohibition de vendre les Offices de iudicature, qui seulement empesche auiourd'huy, qu'ils ne soient vendus publiquement, & par decret. Mais au surplus leur commerce se conduit par toutes les mesmes regles, que celles des Offices purement venaux. C'est pourquoy il n'est point question d'en traicter icy, ains n'y faut qu'appliquer, & obseruer ce qui a esté dict au liure precedent des Offices venaux, & ce qu'il y a de particulier sera expliqué aux deux chapitres suiuans.

5 Suiect de ce chapitre.

Comme aussi il n'est point question de traicter icy des deux autres especes d'Estats, à sçauoir de ceux qui sont ou reuocables, ou non resignables, lesquels ne peuuent, ou n'ont accoustumé d'estre vendus, soit entant que le collateur n'a pas accoustumé d'en admettre la resignation, ou bien quand il a accoustumé de les reuoquer. Car alors ces Offices n'estans point en commerce, on ne peut traicter de leur commerce. Mais quand au contraire le collateur a accoustumé d'admettre facilement la resignation des Offices non resignables, & qu'il n'a accoustumé de reuoquer les reuocables, cela donne suiect de s'accoustumer à les acheter entre particuliers, & ainsi ils entrent en quelque forme de commerce, non pas commerce asseuré, mais qui dépend tousiours, & de la volonté du collateur, & de la fantasie des acheteurs.

6 On ne peut dire quels sōt les Offices reuocables, ou non resignables, qui entrēt en commerce.

Dont s'ensuit qu'il ne se peut donner de regle certaine, pour discerner quels sont les Offices soit reuocables, soit non resignables qui entrent en commerce, pource que ce qui dépend de l'humeur des collateurs, & d'autre costé de l'opinion du peuple ne peut estre stable & asseuré. Car tel collateur admettra les resignations, & ne reuoquera point ses Officiers; tel autre fera tout le contraire és Offices du tout semblables: mesme vn collateur fera tantost l'vn, & tantost l'autre

tre en diuers temps, voire en mesme temps, selon les diuers mouuemens de son esprit. Et partant on n'en peut traiter sinon que conditionnellement, & par presupposition, supposé qu'il apparoisse que ces Offices ayent accoustumé d'estre vendus, tout ainsi à peu prés, que les Iurisconsultes ne peuuent donner de certaine regle, en la question, si on peut leguer vne chose, qu'on doute si elle est en commerce. Car en cela il se faut accommoder à l'vsage, qui varie selon le temps & les lieux, voire selon la fantaisie des personnes, qui prédomine tousiours au commerce.

Donques ordinairement en cette matiere, la question est plus de fait que de droit. De fait, dy-je, pour sçauoir si l'Office, dont on se debat, est en commerce. Mais quand le fait est vuidé, encor faut-il reuenir à la question de droit, qui ne laisse souuent d'estre fort difficile. Consequemment c'est le suject de ce chapitre, d'expliquer les regles du commerce de ces Offices : enquoy faut pratiquer la similitude rapportée tout au commencement de cét œuure, que c'est comme si on vouloit faire vne coiffe à la Lune, qu'il faut tailler de telle façon, qu'elle se puisse estendre ou appetisser par replis & cueilleures, à mesure que la Lune croist; ainsi faut-il en ces Offices changer de resolution à mesure que le commerce y augmente ou diminuë, pource que comme l'habit se doit accōmoder au corps, aussi faut-il que nostre discours s'accommode à l'vsage & au commerce. 7 Le droit de ces Offices dépend totalement du cōmerce.

Ie diray encor ce mot auant qu'entrer en matiere, que la diuision des Offices non-venaux, que ie vien de rapporter, en reuocables, non-resignables & resignables, se rapporte presque du tout à celle que i'ay posée au commencement de ce liure, en ceux qui ne sont vendus, ni par le Roy, ni par les particuliers, ceux qui sont vendus par les particuliers, & non par le Roy, & ceux qui sont vendus & par le Roy, & par les particuliers; mais non pas par vne vente absolument licite. Car les Offices reuocables se rapportent à ceux qui ne sont vendus de part ni d'autre: les non-resignables sont ceux qui n'ont esté vendus par le Roy, ou autre collateur, entant qu'ils se vendent par fois entre particuliers, & finalement les resignables sont ceux de iudicature, qui se vendent de part & d'autre contre les anciennes prohibitions. Ce qu'il y a de difference entre ces deux diuisions, est que celle de ce chapitre est prise de la cause, qui empesche le commerce des Offices, & l'autre est tirée de l'effect, qui par consequent est la plus certaine: mais il se faut seruir icy de celle qui est prise de la cause, pour en auoir vne plus certaine science: pource que toute science se comprend par la cause, qui est anterieure; & non par l'effect, qui est posterieur. 8 Collation de cette diuision auec celle qui a esté rapportée au 1. chap.

Or, comme i'ay desia dit, il n'est pas icy question de traiter, ni de la premiere, ni de la derniere de ces trois especes d'Offices non-venaux, ains seulement de la seconde, à sçauoir de ceux dont la resignation peut estre refusée, qui sont tous les Offices non vendus par le collateur, fussent-ils venaux de leur propre nature, pource que le collateur, ayant choisi l'industrie du pourueu, auquel il a conferé gratuitement son Office, n'est tenu d'en accepter vn autre en sa place, s'il ne luy plaist. Au contraire, ayant vendu vn Office, quel qu'il soit, fust-ce mesme vn Office reuocable, voire vne simple commission, il n'en peut refuser la resignation, pource que luy mesme l'a mis en commerce en le vendant, & que qui a acheté peut reuendre. C'est pourquoi i'ai intitulé ce chapitre *Du droit des Estats non-vendus*, ce que i'enten par le collateur. Car estant à lui mettre ses Offices en commerce, ou les en oster, la vente d'vn Office non-venal le rend comme venal, & le met en commerce, & partant le rend sujet aux regles des Offices venaux, expliquées au liure precedent. Au contraire, la donation qu'il a faite d'vn Office venal l'exempte du commerce, & empesche que le donataire le puisse vendre, ou autrement en disposer en faueur d'autruy, pource qu'il ne l'a pas acheté : dont s'ensuit que ce chapitre icy comprend les Offices venaux, aussi bien que les non-venaux : vrai est que maintenant cela est bien rare, que le Roy, ou autre collateur donne les Offices venaux : voire quand le Roy les donne, il n'a pas accoustumé d'en empescher par apres le commerce & disposition libre, combien qu'il le puisse faire, comme il a esté prouué au chapitre troisiesme du liure precedent. 9 Pourquoy ce chapitre est intitulé ainsi. 10 La vēte du collateur est celle qui establit la condition en ces Offices.

11 Le collateur ne peut estre garant des Estats non vendus.

Premierement donques pour parler de la garantie des Offices non vendus par le collateur, il est aisé à entendre, que quant à luy, il ne peut estre tenu d'aucune garantie d'iceux, puis qu'il ne les a pas conferez par vente, ni autre titre onereux, qui puisse produire action de garantie. Mais en la garantie d'entre particuliers, il s'y rencontre beaucoup de difficultez.

12 De leur garantie entre particuliers.

13 Si quand le collateur ne veut admettre la resignatiõ, le vẽdeur doit dommages & interests.

En premier lieu, on demande si celuy qui a vendu l'Office, & promis en fournir les lettres deuëment expediées, n'ayant satisfait à sa promesse, au moyen de ce que le collateur n'a voulu admettre sa resignation, est tenu aux dommages & interests vers l'acheteur. Et certes il semble, qu'il en doiue estre excusé, pource qu'il ne tient à luy, ains à vn tiers, le fait duquel ne peut estre precisément garanty, & encor vn tiers, auquel on ne peut resister, qui est le cas de la loy *Si fundus. D. Locati.* Aussi que l'acheteur a sceu, que selon la condition de l'Office, la resignation en pouuoit estre refusée. Ioint que c'est vne clause ordinaire és cõpromis de tels Offices de les referer, *soubs le bon plaisir du collateur. Atqui quæ sunt moris & consuetudinis inesse videntur in bonæ fidei iudicijs. l. Quod si nolit. §. Quia assidua. D. De Ædil. Edicto.*

14 Qu'ouy.

Neantmoins ie n'estime pas ces raisons assez fortes, pour nous départir de la premiere regle du contract de vente, que le vendeur, à faute de faire la liuraison, est tenu aux dommages & interests. Car il n'a deu vendre ce qu'il ne pouuoit liurer, ni promettre ce qu'il ne pouuoit accomplir, & bien que le fait d'vn tiers ne puisse estre precisément garanty, si est-ce qu'il se resout en dommages & interests. Et quant à la loy *Si fundus*, elle parle de l'empeschement suruenu apres la vente, non de celuy qui dépend de la propre nature de la chose venduë, laquelle estant sceuë & preueuë par l'acheteur, est la cause pourquoy il a fait obliger expressément son vendeur à luy fournir ses lettres. Promesse qui estant pure & simple, on n'y peut presupposer ou deuiner de condition tacite, qui suspende son effect, attendu que telles clauses, qui tendent à la resolution d'vn contract, ne peuuent estre soubs-entenduës en iceluy. Toutesfois ce poinct n'est pas sans difficulté.

15 Si l'acheteur de la procuration peut repeter le prix quand le collateur ne veut admettre la resignation.

Si donc au contraire, la simple procuration *ad resignandum* auoit esté venduë, & que le collateur refusast de l'admettre, il est bien certain que le vendeur ne doit point de dommages & interests; mais c'est la question, si l'acheteur demeure quitte du prix, & s'il peut repeter ce qu'il auoit payé d'iceluy, attendu que le vendeur a fait de sa part tout ce dont il estoit tenu, neantmoins c'est sans doute que ouy: pource que la vente d'vne procuration includ cette condition taisible, qu'elle puisse estre effectuée. Car ce n'est pas vn morceau de parchemin, ains vn Office qu'on a entendu vendre & acheter. Comme donc quand le vendeur de la procuration meurt dans les quarante iours, és Offices qui sont subjects à la clause d'iceux, la vente est resoluë sans dommages & interests de part & d'autre: aussi doit-elle estre, quand le collateur ne veut admettre la resignation, qu'il peut iustement refuser. Ioint qu'il n'est pas raisonnable, que *emptor re careat, & pretium venditor retineat*, dit la loy *Emptorem. D. De act. empti.* Voire mesme quãd cette derniere

16 Resolution qu'ouy.

raison cesseroit, comme quand, au moyen de la resignation, le collateur fasché & despité de ce que le resignant veut quitter son seruice, auroit donné l'Office reuocable à vn tiers, comme il arriue souuent, i'estime qu'il faut neantmoins que le vendeur rende le prix, pource que cela prouient du vice de l'Office, lequel le collateur eust aussi bien peu reuoquer, quand il n'eust point esté resigné.

17 Modification.

Ce que i'enten, quand il n'y a aucunement de la faute, ni de la demeure de l'acheteur de la procuration. Car il est tenu de faire diligence exacte, pour faire admettre la resignation, & si elle peut estre admise par argent, il faut qu'il la face admettre à quelque prix que ce soit. C'est pourquoy, afin d'oster toute difficulté qu'on luy pourroit opposer sur la restitution de son prix, il est bon qu'il tire vne declaration du collateur (si c'est vn autre que le Roy) contenant qu'il ne veut admettre la resignation pour quelque finance que ce soit.

18 Clauses pour se descharger de cette garãtie.

Ie conclu donc, que la vente de l'Office faite à cõdition d'en fournir les lettres, induit parfaitement l'action *ex empto ad tradendum*, qui comprend & la restitution du prix, & les dommages & interests, que nous disons en pratique la garantie &

la restitution de deniers. Mais la vente de la simple procuration produit seulement la restitution du prix, qui ne peut estre excluse sans expression speciale, comme dit cette loy *Emptorem*. Et partant, pour s'exempter de la restitution du prix, il faut stipuler bien expressément, qu'au cas que le collateur ne vueille admettre la resignation, le vendeur ne sera tenu rendre le prix, ou pour le moins stipuler, que l'acheteur prendra la procuration à ses perils & fortunes, sans restitution de deniers : encor en ce cas s'il y a le moindre soubçon de dol, le vendeur en sera tenu. Voire mesme si l'Office luy demeure tousiours, comme il aduient necessairement aux Offices irreuocables, & mesmement aux reuocables, si le collateur n'en pouruoit point d'autre, i'estime que le vendeur est tenu de rendre le prix, du moins iusques à la concurrence de la vraye estimation de l'Office, & non plus outre : n'estant raisonnable qu'il ait, comme on dit, le drap & l'argent. 19 Autre modification notable.

Ce qui sert à vuider vne belle difficulté, que i'ay veu aduenir au Parlement. Vn Iuge notable d'vn Seigneur auoit vendu sa simple procuration, à condition, que si l'acheteur ne la pouuoit faire admettre, la vente demeureroit resoluë, & que neantmoins l'acheteur luy payeroit quinze cens liures pour ses dommages & interests. Laquelle condition estant aduenuë, il refusoit de payer la peine, disant que l'Office demeurant au vendeur, il n'estoit raisonnable qu'il exigeast de luy vne si grande somme, qui notoirement excedoit ses dommages & interests. Neantmoins les plus fameux Aduocats du Parlement furent d'aduis, ainsi que i'ay ouy dire, qu'vne paction si expresse, n'estant point illicite, deuoit estre entretenuë, n'estant chose nouuelle qu'on stipule vne peine certaine, qui excede les dommages & interests; veut que c'est le conseil que donne l'Empereur au §. dernier. *Instit. De verb. obligat.* qu'attendu que la preuue & liquidation des dommages & interests est ordinairement difficile, on stipule au lieu d'iceux vne somme certaine, par forme de peine : chose encor plus ordinaire en la composition des Offices, qu'en tous autres contracts. Ioinct que l'Officier peut auoir grand dommage, en ce que par ce vain effort, son Office est fusté & décrié, & sur tout, qu'on a fait cognoistre au Seigneur dont il dépend, que le resignant vouloit quitter son seruice. Et finalement puisque s'il y auoit pareille peine stipulée par l'acheteur, en cas que le vendeur ne luy fournist ses lettres dans certain temps, on ne feroit point de difficulté qu'elle ne fust valable, pourquoy en fera-on plus de difficulté en celle qui a esté stipulée par le vendeur? 20 Si la peine excedante les dommages & interests, est deuë.

Quant est de sçauoir, si les Offices non-vendus entrent en la communauté de mariage, il est aisé à entendre, que puis qu'ils entrent moins en commerce que les autres, ils sont encor moins aptes à entrer en cette communauté. Toutefois, puis qu'icy nous parlons de ces Offices, entant que contre leur propre condition ils se vendent quelquefois, la question est, si ceux que le mary auoit lors de son mariage, ayans esté vendus par iceluy, les deniers entrent en la communauté. En quoy il semble de prime-face, qu'il y ait vne consideration particuliere, à sçauoir que la permission, que le collateur a donnée au mary de les vendre, est comme vne acquisition faite pendant le mariage. Ioint que l'vne des raisons cy-deuant alleguées en la mesme question, à l'égard des Offices venaux, à sçauoir qu'ils auoient esté achetez par le mary à mesme ses propres, cesse és Offices non-vendus. Finalement, que c'est desia assez allonger la pratique du remploy, mise en vsage depuis trente ans seulement, de l'introduire aux Offices venaux, & encor aux non-venaux, qui sont resignables, sans encor la vouloir estendre en ceux qui sont non resignables & reuocables. 21 Si ces Offices entrent en cõmunauté. 22 S'ils sont subjets à remploy.

Neantmoins, ie trouue encor ces raisons trop foibles pour nous diuertir de la regle des Offices venaux, discouruë amplement au neufiesme chapitre du liure precedent, attendu que si nous nous voulons ressouuenir de toutes les raisons qui y sont rapportées, nous trouuerons qu'elles conuiennent aussi bien aux Offices non-vendus, qu'aux venaux. Cõme de dire, que ce qui aduient aux conioints par la diminutiõ de leur bien particulier n'entre point en leur cõmunauté, qu'ils ne se peuuent aduantager l'vn l'autre, que les ventes necessaires, comme les rachats de rentes, & aussi les vẽtes des Offices, ont de tout temps esté subjettes 23 Resolution qu'ouy.

à remploy : que les femmes n'ont point de leur costé d'Office à apporter en la communauté : bref, que c'est assez que tant que le mary a gardé l'Office, la femme ait participé aux profits, aux honneurs & aux priuileges d'iceluy, ores qu'il ne luy appartinst pas, & qu'elle n'en portast la risque, sans qu'encor elle participe au prix d'iceluy, apres qu'il est vendu.

24 Comment ceux dont le mary est pourueu cōstant le mariage, entrent en communauté.

Donques quant à l'Office non-vendu par le collateur, dont le mary a esté pourueu pendant le mariage, il est bien certain, que comme il a esté dit de l'Office venal, si le mary en a esté pourueu gratuitement, il n'entre point en la communauté. Ainsi fut iugé en l'an 1596. touchant vn Office de Preuost des Mareschaux, plaidans Gallant & Bignon. Iugé aussi par mesme raison, pour l'Office de M. Garraut, Conseiller en la Cour, le 4. Decembre 1609. en la Chambre de l'Edict, qu'encor qu'il eust esté sauué en vertu de l'Edict du droit annuel : neantmoins pource qu'il auoit esté donné par le Roy, il n'entreroit en communauté. Iugé pareillement que l'Office d'Huissier du Conseil priué non-venal, pendant le premier mariage du pourueu, rendu venal pendant le second, seroit partagé également entre ses enfans des deux licts, sans que les vns, ni les autres y peussent rien pretendre du chef de leurs meres, par arrest du 17. Decembre 1610. Mais si pendant le mariage tel Office estoit vendu, il y a grande apparence, que les deniers entreroient en la communauté, comme estant en ce cas vn pur meuble par luy acquis de nouuel, encor ce cas est-il fort douteux. Que si à l'opposite le mary auoit acheté, des deniers de la communauté, d'vn particulier vn Office non-vendu par le collateur, ie ne feroy point de doute, que l'estimation d'iceluy n'en appartinst à la communauté, n'estant permis de diuertir à son profit particulier les deniers d'icelle. De sorte qu'apres la mort de sa femme, il deuroit rendre à ses heritiers la moitié de cette estimation. Car combien que tels Offices ne soient resignables, voire qu'aucuns soient reuocables, si est-ce qu'on peut bien apprecier vn droit d'vsage, ou d'habitation, qui au pareil n'est que viaire, & qui ne peut estre cedé à autruy : & n'est pas à presumer que le mary eust acheté vn tel Office, s'il n'eust rien valu, & s'il n'eust peu cheoir en estimation. Bien est vray, qu'à cause de cette qualité de ne pouuoir estre resigné, il doit estre estimé beaucoup moins, & outre cela, s'il est reuocable, il est encor de moindre valeur : quoy que ce soit, puis que sa valeur se consomme tous les iours, à mesure que le mary vieillit, il n'est pas raisonnable de le contraindre à rapporter la moitié du prix qu'il a cousté.

25 Du rapport de ces Offices.

Dont resulte, qu'en ce qui concerne la communauté d'entre mary & femme, il n'y a pas grande difference entre ces Offices & les venaux. Mais quant au rapport d'entre les enfans, au lieu qu'il n'y a point de doute, que les venaux n'y soient subjects, il semble au contraire, que ceux-cy n'y sont point subjects. Ce qui semble apertement decidé par la mesme loy, qui ordonne le rapport des Milices, sçauoir est la loy *Omnimodo. §. Imputari. C. De inoff. testam.* qui decide, que le rapport n'a lieu qu'és Milices venales, & encor qu'il n'a lieu en icelles, sinon que pour autant qu'elles se peuuent vendre. Car il a esté dit cy-deuant que les Milices venales n'estoient pas en commerce tellement libre, qu'on les peust vendre à tel prix, qu'on les eust bien voulu acheter, ains que leur prix estoit taxé, soit par le decret ou reglemēt de chacune compagnie, ou par l'Edict de l'Empereur, qui leur auoit attribué le benefice de venalité, comme il se collige de la loy derniere, *C. de pignor.* & de la Nou. 35. & outre, que ce prix se payoit, moitié au vendeur, & moitié à la compagnie, dont estoit la Milice venduë : & partant ce que le pourueu en pouuoit retirer en la vendant, n'estoit que la moitié du taux attribué à la Milice qui n'estoit pas sa iuste valeur. Et neantmoins ce §. *Imputari.* dit notamment, que la Milice venale estoit rapportable, non au prix qu'elle auoit cousté, mais au prix qu'on en pouuoit retirer en la vendant.

26 Explicatiō du §. *Imputari.* en la loy *Omnimodo. C. De inof. testā.*

27 Dignitez non venales ne sont subiectes à rapport.

Mais quant aux dignitez non-venales la loy 1. §. *Sed an id quod. D. De collat. bon.* dit expressément, qu'elles ne sont point rapportables, voire mesme que si le pere, qui a promis vne somme de deniers, pour faire obtenir à son fils quelque dignité, vict à deceder auāt que l'auoir payée, le fils, pour lequel elle a esté promise, n'est point tenu dauantage de cette debte, que ses coheritiers. Et en la loy *Si f-*

lis. §. *Neratius. D. famil. hercisc.* Vlpian reprend Neratius, d'auoir dit que le fils ne pouuoit repeter de ses coheritiers leur part du payement par luy fait, de ce que son pere auoit promis pour la Dignité de luy fils, & decide qu'il le peut repeter. Autant en est dit presque en la loy *Et qui originem.* §. *vlt. D. De muner. & honor.*

Aussi Bartole, Balde, Alexandre, Paul de Castre, & tous les Docteurs anciens disent bien que les Offices venaux sont subjets à rapport, mais non les non-venaux, dont ils alleguent trois raisons. L'vne, que les Dignitez non-venales sont inseparables de la personne, & qu'elles regardent plus la personne que le patrimoine, ainsi qu'il est decidé en la loy *Cùm emancipati.* §. *Emancipatus. D. De collat. bon.* que l'action d'iniures appartenant à l'émancipé, n'est conferable, *quia respicit magis personam, quàm patrimonium*, combien que le contraire soit de l'action de furt. La seconde, que ce qui n'est pas estimable à deniers, n'est pas rapportable, *arg. l. Planè. 2.* §. *vlt. De leg. 3. & l. Titius. C. De operis libert.* La troisiesme, que le rapport estãt vne espece de permutation, suiuant la loy *Filium. C. famil. hercisc.* il s'ensuit, que ce qui n'est point venal, comme il n'est point permutable, n'est point aussi rapportable. Et afin que ie ne m'amuse du tout aux Docteurs estrãgers, nostre Benedicti est de mesme opinion, sur le chapitre *Raynutius. ad verbum Duas habens. num. 62.* 28 Raisõs des anciens Docteurs, pour monstrer que les Offices nõ venaux ne sõt rapportables.

Finalement pour plus certaine auctorité de nostre droit François, nous auons l'arrest prononcé en robe rouge, au profit de Monsieur Fauier, Conseiller de la Cour, le 7. Septembre 1582. par lequel il fut declaré exempt de rapporter son Office que son pere luy auoit resigné. Dont i'infere, que si le rapport n'a lieu aux Offices de iudicature, qui approchent bien plus de la venalité, que ceux dont nous parlons, il ne doit à plus forte raison auoir lieu en ceux-cy. 29 Arrest de Fauier.

Combien que ces raisons semblent fort pressantes, ie ne les trouue toutefois assez fortes, pour renuerser l'équité naturelle, & le sens commun, qui nous dicte l'égalité entre les enfans, & nos coustumes, qui nous defendent d'en aduantager directement ou indirectement l'vn plus que l'autre, ne pouuant estre nié, que celuy auquel le pere aura resigné, ou vn Office de la couronne, ou vn beau Gouuernement, qui possible vaut mieux que tout le reste de son bien, ne soit aduantagé par dessus les autres. Et de fait, les coustumes qui se sont aduisées de parler du rapport des Offices, comme celle de Laon, titre 9. article 95. de Chalons, tit. 13. art. 101. de Reims, art. 322. de Berry, tit. 19. art. 42. & de Sedan, art. 188. portent indistinctement, qu'il faut rapporter tous les frais faits par le pere, pour faire obtenir quelque Office à son fils : voire ceux qui sont faits pour le faire receuoir Docteur en quelque faculté. 30 Resolution que ces Offices sont rapportables.

Aussi y a-il de bonnes responses à toutes les allegations contraires. Car premierement, quant au §. *Imputari.* il faut remarquer qu'il y a tres-grande difference entre l'imputation en la legitime dont il parle, & le rapport, combien que tous les anciens Docteurs, & mesmes nos Iurisconsultes François les confondent, & égalent mal à propos. L'imputation en la legitime est, quand vn homme desherite sans cause son enfant contre la pieté naturelle, & partant en ce cas, la faueur est directement pour l'enfant desherité sans suject, auquel du moins la legitime est deuë, *quia est debitum naturæ subsidium*, dont il doit estre rempli actuellement en corps hereditaires, qui soient en libre commerce, *l. Scimus.* §. *Repletionem. C. De inoff. testam.* Au rebours, le rapport est, quand contre l'égalité & équité naturelle vn pere aduantage l'vn de ses enfans plus que les autres, & par consequent alors la faueur est du costé des autres enfans, qui demandent le rapport & l'égalité. C'est pourquoy la loy *Illud. C. De collat.* dit expressément, que tout ce qui est imputé en la legitime doit estre rapporté : mais au rebours, que tout ce qui doit estre rapporté, n'est pas imputable en la legitime : ains qu'au contraire, il n'y a rien sujet à estre imputé en la legitime, que ce qui est disertement exprimé par les loix. Ce que le docte Cujas a bien releué en sa Consult. 24. où il dit, que le rapport a lieu en tous les aduantages, sauf ce qui est expressément excepté ; mais qu'au rebours, l'imputation en la legitime n'ha lieu qu'és cas où la loy l'a specialement commandé. Dont s'ensuit que le §. *Imputari.* ne peut seruir à l'égard du rapport, puis que la loy a dit, que la consequence ne vaut rien, de l'imputation en la 31 Difference entre l'imputation à la legitime, & le rapport.

legitime au rapport. Et de fait, combien qu'il dise, qu'il n'y a que les Milices venales qui soient subiectes d'estre imputées en la legitime, neantmoins cette loy *Illud.* dit indefiniement, que les Milices sont subjectes à rapport, sans limiter sa decision aux Milices venales.

32 Explicatiō du §. *Sed an id quod. in l. 1. D. De coll. bon.* Et quant au §. *Sed an id quod.* de la loy 1. *D. De coll. bon.* & autres textes semblables, ils ne parlent pas des Milices, ou Offices consistans en profit, ou reuenu, ains des dignitez, qui consistent en simple honneur, sans profit, voire qui ont plus de charge que d'honneur, comme des charges des villes, qui en droit sont appellées *Honores & Dignitates, tit. De muner. & Honoribus*; & au Code, *Dignitas* est prise pour signifier particulierement le grade de Senateur Romain, *tit. De Dignit. lib. 10. Cod.* qui au pareil consistoit en simple honneur, sans profit, & quelquefois ce terme de Dignité est vsurpé pour signifier toutes les charges honorables, qui n'apportent aucun profit, comme i'ay dit en autre lieu. Qu'ainsi ne soit, ce §. *Sed an id quod.* parle de la promesse faite par le pere pour la dignité de son fils, qui est proprement la pollicitation, qui se faisoit pour paruenir aux charges honorables des villes, dont est traité au titre *De pollicit.* & en ay parlé au premier chapitre du liure precedent. Et le §. *Neratius.* parle *de munere constituendi certaminis*, comme aussi le §. dernier de la loy *Et qui originem.* parle par exprés des charges patrimoniales des villes, & non des Offices, *de muneribus loquitur, non de Honoribus.*

33 Responce aux opinions des anciens Docteurs. Quant à l'opinion des Docteurs de Droit, c'est chose notable, que quand ils expliquent cette proposition, que la Milice non-venale n'est point subjette à rapport, ils ne rapportent point d'autre exemple, sinon d'vn Eueſché, ou prebende Ecclesiastique, dont s'ensuit qu'ils entendent parler des Milices, qui ne peuuent aucunement entrer en commerce, non pas mesme par licence du Prince, obstant le droit public, comme les Benefices: & qui partant ne peuuent en sorte

34 Opinion contraire. quelconque cheoir en estimation pecuniaire. Et tout au rebours, quand ils viennent à parler des Milices venales, qui sont subjettes à rapport, ils baillent pour exemple, non pas celles que les loix permettent expressément de vendre, mais celles qui ont accoustumé d'estre venduës *secundum consuetudinem cuiusque ciuitatis.* Aussi Iason en cette loy *Illud.* tranche expressément, que les Milices, qui se peuuent vendre par le congé du Prince, chéent en rapport, & autant en dit *Franciscus à Ripa ad l. In quartam. D. Ad l. Falcid. num. 163.* & sur tout le docte Couuarruuias, *lib. 3. Variarum resolut. cap. 19.* prouue bien que l'opinion des anciens Docteurs doit estre ainsi entenduë, & qu'en cette matiere du rapport *paria sunt Militiam liberè vendi posse, & facili licentia Principis vendi solere.*

35 Respōse aux raisons des anciens Docteurs. Et de fait les trois raisons, que les anciens Docteurs rapportent pour confirmation de leur dire, conuiênent directement à cette explication. Car en premier lieu, quand ils disent que les Milices ne sont rapportables pour estre inseparables de la personne, il s'ensuit qu'ils entendent parler de celles qui ne sont nullement resignables & transmissibles de personne en autre, comme les Ordres, les Offices électifs, & autres semblables: & s'ensuit bien *à cōtrario*, qu'entât que les Milices sont separables de la persône par resignatiō licite, elles sont rapportables: pareillemēt quād ils disent, que c'est pource qu'elles ne peuuēt estre estimées à deniers, côme les benefices & les charges des villes, qui rapportēt plus de peine que de profit, il s'ensuit que celles qui sont estimables à deniers sôt rapportables: finalemēt quād ils disent que ce qui n'est point permutable, n'est point rapportable, il est aisé d'en tirer vne consequence contraire, que ce qui est permutable est aussi rapportable.

36 Responce notable à l'arrest de Fauier. Quant à l'arrest de M. Fauier, qui est ordinairement allegué en cette matiere, comme fort special, & (si i'ose dire) irregulier, il y a vne rencontre particuliere en iceluy, à laquelle ceux qui l'alleguent ne prênent pas garde. A sçauoir qu'au mesme temps d'iceluy, le feu Roy Henry III. par vne bonne inspiration, auoit fait vn sainct Edict, par lequel ayant declaré qu'il confereroit desormais gratuitement les Offices de iudicature, il auoit defendu soubs tres-grandes peines de les vendre, ou autrement receuoir en commerce entre particuliers. Mesme auoit enjoinct par cét Edict à son Procureur general, qu'auant consentir la reception des Officiers, il feit interroger tant le resignant, que le resignataire, sur la cau-

se de la resignation, voire qu'il en informast, si besoin estoit : de sorte que par cet Edict la vente des Offices estoit tout autant prohibée, que celle des benefices. Et est notable qu'il fust verifié au Parlement le 23. Iuillet 1582. & peu de iours apres fut resolu l'arrest de M. Fauier, dont neantmoins la prononciation fut differée iusques au temps accoustumé de prononcer les arrests en robe rouge, à sçauoir au septiesme Septembre en suiuant, afin de faire paroistre comme le Parlement vouloit faire obseruer exactement ce sainct Edict, qui neantmoins ne dura gueres, pource que le Roy recommença tost apres à prendre argent des Offices de iudicature. Aussi cet arrest, auquel il auoit donné cause, n'a pas esté depuis suiuy és concurrences semblables, ains s'en est donné plusieurs contraires : & à bon droict, pource que le rapport doit suiure le commerce des Offices. Dont i'en rapporteray seulement vn, donné entre les enfans de feu M. Antoine Matharel, Procureur general de la Royne mere : qui pressé de maladie resigna son Office à son fils aisné, estant lors aagé seulement de dixneuf ans : aussi le pere estant mort, il resigna incontinant cet Office à vn tiers ; apres toutesfois y auoir esté receu à la Cour : & fut le prix de la composition d'iceluy, montant dix mil liures, receu par la veufue du defunct, tant en son nom, que comme tutrice de ses enfans, & ce partie comptant, partie en vn contract de constitution de rente : laquelle fut raquittée, apres la mort de cette veufue, és mains du tuteur desdits enfans, qui ayant couché en la recepte de son compte le principal & arrerages de cette rente, le fils aisné soustient qu'ils luy appartiennent à luy seul, ensemble l'argent que la mere commune auoit receu : les puisnez au contraire soustenoient que la resignation du pere auoit esté plustost vn fideïcommis, ou confidence de l'Office, pour le conseruer à la famille, qu'vne donation d'iceluy : en tout cas qu'il estoit rapportable. En fin par arrest donné en l'Audience, le 12. Feburier 1607. les parties furent mises hors de Cour, & partant l'aisné debouté de sa pretention. 37 Arrest contraire.

De ce discours plusieurs belles conclusions peuuent estre colligées touchant le rapport des Offices. Premierement, que suiuant la decision de la loy *Illud*, il faut distinguer le rapport des Offices d'auec l'imputation en la legitime : non seulement pource que la faueur est pour le rapport, & au rebours est contre l'imputation en la legitime : mais pource que le rapport, & la legitime sont fondez sur deux diuerses considerations, à sçauoir le rapport sur ce que l'vn des enfans ne peut estre aduantagé plus que les autres, de sorte qu'il suffist pour le rapport, qu'il ait esté autresfois aduantagé des biens du pere, encor que cet aduantage ne luy soit demeuré, ains ait esté depuis perdu par cas fortuit. Car en ayant esté faict seigneur deslors du don, la perte fortuite doit tomber sur luy : Et la legitime, sur ce que la loy veut que le fils soit remply en corps hereditaires, lors de l'ouuerture de la succession du pere, de certaine partie du bien d'icelle, §. *Repletionem*. Dont s'ensuit que si l'Office, quoy que venal, resigné par le pere à son fils a esté supprimé, ou autrement perdu par cas fortuit, voire par sa mort, il n'est point imputable en la legitime, qui doit estre actuellement fournie en corps hereditaires, lors de l'ouuerture de la succession paternelle ; combien qu'il soit notoire qu'en ce mesme cas l'Office seroit rapportable, pource qu'il est vray de dire, que le fils en a esté aduantagé aux despens du pere, qui presumptiuement l'eust vendu, s'il ne l'eust resigné à son fils. 38 Que ces Offices estans perdus, ne sont imputables en la legitime : mais bien au rapport.

Pareillement de ceste mesme consideration, il s'ensuit que l'Office n'est imputable en la legitime, sinon entant & pourtant qu'il peut estre vendu, pource que autrement le fils ne seroit pas remply de corps hereditaires, qui fussent en commerce libre, & en vray patrimoine, qui est vne conclusion fort à noter, resultant directement de ce §. *Imputari*. Mais au contraire, il est certain que l'Office est rapportable pour le prix qu'il valoit, lors qu'il a esté donné, ou resigné par le pere, comme i'ay bien prouué au dernier chapitre du liure precedent. 39 Comment ils sont imputables en la legitime.

Puis donc que c'est vne regle certaine, que tout ce dont le fils a esté aduantagé par le pere au preiudice de ses coheritiers, est suiect à rapport, ie dy qu'en matiere d'Estats non-venaux, ceux là ne sont rapportables, qui ne se vendent point 40 Ceux qui ne se vendent point du tout, ne sont suiets à rapport.

du tout. Mais ceux qui bien qu'ils ne soient absolument venaux, neantmoins ont accoustumé d'estre vendus, tombent en rapport. Qui est à peu pres la distinction que faict le droict *in legato rei alienæ*, que si la chose leguée n'est nullement en commerce, le legs n'en vaut rien : mais si elle est aucunement en commerce, quoy que difficile, il faut l'acheter au legataire, ou luy en payer l'estimation. *Constat res alienas legari posse, vtique si parari possint, licet difficilis earum paratio sit. Sive-ro Salustianos hortos, qui sunt Augusti, vel fundum Albanum, qui Principalibus vsibus deseruit, legauerit quis, legatum nullum est*, dit le §. *Constat. l. Apud Iulianum. De legatis* 1.

41 Quels sont ceux dont la vente est illicite. Or les Estats qui ne se vendent nullement, sont de deux sortes, à sçauoir ceux dont la vente est ou illicite, ou impossible. I'appelle la vente illicite celle qui est prohibée par le droict public constamment obserué, comme est celle des benefices, & comme estoit celle des Offices de iudicature, lors que les Edicts prohibitifs de les vendre, estoient exactement gardez. Et ceux-cy partant ne tomboient lors en rapport, comme il fut iugé par l'arrest de Fauier : Arrest tres-iuste pour son temps. Car ces Offices, dont la vente est du tout illicite, sont tellement hors de commerce, que mesme ils ne peuuent cheoir en estimation pecuniaire, qui seroit vne espece de vente, *quia æstimatio facit emptionem*.

42 Quels ceux dont la vente est impossible. I'appelle la vente impossible, quand les Estats ne sont point resignables, soit de leur propre nature, comme les Ordres, & les Offices électifs, soit à cause de la volonté du collateur qui n'en veut admettre la resignation, quoy que ce soit, qui n'a accoustumé de l'admettre, ni par faueur, ni par argent, comme les Capitaineries des gens de guerre, les pensions que les Aduocats ont des Seigneurs, & les places d'Officiers de leurs maisons : & combien que ces estats, ou qualitez puissent cheoir en estimation pecuniaire, pource qu'il n'y a point d'Edict qui defende de les vendre, si est-ce que la vente n'en estant point accoustumée, ils ne tombent point en rapport.

43 Tout cela dépend de l'vsage accoustumé. Il s'ensuit donc en effect que cette distinction dépend du tout de l'accoustumance : & de l'vsage public & ordinaire. Car quant à ceux dont la vente est illicite, si la loy qui la rend telle, vient à n'estre plus obseruée publiquement, comme il se voit à present és Offices de iudicature, ils deuiennent en commerce ordinaire & accoustumé, & partant sont suiects à rapport : autant en est-il de ceux dont la vente, ou resignation estoit iadis tenuë pour impossible, si auiourd'huy on a pris coustume de l'admettre, comme il se faict à present és Offices de la couronne, és Gouuernemens, & és places d'Officiers domestiques du Roy : par ainsi ie dy que ces Estats sont à present en commerce solite & accoustumé, & consequemment subiects à rapport.

44 Pourquoy. Et n'est pas de merueille, si cela se mesure, & se iuge par l'vsage & accoustumance. Car au commerce, qui est du droict des gens, l'vsage commun ha telle puissance, que mesme il surmonte la loy particuliere du pays, comme il se voit aux taux de la monnoye, & au cours de la marchandise. Ce qui est encor plus faisable aux Estats, dont le commerce ne gist presque qu'en la fantasie du peuple, non plus que le prix des pierreries. Tant y a, puisque c'est cette accoustumance publique de vendre aucuns des Offices non-venaux, qui rend ceux-là rapportables, il s'ensuit que comme il est impossible de donner loy certaine à l'vsage populaire, & à la volonté des hommes, aussi il est impossible de specifier ceux de ces Offices qui sont rapportables, ou non.

45 Exemple. Car on a veu qu'on ne parloit point de vendre les grands Offices de iudicature, à sçauoir ceux de Presidens, & du Parquet des Cours souueraines : du depuis on les a veu vendre communément entre particuliers. Et si maintenant le Roy faisoit resolution de n'en plus admettre les resignations, comme il pourroit bien faire, d'autant qu'il ne les a onc vendus, ils seroient desormais hors de commerce, & partant non suiects à rapport.

46 Autres exemples. Pareillement on a veu que les Offices de Conseillers de la ville de Paris ne se vendoient point, ains estoient donnez aux antiques, & mieux meritez bourgeois : de nostre temps la vente s'y est mise, & est venuë en commerce ordinaire. De mesme il s'est veu qu'on ne parloit point de vendre les Gouuernemens, soit des

des prouinces, ou des villes, ou des places; mais depuis que les Rois modernes se sont rendus faciles à admettre les resignations d'iceux, la vente s'y est establie, quoy que fort pernicieuse au Royaume. Comme au pareil il s'est veu vn temps que les places des Archers des gardes, & autres menus Officiers de la maison du Roy ne se vendoient point: mais depuis que les chefs d'Office ont pris coustume d'en tirer de l'argent, ils se sont aussi accoustumez d'en admettre la resignation, ou démission en faueur d'autruy, & ainsi sont-ils venus en commerce ordinaire.

Voire il n'y a tantost Estat ni qualité quelconque, où la venalité ne se soit glissée. A-on pas veu de nostre temps vendre des Capitaineries de gens de guerre? a-on pas veu trafiquer les pensions des Aduocats? vendre la démission des Procureurs, és sieges où ils ne sont encor érigez en Office formé? voire iusques à vendre les places des clers de Conseillers à Paris? vendre aussi les places d'Officiers domestiques des grands Seigneurs? Où est-ce que l'or n'a point penetré? Mais toutesfois tout cela n'a point eu lieu iusques icy par vn vsage ordinaire & public, qui soit encor tourné en coustume, & qui partant face loy au commerce. *Nam ad ea potius debet aptari ius, quæ frequenter & facilè, quàm quæ perrarò eueniunt*, dict la loy *Nam ad ea. D. De legibus.* Si toutesfois cela passoit en coustume ordinaire, ces qualitez deuiendroient rapportables. 47 Estats qui se vendent quelquesfois mais non par vsage ordinaire.

Mais iusques à present, sous pretexte qu'vn pere aura trouué moyen de faire tomber à son fils, ou sa Capitainerie de gens de guerre, ou ses pensions d'Aduocat, ou sa place de Docteur regent, ou de le faire receuoir Procureur par sa démission, il ne s'ensuit pas, à mon aduis, que cela soit subiect à rapport, pource que cette demission fauorable & gratuite de pere à fils, peut bien plustost estre admise, que non pas la vente qu'on voudroit faire à vn estranger: de sorte qu'il est à presumer, que si le fils n'eust esté receu en la place du pere, cette place eust esté perduë par sa mort. Aussi qu'il arriue quelquesfois, que ce qu'il y est admis, est pour son merite & faueur particuliere. 48 Ceux-là ne tombent en rapport.

Tout cela est vray, quand l'Estat en soy passe de la personne du pere en celle du fils, de sorte que si rapport y auoit lieu, ce seroit l'Estat mesme, au moins son estimation eu esgard au temps du don, qui deuroit estre rapportée, le tout selon les mesmes regles, qui ont esté posées à l'esgard des Offices venaux au dernier chap. du liu. precedent: mais il y a bien de la difficulté quand on demande, non pas le rapport de l'Estat, ains des deniers déboursez actuellement par le pere, pour obtenir à son fils vn Estat, ou Milice non rapportable, dont luy mesme n'a iamais esté pourueu. Enquoy il me semble qu'il y a deux cas à distinguer, l'vn, quand le pere a baillé l'argent au fils pour l'acheter, si que par les mains du fils il ait esté employé en cet achat, auquel cas i'estime qu'il n'y a nulle difficulté, que cet argent ne soit tousiours rapportable, puis qu'il est tousiours vray de dire que c'est de l'argent, & non pas vn Office que le pere a donné au fils, & que c'est le fils, & non pas le pere qui l'a acheté en son nom, & payé. 49 Si du moins leur prix tombe en rapport. 50 Ouy s'ils ont esté achetez par l'enfant des deniers du pere.

Soit que cet argent, par le conseil & entremise du pere, ait esté mis en l'achat d'vne commission, qui trois iours apres ait esté reuoquée: car c'est le fils qui a faict le mauuais achat pour soy, & le pere n'a faict qu'y donner conseil pour son fils, auquel comme le profit, aussi la perte doit demeurer. Soit aussi que cet argent ait esté mis en l'achat simoniaque d'vn benefice. Car bien que le pere qui a conseillé la simonie, & le fils qui l'a commise, soient tous deux simoniaques: si est-ce que les enfans qui demandent le rapport de cet argent, n'en peuuent mais: aussi que le fils ne seroit à ouyr, si pour se sauuer du rapport, il alleguoit sa turpitude, & son crime. Soit finalement qu'il ait employé l'argent en vn Office, ou qualité qui ne rapporte aucun profict, ains consiste en simple honneur, pource que c'est tousiours sa faute d'auoir ainsi mal employé son argent, que tousiours il est vray de dire, auoir diminué la masse des biens paternels. 51 Trois cas notables.

Mais si c'est le pere qui ait faict l'achat, & payé luy mesme les deniers, il y a plus de difficulté en chacune de ces trois rencontres, pource que c'est luy qui a faict la faute, & non pas le fils: c'est pourquoy, si la commission ainsi achetée pour le fils a esté reuoquée sans sa faute pendant sa vie, ou vne Capitainerie de compa- 52 *Quid si* l'achat a esté fait par le pere pour son fils.

gnie, qui ait esté cassée, il n'est pas raisonnable que le fils rapporte le prix entier que le pere en aura déboursé. Mais aussi il n'y a point d'apparence, qu'il ne rapporte pas ce qu'il a gaigné en l'Estat, auant qu'il l'eust perdu. Ie dy donc qu'il doit

53 Au moins en faut-il rapporter les fruicts.

rapporter les profits honnestes & licites, qu'il en a peu tirer, toute despense, & charge defalquée, qui est ce que dict la loy *Illud. quantum ex militia lucrari potuit*: pource que deux choses sont requises, pour faire que le rapport ait lieu. L'vne, que le fils ait esté aduantagé: l'autre, que ce soit des biens du pere.

54 *Idem* au benefice acheté par le pere pour son fils.

Et puisque ces deux choses se trouuent au cas du benefice acheté par le pere à son fils, posé qu'il apparoisse clairement & promptement de cet achat, qui autrement n'est ni presumé, ni permis de verifier par tesmoins, i'estime qu'en cette matiere de rapport, qui gist en vne pure équité, il ne faut point auoir d'égard à ces rigoureuses subtilitez, de dire que *in turpi causa potior est conditio possidentis*, & que les enfans ne doiuent estre receus à alleguer la turpitude de leur pere. Toutesfois cette question est bien problematique: car il n'y a point de regle asseurée és cas illicites.

55 Les frais pour l'obtention du benefice sont rapportables cōtre Balde.

Quoy que ce soit il n'y a, ce me semble, nulle apparence au dire de Balde sur ce §. *Imputari.* & de Bart. sur le §. *Nec castrense.* de cette loy 1. *D. De collat. bon.* que si le pere a faict des frais, pour l'obtention du benefice de son fils, ils ne sont point suiects à rapport, sous pretexte de dire que les benefices ne sont pas venaux, & aussi de dire que le pecule quasi castrense n'est rapportable. Car ce n'est pas le benefice qui se rapporte, ains l'argent déboursé licitement pour l'obtention d'iceluy, qui ne peut estre dict pecule, ains au rebours c'est le profict, & reuenu que le beneficier en tire qui est reputé pecule.

56 Deniers déboursez pour vne simple Dignité non profitable ne se rapportent.

Toutesfois, qui est nostre troisiesme cas, si le pere auoit déboursé par ses mains des deniers, pour faire obtenir à son fils quelque Dignité, ou grade, qui consiste en simple honneur sans profit, quoy que ce soit sans profit licite, qui excedast notoirement les charges, & la peine d'iceluy, tels deniers ne seroient suiects à rapport, qui est le propre cas de ce §. *Sed an id quod.* Comme les deniers déboursez pour la Dignité d'Escheuin, ou autre telle charge de ville, ou pour quelque degré des facultez liberales. Et ce pour deux raisons. L'vne, que le fils n'est point aduantagé par telles qualitez, en chose qui soit estimable en argent, & partant ne peut estre chargé d'en rapporter argent, par la raison de la loy *Planè* 1. §. *vlt. De legatis.* 1. L'autre que l'honneur, qui prouient de ces Dignitez, redonde au pere, & à toute sa famille.

57 *Quid* des frais du Doctorat.

Encore les coustumes de Laon, Challons, Reims & Sedan, és articles cy dessus quotez, limitent-elles cette decision au degré de Docteur, voulans que les frais faits pour iceluy soient rapportez, soit pource que ces coustumes ont ineptement confondu les simples Docteurs auec les Docteurs regens, dont l'Office, ou Milice est notoirement profitable, & partant rapportable, quant aux frais

58 Explicatiō de quelques coustumes.

faits pour y paruenir, soit à cause qu'on faisoit iadis de grands frais pour prendre le bonnet Doctoral, lesquels ne sont plus necessaires. Neantmoins hors ces coustumes, i'estimeroy, que les frais de la maistrise, ou Doctorat ne soient non plus rapportables que ceux de la Licence. Comme aussi ces coustumes décident que les frais de la Maistrise de mestier sont rapportables, pource que les mestiers sont lucratifs: combien que les frais de l'apprentissage de mestier ne soient suiets à rapport, principalement par le fils, qui n'auoit aucuns biens: non plus que ceux d'eschotage, ni ceux d'institution aux armes, comme décident ces mesmes coustumes, pource qu'ils concernent l'instruction, qui par droict de nature est deuë par le pere aux enfans, aussi bien que l'éducation.

SOMMAIRE DV SEPTIESME CHAPITRE.

1 *Pourquoy ces Offices ont esté laissez les derniers.*
2 *Si la vente en est licite.*
3 *Raison de la negatiue.*
4 *Que cette vente induit Simonie.*
5 *Que non.*
6 *Spirituel, est vn mot équiuoque.*
7 *Preuue que cette vente est licite.*
8 *La loy politique lie & deslie en conscience.*
9 *Resolution pour l'affirmatiue.*
10 *Responce aux raisons contraires.*
11 *Est plus permis aux particuliers de les vendre qu'au Roy.*
12 *Responce à l'argument des pollicitations du droit.*
13 *Cas auquel ne seroit permis de les vẽdre.*
14 *Loix politiques ne lient que quand elles sont obseruées publiquement.*
15 *Conclusion de ce discours.*
16 *Inconuenient de l'opinion contraire.*
17 *Bel exemple de vente licite d'Office.*
18 *S'il est permis au Prince de vendre les Offices de iudicature.*
19 *Qu'il seroit plus seur de ne les vendre point.*
20 *Qu'il les peut vendre licitement.*
21 *Belle resolution de S. Thomas sur cette question.*
22 *Inconueniens prouenans de la vente de ces Offices.*
23 *Excellent passage sur ce suiect.*
24 *Suffrages de Rome n'estoient si dangereux que nostre vente.*
25 *Deux inconueniens notables de nostre vente.*
26 *De l'iniustice prouenant à cause d'icelle.*
27 *Rois chargez en consciénce de cette iniustice.*
28 *Exemples notables.*
29 *Que l'information de vie & mœurs ne remedie assez à cet inconuenient.*
30 *Second inconuenient concernant la cherté de la iustice.*
31 *Pourquoy les Estats sont plus chers à present que iamais.*
32 *Pourquoy les Offices n'ont point de prix arresté.*
33 *On fait valoir les Offices de iudicature tant qu'on veut.*
34 *Grande tentation aux gens de bien.*
35 *Vers naïfs d'vn vieil poëte.*
36 *Aduis de remedes à cette vente.*
37 *Trois parties du mal.*
38 *Trois degrez de remede.*
39 *Premier remede que les Offices de iudicature ne peussent estre vendus outre la taxe de la Paulette.*
40 *Que pour ce prix le Roy en eust la disposition en toutes vacations.*
41 *Preuue de cet aduis.*
42 *De mesme.*
43 *Modification.*
44 *Le Roy doit auoir le choix des Iuges.*
45 *Commoditez de cet aduis.*
46 *Faudroit publier la vacation sur les lieux.*
47 *Autres commoditez de cet aduis.*
48 *Tous inconueniens cesseroient.*
49 *Second remede de défendre aux Iuges de rien prendre des parties.*
50 *Moyen de les appointer de gages suffisans.*
51 *Autre moyen.*
52 *Autre encor.*
53 *Profit qui en reuiendroit au peuple.*
54 *Honneur qui en reuiendroit aux Iuges.*
55 *Qu'il est impossible de regler le salaire des Iuges.*
56 *Auctoritez notables.*
57 *Discours notable de Iustinian.*
58 *Troisiesme remede d'abolir du tout la venalité des Offices de iudicature.*
59 *Deux sortes d'ages d'or.*
60 *Les Princes plus endettez n'ont vendu les Offices.*
61 *Mesnage admirable d'Alexandre Seuere.*
62 *Commodité qui en reuiendroit au Roy.*
63 *Exhortation au Roy à la Royne, & à M. le Chancelier.*
64 *Ordonnance notable du Roy S. Louys.*
65 *Conclusion, que tous maux cesseroient auec la venalité des Magistrats.*

DE LA VENTE DES OFFICES DE IVDICATVRE.

CHAPITRE VII.

1 Pourquoy ces Offices ont esté laissez les derniers.
2 Si la vente en est licite.
3 Raison de la negatiue.

I'AY laissé les Offices de iudicature tous les derniers des Offices non-venaux, pource que ce sont les plus venaux de tous, & pource que ceux des Seigneurs, ausquels le liure suiuant est dedié, s'y rapportent presque tous, & les expliqueray à part, d'autant que leur droict se rapporte plus à celuy des Offices venaux, qu'à celuy des non-venaux. Or ie les appelle Offices de iudicature, c'est à dire Offices de Iuges, ou Magistrats de iustice, & non pas Offices de iustice: pource qu'il y a plusieurs Offices de iustice, qui sont du nombre des Offices venaux, à sçauoir tous les ministres de iustice, comme Greffiers, Notaires, Sergens, & autres semblables, desquels il n'est point question en ce chapitre, ains seulement des Magistrats.

4 Que cette vente induit simonie.

A l'esgard desquels c'est vne grande question parmy les Theologiens scholastiques, & parmy les Docteurs canonistes, s'il est licite en poinct de conscience de les vendre & acheter entre particuliers. Les plus scrupuleux tiennent que c'est simonie, pource que ce qui est appellé *Ambitus* au droict ciuil, est appellé *Simonia* au droict Canon, témoin cette belle loy *Si quemquam. Cod. De Episcopis & cler.* Et ce qu'il n'y a point de loy formelle en la saincte Escriture, qui defende la vente de ces Offices, il disent, pour le regard du vieil testament, que c'est à cause que cette venalité n'estoit lors d'iceluy aucunement introduicte parmy le peuple des Iuifs, non plus qu'en aucune autre ancienne Republique: & quant au nouueau Testament, que c'est à cause qu'il ne contient pas les regles de la Police temporelle, ains seulement de la spirituelle. Mais il faut, disent-ils, s'arrester à la raison formelle, que *omnis potestas à Deo est*, dit l'Apostre, *præcipuéque iudicium Dei est*, dit le premier chap. du Deutero. Et en cette belle remonstrance que Iosaphat fait aux Iuges 2. *Paralip. cap.* 9. il leur dit que *non hominis iudicium exercent, sed Domini.* & le Psalme 84. dit que *Iustitia de cælo prospexit: cuius*, dit toute la premiere de nos loix, *meritò nos sacerdotes vocamur*: de sorte qu'ils concluent que cette puissance de iuger les hommes, venant de Dieu, & estant diuine, ne peut estre venduë sans simonie.

5 Que non.
6 Spirituel est mot équiuoque.

Toutesfois l'opinion contraire est la plus commune, & aussi la plus vraye, à mon aduis, dont la raison punctuelle est, que la Simonie ne consiste qu'és choses sacrées & spirituelles: or ce mot, *Spirituel*, est ambigu, signifiant tantost ce qui prouient du S. Esprit, & ainsi est opposé au temporel, & tantost ce qui dépend de l'esprit humain, & ainsi est opposé aux choses corporelles: & sans doute c'est cette ambiguité, qui cause la difficulté de nostre question. Car entendant par le spirituel tout ce qui n'est point corporel, tous Offices sont spirituels: mais entendant tout ce qui n'est point temporel, ains qui dépend du S. Esprit, il y a des Offices temporels, à sçauoir ceux de l'Estat, & des Offices spirituels, sçauoir ceux de l'Eglise, esquels consiste vrayement la simonie, & non és choses temporelles, bien qu'incorporelles: pource que la simonie, estant vn peché contre le S. Esprit, ne peut auoir lieu qu'és choses qui dépendent du S. Esprit, & non en celles qui consistent en l'esprit humain.

7 Preuue que cette vente est licite.

Car encor que la iustice & l'auctorité de iuger les hommes procede originairement de Dieu, comme faict toute vertu, tout honneur & toute puissance: si est-ce que Dieu a deposé, & commis la iustice temporelle entre les mains des Rois qui sont ses Lieutenans en terre: ausquels mesme il a laissé tout ce qui est de ce monde, que nous appellons temporel: s'estant seulement reserué, & à ses ministres Ecclesiastiques, le spirituel, qui est ce qu'on dit vulgairement, que *Diuisum imperium cum Ioue Cæsar habet*, & ce qui est dit en l'Escriture, qu'il faut rendre à Cesar ce qui est à Cesar, & à Dieu ce qui est à Dieu.

8 La loy politique lie &

Dont resulte que les Monarques peuuent establir tel droict, police, & commerce qu'il leur plaist és choses temporelles: *hoc ius Regis est*, dit l'Escriture: & ce ce droit, soit iuste ou iniuste, lie & deslie, charge & descharge la conscience du peuple, qui est tenu de droit diuin & humain d'obeïr entierement à cet esgard à son Roy. Car bien que le Prince qui establit des loix iniustes, en ce qui est directement de sa police temporelle, en soit responsable deuant Dieu, pource qu'il abuse de sa charge, si est-ce que le peuple est tenu les obseruer, & à plus forte raison les obseruant, ne fait rien d'illicite, pourueu qu'elles ne contreuiennent directement aux commandemens de Dieu, ou aux loix de nature, qui sont immuables. — deslie en conscience.

Puis donc qu'il n'y a point de defense formelle en l'Escriture, de vendre les Offices de Iustice; ains que ces Offices dépendent du temporel, dont l'entiere disposition appartient aux Princes temporels, il s'ensuit, qu'il n'y a que la loy Politique & temporelle du Prince, qui y puisse apporter de la conscience. C'est pourquoy si les loix *De ambitu*, auoient lieu en France, il y seroit sans doute illicite en conscience d'acheter les Offices. Mais tant s'en faut que ces loix nous lient, que mesme elles ne lierent pas les Romains, apres que leur Republique fut reduite en Monarchie, dit la loy 1. *D. Ad l. Iul. ambitus*. — 9 Resolution pour l'affirmatiue.

Et quant aux Ordonnances de France, qui defendent par exprés la vente des Offices de iudicature, elles ne nous obligent plus en conscience, pource que le Roy y déroge luy-mesme publiquement & continuellement: & ce non seulement à son égard, mais encor il permet & tolere, qu'elles ne soient point obseruées par les particuliers, au veu & sceu d'vn chacun. Et d'ailleurs, il est aisé à entendre, que le Roy, auquel il appartient de mettre ses Offices en commerce, & les en oster quand il luy plaist, en les vendant luy mesme, dispense taisiblement les particuliers des Ordonnances prohibitiues de cette vente. — 10 Responce aux raisons contraires.

A quoy ne faut point dire, qu'il est plus permis au Prince de vendre les Offices, qu'aux particuliers: à cause que les pollicitations estoient permises au droit Romain, en faueur des communautez seulement, & non des particuliers. Car c'est sans doute, que depuis que le Prince vend vn Office de pure & absoluë vente, l'ayant vne fois exposé au commerce, il ne peut plus, auec iustice, empescher que l'acheteur le reuende; estant vne loy generale du commerce, & vne maxime du droit des gens, que *Necesse est, vt qui emit vendat*, comme dit Lampride, *& quæ emeris vendere gentium ius est*, dit Seneque. — 11 Est plus permis aux particuliers de les vendre, qu'au Roy.

Et n'est pas de merueille, que les pollicitations faites pour paruenir aux Offices, fussent seulement obligatoires & permises à l'égard des communautez des villes, pource que ces Offices estans électifs, & à bref temps, ne pouuoient estre resignez à autrui, ni par consequent vendus entre particuliers, non plus qu'à nous les charges d'Escheuins des villes. Mais quant aux autres Offices qui estoient conferez par les Empereurs, bien que la vente à l'égard du Prince n'en fust establie en l'Empire Romain, comme elle est en ce Royaume, trouuons-nous pas qu'il y a eu autresfois action entre particuliers, pour les suffrages, comme il a esté discouru au commencement du liure precedent? Et toutesfois il y a beaucoup moins de raison, de vendre les suffrages, c'est à dire sa voix, ou sa faueur, pour faire obtenir du Prince quelque Office, qu'il donne gratuitement, que de reuendre au particulier l'Office, qu'on a acheté du Prince. — 12 Responce à l'argumét des pollicitations du droict.

Il est bien vray, que le Prince pourroit imposer telle loy à ses Offices, en les vendant, qu'il ne seroit loisible aux particuliers de les reuendre, qui seroit en effect vendre vn pur vsufruict, & encor vn vsufruict sujet à residence & exercice, ou plustost vn simple vsage attaché à la personne. Mais il n'y eut onq de telle loy en France, & si elle estoit, & que les Offices ne fussent point resignables, c'est sans doute qu'on ne les acheteroit pas si cher. Car auiourd'huy, voyant que le Roy par vn droit commun & certain n'en refuse point les resignations, l'asseurance que chacun s'imprime de pouuoir reuendre son Office, selon l'occurrence de ses affaires, fait qu'il y expose plus d'argent. Et quand il auroit esté fait autresfois quelque Ordonnance telle, si est-ce qu'estant auiourd'huy notoirement hors d'vsage, elle ne lieroit le peuple en poinct de conscience, attendu la — 13 Cas auquel ne seroit permis de les vendre. — 14 Loix non politiques ne liét que quád elles sont obseruées publiquement.

maxime vulgaire des Theologiens Scholastiques, que *lex temporalis non obligat, nisi quatenus est in viridi obseruantia.*

15 Conclusion de ce discours.

Concluons donc hardiment, que les particuliers peuuent licitement acheter des Offices de iudicature, soit du Roy, soit de l'vn à l'autre. En quoy il ne peut y auoir, à mon aduis, aucun scrupule, sinon le serment public & solennel, qu'ils faisoient nagueres, lors de leur reception, & qui a esté iustement aboli en l'an 1597. comme i'ay dit ailleurs.

16 Incōueniés de l'opinion contraire.

Et de verité, puis qu'on n'entre plus aux Honneurs par la Vertu, ains par la porte dorée, ce seroit vne dangereuse opinion, si tous les gens de bien, faisans conscience d'acheter des Offices de iudicature, les abandonnoient à ceux qui n'auroient point de conscience. Veu qu'au contraire, quand mesme il seroit expressément defendu par les loix Politiques de les acheter, si est-ce qu'en matiere de ce qui n'est directement contraire aux loix diuines, cela pourroit estre permis aux gens de bien, pour en exclure les meschans: ainsi que le Senat Romain encouragea Marcus Bibulus, de distribuer au peuple grande somme de deniers, que les plus gens de bien luy presterent, afin d'empescher que Luceïus, intime ami de Iule Cesar, fust fait Consul auec luy, *ne Catone quidem ipso abnuente, eam largitionem è Repub. fieri, inquit Sueton. in Iulio.*

17 Bel exéple de vente licite d'Office.

18 S'il est permis au Prince de vendre les Offices de iudicature.

Voila pour les particuliers: *sed quia quæ supra nos, nihil ad nos*, ie ne m'informe point, si les Roys peuuent en seureté de conscience vendre les Offices de iudicature, comme vne chose temporelle, que Dieu ait laissée à leur discretion: en tout cas, si la coustume qu'ils en ont trouué establie par leurs predecesseurs, ou la necessité de leurs affaires, leur peut seruir d'excuse deuant Dieu, ensemble les autres considerations Politiques, qui les peuuent induire à cette vente.

19 Qu'il seroit plus seur qu'il ne les vendist point.

Bien puis-je dire, que puis que, où il va du peril de l'ame, c'est le meilleur, sur vn doute probable, de choisir la plus seure voye, & notamment que ce seroit vne grande perfection à eux, qui sont establis de Dieu pour rendre la iustice, de se descharger de ce deuoir sur les plus gens de bien, plustost que sur les plus hardis acheteurs; sur tout, il semble qu'il peut y auoir du scrupule, si par le moyen du taux excessif qu'ils mettent aux Offices, il aduient, ou que la iustice soit mal renduë, ou mesme qu'elle soit trop cher venduë; qui est vn poinct, dont tous les Theologiens sont d'accord.

20 Qu'il les peut vendre licitement.

Mais aussi c'est vne resolution toute asseurée, que cessant ces inconueniens, puisque les Offices sont du nombre des choses temporelles, que Dieu a laissées en la puissance des Roys, ils y peuuent à l'égard du peuple qui leur est subject, mettre telle police & tel taux qu'il leur plaist, sans commettre iniustice, & sans que le peuple ait occasion de s'en offenser, pourueu que d'ailleurs ils ne violent les loix du commerce.

21 Belle resolutiō de sainct Thomas, sur cette questiō.

Ie me rapporte de tout cela à la response, que feist l'Angelique Docteur sainct Thomas d'Aquin à la Duchesse de Brabant, luy ayant demandé en conseil de conscience, si elle pouuoit vendre ses Offices de iudicature: *Cum Balliuis & Officialibus vestris nihil committatis, nisi temporalis Officij potestatem, non video, quare non liceat vobis vendere Officia: dum tamen talibus vendatis, de quibus præsumi possit, quod sint vtiles ad huiusmodi Officia exercenda; & non tanto pretio vendatur Officium, quod recuperare non possint sine grauamine subditorum. Attamen talis venditio expediens omnino non videtur, cum frequenter contingat, quod magis idonei sint pauperes, qui Officium tale emere non possint. Quinetiam si aliqui diuites tales sint, tamen quia boni sunt, Officia non ambiunt, nec ad lucra inhiant. Et sic, quia Officia emunt vt plurimùm hi qui peiores sunt, & subditos opprimendo diuites facti, (iuxta illud Iob: Abundant tabernacula prædonum) magis expediens videtur, vt bonos & idoneos ad Officia vestra liberaliter eligatis.*

22 Incōueniés prouenans de la vente de ces Offices.

Et de verité, pour en parler politiquement & moralement, c'est bien sans doute (& l'experience nous l'apprend) que c'est vn grand desordre, & vn grand malheur à vn Estat, quand les Offices de iudicature s'y vendent. Et d'autant que cette chorde est bien haute pour moy, ie me contenteray de rapporter ce qu'en dit elegamment, & fort à propos de nostre vsage, ce sage Empereur Iustinian en la Nou. 8. *Manifestum est, quod qui aurum dat, & ita administrationem emit, non dat hoc solùm, quantum occasione adinuentum est suffragiorum, sed & aliud extrinsecus addit amplius, occasione commodi, administrationem aut dantibus, aut spondentibus: & sic vno principio illicito dato, plurimas necesse est manus circumire eum, qui donationem facit: & hoc non de suo fortè præbere, sed mutuatum, & vt mutuare possit, damnificatum: & computare apud se, quia conuenit eum tantum ex Prouincia percipere, quantum liberet quidem ei debita, sortem scilicet & vsuras, atque etiam damna pro ipso mutuo: computabit autem præterea expensas largiores sibi iam, vt Iudici, & ijs qui circa se sunt, conuenientes: & quendam etiam sibimet recondet quæstum in tempore sequenti, in quo forte non administrabit. Quapropter eius quod ab eo datum est, triplum, magis autem (si oportet veriùs dici) decuplum erit, quod à subjectis nostris exigitur. Et ex hoc etiam fiscus imminuitur, nam quæ oportebat in fiscum inferri, quando qui administrationem habet puris vtitur manibus, ea ad propriam vtilitatem redigens, & inopem faciens nobis collatorem, inopiam ipsius, quæ per ipsum agitur, nobis reputat. Et quanta impiè talia fiunt, ad horum furtorum meritò relata occasionem? Administrationes namque habentes Prouinciales, ad hanc acceptionem respicientes, multos quidem reorum dimittunt, vendentes eis delictum: plurimos autem innoxiorum condemnant, vt noxijs præstent: & hoc non solùm in pecuniarijs causis agitur, sed & in criminalibus, vbi de anima est periculum: fugæque fiunt ex Prouincijs, & confluunt hûc omnes ingemiscentes, sacerdotes, & Curiales, & Officiales, & possessores, & populi, & agricolæ, Iudicum furta meritò, & iniustitias accusantes: & hæc non fiunt sola, sed etiam ciuitatum seditiones, & publicæ turbæ plerumque pecuniæ causâ fiunt atque sedantur: & omnino vna quædam est hæc omnium occasio malorum, & accipere suffragium à Iudicibus, totius nequitiæ est principium, & terminus. Est quoque hoc sacrorum eloquiorum mirabile & verum, quod auaritia omnium sit mater malorum, maximè quando non priuatorum, sed Iudicum inhæret animabus. Quis enim sine periculo non furetur, quis non latrocinabitur sine reatu, ad Administratorem respiciens? Illum namque videns omnia auro vendentem, & præsumens quia quicquid egerit illicitum, hoc pecunias dando redimet, hinc homicidia, & adulteria, & inuasiones, & vulnera, & raptus virginum, & commerciorum confusio, & contemptus legum & Iudicum: omnibus hæc venalia proposita esse putantibus, tanquam aliquod vilium mancipiorum. Sed neque sufficimus considerare & exponere, quanta ex furto Prouincialium Iudicum fiunt pessima: nullo eos præsumente cum fiducia redarguere, cum illi repentè, se emisse cingula pronuntient.* 23 Excellent passage sur ce suject.

Et neantmoins les suffrages de Rome, dont il parle, n'estoient pas si dangereux à beaucoup prés, que la vente publique des Offices, que nous pratiquons à present. Car ces suffrages n'approchoient pas de la iuste valeur des Offices: mais seulement les Empereurs prenoient vne somme mediocre de deniers, pour gratifier vn Officier, & le preferer aux autres competiteurs: choisissans neantmoins le plus capable, quoy que ce soit, celuy qu'ils aimoient le mieux, & non pas celuy qui leur offroit le plus. C'est pourquoy il ne falloit plus d'autre examen, ni information de vie & mœurs par apres; ains c'estoit vn sacrilege, dit la loy, de douter de la capacité de celui que le Prince auoit choisi, comme i'ay dit au troisiesme chapitre du premier liure. 24 Suffrages de Rome n'estoient si dangereux que nostre vente.

Mais parmi nous, on expedie bien souuent les Offices en blanc: quoy que ce soit (si ce ne sont Offices briguez par gens qui ayent grand credit) on ne s'enquiert iamais de la capacité, ni mesme du nom de celui qui a encheri l'Office; ains comme és adiudications iudiciaires on l'adiuge indifferemment au plus offrant & dernier encherisseur: remettant, apres son expedition, aux Iuges qui le receuront, d'examiner sa capacité. Dont il naist deux grands inconueniens; l'vn, que n'y ayant plus de choix des personnes, & les Offices estans adiugez pour l'argent, & non pour la vertu, il y entre souuent des gens de mauuaise vie; l'autre, que ces gens ayans cherement acheté leur Office en gros, il faut qu'ils le reuendent auarement en destail: l'vn donc est cause que la iustice est souuent iniustement renduë: l'autre, qu'elle est tousiours trop cher venduë. 25 Deux incōueniens notables de nostre vente.

Examinons separément l'vn & l'autre inconuenient. Quant au premier, Ciceron a bien dit, que *malè se res habet, cum id quod virtute effici debet, tentatur pecunia*: & le plus grand secret d'vn Estat, est de mettre de gens de bien aux charges 26 De l'iniustice, prouenant à cause d'icelle.

publiques, dit Platon, liure premier de sa Republique, pource, dit-il, que quel est l'ouurier, tel est son ouurage : ce qui ha lieu principalement au Iuge, la function duquel consiste, non en ce qui se voit, mais en ce qui est caché dans sa conscience, laquelle estant tortuë, mal-aisément peut redresser celle du peuple. Or il est bien certain, que ce n'est pas le moyen d'auoir de bons Magistrats, que de preferer l'argent à la vertu, conferant les Offices aux plus hardis encherisseurs : en quoy le meschant est plus aduantagé que l'homme de bien, pource que son comportement luy donne moyen d'en tirer plus de reuenu & commodité : au contraire, l'homme de bien mesure la valeur de l'Office selon son reuenu licite; & d'ailleurs, il se fasche d'acheter ce qu'il sçait estre deu à sa vertu : & voila pourquoi il se trouue plus de mauuais Officiers, que de bons.

27 Roys chargez en consciéce de cette iniustice. Mais il y a encor vn poinct de conscience, qui est fort à considerer en cette occurrence, à sçauoir que le Roy est responsable deuant Dieu des torts que ses Officiers font au peuple, signamment au fait de la iustice, dont il est debteur, & pourquoy principalement il est establi. Donques si le maistre est tenu du fait de son procureur, le financier de son commis, & le marchant de son facteur, à plus forte raison le Prince souuerain est tenu du fait de ses Officiers, comme discourt Seissel au second liure de sa Monarchie Françoise, chap. 16. & fut remonstré aux Estats de Tours. Ce que recognoissant ce grand Roy Philippes Auguste, estant proche de son deceds, il saisit les executeurs de son testament de cinquante mil liures, pour reparer les torts, que ses Officiers, sans son sceu, pourroient auoir faits à ses subjects. Et cet autre bon Roy Philippes de Valois ordonna par son testament, que ses executeurs enuoyeroient par les Prouinces informer des plaintes & torts faits par ses Officiers, & les amender.

28 Exemples notables.

29 Que l'information de vie & mœurs ne remedie à cet inconuenient. Ouy, mais, dira-on, apres la prouision d'vn Officier, on informe de ses mœurs, auant que le receuoir. Ie respon, que cette information, ainsi qu'elle se fait parmi nous, est presque inutile, pource qu'estant faite sur le tesmoignage de ses meilleurs amis, produits par luy-mesme, elle n'a garde de découurir son vice. Et qui est celui, qui a iamais esté rénuoyé, faute d'auoir esté trouué homme de bien? s'il n'a eu quelque ennemi obstiné, qui ait fait ioindre à grands frais, quelque vieille information criminelle faite contre celui qui poursuit sa reception : encor tient-on cela pour affecté & odieux, & comme vne enuie ou vengeance. En tout cas il y a bien de la difference entre le choix des Officiers, qui se faités Republiques bien policées, & l'information qui se fait en France, de la vie des pourueus apres coup. Car le choix se refere à vne vertu esclatante & recognuë, & nostre information ne requiert que la carence du vice, qui est en fin vne negatiue, qui ne se peut bonnement verifier.

30 Second inconuenient, contenant la cherté de la iustice. L'autre inconuenient est encor plus manifeste, qu'au prix que l'Officier achete son Office, quelque homme de bien qu'il soit, il ne se peut tenir qu'à ce mesme prix il n'en reuende par apres l'exercice au peuple, *Necesse est, vt qui emit vendat, &c.* & comme dit Aristote au second des Polit. chap. 9. il est necessaire que ceux qui ont acheté les Magistrats, s'accoustument d'en mesnager exactement le gain, afin d'en retirer leur argent par le menu. Aussi voit-on que depuis l'introduction de la venalité des Offices, les Iuges se sont auctorisez de prendre de grands salaires des parties : ce qui n'estoit anciennement, ainsi que i'ay monstré au 8. chap. du premier liure. Et à mesure qu'on a encheri les Offices de temps en temps, les Iuges ont aussi augmenté leurs taxes : comme c'est vne regle infaillible du commerce des choses fructueuses, que leur prix & leur reuenu ont vne necessaire correspondance l'vn à l'autre; de sorte, que si l'vn augmente, il faut que l'autre augmente aussi.

31 Pourquoy les Estats sont plus chers à present que iamais. Qu'ainsi ne soit, qui est la cause pourquoy depuis ces derniers troubles, les Offices sont tant augmentez de prix, sinon que la licence de la guerre ayant augmenté la corruption parmi les Officiers, les a licenciez d'accroistre leurs profits par des inuentions toutes nouuelles, & des taxes excessiues ? Pourquoy est-ce aussi qu'on dit, que les Offices n'ont point de prix certain, comme ont les heritages, les rentes & toutes autres choses fructueuses? sinon pource que leur

reuenu dépendant, ie ne dy pas de l'industrie, mais de la volonté, ou pour mieux dire encor, de la malice du pourueu, ils valent de reuenu ce qu'on les fait valoir. C'est pourquoi, quand Philippe de Comines a remarqué en son histoire, que les Offices estoient plus chers en la ville de Paris, qu'en aucune autre du monde, il a incontinant adiousté, pource qu'en icelle on les fait valoir, non ce qu'on doit, mais ce qu'on veut.

32 Pourquoy les Offices n'ont point de prix arresté.

Et de verité, cette regle de commerce, que le prix & le reuenu ont vne correspondance necessaire, a lieu principalement aux Offices des Magistrats, qui sont Iuges eux-mesme de leur salaire, c'est pourquoi ils seroient bien niais, s'ils n'en prenoient pour le prix de leur argent, veu qu'outre qu'ils ont acheté bien cher leurs Offices, ils y mettent encor leur temps & leur labeur, *atqui*

33 On fait valoir les Offices de iudicature, tant que on veut.

Cum labor in damno est, crescit mortalis egestas.

Enquoi l'homme de bien, voyant l'exemple tout ordinaire de ses voisins, considere que sa preud'hommie ne doit estre dommageable à sa famille : ce qui seroit, s'il ne faisoit comme les autres, puis qu'il faut qu'il achete son Office au prix des autres. Et partant, il s'accommode en fin à leur train, & se resout, que c'est assez de iuger iustement, & de rendre bonne & briefue iustice : mais au demeurant, il s'accoustume à serrer le poignet, ainsi que les autres. *Hic error*, dit sainct Gregoire en ses epistres, *in subditis propagatur cum augmento. Nam eo ipso quòd quis ad honorem maiori pecunia promouetur, in ipsa iam prouectus sui radice vitiatus, paratior est aliis cariùs venundare quod cariùs emit.* C'est l'excuse ordinaire des Iuges, quand on les reprend de prendre trop grands salaires, qu'ils ont acheté leurs Offices, qu'il faut qu'ils se sauuent, & qu'ils viuent. *Nemo potest*, dit cette Nou. 8. *eos cum fiducia redarguere, cùm illi repentè se emisse Officia pronuncient.*

34 Grãde tentatiõ aux gens de bien.

Ie finirai ce poinct par la plainte d'vn vieil Poëte François,

35 Vers naïfs d'vn vieil Poëte.

Mais qui croiroit qu'on achetast Office
De grands deniers, & grand' somme d'argent,
Et puis apres qu'on feist bonne iustice,
Sans nul tromper, & en prendre des gens?
Qu'on donnast tout? on seroit hors de sens:
Le temps n'est mie, on ne donne plus rien,
Mais on vend tout, gens & entendemens,
Trestous les iours ils se vendent tres-bien.

Est-ce pas exprimer naïuement la sentence d'Aristote, liure second des Politiques, chapitre neufiesme, où il reprouue la vente des Magistrats, & dit que c'est chose absurde, qu'vn Magistrat, ayant fait grande despense pour auoir son Office, refuse aucune occasion d'y gaigner.

Voila la consequence du mal recognuë, cerchons-y maintenant le remede. Or puisque le mal est venu par degrez, il faut aussi que la guarison s'en face par degrez. Le commencement du mal vient d'auoir pris de l'argent des Iuges par forme de prest, ce que i'accompare aux suffrages que les Empereurs Romains prenoient des Magistrats : *Suffragium capere à Iudicibus, totius nequitiæ principium est*, dit cette Nou. 8. Le progrés est d'auoir permis, en consequence de ce prest, que les Iuges prissent taxe & salaires extraordinaires des parties : car anciennement ils se contentoient de leurs gages : & à succession de temps on leur permist prendre espices des procez iugez, non par forme de taxe, ains comme vn present volontaire, ainsi qu'il a esté dit au huictiesme chapitre du premier liure. Mais depuis qu'on a pris de l'argent d'eux, on leur a permis aussi d'en prendre des parties. Estant chose remarquable, que toutes les loix qui leur defendent d'en prendre, defendent aussi d'en prendre d'eux pour leur promotion, afin de pratiquer ce dire notable de *Pescennius Niger, Oportere Iudicem nec dare, nec accipere*. Bref, la fin du mal est d'auoir finalement conuerti ce prest en pure vente au plus offrant, & encor en vne vente si excessiue, qu'il est necessaire que le Iuge deuienne ou larron, ou pauure.

36 Aduis de remedes à cette vente.

37 Trois parties du mal.

Tout de mesme, i'ay imaginé en mon petit esprit trois degrez de remede, pour garir particulierement ces trois degrez de mal, qui en effect est trop in-

38 Trois degrez de remede.

39 Premier remede, que les Offices de iudicature ne peussent estre vendus outre leur taxe de la Paulette.

uetere, pour estre guary tout d'vn coup. Ie tireray le premier remede de la taxe, qui de nagueres a esté faite de tous les Offices, pour l'execution de l'Edict de Paulet: & combien que cette taxe soit possible trop haute à l'egard d'vn bon temps & bon reglement, comme ayant esté faite en vne saison, en laquelle les Offices sont venus à vne monstrueuse cherté; neantmoins, puis que d'vn corps malade il en faut prendre l'aide, non qu'on veut, mais qu'on peut, ie desireroi que cette taxe, ou plustost vne plus basse, s'il plaisoit au Roy, demeurast arrestée à tousiours, non seulement pour la liquidation du droit annuel, & de la taxe de la resignation, ainsi qu'à present: mais aussi pour seruir de taux & de prix perpetuel à chacun Office de iudicature, qui iamais ne pourroit estre outrepassé, ni par le fisque, ni par les particuliers: tout ainsi que i'ay monstré au 8. chap. du 2. liure, qu'à Rome le prix des Milices venales estoit certain, tant pour ce qui s'en payoit au fisque, ou à la compagnie, qu'au resignataire, ou à ses heritiers.

40 Que pour ce prix le Roy en eust la disposition en toutes vacations.

Et afin que ce prix des Offices de iudicature ne fust outrepassé par les particuliers, & aussi afin que nul n'entrast aux Offices de iudicature, qui ne fust particulierement trié & choisi par le Roy, ou Monseigneur le Chancelier, il faudroit que le Iuge, qui voudroit desormais resigner son Office, le remist librement és mains du Roy, pour en estre pourueu par sa Majesté, qui bon luy sembleroit, à la charge que le nouueau pourueu rembourseroit tout comptant le resignant du prix de cette taxe, excepté le huictiesme denier, que le Roy auroit pour son droit de resignation: sauf que si l'Officier auoit plus de finance entrée aux coffres de sa Majesté, & qu'il suruescust les quarante iours apres sa demission, ou resignation, il seroit raisonnable de l'en rembourser entierement.

41 Preuue de cet aduis.

Quoi faisant, on ne lui feroit point de tort: car retirant son argent, il appartient bien que ce soit le Roy, qui choisisse ses Officiers: & ce qu'on a pratiqué iusques icy en France la resignation à certaine personne, qui par vne corruptelle de mœurs s'est de long temps introduite aux benefices, il est bien certain que c'est contre la droite raison. Car la vraye & la propre resignation, c'est la demission pure & simple, comme il a esté prouué au premier liure: mais la resignation *in fauorem semper est ex gratia*, comme disent les Canonistes.

42 De mesme.

Toute la tare tomberoit sur ceux qui ont acheté leurs Offices plus haut que cette taxe, & que la finance entrée aux coffres du Roy. Mais on ne peut empescher, que le Roy mette vn taux à ses Offices pour le bien public, & ne fait-on point de tort aux Officiers, quand lors qu'ils ne veulent, ou ne peuuent plus iouir de leurs Offices, le Roy les fait rembourser ou du prix qu'il en a receu, ou du taux qu'il y a mis: & comme ceux qui ont acheté leurs Offices à bon marché, pendant ces guerres, ont eu à leur profit l'accroissement du prix qui y est suruenu depuis, aussi s'il y suruient de la diminution par cy-apres, principalement si c'est pour y establir vne bonne reformation, les Officiers la doiuent porter patiemment, & se ressouuenir, qu'ils ont mis leur argent en vne marchandise hazardeuse. D'ailleurs souuenons-nous, que principalement en matiere de reformation, il ne peut estre autrement, qu'vne nouuelle loy n'ait quelque chose d'inique contre le particulier, *quod publica vtilitate rependitur*. Icy l'iniquité, si aucune y a, ou plustost l'incommodité, est fort petite, & si touche fort peu de particuliers; & au contraire l'equité & commodité y est infiniement grande, & si redonde sur tout le peuple.

43 Modification.

Ce n'est pas à dire, que quand vn ancien Iuge auroit par vn long temps bien serui le Roy & le public, & que se voulant retirer il desireroit faire entrer en sa place son fils, son gendre, ou autre proche parët, auquel n'y eust soubçon de plus haute vente, le Roy ne le gratifiast plustost qu'vn autre egalement capable. Mais tant y a qu'il est raisonnable, que ce soit le Roy, qui choisisse ses Officiers, afin de mettre aux charges les plus gens de bien, & plus idoines à son seruice, & que par ce choix il les oblige: & non pas qu'on luy lie les mains, comme on a fait iusques icy, le necessitant d'admettre au hazard celui que le resignataire lui presentera, qui est lui oster le plus grand effect de sa puissance, laquelle consiste principalement au choix de ceux, ausquels il faut qu'il en face part.

44 Le Roy doit auoir le choix des Iuges.

D'ailleurs cet expedient sera cause que le pere n'estant pas asseuré, comme il est à present par la Paulette, de continuer son Office en sa famille, sera plus retenu en son exercice, crainte des recherches, & que d'ailleurs le fils, sçachant qu'il n'aura pas l'Office de son pere, s'il n'ha du merite en sa personne, aura plus de soin de s'en rendre capable. Par ainsi les deux inconueniens qu'on remarque en cet Edict de Paulet, quotez cy-deuant au dernier chap. du second liure, cesseront, à sçauoir que le Roy soit priué du choix de ses Officiers, & que les Officiers, asseurez d'vne continuation de puissance en leur famille, soient plus insolens, & plus hardis à mal faire. Inconueniens qui ne sont d'importance qu'aux Offices de iudicature, & non aux financiers, qui sont suiects aux comptes & aux recherches: ni aux ministres de iustice, qui sont suiects à la correction de leurs Iuges: ioint que les charges des vns & des autres ne sont de telle importance au repos du peuple, que celles des Iuges. 45 Commoditez de cet aduis.

Or pour faire que telle resignation, ou démission fust notoire, & afin qu'il se presentast plus de personnes, sur lesquelles le Roy peust faire son choix, il seroit expedient qu'elle fust publiée sur les lieux à la diligence du resignant. Quoy faisant, le taux des Offices estant arresté à vn prix non excessif, il n'y auroit pas faute de gens de bien, qui s'y presenteroient, & en cette rencontre ce seroit vn honneur & gloire à celuy qui seroit preferé, comme estant trouué le plus capable, & outre ce seroit vne obligation grande, qu'il auroit de bien seruir son Prince. Ainsi donc il y auroit esperance d'auoir de bons Magistrats, au moins ne tiendroit-il qu'à les bien choisir. Et comme on remarque, pour vne des principales causes, pourquoy les Romains ont subiugué presque tout le monde, que c'estoit d'autant, que leurs soldats *erant lecti milites*, *non fortuiti*, aussi il seroit à esperer que la iustice de France, estant rendue par gens choisis & triez, deuiendroit la meilleure du monde. 46 Faudroit publier la vacation sur les lieux.

D'ailleurs cela maintiendroit l'auctorité du Roy, d'obliger ainsi ses Officiers par le choix qu'il feroit de leurs personnes, pareillement augmenteroit fort le credit de Monseigneur le Chancelier, & de Messieurs du Conseil d'Estat, & autres notables personnages de la Cour, ausquels le Roy auroit creance, pour le conseiller à faire ce choix. Attendu que desormais ce ne seroit plus vne vraye vente, ains vne preference & gratification, telle que celle des Romains par le moyen des suffrages, voire encor plus aduantageuse, pource que les suffrages n'estans limitez pouuoient aller iusques à la iuste valeur des Offices; & d'ailleurs que quand les Iuges voudroient quitter leurs Offices, ils en retireroient leur argent, qui partant ne seroit qu'vn prest faict au Roy, voire non vn prest gratuit, mais plustost vne antichrese, & encor vne antichrese fort aduantageuse, pource qu'on ne leur pourroit oster l'Office, & neantmoins ils le pourroient rendre, & en retirer leur argent toutesfois & quantes qu'ils voudroient. Et partant les Offices de iudicature estans engagez à conditions si raisonnables, il seroit de tant plus iuste & aisé de regler les salaires des Iuges, & empescher les concussions. 47 Autres commoditez de cet aduis.

Par ainsi on éuiteroit non seulement les inconueniens resultans de l'Edict moderne, mais aussi les deux que nous venons de quoter, qui resultent de nos mœurs d'à present, à sçauoir que les meschans peuuent aussi tost entrer aux Offices que les bons, puisque sans choix on les adiuge au plus haut encherisseur, & que par le moyen du prix excessif d'iceux les plus gens de bien, qui y entrent, sont quasi contraints d'y mal verser. 48 Tous inconueniens cesseroient.

Voila le premier degré de remede, qui garit aussi le premier degré de nostre mal, & si Dieu nous le donnoit, ce seroit assez faict pour vn coup. Car comme le mal est venu par degrez, aussi à plus forte raison le faut-il garir par degrez, puis-qu'ainsi est que les maladies sont plus longues à s'en aller, qu'à venir. Toutesfois à succession de temps le Roy pourroit augmenter les gages des Iuges iusques à l'équitable proportion du denier qu'ils auroient fourny pour leurs Offices, ensemble de ce qui seroit raisonnable, tant pour recompenser leur labeur continuel, que pour maintenir hônestement leur rang & dignité parmy le peuple. Et ayant ce faict, il leur defendroit tout à fait ces salaires qu'ils prennent du 49 Second remede de défendre aux Iuges de rien prendre des parties.

peuple, qui certes sont indignes de leur qualité, & conuenables seulement aux artisans & mercenaires, mesme ces Espices non douces, mais trop fortes & corrosiues. Et par ainsi la iustice seroit renduë gratuitement au peuple, ainsi que pour certain elle luy est deuë.

50 Moyen de les appointer de gages suffisans.

Le fonds de cette augmentation de gages se pourroit trouuer, sur l'émolument des Greffes, & fermes des amendes, s'elles estoient desgagées, & rachetées par le Roy. Aussi bien est-il raisonnable que les profits de la iustice soient destinez pour les charges d'icelle : & de faict c'est chose aisée à verifier, qu'anciennement les profits des Iuges n'estoient autres, que de prendre les émolumens des Greffes & Notariats, comme font encor les Vicomtes de Normandie, ceux des Greffes, ie n'enten pas toutesfois qu'on attribuast directement aux Iuges les reuenus des Greffes, & des amendes, de peur qu'ils les augmentassent mal à propos; ains i'enten que sur iceux on leur assignast certains gages liquides, moindres que le reuenu ordinaire d'iceux Greffes, & fermes des amendes, le surplus reuenant bon au Roy.

51 Autre moyen.

Que si on ne vouloit employer à cela le reuenu des Greffes, comme le Roy ne veut rien perdre, on pourroit bien, pour fournir cette augmentation de gages, prendre la leuée qui se faict sur le peuple, pour le payement des Preuosts des Mareschaux, & leur compagnie : aussi bien se portent-ils desormais pour la pluspart si mal en leurs charges, qu'ils font plus de mal que de bien au peuple. Et lors il faudroit que les Baillifs & Seneschaux (qui aussi bien n'ont plus autre affaire que de tenir main-forte à la iustice) feissent la recherche des voleurs: & que pour cet effet il leur fust permis de prendre au besoin les cheuaux des particuliers, pour en vne prompte occasion monter leurs Sergens, mesme aux occurrences plus signalées ils se feroient assister de la Noblesse du païs : & pour les inuiter à ce faire, le Roy leur pourroit donner quelque part aux amendes, & aux confiscations, en quoy il n'y auroit pas grand inconuenient, puis qu'ils n'ont point de voix aux procez.

52 Autre encor.

Que si tout cela n'estoit pertinent, pourroit-on pas assigner ces nouueaux gages, sur les consignations des procez, ou les amendes des temeraires plaideurs, qui ont eu lieu en la pluspart des anciennes Republiques, & sont encor demeurées en aucunes modernes, pour l'appointement des Iuges, afin de faire comme on dit de la terre le fossé. Ce que de n'agueres vn donneur d'aduis a voulu renouueller à sa mode, & mal à propos certes, ainsi qu'il l'entend, pource que ce seroit encherir tousiours la iustice, que le Roy doit gratuitement à son peuple: mais bien à propos, si ces amendes estoient renouuellées, non pour en faire vn nouueau subside, ains pour la reformation de la iustice, en abolissant les espices & salaires des Iuges, afin que desormais ils ne tendissent honteusement la main aux parties.

53 Profict qui reuiendroit au peuple de cet aduis.

Finalement où toutes autres ouuertures manqueroient, quand il en faudroit venir à cette extremité, que l'augmentation de gages fust leuée par forme de taille, encor le peuple y gaigneroit-il beaucoup, pourueu qu'il fust bien deschargé d'acheter desormais la iustice, qui luy couste beaucoup plus que ne feroit cette augmentation. Mais la plus grande vtilité, qui luy en reuiendroit, seroit que les Iuges, n'ayans plus leur vie assignée sur les procez, qui au contraire leur seroient desormais à peine & coruée, au lieu de les prouigner & multiplier, comme la plus-part font maintenant, ils les retrancheroient tant qu'ils pourroient, soit en les vuidant sur le champ, soit en tansant aigrement les temeraires plaideurs: de maniere qu'en peu de temps le peuple desaprendroit de plaider, comme i'ay ouy dire qu'il se voit à Mets, & à Calais, où il n'y a qu'vn Iuge ordinaire qui est gagé du païs: & ne prend aucunes espices, taxes, ni presens des parties.

54 Honneur qui en reuiendroit aux Iuges.

En ce cas la charge des Iuges seroit du tout honorable, quand elle ne seroit plus souïllée de ce gain mercenaire, & qu'ils ne seroient plus assuiectis à tendre la main à l'argent, ains seroient tout à fait entretenus du public, comme ceux qui à Athenes estoient nourris *in Prytanæo*, ce qui estoit la plus honnorable recompense qu'on peut attribuër aux personnes de merite. Tout l'inconuenient qu'on pour-

pourroit imaginer contre cet aduis, seroit que les Iuges estans seulement appoinctez en gages, ne se rendroient soigneux & assidus à expedier les parties: mais il seroit aisé de trouuer de bons moyens pour les y contraindre; moyens que ie n'ay loisir de discourir en ce lieu.

Mais à present parmy la corruption de nos mœurs c'est presque chose impossible de regler & moderer les salaires des Iuges, pource qu'en estans eux-mesmes iuges, ils trouuent tousiours quelque pretexte de reprendre d'vn costé ce qu'on leur oste d'vn autre: puis il faudroit faire vn procés sur la taxe de chacune expedition, & qu'apres qu'vn Iuge auroit iugé entre les parties, vn autre iugeast de son salaire. De maniere que sans les appointer sur le plus, ou sur le moins, il faudroit pour bien faire oster ces taxes, & salaires tout à faict, & apres leur auoir assigné gages suffisans, leur défendre de tout poinct de rien prendre des parties, conformément aux anciennes Ordonnances de France, & ce sur peine de priuation de leurs Offices, ou autres plus grandes peines. 55 Qu'il est impossible de regler le salaire des Iuges.

C'est ce qu'Aristote tient au 8. chap. du 5. liu. des Polit. où entre les vingt regles qu'il pose pour la conseruation des Republiques, il dit que toute la principale, & celle qui merite estre gardée plus soigneusement, est de faire en sorte que les Magistrats ne soient aucunement lucratifs, ni profitables, dont il allegue de tres-belles raisons. 56 Auctoritez notables.

Et Iustinian l'exprime encor mieux en cette Nou. 8. où il dit, qu'apres auoir bien resué iusques à passer plusieurs nuits sans dormir, & apres auoir par toute sorte de curiosité, & subtile recherche, discouru en luy-mesme (ce sont les termes dont vse ce bon Empereur) pour trouuer les moyens de faire viure son peuple en repos, exempt de procez, d'iniustices, & de toute autre incommodité, fors les tributs ordinaires, en fin, dit-il, *Cogitatio nobis facta est, hoc euenturum, si Præsides gentium, quicumque ciuiles administrationes habent, puris curemus vti manibus, & ab omni abstinere acceptione, ijs solis contentos, quæ à fisco dantur.* 57 Discours notable de Iustinian.

Que si pour le troisiesme remede, la prosperité des affaires de France permettoit au Roy de choisir gratuitement tout à fait les Magistrats, sur lesquels il se deschargeast de l'administration de la iustice, dont il est debteur vers son peuple, alors le mal seroit guary tout à faict, & nous rentrerions en l'âge d'or d'Ouide, non pas celuy de *Tristibus*. 58 Troisiesme remede d'abolir du tout la venalité des Offices de iudicature. 59 Deux sortes d'âges d'or.

—— Quo plurimus auro
Venit Honos. ——

Mais celuy de la Metamorphose,

—— Quo supplex haud turba timebat
Iudicis ora sui.

Aussi bien l'argent qui reuient au Roy des Offices de iudicature, n'est pas grande recousse à ses finances, au prix des inconueniens qui en aduiennent à son peuple, & possible à sa conscience, à present mesme qu'on a trouué tant d'autres inuentions nouuelles, pour accroistre le reuenu du Royaume, aucunes desquelles, ores que sans comparaison plus tolerables, & moins importantes, le Roy par sa bonté a promis d'abolir, lors que ses affaires luy en donneront le moyen.

Qu'ainsi ne soit, iamais l'Empire Romain ne fut laissé plus pauure, ni plus endebté que par ce monstre de nature Heliogabale, & neantmoins son successeur Alexandre Seuere, l'vn des plus sages & vertueux Princes qui fut onques, ne voulut souffrir la vente des Offices de iudicature, ains à son aduenement, dit tout haut en plain Senat, *Non patiar mercatores Potestatum: quos si patiar punire non possum. Erubesco enim eum hominem punire, qui emit & vendit.* Et parmy cela ce bon Empereur rauallа les imposts de telle sorte, que celuy qui souloit payer trente & vn sols, n'en paya plus qu'vn sol. Neantmoins, en quatorze ans qu'il regna, il acquitta les debtes immenses d'Heliogabale, soustint les efforts des Parthes, & des peuples du Septentrion, & finalement laissa l'Empire riche en deniers, & sur tout florissant en armes, & en loix. 60 Les Princes plus endebtez n'ont vendu les Offices. 61 Mesnage admirable d'Alexandre Seuere.

En tout cas il faut considerer, que la taxe & diminution que le Prince receuroit en ses finances, par la collation gratuite des Offices de iudicature, seroit 62 Commodité qui en reuiendroit au Roy.

assez remplacée & recompensée par les commoditez, & vtilitez qui luy reuiendroient d'ailleurs, ainsi que represente bien Iustin. en ceste Nou. 8. *Considerans, quia licet inde quæstus non modicus minuatur Imperio, attamen subiectis nostris incrementum magnum percipientibus, si indemnes à Iudicibus seruentur, & fiscus & imperium deinceps abundabit, vtens subiectis locupletibus: & hoc vno introducto, vt Iudices suffragia non dent, innumera rerum erit vbertas*: puis adiouste que toutes ces considerations luy ont esté representées par cette vertueuse Emperiere sa femme, & par Iohannes son Chancellier, & qu'à leur suasion il a fait cette Nouelle, par laquelle il defend estroictement de bailler aucuns deniers soit pour luy, ou aux particuliers, pour paruenir aux Offices de iudicature.

63 Exhortation au Roy, à la Royne, & à M. le Chancelier.

Plaise à Dieu qu'à cet exemple, la Royne à present regnante, qui surpasse cette Emperiere en pieté, & tout autre vertu, & Monseigneur le Chancellier qui ne cede en rien à celuy de Iustinian, puissent vn iour persuader le semblable à nostre grand Roy, non moins amateur du peuple que cet Empereur. Quoy faisant il acquerroit le nom de pere du peuple, à plus iuste tiltre que le Roy Louys XII. qui introduisit la vente publique des Offices, non toutesfois de iudicature. Et la Royne, & leur posterité seroit benie iournellement du pauure peuple: & quant à M. le Chancellier, son auctorité seroit grandement accreuë, si à sa relation les gens de bien estoient admis gratuitement aux Offices.

64 Ordõnance notable du Roy S. Louys.

Lors pour empescher que les fauoris du Roy vendissent sous main leur faueur & suffrages, pour l'obtention de ces Offices, faudroit renouueller, & obseruer seuerement l'Ordonnance du Roy S. Louys, conforme à la loy 1. *De ambitu* au Code Theodosian, portant infamie à ceux qui auroient par moyens sinistres interposé la faueur de quelque grand, pour obtenir Office de iudicature, Ordonnance que Bodin au chap. 4. du 5. liure de sa Republ. dit estre obseruée en Angleterre, & en Hespagne à toute rigueur: chose honteuse à nostre nation, que les estrangers obseruent mieux nos loix que nous-mesmes.

65 Conclusiõ que tous maux cesseroient auec la venalité des Magistrats.

Ainsi faisant, *omnia mala pariter cum honore pecuniæ desinent, si Magistratus amplius venales non sint.* Qui est l'aduis que donnoit Saluste à Cesar, lors de son aduenement à la Dictature perpetuelle, *in oratione De Republica ordinanda.*

SOMMAIRE DV HVICTIESME CHAPITRE.

1 *Qu'il se faut accommoder à l'vsage d'à present.*
2 *De quels Offices est traicté en ce chapitre.*
3 *Les Commissaires examinateurs ne sont Officiers de iudicature.*
4 *Ni ceux des Elections, & Greniers à sel.*
5 *Ni ceux des eaux & forests.*
6 *Mais bien ceux de la table de Marbre.*
7 *Et Messieurs des Aydes.*
8 *Ni les Offices de longue-robe des iustices extraordinaires.*
9 *Mais bien ceux des Mareschaussées.*
10 *Et ceux de Baillifs & Seneschaux.*
11 *Et des Aduocats & Procureurs du Roy des iustices ordinaires.*
12 *Pourquoy les Offices de iudicature ne sont laissez entre les venaux.*
13 *Ne different des venaux sinon au decret.*
14 *Sont du tout venaux à l'esgard du Roy.*
15 *Sont subiects à garantie entre particuliers.*
16 *Sont subiects à rapport à la communauté.*
17 *Intelligence de l'arrest de la Proustiere.*
18 *Sont rapportables en succession.*
19 *Ne sont en rien differens des Offices venaux, sinon qu'ils ne peuuent estre decretez.*
20 *Ne peuuent estre saisis réellement.*
21 *Si la resignation de l'Office de iudicature est subiecte à l'action reuocatoire.*
22 *Que l'Office de iudicature est* in facultatibus.
23 *Que l'action reuocatoire n'y a lieu.*
24 *Si l'Office de iudicature peut estre arresté.*
25 *Qu'ouy.*
26 *Mais seulement pour debte executoire.*
27 *Difference en ce poinct entre ces Offices, & les venaux.*
28 *Cet arrest conserue le creancier iusqu'à la reception du resignataire.*
29 *Raison pourquoy.*
30 *Mais non apres la reception.*

3. Si

DV DROICT DES OFFICES DE IVDICATVRE, PVREMENT ROYAVX.

CHAPITRE VIII.

1 Qu'il se faut accommoder à l'vsage d'à present.

LAVDAMVS *veteres, sed nostris vtimur annis.* Qui pourroit ramener l'vsage du bon temps, de ne point vendre les Offices de iudicature, ce seroit vne belle chose, comme il vient d'estre dict. Mais puis que cela est plus à desirer qu'à esperer, voire qu'il y a plus d'apparence de craindre l'accroissement, que d'esperer le retranchement de la venalité d'iceux, force est de nous accommoder aux mœurs & vsage d'à present, desquels partant il faut discourir en ce chapitre.

2 De quels Offices est traicté en ce chapitre.

Or comme ainsi soit qu'il y a deux sortes d'Officiers de la iustice, à sçauoir les Iuges, ou Magistrats qui ont le commandement en icelle, & les ministres de iustice qui leur obeïssent, ie n'enten point parler icy des ministres, à sçauoir des Greffiers, Notaires & Sergens, qui à cause de la vilité de leurs charges sont à bon droict mis au rang des Officiers venaux. Parmy lesquels ie mets aussi les Enquesteurs, qui ne font que partie de l'instruction des procez hors iugement, mais ne les iugent pas : aussi n'est-il requis qu'ils soient graduez, cōme sont tous les Iuges Royaux. A plus forte raison encor ie n'y compren les Commissaires, soit du Chastelet de Paris, soit ceux qui de nostre temps ont à leur exemple esté érigez és autres villes, pource que la charge qu'ils ont de visiter les tauernes, les bordeaux & autres lieux publics, & d'adiourner, ou emprisonner les delinquans, les fait encor plus participer à l'Office de Sergent, que les Enquesteurs. Aussi les Sergens se font-ils, pour titre d'honneur, communément appeller Commissaires, comme de fait ie trouue qu'ils sont qualifiez de ce tiltre en l'Ordonnance de Charles V. de l'an 1535.

3 Enquesteurs, & les Commissaires ne sont Offices de iudicature.

4 Ni ceux des Elections, & Greniers à sel

Encor tous les Offices des Iuges ne sont-ils pas à mettre au nombre des Offices non-venaux : car ceux des iustices ordonnées pour les finances du Roy, comme des Elections & Greniers à sel, sont plustost reputez Officiers de finance, que de iudicature : & de fait sont compris aux recherches & taxes des Financiers. Et combien que ceux de la Chambre des Comptes n'y ayent encor esté compris, à cause de leur souuraineté, si ne sont-ils pas du nombre des Offices de iudicature, dont nous traictons. Car ainsi que i'ay dit ailleurs, comme c'est le propre de l'or de se rendre maistre par tout où il trouue entrée, aussi pour peu qu'vn Officier de guerre, ou de iudicature participe de finance, il deuient en fin tout à faict Officier de finance. Mesmement, combien que les Iuges des eaux & forests cognoissent du domaine & reuenu ordinaire & patrimonial de la couronne, & à cette occasion ressortissent au Parlement, si est-ce qu'ils sont encor tenus pour Officiers de finance, & partant venaux absolument.

5 Ni ceux des eaux & forests.

6 Mais bien ceux de la Table de marbre.

Ie ne sçay pas toutesfois si ceux de la Table de marbre de Paris, & des autres Parlemens doiuent estre mis en ce rang : pource que ce sont iustices superieures & de ressort, où ressortissent les iustices primitiues des Maistres particuliers, & mesme sont souueraines en certains cas. Et pour le regard de Messieurs des Cours des Aydes, on a tenu constamment iusques icy, pour l'honneur deu à ces compagnies entierement souueraines, composées de gens lettrez, & qui aussi portent tiltre de Cour, que leurs Offices ne sont non plus venaux, que ceux du Parlement, & grand Conseil. Et de ce y a plusieurs arrests, mesme y a declaration expresse du 19. May 1574. dont voicy les mots, *N'entendons que les Offices de nostre Cour des Aydes soient censez ni reputez venaux : ains tels que les Offices de nos Cours de Parlement.*

7 Et Messieurs des Aydes.

8 Offices de longue robe des iustices extraordinaires, sont venaux.

Car au demeurant, quand ie dy que les Offices de iustice concernans les finances, sont venaux, i'enten comprendre tant ceux de longue, que de courte robe : attendu que nostre distinction n'est pas fondée sur la robe, ains sur la function. Et combien que la iustice & la science, qui ne sont venales, deussent exempter les

les Offices de venalité : neantmoins depuis que la finance est balancée contre la iustice, & l'or contre la science, il emporte tousiours le cõtrepoix. Aussi à la verité il n'est pas requis beaucoup de science à ces Offices des iustices financieres. Car bien qu'ils soient érigez en longue-robe, neantmoins il y a des declarations qui permettent d'y receuoir des simples praticiens non graduez, ni lettrez.

Au contraire, les Preuosts des Mareschaux & leurs Lieutenans, bien qu'ils ne soient de longue-robe, & pareillement leurs Assesseurs & Procureurs du Roy ne sont point Officiers de finance, ni venaux : & de faict, ces Offices de Preuosts & Lieutenans n'ont encor esté mis aux parties casuelles. Toutesfois au cours que la venalité prend en ce regne, il est à croire qu'ils y seront bien tost mis. Car desia le Roy en auoit donné la nomination à feu Madame la Duchesse de Bar sa sœur, afin d'en tirer finance. Et y a grande apparence, que la venalité y ayant esté establie par elle, continuera apres son deceds : car en matiere d'argent, le desordre croist plustost qu'il ne diminuë. 9 Mais non ceux des Mareschaussées.

Pareillement, les Offices des Baillifs & Seneschaux, ores qu'ils ne soient vrayement Iuges, n'ayans voix en la iustice, & qu'ils soient aussi de courte-robe, ne sont pas du nombre des venaux : mais c'est d'autant que leur function participe de la guerre & de la iustice, & nullement des finances. Or il a esté dit cy-deuant, que tous Offices de guerre, qui ne participẽt point des finãces, sont encor moins venaux que ceux de iustice. Et quant aux Aduocats & Procureurs du Roy és iustices ordinaires, il n'y a nulle apparence de les mettre entre les Offices venaux, attendu qu'ils sont comme les Censeurs & Controlleurs de la iustice, *in quibus residet vigor publicæ disciplinæ* : & pour cette cause ie les ay mis cy-deuant au nombre des Magistrats, *quia licet vocationem non habeant, habent tamen prehensionem* : & est bien certain qu'il y a plus de danger de vendre ces Offices, que ceux des Iuges : aussi sont-ce les derniers de ceux de iustice, qui ont esté vendus ; ains on a veu du temps de nos peres, que c'estoit la recompense des plus anciens, ou des plus excellens Aduocats, ainsi qu'au droit Romain, *Aduocati fisci* estoient pris du nombre des Aduocats simples, *l. 2. C. De Aduoc. diu. Iud.* 10 Ni ceux des Baillifs & Seneschaux. 11 Et des Aduocats & Procureurs du Roy des iustices ordinaires.

Concluons donc, que les Offices dont nous entendons parler en ce chapitre, sont ceux des Magistrats des Cours souueraines, & Iustices Royales qui y ressortissent, comme les Parlemens, Grand Conseil, Cours des Aydes, Sieges Presidiaux, Bailliages, ou Seneschaussées, Preuostez, Vicomtez, ou Chastellenies Royales. Et pource que i'ay dit cy-deuant, que les venaux estoient seulement ceux qui auoient vne aptitude totalement licite à la venalité, ie laisse ces Offices en leur rang ancien d'Offices non-venaux, ayant plus d'égard à nos bonnes Ordonnances, qu'à nos mauuaises mœurs, & à ce qui se deuroit faire, qu'à ce qui se fait. Car qui prendroit pied à ce qui se fait, il n'y auroit plus gueres d'Offices non-venaux, & notamment ceux-cy seroient du nombre des venaux : pource qu'il n'y a plus que le seul poinct du decret, enquoy ils leur soient dissemblables : encor commence-on à les assubiectir par fois obliquement à vne vente forcée, & est à croire que s'il n'y suruient bien tost vne bonne reformation, ils deuiendront entierement venaux. 12 Pourquoy les Offices de iudicature sõt laissez entre les non-venaux. 13 Ne differẽt des venaux, sinõ au decret.

Desia le sont-ils tout-à-fait, à l'égard du Roy. Car ils sont conferez à prix d'argent, comme les Offices de finance. Argent qui ne se baille plus par forme de prest, comme du temps de nos peres ; ains de pure vente, & encor de vente publique au plus offrant & dernier encherisseur : aussi en la reception, on ne iure plus ne les auoir achetez : & par consequent, la resignation n'en peut estre iustement refusée, non plus que des Offices de finance, & pour icelle, il faut tout de mesme payer la finance, à quoi elle est taxée : par consequent aussi ne doiuent-ils estre declarez vacans par forfaicture sans grande cause ; ains doit estre permis au condamné d'en disposer, puis que de droit commun le pourueu le peut faire. 14 Sont du tout venaux à l'égard du Roy.

Pareillement, entre particuliers la vente volontaire d'vn Office de iudicature se peut faire à present aussi publiquement, comme d'vn Office de finance, & est obligée aux mesmes loix de garantie. Combien que le temps passé, quãd on auoit 15 Sont sujets à garantie entre particuliers.

iuré lors de la reception, de n'auoir acheté directement ou indirectement l'Office de iudicature, on n'osoit pas tout ouuertement agir en garantie, y estant troublé, & demander la restitution du prix, pource que ç'eust esté se declarer partiē: & partant on disoit, que *in turpi causa potior erat conditio possidentis*. Pour à quoy obuier, le vendeur vouloit auoir ses deniers comptans, & falloit que l'acheteur s'asseurast auant que les bailler, de sa garantie: & par apres on disoit, qu'en Offices il n'y auoit point de garantie: ce qui s'entendoit proprement des Offices de iudicature. Mais à present que les Ordonnances prohibitiues de la vente de ces Offices sont tournées en dessuetude, & ce serment aboli, il ne faut plus craindre ces objections. Et à la verité, vaut-il pas mieux confesser, & découurir ingenuëment le mal qu'on ne peut empescher, que l'accroistre de nouueaux accidens en le cachant? Neantmoins depuis la premiere impression de ce liure, & au mois de Mars 1611. le Parlement a faict encor voir vn reste de son antique rigueur, ayant mis les parties hors de Cour, sur la demande de la peine d'vn compromis de la composition d'vn Office de iudicature.

16 Sont sujettes à rapport & communauté.

Mais hors ce cas, ie dy en vn mot, que & en la communauté de mariage, & au rapport de succession, les mesmes regles & decisions, qui ont esté posées au liure precedent, pour les Offices venaux, doiuent auoir lieu en ceux de iudicature. Par ainsi ie tien pour certain, que le mi-denier de l'Office de iudicature, acheté par le mari des deniers de la communauté, est rapportable apres la dissolution aux heritiers de la femme, & ce nonobstant l'arrest du quinziesme Feurier

17 Intelligẽce de l'arrest de la Proustiere.

mil six cens cinq, donné au profit de Monsieur de la Proustiere, Maistre des Requestes, qui à mon aduis n'a pas vuidé la question, quoy qu'on en croye vulgairement. Car outre que sa partie aduerse ne verifia point, que son Office eust esté acheté des deniers de la communauté (ce qui d'ailleurs n'estoit à presumer, pource qu'estant dés long temps auparauant Doyen des Maistres des Requestes, il est bien certain que tels Offices, lors qu'il en fut pourueu, ne se vendoient pas communément, ainsi qu'à present) le vrai poinct de cet arrest à mon opinion, est qu'il n'estoit pas question en iceluy de iuger, si le mari deuoit rapporter le mi-denier de son Office, mais s'il deuoit estre contraint à le resigner au profit commun de luy, & de l'heritier de sa femme. Car ayant esté sommé de ce faire, il feit appeller celle qui luy auoit faict la sommation, à ce qu'elle fust deboutée de l'effect d'icelle, comme impertinente & honteuse. Ce que la Cour iugea, ne voulant permettre *sexagenarium de ponte deijci*. Et partant elle debouta sa partie aduerse, qui n'estoit qu'vne legataire ou creanciere de sa defuncte femme, de l'effect de sa sommation, mais ne la priua pas du droit qu'elle, ou les heritiers de la femme, eussent peu pretendre au mi-denier de l'Office: car les iugemens doiuent estre estroictement limitez à leurs termes.

18 Sont rapportables en succession.

Pareillement ie ne fais point de doute, qu'à present l'Office de iudicature resigné par le pere à son fils, ores mesme qu'il ne luy eust rien cousté, ne soit rapportable en sa succession, pource que le pere le pouuoit resigner à vn estranger, pour de l'argent, qui eust augmenté sa succession. Et ne se faut point arrester à l'arrest solennel de M. Fauier Conseiller de la Cour, du septiesme Decembre, mil cinq cens quatre vingts deux, attendu la particularité notable que i'ay rapporté cy-deuant au sixiesme chapitre de ce liure, à sçauoir que peu de iours auparauant iceluy, auoit esté verifié en la Cour vn Edict prohibitif soubs grandes peines, de vendre, ou autrement admettre au commerce les Offices de iudicature.

19 Ne sont en rien differens des Offices venaux, sinon qu'ils ne peuuent estre decretez.

Bref, ie puis dire, qu'il n'y a plus à present aucune difference quelconque entre le droit des Offices purement venaux, & celuy des Offices de iudicature, que en la saisie & decret: Car au lieu que les Offices venaux peuuent estre librement saisis & decretez, ceux de iudicature ne le peuuent estre: pourautant que la venalité en est seulement tolerée & dissimulée en iustice, quand elle se fait par la libre volonté du pourueu: mais on n'en est pas encor venu à ce poinct de le contraindre d'en souffrir vne saisie, ou vente publique & iudiciaire; en laquelle la iustice mesme soit auctrice de contreuenir tout ouuertement aux sainctes Ordonnances qui prohibent cette venalité. Voila donques le seul priuilege, ou pour mieux dire, la liberté, franchise & exemption qu'ont les Offices de iudicature par dessus les purement venaux. Car en effect, ils sont venaux de la mesme sorte que les benefices sont resignables, à sçauoir, par la pure & libre volonté du pourueu, mais non par contrainte & necessité.

Puis donc que les Offices de iudicature ne peuuent estre vendus contre le gré & volonté du pourueu, il s'ensuit qu'ils ne peuuent estre saisis de saisie réelle, ni mis en criées, attendu que la saisie réelle, & les criées ne se font que pour paruenir au decret : mesme il s'ensuit qu'ils ne reçoiuent point d'hypotheque, pource que c'est l'effect de l'hypotheque, à l'égard du debteur, de pouuoir saisir & vendre mal-gré lui la chose hypothequée. Aussi que, comme il a esté dit en parlant de l'hypotheque des Offices venaux, l'hypotheque ne peut subsister qu'és choses qui sont en libre commerce. 10 Ne peuuét estre saisis réellement.

Neantmoins on peut demander, si l'Officier de iudicature, estant notoirement insoluable, & ayant gratuitement resigné son Office à son fils, ou gendre, afin d'en frustrer ses creanciers, qui desia tenoient ses gages saisis ou arrestez, ses creanciers se peuuent pas valablement opposer à la reception du resignataire, en consequence de l'action Pauliane, ou Caluisiane, reuocatoire des alienations frauduleuses : veu que ces actions ne requierent point l'hypotheque (car quand il y a hypotheque, on n'a point besoin de ces actions, pource que l'hypotheque demeure apres l'alienation) ains requierent seulement que le debteur ait diminué son bien en fraude, & au preiudice de ses creanciers. 21 Si la resignation de l'Office de iudicature est subjecte à l'action reuocatoire.

Et combien que les Offices de iudicature ne soient pas en libre commerce, si est-ce que pouuant estre reuendus de gré à gré, quand ils ont esté achetez du Roy, on ne peut nier qu'ils ne soient *in bonis & facultatibus. Bona enim dicuntur naturaliter, quæ beant, id est, prosunt : & ciuiliter, quæ in facultatibus sunt : & non solum ea comprehendunt quæ sunt dominij, sed etiam superficiaria, l. Bonorum 49. & ibi Alciatus. De verb. signif. Rerum enim, quæ in bonis nostris esse dicuntur, quædam sunt in dominio, quædam in facultatibus, vt quæ bona fide possidentur.* 22 Que l'Office de iudicature est *in facultatibus*.

Toutefois c'est la verité, que telle opposition ne seroit valable, soit que le proche parent eust acheté l'Office, soit qu'il luy eust esté gratuitement resigné, pource que la resignation ne dépend pas tant du resignant, que du Roy, lequel pour le different ou interest des particuliers, n'est pas tenu de reuoquer sa prouision ; de sorte que les creanciers n'ont, à mon aduis, autre moyen de se pouruoir en matiere d'Offices de iudicature resignez, sinon en faisant arrester le prix de la composition, s'ils le peuuent découurir auant qu'il ait esté payé actuellement au resignant. 23 Que l'actió reuocatoire n'y a lieu.

Mais la question est bien plus grande, si au moins, pour préuenir cet inconuenient, les creanciers peuuent, auant la resignation, faire arrester l'Office és mains de Monseigneur le Chancelier, ainsi & en la forme qu'il a esté dit des Offices venaux. Et quant à moy, i'estime, puis que l'Office de iudicature *est in bonis & facultatibus* du pourueu, combien qu'il ne reçoiue hypotheque, & qu'il ne puisse estre saisi ni decreté, qu'il peut neantmoins estre arresté d'vn simple arrest personnel, qui n'a autre effect, sinon d'empescher qu'au preiudice & en fraude du creancier arrestant, il soit vendu & resigné par le debteur. 24 Si l'Office de iudicature peut estre arresté.

Car pourtant s'il ne reçoit point d'hypotheque, ce n'est pas à dire qu'il ne soit susceptible du gage de iustice ; estant certain que ce qui n'est point hypothequé, peut bien estre arresté : comme pour exemple, lors qu'il n'y auoit aucune hypotheque stipulée, on pouuoit neantmoins au droit Romain, & aussi en France auant l'Ordonnance de Moulins, qui a attribué hypotheque aux iugemens, en vertu d'iceux executer les meubles, saisir les immeubles, & arrester les debtes & actions du condamné : pourtant aussi si l'Office de iudicature ne peut estre saisi de saisie réelle, à l'occasion de ce qu'il ne peut estre decreté, il ne s'ensuit pas qu'il ne puisse estre arresté de simple arrest personnel, qui ne tend pas au decret, ains seulement à empescher que la chose arrestée soit diuertie & consommée au preiudice de l'arrestant. Et ne faut point argumenter des benefices aux Offices. Car les benefices sont de tout poinct hors de commerce, & 25 Qu'ouy.

d'estimation pecuniaire : c'est pourquoy le titre & le corps du benefice (s'il faut ainsi parler) ne peut estre arresté pour debte : mais les Offices de iudicature sont en commerce volontaire, *& in bonis & facultatibus* de l'Officier, & sont notoirement capables d'estimation pecuniaire.

26 Mais seulement pour debte executoire.

Il est toutesfois besoin de discerner les debtes, pour lesquelles les Offices de iudicature peuuent estre arrestées : & faut que ce soient debtes exigibles & executoires, non pas simples debtes hypothecaires, ou conditionnelles, ou non liquides : bref toutes autres qui ne soient executoires. Comme pour exemple, l'Office de iudicature ne pourroit pas estre valablement arresté, pour le principal d'vne rente constituée, dont il ne seroit deu aucuns arrerages : ni pour vne debte à terme, ou à condition non encor escheuë, combien que pour ces mesmes debtes, vne rente constituée, qu'on craindroit estre raquitée, pourroit estre valablement arrestée par le creancier, auec permission du Iuge, pour la conseruation de son hypotheque, qui autrement seroit estainte tout à fait par le raquit & amortissement de la rente.

27 Difference en ce poinct entre les rẽtes & les Offices non-venaux.

La raison de diuersité est, que l'Office non-venal ne reçoit point d'hypotheque, pour la conseruation de laquelle on ait suject de le faire arrester. De sorte, que le creancier d'vne rente constituée, ayant faict arrest sur vn Office de iudicature, tant pour ses arrerages, que pour la conseruation de son principal, ne peut empescher la main-leuée de cet arrest, & la vente de l'Office, apres auoir receu ses arrerages, pour lesquels seuls il auoit execution parée.

Et les venaux.

Ce qui n'est pas de mesme és Offices venaux, qui reçoiuent hypotheque, tout ainsi que les meubles, tant qu'ils sont en la possession du debteur. Et qui neantmoins estans reputez immeubles apres la saisie, ne peuuent estre vendus au preiudice du creancier hypothecaire, qui les a faict saisir ou arrester, pour la conseruation de cette hypotheque, bien que son deu ne soit encor exigible. Qui est vn signalé effect de l'hypotheque des Offices venaux, & vne difference fort notable entre l'arrest d'iceux, & des non-venaux.

28 Cet arrest conserue le creancier, iusques à la reception du resignataire.

En voicy encor vn autre plus important. Combien que i'aye dit au liure precedent, que si au preiudice du simple arrest faict de l'Office venal, Monseigneur le Chancelier par surprise séelle les prouisions du resignataire d'iceluy, le resignataire, qui de bonne foy a baillé son argent lors qu'on luy a fournis ses lettres expediées, ne peut estre troublé ni empesché en sa reception par l'arrestant : ce neantmoins en matiere d'Offices de iudicature, il pourroit bien estre qu'en ce mesme cas l'arrestant se pourroit valablement opposer à la reception du resignataire. Car la raison pourquoi i'ay tenu le contraire aux Offices venaux, est d'autant que pouuans estre saisis de saisie réelle, qui a peu estre cogneuë par l'acheteur, & qui en fin est requise par la coustume bien entenduë, pour attribuer droit de suitte, apres la prouision admise : on peut dire, que le creancier, ayant esté negligeant de faire ce qui luy est prescrit par la coustume, & qu'il pouuoit seurement faire, est alors moins fauorable que le resignataire, qui a baillé son argent de bonne foy, apres auoir bien sceu que l'Office n'estoit point saisi de saisie réelle.

29 Raison pourquoy.

Mais au rebours, puis qu'aux Offices de iudicature la saisie réelle n'ha point de lieu, ains n'y a autre voye de se pouruoir que par le simple arrest, il s'ensuit que le creancier, qui a faict tout ce qui estoit en lui, ne doit estre trompé soubs la foy publique, attendu qu'on ne le peut arguer de negligence : & pour le regard du resignataire, on peut dire, qu'il a deu sçauoir la qualité de celui auquel il a si promptement baillé son argent : & sur tout qu'il a deu, pour se bien asseurer, auant que deslier sa bourse, verifier sur les registres de Monseigneur le Chancelier, si l'Office estoit point arresté, ou en tout cas differer de bailler son argent (comme la plus part font aux Offices de iudicature) iusques apres sa reception.

30 Mais non apres la reception.

Car apres la reception, le resignataire ayant par icelle acquis le charactere d'Officier du Roy, & esté enuoyé iuridiquement en la possession de son Office, il n'est plus temps de s'opposer desormais contre lui, qui est & vray seigneur, & parfaict possesseur de l'Office, quãd mesme on se presenteroit lors de l'installation solennelle, qui se fait sur les lieux. Car en tout éuenement telle opposition ne pourroit seruir qu'à celui qui se voudroit pretendre seigneur ou titulaire de l'Office; mais non à celui qui pretendroit vne hypotheque, ou autre semblable interest sur icelui. Mesmemẽt ne seruiroit rien d'appeller de la reception, posé qu'elle ne fust faite en Cour souueraine, pourueu que d'ailleurs elle fust valablemẽt faite, pource que cela estant, elle ne pourroit non plus estre cassée sur l'appel de celui qui ne se seroit opposé à temps, qu'vn decret bien fait ne peut estre cassé sur l'appel du creancier qui ne s'est opposé auparauant l'adiudication.

31 Si le creancier priuilegié peut faire decreter ces Offices.

Voila pour les creanciers communs; mais c'est vne autre grande question, de sçauoir si le priuilegié, qui a presté son argent pour l'achat de l'Office de iudicature, ou pour payer quelque attribution nouuelle faite à icelui, qui mesme y a stipulé hypotheque expresse pour ce suject, peut pas saisir de saisie réelle, & faire vendre par decret l'Office de iudicature.

32 Raisons de la negatiue.

D'vn costé on peut dire, que l'hypotheque, ni par consequent le droit de preference réelle, ne peuuent auoir lieu en ces Offices, attendu que de droit l'vn & l'autre sont restraints & limitez aux Milices venales & hereditaires tant seulement, comme il est disertement exprimé, & en la loy derniere, *Cod. De pignorib.* & en la Nou. 53. chapitre second, & en la 97. chapitre trois, & en la 136. chapitre trois, qui sont les seuls passages du droit, qui parlent de l'hypotheque & droit de preference sur les Milices. Dauantage, quelle raison y auroit-il, de vendre publiquement, & par decret les Offices de iudicature, chose qui n'a encor iamais esté veuë: & parmi nostre propension à la venalité des Offices, il est bien à craindre, que si on commençoit vne fois ce mesnage soubs quelque pretexte que ce fust, l'ouuerture n'en seroit iamais rebouschée, en ce Royaume de consequence.

33 Raisons de l'affirmatiue.

D'autre costé aussi on dira, que puis qu'on permet à l'Officier de iudicature d'acheter son Office, il n'y a gueres d'apparence, que le creancier qui a presté son bien pour cet effect, voye Monsieur l'Officier (qui ne seroit rien sans lui) paisible en l'exercice de son Office, se moquer de lui, en faisant bonne chere à ses despens: voire mesme que le creancier ait cette patience forcée, de voir l'Officier vieil & maladif, qui pourtant ne voudra resigner, ains laisser perdre l'Office: & ainsi, ores qu'il n'ait autre moyen de se faire payer, que sur l'Office acheté de ses deniers, il le voye perir de iour en iour, sans y pouuoir mettre remede.

Faueur grande du creancier qui a presté pour l'achat de l'Office.

Et neantmoins Iustinian a tant priuilegié ce creancier, qu'encor qu'en la Nou. 97. il prefere la femme pour son dot à celui qui a presté pour l'achat de toute autre chose, toutefois il prefere au dot le prest fait pour l'achat de la Milice, *Quia*, dit-il, *multi militant aliorum pecuniis, oportet eos, qui in eam crediderunt causam, omnibus præponi*, dont incontinant apres il adiouste la raison, *quia congruum est contrahentes propriis non fraudari*, comme s'il vouloit dire, que cela est de particulier en la Milice, qu'à l'occasion de ce que c'est la coustume, que celui qui l'a payée de ses deniers, en face neantmoins pouruoir vn tiers, la Milice est presumée & reputée appartenir à celui qui a presté l'argent pour l'acheter. Et la loy derniere, *C. De pignorib.* permet à celui qui a presté l'argent, dont la Milice a esté achetée, de s'addresser non seulement à celui auquel le prest a esté faict, mais aussi au pourueu & detenteur de la Milice, encor qu'il ne soit obligé au prest.

34 Responce aux raisons de la negatiue.

Et ne faut trouuer estrange, que toutes ces decisions du droit soient limitées aux Milices venales. Car les non-venales n'estant nullement venduës, ç'eust esté chose absurde de parler de prest faict pour l'achat d'icelles. Et pourtant si les Offices de iudicature ne sont point susceptibles d'hypotheque, il ne s'ensuit pas que ils ne puissent admettre le priuilege, ou preference personnelle, qui de sa propre nature ha lieu sans hypotheque, & és cas où il n'y a point d'hypotheque, comme il a esté dit au huictiesme chapitre du liure precedent.

35 Resolution que le priuilegié peut contraindre l'Officier de fournir sa procuration.

Reste seulement l'inconuenient qu'on allegue, de faire vne ouuerture à la vente publique & iudiciaire des Offices de iudicature: & de verité il est considerable, & seroit de dangereuse consequence: aussi nul ne s'est-il encor osé presenter pour franchir ce pas. Mais il me semble, qu'il y a vn expedient pour conseruer le droit du creancier, sans en venir à cette vente iudiciaire. A sçauoir que comme de nostre temps on a pratiqué l'inuention, en certains cas fauorables, de contraindre par corps le beneficier à resigner au profit de celui qui ha droit au benefice : aussi à plus forte raison, (puisque le commerce des Offices de iudicature est moins prohibé que celui des benefices) peut-on contraindre l'Officier de mettre és mains du creancier priuilegié sa procuration en blanc, pour resigner l'Office, laquelle neantmoins ne pourra estre effectuée, sinon apres certain temps arbitré par le Iuge, pendant lequel le resignant pourra à loisir trouuer vn acheteur à prix raisonnable, qu'il indiquera à son creancier, & lequel temps passé le creancier pourra vendre l'Office de main forte, & en sa conscience (ainsi qu'au droit Romain il pouuoit vendre le gage) pourueu toutefois que ce ne soit au dessous de la taxe nagueres faicte pour l'Edict de Paulet.

36 Engagemét de ces Offices en baillant la procuration. Aussi ay-je veu pratiquer cette mesme inuention de nantir le creancier de la procuration en blanc pour resigner l'Office, quand on le veut engager par nantissement ou gage conuentionnel : moyen qui sans difficulté est licite, tout ainsi qu'il est permis de nantir son creancier d'vne obligation, qu'on ha sur vn tiers. Et si telle procuration pour resigner ne peut plus par apres estre reuoquée, principalement quand elle est baillée en vertu de la conuention apposée en vn contract. Car apparoissant par ce contract, que cette procuration a esté baillée pour cause onereuse, il faut que le contract soit entretenu : n'estant les procurations pour resigner reuocables, sinon quand elles sont passées gratuitement *donandi causa*, & sans obligation precedente, comme il a esté dict au premier liure.

37 Cautele pour celui auquel la procuration est baillée. Il ne faut pas toutesfois que celui qui est nanti de cette procuration, s'endorme : car tandis qu'il garde la clef de l'Office, l'Officier en garde la serrure. Et est sans doute, que comme nonobstant qu'vn tiers soit nanti de l'obligation engagée ; neantmoins celui au nom duquel elle est faite, en peut receuoir les deniers : & mesme auant la signification du transport ou engagement, il peut transporter la debte à vn autre, *l. 3. C. De oblig. & act.* Aussi si le creancier nanti de la procuration pour resigner l'Office ne forme encor arrest és mains de M. le Chancelier, l'Officier peut tousiours resigner à vn autre, & le faire valablement pouruoir.

38 Ordónance des quatre mois, ha lieu contre les Magistrats. Hors ce seul cas, il n'est pas possible au creancier de faire vendre l'Office de iudicature de son debteur : ains tout ce qu'il peut faire, pour le forcer à le vendre de luy-mesme, c'est de le faire emprisonner pour sa debte, apres les quatre mois, suiuant l'Ordónance de Moulins, qui estant indefinie, ha lieu aussi bien contre les Officiers de iudicature, de quelque qualité qu'ils soient, que contre toutes autres personnes : voire doit estre plus seuerement executée sur eux, qui sont preposez à faire rendre à chacun ce qui lui appartiét, & ne sont excusables de ne point payer leurs debtes, puis qu'ils en ont le moyen, en vendant leur Office. *Nam inopiam excusare, & calamitatem, aut propriam, aut temporum queri, & difficultates auctionandi proponere, etiam mediocris est animi : integras verò seruare facultates eum, qui se debere fatetur, cuius animi, aut cuius impudentiæ est?* dit Ciceron.

39 Officier ne peut retenir son Office en faisant cessió. Raison qui peut seruir à decider vne autre belle question, si l'Officier de iudicature emprisonné pour ses debtes, & voulant faire cession, peut retenir son Office, comme estant attaché à sa personne, & comme n'estant point subiect à estre vendu par decret. Et quant à moy, i'estime qu'il ne peut le retenir, ains qu'il le doit abandonner comme ses autres biens, & ce pour deux autres raisons.

40 Cession incompatible auec le Magistrat. L'vne, combien que la cession ne porte infamie de droit, ains seulement ignominie de fait, qui n'est pas bastante pour priuer le Iuge de l'Office, auquel il est ja receu, comme il a esté dit au penultiesme chap. du 1. liure. Si est-ce que telle ignominie de fait procedant, non pas de l'opinion populaire, comme elle en prouient ordinairement ; ains d'vn acte public & notoire, diminue par trop l'auctorité d'vn Iuge. Car quelle honte seroit-ce de voir au trosne de iustice vn Magistrat, portant, ou qui à la rigueur deuroit porter vn bonnet vert? & quelle esperance y a-il, que celuy-là puisse bien faire payer les debtes d'autrui, qui n'a peu, ou n'a voulu payer les siennes? quand mesme il n'y auroit autre consideration que la

pauureté, elle n'est pas tolerable en vn Magistrat, tant pource qu'elle le rend ridicule, que pource qu'elle le peut contraindre à mal faire.

Cogit dira necessitas

Quiduis & facere & pati.

C'est pourquoy elle est appellée necessité, que nos prouerbes François disent n'auoir point de loy, & qu'on n'en peut faire vertu. Ioint que celuy qui auroit faict cession, ayant moyen de payer ses creanciers, comme vn Iuge qui les peut payer du prix de son Office, ne seroit pas cessionnaire simplement, mais vray banqueroutier, *nec videretur bonis cessisse, sed foro.*

Et pour monstrer plus precisément, que celuy qui a faict cession n'est capable des Offices, trouuons-nous pas au droict, que ceux qui se vouloient exempter des Offices des villes, faisoient expressément vne cession simulée? iusques à ce que cela fust prohibé par la loy 5. C. *Qui bonis cedere possint. Propter honorem municipalem inuidiosam cessionem minimè admitti conuenit.* 41 Cession simulée, pour éuiter les Offices des villes.

L'autre raison est encor plus forte. Puis qu'ainsi est, comme nous venons de prouuer, que l'Office de iudicature, ores qu'il ne soit en commerce libre, & partant ne puisse estre vendu par force, est neantmoins *in bonis & facultatibus* de l'Officier, il s'ensuit qu'il doit estre abandonné aux creanciers, comme tous ces autres biens, noms, raisons & actions, & iusques à sa ceinture, quand volontairement luy mesme se presente à la cession à fin de se liberer de prison. Et combien que les cheuaux, & autres instrumens de labourage ne puissent estre pris par execution, ni subhastez, neantmoins quand vn laboureur fait cession, il faut qu'il les abandonne auec ses autres biens. Aussi ay-ie veu condamner par arrest vn Preuost des Mareschaux à mettre és mains de sa partie aduerse, qui auoit obtenu contre luy condamnation d'vne amende par arrest de contumace, sa procuration en blanc pour resigner son Office, pour & au lieu de l'amende. Et de fait, puisque la cession est le dernier refuge des miserables, & la table d'apres le naufrage, il faut qu'il ne reste rien au cessionnaire dequoy ses creanciers puissent estre payez. Et n'agueres par arrest prononcé en l'Audience, le 1. Septembre 1610. vn Sergent estant receu à faire cession, ce fut notamment à la charge de fournir sa procuration pour resigner son Office. 42 Office de iudicature doit estre abandonné en la cession de biens.

Autrement vn cessionnaire seroit heureux en sa misere, s'il luy estoit permis retenir vn bel Office de iudicature, des émolumens duquel il feroit grand chere en despit de ses creanciers, qui possible meurent eux-mesmes de faim, faute d'auoir leur bien. 43 Preuue.

—— Quid enim saluis infamia nummis?

Exul ab octaua Marius bibit, & fruitur Dijs

Iratis. At tu victrix prouincia ploras.

Que si cela auoit lieu, ie conseilleroy à ceux qui sont oberez outre la valeur de leur bien, d'acheter, pour faire leur derniere main, quelque Office bien lucratif, moyennant lequel ils feroient vne asseurée retraicte mal gré leurs creanciers, mais trop honorable pour des banqueroutiers.

Donques l'Officier bien aduisé, voyant que ses affaires se portent mal, resignera de bonne heure son Office, auant qu'il soit arresté, ou que luy mesme soit emprisonné pour ses debtes, & alors ses creanciers ainsi preuenus, n'ont d'autre moyen de se pouruoir sur l'Office, sinon d'arrester le prix d'iceluy és mains, ou du resignataire, ou de celuy chez qui il aura esté consigné, comme c'est l'ordinaire de le consigner en main tierce, pendant les quarante iours, & quelquesfois iusques à la reception du resignataire. A laquelle il a esté iugé par plusieurs arrests que les creanciers du resignant ne gaignent rien de s'opposer. 44 Cautele pour l'Officier endebté.

Mais d'autant que l'Officier endebté fait volontiers faire cette consignation le plus secretement qu'il peut, afin que ses creanciers ne la puissent faire arrester, on demande si le resignataire adiourné sur l'arrest pour affermer quels deniers il doit à son resignant, & ayant dit qu'il ne luy doit plus rien, pource qu'il a consigné en main tierce le prix de la composition de son Office, peut estre condamné à nommer celuy, és mains duquel il a faict cette consignation, à peine d'estre reputé de- 45 Si le resignataire est tenu indiquer la consignation de ses deniers.

bteur, voire si le resignant peut estre contrainct luy mesme par prison à deceler cette consignation à son creancier. I'ay veu arriuer cette difficulté apres la vente d'vn Office de Conseiller de la Cour, dont la cause estant preste à plaider, les parties s'en accorderent, pour la difficulté qu'ils y trouuerent de part & d'autre.

46 Que non. Quant au resignataire, qui n'est en rien tenu au creancier, il a esté jugé qu'il ne peut estre contraint à deceler la consignation s'il ne veut, & ce par arrest du 19. May 1600. donné en l'Audience: aussi a-il interest de ne le pas faire, afin que si pour quelque difficulté suruenuë en son marché, il falloit qu'il retirast ses deniers, il n'eust point en teste les arrestans qui l'en empeschassent, ou retardassent.

47 *Quid du debteur.* Mais quant au debteur, i'estime qu'il peut estre contraint par prison de la deceler & declarer; autrement, & ne le voulant faire, il est en dol. Mesme s'il demeure d'accord, ou qu'il apparoisse qu'il y ait vne consignation de ces deniers, il ne peut faire cession qu'il ne les abandonne, & partant qu'il ne declare où ils sont. Car combien qu'vn debteur ne puisse estre contraint de venir iurer en iustice s'il ha de l'argent caché, si est-ce qu'apparoissant qu'il en ait, on le peut contraindre par prison à le declarer, estant la premiere regle de iustice, de faire rendre à chacun ce qui luy appartient.

48 Comment se distribuë le prix cõsigné. Mais si les creanciers découurent la consignation, & qu'il s'en rencontre plusieurs à faire arrester le prix consigné, c'est la difficulté comment il doit estre distribué: si par déconfiture, comme la coustume de Paris dit du prix de l'Office venal decreté, ou bien, si le premier arrestant doit estre preferé, comme regulierement.

49 Resolution. En quoy il faut à mon aduis distinguer, si le debteur est soluable, ou insoluable, ce prix doit estre baillé au premier arrestant: car ce n'est pas comme le prix d'vn Office decreté, qui succede à la chose venduë iudiciairement au profit de tous les creanciers: mais icy en la vente volontaire, *pretium non succedit loco rei in iudiciis particularibus, l. Qui vas. §. vlt. D. De furtis, cum simil.* & ne faut plus regarder *vnde originem pecunia habuit*: ains faut considerer l'argent en sa propre nature, & qualité de pur meuble: sur lequel partant le premier saisissant doit estre preferé suiuant l'article 178. de la coustume de Paris. Que si le debteur commun est insoluable, cet argent doit estre distribué par déconfiture, non pas en consequence de l'article 95. de ladicte coustume, ains du 179. & suiuant les modifications portées par iceluy.

50 Si le priuilegié est preferable sur iceluy. Mais on demande, si le creancier priuilegié, qui a presté pour l'achat de l'Office, est preferé en cette déconfiture, ainsi qu'il a esté dit au 8. chapitre du 3. liure qu'il l'est sur le prix de l'Office venal decreté. Car combien que cet article 179. die, qu'*En cas de déconfiture il n'y a point de preference, ou prerogatiue pour quelque cause que ce soit*: neantmoins il est notoire qu'on ne l'obserue pas à la lettre, ains qu'il y a plusieurs priuilegiez, qui sont en la déconfiture, notamment celuy qui a presté pour l'achat de la chose. Ce qui doit encor plustost auoir lieu és Offices, qu'és simples meubles, pour les raisons que i'ay discouruës au lieu sus-allegué.

51 Que non. Neantmoins la verité est au contraire, que celuy qui a presté pour l'achat de l'Office, n'est point preferé sur le prix procedé de la vente volontaire d'iceluy: d'autant que le priuilege de celuy qui a vendu la chose, & de celuy qui a presté pour l'achat d'icelle, ne s'estend que sur la chose mesme, c'est à dire, quand on la saisit, auant qu'elle soit hors la possession, quoy que ce soit, hors la seigneurie du debteur, comme le dit assez expressément ce mesme article 177. mais il ne passe point, ni contre le tiers acquereur du meuble, pource que meuble n'a point de suitte par hypotheque, ni sur le prix de la vente de la chose hypothequée, ou sur laquelle y a priuilege; pource qu'en vente volontaire le prix ne prend point les qualitez de la chose, comme il vient d'estre dict, & ainsi le resout le iudicieux Baquet au liure *Des Droicts de iustice*, chap. 21. nomb. 284.

52 Idem és Offices venaux. Ce qui partant ha lieu tout de mesme en l'Office venal, dont l'acheteur & resignataire auroit esté pourueu auant aucune saisie faicte d'iceluy. Car ni le priuilege, ni l'hypotheque des Offices, ne passe contre le resignataire deuëment pourueu d'iceux, ains l'vn & l'autre est amorti deslors de la nouuelle prouision expediée,

diée, voire cette hypotheque, ou priuilege ne s'attache point au prix. Mais si, auant la prouision de l'acheteur, le creancier soit hypothecaire, ou priuilegié, auoit fait saisir l'Office venal, alors ie dy que comme l'hypotheque passe à l'encontre de cet acheteur, aussi & à plus forte raison, le creancier saisissant se pourroit-il pouruoir sur les deniers de la vente, & demander preference sur iceux, soit contre le premier arrestant, soit mesme au cas de déconfiture, non pas à bien entendre, comme y estant fondé de son chef, mais comme exerceant l'action recursoire de l'acheteur, lequel estant par luy poursuiuy hypothecairement, auroit vn recours preferable à tous, sur ses propres deniers. C'est pourquoy le plus seur seroit en ce cas, de faire interuenir cet acheteur, qui demandast que ceux qui voudroient toucher ses deniers, luy feissent bailler main leuée de la saisie de l'Office.

53 Idem s'il y a eu saisie auãt la resignatió.

Finalement il faut noter que hors le cas de la déconfiture, les creanciers concurrens en arrest sur le prix de l'Office vendu volontairement par leur debteur commun, soit venal, ou de iudicature, & que ie vien de dire deuoir estre colloquez en ordre du iour de leurs arrests, ou oppositions (car opposition vaut saisie, & saisie sur saisie ne vaut qu'opposition) y doiuent estre colloquez seulement pour les debtes exigibles & executoires, & non pour autres debtes; comme pour le principal des rentes, ou pour les debtes sous condition, ou à terme non escheu, lors de leur arrest, ou opposition, ou deuës par cedules, ou consistantes en simple action. Combien que le contraire soit obserué en l'ordre des decrets, & sur tout au cas de déconfiture: ce que ie ne m'amuseray à particulariser & approfondir dauantage, pource qu'en cela il n'y a rien de particulier à l'esgard des Offices.

54 Sur ce prix consigné ne sont payées que les debtes executoires.

Or sous pretexte qu'on ne peut saisir l'Office de iudicature, on a accoustumé de faire arrester les gages, & autres émolumens d'iceluy: duquel arrest, comme plus commun en ces Offices qu'en tous autres, i'ay remis à traicter icy, encor que ce soit vne matiere commune à toute sorte d'Offices. On demande en premier lieu, quels émolumens des Offices, & notamment de ceux de iudicature il est permis de saisir & arrester: pour s'en resoudre nettement, il les faut distinguer ainsi qu'on distingue communément les fruicts des benefices, & principalement des prebendes canoniales, à sçauoir en gros fruicts, qu'on appelle vulgairement le gros, qui est gaigné par les absens, en vertu du seul titre de la Chanoinie: les fruicts communs, qui sont acquis aux residens sur le lieu: & les distributions manuelles, qui se gaignent seulement par ceux qui assistent au seruice diuin, par poinct iournal quotidien, & horaire, comme on parle en pratique.

55 De l'arrest du reuenu des Offices.

56 Trois sortes de fruicts des prebendes.

Aussi aux Offices, il y a les gages qui se gaignent ordinairement en vertu de la simple prouision, par ceux qui ne resident, ni n'exercent: il y a les principaux émolumens & grosses taxations, qui ne sont pas payées manuellement à mesure que l'exercice se faict, mais en gros à certains termes par les mains des Receueurs, comme les espices des Cours souueraines & Presidiales, receuës par le Receueur, & les taxations des financiers, & si y a les menus & manuels profits de l'exercice, qui ne se gaignent qu'à mesure qu'on exerce.

57 Trois sortes de reuenu aux Offices.

Quand à ces menus profits, il est indubitable qu'on ne les peut saisir ni arrester, pource qu'ils se payent à l'Officier de main en main; aussi qu'ils sont inseparables de l'exercice, & de faict en la loy *Titio qui Romæ D. Ad municip.* on voit que celuy qui par surprise & supposition de nom, auoit attrappé la commission d'vn autre, en doit neantmoins auoir l'émolument. Mais quant aux autres émolumens de valeur qui sont payez en gros par vn Receueur, ainsi que les gages, il y a plus de difficulté, & n'en est la question encor bien resoluë: toutesfois i'estime que la saisie n'en doit estre permise: car puis qu'en effect ils font partie des profits de l'exercice, & seruent à recompenser le labeur de l'Officier, & sont destinez pour son entretien, il n'y a pas apparence de l'en priuer, & le faire marcher à vuide, pendant qu'il faict actuellement seruice: qui seroit proprement ce qui est défendu en la loy de Moyse, *alligare os boui trituranti*, ainsi que S. Paul l'explique élegamment aux Corinth. chap. 9. *Scriptum est*, dit-il, *in lege Moysi, Non alligabis os*

58 Espices & autres émolumens des Offices ne peuuent estre saisis.

boui trituranti. Nunquid de bobus cura est Deo? an non propter nos hoc dicit? Qui enim arat debet in spe arare;& qui triturat spei suæ particeps esse debet. Et peu apres, *Nescitis quoniam qui in sacrario operantur, quæ de sacrario sunt, edunt, & qui altari seruiunt, de altari viuunt.*

59 Modification. C'est pourquoy à l'esgard des espices des Iuges, i'estime qu'elles ne peuuent estre arrestées. Toutesfois si vn creancier trouuoit entre les mains d'vn Receueur des espices vne notable somme de deniers deuë à l'Officier, son debteur, pour l'exercice du passé, il y auroit grande doute, que l'ayant faict arrester, il en obtint deliurance: tout ainsi qu'il est permis de saisir & de transiger des alimens du passé, & non de ceux à venir, *l. De alimentis. C. De transact.* Car comme les alimens du passé ne sont plus alimens, pource que la personne n'en a esté alimentée, ayant vescu sans les auoir, aussi ces profits sont-ils separez du labeur, puisque l'Officier a faict son labeur sans les demander. Dont resulte que c'est le plus seur, qu'vn Officier endebté s'accommode auec son Receueur en telle sorte, qu'il luy paye plustost par aduance, que de demeurer en reste.

60 Taxations & gros droits des financiers peuuent estre saisis. Mais quant aux droicts & taxations de valeur des financiers, comme pour exemple, les droicts que prennent les Officiers des Gabelles sur le sel vendu, & les taxations des Esleus, i'estime que comme elles sont separées de l'exercice, & que ces droicts ont esté la pluspart attribuez separément moyennant finance, aussi peuuent-ils estre saisis és mains du Receueur qui les paye, attendu qu'il est notoire que le Roy mesme les arreste aucunesfois: entre lesquels droicts des financiers, & les espices des Iuges, y a notable difference, tant pource que les espices sont notoirement plus connexes à l'exercice que ces droicts, qu'aussi il y a plus de labeur & d'industrie aux Offices de iudicature, qu'en ceux de finance.

61 Si les gages des Officiers peuuent estre arrestez. Quant aux gages, on en a faict autresfois beaucoup de difficulté. Car du temps que les Officiers gagez ne prenoient aucuns salaires des parties, & que les Offices ne se vendoient point, on tenoit à bon droict que les gages estoient vrais salaires, c'est à dire alimens & entretenemens: n'estant raisonnable d'en auctoriser la saisie, de peur qu'à l'occasion d'icelle le seruice du public demeurast, pour n'auoir l'Officier autre moyen de s'entretenir en son exercice: ne plus ne moins qu'on pratique encor à present, qu'on ne peut saisir la solde, ou paye du soldat. Qui est la raison qu'en rend Theodore, interprete Grec, sur la loy 4. *C. De execut. rei iudic.* à sçauoir que le seruice du public est preferable à la commodité d'vn, ou de deux creanciers, οἱ νομοθέται τὰ κοινῇ πάσῃ τῇ πολιτείᾳ συμφέροντα προετίμησαν τοῦ συμφέροντος ἑνὸς ἢ καὶ δυοῖ.

62 Explicatiõ de la loy 4. C. de exec. rei iudic. C'est pourquoy cette loy 4. dit *Stipendia tua retineri, propterea quod condemnatus es, non patietur Præses Prouinciæ, cùm rem iudicatam possit alijs rationibus exequi*, où il faut prendre garde que ce mot *cùm*, est pris *causaliter pro quia* & non pas *conditionaliter, pro si, aut quando*, comme aucuns pensent: de sorte que la proposition de cette loy est generale, & non pas limitée à ce cas seulement, quand la sentence ne peut estre autrement executée, que par la prise des gages. Autrement cette loy seroit inutile, & ne contiendroit rien de particulier à l'esgard de la solde des gendarmes, pource que generalement en droict *ordo executionis rei iudicatæ is erat, vt prius mobilia, deinde immobilia, postremò nomina condemnati caperentur, l. A Diuo Pio. De re iudic.*

63 De mesme. Mais aussi le mesme Theodore a fort bien remarqué, que comme cette loy est addressée à vn gendarme, aussi est-elle faicte specialement pour les gendarmes, *Militiæ scilicet armatæ, non ciuilis*, dit-il, en posant l'espece d'icelle ἐὰν καταδικασθῇ στρατιώτης ἐν ὅπλοις & partant, dit Cujas, elle ne doit estre estenduë, comme on faict communément, aux Officiers ou beneficiers: car encor que *Militia* signifie quelquesfois certains Offices, si est-ce que *Miles* (mot apposé à la subscription de cette loy) ne signifie gueres vn Officier, comme aussi ie n'ay iamais leu és anciens liures, que *stipendium* signifiast les gages des Officiers qui sont tousiours appellez *salaria, annonæ*, ou *annonaria commoda, ab anno scilicet*, comme dit Suidas: & ce qu'à present nous vsons du mot *stipendium* en cette mesme signification, est pource que nous auons détorqué le mot de *salaire* pour signifier la recompense de labeur, & que le mot *annona* ne nous signifie, que les viures, & non pas les gages.

Non

Non plus n'est à propos la Nou. 88. chap. 2. estant bien entenduë, qui défend l'arrest (qu'elle appelle interdiction, & Cujas tourne dénonciation) en trois cas, du depost des pains ciuils, & des loyers de maison. 64 Explication de la Nou. 88. Car cette dénonciation se faisoit en droict pour chose non liquide, quoy que ce soit non executoire, d'autant que les contracts n'y auoient execution parée, *l. Minor. xxv. annis. D. De minor.* & neantmoins pour toute debte on pouuoit vser de cette denonciation, *l. penult. C. Depositi. & l. vlt. D. De lege commiss.* laquelle lioit celuy auquel elle estoit faite, & l'empeschoit de payer iusques à ce qu'on luy eust baillé caution de l'acquiter de l'euenement de l'arrest, *l. penultima. Depositi.* 65 De la dénonciation du droict Romain, sur laquelle nous auons inuenté nos arrests. Ce qu'estant de soy inique fut iustement retranché par cette Nou. en ces trois cas fauorables du dépost, des pains ciuils (qui de verité se rapportent aux gages des Officiers, & ont esté interpretez au 2. chap. du 1. liure) & des loyers de maison. Mais quand cet arrest se faisoit par auctorité de iustice, & pour chose executoire, il ne s'appelloit pas denonciation ni interdiction, mais *pignoris capio in causam iudicati, vt in l. Etiam. Cod. De execut. rei iud. & d. l. A Diuo Pio. De re iud.* 66 De pignoris capione in causam iudicati. Qui estoient bien differens l'vn de l'autre. Car *pignoris capio* se faisoit en vertu de sentence executoire, & par le ministere d'vne personne publique, *per executorem*: au lieu que cette simple dénonciation se faisoit sans auoir piece executoire, & par le creancier mesme. C'est pourquoy cette dénonciation, ou interdiction n'est point pratiquée en France, où il n'est permis de faire arrest qu'en vertu de sentence, ou contract executoire, & par vn sergent: & tel arrest, qui est vrayement la *pignoris capio* du droict, ne fut iamais en droict défendu és gages des Officiers, ni mesme és pains ciuils, c'est à dire au pain qui estoit distribué iournellement au menu peuple de certaines villes, dont i'ay parlé au commencement du 1. liu.

Car la loy *Commodis præmiorum. D. De re iud.* dit expressément, que *etiam commodis præmiorum, quæ propter coronas sacras victoribus Athletis præstantur, in causam iudicati capi possunt*: 67 Conciliation des loix Commodis. D. De re iudic. & l. Spem præmiorum. C. Quæ res pign. oblig. poss. combien que la loy *Spem præmiorum. C. Quæ res pignori oblig. possint* dit au contraire, *spem eorum præmiorum non posse pignori obligari*: à quoy il y a deux conciliations, toutes deux tirées des propres termes de ces deux loix. L'vne, qui est la commune, que ces recompenses des Athletes (*de quibus Suet. in Nerone & Plin. in epist.*) *possint cadere in pignus iudiciale, vt d. l. Commodis*: *sed non in conuentionale, vt d. l. Spem*, qui porte par expres ces mots, *priuatâ pactione*: *secus ergo si Iudicis auctoritate.* L'autre, de mon inuention, que la loy *Commodis*, permet d'arrester les recompenses ia acquises & deuës, & la loy *Spem* défend d'obliger *spem eorum quæ pensitanda sunt.*

Aussi de ces derniers temps on n'a plus faict de doute en France que les gages des Officiers ne peussent estre arrestez, soit de ceux de finance, veu que l'Office mesme peut estre saisi, & vendu par decret, soit de ceux de iudicature, pource qu'à present ils ont d'autres émolumens, qui apportent à peu pres autant de profit à l'Officier pour son entretien, qu'il ha d'employ en son Office: 68 Resolution que les gages des Officiers peuuent estre arrestez. aussi qu'és Offices qui entrent aux parties casuelles, nous tenons les gages pour fruicts naturels d'iceux, ne prouenans point de l'industrie ou labeur de l'Officier, mais de la finance qu'il a payée pour l'achapt de son Office.

Cette regle toutesfois souffre deux exceptions notables, fondées és decisions des loix qui viennent d'estre alléguées. 69 Premiere exception és Milices. Premierement que les gages de ces menus Offices, qu'on appelle Milices, & qui se payent manuellement, ainsi que la montre des gendarmes, ne peuuent estre non plus arrestez que la montre, ou paye des vrais soldats, suiuant cette loy *Stipendia.* comme ceux des Preuosts des Mareschaux, leurs Lieutenans, Greffiers & Archers, qui ne peuuent estre arrestez, sinon pour despense de bouche, armes, ou cheuaux, ainsi qu'il se iuge tous les iours.

Et cette exception a esté tellement estenduë, que par Ord. de l'an 1551. & de l'an 1561. & de l'an 1567. il est porté que les Thresoriers payeurs des gages de tous Officiers domestiques du Roy, faisans seruice ordinaire, ne doiuent differer leur payement pour aucune saisie ni arrest, mesme qu'ils ne sont tenus comparoir deuant aucuns Iuges, pour raison d'iceux arrests. 70 Ampliatiõ de cette exception en tous commẽsaux du Roy. Voire que tels arrests & saisies sont defenduës à peine de nullité, & mesme du quadruple. Dont s'ensuit que nous pratiquons cette loy *Stipendia*, non seulement *in militia armata*, mais aussi *in militia palatina*, & y a grande apparence de la pratiquer encor aux gages de tous les Offices de gouuernement, qui sont plustost commissions, ou grades militaires, que vrais Offices, & dont les gages sont plustost appointemens, ou pensions,

71 Sub exceptio. que vrais gages. Si ce n'est, dit l'Ordonnance, pour achat de cheuaux, ou harnois de guerre, ou pour viures baillez à ces Officiers domestiques, pour leur nourriture en garnison, ou bien du consentement de l'Officier, & rapportant procuration de luy, ou quittance valable, laquelle sub-exception renuerse l'interpretation commune de ceste loy *Spem* sus-alleguée. Car tout au contraire de ce que tiennent les interpretes, elle permet l'obligation volontaire de ces gages, & en défend l'arrest par auctorité de iustice; & de verité, quelle apparence y auroit-il que contre la volonté de l'Officier, ils peussent estre arrestez, & ne peussent estre obligez de son consentement.

72 Seconde exception és simples pensions. L'autre exception est, que les pensions, ou recompenses personnelles attribuées à tous Officiers pour leur merite particulier, & qui ne sont vnies, ni incorporées à leurs Offices, ainsi que sont les purs gages, ne peuuent pareillement estre saisies, ni arrestées, pour les debtes du pensionnaire, si ce n'est que le creancier arrestant, ait obtenu du Roy permission expresse de ce faire, comme il est contenu en cette mesme Ordonnance de l'an mil cinq cens soixante sept: ce qui semble conforme à la decision de cette loy *Spem præmiorum. Cod. Quæ res pignori obligari possint*. Car elle parle des recompenses des Athletes, & non des gages des Officiers.

73 Pourquoy. La raison est, que par tels arrests seroit frustrée l'intention du Roy, qui est que celuy qu'il luy plaist recompenser, ou sur lequel il veut estendre sa liberalité, luy donnant ce que d'ailleurs ne luy est point deu en vertu de son Office, iouïsse luy mesme plainement, & en toute asseurance de son bien faict; *Decet namque Principis beneficium esse mansurum* dit la regle du droict Canon, & comme le dit encor mieux la loy ciuile, *Vt Imperialis fortuna omnes supereminet alias; ita oportet Principales liberalitates culmen habere præcipuum*, *l. Cum mota. C. De bonis quæ lib.* qui par cette raison decide, que les liberalitez du Prince doiuent demeurer entieres à celuy auquel il les a faictes, sans que s'il est fils de famille, son pere y ait l'vsufruict.

74 Forme & pratique de l'arrest des des gages. Supposé donc que regulierement hors ces deux exceptions, les gages des Officiers puissent estre arrestez, il faut noter, pour la forme de cet arrest, qu'il suffit de faire par l'exploit d'iceluy de simples defenses au Receueur qui les doit, de les payer à l'Officier, sans qu'il faille donner assignation à ce Receueur, pour voir ordonner la deliurance des deniers, comme on fait en tous autres arrests. Car cela est defendu par l'Ordonnance, sur peine de luy payer les despens dommages & interests de la folle assignation. Comme aussi il suffist, apres cet arrest, d'obtenir iugement sur iceluy auec l'Officier, duquel les gages ont esté arrestez: en vertu duquel iugement le payeur d'iceux est tenu faire deliurance à l'arrestant, de ce qu'il doit à l'Officier, sans qu'il faille obtenir vn autre iugement contre luy. Que si lors que ce Receueur veut rendre son compte, les arrests faits entre ses mains ne sont vuidez, il faut qu'il mette les deniers arrestez au Greffe de la iustice, où l'instance de ces arrests est pendante, sur le simple recepissé du Greffier, rapportant lequel auec l'exploict d'arrest, ces deniers sont alloüez purement & simplement en la despense de son compte, tout ainsi que sur la quittance de l'Officier: ce qui doit estre pratiqué tout de mesme en tous arrests faicts és mains des Officiers du Roy, comptables, comme il est amplement contenu en l'Ordonnance de l'an mil cinq cens quarante huict, art. 16. & de l'an 1566.

75 Comment les gages se distribuent entre plusieurs arrestans. Que s'il y a rencontre de plusieurs arrestans sur les gages d'vn Officier (qui est vne grande & difficile question) il faut à mon aduis distinguer les gages escheus d'auec ceux à escheoir. Car les escheus estant reputez meubles, doiuent sans doubte estre baillez aux arrestans, ou opposans l'vn apres l'autre, selon la date de leurs arrests, ou oppositions: ie dy arrests, ou oppositions, pource qu'apres le premier arrest, ou saisie, les subsequentes sont conuerties en oppositions, d'autant

tant que saisie sur saisie ne vaut : & reciproquement les oppositions faites apres la premiere saisie, valent saisie, comme on dit en pratique, c'est à dire, attribuent autant de droit à l'opposant, que feroit vne saisie, si lors elle est licite.

Mais quant aux gages à eschoir, c'est la grande difficulté. Car il semble de prime-face qu'ils doiuent estre reputez immeubles, comme les fruits pendans par les racines. D'autre costé, il peut sembler qu'ils soient meubles, *saltem ipso intellectu*, puisque tous ceux qui les pretendent les ont arrestez separément d'auec le fonds, auquel partant ils ne peuuent estre accessoires : veu mesme que le simple arrest n'a iamais lieu aux immeubles ; ains aux seules debtes mobiliaires. Tiercement, il y a encor plus grande apparence de dire, qu'ils ne sont ne l'vn ne l'autre, pource qu'ils ne sont encor en nature, *atqui non entis nullæ sunt qualitates :* & partant que l'arrest n'en vaut rien, comme de chose qui n'est point en estre ; ains consiste en vne simple esperance, qui ne se peut non plus saisir, apprehender, ou arrester que le vent : & ce à plus forte raison, qu'on tient de nulle valeur la saisie des fruicts d'vne terre faite auant la saison, que les bleds ont accoustumé d'estre en espic, pource qu'on dit alors, que c'est herbe, & non pas fruict, 76 Quid des gages à eschoir.

--- *Et adhuc tua messis in herba est.*

Neantmoins nulle de ces trois opinions n'est suiuie communément en pratique, notamment au Chastelet de Paris, où sont à mon opinion les meilleurs praticiens de France, & où telles questions eschéent plus souuent. Ains on en suit vne quatriesme, & ce à l'egard des arrests, tant des gages d'Officiers, que des arrerages des rentes, & encor des fermages ou loyers non escheus des heritages, qui est de les distribuer par déconfiture au sol la liure entre tous les arrestans : comme il se pratiquoit tout communément à Paris, pendant les derniers troubles, lors que les decrets estoient défendus. 77 Resolutiõ, qu'ils sont distribuez par déconfiture.

La raison est, que d'vne part ils ne sont ni meubles, où préoccupation du premier arrestant doiue preualoir, ni immeubles susceptibles d'hypotheque, n'estans encor en nature lors des arrests : & que d'ailleurs neantmoins, la defense de payer faite à celui qui en sera debteur, est vne asseurance plus grande & plus precise, que n'est pas la saisie d'vn fruict d'heritage, qui n'est point encor nay, en laquelle asseurance seule subsistant toute la force de l'arrest, & non en l'apprehension ou occupation actuelle de la chose, qui n'a point encor d'estre, elle doit également profiter à tous les creanciers, qui se trouuent auoir faict leurs diligences de la procurer par arrest, ou oppositions, auparauant l'escheance des gages, sans attribuer, ni profit au plus diligent, ni dommage au dernier arrestant : pource que tous deux ont fait leur arrest auant qu'il y eust rien en nature, qui peut estre actuellemẽt préoccupé. Raison qui, combien qu'elle soit vn peu obscure de prime-face, se trouuera toutesfois fort pertinente à qui la voudra poiser à loisir. 78 Pourquoy.

Voici encor vne autre grande difficulté, sçauoir si les gages doiuent estre reputez escheus & ameublis pour portion de temps, iusques au iour de l'arrest precisement, comme escheant par chacun iour, ou bien s'ils doiuent estre reputez eschoir seulement à la fin de chacun quartier. Et sans m'amuser à l'approfondir par vn amas de raisons, ie dy auec du Moulin, sur l'article premier de la coustume, gl. 1. qu'il faut présupposer la difference qu'il y a entre vne debte deuë, & vne debte escheuë : ce qui se dit en droit, que *aliud est cedere diem, aliud venire. Cedit nimirum dies, quando incipit deberi : venit quando debitum peti potest : l. Cedere diem. De verb. signif.* Or tous les Docteurs sont d'accord, que *in fructibus ciuilibus, maximè redituum, & locationis domorum, quotidie dies cedit, licet veniat tantùm suis terminis.* Pareillement ils sont d'accord, que *quod operatur in naturalibus fructibus separatio à solo, hoc operatur in ciuilibus diei cessio :* & au rebours, que *quando non requiritur in naturalibus fructibus plena perceptio, sed sufficit separatio à solo, tunc non requiritur in ciuilibus venire diem, sed sufficit cedere.* 79 Comment se separent les escheus d'auec les non-escheus.

Puis donc que la Coustume de Paris, article 92. resoult que les fruicts naturels sont ameublis deslors qu'ils sont coupez, supposé qu'ils soient encor sur le champ, & non transportez, il s'ensuit que les gages des Officiers sont ameublis, escheus & acquis, comme toutes autres debtes successiues par chacun iour, 80 Resolution qu'ils échéent & s'ameublissent chacun iour.

combien qu'ils ne soient encor deus tout à fait, & ne puissent estre demandez qu'à la fin du terme : tellement qu'en bonne eschole il faut que l'arrestant les ait pour portion de temps iusques au iour de son arrest : & encor que bien souuent on n'y prenne garde de si prés, si est-ce que le poinct de droict tombe-là : & de fait on ne doute point que l'Officier mourant au milieu de son quartier, ne gaigne & ne transfere à ses heritiers la portion de temps.

81 De l'arrest ou saisie du reuenu des benefices.

Encor faut-il dire icy vn mot pour la fin de ce chapitre, de l'arrest du reuenu des benefices : car ç'a esté anciennement vne grande dispute, s'il pouuoit estre arresté, dont les raisons de part & d'autre sont rapportées par Benedicti, sur le chapitre *Rainutius.in verb. Et vxorem. Decis.2.num.42.* neantmoins elle semble estre vuidée disertement par le chapitre *Peruenit. ext. De fideiussor.* où le Pape mande, qu'on adiuge au creancier les fruicts du benefice du debteur, iusques à la concurrence du deu : combien que ce ne soit pas par voye d'arrest, pource que la iustice Ecclesiastique n'en vse point ; mais c'est vne voye équipollente. De sorte que la

82 Resolutiō, qu'il peut estre saisi, mais non engagé.

commune resolution des Docteurs est de comparer le reuenu des benefices aux pensions & recompenses annuelles des Athletes, dont a esté parlé cy-dessus, qui, selon l'interpretation ordinaire, peuuent bien estre saisies *pignore iudiciali d. l. Commodis.* mais non pas engagées par gage conuentionnel, *d. l. Spem.*

83 *Deducto tamen, ne beneficiarius egeat.*

Et partant on n'y pratique pas la loy *Stipendia. C. De exec. rei iud.* que nous venons de dire, n'auoir lieu sinō *in militibus armatæ Militiæ.* Mais au lieu de cela, on n'y pratique vne autre moderation : c'est que cōme en droit il y a plusieurs personnes, qui sont seulement tenuës *in quantum facere possunt, deducto ne egeant. §. Item si de dote. 37. & §. seq. Instit. De action.* En France on met les Ecclesiastiques en ce nombre, principalement à l'égard du reuenu de leurs benefices, sur lequel on leur baille main-leuée d'vne certaine pension suffisante pour leur entretien, supposé que d'ailleurs ils n'ayent autre moyen apparent, que ce qui est saisi : *ne videlicet mendicare cogantur in opprobrium cleri*, comme Benedicti au lieu sus-allegué dit auoir esté iugé par arrest de Tholose, de l'an 1498.

84 Anciennement on ne pouuoit saisir les fruits coupez des benefices.

Neantmoins il faut sçauoir, qu'anciennement on ne pouuoit saisir que les fruicts des benefices pendans par les racines, & les rentes & fermages à eschoir, & non les fruicts coupez & ameublis, ni les rentes escheuës. Car les Ecclesiastiques gardoient accortement ce pretendu priuilege, de ne recognoistre la iustice laye pour leurs meubles, qu'ils disoient suiure inseparablemēt leurs personnes : ce qui estoit encor gardé du temps que du Moulin commenta la coustume, qui fut en l'an 1538. Car combien qu'il soit souuent trop contraire aux Ecclesiastiques, si confesse-il sur l'article premier, gl. 1. nombre 36. qu'ils ont ce priuilege special, d'estre exempts de la iustice seculiere, quant à leurs meubles : mais non quant à leurs immeubles & fruicts pendans sur le temporel de leurs benefices, qui sont reputez immeubles. Mais depuis que l'Ordonnance de 1539. a restraint prudemment la iustice Ecclesiastique aux matieres de Sacremens entre toutes personnes, & aux actions pures personnelles contre les Ecclesiastiques, les Iuges laïcs se sont emancipez de cognoistre des executions faites sur les meubles & fruicts écheus des beneficiers, comme l'execution estant vne matiere plus réelle, que personnelle.

85 Que les meubles prophanes des Ecclesiastiques dependent de la iustice laye.

Aussi à bien entendre, les meubles prophanes des Ecclesiastiques dépendent de la iustice laye : car ce qu'on dit que les meubles suiuent la personne, s'entend seulement quant à la situation, pource que les meubles n'ayans de soy point de situation certaine, empruntent celle du domicile de leur maistre. Mais ils ne suiuent pas sa personne, quant à la qualité d'estre sacrez, ou prophanes : puisque de soy ils ont leur qualité particuliere d'estre l'vn ou l'autre, selon laquelle *forum sortiri debent*, sçauoir est les meubles sacrez à la iustice d'Eglise, & les prophanes à la seculiere. De fait, les Ordonnances d'Orleans & de Blois n'exceptent des executions, qui se font sur les Ecclesiastiques, sinon leurs meubles destinez au seruice diuin, & ceux qui sont destinez à leur vsage necessaire, & notamment leurs liures : ceux-là, pource qu'ils sont de la iurisdiction Ecclesiastique, & ceux-cy, pource que toutes contrainctes, qui en Cour laye sont decernées sur les biens des gens d'Eglise, s'entendent tousiours *deducto ne egeant.*

Donques à present, soit en vertu de contract executoire, ou de permission du Iuge lay, on peut saisir tous les fruicts & reuenus des benefices, escheus & à escheoir, fors toutesfois les menues distributions, oblations, ou autres menus salaires, qui se payent manuellement, qu'on appelle vulgairement le dedans de l'Eglise, ou le baise-main. En quoy ie compren les petites rentes deuës pour obijtz & seruices certains. Mesmement i'estime qu'on ne deuroit pas permettre de saisir les dixmes, soit grosses ou menuës (principalement celles qui ne sont abonnées & conuerties en rente liquide) tant pource que *decimæ sunt tributa egentium animarum*, & partant ce seroit oster la deuotion au peuple de les voir prendre par vn creancier estranger, que pource que la saisie réelle en est mal-aisée, & l'arrest presque impossible à faire. Toutesfois auiourd'hui pour les decimes du Roy, on trouue moyen de tout saisir, soit dixme, soit baise-main des pauures Curez, & fait-on tout bailler à ferme au plus offrant, à la charge de desseruir le benefice, & ce par vn mauuais exemple, que les gens d'Eglise ont eux-mesmes introduit, faisant d'ordinaire de tels baux entr'eux: què si le Curé veut desseruir en personne, nonobstant ce bail iudiciaire, on ne l'en peut empescher: car on ne le peut déposseder du spirituel contre sa volonté: & lors il faut que l'vn dise la Messe, & l'autre prenne les offrandes, ce qui est plein de scandale. C'est pourquoi cela n'est tolerable, que pour le Roy. 86 Que les reuenus des beneficiers peuuent estre saisis.

Mais tout l'autre reuenu des benefices peut estre saisi en deux façons, ou par simple arrest és mains du fermier, ou autre redeuable au beneficier: ou par la saisie réelle de l'heritage & bien temporel, auec establissement de commissaire. En quoi faut noter que la saisie réelle absorbe & fait cesser le simple arrest, ores que premier fait: encor qu'en cette matiere la saisie réelle ne puisse tendre à vn decret. 87 Comment se font ces saisies.

Que s'il y a rencontre de plusieurs qui ayent procedé par simple arrest, la distribution s'en fait ainsi qu'il vient d'estre dit des gages d'Officiers: mais s'il y a saisie réelle, on pratique communément que les fermages du bail iudiciaire seront distribuez selon l'ordre des hypotheques, comme il se fait en toutes saisies d'immeubles, & neantmoins il y auroit grande apparence de la faire par déconfiture, attendu que le temporel des benefices n'est en sorte quelconque susceptible d'hypotheque. Dont s'ensuit qu'vn mesme reuenu peut estre consideré en trois façons, ou comme meuble, à sçauoir le reuenu escheu; ou comme immeuble, sçauoir est les fruicts perceus apres la saisie réelle du fonds, ou finalement comme neutre, c'est à dire, ni meuble, ni immeuble, à sçauoir le reuenu escheu apres vn simple arrest. 88 Comment ces reuenus sont distribuez entre plusieurs creanciers.

SOMMAIRE DV NEVFIESME CHAPITRE.

1 *Les Offices sont en la nomination des Seigneurs, & prouision du Roy.*
2 *Et partant sont Offices Royaux.*
3 *Comment leur nomination & prouision ont esté separées.*
4 *La prouision du Roy s'en baille gratuitement.*
5 *Marc d'or des Offices.*
6 *Difference entre cette nomination & celle des patrons.*
7 *Prouision du Roy n'a lieu au domaine aliené à perpetuité.*
8 *Côme en celuy qui est baillé en eschange.*
9 *Nomination n'a lieu qu'és Offices de la iustice ordinaire.*
10 *Pourquoy.*
11 *Seigneurs ne peuuent empescher que le Roy establisse des iustices extraordinaires en leurs terres.*
12 *Dont la pleine prouisiõ appartiẽt au Roy.*
13 *Exception és gabelles & forests possedées de temps immemorial.*
14 *Autre en concession expresse.*
15 *Exemples.*
16 *Limitation de ces concessions des Offices extraordinaires.*
17 *Autre.*
18 *Appanage est plus fauorable que l'engagement.*
19 *Inuention des appanages.*
20 *Deux limitations tacites aux appanages.*

21 *Appanagé est vray Seigneur.*
22 *Droit des douairieres de France.*
23 *Droit ancien des dots des filles de France.*
24 *Le domaine baillé aux filles, n'est à present qu'vn* engagement.
25 *Droit de la vente du domaine à faculté de rachat.*
26 *Pourquoy est appellée* engagement.
27 *Appanage transfere les droicts honorifiques, mais l'engagement non.*
28 *Quatre prerogatiues de l'appanage par dessus l'engagement.*
29 *Appanagé porte le titre de la Seigneurie, & iouyt des droicts d'icelle.*
30 *Mais non l'acheteur à faculté de rachat.*
31 *Appanagé exerce les actes feodaux.*
32 *Et non l'acheteur à faculté de rachat.*
33 *Iustice engagée s'exerce au nom du Roy seul.*
34 *Et les Officiers sont en la libre prouision du Roy, sinon &c.*
35 *Iustice des appanages estoit iadis exercée sous le nom de l'appanagé.*
36 *Sauf pour les cas Royaux.*
37 *Iuges des cas Royaux.*
38 *Comment cela s'est changé.*
39 *A present les iustices d'appanage sont exercées au nom du Roy, & de l'appanagé conjointement.*
40 *Officiers ordinaires du domaine aliené demeurent Royaux, & pourquoy.*
41 *Et sont reglez en tout, comme les purs Offices Royaux.*
42 *Sont perpetuels, & non destituables.*
43 *Sont resignables, comme les purs Royaux.*
44 *Si c'est au Roy, ou aux Seigneurs d'en admettre la resignation.*
45 *Explication d'vne Ordonnance.*
46 *Resolution que c'est à present aux appanagez.*
47 Quid *és engagemens.*
48 *Semble que ce deuroit estre au Roy seul.*
49 *Si les Seigneurs du domaine aliené peuuent prendre finance des resignations.*
50 *Explication d'vne autre Ordonnance.*
51 *Resolution que c'est aux Seigneurs d'admettre les resignations, & qu'ils en peuuent prendre finance.*
52 *Comment elle doit estre taxée.*
53 *Tyrannie d'aucuns Seigneurs en cette taxe.*
54 *Reprouuée.*
55 *Remede.*
56 *Du taux de cette finance.*
57 *Qu'il ne doit monter au quart denier.*
58 *Comment se doit gouuerner l'Officier pressé de resigner l'Office domanial.*
59 *De mesme.*
60 *De mesme, & meilleur.*
61 *Si les quarante iours ont lieu en ces Offices.*
62 *Response à l'arrest du Lieutenant de Vierzon.*
63 *La Cour a souuent derogé aux quarante iours.*
64 *Nomination pure & simple n'est subiecte aux quarante iours.*
65 *Le Roy n'en peut dispenser au preiudice des Seigneurs.*

DES OFFICES DV DOMAINE ALIENE'.

CHAPITRE IX.

1 Ces Offices sont en la nomination des Seigneurs, & prouision du Roy.

IVSQVES icy il n'a esté parlé que des Offices absolument Royaux, c'est à dire, qui sont en la libre collation du Roy. Or il y en a plusieurs qui sont en la nomination des Seigneurs, lesquels ne laissent pourtant d'estre Offices Royaux, à sçauoir les Offices des terres & Seigneuries du domaine de la couronne, ou baillées en appanage aux enfans de France, ou venduës aux particuliers à faculté de rachat: pource que ces terres estant inalienables de parfaicte alienation, leur vraye proprieté demeure à la couronne, au moyen de la reuersion qui y ha lieu necessairement: & ce par la raison de la loy premiere *D. Si ager vectig. vel emphyt. pet.* dont s'ensuit que les Officiers d'icelles doiuent demeurer Officiers du Roy: attendu principalement que leur iustice s'exerce tousiours au nom du Roy.

2 Et partant sont Offices Royaux.

Et toutesfois, pource que ceux ausquels ces terres sont transportées, doiuent auoir tous les fruicts d'icelles, & que la collation des Offices est fruict, à plus forte raison que celle des benefices, il a esté trouué raisonnable de leur conseruer ce droit de choisir & nommer les Officiers, qui neantmoins estans en effect vrais Officiers Royaux, ne peuuent estre pourueus par autre que par le Roy, pource que ce seroit chose absurde, qu'vn Seigneur particulier peust faire vn Officier Royal.

C'est pourquoi il a fallu suiure en ces Offices le mesme expedient qui se garde és benefices fondez par les personnes laïques, lesquels d'vn costé estans incapables de conferer pleinement les benefices Ecclesiastiques, & d'autre costé n'estant raisonnable de les priuer du droit de patronage, qu'ils ont retenu en fondant le benefice, on a trouué cet expedient metoyen, de leur laisser le simple choix du beneficier, qu'on appelle presentation, ou nomination: & quant à la prouision ou institution, elle est demeurée au collateur Ecclesiastique. De mesme aussi ces Seigneurs du domaine aliené, nomment & presentent au Roy les Officiers, lesquels estans capables, le Roy est tenu leur bailler gratuitement ses lettres de prouision. 3 Commẽt leur nominatiõ & prouision ont esté separées.

Ie dy gratuitement, pource que ce n'est pas le Roy qui reçoit les deniers de la vente ou composition de l'Office du domaine aliené, ains le Seigneur, auquel tous les fruicts du domaine appartiennent, tant que l'alienation dure. Et neantmoins le droit de marc d'or s'en paye au Roy, tout ainsi que des Offices qui sont en sa libre collation: pource que c'est vn droit nouuellement imposé sur tous les Offices Royaux, lors de l'institution des Cheualiers du Sainct Esprit, qui se paye pour l'obtention des lettres de prouision, & en effect pour auoir le titre d'Officier du Roy. 4 La prouisiõ du Roy s'en baille gratuitement. 5 Marc d'or des Offices.

Il n'y a donc nulle difference, entre cette nomination des Offices, & la presentation des patrons aux benefices: sinon que la presentation du patron doit estre faite dans quatre mois par le patron laïc, & six mois par le patron Ecclesiastique, autrement, & ce temps-là passé, le patron pert irreuocablement son droit de nomination pour cette fois, & le collateur ordinaire doit conferer le benefice librement & de plein droit. Mais en la nomination des Offices du domaine aliené, il n'y a point de temps prefix par le laps duquel le Seigneur perde son droit: pource qu'és Offices de la iustice, il y a tousiours des personnes qui la peuuent exercer en defaut ou absence des titulaires, ce qui n'est pas aux benefices: qui est la cause pourquoi le deuolut *ex negligentia collatoris*, n'a pas esté introduit aux Offices, comme aux benefices. 6 Difference entre cette nomination, & celle des patrons.

Or il faut prendre garde, que la prouision du Roy n'a lieu qu'és Offices des terres reuersibles à la couronne, d'autant que c'est la reuersion qui lui conserue la proprieté d'icelles. Mais elle n'a lieu és terres qui ont esté venduës à proprieté, & sans reuersion aucune, comme celles qui ont esté alienées à titre de fief, qui estoit la forme d'alienation, qui se pratiquoit communément & licitement, auant qu'elle eust esté prohibée par l'Ordonnance de l'an 1566. appellée vulgairement l'Ordonnance du domaine. Mesmement cette alienation à perpetuité pourroit encor auoir lieu à present és eschanges des terres domaniales, contre d'autres terres, droits ou pretensions des Seigneurs de France. Car tels eschanges estans deuëment verifiez & homologuez au Parlement, les acquereurs deuiennent vrais Seigneurs à tousiours & incommutables du domaine à eux baillé en contr'eschange, qui desormais pert le nom & la nature de domaine, pourueu qu'il n'y ait point de reuersion stipulée: & partant les Officiers d'icelui ne peuuent plus estre Officiers Royaux, posé que la iustice soit comprise en l'alienation: ains au rebours, c'est la terre baillée au Roy en contr'-eschange, qui deuient domaniale, & les Officiers de laquelle deuiennent Officiers Royaux. 7 Prouisiõ du Roy n'a lieu au domaine aliené à perpetuité. 8 Cõment en celuy qui est baillé en eschange. 9 Nominatiõ n'a lieu qu'és Offices de la iustice ordinaire.

Toutesfois il faut noter, que comme il n'y a que les Offices de la iustice ordinaire, qui puissent estre absolument conferez par les Seigneurs en leurs terres, comme ie dirai au chapitre suiuant, aussi il n'y a que ceux-là, dont ils ayent la nomination és terres du domaine aliené, & non des Offices des Elections, Greniers à sel, Eaux & Forests, bref de tous autres Offices extraordinaires, c'est à dire, ne concernans la iustice ordinaire. Et ce pour deux raisons: l'vne, que ces Iustices & Offices extraordinaires ont esté inuentez & erigez long temps depuis que les Ducs & les Comtes ont vsurpé la proprieté de leurs Seigneuries, & qu'elles leur ont esté infeodées: l'autre, & la principale, qu'ils concernent tout à fait 10 Pourquoy.

les droits Royaux, & les finances du Roy, lequel ne doit estre reduit à demander iustice à ses vassaux, & prendre par leur choix des Officiers, pour le maniement de son bien.

11 Seigneurs ne peuuent empescher que le Roy establisse des iustices extraordinaires en leurs terres.

Et d'ailleurs, le Roy ayant tousiours la Seigneurie directe de leurs terres, en tant que les vnes releuent de luy en fief, & les autres sont de son domaine, & reuersibles à la couronne, & outre ayant la Seigneurie vniuerselle & souueraine par tout son Royaume, ces Seigneurs n'ont aucune raison d'empescher que dans leurs villes & territoires le Roy mette pour lui des Officiers, afin de mesnager & receuoir ses finances : lesquels aussi ayant leur iurisdiction limitée à cela, ne doiuent rien entreprendre sur la iurisdiction ordinaire, qui suit les autres droits du Seigneur.

12 Dont la plaine prouision appartiet au Roy.

Ce que dessus, que la prouision ou nomination des Offices extraordinaires ne peut appartenir aux Seigneurs, est contenu expressément au 331. article de l'Ordonn. de Blois en ces mots, *Es alienations & delaissemens des terres de nostre domaine, à quelque titre que ce soit, ne pourra estre faite aucune cession des droits de nomination, ou prouision des Offices extraordinaires desdites terres, comme estans droits Royaux inseparables de nostre couronne.* Et long temps auparauāt, le Roy Charles VII. donnant au Comte du Maine la nomination pour vne fois de l'Office de Grenetier de Marsilargues en Languedoc, declara par ses lettres patentes du 3. Nouembre 1458. que les Princes du sang, ni autres Seigneurs quelconques, n'auroient pour l'aduenir la nomination de tels Offices, comme rapporte du Tillet.

13 Exception és gabelles & forests, possedés de temps immemorial.

Toutefois cette regle reçoit deux exceptions : l'vne, pour les grands Seigneurs qui iouissent du droit de Gabelle en leurs terres, & ceux qui ayant des forests à eux, ont obtenu du Roy, ou sont fondez en possession immemoriale d'y auoir iustice particuliere, où ils peuuent par consequent establir des Officiers, pour le mesnagement de leurs droits, tout ainsi qu'en leur iustice ordinaire.

14 Autre en la concession expresse.

L'autre exception est pour les Seigneurs, qui auparauant cette Ordonnance de Blois, auoient acquis à iuste titre onereux, & principalement par eschange, les terres domaniales, auec pouuoir exprés de nommer aux Offices tant ordinaires, qu'extraordinaires : dont partant ils ne doiuent estre priuez, attendu mesme que cette Ordonnance se restraint par exprés aux alienations de l'aduenir, sans toucher à celles du passé ; & quant à la declaration de Charles septiesme, du Tillet en la rapportant dit, qu'il la faut entendre, quand il n'y a concession expresse, veu qu'icelle mesme en contient vne concession. De fait, en l'an 1566. le Roy Charles neufiesme comprist en l'appanage de Monsieur le Duc d'Anjou

15 Exemples.

son frere, la nomination des Offices des Elections & Gabelles, reseruant seulement à lui les Offices de Preuosts des Mareschaux & Archers, pource qu'ils ne sont aucunement venaux, & n'ont iamais entré aux parties casuelles. De mesme nous voyons notoirement, que Madame de Nemours en son Duché de Chartres, qui est domanial, Madame de Guise en sa Seigneurie de sainct Florentin, qui est patrimoniale, nomment aux Offices extraordinaires, & plusieurs autres Seigneurs iouissent de ce mesme droit, comme leur ayant esté concedé par exprés.

16 Limitation de ces concessions des Offices extraordinaires.

Neantmoins encor en ce cas de concession expresse, on retranche ce droit tant qu'il est possible, comme odieux & exorbitant : de sorte que la plaine prouision des Offices extraordinaires, estant nommément alienée, on la restraint neantmoins à la simple nomination, pource que ce seroit chose absurde & incompatible, que les Officiers, qui mesnagent ou manient les finances du Roy, fussent autres que Royaux, comme ils seroient, s'ils estoient pourueus tout à fait par les Seigneurs.

17 Autre.

Dauantage, on restraint cette nomination des Offices extraordinaires, à ceux qui estoient creez & érigez lors de la concession : pource que les termes d'vn contract doiuent estre referez au temps d'icelui, *l. Rutilia Polla. D. De contr. empt.* voire on tient communément, que quand l'érection nouuelle diminueroit notablement le prix des anciens Offices extraordinaires, le Roy ne seroit tenu à aucun dédommagement, pource qu'il ne peut estre empesché d'eriger dans la terre d'vn Seigneur tant d'Officiers qu'il voudra, pour la conseruation de ses droicts. Toutesfois cette opinion n'est pas sans difficulté, pour laquelle leuer, le seigneur qui faict tels marchez auec le Roy, doit stipuler expresse concession de la nomination des Offices extraordinaires, tant érigez qu'à ériger.

Voila ce qui est general en toute alienation de domaine: mais comme ainsi soit qu'il y en a de deux sortes, à sçauoir l'appanage, & la vente à faculté de rachat, assez clairement distinguées en l'Ord. du domaine, il est besoin de discerner l'vne d'auec l'autre. Car l'appanage est bien plus fauorable que la vente à faculté de rachat, attendu qu'il transfere la proprieté du domaine à l'enfant de France par droict successif, & comme estant son partage en la succession de son pere: & de faict és deux premieres lignées de nos Rois, ce partage estoit en plaine proprieté sans reuersion aucune, & encor en la premiere sans retention d'aucune Seigneurie, ni directe ni vniuerselle, au profit de l'aisné: de sorte que chacun des partageans en iouïssoit à tiltre de Royaume, dont il arriuoit d'estranges tragedies. 18 Appanage est plus fauorable, que l'engagemét.

C'est pourquoy on obserua fort à propos en la troisiesme lignée, pour vne loy fondamentale, que le Royaume ne seroit plus partagé ni démembré (qui est à present vn droict commun en toutes grandes seigneuries; comme il a esté prouué au 2. liu.) mais que les enfans puis-nez de France auroient, pour leur appanage & entretien de leur posterité masculine, quelque Duché, ou Comté, tel qu'il plairoit au Roy leur donner, à condition de le releuer en fief de la couronne: pource que ce seroit vn démembrement, s'il estoit baillé en souueraineté: & outre, à la charge de reuersion en defaut d'hoirs masles: pource que par l'ancienne loy du Royaume, les filles & leurs descendans sont incapables de succeder à la terre Salique: de sorte qu'és anciens appanages on ne laissoit de pratiquer cette reuersion, encor que lors de la concession d'iceux on ne se fust aduisé de la stipuler, comme fondée en droict commun, & telle estant la nature de l'appanage; mesme la propre signification de son nom, qui n'importe qu'vne prouision d'alimens pour le puis-né, & ses descendans, ainsi que du Tillet, & Choppin ont bien prouué. Cette reuersion neantmoins n'estant que comme vne substitution perpetuelle au profit de la couronne, l'Appanagé est cependant presque autant proprietaire de son appanage, comme en la vraye substitution l'heritier institué est seigneur de l'heritage substitué, iusques à ce que la substitution soit escheuë. 19 Inuention des appanages. 20 Des limitations tacites des appanages. 21 Appanage est vray seigneur.

Or soubs l'appanage ie compren les terres assignées aux Roynes veufues pour leur doüaire, & aux filles de France pour leur dot. D'autant que combien que le doüaire des Roynes veufues, ne soit qu'vn simple vsufruict, neantmoins, pour le respect des Roynes, on leur attribuë en iceluy les mesmes prerogatiues qu'ont les Appanagez. 22 Droict des doüairieres de France.

Et quant aux terres baillées en mariage aux filles de France, auparauant l'Ordonnance du domaine elles n'estoient pas estimées reuersibles, sinon en defaut d'hoirs masles & femelles, comme du Tillet prouue bien, pource que la premiere concession estant faite à vne fille, monstroit assez que les femelles en estoient capables, & toutesfois la reuersion ne laissoit d'y estre soubs-entenduë, à cause de la nature du domaine, qui ne peut estre aliené d'alienation du tout irreuocable: qui fut neantmoins vne de nos plus grandes querelles contre les Anglois, pour le Comté du Vexin, donné en mariage à Madame Marguerite de France, fille du Roy Louys le Ieune, mariée à Henry III. Roy d'Angleterre, qui mourut sans enfans. 23 Droicts des anciens dots des filles de France.

Mais auiourd'huy cette difficulté ne peut plus arriuer, pource que les terres du domaine ne sont plus baillées purement & simplement en mariage aux filles de France, ains seulement en payement des deniers dotaux, à elle liquidement promis, & comme vn engagement, ou vente à faculté de rachat: & neantmoins pour le respect & merite du sang Royal, cela est accomparé en tout & par tout au vray appanage, mesme est souuent dans nos liures appellé de ce nom. 24 Le domaine baillé aux filles n'est à present qu'vn engagement. 25 Droict de la vente du domaine à faculté de rachat.

Finalement quant à l'engagement faict aux particuliers, qui est l'autre espece principale du domaine aliené, bien que ce soit plustost vne vente à faculté de rachat, qu'vn simple engagement, nantissement, ou antichrese, ainsi qu'il a esté prouué au 5. chap. du 2. liu. & comme le monstre bien l'Ord. de Blois, separant és articles 333. & 334. la vente du domaine à faculté de rachat d'auec le simple engagement: toutesfois pource que la principale difference qui se trouue és heritages des particuliers, entre l'engagement, & la vente à faculté de rachat est, que la faculté de rachat peut estre prescrite & limitée à certain temps, ce qui ne peut estre en la restitution de l'engagement, auquel la clause commissoire, ni la prescription ne peuuent auoir lieu, pour transferer en quelque temps que ce soit, au creancier la seigneurie incommutable de la chose engagée: & que cette difference ne peut auoir lieu au domaine du Roy, qui de sa nature ne peut endurer l'alienation incommutable & expropriation parfaicte: cela est cause que vulgairement nous appellons la vente du domaine à faculté de rachat du nom d'engagement:

26 Pourquoy est appellée engagement.

& aussi que nous tenons, qu'elle ne transfere pas vne pure proprieté à l'acheteur, ains seulement vne maniere d'vsufruict, qui finit par le rachat, tout ainsi que le vray vsufruict par la mort. Car le terme d'vsufruict impropre s'estend bien loin, comme il a esté dict au 10. chap. du 1. liure.

27 Appanage transfere les droicts honorifiques, mais l'engagement non.

C'est pourquoy, comme ainsi soit que seulement ce qui consiste en fruict & commodité appartient à l'vsufruictier, & non ce qui consiste en pur honneur, separé du profit, ainsi que discourt fort bien du Moulin, sur l'art. 1. de la coust. gl. 1. nomb. 14. il faut remarquer que l'appanage important la proprieté de l'heritage, quoy que suiect à reuersion, transfere les droicts honorifiques, aussi bien que les profitables: mais l'engagement ne produisant qu'vne espece d'vsufruict, ne transfere que les droicts vtiles, & non les honorables, entant qu'ils peuuent estre separez des profits.

28 Quatre prerogatiues de l'appanage par dessus l'engagemét.

De cette consideration dépendent & procedent quatre notables differences entre les appanages & les engagemens. La premiere, & plus importante est, que l'appanagé, comme vray seigneur & proprietaire, se peut tiltrer & qualifier Pair, Duc, ou Comte de la Pairie, Duché, ou Comté à luy baillé en appanage, & en consequence peut ioüir de tous les droicts, & prerogatiues d'honneur, qui appartiennent aux Pairs, Ducs & Comtes, specifiées au liure *Des Seigneuries*:

29 Appanagé porte le tiltre de la seigneurie, & iouït des droicts d'icelle.

mais non l'acquereur par engagement, qui ne se peut qualifier Duc ni Comte, ni mesme Seigneur haut iusticier (car c'est le Roy qui demeure le vray proprietaire & Seigneur du domaine engagé) & non pas mesme Duc, ou Comte par engagement: mais seulement il se peut qualifier Seigneur par engagement de domaine, de tel Duché Comté, ou autre Seigneurie, & par consequent il ne peut iouir d'aucune prerogatiue honoraire des Ducs, ou Comtes, mesmement il ne peut pas iouïr tout à fait de celles des simples Seigneurs haut iusticiers, tesmoin ce bel arrest du 5. Iuillet 1554. rapporté par Bacquet au 3. liu. chap. 20. par lequel la Cour trouua mauuais, que l'acquereur par engagement d'vne haute iustice eust faict mettre ses litres, & ceintures funebres à la paroisse d'icelle: & voila la premiere difference qui concerne l'honneur.

30 Mais non l'acheteur à faculté de rachat.

31 Appanagé exerce les actes feodaux.

La seconde difference concerne le pouuoir, & que les appanagez peuuent eux mesmes receuoir les hommages des vassaux releuans de leur appanage, les faire saisir en leur nom seul, leur donner souffrance & main leuée, mesme receuoir leurs adueus: bref faire comme vrais Seigneurs tout exercice des droicts feodaux, tant vtiles que honoraires, sauf neantmoins que par la mesme ordonnance du domaine ils sont chargez d'enuoyer chacun an en la Chambre des Comtes du Roy les doubles des receptions de foy, & adueus par eux receus: ce qui n'est pas ordonné pour retrancher leur pouuoir, ains pour conseruer les droicts du Roy.

32 Et non l'acheteur à faculté de rachat.

Mais par cette mesme Ordonnance il est porté, qu'és ventes à faculté de rachat, la reception des hommages, & par consequent tout l'exercice des droicts feodaux, demeure au Roy & à ses Officiers: tout ainsi qu'és seigneuries patrimoniales, ils appartiennent au proprietaire, & non à l'vsufruictier: comme resout du Moulin sur l'art. 1. de la coust. gl. 1. & a esté decidé par nostre coustume reformée art. 2. Ce que ie ne m'amuseray d'approfondir dauantage, pource qu'il ne concerne nostre matiere.

Mais

Mais les deux autres differences qui restent, y appartiennent directement, lesquelles ie mesleray ensemble, pource qu'elles dépendent l'vne de l'autre, à sçauoir qu'és engagemens, ou terres venduës à faculté de rachat, la iustice s'exerce au nom du Roy seul, & ainsi s'obserue notoirement par tout: & ay veu donner vn arrest, portant défenses d'en vser autrement: & aussi en ces mesmes terres les Offices de la iustice demeurent en la libre collation du Roy, & n'y ont regulierement les acquereurs aucun droict de nomination, sinon qu'elle leur ait esté nommément venduë, & encor en ce cas n'ont-ils que la nomination des Offices disertement specifiez en l'éualuation, qu'on a coustume de faire lors de ces engagemens: pource qu'en matiere odieuse, il n'y a au marché que ce qu'on y met, & ne laisse le Roy d'y créer nouueaux Offices, ores que preiudiciables aux contenus en cette éualüation, sans qu'il soit tenu dédommager les acquereurs, ainsi qu'il s'est veu és Lieutenans, Assesseurs, & és Commissaires examinateurs de nouueau créez en toutes les iustices Royales; mesmement si entre les Offices compris en l'éualüation, il y en auoit de suiects à suppression par ordonnances precedentes, l'acquereur n'en peut empescher la suppression, comme il a esté iugé au Conseil priué, en l'an 1599. touchant l'Office de Lieutenant particulier de Dreux. Car cette nomination est tellement odieuse à leur esgard, que mesmement elle a esté abolie par l'Ord. de Blois, art. 333. article qui toutesfois n'est pas obserué à la rigueur.

33 Iustice engagée s'exerce au nom du Roy seul.

34 Et les Offices sont en la libre prouision du Roy, sinon &c.

Mais és terres d'appanage, dot, ou doüaire, la iustice ordinaire estoit anciennement exercée entierement sous le nom des Appanagez, ou des Roynes, tout ainsi qu'és terres des Seigneurs vassaux de la couronne. Vray est que lors de la concession des appanages, le Roy pour exercer à part sa iustice des cas Royaux, retenoit volontiers quelque petit endroit, soit dans la capitale ville de l'appanage, comme à Tours, le lieu de Chasteau-neuf, lors de l'appanage baillé par le Roy Charles V. à Monseigneur Louys son fils: soit en quelque bourgade d'iceluy, comme Lorrys & Montargis és appanages d'Orleans: & de là ont esté dictes les coustumes de Lorris, & de Montargis, pource que la redaction de la coustume, estant vn cas Royal, ne pouuoit estre faicte à Orleans, lors qu'il estoit possedé par appanage.

35 Iustice des appanages estoit iadis exercée sous le nom de l'appanagé.

36 Sauf pour les cas Royaux.

Et le Iuge Royal qui auoit la cognoissance des cas Royaux, s'appelloit quelquesfois Bailly, notamment és lieux où le Iuge ordinaire de l'Appanagé s'appelloit Seneschal, comme à Tours: quelquesfois Iuge des exempts, à sçauoir és coustumes, qui admettent l'exemption par appel, comme en Anjou. De sorte que y ayant souuent deux diuerses iustices en vne mesme ville, l'vne Royale, l'autre ordinaire, Dieu sçait combien de brouilleries, de factions, & de diuisions, voire de seditions cela y apportoit parmy le pauure peuple, qui estoit comme vne gauffre entre deux fers.

37 Iuges des cas Royaux.

Neantmoins cet vsage a duré iusques au Roy Charles IX. qui concedant les appanages à Messieurs ses freres en l'an 1566. auoit ordonné, selon l'ancienne obseruance, que les iurisdictions des cas Royaux, & de l'ordinaire seroient separées & distinguées, ainsi qu'elles auoient esté aux appanages precedens: mais sur les remonstrances faictes tant par le peuple d'Angers, que par les Officiers Royaux, qui auoient acheté leurs Offices, attendu mesme l'vnion des Iuges Presidiaux auec ceux du Bailliage, le Roy feist vne declaration fort salutaire à la France, en l'an 1568. par laquelle du consentement de Monsieur son frere, il ordonna que la iustice du Bailliage & siege Presidial d'Angers demeureroit entiere, comme elle estoit lors de la concession de l'appanage, & qu'elle seroit exercée en son nom, & de Monsieur son frere conioinctement, & que vacation aduenant, les Offices de l'ordinaire seroient nommez par sondit frere, & par luy pourueus. Expedient certes tresbeau, auquel l'vn & l'autre gaignoit, pource que l'appanage auoit l'émolument des cas Royaux, dont les Iuges par luy nommez cognoissent, & la iustice demeurant tousiours Royale, le Roy retenoit dauantage son auctorité en l'appanage, où cette marque bien signalée demouroit pour le distinguer d'auec vne Seigneurie patrimoniale. C'est pourquoy ie ne doute point que le mesme ne

38 Comment cela est changé.

39 A present les iustices d'appanage sont exercées au nom du Roy, & de l'Appanagé conioinctement.

soit obserué à l'aduenir aux appanages, qui seront concedez cy apres, au moins a-il tousiours depuis esté obserué és doüaires des Roynes.

40 Officiers ordinaires du domaine aliené demeurent Royaux, & pourquoy.

Pour donc parler du droict, & de la nature des Offices ordinaires des Appanages, & des engagémens, qui est le vray suiect de ce chapitre, desquels la nomination appartient aux Seigneurs, comme c'est l'ordinaire à present, nonobstant l'Ord. de Blois, ie dy derechef, que comme toutes les terres, soit baillées en appanage, ou engagées, demeurent domaniales, aussi ces Offices demeurent Royaux; attendu qu'ils sont possedez en vertu des prouisions du Roy, & aussi qu'ils sont exercez au nom du Roy: n'estant à considerer, que le seigneur y nomme qui bon luy semble, pource que par apres il faut venir au Roy, pour prendre tiltre de luy, au moyen duquel, c'est sans doute qu'on deuient son Officier: voire mesme les Lieutenans des Bailiages du domaine aliené (dont il y en a maintenant autant que d'autres) ont droict de se qualifier Conseillers du Roy, ainsi que ceux qui sont pleinement pourueus par sa Maiesté.

41 Et sont reglez en tout comme les purs Offices Royaux.

Aussi ont-ils toutes les prerogatiues des Officiers Royaux, comme la seance sur les fleurs de lis au Parlement, & le pouuoir des cas Royaux; ce que n'ont pas les Officiers des Seigneurs. Et se peut dire que generalement & sans exception aucune, ces Offices ont vn mesme droict, & se gouuernent par les mesmes regles & maximes, que les Offices absolument Royaux, fors seulement en ce qui dépend de la disposition d'iceux.

42 Sont perpetuels, & non destituables.

Encor à ce regard faut-il tenir qu'ils ne sont point restituables, comme ont esté tenus iusques icy, regulierement, & selon leur antique nature, les Offices des Seigneurs, ains ceux-cy sont compris en l'Ord. de Louys XI. qui a rendu perpetuels tous les Offices Royaux: ce qui est notoirement pratiqué: aussi n'y auroit-il aucune apparence, qu'vn Seigneur peust abolir & aneantir la prouision du Roy.

43 Sont resignables comme les purs Royaux.

Pareillement ie tien que la resignation de ces Offices ne peut estre refusée, tout ainsi que le Roy ne la refuse point és Offices, dont il ha la prouision: de sorte que cet ordre & police ayant esté estably par sa Maiesté au commerce de ses Offices, depuis l'introduction des parties casuelles, il est bien raisonnable de le garder par les détenteurs de son domaine, qui vsent de mesme commerce & venalité, n'y ayant apparence qu'ils ayent en cela plus de priuilege que le Roy: ioinct les autres raisons, qui seront cy apres deduites en traictant de la resignation des Offices des Seigneurs. Dont i'excepte toutesfois ceux qui ont esté pourueus gratuitement de ces Offices, qui ne les peuuent resigner sans le consentement du Seigneur du domaine aliené, comme il est ordonné aux Offices Royaux par l'article 116. de l'Ordonnance de Blois: duquel il se tire vn bon argument à sens contraire, que ceux qui ont acheté leurs Offices, ne doiuent estre empeschez de les resigner.

44 Si c'est au Roy, ou aux seigneurs d'en admettre la resignation.

45 Explicatiō d'vne Ordonnance.

Mais on reprend la question de plus loin. Car on demande si c'est aux Seigneurs du domaine aliené, à admettre cette resignation; ou bien si le Roy la peut admettre de plein droict, *spreto patrono*, & sans qu'il soit besoin, en ce cas, de la nomination du Seigneur. Et combien que cela semble decidé par vne Ord. du Roy Charles IX. de l'an 1569. contenant ces mots, *Permettons à nos Officiers de iudicature, de pouuoir resigner leurs Offices en nos mains, & non d'autres, sans que les Princes, & autres iouissans de nostre domaine, puissent admettre les resignations, sur peine de nullité, de ce qui sera par eux faict.* Ce neantmoins il faut considerer que cette Ordonnance fut faicte auant que la venalité des Offices de iudicature fust encor bien establie. Car de ce temps là le Roy seul en tiroit quelque finance par forme de prest, pour le secours des guerres, lors ayans cours: mais on ne permettoit pas aux Seigneurs du domaine aliené, ni autres d'en faire de mesme: & de faict les Offices de iudicature ne furent compris en tous les Edicts qui furent faits en ce mesme temps pour les resignations & suruiuances. De sorte que cette Ordonnance ayant declaré necessaire l'admission de la resignation des Offices de iudicature, en consequence de ce simple prest qui s'en faisoit au Roy, & neantmoins cette admission estant gratuite, le Roy ne faisoit pas grand tort aux seigneurs,

de

de l'admettre directement: tout ainsi que du Moulin resout sur la regle, *De infir. resignant.* que la permutation du benefice estant en patronage Ecclesiastique, peut estre admise directement *spreto patrono*, non seulement par le Pape, mais aussi par le collateur ordinaire, ce qui toutesfois n'a esté auctorisé par l'vsage.

C'est pourquoy l'vsage estant changé touchant la venalité publique des Offices de iudicature, cette Ordonnance par consequent s'est trouuée rude, & n'a plus esté pratiquée: pource mesme que quand le Seigneur n'auroit droict de prendre finance, pour admettre la resignation; si est-ce qu'on luy feroit tort de mettre vn Officier en sa terre, qui n'eust point de nomination, ni autre marque d'approbation de luy. Aussi est-ce la verité que cette Ordonnance fut faicte en temps de troubles, à fin que le Roy peust tirer quelque argent de l'admission de ces resignations, desquelles les seigneurs n'auoient accoustumé de rien prendre. Aussi n'a-elle iamais esté obseruée aux terres d'appanage, dot ou doüaire: ains on y a tousiours obserué de prendre nomination des Princes en la resignation, aussi bien qu'en toute vacation. 46 Resolutiō que c'est à present aux Appanagez.

Mais aux ventes à faculté de rachat, il y a bien plus de difficulté, pource qu'en effect cette admission de resignation ne doit point estre reputée pour vn droict fructueux, ains simplement honorifique: attendu qu'à bien entendre, elle doit estre, & necessaire, & gratuite aussi, selon son ancienne nature, comme ie prouueray plus amplement au liure suiuant. C'est pourquoy il semble qu'elle n'appartient qu'au Roy à l'exclusion des acquereurs de son domaine, qui n'ont pas les droicts honorifiques, comme il vient d'estre dict. Et ne sert de dire que la resignation estant vne espece de vacation, ils doiuent auoir leur nomination au cas d'icelle, ainsi qu'és autres vacations. Car il est certain qu'en matieres odieuses, comme pour exemple aux suppressions, ordonnées vacation aduenant, la resignation n'est comprise soubs le nom indefiny de vacation, qui en telles matieres ne s'entend que de la vacation parfaicte, par laquelle la disposition de l'Office reuient librement & pleinement au collateur, comme en la vacation par mort, forfaicture, ou resignation absoluë, & non faicte en faueur d'autruy, qui ne se fait gueres aux Offices, & non pas de la vacation imparfaicte, à laquelle le collateur accommode seulement son auctorité, sans auoir la disposition de l'Office, comme est celle de la resignation *in fauorem*, en laquelle les Canonistes disent, que *collator habet manus ligatas*. 47 Quid és engagemens. 48 Semble que ce deuroit estre au Roy seul.

De cette consideration dépend, à mon aduis, la decision d'vne autre question encor plus importante: supposé qu'il faille en cas de resignation prendre nomination des Seigneurs iouïssans du domaine aliené, comme pour plus grande seureté on la leur demande ordinairement, sçauoir si ces Seigneurs là peuuent refuser, si on ne leur paye quelque finance, tout ainsi que faict à present le Roy indistinctement en tous les Offices qui sont en sa pleine prouision. Attendu que la mesme Ordonnance, qui introduit la finance des resignations, qui est du mesme Roy Charles IX. en l'an 1567. porte ces mots, *Ne pourront les Princes & autres personnes, qui iouissent de nostre domaine, auec permission de nommer aux Offices ordinaires, ou extraordinaires, prendre aucune chose aux resignations, ni se preualoir des deniers qui en prouiendront.* 49 Si les Seigneurs du domaine aliené peuuent prendre finance des resignations.

Toutesfois cette ordonnance à succession de temps, & à mesure que la venalité des Offices de iudicature s'est establie tout à faict, s'est trouuée aussi rude que l'autre, comme estant pareillement faicte pendant les guerres, & necessitez du Roy, ainsi qu'il est mesmement porté par icelle: & en effect n'estant pas faicte (ainsi qu'il pourroit sembler) pour descharger les resignataires de ces Offices, de payer finance pour leur resignation, ainsi que faisoient deslors les Officiers Royaux; mais pour attribuer cette finance au Roy, afin d'estre employée en ses guerres, & en priuer les seigneurs du domaine aliené. Et partant ainsi que l'autre elle n'a gueres esté obseruée aux appanages, dots & doüaires. Et mesme à l'esgard des ventes à faculté de rachat, la bonté du Roy, & le credit des grands seigneurs iouïssans du domaine aliené, a emporté presque tousiours ces deux poincts, & de bailler leur nomination à la resignation des Offices de leurs terres, & d'en 50 Explication d'vne autre Ordonnance. 51 Resolution que c'est aux Seigneurs d'admettre les resignations, & qu'ils en peuuent prendre finance.

prendre la finance, ainsi que le Roy faict és Offices de sa libre collation : de sorte qu'à present c'est comme vn droict certain, & estably.

52 Comment elle doit estre taxée. C'est pourquoy à leur esgard il y a bien de la difficulté en la taxe de cette finance. Car à l'esgard du Roy elle est faicte par Messieurs du Conseil des finances, qui sont personnages de grande qualité & merite, qui en doiuent ordonner & iuger en leur conscience, non pour la hausser au profict du Roy, ainsi qu'vn seruiteur fait le profit de son maistre : ains comme estans à ce regard establis Iuges entre le Roy & ses Officiers, attendu que le Roy ne peut estre iugé que par ses propres Iuges.

53 Tyrannie d'aucuns Seigneurs en cette taxe. Mais les Princes & Seigneurs, qui tiennent le domaine engagé, en veulent ordonner à leur volonté, & s'imaginans qu'il leur est loisible d'en tirer le plus qu'ils pourront ; ils tiennent bien souuent telle cruauté à vn pauure Officier, lors qu'ils le voyent pressé de resigner, soit par maladie, vieillesse, pauureté, ou pour paruenir à plus grande charge, ou pour estre attiré par ses affaires en vn autre païs, qu'ils luy font presque acheter encor vne fois son Office : principalement quand ils recognoissent qu'il est pressé de vieillesse, ou de maladie, ils luy tiennent la rigueur tout expres, afin que pendant qu'il s'amuse à marchander sa resignation, l'Office vienne à vaquer tout à faict par sa mort.

54 Reprouuée. Ce qui n'est nullement raisonnable. Car nul ne doit estre Iuge en sa propre cause, & faut qu'il y ait raison & ordre par tout. Neantmoins il n'y en a encor aucun estably en cet affaire, bien qu'elle soit fort importante à present, que les Offices sont venus à si haut prix, & en vn commerce si ordinaire, qu'ils constituent vne nouuelle espece de biens.

55 Remede. Il seroit donc bien à propos de mettre vn taux certain, qui pourroit, aux resignations, tant de ces Offices, que de ceux qui sont en la libre collation du Roy, à ce que, comme dit Aristote, on ne laisse point à l'arbitrage variable des hommes ce qui peut estre nettement terminé par la loy : & principalement en ces Offices du domaine alienė, afin que les pauures Officiers ne dépendent plus de la tyrannie d'aucuns Seigneurs affamez, qui comme les corbeaux abbayent la charongne.

56 Du taux de cette finance. Or ce taux ne peut estre commodément pris sur le pied de la valeur des Offices, d'autant qu'elle est du tout incertaine, & qu'il faut qu'il soit certain, si faire se peut, afin que l'Officier estant pressé de resigner, puisse faire offres liquides, par le moyen desquelles il puisse promptement asseurer son Office en cas de debat. Et quand la valeur des Offices seroit certaine, c'est encor vne grande difficulté, quelle quotte part d'icelle deuroit estre payée pour admettre la resignation. Car encor que vulgairement on tienne que c'est le quart denier, si est-ce qu'il n'y a point d'ordonnance qui l'ait ainsi déterminé, comme i'ay dit au 3. chap. du liu. precedent, où i'ay mis au long mon aduis touchant la liquidation de ce taux.

57 Qu'il ne doit monter au quart denier. Et ne sert de dire que par l'Edict moderne du droict annuel ce droict semble arresté au quart denier. Car c'est en consideration de la grace, que le Roy fait à ceux qui payent le droict annuel, qu'il charge de plus grande rigueur ceux qui mesprisent son benefice. Mais puis que cet Edict ne concerne les Seigneurs iouïssans du domaine alienė, & qu'ils ne font pas la mesme grace aux Officiers par eux nommez, que le Roy fait aux siens, il n'est pas raisonnable, que leurs Officiers portent la mesme sur-charge.

58 Comment se doit gouuerner l'Officier pressé de resigner l'Office domanial. Or d'autant que cela dépend du Roy, d'en faire vn bon reglement, quand il luy plaira, ie dy cependant, que si l'Officier qui est hasté de resigner, trouue son Seigneur inexorable, il luy doit presenter requeste par escrit, à ce qu'il luy plaise admettre sa resignation, moyennant l'offre qu'il luy fera d'vne certaine somme de deniers, sinon telle taxe qui sera arbitrée par gens à ce cognoissans, ainsi qu'il se faict és reliefs des fiefs, l'inuention de laquelle requeste nous est donnée en la loy 13. *De prox. sacrorum scriniorum*, cy-deuant interpretée au chapitre 3. de ce liure.

59 De mesme. Que si le Seigneur ne vouloit respondre promptement cette requeste, il l'en faudroit faire sommer par vn Notaire, ou Sergent. Ce qu'estant faict, ou mesme vne

vne simple sommation, sans requeste prealable, qui ne sert que pour ciuilité & honnesteté, i'estime que l'Office ne peut plus vaquer par mort: pourueu que le resignant viue quarante iours apres cette sommation, & qu'il poursuiue en iustice le Seigneur à ce qu'il soit condamné admettre sa resignation.

Ou bien pour auoir plustost fait, apres cette sommation faut presenter sa requeste au Roy & son Conseil, à ce qu'il luy plaise taxer la finance de la resignation, & la taxe estant faite & offerte au Seigneur, demander finalement que la resignation soit admise directement par sa Majesté, sans nomination du Seigneur, attendu son refus d'icelle bailler: & en ce faisant, qu'il soit expedié lettres de prouision au resignataire, à la charge neantmoins de consigner la taxe dans huitaine és mains du Receueur des consignations. Et en ce cas, ie tien pour certain, que les quarante iours doiuent commencer à courir du iour de la premiere sommation, pource qu'il n'est raisonnable que la demeure & protelation du Seigneur luy soit profitable, & nuisible à l'Officier, qui s'est mis en son deuoir de luy faire offres pertinentes. 60 De mesme, & meilleur.

Car mesme on tient communément au Palais, que les quarante iours n'ont point de lieu aux Offices du domaine aliené, principalement en ceux de iudicature, de sorte que deslors que la nomination d'iceux est donnée par le Seigneur, ils ne peuuent plus vaquer par mort: ce que pourtant ie ne tien pas pour veritable, tant à cause de la regle generale, que ie vien de poser, que ces Offices doiuent estre reglez en tout & par tout, comme ceux qui sont en la libre disposition du Roy: que principalement à cause que si les quarante iours n'auoient lieu en iceux; ains qu'vn homme estant en l'agonie de la mort les peust valablement resigner, ils seroient quasi hereditaires: & par ainsi les Seigneurs seroient presque entierement frustrez d'en tirer aucun profit, ioint que cela seroit contre la raison de droit, en la loy *Filiæ meæ emancipatæ. D. Soluto matrim.* & de nos coustumes, qui reprouuent les donations faites par personnes malades de la maladie dont elles decedent par apres, comme ie diray plus amplement au liure suiuant, en traitant de la resignation des Offices des Seigneurs. 61 Si les 40. iours ont lieu en ces Offices.

Et combien que le vingt-quatriesme Ianuier, mil six cens deux, il y ait eu arrest donné en l'audience, au profit de M. Paul Hagart, resignataire de Maistre Claude le Begue, son ayeul, par lequel il a esté ordonné qu'il seroit receu en l'Office de Lieutenant general de Vierzon, appartenant par engagement à Monsieur le Prince de Ioinuille, nonobstant l'opposition du pourueu par mort, combien que le resignant n'eust vescu que trente & vn iour apres la resignation admise, & nomination de Monsieur de Ioinuille, expediée sur icelle, si est-ce que cet arrest, tres-iuste certes & tres-sainct, ne porte pas à la these, & ne s'en peut tirer vne consequence & maxime generale, qu'és Offices du domaine aliené les quarante iours n'ayent point de lieu. Estant fondé sur certaines considerations & rencontres de l'hypothese particuliere, du tout concluantes, à sçauoir que le resignataire estoit petit fils du resignant, qui auoit honorablement exercé l'Office par l'espace de cinquante ans, & sur tout, qui auoit passé sa procuration pour resigner estant en pleine santé, & presenté icelle plus de trois mois auparauant son deceds, au conseil de mondit sieur le Prince de Ioinuille, qui à dessein en auoit protelé & differé l'expedition, afin d'attendre la mort du resignant, lors aagé de plus de quatre vingts ans. 62 Response à l'arrest du Lieutenant de Vierzon.

Or en telles rencontres, principalement és resignations fauorables, comme de pere à fils, & encor d'Offices de iudicature, c'est de tout temps, que le Parlement, mesme contre le Roy, n'a point eu d'égard aux quarante iours: qui à la verité ne sont introduits par aucune Ordonnance, ni arrest ou reglement general, ains seulement ont esté mis en vsage par le styl de la Chancelerie: c'est pourquoy la Cour a souuent vsé de cette auctorité de passer par dessus, quand il y a eu de grandes circonstances d'équité. 63 La Cour a souuent dérogé aux 40. iours.

Dont i'infere, que si le Seigneur du domaine aliené, en admettant la resignation, deliure sa nomination pure & simple au resignataire, sans y mettre la clause des quarante iours, que l'Office ne vaque plus par mort, ores que le resi- 64 Nomination pure & simple n'est sujette aux 40. iours.

gnant ne viue tant, comme au douziesme chapitre du premier liure il a esté dit du Roy, qui a deliuré sa prouision sans cette clause ; & quand mesme en l'Office du domaine alienè, la prouision du Roy expediée sur la nomination du Seigneur non conditionnée à cette clause, porteroit cette mesme condition de suruiure les quarante iours, suyuant le styl commun : neantmoins on tient, qu'en ce cas telle condition n'a aucun effect, pource que le Roy n'a point d'interest en la vacation par mort de l'Office : & ainsi fut iugé en l'audience du Parlement, le 10. Auril 1579. pour le Lieutenant de Sainct Lo, comme rapportent Charondas, Guenois & Chenu.

65 Le Roy n'en peut dispenser au preiudice des Seigneurs.

A l'opposite, le Roy n'a pas accoustumé de donner dispense des quarante iours ès Offices du domaine alienè, comme aussi il semble qu'il ne seroit pas de iustice qu'il le feist au preiudice des Seigneurs. Car ce seroit les frustrer de leur droit par vne voye oblique. Dont resulte à plus forte raison, que l'Edict moderne de la Paulette, contenant la dispense generale des quarante iours, en payant annuellement le soixantiesme denier du prix de l'Office, ne peut auoir lieu contre le gré & volonté des Seigneurs, ès Offices du domaine alienè, qui aussi sont par exprés exceptez en iceluy, attendu que le Roy ayant alienè la disposition de ces Offices, il n'y a nulle apparence, qu'il peust prendre vne rente annuelle sur iceux, pour les rendre hereditaires au dommage des Seigneurs.

FIN DV QVATRIESME LIVRE.

SOMMAIRE DV PREMIER CHAPITRE DV CINQVIESME ET DERNIER LIVRE.

1 *Il n'y doit auoir Officiers que du Roy.*
2 *Cõment le contraire s'est fait en France.*
3 *Quand, & comment les Ducs & Comtes se sont faits proprietaires.*
4 *Par le moyen de l'infeodation.*
5 *Ne se sont faits proprietaires de la charge des armes.*
6 *Autremẽt ce seroit cantõner le Royaume.*
7 *Hommage n'empesche la souueraineté.*
8 *Ducs & Cõtes ont esté presque souuerains.*
9 *Comment en ont esté punis.*
10 *Ducs & Comtes d'à present.*
11 *N'ont aucunemẽt la puissance des armes.*
12 *Quel pouuoir ont leurs Capitaines.*
13 *Sont plustost Concierges, que Capitaines.*
14 *Domestiques des Seigneurs, comment doiuent estre qualifiez.*
15 *Seigneurs entreprenoient d'auoir de grands Officiers.*
16 *A qui appartiẽt auoir de grands Officiers.*
17 *Domestiques d'autres que du Roy, ne sont Officiers publics.*
18 *Seigneurs ne peuuent auoir Officiers de finance.*
19 *Finance, que signifie.*
20 *Faut appeller Argentiers ceux qui manient le reuenu des grands Seigneurs.*
21 *Ne sont Officiers publics.*
22 *Chambres des Comtes, & Iustices des Forests des Princes.*
23 *Seigneurs n'ont Officiers publics, que ceux de Iustice.*
24 *Qu'encor cela est abusif.*
25 *De mesme.*
26 *De mesme encor.*
27 *D'où en est venu l'abus.*
28 *Inconueniens qui en viennent.*
29 *Remede.*
30 *Magistrats deuroient estre nommez par les Seigneurs, & pourueus par le Roy.*
31 *Pourquoy nommez par les Seigneurs.*
32 *Pourquoy pourueus par le Roy.*
33 *Exemple bien formel.*
34 *Que les Seigneurs y gaigneroient.*
35 *Et n'y perdroient rien.*
36 *Du droit des Offices des Seigneurs, tels qu'ils sont à present.*
37 *De l'honneur d'iceux.*
38 *De leur pouuoir.*
39 *Qu'ils sont vrais Magistrats.*
40 *Pourquoy cela est trouué estrange.*
41 *Qu'ils ne sont pas commis, ains Officiers par soy.*
42 *Comme anciennement.*
43 *Le Seigneur ne seroit admis à present à exercer luy-mesme sa iustice.*
44 *Pourquoy les Seigneurs plaident en leur iustice, soubs le nom de leur Procureur.*
45 *Seigneurs ne doiuent assister à leurs plaids.*
46 *Pairs de France sont seuls demeurez Officiers.*
47 *Les Seigneurs ne laissent d'auoir des honneurs dans leur distroit.*
48 *Iuges des Seigneurs sont vrais Officiers.*
49 *Et non pas commissionnaires.*
50 *Ministres de iustice peuuent estre pourueus par commission.*
51 *Quels Officiers le Roy peut mettre dans les terres des Seigneurs.*
52 *N'y doit mettre des Gouuerneurs qu'és frontieres, ou en temps de troubles.*
53 *Il y peut mettre tant d'Officiers de finance qu'il luy plaist.*
54 *Il n'y peut mettre d'Officiers de la iustice ordinaire.*
55 *Il n'y peut mettre de Iuges d'exempts, ou cas Royaux.*
56 *Mais les cas Royaux doiuent estre iugez au siege Royal superieur.*
57 *Il n'y peut mettre de Notaires, ni Tabellions Royaux.*
58 *Preuue.*
59 *Sergens Royaux, quand peuuent demeurer és terres des Seigneurs.*
60 *Mais ne doiuent executer les mandemens des iustices subalternes.*
61 *Nonobstant qu'ils ayent ampliation.*
62 *Neantmoins leurs exploicts ne sont nuls.*
63 *Mais sont amendables par le Iuge subalterne, en cas de distraction de ressort.*

DV DROICT DES OFFICES,

LIVRE CINQVIESME ET DERNIER.

TRAICTANT DES OFFICES DES SEIGNEVRS.

QVELS OFFICES LES SEIGNEVRS PEVVENT AVOIR.

CHAPITRE PREMIER.

1 Il n'y doit auoir Officiers que du Roy.

PVISQVE la puissance publique des Officiers est vn esclat, rayon, ou influence de la puissance souueraine & vniuerselle du Monarque, auquel seul par consequent il appartient d'en faire part, & de la conferer & attribuer à ceux qu'il choisit & establit pour ses Officiers : il s'ensuit bien, que selon la droite raison il ne deuroit y auoir autres Officiers que les siens; & que si les Seigneurs particuliers en ont quelques-vns, c'est par priuilege, abus, ou autrement contre le droit commun.

2 Cõment le contraire s'est fait en France.

Expliquons donc comment cela est aduenu en ce Royaume, où il est certain qu'il a pris son commencement : & de ce Royaume, comme du plus noble & ancien de tous ceux de la Chrestienté, il s'est espandu aux autres. A ceste fin il faut reuenir à la distinction des trois sortes d'Officiers, qui sont en vn Estat, à sçauoir des armes, de la iustice, & des finances : dont anciennement en ce Royaume, comme en tous les anciens Estats, les charges & funćtions estoient iointes & confuses ensemble, és personnes des principaux Officiers, notamment des Ducs & des Comtes, qui, tout ainsi que les Recteurs ou Gouuerneurs des Prouinces Romaines, auoient la charge des armes, de la iustice, & des finances : au lieu qu'à present ces trois funćtions sont separées, y ayant par tout des Gouuerneurs à part, des Iuges à part, & des Officiers de finance à part.

3 Quãd, & cõment les Ducs & Comtes se sont faits proprietaires.

Donques ces anciens Ducs & Comtes, iouïssans de ces trois funćtions ensemble, tascherent non seulement de les rendre toutes trois propres à leurs Offices, en consequence de l'absurdité du droit Romain, qui declare les charges des Offices propres aux Officiers : mais aussi de rendre leurs Offices propres à eux, & à leur famille à perpetuité. Ce qu'ils trouuerent en fin moyen d'accomplir, lors des deux mutations de race de nos Roys, esquelles, comme le Maire du Palais, qui estoit le Duc des Ducs, & le premier Officier de France, de simple Officier qu'il estoit, se feist Seigneur & proprietaire du Royaume, aussi eux, qui estoient soubs luy, se feirent, à son exemple, proprietaires de leurs Offices, voire Seigneurs de leur distroit, prouince & canton.

4 Par le moyẽ de l'infeodation.

Principalement à l'egard des charges des finances, & de la iustice, desquelles ils s'asseurerent la proprieté par vn moyen, dont aux anciennes Republiques on n'auoit onq ouy parler, à sçauoir par l'infeodation. Car pour le regard des finances, au lieu qu'ils estoient Receueurs comptables du domaine de leur distroit (qui lors estoit le seul reuenu ordinaire du Roy) ils s'en feirent Receueurs sans rendre compte, & pour eux mesme, se l'estant fait donner par le nouueau Roy en fief : & quant à la iustice, voulans pareillement s'approprier d'icelle, auec les profits & émolumens qui en prouiennent, ils se la feirent aussi conceder en fief, le tout soubs le titre de leur Office, qui fut partant changé & conuerti en Seigneurie, y ayant cette difference entre la Seigneurie & l'Office, que le Seigneur ha la proprieté de sa charge, & l'Officier n'en a que l'exercice.

Mais quant à la charge des armes, bien que ce fust la plus noble partie de leur ancien Office, si est-ce qu'elle ne leur fut iamais concedée en fief, ni reduite en Seigneurie, comme les deux autres. Aussi la proprieté d'icelle n'est-elle pas separable de la souueraineté, ni transferable aux particuliers. Au contraire, elle a tousiours esté reseruée, du moins taisiblement par la clause ordinaire des inuestitures feodales, *sauf nostre droit en autres choses, & l'autruy en toutes* : clause qui par la nature des fiefs, & à cause du styl commun des inuestitures, est tousiours sousentenduë, ores qu'elle ne soit exprimée, comme tiennent les Feudistes, & le prouue du Moulin sur l'art. 44. de la Coustume de Paris.

5 Ne se sont faits proprietaires de la charge des armes.

Autrement, ç'eust esté démembrer le Royaume, & le cantonner tout-à-fait, comme il est aduenu en l'Italie & l'Allemagne, où par le moyen de ce qu'on a permis aux Ducs & aux Comtes d'vsurper la proprieté du commandement des armes, ils ont en fin vsurpé la souueraineté, & se sont fait chacun son Estat à part. Et de verité, quād la force des armes demeure aux Ducs & aux Comtes, outre la proprieté de la iustice, & du domaine, il ne reste plus rien au Roy dans leurs Prouinces qui les retienne, & conserue au corps & en l'vnité de la Monarchie.

6 Autrement ce seroit cantonner le Royaume.

Car l'hommage de fief, qui n'est qu'vn baise-main, est de peu d'efficace pour maintenir la souueraineté : veu qu'il y a beaucoup de Princes & Seigneurs qui se disent souuerains : mesme aucuns qui portent titre de Roys, lesquels neantmoins doiuent hommage à d'autres plus grāds Seigneurs, comme i'ay prouué au 2. chapitre du liure *Des Seigneuries*. Et quant au ressort de la iustice, il est bien aisé à interuertir, quand la force des armes ne demeure pas au Souuerain, comme par exemple, il est maintenant du tout aneanti en Italie, & presque aboli entierement en Allemagne à ceste occasion.

7 Hommage n'empesche la souueraineté.

Et en France, par le moyen de ce qu'on laissa continuer aux anciens Ducs & Comtes l'exercice de la charge des armes en leur districit, depuis qu'ils eurent esté faits Seigneurs de la iustice, peu s'en a fallu, qu'ils n'ayent pareillement vsurpé la souueraineté, ainsi que ceux d'Italie & d'Allemagne : & de fait, il a esté prouué au second liure, qu'ils ont iouy long temps de tous les droits Royaux, voire iusques à porter couronne comme Roys, lesquelles ils ont encor retenuës en leurs armoiries. A quoy ils se maintenoient les vns les autres, & se prestoient espaule : de sorte qu'estans installez en ceste vsurpation, non seulement ils continuoient l'exercice de la charge des armes, comme simples Officiers, mais s'attribuoient les actes de souueraineté au fait d'icelle, comme de faire leuée de soldats de leur propre auctorité, de les faire viure sur le peuple, voire de faire la guerre sans congé du Roy : & si de ce temps-là les Roys eussent voulu entreprendre ce qui estoit de la proprieté du commandement des armes en leur distroit, comme de commettre d'autres Gouuerneurs au lieu d'eux, c'est chose bien certaine, qu'ils ne l'eussent pas souffert.

8 Ducs & Cōtes ont esté presque souuerains.

Bref, il fust aduenu sans doute le mesme en France qu'en Italie & Allemagne, si en la troisiesme race de nos Roys, il n'y en eust eu plusieurs, qui regnans long temps en paix, & venans de longue succession, ont en fin trouué moyen d'abolir toutes ces vsurpations : mesmement de reünir à leur couronne, par diuers & subtils moyens, presque tous ces grands Duchez & Comtez anciens : au lieu desquels ils en ont du depuis creé d'autres bien moindres, en puissance & en estenduë : s'estans bien gardez de leur donner, ou laisser empieter tant de pouuoir à beaucoup prés, comme ces anciens en auoient entrepris, ains ont reduit ces nouueaux au poinct de la raison. Et sur tout, pour empescher qu'à succession de temps ils feissent comme les premiers, ils ne leur ont rien ni concedé, ni laissé entreprendre en la charge des armes, qui aussi ne doit appartenir qu'au Roy seul en proprieté (estant inseparable de la couronne, comme le premier fleuron d'icelle, qui estant au hault du chapeau Royal, s'estend & espand par dessus tous les autres) & l'exercice d'icelle aux Officiers ordonnez par le Roy, chacun separément au fait de son Office, sous le nom & auctorité de sa Maiesté, ainsi que faisoient les anciens Ducs & Comtes, auparauant leur vsurpation.

9 Comment en ont esté punis.

10 Ducs & Comtes d'à present.

11 N'ont aucunement la puissance des armes.

Ains qui plus est, ils n'ont pas permis que ces nouueaux Ducs & Comtes eussent mesme le simple exercice des armes en leurs Duchez & Comtez, en qualité de simples Officiers, pour euiter qu'à succession de temps ils n'en entreprissent la proprieté, comme auoient fait les anciens, en confondant la qualité d'Officiers auec celle de Seigneurs. Dont s'ensuit la premiere & principale limitation de leur puissance, qui est que puis qu'ils n'ont eux-mesme aucun pouuoir public au fait des armes, à plus forte raison ils ne peuuent establir aucuns Officiers de cette sorte.

12 Quel pouuoir ont leurs Capitaines.

Et combien qu'ils entreprennent ordinairement de mettre des Capitaines dans leurs villes & chasteaux, qu'ils appelloient anciennement *Chastelains*, si est-ce que ce sont plustost cōcierges que Capitaines, ainsi que les vieux Romans nous font foy: & est certain qu'ils ne sont pas vrais Officiers, qui ayent aucune puissance publique, comme d'enuoyer des soldats en garnison, leuer des munitions, démolir des edifices nuisibles, iuger les prises de guerre, & faire autres actes de Gouuerneurs, ou vrais Capitaines; ains seulement peuuent defendre la maison du Seigneur en iuste guerre, & contre toute violence iniuste, comme vn particulier feroit la sienne, ou bien vn seruiteur domestique celle de son maistre, & pour cette iuste defense vser des moyens licites, selon l'occurrence de la necessité, auec plus de retenuë toutesfois, & moins de licence beaucoup, que les vrais Gouuerneurs, qui ont puissance publique, & le commandement legitime des armes, par la mission & concession du Prince souuerain. Ainsi le faut-il tenir, tant par droite raison, que pour la tranquilité du Royaume, & manutention de la souueraineté du Roy. Et est bien certain qu'en la Cour du Roy, & au Parlement, ces Concierges des Seigneurs, quoi qu'ils se qualifient Capitaines, ou Gouuerneurs, ne sont ni nommez, ni tenus pour tels.

13 Sōt plustost Concierges, que Capitaines.

14 Domestiques des Seigneurs, comment doiuent estre qualifiez.

Le mesme a lieu à l'égard des Officiers domestiques, ou pour mieux dire, seruiteurs de la maison des Seigneurs. Car combien qu'ils se facent appeller par le vulgaire Maistres d'Hostel, Controlleurs, Secretaires &c. bref qu'ils se titrent de tous les noms des Officiers de la maison du Roy, si est-ce que i'ay veu maintesfois en l'audience du Parlement, reprendre par Messieurs les gens du Roy les Aduocats, qui les qualifioient de ces titres, disans qu'ils n'appartenoient qu'aux Officiers domestiques de sa Majesté: & que ceux des Princes deuoient estre appellez dépensiers, & non pas Maistres d'Hostel, Clercs de cuisine, & non pas Controlleurs, Clercs d'estude, & non pas Secretaires: que si par les anciennes Ordonnances, il est defendu aux Ministres des Baillifs & Seneschaux, de se qualifier, ni Greffiers, ni Huissiers (estans ces titres reseruez à ceux du Parlement) mais seulement Clercs & Sergens: à plus forte raison le Roy doit auoir cette prerogatiue, que ses domestiques ayent leurs noms differens de ceux des Princes & Seigneurs de sa Cour: les domestiques du Roy estans presque en aussi grand rang, que ces Seigneurs de la Cour.

15 Seigneurs entreprenoiét d'auoir de grands Officiers.

Qui plus est anciennement, & lors que l'vsurpation estoit en vigueur, les grands Seigneurs de France entreprenoient d'auoir de grands Officiers, portans les titres des Officiers de la couronne, comme des Conestables, Chanceliers, Mareschaux, & autres semblables: dont il se trouue plusieurs remarques dans nos histoires, & iusques-là, que le Duc de Bourgongne auoit son Archichancelier, dit Paul Emile, ne se contentant du titre de Chancelier. Voire mesme les Abbez des plus notables Abbayes, voulurent auoir de tels Officiers à leur suite, qui estans laïcs & Gentilshommes, trouuerent moyen de rendre hereditaires leurs pretendus Offices, & les conuertirent en beaux fiefs, dont ils frustrerent Messieurs les Abbez, ainsi que les Officiers de la couronne cuiderent faire au mesme temps: de sorte que ces titres & qualitez de grands Officiers des Abbayes sont demeurées iusques à maintenant à plusieurs Seigneuries: comme entr'autres l'Abbaye de sainct Denis en France à des vassaux, qui portent tous ces titres des grands Offices.

16 A qui appartient auoir de grands Officiers.

Mais en ces derniers temps, depuis que nos Roys ont mieux sceu ménager & maintenir leur souueraineté, on n'a plus recognu pour Officiers publics, outre les leur, que les Officiers domestiques des Roynes, des enfans de France au premier degré, & du premier Prince du sang : encor selon aucuns, n'est-il permis d'auoir de grands Officiers, comme vn Chancelier, des Secretaires des commandemens, des Maistres des Requestes & autres semblables, qu'aux Roynes veufues, & au premier Prince du sang, quand il est fils de Roy seulement.

Voire mesme on peut dire que les Officiers domestiques des Roynes, enfans du Roy, & du premier Prince du sang, ne sont pas vrais Officiers qui ayent rang d'honneur estably, ni puissance publique, ne subsistans que par priuilege, & non de droict commun. Aussi sont-ils destituables à la volonté de leurs maistres, tout ainsi que les seruiteurs domestiques des particuliers: & leur Office (si ainsi le faut appeller) est esteint par la mort de leur maistre, comme la charge des Commissaires, ou Procureurs, sauf que les priuileges leur demeurent. 17 Domestiques d'autres que du Roy ne sont Officiers publics.

Voyla comme les Seigneurs ne peuuent auoir d'Officiers, des armes, ni de domestiques, qui en matiere d'Officiers du Roy, sont comptez auec ceux des armes : & quant à ceux de finance, il est aisé à entendre qu'ils sont encor moins capables d'en auoir. Car le terme de finance comprend seulement les deniers Royaux, & encor proprement & specialement, il ne signifie que ceux de l'Espargne du Roy, qui sont finez & retranchez de toutes les natures de deniers Royaux, pour seruir aux necessitez casuelles, & inopinées du Royaume, ne plus ne moins que le mot *ærarium* s'entendoit à Rome particulierement des deniers publics mis en thresor & reserue. 18 Seigneurs ne peuuent auoir Officiers de finance. 19 Finãce que signifie.

Aussi les financiers sont ceux qui ont la charge des deniers du Roy: mais le public n'ayant aucun interest au maniement & mesnagement des deniers, & reuenu des Seigneurs particuliers, il est aisé à comprendre que ceux qui les manient n'ont point de charge publique. Et ce qu'ils se qualifient Thresoriers, ainsi que ceux du Roy, est à faux tiltre, ainsi qu'il vient d'estre dict des domestiques, & les faut seulement appeller argentiers, *quemadmodum Romæ Argentarij dicebantur, qui pecunias singulorum administrabant.* Et quant à ceux qu'ils appellent Receueurs de leurs terres, soit comptables, soit fermiers, c'est vn nom qui ne porte point de Dignité : c'est pourquoy ils en peuuent bien vser sans enuie. 20 Faut appeller Argentiers ceux qui manient le reuenu des grands Seigneurs.

Quoy que ce soit, & ces Argentiers generaux de leurs maisons, & ces Receueurs particuliers de leurs terres, quelque nom qu'ils prennent, ne sont point Officiers publics qui ayent puissance, rang, ou fonction publique : pource que ce qui souloit estre le domaine de la couronne, ayant esté vsurpé tout à faict par les Seigneurs, a perdu son nom ancien de domaine, & est deuenu patrimoine, c'est à dire heritage propre aux particuliers. 21 Ne sont Officiers publics.

Vray est qu'il y a quelques Princes qui ont droict d'auoir vne Chambre des Comptes, & iustice des eaux & forests à part, par concession speciale des Rois, quoy que cela soit assez rare, où ils ont partant de vrais Officiers, ayans puissance publique, & desquels les actes & procez verbaux sont publics, & se faut pouruoir contre iceux par voye d'appel, pardeuant les Iuges de ressort. Ce qui monstre que ceux-là ne sont pas considerez comme Officiers de finance, ains plustost comme Officiers de iustice : & de faict les expeditions qu'ils font, sont faictes par les Officiers de la iustice ordinaire, quand les Seigneurs n'ont point de Chambre des Comtes, ni de Iustice d'eaux & forests. 22 Chambre des Comtes, & iustices des forests des Princes.

Somme & conclusion que les Seigneurs ne peuuent auoir autres vrais Officiers que de la iustice : encor en bonne iurisprudence, n'en deuroient-ils auoir non plus de cette sorte, que des autres : pource que ce qui se passe en la iustice, deuant estre faict par l'ordre, & les solemnitez requises, il est certes du tout necessaire que ceux qui entreprennent de iuger des biens, de l'honneur, & de la vie d'vn peuple, soient habilitez & auctorisez deuëment pour cet effect : laquelle auctorisation & habilité ne leur peut estre donnée par le Seigneur qui ne l'ha pas luy mesme : bien est vray que les Officiers de la iustice superieure les receuant, les peuuent rendre capables de faire cet exercice : mais ne leur peuuent donner le tiltre d'Office, qui est necessaire pour paruenir à ceste capacité. Et c'est chose certaine en bonne eschole, qu'il n'y a que le Souuerain qui puisse en vn Estat don- 23 Seigneurs n'ont Officiers publics que ceux de iustice. 24 Qu'encor cela est abusif.

ner & conferer le tiltre, droict & auctorité de disposer de la vie & des biens de son peuple, fust-ce par voye de iustice: car luy mesme n'en dispose pas autrement, fors en cas de necessité. Aussi au 3. chap. du liure *Des Seigneuries*, i'ay mis entre les droicts de souueraineté celuy d'establir des Magistrats, qui est la decision du tit. Des fiefs. *Quæ sint Regalia*. Et de faict on definit communément la iurisdiction estre vne puissance introduite du public. Quoy que ce soit il est certain que l'establissement des Officiers de iustice, ne dépend point de la seigneurie priuée, ains de la publique, & du droict public, qui consiste *in sacris & Magistratibus* dit la loy 1. *D. De iustitia & iure*, & qui doit resider au Prince seul, auquel *omne imperium omnisque potestas transslata est*, dit la loy 2. *D. De origine iuris*.

25 De mesme. C'est donques luy seul qui ayant toute puissance, & tout commandement en proprieté, & n'en pouuant neantmoins faire luy-mesme l'exercice par toute l'estenduë de son Estat, est contrainct le remettre & confier aux Magistrats pour son absence & defaut seulement: de sorte qu'en consequence de cette proprieté du commandement, qui luy demeure perpetuellement, l'execution s'en faict tousiours en son nom, & non sous celuy des Officiers, & ausquels mesme il interdit, quand il luy plaist, la cognoissance de certaines causes, les éuoquant & reseruant à sa personne.

26 De mesme encor. Est-ce donc pas vne grande absurdité en France, d'auoir laissé vsurper aux Seigneurs la proprieté de ce sacré commandement, auquel consiste principalement la Maiesté du Roy? en sorte que leurs Sergens facent les commandemens & executions de iustice, de par Monsieur, & de par Madame: inuocant leur nom, & se targuant d'iceluy, comme si Monsieur & Madame estoient Roys, & non pas subiects du Roy, ainsi ceux ausquels ils parlent: & qu'vn petit Gentil-homme de Beausse appelle les residens en sa iustice, ses suiects, de sorte que s'il y a trois degrez de iustice subalterne en vn endroit, le peuple d'iceluy sera dit suiect de trois Seigneurs, auparauant que du Roy.

27 D'où en est venu l'abus. Tout cela vient de l'abus que nous auons toleré en France, d'auoir communiqué & laissé entreprendre la proprieté du commandement & puissance publique aux Seigneurs particuliers: de sorte que par ce moyen il nous a fallu forger deux especes de Seigneurie publique: l'vne souueraine & vniuerselle, l'autre subalterne & particuliere, ce qui n'auoit iamais esté imaginé par aucun des Philosophes, ni pratiqué en aucun ancien Estat, ou Republique. Et cependant, comme ordinairement d'vn mauuais principe il prouient beaucoup de mauuaises consequences, Dieu sçait combien d'absurditez, & d'embarassemens sont suruenus par le passé, & arriuent encor iournellement pour discerner ce qui appartient à la souueraine, ou à la subalterne Seigneurie: lesquelles deux Seigneuries ne peuuent estre iamais bien bornées & reglées l'vne auec l'autre, pource que chacun s'efforce continuellement à empieter & anticiper sur l'autre: les Seigneurs subalternes, ce qui est de la Seigneurie souueraine, quand ils sont les plus forts: & quand ils sont foibles, le Seigneur souuerain & ses Officiers ne manquans à entreprendre ce qui dépend legitimement des droicts de la Seigneurie subalterne.

28 Inconueniens qui en viennent.

29 Remede. Or il y a, selon mon aduis, vn beau moyen d'accoiser doucement cette guerre, & de couper broche à toutes ces entreprises de part & d'autre, & en fin remettre les choses au droict poinct de la raison. Car il faut considerer en premier lieu qu'il y a deux sortes d'Officiers en la iustice, les vns qu'on appelle Magistrats, pource qu'ils ont le commandement, à sçauoir les Iuges & Procureurs d'Office, les autres qu'on appelle ministres de iustice, pource qu'ils rendent ministere aux Magistrats, à sçauoir les Greffiers, Notaires & Sergens. Pour le regard de ceux-cy, il n'y a pas grande absurdité ni inconuenient, qu'ils soient pourueus de plein droict par les Seigneurs: veu que de tout temps, & à Rome, & en France les simples Magistrats les ont peu commettre: aussi qu'ils n'ont aucun commandement, ains ont leur pouuoir limité, ou à ce que le iuge leur commande, ou à ce dont les parties s'accordent deuant eux.

30 Magistrats deuroient e- Mais les Magistrats, qui ont le vray commandement en la iustice, & la iurisdiction contentieuse & involontaire, participent sans doute de la Maiesté du Prince:

ce: c'est pourquoy on ne peut nier qu'il n'y ait vne grande absurdité de permettre qu'ils soient establis par des Seigneurs particuliers. D'autre costé aussi, ce seroit chose dure, de priuer les Seigneurs de les pouuoir choisir. Mais on peut mediocrer les choses en telle sorte, que d'vne part l'authorité du Prince souuerain ne soit diminuée, & d'autre part que l'interest du Seigneur soit conserué, & que par ainsi il n'y ait point d'inconuenient de part ni d'autre: qui seroit en separant la prouision des Offices en deux, comme à la verité elle a deux parties separables sans absurdité ni inconuenient, à sçauoir le choix & designation qui se faict des Officiers, & la prouision qu'on leur baille des Offices.

stre nommez par les Seigneurs, & pourueus par le Roy.

Quant au choix des Officiers, c'est sans doute vn fruict & obuention ciuile de la Seigneurie, dont le Seigneur, qui est proprietaire de la iustice, ne doit estre frustré, soit que l'Office soit venal, & qu'on en puisse licitement tirer argent, soit que ce fruict consiste en la seule gratification, & obligation naturelle qu'on acquiert sur celuy lequel on pouruoit gratuitement de l'Office. Car cette gratification ne laisse d'estre estimée vn fruict, à plus forte raison que les Canonistes disent que la collation des benefices est en fruict: combien qu'ils soient encor mieux venaux, que quelque Office temporel que ce soit. Ioint que les Iuges & Procureurs de Seigneurie estans les principaux instrumens des terres Seigneuriales, il est bien necessaire qu'ils soient choisis par les Seigneurs, & qu'ils leur soient agreables & obligez. 31 Pourquoy nommez par les Seigneurs.

Mais quant à l'autre partie, qui est la prouision de l'Office, laquelle attribuë à l'Officier le droict de commander en la iustice, & en fin de iuger les hommes, sans doute que ceste mystique énergie, & signalée puissance ne peut estre attribuée en bonne iurisprudence par autre que par le Roy: de la Maiesté duquel procede la puissance des Magistrats: car comment les Seigneurs la pourroient-ils conferer, veu qu'ils ne l'ont pas eux-mesme? 32 Pourquoy pourueus par le Roy.

Ie dy donc, qu'il faudroit en cecy suiure l'expedient que l'Eglise & les saincts Canons nous ont appris à l'esgard des patrons lays. Car d'vne part ayant jugé qu'il estoit bien raisonnable que celuy qui fondoit vne Eglise, ou vne Chappelle peust retenir à perpetuité le droict de la conferer: & d'autre costé cognoissant que c'estoit vne chose absurde & incompatible, que les lays donnassent, & conferassent absolument les benefices Ecclesiastiques; tout ainsi qu'en nostre faict c'est chose absurde, que les Seigneurs particuliers conferent la puissance publique: ils ont diuisé la collation en deux, separant le choix du beneficier d'auec la prouision du benefice: & ont attribué ce choix au patron, l'appellant presentation, ou nomination: & quant à la prouision, ils l'ont appellée institution, & l'ont laissée au superieur Ecclesiastique, comme seul capable d'icelle. 33 Exemple bien formel.

Tout de mesme façon ie dy, qu'il faudroit laisser aux Seigneurs le choix de leurs Officiers, soit qu'on le vueille appeller nomination, ou prouision: & referer au Roy seul l'institution, ou confirmation des Magistrats des iustices Seigneuriales: afin que par icelle ils soient habilitez, & rendus capables de pouuoir iuger des biens, de l'honneur, & de la vie de son peuple. Quoy faisant non seulement toutes les absurditez, & inconueniens cy-dessus recitez, cesseroient: mais encor il en reuiendroit plusieurs vtilitez particulieres aux Seigneurs qui les recompenseroient largement de ce qu'on leur osteroit de nouueau: à sçauoir que leurs Iuges estans par cette confirmation du Roy faits Officiers de sa Maiesté, seroient capables de cognoistre de tous cas Royaux, & de toutes commissions du Roy, & de ses Parlemens, qui seroit vn grand accroissement à leurs Iustices, & assopiroit maintes entreprises, & infinis differens qu'on voit aduenir iournellement entre les Iustices Royales, & Seigneuriales: & outre, les Seigneurs seroient deschargez d'estre adiournez & pris à partie sur les appellations, & condamnez à l'amende pour le mal jugé de leurs Iuges, comme on faict encor en quelques lieux. Aussi seroient exemptez des frais des procez criminels, esquels leur procureur d'Office est seule partie, ainsi qu'est le Roy és Iustices Royales: ce que le Roy leur concederoit en recompense de cette confirmation des Offices, qu'ils luy laisseroient, ensemble se lieroit les mains de ne pouuoir ériger aucuns 34 Que les Seigneurs y gaigneroient.

nouueaux Offices en leurs terres, suiuant les anciennes ordonnances.

35 Et n'y perdroient rien. Et d'ailleurs ils ne se pourroient iustement plaindre que leur auctorité fust diminuée, pource que le Roy ne pourroit non plus refuser ses lettres gratuites de confirmation aux nommez par eux, qu'auiourd'huy ses Iuges ne peuuent refuser de les receuoir, posé qu'ils soient capables. En quoy faisant les Seigneurs particuliers seroient égalez aux enfans de France en leurs appanages, & aux Roynes veufues en leurs doüaires, qui combien qu'anciennement ils eussent la libre & parfaicte collation des Officiers d'iceux, ainsi qu'ont auiourd'uy les Seigneurs, neantmoins de nostre temps ils ont mieux aimé se restraindre à la seule nomination, afin d'auoir l'accroissement des cas Royaux en leurs Iustices.

36 Du droict des Offices des Seigneurs tels qu'ils sont à present. Mais en attendant que Dieu suscite nostre Roy d'y apporter cette reformation, ou autre conuenable, pour augmenter de plus en plus son auctorité, & reprimer l'insolence & malice de plusieurs Gentils-hommes, qui abusent estrangement de ces petites iustices de village, comme i'ay discouru au liuret que i'ay fait sur ce suiect, puis que nous n'auons pas à former icy la Republique de Platon, mais à discourir du droict de la nostre, ainsi que nous y viuons à present, ie dy qu'en la sorte que les iustices Seigneuriales sont establies, il n'y a nulle doute que les Iuges, & autres Officiers d'icelles ne soient vrais Officiers, puisque la definition de l'Office leur conuient entierement & precisément. Dont s'ensuit que tous les droicts des vrais Officiers leur appartiennent.

37 De l'honneur d'iceux. Premierement quant à l'honneur, à cause de la reuerence deuë à la Iustice, ie dy qu'ils le doiuent auoir, & le peuuent debattre en iustice contre tous leurs iusticiables, voire tous ceux qui se rencontrent dans leur distroit, hors mis ceux de la haute Noblesse, ou leurs superieurs. Quoy que ce soit, il a esté iugé infinies fois par la Cour, que les Officiers Royaux des Elections, & autres, estans dans les villes des Seigneurs, doiuent ceder aux Officiers subalternes de la iustice ordinaire, pource que ce sont les Iuges que Dieu (duquel procede originairement toute puissance, & toute iustice) a préposé & estably sur eux, & à qui il a donné puissance de iuger de leurs biens, de leur honneur, & de leur vie, si le cas y eschet.

38 De leur pouuoir. Et partant on ne peut nier qu'ils n'ayent le commandement, voire celuy qui est plus iuste, mieux ordonné, & plus selon Dieu que celuy des armes & de la force, & qui encor ne s'estend pas seulement sur ceux de leur territoire, mais souuent il s'estend sur les iusticiables des autres Seigneurs, & mesme du Roy: comme en matiere criminelle, en matiere réelle, en fait de garantie, & tout incident dépendant inseparablement des procez pendans pardeuant eux, comme il a esté dit au premier liure. Commandement qui sans doute est vne puissance, ou fonction ordinaire en l'Estat, puis qu'ils sont fondez en territoire, & enclaue certain de distroit, lequel n'est propre ni ordinaire à autre qu'à eux. Dans lequel ils ont Iustice generallement & indistinctement, & sur les personnes qui y resident, & sur les biens qui y sont situez: aussi sont-ils communément appellez dans les Ordonnances, Iuges des lieux, ou Iuges ordinaires des lieux.

39 Qu'ils sont vrais Magistrats. Et ces termes de commandement, de territoire, & distroit estans dits à *terrendo & distringendo*, importent qu'ils sont vrais Magistrats, attendu ce qui a esté prouué au 6. chap. du 1. liure que c'est le commandement qui faict le Magistrat, comme Bodin aduouë au 3. chap. du 3. liu. de sa Repub. & que la loy *Pupillus. §. territorium. De verb. signif.* dit que le territoire est le droict du Magistrat. Ce que i'entens des Iuges des villes closes seulement, *qui habent iustum tribunal & perfectum territorium*, & dont la iurisdiction est exempte de tout soubçon d'auoir esté vsurpée. Car les Iuges de village, qui de bas iusticiers qu'ils estoient, ont vsurpé la haute iustice, & la possedent abusiuement, ne doiuent, à mon iugement, estre honorez de ce haut tiltre de Magistrat, qu'ils n'ont iamais possedé, ni consequemment prescrit, & est assez en tout cas de leur laisser ce qu'ils ont vsurpé, & de dire à leur esgard, que *tantum præscriptum, quantum possessum*.

40 Pourquoy cela est troué estrange. Mais quant aux Iuges de villes Seigneuriales, il ne se faut point estonner, si de prime-face on trouue estrange de les appeller Magistrats, pource que cela

prouient

uient de ceste grande absurdité d'auoir laissé empieter aux Seigneurs la proprieté de la iustice, & d'auoir permis à ceux qui sont personnes priuées, d'establir dés Officiers & personnes publiques, ausquels ils attribuent l'exercice de la Iustice, & le commandement d'icelle. Et neantmoins puis qu'ils l'ont, & le possedent de longue-main en telle asseurance, que le Roy mesme par ses Ordonnances recognoist que cela leur est patrimonial, & puisque leurs Officiers ont notoirement le droict de glaiue, & peuuent condamner, & faire executer les hommes à mort, qui est la plus haute partie du commandement, que les Romains ont appellée *merum imperium*, & nos anciens François *haute iustice*, il ne faut point aller philosopher sur ce qui deuroit estre, ains se faut resoudre sur ce qui est, attendant qu'il soit reformé en mieux : & partant tenir qu'ils sont vrais Magistrats.

Car la qualité de Magistrat, non plus que l'Office ne reside pas vrayement és personnes des Seigneurs, ains en celles des Iuges. Tout ainsi qu'és Offices Royaux la simple collation reside au Roy, mais l'Office en soy appartient aux Officiers auec tous les droicts & qualitez qui en dépendent. Et ne faut pas penser, que les Iuges des Seigneurs ne soient que leurs commis, & qu'eux soient les Officiers en chef, ainsi qu'à present, que les Greffes & Notariats sont hereditaires, ceux qui les tiennent à ferme ne sont que commis des proprietaires, lesquels sont les vrais Greffiers & Notaires en chef. Car il y a bien de la difference entre le tiltre de ferme, & le tiltre d'Office, comme il sera dit au chapitre suiuant: & est notoire, que les Iuges des Seigneurs sont vrais titulaires de leurs Offices, & qu'autre qu'eux n'en peut porter le tiltre : aussi sont-ils pourueus tout en la mesme forme que les Officiers du Roy, n'y ayant aucune difference en la teneur de leurs prouisions, fors le nom du collateur.

41 Qu'ils ne sont pas commis, ains Officiers par soy.

Il est bien vray qu'en la premiere antiquité les Ducs & les Comtes estoient les vrais Iuges, aussi n'estoient-ils lors que simples Officiers du Roy: mais ayans conuerty leur Office en Seigneurie, qui est vne espece de Dignité distincte specifiquement de l'Office, comme ils ont pris à eux ce qui appartenoit au Roy, à sçauoir la proprieté de la iustice : aussi ils ont laissé à leurs Iuges ce qui estoit de leur ancien Office, à sçauoir, l'exercice de la iustice.

42 Comme anciennement.

Duquel exercice ils se sont partant rendus eux-mesme incapables : n'estant compatible, que le Seigneur, ores que d'ailleurs idoine, exerce luy mesme sa Iustice, voire entreprenne de iuger vne simple cause d'icelle, comme il s'obserue notoirement à present : dont la principale raison est, que le charactere & marque d'Officier, qui gist en la reception & prestation du serment, ne luy est, ni peut estre conferée : attendu que sa iustice est principalement fondée pour la cognoissance & poursuitte de ses droicts, dont il ne seroit raisonnable qu'il fust luy mesme Iuge : veu que le Roy mesme (qui est le souuerain Officier & Seigneur tout ensemble) ne voudroit entreprendre de iuger les causes où il ha interest, ains se submet à receuoir Iustice de ses propres suiects & Officiers, comme deputez en ce regard de Dieu, qui seul est pardessus les Rois.

43 Le Seigneur ne seroit admis à present à exercer luy-mesme la iustice.

Mesme on ne trouue pas bon qu'vn Seigneur soit nommé en son siege, comme partie en ses causes, ains faut que son Procureur fiscal soit en qualité, comme si c'estoit la seigneurie qui plaidast, & non le Seigneur, afin d'oster toute marque d'impression. Et pour cette mesme raison i'ay veu trouuer mauuais par la Cour de Parlement, que les Seigneurs assistassent ordinairement aux plaids de leurs iustices, & à bon droict. Car c'est la verité que la pluspart des Seigneurs de villages s'en font accroire, tantost entreprenans de iuger eux-mesmes à leur fantaisie, voire à leur passion : les autres commandans à baguette à leurs Iuges de iuger ainsi qu'ils veulent, dont ils ne les oseroient desdire.

44 Pourquoy les Seigneurs plaident en leur iustice sous le nom de Procureur.

45 Seigneurs ne doiuet assister à leurs plaids.

Il n'y a plus que les Pairs de France, qui estans demeurez Officiers hereditaires, & Seigneurs tout ensemble, ayent pouuoir d'exercer par eux mesme ce qui dépend de leur Office de Pairs, posé qu'ils soient de sexe & âge capable: mais non pas encor la iustice de leur Pairie: & si il faut, pour estre capables de faire l'Office de Pair, qu'ils ayent faict comme Officiers le serment au Parlement, qui est la Cour des Pairs : mais tous les Seigneurs quels qu'ils soient (fors les Souue-

46 Pairs de France sont seuls demeurez Officiers.

rains, qui tenans leur charge immediatement de Dieu, sont Officiers & Seigneurs tout ensemble) ne peuuent s'entremettre de l'exercice de leurs iustices en tout, ou partie, soit qu'il y ait des Iuges, ou non ; ains le plus simple praticien de leur village, ayant toutesfois serment à iustice, y doit plustost tenir le siege, que le Seigneur.

Ie sçay bien que le temps passé le desordre & vsurpation estans continuez en ces iustices, les Seigneurs s'ingeroient de les exercer eux-mesme, ainsi qu'ils faisoient du temps qu'ils estoient simples Officiers : voire mesme les femmes entreprenoient de iuger les causes, comme il y en a vn signalé tesmoignage au chap. *Dilecti ext. De arbitris*, où le Pape approuue le compromis fait entre l'Abbé & les Religieux de Cisteaux, qui auoient choisi pour arbitre la Royne de France, *quia*, dit le texte, *in partibus Gallicanis fœminæ precellentes ordinariam in subditos suos iurisdictionem exercere noscuntur* : mais maintenant cela est reglé comme il doit : car les Seigneurs, ores que capables, ne se meslent plus d'exercer leurs Iustices.

47 Les Seigneurs ne laissent d'auoir des honneurs dans leur distroit.

Neantmoins, pource que la Seigneurie est vne espece de Dignité & tiltre d'honneur, & que les Seigneurs sont proprietaires de leurs iustices, & d'ailleurs que les proprietaires ont les droicts honorifiques dépendans de leur proprieté, les Seigneurs hauts Iusticiers ont les honneurs de l'Eglise en leurs paroisses, & rang en leur Seigneurie par dessus tous autres qui y resident : estant raisonnable que chacun soit maistre en sa maison. Mais cet honneur du Seigneur est different de celuy de son Iuge, auquel il est deu à cause de son exercice, entant que l'honneur est inseparable de l'exercice des actes de vertu : suiuant l'étymologie de Varo, qui deriue l'honneur *ab honesto onere*.

48 Iuges des Seigneurs sont vrais Officiers.

Puis donc que les Iuges des Seigneurs sont Officiers, voire mesme Magistrats, il s'ensuit qu'ils ne sont pas simples Commissaires. Car si ainsi estoit, leur charge & leur pouuoir finiroit par la mort du Seigneur, comme il a esté dit des Commissaires au liure precedent : ioint que ce sont des charges ordinaires & necessaires, dont le vray tiltre ne peut resider qu'és Iuges, & non és Seigneurs, comme il vient d'estre prouué. Et pourtant, si on pratique encor à present, qu'ils soient regulierement destituables, il ne s'ensuit pas qu'ils ne soient vrais Officiers : pource que ce n'est pas la propre nature de l'Office, qu'il soit à vie, ou à temps certain, ains vn vray Office peut estre reuocable. Autrement il s'ensuiuroit qu'auparauant l'Ord. de Louys XI. il n'y eust point eu de vrais Offices en France, puisque ils estoient tous reuocables.

49 Et non pas commissionnaires.

Aussi n'est-ce que depuis ceste ordonnance, & pour y faire fraude, que nos Rois ont inuenté la forme de pouruoir de certains Offices par commission seulement, afin qu'ils fussent reuocables, n'estans conferez en tiltre d'Office : ainsi que les Papes se sont aduisez de bailler les principaux benefices en commande, afin de les pouuoir donner à ceux, qui selon les saincts Canons en seroient incapables. Mais quoy que ce soit, ces formes obliques & extraordinaires de pouruoir aux benefices en commande, ou aux Offices ordinaires par commission, estans dispensatoires, & contraires au droict commun, ne sont permises qu'au Pape, & au Roy, qui à cause de leur souueraineté, s'en dispensent eux-mesmes.

50 Ministres de iustice peuuent estre pourueus par commission.

Ce qui soit dit pour le regard des Iuges, & principaux Officiers des iustices Seigneuriales, esquels reside le commandement : mais aux simples ministres de ces Iustices, comme Notaires, Greffiers & Sergens, leurs Offices sont de si petite importance, qu'on ne prend pas garde, s'ils les conferent, ou en tiltre d'Office, ou par commission, ou à ferme. Car estans mechaniques ils sont en commerce du tout licite, voire sont patrimoniaux aux Seigneurs, comme il sera dit au chap. suiuant : & neantmoins, en quelque façon qu'ils soient conferez, leur charge est tousiours publique, pource qu'elle concerne le public, & que tout exercice de la iustice quel qu'il soit, ne peut estre autre que muny de l'auctorité publique. C'est pourquoy l'acte du moindre Notaire, Greffier, ou Sergent de village est aussi public, en ce qui est de leur pouuoir, que celuy des Officiers du Roy estans en semblable charge.

51 Quels Officiers le Roy

Reste à traicter en ce chapitre, quand, & comment le Roy peut mettre des Officiers

Officiers dans les terres des Seigneurs. Car combien que les Seigneurs de France, ayans vsurpé la proprieté de leur distroit, pour s'y establir plus asseurément, ayent fait faire plusieurs Ordonnances à nos Roys, par lesquelles ils ont promis de ne mettre aucuns Officiers dans les terres d'iceux; neantmoins il ne faut point douter, qu'ils n'y en puissent mettre au besoin, puisque tousiours, outre la Seigneurie directe, il demeure encor au Roy la Seigneurie souueraine & vniuerselle en icelles, entant qu'elles sont du Royaume. *peut mettre dans les terres des Seigneurs.*

Premierement quant aux Offices des armes, comme ceux des Gouuerneurs, il est aisé à entendre, que le Roy en peut mettre aux villes des Seigneurs, puis qu'il a esté prouué cy-dessus, qu'eux mesme n'ont pas le pouuoir d'y en mettre, & que la puissance des armes ne leur appartient pas, ains que la proprieté d'icelle est inseparable de l'Estat, & de la personne du Prince souuerain, & que quant à l'exercice, il n'y a que lui qui le puisse commettre. Toutesfois, d'autant que cette puissance des armes ne doit estre commise, sinon en cas de besoin, & où la iustice ne peut auoir lieu, comme i'ai dit ailleurs, c'est bien la verité que le Roy ne doit point mettre de Gouuerneurs aux villes (principalement en celles des Seigneurs, qui ne lui appartiennent que par superiorité) sinon qu'elles soient frontieres, ou bien en temps de troubles : ou pour quelque probable sujet de craindre la reuolte, ou les seditions. Car hors ces cas, les Gouuerneurs estans inutiles, & nullement employez, ne s'amusent qu'à chercher quelque occasion, ou d'empescher & troubler la Iustice, ou autrement affliger le peuple, afin de faire tousiours esclatter leur auctorité : combien que leur charge soit de tenir main forte à la Iustice, & empescher l'oppression du peuple : neantmoins c'est la verité que cela dépendant purement de la volonté du Roy, il ne s'y peut establir de regle. *52 N'y doiuêt mettre de Gouuerneurs qu'és frontieres, ou en têps de troubles.*

Mais quant aux Officiers de finance, il n'y a nulle doute, que le Roy par puissance reglée, & selon raison, n'en puisse mettre dans les villes des Seigneurs, en tout temps, & en tel nombre qu'il lui plaira, & qu'il iugera estre besoin pour le maniement de ses deniers; voire que pour cet effect il ne puisse establir dans les villes des Seigneurs des Bureaux de finances, & des Iustices extraordinaires toutes entieres, comme Elections, Greniers à sel, Receptes generales & particulieres. Car ce sont cas Royaux, qui sont reseruez en toutes infeodations des Seigneuries : & d'ailleurs les villes des Seigneurs n'en sont que meilleures, & plus honorées, pourueu toutesfois que ces iustices extraordinaires n'empietent point sur l'ordinaire, qui est patrimoniale au Seigneur : & que ces Iuges des clochers, ou des greniers se souuiennent, qu'ils sont eux mesme iusticiables, en leurs biens, leur honneur, & leur vie, des Iuges ordinaires, par dessus lesquels partant ils ne se doiuent exalter, soubs pretexte de ceste qualité, qu'ils ont, d'Officiers du Roy. Car toute iustice vient du Roy, & retourne au Roy, mais specialement la iustice ordinaire est ordonnée de Dieu, & tient du Roy en Seigneurie directe. *53 Il y peut mettre tant d'Officiers de finance qu'il luy plaist.*

Finalement, quant aux Officiers de la Iustice ordinaire, il est bien certain, que depuis que le Roy a concedé toute Iustice aux Seigneurs, il ne peut plus mettre d'Officiers dans leur distroit & territoire. Et ne faut point dire, qu'il ne leur a concedé la Iustice, sinon concurremment, & non pas priuatiuement. Car quand on a donné quelque chose purement & simplement, on n'y a plus rien; & d'ailleurs il ne peut y auoir qu'vne iustice ordinaire, non plus qu'vn Seigneur primitif d'vn mesme territoire, autrement la iustice ne seroit pas ordinaire, ni ne seroit pas toute Iustice, ains ne seroit que demie Iustice; comme en quelques Coustumes la basse Iustice est appellée *semi-droict*. *54 Il n'y peut mettre d'Officiers de la Iustice ordinaire.*

Et combien qu'anciennement en quelques lieux il y ait eu des Iuges des exempts, & en d'autres des Iuges des cas Royaux dans le territoire des Princes: Si est-ce qu'y prenãt bien garde, on trouuera que ce n'a esté qu'aux terres d'appanage, par le moyen de la reseruation expresse, qui en a esté faite par le Roy, lors de la concession des appanages: laquelle reseruatiõ n'a esté faite aux Seigneuries, ou fiefs purs patrimoniaux, dont les possesseurs sont Seigneurs parfaits & incommu- *55 Il n'y peut mettre de Iuges d'exêpts, ou cas Royaux.*

tables, ſans aucune charge de reuerſion, & dont les Iuſtices ſont patrimoniales, & non pas domaniales, comme celles des appanages.

56 Mais les cas Royaux doiuent eſtre iugez au ſiege Royal ſuperieur.

Bien eſt vray, qu'en toutes Seigneuries la reſeruation des cas Royaux eſt touſiours ſous-entenduë : d'autant qu'il y auroit abſurdité que les Iuges des Seigneurs en peuſſent cognoiſtre. Mais pour raiſon d'iceux, il a touſiours eſté obſerué, à l'égard des Seigneuries patrimoniales, qu'ils ſont renuoyez pardeuant les plus proches Iuges Royaux, ſans que le Roy ait iamais mis pour ce ſujet des Iuges dans le territoire des Seigneurs : ce qui ne pourroit eſtre ſans leur faire tort, & contreuenir aux Ordonnances cy-deſſus mentionnées, qui furent faites exprés pour exclure les *Miſſi dominici*, qui en la ſeconde lignée auoient cette charge, ainſi que i'ay dit ailleurs. Ioint que cela preiudicieroit au public, par le moyen des diuiſions & partialitez, qui ſont infaillibles & ineuitables és villes où il y a deux Iuſtices primitiues. Pour éuiter leſquelles diuiſions és villes d'appanage, on a eſté contraint aux modernes appanages, de laiſſer la Iuſtice toute Royale, comme il vient d'eſtre dit.

57 Il n'y peut mettre de Notaires ny Tabellions Royaux.

Par meſme raiſon il ſenſuit, que le Roy par puiſſance reglée ne peut pas mettre des Notaires ou Tabellions dans les terres des Seigneurs haults Iuſticiers, ayans droict de Tabellionné, ou Notariat, qui en France dépend ſans doute de la Iuſtice ordinaire ; de ſorte que comme la Iuriſdiction contentieuſe reſide pardeuers le Iuge, auſſi la volontaire reſide pardeuers le Notaire, laquelle neantmoins il exerce ſous le nom & auctorité du Iuge, & comme ſon miniſtre, l'intitulant & faiſant parler en tous ſes contracts.

58 Preuue.

Auſſi le Roy Philippe le Bel, ayant defendu par ſon Ordonnance de l'an mil trois cens deux, à ſes Baillifs & Seneſchaux, de plus commettre de Notaires, & ſe reſeruant à luy ſeul ceſte puiſſance, ſinterprete par apres luy-meſme en ces mots, *Nolumus autem quod Baronibus, & alijs ſubditis noſtris, qui de antiqua conſuetudine in terris ſuis poſſunt Notarios facere, propter hoc praeiudicium generetur.* Et François premier, érigeant en l'an mil cinq cens quarante deux vn Notaire en chaque parroiſſe, reſerue & excepte notamment les droicts des Seigneurs, Barons, Chaſtellains, & autres, &c. Et la declaration ou renouuellement de cet Edict faicte par le Roy Henry troiſieſme, en l'an mil cinq cens quatre vingts quatre, porte ces mots, *Qu'il n'y aura aucun Notaire Royal eſtabli és terres des Seigneurs, &c.* Pareillement la verification de l'Edict d'érection des Gardes des Seaux Royaux, faicte en l'an mil cinq cens ſoixante huict, porte que ceſte érection ne pourra preiudicier aux Seigneurs, qui ont droit de Seaux authentiques en leurs terres: dont auſſi il y a pluſieurs arreſts rapportez par Bacquet, qui traite amplement cette matiere au 25. chapitre de ſon liure Des droicts de Iuſtice.

Dont ſenſuit par identité de raiſon, que le Roy ne peut mettre de Receueurs des conſignations, de Commiſſaires, de Certificateurs de criées, d'Arpanteurs, de Ballanciers dans les terres des Seigneurs, pource que tous ces Offices concernent la Iuſtice ordinaire, & ſont des démembremens des anciens Offices d'icelle : comme au pareil, ſil ſe crée des Offices de commiſſaires, & gardiens de biens ſaiſis, ainſi que i'ay ouy dire qu'on en eſt ſur les termes, le Roy n'en pourra mettre dans les terres des Seigneurs.

59 Sergens Royaux, quand peuuent demeurer és terres des Seigneurs.

Pour le regard des Sergens Royaux, il y a vne raiſon particuliere de les retenir dans les terres des haults Iuſticiers, à ſçauoir qu'il eſt ſouuent beſoin d'y executer les mandemens des Iuges Royaux, comme aux cas de reſſort, & aux cas Royaux. Et neantmoins l'Ordonnance ſuſdite de Philippe le Bel, diſpoſe, qu'ils n'y pourront demeurer, ſils n'y ſont nais, ou mariez : & encor en ces deux cas elle porte, qu'ils n'y pourront faire aucun exercice de leur Office, ſans le gré & conſentement des Seigneurs : & ſi le cas de reſſort d'icelle y eſcheoit, ou autre appartenant au Roy, iceux Sergens Royaux demeurans illec, ne ſen pourroient entremettre ; ains ſera mis à execution par autre Sergent, ce qui eſt treſ-notable, pource qu'en ceſte matiere toutes les modernes Ordonnances ſe referent à celle-là. Ce neantmoins depuis que le nombre des Sergens Royaux a eſté augmenté, on ne leur a pas tenu cette rigueur, ains on leur a permis de reſider dans les terres des Seigneurs, à la charge de ne distraire leur Iustice, & de n'exploicter qu'en cas Royal, ou de ressort. Que s'ils font autrement, ie ne doute point, qu'apres plusieurs contrauentions, on ne les puisse chasser en vertu de cette Ordonnance.

Quoy que ce soit, c'est vn poinct tout resolu, que les Sergens Royaux ne se doiuent entremettre d'executer, ni les sentences, ni les obligations passées sous les seaux des iustices Seigneuriales, comme il a esté iugé par infinis arrests : dont aucuns sont rapportez par le mesme Bacquet, chapitre 26. En quoy outre l'iniustice qu'il y auroit de priuer vn Seigneur, & ses Sergens, de ceste partie de leur charge, il y a encor ceste incompatibilité manifeste, qu'vn Sergent executant de par le Roy les mandemens d'vn Iuge subalterne, feroit le Roy ministre de son vassal. 60 Mais ne doiuent executer les mãdemens de iustice subalterne.

Et combien que depuis l'Edict d'ampliation du pouuoir des Sergens Royaux, qui leur permet d'exploicter par tout le Royaume, aucuns se soient voulus ingerer de renouueller cette vieille dispute terminée par tant d'arrests, où mesme on ne mettoit pas en question, s'ils pouuoient executer les mandemens des Iuges subalternes; mais s'ils pouuoient resider dans leur territoire : si est-ce que iournellement ils en sont deboutez, tant par les arrests de la Cour, que du Conseil priué. Estant certain que ce n'a pas esté l'intention du Roy, de rendre ses Sergens ministres des Iuges subalternes, ains des siens seulement : Voire mesme que cet Edict d'ampliation ne sert que pour amplifier leur pouuoir, quant au lieu, mais non pour leur attribuer vn nouueau pouuoir és matieres, qui auparauant ne leur appartenoient. Et de faict, il a esté ordonné par plusieurs arrests, qu'en consequence de cette ampliation, les Sergens des tailles, & du grenier à sel, n'auoient pas pouuoir d'executer les mandemens de la iustice ordinaire Royale, combien que le Roy entre ses Officiers puisse faire tel reglement qu'il luy plaist : mais non pas preiudicier aux droits de ses vassaux. 61 Nonobstãt qu'ils ayent ampliation. 62 Neantmoins leurs exploicts ne sont nuls.

Toutesfois, pour le respect de la Majesté Royale, il faut tenir, à mon aduis, que l'exploict d'vn Sergent Royal, executant le mandement d'vn Iuge non Royal, n'est pas de soy nul, comme seroit celuy d'vn Sergent subalterne, qui executeroit le mandement d'vn Iuge Royal : mais le Sergent Royal doit estre condamné en vne bonne amende enuers le Seigneur, ou ses Sergens : ce qui mesme ne peut estre faict par le Iuge du Seigneur, ains par le Iuge Royal seulement : attendu la mesme Ordonnance de Philippe le Bel, qui met entre les cas Royaux les delicts des Officiers du Roy, au faict de leurs Offices : sinon qu'il y eust distraction de ressort, auquel cas i'estime par vne raison particuliere, que le Iuge subalterne *possit iurisdictionem suam modica coërcitione tueri*, comme dict la loy. Et encor faut noter, que si le Sergent Royal, executant les mandemens du Iuge subalterne (entre lesquels ie compren les obligations passées sous ses Seaux) fait quelque delict ou malversation, il en doit estre puny par le Iuge, duquel luy mesme s'est rendu ministre, lors qu'il a entrepris de mettre ses mandemens à execution. 63 Mais sont amendables par le Iuge subalterne, en cas de distraction de ressort.

SOMMAIRE DV DEVXIESME CHAPITRE.

DE LA PROVISION ET RECEPTION DES OFFICIERS DES SEIGNEVRS.

CHAPITRE II.

DISCOVRONS maintenant, quel droit il faut auoir en vne Seigneurie, pour conferer les Offices qui en dépendent. Question, qui est pleine de diuerses rencontres assez difficiles : ce qui me fait aduertir le Lecteur d'y estre attentif, & sur tout se souuenir de ce qui vient d'estre dit au chapitre precedent, qui est la clef de ce chapitre, qu'en la prouision des Offices il y a deux choses qui peuuent estre separées, ou réellement, ou du moins par l'intellect, sçauoir est le choix ou designation de l'Officier, & la collation qu'on luy fait de l'Office : dont lors qu'elles sont actuellement separées, l'vne s'appelle presentation ou nomination, & l'autre se nomme institution ou confirmation. 1 Quel droit il faut auoir en la Seigneurie, pour en conferer les Offices. 2 Deux parties de la collation des Offices.

Pour le regard du choix des Officiers, qui consiste non en puissance, ains en fruict & commodité, il est sans doute separable de la personne du Seigneur, & comme tous autres fruicts, est transmissible à quelque titre que ce soit, à qui on veut, comme à vn procureur, vn cessionnaire, vn receueur comptable, vn fermier de la Seigneurie, pourueu que ce soit par concession expresse : mesme il passe, & est transferé taisiblement, & de droit commun à celuy auquel tous les fruicts de la Seigneurie appartiennent, ores qu'il ne soit proprietaire d'icelle; comme à l'vsufruictier, au mary, au beneficier, au gardien, au tuteur, & au simple possesseur de la Seigneurie : & partant, à l'égard de ce choix des Officiers, il n'eschet pas beaucoup de difficultez. 3 A qui appartient la Nomination.

Mais quant à l'institution, & toute autre prouision des Officiers, elle consiste plus en puissance & auctorité, qu'en fruict & profit : partant il semble, que cette puissance mystique & energique, retranchée de la Seigneurie souueraine, dont elle deuroit seulement dépendre, doit demeurer attachée à la personne du Seigneur, ainsi que regulierement tout ce qui dépend de la puissance publique, doit resider inseparablement en la personne de celuy auquel elle appartient. C'est pourquoy en cette partie, il se rencontre plusieurs grandes difficultez, és qualitez des personnes, que ie vien de reciter, lesquelles il faut tascher d'éclaircir l'vne apres l'autre. 4 A qui appartient l'institution.

Premierement il est certain, que le Seigneur iusticier ne peut transferer à vn procureur, ni general, ni special, ni à vn cessionnaire, ni à vn receueur comptable, ni à vn fermier de sa Seigneurie, bref à aucune autre tierce personne la faculté & auctorité de pouruoir le moindre des Officiers de sa iustice. A plus forte raison que le Seigneur feodal ne peut pas transmettre à telles personnes la puissance d'inuestir & receuoir en foy les vassaux, combien que ces actes ne soient pas à beaucoup prés de telle énergie, que de conferer l'honneur & la puissance publique. 5 Institution ou prouision ne peut estre transferée par le Seigneur.

6 Pourquoy la prouision des benefices peut estre deleguée.

Et combien qu'en l'Estat Ecclesiastique les benefices puissent estre conferez par des Vicaires, si est-ce qu'il a esté monstré au premier liure, chapitre cinquiesme, que cela estoit abusif: & partant, ne doit estre tiré à consequence. Aussi ces Vicariats inuentez en l'Eglise, de peur que les collateurs ordinaires, estans absens, soient preuenus par le Pape, n'ont encor esté mis en vsage en la iurisdiction seculiere, où ceste pretention n'ha lieu. Ioint que les benefices sont conferez à ceux qui ont desia acquis l'ordre & la capacité requise en iceux, & partant il n'y a pas tant de danger par qui ceux-là soient desormais choisis & pourueus, ce qui n'est pas aux Offices.

7 Collation des Ordres peut estre deleguée seulement à vn Euesque.

De fait, quand il est question de conferer les Ordres Ecclesiastiques, cela ne se peut faire par vn simple Vicaire; ains faut que ce soit l'Euesque du lieu qui les confere, quoy que ce soit, il ne peut commettre cette puissance à vn autre qu'à vn Euesque. Et ce que neantmoins vn Seigneur haut iusticier ne peut pas commettre vn autre Seigneur, ayant pareille iustice que luy, pour conferer les Offices de sa iustice, comme vn Euesque peut deleguer vn autre Euesque, pour en

8 La puissance de l'Ordre s'estéd par tout.

son lieu donner les Ordres à ceux de son Diocese, est, que ce qui est de l'Ordre (qui en l'Eglise est appellé la puissance des clefs) n'est point limité à certain territoire, attendu que Dieu donnant cette puissance à ses Apostres, leur dit: *Ite, prædicate Euangelium omni creaturæ, &c. Et quodcunque ligaueritis super terram, erit ligatum & in cælo, & cæt.* De sorte, que quiconque est Prestre ou Euesque en vn lieu, est Prestre par tout. Comme aussi au temporel, celuy qui est Cheualier, est Cheualier par tout, celuy qui est Docteur, l'est par tout.

9 Celle de Iurisdiction est limitée à son territoire.

Mais la puissance qui dépend du benefice, ou de l'Office, ou de la Seigneurie, est bornée de certains limites, tellement que celuy qui est Curé d'vne parroisse, ne l'est pas d'vne autre; qui est Iuge d'vne ville, ne l'est pas d'vne autre; qui est Seigneur d'vne Seigneurie, ne peut pas exercer sa puissance en vne autre. Et ce qu'il y a en cela de difference entre la puissance dépendente du benefice, ou de l'Office ou Seigneurie, est que la puissance du benefice, que les Canonistes & Casuistes appellent Iurisdiction (prenant ce mot en sa plus ample signification pour la distinguer de la puissance de l'Ordre, ou des Clefs) peut estre commise & deleguée à personne, qui a l'Ordre necessaire: mais la puissance de l'Office ou Seigneurie ne le peut estre; ains demeure attachée inseparablement à la personne de l'Officier, ou du Seigneur temporel.

10 Nominatiõ d'Officiers, cõment peut appartenir au fermier.

Ie dy donc, que la puissance de conferer les Offices ne peut pas estre transferée à vn fermier: combien que le simple choix & nomination des Officiers luy puisse estre delaissée par concession expresse. Car autrement elle ne luy appartient pas de droit commun, posé mesme qu'il soit porté par son bail qu'il iouira de tous fruicts & émolumens quelsconques sans rien reseruer ni retenir, comme tiennent concordamment les Canonistes sur le chapitre dernier, *ext. Ne Prælati vices suas, & cæt.* & le discourt assez bien Pontanus, sur le cinquiesme article de la Coustume de Blois. Car combien que le choix des Officiers soit separable de la prouision, si n'en est-il pas separé *ipso iure*, ni autrement que par paction expresse & speciale.

11 Interpretation du chap. *Ex literis. ext. De iur. patron.*

A quoy n'est contraire le chapitre. *Ex literis. ext. De iure patron.* où il est dit, que le droit de patronage appartient au fermier, si le Maistre ne l'a expressément reserué par le Bail. Car la glose, & presque tous les Docteurs sont d'accord, qu'il s'entend du fermier à longues années. Ce qui n'est pas deuiner, comme a dit Argentré, sur le 409. article de sa Coustume, pource qu'en ce chapitre il est question d'vn fait aduenu en Angleterre, où presque tous les biens d'Eglise sont baillez à longues années, qu'ils appellent *Laisses*, ainsi que nous disons *baillées*, comme il se voit en cet ancien liure de leurs loix appellé *Litleton tenures*, escrit en vieil François Normand, & le detenteur de ces terres s'appelle *Fermer*, ainsi que i'ay appris de ceux du païs.

12 *Laisses* d'Angleterre.

13 *Ferme* que signifie.

Et certainement le mot de *ferme* conuient mieux au bail à longues années, qui est notoirement plus ferme, que celuy à brief temps. De fait, és Coustumes d'Artois, art. 14. 23. & 136. de Hainaut, chap. 68. 77. 78. 80. 85. de Mons, chap. 4.

7.12.20.21.de Cambray, tit. 1. art. 18.23.74. de Valentiennes, art. 82.91. 182. les mainfermes, ou terres de mainferme, sont les terres baillées à rente: & Bouteiller dit que la terre de mainferme est appellée terre renteuse, ou quotiere: combien que i'estime que la terre de mainferme est celle, dont la redeuance est certaine, & la quotiere est celle, dont la redeuance est muable, comme le champart, dixme, ou terrage, ainsi appellée *à quota fructuum*, & és païs de deça: où nous appellons fermes les baux à brief temps, nous sommes contraints, pour distinguer ces fermes d'auec les rentes, les appeller fermes muables, qui est vn ἐξύμωρον, *& contrarium in obiecto.*

Somme, pour reuenir à nostre propos, il s'ensuit de ce chap. *Ex literis.* qu'au fermier à vies, ou à longues années appartient le droict de patronage, si le Seigneur direct ne l'a expressément reserué par le bail. Et quant à moy ie passe plus outre, & dy que non seulement la simple presentation des Offices & benefices, telle que l'ha le Patron és benefices, mais mesme la pleine prouision des Offices luy appartient en son propre nom, sans qu'il soit besoin s'en addresser au Seigneur direct: pource que ce fermier est Seigneur vtile, & vray possesseur en son nom, que nous appellons proprietaire de la terre, tout ainsi que le vassal, ou le censier. Et bien que sa seigneurie vtile ne soit pas la plus noble, si est-ce la plus vraye & effectuelle seigneurie, & le Seigneur direct est plustost dit Seigneur de sa rente, que de la terre qui la doit. Ce qui se recognoist és Royaumes, & és hautes Seigneuries tenuës en fief, que le Seigneur direct & feodal d'icelles n'en porte pas le tiltre, & aussi n'en confere pas les Offices, ce que du Moulin discourt fort bien sur l'art. 1. de la coustume de Paris, gl. 6. 14 Quel droit appartient au fermier sur les Offices & benefices.

Pareillement ie dy que l'acheteur d'vne Seigneurie à faculté de rachat, d'autre que du Roy, peut conferer pleinement, & en son nom les Offices dépendans d'icelle, pource qu'il en est vray Seigneur iusques au rachat, ainsi que i'ay prouué au 7. chap. du 2. liure. Ce que i'enten de la vraye vente à faculté de rachat, suiuant la loy 2. *C. De pactis inter. empt. & vendit.* & non pas de la vente simulée, ou simple engagement, antichrese, ou contract gracieux & pignoratif, qui ne peut iamais produire d'alienation parfaicte, *ex l. vlt. C. de pactis pignorum.* Car l'acquereur par engagement n'ha pas l'institution des Officiers, pource qu'il n'est pas Seigneur: il n'en ha pas aussi la nomination, pource que ce fruict n'est pas imputable en sa debte, ni proportionné à icelle. Qui est la decision expresse du chap. *Cum Bertholdus. Ext. De iure patron.* 15 Acheteur à faculté de rachat confere pleinement les Offices.

Autre chose est aux alienations à faculté de rachat des terres de la couronne: car combien que leur droict soit plus ample que des simples engagemens, si est-ce que la nature particuliere de ces terres, qui est d'estre inalienables d'alienation parfaicte, leur produit vne particuliere consideration, que l'acquereur d'icelles n'en peut estre vray Seigneur: principalement en ce qui est des droicts honorifiques, qui tousiours demeurent à la couronne, comme entre autres l'institution des Officiers ne peut appartenir à autre qu'au Roy, à cause que la iustice demeure Royale. Mais quant à la nomination elle peut bien estre transferée aux acquereurs, toutesfois ne leur appartient (non plus qu'aux fermiers) si elle ne leur est par expres concedée, comme i'ay dit au dernier chap. du liure precedent: n'y ayant en cela autre difference entre le fermier & l'acquereur du domaine, sinon que le fermier nomme les Officiers *quasi procurator domini in rem suam*, & l'acquereur du domaine les nomme de son propre droict. 16 Fors és terres du domaine.

Quant à ceux qui tiennent les terres domaniales par appanage, dot, ou doüaire, leur droict est encor plus ample. Car ils sont vrais Seigneurs vtils, & ont les droicts honorifiques, & par consequent la nomination des Officiers de la iustice ordinaire, mesme sans concession expresse. Et anciennement, lors que les iustices estoient exercées en leur nom simplement, ils en auoient l'entiere & parfaicte collation, tout ainsi que les Seigneurs patrimoniaux. Mais à cause que de n'agueres on a trouué plus commode de faire que la iustice demeure Royale, on en a laissé au Roy l'institution, par vne consequence necessaire, qu'il n'y a que le Roy qui puisse faire vn Officier Royal. 17 Appanagé ha la nomination des Offices.

18 Vsufruictier n'ha que la simple nomination.

Tous ceux-là sont proprietaires, ou du moins Seigneurs vtils : mais quant au simple vsufruictier, c'est la verité qu'il n'ha aucune part en la proprieté & seigneurie de la terre, ains il n'ha qu'vn simple droict de seruitute sur icelle. *Rectè dicimus totum fundum nostrum esse, cuius vsusfructus alienus est : quia vsusfructus non est pars dominij, sed seruitus. l. Rectè. De verb. signif.* Et toutesfois, pource que l'vsufruict ha droict d'auoir tous les fruicts, obuentions & commoditez de la terre Seigneuriale, & qu'en ce qui dépend de son vsufruict, il est reputé comme Seigneur, dit la loy *Liber homo*, 118. *De verb. oblig.* il faut de necessité reuenir à nostre distinction, & separant la nomination d'auec l'institution des Officiers, dire que la nomination appartient à l'vsufruictier comme fruict, pource qu'en fin toute commodité qui est apte de renaistre, & proceder par plusieurs fois de la chose, soit selon la nature, soit selon les effects ciuils, sans que la chose en soit diminuée, est reputé fruict, *l. Diuortio. §. Si vir. D. Sol. matrim.*

19 Et non pas l'institution.

Mais l'institution des Officiers, c'est à dire le pouuoir de leur donner le tiltre de l'Office, à sçauoir les lettres de prouision, demeure inseparablement au proprietaire, à plus forte raison, qu'en la Seigneurie feodale, l'exercice des actes feodaux, comme d'inuestir & receuoir en foy les vassaux, leur donner souffrance, les saisir feodalement, leur donner main leuée du fief, appartient au proprietaire, & non à l'vsufruictier : combien que les rachats, & mesme les fruicts de pure perte, prouenans de telles saisies, appartiennent à l'vsufruictier.

20 Comment se pouruoit le nommé par l'vsufruictier contre le proprietaire.

En quoy il n'y a pas beaucoup d'incommodité. Car si le Seigneur proprietaire fait refus de bailler ses lettres de prouision à celuy qui luy est nommé & presenté par l'vsufruictier, il peut demãder au Iuge, à qui la reception en appartient, d'estre receu & installé en l'Office sur la nomination de l'vsufruictier, & acte du refus du proprietaire. Tout ainsi que quand en despit de l'vsufruictier le proprietaire refuse faire la saisie feodale, l'vsufruictier la peut faire luy-mesme, faisant toutesfois mention du proprietaire en l'exploit d'icelle, qui est l'expedient que nostre coustume reformée de Paris a trouué en l'art. 2. à peu prés selon l'opinion de du Moulin sur l'art. 1. gl. 1. combien qu'Argentré sur l'art. 76. de celle de Bretagne, dispute fort probablement, que l'vsufruictier peut de luy mesme, & en son nom faire tous actes feodaux, esquels il ha interest, & qui ne portent point de preiudice au proprietaire.

21 Pourquoy se pratique autrement és benefices.

Et encor qu'aux benefices, quand la presentation & institution en appartient à diuerses personnes, on n'en pourroit pas prendre possession en la vertu de la simple presentation, & du refus de l'instituteur, ou collateur, ains au cas de ce refus, faut encor auoir recours successiuement de superieur en superieur, iusques au Pape, pource que la simple presentation est vn acte informe & imparfaict, & n'est pas vn tiltre canonique, pour posseder vn benefice : toutesfois aux Offices, pource qu'il n'y a qu'vn collateur, qui n'ha point de superieur en ce regard, auquel la collation puisse estre deuoluë, pour le refus de l'ordinaire, & qui puisse suppléer sa negligence, ou reparer son iniuste refus, il n'y a autre remede en ce cas, que d'auoir recours à la iustice superieure, & se faire par icelle adiuger l'Office, auquel on a esté nommé par l'vsufruicter, faisant ordonner, qu'on y sera receu en vertu de cette nomination. Car telle sentence vaut bien autant que des lettres d'institution, ou prouision du proprietaire, *quia factum Iudicis, est factum partis.*

22 Responce aux obiections.

Concluons donc que l'vsufruictier n'ha que la simple nomination, ou presentation des Offices. A quoy ne nuist que tous les Canonistes sont d'accord, que le droict de patronage luy appartient tout entier, pource qu'il ne consiste qu'en la simple presentation, qui n'est pas vn acte de puissance, cõme est l'institution : ains qui est ja diminué & separé de la libre collation, & partãt ne peut plus estre de rechef tronqué & diuisé, pour obseruer que l'vsufruictier nommast au proprietaire & le proprietaire au collateur, qui seroit vn circuit inutile, reprouué par le droict, & incogneu en l'vsage, & seroit comme vne seruitute de seruitute, & vn vsufruict d'vsufruict.

23 Limitation de nostre regle.

C'est pourquoy il faut tenir tout de mesme, que quand il ne dépend de la Seigneurie sinon la simple nomination des Offices, ou benefices, la doüairiere,

riere, le gardien, & tout autre vsufruictier en doit iouïr pleinement & absolument. Et lors il est reputé faire cette nomination comme procureur *in rem suam* du proprietaire, *l. 1. §. vlt. D. De noui operis nuntiat.* qualité qui est sous-entenduë en tous les actes qu'il faict, dépendans de son vsufruict, comme aussi en ceux du fermier au faict de sa ferme, ainsi que dit du Moulin, & encor mieux Argentré au lieu sus-allegué.

Quant au beneficier, encor qu'il ne soit Seigneur que pendant sa vie, du benefice dont dépend la Seigneurie, si est-ce qu'il y a bien plus de droict qu'vn simple vsufruictier. D'autant qu'il n'y a aucun proprietaire qui soit par dessus luy, ains est luy-mesme le proprietaire, *& habet plenum dominium*, c'est à dire la proprieté iointe auec l'vsufruict pendant sa vie, tout ainsi que le Seigneur d'vn heritage suiect à substitution, ou autre restitution: n'ayans l'vn & l'autre rien qui leur manque à la seigneurie parfaicte, sinon qu'ils ne peuuent aliener; ce qui n'empesche pas qu'ils ne soient vrais Seigneurs, comme il est dict aux Institutes, tit. *Quibus alienare licet, vel non.* C'est pourquoy ils n'ont pas seulement la nomination des Offices & benefices, ains comme ils ont la pleine Seigneurie, aussi ont-ils la pleine prouision. 24 Quel droit ha le beneficier en la prouision des Offices.

Pour le regard du mary, c'est vne grande dispute entre les Canonistes, si sa femme ayant droict de patronage, c'est à luy, ou à elle à presenter, dont les diuerses opinions, ensemble les fondemens d'icelles sont recueillis par *Rochus De Curte* sur la fin de son traicté *De iure patronatus, in verbo, Ipse vel is. num. 6o.* & par Tiraqueau en son dernier liure, *De leg. connub.* Mais tous ces Docteurs en ont parlé selon les maximes du droict Romain, auquel les Canonistes se sont rangez en cette matiere qui dépend de la puissance qu'a le mary sur les biens de sa femme, en laquelle nostre vsage ne se rapporte nullement aux loix Romaines. Ce qui merite bien d'estre approfondy à loisir, pource que de là dépendent plusieurs beaux poincts de pratique. 25 Et le mary.

Car il faut prendre garde que nos mariages de France ressemblent du tout à ceux de l'ancien droict Romain, qui se faisoient *per coëmptionem, in quibus mulier non solùm vxor fiebat, sed etiam materfamilias, id est transibat in familiam, atque adeò in manum potestatémque viri*: & en ces mariages cela estoit particulier, que *omnia quæ habebat vxor, viri fiebant dotis nomine*, dit Ciceron aux Topiques: combien qu'aux autres mariages qui se celebroient és formes ordinaires, la femme ne sortoit point hors de la puissance de son pere, & n'entroit point en celle du mary, & ne luy apportoit en dot que ce qui estoit exprimé par le contract de mariage, demeurant à elle l'entiere Seigneurie de ses autres biens, qui estoient appellez παράφερνα. 26 Discours de la puissãce maritale.

Aussi en France les femmes sortent par mariage de la famille, du nom, & de la puissance de leur pere, entant que la puissance paternelle y ha lieu, & entrent en la famille, au nom, & principalement en la puissance du mary, comme i'ay amplement discouru au 4. chap. du 2. liure *Du Déguerp.* Puissance qui mesme estoit du temps des anciens Gaulois, ainsi que Cesar rapporte liu. 6. *De bello Gallico.* Toutesfois elle n'est pas maintenant de la vie & de la mort, comme Cesar dit auoir esté celle des Gaulois, pource que le Christianisme (sur lequel nous fondons auiourd'huy cette puissance, entant que Dieu a dit à la femme *Subdita eris viro, virque tibi dominabitur*) ayant iustement aboly la seruitute des esclaues, à plus forte raison a-il osté celle des femmes: de sorte qu'en effect la puissance maritale demeure telle à peu pres que la paternelle, & ainsi que la mere de famille de Rome estoit en semblable puissance du pere de famille que le fils de famille. Et c'est pourquoy la femme mariée ne peut faire contracts, ni ester en iugement. 27 Quelle elle est en France.

Car en consequence de cette puissance, qu'ont les maris sur la personne de leurs femmes, ils ont aussi puissance sur leurs biens, dont mesme constant le mariage ils sont, & se peuuent qualifier Seigneurs, soit qu'ils leur ayent esté baillez en dot, ou non: de sorte que tous actes de pouuoir, & d'honneur dépendans d'iceux, ores qu'ils ne soient communicables qu'aux vrais Seigneurs, appartiennent neantmoins aux maris és propres de leurs femmes. Comme on a veu de nostre temps feu monsieur de Neuers tenir rang de Pair de France, à cause des 28 Qu'elle redonde sur les biens. 29 Maris prenent le tiltre & rang des Seigneuries de leurs femmes.

Pairies de Niuernois & Rhetelois appartenantes à Madame sa femme; & combien que la Pairie soit la Seigneurie qui approche plus pres de la nature du pur Office, estant Office & Seigneurie ensemblement; & partant semble qu'en ce qu'elle est Office, elle n'est communicable de personne à autre, ce neantmoins il gaigna par arrest la preseance, comme plus ancien Pair sur monsieur d'Aumale, qui estoit Pair de son chef, & non à cause de sa femme.

30 Pourquoy est deu relief pour mariage de la femme.

Et c'est la cause pourquoy selon nos Coustumes il est deu relief au Seigneur feodal, pour le mariage de sa vassale, pource que par iceluy le fief seruant passe en la personne du mary, qui doit entrer en foy luy mesme, pour le fief propre à sa femme, & partant c'est raison qu'il paye son inuestiture. Ce n'est donc plus la femme mariée qui est vassale, & en qui reside la Seigneurie du fief, ains le mary tant que le mariage dure. Aussi est-ce à luy d'exercer tous les actes d'honneur, & de pouuoir, qui dépendent, soit au fief, ou en la iustice, de la Seigneurie de sa femme. Ce qui n'est pas si formellement & rigoureusement obserué és biens roturiers, pource que les fiefs de leur origine ne pouuans appartenir qu'aux hommes, non plus que les iustices, on les refere encor auiourd'huy aux hommes tant que faire se peut: qui est la cause, en passant, pourquoy en succession collaterale les masles excluent les femelles.

31 Mary a plus de droict és biens de sa femme, qu'au droict.

Dont s'ensuit qu'en France le mary ha beaucoup plus de droict aux Seigneuries de sa femme qu'il n'auoit pas au droict Romain en la dot, dont il estoit seulement dit Seigneur par fiction, demeurant tousiours la vraye Seigneurie d'icelle à la femme, comme dit la loy *In rebus. C. De iure dot. & l. Quamuis. D. eod.* Mais sur tout au droict Romain les droicts honorifiques de la dot, qui sont inseparables de la vraye seigneurie, ne passoient point au mary, pource que ni la personne de la femme, ni ses biens par consequent n'entroient en la puissance ni en la famille du mary. Ains le mary n'en estoit que comme vsufruictier, *cap. Per vestras. Ext. De don. inter vir. & vxor.* & encor les Canonistes luy dõnent moins de puissance qu'au simple vsufruictier. Car encor que la presentation des Offices & benefices appartienne au simple vsufruictier, à l'exclusion du proprietaire, comme il vient d'estre dit qu'ils sont tous d'accord sur le chap. *Ex literis. Ext. De iure patron.* si est-ce que sous pretexte qu'ils voyent que dans le droict ciuil le mary & la femme sont tous deux concurremment qualifiez Seigneurs de la dot, ils resoluent presque tous que le mary & la femme peuuent presenter valablement au benefice, dont le patronage dépend du propre de la femme. Et sur la rencontre des deux presentez, l'vn par le mary, & l'autre par la femme (car le mary & la femme ne sont qu'vn, estans d'accord; mais estans en discord, ils sont deux) c'est là où ces interpretes ne se peuuent accorder, lequel doit emporter le benefice. Toutesfois la plus part le donnent au presenté par la femme, pource que le droict Romain luy laisse la vraye Seigneurie de la dot.

32 Erreur des Canonistes.

33 Vraye resolution de la question.

Laissant toutes ces opinions erronées & fondées sur le droict Romain, duquel nostre vsage est du tout different en cecy, ie conclu, suiuant l'opinion du mesme *Rochus de Curte*, & de du Moulin sur l'art. 37. de la coust. gl. 10. que le mary seul, & non la femme, peut presenter au benefice, en vertu du droict de patronage, dépendant du propre de la femme: ce qui auroit lieu, quand mesme il n'auroit en ce propre autre droict qu'vn vsufruict: car la simple presentation estant en fruict, comme il vient d'estre prouué, doit appartenir à l'vsufruictier, & non au proprietaire. Mais ie passe bien plus outre, & dy qu'en France, où le mary ha en sa puissance & la femme, & ses biens, il peut conferer pleinement, c'est à dire nommer & instituer tout ensemble aux Offices dépendans des Seigneuries de sa femme, en ayant l'institution à cause de la puissance maritale, & la nomination à cause de son vsufruict. Et si ie dy qu'il peut faire de luy-mesme cette libre prouision, sans en demander l'aduis à sa femme, s'il ne veut, pource que, & le pouuoir, & le fruict d'icelle reside tout à fait en luy seul. Neantmoins ie suis bien de l'opinion de du Moulin, qu'il doit en telles prouisions se qualifier Seigneur, à cause de telle sa femme, ou specifier en autres termes la cause de son pouuoir, afin de ne diuertir les droicts dépendans des propres de sa femme, tout ainsi que

34 Mary peut conferer pleinement les Offices, sans en parler à sa femme.

tout

tout administrateur doit exprimer sa qualité en tous actes d'importance, non qu'à faute de ce faire les prouisions soient nulles, mais seulement elles sont suiectes à estre reformées.

Dont resulte que la prouision de la femme seule, & sans estre assistée, ou du moins auctorisée par son mary, est du tout nulle, tant pource que ce droict reside au mary, & non en elle, que pour autant qu'en France vne femme mariée ne peut faire de soy, & sans l'auctorité de son mary, aucuns actes publics, ni de commerce, soit és contracts, ou en iugement. Mais si le mary veut faire l'honneur à sa femme de l'adioindre auec luy en telles prouisions, ou si encor il veut qu'elles soient faictes par elle seule, & qu'il l'auctorise de ce faire, il n'y a nulle difficulté qu'elles ne soient valables : pource qu'en effect la femme est tousiours dame & maistresse de ses propres, & partant capable d'en conferer les Offices : pourueu que le mary luy permette, & luy remette son droict & interest. Tout ainsi qu'en la feodalité, bien que ce soit au mary à entrer seul en foy vers le Seigneur de fief, & à receuoir seul les hômages des vassaux du fief de sa femme, si est-ce qu'en ces actes il peut sans doute associer sa femme, voire les laisser à elle seule : pourueu toutesfois que ceux auec lesquels ils se font, & qui y ont interest s'en veulent contenter. 35 Femme mariée ne les peut conferer seule.

Quoy donc si la femme par son contract de mariage se reserue la libre disposition de ses propres, sans que les fruicts d'iceux entrent en communauté : ou bien si elle a stipulé, qu'il n'y auroit point du tout de communauté, ou finalement si pendant le mariage elle est separée de biens d'auec son mary, en tous ces cas son mary peut-il encor pouruoir aux Offices dépendans de ses propres, en vertu de la puissance maritale, qui neantmoins luy demeure ? Certes c'est vne grande difficulté. 36 *Quid* si elle s'est reserué la disposition de ses propres.

Car quant au premier poinct, de la femme qui s'est reserué l'entiere disposition de ses propres, c'est lors proprement ce qu'en l'ancien droict, quand les mariages *per coëmptionem* auoient lieu, on appelloit *Res receptitias, quas nimirum ex bonis suis vxor retinebat, neque ad virum transmittebat, sicuti in venditionibus, quæ excipiuntur, nec veneunt.* dit A. Gelle liu. 17. chapitre 6. ce que i'ay expliqué au chap. 4. du 2. liu. *Du deguerp.* Attendu mesme que le Iurisconsulte Paulus nous tesmoigne en la loy *Dotis. De iu. dot.* que cela estoit ordinaire aux Gaulois, disant qu'ils l'appelloient *Pecule* : adioustant que le mary n'ha aucun droict en ce pecule : dont s'ensuit qu'il ne peut conferer les Offices qui en dépendent. 37 *Res receptitiæ.* 38 *Pecule* vieil mot François.

Le mesme doit estre dit, sauf meilleur aduis, lors qu'il y a separation de biens entre mary & femme, soit par leur contract de mariage, ou depuis : pource que l'effect de cette separation est, que desormais *vxor res suas sibi habet*, qui estoit le formulaire du diuorce Romain. Et combien que ces separations de biens n'ostent pas la puissance qu'ha le mary sur la personne de la femme, selon la loy de Dieu, & l'vsage ancien des François, ains ne regardent directement que les biens : neantmoins par vne consequence necessaire, qui resulte d'icelles, la puissance qui s'estend sur la personne, est bien diminuée indirectement en ce qui concerne le commerce des biens, entant que la femme acquerant par ses separations la libre administration de ses biens, il faut qu'en tout ce qui concerne cette administration, elle soit exempte de la puissance du mary, comme vsant de ses droicts pour ce regard : tout ainsi qu'vn mineur estant marié, ou ayant obtenu benefice d'âge, sort de la puissance de son tuteur, non pas tout à fait, ains seulement pour ce qui concerne l'administration de son bien, en laquelle son tuteur n'ha plus que voir ni controller. Mais ni l'vn ni l'autre n'est tout à faict mis hors de cette puissance, pour ce qui concerne l'alienation de ses immeubles. Et de faict par les arrests rapportez par M. Louet *In lit. R. cap.* 45. il se voit que, & la femme separée, & celle qui par son contract de mariage s'est reserué la libre disposition de ses propres, demeure vraye vassale, & ne doit, ni son mary aussi, aucun rachat au Seigneur de fief, à elle escheu par succession directe. 39 *Quid* en la femme separée de biens.

Or la prouision des Offices est vn acte de simple administration, & non pas d'alienation, d'autant que par icelle le fonds de la Seigneurie n'est en rien dimi- 40 Elle confere les Offices.

nué : & partant il s'ensuit que la femme separée, & le mineur marié, & celuy qui ha benefice d'âge, peuuent d'eux mesme, & sans l'auctorité du mary, ni du tuteur, conferer pleinement les Offices dépendans de leurs Seigneuries.

41 Si le tuteur peut conferer les Offices.

Ce discours nous conduit à parler du tuteur, s'il peut pouruoir, ou nommer aux Offices dépendans des Seigneuries de son mineur : veu qu'il n'est aucunement Seigneur d'icelles, pour y auoir l'exercice des droicts d'honneur, & de puissance, que nous auons dit estre inseparables de la personne du Seigneur. Car

42 Ou le pupille.

ce qu'il est quelquesfois au droict reputé pour Seigneur, n'est qu'en ce qui dépend notoirement du faict de sa charge & administration, comme le dit la loy *Qui fundum. §. Si tutor. D. Pro emptore*. Aussi les Canonistes tiennent concordamment, que c'est au pupille maieur de sept ans à pouruoir & presenter aux benefices, comme prouue amplement le mesme *de Curte, in verbo, Competens. num. 14. & Benedicti ad cap. Rainutius. in verbo. Adiectæ impuberi. num. 61.*

43 Semble que le tuteur peut côferer.

Mais d'autre part on peut dire que la puissance d'vn Seigneur est reglée de mesme à peu prés en la iustice comme au fief. Or est-il certain que le tuteur peut receuoir les hommages, & inuestir les vassaux, comme Io. Faber sur la loy *Sancimus. C. De administr. tut.* nous tesmoigne auoir esté de tout temps pratiqué. Pourquoy donc ne conferera-il les Offices plustost qu'vn mineur, qui ne peut ester en iugement, ni contrats asseurez, ni autres actes d'importance & énergie beaucoup moindre que la prouision des Offices ? Autrement quelle apparence y auroit-il, que celuy qui est en la puissance d'autruy, conferast la puissance publique.

44 Resolutiô qu'il les confere en qualité de tuteur.

Toutes ces raisons sont vrayes de part & d'autre, & pour les accorder ensemble, & resoudre clairement ce poinct, il faut confesser, que la puissance & le droict de conferer les Offices, n'appartient point au tuteur pour luy & à son profit, comme il appartient à l'vsufruictier, au beneficier, ou au mary : n'ayant le tuteur aucun droict de proprieté, ou d'vsufruict en son nom és heritages de son mineur, ains tout ce qu'il y faict, n'est qu'au nom, & comme representant la personne de son mineur, & pour l'vtilité d'iceluy. Et combien que le pouuoir de conferer les Offices ne soit regulierement communicable, ni transmissible à aucune tierce personne, si est-ce que pour la necessité seulement (comme quand la prouision ne peut estre differée, & que neantmoins le pupille est en tel âge, qu'il ne la peut faire luy mesme) il passe en la personne du tuteur, comme celuy seul qui peut representer le mineur, & suppléer sa personne.

45 Partât n'en peut gratifier ses propres domestiques.

Encor en ce cas i'estime que si vn tuteur vouloit mal à propos, pour gratifier ses domestiques, les preferer à d'autres plus capables, & mieux meritez du mineur, ses parens y pourroient mettre empeschement, la chose estant entiere, & faire ordonner, que le benefice, ou Office non-venal seroit conferé par le tuteur, à celuy qui seroit choisi par eux à la pluralité des voix : pource que le choix & gratification doit redonder à l'vtilité du mineur, qui doit estre arbitrée par les parens és choses de consequence ; non pourtant que cette solemnité de prendre l'aduis des parens soit regulierement necessaire, pour la validité des prouisions, que donne le tuteur : pource que c'est vn acte d'administration, qu'il peut valablement faire seul, & sans aduis des parens, & decret de iustice.

46 Doit vêdre les Offices.

Mais quoy que ce soit il faut que le tuteur, quand on l'en laisse faire tout seul, s'y conduise entierement selon l'vtilité de son mineur. De sorte qu'à l'esgard des Offices qui peuuent estre licitement vendus, & qui ont accoustumé de l'estre, il ne les peut pas conferer gratuitement, pource que ce seroit exercer liberalité du bien d'autruy : ains faut qu'il les vende à prix raisonnable, non que sa prouision à moindre prix ne tienne, mais il est en hazard d'en faire la maille bonne. Que s'il les a conferez du tout gratuitement, il est hors de ce hazard, pource que le pupille, estant fait maieur, peut destituer les pourueus, ce qu'il ne peut pas à l'esgard de ceux, que son tuteur à pourueus moyennant finance, quoy que moindre que la iuste valeur des Offices, comme ie diray cy-apres au chap. 5. Et quant

47 Laissez en domaine les domaniaux.

aux Offices qui auoient accoustumé par la disposition du pere de famille d'estre tenus en domaine, & baillez à ferme, comme les Greffes & Notariats, il ne les peut

peut conferer à titre d'Office : ce qui doit aussi estre tenu en l'vsufruictier, au beneficier, au mari, en l'acquereur à faculté de rachat, & tous autres, qui ne sont pas Seigneurs incommutables, pource qu'ils ne doiuent changer l'ancien vsage, non plus que la face de l'heritage, autrement ils frauderoient les vrais Seigneurs & leurs successeurs.

48 Le gardien dispose des Offices à sa volonté.

Autre chose est (fors en ce dernier poinct, qui est sans exception) en vn gardien, soit és coustumes, où il faict les fruicts siens, soit mesme en celles, où il est comptable. Car quand il fait les fruicts siens, il est comme le vrai vsufruictier, auquel le choix des Officiers appartient de son chef, & pour sa propre vtilité, comme vn fruict, & la prouision au nom du pupille, sans qu'il puisse estre contraint d'en demander aduis aux parens, pource qu'elle est contrainte à l'égard du pupille. Et quand il est comptable, neantmoins la qualité de pere, mere, ayeul, ou ayeule (car la garde n'appartient à autres) lui peut bien donner cet aduantage par dessus vn tuteur estranger, ou collateral, qu'il n'est tenu prendre l'aduis des parens plus éloignez, *quia pietas paterna consilium pro liberis capit*, dit la loy.

49 A quel aage le mineur peut conferer les Offices.

Mais puisque le tuteur ou gardien, quel qu'il soit, peut seulement conferer les Offices & benefices, quand le pupil n'est en aage competent, pour les pouuoir conferer lui mesme, voyons à quel aage il les peut conferer. Premierement, il est certain, que les enfans, c'est à dire, ceux qui sont dessous l'aage de sept ans, ne le peuuent, *quia nullum eorum animis iudicium est*, dit le Iurisconsulte. Et ce que les Canonistes disent, que si tost qu'ils sont au dessus de sept ans, comme ils sont capables de tenir les benefices à simple tonsure, aussi sont-ils capables de conferer ceux qui dépendent d'iceux, *transeat* en matiere de benefices. Car en fin c'est vne absurdité & mauuaise pratique, de permettre qu'vn mineur de quatorze ans puisse tenir des benefices, qui en ayent d'autres en leur collation. Mais posé que cette absurdité soit passée en vsage, il ne faut trouuer estrange que cette autre icy en naisse, qu'vn mineur puisse conferer les benefices, pource qu'estant adnoüé capable de tenir le principal benefice, il le faut tenir pour capable de tout ce qui dépend de la function d'iceluy ; aussi qu'autre que luy n'y peut pouruoir *iure ordinario*, d'autant que la charge du tuteur ne s'estend nullement sur le spirituel.

50 Impubere ne peut conferer Offices.

Mais puisque ces rencontres cessent en la presentation qui appartient à vn mineur, comme patron lay, & à cause d'vne Seigneurie temporelle, & principalement encor en la prouision des Offices qui en dépendent, i'estime que le mineur & soubs-aagé de quatorze ans, comme parle l'antique Bouteiller, ne les peut conferer : attendu qu'il n'y est habilité par aucun moyen, & qu'il y a autre qui le peut faire plus à propos, à sçauoir son tuteur, de la charge duquel dependent toutes les affaires temporelles du mineur, qui ne peuuent estre bonnement expediées par lui mesme.

51 *Quid* des adultes.

Voila pour les impuberes & mineurs de douze & quatorze ans, qui est l'aage, auquel selon la diuersité de sexe, finit la puissance des tuteurs par le droict Romain : mais quant aux puberes & adultes, la difficulté n'y est pas moins grande, qui mesmement est controuersée à l'égard des Roys (s'il est licite de comparer les petits seigneurs aux grands, & les sujets aux souuerains) quand on demande à quel aage ils peuuent en leur nom administrer leur Royaume, & faire cesser le pouuoir des Regens, au nom desquels s'en fait l'administration, pendant la basse minorité des Roys. Question fameuse, qui est traitée par du Moulin, sur le 19. article de la coustume, & par Benedicti au lieu sus-allegué, nombre 41. dont ie ne me hazarderai de parler apres ces grands personnages.

52 Distinction notable de Bartole.

Mais au particulier de la nostre, ie me range en vn mot à la resolution de Bartole sur la loy *Quidam consulebant. D. De re iudic.* qui distingue fort bien, à mon iugement, pour ce qui est des Seigneuries non souueraines, les actes de iurisdiction, c'est à dire, de pur pouuoir & energie, d'auec ceux d'administration : & dit, que ceux d'administration demeurent au curateur iusques à vingt cinq ans, ainsi que sa charge : mais ceux de iurisdiction, ou pouuoir particulier appartiennent au mineur, deslors qu'il a attaint l'aage de puberté ; pource que comme le curateur n'ha pas charge de la personne du mineur pubere, au n'a-il les functions qui resident en sa personne.

53 Qu'elle doit estre tenue contre du Moulin.

Et combien que du Moulin imagine qu'il y a de l'absurdité en cette opinio en ce qu'elle requiert moindre aage pour les actes solennels, & de puissance p blique, que pour la simple administration & perception des fruicts : si est-ce qu faut aussi considerer d'autre costé, que l'administration est la propre charge d tuteur; mais la iurisdiction, ou puissance ne lui est communicable qu'accident lement, à faute d'autre, & en cas de necessité : de sorte qu'il ne faut trou estrange, que si tost que le vrai Seigneur a attaint l'aage, auquel il y a quelq vrai-semblance qu'il la puisse exercer par lui-mesme, il ne faut plus permett que la qualité subsiste hors de son subject, ni la puissance hors la personne à q elle est inherente, ains faut que le pubere l'exerce lui mesme en son nom, & tou tefois par aduis de conseil.

54 Resolution de la questiõ.

Ce que nos coustumes ont suiui apparemment. Car bien qu'en France la cha ge & administration des tuteurs dure iusques à vingt cinq ans, pource que no ne faisons difference entre les tuteurs & curateurs; si est-ce qu'en matiere d fiefs, c'est à dire, des actes qui concernent l'exercice de la Seigneurie feodal *actiuè, vel passiuè*, nos coustumes reputent les Seigneurs majeurs, qui à quatorz ans, qui à dixhuict, qui à vingt, quant aux masles : & quant aux filles à douze, o quatorze ans, qui est l'aage, auquel on a probablement arbitré, qu'il y auroit e eux iugement suffisant : ce que par identité de raison, i'estime deuoir estre suiui en ce qui dépend de la iustice. Et partant ie conclu, qu'en tel aage, que le mineu est reputé capable par la coustume du païs pour porter hommage de son fief, en cet aage il peut conferer les Offices, & que desormais son tuteur ne les doit con ferer. Encor dy-je plus, que si aupres de cet aage il vient à vaquer des Offices, dont la prouision puisse estre commodément reseruée au temps que le Seigneur aura attaint cet aage, le tuteur la lui doit reseruer, d'autant qu'il n'en ha le pou uoir, sinon en cas de necessité.

55 Si le simple possesseur peut conferer les Offices.

Quant au simple possesseur de la Seigneurie, c'est encor vne question pleine de grandes difficultez, & sans m'amuser au discours, i'estime en vn mot, que tout possesseur actuel & public, soit de bonne ou de mauuaise foy d'vne Seigneurie, peut valablement conferer les Offices d'icelle, pource que les deux poincts requis en la prouision des Offices se rencontrent en lui, à sçauoir, le droict de choisir & nommer les Officiers, & la puissance de les pouruoir. Le choix, entant que la perception des fruicts dépend plus du possesseur que du proprietaire: le pouuoir, d'autant que pour faire les actes dépendans d'vn Office, Seigneurie, ou puissance publique quelconque, il suffit d'estre recogneu publiquement pour celui qui en ha la qualité, sans qu'il en faille auoir la preuue prompte, & en main.

56 Resolution que si.

Comme donc le possesseur d'vne Seigneurie feodale peut valablement saisir le fief mouuant d'icelle, & en gaigne les fruicts, sans qu'on lui puisse referer la question de la proprieté, ainsi que discourt du Moulin, sur l'article premier de la coustume, gl. 1. quest. 10. aussi le possesseur d'vne iustice, en peut valablement conferer les Offices vacans, sans qu'on lui puisse objecter qu'il n'est pas proprietaire d'icelle : pource qu'en vn mot, la collation des Offices est vn acte de possession, & non pas de proprieté, *cap. Consultationibus. & cap. Ex literis. ext. De iure patron. & cap. Querelam. De elect.* & comme dit Bartole, *Consil. 68. incip. Vacante quadam Ecclesia. Quantùm ad effectum præsentandi, non refert, an quis sit patronus, sed tantùm an sit in possessione patronatûs.*

57 Preuue.

Mesme tous les Canonistes tiennent concordamment sur les chapitres susalleguez, qu'en concurrence de deux presentez; l'vn, par le possesseur du patronage; l'autre, par le vrai proprietaire, le presenté par le possesseur, ores que non receu, peut déposseder & dechasser le pourueu par le proprietaire, bien qu'il ait esté receu.

58 Mesme le possesseur de mauuaise foy.

Pareillement, ie dy qu'on ne peut objecter au pourueu par le possesseur public, afin d'empescher sa receptiõ, que celuy qui l'a pourueu est possesseur de mauuaise foy, ſuppoſé qu'il n'y ait point d'autre poſſeſſeur que lui, capable de pouruoir à l'Office, quand meſme il y auroit vn iuſte procez petitoire intenté contre le poſſeſſeur. Car tel procez ne lui peut empeſcher l'exercice de ſa poſſeſſion. Et encor, ſ'il y auoit vn autre, qui ſe maintinſt pareillement poſſeſſeur de la Seigneurie, il faut qu'il ſ'oppoſe auant la reception de l'Officier, pourueu par le poſſeſſeur public. Autrement ſi l'Officier eſt receu, il faut qu'il demeure en ſon Office, du moins iuſques à ce que le procez de la Seigneurie ſoit vuidé.

Mais ſi ce poſſeſſeur pretendu, ou bien le pourueu par lui, ſe preſentoit auant la reception, c'eſt en ce cas la grande altercation entre les Docteurs, dont y a ſix diuerſes opinions, recueillis par le meſme *Rochus de Curte, ad verbum, Competens. num. 48. & ſeq.* & me ſemble que c'eſt le plus ſeur, de differer la reception de l'vn & de l'autre, ſi ce n'eſt que le Iuge recognoiſſe que le procez principal des deux poſſeſſeurs contendans la Seigneurie, ſoit pour prendre long trait, & que cependant il ſoit neceſſaire que l'Office ſoit rempli. Auquel cas il receura, par commiſſion ſeulement, le pourueu par le poſſeſſeur plus actuel, ſans preiudice du procez, & en attendant la deciſion d'icelui. 59 *Quid* quãd vn autre poſſeſſeur s'oppoſe.

Et quant eſt de ſçauoir, ſi le collateur eſtant éuincé, celui qui a eſté declaré vrai Seigneur, peut déchaſſer les beneficiers nommez par icelui, ou les Officiers pourueus pour cauſe onereuſe, ou remuneratoire, & receus ſans debat ni empeſchement: comme auſſi le proprietaire apres l'vſufruict fini, le Seigneur apres le rachat executé, ou le bail à vies expiré, le ſucceſſeur au benefice, le ſubſtitué apres la ſubſtitution eſcheuë, la femme apres la diſſolution du mariage, le majeur apres la tutelle finie, ie reſerue tout cela plus commodément au chapitre de la deſtitution des Officiers. 60 Si les pourueus par le poſſeſſeur nõ incõmutable, peuuent eſtre priuez apres ſon droict finy.

C'eſt encor vne grande queſtion, quand ceux qui ne ſont Seigneurs de la Iuſtice qu'en partie, ont pourueu vn Officier, ſans prendre la voix de leur con-ſeigneur, ſi telle prouiſion doit ſubſiſter: pour reſolution de laquelle ie dy en vn mot, ſans m'embaraſſer dans les difficiles queſtions de la diuiſion & partage des iuſtices, que quelque petite part qu'ait le con-ſeigneur en la iuſtice, il ſ'en peut iuſtement plaindre pour ſon intereſt, pource que comme dit le droit Canon, en ſemblable matiere, *plus nocet contemptus vnius, quàm conſenſus multorum.* 61 Si le Seigneur pour partie peut pouruoir les Officiers.

Or ſon intereſt eſt double; l'vn, d'auoir ſa voix au choix de l'Officier; l'autre, d'eſtre compris aux lettres de prouiſion: & partant, il faut qu'il lui ſoit faict raiſon de l'vn & de l'autre. Ce qui peut bien ſouuent eſtre faict, ſans reuoquer le pourueu, principalement quand le contemné ha moins de part en la prouiſion: comme en ordonnant, que ſon nom ſera adiouſté aux lettres de prouiſion, ce qui eſt touſiours neceſſaire, pour conſeruer ſon droict & ſa poſſeſſion: & au ſurplus, qu'il aura vne autre fois ſon tour, pour conferer vn autre Office, ou le meſme quand il vaquera: bref, en le mettant apparemment hors d'intereſt par quelque expedient. Car en telles pontilles, force eſt de ſ'accommoder à l'équité, & de gauchir à la rigueur; n'eſtant poſſible que chacun ait ſon compte ric à ric. Ce qui doit auoir lieu, principalement ſi cette plainte ſe commence ſeulement apres la reception de l'Officier pourueu par la plus grande partie des con-ſeigneurs. Car il eſt bien plus mal-aiſé de chaſſer vn Officier receu, que d'empeſcher ſa reception, & en ce cas, la plus grande partie emporte la plus petite, pour maintenir l'Officier ja receu: mais touſiours il faut deſ-intereſſer celui qui n'ha point eſté appellé pour le choiſir. 62 Comment on fait raiſon au con-ſeigneur.

Quant à l'heritier par benefice d'inuentaire, il n'y a nulle difficulté, qu'il ne puiſſe pleinement conferer les Offices: *verus enim hæres & herus eſt rerum hæreditariarum*; & n'y a autre que lui qui les puiſſe conferer: voire il en peut diſpoſer à tel titre qu'il voudra, ainſi qu'il ſera dit plus amplement cy-apres au chapitre cinquieſme. 63 L'heritier beneficiaire peut conferer les Offices.

Mais ſi la Seigneurie, dont l'Office dépend, eſt ſaiſie ſur lui, ou ſur tout autre proprietaire, & regie par commiſſaire, la difficulté eſt plus grande, ſi pendant cette ſaiſie, le proprietaire, ou bien le commiſſaire, ou quel autre peut conferer les Offices qui en dépendent. Car nous diſons en France, que le ſaiſi eſt 64 *Quid* de celui dont la Seigneurie eſt ſaiſie.

dépossedé, & la loy nous dit que le sequestre, ou commissaire establi par iustice est le vrai possesseur, *l. Licet. D. Depositi.* Or est-il que, comme il vient d'estre dict, la collation des Offices est vn acte de possession, plustost que de Seigneurie.

65 Resolution que le saisi peut conferer les Offices. Neantmoins la verité est, que le saisi demeure, non seulement Seigneur, mais aussi possesseur de la chose saisie, au moins quant à la possession ciuile, sauf qu'il ne l'ha pas libre, & que partãt il ne peut aliener. C'est pourquoi nous disons, que iustice ne dépossede personne, & le droit nous apprend, que le proprietaire saisi peut prescrire, & qu'il est excusé de satisdation, comme possesseur d'immeuble, *l. Qui pignoris. D. De acquir. possess. & l. Sciendum. §. Creditor. D. Qui satisd. cogantur.* Aussi voyons-nous notoirement que c'est lui qui fait tous exercices actifs & passifs des droits feodaux: c'est à dire, qui reçoit les vassaux en foy, & fait aussi la foy au Seigneur de fief. Dont s'ensuit par identité de raison, qu'il doit exercer les actes de sa iustice, entant qu'ils appartiennent au Seigneur, à sçauoir de conferer les Offices, & iouïr des droits honorifiques de la Seigneurie: aussi est-il certain qu'autre que lui ne peut conferer les Offices, car le Commissaire n'ha pas cette puissance, non plus que de porter la foy, sinon pour son refus en cas de necessité. Et quant au fermier, ou adiudicataire du bail pendant les criées, il a esté dit cy-dessus, que nul fermier ne peut instituer les Officiers, ni mesme les choisir & nommer, & en disposer, si ce n'est que par exprés cela soit compris en son bail; ce qui ne se fait point és baux iudiciaires.

66 De la forme des prouisions des Seigneurs. Voila donc ceux qui peuuent valablement pouruoir aux Offices; & quant à la forme de la prouision, c'est chose de grande importance, de sçauoir bien distinguer la cause d'icelle, qu'en pratique nous appellons *le titre*, comme en droict, *titulus causam acquisitionis significat*. Or il faut noter qu'il y a trois

67 Trois sortes de prouisions d'Offices. diuers titres, causes, ou especes de prouision des Offices des Seigneurs. A sçauoir la prouision pure & simple, autrement appellée prouision à titre gratuit, c'est à dire, pour cause gratuite, celle à titre remuneratoire, & celle à titre onereux.

68 Deux sortes de prouisions gratuites. Car encor qu'en droit, pour separer les donations d'auec les autres titres & moyens d'acquisition, on ne met que deux especes de titres, à sçauoir le titre, ou cause lucratiue, & l'onereuse. Dont la cause lucratiue contient toutes donations, tant entre vifs que testamentaires, & le titre, ou cause onereuse contient toutes les autres sortes d'acquisition. Toutefois, d'autant qu'il y a deux sortes de donation; l'vne du tout gratuite, qui prouient de la pure liberalité du donateur; l'autre remuneratoire, qui est causée par quelque merite du donataire: & d'autant aussi qu'on a trouué en matiere d'Offices (où la donation doit estre plus ordinaire) que la cause onereuse ha certaines rencontres, esquelles il faut distinguer les donations gratuites d'auec les remuneratoires, qui sont metoyennes entre la cause lucratiue & l'onereuse, cela est occasion qu'en subdiuisant la donation, ou prouision gratuite en la pure gratuite, & la remuneratoire, on a en fin trouué trois especes de titres, ou causes de prouisions d'Offices.

69 De la pure gratuite. Donques la prouision pure gratuite, est, comme la pure donation: *cùm quis propter nullam aliam causam facit, quàm vt liberalitatem exerceat, hæc propriè donatio dicitur*, dit la loy 1. *D. De donat.* & comme cette donation s'appelle donation simple, aussi la prouision pure gratuite s'appelle prouision simple. Et de fait, quand en icelle il n'y a point de cause apposée, elle est presumée pure gratuite. Et combien que la prouision de l'Office porte selon le style accoustumé, qu'elle est faicte en consideration de la preud'hommie, experience, & autre suffisance du pourueu, elle ne laisse d'estre pure & simple. Car il faut tousiours qu'il y ait quelque occasion qui meuue & excite la volonté du Seigneur à conferer l'Office; mais quand cette cause ne regarde que la capacité de l'Officier, & non le profit du Seigneur, ou la recompense meritée par l'Officier, elle n'excede point les termes de la pure liberalité, & de la simple donation & prouision pure gratuite, comme prouue bien Tiraqueau sur la loy *Si vnquam. Cod. De reuoc. donat. in verbo, Donatione largitus. num.* 124.

Quant à la donation ou prouision remuneratoire, elle excede notoirement les termes de la pure donation, ou prouision simple, & purement gratuite. *Extra causam donationum sunt talium officiorum mercedes, vtputà, si tibi adfuero, si satis pro te dedero, si aliqua in re operâ meâ, vel gratiâ vsus fueris*, dit la loy *Hoc iure*. §. 1. *D. De donat.* & la loy *Attilius Regulus.* au mesme titre dit, que *non est mera donatio, sed officium quadam mercede remuneratum*: & mesmement la loy *Sed & si*. §. *Consuluit. D. De petit. hæred.* dit que c'est *velut quoddam genus permutationis.* 70 De la remuneratoire.

Finalement la prouision à titre onereux, est quand l'Office est vendu, ou permuté, ou baillé en payement pour chose deuë, & dont on eust eu action: & partant cette maniere de prouision, bien qu'auiourd'hui la plus commune, est neantmoins la plus éloignée, & de la raison, & de l'ancienne façon de conferer les Offices, ausquels en memoire de cette venerable antiquité, la vente est si odieuse, qu'on ha honte de l'exprimer par les lettres, & au lieu d'icelle on dit, qu'on donne & confere l'Office à titre onereux: & que mesme en commun langage nous ne disons pas vendre & acheter, quand nous parlons des Offices de Iudicature, ou autres non-venaux, ains disons composer, *nimirum lenitate verbi tristitiam rei mitigante.* 71 De l'onereuse.

Ces trois diuerses causes de prouision sont à distinguer, principalement és questions de la destitution des Offices, de la resignation necessaire, & de la garantie. Car en la pure gratuite, on tient, que la destitution y a lieu, que la resignation n'y est tolerée que de grace, & qu'il n'y eschet point de garantie. Au contraire, en l'onereuse, la destitution cesse, la resignation est necessaire, & la garantie ha lieu. Mais en la remuneratoire, qui est metoyenne entre les deux, la destitution n'ha lieu, mais à mon aduis, la resignation n'y est necessaire, & si garantie n'y eschet, non plus que le pourueu n'auoit action pour les seruices, dont l'Office luy tenoit lieu de recompense. Ce qui sera plus amplement traité cy apres sur chacune question. 72 La distinction qui s'en fait.

Quant au surplus de la teneur des prouisions des Offices Seigneuriaux, il n'y a rien de difference à celles des Royaux, ains elles contiennent toutes les mesmes clauses, qui ont esté expliquées au second chapitre du premier liure. Sinon que quand l'addresse des lettres, & la receptiõ de l'Officier Seigneurial doit estre faite par autres, que les Officiers du Seigneur, il n'y faut pas mettre la clause *Si mandons &c.* ains faut mettre, *Si prions & requerons, &c.* c'est à dire, vser de commission rogatoire, & non de mandement. Moins encor y doit estre mise la clause, *Car tel est nostre plaisir*, qui n'appartient qu'au Roy, & ne conuient pas mesme à vn Regent 73 Du formulaire des prouisions. 74 Clause *Car tel est nostre plaisir.*
du Royaume: comme nous auons veu pendant ces derniers troubles, que celui qui se qualifioit Lieutenant general de l'Estat & Couronne de France, mettoit en ses lettres, au lieu de cette clause, *Car ainsi a esté trouué iuste & raisonnable.* Mesme l'Autheur de la Francogallie nous apprend, que la clause *Car tel est nostre plaisir*, vient de ce qu'anciennement, lors que toutes expeditions se faisoient en Latin, on mettoit *Quia tale est nostrum Placitum.* Or *Placitum* signifie en Latin, *non libidinem, meramque Principis voluntatem, sed decretum ratione vel consilio subnixum, quod Grecè* [illegible] *dicitur.*

Mais les Seigneurs peuuent bien mettre en leurs prouisions la clause, *Tant qu'il nous plaira*, pource qu'elle n'empiete point sur la Majesté Royale. Toutefois le plus souuent elle est superfluë, comme elle l'est tousiours és prouisions du Roy, qui ne sont pas reuocables. Ce qui sera expliqué cy-apres au chap. 5. 75 Peuuent mettre la clause *Tant qu'il nous plaira.*

Finalement, quant à la reception des Officiers de Seigneurs, si elle est necessaire aux Officiers du Roy, qui ont leur pouuoir de celui de qui tout pouuoir prouient, à plus forte raison l'est-elle en ceux qui sont pourueus par gens, qui n'ayans l'exercice d'aucune puissance publique, ne la peuuent par consequent bailler & attribuer d'eux-mesme à leurs Officiers. 76 De la reception des Officiers des Seigneurs.
Ausquels ils n'attribuent par leurs prouisions, que le titre & Seigneurie de l'Office, qui leur apporte vne aptitude à obtenir ceste puissance publique, leur estant icelle appliquée par les Magistrats qui en ont pouuoir, & qui leur baillent la mission, l'ordre & le charactere d'Officiers publics. 77 Tous Officiers des Seigneurs doiuẽt estre receus en iustice.

78 Explicatiõ du 55. art. de l'Ordõnance d'Orleans. Ce qui est décidé par l'Ordonnance d'Orleans, article cinquante cinq, qui toutesfois ne parle que des Officiers des Iustices Seigneuriales, ressortissantes és Royales, & non de celles qui ressortissent en d'autres Iustices des Seigneurs. Mais c'est pour deux raisons; l'vne, que le Roy n'approuue point le ressort & second degré des Iustices Seigneuriales, pour les raisons amplement déduites au liure *Des Seigneuries*, chapitre huictiesme. L'autre, que cet article ne parle que de ce qui est de la charge des Iuges Royaux. Or est-il, que ce n'est à eux à receuoir les Officiers, qui ne ressortissent pas directement deuant eux, ains aux Iuges du ressort immediat. Aussi est-il sans doute, qu'il y a pareille raison és vns qu'és autres, de tenir qu'ils sont subjects à passer par la reception: veu qu'il n'y a si petit Officier en France, qui puisse exercer la puissance publique, sans auoir esté receu solennellement en Iustice; voire mesme que c'est sa reception, & non pas sa prouision, qui le fait Officier, comme il a esté dict au premier liure, chapitre quatriesme.

79 Necessité de la reception. Que si les Romains ont esté si soigneux, voire si religieux obseruateurs du serment, qu'ils le faisoient reïterer aux Iuges en toutes causes: & que mesme au fait des armes, où les formalitez de Iustice ne sont requises, & notamment ne le sont à l'égard de ceux qui n'ont aucun commandement, si est-ce qu'ils ne permettoient pas qu'vn simple soldat fust receu dans le corps de leur armée, ni mesme que hors l'armée par occasion il peust combattre l'ennemi, s'il n'auoit faict le serment de gendarme, ou si depuis l'auoir faict, il auoit esté cassé (ce qu'ils appelloient pour cette cause, *soluere sacramento, adeò* que dans les Autheurs Latins *sacramentum* est pris *pro militia*) combien à plus forte raison est-il requis, que les Iuges, *qui sunt veri Antistites & Sacerdotes Iustitiæ*, soient ordonnez & receus solennellement, auant qu'ils ayent ce haut pouuoir de iuger des biens, de l'honneur, & de la vie de tout vn peuple?

80 Faute de ne se faire receuoir en iustice. En quoi plusieurs Iuges de Seigneurs faillent lourdement, se contentans la plus part de leurs lettres de prouision, autres de prester le serment deuant les Seigneurs, qu'il est aisé à entendre ne leur pouuoir conferer la puissance publique, puis qu'eux mesme n'en ont pas l'exercice. Et neantmoins, ils ne laissent de condamner hardiment les hommes, n'apprehendans pas ce que dit la loy 3. *D. Ad l. Iul. Maiest. Qui priuatus pro imperio potestatéve se gessit, Maiestatis tenetur.* Car à la rigueur, tous les actes qu'ils font auparauant qu'auoir esté deuëment receus, sont nuls, comme faits par celui qui n'a point de puissance: voire mesme ils sont faux, suiuant la decision expresse de la loy *Eos. D. De falsis*: combien que par vne équité on les tolere pour le repos du peuple, à cause de l'erreur commun, & de la bonne foy des parties. Dont s'ensuit qu'ils deuroient estre plus soigneux de se faire receuoir, auant que s'ingerer à faire l'Office de Iuges; quand ce ne seroit que pource qu'ils peuuent estre plus facilement destituez, auparauant qu'ils ayent le charactere public, estant plus tolerable de refuser l'entrée à vn Officier, que le chasser apres qu'il est receu: aussi qu'il y a plus d'apparence, que le Seigneur puisse déposseder l'Officier, qui ne tient rien sinon de lui-mesme, que non pas celui lequel la Iustice superieure a mis en possession de son Office, & auquel elle a attribué la puissance publique.

81 Où se doit faire la reception des Iuges des Seigneurs. Or c'est sans doute, que cette reception, tant à l'égard du Bailli, que du Lieutenant, doit estre faite pardeuant le superieur immediat, qui cognoist de ses appellations, comme il se voit par cet article 55. de l'Ordonnance d'Orleans: car les Baillis des Seigneurs, qui sont ordinairement de longue-robe, ne peuuent receuoir leur Lieutenant, combien qu'aucunement cela se feist lors qu'il estoit commis par eux: mais à present qu'il est vrai Officier en titre, il n'est plus leur commis, ni leur substitut, ains collegue & compagnon d'Office, égal en puissance intrinseque, & en ce qui est de la qualité de Iuge: & partant entr'-eux a lieu la regle, que *Par in parem non habet Imperium.* Combien que la puissance externe du Lieutenant soit subordinée à celle du Bailli, n'ayant le Lieutenant plein pouuoir en la Iustice, qu'en l'absence du Bailli, duquel alors il tient le lieu: mais en sa presence il n'est que comme Assesseur & Conseiller.

82 Où doiuent estre receus les Aduocats & Procureurs fiscaux.

Pareillement les Aduocats & Procureurs fiscaux, n'estans point ministres du Bailly, ains plustost ses Controlleurs, ne doiuent pas estre par luy receus, ains par leur superieur commun. Mais les Officiers ministres, comme les Greffiers, Notaires, Sergens, & autres semblables, doiuent estre receus par le Bailly, ou son Lieutenant en son absence. Et ce publiquement, & en pleine audience, où toute reception d'Officiers doit estre faicte, comme estant vn acte de solemnité, que de conferer la puissance publique.

83 Si les Iuges des Seigneurs doiuent estre graduez.

Pour le surplus de la forme de cette reception, elle est du tout semblable à celle des Officiers Royaux, & n'y a qu'vne seule difficulté, qui est de sçauoir si les Iuges des Seigneurs doiuent estre graduez, & partant examinez sur la loy. Ie sçay qu'il n'y a point d'ordonnance qui le requiere bien expressément, & qu'aussi il ne se pratique pas, & si il le falloit pratiquer, comment trouueroit-on assez d'hommes de lettres, pour tenir le nombre infiny de petites iustices, qu'il y a en France, & qui se voulsissent assuiectir à les exercer?

84 Resolution que si.

Neantmoins i'estime qu'il est bien raisonnable qu'ils soient versez en la iurisprudence, & examinez sur icelle: attendu qu'il est certain que le Iuge de la moindre haute Iustice de France, ha autant de pouuoir sur les biens, l'honneur & la vie des hommes, que le plus grand Iuge Royal subalterne, i'enten *intensiuè non extensiuè*: car le plns & le moins ne font difference en droict: voire pour l'estenduë, il y a telle Iustice de Seigneur, qui ha plus de territoire que n'ont six sieges Royaux ensemble. Et quant à la difficulté, i'ay dict au liuret Des Iustices de village, & est vray, qu'ordinairement il est plus malaisé en ces petites Iustices des champs, de deschiffrer le patois des païsans, que de prononcer en vn Bailliage Royal, par l'aduis des Conseillers, sur les plaidoyers des Aduocats bien preparez.

85 Responce aux raisons contraires.

Ne nuist de dire, qu'il n'y a point d'ordonnance formelle qui requiere que les Iuges des Seigneurs soient lettrez. Car aussi n'y en a-il aucune pour les Iuges Royaux: & est certain qu'ils ne l'estoient pas anciennement, lors que la science n'estoit si commune en France. Toutesfois puisque l'art. 55. sus-allegué de l'ordonnance d'Orleans, compare & conioint les Iuges des hauts Iusticiers aux Iuges Royaux subalternes, ressortissans deuant les Baillifs & Seneschaux de la Prouince, & veut qu'ils soient examinez les vns comme les autres, cette ordonnance nous monstre bien que ceux des hauts iusticiers doiuent aussi estre lettrez & examinez sur la loy, ainsi que sont notoirement les Iuges Royaux subalternes.

86 De mesme.

De dire aussi qu'on ne le pratique pas, ce n'est pas vn fort argument. Car mesme on ne pratique pas de les receuoir, ains les laisse-on exercer, voire condamner les hommes à mort, sans faire serment à iustice: & ceux qui ne le pratiquent pas ne sont capables de faire loy, ains sont eux mesme reprehensibles de ce qu'ils manquent à le pratiquer. Si on me disoit que la Cour de Parlement ne le pratiquast pas, ou qu'elle eust contradictoirement approuué les receptions de gens non lettrez, il faudroit acquiescer: mais au contraire i'ay ouy dire, qu'il y a des arrests, par lesquels elle a ordonné, que tous Iuges de haute iustice seroient graduez.

87 De mesme encor.

De dire finalement qu'il ne se trouueroit pas assez de graduez pour exercer toutes les iustices qu'il y a en France, ie respon, que ce seroit tant mieux, si à faute d'en trouuer, les Seigneurs estoient contraincts de quitter ces menuës iustices de village, qui ne vallent la peine d'estre exercées par vn habile Iuge: veu les abus qu'il y a en icelles, qui sont tels, qu'il seroit plus aisé, de les abbatre tout à faict par quelque bon expedient, comme cestuy-cy, que de les reformer & corriger.

88 Officiers des Seigneurs doiuent exercer en personne.

Ie dy en outre, que l'Officier du Seigneur estant receu, doit exercer son Office en personne, & resider dans sa iustice, estant vne regle generale à tous Officiers, ainsi qu'il a esté prouué au premier liure. Car quel priuilege ont ceux des Seigneurs de s'en exempter plustost que les Officiers du Roy? veu mesme que si vn Iuge Royal s'absente de sa ville; il se trouuera tousiours en icelle quelque Aduocat qui supléera sa charge: mais aux villages si le Iuge est absent, il faut que la iustice demeure, ou qu'on l'aille chercher bien loin, combien qu'elle soit deu sur le lieu, instituée & concedée à cette fin, pour la commodité du peuple.

89 Aduis touchant les Iuges des Seigneurs. Mais pource que à faute d'ordonnance expresse, on ne peut contraindre à ce la les Officiers des Seigneurs, au grand preiudice du pauure peuple, qui souffr assez d'autres incommoditez de ces iustices de village, il seroit, sauf correction fort à propos qu'à cette premiere reformation que nostre bon Roy a intention comme on dit, de faire en brief de la iustice de son Royaume, ces deux poinct fussent esclaircis, à sçauoir que nul ne seroit receu Iuge des hautes iustices, qu ne fust gradué, & n'eust esté examiné sur la loy: & que par apres, il seroit tenu re sider actuellement au lieu mesme où s'exerce sa iustice, à peine de perdition de son Office, & au Seigneur de perdition de sa iustice. Mesmement que le Iuge su perieur ne seroit tenu faire aucun renuoy és iustices inferieures, sinon que le Iu ge y fust actuellement & continuellement resident.

90 Vtilité d'iceluy. Quand cette ordonnance ne porteroit autre fruict, que d'estre cause que plu sieurs iustices de village seroient delaissées, à faute de trouuer gens capables qui y voulussent resider, & à faute que le Seigneur voulust leur donner gages suffisans pour cet effect, ce ne seroit pas peu de commodité qu'elle apporteroit au pau ure peuple.

SOMMAIRE DV TROISIESME CHAPITRE.

1 *Pourquoy les Offices conferez gratuitement ne sont resignables.*
2 *Faulse raison.*
3 *Comparaison de l'Office auec l'vsufruict.*
4 *Trois differences entre l'Office & l'vsufruict.*
5 *Seconde difference.*
6 *Troisiesme difference.*
7 *Incommodité de l'Office non resignable.*
8 *Tous Offices ne sont pas resignables.*
9 *Office conferé gratuitement n'est resignable, & pourquoy.*
10 *Le mesme.*
11 *Office vendu est resignable, & pourquoy.*
12 *Preuue.*
13 *Response aux obiections.*
14 *Autre preuue.*
15 *Autre encor.*
16 Quid *en l'Office partie donné, partie vẽdu.*
17 An venditio viliori pretio facta, pro donatione habeatur.
18 An contractus sit iudicandus ab eo quod præualet.
19 *Resolution de la question.*
20 *Modification.*
21 *Gratification & composition pourquoy dicts en matiere d'Offices.*
22 *Que ce n'est assez de rendre l'argent à l'Officier pour refuser sa resignation.*
23 *Remede pour le Seigneur qui ne veut admettre les resignations.*
24 *Le resignataire de l'acheteur de l'Office peut resigner.*
25 *Le resignataire de l'Office donné, qui a payé quart denier, ne peut resigner.*
26 *Mais n'est destituable.*
27 *Si la preuue de la vente se peut faire par tesmoins.*
28 *Ouy és Offices venaux.*
29 *Non és non-venaux.*
30 Quid *és autres prouisions onereuses.*
31 *Si la charge n'est estimable à deniers, l'Office est resignable.*
32 *Office donné au mary n'est resignable.*
33 Quid *si la cause onereuse est inégale.*
34 *Office conferé à tiltre remuneratoire, n'est subiect à garantie, ni resignation.*
35 *Si les Offices vendus par le Seigneur commutable, sont resignables.*
36 *Offices venaux vendus par le Seigneur commutable, sont resignables.*
37 *Exception que ces Offices ne peuuent pas estre conferez hereditairement.*
38 *Autre exception que les Offices qui auoient accoustumé d'estre tenus en domaine, ne peuuent pas estre en tiltre.*
39 *Offices non-venaux vendus par le Seigneur non commutable, ne sont resignables.*
40 *Exceptions.*
41 Quid *en la prouision remuneratoire du Seigneur commutable.*
42 *S'il est deu finance au Seigneur pour la resignation de l'Office resignable.*
43 *Raisons de l'affirmatiue.*
44 *Autre.*
45 *Resolution pour la negatiue.*
46 *D'où vient la finance des resignations.*
47 *Pourquoy aux mutations des heritages feodaux,*

feodaux, ou censuels, est deu profict au Seigneur.
48 *Pourquoy particulierement aux fiefs.*
49 *Pourquoy en l'heritage censuel.*
50 *Difference d'entre l'emphyteose perpetuelle, & le bail à cens.*
51 *Lots & ventes d'où dits.*
52 *Que tous ces contracts estoient iadis gratuits.*
53 *Resolution que le Seigneur ne doit prendre finance de la resignation de l'Office vendu.*
54 *Pourquoy le Roy en prend.*
55 *Edict qui a estably cette finance, en exclud les Seigneurs.*
56 *Autre preuue.*
57 *Pourquoy les Seigneurs en prennent ordinairement.*
58 *Coustume des Seigneurs gracieux.*
59 *Coustume des rudes Seigneurs.*
60 *Que c'est exaction de prendre cette finance par les Seigneurs.*
61 *Response aux contraires.*
62 *De mesme.*
63 *Que iamais cette finance n'a esté taxée.*
64 *Conclusion qu'il n'en faut point payer.*
65 *Comment se faut pourueoir contre le Seigneur, qui refuse admettre la resignation de l'Office vendu.*
66 *Exemple.*
67 *Raisons pour monstrer que le Iuge peut adiuger l'Office apres le refus iniuste du Seigneur.*
68 *Que cet expedient est le meilleur.*
69 *Apres la sommation l'Office ne court plus de risque.*
70 *Si les quarante iours ont lieu és Offices des Seigneurs.*
71 *Raisons de la negatiue.*
72 *Autres.*
73 *Que c'est l'opinion commune du Palais.*
74 *Raisons de l'affirmatiue.*
75 *Equité des quarante iours.*
76 *Tout ce qui ne peut estre faict par testament, ne peut estre faict lors qu'on est prest de mourir.*
77 *Exemple.*
78 *Autre.*
79 *Autre du droict François.*
80 *Raison de cette decision.*
81 *Autre exemple du droict François.*
82 *Autre encor.*
83 *Autres raisons pour les 40. iours.*
84 *Ce qu'il y a d'odieux és 40. iours.*
85 *Pourquoy le Parlement les a quelquesfois improuuez.*
86 *Resolution que la regle des 40. iours n'a lieu és Offices des Seigneurs.*
87 *Mais y deuroit auoir lieu la regle des vingt iours, ainsi qu'aux benefices.*
88 *Que Messieurs du Parlement en peuuent ordonner selon les diuerses rencontres.*
89 *Notamment és resignations de pere à fils.*
90 *Conclusions touchant les quarante iours.*

DE LA RESIGNATION DES OFFICES DES SEIGNEVRS.

CHAPITRE III.

C'EST chose bien certaine en l'vsage, que le Seigneur ne peut estre contrainct d'admettre la resignation d'vn Officier pourueu gratuitement: mais la raison en est assez obscure, & difficile: pource que le tiltre d'Office est maintenant en France vne espece de contract, dont l'effect & importance n'a iamais esté exactement discernée, & cogneuë, chose pourtant necessaire, pour sçauoir si en aucuns cas les Seigneurs sont tenus d'admettre la resignation de leurs Officiers, s'ils les peuuent destituer, & s'ils sont tenus de les garantir. 1 Pourquoy les Offices conferez gratuitement ne sont resignables.

Il semble de prime-face que cela dépende de ce qui a esté dit cy-deuant, que l'Office est vne espece d'vsufruict: dont il s'ensuiuroit que la resignation des Offices ne seroit iamais necessaire à admettre. Et neantmoins le Roy, qui doit auoir plus de droict en ses Offices, que n'ont les simples Seigneurs aux leurs, nous donne tesmoignage du contraire, ne refusant iamais d'admettre la resignation de ses Officiers. 2 Faulse raison.

Or c'est bien la verité que l'Office est vne espece d'vsufruict, prenant le terme d'vsufruict en sa plus ample signification, qui comprend tout ce que nous possedons à vie, ou à temps, & non en pleine proprieté perpetuelle, & incommutable, en vn mot οὐ τῇ κτήσει, ἀλλὰ τῇ χρήσει. Ainsi l'emphyteose, le fief, le cens, sont dits 3 Comparaison de l'Office auec l'vsufruict.

especes d'vsufruict par Cujas, sur le 3. tit. du 1. liure Des fiefs: & neantmoins il est notoire qu'ils sont transmissibles à autruy, non seulement par contract, mais aussi par succession. Ce qui n'est toutesfois de mesme en l'Office qui neantmoins importe vn droict beaucoup plus fort & aduantageux que le vray & propre vsufruict: lequel est si débile & si fresle, qu'il s'estaint & amortit par la simple mutation suruenant, ou en la chose, ou en la personne, *l. Repeti. §. Rei mutatione. D. Quemad. vsusfr. amitt. l. Corruptionem. Cod. De vsufr.* Et estant vne fois estaint, ne peut plus reuiure, quand mesme la cause de l'exstinction seroit reuoquée, *l. Si tibi fundi. D. eod. tit. Quemad. vsusfr. amitt.* combien que cela ne soit pas aux autres seruitutes, *l. Cùm filius. §. Domus. De legatis. 2.*

4 Trois differences entre l'Office & l'vsufruict.

Aussi y a-il deux, ou trois differences notables entre le vray vsufruict & l'Office. Premierement le vray vsufruict *nihil ponit in re*, ains c'est simplement vn droict intellectuel, & vne notion de l'esprit, qui separe le droict de iouir de l'heritage pendant la vie, d'auec la proprieté, ou parfaicte Seigneurie d'iceluy, sans que l'heritage en soy souffre aucune diuision, ains il demeure tout entier au proprietaire, *l. Rectè dicimus. D. De verb. signif.* où il est dit que *vsusfructus non est pars rei, sed ius seruitutis. Atqui seruitutes neque sunt in bonis nostris, neque extra bona. l. 1. D. De vsufr. leg.* Mais l'Office, bien que chose incorporelle & inuisible, ha neantmoins sa subsistence réelle & actuelle, qui consiste sensiblement en pouuoir, honneur & profit: ie dy subsistence du tout separée de la Seigneurie, dont il dépend, voire tellement separée, qu'elle n'y peut estre coniointe.

5 Seconde difference.

Item le vray vsufruict, voire toute autre espece d'vsufruict, fors l'Office, est subiect à estre estaint & amorti, & lors il demeure consolidé parfaictement à la proprieté. Mais l'Office ne peut iamais estre estaint & amorty, ny iamais estre reüny & consolidé à la Seigneurie. Principalement si c'est vn Office non supernumeraire, ains necessaire, comme sont tous ceux des Seigneurs. Mais faut, aduenant la mort d'vn Officier, qu'vn autre soit mis en sa place: qui est, ce qu'on dit communément, que l'Office ne meurt point: c'est à dire qu'il ne se pert, & annihile point, ains ne fait que changer de maistre.

6 Troisiesme difference.

Il y a encor vne troisiesme difference entre le vray vsufruict & l'Office, qui est fort considerable au suiect dont nous traictons. C'est que l'vsufruictier peut bailler à loüage, peut donner, peut vendre son vsufruict, combien que lors il ne transfere que la simple faculté de perceuoir les fruicts, demeurant tousiours le droict d'vsufruict attaché à la personne de l'vsufruictier, par la mort duquel il finit, & non par celle du cessionnaire. Mais l'Office, qui consiste en vne function personnelle, dont l'exercice ne peut estre separé de la personne du pourueu, ne peut estre en sorte que ce soit transferé à autruy, que par le moyen d'vne parfaicte resignation, apres laquelle il est entierement transferé au resignataire, & le resignant n'y a plus rien. De sorte, que qui osteroit à l'Officier le pouuoir de resigner son Office, il le tiendroit attaché & cloüé à iceluy, comme vn forçat à son nauire: & partant le rendroit serf, ou du moins ascriptice; au lieu qu'il ha commandement sur les libres. Et combien que l'Officier ait plus de droict en son Office (dont nul autre que luy ne se peut dire proprietaire, ni Seigneur) que l'vsufruictier en son vsufruict, si est-ce qu'il n'auroit nul moyen de s'en accommoder.

7 Incommodité de l'Office non resignable.

8 Tous Offices ne sont pas resignables.

Aussi d'autre costé, de dire que tout Office soit resignable malgré le collateur, ce seroit rendre les Offices quasi patrimoniaux, & sur tout ce seroit frustrer bien souuent la droicte intention d'vn Seigneur honnorable, qui auroit pris peine de choisir & rechercher vn homme de merite, quoy que ce soit vn homme propre à son humeur, auquel il auroit conferé gratuitement l'Office de Iuge, ou de Procureur fiscal de sa terre, afin que la iustice fust par iceluy dignement administrée, & luy fidellement seruy. Seroit-ce pas luy faire tort de le contraindre d'en admettre en son lieu vn autre moins capable, ou moins agreable, auquel ce premier aura vendu l'Office qui luy aura esté donné?

9 Office conferé gratuitement n'est resignable, & pourquoy.

Il faut donc y apporter vn temperament d'équité & mediocrité, & distinguer soigneusement les trois tiltres, ou causes de prouision specifiées au chapitre precedent, à sçauoir gratuite, onereuse, & remuneratoire. En premier lieu, quant à la à la gratuite, il faut resoudre pour certain, que le pourueu gratuitement ne doit estre receu à resigner, s'il ne plaist au Seigneur, d'autant que comme sa prouision, aussi la resignation dépend totalement de la volonté & pure liberalité d'iceluy: laquelle ne peut estre retorquée contre luy-mesme, en sorte qu'il soit tenu admettre en la place de celuy dont il a choisi l'industrie, vn autre qui pourroit dire ne tenir plus l'Office de luy. Aussi que c'est bien la moindre faueur & priuilege que merite la bonté & liberalité d'vn Seigneur, qui a mieux aimé choisir gratuitement vn homme de merite, que prendre vn mercenaire pour de l'argent, & en effect donner vn habile homme à l'Office, que de vendre l'Office à vn mal-habile.

Que si le pourueu gratuitement s'ennuye d'exercer l'Office, ou que son merite l'appelle à vne plus haute charge, ou ses affaires l'attirent en vn autre païs, il ne perdra tousiours rien, en quittant l'Office, de la sorte qu'il luy a esté baillé. *Gratis accepistis, gratis date.* Somme c'est la regle que le Roy mesme a mis en ses Offices, par l'art. 110. de l'ord. de Blois contenant ces mots, *Ceux qui ont esté, ou seront cy-apres pourueus gratuitement d'Offices, ne seront receus à les resigner: sauf à les gratifier selon que leurs merites requerront.* Et comme cette ordonnance ne distingue point les Offices venaux d'auec les non-venaux, aussi ie tien qu'en ce poinct icy il n'en faut ja faire de distinction, pource aussi qu'il y a pareille raison aux vns qu'aux autres: voire que la liberalité du Seigneur, qui a gratuitement concedé l'Office venal, merite encor plus grande faueur. 10 De mesme.

Mais au contraire si le Seigneur a vendu l'Office, puisque le contract de vente induit vne parfaicte alienation, ie dy qu'il s'en est exproprié tout à faict, & qu'il a fait l'acheteur vray Seigneur de l'Office, 11 Office vendu est resignable, & pourquoy.

Nam quod emas, possis dicere iure tuum.

Et l'ayant exposé luy mesme en commerce, il l'a obligé aux loix du commerce, & partant rendu venal à tousiours, & transmissible de main en autre, pource que le droict des gens, & la loy du commerce est telle, qu'on puisse reuendre ce qu'on a acheté. *Quod emeris, vendere gentium ius est*, dit Seneque. *Et necesse est vt qui emit, vendat*, dit l'Empereur Seuere dans Lampride. *Quis animaduersionem metuat, cùm id quod emit vendiderit?* dit Ciceron 4. *in Verrem*. Et comme dit vn poëte moderne,

Emerat ille prius, vendere iure potest.

Tesmoin encor la repartie de Cesar à Sylla, qui le menaçoit d'vser contre luy de sa puissance, *Rectè, inquit, tuum putas esse Magistratum, quem pecunia tua comparasti.*

Autrement il y auroit vne lesion & preiudice insigne au pauure Officier, si la necessité de ses affaires l'attirant à vne autre demeure, ou son merite l'appellant à vne plus belle charge, il estoit contrainct de demeurer attaché à son Office, comme le singe à son billot, quoy que ce soit reduit à l'vne de ces deux extremitez, ou de perdre d'ailleurs sa bonne fortune, ou bien perdre absolument l'argent qu'il auroit déboursé de bonne foy pour l'Office, qui souuent sera la meilleure partie de son bien. Au contraire receuant l'acheteur de l'Office à resigner, il n'y aura aucune iniustice contre le Seigneur, qui l'ayant vendu ne sera frustré de son intention, quand l'Office changera de main, pource que tousiours son argent luy demeure. 12 Preuue.

Toute la tare qu'vn Seigneur exacte y pourroit pretendre, seroit si vn Officier vieil, ou maladif, resignoit à vn homme ieune & dispos: mais outre que souuent aussi tost meurt ieune, que vieil, & tel pense estre bien sain, qui coune la mort en son sein, il est aisé à entendre que cet interest fondé sur la mort d'autruy, est l'attente du vautour à la charôgne, & n'est seant aucunement à vn homme d'honneur, ni considerable en bonne iustice: que si le Seigneur veut estre si bon mesnager, & regardant de prés, il faut qu'il s'en aduise de bonne heure, & qu'il vende l'Office à cette charge & condition expresse, qu'il ne pourra estre resigné, mais tout reuient à vn: car on ne l'achetera pas si cher à cette condition, quand on considerera que ce n'est pas acheter vn Office, ains plustost se vendre soy- 13 Response aux obiections.

mesme, quoy que ce soit, se lier toute sa vie à l'Office. Tant y a que l'Office estant vendu purement & simplement, il n'est point à presumer que ce soit l'intention, ni du Seigneur d'acheter vn Officier en prenant son argent, ni de l'Officier en le baillant de vendre sa liberté : ains plustost que c'est son esperance, que comme en toute autre chose, lors qu'il s'en voudra défaire, il en pourra retirer son argent.

14 Autre preuue. Que si le Roy souffre volontairement cette regle en ses Offices selon le droict commun, qu'ayant esté achetez on les puisse reuendre, & si luy, qui est souuerain, a bien voulu borner sa puissance à ne pouuoir refuser la resignation de l'Office vendu, quelle effronterie seroit-ce à de simples Seigneurs ses suiects, de se vouloir exempter de cette loy de commerce : veu que non seulement ils ont moins de pouuoir & de priuilege que le Roy, mais encor moins de droict en leurs Offices, que sa Maiesté és siens.

15 Autre encor. D'ailleurs si aux benefices, qui sont non seulement exempts du commerce, mais ausquels mesme la gratification de parenté, & toute autre affection charnelle est reprouuée, voire qui par les anciens canons ne pouuoient estre quittez & remis simplement és pieds du collateur, non plus que la femme ne peut estre quittée par le mary : neantmoins auiourd'huy la permutation n'en peut estre refusée par l'ordinaire, & la resignation *in fauorem* n'en est iamais refusée par le Pape, de sorte qu'elle est maintenant tournée en droict commun : pourquoy ne permettra-on à vn pauure Officier de resigner l'Office qui luy a cousté le plus clair de son bien, & qu'il luy est aussi loisible de reuendre, comme on le luy a peu vendre licitement.

16 *Quid* en l'Office partie donné, partie vendu. Cela est assez clair, ce me semble, en ces deux cas simples, c'est à sçauoir en la prouision gratuite, & en la pure vente : mais aux cas meslez, il y peut escheoir plus de difficulté : comme en premier lieu, si l'Office a esté partie vendu, & partie donné : ce qui aduient souuent és Offices, & cela s'appelle proprement gratification. Comme quand apres la mort d'vn Officier on gratifie sa veufue de l'Office pour la moitié moins, qu'on en tireroit d'vn estrange. En quoy la loy nous dit, *cum mixtum est negotium cum donatione, obligationem non contrahi eo casu quo donatio est. l. Aristo. D. De donat.* Ce qui est vray au poinct de la garantie, dont parle cette loy : pource que la garantie peut estre diuisée & admise pour telle part qu'il y a vente, reiettée pour telle part que c'est donation, où la garantie n'eschet : Mais en ce qui est de la resignation, on ne peut faire cette separation : car c'est vn acte indiuisible, qu'on ne peut admettre, ni reietter pour partie.

17 *An venditio viliori pretio facta pro donatione habeatur.* Il faut donc ce me semble reuenir à cette fameuse question de droict, *an minori pretio facta venditio pro donatione habeatur*, qui est traictée par Tiraqueau, *ad. l. Si vnquam. in verb. donatione largitus. in princ.* où il apporte plusieurs loix pour prouuer que telle vente doit estre reputée pour donation. Mais ces loix parlent la plus part, ou de ceux qui ne pouuant donner, desguisent leur donation du nom de vente; ou quand pour quelque occasion que ce soit le terme de vente est exprimé en fraude: autrement il faut demeurer aux termes du contract. Si ce n'est que la vente fust faicte imaginairement *vno nummo & dicis causa*, qui est vn secret de l'ancien droict Romain, où bien souuent il falloit vser d'vne vente simulée pour faire vne parfaicte & valable alienation (ce qui sert en passant à la conciliation de plusieurs loix, qui semblent contraires en cette matiere) mais cela ne se rencontre point aux Offices.

18 *An contractus sit iudicandus ab eo quod praualet.* Quoy donc? vserons-nous de l'expedient qui est souuent suiuy par nos coustumes és cas indiuisibles, pris de la loy *Quaeritur. D. De statu hominum*, que *a maiori parte denominatur totum*. De sorte que si la donation de l'Office excedoit la vente, il fallust dire que la donation d'iceluy pourroit estre refusée : si au contraire, qu'elle deuroit estre admise necessairement. Mais il y a tousiours de l'inconuenient pour l'vn ou pour l'autre, ioint que l'incertitude du prix des Offices, qui ne peut pas estre bonnement reglé par expres, n'ayant les Offices aucun prix cer-

19 Resolution de la questio. tain, nous ietteroit d'vne difficulté en vne autre.

Voicy donc vn autre expedient de mon inuention, qui est de suiure en ce contract

tract meslé de donation & de vente, vne voye moyenne entre le refus de la resignation, qui ha lieu en la donation, & l'admission necessaire d'icelle, qui ha lieu en la vente: à sçauoir que si le Seigneur ne veut admettre la resignation, au moins qu'il rende à l'Officier l'argent qu'il a receu de lui. En quoi faisant, le Seigneur ne sera lezé, pource qu'il ha le choix, & s'il opte de rendre ce qu'il a receu de l'Office, il en retirera plus de commodité que ce qu'il rendra, en le vendant par apres de pure vente: ni l'Officier aussi n'y sera interessé, pource qu'il ha le choix de son costé, ou de garder son Office, ou d'en retirer son argent, sans rien perdre: ce qui lui doit suffire, n'estant raisonnable, que malgré le Seigneur il tire profit de sa liberalité & gratification, en l'estendant outre ses termes.

Toutesfois i'estime, que cet expedient doit seulement estre suiui, quand le compromis, ou quittance de l'Office porte expressément, qu'il a esté partie vendu, & partie donné, ou bien que le Seigneur a quitté liberalement à l'Officier partie du iuste prix d'icelui, ou autres termes semblables, qui arguent & importent clairement vn contract meslé de vente & de donation: mais quand il y a vente, quoy que ce soit, qu'il y a expression de prix, qui n'est point du tout éloigné du prix commun, ie dy qu'il ne faut point aller philosopher sur l'intention du Seigneur, qui ne doit rien operer, estant retenuë en son entendement: voire combien que le compromis, ou la quittance n'vse point du mot de vente, ains de celui de composition, ou gratification; si est-ce qu'il faut considerer que ces termes, en matiere d'Offices, signifient auiourd'hui vne pure vente: nous estans demourez, de ce qu'anciennement on eust eu honte de vendre absolument les Offices. Et du depuis, ce commerce se glissant par degrez, on commença premierement d'en tirer quelque present honneste; puis on se licencia d'en tirer, sans stipulation ni contract, quelque commodité en argent, non toutesfois approchante de la valeur des Offices, ains comme vn droict d'entrée, qui estoit vrayement gratification plustost que vente de l'Office, qui en fin estoit baillé liberalement: puis encor on s'aduantagea d'en stipuler vn prix moderé, & beaucoup moindre que la iuste valeur, ce qui s'appelloit composition, pource qu'elle se faisoit *aliquo dato & retento*: dont les termes de gratification & de composition nous sont demeurez; combien qu'à present les Offices soient conferez ordinairement sans aucune gratification, & sans aucune composition amiable, ains par vne vraye vente au plus offrant & dernier encherisseur. De sorte, qu'il faut en cela plustost auoir égard à la verité du faict, qu'à la proprieté des paroles.

10 Modification.

11 Gratificatiõ & cõposition, pourquoy dits.

I'estime donc, qu'il faut garder pour droict commun és Offices, ce qui se garde en toutes autres ventes, qu'apres icelles il n'est pas permis au vendeur de rendre l'argent à l'acheteur, lors qu'il veut reuendre ce qu'il a acheté, pource que l'accroissement du prix, & toute autre augmentation suruenante apres la vente tombe au profit de l'acheteur, ainsi que toute diminution de la chose, & mesme le peril entier d'icelle, & notamment de l'Office, qui est plus perissable que toute autre chose, tombe à son dommage. Autrement, & qui n'en feroit vne regle generale, veu que les Offices n'ont point de prix certain, il y suruiendroit autant de procez qu'il y auroit de resignations à faire; pource que le Seigneur, afin d'auoir suiet de refuser, ou du moins retarder la resignation, diroit tousiours, que la composition qu'il en auroit faicte, seroit à vil prix, & que c'estoit vne gratification, & non vne vente: & pendant ce different, l'Officier seroit souuent preuenu de mort.

12 Que ce n'est assez de rendre l'argẽt à l'Officier, pour refuser sa resignatiõ.

Que si le Seigneur se veut conseruer ceste liberté de n'estre tenu admettre autres personnes à ses Offices, que celles qu'il choisira lui mesme, il peut bien stipuler par exprés ceste condition, en faisant la composition auec l'Officier qu'il pouruoit, *quia quilibet in traditione rei suæ potest quodvis pactum apponere, l. Sancimus. C. De rebus alienis non alienandis.* condition, qui selon le droict est ordinaire és baux emphyteutiques, *l. 3. C. De iure emphyt.* bien qu'elle n'y soit si à propos qu'és concessions d'Offices. Toutesfois, la nature des Offices n'estant de soy telle, quand ceste condition n'est exprimée en la composition d'iceux, il faut reuenir à cette

13 Remede pour le Seigneur qui ne veut admettre les resignations.

regle du droict commun, & maxime du commerce, qu'il est permis de reuendre ce qu'on a acheté.

24 Le resignataire de l'acheteur de l'Office peut resigner.

Maxime qui nous apprend, que la puissance de reuendre l'Office acheté, n'appartient pas seulement à l'acheteur, mais aussi à tous les resignataires mediats, ou immediats venuz de luy: pource que le Seigneur, duquel l'Office dépend, l'ayant mis en commerce, luy a attribué ceste condition d'estre desormais venal: laquelle il retient en quelques mains qu'il passe, iusques à ce qu'il soit reuenu en la pleine puissance du Seigneur, qui lors luy peut donner derechef telle condition qu'il luy plaira. Si que quand bien il se trouueroit, que celuy, duquel il refuse la resignation, l'eust eu en don de son resignataire, qui l'auoit acheté du Seigneur, ce n'est pas l'interest du Seigneur, si du depuis il a esté donné, ou vendu, ne pouuant la liberalité d'autrui lui estre profitable, & estre retorquée cõtre celui auquel elle a esté faicte; ains c'est la verité que ce donataire estant subrogé au droit de l'acheteur son resignant, ha tout autant de puissance que lui de resigner derechef l'Office à vn autre.

25 Le resignataire de l'Office donné, qui a payé quart denier, ne peut resigner.

Comme au contraire, si la resignation d'vn Officier gratuitement pourueu, faicte à celui auquel il auroit vendu l'Office, auoit esté admise par le Seigneur, moyennant finance moderée, telle que les Seigneurs ont accoustumé de prendre és resignations qu'ils sont tenus d'admettre; ie n'estime pas, que ce resignataire doiue estre receu à resigner à vn autre, s'il ne plaist au Seigneur: pource que ceste finance n'a pas esté par lui payée au Seigneur, pour l'achat du corps de l'Office, ains seulement pour faire admettre la resignation, par laquelle admission l'Office est passé au resignataire en mesme droict & condition qu'il appartenoit au resignant: dont s'ensuit, que si lors il n'estoit resignable, il ne l'est non plus par apres. C'est pourquoi il faut, que celui qui entre par resignation en vn Office de Seigneur, prenne bien garde, comment son resignant en estoit pourueu, & se munisse hardiment des pieces, dont il puisse iustifier, qu'il estoit pourueu à titre

26 Mais n'est destituable.

onereux, ou remuneratoire. Et neantmoins, en ce mesme cas icy ie ne fay nulle doute, que celui qui a financé pour sa resignation, ne soit exempt de destitution, pource qu'il est vrai de dire, qu'il n'a pas esté pourueu gratuitement tout à fait. Aussi que ce seroit vne tromperie de l'auoir admis pour de l'argent, & le chasser par apres sans sujet.

27 Si la preuue de la vente se peut faire par tesmoins.

Quoy donc? si par escrit il n'apparoist point, que l'Office a esté vendu, est-on receuable d'en faire preuue par témoins? Et combien qu'au chapitre suiuant, où ie traiterai de la destitution odieuse, i'aye en ce mesme cas resolu de tenir l'affirmatiue: si est-ce que quand il est question de necessiter la resignation contre le droict commun, il y a plus de difficulté. Et voudroi en ce cas distinguer les Offices venaux d'auec les non-venaux. Et és venaux tenir, que leur aptitude naturelle à la venalité, & la coustume ordinaire des Seigneurs, les faisant presumer auoir esté vendus, ceste presomption, bien qu'à la verité trop foible pour rejetter

28 Ouy és Offices venaux.

onus probandi in aduersarium, comme c'est l'effect ordinaire des fortes presomptions, doit pour le moins operer, que celui qui en est assisté, soit receu à la fortifier par preuue testimoniale, nonobstant l'Ordon. de Moulins. Veu mesme que plusieurs estiment indistinctement és Offices Royaux, que la resignation y est necessaire regulierement, & de droict commun, sans aller rechercher, s'ils ont esté vendus, ou conferez gratuitement.

29 Non és non-venaux.

Mais aux Offices non-venaux, desquels encor que la vente soit tolerée & dissimulée, si est-elle illicite, & contre la nature d'iceux, & partant ne doit estre presumée, i'estime qu'il y a plus d'apparence de tenir, que l'Ordõn. de Moulins y doit estre obseruée à la rigueur, afin qu'on n'ait pas plus de pouuoir de verifier par tesmoins les contracts illicites, que les licites. Car encor que lon puisse dire qu'on ne redige pas tousiours par escrit telles vẽtes, neantmoins puisque c'est la verité, qu'on en fait à present ordinairemẽt des compromis, mesme que lon ne fait plus difficulté de les produire en Iustice, celui qui n'a pris sa seureté comme il deuoit, s'en doit prendre à lui-mesme: seureté, qui au surplus estoit bien necessaire, pour acquerir ce droict special & particulier, de pouuoir resigner l'Office contre le gré

Voila quand il y a bourse déliée. Ce qui nous ouure le chemin, pour rechercher ce qui doit estre faict en toute autre prouision onereuse. Or tout ainsi qu'au fait de la garantie, tous autres contracts onereux sont reglez à l'exemple de la vendition, ie dy, que si la charge, à laquelle l'Office a esté concedé, est à peu prés égalée à la valeur de l'Office, c'est comme vne vente; & par consequent, la resignation n'en peut estre refusée: le mesme est quand ceste charge ne peut estre estimée à deniers, comme quand l'Office a esté baillé par le Seigneur en mariage à vne fille, ou donné à la charge d'épouser vne fille. Car il fait partie de sa dot, *atqui dos, quo ad virum, est titulus onerosus.*

30 Quid és autres prouisiõs onereuses.

31 Si la charge n'est estimable à deniers, l'Office est resignable.

Autre chose seroit, à mon aduis, si par contract de mariage il auoit esté donné au mari, ou quoi que ce soit, en faueur de son mariage, & afin qu'il trouuast meilleur parti. Car ceste cause ne regardant que l'interest du mari, n'est point reputée onereuse: au contraire, la liberalité ou courtoisie du Seigneur, est de tant plus grande, que non seulement il a donné l'Office; mais aussi a donné sujet à son Officier d'estre mieux marié: & quant à la femme, elle n'a aucune action contre le Seigneur, pour lui faire admettre la resignation de son mari, pource que ce n'est pas à elle, ains à son mari, que l'Office a esté donné: toutesfois elle pourroit, à mon aduis, iustement empescher la destitution de son mari, pource que l'ayant épousé à l'occasion de l'Office donné en contemplation de son mariage, elle seroit trompée, si par apres l'Office luy estoit osté sans sujet.

32 Office donné au mary n'est resignable.

Mais si la cause onereuse ne reuient pas à beaucoup prés à la valeur de l'Office, c'est tout ainsi que quand l'Office a esté partie vendu, & partie donné, & que comme dit la loy *Aristo. mixtum est negotium cum donatione*: & partant en ce cas, i'estime qu'il faut suiure l'expedient cy-dessus rapporté, de rembourser l'Officier de l'estimation de la charge, qu'il a accomplie pour paruenir à l'Office, si on ne veut admettre la resignation.

33 *Quid*, si la cause onereuse est inegale.

Finalement, quant à la cause remuneratoire, i'estime en vn mot, qu'elle ne produit point d'obligation contre le Seigneur, ni de garantir l'estat, ni d'admettre la resignation d'iceluy, pource que les bons Offices, sur lesquels elle est fondée, ne produisans point d'obligation, ni d'action ciuile contre luy, auant la prouision de l'Estat, c'est assez, que pour l'acquit de la simple obligation naturelle & honoraire qu'ils produisoient, l'Estat ait esté vne fois donné, lequel l'Officier peut garder tant qu'il voudra, sans qu'il en puisse estre destitué, comme il sera dit au chapitre cinquiesme; mais s'il le veut quitter de sa propre volonté, ce n'est pas raison, que son merite particulier soit transmis à vn autre, & que le Seigneur, qui par courtoisie a aduoüé ceste obligation d'honneur, combien qu'il n'y peust estre contraint, soit interessé outre son intention, d'admettre en la place d'vn ancien seruiteur, vne personne estrange, qui ne luy sera pas agreable: & par ainsi qu'on oste au Seigneur le choix de ses Officiers. En quoy mesme le public a interest, que ce choix, qui n'est pas de petite importance, soit conserué à vn Seigneur qui les pouruoit gratuitement, afin que les Seigneurs soient de tant plus excitez à conferer leurs Offices plustost pour le merite, que pour l'argent.

34 Office conferé à titre remuneratoire, n'est sujet à garantie, ni à resignation.

Tout ce que dessus a lieu à l'égard des Seigneurs parfaicts & incommutables, qui peuuent pouruoir leurs Officiers de telle façon qu'il leur plaist. Mais celuy qui n'est pas Seigneur incommutable, comme l'vsufruictier, le beneficier, l'acquereur à faculté de rachat, le gardien, ou tuteur, ou tous autres semblables ne peuuent pas pouruoir leurs Officiers de telle façon, qu'ils preiudicient à leur successeur, & à celuy qui vient à auoir droit apres eux en la Seigneurie. Auquel rang ie ne compte pas le mari, ains ie le compte au rang des Seigneurs incommutables pour le regard de ce point icy: pource qu'il est administrateur du bien de sa femme, en la mesme sorte qu'vn Seigneur incommutable.

35 Si les Offices vendus par vn Seigneur cõmutable ne sont resignables.

Mais à l'égard de tous les autres Seigneurs imparfaicts & commutables, il faut distinguer les Offices venaux d'auec les non-venaux. Et quant aux venaux, ie ne fay point de difficulté qu'ils ne les puissent vendre, attendu qu'ils sont en fruict, auec leur aptitude naturelle à la venalité. De sorte que le successeur en la Seigneurie ne se peut plaindre, s'ils ont disposé d'iceux ainsi que la loy le per-

36 Offices venaux vendus par le Seigneur cõmutable sont resignables.

met, & neantmoins leur disposition estant entierement valable, ne peuuent-ils, à mon aduis, ni destituer, ni refuser la resignation des Officiers de cette espece, & ainsi pourueus, nonobstant la regle, que *resoluto iure datoris, resoluitur ius acceptoris, l. Lex vectigali. D. De pignor.* d'autant que quand ils ont vaqué, c'estoit vn fruict & obuention, qui estant escheuë & perceuë de leur temps, leur demeure acquis incommutablement: estant vn des moyens ordinaires, *acquirendi dominij*, que la perception des fruicts. §. *Si quis à non domino. Instit. De rer. diu.* Ainsi qu'on voit qu'apres la mort d'vn Beneficier, ceux qu'il a pourueus des benefices, qui estoient en sa collation, les retiennent, comme leur ayans esté acquis incommutablement par leur prouision; bien que faicte par celui qui n'estoit pas Seigneur incommutable.

37 Exception que ces Offices ne peuuēt pas estre conferez hereditairement.

38 Autre exception, que les Offices qui auoient accoustumé d'estre tenus en domaine, ne peuuent pas estre conferez en titre.

Vray est, qu'il faut noter que ces Seigneurs imparfaicts & commutables, ne peuuent pas changer l'espece & qualité des Offices dépendans de leurs Seigneuries, non plus que changer la face de la terre au preiudice de leurs successeurs, comme faire d'vn Office venal vn Office hereditaire; pour exemple, vn beneficier ne pourroit pas vendre hereditairement le Greffe de sa Iustice, ains nonobstant cette paction d'heredité, si apres son deceds le Greffier vient à deceder, le Greffe vaque par mort, comme vn pur Office venal. Au pareil, si le Greffe auoit accoustumé d'estre tenu en domaine, & baillé à ferme, le beneficier ne le peut pas conferer à titre d'Office, au preiudice de son successeur; ains apres le deceds de celuy qui l'a ainsi conferé, son successeur le reünira, s'il veut, à son domaine, pour le bailler à ferme, ainsi qu'il estoit accoustumé auparauant, comme il a esté iugé pour le Greffe de la Iustice de sainct Denis en France, par arrest du mardy 29. Nouembre 1605. és plaidoiries de releuée.

39 Offices nō-venaux vēdus par le Seigneur commutable, ne sont resignables.

Mais pour le regard des Offices non-venaux, comme de Iuges, & encor principalement de Procureurs de Seigneurie, ie tien pour certain, que le beneficier & tout autre Seigneur imparfaict & cōmutable ne les peut vendre. Car ce qu'on tolere & dissimule en iustice, que le Seigneur incommutable les vende, est d'autant qu'aucun autre n'y a interest: & quant à luy, ou ses heritiers, ils ne peuuent venir contre son faict. Mais si quelqu'vn vient à y auoir interest legitime, il peut soustenir que ceste vente est nulle, comme faicte contre la prohibition expresse des Ordonnances, & contre la vraye nature de l'Office. Dont s'ensuit, que le pourueu, par vn beneficier, d'vn Office de iudicature à titre onereux, peut estre non seulement empesché de resigner; mais aussi destitué par le successeur au benefice, tant que nous pratiquerons en France la destitution des Officiers des Seigneurs, sauf à cet Officier de recouurer ses dommages & interests contre celuy qui a eu son argent, ou ses heritiers, duquel recours il sera parlé en vn autre lieu.

40 Exceptiōs.

Si ce n'est que le prix de l'Office ait esté actuellement & vtilement employé au profit du benefice, ou de la Seigneurie. Ce qui est bien rare, & bien mal-aisé à prouuer: encor en matiere de benefices, faudroit-il, à mon aduis, qu'il y eust vne homologation du superieur, comme en vne alienation Ecclesiastique. Autant en faut-il dire d'vn tuteur, ou d'vn gardien; vray est, qu'à leur égard l'exception est encor plus receuable, si le prix est tourné au profit du mineur, comme si le tuteur luy en a faict recette en son compte. En quoy il y a encore vn autre exception, si le mineur a herité de son tuteur. Car en ce cas la regle, *quem de euictione tenet actio, eundem agentem repellit exceptio*, milite apparemment contre luy.

41 *Quid* en la prouision remuneratoire du Seigneur commutable.

Voila pour la prouision onereuse, faicte par le Seigneur imparfaict: quant à la remuneratoire, il y a encor moins de difficulté à l'égard des Offices venaux, qu'en l'onereuse: mais quant au non-venaux, la difficulté est grande, si estant faite par vn Seigneur imparfaict, elle lie les mains à son successeur de pouuoir destituer l'Officier ainsi pourueu. Et neantmoins, la plus commune opinion est, que non, si ce n'est que les seruices, sur lesquels est fondée la cause remuneratoire, soient faits à la Seigneurie: toutefois, la haine de la destitution donne de l'incertitude à ceste opinion.

42 S'il est deu finance au Seigneur,

Voicy maintenant vne grande & importante question, Si aux cas, esquels le Seigneur est tenu d'admettre la resignation, au moins il luy est deu quelque finance, pour l'admission d'icelle. Ce qui ſemble ſi clair de prime-face, que meſme on pourra trouuer ridicule de le mettre en doute. pour la reſignation de l'Office reſignable.

Attendu premierement que c'eſt choſe ordinaire, & au droict Romain, & en France, que pour l'alienation preſque de toute ſorte d'heritages, il eſt deu quelque profit au Seigneur, dont ils dépendent: és fiefs le relief ou rachat, appellé ἀντίκαμψις, és cens les lots & ventes, és emphyteoſes Eccleſiaſtiques le droit appellé ἀνανέωσις. *Conſtit. Leon.* 13. en celles des particuliers εἰσδεκτικόν. *l. 3. C. de Emphyt.* és Eueſchez ἐνθρονιαστικόν, *Nou.* 113. és autres benefices ἐμφανιστικόν, *Nou.* 56. que nous appellons les annates & déports: meſme aux Milices Romaines trouue-on pas, qu'il ſ'en payoit vn droit d'entrée, appellé *onus & introitus Militiæ*? comme tout cela a eſté amplement diſcouru cy-deuant. 43 Raiſons de l'affirmatiue.

Et quelle difficulté en pouuons-nous faire aux Offices des Seigneurs, puiſque cela eſt ſi publiquement eſtabli en ceux du Roy, & que c'eſt le Roy qui donne loy au commerce des Offices, encor pluſtoſt que de toutes autres choſes, & à l'imitation duquel partant ſes ſujets ſe doiuent compoſer? D'ailleurs, puiſque c'eſt deſia vne reſolution aſſez rude & exorbitante de charger les Seigneurs d'admettre contre leur gré la reſignation des Offices, quelle apparence y a-il de leur oſter au moins ce petit émolument, qui ſemble leur eſtre attribué en recompenſe de cette rigueur? attendu meſme qu'ils en ſont en paiſible poſſeſſion, & que c'eſt vn vſage ſi notoire, qu'on voit maintenant que les Princes, qui ont pluſieurs Offices en leur collation, font eſtat d'auoir des parties caſuelles, ainſi que le Roy. 44 Autres.

Nonobſtant toutes ces raiſons, ie tien pour aſſeuré, que quiconque ſans opinion préiugée voudra conſiderer attentiuemét ce qui eſt purement de la raiſon en ce poinct icy, il reſoudra aſſeurément, qu'és cas où le Seigneur eſt tenu d'admettre la reſignation de l'Office, il ne luy en eſt deu aucun profit. 45 Reſolutiõ pour la negatiue.

Commençons par le fondement & origine de ce pretendu droict de quart denier, & que ceux qui tiennent l'opinion contraire me monſtrent ſurquoy il eſt fondé, & à cauſe dequoy il eſt deu. Certainement il ne peut venir, qu'ou d'vne paction expreſſe, ou de la nature du negoce, *nimirum vel ex prouiſione hominis, vel ex prouiſione legis.* Quant à la paction expreſſe, il n'y a point de difficulté, que ſi le Seigneur en conferant l'Office, auoit ſtipulé & reſerué ce droit, il ne luy fuſt legitimement deu. Mais ceſſant cela, il eſt bien certain, que la nature du contract deveſte en ſoy, & hors ce qui eſt de l'Office, n'eſt point que la choſe ne puiſſe eſtre reuenduë par celuy qui l'a achetée, ſinon en payant quelque profit à celuy de qui elle dépend. Voyons donc ſi cela prouient de la nature particuliere de l'Office meſme, qu'il ne puiſſe eſtre reſigné ſans payer quart denier, comme le fief, ſans quint denier, ou rachat, & l'heritage cenſuel, ſans lots & ventes. 46 D'où vient la finance des reſignations.

Mais il y a bien de la difference: d'autant que le fief & l'heritage cenſuel ont de leur origine eſté concedez gratuitement: & de faict, leur titre importe, que la conceſſion en ſoit gratuite, & non pas faicte par vente, qui eſt vne eſpece de contract, diſtincte ſpecifiquement du bail en fief, ou à cens, au moins en ce cas c'eſt vn contract meſlé, comme quand l'eſchange & la vente concurrent enſemble. C'eſt pourquoy le fief eſt appellé *beneficium*, voire que tous les anciens Docteurs ſont d'accord, qu'apparoiſſant que le fief ait eſté conſtitué par vente, il n'eſt point ſujet à commiſe pour felonnie, comme du Moulin rapporte ſur le 30. article de la couſtume, nomb. 99. 47 Pourquoy aux mutatiõs des heritages feodaux, ou cenſuels, eſt deu profit au Seigneur.

Or le fief de ſa premiere nature eſtoit inalienable, meſme n'eſtoit tranſmiſſible à l'heritier, non plus que l'Office, comme ayant eſté donné à celuy que le Seigneur choiſiſſoit exprés pour l'aſſiſter en guerre. Mais à ſucceſſion de temps, au moyen que les Seigneurs le continuoient courtoiſement aux heritiers du vaſſal, meſme qu'aucunes-fois ils conſentoient que le vaſſal en feiſt ſon profit, & le tranſportaſt à vn autre, moyennant certaine finance qu'il en payoit au Seigneur, cette accouſtumance toute ordinaire de courtoiſie a eſté en fin tirée en neceſſité, & ainſi les fiefs ſont deuenus patrimoniaux, c'eſt à dire, tranſmiſſibles aux hoirs, & ayans cauſe, comme noſtre autre patrimoine: mais auſſi on a 48 Pourquoy particulierement au fief.

conserué aux Seigneurs ce droit & commodité, qu'ils auoient accoustumé de prendre en telles mutations, pour admettre & inuestir le nouueau vassal, afin qu'estans greuez d'vn costé, ils fussent releuez & recompensez d'vn autre.

49 Pourquoy en l'heritage censuel. Le mesme s'est aussi pratiqué aux heritages censuels, qui de leur origine estoient volontiers, ou des places à bastir dans les villes & villages, ou és champs des heritages deserts, que le Seigneur, qui en auoit plus qu'il n'en pouuoit labourer, & faire valoir, cōcedoit à de pauures gens, pour auoir des voisins, & des personnes qui dépendissent aucunement de lui: laquelle cōcession estoit gratuite, selon la vraye nature du contract de bail à cens, sauf qu'on chargeoit ses places d'vne petite redeuance annuelle, appellée en Latin *libella*, plus pour recognoissance & marque eternelle de Seigneurie directe, que pour le profit qui en reuint au Seigneur: & outre cela, le bail à cens se faisoit à condition expresse, que le preneur ne pourroit aliener l'heritage sans le consentemēt du Seigneur, clause qui pareillement estoit ordinaire au cōtract d'Emphyteose, *l. 2. C. De iure emphyt.* auquel contract le bail à cens, ou contract libellaire se rapporte, ayant pris son origine *à perpetua locatione*.

50 Difference d'entre l'emphyteose perpetuelle, & le bail à cens. Et n'y a difference entre les deux, sinon que la redeuance est plus haulte en l'Emphytheose perpetuelle, & plus petite au contract censuel: qui pour cette cause est appellé par les Latins *libellaire*: à cause de laquelle petitesse de redeuance, la clause de ne pouuoir aliener l'heritage y estoit tant plus iuste & ordinaire.

51 Lots & ventes, d'où dits. C'est pourquoy les Seigneurs, pour relascher cette rigueur, & permettre aux censiers de vendre l'heritage, ont pris coustume de composer à vne certaine portion du prix de la vente: portion que nous auons appellée, ainsi que i'estime, *les lots és ventes*, comme le lot, ou la part du Seigneur, au prix de la vente: ou bien, comme on le deriue communément, nous les appellons lots & ventes, *à laudandi, id est approbanda venditione*: ce qui monstre que cette vente ne pouuoit subsister, si elle n'estoit approuuée par le Seigneur. Mais d'autant que l'heritage censuel pouuoit de sa nature estre transferé à l'heritier, c'est pourquoy il n'est rien deu au Seigneur pour succession d'iceluy, comme en l'heritage feodal.

52 Que tous ces contracts estoient gratuits. Bref, il ne se trouuera point, que ni aux fiefs, ni aux cens, ni aux emphyteoses, ni aux precaires Ecclesiastiques, ni aux benefices ces droicts d'entrée fussent payez, sinon que la concession fust gratuite. Et quant au droict d'entrée des Milices, il n'estoit pas baillé au collateur pour la prouision; ains c'estoit comme vne bien-venuë, que le nouueau Officier, apres estre receu, payoit à ses compagnons d'Office, comme les festins qu'on leur faict en France, & les dix escus que les Officiers de la Cour des Monnoyes payent à chacun de leurs collegues, le iour de leur reception, ainsi qu'il a esté dit cy-deuant.

53 Resolutiō, que le Seigneur ne doit prēdre finance de la resignation de l'Office vēdu. Ie dy de mesme, que quand les Offices ont esté conferez gratuitement par le Seigneur, comme anciennement on ne les conferoit point autrement, il n'y a point d'inconuenient, que pour cōuier le Seigneur d'en admettre la resignation, on luy face vn present honneste; voire mesme qu'on luy paye quelque argent, s'il n'y a point de moyen d'en venir à bout autrement. Car encor n'en fera-il rien du tout, s'il ne veut. Mais si l'Office a esté acheté, ce n'est pas vne vraye concession à titre d'Office, c'est vne vente, qui includ de sa nature, & de droict commun, que l'acheteur puisse reuendre ce qu'il a acheté. Partant, dessors que le Seigneur a vendu l'Office, il s'est taisiblement obligé par la nature du contract de vente, d'en permettre la reuente, c'est à dire, d'en admettre la resignation. Si donc il est tenu de l'admettre, il ne la doit point vendre (car ce seroit vendre deux fois vne chose, & vendre ce qu'il doit) & s'il ne la peut refuser, il ne la faut point acheter de luy: & s'il en prend de l'argent, c'est exaction. Tout ainsi que le proprietaire d'vne Seigneurie ne peut rien demander à l'Officier, qui luy est nommé par l'vsufruictier, pour luy bailler sa prouision, qu'il luy doit fournir gratuitement, & comme le Roy ne prend rien des prouisions qu'il baille sur la nomination des Seigneurs, qui tiennent le domaine aliené.

54 Pourquoy le Roy en prend. Et ne sert de dire, que le Roy prend finance de la resignation de ses Offices, ores qu'il les ait vendus, voire plustost que de ceux qu'il ne vend point. Car qui prendra bien garde à la premiere introduction de cette finance, faicte par Edict

de Charles IX. de l'an 1579. trouuera, que le Roy ne l'a pas prise du commencement, comme luy appartenant de droict commun, quoy que ce soit *iure priuato*, en vertu de la seigneurie particuliere de ses terres : mais *iure publico*, ainsi qu'vn tribut, qu'il s'aduisa de leuer sur ses Officiers, comme Roy, & par droict de Seigneurie vniuerselle & souueraine. Ainsi que cet Edict le monstre fort éuidemment, tant en ce qu'il contient par exprés, que cette leuée se fera pour subuenir aux guerres ciuiles, qui lors auoient cours : que sur tout pource qu'il dispose nommément, *que les Princes & Seigneurs, possédans le domaine de la couronne, ne pourront leuer cette finance sur les Offices qui sont en leur nomination* : ce qui ne leur pourroit estre osté, si c'estoit vn iuste droict de Seigneurie particuliere, & vn fruict qui fust perceptible de droict commun sur les Offices. 55 Edict qui a inuenté cette finance, exclud les Seigneurs.

Si donc ce droict n'appartenoit pas de sa premiere institution aux enfans de France en leurs appanages, ni aux Roynes en leurs doüaires, ainsi qu'il resulte de cette ordonnance, combien que ces Offices demeurans Royaux, il y soit estably par icelle au profit du Roy : quelle apparence y a-il que les simples Seigneurs l'exigent en leurs Offices, esquels il n'est estably, ni par Edict, ni par raison aucune ? Est-ce la raison qu'ils se parangonnent au Roy, & que d'auctorité priuée ils s'attribuent le mesme tribut, que le Roy pour la necessité de son Estat a esté contrainct imposer sur ses propres Offices seulement, & encor non entant que particulier, mais comme Roy & Monarque souuerain ? 56 Autre preuue.

Mais pourquoy est-ce donc, dira-on, que les Seigneurs le prennent ordinairement sans qu'on s'en plaigne ? En voicy la raison bien palpable. C'est qu'en premier lieu il aduient fort rarement qu'ils soient tenus d'admettre les resignations : car comme il vient d'estre dit des trois sortes de prouisions, gratuite, remuneratoire, & onereuse, ils ne sont tenus les admettre qu'en l'onereuse : & encor quand le tiltre onereux esgale à peu pres la iuste valeur de l'Office. Et si il faut, pour bien faire, qu'il en apparoisse par escrit. Et outre tout cela il est necessaire, que celuy qui a vendu l'Office, ait esté Seigneur parfaict & incommutable, & ait eu le pouuoir d'obliger son successeur à l'admission de la resignation. Or au temps passé tout cela se rencontroit fort rarement ensemble. Car outre que la vente estoit fort rare, & presque incogneuë, lors qu'on en vsoit, on eust eu honte & crainte d'en faire rien paroistre par escrit : pource qu'on iuroit à la reception n'auoir acheté l'Office : de sorte que de maintenir le contraire c'eust esté se declarer pariure : & partant nostre question estoit lors comme inutile, n'escheant presque iamais le cas auquel la resignation peust estre necessaire. 57 Pourquoy les Seigneurs en prennent ordinairement.

Et toutesfois on ne peut nier que ce n'ait tousiours esté la coustume des honnestes & gracieux Seigneurs, d'admettre la resignation de leurs Officiers faicte à personne qui leur fust agreable, ou liberalement, ou à tout le moins en leur faisant quelque honneste present, ou en fin en leur baillant quelque somme d'argent, depuis que la venalité des Offices a esté introduicte : en quoy il y a ordinairement du profit & bon mesnage pour eux, pource que c'est tousiours autãt d'argent qu'ils tirent, & aduient assez souuent que le resignataire meurt plustost que le resignant. Bref, si quelquesfois les Seigneurs refusoient d'admettre les resignations, estans en mauuaise humeur, on espioit l'occasion d'vne meilleure humeur pour la faire passer, ou par pitié, ou par importunité d'amis. 58 Coustume des Seigneurs gracieux.

C'est pourquoy il ne faut nullement trouuer estrange, que cela soit passé en coustume & en ordinaire, que les Seigneurs tirent commodité de la resignation des Offices : attendu qu'encor auiourd'huy, que la vente de leurs Offices est notoirement establie en vsage commun, si est-ce qu'ordinairement ceux qui les achetent d'eux, n'en retirent point de quittance, ni autre preuue par escrit, & quand ils en ont, encor les plus rigoureux font-ils difficulté aux pauures Officiers, sur le defaut du pouuoir de celuy qui les a pourueus ; en fin ils les accrochent sur ces questions generales, s'ils sont tenus d'admettre la resignation, ou non ; & au cas qu'ils soient tenus de l'admettre, si pour icelle il leur est pas deu vn droict ainsi qu'au Roy. Questiõs que ie ne sçache point auoir encor esté décidées par arrest, depuis le peu de temps qu'il y a que la venalité s'est establie publique- 59 Coustume des rudes Seigneurs.

ment, & sur tout depuis qu'on a osé l'aduouer en iustice. Et quand toutes ces difficultez ne contraignent assez les pauures Officiers d'en passer par leur misericorde, ils les menacent en fin, & détournent ceux qui veulent acheter les Offices contre leur gré, de sorte que tout bien consideré, pour éuiter toutes ces difficultez, & pour auoir patience, & la bonne grace du Seigneur, c'est tousiours mieux faict d'en composer amiablement auec luy, & redimer la vexation, que commencer par vn procez contre luy, à deuenir son Officier: attendu mesme que pendant ces procez le resignant peut mourir, auquel cas l'Office est en plus grand hazard qu'auparauant.

60 Que c'est exaction de prendre cette finance par Seigneurs. Voyla ce qui se faict: mais pour parler de ce qui se doit faire en poinct de iustice & de raison, ie tien que c'est vne tyrannie & exaction, de tirer cette finance de l'Officier, qui a acheté son Office. Car ce n'est pas des Offices comme des heritages feodaux ou censuels, qui de present sont deuenus patrimoniaux & alienables, malgré le Seigneur, indistinctement & sans exception: au lieu qu'il n'y a qu'vn seul cas auquel les Offices soient resignables contre son gré, encor faut-il qu'il soit accompagné de beaucoup de rencontres. C'est pourquoy il ne faut pas tenir indistinctement en ces Offices, comme aux fiefs & censiues & aux Offices du Roy, qu'il soit deu au Seigneur vn droict pour approuuer l'alienation, pource qu'és heritages feodaux & censuels, ce droict est estably par nos coustumes, à cause d'vn iuste contrepoix d'équité, & aux Offices du Roy, par Edict exprés

61 Responce aux raisons contraires. pour les necessitez de l'Estat. Mais és Offices des Seigneurs, il n'y fut iamais estably par aucune coustume ni Edict, & n'y a pas grande raison de l'y establir. Car puis qu'on ne garde pas en l'Office, que la resignation en soit necessaire, quand il est concedé gratuitement, ainsi que l'alienation du fief & du cens est permise en ce mesme cas, comme és concessions onereuses, on ne doit non plus argumenter du fief & du cens à l'Office, en ce qui est de la prouisiõ onereuse. Et toutesfois les seigneurs estans les maistres, se flattent & s'en font accroire en ceci, voulans bien admettre cette comparaison en ce qu'elle fait pour eux, comme pour tirer de l'argent des resignations: mais la reiettent en ce qu'elle faict contr'eux, comme de les forcer à admettre la resignation de l'Office gratuitement concedé, ainsi que le Seigneur est tenu d'approuuer la vente de l'heritage feodal, ou censuel.

62 De mesme. Le mesme veulent-ils faire en la comparaison des Offices Royaux aux leurs: car au fait de la finance des resignations, ils veulent bien se comparer au Roy, combien que le Roy ait vn autre suiect de la prendre qu'eux: mais en ce qui est d'admettre indistinctement la resignation de tous Offices, comme fait le Roy, ils ne le veulent pas imiter.

63 Que iamais cette finance n'a esté taxée. Et pour monstrer éuidemment que la finance, que les Seigneurs prennent pour la resignation de leurs Offices, vient d'accord & de composition, comme procedant d'vne resignation admise par eux volontairement, & non pas de la necessaire, c'est que iamais il n'en fut faict de taxe en iustice, & neantmoins ores que les droicts deuz pour les mutations des heritages feodaux & censuels soient taxez par les coustumes, si ne laisse-on pas d'en plaider bien souuent. De dire qu'és Offices des Seigneurs cette finance soit reglée au quart denier de la valeur de l'Office, outre qu'il n'y a point d'ordonnance qui face ce reglement, mesme és Offices Royaux, comme i'ay dit au 3. liu. chap. 3. quand ainsi seroit, si est-ce que n'y ayant aucun prix certain aux Offices, & n'y ayant point de Iuges ordonnez pour faire promptement cette liquidation, comme il y a és Offices du Roy, comment n'en arriueroit-il des procez? & toutesfois ie n'ay point ouy dire qu'il y

64 Conclusiõ qu'il n'en faut rien payer. en ait iamais eu. Et de verité il n'en pourroit eschoir en bonne iurisprudence. Car ou le Seigneur n'est point tenu d'admettre la resignation, & en ce cas force

65 Comment se faut pouruoir contre le Seigneur, qui refuse admettre la resignation de l'Office vendu. est d'en passer par sa misericorde: ou il est tenu de l'admettre, & en ce cas il ne doit rien prendre de ce qu'il est tenu faire.

Si donc le Seigneur s'opiniastroit tyranniquement, ou de ne point admettre du tout la resignation de l'Office vendu, ou d'en vouloir auoir le quart denier à son mot, ie dy qu'il faut qu'il y ait par tout iustice, & partant qu'apres vne requeste, ou sommation à luy faicte d'admettre la resignation, & bailler prouision au resignataire, il le faut appeller pardeuant le Iuge, auquel appartient de receuoir l'Officier, pour voir dire qu'il luy baillera lettres de prouision de l'Office à luy resigné, & à faute de ce faire, voir ordonner, que sur sa simple resignation, il sera pourueu & receu par le Iuge, puis installé à l'exercice de son Office.

Tout ainsi que quand la nomination de l'Office appartient à vn, & la prouision 66 Exemple.
à vn autre, lors que le collateur refuse de bailler prouision au nommé, il peut estre receu en vertu de la simple nomination, comme i'ay dit au chap. precedent. Et ce qu'il ne se faict pas de mesme aux benefices, est pource que c'est la premiere regle du droict Canon, qu'ils ne peuuent estre possedez sans institution canonique. Ce qui n'est pas de mesme aux Offices, d'autant que le beneficier acquiert toute sa puissance par la seule collation, qui aussi est mise entre les actes de iurisdiction par les canonistes, & ne luy faut point de reception par apres.

Mais és Offices par la collation, qui n'est point acte de iurisdiction, la seule Sei- 67 Raisons pour monstrer que le Iuge peut adiuger l'Office apres le refus iniuste du Seigneur.
gneurie de l'Office est donnée, ainsi qu'elle l'est des autres choses par la tradition, mais la puissance publique, & le rang & charactere d'Officier, est seulement attribué par la reception. Comme donc le Iuge peut adiuger la Seigneurie de toute chose, qui est côtenticuse deuant luy, aussi peut-il adiuger celle de l'Office, de sorte que sa sentence vaut vn tiltre, & équipole à la prouision du Seigneur, *quia factum Iudicis, est factum partis*: autrement il faudroit dire, que si vn Seigneur se vouloit opiniastrer à ne bailler iamais de lettres à celuy, auquel l'Office doit appartenir, il ne le pourroit iamais tenir ni exercer, ce qui ne seroit raisonnable. Ne plus ne moins qu'en la feodalité, les offres deuëmét faictes équipollent à foy: & que l'ordonnance permet au vassal, qui craint d'estre saisy apres auoir fait ses offres, d'appeller le Seigneur pour les voir déclarer bonnes & valables, & en ce faisant ordonner, qu'il sera tenu pour receu en foy, auec défenses de saisir son fief.

Qui est vne voye plus prompte & expeditiue, que de condamner le Seigneur 68 Que cet expedient est le meilleur.
à bailler lettres de prouision au resignataire, & ordonner qu'il y sera contrainct par saisie de ses biens: pource que par cette voye le Seigneur aculleroit son Officier, en souffrant la saisie. Et combien qu'en fin il fust condamné en ses dommages & interests, si est-ce vne pauure recousse à vn Officier contre son Seigneur: & luy est sans doute plus à propos de preuenir le mal, que le guarir estant venu.

En tout cas ie dy, que deslors de cette premiere sommation faicte au Sei- 69 Apres la sommation, l'Office ne court plus de risque.
gneur, d'admettre la resignation de l'Office, qui le constituë en demeure, l'Office ne court plus de risque par la mort du resignant, autrement le Seigneur profiteroit de sa demeure & malignité, au dommage du pauure Officier, comme i'ay dit au chap. dernier du liure precedent, traictant des Offices du domaine aliené, où i'ay expliqué le taux & proportion de la finance deuë pour l'admission és Offices Royaux, esquels elle est deuë.

Mais c'est vne autre grande question de sçauoir, si les 40. iours doiuent auoir 70 Si les 40 iours ont lieu és Offices des Seigneurs.
lieu és Offices des Seigneurs. Car d'vne part on dit, & est vray, que mesme és Offices Royaux, ils n'ont pas lieu au moyen d'vn droict & reglement estably, n'y en ayant iamais eu Edict, ou ordonnance, ains seulement en vertu de la clause apposée és lettres de prouision par le styl de la Chancellerie, & toutesfois on a 71 Raisons de la negatiue.
veu souuent le Parlement passer par dessus cette clause és occurrences fauorables: voire mesme on a tenu autresfois, qu'elle n'auoit point lieu, selon raison & iustice, aux Offices de iudicature, quoy que ce soit elle y a tousiours esté tenuë pour odieuse.

Que si és benefices, dont la resignation n'est iamais necessaire, ains c'est vne 72 Autres.
regle en iceux que *omnis resignatio pendet ex gratia*, telle condition de suruiure certain temps n'ha point de lieu és collations des ordinaires, & quand elle a lieu en celles du Pape, encor pour quarante iours il n'y en a que vingt, & au lieu qu'és Offices elle comprend les sains, aussi bien que les malades, és benefices elle ne comprend que les malades: doit-elle pas estre du tout reiettée és Offices des Seigneurs ordinaires, au moins en cet vnique cas, auquel l'admission des resi-

gnations leur est necessaire ; & partant comme elles ne peuuent estre refusées, aussi ne peuuent-elles, ce semble, estre chargées de condition.

73 Que c'est l'opinion cōmune du Palais.

Et combien que les Seigneurs se facent accroire le contraire, à cause de la crainte qu'ont leurs Officiers de plaider contr'eux, si est-ce l'opinion commune du Palais, que les quarante iours n'ont lieu qu'aux Offices Royaux : & de faict entre ceux des collateurs ordinaires, qui se gouuernent non par la force, mais par la raison, comme les communautez des villes, cette clause n'y est pratiquée. Pour exemple, il y a infinis Offices en la collation du Preuost des Marchands & Escheuins de Paris, esquels il a tousiours esté pratiqué, qu'ils ne vaquent point par mort, pourueu que l'Officier, auant que mourir, se puisse faire porter dans l'hostel de ville, & que là il declare de viue voix, qu'il resigne son Office.

74. Response à ces raisons.

Voila certes de grandes raisons, mais elles ne manquent pas de response, & si les raisons contraires ne sont pas moins fortes. Car il ne faut pas trouuer estrange, qu'il n'y ait point d'ordonnance expresse pour auctoriser la clause de quarante iours : pource qu'estant en la puissance du Roy de clauser ses prouisions, ainsi qu'il luy plaist, elle ne laisse d'estre assez obseruée és Offices Royaux, en vertu de la teneur d'icelles. Et quant aux Offices des Seigneurs, le Roy ne s'est entremis iusques icy d'y mettre aucun reglement, pour le peu de temps qu'il y a qu'ils sont en commerce ordinaire, & neantmoins ce n'est pas à dire qu'ils ne doiuent estre reglez par les raisons de droict & d'équité, & notamment par l'vsage commun, lequel ils doiuent emprunter des Offices Royaux, lors qu'il n'y a point de raison de diuersité entre les vns & les autres, comme en ce poinct icy.

75 Equité des quarãte iours.

76 Tout ce qui ne peut estre fait par testament, ne peut estre fait lors qu'on est prest de mourir.

Quant à la raison, sur laquelle est fondée la clause des quarante iours, elle est certes pleine d'équité. A sçauoir, que du droict Romain, & de nos coustumes, il resulte vne regle fort équitable, que toute disposition, qui seroit illicite apres nostre mort, ne peut aussi estre faicte valablement, lors que nous sommes proches d'icelle : pource que celuy qui en mourant, ou estant certain de sa mort prochaine, dispose de ce, dont il ne peut disposer pour le temps d'apres son deceds, est reputé faire telle disposition en fraude de la prohibition.

77 Exemple.

Pour exemple, le mary qui estoit chargé de rendre la dot, en cas que sa femme decedast en mariage, fait diuorce auec elle, lors qu'il la voit au lit de la mort, afin de dire qu'elle n'est pas decedée en mariage, il doit neantmoins rendre la dot, dit la loy *Filiæ meæ emancipatæ. D. Sol. matrim.* Autre exemple, il n'estoit permis en l'ancien droict Romain de donner par testament liberté à ses serfs, sinon iusques à certain nombre, celuy qui se voit prest de mourir, donne liberté à plus grand nombre, non pas par testament, mais par vne prompte manumission, le droict resout qu'apres sa mort cette manumission faicte à la haste doit estre reuoquée, nonobstant la faueur de la liberté.

78 Autre.

Encor vn autre exemple : Le fils de famille, auquel le pere a permis la libre disposition de son pecule, peut bien donner entre vifs ; mais non à cause de mort : peut-il donc donner comme entre vifs, estant prest de mourir ? il est aisé à entendre que non, dit la loy *Filius tam.* §. 3. *D. De donat.*

79 Autre du droict François.

Voila le droict Romain, & quant au nostre, l'autheur de la somme rurale nous en rapporte vn fort notable arrest de son temps, liure premier tit. *Des ventes & achats. Vn nommé Gerard Dauby*, dit-il, *estant couché en son lict mortel, voulant adheriter par la loy, de son fief, le Sieur de Bersées : pour plus deument à son aduis en faire le vverp, se chaussa & vestit, & ainsi en presence des hommes de la loy passa la vente, & fist le vverp dudict fief : & ce faict, il alla par apres de cette maladie de vie à trespas. Son hoir dist que cette vente soustenir ne se pouuoit par raison, puisque durant sa maladie l'auoit faicte : & que si le Seigneur, & les hommes du fief y auoient esté comme Loy, d'autant s'estoient-ils plus mesfaits, quand en ce poinct le sçauoient, & tel vverp receuoient. Le Sieur de Bersées disoit, que Dauby estant homme franc, auoit peu faire du sien à son plaisir. Il fut dict par arrest, que la vente n'auroit lieu, & le r'auroit l'hoir : & fut le Seigneur, qui ce auoit passé, & l'acheteur aussi, condamné en l'amende du Roy. Item, & ainsi pour tel cas fut-il iugé en Tournesis, pour Agnez de la Soubs, dont estant appel au Parlement, il fut dit par arrest, que bien auoit esté iugé.*

80 Raison de cette decisiõ.

Ces arrests sont fondez sur ce que, par les coustumes de Picardie, nul ne peut disposer

disposer de ses propres par testament, tout ainsi qu'és coustumes de deça on n'en peut disposer, que iusqu'à certaine quote ou portion, comme du quart, ou du quint; & partant nos coustumes decident, que si celuy qui est malade, de la maladie dont il decede, donne plus grande portion, ores qu'il exprime que ce soit par donation entre vifs, neantmoins telle donation est reputée faicte à cause de mort, & partant n'est valable, entant qu'elle excede ce qui se peut donner par testament.

De mesme il est certain, que le mary, estant maistre de la communauté pendant sa vie, peut disposer des biens d'icelle, ainsi qu'il luy plaist entre vifs, voire mesme les peut donner, mais non par testament. Si donc estant prest à mourir, il donne entre vifs, il est sans doute, que cette donation est nulle en ce qui concerne l'interest de la femme, comme presumée faicte en fraude d'icelle. 81 Autre exemple du droict François.

Pareillement si és coustumes, où le mary & la femme peuuent bien faire donation mutuelle entre vifs, mais non pas se donner rien l'vn à l'autre par testament, l'vn des conioincts voyant l'autre au lict de la mort, pratique vne donation mutuelle, c'est bien sans doute qu'elle n'est pas valable, à cause de cette regle, que quand la disposition à cause de mort est prohibée, celle qui se fait par celuy qui est prest à mourir, est aussi prohibée. Et c'est ainsi qu'il faut concilier l'article 277. de la coustume de Paris, portant que *Toutes donations, ores qu'elles soient conceuës entre vifs, faictes par celuy qui est gisant au lict de la maladie dont il decede, sont reputées faictes à cause de mort*, auec la loy *Seia §. vlt. D. De donat. causa mortis*, qui dit au contraire, que *qui in extremis constitutus donat sine vlla conditione retinendi, non tam videtur causa mortis donare, quàm moriens donare.* Qu'il faut entendre la coustume és choses qui ne peuuent estre données apres la mort, & la loy en celles qui le peuuent estre, & où partant il ne peut escheoir de fraude. 82 Autre encor.

Puis donc que l'Office ne peut estre donné ni resigné à cause de mort, il s'ensuit & selon le droict Romain, & selon le nostre, qu'il ne peut estre valablement resigné au preiudice du Seigneur & contre son gré, par celuy qui est prest à mourir. Autrement ce seroit presque rendre les Offices des Seigneurs hereditaires, s'il ne falloit que dire le mot auant que mourir. Est-ce pas assez de specialité de contraindre le collateur à admettre la resignation de l'Officier faicte en santé, & non frauduleuse, sans le forcer à approuuer la disposition, que pour le frauder il veut faire de l'Office, lequel il ne peut plus garder? 83 Autres raisons pour les 40. iours.

Ie ne veux pas nier que la clause des quarante iours ne soit odieuse, voire aucunement iniuste, entant qu'elle comprend aussi bien le sain, auquel il ne peut escheoir de fraude, que le malade, & possible encor en ce que le terme de quarante iours est trop long. Car elle n'est pas odieuse en ce qu'elle reuoque la resignation faicte par celuy, qui ia estoit certain de sa mort, ains en cela elle est iuste & conforme au droict & à l'équité: ainsi que le droict dispose que celuy qui a commis quelque crime capital, ne peut plus donner son bien au preiudice du fisque, *ex eo tempore quo propter facinoris cogitationem iam de pœna certus esse potuit*, dit la loy *Quæsitum. D. Qui & à quibus. & l. Post contractum. D. De donat.* 84 Ce qu'il y a d'odieux és 40 iours.

Neantmoins il ne se faut pas estonner, si Messieurs du Parlement ont autresfois passé par dessus la clause des quarante iours és Offices de iudicature, principalement és resignations fauorables, comme de pere à fils, auparauant l'Edict resolu en l'assemblée de Rouen, en l'an mil cinq cens nonante sept, où cela fut défendu par article expres à l'esgard des Offices Royaux. Car ils sont Iuges d'équité, & en ce cas il y en peut auoir beaucoup. D'ailleurs ce n'est pas de merueille, si la clause des vingt iours és benefices n'ha point de lieu pour les collateurs ordinaires: attendu qu'elle n'ha lieu qu'aux resignations *in fauorem* que les ordinaires ne peuuent admettre. Et quant à l'vsage accoustumé par les Escheuins de Paris, touchant la resignation des Offices qui sont à leur collation, il est bien certain qu'il ne lie pas les autres Seigneurs de toute la France. 85 Response aux autres raisons de la negatiue.

Toutes ces raisons de part & d'autre bien balancées, i'estime en premier lieu, suiuant l'opinion commune du Palais, que precisément la clause des quarante iours ne doit auoir lieu és Offices des Seigneurs, comme n'estant introduite en 86 Resolution que la regle des 40. iours n'ha lieu és Offices des Seigneurs.

vsage que pour les Offices du Roy, qui seul, comme Souuerain, a peu mettre tel reglement qu'il luy a pleu en ses Offices, & quel qu'il soit, estant vne fois publiquement estably pour droict commun, il ne peut estre iniuste, pource que desormais on entre en ces Offices à cette condition : mais és Offices des Seigneurs cette clause est apparemment iniuste, en ce qu'elle lie les sains sans suiect, & de fait la regle des vingt iours és benefices, n'ha lieu qu'à l'esgard des malades.

87 Mais y deuroit auoir lieu la regle des vingt iours, ainsi qu'aux benefices.

Et toutesfois d'autre costé i'estime qu'il n'y a nulle équité que leur Officier, se voyant prest à mourir, dispose de son Office, lors qu'il ne le peut plus garder : & partant il me semble par identité de raison, qu'encor que, suiuant la disposition de nos coustumes, & la raison de droict, la resignation ainsi faicte ne soit valable, neantmoins, pource que la faueur est grande, & la fraude moins odieuse en vn pauure Officier, qui tasche en mourant à sauuer à ses enfans l'Office qu'il auoit acheté, qu'en celuy qui par vne donation d'éguisée comme entre vifs, tasche en mourant à frustrer ses legitimes heritiers, de la part de ses propres, que la loy du païs leur reserue, c'est bien mon opinion, qu'il ne faut vser de tant de rigueur en l'vn, qu'en l'autre. Et partant, combien que plusieurs de nos coustumes ayent borné à quarante iours le temps de la maladie precedant le deceds, pendant lequel les donations sont prohibées, ce terme toutesfois est trop long, & celuy des vingt iours des benefices est plus équitable, attendu mesme que la resignation des Offices achetez (car de nuls autres elle n'est necessaire à admettre) est bien plus fauorable, que celle des benefices, qui n'est iamais que de grace & courtoisie.

88 Que Messieurs du Parlement en peuuent ordonner selon les diuerses rencontres.

Mais d'autant qu'il n'y a point encor de reglement faict, comme certes il seroit ce semble, bien à propos, i'estime que cependant, cela demeure en l'arbitrage de messieurs du Parlement, qui à vray dire deuroient estre les collateurs des Offices de iudicature appartenans aux Seigneurs, lesquels ne doiuent estre en fruict pour estre licitement vendus. Tant y a que cet auguste Senat, par l'équité, dont il est conseruateur, en peut ordonner diuersement selon les diuerses rencontres des personnes, & autres circonstances : & sur tout, c'est à luy d'auoir pitié de la veufue & des orphelins d'vn Officier decedé, duquel vn Seigneur trop rigoureux aura illicitement extorqué le bien, en luy vendant l'Office, veu qu'en ce suiect le Roy mesme, qui peut vendre licitement ses Offices, n'a accoustumé traicter ses Officiers auec tant de rigueur.

89 Notamment és resignations de pere à fils.

Et sur tout cette rigueur doit estre relaschée és resignations de pere à fils : n'estant raisonnable de reietter l'enfant capable d'vn antique Officier, qui ayant bien faict sa charge, desire mourir en ce contentement d'esprit, de laisser son enfant heritier de son bien, de sa vertu, de son rang, & outre de l'affection qu'il auoit au seruice de son Seigneur : πρέπει γὰρ τοὺς παῖδας, ὥσπερ τῆς οὐσίας, οὕτω καὶ τῆς φιλίας τῆς πατρικῆς κληρονομεῖν, disoit Isocrate : & c'est le vœu & la salutation que rend Vlysse dans Homere à Alcinoüs, & aux Officiers de sa Cour, que suiuant le desir, qui est nay auec les peres, leurs enfans viennent à succeder à leurs honneurs, dignitez & fortunes.

90 Conclusions touchãt les 40. iours.

Ie conclu donc premierement que la clause des quarante iours ne doit auoir lieu és resignations necessaires des Officiers des Seigneurs, faites en pleine santé : & combien qu'elle soit inserée en leurs prouisions, que comme iniuste en ce cas, *pro non adiecta habenda est*. Secondement, que le Seigneur, sous pretexte de la maladie de son Officier, ne peut refuser d'admettre la resignation de l'Office acheté, laquelle neantmoins il peut conditionner de la clause de quarante, ou plustost de vingt iours. Finalement que si l'Officier décede dans iceux, c'est à la Cour (comme en chose non encor reglée par Edict) principalement és Offices non-venaux, d'en ordonner selon les diuerses circonstances : mais si le Seigneur a deliuré sa prouision pure & simple, sans cette clause, il est reputé d'auoir renoncé à son droict, comme i'ay dit ailleurs.

SOM-

SOMMAIRE DV QVATRIESME CHAPITRE.

1 *Importance de cette question.*
2 *Quelques contracts sont perpetuels, autres reuocables.*
3 *Raisons, que l'Office est reuocable.*
4 *Offices sont cōcedez à* Tant qu'il plaira.
5 *Destitution pratiquée par les Romains aux Offices.*
6 *Et aux Secerdoces.*
7 *Et aux Ordres.*
8 *Tous Offices iadis reuocables en France.*
9 *L'Ordonnance qui les a faits perpetuels, ne parle que des Royaux.*
10 *Ordonnance expresse pour la destitution des Officiers des Seigneurs.*
11 *Raisons contraires.*
12 *Office formé, ou en titre, que signifie.*
13 *Subdiuision des contracts perpetuels.*
14 *Titres, ou contracts réels.*
15 *Titres sont de necessité, aussi bien que les contracts.*
16 *Concession d'Office ne se rapporte au contract reuocable.*
17 *Difference de l'Officier auec le mādataire.*
18 *Difference de l'Office auec le precaire.*
19 *Offices peuuent bien estre faits precaires par le Roy.*
20 *Mais non par les Seigneurs.*
21 *Le Pape ne peut faire les benefices reuocables.*
22 *Seigneurs ne font entieremēt les Officiers.*
23 *Difference de l'Officier auec le seruiteur domestique.*
24 *Office doit plustost estre perpetuel, que le benefice.*
25 *Offices des Seigneurs doiuent plustost estre reuocables, que ceux du Roy.*
26 *Officier ne peut estre destitué sans ignominie.*
27 *Refutation de l'opinion commune.*
28 *Belle auctorité.*
29 *Incommodité de la destitution.*
30 *Raisons concernantes l'interest public.*
31 *De mesme.*
32 *Destitutiō tombe sur les plus gens de bien.*
33 *Exemple.*
34 *Officiers destituables sont comme valets.*
35 *Inconueniens qui en arriuent.*
36 *Responsé à vne objection.*
37 *Malignitez des Iuges de village.*
38 *De mesme.*
39 *Que ceux qui ne les commandent, les permettent.*
40 *Que cela doit estre reformé.*
41 *Inconueniens qui arriuent aux Iuges des Princes & grands Seigneurs.*
42 *Amplification.*
43 *Remede à ces inconueniens.*
44 *Autre interest public.*
45 *Autre encor.*
46 *Responsé aux raisons contraires.*
47 *Responsé à la clause,* Tant qu'il nous plaira.
48 *Responsé à l'usage des Romains.*
49 *Gouuerneurs Romains n'estoient que commissaires.*
50 *Bons Empereurs ne les reuoquoiēt gueres.*
51 *De mesme.*
52 *Pourquoy ces Offices furent du commencement reuocables en France.*
53 *Par apres furent faits perpetuels.*
54 *Occasion de la clause,* Tant qu'il nous plaira.
55 *Qu'elle ne sert plus de rien.*
56 *Officiers doiuent estre perpetuels.*
57 *Officiers ne sont destituables sans cause, que par puissance absoluë.*
58 *Et partant ne le peuuent estre par les Seigneurs.*
59 *Seigneurs ne doiuent auoir plus de puissance que le Roy.*
60 *Moins de danger en la destitution du Roy, que des Seigneurs.*
61 *Responsé à la reuocation des Iuges Pedanées.*
62 *Iuges des Seigneurs ne sont comme les Iuges Pedanées du droict.*
63 *Tous les Philosophes s'accordent en la perpetuité des Offices.*
64 *Et toutes les nations.*
65 *Et le sens commun d'vn chacun.*
66 *Explication de la clause,* Tant qu'il nous plaira.
67 *Plaisir du Roy.*
68 *Plaisir d'vn Seigneur est referé à l'arbitrage des preudhommes.*
69 *Cette clause ne conuient qu'au Souuerain en sa propre interpretation.*
70 *Responsé à l'Ordonnance de Louys XI.*
71 *Responsé à l'Ordonnance de Roussillon.*
72 *Conclusion de la question.*
73 *Toutes loix tendent à l'asseurance de ce qu'on tient.*
74 *Fiefs & cens deuenus patrimoniaux.*
75 *Comment cela s'est fait.*
76 *Tous benefices sont en fin deuenus irreuocables.*
77 *N'y a tant de raison qu'aux Offices.*
78 *Derniere conclusion.*

SI LES OFFICIERS DES SEIGNEVRS SONT DESTITVABLES.

CHAPITRE IIII.

1 Importance de cette question.

C'EST icy l'vne des principales questions de tout cet œuure, qui concerne l'effect & energie des Offices, & le droict que les Officiers ont en iceux ; voire c'est proprement le droict des Offices, ainsi que le titre *De iure dotium*, signifie la condition & durée de la dot, dit Cujas aux Paratitles : c'est pourquoy comme la loy premiere d'iceluy dit, que *dotis perpetua causa est*, aussi nostre question est de sçauoir *an Officij causa sit perpetua.* Car

2 Quels contracts sont perpetuels, ou reuocables.

comme ainsi soit, qu'il y a des contracts, *qui perpetuam causam habent, vt emptio, permutatio, donatio, dotis datio* : Autres qui *reuocabilem, vt commodatum, depositum, mandatum, pignus, precarium*, ainsi que discourt Cujas au mesme endroit : il est question de recercher en laquelle de ces deux categories il faut mettre la concession de l'Office : question que i'ay reseruée en ce liure, pource qu'elle ne peut eschoir à present, qu'és Offices des Seigneurs, d'autant que par l'Ordonn. de Louys XI. ceux du Roy ont esté faits perpetuels & irreuocables.

3 Raisons que l'Office est reuocable.

Or il n'y a celuy qui ne dise de prime-face, que les Offices sont destituables de leur propre nature. Car puis que la Seigneurie & l'Office sont deux especes differentes de dignité : la Seigneurie ayant la proprieté, & l'Office l'exercice simple de la puissance publique, il s'ensuit que l'Office ne peut estre Seigneurie, ni importer proprieté, comme il feroit s'il n'estoit point reuocable : estant vne regle, que les contracts ayans cause perpetuelle, sont translatifs de Seigneurie, dit Cujas au lieu préallegué.

4 Offices sont cõcedez *à tant qu'il plaira.*

Aussi que la puissance publique des Officiers, estant vn démembrement de celle des Seigneurs, ne peut estre par eux alienée tout à fait, ni tellement démembrée de la Seigneurie, qu'elle n'y puisse estre rejointe quand il leur plaist : c'est pourquoi le style ordinaire des prouisions d'Office n'est pas de les conceder à titre de donation, qui est vn contract ayant traict à perpetuité, ains à titre de precaire, & soubs cette clause expresse, *pour en iouir tant qu'il plaira au Seigneur* : qui est la distinction d'aucuns, que les Officiers pourueus purement & simplement ne sont point destituables, mais bien ceux qui sont pourueus *ad beneplacitum.*

5 Destitution pratiquée par les Romains aux Offices.

De fait, il semble que les Romains ont tousiours pratiqué la destitution, encor qu'ils n'en eussent pas tant de sujet que nous, pource que leurs Offices n'estoient qu'annuels. Car c'est chose notable, que tout le premier de leurs Consuls, à sçauoir Tarquinius Collatinus fut destitué de son Office, & Valerius Publicola mis en sa place. Et Plut. *in Marcello* recite, que Titus Flaminius, ayant esté faict Consul, & enuoyé auec vne puissante armée contre les Milanois, encor qu'il eust remporté la victoire sur eux : ce neantmoins fut rappellé tout promptement, & déposé du Consulat, sur ce leger scrupule, qu'on feist entendre au Senat qu'il auoit esté éleu contre les auspices : & qu'au pareil, Scipio Nasica & Cajus Martius Consuls furent aussi remandez des Prouinces, où ils estoient allez auec leurs armées, & contraints se demettre du Consulat, soubs pretexte qu'on s'aduisa, que lors de leur élection on n'auoit obserué assez exactement les ceremonies ordinaires des auspices.

6 Et aux Sacerdoces.

Et quant aux Sacerdoces, il rapporte aussi, que deux Prestres de Rome, nommez Cornelius & Cethegus, furent priuez de leur Prestrise seulement pour auoir failli à distribuer par ordre les entrailles de l'hostie immolée : & encor Q. Sulpitius, pource que son chapeau sacerdotal luy tomba de la teste en sacrifiant. Pareillement que Cajus Flaminius fut destitué de l'Office de maistre de la Caualerie, pource que lors de sa nomination on auoit ouy le bruit d'vne soury.

7 Et aux Ordres.

Est-ce pas aussi chose notoire, que les Censeurs ostoient & dégradoient, & du Senat & de l'Ordre de Cheualiers ceux qu'il leur plaisoit, pour des causes fort legeres ? Comme aussi il est certain, que le Senat reuoquoit, quand il luy plaisoit, les Proconsuls, & les Empereurs, les Presidens, & autres Gouuerneurs des Prouinces, en leur enuoyant vn successeur : de sorte qu'il a esté prouué au premier liure, que *successorem mittere*, signifioit entre les Romains, reuoquer & destituer vn Officier. Témoin Auguste, qui *Legato Consulari successorem dedit, cuius manu IXI pro IPSI scriptum animaduerterat*, dit Suetone en sa vie.

Comme aussi i'ay monstré particulierement au 3. chap. du 1. liure, que toutes sortes d'Offices de France ont esté reuocables, iusques à l'Ordõn. du Roy Louys XI. & combien que le Roy Philippe de Valois eust faict vne semblable Ordonnance, neantmoins ses successeurs ne la voulurent obseruer, pource qu'elle leur estoit preiudiciable : qui fut cause que Louys XI. pour faire obseruer la sienne apres son deceds, s'aduisa, estant au lict de la mort, de la faire iurer solennellement par Charles VIII. son fils & successeur, & enuoya au Parlement l'acte de son serment, pour y estre solennellement publié & enregistré. 8 Tous Offices iadis reuocables en France.

Tant il a esté difficile de rendre les Offices de France irreuocables : mais puis qu'ils ne le sont qu'en vertu de cette Ordonnance, laquelle ne parle que des Offices Royaux, il s'ensuit que ceux des Seigneurs sont tousiours reuocables : ne se pouuant dire, qu'ils soient si auctorisez, ni si bien establis que ceux du Roy, ains semble qu'ils se rapportent directement aux Iuges Pedanées, que commettoient les Gouuerneurs des Prouinces Romaines, lesquels ils reuoquoient quand bon leur sembloit. Et de fait, il se pratique notoirement, & se iuge tous les iours à la Cour, que les Officiers des Seigneurs, non pourueus pour cause onereuse, ou remuneratoire, peuuent estre destituez par la seule volonté du Seigneur, & sans expression de cause. Bref, il semble qu'il n'en faut plus faire de question : d'autant qu'il est decidé expressément par l'Ordonnance de Roussillon, art. 27. que les Seigneurs peuuent destituer leurs Officiers, sinon qu'ils soient pourueus pour cause onereuse, ou remuneratoire. 9 L'ordõnãce qui les a faict perpetuels, n'est que pour les Royaux. 10 Ordõn. expresse pour la destitutiõ des Officiers des Seigneurs.

Neantmoins, si le Lecteur se donne la patience de lire le reste de ce chapitre, mettant pour vn temps à l'escart toute opinion préiugée, i'espere luy faire cognoistre euidemment, que cet vsage est non seulement contraire à la raison & equité ; mais aussi fort dangereux & préiudiciable au public. Pour entendre le premier poinct, & afin de conceuoir naïuement le droict, energie & importance naturelle du vrai Office, que nos Ordonnances appellent *Office formé*, ou *Office en titre*, ou bien *titre d'Office formé*, il se faut souuenir de ce qui a esté dit cy-deuant, qu'en droict, le titre signifie la cause de la possession de quelque chose, c'est à dire, les noms, ou especes diuerses de contracts, en vertu desquels on acquiert, ou possede quelque chose. 11 Raisons contraires. 12 Office formé, ou en titre que signifie.

Or ay-je dit au commencement de ce chapitre, qu'il y a des contracts qui ont cause perpetuelle, autres qui l'ont seulement reuocable : & que ceux qui ont cause perpetuelle, sont translatifs de Seigneurie, les autres non. Mais il faut encor faire vne subdiuision, & dire, que des contracts ayans cause perpetuelle & translatifs de Seigneurie, aucuns transferent la Seigneurie parfaicte, & la pleine proprieté, τὴν κτῆσιν, comme font regulierement la vente, l'eschange, la donation : autres la simple iouïssance, τὴν χρῆσιν, comme la constitution d'vsufruict, & aussi l'emphyteose, l'infeodation & acensiuement, qui sont especes d'vsufruict impropre, dit Cujas, sur le 3. titre du 1. liure Des fiefs. Tels sont encor les titres, ou concessions d'Office & benefice. Et de verité, ceux de cette derniere espece doiuent plustost estre appellez titres, que contracts : pource que les contracts produisent plustost vne action personnelle, que non pas vn droict réel, *l. Traditionibus. C. De pactis*. Au contraire, les titres sont ceux qui titrent & qualifient la chose, ce que ne font pas les autres contracts : comme pour exemple la chose venduë, eschangée, ou donnée n'est pas appellée vente, eschange, ou don : mais bien celle qui est concedée à titre d'emphyteose, de fief, ou de cens, est appellée emphyteose, fief, ou cens : comme au semblable l'estat ou charge publique, qui est conferée à titre d'Office, ou de benefice, est appellée Office, ou benefice. 13 Subdiuision des contracts perpetuels. 14 Titres, ou cõtracts réels

Dont s'ensuit, que comme l'emphyteose, le fief & le cens sont titres réels, ou contracts irreguliers, qui ont certains droicts & regles dissemblables des 15 Titres sont de necessité, aussi bien que les contracts

contracts ordinaires, ainsi est-il de l'Office & benefice : mais quoy que ce soit, la regle generale de tous contracts & obligations tant personnelles, que réelles y a lieu infailliblement, qu'auant qu'estre faits ils sont de volonté, & par apres de necessité. Voire cette regle est encor plus forte és contracts constitutifs d'vn droict réel, qui est comme vn charactere qui demeure tousiours imprimé à la chose, & sur tout elle doit auoir lieu és Offices & benefices, plus qu'en tous autres titres, pource qu'ils sont inherens & attachez à la personne, qui luy donnent qualité, voire forment son estat, & partant ils n'en doiuent point estre arrachez sans grande cause.

16 Cõcession d'Office ne se rapporte au contract reuocable.

Qu'ainsi ne soit, qu'on parcoure tous les contracts, qui ont cause temporelle, ou reuocable, il ne se trouuera point que la concession de l'Office s'y rapporte. Premierement, il ne faut pas accomparer l'Officier au simple mandataire. Car la charge du mandataire *nihil ponit in re*, ce n'est rien de positif, rien de creé, ou

17 Difference de l'Officier auec le mandataire.

formé. Mais le vray Office, que nos Ordonnances appellent Office formé, est vn droit incorporel, creé & erigé par Edict, ou du moins par vne coustume ancienne qui ha force de loy : erigé dis-je auec vne aptitude, voire vne necessité perpetuelle de passer de personne en autre, par le choix du collateur : en la personne duquel neantmoins il ne peut resider. Aussi ce que fait le procureur, ou mandataire, il le fait au nom du Seigneur : mais ce que fait l'Officier, il le fait en son propre nom ; voire le Seigneur ne seroit admis à le faire soy-mesme, comme i'ay prouué ailleurs. Dont s'ensuit, que c'est la commission qui se rapporte au mandat du droict, & non pas l'Office, ainsi que i'ay amplement discouru au 4. liure : où i'ay dit que la principale difference d'entre l'Office & la commission estoit, que la commission est reuocable, & l'Office non.

18 Difference de l'Office auec le precaire.

Ce qui verifie pareillement, que la concession d'Office ne doit en bonne iurisprudence estre faite à titre de precaire : pource qu'on presuppose au precaire, que la chose soit telle, que le Seigneur en puisse iouir, & la retenir luy-mesme, quand il vient à reuoquer le precaire ; mais l'Office n'est de telle sorte, & ne peut pas estre reuoqué pour estre reioint à la personne du Seigneur ; ains faut qu'il soit incontinant rebaillé à vn autre Officier, de sorte qu'il y a plus d'apparence d'y laisser l'ancien, que le bailler à vn nouueau.

19 Offices peuuent bien estre faits precaires par le Roy.

Bien est vray, que le Roy, à cause de sa puissance absoluë, laquelle comprend encor plustost les Offices que toutes autres choses, pource qu'ils sont procedez d'icelle, pouuoit bien anciennement conferer ses Offices à titre de precaire, soubs la clause *Tant qu'il nous plaira*, & encor à present, que par l'Ordonnance de Louys vnziesme, il s'est osté ce pouuoir, il peut bien conferer les charges publiques par commission, & sans titre d'Office, & lors elles sont comme simples mandemens, ou procurations, & partant sont reuocables à volonté, ioint qu'estant luy-mesme Officier & Seigneur souuerain tout ensemble, c'est à dire, ayant non seulement la proprieté, mais aussi l'exercice parfait de la souueraineté, comme i'ay prouué ailleurs, il peut ioindre à sa personne le titre de ses Offices, voire les exercer luy-mesme, ou en commettre l'exercice à qui il luy plaist.

20 Mais non par les Seigneurs.

Mais les Seigneurs subalternes, qui n'ont pas cette puissance absoluë, & qui d'ailleurs ne sont pas Officiers eux mesmes, ni capables d'exercer & retenir en eux-mesmes la puissance publique, ne la peuuent faire exercer en leur nom par des mandataires, ou commissionnaires, laissant cependant le titre de l'Office vacant, & non rempli : pource aussi que la commission, ou concession precaire de l'Office, est vne forme de prouision extraordinaire, dispensatoire & contraire au droict commun, auquel le seul Souuerain peut déroger : tout ainsi qu'il n'y a que le Pape, qui puisse conferer les benefices en commende, *ex plenitudine potestatis* : Or il est notoire, que ce qui s'appelle *Commission* és Offices, est appellé *Commende* és benefices.

21 Le Pape ne peut faire les benefices reuocables.

Et combien que les Canonistes disent, que le Pape *de iure supra ius omnẽ potestatem habet in beneficijs*, ce neantmoins, encor ne permet-on point en France, qu'il reuoque les commendes, ains faut qu'il les laisse perpetuelles, comme les titres, tant nous abhorrons la reuocation & destitution des dignitez personnelles, & trouuons estrange qu'on en soit priué & despouillé sans cause. Dont resulte à plus forte raison, que les Seigneurs particuliers ayans gaigné par abus & vsurpation ce poinct, de conferer les Offices publics, qui deuroient estre conferez par le Roy, auquel seul appartient de conceder la puissance publique, comme i'ay prouué ailleurs, au moins les doiuent-ils conferer ainsi que fait le Roy, & selon le droit commun, c'est à dire en titre, & non pas s'attribuer plus de pouuoir que le Roy, & faire des Officiers comme de leurs valets, les mettant & ostant à leur fantaisie: attendu mesme qu'il n'y a rien plus naturel, dit la loy, sinon que toutes choses soient défaites de la mesme façon, qu'elles ont esté faictes. Or est-il que le Seigneur ne peut pas tout seul faire vn Officier parfaict, ains faut que le Magistrat superieur luy confere la puissance publique, par la reception, & partant il n'est pas raisonnable qu'il le puisse seul défaire, & qu'il luy puisse oster la puissance publique, laquelle il ne luy a pas donnée. 22 Seigneurs ne font entierement les Officiers.

Car au surplus, la difference est toute apparente entre l'Officier d'vn Seigneur, & son seruiteur domestique: à sçauoir, que la charge de l'Officier est publique, & celle du domestique est particuliere & priuée: & partant ce n'est point chose estrange, que le maistre luy donne son congé, quand bon luy semblera: ce qu'encor ne peut-il faire, s'il l'a loüé à certain temps: d'ailleurs, le domestique n'a aucun droict formé en sa charge, laquelle de soy n'a aucune subsistence positiue, au lieu que l'Office est vn droict incorporel, qui ha sa subsistence réelle, bien qu'incorporelle, & en iceluy l'Officier ha droict acquis, depuis qu'il en a esté fait titulaire, voire il s'en peut dire Seigneur, ainsi qu'vn vsufruictier se peut dire seigneur de son vsufruict, *l. Qui vsumfr. D. Si vsusfr. petatur.* 23 Difference de l'Officier auec le seruiteur.

Ie dy mesme, que l'Office est moins reuocable, que le benefice, pource que la function des Officiers est plus publique & plus consistante en l'industrie & capacité particuliere de la personne, que celle de la plus part des beneficiers: & c'est pourquoy on permet, que les beneficiers exercent leur function par vicaires, ce qui n'est pas permis aux Officiers. D'ailleurs, l'Office est beaucoup plus personnel, que le benefice, qui consiste ordinairement en heritages, & autres biens corporels, ainsi que la Seigneurie: & finalement le seul collateur fait le beneficier; mais le Seigneur ne fait pas tout seul l'Officier, c'est pourquoy il y a moins d'apparence, qu'il le puisse oster tout seul. 24 Office doit plustost estre perpetuel que le benefice.

Bref, il est aisé à entendre, qu'il y a beaucoup moins d'apparence, que les Seigneurs particuliers puissent destituer sans cause leurs Officiers, que nō pas le Roy, qui, comme Souuerain, doit auoir toute puissance, & en leur institution, & en leur destitution, & auquel en bonne iurisprudence deuroit mesme appartenir l'institution des Officiers des Seigneurs, comme estant vn droict Royal de conferer la puissance publique. Et neantmoins, sur cette consideration, qu'il est raisonnable qu'vn Officier ne soit chassé mal à propos de son Office, le Roy mesme a bien voulu retrancher sa souueraineté pour vn si iuste sujet. Pourquoy donc ses sujets, qui n'ont droit en la collation des Offices que par abus & vsurpation, auroient-ils en cela plus de pouuoir & aduantage que sa Majesté? pourquoy seront-ils plus que Roys? entreprenans contre toute raison d'oster sans sujet aux Officiers, non seulement le titre de leurs Offices, qui leur est acquis par la prouision qu'ils leur en ont donnée, mais encor sur la puissance publique, qu'ils ne leur ont pas donnée, ains qui leur a esté conferée par les Magistrats superieurs? 25 Offices de Seigneurs doiuent plustost estre irreuocables, que ceux du Roy.

D'ailleurs, c'est chose bien certaine, qu'on ne peut oster l'Office à vn homme, sans luy oster l'honneur. Car outre que c'est luy oster son rang, & luy faire faire le pas d'escreuisse, & le faire deuenir d'Euesque meusnier, comme on dit, il n'y a point de doute, que le commun peuple, qui est coustumier de iuger & interpreter tout en mal, croira tousiours, que celuy qui aura esté despouillé de son Office, aura fait quelque faute, qui ait donné sujet à cette destitution. Et de fait, en la loy *Testamento. D. De manumiss. test.* le testateur ayant legué liberté à ceux de ses serfs, *qui sine offensa fuerant*, Papinian decide, que ceux-là ne la doiuent auoir, *quos pœna coërcuit, aut quos ab honore ministrandi, vel ab administrandæ rei negotio testator re-* 26 Officier ne peut estre destitué sans ignominie.

mouit: & vne autre loy dit, qu'vn simple soldat, dont le droict est moins stable que celui d'vn Officier, *sine causæ mentione missus, nihilo minùs ignominiâ missus intelligitur. l. 13. §. Missionum. D. De re milit. Atqui graue est cum re nominis iacturam facere.*

27 Resolutiõ de l'opinion commune. Dont resulte, qu'il y a bien peu d'apparence en cette fantasque distinction, que nos praticiens ont inuentée, pour excuser l'oppression des Seigneurs enuers leurs pauures Officiers, que quand il y a cause infamante, la destitution ne peut estre faicte que par auctorité de iustice; mais quand il n'y a point de cause, qu'elle peut estre faite par la nuë volonté du Seigneur. Car quelle apparence y a-il de dire, que l'Officier, qui n'a point donné de cause à la destitution, puisse estre plus facilement destitué, que celuy qui y a fait quelque faute en sa charge? disons plustost auec Seneque, *Omnia eadem mihi præsta. & idem sum. Destituere leuitas est, si nihil interuenit noui.* C'est la plainte que fait Socrate, liure 1. de l'histoire Ecclesiastique, chap. 24. des Prelats qui destituoient les Officiers, sans en rendre la raison: *Ibi crimen sine accusatione, sententia sine consilio, damnatio sine defensione, executio sine iudicio.* A quoy fut pourueu par le Concile d'Hispale, qui ordonna *ex priscorum patrum sententia, nullum sine Concilij examine abdicari posse*, auec ceste graue sentence, *Episcopum quidem solum, honorem dare posse, auferre, solum non posse.*

28 Belle auctorité. O que cet ancien Euesque de France Saluian, dit vn beau mot à ce propos, discourant sur ce qu'au Genese il est dit, que Dieu ne voulut chasser nostre premier pere du Paradis terrestre, sans l'appeller *Adam, vbi es?* & entrer en iugement & cognoissance de cause contre lui, bien que son peché lui fust parfaictement cogneu: dequoi ce bon Euesque rend la raison en ces mots, *Fecisse hominem, Dei beneficium fuit; destituisse, iudicium.* Dont on peut conclure, qu'encor que le Seigneur

29 Incommodité de la destitution. puisse pouruoir son Officier sans cognoissance de cause: neantmoins il ne le peut destituer sans cognoissance de cause. Mais on veut faire tout au rebours. Car pour admettre & receuoir vn Officier, on s'informe de son merite & capacité, & pour le chasser estant receu, on ne veut point entrer en cognoissance de son demerite. *Atqui vt sine causa amare, ita sine causa odisse non licet*, dit Tertulian au liure *De spectac.*

Or il vaudroit bien mieux que le Seigneur ne conferast point l'Office, que de

30 Raisons concernantes l'interest public. l'oster par apres. Car outre le deshonneur que ceste destitution apporte, il peut aduenir que l'Officier, pour venir exercer son Office, aura quitté & l'exercice, & les habitudes qu'il auoit ailleurs, comme vn Aduocat aura quitté son barreau, & perdu ses pratiques & cognoissances, de sorte que lui ostant par apres l'Office, le voila demouré tout à fait sans exercice, & sans moyen de gaigner sa vie: ce qui n'est nullement raisonnable, *cùm æquum sit nos beneficijs iuuari, non decipi.*

Voila les raisons qui concernent l'interest particulier des Officiers: mais celles qui regardent le public, sont encor plus fortes: car puisque ainsi est, que Dieu a establi les Iuges pour mediateurs entre les Seigneurs & les subjects, & que pour

31 De mesme. cette cause ils sont appellez par Xenophon μισπικεφύλακες, comme de fait, les Officiers des Seigneurs sont Iuges des differens suruenans entr'eux & leurs subjects, & en cela consiste la principale partie de leur charge; les Seigneurs ont-ils pas assez d'aduantage par dessus le peuple, de les choisir à leur deuotion, &, en les pouruoyant de leurs Offices, les affider & obliger estroitement à eux, comme leurs creatures, leur ayant donné le rang & qualité qu'ils tiennent, & sinon leur estre, au moins leur Estat, sans qu'ils ayent encor cette puissance sur eux, de les pouuoir destituer à chasque bout de champ, s'ils ne leur font gaigner tous leurs procez, & s'ils ne rendent la iustice à leur fantaisie?

De sorte, que si vn fascheux Seigneur ha vn mauuais procez en sa iustice, comme cela aduient iournellement, qui sera le Iuge, qui l'osera condamner, à la charge de perdre tout aussi tost son Office? si le Seigneur veut empieter quelque nouuelle redeuance sur ses subjects, qui sera le Iuge qui s'en osera formaliser? S'il veut maintenir en franchise & impunité quelques mauuais garnemens, qui seront à sa suitte, qui est l'Officier qui les osera poursuiure, ou punir, quelques extorsions, ou violences qu'ils facent? Si au contraire, le Seigneur veut mal à quelque homme de bien, qui est l'Officier, qui pour faire le bon valet, ne fera contre luy du pis qu'il pourra, voire s'il est accusé à tort, & que le Seigneur abaye sa confiscation, qui est le Iuge qui ne tremblera quand on luy dit, *Si hunc dimittis, non es amicus Cæsaris?* Car depuis qu'il y va de l'Estat, c'est vne grande tentation: & qui est le Iuge de village qui y pourra resister? Mesme ie puis dire qu'il y en a bien peu au monde de si gens de bien, voire de ceux qui ont merité d'estre esleuez aux premiers Estats (& que chacun en face iugement par soy-mesme, mettant sur ce propos la main a sa conscience) qui se vueillent mettre en vn hazard tout asseuré, d'estre priuez honteusement de leurs Estats, pour s'affectionner & opiniastrer courageusement à la iustice és affaires d'autruy. 32 Destitution tombe sur les plus gens de bien.

Que s'il se trouue au monde de tels Phenix, est-ce la raison que ce rare zele, & cette prodigieuse vertu remporte vn si pauure guerdon, que de les priuer de leurs Offices; voire pour mieux dire priuer les Offices de tels parangons d'Officiers, & le public d'ames si publiques? Et neantmoins c'est plustost sur ces gens-là que tombe la destitution: pource que les meschans se sçauent bien accommoder au temps, & à l'humeur des Seigneurs: mais les bons ne voulans ployer à l'iniustice ni biaiser aux malignes intentions des gentils-hommes, ils leur reprochent incontinant, que pour contrefaire les gens de bien à leurs despens, ils leur font perdre leurs droicts, & qu'au lieu de leur obeïr comme leurs Officiers & seruiteurs, ils font gloire de les contrepointer, & de s'opposer à leurs volontez: bref on faict contre eux le complot, qui est dans l'Escriture, *Eiiciamus iustum, quia contrarius est operibus nostris.*

I'ay veu depuis ces derniers troubles vn des plus notables Prelats de ce Royaume, 33 Exemple. ayant destitué le Iuge de sa iustice, luy dire franchement que c'estoit d'autant qu'il auoit faict diminuer de moitié la ferme de son Greffe: & disoit vray, pource que ce bon Iuge accordoit par charité la plusspart des procez, & vuidoit presque tous les autres sur le champ. Ce Iuge meritoit-il pas la peine à laquelle se iugea Socrates, plustost que d'estre destitué? Est-ce pas introduire parmy nos Iuges l'ostracisme d'Athenes, où celuy qui estoit plus homme de bien que les autres, estoit incontinant chassé? disons-en ce qu'a dit le Satyrique *de repulsa Catonis,*

Nonne hoc dedecus est patriæ morumque ruina?
Non homo pulsus erat, sed in illo pulsa potestas
Iustitiæque decus. ——

C'est bien la verité qu'il ne s'en chasse gueres de tels, car il ne s'en trouue gueres: 34 Officiers destituables sont comme valets. mais s'il s'en trouuoit beaucoup, ils ne dureroient gueres parmy nos gentils-hommes, qui ont prescript ce droict de Seigneurie sur leurs Iuges, qu'ils en font comme de leurs valets. *Dico ministro meo, vade: & vadit: fac hoc, & facit:* comme à la verité c'est bien les mettre au rang des valets, que de les pouuoir chasser à toute heure comme des valets: encor aux valets des champs, faut-il attendre que le terme soit expiré, & entre gens de bien il y a de la pudeur à chasser ceux qui seruent bien, principalement pour donner leur place à d'autres.

Et par ainsi les Seigneurs estans Iuges, & parties tout ensemble, Dieu sçait 35 Inconueniens qui en arriuent. quel mesnage se faict en la iustice, combien d'vsurpations, combien d'exactions se font sur le pauure peuple, combien de procez sont gastez, combien de crimes sont tolerez, voire auctorisez, combien d'innocens opprimez, combien de pauures gens sont déchassez de leur bien.

Dicere vix possis, quam multi talia plorent,
Et quot venales iniuria fecerit agros,

dit le poëte, parlant des iniustices qui se font aux villages: & tout cela vient de ce que le Iuge n'ose contredire à la volonté de Monsieur, de peur qu'il change son Office à vne prebende de Va-t'en.

On me dira que les Iuges des Seigneurs ne iugent pas en dernier ressort. 36 Responce à vne obiectiõ. Est-ce donc à dire qu'il leur faut permettre de iuger à la discretion de leur Seigneur? Mais en outre combien y a-il de pauures gens, qui ayans consommé leur peu de bien à plaider en premiere instance, n'ont pas moyen d'aller plus loin? 37 Malignite des Iuges de village. Qui plus est, sçait on pas bien que presque tous procez, & notamment les criminels, qui sont les plus importans, dépendent de l'instruction? Et Dieu sçait combien il y a d'Officiers de village, qui sentans que le Seigneur ha la matiere affectée, sçauent bien passer sous silence la principale defense de la partie aduerse, ou destourner sa principale piece: au moins sçauent-ils bien en vne enqueste, ou qui pis est, en vne information, enter vne petite negatiue d'vne lettre sur vne affirmatiue, *vel è contra*: & cependant voila vn acte public, allez le maintenir de faux à l'encontre d'vn Seigneur qui tient à sa deuotion, voire en sa suiection tous les Officiers, tous les praticiens, & mesme tout le peuple. Bref si les Iuges de village n'ont assez, ou d'esprit, ou de malice, pour en venir là, au moins s'ils sentent que la cause du Seigneur soit mauuaise, attendez-vous de n'auoir iamais iustice: on donnera au Procureur de Seigneurie cinquante delais pour vn, auant que de le prononcer en defaut, ou le forclore: encor ay-ie veu de n'agueres des appoinctemens d'vn Iuge de village en vne cause, où son Seigneur estoit partie, qui portoient que Monseigneur satisferoit aux appoinctemens precedens sous son bon plaisir. Que si apres infinies longueurs, on obtient à toute extremité defaut, ou forclusion contre le Seigneur, il faut par apres plaider contre le Greffier pour en deliurer l'acte, & luy en faut faire autant d'inionctions auant qu'il obeïsse, qu'il y a eu de delais donnez au Seigneur. Puis il en faut encor autant faire au Sergent, afin qu'il les signifie.

38 De mesme. Que si vne pauure partie ha les moyens, & la patience de deuorer toutes ces longueurs, si qu'en fin à toute peine, & apres vn tres-long temps, son procez vienne à estre instruit, & mis en estat de iuger, qui est le Iuge qui ose condamner son Seigneur, sçachant qu'en ce faisant il se condamnera soy-mesme, & que *periculosum est in eum scribere, qui potest proscribere?*

39 Que ceux qui ne les commandent les permettent. Ie sçay bien qu'il y a plusieurs notables Seigneurs, qui ne voudroient pas commander ces malignitez à leurs Officiers: & neantmoins, comme chacun est subiect à l'amour de soy-mesme, il n'y en a gueres, qui quand leurs Officiers leur font de tels passedroicts, ne le prennent en patience, *quique facinoris alieni commodum repudient*: se flattans & excusans, pour dire que ce n'est pas eux, ains la Iustice. Mais ie puis dire à la verité, qu'il vaudroit mieux ordinairement, que les parties, qui ont affaire contre eux en leur iustice, les feissent Iuges eux mesmes en leur cause. Car il est à croire qu'ils auroient plus de honte du monde, & possible plus de crainte de Dieu, que les Iuges de village, qui prennent auiourd'huy cette habitude de croire, qu'ils ne sont establis que pour seruir leur maistre.

40 Que cela doit estre réformé. Quoy que ce soit, quand il y auroit des Seigneurs si conscientieux, que de ne desirer ni demander à leurs Iuges aucune iniustice és causes qui les concernent (& Dieu sçait combien il y en a peu de cette sorte) ie dy que les loix estans faictes à cause des mauuais, & non à cause des bons, doiuent estre basties & dressées de telle sorte, que s'il est possible elles ne nous laissent aucun moyen de malfaire, ains nous facent tous gens de bien par force: car c'est pour oster les mauuaises mœurs, que sont faictes les bonnes loix.

41 Inconueniens qui arriuent aux Iuges des Princes & grands Seigneurs. Voila ce qui se peut dire des Iusticiers des simples gentils-hommes, & quant aux Princes & grands Seigneurs, à la verité leur grandeur ne leur permet pas de s'abbaisser à de si viles chicaneries, que de contraindre à tous propos leurs Officiers de rendre la iustice à leur deuotion. Mais au lieu de cela, si vn de leurs valets, ou quelque brauache estaffier de leur suitte, ou quelque bouffon, ou flateur, qui tient leurs oreilles assiegées, a perdu son procez en leur iustice, ou conceu quelque haine contre vn de leurs Iuges, le voila incontinant mis sur le tapis, voire iugé luy-mesme sans l'ouïr, on luy enuoyera dire par vn valet, qu'il ait à trousser bagage,

> *Collige sarcinulas, dicet libertus, & exi.*
> *Iam grauis es nobis, nimiumque emungeris, exi*
> *Ocyùs & propera.* ——

Qui est cause que les pauures Officiers, estans tousiours incertains de leur fortune, sont contraincts de tourner à tout vent, & d'estre les valets des valets, & se souuenir à toute occasion du commun dire, qui a esté possible inuenté pour eux, *Ne le picquez pas, il est à Madame*, s'ils ne se veulent resoudre d'auoir continuellement vn pied en l'air, & se tenir tousiours prest à desloger.

Hé Dieu! quelle apparence y a-il de submettre les Iuges, qui sont ordonnez de Dieu, pour exercer la plus diuine function qui puisse estre au monde, à la fantaisie, voire à la passion iniuste & dereglée non seulement des Seigneurs, mais encor de leurs flateurs, de leurs boufons, & de leurs valets? Et parmy cela se faut-il estonner, si la iustice est dangereuse & iniuste, estant ainsi renduë precairement? O que ceux-là sont heureux, qui par le priuilege de Committimus (que pour cette cause on appelle l'Auriflamme de pratique) sont affranchis des iustices, ou plustost iniustices des Seigneurs: comme sont, entre autres, Messieurs du Parlement, & mesme les Aduocats & Procureurs d'iceluy, qui partant ne ressentans pas en leur particulier ces incommoditez extresmes, ne sont pas touchez assez viuement du malheur d'autruy, pour y apporter le remede. 42 Amplification.

Remede qui au surplus est tres-aisé. Car il n'y a qu'à pratiquer, que selon la vraye nature de l'Office les Officiers soient perpetuels, & non destituables, & ne donner point dauantage de puissance aux Seigneurs sur leurs Officiers, que le Roy en ha sur les siens. 43 Remede à ces inconueniens.

En quoy le public ha vn autre interest: car comme ainsi soit que l'art est long, la vie briefue, & l'experience necessaire, notamment à l'exercice de la iustice, qui est la plus haute & plus diuine function de ce monde, il n'y a nulle apparence d'oster & chasser sans suiect les bons Iuges, apres qu'ils ont bien appris leur charge, pour en mettre de nouueaux en leur place: quand mesme il n'y auroit que la consideration de Tibere, qu'il vaut mieux laisser aux charges publiques ceux qui sont gorgez & remplis, que d'y mettre de nouueaux affamez. D'ailleurs s'il faut considerer, qu'il n'y a iamais changement d'vn premier Magistrat en vn siege, qu'il n'y apporte tousiours quelque nouueauté, soit au style, ou aux maximes accoustumées; de sorte que d'en changer souuent c'est vne grande incommodité, & en fin vne incertitude au fait de la iustice. 44 Autre interest public.

Outre tout cela, il est bien certain, qu'vn bon Iuge, se sentant asseuré de son Office à toute sa vie, sera bien plus soigneux de faire dignement sa charge, pour y vieillir auec honneur, & pareillement plus hardy à faire teste aux meschans, & comme dit le Sage *ad perrumpendas iniquitates*, que ne sera pas celuy, qui ne tient l'Office que precairement, & à tant tenu tant payé: lequel ne mesnagera pas l'estat comme sien, ains en tirera cuir & poil, comme on dit, tandis qu'il luy demeurera, ne se souciant qui en arriue par apres. Car comme dit le Poëte, 45 Autre encor.

Non parcit populis regnum breue.——

Aussi y a-il des responses bien pertinentes à toutes les raisons de l'opinion contraire. Car en premier lieu, pourtant si l'Office & la Seigneurie sont especes differentes de dignité, si que comme la Seigneurie ne peut estre Office, aussi l'Office ne peut estre Seigneurie, il ne s'ensuit pas que l'Office, pour n'estre point reuocable, deuienne Seigneurie, ni que pourtant il soit aliené & exproprié tout à faict de la Seigneurie, ains ne laisse d'en dependre tousiours, comme il doit, c'est à dire quant à la collation: ainsi que les Offices Royaux, pourtant s'ils ne sont point reuocables, ne sont pas démembrez de l'Estat. 46 Response aux raisons contraires.

Que si on admet la distinction cy-dessus rapportée, que l'Office soit seulement reuocable, quand il est conferé sous le bon plaisir du Seigneur, ou sous la clause, *Tant qu'il nous plaira*, il s'ensuit bien que de sa propre nature, & de droict commun il n'est pas reuocable. Mais d'ailleurs il vient d'estre prouué, que cette forme de conferer les Offices sous le bon plaisir du Seigneur est dispensatoire, & contraire au droict commun, voire que c'est vne clause de puissance absoluë, comme est celle, *Car tel est nostre plaisir*, & partant ne doit estre permise, quoy que ce soit auoir effect és prouisions des Offices des Seigneurs: puisque le Roy s'en est bien voulu priuer luy-mesme, pour s'accommoder à la iustice, & au bien public: & tout ainsi que les collateurs ordinaires ne peuuent pas conferer les benefices en commende, n'y ayant que le Pape qui le puisse faire: encor on ne tolere pas qu'il les confere en commende reuocable, ains il faut que ce soit irreuocablement. Mesmement Chassanée expliquant cette clause sur la coust. de Bour- 47 Response à la clause *tant qu'il nous plaira*.

gogne tit. 1. art. 6. nomb. 82. dit, apres Felin, que *Officialis ad beneplacitum dicitur perpetuus, & hoc obseruatur in toto regno Franciæ, quia omnia Officia sunt ad beneplacitum, & tamen sunt perpetua.*

48 Response à l'vsage des Romains. De dire aussi que les Romains pratiquoient la destitution des Officiers, cela ne se trouuera point veritable. Car il y a bien difference entre la destitution & la forfaicture, pource que la forfaicture se fait auec cognoissance de cause, & la destitution, dont nous parlons, se faict sans cause, & par la pure volonté du collateur. Or ce que les Romains déposoient quelquesfois leurs Officiers, ou pour mieux dire les contraignoient de renoncer eux-mesme à leur Office, ainsi que contient le discours cy-deuant rapporté de Plutarque, estoit auec cognoissance de cause, comme és exemples sus-alleguez, c'estoit pour la trop grande scrupulosité qu'ils auoient aux ceremonies de leurs Dieux. Comme au pareil les Censeurs ne dégradoient point les Senateurs, ou Cheualiers sans cause, sinon en tout cas quand ils faisoient le rolle nouueau à l'entrée de leur Office. Car lors, sans exprimer aucune cause, ils pouuoient bien ne mettre plus en leur rolle ceux qu'ils vouloient priuer de leur Dignité. Mais aussi ce n'estoit pas Office d'estre Senateur, ou Cheualier, ains vn simple Ordre, ou plustost vne commission, qui ne duroit qu'en tant & pour tant qu'on se trouuoit sur le rolle, ainsi qu'à nous les charges de Conseiller d'Estat, qu'il a esté dit cy-deuant n'estre pas vrais Offices.

49 Gouuerneurs Romains n'estoient que Commissaires. Et quant aux Proconsuls, Presidens, & antres Gouuerneurs des Prouinces Romaines, il est certain pareillement que ce n'estoient pas vrais Officiers, ains simples Commissaires, comme i'ay dit au liure precedent de nos Gouuerneurs de France. Aussi Rosinus, & tous ceux qui ont escrit pertinemment des Magistrats Romains, les mettent au rang des Magistrats extraordinaires (ainsi appelloient les Romains les Commissaires) & de faict ils n'auoient point de durée certaine, comme les vrais Officiers de Rome, ains demeuroient iusques à ce qu'on leur eust donné vn successeur: en quoy consistoit leur reuocation, comme il a esté dit au chap. du 1. liu.

50 Empereurs ne les reuoquoient gueres. Encor est-il notable que sous les bons Empereurs, les bons Gouuerneurs n'estoient gueres reuoquez, tesmoin le dire de Capitolin, que *Antoninus Pius successorem viuenti bono Iudici nulli dedit*, & peu auparauant, *factus Imperator nulli eorum quos Adrianus prouexerat successorem dedit, fuitque ea constantiâ vt septenis & nouenis annis in Prouincijs bonos Præsides detineret.* Et Spartian parlant de Pescennius Niger, *Cum videret, inquit, Prouincias facili administratorum mutatione subuerti, scripsit ad Marcum primò, deinde ad Commodum, vt nulli ante quinquennium succederetur prouinciæ Præsidi, vel Legato, vel Consuli, quod priùs deponerent potestatem, quàm scirent administrare.*

51 De mesme. Voire il y a des Empereurs, qui ont faict conscience de destituer les mauuais Iuges, ou Gouuerneurs, comme l'Empereur Adrian, lequel, combien qu'il haïst de mort Tatian son *Præfectus pretorio*, & mesme l'eust cuidé faire mourir, ayant opinion qu'il machinoit contre luy, neantmoins il ne le voulut destituer, iusques à ce qu'il le requist luy-mesme. *Cum successorem dare nollet, quia non petebat, id egit, vt peteret: & vbi primùm petijt in Turbonem transtulit potestatem*, dit Spartian. Et Capitolin dit de M. Antonin le phisolophe *Pretorem quoque qui pessimè egerat non abdicare se Pretura iussit, sed collegæ iurisdictionem mandauit.* Mais Alexandre Seuere estoit plus seuere à destituer, & neantmoins *si vnquam alicui successorem dedit, semper illud addidit, Gratias agit tibi Respub. eumque ita muneratus est, vt priuatus posset honestè viuere*, dit Lampride en sa vie: & par apres, *Si successorem Prefecto pratorio dare vellet, Laticlauiam illi per libertum summittebat.*

52 Pourquoy ces Offices furẽt du commencement reuocables en France. Puis donc que les Gouuerneurs des Prouinces estoient reuocables sous les Empereurs Romains, il ne faut pas trouuer estrange que ceux de France l'ayent esté: pource que les François, lors qu'ils conquirent les Gaules, ne changerent rien de leurs anciennes formes. Mesmement il ne faut s'estonner, qu'à ce commencement tous Officiers fussent reuocables. Car, comme dit Bodin, les commissions ont esté en vsage auparauant les Offices; pource que les commissions dépendent de la volonté du Prince conquerant, & les Offices d'vne loy establie.

Or au

Or au commencement de toute Monarchie *omnia manu à Regibus gubernantur*, & *arbitria eorum pro legibus sunt*, dit la loy : de sorte qu'il n'y a point d'autres Officiers, que les ministres de la volonté du Prince. Mais quand vn Estat est bien estably, c'est à lors qu'on s'aduise d'y faire de bonnes loix pour le maintenir, & de bons Officiers pour maintenir les loix.

Ainsi donc, au nouuel establissement de ce Royaume, les Offices (si ainsi les falloit appeller) estoient reuocables sous la rudesse de ce peuple plus addõné à la guerre qu'au repos, & à la force qu'à la iustice: duquel partant toutes les premieres loix estoient vrayement militaires, c'est à dire, qui donnoient tousiours l'aduantage au plus fort. Mais depuis qu'on a eu loisir de se cognoistre, chacun a pensé de s'establir en son Office. *Duces ab initio*, dit Paul Emile, *Comitesque, cùm videbatur, dimittebantur: deinde inueterauit consuetudo, vt nisi sceleris conuicti abire imperio non cogerentur: Idque postremò, vt quisque eo munere donabatur, iureiurando Regum cauebatur*: voire non seulement ils rendirent leurs Offices perpetuels, mais en fin ils les rendirent hereditaires : & mesme les changerent en Seigneuries pures patrimoniales. 53 Par apres furent faicts perpetuels.

Ce qui leur fut facile à faire, pource qu'ils auoient la charge conioinctement, & des armes & de la iustice, & des finances de leur Prouince, comme i'ay monstré ailleurs. C'est pourquoy pour éuiter cet inconuenient tout au rebours de ce que les Rois s'estoient laissé aller à permettre aux Ducs & Contes, lors de leur prouision de ne les point destituer, ils protesterent desormais par clause expresse, inserée és Prouision des Baillifs & Seneschaux qu'ils mirent en leur place, & aussi des autres Officiers, qu'ils leurs octroyoient leurs Offices, pour en iouir seulement tant qu'il leur plairoit, cessant laquelle clause ils eussent esté perpetuels. Clause, qui estant commode au Roy, ainsi qu'il sembloit, fut en fin mise par vn styl commun en toutes prouisions d'Offices. 54 Occasion de la clause, *Tant qu'il nous plaira.*

Mais apres qu'il n'y a plus eu d'occasion de craindre, que les Officiers s'emparassent de la proprieté de leurs charges, par le moyen de ce que nos Rois ont reuni tous les anciens Duchez & Comtez, & aussi qu'ils ont separé en diuers Offices ces trois fonctions, des armes, de la iustice, & des finances, les Offices ont esté remis à bon droict par l'ord. de Louis XI. en leur vraye nature & condition, d'estre perpetuels & irreuocables en bien faisant. Et combien qu'on ne laisse d'inserer à leurs prouisions cette mesme clause, si est-ce qu'elle n'y sert plus de rien. 55 Qu'elle ne sert plus rien.

Et à la verité les loix, qui sont les Magistrats muets, & les Magistrats qui sont les loix parlantes, doiuent estre aussi immuables les vns que les autres, afin que l'Estat soit pareillement immuable, & demeure en estat. Car c'est vne regle de Mathematique, que toute chose mobile doit auoir vn piuot immobile, sur lequel son mouuement soit reglé & arresté. Donques, tout ainsi que le Monarque ne doit changer les lois de son Royaume sans grande cause, aussi ne doit-il non plus destituer les Officiers, principalement ceux de la iustice, qui doit estre constante & immuable. Neantmoins il peut, & mesme il doit faire l'vn & l'autre, quand il y a iuste cause : voire il le peut sans cause, par puissance absoluë, autrement il ne seroit pas souuerain. Mais il faut prendre garde que la puissance absoluë est vne voye ordinaire, dont le Prince doit vser bien rarement, tout ainsi que Dieu, qui est le Souuerain des Souuerains, fait rarement des miracles, combien qu'à toute heure il en puisse faire. 56 Officiers doiuent estre perpetuels. 57 Officiers ne sont destituables sans cause, que par puissance absoluë.

Voila donc deux voyes qu'ha le Roy pour destituer ses Officiers, sçauoir est selon sa puissance ordinaire par la voye de la iustice, quand ils l'ont démerité : puis par sa puissance absoluë. Or c'est bien la verité, que les Seigneurs particuliers ont cette puissance ordinaire sur leurs Officiers de les pouuoir destituer par voye de iustice, & auec cognoissance de cause, mais ce seroit les déclarer Rois, de leur communiquer la puissance absoluë. 58 Et partant ne le peuuent estre par les Seigneurs.

Et puisque nostre Roy, ayant la puissance souueraine ioincte auec l'ordinaire, doit sans comparaison auoir plus de droict sur ses Officiers, que les Seigneurs sur ceux de leurs iustices, qui n'ont sur eux que le pouuoir ordinaire, encor ne l'ont-ils que par abus & vsurpation : & que neantmoins il s'est bien voulu lier les mains, & retrancher & limiter sa souueraineté en ce poinct icy, de ne dépos- 59 Seigneurs ne doiuent auoir plus de puissance que le Roy.

seder ses Officiers, pource qu'il a esté recogneu estre selon raison & iustice, & importer au public, qu'il soit ainsi obserué, quelle apparence y a-il que les Seigneurs particuliers, qui sont suiets à la iustice, ne se rengent à cette mesme raison?

60 Moins de danger en la destitutiõ du Roy, que des Seigneurs. Car d'ailleurs il y auroit bien moins de danger & d'inconuenient, que les Rois destituassent leurs Officiers: d'autant que leurs affaires se conduisent par vn ordre & reglement certain, & n'est point à craindre qu'ils contraignent les Officiers à mal, de peur d'estre destituez, comme il vient d'estre dict des Seigneurs particuliers: de sorte que tous les inconueniens cy-dessus recitez cessent à leur esgard.

61 Responce à la reuocation des Iuges Pedanées. Quant à ce qu'on dict que les Proconsuls Romains pouuoient reuoquer les Iuges Pedanées, cela est vray: mais il se faut ressouuenir de ce qui a esté dict cy-deuant, que les Iuges Pedanées n'estoient pas Officiers receus solemnellement en iustice, pardeuant le superieur du Proconsul, mesme ne prononçoient pas les sentences, ni ne les intituloient de leur nom, & moins encor les pouuoient ils mettre à execution, ains tout ce qu'ils faisoient, estoit sous le nom & auctorité du Proconsul. Bref, ils estoient tout ainsi que sont nos Aduocats: ausquels les Iuges baillent leurs procez à iuger. Vray est, que d'autant que les Presidens & Proconsuls Romains estoient ordinairement des Capitaines plus experimentez aux armes qu'à la iustice, ils commettoient ordinairement toute l'instruction des procez à ces Iuges Pedanées, qui la faisoient au nom du Magistrat, fors que par la Nou. 6. de Iustinian il fut ordonné, que tant l'acte de contestation, que la sentence diffinitiue seroient prononcez par le Magistrat en personne.

62 Iuges des Seigneurs ne sont comme les Iuges Pedanées. Tout cela n'est pas de mesme aux Iuges des Seigneurs. Car d'vn costé les Seigneurs ne sont pas les Magistrats, ainsi qu'estoient les Proconsuls Romains, en la personne desquels residoit le commandement entier, & toute la puissance publique; au lieu que nos Seigneurs n'ont aucun commandement, ni iurisdiction en leurs personnes, ne pouuans rien commander, iuger, ni executer par eux-mesme au faict de la iustice, ores qu'ils fussent capables de l'exercer; comme il a esté prouué cy-deuant: & d'autre costé, leurs Iuges ne sont pas simples Assesseurs, ou Iuges Pedanées, *qui notionem tantùm habeant, & non iurisdictionem*, & qui ne facent que donner leur aduis aux Magistrats, ains sont eux-mesme les vrais & seuls Magistrats, de leur iustice, en la personne desquels reside, & la iurisdiction, & la voix, & l'entier exercice du commandement. Aussi iugent-ils en leurs noms, sont intitulez en leurs sentences, & les mettent eux-mesme, ou font mettre à execution, en vertu de leurs mandemens, sans que les Seigneurs se puissent mesler du faict & exercice de la iustice.

63 Tous les Philosophes s'accordẽt en la perpetuité des Offices. Que si en cette matiere il falloit prendre droit par les resolutions des anciens Philosophes, il ne s'en trouuera vn seul qui ait dit, que les Magistrats deussent estre reuocables. Car il est bien vray, que c'est vne des plus importantes contrarietez d'entre Platon & Aristote, que Platon a soustenu qu'ils deuoient estre perpetuels & à vie, & Aristote qu'ils deuoient estre annuels, ou à certain brief temps. Mais ils s'accordent tous deux en ce poinct, qu'ils doiuent demeurer stables & irreuocables pendant le temps qui leur est prescrit par la loy de l'Estat, & non pas estre instituez à tant tenu tant payé, comme des valets.

64 Et toutes les nations. Pareillement, s'il faut s'arrester à l'vsage & obseruance des anciens Estats & Republiques, Bodin en ce chap. 4. du 4. liu. nous tesmoigne, que les Iuifs, les Assyriens, les Perses, les Egyptiens, les Parthes, les Ethiopiens, les Turcs, les Tartares, les Moschouites, les Polonois, les Allemans, les Danois, les Suedes, les Anglois, les Escossois, les Hespagnols, la plus part des Italiens ont presque tousiours eu, & ont encor à present des Officiers perpetuels, ainsi que sont à present les Officiers Royaux de France: & quant au peu, qui reste d'autres nations, qui sont presque toutes Republiques, ou populaires, ou Aristocratiques, les Officiers d'icelles sont annuels, ou à certain temps, pendant lequel neantmoins ils ne sont non plus destituables: en fin il ne se peut quoter au monde vne seule nation, où les Officiers soient destituables à volonté, comme on veut pratiquer en ceux des Seigneurs de France.

Que

Que s'il faut encor auoir égard particulierement à l'vsage & obseruance de ce Royaume, voit-on pas, que de tout temps, & encor à present, les Seigneurs qui ont tant soit peu la crainte de Dieu, ou l'honneur du monde deuant les yeux, font conscience, ou bien ont honte de destituer sans cause leurs Officiers? & quelque desir qu'il leur en vienne à la plus part, pour diuers sujets, si est-ce qu'on en voit fort peu qui s'y hazardent: & par ainsi cette vieille routine, qui ressent encor la barbarie de nos ancestres, plus enclins à la force qu'à la iustice, se corrige auiourd'huy d'elle mesme: Est-ce pas vne honte, que la iustice qui doit refrener nos actions desordonnées, nous permette ce que nous iugeons nous mesmes estre iniuste? & que la loy, qui doit estre exacte & seuere reformatrice de nos mœurs, nous licencie à ce que nostre propre conscience (bien qu'elle nous flatte ordinairement) nous dicte & nous iuge estre contre l'honneur & la raison? Mais si cet honneur & cette raison n'est munie de l'auctorité de la loy, il n'y aura que les plus gens de bien qui l'obserueront, & par ainsi les meschans auront plus de pouuoir & aduantage qu'eux. 65 Et le sens commun d'vn chacun.

Pareillement, il ne faut point dire, qu'en consequence de la clause, *Tant qu'il nous plaira*, qui d'ordinaire est apposée és lettres de prouision des Officiers des Seigneurs, ils sont pourueus à condition expresse de ne iouïr de leurs Offices, sinon tant qu'il plaira aux Seigneurs, & partant qu'ils ne sont pas vrais Officiers en titre. Car ceux du Roy sont pourueus sous cette mesme clause, & neantmoins on ne peut douter qu'ils ne soient vrais Officiers en titre d'Office, & non à titre de precaire: & neantmoins, le plaisir du Roy est bien de plus grande efficace, que celuy d'vn Seigneur particulier. Car à l'égard du Roy, ce terme de plaisir signifie sa puissance absoluë, comme on voit qu'à la fin de toutes lettres du Roy cette clause est apposée, *Car tel est nostre plaisir*, qui est ce que dict le Poëte, 66 Explicatiõ de la clause, *Tant qu'il nous plaira.* 67 Plaisir du Roy.

Sic volo, sic iubeo, sit pro ratione voluntas.

Mais ce mot de *plaisir*, à l'égard d'vn particulier, signifie ce qui est selon raison & iustice, à laquelle il est subject, *& refertur ad arbitrium viri boni*, dit la loy 7. *D. De contr. empt.* & la loy 6. *D. Pro socio.* Et Ciceron en ses Paradoxes *Quid est, inquit, libertas? nempe potestas viuendi vt velis: nemo autem viuit vt vult, nisi qui recta sequitur, qui rationi obtemperat.* Quand donc vn Seigneur, auquel le plaisir absolu ne peut conuenir, pouruoit vn Officier public pour tant qu'il luy plaira, ἕως δοκιμάσῃ, cela signifie tant qu'il luy deura plaire, c'est à sçauoir, tant qu'il viura en homme de bien. 68 Plaisir d'vn Seigneur est referé à l'arbitrage des preud'hommes.

C'est ainsi sans doute, qu'il faut entendre cette clause, dont les grands Seigneurs commencerent d'vser comme le Roy, lors qu'en tous autres actes ils tascherent de contrefaire les Rois, & vsurper entierement la puissance souueraine, comme il a esté discouru au second liure. Car certes cette clause en sa propre signification ne conuient qu'au Souuerain: encor Bodin dit-il tres-bien en son 3. chap. du 3. liure, qu'elle ne conuient qu'au Monarque Seigneurial, qui tient ses subjects comme esclaues, ne possedans rien en proprieté, & non au Monarque Royal, qui les tient comme enfans, & leur laisse la proprieté de leurs biens: de sorte qu'elle ne leur peut estre ostée que par la voye de iustice. 69 Cette clause ne cõuient qu'au Souuerain en sa propre interpretation.

Ce qui sert de responce à ce qu'on dit que l'Ordonnance de Louys XI. qui a introduit en France la perpetuité des Offices, ne parle notamment que des Offices Royaux. Car il faut remarquer, que ceste Ordonnance a esté faicte pour lier les mains aux Roys, & pour borner & retrancher en ce poinct icy leur puissance absoluë: en tant que par vn commun vsage ils auoient reduit en droict commun la destitution des Officiers, par l'inuention de cette clause, *Tant qu'il nous plaira*, qu'ils mettoient par vn styl ordinaire, comme ils font encor à present, en toutes les prouisions des Officiers, afin de les rendre destituables: l'effect & energie de laquelle clause cette Ordonnance a iustement aboli, voire a osté le pouuoir aux Roys de destituer leurs Officiers à volonté. Et partant, c'est desormais vne loy d'Estat, & comme fondamentale du Royaume, laquelle en cette qualité, ce Roy feist iurer à son successeur. Mais tout cela n'estoit necessaire à 70 Responce à l'Ordonn. de Louys XI.

l'égard des Seigneurs, qui ne se pouuoient pas affranchir & exempter du droict commun, par lequel les Offices sont perpetuels, pour auquel déroger, les Roys auoient inuenté la clause, *Tant qu'il nous plaira.*

71 Responce à l'Ordonn. de Roussillon.

Finalement, quant à l'article sus-allegué de l'Ordonnance de Roussillon, il a esté amplement prouué au dernier chapitre du premier liure, combien il est plein d'absurdité en ses deux propositions, & notamment en ce que se laissant emporter à la vieille routine du temps passé, il adstraint les Seigneurs à payer l'amende du mal-iugé de leurs Iuges, chose qui est apparemment erronée & ridicule, & neantmoins, c'est sous ce seul pretexte qu'il permet aux Seigneurs de destituer leurs Officiers: de sorte que ce n'est pas de merueille si vne absurdité en a engendré vne autre. Mais puis que c'est vne maxime de Philosophie, que *cessante causa, cessat effectus*, & vne de droict, que *cessante ratione legis, cessat & ipsa lex*, & qu'il est notoire qu'à present on ne condamne plus les Seigneurs à l'amēde pour le mal-iugé de leurs Iuges, cela s'estant trouué si inique, qu'il s'est corrigé de soy-mesme, faut-il pas en corriger aussi la consequence, qui est de permettre aux Seigneurs, à l'occasion de cette amende, de destituer leurs Officiers ?

72 Cōclusion de la questiō.

Puis donc que l'équité est si éuidente de cette part, que les raisons, soit de la iustice particuliere, soit de l'interest public, sont si fortes, que les inconueniens de l'ancien vsage, sont si grands & si manifestes, dessillons nos yeux, & ne resistons point à la verité cognuë; ains nous rengeons de son costé, sans nous opiniastrer à cette vieille corruptelle tyrannique.

73 Toutes loix tendent à l'asseurāce de ce qu'on tient.

Considerons d'ailleurs, que comme les esprits des hommes se liment & subtilisent tous les iours, aussi qu'ils tendent iournellement à asseurer à chacun ce qui luy appartient, qui est la fin & l'effect general de la iustice. Pour exemple, Ciceron au premier des Offices, traitant particulierement de la iustice, dit que *Propria nulla sunt naturâ, sed quia suum cuique factum est eorum, quæ naturâ fuerant communia, quod cuique obtigit, id quisque teneat.* Les Romains n'auoient qu'vne maniere d'vsufruict en la plus part de leurs biens. Car tous les heritages estans hors l'Italie, & la plus part de leurs meubles, *erant res nec mancipi*, dont le possesseur n'auoit pas la parfaite Seigneurie: ce que Iustinian reforma, voulant que toutes choses fussent possedées indifferemment en pleine proprieté.

74 Fiefs & cēs deuenus patrimoniaux.

En France, on dit qu'il n'y a point de terre sans Seigneur, pource que tous les heritages estans, ou feodaux, ou censuels, les detenteurs d'iceux n'y auoient anciennement qu'vne maniere d'vsufruict, ainsi l'appelle Cujas, sur le troisiesme titre du premier liure Des fiefs: & de fait, ils ne pouuoient par l'ancien droict estre transferez de main en autre, sans le consentement du Seigneur direct, qui en estoit reputé le vrai Seigneur, & le Seigneur vtile n'en estoit appellé que le detenteur, ou possesseur: d'où vient encor que nous appellons nos heritages possessions, ainsi que les Romains appelloient les terres tributaires des Prouinces.

75 Comment cela s'est fait.

Ce qu'ayant esté trouué iniuste, & contraire au commerce, qui est l'vn des principaux liens de la societé humaine, s'est de soy-mesme corrigé par l'vsage, les Seigneurs ayans eu honte de refuser à leurs vassaux, ou censiers, la libre disposition de leur bien: vray est qu'ils tirent quelque recompense de cette permission: ce qui s'est tellement accoustumé, qu'en fin il s'est tourné en droict commun: de sorte qu'auiourd'huy vn censier dispose de sa propre auctorité de son heritage sans plus en demander permission au Seigneur direct, auquel neantmoins, en consequence de ce qu'anciennement il falloit obtenir sa permission, on paye encor à present des profits Seigneuriaux: & en cette façon les terres feodales & censuelles sont deuenues patrimoniales.

76 Tous benefices deuenus irreuocables.

De mesme à l'égard des benefices, qui ont telle conuenance auec les Offices, que dans les bons Autheurs les Offices sont souuent appellez benefices, & les benefices Offices, sçait-on pas, qu'en la primitiue Eglise, les Euesques pouuoient transferer les beneficiers d'vne charge en autre, comme auiourd'huy és Monasteres reformez, les Moines sont transferez d'vn Conuent en vn autre & d'vn Office claustral en vn autre par leur Superieur. Et neantmoins à present c'est vn droict constant, qu'vn beneficier ne peut estre priué de son benefice sans meffect, non pas mesme par le Pape : bien que les Canonistes luy attribuent vne puissance souueraine par dessus le droict, en ce qui est de la dispensation des benefices.

Et combien qu'il y ait peu d'apparence de rendre les gens d'Eglise proprietaires de leurs benefices, tant pource que c'est le domaine de Dieu, & de l'Eglise, qui ne peut tomber en commerce & proprieté; que pource aussi que les Prestres, ayans choisi Dieu pour leur sort & leur partage, ont vne particuliere obligation d'obeïr à l'ordonnance de leurs superieurs, & principalement les Moines, ausquels l'obedience & la pauureté sont deux de leurs vœux essenciels : ce neantmoins à leur égard mesme, on pratique notoirement à present, que leur Abbé ne leur peut oster leurs benefices, voire combien qu'il y eust, n'y a pas encor long temps, certains benefices reguliers, qui de toute ancienneté auoient esté manuels & reuocables *ad nutum*, comme parlent les Canonistes, notamment en l'Ordre de sainct Augustin : toutefois en ces derniers temps on a tellement fauorisé la proprieté de toutes choses, qu'on a rendu ces benefices perpetuels & irreuocables, ainsi que les autres, de sorte que maintenant aux Cours souueraines on ne veut plus ouïr parler de benefices manuels & reuocables *ad nutum*. 77 N'y a tant de raison que aux Offices.

Conclusion, puis que les Offices sont en commerce plus licite que les benefices, pourquoy permettra-on aux Seigneurs de destituer leurs Officiers, qui ne leur ont pas voüé obedience, & qui n'ont pas renoncé à la proprieté, comme les Moines? attendu mesme, que les inconueniens, qui arriuent de reuoquer legerement les Offices, sont beaucoup plus grands, que ceux qui peuuent arriuer de la reuocation des Prieurez manuels. 78 Derniere conclusion.

SOMMAIRE DV CINQVIESME CHAPITRE.

1 *Qu'en cette matiere l'vsage a emporté la raison.*
2 *Pouuoir de l'vsage.*
3 *Pratique de la destitution.*
4 *La moindre particularité empesche la destitution.*
5 *Exemple des particularitez de fait.*
6 *Exemple de celles de droict.*
7 *Explication de l'article 27. de l'Ordonnance de Roussillon.*
8 *Titre onereux, que signifie en cette matiere.*
9 *Raison de cette signification.*
10 *De mesme.*
11 *Au fait de la destitution, le titre remuneratoire, & l'onereux sont égaux.*
12 *Que les donations remuneratoires ne sont reuocables.*
13 *Des seruices stipulez à l'aduenir.*
14 *Difference entre les seruices du passé, & de l'aduenir.*
15 *Autre difference.*
16 *Si on peut soustenir que la prouision simple soit remuneratoire.*
17 *Que non.*
18 *Si on peut soustenir que la prouision simple soit faite pour cause onereuse.*
19 *Qu'en cette question il ne faut distinguer les Offices venaux d'auec les nõ-venaux.*
20 *On ne craint plus de dire, qu'on achete les Offices de iudicature.*
21 *Quand on garderoit les anciennes Ordonnances, le Seigneur ne pourroit reuoquer l'Office vendu.*
22 *Qu'il ne faut distinguer les Offices vendus à petit, ou à grand prix.*
23 *Si l'Officier peut prouuer son achat par tesmoins, pour empescher la destitution.*
24 *Prouision onereuse & remuneratoire lie les mains à tous Seigneurs.*
25 *Que la prouision d'Office ne doit estre comparée au bail à loyer.*
26 *Si l'Officier pourueu pour cause onereuse, par vn Seigneur commutable, peut estre destitué par son successeur.*
27 *Semble que si.*
28 *Resolution és Offices venaux.*
29 Quid *és non-venaux.*
30 *Difficulté de cette question.*
31 *Si les Offices non-venaux vendus par le beneficier sont reuocables par le successeur.*
32 Quid *des venaux.*
33 Quid *des hereditaires.*
34 *De mesme en tout vsufruictier.*
35 Aliud in marito.
36 Quid, in tutore.

37 Quid *si le mineur est heritier de son tuteur.*
38 Quid *en l'Office vendu par le tuteur.*
39 Quid *en l'heritier beneficiaire.*
40 Quid in possessore bonæ fidei.
41 Quid in malæ fidei possessore.
42 *Quels Seigneurs peuuent destituer.*
43 *Regle notable.*
44 *Si le gardien fructuaire peut destituer.*
45 *Si les Seigneurs du domaine aliené peuuent destituer.*
46 Quid *des acquereurs à faculté de rachat des terres des particuliers.*
47 Quid *des fermiers à longues années.*
48 *De la forme de la destitution.*
49 *Officiers receus en iustice, ne peuuent estre priuez de l'exercice, sans ordonnance de iustice.*
50 *Forme de destitution de l'Officier receu en iustice.*
51 Aliud *en celuy qui n'est receu en iustice.*
52 *Destitution iniurieuse reprouuée.*
53 *Preuue.*
54 *Destitution iniurieuse ne peut estre changée en autre.*
55 *S'il se faut pouruoir par appel contre la destitution.*
56 An liceat appellare à priuato.
57 *Resolution.*
58 *Si l'Officier peut continuer son exercice apres la destitution.*
59 *Que si.*
60 *Conclusion.*
61 *Mesme apres sentence confirmatiue de la destitution, l'Officier appellant d'icelle doit exercer.*
62 *Si l'Officier peut former complainte contre son Seigneur.*
63 *Que non.*
64 *La complainte peut estre formée contre le competiteur.*

PRATIQVE DE LA DESTITVTION DES OFFICIERS DES SEIGNEVRS.

CHAPITRE V.

1 Qu'en cette matiere l'vsage a emporté la raison.

PVISQVE ie ne suis pas Philosophe, ains Iurisconsulte, ce n'est pas tant mon dessein de rechercher ce qui se doit faire touchant la destitution des Officiers, que d'expliquer ce qui s'en fait, & ce qui est de l'vsage & obseruance accoustumée parmi nous. Car comme en plusieurs poincts de nostre Iurisprudence l'vsage a surmonté la raison,

Mores iam perduxerunt leges in potestatem suam,

il en est principalement aduenu ainsi en toute cette matiere des iustices Seigneuriales, laquelle consistant, non en raison, ains en vsurpation, ne se trouue pas aussi reglée par la raison, mais par l'vsurpation.

2 Pouuoir de l'vsage.

De sorte, qu'à toutes les raisons du precedent chapitre, on peut respondre auec Iabolenus en la loy *Stichum. §. Si Stichum. De statuliberis, Hæc sententia rationem quidem habet, sed alio iure vtimur*: aussi voit-on quelquesfois dans le droict, que les Iurisconsultes ne peuuent rendre autre raison de ce qui s'obserue, que l'vsage mesme, & que de dire en vn mot *Hoc iure vtimur, vt in l. Iam hoc iure vtimur. D. De vulg. & pupill. substit. l. Qui plures. eod. l. Si filius. De lib. & posth. l. Stipulatio ista. De verb. oblig. l. Inter omnes. De furtis*, ou bien *Ita perpetuo iudicatum est, vt in l. Nam Imperator, l. Cùm de consuetudine. l. Si de interpretatione. D. De legib.* ou bien *Ita in todem controuersiarum genere seruatum est. vt in l. 1. C. Quæ sit longa consuetudo, l. 3. §. vlt. D. De testibus.*

3 Pratique de la destitution.

C'est donc la licence, qu'on a obseruée regulierement iusques à present, que les Seigneurs peuuent destituer leurs Officiers à volonté. Mais comme i'ay dit au chapitre precedent, que nostre iurisprudence encline tousiours à conseruer à chacun ce qu'il tient, principalement en matiere d'Offices, qui panchent tout euidemment à vne proprieté & heredité, ainsi que celle des autres biens: depuis que les Offices Royaux sont deuenus en commerce si ordinaire, & si excessif, on a commencé à faire estat, & à establir des asseurances à tous Estats, & les constituer comme vne particuliere espece de biens: de sorte que maintenant les Officiers Royaux, mesme ceux des Cours souueraines, qui sont Iuges d'équité,

4 La moindre particularité empesche la destitution.

trouuent ceste destitution de si mauuaise odeur, que ne leur restant plus autre empeschement de l'abolir tout à fait, que la routine du temps passé, quand ils y trouuent la moindre particularité de fait, ou de droict, ils la retranchent & limitent tant qu'ils peuuent.

I'enten particularité de fait, comme quand ils recognoissent, que le Seigneur destitue son Officier, ou à cause d'vn faux rapport, ou pour n'auoir voulu adherer à sa volonté en chose iniuste, ou par vne auarice, pour tirer argent de son Office: bref, pour quelque sujet indigne. Pareillement, si l'Officier destitué est ancien, qui ait tousiours bien serui, & qu'en son vieil aage on vueille *sexagenarium de ponte dejicere*, ou si c'est le fils d'vn ancien Officier, qui ait bien merité du Seigneur, ou quelqu'vn qui soit reconnu particulierement pour homme de merite, soit aux mœurs, ou en la doctrine, alors volontiers les Cours souueraines improuuent sa destitution. 5 Exẽple des particularitez de fait.

Quant au droict, c'est vn poinct tout resolu, que si l'Officier est pourueu pour cause remuneratoire, ou onereuse, par personne qui ait eu pouuoir de ce faire, il ne peut estre destitué. Exception, qui est par exprés contenuë en l'Ordonnance de Roussillon, qui seule auctorise la destitution des Officiers des Seigneurs, *sinon*, dit-elle, *au cas qu'ils ayent esté pourueus pour recompense de seruices, ou autre titre onereux*. Où il faut noter en premier lieu, que ce mot de *seruice* ressent la façon de parler des Seigneurs & Gentilshommes, qui par vne hautesse courtisane appellent seruice, tout plaisir & bon office, qui leur est fait par ceux qui sont moindres qu'eux, bien qu'ils ne soient seruiteurs, ni mercenaires, ains hommes de foy, & gens de qualité honorable, ainsi que sont les Officiers de iustice. 6 Exemple de celles de droict. 7 Explication de l'art. 17. de l'Ordonn. de Roussillon.

Et ce que cette Ordonnance appelle titre onereux, est que le temps passé on eust eu honte d'vser du terme de vente en matiere d'Offices, principalement de ceux de iudicature. De fait, les Romains l'appelloient suffrage, & nous l'appellons encor auiourd'hui composition en matiere d'Offices, & recompense en matiere de benefices. Neantmoins en effect, ce n'est que pallier & déguiser la verité. Car il est bien vrai, qu'anciennement on bailloit les Offices pour vn prix moderé à ceux qu'on estimoit dignes d'en estre gratifiez, & lors à la verité c'estoit vne gratification, ou composition honorable, qu'on leur faisoit, & non pas vne vente, comme celle d'à present, qui se fait d'ordinaire, au plus offrant & dernier encherisseur, au lieu que la gratification & composition est metoyenne entre la pure vente & la pure donation. 8 Titre onereux, que signifie en cette matiere.

C'est donc ceste gratification, ou composition, que l'Ordonnance de Roussillon appelle *titre onereux*, pource que du temps d'icelle le Roy ne vendoit pas les Offices de iudicature au plus offrant, comme il se fait à present, ains ils estoient taxez à vne finance moderée, qui encor se payoit par forme de prest, duquel quelquesfois les Officiers, qui auoient des amis en Cour, trouuoient moyen de se faire rembourser. 9 Raison de cette signification.

Bref, en cette Ordonnance, la cause onereuse cõprend non seulement la vente & toute composition des Offices; mais aussi toute permutation, ou dation en payement, & encor toute condition, ou charge apposée en la concession de l'Office, de faire chose estimable à argent, & qui estant faite pour autrui, produiroit action valable contre luy, pour en auoir payement: comme au contraire, la clause remuneratoire signifie la recompense des seruices, ou bons offices, pour lesquels on ne pourroit auoir action ciuile, ains qui produisent seulement vne obligation d'honneur, que le Iurisconsulte appelle obligation naturelle *ad antidora*, en la loy *Sed & si lege. §. Consuluit. De petit. hered.* 10 De mesme

Vray est, qu'en matiere de destitution, ceste Ordonnance égale la cause remuneratoire à l'onereuse: de sorte que l'Officier pourueu pour cause remuneratoire ne peut non plus estre destitué, que le pourueu pour cause onereuse: dont la raison est, qu'encor que ce pourueu n'eust aucune action contre le Seigneur, pour estre recompensé de ses seruices, si est-ce que le Seigneur ayant de luy mesme aduoüé & recognu cette obligation naturelle *ad antidora*, dont il estoit tenu vers luy, &, en acquit d'icelle, luy ayant baillé l'Office, il est reputé l'auoir baillé en 11 En fait de la destitution le titre remuneratoire & l'onereux sont égaux.

payement, & non pas donné : & d'ailleurs, c'est vne regle de droict, que ce qui a esté baillé en acquit d'vne simple obligation naturelle, ne peut estre osté ni repeté.

12 Que les donations remuneratoires ne sont reuocables.

Il y a vne tres-belle decision en cas semblable, *in l. Aquilius Regulus. D. De donat.* où il est dit, que le disciple ayant concedé à son precepteur l'habitation gratuite de sa maison, combien que si telle concession estoit faicte simplement, & sans cause, elle seroit reputée precaire, & partant reuocable à volonté, *l. L. Titius, eod. tit.* neantmoins estant faicte par exprés, pour recompense de la bonne instruction, elle n'est point reuocable, d'autant qu'en ce cas, dit Papinian en cette loy *Aquilius, non est mera donatio, sed officium magistri quadam mercede remuneratum.* Et en la loy *Si pater. §. Si quis eod. tit. Si quis aliquem à latronibus eripuit, & aliquid ob eam causam ab ipso accepit, hæc donatio irreuocabilis est.* Loy qui a esté fort bien interpretée, & la lecture vulgaire d'icelle corrigée fort à propos par le docte Cujas, *ad lib. 5. Sentent. Pauli, tit. 1. §. 6.* Tant y a, que les Docteurs de droict ont tiré vne belle conclusion de ces deux loix, que *Donatio suapte natura reuocabilis, fit irreuocabilis, si sit facta ob bene merita* : & partant on conclud, que telle donation n'est reuocable, ni pour ingratitude, ni pour suruenuë d'enfans : dont les auctoritez sont rapportées par du Moulin, sur le 30. article de la Coustume de Paris, nomb. 99. & par Tiraqueau, sur la loy *Si vnquam. in verb. Donatione largitus, num. 11.*

13 Des seruices stipulez à l'aduenir.

Ce qui a lieu en matiere d'Offices, non seulement si les seruices, qui ont donné cause à la prouision de l'Officier, ont precedé icelle, qui est la vraye remuneration : mais aussi, si par la prouision ils sont stipulez pour l'aduenir, comme si vn Office est donné en faueur de quelque mariage, ou à la charge de respondre pour le Seigneur de quelque rente, ou debte : bref, à la charge de quelque seruice extraordinaire, comme de conduire pour luy quelque procez, de le tirer de quelque affaire. Et combien que la charge soit fort petite, eu égard à la valeur de l'Office, neantmoins c'est tousiours titre onereux, ou remuneratoire, & non pas vne prouision purement gratuite. Car il est vrai de dire, que ce n'est pas vne donation pure & simple, & sans aucune charge, ou condition, ains plustost vne donation *ob causam, vel ad onus*, qui excede les termes d'vne parfaicte & absoluë liberalité. Bref, pour pouuoir destituer vn Officier sans cause, il faut qu'il ait esté pourueu sans charge.

14 Difference entre les seruices du passé, & de l'aduenir.

Vrai est, que comme dit Balde, *ad tit. 1. De feudo Gardiæ, quia causa impleta fortior est quàm implenda*, il y a quelque difference entre les seruices ja faits, & ceux qui sont à faire. Car en ceux qui sont desia faits, il ne faut plus distinguer si c'estoient seruices qui fussent deuz par l'Officier, ou ses predecesseurs, ains c'est assez, que le Seigneur a recogneu qu'il s'en sentoit obligé, & qu'il a declaré qu'il en vouloit recompenser l'Officier. Mais quant aux seruices de l'aduenir, si la prouision porte que l'Office est conferé pour l'esperance d'iceux, sans les exprimer, cela ne signifie autre chose, sinon le bon deuoir qu'on espere de l'Officier en l'exercice de sa charge : & partant ce n'est point vne condition, ni vne charge qui rende la prouision onereuse, ou remuneratoire, & par consequent, l'Officier non destituable : non plus que quand la prouision porte, que l'Office est baillé à l'Officier à cause de sa preud'hommie, capacité, ou experience : car tout cela n'excede point les termes de la pure liberalité.

15 Autre difference.

Pareillement, quant aux seruices du passé, il n'est ja besoin qu'ils soient specifiez, & encor moins qu'il en apparoisse, pourueu toutesfois que le collateur ait la libre disposition de l'Office, comme Bartole resoult sur la loy *Si forte. D. De castr. pecul.* Car lors n'y pouuant auoir de fraude, la simple affection & recognoissance du Seigneur en fait pleine foy, principalement en tant qu'il est question d'empescher vne destitution odieuse. Mais quant aux seruices de l'aduenir, il les faut specifier, autrement la vague & incertaine stipulation de seruices ne seruiroit, & si il faut par apres qu'il paroisse, que ces seruices ayent esté faits actuellement : autrement mesme ce seroit vne iuste cause de reuoquer l'Officier, s'il auoit manqué à accomplir la charge & la cause de sa prouision, & seroit le cas de la condition, *causâ dati, causâ non secutâ.*

Mais *in facto*, l'Officier pourueu purement & simplement, c'est à dire sans expression de cause ni charge, peut-il soustenir auoir esté pourueu à tiltre onereux, ou remuneratoire, pour impugner sa destitution? En premier lieu c'est sans doute, que le Seigneur estant fondé en droict commun, c'est à l'Officier à fonder son exception. Si donc il fait apparoir de ses seruices soit precedens, ou subsequens, dont sa prouision ne faict mention, sera-elle fondée suffisamment? Ie ne l'estime pas, attendu que l'ordonnance de Roussillon requiert que l'Officier, pour n'estre destituable, soit par expres pourueu pour recompense de seruices, ou pour cause onereuse, c'est à dire, que la cause soit exprimée en sa prouision, afin que ce soit comme vn synallagme, & contract reciproque, & non pas vne simple donation.

16 Si on peut soustenir que la prouision simple soit remuneratoire.

Or il est vray de dire, que celuy qui est pourueu sans expression de cause, est pourueu purement & simplement, & non pour cause remuneratoire. Car, comme on dit, il n'y a au marché que ce qu'on y met. Et combien qu'il apparoisse des seruices, voire qu'il y ait suiect de presumer, qu'à l'occasion d'iceux l'Office a esté conferé, ce qu'autrement n'eust esté faict, si est-ce qu'au contraire il est à presumer, que le Seigneur qui ne pouuoit estre contrainct à recompenser l'Officier, acreu qu'il le recompensoit assez par vne prouision reuocable, & que c'est pourquoy il ne s'est voulu lier les mains par l'expression de la cause remuneratoire: aussi que c'est la presomption generale de la loy, que toutes donations *non sine causa obueniunt, sed ob meritum aliquod accedunt, l. Nec adiecit. D. Pro socio.* de sorte que si on auoit esgard à telles causes impulsiues non exprimées, toutes donations seroient remuneratoires, & n'y en auroit gueres de simples.

17 Que non.

Mais ce n'est pas de mesme en la pure vente de l'Office. Car supposé qu'elle ne soit exprimée par la prouision, ains qu'icelle soit pure & simple, si est-ce qu'apparoissant par escrit de la vente precedente, soit par le compromis, ou par la quittance du prix, ou autre preuue literalle bien concluante, il n'y a nulle doute que l'Office ne soit irreuocable. Car en ce cas la prouision n'est pas vne donation, ni simple, ni *ob causam*, & ne procede pas de la liberalité, ni du libre vouloir du Seigneur, ains c'est l'execution forcée d'vne vendition precedente, laquelle partant s'y doit referer: voire c'est la tradition de l'Office vendu, comme il a esté dit au premier liure, & consequemment, si elle n'estoit bien dressée, l'acheteur auroit tousiours son action *ad plenius tradendum*: & estant bien faicte, il ha action de garantie contre son vendeur, lors qu'il est troublé par vn tiers, & exception s'il est troublé par luy-mesme.

18 Si on peut soustenir que la prouision simple soit faicte pour cause onereuse.

En quoy il ne faut point distinguer les Offices venaux, comme de Greffiers, Notaires, & Sergens, d'auec les non-venaux, comme de Iuges & Procureurs de Seigneurie. Car il est bien vray, qu'anciennement, lors que la vente de tous les Offices de iudicature estoit autant reprouuée, comme maintenant elle est pratiquée, & par le Roy, & par les Seigneurs, & entre particuliers, vn Iuge n'eust osé aduouër en iustice, d'auoir acheté son Office, pource que c'eust esté alleguer sa propre turpitude, & s'en rendre incapable par sa propre défense. Mais auiourd'huy cela est bien changé.

19 Qu'en cette question il ne faut distinguer les Offices venaux d'auec les non-venaux.

Hæc ætas aliam vitam adfert, alios mores postulat.

Desormais les oreilles du Parlement sont endurcies & assourdies par vne si longue & ordinaire accoustumance à dissimuler la vente des Offices des Seigneurs, esquels on ne doit trouuer estrange qu'ils se soient composez à l'imitation de leur Prince: & en tout cas il n'est pas raisonnable, que les anciennes ordonnances, qui défendent de vendre les Offices de iudicature, seruent de pretexte à ceux-là mesme qui y ont contreuenu, pour leur faire retenir l'argent & l'Office: & au rebours qu'elles seruent de piege & attrapoire aux pauures Officiers, qui ont suiuy la foy de leurs Seigneurs.

20 On ne craint plus de dire qu'on a acheté les Offices de iudicature.

Car quand ainsi seroit qu'il les faudroit obseruer à la rigueur, si n'y auroit il point d'apparence, que le Seigneur eust du profit pour les auoir violées le premier, & fait violer par l'Officier, luy faisant acheter l'Office, lequel il eust tousiours vendu à vn autre, si celuy-là ne l'eust acheté, de sorte que l'Officier sem-

21 Quand on garderoit les anciennes ordonnances, le Seigneur ne pourroit reuoquer l'Office vendu.

ble plus excusable que le Seigneur : en tout cas, s'ils ont failly également, ils doiuent estre également punis, *vt quos facinus æquat, similis pœna comitetur*, comme dit sur ce mesme propos cette belle loy *Si quemquam. C. De Episc. & clericis*. Partant il faudroit que l'Officier perdist son argent, & que le Seigneur rendist le double de ce qu'il auroit receu, voire le quadruple, dit la loy derniere *C. Ad l. Iuliam repetund.* & la Nou. 8. chap. 8. Et quant à l'Office, il y auroit encor plus d'apparence de le laisser à l'Officier, que de le rendre au Seigneur, pour le vendre encor vne fois, *cum in turpi causa, potior sit conditio possidentis*.

22 Qu'il ne faut distinguer les Offices vendus à petit, ou à grand prix.

Pareillement en matiere de destitution, il ne faut point faire de distinction, si l'Office a esté vendu tout à faict, ou partie donné, & partie vendu. Car puisque l'Office est indiuisible, & que c'est tousiours vente en partie, l'Officier ne peut estre destitué, quand mesme le Seigneur offriroit luy rendre l'argent débourſé : pource que c'est vn contract parfaict, qui desormais est de necessité & irreuocable, & qui mesme n'est suiect à recision pour lesion d'outre moitié de iuste prix, comme il a esté dit au 2. chap. du 3. liu. bref la destitution n'a lieu qu'en prouision pure gratuite.

23 Si l'Officier peut prouuer son achat par tesmoins, pour empescher sa destitution.

Voila quand il appert par escrit de la vente : mais s'il n'en appert point, l'Officier est-il receuable d'en faire preuue par tesmoins ? supposé que l'Office vaille plus de cent liures, comme il n'y en a guere d'autres. Cette difficulté a esté touchée cy-deuant au poinct de la resignation refusée : mais elle n'est pas moins grande en celuy de la destitution, pource que les Seigneurs, & notamment les Princes, comme il arriue rarement qu'ils destituent leurs Officiers, aussi rarement leur baillent-ils quittance de l'argent qu'ils prennent de leurs Offices, soit venaux (pour ce disent-ils, qu'on sçait assez, qu'ils ne sont pas conferez gratuitement, & que d'ailleurs, n'escheant garantie en Offices, il ne faut point de quittance du prix) soit non-venaux, pource qu'ils ne veulent pas qu'il apparoisse qu'ils les ayent vendus. C'est pourquoy i'estime, sauf meilleur aduis, attendu que la destitution est odieuse & contraire à toute raison & iustice, que pour ne fauoriser la perfidie d'vn fascheux Seigneur, à la ruine d'vn pauure Officier, qui de bonne foy luy a baillé son argent en la forme ordinaire, sans en retirer quittãce, il ne faut point reietter la verité de quelque façon qu'on la puisse trouuer : attendu principalement que l'ord. de Moulins se restraint elle-mesme aux conuentions qu'on a coustume de rediger par escrit : or est-il qu'à l'esgard des Offices non-venaux c'est chose notoire, qu'on n'a point accoustumé d'en faire contracts ni quittances ; & quant aux venaux, la presomption est pour l'Officier, qu'on ne les dõne point. Ce qui sẽble auoir esté jugé par vn vieil arrest rapporté par Ioh. Gallj *quæst.* 173. où le Maire de S. Martin lez Paris, ayant esté destitué, & ayant formé complainte contre son Prieur, sur ce qu'il articula auoir acheté son Office, les parties furent appointées cõtraires au principal, &, pendant le procez, la creance luy fut adiugée.

24 Prouision onereuse & remuneratoire lie les mains à tous Seigneurs.

Or la prouision des Offices pour cause onereuse, ou remuneratoire, ne lie pas seulement les mains à celuy qui l'a donnée, pour ne pouuoir destituer les Officiers, mais aussi à son successeur, soit vniuersel, qui est tenu de ses faicts & promesses, soit particulier, comme vn tiers acquereur de la Seigneurie, pource que c'est vne loy & condition imposée à l'Office en la tradition d'iceluy, qui le rend irreuocable. Et combien que la prouision faicte apres vne vente, ou composition de l'Office, soit pure & simple, ne faisant aucune mention de sa cause, neantmoins c'est vne tradition, laquelle doit estre referée à son tiltre, qui est vn contract de bonne foy obligatoire de part & d'autre, & irreuocable. Et n'est pas comme vn simple bail à loyer, que le successeur singulier n'est tenu d'entretenir : pource qu'il ne produit qu'vne action personnelle, laquelle ne suit pas la chose, mais l'Officier acquiert droict en l'Office par la composition, & par la prouision il en deuient Seigneur, & par l'installation & exercice, il en est faict possesseur. Aussi que le nouuel acquereur de la Seigneurie n'est pas à beaucoup pres tant incommodé d'entretenir l'Officier, comme le bail à ferme, pource qu'il ne peut exercer luy-mesme l'Office, comme il peut tenir la terre en ses mains. C'est pourquoy la comparaison, qu'on allegue ordinairement au Palais en cette matiere, de l'Of-

25 Que la prouision d'Office ne doit estre comparée au bail à loyer

ficier au colon, est apparemment inepte, & m'estonne comment il y en a qui s'y arrestent.

Ce qui me semble sans difficulté, quand celuy qui a pourueu l'Officier estoit Seigneur parfait & incommutable. Mais c'est vne grande question, si l'Officier pourueu pour cause onereuse par vn Seigneur commutable, peut estre destitué par son successeur. Car d'vn costé on peut dire que les Offices soit venaux, ou non-venaux, sont en fruict, & partant que venans à vaquer pendant le temps du Seigneur commutable, & ayans esté par luy conferez, ce sont comme fruicts perceus, separez du fonds, voire consommez tout à faict: si que le droict de celuy qui les a conferez, venant par apres à expirer, sa collation, qui a esté vne fois parfaicte, demeure valable à tousiours: tout ainsi que la prouision des benefices demeure en sa force apres le deceds, ou resignation du collateur, & que les terres d'vne confiscation aduenuë pendant l'vsufruict d'vne iustice, demeure aux heritiers de l'vsufruictier apres sa mort, comme du Moulin resout sur l'art. 30. de la coust. de Paris. 26 Si l'Officier pourueu pour cause onereuse par vn Seigneur commutable, peut estre destitué par son successeur.

Mais d'autre costé on dit que le Seigneur commutable ne peut preiudicier à son successeur, ne pouuant estendre son droict plus outre, que le temps de sa Seigneurie. Et combien que la collation de l'Office soit en fruict, c'est toutesfois à condition de la faire selon le droict commun & forme ordinaire, c'est à dire par vne prouision pure & simple, mais de la conditionner en sorte qu'elle soit irreuocable apres son temps, ce n'est pas simplement conferer, ains aliener l'Office; quoy que ce soit c'est lier les mains, & couper l'herbe soubs le pied à son successeur. Ce qui ne doit estre permis, pource que, comme disent les Docteurs, *Paria sunt aliquid fieri in tempore prohibito, & conferri in tempus prohibitum*. Ce n'est donc pas comme vne confiscation, qui estant vne fois aduenuë à l'vsufruictier luy appartient à tousiours, ni comme la collation des benefices, qui de droict commun sont irreuocables, au lieu que les Offices sont regulierement destituables, ainsi que nous viuons iusques à present. 27 Semble que si.

Pour accorder ces deux opinions, il me semble qu'il faut distinguer les Offices venaux d'auec les non-venaux. Et quant aux venaux, puis qu'ils ont cette aptitude d'estre vendus licitement, & que l'ordinaire de tout bon mesnager est de les vendre, ie dy que le droict, & le fruict de la collation d'iceux n'est pas seulement de les pouuoir donner à quelqu'vn, comme les benefices, ains d'en tirer de l'argent. De sorte que qui retrancheroit cette commodité à l'vsufruictier, & tout autre collateur commutable, luy retrancheroit son droict, voire son vsufruict. Que si le Seigneur commutable peut vendre l'Office venal, à plus forte raison le peut-il conferer pour cause onereuse, ou remuneratoire: bref, i'estime sans difficulté qu'il en peut disposer incommutablement, & à tousiours, selon son plaisir & volonté, tout ainsi que des biens d'vne confiscation: pource que l'vsufruictier deuient proprietaire des fruicts qu'il recueille pendant son vsufruict, lesquels estans separez de la chose, sont desormais vne chose & proprieté à part. Vray est que si le Seigneur commutable conferoit l'Office venal gratuitement, comme luy mesme le pourroit reuoquer par apres, aussi à plus forte raison son successeur le pourroit selon l'vsage commun. 28 Resolution és Offices venaux.

Mais és Offices non-venaux, qui selon les ordonnances, & les bonnes mœurs ne sont en fruit, sinon quant au choix & gratification de la persone, ainsi que les benefices, & non pas en commerce du tout licite, ains abusif & consistant en vne simple tolerance, bref qu'vn preudhomme conferera plustost gratuitement que de les vendre, il semble que si le Seigneur commutable les vend, ou les confere pour cause remuneratoire, ou onereuse, il fait chose aucunement illicite, voire qu'il fait largesse du droit d'autruy. Car bien qu'on en tolere & dissimule la vente & qu'il soit licite au Seigneur incommutable de les conferer pour cause onereuse, si est-ce que ces formes de prouisions ne sont pas pures & simples, ni en la forme ordinaire, ains sont outre le droict commun, & partant semblent ne deuoir estre tolerées au preiudice d'vn tiers. 29 *Quid* és non-venaux. 30 Difficulté de cette question.

Toutesfois la haine de la destitution & l'inclination de ce temps à donner tousiours pied & establissement de plus en plus à la venalité, quoy que ce soit à l'asseurance des Offices : mesmement à present que les Royaux s'en vont estre à demy hereditaires, me tiennent en suspens, voire me font pancher aucunement de l'autre costé. Mais pource que les resolutions generales sont dangereuses, notamment en matiere si douteuse, afin de nous en mieux resoudre, parcourons encor vne fois toutes les especes des Seigneurs commutables.

31 Si les Offices non venaux vendus par le beneficier, sont reuocables par le successeur.

Premierement à l'esgard du beneficier, c'est chose qu'on a tousiours tenuë constamment au Palais, & qui a esté iugée par infinis arrests, qu'il ne peut preiudicier à son successeur en conferant les Offices de iudicature non-venaux, pour recompense de seruices, autres que ceux faicts au benefice, & desquels encor il faut qu'il apparoisse d'ailleurs que par sa confession, dit Bacquet. Dont il s'ensuit bien, qu'il ne les peut vendre, ou conferer à tiltre onereux, sinon que ce fust pour l'vtilité perpetuelle du benefice, & pour employer en chose, qu'il ne seroit tenu prendre sur sa bourse : laquelle exception ie tire de l'ord. de Roussillon, qui permet aux Seigneurs, tant seculiers, qu'Ecclesiastiques de destituer leurs Officiers, excepté ceux qui sont pourueus pour cause remuneratoire, ou autre cause onereuse, dont s'ensuit que les Ecclesiastiques peuuent conferer pour cause onereuse, ou remuneratoire.

32 *Quid* des venaux.

Mais quant aux Offices venaux, comme de Greffiers, Notaires, & Sergens, i'estime que le beneficier les peut vendre à la vie du pourueu, autrement il demeureroit priué du principal fruict & vtilité de leur collation. Car qui les voudroit acheter, pour estre en hazard de les perdre par le deceds, resignatiõ, ou forfaicture du beneficier? Dont s'ensuit qu'estans vendus valablement & licitement, le successeur ne peut destituer ceux qui les ont achetez. A quoy toutesfois il y a vne exception notable, sçauoir est, à l'esgard des Offices, qui auoient accoustumé d'estre tenus en domaine, & baillez à ferme (comme cela est ordinaire és Greffes, & quelquesfois és Notariats) lesquels le beneficier ne peut vendre à tiltre d'Office, pour priuer son successeur d'en auoir le fermage, attendu que c'est plustost aliener que pouruoir. Dont i'ay autresfois veu vn arrest du 10. Decembre 1576. par lequel fut approuuée la destitution faicte par l'Euesque de Chalons du Greffier de sa iustice temporelle, qui auoit acheté son Office du predecesseur Euesque : & y en a vn autre plus nouueau du 29. Nouembre 1605. aussi confirmatif de la destitution faicte par l'Abbé de S. Denis en France, de son Greffier : ces arrests fondez sur ce que ces Greffes auoient accoustumé de tout temps d'estre baillez à ferme parmy le reuenu temporel de ces Prelats.

33 *Quid* des hereditaires.

34 De mesme en tout vsufructier.

Ce qui vient d'estre dit du beneficier, doit en tout & par tout, à mon aduis, auoir lieu en la douairiere, au gardien fructuaire, & tout autre vsufructier, mesme en l'acquereur du domaine du Roy, & l'acheteur d'vne terre priuée à faculté de rachat, & pareillement au preneur à vie, ou à longues années, & finalement en celuy qui est chargé de substitution, & toute autre restitution, à sçauoir qu'ils peuuent vendre, mesmement au preiudice de leurs successeurs, les Offices venaux : mais quant aux non-venaux, qu'ils ne les peuuent conferer soubs cause qui empesche le successeur de les pouuoir reuoquer, de mesme sorte que les hypotheques par eux imposées sont aneanties, apres que leur droict est expiré, *l. Sed vectigali. D. De pignor.*

35 *Aliud in marito.*

I'estimeroy neantmoins le contraire au mary, à cause de l'vnion du mariage, de la puissance maritale, & de la communauté d'entre luy & sa femme, qu'il doit auoir cette puissance comme pere de famille, voire ainsi qu'vn Seigneur incommutable, de pouruoir les Officiers des terres de sa femme en telle façon qu'il voudra, sans qu'apres dissolution ils puissent estre destituez.

36 *Quid, in tutore.*

Quant au tuteur, & tout autre semblable administrateur, c'est celuy, comme il a esté dit cy-deuant, qui ha le moins de puissance en la collation des Offices, pource qu'il ne les peut conferer qu'en cas de necessité, & à faute d'autre, & non encor en son nom ni à son profict, ains seulement au nom & vtilité de son pupille : de sorte qu'il est aisé à entendre, qu'il ne luy peut aucunement lier les mains, par collation faicte pour cause onereuse, ou remuneratoire : ne pouuant aduenir

l'obligation

l'obligation naturelle, & d'honneur des bons seruices faits au mineur & aux siens, pource que cette recognoissance volontaire est vn acte de maistre, & que ce seroit exercer liberalité aux dépens du mineur : & comme dit la loy en vn cas tout semblable, *etsi hoc honestè, ex liberalitate tamen fit, quæ arbitrio pupilli relinquenda est*, *l. Cùm plures. §. 1. D. De administ. tut.*

C'est pourquoy i'estime, que quand bien le mineur seroit heritier de son tuteur, & partant tenu de ses faicts & promesses, il pourroit neantmoins destituer l'Officier ainsi pourueu. Car comme si le tuteur estoit viuant, l'Officier destitué n'auroit aucun recours contre luy pour ses dommages & interests, d'autant qu'vn donateur n'est tenu de l'éuiction, aussi le mineur estant son heritier, n'en est non plus tenu : & ne peut-on dire qu'il y ait contre luy aucune reflexion d'actions, qui empesche sa destitution. 37 *Quid si le mineur est heritier de son tuteur.*

Mais combien que la pure vente soit de plus grande consequence, que la prouision à tiltre onereux, ou remuneratoire, i'estime neantmoins, qu'vn tuteur peut vendre les Offices, pource que cette vente vient au profict du mineur, qui autrement demeureroit priué d'en tirer commodité : & non seulement les Offices venaux ; à l'esgard desquels il n'y a nulle difficulté, leur nature y estant disposée, mais aussi les non-venaux, puisque la vente en est auiourd'huy tolerée : vente, qui est valable sans decret, pource que ce n'est qu'vn fruict, qui concerne l'administration, & dont au surplus l'alienation est necessaire : de sorte que le mineur ne la peut improuuer, ni contreuenir à icelle. 38 *Quid en l'Office vendu par le tuteur.*

Mais l'heritier par benefice d'inuentaire n'est point du rang des simples administrateurs, ni des Seigneurs commutables, ains est vn vray Seigneur *& hæres & bonus est rerum hæreditariarum*, quoy qu'aucuns de nos praticiens resuent au contraire, le comparans à vn simple curateur aux biens vaquans. Car le droict n'en faict pas vne espece differente d'heritier, comme le vulgaire pense, mais seulement en presupposant que tout heritier face inuentaire, donne priuilege à celuy qui l'aura deuëment faict, que n'ayant point confondu les biens de la succession auec ses autres biens, il ne sera point tenu des debtes d'icelle outre sa valeur, comme i'ay amplement prouué au 2. liu. *Du déguerp.* chap. 3. & au 4. liu. chap. 5. Et de fait du Moulin sur l'art. 30. de la coust. tient que l'heritier beneficiaire peut vendre sans decret, qu'il peut confisquer, voire mesme qu'il peut valablement donner les biens de la succession. A plus forte raison donc peut-il vendre les Offices, ou les conferer pour cause onereuse, ou remuneratoire : attendu que ce n'est qu'vn fruict, duquel il a sans doute la libre & entiere disposition, à la charge neantmoins d'en tenir compte aux creanciers, en la sorte qu'vn bon pere de famille en a deu vser. 39 *Quid en l'heritier beneficiaire.*

Finalement quant au simple possesseur de la Seigneurie, qui par apres auroit esté éuincé d'icelle par le vray Seigneur, i'estime que pour resoudre si le nouueau possesseur peut déchasser les Officiers par luy pourueus, il faut distinguer, s'il estoit possesseur de bonne, ou de mauuaise foy : pource que le possesseur de bonne foy fait les fruicts siens, *saltem quoad dominium*, comme tous les Docteurs sont d'accord, *etiam naturales, si modo, præter bonam fidem, iustum etiam titulum habeat. l. Bonæ fidei. D. De acquir. rer. dom. §. Siquis à non domino. Instit. De rerum diuis.* Et en France il les faict siens *non solùm quo ad dominium, sed etiam quo ad lucrum, id est, vt non teneatur restituere, nisi perceptos post litem contestatam*, comme discourt du Moulin sur le 22. article de la coustume, nombre 51. & suiuans : de sorte qu'il en peut disposer, non pas simplement comme vn Seigneur commutable, mais comme vray & absolu Seigneur, & partant il peut valablement conferer les Offices à tiltre onereux, ou de vente, voire mesme les non-venaux, puis qu'auiourd'huy la vente en est tolerée. 40 *Quid in possessore bonæ fidei.*

Mais quant au possesseur de mauuaise foy, celuy-là ne fait iamais les fruicts siens, *quo ad lucrum. l. Certum. C. De rei. vendic. neque etiam quo ad dominium, nisi postquam consumpti sunt.* Car combien qu'il les ait actuellement perceus & serrez, si est-ce que tant qu'ils se trouuent en nature, ils peuuent estre vendiquez par le Seigneur, comme à luy appartenans, *l. Mala fides. C. De condict. ex lege.* Dont 41 *Quid in malæ fidei possessore.*

s'ensuit que celuy qui a éuincé de la Seigneurie le possesseur de mauuaise foy, peut chasser les Officiers par luy pourueus, & en mettre d'autres en leur place, comme la collation de l'Office se trouuant encor en nature & possibilité, sauf à ces Officiers déchassez, leur recours pour l'argent qu'ils ont déboursé, contre celuy qui l'a receu, duquel ils ont deu sçauoir la condition en contractant auec luy.

42 Quels Seigneurs peuuét destituer. Voila quels Officiers peuuent estre destituez, voyons maintenant qui sont ceux qui les peuuent destituer. Or c'est sans doute qu'il y a plus de difficulté à destituer vn Officier, qu'à l'instituer: d'autant qu'il est plus licite de donner que d'oster: & que l'institution est & necessaire & fauorable, au contraire, la destitution n'est iamais necessaire, & est tousiours odieuse. C'est pourquoi ie conclu hardiment, que tous ceux qui n'ont pas plein pouuoir d'instituer, c'est à dire, qui n'ont pas la libre & entiere collation des Offices, bien qu'ils en ayent, ou l'institution simple, ou la nomination simple, ne peuuent pas destituer, sinon auec le consentement de celuy, auquel l'autre partie de la collation appartient: pour exemple, l'vsufruictier ne peut destituer sans le consentement du proprietaire, ni le proprietaire sans le consentement de l'vsufruictier.

43 Regle notable.

44 Si le gardien fructuaire peut destituer. Et combien qu'vn gardien fructuaire n'ait point de proprietaire habile à consentir, ou dissentir sa destitution, & qu'à cette cause luy-mesme baille la pleine prouision, si est-ce qu'en effect il ha vn proprietaire en teste, qui est le mineur, au nom duquel, & non pas au sien, il doit conceuoir la prouision: lequel mineur ne peut destituer, pource qu'il n'ha pas iugement parfaict, ni pareillement autre pour luy, pource que les actes & l'exercice du pouuoir estans inherens particulierement à la personne du Seigneur, ne sont communicables à autre, sinon en cas de necessité, comme il a esté dit au chap. 2. Aussi que ce n'est pas faire acte de bon administrateur de chasser les anciens Officiers de la terre, qui sont comme les instrumens & outils d'icelle. Ce qui a esté iugé par arrest du 5. Aoust 1586. pour le Bailly de Rouane, que la mere & gardienne du Seigneur auoit destitué: & auparauant auoit esté iugé par arrest du 16. Feburier 1564. contre madame de Guise, qui comme tutrice & gardienne de Messieurs ses enfans, auoit destitué le Procureur fiscal de la Ferté Bernard, & encor auparauant le mesme auoit esté iugé pour les Officiers du Comté de Dunois, destituez par Monsieur de Guise, tuteur de Monsieur de Longueuille, Comte de Dunois, par arrest du 23. Septembre, mil cinq cens trente neuf.

45 Si les Seigneurs du domaine alienè peuuent destituer. Quant à ceux qui possedent les terres du domaine du Roy à quelque tiltre que ce soit, il y a encor vne autre raison, pourquoy ils n'en peuuent destituer les Officiers. C'est qu'eux demeurans Officiers Royaux, ils sont par consequent perpetuels & irreuocables par l'Ord. de Louis XI.

46 *Quid* des acquereurs à faculté de rachat des terres des particuliers. Et quant aux acquereurs à faculté de rachat des terres des particuliers, i'estime qu'ils ne peuuent aussi destituer les Officiers sans le consentement du vendeur, auquel le retraict conuentiõnel est reserué: & ce non pas par défaut de puissance (car comme estans vrais Seigneurs iusques au rachat, ils ont la libre & parfaicte collation des Offices) mais pource qu'ils ne sont pas Seigneurs incommutables, ains peuuent de iour en iour estre dépossedez par le retraict: & partant s'ils destituoient les anciens Officiers, ils feroient preiudice au vendeur. Comme donc ils ne doiuent changer la face de l'heritage, ne y faire des bastimens autres que necessaires, aussi ne peuuent-ils destituer les Officiers sans cause, pource que cette destitution n'est iamais necessaire. Autant en peut-on dire de tout acquereur suiect à retraict feodal, ou lignager, pendant le temps d'iceluy, toutesfois, pource que ce retraict expire promptement, cela dépend de l'euenement d'iceluy: & par mesme raison au cas du retraict conuentiõnel, ce sera le plus seur à l'Officier destitué de se munir de l'interuention du vendeur, pource que son fondement concerne l'interest d'iceluy: de sorte que si l'acquereur auoit son consentement, c'est sans doute que la destitution tiendroit, ainsi qu'il vient d'estre dit de celle de l'vsufruictier, qui est faicte du consentement du proprietaire.

47 *Quid* des Seigneurs cómutables. Mais les preneurs à vie, ou à longues années peuuent sans doute destituer de

leur propre auctorité, & sans le consentement du Seigneur direct, auquel la reuersion appartient: pource que leur droict est plus stable, & de longue durée, & que volontiers la destitution ne luy est preiudiciable. Et quant aux beneficiers, l'Ordonnance de Roussillon leur donne ceste puissance. Qui me fait croire que le mary l'ha aussi, pource qu'ils sont comparez ordinairement l'vn à l'autre: & pareillement celuy qui est chargé de substitution, ou restitution, lequel cependant ne laisse d'estre vray & parfaict Seigneur. Par la mesme raison, ie tien pour certain, que l'heritier par benefice d'inuentaire peut destituer: comme aussi le possesseur actuel, pendant le procez sur la proprieté de la Seigneurie, & pareillement le proprietaire pendant la saisie, pour les raisons contenues cy dessus.

Parlons maintenant de la forme de la destitution, en laquelle les Seigneurs s'abusent fort, à mon aduis, apportant moins de ceremonie à destituer vn Officier public, qu'à reuoquer vn simple procureur *ad lites*. Car la reuocation d'vn procureur *ad lites* se fait par acte public, expedié pardeuant Notaires, lequel on luy fait signifier: mais les Seigneurs se contentent ordinairement de reuoquer leurs Officiers, ou de parole, ou par vn simple escrit faict soubs leur sein: mesme quelquesfois sans leur rien dire, ils en mettent d'autres en leur place, voire souuent ils entreprennent de les receuoir & installer eux mesme sans auctorité de iustice: & ainsi ils chassent & dépossedent par voye de fait l'ancien Officier, bien que receu en iustice, & recognu publiquement pour personne publique. Mais cela vient de ce que nos Gentilshommes estans plus duits, & enclins à la voye de force, qu'à celle de iustice, se font à croire, que depuis qu'ils ont iustice en leur village, ils y ont autant de puissance, qu'vn Monarque en son Royaume. 48 De la forme de la destitution.

Donques en ce regne, qui, graces à Dieu, est maintenant du tout estably à la paix, & auquel aussi les Offices sont en plus grand' estime, sans faire force sur les façons de faire du passé, qui ressentent plus la violence que la raison, & qui neantmoins n'ont encor esté corrigées, depuis le peu de temps qu'il y a que les Offices des Seigneurs sont en commerce, ie croy qu'il faut distinguer les Officiers receus en iustice, d'auec ceux qui n'y ont point esté receus. Quant à ceux-là, ie tien, qu'ils ne peuuent estre destituez sans Ordonnance de iustice: tant pource que *nihil tam naturale, quàm vnumquodque dissolui eo modo quo ligatum est*, dit la loy: que pourautant qu'il n'y a aucune apparence, que le Seigneur puisse oster ce qu'il ne peut donner, sçauoir est la puissance publique, laquelle il n'ha pas luy mesme. Et finalement il est bien certain, que nul ne peut casser les Ordonnances de plus grand que luy: dont s'ensuit, que le Seigneur ne peut de sa propre auctorité reuoquer le pouuoir, que la iustice superieure, de laquelle luy mesme est sujet & iusticiable, a donné à l'Officier lors de sa reception. 49 Officiers, receus en iustice, ne peuuent estre priuez, de l'exercice sans Ordonnance de iustice.

C'est pourquoy il me semble tres-raisonnable, que quand le Seigneur veut dechasser actuellement l'Officier receu en iustice, qu'il a destitué, il faut qu'il le face appeller deuant le Iuge superieur, pour voir ordonner, qu'attendu sa destitution, defenses luy seront faictes de s'entremettre desormais en l'exercice de l'Office. Car puisque la prouision & institution du Seigneur, bien que fauorable, n'est suffisante sans la reception, pour faire vn Officier public: aussi à plus forte raison la destitution qui est odieuse, est encor moins suffisante, sans l'auctorité de la iustice, pour le défaire, & pour luy oster sa qualité publique, qu'il a acquise par sa reception. Ce qui est si clair & euident, que l'vsage & obseruance commune des Gentilshommes ne peut preualoir au contraire, *quia vsus, seu potius abusus imperitorum non facit ius: imo si in quæstionem deducatur, non obseruatur, sed reprobatur à peritis*, comme dit du Moulin, sur le 36. article de la coustume, nomb. 8. Aussi que ceste absurdité est venuë en consequence d'vne autre, qui a esté touchée cy-dessus, au chapitre second, que les Officiers des Seigneurs entreprenoient par cy-deuant, mesme encor à present entreprennent d'exercer leurs Offices, sans estre receus en iustice: ce qui a esté corrigé par l'Ordonnance d'Orleans, article 45. 50 Forme de destitution de l'Officier receu en iustice.

51 Aliud en celuy, qui n'est receu en iustice. Car c'est bien la verité, afin de venir au second membre de nostre distinction, que l'Officier, qui n'a point esté receu solennellement en iustice, & qui partant n'ha autre droict en son Office que la prouision du Seigneur, ni autre possession d'iceluy, que celle qu'il a prise luy mesme, en peut estre dechassé par l'auctorité seule du Seigneur, sans qu'il soit besoin qu'il s'en pouruoye en la iustice superieure, qui n'a point donné au pourueu le charactere d'Officier, & la puissance publique. Encor dis-je, que c'est assez de luy faire signifier vne destitution soubs le sein du Seigneur, laquelle est vn acte public en ceste matiere d'institution, ou destitution d'Officiers, & qui est le seul reste de la puissance publique, que les Seigneurs ont retenu, depuis qu'ils ont changé leur qualité d'Officiers en celle de Seigneurs.

52 Destitutió iniurieuse reprouuée. Mais sur tout, il faut remarquer en cette destitution, que si elle est faicte auec eloge, ou expression de cause, qui touche tant soit peu l'honneur de l'Officier, elle est reprouuée, d'autant que l'Officier ne peut estre destitué pour cause infamante, ou pour mieux dire, iniurieuse, sans que cette cause soit deuëment approuuée en iustice, luy plainement ouy. Pource que les Seigneurs, ayans eu iusques à present deux façons differentes de destituer leurs Officiers, l'vne de leur propre volonté, & sans cause de demerite; l'autre par la voye de iustice, & auec expression de cause, quand ils ont choisi la derniere façon, il faut qu'ils s'y conduisent par l'ordre de iustice, qui ne condamne aucun sans l'ouïr. 53 Preuue. *Graue si quidem est, cum re, nominis iacturam facere, nisi causa priùs iudicio cognita.* C'est ce que dit du Moulin sur l'article 83. de la coustume de Bourb. *Officia gratis donata reuocari possunt ex causa honesta, non autem ex causa infamante, nisi causa cognita.* Et pource que la loy dit, que celuy qui casse le gendarme doit tousiours exprimer la cause, *l. 2. §. Ignominia. D. De qui not. infam.* le Seigneur qui reuoque son Officier, fait mieux d'adiouster vne cause, ou excuse honneste à la destitution, pour oster tout mauuais soupçon, voire pour luy rendre tesmoignage, qu'il ne le destituë point pour maluersation, comme dit fort bien Bacquet, au liure *Des droicts de iustice*, chap. 17. Aussi voit-on dans du Tillet, au denombrement qu'il fait des Officiers de la couronne, quand il parle de ceux qui ont esté destituez, il dit qu'ils ont esté deschargez.

54 Destitution iniurieuse ne peut estre changée en autre. Ie dy plus, que les Seigneurs, qui ont voulu destituer leurs Officiers pour cause infamante, ne peuuent plus reuenir à la destitution volontaire, en se desistant de l'infamante, pource qu'outre la raison de droict, qu'apres l'option d'vne alternatiue, on ne peut varier, par ce vain effort d'esbranler l'honneur de leur Officier, ils ont fait paroistre qu'ils estoient animez iniustement contre luy.

55 S'il se faut pouruoir par appel contre la destitution. Si donc, suiuant la forme ordinaire, vn Seigneur fait signifier à son Officier vne destitution sans cause infamante, comment se doit-il pouruoir contre icelle? sera-ce par appel, comme si c'estoit vne sentence? attendu que par le droict Ciuil, la voye d'appel n'ha lieu que contre les sentences des Iuges, *l. 1. C. De recept. arb.* Et combien que le Seigneur soit comme personne publique, en ce qui est de l'institution, ou destitution des Officiers seulement, si n'est-il pas Iuge, & ce ne sont pas actes de Iurisdiction contentieuse, ains de commandement. Comme donc en France on n'appelle pas du commandement des Gouuerneurs, ains on se pouruoit contre iceluy par voye de plainte: & de mesme combien que les Sergens & les Notaires soient personnes publiques, si est-ce qu'on ne se pouruoit pas par appel contre leurs actes, ains par opposition: si ce n'est qu'vn Sergent, refusant de déferer à l'opposition, entreprenne en ce faisant la cognoissance de cause, auquel cas pour le presser dauantage on appelle de luy, & le prend-on à partie, encor le plus souuent on prend lettres par apres, pour conuertir cet appel en opposition.

56 *An liceat appellare à grauato.* Mais au droict Canon, c'est chose toute ordinaire d'appeller, non seulement des Iuges, ains aussi de toute autre personne publique, & encor non seulement apres qu'on est greué; mais encor auparauant, & dessors qu'on ha quelque soupçon apparent de l'estre à l'aduenir: Principalement en matiere de collation, ou priuation de benefices, *cap. Bonæ memoriæ. ext. De appellat. & cap. Concertationi. & cap. A collatione, eod. tit. in 6.* En quoy les Canonistes ont confondu l'appellation

auec la plainte appellée *Querela*, qui selon le droict ciuil a lieu contre les actes de commandement, & contre les actes des Iuges, nuls de soy, & encor contre toutes personnes; contre lesquelles on ne peut bonnement auoir action, *l.3.C. Quomodo, & quando Iudex*, comme il a esté discouru au dernier chapitre du premier liure. Mais pource que le terme d'appel est plus doux, & neantmoins plus energique & efficace, pour empescher la voye de force, & quant-&-quant plus commode pour attirer directement la matiere au Superieur, les Canonistes en ont plustost vsé, que de celuy de plainte.

Et en France, nous auons retenu cela d'eux en nos Cours layes, comme la plus grand' part de nostre pratique & procedures iudiciaires, à l'occasion de ce qu'auparauant l'Ordonnance de mil cinq cens trente neuf, presque toutes les affaires & proccez estoient attirez és Iurisdictions Ecclesiastiques, tous les bons praticiens estans lors du nombre des Clercs. Et particulierement en ce qui est de la destitution des Officiers, le Parlement, qui mesprise volontiers les formalitez, principalement és matieres requerantes celerité, s'arrestant plus au fonds qu'à la forme, reçoit ordinairement les appellations interjectées de telles destitutions: qui estans originairement plustost plaintes qu'appellations, neantmoins comme lors que les Seigneurs exerçoient eux mesme la iustice, on conuertit les plaintes, qu'on faisoit d'eux, en appellations, ainsi que i'ay discouru au lieu préallegué, aussi en fait-on encor de mesme en ce seul acte icy, qui leur est resté, de puissance publique. 57 Resolutiõ.

Mais quoy? apres cet appel interjecté, ou opposition formée à la destitution, faut-il que l'Officier cesse d'exercer son Office, & s'il l'exerce, par apres peut-on dire, que ces actes soient encor publics & valables? Certainement il y a des Officiers si timides, qu'ils se mettent au rang des valets, lesquels se retirent du seruice de leurs maistres, deslors que le congé leur est donné, ou des simples procureurs, qui estans reuoquez ne font plus rien en vertu de leur procuration. Si est-ce qu'il y a bien de la difference entre les vns & les autres, comme il a esté dit au commencement du chapitre precedent. 58 Si l'Officier peut cõtinuer son exercice apres la destitution.

Tiendrons-nous donc que la destitution faicte par vn Seigneur de sa propre auctorité, & sans ouïr l'Officier, & encor sans cause, soit autant valable que seroit vn arrest de la Cour donné contradictoirement? Car quand on luy donneroit autant de force qu'à la sentence d'vn Iuge, si est-ce que l'appel interjecté d'icelle en suspendroit tousiours l'effect, n'estant cestuy-cy vn des cas executoires, nonobstant l'appel. Pourquoy donc authoriserons-nous dauantage ce que fait vn simple homme de sa teste, sans ouïr partie, & en sa propre cause, que ce que tout vn notable Presidial ordonneroit meurement, auec cognoissance de cause? Et quand l'Officier n'auroit autre chose que la possession de son Office, sans titre & sans auctorité publique, voire que ce fust vne simple detention, & encor que elle fust limitée à certain temps, comme celle d'vn fermier, ou locataire, si est-ce qu'en France, nous auons en telle haine la voye de fait, que nous ne permettons pas au proprietaire de déposseder son locataire, & rentrer de son auctorité priuée en sa propre maison, apres l'expiration du temps de loüage, exprimé clairement par vn contract authentique, ains il s'en faut pouruoir en iustice, par la raison de la loy *Non est singulis. De reg. iur.* voire mesme quand le Iuge luy a permis de faire mettre sur le carreau les meubles de son locataire, & qu'il y en a appel, encor trouue-on mauuais que le Iuge face executer sa sentence, nonobstant l'appel, en baillant caution au locataire appellant de ses pretendus dommages & interests. 59 Que si.

C'est pourquoy ie conclu hardiment, quoy qu'on en ait tenu par le passé, qu'vn Officier doit continuer son exercice apres la destitution du Seigneur, s'il ne veut acquiescer à icelle, principalement quand il a esté receu en iustice, par laquelle reception il a acquis la puissance publique, qui ne luy peut estre ostée par le Seigneur, lequel ne la luy a pas donnée: voire on peut soustenir, que quand il n'auroit autre droict en l'Office, que la seule possession publique d'iceluy, qu'elle ne luy peut estre ostée, sinon par la voye de iustice. Et quand mesme la desti- 60 Cõclusion.

61 Mesme apres sentence confirmatiue de la destitution, l'Officier appellant d'icelle, doit exercer.

tution auroit esté auctorisée par sentẽce du Superieur, si est-ce que si l'Officier en est appellant, on doit encor déferer à son appel, & non pas destituer vn Officier par prouision: pource que regulierement l'appel est suspensif, fors aux cas exceptez par les Ordonnances: voire mesme quand en vn Presidial il y auroit cette restriction au premier chef de l'Edict: pource que la destitution d'vn Officier, quoy que volontaire, & sans expression de cause, touche aucunement à l'honneur, qui ne gist en estimation, & partant n'est subjecte à restriction; ioinct que c'est vne matiere de reglement, & mesme de droict public, qui excede le pouuoir des Presidiaux.

62 Si l'Officier peut former complainte contre son Seigneur.

Quoy donc? si l'Officier est troublé en son exercice par le Seigneur, formera-il complainte contre luy? & s'il en est chassé par force, plaidera-il contre luy en reintegrande? I'ay dit au chapitre cinquiesme du premier liure, que comme on n'approuue pas la complainte du vassal contre le Seigneur, tant pour le respect qu'il luy doit, que pource qu'il possede aucunement pour luy, aussi il n'est pas à propos, que l'Officier forme directement la complainte, & encor moins la reintegrande contre le Seigneur: ains comme l'action de dol, & toute autre action fameuse & fascheuse n'ha lieu en droict contre le patron, & toutes autres personnes, à qui on doit vn respect particulier; mais il les faut déguiser d'autres noms

63 Que non.

plus doux, comme *in factum, aut rerum amotarum, nimirum lenitate verbi rei tristitiam mitigante*: aussi l'Officier, qu'on veut déposseder, se doit pouruoir par requeste contre son Seigneur, implorant doucement l'Office du Iuge: laquelle requeste neantmoins retient la mesme nature, & ha pareille force, que la complainte, ou la reintegrande: n'estant raisonnable, que le respect, qu'vn bon Officier porte à vn fascheux Seigneur, luy soit preiudiciable. De sorte, que sur telle requeste le Iuge peut, & doit laisser, ou remettre pendant le procez l'Officier en l'exercice de son Office: dont il ne doit cependant estre dépossedé, afin que la force ne soit aduantagée par dessus la iustice.

64 La cõplainte peut estre formée cõtre le competiteur.

Mais si vn competiteur, qui apres la destitution, aura obtenu prouision de l'Office, & se sera fait en cachette receuoir à iceluy, vient à troubler l'Officier ancien en l'exercice de sa charge, ie ne fay point de difficulté qu'on ne puisse former complainte contre luy, voire intenter la reintegrande criminelle, s'il y vse de force: pource que la complainte a lieu aussi bien és choses incorporelles, qu'aux corporelles, tesmoin la coustume de Paris, qui l'admet pour les rentes: & a esté iugé par plusieurs arrests, qu'elle ha lieu és Offices, comme i'ay prouué au lieu sus-allegué. A quoy i'adiousteray la decision de la loy *Aquilius Regulus*. D. De *donat.* où parlant de celuy auquel la simple habitation d'vne maison a esté donnée pour recompense de seruices, Papinian dit ces mots, *Quod si expulsus Nicostratus veniat ad Iudicem, ad exemplum interdicti, quod fructuario competit, defendendus erit, quasi loco possessoris constitutus, qui vsum cœnaculi accepit*. Ce que ie tien pour indubitable, veu qu'en cet ancien arrest cy-dessus rapporté du Maire de sainct Martin des Champs, la complainte de l'Officier fut mesme receuë contre le Seigneur.

SOMMAIRE DV SIXIESME CHAPITRE.

DES OFFICES ECCLESIASTIQVES.

CHAPITRE VI.

IL est bien certain, qu'en la primitiue Eglise toutes les charges Ecclesiastiques estoient de purs Offices, sans annexe, ni adjonction d'aucuns heritages ni reuenus, que l'Officier peust perceuoir par ses mains, ainsi qu'és benefices d'à present: Car les biens de l'Eglise estoient possedez en commun, *nec cuiquam Clerico pro portione sua aliquid solum Ecclesiæ deputabatur*, dit le Canon *Vobis* 12. *quæst*. 2. ains l'Euesque, suiuant les Canons des Apostres, auoit la dispensation & superintendance, & ordonnoit de tous les reuenus Ecclesiastiques, estans en son Diocese, *Can. Videntes*. §. *Ipsæ ...nes. & Can. Episcopus. cum seq.* 12. *quæst*. 1. — 1 Charges de l'Eglise estoient iadis purs Offices. — 2 Cōmunauté de la primitiue Eglise.

Non qu'il prist luy mesme le soin de les faire valoir, ni d'en faire la recette: mais il laissoit cette charge aux Diacres, qui estoit le moindre des Ordres sacrez du Clergé: & encor le plus souuent, afin de n'amuser les Ecclesiastiques aux negoces ...liers, il faisoit faire ce mesnage par des lays, qui estoient appellez Oeconomes, ou Defenseurs, lesques receuant tout le reuenu du Diocese, en distribuoient ...uellement vne partie par forme de gages, ou pension appellée prébende, à ...un Ecclesiastique, puis en employoient vne autre partie en aumosnes, ou au...uures de pieté; & encor vn autre aux bastimens & meliorations des mai... Ecclesiastiques: le tout par le mandement de l'Euesque, qui auoit la surin...ance de tout ce bien, & auquel, assisté de son Clergé, ces Oeconomes, ou ...eurs rendoient compte, *d. Can. Vobis*. — 3 Biens de la primitiue Eglise, cōment administrez.

4 Ecclesiastiques n'auoiét que des gages.

Alors donc chasque Ecclesiastique n'auoit autre reuenu, que la prebende, ou pension qui luy estoit ordonnée par l'Euesque, & payée par l'Oeconome: tout ainsi qu'és Monasteres, où il n'y a point de mense commune, les Moines reçoiuent du Receueur de l'Abbaye leur pension par mois, ou autres termes: & comme encor en la plus part des Eglises Collegiales, les Chanoines n'ont rien que ce qui leur est payé en argent, ou en bled par le Receueur du Chapitre, qui est vrayement la prebende. Ce qui s'obseruoit iadis si reglément par tous les gens d'Eglise, que mesme on tenoit pour vn sacrilege, si l'Ecclesiastique, ayant du patrimoine suffisant pour s'entretenir, prenoit sa prebende, ou pension, sur le reuenu de l'Eglise, *Can. vlt. 16. quæst. 1.* Et l'histoire tripartite nous rapporte que Chrysanthus Patriarche de Constantinople, ne prenoit rien du reuenu de son Eglise, sinon deux pains par sepmaine.

5 Ancien partage des biés d'Eglise en quart.

C'estoit lors qu'en l'Estat de despense, que bailloit l'Euesque à ces Oeconomes generaux de son Diocese, & en leurs comptes aussi, estoit obserué ce premier partage du reuenu de l'Eglise, tant celebré en l'antiquité, & discouru en toute la question seconde, *causæ* 12. d'en employer vn quart pour l'entretien des Ecclesiastiques, vn autre quart aux fabriques des Eglises, & entretien des metairies d'icelles, vn autre à la nourriture des pauures, & le dernier à l'Euesque, afin qu'il peust maintenir sa dignité, & exercer hospitalité.

6 Separation des biens d'Eglise.

Mais à succession de temps, le trop grand mesnage, ou plustost le mauuais mesnage des Ecclesiastiques, ayant fait rompre cette communauté ordonnée par les Apostres, ils partagerent, non plus le reuenu, mais le fonds & proprieté des biens de l'Eglise, attribuant à chasque function Ecclesiastique sa contingente portion des possessions, & autres immeubles du Diocese, pour en iouïr à diuis, & par les mains du pourueu d'icelle.

7 Deux parties des charges Ecclesiastiques, à sçauoir, l'Office & le benefice.

De sorte, que par le moyen de cette attribution, & annexe des possessions aux charges de l'Eglise, ces charges ont eu desormais deux parties, à sçauoir l'Office, ou ministere Ecclesiastique, & le benefice, c'est à dire, le reuenu qui en dépend. Parties que le docte Duarein a tres-bien distinguées, & au titre, & au texte de ce beau liure *De sacris Ecclesiæ ministerijs & beneficijs*, & qu'on distingue bien, quand on dit, que *Beneficium datur propter Officium*. Distinction, qui se remarque encor és places, ou benefices des Eglises Cathedrales & Collegiales, dont l'Office est appellé Chanoinie, & le reuenu prebende: & de fait, tel est Chanoine qui n'a point de prebende, ou qui n'a que demy-prebende; & tel aussi quelquesfois a prebende, qui n'est pas Chanoine, comme le Precepteur de la ville, le Maistre des enfans de Chœur.

8 Charges Ecclesiastiques, pourquoy appellées benefices.

Et combien que l'Office soit la plus ancienne & principale partie, & le benefice ne soit que l'accessoire, si est-ce qu'en fin cet accessoire, estant plus desiré que le principal, a donné le nom aux charges Ecclesiastiques, qui ont esté presque toutes nommées benefices: pource qu'à la verité, ce n'est pas l'Office & charge qu'on poursuit, tant que le benefice, ou reuenu, aussi qu'on ne confere plus les benefices, *ad meritum, vel ad iudicium; sed ad beneficium*, comme parle Lampride, *in Alexandro Seuero*, c'est à dire, par gratification: bref, on ne met plus par choix les hommes aux Offices de l'Eglise, mais on baille les benefices aux hommes qu'on veut gratifier.

9 Benefice, que signifie.

Ce mot de *benefice*, qui signifie bien-fait, ou gratification, fut premierement attribué aux terres, ou metairies, qu'on bailloit aux soldats, és frontieres de l'Empire Romain, pour recompense de leur seruice, & aussi *vt attentiùs militarent propria rura defendentes*, dit Lampride au mesme lieu, qui sont appellez dans Harmenopule, liure 1. στρατιωτικὰ κτήματα, ἢ στρατιωτικοὶ τόποι. Et d'autant que les Ecclesiastiques, voyant l'honneur qu'on rendoit aux soldats de l'Empire Romain, desirerent s'accomparer à eux, & se qualifierent soldats de la milice sacrée, comme il a esté dit au premier chap. du premier liure, ils voulurent aussi appeller benefices les terres affectées à leur Milice, ou Office Ecclesiastique, & eux mesme s'appellerent beneficiers, ainsi que Cesar en ses Commentaires appelle *Beneficiarios milites*, ceux qui estoient appointez de ces terres de frontieres.

10 Pourquoy les benefices ne sont deuenus patrimoniaux comme les Seigneuries.

Toutesfois encor qu'és charges Ecclesiastiques le benefice ait preualu à l'esgard du nom, si est-ce que quant à l'effect, l'Office est tousiours demeuré le principal. C'est pourquoy le droict des benefices est demeuré presque tout pareil à celuy des Offices, fors seulement que les benefices, comme sacrez & spirituels, ne peuuent tomber en commerce. Mais tout le contraire est aduenu aux anciens Offices de France appellez *Seigneuries*, ausquels, depuis que les terres & autres droicts & reuenus eurent esté adioints, l'accessoire emporta tout à faict le principal, quant au droict & commerce: car les Seigneuries deuindrent patrimoniales, tout ainsi que les heritages annexez à icelles; & neantmoins n'ont laissé de retenir leur ancien nom des Seigneuries, bien que ce soit vn nom d'Office, & non pas de proprieté, comme il sera discouru plus amplement au liure *Des Seigneuries*.

11 Purs Offices Ecclesiastiques.

I'appelle donc Benefice, toute charge, ou dignité Ecclesiastique, ayant vn reuenu annexé, principalement s'il est perceptible par les mains du beneficier: & y a de present fort peu de charges Ecclesiastiques, qui ne soient telles, & qui soient demeurez purs Offices sans estre benefices, & sans auoir quelque reuenu annexé. Et n'en pourroy pas cotter d'autres, que les Offices claustraux des moines, encor seulement és religions reformées, ou des mendians (car és autres la pluspart des Offices claustraux sont rentez & reduits en benefices) & les Offices de la iustice Ecclesiastique, comme d'Officiaux, Vicegerens, Promoteurs, Greffiers, Notaires, & Appariteurs de Cour d'Eglise.

12 Benefice doit auoir fonction & reuenu.

Quoy que ce soit, il faut que le benefice, ainsi que nous l'appellons à present, ait ces deux parties, sçauoir est la fonction & le reuenu: car s'il n'y a point de fonction, ce n'est pas benefice; comme pour exemple, les pensions creées sur les benefices, *cap. Quamuis. De rescriptis. in 6.* & les hospitaux & maladreries *Clem. 2. De prebendis.* Au rebours s'il n'y a point de reuenu annexé, ce n'est point aussi benefice, mais simple Office, comme les Prieurez claustraux, & autres Offices semblables des religions réformées, & les Offices de la iustice Ecclesiastique.

13 Diuision generale des benefices.

Puis donc que les benefices sont en plus grand nombre, il les faut expedier les premiers, & en bref. Car ie n'enten pas faire icy vne compilation du droict canon, ains seulement rapporter briefuement, & à ma mode les especes d'iceux, qui sont quatre en nombre, ou pour mieux dire, quatre degrez de benefices, à les diuiser par leur Office, qui est tousiours demeuré leur principale partie, à sçauoir en commençant par les plus bas, les benefices simples, qui n'ont autre charge que de celebrer le diuin seruice, sans laquelle charge nul benefice ne peut estre: les Cures, qui ont la charge des ames, & par consequent la iurisdiction penitenciale: les Dignitez, qui ont la puissance de conferer les benefices, qu'on appelle iurisdiction volontaire: & les Prelatures, qui ont toute iurisdiction penitenciale, volontaire & contentieuse: car il faut remarquer qu'en ces quatre especes, ou degrez de benefices les plus hauts ont toute la fonction des plus bas, & quelque chose de plus. Voila, à mon aduis, la plus exacte diuision, qui puisse estre faicte des benefices: & croy qu'il n'y a benefice quelconque, qui ne soit de l'vne de ces quatre especes.

14 Des benefices simples.

15 Chappellenies.

Quant aux benefices simples, qui participent moins de l'Office, consistans plus en reuenu, qu'en fonction personnelle, ie les reduy à deux sortes, sçauoir est les Chappellenies & les Chanoinies. I'appelle Chappellenies tous les benefices à simple tonsure, qui sont vniques en leur espece, soit qu'on les nomme Prieurez, Preuostez, Prestrieres, ou Chappelles *ad altare*. Car le mot de Chappelle comprend tout temple, ou Eglise, fors les Cathedrales, & parochiales, qui seules sont proprement appellées Eglise, & non Chappelles, comme disent les Canonistes sur le tiltre *De capellis monach.* dont Fauchet en ses origines rapporte l'etymologie.

16 Prieurez simples, distraits des Abbayes.

Et pource que le tiltre de Prieuré semble importer Dignité, comme de fait il y a des Prieurez qui sont Dignitez, ceux qui ne le sont pas, sont appellez Prieurez simples, à la difference des autres. Car c'estoient anciennement des metairies esloignées des Abbayes, ausquelles elles appartenoient, où l'on enuoyoit vn ou plusieurs moines pour les faire valoir, & en rapporter les fruicts au conuent: & afin qu'ils priassent Dieu cependant, on y bastissoit de petites Chappelles: & ce moine par honneur estoit appellé Prieur, qui est la qualité qu'on attribuë aux moines pour les honorer. Mais il y eut des moines qui se trouuerent si bien en ces metairies, qu'ils ne voulurent plus retourner au conuent, ains s'approprierent du reuenu d'icelles, comme si c'eust esté vn benefice formé; & de là sont venus les Prieurez simples, qui tousiours dépendent de quelque Abbaye, ou maison conuentuelle, aucuns n'ayans point de compagnon, autres chargez d'vn compagnon, autres de deux, qu'on appelle semi-conuentuels, le tout selon le nombre des moines, que d'antiquité on enuoyoit en ces metairies.

17 Prieurez simples distraits des Cures. Il y a encor vne autre sorte de Prieurez simples, qui ont esté distraits, non des Abbayes, mais des Cures, notamment en l'ordre de S. Benoist, qui aussi-bien que l'ordre de S. Augustin, pour la penurie des Prestres seculiers, fournissoit de religieux aux paroisses pour seruir de Curez: mais les moines ayant vne fois empieté les Cures, ne les ont point voulu quitter: ains ceux de l'ordre de S. Augustin les retiennent encor auiourd'huy tout à faict, les appellant Prieurez, Curez: & quant à ceux de S. Benoist, lors qu'il s'est troué des Prestres seculiers à commodité pour desseruir les Cures qu'ils tenoient, ils leur ont seulement laissé le soin des ames, & s'en sont reserué le reuenu à eux, sous tiltre de Prieurez.

18 Pourquoy sont ainsi appellez. Ces deux sortes de Prieurez (parmy lesquels ie ne compren les Prieurez Curez de S. Augustin, qui sont vrayes Cures regulieres) s'appellent Prieurez simples, ou à simple tonsure: pource que n'ayant autre charge, sinon quelque peu de seruice à dire (ce qui peut aussi bien estre faict par autre, que par le beneficier qui les tient) il suffit qu'il soit Clerc, attendu qu'autrement il seroit incapable de tenir benefice: or cette qualité de Clerc s'acquiert par la simple tonsure. C'est pourquoy les Clers seculiers, voyans que ces benefices estoient si peu

19 Comment secularisez. chargez & si commodes, y ont voulu participer, aussi-bien que les reguliers, & par le moyen des Cardinaux, & des autres dispensez *de regulari ad seculare*, les ont fait seculariser; de sorte qu'encor que de leur origine ils fussent tous reguliers, toutesfois à present ils sont presque tous seculiers: pource qu'estans vne fois passez en main seculiere, ils ne retournent plus gueres en la regularité.

Voila pour les Chappellenies: quant aux Chanoinies, ce sont benefices, ou

20 Des Chanoines. plustost places de compagnie, qui font ensemble vn corps notable, lequel à l'esgard des Eglises Cathedrales, S. Hierosme appelle *Senatum Episcopi*: pource qu'anciennement l'Euesque estoit tenu prendre leur conseil aux affaires d'importance: qui est la cause pour laquelle nous les tenons plus honorables que les Cures: comme on prefere les Cardinaux aux Euesques, entant qu'ils sont comme Chanoines & Conseillers du Pape: combien que les vns & les autres soient extraordinaires & extrauagants en la hierarchie Ecclesiastique, & que les Chanoines n'ayent point charge d'ames, & partant soient de ce premier & plus bas rang des beneficiers.

21 Des Cures. Le second rang est des Curez, qui ont le soin de nos ames, pour en rendre compte à Dieu, & sont nos Pasteurs immediats, qui sont tenus de nous administrer les sacremens de l'Eglise, fors ceux de l'ordre & confirmation qui sont reseruez aux Euesques, lesquels sont nos pasteurs superieurs, *can. Clerus.* 21. *distinct.* Dont s'ensuit que nous ne sçaurions rendre trop d'honneur à nos Curez, attendu qu'en la primitiue Eglise il n'y auoit gueres de difference entre le Prestre, c'est à dire le Curé, & l'Euesque. *Apud veteres Episcopi & Presbyteri idem fuerunt*, dit Isidore en ce Canon *Clerus.* Neantmoins à succession de temps la peine, & la charge d'ames ayant faict mespriser les Cures par les grands, on les a despoüillez de la plus grande partie, & des droicts qui leur appartiennent, comme des dismes, & de l'honneur qui leur est deu, & les a-on appellez Cures *à Cura*, & non pas Dignitez, pour l'honneur, ni benefices pour le reuenu.

22 Des Dignitez Ecclesiastiques. Doncques le troisiesme rang, sont les Dignitez, qui sont celles qui ont superiorité sur autres benefices, soit en la iurisdiction volontaire, ayant puissance de pouruoir les moindres beneficiers: soit en la correction, ayant puissance de les

corriger. Tels sont les benefices des Doyens & des Prieurs conuentuels & claustraux. Et à bien entendre, les Abbez doiuent estre de ce rang, *Non enim sunt Pontifices aut Præsules, nec habent ordinem Episcopalem, nec iurisdictionem contentiosam, sed simplicem correctionem*: & toutesfois comme l'ambition humaine nous porte à vsurper tousiours les plus hauts degrez, les Abbez se sont guindez au degré des Euesques, sous pretexte qu'ils sont benits, ainsi que les Euesques sont sacrez, & qu'ils ont la correction sur leurs Moines, ainsi que les Euesques ont la iurisdiction entiere sur leur Clergé: & pour cet effet ont tous entrepris de porter croce, & aucuns de porter la mitre, & les autres enseignes de la dignité Episcopale, comme l'anneau & les sandales. 23 Des Abbez.

Vray est que l'autheur du Specule, *tit. De priuil.* dit, que cela a commencé par ceux qui sont exempts de la iurisdiction des Euesques, par priuilege des Papes, & par consequent ont obtenu la iustice, & quelques droicts Episcopaux dans leurs Monasteres. Ce que dit aussi sainct Bernard, epistre 42. à l'Archeuesque de Sens, *Multo labore ac pretio quidam Abbates, Apostolicis adeptis prilegiis, per ipsa sibi vindicant insignia Pontificalia: vtentes & ipsi more Pontificum, mitra, annulo atque sandalijs. Sanè si attendatur rerum dignitas, hanc monachi abhorret professio: si ministerium, solis liquet congruere Pontificibus.* Et Petrus Blesensis en son epistre 90. admoneste vn sien frere qui estoit Abbé, *vt aut ista ornamenta reddat, aut Abbatiam relinquat. Insignia enim Episcopalis eminentiæ*, dit-il, *in Abbate non approbo. Mitra quippe, annulus & sandalia in alio quàm in Episcopo, superba quædam elatio est, ac præsumptuosa ostentatio libertatis.* Neantmoins apres les exempts, les non exempts ont aussi obtenu ce priuilege, de sorte qu'en fin le Pape Clement 4. en fist vn reglement *in cap. vt Apostolicæ. De priuil. in 6.* à sçauoir que les Abbez exempts porteroient des mitres d'or frisé, sans pierreries, ni lames d'or ou d'argent, les non exempts ayans priuilege de porter mitres, en auroient seulement des blanches & plaines aux Conciles & synodes, & ailleurs en porteroient selon la teneur de leur priuilege. 24 Quand peuuent porter mitre, anneau, & sandales.

Quoy que ce soit i'estime qu'il n'y a que les Abbez benists & titulaires, qui soient vrays Prelats, & que les Commendataires ne sont que du rang des Dignitez: n'ayans ni la benediction, ni la iurisdiction correctiue, ni droict de porter les enseignes episcopales, ainsi que les titulaires: ains ont seulement la collation des benefices, qui est le propre droict des Dignitez. Mais quant au rang, combien qu'vn commissionnaire ne doiue auoir le rang d'vn Officier, neantmoins pour ce qu'on dit qu'en France les commendes sont esgalées en plusieurs choses aux tiltres, il faut tenir que les Abbez commendataires doiuent marcher auec les titulaires, & concurremment auec eux selon l'antiquité de leur reception, & par consequent deuant tous les Ecclesiastiques estans en Dignité, comme Doyens, Archediacres, & autres semblables, comme le Pape Gregoire XIII. decida en l'an 1581. sur la consultation, qui luy en fut faite par le Concile prouincial de Roüen. Et non sans cause, autrement le rang des Abbez seroit perdu en France, où il n'y a tantost plus d'autres Abbez que commendataires. Qui est la prediction, que du temps du Roy Louis XI. fist *Iacobus Cardinalis Papiensis in quadam epistola*, en ces mots, *Vereor ne propediem audiamus omnia Galliarum cœnobia commendata esse, & nullum reliquum quod Abbatem suum habeat.* 25 Des Abbez commendataires.

Pareillement ceux d'entre les Chanoines, qui ont quelque charge & Office par dessus les autres, se sont mis au rang des Dignitez, combien qu'ils ne soient chefs des autres Chanoines, ains seulement superieurs en ce qui dépend de leur Office, comme les Chantres, Thresoriers, Celleriers, & autres semblables beneficiers des Eglises cathedrales ou collegiales, dont les benefices sont appellez *Personatus*, ainsi que ce mot est maintenant entendu: soit pource que leurs personnes sont plus honorables que les autres du commun; soit pustost, d'autant que ce ne sont que masques, & apparences exterieures de Dignitez; attendu que les vrayes Dignitez consistent en pouuoir: & ces personnats n'ont rien qu'vn peu d'honneur par dessus les simples Chanoines. Et entre les moines telles charges sont appellées Offices claustraux, pource qu'elles ont Office annexé. Comme aussi les Archediacres se sont mis, à meilleur tiltre, au rang des Dignitez, entant 26 De leur rang. 27 Des Personnats. 28 Archediacres.

qu'ils ont visitation, & correction sur les Curez de leur Archidiaconé: en consequence de laquelle ils ont la pluspart prescrit la iurisdiction contentieuse, qui de droict commun n'appartient qu'aux Euesques, *cap. 5. ext. De offic. Archid.*

29 Des Prelatures. Finalement le quatriesme & supresme degré des benefices sont les Prelatures, c'est à dire, les dignitez preferables & plus éminentes, sous lesquelles partant ne deuroient estre compris, que les Patriarchats, Primaties, Archeueschez & Eueschez, que le droict Canon appelle *culmina, seu apices Dignitatum*, & dont le Pape appelle les pourueus ses freres, & luy-mesme se qualifie Euesque, comme estant de verité l'Euesque vniuersel de l'Eglise Catholique, & œcumenique, & l'ordinaire des ordinaires, c'est à dire, l'Euesque des Euesques.

30 Iurisdictiõ des Euesques. Or les Euesques, outre qu'ils ont vn ordre de consecration par dessus les autres Prestres, ont aussi parfaictement toutes les trois sortes de iurisdiction, à sçauoir la penitenciale, voire en degré plus éminent que les Curez, à-cause des cas à eux reseruez, la volontaire, en ce qu'ils sont fondez de droict commun en la collation de tous les benefices de leur diocese: & finalement la contentieuse, en ce qu'ils sont seuls fondez de droict commun en la iurisdiction ordinaire, & primitiue par tout leur Diocese.

31 Iurisdictiõ des Abbez. Neantmoins comme il vient d'estre dit, les Abbez benists, & mesme selon aucuns, les Prieurs conuentuels se mettent au rang des Prelats, à cause que leurs benefices sont consistoriaux, c'est à dire, que le consistoire y pouruoit sur la nomination du Roy: ioint aussi qu'ils participent à ces trois raisons de iurisdiction, à sçauoir à la penitenciale plus éminente, en ce qu'ils ont pouuoir d'absoudre, & de dispenser leurs religieux en certains cas, mesme de leur conferer les ordres mineures, & benir les ornemens de l'Eglise. De la volontaire, en ce qu'ils ont plusieurs benefices en leur collation: & de la contentieuse, en ce qu'ils ont la correction sur leurs Religieux.

32 Correctiõ ou Iustice sõmaire. I'appelle correction, la iustice sommaire, qui se rend promptement sans figure de procez, & sans escrire, pour vne manutention de discipline particuliere, comme celle du pere de famille sur sa femme, enfans, & seruiteurs, du maistre sur ses disciples, ou apprentis, du Capitaine sur ses soldats, & finalement de l'Abbé, ou Prieur sur ses moines: ce que i'expliqueray plus amplement au dernier chap. du liure *Des Seigneuries*.

33 Des purs Offices Ecclesiastiques. Voila pour ce qui est des vrais benefices; mais quant aux purs Offices Ecclesiastiques, ie ne m'amuseray point à parler des Offices claustraux des moines, pource que cela dépend de leurs regles particulieres, ains discoureray seulement des Offices de la iustice Ecclesiastique, & comme ainsi soit, que cette iustice a esté tirée originairement de la temporelle, comme ie prouueray au penultiesme chapitre du liure *Des Seigneuries*, aussi il faut tenir pour maxime, que les Offices de la iustice Ecclesiastique gardent & retiennent le mesme droict & les mesmes regles de ceux de la iustice temporelle.

34 Differences entre les Officiers de la iustice laye, & Ecclesiastique. Et ne sçauroy quoter que quatre differences en tout entre les vns & les autres, qu'il faut expliquer au surplus de ce chapitre.

35 Officiers de Cour d'Eglise doiuent estre Clercs. La premiere particularité des Offices de la iustice Ecclesiastique, qui sont les Officiaux, Vicegerens, Promoteurs, Greffiers, Notaires Ecclesiastiques, & Appariteurs, c'est que pour autant que le premier fondement de la iurisdiction Ecclesiastique, est que les Clercs sont exempts de la puissance des Lays, il faut que les Officiers de Cour d'Eglise soient tous Clers. *Indecorum est enim Vicarium Episcopi laicum esse, & viros Ecclesiasticos iudicare. In vno quippe codémque Officio non debet duplex esse professio, dicente Moyse, Non arabis in boue & asino, id est homines diuersæ professionis in vno Officio simul non sociabis, can. In nona. 16. quæst. 7.* Comme donc les Clercs ne peuuent estre Iuges, ni Officiers de la iustice temporelle, au moins de la criminelle, *cap. 2. & 4. ext. Ne clerici vel mona. secul. neg. se immisc.* aussi les lays ne le peuuent estre de la iustice Ecclesiastique.

36 Et non mariez. Quand ie dy qu'il faut qu'ils soient Clers, i'enten qu'ils ayent pour le moins l'ordre de tonsure, & qu'ils ne soient point mariez: car nous tenons à present que le mariage déroge à la clericature, & remet les hommes à la condition laye; autrement nous serions quasi tous Ecclesiastiques: cas nous sommes pre-

que tous tonsurez : aussi que par les Ordonnances de France, les Clers mariez sont deboutez des priuileges de clericature.

Et quant aux Sergens de la iustice Ecclesiastique, qu'on appelle *Executeurs, ou Appariteurs* ainsi qu'au droict Romain, il ne leur en faut point, s'ils ne veulent, en tiltre d'Office, ains tous Clercs de ce requis, sont tenus executer les mandemens de leur Official, quand est de faire les adiournemens, qu'ils appellent *citations*. Car ils n'ont aucunes autres executions à faire, sinon quelques emprisonnemens des Clercs, pour lesquels faire, ils peuuent emprunter les Sergens de Cour laye, dont tousiours ils doiuent demander congé au Iuge lay, fors s'ils trouuent dans le pourpris de leur auditoire ceux qu'ils veulent faire emprisonner : pource que hors iceluy le Iuge d'Eglise n'ha point de prehension, mesme sur les Clers, non plus que de territoire, comme ie prouueray en ce penult. chap. du liu. *Des Seigneuries* : Mais s'ils veulent faire quelque saisie, ou vente de meubles, ou d'immeubles, il faut que ce soit par ordonnance expresse du Iuge lay, ce qu'ils appellent implorer le bras seculier. 37 Des Appariteurs.

Item, combien que le Seigneur ne puisse faire Office de Iuge en sa iustice temporelle, & encore moins l'Euesque, quelque capable qu'il soit d'ailleurs, pource qu'il ne se doit entremettre des negoces seculieres, *d. cap. 2. Ne cler. vel mon.* si est-ce que l'Euesque est le vray Iuge, & le premier Officier de sa iustice Ecclesiastique : & encor qu'à present les Euesques negligent de l'exercer en personne, & qu'on n'en a point veu de nostre temps seoir au siege de son Officialité, si est-ce que l'Euesque peut euoquer à soy les procez pendans deuant son Official, pour les iuger luy-mesme, pource que c'est sa vraye charge, en laquelle l'Official n'est que son vicaire : & anciennement c'estoit l'Official, qui s'appelloit vicaire, ou vicegerent de l'Euesque, lors que les Euesques exerçoient eux-mesme leur iustice : combien qu'auiourd'huy, qu'ils en ont laissé l'entier exercice à leurs Officiaux, les vicegerens ne soient plus que les Lieutenans d'iceux. 38 Euesque peut exercer sa iustice Ecclesiastique.

Mais quoy que ce soit, il est bien certain, que la iustice Ecclesiastique n'appartient pas à l'Euesque patrimonialement & en proprieté, comme par droict de Seigneurie, ainsi que la iustice temporelle, *can. Esto subiectus. 95. dist.* ains seulement par Office, & comme estant vne des principales functions de sa charge, & par consequent, elle est inherente directement à sa personne.

Toutesfois, encor que pendant la vacance du siege Episcopal, la iurisdiction Ecclesiastique de l'Euesque soit deferée au Chapitre elle ne peut pas neantmoins estre exercée par le corps mesme du Chapitre, & ay veu declarer abusiue, par arrest donné en l'audience au mois de Iullet 1602. la sentence renduë par le Chapitre de Chartres, entre le conuent de la Magdelaine, & le Chapitre S. André de Chasteaudun, sur le petitoire de leur presance. Et à la verité c'est chose absurde, qu'vn corps composé de plusieurs personnes, la pluspart incapables de la iudicature, soit admis à exercer la iustice, attendu que tout Office reside en vne seule personne, & non en plusieurs testes : mais il n'y a nul inconuenient, que le corps du chapitre puisse deleguer des Iuges, pource que telle delegation consiste plus en authorité qu'en science. 39 Mais non par le Chapitre *sede vacante*.

Tiercement, combien que le Seigneur temporel ne puisse receuoir son Officier, non pas mesme l'Euesque l'Officier de sa iustice temporelle, pource qu'il ne luy peut pas attribuer la puissance publique, qu'il n'a pas luy-mesme en la temporalité ; si est-ce que l'Euesque peut non-seulement pouruoir & instituer, mais aussi receuoir tous les Officiers de sa iustice Ecclesiastique, pource que c'est luy qui en est le vray Iuge, & que l'Official n'est que son vicaire, pour iuger au lieu de luy, & sous son nom & auctorité. 40 Euesque reçoit son Official, & autres Officiers.

En quatriesme lieu, combien que la vente des Offices de la iustice temporelle soit tolerée, & en tout cas, qu'elle soit exempte de simonie, comme il a esté prouué cy-dessus au penult. chapitre du 4. liu. i'estime neantmoins que la simonie ha lieu directement en la vente des Offices d'Official, Vicegerent, ou Promoteur de la iustice Ecclesiastique, comme il semble decidé expressément au can. *Saluator. 1. quest. 3.* & au tit. *Ne Prælati vices suas &c.* estant cette iustice sacrée, & l'vne 41 Offices de Cour d'Eglise ne sont non plus venaux, que les benefices.

des plus nobles fonctions de l'ordre Ecclesiastique, qui aussi n'est attribuée qu'aux Chefs de l'Eglise.

42 S'ils vaquent par le changement d'Euesque.

Mais c'est vne question, si les Offices de la iustice Ecclesiastique vacquent, & sont comme reuoquez *ipso iure* par la mort, au changement de l'Euesque. Et certainement quant aux Offices temporels, il est bien resolu que non, pource qu'encor que iusques à maintenant on tienne qu'ils sont reuocables regulierement à la volonté du collateur, si ne sont-ils pourtant comparables aux simples mandats, ou procurations, qui de leur nature expirent par la mort du mandataire, n'estant fondez qu'en sa volonté, qui ne peut durer apres sa mort, au lieu que les Officiers sont fondez en la mission & installation publique, qui n'estant limitée à certain temps, ni à certaine cause, dure iusques à ce qu'elle soit legitimement reuoquée, & partant les Offices des Seigneurs temporels conferez sous la clause, *Tant qu'il nous plaira*, sont plustost comparables au precaire du droict, *quod ad hæredem concedentis natura sua transit, sed non ad hæredem eius qui precario accepit*, dit la loy *Cùm precario. in fi. De precario.*

43 Raisons de l'affirmatiue.

Mais il y a bien de la difficulté aux Offices Ecclesiastiques, notamment quant à la charge d'Official, qui semble n'estre point vn vray Office, ains vn vicariat, ou commission, attendu qu'au droict Canon l'Official est ordinairement qualifié vicaire de l'Euesque, comme à la verité, il est en la iurisdiction contentieuse, ce qu'est en la volontaire celuy que nous appellons grand Vicaire, ou Vicaire *in spiritualibus*, la charge duquel, notoirement & sans controuerse expire par la mort de l'Euesque, sans qu'il soit besoin de reuocation.

44 De mesme.

Voit-on pas aussi au droict ciuil, que la charge de l'Assesseur finit par la mort du President de Prouince, *l. Diem functo. D. De Assessorib. & Ioh. Galli, quæst.* 173. dit que de son temps, auquel les Baillifs & Seneschaux choisissoient encor leurs Lieutenans, leur charge finissoit pareillement par leur mort, pource qu'à bien entendre, nul ne peut estre Assesseur, ni Lieutenant, ni vicaire de celuy qui n'est plus. C'est pourquoy *Ioh. Faber* tient formellement au §. *Item si adhuc. Instit. De mandato*, que combien que les Officiers de la iustice temporelle ne soient pas reuoquez par la mort du collateur, si est-ce que la charge de l'Official cesse par la mort de l'Euesque, dont toutesfois il est bien empesché d'assigner vne bonne raison. Mais il se tient à l'vsage de son temps, dont ie ne m'estonne point: car alors on obseruoit le mesme aux Offices des Seigneurs, & mesmement en ceux du Roy, comme i'ay dit ailleurs.

45 De mesme encor.

C'est pourquoi on voit qu'incontinant apres la mort de l'Euesque, le Chapitre commet, ou l'ancien Official, ou vn autre, ce qui mesmement est ordonné estre faict dans la huictaine par le concile de Trente, session 24. can. 16. autrement il est dit que cette puissance est deuoluë à l'Archeuesque, combien qu'il soit certain que le Chapitre *sede vacante*, qui n'est que simple administrateur, ne puisse reuoquer, ou destituer les vrais Officiers, comme sont ceux de la iustice temporelle, ainsi qu'il se collige de ce qui a esté dit au chap. precedent.

46 Resolution pour la negatiue.

Nonobstant tout cela, i'estime qu'il y a plus d'apparence de tenir, que les Offices de la iustice Ecclesiastique ne vacquent point *ipso iure* par la mort de l'Euesque, & sans reuocation expresse, non plus que les Offices temporels. En quoy il me semble qu'il n'y a gueres de difficulté à l'esgard des Promoteurs, Scribes, ou Greffiers, & des Notaires, pource que ceux-là ne peuuent estre dits vicaires, ou procureurs de l'Euesque, ni representer sa personne, & partant ils ne peuuent estre qualifiez autres, qu'Officiers, ou pour le moins Commissionnaires. Or a-il esté prouué cy-deuant au chapitre 2. que les Officiers necessaires, ou pour le moins ordinaires & accoustumez, ores qu'ils ne soient pourueus que par forme de commission, & partant qu'ils soient reuocables, ne sont pas toutesfois tenus pour reuoquez *ipso iure*, par la mort de celuy qui les a establis, comme les simples commissaires *ad certam rem*, qui ne sont que mandataires: ce qui est decidé par expres en la loy *Præsidis. D. Si certum petatur*, où les menus Officiers du President de Prouince sont dits perpetuels, combien que leur President ne fust que temporel. Aussi est-ce chose bien certaine, que du temps que les Baillifs & Seneschaux

neschaux commettoient non seulement leurs Lieutenans, mais aussi les Sergens, & autres menus Officiers de leur Iustice, ces menus Officiers demeuroient apres la mort du Bailly, & iusques à tant qu'ils fussent reuoquez & destituez par son successeur, autrement si l'Office de Bailly fust demeuré long temps vacant, quelle confusion eust-ce esté, si cependant il n'y eust eu, ni Iuge, ni Sergent?

Et quant à l'Official, il y a bien difference entre luy & celuy que nous appellons le grand Vicaire: Car le grand Vicaire n'est, ni necessaire, ni si ordinaire que l'Official, mesmement à present, que les Euesques ne se meslent plus d'exercer la Iustice en personne; ains seulement establissent leurs Officiaux, pour la rendre soubs leur auctorité, tout ainsi qu'en leurs Seigneuries temporelles. Donques c'est la verité, que le grand Vicaire est comme vn procureur, duquel on se peut bien passer: Mais l'Official est comme vn vray & ordinaire Officier, ainsi que mesme il en porte le nom & titre. Car ce que nous disons vn Officier, les anciens Docteurs l'appellent *Officialem* (mot, qui est plusieurs fois dans les trois derniers liures du Code) & non pas *Officiarium*, qui n'est pas Latin, ains François escorché. Et de fait, il est decidé par exprés au chapitre. *Et si principali. De rescriptis. in 6.* que l'Official est constitué en dignité Ecclesiastique, ce qui n'est pas du grand Vicaire, en tant que grand Vicaire. Car le grand Vicariat n'est qu'vne commission, & non pas vne Dignité permanente & vraye. 47 *Idem* de l'Official.

Aussi desormais l'Official ne se qualifie-il pas Official de l'Euesque de tel lieu, mais directement Official de tel lieu: & de fait aux rescrits de Rome, qui leur sont addressez, ou qui font mention d'eux, ils sont ainsi qualifiez. Et quand on appelle de leur sentence, on ne se dit pas appellãt de l'Euesque, ou son Official, ainsi qu'on se dit appellant du Bailly, ou son Lieutenãt, mais de l'Official, ou son Vicegerent, comme recognoissant auiourd'huy l'Official, pour chef de la Iustice Ecclesiastique, soubs le nom toutefois & auctorité de l'Euesque, ainsi que le Bailly d'vn Seigneur, est chef de la Iustice temporelle, soubs l'auctorité du Seigneur. 48 Que l'Official n'est plus simple Vicaire, ains Officier.

Et combien qu'au droict Canon, l'Official soit appellé Vicaire de l'Euesque, il ne s'ensuit pas pourtant que sa puissance finisse par la mort de l'Euesque: Car l'Euesque ha trois Vicaires; à sçauoir, l'Archediacre, qui est son Vicaire nai, *cap. 1. ext. de offic. Archid.* & celuy-là, pource qu'il est Beneficier, n'est nullement reuocable: l'Official, qui est son Vicaire & Lieutenant en la Iustice contentieuse, & celuy-là, pource qu'il est Officier, si tant est qu'il soit reuocable, au moins n'est-il pas reuoqué *ipso iure* par la mort de l'Euesque. Et finalement le grand Vicaire, qui est comme le procureur de l'Euesque *in spiritualibus*, & principalement en la collation des benefices, le pouuoir duquel (pource qu'il n'est que procureur, ou mandataire) finit sans doute, & expire par la mort de l'Euesque. 49 Trois Vicaires des Euesques.

Mesmement a-il esté iugé par plusieurs arrests, que le chap. *Sede vacante*, ne peut changer l'Official, dont M. Chenu en rapporte deux, & n'y a que trois ou quatre ans, que cela a esté encor iugé au Conseil priué du Roy pour l'Official du Mans. 50 Arrests.

Quant est de la question, si l'Official est destituable sans cause, certainement il y a beaucoup plus de raison de le tenir pour tel, que l'Officier temporel: tant pource que son Office ne peut tomber en commerce, que pource que l'Euesque luy peut dire qu'il entend luy-mesme exercer tout-à-fait la Iustice, & que partant, il n'ha que faire d'Official, ce que ne peut pas vn Seigneur temporel: & sur tout, pource que l'Official n'est receu, ni approuué, par autre que par l'Euesque: au lieu que l'Officier estant receu par son Iuge superieur, peut dire, qu'il tient le charactere d'Officier, & la puissance publique d'autre que du Seigneur: & de fait, les Canonistes tiennent, que si vn Official estoit confirmé par le Pape, il ne pourroit pas estre destitué: comme rapporte Rebuffe en sa Pratique beneficiaire, *in forma Vicariatus, num.* 194. ce qui seroit pourtant dangereux, d'attribuer au Pape la confirmation des Offices de la Iustice Ecclesiastique. Toutefois, pour reuenir à nostre question, pource que la destitution est odieuse, il peut arriuer plusieurs cas particuliers, ausquels le Parlement la trouueroit abusiue. 51 Si l'Official est destituable.

SOMMAIRE DV SEPTIESME ET DERNIER CHAPITRE.

1 *Villes s'accroissent par les priuileges.*
2 *Leur principal priuilege, est, d'auoir Corps & Officiers.*
3 *Corps & Officiers ostez aux villes rebelles.*
4 Municipia.
5 *Corps de villes.*
6 Municipium cur significat omnem ciuitatem.
7 *Republiques des villes, imitoient celle de Rome.*
8 Curia quid, & vnde.
9 Curiales & Decuriones.
10 *Quartiers & tributs, pourquoy dicts.*
11 *Quarteniers & dixainiers de Paris.*
12 *Conseillers de ville.*
13 *Charge des Decurions deuenuë onereuse.*
14 *Enfans de Decurions, contraints d'estre Decurions.*
15 *Estoient demi-serfs.*
16 Curialis fortuna.
17 *Decurions abolis en l'Empire.*
18 *Offices des villes de l'Empire.*
19 *Des Escheuins, Iurats, Capitoux, Consuls, Gouuerneurs, ou Pairs.*
20 *Du Maire, ou Maieur.*
21 *Où il n'y a point de Maire, le Lieutenant general doit presider au corps de ville.*
22 *De mesme.*
23 *Maire des villes de grande importance, doit estre confirmé par le Roy.*
24 *Es assemblées generales le premier Officier de la iustice preside.*
25 *Du Procureur syndic.*
26 Procurator Consulum.
27 Curator Reipublicæ, λογιστής.
28 Defensor ciuitatis ἔκδικος.
29 Ἀσύνομος, Πατήρ.
30 *Du Recefeur des deniers communs.*
31 *Du Controlleur.*
32 *Conseiller general, superintendant des deniers communs.*
33 *Deniers communs.*
34 *Deniers patrimoniaux.*
35 *Deniers d'octroy.*
36 *Employ des deniers d'octroy.*
37 *Et des patrimoniaux.*
38 *Offices des villes sont demeurez électifs, comme en l'ancien Empire.*
39 *Nomination des Officiers des villes de l'Empire.*
40 *Acceptation.*
41 *Confirmation.*
42 *Election des Officiers de villes de France.*
43 *Ceux qui reçoiuent les deniers communs deuroient bailler caution.*
44 *Officiers des villes ont habits particuliers.*
45 Prætexta Magistratuum municipalium.
46 Prætextatus, pro Magistratu.
47 Fasces Magistratuũ municipalium.
48 *Robes d'Escheuin.*
49 *Du pouuoir des Officiers des villes.*
50 *Comment le Gouuerneur doit viure auec les Escheuins.*
51 *Des expeditions que font les Escheuins.*
52 *Escheuins sont Magistrats.*
53 *Magistrats municipaux en l'Empire, autant honorez que ceux de Rome.*
54 *Offices des villes, proprement sont appellez honneurs dans le droict.*
55 *L'honneur leur demeuroit apres leur charge finie.*
56 *Officiers des villes ne se doiuent esleuer par dessus les Iuges.*
57 *Escheuins sont plustost commissaires que Officiers.*
58 *Du rang qu'ils auoient entr'eux à Rome.*
59 *Eurent rang en fin selon leur nomination.*
60 *Quel rang ils ont en France entr'eux.*
61 *Qu'ils doiuẽt plustost marcher selon leurs qualitez, que selon la pluralité des voix.*
62 *Response aux raisons contraires.*
63 *De leurs profits & émolumens.*
64 *Du droict de conferer les menus Offices de police.*
65 *Des pollicitations.*
66 *Offices des villes ne sont venaux entre particuliers, ny resignables.*
67 *Officiers du Roy à present capables des Offices des villes.*
68 *Des excuses pour euiter les Offices des villes.*
69 *Ne vaquent gueres par forfaicture.*
70 *Des recherches des Officiers de ville.*
71 *Si les Escheuins sont tenus solidairement.*
72 *De mesme.*
73 *Particulieres communautez, estans dans les villes.*
74 *Communautez des gens de lettres, & Officiers d'icelles.*
75 *Vniuersité, pourquoy dicte.*
76 *Cõmunautez & corps des gẽs de mestier.*
77 *Villes iurées.*
78 *Iurez, Gardes, & Visiteurs des mestiers.*

DES OFFICES DES VILLES.

CHAPITRE VII. ET DERNIER.

L'ARCHITECTE Demochares ayant vn iour presenté à Alexandre le Grand le plan, ou dessein d'vne grande ville, bastie sur le mont Athos, & Alexandre l'ayant enquis, comment 1 Villes s'accroissent par les priuileges.
il seroit possible de peupler suffisamment vne ville de telle grandeur, & construite en endroit si sterile & incommode, respondit, que cela estoit faisable à vn grand Monarque comme luy, en attribuant à cette ville force beaux priuileges. Ce qu'Alexandre sçeut bien pratiquer par apres, ayant basti dans les deserts de Libye ceste grande ville d'Alexandrie, qui en peu de temps deuint l'vne des plus peuplées du monde, par le moyen des priuileges qu'il luy donna.

Or le premier priuilege des villes, & celuy dont dépendent tous les autres, c'est 2 Leur principal priuilege, est, d'auoir Corps, & Officiers.
d'auoir vn corps & college capable d'iceux, que nos liures appellent Droict de Republique. Mais ce corps seroit sans teste, & cette Republique sans ordre, s'il n'y auoit des chefs & Officiers, sans lesquels ses priuileges ne pourroient pas estre conseruez longuement: ainsi que le Iurisconsulte a dict, que les loix seruent fort peu, s'il n'y a des Magistrats en la Cité pour les faire obseruer.

Aussi trouuons-nous, que quand les Romains ont crainct la rebellion des vil- 3 Corps & Officiers ostez aux villes rebelles.
les éloignées, ils leur ont osté leurs Conseils, & corps d'Officiers. Comme dit Tite-Liue, liu. 35. de Macedoine, & Ciceron 2. *Agraria*, de Capouë, *Statuerũt, inquit, maiores nostri, si agrum Campanis ademissent, Magistratus, publicum consilium, imaginémque Reipublicæ nullam reliquissent, nihil fore quod Capuam timeremus*: & Strabon, liu. 3. rapporte, que le Consul Memmius, *consilia omnia singularum Achaïæ nationum, & Phocensium, ac Bæotorum, aut in alia parte Græciæ, deleuit*. Et par apres il adiouste, qu'apres que toute la Grece eut esté renduë paisible & asseurée, *antiqua consilia genti cuique restituta sunt*. Voit-on pas de mesme en nos Annales, que nos Roys, pour punir les Citez rebelles, ou seditieuses, leur ont osté leurs corps de ville & Officiers, puis les ont restablis, quand ils ont reueu les mesmes Citez en leur deuoir?

Les villes Romaines, qui auoient ce priuilege, de n'auoir autres Iuges, ni Ma- 4 *Municipia*.
gistrats, que de leur corps, s'appelloient *Municipia, à muneribus capiundis*, & s'appelloient aussi plus particulierement *Respublicæ*, à cause de leur bourse commune: ce qui n'appartenoit pas indistinctement, & de droict commun à toutes les villes, *l. 1. D. De colleg. illicitis*, ains estoit attribué à certaines villes, par vn priuilege special, ou lors qu'elles se rendoient au peuple Romain (comme il se voit dans A. Gelle, liure 10. chap. 13.) ou bien par apres, pour quelque autre subject, comme pour exemple dans Lampride, *Seuerus Alexandrinis ius Bulentarum dedit, qui sine pu-* 5 Corps de villes.
blico consilio, vt sub Regibus, antea viuebant. Au contraire, T. Liue, dit, qu'apres la reprise de Capouë, il fut resolu par le Senat Romain, *Corpus ibi nullum ciuitatis, nec Senatus, nec plebis consilium, nec Magistratus fore: sine publico consilio, sine imperio, multitudinem nullius rei inter se sociam, ad consensum inhabilem fore: Præfectum ad iura reddenda quotannis ab Româ missuros*.

Toutesfois par succession de temps, le peuple Romain, & les Empereurs par 6 *Municipium cur significat omnem ciuitatẽ*.
apres, ayans accordé separément ce droict de corps de ville, & de bourse commune presque à toutes les villes, ces noms de Municipies & Republiques leur furent aussi en fin adaptez indifferemment, *l. 1. §. 1. Ad Municipal*.

Or ces Republiques des villes priuilegiées, *erant effigies paruæ & simulachra quæ-* 7 Republiques des villes imitoient celle de Rome.
dam Reipublicæ Romanæ, ainsi que parle A. Gelle, en ce chap. 13. & imitoit en toutes choses, au plus prés qu'il leur estoit permis, la Republique Romaine: ayans notamment vn Conseil composé de leurs plus notables Citoyens, qu'ils appelloient *Curiam*, qui estoit l'vn des noms du Senat Romain, deriué à *cura*, dont en France le mot de Cour nous est demeuré. Et és villes du païs de Grece, ils 8 *Curia quid, & vnde*.
s'appelloient συγκλω, ainsi que le Senat Romain, mais le plus souuent βουλευτήριον,

à la difference du Romain, ainsi que Maiorianus en la Nou. *De Curialibus*, & Cassiodore, liure 9. appellent le Conseil des villes, *minorem Senatum*. Et Iustinian en la Nou. 38. *Qui nobis*, dit-il, *olim constituerunt Rempublicam, ij ex vsu fore rati sunt, si ad imitationem Regiæ vrbis per singula municipia nobiliores congregarent, & formam quandam Senatoriæ Curiæ facerent, per quam & publica tractarentur, & omnia ritè fierent & ordine.*

9 Curiales & Decuriones. Et comme les Senateurs de Rome furent du commencement nommez *Patres*, aussi les Conseillers des autres villes estoient appellez *Patres ciuitatum*, *l. vnica. C. De ratio. operum public. & patrib. ciuit.* Mais leurs noms plus communs estoient d'estre dicts *Curiales, à Curia, & Decuriones, eo quòd decima pars ciuium consilij publici gratia conscribi solita sit*, dit Papin. *in l. Pupillus. §. Decuriones. De verb. signif.* ou plustost, comme dit *Varro lib.* 4. pource qu'ils estoient chefs de chacune dixaine d'habitans. Car ainsi que dit *Dionysius Halicarn. lib. 2. vrbs in tribus, tribus verò in decurias diuidebatur:* & y a apparence, que le conseil des Villes estoit composé des chefs de chacune dixaine.

10 Quartiers & tributs, pourquoy dicts. Ainsi voit-on qu'à Paris il y a de present seize tributs, ou quartiers, qui possible sont ainsi appellez, pource qu'il n'y en auoit anciennement que quatre, ou pource qu'à present il y en a quatre fois quatre, ainsi qu'à Rome il n'y eut du commencement que trois tributs, puis trois fois trois. Et en chacun quartier y auoit dix dixaines, ou compagnies, lors de la premiere institution, comme les noms le denotent, & y a encor auiourd'huy des quarteniers & dixainiers en chacun, qui neantmoins sont gens de basse qualité ordinairement: aussi ne sont-ils que simples ministres, au lieu qu'à Rome ils estoient les chefs de leur tribut, ou dixaine. C'est pourquoi à Paris, on ne prend pas les quarteniers, ou dixainiers, pour estre Conseillers de ville, ains y en a d'autres qu'eux. Ie dy Conseillers de ville, parce qu'à Paris, à la Rochelle, à Dreux, & en plusieurs autres villes de France, notamment de la Prouince de Picardie, il y a vn Conseil de ville, composé de certain nombre d'Officiers perpetuels, & à vie, qui sont en aucuns lieux appellez Conseillers, & en d'autres Pairs, & du nombre desquels sont ordinairement pris & choisis les Escheuins, & principaux Officiers des villes. Ainsi qu'és villes Romaines *Magistratus municipales ex Decurionibus eligebantur*, & qu'à Rome mesme les principaux Magistrats estoient anciennement pris du Senat, que Tacite pour ceste cause appelle *seminarium omnium Dignitatum*.

11 quarteniers & dixainiers de Paris.

12 Conseillers de ville.

13 Charge des Decurions deuenuë onereuse. Mais d'autant qu'en l'Empire Romain ces Decurions des villes furent à succession de temps chargez de respondre en leurs propres biens, tant du reuenu & autres affaires communes des villes, que mesme des tributs du fisque, pour raison dequoy ils estoient ordinairement ruinez, cela fut cause, que cette Dignité fut en fin reputée plus onereuse qu'honorable, tellement qu'il y falloit mettre les hommes par contrainte.

14 Enfans des Decuriõs, cõtraints d'estre Decurions. C'est pourquoi on trouua vne inuention pour n'en point manquer, à sçauoir, que comme les enfans des Senateurs de Rome estoient facilement admis au Senat, en consequence de la qualité de leurs peres, & de mesme les enfans des Decurions au conseil des villes, quand ils le requeroient, il fallut en fin les contraindre d'accepter cette charge, malgré qu'ils en eussent, & les assubjectir à resider pour cet effect dans les villes, dont leur pere auoit esté Decurion, à peine de perdition de tous les biens qu'ils y auoient, *l. Quamuis. C. De Decur.* sans qu'il leur fust permis d'establir leur demeure ailleurs, mesme de se faire Ecclesiastiques, ou Gendarmes, ou Officiers domestiques de l'Empereur, *l. 38. 39. & 50. eod. tit. De Decurio.*

15 Estoient demi-serfs. Ce qui tourna à la parfin en telle rigueur, que les Decurions ne pouuoient vendre leurs biens sans permission de iustice, *tit. De prædijs Curialium sine decreto non alienandis. lib.* 10. *Cod.* Voire mesme que leur succession estant deferée à quelqu'vn qui n'estoit point de leur condition, la ville en prenoit la quatriéme partie, dit le titre, *Quando & quibus quarta pars debetur ex bonis Decurionis. eod. lib.* Bref, ils auoient plusieurs autres telles subjections, qui sont amplement recitées par M. Brisson, *lib. 4. Select. antiquit. cap.* 13. Et pource que cela venoit de pere à fils, ce fut desormais vne condition particuliere d'hommes, voire comme vne

espece de seruitute, qui est appellée au droict *Curialis fortuna, seu conditio*: pource qu'en effect ses Decurions, ou Conseillers des Villes, n'estoient non plus libres, que ces laboureurs des champs, qui estoient *adscripti glebæ & colonariæ conditionis*. mesme à la parfin ce fut vne peine ordinaire, à laquelle on condamnoit les delinquans, *Curiæ tradi, seu Curiales fieri*: ce qui sera expliqué au liure *Des Ordres*. 16 *Curialis fortuna.*

Finalement, apres que l'Empire Romain eust esté transferé en Grece, & totalement reduict en forme de Monarchie (car auparauant il estoit en forme de Principauté, comme il sera dit au liure *Des Seigneuries*) l'Empereur Leon abolit & supprima tout à fait les Decurions, & les conseils des Villes par sa Constitution 46. dont voicy les termes, *Inter veteres de Decurionibus & Curijs latas leges, aliquæ grauia intolerabiliáque Decurionibus munera iniunxerunt: quæ nunc, eo quòd res ciuiles in alium statum transformatæ sunt, omniáque ab vna Imperatoriæ Maiestatis sollicitudine atque administratione pendeant, nostro decreto submouentur.* C'est pourquoy aux liures des Basiliques, qui furent faits apres son temps, il n'est faict aucune mention des Decurions, ni des Conseils des villes. 17 Decurions abolis en l'Empire.

Voila pour ce qui est des Decurions, qui n'estoient pas vrais Officiers, ains seulement faisoient l'ordre & le corps, dont on prenoit les Officiers des Villes, qui au demeurant estoient de deux sortes. Les vns pour l'administration de la iustice, à sçauoir *Duumviri & Defensores ciuitatum*. Et les autres pour le maniement des affaires communes des Villes, sçauoir est *Ædiles*, qui sont proprement nos Escheuins: & si auoient en outre *Curatores Reipublicæ*, qui sont ceux que nous nommons Procureurs syndics, ou Procureurs de Ville, desquels, ensemble de nos Escheuins, il faut maintenant parler. Car pour le regard des Duumvirs & Defenseurs des Citez Romaines, qui exerçoient la iustice, ie remets à en traiter au dernier chapitre du liure *Des Seigneuries*. 18 Offices des villes de l'Empire.

Quant aux Escheuins, c'est le nom le plus commun qu'ils ont en France, que Pasquier nous asseure estre vray François, non pas tourné du Latin *Scabinus*, ni du mot Alleman *Scabin*, que i'ay dit ailleurs signifier vn Iuge. Mais plustost il semble estre tiré du verbe *escheuer*, qui est tourné du Latin *cauere*, & signifie *euiter*, pource que c'est à eux à escheuer & euiter le dommage de leur Ville, *Videre ne quid detrimenti Respublica capiat*. Ils sont appellez à Tholose *Capitoux*, à Bourdeaux *Iurats*, en la plus part des Villes de Guyenne *Consuls*, en celles de Picardie *Gouuerneurs*, & en quelques villes *Pairs*, notamment à la Rochelle, *quia pari potestate sunt prædití*. 19 Des Escheuins, Iurats, Capitoux, Cõsuls, Gouuerneurs, ou Pairs.

Toutesfois, afin qu'ils ne soient sans chef, il y a entr'-eux, presqu'en toutes les Villes, vn premier Officier, qui au droict est nommé *Primus Curiæ. l. Alexandrinis. De Decurionib. lib.* 10. *Cod.* & en France est appellé *Maire* ou *Majeur*, qui est tout vn. Car en vieil François, Maire signifie Majeur, ou plus grand: *inde vi-maire, vis Major: Mairemoustier, Maius Monasterium*. Aussi Gregoire de Tours appelle le Maire des Villes *Maiorem populi*. De mesme le Maire du Palais est appellé par Aymon, Sigebert, & autres anciens Autheurs, *Maior palatij, Maior domus Regiæ*, & son Office, *Maiordomatus. Balsamo can.* 10. *synodi* 7. appelle les premiers Officiers des Villes μειζοτέροις, que Zonare interprete ainsi, ἡ τῶν λεγομένων μειζοτέρων φροντίς, ἣν ὁ κανὼν οὕτω λέγει, ὅτι ἡ παρὰ Ῥωμαίοις λεγομένη κουρατωρεία. 20 Du Maire, ou Majeur.

Dont ie collige, que comme le Roy preside aux Pairs de France, & les Seigneurs aux Pairs des fiefs, aussi és villes, où il n'y a que des Pairs, ou Escheuins sans Maire, le premier Iuge & principal Magistrat de la ville a droict de presider & estre chef des Escheuins, comme estant leur Maire perpetuel, afin que le corps de ville ne soit acephale, & sans chef: ainsi qu'il sera prouué en ce dernier chapitre *Des Seigneuries*, qu'anciennement les Comtes iugeoient auec les Escheuins des villes, & les presidoient en la iustice. 21 Où il n'y a point de Maire, le Lieutenant general doit presider au corps de Ville.

Aussi ay-je ouy dire, que le Lieutenant general de Chartres a faict ordonner par arrest, qu'il presideroit, non seulement aux assemblées generales du peuple (ce qui s'obserue par tout, suiuant l'Ordonnance de l'an 1559. article six,) mais aussi au corps de ville, & aux assemblées particulieres des Escheuins. Et de verité, il seroit tres-vtile, pour maintenir le peuple en la parfaicte obeïssance du Roy, 22 De mesme.

que son premier Officier, qui represente sa Majesté, presidast par tout aux corps de ville, & si cela eust eu lieu auparauant ces derniers troubles, il y a apparence qu'ils ne fussent pas aduenus.

23 Maire des villes d'importance doit estre cófirmé par le Roy.

En tout cas és villes, où il y a vn Maire, ou autre tel chef du corps de ville, il est bien raisonnable, qu'ayant esté éleu par le peuple, il soit par apres confirmé & approuué par le Roy, notamment és villes d'importance, qui seront tousiours plus volontiers maintenuës par sa Majesté en leurs priuileges, quand elle les cognoistra soigneuses de choisir des Officiers, qui luy soient agreables. Quoy que ce soit, il est bien certain qu'il doit estre receu, & faire le serment pardeuant le premier Officier de la iustice Royale de la ville, ou bien de la iustice ordinaire, comme porte cette Ordonnance de l'an 1559. Pareillement c'est vn droict commun par toute la France, qu'és assemblées generales de tous les habitans de la ville,

24 Es assemblées generales, le premier Officier de la Iustice preside.

ce n'est pas le Maire qui preside, ains en l'absence du Gouuerneur, le Lieutenant general, ou autre premier Officier de la iustice, qui s'y trouue. Tout ainsi qu'és Estats generaux de la France, ce ne sont pas les deputez qui presidẽt, ains le Roy. Ce qui est porté par l'Edict de Cremieu, article 26. & a esté iugé par arrest du 30. Mars, 1571. au profit du Lieutenant general de Montreuil.

25 Du Procureur syndic.

Quant au Procureur syndic, ce n'est pas celui, qui est appellé au droict Romain, *Syndicus, seu actor Reipublicæ.* Car celuy-là n'auoit charge que des procez, *l. 1. §. Quibus permissum. D. Quod cuiusque vniuersit.* Mais c'est cet ancien Officier, qui dans Rome s'appelloit *Procurator Consulum*, pendant l'Estat populaire, dont fait mention *Cicero in 2. Agraria*: & sa charge estoit, d'expedier les menuës affaires des

26 Procurator Consulum.

Consuls, qui ne meritoient pas de les empescher, & les soliciter des autres, comme nous tesmoigne *Blondus lib. 3. De Roma triumphante.* Et és Prouinces, il s'appelloit *Curator*, ou *Procurator Reipublicæ*, dont est faict mention en plusieurs loix, Græcè λογιστής, dit la loy *Curator. C. De modo multarum.* Et c'est encor le mesme, qui est appellé *Pater ciuitatis*, comme Cujas prouue fort bien sur la loy 3. *De his qui sponte munera suscipiunt. lib. 10. Cod. & lib. 12. Obseru. cap. 30.*

27 Curator Reipublicæ, λογιστής.

28 Defensor ciuitatis, ἔκδικος.

En effect, c'estoit presque le mesme Office, que le *Defensor ciuitatis, siue ecdicus* (duquel ie traiteray amplement en ce chapitre dernier *Des Seigneuries*) comme il appert de la loy *Valitura. C. De Iudæis*, selon la correction de Cujas en ceste mesme obseruation. Il est aussi appellé Ἀστύνομος, au passage d'Vlpian, rapporté par le mesme Autheur, Ἀστύνομος, ὁ παρ' ἡμῖν πατήρ. Quoy que ce soit, ce *Curator Reipublicæ*, aussi bien que le *Defensor Ciuitatis* estoit quinquennel, tout ainsi que le Censeur Romain, qu'il representoit. Et en France le Procureur syndic, ou Procureur de ville, est communément annuel, ou biennal, ainsi que les Escheuins. Toutesfois en quelques villes, il a gaigné ce poinct d'estre perpetuel, ainsi que les Conseillers de ville, comme à Paris: & de verité, Ciceron au lieu sus-allegué, dit, qu'auant son Consulat, le Procureur des Consuls de Rome auoit vsurpé d'estre perpetuel, & qu'il le rendit annuel, comme les Consuls.

29 Ἀστύνομος, Πατήρ.

30 Du Receueur des deniers communs.

Il y a encor vn ancien Officier en aucunes villes, à sçauoir, le Receueur des deniers communs, qui maintenant est erigé en titre d'Office Royal, par Edict de l'an 1581. par lequel il fut permis aux villes de nommer trois bourgeois au Roy, l'vn desquels il pouruoiroit de cet Office, en luy payant finãce. Puis trois ou quatre ans apres il y eut declaration, par laquelle le Roy permist aux villes de rembourser ces Receueurs, & faire administrer leurs deniers par les Officiers des villes, ainsi qu'auparauant, ce que quelques villes ont fait.

31 Du Controlleur.

Et dés l'an 1514. le Roy François I. mist és villes des Controlleurs par commission, pour controller les Officiers des villes, & les contraindre d'employer les deniers d'icelles, suiuant les Ordonnances de sa Majesté.

32 Conseiller general, superintendant des deniers communs.

Item le Roy Henry second en l'an 1550. mist en chacune generalité vn Conseiller general, Superintendant des deniers communs des villes, pardeuant lequel les Officiers d'icelles deuoient respondre de l'administration de ces deniers, & en prendre estat de luy. Lequel Office fut supprimé par les Estats d'Orleans, article 94. Restabli en l'an 1585. & derechef supprimé en l'an 1588. & sa charge attribuée aux Thresoriers de France.

Or les deniers des villes sont generalement appellez deniers communs, ainsi que les affaires des villes s'appellent affaires communes, en consequence de ce que les villes ont droict de communauté, & bourse commune. Et y en a deux sortes : à sçauoir les deniers patrimoniaux, qui sont les reuenus des heritages & autres biens appartenans aux villes pour quelque cause que ce soit, autrement que par concession du Roy : & les deniers d'octroy, qui sont ceux qui procedent de certaines leuées, que le Roy octroye, & permet de faire chacun an dans les villes, comme des appetissemens de mesure sur les bleds, ou sur les vins, ou quelque attribution sur le prix du sel, ou quelque peage sur les riuieres, ou passages : & tels deniers ont ordinairement vne destination specifiée par l'octroy & concession d'iceux : sinon, ils doiuent estre employez à la fortification, entretenement du paué, des murailles, ou des portes des villes, & ne doiuent estre diuertis à autre vsage : en quoy est compris l'entretenement de l'horloge publique, la garde des portes, & les guets. Et quant à l'entretenement des fontaines publiques, des Predicateurs, & des Maistres d'eschole, il y peut estre seulement employé par an iusques à cent liures, comme il est contenu en l'ordonnance de Blois art. 351. Mais quant aux deniers patrimoniaux, ils peuuent estre employez indistinctement en toutes les necessitez des villes par ordonnance des Escheuins. Et est à noter, que les comptes des deniers d'octroy doiuent estre rendus en la Chambre des comptes, & ceux des deniers patrimoniaux pardeuant le Bailly, ou Seneschal de la ville, appellez les Aduocat & Procureur du Roy, & y assistans les Maire & Escheuins, sans aucuns frais & salaires, dit l'ordonnance d'Orleans, article 95.

33 Deniers communs.
34 Deniers patrimoniaux.
35 Deniers d'octroy.
36 Employ des deniers d'octroy.
37 Et des patrimoniaux.

Pour reuenir aux Officiers des villes, nous n'auons presque rien changé en France de ce qui s'obseruoit en l'Empire Romain en la maniere d'y pouruoir. Car combien que tous les autres Offices de ce Royaume soient deuenus collatifs & perpetuels, ceux-cy neantmoins sont demeurez électifs & temporels, ainsi qu'ils estoient en l'Empire Romain : dont il est dit par la loy 1. *De ambitu*, que les Magistrats des villes estoient demeurez électifs.

38 Offices des villes demeurez électifs côme en l'ancien Empire.

Vray est qu'il y auoit bien plus de ceremonie à les élire en l'Empire Romain qu'en France. Car il falloit premierement qu'ils fussent nommez par tous les Officiers qui sortoient de charge, lesquels aussi demeuroient chargez & responsables pour eux, au cas que les nommez sortans de charge fussent insoluables, *l. 1. & 2. De peric. nominat. lib. 11. Cod.* Et apres cette nomination ils estoient acceptez & esleus en assemblée generale, où deuoient assister notamment l'Euesque, son Clergé, les Conseillers & les principaux habitans de la ville, *l. 8. C. De Defens. ciuit. l. Iubemus. C. De Episc. audientia. & Nou. 15. cap. vlt.* Et finalement ils estoient confirmez par le President de la Prouince, *l. 59. C. De Decur. & d. Nou. 15. in princ.* & pource que les Presidens de Prouince en abusoient, cette confirmation fut transferée au *Præfectus Prætorio*, comme dit cette mesme Nouelle. Et ce faict, puis ayant baillé caution, suiuant le tiltre *De periculo eorum, qui pro Magistratibus interueniunt*, ils faisoient le serment deuant le President de la Prouince, dit cette mesme Nou. 15.

39 Nomination des Offices des villes de l'Empire.
40 Acceptation.
41 Confirmation.

Au lieu qu'en France il n'y a point d'autre ceremonie, sinon qu'en assemblée generale de la ville, ou de certains deputez de chacun quartier, selon les formes particulieres de chacune ville, on eslit les Escheuins, sans nomination precedente de ceux qui sortent de charge, quoy que ce soit s'ils nomment & proposent ceux qu'ils estiment deuoir estre esleus, ce n'est que comme la premiere voix & suffrage, & ne sont chargez aucunement de telle nomination : & aprés telle élection, il n'est besoin d'aucune confirmation (fors pour le regard du Maire en aucunes des principales villes de France seulement, où il est requis qu'il soit confirmé par le Roy, comme il vient d'estre dit) ains tout aussi-tost que l'élection est faicte, le Bailly ou son Lieutenant, ou autre Magistrat Royal qui preside en l'assemblée, prend le serment des Officiers esleus, sans qu'il soit aussi besoin, non plus qu'en l'Empire Romain, d'informer de leurs vies & mœurs, pource que l'élection publique en rend assez suffisant tesmoignage, & pareillement sans qu'ils

42 Election des Officiers des villes de France.

soient chargez de bailler caution. Ce qui deuroit neantmoins estre és villes, où
43 Ceux qui reçoiuent les deniers commũs deuroiẽt bailler caution. ils sont la recette des deniers communs. Car il aduient souuent qu'on y met par brigue des marchands fortunez, & autres gens insoluables, qui n'ayant plus que faire en leurs boutiques, sont bien aises d'estre employez aux affaires de la ville, & se récourre de leurs pertes sur leur patrie. Qui fut le pretexte de l'érection des Receueurs des deniers communs, comme l'Edict le porte.

44 Officiers des villes ont habits particuliers. Ce qu'il y a de commun aux Officiers des villes de Rome & de France est, qu'ils n'ont point de lettres de prouision: au lieu desquelles ils ont (principalement és bonnes villes, & pourroient auoir és autres s'ils vouloient) certains habits, ou marques & enseignes de leur dignité, qui sont appellez dans les bons liures *ornaměta Decurionalia*, cõme prouue Pancirolle *in lib. De Magist. municip. cap. 6.*

45 *Pratexta Magistratuum municipalium.* Es villes de l'Empire Romain, les Officiers communs d'icelles, aussi bien que les Magistrats publics, portoient la robe appellée *Pretexta Gracè* περιπόρφυρος pource qu'elle estoit bordée de pourpre: Car au surplus elle estoit blanche, comme il se collige de ce passage de Iuuenal *Sat. 3.*

——Clari velamen Honoris,
Sufficiunt tunicæ summis Ædilibus albæ.

46 *Pretextatus pro Magistratu.* Quoy que ce soit, comme dit Caton dans Tite Liue *libro 4. Decadis 4. Magistratibus in municipijs colonijsque togæ habendæ ius est: nec id, vt viui solùm habeant tantum insigne, sed etiam vt cum eo crementur mortui.* Aussi cette robe estoit-elle tellement la remarque & enseigne de tous les Magistrats, que fort souuent és bons autheurs de l'antiquité *Prætextatus* signifie le Magistrat, dont Budée apporte plusieurs exemples sur la loy *Capitalium. §. In exulibus. D. De pœnis.*

47 *Fasces Magistratuū municipalium.* Pareillement les Officiers des villes Romaines faisoient porter des masses, ou verges deuant eux, que les Romains appelloient *fasces*, *vt in l. 53. C. De Decur. Duumviros non licet extollere fasces extrà metas territorij propriæ ciuitatis.* & Ciceron le dit aussi *in 2. Agraria*, & les appelle *bacillos.* Horace pareillement le tesmoigne *Sat. 5. lib. 1.*

Fundos Aufidio. Lusco Pretore libenter
Liquimus, insani ridentes præmia Scribæ,
Prætextam, & latum clauum, prunæque bacillum.

Où il attribuë à *Aufidius Luscus* Preteur, c'est à dire premier Officier politique de la ville de Fundi, non seulement la pretexte, & les verges, mais aussi *Latum clauum*, qui estoit l'ornement des Senateurs de Rome, comme il sera dit au liure *Des Ordres*, & encor le feu, qui estoit la remarque de l'Empereur.

48 Robes d'Escheuin. Ainsi voit-on, qu'és principales villes de France, les Officiers politiques d'icelles ont des robes de liurée, qu'ils portent és actes de ceremonie. Voire en Guienne il n'y a si petit Consul de village, qui ne porte par tout son chapperon rouge sur l'espaule. Et communément ces robes de liurée des Escheuins sont miparties, & de deux couleurs, dont l'vne est tousiours l'escarlatte ou pourpre, enseigne commune du Magistrat, & l'autre est la couleur particuliere de la ville: pource à mon aduis que ces Officiers populaires ne sont que demy-Magistrats, ou bien pour tesmoigner la varieté & inconstance du peuple. Car mesme les Sergens, ou Clercs de ville, voire iusques aux Clercs de fabrique des paroisses, ou des confrairies, ont ainsi des robes de liurée mi-parties, mais non iamais d'escarlatte.

49 Du pouuoir des Officiers des villes. Quant au pouuoir de ces Magistrats populaires, il faut considerer qu'ils sont plustost Officiers de gouuernement, que non pas de iustice, ou de finance. Aussi en plusieurs villes ils sont appellez Gouuerneurs, & de faict ce qui est du gouuernement de la ville leur appartient; & non aux Officiers de la iustice, en l'absence du Gouuerneur, ou quand il n'y en a aucun: comme de garder les clefs de la ville, d'ordonner de la garde des portes, & des guets nocturnes, & par consequent de donner le mot du guet. Combien que les Baillifs & Seneschaux, & leurs Lieutenans en leur absence s'attribuent en plusieurs villes cette auctorité, sous pretexte que le Bailly s'intitule Bailly & Gouuerneur. Ce qui estoit de faict aussi bien que de nom, du temps que le gouuernement, la iustice, & les finances estoient

estoient confondus & meslez ensemble, qui depuis ont esté separez, & n'est demeuré aux Baillifs & leurs Lieutenans, que la simple administration de la iustice, comme i'ay dit ailleurs.

Et quand il y a vn Gouuerneur, il doit prendre aduis des Escheuins és principaux actes de gouuernement, au moins en ce qui n'est secret: Mais au demeurant il n'ha que veoir sur eux, sinon en ce qui dépend precisément du faict de sa charge, *Militaribus viris nihil sit cōmune cum Curijs, nihilque sibi licitum sciant, quod suæ non subiectum est potestati. Nullum iniuria, nullum pulsatione Tribunus, Duxve, aut Comes sit, Curialem, Principalemve contingat*, *&c.* dit la loy *Militaribus*. 41. *De Decur. lib.* 10. *Cod.* 50 Comment le Gouuerneur doit viure auec les Escheuins.

Dont resulte que les actes que font les Escheuins, estans actes de gouuernement, & non de iustice, doiuent estre expediez sommairement, & en forme militaire, sans qu'il soit besoin les verbaliser au long, & y garder les procedures & formalitez de la iustice contentieuse. Et s'ensuit aussi, que de ces actes il ne doit point y auoir d'appel, pource que l'appel n'a lieu proprement qu'és actes de iustice contentieuse: mais il se faut pourueoir contre iceux par voye de plainte, qu'on peut faire aux superieurs, & principalement au Roy & à son Conseil: & faut en ce cas, si le Roy l'ordonne, que les Escheuins viennent rendre raison de ce dont on se plaint d'eux, autrement, n'y ayant communément point de partie requerante en ce qu'ils font pour l'vtilité publique, s'il falloit qu'à chasque occasion on leur en fist des procez en la iustice ordinaire, leurs charges seroient par trop onereuses, & les corps de ville trop chargez de procez: si que pour les éuiter, ils delaisseroient ce qui seroit de l'interest public. 51 Des expeditions, que font les Escheuins.

Ie dy aussi, que comme les Officiers, qui ont quelque commandement en ce qui est de la force, ou du gouuernement, sont Magistrats aussi bien que ceux qui ont le commandement de la iustice, les Escheuins doiuent estre mis au nombre des Magistrats, comme i'ay discouru au 1. liure. Aussi sont-ils appellez communément en droict *Magistratus municipales*. Combien qu'il y a grande apparence de dire, que les Magistrats municipaux estoient proprement *Duumviri*, qui rendoient la iustice, & non les simples Ediles. Car *Festus & Nonius* nous disent, que *Præfecturæ non habebant suos Magistratus:* & neantmoins *Sigonius lib.* 2. *De antiquo iure Italiæ*, prouue bien qu'elles auoient des Ediles. 52 Escheuins sont Magistrats.

Quoy que ce soit, les Duumvirs, & les Ediles estoient en l'Empire Romain autant honorez dans leurs villes, prix pour prix, comme pouuoient estre dans Rome les principaux Magistrats, que ceux-cy representoient. Car comme les villes se qualifioient Republiques, ainsi que celle de Rome, & auoient au pareil leur Senat, aussi les Duumvirs representoient les Consuls Romains & les Preteurs tout ensemble, les Ediles des villes representoient les grands Ediles de Rome, & le Defenseur des citez representoit le Censeur Romain. 53 Magistrats municipaux en l'Empire autant honorez que ceux de Rome.

Et tout ainsi que les grands Offices de Rome, & de l'Empire, estoient proprement appellez Magistrats, aussi à leur distinction ces premiers Offices des villes estoient particulierement nommez *Honneurs*, *vt in tit. De munerib. & Honoribus. Hinc Iuuenal. Sat.* 3. 54 Offices des villes proprement sont appellez Hōneurs dans le droict.

——— *Clari velamen Honoris.*

Et Persius Satyra 1.

Sese aliquem credens, Italo quòd Honore superbus,
Fregerit heminas Areti Aedilis iniquas.

Mesmement au droict *Honoratus* signifie l'Officier de ville, comme prouue Pancirole *cap.* 1. *De Magist. municip.* qui nous enseigne, que mesme l'honneur leur demeuroit apres leur charge finie. De faict c'est la verité, que comme les Magistrats de Rome retenoient, pendant le reste de leur vie, & vn tiltre de dignité, & vn rang honnorable, à cause des charges qu'ils auoient exercées, aussi faisoient les Officiers des villes, comme il est dit expressément en la loy 1. *De albo scribendo*, & a esté dit cy-deuant, que ceux qui auoient esté Duumvirs ou Ediles, estoient appellez par apres *Duumvirales & Edilitij*: mesme Strabon nous tesmoigne, que ceux qui auoient esté Ediles, ou Questeurs au païs, appellé *Latium*, deuenoient par apres citoyens de Rome. 55 L'honneur leur demeuroit apres leur charge finie.

56 Officiers des villes ne se doiuent esleuer par dessus les Iuges.

En France, c'est bien la verité que le peuple rend le plus d'honneur qu'il peut aux Officiers des villes, comme à ses propres Officiers, & les exalteroit, s'il pouuoit, par dessus les Magistrats Royaux. Ce qui tend à la Democratie, voire à l'Anarchie, & certes leur trop grande auctorité à esté infinies fois cause de seditions populaires, & mesme de rebellions, comme l'histoire fait foy, & l'exemple n'en est que trop recent. Aussi est-il bien défendu au droict d'exalter les Officiers des villes par dessus ceux de la iustice. *Curiales, qui honorariam adepti sunt dignitatem, formidare debent eos, quorum moderationi sunt commissi: nec se existimare ideò meruisse dignitatem, vt Iudicum præcepta despiciant, alioquin Honore, quem prodiderint, spoliandi sunt,* dit la loy *Curiales.* 47. *C. De Decur.*

57 Escheuins sont plustost Cōmissaires, qu'Officiers.

Mais en France on peut dire, que les Escheuins ne sont pas vrais Officiers, comme en l'Empire Romain, où tous les Officiers estoient à brief temps, ainsi qu'eux: au lieu qu'en France tous les vrais Officiers sont perpetuels, & ceux qui sont à temps (comme les Ambassadeurs, & à plus forte raison encor les Escheuins, qui ne sont commis que par le peuple) sont plustost Commissaires, ou Commissionnaires, que vrais Officiers. Et de faict cela est notoire, qu'apres leur charge finie, il ne leur reste plus aucun tiltre, rang, ni prerogatiue d'honneur (si ce n'est en quelques villes, qui ont ce priuilege, que leurs Escheuins sont ennoblys) & mesme pendant leur charge, i'estime que tout ainsi que les Commissaires, ils ne doiuent auoir rang, ni seance en qualité d'Escheuins, fors és actes qui concernent leur charge, ou bien quand ils marchent en corps de ville, comme és processions generales.

58 Du rang qu'ils auoient entr'eux à Rome.

Toutesfois c'est vne grande question, quel rang ils doiuent auoir entr'eux. Car à Rome on obserua premierement que le plus âgé des deux Consuls marchoit le premier. Ce qui fut estably par Valerius Publicola, lequel estant le premier Consul, & ayant faict élire auec luy T. Lucretius le fist marcher deuant luy, pource qu'il estoit plus vieil que luy, dit Plutarque en sa vie, Ce qui fut, dit il, long temps obserué du depuis. Car comme nous apprend A. Gelle liu. 2. chapitre 15. cela fut seulement corrigé par la loy Iulia, *De maritandis ordinibus*, qui ordonna, que celuy qui auroit plus d'enfans precederoit; si l'vn ni l'autre n'auoit enfans, le marié: si tous deux estoient mariez sans enfans, ou non mariez, le plus âgé, ainsi qu'auparauant. Et de verité plusieurs de nos loix attribuent la preseance à celuy qui ha plus d'enfans, comme la loy *Spurÿ. in fi. D. De Decur. & l. 9. C. eod. tit.*

59 Enfin rang en fin selon leur nomination.

Neantmoins cette loy Iulia fut bien tost hors d'vsage, & fut obserué que les plus nobles, c'est à dire, ceux de plus ancienne maison, marchoient les premiers. Et pource que souuent il aduenoit des contentions sur ce suiect, on pratiqua en fin és élections, pour les éuiter, de declarer par expres lequel marcheroit le premier. Et de fait, toutesfois & quantes que Ciceron parle des Offices, qui luy ont esté deferez, il n'oublie iamais de remarquer qu'en son élection il a esté nommé le premier. Comme en l'oraison *pro lege Manilia*, il se vante qu'il a esté par trois fois le premier Preteur, en celle *in Pisonem*; qu'il a esté esleu des premiers Questeurs, le premier Edile, le premier Preteur, & le premier Consul; en celle *pro Murena*, qu'il a esté faict le premier Questeur, adioustant que *cum multi pares Dignitate fiant, vnus autem primum locum obtinere solus possit, non idem est ordo Dignitatis & renunciationis, propterea quod renunciatio gradus suos habet, Dignitas autem eadem est omnium.* Sur tout, cela se voit amplement discouru dans Ausone en l'action de graces pour son Consulat, où finalement il conclud, *nullam quidem esse contumeliam secundi Consulis, sed ex duobus maiorem esse gloriam prælati.*

60 Quel rang ils ont en France entr'eux.

61 Qu'ils doiuent plustost marcher selon leurs qualitez, que selon la pluralité des voix.

Mais en France où l'ordre, & les rangs des Officiers des villes ne sont énoncez lors de leur élection, & où d'ailleurs on ne pratiqua iamais les loix *De maritandis ordinibus*, on tient communément que celuy qui a eu plus de voix en icelle doit preseder, & semble qu'à cela soit expresse la decision de la loy *Spurÿ* §. *ult. D. De Decurion.* & toutesfois, quelle apparence y a-il, si en mesme temps vn Iuge, & vn Procureur de son siege sont faicts Escheuins, que le Procureur presede son Iuge? Est-ce pas directement contre la loy 2. *De albo scribendo*, disant que *qui Dignitates Principis iudicio consecuti sunt, anteire debent eos, qui tantum municipalibus Honoribus functi*

functi sunt: & contre la loy *6. C. De aduocat. diuers. iud.* qui dit que *qui Principi digni visi sunt, multò magis sunt in anterioribus adiuuandi*. Et de faict la loy *1. De albo scrib.* dit que *in albo scribendo Dignitates spectandæ sunt*. Or est-il en tout cas que celuy qui ha deux Dignitez, l'vne du Roy, l'autre de la ville, doit deuancer celuy qui n'a que celle de la ville, qui est la moindre : mesme il y a decision expresse en la loy *1. De Consul. lib. 12. Cod.* que celuy, qui a esté Consul le dernier, estant Patricien, doit preseder les autres, qui ont esté Consuls deuant luy, & qui ne sont pas Patriciens, à cause de la rencontre des deux Dignitez de Consul & de Patricien.

Aussi cette loy *Spurij*, qui prefere celuy qui a eu plus de voix, adiouste notamment son exception, *nisi priuilegijs cessantibus cæteris* : or ces priuileges ou preferences sont celles qui sont designées par la loy *1. & 2. De albo scribendo* : à sçauoir, que ceux-là doiuent preseder, qui ont vne plus grande dignité, notamment les Officiers du Prince. Concluons donc, & selon la disposition du droict Romain, & selon l'équité & raison toute apparente, qu'entre les Escheuins, ceux qui sont Officiers du Roy, ou ont autre notable Dignité & rang estably par dessus les autres, les doiuent preseder, ores que les autres ayent eu plus de voix en l'élection. Mais cessant toutes prerogatiues d'ailleurs, c'est sans doute que ceux, qui ont eu plus de voix, doiuent marcher les premiers. 62 Response aux raisons contraires.

Quant aux profits & émolumens des Officiers de ville, il est bien certain, & par les Ordonnances, & par la pratique, qu'ils ne peuuent prendre aucun salaire des parriculiers, mesme ceux qui exercent les iustices des villes, ausquels il est enioint de vuider sommairement les procez, en tout cas, leur est defendu d'en prendre espices. Et quant aux salaires publics, comme les gages, & autres semblables droicts, ils n'en ont ordinairement aucuns : c'est pourquoy la Nou. 15. dit, que *extra omne commodum sunt*; dont elle rend la raison : *conuenit quippe vnumquemque nobilium vicissim curam agere ciuitatum quas inhabitant, & hanc eis rependere habitationis compensationem*, & ce que la loy 6. §. 1. D. De Decur. fait mention *de sportulis Decurionum*, ne s'entend pas des espices des procez, ains des deniers d'entrée, que les nouueaux Decurions ou Conseillers de ville payoient aux anciens, comme i'ay dit ailleurs. 63 De leurs profits & émolumens.

Ie diray seulement qu'il y a trois villes en France qui ont ce priuilege, que les Escheuins d'icelles conferent plusieurs menus Offices de police, à sçauoir, Paris, Amiens, & Calais. Ie ne sçay pas toutesfois si Amiens & Calais ont encor ce priuilege depuis leur nouuelle reduction: mais quant à Paris, il est certain, qu'encor auiourd'huy il y a infinis Offices qui sont conferez par les Preuosts des marchands & Escheuins : mesmement les Offices de Conseillers, de Procureur de ville (qu'on qualifie à present Procureur du Roy pour la ville) & de Greffier de la ville de Paris, & encor plusieurs petits Offices de police, desquels Offices, qui sont collatifs, ie n'enten pas parler au surplus de ce chapitre, pource qu'en vn mot il les faut regler comme les Offices des Seigneurs. 64 Du droict de conferer les menus Offices de police.

Mais pour parler des Offices électifs des villes, nous trouuons dans le droict la venalité d'iceux auoir esté auctorisée, non toutesfois par forme de pure vente, ains de gratification, moiennant certaine promesse d'argent, appellée pollicitation, pource que celuy qui briguoit ces Offices populaires, promettoit, ou proposoit au peuple, que s'il y estoit esleu, il édifieroit quelque bel œuure public, ou feroit representer quelques jeux, ou mettroit quelque argent dans les coffres de la ville : comme il se voit au tiltre *De pollicitationibus*, qui estoit vn cas special, auquel vne simple promesse non acceptée estoit obligatoire, inuention que ne trouue point auoir onc esté pratiquée en France. 65 Des pollicitations.

Mais entre particuliers il est aisé à entédre, que ni en l'Estat de Rome, ni en France ces Offices n'ont peu estre aucunement venaux, d'autant qu'ils ne sont pas resignables : tant à cause du brief temps qu'ils durent, que principalement pource que la preud'homie & industrie des hommes ayant esté particulierement esleuë, & choisie par tout vn peuple, afin de se sousmettre volontairement à eux, il n'est pas raisonnable que le peuple soit tenu en accepter, ou recognoistre en leur place d'autres qu'il n'aura pas choisis. Aussi que ces élections ne se font pas princi- 66 Offices des villes ne sont venaux entre particuliers, ni resignables.

palement pour l'vtilité de ceux qui sont esleus (ainsi qu'il se peut dire des collations, notamment quand elles sont faictes en consequence d'vne vente precedente) mais plustost pour la commodité & besoin vniuersel du peuple, qui a interest de choisir des Officiers à sa fantaisie.

67 Officiers du Roy à present capables des Offices des villes. Ces Offices donques ne vaquent point par resignation, ni faite en faueur d'autruy, ni mesme pure & simple, ains il faut precisément, que ceux qui y sont vne fois entrez paracheuent leur temps malgré qu'ils en ayent *l. vlt. C. De Defens. ciuit.* Pareillement ils ne vaquent point par incompatibilité : car combien que par les anciennes ordonnances de France les Officiers du Roy fussent declarez incapables des Offices des villes, iusques là qu'il y auoit de grosses amendes indictes à ceux qui les acceptoient : si est-ce que ces derniers temps nous ont faict cognoistre qu'il estoit vtile au public, qu'ils y fussent admis, & ainsi se pratique notoirement à present; voire y a plusieurs arrests par lesquels ceux qui s'en sont voulu excuser, pour estre Officiers du Roy, ont esté contraints les accepter, & ce suiuant la Nou. 15. qui dit que *nulli, nec si honoratus sit Equestri Dignitate, nec si Militiam habeat honestam, nec si proferat beneficium Principis, licet Defensoris electionem declinare.*

68 Des Excuses pour euiter les Offices des villes. Car il faut considerer en ces Offices, qu'estans en plusieurs lieux reputez plus à charge qu'à honneur, tant s'en faut qu'ils soient recherchez & briguez, qu'au contraire ils sont fuis & reiettez tant qu'on peut, ainsi que les tuteles & les autres charges purement onereuses, *quæ itidem munera vocantur. Munus enim aliquando significat onus, aliquando Honorem seu Officium*, dit la loy, *Munus. De verb. signif.* Or est-il que les charges de ville participent de l'vn & de l'autre, *l. 2. §. 1. D. De vacat. munerum*, & bien souuent *plus habent oneris, quàm honoris* : de sorte qu'y estant esleu pour s'en dépestrer, *vt in puris oneribus*, on a recours aux excuses, qui sont traictées au tit. *De excusat. munerum. D. &c.* Neantmoins les excuses, comme moins frequentes, aussi sont-elles en moindre nombre aux Offices & Honneurs, qu'aux pures charges. Car ni l'âge de 70. ans, ni le nombre de cinq enfans n'y sert d'excuse, *l. In honoribus. D. eodem tit.* mais bien d'auoir desia faict la mesme charge, qu'on n'est point tenu de recommencer, tant qu'il en reste d'autres capables en la ville *l. 52. D. Decur. & l. 3. Quemadm. ciuilia munera indicuntur lib. 10. Cod.* Item ceux qui ont faict vne plus haute charge ne peuuent estre esleus à vne moindre, *l. 2. eod. tit.* dont les Interpretes Grecs rendent la raison δοκοῦσι γὰρ ὑβρίζεσθαι. Et finalement ceux qui ont fait vne charge de ville, doiuent auoir trois ans de vacation auant qu'estre contraints en accepter vne autre, afin qu'ils ayent du temps pour vaquer à leurs affaires particulieres, sans estre toujours employez aux publiques, *l. 2. C. De mun. & honor. non contin.*

69 Ne vaquét gueres par forfaicture. Pareillement ces Offices vaquent rarement par forfaicture, ou incapacité quelconque, pource qu'estans à brief temps, on n'attaque gueres les Officiers pendant iceluy, ioint qu'estans plusieurs en vne mesme charge, qui peuuent estre suppléez l'vn par l'autre, pour si peu de temps qui reste, on attend ordinairement le temps prefix & accoustumé pour faire nouuelle élection : ce qui se pratique mesme quand l'vn des Escheuins vient à deceder pendant son temps.

70 Des recherches des Offices de ville. Reste de parler des recherches, & peril de ces Officiers, principalement quand ils sont comptables, comme quand ils manient les deniers communs des villes, ainsi qu'ils faisoient par tout auparauant l'érection des Receueurs d'iceux, & font encor en plusieurs villes, où il n'y en a point. Enquoy il y a bien du hazard, d'autant, qu'ils ne sont point tenus de bailler caution, comme ils estoient contraints precisément à Rome aussi bien que les tuteurs, par saisie de leurs biens, *§. penult. Instit. De satisd. tut.* Mais en France si on demandoit caution aux tuteurs, ou aux Officiers des villes, ils diroient tousiours, qu'ils n'en peuuent bailler, & delà ils prendroient suiect de demander leur descharge.

71 Si les Escheuins sont tenus solidairement. Pareillement les nominateurs des Officiers des villes ne sont point responsables pour eux, comme au droict Romain, pource qu'il n'y a autres nominateurs que le general du peuple, lequel tousiours porte le peril de leur insuffisance, s'il n'y a autre qui y supplée. Ce qui ne peut estre que de la part des collegues & compagnons

compagnons d'Office, qui sans doute estans appellez à vne seule, & mesme charge sont tenus l'vn pour l'autre : mais non pas sans diuision, ni discussion. C'est à dire que s'ils ont tous exercé, ils ne sont tenus chacun de prime abord que pour leurs portions viriles, supposé qu'ils soient tous soluables lors qu'ils sortent de charge. Que si quelqu'vn d'eux a exercé quelque maniement separé, luy seul en est tenu tant qu'il est soluable : mais en l'vn & l'autre cas, apres discussion faicte, & se trouuant qu'ils n'estoient soluables, lors qu'ils sont sortis de charge, ils sont responsables l'vn pour l'autre, & tant que l'vn d'eux tous ha dequoy payer, la ville ne peut rien perdre. Ce qui est decidé expressément par la loy *Imperator. Ad municip. Magistratuum municipalium Officium indiuiduum est, ac periculum commune : quod sic intelligi oportet, vt ita demùm collegæ periculum adscribatur, si ab ipso qui gessit res seruari non possit, & soluendo non fuit honore deposito.* Autant en dit la loy derniere, *Quo quisque ordine conueniatur, lib.*11. *Cod.* Enquoy il falloit auoir esgard au temps que leur charge finissoit, pource que pendant icelle ils ne pouuoient estre conuenus en iustice, ni ciuilement ni criminellement, *l.* 48. *D. De iudicijs.*

Que s'ils ont commis dol, ou maluersation, tous ceux qui en sont coulpables en sont tenus solidairement, & sans diuision, à cause de la complicité du delict : iusques là, que selon le droict, celuy qui a payé le tout, n'a point de recours de son chef, contre ses complices, ni mesme ne peut demander cession d'actions, *quia nulla est societas maleficiorum, nec communicatio damni ex maleficio. l.* 1. *§. Planè. D. De tutel. & rat. distrah.* mais ce dernier poinct, qui certes est trop rigoureux, n'est obserué en France, ains le complice ha recours contre son complice, deuant & apres la condamnation, voire apres l'entier payement, & mesme sans cession d'actions, afin que ceux qui ont failly également, soient en fin également punis. 72 De mesme.

Voila à peu pres ce qui se peut dire touchant les Officiers des villes: mais dans les villes, il y a ordinairement d'autres communautez, qui ont corps & college licite par concession du Prince, sans laquelle toute assemblée est illicite, *l.* 1. *Quod cuiusque vniuers. & l.* 1. *De colleg. illicit.* & ces colleges licites ont par consequent bourse commune, sans laquelle nulle communauté ne se peut longuement entretenir, & laquelle partant est la marque de communauté licite, dit Bodin, liu. 3. chap. dernier. Puis elles ont communémẽt pouuoir de faire statuts & reglemens concernans leur communauté, pourueu qu'ils ne contreuiennent en rien au droict public, suiuant la loy des 12. tables, prise de celle de Solon, rapportée en la loy derniere *De colleg. illicit.* Et pource que ces statuts seroient inutiles, s'il n'y auoit des Officiers pour les maintenir, c'est pourquoy les communautez licites ont volontiers quelques Officiers, qu'elles élisent elles mesmes ; pource aussi que ce seroit chose monstrueuse, qu'vn corps fust sans chef. 73 Particulieres communautez estant dans les villes

Les deux plus communes especes de communautez licites, sont celles des gens de lettres & des gens de mestier. Les gens de lettres ont premierement leurs colleges pour les estudians, où y a boursiers, qui en quelque lieu sont appellez Collegiats, & sur eux y a vn principal, ou prieur, ou grand Maistre, soit par élection, ou collation, & soit à vie, ou à temps, selon la fondation, ou coustume ancienne de chascun college. Et pour ceux qui ont faict leurs estudes, il y a les corps de chacune faculté comme de Theologie, de droict Canon, de droict ciuil, & des arts, dont se prennent les Regens, les Doyens, les Syndics, & autres Officiers de telles compagnies. Et par dessus tout cela il y a le corps de l'Vniuersité, ainsi appellée pource qu'elle est composée de plusieurs corps & colleges diuers, laquelle Vniuersité ha son Recteur, ou autre chef general & vniuersel, ses Procureurs ou Prouiseurs de chacune nation, ses Bedeaux, & autres Officiers ministres : & encor ses supposts, qui sont certains artisans, ou autres gens, qui sont submis, & tenus obeïr aux principaux Officiers de l'Vniuersité, & aussi iouïssent des priuileges d'icelle : comme les Imprimeurs, Libraires, Messagers iurez de l'Vniuersité, & autres tels artisans qui seruent à icelle. 74 Communautez de gẽs de lettre, & Officiers d'icelles. 75 Vniuersité pourquoy dicte.

Quant aux gens de mestier, il n'y auoit anciennement à Rome que bien peu d'iceux, qui eussent droict de corps & communauté, à sçauoir *pistores, boarij*, 76 Communautez des gens de mestier.

pecuarij, & peu d'autres, & ceux-là estoient appellez *corporati*, & auoient plusieurs priuileges pour le seruice qu'ils faisoient à la grand' ville, & estoient à peu pres, comme sont à nous les marchands & artisans priuilegiez suiuans la Cour, *tit. De priuilegijs corporatorum vrbis Romæ, & tit. seq. lib. 11. Cod.* Autres s'appelloient *collegiati*, qui estoient certains autres artisans, tenus & chargez de pouruoir aux incendies, comme dit Cujas sur la loy vnique *De collegiatis. eod. lib. Cod.* ce qui se pratique en France en quelques villes, comme à Chartres : & finalement Alexandre Seuere *corpora instituit omnium omnino artium, ijsque ex sese defensores dedit, & iussit, quid ad quos iudices pertineret.* Mais quoy que ce soit cela n'estoit qu'à Rome. Car ailleurs on faisoit grande difficulté d'ériger des corps & confrairies de mestier, comme il se voit dans les epistres de Pline, que Trajan luy refuse le droict de communauté des gens de mestier de Nicomedie qu'il luy auoit demandé, à la charge qu'ils seruiroient à pouruoir aux incendies, disant que ces communautez, qu'il appelle ἑταιρείας sont dangereuses; & neantmoins c'est bien la verité, qu'il y en auoit en quelques villes de l'Empire Romain: car la Nou. de Valentinian *De Episcopali iudicio* dit, que *collegiatus vrbis Romæ vel cuiuslibet vrbis alterius, clericus fieri non potest.*

77 Villes iurées.

En France il n'y auoit anciennement que certaines bonnes villes, où il y eust certains mestiers iurez, c'est à dire ayans droict de corps & communauté, en laquelle on entroit par serment : lesquelles villes à cette occasion estoient appellées villes iurées. Mais par Edict du feu Roy de l'an 1581. confirmé & renouuellé par autre de nostre Roy de l'an 1597. toutes les villes de France sont à present iurées : mesme il est porté per ces Edicts, que les maistres de mestier, non seulement des villes, ains aussi du plat païs, doiuent estre iurez, & receus en iustice, & aussi ont droict de corps & communauté.

78 Iurez, gardes & visiteurs des mestiers.

En consequence dequoy, ces corps de mestiers ont leurs Officiers particuliers, qui sont particulierement appellez Iurez, visiteurs & gardes des mestiers, appellez au droict *Primates professionũ in l. vnica. C. De monopol. Professio quippe* signifie particulieremẽt la maistrise des mestiers, & ces Iurez sont esleus tous les ans, ou tous les deux, ou trois ans, en assemblée de tous les Maistres du mestier, pardeuant le Iuge ordinaire du lieu, auquel la police appartient, & lequel à l'instant reçoit leur serment : du pouuoir desquels ie parleray au liure *Des Ordres* : & diray seulement icy, que ces Iurez, visiteurs & gardes des mestiers n'ont autre salaire pour leurs visitations, sinon quelque partie des amendes & des confiscations adiugées sur leur rapport. Mais aussi ils ne peuuent estre condamnez és despens en leurs noms, és procez qui interuiennent de leurs rapports, sinon en cas qu'ils y maluersent, ou excedent : ou bien que deux mesme, sans l'aduis de la communauté, ils entrent en contestation sur quelque reglement d'importance, dont par apres ils soient desaduouëz.

FIN DV V. ET DERNIER LIVRE.

Soli Deo honor & gloria.

TABLE ALPHABETIQVE
DES MATIERES PRINCIPALES,
CONTENVES AVX TRAITTEZ DES OFFICES.

A

B

C

Droict

G

H

I

M

N

O

En l'Office

P

Q

R

Resigna-

S

T

V

X

Z

FIN.

TRAICTÉ DES SEIGNEVRIES

PAR

CHARLES LOYSEAV Parisien.

EDITION QVATRIESME, CORRIGEE & augmentée par l'Autheur.

A PARIS,

Chez la veufue Abel l'Angelier, au premier pillier de la grand' Salle du Palais.

M. DC. XIII.

AVEC PRIVILEGE DV ROY.

A TRES-ILLVSTRE,

ET TRES-EXCELLENTE PRINCESSE

MADAME M. CATHERINE DE GONSAGVES, DE CLEVES, Dame ſouueraine de Neuf-chaſtel en Suiſſe, Ducheſſe de Longue-ville, & d'Eſtoute-ville, Comteſſe de Dunois, Baronne de Montreuil-Bellay, Partenay, Mouuans & Meruans, Dame de Colomiers, &c.

MADAME,

C'eſt l'vnique fin de la iuſtice, & l'Office du Iuge meſme, d'attribuer à chacun ce qui luy appartient: & cela ne s'appelle pas donner, mais rendre: ce n'eſt pas gratification, ains deuoir. C'eſt pourquoy, Madame, quand ie vous dedie ce liure *Des Seigneuries & Iuſtices*, que i'ay recueilly en eſtudiant, pour conſeruer les droicts de la plus antique de vos Seigneuries, & de la plus belle de vos iuſtices, ie ne preten pas le faire voſtre, ains ſeulement i'enten le declarer voſtre. Voſtre eſt-il, ſoit à l'eſgard de l'autheur, duquel le labeur vous eſt acquis deſlors qu'il s'eſt rengé à voſtre ſeruice: ſoit à cauſe de la matiere, entant que vous poſſedez toutes les ſortes de Seigneuries qu'il traicte: ſoit à raiſon de ſon deſſein & proiect, qui n'eſt autre, ſinon qu'il ſerue de memoire, pour la conſeruation de vos droicts. Ie feroy donc, & contre mon deuoir, & contre le ſuiect du liure, & contre le deſſein d'iceluy, ſi ie l'addreſſoy à autre qu'à vous. Et neantmoins, Madame, comme Dieu meſme, à qui tout appartient, prend bien en gré, que luy facions offrande d'vne petite portion des fruicts, que ſa benediction faict naiſtre de noſtre labeur: auſſi i'eſpere que vous aurez agreable, qu'à ce commencement d'année, ie vous offre ce mien petit ouurage, lequel ie vous ſupplie treſ-humblement d'accepter, pour vn public & permanent teſmoignage du zele extreme, que i'auray toute ma vie, de demeurer,

MADAME,

Voſtre treſ-humble & treſ-obeïſſant ſeruiteur,

C. LOYSEAV.

A Paris ce premier iour de l'an 1608.

TABLE DES CHAPITRES DE CE LIVRE.

LIVRE DES SEIGNEVRIES.

PAR

CHARLES LOYSEAV PARISIEN.

SOMMAIRE DE L'AVANT-PROPOS.

1 *La Seigneurie publique est mal-aisée à régler.*
2 *Pourquoy.*
3 *Elle n'a point encor esté reglée.*
4 *Peu de Coustumes en ont parlé.*
5 *Articles secrets de la Coustume de Paris.*
6 *Qu'il seroit besoin y apporter vn reglemẽt.*
7 *Intention de l'Autheur.*

AVANT-PROPOS.

S'Il est ainsi (comme le diuin Platon a escrit) que ces mots, *tien & mien*, qui ne concernent que la Seigneurie priuée, dont la possession est réelle, & toute apparente, sont neantmoins cause des guerres, noises & procez : combien plus en doit causer & engendrer la Seigneurie publique, qui n'est qu'vn droict intellectuel, & vne authorité qu'on ha sur les personnes libres, & sur les choses possedées par autruy? Que si la possession de ceste authorité est mal-aisée à faire paroistre, son titre & son droict est encor plus difficile à fonder en raison : parce que les Seigneuries, ayant du commencement esté establies en confusion, par force & vsurpation, il a depuis esté comme impossible d'apporter vn ordre à ceste confusion, d'assigner vn droict à ceste force, & de regler par raison ceste vsurpation. 1 La Seigneurie publique est mal-aisée à regler.

Ainsi se sont forgées confusément plusieurs fantasques especes de Seigneuries, dont les noms mesme sont presque incogneus, & chacune d'icelles s'est attribué diuerses sortes de prétentions, plus en vn païs, moins en vn autre, selon qu'en chacun païs l'vsurpation a eu plus, ou moins de cours, & souuent qui plus, qui moins en mesme païs, selon que chaque Seigneur a esté plus ou moins entreprenant, ou ses subjects plus, ou moins endurans. 2 Pourquoy.

Enfin, la confusion & varieté s'y est trouuée si grande, que depuis tant de siecles, que ces Seigneuries sont establies, on n'y a encor peu establir de droict certain & vniforme, ains, comme aux nouuelles conquestes, on y a tousiours vescu à discretion, & s'est-on accommodé à loge qui peut. Mesme toutes les fois qu'il s'en est presenté des differents en Iustice, on les a vuidez, non par le poinct de la raison, mais par celuy de la possession, ou vsurpation, & par la regle de conqueste, *qui tenet teneat*, & que *vis est ius* : donnant par ce moyen force à la force, & ne laissant aucun pouuoir à la raison, ni à la iustice, au faict mesme des Iustices : & ainsi les plus entreprenans & auantageux, l'ont emporté iusques icy par dessus les plus retenus & modestes. 3 Elle n'a point encor esté reglée.

4 Peu de coustumes en ont parlé.

Mesmement, quand on a redigé par escrit les Coustumes des Prouinces, combien qu'il n'y ait matiere aucune, qui soit plus directement du droict coustumier & local, que celle des Seigneuries, neantmoins presque toutes les Coustumes l'ont passée sous silence, pource (à mon aduis) que le peuple ne s'en est peu accorder. Cinq ou six Coustumes, sans plus, en ont traicté assez maigrement, & dix ou douze autres ont parlé fort variablement des simples iustices seulement, qui est la derniere espece des Seigneuries. Quoy que ce soit, elles ont toutes commencé par ceste matiere, comme, à la verité, c'est le premier, que de fonder la Iurisdiction, & est bien raisonnable d'expliquer la Seigneurie publique auant la priuée.

5 Articles secrets de la Coustume de Paris.

Et de nostre temps, en ceste celebre assemblée faicte par la reformation de la Coustume de Paris, où se trouua l'élite des Iurisconsultes François, les reformateurs esbaucherent bien quelques articles touchant ces simples Iustices, dont Bacquet nous a faict part: mais encores ne les oserent-ils proposer à l'assemblée, craignans d'émouuoir autant de proccz de reglement, qu'il y a de Iustices dans la Preuosté de Paris, & d'auoir autant d'oppositions que d'articles, comme il fust sans doute aduenu. Par ainsi, ces Seigneuries sont demeurées sans droict, ces droicts sans Iustice, & ces Iustices sans raison, & la raison sans pouuoir.

6 Qu'il seroit besoin y apporter vn reglement.

Vaudroit-il pas mieux y apporter (qui pourroit) vn ordre asseuré, & y assigner vne regle vniforme, afin que les Seigneurs sceussent ce qui leur appartient, & les subjects ce à quoy ils sont tenus, sans, parmi ceste confusion & incertitude, permettre en ceste matiere des Seigneuries & Iustices, que la force domine, & seigneurie la Iustice, & l'vsurpation la raison? Certes il y a moyen par tout, pourueu qu'on le vueille chercher: & combien que la verité soit souuent cachée au puits de Democrite, si la peut-on trouuer, pourueu qu'on la cherche iusques au fonds: & estant trouuée, elle doit demeurer la maistresse.

7 Intétion de l'Autheur.

Quant à moy, ie ne me vante pas de la pouuoir trouuer, car qui s'en pourroit asseurer en vn champ si ample, en vn endroit si obscur, & en vn goulphre si profond? Mais i'estime neantmoins, qu'il y a du merite à la chercher; *in magnis & voluisse, sat est.* Et si ie ne la trouue, possible que sous mes brisées vn autre plus laborieux, plus clair-voyant, & plus penetrant que moy, la trouuera apres moy. Tant y a, qu'y estant engagé, pour auoir ja traicté des Offices, & estant resolu de traicter des Ordres, qui sont les deux autres especes de Dignité; ce n'est pas raison, que ie manque à expliquer la troisiesme, qui dépend plus particulierement de nostre Droict François.

SOMMAIRE DV PREMIER CHAPITRE.

1 *Gageure fort notable.*
2 *Dispute celebre entre Martin & Bulgare.*
3 *Flaterie du Docteur Martin enuers l'Empereur Federic.*
4 *Effects mauuais de ceste flaterie.*
5 *Que la gageure fut bien iugée.*
6 *Que cette gageure estoit sur la signification du mot de* Seigneurie.
7 *Difficulté de l'etymologie de ce mot.*
8 *Explication du mot de* Seigneurie.
9 *En toutes langues, vn mesme mot signifie l'Officier & le vieillard.*
10 *En Hebreu.*
11 Seniores populi.
12 *Vieillards de Susanne.*
13 Honor. senectutis.
14 γέρας, πρέσβυς.
15 Presbyter. Senior.
16 γερουσία.
17 Senatus.
18 *Seigneur.*
19 Senior.
20 *Anciens Seigneurs des Gaules.*
21 *Que* Seigneur *vient de* Senior.
22 Sieur *vient de* sien.
23 *Pourquoy Seigneurie importe proprieté.*
24 *Deux significations de* Seigneurie.
25 *Definition de Seigneurie.*
26 *Diuision de Seigneurie.*
27 *Seigneurie publique.*
28 *Seigneurie priuée.*
29 *Nom de Seigneurie publique & priuée.*
30 *Distinction d'icelles.*
31 Κύριος, Δεσπότης.
32 *Que la Seigneurie publique ha lieu sur les personnes, & sur les biens.*
33 *Vsages diuers de ces deux Seigneuries.*
34 *Diuers effects d'icelles.*
35 *Que les Romains ont recogneu la Seigneurie publique.*
36 *Qu'ils n'en vsoient sur les Citoyens Romains.*
37 Ius libertatis.
38 *Ni sur les heritages d'Italie.*
39 Ius Quiritium.
40 *Opinion de Bodin.*
41 *Qu'ils en vsoient par tout ailleurs.*
42 Mancipium vnde.
43 Manus.
44 *Main en François.*
45 *Main de Iustice.*
46 Mancipium, quid.
47 Mancipes.
48 Mancipium opponitur vsui.
49 Res mancipi & non mancipi.
50 Ius Imperij.
51 *Subtilité d'Antonin, pour oster les priuileges des Citoyens Romains.*
52 *Abolissement, ou* Ius Quiritium, *& de la difference* rerum mancipi, & non mancipi.
53 *Tributs,* Census.
54 *Que les anciens François ont recogneu ces deux Seigneuries.*
55 *Seruitude des Gaulois, vaincus par les Francs.*
56 *Gens de main-morte, ou de pôte.*
57 *Serfs de suitte.*
58 *Franc, pourquoy signifie libre.*
59 *Franc, d'où vient.*
60 *Comment les terres furent distribuées apres les conquestes des Gaules.*
61 *Origine des Seigneuries.*
62 *Seigneurie directe.*
63 *Origine des Fiefs.*
64 Beneficium.
65 *Etymologie de Fief.*
66 *Origine des arriere-fiefs.*
67 *Feaux & soldats.*
68 *Pourquoy la guerre estoit iadis continuellement en France.*
69 *Origine des Censiues.*
70 *Fief, pourquoy appellez Francs.*
71 *Iadis les Seigneurs auoient la directe des personnes, aussi bien que des heritages.*
72 *Quelle puissance publique ils auoient.*
73 *Qu'ils auoient l'administration de la Iustice, aussi bien que des armes.*
74 *Que leurs Seigneuries estoient Offices & fiefs ensemble.*
75 *Ressemblance de l'Office & du Fief.*
76 *Contre Bodin.*
77 Feuda Dignitatum.
78 *Tenir par Dignité.*
79 *Comment les Offices des Seigneurs ont esté changez en Seigneuries.*
80 *Difference de l'Office & Seigneurie.*
81 *Comment les Seigneurs ont vsurpé la Seigneurie publique.*
82 *Deux sortes de Seigneurie publique.*
83 *Deux sortes de Seigneurie priueé.*
84 *La Seigneurie priuée n'a plus lieu directement sur les personnes.*
85 *La Seigneurie publique n'a lieu directement que sur les personnes.*
86 *Contre Bodin.*
87 *Ce qui l'a deceu.*
88 *Que les Romains ne cognoissoient qu'vn degré de chacune Seigneurie.*

CHAPITRE PREMIER.

1. Gageure fort notable.

L'EMPEREVR Federic Barberousse, ayant vaincu les Milanois en champ de bataille, & reduict à son obeïssance toute les villes de Lombardie, leur assigna vne diette à Roncaille pour arrester les articles de paix. Où allant, il rencontra en son chemin vn beau chasteau, & ayant demandé à ceux de sa troupe, qui en estoit le Seigneur, l'vn d'iceux luy nomma celuy auquel il appartenoit: dont vn flateur le reprist, disant, que c'estoit l'Empereur qui en estoit le Seigneur. Sur ce, l'vn & l'autre soutenant son dire, ils entrent en gageure, & d'icelle font l'Empereur Iuge, lequel ne la voulut iuger tout seul, ains arriué qu'il fut à Roncaille, en prist l'aduis de deux celebres Docteurs de Droict, Bulgare & Martin, qui se trouuerent entre les deputez de la

2. Dispute celebre entre Martin & Bulgare.

diette. Bulgare condamna tout rondement le flateur, mais Martin non seulement tint pour luy, ains encor encherissant sur sa flaterie, & empoignant cette ludicre occasiō, pour faire le bon valet, soutint par vn lōg discours, que l'Empereur estoit Seigneur de tout le monde, & que les biens des particuliers luy appartenoient: de sorte qu'il luy persuada aisément ce qui cōcernoit son interest, & ainsi suiuant son aduis, la gageure fut vuidée: de laquelle la glose & les Docteurs font mētion, sur la loy *Bene à Zenone. C. De quadriennij præscript.* & sur la preface du Digeste.

3 Flaterie du Docteur Martin, enuers l'Empereur Federic.

Flaterie certes tres-pernicieuse, qu'vn homme de conseil & de reputation fournisse au Prince souuerain victorieux vn pretexte de iustice, pour le porter à la tyrannie. Et de fait, l'histoire nous apprend, qu'en consequence de ce mauuais & faux aduis, Federic imposa en cette diette des loix & conditions fort rigoureuses à la Noblesse, & aux villes de Lombardie, notamment leur defendit toutes assemblées & corps de ville, & sur tout leur osta leurs Iustices & Seigneuries, mettant en icelles des Officiers de sa part, contre l'vsage accoustumé, comme il

4 Effect mauuais de cette flaterie.

se collige du brief de paix qu'il y fit, qui est la constitution *Hac Edictali. De pace tenenda, lib. 5. feudorum.* A raison dequoy, si tost qu'il fut retourné en Allemagne, la Lombardie se reuolta derechef, dont procederent de grandes guerres, & en aduint en fin le rasement de l'ancienne ville de Milan.

5 Que la gageure fut bien iugée.

Aussi n'y a-il eu du depuis aucun Iurisconsulte, qui ait approuué ni l'opinion de Martin, ni le iugement de la gageure. Et de verité, quant au dire de Martin, on ne le peut assez blasmer; mais quant à la gageure, qui prendra garde de prés aux termes d'icelle, trouuera peut-estre, qu'elle a esté iugée iustement & veritablement. Car comme ainsi soit, que les gageures se font ordinairement sur quelque ambiguité, & que toute ambiguité est ἢ λέξεως, ἢ διανοίας, comme disent les Rhetoriciens, & notamment Quintilian, liure 9. chap. 1. c'est à dire, ou sur les termes de la proposition, ou sur le sens & intelligence d'icelle, il n'y a gueres d'apparence, que cette gageure fust sur la grande question d'Estat, à laquelle Martin la destourna, si les biens des particuliers appartiennent à l'Empereur; question, qui dépend de l'establissement particulier de chacun Estat, ou Republique: & particulierement à l'égard de l'Empire d'Allemagne, & Italie, cela y estoit sans difficulté, quoy que en dist Martin, estant notoire, que l'esclauage du peuple entier n'y eut iamais lieu, ainsi qu'és Estats barbares, ains que les citoyens & habitans d'iceluy estoient libres, & auoient la Seigneurie priuée de leurs biens.

6 Que cette gageure estoit sur la significatiō du mot de *Seigneurie.*

Mais il y a bien plus d'apparence, que la difficulté fust sur les termes de la gageure, comme c'est la coustume en matiere de gageures, qu'elles sont fondées sur la subtilité des mots, par l'ambiguité, ou équiuoque desquels vne des parties tasche de surprendre l'autre. Donques la gageure estant, si l'Empereur estoit le Seigneur de ce chasteau, l'ambiguité & subtilité consistoit au mot de Seigneur, qui en commun langage Italien, aussi bien qu'au François, signifie bien quelquefois le maistre & proprietaire de quelque chose, mais d'ordinaire, & plus proprement il est pris pour vn titre d'honneur, & vn nom d'auctorité, signifiant celuy qui ha l'auctorité publique: laquelle nous appellerons desormais en ce liure la Seigneurie publique: & de fait, Federic montra bien qu'il l'entendoit ainsi, quand en consequence de l'aduis de Martin, il osta les Seigneuries & Iustices aux villes & à la noblesse de Lombardie.

Ce qui nous porte au discours, par lequel il faut commencer ce liure, à sçauoir d'expliquer l'etymologie & origine de ce terme de Seigneur, laquelle est aussi difficile à trouuer, comme son vsage est frequent parmi nous, & encor plus parmi les Italiens & les Espagnols, qui en leurs propos communs ne peuuent proferer trois mots, sans y mesler le Seigneur, ou la Seigneurie. Difficulté, qui est procedée sans doute, de ce que dés long temps l'obseruance & pratique de tous les Estats du monde s'est totalement éloignée de l'ancienne, qui auoit produict sa signification primitiue, sçauoir est de signifier le Magistrat ordinaire de chaque lieu, ainsi que ie vay prouuer. 8 Difficulté de l'etymologie de ce mot.

Car c'est chose notable, que comme anciennement, presqu'en toutes les nations, les gens d'aage & d'experience estoient appellez aux Offices, (tesmoin l'exemple que Dieu mesme nous en donne au chapitre 11. des Nombres, des septante vieillards, ausquels il fit part de l'esprit de Moyse, aussi en toutes les langues anciennes, vn mesme terme signifie le vieillard & l'Officier, la vieillesse & l'Office. 9 En toutes langues, vn mesme mot signifie l'Officier, & le vieillard.

En Hebreu זקנים & זקני qui signifie proprement *Senes & Seniores*, est pris pour les Conseillers & Magistrats, en plus de vingt endroits de la Bible, notamment en ce chapitre vnziesme des Nombres, *Senes populi ac magnates* : ainsi voit-on dans le nouueau Testament, que *Seniores populi* ne sont pas les plus vieils du peuple, ains les Officiers, ou Conseillers de la Synagogue : & en Daniel, les vieillards de Susanne, n'estoient pas de simples bourgeois d'ancien aage, ains c'estoient les Iuges de la cité, *constituti erant duo senes iudices in illo anno*, dit le texte. Et de fait, quand le ieune Daniel voulut faire retracter le iugement donné contre Susanne, ayant dit *reuertimini, ad iudicium* ils luy dirent : *Indica nobis quomodo dedit tibi Deus honorem senectutis* : c'est à dire, l'auctorité affectée aux vieillards. 10 En Hebreu. 11 *Seniores populi.* 12 Vieillards de Susanne. 13 *Honor senectutis.*

En Grec, il est notoire, que γέρας signifie la vieillesse & l'Office, & πρέσβυς, le vieillard & l'Officier, dont nostre Eglise a retenu le comparatif πρεσβύτερος, & au Latin & au François, *Presbyter* (dit Isidore I. *Etym. cap. 12.*) *Latinè Senior interpretatur, non modo pro ætate, sed propter honorem & dignitatem.* 14 γέρας. πρέσβυς. 15 *Presbyter senior.*

Pareillement du mot γέρας, presque toutes les nations Grecques ont appellé leur Conseil d'Estat γερουσίαν, & de ce mesme nom, les premiers Magistrats de Grece estoient titrez, *apud Lacedæmonios, qui amplissimum Magistratum gerunt, vt sunt, sic etiam appellantur Senes*, dit Ciceron, *in Catone*. Aristote au second des Politiq. dit qu'ils estoient vingt & huict en nombre, & les appelle γέροντες. Desquels Magistrats, parlant Demosthene πρὸς Λεπτίνην, dit, qu'ils estoient comme Seigneurs & dominateurs du peuple, Ἐπειδὰν τις εἰς τὴν καλουμένην γερουσίαν ἐγκριθῇ, παραχθὼν ἑαυτὸν [illegible] δεσπότης ἐστὶ τῶν πολλῶν. Ce qu'Aristote reprend au second des Politiq. disant qu'il n'est pas à propos qu'il y ait vn Magistrat perpetuel, ayant authorité entiere, d'autant (dit-il) qu'il deuient en fin, comme Seigneur & dominateur : De mesme Homere en ceste belle description qu'il fait de la Iustice, Iliade 6. appelle les Iuges Γέροντες. 16 γερουσίαν.

——— οἱ δὲ Γέροντες
Εἵατ᾽ ἐπὶ ξεστοῖσι λίθοις, ἱερῷ ἐνὶ κύκλῳ.

Tout de mesme, en Latin, le Senat est dit, *à Senio. Consilium*, dit Ciceron, au mesme liure, *ratio & prudentia nisi essent in senibus, non summum Consilium maiores nostri appellassent Senatum. Semper*, dit Callistrate, *in ciuitate nostra senectus venerabilis fuit. Namque patres nostri eundem penè honorem senibus, quem Magistratibus habebant, l. Semper. De iure immunit.* 17 *Senatus.*

Finalement, en nostre France tres-Chrestienne, nous nous sommes accommodez à la mode de l'Eglise, qui se sert du comparatif Grec πρεσβύτερος, pour signifier ses Officiers : & nous tout de mesme, empruntons le comparatif Latin *Senior*, pour signifier nos Magistrats Politiques, notamment le Magistrat ordinaire de chasque lieu, qui y a la charge du gouuernement & de la iustice. Ce que les Italiens & Espagnols font aussi à nostre exemple. 18 Seigneur. 19 *Senior.*

20 Anciens Seigneurs des Gaules. C'estoient donc les Seigneurs de l'ancienne Gaule, dont parle Cesar au 6. *De bello Gall. Principes regionum atque pagorum inter suos ius dicunt, controuersiásque diriment:* charge qui residoit lors en leurs personnes, comme vray Office, & non pas en leurs terres, comme nos Seigneuries d'à present.

21 Que Seigneur vient de *Senior*. De ce que dessus il s'ensuit, que le mot de *Seigneur*, vient du Latin *Senior*: Et de fait, les anciẽs Autheurs Latins, & les Italiẽs & Espagnols modernes le tournent tousiours ainsi. Etymologie qui me semble plus vrai-semblable, que de le dériuer du pronom possessif *sien*, & dire, que celuy qui peut dire la chose sienne, en est le Seigneur.

22 *Sieur* vient de *sien*. Car c'est, à mon aduis, le nom de *Sieur*, & nõ celuy de *Seigneur*, qui vient de *sien*: & de fait, il est tout notoire que le mot de *sien*, importe & signifie proprieté, & celui de *Seigneur*, auctorité & superiorité: c'est pourquoi en nostre vsage vulgaire nous estimons le titre de *Monseigneur* plus honorable, que celuy de *Monsieur*.

23 Pourquoy Seigneurie importe proprieté. Neantmoins, pource que nos Seigneuries, qui de leur origine n'estoient que Offices, ont à succession de temps esté changées en proprieté: de là est venu qu'auiourd'huy le mot de *Seigneurie* importe tousiours quelque proprieté: voire que c'est auiourd'huy le terme plus vsité que nous ayons, pour signifier la proprieté de quelque chose, de l'appeller *Seigneurie*, qui deuroit estre appellée *Sieurie*: mais ce mot s'en va hors d'vsage, & desormais est trouué rude.

24 Deux significations de Seigneurie. De sorte, que maintenant le mot de *Seigneurie* ha deux significations: l'vne, de signifier *in abstracto* tout droict de proprieté, ou puissance proprietaire, qu'on ha en quelque chose, qu'à l'occasion d'icelle on peut dire sienne: L'autre, de signifier *in concreto* vne terre Seigneuriale. Expliquons en premier lieu ceste premiere signification, qui à la verité, comme plus generale, comprend aucunement la seconde, que nous auons à traicter.

25 Definitiõ de Seigneurie. Donques la Seigneurie en ceste generale signification est definie, *Puissance en proprieté*: Definition bien courte, mais qui ha, & son genre, à sçauoir *Puissance*, qui est commune aux Seigneuries & aux Offices; & sa difference, à sçauoir *Proprieté*, qui distingue les Seigneuries d'auec les Offices, dont la puissance n'est que par function, ou exercice, & non pas en proprieté, comme celle des Seigneuries.

26 Diuisiõ de Seigneurie. Quant à sa diuision, la Seigneurie ha deux especes, à sçauoir la Seigneurie publique & priuée. La publique consiste en la superiorité & auctorité, qu'on a sur les personnes, ou sur les choses, qui toutesfois est propre au Seigneur, au lieu que la superiorité qu'ha le simple Officier, n'est que par exercice, comme i'ay prouué au commẽcement du second liure *des Offices*.

27 Seigneurie publique. Et ceste espece de Seigneurie est appellée publique, pource qu'elle concerne & importe le commãdement, ou puissance publique, & aussi qu'elle ne peut estre exercée que par personnes publiques. Et c'est la distinction de ces deux especes, qui vuide nettement la dispute d'entre Martin & Bulgare.

28 Seigneurie priuée. Quant à la Seigneurie priuée, c'est la vraye proprieté & iouïssance actuelle de quelque chose, & est appellée priuée, pource qu'elle concerne le droict que chacun particulier ha en sa chose. Donques le Seigneur, qui ha la Seigneurie publique, ha pour son relatif le sujet; & celuy qui ha la Seigneurie priuée, l'esclaue.

29 Noms de Seigneurie publique & priuée. La Seigneurie publique est en Grec appellée κυριότης, ἐξουσία, ἀρχή: en Latin *Imperium, potestas, dominatio*: par nous domination, & proprement Seigneurie. La priuée est dicte en Grec δεσποτεία, en Latin *dominium*, & en François proprement *Sieurie*.

30 Distinctiõ d'icelle. Ces deux especes sont nettement distinguées par Seneque en ces deux beaux passages du 1. liure, *De Benef. Ad Cæsarem potestas omnium pertinet, ad singulos proprietas.* Et peu apres, *Cæsar omnia imperio possidet, singuli dominio*: Voila en vn mot, la decision de la gageure faicte deuant Federic.

31 Κύριος. Δεσπότης. Mais sur tout, ces deux mots Grecs, κύριος & δεσπότης, les distinguent élegamment: κύριος, signifiant celuy qui ha la Seigneurie publique, τὸ κῦρος ἔχοντα, *auctoritatem habentem*, & δεσπότης, ἀπὸ τοῦ δεσμοῦ, signifiant celuy qui ha la proprieté & Seigneurie priuée, *herum siue dominum*. Qui est ce que dit en propres termes Philon Iuif, au traicté, Τίς ὁ τῶν θείων κληρονόμος ἐστί. Καίτοι, dit-il, συνώνυμα ταῦτα λέγεται κύριος, καὶ δεσπότης· ἐπινοίαις δ' αἱ κλήσεις διαφέρουσι. Κύριος μὲν γὰρ παρὰ τὸ κῦρος, ὃ δὴ βέβαιόν ἐστιν, εἴρηται, κατ' ἐναντιότητα ἀβεβαίου, καὶ ἀκύρου. Δεσπότης δὲ παρὰ τὸν δεσμόν, ἀφ' οὗ δέος οἶμαι.

Qui voudra prendre garde de prés, trouuera que cette Seigneurie publique a lieu par effect, & sur les personnes, & sur les biens. Quant aux personnes, c'est en vertu d'icelle, qu'on les contraint quelquesfois d'aller en guerre, qu'on les emprisonne, qu'on les punit corporellement, qu'on les fait mourir, quand le cas y eschet. Quant aux biens, c'est en vertu de cette Seigneurie, qu'on leue des subsides, pour la necessité de l'Estat, qu'on les vend par auctorité de iustice, qu'on en éuince l'vn, pour les adiuger à vn autre: bref qu'on les confisque en cas de delict, vnissant la Seigneurie priuée à la publique.

32 Que la Seigneurie publique à lieu sur les persõnes, & sur les biens.

Et faut remaquer hardiment, qu'il y a vne difference fort importante en l'vsage de ces deux Seigneuries, à sçauoir qu'on peut vser de la Seigneurie priuée, à discretion, & libre volonté, *quilibet enim est liber moderator & arbiter rei suæ*, dit la loy, *In re mandata. C. Mandati.* pource que consistant en ce qui est nostre, il n'eschet gueres que facions tort à autruy, en quelque façon que nous en vsions: mais pource que la Seigneurie publique concerne les choses qui sont à autruy, ou les personnes qui sont libres, il en faut vser auec raison & iustice. Et celuy qui en vse à discretion, empiete & vsurpe la Seigneurie particuliere, qui ne luy appartient pas: si c'est sur les personnes, c'est les tenir pour esclaues: si c'est sur les biens, c'est vsurper le bien d'autruy: chose que les Princes doiuent bien considerer, & se souuenir de la response, que fit le Roy Antigonus au flateur, qui luy disoit, Que toutes choses sont iustes aux Rois, non pas aux Rois, dit-il: mais aux Tirans: & du dire de Seneque, *Cæsari cùm omnia licent, propter hoc minus licet.*

33 Vsages diuers de ces deux Seigneuries.

Bref ces deux especes de Seigneurie sont entierement differentes quant à l'effect. Car comme la Seigneurie priuée n'induit point de puissance publique, aussi la Seigneurie publique, qui consiste en la Iustice, n'attribuë aucune Seigneurie priuée, & ne diminuë aucunement la liberté parfaicte du suiect, ou iusticiable, au contraire l'augmente & la conserue, comme dit fort bien du Moulin sur le 2. article de la coust. glos. 3. nom. 4.

34 Diuers effets d'icelles.

——— *Neque enim libertas tutior vlla est,*
Quàm Domino seruire bono, dit Claudian.

Pour d'auantage approfondir la distinction de ces deux Seigneuries, & monstrer qu'elle n'est pas verbale & imaginaire, ains réelle & vraye, & pource aussi que c'est la clef de cette matiere, qui neantmoins iamais n'a esté traictée, ie veux prouuer à loisir, que, & les Romains, & nos anciens François ont distinctement pratiqué l'vne & l'autre, & sur les personnes, & sur les biens.

35 Que les Romains ont recogneu la Segneurie publique.

Au regard des Romains, ayans chassé leurs Rois, c'est bien la verité qu'ils se voulurent exempter tout à faict de cette Seigneurie publique, afin de iouïr d'vne parfaicte & absoluë liberté, & quant à leurs personnes, & quant à leurs biens. Quant à leurs personnes, ils ne dépendoient d'aucun Roy ni Monarque, mesme ne voulurent dépendre d'aucun Magistrat par droict de Seigneurie, & duquel ils peussent estre dits subiects, qui est ce qu'ils appellerent *Ius libertatis*, qui estoit l'vn des droicts & priuileges particuliers des citoiens Romains, doctement expliqué par Sigonius, *lib. 1. De antiquo iure ciuium Rom. cap. 6.* Mesme ne voulurent pas estre astraints tout à faict à la puissance publique des Magistrats, leur ayans osté le pouuoir de condamner à mort, voire au foüet, aucun citoyen Romain: & est à croire, qu'ils se fussent passez tout à faict de Magistrats, s'ils eussent peu, tant ils auoient la Seigneurie publique en horreur, à cause de la tyrannie de leurs Rois, qui en auoient abusé.

36 Qu'ils n'en vsoient sur les citoyens Romains.

37 *Ius libertatis.*

Quant aux biens aussi, les Romains voulurent que leurs heritages fussent entierement libres, c'est à dire qu'ils fussent exempts de cette Seigneurie publique, & qu'ils appartinsent aux proprietaires d'iceux *optimo iure, seu iure Quiritium*, comme ils parloient. Ce qui a meu Bodin de dire, que la Seigneurie publique est vne inuention des peuples barbares, & que les Romains ne la recognoissent point, soit sur les personnes, ou sur les biens.

38 Ni sur les heritages d'Italie.

39 *Ius Quiritium.*

40 Opinion de Bodin.

Ce qui est bien vray pour les personnes des citoyens Romains, & pour les terres d'Italie. Mais il est bien aisé à prouuer, qu'ils la recognoissoient à l'esgard des personnes de tous ceux qui n'estoient citoyens Romains, & qui partant *non*

41 Qu'ils en vsoient par tout ailleurs.

habebant ius illud libertatis, quod erat proprium ciuium Rom. & sur les heritages situez hors l'Italie, *quibus non erat concessum ius Quiritium.* Ce qui se cognoist par cette ancienne diuision *rerum mancipi, & nec mancipi*, que ie me donneray loisir d'expliquer en passant, pource que Iustinian en la loy vnique, *De iure Quirit. toll.* dit que c'est vn Enigme inexplicable.

42 *Mancipium, vnde.* *Mancipium est quasi manu captum* (dit Varro *lib. 5.*) *quod manu ab hostibus capitur*, dit Iustinian aux Institut. Or c'est chose notoire qu'en ces endroits, *Manus* ne signifie pas la main, mais la puissance, & encores, non pas la puissance priuée, mais la publique, comme en la loy 2. *in princ. De orig. iur. omnia manu ab Regib. gubernabantur: An nescis longas Regibus esse manus? Inde manumittere, manum iniÿcere, in manuesse,* signifient & presupposent la puissance publique. Vray est qu'en l'Estat populaire des Romains, ces termes sont quelquesfois accommodez aux particuliers, pource qu'ils auoient part à l'Estat, & partant estoient capables de cette puissance publique.

43 *Manus.*

44 Main de François. Mais en nostre France monarchique, la main signifie communément la puissance publique, comme quand nous disons, *mainmise, mainleuée, confortemain, maintenuë, maingarnie*, nous entendons cette main, que nous appellons la main du Roy, ou de Iustice, c'est à dire la puissance publique, qui ha son effect en la iustice, selon laquelle elle doit estre conduitte, ainsi qu'il vient d'estre dit: & que partant nous representons par cette main de Iustice, que nos Rois, estans en leur habit Royal, portent particulierement, comme les plus grands Iusticiers du monde, outre le sceptre commun à tous Rois.

45 Main de iustice.

46 *Mancipium quid.* *Mancipium* donques estoit proprement à Rome cette Seigneurie superieure, qui appartenoit à la Republique, sur les personnes & biens des Prouinces. Car comme il vient d'estre dit, les citoiens Romains en estoient exempts, *ÿque sui erant mancipÿ*, comme aussi estoient toutes les terres d'Italie, *quæ habebant ius Quiritium.* Mais celles des Prouinces *erant in mancipio Reipubl.* & estoient tributaires. D'où vient que ceux qui prenoient à ferme, ou faisoient party general des tributs des Prouinces, estoient appellez *Mancipes. Mancipes*, dit Asconius, *sunt publicanorum principes, qui exigenda à socÿs exigunt, & repræsentant suo periculo.*

47 *Mancipes.*

48 *Mancipium opponitur vsui.* Ainsi *Mancipium* est opposé à la iouïssance, tesmoin l'Epistre de Curtius à Ciceron, liu. 7. *epist. ad famil. Sum* χρήσει μὲν *tuus*, κτήσει δὲ *Attici nostri: ergo fructus est tuus, mancipium illius.* A quoy Ciceron respond, *Quando proprium Attici nostri te esse scribis mancipio & nexu, meum autem vsu & fructu, contentus illo sum. Id enim cuiusq. est proprium, quo vtitur ac fruitur.* Et dans Lucrece liu. 3.

Vitaque mancipio nulli datur, omnibus vsu.

49 *Res mancipi & non mancipi.* Voila la propre & originaire signification de *Mancipium*, de signifier la puissance publique & superieure. Mais depuis que les Romains en leur Estat populaire se furent attribué ce droict de posseder *optimo iure, seu iure Quiritum* les heritages de toute l'Italie, c'est à dire sans aucune subiection, ains en parfaicte liberté, & entiere Seigneurie, dont chacun particulier estoit capable, ayant part à l'Estat (ce qu'ils appelloient *Ius imperÿ*, qui estoit encor vn autre des droicts propres aux citoyens Romains) ils appellerent *res mancipi* les biens dont les possesseurs *habebant mancipium*, c'est à dire cette Seigneurie superieure, conioincte à la proprieté & iouïssance actuelle: *& res nec mancipi*, celles dont les particuliers n'estoient capables d'auoir cette mesme Seigneurie publique, pource qu'elle auoit esté reseruée inseparablement à la Republique, à sçauoir les terres des Prouinces.

50 *Ius Imperÿ.*

51 Subtilité d'Antonin, pour oster les priuileges des citoyens Romains. Et par apres, depuis que soubs les Empereurs ils cōmencerent à perdre *eiusmodi iura libertatis & Imperÿ*, commençans aussi à estre reduits peu à peu à la Monarchie, l'Empereur Antonin, n'osant pas oster tout ouuertement ces droicts & franchises au peuple Romain, les communiqua, par vn sage traict d'Estat, à tous les subiects de l'Empire, qu'il fist trestous citoyens Romains, par ce bel Edict rapporté en la loy *In orbe. D. De statu hominum*: & ainsi il abolit par effect les priuileges des citoyens Romains, les reduisant en droict commun.

52 Abolissement du *Ius Quiritium.* & de la differen-ce *rerum mancipi, & non mancipi.* Et long temps apres, Iustinian osta tout à plat cette difference des terres d'Italie, & des Prouinces. Quoy faisant, afin d'abolir toutes les traces & vestiges de cette

de cette liberté populaire, il dist finement, que ce *Ius Quiritium*, estoit vn nom vain & sans effect. Aussi à la verité luy ostoit-il lors son effect, en ostant la difference *rerum mancipi, & nec mancipi*, & ordonnant que *quisque rei suæ legitimus & plenissimus dominus esset. l. vnica. De iure Quirit. toll. & l. vnica, De vsucap. transform. & sublata differentia rerum mancipi, & nec mancipi.*

Neantmoins en effect les terres des Prouinces ne laisserent de demeurer 53 Tributs *Census.*
en la Seigneurie publique de l'Empire Romain, & d'estre tributaires, comme auparauant: ainsi que les trois derniers liures du Code font foy, & le tiltre *de Censibus* au Digeste. C'est pourquoy le vieil glossaire Grec dit, que ἀπινδέσεια ἐπὶ τὰ ἐν ἐπαρχίαις κτήματα. Et ce tribut fut en fin appellé *Census*, Κῆνσος, *inquit Suidas*, ἡ πισιοντέλος, lequel tribut, ou Cens des Romains, estoit la marque de ceste Seigneurie publique.

Voila quant aux Romains: & pour le regard de nos François, quand ils con- 54 Que les anciens François ont recogneu ces deux Seigneuries.
questerent les Gaules, c'est chose certaine qu'ils se firent Seigneurs des personnes & des biens d'icelles, i'entens Seigneurs parfaicts, tant en la Seigneurie publique, qu'en la proprieté, ou Seigneurie priuée.

Quant aux personnes, ils firent les naturels du païs serfs, non pas toutesfois 55 Seruitude des Gaulois vaincus par les Francs.
d'entiere seruitude, mais tels à peu pres que ceux que les Romains appelloient, ou *Censitos, seu adscriptitios*, ou *Colonos, seu glebæ addictos*, qui estoient deux diuerses especes de demy-serfs, s'il faut ainsi parler, dont les premiers sont appellez en nos Coustumes *Gens de main-morte, id est mortuæ potestatis*, ou *gens de pôte, id est alienæ* 56 Gens de main-morte, ou de pote.
potestatis: comme il est interpreté en vn vieil arrest de l'an 1247. rapporté par Ragueau. Et les derniers sont appellez *Gens de suitte*, ou *Serfs de suitte*, qui estoient 57 Serfs de suitte.
subiects de demeurer dans le territoire du Seigneur, autrement pouuoient estre poursuiuis, & ramenez, comme les serfs fugitifs.

Mais quant au peuple vainqueur, il demeura franc de ces especes de seruitu- 58 *Franc* pourquoy signifie libre.
de, & exempt de toute Seigneurie priuée. D'où est venu que les François libres, estans meslez auec les Gaulois, qui estoient demy-serfs, le mot de *Franc*, qui estoit 59 *Franc* d'où vient.
le nom propre de la nation, a signifié cette liberté: ainsi que Pasquier a bien remarqué au 5. chap. du 1. liu. de ses Recherches.

Quant aux terres de la Gaule, les François victorieux les confisquerent tou- 60 Comment les terres furent distribuées apres les côquestes des Gaules.
tes, c'est à dire attribuerent à leur Estat l'vne & l'autre Seigneurie d'icelles. Et hors celles, qu'ils retindrent au domaine du Prince, ils distribuerent toutes les autres par climats & territoires aux principaux Chefs & Capitaines de leur nation. Donnant à tel, toute vne Prouince à tiltre de Duché, à tel autre vn païs de 61 Origine des Seigneuries.
frontiere à tiltre de Marquisat, à vn autre vne ville, auec son territoire adiacent, à tiltre de Comté: bref à d'autres des chasteaux, ou villages, auec quelques terres d'alentour à tiltre de Baronnie, Chastellenie, ou simple Seigneurie, selon les merites particuliers de chacun, & selon le nombre de soldats, qu'il auoit sous luy. Car c'estoit tant pour eux, que pour leurs soldats.

Mais ces terres ne leur estoient pas baillées *optimo iure*, pour en iouïr en parfaicte 62 Seigneurie directe.
Seigneurie: ains voulans establir vne Monarchie asseurée, ils en retindrent pardeuers l'Estat, non seulement la Seigneurie publique, ains aussi se reseruerent vn droict sur la Seigneurie priuée, qui n'auoit point esté cogneu par les Romains, droict, que nous auons appellé Seigneurie directe, qui est vne espece, ou degré de Seigneurie priuée.

Car ils ne concederent pas ces terres à leurs Capitaines, pour en iouïr en tou- 63 Origine des fiefs.
te franchise, & sans prestation, ou redeuance aucune, ains les baillerent à tiltre de fief, c'est à dire, à la charge d'assister à tousiours le Prince souuerain en guerre. Inuention qui auoit esté commencée par les Empereurs Romains, lesquels, pour asseurer leurs frontieres, s'aduiserent de donner les terres d'icelles à leurs Capitaines & soldats plus signalez, par forme de recompense, ou bien faict, qu'aussi il appellerent *benefice*, & à la charge de les tenir seulement, pendant qu'ils 64 *Beneficium.*
seroient soldats. Ce qui seruoit tant à les obliger à continuer la milice, qu'à les rendre plus courageux, lors qu'ils défendoient leur propre terre: *vt attentiùs militarent propria rura defendentes*, dit Lampride.

Ce que nos antiques François ayant appris, lors qu'ils enuahirent sur les Romains les frontieres de Gaule, le pratiquerent depuis, non seulement en la frontiere de leur Estat, mais par tout iceluy, appellant Fiefs les terres concedées à ce tiltre, à cause de cette confiance, ou foy promise par le preneur d'icelles, d'assister son Seigneur en guerre: ce qui a faict croire à plusieurs, qu'ils ont esté les premiers inuenteurs des Fiefs, estant eux à la verité qui en ont appris l'vsage aux Lombards.

66 Origine des arriere-fiefs. Et non seulement le Prince souuerain des François conceda à ses Capitaines, tant pour eux, que pour leurs soldats, les terres de leur partage à tiltre de Fief vers luy: mais aussi ces Capitaines baillerent à chacun de leurs soldats la part qu'il leur en voulurent conceder, à mesme tiltre de Fief vers eux, c'est à dire, à la charge qu'ils seroient tenus les assister en guerre, toutesfois & quantes qu'il en seroit besoin, & par ce moyen leurs compagnies demeurerent entieres pour iamais.

67 Feaux, & soldats. Par ainsi ils auoient deux sortes de gens de guerre, à sçauoir les vassaux, ou feaux, & les soldats: les feaux y estans obligez par leurs fiefs, & les soldats par leur solde. Et y auoit en France anciennement si grand nombre de feaux, ou

68 Pourquoy la guerre estoit iadis cótinuelle en France. vassaux, qui estoient conuoquez par le ban & arriere-ban, qu'on n'vsoit presque point de soldats soudoyez: & sans cela nos Rois, qui n'auoient presque aucun domaine (estans lors tous les Duchez & Comtez détenus par les Seigneurs) & qui d'ailleurs n'auoient aucune taille, ni autre subside ordinaire, n'eussent pas peu soustenir les grandes guerres, qu'ils supportoient presque continuellement. Voire mesme pource qu'en temps de paix leur puissance estoit fort petite, estant resserrée de si pres par tant de Seigneurs trop puissants, qu'ils estoient contraincts, pour se maintenir, d'auoir tousiours quelque entreprise de guerre, afin d'auoir suiect de tenir tous ces Seigneurs obligez à les assister, & à demeurer aupres d'eux sous leur commandement militaire.

69 Origine des Censiues. Mais pour reuenir au partage que firent nos conquerans François des terres de la Gaule, ces Capitaines, ausquels les territoires entiers auoient esté concedez, outre la part qu'ils en donnerent à leurs soldats, rendirent aussi aux naturels du païs quelque petite portion de leurs terres, afin de ne les exterminer, ains pour s'en seruir au labourage. Mais ils ne la leur concederent pas au mesme tiltre de Fief, comme ils auoient faict à leurs soldats, (car ils leur osterent l'entier vsage des armes, & par consequent de fiefs) ains à tiltre de cens, c'est à dire, à la charge de leur en payer la mesme rente annuelle, ou tribut, qu'ils auoient accoustumé d'en payer aux Romains: duquel tribut les fiefs concedez aux François estoient exempts, & pour cette cause furent appellez *Franc-Fiefs*, ou bien

70 Fiefs pourquoy appellez Francs. par ce qu'il n'y auoit que les Francs, qui fussent capables de les tenir: ce qui sera examiné ailleurs.

Voila en passant l'origine de nos Fiefs, arriere-Fiefs & censiues. Or ces Ca-

71 Iadis les Seigneurs auoient la directe des personnes, aussi bien que des heritages. pitaines, ausquels les prouinces, ou les villes, ou les amples territoires auoient esté concedez, tant pour eux, que pour leurs soldats, n'auoient pas seulement la Seigneurie priuée, soit directe, soit vtile, des heritages de leur territoire: mais aussi ils estoient Seigneurs des personnes des anciens habitans du pays residens en leur distroit, selon la condition de seruitude, qui leur auoit esté imposée lors de leur conqueste: laquelle Seigneurie ne se pouuoit estendre sur les François, qui estoient francs & libres. Toutesfois il faut noter que toute la Seigneurie qu'auoient ces Capitaines, soit sur les terres, ou sur les personnes, n'estoit qu'vne Seigneurie priuée, demeurant iusques à lors la Seigneurie publique entierement par deuers le Prince souuerain, selon sa vraye nature.

72 Quelle puissance publique ils auoient. Vray est qu'ils auoient le commandement & puissance publique en qualité d'Officiers, estant tousiours demeurez en leurs charges de Capitaines, en tant

73 Qu'ils auoient l'administration de la iustice, aussi bien que des armes. que par le moyen des vassaux, qu'ils auoient sous eux, leurs compagnies & bandes estoient maintenuës à perpetuité, & de fait aux liures des Fiefs, ils sont appellez *Capitanei Regis aut regni*.

Voire, que non seulement ils auoient le commandement au faict de la guerre, comme

comme Capitaines, mais ils auoient aussi l'administration de la Iustice, pource qu'en ces nations belliqueuses, il n'y auoit point d'autres Officiers principaux, que ceux de la guerre, qui quand & quand exerçoiẽt la iustice en temps de paix; n'ayant mesme en aucune ancienne Republique, les charges de la guerre, & de la iustice esté separées, comme il a esté dit au 1. liu. *des Offices*. Aussi Cesar au passage sus allegué, dit qu'en l'ancienne Gaule c'estoient les principaux des villes & bourgs qui rendoient la iustice. Et tout ainsi que ces Capitaines s'aydoient de leurs vassaux en la guerre, aussi faisoient-ils en la iustice, principalement aux causes d'importance, qu'ils iugeoient par leur aduis, & pour cette raison ils les appelloient *Pares curiæ*, c'est à dire Pairs & compagnons de leur Cour & iustice.

Dont s'ensuit que la charge de ces Capitaines estoit Office & Fief tout ensemble: Office, entant qu'ils auoient l'administration, & des armes, & de la iustice: Fief aussi, entant qu'ils estoient Seigneurs de leur territoire, lequel ils tenoient en Fief du Prince souuerain, à la charge de l'assister en guerre. 74 Que les Seigneuries estoient Offices & Fiefs ensemble.

75 Ressemblance de l'Office, & du Fief.

Aussi n'estoient lors l'Office & Fief gueres dissemblables. Car outre l'affinité, qu'ils ont encor de consister tous deux en fonction personnelle, & de subsister formellement en la foy, le Fief aussi-bien que l'Office finissoit lors par la mort, mesme l'vn comme l'autre estoit reuocable par la volonté du concedant, comme il est dit au 1. tit. Des Fiefs. Bref l'Office & le Fief n'auoient lors autre difference, sinon que la function de l'Office est publique, & celle du Fief est priuée, à sçauoir d'assister son Seigneur en guerre: en signe dequoy le serment de l'Office se fait publiquement, & la foy du Fief se rend en priué, & aussi la recompense de l'Office consiste ordinairement en gages perceptibles du public, & celle du Feudataire en heritages, dont il iouït par ses mains.

Doncques ces charges de Capitaines, qui sont les Duchez, Marquisats, & Comtez, n'estoient pas lors de cette premiere institution simples Offices, comme a dit Bodin: puis qu'elles estoient conferées, à la charge d'assister le Prince en guerre, qu'elles auoient des vassaux & censiers, qui en releuoient, & que leur reuenu consistoit, non en gages, ains en heritages. Ce n'estoient pas aussi simples Fiefs, puisque d'iceux dependoit la fonction publique: voire le commandement, tant au faict des armes, que de la iustice. Partant il faut conclure que c'estoient Offices & Fiefs tout ensemble. 76 Contre Bodin.

C'est pourquoy dans les liures Des Fiefs ils sont appellez *Feuda Dignitatum*, *seu feudales Dignitates*: comme qui diroit Dignitez & Fiefs ensemble. Terme que l'antique Bouteillier a bien sceu recueillir. *Tenir par dignité* (ce dit-il, au tit. Des Fiefs) *si est tenir aucun Office en Fief par forme de dignité, si comme de tenir Seigneuries, & autres Offices à heritage, & en fief, & si comme Maieur heritier*, c'est à dire vn Maire hereditaire. Qui est l'occasion pourquoy nous les auons fort à propos qualifiez du nom de Seigneuries, qui par sa double etymologie de *Senior* & de *Sien*, cy-dessus recitée, comprend, & l'Office & la proprieté des terres, κυριότητα καὶ δεσποτείαν; *imperium & dominium*: bref tant la Seigneurie priuée, que la publique. 77 Feuda dignitatum. 78 Tenir par dignité.

Car il faut noter, que quelque commandement, ou puissance publique, qu'eussent les Ducs, Marquis & Comtes de leur premiere institution, si est-ce qu'ils ne l'auoient que par forme d'administration, comme Officiers, & non pas en proprieté, comme Seigneurs: mais pour l'affinité qu'il y a entre la puissance des Officiers, & celle des Seigneurs (qui est si grande, que ni les Grecs, ni les Romains, n'ont sceu la distinguer par vn nom diuers: ains ont esté contraincts appeller l'vne & l'autre d'vn mesme nom ἀρχὴν *Imperium*) il a esté facile à ces anciens Ducs & Comtes, de changer leur Office en Seigneurie: entreprenant premierement de faire exercer leurs charges par commis & Lieutenans, ainsi que le droict Romain permet: puis ayant trouué moyen accortement de les rendre accessoires, & dependantes de leurs Fiefs, qui desia auparauant auoient esté faicts hereditaires & patrimoniaux. 79 Comment les Offices des Seigneurs ont esté changez en Seigneuries. 80 Difference de l'Office & Seigneurie.

81 Comment les Seigneurs ont vsurpé la Seigneurie publique.

Par ainsi, outre la Seigneurie priuée concedée à ces Seigneurs tant des terres de leur distroit, que des personnes des Gaulois, ils ont encor vsurpé vne espece de Seigneurie publique, c'est à dire, vne proprieté de la puissance publique.

82 Deux sortes de Seigneurie publique.

Dont s'ensuit qu'en France, & en si peu qu'il y a d'autres païs, où la iustice publique est laissée en proprieté aux particuliers, il y a deux degrez de Seigneurie publique, à sçauoir celle qui demeure inseparablement par deuers l'Estat, nonobstant cette vsurpation, que nous appellons *Souueraineté* : Et celle qui a esté ainsi vsurpée par les particuliers, pour laquelle exprimer il nous a fallu forger vn mot exprés, & l'appeller *Suzeraineté*, mot qui est aussi estrange, comme cette espece de Seigneurie est absurde.

83 Deux sortes de Seigneurie priuée.

Comme au pareil nous auons deux degrez de Seigneurie priuée, à sçauoir la directe, qui est celle des Seigneurs feodaux, ou censuels, & la Seigneurie vtile qui est celle des vassaux, & suiects censiers, lesquels deux degrez de Seigneurie priuée reuiennent presque à la distinction que font les Grecs entre κτῆσις & χρῆσις.

84 La Seigneurie priuée n'a plus lieu directement que sur les personnes.

Or comme ainsi soit, que nous n'auons plus à present aucune sorte d'esclauage en France, qui est le païs des francs, la Seigneurie priuée n'y a plus lieu sur les personnes, ains seulement sur les terres. Vray est qu'elle redonde indirectement sur les personnes à l'occasion des terres, comme on voit que le vassal & censier doiuent quelques redeuances personnelles à leur Seigneur direct, mais ce n'est pas de leur Chef, ains à cause de leur terre, qui estant inanimée ne peut rendre le deuoir dont elle est chargée, sans l'entremise du detenteur d'icelle, qui aussi se peut exempter de ce deuoir, en quittant la terre: ce qui ne seroit pas, s'il estoit deu directement par la personne.

85 La Seigneurie publique n'a lieu directement que sur les personnes.

Mais au rebours la Seigneurie publique a lieu directement, & principalement sur les personnes, qui sont capables de receuoir le commandement, & non sur les choses inanimées. Que si elle s'estend sur les choses, c'est indirectement, & à cause de la personne, à qui elles appartiennent: comme quand on saisit les meubles d'vn debteur, qu'on confisque les biens d'vn condamné.

86 Contre Bodin.

87 Ce qui l'a deceu.

De ce discours (qu'il a esté besoin faire vn peu long, tant pource que c'est le fondement de cette matiere, que pource que cette distinction de Seigneurie n'a iamais esté traictée) il appert assez, ce me semble, que Bodin se mesprend, quand il dit que les Romains n'ont point recogneu de Seigneurie publique: & encore plus quand pour prouuer cette proposition, il dit que ces mots *Dominium directum & vtile*, ne se trouuent point dans le corps de leur droict, pensant à mon aduis que la Seigneurie directe fust la publique, & que l'vtile fust la priuée, combien que la directe & l'vtile soient deux especes de la Seigneurie priuée: au dessus desquelles deux, est encor la Seigneurie publique. Ce qui la deceu, est la grande affinité & ressemblance d'entre la Seigneurie priuée directe du Seigneur feodal & censuel, & la Seigneurie publiqne du Seigneur haut Iusticier, qui se rencontrent ordinairement en mesme personne, & en mesme Fief. Et aussi que le cens, qui aux Romains estoit marque de Seigneurie publique, est à nous marque de Seigneurie directe des particuliers.

88 Que les Romains ne cognoissoiét qu'vn degré de chacune Seigneurie.

Concluons donc des preuues cy dessus rapportées, que les Romains recognoissent la Seigneurie publique & la priuée. Mais ils n'en recognoissent qu'vne sorte de chasque espece, & non pas deux diuers degrez, cóme nous: car premierement quant à la Seigneurie publique, ils ne cognoissent point la suzeraine subalterne, qui a esté en France vsurpée par les particuliers. Et quant à la Seigneurie priuée, ils ne recognoissent point le *Dominium directum & vtile*, qu'ont produict nos Fiefs & censiues, dont ils n'auroient l'vsage.

SOMMAIRE

SOMMAIRE DV SECOND CHAPITRE.

1 *Seigneurie* in concreto, *ou terre Seigneuriale.*
2 *Deux especes de terres Seigneuriales.*
3 *Noms de Souueraineté.*
4 *Souueraineté est propre inseparablement à l'Estat.*
5 *La souueraineté est la forme de l'Estat.*
6 *Estat, d'où est dit.*
7 *Souueraineté reside en l'Estat, & se communique aux Seigneurs d'iceluy.*
8 *Que c'est que la puissance absoluë de souueraineté.*
9 *Bornes de puissance souueraine fort notables.*
10 *Marque de souueraineté.*
11 *Qu'il ne sera icy traicté que de la souueraineté Monarchique.*
12 *Tous Monarques indifferemment appellez Roys.*
13 *Quatre sortes de Princes.*
14 *Simples Princes.*
15 *Prince, que signifie proprement.*
16 Ἄρχων, ἀρχή.
17 Rex.
18 Βασιλεύς.
19 *Simples Princes plus anciens que les autres.*
20 *Origine des Princes.*
21 *Exemples des simples Princes de l'antiquité.*
22 *Roys de Lacedemone condamnez à mort.*
23 *Roys de la Gaule.*
24 *Roys de France de la premiere lignée.*
25 *Roys de Rome n'estoient que simples Princes.*
26 *Premiers Empereurs n'estoient que simples Princes.*
27 *Empereur, que signifioit du commencement.*
28 *Que les premiers Empereurs n'estoient vrais Monarques.*
29 *Passages, pour confirmer la difference du simple Prince, & du Prince souuerain.*
30 *Exemples modernes des simples Princes.*
31 *Duc de Venise.*
32 *L'Empereur d'à present.*
33 *Le Duc Maurice és païs bas.*
34 *Princes subiects.*
35 *Roys subiects en Ethiopie.*
36 *Potentats d'Allemagne.*
37 *Princes d'Italie, iadis subiects à l'Empire.*
38 *Ducs & Comtes de France iadis Princes subiects.*
39 *Distinction des Princes subiects d'auec les souuerains.*
40 *Subiect du Prince souuerain, acquerant vne Monarchie est souuerain.*
41 *Le territoire & demeurance fait la subiection de la personne.*
42 *Si les Principautez feudataires, tributaires, ou en protection peuuent estre souueraines.*
43 *Contre Bodin, que le Prince feudataire ne laisse d'estre souuerain.*
44 *De mesme.*
45 *La feudalité auilit, mais n'oste pas la souueraineté.*
46 *Inconuenient de l'opinion de Bodin.*
47 *Roys feudataires de l'Empire, selō Bodin.*
49 *Pourquoy on obserue la souueraineté en creant des Principautez.*
50 *Quand telle reserue est necessaire.*
51 *Les Princes simples & subiects ne sont parfaictement souuerains.*
52 *Princes souuerains tout à fait.*
53 *Diuision de Bodin, des Monarques, reprouuée.*
54 *Princes Seigneurs, pourquoy dits.*
55 *Nom de Roy, conuient à toute sorte de Prince.*
56 *Nom de Prince, opposé à celuy de Seigneur.*
57 *Princes Seigneurs, qui sont.*
58 *Principautez Seigneuriales sont contre nature.*
59 *Anciennes Principautez Seigneuriales.*
60 *Principautez Seigneuriales d'à present.*
61 *Monarchie du Peru, moitoyenne.*
62 *Principautez Seigneuriales sont contre le Christianisme.*
63 *Princes souuerains, pourquoy dits.*
64 *Quatre sortes de Princes souuerains.*
65 Imperator, *que signifie.*
66 Imperium.
67 Αὐτοκράτωρ.
68 *Autre signification d'Empereur.*
69 *Nom d'Empereur, pourquoy attribué aux Empereurs Romains.*
70 *Empereurs Romains estoient souuerains en effect.*
71 *Empereurs de Constantinople estoient purs souuerains.*
72 *Les quatre* ϵ *des Empereurs de Constantinople, que signifioient.*

73 *Roy des Roys.*
74 *Faulse opinion de penser que tous Roys doiuent recognoistre l'Empereur.*
75 *Roys qui sont proprement.*
76 *Definition des Roys.*
77 *Preuue d'icelle.*
78 *Beau passage de Tite-Liue.*
79 *Roys de Bourgongne & Lorraine.*
80 *Roys de Dannemarck, cōment ont vsurpé la Souueraineté sur l'Empereur.*
81 *Archi-Ducs d'Austriche autrefois Roys.*
82 *Roy de Boheme n'est qu'honoraire.*
83 *Les Royaumes de Naples & Sicile.*
84 *Le grand Duc de Toscane.*
85 *Roys ne peuuent endurer de superieur.*
86 *Roys ont facilement empieté la Souueraineté.*
87 *Vsurpation suiuie d'vne longue iouissance, fait loy aux souuerainetez.*
88 *Principautez souueraines tout à faict sont les meilleures.*
89 *Guerre immortelle en Polongne, entre le Roy & les Estats.*
90 *Inconueniens des Estats électifs.*
91 *Préeminēces de l'Empereur d'Allemagne.*
92 *Grandeur du Royaume de France.*
93 *Loüange de nostre Roy d'à present.*
94 *Trois sortes, ou degrez de Ducs & Comtes.*
95 *Seigneuries de surseance.*

DES SEIGNEVRIES SOVVERAINES.

CHAPITRE II.

1 *Seigneurie in concreto, ou terre Seigneuriale.*

C'EST assez parlé de la Seigneurie prise *in abstracto*, en tant qu'elle signifie toute puissance en proprieté, soit publique, soit priuée. Parlons maintenant de la Seigneurie prise *in concreto*, qui estant formée & concrée de la rencontre de la Seigneurie publique, & de la priuée (rencontre qui sera expliquée au chapitre quatriesme) signifie vne terre Seigneuriale, en laquelle ces deux Seigneuries se rencontrent, & principalement s'y trouue la publique, que nous auons dict estre la plus vraye, & plus propre Seigneurie.

2 *Deux especes de terres Seigneuriales.*

Proprement donc la Seigneurie, ou terre Seigneuriale est celle, qui est doüée de Seigneurie publique, c'est à dire, de puissance publique en proprieté. Et comme il a esté dict au chapitre precedent, qu'il y a deux sortes de Seigneurie publique *in abstracto*, à sçauoir la souueraineté, & la suzeraineté : aussi y a-il deux sortes de Seigneuries *in concreto*, ou terres seigneuriales, à sçauoir les souueraines, & les suzeraines. Les suzeraines sont celles qui ont puissance superieure, mais non supreme, ains subalterne. Les souueraines, ausquelles ce chapitre est destiné, sont celles qui ont la puissance souueraine, qui par les Hebreux est appellée

3 *Noms de Souueraineté.*

תכר שבט, par les Grecs ἄκρα ἐξουσία, ϗ κυρία ἀρχὴ, par les Latins *suprema potestas, summumque Imperium*, & en vn mot *Maiestas* : & par les Italiens *Signoria*, par vne certaine excellence, tout ainsi que les Romains l'appellent par fois simplement *Imperium*.

4 *Souueraineté est propre inseparablement à l'Estat.*

Ceste Souueraineté est la propre Seigneurie de l'Estat. Car combien que toute Seigneurie publique deust demeurer à l'Estat, ce neantmoins les Seigneurs particuliers ont vsurpé la Suzeraineté : mais la Souueraineté est du tout inseparable de l'Estat, duquel si elle estoit ostée, ce ne seroit plus vn Estat, & celuy qui l'auroit, auroit l'Estat en tant, & pourtant qu'il auroit la Seigneurie souueraine,

5 *La Souueraineté est la forme de l'Estat.*

comme quand le Roy François quitta la souueraineté de Flandres, la Flandre fut par consequent distraicte, & ostée de l'Estat de France, & deuint vn Estat à part. Car en fin la souueraineté est la forme, qui donne l'estre à l'Estat, mesme

6 *Estat, d'où est dict.*

l'Estat & la Souueraineté prise *in concreto*, sont synonymes, & l'Estat est ainsi appellé, pource que la Souueraineté est le comble & periode de puissance, où il faut que l'Estat s'arreste & establisse.

7 *Souueraineté reside en l'Estat, & se communique aux Seigneurs d'iceluy.*

Et comme c'est le propre de toute Seigneurie d'estre inherente à quelque Fief, ou domaine, aussi la Souueraineté *in abstracto*, est attachée à l'Estat, Royaume, ou Republique. Pareillement comme toute Seigneurie est communiquée aux possesseurs de ce fief, ou domaine ; la Souueraineté, selon la diuersité des Estats, se communique aux diuers possesseurs d'iceux, à sçauoir en la Democratie à tout le peuple, comme à Rome, où la Majesté estoit attribuée au peuple en general, & chacun citoyen en particulier, *dicebatur habere ius Imperij*, que nous disons auoir part à l'Estat. En l'Aristocratie, la Souueraineté reside pardeuers ceux qui ont la domination, qui pour ceste cause sont ordinairement appellez Seigneurs. Finalement és Monarchies, elle appartient au Monarque, qui pour ceste occasion est appellé *Prince souuerain*, ou *souuerain Seigneur*.

Or elle consiste en puissance absoluë, c'est à dire, parfaicte & entiere de tout poinct, que les Canonistes appellent *plenitude de puissance*. & par consequent, elle est sans degré de superiorité : car celuy qui ha vn Superieur ne peut estre suprême & souuerain : sans limitation de temps, autrement ce ne seroit, ni puissance absoluë, ni mesme Seigneurie, ains vne puissance en garde, ou depost : sans exception de personnes, ou choses aucunes, qui soient de l'Estat, pource que ce qui en seroit excepté ne seroit plus de l'Estat. Et comme la couronne ne peut estre, si son cercle n'est entier, aussi la Souueraineté n'est point, si quelque chose y defaut. 8 Que c'est que la puissãce absoluë de Souueraineté.

Toutesfois, comme il n'y a que Dieu qui soit tout-puissant, & la puissance des hommes ne peut estre absoluë tout à faict : il y a trois sortes de loix qui bornent la puissance du Souuerain, sans interesser la souueraineté. A sçauoir les loix de Dieu, pource que le Prince n'est pas moins souuerain, pour estre subject à Dieu : les regles de iustice naturelles & non positiues, pource qu'il a esté dit cy-deuant, que c'est le propre de la Seigneurie publique, d'estre exercée par Iustice, & non pas à discretion : Et finalement, les loix fondamentales de l'Estat, pource que le Prince doit vser de sa Souueraineté selon la propre nature, & en la forme, & aux conditions, qu'elle est establie. 9 Bornes de la puissance souueraine fort notables.

C'est donc la puissance absoluë, qui est la difference specifique, & la vraye marque pour distinguer les Seigneuries souueraines d'auec celles qui ne le sont pas. Car les autres marques de souueraineté, rapportées par Bodin, au 10. chap. de son 1. liure, sont plustost droicts & dépendances, que marques specifiques & certaines : & quiconque voudroit mirer & recognoistre la souueraineté par chacune d'icelles, se mesprendroit souuentesfois. Mais on ne peut iamais errer en ceste regle, que quiconque ha la puissance & commandement souuerain, ha la souueraineté, & quiconque ne l'ha, n'est pas Prince souuerain. 10 Marques de souueraineté.

Or d'autant que la souueraineté reluist plus parfaictement en la Monarchie, qu'en la Democratie, ou Aristocratie, aussi que ie n'enten traiter, que des Dignitez de nostre France Monarchique : ie ne parlerai icy que de la souueraineté residente par deuers les Monarques, qui presqu'en toutes les Monarchies sont indifferemment appellez Roys. Dont Aristote, liu. 3. *de Repub.* chap. 3. compte iusques à cinq sortes. Toutesfois, pource que sa diuision a esté prouuée vicieuse par Bodin, i'en ferai vne à ma mode, & afin de la rendre plus parfaicte, ie n'vserai pas du terme de Roy, ains en prendray vn plus general, à sçauoir celuy de Prince, qui peut estre adapté à tous Seigneurs, qui participent à la souueraineté. 11 Qu'il ne sera icy traicté que de la Souueraineté monarchique. 12 Tous Monarques indiferément appellez Roys.

Ie dy donc, qu'il y a quatre sortes de Princes, à sçauoir les simples Princes, les Princes subjets, les Princes souuerains, & les Princes Seigneurs : auquel compte ie ne mets point les Princes de race, pource que ce ne sont que Princes honoraires, qui sont soubs le genre de l'Ordre, & non d'Office, ou Seigneurie, & en sera traicté au liure *Des Ordres* : Ni pareillement ceux qui ont des terres érigées en titre de Principauté, pource que ceux-là ne sont pas Princes, ains seulemét Seigneurs de Principautez, desquels sera traité cy-apres au chapitre cinquiesme. Mais de nos quatre sortes de Princes, les deux derniers sont parfaictement souuerains, les deux autres ne le sont qu'en partie, & par participation. 13 Quatre sortes de Princes.

Ie mets au premier rang ceux que i'appelle simples Princes, c'est à dire, les premiers Magistrats, qui exercent la souueraineté comme Officiers, mais n'en ont pas la proprieté, comme Seigneurs : pource que sans doute c'est la plus propre signification du mot de Prince, & aussi l'espece des Princes la plus ancienne, 14 Simples Princes.

15 Prince, que signifie proprement. &plus selon nature. Car *Princeps* en Latin, & Prince en François, signifie proprement & originairement le premier chef, c'est à dire, le premier Officier de l'Estat, qui y ha le premier commandement, & la puissance souueraine, mais non pas en proprieté, comme le Seigneur souuerain, ains en a seulement l'administration & exercice, comme tout Officier de ce qui dépend de sa charge.

16 ἄρχων, ἀρχή. En Grec il est appellé ἄρχων, pource qu'ἀρχὴ signifie, & la primauté, & le commandement, ou Magistrature : mais quand on veut exprimer le Seigneur souuerain, il faut l'appeller Monarque, pour exclure toute puissance égale à la sienne. Mesme le terme de Roy conuient mieux aux simples Princes, qu'aux Princes

17 Rex. souuerains, estant dit *Rex à regendo*, & en Grec βασιλεὺς, *quasi* βάσις τοῦ λαοῦ, la base &

18 βασιλεύς. l'asseurance, & non pas le Seigneur & dominateur du peuple. Et l'Empereur mesme est vn nom d'Office, non de Seigneurie, signifiant celuy qui exerce le commandement.

19 Simples Princes plus anciens que les autres. C'est aussi l'espece de Princes plus ancienne, & plus selon nature, pource que, comme dit Aristote, au commencement des Politiq. quand au commencement du monde plusieurs familles s'assemblerent pour faire vne cité, elles eurent incontinant besoin de Magistrats pour les gouuerner : puis quand plusieurs citez s'vnirent pour faire vn Estat, ou Republique, il leur fut besoin d'vn premier & souuerain Magistrat, qui commandast aux Magistrats particuliers des citez, afin de tenir en toutes vn mesme ordre, & vne parfaicte intelligence, pour viure en repos entr'elles, & en asseurance auec leurs voisins.

20 Origine des Princes. Partant, elles esleurent celuy d'entr'eux, qu'elles estimerent le plus apte à les bien gouuerner en paix & en guerre, en la personne duquel elles firent comme vn compromis, afin d'éuiter la confusion qui eust esté, si en chasque affaire d'importance il eust fallu auoir l'aduis de tous les citoyens. Mais pourtant ne luy donnerent-elles aucune Seigneurie sur eux, & ne se rendirent pas ses subjets, ains est à croire qu'elles voulurent conseruer entierement leur franchise & liberté naturelle.

21 Exemple des simples Princes de l'antiquité. Tels furent les Patriarches, puis les Iuges parmi le peuple de Dieu. Tels furent les Roys de Lacedemone, qui, comme dit Aristote, n'estoient que simples Capitaines en chef, subjets au surplus à la Seigneurie, c'est à dire, à l'assemblée generale de tout le peuple, par deuers laquelle, en tels Estats, reside la pure Seigneurie, & parfaicte Souueraineté : Voire mesme les Roys de Lacedemone furent en fin assubjectis aux Ephores, qui les condamnoient à l'amende, comme Agesilaus, & quelquesfois à la mort, comme Agis & Pausanias.

22 Roys de Lacedemone condamnez à mort.

23 Roys de la Gaule. Tels estoient les anciens Roys de la Gaule, que pour ceste cause Cesar appelle souuent *Regulos*, estans subjets & iusticiables des Estats de leur Prouince, qui mesme quelquesfois les faisoient mourir par iustice, comme a bien prouué Hotman en sa Francogallie, notamment au premier chapitre du premier liure, tesmoin le dire d'Ambiorix Roy des Liegeois, qu'il rapporte du cinquiesme liure des Commentaires de Cesar, *Sua esse huiusmodi Imperia, vt non minus haberet in se iuris multitudo, quàm ipse in multitudinem.*

24 Roys de France de la premiere lignée. Le mesme Hotman semble assez bien prouuer que les Roys de France de la premiere lignée, n'estoient pareillement que simples Princes, & premiers Officiers du Royaume, & que la Souueraineté de la France residoit lors pardeuers les Estats. Dont il ne se faut esmerueiller, n'y en tirer vne consequence, que ceux d'à present n'ayent point plus de pouuoir. Car il est vrai de dire, qu'en toutes les Monarchies, qui ont esté establies par la volonté des peuples, & non par la force, cela a eu lieu du commencement.

25 Roys de Rome n'estoient que simples Princes. Mesme il y a grande apparence, que les Roys de Rome, bien qu'ils se fussent establis d'eux-mesme, n'auoient pas la pure souueraineté : tesmoins ce qui aduint à Romulus, lors qu'il voulut faire le Seigneur, la forme de gouuernement de Numa, l'appel de la sentence de Tullus interjecté pardeuant le peuple par Horatius, le dechassement de Tarquin, & plusieurs autres remarques. Quoy que ce soit, il est bien certain, que les Roys de Rome n'auoient pas la souueraineté dans la Toscane, qui se donna aux Romains, à condition expresse, que *non suprem*

potestas, sed tantùm Principatus penes Regem Romanum esset, dit Florus.

Aussi est-il bien asseuré, que les premiers Empereurs n'estoient, ou pour mieux dire, ne faisoient semblant d'estre que simples Princes, laissans en apparence la souueraineté au peuple. C'est pourquoy ils se faisoient eslire & continuer chacun an aux Magistrats, qui auoient le premier commandement en toutes sortes d'affaires, comme de Consuls, Censeurs, Tribuns du peuple : & outre cela, gardoient tousiours la qualité d'Empereurs, c'est à dire, de Capitaines generaux des armées, pource que de ceste charge dépendoit le commandement militaire, qui estoit plus libre, & moins adstraint aux loix, que celuy de tous autres Magistrats, mais pourtant n'estoit pas parfaictement absolu, quoy que ce soit, il n'appartenoit pas aux chefs d'armées en proprieté.

26 Premiers Empereurs n'estoient que simples Princes.

17 Empereur, que signifioit du commencement.

Que ces premiers Empereurs ne fussent que simples Princes, cela se verifie bien par ce qui est escrit dãs Suetone *in Caligula*, que cet Empereur oyãt à sa table des Roys discourir de leur auctorité & pouuoir, s'escria par ce traict d'Homere,

28 Que les premiers Empereurs n'estoient vrais Monarques.

Οὐκ ἀγαθὸν πολυκοιρανίη, εἷς κοίρανος ἔστω,
Εἷς βασιλεύς. ——

Nec multùm abfuit, dit Suetone, *quin diadema sumeret, & speciem Principatus in Regnum conuerteret*. Ce qui sert encor pour confirmer la difference d'entre le simple Prince, & le Roy, ou Prince souuerain : comme aussi fait le passage de Florus qui vient d'estre recité. Il y en a encor vn autre dans Philon Iuif, qui rapporte, que le peuple de Iudée se plaignoit, qu'Aristobulus auoit changé leur forme de Principauté en double Royaume, prenant vn Diademe pour luy, & en ayant enuoyé vn autre à son frere.

29 Passages pour confirmer la difference du simple Prince, & Prince souuerain.

On rapporte communément pour exemple moderne de ceste espece de Princes le Duc de Venise, qui est comme Prince des Veniciens, & leur premier Magistrat, ayant tous les honneurs, qu'il est possible d'imaginer, mais fort peu de pouuoir : en fin, estant subject & iusticiable de la Seigneurie, qui feist pendre iadis le Duc Fallier, & qui a fait mourir iusques à douze autres Ducs, comme il se voit dans Sabellic. Toutesfois à cause du peu de pouuoir qu'ha le Duc de Venise, qui ne peut rien ordonner seul, on peut dire, qu'il n'est pas Prince tout-à-fait, ains seulement premier Senateur, ainsi qu'estoit à Rome le Prince du Senat, ayant la Primatie, & premier rang seulement, mais non pas l'exercice de la Souueraineté, comme ont les simples Princes, en qualité de premiers Magistrats, & les Princes souuerains en proprieté, & comme les Princes Seigneurs ont encor plus parfaictement & absolument que tous les autres.

30 Exemples modernes de simples Princes.

31 Duc de Venise.

Bodin nous donne vn autre exemple du simple Prince, à sçauoir l'Empereur d'Allemagne, qu'il soustient n'estre pas Monarque, ni Prince souuerain, ains estre seulement le premier chef & Officier souuerain de l'Empire : par deuers les Estats duquel, il dit, que la Souueraineté reside : & de faict, ils priuerent iadis par voye de iustice les Empereurs Adolphe & Venceslas de leur Dignité, comme ayans puissance & iurisdiction sur eux.

32 L'Empereur d'à present.

Mais il s'en peut donner vn autre exemple plus certain au temps d'à present, à sçauoir le Comte Maurice parmi les Estats des païs bas, au cas que nous les voulions admettre, pour vn Estat formé & legitime. Car il a beaucoup d'exercice de la souueraineté, & neantmoins est subject au conseil des Estats : & n'est pas de merueille, qu'il ne s'en puisse donner d'autre exemple à present, pource qu'il n'y a point d'autre Estat nouueau, & que les anciens ne sont demeurez bien long temps en cette forme.

33 Le Comte Maurice és pays de Flandres.

La seconde espece de Princes est de ceux, que nous auons nommé Princes subjets, qui ont bien les droicts de Souueraineté sur le peuple, ou la pluspart d'iceux (qui seront recitez au chapitre suiuant) & encor les ont, non comme simples Officiers par exercice, ains en proprieté comme Seigneurs, mais eux-mesme pour leur personne ont vn superieur, duquel ils sont sujets naturels, & partant ne sont pas vrayement Princes souuerains.

34 Princes subjets.

Tels sont les Roys subjets du grand Negus d'Ethiopie, que Paul Ioue dict estre cinquante en nombre, comme aussi presque tous les Roys, qui sont soubs

35 Roys sujets en Ethiopie.

36 Potentats d'Allemagne. le grand Seigneur des Turcs. Tels sont aussi tous les Potentats d'Allemagne, qui sont subjets de l'Empire. Tels aussi estoient anciennement les Princes d'Italie, 37 Princes d'Italie, iadis subjets. qui recognoissoient pareillement l'Empire : mais pour estre esloignez du siege d'iceluy, ils ont secoüé le ioug de ceste subjection, & se sont faicts Princes souuerains. Tels pareillement ont esté autrefois les principaux Ducs & Comtes de France, qui auoient vsurpé la plus part des droicts de souueraineté, comme il 38 Ducs & Cőtes de France, iadis Princes subjets. sera dict au cinquiesme chapitre, ne recognoissans les Roys, que de l'hommage de leur Seigneurie, & de la subjection de leurs personnes, ainsi que les Princes d'Allemagne recognoissent auiourd'huy l'Empire : mais nos Roys ont trouué moyen de ruiner, & de reünir à leur Couronne peu à peu ces Duchez & Comtez : de sorte, que ceux qui sont de present en France, ne sont plus Principautez souueraines, n'ayant plus, ni la proprieté, ni l'exercice d'aucun droict de souueraineté, comme il sera dict cy apres.

39 Distinction des Princes subjets, d'auec les souuerains. Or les Princes subjets sont distinguez des souuerains, par la subjection, qui est le correlatif de la Seigneurie publique : comme l'esclauage est le correlatif de la Seigneurie priuée : partant il faut conclure, que ceux-là sont Princes subjets, qui dependent de la Seigneurie publique, c'est à dire, du commandement & iurisdiction d'autruy.

40 Subjet du Prince souuerain, acquerãt vne Monarchie souueraine. Quoy donc, si le subjet naturel d'vn Prince souuerain vient à acquerir vne Monarchie, sera-il par apres Prince subjet ? non. Car la souueraineté se mesure par la Seigneurie, & non par le Seigneur ; pource que sa Dignité reside directement en icelle, & par icelle se communique à la personne du Seigneur, comme il sera dit au quatriesme chapitre. Et d'ailleurs, le subjet naturel d'vn Prince souuerain, allant resider hors sa Souueraineté, n'est plus son iusticiable par effect, d'autant que la Iustice & la Seigneurie publique suiuent le territoire & demeurance des personnes.

41 Le territoire & demeurance, faict la subjection de la personne. Comme au contraire, vn Prince souuerain venant demeurer dans la souueraineté d'vn autre, deuient son subjet & iusticiable, à cause de sa personne, tant qu'il y reside. Mais il ne laisse pas d'estre Prince souuerain, à cause de l'Estat souuerain, dont il est Seigneur.

42 Si les Principautez feudataires, tributaires, ou en protectiõ, peuuent estre souueraines. Mais on demande, si les Principautez qui sont tributaires, ou en protection, sont souueraines, & sur tout, c'est vne grande question, si le Prince feudataire peut estre souuerain. Bodin ne fait point de doute, que le Prince tributaire, ou en protection, ne soit souuerain, mais il tient que le feudataire ne l'est pas, soubs pretexte de ceste maxime vulgaire, que le souuerain est celuy qui ne recognoist 43 Contre Bodin, que le Prince feudataire ne laisse d'estre souuerain. point de Superieur : qui est bien vraye en propres termes, mais proprement Superieur, signifie celuy qui ha la Seigneurie publique : or est-il que le Seigneur de fief n'ha que la Seigneurie directe, qui est l'vne des especes de la Seigneurie priuée, laquelle deuroit estre plustost nommée *Sieurie*, que Seigneurie, ou Superiorité.

44 De mesme. Aussi y a-il grande difference entre le Seigneur ayant la Seigneurie publique, auquel son subjet doit obeïssance parfaicte, & le Seigneur de fief, auquel le vassal ne doit que la foy & l'assistance en guerre : ce qui ne diminuë, ni la liberté du vassal en soy, ni mesme la puissance absoluë, qu'il ha luy-mesme sur ses propres subjets, non plus (comme Bodin est d'accord) que la protection ne diminuë point la Souueraineté, combien qu'elle regarde plus directement l'Estat, & soit encore plus personnelle, que le vasselage & feudalité, pource qu'elle concerne l'honneur, qui est tres-personnel : ni pareillement le tribut, qui neantmoins entre les Romains estoit marque de subjection, comme il a esté dit au chapitre precedent.

45 La feudalité auilit, mais n'oste pas la souueraineté. Il est bien vrai, que la protection, le tribut, & la feudalité rabaissent & diminuent le lustre de l'Estat souuerain, qui sans doute n'est pas si pur, si souuerain, & si maiestatif (s'il faut ainsi dire) quand il est subjeċt à ces charges : mais le Prince qui le possede ne laisse pourtant d'estre souuerain en effect, puisque pour sa personne il n'est iusticiable d'aucun, & que la puissance absoluë lui demeure sur ses subjects : esquelles deux choses consiste proprement & parfaictement la souue-

raineté : ne plus ne moins que celuy, dont la maison est chargée de plusieurs seruitudes viles & incommodes, ne laisse pourtant d'en estre Seigneur vrayement, & entierement, *l. Rectè dicimus. De verb. signif.*

Autrement qui tiendroit l'opinion de Bodin, & qui d'ailleurs croiroit ce qu'il dit au chap. *6.* où il fait vne énumeration des Rois & Princes feudataires, il n'y auroit presque point de Souuerainetez au monde. Car à son compte, presque tous les Rois & Princes de la Chrestienté sont feudataires, ou du sainct Siege, ou de l'Empire, attendu que (sans rapporter icy les vassaux de l'Empire) il tient que les Rois de Hierusalem, Angleterre, Hibernie, Naples, Sicile, Arragon, Sardine, Corsegue, Grenade, Hongrie, & des Canaries, sont feudataires de l'Eglise Romaine, & mesme la plus-part des Docteurs de droict tiennent, que toutes les souuerainetez de la Chrestienté doiuent dépendre, qui du Pape, qui de l'Empereur.

46 Inconuenient de l'opinion de Bodin.

47 Roys feudataires de l'Empire selon Bodin.

Or seroit-ce contre le sens commun de tenir, que nul de ces Royaumes, que ie vien de nommer, ne soit souuerain. Car comme ainsi soit, que tout païs habité & ciuilisé dépend de quelque souueraineté (pource qu'autrement il seroit en Anarchie, & sans forme de gouuernement) qu'elle apparence y a-il de dire, que la souueraineté de ces Royaumes soit par deuers le Pape, qui n'y a nul commandement au temporel, & qu'elle ne reside pas par deuers les Rois, qui y commandent auec puissance absoluë, tant en paix qu'en guerre, & tant aux armes, qu'en la iustice?

48 Le mesme côtre Bodin.

Aussi voit-on, que quand les Princes souuerains créent, & érigent de ces hautes Seigneuries, dont les tiltres sont capables de Souueraineté, comme Duchez, Marquisats, Comtez & Principautez, ils ne se contentent pas d'en retenir la feudalité, mais par expres ils s'en reseruent le ressort & souueraineté. Combien que la verité soit, que l'érection, que feroit vn Prince de telles Seigneuries dans son Estat, sans cette reseruation expresse, ne pourroit pas preiudicier à la Souueraineté, qui merite bien vne expression speciale: aussi que telles Seigneuries n'importent pas de leur propre nature la souueraineté, ni le dernier ressort de la iustice, ains sont propremét especes de Seigneuries subalternes. Toutesfois cette reseruation ne peut nuire en vne matiere si chatoüilleuse & importante, que la souueraineté, où il ne faut qu'vn pretexte à celuy qui est le plus fort pour l'vsurper. Mais qui érigeroit vn Royaume, cette reseruation du ressort & souueraineté seroit du tout necessaire à exprimer: pource que le tiltre de Roy, de sa nature importe souueraineté, comme il sera prouué tout incontinant.

49 Pourquoy on reserue la souueraineté en creant les Principautez.

50 Quand telle reserue est necessaire.

Voila les deux premieres especes de Princes expliquées, à sçauoir du simple Prince, & du Prince suiect, desquels ni l'vn ni l'autre n'est parfaictement souuerain: attendu que le simple Prince n'ha que l'exercice, & non la proprieté de la souueraineté, & que le Prince suiect n'ha pas la souueraineté tout entiere. Reste les deux autres especes, à sçauoir des Princes souuerains, & des Princes Seigneurs, dont les vns & les autres sont Monarques, & souuerains tout à faict. Ce qui reuient à la diuision, que faict Bodin des Monarques, dont il nomme les vns Royaux, & les autres Seigneuriaux. Vray est qu'il en met encor vne troisiesme espece, à sçauoir des Tyranniques, que ie ne mets point en compte, pource que ie ne parle que des Seigneuries legitimes, & bien ordonnées, aussi que la Monarchie Tyrannique ne peut estre vne espece à part, pource qu'elle conuient aux Monarchies Royales & aux Seigneuriales, si les Monarques d'icelles sont tyrans, c'est à dire, s'ils sont vsurpateurs de l'Estat, ou oppresseurs du peuple.

51 Les Princes simples & suiects ne sôt parfaictemét souuerains.

52 Princes souuerains & Seigneurs sôt souuerains tout à faict.

53 Diuision de Bodin de Monarques, reprouuée.

Ceux que Bodin appelle Monarques Seigneuriaux, ie les appelle Princes Seigneurs, sçauoir est Princes, afin de retenir le nom du genre, & Seigneurs, pource qu'ils ont toute espece de Seigneurie, & publique, & priuée. Et i'appelle Princes souuerains, ceux qui ont seulement la souueraineté, qui est la Seigneurie publique, mais non la priuée: lesquels ie ne veux pas appeller Rois, comme Bodin, d'autant que le nom de Roy conuient, & aux Monarques Seigneuriaux (dont plusieurs ont pris le tiltre de Roy, comme il sera dict incontinant) & aux simples Princes, tesmoin les anciens Rois de Gaule, & ceux de Lacedemone, &

54 Princes Seigneurs pourquoy dicts.

55 Nom de Roy côuient à toute sorte de Princes.

56 Nom de Prince opposé à celuy de Seigneur.

finalement aux Princes suiects, tesmoin les cinquante Rois suiects du Negus d'Ethiopie, ceuxqui sont sous la domination du Turc, & le Roy de Boheme, qui est suiect & Officier de l'Empire.

Au contraire le mot de Prince est souuent opposé specifiquement à celuy de Seigneur, comme en ce passage de Pline à Traian, *Principis locum obtines, ne sit Domino locus*, & en ce vers d'Ouide, où comparant Romulus à Auguste, il dit à Romulus,

Tu Domini, nomen Principis ille tulit:

où se voient élegamment contrepointées nos deux especes de Monarques.

57 Princes Seigneurs qui sont. Dépeschons premierement les Monarques Seigneuriaux, que i'appelle Princes Seigneurs, pource qu'ils ont, & toute Principauté, & quand & quand toute proprieté & Seigneurie priuée tant sur les personnes, que sur les biens de leurs suiects, qui par consequent ne sont pas seulement suiects, mais esclaues tout à faict, n'ayans ni la liberté de leurs personnes, ni aucune Seigneurie de leurs biens, lesquels ils ne possedent qu'à droict de pecule, & par souffrance du Prince Seigneur.

58 Principautez Seigneuriales sont cōntre nature. Dont s'ensuit, que telle Monarchie Seigneuriale est directement contre nature, qui nous a tous fait libres; aussi est-elle tousiours introduite par la seule force, c'est à dire, ou par vsurpation intestine du citoyen, ou par conqueste de l'estranger, auquel le droict de guerre attribuë telle Seigeurie sur le vaincu, quand le pouuant tuer, il luy remet la vie à condition expresse de telle seruitude.

59 Anciennes principautez Seigneuriales. Si est-ce que l'vsage en est fort ancien. Car telles furent les quatre premieres Monarchies du monde, à sçauoir est celle des Assyriens, sous Nembrot, que l'Escriture appelle puissant veneur, qui est à dire voleur, aussi son nom signifie en Hebreu Seigneur terrible. Celle des Medes, tesmoin Xenophon qui dit, que leur Prince estoit Seigneur de toutes choses. Celle aussi des Perses, comme il se void apertement dans Q. Curse: finalement celle des Egyptiens que la Bible nomme souuent esclaues. Et à present telles sont les Monarchies des Turcs, des

60 Principautez Seigneuriales d'apresent. Moscouites, des Ethiopiens, & plusieurs autres, ainsi que nous enseigne Bodin. De sorte qu'à son dire il y a plus eu au monde par le passé, & y a encores d'auantage à present de païs en Monarchie Seigneuriale, qu'en Principauté souueraine. Mesmement il dit, que l'Empereur Charles le quint se fist Monarque Sei-

61 Monarchie du Peru metoyenne. gneurial au Peru, au moins pour le regard des biens, lesquels il ne conceda qu'à loüage, ou à vie au plus, aux habitans du païs: qui est vne Principauté metoienne entre la pure Seigneuriale, & la pure souueraine.

62 Principautez Seigneuriales sont cōtre le Christianisme. Neantmoins il faut confesser, que ces Monarchies Seigneuriales sont barbares & contre nature, & particulierement qu'elles sont indignes des Princes Chrestiens, qui ont aboly volontairement l'esclauage en leurs païs, afin que ceux qui ont esté rachetez du sang de nostre Redempteur, iouïssent dés ce monde, de leur pleine liberté, *vtpotè non ancillæ filij, sed liberæ, qua libertate Christus nos donauit*.

63 Princes souuerains pourquoy dits. Reste donc à expliquer la plus vraye, & la plus commode espece de Princes, à sçauoir des Princes souuerains, qui sont ceux dont nous auons principalement à traicter, que i'appelle Princes souuerains, parce que non seulement ils sont premiers chefs, mais aussi ils ont parfaictement la Seigneurie souueraine.

64 Quatre sortes de Princes souuerains. Il y en a de quatre degrez, qui sont distinguez seulement par l'estenduë de leur domination, pour ce que *intensiuè* leur pouuoir est pareil, ayans tous la parfaicte souueraineté & puissance absoluë, à sçauoir les Empereurs, qui ont plusieurs Royaumes vnis ensemble, les Rois qui ont plusieurs Prouinces, les Ducs ou Comtes Souuerains, qui n'ont qu'vne Prouince, & les simples Seigneurs, qui n'ont pas vne prouince entiere.

65 *Imperator* que signifie. Le mot d'Empereur, qui est Latin, signifioit premierement parmy les Romains le Chef, ou Capitaine general d'vne armée, qui estoit appellé *Imperator*,

66 *Imperium.* pource qu'il auoit *summum imperium*, le commandement en dernier ressort, comme il est necessaire en la discipline militaire, & ce principal Empire, ou commandement s'appelloit par vne certaine excellence *Imperium* simplement, comme

entre

en ce passage de Ciceron, aux Philippiques, *Demus Imperium Cæsari, sine quo res militaris geri non potest*: ce qui est bien discouru par Sigonius. *lib. 1. De antiquo iure ciu. Rom. cap. 21.* Ce commandement principal du chef d'armée est encor mieux exprimé par le terme Grec Αὐτοκράτωρ, qui signifie celuy, duquel la puissance & commandement ne dépend d'autre, que de luy mesme. Mais tant y a qu'en Grece, & à Rome du commencement c'estoient tiltres, non de Princes souuerains, mais de simples generaux d'armées.

67 Αὐτοκράτωρ.

Vray est, qu'à Rome le mot d'Empereur auoit encor vne autre signification: car c'estoit vn tiltre honoraire, qu'on donnoit aux Capitaines, qui auoient faict quelque grand faict d'armes, lequel tiltre ou surnom, leur ayant esté premierement deferé par l'acclamation des soldats, puis estant confirmé par le Senat, leur demeuroit par apres à toute leur vie. *Magnum numerum hostium cecidimus, Imperatores appellati sumus*, dit Ciceron *in Pis.* Appian liu. 2. dit, que de son temps c'estoit assez d'auoir faict mourir dix mil ennemis, pour estre surnommé Empereur: mais qu'au temps passé il en falloit bien auoir tué d'auantage. Ce qui est expliqué par Brisson, *lib. 4. formul.* & par Rosinus *lib. 10. cap. 6.*

68 Autre signification d'Empereur.

C'est pourquoy entre autres honneurs que le Senat Romain, soit par crainte, ou par adulation déferа à Iules Cesar apres les guerres ciuiles: cestuy-cy fut l'un de le surnommer Empereur. Lequel surnom, ou tiltre d'honneur fut continué par apres à Auguste, puis à ses successeurs, qui le trouuerent fort commode à leurs pretensions, le prenant à double enuers, en accumulant & ioignant ensemble les deux significations, dont la premiere leur attribuoit le pur commandement en dernier ressort, tel qu'est le commandement militaire d'vn general d'armée, & l'autre rendoit leur charge perpetuelle & continuelle en tous lieux, & à tousiours: ce qui n'estoit pas aux autres Offices de la republique Romaine.

69 Nom d'Empereur pourquoy attribué.

Et combien que du commencement ces Empereurs fissent semblant de se contenter de ce commandement militaire libre & exempt des formes, ausquelles les Magistrats ordinaires estoient astraints, & toutesfois suiects à la Souueraineté de la Republique, si est-ce qu'en effect ils commandoient absolument & disposoient de la Republique, ainsi qu'ils vouloient: c'est pourquoy Suetone au passage cy-dessus allegué, appelle leur domination *speciem Principatus*, vne Principauté par apparence seulement.

70 Empereurs Romains estoient souuerains en effect.

Que si cela s'est dit des premiers Empereurs, à plus forte raison, apres que pied à pied la Souueraineté eut esté tout à faict vsurpée, faut-il tenir que les Empereurs Romains furent vrais Monarques, & Princes souuerains. Comme furent encor plus ceux, qui se retirerent en Grece, qui estoit païs de conqueste: lesquels aussi prirent en fin pour armoiries, & enseignes de leur souueraineté, quatre β (que le vulgaire appelle par erreur quatre fuseaux) signifians βασιλεὺς βασιλέων, βασιλεύων βασιλεῦσι: qui est à peu pres la qualité que prenoient les Rois de Babylone, tesmoin Ezechiel, qui appelle מלך מלכים le Roy Nabuchodonosor, & pareillement les Rois de Perse la prenoient, comme il se void dans Esdras: comme aussi les Rois de Parthe, comme Dion escrit de Phraates qu'il s'appelloit Roy des Rois. Toutesfois c'est vne fausse opinion de nostre vulgaire, de penser que tous les Rois Chrestiens doiuent recognoistre l'Empire, quoy que la pluspart des Docteurs estrangers l'ayent escrit, notamment Bartole, qui (pour fauoriser l'Empereur, en recompense de ce qu'il l'auoit annobly) s'est tellement passionné en cette proposition, que d'auoir laissé par escrit sur la loy *Hostes. De captiuis*, que ceux-là sont heretiques, qui ne croyent pas, que l'Empereur soit Seigneur de tout le monde. Car, comme discourt tresbien Couarruuias, *pract. quæst. cap. 1. num. 2.* puisque la souueraineté procede originairement, ou de la conqueste, ou de la submission des peuples, il est aisé à entendre, qu'il faut qu'il y ait plusieurs souuerainetez au monde. Ce qui n'est pas de mesme en la souueraineté Ecclesiastique, qui procede de Dieu seul, duquel l'Eglise est vne, & ne doit auoir qu'vn Chef.

71 Empereurs de Constantinople estoiét purs souuerains.

72 Les quatre β des Empereurs de Constantinople que signifioient.

73 Roy des Rois.

74 Fausse opinion de penser que tous Rois doiuent recognoistre l'Empereur.

Quant au nom de Roy, il vient d'estre dit en passant, qu'anciennement il a esté adapté à toute sorte de Prince, soit simple, soit suiect, soit souuerain, soit

75 Rois que sont proprement.

Seigneur. Aussi estoit-ce le seul nom dont l'antiquité vsoit, & duquel tous Princes indifferemment estoient qualifiez, comme le verbe, *Regir*, leur conuient à

76 Definition des Rois. tous : mais à parler proprement & specifiquement, nous appellons Rois, les Princes, qui ont plusieurs Prouinces en leur Estat, & sur tout ceux qui ont la parfaicte souueraineté.

Ce qui se iustifie fort bien par ce qui est remarqué par Plutarque *in Demetrio*,

77 Preuue d'icelle. qu'apres la mort d'Alexandre le Grand, les Gouuerneurs des Prouinces de son Royaume, qui s'estoient cantonnez, & faict Seigneurs d'icelles, furent long temps sans oser se qualifier Rois, & que le premier qui s'enhardit de prendre ce tiltre, & de porter le diadéme, ou bandeau Royal, fut Antigonus, apres auoir vaincu Ptolomée : & que par ialousie les Egyptiens voulurent que Ptolomée s'appellast aussi Roy, ce que les autres firent en suitte.

78 Beau passage de T. Liue. Et T. Liue au 5. liure de la 5. Decade, escrit qu'apres que le Royaume de Macedoine eut esté reduit en la puissance des Romains, Paul Emile leur General, s'offensa fort, & ne voulut faire response aux lettres que Perseus luy auoit escrites, à cause de la qualité de Roy inserée en la superscription d'icelles, combien dit-il, que les prieres contenuës en icelles, ne ressentissent rien de la Royauté.

79 Rois de Bourgogne & Lorraine. Mais sans aller si loin, nous trouuons en nostre histoire, qu'aussi tost que les Rois de Bourgogne & de Lorraine eurent perdu la souueraineté de leur païs, ils quitterent aussi le tiltre de Rois, & furent desormais appellez Ducs.

80 Rois de Dannemarc commẽt ont vsurpé la souueraineté sur l'Empire. Au contraire par le moyen de ce que l'Empereur Federic enuoya l'espée & la Couronne Royale à Pierre Seigneur de Dannemarc, luy attribuant le nom de Roy pour tiltre honoraire seulement, auec reseruation expresse de la souueraineté de son païs à l'Empire (comme dit Tritemius, chap. 17.) les Rois de Dannemarc ont pris suiect peu à peu de s'exempter de la subiection de l'Empire, & se sont faicts souuerains en consequence du tiltre de Roy.

81 Archiducs d'Austriche, autresfois Rois. Il n'en aduint pas de mesme au Duc d'Austriche, qui ayant obtenu du mesme Empereur Federic le tiltre de Roy, auec pareille reseruation de la souueraineté, voulant trop tost trancher du souuerain, & ayant refusé d'obeïr à l'Empereur, fut priué douze ans apres cette qualité de Roy, & contraint se nommer seulement Archiduc.

82 Roy de Boheme n'est qu'honoraire. Le mesme Federic (car il n'y eut iamais que luy, qui ait eu cette fantaisie d'eriger des Rois honoraires) donna encor ce tiltre au Duc de Boheme, auec cette mesme retention de la souueraineté. En quoy n'y a eu depuis aucune mutation, tant pour la petitesse de son Royaume, proche voisinage du Siege Imperial, que sur tout à cause que ce Roy est vn des Electeurs, & partant des principaux Officiers, & Princes de l'Empire.

83 Les Royaumes de Naples & Sicile. C'est pourquoy le Roy François I. dit Bodin, aduertit le Cardinal Bibienne Legat en France, que le Pape ne deuoit endurer que Charles le quint se qualifiast Roy de Naples & de Sicile, attendu que la souueraineté en appartenoit au S. Siege. Ce qu'il voulut empescher ; mais il se trouua que l'inuestiture ancienne estoit faicte sous cette qualité. Aussi void-on qu'il en a maintenant entrepris la souueraineté, combien que ce ne soient que des Royaumes honoraires, suiets au S. Siege, non seulement par droict de Fief, mais aussi par droict de souueraineté : comme Bodin prouue bien.

84 Le grand duc de Toscane. Et pour cette mesme cause, le Pape Pie IIII. ne voulut donner à Cosme Duc de Florence le tiltre de Roy, qu'il luy demandoit instamment, de peur qu'il s'accreust trop en Italie : dont l'Empereur estant aduerty, dit que, *Italia non habet Re-*

85 Rois ne peuuent endurer de superieur. *gem nisi Cæsarem*, ce dit Bodin : par ainsi le Duc de Florence se qualifie seulement grand Duc de Toscane. Bref, il est bien certain, que si vn Roy ne peut endurer de compagnon, il endure encor moins de superieur, & comme Martial a dit,

Qui Rex est, Regem, Maxime, non habeat.

86 Rois ont facilement empieté la souueraineté sur les Estats. Que si les Rois qui ont esté autresfois Princes suiects d'vn autre Monarque, ont trouué moyen d'empieter la souueraineté, cela a esté encor plus aisé à ceux qui estoient simples Princes, lesquels n'auoient point de Monarque par dessus eux, ains dépendoient des Estats d'vn Royaume qui malaisément se peuuent assembler

sembler, & si souuent, & si promptement, comme il est besoin pour faire teste à leur Roy, lequel est tousiours tout prest à vser de sa puissance.

Or puisque l'vsurpation, estant suiuie par apres d'vne longue iouïssance volontaire & paisible, qui efface son vice, donne loy aux souuerainetez, qui ne peuuent auoir aucun superieur en ce monde, dont elles la puissent receuoir, on ne doit reuoquer en doute la souueraineté des Rois, qui sont en possession ancienne d'en vser. Et à la verité c'est bien la forme d'Estat la plus stable de toutes, & moins suiecte à mutation, que celle des principautez souueraines tout à faict. *Ea est conditio imperandi* (dit Saluste dans Tacite, *lib. 1. Annal.*) *vt non aliter ratio constet, quàm si vni reddatur*: pource que tant qu'il y a quelque manquement à la souueraineté, le Prince ne cesse de remuer, iusques à ce qu'il l'ait enuahie de tout poinct. Et si les estats du païs se trouuent bastans pour luy resister, c'est vne guerre perpetuelle, comme il se voit dés y a long temps au Royaume de Pologne, où tantost la Noblesse tient la souueraineté, & tantost le Roy, selon que l'vn ou l'autre party se trouue le plus fort, & tousiours sont en debat à qui l'aura: de sorte que leur Estat n'est iamais, ni arresté, ni paisible.

87 Vsurpatiõ suiuie d'vne longue iouïssance, fait loy aux souuerainetez.

88 Principautez souueraines tout à fait sont les meilleures.

89 Guerre immortelle en Pologne entre le Roy & les Estats.

Inconuenient qui est ordinaire aux Estats électifs, principalement quand cette élection est déferée aux Princes du païs, qui ayans ce pouuoir de donner le Royaume à qui ils veulent, élisent souuent quelque Prince imbecille, auquel ils ne laissent que le nom de Roy, retenant à eux, par capitulation qu'ils font auec luy auant que l'eslire, le principal exercice de la souueraineté, comme il est aduenu souuent à l'esgard de l'Empereur d'Allemaigne, qui (combien qu'il represente & tienne dans son païs la place des Empereurs Romains, lesquels en fin furent souuerains, aussi bien qu'ont esté ceux de la maison de France, & generalement tous les Empereurs hereditaires) est auiourd'huy simple Prince, & la souueraineté de l'Empire reside en effect aux Estats d'iceluy, comme Bodin a bien prouué.

90 Incõueniens des Estats électifs.

Et ne faut trouuer estrange, s'il presede neantmoins tous les Monarques Chrestiens, attendu que les Ambassadeurs, voire les simples Proconsuls & Gouuerneurs des prouinces Romaines, & mesme les generaux d'armées, qui n'estoient que simples Commissaires, presedoient tous les Rois estrangers, comme il se void dans Tite-Liue. Comme aussi il ne se faut estonner, que l'Empereur érige des Royaumes. Car le Senat Romain entreprenoit bien cette puissance en l'Estat populaire, ores qu'il n'eust pas la souueraineté.

91 Prééminẽce de l'Empereur d'Allemagne.

De ce discours, ensemble de ce que i'ay dit au 2. liu. Des Offices chapitre 2. il se collige, que le Royaume de France est la mieux establie Monarchie qui soit, voire qui ait iamais esté au monde, estant en premier lieu vne Monarchie Royale, & non pas Seigneuriale: vne souueraineté parfaicte, à laquelle les Estats n'ont aucune part: successiue, non électiue: non hereditaire purement, ni communiquée aux femmes, ains déferée au plus proche masle par la loy fondamentale de l'Estat. Occasion pourquoy ce Royaume a desia plus duré qu'aucun autre, qui ait onc esté: & si est encor en son progrez & accroissement: n'ayant onc esté plus florissant qu'il est à present sous ce parangon, voire ce miracle des Rois Henry IIII. admirable en guerre & en paix: lequel Dieu a beny d'vne posterité, qui nous donne suiect d'esperer encor vn plus grand accroissement à l'aduenir.

92 Grandeur du Royaume de France.

93 Louange du Roy d'à present.

Il y a aussi des Ducs & Comtes, qui sont notoirement souuerains, de sorte qu'il faut distinguer trois degrez de Ducs & Comtes: à sçauoir aucuns qui sont souuerains, comme ceux de Lorraine & de Sauoye; autres, qui sont Princes suiects, comme ceux d'Allemagne, & les anciens de France, ainsi qu'il vient d'estre dit: & finalement d'autres, qui ne sont point Princes pour tout, c'est à dire, qui n'ont aucun exercice, ou participation de Seigneurie souueraine, ains sont simples Seigneurs suzerains, comme nos Ducs & Comtes d'à present, desquels sera traicté au chap. 5. Bref il y a de petites Seigneuries souueraines qui n'ont aucun tiltre particulier, & aussi n'ont pas des Prouinces, ou païs entiers, ains sont ordinairement des terres de sursceance, situées aux limites des grands Estats, qui sont tolerées & maintenuës par le contrepoids & force égale de leurs voisins, lesquels s'empeschent l'vn l'autre de les assuiettir à soy, pource qu'elles leur ser-

94 Trois sortes ou degrez de Ducs & Comtes.

95 Seigneuries de sursceance.

uent de bornes respectiuement. C'est pourquoy ceux qui possedent ces petites terres souueraines, bien qu'en effect ils vsent du mesme pouuoir que les Monarques, si est-ce que hors leur territoire ils n'ont aucun rang d'honneur entre les Princes souuerains : voire mesme sont precedez ordinairement, non seulement par les Princes suiects ; mais aussi par les Ducs & Comtes, qui ne sont point Princes.

SOMMAIRE DV TROISIESME CHAPITRE.

1 *Liure de Samuel des droicts du Royaume.*
2 *Interpretation du 8. chapitre du 1. liure des Rois.*
3 *Les droicts de Souueraineté mal-aisez à expliquer.*
4 *Trois sortes de droicts de souueraineté.*
5 *Du pouuoir des Souuerainetez.*
6 *Cinq cas de souueraineté.*
7 *Sixiesme cas de souueraineté.*
8 *Si ne tenir que de Dieu est marque de souueraineté.*
9 *Faire loix comprend tous les autres cas de souueraineté.*
10 *A Rome ce droict n'estoit bien obserué.*
11 *Il n'y a que le Roy qui face loix en France.*
12 *Reglemens des Magistrats.*
13 *Ils s'appellent proprement Edicts.*
14 *Enquoy les reglemens des Magistrats different de la loy du Prince.*
15 *Pourquoy les loix des Princes ont esté appellées Edits.*
16 *Ce qui est compris sous le droict de faire loix.*
17 *Droict de faire des Officiers n'appartient qu'au Prince souuerain.*
18 *La puissance publique n'appartient qu'au Prince.*
19 *Comment elle est communiquée aux Officiers.*
20 *Pourquoy aux republiques populaires les principaux Magistrats font les petits Officiers.*
21 *Pourquoy le contraire a lieu aux Monarchies.*
22 *Deux cas esquels en France, d'autres que le Roy, font des Officiers.*
23 *Ce qui est compris soubs le droit de faire Officiers.*
24 *Droict de faire la guerre & la paix, n'appartient qu'au Roy, & pourquoy.*
25 *Autre raison entre Chrestiens.*
26 *Les charges militaires ne doiuent estre conferées, que par commission.*
27 *Ce qui est compris sous le droict de guerre.*
28 *Le dernier ressort de la Iustice appartient au Souuerain.*
29 *Preuue.*
30 *De mesme.*
31 *Souueraineté signifie par fois le ressort de iustice.*
32 *Compagnies souueraines.*
33 *Erection d'Echiquier dangereuse.*
34 *Ce qui est compris sous le droict de Iustice.*
35 *Droict de forger monnoye.*
36 Numisma, *quasi* νόμος.
37 *Les Princes mettent leur image à leur monnoye.*
38 *Punition de ceux qui ont forgé monnoye.*
39 *Monnoye de Gennes.*
40 *Anciennement les Ducs & Comtes forgeoient monnoye.*
41 *Reuocation de ce droict.*
42 *Si leuer deniers est vn droict Royal.*
43 *Anciennement les tailles n'estoient ordinaires en France, & les subsides ne se leuoient que par le consentemẽt des Estats.*
44 *Aydes & subsides, pourquoy dits.*
45 *Esleuz, Generaux des Aydes.*
46 *Les souuerains ont maintenant droict de leuer deniers.*
47 *Preuue.*
48 *Qu'autre qu'eux ne les peut faire.*
49 *Droict de tailles des Seigneurs aux quatre cas aboly.*
50 *Que nul Officier ne doit toucher aux deniers du Roy.*
51 *Peculat.*
52 *L'honneur mondain appartient au Prince souuerain.*
53 *Le Roy est le distributeur de l'honneur mondain.*
54 *Rang des Princes souuerains.*
55 *En leur païs.*
56 *Es païs d'autruy.*
57 *De la Maiesté des Rois.*
58 *Que c'est le plus haut tiltre qui puisse estre.*
59 *Sacrée Maiesté de l'Empereur.*
60 *Excellente Maiesté du Roy d'Angleterre.*

61 Ni-

61 *Maiesté non communicable à autre qu'au souuerain.*
62 Attributa Romanorum.
63 *Altesse.*
64 *Excellence.*
65 *Serenité.*
66 *Roys par la grace de Dieu.*
67 *Euesques & Abbez par la miseration diuine.*
68 *Et du sainct Siege Apostolique.*
69 Insignia Regia.
70 *Du sceptre Royal.*
71 *Matiere d'iceluy.*
72 *Forme d'iceluy.*
73 *Croce des Euesques.*
74 *Diadesme.*
75 *Changemens des Couronnes.*
76 *Droicts vtiles des Souuerainetez.*
77 Regalia.
78 Publicum.
79 *Princes s'attribuent tout ce qui n'appartient à personne.*
80 *Les Communautez s'y opposent.*
81 *Comme aussi les Seigneurs Iusticiers.*
82 *Essay de vuider ces differens.*
83 *Ce qui n'est point en commerce ne peut appartenir à aucun.*
84 Res communes, publicæ, vniuersitatis, & nullius.
85 Res singulorum *à qui appartiennent, quand sont vacantes.*
86 *Ce qui prouient des choses estans hors de commerce, à qui appartient.*
87 *Qu'il deuroit estre employé à l'entretien d'icelles.*
88 Prince, *que signifie dans nos coustumes.*
89 *Signifie le Seigneur de la Prouince.*

DES DROICTS DES SEIGNEVRIES SOVVERAINES.

CHAPITRE III.

SI nous auions le liure que feist Samuel des droicts du Royaume, lors qu'il establit Saül, premier Roy du peuple de Dieu, comme il est escrit au 10. chapitre du 1. liure des Roys, il nous apprendroit asseurément les droicts de Souueraineté : mais les Rabins nous témoignent, que les Rois subsequens le supprimerent, craignans d'estre controllez en vertu d'icelui. Et partant, ceux-là se trompent, qui cuident que les droicts Royaux soient ceux, que le mesme Samuel specifie au 8. chapitre du mesme liure, sous pretexte que la version commune porte, *Ius Regis* : car en cet endroit le terme Hebreu signifie, coustume & façon de faire, pource que Samuel voulant destourner le peuple de demander vn Roy, lui remonstre de la part de Dieu, que la coustume des Roys estoit, de prendre les biens du peuple, pour en disposer, les filles pour en abuser, les fils, pour s'en seruir comme d'esclaues: lesquelles iniustices & meschancetez, il n'y auroit point d'apparence de qualifier du nom de droicts. Mais apres l'élection de Saül, ce fut lors que Samuel specifia les vrais droicts du Roy, & en feist vn liure.

1 Liure de Samuel, des droicts du Royaume.

2 Interpretatiō du 8. chap. du 1. liure des Roys.

Or à faute d'auoir ce liure, il est bien mal-aisé de quoter asseurément les droicts de Souueraineté, pource que les anciens Philosophes n'en ont presque point parlé, à cause que de leur temps les souuerainetez n'estoient pas bien nettement establies. Au rebours, nos Docteurs Feudistes, & pareillement nos modernes Iurisconsultes en font vne grande liste : pour lesquels discerner, comme i'ay diuisé les droicts des Offices, en ceux qui concernent, ou le pouuoir, ou l'honneur, ou le profit ; ainsi faut-il faire de ceux des Seigneuries, & principalement des souueraines.

3 Les droicts de souueraineté mal-aisez à expliquer.

Doncques les droicts concernans le pouuoir des Seigneuries souueraines, qui peuuent estre proprement appellez actes, ou cas de souueraineté, sont cinq en nombre, à sçauoir, faire loix, créer Officiers, arbitrer la paix & la guerre, auoir le dernier ressort de la iustice, & forger monnoye. Lesquels cinq droicts sont du tout inseparables de la personne du souuerain, & tellement attachez à la souueraineté, que quiconque en entreprend aucun, entreprend quand-&-quand la souueraineté, & est coulpable de leze Majesté. Le premier d'iceux concerne l'outil & instrument de la souueraineté : le second, les ministres d'icelle, & les trois autres concernent les trois diuerses functions, qui sont en tout Estat, sçauoir est le troisiesme les armes, le quatriesme la iustice, & le cinquiesme & dernier les finances.

4 Trois sortes de droicts de souueraineté.

5 Du pouuoir des souuerainetez.

6 Cinq cas de souueraineté.

7 Sixiesme cas de souueraineté.

Aucuns, & non sans cause, en adioustent vn sixiesme, à sçauoir de leuer deniers sur le peuple; mais les plus retenus disent, que ce n'est pas vn droict, ains vne entreprise & pouuoir desreglé, au moins de faire ces leuées à discretion, ce qui sera examiné en son ordre. Bodin (duquel i'ay esté bien aise d'emprunter, contre ma coustume, partie de ce chapitre, afin d'auoir garant en vne matiere si importante) en adiouste encor vn septiesme; sçauoir est, de ne tenir que de Dieu, & de l'espée: ce que ie ne puis aduoüer, pource que la feudalité concerne la Seigneurie priuée, & non la publique, comme il a esté dit au 1. chap. Aussi qu'il a esté prouué au chapitre precedent, que le Prince feudataire ne laisse d'estre souuerain, bien que sa souueraineté ne soit si excellente, ne si parfaicte, que celle qui ne releue d'aucun.

8 Si ne tenir que de Dieu est marque de souueraineté.

9 Faire loix cōprend tous les autres cas de souueraineté.

I'ay mis à bon droict, pour le premier acte de souueraineté, celui de faire loix, pource qu'il comprend aucunement sous soy tous les cinq autres. Car l'érection des Officiers, la denonciation de la guerre, l'establissement des iustices souueraines, le reglement des monnoyes, & les leuées de deniers se font notoirement en vertu de la loy, c'est à dire, de l'Ordonnance du Prince souuerain. Aussi le Prince & la loy sont-ils comme relatifs, estant le Prince le faiseur de loix, & la loy l'œuure du Prince. Car il n'y a point de plus propre effect de la souueraineté, que de faire, de sa propre puissance, des loix qui obligent tous les subiects en general, & chacun en particulier, tout ainsi que le Prince a pouuoir & commandement sur eux tous, sans exception.

10 A Rome ce droict n'estoit bien obserué.

Ce droict, comme tous les autres, est beaucoup mieux maintenu icy qu'à Rome, où la souueraineté n'estoit pas si bien reglée à beaucoup prés. Et comme le Senat, le menu peuple de Rome, voire les simples Magistrats participoient aucunement à la souueraineté: aussi faisoient-ils certaines especes de loix, dont celles du Senat estoient appellées *Senatusconsulta*, celles du menu peuple *Plebiscita*, & celles des Magistrats *Edicta*: mesme les simples Iurisconsultes, bien qu'ils ne fussent que gens priuez, faisoient encor vne autre espece de loix, qui estoient appellées, *Responsa Prudentum*.

11 Il n'y a que le Roy qui face loix en France.

Mais aux pures Monarchies, où les Princes maintiennent mieux leur souueraineté, dont ils sont extremement jaloux, & notamment en celle de France (qui est la plus pure & la plus parfaicte du monde, comme il a esté dit au chapitre precedent) il n'y a que le Roy seul, qui puisse faire des loix. Et combien que sa bonté permette au peuple des Prouinces coustumieres, de choisir certaines Coustumes, selon lesquelles il desire viure, si est-ce qu'il faut tousiours que ces Coustumes soient non seulement arrestées par le mandement du Roy, & par deuant les Commissaires par luy ordonnez; mais encor qu'elles soient approuuées & verifiées par luy en son Parlement, ainsi que ses autres loix. Et quant aux Arrests des Parlemens, & autres Cours souueraines, ce ne sont pas loix, ains plustost c'est l'obseruation & execution des loix.

12 Reglemens des Magistrats.

Vrai est, que le Roy ne pouuant tout sçauoir, ni estre par tout, & par consequent, ne lui estant possible de pouruoir à toutes les menuës occurrences, qui aduiennent en tous les endroits de son Royaume, & qui requierent d'estre reglées promptement, permet à ses principaux Officiers, soit des Cours souueraines, soit des villes, de faire des reglemens, chacun au fait de leurs charges, qui ne sont pourtant que prouisoires, & faicts sous le bon plaisir du Roy, auquel seul appartient faire loix absolues & immuables: mais ces reglemens n'ont force, sinon iusques à tant qu'ils soient reuoquez, soit par le Roy, ou par les successeurs des Magistrats qui les ont faits, ou encor par eux-mesmes.

13 Ils s'appellent proprement Edicts.

14 En quoi les reglemēs des Magistrats different de la loy.

Ces reglemens s'appelloient proprement à Rome Edicts: *Est enim Edictum iussum Magistratus*, dit Varron. Τὰ διατάγματα τῶν Ἀρχόντων, Ἕλληνες μὲν Διαγράμματα, Ῥωμαῖοι δ' Ἔδικτα προσαγορεύουσι. dit Plutarque *in Marcello*, & ne different de la loy, qu'en deux poincts: L'vn, que la loy est faite par le Souuerain, & le reglemēt par le Magistrat: L'autre, que la loy est pour tous ceux de l'Estat, & pour tousiours, & le reglement n'est que pour ceux de la Iurisdiction du Magistrat, & n'auoit force à Rome, sinon tant que sa charge duroit. C'est pourquoi, lors que les Magistrats y estoient annuels, leurs Edicts n'auoient force que pour vn an. *Qui plurimùm Edicto tribuunt, legem annuam esse dicunt*, dit Ciceron, *De Præt. vrb.* au lieu que les sentences des Magistrats auoient force à tousiours à Rome, aussi bien qu'en France.

Mais sous pretexte, que le Iurisconsulte Iulian ramassa plusieurs Edicts des Preteurs, & les ayant interpretez & redigez en vingt quatre liures, en feist present à l'Empereur Adrian, qui en recompense le feist grand Preuost de Rome, & auctorisa ces Edicts à tousiours, ordonnant qu'ils auroient force de loy perpetuelle: & que Iustinian feist le semblable des Edicts recueillis & interpretez par d'autres Iurisconsultes, comme il est dit en l'auant-propos des Digestes, leur laissant neantmoins le nom d'Edicts, comme aussi le liure de Iulian fut appellé *Edictum perpetuum*: de là en fin est venu, que, & à Rome, & en France, à l'imitation de Rome, les Edicts ont esté appellez loix, & les loix Edicts. Dont il y a encor vne autre cause possible plus pertinente, à sçauoir que les Empereurs Romains ne se voulans pas qualifier Roys ni Princes Souuerains du commencement, ains seulement simples Princes, ou principaux Magistrats perpetuels, comme il a esté dit cy-deuant, appelloient leurs Ordonnances Edicts, ou Constitutions, ainsi que les Grecs διατάγματα ἢ διατάξεις, & non pas loix, feignant de vouloir laisser au peuple la puissance de faire loix. 15 Pourquoy les loix des Princes ont esté appellées Edicts.

Sous ce droict de faire loix, ie compren à plus forte raison les priuileges, qui sont loix priuées & particulieres, plus difficiles à faire que les generales, qui aussi à Rome ne pouuoient estre faictes, qu'en l'assemblée generale du peuple. Entre lesquels priuileges sont l'ennoblissement des roturiers, legitimation des bastards, naturalisation des estrangers, & amortissement des heritages. I'y compren pareillement les dispenses de toutes sortes, soit en ciuil, ou en criminel, pource qu'il faut du moins autant de puissance pour délier, que pour lier. Vray est, que le Roy, pour sa descharge, laisse aux Officiers de ses Chancelleries quelques legeres dispenses d'expedition ordinaire, comme les lettres d'aage, de benefice d'inuentaire, de restitution en entier aux cas de droict, & autres semblables, qui toutesfois sont encor expediées soubs son nom, & soubs le seau de France. 16 Ce qui est compris sous le droict de faire loix.

Or comme la loy est l'outil de la souueraineté, aussi les Officiers en sont les ministres, qui mettent la loy en œuure. C'est pourquoy il est vrai de dire en bonne Iurisprudence, que comme il n'appartient qu'au Souuerain de faire les loix, qui sont les Magistrats muets, aussi il n'appartient qu'à lui d'establir les Magistrats, qui sont les loix viues & parlantes. 17 Droict de faire des Officiers n'appartient qu'au Prince souuerain.

——— *Solus*, dit Claudian,

Iura Magistratúsque facit.

Aussi est-ce à luy, que la puissance publique appartient entierement & parfaictement, & en cette parfaicte puissance consiste la Souueraineté, & est vray de dire, qu'autre que luy, ou de par luy, ne peut auoir, ni exercer la puissance publique, ni ne peut auoir aucun commandement sur les subjets du Prince. Mais d'autant qu'il ne peut estre par tout, ni donner ordre en tous lieux, il est contraint de communiquer l'exercice de ceste puissance publique à ceux que nous appellons Officiers, à ce qu'au faict de l'Office à eux attribué, ils representent sa personne, & facent sa function publique, comme ses Commis, ou Procureurs. 18 La puissance publique n'appartient qu'au Prince.

De sorte, que comme on dit en Theologie, que toutes vertus resident parfaictement & essenciellement en Dieu, & aux hommes par participation seulement, en tant qu'il luy plaist les leur communiquer: aussi en la science politique nous disons, que la puissance publique de l'Estat reside parfaictement & entierement aux Princes souuerains, & l'exercice d'icelle en leurs Officiers, par leur communication, chacun au faict de sa charge, & comme les representans en icelle. 19 Comment elle est communiquée aux Officiers.

Aussi fust-ce la premiere loy, qui fut faicte à Rome, apres le déchassement des Roys, que les Magistrats seroient élus en assemblée generale par le peuple, auquel la Souueraineté residoit. Comme aussi lors de l'establissement de la Republique de Venise, ce fut la premiere loy qui y fut publiée, dit Contarin. Mais 20 Pourquoy aux Republiques populaires, les principaux Magistrats sont les petits Officiers.

pource qu'aux Republiques populaires il est impossible, que le peuple s'assemble autant de fois, qu'il seroit besoin pour élire tant d'Officiers, qui y sont necessaires: il a tousiours esté obserué en icelles, que les principaux Magistrats, ayans esté deüement éleus & establis par le peuple, auoient pouuoir de choisir les petits Officiers dépendans de leur charge, ce pouuoir leur estant taisiblement attribué lors de leur establissement, ainsi que quand on donne puissance aux procureurs de substituer.

21 Pourquoy le contraire a lieu aux Monarchies. Mais aux Estats Monarchiques, où il est aisé d'auoir recours au Prince, pour tous les Offices, il n'y a si petit Office, qu'il ne vueille conferer lui mesme, n'y ayant autre que lui, qui puisse conferer, ou commettre l'exercice de la puissance publique. Car comme vn procureur ne peut substituer, ou faire vn autre procureur, si par exprés ceste faculté ne lui est concedée par sa procuration, aussi vn Officier n'en peut faire vn autre, si par exprés il ne lui est permis par le Prince: pource qu'il faut estre Seigneur pour faire vn Officier, & auoir la proprieté de la puissance publique, pour en conferer & attribuer l'exercice.

22 Deux cas esquels en Frãce d'autres que le Roy font des Officiers. Neantmoins, en consequence de ce que le contraire s'obseruoit à Rome, nous autres François, qui auons esté aux premiers temps obseruateurs trop exacts du droict Romain, en auons retenu deux vestiges iusques en ce temps, comme i'ay discouru plus amplemẽt au troisiesme chapitre du premier liure Des Offices: l'vn que les Seigneurs de France, qui anciennement n'estoient qu'Officiers, ayans vsurpé la proprieté de leur charge, en conferent l'exercice aux Officiers de leur iustice: l'autre, que les chefs d'Office de la maison du Roy ont gardé iusques à present ce droict, de pouruoir aux menus Offices, ou plustost Milices, ou places de compagnies, dépendantes de leur charge.

23 Ce qui est compris sous le droict de faire Officiers. Sous ce droict de créer Officiers, ie compren le pouuoir d'ériger & conferer toutes autres Dignitez politiques, soit Ordres, comme faire des Cheualiers, ennoblir les roturiers, & iusques à faire des corps de mestiers iurez: soit Seigneuries, comme d'ériger des Pairies, Duchez, Marquisats, Comtez, & autres telles Dignitez Seigneuriales, ainsi qu'il sera prouué en son lieu.

42 Droict de faire la guerre & la paix, n'appartient qu'au Roy, & pourquoy. Quant au droict de guerre, puisque d'icelle peut aduenir la ruine & subuersion de l'Estat, voire qu'elle ne peut aduenir sans icelle, il est bien raisonnable, qu'autre que le souuerain ne la puisse entreprẽdre, pour mettre l'Estat en hazard. Mesme ce n'est pas vne iuste guerre, ains c'est vn brigandage punissable en iustice, quand la guerre est entreprise, sans l'auctorité de celui auquel la souueraineté reside. Et combien qu'és Estats populaires, où elle reside par deuers la multitude, ce soit chose dangereuse de lui communiquer & diuulguer le secret & motif de la guerre, si est-ce que l'aduis s'en peut bien donner par le Senat, mais la resolution s'en doit faire par le peuple. *Controuersia fuit*, dit Tite-Liue, *vtrùm populi iussu indiceretur bellum, an satis esset Senatus consulto. Peruicere Tribuni, vt Consul de bello ad Populum ferret*: ce que Bodin confirme par plusieurs autres auctoritez.

25 Autre raison entre Chrestiens. Mais entre Chrestiens, nous auons encor vne autre consideration fort pertinente, que celui qui tuë en guerre, ne peut estre excusé d'homicide, si la guerre n'est iuste, c'est à dire, auctorisée par le souuerain ordonné de Dieu, & descendu de race choisie par le peuple, afin de le garder de l'oppression des ennemis. Mais le subjet, auquel son Prince a mis les armes à la main, pour vne iuste guerre, ne peche point en tuant l'ennemi. Car comme ainsi soit, qu'il y ait deux voyes pour repousser l'iniure: l'vne, de la iustice: l'autre, de la force, quand la iustice ne peut auoir lieu, dit Ciceron, au premier des Offices, ainsi que celuy qui fait mourir vn meschant par la voye de iustice, & par le iugement du Magistrat, ne peche point: aussi ne fait celui qui fait mourir vn ennemi en guerre, par l'auctorité du Prince.

26 Les charges militaires ne doiuent estre conferées par commission. Voire le droict de guerre dépend tellement du souuerain, que les charges militaires doiuent, en vn Royaume bien establi, estre seulement conferées par commission reuocable à sa volonté, afin que le commandement des armes, que les Romains appelloient le pur commandement, (pource qu'il n'est point astraint aux formes de iustice) demeure seul, & pour le tout par deuers lui, comme i'ay

prouué au 4. liure Des Offices, chap. 3. Et c'est pourquoy aussi le port d'armes est cas Royal en France, comme il sera dit en son lieu.

Ce droict de guerre comprend les traictez de paix, d'alliance, les tréues, & iusques à la permission de leuer la moindre compagnie de gens de guerre, mesme de faire aucune assemblée de peuple, qui puisse tendre à sedition : voire il comprend les lettres de marque, ou represailles, qui est la petite guerre. 28 Ce qui est compris sous le droict de guerre.

Or comme la guerre est en la disposition du Prince souuerain, aussi est la iustice, ayant le Prince souuerain esté establi pour defendre l'Estat en guerre, par les armes contre les ennemis, & pour le maintenir en paix par la iustice entre les subjets. Vray est, que comme il ne peut faire la guerre seul, & sans Capitaines, aussi ne peut rendre la iustice seul, & sans Iuges. Mais comme le souuerain commandement de la guerre luy demeure par dessus ses Capitaines, aussi fait le dernier ressort de la iustice par dessus ses Iuges. Ainsi lisons-nous que par cette premiere loy faite à Rome, apres le déchassement des Roys, appellée la loy Valeria, le dernier ressort & l'appel de tous les Magistrats fut reserué au peuple, & parce que les Consuls y contreuenoient souuent, ceste loy fut republiée par trois fois, & finalement par la loy *Duilia*, la peine de mort fut indicte à celuy qui y contreuiendroit : loy, que Tite-Liue appelle fondement de la liberté populaire, ores qu'elle ait esté tousiours mal entretenuë. Semblable loy, voire encore plus ample, estoit à Athenes, où le dernier ressort estoit reserué au peuple, non seulement à l'égard des citoyens, comme à Rome, mais aussi des alliez, comme dit Xenophon, au liure *De Repub. Athen.* & Demosthene en l'Oraison *pro Aphobo*. De mesme Contarin nous tesmoigne que la premiere loy, qui fut faicte pour l'establissement de la Republique de Venise, fut, qu'il y auroit appel de tous les Magistrats au grand Conseil : & Guichardin rapporte, que Valery Duc de Florence ne fut tué pour autre cause, que pour n'auoir déferé à l'appel interiecté de luy au grand Conseil du peuple, par trois Florentins qu'il auoit condamnez à mort. 29 Le dernier ressort de la iustice appartient au souuerain.

Mais en France, le dernier ressort de la iustice est tellement droict de souueraineté, que mesme en commun langage, il est appellé souueraineté, comme quand és concessions des fiefs, ou des appanages, le Roy reserue à la couronne la foy & hommage, ressort, & souueraineté, la foy & hommage concernent la feudalité & Seigneurie priuée, & directe : le ressort & souueraineté, concernent la Iustice & Seigneurie publique & souueraine. Aussi les compagnies des Iuges, qui soubs le nom du Roy iugent en dernier ressort, sont appellées souueraines. Et a esté prouué au chapitre precedent que les Princes, qui ont parfaictement le dernier ressort de la Iustice, sont mis entre les souuerains, ores qu'ils soient vassaux, tributaires, ou en protection, pource qu'en effect leur peuple n'est subject au commandement d'autre, que d'eux : consideration qui a esté bien representée toutes les fois que le Duc de Lorraine a voulu obtenir du Roy ce dernier ressort en son Duché de Bar : & lors de l'érection de l'Eschiquier d'Alençon, en l'an 1571. combien que ce ne fust pas vne iustice tout à fait souueraine, neantmoins l'vn de Messieurs les Aduocats generaux remonstra sagement au Roy, qu'il eust mieux valu ériger douze Parlemens Royaux, qu'vn seul Eschiquier pour vn Prince du sang. 30 De mesme. 31 Souueraineté signifie par fois le ressort de iustice. 32 Cópagnies souueraines. 33 Erection d'Eschiquier dangereuse.

Soubs ce droict, ie compren l'octroy des requestes ciuiles des éuocations, interdictions de Iuges, des graces & remissions des condamnez, & autres semblables dépesches. Et combien qu'anciennement aucuns Gouuerneurs des Prouinces esloignées entreprissent de donner graces, si est-ce que ce pouuoir leur a esté iustement osté par Edict du Roy Louys douziesme, de l'an mil quatre cens quarante neuf ; mesmement le Roy François l'ayant concedé à Madame sa mere, elle ayant sceu que le Parlement faisoit difficulté de le verifier, s'en deporta volontairement. 34 Ce qui est compris sous le droict de iustice.

Au pareil, le droict de forger monnoye dépend de la souueraineté, pource que c'est le mereau du commerce, qui partant dépend de la police generale du Royaume, laquelle appartient au seul Prince souuerain : voire la monnoye dé- 35 Droict de forger monnoye.

pend aucunement du droict des gens : & par consequent, il est necessaire, que le Prince la proportionne auec ses voisins, autrement ses subjects ne pourroient trafiquer auec eux : & si, pour profiter sur ses subjets, il hausse trop sa monnoye, il leur faict iniustice, & est en effect faux-monnoyeur, comme le Poëte Dante appelle, bien qu'à tort, le Roy Iean. Quoy que ce soit, il est certain que la monnoye dépend entierement de l'authorité du Prince souuerain, qui en prescrit la matiere, la forme, le cours, le poids, & le prix, ainsi qu'il luy plaist. C'est pourquoy la monnoye est appellée en Grec νόμισμα quasi νόμος, dont aucuns veulent dire, qu'est deriué de Latin *nummus*, que Fr. Hotman au traicté *De re numaria*, soustient deuoir estre escrit par vne seule *m*, & mesme en François nous appellons la monnoye alloy, & quelquesfois simplement loy.

36 *Numisma quasi νόμος.*

37 Les Princes mettent leur image à leur monnoye.

Pour ceste cause, les Monarques font ordinairement grauer leur image en leur monnoye, mesme aucuns l'ont nommée de leurs noms, comme les Philippus de Macedoine, & les Dariques de Perse : & voyons-nous pas en l'Euangile, que l'image de Cesar s'estant trouuée en la piece d'argent, qui fut presentée à nostre Seigneur, il en fit la conclusion, qu'il falloit rendre à Cesar ce qui estoit à luy? Aussi lisons-nous dans Herodote, que Darius feit trancher la teste au Gouuerneur d'Egypte Ariander, pour auoir faict grauer son image en la monnoye. Et pour mesme cause, l'Empereur Commodus feit mourir Perennius, son grand mignon, dit Herodian. Et le Roy Louys douziesme, laissant la souueraineté à ceux de Gennes, voulut neantmoins, que pour souuenance de ce qu'il les auoit remis en liberté, ils marquassent leur monnoye de son image, ce qu'ils n'ont pas entretenu, pource que ç'eust esté déroger à leur Souueraineté, ains pour signe d'icelle, ils mettent vn gibet à leur monnoye, comme ils faisoient auparauant. Aussi fust-ce l'vne des principales occasions de la guerre, que fist le Roy Louys vnziesme, contre le Duc de Bretagne, pource que contre le traicté de l'an mil quatre cens soixante cinq, il entreprenoit de forger de la monnoye d'or.

38 Punitiõ de ceux qui ont forgé monnoye.

39 Monnoye de Gennes.

40 Anciennement les Ducs & Cõtes forgeoient monnoye.

Et combien qu'anciennement en France, presque tous les Ducs & les Comtes, voire mesme plusieurs Euesques entreprissent de forger monnoye, les vns par vsurpation (ainsi qu'ils auoient vsurpé presque tous les autres droits Royaux) autres par concession des Roys, qui par icelle en ordonnoient la matiere, la forme, le poids, & le prix, lequel par apres ne pouuoit estre changé, comme il fut iugé contre le Duc de Bretaigne, en l'an 1274. & contre le Comte d'Angoulesme, en l'année 1281. ainsi que rapporte Choppin, liure 2. *De Dom. tit.* 7. neantmoins le mesme Choppin nous apprend, que le Roy Louys Hutin fut fort soigneux de remettre ce droict en son domaine, & qu'il le racheta à prix d'argent de plusieurs Ducs & Comtes, ce que feirent aussi ses successeurs : & en fin le Roy François, par Edict general, reuoqua toutes ces vsurpations, & cassa tous ces priuileges. Et à bon droict : car les droicts de Souueraineté ne sont, ni prescriptibles par les subjets, ni communicables à eux : comme les Estats de Polongne soustindrent particulierement, pour celuy de forger monnoye, que Sigismond Auguste auoit concedé au Duc de Prussie, laquelle concession ils casserent par vn decret portant par exprés, que ce droict n'auoit peu estre donné, comme estant inseparable de la couronne. Et par mesme raison, l'Archeuesque de Gnesne au mesme Royaume, & celuy de Cantorbie en Angleterre en furent priuez par les Estats de leur païs.

41 Reuocatiõ de ce droict.

42 Si leuer deniers est vn droict Royal.

Finalement, à l'égard de faire des leuées de deniers sur le peuple, i'ay dit que les plus retenus Politiques tiennent, que les Roys n'ont droict de les faire par puissance reglée, sans le consentement du peuple, non plus que prendre le bien d'autruy, pource que la puissance publique ne s'estend qu'au commandement & auctorité, & non pas à entreprendre la Seigneurie priuée des biens des particuliers, qui est le poinct auquel consiste la difference de la Monarchie Seigneuriale, d'auec la pure Souueraineté ; d'autant que celle-là ha la Seigneurie publique & priuée tout ensemble, des personnes & des biens de ses subjets : & celle-cy n'en ha que la Seigneurie publique.

Qui est à peu pres la remonstrance que fit aux Estats de Tours ce sage Politique Philippe de Commines, comme il nous a laissé par escrit en ses Memoires. Et de faict c'est chose bien certaine, qu'anciennement en France les tailles & autres subsides n'estoient pas ordinaires & perpetuels, comme ils sont à present, ains ils ne se leuoient que du consentement du peuple, & tant que la necessité duroit. Voire que la principale cause d'assembler les Estats, estoit pour auoir leur consentement à quelque nouuelle leuée. Et mesmement c'estoit le peuple qui eslisoit ceux qui deuoient leuer ces subsides & aydes (ainsi les appelloit-on, pource que volontairement le peuple en aydoit & secouroit le Roy en sa necessité) & pour cette cause on appelle encor Esleus, ceux qui les font leuer en chacune prouince, & Generaux, soit des Aydes, ou de la Iustice d'icelles, ceux qui sont superintendans de ces leuées. Ce qui se pratique encor en Angleterre, & Pologne, où les Rois ne peuuent faire aucune leuée sans le consentement des Estats.

43 Anciennement les tailles n'estoient ordinaires en France, & les subsides ne se leuoient que par le consentement des Estats.

44 Aydes & subsides, pourquoy dicts.

Mais ie croy qu'à present le contraire s'obserue par tout ailleurs: & qu'il n'y a quasi plus d'autres Princes souuerains, voire mesme de Princes suiects, qui n'ayent prescrit droict de leuer deniers sur leur peuple. De sorte qu'à mon aduis il ne faut plus douter qu'en France (qui est possible auiourd'huy la plus pure & plus parfaicte Monarchie du monde) nostre Roy n'ayant d'ailleurs presque plus d'autre fonds de finance, ne puisse faire des leuées de deniers sans le consentement des Estats, qui, comme i'ay prouué au chap. precedent, n'ont aucune part en la souueraineté.

45 Esleus Generaux des Ayes.

86 Les souuerains ont maintenant droit de leuer deniers.

Car puis qu'il a esté dit, que la puissance publique du Souuerain s'estend aussi bien sur les biens, que sur les personnes, il s'ensuit, que comme il peut commander aux personnes, aussi peut-il vser des biens de ses suiets. Mais comme le commandement des personnes ne les rend pas esclaues, aussi cet vsage des biens ne les reduit pas en la Seigneurie priuée du Prince: pource que la Seigneurie priuée est la parfaicte proprieté, dont on peut vser à discretion: mais l'vsage de la Seigneurie publique doit estre reglé par iustice, voire estre dirigé à la propre vtilité, & necessité du peuple: estant bien raisonnable que son Prince, à qui Dieu l'a baillé en garde, le puisse tirer du peril, à mesme sa bourse, malgré qu'il en ait, comme le malade qu'on medicamente contre sa volonté. Et de faict Dion *in Augusto*, nous apprend, que l'vne des dépendances du pouuoir souuerain des premiers Empereurs de Rome, ores qu'ils ne fussent que Princes suiects, estoit de faire des leuées de deniers.

47 Preuue.

Mais quoy que ce soit, il n'y a que le Roy seul, qui puisse faire telles leuées, ores mesme que ce soit du consentement du peuple (sauf & reserué tousiours le cas de l'extreme necessité, qui n'a point de loy.) Ce qui est disertement contenu au 23. article de l'Ordonnance de Moulins, dont les mots meritent bien d'estre icy rapportez: *Parce que à nous seul appartient leuer deniers en nostre Royaume, & que faire autrement seroit entreprendre sur nostre Maiesté, défendons tres-expressément à tous nos Gouuerneurs, Baillifs, Thresoriers, & Generaux de nos Finances, & autres quelconques nos Officiers, d'entreprendre de faire leuer aucuns deniers, quelque auctorité qu'ils ayent, & pour quelque cause que ce soit, ne permettre qu'autres en leuent, soit en nom de particulier, ou de communauté, sinon qu'ils en ayent nos lettres patentes précises & expresses, à peine de confiscation de corps & de biens, &c.* En consequence de laquelle Ordonnance Bodin estime, que le droict pretendu par plusieurs Seigneurs, & qui est auctorisé par plusieurs coustumes, de leuer tailles aux quatre cas sur leurs suiects, est maintenant aboly, & c'est pourquoy i'ay mis à iuste cause le droict de leuer deniers sur le peuple, pour vn sixiesme cas de souueraineté.

48 Qu'autre qu'eux ne le peut faire.

49 Droict de tailles des Seigneurs, aux quatre cas, aboly.

Mais pour le regard des deniers Royaux ja imposez, c'est bien sans doute, que puisque les particuliers sont maistres de leur bien, à plus forte raison le Roy l'est du sien. De sorte que les Gouuerneurs des Prouinces, ni mesme les Chefs des armées, n'y peuuent toucher, s'ils n'en ont expres pouuoir, ou bien en cas d'extreme necessité, non plus, que les procureurs ne peuuent disposer du bien de leurs maistres, sinon entant qu'il leur est permis par leur procuration. Autrement ceux qui touchent aux deniers Royaux, commettent, non pas vn simple

50 Que nul Officier ne doit toucher aux deniers du Roy.

larcin, mais comme ceux qui dérobent les choses dediées à Dieu, commettent sacrilege, qui est vne branche de leze Maiesté diuine, aussi ceux-là commettent
51 Peculat. peculat (qui est vne branche de leze Maiesté humaine) qui dérobent ou diuertissent les deniers du Prince.

52 L'honeur du monde appartient au Prince souuerain. Voila le pouuoir du Prince souuerain, & quant à l'honneur, il faut tenir en vn mot, que c'est en luy que reside tout l'honneur de ce monde: Dieu auquel il appartient essenciellement, luy ayant laissé, & comme baillé en dépost toute espece d'honneur mondain, duquel il l'a rendu distributeur, comme il est escrit
53 Le Roy est distributeur de l'honneur mondain. au sixiesme chapitre d'Hester, *Honorabitur, quem voluerit Rex honorari.* Partant c'est de luy que toute dignité procede, & comme dit Cassiodore *lib. 6. Variarum, Epist. 23. à Principe exeunt omnes Dignitates, vt à Sole radij*, & comme dit Balde en la preface Des Fiefs, *ab eo, tanquam à fonte, profluunt omnes Dignitatum riuuli.*

54 Rang des Princes souuerains. Or n'est-il question de parler du rang & seance des Princes souuerains, pource qu'elle ne peut estre reuoquée en doute dans leur souueraineté, non seulement par leurs suiects, qui commettroient crime de leze Maiesté, s'ils le vouloient entreprendre, mais aussi par les Princes estrangers regulierement, pource que
55 En leur pays. chacun est maistre en sa maison. Bien est vray que par honneur ils ont accoustumé en leur propre maison de ceder aux Princes de plus haut tiltre, comme les Rois à l'Empereur, les Ducs aux Rois: mais sur tout ils doiuent déferer & laisser le premier rang à ceux, auec lesquels ils ont alliance inégale, ou de superiorité, comme à leur protecteur, Seigneur Feodal, & à celuy duquel ils sont tributai-
56 Es pays d'autruy. res, bref à tous ceux, *quorum Maiestatem comiter obseruare tenentur.* Car combien qu'ils ne soient leurs suiects quant au pouuoir, si sont-ils leurs inferieurs quant à l'honneur. Et quant au rang d'entre les Princes souuerains és païs d'autruy, on obserue, que ceux de plus haut tiltre ont la preséance: & entre ceux de mesme tiltre, on a esgard à l'antiquité de l'establissement, qui est vne matiere, qui meriteroit bien vn plus grand discours.

57 De la Maiesté des Rois. Maintenant pour le regard du tiltre, ou pour mieux dire, de la qualité qu'on donne aux Princes souuerains, il faut prendre garde, que ceux qui sont parfaictement souuerains, c'est à dire, qui ne sont en vasselage, ni en protection, ni tributaires, & principalement les Rois, sont qualifiez du tiltre de Maiesté, qui signifie parfaicte souueraineté, d'où vient que ceux qui l'offensent, sont dits coulpables de leze Maiesté, qu'Ouide au 5. des Fastes feint à sa mode, auoir esté engendrée du mariage d'Honneur auec Reuerence, & auoir esté grande dés l'instant de sa naissance.

58 Que c'est le plus haut tiltre qui puisse estre. Ce tiltre est le plus haut, & le plus Auguste qui iamais ait esté inuenté en ce monde; mesmement est si haut, qu'il appartient proprement à Dieu. Aussi Ouide au discours de ceste Maiesté, adiouste,

Assidet illa Ioui, Iouis est fidissima custos,
Et praestat sine vi sceptra tenere Ioui.
Venit & in terras. ———

59 Sacrée Maiesté de l'Empereur. Et certes il semble que ce soit vne entreprise que font les Rois sur l'honneur de Dieu, que de s'attribuer ce tiltre: de faict M. Pasquier nous apprend, qu'on n'en vsoit pas iadis si communément en France, comme on faict depuis la hantise des Espagnols. Toutesfois c'est la verité, qu'on en a vsé de tout temps & à Rome & en France. Et encor les Allemans, pour mettre leur Empereur par dessus
60 Excelente Maiesté du Roy d'Angleterre. les Rois, l'appellent sacrée Maiesté: qui est, à mon aduis, vn blaspheme. Car c'est la Maiesté seule de Dieu, qui est sacrée. Et la vanité des Anglois les a portez à vouloir rehausser la Maiesté de leur Roy d'vn épithete d'honneur, l'appellant excellente Maiesté, comme dit Bodin.

61 Maiesté non communicable à autre qu'aux souuerains. Quoy que ce soit, ce tiltre est inseparable de ceux ausquels reside la souueraineté, estant és Estats populaires referé au peuple, és Aristocratiques aux Seigneurs, & és Monarchiques aux Monarques: aux femmes mesmes desquels il ne peut pas estre proprement communiqué, non plus que le plein pouuoir de la souueraineté, combien que tous autres honneurs le puissent estre: comme il fut remonstré aux Estats d'Orleans, où pendant la minorité du Roy, on ne voulut

permet-

permettre à la Royne sa mere d'vser de ce tiltre, ainsi qu'vn autheur moderne a 61 Royne mere n'a le titre de Majesté.
laissé par escrit. Et combien que les anciens autheurs Romains l'attribuent quelquesfois aux principaux Magistrats, notamment T. Liue en plusieurs passages, & mesme le Iurisconsulte en la loy 11. *De Inst. & in l. 9. De iurisd. l. 23. De iniur.* toutesfois c'est improprement: car proprement à Rome *imperium erat Magistratuum, Auctoritas Senatus, Potestas plebis, & Maiestas populi*, comme distingue Ciceron *pro Rabirio perd. reo.* 62 *Attributa Romanorum.*

Mais les Princes, qui ne sont pas parfaictement souuerains, ne prennent pas le tiltre de Maiesté, ains, ou celuy d'Altesse, comme les Ducs de Lorraine, Sauoye, Florence, Mantouë, & Ferrare: ou celuy d'Excellence, cóme les Princes des païs de surseāce: ou finalemẽt celuy de Serenité, cõme les Ducs de Venise, dit Bodin. 63 Altesse. 64 Excellence.

Il y a encor vne autre remarque d'honneur au tiltre des Princes souuerains, à sçauoir qu'ils se qualifient Empereurs, Rois, ou Ducs par la grace de Dieu, pour signifier qu'ils ne tiennent leur Estat, que de Dieu & de l'espée. Et ce fut vne des trois choses que le Roy Louis XI. defendit au Duc de Bretaigne par le traicté qu'il fist auec luy, de se qualifier Duc par la grace de Dieu. Combien qu'anciennement les Ducs & les Comtes de France, qui auoient vsurpé vne maniere de souuerainеté, ne manquassent iamais de se qualifier tels par la grace de Dieu, comme il se voit aux tiltres des vieilles coustumes, & és anciennes chartres: voire mesme Bodin nous apprend, que les grands Officiers de France vsoient de cette adionction, iusques à quoter qu'vn Esleu de Meaux s'estoit qualifié Esleu par la grace de Dieu. En quoy toutesfois il se mesprend. Car ce n'estoit pas vn Esleu, sur le faict des aydes & tailles: ains l'Esleu Euesque de Meaux. Et encor à present les Euesques & Abbez se qualifient tels par la miseration diuine, pour monstrer qu'ils ne tiennent leur benefice d'autre que de Dieu, & non pas des Seigneurs temporels: vray est qu'en ces derniers temps, que la prouision d'iceux a esté attribuée au consistoire de Rome, ils mettent en leurs qualitez, par la miseration diuine, & du S. siege Apostolique. 65 Serenité. 66 Roys par la grace de Dieu. 67 Euesques & Abbez par la miseration diuine. 68 Et du S. siege Apostolique.

Finalement il y a encor vn autre honneur des souuerainetez, à sçauoir les enseignes, ou ornemens d'icelles, que les Grecs appellent σύμβολα τῆς ἡγεμονίας, & Virgile *Regis insigne: nimirum sceptrum, sacerque tiaras*, c'est à dire le sceptre & la couronne, qui sont tellement enseignes de Rois, que dans les bons Autheurs l'vn & l'autre signifie souuent la Royauté mesme. 69 *Insignia regis.*

Le sceptre est plus ancien que la couronne: car Homere attribuë bien le sceptre aux Rois, mais il n'attribuë la couronne qu'aux Dieux. Il est fait mention au Genese du sceptre de Pharaon, & en Hester, de la verge d'Assuerus, & Xenophon attribuë vn sceptre à Cyrus. On le fist premierement de bois, comme il est descrit au 4. de l'Iliade, & au 7. de l'Eneide, puis d'yuoire, ou d'ébene, comme il se voit dans Iuuenal, & dans T. Liue. Et finalement on l'a faict d'or, qui est le metail souuerain. Et au bout d'iceluy on y a mis tantost la figure d'vn Aigle, tantost d'vne Cicogne, tantost d'vn Hippopotame, & nos Rois n'y mettent qu'vne fleur de lys. 70 Du sceptre Royal. 71 Matiere d'iceluy. 72 Forme d'iceluy.

Le sceptre est signe de puissance, comme la couronne est signe d'honneur, & pour cette cause les Euesques, qui ont la iurisdiction Ecclesiastique, ont leur baston pastoral, ainsi qu'Homere attribuë le sceptre au Prestre Chryseis, & qu'en la sainte Escriture il est faict mention de la verge d'Aaron, & les Augures de Rome auoient *lituum*, que A. Gelle definit *virgam breuem & curuam*, comme est le baston de nos Euesques, appellé pour cette occasion Croce, quasi croche. 73 Croce des Euesques.

La Couronne est appellée par les Grecs Diadesme, bien que proprement Diadesme soit vn simple bandeau Royal, dont iadis vsoient seulement les Rois, laissant la Couronne aux Dieux. Ainsi les effigies des premiers Empereurs Romains se voyent ornées de bandeaux seulement: Puis ils prirent des cercles de fin or, que par apres ils rayonnerent à la forme des couronnes des Dieux, ausquelles les rayons estoient adioustez pour representer l'esclat de la diuinité, comme nous faisons auiourd'huy aux peintures des Saincts. Apres encor au lieu de rayons, ils y meirent des fleurons ornez de pierres precieuses. Ce qu'estant 74 Diadesme. 75 Changemẽs des Couronnes.

fait commun à tous les Rois, les Empereurs de Grece voulans, que leur Couronne fust plus auguste, la fermerent par en haut, & finalement nos derniers Rois, pour monstrer qu'ils sont autant, ou plus souuerains, que l'Empereur d'à present, l'ont voulu porter de mesme.

76 Droicts vtiles des souuerainetez. Reste de parler des droicts vtiles des souuerainetez, lesquels ce ne seroit iamais faict de vouloir expliquer particulierement. Car combien que Choppin & Bacquet en ayent faict de gros liures, si n'ont-ils pas encore tout dict. Or par ces droicts ie n'enten pas les droicts domaniaux, & qui appartiennent au Prince à cause de son domaine, c'est à dire, à cause des terres & Seigneuries particulieres appartenantes à l'Estat, ains ceux qui luy appartiennent immediatement à cause de sa souueraineté : & encor parmy ces droicts, ie n'enten point comprendre les leuées extraordinaires de deniers, que ie doute n'estre vrais droicts, ains aydes & subsides, ou concedez volontairement par les peuples, ou exigez pour la necessité.

77 *Regalia*. Les Feudistes appellent ces droicts *Regalia*, & les ont ramassez dans le tit. *Quæ sunt Regalia*, tenans vne proposition qui va bien loin, que tout ce qui est public, 78 *Publicum*. ou qui n'appartient à personne, doit appartenir au Prince souuerain : d'autant, disent-ils, que ce que les Romains appelloient *publicum* quasi *populicum*, estoit ce qui appartenoit au peuple, pardeuers lequel residoit la souueraineté, & par consequent qu'és Estats Monarchiques tout cela doit appartenir au Monarque, *cui populus omne ius suum transtulit*, dit la loy. Ainsi les Princes souuerains soustiennent 79 Princes se sont attribué tout ce qui n'appartient à personne. communément, que tout ce qui n'appartient à personne, leur doit estre estimé propre, par le moyen de leur Seigneurie vniuerselle : de sorte que des cinq sortes de chose rapportées au tit. *De rerum diuis.* ils s'en sont attribué communement les quatre, *nimirum communes*, *publicas*, *vniuersitatis*, *& nullius*, & n'ont laissé aux particuliers, que la cinquiesme espece, à sçauoir *res singulorum*.

Par ce moyen ils se sont voulu attribuer la proprieté de la mer, des riuieres nauigables, des chemins des champs, des ruës, murailles & fossez des villes, & generalement de toutes choses, qui sont hors de commerce : & encor de ce qui entre en commerce, ils s'en sont voulu attribuer tout ce qui n'a point de maistre.

80 Les communautez s'y opposent. Tout cela neantmoins n'est pas passé sans contredict : car d'vne part les communautez des peuples pretendent la pluspart de ces choses, sinon en proprieté, au moins quant à l'vsage : soutenant qu'elles sont dictes publiques, non pas pour estre dépendantes de la souueraineté du peuple (car la Seigneurie priuée, dont nous entendons parler, n'a point de coherence ni correspondance à la publique, encor moins à la souueraine) mais pource que l'vsage en appartient à chacun du peuple.

81 Comme aussi les Seigneurs Iusticiers. Mais la plus forte contradiction a esté de la part des Seigneurs Iusticiers, ausquels la Seigneurie du lieu, subalterne veritablement, mais immediate, a esté laissée. Car ils soustiennent, que c'est celle-là, qui attire & reioint à soy la Seigneurie priuée, quand elle est vacante, & n'appartient à aucun. Et de là sont prouenus de grands differens, & en grand nombre, qui ne sont pas encor bien vuidez, & dont le droict n'est encor certain & bien estably, ains à faute de les auoir peu regler par raison, on les a laissé establir par la force & par l'vsurpation, & chacun en a pris par où il a peu : de sorte qu'auiourd'huy on les termine par la possession & vsage, comme i'ay dit au commencement de ce liure. Et pource que la possession ne peut estre vniforme par tout, de là vient la varieté des coustumes, & la diuersité d'opinions de ceux qui en ont traicté.

82 Essay de vuider ces differens. Pour tascher à y apporter vne reigle, il faut rechercher la raison punctuelle & decisiue de tous ces differens : ie dy donc, qu'il ne faut point demander à qui appartiennent les choses qui sont hors de commerce. Car puisque de leur nature elles sont incapables de Seigneurie priuée, c'est folie d'en attribuer la Sei-
83 Ce qui n'est point en commerce ne peut appartenir à aucun. gneurie priuée à aucun. Nos Iurisconsultes Romains en ont fait de quatre sortes : à sçauoir les communes, qui sont communes à tous les animaux, comme les elemens, la mer, la pluye du Ciel ; celles qui sont communes aux hommes seulement,

84 *Res communes, publicæ, vniuersitatis, & nullius.*

ment, qu'ils ont appellées publiques, comme qui diroit peupliques, c'est à dire, dont l'vsage est commun aux hommes, & non aux bestes, à sçauoir les riuieres, les chemins &c. celles qui sont communes à certaines communautez d'hommes seulement, qu'ils ont appellé *res vniuersitatis: vt stadia, theatra*: & finalement celles, qui par vn respect particulier, ne sont attribuées à aucun, *vt res sacræ, religiosæ, sanctæ.* Toutes ces choses sont incapables de Seigneurie priuée, & la proprieté d'icelles ne peut appartenir à aucun, ni au Prince souuerain, ni au peuple, ni au Seigneur Iusticier: mais l'vsage en demeure à vn chacun, selon la qualité particuliere de chacune: bien est vray que la Seigneurie publique, c'est à dire, l'authorité & direction par la voye de iustice, en appartient au Prince souuerain en souueraineté, & au Seigneur haut Iusticier en iustice primitiue.

85 *Res singulorum* à qui appartiennent, quand sont vacantes.

Mais pour le regard des choses qui sont en commerce, & capables de Seigneurie priuée, que le droict appelle *res singulorum*, celles-là estans vacantes, & n'ayans point de maistre, leur Seigneurie priuée vacante se ioinct & reünit à la Seigneurie publique, comme l'vsufruict vacant se reioinct à la proprieté. Mais pource que la Seigneurie publique appartient, tant au Prince souuerain, qu'au Seigneur haut Iusticier, la question est auquel des deux elles doiuent appartenir. Et certes il y a plus d'apparence de les attribuer au Seigneur public, primitif & immediat, qu'au dernier & souuerain: si ce n'est és matieres, qui dépendent directement de la souueraineté: ce qui sera particularisé cy apres, en traictant des droicts des iustices.

86 Ce qui prouient des choses estant hors de commerce, à qui appartient.

87 Qu'il deuroit estre employé à l'entretien d'icelles.

Le mesme doit estre dit, à mon aduis, des fruicts & émolumens capables de commerce, & Seigneurie priuée, qui prouiennent des choses, qui sont hors de commerce, comme de la pescherie des riuieres publiques, ensemble de celle des fossez des villes, voire mesme des rentes, ou amendes, qui prouiennent des saillies, ou autres entreprises faictes sur les ruës & chemins: toutesfois auparauant que ni le souuerain, ni le Seigneur primitif y puisse rien prendre, il seroit raisonnable, que ces émolumens, ou fruicts fussent employez à la refection & entretien des choses dont ils prouiennent, comme la pescherie des riuieres, à l'entretien des leuées & guais d'icelles, celles des fossez, à l'entretenement d'iceux: les deniers prouenans des entreprises sur les ruës, à l'entretien du paué d'icelles. Et partant il seroit bien raisonnable, que tous ces émolumens fussent attribuez aux villes & communautez, comme deniers d'octroy, à la charge de faire ces entretenemens: car de charger le peuple de cet entretenement, & que le Roy, ou le Seigneur du lieu en prenne neantmoins le reuenu, il n'y a raison quelconque.

88 *Prince* que signifie dans nos coustumes.

89 *Prince* signifie le Duc, ou Seigneur du païs.

Pour conclusion i'aduertiray le lecteur, qu'en estudiant cette matiere dans les coustumes, il garde de se mesprendre en l'equiuoque du nom de *Prince*: car maintenant quand nous parlons indefiniement du Prince, nous entendons le Roy, ainsi que font les loix Romaines. Mais és coustumes il s'entend tout autrement: car d'autant que la pluspart d'icelles ont esté ou redigées, ou pour le moins establies du temps que les Ducs & Comtes des prouinces se qualifioient Princes, & iouïssoient par effect des droicts de souueraineté, quand en icelles il est parlé du Prince, ce n'est pas le Roy qui est entendu, ains le Duc, ou Comte de la Prouince: de sorte que quand elles parlent des droicts du Prince, ce n'est pas des droicts du Roy, ains des droicts du Duc. Que si la Duché appartenoit au Roy lors de la redaction d'icelles, elles entendent parler des droicts du Roy, non entant que Roy, mais entant que Duc & Seigneur de la prouince.

Ce qui est bien exprimé en l'inscription de la seconde partie de la coustume d'Anjou: dont voicy les mots, *Pour la seconde partie est traicté des cas, esquels le Prince*, videlicet, *le Duc d'Aniou, ha preuention sur ses suiects.* Et en l'article suiuant il est dict, *Premierement le Roy comme Duc d'Aniou ha ressort & Suzeraineté, &c.* En quoy, sauf l'honneur deu à ce grand personnage feu M. Choppin, il me sera permis de dire qu'il a vn peu choppé, comme le Poëte a dit, qu'il est permis de s'achopper en vn grand œuure. Car voicy comment il interprete ce passage *Cùm hæc præfatio loquatur de Principe, intelligit de supremo rerum Domino, Galliæque moderatore maximo.*

De mesme. Et en l'ancienne coustume de Normandie chap. 12. *Le Duc de Normandie, ou le Prince est cil qui tient la Seigneurie de tout le Duché, dequoy le Roy de France ha ores la Seigneurie & la dignité:* ainsi, combien que le chap. 10. soit intitulé *Du Seneschal au Duc,* ce Seneschal est dans le texte tousiours appellé *Le Seneschal au Prince.* Ce qui se voit encor plus clairement en la coustume de Niuernois, en l'art. 10. *Celuy qui ha iustice ne peut leuer signe patibulaire, sans auctorité du Prince du païs, au refus duquel Prince, il aura recours au souuerain Seigneur: Ce qui n'a lieu aux iustices exemptes du Prince, &c.* Qui est vn poinct fort à noter.

SOMMAIRE DV QVATRIESME CHAPITRE.

1 *Deux sortes de Seigneurie.*
2 *Definition de la Seigneurie suzeraine.*
3 *Trois sortes de dignitez, l'Ordre, l'Office & la Seigneurie.*
4 *La Seigneurie reside directement au fief.*
5 *La Seigneurie ne peut estre tenuë qu'en fief.*
6 *Franc aleu noble.*
7 *La proprieté de la iustice appartient à la Seigneurie.*
8 *La Seigneurie n'a plus d'autre puissance publique que la iustice.*
9 *La puissance des armes estoit iadis aux Seigneurs.*
10 *Leur banniere.*
11 *De l'assistance en guerre que les vassaux doiuent à leur Seigneur de fief.*
12 *Tout le faict des armes est à present reserué au Souuerain.*
13 *En quoy consiste la proprieté de la iustice.*
14 *Pouuoir de la iustice.*
15 *Honneur de la iustice.*
16 *Profits de la iustice.*
17 *La Seigneurie est composée du fief & de la iustice.*
18 *Comment la iustice est au fief.*
19 *Explication de ces mots,* Terre, Fief, & Seigneurie.
20 *De l'vnion du fief & iustice.*
21 *Comment la iustice a esté renduë accessoire au fief.*
22 *Explication de la question,* An iurisdictio adhæreat feudo.
23 *Cinq questions.*
24 An iurisdictio adhæreat castro.
25 *Comment la iustice est inherente au Chasteau.*
26 *Comment la iustice est inherente au Fief.*
27 *Comment elle peut estre separée du Fief.*
28 An iurisdictio adhæreat feudo.
29 *Comment la iustice est inherente à la Seigneurie.*
30 *Comment elle est attribuée au territoire.*
31 *Resolution sommaire des cinq questions.*
32 *Qu'elle est l'vnion du fief, & iustice en la Seigneurie.*
33 *Pourquoy aux benefices le reuenu est demeuré accessoire.*
34 *Les benefices sont composez de deux parties, aussi bien que les Seigneuries.*
35 *Officiers de la Couronne ont tasché de rendre leurs Offices accessoires aux Fiefs.*
36 *Exemples.*
37 *Pourquoy ils ne l'ont peu faire.*
38 *Diuision des Seigneuries suzeraines.*
39 *Les grandes Seigneuries.*
40 *Les mediocres.*
41 *Les petites, ou simples iustices.*
42 *Qu'elles releuent les vnes des autres, de degré en degré.*
43 *Ce qui éleue les Seigneuries Suzeraines.*
44 *Si les Seigneurs Suzerains peuuent ériger des Seigneuries inferieures à la leur.*
45 *Raisons de l'affirmatiue.*
46 *Resolution pour la negatiue.*
47 *Le Roy seul peut ériger des Seigneuries.*
48 *1. Raison, concernant le défaut de puissance.*
49 *Il y a bien difference entre establir des Officiers, & créer des iustices.*
50 *2. Raisons concernant l'interest du Roy.*
51 *Opinion de Io. Faber.*
52 *Opinion de du Moulin.*
53 *3. Raison concernant l'interest du peuple.*
54 *Remede à l'interest du Roy & du peuple.*
55 *Qu'il n'y a point d'inconuenient, que les Seigneuries soient érigées par le Roy, & neantmoins releuent des Seigneurs immediats.*
56 *Que l'vsage ne fait loy en telles matieres.*
57 *Que les coustumes contraires sont iniustes.*
58 *Edict de Roussillon retranchant vn degré de iustice.*
59 *Les Coustumes ne peuuent tollir les droits du Roy.*
60 *Que la iustice, concedée par vn Seigneur, tient iusques à ce qu'on s'en plaigne.*

61 Si les

61 *Si les Iustices peuuent estre acquises par prescription.*
62 *Si du moins la prescription immemoriale y ha lieu.*
63 *Trois raisons de la negatiue.*
64 *Resolution pour l'affirmatiue.*
65 *Que la possession immemoriale se doit prouuer par preuue literale en ceste matiere.*
66 *Arrest pour ce regard.*
67 *Signes visibles des Iustices, ou Seigneuries.*
68 *Pilory, ou eschelle. Gibet.*
69 *Difference du Pilory & Gibet.*
70 *Marques des Seigneuries de Dignité.*
71 *Que les Seigneuries de Dignité sont composées des moindres.*
72 *Edict notable, pour le reglement des Seigneuries de Dignité.*
73 *A quoy seruent ces marques.*
74 *L'érection d'vne Seigneurie de Dignité faicte par autre que le Roy, est du tout nulle.*
75 *Qu'il vaut mieux s'aider de la prescription, que d'vn mauuais titre.*

DES SEIGNEVRIES SVZERAINES, OV SVBALTERNES EN GENERAL.

CHAPITRE IIII.

1 Deux sortes de Seigneuries.

COMME les Dialecticiens ont deux sortes de genre : l'vn, qu'ils appellent generalissime, γένος γενικώτατον : l'autre subalterne ; aussi auons-nous deux especes de Seigneuries publiques : l'vne souueraine, qui a esté expliquée au chapitre precedent : l'autre subalterne, que nos Coustumes appellent suzeraine, qu'il faut expliquer icy.

2 Définition de la Seigneurie suzeraine.

3 Trois especes de Dignitez, l'Ordre, l'Office, & la Seigneurie.

Commençons par sa définition, que ie basti ainsi à ma mode, *Seigneurie suzeraine est dignité d'vn Fief, ayant Iustice*. En ceste définition, *Dignité* est le genre, ainsi qu'en celle de l'Office. Car comme il a esté dit au premier liure, il y a trois especes de Dignité, l'Ordre, l'Office, & la Seigneurie, qui sont les trois tiltres d'honneur, desquels nous nous pouuons qualifier & accompagner nostre nom : dont l'Ordre & l'Office sont directement attribuez, voire inherens à la personne, à sçauoir l'Ordre inseparablement, & l'Office separablement : mais la Seigneurie est proprement attribuée & inherente au Fief, & indirectement communiquée à la personne qui le possede.

4 La Seigneurie reside directement au Fief.

C'est pourquoi aux liures des Fiefs, quand on demande, *Quis dicatur Dux, Marchio, aut Comes*, on respond que c'est celui, *qui de Ducatu, Marchia, aut Comitatu inuestitus est* : ce qui monstre bien que le tiltre & dignité de Duché, Marquisat & Comté reside proprement au Fief. Or cela n'est pas de mesme au pur Office, qui ne peut resider réellement & actuellement qu'en la personne de l'Officier : que s'il est vacant, & qu'aucun n'en soit pourueu ; ce n'est alors rien de positif, ains n'est qu'vne table d'attente, *& qualitas sine subiecto*.

5 La Seigneurie ne peut estre tenuë qu'en Fief.

6 Franc-aleu noble de la Coustume de Paris.

I'ay dit, *Du Fief ayant Iustice*, pource qu'vne terre roturiere ne peut estre Seigneurie, ni auoir Iustice : que si la Iustice vient à estre concedée à vn franc-aleu, il deuient noble à cette occasion, pource que toute terre qui est en Dignité, est noble, & soit que la Iustice soit annexée à vne terre tenuë en franc-aleu, soit qu'elle subsiste de soy-mesme, & ne soit annexée à aucune terre (auquel cas neantmoins c'est plustost vne simple Iustice, qu'vne parfaicte Seigneurie) si faut-il tousiours que la Iustice soit vn Fief, & qu'elle soit tenuë en Fief, ne pouuant estre allodiale, ni tenuë à autre tiltre que de Fief, comme du Moulin a bien prouué sur le 46. article de la Coustume, & apres lui Choppin.

7 La proprieté de la Iustice appartiét à la Seigneurie.

I'ay dit, *ayant Iustice*, c'est à dire en proprieté, comme Seigneurie, & non pas en exercice comme simple Office. Car l'Officier de la Iustice n'est pas dit auoir Iustice, ains exercer la Iustice : aussi n'est-il pas qualifié Seigneur de la Iustice, pource qu'il n'en a que l'administration : & combien qu'originairement les Seigneurs n'eussent que l'administration de la Iustice, comme Officiers, & non pas la proprieté d'icelle : si est-ce qu'à present c'est tout le contraire ; car ils en ont la proprieté qu'ils ont vsurpée, & en ont delaissé l'administration aux Officiers qu'ils y preposent.

8 La Seigneurie n'a plus d'autre puissance publique que la Iustice.
9 La puissance des armes estoit iadis aux Seigneurs.
10 Leuer Banniere.

Dauantage, i'ay dit *Iustice* simplement, & non pas *puissance publique* entierement, ainsi que i'ay dit en la définition de la Seigneurie : car la puissance publique comprend aussi bien le commandement des armes, que celuy de la Iustice. Et de faict, les Seigneurs du temps passé auoient l'vn & l'autre commandement: voire celuy des armes estoit la premiere & la plus vraye partie de leur charge, comme il a esté dit au premier chapitre. Car ils commandoient en guerre à leurs vassaux, dont chasque Seigneur faisoit vne compagnie, qu'ils appelloient Banniere, à cause du Ban & éuocation d'iceux : & encor ceux de leurs vassaux, qui auoient assez d'arriere-vassaux soubs eux, pour faire vne compagnie, leuoient aussi Banniere, & auoient leur bande à part : à laquelle le premier Seigneur commandoit par dessus eux, comme le Colonnel, ou Maistre de camp d'vn regiment commande à plusieurs compagnies, par dessus les Capitaines d'icelles.

11 De l'assistance en guerre, que les vassaux deuoient à leur Seigneur de Fief.

Ce qui estoit cause, que les Seigneurs, estans perpetuellement asseurez de l'assistance de leurs vassaux, entreprenoient de faire la guerre de leur auctorité, soit pour leurs querelles, soit pour celles de leurs amis : & de là sont procedées tant de questions touchant l'assistance que doit le vassal à son Seigneur en guerre, dont les liures des Fiefs sont pleins, comme de sçauoir, si le vassal est tenu assister son Seigneur, contre son frere, contre son pere, contre son autre Seigneur, & contre le Seigneur de son Seigneur.

12 Tout le fait des armes est à present reserué au souuerain.

Questions qui sont à present hors d'vsage en ce Royaume, d'autant que nos Roys de la derniere race, trop plus accorts que leurs predecesseurs, ont non seulement retranché aux Seigneurs ceste licence de faire la guerre de leur propre auctorité, comme estant l'vn des cinq cas de souueraineté, ainsi qu'il a esté dit au chapitre precedent : mais encor ont reserué à eux & à leurs Officiers, soubs leur nom & auctorité, tout le commandement des armes sans exception, comme du Moulin a noté sur le premier article de la coust. gl. 6. qui est, dit-il, la principale cause de la tranquillité & durée de ce Royaume : de sorte que les vassaux ne marchent plus en guerre soubs leur Seigneur de Fief, ains soubs vn Capitaine estabbli par le Roy : & mesme l'arriere-ban, qui est la seule remarque qui nous reste de cette obligation premiere des Fiefs, n'est pas conduit par le Seigneur du territoire, ains par le Bailly Royal : voire le Roy met des Capitaines & Gouuerneurs pour luy és villes des Seigneurs, comme il sera dit en son lieu : dont s'ensuit, que les Seigneurs n'ayans plus aucun commandement sur leurs vassaux au faict des armes, il ne leur reste plus que la proprieté de la Iustice, dont encor l'exercice demeure à leurs Officiers.

13 En quoy cõsiste la proprieté de la Iustice.
14 Pouuoir de la Iustice.
15 Honneur de la Iustice.
16 Profits de la Iustice.

En consequence de laquelle proprieté de la Iustice, le pouuoir, l'honneur, & le profit dépendant d'icelle leur appartient. Le pouuoir consiste tant en ce qu'ils ont droict de pouruoir des Officiers, pour l'exercice & administration de leur Iustice, qu'en ce aussi que les commandemens & publications, qui eschéent à faire en icelle, se font soubs leur nom. L'honneur, en ce qu'ils iouïssent de tous droicts honorifiques, dépendans de leur Seigneurie, selon la diuersité d'icelles, qui seront cy-apres specifiez : & finalement ils ont tous les profits & émolumens, qui procedent de leur iustice, comme les amendes, confiscations, desherences, biens vacans, reuenus des Greffes & Notariats.

17 La Seigneurie est cõposée du Fief, & de la Iustice.

Voila en quoy consiste la proprieté de la Iustice, que nous appellons simplement Iustice, de laquelle & de la proprieté feodale des terres, que nous appellons simplement Fief, est composée la Seigneurie. Car d'vne part, le Fief sans Iustice n'est pas la vraye & parfaicte Seigneurie, dont nous traictons : & d'autre part la Iustice ne peut estre sans Fief, c'est à dire, ou qu'elle ne soit annexée auec quelque terre feodale, ou, si elle subsiste à part soy, qu'elle ne soit tenuë en Fief. Bref, la Seigneurie est composée du Fief, pris *actiuè*, & de la Iustice, comme l'homme est composé de l'ame & du corps, & comme toute chose l'est de la forme & de la matiere. Le Fief est la matiere, & la Iustice est la forme qui anime & donne l'estre au corps de la Seigneurie. Qui est en effect, ce que nous auons dit cy-deuant, qu'elle est formée & concrée de la Seigneurie priuée & publique.

18 Comment la Iustice est au Fief.

Car nous auons accoustumé d'appeller nos terres de trois noms, terres, fiefs, & Seigneuries, noms que volontiers nous mettons ensemble: dont celuy de terre se refere au domaine, ou Seigneurie vtile: celuy de fief (qui est lors pris *actiuè*, non *passiuè*) se refere à la Seigneurie directe: & finalement celuy de Seigneurie se refere à la Seigneurie publique, qui est la iustice; de sorte qu'vne terre, où y a domaine, directe, & iustice, est à bon titre appellée terre, fief, & Seigneurie tout ensemble. 19 Explicatiõs de ces mots, *Terre, Fief & Seigneuries.*

Expliquons donc cette remarquable vnion du fief & de la iustice, & nous ressouuenans que l'inuention en est deuë à nos antiques François, qui ayans conquis les Gaules, eurent pouuoir de disposer en mesme temps, & des heritages d'icelles, & des Offices. Aussi donnerent-ils les vns & les autres à mesmes personnes, comme il vient d'estre dit, que les Capitaines, ausquels ils donnerent les heritages à titre de fief, estoient ceux-là mesme qui auoient la puissance publique de leur territoire à titre d'Office: & du depuis le fief & la iustice n'ont cessé de demeurer ensemble. 20 De l'vnion du Fief & Iustice.

Vray est, que ces Capitaines, ou Barons de France, que nous appellons maintenant Seigneurs, ayans gaigné ce poinct, de rendre leurs fiefs patrimoniaux, afin de faire le mesme de leurs Offices (qui par vne si longue suitte d'années estoient demeurez ioints auec iceux, qu'il sembloit que ce ne fust desia qu'vn) trouuerent moyen de comprendre leurs Offices, c'est à dire, leurs Capitaineries & iustices dans les adueuz de leurs fiefs, comme vn droict & dependance d'iceux: voire firent par exprés la foy & hommage de leurs Offices comme fiefs, & ainsi rendirent leurs Offices patrimoniaux, pource que le titre de fief importe proprieté: & par consequent, on ne les appella plus Offices, mais Seigneuries. 21 Cõment la Iustice a esté renduë accessoire au Fief.

Il est donc besoin de traicter icy ceste feriale & fameuse question de l'eschole, *An iurisdictio adhæreat feudo*, que nos Docteurs ont tellement broüillée, qu'ils ne s'entendent pas l'vn l'autre, pource qu'ils ont confondu & pris pour synonymes cinq termes de signification fort differente, à sçauoir, *castrum, feudum, fundum, dominium & territorium*: distinguant lesquels, & à chacun d'iceux appliquant la question separément, il est aisé d'en venir à bout. 22 Explicatiõ de la question *An iurisdictio adhæreat feudo.* 23 Cinq questions.

Premierement, en la question, *An iurisdictio adhæreat castro*, la plusspart des Docteurs Vltramontains, entendent *per castrum*, ce que nous appellons la Seigneurie, n'ayans autre terme Latin plus commode pour l'énoncer: partant à leur égard, c'est demander si la Iustice est adherente à la Seigneurie, question qui sera expliquée en son ordre. Mais nous autres François, qui *per castrum* entendons le chasteau, ou chef-lieu de la Seigneurie, pratiquons tout notoirement, que la Iustice n'y est point tellement inherente, qu'elle suiue tousiours le chasteau, ores mesme qu'elle y soit exercée. Car combien que la Iustice esclate principalemẽt au chef-lieu, & paroisse particulierement au lieu où elle ha son auditoire, si est-ce qu'elle subsiste, & a sa force en tout son territoire, ainsi que l'ame subsiste & exerce sa force en toutes les parties du corps; combien que son principal exercice & siege soit au chef. C'est pourquoi nous obseruons par toute la France coustumiere, que l'aisné, auquel appartient par preciput la maison Seigneuriale entierement, n'a pourtant en la Iustice, que telle part, qu'au fief: ce que du Moulin a traicté sur le 10. article de la coustume. 24 *An iurisdictio adhæreat castro.* 25 Comment la Iustice est inherente au Chasteau.

Est-ce donc au Fief que la Iustice est inherente? Ouy d'ordinaire, à cause de cette conionction ancienne du Fief & de la Iustice. De sorte, que *à communiter accidentibus*, il est à presumer, s'il n'appert du contraire, que la Iustice releue du mesme Seigneur, que le Fief: & que l'enclaue du Fief, est celui de la Iustice, & au contraire. Toutesfois, cette presumption n'est pas necessaire, ains seulemẽt vraysemblable, pource que la Iustice est d'autre nature que le Fief, c'est à dire, que la Seigneurie directe & feodale: qui est ce que nous disons, que Fief & Iustice n'ont rien de commun, qu'il faudra expliquer en son lieu. C'est pourquoi il se voit quelquefois, que la Iustice releue d'vn Seigneur, & le Fief d'vn autre: voire mesmes ores qu'ils soient tenus d'vn mesme Seigneur, & à vne seule foy & hommage, 26 Comment la Iustice est inherente au Fief. 27 Comment elle peut estre separée du Fief.

comme ne faisans qu'vn seul fief, si est-ce qu'ils peuuent estre separez l'vn de l'autre; comme si le vassal vend à l'vn sa iustice, & à l'autre sa terre & Seigneurie feodale, ou s'il vend l'vne, & retient l'autre. Mais s'il vend, ou donne son fief, sans faire mention de sa iustice; la question est, si la iustice suit quand-&-quand. En quoy il faut dire en vn mot, que si la iustice est du mesme fief, elle suit; mais non, si c'est vn fief separé.

28 *An iurisdictio adhæreat feudo.* Au contraire, si vn Seigneur vend, ou donne sa terre, la iustice y est comprise indistinctement. Car le mot de *terre* (ainsi que le Latin *fundus*) estant énoncé simplement, comprend non seulement les terres en domaine, mais tous droicts, soit Seigneuriaux, ou de iustice; bref, la masse entiere du reuenu, que le pere de famille a voulu ioindre ensemble sous ce mesme nom, *l. Locus. cum simil. De verb. signif.* Quand donc on vend sa terre, il n'est point necessaire de dire appartenances & dépendances, pource que le mot de *terre* les comprend en soy: mais qui vend vn Chasteau, doit dire, qu'il le vend auec ses appartenances & dépendances, autrement en nostre langue, il ne signifie que le manoir. Que si en vendant vne terre, on adiouste ces mots, *auec les appartenances & dépendances*, c'est par vne précaution superabondante.

29 Comment la iustice est inherente à la Seigneurie. Ce qui a lieu à plus forte raison en la Seigneurie, en laquelle la iustice est inherente, non seulement separablement, comme au fief; mais inseparablement, comme vne partie integrale d'icelle. Car si on separe la iustice d'vn Chasteau, d'vn fief, ou d'vne terre, le Chasteau, le fief & la terre ne laissent pas de subsister en leur integrité, & de retenir leur nom & leur estre; mais si on l'oste de la Seigneurie, ce qui estoit Seigneurie, n'est plus qu'vn fief ou terre, pource que la vraye & parfaicte Seigneurie est cõposée de deux parties necessaires à son estre, le fief & la iustice. Dont s'ensuit, qu'au pareil celui auquel la iustice est venduë separément, n'acquiert pas non plus la parfaicte Seigneurie, ains deuient simplement Seigneur iusticier: & l'autre, qui retenant son fief, a vendu sa iustice, deuient simple Seigneur du fief: mais ni l'vn ni l'autre, en bon langage, ne se peut qualifier Seigneur absolument, indéfiniement, & sans queuë, pource qu'il n'a pas la vraye & parfaicte Seigneurie.

30 Comment elle est attachée au territoire. Encor plus estroitement la iustice est-elle liée au territoire, prenant ce mot pour le distroit de la iustice, ainsi que le Iurisconsulte en la loy *Pupillus. §. Territorium. De verb signif.* & non pas pour l'estenduë du fief. Car combien que la iustice ne laisse de subsister, quand elle est separée de la Seigneurie, si est-ce qu'elle perit & s'esteint, si tost qu'elle est separée de son territoire: voire la iustice ne peut estre imaginée sans territoire, non plus que l'agent sans le patient, & vn correlatif sans l'autre. Si le territoire est diuisé entre plusieurs, la iustice est diuisée par mesme moyen; si partie du territoire est attribué à vne autre iustice, celle dont il est osté diminuë d'autant.

31 Resolution sommaire des cinq questiõs. Bref, la iustice est au Chasteau, comme en son siege: en la terre, comme vne annexe, ou piece attachée à icelle: au fief, comme vne dépendance separable: en la Seigneurie, comme vne partie inseparable; & suit le territoire, comme son correlatif.

32 Quelle est l'vniõ du fief, & iustice en la Seigneurie. Reuenant donc à l'vnion du fief & de la iustice, c'est bien vne vraye vnion des deux ensemble, en vn seul corps & titre de Seigneurie. Mais neantmoins, les deux parties vnies retiennent à part leur diuerse nature. D'ailleurs, ceste vnion n'est pas de celles que les Canonistes appellent égales, mais inégale, pource que la iustice est comme accessoire & dépendante du fief. Car, combien que lors de la premiere institution des Seigneuries, le fief ait esté attribué à l'Office au lieu de gages, & partant lui fut accessoire: si est-ce que les Seigneurs, voyans qu'il leur estoit plus vtile, que leur Seigneurie suiuist la nature du fief, que celle de l'Office, ont trouué moyen accortement, de rendre l'Office accessoire au fief.

33 Pourquoy aux Benefices le reuenu est accessoire. Il n'est pas ainsi aduenu des Offices Ecclesiastiques, que nous appellons Benefices, ainsi que nos fiefs s'appelloient originairement, auant que le nom de fief eust esté receu en vsage, comme prouue bien M. Pasquier, en ses recherches. Car combien que les benefices Ecclesiastiques, ainsi que les Seigneuries, ayent deux

parties ensemble, à sçauoir l'Office, & le reuenu, comme Duarein a bien remarqué au traicté qu'il en a faict, si est-ce qu'on y a obserué tout le contraire, qu'aux Seigneuries : pource qu'au lieu que nos Seigneuries ont pris leur denomination de l'Office, les benefices l'ont prise de leur reuenu : & aussi, au lieu qu'aux Seigneuries l'Office a esté rendu accessoire au fief, ou reuenu : tout au contraire, aux benefices le reuenu a esté rendu accessoire à l'Office, & dependant d'icelui, qui est ce qu'on dit, *Beneficium datur propter Officium*. Et c'est pourquoy, comme ainsi soit que l'accessoire suit tousiours la nature de son principal, les benefices Ecclesiastiques sont demeurez en leur pristine nature & qualité d'Offices personnels, non transmissibles par contract, ni succession, encor qu'ils ayent plusieurs heritages, voire mesme des Iustices & Seigneuries temporelles annexées : & au rebours, les Seigneuries ont perdu tout à fait leur premiere nature d'Offices à vie, & sont deuenues propres & patrimoniales, encor qu'elles ne dépendent d'aucun fief, ou terre. 34 Les benefices sont composez de deux parties, aussi bien que les Seigneuries.

Par cette mesme raison, que l'accessoire suit la nature de son principal, les Officiers de la Couronne, & autres grands Officiers de France ont esté empeschez du dessein qu'il auoient, & qu'ils ont opiniastré par plusieurs siecles, de rendre leurs Offices hereditaires & patrimoniaux, & les conuertir en Seigneuries, par le moyen des petites Iustices, & menus droicts, qu'ils y auoient annexez de temps en temps, & de la foy & hommage qu'ils auoient pris coustume d'en rendre au Roy. 35 Officiers de la Couronne ont tasché de rendre leurs Offices accessoires aux fiefs.

Ainsi les Conestable, Mareschaux, grand Maistre, grand Chambrier, grand Panetier, grand Eschanson de France, & autres semblables, se sont pretendus par vn long temps Seigneurs hereditaires de leurs Offices : comme du Tillet l'a discouru, qui mesme tombe en cette opinion, que ces Offices estoient lors en partie Offices, & en partie fiefs : à sçauoir Offices, en ce qui estoit de leur exercice, & fiefs en ce qui estoit des iustices & menus droicts, qui en dépendent : de sorte, dit-il, que comme Officiers, ils doiuent estre receus solennellement en iustice, & comme possesseurs de fiefs, ils doiuent la foy & hommage au Roy. 36 Exemples.

Mais tant y a, que ces grands Offices n'ayans peu estre rendus accessoires, à ces petites iustices & menus droits, qui en dépendent, il a fallu en fin, que le plus fort ait attiré le plus foible, & que l'accessoire ait suiui son principal, & par ainsi ils sont demeurez simples Offices à vie : ce qui a esté iugé par plusieurs arrests du Parlement, rapportez par du Tillet : Voire mesme les fiefs annexez à ces grãds Offices, sont reglez en tout & par tout, comme les Offices mesmes. 37 Pourquoy ils ne l'ont peu faire.

Or toutes ces Seigneuries sont impropres & bastardes, voire sont plustost Offices fieffez, que Seigneuries : & partant, il n'est besoin d'en traicter ainsi, ains me contenterai de ce que i'en ay escrit au second liure des Offices. Mais quant aux propres & vrayes Seigneuries, dont nous traitons, on les peut diuiser en trois classes, rangs, ou degrez : à sçauoir des grandes, des mediocres, & des petites Seigneuries. Les grandes sont celles qui ont vn titre capable de souueraineté, comme les Duchez, Marquisats, Comtez & Principautez : les mediocres sont celles qui ont bien vn titre de Dignité, mais qui n'est capable de souueraineté, comme les Baronnies, Vicomtez, Vidamez, & Chastellenies : bref, les simples Seigneuries sont celles, qui n'ont aucun titre de Dignité, autre que le simple titre de Seigneuries, sçauoir est les hautes, moyennes & basses iustices. 38 Diuisiõ des Seigneuries Suzeraines. 39 Les grãdes Seigneuries. 40 Les mediocres. 41 Les petites, ou simples iustices.

Et faut remarquer, que les grãdes Seigneuries doiuẽt de leur propre nature releuer immediatemẽt des souueraines, & les mediocres des grãdes le plus cõmunément, & les petites des mediocres ; & ainsi successiuement de degré en degré. Car combien qu'il ne puisse y auoir qu'vn degré de Seigneurie souueraine, comme il n'y a qu'vn genre generalissime en Dialectique : si est-ce que comme il y a souuent plusieurs genres subalternes, les vns soubs les autres, & tous dépendans du generalissime : aussi il peut bien y auoir plusieurs Seigneuries subalternes, les vnes au dessus des autres, & toutes dépendantes mediatement de la souueraine. Car *Io. Faber ad §. Adeò. Inst. de Locato*, & du Moulin sur le 1. article de la coust. gl. 6. nous tesmoignent qu'il n'y a point d'inconueniẽt, que plusieurs soient Seigneurs 42 Qu'elles releuent les vnes des autres, de degré en degré.

de mesme chose, non seulement par diuerses especes de Seigneurie, ains aussi par
43 Ce qui esleue les Seigneuries suzeraines. mesme espece, mais par diuers respects & degrez. Toutesfois, il faut remarquer en ces diuers degrez, que comme vn corps est d'autant plus illuminé, que plus nuëment il est opposé au Soleil : aussi toutes les Seigneuries suzeraines n'estans que des rayons & esclats de la puissance souueraine du Prince, s'en ressentent d'autant plus, qu'elles en approchent de plus prés.

44 Si les Seigneurs suzerains peuuent ériger des Seigneuries inferieures à la leur. Mais quoy ? comme les petites Seigneuries releuent des mediocres, & les mediocres des grandes, les Seigneurs des grandes Seigneuries peuuent-ils en ériger de mediocres, & ceux des mediocres de petites ? Comme pour exemple, vn Duc ou Comte peuuent-ils ériger vne Baronnie, ou vne Chastellenie, & vn Baron, ou vn Chastellain peuuent-ils ériger vne haute, moyenne, ou basse iustice ? Qui en doute ? dira quelqu'vn, veu que cela est tout notoire en vsage, & qu'il y a quelques coustumes, comme celles de Tours & de Lodunois, qui permettent aux Barons d'ériger des iustices. Autrement il y auroit peu de iustices en France
45 Raisons de l'affirmatiue. qui ne fussent abusiues : & d'ailleurs, comment pourroient les petites Seigneuries releuer en fief, & ressortir par appel és mediocres, & les mediocres aux grandes, si elles n'auoient esté concedées par les Seigneurs d'icelles ?

46 Resolutiō pour la negatiue. Neantmoins ie tien pour certain, que le contraire est veritable en bonne iurisprudence, & qu'autre que le Roy ne peut créer des Seigneuries, ni ériger des iustices nouuelles. C'est ce que dit le grand Coustumier, liu. 1. chap. 3. où parmi les droicts Royaux & de souueraineté il met cestuy-cy, *Item au Roy seul appartient de*
47 Le Roy seul peut ériger des Seigneuries. *donner & créer nouuelles iurisdictions par tout son Royaume, & nul autre ne le peut faire sans son congé.* Qui est aussi le dire de Io. Faber, & du Moulin, dont les termes seront cy apres rapportez. Ce qui est fondé principalement sur trois raisons, que i'ay estenduës plus amplement au liuret *Des Iustices de village.*

48 Premiere raison, cōcernant le defaut de puissance. La premiere concerne le defaut de puissance des concedans, à sçauoir que la iurisdiction estant définie, *potestas de publico introducta cum necessitate iuris dicendi*, il s'ensuit qu'elle ne peut estre introduite par autre, que par le Prince, *ad quem omne Imperium, omnisque potestas pertinet*, dit la loy 1. *De Constit. Princip.* & par consequent autre que lui ne peut démembrer de son Estat ceste puissance publique, pour la conferer à perpetuité à vne terre, en telle sorte que les possesseurs d'icelle ayent à iamais la proprieté du commandement, & la puissance perpetuelle d'establir
49 Il y a bien differēce entre establir des Officiers, & créer des Iustices. des Magistrats & Officiers, qui puissent iuger des biens, de l'honneur, & de la vie de tout vn peuple. Car ce qu'on permet à vn Seigneur subalterne d'establir des Officiers en sa iustice, est à cause de la consequence, que la loy nous apprend, que *cùm iurisdictio data est, ea quoque concessa esse videntur, sine quibus explicari non potest* : chose pourtant qui est fort exorbitante, qu'vn particulier puisse conferer l'exercice de la puissance publique ; mais ce seroit encor bien plus d'en conceder la proprieté. Aussi que ce n'est point chose necessaire à vn Seigneur, pour l'exercice de sa iustice, d'en conceder de nouuelles : qui n'est pas exercer & maintenir l'ancienne, mais la rompre & despiécer.

50 Seconde raison, concernant l'interest du Roy. La seconde raison concerne l'interest du Roy, à sçauoir, que les Seigneurs subalternes, concedans des iustices au dessous des leurs, esloignent d'vn degré le ressort du Roy, en sorte, que ce qui souloit ressortir immediatement en la iustice Royale, n'y reuient plus qu'en second degré d'appel : ce qui est vne diminution de son pouuoir, & quand-&-quand vn dommage à ses droicts, & de ses Officiers : dommage, dont lui, ni eux, ne sont indemnisez, ou recōpensez en aucune façon.
51 Opiniō de Io. Faber. C'est ce que dit Faber sur le titre des Institutes, *De vulg. substit. Barones non possunt plures gradus Iudicum sub se constituere, quia ex hoc posset reperiri via, quòd nunquam appellaretur ad Principem, si Seniores plures gradus facerent, cum non liceat tertiò prouocare, & fieret hoc esset in præiudicium Reipublicæ & superiorum, ad quos cognitio appellationum deuolui debet.*
52 Opiniō de du Moulin. Et du Moulin, sur le premier article de la coustume, gl. 5. nomb. 50. & suiuans, *Inferior habens iurisdictionem non potest constituere aliam sub se, vt ipsemet cognoscat de iure appellationis, frustrando superiorem iure suo, hoc est in fraudem appellationis ad superiorem deuoluendæ : & hoc non valeret, etiamsi fieret per viam statuti ab habente potestatem statuendi* : ce qu'il prouue par plusieurs auctoritez.

La troisiesme raison qui est, à mon aduis, la plus forte, quoy que la moins prisée, concerne l'interest du pauure peuple. Car qu'elle apparence y a-il, sous pretexte qu'vn seigneur aura voulu gratifier son vassal d'vne nouuelle iustice, que les pauures suiets, qui releuoient directement deuant le Iuge Royal, n'y ressortissent plus que mediatement, & en seconde instance d'appel, & ainsi soient surchargez d'vn nouueau degré de iurisdiction, sans leur faict & consentement? Aussi la coustume de Tours, qui est l'vnique, auec celle de Lodunois, qui permet aux Seigneurs subalternes l'érection des iustices, pour remedier à ces deux dernieres raisons, dit bien que les Barons peuuent donner iustice à leurs vassaux, mais non au preiudice de leurs suiects, ni des droicts du Roy; de sorte que la iustice par eux donnée ne ressortit pas en la leur, ains en la superieure. Encor les coustumes d'Anjou & du Maine ne permettent qu'aux Ducs, Comtes, & Barons l'erection des simples iustices, mais non aux moindres Seigneurs. Concluons donc par les termes du Iurisconsulte, que *is demum iurisdictionem dare potest, qui eam suo iure, non alieno beneficio habet, l. More. De iurisdict.* — 53 3. Raisons concernantes l'interest du peuple. — 54 Remede à l'interest du Roy, & du peuple.

Aussi n'y a-il point d'inconuenient, que les moindres Seigneuries releuent en fief, & ressortissent par appel des plus grandes, bien qu'elles ne puissent estre concedées par autre que par le Roy: ainsi qu'vn Preuost Royal, bien que pourueu par le Roy, & receu au Parlement, recognoist neantmoins le Bailly de la prouince, pour son superieur immediat, deuant lequel ses appellations ressortissent. Tout de mesme aussi, quand le Roy concede iustice au vassal d'vn Seigneur, de son consentement, & à la charge que les appellations d'icelle ressortiront en la iustice de ce Seigneur (car autrement le Roy ne le peut faire, ne pouuant par puissance reglée tollir, ou diminuer le droict du Seigneur, sans son consentement) alors il n'y a nul inconuenient, que cette nouuelle iustice, bien que concedée par le Roy, releue neantmoins en fief, & ressortisse par appel en celle dont elle a esté distraicte & démembrée. — 55 Qu'il n'y a point d'incōuenient que les Seigneuries soient érigées par le Roy, & neātmoins releuēt des Seigneurs immediats.

Et ne faut pas opposer à des raisons peremptoires l'vsage contraire, qui est plustost vne corruptelle qu'vne coustume, ni tirer en consequence de l'aduenir l'abus des siecles passez, ausquels la force & l'ignorance commandoient: ains lors que l'erreur estant d'escouuert, la verité paroist toute claire, il faut se ranger de son costé, & se conformer à icelle: autrement si on se vouloit opiniastrer aux erreurs du passé, on ne donneroit iamais lieu à la reformation, & iamais les bonnes loix ne corrigeroient les mauuaises mœurs. — 56 Que l'vsage ne fait loy en telles matieres.

C'est pourquoy i'estime que les coustumes particulieres, qui permettent aux Barons & Chastellains de conceder des iustices de leur propre auctorité, & sans qu'il soit besoin de la confirmation du Roy, ne doiuent plus estre tolerées ni suiuies: aussi à la marge de celle de Tours du Moulin a mis ces mots fort à propos, *Initiis, quæ non solum per errorem emerserunt, sed etiam sunt contra ius Regis, & bonum publicum, non valet consuetudo: & certum est, post edictum Regis Caroli de optando* (qui est l'Edict de Roussillon) *quod hæc consuetudo est abolita.* Vray est neantmoins, que cet Edict de Roussillon ne retranche que l'vn des degrez de iurisdiction appartenans à mesme Seigneur, & non celuy qui appartient à diuers Seigneurs, quoy que du Moulin l'ait autrement entendu: comme à la verité, il y a encor plus d'apparence, qu'vn Seigneur puisse auoir à soy deux degrez de iurisdiction, que d'en donner le deuxiesme à autre, moindre que luy, de sa seule auctorité. Le mesme du Moulin au passage sus allegué de la coustume de Paris, dit-il pas aussi, que *non valet statutum in contrarium, licet fiat ab eo, qui habet potestatem statuendi?* — 57 Que les coustumes cōtraires sont iniustes. — 58 Edict de Roussillon retranchant vn degré de iustice.

Aussi est-ce vne maxime, que les coustumes des lieux ne peuuent tollir les droicts du Roy, auquel elles ne peuuent preiudicier, n'obligeant pas mesme le peuple *in vim statuti, sed tantùm in vim pacti*, à cause du consentement volontaire qu'il y preste: Et ce que les Officiers du Roy, & notamment son Procureur assiste à la redaction d'icelles, est pour la solemnité de l'acte principalement, & pour la manutention de ses droicts, mais non pas pour preiudicier au Roy par sa simple presence, attendu qu'il ne le pourroit pas par vn consentement expres, *l. 1. §. 1. D. De offic. Procur. Cæsar.* comme Bacquet a bien discouru au traicté Des droicts — 59 Les coustumes ne peuuent tollir les droicts du Roy.

60 Que la iustice cõcedée par vn Seigneur, tient iusques à ce qu'on s'en plaigne.

d'Aubaine, chapitre 29. & Choppin au commencement de la coustume d'Anjou. Toutesfois i'estime qu'on peut condonner cela à l'ancien vsage : que quand vn Seigneur a concedé iustice à son vassal, il en peut vser, & la faire exercer sans hazard de tomber au cas de la loy 3. *D. Ad l. Iul. maiest.* disant que *Qui priuatus pro potestate se gessit, lege Iulia maiestatis tenetur :* mesme que cette iustice subsiste licitement, & n'est point nulle, tant qu'elle est tolerée par le Roy, ses Officiers, le Seigneur immediat, si aucun y en a, & le peuple du territoire d'icelle, qui tous ont interest de l'empescher : mais cette tolerance n'a effect, que tant qu'elle dure, & ne l'establit pas incommutablement, & à tousiours, s'il n'y a expresse confirmation du Roy.

61 Si les Iustices peuuẽt estre acquises par prescription.
62 Si du moins la prescription immemoriale y a lieu.

Partant c'est vne grande question, si cette tolerance & iouïssance d'vne iustice concedée par vn Seigneur subalterne, sans confirmation, ou approbation du Roy, donne cause legitime de prescrire, qui est en effect la question, si les iustices peuuent estre acquises par prescriprion. En premier lieu, chacun est bien d'accord, que les prescriptions ordinaires n'y ont point de lieu, non plus qu'aux seruitudes, mais on fait doute de la prescription centenaire, ou possession immemoriale.

63 Trois raisons de la negatiue.

Et semble, qu'il y a trois fortes raisons entre autres, qui excluent mesme cette prescription, tout ainsi que la coustume de Paris l'a excluse des seruitutes, contre l'opinion de du Moulin. La premiere, que le particulier n'estant habile à posseder la puissance publique, ne la peut par consequent prescrire. La seconde, que les droicts du Roy, & principalement ceux de souueraineté (comme il vient d'estre prouuë, que le droict de conceder des iustices, en est l'vn) ne peuuent estre aucunement prescrits par ses suiects. La troisiesme, que ce qui est contre le bien public, à la foule du peuple, & contre l'ordre & discipline de la iustice, ne peut estre introduit par aucune prescription.

64 Resolutiõ pour l'affirmatiue.

Toutesfois d'autant que l'vsurpation a donné origine & commencement presque à toutes les iustices de France, & que par consequent il les faudroit toutes abolir, si on y reiettoit la prescription immemoriale, n'y ayant mesme gueres de iustices, dont on puisse monstrer auiourd'huy la concession du Roy, force est de nous accommoder à l'antique vsage des siecles passez, & d'admettre cette prescription immemoriale, qui fait presumer vn tiltre & constitution legitime, *& iure constitutæ loco habetur*, dit la loy, *Hoc iure. §. Ductus aquæ. D. De aq. quot. & æst.*

65 Que la possessiõ immemoriale se doit prouuer par preuue literale en cette matiere.

Ie ne suis pas pourtant de l'opinion de Bacquet, qui au 5. chap. *Des droicts de iustice*, tient que cette possession immemoriale se peut prouuer simplement par tesmoins, sous pretextre d'vn arrest interlocutoire qu'il rapporte, par lequel il fut dit, que tant le Roy que les Chanoines de Paris informeroient, tant par tiltres que par tesmoins touchant la prescription immemoriale de la iustice sainct Laurens : car si tout ce qui excede la valeur de cent liures, dont on a coustume de faire contracts, doit estre verifié par escrit, suiuant l'ordonn. de Moulins : si d'ailleurs la moindre procedure iudiciaire ne peut estre verifiée que par actes publics, *cap. Quoniam contra. ext. De probation.* comment en matiere odieuse receura-on la preuue par tesmoins, pour vne iustice toute entiere, & pour l'exercice d'icelle pendant plus de cent ans, veu que si la iustice a esté continuellement exercée tant de temps, on ne peut manquer d'en auoir quelques registres du Greffe, que l'ordonnance enioint estroictement de garder, des grosses des sentences, ou actes des adueus, ou receptions de foy, des extraicts des assises du iuge superieur, où cette iustice ait esté appellée, bref, des appellations receuës d'icelles : & si on manque de pieces pour prouuer cent années d'exercice continuel & public d'vne iustice, qu'est-ce qu'on pourra au monde verifier par escrit ?

66 Arrest pour ce regard.

Aussi Bacquet rapporte-il vn bel arrest à ce propos de l'an 1588. que l'information de tesmoins, touchant la iustice pretenduë par le Prieur nostre Dame des Champs lés Paris, ne suffit pas s'il n'y a tiltre. Que s'il se trouue quelques arrests qui ayent admis en ce cas la preuue testimoniale, i'estime que ç'a esté apres la representation, ou production des tiltres, pour suppléer par la preuue vocale

ce qui

ce qui défailloit à la literale, & sur tout pour verifier la continuité de l'exercice.

Or y a-il deux marques & signes visibles de la possession publique des iustices à sçauoir le Pilory, soit tournant, ou en simple pilier, auquel y a vn carcan attaché; ou bien vne eschelle, comme celle du Temple à Paris, le tout selon la mode des lieux: signe qui est commun & vniforme à tous les Seigneurs subalternes, quels qu'ils soient, iusques aux hauts iusticiers. Car les moyens & bas n'ont droict d'auoir Pilory, ni eschelle, qui est signe de haute iustice, comme dit le grand Coustumier au tiltre *De la haute iustice*, & plusieurs Coustumes le disent aussi, pource qu'à la verité c'est le signe de la Seigneurie publique du territoire, lequel n'appartient, ni aux moyens, ni aux bas iusticiers. 67 Signes visibles des Iustices, ou Seigneuries. 68 Pilory, ou eschelle.

Mais l'autre, qui est le gibet, est different, selon la qualité de chacune Seigneurie. Car ordinairement celuy du haut iusticier est à deux piliers, celuy du Chastelain à trois, du Baron à quatre, du Comte à six, & du Duc à huict. En quoy toutesfois, & les Coustumes & les anciens liures sont fort variables, si selon la diuersité des Seigneuries, les gibets doiuent estre liez par dedans, ou par dehors, pattez, enfestez, ou surfestez: chose qui est de petite importance, & d'ailleurs est de droict positif, ou volontaire.

Tant y a que le pilory sert pour les punitions corporelles, non capitales, qui de tout temps ont peu estre faicte dans les villes: c'est pourquoy il est tousiours mis au principal carrefour, ou endroit de la ville, bourg, ou village de la Seigneurie. Mais le gibet ne sert que pour les supplices capitaux, dont iadis les executions n'estoient faictes, sinon hors les villes, comme Lipsius a bien prouué au liure *De cruce*, c'est pourquoy le gibet est tousiours planté emmy les champs. 69 Difference du Pilory & gibet.

Mais il y a d'autres marques particulieres pour les Seigneuries de Dignité, notamment pour les Baronnies & Chastellenies rapportées par les coustumes, à sçauoir, d'auoir forests, College, ou Eglise Collegiale, Abbaye, ou Prieuré conuentuel, Hospital, ou Maladrerie, Foires, ou Marchez, ville clause, ou chasteau, peage, ou trauers, & seel à contracts: En quoy toutesfois il faut distinguer les marques d'auec les droicts. Car la forest, le College, Prieuré, Hospital, sont plustost marques que droicts, & encor marques équiuoques & incertaines: mais les autres sont plustost droicts que marques, combien qu'ils puissent estre l'vn & l'autre tout ensemble. Partant ie reserue d'en traicter cy-apres, en expliquant les droicts des Barons & Chastellains. 70 Marques des Seigneuries de dignité.

Mais la plus certaine marque des Seigneuries de dignité, est d'en auoir plusieurs sous elles de moindre qualité, soit vnies & annexées à elles mesme, soit releuans simplement d'elles. Comme pour exemple, la marque de Baronnie est d'auoir plusieurs Chastellenies en soy, ou sous soy: celle du Comté d'auoir, plusieurs Baronnies, & celle du Duché d'auoir plusieurs Comtez: & la raison de cela est, que le superieur est presumé estre en plus grande dignité que son inferieur. Et touchant ces marques des Seigneuries de dignité, il fut fait vn bel Edict par le feu Roy en l'an 1579. qui n'a esté verifié qu'au Parlement de Bretaigne, portant que suiuant l'arrest du priué Conseil du dixiesme Mars, mil cinq cens septante huict, il est défendu publier aucunes érections de Seigneuries en nouuelles dignitez, sinon que les Seigneuries, ausquelles sera attribué nouuelle dignité, soient de la qualité requise. A sçauoir que la terre, qui sera érigée en Chastellenie, ait d'ancienneté iustice haute, moyenne & basse, droict de Foire, marché, preuosté, peage, & prééminence sur tous és Eglises estans au dedans de ladicte terre. Que la Baronnie sera composée de trois Chastellenies pour le moins, qui seront vnies & incorporées ensemble, pour estre tenuës à vn seul hommage du Roy. Que le Comté aura deux Baronnies, & trois Chastellenies pour le moins, ou vne Baronnie, & six Chastellenies, aussi vnies & tenuës du Roy. Que le Marquisat sera composé de trois Baronnies, & de trois Chastellenies pour le moins, ou deux Baronnies, & six Chastellenies vnies, & tenuës comme dessus, &c. Edict, qui meriteroit bien estre verifié par tout, & soigneusement obserué, pource que la douceur de nos Rois (qui ne veulent refuser aux 71 Que les Seigneuries de dignité sont composées des moindres. 72 Edict notable pour le reglemēt des Seigneuries de dignité.

Seigneurs de leur Cour ces tiltres d'honneur) a desia produit & érigé tant de Seigneuries de dignité, que ces beaux tiltres sont desormais beaucoup auilis, & par le nombre qu'il y en a en France, & par la communication, qui en a esté faite à des terres qui ne les meritent nullement.

73 A quoy seruent ces marques.

Et faut noter pour la fin de ce chapitre, que comme ces marques se rencontrans de nouueau en vne Seigneurie, seruent pour la rendre capable d'estre érigée par le Roy en la dignité qu'elles designent: aussi se verifiant, que de temps immemorial elles ont esté en vne Seigneurie, elles seruent pour luy acquerir son tiltre sans érection du Roy, en vertu de la possession immemoriale.

74 L'erection d'vne Seigneurie de Dignité faite par autre que le Roy est du tout nulle.

En quoy ne seruiroit rien de rapporter l'érection d'vne Chastellenie faicte par vn Baron, ni d'vne Baronnie faicte par vn Comte. Car c'est chose toute certaine, qu'autre que le Roy ne peut faire telles érections, encor moins que des simples iustices. Voire mesme on ne se contente pas à present d'en auoir les lettres patentes du Roy, ains encor on les fait verifier & enregistrer au Parlement: ce que pourtant ie n'estime pas estre absolument necessaire, fors és érections de Pairie, qui sont Offices de la Couronne, & du corps de Parlement: mais quant à l'érection des autres Seigneuries, ce n'est point vne alienation de domaine, ni vn priuilege contre les loix: bref rien n'empesche, à mon aduis, que le Roy seul puisse faire ces érections à perpetuité.

75 Qu'il vaut mieux s'aider de la prescription que d'vn mauuais titre.

Mais les Seigneurs subalternes n'ont pas cette puissance: mesme ie dy, qu'encor que l'érection qu'ils font des iustices, soit tolerée iusques à ce qu'elle soit debatuë par ceux qui y ont interest: toutesfois l'érection par eux faicte des Seigneuries de dignité n'est nullement tolerée, ains est du tout nulle. Et partant ie conseille à ceux, dont les Seigneuries ont esté érigées de cette sorte, & qui ont la possession centenaire, de tenir bon, comme on dit, & ne point monstrer leurs lettres. Car n'en apparoissant point, leur possession immemoriale fait presumer d'vne presomption concluante, que leur iustice a esté legitimement constituée, suiuant ce §. *Ductus aquæ.* Mais apparoissant d'vn tiltre vicieux & abusif, cette presomption est renuersée, *quia quod ab initio non valuit, tractu temporis non conualescit.* Et est la verité, qu'en matiere de droicts de Seigneuries & iustices, les Seigneurs perdent ordinairement leur cause, pour auoir produit leur tiltre originaire, *ad cuius primordium posterior formatur euentus.* C'est pourquoy il faut suiure le conseil de du Moulin, que *melius est titulum non ostendere, quàm exhibere vitiosum.*

76 Titre vicieux oste l'effait de la prescription.

SOMMAIRE DV CINQVIESME CHAPITRE.

1 *Varieté, & difficulté des grandes Seigneuries.*
2 *Grandes Seigneuries pourquoy dites, & comment different des autres.*
3 Regales Dignitates, feuda Regalia.
4 *Pairs de France.*
5 *Precedoient iadis les Princes du sang.*
6 *Leur origine.*
7 *Leur charge.*
8 *Leur Etymologie.*
9 *Cause de leur institution.*
10 *Nouuelles Pairies.*
11 *Origine des Duchez & Comtez.*
12 Dux *ha toutes les mesmes significations que Capitaine.*
13 *Cinquiesme signification de* Dux, *ou Capitaine.*
14 *Ducs d'à present.*
15 Comites vnde dicti.
16 Comites prouinciarum.
17 *Comtes des Prouinces égaux aux Ducs.*
18 *De mesme en France.*
19 Comites minores.
20 *Définition du Comte.*
21 *Comtes des villes en France.*
22 *Comtes des villes, inferieurs à ceux des Prouinces.*
23 *Ducs & Comtes en mesme ville.*
24 *Comtes des Prouinces portoient par fois le nom de leur capitale ville.*
25 *Ainsi que nos Rois lors des deux Tetrarchies.*
26 *Monarque.*
27 Duces aux Comites limitanei.
28 *Etymologie de Margis.*
29 *Marche, mot François signifiant frontiere.*
30 *Marchir aboutir.*
31 *Si les Marquis sont plus que les Comtes.*

32 *Resolution.*
33 *Que maintenant Marquis est plus que Comte.*
34 *Ducs, Marquis, & Comtes iadis Officiers en l'Empire Romain, & en France.*
35 *Difference entre les Ducs & Comtes des Romains, & ceux de France.*
36 *Comment en France les Ducs & Comtes se sont faicts hereditaires.*
37 *De mesme.*
38 *Comment ils tascherent à se faire souuerains.*
39 *Faisoient loix.*
40 *Cause de la diuersité de nos coustumes.*
41 *Establissoient les Officiers.*
42 *Entreprenoient le dernier ressort de la iustice.*
43 *Faisoient guerre de leur auctorité.*
44 *Forgeoient monnoye.*
45 *Leuoient deniers sur le peuple.*
46 *Portoient Couronne.*
47 *Couronne des Ducs, Marquis & Comtes.*
48 *Couronne des Ducs fleuronnée.*
49 *Celle des Comtes perlée.*
50 *Celle des Marquis meslée.*
51 *N'en portoient anciennement.*
52 *Tradition d'anneaux aux Ducs & Comtes, que signifie.*
53 *Anneau d'Alexandre le Grand.*
54 *Changement d'anneau en Couronne.*
55 *Ne portent à present la Couronne qu'en peinture.*
56 *Trois degrez de Ducs & Cõtes Seigneurs.*
57 *Ducs & Comtes Officiers.*
58 *Comment ces changemens sont aduenus.*
59 *De mesme.*
60 *Comment les Ducs & Comtes de France sont redeuenus simples Seigneurs suzerains.*
61 *Le ressort de iustice les a remis en cet Estat.*
62 *C'est le Parlement, qui a maintenu la France en son entier.*
63 *En fin il a fallu reünir les anciens Duchez & Comtez à la Couronne.*
64 *Comment on a faict en Angleterre.*
65 *Comtes d'Angleterre.*
66 *Des nouueaux Ducs & Comtes de France.*
67 *Duchez & Comtez d'appanage.*
68 *Duchez & Comtez proprietaires.*
69 *Les Duchez & Comtez d'à present differens des anciens.*
70 *Pourquoy ceux d'à present ont la Couronne en leurs armoiries.*
71 *Pourquoy les Rois les appellent leurs cousins.*
72 *Principautez.*
73 *Leur origine.*
74 *De mesme.*
75 *Difference entre les Princes & Seigneurs des Principautez.*
76 *Princes du sang.*
77 *Princes estrangers.*

DES GRANDES SEIGNEVRIES, A SCAVOIR, PAIRIES, DVCHEZ, MARQVISATS, COMTEZ, & Principautez.

CHAPITRE V.

A TOVS *Seigneurs tous honneurs*, dit le Prouerbe, & comme dit vn de nos vieils Poëtes,

Iustice & Seigneurie
Mainte chose varie.

Mais comme i'ay dit au commencement de ce liure, le moyen de reduire cette varieté en bon ordre, & la regler par raison, veu qu'elle a esté introduite par desordre, & establie par vsurpation? Toutesfois il s'en faut tirer comme d'vn mauuais passage, où en passant i'aduertiray le lecteur de ne trouuer estrange, si me rencontrant le premier, comme ie croy, à rompre la glace, il m'y voit chanceler quelquesfois, voire possible faire quelque faux pas. 1 Varieté & difficulté des grandes Seigneuries.

Donques il est icy question d'expliquer le premier degré, & la plus noble espece des Seigneuries suzeraines, que i'ay appellées à bon droict grandes, ou hautes Seigneuries, pource que leurs tiltres sont capables de souueraineté, y ayant plusieurs Seigneuries souueraines, qui ont mesmes tiltres qu'elles: aussi qu'elles participent aucunement aux honneurs des Seigneuries souueraines: qui est possible pourquoy aux liures des fiefs elles sont appellées, *Regales Dignitates, &* 2 Grandes Seigneuries pourquoy dictes, & cõment differēt des autres. 3 *Regales dignitates, feuda Regalia.*

feuda Regalia : ce qui sera expliqué tantost. Quoy que ce soit, le possesseur d'icelles est dit grand Seigneur, & se peut qualifier *Haut & puissant Seigneur*. Or ces hautes Seigneuries sont proprement, & par tous païs, les Duchez & Comtez.

4 Pairs de France. Mais en France nous en auons vne autre par dessus, à sçauoir, les Pairies qui
quand & quād sont vrais Offices, aussi bien que Seigneuries, & sont annexées aux
Duchez & Comtez, & non à autres Seigneuries, & rehaussent grandement leur
5 Precedoient iadis les Princes du sang. dignité. Car les Pairs de France sont sans controuerse, les principaux vassaux
de la Couronne, qui iusques à ces derniers temps ont debatu la prerogatiue
d'honneur contre les Princes du sang : & l'auoient sans doute lors de leur institution, & lors que les Ducs & Comtes iouïssoient des droicts de souueraineté: tesmoin que Philippe premier Duc de Bourgongne au banquet du Sacre du Roy Charles sixiesme, s'assist, comme Pair de France, au dessus du Duc d'Anjou son frere aisné.

6 Leur origine. Ils furent choisis, selon la plus vray-semblable opinion, par Louïs le Ieune du
tout à la maniere des anciens Pairs de fief, dont parlent les liures des Fiefs, &
ont aussi toutes les mesmes charges qu'eux : à sçauoir, d'assister le Roy en son in-
7 Leur charge. uestiture, qui est son sacre & couronnement, & de iuger auec luy les differens
des vassaux du Royaume. Et ont les vns & les autres esté ainsi appellez, non pas
pour estre égaux à leur Seigneur, mais pour estre pairs & compagnons entr'eux
8 Leur Etymologie. seulement, comme l'explique vn ancien arrest donné contre le Comte de Flandres, au Parlement de Toussaints 1295. rapporté par du Tillet.

9 Cause de leur institution. Ce fut pourtant vn traict, non de ieune, mais de sage Roy, lors que les Ducs & Comtes de France auoient vsurpé la souueraineté presqu'entiere, pour empescher qu'ils ne se separassent tout à faict du Royaume, d'en choisir douze des plus mauuais, les faire Officiers principaux, & comme membres inseparables de la Couronne, afin de les engager par vn interest particulier à la maintenir en son integrité, mesme à empescher la des-vnion des autres moindres qu'eux: moyen que les Allemans ont aussi tenu, pour la conseruation de l'Empire, par la creation des sept Electeurs. Mais à succession de temps, cinq de nos premieres Pai-
10 Nouuelles Pairies. ries layes, ayans esté reünies à la Couronne, & la sixiesme, qui est celle de Flandres, en ayant esté distraicte tout à faict, nos Rois, qui n'ont voulu laisser perdre ce beau tiltre de Dignité, en ont érigé d'autres en leur lieu, certes en trop grand nombre, aussi bien que de Duchez & Comtez.

Pour discourir l'origine desquels, c'est sans doute que les anciens Ducs & Comtes estoient les Capitaines & Gouuerneurs des Prouinces & villes, comme il a esté dit au 1. chap. Aussi est il dit tout au commencement du liure Des fiefs, que *propriè vocantur Capitanei Regis, aut regni*.

11 Origine des Duchez & Comtez. Particulierement pour le terme de Duc, c'est chose fort notable, que *Dux* en
12 *Dux* ha toutes les mesmes significations que Capitaine. Latin ha toutes les mesmes significations & variations, que *Capitaine*, en François: car l'vn comme l'autre a esté premierement attribué au conducteur & chef d'vne compagnie, qui est sa plus propre signification. Puis l'vn comme l'autre a esté attribué indifferemment à tous ceux qui auoient quelque commandement militaire: Puis encor par vne extension a esté pris pour vne épithete & tiltre d'honneur, signifiant vn braue guerrier. Par apres on a donné ce tiltre au chef d'vne armée entiere, que nous appellons Capitaine en chef: & les Romains l'appellent *Ducem*, ou *Ducem exercitus*, apres que le mot d'Empereur, qui estoit l'ancien nom pour cet effect, eut trouué vne autre signification.

13 Cinquiesme signification de *Dux*, ou Capitaine. Et d'autaut qu'aux Prouinces esloignées & belliqueuses de l'Empire Romain, on laissoit ordinairement de grosses garnisons, ou petites armées, sous la charge du Gouuerneur ; notamment és païs de deça, apres que les Empereurs se furent retirez en Grece, & que les nations Septentrionales commencerent à s'esleuer, il aduint par succession de temps, que les Capitaines & Gouuerneurs de ces Prouiuces furent appellez Ducs, comme il se voit dans Cassiodore, *in formula*
14 Ducs d'à present. *Ducatus Rhetiæ* : Dont M. Brisson en son liure *De verb. signif.* en rapporte plus de vingt auctoritez. C'est pourquoy le *Vetus Glossarium* dit *Dux*, [illegible]. De sorte que quand les François chasserent les Romains de la Gaule, ayans troué les

les Prouinces d'icelle regies par les Ducs, soubs l'auctorité des Empereurs, eux qui ne changerent presque rien des anciennes formes du païs, laisserent ce mesme tiltre à ceux qu'ils meirent en leur place.

15 Comites vnde dicti.

Tout de mesme est-il aduenu des Comtes, qui sont tournez du Latin *Comites*: pource que les Empereurs estans contraints faire plusieurs voyages, pour maintenir ceste grande estenduë de leur Empire, appelloient *Comites*, leurs courtisans qui les accompagnoient & suiuoient. De sorte, que *Comitatus & Comites*, estoient à eux proprement, ce que nous disons icy, la Cour & les courtisans: nom, qui en fin soubs Constantin fut vn tiltre de haulte Dignité, attribué particulierement aux principaux Officiers de l'Empire, qui estoient chefs d'Office, & qui auoient d'autres menus Officiers soubs eux. Et ainsi *Comes* se rapporte, quant à l'effect, à ce que nous disons en France *Intendant*, comme *Comes domesticorum*, *Comes Palatij*, *Comes sacrarum largitionum*, *Comes sacrarum dispositionum*, & ainsi des autres: & de verité c'estoit vn tiltre fort honorable, d'estre qualifié compagnon de l'Empereur.

16 Comites prouinciarum.

De mesme *Comites Prouinciarum* (ainsi appellez *In l. 1. C. de Offic. rectoris Prouinc. & in tit. De Comit. qui Prouinc. regunt. lib. 12. Cod.*) estoient les Intendans & Gouuerneurs des Prouinces, qui, de la Cour & suitte de l'Empereur, y auoient esté enuoyez pour les gouuerner. *Capitolinus in Vero. Confecto bello Regna Regibus, Prouincias Comitibus suis distribuit.* Et faut noter, que ces Comtes des Prouinces, n'estoient pas moindres que les Ducs: mesme on voit dans la Notice de l'Empire Romain, qu'aucuns des Comtes auoient des Ducs soubs eux, aussi auoient-ils les plus grandes Prouinces, estant faict mention en nostre droict *Comitum Africæ, Orientis & Macedoniæ.*

17 Comtes des prouinces égaux aux Ducs.

18 De mesme en France.

Tout de mesme en France, il y auoit anciennement des Gouuerneurs des plus grandes Prouinces, qui s'appelloient Comtes, comme les Comtes de Champagne, de Flandres, d'Aquitaine: Et en plusieurs autres Prouinces, les Gouuerneurs estoient appellez Ducs & Comtes indifferemment, comme ceux de Bretaigne, Normandie, & plusieurs autres.

19 Comtes mineurs.

Mais il y auoit, & en l'Empire, & en ce Royaume, vne autre sorte de Comtes appellez *Comites minores, & inferiores, in l. 1. & 2. Ne Comit. & Tribuni lauac. præst. C. Theod.* & ceux-là estoient les intédans & Gouuerneurs, non des Prouinces, ains des villes, cóme il se collige des epistres de Cassiodore, notāment des 22. & 23. du liu. 6. & de la 13. du liu. 7. où il se voit, qu'ils estoiēt ensemble Iuges & Gouuerneurs des villes, pource qu'en ce temps-là, comme i'ay dit plusieurs fois, la iustice n'estoit point separée du gouuernement, & auoient soubs eux plusieurs menus Officiers, appellez *Officiales & milites* indifferemment, tout ainsi que ceux des Proconsuls, ou Presidés des Prouinces, & c'est pourquoi Suidas définit le Comte, τὸν λαῶν ἄρχοντα.

20 Definition du Comte.

21 Comtes des villes en France.

De mesme en France les Capitulaires de Charlemagne nous font foy, que chasque ville auoit son Comte, *Vnicuique ferè ciuitati* (dit *Beat. Rhen. in lib. Rerum Germanic.*) *Comes præsidebat.* Et ce Comte estoit pareillement, & Iuge & Gouuerneur de sa ville, *Ideóque & pacem & iustitiam facere dicitur, lib. 2. Capitul. art. 6. & dicitur placitum habere, lib. 3. art. 38. & art. 60. addit. lib. 3.* Et aux loix Ripuaires il est dit, *Si quis iudicem fiscalem occiderit, quem Comitem vocant.* Et au 4. liure *Leg. Francic. Comites non se excusent à iustitia facienda, eò quòd resident in maritima custodia, sed ibi placitum teneant, & iustitiam faciant.*

22 Comtes des villes inferieurs à ceux des prouinces.

Or ces Comtes des villes n'estoient pas égaux, ains inferieurs aux Ducs & aux Comtes des Prouinces: voire, comme aucuns tiennent, subiects: tesmoin ce qui est rapporté au supplément d'Aymon, *lib. 4. cap. 61. Pepinum donasse Grifonem fratrem, more Ducum, duodecim Comitatibus.* & au liure 9. chap. 1. *Ducatum Foroiuliensem diuisum esse in quatuor Comitatus.* Mais les Comtes des Prouinces estoient égaux aux Ducs, & mesme auoient quelquesfois soubs eux d'autres Comtes, comme il se trouue en vn arrest de l'an 1354. rapporté par du Tillet, que le Comte de Champagne auoit soubs luy sept Comtes, à sçauoir ceux de Ioigny, Rethel, Brenne, Portien, Grand-Pré, Roussy & Brienne.

Duc & Comte en mesme ville.

Voire mesme il se trouue qu'il y a eu autresfois en mesme ville vn Duc & vn

Comte, comme il se voit dans Gregoire de Tours, liure 8. ch. 18. & liure 9. ch. 7. & lors il y a apparence que le gouuernement & charge des armes appartenoit au Duc, & celle de la iustice au Comte: ou plustost que le Duc estoit le Gouuerneur general de toute la Prouince, & le Comte Gouuerneur particulier de la ville.

23 Côtes des Prouinces portoient par fois le nom de leur capitale ville.

Il faut donc bien garder de s'equiuoquer, en confondant les Comtes des Prouinces auec ceux des villes, attendu mesmement que souuent les Comtes des Prouinces se titroient du nom de leur ville capitale, comme celuy de Champagne est souuent appellé Comte de Troyes: celuy de Languedoc, Comte de Tholose: celuy de Guyenne Comte de Bourdeaux. Car mesme les Roys de la premiere race portoient le nom de la principale ville de leur Royaume, comme on voit aux Annales, les Roys de Paris, d'Orleans, de Mets, & de Soissons.

24 Ainsi que les Roys, lors des Tetrarchies.
25 Marquis.
26 Duces, aut Comites limitanei.

Quant aux Marquis, les Romains n'en ont point cogneu le nom, qui est pur François, mais les appelloient *Duces limitaneos, vt apud Lamprid. in Alex. Seuero.* Et dans la Notice de l'Empire, ils sont appellez *Comites limitanei.* Aussi les Marquis estoient sans doute les Gouuerneurs des frontieres. *Marchiones sunt qui fines regni tuentur, in vita Ludouic. 3. Aimond. lib. 5. cap. 11. Relictis Marchionibus, qui fines regni tuentes, hostium arcerent incursus.* Nom qui est deriué, non pas de Marck, qui en bas Alleman signifie cheual, comme Alciat a dit, (dont à la verité est deriué

27 Etymologie de Marquis.
28 Marche, mot François, signifiãt frontiere.
29 Marchir, aboutir.

Mareschal) encor moins de *Mare*, comme ineptement il est dit au liure Des fiefs: mais de l'ancien mot François marche, qui signifie limite, ou frontiere. *Aimon. libr. 4. cap. 118. Simili modo de marcha Hispanica constitutum est, & hoc illius limitis Praefectis Imperatum: Inde foras marcham mancipium vendere, 4. leg. Franc. ca. 43. Marchas & fines regni disponere*, dans Rhegino 2. *Chronic.* D'où vient ce vieil mot *marchir*, qui signifie aboutir, & estre contigu, *Terre qui marchise au grand chemin*, dans Bouteiller: *La Comté de Blois marchit à la Duché de Touraine, dans Froissart 3. volume. Entre Adam Abbé de sainct Denis, & Bouchard sieur de Montmorency, sourdit contention pour aucunes leurs terres, qui ensemblement marchisoient*, dit l'Annaliste en la vie de Philippes, fils de Henry.

30 Si les Marquis sont plus que les Côtes.

Or a-ce esté autrefois vne grande question, si les Marquis auoient rang deuant, ou apres les Comtes, attendu que les liures Des Fiefs les mettent tantost deuant, tantost apres: aussi qu'il se trouue des Marquisats auoir esté érigez en Comtez, comme celuy de Iuilliers dans Froissart 1. vol. chap. 3. Pareillement il y a plusieurs Comtes honorez de la qualité Pairs de France, & nuls Marquis.

31 Resolutiõ.

Ceste question a esté traitée par Alciat au liure *De duello.* & par Bohier au traité de l'auctorité du grand Conseil. Pour laquelle resoudre asseurément, il faut reuenir à la distinction, que nous venons de poser, des Comtes des Prouinces auec ceux des villes, & tenir pour certain, que les Comtes des Prouinces sont plus que les Marquis, ou Gouuerneurs des villes frontieres: mais aussi les Marquis sont plus que les petits Comtes, ou Gouuerneurs des autres villes, pource que leur charge est plus importante: & de fait, on voit auiourd'huy que plusieurs

32 Que maintenant Marquis est plus que Comte.

Gouuerneurs de frontiere font difficulté de recognoistre le Gouuerneur de la Prouince, comme font ceux des autres villes indistinctement. Maintenant donc qu'en France il n'y a plus de Comtes de Prouinces, ni mesme de Ducs, qui ayent des Prouinces entieres, pource que tous ces grands Duchez & Comtez du temps passé sont reünis à la couronne, on tient à bon droict pour constant & resolu, que les Marquis sont plus que les Comtes.

33 Ducs, Marquis & Côtes, iadis Officiers en l'Empire Romain, & en France.

De ce que dessus il appert que les Ducs, Marquis & Comtes estoient, & en l'Empire Romain, & en ce Royaume anciennement vrais Officiers: ce que tous nos escriuains modernes sans exception ont tenu; voire mesme ils estoient reuocables à la volonté du Prince, comme il a esté dit au liure 1. Des Offices, que sous les Empereurs Romains tous Gouuerneurs estoient reuocables: & en France tous Offices indistinctement l'estoient auparauant l'Ordõnance de Louys XI. Mais particulierement pour les Ducs & Comtes, Paul Emile le discourt en beaux termes, *Duces ab initio Comitésque ab Regibus praeficiebantur gentibus, ciuitatibúsque, & cùm videretur, dimittebantur: deinde inueterauit consuetudo, vt nisi sceleris conuicti abire Imperio ne cogerentur. Idque postremò, vt quisque eo munere donabatur, iureiurando Regum cauebatur*

Il y auoit ceste difference entre les Ducs & Comtes de l'Empire Romain & ceux de France, que ceux de l'Empire n'estoient que simples Officiers, non plus que les Proconsuls & Presidens des Prouinces, & auoient pour leur entretien certains droicts ou coustumes à prendre sur le peuple, dont Cassiodore fait mention és passages sus alleguez. Mais ceux de France auoient la Seigneurie de leur territoire vnie à leur Office, tenuë neantmoins en fief à vie, de sorte qu'ils estoient & Officiers, & vassaux tout ensemble; qui est ce que nous appellons Seigneurs: mais ces Seigneuries n'estoient ni hereditaires, ni patrimoniales du commencement, comme elles ont esté du depuis. 34 Difference entre les Ducs & Comtes des Romains, & ceux de Frāce.

Ce changement commença soubs la fin de la premiere lignée de nos Roys, auquel temps leur imbecillité donna moyen aux Ducs & aux Comtes de se faire hereditaires, mais cela ne dura gueres pour lors, d'autant que les premiers Roys de la seconde lignee les rangerent incontinant à la raison; au moins ceux qui estoient au cœur du Royaume. Car aucuns de ceux qui estoient aux Prouinces éloignées maintindrent leur heredité malgré eux : dont arriuerent plusieurs guerres; & de là vient qu'en mesme temps aucuns des Duchez & Comtez estoient hereditaires, & les autres non, comme M. Pasquier a discouru au second liure de ses Recherches, chapitre vnziesme. 35 Comment en France les Ducs & Comtes se sōt faits hereditaires.

Mais sur la fin de ceste seconde lignée, l'heredité s'y establit indifferemment, notamment apres que Huc Capet de Duc des Ducs, ou Duc de France qu'il estoit, se fut faict Roy & Prince souuerain, les Ducs & Comtes à son exemple se firent Seigneurs hereditaires de leurs Prouinces & villes, & de tout ensemble firent l'hommage au nouueau Roy, comme d'vn fief hereditaire & patrimonial, s'obligeans d'assister le Roy contre tous en guerre, à la charge aussi, qu'il les maintiendroit, & leur posterité en leurs Seigneuries. 36 De mesme.

Et comme l'vsurpation, ayant pris racine, croist tousiours, & l'ambition ayant trouué vn commencement fauorable, ne trouue point de fin, s'estans les Ducs & les Comtes ainsi establis en la proprieté & seigneurie de leurs Prouinces & villes, ils tascherent tant qu'ils peurent, d'en vsurper la souueraineté : & de faict, il se trouuera qu'ils entreprirent de iouïr de tous les six droicts de souueraineté, qui ont esté rapportez au troisiesme chapitre de ce liure. 37 Comment ils tascherent à se faire souuerains.

Premierement il est certain, qu'ils s'ingeroient de faire les loix & statuts en leurs Prouinces, comme par exemple, M. Pasquier liure 6. chapitre 48. rapporte l'Ordonnance de Iean Duc de Berry, qui est plustost du bon Comte Thibaut de Blois, que la iournée des vignerons finiroit à cinq heures en hyuer, & en esté à six: ce qui s'obserue encor au païs Blesoys & Dunoys. Et possible que c'est de là, que vient la diuersité de nos coustumes: car mesme depuis le peu de temps qu'on a commencé à les rediger par escrit, aucunes se trouuent encor intitulées du nom des Ducs de la Prouince, comme entre autres celle du Duché de Bourgongne; au 125. article, de laquelle il est faict mention des Ordonnances des Ducs de Bourgongne. 38 Faisoient loix. 39 Cause de la diuersité de nos coustumes.

Quant est d'establir des Officiers, il est notoire, que non seulement les Ducs, Marquis & Comtes; mais aussi tous autres Seigneurs iusticiers ont entrepris de mettre des Officiers en leurs iustices. Mesmement plusieurs Ducs & Comtes entreprenoient d'auoir de grands Officiers, tels que ceux que nous appellons Officiers de la Couronne, comme Connestables, Chancelliers, grands Escuyers, grands Seneschaux, & autres semblables, comme il se voit dans du Tillet. Quoy que ce soit, il est tout certain, qu'ils s'ingeroient de faire des Cheualiers, d'ériger des Seigneuries, & conceder des ennoblissemens aux personnes, & des amortissemens aux terres. 40 Establissoient les Officiers.

Pareillement, c'est chose asseurée, qu'ils faisoient exercer la iustice en dernier ressort, ainsi que du Moulin dit en l'apostile du 145. art. de la coustume de Bourgongne, sus alleguée. Mesme il est sans doute, qu'ils bailloient des remissions, comme il n'y a pas encor long temps que les Gouuerneurs des Prouinces en bailloient. 41 Entreprenoient le dernier ressort de la iustice.

Pareillement, il se voit dans les Annales, qu'ils faisoient la guerre de leur 42 Faisoiēt la guerre de leur auctorité.

propre auctorité, soit contre leurs voisins, ou contre les estrangers: assembloient armées, donnoient batailles, faisoient paix & tréues sans le congé du Roy, duquel droict de guerre vsurpé par les Ducs & Comtes, Coquille discourt pertinemment sur la Coustume de Niuernois, & en son Institution au tiltre *Du droict de Royauté*.

43 Forgeoict monnoye.

Quant à la monnoye, il se trouue souuent mention dans nos liures de la monnoye de plusieurs Ducs & Comtes, comme des sols Mancelez, sols Tournois, sols Barrois: mesmes aux cabinets des curieux, il se trouue force monnoye des Ducs & Comtes du temps passé, & a esté dit au troisiesme chapitre que le Roy Louys Hutin, & ses successeurs ont esté contraints racheter à purs deniers ce droict des Ducs & Comtes, afin de le reünir à leur couronne.

44 Leuoient deniers sur le peuple.

Finalement, c'est bien sans doute, qu'ils faisoient leuées de deniers sur leurs subjects. Ce qui estoit tellement ordinaire, qu'il y a encor auiourd'hui de petits Seigneurs qui pretendent auoir droict de taille en quatre cas, à sçauoir, de voyage d'outre mer, de prison, de Cheualerie, & mariage de fille: duquel droict plusieurs de nos coustumes font mention.

45 Portoient couronnes.

Bref, ie puis dire, qu'il n'y auoit aucun droict, ni marque de souueraineté, qu'ils n'eussent entrepris, iusques mesme à porter couronne. Combien que la couronne ait tousiours esté tenuë pour marque & enseigne, non de toute souueraineté, mais particulierement du Royaume: d'où vient que la Couronne signifie le Royaume mesme, prenant par vne Metonymie le signe pour la chose signifiée: & de faict, quand Suetone rapporte que Caligula eut en l'esprit de se faire Roy, *Parùm abfuit*, dit-il, *quin Diadema sumeret, & speciem Principatus in Regnum conuerteret.*

46 Courõne des Ducs, Marquis, & Comtes.
47 Courõne des Ducs fleuronnee.
48 Celles des Comtes perlee.

Voici ce qui s'en trouue en vn ancien liure François d'Antoine de la Salle, intitulé *la Sallade*, où descriuant particulierement la ceremonie de l'inuestiture des grandes Seigneuries, il dit, que *quand le Roy fait vn Duc, il le couronne en sa meilleure ville, tout ainsi que luy-mesme a esté couronné, excepté d'estre oint*. Et de fait, ceste prerogatiue est demeurée aux Ducs & aux Comtes iusques à nostre temps, de porter vne couronne au timbre de leurs armoiries. Couronne, qui aux Ducs est fleuronnée de pierreries, & est faite toute ainsi qu'estoient iadis celles de nos Roys, auant qu'ils eussent pris la couronne close par haut, en forme de chappeau, qu'on appelloit anciennement courõne Imperiale. Celles des Comtes est perlée, c'est à dire, que le dessus du diadesme, ou bandeau est faict de perles, sans aucuns fleurons eminents. Et finalement celles des Marquis est meslée, c'est à dire, partie fleuronnée, & partie perlée, pource que les Marquis sont comme metoyens entre les Ducs & les Comtes.

49 N'en portoient anciénement.

Toutesfois, il est à croire, que ce n'a esté qu'aux derniers temps, qu'ils ont ainsi vsurpé de porter couronne, si iamais ils l'ont portée en teste. Car Villehardouin, en son premier & troisiesme liure, de la guerre saincte, parlant des Ducs & Comtes de France, qui estoient de la saincte ligue, les qualifie les plus grands des Seigneurs de la Chrestienté, qui ne portoient point couronne, & il se voit en l'histoire d'Angleterre qu'Edouart III. inuestit son fils Edouart du Duché de Cornoüaille, *per sertum in capite, annulum in digito, & virgam auream*. Et qu'Edoüart IIII. fit vn de ses fils Duc de Carence, & l'autre Duc de Lanaclastre, en son Parlement, *imposito capitibus eorum pellito pileo, & circulo ex auro & margaritis*, & le mesme liure de la Salle dit en vn autre endroit, que *le Duc est inuesti par l'imposition d'vn chapeau d'or ducat, orné de perles: le Marquis auec vn anneau de Rubi: le Comte auec vn anneau de Diamant: le Vicomte auec vne verge d'or: le Baron auec vn drapeau quarré: & le Banneret auec vn drappeau en escusson.*

51 Tradition d'anneau aux Ducs & Comtes, que signifie.

Or cette tradition d'anneau n'estoit pas sans mystere. Car c'est chose notoire, que l'anneau seruoit de cachet, de sorte que le Roy donnant son anneau & cachet au Duc, Marquis ou Comte, qui estoit la plus ancienne forme de les inuestir, les faisoit par ce moyen ses Lieutenans, & leur donnoit permission de faire toutes expeditions soubs son nom, & les seeller de son anneau & cachet: auquel seau reside l'auctorité du commandement. Ainsi lisons-nous, qu'apres à mort d'Alexandre le Grand, Perdicas fut recogneu par ses courtisans, pour leur souuerain, pource qu'Alexandre, en mourant, lui auoit donné son anneau, dont ils colligerent, qu'il auoit entendu luy laisser la regence & exercice de souueraineté, pendant le bas aage de ses enfans. De mesme Dion nous apprend, qu'Auguste bailla son anneau à Mecenas, afin qu'il seellast d'iceluy tels mandemens qu'il voudroit: & que Vespasien estant en Egypte, enuoya son anneau à Mutian, qui estoit à Rome, auec lequel il depeschoit tous mandemens au desceu de Vespasien, y mettant seulement son nom, & son cachet, qui pour cet effect luy auoit esté enuoyé. Et de fait, pour reuenir aux anciens Comtes, Brisson au troisiesme liure, *De verb. signif.* dit que *Comites vice Imperatoris iudicabant*, ce qu'il prouue par vne loy du Code Theod. qui est mal quotée. 52 Anneau d'Alexandre le Grand.

Il est donc à presumer, que le changement de l'ornement des Comtes, d'anneau en couronne, a suiui le changement de leur puissance. Car du temps qu'ils n'estoient que simples Gouuerneurs, ils portoient l'anneau: mais quand ils ont eu vsurpé les droicts de souueraineté, & sont deuenus Princes, ils ont voulu auoir la couronne, qu'ils ne portent pas en teste, à present qu'ils ne sont plus que simples Seigneurs suzerains, ne leur estant aussi plus concedée à present en leur inuestiture: & partant ils ne l'ont plus qu'en peinture, au timbre de leurs armoiries, si ce n'est qu'ils soient Princes souuerains, auquel cas ils la pourroient porter en teste. 53 Chãgemẽs d'anneau en couronne. 54 Ne portẽt à present la courõne, que en peinture.

Car i'ay dit au chapitre troisiesme, qu'à present il y a trois degrez de Ducs & Comtes, à sçauoir, ceux qui sont souuerains tout à fait, sans recognoistre superieur, comme les Ducs d'Italie: ceux qui ont les droicts de souueraineté, mais ont vn Superieur, que i'ay appellé Princes subjects, comme ceux d'Allemagne: & finalement ceux qui sont simples Seigneurs suzerains, comme sont ceux de France à present. A quoy il faut encor adiouster vn quatriesme & plus bas degré de ceux qui ne sont qu'à vie comme Officiers, ainsi que sont encor à present ceux d'Angleterre. 55 Trois degrez des Ducs & Comtes Seigneurs. 56 Duc & Cõtes Officiers.

Et faut dire en remontant, que ceux-cy ont esté les premiers, & qu'en tous les païs ils ont esté tels du commencement, puis és Monarchies ils se sont faits Seigneurs, ayant vsurpé l'heredité & proprieté de leurs charges: Par apres, en aucuns lieux ils ont vsurpé les droicts de souueraineté, sans secoüer tout à fait le ioug d'obeïssance. Bref, en d'autres lieux, comme és Prouinces éloignées du souuerain, ils se sont faicts souuerains tout à fait, & n'ont plus voulu recognoistre de Superieur. 57 Comment ces chãgemẽs sont aduenus.

Ce dernier changement des Ducs & Comtes en Princes souuerains tout à fait, n'a lieu en France, qu'és Comtez de Flandres & de Bourgongne, qui, apres auoir longuement branlé, ont esté en fin distraicts tout à fait de la couronne, par le malheur de la prison du Roy François. Au contraire, tant s'en faut que les autres Ducs & Comtes, de Princes subjects qu'ils estoient, se soient faits souuerains, qu'au contraire nos Roys ont trouué moyen accortement de les remettre aux rangs des simples Seigneurs suzerains, & leur oster la qualité de Princes. 58 De mesme.

Car en consequence de cette subjection personnelle, & iurisdiction qui leur estoit demeurée sur iceux, les Roys ont auec le temps retiré à leur souueraineté le dernier ressort de la iustice, sur les Duchez & Comtez: par le moyen de ce que le Parlement, establi sedentaire à Paris, conuertit finement les plaintes qu'on faisoit de leurs iugemens en appellations, ainsi qu'il en a esté discouru au dernier chapitre du liure *Des Offices*. Lequel ressort de Iustice est sans doute le plus fort lien qui soit, pour maintenir la souueraineté. 59 Comment les Ducs & Cõtes de France sont redeuenus simples Seigneurs suzerains.

Car par le moyen d'iceluy la puissance de faire loix leur a esté retranchée indirectement, en tant que le Parlement ne suiuoit ni approuuoit leurs Ordonnances au iugement des procez. Leurs Officiers, fors ceux qui estoient necessaires pour l'exercice de la Iustice, n'estoient approuuez par le Parlement. Ceux d'entr'-eux, qui faisoient, ou guerre, ou alliance contre la prohibition du Roy, estoient incontinant recherchez & poursuiuis au Parlement. Le cours de leurs 60 Le ressort de iustice les a remis en cet estat.

monnoyes fut interdit par le mesme Parlement, fors des monnoyes noires, & leur fut osté la puissance de leuer deniers sur leurs subjects, fors en ces quatre cas, qui viennent d'estre rapportez. Bref, il faut confesser que ç'a esté le Parlement, qui nous a sauuez en France d'estre cantonnez & démembrez, comme en Italie & Allemagne, & qui a maintenu ce Royaume en son entier.

61 C'est le Parlement qui a maintenu la France.

62 En fin, il a fallu reünir ces anciés Duchez & Comtez à la Couronne.

Mais d'autant qu'il estoit fort mal-aisé d'oster tout à fait aux Ducs & aux Comtes ces droicts de souueraineté, dont ils auoient long temps iouy, force estoit de leur laisser tousiours iceux en partie. En fin, de peur qu'ils ne les reprissent tout à faict, nos Roys de la troisiesme lignée ont esté soigneux de reünir à leur couronne tous ces anciens Duchez & Comtez toutesfois-&-quantes qu'il s'en est presenté quelque occasion, soit par mariages, espousant, ou faisant espouser aux presomptifs heritiers de la couronne, les heritiers d'iceux: soit par droict de reuersion, à faute de masles regnicoles descendus du premier inuesti, soit par felonnie, ou confiscation, dont il naissoit assez souuent des subjects tres-iustes. Tant y a, qu'ils ont si bien faict auec le temps, qu'ils ont retiré & reüni tous ces anciens Duchez & Comtez sans exception, fors les deux Comtez de Flandres & de Bourgongne.

63 Comment on en a fait en Angleterre.

On en a fait tout de mesme en Angleterre, où mesmement apres auoir reüni tous les Duchez & Comtez, on n'a plus voulu auoir de Ducs: & quant aux Comtez, on les a reduictes à leur premiere origine, d'estre de simples Offices, ou dignitez à vie, ausquels on n'a pas annexé le domaine du territoire, ains on leur a seulement attribué certains menus droicts, tels à peu prés, que nous venons de dire, des Comtes de l'Empire Romain, notamment le tiers des émolumens de la iustice, qui est vn droict, qu'ils auoient de toute antiquité, comme i'ay appris du docte liure moderne de *Guillelmus Camdenus* Anglois, intitulé *Britannia*.

64 Comtes d'Angleterre.

65 Des nouueaux Ducs & Comtes de France.

Mais en France, on ne s'est peu empescher d'ériger d'autres Ducs & Comtes. Car quand on a appané les enfans puisnez des Roys, il a esté necessaire de leur bailler des tiltres égaux à ceux qu'auoient les Seigneurs moindres qu'eux. Mais ç'a esté tousiours selon la loy & condition generale des appanages, sçauoir est de reuersion à la couronne en defaut de masles, & de retention expresse, non seulement de la foy & hommage, ains aussi du ressort & souueraineté entiere, ressort dis-je, pour la iustice, souueraineté pour la Seigneurie.

66 Duchez & Comtez d'Appanage.

67 Duchez & Comtez proprietaires.

Mesmement nos Roys se sont relaschez à ériger encor d'autres Duchez & Comtez, en faueur des Seigneurs de leur Royaume, qu'ils ont voulu honorer de ces haults tiltres: mais ces érections ont tousiours esté auec l'expression de la mesme reseruation du ressort & souueraineté, outre l'hommage ancien. Et quant à la reuersion, ils ne s'aduisoient pas du commencement de la stipuler, pource que ce n'estoient pas terres qu'ils baillassent de leur domaine, ains qui estoient de l'ancien patrimoine de ses Seigneurs, ausquelles ils ne donnoient de nouueau, que le tiltre de Duché, ou Comté. Mais le Roy Charles IX. pour empescher la trop grande frequence de ces érections, ordonna en l'an 1566. que les Duchez & Comtez, qui seroient érigez desormais, seroient reuersibles à la Couronne, en defaut de masles, ainsi que ceux des appanages. Ordonnance qui seroit fort vtile au Royaume, si on n'y dérogeoit point.

68 Les Duchez & Comtez d'à presét different des anciens.

Dont s'ensuit, que les Duchez & Comtez, que nous auons à present en France, sont du tout differens de ces anciens Duchez & Comtez, qui ont esté reünis à la Couronne: differens aussi de ceux qui sont maintenát en Italie & en Allemagne, & qui voudroit argumenter & tirer des consequéces des vns aux autres, se tromperoit entierement. Bref, les nostres d'à present, n'ont plus autre remarque, ou participation de souueraineté, fors qu'ils ont retenu la Couronne au timbre de leurs armoiries. Possible que c'est à l'imitation des enfans de France, qui au lieu d'auoir leur partage en tiltre de Royaume, comme ils auoient aux deux premieres races, ne l'ayant en cette troisiesme qu'en tiltre de Duché & Comté, ont retenu la Couronne en leurs armoiries, en memoire de leur extraction.

69 Pourquoy ceux d'à present ont la corone en leurs armoiries.

70 Pourquoy les Roys ap-

Dont possible est aussi venu, que nos Rois, & en deuis familiers, & en leurs lettres appellent ordinairement les Ducs, Marquis, Comtes, (au moins les Ducs, & les Marquis sans doute) leurs cousins, ou bien cette coustume s'est establie du temps qu'ils estoient Princes, & participoient à la souueraineté. Car on sçait que les Rois appellent les autres Rois leurs freres, les Ducs & Comtes souuerains, leurs cousins. pellent les Ducs leurs cousins.

Il y a encor vne autre dignité feodale, qui, à mon aduis, doit estre mise au rang de ces grandes Seigneuries, sçauoir est la Principauté, entant que c'est le tiltre & le nom d'vne certaine Seigneurie, que du Tillet dit estre moindre que le Comté, mais plus grande que la Baronnie & Vicomté. 71 Principautez.

De verité cette espece de Seigneurie est extraordinaire & extrauagante, estant venuë, à mon aduis, de ce que les Ducs & Comtes s'estans faicts Princes par l'vsurpation des droicts de souueraineté, à leur exemple les autres grands Seigneurs vassaux de la Couronne, qui n'auoient tiltre, ni de Ducs, ni de Comtes, ayans pareillement vsurpé les droicts de souueraineté dans leur Seigneurie & distroit, se sont par consequent titrez & qualifiez du nom general de Princes, n'ayans point de tiltre particulier de dignité, & afin d'estre distinguez des simples Seigneurs qui n'auoient comm'eux, l'exercice de la souueraineté: tout ainsi qu'il se voit aux liures des Fiefs, que *maiores valuaſſores*, se sont faicts en fin appeller *Capitaneos Regis, aut Regni*: ce qui sera expliqué au chap. suiuant. 72 Leur origine.

Ce qu'ayant eu cours, lors que les grands Seigneurs de France auoient les droicts de souueraineté, a continué apres qu'ils en ont esté dépoüillez: par le moyen de ce que à l'exemple des anciennes Principautez reünies depuis à la Couronne, (aussi bien, & encor plus facilement, que les Duchez & Comtez anciens) les Rois en ont érigé d'autres, pour gratifier leurs fauoris, qui ont affecté ce tiltre excellent de Princes: & de cette sorte M. Choppin en quote sept ou huict sur la coustume d'Anjou, tit. *De la preuention du Prince*. 73 De mesme.

Combien qu'il y ait difference notable entre les Seigneurs des Principautez, & ceux qu'à present nous appellons Princes, qui sont, ou les Princes du sang, ou ceux qui sont issus de Princes souuerains estrangers, & en la famille desquels la souueraineté reside encor à present. 74 Difference entre les Princes & les Seigneurs des Principautez.

Car combien qu'à proprement parler, il n'y ait en France autre Prince que le Roy, qui seul y a toute souueraineté, neantmoins pour honorer la race des Rois, on a appellé ceux qui en sont issus, Princes, pour autant mesmes qu'à leur tour ils sont capables d'estre Rois, & ceux-là sont les Princes du sang. A l'exemple desquels on s'est estendu d'appeller pareillement Princes, tous ceux qui sont issus des Princes souuerains estrangers, & qui sont capables par race de succeder à leur Estat: ce qui sera plus amplement discouru au liure *Des Ordres*. 75 Princes du sang.

Toutesfois cet équiuoque d'entre les Princes & les Seigneurs de Principauté, ou pour mieux dire, d'entre les Princes de race, & les Princes à cause de leur terre érigée en Principauté, est cause que plusieurs Princes, qui craignent qu'on reuoque en doute leur qualité, & plusieurs grands Seigneurs, qui desirent estre tenus pour Princes, sont curieux de faire ériger vne de leurs terres en Principauté: dont par apres ils baillent volontiers le tiltre à leur fils aisné: à l'imitation de ce que la plusspart des Rois de la Chrestienté font appeller leur aisné le Prince indéfiniement, ainsi mesme que faisoient les premiers Empereurs de Rome, & pour cette cause en l'an 1523. le Roy d'Angleterre érigea la Seigneurie de Galles en Principauté, & l'affecta desormais aux fils aisnez des Rois ses successeurs, ce qui se garde encor à present. 76 Princes estrangers.

SOMMAIRE DV SIXIESME CHAPITRE.

1 *Grandes Seigneuries doiuent releuer du Roy.*
2 *Preuue.*
3 *Explication nouuelle du premier tiltre Des Fiefs.*
4 Capitanei & Valuassores Regni.
5 *Comment les grands Seigneurs estoient iadis appellez.*
6 *Baronnie, que c'est proprement.*
7 *Difference entre releuer de la Couronne, & releuer du Roy.*
8 *Pourquoy les grandes Seigneuries releuent du Roy seulement, & non de la Couronne.*
9 *Seigneuries honoraires, chose notable.*
10 *Les grandes Seigneuries participent aux honneurs de souueraineté.*
11 *Couronnes de plusieurs sortes.*
12 *Grandes Seigneuries sont impartables.*
13 *Principautez doiuent auoir les prérogatiues des grandes Seigneuries.*
14 *Fiefs iadis impartables.*
15 *Seigneuries impartables, entant qu'Offices.*
16 *Souueraines du tout impartables.*
17 *Grandes partables par estimation seulement.*
18 *Mediocres & petites partables en espece.*
19 *Les faut neantmoins laisser entieres, tant que faire se peut.*
20 *La Seigneurie, ou Dignité n'est partable actuellement.*
21 *Ni la iustice, ce qui est notable.*
22 *Grands Seigneurs peuuent sous-infeoder & accensiuer, & non autres.*
23 *Preuue par les liures Des Fiefs.*
24 *Conclusion.*
25 *Autre chose est és Seigneuries d'appanage.*
26 *Que cela doit auoir lieu aux Duchez & Comtez érigez de nouueau.*
27 *Comment les moindres Seigneurs peuuent infeoder & acensiuer.*
28 *Si la terre acensiuée, sans le consentement du Seigneur, demeure feodale.*
20 *Interpretation de l'article 14. de la coustume de Dunois.*
30 *Si les grands Seigneurs peuuent créer des iustices.*
31 *Difference entre faire vn Fief, & vne iustice.*
32 *De mesme.*
33 *Interest du peuple aux nouuelles iustices.*
34 *Qu'au Roy seul appartient créer iustices.*
35 *Droict de ressort n'appartient qu'au Roy.*
36 *De mesme.*
37 *Droict de ressort que comprend.*
38 *Comment il s'est tant faict de iustices sans le Roy.*
39 *Cautelle pour abbatre les iustices des Seigneurs.*
40 *Les grandes Seigneuries de nouueau érigées sont reuersibles à la Couronne.*
41 *Les anciennes non.*
42 *On déroge ordinairement à l'ordonnance du domaine.*
43 *Il n'importe à present que les grandes Seigneuries tombent en quenouille.*
44 *Anciennement les femmes faisoiẽt l'office de Pairs de France.*
45 *A present non.*
46 *Prerogatiues des Pairs de France.*
47 *Precedent les autres grands Seigneurs.*
48 *Fors les Princes du sang.*
49 *Ont seance & voix au Parlement. Barreau des Pairs.*
50 *Sont iugez par le Parlement seul.*
51 *Les Chambres assemblées.*
52 *Et les autres Pairs conuoquez.*
53 *Cela n'a lieu qu'és causes d'honneur, ou de Pairie.*
54 *Releuent nuëment de la Couronne.*
55 *En tout & chacune partie.*
56 *Les appellations de leurs Iuges ressortissent au Parlement.*
57 *Aucuns ont des grands iours.*
58 *Grands iours pourquoy dits.*
59 *Deuroient estre supprimez.*
60 *La fonction des Pairs doit estre faicte en propre personne.*
63 *Les Comtes ne sont suiects aux Ducs.*

DES DROICTS DES GRANDES SEIGNEVRIES.

CHAPITRE VI.

PARLONS maintenant des droicts & prerogatiues de ces grandes Seigneuries, à sçauoir des Duchez, Marquisats, Comtez, & Principautez, dont la premiere est, qu'elles ne releuent que du Roy, encor que de leur nature elles deuroient releuer immediatement de la Couronne. C'est pourquoy les Feudistes les appellent *Feuda Regalia, seu Regales Dignitates. tit. De feud. March. & tit. Quis dicatur Dux*, &c. non pas *actiuè* pour entendre qu'elles participent aux honneurs des souuerainetez: mais *passiuè* pour autant qu'elles sont vrais fiefs du Royaume, ne pouuans releuer d'autre Seigneurie.

1 Grandes Seigneuries doiuent releuer du Roy.

Aussi les liures Des Fiefs appellent-ils ceux qui en sont inuestis *Capitaneos Regis aut regni*, & pareillement *Valuassores Regis aut regni, seu maiores Valuassores, id est, Valuassores primi gradus.*

2 De mesme.

Car ie diray en passant, que c'est vn erreur (tout commun toutesfois) de penser, qu'aux liures des Fiefs, *Valuassores Regni, seu maiores Valuassores*, fussent ceux qui tenoient leurs fiefs *à Capitaneis Regni, nempe à Ducibus, Marchionibus & Comitibus.* Erreur, qui est procedé de la mauuaise intelligence du premier tiltre des Fiefs, dont voicy les mots, *Marchio & Comes feudum dare possunt, qui propriè Regis aut Regni Capitanei dicuntur: sunt alij qui ab istis feuda accipiunt, qui propriè Regis aut Regni Valuassores dicuntur, sed & hodie Capitanei appellantur, qui & ipsi feuda dare possunt.* Où lon a pensé que ces mots *ab istis*, referent *Marchionem & Comitem*, combien que c'est la verité qu'ils referent *Regem vel Regnum*, derniers nommez. Car comment pourroit-on dire, que les vassaux des Marquis & Comtes fussent appellez proprement (ainsi que dit le texte) vassaux du Roy & du Royaume? Aussi ne se trouuera-il point par tout le liure Des Fiefs, que les vassaux du Roy releuassent des Capitaines, ni qu'ils fussent arriere-vassaux du Royaume, ains le contraire paroist assez par la lecture du tit. *De nat. feudi.* & de celuy *Quis dicatur* Dux *&c.*

3 Explication nouuelle du premier titre des fiefs.

Or ce qui est dit en ce passage, que les vassaux du Royaume sont autres que les Capitaines, est, que du commencement il n'y auoit que les Ducs, Marquis & Comtes, qui s'appellassent Capitaines, n'y ayant aussi qu'eux, qui eussent puissance publique, & non les autres Seigneurs releuans du Royaume, qui estoient simplement appellez vassaux du Royaume, & non pas Capitaines. Mais à succession de temps ces simples vassaux immediats du Royaume vsurperent, & le tiltre, comme il dit, & la charge de Capitaines: de sorte que desormais tous les vassaux du Royaume furent appellez Capitaines.

4 *Capitanei & Valuassores Regni.*

C'estoient donc ceux-là mesme, que nos anciens liures de l'histoire de France appellent *Vassos dominicos, seu Regios, Leudes & fideles regni*: & que les anciens liures François appellent les Barons de France. Car, comme dit du Tillet, & apres luy Ragueau, *Baronnie est toute Seigneurie premiere, apres la souueraine du Roy, mouuant directement de sa Couronne.* Ce qu'ils disent apparoir par les articles des differens d'entre les Rois de France & d'Angleterre, arrestez au Parlement en l'an 1281. & l'Arrest du Comté de Sancerre, de l'an 1259. qui est en fin la primitiue & originaire signification du mot de Baronnie.

5 Comment les grands Seigneurs estoient iadis appellez.
6 Baronnie, que c'est proprement.

Quand ie dy releuer directement de la Couronne, ie n'enten pas releuer simplement du Roy, à cause de quelque Duché ou Comté reüny à la Couronne, mais i'enten qu'il faudroit en bonne iurisprudence, que les grandes Seigneuries releuassent du Roy, à cause de sa Couronne. En quoy il y a notable difference. Car les vassaux de la Couronne peuuent rendre les hommages & adueux, qu'en la Chambre des Comptes de Paris, qui est le vray thresor des chartres de la Couronne: mais les hommages & adueus des Seigneurs releuans du Roy, à cause de ses Duchez ou Comtez, peuuent estre rendus pardeuant les Officiers des lieux, dont ils releuent.

7 Difference entre releuer de la courōne & releuer du Roy.

8 Pourquoy les grandes Seigneuries releuent du Roy seulement, & non de la Couronne.

Surquoy on me dira qu'il y a la pluspart des Duchez & Comtez d'à present, qui ne releuent que des anciens, vnis maintenant à la Couronne. Mais ie respon, qu'ils ont esté érigez par le Roy, la pluspart depuis la reünion de ces anciens & primitifs, qui tous releuoient nuëment de la Couronne, au modele d'iceux, & pour iouïr des mesmes dignitez, prééminences & prérogatiues qu'iceux, fors seulement les droicts de souueraineté, qui lors d'icelles érections ont tousiours esté reseruez par expres: qui est vn poinct fort à noter. Que s'il s'en trouue d'érigez auparauant, & par autre que le Roy, ç'a esté du temps que les Ducs & Comtes auoient vsurpé les droicts de souueraineté.

9 Seigneurs honoraires, chose notable.

Dont s'ensuit, qu'en tout cas vne grande Seigneurie ne peut releuer d'autre que du Roy. Que si quelquesfois il aduient que le Roy érige en tiltre de Comtez, Marquisats, ou Principautez, des terres qui releuent d'vn autre Seigneur, telles érections sont nulles de soy: & neantmoins pource qu'on ne peut imposer loy à la volonté du Souuerain, on les tolere pour simples tiltres honoraires seulement: ainsi le Comté du Lude à esté declaré simple Comté honoraire, pource qu'il releue du Duché de Beaumont, par arrest du 6. Aoust, & 5. Decembre 1546. rapportez par M. Choppin, sur la coustume d'Anjou: & au liure *De Domanio*, il rapporte vn autre arrest de l'an 1565. par lequel vn Comté releuant d'vne Baronnie fut declaré simplement honoraire. Ainsi par arrest du vingtiesme Aoust 1570. la Baronnie de Lucé fut déclarée simple tiltre honoraire, pource qu'elle releue de la Seigneurie de Chasteau du Loir. Ce qui importe, qu'à lors ces dignitez honoraires n'ont autres droicts, que ceux qui consistent en l'honneur: comme ie diray au liure *Des Ordres*, où ie traicteray en chapitre expres des dignitez honoraires.

10 Les grandes Seigneuries participẽt aux honeurs de souueraineté.

La seconde prerogatiue de ces grandes Seigneuries est, qu'elles participent aux honneurs des Seigneuries souueraines, voire mesme on peut dire, que ce sont comme des souuerainetez honoraires. Car en premier lieu elles ont vn titre de dignité capable de souueraineté, & qui leur est commun auec plusieurs Princes souuerains: Item, comme il vient d'estre dit, ceux qui en sont inuestis, portent leurs armoiries couronnées au timbre, à sçauoir, les Ducs d'vne couronne fleuronnée: Les Comtes d'vne couronne perlée: Les Marquis d'vne couronne meslée, & les Seigneurs de Principauté d'vn simple diadesme, ou cercle d'or sans aucun dessus, qui estoit l'ancienne forme des couronnes, qui depuis ont esté rayonnées par dessus, puis fleuronnées, ou perlées, & en fin closes, comme i'ay dit au troisiesme chapitre. Finalement les Rois, en consequence de cette participation aux honneurs de la souueraineté, les appellent leurs parens & cousins.

11 Couronnes de plusieurs sortes.

12 Grandes Seigneuries sont impartables,

La troisiesme prerogatiue, qui prouient de la mesme consideration, est qu'elles sont impartables & indiuisibles, tout ainsi que les souuerainetez, & aussi comme les Offices, *Ducatus, Marchia, aut Comitatus de cætero non diuidantur: aliud autem Feudum, si consortes voluerint, diuidatur*, dit le tiltre *De prohib. feud. alie.* Ce que l'antique poëte Guntherus a énoncé en ces vers,

> *Marchia, seu Comitis possessio, siue Ducatus*
> *Integra permaneant: feudalia cætera multis*
> *Participanda patent, Domino dum quisque fidele*
> *Spondeat obsequium, iurandáque fœdera prestet.*

13 Principautez doiuent auoir les prerogatiues des grandes Seigneuries.

Où il ne se faut estonner, qu'il ne soit faict mention des Principautez, pource que c'est vne Seigneurie extrauagante, qui n'estoit lors cogneuë: mais puis qu'elles releuent immediatement de la Couronne, i'estime qu'elles doiuent iouïr en tout & par tout des priuileges des grandes Seigneuries.

14 Fiefs iadis impartables.

Or c'est bien sans doute, que toutes les Seigneuries estoient anciennement impartables, ainsi que les Offices; mesme les simples fiefs estoient indiuisibles par leur ancien droict, & l'ont esté long temps en France, depuis qu'en Lombardie on en a permis la diuision: tesmoin nos anciennes coustumes prohibitiues du despié & esclichement de fief. Mais depuis que les fiefs ont esté faicts patrimoniaux tout à faict, on a toleré la diuision aux simples fiefs, de laquelle neantmoins

moins prouiennent plusieurs inuolutions en nostre vsage. Et quant aux Sei- 15 Seigneuries impartables entant qu'Offices.
gneuries qui ont Office annexé, c'est chose remarquable, que plus ou moins
elles retiennent de la nature de l'Office, plus ou moins aussi sont elles indiuisibles.

Car en premier lieu, les Seigneuries souueraines, qui participent plus de l'Of- 16 Souueraines du tout impartables.
fice que du fief, sont demeurées indiuisibles, tant en soy, que par recompense,
ou estimation, ainsi que les Offices non venaux, au moins aux Estats bien reglez,
& on a veu, pendant la premiere lignée de nos Rois, quels troubles sont aduenus
pour auoir diuisé le Royaume.

Les grandes Seigneuries par apres sont aussi par semblable raison indiuisibles 17 Grandes, partables par estimation seulement.
en leur corps: mais comme les Offices venaux sont diuisibles par estimation,
combien qu'ils soient indiuisibles en leur propre espece, tout de mesme ces
grandes Seigneuries, qui tombent pareillement en commerce & estimation (ce
que ne font pas les Souueraines) sont iugées en France diuisibles & partables
par estimation & recompense seulement, c'est à dire qu'en succession, l'aisné
masle prend le Duché, Marquisat, ou Comté tout entier, mais est tenu bailler
aux puisnez, en autres corps hereditaires, l'estimation, ou recompense de leur
portion, telle qu'ils l'auroient en espece aux simples fiefs.

Et finalement les autres moindres Seigneuries, qui participent moins de la 18 Mediocres & petites partables en espece.
nature des Offices, sont partageables en leur propre corps & espece, comme il
fut iugé par arrest solemnel de la Pentecoste 1519. touchant la Seigneurie de
Montmorency, à present Duché & Pairie, & lors simple Baronnie, qu'on disoit
estre la premiere Baronnie de France. Et toutesfois, pource que ces diuisions 19 Les faut neantmoins laisser entieres, tant que faire se peut.
sont tousiours incommodes, les commissaires, appellez à faire les partages des
grandes maisons, doiuent les euiter tant qu'ils peuuent, afin de ne tomber au
prouerbe, Σῦκα μερίζειν.

Encor faut-il remarquer en ces moindres Seigneuries, que combien que le 20 La Seigneurie, ou dignité n'est partable actuellement.
domaine, & mesme les droicts feodaux d'icelles puissent estre partagez actuelle-
ment, & par diuis, neantmoins la dignité de Seigneur n'est partable par diuis:
en sorte que d'vne Baronnie, ou Chastellenie on puisse faire deux, ou plusieurs:
& pareillement la iustice, en laquelle principalement consiste la Seigneurie, ne 21 Ni la Iustice, ce qui est notable.
peut estre partagée, que par indiuis, & pour en iouïr successiuement l'vn apres
l'autre par certain temps, ou bien s'accordant d'vn mesme iuge, & partageant
les émolumens & obuentions de la iustice, comme il est porté par l'article 25. de
l'ordonnance de Roussillon. Et non pas en faisant plusieurs iustices separées au
lieu d'vne. *Non est enim admittenda multiplicatio tribunalium: sed quæque iurisdictio debet
remanere & exerceri precisè in illa forma, & in illis terminis, in quibus fuit concessa à supe-
riore*, dit du Moulin sur le dixiesme article de la coustume. Ce que i'ay discouru
au liuret *Des iustices de village*.

La quatriesme prerogatiue des grandes Seigneuries, qui est d'vne notable im- 22 Grands Seigneurs peuuent soubs infeoder & acensiuer, non autre.
portance, & toutesfois mal maintenuë en nostre vsage, est, que ceux qui les ont,
& non autres, peuuent créer des fiefs & des censiues, c'est à dire qu'ils peuuent
conceder vne partie de leur domaine à tiltre de fief, ou de cens, au preiudice du
Roy, attendu qu'il a esté dit tout au commencement du liure Des Fiefs, qu'il n'y a
que les vassaux du Roy *qui Feuda dare possint*: ce qu'il faut entendre, qu'il n'y a
qu'eux qui les puissent conceder de leur propre auctorité, & sans permission du
Souuerain, & en telle sorte, qu'ils soient distraits de sa tenure immediate, &
soient faicts arriere-fiefs, ou cens infeodez.

Car combien que les arriere-vassaux du Prince (qui en ce liure Des Fiefs sont 23 Preuue par les liures des fiefs.
appellez *minores Valuassores*, & selon aucuns *Valuassores* simplement) peussent re-
bailler en fief vne partie de leur domaine à ceux qui sont appellez *Valuassini*: si
est-ce que *eiusmodi Valuassini consuetudinem feudi nullam habebant antiquo iure feudorum*,
dit le tiltre *Quis dicatur Dux, &c.* & partant *amoueri semper poterant, etiam sine culpa*,
comme leur concession, n'estant pas valable ni obligatoire, ainsi qu'il est dit au
tiltre *De nat. feudi*, & au tiltre *De feud. datis à minor. Valuassor.* Voire mesme lors que
les fiefs estoient transmissibles aux collateraux, aduenant que celuy qui les auoit
concedez mourust sans enfans, ils retournoient, ainsi que son fief, au Seigneur

superieur, tit. *Qualiter olim feudum pot. alien.* & le tit. *de l. Conrardi. §. Simili modo*, suiuant la regle de la loy, *Lex vectigali. ff. De pignor.* Mais celuy auquel le fief a esté concedé par le vassal immediat du Prince, le possede *optima lege feudi*, & n'en peut estre dépossedé sans son faict; mesme, aduenant l'expiration du fief, duquel il releue, le sien ne finit point, comme il est dit en ces mesmes passages.

24 Conclusion. Ie dy donc qu'en France, où les fiefs sont patrimoniaux, les vassaux immediats de la couronne peuuent, à plus forte raison qu'au droict des Lombards, sous-infeoder & acensiuer partie de leur domaine : ce que i'enten à l'esgard du Roy mesme, & à son preiudice, sans qu'auenant ouuerture de leur fief, le Roy puisse comprendre en la saisie d'iceluy les terres ainsi sous-infeodées, ou acensiuées : ni pareillement en la taxe de son relief, bref sans que le vassal du Roy soit tenu les racheter en domaine. Ce qui prouient de ce qui a esté dit cy deuant au premier chapitre, que tout au commencement, que cette Monarchie fut establie on distribua les territoires tous entiers aux Capitaines du Royaume, à la charge expresse, d'en faire part à leurs soldats à tiltre de fief, & d'en laisser quelque partie aux naturels du païs à tiltre de cens.

25 Autre chose est és Seigneuries de Appanage. Neantmoins i'estime, que quand les Duchez & Comtez d'Appanage retournent à la couronne, les sous-infeodations & acensiuemens faicts depuis la concession de l'Appanage doiuent estre aneantis par la regle de cette loy *Lex vectigali. De pignor.* pource que la raison de la decision generale cesse en ce cas, n'ayans les Appanages esté concedez aux enfans de France, pour en faire part à leurs soldats, & à leur peuple : aussi que le Roy mesme, s'estant par l'ordonnance du domaine osté le pouuoir d'infeoder, ou acensiuer les terres de son domaine, à plus forte raison ses Appanagez ne le doiuent auoir. Mais au contraire i'estime, que les Ducs Marquis & Comtes de nouuel érigez, ores qu'ils ne releuēt que du Roy, & non de la Couronne, doiuent iouïr de cette faculté de sous-infeoder & acensiuer, pource que cette raison particuliere, qui concerne seulement le domaine de la couronne, n'a lieu à leur esgard. Et combien que leur érection n'ait esté faicte à ceste condition expresse de pouuoir sous-infeoder & acensiuer, si est-ce qu'elle y est sous-entenduë, en ce qu'elle est faicte pour en iouïr auec les droicts & prerogatiues des anciens Ducs & Comtes, dont cette-cy est l'vne des principales.

26 Que cela doit auoir lieu aux Duchez & Comtez érigez de nouueau.

27 Comment les moindres Seigneurs peuuent infeoder & acensiuer. Mais c'est sans doute, que les autres moindres Seigneurs, soit qu'ils releuent du Roy, ou d'autres, ne peuuent sous-infeoder, ni acensiuer au preiudice du Seigneur dont ils releuent. Et encor que telle sous-infeodation, ou acensiuement tienne à l'esgard de ceux qui l'ont faict, & qui partant ne peuuent venir contre leur propre acte, neantmoins ne faict preiudice aux Seigneurs superieurs, mesme à leur esgard est de nulle valeur, & reputé comme non fait; de sorte qu'ils peuuent, aduenant ouuerture du fief de leur vassal, comprendre en leur saisie feodale, & en liquidation de leur rachat, le domaine ainsi sous-infeodé, ou acensiué.

28 Si la terre acensiuée sans le consentement du Seigneur, demeure feodale. Voire mesme aucuns tiennent, que la terre ainsi acensiuée sans le consentement du Seigneur de fief, demeure tousiours en sa pristine nature de fief, de sorte qu'elle doit estre partagée feodalement, & est tousiours suiecte aux francs-fiefs & nouueaux acquests, pource qu'au 7. tiltre du 1. liure Des fiefs, il est dit que *tale beneficium iure feudi non censetur.* Et c'est possible ainsi qu'il faut entendre la coustume de Dunois article trente quatre, contenant qu'aucun ne peut créer cens s'il n'est Chastellain : qu'on a toutesfois destourné à autre sens bien different. Neantmoins ailleurs mon aduis est, qu'à cause de la regle generale de nos coustumes, que le vassal se peut ioüer de partie de son fief sans démission de foy, & sans faire preiudice à son Seigneur, la terre ainsi acensiuée deuient roturiere *quò ad omnes, excepto patrono* : & principalement qu'au partage d'icelle, il faut considerer la condition, selon laquelle elle appartient à la succession, comme il est expressément decidé par la coustume reformée d'Orleans, art. 345. & 345. & est resolu par Bacquet au traicté Des francs fiefs, chap. 7. autrement les pauures villageois, qui font acensiuer les terres qu'ils acquierent des Gentils-hommes, pour garder égalité entre leurs enfans, seroient bien trompez de leur pretention : & l'ay tousiours veu pratiquer ainsi sans en faire difficulté.

29 Interpretation de l'art. 34. de la coustume de Dunois.

Mais

Mais c'est vne tres-grande question de sçauoir, si comme les grands Seigneurs peuuent créer des arriere-fiefs en démembrant leur fief, aussi ils peuuent créer iustices inferieures, en diuisant la leur, sans permission du Roy. Qui en doute, dira quelqu'vn ? veu que c'est chose toute notoire en l'vsage, que mesme les Chastelains, voire encor les simples hauts iusticiers en érigent tous les iours, & qu'il y a plusieurs coustumes, qui donnent ce pouuoir aux simples Chastelains. 30 Si les grãds Seigneurs peuuent créer des iustices.

Neantmoins le contraire est tres-veritable en bonne iurisprudence, comme i'ay desia prouué au quatriesme chapitre, qu'il faut ioindre auec cestuy-cy. Car il y a bien de la difference, entre la concession d'vn simple fief (qui n'importe que la Seigneurie priuée, affectant les heritages seuls) & l'érection nouuelle d'vne iustice, qui importe puissance publique sur les personnes, voire la proprieté du commandement, & la puissance perpetuelle d'establir des Magistrats, & mesme la subiection de tout vn peuple : comme aussi ériger vne Seigneurie, est appellé par les Feudistes *de plebe inuestire* : qui est sans doute vn droict & dépendance de la Souueraineté, ainsi qu'il a esté dict au chapitre troisiesme. 31 Difference entre faire vn fief, & vne iustice.

Aussi est-il notoire, que la raison, pour laquelle les vassaux immediats de la couronne peuuent conceder des fiefs, n'a pas lieu en l'érection des Iustices, à sçauoir, que du commencement le territoire entier leur fut concedé pour faire part de leur iustice à leurs soldats, n'y ayant apparence de dire, que la puissance publique leur fut attribuée, pour en faire part à d'autres, sinon à la verité pour commettre Lieutenans, & autres Officiers, ou ministres necessaires à l'administration de leur charge, sans la pouuoir ni diuiser, ni sousmettre à vn degré nouueau de iurisdiction. D'ailleurs, le Seigneur suzerain ne peut estre rendu indemne en la creation d'vne iustice, comme il est en la creation d'vn fief, qui n'a point d'effect à son égard, comme il vient d'estre dict. 32 De mesme.

Finalement, le peuple reçoit vn tres-notable préiudice en l'érection de ces nouuelles iustices, estant, au moyen d'icelles, surchargé de plusieurs degrez de iurisdiction, qui luy font consommer & son repos, & son temps, & son bien en tant de iustices, auant qu'auoir iustice. Ce que i'ay plus amplement discouru en mon liuret *Des Iustices de village*, où i'ay rapporté ce qui est dit au grand Coustumier, liure 1. chap. 3. *Qu'au Roy seul, & pour le tout, appartient de donner & créer nouuelles iurisdictions par tout son Royaume, & nul autre ne le peut faire sans son congé.* Et au 4. liure chapitre 5. *Il ne suffit pas*, dit-il, *de dire, i'ay toute iustice, & par ce, i'ay ressort. Car la consequence n'est pas vraye : il faut auoir tiltre du ressort. Er si sans tiltre vn Seigneur vse de ressort, & de souueraineté en cas d'appel, entreprenant contre la souueraineté du Roy, il vsurpe le droict du Roy, & abuse de sa iustice, & doit estre forfaicte & confisquée.* 33 Interest du peuple aux nouuelles iustices. 34 Qu'au Roy seul appartiẽt créer iustices. 35 Droict de ressort n'appartient qu'au Roy.

Pareillement du Tillet au chapitre *Du Connestable de France*, dit ces mots : *Le Procureur general du Roy a tousiours maintenu, que les grands Officiers de France, ni autre subiet du Roy, de quelque auctorité qu'il soit, n'a ressort (qui est droict de souueraineté) s'il n'a tiltre du Roy : comme ont les Roynes, Messeigneurs fils, & les Pairs lays de France en leurs doüaires, appanages & Pairies, ou autres à qui il plaist au Roy le bailler par tiltre exprés, &c.* 36 De mesme.

Or ce droict de ressort, qui dépend tellement de la Souueraineté, que mesme en ces passages il est appellé droict de souueraineté, comprend tout droict de cognoistre des causes d'appel, & par consequent, tant d'auoir à soy vn second degré de iurisdiction, que d'en donner à ses vassaux : que s'il n'est pas permis aux grands Seigneurs d'auoir à soy des iustices inferieures, à plus forte raison ne leur est-il loisible d'en donner à d'autres, pource qu'il n'y a nulle apparence de pouuoir donner à autrui ce qu'on ne peut auoir pour soy-mesme. 37 Droict de ressort, que comprend.

Mais on me dira, que si ainsi estoit, que le Roy seul peust ériger des Seigneuries, & des iustices, il n'y en auroit par consequent qu'vn seul degré, à sçauoir celles des vassaux du Roy. A cela ie respons, que d'ancienneté, lors que les grands Seigneurs ayans vsurpé la souueraineté, toutes les Seigneuries estans en desordre & confusion, pource que chacun en prenoit par où il pouuoit, les deux autres degrez de Seigneuries se sont establis par vsurpation, ainsi qu'il sera nettement & particulierement expliqué aux chapitres suiuans. Mais qu'à present, que nostre 38 Comment il s'est tant fait de iustices sãs le Roy.

Monarchie est establie en plus bel ordre que iamais, il ne se doit plus ériger de nouuelles Seigneuries, sans auoir, outre la concession du Seigneur immediat, l'expresse permission du Roy, voire encor de tous les Seigneurs intermediats, qui sont tous interessez en la concession des nouuelles iustices, sans qu'il y ait moyen de les indemniser, comme encor il y a en la concession des nouueaux

39 Cautele pour abbatre les iustices des Seigneurs.

fiefs. Bonne cautele en passant pour les Seigneurs, qui veulent empescher les nouuelles iustices, concedées par leurs prédecesseurs, ou passées dans les adueus par eux receus, de faire interuenir le Procureur du Roy, ou le Seigneur superieur, qui sont tousiours bien fondez à empescher les iustices subalternes, si on ne monstre leur permission, ou du moins qu'elles soient passées par eux dans les adueus de leurs vassaux.

40 Les grãdes Seigneuries de nouueau érigées, sont reuersibles à la couronne.

Il y a encor vn autre droict particulier des grandes Seigneuries, à sçauoir, que par l'Ordonn. de l'an 1566. appellée l'Ordõnance du domaine, les Duchez, Marquisats & Comtez érigez depuis icelle, sont declarez reuersibles à la couronne, en defaut d'hoir masle descendant de celuy, pour qui l'érection est faicte. Ce qui estoit general par le droict des Lombards en tous fiefs, iceux n'estans transmissibles, ni aux filles, ni aux collateraux du premier vassal, sinon que la premiere inuestiture le permist expressément, *tit. De success. feudi.* §. *Filia.* Et s'obserue encor en plusieurs païs, où tous fiefs sont reputez masculins de droict commun.

41 Les anciennes, non.

Mais en France, où les fiefs sont patrimoniaux, cela n'a lieu qu'aux appanages des fils du Roy, qui sont reuersibles à la couronne en defaut de posterité masculine: mais les autres Duchez, Marquisats & Comtez, érigez auparauant cette Ordonnance, sont trãsmissibles, & aux filles, & aux heritiers collateraux du premier vassal, comme les autres fiefs, sans auoir égard ni au sexe, ni à la distinction du droict Lombard d'entre le fief ancien & le nouueau: si ce n'est que la concession fust par exprés limitée aux descẽdans masles, ou qu'en defaut d'iceux la reuersion fust stipulée: comme i'en sçai quelques-vns, qu'il n'est besoin nommer icy.

42 On déroge ordinairemẽt à l'Ordonn. du domaine.

Et quant aux Duchez, Marquisats & Comtez érigez depuis cette Ordõnance, c'est chose notoire, qu'ordinairement par leur érection on n'oublie gueres de déroger expressément à icelle; & combien qu'elle porte, qu'il n'y pourra estre dérogé, neantmoins il est certain, que la puissance souueraine ne peut estre bornée. C'est pourquoy, quand sa Majesté y deroge, elle adiouste à ses lettres la clause dérogatoire au dérogatoire d'icelle: & si on adiouste encor, que sans ces clauses l'impetrant n'eust accepté l'érection. C'est pourquoi il n'y a nulle apparence, qu'aduenant le defaut de masles, il perde sa Seigneurie: vrai est qu'il y a apparence, que la qualité de Duché, Marquisat, ou Comté doit estre esteinte en ce cas: ce que mesme souuent le Parlement ordõne en verifiant telles érections.

43 Il n'importe à present, que les grandes Seigneuries tombent en quenoüille.

Aussi, à vrai dire, il n'y a de present pas grand inconuenient, que les Duchez, Marquisats & Comtez tombent en quenoüille, attendu qu'ils n'ont plus aucun exercice personnel, ni function d'Office publique, non plus que les autres moindres Seigneuries. Mais la difficulté est bien plus grande à l'égard des Pairies de France, qui ont encor vn Office & function personnelle annexée, laquelle mesme ne peut estre deleguée à personnes tierces: de sorte qu'anciennement, quand

44 Anciennement les femmes faisoient l'Office de Pairs de France.

les Pairs estoient déuoluës aux femmes non mariées, on les voyoit seoir au Parlement, mesme opiner, ou estre appellées solemnellement, pour assister aux procez criminels des Pairs de France, dont du Tillet rapporte plusieurs exemples: tout ainsi qu'és iustices on les voyoit, de ce temps-là, tenir l'audience, & iuger les procez. Chose ridicule, & qui ne peut plus aduenir, pource qu'à present les Seigneurs, ores que masles, & capables d'exercer Offices de iudicature, ne seroient admis à exercer leurs iustices, attendu qu'ils ne sont receus comme Officiers, & n'ont serment à iustice en cette qualité.

45 A present, non.

Ie dy donc par mesme raison, qu'auiourd'hui qu'on tient vn plus bel ordre en la iustice que le temps passé, les femmes ayans Pairie ne doiuent estre appellées, ni admises au Parlement, pour y auoir voix ni seance, attendu qu'elles n'y font pas le serment, comme font les Pairs de France, auant qu'y pouuoir estre admis: aussi que c'est vn Office viril, s'il y en a au monde. Et n'y a aucun incontinant de priuer les femmes de cét exercice, ainsi qu'on en priue les masles qui sont mineurs, consideré que la iustice ne manque pas pourtant.

Ce qui nous met au train de reciter en suitte les prérogatiues particulieres des Pairs de France: dont la premiere est, qu'ils ont prééminence & préseance par dessus tous autres Ducs, Marquis & Comtes: mesme les Comtes Pairs precedent les Ducs non pairs, voire encor les Ducs & Pairs de plus moderne érection, pource qu'entre Pairs, on regarde l'antiquité de la Pairie, & non pas le tiltre de la Seigneurie. 46 Prerogatiues des Pairs de France. 47 Precedent les autres grands Seigneurs.

Les seuls Princes du sang sont exceptez, soit qu'ils soient Pairs, ou non, qui à present marchent tousiours deuant les Pairs non Princes, à cause de la dignité du sang de France, & qu'ils sont capables de regner sur tous les Pairs. Encor aucuns tiennent, qu'au sacre & couronnement du Roy, & en la seance du Parlement, qui sont les functions particulieres des Pairs, ils doiuent préceder les Princes du sang non Pairs. Car quant à ceux qui sont Pairs, ores que plus nouueaux, ils précedent tousiours sans exception tous les autres Pairs non Princes du sang, & marchent entr'eux selon le degré de consanguinité, dont ils attouchent au Roy, comme il est porté par l'Ordonnance faicte exprés, en l'an mil cinq cens septante six. 48 Fors les Princes du sang.

L'autre prérogatiue des Pairs, est, qu'ils ont seance & voix deliberatiue au Parlement de Paris, qui est la Cour des Pairs, tant à l'audience qu'au Conseil, & ce apres qu'ils ont atteint l'aage de vingt ans, qui est reputé maiorité aux grands Seigneurs, *in quibus eximia indoles progressum annorum supplet*, & apres qu'ils ont presté le serment en iceluy, comme en estans les premiers Conseillers. En l'audience duquel, l'Aduocat qui plaide leurs causes, soit qu'ils soient demandeurs, ou defendeurs, appellans ou inthimez, plaide tousiours au plus honorable barreau, qui est celuy prés la cheminée de la Chambre dorée, lequel pour cette cause est appellé le barreau des Pairs. 49 Ont seance & voix au Parlement. Barreau des Pairs.

En consequence de cette prérogatiue, que les Pairs de France ont d'estre Conseillers du Parlement, *& quia qui Senator non est, de Senatore sententiam ferre non debet*, comme ordonna Alexandre Seuere dans Lampride: & aussi que par la loy commune des Fiefs, les Pairs de fief sont iuges les vns par les autres, les Pairs de France ont ce priuilege, que les causes qui touchent, ou l'honneur de leurs personnes, ou l'Estat de leurs Pairies, doiuent estre traictées au Parlement de Paris, en premiere instance, priuatiuement à tous Parlemens & autres iurisdictions du Royaume, instruites & iugées, toutes les Chambres d'iceluy assemblées: ce qui est commun à tous les Conseillers du Parlement, & encor (ce qui est particulier aux Pairs de France) appellez tous les autres Pairs estans lors à Paris, comme il est bien prouué par du Tillet, qui discourt aussi de la forme & solemnité ancienne d'adiourner les Pairs de France. Ce qui se faisoit en vertu de commission du grand seau seulement, & non par le ministere d'vn Sergent, ains de deux Gentilshommes, ou d'vn Iuge de Prouince. Ce qui n'a lieu qu'és causes, où il va de leur honneur, ou de l'Estat de leur Pairie, car és autres causes, la plus commune opinion est, qu'ils plaident deuant les Baillifs, ou Seneschaux, ou bien aux Requestes du Palais, où ils ont leurs causes commises, comme Conseillers du Parlement. 50 Sont iugez par le Parlement seul. 51 Les Chambres assemblées. 52 Et les autres Pairs conuoquez. 53 Cela n'a lieu qu'és causes d'honneur, & de Pairie.

Ils ont encor cela de particulier, que leurs Pairies releuent, non pas simplement du Roy, comme il vient d'estre dict des Duchez, Marquisats & Comtez, mais directement de la couronne, & non d'aucune des pieces d'icelles, ou terre du domaine. Car ils ne peuuent pas estre Pairs de la France, s'ils ne sont vassaux immediats de la couronne: tout ainsi qu'il faut que les Pairs de fief soient vassaux du fief, dont ils se qualifioient Pairs: & partant sont tenus faire l'hommage, & rendre leur adueu en la Chambre des Comptes de Paris, non par deuant les Baillifs & Seneschaux des Prouinces, ou autres Chambres des Comptes: mesme lors qu'vne terre tenuë de quelque Bailliage Royal, ou de quelque autre Seigneur, en tout, ou partie, a esté erigée en Pairie, ou adioincte à vne Pairie, elle est sans doute, dés l'instant, distraicte & démembrée pour l'aduenir de son an- 54 Releuent nuëmét de la couronne. 55 En tout, & chacune partie.

cienne tenure, sauf l'indemnité du Seigneur subalterne, & deuient fief immediat de la couronne, ainsi qu'il s'est veu n'agueres en celle de Sully.

56 Les appellations de leurs Iuges ressortissent au Parlement.

Dont resulte vne autre prérogatiue, à sçauoir que les appellations des iustices des Pairs ressortissent nuëment en la Cour, sans passer par les Baillifs & Seneschaux des Prouinces : car encor que fief & iustice puissent estre separez, si est-ce qu'ordinairement la iustice des Seigneurs ressortit au lieu dont elle releue, & tient en fief. Et sur tout, il n'y a gueres de fief de la couronne, qui ne ressortisse directement en la Cour, & dit-on, lors que ces fiefs tiennent en Pairie.

57 Aucuns ont des Grands iours.

Il y a encor vn autre priuilege, qu'ont les Pairies layes seulement, qui leur estoit commun anciennement auec les appanages, dots & doüaires de France, d'auoir outre leur iustice ordinaire, encor vne autre iustice superieure, où l'ordinaire ressortit par appel. Ce qui s'appelle proprement droict de ressort, c'est à dire droict d'auoir vne iustice superieure, & de ressort, où leur iustice ordinaire ressortisse, comme il appert du passage de du Tillet, cy dessus rapporté. Encore dit-il, que ni les Pairs, ni les appanagez de France, n'ont pas ce droict de ressort, de droict commun, ains seulement par concession speciale.

58 Grands iours, pourquoy dicts.

Cette iustice superieure, & de ressort, est appellée Grands-iours, non pas comme aucuns pensent, pource que volontiers elle est exercée en temps d'Esté: mais à la difference des iours ordinaires, qui sont les plaids des iustices ordinaires : estant chose notoire, que *dies* en Latin, & iour en François, est pris quelquefois pour la plaidoyrie. Donques les Grands-iours des Pairs est leur iustice extraordinaire & superieure, qui ne tient qu'vne, ou deux fois l'an : comme aussi les Grands iours du Parlement sont les seances extraordinaires d'vn nombre des Iuges du Parlement faictes par commission du Roy, en vne Prouince esloignée de la residence d'iceluy.

De ces Grands-iours des Pairs est faict mention en l'Edict de Philippe le Bel, de l'an mil trois cens deux, en la coustume d'Auuergne, chapitre 30. dans *Ioh. Galli, decis.* 250. & dans le vieil styl du Parlement, chapitre 23. où du Moulin a noté, qu'anciennement on n'y plaidoit sinon *inter volentes* ; & qu'il seroit expedient de les supprimer : ainsi que de son temps auroient esté abolis ceux d'Anjou. Et de verité, il semble qu'ils sont compris en l'Ordonnance de Roussillon, article 24. qui a interdit aux Seigneurs de France, d'auoir deux degrez de iurisdiction : laquelle neantmoins n'a point esté executée à l'égard des Grands-iours des Pairs, au moins de la pluspart d'iceux, comme nous tesmoigne Choppin sur le 46. article de la coustume d'Anjou : combien que Coquille, sur le quinziesme article de celle de Neuers, tiltre *Des successions*, nous rapporte que les Grands-iours de Niuernois, qui souloient estre appellez, la iustice des Auditeurs des causes d'appel en Niuernois, furent abolis en vertu de cette Ordonnance : quoy que ce soit, elle a operé en cela, qu'on n'a point donné ce droict d'auoir des Grands-iours aux Pairs, qui ont esté érigez depuis icelle.

59 Deuroient estre supprimez.

60 La functiō des Pairs doit estre faicte en propre personne.

Finalement les Pairs de France ont cela de particulier, entre tous les Offices hereditaires, tant feodaux, que domaniaux, que leur function ne peut estre exercée par commis, fermier, ou autre tierce personne, ains doit estre exercée en propre personne, & ce à cause de l'importance & excellence de leur charge : ce que i'enten, pour ce qui est de iuger & opiner au Parlement. Car au sacre des Roys on prend ordinairement des Princes, ou des nouueaux Pairs, pour representer les six Pairs lays premiers érigez, dont les Pairies sont toutes à present reünies à la couronne.

61 Les Cōtes ne sōt subjets aux Ducs.

Quant aux autres grandes Seigneuries, comme Duchez, Marquisats, Comtez & Principautez, elles n'ont aucune prérogatiue particuliere les vnes plus que les autres, fors la seule préseance. Car combien qu'anciennement les Ducs fussent superieurs des petits Comtes des villes, selon l'opinion d'aucuns, ainsi que les Gouuerneurs des Prouinces sont par dessus ceux des villes : si est-ce que pourtant ces Comtes n'estoient pas vassaux des Ducs, ainsi que les Gouuerneurs des villes ne tiennent pas leurs charges de ceux des Prouinces, ains du Roy : & mesme il y a grande apparence, que la iustice des Comtes ne ressortis-

point en celle des Ducs : ains qu'elle suiuoit la feodalité, attendu mesme qu'en l'ancienne pratique de France, on ne sçauoit quasi que c'estoit d'appeller, principalement par deuers autre que le Roy, comme il sera dit au chapitre huictiesme.

SOMMAIRE DV SEPTIESME CHAPITRE.

DES MEDIOCRES SEIGNEVRIES, A SÇAVOIR VICOMTEZ, VIDAMEZ, BARONNIES & Chastellenies.

CHAPITRE VII.

1 Mediocres & petites Seigneuries ne sont cognues aux liures des Fiefs.

C'EST la verité que les liures Des Fiefs, selon leur naïue intelligence, ne recognoissent, ni les mediocres, ni les petites Seigneuries : ains recognoissent seulement les grandes, releuantes directement du Prince, lesquelles ils appellent tantost fiefs Royaux, tantost fiefs de Dignité, & tantost Capitaineries. Et quant aux fiefs, qui releuent de ces Capitaineries, ils les appellent simples fiefs, & non pas Dignitez ni Capitaineries, n'admettant point qu'autre que le Prince puisse créer des Dignitez, ni conferer des Capitaineries qui importent puissance publique. Finalement, quant aux terres qui releuent des simples fiefs, ils disent, que ce ne sont pas vrais fiefs, & que *consuetudinem feudi nullam habent*, ne permettant point qu'vn simple fief puisse auoir soubs soy vn autre fief, qui soit vray fief: comme i'ay dict au chapitre precedent.

2 Le mesme auoit lieu iadis en France.

Comme tout cela est plein de raison, aussi estoit-il obserué en France aux premiers temps, & auparauant que l'vsurpation des grands Seigneurs eust renuersé le bel ordre & la discipline primitiue des fiefs : & voici comment cela est aduenu.

3 Les Comtes mettoient Lieutenãs en leurs places.

C'est chose qui de toute antiquité a esté obseruée, & à Rome, & en France, que les principaux Magistrats ayans tout ensemble la charge des armes & de la Iustice (comme i'ay prouué ailleurs) & neantmoins estans plus gens d'espée, que de lettres, se deschargeoient des menus affaires de la iustice sur des Lieutenans, qui en France estoient appellez tantost Vicomtes, *quasi Comitum vicem gerentes*, tantost Preuosts, *quasi præpositi iuri dicundo*, tantost Viguiers, *quasi vicarij*, & tantost Chastellains, *quasi castrorum custodes*.

4 Origine des Vicõtes, Preuosts, Viguiers & Chastellains.

5 Vicomtes plus que les autres Lieutenans.

Notamment il y a grand'apparence, que ceux-là estoient appellez Vicomtes, qui estoient mis dans les villes au lieu des Comtes, soit que ces villes n'eussent point de Comtes, soit que les Comtes n'y feissent leur demeurance ordinaire. Et ceux-là partant tenoient rang de Comtes, & estoient plus que simples Vicaires, ou Lieutenans, comme les Vice-Roys sont plus que Lieutenans de Roy.

6 Vicomtes establis par les Roys.

Ie dy, mis dans les villes au lieu des Comtes, soit qu'ils y fussent mis par les Ducs ou Comtes de la Prouince, comme en toutes les villes de Normandie, il y eut des Vicomtez establis par les Ducs: soit qu'ils y fussent mis par le Roy mesme, comme gardiens des Comtez, en attendant qu'il y eust mis des Comtes en tiltre, tout ainsi que les Empereurs Romains enuoyoient quelquesfois és Prouinces des Commissaires, *qui vicem gerebant Iudicis vel Præsidis*, desquels, & non des Lieutenans commis par les Presidens des Prouinces, Cujas dit, qu'il faut entendre le tiltre du Code, *De Officio eius, qui vicem alicuius Iudicis, vel Præsidis obtinet*.

7 Puissance des Vicomtes establis par les Comtes.

Donques ces Vicomtes, comme aussi les Lieutenans des Ducs & Comtes, estoient tout ainsi que *Legati Proconsulum, quibus Proconsules mandare solebant iurisdictionem*, c'est à dire, l'administration de leur Iustice ordinaire, laquelle administration consistoit en la cognoissance des causes ciuiles, & encor, comme aucuns pensent, en l'instruction des criminelles, mais non en la decision d'icelles, pource qu'elle dépend du *merum Imperium*, qui ne peut estre delegué, dit la loy 1. *De Offic. eius cui mand. est iurisd.*

8 De mesme.

C'est pourquoy l'Autheur du Specule définit le Vicomte, *cui Dominus temporalis commisit exercitium iurisdictionis suæ*. Et par apres, rapportant tout du long le formulaire de ses lettres de prouision, il y met que le Comte le fait son Lieutenant general, tant au fait du gouuernement, que de la iustice, reseruant toutesfois à soy la sentence definitiue des causes capitales.

Dont s'ensuit, que les Vicomtes, & tous ces autres Lieutenans, n'auoient de leur premiere origine, quant au faict de la iustice, que le *mixtum imperium* tout au plus, que nous auons du commencement appellé icy la moyenne iustice : mais non la haute iustice, que nous auons prinse pour le *merum Imperium* du droict Romain. Et de faict, presque toutes les coustumes de la Gaule Belgique, comme d'Amiens, Montrueil, l'Isle, Hedin, & autres, appellent la moyenne iustice, iustice Vicomtiere, & droict de Vicomté, & l'autheur de la Somme rurale, qui estoit de ce païs-là, définit les Vicomtiers, ceux qui ont moyenne iustice. 9 Vicomtes n'auoient iadis que la moyenne iustice.

Quoy que ce soit, il est bien certain que les Vicomtes estoient de leur premiere origine simples Officiers, mesme encor à present en Normandie les Iuges primitifs des villes sont appellez Vicomtes, & ces Vicomtes de Normandie ont toute la mesme charge, que ceux qui au cœur de la France sont appellez Preuosts, en Languedoc Viguiers, & Chastellains en Poictou : encor trouuons-nous quelques remarques, qu'au cœur de la France ils estoient iadis appellez indifferemment Preuosts & Vicomtes, tesmoin qu'on dit encor la Preuosté & Vicomté de Paris, qui est tout vn, quoy que l'autheur du grand Coustumier tasche de les distinguer. 10 Estoient simples Officiers. 11 Vicomtes de Normandie.

Puis donc que les Vicomtes estoient les Lieutenans des Comtes, il s'ensuit que la iustice des Comtes, & celle des Vicomtes n'estoit en effect qu'vne mesme iustice, que le Comte pouuoit exercer en personne, quand il luy plaisoit, & que le Vicomte exerçoit au nom du Comte, comme auiourd'huy les Lieutenans au nom du Bailly. Et toutesfois elle auoit deux seances diuerses, à sçauoir celle qui estoit ordinairement tenuë par le Vicomte, ou Preuost, qu'on appelloit plaids ou iours ordinaires, pource qu'elle se tenoit iournellement & ordinairement, & aussi que les causes ordinaires s'y vuidoient. 12 Iustice des Comtes, & des Vicomtes n'estoit qu'vne. 13 Mais auoit deux seances diuerses. 14 Plaids ordinaires.

Et celle qui ne pouuoit estre tenuë que par le Comte, ou commis par luy, autre que le Vicomte, ou Preuost, qui s'appelloit Assises, ou grands plaids : & estoit vne assemblée solemnelle des principaux vassaux, & plus notables personnes du districit, qui trois ou quatre fois l'an estoit conuoquée par le Comte, pour vuider les grandes causes, ainsi qu'il sera amplement discouru au chapitre suiuant : Et cette assemblée des Assises estoit anciennement appellée *Mallum*, comme il se voit dans les Capitulaires, que M. Pithou, en son docte glossaire sur iceux, définit, *maius placitum, siue de maioribus causis, vbi vocatos adesse oportuit* : ce qu'il prouue par plusieurs authoritez. 15 Assises, ou grãds plaids. 16 *Mallum*.

Or il est à presumer, qu'au mesme temps que Hue Capet de Maire du Palais, de Duc des Ducs qu'il estoit, se fist Roy de France, & qu'au pareil les Ducs & les Comtes vsurperent la proprieté de leurs charges : à leur exemple, aucuns de leurs Lieutenans en firent de mesme, notamment la plus part des Vicomtes & des Chastellains des villages, pource que ceux-là n'auoient pas leur superieur prés d'eux, & aussi qu'ils auoient la charge tant des armes, que de la iustice, mais les Preuosts Viguiers & Chastellains des villes n'en peurent faire autant, ains sont tousiours demeurez simples Officiers, pource qu'ils auoient leurs Chefs presens, & n'auoient possible la charge des armes. 17 Vicomtes faits Seigneurs, comme aussi les Chastellains des villages. 18 Preuosts Viguiers & Chastellains des villes sont demeurez Officiers & pourquoy.

Toutesfois il y eut quelques vns des Vicomtes, qui ne se peurent non plus faire Seigneurs, ains sont aussi demeurez simples Officiers, comme entre autres ceux de Normandie : d'autres aussi, combien qu'ils ayent changé leur Office en fief, n'ont peu pourtant vsurper la proprieté de la iustice, ains seulement certaine part des amendes, & autres profits casuels d'icelle, ainsi qu'il se voit au procez verbal de la coustume de Berry, sur le 8. art. du 2. chap. que les Vicomtes de Bourges, de Cologne, de Villemenart, de S. Georges & de Fussi, pretendent le tiers des proficts de la iustice Royale, qui est la part que les Vicomtes estans Officiers auoient accoustumé de prendre en la iustice des Comtes, comme a prouué *Guillelmus Camdenus* en sa Bretaigne *cap. De ordinibus Angliæ*, & comme auiourd'huy les Baillifs sont ordinairement reglez auec leurs Lieutenans, des deux tiers, au tiers des espices des procez. 19 Vicomtes demy Seigneurs. 20 Vicomtes Officiers.

Et des Vicomtes qui se sont faicts Seigneurs, encor y en a-il de trois ou qua- 21 Vicomtes Seigneurs de quatre sortes.

tre sortes, sçauoir en premier lieu ceux qui releuent de la Couronne, soit pour auoir esté establis par les Rois au lieu des Comtes, comme il vient d'estre dit, ainsi qu'on dit du Vicomté de Turenne: soit que les Vicomtes, ayant esté establis par les Comtes des villes, les ayent par apres chassez: comme il me souuient d'auoir leu que les Vicomtes de Milan vsurperent la Seigneurie sur les Archeuesques, qui en estoient Comtes: soit finalement qu'ayans esté establis par les Ducs ou Comtes des villes, ils ayent, apres leur vsurpation, secoué le ioug de leur obeissance, ne voulans recognoistre que le Roy: & tous ces Vicomtez doiuent sans doute estre mis au rang des grandes Seigneuries, puis qu'ils sont fiefs immediats de la Couronne.

22 Vicomtes releuans de la Couronne.

23 Vicomtes releuans du Roy.

Secondement, il y a d'autres Vicomtez, qui releuent du Roy, à cause des Comtez, de present reünis à la Couronne, qui est l'espece la plus commune de toutes. Et en troisiesme lieu, il y en a qui releuent des Comtez non Royaux, lesquelles deux dernieres especes sont du rang des mediocres Seigneuries, estans arriere-fiefs de la Couronne: & d'autant qu'il y en a beaucoup plus de ces deux especes, que de la premiere, i'ay mis les Vicomtez indéfiniement en ce rang, *quia à maiori parte denominatur totum*.

24 Vicomtes releuans des Comtes.

25 Comtes Seigneurs Vicomtiers, moyens Iusticiers.

Vray est, qu'il y a encor vne quatriesme espece, moindre que les trois precedentes, à sçauoir de ceux qui n'ont peu vsurper la haute iustice, ains sont demeurez simplement moyens iusticiers, comme il vient d'estre dit de ceux de Picardie, & païs de Flandres, qui toutesfois ne sont pas auiourd'huy qualifiez Vicomtes, ains, à la difference des autres, sont seulement appellez Seigneurs Vicomtiers.

26 Vidames.

27 Domnus.

Voila pour les Vicomtes, & quant aux Vidames, il faut tenir en vn mot, que ce qu'est le Vicomte à l'esgard du Comte, le Vidame l'est à l'esgard de l'Euesque, *qui Dominus vel Domnus per excellentiam dicitur in sua Ecclesia, vt cum ei occinitur, Iube Domne benedicere*: car Dame & Dom signifie en vieil François, Monsieur, comme il se voit aux vieils Romans, & és monasteres; & l'a bien prouué Pasquier liu. 6. chap. 3. De sorte que le Vidame (qui est mieux sonnant que Vidom) est celuy qui represente, & tient la place de l'Euesque, entant que Seigneur temporel, *cap. Volumus, & can. seq.* 89. *dist. & can. Saluator.* 1. *quæst.* 3. & le mesme Pasquier prouue par plusieurs auctoritez anciennes, que la charge des Vidames estoit d'exercer la iustice temporelle des Euesques.

28 Vidames releuent des Euesques.

Comme donc les Vicomtes de simples Officiers qu'ils estoient, se sont faicts Seigneurs, aussi ont faict les Vidames, changeans leur Office en vn fief releuant de leurs Euesques: & de fait il n'y a point, que ie sçache, de Vidamé en France qui ne releue d'vn Euesque, ou bien qui ne soit annexé, & reüny au temporel d'vn Eueſché, comme est le Vidamé de Beauuais, appellé maintenant le Vidamé de Gerberoy, qui a esté reüny à l'Eueſché de Beauuais. Mesmement est notable, que comme les Vicomtes, aussi les Vidames ont pris le nom des villes des Comtes ou des Euesques, combien que leurs Seigneuries en soient quelquesfois fort esloignées: comme nous voyons des Vidames de Reims, d'Amiens, du Mans, de Chartres, & autres semblables, dont est aisé à conclure, qu'il ne peut y auoir qu'vn Vidame en vn Eueſché, ayant l'intendance de toute sa iustice temporelle, combien qu'il puisse bien y auoir plusieurs Vicomtes sous vn Duc ou Comte establis en diuerses villes, ainsi qu'il se voit en Normãdie. Et partant s'ensuit, que les Vidames ont les mesmes droicts que les Vicomtes, sinon qu'ils ont la haute Iustice, à plus iuste tiltre que les Vicomtes: qui ne l'ont euë que par vsurpation, au lieu que les Vidames l'ont euë du propre droict de leur Office: pource que les Euesques ne la pouuans exercer en propre personne, à cause de leur clericature, estoient forcez la commettre aux Vidames: dont s'ensuit aussi que les Vidames sont du rang des mediocres Seigneurs, puis qu'ils releuent des Euesques, qui au 1. chap. Des Fiefs, sont mis entre les vassaux immediats de la Couronne, aussi prestent-ils le serment de fidelité au Roy en sa Chambre des Comtes, à cause de leur temporel.

29 Vidames ont pris le nõ des villes Episcopales.

30 N'y a qu'vn Vidame en vn Eueſché.

31 Vidames sont plus que les Vicomtes.

32 Baron a deux significations.

Quant aux Barons, leur nom est équiuoque. Car comme il a esté dit au chap. 5. qu'il qu'il y a deux acceptions du nom de Prince, à sçauoir la generale, & comme adiectiue, pour signifier tous ceux qui sont Princes, de quelque sorte que ce soit, & la particuliere & substantiue, pour signifier ceux qui sont Seigneurs des terres érigées en tiltre de Principauté : Aussi il y a deux significations de Baron, l'vne generale, comme quand on dit les Barons de France, qui signifie les vassaux immediats de la couronne, n'ayans les droicts de souueraineté, soient Ducs, Marquis, Comtes, ou Seigneurs de Principauté : l'autre particuliere, pour signifier particulierement les Seigneurs des terres érigées en tiltre de Baronnie. 33 Baron grãd Seigneur.

Et y a cette difference entre les Princes, & les Barons, pris en la generale signification, que les vassaux de la couronne, qui ont les droicts de souueraineté, sont qualifiez Princes, & ceux qui ne les ont, sont seulement qualifiez Barons. Donques comme il a esté dit au chapitre precedent, que les Ducs, Marquis & Comtes (qui anciennement n'estoient que Barons, c'est à dire vassaux du Roy sans souueraineté) ayans empieté les droicts de souueraineté, & de simples Barons s'estant faicts Princes, les autres vassaux immediats de la couronne qui, n'auoient ces tiltres de Ducs, Marquis, ou Comtes, & auoient aussi empieté les droicts de souueraineté, se qualifierent Princes particulierement, prenant l'épithete commun pour vn tiltre particulier : aussi du temps que tous les vassaux du Royaume n'estoient que Barons sans souueraineté, ceux d'entr'eux, qui n'auoient point de tiltre de Duc, Marquis ou Comte, se seruirent de l'épithete general de Baron, lequel partant en sa seconde signification (qui est la plus vsitée à present) est pris pour vn tiltre particulier de certaines Seigneuries releuantes du Roy, qui n'en ont point d'autre. 34 Barõ Seigneur de Baronnie. 35 Origine des Barõnies anciennes.

Encor est-il vray, que proprement & originairement, les Baronnies releuoient de la couronne, & non pas simplement du Roy à cause des Duchez & Comtes reünis, & que les Barons releuants des Duchez & Comtez reünis ne sont pas vrais Barons du Royaume, *nec dici possunt Capitanei regni*. 36 Barons estoient anciennement grands Seigneurs & releuoient de la couronne.

C'est pourquoy l'autheur du grand Coustumier liure 2. chapitre 27. dict, que de son temps il n'y auoit en France que trois Baronnies, Bourbon, Coucy, & Beaujeu, & autant en dit l'autheur du Guidon des praticiens au tit. Des Fiefs. Car tous les anciens Barons releuans nuëment de la couronne, ou se sont laissez assuiettir aux Ducs & aux Comtes, n'estans bastans de se maintenir contre eux, au temps de l'vsurpation, comme mesmement la pluspart des Comtes des villes furent assuiettis par les Ducs & Comtes des Prouinces, ou bien les anciens Barons, qui se sont maintenus, & mesme les trois que ie vien de nommer, ont esté érigez à succession de temps en Duchez, Marquisats, ou Comtez : de sorte qu'à present ie ne cognoy vn seul de ces anciens Barons de la premiere note. 37 N'y a plus de ces Baronnies.

Mais lors que les Ducs & Comtes eurent empieté les droicts de souueraineté, ils se licentierent d'ériger d'autres Baronnies sous eux, voulans auoir leurs Barons, ainsi que le Roy : tesmoin nos anciennes histoires, qui font tant de fois mention des Barons de Champagne, de Bourgogne, de Bretaigne, & autres semblables. 38 Origine des Barõs d'à present.

Donques à present, que tous ces anciens Duchez & Comtez sont reünis à la Couronne, ces mesmes Barons, qui maintenant releuent du Roy, ont encor plus de suiect de se qualifier Barons, & n'y en a plus gueres d'autres en France, car deslors que les vassaux des Ducs & des Comtes prirent le tiltre de Barons, les Barons de France, qui restoient, pour se distinguer d'eux, prirent vn autre tiltre, & se qualifierent Sires, comme les Sires de Bourbon, Beaujeu, Coucy, Montmorency, & autres : possible taschans par cette appellation de participer aux droicts de Souueraineté. Et toutesfois entre les grands Seigneurs ie n'ay point compté ces Sires, pource que ie n'en cognoy plus à present, ausquels cette qualité appartienne vrayement. 39 Sires, Sireries.

Bref, parmy la confusion qu'apporta l'ambition & vsurpation des Seigneurs de France, le tiltre de Baron fut rendu si commun, que tous les hauts Iusticiers se sont autresfois appellez Barons, principalement ceux qui auoient vsurpé le droict de ressort : tesmoin ce qu'adiouste le grand Coustumier au passage sus al- 40 Hauts Iusticiers sont aucunesfois dits Barons.

legué. *Autuns*, dit-il, *veulent dire que tout homme qui a haute Iustice & ressort en icelle, se*
peut nommer Baron. D'où vient la definition que Balde donne du Baron, *Quicum-*
que habet merum mixtumque Imperium concessione Principis, & ce que Matthæus Paris
dict, qu'en Angleterre, du temps de Henry III. fut trouué cent cinquante Ba-
ronnies.

41 Baron par fois signifie tout Seigneur honoraire. Voire mesme en fin l'vsage de ce nom a passé si auant, qu'on la pris pour signi-
fier toute espece de Seigneuries honoraires, comme en l'ancienne chronique
de Flandres, & en plusieurs coustumes de Picardie, il est dit, *que la femme ha son*
mary à Baron, c'est à dire, *est in manu potestatéque viri:* d'ou vient qu'encor aujour-
42 Baron mary. d'huy les femmes de Picardie appellent les maris leurs Barons, ce qui est con-
forme à l'interpretation de Suidas, disant que Βάρο ὅτι ἀνήρ. Et en plusieurs prouin-
43 Baron le fils du Seigneur du village. ces de France, le fils aisné du Seigneur du village est appellé le Baron : voire mes-
me il y a quelques villes priuilegiées, comme Bourges entr'autres, dont les bour-
geois se qualifient Barons, ainsi que Camdenus a remarqué, qu'en Angleterre
ceux de Londres, Varuuic, & autres villes auoient ce droict, de se qualifier Ba-
rons.

44 Baron bourgeois de ville. Possible que de là est venu, que les Seigneurs des Baronnies, à la distinction,
soit des hauts Iusticiers, soit des autres encor moindres, qui se qualifioient Ba-
45 Haut-bert. rons, se sont appellez hauts Barons, ou hauts-Bers : car il est bien certain, que
46 Ber. dans tous les vieils liures de pratique, & notamment en la Somme rurale, Ber &
Baron est mesme chose : mesmement au liure intitulé, *L'establissement du Roy pour*
les plaids de Paris, & d'Orleans, & de Baronnie &c. Haut-Bert & Haut Baron sont con-
fondus comme synonymes : & de là sans doute originairement a esté dit le Fief
de *Haut-Ber*, dont le Seigneur *inuestitutus est à Principe, de plebe vel plebis parte*, com-
me parle le tit. *Quis dicatur Dux &c.*

47 Haut-bert pour celuy qui doit seruir le Roy auec pleines armes. Mais pource que le Haut-ber, ou Seigneur du Fief de Haut-Ber estoit tenu
seruir le Roy en guerre auec armes pleines, dit la vieille coustume de Norman-
die, chapitre 85. c'est à dire armé de toutes pieces, & consequemment auec l'ar-
me du corps, qui estoit lors la cotte de mailles, de là est venu que cette arme a
48 Haut bergeon cotte de maille. esté appellée Hauber, ou Haubergeon : dont à succession de temps est aduenu,
que le Fief de Hauber a esté pris pour toute espece de Fief, duquel le Seigneur
est tenu seruir le Roy auec le Hauber, ou Haubergeon : & partant on a pensé
qu'il fust ainsi appellé à cause du Haubergeon, qui est ce que dit Cujas sur le tit.
49 Erreur. 9. du 1. liu. Des Fiefs, que le Fief de Hau-Ber est dit, *ab armorum genere, quo possessor*
Regi seruire debet: combien qu'on puisse dire que au rebours Haubergeon vient de
Hau-ber, & estoit l'arme du Hau-Ber : & cest erreur est cause, qu'auiourd'huy
en la coustume reformée de Normandie, Fief de Hau-Ber est moins que Ba-
ronnie, estant par les art. 155. & 1561. d'icelle, le relief de la Baronnie taxé à cent
liures, & celuy du fief de Hau-ber entier à quinze liures seulement.

50 Baron ha toute Iustice. Quoy qu'il en soit, comme les anciens Barons de France releuans immedia-
tement de la couronne, auoient, de la propre nature & primitiue institution de
leurs Seigneuries, toute iustice, voire mesme tout commandement tant au faict
de la iustice, que des armes, comme estans les vrais & naturels Capitaines du
Royaume : aussi les Barons érigez à leur modelle par les Ducs & Comtes, lors
qu'ils iouïssoient des droicts de Souueraineté, qui sont ceux dont nous traictons,
eurent dessors de leur institution toute iustice, plein territoire, & tout com-
mandement, comme representans ceux, qui és liures Des Fiefs sont appellez
Capitaines simplement, que la commune des interpretes estime auoir esté ceux,
qui releuoient des vassaux immediats de la couronne.

51 Etymologie de Chastellain. Finalement pour le regard des Chastellains, sans m'amuser à rapporter les au-
tres etymologies, qu'on leur donne, il me semble qu'il y a grande apparence en
l'opinion du moderne Gregoire liure *6. Syntag. cap. 3.* que les Chastellenies soient
celles, qui aux liures Des Fiefs sont appellées *feuda castaldiæ, vel Guardiæ*, qui sont
52 C'estoient Offices du commencement. fiefs impropres, & plustost Offices que fiefs, dit Cujas. Aussi en quelques pays
nos Chastellenies sont appellées *Chastellenies & Gardes*, voire c'est la verité, que
nos Chastellains sont demeurez simples Officiers long-temps apres que les au-
tres

tres Seigneuries ont esté conuerties en Offices, mesme y a encor plusieurs Cha-
stellains, qui ne sont qu'Officiers.

Or c'est chose notoire, que *Castella*, sont les bourgs ou gros villages, où il y a 53 *Castellum* signifie bourg.
chasteau, forteresse, ou retranchement, d'où vient, que *ciuitates & castella* sont
assemblez en la loy 2. §. *Interea. C. de Offic. Praef. Praet. Afr.* & en la constitution de
Federic, *De pace tenenda*. §. *Illicitas*, & mesme en plus de six endroicts des Euan-
giles. *Vici*, dit Isidore, *castella, & pagi sunt, qui nulla dignitate ciuitatis ornantur, sed*
vulgari hominum conuentu incoluntur, & propter paucitatem sui, maioribus ciuitatibus attri- 54 *Castellani* gardes des bourgs ou forts d'iceux.
buuntur. Et de là vient que dans Tite Liue, & dans Saluste, *in Iugurtha*, les habi-
tans de ces bourgs sont appellez *Castellani*, combien que proprement *Castellani*
sont ceux qui ont la garde des bourgs, ou des chasteaux & forteresses d'iceux,
& quand & quand y rendoient iadis la iustice, pource que, comme il a esté dit
tant de fois, la iustice suiuoit iadis le Gouuernement. Ce que *Petrus Vinea lib. 3.* 55 Chastellains de Sicile.
Epi. cap. 88. nous apprend auoir lieu en Sicile, ainsi qu'en France. Et pour cette
cause en Pologne, où il y a peu de villes clauses, les principaux Seigneurs du
Royaume sont appellez Chastellains, comme Chopin rapporte sur la coustume
d'Anjou. Pareillement les Annales de Castille nous enseignent, que le païs de 56 De Pologne.
Castille fut ainsi appellé à *Castellorum Praefectis*, qui en auoient le souuerain Gou- 57 De Castille.
uernement, auparauant qu'il fust occupé par les Comtes, qui depuis se nomme-
rent Rois.

Mais pour reuenir à nostre France, il est aisé à entendre, que les Ducs & Com- 58 Chastellains iadis simples Officiers.
tes, ayans ample territoire, estoient contraincts mettre des Chastellains és prin-
cipales & plus esloignées bourgades d'iceluy, & pour les maintenir en leur obeïs-
sance, & pour y rendre la iustice sur le lieu: lesquels Chastellains estoient aussi de 59 Chastellains appellez *Iudices foranei*.
leur origine simples Officiers, & sont appellez *Iudices foranei* par l'antique Faber
sur le tiltre *De vulg. substi.* aux Instit. & n'auoient d'ordinaire, que la basse iustice:
& de faict encor auiourd'huy il y a des Iuges au païs de Forests, appellez Chastel- 60 Chastellains de Forests Dauphiné & Anjou n'ont Iustice que iusqu'à 60. sols.
lains, qui n'ont iustice que iusques à soixante sols, comme il se voit dans les ar-
rests de Papon, tit. *De la iurisdiction des Chastellains de Forests*. Ce que rapporte aus-
si Guy Pape en sa decis. 285. & 626. des Chastellains de Dauphiné, & est expres
au chap. 1. des statuts de Dauphiné tit. *De potest. Castell.* & és coustumes d'Anjou,
le Maine, & Blois il est dit, que les Iuges de la Iustice primitiue des Seigneurs
Chastellains n'ont que basse iustice.

Vray est qu'en quelques contrées les iuges establis par les grands Seigneurs 61 Chastellains des villes.
en leur ville capitale, furent appellez Chastellains, soit pource qu'ils estoient
Capitaines des chasteaux, qu'ils y auoient, ou pource qu'ils rendoient la iustice
à la porte: ou en la basse court d'iceux chasteaux: & ces Chastellains des villes
estoient les Iuges ordinaires d'icelles, ainsi que ceux qui és autres villes s'ap-
pelloient Vicomtes, Preuosts, ou Viguiers, & auoient moyenne Iustice.

Or fut bien aisé aux Chastellains des villages, ayans la force en main, & estans 62 Chastellains se sont presque par tout faits Seigneurs.
loin de leur Seigneur, d'vsurper la proprieté de leur charge, & la Seigneurie de
leur distroit: de sorte qu'à present presque par tout, le terme de Chastellain est
vn nom de Seigneurie, & non pas d'Office: fors aux païs d'Auuergne, de Poi-
ctou, & de Dauphiné, où les Chastellains des villes sont encor simples Offi-
ciers.

Chastellenie donc est proprement vne espece de Seigneurie releuant d'au- 63 Chastellenie, que c'est.
tre que du Roy, quoy que ce soit, qui ne releue pas directement de la couronne,
ayant iustice annexée: laquelle iustice de son origine n'estoit que basse iustice és
villages: & moyenne és villes: neantmoins les Chastellains apres s'estre faicts
Seigneurs n'ont gueres tardé en plusieurs endroicts d'vsurper la haute iustice de
leur territoire, pour la grande difficulté qu'il y a de discerner la moyenne d'a- 64 Comment les Chastellains ont vsurpé la haute Iustice.
uec la haute iustice: & aussi à cause de la maxime de droict, que *inter consentientes*
& de re maiore apud Magistratus municipales agitur, l. inter consentientes. D. Ad municip.
voire mesme ils ont vsurpé en fin double degré de iurisdiction, ainsi que les plus 65 Chastellenie signifie toute pleine Iustice.
grands Seigneurs, comme il sera dit en son lieu.

Laquelle vsurpation de la haute iustice faicte par les Chastellains, s'est tellement establie en commun vsage, que mesme Chastellenie, ou Chastellerie en nos anciens liures de pratique, signifie souuent l'enclaue & distroit de toute pleine & entiere iustice, voire la iustice mesme, fust elle appartenant à vn Duc, ou à vn Comte, comme il se voit infinies fois dans le liure intitulé, *Des statuts du Royaume de France*, & en celuy intitulé *Des vsages de Paris, Orleans, & de Baronnie*: & c'est pourquoy les anciens contracts passez, mesme és villes des Ducs, ou des Comtes, commencent ordinairement par ces mots, *En la Cour de la Chastellenie de Blois, Tours, de Chartres, &c.* ce qui abuse plusieurs personnes, qui colligent de là, que plusieurs Duchez, Comtez & Barõnies n'ayent autresfois esté que simples Chastellenies. Et c'est aussi pourquoy les iustices ordinaires de Paris, Orleans & Meleun sont appellées Chastelets: ne plus ne moins que parmy nos Docteurs *Castrum* est pris pour toute Seigneurie, fust-ce vn Duché, ou vn Comté: & dans

66 *Castrum, Curia, Curtis.* les liures des Fief *Curia*, ou *Curtis* signifie l'enclaue & territoire du Capitaine, ou Seigneur ayant iustice: de sorte que *feudum extra curtem* est celuy, qui est situé hors l'enclaue & territoire du Seigneur dominant, comme *Eguinarius Baro* l'a fort bien interpreté, contre la commune explication, en son liure *De Beneficiis*.

67 Rang des mediocres Seigneuries. Voila l'origine & le progrez aussi iusqu'à present, des quatre sortes de Seigneuries mediocres: disons maintenant quel rang elles ont ensemble. I'estime

68 Vidames précedent les Vicomtes. en premier lieu que les Vidames doiuent préceder les Vicomtes, d'autant que ceux-cy representent les Comtes, & ceux-là les Euesques, qui sont plus que les Comtes, comme ie diray au liure Des Ordres. Ioint que les Vicomtes, de leur

69 Vicomtes precedent les Barons. premiere institution, n'estoient que moyens iusticiers, & les Vidames ont tousiours exercé la haute iustice des Euesques.

Mais il semble y auoir plus de difficulté entre les Vicomtes & les Barons, attendu que l'inscription du chapitre *Grandi. De suppl. negl. Prælat. apud Bonifac.* nomme les Barons, auant les Comtes mesme. Mais il faut prendre garde qu'en cest endroict les Barons sont mis en leur generale signification, pour signifier les vassaux de la Couronne, & non en la particuliere, pour signifier les Seigneurs des terres érigées en tiltre de Baronnie. Aussi faut-il tenir auec du Tillet, que le Vicomte precede le Baron releuant de Seigneurie égale: & la raison est, que le Vicomte est le Lieutenant, & la seconde personne apres le Comte, & partant preferable à tous Barons releuans de luy. C'est pourquoy ie suppose notamment, que le Vicomte & le Baron contendans la presance, releuent d'vne Seigneurie égale. Car s'il se trouuoit vne Baronnie releuant de la Couronne, comme il y en auoit iadis, elle seroit sans doute du nombre des grandes Seigneuries, & par-

70 Posé qu'ils releuent de Seigneurie égale. tant preferable à toutes les mediocres Seigneuries: pareillement ie tien pour certain, que celle qui releueroit d'vn Comté Royal, seroit plus honorable, que la Vicomté releuant d'vn Comté non Royal. Car en fin c'est vne regle infaillible en matiere de Seigneuries, que plus elles approchent pres du Roy, duquel tout honneur procede, plus elles sont honorables, comme i'ay dit au quatriesme chapitre.

71 Barons precedent les Chastellains. Finalement pour le regard des Chastellains, il n'y a nulle doute, qu'ils ne soient moindres que les Barons, veu qu'il y a des Chastellains qui releuent des Barons, soit à tort, ou à droict, & qu'en plusieurs païs les Barons sont appellez grands Chastellains, comme Balde nous apprend sur le chap. 1. *Qui feuda dare poss. In feud.* & sur le chap. *Vno delegatorum. ext. De suppl. neglig. Prælat.*

72 Barons ont deux prerogatiues par dessus les Chastellains. Aussi est-ce la verité que les Barons ont deux prerogatiues notables par dessus les Chastellains: l'vne que les Preuosts & Iuges de leur iustice ordinaire ont sans difficulté haute iustice, pource que les Seigneurs Barons ont esté érigez au moule des anciens Barons de France, qui estoient les Magistrats ordinaires: au lieu que ceux des Chastellains ne deuroient auoir que basse iustice: qui estoit celle, qui leur fut attribuée dés leur premiere institution, comme il est decidé és coustumes de Blois, Anjou, le Maine, & a esté dit cy-dessus des Chastellains de Dauphiné & de Forests.

73 Barons ont droict de ville close. L'autre est, que les Barons ont droict de ville close, comme plusieurs coustumes ont decidé, voire mesme qu'elles rapportent le droict de ville close pour la

principale

principale marque de la Baronnie, ainsi qu'il a esté dit cy-deuant. C'est pourquoy du Moulin sur le 54. article de la coustume du Maine, tient que le Baron peut faire clorre le principal village de sa Baronnie, & le munir de tours & pontsleuis, sans lettres particulieres du Prince: neantmoins, pour les diuerses opinions qu'il y a en ce poinct, i'estime auec Choppin sur la coustume d'Anjou, que c'est le plus seur d'en obtenir lettres du Roy, quand ce ne seroit que pour la leuée de deniers, qui sans doute ne peut estre faicte sans speciale permission. 73 Barons ont droict de ville close.

Et faut noter en passant, qu'en consequence de ce droict, les Barons, ou leurs Officiers en leur absence ont la garde des clefs des portes de leurs villes, priuatiuement aux Escheuins d'icelles, & ont droict d'installer en leursdictes villes vn Capitaine en temps perilleux seulement, du consentement toutesfois des habitans: & ont encor ce droict, que lesdits habitans de leur ville ne peuuent faire assemblées sans leur congé, ou du Roy à leur refus, s'ils n'ont droict d'Escheuinage, c'est à dire, corps & communauté de ville, comme le tout est expressément porté en l'arrest du Dorat, rapporté par le mesme Choppin sur le 46. article de la coustume d'Anjou. 74 Barons ont la garde des clefs des portes de leur ville.

Mais les Chastellains n'ont pas ce droict de ville close, ains seulement ont droict de Chasteau, ou maison forte, duquel droict sera discouru au chapitre suiuant, & semble que ce soit la principale & plus remarquable difference des Barons & Chastellains, que ceux-là sont les Seigneurs des villes closes, & ceux-cy des bourgs non fermez. 75 Chastellains ont seulement droict de Chasteau, & non de ville close.

SOMMAIRE DV HVICTIESME CHAPITRE.

1 *Les droicts cy-apres sont communs à toutes Seigneuries mediocres.*
2 *Sauf aux Vidamez.*
3 *Armoiries en quarré.*
4 *Armoiries en escusson.*
5 *Bannieres iadis quarrées.*
6 *Cheualiers Bannerets.*
7 *Penons, pourquoy adioustez aux Bannieres des Barons.*
8 *Toutes armoiries maintenant en escusson.*
9 *Armoiries des Dames en lozenge.*
10 *Armoiries timbrées de heaume doré, & ouuert.*
11 *Mediocres Seigneurs sont Capitaines.*
12 *Et Cheualiers.*
13 *Mediocres Seigneuries, affectées aux nobles.*
14 *Fiefs iadis affectez aux Francs, ou François.*
15 *Cause du subside des Francs-fiefs.*
16 *Examen d'iceluy.*
17 *La noblesse vient en France de trois sources.*
18 *Seigneuries mediocres doiuent estre laissées aux nobles.*
19 *Pretendent seuls les hautes iustices.*
20 *Fiefs nobles des Lombards.*
21 *Seigneuries mediocres, comment doiuent estre erigées.*
22 *Fiefs de Dignité, comment ennoblissent en France.*
23 *De mesme.*
24 *Exception.*
25 *Difference entre les fiefs, & Offices ennoblissans.*
26 *Roturier doit vuider ses mains du fief de Dignité.*
27 *Droict de Bailliage.*
28 *Droict de Chastellenie.*
29 *Bailliage, que signifie.*
30 *Comment les Bailliages ont esté establis.*
31 *Iadis la iustice ordinaire, & le Bailliage n'estoit qu'vne mesme iustice.*
32 *Comment les Seigneurs mediocres ont vsurpé le droict de Bailliage.*
33 *De mesme.*
34 *Aucuns n'ont vsurpé que le droict d'Assises.*
35 *Bailliages superieurs & inferieurs.*
36 *Baillifs des Prouinces.*
37 *Bailliage, signifiant Prouince.*
38 *Baillifs de France.*
39 Missi Dominici.
40 *Abolis, & comment.*
41 *Origine des Baillifs de France.*
42 *Ceux qui ont droict de tenir Assises.*
43 *Iuges des hauts iusticiers ne doiuent se nommer Baillifs.*
44 *Causes traittées aux Assises.*
45 *Reglemens des Baillifs & Preuosts Royaux, ensemble des Chastellains, & simples iusticiers.*
46 *Crimes capitaux, iugez aux Assises, & pourquoy.*

DES DROICTS DES SEIGNEVRIES MEDIOCRES.

CHAPITRE VIII.

1 Les droicts cy-apres sont communs à toutes Seigneuries mediocres.

COMME i'ay faict vn chapitre des droicts des Souueraines, & vn autre des grandes Seigneuries : aussi cestuy-cy est destiné, pour expliquer les mediocres, c'est à dire, qui sont communs à toutes les mediocres Seigneuries : sauf toutesfois que ie ne voudroi asseurer, que tous les droicts cy-apres deduicts, appartinssent aux Vidames, attendu que ce sont Seigneuries extrauagantes, & hors le rang des autres : pourautant qu'elles releuent de l'Eglise, & que leur teneur feodale est amortie. Mais quant aux Vicomtes, Barons & Chastellains, ie les estime égaux en droicts & prérogatiues, hors la simple préseance, dont ie vien de traicter : Car combien que les Chastellains ne deussent auoir les prerogatiues des Barons, si est-ce qu'ils les ont vsurpées par le moyen de la grande conformité & affinité, qu'il y a entre les vns & les autres.

2 Sauf aux Vidames.

3 Armoiries en quarré.

Donc, comme les grands Seigneurs ont droict de porter couronne au timbre de leurs armoiries : aussi aucuns attribuent aux Seigneurs mediocres, pour leur premiere prérogatiue, le droict de porter leurs armoiries en quarré, à la distinction des moindres qu'eux, qui les portent en escusson. Ce qui prouient de ce que, comme les Escuyers, ou simples Gentilshommes font peindre les deuises de leur famille, (que nous appellons armoiries) sur leurs escus, ou boucliers, & partant les portent en escusson : aussi les Capitaines font peindre les leur en leur banniere, ou enseigne de leur compagnie, laquelle estoit anciennement quarrée, comme sont encor nos bannieres d'Eglise, tesmoin ce que rapporte Ragueau sur le mot *Banneret*, du Cheualier au drappeau quarré, & tout ceci se iustifie assez bien par le premier article de la coustume de Poitou, fors qu'elle exclud les Chastellains de ce droict. *Le Comte*, dit-elle, *Vicomte ou Baron peut porter banniere, qui est à dire, qu'il peut en guerre, & en armoiries porter ses armes en quarré : ce que ne peut le Seigneur Chastellain, qui seulement les peut porter en forme d'escusson.*

4 Armoiries en escusson.

5 Bânieres iadis quarrées.

6 Cheualiers Bannerets.

Et toutesfois ce droict appartient aussi aux Cheualiers Bannerets, qui estoient ceux ausquels le Roy auoit donné pouuoir de leuer banniere, ores qu'ils ne fussent Vicomtes, Barons, ni Chastellains, ains possesseurs de fiefs sans Dignité, pourueu seulement qu'ils eussent dix Vassaux, & des moyens à suffire, pour maintenir vne troupe de gens de cheual : desquels Cheualiers ie parlerai au liure des Ordres. Partant, les Barons, pour distinguer leurs bannieres d'auec celle des Bannerets, adiousterent des pennons, & vne queuë aux leur, dit Ragueau, qui est à present la forme ordinaire des Cornettes de caualerie.

7 Pennons, pourquoy adioustez aux Bannieres des Barons.

8 Toutes armoiries maintenant en escusson.

Mais pour reuenir aux armoiries, ie ne voy point que les Seigneurs, quelque grands qu'ils soient, les portent auiourd'hui autrement, qu'en escusson. Et partant l'vsage de porter armoiries en quarré n'a plus lieu, qu'en celles de leurs femmes, qui au moins les portent en l'ozenge, n'ayant autre remarque de leur qualité en leurs armoiries, que celle-là, au moins quant aux femmes des Vicomtes, Barons & Chastellains.

9 Armoiries des Dames en lozenge.

10 Armoiries tymbrées de heaume doré & ouuert.

Mais la remarque particuliere qu'ont leurs maris, est, que comme les Ducs, Marquis, Comtes & Princes ont vne courōne en leur timbre, aussi les Vicomtes, Barons & Chastellains ont au leur vn heaume doré & ouuert. Doré, dis-je, comme Cheualiers, ausquels appartient de porter harnois doré, & ouuert comme Capitaines, qui doiuent auoir la visiere leuée, pour auoir l'œil sur leurs gensdarmes.

11 Mediocres Seigneurs sōt Capitaines.

Car ie tien, qu'ils sont & Capitaines & Cheualiers nais. Ie dy Capitaines, tout ainsi que, selon la commune interpretation des liures Des fiefs, les vassaux du second rang sont appellez Capitaines simplement, & ceux du premier, Capitaines du Roy & du Royaume : aussi qu'en France, du temps que nostre milice estoit ordonnée selon les fiefs, ils estoient les Capitaines ordinaires, & menoient leurs vassaux en guerre.

12. Et Cheualiers. Ie dy aussi Cheualiers, mais c'est à dire, Cheualiers honoraires, & sans Ordre. Car nul n'est Cheualier de l'Ordre, fust-il fils du Roy, si l'Ordre ne lui a esté cõferé. Mais comme soubs les Empereurs de Constantinople, on attribua le nom de Comte à ceux qui n'auoient ni Seigneurie, ni Office de Comte, de sorte que c'estoit vn simple tiltre d'honneur : aussi en France le tiltre de Cheualier est souuent vn simple tiltre d'honneur, qui est attribué aux grands Officiers, soit de courte, ou de longue robe, & aussi aux Seigneurs des grandes, & des mediocres Seigneuries, qui tous se peuuent qualifier Cheualiers, ainsi que les simples Gentilshommes se qualifient Escuyers, comme ie dirai plus amplement au liure *Des Ordres*, ce que ie mets pour la deuxiesme prérogatiue des mediocres Seigneuries.

13 Mediocres Seigneuries affectées aux nobles. Dont dépend encor la troisiesme, à sçauoir qu'elles sont particulierement affectées aux nobles. Ce qu'aucuns veulent dire de tous fiefs, soubs pretexte du partage des terres, qui fut faict lors du premier establissement de ceste Monarchie, dont i'ay parlé au premier chapitre, auquel partage les fiefs ne furent concedez qu'aux francs hommes, c'est à dire, à ceux qui de France, ou Franconnie estoient venus cõquester les Gaules, qui furent lors appellez Gentils, ou Gentilshommes, par les Gaulois ja Chrestiens. Et c'est pourquoi les fiefs sont appellez francs par vn épithete perpetuel, & vn franc hõmage signifie vn vassal, ou hõme de foy. Et sur ceste cõsideration est fondé l'impost des francs-fiefs, qui est vn subside que le Roy prend sur les ignobles, pour leur permettre de tenir fiefs.

14 Fiefs iadis affectez aux Francs, ou François.

15 Cause du subside des francs fiefs.

16 Examen d'iceluy. Combien que, pour en parler librement, la difference des Francs & des Gaulois est de long temps abolie, dont la remarque seroit maintenant impossible, veu que les Iuifs mesmes ne recognoissent plus leurs lignées, nonobstant la peine qu'ils ont tousiours prise pour les discerner. Et certes la remarque differente des Francs & des Gaulois eust esté aussi pernicieuse à cet Estat, qu'à Rome celle des Romains & des Sabins. Partant c'est vn abus de penser que la Noblesse de maintenant soit fondée sur la descente des Francs Allemans : ains c'est la verité qu'elle prouient de trois autres sources, sçauoir est des mediocres Seigneuries, des Offices ennoblissans continuez en deux races consecutiues, & de la possession immemoriale. Et d'autre part, la force de nostre milice consiste à present aux soldats soudoyez, soient nobles, ou roturiers, sans distinction, & non aux hommes de fief, dont le ban & arriere-ban est conuerti en vn leger impost, que payent aussi bien les roturiers que les nobles, s'ils ne vont en personne à la guerre. C'est pourquoi il y a plus de coustume, que de raison au subside des francs-fiefs.

17 La noblesse vient en Frãce de trois sources.

18 Seigneuries mediocres doiuent estre laissées aux nobles. Mais si faut-il confesser qu'il est bien raisonnable de laisser à nostre Noblesse (qui a choisi bien à propos la demeure des champs, pour vaquer aux exercices qui la fortifient aux armes) les Seigneuries & fiefs de Dignité, par le moyen desquels elle se maintienne en l'honneur, & en la grandeur de courage, que sa profession requiert.

19 Pretendent seuls les hautes iustices. C'est pourquoi aux Estats de Blois, elle demanda au Roy, que les hautes iustices & fiefs de haubert luy fussent tous laissez, comme Choppin a rapporté sur la coustume d'Anjou. Que si on veut laisser posseder aux roturiers les simples iustices, que i'appelle petites Seigneuries, au moins est-il, ce me semble, bien raisonnable de laisser les grandes aux grands Seigneurs, & les mediocres aux Gentilshommes : estant chose incompatible, qu'vn roturier se qualifie Cheualier, attendu que la Cheualerie est vn degré de Dignité, par dessus la simple Noblesse.

20 Fiefs nobles des Lombards. Ainsi voit-on, qu'aux liures des fiefs, il y a certains fiefs, qui sont appellez nobles : & ceux-là sont non seulement les fiefs, qui ont tiltre de Dignité, ains encor ceux qui sont mouuans des fiefs immediats du Royaume, pourueu que ce soient anciens fiefs, dit le titre. *Quis dicatur Dux, &c.* Or nos Seigneuries medio-

outre qu'elles ont tiltre de Dignité, releuēt toutes des fiefs immediats de la couronne, & si faut que ce soient anciens fiefs érigez de temps immemorial, à ce qu'elles soient presumées auoir esté érigées, pendant que l'vsurpation duroit. Car si de nouueau des Ducs, ou Comtes vouloient ériger des Vicomtez, Baronnies, ou Chastellenies, ils ne le pourroient sans speciale permission, ou confirmation du Roy, estant sans doute vne dépendance de la Souueraineté, d'ériger des fiefs de Dignité, comme il a esté dit au 3. chapitre de ce liure. 21 Seigneuries mediocres, cōment doiuent estre érigées.

Mais il faut prendre garde, que les fiefs nobles des Lombards ennoblissent la personne, dit ce mesme tiltre, *Quis dicatur Dux*. Ce qui n'est pas en France, sinon que l'inuestiture en ait sciemment esté faicte par le Roy à vn roturier, auquel cas il semble que le Roy habilite à tenir le fief de Dignité celuy qu'il en inuestit, attendu que les bien-faits du Prince doiuent estre benignement interpretez & estendus, tant que faire se peut. Et croy qu'il faut ainsi entendre le dire de M. le Maistre, au traicté Des amortissemens, chapitre cinquiesme, qu'vne Baronnie, & tout autre fief de Dignité ennoblit le roturier, combien qu'en effect, ce n'est pas le fief qui l'ennoblit, mais l'inuestiture du Roy, qui seul en France peut conceder la Noblesse, & rendre le roturier capable des priuileges qu'il a donnez aux nobles. 22 Fiefs de Dignité, comment ennoblissent en France.

C'est pourquoi, si le roturier est inuesti d'vn fief noble par autre que par le Roy, quand mesme ce seroit par sa Chambre des Comptes, il n'est pourtant ennobli : comme apres plusieurs allegations resout Tiraqueau, au traicté de la Noblesse, chapitre sept, nombre 19. En quoi il semble, qu'il y ait vne exception, que si pendant deux generations vn fief de dignité auoit esté en vne famille, alors, puis qu'on tient que la Noblesse se prescrit, ayant esté possedée publiquement *à patre & auo*, il y a apparence de dire, que les descendans sont presumez Nobles, posé mesme qu'il apparust d'ailleurs, que leurs prédecesseurs fussent ignobles : & ce à l'exemple des Offices ennoblissans, qui combien qu'ils ne produisent qu'vne noblesse personnelle, laquelle ne passe aux heritiers, neantmoins quand le pere & l'ayeul en ont esté honorez, leur posterité deuient desormais noble à perpetuité. 23 De mesme. 24 Exception.

Il y a toutesfois cette difference entre les ennoblissans & les fiefs de Dignité, que les roturiers sont capables de ces Offices, & les ayans, ils sont ennoblis par iceux, tandis qu'ils viuent, pource qu'ils ne peuuent estre conferez par autre que celuy qui ha puissance d'ennoblir, qui est le Roy : Au contraire, les fiefs de Dignité conferez par autre que le Roy, ne peuuent ennoblir : & par consequent, estant chose incompatible, qu'vn homme soit roturier, & soit Seigneur d'vn fief de Dignité, qui importe Cheualerie & haute noblesse, il faut, à mon aduis, s'il en est poursuiui, qu'il en vuide ses mains : & i'estime, qu'il en peut estre poursuiui par son Seigneur de fief, auparauant qu'il l'ait inuesti & receu en foy, & par ses propres vassaux, (qui ont interest, celuy-cy d'auoir vn vassal, & ceux-cy vn Seigneur noble, puis que la Dignité de son fief y est disposée) & encor principalement par le Procureur du Roy, qui est conseruateur de l'interest public. 25 Difference entre les fiefs & Offices ennoblissans. 26 Roturier doit vuider ses mains du fief de Dignité.

Item pour vne quatriesme prérogatiue, qui en comprend beaucoup d'autres, les Seigneurs des mediocres Seigneuries ont droict de Bailliage, c'est à dire, d'auoir vne iustice, ou pour mieux dire, vne seance superieure, à laquelle sont reseruées certaines grandes causes, qui n'appartiennent pas regulierement aux iustices ordinaires : & de ce droict de Bailliage est faict expresse mention en la coustume de Meaux, article 42. & 43. où ce droict est encor appellé droict de Chastellenie : d'autant qu'il appartient aux Chastellains, & par consequent à tous autres plus grands Seigneurs, mais non pas aux moindres. Car c'est vne reigle en matiere de Seigneuries, que les droicts, qui appartiennent aux moindres, appartiennent aussi à plus forte raison aux plus grandes. 28 Droict de Bailliage.

Ce droict de Bailliage, ou Chastellenie est encor plus clairement specifié en la coustume de Niuernois, chapitre 1. article 24. *Aucun en sa iustice n'ha droict d'auoir Bailli, tenir assises, cognoistre, & decider des causes d'appel, s'il n'ha droict de Chastellenie, ou qu'il ait iouy dudit droict par temps, & moyens suffisans à acquerir iceluy droict, ma seulement ha Iuge & garde de iustice.* Ce qui merite bien d'estre expliqué à loisir, n l'ayant iamais esté.

29 Bailliage, que signifie.

Bailliage, ou Baillie, comme l'appelle Boutcillier, & l'ancienne Coustume d Normandie, ne signifie pas simple iustice, ains iustice de protection. Car Baillie est vn vieil mot François, qui signifie protection. Or voici comment les Bailliages ou iustices de protection ont esté establies. Il se faut ressouuenir de ce qu a esté dit au chapitre precedent, que les Ducs & Comtes auoient deux seance en leur iustice, à sçauoir l'ordinaire, que tenoient leurs Iuges, & celle des Assises, qu'ils tenoient du commencement eux mesmes, à laquelle estoient reseruées certaines causes d'importance, & notamment les causes de ceux que le Ducs & Comtes auoient pris en leur garde; & aussi a esté dict, que les Ducs & Comtes, ne se voulans plus assujettir à tenir leurs Assises en personne, meiren en leur place des Officiers, qu'ils appellerent Baillifs, soit pource qu'ils leur bailloient ceste seance en garde & commission, ou qu'ils les establissoient gardien & protecteurs de leurs sujets, & notamment de ceux qu'ils auoient ainsi pris en leur Baillie & sauue-garde, pour les exempter de l'oppression des Iuges ordinaires, comme il est aisé à colliger de ce qui sera dit cy-apres.

30 Comment les Bailliages ont esté establis.

31 Iadis la iustice ordinaire, & le Bailliage n'estoit qu'vne mesme iustice.

Dont s'ensuit que la seance ordinaire, & celle des Assises n'estoit du commencement qu'vne mesme iustice, appartenante au mesme Seigneur, tenuë neantmoins en diuerse forme, & par diuerses personnes: & c'est pourquoi encor auiourd'hui, combien que la iustice ordinaire, & celle des Baillifs, qui tiennent les Assises, soit du tout separée, toutesfois pendant que les Assises tiennent, la iustice ordinaire du lieu doit cesser, & les causes d'icelle, qui alors se trouuent en estat de iuger, peuuent estre iugées par le Bailly.

32 Comment les Seigneuries mediocres ont vsurpé le droit de Bailliage.

Pour donc entendre comment les Vicomtes, Barons & Chastellains ont vsurpé ce droict de Bailliage, il se faut encor ressouuenir de ce qui a aussi esté touché en ce chapitre precedent, que les Ducs & Comtes, deslors mesme qu'ils estoient encor Officiers à vie, se deschargerent de l'exercice de la iustice ordinaire, sur les Vicomtes, Preuosts, Viguiers & Chastellains, reseruans seulement à eux la seance des Assises: laquelle encor, apres qu'ils se furent faits Seigneurs hereditaires, ils ne se vouloient plus assujetir de tenir en personne, ains la firent tenir par des Baillifs, qui en fin trouuerent moyen d'en faire vne iustice continuelle, ayans faict venir en icelle les appellations des Vicomtes, Preuosts, Viguiers & Chastellains.

33 De mesme.

De mesme aussi les Vicomtes & Chastellains s'estans faits Seigneurs, és lieux où les Ducs & Comtes ne faisoient leur residence, voyans qu'iceux Ducs & Comtes auoient deux degrez de iurisdiction en leurs villes, à sçauoir le Bailliage & la Preuosté, en voulurent auoir autant en leurs places, ce qu'ils empieterent de mesme sorte, & par mesmes degrez d'vsurpation qu'eux, ayans en premier lieu mis des Preuosts, pour exercer leur ancienne iustice, qu'ils auoient vsurpée, & neantmoins, comme pour auoir l'œil sur eux, y venoient presider eux mesmes quelquesfois, & à ce temps-là reseruoient certaines causes: & ainsi ils empieterent le droict de tenir Assises, tout ainsi que les Ducs & Comtes, & puis meirent, comme eux, des Baillifs pour les tenir, qui entreprirent pareillement de cognoistre des appellations de leurs Preuosts, & mesme la plusspart d'iceux rendirent leur iustice continuelle, vsurpant par mesme moyen la moyenne & la haute iustice, qu'ils n'auoient pas de leur premiere institution. Et toutesfois il y en a eu quelques-vns qui n'ont iamais peu gaigner ce poinct, de rendre leur iustice continuelle, ains n'ont oncques eu autre iustice ni seance superieure, que de tenir leurs Assises quatre fois l'an, comme il se void en la coustume d'Anjou, article 64. & celle de Blois, article treiziesme.

34 Aucuns n'ont vsurpé que droict d'Assises.

35 Bailliages superieurs & inferieurs.

Somme que les Vicomtes, Barons & Chastellains ayans vsurpé ce droict d'auoir des Baillifs, il est aduenu qu'en plusieurs endroicts, il y a eu deux Bailliages l'vn sous l'autre, à sçauoir celuy du Vicomte, Baron ou Chastellain, ressortissant en celuy du Duc ou Comte. C'est pourquoy és anciennes Ordonnances,

& notamment en celles qui sont rapportées au vieil stil du Parlement, tit. *De officio Balliuorum*, il est souuent faict mention des Baillifs *vtriusque Balliuiæ*, & des Bailliages superieurs & inferieurs; mesme est dit en l'art. 6. que *Balliui in venditionibus Balliuiarũ vel redituum Regis partem non habebunt*: car ces Bailliages inferieurs se bailloient à ferme, ainsi que les Preuostez, comme il a esté dit au 3. liu. Des Offices, & en l'art. suiuant, de la mesme ordonnance, il est dit, que *Balliui superioris Balliuiæ, Balliuios improbos in suo non sustinebunt errore*: ce qui m'a autresfois faict beaucoup de peine à entendre, & est clairement expliqué en l'ancien coustumier de Normandie, chapitre 4.

C'est donc à la difference de ces petits Baillifs, que les grands sont appellez Baillifs des prouinces, & qu'on prend souuent dans le Palais le mot de Bailliage, pour signifier prouince: ce que le iudicieux Coquille reprend mal à propos, à mon aduis, en la preface de sa coustume: parmy vn beau discours, qu'il faict des anciens Baillifs de France, qui estoient les Iuges des exempts, & cas Royaux, qui est encor vne autre & troisiesme espece de Baillifs, qui merite bien d'estre expliquée icy, afin de ne rien obmettre. 36 Baillifs des prouinces. 37 Bailliage signifiant prouince.

Car deslors la seconde lignée de nos Rois, quand les Ducs & Comtes commencerent à s'émanciper & esleuer par trop, les Rois, afin de les tenir en bride, & empescher qu'ils n'vsurpassent la souueraineté, enuoyerent par les prouinces des Commissaires, pour esclairer de prés leurs actions, & receuoir les plaintes de ceux qui se sentiroient auoir esté greuez par eux, ou leurs Lieutenans & Officiers, & vuider sommairement ces plaintes, si faire se pouuoit: sinon les renuoyer aux grandes assises du Roy, qui estoit le Parlement, appellé aux capitulaires de Charlemaigne, & dans les anciens liures de ce temps là, *Mallum Imperatoris*: & ces commissaires ainsi enuoyez, estoient lors appellez *Missi*, ou *Missi Dominici*. 38 Baillifs de France. 39 Missi Dominici.

Du depuis au commencement de la troisiesme race de nos Rois, les Ducs & les Comtes s'estans rendus Seigneurs hereditaires, & ayans faict leurs iustices patrimoniales, ils obtindrent ce priuilege des Rois, qu'ils n'enuoyeroient plus de Commissaires ni d'Officiers dans leurs terres, dont il se voit plusieurs ordonnances en la conference de Guenois, tit. Des Baillifs & Seneschaux: & d'autant qu'il eschet plusieurs cas dans les terres des Seigneurs, esquels le Roy a interest, & qui par consequent doiuent estre vuidez en sa iustice (n'estant roisonnable que le Roy demande iustice à ses suiects & vassaux) la cognoissance & iurisdiction de ces cas, qu'on appelle les cas Royaux, fut attribuée aux plus prochains Baillifs Royaux, qui lors estoient en France, és villes que le Roy auoit ja reünies à son domaine, qui n'estoient que quatre, lors de ce premier establissement, à sçauoir les Baillifs de Vermandois, de Sens, de Mascon, & de S. Pierre le Moustier: toutes les autres villes & Bailliages de France appartenans alors aux Ducs & aux Comtes: c'est pourquoy on appelle ces quatre icy, les quatre anciens Baillifs de France, c'est à dire les premiers gardiens des droicts du Roy & de la Couronne. 40 Abolis, & comment. 41 Origine des Baillifs de France.

Reuenant donc aux Baillifs des Seigneurs, leur premiere & originaire charge n'estant autre, que de tenir les Assises, voire mesme eux n'ayans de leur premiere institution autre iustice ni seance que celle des Assises, il est aisé à entendre, que la premiere & principale dépendance du droict de Bailliage, est de pouuoir tenir Assises. Aussi se pratique-il notoirement presque par tout, que les Iuges des simples hauts iusticiers non Chastellains, ne tiennent point d'Assises. 42 Ceux qui ont droict de tenir Assises.

Et en effect les simples hauts iusticiers n'ayans droict de Bailliage, ne doiuent nommer leurs Iuges Baillifs, ains comme les Seigneurs des simples iustices n'ont aucun tiltre de dignité, ni n'ont autre nom, que de Seigneurs iusticiers, aussi leurs Iuges ne deuroient auoir autre nom, que de Iuges, ou gardes de iustice, estant le Bailliage *vn degré de iurisdiction greigneur*, dit la coustume de Normandie, & autres vieils liures, c'est à dire plus haute & plus honorable, que la simple iustice: comme il est porté en ce 24, article du 1. chapitre de la coustume de Niuernois sus-allegué: & au grand Coustumier, liure 4. chapitre 5. en ces mots, *Celuy qui a toute iustice, s'il se nomme Bailly, ce n'est qu'vn nom trouué contre raison, & ne peut pas* 43 Iuges des hauts Iusticiers ne doiuent se nommer Baillifs.

pour ce tenir Assises, ni auoir ressort : car il n'est que Iuge premier, pour ordonner en premiere iurisdiction & premiere cour. &c.

44 Causes traittées aux Assises.
45 Reiglemét de Baillifs & Preuosts Royaux : ensemble des Chastellains & simples Iusticiers.
46 Crimes capitaux iugez aux assises & pourquoy.

Or voicy les causes qui estoient traictées en ces Assises, & qui par consequent ont tousiours depuis appartenu aux Baillifs, à l'exclusion des Preuosts, & autres Iuges ordinaires. Discours qui est notable, pource que c'est le fondement des reglemens d'entre les Baillifs & Preuosts Royaux, & aussi d'entre les Iuges des Chastellains, & des hauts iusticiers ressortissans en Chastellenie : pource que les causes, qui iadis se traictoient aux Assises, doiuent maintenant appartenir, aux Baillifs Royaux à l'exclusion des Preuosts, & aux Chastellains à l'exclusion des simples iusticiers. Premierement donc se iugeoient aux Assises les crimes capitaux, dont la raison est, que selon le droict Romain, le *merum Imperium, seu ius gladij*, ne pouuoit estre délegué : Or est-il que les Preuosts & autres, qui sont à present les Iuges ordinaires, n'estoient au commencement, que les Lieutenans & Iuges commis & deleguez par les Ducs & les Comtes, qui estoient les Magistrats, comme il a esté prouué cy-deuant, & le sera encor cy apres.

47 Instructió d'iceux se faisoit par les Iuges ordinaires.
48 Comment on en vse en Angleterre.

Vray est que comme il se trouue en la loy *Solent. De officio Procons. & leg.* l'instruction des procez criminels pouuoit estre deleguée par le Proconsul à son Lieutenant, mais non la decision : qui est ce qui se garde encor auiourd'huy en Angleterre, où les Iuges ordinaires des lieux n'ont que l'instruction des cas capitaux, & en laissent la définitiue au Chef de iustice, qui va à certain temps de l'année tenir ses assises de ville en ville, où ayant vuidé les causes ciuiles, qui luy sont reseruées, il vuide par apres les criminelles, auec douze hommes du païs, qu'il assemble pour cet effect : puis commet l'execution de sa sentence au Iuge ordinaire, qui attend à l'executer, que le Chef de iustice soit hors de son territoire.

49 Qu'on en vsoit iadis ainsi en France.

Et est bien à presumer qu'on en faisoit ainsi en France, estant tres-certain, que les Anglois ont appris toutes leurs formes iudiciaires, & presque tout leur droict de nous, lors que les François les conquesterent, comme encor leurs principaux termes de pratique, & mesme leurs anciennes loix sont conceuës en langage François. Aussi falloit-il bien, que les procez criminelz, qui meritent estre instruicts en toute diligence lors que preuues sont recentes, fussent instruicts par les Iuges ordinaires, & non par les Baillifs, alors qu'ils ne tenoient leurs Assises que quatre ou six fois l'an au plus, & n'y auoit aucun inconuenient d'en vser ainsi, pource que la seance des Assises & l'ordinaire n'estoient lors qu'vne mesme iustice, comme il vient d'estre dit.

50 Changement apres que la Iustice des Baillifs a esté renduë continuelle.

Mais depuis que la iustice des Baillifs fut renduë continuelle, & fut du tout separée de celle des Preuosts, on trouua estrange que l'instruction des causes capitales fust faicte par les Preuosts, & que le iugement fust rendu par les Baillifs leurs superieurs, & Iuges de ressort. Ce qui fut cause (ioinct que souuent il est malaisé de discerner sur l'instruction, si vn cas est capital, ou non) que les Preuosts Royaux ne voulans rẽuoyer aux Baillifs les procez criminels qu'ils auoient instruicts, vsurperent la cognoissance de toutes les causes criminelles indifferemment : surquoy aucuns des Baillifs, s'opiniastrans contr'eux, en ont de leur costé entrepris la préuention.

51 Pourquoy l'appel des sentences capitales va droit au Parlement.

Quoy que ce soit, la Cour de Parlement n'a point voulu perdre son droict de ressort immediat, qu'elle auoit en ces causes capitales, ou important mutilation de membre, ou infamie, lors que les Baillifs les iugeoient seuls définitiuement, ains a voulu que les appellations en fussent directement releuées deuant elle, ores que les sentences fussent renduës par les Preuosts ou autres Iuges subalternes. Qui est la vraye raison de l'ordonnance. Car autrement le petit criminel, qui doit estre vuidé plus sommairement, deuroit aussi tost ressortir au Parlement que le grand criminel, si n'estoit cette raison.

52 Reiglemét d'entre les Baillifs des Seigneurs Chastellains & les Iuges des hauts Iusticiers, pour la cognoissance des crimes.

Mais entre les Baillifs non Royaux, & les Preuosts, ou autres Iuges primitifs des hauts Iusticiers, cela s'est accommodé d'autre façon. Car ces Iuges primitifs ont vsurpé de cognoistre de tous crimes ordinaires, mais non des grands crimes, comme meurtre, incendie, rapt, encis, & autres semblables, dont les Baillifs des Seigneurs Chastellains on retenu l'entiere cognoissance. Et de faict il est il est porté en l'article 44. de la coust. d'Anjou, au 51. de celle du Maine, & plusieurs autres, qu'il n'y a que les Seigneurs Chastellains, qui en ayent cognoissance: encor y a-il des coustumes, qui ne les attribuent qu'au Baron, comme celle de Tours, art. 96. & la somme rurale au tiltre *Des droicts du Baron*, & l'ancien liure intitulé *De iustice & du droict &c.* chap. *Du Baron.*

53 Limitation ordinaire des hautes Iustices.

Et de faict les anciennes chartres de concession des hautes iustices, portoient tousiours cette clause, *excepto meurtro, raptu, incendio &c.* comme il se voit en toutes celles, qui sont rapportées par Choppin & par Baquet; & moy mesme en ay veu plusieurs de cette sorte. Et de verité, quelle apparence y a-il de laisser la cognoissance des cas de telle importance à des Iuges guestrez de village, iugeans sous l'orme, ignorans & meschans pour la pluspart, & sur tout mercenaires, & dépendans de leur Seigneur? veu qu'en l'Estat de Rome il n'y auoit que les Proconsuls, qui eussent puissance de condamner à mort, & encor ne l'auoient-ils que par concession speciale, & mesme dans Rome les principaux Magistrats ne l'auoient pas sur les citoyens Romains en l'estat populaire.

54 Causes de ceux qui sont en garde, reseruées aux Baillifs.

55 Du domaine.

56 Des grands chemins.

57 Des nobles.

Secondement les Baillifs, comme estans les Iuges de protection, cognoissoient en premiere instance des causes de ceux qui estoient en la garde speciale du Seigneur, comme de ses domestiques, & ceux ausquels il vouloit bailler ses lettres de garde: à plus forte raison cognoissoient-ils des causes de son domaine, & de toutes celles où il auoit interest: comme aussi les Baillifs pretendans auoir la garde des grands chemins, cognoissoient des delits commis en iceux: en fin les gentils-hommes pretendirent estre tous en la garde de leur Seigneur, soustenans mesme auoir cest ancien priuilege dés le premier establissement de cette Monarchie, de ne pouuoir estre iugez, qu'en l'assemblée des Pairs de fief, ou francs-hommes, c'est à dire vassaux & gentils-hommes, ainsi qu'eux, qui estoit l'assemblée des Assises: ce qui se pratique encor au Duché de Lorraine.

58 Pourquoy les Baillifs Royaux cognoissent des causes des nobles à l'exclusion des Preuosts.

59 Qu'ils n'en cognoissent à l'exclusion des Seigneurs ayans droict de Bailliage.

60 Baillifs sõt les vrays Iuges des nobles.

C'est pourquoy il se void que les Baillifs Royaux cognoissent des causes des nobles, priuatiuement aux Preuosts & Chastellains Royaux, par l'Edict de Cremieu: & le mesme auoit lieu entre les Baillifs & Preuosts des Seigneurs, lors qu'ils auoient double degré de iurisdiction, mais ce n'est pas à dire que iadis les Iuges Royaux ayent pretendu d'en cognoistre au preiudice des Seigneurs, ayans Assises & Bailliage: car ce que les Baillifs Royaux en cognoissent par dessus les Preuosts, est entant qu'ils sont iuges d'Assises, où les nobles ont tousiours pretendu que leurs causes deuoient estre vuidées. Ce qui est contenu expressément en l'art. cent quarente trois de la coust. de Meaux. *Si le haut iusticier ha Chastellenie & Bailliage, en ce cas les nobles peuuent estre adiournez pardeuant le Bailly dudit Seigneur Chastellain, & non pardeuant le Preuost. Car tous Preuosts, soient Royaux, ou autres, n'ont point de cognoissance desdicts gens nobles, si ce n'est de leur gré & consentement.* Ainsi il faut entendre la coustume de Chaallons, art. 6. celles de Vitry & Laon, article 2. celle de Bar, article 43. & celle d'Anjou, article 43.

61 Interpretatiõ de la declaration de Compiegne sur l'Edict de Cremieu.

Aussi y eut-il opposition formée par les Seigneurs de France à cet Edict de Crémieu, qui retarda prés d'vn an la verification d'iceluy au Parlement, iusques à tant qu'elle eust esté leuée par la déclaration de Compiegne, par laquelle le Roy déclare, que par son Edict de Crémieu il a seulement entendu reigler ses Baillifs auec ses Preuosts, & non pas diminuer les iustices des Seigneurs de France, qui leur sont patrimoniales: & partant ordonne que nonobstant iceluy Edict, les Seigneurs de France auront iustice sur les nobles residans en leurs territoires, ainsi qu'ils auoient auparauant. Or ces mots *ainsi qu'ils auoient auparauant*, nous monstrent, que tous Seigneurs ne l'auoient pas, à sçauoir, ceux qui n'auoient pas droict de Chastellenie, ou Bailliage.

62 Plaintes contre les Officiers se vuidoient aux Assises.

Finalement aux Assises se vuidoient les plaintes faictes contre les Officiers de la iustice ordinaire, comme encor à present on y vuide les plaintes faictes contre les Sergents: mais anciennement c'estoient principalement les plaintes faictes contre les Iuges, qu'on y vuidoit, qui estoit la principale cause pourquoy les Assises ne pouuoient estre tenuës par les Iuges ordinaires: lesquelles plaintes le plus souuent estoient fondées sur l'iniquité de leurs sentences, qu'on presumoit proceder de leur faute, entendant mal ce tiltre *De pœna iudicis qui malè iudicauit*. C'est pourquoy iadis en France quand on se vouloit plaindre d'vne sentence on s'attaquoit directement contre le Iuge, & non pas contre la partie, comme i'ay amplement discouru au dernier chapitre du premier liure Des Offices : ce qui se pratiquoit principalement aux iustices des Seigneurs, qui n'ayans ce droict de ressort, & de cognoistre des causes d'appel, l'entreprenoient indirectement par le moyen de ces plaintes, qui se faisoient contre les Iuges en leurs Assises par deuant eux mesmes, ou leurs Baillifs, qui en leur absence tenoient leurs grands plaids, qui estoient lors non pas vne iustice de ressort, mais de Bailliage, & protection seulement.

63 Plaintes anciennes contre les Iuges.

64 Changées en appellations.

Or la rudesse de cette pratique, de s'addresser ainsi contre le Iuge, ayant esté changée par le moyen de ce que la iustice a esté delaissée tout à faict aux gens de lettres, qui ont incontinant compris l'iniquité & absurdité de cette vieille routine, & partant ont commüé accortement ces plaintes en vrayes appellations, à la mode du droict Romain : les Baillifs, qui auoient accoustumé de cognoistre des plaintes des Preuosts, & autres iuges inferieurs, ont par consequent cogneu des appellations interiettées de leurs sentences. Et ainsi non seulement les Ducs & les Comtes, mais aussi les Vicomtes, Barons & Chastellains, ayans droict de Bailliage, ont par ce moyen vsurpé le droict de ressort, & souueraineté en cas d'appel : droict, qui anciennement estoit si rare & precieux, qu'il n'y auoit que les Roynes, enfans, & Pairs de France, qui le peussent auoir en leurs doüaires, appanages, ou pairies, encor ne l'auoient-ils pas de leur propre droict, mais seulement par concession speciale du Roy, comme il est contenu au passage de du Tillet cy-deuant allegué. Et pour exercer ce droict de ressort, ils auoient vne iustice superieure, qui n'a iamais esté attribuée à autres qu'eux, à sçauoir la iustice des grands iours, bien differente du commencement de celle des Assises, qu'ont tous les Seigneurs des grandes & mediocres Seigneuries, pource que celle des grands iours à tousiours cogneu proprement des appellations interiettées des Iuges ordinaires, mesme des Baillifs : & celle des Assises tenuë par les Baillifs, ne cognoissoit de sa premiere institution, que des plaintes des Officiers de la iustice ordinaire, & partant n'importoit point droict de ressort, & de faict auparauant l'Edict de Roussillon, qui a aboly le double degré de iurisdiction des Seigneurs, ceux qui auoient grands iours, auoient trois degrez de iurisdiction, à sçauoir la Preuosté, le Bailliage, & les grands iours.

65 Comment les Seigneurs mediocres ont vsurpé le droict de ressort.

66 A qui il appartenoit anciennement.

67 Grands Iours estoit proprement la Iustice de Ressort.

Voila donc en somme les causes qui appartiennent aux Baillifs Royaux, & non Royaux en premiere instance, à l'exclusion, tant des Preuosts, que Seigneurs hauts iusticiers, non ayant droict de Chastellenie, & Bailliage, pource que de tout temps elles estoient reseruées aux assises des Baillifs, à sçauoir les grands crimes, les causes de ceux qui sont en la garde du Seigneur, & ausquelles il a interest (sous lesquelles aucuns comprennent celles des nobles & des grands chemins) & finalement les causes d'appel. Et de faict la plus part des coustumes & des anciens praticiens tiennent, que les simples hauts Iusticiers n'ont pas droict de cognoistre de toutes ces causes, & s'ils en cognoissent en quelques endroicts, c'est par entreprise, qui leur est bien aisée, pource que leur superieur n'a aucuns Officiers en leur territoire, qui y prennent garde : ce qui neantmoins ne deuroit estre toleré ni tiré à consequence : car le public ha grand interest, que les iustices des villages (qui sont du tout abusiues) soient, sinon abolies du tout, au moins retranchées le plus qu'il sera possible, pour les grandes fautes, qui s'y font ordinairement.

68 Causes appartenantes aux Baillifs en premiere instance.

69 L'entreprise au contraire doit estre retranchée.

Toutesfois touchant les causes reseruées à la garde du Seigneur, faut considerer, que quand vn Seigneur ha deux degrez de iurisdiction appartenans à luy-mesme, il peut mettre en sa garde telle personne qu'il luy plaist, & par consequent reseruer leurs causes à son Bailly. Mais ayant vne fois concedé toute iustice à son vassal, cette iustice luy appartenant desormais, comme propre & patrimoniale, le Seigneur ne peut plus conceder de garde, ni reseruer de causes à son preiudice, si lors de la concession il ne les auoit exceptées, qui est la considera-

70 Restrictió des causes de garde.

tion,

tion, sur laquelle est fõdée la declaration faicte par le Roy sur l'Edict de Cremieu:
ou bien que ce fussent causes esquelles luy mesme eust interest; d'autant que le
Seigneur n'est iamais tenu demander iustice à son vassal, & paroistre deuant
le Iuge d'iceluy en habit de suppliant, qui est la raison sur laquelle sont fondez
les cas Royaux.

Partant aucuns tiennent que le Seigneur Chastellain n'a pas la iurisdiction pri- 71 Si le Seigneur Chastellain ha seul la iustice sur les nobles.
mitiue des nobles residans és terres des vassaux, ausquels il a donné toute iustice
haute, moyenne & basse, pource que ces mots de toute iustice, semblent deuoir
comprendre la iustice sur toutes sortes de personnes, & de terres, & ainsi se pra-
tique communément à present, combien qu'anciennement on tinst le contraire,
tesmoin le passage d'vn antique praticien rapporté par M. Choppin sur la coustu-
me d'Anjou, liure 1. tiltre 1. nombre 10. *Vn haut iusticier n'a pas cognoissance des nobles,* 72 Que les crimes des grands chemins luy appartiennent.
fors en cas réel, s'il n'en est en saisine. Car de tous cas personnels le noble en est exempt, com-
bien qu'il en eust la confiscation. Mais quant aux crimes commis dans les grands che-
mins, dont les seuls Seigneurs Chastellains ont la police & garde (comme il sera
dit au chapitre suiuant) i'estime que la iustice leur en doit estre reseruée, sans que
les hauts iusticiers, non Chastellains, en puissent prendre cognoissance, non
plus que des grands crimes, *quia licet habeant territorium, non tamen habent plenum &*
perfectum; & licet habeant omnimodam iurisdictionem, non tamen habent omne Imperium,
comme il sera prouué incontinant: or est-il que ces cas excedent le pouuoir de la
iustice ordinaire, *& magis sunt Imperij, quàm iurisdictionis.*

Voire mesme pource qu'il se trouue des arrests, par lesquels les simples hauts 73 Response aux arrests attribuans au Roy seul les grands crimes & ceux des grands chemins.
iusticiers, estans au dedans des Bailliages Royaux (comme ils sont ordinaire-
ment) ont esté exclus de cognoistre des grands crimes, & des cas aduenus dans
les grands chemins, plusieurs praticiens, ignorans la raison que ie vien de dire,
ont colligé de là, que ce sont cas Royaux, & que la cognoissance des grands cri-
mes, & cas des grands chemins n'appartient qu'aux Iuges Royaux. En quoi tou-
tesfois il n'y a aucune apparence ni coherence, attendu que les cas Royaux sont
ceux ausquels le Roy, comme Roy, ha quelque interest, ainsi qu'il sera dict cy-
apres au chapitre 13. Aussi voit-on que toutes les coustumes, sans exception, qui
ont traicté des droicts des Seigneuries & iustices, portent le contraire.

Et quant aux causes des nobles, les Seigneurs de France voyans que sous pre- 74 Causes des nobles appartiennent aux Seigneurs mediocres sans difficulté.
texte de l'Edict de Cremieu, les Baillifs Royaux en vouloient priuer leurs Iuges,
obtindrent la déclaratiõ cy-dessus recitée, qui oste toute difficulté. Et s'il se trou-
ue quelques arrests au contraire (ce que ie n'estime pas) il faut que ce soit con-
tre les simples hauts iusticiers enclauez dans le Bailliage Royal, en consequence
de la pretention qu'auoient les Baillifs sur les moindres Iuges, pour raison des
causes des nobles.

Finalement à l'esgard des causes d'appel, ie tien que les hauts iusticiers non 75 Causes d'appel n'appartiennent qu'aux Baillifs.
Chastellains n'en doiuent aucunement cognoistre, ne pouuant, quelque iustice
que ce soit, & fust-ce vne basse iustice, ressortir ailleurs qu'en vn vray Bailliage,
& non en simple iustice ordinaire, comme il est expressément dict au grand Cou-
stumier, tit. 5. du liu. 4.

Comme donc ainsi soit que le droict de ressort ha deux parties, l'vne, d'auoir 76 Les Seigneurs mediocres ont vsurpé les deux parties du droict de ressort.
à soy deux degrez de iurisdiction, & l'autre, de pouuoir conceder à autruy des
iustices inferieures, à la charge qu'elles ressortiront au Bailliage du Seigneur qui
les concede, il est notoire que tous les Seigneurs des Seigneuries mediocres ont
vsurpé l'vne & l'autre partie. Car quant à la premiere, d'auoir à soy deux degrez
de iurisdiction, à sçauoir Bailliage & Preuosté, c'est chose bien certaine, qu'ils 77 Ordonn. de Roussillon.
auoient tous l'vn & l'autre en l'an 1573. quand l'ordonnance de Roussillon fut fai-
te, (ainsi est vulgairement appellée l'ordonnance faicte à Paris en l'an 1573. &
confirmée & modifiée à Roussillon l'année ensuiuante) par le 24. article de la-
quelle est ordonné, qu'il n'y aura qu'vn degré de iurisdiction en mesme lieu, ce
qui a esté exactement executé par toute la France, à l'esgard des iustices non
Royales, fors seulement aucunes de celles des grands iours des Pairs de Fran-
ce, qui aussi n'auoient pas eu le ressort par vsurpation, mais par concession.

78 Accommodation des temps. De sorte qu'auiourd'huy les autres Seigneurs de France sont presque reduits aux mesmes termes qu'ils estoient auparauant qu'ils eussent vsurpé ce double degré de iurisdiction, n'ayans qu'vne iustice, qui neantmoins ha deux diuerses seances, à sçauoir, l'ordinaire, & celle des Assises: vray est que l'vne & l'autre estant tenuë par mesme Iuge, & presque en mesme forme, la diuersité n'y est pas si remarquable, comme quand il y auoit vn Baillif expres enuoyé, qui n'auoit autre charge, que de tenir les Assises, estant en icelles assisté des principaux vassaux & suiects du Seigneur.

79 Interpretation du 24. article de l'Ordonnance de Roussillon. Or par cette Ordonnance de Roussillon, du Moulin estimoit que toutes les iustices inferieures concedées par les Chastellains, & autres plus grands Seigneurs deussent estre abolies, comme il a noté plusieurs fois en ses apostilles des coustumes, qu'il fist imprimer vn an ou deux apres cette Ordõnance, qui est tout le dernier de ses liures, à sçauoir sur l'article 72. de la coustume de Tours, sur le 62. de celle d'Anjou, sur le 71. de celle du Maine, & sur le 1. article de celle du Perche. Et toutesfois, encor que c'eust esté aussi tost faict, & eust esté encor plus iuste d'abolir les iustices concedées par les Seigneurs, sans permission du Roy, que de leur oster leur second degré de iurisdiction, si est-ce la verité, que cette Ordonnance ne s'estend pas si auant, tant pource qu'elle ne reünit que les iustices estans en mesme lieu, que pource qu'elle reserue l'option aux Seigneurs, laquelle option ne peut estre, si les deux iustices ne sont à vn mesme.

80 Les Seigneurs mediocres ont encor à present droict de cognoistre des causes. C'est pourquoi les Seigneurs des mediocres Seigneuries retiennent encor presque tous cette seconde partie du droict de ressort, qui est d'auoir des iustices d'autruy ressortissantes en la leur, que ie mets pour leur cinquiesme droict & prerogatiue: non pourtant que ie vueille dire, qu'ils puissent conceder des iustices inferieures, sans permission du Roy: car i'ay cy-deuant prouué, non seulement qu'ils ne le peuuent faire: mais mesme que le Roy peut par droicte iustice, & puissance reglée abolir toutes ces iustices érigées sans sa permission, de quelque laps de temps que ce soit: mais tant y a, que pendant qu'il plaist au Roy les tolerer, ils iouïssent en effect du droict de ressort, mesmement ils ont vne aptitude de l'auoir incommutablement, à sçauoir si le Roy auctorise vne fois les concessions des iustices par eux faictes. Ce qui n'est és petites Seigneuries, & simples iustices, où ie tien que ce droict de ressort est du tout abusif, & ne doit estre aucunement toleré, comme i'ay prouué au 6. chapitre.

81 Les Seigneurs mediocres ont le commandement & la iurisdiction. Pour sixiesme, septiesme, & huictiesme prérogatiue des mediocres Seigneurs, ie mets le Notariat, la police, & les bans, ou proclamations publiques, qui prouiennent toutes trois de mesme source, à sçauoir, de ce que les mediocres Seigneurs ont non seulement ce qui gist en la iurisdiction; mais aussi ce qui concerne le commandement & l'authorité du Magistrat: qui sont les deux fonctions des Iuges, fort à propos distinguées au droict Romain: car encor que la iurisdiction ne puisse estre sans quelque commandement, ni le commandement sans quelque iurisdiction & cognoissance de cause, si est-ce qu'il faut confesser, qu'il y a certains actes de iustice, qui consistent plus en cognoissance de cause, qu'en auctorité & puissance; & au rebours d'autres, qui gisent plus en l'auctorité du Magistrat, qu'en la notion du Iuge, lesquels actes sont specifiez en la loy *Ea qua. D. Ad mun.* en la loy 4. *D. De iurisd.* & quelques autres.

82 *Imperium & iurisdictio.*

83 Comment le *mixtum Imperium* appartient aux Officiers. Or comme il a esté dit au premier liure des Offices, qu'au droict Romain les mandataires de iurisdiction auoient bien cette partie du *mixtum Imperium*, qui ressent plus la iurisdiction que le commandement, mais non pas d'autre qui ressent plus le commandement: aussi faut-il resoudre en France le mesme à l'esgard des Officiers, ausquels les Ducs & les Comtes (qui estoient iadis les vrais Magistrats) ont concedé toute iustice; qu'il faut comparer en tout & par tout aux mandataires generaux de iurisdiction du droict Romain, fors qu'ils ont vsurpé la iurisdiction des crimes communs, qui à la verité gist fort en cognoissance de cause, & outre ont vsurpé presque tous les actes du *mixtum Imperium*, à cause que le plus souuent en iceux il est besoin d'vne prompte expedition, qu'il seroit par trop incommode d'enuoyer chercher bien loin par le peuple, qui est la raison que

84 Quel commandement est demeuré aux Seigneurs mediocres.

rapporte

rapporte sur ce subiect le Iurisconsulte en la loy 1. & 4. *De damno infecto.* Somme que comme du *merum Imperium* il n'est resté autre chose aux Seigneurs Chastellains, que la cognoissance des grands crimes, aussi du *mixtum Imperium* il ne leur est demeuré, à l'exclusion des simples iusticiers, que trois actes, à sçauoir le Notariat, la police & les proclamations.

Car pour le regard du Notariat, ou séel authentique à contracts, c'est chose certaine qu'il n'appartient qu'aux Seigneurs Chastellains, & autres plus grands Seigneurs, & non aux simples hauts iusticiers, s'ils n'y sont fondez par tiltre exprés, possession immemoriale, ou coustume locale: comme Bacquet a prouué amplement au 25. chapitre de son troisiesme liure. 85 Notariat n'appartient qu'aux Chastellains.

Chose qui pourtant semble fort estrange de prime-face, que ceux qui ont la iurisdiction contentieuse, n'ayent pas la volontaire: mais il faut s'arrester à cette raison, que l'auctorité des contracts *magis est Imperij, quàm iurisdictionis*: ainsi que la loy 2. & 3. *De Off. Procons. & leg.* dit que le Lieutenant du Proconsul ne peut receuoir de manumissions, ni adoptions, combien qu'il exerçast l'entiere iurisdiction du Proconsul, *quia*, dit la loy, *non habet iurisdictionem talem, & omnino apud eum non est legis actio*: voire mesme du Moulin sur la coustume de Paris, article 1. glose 5. nomb. 55. dit, que *potestas creandi Notarios publicos ad solum Regem spectat, estque de Regalibus*: ce qui est vrai en bône iurisprudence, & a lieu és païs où l'entiere Seigneurie publique appartient au Prince souuerain, & où les particuliers n'ont point vsurpé la iustice; mais en France, où cette vsurpation est establie de longue main, l'vsage est notoirement au contraire: voire mesme nous pratiquons, que le Roy ne peut mettre des Notaires Royaux dans les terres des Seigneurs Chastellains, & autres ayans ce droict de Notariat, ou Tabellionnage, comme il a esté iugé par plusieurs arrests rapportez par Bacquet au mesme lieu: arrests, qu'il faut limiter, à mon aduis, aux seuls Seigneurs Chastellains, ou autres plus grands Seigneurs, ausquels le droict de tabellionnage appartient du propre droict de leur Seigneurie, & non pas les estendre aux simples hauts iusticiers, qui ont prescrit contre le Roy de mettre des Notaires en leurs terres: car par telle prescription le Roy n'a pas perdu la faculté d'y en pouuoir aussi mettre de sa part, estant vne regle certaine des prescriptions, que *tantum præscriptum, quantum possessum*: & que *ea quæ sunt meræ facultatis, non præscribuntur, nisi saltem à die contractionis*: C'est pourquoi on voit des Notaires Royaux en la pluspart des hautes iustices des Seigneurs, & en aucunes s'y void des Notaires Royaux, & des subalternes tout ensemble: auquel cas les Royaux emportent tout, à cause de l'execution parée, que ont indistinctement tous leurs contracts. Mais és terres des Seigneurs Chastellains, ou autres plus grands Seigneurs, il ne se voit gueres de Notaires Royaux.

86 Raison.

87 Le Roy ne peut mettre des Notaires és terres des Chastellains.

88 Mais bien en celles des hauts iusticiers, ayans droict de Notariat.

89 Notaires Royaux ruinent les subalternes.

Le second acte de commandement, que les Seigneurs mediocres ont conserué à l'exclusion des hauts iusticiers, est le droict de police, qui consiste proprement à faire des reglemens concernans le repos & commodité du peuple, qui est certes vn degré de puissance par dessus l'administration ordinaire de la iustice: mais d'autant que l'explication de ce droict de police est de long discours, à cause des dépendances qu'il ha, i'en ferai vn chapitre à part. 90 Du droict de police, remissiue.

De ce second acte de commandement dépend aucunement le troisiesme, qui est le droict de faire des bans, ou proclamations publiques: Droict qui est expressément attribué aux Barons & Chastellains par les coustumes d'Anjou, Touraine, & celle du Maine, qui *est celle d'entre toutes* (dit le grand Coustumier, liure 4. chapitre 5.) *qui, mieux que nulle autre, traitte la matiere des droicts des iustices & Seigneuries.* Et dont y a aussi vne belle remarque en l'article 65. de la Coustume de Paris, où il est dit que les Barons & Chastellains peuuent faire publier leurs hommages à son de trompe, & les autres moindres Seigneurs au prosne de la parroisse, ou par signification particuliere seulement. 91 Du droict de Bans, ou proclamations. 92 Qu'il appartient aux Seigneurs mediocres à l'exclusió des hauts iusticiers.

Vrai est, qu'il y a deux sortes de publications, l'vne qui se fait à son de trompe & cri public, *nimirum voce Præconis*, l'autre par affiches, appellées en Grec προγράμματα, en Latin *Edicta*: qui sont apertement distinguées en la Nou. 112. chap. 3. laquelle contient vne tres-belle distinction en cette matiere. Car elle dit, 93 Deux sortes de publications, à sçauoir les proclamations & les affiches.

que les Magistrats ordinaires peuuent faire leurs publications indifferemment,
94 Mediocres Seigneurs sõt proclamations. καὶ τῷ κηρύκων φωναῖς, καὶ Ἐδίκτοις προτιθέμενοις : mais que les autres Iuges, fussent-ils commis par l'Empereur, ne peuuent vser que d'Edicts ou affiches, & non pas de proclamations publiques : dont on peut colliger que les Chastellains, & autres plus grands Seigneurs, qui sont comme les Magistrats ordinaires, ayans plein territoire & commandement entier, peuuent seuls vser de cri public. (Aussi gardons-
95 Hauts iusticiers n'vsẽt que d'affiches, sinõ par emprunt. nous qu'ils peuuent seuls auoir vn trompette, ou crieur iuré, comme il sera dit au chapitre suiuant) mais les simples iusticiers, qui de leur origine estoient comme les mandataires de iurisdiction, ne peuuent vser que d'affiches. Que si en quelques expeditions pendantes deuant eux, ils ont besoin de faire des adiournemens, ou autres publications à son de trompe, ils en doiuent demander la permission à leur superieur, ayant puissance, & encor les faire faire, sous le nom & auctorité d'icelui, & par son crieur ou trompette.

96 Bans. Et d'autant que les publications à son de trompe s'appellent en François proprement Bans, comme M. Pasquier a bien prouué, liure sixiesme, chapitre trente cinquiesme : De là vient qu'il y a quelques coustumes, qui ne permettent pas au haut iusticier de bannir hors sa iustice, ores qu'elles lui permettent la punition capitale. Remettant au chapitre suiuant ce qui reste à dire, touchant ce droict de Ban.

Seulement ie dirai icy, qu'à l'exemple des Bans & proclamations publiques,
97 Decrets doiuent estre interdits aux hauts iusticiers. les adiudications par decret deuroient estre interdites aux simples hauts iusticiers, ou Iuges de village, comme de fait il est porté en plusieurs arrests, & en quelques coustumes : aussi qu'il n'y a rien, en quoi consiste plus apparemment l'auctorité & commandement du Magistrat, qu'à prononcer ces trois mots solemnels *Do, dico, & addico*. Et ne peut-on dire que les adiudications par decret soient permises aux Iuges de village, pourautant qu'elles requierent celerité, & pour espargner les pas du peuple, qui est le sujet, à cause duquel on leur a laissé les actes qui sont plus de commandement que de iurisdiction, suiuant la loy 1. & 4. *De damno infecto*. Car il n'y a rien, où la longueur soit tant tolerable qu'en vn decret : ni d'ailleurs rien qui soit plus necessaire d'estre faict en ville ou bourg, où y ait marché, & affluence de peuple, afin d'estre notoire à chacun. Mais vn decret estant faict en vne iustice borgne, où il n'y a que trois praticiens presens, qui se renuoyent l'esteuf l'vn à l'autre, Dieu sçait les fraudes & les fautes qui s'y font, parmi lesquelles il n'y a celui qui ne se troue frustré à son desceu de son hypotheque, rente fonciere, ou droict de proprieté. C'est pourquoi si iamais il se fait quelque reformation, ou reglement en la iustice, i'estime que ce poinct icy ne doit estre oublié.

98 Droict de Chasteau appartient aux Seigneurs mediocres. La huictiesme prérogatiue des Chastellains, & autres Seigneurs des mediocres Seigneuries, est que, comme leur nom porte, ils ont droict d'auoir chasteau, ou maison forte, c'est à dire munie de fossez, ponts-leuis, tours, & autres semblables fortifications : pour raison dequoi ils n'ont besoin de lettres du Roy. Droict, que les moindres Seigneurs n'ont pas, & mesme les Chastellains ne peuuent
99 Ils ne peuuent bailler ce droict, à leurs vassaux, sans lettres du Roy, ni le Roy sans leur permission. pas bailler à leurs vassaux permission d'en edifier en leur distroit, sans lettres du Roy : non plus que d'eux-mesmes ils ne peuuent pas faire leurs vassaux Chastellains. C'est pourquoi, à plus forte raison, ils ont droict d'empescher, qu'aucun ne bastisse maison forte en leur territoire, encor mesme qu'il en ait permission du Roy, qui tousiours est entendüe, sauf le droict d'autruy, ce qui a mesme esté iugé, pour les simples hauts iusticiers, comme traicte Choppin sur la coustume
100 Maisons fortes prohibées. d'Anjou, pag. 135. Et certes il seroit à desirer, qu'il n'y eust aucune maison forte en France ; pour les rebellions, & autres inconueniens, qui en arriuent : qui fut vne des requestes que fist le peuple aux Estats de Bloys : toutes-fois cette prohibition doit estre faite en temps opportun, comme discourt le mesme Choppin au lieu sus-allegué.

101 Village se peut former par permissiõ du Roy seul. Mais ni le haut iusticier, ni autre plus grand Seigneur ne peuuent empescher, qu'vn village se ferme par permission du Roy, sinon qu'ils y quotassent quelque iuste interest en leur particulier, comme tout ce que dessus est doctement dis-

ment discouru par luy mesme, sur le quarante deuxiesme article de la coustume d'Anjou.

Aussi plusieurs coustumes, & liures anciens de pratique portent, que les Seigneurs Chastellains, & par consequent les Barons & Vicomtes, ont droict d'auoir marché en leur village, qui est leur neufiesme & derniere prerogatiue; mesmement ils ont droict d'empescher, non seulement ceux de leur distroit, mais aussi leurs voisins, d'en establir vn nouueau à trois ou quatre lieuës du leur, ores qu'ils en eussent permission du Roy. Car les lettres de concession des marchez portent, selon l'ancien style de Chancellerie, la clause, *pourueu qu'à trois ou quatre lieuës prés il n'y ait autre marché*, & si elle n'y est, elle y doit estre sous-entenduë. 102 Droict de marché appartient aux Seigneurs mediocres.

Aucuns adioustent droict de foire, vne ou deux fois l'an. Ce que ie n'estime pas, si le Seigneur Chastellain n'en a tiltre particulier, ou prescription: attendu l'ancien arrest de la Pentecoste 1269. contre le Comte de Chasteau-Roux, en Berry, & vn autre contre l'Euesque de Clermont, portant, *Quod nullus in regno potest facere feriam sine permissu domini Regis*. Il y en a aussi vn arrest de Bretagne, au liure de M. du Fail, ce qui est conforme à la loy *Nundinas. D. De nundinis*. 103 Si les Seigneurs mediocres ont droict de foire.

SOMMAIRE DV NEVFIESME CHAPITRE.

1 *Etymologie de police.*
2 *Pourquoy les Chastellains ont la police.*
3 *Police en quoy consiste.*
4 *Etymologie d'Edict.*
5 *Adiournemens à trois briefs iours.*
6 *Trois significations d'Edict.*
7 *Difference entre les reglemens, la police & les loix.*
8 *Le Parlement fait seul les reglemens de la iustice.*
9 *Reglemens de style appartiennent à chasque Iuge de Chastellain.*
10 *Si la police appartient aux seuls Iuges Royaux.*
11 *Que non.*
12 *Qu'elle appartiẽt mieux aux Seigneurs, qu'aux Iuges Royaux.*
13 *Inconuenient de l'opinion contraire.*
14 *L'Ordonnance laisse la police aux Seigneurs.*
15 *Exception.*
16 *Police consiste en trois poincts.*
17 *De la police des denrées.*
18 *Poids & mesures.*
19 *Si les poids & mesures appartiennent au Roy seul.*
20 *Inconuenient aduenu pour auoir attribué les mesures aux Seigneurs.*
21 *Pourquoy la varieté n'a esté si grande aux poids, qu'aux mesures.*
22 *Roys des merciers.*
23 *Response aux raisons precedentes.*
24 *Ediles auoient à Rome la cognoissance des poids & mesures.*
25 *Estalons des poids & mesures, par qui gardez.*
26 *Que ces estalons ont tousiours appartenu aux Ducs & Comtes.*
27 *Que le Roy n'auoit iadis aucun droict dans les terres des Seigneurs.*
28 *Que les deniers qu'il y leue maintenant sont droicts extraordinaires.*
29 *Les coustumes attribuent les poids & mesures aux Seigneurs.*
30 *Des Roys des merciers.*
31 *Supprimez.*
32 *Le Roy ha la superintendance sur tous poids & mesures.*
33 *Ordonnance pour les reduire toutes à celles du Roy.*
34 *Ces Ordonnances ont reserué le droict des Seigneurs.*
35 *Distinction inuentée de nostre temps.*
36 *Establissement des Iaugeurs, faict par le Roy.*
37 *Interpretation d'vn arrest.*
38 *Iaugeage.*
39 *En quoy consiste le droit de grands poids.*
40 *Arpenteurs, par qui instituez.*
41 *Explication de l'Ordonnance 1575.*
42 *Droict des petits poids & mesures.*
43 *Punition des contrauentions aux poids & mesures est acte de iustice, non de police.*
44 *Conciliation des coustumes.*
45 *Faut distinguer les reglemens d'auec l'execution d'iceux.*
46 *La police deuroit appartenir aux Baillifs.*
47 *De la police des mestiers.*
48 *Villes iurées.*
49 *En quoy consiste la police des mestiers.*
50 *Faire statuts de mestier, à qui appartient.*
51 *De la police des chemins.*
52 Viocuri.

53 *La charge de Voyer de Paris est differente de celles des Commissaires du Chastellet.*
54 *Pourquoy il n'y a Voyer qu'à Paris, en tiltre d'Office.*
55 *Le Roy est seul Voyer à Paris.*
56 *Qui est Voyer aux autres villes.*
57 *Grand Voyer de France.*
58 *Voyer és coustumes, que signifie.*
59 *Gros Voyer, petit Voyer.*
60 *Iuges soubs l'orme.*
61 *Voirie pretenduë par le Roy, és terres des Seigneurs.*
62 *Au moins és chemins Royaux.*
63 Viarum distinctio.
64 Viæ Regales.
65 Viæ vicinales.
66 Publicæ viæ.
67 Priuatæ, agrariæ.
68 *Distinction des chemins de France.*
69 *Trauerse.*
70 *Chemin Royal.*
71 *Chemins peageux.*
72 *Pretention des Officiers Royaux, touchant les chemins.*
73 *Raisons contraires.*
74 *Les chemins Royaux n'appartiennent pas au Roy.*
75 *De mesme.*
76 *Resolution que la iustice des chemins Royaux appartient aux Seigneurs.*
77 *Et la superintendance au Roy.*
78 *Qu'il n'est expedient d'en oster la iustice aux Seigneurs.*
79 *Ni aussi la cognoissance des crimes commis en iceux.*
80 *Du peage.*
81 *Diuers noms du peage.*
82 *Barrage.*
83 *Pontenage.*
84 *Billette.*
85 *Branchiere.*
86 *Coustume.*
87 *Preuosté.*
88 *Trauers.*
89 *Trauers, que signifie proprement.*
90 *Difference du peage & trauers.*
91 *Leuage.*
92 *Origine du trauers.*
93 *Trauers est droict de Souueraineté.*
94 *Occasions des peages.*
95 *Pour l'entretien des chemins.*
96 *Pour la seureté des chemins.*
97 *Que d'ancienneté le Seigneur peager deuoit respondre du vol faict en son chemin.*
98 *Incommodité des peages.*
99 *Que le peage n'est deu de droict commun.*
100 *Abolition des peages.*

DV DROICT DE POLICE.

CHAPITRE IX.

1 Etymologie de Police.

COMME πόλις signifie la Cité, aussi πολιτεία, que nous disons Police, signifie le reglement de la Cité. Partant il semble, que le droict de Police ne deuroit proprement appartenir qu'au Baron, qui a droict de ville close, & non au Chastellain qui n'a droict que de Chasteau. Toutesfois, la grande conformité qu'il y a entre les Barons, qui sont appellez grands Chastellains, & les simples Chastellains (conformité qui faict, que toutes les iustices ayans plain territoire, & entier commandement sont appellez Chastellenies) a esté cause, que comme les Chastellains ont vsurpé les autres droicts des Barons, aussi ont-ils empieté le droict de Police, qui de fait n'est pas le reglement d'vne ville, τῦ ἄστεως, ains d'vne Cité, τῆς πόλεως, c'est à dire, d'vne communauté d'habitans, viuans sous mesmes Magistrats, & sous mesmes reglemens, ores qu'ils ne soient enclos de murailles; *non enim est in parietibus ciuitas*, disoit vn Romain : ce que Bodin discourt doctement au sixiesme chapitre de son premier liure.

2 Pourquoy les Chastellains ont la Police.

3 Police, en quoi consiste.

Dont s'ensuit que le droict de Police consiste proprement à pouuoir faire des reglemens particuliers pour tous les Citoyens de son distroit & territoire : ce qui excede la puissance d'vn simple Iuge qui n'a pouuoir que de prononcer entre le demandeur & defendeur : & non pas de faire des reglemens sans postulation d'aucun demandeur, ni audition d'aucun defendeur, & qui concernent & lient tout vn peuple : ains ce pouuoir approche & participe dauantage de la puissance du Prince, que non pas celui du Iuge, attendu que ces reglemens sont comme loix & ordonnances particulieres, qui aussi sont appellées proprement Edicts, comme il a esté dit cy-deuant au troisiesme chapitre.

L'etymologie de ce mot *Edict*, vient *ab edicendo; edicere autem est quasi extra dicere*, disent nos Grammairiens, c'est à dire, proclamer & publier. Aussi, ni les Edicts des Magistrats, ni les loix du Prince n'ont-elles leur force que par la publication, dit Ciceron 3. *De legib.* Voire mesme la signification primitiue du mot d'Edict, estoit de signifier la publication, comme i'ay dit au chapitre precedent. *Sic tribus edictis euocari absentes dicuntur. l. 2. §. Senatus. & l. 42. §. vlt. D. de iu. fisci. l. 20. §. Preter hæc. D. De petit. hæred.* qui est ce que nous appellons adiournemens à trois briefs iours à son de trompe, appellez en la Nou. 134. chapitre 5. νόμιμα κηρύγματα: vrai est qu'ils se faisoient quelquesfois *per libelli in ædibus appositionem. l. 4. §. 6. De damno infecto*, que la Nou. 112. dit, διὰ τῶν Ἐδίκτων προτιθεμένων. Il y a donc trois significations du mot d'Edict, *aut pro programmatis*, expliquez au chapitre precedent, *aut pro Magistratuum iussis*, qu'il faut expliquer icy, *aut pro constitutionibus Principum*, que i'ay expliquées cy-deuant au troisiesme chapitre. Et de là vient, que comme en France il n'y a que les Chastellains, ou autres plus grands Seigneurs, qui puissent faire des reglemens de police, aussi n'y a-il qu'eux qui puissent faire des proclamations publiques. 4 Etymologie d'Edict. 5 Adiournemens à trois briefs iours. 6 Trois significations d'Edict.

Doncques la police consiste proprement à faire des reglemens particuliers, que les Romains appelloient proprement Edicts, à la distinction, soit des loix du peuple, ou des constitutions des Empereurs. Car comme le Seigneur souuerain peut faire des loix generales: aussi le subalterne, ayant l'entier commandement, peut faire des reglemens particuliers pour ses iusticiables. Mais au pareil, comme le Seigneur subalterne doit luy mesme obeïr aux loix de son souuerain, aussi en premier lieu, ses reglemens particuliers doiuent estre accordans, quoi que ce soit, non repugnans aux loix du Prince. Secondement, ils doiuent estre fondez sur quelque consideration, qui soit particuliere au lieu où ils se font; pource qu'autrement c'est au Prince souuerain de pouruoir par loix generales aux necessitez communes de son Estat, tant à l'occasion que cela dépend de son auctorité, qu'à cause que ce seroit vn desordre & discordance en vn Royaume, si chacune ville auoit diuerses obseruances. 7 Difference entre les reglemens, la police & les loix.

C'est pourquoi le Parlement ne veut pas que les Iuges des lieux entreprennent de faire en leurs sieges des reglemens particuliers sur le fait de la iustice, *quia æquitas non clauditur loco*, & qu'il n'y peut gueres escheoir de particuliere consideration, & partant on dit, que les matieres de reglement lui appartiennent en premiere instance: ce qui est vray pour le regard des reglemens generaux, c'est à dire és matieres qui peuuent, & doiuent estre reglées d'vne mesme façon en tout le Parlement, & où la diuersité de chacun lieu n'apporte rien de particulier. 8 Le Parlement faict seul les reglemens de la iustice.

Mais pour ce qui est du styl & forme de proceder particuliere de chacun siege, comme d'ordonner à quels iours de la semaine on plaidera, à quelle heure on entrera & sortira de l'audience & Chambre du Conseil, du temps des vacations, des iours non litigables, des taxes des Greffiers, Notaires, Sergens, des formalitez des menuës procedures & instruction des causes, il semble que le Parlement ne doit trouuer mauuais, que chasque Iuge en face des reglemens en son siege, pourueu qu'ils ne repugnent en rien aux Ordonnances du Roy, ni à ses arrests: n'estant possible que le Parlement puisse regler si commodément ces petites pontilles, que fera le Iuge du lieu. 9 Reglemens de style appartiennent à chaque Iuge chastellain.

Voila pour les reglemens de iustice, & quant à ceux de police, c'est à dire, qui concernent le mesnagement commun de la cité, les Iuges Royaux se sont autresfois voulu faire à croire qu'ils n'appartenoient qu'au Roy, *quia lex salutem Reipublicæ tueri, nulli magis credidit conuenire, nec alium sufficere ei rei, quàm Cæsarem. l. Nam salutem. D. de Off. Præf. vigil.* 10 Si la police appartient aux seuls Iuges Royaux.

Toutesfois, ie ne voy point comment on pourroit soustenir que le droict de police fust purement Royal, c'est à dire, inseparable de la personne du Souuerain, ainsi que de faire les loix generales. Que si ainsi estoit, il ne seroit non plus 11 Que non.

communicable aux Iuges Royaux des Prouinces, qui n'ont pas l'exercice des droicts purement Royaux. Que si au contraire il leur est communicable, comme notoirement ils en vsent en leur iustice, il est infaillible, qu'il a aussi appartenu aux Ducs & aux Comtes, qui auparauant la reunion à la couronne, ont esté les premiers Magistrats & Officiers des villes, où il y a de present des Iuges Royaux, & partant les Ducs & Comtes qui sont demeurez, & ceux qui ont esté érigez à leur modelle, le doiuent encor auoir.

12 Qu'elle appartiét mieux aux Seigneurs qu'aux Iuges Royaux. Voire ie dy qu'ils l'ont auec plus de droict, que les Iuges Royaux, qui ne l'ayans que par Office, c'est à dire, n'en ayans que l'exercice, comme Officiers, y peuuent estre preuenus par le Roy, ou par des Commissaires, ausquels le Roy en peut attribuer la cognoissance, mesme il peut la démembrer entierement de leurs Offices, tesmoin l'Edict de Cremieu, par lequel il a osté la olice aux Baillifs, & l'a donnée aux Preuosts: mais les Barons de France ayans la police par droict de Seigneurie propre & patrimoniale, le Roy, dont ils la releuent en fief, ne peut par puissance reglée la diminuer par preuention, ni autrement, & moins encor la leur oster tout à fait.

13 Incõueniét de l'opinion contraire. Et d'ailleurs, quelle apparence y auroit-il, qu'vn Iuge Royal éloigné, possible, de dix ou douze lieuës d'vne ville Ducale, ou Comtale, y peust mettre la menuë police, qui doit estre reglée promptement & sommairement, voire mesme que luy, qui ne sçait pas les particularitez du lieu, y puisse faire des reglemens si à propos, que le Iuge du lieu ?

14 L'ordonnance laisse la police aux Seigneurs. De fait, le Roy Charles IX. par son Ordonnance de l'an 1572. ordonne bien vne certaine forme, & certains deputez pour regler la menuë police des villes Royales, mais il ne touche point aux villes des Seigneurs, ains seulement leur enioint d'y maintenir la police, ainsi qu'ils verront estre necessaire, se conformans neantmoins à ses Ordonnances, & s'accommodans, au plus prés qu'ils pourront, aux reglemens des villes Royales.

15 Exception. Vrai est, qu'il y a cela de particulier au faict de police, que comme la cité n'est qu'vn corps d'habitans, aussi la police doit estre vnique & vniforme en la ville & for-bourgs, tant que faire se peut, afin que la diuerse maniere de viure n'y apporte du desordre & difformité: de sorte qu'en vne ville y ayant deux iustices ordinaires & primitiues, si l'vne est superieure de l'autre, la superieure doit auoir toute la police, comme i'ay discouru en la suitte *Des iustices de village*.

16 Police consiste en trois poincts. Or la police consiste principalement en trois poincts, dont il faut traicter separément, sçauoir est aux denrées, aux mestiers, & aux ruës ou chemins. 17 De la police des dẽrées. Quant aux denrées, c'est à dire, la menuë marchandise (car la grosse concerne le reglement general du Royaume, qui appartient au Roy seul) qui sont les victuailles, & autres petites commoditez, pour l'entretien & vsage iournalier du peuple, les Iuges de police y peuuent mettre taux, & faire tout autre reglement pour empescher les monopoles, & autres abus, mesme pour faire fournir le bourgeois auant le marchand qui les veut reuendre.

18 Poids & mesures. De cet article dépendent les poids & mesures, pource qu'en vain y mettroit-on le prix, si le poids & mesure n'y estoient certains & iustes. 19 Si les poids & mesures appartiẽnent au Roy seul. Et neantmoins, les Officiers Royaux pretendent en quelques endroicts la cognoissance des poids & mesures, disans que c'est vn droict de la couronne: & de fait, quelques coustumes l'attribuent au Roy priuatiuement, autres luy en donnent, & à ses Officiers, la preuention.

20 Inconuenient aduenu pour auoir attribué les mesures aux Seigneurs. Et faut confesser, qu'il eust esté fort à propos, que les Seigneurs de France n'eussent point eu ce droict, pour le desordre & confusion qui en est arriué, en ce que chacun a voulu auoir des mesures toutes dissemblables: à quoi on n'a peu trouuer remede, quoi qu'il y ait eu plusieurs Edicts de nos Roys, portans, que toutes ces mesures seroient reduictes à vne, ce qui n'a peu estre executé.

21 Pourquoy la varieté n'a esté si grande aux poids que aux mesures. Et quant aux poids, la cause pourquoi il n'y a pas eu tant de varieté & diuersité qu'aux mesures, a esté, ce semble, pource que d'ancienneté il y a eu presque en toutes les Prouinces de la France des Roys des Merciers, pourueus par le

grand Chambrier de France, qui auoient la visitation des poids, crochets & balances, & qui partant en aucuns lieux estoient appellez Visiteurs des poids & balances. A l'exemple de ces quinze Officiers d'Athenes qu'Harpocration appelle μετρονόμους, & de ce Libripens des Romains, dont nostre droict faict mention : bref du Zygostates, dont la loy derniere *De ponderat. lib. 10. Cod.* dit qu'il y en auoit vn en chaque ville de l'Empire Romain. 22 Roys des merciers.

Toutesfois cela auoit lieu és Estats où toute la Seigneurie publique & toute la iustice demeuroit par deuers l'Estat, & n'estoit point communiquée aux particuliers. Mais en France, où le contraire a lieu de toute antiquité, ie ne voy point que le droict des poids & des mesures soit plus Royal que d'exercer toute iustice ciuile & criminelle, iusques à condamner les hommes à mort. Attendu mesme qu'en l'Estat Romain c'estoit la charge des Escheuins des petites villes (qui ne cognoissoient que des causes legeres, comme il sera dit en son lieu) d'auoir neantmoins la cognoissance des poids & des mesures, dont Perse se mocque en sa 1. Satyre; 23 Responce aux raisons precedentes. 24 Escheuins auoient à Rome la cognoissance des poids & mesures.

Sese aliquem credens, Italo quòd Honore supinus
Frangeret heminas Areti Ædilis iniquas.

& Iuuenal,

Et de mensuris vis dicere, vasa minora
Frangere, pannosus vacuis Ædilis Vlubris.

Et quant est d'auoir les estalons de mesures & poids, c'estoit la charge des Gouuerneurs des prouinces, *adeò vt ad crimen suum noscant pertinere, si possessoribus vllum fuerit aliqua ponderum iniquitate allatum dispendium*, dit la loy derniere, *C. de susceptor.* & la loy 9. du mesme tiltre ordonne, *vt modij ænei, vel lapidei, cum sextarijs atque ponderibus per singulas ciuitates collocentur.* Et la Nou. 128. chapitre 16. dit, qu'il les faut garder en l'Eglise de chaque ville, & au demeurant que l'archetype & principal estalon de l'Empire estoit gardé, sçauoir est celuy de la mesure des grains par le *Præfectus Pretorio*, & celuy du poids par le *Comes sacrarum largitionum.* 25 Estalons des poids & mesures par qui gardez.

Puis donc que nos Ducs & Comtes ont eu la mesme charge en France, que les Gouuerneurs des prouinces, il ne faut point douter que l'estalon des poids & des mesures ne leur appartint. Aussi quand on prendra garde de pres, on trouuera que nos Rois n'auoient iadis aucun droict domanial, ni Seigneurial dans les villes & territoires des Seigneurs : au moins que tous les droicts Seigneuriaux ordinaires & necessaires appartenoient aux Seigneurs, n'ayant esté reserué par leurs inuestitures anciennes, que le ressort & l'hommage, comme il se void és anciennes ordonnances. Et ce que maintenant les Rois y leuent des tailles, gabelles, & autres subsides, ce sont aydes & deniers extraordinaires, dépendans de la iurisdiction de la Cour des aydes, & non pas des droicts domaniaux & Seigneuriaux, qui puissent dépendre de la iustice ordinaire, & dont le Parlement, qui ha cognoissance du domaine de la couronne, puisse, ni vueille cognoistre. 26 Que ces Estalons ont tousiours appartenu aux Ducs & Comtes. 27 Le Roy n'auoit iadis aucun droit dãs les terres des Seigneurs. 28 Que les deniers qu'il y leue maintenant sont droits extraordinaires.

De faict il n'y a presque aucunes des coustumes, qui ont traicté des droicts Seigneuriaux, qui n'attribuë les poids & les mesures, qui au Baron, qui au Chastellain, qui au haut, & la plus part encor' au moyen iusticier. Ce qu'il faut entendre pour le regard du haut & du moyen iusticier, en ce qui est de la visitation & recognoissance sommaire des poids & mesures inégales ou faulses, & non pas de les pouuoir regler & adiuster, & en bailler estalon, comme il sera dict incontinant, & mesme les articles secrets de la coustume de Paris attribuent la visitation des mesures au moyen iusticier. 29 Les coustumes attribuent les poids & mesures aux Seigneurs.

Quant est des Rois des merciers, qui estoient en France anciennement, & qui depuis ont esté appellez Visiteurs, dit Ragueau, ils n'estoient pas instituez par le Roy, ains par le grand Chambrier de France, voire que du Tillet dit, que le grand Chambrier luy mesme estoit appellé Roy des merciers: mais depuis que l'Office feodal du grand Chambrier, auec ses dépendances, a esté revny à la Couronne par le Roy François en l'an 1545. les Rois ont bien commis des Visiteurs, ou Rois des merciers en quelques Bailliages, mais pour visiter dans leurs terres seulement, & non dans celles des Barons, comme il est à croire, que ceux qui 30 Des Roys des Merciers.

31 Supprimez. estoient commis par le grand Chambrier de France, n'auoient pouuoir que
dans les terres du domaine de la Couronne, ou à la suitte de la Cour; lequel Of-
fice de Visiteurs (si Office il doit estre appellé, veu que iamais il ne fut érigé par
Edict) estant prouenu de l'entreprise & vsurpation des grands Chambriers de
France, & n'estant nullement necessaire, au contraire estant de grand foule au
peuple, & s'y commettant de grands abus, comme il fut verifié en l'assemblée de
Roüen 1597. il fut arresté en ladite assemblée, qu'il seroit supprimé: & pource que
l'Edict arresté en icelle assemblée, n'a encor esté verifié, ceste suppression des
Rois des merciers, ou Visiteurs de poids & balances, a esté inserée en l'Edict des
32 Le Roy a la superintendãce sur tous poids & mesures. mestiers, qui fut faict & verifié en la mesme année, mil cinq cens nonante sept.
Vray est, que comme la police generale du Royaume appartient au Roy, &
comme ses ordonnances sont tousiours au dessus de tous reglemens de poli-
33 Ordonnance pour les reduire toutes à celles du Roy. ce, que ses vassaux peuuent faire en leurs terres: il peut iustement ordonner, que
tous les poids & mesures des Seigneurs seront reduites aux siennes, afin qu'il n'y
en ait qu'vne seule sorte en tout le Royaume: ce que les Rois Philippe le Long,
Loys. XI. & François premier ordonnerent, & apres eux le Roy Henry second
34 Ces ordonnances ont reserué le droict des Seigneurs. en fist vn notable Edict en lan 1557. pour l'execution duquel y eut certains Com-
missaires deputez: mais en tous ces Edicts il y a tousiouts eu clause expresse, que
le Roy n'entendoit preiudicier aux Seigneurs qui ont droict de poids & mesu-
res en leur territoire, & qu'ores que leurs poids & mesures fussent reduits à ceux
du Roy, ils ne laisseroient pourtant d'estre marquez des armoiries des Sei-
gneurs.
35 Distinction inuentée de nostre temps. Toutesfois comme le Roy a les mains longues, ses Officiers ont inuenté de
nostre temps vne distinction pour retrancher le droict des Seigneurs, dont ia-
mais on n'auoit ouy parler, disans que comme le Roy seul a la police de la mar-
chandise en gros, aussi les grands poids & mesures appartiẽnent à luy seul: Et sous
cette consideration, nostre Roy d'à present a estably en l'an 1596. des iaugeurs &
marqueurs de fustailles par tout son Royaume, ainsi qu'auparauant il auoit esta-
bly des courratiers de vins, & des marqueurs de cuirs, & depuis a encor estably
36 Interpretation d'vn arrest. des marqueurs de draps.
Mais il ne faut pas inferer de ces Edicts & nouueaux subsides, que les Barons
de France n'ayent entierement le droict de poids & mesures, tant grandes que
37 Iaugeage. petites: & ne fait au contraire l'arrest obtenu par Madame la Duchesse d'Estou-
teville en l'an 1554. par lequel les petits poids & mesures seulement luy furent
adiugez en vne sienne Baronnie située en Normandie: car elle ne pouuoit pre-
tendre les grands poids & mesures, à cause de l'ancienne coustume de Norman-
die, qui au chapitre 16. attribue au Duc les poids & les mesures indistinctement,
ce qui fut neantmoins restraint par cet arrest aux grands poids & mesures: mais
és coustumes qui n'en parlent point, i'estime que les Barons doiuent auoir les
vnes & les autres. Et ainsi se pratique notoirement, fors seulement à l'esgard du
iaugeage, depuis ce moderne Edict: encor y a-il des Seigneurs qui en ont em-
pesché l'execution en leurs terres. Notamment Monsieur de la Trimoüille l'a
gaigné contre le Roy, par arrest donné en la Chambre de l'Edict: & ne fay point
de doute, que le Parlement ne l'eust iugé tousiours ainsi: c'est pourquoy les par-
tisans de cet Edict ont tiré les causes concernantes le iaugeage en la Cour des
38 En quoy consiste le droict de grands poids. Aydes: combien que, s'il appartient au Roy, ce soit vn droict domanial, qui doit
estre de la cognoissance du Parlement.
Or le droict de grands poids consiste à auoir seul en sa ville droict de poiser
pour autruy à grandes balances & poids au dessus de vingt cinq liures, estant
neantmoins permis au bourgeois d'en auoir pour soy en sa maison, & pour
ce appartient au Seigneur douze deniers pour cent liures des marchandises
qu'on poise à son poids, lequel droict il peut bailler à ferme, & partant est tenu
auoir continuellement de bonnes & fortes balances, & des poids de toutes sor-
tes.
39 Arpenteurs par qui instituez. Et quant au droict des grandes mesures, il consiste à pouuoir instituer des Ar-
penteurs: ce qui, és terres du Roy, n'appartenoit iadis qu'au grand Arpenteur
de

de France : mais en l'an 1554. le Roy Henry II. érigea six Arpenteurs en chascun Bailliage en tiltre d'Office, ce qu'il fist neantmoins sous clause expresse de ne preiudicier aux droicts des Barons, qui me faict croire que l'ordonnance de l'an 1575. qui défend aux Seigneurs ayans haute, moyenne & basse iustice, & autres suiects du Roy, d'instituer des Arpenteurs en leurs terres, ne s'entend que des simples hauts iusticiers, & non pas des Barons. 41 Explication de l'ord. 1575.

Et du droict des petits poids & mesures, dépend d'auoir vn Estalon : patron, ou eschantillon public de tous poids & mesures de toutes sortes : & droict d'aiust sur iceluy de tous poids & mesures faictes, ou venduës, ou gardées en son territoire, qui doiuent estre marquées par celuy qui est preposé pour les adiuster, afin que le peuple n'y puisse estre deceu. 42 Droict des petits poids & mesures.

Mais quant à la visitation des poids & des mesures, & punition des delinquans, soit marchands, ou autres, cela ne dépend pas proprement du droict de Police, ains de la iustice : pource que les reglemens de Police estant faicts par le Iuge du Baron, ou Chastellain, auquel la Police appartient, c'est desormais aux Iuges primitifs des lieux à les faire obseruer en leur distroit : c'est pourquoy ceste visitation & coërcion n'appartient pas seulement aux Barons, mais aussi aux hauts iusticiers, voire mesme aux moyens. Et ainsi sans doute faut-il accorder la varieté de nos coustumes, estrange certes de prime-face, les vnes attribuans les poids & mesures aux Barons & Chastellains, à l'exclusion des hauts Iusticiers, & les autres aux moyens Iusticiers. Voire mesme les coustumes d'Anjou & du Maine, en deux diuers articles, attribuent ce droict, tantost au Seigneur Chastellain, & tantost au moyen Iusticier : disant neantmoins, que le Chastellain en prend le patron & essay à soy mesme, & que le moyen Iusticier le prend de son Seigneur suzerain. 43 Punition des contrauentions aux poids & mesures, est acte de iustice, nō de Police. 44 Conciliation des coustumes.

Somme qu'en toutes ses parties de la Police, il faut soigneusement distinguer le droict de faire reglemens politiques (en quoy seul consiste le vray droict de Police) d'auec l'execution & cognoissance des contrauentions à ces reglemens, qui dépend sans doute de la simple & ordinaire iustice. Tout ainsi que faire les loix, est vn droict qui n'appartient qu'au souuerain, mais les executer & faire entretenir est de la charge des Iuges. Et faute d'obseruer cette distinction, il suruient infinis procez iournellement : mesmement à faute de l'auoir considerée, on a osté mal à propos aux Baillifs Royaux la Police, c'est à dire, le droict de faire les reglemens politiques (qui estoit la plus noble partie de leur charge, estant la police vn des droicts de Bailliage, ou iustice superieure) & la-on attribuée aux Preuosts & Iuges ordinaires des villes Royales, ausquels appartenoit seulement l'execution de la Police. 45 Faut distinguer les reglemens d'auec l'execution d'iceux. 46 La Police deuroit appartenir aux Baillifs.

Le second poinct de la Police concerne les mestiers iurez, qu'on a estimé autresfois ne pouuoir estre establis és villes des Seigneurs sans permission du Roy, dont aucuns pensent proceder la distinction des villes iurées & des non-iurées, appellans villes iurées, celles qui ont droict d'auoir mestiers iurez : combien qu'à mon aduis les villes iurées soient celles, qui ont droict de corps de ville & Escheuins, qu'on appelle en quelques endroits Iurats. Mais quoy qu'il en soit par l'Edict du feu Roy, de l'an mil cinq cens quatre vingts vn, confirmé & amplifié par le Roy d'à present, en l'an 1597. il est non seulement permis, mais aussi commandé, que les mestiers de toutes les villes & bourgs soient iurez. 47 De la Police des mestiers. 48 Villes iurées.

Doncques de la police du Baron, ou Chastellain, dépend d'auoir corps de mestiers en sa ville, d'y faire eslire chacun an des iurez, visiteurs, & gardes de chacun mestier, qui soient tenus par certain temps rapporter & affermer deuant le Iuge ordinaire les visitations qu'ils auront faictes chez chacun maistre de leur mestier, & en faire rapport. Et sur tout il appartient au Baron, à l'exclusion du haut iusticier, de faire des statuts & reglemens de chacun mestier : bien que par la loy de Solon, rapportée *in l. Sodales. D. De colleg. illic.* il fust permis aux communautez de les faire eux mesmes. Toutesfois i'ay veu vne ancienne ordonnance de Charles cinquiesme, portant que les statuts des mestiers seront confirmez par le Roy, qui possible se doit entendre des villes Royales : pource qu'on a au- 49 En quoy consiste la Police des mestiers. 50 Faire statuts de mestier à qui appartient.

tresfois tenu, que la redaction, ou du moins la confirmation des statuts de mestiers appartenoit au Roy & aux Seigneurs, & non aux Iuges, Royaux, ou subalternes: & de faict i'ay veu plusieurs statuts de mestiers faicts en forme de chartres par les Ducs & Comtes. Mais cet Edict moderne de l'an 1597. a attribué indistinctement aux Iuges des lieux la redaction & homologation des statuts des mestiers.

51 De la Police des chemins.

52 *Viocuri.*

53 La charge de Voyer de Paris est differente de celles des Commissaires du Chastellet.

Le troisiesme chef de la Police, est le reglement des grands chemins que nous appellons droict de Voyrie: estant les Voyers, ceux que Varon appelle *Viocuros, seu Curatores viarum*, qui estoit l'vne des charges des Ediles des villes Romaines, *l. vnica. D. De via publica.* Vray est que dedans Paris ce sont charges distinctes de tenir les ruës nettes & bien pauées, qui est la charge des Commissaires du Chastellet, & de les tenir entieres, sans saillies, trauerses, estaux, ni autres entreprises, ce qui dépend de la charge du Voyer de Paris.

54 Pourquoy il n'y a Voyer qu'à Paris en tiltre d'Office.

55 Le Roy est seul Voyer à Paris, & pourquoy.

Ie dy notamment du Voyer de Paris: Car ie ne sçay point de ville, où il y ait vn Voyer qu'à Paris: & certainement c'est bien la raison, qu'en la ville capitale du Royaume, où est le siege & principal domicile de nos Rois, il y ait vn Officier exprés, pour auoir soin des ruës, tant pour sa décoration particuliere, que pource que les places y estans plus requises & plus cheres, les entreprises y seroient plus ordinaires. Aussi qu'y ayant plusieurs petites iustices, il a esté bien necessaire, que les Officiers Royaux y ayent seuls retenu tout droict de Police, pour éuiter desordre & confusion, & par consequent la Voirie, qui est l'vne des parties de la police: & voila les raisons particulieres, pourquoy le Roy est seul Voyer à Paris, comme il est dit aux articles secrets de la coustume reformée, & en l'Edict faict en l'an 1539. touchant les droicts des iusticiers de Paris: & encor és lettres patentes du terrier de Paris, de l'an 1549. & en l'Edict de l'an 1548. portant défenses de bastir és faux-bourgs de Paris.

56 Qui est Voyer aux autres villes.

Mais és autres villes Royales, la charge de Voyer est exercée par le Procureur du Roy de la Preuosté & iustice ordinaire, & dépend naturellement de son Office, comme estant sa charge de procurer tout ce qui est de l'interest public, n'ayans les Procureurs du Roy des Preuostez autre charge, outre le criminel, d'autant que ce qui concerne les droicts du Roy, que nous appellons le domaine, est de la charge du Procureur du Roy du Bailliage, suiuant l'Edict de Cremieu: mesme anciennement n'y auoit point de Procureurs du Roi és Preuostez, & c'estoit celui du Bailliage, qui faisoit l'vn & l'autre exercice.

57 Grand Voyer de France.

58 Voyer és coustumes, que signifie.

Voila pourquoy nous ne trouuons point mention de Voyer d'autre ville que de Paris: bien trouuons-nous d'ancienneté le grand Voyer de France, qui ha la superintendance de la Police des grands chemins par tout le Royaume, pour abstraindre les Iuges des lieux de faire leur deuoir chascun endroict soy, à la conseruation & manutention d'iceux. Mais le terme de Voyer, que nous trouuons si souuent dans nos coustumes, notamment en celles d'Anjou, Touraine, le Maine, & Blois (qui és coustumes de Picardie est nommé Vehér, ainsi que Varon dit, que *via* est dite *quasi veha, à vehendo*) signifie le iusticier des villages, que les Romains appelloient, non pas *Viocurum*: mais *Vicomagistrum, seu pagimagistrum*, qui en aucunes de nos coustumes s'appelle le Maire du Village.

59 Gros Voyer, petit Voyer.

60 Iuges sous l'orme.

C'est pourquoy nous trouuons deux sortes de ces Voyers, à sçauoir les gros, ou grands Voyers, qui ont moyenne iustice, & les simples Voyers, ou bas Voyers, ou petits Voyers, qui n'ont que basse iustice, disent ces mesmes coustumes. Ainsi donc le Voyer signifiant *Viocurum* est deriué *à via*, & celui qui signifie le iusticier de village, est deriué à *vico*: vrai est que *voye* en François, signifie aucunesfois vn chemin, & par fois vn village. Si ce n'est qu'on vueille dire que le iusticier de village est dit Voyer, pource qu'il se sied emmi la voie, ainsi que les Grecs l'ont appellé χαμαιδικάστην *id est, humi-iudicantem*, & les Latins *Pedaneum iudicem*, qui iuge *de plano, seu plano pede, nec habet tribunal*, & encor en François nous l'appellons iugé de sous l'orme, dont parlant l'antique Comedie de Querolus, dit que *Ad Ligerim rustici perorant, & priuati iudicant, & de robore (quod quidem est species quercus) sententias dicunt.*

Or

Or pour reuenir à l'autre signification de Voirie, qui est de signifier la police
des grands chemins : c'est la verité, que de tout temps le Roy a pretendu qu'elle
luy appartenoit, & de faict M. Pithou sur le 130. article de la coustume de Troyes
dit, qu'il se trouue vn ancien arrest de l'an 1290. par lequel la Voirie du Comté
d'Anjou, qui n'appartenoit encor au Roy, luy fut adiugée contre le Comte, sui-
uant le tit. *Quæ sunt regal. in feud.*

Au moins plusieurs ont tenu, qu'au Roy seul appartient la Police des grands 61 Voire pretenduë par le Roy és terres des Seigneurs
chemins tendans de païs en autre, ou de bonne ville en autre : attendu que ces
grands chemins sont appellez par les Grecs βασιλικαὶ ὁδοὶ, par les Latins *viæ Regiæ &*
publicæ, & par nous, chemins Royaux. Car, & les autheurs Romains, & nos an-
tiques praticiens ont distingué notamment les chemins Royaux tendans aux 62 Au moins és chemins Royaux.
bonnes villes, d'auec les grands chemins tendans aux villages, que les Romains
ont appellé, *vias vicinales, à vicis*, & les nostres, trauerses.

Viarum omnium (dit Siculus Flaccus *in lib. De condit. agror.*) *non est vna & eadem* 63 Viarum distinctio.
conditio. Nam sunt viæ publicæ Regales, quæ publicè muniuntur, & auctorum nomina obti- 64 Viæ Regales.
nent : nam & curatores accipiunt, & per redemptores muniuntur. Sunt & vicinales viæ, quæ
de publicis diuertuntur in agros, & sæpe ad alteras publicas perueniunt : hæ muniuntur per pa-
gos, id est, per Magistros pagorum, qui operas à possessoribus, ad eas tuendas exigere soliti
sunt : aut, vt comperimus, vnicuique possessori per singulos agros certa spatia assignantur, 65 Viæ vicinales.
quæ suis impensis tueatur. Vlpian en la loy 2. §. *Viarum Nequid in loco public. &c. Viarum* 66 Publicæ viæ.
quædam publicæ, quædam priuatæ, quædam vicinales. Publicas vias dicimus quas Græci βασι- 67 Priuatæ agrariæ.
λικὰς, *nostri Pretorias, alij Consulares appellant, Priuatæ sunt quas agrarias quoque dicunt.*
Vicinales sunt quæ in vicos ducunt, quod ita verum est, si non ex collatione priuatorum agro-
rum constitutæ sunt ; & Theophile aux Instit. tit. *De lege aquilia* Πούβλικα μὲν ἐστὶ ὁδὸς, ἥτις καὶ
Πολιτεία λέγεται, ἢ παρὰ τοῖς Ἕλλησι βασιλική, ἣ πάντες ἄνθρωποι κέχρηνται, ἐπὶ διαφόρους ἀπιόντες τόπους :
βικιναλία δὲ ἡ ἐπὶ κώμας ἄγουσα, βῖκος γὰρ ἡ κώμη, διὰ ταύτης γὰρ βαδίζει πᾶς ἐπὶ τὴν κώμην αὐτόν.

Voila pour les autheurs Romains, dont i'ay bien voulu rapporter, les textes, à 68 Distinction des chemins de France.
cause de leur élegance. Quant aux nostres, voicy ce qu'en dit Bouteiller, *Trauer-*
se est vn chemin, qui trauerse d'vn village en autre (ainsi faut-il lire) *& est commun à tous*
pour gens, & pour bestes & pour charroy : & dois sçauoir qu'en France au Roy appartient tra- 69 Trauerse.
uerses garder & maintenir. Si doit contenir de large, comme le plus des Coustumiers sont d'ac-
cord, iusques à vingt, ou vingt-deux pieds. Item chemin Royal, si est le grand chemin, qui va 70 Chemin Royal.
d'vn pays en autre, & d'vne bonne ville à autre, & doit contenir quarante pieds de large, sur
l'amende de soixante sols au Roy : car au Seigneur souuerain appartient le gouuernement &
cognoissance des grands chemins Royaux, & des cas qui y aduiennent, iaçoit qu'ils passent en
& parmy la terre d'vn haut iusticier.

L'ancienne coustume de Bretaigne faict la mesme distinction, sinon qu'elle 71 Chemins Peageaux.
attribuë la garde des chemins, tendans de ville marchande à autre, au Prince,
c'est à dire, au Duc, & des autres aux Seigneurs iusticiers : celles d'Anjou, Tou-
raine, le Maine, Poictou, & Lodunois, appellent les vns chemins Peageaux,
dont la reparation doit estre faicte (disent-elles) par les Seigneurs Chastellains,
ou autres plus grands, qui en ces coustumes ont droict de Peage. Et les autres
chemins, elles les appellent voisinaux, du terme Latin : à la reparation des-
quels doit, selon icelles, estre pourueu par le Iuge ordinaire, ainsi que de
raison.

Or en consequence de si peu qu'il y a de coustumes, qui attribuent les grands 72 Pretention des Officiers Royaux touchant les chemins.
chemins Royaux à la garde du Prince, il y a des Officiers Royaux, qui se font à
croire, que & des chemins Royaux, & de tous autres chemins publics, non
seulement la garde & superintendance, mais aussi la Police entiere, & iustice or-
dinaire, & encor qui plus est, la cognoissance des delicts commis en iceux leur
appartient, ores qu'ils soient situez dans le territoire des Seigneurs Chastellains,
dont ie diray mon aduis à ma mode.

Premierement il me semble que la distinction des chemins Royaux & des tra- 73 Raisons contraires.
uerses, bien que conuenable, lors qu'il est question d'arbitrer leur largeur, ou
encor possible de contribuer à leur reparation, n'est toutesfois considerable en
la question, si la iustice d'iceux appartient aux Iuges Royaux, ou des Seigneurs.

74 Les chemins Royaux n'appartienent au Roy. Car les chemins, pour estre dicts Royaux, ne sont pas plus au Roy, que les trauerses, ou autres chemins publics; attendu qu'ils sont dicts Royaux, comme les plus grands & excellens, & de fait il est notoire, qu'ils ont esté appellez Royaux par les Romains, & autres peuples, qui n'auoient point de Rois.

75 De mesme. D'ailleurs il est certain que la vraye proprieté des chemins n'appartient pas aux Rois. Car on ne peut dire qu'ils soient de leur domaine, ains ils sont de la categorie des choses qui sont hors de commerce; dont partant la proprieté n'appartient à aucun, mais l'vsage est à vn chacun: qui pour cette cause sont appellées publiques: & par consequent la garde d'icelles appartient au Prince souuerain, non comme icelles estans de son domaine, mais comme luy estant gardien, & conseruateur du bien public.

76 Resolution que la iustice des chemins Royaux appartient aux Seigneurs. Ie dy notamment la garde principale, c'est à dire la superintendance: car en France ce qui concerne l'interest public est commis en premiere instance aux Seigneurs hauts iusticiers, qui ont le premier degré de Seigneurie publique, notamment la Police, & la punition des crimes, comme ie diray en son lieu. C'est pourquoy ie conclu que la Police, ou iustice ordinaire de tous les grands chemins, tendant à la conseruation & manutention d'iceux, appartient aux Iuges ordinaires des lieux, du moins à ceux qui ont droict de Bailliage & Chastellenie, & partant c'est à eux de cognoistre de la reparation d'iceux, & des entreprises qui s'y font: comme ont décidé presque toutes les coustumes, qui ont traicté de cette matiere.

77 Et la superintendance au Roy. Mais quant à la superintendance & Police generale d'iceux, sans doute elle appartient au Roy seul, priuatiuement à ses propres Officiers: comme d'abolir, de changer, de croistre, ou diminuer les chemins: voire mesme c'est vn cas Royal de cognoistre si vn chemin est public, ou non: & sur tout à cause de cette superintendance du Roy: c'est la vraye charge du grand Voyer de France, auquel le Roy l'a remise, & qui represente le Roy au faict de sa charge, de suppléer à la negligẽce des Iuges ordinaires, soit Royaux, ou subalternes, qui laissent entreprendre sur les chemins publics, ou qui n'ont soin de les faire entretenir en bon estat: voire mesme il est tolerable, que les Iuges Royaux en cognoissent en cas de negligence, ou conniuence des Subalternes, ainsi qu'il a esté iugé par plusieurs arrests, qu'ils peuuent prendre cognoissance des crimes, dont les Iuges ordinaires ont negligé faire iustice. Car en effect les cas, où il n'y a aucun poursuiuant, & où le fisque est seul partie, sont suiects à estre delaissez sans iustice: c'est pourquoy il est tres-expedient, qu'à leur esgard les superieurs puissent suppléer la negligence des premiers Iuges.

78 Qu'il n'est expediét d'en oster la iustice aux Seigneurs. Mais d'oster aux Iuges des lieux la iustice ordinaire des grands chemins, non plus que celle des crimes, voire mesme d'en permettre la preuention aux Iuges Royaux, outre que ce seroit contre les ordonnances, qui ne leur reseruent que les cas Royaux & de ressort, ce seroit encor au dommage du public, pource que ces differens des chemins, qui sont de peu d'importance, & neantmoins de difficile instruction, ne pouuans estre vuidez que sur le lieu, ne pourroient estre instruits sans grands frais, s'il falloit qu'vn Iuge Royal, esloigné par fois de dix ou douze lieuës, auec son Procureur du Roy, vn Greffier & ses Sergens, se transportassent sur le lieu, pour en faire visitation & description.

79 Ni aussi la cognoissance des crimes commis en iceux. Moins encor y a-il d'apparence de vouloir soustenir que la cognoissance des delicts commis dans les grands chemins appartiẽne aux Iuges Royaux à l'exclusion des Barons de France, attendu qu'on ne peut nier qu'ils n'ayent leur territoire tout entier, & veu ce qui vient d'estre dit, que la proprieté des chemins n'appartient non plus au Roy, qu'à eux. Mais quand elle luy appartiendroit, voire quand la Police entiere des grands chemins seroit cas Royal, si ne s'ensuiuroit-il pourtant, que les delicts faicts en iceux fussent cas Royaux, non plus que les crimes commis en vne Eglise, cimetiere, ou terre vague, voire mesme en vn heritage du domaine du Roy, qui seroit enclaué dans le territoire d'vne iustice Seigneuriale. Car ce n'est pas la proprieté du lieu où le delict est commis, qui en regle la iustice, ains le pourpris & enclaue du territoire. C'est pourquoy ie

concle.

conclu, qu'il n'y a aucune apparence de mettre entre les cas Royaux les delicts
perpetrez dans les grands chemins, pourueu qu'ils ne soient faits auec ports d'ar-
mes, & en assemblée illicite.

Reste de parler du droict de peage, que plusieurs praticiens estiment faire part 80 Du peage.
de celuy de voirie, & qu'en ceste qualité plusieurs coustumes, comme celles
d'Anjou, Touraine, le Maine, & Lodunois attribuent à tous Chastellains, & par
consequent aux autres plus grands Seigneurs, comme de droit commun. Telle-
ment qu'elles decident que quiconque passe par deuant le chasteau d'vn Cha-
stellain, n'est receuable à iurer, qu'il ait ignoré, qu'il eust droict de peage : aussi
baillent-elles aux grands chemins le nom de chemins peageux, pource que de
droict commun, il y est deu peage.

Ce peage ou plustost payage (car il vient de payer, ou de pays, tesmoin Clau- 81 Diuers
dian, qui l'appelle *Patrium vectigal*, & non pas de *Pedagium*, ains *Pedagium* est mal noms du pea-
tourné du François) est appellé de diuers noms és coustumes & ordonnances, ge.
estant tantost nommé barrage, à cause de la barre assise sur le chemin pour mar- 82 Barrage.
que d'iceluy : tantost pontenage, quand il se paye au passage d'vn pont : tantost 83 Pōtenage.
billette, à cause du petit billot de bois, qu'on pend à vn arbre en signe d'iceluy: 84 Billette.
85 Brāchiere.
tantost branchiere, à cause de la branche d'arbre où ce billot est pendu : tantost 86 Coustume
coustume, mot qui signifie generalement toute prestation introduite plustost 87 Preuosté.
par coustume, que par titre particulier : tantost aussi droict de Preuosté, combien
que la Preuosté comprenne toute sorte de menus droicts casuels d'vn Seigneur,
dont le collecteur est appellé Preuost des amendes, à la distinction du Preuost &
garde de la iustice.

Finalement le peage est quelquesfois appellé Trauers, à cause qu'il est deu par 88 Trauers.
ceux qui trauersent la terre du Seigneur, comme és coustumes de Senlis, Cler-
mont, Valois & autres : combien que proprenent, à mon aduis, Trauers est vn 89 Trauers
autre droict, que le peage, bien qu'il luy ressemble, à sçauoir le tribut que le Sei- que signifie
gneur prend aux limites de son territoire sur les marchandises qu'on enleue de proprement.
dessus sa terre, que les Grecs appellent τέλος, & les Romains l'appellent propre-
ment *vectigal à vehendo*. Mais pource que c'est le plus ancien reuenu des souuerai-
netez, *vectigal* est prins pour tout reuenu public, mesme en fin a esté pris pour le
reuenu des particuliers.

Or y a-il cette difference entre le peage & le trauers, que le peage se paye in- 90 Differen-
differemment par tous ceux qui conduisent de la marchandise dans le chemin ce du peage
Royal, où la billette est assise: & ce que i'appelle trauers est deu seulement par les & trauers.
sujects du Seigneur, qui transportent leurs meubles ou marchandises hors son
territoire par quelque chemin ou passage que ce soit, ce qu'on appelle *desgarnir
la terre*: lequel droict est appellé Leuage en la coustume d'Anjou. 91 Leuage.

Ce trauers fut inuenté du temps que les Ducs & les Comtes se disans souue- 93 Trauers est
rains, & reputans leurs voisins pour estrangers, ne vouloient pas qu'on enleuast du droit de
& transportast rien de leurs païs sans leur permission, & sans qu'on leur en payast souueraineté.
tribut, ainsi que font auiourd'huy les potentats souuerains d'Italie & d'Allema-
gne: dont s'ensuit, que c'est vn droict de souueraineté, voire d'en vser, c'est se
porter pour souuerain, & reputer ses voisins pour estrangers, & de diuerse sou-
ueraineté : & partant c'est vn crime de leze Maiesté, quelque prescription qu'on
en vueille pretendre, n'estans les droicts de souueraineté prescriptibles par les
particuliers, qui mesme ne sont capables de les posseder.

Mais quant aux peages, ils sont fondez sur des causes plus pertinentes, à sça- 94 Occasions
uoir, que les chemins Royaux trauersans de païs en autre, ont accoustumé en des peages.
toute Republique d'estre reparez aux despens du public : or n'y a-il en France 95 Pour l'en-
autre fonds destiné pour leur entretien, que le peage, qui se paye par ceux, qui tretien des
par iceux conduisent de la marchandise, laquelle à succession de temps rompt chemins.
& enfondre le chemin, & pour la conduitte de laquelle les marchands ont in-
terest particulier, que les chemins soient bien entretenus. C'est pourquoy tou-
tes les coustumes qui authorisent les peages, chargent par expres les Seigneurs
qui les leuēt, de l'entretien des chemins, ponts, passages & chaussées, qui est aussi

vn droict commun, que les ordonnances veulent estre obserué par tout.

96. Pour la seureté des chemins.

Il y a encor vne autre charge & obligation fort importante, dont les anciens arrests du Parlement (desquels Ragueau, sur le mot Peage, en rapporte cinq ou six fort notables) ont chargé les Seigneurs prenans peage, à sçauoir, qu'ils sont obligez de tenir les chemins seurs & libres, & partant sont garants & ciuilement tenus des voleries, qui s'y font entre deux soleils: ce qui monstre en passant l'ineptie de ceux qui estiment, qu'ils n'en ont pas la iustice & cognoissance.

97. Que d'ancienneté le seigneur peager deuoit respondre du vol fait en son chemin.

Tant y a, que c'est l'ancien droict de Gaule & d'Italie, qui est remarqué notamment par Aristote, au liure περὶ θαυμασίων ἀκουσμάτων. Ἐκ τῆς Ἰταλίας φασὶν ἕως τῆς Κελτικῆς, Κελτολιγύων, καὶ Ἰβήρων, εἶναί τινα ὁδὸν, Ηρακλείαν καλουμένην, δι' ἧς, ἐάν τε Ἕλλην, ἐάν τε ἐγχώριός τις πορεύηται, τηρεῖσθαι ὑπὸ τῶν παροικούντων, ὅπως μηδὲν ἀδικηθῇ· τὴν γὰρ ζημίαν ἐκτίνειν, καθ' οὓς ἂν γένηται τὸ ἀδίκημα, ce qu'Alciat dit estre encor obserué en quelques endroits d'Italie : c'est pourquoy Claudian, Panegyr. 2. a dit.

——*Patrium vectigal soluere gaudet*
Immunis qui clade fuit.——

Et Iosephe liure 2. de la guerre des Iuifs, rapporte que Cumanus President de la Iudée imputoit & faisoit reparer le vol fait en grand chemin, aux Seigneurs des villages prochains, ainsi que Cujas nous l'interprete au chapitre 11. du dixneufiesme de ses Obseruations, disant qu'il faut lire δεσπότας au lieu de δεσμώτας.

98. Incómodité des peages.

Que s'il plaisoit au Roy remettre en vsage cet ancien droict, les Seigneurs de France ne seroient pas si prompts à prendre des peages, comme ils sont auiourd'huy par tout : dont la marchandise (qui est vn des nerfs de l'Estat, & vn des liens de la societé ciuile) est tellement incommodée en quelques contrées, que les voituriers passent autant de temps à aller chercher les billettes par chacune parroisse, qu'à trauerser pays. Et pour vn denier, ou vn double qu'on prend d'eux, on leur fait tort de plus de cent fois autant. Pource mesme que les peagers, qui sont volontiers quelques soldats déualisez, ou quelques praticiens affamez, ou autres mauuais garnemens, sont si malins, qu'ils pendent leur billette, ou assignent le lieu du peage & acquit le plus loing qu'ils peuuent du grand chemin, & és endroicts les plus effondrez & de difficile accés, afin que les marchāds ennuyez de se destourber, se hazardent de passer sans payer, & que partant ils ayent, ou leur marchandise, ou vne grosse amende. De sorte qu'il n'y a voiturier ordinaire, qui n'aymast mieux payer vne autre taille au Roy, ou vingt fois autant au Seigneur, que d'estre sujet à tels destourbiers.

99. Que le peage n'est deu de droict commun.

Or est-ce vn abus de penser que le peage soit vn droict & dépendance ordinaire des Chastellenies & autres Seigneuries plus hautes, fors és coustumes qui le leur attribuent: attēdu qu'il a esté dit cy-deuant, que c'est vn des droicts de souueraineté, que d'imposer toutes sortes de tributs ou leuées de deniers: c'est pourquoy il faut tenir pour tout certain, que nul peage ne peut estre permis ny imposé par autre, que par le Roy.

100. Abolition des peages.

Mesme pour le regard de ceux qui sont imposez par le Roy, il y a ordonnance de l'an mil cinq cens septante, contenant abolition de tous peages, *de quelque nom & qualité qu'ils soient* (ce sont ses propres termes) *imposez depuis cent ans, à compter depuis l'an 1559. auec inhibition de ne les plus leuer en maniere que ce soit, sur peine aux contreuenans d'estre punis comme exacteurs du peuple, & vsurpateurs de l'authorité Royale:* contenant en outre, *que dans trois mois les pretendans peages enuoyent au Parlement leurs titres, autrement dés à present, comme dés lors, & sans autre declaration, leur en est interdit tout vsage, iusques à ce que tous leurs titres ayant esté veus, autrement en soit ordonné.* Ordonnance qui veritablement n'est que pour les peages de la riuiere de Loire, mais deuroit estre generale, *quia ratio non clauditur loco.*

SOMMAIRE DV DIXIESME CHAPITRE.

1 *Difficulté de ce chapitre.*
2 *Occasion du liure* Des abus des Iustices de village.
3 *La haute, moyenne & basse iustice se rapporte au* merum mixtúmque Imperium & iurisdictio *du droict Romain.*
4 *Pourquoy ils ne s'y rapportent pas directement.*
5 *Cause de la varieté de cette matiere.*
6 *De mesme.*
7 *Interpretation du* merum mixtúmque Imperium, & Iurisdictio *des Romains.*
8 Merum Imperium, *à qui appartenoi.*
9 *Haute Iustice, à qui appartenoit anciennement.*
10 *Que les Seigneurs de France anticiperent du commencement d'vn degré par dessus le droict Romain.*
11 *Moyenne iustice, à qui appartenoit.*
12 *Basse iustice, à qui appartenoit.*
13 *Haute, moyenne, & basse iustice n'estoit anciennement autre chose que grande, mediocre, ou petite Seigneurie.*
14 *Comment les Seigneuries ont augmenté leur puissance.*
15 *De mesme à l'égard des simples iustices.*
16 *Origine de la haute, moyenne & basse iustice d'à present.*
17 *Qu'il ne les faut pas proportionner au* merum, mixtúmque Imperium, & iurisdictio *des Romains.*
18 *Pouuoir des hauts iusticiers.*
19 *Qu'ils n'ont pas la simple iurisdiction toute entiere.*
20 *Qu'ils n'ont pas le* mixtum Imperium *tout entier.*
21 *De leur pouuoir.*
22 *Pouuoir des moyens iusticiers.*
23 *Actes du* mixtum Imperium, *qui n'appartient qu'au Roy.*
24 *Autres qui n'appartiennent qu'aux grands & mediocres Seigneurs.*
25 *Autres qui appartiennent aux hauts iusticiers.*
26 *Autres qui appartiennent aux moyens iusticiers.*
27 *Autres qui appartiennent aux bas.*
28 *Oeuures de loy.*
29 Legis actiones.
30 *Varieté des coustumes touchant le pouuoir des moyens iusticiers.*
31 *De mesme.*
32 *Iustice du sang & du larron.*
33 *De mesme.*
34 *Iustice à sang.*
35 *Qu'ils ne doiuent cognoistre du sang.*
36 *De mesme.*
37 *Du pouuoir des bas iusticiers.*
38 *Deux sortes de basse iustice.*
39 *Elles sont exprimées ès coustumes d'Anjou & du Maine.*
40 *Basse Iustice personnelle.*
41 *Limitee à 60. sols.*
42 Defensores plebis.
43 *Basse iustice fonciere.*
44 *Origine d'icelle.*
45 *Iusticier signifie quelquesfois, faire les executions de iustice.*
46 *Que celuy qui a fief ou censiue n'a pourtant iustice.*
47 Iurisdictio dominorum in agricolas.
48 *Explication du 3. chapitre de la Nou. 80.*
49 *Contre du Moulin.*
50 *En plusieurs lieux ceux qui ont censiue ou fief pretendent auoir iustice.*
51 *Varieté des coustumes touchant la iustice fonciere.*
52 *Qu'elle n'auoit lieu du commencement, que pour les droicts du Seigneur.*
53 *Concession de iustice à vn Seigneur sur ses censiers & vassaux seulement, n'importe que iustice fonciere.*
54 *Comment les iustices foncieres se sont amplifiees.*
55 *Comment s'entendent les coustumes, qui disent que ces iustices ne cognoissent que iusques à sept sols six deniers d'amende.*
56 *De mesme.*
57 *Amendes coustumieres.*
58 *Loy d'amende & amende de loy.*
59 *Pourquoy ès coustumes d'Anjou & Maine les bas iusticiers cognoissent de toutes causes, plustost qu'aux autres.*
60 *Explication de l'art. 27. de la coust. de Blois.*
61 *De mesme.*
62 *Resolution touchant le pouuoir des bas iusticiers.*
63 *Qu'ils ne doiuent cognoistre que iusques à 60. sols.*
64 *Et non d'aucune cause criminelle.*
65 *De mesme.*

DES PETITES SEIGNEVRIES, OV SIMPLES IVSTICES.

CHAPITRE X.

1 Difficulté de ce chapitre.

C'EST icy le nœu Gordien, plus aisé à couper, qu'à denoüer. Ie le dy apres l'auoir essayé : qu'on lise toutes les coustumes, qui ont traicté des iustices, on n'y trouuera que diuersité & confusion : qu'on estudie tous les Autheurs anciens & modernes, qui en ont escrit, on n'y trouuera qu'absurdité & repugnance : qu'on y resue à part-soy tant qu'on voudra, il sera bien habile, qui parmi ces grandes varietez, & des temps, & des lieux, & parmi tant d'absurditez, pourra choisir vne resolution asseurée & équitable.

2 Occasiō du liure *Des abus des iustices de village.*

C'est pourquoi, quand ie m'addonnay premierement à estudier cette matiere, n'en ayant peu venir à bout, ie me fermai en la resolution d'Alexandre le Grand, qu'il falloit coupper le nœu, qu'on ne pouuoit dénoüer. Et partant ie composay le discours *Des abus de ces iustices*, en intention de le mettre icy, concluant par icelui, qu'il falloit plustost tendre à les supprimer, qu'à les regler. Mais vn bruit qui courut lors, que le Roy vouloit faire vne Ordonnance, pour la reformation de la iustice, m'en ayant faict auancer l'édition à part, afin de n'vser icy de redite, i'ay esté contraint tenter maintenant ce que lors ie n'auois peu faire, qui est de discourir à trauers champ, & plustost par coniecture, que certitude, du reglement de ces iustices : attendant qu'il soit venu vne bonne inspiration à sa Majesté, de deliurer tout à fait son peuple du plat païs de l'oppression d'icelles.

3 La haute, moyenne & basse iustice se rapportent au *merū mixtumque Imperium, & iurisdictio* du droict Romain.

Quoi que plusieurs de nos modernes se moquent de ceux qui comparent la haute, moyenne & basse iustice au *merum Imperium*, *mixtum*, *& iurisdictio* du droict Romain, si faut-il confesser, qu'il n'y en a autre moule & patron, que celuy-là, bien que tres-mal rapporté & imité par nous. Car lors que ces iustices de village, qui sont au dessous de celles des fiefs de Dignité, sont venuës en vsage parmi nous, l'intelligence & distinction du *merum, mixtumque Imperium*, & de la iurisdiction des Romains estoit dés long temps perduë & incogneuë :

4 Pourquoy ils ne se rapportent pas directement.

pource que les Autheurs du droict Romain, ne s'estans pas amusez à representer par leurs liures le styl & formes iudiciaires d'icelui, qui de leur temps estoient toutes notoires, il nous a esté impossible apres la mutation de leur estat, de les

5 Cause de la varieté de ceste matiere.

comprendre au certain. De sorte que sur l'explication de ces termes, il s'est trouué infinies sortes d'opinions des interpretes du droict, qui ont escrit apres la subuersion de l'Empire Romain: dont les vnes ont esté suiuies en aucunes de nos Prouinces, & les autres en d'autres : comme ainsi soit que nos Roys, iadis plus empeschez & enclins à la guerre, qu'à la iustice, s'en reposoient sur les Seigneurs, ou Officiers des lieux, & ainsi laissoient à chacun d'iceux establir en son territoire tel droict qu'il vouloit, & par consequent, permettoient que chasque païs vescust à sa guise, dont est prouenuë l'incertitude & varieté de nos coustumes.

Mais quoi que ce soit, nos diuers vsages au faict de ces iustices, se rapportent tous aux diuerses opinions des interpretes du droict Romain, touchant le *merum mixtúmque Imperium*, & la iurisdiction : & font tousiours quadrer & correspondre la haute iustice au *merum Imperium*, la moyenne au *mixtum*, & la basse à la simple iurisdiction des Romains, selon que chacun d'eux l'a entenduë : & de faict, nos escriuains François, soit anciens, ou modernes, qui en ont traicté en Latin, ne les peuuent nommer d'autres termes, que de ceux-là du droict Romain: & ceux reciproquement qui escriuent en François des iustices Romaines, n'en peuuent parler que par les noms de nos iustices. 6 De mesme.

Combien qu'à vrai dire, le *merum mixtúmque Imperium & iurisdictio* des Romains n'estoient pas des iustices ou auditoires separez, & propres à diuerses personnes, comme sont nos haute, moyenne & basse iustices : ains c'estoient trois diuers degrez de puissance, de ceux qui auoient auctorité au faict de la iustice, estant le *merum Imperium* la puissance de condamner les hommes à mort, que les Magistrats n'auoient pas du droict de leur Office, ains qui leur estoit concedée par commission particuliere : le *mixtum Imperium*, la puissance ordinaire des Magistrats, qui estoit d'auoir le commandement meslé de iurisdiction : & finalement la simple iurisdiction estoit la puissance de ceux qui estoient commis par les Magistrats, pour exercer leur iustice soubs leur nom & auctorité, comme i'ay prouué au sixiesme chapitre du premier liure *Des Offices*, qu'il faudra conioindre auec le present discours, pour bien conceuoir l'vn & l'autre : & sur tout y apporter de l'attention. 7 Interpretation du *merum mixtúmque Imperium*, & *iurisdictio* des Romains.

I'ay dit, que le *merum Imperium*, ou droict de glaiue, n'appartenoit pas aux Magistrats du propre droict de leur Office, ains leur estoit deferé par commission particuliere : & par ainsi c'estoit vn degré de puissance par dessus le pouuoir ordinaire des Magistrats, lequel pouuoir estoit le *mixtum Imperium*. Ce qu'il faut entendre auoir eu seulement lieu és premiers temps, & lors du droict des Digestes. Mais soubs les derniers Empereurs, le droict de glaiue fut tellement accoustumé d'estre attribué aux Gouuerneurs des Prouinces, qu'il fut en fin tenu pour vn droict & dépendance ordinaire de leurs Offices, comme i'ay aussi discouru au premier chapitre du liure second *Des Offices*. 8 *Merum Imperium*, à qui appartenoit.

A laquelle mutation nos ancestres n'ayans pris garde, ont pensé, que la puissance ordinaire des Magistrats, notamment des Gouuerneurs des Prouinces & Villes qui en estoient aussi les Iuges ordinaires, estoit d'auoir ce droict de glaiue, ainsi qu'auoient eu les derniers, qui auoient esté en Gaule pour les Romains, & par consequent ont attribué la haute iustice aux Ducs & aux Comtes, qui en France ont esté les premiers Gouuerneurs & Iuges ordinaires des Prouinces & des Villes, qui aussi auoient seuls anciennement la haute iustice, comme il a esté dit cy-deuant, entendant par la haute iustice ce que les Romains appelloient, *merum Imperium, seu ius gladij*, c'est à dire, la puissance de condamner à la mort, ou autre punition corporelle : d'où vient qu'encor auiourd'huy en nos propos vulgaires, nous appellons telle condemnation, acte de haute iustice, & le bourreau l'executeur de haute iustice. 9 Haute iustice, à qui appartenoit anciennement. 10 Que les Seigneurs de France anticiperent du cõmencemẽt d'vn degré par dessus la regle du droit Romain.

Ayant donc attribué aux Magistrats ordinaires le *merum Imperium*, comme dépendant naturellement de leur charge, combien que selon l'ancien droict Romain, il ne leur appartient que le *mixtum Imperium*, il a fallu continuer à anticiper tousiours d'vn degré par dessus le droict Romain, & attribuer ce *mixtum Imperium*, à d'autres moindres, que les Ducs & Comtes, à sçauoir aux Vicomtes, Viguiers, Preuosts, & Chastellains des villes, qui estoient leurs 11 Moyenne iustice, à qui appartenoit.

Lieutenans, & correspondoient directement aux mandataires de iurisdiction du droict Romain, & partant ne deuoient auoir que la simple iurisdiction, n'estans pas Magistrats, ains simples Lieutenans commis deleguez par les Magistrats ordinaires. Ainsi donc ils eurent la moyenne iustice, c'est à dire, le commandement & la iurisdiction tout ensemble, pour l'exercer en leur propre nom, comme si elle leur eust esté propre : qui fut cause qu'ils ne tarderent gueres à se faire vrais Magistrats, & par apres à vsurper la haute iustice, que nous auions en France attribuée aux Magistrats.

12 Basse iustice, à qui appartenoit. Par ainsi, continuant tousiours cette anticipation d'vn degré, il a fallu attribuer la simple iurisdiction à d'autres moindres que les Vicomtes, Preuosts & Chastellains des villes, à sçauoir aux Maires, Preuosts & Chastellains des villages. Mais d'autant qu'au droict des Digestes, le pouuoir de la simple iurisdiction, n'est pas bien nettement distingué d'auec celui du *mixtum Imperium, cui iurisdictio cohæret* : d'autant aussi que les mandataires de iurisdiction furent reduicts par les loix du Code, à cognoistre simplement des causes legeres, ainsi que les πονηρῶν, Defenseurs du menu peuple, & Iuges pedanées, comme i'ay discouru en ce 6. chapitre du premier liure Des Offices : de là est venu qu'en France nous auons aussi limité la puissance des bas iusticiers, à cognoistre des causes legeres.

13 Haute, moyenne & basse iustice, n'estoit anciennement autre chose que grande, mediocre & petite Seigneurie. De ce discours il se cognoist clairement, que selon le premier establissement des iustices & Seigneuries de France, les hautes, moyennes & basses iustices n'estoient autre chose, que ce que i'appelle en ce liure les grandes, mediocres, & petites Seigneuries : comme à la verité, toutes les Seigneuries, & notamment les subalternes consistent principalement & formellement en leur iustice. Et pour vrai, les Ducs & Comtes, & autres vassaux immediats de la couronne estoient seuls & vrayement hauts iusticiers, & Magistrats ordinaires de la iustice, aussi bien que du gouuernement, establis par le Roy, qui seul peut côferer la puissance de iuger de la vie de ses subjects. Pareillement les Vicomtes, Viguiers, Preuosts & Chastellains des villes, qui de leur origine estoient les Lieutenans des Ducs & Comtes, estoient les moyens iusticiers, ayans & le commandement & la iurisdiction, qui par eux leur estoit laissée & commise en vertu de la regle du droict Romain, que le Magistrat ordinaire peut commettre toute la function de son Office, mais non pas le *merum Imperium*. Aussi a-il esté prouué cy-deuant, que les Vicomtes n'auoient de leur premiere institution que la moyenne iustice, qui encore en Picardie est appellée *iustice Vicomtiere*, ou *droict de Vicomté*. Bref, les bas iusticiers n'estoient autres que les Maires, Preuosts & Chastellains des villages, qui auoient seulement la cognoissance des causes legeres, tesmoin les coustumes, qui limitent la iurisdiction des Chastellains à soixante sols : aussi que nos Docteurs sont d'accord, que le mot de iustice simplement enoncé, ne signifie & importe que la basse iustice, comme a remarqué Chassanée au commencement de sa coustume, ainsi qu'en droict la iurisdiction ne signifie que la nuë iustice sans commandement.

14 Comment les Seigneurs ont augmété leur puissâce. Voila ce qui estoit au commencement. Mais comme en matiere de Seigneuries, & de iustices on tasche tousiours, & en fin on trouue moyen d'empieter, les Ducs & Comtes en premier lieu se sont faits Princes, & ont vsurpé les droicts Royaux : Les Vicomtes & Barons par apres sont montez en leur rang, & se sont faits premiers Magistrats : & finalement les Chastellains ayant conuerti leur Office en Seigneurie ont vsurpé la iustice entiere de leur territoire. De sorte qu'en fin tous les fiefs de Dignité ont non seulement eu la haute iustice,

15 De mesme à l'égard des simples iusticiers. mais aussi ont mis soubs soy des iustices inferieures, pour remplir la place vacante des moyennes & des basses iustices. Or ces iustices inferieures n'estoient du commencement que simples iustices, c'est à dire, sans tiltre particulier de Dignité, qui partant ne deuoient toutes estre, que des basses iustices, telles que la simple iurisdiction du droict : neantmoins, croissans de degré en degré, ainsi que les autres Seigneuries auoient ja faict, elles ont à la parfin occupé le nom & la place des hautes, moyennes & basses iustices : & ce possible soubs la faueur de l'équiuoque du nom de iurisdiction, ou iustice : qui en droict signifie tantost la

basse iustice, & tantost est le genre, qui comprend sous soy les trois degrez & especes de iustice, ou plustost, d'autant que les habitans des villages, où il y auoit basse iustice, pour gratifier leur Seigneur en amplifiant sa iustice, & craignans luy desplaire en faisant le contraire, ou mesme pour leur commodité particuliere, d'auoir leur Iuge sur le lieu, bien qu'il ne fust ordonné, que pour les legeres, ont neantmoins eu recours à luy, pour tous leurs differens: & ainsi par vne prorogation volontaire de iurisdiction, (approuuée en ce cas par la loy *Inter. Ad municip.* & par la loy *De qua re.* §. *Iudex. D. De iudicijs*) les simples iusticiers ont pris coustume de cognoistre de toutes causes. Duquel changement il se trouue vne remarque fort notable en vn ancien arrest du Parlement de Toussaincts de l'an 1272. rapporté par M. Choppin, sur la coustume de Paris, liure premier, tiltre 2.

C'est pourquoy par apres, lors que les Seigneurs ont voulu conceder des Iustices, ils ont nommément exprimé l'espece, ou degré, qu'ils entendoient conceder, à sçauoir de la basse, ou de la moyenne iustice, & quand ils ont concedé la haute, ils ont dit qu'ils concedoient toute iustice haute, moyenne & basse. Et par ce moyen sont demeurées iusques à nostre temps ces trois especes de iustice; mais bien d'autre façon qu'elles n'estoient du commencement. Car comme il vient d'estre dit, du commencement elles estoient seulement attribuées aux fiefs de dignité, & maintenant ce sont especes de Seigneuries, au dessous de toutes celles de dignité. 16 Origine de la haute, moyenne & basse iustice d'à present.

C'est pourquoy il ne faut pas proportionner ni égaler les hautes iustices d'à present au *merum Imperium*, ni les moyennes au *mixtum*, ni les basses à la simple iurisdiction du droict. Car au lieu que le *merum Imperium* contenoit puissance de iuger de tous crimes sans exception, mesme possible en souueraineté & sans appel, comme i'ay dit au 1. liure Des Offices, nos hautes iustices n'ont pas cognoissance des grands crimes, voire mesme elles n'ont pas entierement le *mixtum Imperium*, n'ayans tout à fait cette partie d'iceluy, qui participe plus du commandement que de la iurisdiction, & qui estoit appellée en droict *Legis actio*. 17 Qu'il ne les faut pas proportionner au *merum mixtúmque Imperium, & iurisdictio* des Romains.

Et partant hors la cognoissance des crimes communs, qu'en France nous auons estimée estre plus de iurisdiction que de commandement, elles n'ont presque au demeurant que ce qui est de la simple iurisdiction, sous laquelle est compris le commandement qui y est adherent & inseparable; *& sine quo iurisdictio explicari non potest*: & par ainsi elles n'ont que ce qu'auoit au droict Romain le mandataire de iurisdiction, auquel nous auons dit, que la simple iurisdiction du droict residoit: aussi est-ce la pure verité, que comme ils sont simples iusticiers, aussi ne doiuent-ils auoir que la simple iurisdiction. 18 Pouuoir des hauts Iusticiers.

Encor ne l'ont-ils pas toute entiere en aucunes coustumes, ains y a certaines causes, dont la cognoissance leur est interdicte, à sçauoir celles, qui par l'ancien vsage de France souloient estre reseruées à la personne des Magistrats, & depuis de leurs Baillifs, comme les causes des Nobles des grands chemins, & cas aduenus en iceux. Et pour ce qui dépend du *mixtum Imperium*, ils n'ont pas la police (i'enten seulement en ce qui est de faire les reglemens politiques, & non en ce qui concerne l'execution d'iceux) le notariat, ou tabellionné, les bans & cris publics, & ne doiuent pas auoir les decrets, comme il a esté prouué aux deux precedens chapitres. 19 Qu'ils n'ont pas la simple iurisdiction toute entiere. 20 Qu'ils n'ōt pas le *merum Imperium* tout entier.

Hors cela les hauts iusticiers cognoissent indifferemment de toutes causes tant ciuiles, que criminelles: encor y a-il plusieurs coustumes, & notamment la reformée de Paris en ses articles secrets, qui sans auoir esgard aux raisons cy-dessus deduites, & voulant égaler tout à faict les hautes iustices au *merum Imperium* du droict, leur ont attribué toutes causes sans exception, fors seulement les cas Royaux. 21 De mesme de leur pouuoir.

Dont s'ensuit à plus forte raison, que le *mixtum Imperium* du droict n'appartient pas tout à faict aux moyens iusticiers, notamment ces trois poincts, qui sont interdicts aux hauts iusticiers, à sçauoir la police, le notariat & les bans: & le mesme deuroit estre des decrets, 22 Pouuoir des moyens Iusticiers.

23 Actes du *mixtum Imperium* qui n'appartiennent qu'au Roy.

Et faut noter qu'il y a tels actes, ou dépendances de ce *mixtum Imperium* du droict, qui n'appartiennent pas mesme aux Comtes ni aux Ducs, voire qui n'appartiennent pas aux plus grands Magistrats Royaux, mais sont reseruez purement au Roy, comme les restitutions en entier, les dispenses contre le droict commun, & autres semblables actes, qui à Rome dépendoient du *mixtum Imperium*, & appartenoient au Preteur, ou Magistrat ordinaire.

24 Autres qui n'appartiennent qu'aux grands & mediocres Seigneurs.

Autres actes y a du *mixtum Imperium*, qui n'appartiennent encor à present qu'aux Chastellains, & autres plus grands Seigneurs, comme les trois qui viennent d'estre recitez, la police, le notariat, & les bans : autres qui appartiennent seulement aux hauts Iusticiers à l'exclusion des moyens, & des bas, comme d'ordonner les separations de biens entre gens mariez, interdiction aux prodigues, & les decrets en aucunes coustumes. Autres aussi qui appartiennent aux moyens iusticiers, à l'exclusion des bas, comme le scellé, confection d'inuentaire, émancipation, dation de tuteurs & curateurs. Autres finalement qui appartiennent aux bas iusticiers, comme les saisies, nantissemens, ou ensaisinemens, qui sont laissez à tous les Iuges des lieux, à cause de la celerité qui y est requise, suiuant la loy 1. *De damno infecto*. Et lesquels actes du *mixtum Imperium*, appartenans aux bas iusticiers, les coustumes du païs de Flandres appellent particulierement *œuures de la loy*, combien que proprement tous les actes du commandement meslé, qui participent plus du commandement que de la iurisdiction, soient appellez en droict, *Legis actiones*, selon la plus vraye opinion.

25 Autres qui appartiénent aux hauts Iusticiers.
26 Autres qui appartiennēt aux moyens.
27 Autres qui appartiennēt aux bas.
28 Oeuures de loy.
29 *Legis actiones*.

30 Varieté des coustumes touchant le pouuoir des moyens iusticiers.

Mais pour reuenir au pouuoir du moyen iusticier, il est certain qu'il ha la cognoissance de toutes causes ciuiles, tout ainsi que le haut iusticier; mais quant aux criminelles, nos coustumes y sont fort variables. Car les vnes, comme celle de Paris, de Niuernois, & autres, ne luy attribuent cognoissance, que de celles dont l'amende ne peut exceder soixante sols : & de faict on tient pour maxime du droict coustumier, que le moyen iusticier ne peut imposer plus grosse amende.

31 De mesme.
32 Iustice *du sang, & du larron*.

Les autres, comme les coustumes des païs de Picardie & de Flandres, luy attribuent la cognoissance *du sang, & du larron*, (disent elles) c'est à dire, les battures à sang, & de poing garny, pourueu que ce soit de chaude chose, comme l'interprete la coustume de Senlis, article 110. & la cognoissance du larcin non qualifié & capital : pourautant, à mon aduis, que ces delicts sont plus frequents que les autres : & de faict il y a plusieurs concessions de iustice faictes auec cette clause, *cum sanguine & latrone*, autres au contraire, *excepto sanguine & latrone*.

33 De mesme.

Autres encor attribuent au moyen iusticier tous les delicts indifferemment, n'importans peine de mort, ni mutilation de membre, qui sans doute estoient comprins sous le *mixtum Imperium* du droict. Voire mesme il y a des coustumes, à sçauoir celles d'Anjou, Touraine & le Maine, qui luy attribuent l'homicide non pourpensé, & le larcin ores que capital, & partant appellent la moyenne iustice, *iustice à sang*, & permettent au moyen iusticier d'auoir des fourches patibulaires.

34 *Iustice à sang*.

35 Qu'ils ne doiuent cognoistre du sang.

En quoy, sauf correction, il n'y a nulle raison de donner à des Iuges guestrez, & sous l'orme, la puissance de la vie, & la mort des hommes, qui est tout autant de puissance, qu'en auoient les anciens Proconsuls & Presidens des prouinces de Rome, qui encor n'auoient que le *mixtum Imperium*, si le *merum* ne leur estoit specialement concedé, lequel aux premiers temps n'estoit gueres baillé aux Proconsuls, sinon en faict de guerre, comme Dion a remarqué au liure 53.

36 De mesme.

Comme aussi ie n'estime pas, que de droict commun en France, le moyen iusticier doiue auoir la cognoissance *du sang & du larron* : & de faict Guenois en sa conference des coustumes, rapporte vn arrest donné en la plaidoirie du mardy matin, vingt-quatriesme Nouembre, 1551. par lequel a esté iugé, que depuis qu'en batterie y a effusion de sang, c'est cas de haute iustice. Dont Bacq. au 10. chap. Des droicts de iustice, allegue encor deux autres arrests. Dont s'ensuit que regulierement, & de droict commun, les moyens iusticiers ne doiuent cognoistre, que des delicts bien legers.

Quant

Quant aux bas iusticiers, c'est chose quasi impossible de concilier les coustu- 37 Du pouuoir des bas iusticiers.
mes qui parlent de leur pouuoir, toutesfois pour y apporter quelque esclairisse-
ment, il faut remarquer, qu'en icelles il se trouue deux especes de basses iusti-
ces, qui n'ont iamais esté distinguées par aucun praticien, que ie sçache (ce qui 38 Deux sortes de basse iustice.
est cause de la confusion qui se trouue en ce poinct) à sçauoir les basses iustices
personnelles, & les iustices foncieres, ou basses iustices réelles, & cette distin-
ction bien entenduë, ostera beaucoup de la difficulté, qu'il y a de bien compren-
dre le pouuoir des bas iusticiers.

Ces deux sortes de basse iustice se trouuent separément rapportées és coustu- 39 Elles sont exprimées és coustumes d'Anjou & du Maine.
mes d'Anjou & du Maine, qui sont celles, dit le grand Coustumier, qui traictent
le mieux les droicts de iustice. Car le premier chapitre de ces deux coustumes
traicte de la basse iustice, réelle & fonciere, aussi est-il intitulé *De basse iustice, fon-
ciere, & simple voirie, qui est tout vn*, ce sont les mots de la rubrique : & porte le pre-
mier article que cette iustice cognoist seulement des causes réelles. Et par apres
au chap. *Des droicts de Chastellenie*, il est porté que le Seigneur Chastellain *a vn Iu-
ge, ou Officier Chastellain, qui cognoist des causes personnelles iusques à soixante sols entre lais
& roturiers seulement* : voila la basse iustice personnelle.

Ie dy doncques, que les basses iustices personnelles estoient anciennement tou- 40 Basse iustice personnelle.
tes les iustices de village, prouenuës de concession ou érection, & non pas d'v-
surpation, ie dy toutes sans exception : car mesme la iustice originaire & primiti-
ue des Chastellains de village, n'estoit que de cognoistre des causes personnel- 41 Limitée à 60. sols.
les, iusques à soixante sols, comme ces deux coustumes nous apprennent. Bien
est vray que les Comtes pouuoient bien auoir vn Lieutenant, ou mandataire de
leur iurisdiction entiere resïdant en leur ville capitale : mais hors celuy-là, s'ils
mettoient aux villages des autres deleguez, ou Lieutenans, comme estoient
les Chastellains de village, ceux-là n'auoient pas la iurisdiction entiere, ains n'a-
uoient que telle iustice, que les [illegible], *Iudices Pedanei & defensores plebis*, du droict
Romain, desquels la cognoissance estoit limitée, *ad quinquaginta solidos. l. 1. Cod.* 42 Defensores plebis.
de defens. ciuit. Ce que nos anciens praticiens ont interpreté, cinquante sols, com-
bien que ce fussent cinquante escus sol.

Quant aux iustices foncieres, que les coustumes d'Anjou & du Maine appel- 43 Basse iustice, fonciere.
lent aussi basses iustices, elles ne sont pas venuës de concession expresse, ains
d'vsurpation, qui en plusieurs prouinces a passé en droict commun, à cause d'vne
faulse opinion de nos anciens praticiens, qui estimoient que toute Seigneurie
feodale, c'est à dire tout fief ayant vassaux, ou censiue, importoit de sa propre
nature droict de iustice sur les vassaux & censiers, qui en dépendoient, du moins
pour le recouurement de ses droicts de Seigneurie.

Laquelle faulse opinion est prouenuë de l'équiuoque du terme de Seigneurie, 44 Origine d'icelle.
& confusion de la Seigneurie publique, qui est droict de iustice, auec la Seigneu-
rie directe, qui n'est qu'vne espece de Seigneurie priuée, tout de mesme que
sous la faueur de cest équiuoque ceux qui ont la Seigneurie directe des maisons
d'vn village, & dont elles meuuent, ou en fief, ou à cens, se qualifient Seigneurs
de ce village, combien que le vray Seigneur du village soit celuy seul qui en ha
la Seigneurie publique, c'est à dire la iustice. Ou plustost cette opinion est pro-
uenuë de ce que plusieurs coustumes permettent aux Seigneurs feodaux de sai-
sir de leur propre auctorité les fiefs de leurs vassaux : & aux Seigneurs censiers,
d'obstacler les maisons redeuables de leur cens, ou mettre les huis & fenestres
d'icelles hors des gonds : ce qu'ils ont éstimé estre acte de iustice, à l'occasion
mesme des amendes, que les Seigneurs directs leuent sur leurs vassaux, qu'ils
ont aussi estimées estre droicts de iustice : & de faict en plusieurs coustumes & li- 45 Iusticier signifie quelquesfois faire les executiõs de iustice.
ures des antiques praticiens, faire ces saisies s'appelle, *iusticier pour son fief & pour
son cens*.

Ce qui est fort bien exprimé en l'ancien coustumier de Normandie, chap. 3. 46 Que celuy qui a fief, ou censiue n'a pourtant iustice.
*Aucunesfois appelle-on iustice, vne detresse qui descend de droict : si comme lon dit d'aucun,
qu'il iusticie bien ses hommes, telle iustice est faicte par prendre meubles, ou fief, ou corps.*

C'est neantmoins chose faulse, que quiconque a fief, ou censiue sous sa Seigneurie, ait aussi iustice, attendu ce qui a esté dict cy dessus, que la Seigneurie publique, qui seule importe iustice, est specifiquement differente de la Seigneurie directe, qui est vne espece de Seigneurie priuée. Et ce que nous appellons Seigneurs, ceux desquels nous tenons en fief, ou à cens, c'est faute d'auoir autre terme François, qui signifie cette espece de Seigneurie. D'ailleurs les saisies que ces Seigneurs font de leur auctorité, ou obstaclemens des portes, ou dégonsemens des fenestres, ne sont pas actes de iustice, qui se facent auec cognoissance de cause, ains sont exploicts domaniaux, c'est à dire actes de Seigneurie priuée, *& factum domini re sua vtentis*: & toutesfois, pource qu'ils semblent participer de puissance publique, toutes les nouuelles coustumes défendent aux Seigneurs de les faire sans permission de iustice : *nec enim priuatis permittendum est, quod per Magistratum fieri debet. l. Non est singulis. D. De regulis iuris.*

47 *Iurisdictio dominorum in agricolas.*

Cette faulse opinion peut aussi estre prouenuë de ce que Iustinian en la Nou. 80. chap. 2. dit que *si agricolæ constituti sub dominis litigent, debent possessores eas decernere pro quibus venerunt causas, & postquam ius eis reddiderint, mox eos domum remittere*: c'est pourquoy il dit au chapitre suiuant, que *agricolarum domini eorum iudices à se sunt statuti*.

48 Explication du 3 chapitre de la Nou. 80.

Elle peut aussi prouenir de ce que Cesar au 6. liu. *De bello Gallico*, dit que *in Gallia Principes regionum atque pagorum inter suos ius dicunt, controuersiasque minuunt.* Car cette iustice attribuée par Iustinian, estoit vne iustice œconomique & familiere des maistres sur leurs colons, qui estoient lors demy serfs : *vt in titulo De agricolis & censitis. lib. 10. Cod. constituti nimirum sub dominis*, dit notamment le chap. 2. de cette Nou. autrement, & s'ils eussent esté tout à fait libres, *non habuissent dominos nec possessores, id est, se possidentes.*

49 Contre du Moulin.

De sorte que du Moulin s'abuse grandement, quand au 2. art. de la coustume, gl. 3. il entend cette Nou. des gens de village libres tout à faict, & qu'il veut tirer de ce texte l'origine des iustices Seigneuriales : & de faict cette Nou. adiouste que quand les colons ont procez contre leur Seigneur, ce n'est plus luy qui en est Iuge, ains faut auoir recours au Iuge ordinaire : combien que notoirement les plus communes, voire, selon plusieurs coustumes, les seules causes des iustices Seigneuriales, sont les causes d'entre le Seigneur & ses suiects. Et quant au passage de Cesar, il le faut entendre des principaux Officiers des bourgs, qui y commandoient en paix & en guerre, comme i'ay dit au 2. chap. de ce liure.

50 En plusieurs lieux ceux qui ont censiue, ou fief pretendét auoir iustice.

Mais neantmoins cette faulse opinion a esté cause qu'en plusieurs contrées & prouinces tous les Seigneurs, qui ont ample censiue & plusieurs vassaux, se sont ingerez de faire exercer d'authorité priuée vne maniere de iustice, pour se faire payer de leurs droicts Seigneuriaux : ce qu'ils appellent en Beausse, & notamment au Perche, où cela est tout commun, *iustice pour ses droicts & debites.*

51 Varieté des coustumes touchant la iustice fonciere.

Voila l'origine de la iustice fonciere, qu'à bon droict plusieurs coustumes ont reiettée & defenduë tout à faict, comme celle de Meaux, Valois, Xainctonge, S. Paul, & Paris aux articles secrets : autres en ont faict vn quatriesme degré au dessous de la basse iustice, comme Sens, Auxerre, l'autheur du grand Coustumier au lieu sus-allegué, & Bacquet au commencement de son liure *Des droicts de iustice* : bref d'autres la confondent auec l'autre espece de basse iustice, comme les coustumes d'Anjou, Touraine, le Maine, & Lodunois,

52 Qu'elle n'auoit lieu du commencement que pour les droicts du Seigneur.

Quoy que ce soit, il est tout certain que cette iustice fonciere n'auoit lieu de son origine, que pour raison des droicts du Seigneur, comme il est dit expressément en la coustume reformée du grand Perche, tit. 1. art. 24. & en celle de Sole, tit. 12. art. 1. & Bouteillier au tit. *Du droict au bas iusticier. Si sçachez*, dit-il, *que le iusticier qui tient en basse iustice, si est d'auoir tant seulement iustice de se faire payer de ses rentes.* Et ainsi failloit-il entendre le 27. art. du 3. tit. de la coust. de Blois (sur lequel il y eut tant de debat, lors de la redaction, comme a dit Pontanus)

53 Concession de iustice à vn Seigneur sur ses censiers & vassaux seulement, n'importe que iustice fonciere.

qui porte *que le bas iusticier ha cognoissance sur ses suiects, & estagers.* Car ainsi faut-il lire, & non pas *estrangers* : dont resulte en passant vne conclusion fort notable, que les concessions des iustices faictes à vn Seigneur de fief sur ses censiers & vassaux seulement (comme il y en a plus de cette sorte, que d'autres) n'importent proprement que cette iustice fonciere, n'estant la iustice concedée indéfinimẽt niment en l'vniuersité du territoire, ains seulement sur les censiers & vassaux, qui est à dire, entant qu'ils sont poursuiuis comme tels, & non quand ils sont appellez en autre qualité. Car toute iustice ordinaire doit auoir son enclaue certain & entier: aussi que ces concessions de iustice, faictes sans permission du Roy, estans de soy nulles, quoy que ce soit estans exorbitantes & abusiues, on ne peut moins faire, que de les restraindre & retrancher, tant que faire se peut.

Mais à succession de temps, les Iuges de ces iustices foncieres, non contens de cognoistre des droicts de leur Seigneur, que plusieurs coustumes appellent les causes d'Office, qui pourtant estoit la plus ample iurisdiction qu'ils peussent pretendre en consequence de la simple Seigneurie feodale & fonciere, ont encor entrepris de cognoistre d'autres causes foncieres & mixtes de partie à partie: notamment des petits differens naissans ordinairement dans les villages, & qui ne se peuuent bien vuider que sur le lieu, comme du bornage des terres, du dommage des bestes, & autres semblables, dont n'y a que loy d'amende, ou amende de loy, c'est à dire, de sept sols & six, comme l'expliquent disertement les coustumes d'Anjou & du Maine. 54 Comment les iustices foncieres se sont amplifiées.

Ce qui semble neantmoins vn vray énigme: attendu que ces mesmes coustumes disent peu auparauant que le bas iusticier, ou Seigneur foncier, n'a cognoissance d'aucunes causes criminelles, & ne parlent en cest endroict, que des causes ciuiles réelles. Et est encor plus obscur, ce que dit le 27. art. de la coustume de Blois, que *le bas iusticier ha cognoissance sur ses suiects & estagers de toutes actions personnelles ciuiles, dont les amendes n'excedent point sept sols six deniers tournois.* Car comment se peut-il faire que les iustices soient limitées és causes ciuiles par les amendes, veu que comme nous viuons à present, il n'y a presque point de cause ciuile, ou il eschée amende? & lors qu'on pratiquoit les amendes de contestation, elles estoient vniformes de sept sols & six en toutes causes, comme il sera dit incontinant. 55 Comment s'entendent les coustumes qui disent que ces iustices ne cognoissent que iusques à sept sols six deniers d'amende.

C'est pourquoy les coustumes reformées de Meleun & de Paris, se cuidans accorder auec les anciennes des autres lieux, ont dit que le bas iusticier cognoissoit des delicts iusques à sept sols six deniers d'amende: & des causes ciuiles, iusques à soixante sols: ce qui toutesfois ne conuient pas à ces autres coustumes, qui parlent expressément de l'amende des causes ciuiles, & non des criminelles. 56 De mesme.

Donc quant aux coustumes d'Anjou & du Maine, il les faut interpreter par elles mesmes. Et comme ainsi soit qu'anciennement il eschéoit certaine amende en toutes causes contre celuy qui ayant temerairement contesté, succomboit par apres en icelles, faut remarquer qu'en l'art. 166. de la coustume d'Anjou, & en l'art. 182. de celle du Maine, l'amende ordinaire des causes réelles est taxée à sept sols & six: & cette amende en plusieurs autres articles de ces coustumes, est appellée amende de loy, ou loy d'amende, comme estant l'amende ordinaire de iustice, qui souuent en nos coustumes est appellée loy, & notamment la basse iustice est appellée loy, comme il se voit dans Ragueau. De sorte qu'il faut conclure qu'en ces coustumes les bas iusticiers peuuent cognoistre indifferemment de toutes causes réelles & foncieres. Ce qui n'est pas si estrange, qu'il seroit aux autres coustumes, tant pource que préuention y a lieu du superieur à l'inferieur, que pource aussi que les bas iusticiers ne peuuent tenir leurs plaids que quatre fois l'an, qui est assez pour poursuiure les droicts du Seigneur, qui eschéent aux quatre termes: mais n'est pas pour attirer beaucoup de causes des particuliers, qui hors ce temps les commencent és iustices superieures. 57 Amende coustumiere. 58 Loy d'amende, & amende de loy. 59 Pourquoy és coustumes d'Anjou & Maine les bas iusticiers cognoissent de toutes causes plustost que aux autres.

Mais l'article de la coustume de Blois, qui attribue au bas iusticier toutes les causes personnelles ciuiles, dont il n'eschet plus grosse amende que de sept sols six deniers, est plus malaisé à entendre: veu que cette coustume ne faict aucune mention en nul endroict des amendes de contestation, comme font celles d'Anjou, du Maine, & autres, mesme celle de Berry, qui est pareillement voisine. Et toutesfois, depuis que ie suis demeurant en Dunois, i'ay recogneu que c'est vn stil & formulaire ancien, qui est encor retenu en la pluspart des petites iustices du 60 Explication de l'art. 27. de la coust. de Blois.

Bléſois & Dunois, de condamner celuy, qui eſt debouté de ſes concluſions, ſoit demandeur ou defendeur, en l'amende de la Cour, auſſi bien qu'és deſpens: combien qu'il n'y ait, que les plus rudes Seigneurs, qui recherchent & facent payer cette amende: & ay bonne memoire d'auoir fait, és aſſiſes, defenſes aux Iuges reſſortiſſans deuant moy, comme Bailly de Dunois, de les plus adiuger, ni faire exiger. Car c'eſt la verité que lors qu'on introduiſit ces amendes, les Seigneurs rendoient ou faiſoient rendre la iuſtice gratuitement, & leurs Iuges ne prenoient rien des parties, ains eſtoient gagez & ſalariez ſur les deniers qui prouenoient de ces amendes, comme i'ay dit amplement au 1. liu. *Des Offices.*

61 De meſme. Or ie ne puis dire au vray combien montoit cette amende de la conteſtation: & poſſible eſtoit-elle anciennement plus grande que de ſept ſols ſix deniers és cauſes excedantes ſoixante ſols. Autrement il faudroit conclure qu'en Bléſois le bas iuſticier cognoiſtroit de toutes cauſes, & partant fruſtratoirement la couſtume luy aſſigneroit-elle, pour borne de ſa iuriſdiction, l'amende de ſept ſols & ſix, ſi cette amende auoit lieu indiſtinctement en toutes cauſes.

62 Reſolution touchant le pouuoir des bas iuſticiers. Ie conclu donc que ce n'eſt qu'abus, vſurpation, & confuſion de ces baſſes iuſtices foncieres, qui hors ſi peu qu'il y a de couſtumes qui les admettent, ne doiuent eſtre tolerées du droict commun de la France. Et quant aux autres baſſes iuſtices, que i'appelle perſonnelles, ie dy que ſuiuant les couſtumes nouuellement reformées, il les faut reſtraindre à ne cognoiſtre que des cauſes perſonnelles ciuiles, iuſques à ſoixante ſols, qu'il faut entendre eu eſgard à la demande, & non

63 Qu'ils ne doiuent cognoiſtre que iuſqu'à 60. ſols. pas, ni à la defenſe, ni à la verité du deu, ſuiuant la loy penult. §. 1. *D. De iuriſdictione.* Dont reſulte encor, qu'il faut que la demande ſoit de ſomme, ou quantité certaine, & non pas de choſe qui chet en eſtimation incertaine & non liquide; autrement la iuriſdiction du bas iuſticier, qui n'eſt pas iuge ordinaire du territoire, n'eſt pas fondée liquidement: ains pour fonder la iuriſdiction, faudroit eſtimer & liquider ce qui eſt demandé, auant que ſçauoir s'il eſt deu.

64 Et non d'aucune cauſe criminelle. Cette meſme conſideration me fait croire, que c'eſt le plus équitable de tenir, que les bas iuſticiers ne doiuent auoir aucune cognoiſſance des actions criminelles, attendu que toute condemnation criminelle eſt arbitraire en France, & partant incertaine & illiquide. Car qu'elle apparence y a-il de dire qu'ils cognoiſtront iuſques à ſept ſols & ſix d'amende, en ſorte qu'il faille préiuger & deuiner la condemnation, auant que commencer le procez, pour eſtablir & fonder la iuriſdiction.

65 De meſme. Voire meſme quelle apparence y a-il d'vſer de procedure extraordinaire ou inſtruction criminelle en vn pretendu délict, où il n'eſcherra que ſept ſols & ſix d'amende? veu que telle procedure extraordinaire, dont nous vſons en France, n'auoit lieu à Rome, qu'au ſeul crime de leze maieſté, comme le docte Iuge criminel Airaut a bien remarqué: & quant à l'inſtruction criminelle, dont vſoient les Romains, elle n'auoit lieu qu'aux grands crimes, qui ſeuls eſtoient pourſuiuis par voye d'accuſation, & par la forme des iugemens, qu'ils appelloient publics: mais les exceds, & autres petits delicts, voire meſme le larcin, & encor le rauiſſement, eſtoient pourſuiuis par action ciuile, *iniuriarum, furti, vi bonorum raptorum, vel alia pœnali actione.*

66 De meſme. Auſſi voit-on qu'il n'y a aucune couſtume, qui permette au bas iuſticier d'auoir vn Procureur fiſcal, ou d'Office, ſans lequel neantmoins en France nul procez criminel ne peut eſtre inſtruit. Et combien qu'au droict les Defenſeurs des citez

67 *Defenſores ciuitatum.* euſſent beaucoup plus grand pouuoir, que les bas iuſticiers de France, ſi n'auoient-ils aucune cognoiſſance des procez criminels: bien eſt vray qu'ils eſtoient tenus d'arreſter les criminels trouuez en flagrant delict, & eſtoit leur charge de faire faire leur procez, comme eſtans les procureurs du peuple, ainſi qu'il ſera dit en ſon lieu. Et à cet exemple nos couſtumes permettent aux bas iuſticiers de ſaiſir & empriſonner ceux qui delinquent en leur diſtroict, à la charge de les faire amener au ſuperieur dans vingt & quatre heures: & c'eſt pourquoy il leur eſt permis d'auoir des priſons: voire meſme en Normandie les hauts iuſticiers ne peuuent retenir les criminels dans leurs priſons plus de vingt-quatre heures,

heures, apres lesquelles le superieur acheue le procez, si dans vingt-quatre heures, il n'a esté parfaict: ce qui est sans doute plus à propos, que de permettre à des Iuges de village l'entiere instruction, & mesme la decision des procez capitaux.

68 Officiers des simples iustices.

Voila ce qui me semble le plus équitable touchant le reglement de la iurisdiction des hauts, moyens & bas iusticiers: & pour acheuer icy ce qui concerne leur pouuoir, faut se souuenir, que pour l'exercice de leur iustice, ils ont besoin de trois choses, à sçauoir d'Officiers, d'auditoire, & de prisons: dont il faut parler separément.

69 Du Iuge, & comment il doit estre nommé.

Premierement ils ont besoin d'vn Iuge, ie dy notamment vn Iuge, ou garde de iustice, & non pas Bailly, pource qu'à bien entendre, ce nom ne conuient, qu'aux Iuges des Chastellains, & autres plus grands Seigneurs, qui ont droict de Bailliage, comme i'ay prouué au chapitre 8. Et le Lieutenant de ce Iuge, en bonne eschole, deuroit estre appellé commis, & non pas Lieutenant, comme en la coustume de Poictou, article 7. mais comme en matiere de mots l'vsage donne loy, auiourd'huy on appelle les Iuges des hauts iusticiers Baillifs & Lieutenans: quoy que ce soit par les arrests de la Cour il leur est defendu de se qualifier Lieutenans gneraux, pource que les Seigneurs ne peuuent auoir de Lieutenans particuliers, & si quelques vns des plus grands Seigneurs en ont, c'est par abus, qui ne seroit toleré, à mon aduis, si on en faisoit plainte au Parlement: comme aussi ils ne peuuent mettre des Conseillers, ou Assesseurs en leurs iustices, ni en vn mot créer aucuns Officiers nouueaux, & non necessaires: car c'est desia vne chose assez exorbitante, qu'ils en puissent mettre de necessaires, comme i'ay prouué ailleurs.

70 N'ont Lieutenant particulier, conseillers ni assesseurs.

71 Quel doit estre le Iuge des simples iustices.

Ce Iuge ou garde de iustice du haut iusticier deuroit, en bonne iurisprudence, estre letré & gradué: car en France, où y a tres-grande abondance de gens de lettres, nous tenons qu'autre qu'vn Iuge gradué ne peut donner sentence de mort en iustice ordinaire, dont i'ay ouy dire, qu'il y a quelques arrests, & meriteroit bien d'y en auoir ordonnance. Mais quant aux Iuges des moyens & bas iusticiers, ensemble de tous les Procureurs fiscaux, ou d'Office, ie n'estime pas qu'il soit necessaire, qu'ils soient graduez, comme aussi le commis, ou Lieutenant du haut iusticier, à la charge qu'il ne iuge les procez criminels sans son Bailly, ni les procez appointez au dessus de dix liures, sans conseil gradué.

72 Du Procureur fiscal, ou d'Office.

Les hauts iusticiers ont en outre vn Procureur fiscal: (car d'auoir vn Aduocat fiscal, il n'appartient qu'aux plus grands Seigneurs) & ce Procureur fiscal ha deux charges, l'vne de procurer l'interest public, ou de iustice, à sçauoir, és causes criminelles, & de police: l'autre de procurer l'interest du Seigneur, qui en sa iustice plaide sous le nom de son Procureur fiscal, comme le Roy és siennes.

73 Ses deux fonctions.

74 Que l'appel en criminel & police deuroit estre releué auec le procureur du Roy.

Lesquelles deux charges meriteroient bien d'estre distinguées, mieux qu'on ne fait: car quand vn Procureur fiscal poursuit vne cause criminelle, ou de police, c'est la verité qu'alors il fait Office de substitut de Monsieur le Procureur general du Roy, auquel tout interest public appartient: tout ainsi que la iustice, ou Seigneurie publique du Seigneur subalterne est substituée, & tient lieu de la iustice & Seigneurie vniuerselle du Roy. Dont ie conclu que l'appel d'vne sentence criminelle, ou de police, doit estre releué & instruit auec Monsieur le Procureur general seul, ainsi que celuy des Iuges Royaux, & non auec le Seigneur, qui en son particulier n'a point d'interest si le crime est puny, & si la police ordonnée par son Iuge pour le bien public, est executée.

75 De mesme.

Ne sert de dire que les Seigneurs ont les amendes & confiscations: car cest accessoire n'entre point en consideration au principal: attendu que c'est chose prohibée & honteuse, qu'vn Seigneur poursuiue vn criminel pour auoir sa confiscation, & sous pretexte d'icelle, n'est receuable à debattre sa remission, ou grace. De dire aussi que les Seigneurs sont tenus faire punir les delinquants, cela est vray en leur iustice: mais non pas deuant les Iuges Royaux, qui en leur siege y sont autant tenus, comme les Seigneurs en leurs iustices: vray est que la conduite du prisonnier est à leurs frais, comme dépendante de l'execution de la sentence de leur Iuge, quand elle luy est renuoyée.

76 Le Seigneur doit estre intimé, & non le Procureur fiscal, & pourquoy.

Mais quand il est question des droicts du Seigneur, il n'y a point de doute, qu'il ne doiue estre intimé sur l'appel de son Iuge, i'enten le Seigneur mesme, & non pas son Procureur fiscal : car ce n'est qu'en sa iustice qu'il peut plaider sous le nom d'iceluy, afin que sous ce nom emprunté il soit plus franchement condamné. Comme si son fisque, ou sa Seigneurie estoit autre chose que luy mesme: ainsi que quand le marchand fait son compte de sa marchandise, il s'imagine que sa boutique & luy sont deux, disant qu'il doit à sa boutique, ou que sa boutique luy doit tant.

77 Le Seigneur ne doit plaider en sa iustice, sinon pour ses droicts.

Ce qui nous fait cognoistre, que s'il est question de quelque action personnelle, soit pour, ou contre le Seigneur, qui ne concerne point les droicts & dépendances de sa Seigneurie, & principalement de quelque recherche criminelle contre luy, non seulement il n'en peut pas plaider sous le nom de son Procureur fiscal, attendu qu'il ne s'agist de son fisque, mais mesme on n'est pas tenu d'en plaider contre luy en sa iustice, qui est suspecte & recusable pour ce regard, ce qui est expressément decidé par la coust. de Bretaigne, art. 30. 50. 51. & 52. & remarqué par Coquille en son institution, chap. *Du droict de Royauté*: autrement ce seroit vn asyle & impunité aux Gentils-hommes d'auoir les iustices.

78 Si les moyens & bas iusticiers ont Procureur d'Office.

Et faut noter que les moyens iusticiers, comme ils n'ont point de fisque, aussi ne peuuent pas auoir vn Procureur fiscal, ains seulement vn Procureur de Seigneurie, ou d'Office, ainsi qu'il est appellé és articles secrets de la coust. de Paris: mais le bas iusticier n'a aucun Procureur d'Office, ainsi que portent ces mesmes articles, pource qu'il n'a cognoissance d'aucunes causes criminelles, ou publiques, ains seulement de celles de partie à partie.

79 Du Greffier des simples iustices.

Pareillement tous iusticiers doiuent auoir vn Greffier, & aussi peuuent auoir vn seau à sentences, mais non à contracts, s'ils n'ont droict de tabellioné, ou notariat, que les hauts iusticiers n'ont qu'en trois cas, à sçauoir quand ils y sont fondez, ou par tiltre exprés, ou par possession immemoriale, ou par coustume particuliere : aussi peuuent auoir des Sergens, & ce iusques au nombre de 6. au plus, dit la coust. de Tours, art. 76. & vn Geolier pour garder leurs prisons.

80 Officiers des iustices doiuent resider.

Tous lesquels Officiers, aussi bien que les Royaux, sont tenus resider sur le lieu, estans compris en l'ordonnance de Charles 7. de l'an 1441. voire à plus forte raison que les Royaux, pource qu'ils ne peuuent estre que necessaires : toutesfois on n'excuse l'vn des Iuges de la residence, quand l'autre est resident : mais quoy que ce soit, il ne peut faire Office de Iuge hors son territoire, *quia tunc priuati loco est*, dit la loy *Extra territorium. D. De iudic.* comme il a esté dit au 6. chap. du 1. liu. *Des Offices*.

81 De l'auditoire, ou siege des iustices.
82 *Tribunal, Subsellia.*
83 *Pedanei iudices.*
84 Auditoires sont volontiers à sa porte du lieu Seigneurial.

Quant est de l'auditoire, ou siege de iustice, comme il y auoit à Rome de grands & de petits Magistrats, aussi y auoit-il deux sortes de sieges: car les grands Magistrats auoient le haut siege, appellé en Grec βῆμα, en Latin *tribunal*: dont la figure est décrite par Vitruue, liu. 5. & les petits auoient les bas sieges, appellez *subsellia, quæ βάθρα, vocantur à Dione, lib.* 44. Et particulierement les Iuges Pedanées, qui n'estoient pas Magistrats, *sedebant super scamno, vel fortuito cespite*, dit Cujas, *& inde dicebantur Pedanei Iudices, quia plano pede iudicabant, Græcè* χαμαιδικασταί, *humi iudicantes.* Or tenoient ils leur siege au portique du Palais de l'Empereur, ἐπὶ τῆς βασιλικῆς, dit la Nou. 82. *Vnde Synesius in epist. vocat* τὴν στοὰν βασιλικὴν, τὸ πάλαι κριτήριον. Et Agathias liu. 3. dit, qu'il ne bougeoit depuis le matin iusques au soir de ce lieu là, pour assister les plaideurs. Comme au pareil faisoient les Hebreux à la porte des villes, tesmoin qu'infinies fois en la saincte Escriture *porta* est prise *pro auditorio Iudicum, vt Ps. 126. Non confundetur cùm loquetur inimicis suis in porta. Et in prouerb. Non conteres egenum in porta; illius enim causam iudicabit Deus. & porta iudicij. Deuter.* 21. Ainsi en France anciennement la iustice de la maison du Roy s'exerçoit à la porte de son Palais, & s'appelloit *les plaids de la porte*. Et se voit communément que les iustices des Seigneurs se tiennent à la porte du lieu Seigneurial, ou en vn auditoire, qui y est estably, ou sous l'orme, qui d'ordinaire y est planté, au milieu du

carroy, ou place de deuant ladicte porte, qui est la cause pourquoy les iuges de village sont communément appellez *Iuges de sous l'orme*, & l'antique Comedie de Querolus dit que, *de robore sententias dicunt*. Et sont dits Iuges de sous l'orme, 85 Iuges sous l'orme.
ad differentiam maiorum Iudicum, qui habent iustum tribunal, lequel tribunal ne peut appartenir, à mon aduis, qu'à ceux qui ont droict de Bailliage, c'est à dire, de iustice greigneure, comme parle l'ancienne coust. de Normandie. Et c'est possible aussi pourquoy les moyens iusticiers sont en quelques coustumes appellez *gros voyers*, & les bas *simples voyers*, pource que n'ayant point d'auditoire fait expres, ils rendent la iustice en la voye.

86 Auditoire doit estre dãs le territoire.
Toutesfois nos coustumes astreignent, iusqu'aux moyens iusticiers, dauoir vn siege honorable & certain : & faut qu'il soit au dedans de leur territoire, & non pas qu'ils rendent ailleurs la iustice par siege emprunté, s'il n'y a excuse bien pertinente, comme de peste, ou de guerre ; pource que les iustices de village sont principalement establies, pour le soulagement des suiets, ioint que hors leur territoire, ils n'ont point de puissance publique. Aussi ce siege doit estre en lieu honneste, & non pas en vne tauerne : & encor doit-il estre en lieu public, où chacun ait libre accez, & non pas dans les Chasteaux, ou maisons fortes des Seigneurs, afin que les Iuges & les parties soient en parfaicte liberté, & soient veus d'vn chascun, pour donner bon exemple. Ainsi voyons-nous dans l'Euangile, que Pilate ayant examiné nostre Redempteur dans son Prétoire, c'est à dire son Palais & maison publique, affectée à la demeure du Gouuerneur, estant resolu de prononcer sa sentence, ἤγαγεν ἔξω τὸν Ἰησοῦν, καὶ ἐκάθισεν ἐπὶ τοῦ βήματος, εἰς τόπον λεγόμενον λιθόστρωτον, dit l'Euangile.

87 Les expeditions doiuent estre faictes en l'auditoire.
Ce qui nous apprend que toutes affaires de consequence doiuent estre expediées *in loco maiorum, id est pro tribunali* : toutesfois en France, pour le regard des procez par escrit, mesme des criminels, nous-nous sommes licenciez comme de les iuger, aussi de les prononcer ailleurs, combien que de droict toutes sentences deussent estre prononcées en iugement, *tit. De sententijs ex breuiculo recit.* Ce qui s'obseruoit n'y a pas long temps és prononciations des sentences capitales, qui encor en Angleterre, & plusieurs autres lieux, sont prononcées en l'auditoire auec grande ceremonie, pour seruir d'exemple.

88 Des prisons des iustices.
Finalement les moyens & bas iusticiers peuuent auoir prisons publiques, aussi bien que les hauts, qui à ce sont tenus particulierement : chose qui est defenduë estroictement à ceux qui n'ont iustice, *tit. De priuatis carcerib.* Lesquelles prisons doiuent estre à rez dechaussée, seures & nettes, de hauteur & espace competant, sans qu'il soit permis d'vser de ceps, grues, grillons, & autres instrumens semblables, prohibez par les ordonnances. Et ce droict de prisons appartient au bas iusticier : pource qu'encor qu'il n'ait iustice criminelle, si est-ce qu'il est 89 Le bas iusticier en a, & pourquoy.
tenu apprehender ceux qu'il trouue en flagrant delict, & les peut garder vingt quatre heures dans ses prisons, auant que les rendre au haut iusticier.

SOMMAIRE DV VNZIESME CHAPITRE.

1 *Diuision des droicts des iustices.*
2 *Proposition de ce chapitre.*
3 *Hauts iusticiers se peuuent qualifier Seigneurs du village.*
4 *Et les habitans d'iceluy leurs suiects.*
5 *Suiect à qui se peut referer.*
6 *Que les Seigneurs directs ne sont pas vrais Seigneurs du village.*
7 *Ni les habitans leur suiects.*
8 *Que neantmoins ils ont prescrit cette qualité.*
9 *Cas esquels elle leur peut estre empeschée par le haut iusticier.*
10 *Arrest du Marly.*
11 *Qu'importe le tiltre de Seigneur de village.*
12 *De la permission de faire la feste du village.*
13 *Appartient au bas iusticier, sinon que &c.*
14 *Du rang des hauts iusticiers.*
15 *Principalement en l'Eglise.*
16 *Des honneurs de l'Eglise.*
17 *Le haut iusticier ha les honneurs de l'Eglise.*
18 *Pourquoy, & comment.*
19 *L'Eglise faut part du territoire.*

20 *N'a preseance deuant les gens d'Eglise.*
21 *Opinion d'Agentré.*
22 *Ordonnance notable.*
23 *Le patron precede dans l'Eglise le haut iusticier.*
24 *Raison.*
25 *Qui est le vray & parfaict patron.*
26 *Patrons imparfaicts.*
27 *Patrons imparfaicts doiuent auoir tiltre, & non les parfaicts.*
28 *Le bienfaicteur n'est pas patron.*
29 *En quoy consiste la possession paisible du patronnage.*
30 *Les moyens & bas iusticiers n'ont les honneurs de l'Eglise par droict.*
31 *Mais par bien-seance seulement.*
32 *Pourquoy quelques coustumes n'attribuent les honneurs de l'Eglise qu'aux Chastellains.*
33 *Cas ausquels les hauts iusticiers n'ont les honneurs de l'Eglise.*
34 *Que les Seigneurs directs du contour de l'Eglise n'ont des honneurs d'icelle.*
35 *Vsage de la Noblesse.*
36 *De la preseance de droict.*
37 *De la preseance d'honneur.*
38 *Elle ne produit point d'action.*
39 *Autres differences de ces deux sortes de preseance.*
40 *La preseance honoraire se pert facilement.*
41 *Elle se pert quand on sort de la paroisse.*
42 *Pourquoy en cette matiere le demandeur pert ordinairement sa cause.*
43 *Pourquoy il en aduient des querelles.*
44 *Qu'il seroit necessaire d'y mettre vn bon reglement.*
45 *Importance de ces querelles.*
46 *En quoy consistent les honneurs de l'Eglise.*
47 *En quoy ils ne consistent pas.*
48 *Prieres publiques.*
49 *A qui se communiquent les honneurs de l'Eglise.*
50 *Ces honneurs sont mixtes.*
51 *Ne sont transmissibles ni cessibles à part.*
52 *Sont communicables à la femme du Seigneur.*
53 *Femmes ne doiuent marcher deuant les hommes en l'Eglise.*
54 *Aucuns exceptent les Princesses.*
55 *Honneurs de l'Eglise sont communiquez aux enfans du Seigneur.*
56 *Tout cela n'est és Offices.*
57 *Fondemẽt de la prerogatiue des Princes.*
58 *Le Seigneur ne peut estre representé par aucun autre.*
59 *Abus vsité parmy la Noblesse.*
60 *Des bancs des Eglises.*
61 *Vsage des bancs.*
62 *Tous bancs deuroient estre publics, ainsi que l'Eglise.*
63 Emendata l. 2. C. de sacros. Eccles.
64 *Reglement obserué aux bancs dans les villes.*
65 *Nul ne peut auoir droict de banc, sans permission des Marguilliers.*
66 *Expresse, & par escrit.*
67 *Bancs sont imprescriptibles.*
68 *Banc est reuocable, & comment.*
69 *Concession de banc n'est qu'à vie.*
70 *Est personnelle, non transmissible au locataire, ni heritier.*
71 *Exception.*
72 *Clause des hoirs, & ayant cause, comment tolerée.*
73 *Banc ne doit estre osté d'authorité priuée.*
74 *Moyen de s'en pouruoir.*
75 *Particuliers ne peuuent inquieter celuy qui ha vn banc.*
76 *Pourquoy on entreprend d'auoir banc sans concession.*
77 *Quand les particuliers peuuent se plaindre du banc.*
78 *Remede pour empescher les querelles touchant les honneurs de l'Eglise.*
79 *Des Chappelles.*
80 *Patronnage particulier des Chappelles.*
81 *Possession d'iceluy.*
82 *Si le fondateur d'vne Chappelle la peut tenir fermée.*
83 *Des sepultures.*
84 *Anciennement nul n'estoit inhumé dans les Eglises.*
85 *Sepulchres particuliers aux familles.*
86 *Sepulchres sont particuliers, quand il y a voute.*
87 *Autrement sont publics.*
88 *Le droict de banc n'includ droict de sepulchre particulier, ni au contraire.*

DES DROICTS HONORABLES DES SIMPLES IVSTICES, NOTAMMENT DES HONNEVRS DE L'EGLISE.

CHAPITRE XI.

CE n'est pas sans emphase, que le chapitre *licet causam, ext. de probat.* parlant d'vn proccz, touchant vne iustice, repete par trois fois ces mots, *iurisdictio, honor, & districtus.* Car ils comprennent tous les droicts des iustices, qui (comme il a esté dit des droicts des Officiers, au premier liure des Offices) consistent, ou au pouuoir, ou en l'honneur, ou au profict: entendant par la iurisdiction le pouuoir des iustices, par l'honneur leurs droicts honnorables, & par le distroict, ou territoire, les droicts profitables. 1 Diuision des droicts de iustices.

Doncques ayant esté traicté au chapitre precedent du pouuoir & iurisdiction des hauts, moyens, & bas iusticiers, il faut parler en suitte de leurs droicts honorables, puis des profitables: & comme en traictant de l'honneur des Offices, il a esté dit, qu'il consiste en deux poincts, à sçauoir au tiltre, & au rang, aussi faict celuy des iustices. 2 Proposition de ce chapitre.

Le tiltre des iusticiers est, qu'ils ont droict de se tiltrer & qualifier Seigneurs du village, auquel ils ont leur iustice, ores qu'ils ne l'ayent en tout le village, pourueu qu'ils l'ayent en la plus grande partie d'iceluy, *à qua totum denominatur.* Car au demeurant il a esté prouué cy-deuant, que la Seigneurie *non priuatum dominium, sed potestatem publicam significat*: & d'ailleurs, le nom d'vne ville, ou village ne conuient pas tant aux maisons, qu'à la collection des habitans, dit Aristote au premier des Politiques, desquels habitans le haut iusticier est dit le Seigneur, pource qu'il ha commandement sur eux, & eux, reciproquement & par relation, sont dits ses suiects, pource qu'ils sont tenus d'obeïr à ses mandemens, c'est à dire, à ceux de son Iuge, qui s'executent sous le nom & auctorité du Seigneur, auquel appartient la proprieté du commandement. 3 Hauts iusticiers se peuuent qualifier Seigneurs du village. 4 Et les habitans d'iceluy leurs suiects.

Combien qu'à parler tout à fait proprement, le suiect ne soit que du Roy, auquel seul deuroit resider le Seigneurie, c'est à dire la puissance publique en proprieté: mais tout ainsi que l'exercice de la puissance publique, est par necessité communiqué aux Magistrats, & comme par abus (qui toutesfois est desormais prescrit & estably) la proprieté de cette puissance publique est communiquée aux Seigneurs iusticiers; aussi par vne relation necessaire, le mot de suiect leur est-il referé, entant qu'il represent & tiennent la place du Roy en leurs iustices. Qui est proprement ce qu'a dit l'Apostre, *Subditi estote Regi tanquam praecellenti, & Ducibus tanquam ab eo missis.* 5 Suiect à qui se peut referer.

Mais ce que les simples Seigneurs, ou feodaux, ou censiers appellent leur droict Seigneurie, c'est improprement tout à faict, & à faute d'autre terme François, qui corresponde au Latin *dominium*, & deuroit plustost estre appellé *sieurie*, que *seigneurie*: termes bien differens, pource que l'vn venant de *sien*, signe proprieté, & l'autre venant de *senior*, signifie vne qualité d'honneur. Comme au pareil, c'est improprement du tout, qu'ils appellent suiects leurs censiers & vassaux, pource que la suiection simplement énoncée se refere aux personnes, comme est celle de la iustice, mais la redeuance du cens est réelle tout à faict, & celle du fief est mixte. Et est vray que l'vne ni l'autre n'importe subiection de la personne. Car quant au cens il ne gist qu'en profit, & le fief en profit & en honneur, mais non pas en subiection de la personne. 6 Que les Seigneurs directs ne sont pas vrais Seigneurs de village. 7 Ny les habitans tenus suiects.

Neantmoins d'autant que ce qui donne loy aux mots, c'est l'vsage,

Quem penes est & vis, & lex, & norma loquẽdi, & que c'est vne coustume prescrite desormais, d'appeller Seigneurs du village, ceux qui ont la Seigneurie directe, soit feodale, ou censuelle de la plus grande partie des maisons d'iceluy, i'estime que non seulement vn particulier, à faute d'interest legitime, ne seroit receuable de leur empescher ce tiltre, mais mesme que le Seigneur iusticier du village n'y seroit fondé, sinon en trois cas, sçauoir est, ou que ce fust le principal 8 Que neantmoins ils ont prescrit cette qualité. 9 Cas esquels elle leur peut estre empeschée par le haut iusticier.

village de sa Seigneurie, ou celuy dans lequel fust l'auditoire de sa iustice, ou duquel luy mesme eust accoustumé de porter le nom.

10 Arrest de Marly. Voire il a esté iugé par l'arrest de Marly, rapporté par Choppin sur la coustume d'Anjou liure deuxiesme, que celuy qui auoit vn ample fief releuant du Roy, dans le village du haut iusticier, se pouuoit qualifier Seigneur en partie d'iceluy, sauf qu'és actes, où le Seigneur iusticier seroit dénommé, il se qualifieroit seulement Seigneur d'vn fief sis au village. I'estime toutesfois qu'il faut restraindre c'est arrest en son hypothese, & qu'y ayant au village vn haut, voire vn moyen, ou bas iusticier, qui ait accoustumé de s'en qualifier Seigneur, le simple Seigneur feodal ne doit porter ce tiltre de Seigneur en partie du village, principalement si son fief se trouue auoir vn autre nom. Mais encore qu'ainsi soit, si au village il n'y a point d'autre qui ait accoustumé de s'en qualifier Seigneur, ie tien que celuy, qui ha la directe de la plus grand' part d'iceluy, en peut prendre le tiltre ainsi vacant, & qui ne peut mieux appartenir à autre qu'à luy.

11 Qu'importe le tiltre du Seigneur du village. En quoy faut considerer, que ce tiltre de Seigneur du village appartient par droict aux iusticiers, & aux Seigneurs directs par bienseance seulement, & à faute que les iusticiers l'ayent pris. Mais à l'esgard des vns & des autres, il faut tenir que ce n'est qu'vn tiltre d'honneur, qui de soy n'a, & n'importe aucun droict ni dépendance, soit de pouuoir, ou de profit. De sorte que les gentils-hommes qui sous pretexte de ce tiltre, & de ce qu'ils appellent leurs suiects les habitans du village, dont ils se qualifient Seigneurs, les contraignent à des coruées, à nourrir leurs chiens, à faire guet en leur maison, à les suiure à la chasse, ne sont pas Seigneurs, ains tyrans, ou voleurs.

12 De la permission de faire la feste du village. Pareillement nos gentils-hommes se trompent fort, quand n'estans point iusticiers, ils se debattent à outrance, à qui donnera permission de faire la feste du village, à qui en fera faire le cry & semonces, permettra de leuer les quilles, & autres ceremonies qui en dépendent, estimans que ce soit la vraye marque de la Seigneurie du village: combien que ce soit vn droict de iustice & de commandement sur les personnes, qui par conséquent n'appartient qu'aux Seigneurs iusticiers: encor y a-il plusieurs coustumes, qui n'attribuent ce droict qu'aux hauts iusticiers, comme celle de Senlis, tit. 4. art. 96. de Bar, tiltre 2. article 28. autres qui l'attribuent seulement aux moyens iusticiers, comme celle d'Amiens, article 242. & celle de l'Isle, art. 29. qui encor requiert, que pour auoir ce droict la Seigneurie directe & feodale, du contour de l'Eglise, soit ioincte à la moyenne iustice. Toutesfois i'estime que les bas iusticiers en peuuent vser, pourueu

13 Appartient au bas iusticier, sinon que &c. que le haut iusticier ne l'ait defendu expressément: ce que ie tien qu'il peut licitement faire, par la raison de la loy *Iudicium. ff. De iudiciis.* pource que le territoire luy appartient, & non pas au moyen, ni au bas iusticier. C'est pourquoy ie conseille à celuy qui se sentira le plus mal fondé en ces debats, de se munir & fortifier du nom & auctorité du Seigneur haut iusticier, ou de son Iuge en son absence.

14 Du rang des hauts iusticiers. Voila pour le tiltre: & quant au rang, il est notoire que le haut iusticier ha droict, comme Magistrat proprietaire du village, de preceder en iceluy, & dans les limites de sa iustice, tous ceux qui y sont residens, ores que plus grands Seigneurs que luy, comme estans ses suiects iusticiables, voire mesme ceux qui s'y rencontrent, horsmis ses superieurs, & ceux de la haute noblesse: & ce pour les mesmes raisons, qu'il a esté prouué au 1. liu. *Des Offices*, que les Officiers Magistrats ont cette mesme préseance.

15 Principalement en l'Eglise. Or comme l'endroit plus honorable c'est l'Eglise, aussi est-ce le lieu où ce rang paroist le plus. Et c'est vn des malheurs de nostre siecle, qu'il n'est en lieu quelconque si opiniastrement recherché qu'en la maison de Dieu, où l'humilité nous

16 Des honneurs de l'Eglise. est plus commandée, & où toute puissance deuroit estre tenuë en suspends, en la présence du Tout-puissant. C'est pourquoy il ne sera point hors de propos d'ébauscher icy la matiere des honneurs de l'Eglise, qui n'a iamais esté traictée par aucun Iurisconsulte, ains a esté laissée à la caballe de nos gentils-hommes, qui s'accommodans à leur ambition & aux loix de la force, dont ils font profession

plustost que de la iustice, y ont auctorisé tant d'absurditez en l'vsage, qu'auiourd'huy les vns s'opiniastrans sur ce faux vsage, les autres se fondans sur la droicte raison, il en aduient infinies querelles & procez. Partant ie prieray ceux d'entr'eux qui liront ceci, de ne s'aheurter à ces folles traditions, ains plustost donner place à la raison.

Ie dy donc, que le haut iusticier ha la presçance & tous autres honneurs en l'Eglise de son village, *Principes seculi intra Ecclesiam potestatis adeptæ culmina tenere, &c.* dit le Canon, *Principes. 23. quæst.* 5. posé qu'elle soit située au destroit de sa iustice, auquel cas la iustice & seigneurie publique luy demeure au dedans d'icelle. Car ce que l'Eglise pour estre dediée à Dieu, est exempte du commerce des hommes, ne regarde que la Seigneurie priuée, de laquelle le commerce dépend. Vray est, qu'entant que l'Eglise est exempte de la iustice temporelle, elle est aussi exempte de la Seigneurie publique des Seigneurs subalternes. Mais il faut considerer que ceste exemption n'a lieu qu'à l'esgard des personnes & choses sacrées, & qu'elle n'oste pas tout à fait l'Eglise du territoire où elle est enclauée, comme a tres-bien dit Bartole sur la loy, *Si quis in hoc genus. C. De Episc. & cler.* & sur la loy, *Sicut. §. vltimo. De accusat.* ainsi qu'Optatus Mileuitanus dit que l'Eglise est en la Republique : Bref telle exemption ne luy constitue pas vn territoire à part, *quia Ecclesia territorium non habet.* Et de faict les delicts qui s'y commettent par les lays, ne laissent d'estre de la iustice temporelle.

17 Le haut iusticier ha les honneurs de l'Eglise.
18 Pourquoy & comment.
19 L'Eglise fait part au territoire.

Dont s'ensuit que le haut iusticier, qui est le Seigneur du territoire, n'a pas presçance dans l'Eglise deuant les gens d'Eglise, qui sont exempts de sa iustice & subiection, mais hors eux & ses superieurs, & encor ceux de la haute noblesse, non residens en son territoire, il deuance en tous lieux d'iceluy toutes autres personnes qui s'y trouuent : voire tous les autres honneurs de l'Eglise luy appartiennent, de telle sorte qu'il s'en peut pouruoir en Iustice, comme d'vn droict & dépendance de sa Seigneurie, soit par action ou par complainte, ainsi que i'ay dit des Officiers au lieu sus allegué, & comme Bacquet discourt au 20. chap. *Des droicts de iustice.*

20 N'a presçance deuāt les gens d'Eglise.

Quoy que le docte Argentré en son dernier conseil, estant tout à la fin de ses opuscules de n'aguere imprimez, tienne formellement le contraire, soustenant que les honneurs de l'Eglise n'appartiennent qu'au patron : encor requiert-il qu'il les ait reseruez en fondant l'Eglise. Et certainement il y en a ordonnance formelle pour le pays de Bretagne, de l'an 1539. art. 13. 14. & 15. dont voici les mots ; *Nous, pour faire cesser les contentions d'entre nos subiects, auons ordonné, qu'aucun de quelque qualité ou condition qu'il soit, ne pourra pretendre droict, possession, auctorité, prerogatiue, ou préeminence au dedans des Eglises : soit pour y auoir banc, siege, oratoire, escabeau, accoudoüer, sepulture, enfeuz, armoiries, escussons, & autres enseignes de leurs maisons : sinon qu'ils soient patrons ou fondateurs d'icelles, & qu'ils en puissent promptement informer par lettres & titres de fondations, ou par sentences & iugemens deuëment donnez auec cognoissance de cause, & auec partie legitime. Et outre les cas susdits, ne seront nos subiects receus à intenter aucun procez pour raison desdits pretendus droicts, & declarons nulles toutes les procedures qui auroient esté, ou seroient sur ce faictes. Voulons les contreuenans estre estroictement condamnez en bonnes & grosses amendes enuers nous, pour leur calomnie ou temerité, procedant à cause de ladite contrauention.* Ce qui est conforme à la regle que pose l'Empereur Iulian *In epistola ad Arsatium Pontificem Galatiæ*, que si tost que le noble est entré au porche du Temple, il deuient homme priué ; Ἅμα εἰς τὸν οὐδὸν ἦλθε τοῦ τεμένους, καὶ γέγονεν ἰδιώτης.

21 Opinion d'Argentré.
22 Ordonnāce notable.
23 Le patron precede dans l'Eglise le haut iusticier.

Mais ceste ordonnance n'est que pour Bretagne, où possible les iustices Seigneuriales ne sont establies en telle auctorité qu'és prouinces de deça : & neantmoins en consequence d'icelle, ie tiens que le patron est preferable au haut iusticier en ces honneurs de l'Eglise, qui notoirement font partie du patronnage ; *can. Piæ mentis. & can. Frigentius 16. quæst. 7. cap. Nobis. ext. De iure patron.* & partant la consecration, qui efface toutes charges & seruitudes profanes, n'efface point ce droict, qui est comme spirituel, quoy que ce soit, auctorisé par l'Eglise, afin d'exhorter ceux qui ayment l'honneur, à bastir des maisons de deuotion. Ainsi

24 Raison.

donc ceste preseance en l'Eglise, estant attribuée au patron par vn droict singulier & expres, voire comme par vne loy & condition imposée à l'Eglise, lors
25 Qui est le vray & parfait patron. qu'il l'a donnée à Dieu, est sans doute preferable à l'honneur qui redonde au Seigneur haut iusticier, en consequence de sa iustice, par vn droict commun & vniuersel.

Mais quand ie prefere le patron au haut iusticier, ie n'enten pas tout bienfaicteur, ains seulement l'entier fondateur, qui a donné & le fond & le bastiment, & le dot ou reuenu de l'Eglise: au moins celuy qui ha titre exprés du patronnage, ou bien qui en est en parfaicte possession. Car pour estre patron ou fondateur, il faut auoir entierement fondé & erigé l'Eglise, c'est à dire luy auoir donné l'e-
26 Patrons imparfaits. stre entier; i'enten l'estre materiel: car c'est l'Euesque qui donne l'estre formel par la consecration, ainsi que le pere est celuy qui donne l'estre materiel à l'enfant, auquel Dieu donne l'estre formel. Aussi la definition cõmune du patron, requiert & presuppose la concession du fond, bastiment, & dot conioinctement, & non pas disioinctement.

Et combien que la commune des anciens interpretes tienne, que quand separément vn a donné le fond, vn autre le bastiment, & vn autre la dot, tous trois participent au droict de patronnage; si est-ce tousiours la verité, qu'ils ne sont
27 Patrons imparfaits doiuent auoir titre, & non les parfaits. patrons qu'en partie: mais sur la question d'entre Rochus de Curte, & Paulus de Citadinis, si ce droict appartient au fondateur sans reseruation expresse, ou bien si la reseruation est necessaire, il me semble qu'il y a grande apparence de distinguer, & dire que le parfaict fondateur qui a donné le fond, le bastiment, & la dot, est patron *ipso iure*, sans stipulation ny reseruation, comme le droict Canon ayant fait ceste reseruation pour luy, ainsi que la glose a tenu sur le canon, *Si quis basilicam. De consecrat. distinctione* 1. & se collige du chapitre *Significauit. ext. De testibus.* Mais le fondateur imparfaict, qui n'a baillé que le fond, ou le bastiment, ou la dot,
28 Le bienfaicteur n'est pas patron. n'est point patron, si par exprés le droict de patronnage ne luy a esté accordé auparauant la consecration. Car il peut estre que pour si peu de chose, l'Euesque (sans l'authorité duquel le droict de patronnage ne peut estre imposé: comme tiennent tous les Canonistes) ne le leur aura voulu accorder. Voire mesme Argentré tient generalement ceste opinion, que le droict de patronnage ne peut appartenir à aucun sans concession speciale.

Sur tout il est bien certain que celuy qui donne du reuenu à l'Eglise apres sa consecration, n'est neantmoins patron, tant pource que ceste subiection de patronnage ne peut estre imposee à l'Eglise apres qu'elle est dediée à Dieu, que pource qu'il faut l'auoir dotée, c'est à dire luy auoir baillé le reuenu, sur lequel elle a esté sacrée, tout ainsi que le dot d'vne femme est le bien qu'on lui donne en faueur de mariage. Mais comme celuy qui enrichit la femme apres son mariage n'est pas dotateur, mais ditateur, aussi celui qui enrichit l'Eglise ja dediée, n'est pas fondateur, mais bien-faicteur.

29 En quoy consiste la possession paisible du patronnage. Toutesfois, comme ainsi soit que les fondations des Eglises sont anciennes, dont il est mal aisé d'auoir conserué le titre, i'estime que la possession paisible y est de grand poids; mais il faut prendre garde, que celui qui est en possession paisible des honneurs de l'Eglise, n'est pas pourtant en possession du droict de patronnage: car ce signe ou marque du patronnage, est trop équiuòque, d'autant que plusieurs iouïssent de ces honneurs, qui neantmoins ne sont pas vrais patrons, à sçauoir aucuns par autre droict, autres par simple bien-seance, autres par entreprise & vsurpation: mais la marque vniuoque, qui denote la possession certaine du droict de patronnage, est quand on est en bonne possession de presenter à la cure de la parroisse, laquelle marque cessante, nul ne se peut dire patron, supposé qu'il verifiast auoir ioüy des honneurs de l'Eglise par temps immemorial: pource que ces honneurs & preseances sont plustost presumez consister en pure faculté & ciuilité, qu'en droict establi. Et c'est ainsi, à mon aduis, qu'il faut entendre cette ordonnance de Bretagne, en ce qu'elle exclud la preuue de la possession.

30 Les moyés Hors le patron & le haut iusticier, ie n'estime point que les honneurs de l'E-

glise appartiennent par droict à aucun : non pas mesme aux moyens & bas iusti- & bas iusticiers n'ont les hôneurs de l'Eglise par droict.
ciers, tant pour ce qu'ils ne sont pas Seigneurs du territoire, ains sont comme les
mandataires de iurisdiction du droict Romain ; quoy que ce soit n'ont pas l'or-
dinaire & entiere iustice du lieu, mais sont restraints à certain genre de causes,
que pource qu'ils ne sont pas Magistrats, ausquels droicts de preseance est pro-
prement attribué, comme i'ay prouué au 1. liure *Des Offices*. Bien confesse-je, que
par bien-seance ils doiuent preceder tous ceux qui sont subiects à leur iustice: 31 Mais par bienseance seulement.
mais les honneurs de l'Eglise consistent en autres choses qu'en la preseance, &
d'ailleurs, n'ayāt point de iustice personnelle sur les nobles, sinon pour les droicts
de leur Seigneurie, ils ne peuuent pour ce suject pretendre droict de preseance
sur eux, non plus que sur ceux qui se rencontrent par occasion dans leur iu-
stice, n'y estans point residens.

Voire mesme il y a des coustumes qui n'attribuent les honneurs de l'Eglise 32 Pourquoy quelquescoustumes n'attribuent les honneurs de l'Eglise que aux Chastelains.
qu'aux Seigneurs Chastellains, à sçauoir celle de Tours, tit. 5. art. 59. & celle de
Lodunois, chap. 5. art. 1. Mais cela vient de ce qu'anciennement les hauts iusti-
ciers n'auoient la parfaicte iurisdiction du territoire, ains n'auoient que la simple
iurisdiction du droict, ainsi qu'il a esté dit au chapitre precedent : de sorte qu'ils
n'estoient que comme sont maintenant les moyens ou bas iusticiers : mais au-
iourd'huy, qu'ils ont par tout gagné ce poinct d'auoir l'entiere iurisdiction & 33 Cas auquel les hauts iusticiers n'ont les honneurs de l'Eglise.
plein territoire, ils sont comme les Magistrats ordinaires en proprieté, ayans la
Seigneurie publique du territoire : & partant à cause de ceste qualité, ils doiuent
auoir les honneurs de l'Eglise, quand elle est enclauée dans leur territoire : autre-
ment non, pource que hors icelui tout Magistrat n'est plus qu'homme priué, *l. vl-
tima. ff. De iurisdict.*

Mais les simples Seigneurs directs & fonciers de l'endroit ou enclaue, au de- 34 Que les Seigneurs directs du contour de l'Eglise n'ont des honneurs d'icelle.
dans duquel l'Eglise est bastie, ne deuroient auoir, à mon aduis, aucun droict aux
honneurs d'icelle : pource que la Seigneurie directe n'est qu'vne espece de Sei-
gneurie priuée qui ne produit aucun honneur, ains ne tend qu'au profit : aussi que
toute directe Seigneurie est amortie par la dedication de l'Eglise, & n'y demeure
la iustice. D'ailleurs, on ne peut dire qu'ils soient presumez fondateurs *ex eo*, que
d'ancienneté ils estoient Seigneurs directs du fond, sur lequel l'Eglise est bastie,
pource qu'on presume plustost qu'ils ayent vendu, que donné la directe de ce
fond, ou morceau de terre, *quia donatio non facilè præsumitur* : puis il vient d'estre dit
que ce n'est pas assez d'auoir donné le fond entierement, & quant à la directe
Seigneurie, & quant à la proprieté, si lors on n'a stipulé & reserué le droict de pa-
tronnage.

Bien est vray que l'ambition de nos gentils-hommes les porte maintenant à 35 Vsage de la Noblesse.
obseruer tout communement entr'eux, que non seulement les moyens & bas iu-
sticiers, mais aussi les simples Seigneurs directs, voire mesme ceux qui n'ōt point
ces qualitez, mais qui sont reputez les plus grands de leur parroisse, ayent com-
me prescrit les honneurs de l'Eglise : mais il faut en cette matiere distinguer le
droict d'auec la bienseance : qui est à peu pres la distinction, que Balde nous ap-
prend sur le chap. *Licet causam. De probat.* & Pontanus sur le 5. art de la coustume
de Blois, *in verbo, Nobilium.*

La préseance appartenant par droict, est celle du Seigneur haut iusticier dans 36 De la préseance de droict.
son territoire, du maistre en sa maison, du patrō en son Eglise. Ceux-là, s'ils y sont
inquietez, s'en peuuent pouruoir en iustice, soit par complaincte, ou par action.
La préseance d'honneur & bienseance, est comme celle d'vn parent superieur
sur l'inferieur ; d'vn vieillard sur vn ieune homme ; de celui de haute qualité, sur 37 De la préseance d'honneur.
celui de beaucoup moindre ; d'vn riche homme, sur le mercenaire : & ceste pré-
seance *non in iure consistit, sed in moribus*, dit Pontanus : partant il n'y a point d'action
prescrite en iustice, pour la maintenir, pource que la iustice n'est establie que
pour conserue le droict d'vn chacun, & ce qui lui appartient. Toutesfois, quand 38 Elle ne produit point d'action.
en l'entreprise qui s'y fait, il eschet vn scandale, ou contumelie manifeste, on
s'en peut pouruoir par requeste, implorant le noble office du iuge, introduit
en droit pour suppléer au defaut d'action. Qui est à peu pres l'opinion de l'anti-

que Faber sur le §. *Aliam. De poss.* aux Institutes.

39 Autres differences de ces deux sortes de préseances.

Doncques pour ce qui concerne particulierement les honneurs de l'Eglise, ils n'appartiennent par droit qu'au patron & au haut iusticier, & eux seuls s'en peuuent pourueoir, soit par complainte ou par action, & qui plus est, les retiennent, encor qu'ils ne resident dans la parroisse. Car tousiours ces honneurs suiuent la terre, à qui appartient soit le patronnage, ou la haute iustice. Mais la préseance, qui est deferée par honneur, ou au moyen, ou bas iusticier, ou au Seigneur direct du village, ou à quelque Gentil-homme de marque, ou d'ancienne race, ou d'ancien aage, n'establit iamais vn droict immuable & incommutable: mesme ne se peut prescrire, pource qu'elle ne gist qu'en faculté, ciuilité & courtoisie : de sorte que cessant la cause sur laquelle elle est appuyée, elle doit cesser tout quand & quand, ou bien suruenant vne cause plus forte, comme pour exemple, quand elle est fondée sur le merite de la personne, si la personne vient à mourir, ou s'il en suruient vn autre de plus grand merite dans la parroisse. Et sur tout, c'est vne maxime, que ceste préseance d'honneur cesse dessors que celui, auquel elle a esté deferée, ne reside plus en la parroisse, pource que c'est vne regle de bienseance, qu'en chaque parroisse le parroissien doit préceder celui qui ne l'est pas, & que nul ne peut prétendre ceste préseance honoraire en la parroisse où il n'est point demeurant.

40 La preseance honoraire se perd facilement.

41 Elle se perd quand on sort de la parroisse.

42 Pourquoy en ceste matiere le demandeur pert ordinairemét sa cause.

Mais quoy que ce soit, ceux qui ont ceste simple préseance honoraire, ne sont receuables d'en faire procez en iustice: c'est pourquoy ordinairement és procez intentez pour les honneurs de l'Eglise, le demandeur pert sa cause, pource que ne pouuant fonder son droict, il faut que le defendeur soit renuoyé absous: & de là vient qu'on ayme mieux se battre que plaider sur ce sujet, ou bien on a accoustumé de faire quelque escapade ou violence, pour rendre son aduersaire demandeur.

43 Pourquoy il en aduient des querelles.

44 Qu'il seroit necessaire d'y mettre vn bon reglement.

A quoy il me semble, qu'il seroit bien necessaire de donner ordre, par vne bonne ordonnance, qui en s'accommodant & ployant vn peu à l'vsage inueteré, tranchast clairement les maximes de ceste matiere: à ce que suiuant icelle, on eust occasion de s'en pourueoir par iustice, plustost que d'auoir recours à la force, en defaut d'estre oüy en iustice. *Nam cùm duo sint genera decertandi*, dit Ciceron aux Offices, *vnum per disceptationem, alterum per vim, confugiamus necesse est ad posterius, cùm vti non licet superiore.* Et de verité ie croy qu'il y a de present plus de deux mil querelles entre les Gentils-hommes de France, pour les honneurs de l'Eglise, & n'est possible année qu'il n'en soit tué plus de cent pour ce sujet, qui est si poignant au courage releué de nostre noblesse, qu'il n'y a presque celui d'icelle qui face difficulté d'y hazarder non seulement son bien, son honneur, sa vie, & celle de ses parents & amis, mais mesme sa propre conscience: iusques à quitter l'Eglise, plustost que le rang & place qu'il pretend en l'Eglise.

45 Importance de ces querelles.

46 En quoy consistent les honneurs de l'Eglise.

Or ce n'est pas assez de sçauoir à qui appartiennent les honneurs de l'Eglise, mais il faut aussi expliquer en quoy ils consistent, ce qui n'est pas moins difficile que l'autre poinct. Car nostre Noblesse les fait, comme on dit, à vsage d'estriuieres, qu'on allonge tant qu'on veut. Voicy donc, à mon aduis, en quoy ils consistent proprement & vrayement, à sçauoir en la preseance és processions, offrandes, distribution de pain benist, place plus honorable du banc, & de la sepulture, aux litres & ceintures funebres à l'entour de l'Eglise, au dedans seulement à l'egard des simples hauts iusticiers, & dedãs & dehors à l'egard des Seigneurs Chastellains, afin d'accorder les coustumes, qui n'attribuent ce droict de litres qu'au Seigneur Chastellain. Mais les honneurs de l'Eglise ne consistent pas à appeller la maison de Dieu sienne, & y commander: ce qui ne peut estre sans impieté, & sans entreprendre contre lui, auquel l'Eglise est voüée. Ce n'est donc pas à celui qui a les honneurs de l'Eglise, à prescrire l'heure du seruice diuin, à assuiectir le Curé (auquel lui mesme est suject, en ce qui est du seruice diuin, comme à son recteur & pasteur hierarchique immediat, ordonné de Dieu) soit à lui bailler hors son chemin de l'eau beniste, ou à le venir encenser auec ceremonie, chose qui n'appartient qu'à Dieu & à ses Ministres, à cause de lui, auquel l'encens est

47 En quoy ils ne consistent pas.

48 Prieres publiques.

dedié : bref il se faut souuenir en vn mot, que les préeminences de l'Eglise sont simples honneurs, & non pas commandemens, & qu'ils consistent en préseance, & non en puissance. Car en la maison de Dieu, & en ce qui concerne son culte & seruice, autres que ses ministres n'ont commandement, ny puissance.

Faut toutesfois remarquer, que ces honneurs ou droicts honorifiques des Seigneurs, ne sont pas tout à fait personnels, comme ceux des purs Officiers, qui sont directement attribuez à leurs personnes : & n'ont aucune subsistence qu'en icelles : ils ne sont pas aussi réels tout à faict, pource que la terre ou seigneurie n'est capable de les receuoir en soy : mais ils sont mixtes, estans attribuez à la personne, à cause de la chose, ainsi qu'il a esté dit au chap. 4. que la Seigneurie est vn droict residant au fief, & communiqué à cause d'icelui à la personne qui le possede. 49 A qui se cõmuniquent les honneurs de l'Eglise. 50 Ces honneurs sont mixtes.

Neantmoins ils ont cette remarque de personalité, qu'ils ne sont pas cessibles ny communicables par les Seigneurs à autres personnes : pource que c'est la proprieté de l'honneur, d'estre attaché à la personne, & la suiure comme l'ombre fait le corps : & si on y considere quelque realité, en ce qu'ils sont dépendans des Seigneuries, il faut prendre garde, que par consequent ils y sont inherens inseparablement, & ne peuuent estre transferez sans la Seigneurie, à laquelle ils appartiennent. C'est pourquoy les Seigneurs se trompent fort, quand ils baillent des lettres ou permissions à aucuns de leur village, pour auoir des rangs, & des bancs en l'Eglise. Car ils leur peuuent bien donner leur Seigneurie, mais sans les faire Seigneurs, ils ne leur peuuent donner le rang des Seigneurs : ne plus ne moins qu'on tient que le patron ne peut vendre son droit de patronnage, ny les honneurs dependans d'icelui, sans l'vniuersité de la terre, dont le patrõnage depend. Mais quoy que ce soit, ni l'vn ni l'autre ne peut ceder à autruy ces honneurs, & les retenir encor à soy : car ce seroit au preiudice des autres parroissiens, qui auroient plusieurs Seigneurs à recognoistre. Or comme dit le Poëte, 51 Ne sont transmissibles ni cessibles à part.

Esse sat est seruum, iam nolo vicarius esse.
Qui Rex est, Regem, Maxime, non habeat.

Toutesfois c'est bien sans doute, que les femmes des Seigneurs participent aux honneurs de l'Eglise, pource qu'elles sont illustrées des rayons de leurs maris, & que la femme n'estant qu'vn corps auec son mary, il lui communique le nom & le rang & le bien de sa famille : mais pourtant ie ne veux pas conclure que les Dames ou Damoiselles des villages facent bien d'aller à l'offrande, ou à la procession deuant les hommes. Car l'honneur doit estre approprié selon la portée, capacité & disposition du sujet, auquel il reside : de sorte que la préseance appartenant à vne femme, lui attribuë droict de preceder toutes les autres femmes, *in sua videlicet specie & sexu* : mais ne la fait pas d'autre sexe qu'elle est naturellement. Puis donc que c'est comme vn droict de nature ou des gens, que les hommes, comme plus nobles en leur sexe, marchent tous ensemble, comme en corps les premiers, & les femmes de mesme par apres à la procession, & à l'offrande, voire qu'anciennement les femmes estoiẽt placées separément en la nef de l'Eglise, & n'entroiẽt dans le chœur d'icelle, ce qui s'obserue encor en quelques païs, i'estime qu'il n'est non plus permis aux Dames du village de marcher deuant les hommes à la procession & à l'offrande, que de chanter auec les Prestres, ou faire autres exercices d'hommes. 52 Sont communicables à la femme du Seigneur. 53 Femmes ne doiuent marcher deuant les hommes en l'Eglise.

Ce qui doit à plus forte raison estre obserué, à l'egard des simples Gentilsfemmes, qui ne sont Dames du lieu, & toutesfois s'ingerent de marcher en l'Eglise deuant la trouppe des hommes. Car ie tien, que ce seroit contre nature, si vne femme, pour noble qu'elle fust, entreprenoit de preceder le corps ou trouppe des hommes. Aucuns toutesfois exceptent les Princesses, à cause de la hautesse & excellence de leur sang : ce que neantmoins ie n'estime pas deuoir estre admis en bonne eschole : & me souuient d'auoir veu dans Paris feuë Madame la Duchesse de Nemours, petite fille de France, veufue de deux Princes, marcher à la procession de S. André de Arts sa parroisse, apres tous les hommes, selon l'ordre de son sexe. 54 Aucuns exceptent les Princesses.

55 Honneurs de l'Eglise sont communiquez aux enfans du Seigneur.

Pareillement à cause de la realité des Seigneuries, combien que les enfans d'vn Officier ne participent aux honneurs de leur pere, pour deuancer tous ceux que leur pere precede; toutesfois les enfans du Seigneur participent, tant en la presence, qu'en l'absence de leur pere, aux honneurs de la Seigneurie, par la raison de la loy, *In suis. De lib. & posthumis*, que *viuo patre domini existimantur*, & le dire du poëte,

Esse simul Domino gratior ordo pius.

Et de là vient, que dans Terence le pere appelle son fils *suum participem.*

56 Tout cela n'est és Offices.

Ce qui n'est pas és purs Offices, qui ne tombent point en succession, comme les Seigneuries: & sur ceste raison est fondée la prerogatiue des Princes (ainsi qu'on les entend auiourd'huy) c'est à dire de ceux qui sont issus des maisons souueraines, qui sont reputez participer aux honneurs de la souueraineté. Vray est, que la prerogatiue des Princes s'estend à toute la posterité des souuerains eternellement, au moins tant que la souueraineté demeure en leur race, pource que la Seigneurie souueraine, comme plus auguste & plus illustre, penetre, & estend ses rayons plus loin, que la Seigneurie subalterne.

57 Fondemét de la prerogatiue des Princes.

Mais voicy encor vn abus insigne, qui se practique en ceste matiere. Si le Seigneur & la Dame du village, & leurs enfans ne sont à la Messe, leur valet, ou leur chambriere, qui seront assis en leur banc, se feront donner de l'eau beniste, apporter du pain benist les premiers, voire la paix à baiser en ceremonie, disans qu'ils representent leur maistre. Chose absurde, car comme il vient d'estre dit, ces préeminences sont attachées aux personnes de ceux qui participent à la Seigneurie, en telle sorte qu'elles ne peuuent estre supplées ni representées par autres. C'est tout ainsi que si vn valet vouloit representer son maistre au lit de mariage: du moins il y a tout autãt d'absurdité, que s'il vouloit aller le premier à la procession, en l'absence de son maistre. Car de dire que les hõneurs de l'Eglise soient deus au banc, où Monsieur le valet s'est mis, & non au Seigneur, ce seroit vne mocquerie: d'ailleurs de dire, que le pain benist fust vn tribut appartenant au Seigneur, ce seroit vne impieté.

58 Le Seigneur ne peut estre representé par aucun autre.

59 Abus vsité parmy la noblesse.

60 Des bancs des Eglises.

Ce qui nous met en train de traitter particulierement la matiere des bancs des Eglises, matiere dependante de celle des honneurs, & qui n'a encor esté touchée par aucun: combien qu'en vsage, elle ne soit que trop frequente, depuis que nostre ambitiõ nous a portez à vouloir faire nostre propre de la maison de Dieu.

61 Vsage des bancs.

Car dans les villages les Gentils-hommes, & ceux qui le veulent deuenir, s'attribuẽt par audace des bãcs, ou des places dans le chœur des Eglises pour eux, leur femme & leur famille, comme dependantes de leur terre, & affectées pour iamais à icelle: & aux villes les femmes de mediocre qualité se font faire des bancs dans la nef des Eglises, ou dans les chappelles: que si quelqu'vn par apres y entreprend, c'est vne grosse querelle, ou vn fascheux procez.

62 Tous bãcs deuroient estre publics ainsi que l'Eglise.

63 Emendata l. 2. C. de sacrosf. Eccles.

Disons donc comment cela se peut faire. Car en bonne iurisprudence, dans l'Eglise, qui est hors de tout commerce, nul ne deuroit auoir banc propre, fors le patron & le haut iusticier, ains tous sieges y deuroient estre publics, ainsi que l'Eglise est publique: ce qu'Acurse a voulu tirer de la loy 2. *De sacrosf. Eccles. Nemo Apostolorum vel martyrum sedem humanis corporibus putet esse concessam*, que toutesfois il entend mal; pource qu'elle prohibe les sepultures dans les Eglises, & non les bancs, & faut y lire non pas *humanis*, comme il se lit vulgairement, mais *humandis*. Il y a en la mesme loy dans le Code Theodosian, *l. vlt. De sepulch. viol. Cod. Theo.* où elle est rapportée entiere.

64 Reglemẽt obserué aux bancs des villes.

Mais puis que nostre vsage (i'enten celui des villes, où la iustice regne) coloré du profit de l'Eglise, nous a poussé à tolerer des bancs particuliers dans les Eglises, apportons-y au moins quelque ordre, afin que contre la parole de Dieu, ceux qui s'exaltent, n'en soient point auantagez, par dessus ceux qui s'humilient.

65 Nul ne peut auoir droict des bancs, sans

Ie dy donc, que hors le patron & le haut iusticier, qui seuls sont fondez en droict commun, nul ne peut auoir banc en l'Eglise, sans permission expresse des Marguilliers, gagers, ou fabriciers, de laquelle il apparoisse par escrit. Ie dy des Marguilliers, & non pas du Curé, pource qu'il y va du temporel, non du spirituel, & aussi que l'argent qu'on tolere estre tiré de ces permissions, doit estre employé à la fabrique de l'Eglise. Vray est, que si le banc est incommode ou indecent à la celebration du diuin seruice, le Curé, auquel cette police appartient, le peut oster & empescher. Ie dy permission expresse des gagers, pource qu'ẽ matiere si odieuse la seule taciturnité & patience ne seroit suffisante, & si ie dy par escrit, pource que c'est comme vn droict immobilier, dont en France il faut contract par escrit. permission des Marguilliers. 66 Permission expresse & par escrit.

Ie conclu partant, que quelque longue possession qu'on ait d'vn banc, elle ne sert de rien sans titre, pource que si pour acquerir vne seruitude, la prescription, mesme immemoriale, ne profite s'il n'y a titre, à plus forte raison ne vaut-elle rien où la seruitude ne peut estre imposée. 67 Bancs sont imprescriptibles.

Et quand il y a permission par escrit des gagers ou Marguilliers, encore estelle reuocable à tousiours, comme vn precaire, pource qu'ils ne peuuent obliger l'Eglise sans le consentement vniuersel des parroissiens: toutesfois si elle est donnée pour argent entré au profit de l'Eglise, il faut rendre l'argent, auant qu'oster le banc. Mais si elle est donnée par les habitans en corps auec le Curé (qui ha la premiere voix en toute assemblée generale tenuë pour les affaires de la parroisse) elle n'est reuocable, qu'en vertu de lettres, & en cas de lesion; ou bien que la place du banc fust necessaire à faire quelque bastiment pour l'Eglise: & principalement quand cette permission a esté concedée pour argent, il le faut tousiours rendre. 68 Banc est reuocable, & comment.

Or cette concession de banc faite en termes ordinaires, n'est pas vne proprieté (qui ne peut estre d'vne chose sacrée) ains c'est vn simple vsage & habitation, de sorte qu'elle n'est qu'à vie, ores mesmes qu'il soit porté par icelle, que c'est à perpetuité, pource que ce mot, selon la condition de la chose signifie souuent ce qui est à vie, *vt cum dicitur dotis causam perpetuam esse, operas perpetuas.* 69 Concession de banc n'est qu'à vie.

Voire pource que l'vsage ne peut estre perceu par autruy, il s'ensuit que celuy auquel le banc a esté concedé, n'estant plus demeurant en la parroisse, son droict est esteinct: mesmement le banc par luy construict demeure à l'Eglise, comme ayant esté vne fois dedié à Dieu, & ainsi s'obserue à Paris tout communemẽt: de sorte que ce droict de banc, n'est trãsferé au locataire de la maison, que celuy, auquel il a esté concedé, auoit dans la parroisse, *non enim est prædialis seruitus: imo nudus vsus, qui locari non potest. §. 1. Inst. de vs. & habit.* Si ce n'est que la concession soit par exprés faite pour tous les heritiers à perpetuité, comme il se fait quelquesfois: auquel cas tant qu'il y a vn des heritiers mediats ou immediats du stipulant, demeurãs dans la parroisse, le banc luy doit demeurer. Voire mesme il y a de bõs mesnagers qui stipulent leur banc, non seulement pour eux & leurs heritiers, mais encor pour ceux qui seront à l'aduenir detenteurs de leur maison. Clauses qui sont de soy nulles, pource que la premiere importe vne proprieté, & l'autre vne seruitude prédiale, qui ne peut estre imposée à vn lieu sainct: mais elles sont tolerées & soustenuës par le moyen de ce qui a esté donné à l'Eglise sous telles conditions, qui tousiours doit estre rendu, quand l'Eglise ne les veut entretenir: de sorte qu'offrant le rendre, l'Eglise peut tousiours reuoquer ces clauses, qui de soy sont illicites. 70 Et personnelle non transmissible au contraire. 71 Exception. 72 Clause des hoirs & ayans cause, comment tolerée.

Quoy que ce soit, vn particulier ne doit d'auctorité priuée, oster ou despiecer le banc estant en vne Eglise, ains aux seuls Marguilliers appartient de l'oster, s'il a esté mis sans leur permission, ou des habitans: encor ie croy qu'ils ne le doiuent oster de leur simple auctorité, & par voye de fait; ains qu'ils doiuent intenter action contre celuy, qui est en legitime quasi possession d'iceluy. Autrement i'estime que celuy auquel on a osté le banc par voye de fait, s'en peut pourueoir par action d'iniures, soit ciuile ou mesme criminelle, s'il y a de la force, port d'armes, ou autres mauuaises circonstances. Laquelle action ie conseille plustost que la complainte: combien qu'il y a apparence que ceux qui ont titre & possession legitime puissent intenter la complainte: question qui est amplement disputée par Pontanus, & touchée par Bacquet aux lieux sus alleguez. 73 Banc ne doit estre osté d'auctorité priuée. 74 Moyen de s'en pourueoir.

75 Particuliers ne peuuent inquieter celuy qui a vn banc. Or pour venir par action contre celuy qui iouït d'vn banc, il n'y a que la fabrique de l'Eglise qui le puisse, & le patron & haut iusticier, qui peuuent demander que le banc soit reculé, s'il est en la place plus honorable; pource que de droict commun cette place leur appartient: mais quant aux particuliers habitãs, i'estime, à faute d'interest legitime, qu'ils ne seroient receuables en cette action: & c'est en passant pourquoy chacun entreprend és petites villes & villages d'auoir des bancs. Si ce n'est que la structure du banc fut apparemment nuisible au commun vsage, ou qu'il fust posé en lieu qui incommodast le seruice diuin, auquel cas il vient d'estre dit que le Curé le peut reculer de son auctorité, comme ayant commandement en son Eglise, pour ce qui concerne le culte de Dieu, s'il n'ayme mieux attendre la visitation annuelle de l'Archediacre pour luy en faire plainte.

76 Pourquoy on entrepréd d'auoir banc sans concession.

77 Quand les particuliers peuuent se plaindre du banc.

78 Remede pour empescher les querelles touchãt les honneurs de l'Eglise. Pour conclusion de ce discours des bancs, il me semble qu'il seroit tres-expedient d'obseruer aux villages cette coustume des villes, de vendre les bancs au profit de la parroisse, plustost que de laisser iournellement entrebattre la Noblesse pour cette pomme de discorde, que le Diable iette parmy elle, pour troubler la feste. Car hors le patron & le iusticier, la premiere place de l'Eglise n'appartient à aucun, en sorte qu'il la puisse debattre en iustice: & neantmoins chacun pensant la meriter, & tout Gentil-homme s'estimant aussi noble que le Roy, force est de se battre à qui l'aura pour en estre le premier occupant; nul au surplus ne voulant ceder son honneur à autruy. Mais si on venoit à vendre ces places au plus offrant, ce qui seroit mis à prix, ne seroit plus tant estimé à honneur, & ne seroit si opiniastrément appeté: ou si on s'en debatoit fermement à coups d'escu, l'Eglise y profiteroit, & celuy qui seroit surmonté par l'argent, ne se tiendroit pas vaincu en l'honneur.

79 Des chappelles.

80 Patronnage particulier des chappelles. Disons encor vn mot des chappelles, puis des sepulchres particuliers, afin d'ébaucher toute la matiere. Quant aux chappelles, il y faut obseruer, à mon aduis, les mesmes regles qu'aux bancs: si ce n'est qu'elles ayent esté construites & dottees par quelque particulier, qui lors en est fondateur, & a mesme prééminẽce en la chappelle que le patron en l'Eglise: comme n'agueres il a esté iugé par arrest du 18. Mars 1602. touchant vne chappelle de S. Germain de l'Auxerrois, au profit du Seigneur de Leuuille, contre monsieur Miron Lieutenant ciuil au Chastelet de Paris.

81 Possession d'iceluy. Laquelle fondation de chappelle, i'estime pouuoir estre prouuée non seulement par titre, mais aussi par vne possession publique & continuelle, d'empescher les estrangers d'entrer en la chappelle, principalement si cette possession est assistée de signes visibles de fondation, comme d'armoiries aux voutes, au portail, & au maistre autel de la chappelle, & autres endroicts.

82 Si le fondateur d'vne chappelle la peut tenir fermée. Encor est-ce vne question, si le fondateur d'vne chappelle la peut fermer à clef, & empescher l'entrée d'icelle au peuple. En quoy il faut, à mon aduis, distinguer, si la chappelle est bastie hors l'ancien enclos de l'Eglise, (ce qui est à presumer, quand elle est située dans les ailes d'icelle, & qu'elle a sa voute à part) & lors il est à presumer qu'elle est particuliere au fondateur, & qu'il la peut fermer. Mais si elle est située sous la grand voute de l'Eglise, elle ne peut estre tout à fait particuliere, ayant esté vne fois publique: aussi qu'elle n'a esté que fermée, & non pas bastie tout à fait par le fondateur: & partãt c'est assez, que luy & ceux de sa famille y ayent les premieres places: mais il semble, qu'ils ne doiuent empescher le peuple d'y entrer, pour se mettre aux places vacantes.

83 Des sepultures.

84 Anciennement nul n'estoit inhumé dans les Eglises. Quant aux sepulchres, il est bien certain qu'anciennement nul n'estoit inhumé dans les Eglises, au moins qu'on n'y enterroit que les plus signalez Ecclesiastiques, *d. l. Nemo Apostolorum. De sepulchro violato. Cod. Theod. can.* 17. *consilij Triburiensis & can. Nullus.* 13. *qu. est.* 2. Mais sous pretexte que le canon, *Precipiendum. ead. qu. est.* permist d'enterrer les lays au porche, à la nef, & aux ailes des Eglises (qu'il appelle *exhedras*) on a en fin entrepris de les enterrer iusques dans le chœur: voire mesme auiourd'huy ceux qui pensent auoir quelque degré par dessus le commun, y veulent auoir leur sepulchre particulier affecté à leur famille.

Et de verité c'est de tout temps, soit pendant le paganisme, soit en la loy ancienne, soit en celle de grace, qu'il y a eu des sepulchres particuliers aux familles, comme il est bien discouru au canon, *Ebron. & can. seq. 13. quaest. 2.* 85 Sepulchres particuliers aux familles.

C'est pourquoy on obserue à present, que si on a permis à quelqu'vn de faire vn sepulchre vouté dans l'Eglise, ce sepulchre est reputé particulier pour sa famille, laquelle peut desormais empescher qu'on y en enterre d'autres. Hors lequel cas, & le droit qu'ont le patron & le haut iusticier, d'auoir particulierement la place plus honorable de l'Eglise, pour la sepulture de leur famille, toutes les places des sepultures sont communes, ore mesme qu'il y ait des tombes en aucunes d'icelles. Car comme la superficie de l'Eglise, aussi les places des sepultures sont à tous quant à l'vsage, & n'appartiennent à aucun en particulier quant à la proprieté. D'autant que ce qui est dedié à Dieu, ne peut appartenir aux hommes: & d'ailleurs les morts ne possedent point la terre, ains plustost sont possedez par la terre. Ce n'est pas eux qui tirent à soy la terre, mais c'est la terre qui les tire à elle. 86 Sepulchres sont particuliers quand il y a voute. 87 Autrement sont publics.

Partant il faut conclure, quoy que la folle fantaisie du vulgaire imagine le contraire, que ni la sepulture des morts, qui est au fond de la terre, n'attribue droict de banc aux viuans en la superficie d'icelle, ni au contraire le droict de banc n'attribuë droict de sepulchre particulier: pource qu'en ce qui concerne vn simple vsage, sans proprieté ni seruitude prédiale, il y a bien difference entre le sol & la superficie, & bien de la distance aussi entre les viuans & les morts. 88 Le droict de banc n'includ droict de sepulchre particulier, ni au contraire.

SOMMAIRE DV DOVZIESME CHAPITRE.

1 *Droicts profitables consistent au droict de territoire.*
2 Territorium à terrendo.
3 Territorium à terra.
4 *Droict de territoire qu'importe.*
5 *Trois questions à traicter en ce chapitre.*
6 *Du territoire de la iustice, & si tout ce qui est dans le territoire est presumé estre de la iustice.*
7 *Les lieux amortis, sacrez, & en franc alleu, ne laissent pas d'estre du territoire de la iustice.*
8 *Ni la diuersité du relief.*
9 *Distinction commune reprouuée.*
10 *Comment en ceste distinction il faut entendre le territoire limité.*
11 *Celuy qui n'a iustice que sur ses censiers & vassaux, n'a droict de territoire.*
12 *Comment le haut iusticier ayant droict de territoire peut maintenir sa iustice.*
13 *Comment il peut vser d'amendes.*
14 *Cinq cas ausquels la terre peut recognoistre autre iustice que celle du territoire.*
15 *De la concession des iustices.*
16 *Marque de iustice abusiue & vsurpée.*
17 *Concessions de iustices reuocables.*
18 *Comment il peut aduenir que la iustice releue d'vn Seigneur, & ressortit chez vn autre.*
19 *De l'vsurpation des iustices.*
20 *De l'exemption des terres de Pairie.*
21 *De l'exemption des terres du domaine.*
22 *Le Roy n'est tenu vuider ses mains pour la iustice, comme le fief.*
23 *Cause des quatre anciens Bailliages de France.*
24 *De l'exemption des terres d'Eglise.*
25 *Gardes gardiennes des Eglises de fondation Royale.*
26 *Exemptions que signifient en nos coustumes.*
27 *Si les exemptions suiuent la coustume de l'enclaue, ou celle du ressort.*
28 *Question notable.*
29 *Que les exemptions ne suiuent pas la mouuance feodale.*
30 *Les exemptions sont ordinairement pretenduës, & par ceux de l'enclaue, & par ceux du ressort.*
31 *Explication des titres & inscriptions des coustumes.*
32 *Resolution de la question.*
33 *Response aux raisons contraires.*
34 *Comment la coustume suit la iustice.*
35 *De mesme.*
36 *Preuue par exemples.*
37 *Pourquoy Sens a beaucoup plus de ressort, que d'enclaue.*
38 *Lodunois*, idem.

39 Au contraire Neuers a plus d'enclaue que de ressort.
40 Perche Goüet.
41 Conclusion, qu'il faut suiure la coustume de l'enclaue, & non celle du ressort.
42 Du territoire du fief.
43 Si haut iusticier est presumé Seigneur direct de tout son territoire.
44 Raisons de la negatiue.
45 Raisons de l'affirmatiue.
46 Resolution.
47 Response aux raisons contraires.
48 Comment s'entend que fief & iustice n'ont rien de commun.
49 Conclusion de la question.
50 L'enclaue est vne forte presumption pour la directe.
51 Si l'heritage est presumé allodial.
52 Du papier terrier.
53 Saisie generale pour la confection du terrier.
54 Des lettres de terrier.
55 Lettres de terrier sont necessaires à ceux qui n'ont haute iustice.
56 Hauts iusticiers peuuent prendre serment de leurs subiects.
57 Ne peuuent demander declaration pour la iustice, ni serment pour la directe simplement.
58 Le censier ne doit la charte de sa declaration.
59 Du territoire domanial.
60 Tout ce qui est vacant dans le territoire, appartient au haut iusticier.
61 Les immeubles vacans ont esté autresfois pretendus par le Seigneur direct.
62 Du droict de fisque.
63 Fiscus quid.
64 Pour les hauts iusticiers, ont droict de fisque.
65 Diuision des biens fiscaux en confiscations, des-herences, & biens vacans.
66 Des confiscations.
67 Des amendes.
68 Que les loix Romaines des amendes ne sont gardées en France.
69 Deux sortes d'amendes, arbitraires & ordinaires.
70 Amendes coustumieres.
71 Grande amende.
72 Petite amende, ou amende de la Cour, ou amende de loy.
73 De mesme.
74 Cause de ces amendes.
75 Qu'elles ne doiuent auoir lieu à present.
76 Contre l'aduis du renouuellement des amendes ordinaires.
77 Des confiscations en particulier.
78 Confiscations en crime de leze Maiesté.
79 La confiscation n'appartient pas au Roy és cas Royaux.
80 Confiscation ne suit pas la iustice comme l'amende.
81 Leze Maiesté diuine n'est cas Royal.
82 Le Roy peut remettre la confiscation au preiudice du Seigneur.
83 Des des-herences.
84 Le haut iusticier est successeur particulier en la des-herence.
85 Que le droict du Seigneur direct y est conserué.
86 Qu'il est deu relief à cause de la des-herence.
86 Le Roy doit vuider ses mains en confiscation & des-herence.
88 Si les meubles en confiscation & des-herence appartiennent au iusticier du domicile, ou du lieu où ils sont trouuez.
89 Opinion commune.
90 Qu'ils appartiennent au Seigneur du lieu, & non du domicile.
91 Mais les debtes actiues appartiennent au Seigneur du domicile.
92 Idem és rentes constituées.
93 Situation des rentes constituées.
64 Les Seigneurs succedans par des-herence & confiscation sont tenus des debtes.
95 Ce qui n'auoit lieu anciennement en la confiscation.
96 Les Seigneurs payent les debtes pro rata emolumenti.
97 Si le creancier se peut pourueoir solidairement contr'eux.
98 Inconuenient de n'admettre la poursuitte solidaire.
99 Resolution qu'il la faut admettre.
100 Raison.
101 Quand ha lieu la des-herence.
102 La succession s'estend tant que ligne se peut monstrer.
103 Les parents d'vn costé succedent à faute d'autres.
104 Gentiles.
105 Mesme la femme empesche la des-herẽce.
106 Quand le Roy oste la des-herence au haut iusticier.
107 Aubenage iadis appartenoit aux Seigneurs.
108 Auiourdhuy non, & pourquoy.
109 Le Roy succede seul à l'estranger, ores que naturalizé.
110 Estrayeres.

111 *Aubenage estendu aux bastards.*
112 *Mal à propos.*
113 *Les Seigneurs ne succedent aux bastards.*
114 *Succession des bastards legitimez à qui appartient.*
115 *De la succession des enfans des estrangers ou bastards mourans sans enfans.*
116 Quid *s'ils n'ont point de parents.*
117 *Des biens vacans.*
118 *Ce qui n'est en commerce n'appartient au haut iusticier.*
119 *Des choses publiques.*
120 *Des communes & vsages.*
121 *Des biens vacans qui ont autresfois eu maistre.*
122 *Des terres laissées en friche.*
123 *Des meubles vacans.*
124 *Des espaues.*
125 *Du varech.*
126 *Du droict de bris.*
127 *Du thresor.*
128 *Quelle part ont les moyens & bas iusticiers aux biens fiscaux.*
129 *Droicts pretendus des iustices qui n'ont esté expliquez.*
130 *De colombier.*
131 *De chasse.*
132 *De garenne.*
133 *De moulin.*
134 *De bannalité.*
135 *De chasse au moulin.*

DES DROICTS PROFITABLES DES SIMPLES SEIGNEVRIES.

CHAPITRE XII.

RESTE de traicter des droicts profitables des iustices, que i'ay dit estre compris sous le mot de distroit ou territoire, pource qu'ils prouiennent tous en consequence de leur territoire. 1 Droicts profitables consistent au droict de territoire.

Le territoire est appellé en Grec ὁροθεσία, en Latin *circumseptũ*, & plus cõmunement, *territorium. Est autẽ territoriũ vniuersitas agrorũ intra fines cuiusq; ciuitatis*, dit la loy *Pupillus*. §. *Territorium. De verb. signif.* mot auquel on a dõné deux deriuations, l'vne à *terrendo* comme en ce mesme §. qui adiouste, *ab eo dictũ, quòd Magistratus ius ibi terrendi habeat.* Qui est ce que dit aussi Siculus Flaccus. *in lib. De condit agror. Victores terras omnes, ex quibus victos eiecerunt, publicè atque vniuersaliter territorium dixère, in quibus iuris dicundi ius esset*, selon la correction de M. Brisson, *in lib. De verb signific.* 2 *Territorium à terrendo.*

L'autre, & la plus apparente etymologie de *territorium*, est de le dériuer à *terra*: *terram autem à terendo* selon Varron. *lib. 4. De ling. Lat. Terra à terendo dicta, & inde locus, qui propè oppidum relinquitur, territorium appellatur, quòd maximè teratur.* Desquelles deux deriuations, entre autres (car il y en a encor d'autres) nous auons besoin pour l'explication du droict de territoire appartenant aux hauts iusticiers, qui importe & leur attribuë Seigneurie de toutes les terres estans en icelui, soit publique, soit directe, soit vtile. Car en tant qu'il est deriué à *terrendo*, il signifie l'enclaue de leur iustice ou seigneurie publique, qui est sa plus propre signification: en tant aussi qu'il est deriué à *terra*, il signifie l'enclaue de leur seigneurie priuée, soit directe & feodale, soit vtile & domaniale. 3 *Territorium à terra.* 4 Droict de territoire qu'importe.

Dont resultent trois grandes questions: l'vne, de sçauoir si le haut iusticier, en consequence de ce droict de territoire, est fondé de pretendre la iustice primitiue de tout ce qui est dans son enclaue & distroit: lautre, s'il est fondé de pretendre la seigneurie directe & feodale de tous les heritages situez en icelui: & la troisiesme, s'il est fondé d'en pretendre la seigneurie vtile & domaniale, au moins de ce qui n'est possedé par aucun. Lesquelles trois questions Masuer au tit. *De iudicibus*. §. *Item omnia*. comprend & resout en ces mots, *Item omnia, quæ sunt in territorio seu districtu alicuius Domini, censentur esse de suo feudo, dominio, & etiam de sua iurisdictione*: comme au pareil ces trois questions sont comprises au premier art. de la coustume de la Motte sur Inde, locale de Tours, mais y sont resoluës tout au contraire, en ces mots, *Domaine, fief, & iustice n'ont rien meslé ensemble.* Partant, attendu cette contrarieté, il faut les examiner separément toutes trois. 5 Trois questions à traitter en ce chapitre.

6 Du territoire de la iustice,& si tout ce qui est dás le territoire est presumé estre de la iustice.

Quant à la premiere, si le haut iusticier peut pretendre la iustice primitiue de tout ce qui est dans son territoire & enclaue, tous nos autheurs, sans exception, (dit Pontanus sur le 33. article de la coustume de Blois) sont d'accord qu'ouy, & n'y a aucunes de nos coustumes, qui y repugne. Aussi cette resolution se verifie assez bien par la loy, *Qui ex vico. Ad municip.* par le §. *Territorium*, sus allegué, par la loy *Forma.* §. *Is verò.D. De censibus.* & plusieurs autres textes alleguez par Io. Faber sur la loy 1. *Cod. De summa Trinit.* & par Bodin liure premier de sa Repub. chap. 9.

7 Les lieux amortis, sacrez & en franc aleu ne laissent d'estre du territoire de la iustice.

Mesme les terres d'Eglise, qui sont amorties, & celles des particuliers, qui sont en franc alleu, demeurent subiectes à la iustice du territoire, auquel elles sont enclauées : voire les Eglises n'en sont exemptes, sinon par priuilege, & pour ce qui les concerne particulierement. Car l'amortissement, la dedication, & l'alleu n'exemptent que de la seigneurie directe ou feodale, & non de la iustice ordinaire du lieu : *quia omnis anima potestatibus sublimioribus subdita est :* autrement ce seroit admettre l'anarchie à leur regard. Comme aussi les terres qui releuent du

8 Ny la diuersité de relief.

fief d'vn Seigneur ayant iustice hors le territoire, sont neantmoins subiectes à la iustice du territoire & enclaue, & non pas à la iustice de leur Seigneur de fief; qui est le cas auquel proprement se verifie cette premiere regle des coustumes, que *fief & iustice*, n'ont rien de commun.

9 Distinction comment reprouuée.

En quoy i'estime, qu'il ne faut point distinguer si la iustice est limitée d'ancienneté, ou non, comme il semble que les autheurs sus-alleguez ayent tenu, & mesme du Moulin sur la coustume. Car cette distinction n'est receuable, sinon quand l'endroict contentieux est situé au finage & bordage du territoire, & lors par necessité il faut rechercher où sont les limites d'icelui : mais quand il est question d'vn endroict enclos & enuironné de tous costez des terres de la iustice, & auquel on ne peut aborder de nulle part, sans passer par icelle, c'est folie d'aller rechercher les bornes.

10 Comment en ceste distinction il faut entendre le territoire limité.

Aussi qui prendra garde de prés aux discours de ces autheurs, trouuera qu'ils entendent par le territoire limité, vne vniuersité de terres, estans de proche en proche, & vn certain climat & enclaue continu, sur lequel le Seigneur ait iustice paisible, qui est ce que disent plusieurs de nos coustumes, que *les iustices sont naturellement bornées*, c'est à dire qu'elles consistent en vn enclaue certain & continu, sans requerir que cet enclaue soit borné actuellement depuis tel lieu, iusques à tel lieu : autrement il y auroit peu de Seigneurs, qui eussent droict de territoire, s'il falloit qu'ils fissent apparoir, ou de bornes visibles, ou de titres anciens iustificatifs des bornes de leur territoire.

11 Celuy qui n'a iustice que sur ses censiers & vassaux, n'a droit de territoire.

Dont ie tire vne exception notable à nostre decision, en laquelle se verifie la distinction de ces anciens autheurs, à sçauoir que celui qui par sa concession n'a iustice que sur ses censiers & vassaux, comme la plus part des anciennes concessions de iustices sont faictes sous ceste clause, celui-là, dis-je, ores qu'il ait toute iustice, & soit haut iusticier, n'a pas pourtant droict de territoire, d'autant qu'il n'a l'vniuersité des terres: & par consequent il ne peut pretendre, que ceux, qui ne sont pas ses censiers ni vassaux, ores qu'ils soient meslez de tous costez parmy iceux, soient ses iusticiables.

12 Comment le haut iusticier ayant droict de territoire, peut maintenir sa iustice.

Mais le Iuge du Seigneur, qui a territoire vniuersel, s'il est troublé en la iustice de quelque chose enclauée de toutes parts au dedans de son territoire paisible, s'y peut maintenir de son auctorité, & nonobstant la contention de iustice, voire nonobstant l'appel d'incompetence, ordonner que sans preiudice d'icelui, il passera outre en la cause, comme fondé en droict commun & au territoire vniuersel, afin que, pendant cette contention, la iustice ne manque aux parties: ausquelles, si elles sont demeurantes en son enclaue, il peut faire defenses de proceder en autre iustice, supposé notamment, qu'autre que luy ne soit en possession de la iustice de l'endroict contentieux. Car l'vniuersité du territoire, & la possession estans de son costé, il ne peut faillir d'vser de l'authorité que luy dône la loy,

13 Comment il peut vser d'amendes.

qui permet au iuge *iurisdictionem suam modica coërcitione tueri. l.* 1. *D. Si quis ius dicenti non obtemp.* Ce que hors la rencontre de ces deux poincts ensemble, vn Iuge ne doit entreprendre, ains doit plustost laisser à son superieur la decision du debat de iurisdiction, que de faire la cause sienne, en mulctant d'amende mal à propos les pauures parties qui le plus souuent, estant ainsi mulctées de deux costez, ne sçauent auquel se ranger.

Toutesfois il aduient quelquesfois, qu'vn hameau, ou petit climat de terre respond en vne autre iustice, que celle où il est enclaué: voire il se voit souuent, que dans l'enclaue d'vne iustice, il y a vne autre iustice entée & enclauée, qui mesme ne ressortit pas par appel en celle où elle est enclauée de toutes parts, comme du Moulin a noté sur le 15. article du 34. chapitre de la coustume de Neuers, & Pontanus au lieu sus-allegué. Ce qui peut arriuer principalement par cinq moyens, qui sont cinq exceptions à nostre regle, *Que la iustice suit le territoire & enclaue*. A sçauoir és cas de concession, d'vsurpation prescrite, és terres de Pairie, en celles du domaine de la couronne, & en celles d'Eglise: lesquels cinq cas il faut expliquer particulierement. 14 Cinq cas ausquels la terre peut recognoistre autre iustice que celle du territoire.

Premierement, cela arriue par la concession du haut iusticier, quand il distrait volontairement son territoire, permettant à son voisin d'auoir la iustice d'vne partie d'iceluy: ce qu'il peut faire irreuocablement, si la iustice du voisin ressortit en mesme Bailliage que la sienne: autrement il ne le peut faire au preiudice de la iustice du ressort. Ou bien quand le haut iusticier concede & érige vne nouuelle iustice dans son territoire: ce qu'en tout cas autre que luy ne peut faire, quoy que souuent les Seigneurs, ayans des vassaux en la iustice d'autruy, entreprennent de leur donner iustice: chose apparemment abusiue, de donner ce qu'ils n'ont pas eux mesmes. Et faut noter que toute iustice enclauée de toutes parts dans le territoire d'vn Seigneur, qui neantmoins releue en fief d'vn autre Seigneur, fors du Roy, & qui ressortist par appel en autre iustice Seigneuriale, est abusiue, fors és quatre autres cas n'agueres rapportez, & qui seront expliquez incontinant. 15 De la concession des iustices. 16 Marque de iustice abusiue & vsurpée.

Mesmement le Seigneur qui a toute iustice, ne peut pas dans son propre territoire conceder irreuocablement des iustices, sans la permission du Roy, & de tous ses superieurs, comme il a esté prouué cy deuant. Car bien que sa concession tienne à son esgard, tandis qu'elle est tolerée par les superieurs, si est-ce que quand il leur plaist, ils la peuuent empescher, pource qu'ils ont interest, qu'il ne soit point creé de nouueau degré de iurisdiction, qui recule leur ressort. Voire si les simples Officiers, ou du Roy, ou des Seigneurs suzerains, veulent auoir le ressort immediat des iustices de nouuel concedées sans la permission des superieurs, il s'en peuuent legitimement mettre en possession: ne prenans en cela que ce qui leur appartient de toute ancienneté: ce qui est decidé expressément par la coustume de Touraine, art. 72. Et par ce moyen il se voit quelquesfois des iustices qui tiennent en fief du Seigneur du territoire, & neantmoins ne ressortissent en la iustice superieure. 17 Commissions de iustice reuocable. 18 Cõment il peut aduenir que la iustice releue d'vn Seigneur, & ressortisse chez vn autre.

Quant à l'vsurpation prescrite, il aduient souuent qu'vn iusticier entreprend d'estendre sa iustice en quelque climat du territoire de son voisin, ou mesme entreprend de donner iustice à ses vassaux situez dans iceluy territoire. Et combien que du commencement cela ne vaille rien, & puisse estre empesché, si est-ce qu'il peut estre estably & rendu valable par prescription deuëment acquise, & bien verifiée, ainsi qu'il a esté dit cy-deuant au chap. 4. 19 De l'vsurpation des iustices.

Au regard des terres de Pairie, si dans le territoire du haut iusticier, il y a quelque terre annexée valablement à vne Pairie de France, elle suit la iustice de la Pairie, attendu ce qui a esté dit au chap. 5. que la Pairie ne peut pas estre de plusieurs pieces, ni recognoistre autre iustice, que celle du Pair en premiere instance, ni par appel, que ses grands iours, ou le Parlement, voire mesme le Roy, érigeant des Pairies nouuelles, peut malgré les Seigneurs diminuer leur iustice & leur fief, en les recompensant neantmoins, comme il a esté fait en la moderne érection de la Pairie de Sully. 20 De l'exemption des terres de Pairie.

A plus forte raison, si dans le territoire du haut iusticier il y a quelque terre qui soit du domaine de la couronne, cette terre doit estre exempte de sa iustice, 21 De l'exemption des terres du domaine.

attendu que les terres du Roy ne peuuent recognoistre la Seigneurie publique, c'est à dire la iustice d'vn autre Seigneur, & que iamais le Roy ne demande iustice à ses vassaux.

22 Le Roy n'est tenu vuider ses mains pour la iustice, comme pour le fief.

Partant ie tien que deslors que le Roy vient à acquerir quelque terre dans le territoire du haut iusticier, cette terre deuient exempte incontinant de la iustice d'iceluy, sans que le Roy soit tenu en vuider ses mains à sa poursuitte, comme il seroit pour l'interest du Seigneur feodal, ou censier, par l'ord. de Philippe le Bel, à cause de la difference qu'il y a entre la Seigneurie priuée, dont les particuliers sont vrayement capables, & la Seigneurie publique, dont ils ne sont capables qu'abusiuement.

23 Cause des quatre anciēs bailliages de France.

Et sur cette consideration a esté fondée la grande estenduë des quatre anciens Bailliages de France, à sçauoir, Sens, Vermandois, Mascon, & sainct Pierre le Moustier, dont a esté parlé cy deuant, d'autant que la iustice des petites terres, que le Roy acqueroit de temps en temps és prouinces voisines, leur estoit attribuée.

24 De l'exemption des terres d'Eglise.

Finalement, il y a aucuns des principaux Ecclesiastiques, comme des Euesques, Abbez & Chapitres d'Eglises Cathedrales, qui sous pretexte de leurs amortissemens (qu'ils tiroient iadis mal à propos à l'exemption de la iustice ordinaire) ne se sont contentez d'vsurper toute iustice en leurs terres, mais encor ont vsurpé vn droict de ressort, s'attribuans vne iustice superieure, où ils font ressortir par appel toutes leurs autres iustices : comme l'Euesque de Chartres faict en sa chambre Episcopale de Pontgoin, & son Chapitre en sa Mairie de Loin, pareillement il y a d'autres Ecclesiastiques, qui pretendans leurs Eglises estre de fondation Royale, ont obtenu du Roy des gardes gardiennes, & en consequence d'icelles se sont exemptez tout à faict des iustices ordinaires des Seigneurs, comme on a veu que le Chapitre de Troyes, & toutes les terres à luy appartenantes ne recognoissoient autre iustice, que le Bailliage de Sens : ce qui auoit esté introduit du temps que le Bailliage de Troyes n'estoit pas Royal, comme celuy de Sens, ains appartenoit aux Comtes de Champagne : & a duré iusques aux Estats de Blois, qui en l'art. 52. portent, que les gardes gardiennes anciennement obtenuës, sous cause que la iustice ordinaire n'estoit Royale, n'auront lieu à l'aduenir, pour oster la cognoissance aux Iuges, qui sont à present Royaux.

25 Gardes gardiennes des Eglises de fondation Royale.

26 Exemptiōs que signifient en nos coustumes.

Voila les cinq cas esquels vne terre, ou vne iustice entiere peut ressortir hors son territoire, à sçauoir de concession, prescription, terre de Pairie, du Roy, ou de l'Eglise, dont les trois dernieres sont appellées exemptions, comme quand la coustume de Neuers est intitulée *Coustumes du pays & Comté de Niuernois, enclaues & exemptions d'iceluy* : ce mot, *exemptions*, signifie les lieux, qui estans enclauez dans le Comté de Niuernois, sont neantmoins exempts de la iustice ordinaire d'iceluy, ainsi que le iudicieux Coquille l'a fort bien interpreté.

27 Si les exēptions suiuent la coustume de l'enclaue, ou celle du ressort.

Car il faut noter que le territoire ne regle pas seulement la iustice, mais aussi la coustume : voire on pretend (& cecy est vne autre difficulté fort notable, & de grande importance) qu'il la regle, à l'esgard mesme des lieux & endroicts, qui sont exempts de la iustice d'iceluy, & que i'ay dit estre appellez *Exemptions*. Difficulté qui s'est maintesfois presentée lors de la redaction des coustumes. Car souuent telle Seigneurie s'est trouuée située au territoire d'vn Bailliage, tenir en fief d'vn autre, & ressortir en vn autre : & lors on a demandé, si elle deuoit suiure la coustume, ou de son territoire, & enclaue, ou de sa mouuance feodale, ou de son ressort de iustice.

28 Que les exemptions ne suiuent pas la mouuance feodale.

Vray est que pour le regard de la mouuance feodale, la difficulté n'a pas esté grande ; pource qu'on a tousiours tenu, qu'vn fief situé en la iustice d'autre Seigneur, que celuy dont il releue, doit suiure la coustume du lieu, où il est assis, & non celle du lieu, où est assis le fief dominant : voire mesme il la suit, en ce qui est des droicts feodaux deuz au fief dominant, comme chacun est d'accord : combien qu'aucuns en exceptent les droicts honoraires, ce qui est vray seulement touchant la forme de l'hommage, qui, comme tous autres actes, doit estre faict selon la forme du lieu où il se faict.

29 Les exemptions sont

Mais la grande difficulté est de sçauoir, s'il faut suiure la coustume du territoire &

& enclaue, ou bien celle du ressort de la iustice. Car comme ainsi soit, que lors de la redaction des coustumes, chacun païs a esté curieux d'estendre & amplifier sa coustume, presque toutes les coustumes ont esté intitulées, *Coustume du païs & Bailliage de &c.* le mot de païs signifiant l'enclaue, ou territoire, & le mot de Bailliage, le ressort de iustice: mesme la plus part des coustumes, pour encor exprimer cela d'auantage, ont adiousté en leur intituiation ces mots, *enclaues & ressorts d'iceluy*. Et neantmoins c'est la verité que les coustumes ne peuuent pas comprendre les enclaues & ressorts ensemble. Car ce qui est ressort d'vn Bailliage, est enclaue d'vn autre: & partant il faudroit, que les terres, qui ressortissent hors leur enclaue, eussent deux coustumes, à sçauoir celles de l'enclaue, & celle du ressort, & puis qu'ils ne les peuuent auoir toutes deux, c'est la question laquelle des deux ils doiuent retenir.

ordinairement pretendues, & par ceux de l'enclaue & par ceux du ressort.

31 Explication des tiltres & inscriptions des coustumes.

Or combien que de prime-face, il semble qu'il faille suiure la coustume du ressort, plustost que celle de l'enclaue, pource que c'est vne regle du droict coustumier, que la coustume doit ensuiure la iustice, estant approuuée & auctorisée par la iustice, aussi qu'il est à presumer que les Iuges du ressort accoustument leurs iusticiables à suiure leur coustume. Si est-ce que la verité est, qu'il faut suiure la coustume de l'enclaue: d'autant que, comme dit Coquille, sur le tiltre de la coustume de Neuers, *Le peuple d'vne prouince, de quelque iurisdiction qu'il soit, estant d'ancienneté vne mesme nation, a vsé aussi de semblables loix.* Aussi que les coustumes estans réelles, doiuent comprendre tout leur territoire, & mesme les exemptions enclauées en iceluy, d'autant que l'exemption n'est qu'à l'esgard de la iustice, & non pas de la coustume: à l'esgard de laquelle, ceux en faueur de qui l'exemption ha lieu, comme le Roy, les Pairs, & les Ecclesiastiques n'ont aucun interest: aussi que l'exemption estant vne exception de la generalité du territoire, doit estre restrainte plustost qu'amplifiée.

32 Resolution de la questiō.

Et quant à ce qu'on dit que la coustume suit la iustice, cela est vray naturellement & originairement, pource que de la premiere antiquité les prouinces entieres, n'ont eu qu'vn Bailliage, & aussi qu'vne coustume. Et est encor auiourd'huy vray regulierement & ordinairement, c'est à dire, hors les exceptions, ou exemptions particulieres & extraordinaires: voire mesme on peut dire, que c'est vne regle perpetuelle, que la coustume suit la iustice ordinaire, & primitiue: mais non pas la iustice du ressort; pource que la iustice primitiue instruit & iuge les procez suiuant la coustume du lieu où elle est située: mais celle du ressort n'a plus qu'à cognoistre s'il a esté bien iugé par le premier Iuge, selon la loy de son païs: ainsi que messieurs de la Cour, qui ont le dernier ressort, iugent les procez, selon la coustume de chacune prouince.

33 Responses aux raisons contraires.

34 Comment la coustume suit la iustice.

Et pour le regard de ce qu'on dit estre à presumer, que le Iuge de ressort ait accoustumé ses iusticiables à la coustume de son siege, cela est vray quāt au styl & formalité de la pratique d'iceluy, mais non pas quant au fond de la decision des procez, qui doiuent estre iugez suiuant la coustume des lieux, dont est question: estant necessaire, que les Iuges s'accommodent aux causes, & les iustices aux coustumes, & non au contraire.

35 De mesme.

Aussi voit-on au procez verbal de la coustume de Sens, qu'il y a plus de six villes, ou villages, qui sont confessez estre du ressort de Sens, & non de la coustume: ce qui est procedé à cause que Sens est vn des quatre anciens Bailliages, où ressortissoient toutes les iustices Royales, qui estoient en toutes les terres Seigneuriales des prouinces circonuoisines; & ainsi est aduenu, qu'il y a eu beaucoup plus de ressorts que d'enclaues. Pareillement la Seneschaussée de Lodunois est l'vne des premieres Seneschaussées de France, où ressortissoient d'ancienneté les iustices Royales enclauées dans les Seneschaussées voisines, possedées lors par les Seigneurs: qui est cause qu'on appelloit iadis le Seneschal de Lodunois, le grand Iuge de Lodunois, comme i'ay leu quelque part: Et neantmoins la coustume de Lodunois n'est pas intitulée comme les autres, *Coustume du païs & Seneschaussée de Lodunois, enclaues & ressorts d'icelle,* ains simplement, *Coustume du païs & Seigneuries de Lodunois.*

36 Preuues par exemple.

37 Pourquoy Sens a beaucoup plus de ressort, que d'enclaue.

38 Lodunois idem.

39 Au contraire Neuers ha plus d'enclaue que de ressort.

Au contraire au Bailliage de Neuers, qui n'a iamais esté Royal, il y a beaucoup d'exemptions, c'est à dire des terres appartenantes au Roy, ou aux Eglises estans en sa garde, qui sont exemptes de la iustice & ressort de Neuers, comme sainct Pierre le Moustier, Chastel-chinon, & autres : qui neantmoins estans enclauées dans le païs de Niuernois, sont regies par la coustume d'iceluy. Mesmement il y a des iustices qui ressortissent au Bailliage de sainct Pierre le Moustier, comme celles de la Charité, Cusset & Cerçouins, qui ne sont regies par la mesme coustume : pource qu'elles sont situées en autres prouinces, dont elles suiuent la coustume.

40 Perche Goüet.

De mesme les cinq Baronnies du Perche Goüet ressortissent à Yenuille, siege particulier d'Orleans, & neantmoins suiuent la coustume de Chartres, où elles sont assises.

41 Conclusió qu'il faut suiure la coustume de l'enclaue, & non celle du ressort.

Concluons donc, qu'il faut suiure la coustume de l'enclaue, & non celle du ressort, ni du relief de fief, ce qui est decidé en la coustume de Lodunois, qui est vne des plus belles coustumes de France ; dont voicy les termes de l'art. 3. du tit. 5. *Tous lieux situez & assis en Lodunois seront gouuernez selon les coustumes dudit païs, posé qu'ils soient tenus d'autres terres & Seigneurs estans hors les fins & limites dudit païs.* Que si cela doit estre obserué és iustices qui ressortissent en des Bailliages, qui ont leur coustume, à plus forte raison doit-il estre pratiqué en celles qui ressortissent en des iustices extrauagantes, comme en ces iustices de ressort, vsurpées par les Ecclesiastiques, lesquels n'ayans point elles-mesme de territoire, ne peuuent donner à leurs ressorts la coustume d'vn autre Bailliage.

Voila pour ce qui est du territoire de iustice : quant à celuy du fief, on demande
42 Du territoire du fief.
si le Seigneur haut iusticier est fondé de se dire Seigneur direct, ou feodal de
43 Si le haut iusticier est presumé Seigneur direct de tout son territoire.
toutes les terres estans au territoire de sa iustice, s'il n'appert du contraire. En quoy la commune de nos coustumes, & de nos escriuains aussi, tient indistinctement la negatiue, & ce pour deux raisons : L'vne, que la iustice & le fief sont droicts tout differens, dont partant l'vn ne peut inclure & presupposer l'autre,
44 Raisons de la negatiue.
estant toute la premiere regle de nos coustumes, que *fief & iustice n'ont rien de commun* : L'autre (& qui est la raison que rendent plusieurs coustumes, notamment les locales sous celle de Tours) que les iustices sont naturellement bornées, c'est à dire qu'elles sont fondées regulierement en integrité & continuité d'vn certain climat & territoire : ce qui n'est pas és Seigneuries feodales, qui d'ordinaire sont meslées & entreueschées les vnes dans les autres, & ne sont pas tousiours de proche en proche, ains, ainsi que les domaines & Seigneuries vtiles, sont communément esparses çà & là.

45 Raisons de l'affirmatiue.

Et combien que ces auctoritez, & ces raisons soient de grand poids, si est-ce qu'il y en a d'autres contraires, qui esbranlent cette resolution, si courte & si generale. Car d'autre costé on peut dire, que par disposition du droict Romain, la directe doit suiure la iustice, ce qui se prouue par le §. *Is qui.* en la loy *Forma. D. De censibus. Is qui agrum in alia ciuitate habet, in ea profiteri debet, in qua ager est. Agri enim tributum in ea ciuitate leuari debet, in cuius territorio possidetur.* Que si cela auoit lieu à Rome, à plus forte raison doit-il estre obserué en France, où du commencement les iustices & les Seigneuries directes ont esté concedées à mesmes Seigneurs : ce qui estoit fort commode & fort aisé, de n'auoir qu'vn Seigneur en
46 Resolutió.
vn territoire, comme il a esté dict au premier chapitre. Et combien qu'à succession de temps le commerce s'estant plus estendu aux Seigneuries directes, qu'aux iustices, il est aduenu que souuent tel ha la iustice sur vn heritage, qui n'en ha pas la directe : neantmoins en consequence de cette primitiue institution, & de cette bienseance aussi, de n'auoir qu'vn Seigneur en vn territoire, il y a grande apparence de tenir, que quand la directe d'vn heritage n'est possedée par aucun autre qui en ait tiltre, de presumer qu'elle appartient au Seigneur haut iusticier du territoire : principalement quand ce Seigneur ha non seulement la iustice, mais aussi la Seigneurie fodale des autres terres de mesme climat & territoire.

47 Response aux raisons contraires.

A quoy ne contrarie la maxime des coustumes, que fief & iustice n'ont rien de commun. Car il faut noter que les coustumes ne disent pas, que iustice & fief, ains que fief & iustice n'ont rien de commun, c'est à dire, que la feodalité, ou

Seigneurie directe ne porte nulle consequence à la iustice, ne pouuant la iustice, 48 Comment s'entend, que fief & iustice n'ont rien de commun. qui est plus noble, estre attirée par la directe : qui est ce que nous auons dict cy-deuant, qu'il ne s'ensuit pas que celuy, qui est recogneu pour Seigneur censier, ou feodal d'vn heritage, en soit pourtant Seigneur iusticier. Car tel a le fief, qui n'a pas la iustice : & posé qu'vn Seigneur ait iustice, il peut auoir plusieurs fiefs hors le territoire de sa iustice, que les liures des fiefs appellent *feuda extra curtem*, ainsi que le moderne Baron l'a tres-bien interpreté au 9. chapitre du 1. liure *De beneficiis*.

Mais la iustice estant plus digne que la directe, il n'est point inconuenient qu'elle l'attire quelquesfois, & neantmoins encore elle ne l'attire, & ne l'includ pas par vne consequence necessaire, ains la iustice peut estre à l'vn, & la directe à l'autre; qui est l'explication que plusieurs coustumes adioustent à cette regle. Donques la iustice attire la directe par vne presomption seulement, qui a lieu, quand il ne se voit point de preuue au contraire, mais qui n'exclud pas la preuue contraire.

Partant ie conclu, que si celuy qui debat la directe d'vn heritage contre le 49 Conclusion de la question. haut iusticier du territoire, ne fait apparoir d'aucuns adueus, ni d'autres tiltres verificatifs de son droict ou possession, le haut iusticier doit gaigner sa cause contre luy, tant à cause de cette presomption, dont il est assisté, qu'à cause aussi que tout ce qui est vacant en son territoire luy appartient. Mais si outre cela il est fon- 50 L'enclaue est vne forte presomption pour la directe. dé encor en l'enclaue de la Seigneurie directe du climat, il faut des tiltres peremptoires pour l'euincer. Comme au contraire, si sa partie aduerse est fondée en ce mesme enclaue (de telle sorte qu'il apparoisse que toutes les terres d'vn certain climat ou terroir, sans exception aucune, soient de sa directe, ores que ce climat soit dans la iustice d'autruy) il est mieux fondé, que le iusticier, qui n'en a autre preuue que la presomption de sa iustice. Car la presomption du climat & contour vniforme, est reputée bien forte par Ioan. Fab. *l. 1. C. De iure emphyt.* qui allegue le Specule au mesme tiltre, & croy qu'elle surmonte celle du Seigneur iusticier, *quia in toto iure generi per speciem derogatur* : aussi l'enclaue de la directe porte plustost consequence à la directe de l'heritage, qui y est enclaué, que l'enclaue de la iustice.

51 Si l'heritage est presumé allodial. Voila quand la directe est contentieuse entre deux Seigneurs : mais quand elle l'est entre le Seigneur iusticier, & le detenteur, qui pretend tenir en franc aleu, il faut distinguer les païs. Car au païs qu'on appelle de franc aleu, c'est à dire és coustumes, où le franc aleu est admis sans tiltre, comme en Champagne, il faut faire les mesmes resolutions, qu'au Seigneur competiteur. Mais és autres coustumes, où on tient que nulle terre n'est sans Seigneur (qui est le droict commun de la France, quoy qu'en die du Moulin sur le quarante sixiesme article de la coustume) le detenteur n'estant vendiqué ni pretendu par aucun autre Seigneur, n'est fondé à se pretendre exempt de la directe du haut iusticier, sans tiltre d'aleu.

52 Du papier terrier. Et faut noter qu'en consequence de ce droict de territoire, qu'ont les hauts iusticiers, ils peuuent faire vn papier terrier, tant de leur directe, que de leur iustice vne fois en leur vie. Et à cette fin apres trois publications solemnelles, à ce que les detenteurs d'heritages tenus d'eux à droicts Seigneuriaux, quels qu'ils soient, viennent se faire inscrire en iceluy, ils peuuent faire saisir les heritages de ceux qui n'auront obey dans le temps prefix, ou qui n'auront faict apparoir, que leurs heritages soient tenus d'autre Seigneur. I'enten qu'ils peuuent faire saisir 53 Saisie generale pour la confection du terrier. leur territoire tout entier, sans qu'ils ayent besoin de s'enquerir, quelles terres tiennent d'eux, & quelles non; pource qu'ils sont fondez en droict vniuersel. Vray est que ceux, qui verifieront leurs terres estre tenuës d'autres, en auront main-leuée, mais ils n'auront despens dommages ni interests contre le haut iusticier, pourueu qu'apres auoir eu communication de leurs tiltres, il ne conteste pour le soustenement de la saisie : voire mesme faisant cette saisie generale d'vn climat, il n'est point necessaire de la signifier, & en bailler exploict à chacun des detenteurs. Vray est que ceux qui ne l'auront sceuë, ne sont suiects à l'amende de bris de saisie, ains, c'est à faire au Commissaire d'estre soigneux de

la notifier à ceux qu'il pensera estre necessaire, le tout aux despens de sa commission.

54 Des lettres de terrier.

Pour faire ce terrier, ie tien auec Ragueau, qu'il n'est necessaire au haut iusticier d'obtenir commission du Roy, qu'on appelle vulgairement, lettres de terrier; & s'il en obtient, c'est pour plus grande auctorité, & par cautelle surabondante: comme anciennement, quand vn Seigneur feodal, apres sa saisie; prenoit des lettres de conforte-main. Et telles lettres sont excitatiues, & non pas attributiues de iurisdiction; de sorte que non seulement elles peuuent estre addressées au Iuge du Seigneur, mais mesme on luy feroit tort, si on les addressoit à vn autre qu'à luy, qui est principalement fondé, de cognoistre des droicts de son Seigneur.

55 Lettres de terrier sont necessaires à ceux qui n'ōt haute iustice.

Mais les simples Seigneurs feodaux, ou censiers n'ont droict de proceder par saisie generale de tout vn territoire sans lettres de terrier: encor lors sont ils tenus aux despens dommages & interests de ceux qu'ils font saisir à tort, pource qu'ils n'ont pas iustice & Seigneurie publique sur leurs terres, & partant n'ont aucun pouuoir de saisir. Ce qu'il faut aussi pratiquer à l'esgard des hauts iusticiers, és terres qu'ils saisissent hors le territoire de leur iustice.

56 Hauts iusticiers peuuent prendre serment de leurs suiects.

Comme au pareil, les Seigneurs hauts iusticiers peuuent faire appeller par-deuant eux tous leurs iusticiables vne fois en leur vie, pour leur prester le serment de ne recognoistre autre iustice que la leur, & de conseruer leurs droicts à leur possible, & les aduertir de ceux qui entreprendront contre iceux: le tout neantmoins sans vexation, & sans qu'il leur en couste rien: ce que Gui Pape decis. 303. dit auoir pratiqué luy mesme en sa Seigneurie de sainct Alban. Voire mesme anciēnement les iusticiers procedoient par saisie, pour faire recognoistre leur iustice: *Iusticiarius* (dict Faber au §. *Retinendæ. Inst. De interd.*) *posuit ad manum suam aliquam rem sibi subiectam ratione iusticiæ, sicut tota die faciunt iusticiarij regni Franciæ.* Mais ie n'estime pas que ceux, qui ne doiuent cens ni rentes au haut iusticier, puissent estre astraints à aller chez son Notaire, ou autrement luy passer declaration à part pour sa iustice: comme au semblable, les censiers non iusticiables, ne sont tenus se lier d'aucun serment vers leur Seigneur direct, quoy qu'au village on leur face faire, voire mesme on leur faict payer la charte, ou grosse de leur declaration: dont neantmoins ils ne sont tenus, pourueu qu'ils la passent deuant le Notaire designé par le Seigneur, pour faire son terrier, tant s'en faut qu'ils soient tenus la presenter solemnellement en iustice auec serment, & de payer salaire au Iuge, Procureur fiscal, & Greffier, pour la reception d'icelle, comme on pratique és iustices de village.

57 Ne peuuēt demāder declaratiō pour la iustice, ni serment pour la directe simplement.

58 Le censier ne doit la charte de sa declaration.

59 Du territoire domanial.

Finalement, & qui est le troisiesme effect du droict de territoire, & de la derniere des trois questions posées cy dessus, qui concerne la Seigneurie vtile & domaniale, ie dy en vn mot, qu'au Seigneur haut iusticier appartiennent tous les biens, soit meubles, ou immeubles, vacans au dedans de sa iustice, c'est à dire qui n'appartiennent, ou ne sont possedez legitimement par aucun: combien que pour le regard des immeubles, les Seigneurs de fief les ayent long temps debatus; & de faict les ont gaignez en quelques coustumes, comme en celle de Normandie, & de Bretaigne, sous cette consideration, qu'il y a plus d'apparence de revnir la Seigneurie vtile vacante à la directe, ainsi que l'vsufruict à la proprieté, que non pas la priuée à la publique: question qui est assez amplement disputée par le Speculateur *tit. De feudis.* Neantmoins à la fin les iusticiers l'ont obtenu par dessus les Seigneurs de fief, en recompense des charges de la iustice, comme il sera dit incontinant, & ont particulierement appellé cela *Droict de fisque.*

60 Tout ce qui est vacant dans le territoire appartient au haut iusticier.

61 Les immeubles vacans ont esté autres-fois pretendus par le Seigneur direct.

62 Du droict de fisque.

63 *Fiscus quid.*

Car fisque n'est autre chose, que bourse publique, δημόσιον βαλάντιον, disent Hesychius & Suidas: *i. saccus publicus*, disent Isidore, *lib.* 20. *Orig. cap.* 9. & S. Augustin sur le Psal. 146. & est bien vray qu'à Rome il n'appartenoit qu'à l'Empereur, non plus que la Seigneurie publique: mais en France, comme la Seigneure publique, c'est à dire la proprieté de la iustice, a esté communiquée aux particuliers, aussi a esté la bourse publique qui en dépend, & qui est la perception de tous les émolumens prouenans de cette proprieté de iustice.

Car

Car d'autant que le haut iusticier est tenu faire rendre la iustice aux pauures 64 Pourquoy les hauts iusticiers ont le droict de fisque.
gratuitement, & faire punir à ses despens les delinquans en son territoire, & pour
cest effect auoir des Officiers capables, residans sur le lieu, & gagez suffisamment,
à bon droict on luy attribue en recompense, toutes les eschoites qui arriuent en
son territoire, c'est à dire tous les biens vacans qui s'y trouuent.

Ces biens fiscaux peuuent estre reduits à trois sortes, à sçauoir les confisca- 65 Diuision des biens fiscaux en confiscatiōs, desherences, & biens vacans
tions, les des-herences, & les biens vacans. Quant aux confiscations, que les
Latins appellent *bona publicata, seu fisco addicta* (qui est le premier fruict de la iuris-
diction, dit Faber sur l'Auth. *Bona damnatorum. Cod. De bonis proscript.*) ie compren
sous icelles tout ce qui est osté à l'indigne, *quod enim aufertur indigno, applicatur fisco*, 66 Des confiscations.
dit le droict Romain, & partant les amendes y sont comprises, qui sont comme
confiscations particulieres.

Car combien qu'à Rome il n'y eust que les Gouuerneurs des prouinces, & 67 Des amendes.
autres grands Magistrats, qui peussent condamner à l'amende, *l. Aliud est fraus.
§. Inter. De verb. signif.* encor n'y pouuoient-ils condamner que iusques à certai-
nes sommes limitées par le tiltre *De modo multarum. Cod.* si est-ce qu'en France tout
Iuge de haut iusticier pouuant condamner à la mort, peut à plus forte raison con- 68 Que les lois Rom. des amendes ne sont gardées en France.
damner à l'amende, & encor la taxer si haute qu'il luy plaist, d'autant que com-
me les peines, aussi les amendes sont arbitraires en France: combien que les
moyens iusticiers ne puissent iuger plus haute amende que de soixante sols, & les
bas, que de sept sols six deniers.

Or y a-il deux sortes d'amendes, à sçauoir les arbitraires, qui sont irrogées 69 Deux sortes d'amendes, arbitraires & ordinaires.
pour les delicts, dont en France les peines sont tousiours arbitraires: & les ordi-
naires, qui sont encouruës pour les quasi delicts, & sont taxées par les ordon-
nances ou coustumes. Dont celles des coustumes sont appellées amendes cou- 70 Amendes coustumieres.
stumieres, desquelles il y a deux sortes: à sçauoir, la grande amende, qui est de
soixante sols, & est souuent appellée l'amende ordinaire: & la petite amende, qui
est de sept sols six deniers, ou de cinq sols, selon les coustumes; & est appellée 71 Grande amende.
amende de loy, ou loy d'amende és coustumes d'Anjou & du Maine, & com- 72 Petite amende, ou amende de la Cour, ou amende de loy.
munément ailleurs l'amende de la Cour.

La grande amende est irrogée pour contestation és causes d'appel, de com-
plainte, & autres matieres odieuses, pour bris de saisie, entreprises sur les che-
mins, ventes recelées &c. La petite est encouruë, principalement pour trois 73 De mesme.
causes; à sçauoir pour defauts, pour contestation temeraire és matieres ordinai-
res, & pour reclain, c'est à dire, reclamation & refus de payer le contenu és obli-
gations, & és sentences en quelques coustumes, qui est la cause pourquoy en
iugeant soit les defauts, soit les procez contradictoires, on prononce ordinaire-
ment, *condamné en l'amende de la Cour, & és despens.*

De ces amendes plusieurs des coustumes traictent amplement, entre autres 74 Cause de ces amendes.
celles d'Anjou, Touraine, le Maine, Berry, & celles des païs de Picardie, &
Flandres: dont vient le prouerbe de nos coustumes, que *la grande amende empor-
te la petite.* Et furent toutes introduites, lors que les Iuges, ne prenans aucuns sa- 75 Qu'elles ne doiuent auoir lieu à present.
laires des parties, se recompensoiét sur ces amendes ordinaires, qui leur estoient
attribuées au lieu, ou bien pour supplément de gages: mais maintenant que les
Iuges se font payer par les parties, & que partant les fraiz des procez sont gran-
dement augmentez, à cause de leurs salaires, c'est à bon droict que les antiques
amendes coustumieres sont desaccoustumées presque par tout.

Dont paroist l'iniustice de l'aduis n'agueres donné au Roy, non seulement de 76 Contre l'aduis du renouuellemēt des amendes ordinaires.
renouueller, mais encor de tripler ces amendes ordinaires, pour faire vn fonds
nouueau en ses finances. Car desia est assez & trop executé l'aduis donné par
Isocrate au Roy Nicoclés, de faire que les frais des procez soient grands, pour
empescher le peuple de plaider: estant vray de dire, qu'en plus des deux tiers des
procez, les frais passent le principal: & n'y a plus desormais gueres de procez,
que ceux qui sont necessaires, ou pour l'obscurité de nostre droict, ou pour la
malice des safranniers, qui plaident hardiment, pource qu'ils n'ont que perdre &
que *inops audacia tuta est*, & cependant consomment en frais ceux qui ont de-

quoy. Et quelle apparence y a-il, veu que la iustice est deuë au peuple gratuitement, de la surcharger encor de ce nouueau tribut?

77 Des confiscations en particulier.

Quant aux confiscations, qui sont les propres fruicts de la iustice, dit Bartole, *in l. vlt. D. Sol. mat.* elles appartiennent au haut iusticier aux païs où elles ont lieu: car il y a des païs qui en sont exempts par priuilege special, cessant lequel, c'est le droict commun de France, que, *qui confisque le corps, confisque les biens*. Toutesfois,

78 Confiscation en crime de leze Maiesté.

au crime de leze Maiesté, qui est comme vne felonnie, qui opere reunion à la souueraineté, la confiscation appartient au Roy seul: & de faict en ce crime les heritages confisquez seroient tous reunis incommutablement à la couronne, si faire se pouuoit: mais cette reunion ne peut estre qu'en ceux qui en sont mouuans directement; & quant aux autres, pource que le Roy ne peut pas releuer d'autruy, & que le Seigneur direct ne doit perdre sa directe, pour le crime de son vassal, force est que le Roy en vuide ses mains: mais quoy que ce soit, la confiscation prouenant de ce crime, ne tombe point en fruict, ains est reputée comme vn accroissement qui s'adioinct à la proprieté. Et de faict en toutes les alienations du domaine, voire mesme aux constitutions d'appanage, elle est tousiours reseruée au Roy.

79 La confiscation n'appartient pas au Roy és cas Royaux.

Quant aux simples cas Royaux, il faut noter hardiment que la confiscation n'en appartient pas au Roy, ains au haut iusticier, pource que la confiscation ne suit pas la iustice, ainsi que fait l'amende, ains le territoire; de sorte que celuy qui faict le procez, est souuent celuy qui prend le moins en la confiscation, quoy

80 Confiscation ne suit pas la iustice comme amende.

qu'en dic Faber sur l'Auth. *Bona damnatorum*, mais il se recompense sur l'amende qu'il taxe si haut qu'il luy plaist, & par le moyen de laquelle on absorbe ordinairement la confiscation, quand elle appartient à autre que celuy qui faict le procez. Toutesfois au crime de faulse monnoye, pource que c'est comme vne branche de leze Maiesté, y estant le Roy principalement offensé, la confiscation appartient à luy seul: ce qu'il faut entendre, pour le regard des forgeurs de faulse monnoye, & non des simples expositeurs d'icelle, qui pechent plus contre le public que contre le Roy, & sont plustost larrons, que faux monnoyeurs.

81 Leze Maiesté diuine n'est cas Royal.

Pareillement en crime de leze Maiesté diuine, comme heresie, blaspheme, idolatrie, ie n'estime pas que la confiscation appartienne au Roy seul, quoy qu'en disent les articles secrets de la coustume de Paris, pource que le Roy n'y est point offensé en sa qualité, ains le public & la iustice, & pour cette cause, ie n'estime pas mesme que ce soit cas Royal: aussi ne le voyons-nous pas compté és anciennes ordonnances, qui rapportent les cas Royaux: & de faict il est notoire, que les hauts iusticiers cognoissent des blasphemateurs, sorciers, & idolatres.

82 Le Roy peut remettre la confiscatiõ au preiudice du Seigneur.

Or combien que la confiscation appartienne au haut iusticier, toutesfois c'est vn des droicts de Souueraineté du Roy, qu'il la peut remettre, *siue per litteras iustitiæ, siue gratiæ, re tamen integra*, c'est à dire, iusqu'à ce que l'arrest de condamnation soit prononcé, ou la sentence, par l'execution faicte d'icelle sans appel, soit conuertie en force de chose iugée: sans mesme hors ces cas, que le haut iusticier soit receuable à s'opposer, ou autrement empescher l'enterinement de la remission, grace, ou abolition: pource que ce droict de Souueraineté ne peut estre retranché au Roy. Mesme apres le droict acquis tout à faict au haut iusticier par vn iugement souuerain, encor tient-on que le Roy peut remettre la confiscation, si les biens sont encor en la possession du haut iusticier, mais non, s'il en a disposé, principalement à tiltre onereux, comme resoult Bacquet.

83 Des-herences.

Quant aux des-herences, que les Grecs appellent τὰ ἀκληρονόμητα, & les Latins *Caduca*, qui sont les biens des decedez sans heritiers, & sans en auoir disposé, ils appartiennent pareillement au haut iusticier du territoire où ils sont trouuez,

84 Le haut iusticier est successeur particulier en la des-herence.

mais non pas par forme d'heredité, ou de succession vniuerselle, comme au droict Romain, ains comme biens vacans. Car nous auons trois sortes de successeurs en France, à sçauoir les vrais heritiers, qui sont *successores iuris*: les successeurs vniuersels, comme les donataires, ou legataires vniuersels, les Abbez succedans à leurs religieux qui sont *successores bonorum, & non iuris* : & les successeurs particuliers, comme les donataires ou legataires *certorum bonorum*, & les Seigneurs succedans par confiscation, ou des-herence, qui ne succedent pas à tous les biens de leur iusticiable, ains seulement & particulierement à ceux, qui sont trouuez dans leur territoire; encor n'y succedent-ils par voye de translation du droict du defunct en eux : mais par forme de reunion de la Seigneurie priuée vacante à la publique, tesmoin le tiltre du Code, *De bonis vacantibus, & eorum incorporatione*, & la loy *Eius, qui. D. De testamentis.*

Ie dy notammēt, que cette reunion se fait de la Seigneurie priuée à la publique, & non pas de l'vtile à la directe, pource qu'en France les fiefs & cens sont perpetuels & patrimoniaux, & que les biens vacans sont attribuez à la iustice, pour soustenir les charges d'icelle. Mais aussi il faut prendre garde, que cette reunion se faict de telle sorte, que le droict du Seigneur feodal est tousiours conserué, *ne alteri per alterum iniqua conditio inferatur* : ne plus ne moins qu'en la loy *Cùm ratio.* §. 1. *De bonis damnatorum*, il est dit, que l'affranchy ayant esté condamné, le patron est preferable au fisque pour la part qui luy est attribuée de droict en sa succession : de sorte que le iusticier succedant par confiscation, ou des-herence, doit recognoistre le Seigneur direct, ainsi qu'vn autre detenteur; mesme luy doit relief des fiefs, ainsi qu'vn successeur collateral. Mais si le iusticier est aussi Seigneur direct, combien que cette succession opere vne reunion, & partant qu'il face de son fief son domaine, toutesfois il ne doit point de relief au Seigneur direct superieur, pource que c'est vne regle generale, que pour telles reunions de l'vtile Seigneurie à la directe, il n'est point deu de relief, comme traictent les interpretes, sur le 51. art. de la coustume de Paris. Que si c'est le Roy, qui par des-herence, ou confiscation acquiert les heritages estans en la directe d'vn Seigneur, il faut qu'il en vuide ses mains, ou du moins, qu'il luy en paye indemnité; d'autant qu'il ne peut pas releuer de ses suiects : & ce, suiuant l'ordonnance de Philippe le Bel, transcrite au vieil styl de Parlement, tit. *De feudis*, ce qui vuide la grande dispute qu'en faict le Specule au mesme tiltre.

85 Que le droict du Seigneur direct y est conserué.

86 Luy est deu relief à cause de la des-herence.

87 Le Roy doit vuider ses mains en confiscation & des-herence.

I'ay dict cy dessus, que la confiscation & des-herence suiuent le territoire, où les biens sont trouuez, & non le domicile du condamné, ou decedé : ce qui est tout asseuré pour le regard des immeubles : mais quant aux meubles, qui n'ont point de situation asseurée, estans aptes d'estre tantost en vn lieu, tantost en vn autre, il y a plus de difficulté. Car tous les Docteurs anciens & modernes, sans exception, que ie sçache, tiennent concordamment, que les meubles du confisqué, ou decedé sans hoirs, appartiennent au haut iusticier de son domicile, *quia mobilia sequuntur personam, eiúsque domicilium*. Neantmoins il me semble plus à propos de les attribuer au Seigneur de la iustice où ils sont trouuez lors du deceds; attendu ce qui vient d'estre dict, que la confiscation & des-herence operent vne reunion de la Seigneurie priuée à la publique, & non pas vne succession vniuerselle : car on ne peut dire, que *mobilia sequantur personam*, puis que la personne est morte, & n'a laissé de successeur vniuersel qui la represente, n'estant son heredité iacente, ains ses biens tout à faict vacans, desquels partant le iusticier du lieu, où ils se trouuent, se peut emparer, & les appliquer à son fisque, sans que celui du domicile du defunct puisse venir fureter, & faire recherche dans la terre d'autruy. Aussi Bacquet, qui a mieux traicté cette question que nul autre, au 13. chap. *Des droicts de iustice*, & au 3. *Du droict de des-herence*, incline à cette opinion dont il rapporte vn arrest du Parlement, & qui a esté suiuie par les articles secrets de la coust. de Paris, & par la nouuelle coust. de Reims, art. trois cens quarante six.

88 Si les meubles en confiscation & des-herence appartiēnent au iusticier du domicile, ou du lieu où ils sont trouuez.

89 Opinion commune.

90 Qu'ils appartiennent au Seigneur du lieu, & non du domicile.

Mais à l'esgard des debtes actiues, qui sont droicts incorporels, τὰ ἀφανῆ, qui n'occupent point de lieu, & n'ont point de situation, en la confiscation & des-herence elles doiuent suiure generalement le domicile du creancier, & non le lieu où les obligations, cedules, ou papiers iustificatifs d'icelles sont trouuez, d'autant que les papiers ne sont pas la debte, ains la preuue & asseurance d'icelle : aussi qu'il y a des debtes, dont il n'y a point de papiers, autres dont il peut y auoir des papiers en plusieurs lieux, & diuerses iustices : mais

91 Mais les debtes actiues appartiēnent au Seigneur du domicile.

en fin ces debtes consistent en action personnelle, qui est inherente aux os du Seigneur, ou creancier d'icelle, & non pas, à mon aduis, du debteur, quoy qu'en die au contraire le iudicieux Coquille, quest. 237.

92 Idem és rentes constituées. Ce qui doit pareillement estre dit des rentes volantes, ou constituées, dont la situation doit estre attribuée, non au lieu des hypotheques speciales, ou assignats d'icelles, comme on tenoit nagueres au Palais, en consequence de l'arrest de Parternay mal entendu, ni au lieu destiné pour le payement de la rente, mais au domicile du creancier & Seigneur d'icelle, comme il fut iugé en la cinquiesme Chambre des Enquestes, apres en auoir demandé l'aduis des autres Chambres, en l'année 1597.

93 Situation des rentes constituées.

94 Les Seigneurs succedans par des-herence & confiscation, sont tenus des debtes. Voila pour les debtes actiues: quant aux passiues, c'est chose certaine, que cette revnion n'empesche point qu'on les paye, attendu mesme qu'il a esté iugé que le fief du vassal adiugé pour felonnie au Seigneur feodal, demeure chargé de ses hypotheques, nonobstant la loy, *Lex vectigali. De pignor.* en consequence de laquelle on tenoit iadis en France, erronément & iniustement, que la confiscation n'estoit chargée des debtes, comme Guenois a bien prouué en sa Conference des coustumes, ce que Bouteiller dit aussi de la succession des bastards. Mais maintenant on suit sans doute la regle du tiltre, *Pœnis fiscalibus creditores anteferri*, & de la loy, *Non possunt. D. De iure fisci.*

95 Ce qui n'auoit lieu anciennement en la confiscation.

96 Les Seigneurs payét les debtes *pro rata emolumenti.* Pareillement c'est chose asseurée, que plusieurs Seigneurs venans ensemble à la des-herence, ou confiscation, doiuent contribuer aux debtes passiues à proportion du profict qu'ils en tirent: mesme on pratique cela à present és coustumes, où les debtes passiues suiuent les meubles, & sont payables entierement par celuy qui prend l'vniuersité des meubles à quelque tiltre que ce soit: quoy que quelques coustumes decident erronément le contraire, & tel est l'aduis de Coquille: & ce pour la raison qui vient d'estre dicte, que le Seigneur prenant les biens par droict de confiscation, n'est point vn successeur vniuersel, ains particulier des seuls meubles trouuez en sa iustice; & encor non pas par voye de succession, ou translation du droict du defunct à luy, mais par abolition du droict de l'ancien proprietaire, & revnion de la Seigneurie priuée vacãte, à la publique.

97 Si le creancier se peut pouruoir solidairement contre eux. Mais comment se pouruoira le creancier chirographaire, qui ne sçait ni combien il y a de Seigneurs participans à la confiscation, ou des-herence, ni pour quelle part chacun d'eux y participe? Bacquet a traicté la question à l'esgard des heritiers succedans *diuerso iure*, comme quand il y a vn heritier des meubles & acquests, vn autre des propres paternels, & vn autre des propres maternels: & lors il dit qu'ils peuuent estre conuenus chacun pour vn tiers, ou bien qu'on se peut addresser contre celuy des meubles & acquests, sauf son recours contre les autres: ce qui est bien plus équitable. Car si pour y auoir de trois sortes d'heritiers, il falloit diuiser la debte, il la faudroit encor subdiuiser, si de chacune sorte il y auoit plusieurs heritiers, ce qui seroit extresmement incommode.

98 Inconuenient de n'admettre la poursuitte solidaire. Mais l'incommodité seroit encor bien plus grande en la poursuitte de plusieurs Seigneurs prenans part à la confiscation, ou des-herence. Car la part qu'on demanderoit aux heritiers, seroit tousiours certaine & liquide, au lieu que celle des Seigneurs est tousiours incertaine & illiquide, requerant vne ventilation precalable, ce qui ordinairement est bien malaisé: comme quand il y a des actions incertaines en la succession, & est tousiours de grands frais & difficulté. D'ailleurs, il y a bien difference entre les heritiers & le fisque. Car les heritiers sont tenus d'action pure personnelle, que la loy des douze Tables transfere du defunct à ses heritiers, de sorte qu'estans condamnez, ils sont contraincts en leurs propres biens pour leur portion hereditaire, qui est tousiours certaine: mais le fisque n'estant, ni heritier, ni mesme successeur vniuersel, ne peut estre tenu d'action pure personnelle: partant n'est contrainct en ses autres biens, & s'il y a rencontre de plusieurs fisques, leur portion est inégale & incertaine.

99 Resolution qu'il la faut admettre. C'est pourquoy ie tien pour certain, que le creancier, ores que simple chirographaire, se peut addresser pour sa debte entiere, contre chacune piece du bien deferé au fisque. Ce que le iudicieux Coquille a tenu en son Institution, chap.

Des droicts de iustice: mais il n'en allegue aucune raison. Or la raison est, *que* 100 Raison.
onus æris alieni vniuersum patrimonium respicit, non certi loci facultates. l. Fideicommissum. §. Tractatum. D. De iudicijs. Et bona dicuntur deducto ære alieno. l. Mulier bona. D. De iure dot. Ce qui est particulierement decidé à l'esgard du fisque, *in l. Non possunt. D. De iu. fisci. Non possunt vlla bona ad fiscum pertinere, nisi quæ creditoribus superfutura sunt. Id enim bonorum cuiusque esse intelligitur, quod æri alieno superest.* Qui est la cause pourquoy au dernier chapitre du premier liure Du deguerpissement, i'ay dit, qu'en ces cas le payement des dettes est vne charge fonciere vniuerselle, & qui s'estend sur tout le bien, & par consequent elle est solidaire, ores qu'il n'y ait point d'hypotheque expresse: pource que c'est la nature des charges foncieres, d'estre solidaires & indiuiduës: comme i'ay prouué au dernier chap. du 2. liure du mesme traicté.

Or pour parler particulierement de la des-herence, le cas d'icelle est, quand 101 Quand a lieu de des-herence.
le defunct n'a laissé aucuns heritiers, & combien qu'aucuns ayent voulu restreindre les degrez de succession à sept, suiuant la loy, *Non facile. D. De grad. cognat.* & le dire de Paulus 4. *Sent. tit.* 11. autres à dix degrez, suiuant le §. *Hoc loco. Inst. De cogna. success.* Neantmoins c'est vn poinct resolu en France, que la succession a 102 La succession s'estend tant que la ligne se peut monstrer.
lieu *in infinitum*, tant que ligne se peut monstrer: c'est pourquoy en quelques coustumes, la des-herence est appellée, *ligne esteincte, & ligne faillie*, ce mot de ligne signifiant parenté, & ce que les Grecs appellent ἀγχιστεία, proximité: de fait ce que dit Aristophane, ἐν Ὄρνισι, Νόθῳ μὴ εἶναι ἀγχιστείαν, Bouteiller le rend en François, que *Bastards n'ont point de ligne, & que sans ligne succession ne se peut apprehender.*

Quand ie dy ligne faillie, i'enten tant la paternelle, que la maternelle: estant 103 Les parens d'vn costé succedent à faute d'autre
certain, que ce n'est point des-herence, tant qu'il y a parent d'vn costé, ou d'autre; & que c'est auiourd'huy le droict commun de France, que les maternels excluent le fisque des biens paternels, & au contraire: comme le decide l'article 330. de la coust. de Paris, & la decision textuelle de la loy *Vacantia. De bonis vacant. lib.* 10. *Cod.* combien que les coustumes d'Anjou & de Bretaigne decident le contraire. Voire la loy des douze Tables préferoit au fisque ceux qui portoient mesme nom, appellez *Gentiles*, ores qu'ils ne peussent prouuer la parenté: dont 104 *Gentiles.*
Ciceron, liure 1. *de Oratore* en recite vne belle cause, qu'il plaida entre deux maisons praticiennes des Claudes & des Marcels. Et Choppin liure premier *De doman.* chapitre 13. dit qu'en defaut de l'vne & l'autre ligne la femme succede au mary, & le mary à la femme auparauant le fisque, suiuant le tiltre, *Vnde vir & vxor*: 105 Mesme la femme empesche la des-herence.
ce qui a esté n'agueres iugé par arrest solemnel de la vigile nostre Dame de Septembre 1600. rapporté par Chenu, contre ce qu'en dit Baquet au traicté Du droict d'Aubaine, chap. 33. Mesme c'est vne grande dispute entre Acurse & Faber, sur l'Auth. *Præterea*, en ce tit. *Vnde vir & vxor.* si les parens de la femme sont preferables au fisque, à demander les biens du mary mort sans parens de son costé, ce qui pourtant n'est receu en France. Bref, comme dit sainctement le Roy Theodoric dans Cassiodore, *lib.* 10. *Variar. In hoc casu Principis persona post omnes est. Hinc optamus non acquirere, dummodo sint, qui relicta valeant possidere.*

Mais il y a deux exceptions notables, esquelles on tient que le Roy oste la 106 Quand le Roy oste la des-herence au haut iusticier.
des-herence au haut iusticier, sçauoir est à l'esgard de la succession des estrangers appellez Aubains, *quasi alibi nati*, & celle des bastards. Et combien que du Moulin sur le 40. article de la coustume d'Anjou, dise que *secundum antiquum vsum Francorum, alti iusticiarij habebant ius occupandi bona quocumque modo vacantia, etiam Albinorum & spuriorum: sed nuper memoria nostra, quæstuarij fiscales iura Dominorum, contra veterem consuetudinem restringere cœperunt, in successionibus peregrinorum, & habuerunt multos emptitios Iudices propitios:* & qu'il en dise autant sur le 88. art. de la coust. de Bourbonnois: Toutesfois pour le regard de l'Aubainage, il y a vne grande raison de l'attri- 107 Aubainage iadis appartenoit aux Seigneurs.
buer au Roy seul: raison, qui n'est aucune de celles rapportées par Bacquet au traicté qu'il en a faict, à sçauoir, qu'il n'y a point de vacãce, ni des-herence absoluë 108 Auiourd'huy non, & pourquoy.
en l'estranger, qui ordinairement a des parens, aussi bien que le naturel François: mais ils sont empeschez de luy succeder, non par le droict de nature, ou des gens, ains par la loy particuliere du Royaume, qui priue l'estrãger d'estre heritier, & de

laisser heritiers en France : loy qui regarde la police generale de l'Estat, & partant appartient au Roy seul, comme faicte pour l'augmention du Royaume, & non pour accroistre & aduantager les Seigneurs particuliers d'iceluy.

109 Le Roy succede seul à l'estranger, ores que naturalisé. Partant ie tien qu'il est tres iuste d'exclure le haut iusticier de la succession de l'estranger, ores mesme que naturalisé, mourant sans parens regnicoles, tant à raison de la condition apposée de styl commun, és lettres de naturalité, *pourueu qu'il ait heritiers regnicoles*, qui defaut en ces cas, que pource que la naturalisation de l'estranger ne profite pas à ses parens estrangers, qui n'estans naturalisez eux-mesmes, sont tousiours excluds de succeder, fust-ce à vn naturel François.

110 Estrayeres. Telles successions des estrangers estoient proprement ce que iadis on appelloit *Estrayeres, quasi estrangeres*, mot qu'on a depuis estendu à signifier aussi les successions des bastards, apres que les fiscaux, non contens d'auoir attribué au Roy la succession des estrangers, luy ont aussi faict prendre la succession des bastards à l'exclusion des hauts iusticiers, sous pretexte de quelques vieilles panchartes trouuées en la chambre des Comtes : combien que les anciennes coustumes, & les anciens escriuains de France ne fissent difficulté de deferer la succession des bastards aux hauts iusticiers, notamment Bouteiller en sa Somme rurale : ce qui me semble plus iuste.

111 Estendu aux bastards. 112 Mal à propos. Car ce que le Roy succede aux estrangers, n'est pas pource qu'il les peut seul naturaliser (pource que si ainsi estoit, il auroit seul les confiscations, puis que seul il les peut remettre) ains à cause de la loy particuliere du Royaume, qui exclud les estrangers des successions dans iceluy : au lieu que les bastards sont exclus d'auoir des heritiers, autres que leurs enfans, par la loy de nature; quoy que ce soit, par le droict des gens, qui ne recognoist autre parenté que celle qui procede d'vn loyal mariage : de sorte que le bastard, n'estant parent à aucun, tombe de necessité en vraye des-herence & ligne faillie, quand il meurt sans enfans

113 Les Seigneurs ne succedent aux bastards, si trois cas ne concurrent. Toutesfois le Roy l'a en fin emporté par dessus les hauts iusticiers : de sorte qu'on tient à present pour resolu, que nonobstant tout tiltre, toute prescription, voire toute coustume contraire, le Roy seul succede aux estrangers, ores que naturalisez sans exception, & aux bastards non legitimez pareillement, fors qu'en trois cas concurrens, à sçauoir, qu'ils soient nais, demeurans, & decedez en la terre des hauts iusticiers, encor en faut-il adiouster vn quatriesme, que leurs biens y soient situez & trouuez. 114 Succession des bastards legitimez à qui appartient. Mais à l'esgard des bastards legitimez, leur succession n'appartient ni au Roy, ni au haut iusticier, ains on tient maintenant à bon droict qu'elle appartient à leurs parens legitimes, ores qu'ils n'ayent consenty à leur legitimation, voire qu'ils n'ayent esté aduouez par le pere ou mere, du costé desquels ils leur sont parens, pource que toute macule de leur natiuité est ostée par leur legitimation, qui les ente en la famille & parenté dont ils sont issus, & que par icelle le Roy renonce à leur succession purement, & sans aucune condition, comme Bacquet a bien prouué.

115 De la succession des enfans des bastards, mourans sans enfans. Quant aux enfans des estrangers, soit naturalisez ou non, ils succedent à leur pere, pourueu qu'ils soient nais & demeurans en France, comme aussi les enfans legitimes des bastards leur succedent: mais la difficulté est grande si à ces enfans, soit des estrangers, ou bastards, le Roy succede par droict d'aubaine, ou bastardise és biens qu'ils ont eu de leur pere, ou le haut iusticier par des-herence, ou encor les parens qu'ont ces enfans du costé de leur mere, qui n'estoit ni estrangere ni bastarde, par droict de succession legitime. Ceste question est traictée par Bacquet, au chap. 4. du traicté de des-herence, qui semble resoudre, Que les parens de l'autre ligne sont preferables au fisque, soit du Roy ou du haut iusticier, & à plus forte raison encor le pere ou mere, non estranger ni bastard, ce qui est tres equitable. 116 Quid s'ils n'ont point de parens. Mais à faute qu'il y en ait, la question demeure entre le Roy, qui pretend que la bastardise & aubainage dure *in infinitum*, & le haut iusticier, qui soustiét que ce sont vices personnels, & qui ne passét point aux enfans, & partant qu'il doit succeder par des-herence : ce qui me semble plus raisonnable, & est decidé élegamment à l'esgard du bastard, par Bouteiller au tiltre

pes illegitimes. Quoy que ce soit, quand telles contentions, ou autres semblables naissent entre les Officiers du Roy & ceux du haut iusticier, ce qui aduient ordinairement par la concurrence & rencontre des seellez, pource que suiuant l'Edict de Roussillon, l'inuentaire doit estre fait promptement, sans laisser des mangeurs ou Sergents en garnison. La regle qu'il faut tenir est, que l'inuentaire doit estre fait par les Officiers Royaux, si deux choses ne concurrent, à sçauoir, que ceux du haut iusticier ayent fait le premier seellé, & que la iustice ne leur soit déniée, ainsi que resout Bacquet au traicté Des droicts de iustice, chapitre 21. Nouel. 5.

117 Des biens vacans.

Outre les confiscations & des-herences, il reste encor la troisiesme espece de biens deferez au fisque, qu'on appelle particulierement biens vacans, & que les Grecs appellent τὰ ἀδέσποτα, qui comprennent tous biens vacans, autrement que par confiscation ou des-herence: dont il y en a de deux sortes: L'vne de ceux qui n'ont iamais eu de maistre, cõme les terres vaines & vagues des chãps, les places vuides des villages, que le haut iusticier peut appliquer à son profit quand bon luy semble,

118 Ce qui n'est en commerce, n'appartient au haut iusticier.

Ce que ie n'enten que des choses qui sont en cõmerce, & qui sont sous la categorie de celles, que Iustinian aux Institutes, appelle *res singulorum*, & non pas de celles qu'il appelle *publicas, aut vniuersitatis, aut nullius, id est, religiosas, aut sanctas*. Partant ie n'y compren ni les rues & places publiques des villes, ni les chemins des champs, ni pareillement les portes & murailles, fossez & maisons communes des villes, desquelles le haut iusticier a seulement la police, garde, & manutention, & les habitans sont tenus de la reparation & entretenement d'icelles, mais la proprieté n'en appartient à personne: Qui est pourtant vne ancienne querelle entre la communauté des habitans, & les Seigneurs des villes: mais en vn mot, ce qui est public, n'appartient à aucun quant à la proprieté, & quant à l'vsage, il appartient à chacun particulier, pourueu que ce soit sans empeschement de l'vsage commun. Car ie ne suis de ces fiscaux, qui se font à croire que tout ce qui est public appartient au Roy: ains au contraire i'estime par la raison que ie vien de dire, que ni le Roy, ni le haut iusticier n'ont droict de prendre tribut des saillies, abauents & autres sortes d'auances des maisons sur les ruës, ains comme i'ay dit au 3. chapitre, tels tributs ou redeuances deuroient estre laissées aux communautez des villes, comme deniers communs, pour employer à l'entretenement des ruës & pauez d'icelles.

119 Des choses publiques.

Pareillement ie ne compren point entre les biens vacans, les communes & vsages, c'est à dire les prairies, ou bois delaissez d'ancienneté à la commune des habitans d'vne ville, ou village, *quia sunt propriè vniuersitatis. Nam plerumque olim à diuersoribus agrorum, ager compascuus relictus est ad pascendum communiter vicinis*, dit Isidore, *lib. 11. Etym. cap 13. Inde saltus communis dicitur, in quo municipes ius compascendi habent*, dit la loy, 20. §. *vlt. D. Si seruit. vendic.*

110 Des communes & vsages.

Quant aux riuieres & riuages d'icelles, combien qu'en droict elles fussent toutes publiques, & la pescherie en icelles permise à vn chacun, *§. Flumina. Inst. De rer. diuis.* si est-ce qu'en France on distingue les nauigables d'auec les non-nauigables: & pour le regard des non-nauigables, elles sont *dominij priuati*, & appartiennent aux particuliers, & par consequent au haut iusticier à faute d'autre maistre. Mais les nauigables estans publiques, ainsi que les grands chemins, le Roy s'en est attribué la Seigneurie, & par consequent des isles & aterrissemens estans dedans icelles, de sorte que le §. *Insula*, au mesme titre, & toute la matiere des alluuions du droict Romain, n'est prattiquée en France, & aussi la pescherie n'est point permise à vn chacun, comme au droict Romain.

111 Des biens vacans, qui ont autresfois eu maistre.

L'autre espece des biens vacans, est de ceux qui ont autresfois eu maistre, dont y en a de plusieurs sortes. Premierement il y a les choses qui sont abandonnées tout à faict, comme les terres déguerpies, les successions repudiées & vacantes, & celles-là, combien que *mero iure*, elles appartiēnent au haut iusticier, ainsi que tous biens vacans: toutesfois pource qu'il est aisé à comprendre, qu'elles ont esté delaissées à cause des charges & debtes d'icelles, & qu'elles sont plus onereuses, que profitables, on ne trouueroit pas bon que le Seigneur s'en emparast pour frustrer les creanciers, ains afin que leur interest soit cōserué, on a coustume de les faire regir par vn curateur aux biens vacans : Comme mesme és des-herences & confiscations, quand il aduient que pour les debtes d'icelles, il en faut decreter le bien, on a accoustumé par vne bienseance d'en faire le decret, non sur le Roy, ou le Seigneur qui les possede, ains sur vn curateur aux biens vacans, comme Bacquet nous enseigne.

112 Des terres laissées en friche. Toutesfois c'a esté autresfois vne grande dispute entre le Seigneur direct & le haut iusticier, auquel appartiendroient les terres vacantes : & en cela y a grande diuersité entre les coustumes, faute de comprendre les distinctions qui vuident nettement ce different des terres vacantes, quant à la proprieté & seigneurie, ou quant à l'occupation & culture seulement : differencequi est remarquée par le docte Cuias sur le titre, *De omni agro deser.* Car les terres vacãtes & abandõnées, quant à la proprieté, appartiennẽt sans doute au Seigneur haut iusticier, en quelque coustume que ce soit, comme a bien discouru Coquille en sa 9. question: mais celles qui sont delaissées, quant à la culture seulement, & qui partant ne sont pas proprement vacantes, ains seulement desertes & en friche, le Seigneur feodal, qui pour sa directe a plus d'interest qu'elles soient labourées, que non pas le haut iusticier, est preferable à luy: & encor, & ainsi faut-il entendre les coustumes qui attribuent les terres vacantes au Seigneur direct : & encor celuy qui ha vne grosse rente sur icelles est preferable au Seigneur direct: voire en concurrence de plusieurs rentes, le Seigneur de la derniere rente est preferable aux autres, à la charge de payer toutes les plus anciennes, comme ayant le plus d'interest à la deperition de l'heritage: bref le co-detenteur, c'est à dire celuy qui tient quelque heritage chargé de partie solidaire de la mesme rente que doit l'heritage desert, est receuable à s'en emparer par authorité de iustice, afin de pourueoir à son indemnité : & de ceste espece i'ay traicté au dernier chapitre du dernier liure Du deguerpissement.

113 Des meubles vacans. Voilà pour les immeubles : & quant aux meubles, il y en a deux sortes de vacans, à sçauoir les espaues & les thresors. Les espaues sont proprement les bestes
114 Des espaues. espouuantées & esgarées, & generalement signifient toutes choses perduës, qui apres quelques publications, & temps certain attendu pour en trouuer le maistre, ainsi qu'il est prescrit en la plus part des coustumes, sont en fin adiugées au haut iusticier: *Hæc domini terram occupant, & vocant espaues*, dit Faber, *in* §. *Examen. De rer. diuis.* ie dy au haut iusticier, non au moyen, ni au bas: & non au Roy seul, ni au Seigneur du fief, comme Bacquet a bien prouué au 33. chapitre Des droicts de iustice.

115 Du varech. Ce qui est dit *espaue* sur terre, est en mer appellé *varech*, à sçauoir tout ce que la mer iette à bord, en telle sorte qu'vn homme de cheual y puisse toucher du bout de sa lance, dit la coustume de Normandie, chap. 23. art. 583. & est different des
116 Du droict de bris. choses peries, qui sont celles qui ont esté peschées à flot & tirées du fond de la mer, sur lesquelles se prend droict de bris, *ius naufragij*, qui appartient au Roy, ou aux Officiers de l'Admirauté : au lieu que le droict de varech appartient au Seigneur du lieu.

117 Du thresor. Le thresor, *est vetus pecuniæ depositio, cuius memoria ignoratur, & cuius propterea nemo se dominum vel possessorem dicere potest, l.* 3. §. *Neratius. D. De acquir. possess.* dont il ne se peut rien dire de mieux, que ce qui est dans les articles secrets de la coustume de Paris, *Thresor caché d'ancienneté & temps immemorial, sera distribué, sçauoir à celuy qui le trouuera en l'heritage sien, la moitié: au Seigneur haut iusticier, l'autre moitié: (idem* en celuy qui l'a trouué en lieu public*) & celuy qui le trouuera en l'heritage d'autruy, en aura vn tiers, le proprietaire vn tiers, & le haut iusticier vn tiers.*

118 Quelle part ont les moyens & bas iusticiers aux biens fiscaux. Et faut noter, qu'en tous ces biens fiscaux, à sçauoir des amendes, confiscations, des-herences, espaues, thresors & autres, les moyens & bas iusticiers y ont leur part, en tant & pour tant qu'ils ont droict de fisque, estans trouuez dans l'enclaue de leurs iustices, à sçauoir, le moyen iusticier de soixante sols, & le bas de sept sols six deniers, comme il est dit en plusieurs coustumes : ce qu'ils negli-

gent ordinairement pour la rareté de ces escheances, & petite part qu'ils y ont.

Voila tous les profits des iustices, parmy lesquels ie n'ay point mis le droict de colombier, pource que c'est plustost vn droict de fief que de iustice, ni le droict de chasse aux bestes, pource qu'il est commun à tous nobles, pourueu que ce soit en endroict & à gibier non prohibé (vray est, que le Seigneur haut iusticier ne peut estre empesché de chasser en saison conuenable, en tous lieux non clos de son distroit, à cause de la Seigneurie publique qu'il y a) ni le droict de garenne, pource que tous Nobles en peuuent auoir en leurs terres, posé qu'ils ayent quantité de terres suffisante pour nourrir leurs lapins: ni le droict de moulin, pource que quant au moulin à eau, quiconque a riuiere, en peut construire en icelle, prenant iauge du principal iuge de police d'icelle riuiere: & quant à celuy à vent, chacun en peut edifier en son heritage: ni droict de bannalité, pource qu'il n'appartient à aucun Seigneur, quel qu'il soit, sans titre ou coustume particuliere: ni finalement le droict de chasse de moulin, pource que c'est vn droict imaginaire, & qui n'est point; estant permis à chacun meusnier d'aller chasser & quester où il voudra, fors és lieux subiects à bannalité.

129 Droicts pretẽdus des iustices, qui n'ont esté expliquez.
130 De colombier.
131 De chasse.
132 De garenne.
133 De moulin.
134 De bannalité.
135 De chasse au moulin.

SOMMAIRE DV TREIZIESME CHAPITRE.

1 *Difference des iustices Royales & Seigneuriales.*
2 *Toutes iustices appartiennent au Roy, & comment.*
3 *Que les iuges Royaux font de grandes entreprises iournellement sur les subalternes.*
4 *Plainte de du Moulin sur ce sujet.*
5 *De la preuention.*
6 *Raison des Officiers Royaux touchant la preuention.*
7 *De mesme.*
8 *Raisons au contraire.*
9 *Que la preuention est contraire au droict Romain.*
10 *Correction de la rub.* De iurisdictione.
11 *Decision formelle touchant la preuention.*
12 *Responce à la loy* 1. De offic. præf. vrbi.
13 *Responce à la loy*, Iudicium. D. De iudicij.
14 *Difference* inter ius dicentem & iudicem.
15 *Responce à la loy* Quoties. D. De adminiſt. tut.
16 *Que la preuention est contre le droict Canon.*
17 *Preuention du Pape.*
18 *Que la preuention n'a lieu entre les Iuges Royaux.*
19 *Qu'elle y deuroit plustost auoir lieu que sur les subalternes.*
20 *Opinion de* Ioan. Faber.
21 *Raison contre la preuention.*
22 *Responses aux raisons contraires.*
23 *La souueraineté qu'ha le Roy en la iustice.*
24 *De mesme.*
25 *Autre raison contre la preuention.*
26 *Ordonnances prohibitiues de la preuention.*
27 *Ordonnance notable.*
28 *Que lors de ces Ordonnances la preuention deuoit plustost auoir lieu, qu'à present.*
29 *Preuention non admise par les coustumes.*
30 *Preuention absoluë en quelques coustumes, sauf les oppositions.*
31 *Preuention imparfaicte.*
32 *Pretexte de la preuention imparfaicte.*
33 *Response à ce pretexte.*
34 *Preuention imparfaicte tournée en droict commun.*
35 *Qu'elle est contre les ordonnances.*
36 *Qu'elle estoit tolerable anciennement, & pourquoy.*
37 *Qu'elle est iniuste.*
38 *Tricheries qui se font en cette preuention.*
39 *Remede contre cette preuention.*
40 *Si les Iuges subalternes peuuent defendre iurisdiction par condemnation d'amendes.*
41 *Absurdité de cette preuention.*
42 *Conclusion que la preuention ne doit auoir lieu.*
43 *Le Roy n'a iustice sur les iusticiables des*

DES DIFFERENS D'ENTRE LES IVSTICES ROYALES ET SEIGNEVRIALES, TOVCHANT LA PREVENTION, & cas de ressort.

CHAPITRE XIII.

1 Differences des iustices Royales & seigneuriales. 2 Toutes iustices n'appartiennent au Roy, & comment.

PVISQVE toute Seigneurie consiste principalement en la iustice, il s'ensuit que comme il y a deux sortes de Seigneuries, à sçauoir, les souueraines & subalternes, aussi il y a deux sortes de iustices, à sçauoir, les Royales & les Seigneuriales. Car combien que toutes iustices dependent du Roy, tant en ce qu'elles procedent de luy, & retournent à luy, ainsi que tous les fleuues ont leur source & leur cheute en la mer, qu'en ce qu'elles luy appartiennent toutes, ou en pleine proprieté, ou du moins en directe Seigneurie, releuans necessairement de luy en fief: si est-ce que les vnes sont exercées en son nom & par ses Officiers, les autres au nom des Seigneurs particuliers, & par Officiers pourueus par eux: c'est pourquoy celles-cy sont appellées Seigneuriales, & celles-là particulierement Royales.

3 Que les Iuges Royaux font de grandes entreprises sur les subalternes.

Or comme entre tous animaux les grands mangent les petits, aussi non seulement entre les hommes, mais encor entre ceux de iustice, cette mesme iniustice s'exerce de tout temps. Car les Officiers Royaux, estans superieurs des subalternes, & d'ailleurs se fortifians de l'auctorité & interest du Roy, inuentent iournellement tant de nouuelles sortes d'entreprises sur les iustices Seigneuriales, que si les Parlements, qui sont establis principalemēt pour tenir en deuoir les Iuges des Prouinces, n'eussent par fois pris leur protectiō, rendāt à chacune iustice ce qui luy appartient, (qui est l'vnique fin, voire la definition de la iustice) il y a long temps que les Seigneurs eussent esté spoliez de leurs iustices.

4 Plainte de du Moulin sur ce sujet.

Ce n'est pas moy qui fay cette plainte, c'est ce clair-voyant en nostre droict François, du Moulin disant sur l'apostile de l'art. 81. de la coustume d'Anjou, que les Officiers Royaux taschent d'attirer tout à eux, sous quelque petit pretexte ou occasion colorée que ce soit, ainsi que faisoient ceux de la Cour d'Eglise auparauant l'ord. 1539.

Leur principale & plus importante entreprise, est touchant la preuention, qu'ils pretendent auoir en toutes causes sur les iustices seigneuriales. Laquelle ils fondent sur ce qu'ils disent n'estre pas à presumer que le Roy, concedant aux Seigneurs la iustice de leur territoire, s'en soit voulu despoüiller tout à fait: au contraire estre à croire, qu'il n'a point concedé tant de puissance à ses vassaux, que luy, auquel appartient inseparablement la iustice vniuerselle de son Royaume, ne s'en soit reserué dauantage. 5 De la préuention.

Ils adioustent, que par la disposition du droict Romain, les iustices superieures & generales ont préuention sur les inferieures & particulieres: ce qu'ils pretendent prouuer par la loy 1. *Cod. De offic. Præf. vrbi*, où l'Empereur, reglant le Preuost de la ville auec le Preuost des viures, ordonne qu'ils cognoistront concurremment de la police des viures. *Ita vt inferior potestas meritum superioris agnoscat, atque ita superior se exerat, vt sciat quid inferiori debeatur.* Ils alleguent encor la loy *Iudicium. D. De iudiciis. Iudicium soluitur vetante eo, qui maius imperium in eadem iurisdictione habet.* A quoy ils adioustent pour argument *à simili*, la loy, *Quoties. D. De administ. tut.* où il est dit que *Tutor tenetur de incremento patrimonij, licet ad illud incrementum datus fuerit specialis curator.* Et voila tous leurs fondemés, auec l'auctorité de quelques Docteurs vltra-montains, ignorans de l'vsage de France, & residens aux lieux où autre que le souuerain n'a iustice. 6 Raison des Officiers Royaux touchant la préuention. 7 De mesme.

Mais il est aisé à verifier le contraire, & par le droict Romain, & par le droict Canon, & par la raison & par les ordonnances de nos Rois, & par la decision de toutes nos coustumes: de sorte que de quelque costé qu'on se tourne, ie n'estime pas qu'il y ait aucun article du droict François plus clair & indubitable. 8 Raison au contraire.

Quant au droict Romain, encor qu'il n'y soit point decidé que les Magistrats eussent préuention sur les Iuges pedanées, si est-ce que quand ainsi seroit, il ne le faudroit trouuer estrange: d'autant que les Iuges pedanées n'estoient point Officiers, ains personnes priuées, sur lesquelles les Magistrats (à qui la cognoissance des causes legeres appartenoit, aussi bien que des grandes) se deschargeoient des causes legeres: de sorte que la loy dit, que *alienam tantùm iurisdictionem exercebant, nec quicquam pro suo imperio agebant.* C'est pourquoy les Docteurs modernes ont retranché la rubrique *De iurisdictione*, où les vieils Interpretes auoient adiousté *omnium Iudicum*, pource que *reuerà iurisdictio non erat Iudicum, sed magistratuum.* 9 Que la préuention est contraire au droict Romain. 10 Du titre *De iurisdictione.*

Neantmoins c'est chose notable, qu'aussi tost que Iustinian eut erigé les Iuges pedanées en titre d'office par la Nou. 82. il defendit par la Nou. 15. de plaider deuant les Presidents des Prouinces, de ce qui estoit de leur iurisdiction, *Non valentibus*, dit-il, *nostris subiectis trahere sibi obligatos ad clarissimos Prouinciarum Præsides, si intra summa trecentorum solidorum lis consistat.* Et pource qu'il consideroit, que ces Iuges pedanées ne seroient pas bastans pour maintenir d'eux mesme leur iustice à l'encontre de leurs superieurs, *adiecit sanctionem, vt qui dolo malo plus petiisset, vt causam ad Præsidem traheret, litem amitteret, reuocata in eo articulo plus petentium veteri pœnâ*, dit Cujas.

Voila donc la decision toute formelle du droict Romain, qui exclud la préuention. Et n'est contraire la loy 1. *De Offic. Præf. vrbi.* Car c'est vne attribution particuliere faite à vn Officier de nouuelle erection, à telle condition qu'on ne veut pas du tout priuer l'ancien de son droict, *ne Præfectus vrbi* (dit cette loy) *derogatum sibi aliquid putet, & vicissim ne lateat Officium Præfecti annonæ.* Et par consequent de ce reglement particulier on ne peut tirer de regle generale, ne plus ne moins qu'en France: pourtant, s'il y a ordonnance, que les Iuges Presidiaux cognoistront par préuention des cas attribuez aux Preuosts des Mareschaux, & que les Baillifs auront préuention sur les Preuosts Royaux en matiere de complainte, il ne s'ensuit pas que generalement les Iuges Royaux ayent préuention les vns sur les autres. 11 Decision formelle touchant la préuention. 12 Response à la loy 1. *De offic. Præf. vrbi.*

Et quant à la loy *Iudicium*, il la faut entendre selon ses propres termes, *de eo, qui maius imperium in eadem iurisdictione habet, non in eadem prouincia.* C'est à dire que le Proconsul ou President de Prouince peut defendre à son Lieutenant, ou au mandataire de sa iurisdiction, de passer outre au iugement d'vn procez: retenant tousiours la difference, *inter ius dicentem, & Iudicem, & vicissim inter iurisdictionem &* 13 Response à la loy *Iudicium ff. de iudiciis.*

14 Difference inter ius dicentem, & iudicem. *iudicium*: à sçauoir que, *Ius dicens est Magistratus, qui pro tribunali sedet, & præest iurisdictioni, habétque potestatem à publico introductam iuris dicendi & æquitatis statuendæ: Iudex autem est, qui habet potestatem iudicandi, à ius dicente, id est, Magistratu delegatam.*

15 Response à la loy *Quoties*, *ff. De admi-nist. tut.* Finalement pour le regard de la loy *Quoties*, elle n'est nullement à propos de la préuention des iustices: & la raison de difference est dans son texte, *quia omnis vtilitas pupilli ad tutorem pertinet*: *atqui* toute la iustice primitiue *non pertinet* au iuge superieur, ains seulement le cas de ressort.

16 Que la préuention est contre le droict Canó. Quant au droict Canon, il est certain que les Archeuesques, Primats, & Patriarches n'ont point de préuétion sur les Euesques de leur Prouince, bien qu'ils soient appellez leurs suffragans: c'est la decision expresse du Canon, *Nullus primas*, & du Can. *Conquestus.9.quæst.3.* Et combien que l'Archidiacre soit le Vicaire de l'Euesque *cap. 1. extr. De offic. Archid.* & que sa iurisdiction soit démembrée & vsurpée de celle de l'Euesque, n'estant iadis qu'vn mesme auditoire, comme celui d'vn Baillif & de son Lieutenant: & encore combien que l'Euesque soit appellé *Ordinarius totius diocesis*: si est-ce que la glose sur le chapitre *Pastoralis ext. De offic. Ordin.* prouue bien, que l'Euesque n'a point de préuention sur les subiects de l'Archidiacre ayant iustice.

17 Préuention du Pape. Et pour le regard du Pape, combien qu'on lui ait en fin passé ce titre *Ordinarius Ordinariorum*, tant concerté dans les Conciles, en consequence duquel il iouït de la préuention sur les ordinaires, en la collation des benefices, si est ce qu'il n'entreprend pas la préuention en la iurisdiction contentieuse. Car comme dit sainct Gregoire Pape, en ses Epistres, *Si sua vnicuique Episcopo iurisdictio non seruetur, quid aliud agitur, nisi vt per nos, per quos Ecclesiasticus ordo custodiri debet, confundatur?*

18 Que la préuention n'a lieu entre les iuges Royaux. De mesme nous voyons en la iurisdiction seculiere de France, que les Baillifs, bien qu'ils se qualifient iuges des Prouinces, n'ont pas toutesfois la préuention sur les Preuosts Royaux, ni le Parlemét sur les iuges des Prouinces: ains, comme disent les Canonistes, *gradatim proceditur in causis*: ce qui ne seroit pas, s'il estoit ainsi, que les Baillifs Royaux fussent iuges ordinaires de toute la Prouince, & que les superieurs eussent préuention sur les inferieurs.

19 Qu'elle y deuroit plustost auoir lieu, que sur les subalternes. Et toutesfois c'est sans doute, qu'il y auoit plus de raison que les Baillifs Royaux eussent préuention sur les Officiers du Roy leurs inferieurs, que non pas sur les iuges des Seigneurs, ausquels les iustices sont patrimoniales, & qui s'en peuuent dire Seigneurs, tout ainsi que de leur patrimoine & heritage.

20 Opinion de Iean Faber. C'est ce que dit fort notablemét Ioan. Faber *Institu De Attil. tut. in prin.* traittant cette mesme question de la préuention: où apres auoir resolu absolument, qu'elle ne doit auoir lieu, *Nec obstat*, dit-il, *l. 1. Cod. de Offic. Præf. vrbi, quia loquitur in locis, vbi iurisdictio pertinebat ad vnum solum, puta ad Imperatorem, nec erat alterius propria: Hîc autem est propria Baronum.* Et sur cette mesme consideration est fondée la declaration de l'an 1536. sur l'Edict de Crémieu, qui sera recité ci apres. Ce qui sert de response aux opinions des docteurs vltramontains.

21 Raison contre la préuention. Aussi le Roy ayant concedé aux Seigneurs iustice à titre de fief, qui est vn titre onereux & obligatoire de part & d'autre, qui mesme a tiré son nom de la foy, il s'est sans doute despoüillé & exproprié tout à faict de la Seigneurie vtile d'icelles iustices, tout ainsi que d'vn heritage feodal, n'y retenant rien que l'hommage. Et comme il ne se peut faire que deux soient Seigneurs solidairement & entierement d'vn heritage: aussi ne se peut il faire que la iustice ordinaire & primitiue d'vn territoire, soit solidairement à deux.

22 Response aux raisons contraires. Bien est vray (pour respondre à la premiere raison des Officiers Royaux) que le Roy n'aliene pas tellement les iustices, qu'il ne reserue la superiorité, qui est le ressort d'icelles: & encor qu'il ne retienne la souueraineté & superintédance vniuerselle, qui lui appartient inseparablement, comme Roy par tout son Royaume, & sur toutes les iustices d'icelui: & c'est pourquoy il peut interdire tous iuges, éuoquer tous procez par sa plaine puissance & auctorité Royale, qui estant souueraine, ne reçoit point de bornes: mais cette puissance souueraine & extraordinaire reside en sa seule personne, & n'est communicable à ses Officiers, ausquels il ne communique sinon la puissance ordinaire & reglée, à sçauoir celle de iurisdiction.

23 La souueraineté qu'a le Roy en la iustice.

Cette

Cette ſouueraineté ou ſuperintendance vniuerſelle du Roy ſur toutes les iuſtices de ſon Royaume, eſt toute telle que la Seigneurie vniuerſelle qu'il a ſur tous les biens de ſes ſubiects, de laquelle parlant Seneque, dit, que *Principis omnia ſunt imperio, non dominio*. Comme donc en conſequence de cette Seigneurie vniuerſelle, le Roy ne pretend pas cueillir par préuention les fruicts des heritages de ſes ſubiects, auſſi en vertu de cette iuſtice vniuerſelle il n'entend pas exercer la iuſtice primitiue de ſes ſubiects, *quæ ipſis eſt in fructu*.

Finalement, puis que *in toto iure generi per ſpeciem derogatur*, ce qui eſt dit particulierement à l'eſgard des iuſtices, *in cap. Paſtoralis, in fin. ext. De reſcriptis*, il s'enſuit que le Roy ayant concedé vne iuſtice, & vn territoire ſpecial aux Seigneurs, il a diſtrait & démembré tout à fait ce territoire de la iuſtice primitiue de ſa Prouince. 25 Autre raiſon contre la préuention.

Mais il ne faut plus heſiter en cette queſtion: car il n'y en eut iamais de decidée par tant d'ordonnances, y en ayant neuf ou dix faictes tout exprés, à ſçauoir, celles de Sainct Loys, en l'an 1254. de Philippe le Bel en l'an 1302. de Philippe de Valois en l'an 1338. du Roy Iean en l'an 1335. de Charles V. en l'an 1357. de Charles VI. en l'an 1408. de Charles VII. en l'an 1443. de Charles VIII. en l'an 1490. & de François I. en l'an 1538. toutes leſquelles ordonnances deffendent expreſſément aux Baillifs & Seneſchaux d'entreprendre aucune iuriſdiction és terres des Barons & Seigneurs haut-iuſticiers, fors ſeulement és cas Royaux & de reſſort. 26 Ordonnances prohibitiues de la préuention.

Ie rapporteray ſeulement le texte de l'ordonnance de Charles V. *Pource que pluſieurs de nos Officiers ſe ſont meſlez d'attribuer à eux la iuriſdiction des Seigneurs & Iuges ordinaires, dont le peuple eſt moult greué, nous qui deſirons que chacun vſe de ſon droict, iuſtice, & iuriſdiction, ordonnons que toutes iuſtices ſoient laiſſées aux Iuges ordinaires, & à chacun ſingulierement ſa iuriſdiction: ſans que nos Baillifs, Preuoſts, & autres nos Iuſticiers les puiſſent traire par deuant eux, ſinon que ce fuſt en pur cas de reſſort & ſouueraineté ſeulement.* Ordonnance notable, en ce qu'elle qualifie les Iuges des Seigneurs, Iuges ordinaires, à l'excluſion des Iuges Royaux ſuperieurs, & qu'elle n'excepte pas meſme les cas Royaux. 27 Ordonn. notable.

Et neantmoins du temps de ces anciennes ordonnances, il y auoit bien plus de ſuject d'authoriſer la préuention Royale, qu'il n'y a de preſent. Car lors les Ducs & les Comtes tenoient la iuſtice primitiue preſque de toute la France, n'y ayant en tout que quatre Bailliages, & poſſible autant de Seneſchauſſées Royales en France: de ſorte qu'il y auoit grande apparence d'attribuer préuention aux Officiers du Roy, afin de maintenir ſon auctorité par tout ſon Royaume, & empeſcher que les Seigneurs vſurpaſſent tout à fait la Souueraineté, comme ils ont fait en Italie & en Allemagne, ce qui n'eſt plus à craindre maintenant. 28 Que lors de ces ord. la préuention deuoit pluſtoſt auoir lieu qu'à preſent.

Auſſi combien qu'en la pluſpart des couſtumes, lors de la reformation d'icelles, les Officiers Royaux ayent mis en auant la préuention, ſi eſt-ce que preſque par tout elle leur a eſté abſolument déniée: & c'eſt choſe notable, qu'il ne ſe trouuera point, qu'en vne ſeule couſtume de toute la France elle ſoit paſſée ſans contredit. 29 Préuention non admiſe par les couſtumes.

Bien eſt vray, que comme les Officiers Royaux d'vne Prouince, aſſiſtez des practiciens de leur ſiege, dominent volontiers, & font paſſer tout ce qu'ils veulent en telles aſſemblées, ils ont obtenu par brigues & menées, en quelques couſtumes, deux ſortes de préuention: L'vne abſoluë, & ſans renuoy, qui n'eſt paſſée qu'en trois ou quatre couſtumes de deuers la Picardie, au plus: & ſi y a touſiours eu empeſchement, oppoſition, ou appel des Seigneurs haut-iuſticiers, qui retient encor en ces lieux-là cette préuention litigieuſe & indeciſe, voire tellement litigieuſe, qu'auiourd'hui il ſe trouue quaſi autant de cauſes au Parlement, au roolle de Picardie touchant cette préuention, que pour toutes les autres affaires. 30 Préuention abſoluë paſſée en quelques couſtumes, ſauf les oppoſitions.

L'autre eſt la préuention imparfaicte, & à la charge du renuoy, qui a lieu 31 Préuention imparfaicte.

és coustumes d'Anjou, Poictou & le Maine, qui portent, que le Iuge Royal superieur peut bien preuenir, pour faire adiourner deuant lui les subiects du haut iusticier, mais qu'il est tenu de les renuoyer, si le Seigneur les aduoüe & vendique.

31 Pretexte de la préuention imparfaicte. Qui est vne subtilité, ou pour mieux dire, vne tricherie des Iuges Royaux, qui ne pouuans obtenir la préuention absoluë, comme contraire directement aux ordonnances, ont trouué ce moyen indirect, pour empieter tousiours tant qu'ils pourroient sur les iustices des Seigneurs, sous pretexte qu'ils ont mis en auant, que tous François sont naturellement subiects de la iustice du Roy, & ne s'en peuuent exempter de leur chef, s'ils ne sont vendiquez par leurs Seigneurs, ausquels & en leur seule faueur, disent-ils, les iustices ont esté concedées.

33 Responce à ce pretexte. Discours plus specieux que veritable. Car il est bien vray, que tous François sont subiects de la iustice vniuerselle du Roy, qui est inseparable de la souueraineté, comme nous auons dit n'agueres, & originairement estoient subiects de sa iustice primitiue, pource que toutes iustices viennent de luy: mais les ayant alienées, ne sont plus à lui. Et de dire, que la concession qu'il en a faicte, n'est qu'en faueur des Seigneurs; quand cela seroit vray, si est-ce leur faire tort, de leur donner cette trauerse, qu'il faille à chasque cause aller aduoüer & vendiquer leurs vassaux: & d'ailleurs puis que la iustice est deuë sur le lieu au peuple, c'est lui faire tort de l'attirer à plaider au loing: & est à présupposer, que le Roy auroit des Iuges sur le lieu, s'il n'en auoit donné la iustice aux Seigneurs.

34 Préuention imparfaicte tournée en droict commun. Neantmoins comme les superieurs ont beaucoup d'auantage sur leurs inferieurs, les Iuges Royaux ont si bien maintenu leur possession de cette préuention imparfaicte, qu'elle est tournée en droict commun & vsage ordinaire, presque par toute la France: de sorte qu'on tient encor maintenant, plustost par routine, que par raison, que le Iuge Royal superieur est competent, iusques à ce que le renuoy soit demandé: lequel renuoy est lors octroyé sans despens: mesme on tient, qu'il doit estre demandé par le Seigneur, & non par son iusticiable: si ce n'est en païs de droict escrit, ou en action réelle, ou en criminel: & encor aucuns tiennent, qu'il le faut demander deuant contestation. Et toutesfois cette practique est directement contraire aux ordonnances ci dessus alleguées, qui defendent par mots exprés de *traire*, disent-elles, *les iusticiables des Seigneurs pardeuant les Iuges Royaux, fors és cas Royaux, & depur ressort.*

35 Qu'elle est contre les ordonnances. 36 Qu'elle estoit tolerable anciennement. Ce neantmoins du temps de ces ordonnances, cette pratique estoit beaucoup plus plausible & tolerable qu'à present, afin que les François se souuinsent qu'ils estoient vrais & naturels subiects du Roy, & partât tenus de requerir obeissance, (ainsi est appellé le renuoy en plusieurs coustumes) & à ses Iuges: mais auiourd'hui qu'il n'y a plus de suject de craindre, que les François recognoissent leurs Seigneurs pour souuerains, que sert cette vieille routine, sinon d'vn attrape-practique, si les Seigneurs sont negligens de requerir le renuoy, & vn tire-laisse, s'ils en sont soigneux?

37 Qu'elle est iniuste. Quelle chicanerie est-ce, que les Iuges de Prouince, pour courir practique, promenent & traduisent ainsi çà & là les pauures plaideurs, comme ioüans d'eux à la pelote, & qu'ils les attirent loin de leur demeure, en vne cause de neant, pour n'y faire autre chose, sinon de demander congé de s'en retourner? ce qu'ils ne leur peuuent dénier. *An ideo tantùm venerant, vt exirent?* Est-ce pas proprement, *illudere vitas alienas?* comme dit Iustin. en la Nou. 53. parlant de ceux qui *nolunt in partibus eligere Iudices, & ibi litigari.*

38 Tricheries qui se font en cette préuention. Mais encor sur ce suject il se fait vne infinité de tricheries & friponneries honteuses. Car les Procureurs des sieges Royaux, sont si bien faicts à ces attraperies de practique, qu'il ne s'en trouuera vn seul, qui vueille demander vn renuoy, si le Seigneur n'y est present, encor s'il y est present, ils feront qu'on n'appellera point la cause: & si on est forcé de l'appeller, le Iuge fera la sourde oreille au renuoy demandé, & le Greffier n'en escrira rien, ou bien on trouuera quelque eschappatoire pour differer, ou quelque pretexte pour retenir la

cause à tort, ou à droit: & passera-on hardiment outre en icelle, nonobstant l'appel d'incompetence, comme par main superieure, & afin (dira le Iuge) que pendant la contention des deux iustices, la iustice ne soit differée aux parties: de sorte qu'il faudroit que les Seigneurs entreprissent quasi autant de procez pour cela, comme il y a de causes en leurs iustices.

Le meilleur remede qu'ils y puissent apporter, c'est de multer par amendes leurs iusticiables, qui attirent les autres ailleurs. Encor ce remede n'a-il lieu que contre leurs iusticiables, à l'égard desquels ie n'y trouue nulle difficulté, puis que la loy vnique *Si quis ius dicenti non obtemp.* dit que *modica coërcitione licet iurisdictionem suam tueri.* Que si le vassal d'vn Seigneur aduoüant que le Roy confisque son fief, le iusticiable qui est plus proprement appellé subiect que le vassal, distrayant la iustice de son Seigneur, ne peut moins, que d'estre condamné en l'amende, qui est bien moindre peine, que la perdition de cause ordonnée en ce cas par la Nouelle 15. de Iustinian. 38 Remede contre cette préuention.

Et toutesfois il y a des Iuges Royaux qui pretendent, que les subalternes ne peuuent pas multer d'amendes ceux qui distrayent leur iurisdiction, sous pretexte que cette loy 1. *Si quis ius dicenti non obtemper.* excepte les Duumvirs, qui estoient les Magistrats des villes, & estoient les Iuges subalternes, qui se trouuent dans le droict Romain: mais il faut prendre garde, qu'au droict il n'y auoit que les Iuges ayans parfaicte iurisdiction, qui puissent condamner à l'amende, & non ceux qui ne cognoissoient que des causes legeres, ores mesme qu'ils fussent Officiers de l'Empereur. *l. 2. & 3. C. De modo mult.* Or est-il que Duumvirs & Magistrats municipaux ne iugeoient que iusques à certaine somme, comme dit Paulus *lib. 5. Sent. cap. 9.* & la loy *Inter consentientes. Ad municip.* De sorte que de cette loy 1. on peut bien colliger, que les moyens & bas iusticiers ne peuuent pas defendre leur iurisdiction par amendes: comme aussi à la verité le territoire & la iustice parfaicte n'est pas à eux, mais au haut iusticier, auquel partant ils se doiuent addresser pour defense d'icelle. 39 Si les Iuges subalternes peuuent deffendre leur iustice par amendes.

Il y a encor vne autre absurdité & iniustice aux préuentions, qui est de grande consequence: c'est que si elles auoient lieu, vn demandeur auroit cet aduantage de choisir tel Iuge qu'il lui plairoit, & qu'il estimeroit lui estre plus fauorable: & ce au preiudice du pauure defendeur, qui selon la regle de droict, doit estre plustost supporté & fauorisé. Aduantage qui n'est pas moindre en iustice, que d'auoir le choix des armes en duel, principalement en ce temps, que les Iuges ayans acheté leurs Offices bien cher, recherchent tous moyens de les faire valoir: c'est pourquoy il y en a beaucoup qui sont trop enclins à fauoriser ceux qui leur amenent l'eau, comme on dit, au moulin: & plusieurs mesme, qui se rendent, selon les occurrences, ou plus rigoureux, ou plus faciles & accessibles que de raison, afin d'attirer practique. 40 Absurdité de cette préuention.

Conclusion, que le droict Romain, le droict Canon, les ordonnances de France, les coustumes des Prouinces, la suitte du droict François, la raison & le poinct de iustice, & finalement le bien public resistent directement aux préuentions. Et c'est pourquoy il n'en faut plus faire de doute, ains faut tenir, suiuant tant d'ordonnances toutes formelles, que les Iuges Royaux ne peuuent auoir iurisdiction sur les iusticiables des Seigneurs, qu'en deux cas, c'est à sçauoir, en cas de ressort, & aux cas Royaux: c'est pourquoy aussi ils ont tasché par infinis artifices & subtilitez, d'estendre ces deux exceptions, presque à toutes causes. 41 Cõclusion que la préuention ne doit auoir lieu. 42 Le Roy n'a iustice sur les iusticiables des seigneurs, qu'en cas de ressort, & és cas Royaux.

Premierement au cas de ressort, ils se sont fait accroire en quelques lieux, que quiconque auoit vne fois apppellé du Iuge subalterne, estoit desormais exempt de sa iustice pour toute sa vie: & fondoient cette exemption sur le chapitre *Ad hæc*, & le chapitre *Proposuit. ext. De appellat.* où il est dit, que le Iuge dont y a appel, peut estre recusé en autres causes, comme suspect: combien qu'il y a bien de la differẽce entre l'exemption de la iustice, & la recusation du Iuge: & n'y a aucun texte au droict Canon, qui decide, que celui qui a appellé de son Euesque, soit desormais exempt de sa iustice. Mais la decision ciuile tranche, que l'appel ne peut pas seulement produire vne cause de recusation valable contre 43 Entreprises faictes par les Iuges Royaux au cas de ressort. 44 Des exemptions par appel.

le Iuge: tesmoin la rubrique, *Apud eum, à quo quis appellauit, aliam causam agere compellendum*, où la loy premiere en rend la raison, *Nec vtetur, qui appellauit, hoc pretextu, quasi ad offensum iudicem non debeat experiri, cùm possit denuò prouocare.* Aussi les Iuges Royaux ne pratiquent ces exemptions par appel, sinon à leur profit, & à l'égard des iustices subalternes seulement: mais eux mesmes ne permettent pas que leurs superieurs les pratiquent à l'encontre d'eux, comme il se voit dans Boureillier, & és coustumes d'Anjou & du Maine.

45 Les exemptions par appel estoient fort vtiles anciennement. Et certainement ce pretexte estoit non seulement plausible, mais presque necessaire, lors que les bonnes villes estoient possedées par les Ducs & les Comtes, qui taschans d'vsurper la souueraineté de leurs Prouinces, maltraittoient & faisoient des iniustices à ceux qui appelloient de leurs Iuges: & partant il estoit tres-expedient que le Roy les prist desormais en sa sauuegarde: de faict par telles voyes les grands Seigneurs empeschoient tellement les appellations, que le Parlement, bien que seul lors pour toute la France, & n'ayant qu'vne chambre, ne s'assembloit toutesfois que trois, ou quatre fois l'an.

46 Elles ne doiuent auoir lieu à present. Que si en ce temps-là mesme, les exemptions par appel furent trouuées iniustes, tesmoin les ordonnances, qui pour les abolir, ne reseruent aux Iuges Royaux, que les cas de pur ressort (mots qui apparemment excluent l'exemption par appel) qu'en doit-on dire auiourd'huy, que les appellations sont venuës en styl si commun, qu'on y est tout accoustumé, & n'y a plus ni Seigneur, ni Iuge qui s'en offense? de sorte qu'il y a sept Parlements en France, pour vuider les appellations, & en tel Parlement il y a sept chambres, qui y trauaillent toute l'année. Aussi les exemptions par appel sont-elles maintenant hors d'vsage par toute la France, fors en Anjou & au Maine, & en vne ou deux coustumes de Picardie, où encor elles ne sont pas practiquées à la rigueur: car ceux-là mesme qui y sont fondez par l'expresse decision de leur coustume, ont encor honte de les practiquer, tant l'iniustice y est apparente.

47 Euocation du principal par le Iuge d'appel. Vray est, que quelques Iuges Royaux voulans retenir vn reste de ces exemptions par appel, font mestier & ordinaire sur le moindre appel interietté deuant eux, fusse d'vn appointement en droit, ou d'vne forclusion, ou brief delay, bref d'vn appel du dernier appoinctement interietté seulement pour fuir, de retenir, mesme d'éuoquer à eux le principal de la matiere, voire ils pretendent que depuis qu'ils ont oüy parler du moindre incident d'vn procez, iamais le procez ne doit retourner deuant les Iuges ordinaires; & font practiquer aux plaideurs, ce que dit le renard d'Horace au lion,

Omnia te aduersum vestigia, nulla retrorsum.

48 Qu'elle est prohibée par les ordonnãces modernes. Qui est entreprendre dauantage que ne fait le Parlement, bien qu'il exerce la iustice souueraine & vniuerselle du Roy, la maiesté duquel il represente: & neantmoins il se contente ordinairement de vuider l'article d'appel, sans éuoquer ni retenir le principal, si ce n'est pour le vuider sur le champ au soulagement des parties, ou en autres certains cas, qui par les ordõnances sont laissez à sa religion: mais quant aux Presidiaux, l'éuocation du principal leur est entierement defenduë sans aucune exception, par l'ordonnance de Blois, art. 148. & 179. qui leur enioint de vuider seulemẽt l'article d'appel, & renuoyer le principal au siege ordinaire. Qui plus est, elle leur enioint par expres d'y renuoyer l'execution des iugemens, soit que la sentẽce soit confirmée, ou infirmée, & ce sur peine dit l'art. de nullité des procedures, & de tous despens, dommages & interests des parties.

49 Et les anciennes. Qui est la mesme chose en effect, qui estoit contenuë aux anciennes ordonnances, qui ne leur laissoient que le cas du ressort, c'est à dire le seul article de l'appel: car appel & ressort sont synonymes. Dont resulte, que les decrets & oppositions formées sur les executions & saisies, & autres semblables differents, suruenants en execution des sentences, dont y a eu appel deuant les Iuges Royaux, doiuent estre vuidez en la iustice ordinaire. Car ce ne sont pas cas de pur ressort, attẽdu que le cas de ressort, c'est à dire l'appel, est vuidé: l'appel, dy-je, auquel residoit l'effect deuolutif & suspensif: c'est à dire qui deuoluoit la cause au superieur, & qui suspendoit l'execution de la sentence du Iuge ordinaire.

50 Les executions des sentences, dont y a eu appel, reuiennẽt au premier iuge.

Aussi la forme de prononcer sur l'appel, n'est pas de condamner de nouueau celui qui a desja esté condamné par le premier Iuge, ains seulement de dire que 51 De mesme. la sentence dont estoit appel, sera executée, & sortira son effect. D'où s'ensuit, que quãd par apres on fait l'execution, c'est cette sentence-là, non celle du superieur qu'on execute, & neantmoins on se sert volõtiers des deux ensemble, pour monstrer que l'obstacle d'appel, qui empeschoit l'execution de la sentence, est leué & osté. C'est ce qu'on dit en practique, *Agitur ex confirmato, non ex confirmante*. Et de fait il est sans doute, que l'hypotheque attribuée aux iugements par l'ordonaance de Moulins, commence & se compte du iour de la premiere sentence, & non de la confirmation seulement, comme il est contenu en la declaration du mois de Iuillet, mil cinq cens soixante six : & que les saisies & executions faictes auparauant l'appel, reprennent leur force apres le iugement confirmatif.

Et sans doute, c'est ainsi qu'il faut entendre le dire de *Ioan. Faber, in l. Et si. C. Si contra ius, vel vtil. pub.* que chaque Iuge doit executer sa sentence. Vray est, que 52 Opinion de Io. Faber. comme porte l'ordonnance de Blois, quand il est question de l'interpretation d'vn iugement, il faut plaider deuant le Iuge qui l'a donnée, *quia eius est interpretari mentem suam, qui obscurè verba fecit*, dit la regle de droict, mais quand il s'agit d'vn decret, ou d'vne opposition faite en vertu d'vne sentence, cela ne regarde plus le 53 Exception. different ja iugé par icelle, ains c'est vn procez tout nouueau, qui partant concerne la iurisdiction ordinaire.

C'est ainsi pareillement qu'il faut entendre l'arrest du Parlement de Paris, du 23. Nouembre 1598. contenant le reglement des decrets, en ce qu'il porte, que 54 Interpretation de l'arrest des criées les criées commencées en vertu des contracts, seront poursuiuies deuant le iuge ordinaire du domicile du debteur, & que ceux qui se feront en vertu des sentences, seront poursuiuies deuant le Iuge dont les sentences sont émanées. Ce qu'il faut entendre, comme i'ay dit, de la sentence confirmée, non de la confirmante: puis que l'ordonnance de Blois attribuë expressément aux Iuges ordinaires toutes executions des sentences de leurs superieurs, soit qu'ils ayent confirmé, ou infirmé la leur.

Et ne sert de dire, que par ce mesme reglement, la Cour s'est reserué les decrets faits en execution de ses arrests. Car, comme ie vien de dire, elle est souueraine, & en elle reside la iustice vniuerselle du Roy, *Estque velut ordinaria ordinariorum*. Comme telle, elle retient, euoque, & renuoye ce qui lui plaist, ainsi que le Roy, qui parle en ses arrests, qui est vne auctorité que n'ont pas les Iuges Presidiaux, lesquels ne se doiuent parangonner à la Cour. Autrement ce seroit la comparaison du rustique de Virgile, 55 Que les Presidiaux n'ont en cela pereil droict que la Cour.

Vrbem, quam dicunt Romam, Melibœe, putaui
Stultus ego huic nostræ similem. ———

Mais l'ordonnance de Blois a passé encore plus auant, ayant pour le soulagement du peuple, retranché le pouuoir des Iuges superieurs, mesme en ce qui est du pur ressort. Car par l'article 168. d'icelle, il leur est enioinct de commettre le Iuge du lieu pour l'instruction, qu'il faut faire sur le lieu és procez pendans par deuant eux, sans qu'ils puissent refuser telles commissions. Ce qui est mesmemét ordonné pour les executions d'arrests & instruction des procez pendans au Parlement, par l'art. 151. de cette ordonnance, & l'art. 46. de l'ordonnance d'Orleans, lesquelles deux ordõnances monstrent bien, que c'est vn erreur en practique, de dire que la Cour n'adresse iamais ses cõmissions aux Iuges non Royaux. Routine neantmoins qui est si inueterée en la ceruelle des vieils practiciens du Palais, qui s'attachent à leurs vieils formulaires & protocolles, qu'encor auiourd'huy il y a des Procureurs & des Clers du Greffe qui en font difficulté, ne sçachant pas ces ordonnances. 56 Que le Iuge du lieu doit estre cõmis pour les instructions des procez. Erreur ordinaire des Procureurs du Parlemẽt.

Reste encore vn different d'entre les Iuges Royaux & ceux des Seigneurs, 57 Des non-obstant appel sur le cas de ressort, à sçauoir touchant les nonobstant appel. Car il y a quelques vns des Iuges Royaux, qui veulent tenir cette rigueur à ceux des Seigneurs, de ne les permettre en aucun cas, ores que les matieres soient notoire- 58 Que les ordonnances semblent ne les permettre qu'aux Iuges Royaux. ment prouisoires, & requerantes celerité, comme d'alimens, medicamens, seruices, iournées, peril éminent, dation de tutelle, confection d'inuentaire, douaire, obligations liquides, & cedules recogneuës, sous pretexte qu'à la verité le Roy par ses ordonnances ne les permet qu'à ses iuges. De sorte qu'és lieux, où il y a trois & quatre degrez de iustice Seigneuriale, auant que venir à la Royale, ceux qui plaident contre leur cedule ont bon temps: au contraire les pauures blessez, les seruiteurs, les mercenaires, les mineurs, & les veufues ont tout loisir de ieusner, voire de mourir de faim à la poursuitte de tant d'appellations.

59 Qu'ils doiuét estre permis aux subalternes. Et toutesfois le sens commun nous dicte, que le nonobstant appel ne doit pas estre reglé ni mesuré par la qualité du iuge, ains de la matiere: & que celle qui requiert celerité, la requiert autant deuant le iuge subalterne, que le Royal; voire plus, pource qu'on est de tant plus esloigné du dernier ressort. Car quelle apparence y a-il, que pendant l'appel vn pauure blessé meure sans secours, vn seruiteur ou vn mercenaire meure de faim, vn mineur soit sans tuteur, vne succession soit expilée? Que peuuent-mais les parties, si le iuge n'est que subalterne? & seroit-il raisonnable, que pour aduantager les iuges Royaux, elles fussent si fort incommodées?

60 Responce aux ordonnances. Car ce que le Roy n'auctorise nommément que ses iuges, de iuger nonobstant appel, n'estant, à mon aduis, qu'à l'exclusion de tant de iuges de village & sous l'orme, dont les iustices sont vsurpées & abusiues, quoy que ce soit ne deuroient estre que basses iustices, comme i'ay dit cy deuant, & non pas des iuges des villes, ayant notoirement plein & ample territoire, & parfaicte iurisdiction: ou bien on peut dire que le Roy n'ha pas fait ces ordonnances pour exprimer les droicts des iustices Seigneuriales, ains seulement des siennes: mais comme les ordonnances du Roy n'attribuent point de nouueau droict aux iuges des Seigneurs, aussi ne leur ostent-elles pas leur droict ancien, & n'abrogent pas le droict commun.

61 Qu'és matieres requerantes celerité, tout Iuge peut passer outre l'appel, quand le grief est reparable. Or le droict commun, c'est la maxime contenuë en la loy derniere, *D. De appellat. recip. Si res dilationem non capiat, non appellare*, & d'obseruer en cette matiere le dire de ce Romain, qui interrogé ce qu'il estoit permis faire aux iours de feste, respódit, *Quod prætermissum noceret*: aussi faut-il tenir, que quád il y a peril en la demeure, on peut passer outre l'appel, principalement s'il n'y a aucun danger à passer outre, comme quád le grief est reparable, ou qu'il y a caution. Car c'est prendre la voye la plus seure, & faire en sorte qu'aucun ne soit lesé en iustice, & que chacun ait promptement le sien, qui est la fin de la iustice.

62 Du nonobstant appel des interlocutoires. Voire mesme il se trouue des Iuges Royaux si affamez de practique, qu'ils ne veulent pas permettre que les subalternes passent par dessus l'appel des simples appointemens ou sentences interlocutoires, ores qu'elles ne portent point de preiudice au principal. Et partant aux lieux où cela s'obserue, celui qui ha mauuaise cause, & qui n'a que perdre, ha beau moyen de proumener sa partie aduerse, en appellant de chasque appointement: de sorte qu'auant que paruenir à sentence diffinitiue, il faut vuider cinq ou six appellations l'vne apres l'autre, & chacune par fois en trois ou quatre sieges, quand il se trouue autant de degrez de iustices subalternes: & ainsi les procez sont immortels, qui est vn abus, lequel merite bien estre refuté à loisir.

63 Comment s'entend que *ab interlocutoria non appellatur*. Or c'est vne regle vulgaire de droict, que *ab interlocutoria non appellatur*, qui signifie, que l'appel de l'interlocutoire est nul de soy, partant qu'il n'a aucun effect, ni deuolutif, ni suspensif. Ce que le docte Cujas *lib. 12. Obseruat. cap.* 3. nous apprend estre decidé par vne belle loy Grecque de Iustinian, qui defaut en son Code, ainsi que les autres escrites seulement en Grec, laquelle Cujas rapporte toute entiere, & qui rend cette mesme raison, que nous venons de dire, sçauoir est, de peur qu'en permettant d'appeller de chasque appointement, les procez soient immortels.

64 De mesme. Ce qui est aussi decidé par les loix 1. 2. 3. 5. 11. 15. 1. 18. 23. 24. 25. 29. & 30. du tiltre *Quorum appellat. non recip. C. Th.* qui defendent d'appeller *ante sententiam*,

65 *Præiudicia-lumulta.* *ab articulo, à præiudicio, seu ab interlocutione*, que les Grecs disent κτ' διαλαλίας, & ce à

peine de l'amende de cinquante marcs d'argent, qui pour cette cause en aucunes de ces loix, est appellée *præiudicialis malta*. Amende qui ne pouuoit estre irrogée par le Iuge *à quo*, dit la loy 23. car à son esgard *satis pœna est non audiri ab articulo prouocantem*. Et qui n'auoit lieu que quand par modestie le Iuge *à quo* auoit deferé à l'appel de l'interlocutoire, dit la loy 5. *eod. tit. Cod. Iust*. Ce qu'il pouuoit faire sans en estre repris, dit la loy 42. *De appellat. Cod.* qui est ce que dit *Symmachus in epist. Verecundè potius, quàm iure, suscepi prouocationem, non extante sententia*. Quoy que ce soit, telles appellations d'interlocutoire sont appellées en cette loy, *Frustratoriæ, non tam appellationes quàm ludificationes. Ante sententiam enim* (dit sainct Bernard, *lib. 3. De Consid. cap. 2.*) *improba omninò, nisi ob manifestum grauamen præsumitur appellatio, quæ suffugium est, non refugium*.

Voila pour le droict ciuil: & quant au droict canon, il défend aussi les appellations d'interlocutoire, *nisi ex rationabili causa coram primo iudice exposita, & coram iudice appellationis probanda. cap. Vt debitus. De appellat. apud Greg.* dont la raison est rendue au chap. suiuant, que le premier iuge ayant entendu le grief de l'appellant, le peut reparer luy-mesme. 66 Comment en droict Canon on peut appeller de l'interlocutoire.

Et comme en France, en ce qui est des procedures iudiciaires, nous suiuons plustost le droict Canon, que le ciuil, les ordonnances de nos Rois permettent non seulement de passer outre l'appel des interlocutoires, pourueu qu'elles ne portent grief irreparable, mais encores elles veulent que les appellans d'interlocutoires, *declarent & specifient particulierement, & par le menu, & non en termes generaux, leurs griefs, tant en l'acte, ou instrument appellatoire, qu'ils representeront au Iuge, qu'en leur relief d'appel*. Ce sont les propres termes de l'ordonnance du Roy Louys XII. de l'an 1512. article 7. à quoy est conforme celle du Roy François de l'an 1535. chapitre 16. article 11. qui adiouste, *qu'ils ne seront receuables à deduire en cause d'appel autres griefs, que ceux qu'ils auront proposez par leur acte appellatoire*, ce qui est tiré de la loy 24. *Quorum appellat. non recip. C. Theod. Si quis post susceptam, super præscriptionibus peremptoriis, appellationem ab articulo, aliam peremptoriam præscriptionem opposuerit, non audiatur*. 67 Ce qu'en decident nos ordõnances.

Et de faict, presque en aucun lieu on ne faict plus de difficulté auiourd'huy, que les Iuges subalternes ne puissent passer outre l'appel des interlocutoires, ni pareillement és matieres prouisoires, en baillant caution. Mais en matiere des non excedans, les Iuges subalternes ne pratiquent gueres de passer outre l'appel, combien que par l'ordonnance de l'an 1563. art. 22. ceux qui ressortissent au Parlement, puissent iuger iusqu'à 25. liures, nonobstant & sans preiudice de l'appel, & les petits auditeurs du Chastellet, comme aussi le Preuost des Marchands, & Escheuins de Paris, iusques à vingt liures, & les Preuosts & Chastellains Royaux iusques à dix liures en matiere pure personnelle: ce qui deuroit estre permis à tous Iuges Chastellains, à la charge d'obseruer l'art. 153. de l'ordonnance de Blois, qui est de vuider toutes ces causes sommairement. Car il n'y a cause d'appel, qui se puisse poursuiure à moins de dix liures, & c'est vne grande honte, que les despens passent le principal. 68 Pratique des nonobstant appel. 69 Des non excedans.

Reste de parler de cas Royaux, où sont encor les plus frequentes entreprises: mais ce chapitre est desia assez long; aussi qu'ils rempliront bien vn chapitre entier.

SOMMAIRE DV QVATORZIESME CHAPITRE.

1 *Difference entre les droicts & les cas Royaux.*
2 *Entreprises des Iuges Royaux, és cas Royaux.*
3 *Origine, cause, & marque des cas Royaux.*
4 *Enumeration des cas Royaux.*
5 *Difference de l'interest du Roy, & du public.*
6 *Ordonnances, ou reglemens, contenans les cas Royaux.*
7 *Que ces reglemens ne sont pas generaux.*
8 *Cas Royaux deuoient anciennement estre plus estendus qu'à present.*
9 Missi, siue Missi Dominici.
10 *Pourquoy és liures anciens les cas Royaux sont plus estendus.*
11 *Cas Royaux dans Bouteiller.*
12 *Toutes matieres prouisoires, iadis cas Royaux.*
13 *Séel Royal, estoit iadis cas Royal.*
14 *Notamment quand il y auoit submission à la iustice Royale.*
15 *Prorogation de iurisdiction n'a lieu en France.*
16 *Des bourgeois du Roy.*
17 *Citoyens Romains ne plaidoient qu'à Rome.*
18 *Non plus que ceux de Paris.*
19 *Lettres de bourgeoisie ne peuuent estre données que par le Roy.*
20 *Bourgeoisie n'a lieu proprement qu'és Republiques populaires.*
21 *Bourgeois qui sont en France.*
22 *Priuileges des citoyens Romains abolis en la Monarchie.*
23 *Absurdité des Bourgeoisies.*
24 *Reglement notable des Bourgeoisies.*
25 *Si les nobles doiuent plaider ès Baillages Royaux en premiere instance.*
26 *Qu'il y a ord. expresse pour la negatiue. Matieres possessoires.*
27 *Comment les Iuges Royaux en ont vsurpé la préuention.*
28 *Possessoire des benefices est à present cas Royal.*
29 *Du port d'armes.*
30 *Comment le port d'armes est cas Royal.*
31 *Trois choses requises à ce qu'il soit cas Royal.*
32 Turba, quid.
33 Turba, & rixa.
34 *Assemblée illicite.*
35 *Conclusion par l'opinion de Coquille.*
36 *Pourquoy port d'armes est cas Royal.*
37 *Fondement de la iurisdiction des Preuosts des Mareschaux.*
38 *Leur origine.*
39 *Tous guetteurs de chemins ne sont pas de leur gibier.*
40 *Des crimes commis és grands chemins, de la Police, voirie, mestiers, & mesures* remissiuè.
41 *Certification de criées où peut estre faicte.*
42 *Non és iustices de village, ni par emprunt de praticiens.*
43 *Mais bien és iustices subalternes des villes.*
44 *Raison.*
45 *Pannonceaux doiuent par tout estre aux armes du Roy.*
46 *Tous commandemens & publications deuroient estre faictes au nom du Roy.*
47 *Des decrets.*
48 *Decrets ne deuroient estre faits qu'aux villes.*
49 *Decrets faicts au Parlement.*
50 *Des lettres Royaux.*
51 *Lettres Royaux sont de grace, ou de iustice.*
52 *Lettres de grace sont cas Royal, non celles de iustice.*
53 *Lettres de iustice, ou sont excitatiues, ou attributiues de iurisdiction.*
54 *Lettres excitatiues sont inutiles.*
55 *Lettres excitatiues doiuẽt estre addressées aux Iuges des lieux.*
56 *Pratique ancienne touchant les lettres excitatiues.*
57 *Fondement de cette pratique,*
58 *Absurdité de cette pratique.*
59 *De l'addresse des lettres excitatiues.*
60 *Lettres excitatiues doiuent estre addressées au Iuge ordinaire, ores que non Royal.*
61 *De mesme.*
62 *Diuision des lettres attributiues de iurisdiction.*
63 *Celles de la grand' Chancellerie sont cas Royal.*
64 *Encor falloit-il anciennement, qu'il y eut clause dérogatoire aux ordonnances faictes en faueur des Seigneurs de France.*

65 *Notamment quand elles estoient generales.*
66 *Exemple.*
67 *Erection des Iuges consuls.*
68 *Iuges consuls ne cognoissent des iusticiables des Seigneurs, notamment qui sont hors le ressort du Bailliage, où ils sont establis.*
69 *Eslections, Greniers à sel, Eaux & forests ne cognoissent que des cas Royaux.*
70 *Comme aussi les Preuosts des Mareschaux.*
71 *Des* Committimus, *gardes gardiennes, & protections.*
72 *Lettres attributiues émanées de la petite Chancellerie, sont abusiues.*
73 *Comment doiuent estre conceuës les lettres de la petite Chancellerie.*
74 *Lettres qui iadis priuoient les Seigneurs des iustices.*
75 Debitis.
76 *Conforte-main.*
77 *Lettres de complainte.*
78 *Respits.*
79 *Sauue-gardes.*
80 *Que les Iuges ne peuuent deliurer telles lettres.*
81 *Commissions pour saisir & adiourner hors le distroit.*
82 *Remede à ces commissions.*
83 *Clause abusiue és lettres de Garde gardienne & Protection.*
84 *Que le Sergent ne peut renuoyer, qu'en vertu du* Committimus.
85 *Que le Sergent doit exhiber sa commission au Iuge du lieu.*
86 *Comme s'entend de ne demander* Placet, visa, *ne* pareatis.
87 *Difference en l'estendue des* Committimus *& Gardes gardiennes, & Protections.*
88 *Estendue des* Committimus.
89 *Estendue des Protections.*
90 *Estendue des Gardes gardiennes.*
91 *Que toutes ces entreprises doiuent estre retranchées.*
92 *De mesme.*

DES DIFFERENS TOVCHANT LES CAS ROYAVX.

CHAPITRE XIIII.

1 Difference entre les droits & les cas Royaux.

COMME il y a difference entre les droicts des Seigneurs, & les cas ou pouuoirs de leurs iustices : aussi y a-il difference entre les droicts Royaux, qui sont les actes de souueraineté expliquez au chapitre troisiesme, & les cas Royaux, qui sont les cas des iustices Royales, qu'il faut icy expliquer. Car les droicts Royaux concernent la Seigneurie souueraine du Roy, & partant sont inseparables de sa personne, ainsi que la Royauté mesme, & comme sont generalement les droicts des Seigneurs, concernans l'honneur, ou le pouuoir de leurs Seigneuries, & de ceux-là a esté traicté au 3. chapitre : mais les cas Royaux, dont il faut traicter icy, se referent non à la Seigneurie, ains à la iustice, & sont ainsi appellez, par vn raccourcissement de langage, au lieu qu'il faudroit dire *cas des iustices Royales*, & partant conuiennent directement aux Iuges Royaux, & non pas à la personne du Roy.

2 Entreprises des Iuges Royaux, és cas Royaux.

Or comme le Roy a les mains longues, & qu'il n'est point de telle couuerture que le manteau Royal, les Officiers Royaux, pour augmenter leur pouuoir, ont extresmement estendu & multiplié les cas Royaux, en faisant comme des Idées de Platon, propres à receuoir toutes formes, & comme vn passe-par-tout de pratique, sous pretexte qu'ils n'ont oncques esté bien specifiez, ni nettement arrestez par aucune ordonnance generale. Car combien que tous les escriuains du droict François, tant anciens, que modernes en ayent assez amplement parlé, si est-ce qu'ils sont pleins d'obscurité & incertitude, tant pour auoir tous confondu les droicts auec les cas Royaux, que pour n'auoir aucun d'iceux rapporté ni leur cause & fondement, ni leur marque specifique, qui estoit neantmoins par où il falloit commencer à les expliquer.

3 Origine, cause, & marques des cas Royaux.

Doncques à bien entendre, les cas Royaux sont ceux seulement, esquels le

Roy a interest comme Roy, & pour la conseruation de ses droicts, ou la manutention de son auctorité : & d'autant qu'il n'est pas raisonnable que sa Maiesté déduise cest interest deuant les Iuges de ses suiects, & qu'il leur demande iustice, à bon droict on obserue, que tels cas soient seulement traictez aux iustices Royales : & voila sans doute la vraye marque & la cause formelle des cas Royaux. Qui est en effect ce que respondit le Roy Louys Hutin aux habitans de Champagne, l'an 1315. lors qu'ils furent réduicts à la Couronne. Car les Seigneurs du païs se plaignans que les Iuges Royaux entreprenoient la cognoissance de toutes causes, supplierent le Roy, qu'il luy pleust specifier les cas Royaux. A quoy il fist response, qu'ils s'entendent des cas, qui de droict & d'ancienne coustume peuuent competer & appartenir à souuerain Prince, & à nul autre, comme il est escrit en l'ancien coustumier de Champagne.

4 Enumeration des cas Royaux.

Voicy maintenant les vrais cas Royaux. Le crime de leze Maiesté humaine en tous chefs, & auec toutes ses branches & dépendances : mais non de la diuine, comme il a esté prouué au chap. 12. L'infraction de sauuegarde, passeport, ou saufconduit du Roy, & des Officiers de la Couronne, chacun au faict de sa charge. Le destourbier faict aux Officiers de la maison du Roy, ou de sa gendarmerie, & à tous allans & venans, pour le seruice de sa Maiesté, mesme à tous Officiers Royaux faisans leur charge : La cognoissance de tous droicts, biens & deniers Royaux, & tout ce qui en dépend : & sur cest article sont fondées toutes les iustices extraordinaires, comme des élections, eaux & forests, & greniers à sel, dans les terres des hauts iusticiers. La violence, ou excez faicts en assemblée illicite & port d'armes. La fabrication de la monnoye, soit bonne, ou mauuaise, contre les forgeurs seulement, & non contre les simples expositeurs, qui sont plustost larrons que faux monnoyeurs : les causes concernantes les Offices Royaux, & les delicts commis par les Officiers Royaux au faict de leurs Offices : Les causes des Eglises cathedrales, & autres estans de fondation Royale, ou par exprés priuilegiées : Celles des commensaux du Roy, & Princes priuilegiez, & autres personnes, qui ont leurs causes commises aux Requestes du Palais par ancien priuilege, posé qu'ils en vueillent vser : L'execution des mandemens & commissions du grand seau, portans dons, remissions, dispenses, priuileges & autres dispositions, qui dépendent nuëment de la pleine puissance & auctorité Royale, bref tout ce qui depend des six droicts Royaux, & de souueraineté, expliquez au 3. chapitre.

5 Difference de l'interest du Roy, & du public.

En quoy il faut bien prendre garde, de ne confondre pas l'interest du Roy qui est le fondement des cas Royaux, auec l'interest public, ou de iustice, qui de necessité dépend, & est annexé à la haute iustice, & duquel la poursuite appartient au Procureur d'Office, ou fiscal, c'est à dire public, qui à bien entendre a deux charges : l'vne, de poursuiure les droicts du Seigneur : l'autre, & la principale, de promouuoir l'interest public, ou de iustice : soit en la punition des crimes, soit en la police, soit en toutes autres occurrences.

6 Ordonnance, ou reglement contenans les cas Royaux.

I'ay dit, que les cas Royaux ne sont point nettement specifiez par aucune ordonnance generale : bien est vray que les lettres du premier appanage d'Anjou & du Maine, lors qu'il fut concedé par le Roy S. Louys à Charles son frere, données à Aras, l'an 1249. contiennent reseruation & expression speciale des cas Royaux, ainsi qu'ils se voit par l'extraict d'icelles, rapporté par M. Choppin, *lib. 2. De Domanio. cap. 6.* Pareillement ils sont exprimez és lettres de l'eschange de Montpellier, faict par le Roy Charles V. auec le Roy de Nauarre, en l'an 1371. rapportées par Bacquet, liu. 3. chap. 7. Comme aussi au reglement faict l'année suiuante 1372. par le mesme Roy, entre le Bailly Royal de Touraine, Iuge des exempts & cas Royaux, & le Seneschal de Touraine, Iuge ordinaire pour Loys Comte d'Anjou & de Touraine son fils, auquel peu auparauant, il auoit baillé lesdits Comtez en appanage : reglement qui est rapporté au liure 1. chap. 3. du grand Coustumier. Finalement les cas Royaux sont specifiez en l'arrest donné en l'an mil cinq cens septante quatre, entre le Duc de Montpensier, & les Officiers Royaux d'Auuergne, rapporté par M. Choppin, sur la coust. d'Anjou, liu. 1. ch. 65.

Mais ces reglemens ne sont pas generaux, d'autant que les premiers portent la reseruation faicte par le Roy à sa iustice ancienne, de tous les cas qu'il luy a pleu retenir, en concedant les appanages, *vt in traditione rei suæ potest quoduis pactum apponi*: & le dernier est fondé sur plusieurs particularitez resultantes de la coustume d'Auuergne, & des anciennes & inueterées possessions des Officiers Royaux du mesme païs. 7 Que ces reglemens ne sont pas generaux.

Aussi qu'il faut considerer qu'anciennement & lors qu'on a craint, que les grands Seigneurs vsurpassent ce qui restoit au Roy de la souueraineté en leurs prouinces, qui lors consistoit seulement en la cognoissance de la iustice Royale, outre le simple hommage, qu'ils ne faisoient qu'vne fois en leur vie, on estendoit tant qu'on pouuoit les cas Royaux, pour maintenir le Roy en possession plus ample de cette cognoissance de sa iustice. Pourquoy faire les Rois enuoyoient des Iuges, ou commissaires dans les terres des Seigneurs, pour iuger les cas Royaux des exempts, qui s'appelloient anciennement *Missi*, ou *Missi Dominici*, & depuis ont esté appellez Iuges des exempts, & cas Royaux, qui estoient autres que les Baillifs Royaux, comme i'ay traicté au 1. liure des Offices. Et c'est pourquoy dans les liures des anciens praticiens, presque toutes matieres sont attribuées à la iustice Royale, comprenant lors sous les cas Royaux toutes les causes, où le Roy pouuoit auoir quelque pretexte d'interest, pour esloigné qu'il fust. Ce qu'ayant esté inuenté plustost par necessité, que par raison, est de soy-mesme tourné en dissuetude aux siecles suiuans, à mesure que ces anciens Duchez & Comtez ont esté reunis à la Couronne, & que partant la necessité a cessé. 8 Cas Royaux deuoient anciennement estre plus estendus qu'à present. 9 *Missi*, & *Missi Dominici*. 10 Pourquoy és liures anciens les cas Royaux sont plus estendus.

Comme pour exemple vous trouuerez dans Bouteiller, que les Iuges Royaux cognoissoient par préuention des causes des veufues, pupilles, estrangers, & autres telles personnes, dignes de commiseration. Item des matieres de dots, doüairies, testamens, & autres telles causes fauorables & prouisoires: ce qui notoirement ne s'obserue plus à present. 11 Cas Royaux dans Bouteiller. 12 Toutes matieres prouisoires iadis cas Royaux.

Il s'y voit aussi qu'ils cognoissoient de tous contracts passez sous séel Royal, encor qu'il n'y ait nulle consequence des contracts à la iurisdiction, & que le mesme Bouteiller remarque ce que nous gardons encor auiourd'huy, Qu'il n'y a en France que trois seaux attributifs de iurisdiction, à sçauoir, celuy du Chastellet de Paris, celuy de Montpellier, & celuy des foires de Champagne. 13 Séel Royal estoit iadis cas Royal.

Sur tout on a fort long temps obserué, que quand outre le séel Royal, il y auoit submission expresse à la iustice Royale, soit que la submission fust generale ou particuliere, alors la cognoissance appartenoit au Iuge Royal: comme il se voit aux reglemens cy-dessus alleguez. En quoy il y a bien apparence, quand ce cas est reserué expressément par la concession de l'appanage, ou par la coustume particuliere de la prouince, comme au faict particulier de ces reglemens: mais il n'y a nul propos de vouloir conclure, qu'és autres lieux la submission du iusticiable puisse frustrer la iustice du Seigneur, qui est patrimoniale, & qui est plus concedée en sa faueur, que de ses suiects. 14 Notamment quand il y auoit submission à la iustice Royale.

Mesmement on obserue auiourd'huy en plus forts termes, que les suiects de la iustice primitiue du Roy, ne peuuent proroger iurisdiction en vne autre Cour Royale, que la leur, non pas mesme par vne élection de domicile contractuel, qui n'a effect que pour les exploicts & significations, & non pas pour transferer la iurisdiction: encor que par telle prorogation le Roy ne puisse rien perdre: mais c'est d'autant que les iurisdictions sont reglées & limitées par vn droict public, auquel partant les particuliers ne peuuent déroger. Par ainsi on garde en France la decision canonique du chap. *Si diligenti. Ext. de foro compet.* & non pas la ciuile des loix *Si quis in conscribendo. C. De Episcop. & cler. & C. De pact.* comme Bacquet a bien discouru au 5. chap. du 3. liure, 15 Prorogation de iurisdiction n'a lieu en Frãce.

Pareillement en quelques endroicts de la Champagne, & non ailleurs, les Iuges Royaux ont introduit en vsage les bourgeoisies Royales, dont l'origine est tres-bien expliqué par M. Pasquier, liure 4. de ses recherches, chap. 5. qui est en somme, que comme les citoyens Romains n'estoient tenus de plaider ailleurs qu'à Rome, ainsi qu'il se lit de Sainct Paul aux Actes des Apostres, & s'en voit 16 Des bourgeois du Roy. 17 Citoyens Romains ne plaidoient qu'à Rome.

vn exemple dans Plin. *lib.* 10. *Epist.* 4. à l'imitation dequoy a esté introduit le priuilege des Bourgeois de Paris, de n'estre contraincts plaider en defendant en matiere ciuile, hors les murs de Paris, à eux concedé par le Roy Louys XI. en l'an 1465. inseré au 112. art. de la coustume de Paris: aussi à cet exemple quelques Iuges Royaux de Champagne se sont de long temps aduisez, de faire de leur propre authorité bourgeois du Roy les iusticiables des Seigneurs, pour les attirer à leur iustice, par le moyen d'vne lettre de bourgeoisie, qu'eux mesmes leur bailloient, ou d'vne simple declaration, qu'ils receuoient d'eux, par laquelle ils s'adouöoient bourgeois du Roy.

18 Non plus que ceux de Paris.

19 Lettres de bourgeoisie ne peuuent estre données que par le Roy.

20 Bourgeoisie n'a lieu proprement qués Republiques populaires.

21 Bourgeois qui sont en France.

22 Priuileges des citoyens Romains, abolis en la Monarchie.

Or outre que cette bourgeoisie, entant que c'est vn priuilege contraire au droict commun, ne peut estre donnée, que par le Roy seul, & sous le grand seau de France, il y a encor deux autres absurditez en cette pratique: L'vne, que la bourgeoisie n'a lieu proprement qu'és Republiques populaires, comme l'a dict expressément Aristote, liure 3. des Polit. chapitre 1. & Plut. *in Solone*, disans que la bourgeoisie est d'auoir part à l'Estat, ou aux droicts & priuileges d'vne Cité: ce qui se pratique à Venise, en Suisse, à Geneue, & autres Republiques populaires: & en France à la verité on appelle bourgeois, quoy qu'improprement, ceux qui resident actuellement és villes priuilegiées, comme Paris, Orleans, & autres: mais c'est du tout ineptement parlé que dire bourgeois, ou citoyens du Roy; d'autant que ces mots portent vne relation necessaire à vne ville, ou Cité. Aussi les Romains ne s'appelloient pas citoyens de l'Empereur: mais citoyens de Rome, & leurs priuileges furent introduits en l'Estat populaire, apres le dechassement des Rois, par les loix appellées Sacrées, dict Tite Liue, liure 2. mais si tost que la Monarchie de Rome fut establie, Auguste tascha de les abolir, recognoissant que c'estoit vn reste de democratie, repugnant à l'Empire, mesme esconduisit du droict de Cité, ou bourgeoisie Romaine, sa femme Liuia, qui le demandoit pour vn Gaulois. Finalement l'Empereur Antonius Pius le supprima accortement, en l'octroyant par vn Edict general à tous les suiects de l'Empire, par la loy, *In orbe. C. De statu hominum*, & ainsi reduisant le priuilege en droict commun, il osta en effect le priuilege.

23 Absurdité de bourgeoisie.

L'autre absurdité (qui est aussi la raison de diuersité du droict Romain au nostre) est que les Romains demeurans maistres de toute la iustice de leur Estat & Empire, pouuoient distribuer icelle ainsi que bon leur sembloit, & priuilegier ceux qu'ils vouloient en cela gratifier: mais en France, où les Rois ont aliené partie des iustices primitiues & ordinaires, ils ne peuuent par puissance reglée (car ie ne parle point de l'absoluë) entreprendre sur les iustices d'autruy: principalement ne peuuent-ils pas introduire vne inuention, pour du tout les oster & anihiler, comme seroit cette-cy: estant facile que tous iusticiables d'vn Seigneur complottent ensemble, pour s'aduoüer bourgeois du Roy.

24 Qu'il y a ord. expresse pour la negatiue.

Aussi Philippe le Bel voyant que de son temps ces bourgeoisies tiroient à trop grand abus, y pourueut par vn tresbeau reglement inseré dans le styl du Parlement, à sçauoir que celuy qui s'aduoüeroit bourgeois du Roy, bailleroit caution d'acheter dans l'an vne maison en la iustice Royale, où il seroit tenu demeurer actuellement, du moins depuis la Toussaints iusques à la sainct Iean d'Esté, & le surplus de l'année se trouuer en la ville Royale és bonnes festes: ce qu'estant gardé, il ne seroit pas faict grand preiudice aux Seigneurs.

25 Si les Nobles doiuent plaider és Bailliages Royaux en premiere instance.

A l'exemple des bourgeois du Roy, aucuns des plus opiniastres Presidiaux se sont voulu faire à croire en quelques endroicts, qu'ils sont seuls Iuges des Nobles en premiere instance, soit en demandant, ou defendant; & soient les Nobles, parties principales, ou iointes ou interuenantes en vn procez: ce qui seroit de tres-grande consequence aux Seigneurs: car comme ainsi soit, qu'il n'y a que trois ordres en France, les Ecclesiastiques sont ja distraits de leur iustice: & partant, si on en ostoit les Nobles, il ne demeureroit plus que les roturiers en la iustice des Seigneurs: encor l'interuention des nobles, en osteroit la plus grande part de leurs causes, comme on voit que le petit nombre, qu'il y a en France, d'indultaires, attire neátmoins la plus part des causes beneficiaires au grand Conseil.

Aussi

Auſſi eſt-ce vne pretention reſueillée ſeulement depuis l'Edict de Cremieu de l'an 1536. ſous pretexte que le Roy, reglant les Preuoſts auec les Baillifs Royaux, attribue aux Baillifs les cauſes des nobles à l'excluſion des Preuoſts Royaux: mais incontinant apres, & en la meſme année, voire auant que l'Edict de Cremieu fuſt verifié en la Cour, de peur que les Baillifs Royaux ſe preualuſſent de cet article au preiudice des iuſtices Seigneuriales, les Seigneurs de France obtindrent vne declaration du Roy, donnée à Compiegne au mois de Feurier, 1536. qui fut deſlors verifiée au Parlement, par laquelle ſa Maieſté declara que par l'Edict de Cremieu, elle n'auoit entendu faire preiudice aux iuſtices des Seigneurs, qu'elle recognoiſſoit patrimoniales: partant ordonna que les Seigneurs hauts iuſticiers cognoiſtroient des cauſes des Nobles reſidans en leurs iuſtices, tout ainſi qu'ils faiſoient auparauant & eſt notable la raiſon portée par cette déclaration, qui au ſurplus eſt tellement obſeruée auiourd'huy, qu'il n'y a année, qu'il ne ſe donne, ſuiuant icelle, des arreſts contre les Iuges Royaux: dont les liures modernes ſont pleins, de ſorte que cette querelle eſt deſormais vuidée: auſſi n'y a-il nulle conſequence de dire que la cauſe d'vn Noble ſoit vn cas Royal, autrement il faudroit reputer tous les Gentils-hommes, comme Rois en France. 26 Qu'il y a ord. expreſſe pour la negatiue.

D'auantage les Iuges Royaux pretendent auoir par concurrence & préuention, la cognoiſſance des complaintes & matieres poſſeſſoires, diſans que c'eſt au Roy & à ſes Officiers de reprimer tous troubles & violences, & à conſeruer vn chacun en ſes poſſeſſions, & qu'il eſt plus ſeant de ſe plaindre au Roy, qu'aux Seigneurs ſubalternes, qui eſt confondre *vim priuatam cum vi publica*: & encores confondre l'intereſt Royal auec l'intereſt de iuſtice, dont la pourſuitte appartient à tous hauts iuſticiers, comme il a eſté dit cy deuant. 27 Matieres poſſeſſoires.

Mais pour empieter les matieres de complainte, les Iuges Royaux inuenterent anciennement vn moyen aſſez ſubtil, qui fut d'obtenir lettres en Chancellerie, pour ramener à effect (ainſi qu'ils parloient) la complainte ſur le lieu contentieux, par leſquelles ils faiſoient mander au premier Sergent Royal d'adiourner deuant luy-meſme les parties ſur le lieu, & maintenir verbalement l'impetrant en ſes poſſeſſions & ſaiſines, & en cas d'oppoſition, enuoyer le procez deuant le Iuge Royal, comme il ſe voit dans les Inſtitutions forenſes d'Imbert. Et combien que cette inutile formalité de pratique ſoit maintenant hors d'vſage, ſi eſt-ce qu'en conſequence d'icelle les Iuges Royaux ſont demeurez en poſſeſſion de la préuention és matieres poſſeſſoires. 28 Comme les Iuges Royaux ont vſurpé la préuention.

Encor ont-ils gardé à eux ſeuls, comme vn pur cas Royal, la cognoiſſance du poſſeſſoire des benefices, en conſequence de la bulle du Pape Martin, rapportée au ſtyl du Parlement, qui confirme ce droict au Roy de France, comme en eſtant deſlors en poſſeſſion immemoriale: & combien qu'à la ſuitte de cette bulle, il ſe voye dans le ſtyl du Parlement, que lors les Seigneurs de France en cognoiſſoient auſſi bien que le Roy: ſi eſt-ce que par l'ordonnance de Louys XI. de l'an 1464. cela leur a eſté interdict; comme auſſi par pluſieurs ordonnances on leur a oſté le pouuoir de faire ſaiſir le temporel des benefices, ſoit à faute de reſidence, de reparations, ou autres cauſes. 29 Poſſeſſoire des benefices eſt à preſent cas Royal.

Sur ce meſme poinct du trouble, ou de la force, & ſous pretexte que celle qui eſt notable & inuaſible, c'eſt à dire faict auec port d'armes en aſſemblée illicite, eſt cas Royal, les Iuges Royaux ſe font accroire en quelques endroicts, que tous delicts faicts auec armes ſont de leur iuriſdiction, d'autant que Iuſtinian aux Inſtitutes appelle force publique, celle qui eſt faicte auec armes, & priuée celle qui eſt faicte ſans armes. Combien que Cujas aux Paratitles des Digeſtes monſtre bien que ce n'eſt pas la vraye diſtinction de la force publique, & de la priuée. 30 Du port d'armes.

Mais il faut prendre garde qu'en l'enumeration des cas Royaux, port d'armes eſt touſiours ioinct auec aſſemblée illicite, comme en l'arreſt de Montpenſier, & partout ailleurs: qui eſt ce que dit la loy 5. *D. Ad leg. Iul. de vi publica. qui cætu, concurſu, turba, ſeditione quid per violentiam admiſerit*, & la loy penult. du meſ- 31 Comment le port d'armes eſt cas Royal.

31 Trois choses requises à ce qu'il soit cas Royal. metiltre, *qui ædes alienas expilauerit, effregerit, expugnauerit in turba, cum telo.* Donques à bien entendre, trois choses sont requises, pour faire ce cas Royal, à sçauoir qu'il y ait port d'armes, & que ce soit en assemblée, & que cette assemblée soit illicite, c'est à dire congregée en intention de mal faire.

32 *Turba quid.* Pour le port d'armes, chacun sçait que c'est : & quant à l'assemblée, voicy ce qu'en dit la loy 4. *D. Vi bonorum raptorum, & de turba. Turbam appellatam Labeo ait, ex genere tumultus, idque verbum è Græco tractum,* ἀπὸ τῆς τύρβης (ainsi faut-il lire auec Haloander) *id est, à tumultu. Turbam autem ex quo numero admittimus? Si tres aut quatuor, turba vtique non erit. Si plures fuerint, nimirum decem, aut quindecim homines, turba dicetur. Et rectissimè Labeo, inter turbam & rixam, multùm interesse ait. Namque turbam multitudi-*
33 *Turba & rixa.* *nis hominum esse turbationem & cœtum, rixam etiam duorum.*

34 Assemblée illicite. Mais encor on dit assemblée illicite, c'est pourquoy il faut qu'ils soient assemblez pour mal faire, autrement (comme dit Imbert au troisiesme liure de ses Instit. Forenses) *ce n'est pas cas priuilegié. Comme si des Escholiers, pour euiter la peste estant en vne Vniuersité, vont en vn'autre par bandes, portans picques & autres bastons longs, comme ils ont accoustumé, & suruient noyse entr'eux & autres, & s'y commet quelque delit, ce ne sera cas priuilegié. Et ainsi a esté dit par arrest entre le Procureur du Roy & l'Euesque de Paris.*

35 Conclusion par l'opinion de Coquille. Concluons donc auec le iudicieux Coquille, en son institution chap. *Du droict de Royauté. Que le port d'armes n'est pour estre garny d'harquebuzes, hallebardes, cuirasses, ou autres armes offensiues & defensiues : mais quand aucuns s'assemblent au nombre de dix, ou plus, estans armez, auec propos deliberé, pour faire insult & outrage à autruy. Aussi le cri-*
36 Pourquoy port d'armes est cas Royal. *me de port d'armes, estant cas Royal, implique en soy l'assemblée illicite d'hommes en armes.* Doncques ces trois rencontres concurrentes, qu'il y ait port d'armes en assemblée, qui soit illicite, c'est sans doute vn cas Royal, pource que c'est au Roy à maintenir le repos public, & la liberté de son peuple, qui est violée par tels actes, comme dit Ciceron, *Pro Aruspicum responsis.*

37 Fondement de la iurisdiction des Preuosts des Mareschaux. Sur cette mesme consideration, que le Roy est conseruateur de la liberté publique, est fondée la iurisdiction des Preuosts des Mareschaux, qui furent instituez premierement par l'Empereur Auguste, pour exterminer les voleurs, qui apres les guerres ciuiles couroient par l'Italie : ce que Tibere continua, dit
38 Leur origine. Suetone en leurs vies. Dont s'ensuit que leur vraye iurisdiction est contre les voleurs, & gueteurs de chemins pour voler : *& inde dicti sunt Latrunculatores: Græcè,* ληστοδιῶκται: comme Cujas prouue bien, liure 19. des Obseruations, chapitre 11.
39 Tous gueteurs de chemins ne sont pas de leur gibier. mais non pas qu'ils ayent iurisdiction, comme ils pretendent, sur ceux qui guetent dans vn chemin celuy contre lequel ils ont querelle. Car mesme le meurtre, c'est à dire l'homicide faict de guet à pens, est l'vn des quatre grands crimes reseruez aux Chastellains, à l'exclusion des hauts iusticiers : voire en plusieurs coustumes il est attribué aux simples hauts iusticiers. Moins encor appartiennent
40 Des crimes commis és grãds chemins, de la police, voirie, mestiers, poids, & mesures, remissiué. aux Preuosts, ni autres Iuges Royaux, les autres crimes commis és grands chemins, comme i'ay prouué cy-deuant au 9. chapitre. Ainsi qu'au 10. chapitre i'ay prouué que la police, & notamment la voirie, les mestiers, & les poids & mesures n'estoient cas Royaux : combien que les Officiers du Roy se les veulent attribuer en aucuns lieux, faute de distinguer l'interest public & de iustice d'auec celuy du Roy.

41 Certificatiō des criées où peut estre faicte. Pareillement, faute de distinguer les simples iustices d'auec les Chastellenies, plusieurs tiennent que les criées ne peuuent estre certifiées, sinon pardeuant les Iuges Royaux, soubs pretexte de quelques arrests de la Cour, par lesquels des certifications de criées faictes deuant des Iuges de village, par emprunt de
42 Non és iustices de village, ni par emprunt de praticiens. praticiens, ont esté cassées : & ce à iuste cause, tant pource que c'est la foulle des parties de mener ainsi des praticiens au loin, pour vne simple certification de criées, que pour autant que ceux-là estant estrangers du siege, ne sont pas capables de respondre du styl particulier d'iceluy.

43 Mais bien és iustices subalternes des villes. Mais au contraire, il a esté iugé par plusieurs arrests, que les certifications de criées faites aux sieges notables des iustices Seigneuriales, où y a nõbre suffisant de praticiens residens sans en emprunter d'ailleurs, estoient bonnes & valables :

comme il a esté iugé par arrest du 30. Ianuier 1578. & par autre arrest du 16. Ianuier 1587. pour le Comte de Rochefort, & autre du 11. Feurier 1559. pour le Seigneur de Colommiers. I'ay veu aussi vn autre arrest pour le Seigneur de Remboüiller, par lequel fut infirmée la sentence du Bailly de Montfort l'Amaury, qui luy auoit faict defenses de certifier criées: & de nouueau i'ay esté aduerty, qu'en l'année derniere 1607. il en fut donné vn arrest en la cinquiesme Chambre, apres en auoir demandé aduis aux autres, touchant des criées certifiées à Chasteaudun.

Aussi quelle raison y auroit-il de soustenir le contraire, puis que l'ordonnance des criées de l'an 1551. dit par expres, que les criées doiuent estre certifiées pardeuant le iuge des lieux, mots qui comprennent infailliblement les Iuges subalternes, aussi bien que les Royaux. Car quand l'ordonnance entend exclurre les Iuges des Seigneurs, elle vse de ce mot, ***nos Iuges***, & ne dit pas, les Iuges des lieux. Et de dire, que certifier criées ce soit vn cas Royal, il n'y a notoirement aucune coherence: de dire aussi que les criées ne peuuent estre certifiées, qu'au siege principal de la coustume, les termes de l'ordonnance y resistent, & l'vsage pareillement; attendu que notoirement les certifications des criées se font aux Preuostez, & autres iustices Royales inferieures, voire plus souuent qu'aux Bailliages & Seneschaussées. 44 Raison.

Toutesfois cette mesme ordonnance des criées veut que les pannonceaux apposez aux maisons saisies, soient notamment aux armes du Roy, & la Cour a tousiours trouué mauuais, qu'on y apposast les armes des Seigneurs iusticiers. Mais c'est vne dépendance de Souueraineté, & vn acte de iustice vniuerselle, qui ne déroge point, & ne faict point de preiudice à la iustice particuliere des Seigneurs: & cela se faict, à cause de la decision du droict, *Vt nemo priuatus titulos prædijs imponat, vel vela Regia suspendat:* estant vn droict qui n'appartient qu'au Souuerain, de poser affiches, ou autres marques de Sauue-garde publique, comme il est bien decidé en la Nou. 17. chapitre 15. *Titulos imponere prædiis, & domibus superscribere nomina præsumentibus, periculosum esse scias, quia hoc agentes propriam substantiam applicabunt fisco. Si enim rem soli Imperio concessam tentauerit quis vsurpare, in suis agnoscat periculum, & suis rebus, publicis titulis impositis, fiat alijs exemplum abstinentiæ.* 45 Pannonceaux doiuét partout estre aux armes du Roy.

Et à cet exemple, quand on trouueroit bon d'ordonner que tous commandemens de iustice se fissent au nom du Roy comme ils font és iustices appartenantes aux villes, ou pour le moins conioinctement au nom du Roy & du Seigneur, ce seroit faire esclater plus souuent l'authorité & Maiesté du Roy aux oreilles de ses suiects; & si on ne feroit point de tort aux Seigneurs iusticiers, attendu qu'outre la souueraineté, & la iustice vniuerselle, le Roy a tousiours la Seigneurie directe de toute iustice Seigneuriale, qui necessairement releue mediatement, ou immediatement en fief de luy: & à cet esgard; il est vray de dire, que les Officiers des iustices Seigneuriales, au moins de celles qui ressortissent directement en la Royale, sont aucunement ses Officiers, pourueu toutesfois, qu'on distinguast soigneusement ce qui est de la Seigneurie directe d'auec la proprieté & Seigneurie Vtile de ces iustices, & en ce faisant, qu'on n'ostast rien aux Seigneurs, de ce qui est des droicts & émolumens patrimoniaux de leurs iustices. 46 Tous commandemens & publicatiós deuroiét estre faictes au nom du Roy.

Mais i'enten qu'entre les Iuges Royaux des prouinces, il y en a auiourd'huy de si aduantageux, que sous pretexte qu'il y a beaucoup de sieges des Seigneurs, où les criées ne peuuent estre certifiées, & que par tout il faut des pannonceaux Royaux (combien que les pannonceaux se mettans sans cognoissance de cause, n'attribuënt iurisdiction, & que la certification se face le plus souuent en autre siege, que celuy où se faict le decret) ils se font à croire que tous les decrets se doiuent faire pardeuant eux: chose qui iusques à present n'a iamais esté mise en auant, non pas mesme du temps qu'il estoit necessaire d'abaisser le pouuoir des grands Seigneurs de France, & qu'il y auoit des Iuges des exempts & cas Royaux, en toutes les iustices des appanagez, & autres grands 47 Des decrets.

Seigneurs: & qui est d'ailleurs si absurde, que plusieurs coustumes attribuent expressément les decrets non seulement aux hauts, mais mesme aux moyens iusticiers. Comme aussi tous les Docteurs de droict tiennent sur la *l. Imperium. D. De iurisdict.* que *interpositio decreti est actus, non meri, sed mixti imperij*: & c'est la verité, que le decret est vn acte qui participe autant de la iurisdiction volontaire, que de la contentieuse.

48 Decrets ne deuroiēt estre faicts qu'aux villes. Vray est que pour les grands differens & difficultez, qui eschéent ordinairement aux decrets, qui sont les vrays chef-d'œuures de pratique, & d'autant aussi qu'és auditoires des villages les encherisseurs ne se trouuent pas si communément & en si grand nombre, qu'és villes closes, aussi que les iustices des villages sont la plus-part vsurpées, il ne seroit possible hors d'apparence, de laisser tous les decrets aux Iuges des villes: mais ce seroit non seulement contre iustice, ains aussi contre le bien public, de les oster indistinctement à tous les Iuges des villes Seigneuriales, & les attribuer au siege capital de la Prouince, qui estant bien souuent fort esloigné des heritages saisis, il ne s'y trouueroit pas tant d'encherisseurs, que si l'adiudication se faisoit en la prochaine ville, & au siege ordinaire, où hantent plus communement ceux du distroit.

49 Decrets faits au Parlement. Ne sert de dire que les adiudications se font bien au Greffe de la Cour: car elles ne s'y font pas en premiere instance, mais seulement quand les decrets se font en vertu de ses sacrez arrests, dont l'execution luy demeure: ce qui n'aduient gueres qu'aux decrets des grandes terres, encor voit-on qu'à cause de l'esloignement, elles y sont le plus souuent venduës à fort vil prix, au grand dommage du saisi, & des derniers creanciers.

50 Des lettres Royaux. Mais la plus grande & frequente entreprise des Iuges Royaux sur les subalternes en l'extension des cas Royaux, est par le moyen de lettres Royaux. Car presque en toutes matieres on prend suiect d'en obtenir: de maniere que si on obseruoit indistinctement l'opinion vulgaire, que les seuls Iuges Royaux sont competens d'en cognoistre, les subalternes seroient presque entierement priuez de leur iustice.

51 Lettres Royaux sont de grace, ou de iustice. Pour examiner ce poinct, il faut commencer par la distinction generale des rescrits, & lettres Royaux, dont les vnes sont de grace, & les autres de iustice: i'appelle les lettres de grace, celles qui dépendent de la pure grace, liberalité, ou bonté du Prince, & lesquelles il peut refuser sans violer le droict commun: comme les graces, remissions, dons, octrois, dispenses, priuileges, lettres d'Offices, toutes lettres de finances: & les lettres de iustice sont celles, qui sont fondées sur le droict commun, ou qui portent mandement de rendre la iustice.

52 Lettres de grace sont cas Royal, non celles de iustice. Cette diuision presupposée, ie tranche en vn mot que toutes lettres de grace doiuent estre enterinées & executées par les Officiers Royaux, & non autres, pource qu'il n'appartient qu'à eux seuls d'executer la volonté pure de leur maistre: mais quant aux lettres de iustice, ie dy que regulierement tout Seigneur, ayant iustice, en peut, & doit cognoistre en son distroit (qui est l'opinion de du Moulin cy-apres rapportée) sauf toutesfois quelques exceptions.

53 Lettres de iustice sont, ou excitatiues ou attributiues de iurisdiction. Pour lesquelles comprendre, il faut subdiuiser les lettres de iustice en celles qui sont excitatiues, & celles qui sont attributiues de iurisdiction. Sous les excitatiues, ie compren les recisions & restitutions en entier, qui sont sans doute fondées en droict commun. Et ce qu'on est contraint s'en addresser au Roy (ainsi
54 Lettres excitatiues sont inutiles. qu'en l'ancien droict Romain on s'addressoit au Preteur, ou Magistrat, pour mander à celuy qu'il commettoit pour iuger, qu'il ne s'arrestast point à la rigueur du droict estroit) à esté inuenté du commencement à bonne fin: sçauoir est pour faire recognoistre dauantage le Roy, lors que toutes les iustices appartenoient aux grands Seigneurs: mais à present c'est vne formalité de pratique, qui ne sert plus que pour l'entretien des Officiers des Chancelleries: en fin, ce n'est plus qu'vn impost, que le Roy prend sur les procez, d'autant que si la cause de l'impetrant n'est bonne selon le droict commun, ses lettres ne luy seruent de rien. C'est pourquoy à bon droict les trois Estats d'Orleans firent requeste au Roy, pour abolir cette formalité de lettres de iustice, qui n'a iamais esté co-

gneuë par les Grecs, ni par les Romains, comme Bodin discourt fort bien liure 3. de sa Repub. chap. 4.

I'y compren aussi les lettres de benefice d'inuentaire; qui sont pareillement fondées en droict commun, *l. Scimus, C. De iur. delib.* mesme qu'on n'est point tenu d'en obtenir au païs de droict escrit. Et encores les lettres de benefice d'aage, pource que c'est maintenant vn droict commun en France de n'en point refuser à ceux qui se disent auoir attaint l'aage de vingt ans: aussi qu'elles ne sont enterinées, que par l'aduis des parens, qu'il cousteroit beaucoup à vn pauure mineur, de faire comparoistre au loing deuant le Iuge Royal: enquoy semble qu'il n'y a plus de doute depuis l'ordonnance de Blois, qui veut que toutes instructions de procez, & mesmes les executions d'arrests, qu'il faut faire sur le lieu, en vertu des lettres de Chancellerie, soient addressées aux Iuges des lieux pour le soulagement des parties, comme il a esté touché au chap. precedent. 55 Lettres excitatiues doiuent estre addressées aux Iuges des lieux.

Toutesfois auparauant cette ordonnance on pratiquoit, & encor à present plusieurs praticiens tiennent, que si les lettres de rescision, ou autres semblables estoient obtenues principalement, & pour commencer le procez par l'action rescindante, ou restitutoire, l'addresse en deuroit estre faicte au Iuge Royal: mais si elles estoient obtenuës incidemment, sur vn procez ja pendant deuant le Iuge subalterne sur le rescisoire, elles luy deuoient estre addressées à cause de la connexité, *& ne causæ continentia diuidatur.* 56 Pratique ancienne touchant les lettres excitatiues.

L'origine de cette pratique vient d'vne vieille maxime de Chancellerie, que le Roy n'addresse ses lettres qu'à ses Officiers, comme si toutes iustices ne venoient pas de luy, du moins en directe Seigneurie: & d'ailleurs comme si les Iuges des Seigneurs n'estoient pas ses suiects, & tenus d'executer ses mandemens, & s'ils n'estoient pas aussi dignes de les receuoir, comme de simples Sergens: en fin comme si cette formalité estoit si importante à l'authorité du Roy, que sous pretexte, qu'il ne voudroit addresser ses mandemens aux Iuges subalternes, il leur deust oster ce qui dépend de leurs Offices. 57 Fondement de cette pratique.

Mais sur tout est-ce pas vn vray abus, voire vne pure illusion en iustice, qu'vn vil Sergent face commandement à vn Iuge notable, estant en son siege & en pleine audience, de faire ce qui est de sa charge, comme il est mandé par le styl des Chancelleries, lors que les lettres Royaux doiuent estre presentées au Iuge subalterne. Aussi on auroit honte de pratiquer à la lettre ce styl & formulaire si inepte, & faire qu'vn Sergent commandast à vn Iuge, estant mesme au lieu, & en l'acte de iustice: ains on faict presenter les lettres par vn Procureur, tout ainsi qu'és iustices Royales. 58 Absurdité de cette pratique.

Et notamment depuis l'ordonnance de Blois, qui a enioint faire l'addresse des commissions aux Iuges des lieux, les bons praticiens n'ont plus faict de difficulté d'addresser directement les lettres de Chancellerie aux Iuges subalternes, mesme à present on voit les Edicts, & lettres du grand seau, dont l'execution se doit faire aux villes non Royales, contenir cette addresse: *A nos Baillifs, Preuosts, &c. & autres Iuges & Officiers qu'il appartiendra.* Et n'y a tantost plus que les vieils praticiens, qui ne peuuent démordre la routine de leur ieunesse, ou les clercs ignorans, qui composent leurs lettres sur les vieils protocolles de Chancellerie, qui gardent cette antique scrupulosité. 59 De l'addresse des lettres excitatiues.

Mesmement la Cour a pratiqué de tout temps, que si pour attirer vn procez deuant le Iuge Royal, on obtenoit affectément des lettres Royaux, sans qu'il en fust besoin (comme rarement és petites Chancelleries on refuse de la cire pour de l'argent) le Seigneur haut iusticier estoit bien fondé à demander le renuoy de la cause. Tesmoin l'arrest du Duc d'Alençon, pour sa Vicomté de Chasteau-neuf en Timerais de l'an 1518. par lequel la Cour infirma la sentence du Bailly de Chartres qui l'auoit debouté du renuoy en vne cause de vendication, où le demandeur auoit obtenu lettres pour estre releué de la prescription. Arrest qui est incorporé au styl du Parlement *Parte* 7. au droict duquel du Moulin note en apostille, que les lettres excitatiues de iurisdiction doiuent estre presentées & enterinées deuant le Iuge du lieu, ores qu'il ne soit Royal. Et le mesme 60 Lettres excitatiues doiuent estre addressées au iuge ordinaire, ores que non Royal.

du Moulin sur l'article 81. de la coustume d'Anjou, qui porte *Qu'és lettres, qu'autre que le Roy ne peut octroyer, il n'y a lieu de renuoy*, a dit ces mots, *Scilicet de ijs, quæ sunt meræ gratiæ, secus de ijs, quæ sunt iustitiæ, id est iuris communis, licet fiscales Regij conentur omnia ad suum forum trahere, quavis colorata tantùm occasione.*

61 De mesme.

Ie leur demanderoy volontiers pourquoy les lettres de rescision attribuent plustost iurisdiction aux Iuges Royaux, que celles de desertion, d'anticipation, de conuersion d'appel en opposition, qui notoirement sont presentées tousiours & sans distinction aux Iuges non Royaux, en ce qui est de leur iurisdiction: ce qui monstre bien que toutes lettres Royaux ne doiuent pas estre addressées aux Officiers du Roy, ains seulement les lettres de grace, & les lettres attributiues de iurisdiction.

62 Diuision des lettres attributiues de iurisdiction.

Voila pour les excitatiues, & quant aux attributiues de iurisdiction, il faut derechef les subdiuiser, en celles de la grande, & celles de la petite Chancellerie.

63 Celles de la grande Chanchellerie sont cas Royaux.

Quant à celles de la grande Chancellerie, & qui ne peuuent estre expediées en la petite, il n'y a nulle difficulté, que celles-là ne puissent distraire la iustice ordinaire des Seigneurs, & renuoyer la matiere au Iuge, auquel elles sont addressées. Car c'est le Roy qui vse de son auctorité, & de sa iustice vniuerselle, soit de son particulier mouuement, soit auec cognoissance de cause. Qui doute qu'il ne puisse interdire, éuoquer, commettre & renuoyer les causes, ainsi qu'il luy plaist? Et toutesfois, voicy ce qu'en dit l'ordonnance de Philippe VI. de l'an 1338. *Prohibemus ne aliquis Senechallus, aut alius Officiarius noster, subditos iustitiariorum merum imperium habentium, prætextu litterarum nostrarum coram se trahat ciuiliter vel criminaliter, nisi in dictis litteris mentio fieret, quòd subditi essent aliorum iustitiariorum, cum clausula* NON OBSTANTE *&c. & continerent causam nos rationabiliter mouentem. Alias illas ex nunc subreptitias reputamus, nec eas volumus executioni mandari.* Car c'est vn acte de puissance absoluë, & auctorité souueraine, dont le Prince n'a pas accoustumé d'vser sans grande cause.

64 Encor failloit il anciennement qu'il y eust clause dérogatoire aux ordõnances faictes en faueur des Seigneurs de France.

Ce qui doit estre principalement obserué quand les lettres attributiues de iurisdiction concernent non vne simple affaire, mais vne vniuersité de cause. Car alors les Seigneurs, dont par ce moyen la iustice seroit énervée, ont suiect de se pouruoir, soit par remonstrance, ou par requeste, ou par opposition, & autres voyes de droict; pource qu'il n'est pas à presumer que le Roy vueille tollir aux Seigneurs en tout, ou en partie les iustices, qu'il leur a concedées en fief, & qu'ils rachetent de sa Maiesté.

65 Notamment, quand elles estoient generales.

Pour exemple, quand le Roy fist son Edict de Crémieu, par lequel il sembloit vouloir attribuer aux Baillifs & Seneschaux les causes des Nobles, les Seigneurs de France formerent opposition à la verification d'iceluy, qui l'arresta pres d'vn an, & fut leur opposition trouuée si iuste, que suiuant icelle le Roy fist sa declaration, qu'il n'entendoit preiudicier à leurs iustices.

66 Exemple.

Mais quand les Iuges Consuls furent érigez, en l'an 1563. & és années suiuantes, ce ne fut du commencement qu'és bonnes villes, comme Paris, Roüen, & autres, où le Roy seul y a notoirement la police, sous laquelle on comprist les causes de marchand à marchand & pour faict de marchandise: & encor ces érections furent faictes par Edicts particuliers, & l'vne apres l'autre: de sorte que les Seigneurs de France n'auoient pas grand moyen, ni grand suiect aussi de s'y opposer en corps: ioint qu'ils y eussent peu profité, pource que feu Monsieur le Chancellier de l'Hospital inuenteur de ces iustices (aussi bien que de celles des Presidiaux) les affectionnoit infiniement. Neantmoins les Seigneurs ont tousiours soustenu que les Consuls n'auoient que voir sur leurs iusticiables: dont la Cour n'a point faict de difficulté à l'esgard de ceux, dont les iustices sont hors le ressort des Bailliages, où il y a des Iuges Consuls establis: comme elle a iugé par plusieurs arrests, dont i'en ay vn notable chez moy, donné au profict de Madame de Longue-ville, Comtesse de Dunois, le septiesme May 1577. par lequel defenses ont esté faictes aux Iuges Consuls de Chartres, d'entreprendre iurisdiction sur les habitans du comté de Dunois, d'autant qu'il est assis dans le Bailliage

67 Erection des Iuges Consuls.

68 Iuges Consuls ne recognoissent des iusticiables des Seigneurs notamment qui sont hors le ressort du Bailliage où ils sont establis.

de Blois, où il n'y a aucuns Consuls; combien que ceux de Chartres en soient les plus proches : & mesme est ordonné par cet arrest, ce requerant feu Monsieur Brisson lors Aduocat general du Roy, qu'il sera publié en l'auditoire desdits Consuls.

Et quant aux iustices des Eslections, Greniers à sel, Eaux & forests, elles ne cognoissent que des cas vrayement Royaux, & partant elles ne peuuent rien entreprendre sur la iustice ordinaire des Seigneurs. Et pour le regard de celles des Preuosts des Mareschaux, elles sont approuuées pour leur apparẽte vtilité: ioinct qu'elles n'ont cognoissance que des voleries faictes en grand chemin, fausse monnoye, delict des soldats, & des vagabonds, qui sont tous cas dont les Officiers Royaux ont tousiours pretendu la préuention. 69 Eslections, Greniers à sel, eaux & forests ne cognoissent que des cas Royaux. 70 Comme aussi les Preuosts des Mareschaux.

Comme aussi, au regard des Committimus des Requestes du Palais & de l'Hostel du Roy, des Gardes-gardiennes, & des protections des vniuersitez, les Seigneurs y acquiescent, en tant qu'il n'y a point de fraude, comme estans tels priuileges dépendans des cas Royaux, & qui sont présumez plus anciens que leurs iustices: mais quoi que ce soit, toutes ces iustices extrauagantes & extraordinaires, & aussi tous ces priuileges sont moins fauorables & extensibles entre les iusticiables des Seigneurs, qu'entre les subiects primitifs du Roy, attendu que le Roy peut tronquer ses iustices, ainsi qu'il lui plaist, mais il n'entend pas éneruer celles qui sont patrimoniales aux Seigneurs. 71 Des Committimus, Gardes-gardiennes & protections.

Finalement pour le regard des lettres attributiues de iurisdiction, émanées de la petite Chancellerie, ie dy, sauf correction, qu'elles sont toutes abusiues, si ce n'est qu'elles soient fondées en Edict, ou en arrest. Car les petites Chancelleries ne sont instituées que pour les depesches ordinaires & de styl commun, & non pas pour expedier ce qui requiert cognoissance de cause, & moins encor pour attribuer à vne iustice ce qui appartient à vne autre, & pour commettre des Iuges estrangers à la poste des parties, au preiudice des Iuges ordinaires & naturels, comme il est decidé expressément par l'ord. 1539. art. 170. 171. 72 Lettres attributiues émanées de la petite Chãcellerie sont abusiues.

Aussi à bien entendre ne doiuent-elles vser du mot *commettons*, ains seulement dire *mandons* : car comme remarque fort bien le grand coustumier liure second, chapitre 19. le Roy mande aux Iuges ordinaires, mesmement les bons formulaires de Chancellerie vsent de ces mots, *Et pource que la cognoissance de la matiere vous appartient, mandons, &c.* Et tout ainsi que telles lettres seroient iugées inciuiles, si elles attribuoient au Baillif Royal ce qui appartient au Preuost: à plus forte raison les faut-il iuger telles, quand elles attribuent au iuge Royal ce qui appartient au subalterne, qui a iustice patrimoniale, & à laquelle de droict commun le Roy ne peut preiudicier. 73 Comment doiuent estre conceues les lettres de la petite Chancellerie.

Neantmoins le temps passé, cela estoit si commun, que rien plus, & par le moyen de telles lettres, on ostoit aux subalternes la plus-part de leurs causes. 74 Lettres qui iadis priuoiẽt les Seigneurs de leurs iustices.

Car on leur ostoit la cognoissance des executions, saisies, & decrets, par le moyen des lettres des *Debitis*: on leur ostoit les matieres feodales, par les lettres de cõforte-main: on leur ostoit les matieres possessoires, par le moyen des lettres de complainte: on leur ostoit les matieres d'attermoyement, par les respits & quinquennelles: on leur ostoit les causes des veufues, pupilles, estrangers, par le moyen des lettres de sauuegarde, & ainsi d'infinies autres, dont l'abus par succession de temps s'est trouué si manifeste, qu'auiourd'hui toutes ces sortes de lettres, dont les noms mesme sont ineptes & sauuages, sont d'elles mesmes tournées en dissuetude. 75 Debitis. 76 Conforte-main. 77 Lettres de complainte. 78 Respits. 79 Sauuegardes.

Mais voicy encor vn plus grand abus, c'est que les Iuges Royaux, n'attendans pas qu'on aille iusques à Paris, pour leuer telles lettres, les deliurent eux mesmes en leurs Greffes: comme des commissions generales pour saisir & executer, soit pour droicts Seigneuriaux, soit pour rentes foncieres, soit mesmes pour debtes personnelles, & ce sur les subiects des hauts iusticiers, & dans leur iustice primitiue, voire bien souuent hors leur ressort, & dans la iustice de leurs voisins. Et tout autant de commissions qu'on demande, pour adiourner pardeuant eux en premiere instance les iusticiables des Seigneurs, ils n'en refusent point: mes- 80 Que les Iuges ne peuuent deliurer telles lettres. 81 Commission pour saisir & adiourner hors le distroit.

me quand il eſt queſtion d'adiourner ceux d'vne autre Prouince, tout leur eſt indifferent, diſans qu'en matiere de iuſtice, il n'eſt que d'entreprendre. Auquel

82 Remedes à ces commiſſions.

dernier cas les Iuges des lieux font tres-bien de faire arreſter & de condamner en bonnes amendes les Sergens executans telles commiſſions : car ils doiuent ſçauoir leur Prouince & reſſort : ioinct que ſi on n'en vſoit ainſi, le Iuge, qui entreprendroit ſur le territoire d'autrui, auroit touſiours cet aduantage, d'eſtre Iuge de ſon entrepriſe.

Sur ce propos eſt à remarquer vn abus qui ſe commet ordinairement és lettres

83 Clauſe abuſiue és lettres de Garde-gardienne, & protection.

de Garde-gardienne, & és protections des eſcholiers & ſupposts des vniuerſitez, en ce que par icelles il eſt mandé aux Sergens, de faire commandement aux Iuges, de renuoyer les cauſes deuant les Baillifs, ou Conſeruateurs, & au refus des Iuges, les renuoyer eux meſmes. Clauſe qui eſt notoirement abuſiue à l'égard des Iuges, qui ne reſſortiſſent pardeuant eux, n'y ayant que le Roy

84 Que le Sergent ne peut rẽuoyer qu'en vertu du Committimus.

& la Cour, qui puiſſent faire telles inionctions indiſtinctement à tous Iuges, eſtant ſeul ſuperieur de tous. C'eſt pourquoy cette clauſe n'eſt pas abuſiue és Committimus des Requeſtes, eſquels le Roy parle : auſſi que Meſſieurs des Requeſtes, & de l'Hoſtel, & du Palais ſont du corps de la Cour : leſquels exceptez, c'eſt à tout Iuge, pardeuant lequel eſt pendant le procez, *æſtimare an ſua ſit iuriſdictio, nec ne, l. Si quis ex aliena. ff. De iudiciis*, & ſ'il refuſe le renuoy, il n'y a voye que par appel, & c'eſt au ſuperieur à vuider deſormais la contention de iuriſdiction. Comme Bacquet a bien diſcouru au 8. chap. du 3. liu. & Chenu en rapporte vn arreſt du 26. Auril 1606.

85 Que le Sergent doit attribuer ſa cõmiſſion au Iuge du lieu.

Meſmement il eſt ſans doute, que le Sergent ne doit pas, en vertu de telles lettres, adiourner les ſubiects d'vne Prouince en vne autre, ſans exhiber & preſenter ſa commiſſion au Iuge du lieu, autrement il peut eſtre arreſté. Car ſi cela eſtoit toleré, on attireroit tous les Iours les pauures gens à plaider hors de cognoiſſance, & n'y auroit nul autre moyen d'empeſcher que le Iuge eſtranger fuſt Iuge en ſa cauſe & de ſa propre entrepriſe.

86 Comment s'entend de ne demander placet, viſa, ne pareatis.

Ce qui n'eſt point contraire aux ordonnances, qui defendent de demander placet, viſa & pareatis : car elles ſ'entendent des mandemens Royaux de Chancellerie, enſemble des obligations ſous ſéel Royal, qui ſ'executent par toute la France : & des ſentences des Iuges Royaux dedans leur reſſort, & és lieux où ſ'eſtend leur puiſſance, mais non pas de commiſſions, qu'ils baillent hors leur reſſort, *quia extra territorium Iudex priuati loco eſt, eique impunè non paretur*. Que ſi les Iuges venans d'vn païs en autre, pour executer vne commiſſion extraordinaire du Roy ou de la Cour, ſont tenus publier leur Committimus (comme on dit communément) c'eſt à dire notifier leur pouuoir aux Iuges des lieux, pour éuiter aux inconueniens qui en pourroient autrement arriuer, pourquoy trouuera-on eſtrange, qu'vn ſimple Sergent, porteur d'vn mandement d'vn Iuge hors ſon territoire, demande permiſſion au Iuge du lieu de l'executer ? qui eſt la matiere des commiſſions rogatoires, dont la practique eſt ſi ancienne, qu'elle eſt rapportée dans le grand couſtumier, liu. 2. chap. 19.

87 Difference en l'eſtenduë des Committimus, Garde-gardiennes & protections.

Surquoy faut auſſi noter qu'il y a difference notable en l'eſtenduë des Committimus des Requeſtes, des protections, des Conſeruateurs, & des Garde-gardiennes de Baillifs & Seneſchaux. Car les Committimus des Requeſtes ſ'eſtendent & attirent de tout le Parlement dont ils ſont emanez, mais non pas des autres Parlements, ſi ce ne ſont ceux des Officiers commenſaux du Roy & des

88 Eſtendue des Committimus.

Cheualiers du S. Eſprit, leſquels pour cet effect doiuent eſtre ſeellez du grand ſeau, attendu que celui de la petite Chancellerie, n'a pouuoir que dans ſon Parlement.

89 Eſtendue des protections.

Et quant aux protections des eſcholiers & ſupposts des Vniuerſitez, elles n'attirent pas non plus des autres Parlements : mais encor elles ont cela de particulier, ſelon aucuns, qu'elles ne peuuent attirer de plus loin que quatre iournées, comme il eſt porté par l'ordonnance de Louys XII. l'an 1448. que neantmoins pluſieurs entendent des Conſeruateurs Apoſtoliques ſeulement, & non des Royaux.

Finalement

Finalement les Garde-gardiennes attribuées aux Baillifs & Seneschaux (car il y en a d'autres attribuées aux Requestes du Palais, qui se reglent tout ainsi que les Committimus) ne s'estendent regulierement hors le ressort & limites des Bailliages. Toutesfois pour ce regard se faut reigler suiuant la teneur du priuilege & verification d'icelui faicte en la Cour, sans laquelle nulle Garde-gardienne ne doit auoir lieu, comme porte l'ordon. de l'an 1556. art. 4. & a esté iugé par plusieurs arrests. Ce qui a lieu principalement à l'égard des iustices Seigneuriales, pource que par l'ordonnance de Philippe VI. de l'an 1338. il est dit, qu'il ne sera point donné de lettres de Garde-gardienne au preiudice des hauts iusticiers, *nisi causæ cognitione legitima præcedente*. Mais quand la verification estendroit la Garde-gardienne hors le ressort du Baillif, auquel elle est attribuée, les Iuges voisins en peuuent pretendre iuste cause d'ignorance, iusques à ce qu'elle soit publiée & notifiée en leur Prouince. 90 Estendue des Gardes-gardiennes.

Voila beaucoup de diuerses sortes d'entreprises, & peut-on dire, qu'il ne se peut imaginer aucune espece de cause, quelle qu'elle soit, que les Iuges Royaux n'ayent quelque pretexte pour en attirer la cognoissance, & telle cause y a, dont ils trouueront cinq ou six diuers pretextes, pour en cognoistre : de sorte que si on les vouloit croire, les subalternes n'auroient aucune cause en leurs sieges : & par ainsi les Seigneurs notables de France demeureroient du tout priuez de leurs iustices qu'ils rachetent du Roy, & qu'ils possedét de si long temps en vertu du plus signalé contract, qui fut onc fait en France, & lequel a esté le principal moyen de l'establissement de famille Royale, & de la conseruation continuelle de cette Couronne iusques à present. 91 Que toutes ces entreprises doiuét estre retranchées.

Que s'il plaist au Roy, qui est autheur & garand des iustices Seigneuriales, & à la Cour de Parlement, qui est superieure des vnes & des autres, conseruer chacune en ce qui lui appartient selon droict & raison, il aduiendra ce que dict Iustinian en sa Nou. 15. que, *erit vtrimque congruentia vtilis: Sic enim minores Iudices, iudicum faciunt officium, & Prouinciarum Præsides Iudices Iudicum erunt, & proinde honestiores: quia quantò præest quilibet præstantioribus, tantò se maior & honestior est.*

SOMMAIRE DV QVINZIESME CHAPITRE.

DES

DES SEIGNEVRIES ET IVSTICES ECCLESIASTIQVES.

CHAPITRE XV.

1 Les deux puissances de ce monde.

IL y a deux puissances en ce monde, par lesquelles il est gouuerné, la spirituelle & la temporelle, dit la Nou. 6. le Canon *Duo sunt.96.distinct.*& le §.*Item cùm Dauid.quæst.* 7. La spirituelle est le Sacerdoce, Hierarchie, ou estat Ecclesiastique, qui administre les choses diuines & sacrées: la temporelle est l'Empire, la Monarchie ou Estat Politique, qui gouuerne les choses humaines & prophanes. Chacune d'elles ha son obiect separé, *vt Reges præsunt in causis seculi, ita sacerdotes in causis Dei.* Chacune ha son pouuoir distinct, *Regum est corporalem errogare pœnam, sacerdotum spiritualem inferre vindictam.* Bref chacune ha son outil à part, *vt non sine causa Magistratus gladium portat, ita non sine ratione claues regni cælorum sacerdotes accipiunt*, dit ce §. *Item cùm Dauid.*

2 En quoy l'vne passe l'autre.

Dont s'ensuit que le Sacerdoce est d'autant plus haut & plus noble que l'Empire, que les choses diuines sont par dessus les humaines, & que l'ame est plus noble que le corps & les biens. Mais aussi l'Empire, auquel Dieu a donné le glaiue, pour agir sur les choses mondaines, est plus fort chez soy, c'est à dire en ce monde, que le Sacerdoce, auquel Dieu a prohibé l'vsage du glaiue materiel, & lequel ha pour obiect les choses spirituelles, qui n'en sont susceptibles: ains le principal effect de sa force est reserué au Ciel, tesmoin le dire de nostre Redempteur, que son Royaume n'estoit pas de ce monde, & que s'il en estoit, ses gens combattroient pour luy.

3 Leur accord ensemble.

Ces deux puissances procedantes d'vn mesme principe, qui est Dieu, *à quo omnis potestas*, & tendantes à mesme fin, qui est la beatitude vraye fin de l'homme, doiuent auoir vne correspondance ensemble, & comme parle la Nou. 42. vne symphonie (c'est à dire vne harmonie & accord composé de trois differens) & se communiquer mutuellement leur vertu & energie: de sorte que si l'Empire preste main forte au Sacerdoce, pour maintenir l'honneur de Dieu; & le Sacerdoce reciproquement relie & vnit l'affection du peuple, à l'obeissance du Prince, tout l'Estat est heureux & florissant: au cōtraire si ces deux puissances taschent d'empieter l'vne sur l'autre, comme si le Sacerdoce abusant de la deuotion du peuple, vient à entreprendre sur l'empire ou gouuernement politique & temporel: ou bien si l'Empire, tournant contre Dieu la force qu'il lui a mise en main, attente sur le Sacerdoce, tout tourne en desordre, confusion & ruine.

4 Qu'elles se controllent l'vne l'autre.

Bien est vray, que Dieu a mis presque par tout ces deux puissances en diuerses mains, & les a fait toutes deux souueraines en leur espece, afin que l'vne seruist de controlle ou contrepoids à l'autre, de peur que leur souueraineté indefinie tournast en dereglement ou tyrannie. Ainsi voit-on, que quand la souueraineté temporelle se veut émanciper contre les loix de Dieu, la spirituelle s'y oppose incontinant, & de mesme la temporelle à la spirituelle: ce qui est tres-iuste & tres-agreable à Dieu, quand il se fait par voyes legitimes, & sur tout qu'il se fait directement & purement pour son seruice, ou pour le bien public, & non pas pour l'interest particulier, & pour entreprendre l'vne sur l'autre.

5 Leur distinctiō generale.

Et d'autant que ces deux puissances se rencontrent par necessité ensemble en tous lieux, & en tous temps, & ordinairement en diuerses personnes, & d'ailleurs que toutes deux sont souueraines en leur espece, ne dependant nullement l'vne de l'autre, nostre bon Dieu pour éuiter le desordre extreme, qui naist ineuitablement de leur discord, a planté des bornes si fermes, & mis des separations si euidentes entr'elles, que quiconque voudra donner tant soit peu de place à la raison, ne se pourra tromper en la distinction de leurs appartenances.

6 Leur distin-

Car qui a-il plus à distinguer que les choses sacrées d'auec les prophanes, & le

ction materielle. spirituel d'auec le temporel? Il ne faut donc sinon pratiquer ce beau reglement que nostre Redempteur y a prononcé de sa propre bouche, *Reddite, quæ sunt Cæsaris, Cæsari: & quæ sunt Dei, Deo.* Reglement bien court, mais qui certes est bien net & bien clair. Car puis-que le soin des ames & des choses sacrées appartiennent au Sacerdoce; il faut que le Monarque mesme s'y submette, en ce qui concerne directement la Religion & le culte de Dieu, s'il confesse qu'il ha vne ame, & s'il veut estre du nombre des enfans de Dieu & de l'Eglise. can. *Si Imperator. 96. dist.* tesmoin l'exemple de l'Empereur Theodose, qui endura la censure d'vn simple Archeuesque, & accomplit la penitence publique qu'il luy auoit enioincte: tesmoin aussi l'exemple de Dauid, *qui etsi regali vnctione Sacerdotibus & Prophetis præerat in causis sæculi, tamen suberat eis in causa Dei*, dit ce §. *Item cùm Dauid. 2. quæst. 7.*

7 Les Princes temporels doiuët obeyr aux Ecclesiastiques en matiere de Religion.

8 Les Ecclesiastiques doiuent obeyr aux Magistrats en ce qui est de la police ciuile.

Reciproquement aussi, puis-que la domination des choses temporelles appartient aux Princes, & que l'Eglise est en la Republique, cõme dit Optatus, & non pas la Republique en l'Eglise, il faut que tous les Ecclesiastiques, & mesme les Prelats de l'Eglise, obeïssent au Magistrat seculier, en ce qui est de la police ciuile, *can. Cùm ad verum ventum est. ead. distinct. Si omnis anima Potestatibus subdita est, ergo & vestra* (dit S. Bernard à Henry Archeuesque de Sens, en son Epistre 42.) *quis vos excepit ab vniuersitate? Certè qui tentat excipere, tentat decipere.* Et S. Iean Chrysostome, exposant ce passage de sainct Paul *ad Rom.* 13. *Omnis anima Potestatibus sublimioribus subdita est*, dit, *Etiamsi fueris Apostolus, Euangelista, Propheta, Sacerdos, Monachus: hoc enim pietatem non lædit.* Bref le Pape S. Gregoire le Grand, *epist. 94. lib. 2. Agnosco, inquit, Imperatorem à Deo concessum, non militibus solum, sed & sacerdotibus etiam dominari.*

9 Les diuers noms de ces deux puissances.

Puis donc que la distinction de ces deux puissances est si importante, il a esté bien besoin de leur attribuer des noms differens: à sçauoir que ceux qui ont la puissance Ecclesiastique, sont appellez Pasteurs ou Prelats, & ceux qui ont la temporelle, sont particulierement nommez Seigneurs, ou Dominateurs. Appellation qui est interdicte aux Ecclesiastiques, par la propre bouche de nostre Seigneur, lequel en deux diuers temps, sçauoir est, lors de la demande des fils de Zebedée, & encor lors de la contention de préseance suruenuë entre ses Apostres peu auparauant sa saincte Passion, leur reïtera ceste leçon, *Principes gentium dominantur eorum, vos autem non sic, &c.* Leçon que S. Pierre a bien recueillie en sa premiere epistre, disant aux Euesques, *Pascite, qui in vobis est, gregem Dei, non vt dominantes in cleris, sed forma facti gregis.* c'est à dire, establie en forme de troupeau, dont le berger n'est pas le seigneur & proprietaire, mais le ministre & gouuerneur seulement. Aussi Dieu lui auoit-il dit, *Pasce oues meas*, & non pas *tuas*.

10 Nom de Seigneur prohibé à l'Ecclesiastique.

Et de verité, la puissance Ecclesiastique estant dirigée sur les choses spirituelles & diuines, qui ne sont pas proprement de ce monde, ne peut appartenir aux hommes en proprieté, ni par droict de Seigneurie, comme les choses mondaines, ains seulement par exercice & administration, entant que Dieu (qui seul est le maistre & seigneur de nos ames) leur commet cette sur-humaine puissance, pour l'exercer visiblement en ce monde sous son nom & authorité, comme ses Vicaires & Lieutenans: chacun neantmoins selon son degré Hierarchique, ainsi qu'en la police ciuile plusieurs Officiers estans les vns sous les autres, exercent la puissance du souuerain Seigneur.

11 Puissance Ecclesiastique n'est possedée par droict de Seigneurie.

Ce que ie dy pour expliquer la proprieté des termes de ma matiere, & non pas pour diminuer en rien la puissance Ecclesiastique, qui au contraire estant referée directement à Dieu, doit estre estimée trop plus auguste que celle des Princes de la terre, lesquels (cõme i'ay dit au 2. chap. de ce liure) n'auoient aussi du cõmencemẽt la leur que par office & administratiõ, laissant la souuaraineté, ou pour mieux dire, la liberté parfaicte, par deuers l'Estat en corps. Aussi de ce temps-là estoient-ils appellez Pasteurs des peuples, comme les qualifie Homere. Mais l'obiect de leur puissance, qui sont les choses terriennes, estant apte à admettre la Seigneurie ou puissance en proprieté, ils l'ont de long temps gaignée & obtenuë en tous les païs du monde: voire il y en a plusieurs, où ils ont obtenu non seulemẽt la Seigneurie publique, ains encor la priuée, reduisant leur peuple en esclauage.

Il ne

Il ne se peut pas trouuer de plus notable preuue de la distinction de ces deux manieres de puissances, ni de plus solennel exemple du changement de la puissance par office & exercice, en celle qui est en proprieté & par droict de Seigneurie, que celuy qui aduint parmi le peuple de Dieu: quand ennuyé d'estre cómandé par les Iuges, qui exerçoient sur luy sa souueraineté par Office & administration seulement, il voulut auoir vn Roy, qui desormais eust ceste souueraineté par droict de Seigneurie. Ce qui dépleut fort à Dieu, lequel dist à Samuel dernier des Iuges, *Ils ne t'ont pas rebutté, mais moy, afin que ie ne regne plus sur eux.* & peu apres, *Tel sera le droict du Roy, &c.* Ce qui signifie, que Dieu mesme estoit le Roy de ce peuple, & auoit sur lui la proprieté de puissance, lors qu'il estoit gouuerné par des simples Iuges, ou Officiers: mais que cela ne seroit plus, lors qu'il auroit vn Roy, lequel vseroit & & abuseroit de ceste puissance en proprieté. Belle instruction aux Ecclesiastiques de laisser à Dieu la proprieté de la puissance spirituelle, & se contenter de l'exercice d'icelle, comme ses Vicaires & Lieutenans, qualité la plus haute & plus noble, qui puisse estre sur la terre.

12 Excuse de l'Autheur.
13 Preuue de cette distinction.

Voila la distinction de la puissance spirituelle & de la temporelle, qui infere bien que l'vne n'includ & ne produit pas l'autre, mesme n'est pas superieure de l'autre; ains que toutes deux sont ou souueraines, ou subalternes endroict soy & en leur espece. Mais pourtant cette distinction n'empesche pas que toutes deux ne puissent resider en vne mesme personne, voire sur vne mesme chose, & encor qui plus est, à cause d'vne mesme dignité. Toutesfois il faut prendre garde, que quand elles resident en mesme dignité, il faut que ce soit vne dignité Ecclesiastique, & non pas vne Seigneurie ou Office temporel, pource que la puissance spirituelle, estant trop plus noble que la temporelle, ne peut dépendre, ni estre accessoire à icelle: aussi qu'elle ne peut appartenir aux hommes laïques, ausquels appartiennent ordinairement les puissances temporelles: & sur tout, la puissance spirituelle ne peut pas estre tenuë par droict de Seigneurie, ni partant deferée par succession, ni possedée hereditairement, ainsi que les Seigneuries temporelles.

14 Conclusiós resultantes de cette distinctió des deux puissances.
15 Comment ces deux puissances peuuét resister ensemble.

Dont s'ensuit, que c'est vn erreur contre le sens commun, d'auoir en Angleterre voulu attribuer au Roy ou à la Royne la souueraineté de l'Eglise Anglicane, tout ainsi que de la temporalité de son Royaume, & comme dependante d'icelle: aussi cela fut-il commencé par vne colere, & pour la querelle particuliere de Henry VIII. contre le Pape, qui n'auoit voulu approuuer son diuorce: dont il fut tellemét irrité, qu'il refusa du depuis de plus payer au Pape le tribut, qui long temps auparauant luy estoit payé en Angleterre, & qui plus est, se declara chef de l'Eglise Anglicane immédiatement apres Iesus-Christ, & contraignit son peuple de iurer, qu'il le recognoissoit Seigneur autant souuerain és choses spirituelles, qu'és temporelles. Erreur qui parut visiblement, quand sa fille la feu Royne Elisabeth vint à regner: car on veit lors vn chef de femelle en l'Eglise Anglicane, & la souueraineté spirituelle tombée en quenoüille.

16 Erreur d'Angleterre.

Or jaçoit que par quelque téps ces deux puissances ayent esté en mesmes personnes parmy le peuple de Dieu, si est-ce que c'estoit en telle sorte, que la temporelle estoit accessoire au Sacerdoce: mais depuis que le peuple voulut auoir des Rois, ces Rois n'eurent pas la puissance spirituelle: au contraire quãd ils la voulurent empieter, ils en furent punis de Dieu, tesmoin l'histoire d'Osias 2. *Paralipomenon.* Et quãt aux Payens, il est bien vray qu'en plusieurs nations les Rois ont esté Prestres, pource qu'ils faisoient seruir la Religion à l'Estat, & ne s'en soucioient qu'entãt qu'elle estoit necessaire à l'Estat: mais nous, instruits en meilleure escole, auons appris de preferer la Religion, qui a son respect à Dieu, & concerne la vie eternelle, à l'Estat, qui ne regarde que les hommes & le repos de ce monde.

17 Comment les deux puissances estoiét aux chefs du peuple de Dieu.
18 Pourquoy aux Roys Payens.

Mais il n'y a aucun inconuenient ni repugnance que la puissance temporelle soit annexée & renduë accessoire & dépendante du Sacerdoce, ainsi que notoirement à present le Pape est seigneur souuerain en la temporalité dans Rome, & plusieurs autres villes d'Italie: dont la souueraineté temporelle luy a esté donnée, soit par Constantin, ou par la submission des peuples, ou finalement

19 La puissãce temporelle peut estre accessoire à la spirituelle.

(comme il y a plus d'apparence) par la concession des Princes François, qui les auoient acquises sur les Lombards, par le mesme droit de guerre, par lequel les Lombards les auoient cõquises auparauãt sur les Empereurs d'Orient. Quoy que ce soit, il n'y a nulle doute, que les Papes n'ayent auiourd'huy prescript legitimement cette souueraineté temporelle: de sorte que la rencontre de ces deux anciens vers est fort veritable;

Roma tibi suberant olim Domini Dominorum,
Seruorum serui nunc tibi sunt Domini.

[20 Mais non pas comme procedant d'icelle.] Car il faut prendre garde, que cette souueraineté temporelle est venuë par acquisition apres coup, & n'a pas esté produite de la souueraineté spirituelle, ni establie en mesme temps qu'icelle, comme vne de ses appartenãces & dependances necessaires: ainsi que Boniface 8. (imitant mal nostre Seigneur, qui apres le miracle des cinq pains & deux poissons, s'enfuit & se cacha, voyant que le peuple le [21 Contre l'extrau. *Vnam sanctam.*] vouloit faire Roy en S. Iean 6.) voulut dire par sa constitution vrayement extrauagante *Vnam sanctam*. fondée seulement sur le passage de l'Euãgile, qui fait mention des deux glaiues, passage qui est interpreté tout autrement par le canon 1. 23. *quæst.* 8. Aussi cette extrauagante fut-elle reuoquée par son successeur Clement V. au moins à l'esgard de ce Royaume, *Clementina Meruit. De priuilegiis.*

[22 Opinion meschante de Pierre des Vignes.] Mais comme il y a peu d'apparence en l'extrauagañte de Boniface 8. aussi n'y en a-il point du tout en la proposition de Pierre des Vignes, qui soustint du tẽps d'Innocent 4. que la puissance spirituelle dépendoit de la temporelle, qui est vne heresie meschante & damnable, contre laquelle ce docte Pape escriuit vn liure intitulé *Apologetique*, comme nous apprend Volateran., liu. 22. Disons donc auec le Pape Innocent 3. *In cap. Per venerabilẽ. Qui fil. sint legit.* que *in patrimonio beati Petri, Apostolica sedes, & summi Pontificis auctoritatem exercet, & summi Principis exequitur potestatem.* Et voilà la rencontre de ces deux puissances en souueraineté.

[23 Puissance subalterne tẽporelle peut estre iointe à la spirituelle.] Quant à celle des degrez subalternes, il se voit que plusieurs Euesques, voire Abbez & Prieurs, sont Seigneurs temporels des villes, villages, & lieux, où leurs benefices sont situez: & lors on les qualifie vulgairement Seigneurs temporels & spirituels d'iceux, nõ que la spiritualité puisse appartenir par droit de Seigneurie, mais à faute d'autre nom qui puisse comprendre ces deux qualitez: & de fait en cette dénomination, on met le tẽporel deuant le spirituel, pour le ioindre au mot de Seigneur, auquel seul il s'accorde. Et en ces lieux, dont les Ecclesiastiques sont Seigneurs temporels, ils font exercer en leur nom & sous leur auctorité toute iustice ciuile & criminelle, tout ainsi que les Seigneurs laïques.

[24 Qu'il n'y a point d'incõuenient, que les Ecclesiastiques ayent des iustices.] En quoy il n'y a point d'inconueuient, ores que les Ecclesiastiques ne puissent exercer par eux mesme la iustice criminelle: car ils la font exercer par leurs Officiers, qui par les ordõnances de France doiuent estre par lays. Tout ainsi que les Ecclesiastiques ne doiuent faire la guerre par eux mesme, neantmoins le Pape la peut faire par ses subiects, ses vassaux, & à l'ayde de ses amis, quand la guerre est iuste. Car S. Pierre auoit vn glaiue dés auparauant qu'il fust Apostre, & ne fut pas repris d'en auoir, ains de l'auoir dédaigné luy mesme, ores que pour vne tres-iuste querelle, comme dit à peu pres ce can. 1. 23. *quæst.* 8.

[25 Seigneuries appartenantes aux benefices se gouuernent tout ainsi que les autres.] Doncques ces Seigneuries & iustices temporelles annexées aux benefices, se gouuernent entierement par les mesmes regles que les autres, qui sont en main seculiere: & ne s'y peut rien cotter de particulier, fors seulement qu'estans entre les biens Ecclesiastiques, elles ne sont, ni alienables, ni hereditaires, ains demeurent [26 Hors Frãce les appels des iustices temporelles de l'Eglise ressortissent au superieur Ecclesiastique.] perpetuellement attachées aux benefices, non toutesfois vnies & confuses auec la puissance Ecclesiastique, qui tousiours est specifiquement distincte de la temporelle, *quia semper iure humano possidetur, can. Quo iure. 8. distinct.*

C'est pourquoy on a tousiours retenu en France cette liberté, s'il faut ainsi parler, que, les appellations de ces iustices temporelles, appartenãtes à l'Eglise, vont deuant les Iuges Royaux, & non deuant les superieurs Ecclesiastiques, combien [27 Quelques decisions canoniques nõ gardées en France.] que regulierement le contraire soit obserué és autres païs de la Chrestienté, ainsi qu'il est expressément decidé *in cap. Romana. §. Debet autem. De appellat. in 6.* Chapitre qui n'est gardé en France, comme il est noté en la gl. d'icelui, & Specule l'a remarqué *tit. De appellat.* §. *Nunc tractemus.* encor qu'il soit fait principalement pour la France, estant addressé à l'Euesque de Reims. Mais nous gardons la tres-iuste decision au chap. *Si duobus.* §. *ult. De appellat. apud Greg.* dont Benedict. *in verb. & uxorem. decis. 2. num. 26.* rapporte vne ordonnance expresse du Roy Philippe le Bel, de l'an 1303.

Pareillement nous ne gardons pas le chap. *Quod clericis. ext. De foro compet.* où il est dit, que les causes des iurisdictions temporelles de l'Eglise, doiuent estre decidées selon le droict canon, & non selon les coustumes des lieux: au cõtraire nous absferuons notoirement, que les Iuges temporels des Ecclesiastiques doiuent iuger suiuant les ordonnances du Roy & la coustume du lieu, mesme auiourd'huy on astraint à cela les Officiaux & autres Iuges de Cour d'Eglise: autrement on appelle d'eux comme d'abus, ce qui meriteroit vn discours à part. 28 Causes des iustices temporelles des Eglises ne doiuent estre iugées selon le droict Canon.

Reste donc de parler de ces Cours d'Eglise, cest à dire des iustices Ecclesiastiques, qui selon le droict Canon appartiennent regulierement & de droict commun aux Euesques en tout leur diocese, & aux Archidiacres au territoire de leur Archidiaconé, par priuilege, ou coustume prescripte seulement, *cap. 5. iuncta. gl. ext. De officio Archidiac.* & ce pour la primitiue: & quant à celles de ressort, elles appartiennent aux Archeuesques, puis aux Primats, & finalement au Pape, *cap. Romana. De appellat. in 6.* Vray est, que quand les parties sont esloignées de deux iournées de leur siege, ils sont tenus en France bailler des Commissaires, ou Iuges deleguez sur les lieux, suiuant le decret *De causis.* au Concordat: qui est vn bon expedient qu'on a trouué, pour conseruer le droict de ressort aux superieurs Ecclesiastiques, sans incommodité du peuple. 29 Des iustices purement Ecclesiastiques.

Or ces iustices ne sont pas temporelles, comme celles qui dependent des seigneuries appartenantes à l'Eglise, ains celles-cy dependent, & sont adiointes inseparablement à la Hierarchie, ou puissance Ecclesiastique. Et l'Eglise en iouït paisiblement par toute la Chrestienté depuis tant de siecles, que ce seroit impieté de la luy controuerser auiourd'huy. Ce que ie n'enten aussi nullemẽt faire, n'estant de ceux qui tendẽt à priuer l'Eglise nostre mere de ses droicts, plustost qu'à reformer par moyẽs legitimes les corruptelles & abus, auquels la fragilité humaine s'est peu relascher à la longue. Mais puis que c'est le suject de ce cha. de traitter des iustices Ecclesiastiques, il me sera permis de rechercher leur origine, & discourir en bref de leur accroissement & decroissement, auec vne franchise Chrestienne, non pour les impugner, ains plustost pour monstrer qu'elles sont à present au iuste poinct où elles doiuent estre. 30 Intention de l'autheur en ce discours

Ie diray donc, sauf correction de meilleur aduis, auec Ioan. Galli en sa quest. 176. que la iustice contentieuse de l'Eglise, en la forme & au pouuoir qu'elle est à present sans cõtrouerse en toute la Chrestienté, *non est à clauibus*, c'est à dire qu'elle n'est pas proprement de droict diuin, ains plustost de droict humain & positif: prouenant principalement de la concession ou permission des Princes temporels. Car il y a bien à dire entre le glaiue & les clefs: & encor entre les clefs du Ciel & les chicaneries des Officialitez: aussi les Theologiens sont d'accord, que la tradition des clefs & puissance de lier & deslier, donnée par nostre Seigneur à ses Apostres, importe seulement la collation des saincts Sacrements, & en outre l'effect tres-importãt de l'excommunication, qui est la seule peine, qu'encor auiourd'huy les Ecclesiastiques peuuent irroger aux lays, outre l'iniondtion de penitence. *cap. Cùm non ab homine. ext. De Iudiciis.* Mais tout cela depend plustost de la iustice penitentiale, s'il la faut ainsi appeller, que de la pure contentieuse: quoy que ce soit, plustost de la censure, correction, ou iustice sommaire, dont sera parlé tout incontinant, que de la iustice de partie à partie, ou parfaicte iurisdiction. 31 *An iurisdictio Ecclesiastica sit à iure diuino, an verò à concessione Principum.* 32 Qu'importe la tradition des clefs faite aux Apostres.

Mais la parfaite iurisdiction importe vne coërcion & contrainte precise & formelle, qui depend proprement de la puissance temporelle des Princes de la terre, qui portent le glaiue pour la vengeance des meschans, & l'asseurãce des bons, dit S. Paul. Et de fait nos ames (sur lesquelles s'estend proprement la puissance Ecclesiastique) ne sont susceptibles de la contraincte précise, ains seulement de la contrainte excitatiue, qui s'appelle proprement persuasion. 33 La Iurisdiction depend de la puissãce temporelle.

C'est pourquoy le can. *Principes.23. quæst.5.* dit qu'il est necessaire, que mesme dans les Eglises, les Princes du monde exercent leur puissance, *vt quod non præualent sacerdotes efficere per doctrinæ sermonem, hoc sæculi potestas imperet per disciplinæ terrorem: sicque per regnum terrenum cœleste regnum proficiat. Sancta enim Ecclesia gladium non habet nisi spiritualem, quo non occidit, sed viuificat, can. Inter 33. quæst.2.*

34 Iurisdiction n'est attribuée de Dieu qu'aux Seigneurs temporels.

Aussi est-ce aux Princes de la terre, que Dieu a baillé la iustice, & à qui il l'a cõmandée, *Deus iudicium suum Regi dedit*, dit le Psalmiste. Et le peuple d'Israel demãdant vn Roy à Dieu, luy dist, *Constitue nobis Regem, qui iudicet nos, sicut cæteræ nationes habent.* Puis quand Dieu donna au Roy Salomon le choix de ce qu'il voudroit, il demanda *Cor intelligens, vt populum suum iudicare posset*: demande qui fut agreable à Dieu. C'est pourquoy S. Hierosme dit au can. *Regum.23. quæst.5.* que *Regum proprium officium est facere iudicium atque iustitiam.* Bref en toute la saincte Escriture la iustice est tousiours attribuée & commandée aux Rois, & iamais aux Prestres, au moins en qualité de Prestres. Car nostre Seigneur mesme estãt prié par quelqu'vn de luy faire faire partage par son frere, lui fit response, *Homo, quis me constituit Iudicem, aut diuisorem super vos? Luce* 12. Et quant aux Apostres, voicy ce qu'en dit S. Bernard *ad Eugen. Stetisse Apostolos lego iudicandos, iudicantes sedisse non lego.*

35 L'Eglise a subsisté long temps sans auoir iustice contentieuse.

De fait il est certain que l'Eglise a de long temps subsisté sans auoir cette ample iustice contentieuse, qu'elle ha de present: ce qui n'eust esté, si elle estoit purement de droict diuin. Voire chacun sera d'accord, qu'il y auoit plus de pieté & pureté en la primitiue Eglise, lors qu'elle ne l'auoit point, qu'à present. Non que de là il faille inferer que la iustice Ecclesiastique en soit cause, ni qu'elle soit ou abusiue, ou inutile: ains cela procede auiourd'huy de la corruptiõ de nos mœurs, qui vont tousiours en empirant: de sorte qu'il faut confesser, que maintenant il est bien plus besoin de cette iustice, qu'en la primitiue Eglise.

36 Quelle estoit la iustice.

Toutesfois il est vray de dire, que mesme en la primitiue Eglise, les Ecclesiastiques n'estoient pas du tout sans quelque forme ou commencement de iustice, ains est aisé à prouuer qu'ils cognoissoient de trois sortes de causes.

37 Qu'elle cognoissoit les differens de la Religiõ.

Premierement la cognoissance des differens de la Religion, ne leur a iamais esté déniée, non plus qu'aux Prestres du Paganisme, *Quandò vnquam auditum est in causa fidei laicos de Episcopo iudicasse?* dit S. Ambroise à l'Empereur Theodose en son Epistre 32. Aussi estoit-ce le droict commun de Rome & de Grece, que toute communauté licite cognoissoit de ses propres negoces, & en faisoit des reglemens, *l. vl. D. De colleg. illicitis*, où la loy de Solon est rapportée.

38 Et des differens d'entre les Chrestiens par voye d'arbitrage.

Secondement c'estoit vn ordinaire entre les Chrestiens, de se rapporter de leurs differens au iugement de l'Eglise, afin de ne plaider deuãt les Payens, selon le precepte de S. Paul en la 1. aux Corinth. ch. 6. Tellement qu'il se voit dans Tertullien, Clement Alexandrin, & autres autheurs de ce temps là, que ceux qui ne s'y voulans rapporter, faisoient plaider les Chrestiens deuant les Magistrats seculiers, pendant qu'ils estoient Payens, estoient tenus pour infideles, quoy que ce soit, pour mauuais Chrestiens. Et S. Augustin, liure sixiesme, *Confess. cap.* 8. dit que S. Ambroise estoit si occupé en ces iugemens, qu'il n'auoit loisir de reposer: & sur le Psalm. 119. il dit de luy mesme, qu'il estoit ordinairement employé *litibus dirimendis.* Quoy que ce soit, ces iugemens des Euesques n'estoient lors que des sentences arbitrales, & mesme ne lioient les parties que par honneur, ainsi que quand quelques personnes notables s'entremettẽt d'appointer des differẽs. Et de fait la loy 7. *De Episc. aud.* dit que *Si qui, ex consensu apud Antistitem litigare voluerint, experientur, more arbitri, sponte reddentis iudicium.*

39 Auoir la censure des mœurs.

Tiercement les Ecclesiastiques entreprirent fort à propos dés la primitiue Eglise, la censure & correction des mœurs parmy les Chrestiens, suiuant ce passage de l'Euangile, *Si peccauerit in te, id est coram te* (cõme l'interprete Genebrard sur le *Miserere* alleguant l'auctorité de sainct Hierosme) *frater tuus, vade, & corripe eum inter te & ipsum solum, &c.* & par apres, *dic Ecclesiæ. Quod si Ecclesiam non audierit, tibi sit tanquam Ethnicus & publicanus*, laquelle correction des mœurs, pendant l'estat populaire de Rome, residoit pardeuers les Cẽseurs, appellez pour cette cause *Magistri morum*, qui auoient pouuoir de reprendre, voire de noter d'ignominie toute sorte de personnes, pour les cas dont la iustice ordinaire n'auoit coustume de faire recherche, comme Bodin discourt fort bien & amplement au 1. chap. du 6. liu. Police certes tres-belle, qui estant decheuë sous les Empereurs, fut releuée par les premiers Chrestiens, lesquels, au moyen d'icelle, se maintenoient en vne particuliere pureté de mœurs, comme tesmoigne Pline en son Epistre 49. du 10. liu. C'est ce que nous dit Tertulian en son Apologetique, parlant des assemblées de l'Eglise, *Ibidem*, dit-il, *exhortationes, castigationes, & censura diuina*. C'est pourquoy, à mon aduis, ils appellerent le chef de chacune Eglise Ἐπίσκοπον, comme qui diroit inspecteur des mœurs de son Eglise: & c'est pourquoy aussi les excommunications & autres peines de l'Eglise sont appellées encor auiourd'huy censures Ecclesiastiques: ce qui meriteroit vn plus long discours, mais celuy de Bodin y suppléera.

Voila donc trois diuerses occurrences, dont l'Eglise des son commencement 40 De mesme
prenoit cognoissance, à sçauoir, les negoces de la foy & religion, dont elle iugeoit par forme de police: les differens d'entre Chrestiens se rapportans à elle, dont elle decidoit par forme d'arbitrage: & finalement les scandales & menus delicts, dont elle cognoissoit par voye de censure, correction, & iustice sommaire: car mesme les Censeurs de Rome n'auoient point d'autre iustice, comme Bodin prouue au mesme lieu, & l'ay dit ailleurs.

Dont s'ensuit que les Ecclesiastiques n'auoient pas la iustice parfaicte, que le droict appelle *iurisdictionem*, mais il appelle leur iustice *notionem, iudicium, iudicationem, audientiam*, & iamais *iurisdictionem*. Or il y a bien de la difference, *inter ius dicentem, iurisdictionem, & iudicium*, comme i'ay dit ailleurs: & la loy 5. *D. De re iudic.* dit que *notionis nomen etiam ad eos pertinet, qui iurisdictionem non habent, sed habent de aliqua causa notionem*: c'est pourquoy le titre traittant de la iustice Ecclesiastique, est intitulé *De Episcopali audientia*, au Code de Iustinian, & *De Episcopali iudicio* au Code Theodosian, & en la Nou. de Valentinian, & non pas *De Episcopali iurisdictione*, cõme Cujas a noté, pource que les Iuges Ecclesiastiques ont seulement pouuoir d'ouïr les parties & decider leurs differens: mais non pas de leur faire droict absolument, en reduisant les iugemens à effect. 41 L'Eglise primitiue n'auoit point de parfaicte iurisdiction.

Car ores qu'ils puissent prononcer ce qu'il faut faire, si ne le peuuent-ils executer de leur auctorité, ains comme les Iuges deleguez & les arbitres ne peuuent pas mettre à execution leurs sentences, mais faut qu'elles soient executées par le commandement du Magistrat & Iuge ordinaire, ainsi a-il esté de tout temps des Euesques & autres Iuges Ecclesiastiques, dit la loy 8. *C. De Episc. aud.* & la loy *De Episc. iud. C. Th.* & la Nou. 123. chap. 21. Sozomene liu. 1. dit εἰς ἔργον τὰ κρινόμενα παρὰ τῶν Ἐπισκόπων, ἀλλὰ τοὺς Ἄρχοντας, τοὺς διακονουμένους αὐτοῖς στρατιώτας. Ce qui se garde encor à present, & quelque augmentation qui ait iamais esté és iustices Ecclesiastiques, si est-ce que tousiours les Iuges d'Eglise ont esté contraincts d'implorer le bras seculier, c'est à dire, la iustice temporelle, pour faire executer leurs sentences: pource que (disons-nous communément) l'Eglise n'ha point de territoire, c'est à dire en effect, qu'elle n'ha pas la parfaicte iurisdiction, & que les Iuges d'Eglise ne sont pas Magistrats, qui puissent prononcer ces trois mots solennels, *Do, dico, & addico*. 42 L'Eglise n'execute encor ses iugemens.

C'est pourquoy on a tousiours obserué, & on garde encor à present, qu'ils ne peuuent de leur auctorité faire emprisonner les personnes Ecclesiastiques, sans implorer l'aide du bras seculier: dont Ioan. Galli rapporte plusieurs arrests aux questions 103. 246. & 276. où il en fait vn long discours, & M. le Maistre pareillement au traicté *Des appellations comme d'abus*, chap. 5. où neantmoins il cotte cette exception, que le Iuge d'Eglise peut faire emprisonner ceux qui se trouuẽt dans son auditoire: qui est pourquoy Boniface 8. au chap. *Episcopus. De offic. ordin. in 6.* dit que l'Euesque peut poser son auditoire par tout où il voudra, pour en consequence y faire ses captures, ce qui n'est gardé en France, dit ledit sieur le Maistre. mesme Volateran, liu. 22. nous apprend, que les Ecclesiastiques n'auoient point de prisons, iusques au temps d'Eugene premier. 43 L'Eglise ne peut emprisonner.

Pareillement il est bien certain, qu'anciennement les Iuges d'Eglise ne pou-

uoient condamner à l'amende, *cap. 1. De dolo & contum. & cap. Licet. De pœnis. & cap.*
44 Ne pouuoit condamner à l'amende. *Irrefragabili. §. vlt. De offic. ordin.* combien que la gl. sur le chap. *Licet.* die le contraire, s'accommodant à ce qui s'obseruoit de son temps: mais elle ne le peut prouuer par aucun texte. Car le chap. *In Archiepiscopatu. De raptorib.* qu'elle allegue, fait contr'elle : attendu qu'il permet à l'Archeuesque de Panorme, de condamner les Sarasins en amendes pecuniaires & au foüet, en consequence seulement de la commission qui lui auoit esté donnée par le Roy de Sicile. Or la raison pourquoy les Ecclesiastiques ne pouuoient jadis condamner en l'amende, dépend de ce qui a esté dit au chap. 12. que par le droict Romain il n'y auoit que les Magistrats ayans plain territoire, qui le peussent faire, *l. Aliud est fraus. §. Inter pœnam. D. De verb. signif. l. 1. Si quis ius dic. non obtemp. & toto tit. De mod. mult.*

45 Comment elle condamne à present à l'amende. Toutesfois en France ces loix n'estans obseruées és iustices temporelles des Seigneurs, à succession de temps les Ecclesiastiques s'en sont aussi affranchis, & ont entrepris d'irroger des amendes. En quoy neantmoins ils ont esté contraints de garder cette restriction particuliere, que combien que les Iuges des Seigneurs condamnẽt à l'amende enuers eux, & appliquable à leur fisque, c'est à dire à leur profit, si est-ce que l'Eglise, qui n'ha ni territoire ni fisque, ne peut pas condamner à l'amende indeterminément, & sans assigner l'amende par expres à quelque pieux vsage, afin que l'Euesque ou Archidiacre ne l'embourssent, comme Ioan. Faber a notté sur la loy *Multarũ. C. De modo multarũ*: qui est la cautele que Iean André donne en sa petite addition sur la glose du chap. *Licet.* afin d'éuiter la prohibition du chap. *Irrefragabili.* Voire on obserue à present, que ce n'est encor assez, que le Iuge d'Eglise declare par sa sentẽce l'amende appliquable generalement *in pios vsus* (& encor moins, *in pios vsus domini Episcopi*, comme ils prononcent ordinairement ce qui est abusif) ains faut que ces pieux vsages soient specifiez particulierement, & qu'ils prononcent l'amende appliquable aux Cordeliers, aux prisonniers, à la fabrique de telle Eglise, &c. comme M. Bourdin a noté sur l'ord. de 1539.

46 L'Eglise n'a point de territoire. Voila comment l'Eglise n'a iamais eu, & n'a point encore à present de territoire (*id est, ius terrendi, l. Pupillus. §. Territorium. De verb. signif.*) ni par consequent de parfaicte iurisdiction, *quæ adheret territorio.* ainsi qu'il a esté dit cy deuant. Car sa iustice n'a point esté amplifiée, quãt à la forme & au pouuoir interne, mais quant à la matiere & pouuoir externe, c'est à dire, quant à son estenduë, elle a esté grandement augmentée, soit par la concession des Princes, soit par la submission volontaire des peuples: ce qui ne sera point hors de propos de specifier de temps en temps, comme par forme d'histoire.

47 Ordonnance notable de Constantin, touchant la iustice Ecclesiastique. Constantin le Grand, qui fut le premier Empereur Chrestien, fut aussi le premier qui auctorisa la iustice contentieuse de l'Eglise, & luy donna force & auctorité publique, enioignant à ses Magistrats de faire mettre à execution sans contredit les sentences des Euesques. Mais si la constitution est telle qu'on la voit ouiourd'huy à la fin du Code Theodosien, c'est bien la plus aduantageuse, qui iamais ait esté faicte pour la iustice Ecclesiastique. Car elle porte, qu'en toutes matieres, & encor en toutes les parties de la cause, soit le demandeur ou le defendeur, en peut demander le renuoy deuant l'Euesque, qui ne luy peut estre refusé, ores que l'autre partie l'empesche, & veut que par apres la sentence de l'Euesque soit executée par le Magistrat ordinaire, sans cõtredit ou empeschement quelconque: ce qu'ayant lieu, la iurisdiction temporelle seroit quasi aneantie, au moins ne seruiroit presque plus, que pour executer les mandemens des Ecclesiastiques.

48 Qu'elle est vn peu douteuse. C'est pourquoy, encor que cette constitution soit celebrée par tous les autheurs de l'histoire Ecclesiastique, à sçauoir, Sozomene liu. 1. chap. 9. Nicephore liure 7. chap. 46. Sabellic liure 7. chap. 8. & se trouue renouuellée par Charlemagne en ses Capitulaires liu. 6. chap. 281. & que Gratian n'ait pas oublié de la canoniser, 11. *quest. 1. can. Quicunque.* Toutesfois il y en a qui ont opinion qu'elle ait esté supposée, aussi bien que la donation du mesme Constantin : tant pource qu'elle se voit estre adioustée au Code Theodosien en lieu suspect, à sçauoir

tout à la fin d'iceluy, intitulée de ces termes, *Hic titulus deerrabat à Codice Theodosiano*, & encor y est rapportée sans Consul, ou date de l'année, aussi que Gratian, & le chap. *Nouit. De iudicijs.* l'attribuent à Theodose, duquel neantmoins la vraye loy se voit dans le nouueau Code Theodosien, à la suitte de cette-cy, mais toute contraire à icelle. Car elle porte que les Euesques n'auront iustice que des matieres de religion, & que les autres procez des Ecclesiastiques seront terminez par le Iuge ordinaire. Or il n'y a apparence que Theodose eust mis en son Code vne loy toute contraire à la sienne. Aussi les loix des Empereurs suiuans, cy-apres rapportées, ores que faictes en faueur de l'Eglise, ne luy attribuent à beaucoup pres telle iustice, notamment la Nou. de Valentinian *De Episc. iudicio*, y contrarie formellement, disant que par les loix des Empereurs, l'Eglise n'ha point de iurisdiction, & que suiuant le Code Theodosien, elle ne peut cognoistre que des matieres de religion.

60 Autres loix des Empereurs touchant la iurisdiction Ecclesiastique.

Quoy que ce soit, il y a apparence, que cette constitution de Constantin, ores que possible faicte dans Constantinople en la nouuelle ferueur du Christianisme de ce pieux Empereur, n'a iamais esté obseruée, ni possible publiée en l'Empire d'Occident, comme aussi elle n'est point inserée au Code de Iustinian, qui neantmoins a aduantagé l'Eglise tant qu'il a peu. Car outre la loy de Theodose cy-dessus recitée, il se voit par la loy 7. *De Episcopali aud.* qui est d'Arcadius & Honorius, que de leur temps l'Eglise n'auoit que sa primitiue notion, de cognoistre par forme d'arbitrage, encor la luy debattoit-on : c'est pourquoy ils firent leur loy, pour l'y maintenir, dont voicy les mots, *Si qui ex consensu apud sacræ legis Antistitem litigare voluerint, non vetabuntur, sed experientur illius, in ciuili dumtaxat negotio, more arbitri sponte reddentis iudicium.* Vray est qu'en la loy suiuante ils donnent ce priuilege aux Euesques, qu'on ne puisse appeller de leurs sentences, *Episcopale iudicium ratum sit omnibus, qui se audiri à sacerdotibus elegerint, eámque illorum iudicationi adhiberi reuerentiam iubemus, quam Præfectis Prætorio, à quibus non licet prouocare: per Iudicum autem Officia executioni mandetur.*

61 De mesme.

Sur tout est notable la Nou. 12. de Valentinian, dont voicy les principaux termes : *Quoniam constat Episcopos forum legibus non habere, nec de alijs causis quàm de religione posse cognoscere, vt Theodosianum corpus ostendit, aliter eos iudices esse non patimur, nisi voluntas iurgantium sub vinculo compromissi præcedat. Quod si alteruter nolit, siue laicus, siue clericus sit, agent publicis legibus, & iure communi.* Adioustant que les Clercs peuuent estre adiournez deuant le Iuge seculier: qui est sans doute le droict d'auparauant Iustinian, comme il se voit en la loy *Cùm clericus.* & en la loy *Omnes vbicumque. C. De Episc. & cler.* où toutesfois ce priuilege est baillé aux gens d'Eglise, de ne plaider hors leur demeure, ni encor deuant autre Iuge que le Recteur de la prouince és prouinces, & deuant le *Præfectus Prætorio*, à Constantinople.

62 Ample reglement de Iustinian, touchant la iustice Ecclesiastique.

Mais Iustinian, comme il estoit pieux & religieux, augmenta fort la cognoissance des Euesques par ses Nou. 83. & 123. ordonnant qu'és actions ciuiles, les moines & les clercs seroient premierement conuenus pardeuant l'Euesque, qui vuideroit leur different promptement, & sans escrire, quoy que ce soit sans aucuns frais : à condition toutesfois, que si l'vne des parties declaroit dans dix iours ne vouloir acquiescer à son iugement, le iuge ordinaire prendroit cognoissance de la cause, non pas par forme d'appel (comme aucuns pensent) & comme superieur en cela de l'Euesque, ains tout de nouueau : & s'il iugeoit comme l'Euesque, il n'y auroit point d'appel de luy : si autrement, il y auroit appel. Et quant aux causes criminelles, il estoit permis s'addresser contre le clerc, ou à l'Euesque, ou au Iuge ordinaire, sauf és delicts Ecclesiastiques, comme sacrilege, simonie, desobeissance à l'Euesque, heresie, blaspheme, & tous autres concernans leur qualité, dont la cognoissance est attribuée à l'Euesque seul : comme au pareil des differens concernans la religion & police Ecclesiastique, mesme contre les lais à ce regard. Que si en criminel, le clerc estoit condamné par le Iuge lay, sa sentence ne pouuoit estre executée, qu'elle ne fust approuuée par l'Euesque, & qu'il n'eust degradé le prestre. Que s'il ne le vouloit faire, il se falloit pouruoir par deuers l'Empereur. Et quant aux Euesques il leur donna particulierement ce priuilege de ne plaider aucunement pardeuant les Iuges lais. Lequel priuilege il donna aussi aux Religieuses par sa Nou. 79. que les interpretes ont mal à propos estendu aux Religieux. Et ce reglement de Iustinian, contenu en la Nou 123. est quasi entierement reïteré par les constitutions de l'Empereur Constantin 3. fils d'Heraclius, & par Alexius Comnenus, rapportées par Balsamo, *tit. 6. Nomocanonis.*

63 Ordonnance de Charle-Magne. Mais en l'Empire d'Occident & de France, l'Empereur Charle-Magne ordonna indistinctement, que tous les clercs & moines ne seroient conuenus deuant le Iuge lay, par son capitulaire 225. du liu. 5. *Nemo audeat clericum aut monachum vel sanctimonialem fœminam ad ciuile iudicium accusare, sed ad Episcopum.* Et ce qu'il ne parle que du criminel, est possible à cause que par le Capitulaire 281. du 6. liu. cy-dessus mentionné, il auoit ordonné qu'au ciuil les clercs & les lais pouuoient demander le renuoy de toute cause deuant l'Euesque, suiuant la pretenduë constitution de Constantin. Mais quoy que ce soit l'Empereur Federic leur donna ce mesme priuilege generalement, & en matiere ciuile & en criminelle, & son ordonnance a esté incorporée dans le Code, *Statuimus vt nullus Ecclesiasticam personam in criminali quæstione, vel ciuili trahere ad iudicium seculare præsumat. Auth. Statuimus. C. De Episc. & cler.* Ce qui de long temps a esté obserué en France : c'est pourquoy *Ioh. Galli quæst. 363.* dit que, *Duo sunt genera hominum, clericorum scilicet & laïcorum: laïci subditi sunt iurisdictioni temporali, clerici Ecclesiasticæ.*

64 Celle de l'Empereur Federic.

Toutesfois il y a grande apparence, que ce Capitulaire 281. renouuellant la constitution de Constantin, n'a pas esté long temps obserué en France, non plus que la loy de Constantin en l'Empire, au moins à l'esgard des causes des lais. Car nous trouuons en la *Chronique S. Denis*, que Louys Debonnaire son fils, sur le murmure du peuple, à l'occasion des entreprises des Ecclesiastiques, reduisit leur iurisdiction à l'ancienne coustume.

65 Celle de Louis Debonnaire.

66 Pourquoy la iustice Ecclesiastique s'est tant accreuë en France. Neantmoins c'est la verité qu'à succession de temps la iustice Ecclesiastique s'est merueilleusement accreuë en France, dont on peut rendre plusieurs raisons. Premierement la deuotion & pieté des François, qui a excedé tousiours celle de toutes les autres nations. Item pource qu'il est à croire, qu'on auoit meilleure iustice des Iuges d'Eglise, tant à cause de leur saincteté, qu'aussi de leur suffisance, n'y ayant presque anciennement en France qu'eux qui fussent lettrez : d'où vient que nous appellons encor Clerc, celuy qui est lettré. Aussi que l'Eglise ne pouuant condamner à peine de sang, ni pareillement à l'amende, comme il vient d'estre dit, chacun, pour estre plus doucement traicté, appetoit de l'auoir pour Iuge. Et sur tout pource qu'en Cour laye on ne condamnoit point aux despens, iusques au temps de Charles le Bel, qui abolit cette coustume en l'an mil trois cens vingt & quatre : encor son ordonnance n'ayant esté obseruée, il la fallut renouueller par Philippe de Valois, & par Charles V. Mais la condamnation de despens fut receuë és Cours d'Eglise de France, suiuant le droict Romain, & ainsi qu'és autres païs, dés le Concile de Tours, tenu sous Alexandre III. enuiron l'an mil deux cens cinquante huict. Ioinct que les Rois & Seigneurs temporels de France & leurs Iuges ne se soucioient gueres alors de maintenir leurs iustices, qui n'estoient pas questueuses, ni de grand reuenu pour eux, ainsi qu'à present ; ains plustost leur estoient à charge & à coust : pource qu'elles estoient exercées gratuitement, qui estoit la cause pourquoy, on n'adiugeoit point de despens, comme i'ay dit au 1. liu. *Des Offices*. Et quand ils entroient en contention de iurisdiction auec les Ecclesiastiques, les excommunications ne leur manquoient point, dont il nous reste encor ce vestige, que chacun Dimanche és prosnes des messes parochiales, on excommunie ceux qui empeschent la iurisdiction de l'Eglise.

67 On ne payoit iadis point de despens en Cour laye.

68 Chascun appetoit iadis estre de la iustice Ecclesiastique. Tant y a que pour ces raisons chacun appetoit estre de la iustice Ecclesiastique, & tenoit cela pour vn grand priuilege : tesmoin ce que nous trouuons au grand Coustumier, liu. 4. chap. 4. qu'vn homme ayant espousé la veufue d'vn impuissant, qui estoit encor pucelle, auant que coucher auec elle fist visiter par matrones conuenuës par le Procureur general du Parlement & le Promoteur de l'Officialité

ficialité de Paris, afin de ne perdre par bigamie son priuilege clerical : & nous lisons en la chronique S. Denis, que du temps du Roy S. Louys la Preuosté de Paris estant mal administrée, pource qu'elle estoit baillée à ferme, les plus honnestes habitans se retiroient dans le territoire de hauts Iusticiers Ecclesiastiques, & *demeuroit*, dit cette chonique, *la terre du Roy presque deserte* : iusques à tant que ce bon Roy y eust mis l'ordre, que i'ay rapporté ailleurs.

69 Entreprises de la iustice Ecclesiastique.

Or voicy les principales entreprises des Iuges Ecclesiastiques. Premierement, supposé qu'ils tenoient les clercs pour exempts totalemẽt de la iustice seculiere, ils mettoient au nombre des clercs tous ceux qui auoient eu tonsure, ores qu'ils fussent mariez, & qu'ils eussent autre vacation que l'Ecclesiastique, & ainsi presque tous les hommes estoient de leur iurisdiction : car chacun prenoit tonsure, pour s'exempter de la iustice du Roy, ou de son Seigneur, plustost que pour seruir à l'Eglise. Et combien que cet abus ait esté corrigé à l'esgard de l'exemption des tailles, dés l'an 1274. par Philippe le Hardy, qui voulut que les clers mariez fussent taillables, ainsi que les purs lais, leur ostant seulement l'immunité des clercs à l'esgard des tailles, le priuilege clerical ne laissa de leur demeurer à l'esgard de la iustice, iusques à l'ordonnance de Roussillon, qui l'a conserué seulement aux clers constituez aux ordres sacrez. Encore à la verification d'icelle, le Parlement l'a conserué en outre aux beneficiers.

70 Le priuilege de clericature ne se perdoit iadis par mariage.

71 Mais il falloit estre *in habitu & tonsura*.

Bien est vray qu'auparauant cette ordonnance, & lors que les clers mariez iouïssoient du priuilege, il falloit qu'ils fussent vestus clericalement, & qu'ils eussent la tonsure ou couronne apparente en leurs cheueux, qu'on dit vulgairement *esse in habitu & tonsura*, à quoy ils ne manquoient point alors. Et quand pour bigamie, ou autre suiect, quelqu'vn auoit perdu son priuilege clerical, le Magistrat seculier le faisoit raire, ou tondre, comme il se void dans le grand coustumier en plusieurs endroicts : d'où peut bien venir le prouerbe *Estre tondu*, qui signifie estre décheu de quelque pretension, auquel neantmoins i'assigneray vne autre origine au liure *Des Ordres*.

72 Meubles des clercs estoient attribuez à la iustice Ecclesiastique.

Voire mesme on estendoit sur les meubles des clers, cette exemption de la iustice seculiere attribuée à leurs personnes, en consequence de la maxime vulgaire mal entenduë, que *mobilia sequuntur personam* : de sorte que tous les meubles des gens d'Eglise mariez, ou non mariez, ne pouuoient estre pris par execution, ni en estre autrement ordonné par le Iuge lay, comme il se voit dans tous les vieils Praticiens de France, notamment dans *Benedicti. in verb. & vxorem, num.* 40. & dans Ioh. Galli en plusieurs endroicts. Et du Moulin mesme, bien que d'ailleurs trop contraire aux Ecclesiastiques, aduouë neantmoins, que leurs meubles sont exempts de la iustice seculiere, sur l'art. 1. de la coust. gl. 1. nomb. 36. voire que *Iuo Carnotensis*, grand propugnateur des priuileges de l'Eglise, soustient fermement qu'on en doit vser de mesme aux immeubles, en son epistre 79. ce que toutesfois il n'a peu gaigner, à cause du Can. *Quo iure. 8. distinct.* Mais quant aux meubles, la raison pourquoy on les attribuoit à la iustice Ecclesiastique, estoit captieuse & sophistique. Car il est bien vray que *mobilia sequuntur personam, quoad situm, sed non quoad qualitatem* : attendu qu'on a esté contraint de regler, ou plustost feindre & imaginer la situation des meubles qui n'ont point de certaine & arrestée situation au domicile de la personne, mais ayans leur qualité à part, constante & certaine, il n'est point besoin de leur emprunter celle de la personne. C'est pourquoy maintenant on les regle par leur propre qualité, à sçauoir, que s'ils sont sacrez, ou destinez au seruice diuin, c'est au Iuge d'Eglise d'en cognoistre ; si prophanes, c'est au Magistrat seculier : & outre cela les Ecclesiastiques ont ce priuilege par l'Ord. d'Orleans, que leurs meubles & vtensiles necessaires, & dont ils ne se peuuent passer, ne peuuent estre pris par execution. Et voila ce qui est de la premiere entreprise des Ecclesiastiques.

73 Pourquoy le contraire est à present obserué.

74 Peché, ou mauuaise foy attiroient les causes à l'Eglise.

Secondement, ils soustenoient que toute cause où il eschoit mauuaise foy, & par consequent peché, estoit de leur iurisdiction, comme y allant du suiect de l'ame, dont ils sont moderateurs : & ainsi entendoient & estendoient-ils ce passage de l'Euangile *Si peccauerit in te frater tuus, dic Ecclesiæ* : principalement quand on leur en faisoit plainte, laquelle plainte pour cette cause ils appelloient denonciation Euangelique: comme il est discouru amplement au chap. *Nouit. De iudiciis.* où le Pape veut prendre cognoissance du different d'entre les Rois de France & d'Angleterre, touchant la commise pretendue par le Roy de France, des fiefs & Seigneuries que le Roy d'Angleterre tenoit de cette couronne, à cause de sa felonnie. Et ainsi ils se pretendoient competans presque de toute action pure personnelle, mesme entre les lais, disans que rarement elle estoit exempte de mauuaise foy, & de peché de part ou d'autre. Principalement s'il s'agissoit de l'execution des contracts, ils ne faisoient doute qu'elle ne fust de leur cognoissance, à cause du serment, qui par le styl commun des Notaires y est inseré, *cap. 3. De foro compet. in 6.* confondans mal à propos la censure des mœurs auec la iurisdiction de partie à partie, & la correction penitentiale auec la iustice contentieuse: sans prendre garde, à ce qui est dit en ce §. *Item cum Dauid. 2. quæst. 7. Nathan cùm Dauid redarguit, suum est executus officium, in quo erat Rege superior, non vsurpauit Regis officium, in quo erat Rege inferior. Monuit eum vt per pœnitentiam peccata sua expiaret, non autem tulit in eum sententiam, quâ, tanquam adulter & homicida, morti addiceretur.*

75 Testamens estoient attribuez à la iustice Ecclesiastique. Tiercement ils maintenoient par semblable raison, que la cognoissance des testamens leur appartenoit, comme estant vne matiere de conscience, disans mesme qu'ils estoient les naturels executeurs d'iceux, pource que le corps du defunct testateur estant delaissé à l'Eglise pour la sepulture, l'Eglise aussi estoit saisie de ses meubles, pour acquitter sa conscience, & executer son testament. Ce
76 Anciens abus touchant les testamens. qui s'obserue encor à present en Angleterre, où l'Euesque, ou gens préposez de sa part, se saisissent des meubles de celuy qui est decedé intestat, & les gardent pendant sept ans, si les heritiers ne composent auec luy. Mesmement nous trouuons que iadis en France les Ecclesiastiques ne vouloient enterrer les morts, si on ne leur mettoit leur testament en main, ou si à faute de testamẽt on n'en obtenoit vn mandement special de l'Euesque: dont il se trouue dans les registres du Parlement, vn arrest de l'an 1407. contre l'Euesque d'Amiens, & les Curez d'Abbeuille, que les intestats seroient inhumez sans contredict, & sans mandement particulier de l'Euesque. Et Ioh. Galli, en sa quest. 102. remarque, que souuent les heritiers, pour sauuer l'honneur du defunct decedé sans tester, demandoient permission de tester pour luy *ad pias causas*: & i'ay leu ailleurs, qu'il y auoit des Ecclesiastiques, qui contraignoient les heritiers des intestats de conuenir de preud-hommes, pour arbitrer combien le defunct auoit deu leguer à l'Eglise. Bref de cette entreprise des Ecclesiastiques est encor demeuré iusques à ce temps, que par nos coustumes les Curez & Vicaires sont capables de receuoir les testamens, ainsi que les Notaires.

77 Connexité. En quatriesme lieu, par le moyen de la connexité, si de plusieurs codetenteurs, coheritiers, ou codebteurs, il y en auoit vn qui fust Clerc, ou garant, ou ioint des autres, ils disoient que ce priuilegié attiroit deuant eux toutes les autres parties.

78 Reconuention. Aussi en cinquiesme lieu, pratiquans la réconuention, suiuant leur tiltre *De mutuis petitionibus*, ceux qui vouloient attirer deuant eux leur aduersaire, forgeoient contre luy quelque legere demande (*dicis causa*, & pour attaquer l'escarmouche) dont ils estoient competens, & par apres entoient sur icelle tous leurs autres differens: soustenans que tous incidens suruenans és procez commencez deuant eux, s'y deuoient terminer.

79 Difficulté en poinct de droict. En sixiesme lieu, ils soustenoient que toutes les causes bien difficiles, notamment en poinct de droict, leur appartenoient, principalement quand il y auoit diuersité d'opinions entre les Iurisconsultes, ou Iuges, à cause de ce passage du Deuteronome, *Si difficile & ambiguum apud te iudicium esse perspexeris, & iudicium intra portas videris variari, venies ad Sacerdotes Leuitici generis, & ad Iudicem qui fuerit illo tempore, qui indicabunt tibi veritatem: & facies quæcunque dixerint, qui præsunt in loco quem elegerit Dominus*: comme il est rapporté au chap. *Per venerabilem. ext. Qui filij sint legitimi*: combien qu'il y ait bien de la difference entre les loix Romaines, & la police

police du vieil & du nouueau Testament : & ainsi voit-on en plusieurs endroicts des Decretales, des causes difficiles decidées, qui n'estoient nullement de la iustice Ecclesiastique, comme entr'autres en cette fameuse Decretale *Raynutius. ext. De testam.*

Item, en septiesme lieu, ils disoient que c'estoit à eux à suppléer le defaut, negligence, ou suspicion du Iuge lay, *cap. Licet. ext. De foro compet.* & sous ce pretexte, si vn bon procez duroit trop long temps à leur gré en la iustice seculiere, ils l'attiroient à eux. 80 Defaut de la iustice seculiere.

En huictiesme lieu, sous couleur que dans les anciens Canons ils trouuoient, que l'Euesque estoit protecteur des personnes miserables, comme des veufues, pupilles, estrangers & pauures, ils vouloient cognoistre de toutes leurs causes, *cap. Ex parte. De fo. compet. cap. Nuper. De donat. inter vir. & vxor.* combien qu'il y ait bien difference entre proteger, ou procurer la iustice, & estre Iuge. 81 Personnes miserables.

Finalement il y a plusieurs crimes, qu'ils appelloient Ecclesiastiques, desquels ils vouloient seuls cognoistre, mesme contre les lais, comme d'heresie, sacrilege, simonie, concubinage, vsure, pariure : combien que vrayement les crimes Ecclesiastiques soient, ou ceux qui concernent la police Ecclesiastique, comme il est dit en la Nou. 83. ou bien les menus delicts, dont la iustice ordinaire neglige la recherche, & dont partant la primitiue Eglise entreprenoit la censure & correction, pour conseruer vne pureté particuliere de meurs parmy les Chrestiens; mais cette correction se faisoit sommairement, & sans entreprendre sur la iustice contentieuse, comme il a esté dict cy-dessus. 82 Crimes Ecclesiastiques.

Voila les principaux cas, esquels les lais estoient iadis contraints de plaider deuant les Iuges d'Eglise. Car il y en a encor d'autres, que i'obmets pour cause de briefueté, & qui sont ramassez en ces vers d'Hostiense, qui sentent bien leur Latin d'Officialité; 83 Sommaire des cas ausquels les lais plaidoient en Cour d'Eglise.

Hæreticus, Simon, fœnus, periurus, adulter,
Pax, priuilegium, violentus, sacrilegúsque,
Si vacat Imperium, si negligit, ambigit, aut sit
Suspectus Iudex, si subdita terra, vel vsus,
Rusticus, & seruus, peregrinus, feuda, viator,
Siquis pœniteat, miser omnis, causáque mixta,
Si denunciat Ecclesiæ quis, iudicat ipsa.

Toutes ces entreprises ont duré iusques à l'ord. 1539. & y estoit-on tellement accoustumé, qu'elles estoient passées en droict commun. Car ce ne sont pas encor celles, dont se plaignoit principalement deuant le Roy Philippes de Valois Maistre Pierre de Cuignieres, son Aduocat general au Parlement de Paris, ains c'estoient encor d'autres entreprises plus exorbitantes, comme il se voit dans l'extrait de sa harangue, rapporté aux Annales de Belle-forest, & au 5. volume de la biblioteque sacrée. Asçauoir entr'autres, qu'ils entreprenoient de cognoistre des matieres réelles, & des hypothecaires, mesmement du possessoire des choses prophanes, & iusques au domaine du Roy : faisoient les séellez & inuentaires des suiects du Roy decedez, empeschoient les Notaires Royaux & des Seigneurs d'instrumenter, faisoient payer aux lais accusez les despens des procez criminels, ores qu'ils fussent trouuez innocens, & excommunioient les debteurs insoluables. Et encor à tout propos excommunioient les Iuges Royaux, quand ils pensoient defendre la iurisdiction du Roy : combien qu'ils ayent ce priuilege des Papes, de ne pouuoir estre excommuniez pour cet effect, comme il se voit au vieil styl du Parlement *in tract. De priuilegijs regni Franciæ.* Bref ils faisoient plusieurs autres telles escapades contre toute raison, voire contre le sens commun, comme il n'y a point de fin aux vsurpations, depuis qu'vne fois les bornes de la raison sont franchies, & outre-passées. 84 Entreprises dõt M. Pierre de Cuignieres fist plainte.

Toutesfois ce bon Roy Philippes de Valois, estant encor estably de frais en son Royaume, à l'exclusion de l'Anglois, qui l'auoit pretendu, craignant d'y exciter de nouueaux troubles, à cause de l'auctorité que le Clergé auoit lors en France, n'ausa y mettre la main, au moyen de ce que les Ecclesiastiques firent ar- 85 Pourquoy sa plainte fut sans effect.

tificieusement courir le bruit, que sous pretexte de retrancher les entreprises de leur iustice, on leur vouloit quand & quand oster leur bien, ores que les propositions de cet Aduocat du Roy n'y tendissent nullement. Tant y a que sa plainte ayant esté sans effect, a depuis causé plusieurs iniures à sa memoire, le faisant encor auiourd'huy seruir de marmouset en l'Eglise nostre Dame de Paris, sous le soubriquet de Maistre Pierre du Cuignet: combien que l'histoire du temps nous tesmoigne que c'estoit vn grand personnage, qui auoit beaucoup de creance enuers le Roy.

86 Comment ces entreprises ont esté retranchées. Mais en fin toutes ces entreprises de la iustice Ecclesiastique, ont esté retranchées fort bien, & à petit bruit par l'ord. de l'an 1539. qui en six lignes l'a remise & reduite au iuste point de la raison: laissant à l'Eglise la cognoissance des Sacremens entre toutes personnes, & des causes personnelles des Ecclesiastiques. Qui est en effect reuenir à cette ancienne distinction des deux puissances: attendu que les personnes & les choses spirituelles sont laissées à la iustice Ecclesiastique, & les temporelles à la temporelle: & partant c'est le vray reglement de nostre Seigneur, *Quæ Cæsaris Cæsari: & quæ Dei, Deo.* dont s'ensuit, qu'il y a grande apparence qu'il durera tousiours.

87 Effect de l'ord. 1539. Tant y a que ce reglement a tellement diminué la iustice Ecclesiastique, & augmente la temporelle au prix de ce qu'elles estoient lors l'vne & l'autre, qu'estant à Sens en ma ieunesse, i'ouy dire à deux anciens Procureurs de Cour d'Eglise, qui auoient veu le temps d'auparauant cette ordonnance, qu'il y auoit lors plus de trente Procureurs en l'Officialité de Sens, tous bien employez, & n'y en auoit que cinq ou six au Bailliage, bien que ce soit vn des quatre grands Bailliages de France, ainsi que i'ay dit ailleurs: & maintenant tout au rebours, il n'y a que cinq ou six Procureurs morfondus en l'Officialité, & y en a plus de trente au Bailliage.

88 Que la chance est tournée du tout. Aussi la chance est tournée tout à faict. Car les Canonistes disoient anciennement, que le lay pouuoit proroger iurisdiction en Cour d'Eglise, & non le Clerc en Cour seculiere: & disoient aussi, que c'estoit au Iuge d'Eglise à suppléer le defaut, ou negligence du Iuge lay, & non au contraire. Et quand on en demandoit la raison, ils disoient, que c'estoit à cause qu'anciennement les Ecclesiastiques estoient Iuges des lais, aussi bien que des Clers, & qu'il n'y auoit point d'inconuenient, que les choses retournassent en leur premiere nature, ainsi que le Cardinal d'Hostie discourt en sa somme, *tit. De foro competenti.* Mais auiourd'huy on pratique tout le contraire, & se sert-on contr'eux à meilleure occasion de cette mesme raison: estant certain, comme il vient d'estre prouué, que la iustice Ecclesiastique, en ce qu'elle est contentieuse, a esté concedée par les Princes temporels, & démembrée de la iustice temporelle & ordinaire: aussi dit-on encor à present que c'est le priuilege clerical, & les Canonistes l'appellent *priuilegium fori*, pour monstrer qu'il est contre le droict commun.

89 Conclusion de ce discours. Et neantmoins c'est la verité, que comme les entreprises des Ecclesiastiques par dessus les concessions des Princes, ont esté iustement retranchées, aussi d'oster à present, ou diminuer à l'Eglise la iustice dont elle iouït à iuste tiltre partant de siecles, ce seroit faire iniure à Dieu mesme, s'il est permis d'ainsi parler. Et diray franchement, que toutes les entreprises sont grandement dangereuses entre le Sacerdoce & l'Estat, mais celles de l'Estat sur le sacerdoce sont plus à craindre, tant pource qu'elles peuuent plustost arriuer, à cause de la force de l'Estat, que pource qu'elles touchent l'ame, qui est plus precieuse que le corps & les biens.

Ie concluray donc ce chapitre par vn tresbeau Canon, qui est le 42. du Concile de Latran, tenu sous ce docte Pape Innocent III. *Sicut volumus vt iura clericorum non vsurpent laïci; Ita velle debemus ne clerici iura sibi vendicent laïcorum. Quocirca vniuersis clericis interdicimus, nequis prætextu Ecclesiasticæ libertatis suam decætero iurisdictionem extendat in præiudicium Iustitiæ secularis: sed contentus existat constitutionibus scriptis, & consuetudinibus hactenus approbatis: vt quæ sunt Cæsaris reddantur Cæsari, & quæ sunt Dei, Deo recta distributione reddantur.*

SOM-

SOMMAIRE DV SEIZIESME CHAPITRE.

1 *Les iustices des villes ne sont Seigneuriales.*
2 *Ny Royales.*
3 *Pourquoy le commandement s'en faict au nom du Roy.*
4 *A qui en appartient le seau.*
5 *Iustices des villes venuës des Romains.*
6 *Droict des iustices des villes Romaines.*
7 *Il y en auoit de trois sortes.*
8 *Iustice des villes appellées* Municipia.
9 *Iustice de celles appellées* Coloniæ.
10 *Pouuoir des* Duumvirs.
11 Municipia & Coloniæ *confondus ensemble.*
12 *Iustice des villes appellées* Præfecturæ.
13 Præfecti.
14 Ædiles vrbium.
15 *Deux sortes d'*Ædiles *à Rome.*
16 Ædiles plebis.
17 Ædiles Currules.
18 Ædilitium Edictum.
19 Ἀγορανόμοι, Ἀστυνόμοι.
20 *Pouuoir des Ediles des villes.*
21 *Correction consiste en execution sans sentence.*
22 *Difference entre la correction, iustice sommaire, & iustice entiere.*
23 *Que c'est que correction.*
24 *Correction a lieu en faict de police.*
25 *Conciliation de plusieurs loix.*
26 *Correction des Magistrats de Rome & villes Romaines.*
27 *De mesme.*
28 *Interpretation de la loy* Ictus. D. De his qui not. infam.
29 *Correction auoit lieu en la police.*
30 *Correction du Chef des communautez.*
31 *De la iustice sommaire.*
32 *Iustice sommaire de France.*
33 *Iustice des villes des prouinces Romaines.*
34 De Defensoribus ciuitatum.
35 *Leur origine.*
36 *Leur charge.*
37 *De mesme.*
38 *Qu'ils curent en fin la iustice des causes legeres.*
39 *Censeurs n'auoient iurisdiction, mais correction.*
40 *La iurisdiction des defenseurs accreuë par Iustinian.*
41 *Sommaire des iustices des villes Romaines.*
42 *Difference entre les* Duumvirs *& defenseurs des Citez.*
43 *Difference entre les defenseurs des Citez, & Iuges pedanées.*
44 *Des iustices des villes de France.*
45 *Iustices des villes de la Gaule Belgique.*
46 *De mesme.*
47 *Loy signifie iustice en nos coustumes.*
48 *Gens de loy sont les Escheuins des villes ayans iustice.*
49 *Records de la loy.*
50 *Que plusieurs villes de France ont iustice.*
51 Scabinei, *sont les Iuges des villes aux Capit. de Charlemagne.*
52 *Escheuin* vnde.
53 *Retranchement des iustices des villes.*
54 *Comtes mis és villes pour estre Iuges.*
55 Comes est Iudex fiscalis.
56 *Il y a peu de iustices attribuées aux villes de la Gaule Celtique & Aquitanique.*
57 *Iustices attribuées par forme de priuilege.*
58 *De mesme.*
59 *Iustices des villes sont ordinairement basses iustices.*
60 *Mairie signifie basse iustice, aussi bien que Preuosté.*
61 *Maires des villes ressemblent aux defenseurs des Citez.*
62 *Escheuins en quelques villes ont entrepris la police.*
63 *La police ha deux parties.*
64 *Preuost des Marchands à Paris d'où est dict.*
65 *Deux sortes de iustice attribuées aux villes par le Chancelier de l'Hospital.*
66 *Des Iuges Consuls.*
67 *Des Bourgeois policiers.*
68 *Que ces deux iustices n'appartiennent proprement aux villes.*
69 *Iustice des elections estoit iadis vne iustice populaire.*
70 *Esleus d'où sont prouenus.*
71 *Generaux des Aydes, ou iustice d'iceux.*
72 *Esleus Generaux faicts perpetuels.*
73 *Toutes ces iustices doiuẽt estre sommaires.*

74 *Et exercées gratuitement.*
75 *Esleus ne deuroient rien prendre des parties.*
76 *Retranchement des iustices des villes par l'ord. de Moulins.*
77 *Interpretation d'icelle.*
78 *Comment les policiers sont reiglez auec le Iuge ordinaire.*
79 *Quand les Escheuins ont la police, n'y a point de Bourgeois policiers.*
80 *Iustice criminelle ne deuroit estre laissée aux villes.*
81 *Interpretation d'vn passage de la Passion.*
82 *Oppositions formées par les villes à l'execution de ceste ordonnance de Moulins.*
83 *Opposition des Boulonnois.*
84 *Et de ceux d'Angoulesme.*
85 *Iustice appartenant aux villes par capitulation, ne doit estre ostée.*
86 *Plainte des Rochelois, touchant leur franchises & libertez.*
87 *Des Priuileges des villes.*
88 *Priuileges concedez à tiltre onereux.*
89 *Pourquoy nonobstant l'ordonn. de Moulins plusieurs villes ont retenu leurs iustices.*
90 *Comment les priuileges onereux peuuent estre reuoquez.*
91 *Des priuileges gratuits.*
92 *Confirmation de chasque Roy necessaire aux priuileges gratuits.*
93 *Priuileges gratuits ne peuuent estre perpetuels.*

DES IVSTICES APPARTENANTES AVX VILLES.

CHAPITRE XVI.

1 Les iustices des villes ne sont Seigneuriales.

IL y a encor vne tierce espece de iustice, qui n'est ni Seigneuriale, ni Royale, à sçauoir celle qui appartient aux villes: qui ne peut estre dicte Seigneuriale, pource qu'elle n'importe aucune Seigneurie aux villes sur elles-mesme, aussi qu'elle n'est annexée à aucun fief: mesmement elle n'est tenuë en fief, ni du Roy, ni d'autre Seigneur, ains a esté concedée à vne main-morte, sans charge de feodalité, mais en pleine proprieté, par forme de priuilege.

2 Ny Royales.

Dont s'ensuit aussi qu'elle est encor moins Royale, que ne sont les iustices des Seigneurs, desquelles le Roy, par le moyen de la feodalité, demeure tousiours le premier Seigneur direct, au lieu qu'en celles-cy il n'a retenu aucune directe, ains les a données *optimo iure* au peuple, lequel partant y met des Officiers par élection, en perçoit les émolumens proprietaires, comme les amendes & reuenu du Greffe: mais le commandement s'en fait neantmoins au nom du Roy, & non de la ville, pource qu'en l'Estat monarchique de France, on trouueroit mauuais de le faire au nom du peuple: & d'ailleurs, il ne se peut faire au nom des Officiers de ville, pource qu'il ne se faict iamais en France au nom des Iuges. Pareillement le seau de ces iustices deuroit estre, & auoit tousiours esté au coing & armes des villes, & à elles appartenant, mais en l'an 1568. lors que le Roy Charles IX. érigea en tiltre d'Office les gardes des seaux, il en voulut mettre és iurisdictions des villes, ainsi qu'en celles des Consuls, ce qui encor a esté executé en fort peu de villes.

3 Pourquoy le commendement s'en faict au nom du Roy.
4 A qui en appartient le seau.

5 Iustices de villes venuës des Romains.

Or combien que les Romains n'ayent iamais eu, ni de Seigneurs, ni de iustices Seigneuriales, si est-ce que les iustices populaires sont venuës d'eux, pendant leur Republique populaire: mais depuis que leur Estat est deuenu monarchique, elles ont esté fort retranchées, & en fin du tout abolies par l'Empereur Leon en sa constit. 47. sous cette consideration, certes bien pertinente, *cùm alius*, dit le texte, *olim Reipub. status esset, rerum ordo similiter alius erat: Nunc autem cùm omnia à Principali cura dependeant, hunc vsum, cum aliis, qui de Repub. eiecti sunt, eiiciendum quoque putauimus.*

6 Droict des iustices des villes Romaines.
7 Il y en auoit de trois sortes.

Partant pour comprendre parfaictement l'vsage des iustices de nos villes, il faut representer l'estat de celles des villes Romaines, entant que les liures nous en ont conserué la memoire. Et faut noter que les villes Romaines, selon leur diuersité, auoient trois diuerses sortes de iustices, sçauoir est celle des Duumvirs ou magiſtrats municipaux *in Municipÿs, aut Coloniis* : celle des Ediles *in Præfecturis*: & celle des defenſeurs des Citez *in Prouincÿs.*

Municipia, comme l'explique fort bien A. Gelle, *lib. 16. cap. 13.* eſtoient originairement les villes libres, qui par leurs capitulations s'eſtoient rendues & adiointes volontairement à la Repub. Romaine, quant à la ſouueraineté ſeulement, gardans neantmoins leur liberté, & à l'eſgard de la Seigneurie priuée, *quia nempe eorum fundus nunquam Populi Rom. factus fuerat*: & encor à l'eſgard de la Seigneurie publique ſubalterne, *quia ſuis legibus, & ſub ſuis Magiſtratibus viuebant*: dont s'enſuit qu'en ce commencement-là, ils auoient toute iuſtice, les Officiers de laquelle auoient diuers noms ſelon leur ancienne inſtitution, faicte du temps de leur parfaicte liberté : c'eſt pourquoy au droict ils ſont appellez du mot general, *Magiſtratus Municipales.*

8 Iuſtices des villes appellées *Municipia.*

Coloniæ verò erant ciuitates, in quas populus Rom. ciues ſuos ad incolendum deduxerat, & partant elles eſtoient ordonnées au moule de la ville de Rome, *cuius effigies paruæ, ſimulachráque erant*, dit A. Gelle : vray eſt que par reſpect les Magiſtrats d'icelles auoient d'autres noms que ceux de Rome : partant leur Senat eſtoit appellé *Curia*, leurs Senateurs Decurions, & leurs Conſuls, ou Préteurs (qui eſtoient leurs Iuges, comme à Rome anciennement) eſtoient appellez Duumvirs. Comme auſſi ces Officiers n'auoient pas tant de puiſſance que ceux de Rome, principalement les Duumvirs, qui en fin n'eurent iuriſdiction que iuſqu'à certaine ſomme, dit Paulus, 5. *lib. Sentent. cap.* 5. & la loy *Inter conſentientes. D. Ad Municip.* ce que Cujas a noté ſur la loy *Duumviros. De Decur. lib.* 10. *Cod.* c'eſt pourquoy il ne leur eſtoit pas permis (comme à ceux qui ont toute iuſtice) *iuriſdictionem ſuam defendere pœnali iudicio. l.* 1. *D. Si quis ius dicenti non obtemper.*

9 Iuſtice de celles appellées *Coloniæ.*

Mais en fin *Municipia & Coloniæ* furent confondus enſemble, pource que, dit A. Gelle, *Coloniarum conditio, licet magis obnoxia, minúſque libera, potior tamen & præſtabilior exiſtimata eſt, propter amplitudinem & maieſtatem Pop. Rom. & ſimul, quia obſcura obliteratáque ſunt municipiorum iura, quibus vti iam per ignorantiam non poſſunt.* Par ainſi les Municipes, qui auoient laiſſé perdre leurs droicts, vſerent de ceux des Colonies, neantmoins prirent le nom de Municipes, qui en fin deuint general pour ſignifier toutes les bonnes villes ayans Republique, c'eſt à dire corps de ville & Officiers, dit la loy premiere *D. Ad Municipal.* c'eſt pourquoy ie n'ay faict qu'vn article de la iuſtice des Colonies & Municipes.

10 Pouuoir des Duumvirs & explication de la loy, 1. *Si quis ius dic. &c.*

11 *Municipia & Coloniæ* cõfondus enſemble.

Quant aux Préfectures, c'eſtoient les villes d'Italie qui auoient eſté rebelles & perfides au peuple Romain, & celles-là n'auoient point de vrayes iuſtices à elles, ains on y enuoyoit de Rome des Magiſtrats appellez *Præfecti.* Mais elles auoient couſtumierement des Officiers de leurs corps, pour auoir ſoin ſeulement de leurs affaires communes, appellez Ediles, à l'inſtar des Ediles de Rome, ainſi appellez, dit Varro, *quod curam haberent ædium*, c'eſt à dire des baſtimens publics.

12 Iuſtices des villes appellées *Præfecturæ.*

13 *Præfecti.*

14 *Ædiles vrbium.*

Car à Rome il y auoit deux ſortes d'Ediles ordinaires (outre les extraordinaires, appellez *Ædiles Cereales*, qui eſtoient les Commiſſaires des viures, députez pendant la cherté ſeulement) à ſçauoir *Ædiles plebis, & Ædiles Curules.* Ceux-là furent les premiers inſtituez, & auoient l'execution de la menuë police, comme des ruës, des tauernes, des bordels, ainſi qu'ont auiourd'huy les Commiſſaires du Chaſtelet de Paris, comme il ſe collige de la loy vnique. *D. De via publica.* & eſt bien prouué par Roſinus, *lib.* 7. *cap.* 24.

15 Deux ſortes d'Ediles à Rome.

16 *Ædiles plebis.*

Et quant aux Ediles Curules, ils eſtoient tirez du nombre des Senateurs, qui du commencement ayans eſté mis ſeulement, pour donner au peuple des ieux publics, entreprirent par apres la principale police de Rome, comme d'auoir ſoin des baſtimens publics : de mettre taux aux viures, de policer les marchez, pour raiſon dequoy à la fin ils vſurperent vne maniere de iuſtice, differente de la iuriſdiction du Préteur, qui eſtoit la iuſtice ordinaire de Rome, & comme tous les ans le Préteur propoſoit ſon Edict, c'eſt à dire le reglement, ſuiuant lequel il vouloit qu'on ſe gouuernaſt en ſon année, auſſi les grands Ediles propoſoient le leur, appellé *Ædilitium edictum* : & comme le Preteur rendant la iuſtice eſtoit aſſis

17 *Ædiles Curules.*

18 *Ædilitium Edictum.*

au tribunal, eux estoient assis *in sella Curuli*, & pour cette cause estoient appellez Ediles Curules, & ainsi estoient distinguez des Iuges pedanées, qui *plano pede iudicabant*.

19 Ἀγορανόμοι, Ἀστυνόμοι. Partant les Ediles plebéiens des Romains sont à comparer aux Ἀστυνόμοι des Grecs, & les Curules aux Ἀγορανόμοι. Ἔστι μὲν Ἀγορανόμος ὁ ἐπόπτης τῶν ὠνίων τῆς ἀγορᾶς. Ἀστυνόμος δὲ ἐπὶ τοῦ τὴν καθαρεύειν τὴν πόλιν ἀρχούμενος, dit Vlpian sur l'oraison de Demosth. εἰς Τιμοκράτ. Lesquelles deux charges sont nettement distinguées par Aristote, liure 6. des Polit. chap. 3. où il dit que la charge des Officiers des villes a deux principales parties: l'vne d'auoir soin du marché & des marchandises, l'autre d'auoir charge des édifices des ruës, & autres negoces de Police.

20 Pouuoir des Ediles des villes. 21 Correction consiste en executio͂ sans sentence. I'estime neantmoins que les Ediles des Préfectures Romaines, & des autres villes, où il y en eut à succession de temps, n'ont eu de leur vray droict & premiere institution, que l'Astynomie & menue Police, qui n'attribue aucune vraye iustice, ains correction simple, qui gist en execution seulement, & non pas en cognoissance de cause, comme il sera tantost dit. Et de faict on voit que les autheurs qui en parlent, ne font pas mention qu'ils eussent iustice: comme Perse en sa Satyre I.

> *Sese aliquem credens, Italo quod honore supinus*
> *Fregerit heminas Areti Ædilis iniquas.*

Et Iuuenal,

> *Et de mensura vis dicere* (car ainsi faut-il lire, & non pas *ius dicere*) *vasa minora*
> *Frangere, pannosus vacuis Ædilis Vlubris.*

Et Plaute, *in Sticho*,

> —— *Si quæ sunt improbæ,*
> *Merces, iactat omnes: Ædilitatem gerit.*

Et le Iurisconsulte en la loy *Lectos. De peric. & com. rei vend. Lectos, qui in via erant, Ædilis conscidit.* Et en la loy *Itemque. §. Si quis mensuras. D. Locati. Mensuras Magistratus frangi iussit.* Et en la loy, *Eos qui. D. Decur. Qui vtensilia vendunt ab Ædilibus cæsi sunt.*

22 Difference entre la correction, iustice sommaire, & iustice entiere. 23 Que c'est que correction. Car il y a bien de la difference entre la correction, la iustice sommaire, & la iustice entiere: ce qui merite bien d'estre expliqué en passant. La correction se faict & execute sans forme & figure de procez, *sine figura iudicij*, & sans escrire, ἀγραμμάτως, comme celle, qu'a l'Abbé sur son Religieux, le pedagogue, ou maistre de mestier sur ses disciples, ou apprentis, le Capitaine sur ses soldats: le pere de famille sur sa femme, enfans & seruiteurs: aussi ne peut-elle tendre qu'à legere punition. Telle est la coërcion, ou correction de la police, comme il se colli-

24 Correctio͂ a lieu en faict de police. 25 Conciliation de plusieurs loix. ge de la conciliation de deux loix, à sçauoir cette mesme loy *Eos*, qui dit que, *qui ab Ædilibus cæsi sunt, infames non fiunt*, & la loy *Cognitionum. §. Minuitur. D. De extraord. cognit.* qui dit indistinctement, que *fustibus cæsus infamis efficitur*: mais cette derniere loy parle nommément de celuy, qui est fustigé en vertu de sentence donnée auec cognoissance de cause, & l'autre de celuy qui est fustigé sans cognoissance de cause par voye de correction: voire mesme, combien qu'vn homme fust accusé pardeuant vn Iuge ordinaire, si auant sa sentence definitiue il le faisoit fustiger ou flageller, il n'estoit pas pourtant infame, *Nullam existimationis infamiam auunculus tuus pertimescat, ictibus fustium subiectus ob crimen quæstione habita, si sententia non præcessit, ignominiæ maculam irrogans.*

26 Correctio͂ des Magistrats de Rome, & villes Romaines. Car les Magistrats Romains faisoient tousiours marcher leurs Bedeaux, ou massiers deuant eux, qui portoient des haches, ausquelles y auoit des verges attachées, dont sans figure de procez, ils faisoient battre celuy du menu peuple, qu'ils trouuoient faisans quelque insolence: & à cet exemple les Magistrats des villes faisoient porter deuant eux *fustes, seu bacillos*, que nous appellons des verges, desquelles ils faisoient fustiger & battre ceux qu'ils trouuoient en faute, dont est faict mention en la loy 8. *de Decur. lib.* 10. *Cod.* & en la 2. Agraire de Ciceron. Et pource que cela se faisoit sans cognoissance de cause, il ne portoit point d'infamie.

Mesme les Magistrats ordinaires en instruisant les procez criminels, par cholere ou autrement, faisoient fustiger les accusez, comme il se voit en l'histoire de la Passion de nostre Redempteur, où Pilate dit, *Emendatum eum vobis dimittam:* Voila la correction. Et és actes des Apostres, il se voit que sainct Paul a esté ainsi fustigé plusieurs fois. C'est pourquoy Vlpian dit, que *quantum ad infamiam pertinet, multùm inter est causa cognita aliquid pronunciatum sit, an quædam sint extrinsecus elocuta. Nam ex his infamia non irrogatur. l. Quid ergo. §. quantum. De his qui not. infam.* qui est la decision de la loy *Verbum*, & de la loy *Interlocutio. C. eod.* 27 De mesme.

Et c'est ainsi, à mon aduis, qu'il faut entendre la loy *Ictus fustium. C. De eod.* qui dit que, *Ictus fustium non infamat, sed causa, id est præcedens conuictio sententia iudicis solemniter declarata: vt in l. fustibus. C. eod. tit. quando Præco pronunciare iussus est,* ἐνυπωφαίτης. 28 Interpretation de la loy *Ictus*. De his qui not. infam.

Voila que c'estoit de la correction, qui auoit lieu principalement en matiere de menuë police, laquelle participe plus du gouuernement, que de la iustice, & partant doit estre vuidée sans figure de procez, ainsi que la discipline militaire: & aussi sans qu'il y ait voye d'appel, sauf à se plaindre au Iuge ordinaire de l'excez d'icelle. Elle a lieu aussi en matiere de communautez priuilegiées, aux chefs desquelles on donne ordinairement cette puissance de correction, sur les particuliers de la communauté, comme Bodin a tres-bien discouru au dernier chapitre du troisiesme liure de sa Republique. En quoy plusieurs se trompẽt, pensant que ce soit vne iustice, & ce qui monstre bien que ce n'en est pas vne, c'est qu'ils n'ont point de Greffier, & qu'ordinairement les Chefs, qui ont cette correction, n'ont point de serment à iustice, au moins ne l'ont-ils pas en qualité de Iuges. 29 Correction auoit lieu en la Police. 30 Correction du chef des communautez.

Quant à la iustice sommaire, c'est celle des Iuges pedanées du droict, & des bas iusticiers de France, qui ne peuuent cognoistre que des causes legeres, lesquelles la Nou 82. chapitre 5. dit qu'ils deuoient vuider ἐν σχήματι παρασημειώσεως, *sub figura annotationis*, c'est à dire en forme sommaire. Car il y a deux formes ou figures de procez, l'ordinaire, appellée σημειώσεως, *id est, solemnis & plena cognitio*, & la sommaire appellée παρασημειώσεως, *hoc est, per annotationem, breuitatis & celeritatis causa*, & comme disent les interpretes Grecs, τουτέστι μὴ γίνεσθαι ὑπομνήματα πρακτικὰ ἐπὶ ταῖς διαγνώσεσι, καὶ ἀπογεγραμμένας ἔχοντα πάσας τῶν μερῶν δίκας ὁμιλίας, ou bien, τουτέστι τὰ κυριώτερα τῶν λαλουμένων παραλαμβάνουσα, καὶ γράφουσα ταῦτα, ὡς ἐν συντόμῳ, καὶ δι' ὀλίγων. 31 De la iustice sommaire.

Qui est en effect ce qui est contenu en l'art 153. des Estats de Blois, que tous Iuges sont tenus expedier sommairement & sur le champ les causes personnelles non excedantes la valeur de trois escus vn tiers, sans appointer les parties à escrire ni informer: ce qui est aussi ordonné par plusieurs Edicts és causes attribuées aux iustices des villes, comme il sera dit incontinant. 32 Iustice sommaire de France.

Finalement és villes des prouinces, c'est à dire, des pays esloignez de Rome, qui auoient esté reduits en forme de prouince, il n'y auoit point du commencement de iustice populaire, non plus qu'és prefectures d'Italie. Car comme disent Sigonius & Rosinus, les villes des prouinces estoient gouuernées presque tout ainsi que les Prefectures d'Italie, ce que i'enten des villes gouuernées à la mode des prouinces: car dans les prouinces il y auoit quelques villes, qui estoient de meilleure condition que les autres, qu'on appelloit libres citez, & celles-là estoient comme les Municipes ou Colonies, dont il vient d'estre parlé. 33 Iustice des villes des prouinces Romaines.

Mais les villes non libres, ni priuilegiées des prouinces auoient vn Officier particulier qui n'estoit aux villes d'Italie, qu'on appelloit *Defensorem ciuitatis, aut plebis, Græcè* ἔκδικον, *id est vindicem, seu assertorem, l. Sancimus. C. De Episc. & cler.* dont la principale charge estoit de tenir la main à l'esgale distribution, & au recouurement des tributs, qui n'estoient point leuez en Italie: mais outre cela il representoit le Censeur de Rome, ou pour mieux dire, le *Magister Census*, qui fut estably à Rome en la place du Censeur, apres que les Empereurs se furent faicts Censeurs perpetuels: aussi l'Office de defenseur duroit-il cinq ans, ainsi que celuy des Censeurs, *l. 4. C. De Defens. ciuit.* Partant il auoit charge de garder les registres publics, d'enregistrer les nouueaux habitãs, receuoir les insinuatiõs, les actes des natiuités 34 *Defensores ciuitatum.* 35 Leur origine. 36 Leur charge.

& decez, à raison dequoy en Grece il estoit appellé ὑπομνηματογράφος, comme celuy d'Alexandrie *in l. 59. De Decurio.* Pareillement c'estoit luy qui élisoit les Decurions ou Conseillers de ville, és citez où il y en auoit, ainsi que les Censeurs Romains *legebant Senatores.*

37 De mesme. Sur tout c'estoit sa principale charge, comme son nom le portoit, de defendre le menu peuple de la vexation des plus grands, & de moyenner que chacun vescust en repos. Pour cet effect il auoit soin de promouuoir la punition des crimes, & auoit entrée en tout temps chez le President de la prouince, lequel ne faisant son deuoir, il estoit tenu d'en aduertir le *Præfectus Prætorio,* ou l'Empereur, comme il est dit au tiltre du Code *De Defensoribus ciuit.*

38 Qu'ils eurent en fin la iustice des causes legeres. Et d'autant qu'en chacune prouince de l'Empire Romain, quelque grande & spatieuse qu'elle fust, il n'y auoit qu'vn seul Magistrat, tant pour le gouuernement, que pour l'exercice de la iustice: & que par consequent c'estoit vne incommodité insupportable au peuple, que pour ses menus differens il l'allast chercher où il estoit: cela fut cause, que comme les Censeurs Romains entreprenoient sur

39 Censeurs n'auoient iurisdiction, mais correction. le suiect de la reformation des mœurs, de cognoistre des petites querelles, & de corriger les fautes legeres, qui n'estoient pas recherchées en la iustice contentieuse, combien qu'ils n'eussent point de iurisdiction, ains vne simple correction seulement: comme Bodin a naïuement bien discouru au liure 3. chapitre 3. & au liure 6. chapitre 1. Tout de mesme les Defenseurs des citez s'auctoriserent peu à peu par respect & bien seance, & pour le bien de leur patrie, de cognoistre, en l'absence des Presidens des prouinces, des causes legeres, *maximè inter volentes.* Ce qu'ayant esté trouué vtile, voire necessaire au repos du peuple, en fin les Empereurs leur attribuerent iurisdiction contentieuse *vsque ad quinquaginta solidos,* dit la loy 1. *De Defens. ciuit.*

40 La iurisdiction des defenseurs accreuë par Iustinian. Mesmement estant aduenu du temps de Iustinian, que les Gouuerneurs des Prouinces auoient faict en sorte, pour diminuer l'auctorité de ces Defenseurs des Citez, qu'on y elisoit plus que des gens de peu, qui dépendoient totalement d'eux, & mesme en aucuns lieux ils entreprenoient de mettre en leur place des Iuges pedanées, qu'ils appelloient τοποτηρητὰς, *loci seruatores,* cet Empereur ordonna par sa Nou. 15. que tous les plus apparens des villes, sans exemption, fussent faicts tour à tour defenseurs d'icelles, sans que les Gouuerneurs y peussent plus mettre gens de leur part. Et afin de rendre cette charge plus honorable, il augmenta leur iurisdiction *vsque ad trecentos solidos,* & encor ordonna qu'au dessous de cette somme on ne se peust aucunement addresser aux Gouuerneurs, à peine de perdition de cause: combien qu'auparauant ils ne iugeassent que concurremment auec eux: mesme leur attribua l'execution de leurs sentences, qu'ils n'auoient point auparauant, non plus que les Iuges pedanées: mais aussi il retrancha le temps de leur Office, voulant qu'il ne fust que de deux ans, au lieu de cinq ans.

41 Sommaire des iustices des villes Romaines. Somme de tout ce discours, que les Magistrats Municipaux, soit qu'ils fussent appellez Duumvirs, ou Préteurs, auoient du commencement toute iustice, mais en fin n'eurent que celle des causes legeres, que nous appellons *basse iustice:* les Ediles n'auoient cognoissance que de la police & marchandise, par voye de correction seulement: & les defenseurs des Citez auoient la basse iustice.

42 Difference entre les Duumvirs, & Defenseurs des Citez. Dont resulte, qu'il n'y eut en fin autre difference entre les Duumvirs, & les defenseurs des Citez, sinon que les Duumvirs estoient seulement és citez priuilegiées, qui auoient droict de Republique & conseil de ville, & estoient pris du nombre & Ordre des Conseillers d'icelles, *l. 1. C. De Magistr. Municip.* & les defenseurs estoient indistinctement en toutes les villes des prouinces, où il n'y auoit point d'autres Officiers de iustice populaire, & estoient pris indifferemment de tout le peuple, *l. 2. C. Defens. ciuit. & d. Nou. 15.*

43 Difference entre les defenseurs des Citez, & Iuges pedanées. Pareillement, il n'y auoit point d'autre difference entre le defenseur de la Cité, & le Iuge pedanée, sinon que le defenseur estoit esleu par le peuple, & le Iuge pedanée par le Proconsul, ou autre Magistrat: Celuy-là estoit vray Officier pendant son temps, & cestuy-cy n'estoit qu'vn Commissaire & Iuge delegué, iusques à tant que Iustinian en érigea sept en tiltre d'Office dans Constantinople:

aussi que le Magistrat pouuoit retenir telles causes qu'il vouloit, & les oster au Iuge pedanée, & que le pedanée n'auoit l'execution de ses sentences, combien que le Defenseur de la cité l'eut par la Nou. 15. de Iustinian.

Tout cecy qui vient d'estre dit de la iustice des villes Romaines, conuient assez bien auec nostre vsage. Aussi Cesar nous apprend en son 6. liu. & Strabo au 4. que les Gaulois & les Allemans viuoient plus communément en Estats populaires ou Aristocratiques, & qu'ils s'assembloient tous les ans, afin d'élire les principaux des villes, pour y rendre la iustice. 44 Des iustices des villes de France.

Et faut noter qu'en la Gaule Belgique (qui fut le premier endroict, où la Monarchie Françoise commença à s'establir, & qui fut aussi presque la borne des conquestes Romaines) plusieurs villes demeurerent libres par les capitulations qu'elles firent auec eux, comme Pline liu. 4. chap. 17. nous tesmoigne: & Suetone *in Iulio*, nous dit, que quand il reduisit les Gaules en forme de Prouince, il excepta quelques citez alliées, & quelques autres bien meritées des Romains, ausquelles il laissa leur pristine liberté, c'est à dire leur permist d'auoir leurs loix & leurs Magistrats comme auparauant. 45 Iustices des villes de la Gaule Belgique.

Et de fait plusieurs villes de la Gaule Belgique, ont tousiours gardé la iustice ordinaire, iusques au temps de nos peres, quand l'ord. de Moulins fut faite; qui encor n'a peu estre executée en toutes. Et ces villes sont appellées dans les coustumes *villes de Loy*: comme en la coustume de Boulonnois, article 13. *Au Comté de Boulonnois y a cinq villes de loy, ayans Maieurs & Escheuins, qui ont cognoissance du faict politique, & de toutes matieres suruenantes aux bourgeois*, & en l'art. 99. il est encor parlé des villes de loy & Escheuinage. 46 De mesme.

Car és coustumes de Picardie, & communément dans Bouteiller, qui estoit du fonds de cette Prouince, le mot de Loy signifie iustice, *opinor, quia ibi nulla lege scripta, arbitria Magistratuum pro legibus erant. Inde*, venir à loy, *est iudicio sisti*: Main de Loy, c'est la main de iustice: *Present Loy*, c'est à dire en iugement: *œuure de Loy, legis actio*: Ordonnance de Loy, c'est à dire du Iuge: *Ramener complainte à Loy*, c'est à dire, en iugement, & non sur le lieu. Et en la coustume d'Artois, il est dit, que *les Huissiers doiuent demander assistance aux Loix des lieux*, c'est à dire aux Iuges des lieux, ou pour mieux dire, aux Escheuins des villes, qui estoient les Iuges. 47 Loy signifie iustice en nos coustumes.

Car en cette mesme coustume tout à la fin, & en celle de Hainaut, chap. 85. de Mons. chap. 8. & 12. dans Froissart. liu. 4. chap. 112. dans Commines liu. 2. chap. 4. *Gens de Loy, ou hommes de Loy*, ce sont ces Escheuins des villes. Et encor à present en toute l'Angleterre, & en quelques villes d'Allemagne les Officiers des villes ont le premier degré de iurisdiction: & d'autant qu'ils sont ordinairement marchans, ou non letrez, i'ay ouy dire qu'en Angleterre ils ont vn Officier lettré nommé *Ricorder*, pour faire l'instruction des procez, ainsi qu'il semble, qu'il y ait eu anciennement és villes Belgiques vn Officier, qui en quelques coustumes est appellé *Records de la loy*, dont Ragueau fait mention. 48 Gens de Loy sont les Escheuins des villes ayans iustices. 47 Records de la loy.

Aussi au chap. *Ex parte. ext. De alienat. iud. mut. cau. fac.* il est fait mention de la iustice de la ville d'Ypre en Flandres, & le chap. 1. *De immunit. Eccl. s. in 6.* dit que, *in Regno Franciæ Scabini, seu Consules iurisdictionem temporalem in quibusdam ciuitatibus exercent.* 50 Que plusieurs villes de France ont iustice.

Ce qui se voit encor plus clairement és capitulaires de Charlemagne, & Loys Debonnaire, où il y a plus de dix passages ausquels *Scabinei seu Scabini*, sont qualifiez Iuges, notamment au 3. liure, qui est celui qui traicte plus particulierement du faict de la iustice, comme en l'article 7. *Iudicio Scabineorum acquiescere*: en l'art. 31. *A Scabinis qui causam iudicarunt*, en l'art. 47. *Inter Scabineos ad legem iudicandam*, en l'art. 48. *Post iudicium Scabineorum*, en l'art. 53. *Nullus iudex aut Scabineus iustitiam differre præsumat.* Aussi i'ay appris, que *Scabin* en Allemand signifie Iuge, combien que Choppin dic, que c'est vn mot Hebreu: & quant au mot *Escheuin*, on le peut fort à propos tirer du verbe *Escheuer*, qui signifie *cauere, aut præcauere*, comme il a esté dit au 5. liure des Offices, au chap. traittant des Offices des villes. 51 Scabinei sont les iuges des villes au capitul. de Charlemagne. 52 Escheuins vnde.

Mais tout ainsi que l'Empereur Leon, pour oster de son Empire d'Orient tout vestige de gouuernement populaire, abolit tout à faict les iustices des villes par sa 53 Retranchement des iustices des villes.

couſt. 47. Auſſi ont-elles eſté retranchées en France de temps en temps le plus

54 Comtes mis és villes pour eſtre iuges.

qu'on a peu. Et premierement, nous trouuons que ſous Charlemagne & ſes ſucceſſeurs, ſoit les Rois, ſoit les Ducs & Gouuerneurs des Prouinces, mirent des Comtes preſque en toutes les villes qui en auoient la iuſtice entiere & ordinaire, & meſme és villes, dont les Eſcheuins auoient accouſtumé d'auoir la iuſtice, les Comtes y preſidoient & iugeoient auec eux, comme il ſe voit au 4. liure des capitulaires, article 5. *Comes ad maritimam cuſtodiam deputatus, ſi ſecum ſuos Scabinos habeat, ibi Placitum teneat, & iuſtitiam faciat. Et Beat. Rhenan. in lib. rerum Germanic.* parlant de l'Eſtat des Gaules & d'Allemagne, ſous la domination des François, dit ces mots, *vnicuique ferè ciuitati Comes præſidebat, qui nominatur aliquando Iudex fiſcalis, Scabinos ſub ſe habens*: ce qui a eſté prouué au chap. 4.

55 *Comes eſt Iudex fiſcalis.*

La raiſon, à mon aduis, pourquoy le Comte eſtoit appellé *Iudex fiſcalis* (cõme il a eſté ainſi appellé dans les loix Ripuaires en ce paſſage vulgaire, *Si quis Iudicem fiſcalem occiderit, quem Comitem vocant*) eſtoit pour ce qu'il eſtoit eſtably non par le peuple, mais par le Roy, *cuius propriè eſt fiſcus*. Auſſi voit-on qu'en la plus part des villes où les Maires ont iuſtice, il n'y a point de Preuoſt ou Chaſtellain, pour exercer la iuſtice ordinaire, ains y a ſeulement vn Baillif ou Seneſchal, pour la iuſtice ſuperieure.

56 Il y a eu peu de iuſtices attribuées aux villes de la Gaule Celtique, & Aquitanique.

Voilà pour la Gaule Belgique, mais en la Celtique & l'Aquitanique, qui furent entierement aſſujeties aux Romains, & reduites en forme de Prouince, les iuſtices des villes n'y ont pas eſté ſi auctoriſées, ains comme ie croy, elles ſont toutes venues de priuilege & conceſſion particuliere, faicte de temps en temps par nos Roys, auſſi bien que celles qu'auoient les villes des prouinces Romaines, comme il ſe veoit dans Spartian de la ville d'Alexandrie, *cui Seuerus Imperator ius Bulentarum dedit, cùm antea ſine publico conſilio, vtpotè ſub Regibus, viueret, vno Iudice contenta*: & dans Pline, epiſt. 57. du 10. liure, l'Empereur Trajan lui mande, qu'il

57 Iuſtices attribuées par forme de priuilege.

veut qu'on entretienne le priuilege des Apameans cité de Bithynie, *vt arbitrio ſuo Rempub. ſuam adminiſtrent.*

58 De meſme.

De meſme en France, au moins en ces prouinces-là, les iuſtices des villes ne ſubſiſtent que par les priuileges & conceſſions de nos Rois, ainſi que les Seigneuriales ſubſiſtent par la feodalité: & ces priuileges, auſſi bien à l'egard de la iuſtice qu'és autres poincts, ſont diuers, ſelon que nos Rois ont voulu diuerſement gratifier les villes.

59 Iuſtices des villes ſont ordinairement baſſes iuſtices.

Peu d'icelles ont eu la iuſtice entiere, hors-mis celles de la Gaule Belgique, qui l'auoient de tout temps: mais pluſieurs ont obtenu la baſſe iuſtice: dont M. Chopin en ſon premier tome de la couſtume d'Anjou, rapporte les chartres de Mante & de la Ferté ſur Aube, contenantes ces mots, *Qu'elles auront droit de Mairie & Preuoſté, c'eſt à dire baſſe iuſtice.* Auſſi par la couſtume du Liege art. 7. 22. & 23. les

60 Mairie ſignifie baſſe iuſtice auſſi bien que Preuoſté.

Maieurs & Eſcheuins ont baſſe iuſtice. Et de verité en nos anciens liures de practique, & és vieilles couſtumes, Mairie ſignifie baſſe iuſtice, & le Iuge du bas iuſticier eſt appellé Maire, comme encor és articles ſecrets de la couſtume de Paris, & en celle de Rebets locale de Meaux, ainſi qu'il a eſté dit cy deuant du mot de Preuoſté, qui eſt ordinairement adioint à celui de Maire, comme ſynonyme. De ſorte qu'il y a grande apparence de dire, que les Maires de France, és villes

61 Maires des villes reſſemblent aux Defenſeurs des citez.

où ils ont iuſtice, ſe rapportent aux Defenſeurs des citez du droict: quoy que ce ſoit, nos Maires des villes n'ont que baſſe iuſtice, & ce en conſequence de ce qui vient d'eſtre dit, que tous les Officiers des villes de l'Empire Romain n'auoient iuſtices que des cauſes legeres, *& vſque ad quinquaginta ſolidos*: ce que nous auons pris en France pour noſtre baſſe iuſtice, comme il a eſté dit cy-deuant.

62 Eſcheuins en quelques villes ont entrepris la police.

Et és villes où il n'y a point de iuſtice, ni de Mairie, ains y a ſeulement des Eſcheuins qui repreſentent les Ediles des villes Romaines, la creance & ſupport qu'ils ont du peuple, qui les fauoriſe touſiours, comme ſes propres Officiers, a fait qu'en pluſieurs d'icelles ils ont vſurpé la cognoiſſance du fait de police, ainſi que les Ediles, tant de Rome, que des autres villes de l'Empire Romain, s'eſtoient attribué la police, comme en effect le mot de *Police* ſignifie la iuſtice de la cité.

Comme

Comme donc il vient d'estre dit, que cette Police dont les Officiers des villes ont entrepris de cognoistre, ha deux parties, à sçauoir l'Agoranomie, qui est le reglement des marchandises, & l'Astynomie, qui est l'execution de la menuë police, qu'on appelle proprement le faict de police: aussi y a-il quelques villes de France, dont les Officiers, soit par côcession, ou par vsurpation ont pris cognoissance de l'vne & de l'autre: comme entr'autres ceux de la ville de Paris faisoient auparauant que leur iurisdiction eust esté retranchée par le Roy Charles 5. Et de là vient que le premier Officier d'icelle est appellé Preuost des marchands, d'autant qu'il cognoissoit anciennement auec les Escheuins, du fait de marchandise, lors qu'il tenoit sa iustice, au parloir des bourgeois, dont il retient encor la cognoissance de la marchandise amenée dans Paris, sur la riuiere entre les quatre tours.

63 La police ha deux parties.

64 Preuost des marchands à Paris d'où est dit.

De cette antiquité ce docte Chancelier de l'Hospital recueillit & fist renoueller de son temps en France, deux sortes de iustices, qui encor sont exercées és villes par les habitans d'icelles, esleus par le peuple. L'vne, pour l'agoranomie, qui est la iustice des Iuges Consuls des marchands, qui premierement fut institué à Paris, en l'an 1563. puis en d'autres villes par concessions particulieres, & finalement par Edict general de l'an 1566. cette iustice fut establie en toutes les bonnes villes de ce Royaume, où il y a affluence de marchands, pour vuider les procez de marchand à marchand, & pour fait de marchandise: ce que Bodin nous apprend estre pratiqué de long temps en la plus part des villes d'Italie.

65 Deux sortes de iustice attribuées aux villes par le Chancelier de l'Hospital.

66 Des Iuges Consuls.

L'autre pour l'Astynomie & menue police des villes, instituée tant par l'ordonnance de Moulins art. 72. que par Edict de l'an 1572. qui veut qu'en chacune ville Royale il soit esleu, en l'assemblée generale d'icelle, de six en six mois, six personnages notables, sçauoir deux Officiers, & quatre bourgeois, pour cognoistre de la police, qui peuuent iuger sans appel, iusques à quarante sols, & executer nonobstant l'appel iusques à dix liures. Et faut noter neantmoins, qu'à bien entendre ces iustices des Consuls, & des Policiers n'appartiennent pas aux villes, ains au Roy, qui seulement remet & concede aux villes l'election des Officiers d'icelles, mais les émolumens luy appartiennent, comme les amendes & reuenu des Greffes, & du seau pareillement qui doit estre aux armes du Roy, & non des villes.

67 Des bourgeois policiers.

68 Que ces deux iustices n'appartiennent proprement aux villes.

Il y auoit encor anciennement vne autre iustice de mesme sorte, sçauoir est celle des Esleus sur le fait des aydes & subsides du Roy. Car comme en l'Empire Romain les Officiers des villes auoient la charge de moyenner la leuée des tributs, dont mesme ils estoient responsables: aussi anciennement en France c'estoient les Escheuins des villes, qui cognoissent des aydes & tailles accordées au Roy par le peuple, comme il se voit par les lettres patentes du Roy Iean de l'an 1350. par lesquelles il attribue au Preuost des Marchands & Escheuins de Paris, la cognoissance des differens suruenans à raison de la leuee des six deniers pour liure des menues denrees vendues au marché: d'où vient possible que la ville de Paris retient encor la iurisdiction des aydes, qui luy sont engagées pour le payement des rentes, dont elle s'est chargee pour le Roy enuers les particuliers.

69 Iustice des elections estoit iadis vne iustice populaire.

Mais à succession de temps les Escheuins des villes ne voulans prendre la peine de vuider ces differens, il fut esleu par le peuple d'autres personnes pour cet effect, qui pour cette cause furent appellez Esleus: & ceux qui furent esleus par les Estats de toute la France, pour auoir la superintendence de ces leuees, & aussi des procez, qui en prouiendroient, furent appellez Generaux, soit des aydes, soit de la iustice d'iceux: ainsi qu'au dernier temps de l'Empire Romain le *Magister Census* de Constantinople, estant comme le superintendant des Defenseurs des citez, quant au fait des cens ou tributs, fut appellé Γενικός: comme il se voit en la Nou. 44. de Leon, dans Suidas *In Artemio.*

70 Esleus d'où sont prouenus.

71 Generaux des aydes ou iustice d'iceles.

Toutesfois en fin les aydes & subsides, qui du commencement n'estoient leuez, que du consentement du peuple, & n'auoient cours, que pendant les guerres ayant esté continuez à perpetuité, & se leuans sans le consentement du peuple, les Officiers, qui en auoyent la charge, ont aussi par consequent esté faits

72 Esleus & generaux faits perpetuels.

perpetuels, & n'ont plus esté mis par le peuple, ains par le Roy. Ce que Monsieur Pasquier a discouru élegamment en son 2. liure Des recherches, chap. 7.

73 Toutes ces iustices doiuent estre sommaires. Et faut noter que toutes ces iustices populaires ont esté de tout temps, & doiuent estre encor sommaires, ainsi que la basse iustice de France, & qu'estoient en l'Empire Romain les iustices des Defenseurs des citez, & des Iuges pedanées: c'est à dire, que les causes y doiuent estre vuidées sommairement & sur le champ, sans ministere d'Aduocat & Procureur, & sans appointer les parties à produire, ni à faire enqueste: cõme pour le regard de la iustice des Consuls, il est porté par l'Edict de l'an 1563. & quant à celle des bourgeois policiers, par l'ordonnance de l'an 1577. & quant à celle des villes, il y en a Edict pour Paris de l'an 1563.

74 Et exercées gratuitement. Dont s'ensuit par consequent, que ces iustices doiuent estre exercées gratuitement, & sans rien prendre des parties, pource qu'il n'eschet aucun salaire de ce qui se vuide en l'audience, comme il a esté dit au 8. chap. du 1. liu. *Des Offices*. Aussi est-ce vn secours mutuel, que chaque honneste habitant doit en son rang à sa patrie, ainsi qu'à Rome *munus iudicandi* estoit mis entre les redeuãces & subiections personnelles, dont chascun estoit tenu, *l. 6. §. 8. ff. De excusat. tut. & l. vltima. §. Iudicandi ff. De Muner. & Honor. vbi Budæus latè.*

75 Esleus ne deuroient rien prendre des parties. Ce qui deuroit estre aussi gardé és iustices des Esleus, & l'estoit sans doute, lors qu'ils estoient vrayement esleus par le peuple: mais depuis qu'ils ont esté faicts Officiers du Roy, ils se sont licenciez d'appointer les procez, & de prendre des espices & autres salaires sur le peuple, combien qu'ils ayent beaucoup plus de gages que les Iuges ordinaires: gages que le peuple paye; & partant estant payez en gros par le peuple, ils ne se deuroient encor faire payer en détail: ioinct qu'en leur iurisdiction il est tousiours question de deniers du Roy, és affaires duquel on ne doit point adiuger de despens.

76 Retranchement des iustices des villes par l'ordon. de Moulins. Reuenant donc à nostre propos, hors les iustices des Consuls & des bourgeois policiers, qui encor ne sont pas exercées par les Escheuins, & n'appartiennent pas proprement aux villes, les villes n'ont à present aucune iustice en France par droit commun, ains seulement aucunes en ont par priuilege, encor par l'ord. de Moulins art. 71. nonobstant les priuileges particuliers des villes, la iustice ciuile leur a esté interdicte & ostée, & a seulement esté laissée la cognoissance de la police & du criminel aux villes qui l'auoient auparauant.

77 Interpretation d'icelle. Or quand cette ord. dit que la police est laissée aux villes, cela ne s'entend pas de cette nouuelle inuention de bourgeois policiers, qui n'ont pas vrayement la iustice de la police, ains seulement l'administration & intendance non contentieuse d'icelle, pour la taxe des viures & autres petits reglements, & la simple 78 Commẽt les Policiers sont reglez auec le Iuge ordinaire. correction en ce qui est contentieux. Car nonobstant leur establissement, le Iuge ordinaire de la ville, cõme vray Iuge de police, a toute cognoissance d'icelle par préuention & concurrence, & outre a tout seul la reception & reglemẽt des mestiers, la visitation du faict de police contentieux, & la cognoissance des procez criminels tendans à punition exemplaire, comme porte l'ord. de l'an 1577. ce 79 Quãd les Escheuins ont la police, n'y a point de bourgeois policiers. qui se rapporte presque à la decision de la loy 1. *C. De offic. Præfecti annonæ*: mais quand les villes ont par priuilege la cognoissance de la police, ce sont les Escheuins qui en cognoissent, & n'y a point lors en icelles de bourgeois policiers, comme il est dit en l'ord. de Moulins art. 72.

80 Iustice criminelle ne doit estre laissee aux villes. Et de verité, il y a bien quelque apparence que la police, où le peuple ha le total interest, soit administrée par Officiers populaires: mais ie ne sçay pas sur quoy sont fondées les concessions attribuées à aucunes villes de France, d'auoir la iustice criminelle, & pourquoy cette ord. de Moulins la leur a plustost laissée que la ciuile. Car la iustice criminelle est le droit de glaiue, qui ne doit point estre baillé au furieux, c'est le *merũ imperiũ*, qui en vn Estat Monarchique, ne doit point estre communiqué au peuple. Aussi au droict Romain la iustice criminelle estoit tellement interdicte aux Officiers des villes, que mesme il n'auoient pas puissance de 81 Interpretation d'vn passage de la passion. condamner à vne simple amende, comme il a esté cy-deuant prouué. Et sans doute c'est ainsi qu'il faut entendre le passage de l'Euangile, où les Iuifs disent à Pilate, *Non licet nobis interficere quemquam*: pource qu'ils n'auoient point de iustice criminelle,

criminelle, depuis qu'ils eurent esté assujettis aux Romains, combien que nos Theologiens l'expliquent autrement.

Or quand on voulut executer ceste ordonnance de Moulins, & oster par effect aux villes la iustice ciuile, plusieurs villes y formerent opposition, les vnes disans, que cette iustice leur appartenoit de toute ancienneté, voire auant l'establissement de cette Monarchie: autres, qu'elle leur auoit esté concedée à titre onereux: autres, que leurs priuileges ayant esté deuëment renouuellez & confirmez par le Roy lors regnant, ils ne deuoient estre abolis: & sur ces oppositions on disputa fermement la question, si, & quand les priuileges concedez par les Rois peuuent estre reuoquez. 82 Oppositions formées par les villes à l'execution de cette ord. de Moulins.

Les habitans de Bologne soustindrent hautement contre Monsieur le Procureur general du Roy, qu'ils auoient leur iustice de toute ancienneté, qu'ils s'estoient donnez & adioints à cette Monarchie, à condition que cette iustice leur demeureroit, & en auoient tousiours iouy depuis. Leur fait fut receu, & neantmoins faute d'en faire apparoir promptement & par titres, fut dit par arrest du mois de Ianuier 1571. que par prouision l'ordonnance seroit executée. Autant en fut ordonné en la cause de ceux d'Angoulesme, le dernier 1572. 83 Oppositio͂ des Boulonnoys. 84 Et de ceux d'Angoulesme.

Mais il est bien mal-aisé de faire preuue de choses si anciennes, & comme dit A. Gelle au lieu sus allegué, *antiquitate, obscura obliterataque sunt Municipiorum iura, quibus vti iam per ignorantiam non queunt.* Et n'y a nulle doute que ces villes n'eussent gaigné leur cause, si elles eussent peu prouuer leur dire. Car estant ainsi qu'elles se fussent adiointes à ce Royaume à cette condition, que leur iustice demeureroit, il seroit vray de dire, qu'elle leur appartiendroit de leur propre droict, & que ce ne seroit pas vn priuilege, ains plustost vne franchise & liberté, vne loy & condition imposée *in traditione sui*, qui doit estre inuiolable, *l. Sancimus. C. De reb. al. non alien.* Bref vne capitulation qui oblige la foy publique, & qui ne peut estre reuoquée sans violer le droict des gens. 85 Iustice appartenant aux villes par capitulation ne leur doit estre ostee.

C'est la plainte que faisoient les Rochelois, pendant les troubles de la Religion, disans qu'apres auoir esté contre leur volonté abandonnez à l'Anglois par le traicté de Bretigny, & depuis l'ayant chassé & s'estans mis en pleine liberté, ils s'estoient eux-mesmes remis & reioincts à ce Royaume, à condition expresse de iouïr de certaines franchises & libertez, qui ne leur peuuent estre iustement ostées, si leur dire est veritable, & si de leur costé ils n'ont point contreuenu à ce traicté. 86 Plainte des Rocheloys touchāt leurs franchises & libertez.

Voilà pour les libertez & franchises, mais quant aux simples priuileges des villes, il faut distinguer s'ils ont esté concedez, ou à titre onereux, ou gratuitement. Car ceux qui ont esté baillez à titre onereux, ne sont point sujects à estre confirmez & renouuellez de Roy en Roy, pource que la cause en subsiste tousiours, & que les contracts ont trait à perpetuité. Pareillement ils n'ont pas accoustumé en ce cas d'estre reuoquez, principalement quand ils ont esté verifiez au Parlement, pource qu'il y va lors de la foy publique, & que les Rois sont tenus de leurs contracts legitimement faicts, aussi bien que les particuliers. C'est pourquoy les habitans de Chauny furent maintenus en leur iustice, nonobstant l'ordonnance de Moulins, par arrest prouisionnal du 11. Iuin 1570. ayant fait apparoir qu'ils la tenoient à titre onereux: Et c'est la cause pourquoy on laisse les iustices aux Seigneurs de France, pource qu'elles leur ont esté concedées par les Rois à titre de fief, qui est reputé titre onereux, qui de tout temps a esté licite iusques à l'ordonnance du Domaine, qui a prohibé, pour l'aduenir seulement, les concessions en fief du domaine, ou droicts de la Couronne. Et partant il n'est besoin de confirmation & renouuellement des iustices Seigneuriales aux changemens des Rois, ains seulement en faut reïterer la foy, comme des autres fiefs. 87 Des priuileges des villes. 88 Priuileges concedez à titre onereux. 89 Pourquoy, nonobstant l'ord. de Moulins, plusieurs villes ont gardé leurs iustices.

Non que pourtant le Roy ne puisse sans iniustice reuoquer les priuileges concedez à titre onereux par son predecesseur, lequel le peut encor moins lier que le predecesseur peut lier vn beneficier, en attribuant nouueaux droicts aux vassaux du benefice. Car en outre, le Roy ha pour lui la consideration du bien public, qui est tousiours plus forte que l'interest des particuliers: de maniere que 90 Commēt les priuileges onereux peuuent estre reuoquez.

pour vn reglement public, & vne bonne reformation, il peut tousiours reuoquer les priuileges concedez à titre onereux, & fust-ce par lui mesme. Mais toutesfois il faut en tout cas qu'il rende indemnes ceux à qui il les oste, & qu'il leur restituë prealablement tout ce qui est entré du leur au profit de la Couronne.

91 Des priuileges gratuits

Finalement quant aux priuileges concedez gratuitement d'autant, qu'ils sont contraires au droict commun, & partant odieux, ils ne lient iamais le successeur du Prince qui les a concedez : tesmoin Bartole sur la constit. *Ad reprimendam, in*

92 Cõfirmation de chasque Roy necessaire aux priuileges gratuits.

verb. Reges. num. 21. où il recite, qu'estant enuoyé vers l'Empereur Charles IIII. comme deputé de la ville de Peruse, pour obtenir la confirmation des priuileges d'icelle, il ne la peut auoir que sous cette clause, *iusques à ce qu'ils soient reuoquez par nos successeurs*. Ce que l'Empereur Tibere mist le premier en vsage, ordonnant, ainsi que dit Suetone *in Tito*, que *indulta à principibus defunctis beneficia non aliter rata haberentur, quàm si ipse firmasset: cùm antea principis beneficium, nisi ad tempus datum esset, perpetuum haberetur.* Et adiouste Suetone, que le bon Empereur Titus *superiorum Principum beneficia vno confirmauit edicto, nec à se peti passus est*, ce qui est aussi rapporté par Dion en sa vie. χαρίσματα ἀπέθηκε, βεβαιῶν πάντα τὰ ὑπὸ τῶν προτέρων αὐτοκρατόρων βεβαιωθέντα ποιν, ὥστε μὴ καθ' ἑκάστους σφᾶς αἰτοῦντας αὐτὸν πράγματα ἔχειν. *Aurel. Victor in Domitiano, Cùm donata, inquit, concessave à prioribus Principibus firmare insequentes solerent, simul imperium cœpit, talia possidentibus Edicto sponte cauit.*

93 Priuileges gratuits ne peuuent estre perpetuels.

Qui fut la cause, dit Bodin, pourquoy le Chancelier l'Hospital refusa de seeller la cõfirmation des priuileges de S. Maur des Fossez prés Paris, quelque commandement qu'il en eust du Roy, pource qu'ils portoient perpetuel affranchissement des tailles. Ce que Bodin trouue estrange, disant que le mot, *perpetuel*, apposé aux priuileges, doit estre entendu selon la nature d'iceux : & partant ne lie point les Princes successeurs. Mais quoy qu'il en die, c'estoit, à mon aduis, plus religieusement fait de refuser à seeller ces lettres, que d'y passer vne clause, qui à succession de temps eust esté iugée nulle.

FIN.

TABLE ALPHABETIQVE
DES MATIERES PRINCIPALES.
CONTENVES EN CE TRAITTE' DES SEIGNEVRIES.

A

D

E

F

G

H

I

L

Lettres

M.

N

O

Ordon-

P

S

T

FIN.

TRAICTE' DES ORDRES ET SIMPLES DIGNITEZ.

PAR

CHARLES LOYSEAV Parisien.

SECONDE EDITION, CORRIGEE & augmentée par l'Autheur.

A' PARIS,

Chez la veufue Abel l'Angelier, au premier pillier de la grand' Salle du Palais.

M. DC. XIII.

AVEC PRIVILEGE DV ROY.

A MONSEIGNEVR,

MESSIRE IEAN FORGET

CHEVALIER, CONSEILLER DV ROY

EN SES CONSEIL D'ESTAT ET PRIVE', ET PRESIdent en sa Cour de Parlement.

MONSEIGNEVR,

S'il est ainsi des escrits donnez au public, comme des tableaux de platte peinture, dont l'excellence & la grace n'est bien cogneuë, s'ils ne sont posez à leur iour, ou pourrois-je mieux placer ce traitté *DES ORDRES ET DIGNITEZ*, qu'en le mettant entre vos mains, pour le faire voir à la France, sous le lustre de vostre merite? Et certes, Monseigneur, la matiere que i'y traitte, m'a découuert, qu'il vous deuoit estre addressé, comme à celuy qui en auez plus parfaicte cognoissance. Car on a veu passer vostre vertu par les principales charges & degrez d'honneur, pour monter & paruenir à l'illustre dignité, que vous exercez si dignement. Et d'ailleurs, quand il se parle d'apporter quelque Ordre & bon reglement à la confusion & desordre, qui peruertit auiourd'huy l'eutaxie & bonne disposition de cét Estat, on iette aussi tost les yeux sur vous, comme l'vn de ceux, qui estes recogneu des plus capables d'y mettre la main, sous les augustes desseins de nostre grand Roy. Voila pourquoy ayant employé si peu d'heures de relasche qui me restent des occupations ordinaires de ma charge, à la continuation des estudes, que i'ay reseruées & voüées à mon pays, comme ce petit discours s'en est troué esclos, il s'est enhardy de prendre sa volée sous les auspices de vostre faueur, afin que mes compatriotes voyent, que si je n'ay la dexterité d'amener l'ouurage à perfection, au moins i'en esbauche la matiere, pour ceux qui plus experts y voudront desployer & employer, pour le public, le talent de leur industrie. Aussi, Monseigneur, ie n'en attends la recommandation & honneur, que pourroit meriter vn œuure parfait; ains me suffit que ce mien essay & proiet, plein d'honneste desir, vous soit agreable, & qu'il serue de tesmoignage à la posterité, que ie suis & seray toute ma vie,

MONSEIGNEVR,

Vostre tres-humble & obeïssant seruiteur, C. LOYSEAV.

TABLE DES CHAPITRES DV LIVRE DES ORDRES.

A MONSIEVR LOYSEAV, SVR SES LIVRES DES OFFICES, SEIGNEVRIES, & Ordres.

ALors, diuin Oyseau, que ton docte ramage
Nous chanta les secrets du Déguerpissement,
Vn chacun admiroit auec estonnement
L'art, le sçauoir, & l'heur d'vn si parfait ouurage:
Mais or' que plus hardy, tu ouures le passage,
Pour du Droict des Seigneurs parler si grauement,
Ensemble des Estats, & des Ordres, vrayment
On te peut bien nommer le Fenix de nostre aage.
Aussi comme lon voit, que cét vnique Oyseau,
Mourant renaist brulé du celeste flambeau,
Qui luy donne en sa fin vne nouuelle vie:
De mesme quand la Parque aura tranché le cours
De tes ans mesurez, tous ces riches discours
Te feront viure encor, en despit de l'enuie.

LAMBERDIERE.

LIVRE DES ORDRES ET SIMPLES DIGNITEZ.

ADVANT-PROPOS.

1 Ordre necessaire à toutes choses.

IL FAVT qu'il y ait de l'Ordre en toutes choses, & pour la bien-seance, & pour la direction d'icelles. Le monde mesme est ainsi appellé en Latin, à cause de l'ornement & la grace prouenant de son admirable disposition: & en Grec, κόσμος à cause de son bel Ordre & agencement: pource que le parfait Ouurier εἰς τάξιν αὐτὸν ἐκ τῆς ἀταξίας ἤγαγεν, dit Platon en son Timée, que Ciceron au 5. des loix, tourne, *ex inordinato ordinem constituit.*

2 Ordre general du monde.

Les creatures inanimées y sont toutes placées selon leur haut ou bas degré de perfection : leurs temps & saisons sont certaines, leurs proprietez sont reglées, leurs effects sont asseurez. Quant aux animées, les intelligences celestes ont leurs Ordres hierarchiques, qui sont immuables. Et pour le regard des hommes qui sont ordonnez de Dieu, pour commander aux autres creatures animées de ce bas monde, bien que leur ordre soit muable & subject à vicissitude, à cause de la franchise & liberté particuliere, que Dieu leur a donné au bien & au mal; si est-ce qu'ils ne peuuent subsister sans ordre.

3 Ordre necessaire parmy les hommes.

Car nous ne pourrions pas viure ensemblément en egalité de condition, ains il faut par necessité, que les vns commandent, & que les autres obeïssent. Ceux qui commandent ont plusieurs Ordres, rangs, ou degrez : les souuerains Seigneurs commandent à tous ceux de leur estat, addressans leur commandement aux grands, les grands aux mediocres, les mediocres aux petits, & les petits au peuple. Et le peuple, qui obeït à tous ceux-là, est encor separé en plusieurs Ordres & rangs, afin que sur chacun d'iceux, il y ait des superieurs, qui rendent raison de tout leur Ordre aux Magistrats, & les Magistrats aux Seigneurs souuerains. Ainsi par le moyen de ces diuisions & subdiuisions multipliées il se fait de plusieurs Ordres vn Ordre general, & de plusieurs Estats vn Estat bien reglé, auquel il y a vne bonne harmonie & consonance, & vne correspondance & rapport du plus bas au plus haut : de sorte qu'en fin par l'Ordre vn nombre innombrable aboutit à l'vnité. *Ad hoc summi dispensatoris prouisio gradus diuersos, & ordines constituit esse distinctos, vt dum reuerentiam minores potioribus exhiberent, & potiores minoribus dilectionem impenderent, vera concordia fieret, & ex diuersitate contextio. Non enim vniuersitas poterat alia ratione subsistere, nisi magnus eam differentiæ ordo seruaret: quia quæque creatura in vna eadémque qualitate gubernari non potest. Quod nos cælestium militiarum exemplar instruit: quia dum sunt Angeli & Archangeli, liquet quod non sunt æquales, sed in potestate & ordine differunt alter ab altero.* dit le Canon dernier de la distinction 89.

4 Effect de l'Ordre.

5 Ordre d'vne armée.

Comment pourroit vn general d'armée estre obey en vn moment par tous

les soldats d'icelle, si l'armée n'estoit diuisée par regimens, les regimens par compagnies, les compagnies par escoüades ? si que le commandement du General estant incontinant porté aux maistres de Camp, puis par eux aux Capitaines, par
6 Ordre d'vn Estat. les Capitaines aux Caporaux, & par ceux-cy aux simples soldats, le moindre soldat de l'armée en est aduerty en fort peu de temps. Mais l'effect de l'Ordre est encor plus admirable en vn Estat, qu'en vne armée. Car l'armée est serrée en peu de lieu, & l'Estat est estendu ordinairement en vn grand païs. L'armée dure peu de temps en son entier, & l'Estat dure quasi tousiours. Et cela se fait par la vertu de l'Ordre. Car le Souuerain a ses Officiers generaux pres de lui, qui enuoyent ses mandemens aux Magistrats des Prouinces, ceux-là à ceux des villes, & ceux des villes les font executer par le peuple.

7 Ordres diuers de France. Voila quant à ceux qui commandent, & quant au peuple qui obeït ; pource que c'est vn corps à plusieurs testes, on le diuise par Ordres, estats, ou vacations particulieres. Les vns sont dediez particulierement au seruice de Dieu : les autres à conseruer l'Estat par les armes : les autres à le nourrir & maintenir par les exercices de la paix. Ce sont nos trois Ordres ou Estats generaux de France, le
8 Degrez subordinez en chacun Ordre. Clergé, la Noblesse, & le tiers Estat. Mais chacun de ces trois Ordres est encor subdiuisé en degrés subordinez, ou Ordres subalternes, à l'exemple de la hierarchie celeste, dont traittant sainct Denys l'Areopagite, dit elegamment, Ἐν τοῖς ὁμοταγέσιν ἐστὶ ὁ θεσμὸς ὥρισαι παρὰ τῆς πάντων ὑπερουσίου ταξιαρχίας, τὸ καθ' ἑκάστην ἱεραρχίαν πρώτας, καὶ μέσας, καὶ τελευταίας εἶναι τάξεις τε καὶ δυνάμεις, καὶ τῶν ἡττόνων εἶναι τοὺς θειοτέρους μύστας, καὶ χειραγωγούς, ἐπὶ τὴν θείαν προσαγωγὴν καὶ ἔλλαμψιν, καὶ κοινωνίας.

9 De mesme. Les degrez ou Ordres subalternes du Clergé sont assez notoires : car, outre les quatre mineurs, & celuy de tonsure, il y a les Ordres sacrez de Sousdiacre, Diacre, Prestre, Euesque, & en fin on a adiousté celuy de Cardinal, & si y a encor les diuers Ordres des moines. Ceux de la Noblesse sont la simple Noblesse, la haute Noblesse, & les Princes. Finalement au tiers Estat, qui est le plus ample, il y a plusieurs Ordres, à sçauoir des gens de Lettres, de Finance, de Marchandise, de Mestier, de Labour & de Bras : dont toutesfois la plus part sont plustost simples vacations, qu'Ordres formez.

10 Continuation de ce liure aux precedens. Ayant dont traitté par cy-deuant de ceux qui ont le commandement ou puissance publique, soit par eux mesme & par fonction, qui sont les Officiers : soit par autruy, & en simple proprieté, qui sont les Seigneurs : il reste maintenant d'expliquer les Ordres & rangs diuers de ceux qui obeïssent, qui est la troisiesme espece de Dignité, outre les Offices & Seigneuries, qu'il estoit necessaire de traitter apres les deux autres, afin que toutes les 3. especes fussent expliquées. Et
11 Diuisions des simples dignitez. parmy les Ordres, ie traitteray encor des simples Dignitez, qui ne sont vrayement ni Offices, ni Seigneuries, ni Ordres : dont i'en poseray pareillement trois especes, à sçauoir, les Offices, Seigneuries, ou Ordres honoraires, les Epithetes, & les Auant-noms : matiere qui n'est pas moins vtile & agreable, que les precedentes.

SOMMAIRE DV PREMIER CHAPITRE.

DE L'ORDRE EN GENERAL.

Chapitre premier.

1 Si le Senat Romain estoit Ordre, ou Office.

C'Est vne grande dispute entre deux Iurisconsultes modernes, si le Senat Romain estoit vn Ordre, ou bien vne compagnée d'Officiers. Car Budée sur la loy derniere *De Senat.* dit que c'estoit vn ordre, attendu qu'au droict, & dans les autres bons liures il est tousiours appellé *Ordo amplissimus*, & les Senateurs n'y sont iamais qualifiez Officiers, ou Magistrats. Cagnolc l'en reprend, & soustient Accurse & les anciens Docteurs de sa note, qui abusez par l'vsage de leur temps, ont dit concordamment, que le Senat Romain estoit vn corps d'Officiers. La difficulté est encor toute semblable en la di-

2 Et les Decurions.

gnité des Decurions, c'est à dire des Conseillers des villes de l'Empire Romain: veu qu'au droict elle est tantost appellée Ordre, & tantost Honneur, qui est à dire Office de ville ou Republique: *Honor enim est administratio Reipublicæ cum dignitatis gradu*, dit Calistrate en la loy 14. *De muner. & Honor.*

3 Que c'est qu'Ordre.

Or n'ay-ie plus qu'à traitter de l'Ordre. Car la nature de l'Office a esté assez expliquée aux cinq liures des Offices. L'Ordre donc, auquel ce liure est dedié, est vne espece de dignité, ou qualité honorable, qui d'vne mesme sorte, & d'vn mesme nom appartient à plusieurs personnes: ne leur attribuant de soy aucune puissance publique en particulier, mais outre le rang qu'elle leur donne, elle leur apporte vne aptitude & capacité particuliere, pour paruenir ou aux Offices, ou aux Seigneuries: & est appellée Ordre, soit pource qu'elle n'attribuë par effect à la personne que le rang d'honneur, soit pource qu'elle met celuy qui l'ha, en ordre & en rang de paruenir à la puissance publique. Elle est en Grec appel-

4 τάξις.

lée τάξις, comme qui diroit vne classe & condition certaine de personnes: & en

5 Estat.

François on la nomme particulierement Estat, comme estant la dignité & qualité la plus stable & plus inseparable de l'homme: ainsi qu'il sera prouué en son lieu. Et quant à sa definition, l'Ordre peut estre definy, *Dignité auec aptitude à la puissance publique.*

6 Definitions des trois especes de dignité.

Car comme i'ay dit au commencement du 1. liu. *des Offices*, il y a trois especes de dignité, l'Office, la Seigneurie, & l'Ordre: lesquelles ont non seulement leur genre commun, qui est la dignité, mais aussi beaucoup de conuenance en leur difference, qui est la puissance publique, à laquelle chacune de ces trois especes participe differemment. Car l'Office en ha la function ou exercice: & partant ie l'ay definy *Dignité auec function publique*: la Seigneurie en ha la proprieté, aussi l'ay-je definie *Dignité auec puissance publique en proprieté*: & finalement l'Ordre n'en ha que l'aptitude, c'est pourquoy i'ay dit pour sa definition, que c'est *Dignité auec aptitude à la puissance publique.*

7 Preuue de la definition de l'Ordre.

Pour exemple, la clericature est vn Ordre, qui de soy n'apporte aucune puissance publique, mais qui neantmoins rend celui qui en est honoré capable des benefices & Offices Ecclesiastiques. Pareillement la Noblesse est vn Ordre, qui de soy n'est point vne charge publique, mais qui donne à celui qui est noble vne aptitude à plusieurs beaux Offices & Seigneuries affectées aux nobles. De mesme estre Docteur ou Licentié és loix n'est point vn Office, mais c'est vn Ordre necessaire pour paruenir aux Offices de iudicature. Dont s'ensuit, que l'Office suit l'Ordre, & est conferé à celui qui est de l'Ordre, auquel il est affecté. Que s'il y a quelques Ordres qui ayent function publique, encor ne l'ont-ils qu'en corps & non en particulier, & lors on peut dire, qu'ils participent de la nature des Offices.

8 Resolution de la question des Decurions.

Ainsi donc la difficulté qui vient d'estre proposée touchãt les Decuriõs est aisée à soudre. Car c'est la verité qu'ils participoient de l'Ordre & de l'Office. De l'Ordre entãt que c'estoit vn rãg honorable de persõnes, separé du surplus du peuple, & vne qualité requise pour paruenir aux Offices de la ville, esquels principalement residoit l'administration. De l'Office aussi, entant qu'ils participoient aucunement à cette administration, mesme estoient tous responsables en leurs biens des affaires des villes. Ainsi donc participant de l'vn & de l'autre, il ne faut trouuer estrange, que le Decurionat soit par fois appellé *Honor*, & communément *Ordo*. De mesme le Senat Romain de sa premiere institution estoit vn pur Ordre, n'ayans les Senateurs aucun commandement ni administration, au moins en particulier. Mais ayant esté reduit sous les Empereurs comme en vne iustice ordinaire, ainsi qu'il sera discouru au chap. suiuant, il a deslors participé à la nature de l'Office. 9 Et des Senateurs.

Il y a encor vne autre difference bien signalée entre l'Ordre & l'office, à sçauoir que l'Office *est quid positiuum*, qui peut subsister à part, sans qu'aucun en soit pourueu, & qui passe d'vne personne à autre, sans se perdre & aneantir tout à fait: bref l'Office semble estre sous la categorie de substance. Au contraire l'Ordre n'est rien de positif, & n'est point vne substance qui puisse subsister de soy mesme, ains est vn simple accident, & est sous la categorie de qualité; estant aussi vne simple qualité inseparable de la personne, qui perit auec elle, & n'est transmissible à vn autre, au moins *in indiuiduo, & ipsamet numero*, ains seulement vne semblale qualité. 10 Autre difference entre l'Ordre & l'Office.

Pour exemple, l'Office de Baillif, Lieutenant, Procureur du Roy subsiste sans que personne en soit pourueu, & ne perit pas quand l'Officier meurt, ou qu'il le resigne, ains ne fait que changer de maistre: mais la qualité de Prestre, de Cheualier, de Licencié és loix, naist & perit auec la personne, comme c'est le propre de l'accident de perir auec son subiect. Et bien qu'apres la mort d'vn Cheualier, vn autre soit mis en sa place, ce n'est pas pourtant la mesme qualité indiuiduellement qui lui est baillée, ains vne autre toute semblable. 11 Preuue.

Pour conclusion il y a vn beau passage dans Cassiodore, *lib. 6. Variarum epist. 2.* qui rapporte fort bien les qualitez de l'Ordre, où parlant du Patriciat, qui estoit vne espece d'Ordre, *Honor ille*, dit-il, *cinctus est & tamen vacat, nihil iurisdictionis habens, & iudicantis cingulum non deponens. In quo perpetua fœlicitas nascitur, dum successoris ambitio non timetur. Nam mox, vt datus fuerit, homini fit coæuus, ornatus indiuiduus, cingulum fidele, quod nescit antè deserere, quàm de mundo hominem contingat exire.* 12 Belle description de l'Ordre.

Doncques afin de parcourir icy en general la nature de l'Ordre, il faut considerer en premier lieu, que comme il est plus inherent & inseparable de la personne que l'Office, pource qu'il lui forme son Estat, & lui imprime vn charactere perpetuel, il faut aussi ordinairement plus de solennité à le conferer, & plus de façon à l'oster que l'Office. Car l'Office est conferé par la simple volonté & parole, ou du collateur, ou des électeurs, *solo verbo fit gratia*, disent les Canonistes: & pour la preuue de cette grace, on prend prouision des Offices collatifs, mais non pas des électifs, au moins quand l'élection est notoire & publique: quoy que ce soit déslors de cette collation ou élection, on est fait Seigneur de l'Office, puis faisant le serment on est fait Officier. Car il ne faut considerer les ceremonies vsitées à present en la reception des Officiers, qui n'ont esté introduites sinon depuis que sans choix ni discretion on a commencé de conferer les Offices au plus offrant & dernier encherisseur. 13 Faut plus de solennité à conferer l'Ordre, que l'Office.

Mais c'est de tout temps, qu'on a examiné, ou autrement esprouué la capacité de ceux qu'on vouloit admettre aux Ordres, soit entre les Romains par les Censeurs, & depuis par les Empereurs mesme, *Admittendos in Senatum examinare cogit sollicitus honor Senatus*, dit Theodoric dans Cassiodore, & Lampride nous rapporte l'exacte enqueste que faisoit ce sage Empereur Alexandre Seuere en la reception des Senateurs. Soit en l'Eglise anciéne, *tit. De scrutinio in Ordine faciendo*, comme il a esté prouué au 1. liu. Et outre cela nous voyons, qu'il y a encor certaines ceremonies en grand nombre en l'acte mesme de conferer toutes sortes d'Ordres, soit Ecclesiastiques, sacrés, ou non sacrés, & mesme à conferer les Ordres de religion, à sçauoir le nouiciat & la profession: A faire des Cheualiers il y en a d'autres toutes differentes: & ce qu'il n'y en a point à faire des Princes & les gentils-hômes, est que ces Ordres sont heteroclites, entant qu'ils viennent de race 14 Solennitez de la collatiō de l'Ordre.

& non de concession particuliere. Bref à faire des Licenciez & des Docteurs, des Aduocats & Procureurs, & iusques à des maistres des mestiers, on voit qu'il y a de certaines solemnitez.

15 Habits particuliers, ou autres enseignes des Ordres Romains. Outre plus, chacun Ordre a ordinairement sa marque particuliere, enseigne, ou ornement visible, dont il est orné solennellemẽt dés l'entrée d'icelui: comme pour exemple les Senateurs Romains auoient *tunicam lati claui, & calceos lunatos*, les Cheualiers Romains auoient *tunicam angusti claui*, *& annulum*: les simples citoyens auoient *tunicam rectam, seu sine clauis*: & la marque generale du citoyen Romain estoit la robe de dessus appellée *toga*, ce qui sera expliqué au chap. suiuant. Finalement la marque du gendarme estoit *cingulum militare*, appellé en vn mot

16 Baudrier. *balteus*, que nous auons tourné *baudrier*.

17 Robe longue. Et comme les antiques citoyens Romains auoient la toge, aussi maintenant tous ceux du Clergé portent indifferemmẽt la robe longue, laquelle, selon le ceremonial Romain (comme il est dit au chap. 2. *De pœnis, in 6.*) doit estre vestuë publiquement à celui qui reçoit tonsure, qui est l'entrée des Ordres Ecclesiastiques. Et pource que cette remarque est commune aux Ecclesiastiques & aux gens de lettres, les Ecclesiastiques (au moins ceux qui sont constituez aux Or-

18 Tonsure. dres sacrez) portent pour marque particuliere, la tonsure de leur teste, autrement appellée corone, qui anciennement estoit la marque commune & generale de tous ceux du Clergé, qui estoient tous clercs tonsurez, estant mesme portée par ceux qui n'auoient que le simple Ordre de tonsure, ainsi qu'on voit encor à present, que les enfans de chœur la portẽt: voire mesme du temps que les clercs mariez iouissoient des priuileges de clericature, il falloit quils fussent trouuez *in habitu & tonsura*, comme i'ay dit au penult. chapitre *Des Seigneuries*.

19 Habits des Ordres Ecclesiastiques. Outre cette marque generale, les Acolytes, & les autres clercs des quatre Ordres mineurs, portent le surpelis, ou l'Aube, c'est à dire la robe blanche, qui à Rome aux derniers temps estoit enseigne de dignité, comme à nous la robe rouge, ce qui meriteroit vn discours à part: les Soudiacres ont pour marque de leur Ordre le phanon: les Diacres l'estolle, les Prestres la chasuble: les Euesques ont la mitre, la croce, les gands, & l'anneau: les Cardinaux ont le chappeau ou bõnet & la robbe d'escarlate. De partie desquels ornemens Ecclesiastiques est fait mention au can. *can. Episcopus* 11. *quæst.* 3. bref les Religieux ont la couronne ou tonsure plus large que les clercs seculiers: mesme les Iesuites, qui sont demy seculiers & demy religieux, ont leur couronne de moyenne grandeur entre celle des seculiers & des religieux: & outre chacun Ordre de Religieux ha son habit distinct, ie dy distinct non seulement d'vn ordre à autre, mais aussi du nouice au profez de mesme Ordre de religion.

20 Enseignes des Ordres de Noblesse. Entre les nobles, les simples Gentils-hommes ont leurs armoiries tymbrées: les Cheualiers ont les esperons & harnois dorez (au moins c'estoit anciennemẽt leur marque particuliere, mais maintenant en a qui en veut acheter) les Cheualiers de l'Ordre ont le collier, ou autre marque de leur Ordre: bref les Princes ont le manteau de Prince, qu'il seroit bien seant qu'ils portassent tousiours.

21 Et de ceux du tiers Estat. Entre roturiers, les Docteurs, Licenciez, & Bacheliers ont le chapperon de diuerse sorte, selon les diuerses facultez, outre la longue robe, qui leur est commune auec les Ecclesiastiques: les Aduocats ont la cornette, les Procureurs n'õt que la longue robbe, qui les rend differens des simples praticiens, qui n'ont serment à iustice: & ont mal à propos vsurpé aux Cours souueraines le chapperon à bourrelet non fourré, lors que les gens de lettres le portoient fourré: mais ne se faut estonner, que de tout temps les Aduocats l'ayent porté semblable aux Presidens & Conseillers, d'autant que le chapperon n'est pas l'ornement de l'office, ains de l'ordre de Licencié és loix, qui leur est commun à tous.

22 Difference d'habits. Voila pour les enseignes & ornemens de chacun Ordre, dont il y a vn tres-beau passage dans Lampride *in Alex. Seu. In animo habuit omnibus officiis genus vestium propriũ dare, & omnibus dignitatibus vt à vestitu dignoscerentur. Sed hoc Vlpiano Pauloque displicuit, dicentibus, plurimùm rixarum fore, si faciles homines essent ad iniurias. Tum satis esse constituit, vt Equites Romani à Senatoribus claui qualitate discernerentur.*

Mais outre cet ornement externe, il prouient des Ordres deux autres prerogatiues d'honneur, à sçauoir le tiltre & le rang. Pour le regard du tiltre, il est notoire que chacun se peut tiltrer & qualifier du tiltre de son Ordre, & en accompagner son nom, encor plustost que de celuy de son Office: pource que l'Ordre est encor plus inherent à la personne que l'Office, qui est cause que le tiltre de l'Ordre demeure apres la démission, comme il sera dit incontinant: combien que le tiltre de l'Office ne demeure plus apres la resignation. Aussi le tiltre de l'Ordre doit tousiours estre mis immediatement apres le nom, & deuant le tiltre de l'Office, pource que l'Office est le plus souuent conferé en consequence de l'Ordre, auquel il est affecté, comme il vient d'estre dit. 23 Titres prouenans des Ordres.

Mesme l'Ordre, aussi bien que l'Office, produit encor certains Epithetes, ou tiltres d'honneur, vsitez & à Rome & en France: comme à Rome les tiltres de *Illustres*, *Spectabiles*, *Clarissimi*, *Perfectissimi*, *Egregij*: en France ceux de Cheualier, Conseiller du Roy, Escuyer, & plusieurs autres. Tiltres, qui ne sont pas directement attribuez aux personnes, comme ceux des Ordres & Offices, mais concernent immediatement les Ordres & Offices mesme, *suntque epitheta siue attributa certorum Ordinum & Officiorum*. Et neantmoins à cause de la ressemblance qu'ils ont aux vrais Ordres, ils sont reputez comme Ordres honoraires & imaginaires: c'est pourquoy ils sont adioustez immediatement apres le nom, ainsi que les vrais Ordres, voire aucuns d'iceux sont mis deuant le nom. 24 Epithetes.

Comme aussi l'Ordre produit encor, aussi bien que l'Office, cette autre qualité, qui nous est particuliere en France, que i'appelle l'auât-nom, de laquelle, ainsi que des Ordres ou Offices honoraires, & encor des epithetes, (qui sont les trois tiltres que i'appelle simples Dignitez en l'inscription de ce liure) ie traitteray aux deux derniers chapitres. 25 Auât-nom.

Quant au rang, qui est la prerogatiue de seoir, ou de marcher, il est certain que les Ordres la produisent principalement, & encor plustost que les Offices, comme le nom mesme d'Ordre le denote & signifie. Aussi est-il notoire, qu'à Rome les Senateurs auoient rang deuant les Cheualiers, & les Cheualiers deuant le menu peuple: ce qui paroissoit principalement au theatre, ou jeux publics, où iournellement le peuple Romain s'assembloit. Car il y eut plusieurs loix faictes exprés, pour regler les places du theatre, & par icelles les plus honorables places, qui estoient celles d'embas, *in cauea, seu orchestra ad theatri radices*, tout prés les ioueurs, estoient attribuées aux Senateurs: celles des quatorze degrez plus bas aux Cheualiers: & les autres rangs ou degrez plus hauts, & par consequent plus esloignez & incommodes, estoient laissez au menu peuple, comme Sigonius a discouru fort doctement au second liure, *De antiquo iure ciuium Rom. cap.* 19. 26 Du râg des Ordres. 27 Rangs de theatre à Rome.

De mesme en France, les trois Estats ont leur ordre & rang l'vn apres l'autre, sçauoir est l'Ordre Ecclesiastique tout le premier, celuy de Noblesse apres, & le tiers Estat le dernier: combien qu'il n'y en ait point d'ordonnance, pource qu'il ne se fait gueres de loix, pour ce qui concerne simplement l'honneur; ains les rangs d'honneur s'obseruent volontiers par honneur: & certainement ils sont plus honorables, quand ils prouiennent d'vn respect volontaire. Ainsi Valere dit, que la premiere loy de Rome, qui distingua les places du theatre, ne fut faite que six cens cinquante six ans apres Rome bastie: & neantmoins, qu'auparauant on n'auoit veu personne prendre place deuant les Senateurs: Mais quand cette loy fut faicte, le peuple (dit Tite-Liue, liure 33.) s'en offensa, disant, *omnia talia discrimina, quibus ordines discernerentur, & concordiæ & æquæ libertatis minuendæ esse: nouam & superbam libidinem, ab nulla ante gente, neque desideratam, neque institutam*. Et apres que Roscius eut fait faire la loy, qui donna rang à part aux Cheualiers dans le theatre, qui fut pendant le Consulat de Ciceron, il en arriua vne grande sedition au theatre, que Ciceron appaisa incontinant par son beau parler, dont Plutarque le louë grandement. 28 Qu'il n'en faut point de loix. 29 Loix theatrales de Rome.

Ce que ie dy, pour monstrer que ce rang doit plustost estre maintenu doucement & par courtoisie, que par arrogance & de haute lucte. Car l'honneur & l'amour sont deux choses si sublimes & si primes, qu'elles ne peuuent estre com- 30 Rang doit estre gaigné & maintenu par douceur.

mãdées, ni obtenuës bien à poinct par force: aussi n'y a-il point d'action produite pour les obtenir: & si on les pense auoir de force, ce n'est pas amour, ains crainte & subjection; ce n'est pas honneur, ains tyrannie & oppression: comme i'ay desja dit au premier liure *Des Offices*. Toutesfois, comme l'amour est necessaire au monde, aussi est l'honneur & le rang, autrement ce ne seroit que confusion parmy nous: mais il faut gagner par merite, & maintenir par douceur l'vn & l'autre.

31 Rang des Ecclesiastiques auec les Nobles.

Donques puisque l'Ordre Ecclesiastique est le premier parmy nous, il y a apparence que le moindre Prestre, voire le moindre Clerc tonsuré deuroit preceder le plus grand des simples Gentilshommes de la Cour (i'enten entre personnes priuées: car c'est autre chose des Officiers, ausquels l'Office attribuë vn rang particulier) non pour son merite particulier, ains à cause de son Ordre, & encor pour mieux dire, à cause de Dieu, duquel il est ministre, *non illi, sed Religioni.* Et anciennement pendant la deuotion de nos ancestres on en vsoit ainsi, & voyoit-on le Seigneur faire seoir son Curé, ou quelqu'autre homme d'Eglise que ce fust, au haut de sa table: & n'y a nulle doute que cét honneur ne soit agreable à Dieu, qui en est jaloux à bon droict, comme celuy en qui le vray honneur reside parfaictement, *& cui soli honor & gloria in secula seculorum.*

32 De mesme.

Mais pource que l'Ordre Ecclesiastique est consideré, comme vn Ordre extrauagant & extraordinaire en la police temporelle, nostre Redempteur ayant luy mesme dit, que son Royaume n'estoit de ce monde, voire que le dernier commandement, qu'il a faict à ses Apostres, a esté de se rendre les plus petits parmy le monde, on obserue communément à present, que ceux qui sont en quelque dignité seculiere, ne veulent ceder aux Prestres, s'ils n'ont quelque dignité Ecclesiastique.

33 Rang des gentil-hommes auec les Officiers.

Pareillement ie dy que le moindre Gentil-homme doit preseder le plus riche & honorable du tiers Estat: ce que i'enten aussi entre personnes priuées, & quand il n'est question que du rang des Ordres: mais comme ainsi soit, que la dignité de l'Office est plus grande, mesme qu'elle rehausse celle de l'Ordre, entant qu'il faut ordinairement auoir l'Ordre auant qu'estre Officier, c'est vne grande difficulté quand vn roturier estant pourueu d'Office, debat la seance contre vn Gentil-homme non Officier.

34 De mesme.

Pour s'en resoudre, il faut prendre garde à ce que nous venons de dire, qu'il y a deux, voire trois degrez de noblesse, à sçauoir la simple noblesse, la haute noblesse & les Princes. Ceux de la haute noblesse, à sçauoir les Cheualiers, & à plus forte raison les Princes, ayans vn rehaussement de dignité par dessus leur noblesse, ne cedent à aucuns Officiers, si ce n'est que les Cheualiers cedent à certains Officiers, qui sont aussi Cheualiers à cause de leurs Offices, comme ceux-cy ayans le mesme Ordre qu'eux, & l'Office dauantage. Mais quant aux Princes ils ne cedent à aucuns Officiers, quels qu'ils soient; si ce n'est au principal acte de leur exercice: voire hors ce cas quand ils sont eux-mesme Officiers, ils gardent le rang de Princes comme plus grand, & non celuy d'Officier comme plus petit, & ne cedent qu'aux Rois & Princes souuerains.

35 De mesme encor.

Mais la simple noblesse cede quelquesfois aux Officiers, ores qu'ils soient d'extraction roturiere: ce qui n'est pourtant à l'esgard de toute sorte d'Officiers, ains seulement des Magistrats en leur distroit & l'estenduë de leur puissance. Car il n'y a que les Magistrats (à sçauoir les principaux Officiers du gouuernement & de la iustice) qui ayent rang estably, & non pas les Officiers de finance, ni les menus Officiers de la guerre & de la iustice.

36 Quel rang les Ordres ont entr'eux.

Voila le rang que ces trois Ordres ou Estats generaux doiuent auoir l'vn sur l'autre: & pour discourir quel rang ils gardent entr'eux particulierement, il faut considerer qu'en chacun de ces trois Ordres generaux, il y a des degrez particuliers plus dignes les vns, que les autres: comme au Clergé, la tonsure, les Ordres mineurs, les Ordres de Soudiacre, Prestre, Euesque, Cardinal. En la Noblesse l'Escuyer, le Cheualier, le Prince. Et en ces deux Estats il n'y a point de difficulté au rang de ces Ordres particuliers; pource que nul n'a le plus haut, qu'il n'ait aussi tous les plus bas. Pareillement il y a aussi des troisiesmes Ordres, ou degrez

37 Degrez des Ordres.

38 Degrez subalternes.

grez subalternes en ces Ordres particuliers, comme entre ceux de l'Ordre Episcopal il y a des simples Euesques, des Archeuesques, des Primats & des Patriarches, qui marchent ensemble selon le rang que ie vien de nommer, sauf que d'autant que l'Euesché est Ordre & Office Ecclesiastique tout ensemble, celuy qui est en son propre territoire, ou en celuy auquel il a superiorité, doit en ce cas, comme Officier, preseder tous les autres de l'Ordre Episcopal, ores qu'il ait moindre dignité qu'eux : comme pour exemple dans Paris, l'Euesque de Paris doit preseder tous Archeuesques, Primats & Patriarches, fors l'Archeuesque de Sens, dont il est suffragant, & le Primat de Lion, sous la Primatie duquel il est, & ainsi des autres. Pareillement entre Princes il y a les Princes estrangers, les Princes François, & les Princes de la couronne qui sont degrez subordinez, dont les rangs seront expliquez cy apres en leur lieu.

39 Ordres du tiers Estat.

Mais au tiers Estat il y a tant de diuerses sortes d'Ordres particuliers, & aussi tant de menus Offices, qu'il est bien malaisé de particulariser le rang de chacun d'iceux, & encor le rang des Ordres parmy les Offices, tant ils sont embarassez les vns dans les autres. Et combien que le President Chassanée, l'vn des grands personnages de son temps, en ait fait vn gros volume intitulé *Catalogus gloriæ mundi*, si est-ce qu'il en a encor plus laissé qu'il n'en dit.

40 Du pouuoir des Ordres.

Quant à la puissance des Ordres, ils n'en ont regulierement aucune, principalement en particulier, estant le poinct qui les rend differens des Offices, de n'auoir aucune administration publique. Et toutesfois il y a des Ordres qui ont corps & college certain, lequel ha quelquesfois ce priuilege de pouuoir faire des statuts, & eslire des Officiers superieurs, qui ont correction sur tout le corps, comme les corps des mestiers : ainsi qu'il a esté dit au dernier chap. du liure *Des Seigneuries*.

41 Des profits des Ordres.

Pareillement les Ordres n'ont regulierement aucuns gages, ainsi qu'ont les Offices, ni mesme aucuns salaires, ou émolumens casuels, au moins par forme de taxe, & comme pour administration publique, mais aucuns ont des gains legitimes pour leur labeur priué, *sua enim ars cuique pro viatico est*. Toutesfois les Prestres, pour la sublimité & excellence de leur function, n'ont point d'action directe, mesme ne peuuent conclure appertement afin de payement du diuin seruice par eux celebré, ains ont seulement la voye de requeste, pour implorer l'Office du Iuge, afin de l'entretien de la louable coustume, qui est le terme accoustumé en pratique. Mais les Aduocats, les Medecins, Maistres és arts peuuent licitement demander leur salaire honoraire, pour lequel en droict auoit lieu *extraordinaria cognitio*, qui est à dire, que *Prætor ipse, non Pedaneus iudex à Prætore datus, de ijs causis cognoscebat, idque extra ordinem, summatim, & sine figura iudicij*, comme il se voit au tit. *De var. & extraord. cognit.* Et quant aux artisans, *ordinaria actio illis competebat, nimirum actio locati, vel ex empto, vel præscriptis verbis*, selon la difference des marchez qu'on auoit faict auec eux.

42 *De ordinarijs & extraordinarijs cognitionibus.*

43 Explicatiõ de la loy 1. §. 1. D. De Decur.

Toutesfois la loy 1. §. 1. *De Decurionibus*, faict mention des sportules, ou espices des Decurions, disant que *minores 25. annis Decuriones facti, sportulas Decurionum accipiunt, quamuis interim sententiam ferre non possint*. Ce qui semble contraire à ce que nous venons de dire, que les Ordres n'ont aucun salaire d'administration publique : mais il faut sçauoir, que ces sportules estoit le droict d'entrée, que les nouueaux Decurions payoient aux anciens en deniers, par coustume ancienne, au lieu du festin qu'on faict volontiers par honneur à la compagnie, comme discourt tres-bien Cujas sur le tit. *De sport. iudicum.*

44 Deniers d'entrée aux Ordres.

Aussi est-ce chose commune en droict, qu'à l'entrée de certains Ordres (aussi bien qu'il a esté dit cy-deuant des Offices & milices) on payast à ceux de l'Ordre quelque petite somme de deniers pour droict d'entrée, voire mesme és Ordres Ecclesiastiques, bien que la vente d'iceux soit encor plus prohibée, que des benefices, comme celle en qui se commet la plus directe & vraye simonie. Car la faute de Simon Magus, dont la simonie a pris, & son nom, & son origine, n'estoit pas qu'il voulust acheter vn benefice, mais bien l'Ordre Ecclesiastique. Vray est que pour autant que l'Ordre & le benefice estoient vnis alors, on a esten-

45 Simonie ha lieu proprement aux Ordres.

du à bon droict la ſimonie en la vente des benefices, & neantmoins on voit en la Nou. 123. chap. 3. que meſme les Eueſques ſont taxez à payer certaine petite ſomme, lors de leur conſecration: ſomme qui eſt appellée ἐνθρονιαστικόν; & ce que payoient les ſimples Preſtres lors de la reception en leur Ordre, eſt appellé ἐμφανιστικόν, Nou. 56.

46 De la perte de l'Ordre. Reſte de parler de la perte ou priuation de l'Ordre, qui ne peut pas eſtre proprement appellée vacation, pource que l'Ordre, au moins la qualité indiuiduelle de celuy qui en eſt priué, ſe pert tout à fait, & ne demeure pas vacante, comme vn Office, ou vn benefice, pour eſtre transferée *in indiuiduo* à vn autre: c'eſt pourquoy auſſi elle eſt plus malaiſée à perdre que l'Office, ſoit par reſignation, ſoit par forfaicture: car le cas de la mort, qui tranche tout, n'y admet aucune difference.

47 De la reſignation de l'Ordre. Pour le regard de la reſignation, il eſt notoire que regulierement l'Ordre n'eſt reſignable: & de faict vn Preſtre ne reſigne pas ſon Ordre à vn autre, ni vn Cheualier, ni vn Licencié ès loix, ni vn Aduocat. Vray eſt qu'il y a certains Ordres, dont le nombre eſt limité, ainſi que des Offices, & en ceux-là, celuy qui deſire faire place à vn autre, ſe demet de ſon Ordre, & le quitte, ou pour mieux dire, ſa place dans le nombre limité, afin d'oſter l'obſtacle, qui empeſchoit l'admiſſion de celuy qu'il deſire faire promouuoir en l'Ordre: ce qui s'appelle propre-
48 Démiſſion. ment démiſſion, & non pas reſignation. Ainſi qu'il ſe pratique à l'eſgard des Procureurs, ès lieux où le Roy ne vend point leurs charges, & où on obſerue l'Ordonnance, qui veut que leur nombre ſoit limité, comme eſt au droict celuy des Aduocats, *l. 3. De Aduocat. diuerſ. iud.* & l'eſtoit auſſi celuy des Decurions, *l. 2. D. De Decur.* laquelle loy nous apprend que l'Ordre & la place d'ordinaire ſont ſeparables: ce qui eſt fort à noter.

49 Son effect. C'eſt pourquoy ie dy, que cette démiſſion n'opere, que le quittement de la place & exercice, & non celle de l'Ordre, qui en ſoy eſt tellement affectée à la perſonne, qu'elle ne le peut reſigner, ni autrement perdre que par forfaict, Et à ce propos faict la deciſion de la loy 1. *De Aduoc. diuerſ. Iud.* & la loy vnique *Quibus munerib. excuſantur hi qui poſt impletam Militiam aut Aduocationem per prouincias commodis ſuis vacantes commorantur. lib. 10. Cod.* Par ainſi ie dy que le Procureur apres ſa démiſſion, garde le tiltre & le rang de Procureur, voire garderoit les priuileges, s'il y en auoit, combien qu'il ne puiſſe plus poſtuler: car comme il ſera dit en ſon lieu cy-apres, il y a des Ordres & Offices actuels, ordinaires & exerçants, & des autres qui ſont ſimplement honoraires & ſans exercice.

50 Exemple. Et pour vn exemple notoire, comme l'Ordre ne ſe pert pas par la démiſſion, ou reſignation, voit-on pas que l'Eueſque, apres auoir reſigné ſon Eueſché, retient neantmoins ſon Ordre Epiſcopal, lequel il ne peut en façon quelconque reſigner, ni autrement ſeparer de ſa perſonne? Et afin qu'il ne ſemble point que cela ſoit particulier aux Ordres ſacrez, il a eſté prouué au 1. liu. chap. 9. que ceux qui ont eſté receus aux Offices ennobliſſans, demeurent nobles apres la reſignation de leurs Offices.

51 Epithetes des Offices demeurent après la reſignation. Voire meſme les epithetes attribuez à chacun Office, bien que ce ne ſoient vrais Ordres, ains ſoient ſeulement comme Ordres honoraires, demeurent à la perſonne apres la reſignation des Offices: & ainſi ſe pratique notoirement en France, comme il a eſté dit au meſme endroict. Et à Rome, où les Offices n'eſtoient perpetuels, il eſt tout certain, qu'apres leur temps expiré, ceux qui les auoient euz, retenoient l'epithete & qualité d'honneur attribuée à leur Office: qualité qui dans le droict eſt particulierement appellée dignité, comme il ſe voit en infinis paſſages des trois derniers liures du Code.

52 De la forfaicture de l'Ordre. Quant à la priuation pour forfaicture, elle n'eſt pareillement ſi ordinaire, ni meſme ſi facile en l'Ordre, comme en l'Office ou Benefice: ie dy ſi ordinaire, ſoit quant à la cauſe, ſoit quant au genre d'Ordre: quant à la cauſe, pource que les cauſes qui induiſent priuation de l'Office, ou Benefice, n'induiſent pas priuation de l'Ordre, ores meſme que l'Ordre ſoit vny auec le Benefice: comme quand l'Eueſque eſt priué de ſon Eueſché, ou le Preſtre de ſes Benefices, ils ne ſont

sont pas pourtant priuez de leur Ordre: quand le Gentil-homme est priué de son Office, il ne pert pourtant sa Noblesse: quand le Iuge forfaict son Office, il demeure neantmoins Aduocat & licencié és loix, sauf qu'és Cours souueraines il ne peut faire l'exercice d'Aduocat, à cause de l'infamie par luy encouruë.

Toutesfois i'estime qu'en ce poinct icy il y a vne exception bien notable, sçauoir est en l'Ordre qui est seulement prouenu à cause de l'Office: comme en l'Officier ignoble de race, qui auroit esté priué de l'Office ennoblissãt, il y a apparẽce de tenir, qu'il doit perdre Noblesse, n'estant raisõnable, qu'apres la forfaicture de l'Office aduenuë pour son crime, il retienne les dignitez ou priuileges, qu'il n'auoit qu'à cause de l'Office: & à plus forte raison doit-il perdre les Epithetes & Ordres honoraires, qu'il auoit à cause de l'Office: ce qui semble decidé par la loy 12. *De Dignit. lib. 12. Cod. Iudices, si furtis & sceleribus fuerint commaculasse conuicti, ablatis codicillorum insignibus, & honore exuti, inter pessimos quosque & plebeios habeantur, nec sibi posthac de eo Honore blandiantur, quo seipsos indignos effecerunt.* Et en la loy *Curiales. D. De Decurionib. eod. lib.* il est dit, que *Honore, quem prodiderint, spoliandi sunt.* 53 Quand l'Ordre se pert auec l'Office.

Pareillement quant aux especes d'Ordres, la priuation d'iceux n'eschet pas en tous Ordres à cause de l'infamie, comme il a esté dit au 1. liu. que l'infamie induit priuation de toute sorte d'Offices: ains c'est la verité, qu'il n'y a autres Ordres qui se perdent pour l'infamie, sinon ceux qui participent aucunement de l'Office, comme l'Ordre de Senateur, en la loy. 2. *De Dignit.* celuy de Decurion, *l. 2. D. De Decur. & l. Diuus. D. iniur.* En France l'Ordre de Cheualerie se pert par l'infamie, pource que toute tache y est formellement contraire. Aucuns aussi tiennent, que l'Ordre d'Aduocat és Parlemens se pert par l'infamie, ce que ie n'estime pas, bien est vray que l'exercice d'iceluy se pert, pource que l'infame n'y peut postuler. 54 Quels Ordres se perdent par l'infamie.

Mais quant aux autres Ordres, soit Ecclesiastiques, soit de Noblesse ou du tiers Estat, au moins qu'il m'en souuienne à present, il ne se perdent point par la seule infamie, ni mesme en consequence d'autre peine: ains faut qu'on en soit priué expressément par la sentence: encor és Ordres sacrez de l'Eglise, est il requis outre la priuation expresse, vne dégradation actuelle. Mais aux autres Ordres elle n'est point requise, ains la deposition verbale y suffist: ce qui se collige de ce que la mission ignominieuse du soldat Romain, se faisoit en deux façons, l'vne par la detraction solemnelle des armes ou enseignes militaires, l'autre par la simple declaration verbale du Chef, quand il le chassoit pour cause d'ignominie, comme dit la loy 2. §. *Ignominiæ. D. De his qui not. infam.* ainsi que discourt fort bien le President Faber au premier liure Des Semestres, chap. 17. 55 Comment l'Ordre se pert *ex genere pœnæ.* 56 Degradation actuelle, ou verbale.

Si donc quelquesfois, apres la sentence contenant la priuation de l'Ordre, on vient à oster publiquement les ornemens d'iceluy, cela se faict lors, ou pour vne plus grãde ignominie, ou plustost afin de ne faire iniure à l'Ordre, quand apres ceste exauctoration on procede à l'execution de mort du condamné: cõme quand on faict mourir par iustice vn Cheualier de l'Ordre, on luy oste son collier auparauant, afin qu'il ne soit reputé auoir esté executé en qualité de Cheualier: ainsi qu'il fut nagueres pratiqué en l'execution du Mareschal de Biron. Ce qui sera plus amplement discouru cy-apres au 10. chap. où i'ay reserué de discourir pleinement de cette dégradation. 57 Pourquoy se faict la degradation actuelle.

SOMMAIRE DV DEVXIESME CHAPITRE.

1 *Trois Ordres de Rome.*
2 *Qui les a inuentez.*
3 *Origine de l'Ordre des Cheualiers de Rome.*
4 *Ces Ordres furent du commencement distinguez par les merites des hommes.*
5 *Puis par les moyens.*
6 Census Senatorius.
7 Census Equester.
8 Attrito censu amittebatur Ordo.
9 Census Decurionum.
10 *Cela se garde en Angleterre.*
11 *Censeurs donnoient & ostoient l'Ordre.*
12 *Comment s'obtenoient les Ordres de Rome.*
13 *Senateurs pris des Cheualiers.*
14 *Et des nagueres Officiers.*
15 *Enfans des Senateurs auoient entrée au Senat.*
16 *Euesques ont entrée au Parlement.*
17 *Flamines Diales entroyent au Senat Romain.*
18 *Que nostre Senat a esté autresfois Ordre.*
19 *Comme le Consistoire des Cardinaux de Rome.*
20 *Le Senat auoit Iurisdiction contentieuse.*
21 *Comme ce Senat se mesloit de la Iustice pendant la Republique.*
22 *De mesme.*
23 *Comment sous les Empereurs.*
24 *Conseil priué des Empereurs.*
25 *Causes d'appel attribuées au Senat.*
26 *Parlement de France reduit en Cour ordinaire de Iustice.*
27 *Et le grand Conseil.*
28 *Conseil d'Estat diuisé en trois chambres*
29 *Puissance de l'ancien Senat Romain.*
30 *Nombre des Senateurs Romains.*
31 Patres maiorum & minorum gentium.
32 Patres conscripti.
33 Orcini Senatores.
34 Senatuscõsulta per discessionem.
35 *Nombre requis pour faire arrest.*
36 *Iours ordinaires & extraordinaires du Senat.*
37 *Religion du Senat Romain.*
38 *Si les Tribuns du peuple y auoient entrée.*
39 Auctoritas perscripta.
40 *Aage des Senateurs.*
41 *Habit, ou ornemens des Senateurs.*
42 Latus clauus.
43 Πλατύσημος ἐσθής.
44 *Habit des Cheualiers.*
45 Angustus clauus.
46 Recta, seu pura tunica.
47 Tunicæ albæ.
48 *Robe des enfans des Senateurs, & Cheualiers.*
49 De annulo equestri.
50 *Anneaux d'or par qui portez anciennement.*
51 *De mesme.*
52 *Harnois doré des Cheualiers.*
53 *Quand les Cheualiers eurent les anneaux d'or.*
54 Equus publicus.
55 *Difference* inter Equites vrbis & militiæ.
56 *Droict d'anneaux d'or concedé aux Cheualiers.*
57 *Puis aux affranchis.*
58 *Ce qu'il leur seruoit.*
59 Natalium restitutio.
60 *Ce que le droict d'anneaux d'or seruoit aux ingenus.*
61 *De l'Ordre de Citoyen Romain.*
62 *Les droicts particuliers des Citoyens Romains.*
63 *Diuisions des Citoyens Romains.*
64 *1. Par tribus, ou quartiers.*
65 Tribus vrbanæ.
66 Tribus rusticæ.
67 *Tribus composées à la volonté des Censeurs.*
68 Curiæ.
69 *2. Diuision des Citoyens Romains* per censum.
70 Classea.
71 *Meslange des premieres diuisions.*
72 *Diuision 3. par les races.*
73 Nobiles.
74 Noui.
75 Ignobiles.
76 Ingenui.
77 Libertini.
78 *Mutation suruenuë.*
79 *Diuision 4. des Cit. Rom. par les Ordres.*
80 *Ordres du menu peuple de Rome.*
81 Tribuni seu Quæstores ærarij.
82 Publicanj, *partisans.*
33 Scribæ.
84 Mercatores.

85 Argen-

85 Argentarij, *Banquiers.*
86 Negotiatores.
87 Apparitores Magiſtratuum.
88 Turba forenſis.
89 *Les Cenſeurs auoient toute puiſſance ſur les Ordres.*
90 In Cæritum tabulas referre.
91 Ærarios facere.

DES ORDRES ROMAINS.

CHAPITRE II.

1 Trois Ordres de Rome.

A ROME, auſſi bien qu'en France, il y auoit trois Ordres, ou Eſtats, qui comprenoient tout le peuple: mais ils eſtoient differens des noſtres. Car au lieu que nous auons le Clergé, la Nobleſſe, & le tiers Eſtat, ils auoient le Senat, les Cheualiers, & le menu peuple,

Martia Roma triplex, Equitatu, Plebe, Senatu,

dit Auſone. Le Senat eſtoit pour le Conſeil, les Cheualiers pour la force, & le menu penple, pour fournir aux charges de la Republique.

2 Qui les a inuentez.

Aucuns attribuent cette diſtinction du peuple à Romulus, qui, comme diſent Saluſte & Denis d'Halicarnaſe, entre les plus Nobles de ſon peuple en choiſit cent anciens pour ſon conſeil, qu'il appella Peres, & trois cents ieunes pour ſa garde, qu'il nomma *Celeres*, ſoit à cauſe de la celerité, ou du nom de leur premier Capitaine, qui à la verité eſtoit la ſeconde perſonne du Royaume, ainſi que par apres en l'Eſtat populaire le *Magiſter Equitum* eſtoit ſeconde perſonne apres le Dictateur, & en l'Empire le *Præfectus Prætorio*, apres l'Empereur.

3 Origine de l'Ordre des Cheualiers de Rome.

Mais Pline au 2. chap. du liu. 33. de ſon hiſtoire, nous teſmoigne que les Cheualiers Romains ne firent point vn Ordre à part, iuſques au temps des Gracches, & lors qu'iceux Cheualiers firent transferer à eux l'auctorité & charge de iuger les procez, & que ſous ce nom de Iuges ils commencerent de faire vn Ordre ſeparé du menu peuple. *Iudicum appellatione ſeparari eum Ordinem primi omnium inſtituere Gracchi, diſcordi popularitate in contumeliam Senatus: mox ea debellata, auctoritas nominis, vario ſeditionum euentu, circa Publicanos ſubſtitit, & aliquandiu tertiæ partes Publicani fuerunt. M. Cicero demum ſtabiliuit Equeſtre nomen in Conſulatu ſuo, ei Senatum concilians, ex eo ſe Ordine profectum celebrans, eiúſque vires peculiari popularitate querens. Ab illo tempore planè hoc tertium corpus in Republica factum eſt, cœpitque adÿci Senatui Populoque Rom. Equeſter Ordo. Qua de cauſa & nunc poſt Populum ſcribitur, quia nouiſſimè cœptum ·ſt adÿci.*

4 Les Ordres furent du commencement diſtinguez pour le merite des hommes.

Quoy qu'il en ſoit, il faut noter que, combien que ces Dignitez de Senateur & de Cheualier, ſelon l'inſtitution de Romulus euſſent premierement eſté deferées à la vertu, & capacité, ſçauoir eſt celle de Senateur aux plus prudens, & plus gens de bien, & celle de Cheualier aux plus vaillans, comme nous teſmoigne ce meſme autheur, ſi eſt-ce qu'en fin elles furent deferées à la richeſſe. Et de verité ſi en vne Republique populaire le peuple eſtoit diſtingué par la vertu, chacun penſant eſtre, quoy que ce ſoit, deſirant eſtre reputé vertueux, voudroit eſtre du premier Ordre, & tiendroit à grande iniure d'eſtre mis au dernier. C'eſt pourquoy à l'eſgard des Ordres generaux, il y faut eſtablir vne autre diſtinction: mais ce ſont les principaux Offices qu'il faut deferer aux plus vertueux, ſi faire ſe peut, encor eſt-il touſiours expedient, qu'ils ſoient baillez à gens qui ne ſoient neceſſiteux, *l. Reſcripto. D. De muner. & honorib.* pource que la pauureté diminuë l'auctorité, & tente la preud'hommie des hommes. C'eſt pourquoy dans Eſaie chap. 3. il eſt dit, *In domo mea non eſt panis, neque veſtimentum, nolite me conſtituere Principem populi.* Et Ariſtote liu. 3. des Polit. chap. 9. reprend les Lacedæmoniens, de ce que leurs Ephores pouuoient eſtre pris du nombre des pauures. Somme que, ſi faire ſe peut, il faut mettre aux charges publiques ceux qui ont la vertu & les moyens tout enſemble, *dignos meritis, & facultatibus*, comme dit la loy *Ad ſubeunda. De Decur. lib. 10. Cod.*

5 Puis par les moyens.

6 *Cenſus Senatorius.*

Ce n'eſt donc pas ſans raiſon, que l'auoir des Senateurs, & des Cheualiers eſtoit taxé à certaine ſomme, qu'il falloit qu'on euſt autant vaillant pour eſtre, ou

Senateur, ou Cheualier, *ne videlicet splendor Ordinum angustia rei familiaris vilesceret*, dit Seneque en ses Declamations: & au second *De beneficijs*, il en parle ainsi, *Senatorum gradum census ascendere facit, census Romanum Equitem à Plebe discernit, census in castris Ordinem promouet, censu denique in foro Iudex legitur. Erat autem census Senatorius ante Augustum octingenta millia sestertiûm, quem Augustus duplicauit*, dit Suetone: *Equester verò census erat quadringinta millia sestertiûm, ideóque dimidio minor Senatorio.*

7 Census Equester. Ce qui paroist clairement de ce que rapporte Suetone *in Iulio*, qu'apres auoir passé le Rubicon, comme il exhortoit son armée, & luy disoit, en esleuant & touchant (par vne viuacité d'action) le doigt où estoit son anneau, qu'il vendroit plustost iceluy, qu'il ne mist à son aise tous ceux qui l'auroient assisté, les soldats plus esloignez, qui auoient veu ce geste, & entr'ouy ces parolles, estimerent qu'il leur promettoit à tous de les faire Cheualiers, & leur faire porter l'anneau d'or, & pour cet effect leur parfournir à chacun *quadringinta millia*, dit Suetone. Cela paroist aussi du passage d'Horace,

> *Si quadringentis sex, septem millia desunt,*
> *Plebs eris.*——

c'est à dire (car ces mots sont embarassez, & partant malaisez à entendre) si à quatre cents six mil vaillant, il te manque sept, & par ainsi que tu n'aye que trois cents quatre vingts dix neuf mil, tu seras du rang du menu peuple, & ne seras point Cheualier: dont resulte clairement, que le vaillant des Cheualiers Romains estoit taxé à quatre cents mil sesterces.

8 *Attrito censu amittebatur Ordo.* Et non seulement ces taux estoient requis pour estre Senateur & Cheualier, mais encor celuy qui ayant esté éleué en l'vn ou l'autre Ordre, venoit par apres à diminuer son bien, en sorte qu'il n'eust plus le vaillant, qui estoit requis pour son Ordre, il en estoit mis hors, comme appert de ce que Ciceron *epist. Ad Q. Valerium* dit, que Curtius, ayant perdu sa metairie, ne peut pas garder l'Ordre Senatoire, & de ce que Dion dit, qu'apres qu'Auguste eut doublé le vaillant necessaire aux Senateurs, aucuns d'entr'eux, sçachant bien qu'ils ne l'auoient pas, quittérent d'eux mesme l'Ordre. Ainsi faut-il entendre ce que dit Ciceron *pro Sestio, Equestris Ordinis nomen retinet, ornamenta confecit*: & Suetone *in Augusto*, *Cum plerisque Equitum, attrito bellis ciuilibus patrimonio, spectare ludos è XIIII. non auderent* (qui estoit la plus apparente remarque des Cheualiers Romains) *Augustus id permisit ÿs, quibus ipsis parentibúsve Equester census vnquam fuisset.*

9 *Census Decurionum.* Voire mesme les simples Decurions ou Conseillers des villes deuoient, en quelques vnes, auoir certaine quantité de bien, comme nous apprend ce passage de Pline, liu. 1. epist. 19. *Esse tibi centum millium censum satis indicat, quod apud nos Decurio es. Igitur vt te non Decurione solùm, verùm etiam Equite Rom. perfruamur, offero tibi ad implendas Equestres facultates trecenta millia nummûm*: ce qui iustifie encor le taux des Cheualiers Romains. Et pour le regard des Decurions, cela paroist en outre par le dire de Paulus *in l. L. Titius. §. 4. D. Ad municip. Constante matrimonio dos in bonis mariti est, si tamen ad munera municipalia à certo modo substantiæ vocentur, dos non debet computari.*

10 Cela se garde en Angleterre. Ce qui se garde encor auiourd'huy en Angleterre, où il faut auoir certain reuenu pour estre fait Noble, lequel reuenu estant diminué notablement, on pert la Noblesse: vray est que quand c'est par cas fortuit, la Noblesse voisine se quotise pour le parfournir. Aussi n'y a-il point d'autre ceremonie, pour estre ennobly, sinon de faire vne attestation de son reuenu pardeuant le Roy d'armes, ou heraut d'Angleterre, & prendre de luy vne deuise ou blason d'armoirie, comme nous apprend Thomas Sinych en sa Republique d'Angleterre.

Tout ainsi qu'à Rome il n'y auoit autre chose à faire, pour estre faict Senateur ou Cheualier, sinon que celuy qui lors de la reueuë, qui se faisoit par les Censeurs des biens des citoyens Romains, se trouuoit auoir le vaillant requis, se faisoit enroller parmy les Senateurs, ou parmy les Cheualiers.

11 Censeurs donnoient & ostoient l'Ordre. Mesme les Censeurs auoient tant de puissance és Ordres de Rome, que comme par leur enrollement estoient faicts les Senateurs & les Cheualiers, aussi par leur seule effaceure du rolle, ou obmission en iceluy, ils estoiẽt priuez de l'Ordre:

dont y a infinis exemples & tesmoignages és anciens autheurs. Et cette priuation, ores que faicte sans cognoissance de cause, estoit ignominieuse, pourueu seulement qu'elle fust faicte pour suiect ignominieux, *l. 2. D. De Senat.* ce qui sera discouru plus amplement cy-apres. Ignominie qui duroit iusques à ce qu'ils fussent restablis, ou par le peuple, ou par d'autres Censeurs : ce qui se pouuoit faire, comme il a esté prouué au 1. liu. *Des Offices.*

Reuenant donc à l'enrollement des Senateurs qui se faisoit par les Censeurs regulierement, mais par fois aussi par les Consuls, ou Dictateurs, c'estoit vne regle, que sans iceluy nul n'estoit vray Senateur, quelques grands Offices, ou Magistrats qu'il eust eu, dit Varon : mais deslors que quelqu'vn estoit esleu & enrollé parmy les Senateurs, il deuenoit tout à l'instant Senateur, sans qu'il fust besoin, ni d'examen, ni d'installation, ni mesme, comme ie croy, de prestation de serment, encor qu'il en fallust, pour estre de l'Ordre des gendarmes. Car ce qui est dit dans Cassiodore, *Admittendos in Senatum examinare cogit sollicitus honor Senatus*, signifie que les nouueaux Senateurs estoient choisis & triez par celuy qui les élisoit, comme la suitte du passage fait foy : mais non pas qu'apres estre esleus & enrollez, on les examinast sur leur science. 12 Comment s'obtenoient les Ordres de Rome.

Or estoient-ils ordinairement choisis d'entre les Cheualiers, à raison dequoy dãs T. Liue liu. 43. les Cheualiers sont appellez le seminaire du Senat, ou biẽ d'entre ceux qui auoient eu des principaux Magistrats. C'est pourquoy Ciceron dit au 3. *De legibus, Ex Magistratibus Senatum esse oportere.* Car au lieu qu'au commencement les Magistrats estoient pris du nombre des Senateurs, comme de faict dans Tacite le Senat est appellé *Seminarium omnium Dignitatum* : tout au rebours, apres que les grands Offices eurent esté communiquez au menu peuple, les Senateurs furent choisis d'entre ceux qui auoient esté Magistrats. 13 Senateurs pris des Cheualiers.

Et de faict ceux qui auoient eu les principaux Offices de Rome, anciennement affectez aux Senateurs, portoient desormais la robe de Senateur, & auoient entrée & voix deliberatiue au Senat. *Qui nondum à Censoribus in Senatum lecti erant, Senatores quidem non erant : sed quia Honoribus populi Rom. vsi fuerant, in Senatum veniebant, & sententiæ ius habebant. Sed quia in postremis erant, non rogabantur sententias, sed quas Principes dixerant, in eas descendebant, & inde Pedarij appellabantur,* dit Varon dans A. Gelle, liu. 3. chap. 18. Autant en dit Festus, *Qui Magistratum ceperunt in Senatu sententiam dicunt, non tamen vocantur Senatores antequam sint censi.* Et delà vient, dit-il, qu'aux mandemens qu'on decernoit pour conuoquer le Senat *edici solebat, vt Senatores adessent, quibusque in Senatu sententiam dicere liceret.* Ce que dit aussi Fenestella, *lib. de Magist. Rom. cap. 1.* 14 Et des naguere Officiers.

Pareillement les fils des Senateurs auoient l'habit de Senateurs & entrée au Senat, apres l'aage de dixsept ans, auquel *deposita prætexta, virilem togam induebant* : ce qui leur fut permis par Auguste, *Liberis Senatorum*, dit Suetone, *quò celerius Reipublicæ assuescerent, protinus à virili toga latum clauum induere, & Curiæ interesse permisit.* Vray est que d'ancienneté ils y entroient dés leur ieunesse, mais cela fut defendu lors du faict aduenu à Pretextatus, recité par Macrobe, liu. 1. chap. 6. où il dit, *Mos antea Senatoribus fuit in Curiam cum prætextatis filijs introire.* 15 Enfans des Senateurs auoient entrée au Senat.

Aussi voit-on que iadis en France tous ceux qui auoient la dignité d'Euesque, auoient, & entrée, & voix au Parlement, & qu'encor à present ils ont entrée en l'audience d'iceluy, non toutesfois voix, s'ils ne sont Pairs de France, ou s'ils n'ont esté Conseillers du Parlement, fors seulement l'Euesque de Paris, qui tousiours y a entrée & voix. Lequel droict, d'auoir entrée au Senat, appartenoit aux Prestres de Iupiter à Rome, appellez *flamines Diales*, & eux l'ayant laissé perdre, pour n'en auoir vsé par longue espace de temps, il fut renouuellé par *Cn. Flaccus*, comme dit Tite Liue, *lib. 7. Cn. Flaccum ingressum in Curiam, cùm Licinus Prætor eduxisset, Tribunos plebis appellauit. Vetustum ius sacerdotum repetebat : datum id, cum toga & prætexta, olim Flamini esse. Tribuni rem inertia Flaminum obliteratam, ipsis tantùm, non sacerdotio damno fuisse. Ac ipso contra tendente Prætore, magno assensu Patrum plebisque, Flaminem in Curiam introduxerunt.* Mais les autres Prestres, non pas mesme les Pontifes, n'auoient pas ce droict, en vertu de leur qualité, comme il appert de ce 16 Euesques ont entrée aux Parlemens de France. 17 Flamines Diales entroient au Senat Romain.

passage de Ciceron, *lib. 4. Epist. ad Atticum epist. 2. Habetur Senatus frequens, adhibentur omnes Pontifices, qui sunt Senatores*: & encor cestuy-cy, *in orat. De Arusp. resp. Postero die frequentissimus Senatus, cùm omnes, qui erant huius Ordinis, adessent.* Desquels passages neantmoins il appert, que mesme au Paganisme le Senat estoit honoré par l'assistance des Pontifes.

18 Que nostre Senat a esté autresfois Ordre.

Or ce que nos Euesques, qui ont auparauant esté Conseillers du Parlement, y ont tousiours voix deliberatiue, c'est vn reste ou remarque d'Ordre, plustost que d'Office; attendu que les honneurs & priuileges des Offices se perdent entierement par la resignation: mais non pas ceux des Ordres par la démission. Non que ie vueille dire qu'à present nos Parlemens soient des Ordres, ainsi qu'estoit le Senat Romain. Et est à croire que les Senateurs d'iceluy (qui estoient à peu pres comme les Conseillers d'Estat auiourd'huy) estoient choisis les Gouuerneurs des prouinces & villes, qui à cette cause estoient communément appellez Comtes, *quasi è Comitatu Principis missi*, & aussi les Officiers de la Couronne, qui encor à cause de leurs Offices tiennent rang de Comtes, & ont droict de porter le manteau Comtal, ainsi que quelque moderne a remarqué.

19 Comme le Consistoire des Cardinaux de Rome.

Et pareillement le Consistoire des Cardinaux de Rome, qui sans doute constitue le premier degré de l'Ordre Ecclesiastique, a beaucoup de ressemblance au Senat Romain; pource que comme le Senat estoit le conseil de l'Empereur, voire du monde, qui estoit gouuerné sous l'Empire Romain, aussi cet auguste consistoire est le conseil du Pape, voire mesme de l'Eglise vniuerselle.

20 Le Senat auoit iurisdiction contentieuse.

Car il faut prendre garde que le Senat Romain, de sa premiere institution, n'auoit point de iurisdiction contentieuse, comme Bodin a fort bien prouué au 1. chap. du 3. liu. ains ne seruoit qu'à deliberer des affaires publiques, ainsi que le consistoire des Cardinaux. Et ce que Polybe liu. 6. dit que c'estoit sa charge de faire punir les crimes publics commis en Italie, se doit entendre, qu'on en faisoit la plainte au Senat, qui commettoit des Iuges pour les iuger. Car mesme la pluspart du temps les Commissaires generaux, choisis annuellement pour iuger les procez, appellez *Iudices*, estoient pris du corps & Ordre des Senateurs: puis vn autre temps ils furent pris du nombre des Cheualiers: bref en vn autre, ils furent choisis du Senat & des Cheualiers: voire il y eut encor plusieurs autres telles mutations, qui sont appellées *translationes iudiciorum*, que Hotman en son Dictionaire distingue fort nettement de temps en temps. Quoy que ce soit, ce n'estoit pas le Senat en corps qui iugeoit, ni les Senateurs particuliers par puissance ordinaire, dependante de leur Estat de Senateur: mais s'ils iugeoient, c'estoit comme Iuges choisis, c'est à dire Commissaires deleguez: & ainsi faut-il entendre ce passage de Polybe, qui contient que les Senateurs iugeoient les crimes. Car il a escrit du temps que les iugemens estoient par deuers les Senateurs.

21 Comment le Senat se mesloit de la iustice en la Republique.

22 De mesme

Mais que le Senat Romain n'eust point de iurisdiction en corps, & de sa propre auctorité, il en appert clairement par ce traict de Ciceron en sa deuination *in Verrem*, discourant où deuoit estre intentée l'accusation de Verres. *Quò confugient socij? Quem implorabunt, qui de Verre supplicium sumat? Ad Senatum deuenient? non est vsitatum, non est Senatorium, &c.* Car comme dit Budée sur la loy derniere, *De Senatoribus*, pendant l'Estat populaire, lors que le Senat estoit en sa splendeur, il ne s'abbaissoit pas à iuger les procez en corps. C'estoit sa charge alors d'ordõner qui commanderoit aux armées, qui seroit enuoyé aux prouinces pour les gouuerner, de receuoir & licentier les Ambassadeurs: bref d'ordonner & establir presque du tout la Republique.

23 Comment sous les Empereurs.

Ce fut seulement sous les Empereurs, que le Senat commença de iuger les procez, notamment les criminels. Car s'estant entierement rangé à leur volonté, ils luy renuoyoient le iugement d'iceux, afin de faire condamner, ou absoudre qui ils voudroient. De sorte que c'estoit ordinairement le Senat, qui par la permission de l'Empereur commettoit des Iuges, pour vuider les moindres procez: & quant à ceux de plus grande consequence, il les iugeoit en corps, & la plus part en la presence de l'Empereur. Car mesmement Tibere ordonna, qu'en ceux qui seroient iugez en son absence, les condamnez ne pourroient estre executez ſinon dix iours apres, afin qu'il euſt loiſir d'en eſtre aduerty, dit Dion. Ce qui reuient à ce qu'Auguſte auoit ordonné peu auparauant, touchant les reſolutions du Senat, faictes en ſon abſence, qu'elles n'auroient point d'effect, iuſques à ce qu'il les eut auctoriſées: comme il ſe pratique encor à preſent en Angleterre. Voire meſme Auguſte tira de ce grand corps du Senat vn Conſeil priué aupres de luy, compoſé de quinze Senateurs, tirez au ſort de ſix en ſix mois, auec leſquels il rendoit ordinairement luy meſme la iuſtice. Et en fin eſtant vieil, & ne pouuant plus aller au Senat, il choiſit luy meſme vingt Conſeillers annuels, au lieu de ces quinze ſemeſtres, dit le meſme Dion. 24 Conſeil priué des Empereurs.

Mais Tibere ſon ſucceſſeur fut le premier, qui pour faire oublier au Senat la cognoiſſance des affaires d'Eſtat, s'aduiſa de l'amuſer plus ordinairement au iugement des procez de conſequence: non toutesfois qu'il en cogneuſt encor par forme de iuriſdiction ordinaire, ains ſeulement par voye de Commiſſion, & par le moyen du renuoy qu'il luy en faiſoit. Et par apres Neron luy attribua la cognoiſſance ordinaire des cauſes d'appel (dit Suetone en ſa vie chap. 17.) qui auparauant eſtoient iugées par l'Empereur meſme, voulant que l'amende du fol appel iugé par le Senat, fuſt auſſi grande, que ſi luy-meſme l'auoit iugé, dit Tacite, liu. 4. des Annales: combien que Vopiſcus en la vie de Probus diſoit, que ce fut luy qui attribua au Senat la cognoiſſance des cauſes d'appel. Ce qui toutesfois ne dura pas long temps, ne s'en trouuant aucun veſtige dans noſtre droict, fors en la Nou. 62. 25 Cauſes d'appel attribuées au Senat.

Tout ainſi qu'en France Philippe le Bel, pour oſter de ſa ſuitte le Parlement (qui lors eſtoit le conſeil ordinaire des Rois, voire leur faiſoit teſte bien ſouuent) & luy ſuſtraire doucement la cognoiſſance des affaires d'Eſtat, l'érigea en Cour ordinaire, & le rendit ſedentaire à Paris: dont encor il a retenu ce reſte de ſon ancienne inſtitution, qu'il verifie & homologue les Edits du Roy: ce que l'Empereur Probus auoit attribué au Senat Romain, *vt leges quas ipſe ederet, Senatuſconſultis propriis conſecraret*, dit le meſme Vopiſcus: & au pareil, le grand conſeil, qui deſormais ſucceda au Parlement pour eſtre le conſeil ordinaire du Roy, a eſté reduit en Cour, c'eſt à dire en compagnie ordinaire de iuſtice. 26 Parlement de France reduit en Cour ordinaire de iuſtice.

Meſme à preſent que le Conſeil d'Eſtat s'amuſe tant aux procez, qu'on deguiſe du nom d'affaires des parties, il y a danger qu'on en face encor quelque iour vne autre Cour & compagnie de Iuges. Car deſia il eſt diuiſé en trois Chambres, ou ſeances, l'vne pour les affaires d'Eſtat, qui s'appelle particulierement le conſeil d'Eſtat: l'autre pour les finances du Roy, qui eſt nommée le conſeil des finances: & la troiſieſme pour les procez, qu'on appelle le conſeil des parties. Et voit-on pas qu'il y a diuers Greffiers, ou Secretaires en chacune ſeance, pour receuoir les arreſts ou reſultats d'icelles? meſmemẽt y a trois ſortes de Secretaires, pour ſigner les expeditions de chacun conſeil, à ſçauoir les Secretaires des commandemens, pour les expeditions concernantes l'Eſtat: les Secretaires des finances, pour celles des finances: & les ſimples Secretaires, pour les expeditions & affaires des parties. 27 Et le grand conſeil. 28 Conſeil d'Eſtat diuiſé en trois Châbres.

Pour reuenir à la puiſſance du Senat Romain, elle eſtoit ſi grande, que Denis d'Halicarnaſſe liure 6. dit en vn mot, que toute la Republique eſtoit en la puiſſance du Senat, fors ſeulement le pouuoir d'eſlire les Magiſtrats, de faire les loix, & d'ordonner abſolument de la paix & la guerre. Et Polybe liu. 6. diſcourt amplement, qu'il auoit le meſnagement & adminiſtration de la guerre, le ſoin de receuoir & renuoyer les Ambaſſades, bref le ſoin & intendance generale des finances. N'eſtant permis aux Conſuls, voire meſme aux anciens Rois de Rome, d'entreprendre aucune affaire de conſequence ſans l'aduis du Senat. Et pource que Romulus l'entreprenoit, aucuns ont eſcrit, qu'il fut déchiré en pieces par les Senateurs, & que ce fut auſſi la cauſe pourquoy Tarquin le Superbe fut chaſſé. 29 Puiſſance de l'ancien Senat Romain.

Quant au nombre des Senateurs Romains, pour en parler plus probablement apres le diligent Roſinus liu. 7. chap. 5. Romulus en crea premierement cent, puis luy meſme apres auoir receu les Sabins en la cité, en adiouſta cent autres, combien qu'aucuns diſent que ce fut Tullus Hoſtilius, apres y auoir adioint les 30 Nombre des Senateurs Romains.

Albanois, quoy que ce ſoit ces deux cents premiers furent appellez *Patres maiorum gentium*, pour diſtinction du troiſieſme cent, adiouſté par Tarquinius Priſcus, qui furent appellez *Patres minorum gentium*. Et ce nombre de trois cents dura fort long temps. Car Brutus & Publicola, apres le déchaſſement des Rois, ne l'augmenterent point, quoy qu'aucuns dient, ains ſeulement remplirent & ſuppléerent ce meſme nõbre, qui auoit grandemẽt eſté diminué en ceſte mutation.

31 *Patres maiorum, & minorum gentium.*

32 *Patres conſcripti.* Tant y a que ceux qui furent mis par Brutus, & de là en auant au lieu des anciens, furent appellez *Patres conſcripti*: tiltre qui demeura en fin à tous les Senateurs indiſtinctement, apres que la memoire des trois cens premiers eut eſté abolie. Long temps apres, Grachus eſtant Tribun du peuple doubla ce nombre des Senateurs, y mettant trois cens Cheualiers. Sylla y fiſt encor vne augmentation à ſa fantaiſie. Et puis Ceſar en adiouſta iuſques à neuf cens en tout: & apres ſa mort les Duumvirs ordonnez pour reſtablir la Republique, y en adiouſterent encor, y mettant des gens de peu, qui furent appellez *Orcini Senatores*, dit Tacite. Et ainſi y en ayant bien mil ou douze cents, Auguſte les reduiſit au nombre ancien de ſix cents.

33 *Orcini Senatores.*

34 *Senatuſconſulta per diſceſſionem.* Pource donc que s'il euſt fallu que tous les Senatenrs euſſent opiné l'vn apres l'autre, on n'euſt point expedié d'affaires (attendu meſme que chacun opinoit ſi longuement qu'il luy plaiſoit, & encor en opinant, pouuoit faire de nouuelles propoſitions) force fut que les arreſts du Senat appellez *Senatuſconſulta*, ſe fiſſent *per diſceſſionem*, dit Capito dans A. Gelle liu, 14. chap. 7. Car apres que les principaux auoient opiné, ceux qui eſtoient de leur aduis s'approchoient pres d'eux, quoy que ce ſoit, ſe tiroient à part, ce qui ſe diſoit *pedibus ire in ſententiam*: dont aucuns penſent que les moindres Senateurs, qui ne venoient iamais en rang d'opiner de viue voix, ſoient dits *Pedarij Senatores*: & ainſi, à mon aduis, faut-il entendre le dire de Varo, que *Senatuſconſulta fiebant per ſingulorum ſententias exquiſitas, vel per diſceſſionem*: & ce qui eſt dit en la Nou. 62. qu'ils ſe faiſoient, *per ſilentium, vel per conuentum*: eſt que *conuentus inerat ſilentio*, comme Cujas l'a interpreté.

35 Nombre requis pour faire arreſt. Quant au nombre de Senateurs requis pour faire arreſt, Sigonius au liu. 2. *De antiquo iure ciuium Rom.* chap 2. prouue qu'auparauant Sylla, il en falloit cent au moins, auant Ceſar, deux cents, & au commencement de l'Empire d'Auguſte, quatre cents: ce qui reuient touſiours au tiers. Que ſi ce nombre ne ſe trouuoit d'aduis de l'arreſt, chacun Senateur contrediſant, pouuoit dire au Conſul, ou autre qui preſidoit, *Numera Senatum*. Mais en conſequence de l'ordonnance d'Auguſte, rapportée par Dion, qui ne voulut plus qu'il y eut de nombre neceſſaire pour faire arreſt, ains ſeulement qu'il fuſt faict à la pluralité des voix des aſſiſtans, on vint à la fin à ce poinct, qu'il ſuffiſoit qu'il y euſt cinquante Senateurs, comme il ſe collige de ce paſſage de Lampride, *in Alex. Seuero*, *Nullam conſtitutionem ſacrauit, ſine viginti Iuris peritis, & aliis ſapientibus viris, non minus quinquaginta, vt non minus in concilio eſſent ſententiæ, quàm quæ Senatuſconſultum conficerent.* Mais quoy que ce ſoit il failloit que le nombre de tous les aſſiſtans au Senat fuſt redigé dans le Senatuſconſulte, & notamment on y ſpecifioit le propoſant, ſur l'aduis duquel il auoit eſté arreſté, comme prouue Roſinus.

36 Iours ordinaires & extraordinaires du Senat. Or le Senat auoit ſes iours ordinaires, à ſçauoir les Calendes, Ides & Nones, dont Auguſte oſta les Ides: & en ces iours *legitimus Senatus dicebatur*, és iours extraordinaires *dicebatur indictus*, & n'y auoit que les principaux Magiſtrats qui le peuſſent indire & conuoquer. Et ſi falloit que tout Senat fuſt tenu en plein iour, non deuant le leuer, ni apres le coucher du Soleil, & n'y pouuoit-on plus rien propoſer apres les dix heures.

37 Religion du Senat. Et pour monſter combien les Romains eſtoient religieux, leur Senat ne pouuoit eſtre aſſemblé qu'en vn temple, & qu'apres auoir ſacrifié: & falloit y faire les propoſitions des choſes ſacrées auant les profanes, dit Varo au liure *De habendo Senatu*, au rapport d'A. Gelle.

38 Si les Tribuns du peuple y auoient entrée. Eſt notable que les Tribuns du peuple, qui eſtoient comme les Controlleurs du Senat, n'auoient point du commencement d'entrée en iceluy, ains tenoient leur bureau à la porte du Senat: où ils examinoient les Senatuſconſultes, &

marquoient ceux qu'ils approuuoient de la lettre T. Mais les Senateurs trou-
uerent en fin plus expedient de leur donner place parmy eux. Et neantmoins ils
ne laissoient d'empescher la conclusion des Senatusconsultes, soit en demandant
delay d'aduis, ou bien en intercedant & formant opposition.

Alors, & mesme quand il suruenoit quelque autre empeschement à la conclu-
sion des Senatusconsultes, comme quand il ne s'estoit troué nombre suffisant
de Senateurs, ou bien que le iour defailloit auant la conclusion, ou qu'on main-
tenoit la conuocation n'estre pas legitime pour quelque cause que ce fust, on ne
laissoit de rediger par escrit le resultat des assistans, ce qui s'appelloit, non pas Se-
natusconsulte, mais *Auctoritas perscripta*, qui tousiours seruoit d'auctorité & tes- 39 *Auctoritas perscripta.*
moignage de l'intention du Senat. Mais quand le resultat estoit arresté sans au-
cun empeschement ni contredit, c'estoit vn Senatusconsulte, qui desormais se
gardoit au thresor public, dit Suetone *in Augusto*, & Tacite, *lib. 3. Annal.*

Finalement, quant à l'aage des Senateurs, nos liures n'en sont pas d'accord. 40 Aage des Senateurs.
Coras sur la loy 2. §. *Deinde. D. De orig. iur.* dit que c'estoit 24. ans, Fenestella 25.
Sigonius 27. Manuce *Antiquit. lib. 1.* 30. ans, qui semble la plus vraye opinion,
comme prouue doctement Langlé, liu. 7. chap. 7. que le Lecteur curieux pourra
voir. Vray est que ceux qui auoient eu les grands Magistrats, pouuoient à plus
bas aage paruenir au degré de Senateur.

Or comme les Senateurs faisoient vn Ordre distinct du surplus du peuple, 41 Habit ou ornemens des Senateurs.
aussi auoient-ils vn habit, qui les distinguoit d'iceluy, à sçauoir, la tunique ou ro-
be de dessous, ornée & enrichie de plusieurs petits morceaux de pourpre taillez 42 *Latus clauus.*
en forme de clous larges, qui pour cette cause estoit appellée *Latus clauus*, ou *tuni-
ca lati claui.* Mesme *Latus clauus* signifie souuent l'Ordre & dignité de Senateur.
Suetone *in Tiberio, Senatori latum clauum ademit, cùm cognouisset sub Calendas Ianu. de-
migrasse in hortos, quo viliùs post diem ædes in vrbe conduceret. Et in Claudio, Latum clauum
etiam libertini filio tribuit, sub hac tamen conditione, si prius ab Equite Rom. adoptatus fuisset.*
Et que le large clou fust la marque du Senateur, il en appert de cet autre passa-
ge du mesme Suetone *in Augusto, Sumens virilem togam, tunica lati claui ad pedes deci-
dit, fuerunt qui interpretarentur significare, quòd quandoque is ordo, cuius insigne id esset, ei sub-
ijceretur.* C'est pourquoy cette tunique aux larges clous est appellée par les Grecs 43 Πλατύσημος ἐσθής.
Πλατύσημος ἐσθής, dit Herodian liu. 3.

Comme donc le large clou estoit la marque du Senateur, aussi l'estroit estoit la 44 Habit des Cheualiers.
marque du Cheualier. *Hinc Paterculus, Mecenas, non minùs Agrippâ, Cæsari charus,
sed minùs honoratus. Quippe vixit angusto clauo contentus, id est, Equestri dignitate. Lam-* 45 *Angustus clauus.*
*prid. in Alex. Seuero, Satis esse constituit, vt Senatores ab Equitibus claui qualitate discerneren-
tur.* La tunique donc distinguoit les trois Ordres du peuple Romain, à sçauoir,
celle à clous larges les Senateurs, celle à clous estroits les Cheualiers, & 46 *Recta seu pura tunica.*
celle où il n'y auoit point de clous, *quæ recta, seu pura dicebatur*, le simple peuple, qui
tunicatus popellus dicitur ab Horatio. C'est ainsi qu'il faut entendre ce traict de Iu-
uenal,

Sufficiunt tunicæ summis Ædilibus albæ:

scilicet, non clauatæ, pource qu'ordinairement les Escheuins des villes d'Italie n'e- 47 *Tunica alba.*
stoient ni Senateurs, ni Cheualiers Romains. Et d'ailleurs il est certain, que les
citoyens Romains portoient ordinairement des tuniques blanches. *Vopiscus in
Aureliano. Donauit pop. Romano tunicas albas manicatas, &c.* Et Ciceron obiecte à Ver-
res, *quòd in officina sedere solitus esset, cum pallio & tunica pulla*, c'est à dire tout deguisé,
pource que l'habit commun des Romains estoit la toge & la tunique blanche:
pour raison dequoy il faut voir Lipse au 15. liu. *Electorum.*

Toutesfois Turnebus *Aduersar. lib. 3. cap. 2. & lib. 12. cap. 6. itemque Manutius lib. 2.* 48 Robe des enfans des Senateurs & Cheualiers.
De quæsitis per Epist. cap. 2. disent que les enfans des Senateurs & des Cheualiers
vsoient indifferemment du large clou, deslors qu'ils prenoient la robe d'hom-
me, c'est à dire depuis vingt-cinq ans, iusques à l'aage d'estre Senateurs, & que si
lors ils ne le deuenoient, ils prenoient le clou estroit.

Mais les Cheualiers auoient vne autre marque ou enseigne, à sçauoir, l'An- 49 *De annulo Equestri.*
neau ou cachet d'or, *Annuli*, dit Pline liu. 33. chap. 1. *distinxerunt alterum Ordinem*

à plebe, sicut tunica ab annulis Senatum tantùm. Ce qu'il dit d'autant que l'anneau d'or estoit commun aux Senateurs & Cheualiers : mais le menu peuple en portoit d'autres metaux: comme il collige de ce qu'apres la défaicte de Cannes, Annibal recueillit trois muids d'anneaux : ce qui n'eust esté, si les seuls Senateurs ou Cheualiers en eussent porté. Combien que T. Liue recite, que celui qui presenta ces trois muids d'anneaux au peuple de Carthage, lui dist, qu'il n'y auoit que les principaux Cheualiers Romains qui en portassent: mais il adiouste, qu'il disoit cela pour faire admirer dauantage la victoire d'Annibal. Quoy que ce soit, Dion dit, qu'il n'estoit permis qu'aux Senateurs & Cheualiers de porter anneaux d'or.

50 Qui estoiét ceux qui portoient anciennement l'anneau d'or. Encor Pline adiouste, que du commencement il n'y auoit que les Senateurs qui en portassent, & mesme non pas tous : ains seulement ceux qui auoient esté enuoyez en ambassade, ausquels pour cet effect l'anneau auoit esté donné du public, pour leur seruir de cachet, qui estoit son principal vsage. Et qu'apres ils le portoient le reste de leur vie par honneur, & ce seulement és iours & lieux de solennité. Mais qu'ailleurs ils n'en portoient ordinairement que de fer, non pour ornement, ains pour s'en seruir à cacheter leurs lettres, & fermer leurs coffres & huis, ainsi qu'il a esté discouru au 2. liure *Des Offices*, chap. 4.

51 De mesme. Et de fait, dit le mesme Pline, les anciennes Annales de Rome, qui rapportent, comme apres que Cn. Flauius, fils d'vn affranchi & clerc d'Appius Claudius, eut esté fait Edile Curule de Rome, & Tribun, la Noblesse Romaine quitta par despit les anneaux d'or, ne disent pas que le Senat quitta les anneaux d'or, ains la Noblesse, qui n'estoit-dit-il, que les principaux du Senat, ce qui sera expliqué incontinant. Et sur ce qu'vn autre Annaliste racontant la mesme histoire, dit, que le Senat & les Cheualiers quitterent leurs anneaux & leurs bardes, *phaleras*, le mesme Pline dit, qu'il faut referer les anneaux au Senat seulement, & les bardes aux Cheualiers: ce qui nous apprẽd en passant, que les bardes des cheuaux

52 Harnois doré des Cheualiers. estoient l'ancienne marque des Cheualiers, comme en France anciennement le harnois doré. Tant y-a, pour reuenir à Pline, qu'il conclud que du commencement à Rome l'anneau d'or estoit porté par les principaux Senateurs, & non par les Cheualiers.

53 Quand les Cheualiers prirent l'anneau d'or. Mais quand les Gracches eurent transferé les iugemens aux Cheualiers, c'est à dire qu'ils eurent fait ordonner, que les Iuges seroient pris de leur Ordre: ce fut lors, dit-il, qu'ils entreprirent d'vser plus communément, & auec plus de raison des anneaux ou cachets d'or. Comme aussi ce fut lors, que leur Ordre (qui iusques à ce temps n'estoit encor bien distingué) fut establi tout à fait, pour faire vn troisiesme Ordre en la Republique, auec ceux du Senat & du menu peuple, comme il a esté rapporté au commencement de ce chapitre. Car auparauant, ce n'estoit pas vn Ordre establi, ains tous ceux qui auoient moyen de faire la guerre à cheual, estoient appellez Cheualiers: vray est, qu'aux plus signalez d'entr'eux,

54 *Equus publicus.* ou qui auoient fait quelque bon seruice, ou acte genereux, les Censeurs donnoient par honneur vn cheual aux despens du public, voire mesme il se trouue qu'ils en donnoient aux Senateurs.

55 Difference *inter Equites vrbis, & Equites militiæ.* Mais apres que Gracchus en eut fait vn Ordre à part, ayant tellement accreu l'auctorité d'icelui par la translation des Iugemens, que le Senat se plaignoit, que tout le pouuoir lui auoit esté osté, & qu'on ne luy auoit laissé que le simple honneur, dit T. Liue, ce fut lors qu'il y eut grande difference entre les gens de cheual, & les Cheualiers, *inter equites militiæ, & vrbis*, ceux-là estans opposez aux pietons ou soldats de pied, & ceux-cy au Senat & au menu peuple de Rome: ceux-là seruans dehors & en guerre, & ceux-cy tenans rang dans la ville & en paix. Nos modernes François les distinguent à present, en appellant les vns Caualiers, mot Italiennizé, & les autres Cheualiers. Partant ces Cheualiers de la ville voulurent auoir vne autre marque que le cheual, qui estoit plus propre aux Cheualiers de guerre, à sçauoir l'anneau ou cachet d'or, lequel leur fut attribué comme Iuges.

56 Droict Et finalement dit le mesme Pline au chap. 2. du mesme liure 33. Tibere ordonna,

na, que nul ne portast anneaux d'or, s'il n'estoit fils de pere & ayeul ingenus, & s'il n'auoit quatre cens mil vaillant, & droit de seoir és quatorze degrez du Theatre, qui estoient les autres marques des Cheualiers Romains : de sorte que de là en auant on appella l'Ordre de Cheualerie, le droict d'anneaux d'or. Droict qui du commencemẽt fut cõmuniqué à peu de gens, comme il se collige de ce que sous Auguste il ne se trouua assez de Cheualiers Romains, pour remplir & fournir les quatre decuries des Iuges. En fin les affranchis des Empereurs, qui ordinairemẽt estoient leurs fauorits, desireux de couurir leur condition, obtindrent communément ce droict de porter anneaux d'or, mesmement le firent obtenir aux autres affranchis, de sorte que, dit Dion *in Augusto*, ce fut en fin comme vn droit particulier des affranchis, qui leur estoit concedé par le Prince seul : & c'est ce qu'entend Pline, quand en ce discours des anneaux d'or, il dit, *dum separatur Ordo ab ingenuis, communicatur cum seruitiis*. Et de fait les titres *De Iure aureorum annulorum. D. & Cod.* nous apprennent, qu'aux derniers temps il n'estoit demandé que par les affranchis, ainsi qu'on dit en France, que le moyen de se faire ennoblir sans confesser sa roture, est d'estre fait Cheualier.

d'anneaux d'or concedé aux Cheualiers.

57 Puis aux affranchis.

Aussi par le moyen de ce droict d'anneaux d'or, les affranchis estoient faits comme ingenus, voire ce semble plus qu'ingenus, pource qu'ils estoient constituez en dignité par dessus les simples ingenus. Toutesfois c'est la verité, qu'ils n'estoient pas ingenus tout à fait, d'autant que le benefice du Prince ne pouuoit preiudicier au droict qu'auoit le patron sur les affranchis, *l. vltima. De iure aur. annul.* Et ainsi faut entendre la loy 31. §. *De bon. libert.* qui dit que par ce droict *honor quidem augetur, sed conditio non minuitur* : & la loy du mesme tit. dit elegamment, que *viuebant vt ingenui, moriebantur vt liberi.* Combien que *per natalium restitutionem* l'ingenuité fust absolument acquise, laquelle aussi ne s'octroyoit, que du consentement du patron *l. 1. & 2. C. De natal restit.* qui est vne difference fort notable *inter ius annulorum aureorum, & natalium restitutionem.* En fin Iustinian par sa Nou. 98. attribua indifferemment, *& ius aureorum annulorum, & natalium restitutionem* à tous affranchis, dont les maistres par l'acte de leur affranchissement auroient declaré, qu'ils entendoient, qu'ils fussent citoyens Romains.

58 Ce qu'il leur seruoit.

59 Natalium restitutio.

Mais c'est la verité, qu'auparauant que les affranchis eussent cõtaminé ce droit de porter anneaux d'or, il donnoit rang de Cheualier à ceux qui l'auoient obtenu, mesme leur attribuoit seance aux quatorze degrez du Theatre affectez aux Cheualiers : combien qu'en effect ils ne fussent pas vrais Cheualiers, & n'eussent pas l'exercice & function de Iuges, iusques à ce qu'ils eussent esté mis au rolle de Cheualiers. De sorte que ce droit estoit obtenu par ceux qui n'auoient ce credit, ou qui n'auoient le vaillant, & les autres qualitez requises pour estre Cheualiers tout à faict : comme il se trouue que Sylla dictateur le donna à Q. Roscius Comedien, Verres à vn sien clerc, Iule Cesar à Labienus homme de basse estoffe. Comme donc aucuns portoient la tunique de Senateurs, & auoient entrée au Senat, qui n'estoient pas Senateurs, aussi ceux qui auoient le droict d'anneaux d'or, ores qu'ils portassent l'ornement des Cheualiers, & eussent seance parmy eux au Theatre, n'estoient pas neantmoins vrais Cheualiers. Et en fin sous les Empereurs, lors qu'il n'y eut plus de Censeurs pour renouueller le rolle des Cheualiers, il n'y en eut plus d'autres, que ceux qui auoient obtenu ce droict de l'Empereur, lequel mesme fut à la fin negligé par les ingenus, quand ils virent qu'il estoit octroyé ordinairement aux affranchis, & ainsi s'abolit l'Ordre des Cheualiers Romains.

60 Ce qu'il seruoit aux ingenus.

Quant au simple peuple, qui à Rome, comme à nous, faisoit le tiers Estat, c'estoit encor vn vray Ordre, c'est à dire vne espece de Dignité, ce qui n'est pas à nous. Car estre citoyen Romain, ce n'estoit pas vne qualité de petite importance, d'autant qu'en effect c'estoit auoir part à l'Estat. Aussi le citoyen Romain auoit-il de grands droicts & aduantages par dessus ceux qui ne l'estoient pas, à sçauoir *iura libertatis, gentilitatis, sacrorum, connubiorum, patriæ potestatis, legitimi dominij, testamentorum, tutelarum legitimarum, census, militiæ, vectigalium, suffragiorum, Honorum*, lesquels ie ne m'amuseray à expliquer, pource qu'ils sont expliquez tres-docte-

61 De l'Ordre de citoyen Romain.

62 Les droits particuliers des citoyens Romains.

ment par Sigonius en son liure *De antiquo iure ciuium Rom.* duquel i'aduoüe franchement auoir pris presque tout le surplus de ce chapitre.

63 Diuisions des citoyens Romains. Or les citoyens Romains estoient diuisez en quatre façons, *nimirum aut per tribus, aut per censum, aut per familias, aut per Ordines*, c'est à dire, ou par les quartiers, ou par les moyens, ou par les races, ou par les Ordres & vacations d'vn chacun : encor ie laisse vne autre cinquiesme diuision, qui fut en l'Estat populaire, à sçauoir par partis ou factions, *in Optimates*, qui portoient le parti des grands, *& populares*, qui estoient du party des petits. Toutesfois il faut noter vne fois pour toutes, que comme la qualité de citoyen Romain appartenoit à tous les trois Ordres du peuple Romain, aussi ces cinq diuisions comprenoient tout le peuple Romain en general, c'est à dire aussi bien les Senateurs & Cheualiers, comme le menu peuple.

64 La diuision des citoyens Romains par tribus, ou quartiers. Quant aux quartiers (qui furent à Rome appellez Tribus, pource que du commencement il n'y en auoit que trois) ils furent premierement distinguez par la diuersité des nations, puis par les cantons & endroicts distincts de la ville & territoire de Rome. Car Romulus, qui le premier les ordonna, ayant trois sortes de peuples en sa ville, à sçauoir ceux du païs, qui estoient appellez Albanois, les Sabins, qu'il mesla auec eux, les ayant vaincus, & finalement la meslange des autres nations, qui à cause de l'asyle s'y estoient venuës refugier, de ces

65 *Tribus vrbana.* trois peuples fist trois diuerses tribus, leur assignant à chacune son canton à part pour habiter. Mais Seruius Tullius recognoissant que cette distinction des trois peuples pourroit causer des partialitez & seditions, voulut que la ville de Rome fust seulement diuisée par cantons & regions, & la distribua en quatre quartiers; voulant que chacun, sans auoir égard à sa nation originaire, fust du quartier où il habitoit.

66 *Tribus rustica.* Et d'autant que plusieurs notables citoyens, s'estans addonnez à la vie rustique habitoient aux champs és enuirons de Rome, qui partant n'auoient encor point de quartier, il fist en outre vingt six quartiers du territoire des champs, qui furent apppellez *tribus rustica.* De sorte qu'en tout il y eut deslors trente tribus de citoyens Romains, qui en fin monterent iusques à trente cinq.

67 Tribus composées à la volonté des Censeurs. Finalement, pource qu'à succession de temps les tribus des champs furent reputez plus honorables, que celles de la ville, qui estoient la plus part composées d'affranchis ou artisans, ce qui restoit en icelles de notables habitans, se fist enroller par les Censeurs, és tribus des champs, encor qu'ils ne laissassent de demeurer dans la ville. Et ainsi à la longue, en faisant les rolles & distinction des tribus, on ne regarda plus à la demeurance des citoyens Romains, ains les Censeurs composerent ces rolles à leur volonté, mettant bien souuent les habitans de la ville és tribus des champs pour les honorer, & ceux des champs és tribus de la ville, pour les noter & punir : voire c'estoit vne espece de note & de punition, d'estre transferé d'vne tribu des champs en vne de la ville, comme il sera dit incontinant.

Or sous chacune des quatre tribus de la ville, il y auoit dix dixaines, appellées

68 *Curia.* *Curia*, qui furent ainsi distinguées, pour vnir & assembler le peuple au fait de la Religion seulement, dont sans doute nos cures ont pris leur nom: ie ne m'amuseray point à en discourir icy, pource que ce n'est mon suject de parler en cet œuure de la Religion, ains de la police seulement.

69 Diuision des citoyens Romains *per censum.* Quant à la seconde distinction du peuple Romain, qui se faisoit *per censum*, c'est à dire par les moyens d'vn chacun, elle concernoit seulement les finances & leuées de deniers, & fut inuentée par le mesme Seruius Tullius, qui pource que de son temps les tribus qu'on leuoit sur le peuple, pour seruir aux guerres, se payoient également & par teste, considerant que c'estoit vne grande inégalité, institua le cens, c'est à dire le dénombrement solennel du bien de chasque

70 Classes. citoyen : & apres ce dénombrement fait, il diuisa tout le peuple en cinq classes dont la premiere fut de ceux qui s'estoient trouué auoir vaillant cent mil sesterces, ou au dessus : la seconde, de ceux, qui en auoient soixante & quinze mil : la troisiesme, de cinquante mil : la quatriesme, de vingt-cinq mil, & la cinquiesme, de

de vnze mil: & n'y auoit que ces cinq classes, qui contribuassent aux tribus. Vray est, qu'il y auoit encor vne sixiesme classe des plus pauures, qui estoient appellez *proletarij*, pource qu'ils ne contribuoient à l'Estat, que de prolifier & faire des enfans: ils estoient aussi appellez *capite censi*, pource qu'ils estoient enrollez, non à cause de leurs moyens, mais seulement à cause de leur personne. Combien qu'A. Gelle face quelque difference *inter proletarios & capite censos*, au chapitre 10. du liure 16.

Tant y a que cette seconde distinction du peuple *per censum*, estoit meslée auec la premiere faicte *per tribus*. Car sous chacune tribu estoient mises les six classes, & encor chacune classe estoit diuisée en centuries ou centaines d'habitans: de sorte qu'és comices ou assemblées du peuple, qui se faisoient pour l'élection des Magistrats, les suffrages se donnoient ordinairement par centuries, pource qu'il eust esté impossible de colliger les voix de tous les citoyens sans cette distinction. 71 Meslange de ces deux premieres diuisions.

Pour le regard de la troisiesme diuision des citoyens Romains, qui se faisoit par les races, il y en auoit de quatre sortes, à sçauoir les Patriciens, les nobles, les nouueaux, & les ignobles. Les Patriciens estoient ceux qui estoient issus en ligne masculine des deux cens premiers Senateurs instituez par Romulus, qu'il auoit nommez *Patres*, combien que le Patriciat fust tout autre chose sous les derniers Empereurs à sçauoir vn titre de dignité, qui sera expliqué cy apres au chapitre penultiesme. Les Nobles estoient ceux, dont le pere & ayeul auoient eu successiuement quelqu'vn des principaux Magistrats de Rome, & qui à cette cause auoient droict d'images, comme prouue fort bien Sigonius. Les nouueaux hommes estoient ceux qui commençoient leur Noblesse, & dont eux, ou leur pere auoient eu quelqu'vn de ces principaux Magistrats, ce qui a esté touché au premier liure *des Offices*, chap. 9. & sera amplement expliqué cy apres. 72 Diuision par les races. 73 Nobiles. 74 Noui.

Finalement quant aux ignobles, il y en auoit de deux sortes, à sçauoir les ingenus, *qui patrem auumque ciere poterant*, comme dit T. Liue, liu. 10. c'est à dire qui estoient nais de pere & ayeul libres. Car combien que les liberts ou affranchis fussent citoyens Romains & enrollez aux tribus de Rome, si n'estoient-ils pas citoyens tout à fait, qu'ils appelloient *optimo iure ciues*, n'estans par l'ancien droict capables, ni de suffrages ni d'honneurs, ni pareillement de milice: car ils n'estoient point enrollez parmy les legions Romaines, sinon en cas d'extreme necessité. Et quant aux suffrages & honneurs, ils en estoient incapables du commencement, & pouuoient seulement estre Appariteurs des Magistrats, encor non pas Scribes ou Greffiers: mais quant à leurs enfans, qui aux premiers temps estoient appellez libertins, ils auoient droict de suffrages és tribus de la ville seulement, ne pouuans estre enrollez en celles des champs. Mais les ingenus, ores qu'ils fussent enfans de libertins, c'est à dire, petits fils d'affranchis, auoient tout droict de suffrage, mesme és tribus des champs, & encor ne pouuoient-ils estre Senateurs ni Cheualiers, ni par consequent paruenir aux grands Offices de Rome: finalement les enfans de ceux-là estoient capables de tous Ordres & de tous Magistrats. 75 Ignobiles. 76 Ingenui. 77 Libertini.

Tout cela auoit lieu en l'ancien droict, comme prouue fort bien Sigonius, mais dés le temps d'Appius Cecus fut ostée la difference d'entre les liberts & libertins, c'est à dire, d'entre les affranchis & leurs enfans: si que desormais l'vn & l'autre nom signifia les affranchis, qui neantmoins retindrent cette distinction, qu'ils estoient appellez liberts à l'égard de leur patron, & libertins à l'égard de leur condition, & ainsi s'entendent-ils en nostre droict. Par ce moyen les affranchis furent reduits à la mesme condition des antiques libertins leurs enfans, & leurs enfans furent reduits à la condition des ingenus, mesme en fin on appella ingenus tous ceux qui estoient nais libres, & ainsi est pris ce mot en tout nostre droict. 78 Mutation aduenuë.

Finalement pour la quatriesme distinction du peuple Romain, faite par l'Ordre ou vacation d'vn chacun, & qui est celle qui appartient le plus à ce discours, il faut noter que le simple peuple auoit plusieurs Ordres & degrez de vacations, 79 Diuision des citoyens Romains par les Ordres.

80 Ordres du menu peuple. plus honorables les vns que les autres: dont voicy les principaux selon leur rang. *Tribuni ærarij, scribæ, mercatores, artifices, apparitores Magistratuum, & turba forensis.*

81 *Tribuni seu Quæstores ærarij.* *Tribuni seu Quæstores ærarij* estoient generalement ceux que nous appellons financiers, combien que particulierement ce fussent ceux, qui *per tribus pecunias conquirebant, & conquisitas militibus erogabant.* Mais les financiers faisoient à Rome vn Ordre, comme prouue Sigonius, qui comprenoit tous ceux qui manioient les finances, ou deniers publics, hors les principaux Questeurs, qui seuls estoient Magistrats. Car les financiers de Rome n'estoient pas Officiers, comme ils sont la plus part parmi nous, qui de toutes les vacations auons fait des Offices, pour

82 *Publicani,* partisans. en tirer argent. Et ces financiers estoient differens des partisans, qui *Publicani vocabantur*, & qui faisoient party, c'est à dire, prenoient à ferme en gros les reuenus publics: & ceux-là estoient gens de qualité, & beaucoup plus estimez que les financiers, attendu qu'ils estoient ordinairement de l'Ordre des Cheualiers, comme prouue le mesme autheur, & en appert du passage de Pline, rapporté au commencement de ce chapitre.

83 *Scribæ.* *Scribæ* estoient ceux que nous appellons Praticiens de longue robe, comme nos Procureurs, Greffiers, & Notaires, qui combien qu'à Rome ils fussent du nombre des ministres des Magistrats, faisoient neantmoins vn Ordre separé de celuy des autres ministres, appellez Appariteurs, & beaucoup plus honorable, comme dit Ciceron *in Verrem, quòd nimirum eorum fidei publicæ tabulæ, periculáque Magistratuum committerentur.* Mesmement les Magistrats Romains estans plus gens de guerre, que de lettres, & d'ailleurs le temps de leur charge estant brief, estoient contraints d'apprendre les difficultez d'icelle des Praticiens qu'ils auoient à leur suitte, qui fut cause qu'ils s'auctoriserent si fort, que Caton estant Questeur, fut contrainct se bander contr'eux, pource dit Plutarque en sa vie, qu'ils s'egaloient aux Magistrats, sous pretexte qu'ils leur apprenoient ce qui estoit de leur charge. Aussi y auoit-il presque autant de sortes, voire de compagnies de Scribes, que de Magistrats, à sçauoir, *Quæstorij, Ædilitij Prætorij, &c.*

84 Marchans. Quant aux Marchans, (par lesquels ie n'enten que ceux qui vendent en gros, & non en detail, lesquels sont plustost reuendeurs ou regratiers, que marchands) il y en auoit de trois sortes: à sçauoir, les marchands ordinaires, qui faisoient dans Rome toute sorte de marchandise en gros: & ceux-là auoient d'ancienne-

85 *Argentarij,* Banquiers. té leur corps & communauté, comme il se voit dans T. Liue, liure 2. les Banquiers appellez *Argentarij*, dont la marchandise particuliere estoit de faire traffic d'argent, mais qui parmy ce traffic faisoient toutes les affaires des particuliers, receuant leur reuenu, & faisant aussi leur despense, chose qui estoit aucunement necessaire, à cause que la monnoye Romaine estoit mal portatiue: de sorte qu'on estoit contraint faire plustost les negotiations par lettres de chãge, par le moyen de ces banquiers, que par argent comptant: ce qui fut cause de leur faire attribuer force priuileges, pour le grand soulagement qu'ils apportoient au peuple:

86 Negotiatores. & faut noter, que *Argentarij alij erant à Trapezitis, seu mensariis*, comme prouue fort bien nostre Sigonius. Finalement il y auoit ceux qu'ils appelloiẽt Negotiateurs, qui estoient les marchands des prouinces, ainsi appellez cõme s'ils n'eussent esté que simples entremetteurs d'affaires des marchands de Rome, ausquels par honneur ceux-cy laissoient le titre de marchand.

87 *Apparitores Magistratuum.* Quant aux Appariteurs des Magistrats, comme *Accensi, Interpretes, Præcones, Lictores, Viatores, &c.* ce n'estoient point à Rome Offices formez, comme à nous, ains vne basse & vile condition d'hommes: iusques là que pour marque perpetuelle d'ignominie, il fut enioinct à vne ville, dont il ne me souuient du nom, qui s'estoit plusieurs fois rebellée contre les Romains, de fournir d'Appariteurs aux Magistrats. Aussi ces charges n'estoient exercées que par les affranchis. Neantmoins en fin sous les Empereurs, lors que les affranchis entrerent en plus grand credit, elles furent mises au nombre des milices.

88 *Turba forensis.* Quant aux artisans & gens de mestier de Rome, ie remets à en parler cy apres en traittant des nostres. Et finalement, quant à ce qu'ils appelloient *turbam forensem*, c'estoient ceux de la lie du peuple, qui n'auoient point de vacation, que nous appellions

appellions iadis la racaille, & qu'à nostre exemple les Anglois appellent *Racail*, mais à present nous les nommons vulgairement, gens de bras: & ceux-là à Rome ne seruoient qu'à faire des brigues & des seditions populaires.

Pour conclusion de ce discours il faut remarquer, qu'en l'Estat populaire des Romains, les Censeurs auoient toute puissance sur les Ordres. Car comme ils faisoient les Senateurs & les Cheualiers en les enrollant, aussi les défaisoient-ils en les ostant du rolle. Et quant aux tribus, c'estoient eux aussi qui en dressoient les rolles à leur volonté: partant tout ainsi qu'ils pouuoient oster les Senateurs & les Cheualiers de leur Ordre, aussi pouuoient-ils oster le menu peuple de sa tribu. Mesmemẽt ils auoient trois sortes de correction sur icelui: l'vne de les transferer en vne tribu moins honorable, comme d'vne tribu des champs en vne de la ville, ou d'vne plus estimée en vne moins estimée: l'autre de les priuer de suffrages, ce qui s'appelloit *in Ceritum tabulas referre*, pource que les Cerites peuple d'Italie, ores qu'ils eussent droict d'estre citoyens Romains, n'auoient toutesfois droict de suffrage, comme dit A. Gelle liu. 16. chap. 13. ou finalement *facere ærarios*, c'est à dire de leur oster tous les priuileges des citoyens Romains, les laissant toutesfois en la tribu, afin seulement de contribuer aux charges. Ce que Sigonius explique amplement & doctement.

89 Les Censeurs auoient toute puissance sur les Ordres.

90 *In Ceritum tabulas referre.*

91 *Ærarios facere.*

SOMMAIRE DV TROISIESME CHAPITRE.

1 *Nous n'auons point en France d'Ordre Senatoire.*
2 *Mais nous auons l'Ordre du Clergé.*
3 *Qui n'est gueres ailleurs en la Chrestienté.*
4 *Druides des Gaulois.*
5 *Degrez ou Ordres subalternes de l'Ordre du Clergé.*
6 *Des Ordres seculiers.*
7 *Tonsure, & son effect.*
8 *Autres Ordres Ecclesiastiques.*
9 *Ordres Ecclesiastiques, quels, selon les Theologiens.*
10 *Qe la tonsure a tousiours esté vray Ordre.*
11 *Que les autres Ordres estoient anciennement functions Ecclesiastiques.*
12 *Estat de la primitiue Eglise.*
13 *Comment estoient conferées ces functions en la primitiue Eglise.*
14 *Titre clerical,* absoluta Ordinatio.
15 *Effects de cette prattique.*
16 *Vtilité d'icelle.*
17 *Comment elle a esté changée.*
18 *Enfans de cœur.*
19 *Comment a esté admise l'Ordination absoluë.*
20 *Inuention du titre patrimonial de clercs.*
21 *Ordonnance d'Orleans touchant ce titre.*
22 *Aboly par le Concile de Trente.*
23 *Ordres separez d'auec les benefices.*
24 *Ordre Episcopal demeuré vny à l'Eueſché.*
25 *Qu'il en est separé quelquesfois.*
26 *Plusieurs degrez d'Euesques.*
27 *Le Pape.*
28 *Des Cardinaux.*
29 *Que c'est plustost Ordre qu'Office.*
30 *Leur pretenduë institution par Constantin le Grand.*
31 *De l'origine des Cardinaux.*
32 *Sept Diacres esleus par les Apostres.*
33 *Preéminences des Diacres de Rome, dés le temps de S. Hierosme.*
34 *Debat entre les Diacres & les Prestres pour la preseance.*
35 *Distinction des Diacres.*
36 *Diacres en Office presedent les Prestres.*
37 *Les Diacres en Office s'appellent Archidiacres ou Cardinaux.*
38 *Cardinaux de Rome.*
39 *Prestres Cardinaux, comment introduits.*
40 *Chanoines des Eglises cathedrales appellez Cardinaux.*
41 *Euesques Cardinaux.*
42 *Titres des Cardinaux.*
43 *Cardinaux sans titre.*
44 *Chanoines,* sub expectatione præbendæ.
45 *Nõbre & titre des Euesques Cardinaux.*
46 *Cardinaux tenus resider en leurs titres.*
47 *Causes de l'ouuerture de la Regale par la promotion au Cardinalat.*
48 *Cardinaux ont les droicts Episcopaux en leurs titres.*

DE L'ORDRE DV CLERGE'.

CHAPITRE III.

1 Nous n'auons point en France d'Ordre Senatoire.

LEs trois Estats de France sont grandement differens de ceux des Romains. Car en premier lieu nous n'auons point d'Ordre Senatoire, estant tres-vray ce que dit Budée sur la loy derniere, *D. De Senat.* que nos Parlemens ne ressemblent gueres au Senat Romain qui n'estoit pas vn corps d'Officiers, ains vn Ordre, dont ordinairement se prenoient les Magistrats, soit de la guerre, ou de la iustice, ou des finances. Au lieu qu'en France les Officiers de la gendarmerie doiuent estre pris de l'Ordre de la noblesse, ceux de la iustice sont pris indifferemment des trois Estats, fors que les Ecclesiastiques ne peuuent tenir les Offices criminels, & ceux des finances sont pris du tiers Estat, pource que le Clergé & la Noblesse les desdaignent pour la plus part.

2 Mais nous auons l'Ordre du Clergé.

3 Qui n'est gueres ailleurs en la Chrestienté.

Mais en ce Royaume tres-Chrestien, nous auons conserué aux ministres de Dieu le premier rang d'honneur, faisant à bon droict du Clergé, c'est à dire, de l'Ordre Ecclesiastique, le premier des trois Estats de France, au lieu que les Romains, plus curieux de l'Estat que de la Religion, ne faisoiet point d'Ordre à part de leurs Prestres, ains les laissoient meslez parmy les trois Estats, ainsi qu'est parmy nous la iustice : ce qui se fait pareillement presqu'en tous les Estats de la Chrestienté, n'y en ayant gueres, où le Clergé soit vn Ordre à part, ainsi qu'en France, qui a tousiours esté plus Chrestienne, & a plus honoré l'Eglise, que nation du monde.

4 Druides des Gaulois.

En quoy nous auons suiuy aucunement les anciens Gaulois nos predecesseurs, lesquels donnoient le premier Ordre aux Druides, qui estoient leurs Prestres, mesme les faisoient leurs Iuges & Magistrats. Et ainsi la compagnie des Druides estoit en Gaule tout ensemble, & ce que le Senat estoit à Rome, & ce que le Clergé est en France. Car en France, comme presque en tout le Christianisme, on a separé tout à fait la Religion d'auec l'Estat.

5 Degrez, ou Ordres subalternes en l'Ordre du Clergé.

Or comme en chacun de ces trois Ordres ou Estats generaux de la France, aussi en celuy du Clergé il y a plusieurs degrez, ou Ordres subalternes & particuliers, dépendans subordinément l'vn de l'autre, mesmement pource que la diuision generale du Clergé, ou gens Ecclesiastiques, est qu'ils sont seculiers ou reguliers, il y a plusieurs Ordres seculiers, & plusieurs reguliers. En quoy il faut remarquer que les Ordres seculiers conuiennent aux personnes regulieres, aussi bien qu'aux seculieres: mais les Ordres reguliers ne cóuiennent qu'aux personnes reguliers, pource qu'ils concernent la regle & institution particuliere de vie, à laquelle ils sont voüez. 6 Des Ordres seculiers.

Voicy donc en premier lieu les Ordres seculiers. Premierement la tonsure, qui est l'entrée de tous les Ordres Ecclesiastiques, & celle qui fait le clerc, & qui distingue le Clergé d'auec le peuple, par le moyen du razement des cheueux, qui estoit tel anciennement en tous les clercs, que nous voyons maintenant aux enfans de chœur. Qui est vn public tesmoignage qu'on se dédie à Dieu, en renonçant & retranchant les superfluitez du corps, notamment celle des cheueux, qui est en la partie superieure du corps humain, de laquelle ceux qui sont du monde, ont coustume de se parer & orner. Et par le moyen de cette tonsure on deuient clerc, c'est à dire en Grec, heritier, ce qui s'entend par excellence, de l'heritage celeste, qu'on acquiert en renonçant à l'heritage terrestre & mondain. 7 Tonsure, & son effect.

8 Autres Ordres Ecclesiastiques.

Par apres il y a les quatre Ordres que nous appellons mineurs, à sçauoir (selon le rang que leur donne l'ancien Concile de Rome chap. 7.) des Portiers, des Lecteurs, des Exorcistes & des Acolytes: puis les trois Ordres sacrez des Sousdiacres, des Diacres, & des Prestres. Et pardessus tous ceux-là, il y a encor celuy d'Euesque, qui s'est multiplié en Euesques, Archeuesques, & Primats, ou Patriarches. Finalemẽt on y adiouste l'Ordre des Cardinaux, qui combien qu'ils n'ayent point de consecration particuliere, comme ont tous les autres, est neantmoins plustost Ordre qu'Office, ainsi qu'il sera tantost dit. 9 Ordres Ecclesiastiques, quels, selon les Theologiens.

Car ie n'appelle pas les Ordres Ecclesiastiques à la mode des Theologiens, qui ne tiennent pour Ordres, que ceux qui sont dirigez & ordonnez directement pour le precieux corps de nostre Seigneur: en laquelle acception l'Ordre est vn des sept sacremẽs de l'Eglise. De sorte qu'aucuns d'iceux ne tiennent pour Ordres, que les trois Ordres sacrez de Sousdiacre, Diacre & Prestre, autres y adioustent les quatre mineurs: mais communẽment ils ne reputent pour Ordres, ni la tonsure, ni l'Ordre Episcopal, combien que sainct Denys, au liure de la Hierarchie Ecclesiastique, le tienne pour vray Ordre: & font cette distinction, que *quantùm ad corpus Christi verum, nullus est Ordo supra sacerdotalem, sed quantùm ad corpus Christi mysticum, quod est Ecclesia, Episcopatus est Ordo Ecclesiasticus.* 10 Que la tonsure a tousiours esté vray Ordre.

Mais nous qui en parlons politiquement, disons en repassant tous ces Ordres, qu'il n'y a nulle doute, que la tonsure ne soit vn Ordre, quoy que ce soit, la marque, voire la forme de l'Ordre Ecclesiastique en general. Car la raison de ceux qui disent, que comme l'vnité n'est pas nombre, ains le cõmencement des nombres, aussi la tonsure n'est pas Ordre, ains le commencement des Ordres, n'est pas bonne, pource que la cause pourquoy l'vnité n'est pas nombre, est d'autant que le mot de nombre presuppose necessairement plusieurs vnitez, qui soient accumulées & nombrées ensemble, au lieu que l'vnité simple ne peut estre nombrée: raison qui n'a pas lieu en la tonsure, qui peut estre Ordre par soy. 11 Que les autres Ordres estoient anciennement functions Ecclesiastiques.

Et quant aux autres Ordres, ils n'estoient pas du commencement vrais Ordres, ains estoient certaines charges & ministeres de l'Ordre Ecclesiastique, comme leur nom le tesmoigne. Car les Portiers estoient ceux, qui gardoient la porte de l'Eglise, pour empescher que les Payens, les Catechumenes, & les excommuniez y entrassent. Les Lecteurs estoient ceux qui lisoient en l'Eglise les saincts liures, pour retenir le peuple venu de loin en deuotion dans l'Eglise, iusques à ce qu'on commençast l'Office ou seruice ordinaire. Les exorcistes, ceux qui auoient soin des demoniaques, qui estoient fort frequens entre les Payens lors de la primitiue Eglise. Les Acolytes, ceux qui auoient charge de suiure l'Euesque & les Prestres. Les Sousdiacres, ceux que les Diacres enuoyoient de costé & d'autre aux negoces de l'Eglise. Les Diacres, ceux qui auoient la principale administration du temporel de l'Eglise. Les prestres, ceux qui auoient la charge du spirituel. Et finalement les Euesques estoient les chefs & superintendans de l'Eglise en leur diocese. 12 Estat de la

Ce n'estoient donc pas de simples Ordres sans function ni administration primitiue Eglise. particuliere, ains functions qui estoient deferées aux clercs habituez en chacune Eglise. Car comme ainsi soit, qu'anciennement les biens de l'Eglise estoient possedez en commun, comme i'ay dit ailleurs, chacune Eglise entretenoit autant de clercs, que son reuenu pouuoit porter, ausquels les charges & functions Ecclesiastiques estoient distribuées auec tel reglement, qu'il failloit de degré en degré passer par toutes les moindres, auant que paruenir aux plus hautes, comme il falloit faire és bandes ou compagnies des gens de guerre. Et par ainsi toutes ces charges, que nous appellons Ordres, estoient des degrez, par tous lesquels on passoit par ordre, auant que paruenir à celui de Prestrise: mais pourtant ce n'estoient pas des purs Ordres, pource qu'ils auoient vne function publique annexée.

13 Comment estoient conferées ces functions en la primitiue Eglise. Car il faut considerer (& cecy me semble fort notable) qu'en la primitiue Eglise nul n'estoit fait Prestre, Diacre ni Sousdiacre, & non pas mesme Acolyte, Exorciste, Lecteur, ou Portier, qui n'eust vne place d'habitué en quelque Eglise. ce que ie n'appelle pas benefice, d'autant que les benefices n'estoient encor en vsage, ains le reuenu des Eglises estoit lors en commun. Ainsi n'estoit-il pas fait Prestre, Diacre, Sousdiacre, Acolyte, &c. absolument & indefiniement, quand il receuoit ces Ordres, ains il estoit nommément & expressément ordonné Prestre, Diacre, Sousdiacre, Acolyte de telle Eglise, à sçauoir de celle, en laquelle il estoit placé & habitué. Et cela s'appelloit le titre de ceux qui estoient promeuz aux Ordres Ecclesiastiques. De sorte que la promotion faicte sans titre, c'est à dire sans expression de certaine Eglise, où le promeu fust

14 Titre clerical, *Absoluta Ordinatio.* habitué, estoit appellée *absoluta Ordinatio, id est, indefinita & sine titulo facta.* Et cette promotion absoluë & sans titre, estoit tellement defenduë par les anciens canons, que mesme au Concile de Calcedoine (qui est l'vn des quatre anciens Conciles generaux, dont Iustinian dit, que les canons doiuent estre gardez comme les quatre Euangiles) & depuis en celui de Plaisance, il fut determiné, que ceux qui seroient promeuz en telle sorte, *vacuam recipiebant manuum impositionem*, & que *eorum Ordinatio prorsus irrita erat, can. Neminem. & can. Sanctorum. 90. distinct.*

15 Effects de cette pratique. Partant le Prestre estant particulierement ordonné en vne certaine Eglise, sembloit n'estre ordonné que pour icelle, & non pour les autres, & ainsi estoit-il des moindres Ordres: & comme le charactere des Ordres sacrez ne peut estre effacé, aussi ce titre pris en l'Ordination ne pouuoit estre changé ni perdu, dit la glose, *in can. vltim. 66. distinct.* Et de là est venu ce qu'on dit encor, que c'est vn mariage spirituel contracté entre le clerc & son Eglise: & tenoit-on de ce temps-là, qu'il n'estoit non plus licite au Prestre de quitter ou changer son Eglise, qu'au lay de quitter ou changer sa femme, *can. Sicut. 1. & 2. 7. quæst. 1.*

16 Vtilité d'icelle. Belle police certes: car par ce moyen on ne faisoit qu'autant de clercs, qu'il y auoit de places aux Eglises pour les employer, & de bien pour les entretenir. Et par consequent il n'y auoit, ni Ecclesiastique sans Eglise, ni Eglise sans Ecclesiastiques: & aucun Ecclesiastique ne pouuoit auoir pauureté, ni richesse trop grande, ni ne pouuoit changer d'Eglise, ni en auoir plusieurs.

17 Comment elle a esté changée. Mais ce bel Ordre s'est éuanoüy peu à peu, depuis que les places des Eglises ont esté conuerties en benefices, par le partage & attribution particuliere des biens Ecclesiastiques à chacune place ou function. Car combien qu'en ce partage & constitution des benefices, il n'y ait eu que ceux qui auoient les Ordres sacrez, qui ont eu leur lot à part, fors qu'en quelques Eglises on laissa quelque peu de bien en commun pour les petits clercs constituez és Ordres mineurs, qui n'estans encor engagez à l'Eglise, ne peurent pas auoir leur partage separé comme les autres: neantmoins ils firent la part de ces plus ieunes si petite, que n'estant suffisante pour l'entretien d'autant de clercs qu'il en falloit, pour remplir & fournir successiuement les Ordres sacrez, force fut (pour retenir tousiours en apparence l'ancienne regle, de passer par tous les Ordres

mineurs auant qu'estre pourueu aux sacrez) de conferer ces quatre Ordres mineurs tout en mesme temps. Et par ainsi la function d'iceux a esté abolie, & 18 Enfans de n'en reste autre remarque, qu'és enfans de chœur des Eglises Cathedrales & chœur. collegiales. Laquelle pourtant le Concile de Trente a fort tasché de remettre sus, ordonnant en la session 23. chap. 27. *Vt sanctorum Ordinum, à Diaconatu ad Ostiariatum, functiones ab Apostolorum temporibus in Ecclesia laudabiliter receptæ, & pluribus in locis aliquandiu intermissæ, in vsum iuxta sacros canones reuocetur, ne ab hæreticis tanquam otiosæ traducantur. Illius ergo pristini moris restituendi desiderio flagrans sancta synodus decernit, vt in posterum huiusmodi ministeria non nisi per constitutos indictis Ordinibus exerceantur, &c.*

Ainsi donc n'y ayant plus de function aux quatre Ordres mineurs, il ne fut 19 Comment plus besoin de les cõferer sous l'expression du titre de quelque Eglise: mais quant a esté admise aux Ordres sacrez, on a tousiours obserué de les conferer en cette sorte, iusqu'à l'ordination tant que le Concile de Latran, tenu sous Alexandre troisiesme, enuiron l'an 1160. absoluë. ayant trouué cette rigueur des anciens Cõciles cy dessus rapportez, trop grãde, de declarer absolument nulles les Ordinations faites sans titre, comme pouuant produire des scrupules dangereux, & tenir en doute & incertitude le charactere de plusieurs Prestres, ordonna que doresnauant les promotions aux Ordres faites sans titre, ne seroient plus nulles, ains que seulement l'Euesque seroit tenu nourrir ceux qu'il auroit promeus sans titre, iusqu'à ce qu'il leur eust assigné vn benefice competent pour viure. A quoy encor ce Concile adiousta vne modification, qui a causé le desordre par apres suruenu en ces Ordres, *Nisi talis Ordinatus de sua paterna hæreditate subsidium vitæ possit habere, cap. Episcopus. & cap. Cùm secundum, ext. De præbend.*

Car sous ce pretexte, on ne s'est plus soucié d'ordonner les Prestres au titre 20 Inuention de quelque Eglise, pourueu qu'ils eussent du bien patrimonial. Lequel bien on a du titre patrimonial des en fin appellé le titre clerical : pource qu'en la collation de l'Ordre on a pris clercs. coustume d'exprimer que ce patrimoine specifié seruiroit de titre, suiuãt le chap. *Tuis. eod. tit.* dont aucuns donnent le tort à Gratian, qui rapportant en son Decret can. *Neminem.* 70. *dist.* le canon du Concile de Calcedoine, prohibitif de l'ordination absoluë, tourne ces mots, ἐν Ἐκκλησίᾳ πόλεως, ἢ κώμης, *in Ecclesia ciuitatis, aut possessionis*, au lieu de dire, *aut pagi*, de sorte que l'equiuoque de ce mot *possessio*, a fait croire aux Canonistes, que cét ancien Concile approuuoit le titre des biens ou possessions. Tant y a que l'inuention de ce titre patrimonial est cause qu'il y a beaucoup des Prestres de maintenant, qui n'ont aucun benefice: & encor qu'il s'en voit plusieurs qui mandient leur vie, au des-honneur du Clergé, quelque 21 Ord. d'Orordre que nostre ordonnance d'Orleans y ait cuidé apporter, taxant ce titre pa- leans touchãt trimonial à cinquante liures de reuenu annuel, & voulant qu'il soit certifié & ce titre. cautionné par quatre notables bourgeois pardeuant le Iuge ordinaire des lieux, & qu'il soit inalienable. C'est pourquoy le Concile de Trente, *sess.* 21. *Decreto de* 22 Aboly par *reform. cap.* 2. & en la session 23. chap. 16. a derechef prohibé l'ordination sans ti- le Concile de tre de benefice, defendant qu'aucun ne fust promeu *ad titulum patrimonij*, renou- Trente. uellant à ce regard les peines des anciens Canons : ce qui est mal gardé en France.

Tant-y a que la coustume estant establie de conferer les Ordres Ecclesiasti- 23 Ordres que absolument, & sans expression du titre, voire à ceux qui n'auoient point de separez des benefice, les Ordres Ecclesiastiques ont esté par ce moyen separez du tout des benefices. benefices & charges de l'Eglise: & ainsi sont deuenus vrais & purs Ordres, c'est à dire Dignitez sans administration ni function, sinon que de seruir à l'autel, & de produire vne aptitude à posseder les benefices.

Et pource que ces ordinations sans titre n'ont esté encor tolerées, ni au- 24 Ordre ctorisées, que iusqu'aux Prestres; de là est venu, que pour le regard des Eues- Episcopal deques, on garde encor de ne les point ordonner ou consacrer, s'ils n'ont vn E- meuré à l'Euesché, au titre duquel ils puissent estre sacrez & faits Euesques, de sorte qu'en uesché. eux l'Ordre & le benefice est conioinct, & n'est presque qu'vn. Toutesfois l'exẽple des autres benefices a esté cause de permettre quelquesfois, qu'ils soient separez l'vn de l'autre, par permission speciale du Pape, quand il donne licence à vn Euesque de resigner son Eueschè, ce qui ne se pouuoit faire anciennement, comme il se voit en ce chapitre *Sicut* 1. & 3. 7. *quæst.* 1. Et depuis fut permis en certains cas seulement *cap. Nisi. Ext. De renunciat.*

25 Qu'il en est separé quelquesfois. Quand donc l'Euesque resigne son Eueschè, d'autant que l'Ordre est vn charactere ineffaçable, il demeure tousiours Euesque quât à l'Ordre, mais non quant au benefice, pource qu'il n'ha plus d'Eueschè: & ainsi l'vn est separé de l'autre, & se trouue des Euesques sans Eueschez, ce qui ne peut aduenir és autres benefices, qui ne sont pas Ordres & benefices tout ensemble, ni pareillement és Offices. Car celuy qui a resigné son benefice, ou son Office, n'est plus beneficier ni Officier d'iceluy.

26 Plusieurs degrez d'Euesques. Or faut-il encor noter, qu'il n'y a qu'vne sorte d'Ordre Episcopal, combien que la function des Euesques soit de plusieurs sortes ou degrez differens. Car comme en la Hierarchie celeste il y a plusieurs degrez & especes d'Anges, qui ayans diuers noms & diuerses prerogatiues, sont neantmoins tous Anges: aussi en la Hierarchie terrestre il y a plusieurs sortes d'Euesques, ayans diuers noms & differens pouuoirs. Les vns estans simples Euesques, n'ayans iurisdiction qu'en leur diocese: les autres Archeuesques, qui outre la iurisdiction primitiue de leur diocese, ont encor celle de ressort en ceux des Euesques de leur prouince: dauantage aucuns sont Primats ou Patriarches (entre lesquels deux i'estime qu'il n'y a difference que de nom) ayans en outre iurisdiction de ressort superieur sur plusieurs prouinces & Archeueschez. Finalement sur tous les Primats & Patriarches, & consequemment sur tous les Ecclesiastiques, mesme sur tous les vrais Chrestiens, il y a vn souuerain Hierarche, à sçauoir l'Euesque de Rome, que

27 Le Pape. nous appellons Pape par excellence, qui est le Vicaire & Lieutenant de Dieu en l'Eglise vniuerselle.

28 Les Cardinaux. Quant aux Cardinaux, c'est, comme ie vien de dire, vn Ordre adiousté apres les autres, qui neantmoins est plustost Ordre qu'Office, quoy qu'en die Baldé sur le chapitre *Bonæ memoriæ. ext. De postulat. Prælat.* tant à cause qu'il donne aptitude à plusieurs Offices de la Cour de Rome, & notamment à la supreme dignité de Pape, que pource que le sacré consistoire des Cardinaux represente en l'Eglise le Senat Romain, qui estoit Ordre, & non pas corps d'Officiers, aussi que les Cardinaux, entant que Cardinaux, n'ont aucune iurisdiction ni autre function

29 Que c'est plustost Ordre qu'Office. publique, fors d'opiner au Consistoire, ainsi que les Senateurs au Senat. Et combien que la plus part d'entr'eux ait des titres, c'est à dire, certaines parroisses ou Eglises de Rome, esquelles ils ont toute iurisdiction, comme les Euesques en leur diocese, ainsi qu'il sera dit tout incontinant, si est-ce que aucuns n'en ont point: & quant à ceux qui en ont, on peut dire qu'ils ont Ordre & benefice tout ensemble, ainsi qu'il vient d'estre dit des Euesques. Et de fait, toutes les proprietez & remarques des Ordres cottées cy deuant au 1. chap. de ce liure, leur conuiennent directement.

30 Leur pretendue institution par Constantin le Grand. I'ay dit, qu'ils representent le Senat Romain, & de cela chacun est d'accord, dont aucuns rapportent le fondement à cette ordonnance de Constantin le Grand, qui se voit toute entiere au 1. volume des Conciles, & dont le fragment est rapporté au can. *Constantinus*, 2. 96. *distinct.* si tant est qu'elle soit vraye: car c'est vne tres-grande question entre nos modernes, entre lesquels Alciat soustient que non, liure septiesme des Parergues, chapitre 19. & Genebrard que si, en ses Chroniques page 216. Par cette ordonnance Constantin, au nouueau qu'il est conuerty à la foy, cede par deuotion la ville de Rome à sainct Siluestre Pape, le declare chef des Ecclesiastiques, & en ceste qualité luy resigne ses ornemens Imperiaux. Puis voicy ce qu'il adiouste, *Viris etiam diuersi Ordinis reuerendissimis clericis Sanctæ Rom. Ecclesiæ seruientibus, illud culmen singularis potentiæ & præcellentiæ habere sancimus, cuius amplissimus noster Senatus videtur gloria adornari, id est, Consules & Patricios effici: nec non & cæteris dignitatibus Imperialibus eos promulgamus decorari.* Bref ce deuot Empereur, declarant qu'il transfere son Empire à Constantinople, en rend vne belle raison, *quia vrbi Principatus Ecclesiæ &*

caput ab Imperatore cælesti constitutum est, iustum non est, vt illic Imperator terrenus habeat potestatem.

Si est-ce la verité, que de plusieurs siecles apres, l'Ordre des Cardinaux n'ha esté estably, au moins en l'auctorité qu'il est à present, & pource qu'il me semble que cela n'a point esté bien esclaircy par tant d'autheurs qui en ont escrit, i'en diray en deux mots ma petite conception, auec excuse, si ie choppe apres tant d'autres en endroict si obscur. 31 De l'origine des Cardinaux.

On voit aux actes que les Apostres, pour n'estre distraits du spirituel, esleurent sept Diacres, pour administrer le temporel de l'Eglise : de la est venuë l'origine de nos Diacres, desquels le nombre fut limité par le 1. Concile de Rome, tenu incontinant apres celuy de Nice, dont voicy le 6. Canon, *Vt Diaconi per parochiarum examen non sint nisi duo, & Cardinales vrbis Romæ septem, vt Dalmaticis vtantur, & palla linistima læna eorum tegatur.* Ces Diacres ayans entre autre pouuoir, le maniement du bien de l'Eglise, leur auctorité creut à mesure que la richesse & l'auarice s'augmenta au Clergé, & notamment ceux de Rome entreprirent tousiours plus d'auctorité que les autres, cõme estans ministres de l'Eglise supresme, & entrerent en cette possession de preseder communement les Prestres de la mesme Eglise, comme il se voit au *can. Legimus*, qui est de S. Hierosme 93. dist. où il prend bien de la peine, luy qui estoit Prestre de l'Eglise Romaine, à prouuer que le Diacre est moins que le Prestre, & demeure d'accord que la coustume de l'Eglise Romaine est au contraire, mais il dit qu'il ne la faut tirer à consequence, *quia orbis maior est vrbe.* Et luy mesme en l'Epistre *ad Rusticum*, rapportée au Can. precedent, prouue par plusieurs raisons, qu'en plusieurs choses le Diacre est preferable au Prestre, & mesme dit-il, à l'Euesque : bref ce debat de preseance d'entre les Prestres & les Diacres est traicté en cette distinction 93. & combien qu'il fust vuidé bien clairement au profict des Prestres, par ce general & signalé concile de Nice, chap. 14. si est-ce qu'il dura encor long temps apres, mesmement le concile d'Angers, & celuy de Meaux, art. 54. nous apprennent qu'il demeura en France ainsi qu'ailleurs. Mais és temps subsequens il se retrancha de soy-mesme, par vne belle distinction. Car la coustume estant venue de faire des Diacres honoraires, & sans Office ou function, au moins qui n'en auoient aucun autre, sinon d'assister le Prestre à l'autel : voire estant obserué exactement, qu'il falloit auoir ce simple Ordre de Diacre, auant que pouuoir estre faict Prestre, bref par ce moyen l'Ordre de Diacre estant separé de son ancien Office & function, qui luy auoit acquis cet aduantage de preseder les Prestres, les simples Diacres ne firent plus de difficulté de ceder aux Prestres, qui par dessus le mesme Ordre de Diacre, auoient encor celuy de Prestrise. Mais ces premiers & principaux Diacres, qui outre l'Ordre, auoient retenu cet antique Office & function d'administrer le bien de l'Eglise, garderent aisément la preseance par dessus les Prestres, ausquels ils fournissoient les pensions ou nourritures. Combien que sur ce debat le 6. synode *in Trullo* eust definy assez apertement, *Ne Diaconus, quamuis in Dignitate sit, ante Presbyterum sedeat, nisi cum locum tenuerit Episcopi* : mais pour se trouuer aux termes de cette exception, ils maintindrent que *in omnibus erant Vicarij Episcopi*, comme il est dit au chapitre premier, & au chapitre 4. *Ad hæc. ext. De Offic. Archidiac.*

32 Sept Diacres esleus par les Apostres.

33 Préeminence des Diacres de Rome dés le temps de S. Hierosme.

34 Debat entre les Prestres & Diacres.

35 Distinction des Diacres.

36 Diacres en Office, precedent les Prestres.

Or cette difference estant establie, des simples Diacres *in Ordine*, & de ceux qui estoient en dignité & Office Ecclesiastique : ceux-cy voulurent auoir leur nom à part, & s'appellerent Archidiacres, ou Diacres Cardinaux : comme il se voit en ce passage de l'epistre 81. du 1. liu. de S. Gregoire, *Si Liberatus Diaconus nondum factus est Cardinalis, ordinatis à te Diaconis non debet preponi* : & peu apres, *sed si eius obedientia fueris inuitatus, cum poteris facere Cardinalem.* Et en vne autre Epistre du mesme S. Gregoire, rapportée au *can. Fraternitatem.* 81. *distinct.* il permet à Fortunatus Euesque de Naples, de faire vn Diacre, nommé Gratian, Cardinal de l'Eglise de Naples. 37 Les Diacres en Office s'appellerent Archidiacres, ou Cardinaux.

Mais en fin les Diacres en Office de l'Eglise Romaine, qui auoient tousiours voulu estre plus que les autres, estans d'ancienneté comme les directeurs & su- 38 Cardinaux de Rome.

perintendans de l'Eglise vniuerselle, ne se contentans du tiltre d'Archidiacre, qu'auoient ceux des simples Eueschez, se nommerent seuls Cardinaux : comme qui diroit les principaux Archidiacres. Terme dont vse cet ancien concile de Rome, qui est la plus ancienne auctorité que i'en aye leuë.

Dont s'ensuit, que les premiers Cardinaux de Rome furent les Diacres de
39 Prestres Cardinaux comment introduits. l'Eglise Romaine : mais à succession de temps, les Prestres habituez en icelle, voulurent auoir part à ce magnifique tiltre, & estre appellez Prestres Cardinaux, souestnans que le nom de Cardinal, qu'on interprete principal, ou vniuersel, prouenant de ce que l'Eglise Romaine estoit la principale & vniuerselle, deuoit aussi bien appartenir aux Prestres qu'aux Diacres : ainsi qu'és Eglises cathedrales il y
40 Chanoines des Eglises Cathedrales appellez Cardinaux. auoit des Archiprestres, aussi bien que des Archidiacres. Mesmement en certaines Eglises Archiepiscopales, les Prestres habituez d'icelles, que nous appellons à present Chanoines, ont entrepris de se nommer Cardinaux : comme à Rauenne, à Compostelle, & ailleurs : ce qui est en fin tourné en moquerie, ainsi que le Roy d'Iuetot : comme note la glo. *in can. Pudor. 32. quæst.* 2. & Duarcin an. 1. *De sacr. Eccles. minist.* Voire mesme au chap. 2. *De officio. Archipresb. apud Greg.* les Chanoines des Eglises cathedrales sont indefiniment nommez Cardinaux.
41 Euesques Cardinaux. Finalement les Euesques suffragans ordinaires du Pape, qui sont ceux de la prouince & territoire particulier d'autour de Rome, ne voulans ceder aux Prestres de l'Eglise Romaine, voulurent aussi estre appellez Cardinaux. Bien est vray, que dans le mesme S. Gregoire, & autres anciens autheurs Ecclesiastiques de son temps, *presbiter Cardinalis* signifioit, celuy qui estoit commis pour Euesque, & en vn mot l'Euesque commendataire, *vt in can. Relatum. can. Illud. & can. Pastoralis. 7. quæst.* 1. ce qui meriteroit vn plus long discours.

Quant aux tiltres des Cardinaux de l'Eglise Romaine, c'estoient du commencement des simples places d'habituez, comme il vient d'estre dit des autres Eglises, iusques à tant que le Pape Marcellus diuisa les quartiers de la ville de Rome en quinze, selon aucuns, ou en vingt cinq selon autres, attribuant à chacun de ces habituez, fust Diacre, ou Prestre, son quartier particulierement, pour auoir soin des baptesmes & sepultures des habitans d'iceluy, où par succession de temps ont esté basties des Eglises.

42 Tiltres des Cardinaux. Mais comme és autres Eglises, & dioceses on a faict des Diacres sans tiltre, aussi a-on faict à la parfin en l'Eglise de Rome : de sorte que le nombre des Cardinaux, Diacres & Prestres n'est à present certain, ains dépend de la volonté du Pape : combien qu'aucuns estiment que tous les Cardinaux ensemble ne doiuent exceder soixante & dix, qui estoit le nombre des disciples de nostre Seigneur. Et combien qu'il y ait certain nombre de tiltres de ces Cardinaux, à sçauoir six d'Euesques, vingt huict de Prestres, & vingt de Diacres, qui sont rappor-
43 Cardinaux sans tiltre. tez par *Petrus de Monte, in Monarchia conciliorum* : & diuersement par Onufrius ; si est-ce que les Papes, desireux de gratifier de cette éminente dignité leurs fauoris, lors qu'il n'y auoit tiltre vacant, ont trouué inuention de les faire Cardinaux, soit Prestres, ou Diacres, *sub expectatione tituli*, comme nous apprend Iean André, *in addit. ad Speculat. tit. De libelli conceptione. §. Item videndum*, où il dit que de son temps Pierre Colomne estoit Cardinal sans tiltre, & qu'il se qualifioit *Cardinalem S. R. E. donec titulum S. Angeli recuperasset*, ne plus ne moins qu'auparauant le
44 Chanoines *sub expectatione prebendæ.* Concile de Trente, le Pape, és païs d'obedience, faisoit des Chanoines és Eglises cathedrales, ou collegiales, *sub expectatione præbendæ ad effectum obtinendæ Dignitatis*, ou bien pour estre asseurez de la premiere prebende vacante. *De quibus agitur in cap. Relatum, cap. Dilectus. 1. ext. de præbendis. & in cap. Cùm semper. De concess. præbendæ.*

45 Nombre & tiltre des Euesques Cardinaux. Mais d'autant que la mode n'est point encore venuë en l'Eglise de faire des Euesques sans tiltre, les Cardinaux Euesques sont demeurez en leur ancien nombre de six, à sçauoir *Hostiensis* (qui est tousiours Doyen des Cardinaux) *Sabinen-*
46 Cardinaux tenus resider en leurs tiltres. *sis, Portuensis, Tusculanus, Prænestinus & Albanensis.*

Donques les Cardinaux qui ont tiltre, c'est à dire certaine Eglise, ou benefice à desseruir, sont tenus de resider en iceluy, s'ils n'en sont dispensez : mesme le chap.

chap. 1. *ex. De clericis non resid.* qui est de Leon 4. porte que *Anastasius presbyter Cardinalis tit. S. Marcelli, à synodo canonicè est depositus, eo quòd parochiam suam per annos quinque, contra canonum statuta, non adiisset.* Car leur benefice est reputé benefice curé, qui est la cause originaire pourquoy en France il y a ouuerture au droict de Regale par la promotion d'vn Euesque au Cardinalat, comme M. le Maistre prouue; pource que de droict commun, & cessant la dispense du Pape (à laquelle on n'a point d'esgard en matiere de Regale) par telle promotion l'Eueché vaqueroit. Combien qu'à present on prend vn autre suiect, pour fonder cette ouuerture de la Regale, à sçauoir que les Cardinaux sont Conseillers du Pape, qui est vn Prince temporel, ce qui est prohibé d'ancienneté aux Euesques de France, à cause du serment de fidelité qu'ils ont au Roy. 47 Causes de l'ouuerture de la Regale par la promotion au Cardinalat.

Tant y a que les Cardinaux ont tant de puissance en leurs tiltres ou Eglises, qu'ils y peuuent vser d'ornemens Episcopaux, ores qu'ils ne soient Euesques, & mesmement y conferer les Ordres mineurs: bref, ils y ont tous les droicts honorables des Euesques, comme disent *Hostiensis*, & Iean André *in cap. 1. De suppl. neglig. prælat. Et colligitur ex cap. His qui. De maiorit. & obed. & ex cap. Querelam. De elect.* 48 Cardinaux ont les droits Episcopaux en leurs tiltres.

Ie ne m'amuseray point à reciter leurs autres priuileges & prerogatiues, dont la principale est, que comme l'eslection des simples Euesques, qui en la primitiue Eglise se faisoit par le Clergé & le peuple cõioinctement, a esté en fin totalement laissée au Clergé de l'Eglise cathedrale, aussi l'eslection du Pape a esté en fin par le commun consentemẽt de toute l'Eglise, & notamment des Empereurs d'Allemagne, & des Rois de France, & encor du peuple de Rome, qui la pretendoient respectiuement) laissée paisible aux Cardinaux. Ce qui fut arresté du temps de Nicolas second en l'an mil cinquante neuf, & est son decret recité au can. 1. de la distinction 23. par lequel en outre il ordonne, que le Pape soit esleu du nombre des Cardinaux. Et du depuis, Innocent quatriesme, enuiron l'an 1245. leur donna le chapeau rouge, & Paul second la robe d'escarlatte, pour ornement & marque de leur Ordre, soit au lieu du pourpre des Senateurs Romains, ou du *δίβαφον Sacerdotij*, dont Ciceron fait mention en vne de ses épistres *ad Atticum*, & en vne autre *ad Cælium*: soit afin que cet habit les tint continuellement aduertis, d'estre tousiours prests de respandre leur sang pour la foy. 49 Priuileges des Cardinaux. 50 Leur habit.

Dont s'ensuit que nos peintres vsent bien du priuilege commun à eux & aux poëtes, quand ils peignent sainct Hierosme auec le chapeau & la robe d'escarlatte, veu qu'il viuoit sous Damase, auquel il escrit plusieurs épistres, qui est plus de neuf cens ans auant Innocent quatriesme. Et combien qu'il fust Prestre de l'Eglise Romaine, si est-ce que ces Prestres ne se qualifioient pas encor de son temps Cardinaux. Et ce que S. Augustin en l'epistre à S. Hierosme dit, que *quamquam secundũ vocabula quæ vsus obtinuit, Episcopatus sit Presbyterio maior, Augustinus tamen Hieronymo minor est*; comme il est rapporté au can. *Quanquam. 2. quæst. 7.* si est-ce qu'il faut prendre cela comme dit par extenuation, ou ciuilité, à l'esgard du merite particulier des personnes, non du rang de leurs dignitez, comme aussi Gratian l'entend ainsi, disant au can. precedent. *Hoc non de Officio Ecclesiasticæ Dignitatis, sed de puritate vitæ, & sanctitate conuersationis intelligitur.* 51 Si S. Hierosme estoit Cardinal.

Et de faict la gl. sur ce mesme can. *Quemquam.* dit que la dignité d'Euesque est plus que celle de Cardinal, comme c'est la verité qu'elle estoit plus estimée anciennement, ainsi qu'il se collige du can. *Præsulat. 2. quæst. 4.* Mais à succession de temps deux choses ont esleué les Cardinaux par dessus les Euesques, l'vne, que presque tous les Cardinaux sont Euesques, & ne s'en voit gueres d'autres: l'autre que les Cardinaux non seulement eslisent les Papes, mais aussi la dignité suprême de Pape leur est particulierement affectée: & partant il est vray de dire, qu'ils participent par aptitude & par esperance à la souuaineté & spirituelle & temporelle du S. Siege, ainsi que les Princes du sang à la souueraineté temporelle de leur païs. C'est pourquoy ils sont tenus pour Princes de l'Eglise, & marchent maintenant par tout en rang de Princes: aussi le formulaire du Pape en creant les Cardinaux est de leur dire, *Estote fratres mei, & Principes mundi.* 52 Cardinaux precedent à present les Euesques.

Voila pour les Ordres seculiers du Clergé, & quant aux reguliers, ce ne sont 53 Des Ordres reguliers.

pas des degrez les vns au dessus des autres, ainsi que les seculiers, ains ce sont Ordres du tout differens & separez. Et se prennent, à mon aduis, de cinq diuerses sortes, à sçauoir, les Hermites, les Religieux, les Chanoines reguliers, les Mendians, & les freres cheualiers.

55 Des Hermites.

I'ay mis les Hermites les premiers, comme les plus anciens, & ausquels conuient proprement le nom de μοναχὸς, qui signifie solitaire. Et sont ceux qui à l'imitation d'Helie, ou de S. Iean Baptiste, se retiroient dans les deserts, pour vaquer plus librement à la contemplation : ils sont aussi appellez ἀναχωρηταὶ, *id est secedentes*, & ἡσυχασταὶ, *id est quiescentes*. Dont les premiers furent S. Paul en la Thebaïde, & S. Hilarion en la Palestine, & en ce rang quelques vns mettent S. Hierosme, à cause qu'il se retira aux deserts d'Egypte. Ces Hermites n'ont iamais esté astraints aux trois vœus : voire que si peu qu'il nous en reste de vrais (car ie ne mets pas en compte ces coureurs & porteurs de rogatum, qui en prennent le nom & l'habit pour gueuser) n'y sont encor astraints, comme ie croy. Aussi n'ont-ils point de certaine regle de vie, ains la forment, l'augmentent, & relaschent à deuotion, voire la quittent tout à faict quand ils veulent, sans reprehension, combien que ce ne soit sans notte d'inconstance : ce qui estoit general du temps de Iustinian en tous moines, *Nou. 5. cap.* 4.

56 Des Religieux.

I'appelle les Religieux, ceux qui ont vne certaine regle de viure en communauté, qui sont en nos liures appellez, κοινοβῖται & συνοδῖται. Ce qui semble auoir esté introduit au Christianisme à l'imitation des Esseans, qui estoit vne secte de Iuifs fort deuote, dont Philon dans Eusebe *De Preparat. Euangel.* raconte au long la forme de vie, toute semblable à celle de nos Religieux, & fut premierement pratiquée par S. Antoine en la Thebaïde, par S. Benoist en Italie, & en Grece par S. Basile, lequel fut celuy qui le premier les obligea aux trois vœus, que nous disons estre essenciaux à la religion, sçauoir est d'obedience, chasteté & pauureté, qui est en somme vne resignation & abandonnement, qui se faict pour l'honneur de Dieu des trois sortes de biens dont l'homme est doüé en ce monde : l'obedience concernant l'ame, la chasteté le corps, & la pauureté les biens de fortune. Et de ceux-cy y en a tant d'Ordres, c'est à dire de diuerses regles, qu'il seroit long & malaisé de les rapporter toutes. Polydore Vergile en son sixiesme liure en rapporte la plus part, & le liure Italien intitulé *Piazza vniuersale*.

57 Les trois vœus essenciaux des Religieux.

Mais d'autant que ces Religieux n'estoient pas anciennement promeus aux Ordres Ecclesiastiques, *aliáque erat causa clerici, alia monachi*, dit S. Hierosme, mesme y estans promeus, falloit qu'ils quittassent le monastere, *can. Nemo.* 16. *quæst.* 1. Quoy que ce soit, ils estoient incapables de faire les functions Ecclesiastiques hors de leurs Monasteres, *can. Placuit. can. Interdicimus. & can. Iuxta.* 16. *quæst.* 1. c'est pourquoy S. Augustin ayant rangé à la vie religieuse les Prestres habituez de son Eglise d'Hippone, qui estoient chargez de l'administration des sacremens, & autres functions Ecclesiastiques, ne les appella pas moines ni Religieux, ains Chanoines, c'est à dire astrainćts à certaine regle de vie, qui estoit meslée de clericature, & de la pure vie monastique, & cette vie fut appellée la vie Apostolique, pource que les Apostres viuoient en commun, gardoient la pauureté, obedience & chasteté, & parmy cela administroient les Sacremens. C'est pourquoy S. Thomas refere l'origine des Chanoines reguliers aux Apostres, & dit que S. Augustin n'en fist que renoueller & redresser l'Ordre.

58 Chanoines.

59 Chanoines viuoient tous comme Religieux.

Quoy qu'il en soit, cet Ordre fut trouué si vtile & si honorable, qu'il n'y eut, à succession de temps, Eglise Cathedrale qui n'eust ses Chanoines, qui lors de cette premiere institution viuoient tous comme Religieux, estans astraints aux trois vœux, & mesme gardans la closture, comme nous font foy leurs cloistres, le nom de frere, dont ils s'entr'appellent, leur chappe d'hyuer garnie de froc, leur pain de chapitre, leurs heures canoniales, & leurs matines nocturnes, qui encor sont demeurées en aucunes Eglises, bref, leur reuenu en commun. Mais peu à peu leur opulence les ayant faict relascher de cette austerité, ils se sont dispensez de la pauureté lors du partage des biens Ecclesiastiques, & par consequent de l'obedience, dont la closture fait partie, & ainsi ont conuerty leur Ordre en benefice.

fice. Partant ceux qui sont demeurez fermes en leur premiere institution, & en l'obseruance de la regle de S. Augustin, se sont nommez Chanoines reguliers, à la distinction des autres, qui n'obseruant plus leur regle, se sont nommez seculiers. Combien qu'à la lettre, Chanoine & regulier signifient mesme chose: l'vn en Grec, & l'autre en Latin, de sorte qu'à vray dire, c'est vne gemination superfluë, ἢ δὶς τὸ αὐτό. 60 Chanoines reguliers.

Par apres sont venus en vsage les Ordres des Mendians, qui outre le vœu de pauureté (qui ne lie les Religieux qu'en particulier, pource qu'en commun ils peuuent tenir tant de possessions, qu'ils en trouuent) ont là voüé la mendicité, c'est à dire, de ne viure que d'aumosne. Estant notoire la difference entre πένητα ἢ πτωχὸν, c'est à dire, entre le pauure & le mendiant. Et pour cet effect ceux-cy vouënt la mendicité tant en particulier qu'en commun: leur Ordre estant incapable de posseder aucuns immeubles. 61 Des mendians.

Finalement entre les Ordres reguliers sont ceux des freres Cheualiers, soit de S. Iean de Hierusalem, que nous appellons Hospitaliers ou Cheualiers de Malte, soit des Cheualiers Teutons, des Cheualiers porteglaiues, des Cheualiers de IESVS-CHRIST, des Commandeurs S. Antoine, de ceux de S. Lazare, & autres semblables, rapportez pareillement par Polydore Vergile, & par l'autheur *della Piazza vniuersale*. Car il ne faut plus parler des Templiers, qui furent du tout condamnez par Clement 5. Tous lesquels i'appelle freres Cheualiers, ou Cheualiers Religieux, à la difference des Cheualiers lais de la Noblesse, dont sera traicté au 6. chapitre. 62 Des freres Cheualiers.

Car ceux-cy sont tout ensemble, & moines, entant qu'ils sont astraincts aux trois vœux: & Cheualiers, entant qu'ils font profession de faire la guerre pour la defense de la religion Chrestienne. Voicy comment en parle S. Bernard, *Ita miro quodam ac singulari modo viuunt, vt agnis mitiores sint, & leonibus ferociores: adeò vt dubitem quomodo potiùs censeam appellandos, monachos scilicet, an milites; nisi quod vtrumque forsan congruentiùs nominarim, quibus neutrum deesse cognoscitur, nec monachi mansuetudo, nec militis fortitudo.* 63 Sont moines & Cheualiers tout ensemble.

Et ceste double nature, qui est en eux, a faict varier souuent nostre droict François. Car autresfois on a tenu, qu'ils pouuoient succeder absolument, dont le grand Coustumier liu. 2. chap. 49. dit qu'ils ont obtenu dispense ou permission & du Pape & du Roy: puis ils ont esté admis à succeder par vsufruict seulement, cõme dit Papon. Et à present on tient qu'ils ne succedent point du tout, cõme il fut iugé par arrest solemnel de Noël, 1573. de sorte qu'à ce regard ils sont reduits à la condition des moines, qui ne succedent point en France, ni le monastere pour eux, auquel mesme ils ne peuuent rien donner quand ils y entrent: combien qu'au droict Romain, non seulement le monastere succedoit, mais mesme il acqueroit tous les biens qu'ils auoient, lors qu'ils y entroient, *Auth. Ingressi. & l. Deo nobis. C. De sacrosa. Eccles.* Aussi reciproquement les parens ne succedent point aux freres Cheualiers non plus qu'aux moines, ains leur pecule appartient apres leur mort à leur religion. Et toutesfois le Religieux faict Euesque ou Cardinal, comme estant lors exempté de la puissance du monastere, & de la rigueur de sa regle, peut succeder, & luy estre succedé, comme il fut iugé en l'an 1585. par arrest solemnel touchant le Iacobin Fourré Euesque de Chaalons, suiuant la decision expresse du *can. statutum.* 18. *quæst.* 2. 64 S'ils succedent & leur est succedé. 65 Moines & Cheualiers ne succedent en France. 66 Religieux fait Euesque.

Ce que i'enten des Religieux profez seulement. Car les nouices ne sont pas vrais Religieux, n'estans encor liez aux trois vœus de Religion. Et faut noter que pour les exclure de succeder, il faut auoir preuue literale de leur profession, suiuant l'expresse decision de l'art. 55. de l'Edict de Moulins. Ce qui est fort dangereux, d'autant qu'en la plus part des Religions on ne faict point d'actes de profession pardeuant Notaires, ains seulement on faict signer le profez, ou dans le registre du Conuent, ou en vn papier à part: de sorte que si ou le Conuent par auarice, ou le profez par malice suppriment cet escrit, celuy qui a esté moine dix ou douze ans, sera receu à demander les successions de ses parens, voire à postatizer, & ietter le froc aux orties, comme on dit, & ainsi des Religieuses, 67 Nouice succede. 68 Abus notable en l'expedition de l'acte du Nouiciat des Religieux.

qui souuent se seruent de ce pretexte : partant qui y aura interest, y entende.

SOMMAIRE DV QVATRIESME CHAPITRE.

1 *Difference de la generosité des hommes auec celle des plantes & des bestes.*
2 *Contre les Philosophes & poëtes.*
3 *Causes de la ressemblance des peres aux enfans.*
4 *Nobles en toutes nations.*
5 *Prérogatiues des Patriciens de Rome.*
6 *Comment elles leur furent ostées.*
7 *Equiuoque sur leur nom.*
8 Ingenuus, εὐγενής.
9 *Deux sortes de Noblesse.*
10 *Variation de la signification de ces mots,* Ingenuus & libertinus.
11 *De mesme.*
12 Gentilis.
13 *Trois degrez d'ingenuité*, Ingenui Gentiles & Patricij.
14 *De la Noblesse des Romains.*
15 *Qui pouuoient estre les Nobles.*
16 Noui homines.
17 Ius imaginum.
18 *Que cette Noblesse ne prouenoit que des grands Offices.*
19 *Noblesse impropre prouenoit de la valeur militaire.*
20 *On faisoit cas à Rome des anciennes familles.*
21 *La Noblesse Romaine n'auoit autre prerogatiue, que d'estre préferée aux Offices.*
22 *Noblesse estainte sous les Empereurs.*
23 *Priuileges des enfans des Senateurs & Decurions.*
24 *Difference entre la generosité & la Noblesse.*
25 *Autre difference.*
26 *La raison.*
27 *De la Noblesse de France.*
28 *Origine d'icelle.*
29 *Autre origine.*
30 *Menu peuple de France.*
31 *Gentils-hommes d'où dicts.*
32 *Paysans, roturiers.*
33 *Restes des anciennes rigueurs contre les roturiers.*
34 *Nostre Noblesse est plustost generosité.*
35 *Pratique de nostre Noblesse.*
36 *Differēce entre l'ingenuité des Romains, & la nostre.*
37 *Charges des roturiers.*
38 *Noblesse ne vient pas de nature.*
39 *Contrarieté d'Aristote.*
40 *Noblesse est vn droict commun, & non pas vn simple priuilege.*
41 *Noblesse.*
42 *Effect de l'ennoblissement.*
43 *Ennoblis par lettres ne sont tant estimez.*
44 *Noblesse de dignité preferable à celle de race.*
45 *Trois degrez de Noblesse en France.*
46 *Conclusion.*

DE L'ORDRE DE NOBLESSE EN GENERAL.

CHAPITRE IIII.

1 Difference de la generosité des hommes auec celle des plantes & des bestes.

PARMY quelques vnes des plantes & des bestes, Nature a fait d'elle mesme cette distinction, que d'vne mesme espece aucunes sont franches & domestiques, autres agrestes & sauuages : qualitez qu'elles retiennent infailliblement de leur generation : si que les sauuages n'engendrent point les domestiques, ni au contraire. Aussi est-ce naturellement, que les plantes & les bestes retiennent la qualité de leur semence, pource que leur ame vegetatiue ou sensitiue procede absolument *à potestate materiæ*, disent les Philosophes. Mais l'ame raisonnable des hommes, venant immediatement de Dieu, qui la crée expres lors qu'il l'enuoye au corps humain, n'a point de participation naturelle aux qualitez de la semence generatiue du corps, où elle est colloquée.

2 Contre les Philosophes & Poëtes.

C'est pourquoy ie m'estonne, comment presque tous les Philosophes, & les Poëtes plus releuez, ne prenans garde à cette difference des ames, se sont faict à croire, qu'il y a certains principes secrets de vertu, qui sont transferez des peres aux

res aux enfans par la generation, tesmoin les sorités, ou induction de Socrate, qui concluoit, que comme la pomme, le vin, & le cheual plus genereux estoit le meilleur, ainsi est-il de l'homme de plus noble race. Et Aristote au 8. chapitre du 3. liure des Politiques, dit, que parmy toutes nations la Noblesse est en honneur & estime, pource qu'il est vray-semblable que celuy-là soit excellent qui est nay de parens excellens, & partant il définit la Noblesse ἀρετὴν τοῦ γένους, vertu de race. Et quant aux poëtes, Homere dit de Telemachus, que la vertu de son pere Vlysse estoit instillée en luy, voulant dire que parmy ce peu de gouttes de la semence de son pere, la substance de ses vertus estoit découlée en luy, qui sont les propres termes de Plutarque dans Stobée. Et c'est aussi ce qu'Horace nous chante,

Fortes creantur fortibus & bonis,
Est in iuuencis, est in equis patrum
Virtus, nec imbellem feroces
Progenerant aquilæ columbam.

3 Causes de la ressemblance des peres aux enfans.

Qui est neantmoins vne fausse comparaison, & vne similitude bien dissemblable: aussi voit-on assez souuent que les enfans des gens de bien ne valent gueres, & que ceux des hommes doctes sont ignorans, tesmoin le prouerbe Grec ἡρώων τέκνα πήματα, Que si par fois leurs mœurs se rencontrent à estre conformes à ceux de leurs peres, cela ne prouient pas de la generation, qui ne contribuë rien aux ames, mais plustost de l'éducation, en laquelle, à la verité, les enfans des gens de bien ont beaucoup d'aduantage à la vertu: & à cause de la soigneuse instruction qu'on leur donne, & par le moyen de l'exemple continuel & pregnant, qu'ils ont de leurs peres: & encor à l'occasion de l'engagement qu'ils ont à ne point dégenerer & démentir leur race: & finalement pour la creance & bonne reputation que la memoire de leurs ancestres leur acquiert.

4 Nobles en toutes natiõs distinguez des ignobles.

Tant y a que soit pource qu'on les presume heritiers de la vertu paternelle, ou pource qu'on veut encor recompenser en eux le merite de cette vertu, c'est de tout temps, & par toutes les nations du monde, que ceux qui sont issus de bonne race ont esté plus estimez que les autres: voire mesme qu'ils ont constitué vn certain Ordre & degré d'honneur separé du surplus du peuple. Comme Denis d'Halicarnasse nous tesmoigne, que le peuple d'Athenes estoit separé en ceux qu'il appelle εὐπατρίδας, & ceux qu'il nomme δημοτικούς, disant aussi que cette mesme diuision fut suiuie à Rome par Romulus. Et certainement il est bien vray qu'il diuisa ses suiects en Senateurs (lesquels il appella Peres) & le peuple: Mais à succession de temps les descendus de ces premiers Peres, ou Senateurs choisis par Romulus, appellez *Patricij*, voulurent soustenir qu'à eux seuls appartenoit d'estre faicts Senateurs, & consequemment d'auoir les dignitez & charges affectées aux Senateurs, à sçauoir, celle des sacrifices, les Magistrats, bref, l'administration presque entiere de l'Estat: & de faict ils en iouïrent seuls sous les Rois, du temps desquels il y auoit telle distinction entre les Patriciens & Plebeiens, que leurs races ne se mesloient point ensemble par mariage: & quand le peuple estoit conuoqué, les Patriciens estoient tous particulierement appellez par leur nom, & par celuy de l'autheur de leur race, dit le mesme Denis d'Halicarnasse.

5 Prerogatiues des Patriciens de Rome.

6 Comment elles leur furent ostées.

Mais apres le déchassement des Rois, le commun peuple, estant en nombre beaucoup plus grand que les Patriciens, s'auctorisa fort par dessus eux, pource que tout estoit arresté à la pluralité des voix és assemblées generales. Et partant il leur osta piece à piece tous leurs aduantages, obtenant en premier lieu d'estre indifferemment admis au Senat, puis aux Magistrats, par apres au Consulat, & mesme à la Dictature, & finalement aux charges des sacrifices, comme il se voit dans l'histoire Romaine, de sorte qu'il ne demeura plus aucune prerogatiue aux Patriciens, sinon la seule gloire d'estre descendus des premieres & plus anciennes familles.

7 Equiuoque sur leur nom.

Mesmement és contentions qui suruenoiens de fois à autre entr'eux & le commun peuple, ceux du party du peuple, afin de rabaisser leur dignité, allerent équiuoquer assez ineptement sur leur nom, disans que celuy-là estoit Patricien, qui pouuoit reclamer vn pere & ayeul, *qui patrem auúmque ciere poterat*, c'est à dire, qui estoit nay de pere & ayeul libre, pource que les serfs n'estoient point peres de famille, qui est le discours de P. Decius Mus, dans T. Liue, liure 10. *An fundo vnquam audiuistis Patricios primo esse factos, non de cælo demissos, sed qui patrem auúmque ciere possent, id est nihil vltra quàm ingenuos*: qui est aussi le dire de Cincius, au liu. *De Comitijs*. rapporté par Festus, *Patricios eos appellari solitos, qui nunc ingenui vocantur.*

8 *Ingenuus*, εὐγενής. Et de verité le mot Latin *Ingenuus* estant composé de *in*, *id est suprà*, *& genus*; signifie proprement celuy, qui ha quelque chose de particulier par dessus la race, & se rapporte directement au Grec εὐγενής, qui signifie celuy qui est de bonne race: de sorte qu'εὐγένεια est proprement la bonté de race, ἀρετὴ τοῦ γένους selon Aristote, que nous pouuons tourner, generosité.

9 Deux sortes de Noblesse. Or peut-on imaginer deux degrez de bonté de race, recognus presque en toutes nations, à sçauoir, ou qu'elle soit ornée de dignité, ou qu'elle soit exempte de tache, ainsi qu'Horace a dit, que c'estoit le premier degré de Sapience, d'estre exempt de folie, & de vertu d'estre esloigné de vice, & comme aucuns philosophes ont dit, que l'indolence ou carence de misere estoit beatitude. Ainsi donc εὐγενής se rapportant à l'vne & à l'autre bonté de race, signifie celuy qui est issu de parens, ores ornez de dignité, ores simplement exempts de seruitude. Equiuoque qui a trompé l'interprete de Gallien, lequel en ce passage du liure qu'il a fait des maladies d'esprit, τὸ δὲ πλούτῳ περιττεύειν, οὐκ ἀρετῆς, ἀλλὰ τύχης ἔργον, ἥτις καὶ δούλους καὶ ἐλευθέρους ἐργάζεται ἡμῶν, τῶν ὀνομαζομένων εὐγενῶν πλουσιωτέρους: tourne εὐγενεῖς *generosos & nobiles*, au lieu qu'il faudroit tourner *ingenuos*, estant manifestement opposé aux serfs τοῖς δούλοις.

10 Variation de la signification de ces mots *Ingenuus & libertinus*. Vray est qu'à cause que les Romains auoient vn autre nom pour signifier ce second degré de bonté de race, qui consiste en dignité, à sçauoir le terme de Noblesse, ils ne se sont gueres seruis de celuy d'*ingenuus*, sinon pour signifier l'autre degré, qui consiste en l'exemption de seruitute. Voire aux premiers temps *ingenuus* signifioit celuy qui estoit nay d'vne race non iamais entachée de seruitude, ainsi que son opposite, *Libertinus*, comprenoit lors tous ceux qui estoient descendus, à l'infiny, d'vn libert ou affranchy, comme prouue *Antonius Vacca* sur la loy *6. D. De statu hominum.* Ce qui estoit principalement lors que ces termes estoient referez aux races ou familles, si que *familia ingenua* estoit celle, dont le tige & autheur estoit ingenu, & *Libertina* celle, dont il estoit libert, ou affranchy. Neantmoins par apres, & iusques au temps d'Appius Claudius, *ingenuus*, signifia celuy qui estoit nay de pere & ayeul libres, comme en ce passage de T. Liue cy dessus rapporté, & *Libertinus* estoit le fils du libert.

11 De mesme. Et finalement aux derniers temps, qui est celuy de nos Iurisconsultes, *libertus & libertinus* signifierent mesme personne, appellée *libertus* à l'esgard du patron, & à l'esgard des autres *Libertinus*: & au pareil *ingenuus*, signifia celuy qui estoit nay seulement de pere libre, & qui partant estoit nay libre, comme il est dit aux Institutes, tit. *De libert.* Et cette diuersité de significations est clairement exprimée dans Suetone *in Claudio*, *Reprehensionem verens, quòd latum clauum libertini filio tribuisset, etiam Appium Cæcum Censorem, generis sui proauctorem, libertinorum filios in Senatum allegisse dixit; ignarus temporibus Appij, & deinceps aliquandiù, libertinos dictos, non ipsos qui manumitterentur, sed ingenuos ex eis procreatos.*

12 Gentiles. De sorte que desormais, pour signifier celuy qui estoit nay de famille libre & ingenuë de toute ancienneté, on se seruit du mot *Gentilis*, qui auparauant signifioit vn parent esloigné, és races libres de tout temps. Ce qui se cognoist de ce beau passage de Q. Mutius rapporté par Ciceron aux Topiques, *Gentiles sunt, qui inter se eodem nomine sunt, ab ingenuis oriundi, quorum maiorum nemo seruitutem seruiuit, qui capite non sunt diminuti*: sur lequel passage Boëce dit, que *Gentiles sunt, qui eodem nomine inter se sunt, vt Bruti, Scipiones: quod si serui sunt, nulla gentilitas esse potest: quod si libertinorum nepotes eodem nomine nuncupentur, gentilitas nulla est, quoniam ab ingenuorum antiquitate gentilitas ducitur.* C'est pourquoy Caius dit en ses Institutions, que *Libertinorum, aut seruorum gentilitas non est.*

Dont s'ensuit, qu'il y auoit trois degrez de cette premiere espece de bonté de race, consistant en l'esloignement de seruitute, à sçauoir *ingenui*, qui estoient nais 13 Trois degrez d'ingenuité, *Ingenui, Gentiles & Patricij*.
de parens libres : *Gentiles*, qui estoient issus de race libre de toute ancienneté : & *Patricij*, qui estoient descendus des deux cens premiers Senateurs instituez par Romulus, &, comme aucuns tiennent, des autres cent instituez par Tarquinius Priscus, qu'ils disent auoir esté appellez *Patricios minorum gentium*.

Voila pour ce qui est de l'ingenuité des Romains : & quant à la Noblesse de 14 De la Noblesse des Romains.
dignité, qui estoit celle qu'ils appelloient proprement & particulierement Noblesse, & dont ils faisoient le plus d'estat, elle s'acqueroit seulement par le moyen des principaux Offices de leur Republique, qu'ils appelloient *maiores Magistratus, Magistratus Curules, seu Magistratus populi Romani*, à sçauoir l'Edilité, Questure, Censure, Consulat, & autres semblables, qui aussi ne pouuoient estre deferez que par l'assemblée generale du peuple, en laquelle residoit la parfaicte souueraineté : presumant, que nul ne paruenoit à ces premieres charges de l'Estat, entre tant de milliers de personnes, qui y pouuoient aspirer, qu'il ne fust aduoué & recogneu par tout le peuple, pour estre doüé d'vne éminente vertu.

Vray est qu'à raison de ce que du commencement les seuls Patriciens estoient capables de ces grands Offices, aussi par consequent leur posterité estoit seule 15 Qui pouuoient estre Nobles.
capable de Noblesse : dont s'ensuit que mesme tous les Senateurs n'estoient pas nobles, comme il appert de ce passage de Pline, au chap. 1. du liu. 33. où il dit, qu'en despit de ce que Cn. Flauius affranchy auoit esté faict Edile Curule, & par consequent Noble, *annuli depositi sunt à Nobilitate, non à Senatu vniuerso, vt in antiquis Annalibus scriptum est*. Mais depuis que le menu peuple fut admis aux grands Offices, la Noblesse fut par consequent communiquée aux Plebeïens. C'est ce que dit T. Liue liure 6. lors qu'il parle de la brigue, qui fut faicte, pour admettre les Plebeïens au Consulat, *Ex illo ventura in Plebem omnia quibus Patricij excellunt, imperium, honorem & gloriam belli, genus, nobilitatem : magna ipsis fruenda, maiora liberis relinquenda*. Et de faict Asconius *in Verrem*, dit que Ciceron eut trois competiteurs au Consulat, deux Patriciens, & quatre Plebeïens : desquels quatre Plebeïens, les deux estoient Nobles de race, les deux autres estoient hommes nouueaux.

Or Plutarque nous apprend au commencement de la vie de Caton le Censeur, que ceux, qui les premiers de leur race estoient paruenus à ces Offices, 16 *Noui homines*.
estoient appellez hommes nouueaux, c'est à dire nouuellement ennoblis, & les premiers Nobles de leur lignée : tel que fut Marc Caton, & Ciceron pareillement, qui combien qu'il fust descendu de race Royale, *nimirum à Rege Tullio*, comme Plutarque maintient en sa vie, neantmoins s'aduouë par tout estre homme nouueau, & ne se recommande iamais par sa race, ains en la troisiesme Verrine il dit, *Se Ædilem designatum, adeptum esse ius imaginis, ad memoriam posteritatémque prodendam*.

Car la remarque visible & apparente de cette Noblesse, consistoit à auoir droict d'image, c'est à dire, de pouuoir mettre son effigie au lieu plus apparent de 17 *Ius imaginum*.
sa maison : ce qui n'estoit permis qu'à ceux, qui auoient eu ces grands Offices, la posterité desquels gardoit soigneusement leurs effigies, ornées des enseignes de leur Magistrat, autour desquelles leurs gestes estoient descrits : le tout enfermé dans des armoires de bois pour les conseruer. Lesquelles armoires estoient ouuertes les iours de feste : & aux funerailles de quelqu'vn de la race, toutes les effigies d'icelle estoient portées en grand solemnité : comme il est amplement discouru par Polybe, liu. 6. & par Pline, liu. 35. chap. 3. & par Iuuenal en sa 6. Satyre. Ces images donques rendoient la famille signalée & remarquable, & par consequent Noble. *Nobilis quippe dicitur quasi noscibilis*, dit Varo, *cuius synonyma sunt clarus, illustris, notus : contraria, obscurus, ignotus*, comme Tiraqueau a prouué amplement au liure *De nobilitate*, chap. 3. C'est pourquoy Ciceron en vne sienne epistre 18 Que cette Noblesse ne prouenoit que des grãds offices.
ad Hirtium, dit que *Nobilitas nihil aliud est, quàm cognita virtus*.

Tant y a que la Noblesse de Rome consistoit en ce droict d'images, & prouenoit seulement des grands Offices, ainsi que Sigonius a tres-doctement verifié au liu. 2. *De antiquo iure ciu. Rom.* chap. penult. Et cette Noblesse estoit particuliere aux Romains, comme dit Ciceron en la mesme epistre, *ex virtute quidem ducta Nobilitas, tota philosophorum est, sed quæ ex imaginibus, Populi Rom. est vniuersa,* & iamais aucune nation n'en a vsé ainsi.

19 Noblesse impropre prouenuë de la valeur militaire.

Vray est (comme i'ay desia dit au 1. liu. *Des Offices*) que ceux qui estoient descendus de parens signalez en valeur militaire, estoient estimez aucunement Nobles, tesmoin ce que i'y ay rapporté de Plutarque en la vie de M. Caton, que lors qu'on l'appelloit homme nouueau, il repartoit, *Qu'il estoit vrayement nouueau quant aux Offices de la Republ. mais quant aux faicts d'armes de ses ancestres, il maintenoit estre Noble de race.* Et Saluste *in Catilina*, parlant de la Noblesse des vieux Romains, *Sic se quisque hostem ferire, murum ascendere, conspici dum tale facinus faceret, eam bonam famam, magnam Nobilitatem putabant.* Et de faict comme la vraye Noblesse prouenant des Offices, auoit les images & statuës pour son enseigne, ou ornement visible, aussi cette Noblesse militaire auoit ses escus & boucliers, qu'elle mettoit aux temples, & autres lieux publics, comme Pline nous apprend, liure 35. chapitre 3.

20 On faisoit cas à Rome des anciennes familles.

Bien est vray aussi, que les Romains ont faict estat de tout temps de ceux qui estoient descendus des anciennes familles, comme des Senateurs & des Cheualiers; ainsi qu'on voit qu'en plusieurs endroicts Ciceron se glorifie d'estre issu *ex Equestri familia*: mais tant y a que ni les vns ni les autres n'estoient appellez Nobles, & non pas mesme les Senateurs, qui n'auoient point eu les grands Offices, ni leurs predecesseurs.

21 La Noblesse Romaine n'auoit autre prerogatiue que d'estre preferée aux Offices.

Or cette Noblesse ne consistoit point en vn Ordre ou Estat à part, ainsi qu'en France, & mesme n'estoit point vn tiltre d'honneur, dont la personne accompagnast son nom : ains estoit vne qualité honorable & recommendable, qui n'auoit qu'vn seul aduantage (lequel aussi n'estoit pas de petite importance) sçauoir est qu'elle seruoit grandement pour paruenir aux grandes charges, & principaux Magistrats de la Republique, qui estoit toute l'esperance des grands personnages de Rome. C'est pourquoy Ciceron en la derniere Verrine dit, que *Iis, qui nobili genere nati sunt, omnia Pop. Romani beneficia dormientibus deferuntur.* Et Saluste *in Iugurtha, Nobilitas, inquit, Consulatum inter se per manus tradebat*: & le mesme Ciceron *in Pisonem* luy reproche, que *obrepserat ad Honores commendatione fumosarum imaginum. Et in Pisonem, Non dubitas, inquit, quin omnes, qui fauent Nobilitati, qui imaginibus, te Ædilem fecerint. Et in Rullum, Quemadmodum me, cùm petebam, nulli vobis auctores generis mei commendarunt, sic si quid deliquero, nullæ sunt imagines, quæ me à vobis deprecentur.* Et Horace,

Iudice, quem nosti, populo, qui stultus honores
Sæpe dat indignis, & famæ seruit ineptus,
Qui stupet in titulis & imaginibus.

22 Noblesse estant sous les Empereurs.

Et de faict lors que sous les Empereurs ces grands Offices, dont procedoit la Noblesse, furent supprimez la plus part, les autres conferez à leur volonté, cette façon d'images s'abastardit peu à peu : dont Pline au passage sus-allegué se plaint, que cela commençoit de son temps: mesme cette espece de Noblesse fut en fin abolie tout à faict, si que dans tout nostre droict il n'en est faict mention en vn seul endroict que ie sçache : mais au lieu d'icelle, les Empereurs inuenterent d'autres dignitez & tiltres d'honneur, dont ie parleray en son lieu.

23 Priuileges des enfans des Senateurs & Decurions.

Vray est, qu'encor alors il demeura vn tiltre d'honneur, & mesme des priuileges à la posterité des Senateurs de Rome, & des Decurions des villes seulement, & non des autres dignitez; pource que ces charges particulierement se continuoyent d'ordinaire aux enfans, & non les autres. Car les enfans de ceux-là des Senateurs, qui auoient eu la dignité d'illustres, estoient Senateurs nays & auoient entrée & voix deliberatiue au Senat, lors qu'ils estoient en aage competent: comme il se collige de la loy derniere *De Senat.* bien entenduë: ceux des simples Senateurs auoyent bien entrée au Senat, mais non pas voix, & partant n'estoient pas vrais Senateurs, ains seulement auoient la dignité de Clarissime, laquelle ils retenoient, & mesmes les filles issuës des Senateurs, *vsque ad pronepotes, & proneptes, modo ne inferioris conditionis viro nupsissent l. 1. C. De Dignit.* C'est pourquoy elles ne se pouuoient marier aux affranchis, *l. Semper. D. De ritu nupt.* Aussi iusques à ce degré, ils auoient, outre le tiltre d'honneur, quelques priuileges, notamment cestuy-cy, d'estre exempts de la torture, & des peines des plebeiens: priuilege qu'auoient aussi les enfans des Decurions, *l. Diuo. De Quæst.* & les enfans des vieils gendarmes, *l. 5. D. De veteranis.*

Dont s'ensuit, que les Romains auoient les deux sortes de generosité, ou bonté de race cy-dessus specifiées, à sçauoir l'ingenuité, ou gentilité, & la Noblesse. C'est pourquoy *Cornelius Fronto* en ses differences dit, que *Nobilem dicimus Nobilitate propria: generosum autem eum, qui Græcè εὐγενής appellatur. Itaque alter ex ipsa re, alter ex genere est*: & en ce passage de T. Liue, au compte des aduantages arriuans au menu peuple à cause de la participation ou Consulat, *genus, & nobilitas* sont comptez separément. Mais il y auoit deux differences notables entre ces deux especes: l'vne, que plus l'ingenuité ou gentilité venoit de loin, plus elle estoit honorable: au contraire la Noblesse alloit tousiours en diminuant: mesmement y a apparence (comme il se collige des loix) qu'elle se perdoit apres la troisiesme generation, qui est à la verité la derniere que les peres puissent voir. Et la raison de cette difference est fort sensible, à sçauoir, que l'honneur de l'ingenuité consistoit à estre plus esloigné de la seruitute, mais celuy de la Noblesse procedoit de l'esclat restant de la Dignité de l'ancestre, qui partant diminuoit à mesure qu'on s'esloignoit de luy. 24 Difference entre la generosité & la Noblesse.

L'autre difference estoit, que l'infamie suruenuë au pere n'ostoit point l'ingenuité ou gentillesse à l'enfant, comme il se collige de la définition des Gentils-hômes cy-dessus rapportée des Topiques de Ciceron, où il n'est pas requis, que *nemo maiorum capite sit minutus*, comme il est requis que *nemo seruitutem seruierit*. Mais elle ostoit la Noblesse prouenant de dignité, comme prouue cette loy *Diuo. C. De Quæst.* en ces mots, *Si tamen propioris gradus liberos, per quos id priuilegium ad vlteriorem gradum transgreditur, nulla violati pudoris macula adspersit*: ce qui sera plus particulierement expliqué au chap. suiuant. 25 Autre difference.

La raison de cette seconde difference est double: l'vne, que chacune de ces deux especes de generosité se pert seulement par son contraire, à sçauoir l'ingenuité, qui consiste en l'exemption de seruitute, par la participation d'icelle, & la Noblesse, qui consiste en dignité, par l'infamie. L'autre, que l'ingenuité appartient à chacun de son propre chef, voire l'enfant se peut dire de plus ancienne race d'vn degré, que son pere: mais la Noblesse prouient du chef de l'ancestre qui a esté orné de haute dignité: c'est pourquoy il ne faut trouuer estrange, que l'obstable, se rencontrant au milieu, nuise à la posterité. 26 La raison.

Voila à peu pres l'vsage de temps en temps de la Noblesse Romaine, que nous auons aucunement imité en France. Car, à bien prendre garde, nous auons l'ingenuité, qui est la Noblesse prouenant d'ancienne race, & celle qui prouient des dignitez. La premiere est sans commencement, & l'autre ha son commencement: l'vne est natiue, & l'autre est datiue: & y a apparence d'appeller cette-cy Noblesse, & cette-là generosité, ou plustost gentillesse, ainsi que communément parmy nous on distingue les Nobles hommes d'auec les Gentils-hommes. 27 De la Noblesse de France.

Pour donc rechercher l'origine de cette gentillesse, ou Noblesse ancienne & immemoriale, faut considerer que comme les Atheniens & les Romains diuiserent premierement leur peuple en Patriciens & Plebeïens, aussi dés le premier establissement de cette monarchie, le peuple d'icelle fut diuisé en Gentils-hommes & roturiers, les vns destinez pour defendre & maintenir l'Estat, soit par conseil, ou par force d'armes: les autres pour le nourrir par le labourage, marchandise & exercice des mestiers. Diuision qui a continué iusques à present. 28 Origine d'icelle.

Et semble qu'elle se peut rapporter à celle, que Iule Cesar au 6. *De bello Gallico* assigne aux Gaulois, qu'il diuise en Noblesse & commun peuple, comprenant sous la Noblesse, & les Druides qui estoient les gens de conseil seruans aux sacrifices, & aux affaires d'Estat, & les Cheualiers qui auoient la force en main: & dit qu'au surplus on ne faisoit point d'estime du menu peuple, d'autant que la Noblesse l'auoit rendu quasi esclaue.

29 Autre origine. Ou bien la Noblesse de France prist son origine de l'ancien meslange des deux peuples, qui s'accommoderent ensemblement en ce Royaume, à sçauoir des Gaulois, & des Francs, qui les vinquirent & assuiettirent à eux, sans toutesfois les vouloir chasser & exterminer. Mais ils retindrent cette prerogatiue sur eux, qu'ils voulurent auoir seuls les charges publiques, le maniment des armes, & la iouïssance des fiefs, sans estre tenus contribuer aucuns deniers, soit aux Seigneurs particuliers des lieux, soit au souuerain pour les necessitez de l'Estat: au lieu dequoy ils demeurerent seulement tenus de se trouuer aux guerres.

30 Menu peuple de France. Mais quant au peuple vaincu, il fut reduit pour la plus part en vne condition de demy-seruitute, telle que les Romains inuenterent aux derniers temps, de ceux qu'ils appellerent *Censitos, seu adscriptitios*, ou *Colonos, seu glebæ addictos*: c'est à dire, *Gens de main-morte, ou de pote, ou de suitte*: mots que i'ay interpretez ailleurs: & outre cette demy-seruitute, & qu'il estoit incapable, & des Offices & des armes, & des fiefs, il estoit tenu de payer à son Seigneur le cens ou tribut de sa terre, & encor estoit tenu de fournir deniers extraordinairement pour les necessitez de l'Estat: qui estoit possible la mesme condition, à laquelle le menu peuple de Gaule auoit esté reduit d'ancienneté par la Noblesse, selon le dire de Cesar.

31 Gentils-hommes d'où dits. A succession de temps, lors qu'il fut mal-aisé de discerner chacune nation, ceux qui estoient, ou issus des anciens Francs, ou quoy que ce soit, qui auoient trouué moyen de paruenir à leurs franchises (comme il est à croire, qu'ils ne reduisirent pas tous les anciens nobles du païs à ce miserable estat) furent nommez Gentils-hommes, soit qu'eux mesme s'appellassent ainsi, à l'imitation des *Gentiles* de Rome, soit que les naturels du païs, qui estoient ja Chrestiens lors de la venuë des Francs en Gaule, les appellassent Gentils, c'est à dire Payens, par

32 Paysans, Roturiers. contumelie: & quant à ceux du païs, ils furent appellez *Paysans*, c'est à dire, gens du païs, ou bien comme les Romains appelloient *Paganos*, ceux qui ne portoient point les armes: ils les appellerent aussi *Roturiers*, possible pource qu'ils auoient esté vaincus & mis en route, ou bien *à rure, quasi rusticos*.

33 Restes des anciennes rigueurs contre les Roturiers. Or comme auec le temps ces deux nations se meslerent & accommoderent ensemble, ces premieres rigueurs de forclore entierement les roturiers des Offices, des armes & des fiefs, ne continuerent pas si exactement: mais encor est-il resté quelques vestiges de chacune d'icelles iusqu'à present, à sçauoir, quant aux Offices, que les principaux, comme ceux de la couronne, de la maison du Roy, & de gouuernement, ne peuuent estre tenus que par les Gentils-hommes: quant aux armes que les roturiers ne sont receus aux compagnies des ordonnances, mesmes n'estoient anciennement admis aux premieres charges des gens de pied: & finalement quant aux fiefs, qu'ils sont encor incapables des principaux fiefs & Seigneuries, & pour le regard des simples fiefs, ils payent encor auiourd'huy l'impost des francs fiefs pour la dispense de les tenir. Mais quoy que ce soit, les Gentils hommes ont gardé soigneusement cette franchise, de n'estre tenus à aucuns subsides, ni autres deuoirs, fors d'assister le Roy és guerres.

34 Nostre Noblesse est plustost generosité. De ce discours il s'ensuit clairement, que Nostre simple noblesse que nous appellons ainsi du mot escorché du Latin, n'est autre chose que la gentilité, ou ingenuité des Romains, & ne conuient pas tant à beaucoup pres à leur Noblesse prouenante des dignitez: estans nos Gentils-hommes ceux de qui la race est de tout temps exempte de roture, & ne tenons point pour parfaicte Noblesse, celle dont il se peut prouuer que la race ait esté roturiere en quelque temps que

35 Pratique de nostre Noblesse. ce soit, ains celle dont on ne peut quotter le commencement. Et d'autant que cette éternité ne se peut prouuer, nous sommes contraints obseruer cela mesme que les Romains admirent en fin en l'Ingenuité, que ceux dont le pere & l'ayeul sont continuellement demeurez en possession de viure noblement, & de iouïr des priuileges de Noblesse, sont presumez nobles de toute ancienneté. Et toutesfois nous pratiquons, que plus on a de preuue ancienne de Noblesse, plus

elle est honorable: & d'ailleurs nous obseruons, que l'infamie encouruë par vn gentil-homme, ne priue pas sa posterité de l'Ordre de Noblesse, pource qu'il reside en la race & famille, & non simplemēt en la personne du pere. De sorte qu'en effect nous gardons les deux differens effects cy dessus cottez, que les Romains obseruoient en l'ingenuité, & dont ils gardoient tout le contraire en la Noblesse de dignité: & ainsi s'obserue à present en tous les autres païs de la Chrestienté, esquels aussi la noblesse (que nous appellons) est nommée plus communément generosité: & de faict quand les estrangers parlent des Nobles en Latin, ils les qualifient plustost *generosos*, que *nobiles*.

Vray est qu'en la Republique Romaine (les citoyens de laquelle ***habebant iura*** 36 Difference entre l'ingenuité des Romains & la nostre.
libertatis & imperij, c'est à dire, estoient libres & exempts tant de la seigneurie publique, que de la priuée, & si auoient part à l'Estat, comme i'ay dit au liu. *Des Seigneuries*, l'ingenuité signifioit seulement vne ancienne exemption de seruitude & esclauage, qui pourtant apportoit aux ingenus certains priuileges & prerogatiues, qu'en'auoient pas les descendus fraischement des affranchis, comme i'ay prouué cy-dessus. Mais en la Monarchie Françoise, où ces droicts *libertatis & imperij* n'ont lieu, nous tenons que le menu peuple, bien que libre, c'est 37 Charges des roturiers.
à dire exempt d'esclauage & seigneurie priuée, est neantmoins subiect generalement à la seigneurie publique, mesme de droict commun, & regulierement il est subiect à certaines charges viles, comme de payer tailles, & autres contributions pour les necessitez de l'Estat, à la garde des villes & chasteaux, à loger & heberger les gens de guerre, & autres semblables charges. Desquelles charges du commun peuple, les Nobles sont francs & exempts de tout temps, pource qu'ils sont employez à chose plus vtile & importāte à l'Estat, à sçauoir à le defendre contre les ennemis. De sorte que ceux, dont les ancestres ont à tout temps fait estat de porter les armes, & qui se sont maintenus en l'exemption de ces charges populaires, se peuuent comparer aux ingenus de Rome.

Dont s'ensuit, que nostre ingenuité, ou plustost gentillesse ou generosité, c'est 38 Noblesse ne vient pas de nature.
à dire ceste antique & immemoriale Noblesse dont on ignore le commencement, ne prouient pas neantmoins du droit de nature, ainsi que la liberté, ains de l'ancien droict & disposition de l'Estat. Qui est vne question sur laquelle les anciens Philosophes ont fort varié: & leur Prince mesme Aristote s'y est contrarié 39 Cōtrarieté d'Aristote.
en vn mesme œuure, à sçauoir, en sa Rhetorique *ad Theodect.* Car au 1. liu. chap. 6. il met la Noblesse entre les biens de nature, & au 2. liu. chap. 15. il la nombre entre ceux de fortune, mesmement au 12. chap. il l'appelle fortune. Car l'Estat de la nature est la liberté de l'homme: c'est le vray estre auquel il est presumé estre nay au monde, s'il n'appert du contraire. Ce qui est au dessus s'appelle dignité, ce qui est au dessous condition: & l'vn ni l'autre n'est presumé s'il n'en appert. C'est pourquoy, quant à la Noblesse, qui est vn Ordre, & par consequent vne espece de dignité, les Docteurs de droict disent, que, *est qualitas aduentitia quæ non inest à natura, & proinde, non præsumitur nisi probetur.*

La Noblesse pourtant n'est pas vn simple priuilege particulier & contraire au 40 Noblesse est vn droit commun, & non pas vn simple priuilege.
droict cōmun, ains elle naist d'vn droict public & general, & procede des moyens establis d'ancienneté pour cet effect en chacun païs: de sorte qu'elle est bien de plus grande durée, & de plus forte tenuë, que les simples priuileges: qui est vn discours fondamental, seruant à la decision d'infinies questions, qui se rencontrent en cette matiere.

Voilà quant à la gentillesse, qui excede la memoire des hommes: & quant à la 41 Noblesse
Noblesse, dont on sçait la cause & le commencement, elle vient en France de l'ennoblissement du Prince, qui est le distributeur ordōné de Dieu de l'honneur solide de ce monde, suiuant ce passage du liure d'Hester, *Honorabitur, quem voluerit Rex honorari*, & le dire de Pline en son Panegyric, *Cæsar nobiles efficit, & conseruat.* C'est pourquoy Bartole sur la loy 1. *C. De dignit.* definit ainsi la Noblesse, *Nobilitas est qualitas illata per Principatum tenentem, qua quis, vltra honestos plebeios, acceptus ostenditur.* Or peut-il faire cét ennoblissement en deux façons, sçauoir est, ou par lettres expresses à cette fin, ou par la collation & inuestiture des Offices & Seigneuries

ennobliſſantes, eſquelles conſiſte proprement la Nobleſſe de dignité. *Quid enim intereſt Princeps verbis voluntatem ſuam declaret, an rebus ipſis & factis?* dit la loy *De quibus. D. De legib.*

41 Effait de l'ennobliſſement. Et ces ennobliſſemens purgent le ſang & poſterité de l'ennobli de toute tache de roture, & le reduiſent en meſme qualité & dignité, que ſi de tout temps ſa race euſt eſté ingenuë. Partant c'eſt à bon droict, que Budée l'appelle *reſtitutionem natalium*, qui eſtoit la plus ample declaration d'ingenuité, que peuſſent conferer les Empereurs, comme i'ay prouué au 2. chap. que non ſeulement elle effaçoit & aboliſſoit tout veſtige de ſeruitude, mais auſſi elle attribuoit les droicts & prerogatiues, qu'auoient les parfaicts ingenus, c'eſt à dire, ceux qui eſtoient nais d'anceſtres libres de toute ancienneté.

43 Ennoblys par lettres ne ſont tant eſtimez. Toutesfois pource que *indulgentia illa quos liberat notat*, & qu'à bien entendre, cette abolition de ſeruitude ou de roture, n'eſt qu'vne effaceure, dont la marque demeure, voire ſemble pluſtoſt vne fiction qu'vne verité, ne pouuant par effect le Prince reduire l'eſtre au non eſtre, veu que comme dit le Poëte,

Hoc Deus ipſe nequit, ſolóque carere videtur,
Infectum vt faciat, quod factum eſt.

de là vient, qu'en l'opinion des hommes, on n'eſtime pas tant les ennoblis, ſoit par lettres ou par dignitez, que les Nobles de race, combien qu'en effect ils iouïſſent de tous les meſmes priuileges: ainſi à peu prés que les Romains n'eſtimoient pas tant les hommes nouueaux, que les anciens Nobles: c'eſt pourquoy en fin nous ſommes curieux en France de cacher le commẽcement de noſtre Nobleſſe, afin de la reduire à cette premiere eſpece de gentilleſſe ou generoſité immemoriale. Meſmement Budée ſur la loy derniere *De Senatoribus*, dit qu'en quelques lieux on ne tient pour vrayement noble, que l'arriere-fils de celui qui a eſté ennobly.

44 Nobleſſe de Dignité preferable à celle de race. Mais combien qu'entre les Romains, l'antiquité rendiſt l'ingenuité plus recommandable: neantmoins c'eſt la verité, comme il vient d'eſtre dit, qu'ils preferoient generalement la Nobleſſe de dignité à l'ingenuité, ou gentilité. Ainſi preſque de meſme en France, la Nobleſſe prouenante de dignité, c'eſt à dire, des plus grãds Offices & des Seigneuries, eſt eſleuée plus haut d'vn degré, que la ſimple gentilleſſe. Car ceux qui les poſſedent ſont du rang des Cheualiers ou Seigneurs, & ſe qualifient de ces titres, qui ſont titres de haute Nobleſſe. Meſmement les Seigneuries ſouueraines, qui à preſent preſque en toute la Chreſtienté, ſe ſont faictes hereditaires, ont encor eſtably parmy nous vn tiers & ſupréme degré de Nobleſſe, à ſçauoir le degré de Prince, que meſmement nous attribuons à ceux qui aſpirent à ces ſouuerainetez, par droict d'agnation, ou parenté maſculine.

45 Trois degrez de Nobleſſe en France. Partant nous auons trois degrez de Nobleſſe, à ſçauoir les ſimples Nobles, que nous appellons Gentils-hommes & Eſcuyers: ceux de la haute Nobleſſe, que nous qualifions Seigneurs & Cheualiers, & ceux du ſupréme degré, que nous nommons Princes. Et chacun de ces degrez ha ſon effect different. Car la ſimple Nobleſſe affecte le ſang, & paſſe en la poſterité de telle ſorte, que plus elle eſt ancienne, plus eſt honorable. La haute Nobleſſe ne paſſe point à la poſterité, au moins en ſon degré, ains eſt perſonnelle, eſtant deferée à la perſonne, ſoit pour ſon merite particulier, comme la Cheualerie (& celle là eſt vn Ordre parfaict qui perit auec la perſonne) ſoit à cauſe de ſon Office ou Seigneurie; & celle-cy ſuit perpetuellement l'Office & Seigneurie. Finalement la Principauté ne peut venir que de race, mais elle y reſide d'vne façon oppoſite à la ſimple Nobleſſe, car elle tient rang ſelon qu'elle eſt plus recente, & qu'elle approche plus prés de ſon tige.

46 Concluſion. Voila vn diſcours general & quaſi hiſtorial, tant de la Nobleſſe Romaine, que de la noſtre, ſelon la ſuitte des temps, mais qui n'a peu contenir les grandes queſtions & en grand nombre, qui eſchéent en ces trois degrez de noſtre Nobleſſe, pour leſquelles expliquer, il leur faut à chacun ſon chapitre à part, commençant par la ſimple Nobleſſe, qui eſt le fondement des deux autres degrez.

SOMMAIRE

SOMMAIRE DV CINQVIESME CHAPITRE.

1 *Matiere de la Noblesse fort traittée.*
2 *Gentilhomme d'où est dit.*
3 Gentilis.
4 Gentilitas.
5 *Gentil & ioly.*
6 Gentiles pro exteris.
7 Gentiles pro paganis.
8 *Gentils-hommes d'où dicts.*
9 Gentiles & Scutarij.
10 *Escuyer d'où est dit.*
11 *Escu*, clypeus, scutum.
12 *Targe, rondelle.*
13 Arma vnde dicta.
14 *Pourquoy les armoiries sont appellées armes & escus.*
15 *Seuls Nobles ont droit d'armoiries.*
16 *Bourgeois des villes ont entrepris de porter armes.*
17 *Timbres d'où dicts.*
18 *Bourgeois ont timbre en leurs armoiries.*
19 *Timbre est personnel.*
20 *Nobles des villes ont tasché de s'esgaler à ceux de race.*
21 *Noble iadis plus qu'Escuyer.*
22 *Escuyer que signifie proprement.*
23 *Gentils-hommes se seruoyent iadis les vns les autres.*
24 *Pages.*
25 *Pages d'honneur.*
26 *Bacheliers, Damoiseaux.*
27 *Pages communs.*
28 *Escuyer deriué* ab equo *selon aucun.*
29 *Escuyers appellez Mareschaux.*
30 *Valet que signifie.*
31 *Valet de chambre du Roy.*
32 *Escuyers de la maison du Roy.*
33 *Gentils-hommes des champs, appellez Escuyers.*
34 *Noblesse ne doit estre aisément acquise.*
35 *Si la Noblesse s'acquiert irreuocablement par l'vsage de deux generations.*
36 *Prescription de Noblesse.*
37 *Que non.*
38 *Noblesse imprescriptible, quand il apparoist de la roture des ancestres.*
39 *Interpretation de l'art. 16. du reglement des tailles de l'an 1600.*
40 Aliud *en la Noblesse prouenante des Offices.*
41 *Noblesse doit estre prouuée par escrit.*
42 *Fors pour les benefices.*
43 *Si l'arrest declaratif de Noblesse faict droict entre toutes personnes.*
44 *Grands Offices ennoblissans.*
45 *Moindres Offices ennoblissans.*
46 *Noblesse des Conseillers des Cours souueraines.*
47 *Noblesse des Secretaires du Roy.*
48 *Charges militaires ennoblissantes.*
49 *Charges affectées aux Nobles n'ennoblissent pas.*
50 *Offices priuilegiez.*
51 *Ennoblissement par lettres de Roy.*
52 *Le Roy seul peut ennoblir.*
53 *Et non les Princes subiects.*
54 *Clauses des lettres d'ennoblissement.*
55 *Finance deuë pour l'ennoblissement.*
56 *Aumosne deuë pour l'ennoblissement.*
57 *Où il faut verifier les lettres d'ennoblissement.*
58 *Lettres d'ennoblissement profitent aux enfans nais & à naistre.*
59 *Explication de la loy*, Si Senator. C. De Dignit.
60 *Noblesse de Dignité est perpetuelle en France.*
61 *Si les bastards des Gentils-hommes sont Nobles.*
62 *Legitimation ne produit ennoblissement.*
63 *Que les bastards des Seigneurs sont Gentils-hommes.*
64 *Proportiõ des bastards auec les legitimes.*
65 *Bastards ne suiuent la noblesse de leur mere.*
66 *Noblesse en Champagne de par la mere.*
67 *Abolie à present.*
68 *Noblesse de pere & mere aucunefois requise.*
69 *Des droicts & priuileges des Gentils-hommes.*
70 *N'ont aucun pouuoir en vertu de leur qualité.*
71 *Offices affectez aux Gentils-hommes.*
72 *Benefices affectez aux Gentils-hommes.*
73 *Fiefs & seigneuries affectées aux Gentils-hommes.*
74 *Gentils-hommes president ceux du tiers Estat.*
75 *Sauf en deux cas.*
76 *Autres remarques d'honneur de la Noblesse.*
77 *Gentils-hommes portent l'espée par tout.*
78 *Si les roturiers sont tenus saluër les Gentils-hommes.*

79 *A qui est deu la salutation.*
80 *Gentils-hommes sont exempts des tailles.*
81 *Gentils-hommes ont droict de chasser.*
82 *Chasse permise aux Nobles de ville.*
83 *Explication du 4. & 8. art. de l'Edict des chasses, 1601.*
84 *Gentils-hommes plus doucement punis que les roturiers.*
85 *Ampliation de cette regle.*
86 *Exceptions de cette regle.*
87 *Gentils-hommes ne se battent en duel contre les roturiers.*
88 *Comment se pert la Noblesse.*
89 *Si par condemnation infamante.*
90 *Noblesse de race ne se pert par condemnation infamante.*
91 *Exception.*
92 *Autre exception.*
93 *Ennoblissement ne se pert par infamie.*
94 *Pourquoy la Noblesse de dignité se pert par l'infamie, plustost que celle de race.*
95 *Si le pere, ayant perdu sa Noblesse sa posterité la pert aussi.*
96 *Correction de la loy,* Diuo Marco. C. De quæst.
97 *Contre Cujas.*
98 *Vraye raison.*
99 *Que les enfans ne perdent la Noblesse de race par la faute de leur pere.*
100 Quid *en ceux qui n'ont la Noblesse de Dignité que de leur pere.*
101 *Pourquoy l'exercice des arts mechaniques priue plustost le noble de l'exemption des tailles, que le crime.*
102 *Noblesse n'est que suspenduë par l'exercice des arts mechaniques.*
103 *Moyen de la reprendre par apres.*
104 *Lettres de rehabilitation à qui necessaires.*
105 *Quand elle n'est suffisante.*
106 *Arts & exercices derogeans à la Noblesse.*
107 *Limitation.*
108 *Arts qui n'y derogent point.*
109 *Si les Aduocats derogent à leur noblesse.*
110 *Labourage & fermes quand derogent à Noblesse.*
111 *Si les estrangers sont nobles en France.*
112 Domi nobiles.
113 *Que les estrangers vrayement nobles sont nobles en France.*
114 *Naturalisez, ou non.*
115 *Qu'il faut qu'ils soient nobles à la mode de France.*
116 *Noblesse comment s'acquiert en Angleterre.*
117 *Les estrangers, qui ne sont parfaictement nobles, ne portent leur noblesse hors leur pays.*
118 Domi nobiles *des Romains.*
119 *Qu'ils auoient vne consideration que nous n'auons pas.*

DES SIMPLES GENTILS-HOMMES.

CHAPITRE V.

1 Matiere de la Noblesse fort traittée.

I'AY tousiours esté curieux, en si peu de liures que i'ay faits, de choisir des sujects tout nouueaux, mesmement en les traittant i'ay euité la rencontre des matieres ja traittées, me persuadant qu'il n'y a gueres, ni d'honneur à se preualoir du labeur d'autruy, ni de contentement d'esprit à se monstrer ingenieux par des conceptions ja inuentées, ni finalement d'vtilité au public, de transcrire, ou déguiser ce qui est desia escrit. Mais icy me voilà engagé à vne matiere fort cōmune, n'y en ayant possible aucune du droict François, qui ait esté traittée par plus d'autheurs, que celle de la Noblesse, dont les Philosophes moraux, les politiques, les humanistes, les Iurisconsultes, voire encore les praticiens modernes ont escrit chacun à sa mode. Et notamment qu'en peut-on dire de nouueau apres le copieux Tiraqueau, qui a emporté cét honneur, en tout ce qu'il a traitté, qu'il est bien mal aisé d'y rien adiouster? toutesfois puisque mon sujet s'y addonne si directement, ie ne me puis exempter d'en parler, mais i'essayeray à traitter vne matiere vulgaire non vulgairement. Car en fin le champ est si grand & si fertile, que ceux qui l'ont moissonné iusques icy, ont encor prou laissé à glaner à ceux qui les suiuront. Qui est ce que ie tascheray de faire, sans mettre ma faux en leur moisson, ni m'approprier les gerbes par eux amassées.

Ie commenceray par l'explication des noms de Gentil-homme & Escuyer, 2 Gentil-hõme d'où est dit. & quant à celui de Gentil-homme, ie ne me departiray point des deux etymologies que ie lui ay assignées au chap. precedent, à sçauoir de le deriuer *à gentilitate, id est, antiqua ingenuitate, vel à gentili, id est, ethnico*: mais il les faut approfondir vn peu dauantage. Car c'est sans doute, que *Gentil-homme* est vn nom composé *ex duobus rectis* comme parlent les Grammairiens, puis qu'il se varie au plurier. Or *Gentil* vient de *Gent*, soit au Latin, ou au François: & comme *Gent* signifie tantost simplement vne race, & tantost toute vne nation, aussi *Gentil* son deriuatif, ha plusieurs significations qui en procedent.

En tant que gent signifie vne race, les Romains ont appellé *Gentiles*, ceux qui estoient de mesme race, & par consequent de mesme nom, que les Grecs appel- 3 *Gentiles.* ἐπώνυμος. lent ἐπωνύμους, *Gentiles mihi sunt, qui meo nomine appellantur, inquit, Cincius apud Festum.* D'où vient que Ciceron en sa premiere Tusculane appelle le Roy Tullius *Gentilem suum*, ainsi à peu pres que Demosthene *in Aristog.* appelle les Iuges ἐπωνύμους τῆς δίκης, que Budée au commencement de ses Pandectes tourne *gentiles*. C'est pourquoy les douze tables ioignent souuent ensemble *agnatos & gentiles*, entendant *per agnatos*, les plus proches parens, & *per gentiles* les plus esloignez, qui ne se recognoissent plus que par le nom.

Neantmoins la Gentilité estoit à Rome vne remarque d'honneur, pource 4 *Gentilitas.* que ceux d'ancienne race ont tousiours esté estimez plus honorables. *Libertinorum quippe & seruorum gentilitas non est*, dit Cajus aux Instit. C'est pourquoy Ciceron aux Topiques definit *gentiles*, apres Q. Mutius, *eos qui inter se eodem nomine sunt, ab ingenuis oriundi, quorum maiorum nemo seruitutem seruiuit, qui capite non sunt diminuti.* Qui est cause, que plusieurs doctes modernes appellent nos Gentils-hommes *Patricios, qui nempe patrem auúmque ciere possunt.*

Et en tant que *gent* signifie vne nation, ce qui est à la mode, & troué beau 5 Gentil & ioly. dans le païs, est appellé en nostre langue *gentil*, & semble qu'il soit pris ainsi dans Suetone *in Tiberio, Capillo vtebatur pone occiput submissiore, vt ceruicem etiam obtegeret, quod gentile in eo videbatur.* Mais communément les Romains vsurpoient ce mot en 6 *Gentiles pro externis.* vne signification toute differente, appellant *gentiles*, ceux qui n'obeïssoient à leur Empire, *quia nimirum iure gentium vtebantur non ciuili, id est, Romanorum*, comme l'explique Cujas, ce qu'il confirme par la loy vnique, *De nuptiis gentilium. Cod. Theod.* où *Gentiles* sont opposez *prouincialibus*, c'est à dire aux habitans des prouinces subiectes aux Romains.

Semblablement en la saincte Escriture, & parmy les autheurs Chrestiens, les 7 *Gentiles pro paganis.* païs idolatres sont appellez *Gentils* & Ethniques du nom Grec, signifiant aussi vne nation: d'autant qu'ils tiennent encor l'idolatrie accoustumée à leur gent ou nation. *Gentiles sunt*, dit Papius, *qui sine lege viuunt, & necdum crediderunt, dicti, quia sunt vt geniti fuerunt, id est sub peccato, idolis seruientes, & Græce Ethnici dicuntur*, c'est pourquoy aussi on les appelle *Payens, paganos*: toutesfois aucuns pensent que ce soit *quia nondum militiæ Christianæ nomen dederunt.*

Partant la coniecture d'vn moderne n'est pas sans apparence, qui dit, que le 8 Gentils-hommes d'où dits. nom de Gentils-hommes vient de ce que les antiques Francs ou Francons, qui estoient Payens & Gentils, ayant subiugué la Gaule desia Chrestienne, & ayans seuls retenu les armes & les Seigneuries, auec entiere franchise & immunité, comme ie vien de dire, cela fut cause que les Chrestiens originaires du païs les appelloient par desdain ou ialousie *Gentils*, ou *Gentils-hommes*.

Car au surplus ie ne trouue nulle apparence en la fantaisie d'vn autre moder- 9 *Gentiles, & Scutarij.* ne, qui veut referer l'origine de nos Gentils-hommes & Escuyers aux *Gentiles & Scutarij*, dont est souuent fait mention dans la Notice, & dans Ammian Marcellin, qui estoient les noms de certaines bandes ou compagnies de soldats Pretoriens, c'est à dire destinez à la garde & defense du Pretoire ou Palais de l'Empereur, & qui estoient partant *sub dispositione Magistri Officiorum.*

Ce qui nous met en train de parler des Escuyers, ausquels, aussi bien qu'aux 10 Escuyer d'où est dit. Gentils-hommes, on peut assigner double etymologie procedant pareillement 11 Escu, *clypeus, scutum.* d'vn mesme mot Latin & François, *nimirum à scuto*, de l'Escu, qui est proprement le bouclier des gens de cheual. *Scuta (inquit Seruius in 9. Æneid.) sunt equitum, clypei, peditum: & scuta breuiora sunt, clypei longiores.* T. Liue en rapporte la figure, *Hæc forma erat sicuti, summum latius, qua parte pectus atque humeri teguntur : ad imum cuneatior, mobilitatis causa.* Mais quant aux boucliers des pietons, nous appellons les grands, targes, pource qu'on se targue derriere, & les petits rondelles, pource qu'ils sont ronds. Et voila la premiere etymologie d'Escuyer, pour celui qui portoit vn escu ou bouclier de cheual, dont sans doute sont dits en Latin *Scutarij, seu scutatores*: desquels T. Liue, Firmique, Vegece, & Suetone font souuent mention. Estant certain qu'en toutes nations les gens de guerre ont volontiers pris leur nom de leur armeure, comme en France nos Lanciers, Archiers, Arbalestriers, Picquiers, Mousquetaires & Harquebusiers.

12 Targe rondelle.

13 *Arma vnde dicta.*

Mais d'autant que les escus estoient l'arme la plus commune aux gens de guerre, on les appella particulierement armes, comme en Grec ὅπλον signifie les armes en general, mais particulierement l'escu : & en Latin *arma* signifient plus proprement les armes defensiues, que les offensiues, *dicta nimirum ab armis, quòd armos, id est, humeros tegant, siue quòd ab armis pēdeant, vt inquiunt Seruius & Festus.* Pource aussi qu'anciennement nos François faisoient peindre leurs deuises dans leurs armes ou escus (ainsi que les vieils Romains nous font foy, & les sepultures anciennes) ce que les Romains faisoient pareillement, comme nous tesmoigne Vegece liu. 2. chap. 18. de là est venu en fin, qu'on a appellé ces deuises, escus: chacun à succession de temps s'estant rendu soigneux de garder la deuise & escu de ses ancestres, qui auoient esté signalez en valeur militaire. Mesmement on a continué à faire peindre ses deuises sur les autres armes, apres que les escus ou boucliers n'ont plus esté en vsage, mais on les a peints ordinairement en la figure ancienne de l'escu, qu'on appelle pour cette cause escusson : & les deuises peintes en icelui sont nommées armes, non seulement en François, mais aussi en Latin, comme prouue fort bien Tiraqueau au 7. chap, *De Nobil.* defendant Bartholе contre Laurent Valle, qui l'a repris mal à propos d'auoir confondu *arma & insignia.*

14 Pourquoy les armoiries sont appellées armes & escus.

15 Seuls nobles ont droit d'armoiries.

De là est pareillement procedé, qu'il n'y a que les nobles en France, qui ayent droict d'auoir armoiries, comme estans issus de ces anciens Cheualiers, qui peignoient leurs deuises en leurs escus ou boucliers. Mesme il se voit par la chartre du Roy Charles V. de l'an 1371. que quand il ennoblit les Parisiens, il leur donna droict de porter armoiries: comme aussi le formulaire des lettres d'ennoblissement contient par expres ce mesme droict. Et voilà la seconde Etymologie des Escuyers, à sçauoir, que ce sont ceux qui ont escus ou armoiries anciennes, esquelles consiste la remarque visible de nostre Noblesse, ainsi que celle de Rome és images : car Pline, liure 35. chapitre 3. dit que c'estoit aussi la coustume des braues guerriers de se faire peindre en leurs boucliers, & que *scutis continebantur imagines.* Et c'est pourquoy Budée sur la loy seconde *De origin. iur.* dit que les armes de nos Gentils-hommes ont succedé aux images de la Noblesse Romaine.

16 Bourgeois des villes ont entrepris de porter armes.

17 Timbre d'où dit.

18 Bourgeois ont timbré leurs armoiries.

Mais en consequence de ce priuilege, attribué aux Parisiens, de porter armoiries, les plus notables bourgeois des principales villes ayans aussi entrepris d'en porter, les Gentils-hommes se sont aduisez de mettre au dessus des leur vn heaume ou armure de teste, pour se distinguer d'auec ceux qui ne portent point les armes, ce qu'ils ont appellé timbre: pource à mon iugement, qu'il estoit fait du commencement, comme vne bourguignotte ou chappeau de fer, qui auoit la forme d'vn timbre de cloche, qu'il faudroit plustost nommer timble, *quasi tintinabulum.*

19 Timbre est personnel.

Au rebours, les Nobles des villes, desireux de referer leur Noblesse à l'ancienne Gentillesse militaire, n'ont gueres tardé de timbrer leurs armoiries comme les Gentils-hommes: combien que par l'Ordonnance d'Orleans, article 200. & celle de Blois, article deux cens cinquante & cinq, cela soit expressément defendu aux roturiers. Et diray en passant, qu'il me semble ridicule de voir l'armoirie d'vn Officier de longue robe coiffée d'vn heaume, au lieu qu'elle deuroit

uroit estre timbrée d'vn bonnet quarré, comme celle des Euesques est timbrée de leur mitre, & celle des Cardinaux de leur chappeau. Car en fin le timbre est tousiours composé de l'habilement de teste, & faut prendre garde qu'il se refere particulierement à la personne, & non pas à sa famille, comme l'armoirie: ainsi qu'il se collige des armoiries des femmes, qui n'ont point de timbre, fors le las d'amour, ou cordeliere, ce que ie prouueray encor au chapitre suiuant.

Or comme aux armoiries, ainsi aux qualités & titres d'honneur, les Gentils-hommes faisans profession des armes, ont tousious tasché à se distinguer de la noblesse de ville, & cette noblesse au contraire de se mesler & confondre auec eux, Car les plus honnestes habitans des villes, ayant de long temps pris coustume de se qualifier nobles-hommes: cela a fait que ceux d'espée ont desdaigné ce titre, & se sont voulu qualifier Escuyers. Combien que iadis noble-homme fust plus qu'Escuyer. Car noble-homme estoit le titre de la noblesse de dignité, & mesme de la haute noblesse, comme il se voit souuent dans du Tillet, des Princes du sang prenans qualité de nobles-hommes, & Froissart en plusieurs endroicts de son histoire, dit qu'en telle rencontre il fut tué tant de nobles, & tant d'Escuyers, mettant tousiours les Escuyers apres les Nobles. Et encor auiourd'huy en Angleterre les Nobles ou Gentils-hommes sont differens des Escuyers, & constituent vn degré au dessus d'eux, ainsi que le declare expressement Thomas Smith, au liure qu'il a fait en Angloys, *De Republica Angliæ.* Mais pour monstrer aussi que cela estoit ainssi d'ancienneté en France, il se voit en la coust. de Hainaut que les degrez de Noblesse sont apertement distinguez: à sçauoir, le Pair, le Cheualier, Le Noble-homme, & l'Escuyer, estant fait plus grande taxe pour les iournées des Pairs (mot qui sera expliqué au chap. suiuant) que des Cheualiers: des Cheualiers, que des hommes nobles: des hommes nobles, que des Escuyers.

20 Nobles des villes ont tasché de s'egaler à celle de race.

21 Noble-homme iadis plus qu'Escuyer.

Aussi y a-il tres-grande apparence, que la vraye & originaire etymologie du nom d'Escuyer vient de porter l'escu: mais non le sien, ains celuy de son maistre, & que c'estoient proprement ceux que Plaute *in Cassina* appelle *scutigerulos*, ainsi que les vieils Romans nous apprenent, que les doctes d'àpresent aduoüent estre les plus seurs tesmoins des menuës antiquitez de nostre nation: & de fait Fauchet en ses Origines nous apporte deux ou trois anciennes chartres Latines, où le grand Escuyer de France est appellé *Scutifer.*

22 Escuyer que signifie proprement.

Car l'ancienne noblesse de France n'estoit pas si glorieuse, que celle de maintenant, qu'vn pauure cadet de Gentil-homme, ores qu'il meure quasi de faim dans sa chaumiere, tiendroit à des-honneur de seruir en la maison du Roy, mesmemẽt feroit difficulté de ceder, dans la parroisse dont il est, à vn grãd Seigneur, disant qu'il est aussi noble que le Roy: ce qui est si ordinaire en leur bouche, qu'il est tourné en prouerbe, que i'expliqueray au chap suiuant. Mais le temps passé, tous les Gentils-hommes sans exception, faisoient ordinaire de seruir plus grands qu'eux. Car les Princes seruoient les Rois, & les Seigneurs seruoient les Princes, & les simples Gentils-hommes les Seigneurs, comme à la verité à toute sorte de gens c'est vn bon moyen de paruenir, que de se submettre aux plus grands, ce qui a lieu particulierement aux Gentils hommes: car comme ainsi soit, que le Gentil-homme ne peut faire aucun exercice pour entretenir sa famille, c'est le seul moyen qu'il ha de maintenir sa qualité, que de s'aduancer aux charges militaires par la faueur des grands: & en outre ce lui est vn honneste moyen de pouruoir ses enfans, que de les donner aux Princes & Seigneurs: & voilà comment la noblesse, qui tousiours a voulu faire bande separée d'auec le peuple, se maintenoit iadis par soy-mesme.

23 Gentils-hommes se seruoient iadis les vns les autres.

Premierement les ieunes Gentils-hommes estoient Pages des Seigneurs, & les ieunes Damoiselles estoient filles de chambre des Dames. Car comme nous enseigne fort bien Ragueau, les Pages *sunt Pædagogia siue pædagogiani pueri*: combien que Pinel sur le Pline les deriue de *Pagani vel Pagenses.* Or entre les Pages il y en a de deux sortes, sçauoir les Pages d'honneur, & les communs. Les Pages d'honneur ne sont que chez le Roy & les Princes souuerains, & sont ordinai-

24 Pages.

25 Pages d'honneur.

rement fils de Barons ou Cheualiers, desquels la function, telle qu'elle est en France, est bien descrite par Q. Curse, liu. 8. où en fin il dit *Hæc cohors veluti seminarium Ducum Præfectorúmque est*. Car estans mis hors de Page, ils deuiennent Bacheliers ou Damoiseaux (Bachelier signifie le pretendât à Cheualerie, Damoiseau est le diminutif de Dam, qui signifie Seigneur) iusques à ce qu'estans deuenus chefs de maison, il soient qualifiez Seigneurs tout à fait: où s'estans fait signaler en faits d'armes, le Roy les face Cheualiers: termes qui seront interpretez plus amplement cy-apres.

26 Bacheliers Damoiseaux.

27 Pages communs.

Les Pages communs sont issus de simple Noblesse, & seruent les Cheualiers ou Seigneurs (car vn simple Gentil-homme ne doit auoir Pages, ains laquais seulement, qui sont roturiers) & estans hors de Page, ils deuenoient anciennement Escuyers, pource qu'ils auoient la charge de porter l'Escu, ou les armes de Cheualier, quand il alloit en guerre. Comme on voit que le grand Escuyer de France porte és entrées du Roy la cotte d'armes, & l'espée Royale, marchant immediatement deuant le Roy, monté sur vn cheual caparassonné de velours violet semé de fleurs de lys d'or.

Et pource que l'Escuyer auoit la charge non seulement des armes, mais aussi des cheuaux de son maistre, c'est à dire de tout son équipage, on a appellé chez le Roy & les Princes, Escuyers ceux qui auoiét soin des cheuaux: & leurs estables, des Escuries. Ce qui a donné subject à quelque moderne, de dire que l'Escuyer est dit *ab equo, quasi equiarius*: en quoy à mon aduis, il y a plus de rythme ou rencontre que de raison, estant sans doute le terme d'Escuyer pur François: & n'y a gueres à mon aduis, plus d'apparence de dire auec Fauchet en ses Origines, qu'Escurie est vn vieil mot François signifiant estable, pour preuue de quoy il rapporte l'art. 3. du 18. tit. de la loy Salique, *Si quis scudem cum porcis, scuriam cum animalibus, aut fœnile incenderit, &c.* terme que ie n'ay iamais leu ailleurs, & estimeroy plustost que ce fust du François latinizé, que du vray Latin.

28 Escuyer deriué *ab equo* selon aucuns.

29 Escuyers appellez Mareschaux.

Quoy que ce soit, anciennement les Escuyers du Roy estoient appellez Mareschaux, du terme Allemand *Marchal*, qui signifie Officier ou seruiteur de cheuaux, dit du Tillet, dont encor le nom de Mareschal est demeuré à ceux qui ferrent les cheuaux & les pensent malades. Mais les Mareschaux de la maison du Roy ayans esté honorez de la conduite de la gendarmerie, comme leur chef d'Office, le Connestable (ainsi appellé, *quasi Comes stabuli*, comme i'ay prouué ailleurs) ceux qui ont esté mis chez le Roy, pour faire l'ancien Office de ses Mareschaux, ont pris le nom d'Escuyer, ainsi qu'és maisons des Seigneurs.

30 Valet, que signifie.

L'Escuyer donc estoit le seruiteur noble, qui assistoit le Cheualier ou Seigneur en la guerre & à cheual, & le valet estoit celui qui le seruoit à pied en la maison, que nous appellons homme de chambre, ainsi appellé quasi va-lez, pource qu'il estoit le plus proche de son maistre, son coustillier & estaffier, *adsecla & stipator corporis*, comme parle Ciceron: de sorte qu'entre les seruiteurs ou Officiers domestiques des Princes & Seigneurs, la qualité de valet estoit iadis honorable: ainsi dans Froissart, Gui de Lusignan se dit valet du Comte de Poictou, dans Ville-Hardoüin il est fait plusieurs fois mention du valet du Constantinople, qui estoit le Prince, & cela se trouue souuent és vieils Romans & anciens tombeaux: mesme le valet des chartes nous en rend tesmoignage, & aux Tarots il y a au dessus de lui le Cheualier, qui est le moyen degré de Noblesse, entre le valet, pris pour l'Escuyer ou simple gentil-homme, & le Prince.

31 Valets de Chambre du Roy.

Ainsi les Chambellans du Roy, qui à present sont nommez Gentils-hommes de la Chambre, s'appelloient iadis Valets de Chambre, mais le Roy François, voyât que ces Offices n'estoient plus exercez que par les roturiers, ainsi que sont à present quasi tous les menus Offices de la maison du Roy, que iadis les Gentils-hommes se tenoient bien honorez d'exercer, institua par dessus eux des Gentils-hommes de la Chambre, de sorte qu'en fin le nom de valet est venu à mespris, voire desormais a esté opposé au Gentil-homme.

32 Escuyers de la maison du Roy.

Et pource qu'au contraire le nom d'Escuyer est entré en vogue, au moyen de ce que les Gentils-hommes d'espée s'en sont titrez pour se distinguer des nobles de ville: les menus Officiers de la maison du Roy, afin d'estre reputez Gentils-hommes, comme anciennement on n'en eust pas receu d'autres, se sont presque tous qualifiez Escuyers, ainsi que les Officiers de l'Escurie. Ainsi ceux qui souloient estre appellez valets trenchans, ont voulu estre qualifiez Escuyers trenchans, & les Officiers de la cuisine iadis appellez Maistres queux, se sont dits Escuyers de cuisine, & ainsi des autres.

Dont on peut colliger, que les Escuyers estoient proprement ceux d'entre les Gentils-hommes, qui s'addonnoient au seruice des plus grands, & partant estoient moins estimez que ceux qui viuoient de leurs rentes. Mais en fin tous les Gentils-hommes des champs ont pris ce nom, ressentant la profession militaire, qui sans doute est la plus vraye source de Noblesse, afin de se distinguer de la Noblesse de ville, qui prouient ordinairement des Offices: mais ils n'ont guere gaigné. Car à la parfin ces Officiers, pour paroistre aussi nobles que les Gentils-hommes de race, ont vsurpé ce mesme nom, encor qu'ils n'ayent iamais porté targe ni escu. 33 Gentils-hommes des champs appellez Escuyers.

Puis donc que la Noblesse est si appetée, il est bien raisonnable, que les moyens legitimes de l'acquerir, soient certains & limitez, pource qu'autrement chacun y voudroit auoir part, & en fin elle tourneroit en confusion. *Clarus quippe honor vilescit in turba, & apud dignos indigna est dignitas, quam multi indigni possident.* Pour les expliquer, il semble qu'il n'est point question de parler de la Noblesse de race, qu'au precedent chapitre i'ay appellé gentillesse, d'autant qu'elle n'ha point de commencement. Et toutesfois c'est vne grande question non encor resoluë, si elle s'acquiert irreuocablement *à patre & auo*, c'est à dire par la possession & vsage continuel de deux generations, supposé qu'il apparoisse liquidement, que les predecesseurs d'auparauant fussent roturiers. Question qui resulte principalement du reglement moderne des tailles, fait en l'an 1600. lequel en l'art 58. *defend à toutes personnes de prendre titre d'Escuyer, & s'insinuer au corps de la Noblesse, sinon entr'autres, à ceux qui sont issus d'ayeul & pere, qui ait fait profession des armes, sans auoir fait acte vil, ou derogeant à leur qualité.* Car les valets de Gentils-hommes, ou ceux qui ont couru la poule pendant les guerres, voire mesme ceux qui n'ont voulu suiure autre exercice, sinon de traisner l'espée, se font accroire, que si par la force & intimidation d'eux, ou des Gentils-hommes des villages (ausquels ils seruent d'estaffiers, de gibayeurs, voire de tueurs) ils se peuuent eschapper pendant deux generations de payer la taille, leur posterité deuiendra noble, sans qu'ils ayent besoin du Roy, ni de son ennoblissement. Soustenans que la noblesse s'acquiert & prescript par deux generations: & de fait nos Docteurs tiennent presque tous, qu'elle peut estre prescripte par vne possession immemoriale, dont Tiraqueau fait vn amas d'allegations, *cap.* 14. *De Nobil.* qui est vn poinct veritable. 34 Noblesse ne doit estre aisément acquise. 35 Si la Noblesse s'acquiert irreuocablement par l'vsage de deux generations. 36 Prescriptiõ de noblesse.

Mais pourtant ie ne puis tenir pour cette nouuelle noblesse des porte-espées de nostre temps, pour le desordre que ie voi naistre de la grãde trouppe de gens, qui à present par cette voye si facile se veulent exempter, & des tailles du Roy, & des vacations populaires, & ce à la foule du menu peuple, qui paye les tailles pour eux, au dommage du public, auquel ils ne contribuent point leur labeur & industrie: & en fin à la confusion & mespris de la vraye noblesse, à laquelle ils se parangonnent: ainsi il me semble plus iuste & équitable d'obseruer, que supposé qu'il apparoisse liquidement & au vray, de la qualité des ancestres de celui qui pretend auoir prescript la noblesse par deux generations, qu'il ne la peut auoir acquise incommutablement sans concession du Prince: veu que c'est la definition que donne Bartole à la noblesse, qu'elle prouient *à Principatum tenente.* Car d'ailleurs ce qui concerne les droicts du Roy & l'interest du public, est imprescriptible, notamment sans titre, & auec mauuaise foy, & quand il appert de l'origine vicieuse: principalement encor ce qui est hors du commerce priué & de la disposition des particuliers, comme est la noblesse, attendu que mesme és choses qui sont en commerce, les loix disent que *nemo potest sibi mutare causam possessionis suæ, nemo statum suum immutare*: comment donc vn roturier se pourra-il ennoblir soy mesme, & sa posterité à cause de lui, veu que l'acquisition de la noblesse est moins fa- 37 Que non. 38 Noblesse imprescriptible, quand il apparoist de la roture des ancestres.

uorable, que celle de la liberté? Et puisque les vsurpateurs de noblesse sont declarez faulsaires par la loy *Eos. §. Si pro milite, D. De falsis.* & sont punis par nos ordonnances, pourquoy donnera-on force & auctorité à leur vsurpation? Finalement puis-que le Roy pour éuiter la surcharge du pauure peuple, a reuoqué par Edict de l'an 1598. tous les ennoblissemens concedez par lui mesme, bien que verifiez aux cours souueraines, & accordez la pluspart moyennant finance, pourquoy maintiendra-on ceux qui ont esté vsurpez sans sa concession?

39 Interpretation de l'art. du reglement des tailles de l'an 1600.

Aussi ce reglement de l'an 1600. ne les declare pas nobles precisément, & ne dit pas qu'apparoissant d'ailleurs qu'il soient roturiers, ils ayent acquis & prescrit la noblesse, au contraire il suppose que leurs predecesseurs fussent de noble qualité, en ces mots, *qu'ils n'ayent point fait d'actes derogeans à leur qualité.* Mais de verité, parce que la plus vraye noblesse est celle, dont le commencement excede la memoire des hommes, & qui partant ne peut estre prouuée que par la possession, cét Edict a ordonné fort iustement, que quand on la reuoque en doute, ce soit assez d'en prouuer la possession cõtinuelle du pere & ayeul, qui sert de présomption suffisante & concluante, supposé que d'ailleurs le contraire n'apparoisse liquidement & euidemment. Mais ce n'est pas la presomption que nos Docteurs appellent *iuris & de iure, contra quam non admittitur probatio.* ains ce n'est que la presomption commune, *quæ reijcit onus probandi in aduersarium.* Car ie suis bien d'accord auec eux, que la Noblesse, ou pour mieux dire, l'ingenuité est presumée asseurément & peremptoirement, par le moyen de la possession immemoriale, *quæ iure constitutæ loco habetur*, comme en cas semblable dit la loy 1. §. *Ductus aquæ. D. De aqua quot. & æst.* mais il faut prende garde, que c'est quand la possession est immemoriale, c'est à dire, quand il n'y a memoire, ni preuue, ni par consequent certitude du contraire.

40 *Aliud* en la noblesse prouenante des Offices.

Or ne faut-il pas dire ainsi de la noblesse prouenante des Offices du pere & ayeul, bien qu'elle semble equiparée à l'autre, au mesme article de ce reglement. Car celle-là est acquise incommutablement à la troisiesme generation : pour-ce qu'elle prouient en effect de la concession du Prince, qui confere les Offices : aussi ce mesme reglement porte que les grands Offices font commencement de noblesse selon les mœurs du Royaume, ce qui n'a iamais esté dit de l'exercice militaire, & encor moins de ceux qui ne font que traisner l'espée dans les villages.

41 Noblesse doit estre prouuée par escrit.

Tant y a que ceux qui veulent fonder leur noblesse sur la façon de vie de leur pere & ayeul, en doiuent auoir preuue par escrit, à sçauoir par certificats des Capitaines, sous lesquels ils ont serui le Roy, extraits des rolles ausquels ils ont esté compris, contracts de mariage & partages, où ils ont pris qualité d'Escuyer, & autres semblables titres probatifs, à quoy la preuue testimoniale ne seroit seule suffisante, combien qu'elle soit admise pour fortifier la literale, ainsi que ce n'aguere oracle de la Cour des Aydes M. le Bret nous apprend en son 36. plaidoyé.

42 Fors pour les benefices.

Mais pour ce qui concerne les benefices, il suffit par le concordat. §. *Cùm verò probatio. tit. De collat.* & par l'ord. du Roy Louys 12. de l'an 1566. d'vne attestation de quatre tesmoins.

43 Si l'arrest declaratif de Noblesse fait droit entre toutes personnes.

Et pour sçauoir si l'arrest declaratif de noblesse interuenant en ces procez fait foy desormais *quoad omnes, quasi in causa status* suiuant la loy *Ingenuum. D. De statu hominum*, faut voir Tiraqueau au cõmencement de son 37. chap. Car au surplus c'est chose certaine, qu'vne simple sentence des Esleus, non homologuée à la Cour des Aydes, n'est suffisante preuue de noblesse, pource que les causes de noblesse doiuent estre traittées en premiere instance en ladite Cour des Aydes, ainsi que celles du Domaine du Roy au Parlement.

44 Grands Offices ennoblissans.

Pour reuenir aux Offices ennoblissãs, ils ont esté specifiez presque tous au 6. ch. du 1. liu. *Des Offices*, où i'ay dit, qu'il y en a de deux sortes, les vns qui non seulemẽt ennoblissent le pourueu, mais aussi le mettent au rang de la haute Noblesse, lesquels par consequent ont cette force, que par la seule dignité du pere, ses enfans sont ennoblis de simple noblesse, ainsi qu'ils seroient par le moyen des lettres d'ennoblissement par luy obtenues, desquels Offices il sera encor parlé au chap. suiuant, comme au pareil des Seigneuries ennoblissantes, qui ont le mesme effect que les grands Offices.

Mais il y a d'autres moindres Offices, qui ennoblissent le pourueu seul, & qui ne lui attribuent qu'vne Noblesse personnelle, & n'ont pas le pouuoir d'ennoblir sa lignée, si tels Offices, ou autres semblables n'ont esté tenus par le pere & l'ayeul, auquel cas la noblesse est acquise perpetuellement à la posterité. Et de cette espece sont les Offices de Conseillers des Cours souueraines, encor qu'ils n'en ayēt point d'Edict expres, mais cela est fondé sur les anciēnes loix & mœurs du Royaume, ainsi que parle ce reglement general de l'an 1600. & l'arrest du Conseil priué de l'an 1602. contenant le reglemēt particulier des tailles de Dauphiné, mentionné en ce 9. chap. du 1. liu. *Des Offices*: ce qu'il ne faut point trouuer estrange, attendu la resolution de Bartole sur la loy 1. C. *De dignit.* que *Officium habet Nobilitatem annexam, quod communiter habere reputatur.*

45 Moindres Offices ennoblissans.

46 Noblesse des Conseillers des Cours souueraines.

Mais les Secretaires du Roy en ont Edict expres, qui leur donne de plus ce priuilege, que leurs enfans sont nobles, pourueu qu'ils n'ayent disposé de leur Office, sinon à vn fils ou gendre. Mesmement plusieurs bonnes villes de France ont ce priuilege par chartres des Rois bien verifiées, que leurs Maires, & aucunes aussi, que leurs Escheuins sont ennoblis, ensemble la posterité d'iceux : priuilege qui est fondé sur ce que les Decurions des villes Romaines se pretendoient nobles, comme il se voit au tit. *De Decurionibus.*

47 Noblesse des Secretaires du Roy.

Et quant aux charges militaires, desquelles à la verité la noblesse doit plustost proceder, que des autres, il ne faut point douter, que celles de Gouuerneurs des prouinces & villes, Capitaines & membres principaux des gendarmes des ordonnances du Roy, n'ennoblissent ceux qui en sont honorez. Voire on a autrefois estimé que toutes les places de ces compagnies, ensemble les charges de Capitaines en chef de gens de pied, Lieutenās ou enseignes eussent droict d'ennoblir : mais ce reglement de l'an 1600. a decidé le contraire en l'art. 58. les declarant seulement exempts des tailles, comme simple priuilegiez & tant qu'ils continueront le seruice, sauf à eux, apres vingt ans de seruice, d'obtenir priuilege de Veteran: & adiouste, qu'à l'aduenir les roturiers, qui tiendront ces places, ne ioüiront d'aucune exemption, qu'apres auoir serui dix ans entiers, & pour autant de temps qu'il continueront à seruir. Et neantmoins elle enioinct aux Capitaines des gendarmes, de remplir leurs compagnies de Gentils-hommes.

48 Charges militaires ennoblissantes.

En quoy faut tenir vne regle assez notable, que les Offices ou charges affectées aux simples nobles, n'ennoblissent pas pourtant le pourueu, s'il apparoist qu'il soit roturier. Bien est vray, que tant qu'il y est toleré, il est presumé noble, & si le pere & l'ayeul ont tenu successiuement de tels Officiers, c'est vne preuue de noblesse, pour ceux de la troisiesme generation, suiuant le 56. art. de ce reglement, que ie vien d'interpreter.

49 Charges affectées aux Nobles n'ennoblissent pas.

Il faut aussi distinguer hardiment d'auec les Nobles les simples exempts des tailles par priuilege, cōme les menus Officiers domestiques du Roy & des Princes priuilegiez, les Officiers des Eslections, & autres semblables. Car ceux-là n'ont que demy-noblesse, & ne sont pas tenus pour Nobles en autre occurrence, hors l'exemption des tailles: mesmement quand ces Offices auroient esté en six generations, ils n'apportent ni noblesse, ni exemption aux descendans.

50 Offices priuilegiez.

Voilà quant à l'ennoblissement taisible procedant des Offices ou Seigneuries, & quant à l'expres, qui est concedé par lettres du Prince, puisque la vraye Noblesse prouient de vertu, dont l'honneur est la plus sortable recompense, voire que la vertu de l'homme est plus apte à lui produire de l'honneur, que non pas celle de ses predecesseurs, & comme disoit Antigonus que l'Andragathie doit plustost estre recompensée que la Patragathie, il est bien raisonnable, que le Prince souuerain honore du titre de Noblesse celui qu'il voit doüé d'vne insigne vertu, & afin de recompenser son merite particulier, & afin d'exciter vn chacun à la vertu.

51 Ennoblissement par lettres du Roy.

Mais quoy que ce soit, cét ennoblissement ne peut estre fait que par le Prince, que Dieu (duquel tout honneur procede) a establi distributeur en ce monde de ce don diuin. C'est pourquoy, ioint que l'ennoblissement diminuë les droicts du souuerain, on a osté à bon droict aux Ducs & Comtes le pouuoir de

52 Le Roy seul peut ennoblir.

faire Cheualiers, & mesme d'ennoblir, qu'ils auoyent iadis vsurpé parmy les
53 Et non les Princes subiects. autres droits de Souueraineté. Voire ceux-là mesme d'entr'eux, qui iouyssent des droits de Souueraineté, ont esté excluds & empeschez de cettuy-cy, tesmoin l'ancien arrest contre le Comte de Flandres de l'an 1280. rapporté par Pithou sur la coust. de Troyes, *Dictum fuit, quòd, non obstante cótrario vsu ex parte Comitis Flandrensis proposito, non poterat, nec debebat facere de villano Militem sine auctoritate Regis.* Et au pareil par plusieurs ordonnances on a retranché ce droit aux Gouuerneurs des prouinces, mesmement de celles qu'on pretend n'estre pas tout à fait vnies & incorporées au Royaume, comme celles de Prouence & de Dauphiné, & desquelles partant les Gouuerneurs pretendent auoir plus d'auctorité, que ceux des autres prouinces, ainsi que i'ay dit ailleurs.

54 Clauses des lettres d'ennoblissement. Le formulaire des lettres d'ennoblissement est rapporté tout au long par Bacquet, & mesmement Tierriat en rapporte trois. Ce qui s'y voit de plus notable est, que comme és amortissemens des heritages, aussi aux ennoblissemens des personnes, le Roy doit estre indemnisé par le payement de certaine finance, qui est taxée par sa Chambre des comptes, en consideration de ce que la lignée de l'ennobly est affranchie de subsides, n'estant sa Maiesté reputée auoir donné
55 Finance deuë pour l'ennoblissement. que ce qui est de l'honneur, sans diminution de ses droicts. Si ce n'est que les lettres d'ennoblissement contiennent remise & quittement expres de cette finance, clause qui n'y est gueres oubliée à present. Voire, encor que le Roy quitte la finance de son indemnité, on considere d'ailleurs la surcharge qui re-
56 Aumosne deuë pour l'ennoblissement. uient au peuple par le moyen de l'exemption de l'ennobly & de sa lignée à perpetuité: c'est pourquoy il en est deu aumosne, c'est à dire vne petite somme de deniers, que taxent pareillement Messieurs des Comptes en verifiant l'ennoblissement, pour estre conuertie en œuures charitables. Aumosne, qui n'est pas si communément remise par le Roy (pource qu'elle concerne les pauures) que la finance de son indemnité, neantmoins il la remet quelquesfois, & n'y a doute qu'il ne le puisse faire.

57 Où il faut verifier les lettres d'ennoblissement. Au surplus ces lettres d'ennoblissement doiuent estre verifiées, tant à la chambre des Comptes, à cause de la diminution des droicts du Roy, qu'à la Cour des Aydes, à cause de l'exemption des tailles. Mesmement c'est le plus seur de les faire verifier au Parlement, qui est la iustice ordinaire & naturelle des droicts du Roy, & la iustice souueraine des personnes de ses subiects, tant à cause de l'exemption des francs fiefs, que sur tout à cause du droict different introduit par plusieurs coustumes pour les nobles. Et de fait le mesme Pithou nous rapporte vn arrest de l'an 1543. par lequel fut ordonné, que la succession d'vn qui auoit obtenu lettres d'ennoblissement, & ne les auoit fait verifier de son viuant, ains seulement sa veufue apres son decez, seroit partagée roturierement.

58 Lettres d'ennoblissement profitent aux enfans nais & à naistre. Or la Noblesse prouenant de l'ennoblissement, soit expres ou taisible, s'estend sans difficulté aux enfans, pource qu'elle affecte le sang & la lignée: *est enim nobilitas virtus generis*, comme la definit Aristote. Voire mesme elle s'estend à ceux qui estoient nais auparauant icelui, suiuant la disposition du droict Romain en la loy *Moris. §. vlt. D. De pœnis.* Et sur tout en la loy *Senatoris filium. D. De Senator. Nihil interest*, dit elle, *in Senatoria Dignitate constitutus pater filium susceperit, an ante Senatoriam dignitatem.* A quoy ne contrarie la loy *Si Senator. C. De Dignit.* Car comme
59 Explicatió de la loy *Si Senator. C. De dignit.* dit Cujas, il ne la faut entendre qu'à l'égard des charges onereuses, & non des honneurs, comme ces termes le demonstrent. *Honores paternos filiis inuideri non oportet.* De sorte que c'est vne regle perpetuelle en droict, que le fils du Senateur, ou du Decurion, nay auparauant la dignité de son pere, en doit auoir les honneurs & priuileges, mais non pas les charges & incommoditez, comme il est dit par expres en la loy 2. *§. In filiis. D. De Decur.*

60 Noblesse de Dignité est perpetuelle en France. Mais combien qu'au droict Romain la Noblesse de dignité, & les priuileges d'icelle ne passent point outre la troisiesme generation des descendans, appellez *pronepotes. l. Diuo. C. De quæst.* comme tous les Docteurs tiennent sur la loy 1. *C. de Dignit.* neantmoins en France, où toute nostre Noblesse est en fin referée à celle de race, tous les descendans des ennoblys sont nobles: voire au-

cuns pensent, que la vraye noblesse ne commence qu'à la troisiesme generation, comme dit Budée sur la loy derniere *De Senat.* quoy que ce soit, il est bien certain entre nous, que cette Noblesse se renforce & augmente tousiours de ligne en ligne.

Quand ie parle des descendans, i'enten de ceux qui naissent en loyal mariage, & non pas des bastards: Car combien que tous nos Docteurs François sans exception, que ie sçache, comme Chassanée sur la coust. Guy Pape decis. 580. Boier decis. 127. Benedicti au commencement de sa repetition, Imbert en son Enchir. *in verb. Spurius*, & Rebuffe sur le Concordat, au §. *Quia verò. De collat.* tiennent que c'est vne coustume generale de France, que les bastards des Gentils-hommes sont exempts de tailles, neantmoins le contraire est veritable, comme nous apprend ce reglement de l'an 1600. art. 26. dont voicy les mots *Encor que les bastards soient issus de peres nobles, ne se pourront attribuer le tiltre & qualité de Gentils-hommes, s'ils n'en obtiennent nos lettres d'ennoblissement, fondées sur quelque grande consideration de leurs merites, ou de leurs peres, verifiées où il appartient.* Voire mesme on tient, qu'encor qu'ils soient legitimez par le Roy, ils ne deuiennent pas pourtant Nobles, comme M. le Bret nous apprend en son 52. plaidoyé, pource que les lettres d'ennoblissement sont autres que celles de legitimation, & quant à la Noblesse de race, elle doit venir du pere & de l'ayeul. Or le bastard legitimé à la poursuitte de son pere, n'est pas pourtant, ni legitimé ni recogneu pour enfant par le pere de son pere. C'est pourquoy il faut que le bastard du simple Gentil-homme, obtenant ses lettres de legitimation, y face inserer la clause d'ennoblissement.

61 Si les bastards des Gentils-hommes sont Nobles.

62 Legitimation ne produit ennoblissement.

I'estime neantmoins, qu'il faut restraindre selon ses termes cette rigoureuse ordonnance, qui sans doute est contraire à l'ancienne coustume de France, attestée par tous nos Docteurs. Et attendu qu'elle ne parle simplement que des Gentils-hommes, il ne la faut estendre aux bastards des Seigneurs, pource que cette derniere raison n'ha lieu à leur esgard, ains les enfans de ceux de la haute Noblesse n'ont besoin de prouuer que leur ayeul ait esté noble: aussi qu'on obserue notoirement encor à present, que les bastards des Seigneurs portent les armes des maisons de leur pere, sans autre distinction, sinon de la barre gauchere: & qui voudroit dire que le bastard d'vn grand Seigneur deust payer la taille? Aussi ay-ie leu quelque part vne resolution fort équitable en cette matiere: Asçauoir que n'estant raisonnable que les bastards soyent en pareille dignité & degré d'honneur que les enfans legitimes, ils doiuent tousiours estre mis d'vn degré plus bas qu'eux: De sorte que les bastards des Roys sont Princes, ceux des Princes sont Seigneurs, ceux des Seigneurs son Gentils-hommes, & ceux des Gentils-hommes sont roturiers, afin que le concubinage n'ait autant d'honneur, que le loyal mariage. Ce que ie n'enten pas des legitimez par mariage subsequent, car ceux-là sont en tout & par tout égalez à ceux qui sont nais en loyal mariage.

63 Que les bastards des Seigneurs sont Gentils-hommes.

64 Proportion des bastards auec les legitimes.

Mais reuenant aux bastards on demande, si au moins ils se peuuent pas préualoir de la Noblesse de leur mere, attendu que *Lex naturæ est, vt qui nascitur extra legitimum matrimonium, matrem sequatur,* dit la loy *Lex naturæ. D. De statu hom.* & la loy *1. §. 1. D. Ad municip.* dit que *cum priuilegio aliquo materna origo censetur, maternæ originis est filius etiam vulgò quæsitus.* Mais ces loix parlent de *statu, non de familia, quæ nunquam à matre ducitur, imò ex sola agnatione proficiscitur. l. Liberos. D. De. Senator.* qui est ce que nous disons en France, que *le ventre affranchit, & la verge ennoblit*, & faut prendre garde que tout ce qui est au dessous de l'estre naturel, qui est la liberté, se mesure du costé de la mere: & ce qui est au dessus, prouient de l'estoc du pere. Dont s'ensuit, que mesme les enfans legitimes d'vne mere noble & d'vn roturier, sont roturiers: c'est ce que dit cette loy *Liberos, Licet ex filia Senatoris natus sit, spectare debemus patris conditionem.* Car tant s'en faut, que la Genti-femme mariée à vn roturier transfere sa noblesse à son mary, ni à ses enfans, qu'au contraire, elle mesme la pert, pource que c'est vne regle perpetuelle, que la femme suit la qualité de son mary, *l. Fœminæ. eod. tit.*

65 Bastards ne suiuent la Noblesse de leur mere.

Vray est que les coustumes de la Prouince de Champagne, à sçauoir de

66 Noblesse en Champagne de par la mere.

Troyes, Sens, Meaux, Chaumont, Vitry, portent expressément, que pour estre Noble il suffist d'estre descendu de pere, ou mere Noble : ce qui est prouenu d'vn priuilege donné aux Champenois, apres la bataille de Fontenay pres Auxerre, entre le Roy Charles le Chauue, & ses freres, selon aucuns : ou selon autres à Iaunes pres Bray, où la plus part de la Noblesse de Champagne fut tuée, priuilege semblable à ceux mentionnez en cette loy 1. §. 1. *Ad municip.* Mais M.
67 Abolie à present. Conan *lib. 2. cap. De Ingenuis*, & apres luy M. Pithou, qui a discouru amplement cette question, sur le 1. article de la coustume de Troyes, nous apprennent que cette coustume ne se garde plus qu'à l'esgard des effects coustumiers, mais non pas pour l'exemption des tailles, comme il fut iugé par arrest de la Cour des Aides, de l'an 1566. qui fut ordonné estre publié au siege de l'eslection de Troyes : quoy que Bacquet au traicté Des francs fiefs, chap. 11. en rapporte vn autre tout contraire, du 7. Aoust 1583. Aussi la glose de la Pragmatique Sanction, qui re-
68 Noblesse de pere & mere aucunesfois requise. quiert en certains cas la Noblesse du costé de pere & de mere, dit, que c'est parler improprement, pource qu'il ne peut y auoir de Noblesse du costé de la mere. Toutesfois c'est la verité, que la Noblesse de celuy qui est issu de pere & mere Nobles, est reputée plus pure, pour n'estre contaminée du meslange de sang roturier, & telle Noblesse est requise à nos Cheualiers du S. Esprit, par l'Edict de leur institution.

69 Des droits & priuileges des Gentils-hommes. Voila ceux qui sont Nobles ; voyons maintenant quels droicts ils ont. Dont Tiraqueau & Tierriat (qui n'a faict que le traduire par abregé) en quotent plus d'vne vingtaine de fantasques & ridicules, voire la plus part faux : & qui en voudroit croire nostre menuë Noblesse des champs, elle s'attribuë tant de priuileges, qu'il luy faudroit composer vn droict à part, assigner vn païs à part en ce monde, & vn Paradis à part en l'autre : car l'insolence des menus Gentils-hommes des champs est si grande (ie ne parle point de ceux qui ont esté nourris en Cour, & notamment des grands) qu'il n'y a moyen de viure en repos auec eux, & eux mesmes ne peuuent demeurer d'accord les vns auec les autres : ce sont animaux sauuages, ou oyseaux de proye, qui n'ont autre exercice que de courir sus aux plus paisibles, de viure de la substance d'autruy, & en fin de se persecuter l'vn l'autre.

70 N'ont aucun pouuoir en vertu de leur qualité. Or voicy les vrais droicts de Noblesse. Premierement quant au pouuoir, il a esté dit au 1. chap. que les Ordres n'en ont point en particulier, ainsi qu'ont les Offices, ains que seulement ils produisent vne aptitude aux Offices, benefices, & Seigneuries. Ce qui se verifie principalement en l'Ordre de Noblesse, y en ayant plusieurs affectez particulierement à la Noblesse.

71 Offices affectez aux Gentils-hommes. Les Offices affectez à la Noblesse, sont premierement en la maison du Roy, tous les chefs d'Office, & beaucoup des Offices de compagnie, à sçauoir, ceux de Gentils-hommes de la Chambre, des cent Gentils-hommes, des Gentils-hommes seruans, des Escuyers d'Escurie, des Gentils-hommes de la Venerie & Fauconnerie, & quelques autres, comme i'ay dit au 3. chap. du liu. 4. *Des Offices.* Item toutes les principales charges militaires, soit des places, ou des compagnies, notamment celles des gens de cheual, voire iusques aux simples places des compagnies d'Ordonnances. Et quant aux Capitaineries de gens de pied, encor les Gentils-hommes y sont-ils preferez, comme au pareil les Edicts, qui ont voulu remettre la nomination des Offices de iudicature, contiennent qu'en iceux les Gentils-hommes seront preferez aux roturiers.

72 Benefices affectez aux Gentils-hommes. Quant est des benefices, encor que l'Ordre Ecclesiastique soit distinct de celuy de la Noblesse, si est-ce qu'il y a plusieurs Eglises Cathedrales, mesmement plusieurs Abbayes, dont les Dignitez, voire les simples Chanoinies & places de religieux sont affectées aux Gentils-hommes, mais generalement les Gentils-hommes sont fauorisez en l'Eglise és dispenses, soit de l'aage, ou de la pluralité des benefices, soit mesme au temps d'estude requis pour paruenir aux degrez de
73 Fiefs & Seigneuries affectées aux Gentils-hommes. Docteur, ou Licentié.

Finalement à l'esgard des Seigneuries, on pretend que les fiefs sont affectez de toute ancienneté aux Nobles, & que les roturiers n'en sont capables aiourd'huy d'huy que par dispense, pour laquelle ils payoient au Roy le subside des francs fiefs, c'est à dire, affectez aux francs & Gentils-hommes. Quoy que ce soit, il est vray, qu'encor auiourd'huy les Gentils-hommes sont seuls capables des grandes & des mediocres Seigneuries, de sorte que le procureur du Roy, & mesme le Seigneur suzerain peuuent contraindre le roturier d'en vuider ses mains, s'il n'en a esté sciemment inuesty par le Roy, comme ie diray au chap. suiuant. Mesmement M. Choppin sur la coustume d'Anjou nous apprend, qu'és Estats de Blois, la Noblesse requist par ses cahiers, que les simples Seigneuries, c'est à dire, les hautes iustices & fiefs de Haubert luy fussent affectées à l'exclusion des roturiers.

Voila pour le pouuoir: quant à l'honneur appartenant à la Noblesse, comme c'est le vray effect des Ordres de produire vn rang d'honneur, ainsi que leur nom denote, il est bien raisonnable que la Noblesse, qui hazarde sa vie pour la defense de l'Estat, soit honorée par le peuple, comme sa protectrice: & partant c'est vn droict estably parmy nous, que ceux de l'Ordre de Noblesse doiuent preseder & deuancer en rang ceux du tiers Estat. En quoy il n'y a que deux exceptions, toutes deux concernantes les Offices ayant rang estably, à sçauoir en premier lieu, que tous ceux qui sont Magistrats president dans l'estenduë de leur pouuoir les Gentils-hommes, à cause du commandement qu'ils ont sur eux, en consequence duquel tous ceux qui sont residens en leur territoire peuuent estre dicts leurs suiects iusticiables: ayans les Magistrats pouuoir de iuger de leurs biens, de leur honneur, & de leur vie, quand le cas y eschet. En second lieu, ceux qui tiennent les Offices ennoblissans, comme les Officiers des Cours souueraines, les Secretaires du Roy, & autres semblables, doiuent marcher par tout deuant les simples Gentils-hommes de race, pource qu'outre qu'ils sont Nobles comme eux, ils ont cela de plus qu'eux, d'estre Officiers du Roy, & par consequent d'auoir la puissance publique, & vne fonction excellente, que les simples Gentils-hommes n'ont pas.

74 Gentils-hommes precedent ceux du tiers Estat.

75 Sauf en deux cas.

Pour le regard des autres remarques d'honneur, les Nobles ont droict de se qualifier Escuyers, de porter armoiries timbrées, fussent-ils gens de ville & de longue robe, ennoblis seulement par leurs dignitez. D'ailleurs tous les Nobles, fors ceux de longue robe, ont droict de porter l'espée, comme estant l'enseigne & ornement de Noblesse, voire la portent en France, iusques dans le cabinet du Roy, comme dit Seissel en sa Monarchie, liu. 1. chap. 14. combien que par la constitution de l'Empereur Lothaire *De pace tenenda. lib. 5. feud.* il leur soit defendu de la porter dans le palais des Comtez, sans leur congé: duquel droict il sera traicté au chap. suiuant.

76 Autres remarques d'honneur de la Noblesse.

77 Gentils-hommes portent l'espée par tout.

Mais c'est la question si les roturiers sont tenus par deuoir de les saluer, ainsi qu'ils se persuadent, combien que le contraire soit veritable: car comme i'ay touché au 7. chap. du 1. liure *Des Offices*, le salut est vne recognoissance & redeuance de subiection, qui partant n'est deuë par deuoir formel, que par les suiects à ceux qui ont commandement sur eux, soit en proprieté, comme leurs Seigneurs, soit en exercice, comme leurs Magistrats. Mais par honneur & bienseance le salut est rendu à ceux de la haute Noblesse, à sçauoir aux grands Seigneurs & Officiers d'éminente dignité, & tous ceux qui ont droict de se qualifier Cheualiers: ne plus ne moins que par cette mesme bien-seance, nous rendons le salut à ceux de nos parens, qui ont sur nous vn degré de parenté superieure. Voire les mieux appris & plus ciuilisez saluënt toutes gens d'honneur, ainsi qu'on saluë ses parens esgaux, & ses amis par simple ciuilité & courtoisie. Mais en fin ces deux derniers poincts, *non consistunt in iure, sed in moribus.*

78 Si les roturiers sont tenus saluër les Gentils-hommes.

79 A qui est deuë la salutation.

Quant aux profits & émolumens pecuniaires, il a esté dit cy-deuant, qu'il n'y en a point aux purs Ordres, mais les priuileges de la Noblesse sont tres-grands. A sçauoir d'estre exempts de tailles, & toute autre cottisation personnelle qui se leue pour la guerre. Priuilege certes tres-raisonnable, que ceux qui contribuent leur vie pour la defense de l'Estat, soient exempts d'y contribuer leurs biens. Comme au pareil pour le mesme suiect, les Gentils-hommes sont exempts

80 Gentils-hommes sont exempts des tailles.

de loger gendarmes, ce qui s'appelle ès anciennes Ordonnances, *droict de giste*, & que le droict Romain nomme *hospitis recipiendi necessitatem. l. Ab his. D. De iure immunitatis.*

81 Gentils-hommes ont droict de chasses. Les Gentils-hommes ont en outre le priuilege de la chasse ès lieux, saisons, gibiers, & auec engins non defendus, qui est interdicte iustement aux roturiers, de peur qu'à l'occasion d'icelle ils ne delaissent leurs emplois ordinaires au dommage du public, & à bon droict reseruée aux Nobles, afin qu'en paix ils soient maintenus en vn exercice ressemblant à la guerre, comme est celuy de la chasse, & comme dit Ciceron au 2. *De Diuin. vt exerceantur venatu, ad similitudinem bellicæ disciplinæ.* Combien donc qu'au droict Romain (où la Noblesse n'estoit si aduantagée, ni la chasse si vsitée, qu'elle a esté de tout temps parmy les François, ainsi que Tiraqueau prouue par maintes belles auctoritez) la chasse fut indifferemment permise à vn chacun, en consequence de la liberté naturelle, neantmoins par les ordonnances de France, tant anciennes que modernes, elle est seulement concedée aux Gentils-hommes, comme discourt amplement Benedicti sur le chap. *Raynutius. in verb. Et vxorem. decis. vlt. num.* 336. où il remarque, apres Gaguin, que l'vne des principales causes de cette memorable guerre ciuile, apelée la guerre bien public, fut pource que le Roy Louis XI. auoit prohibé la chasse à la Noblesse, ce qu'il soustient ne pouuoir estre iustement faict. Au contraire il rapporte l'ord. du Roy Charles VI. de l'an 1496. par laquelle la chasse est per-

82 Chasse permise aux Nobles de ville. mise, non seulement aux Gentils-hommes, mais aussi aux honnestes bourgeois viuans de leurs rentes. A quoy semble se rapporter le reglement des chasses faict par nostre bon Roy d'à present en l'an 1601. qui en l'art. 4. permet nommément aux Gentils-hommes, & aux nobles, de chasser & de tirer de l'arquebuse, & en

83 Explication du 4. & 8. art. de l'Edict des chasses 1601. l'art. 8. le defend seulement *aux marchands, artisans, laboureurs, paysans, & autres telles sortes de gens roturiers*, ce sont les termes de l'art. & non à tous roturiers indistinctement. Dont est aisé à inferer, que les honnestes bourgeois viuans de leurs rentes, notamment ceux qui ont droict de porter qualité de Noble homme, lesquels ie specifieray cy apres au dernier chapitre, peuuent suiuant cet Edict chasser & tirer de l'arquebuse. *Et in eo non est deterior conditio eorum qui posteros habere Nobiles merentur, quàm eorum, qui parentes Nobiles habuerunt*, comme parle Pline en son Panegyr. à Traian.

84 Gentils-hommes plus doucemét punis que les roturiers. C'est encor vn autre priuilege des Gentils-hommes, que quand ils viennent à commettre quelque crime, ils ne sont pas punis si rigoureusement que les roturiers, comme Tiraqueau chap. 20. nomb. 104. a prouué par plusieurs allegations, ausquelles i'adiousteray ces vers de Prudentius,

Plebeia clarum pœna ne damnet virum:
Persona quæque competenter plectitur,
Magnique refert, vilis, an sit nobilis:
Gradu reorum forma tormentis datur.

85 Ampliation de cette regle. Ce qui a lieu, & quant à la seuerité de la condemnation, & quant au genre de peine (pource qu'il y a des peines esquelles les Gentils-hommes ne sont iamais condamnez, à sçauoir le foüet & la hart, au contraire les roturiers ne sont iamais décapitez, au moins en ce Parlement) & encor en ce que les Nobles obtiennent plustost grace & remission du Prince, que les roturiers.

86 Exceptions de cette regle. Mais à tout cela il y a deux exceptions, l'vne, aux delicts repugnants à la Noblesse, comme trahison, larcin, pariure, faulseté, qui partant sont aggrauez & augmentez par la dignité de la personne, *Tunc enim augetur delictum dignitate, gradu, specie militiæ*, dit la loy 2. *D. De re milit.* & la loy *Quædam delicta. D. De pœnis.* L'autre qu'à la verité ès peines corporelles les Gentils-hommes sont plus doucement punis, mais ès amendes, ou peines pecuniaires, ils le doiuent estre plus rigoureusement, comme Tiraqueau prouue, & en rend la raison en ce mesme chapistre 20. nombre 120. ce qui se voit souuent ès coustumes, qui taxent les amendes.

87 Gentils-hommes ne se battent en duel contre les roturiers. Les Gentils-hommes quotent encor pour vn priuilege, qu'ils ne sont tenus se battre en duel contre les roturiers, ce qui est vray, & est contenu en la constitution

tion de Federic *De pace tenenda. §. Similes. 2. lib. 5. Feud.* où Cujas, & les autres interpretes disent, que l'ignoble doit fournir au Noble, qu'il veut défier & appeller au duel, vn pareil, ou champion noble. Mais ie ne tien pas cela pour vn priuilege, pource que par les loix diuines & humaines les duels sont defendus indifferemment à toutes personnes. Toutesfois parmy nostre Noblesse *hoc malum semper prohibebitur, & semper retinebitur*: & semble que ce soit vn trait de la prouidence diuine, que comme naturellement les animaux les plus nuisibles, s'exterminent par eux mesmes, ainsi en aduient-il à nostre Noblesse, qui certes est, comme la plus vaillante, aussi la plus violente & insolente du monde.

Reste de voir comment la Noblesse se pert. Sur quoy premierement c'est vne grande & importante question, si elle se pert par condamnation infamante, comme on tient communément, & le resoult indistinctement Tiraqueau au chap. 24. où il le prouue par plusieurs belles allegations. 88 Comment se pert la Noblesse.

Toutesfois, à mon aduis, il faut faire distinction de Noblesse. Car quant à celle de dignité, i'estime indistinctement, à cause des allegations de Tiraqueau, qu'elle se pert par l'infamie, ainsi que l'Office sur lequel elle est fondée, comme i'ay prouué au 1. liu. *Des Offices*, chap. 13. dont Pithou nous cite vn arrest memorable de l'an 1534. par lequel il fut defendu au Sieur de Crem Maistre des Comtes, de se qualifier Cheualier pource qu'il auoit faict amende honorable. Et quant à celle qui prouient de la Seigneurie, bien que par la simple condamnation infamante, sans la confiscation de biens, la Seigneurie ne soit perduë, & que Balde sur la loy 1. *C. De nupt.*, dise que telle Noblesse ne se pert par infamie, pource, dit-il, que *retinetur aliquid in consequentiam, quod non potest principaliter, arg. l. Si is qui duos. D. De lib. leg.* si est-ce que i'estime, qu'vn roturier qui auroit esté ennobli par le moyen de l'inuestiture à luy faicte sciemment par le Roy, d'vne Seigneurie ennoblissante, ayant perdu sa Noblesse par infamie, peut de nouueau estre contrainct, par ceux qui y ont interest, à vuider ses mains de la Seigneurie: mais tant qu'il y est toleré, il est reputé Noble, ainsi qu'il sera dit au chap. suiuant du roturier, qui tient vne Seigneurie ennoblissante, sans l'inuestiture du Roy. 89 Si par condamnatiō infamante.

Mais quant à la Noblesse de race, qui est natiue, & comme naturelle à l'homme, ie tien contre Tiraqueau, qu'elle n'est point perduë tout à faict par l'infamie, *quia iura sanguinis nullo iure ciuili dirimi possunt. l. 8. D. De reg. iuris. & ciuilis ratio naturalia iura corrumpere nequit. Eos. D. De cap. minut.* En quoy il n'y a qu'vne exception, quand la condemnation porte, que le Gentil-homme est declaré ignoble, ou degradé de Noblesse, comme il se faict ordinairement au crime de trahison, & en tout vray crime de leze Maiesté. Aussi a-il esté dit au 1. chap. que l'Ordre n'est pas si aisé à perdre que l'Office. Toutesfois il semble, que pour ce qui est des droicts honorifiques de la Noblesse, l'infame n'en peut vser, pource que, comme dit la loy vnique. *C. De infam. infames honoribus, qui integræ dignitatibus hominibus deferri solent, vti non possunt*: & la loy 1. *D. Ad l. Iul. De vi pub.* dit *omni honore quasi infamis carebit*: & la loy *Infamia. C. Ex quib. caus. infa. irrogatur*, dit *Infamia quæsitum adimit honorem.* C'est pourquoy i'estime qu'on peut iustement disputer au Gentil-homme, qui a faict amende honnorable, le rang & seance en qualité de Gentil-homme. Mais ie croy que les priuileges de Noblesse luy demeurent, & partant qu'il ne pourroit pas estre imposé aux tailles, ni sa succession partagée roturierement. 90 Noblesse de race ne se pert par condemnation infamante. 91 Exception. 92 Autre exception.

Que dirons-nous donc de celuy qui a obtenu lettres d'ennoblissement? Et quant à moy, i'estime qu'en ce regard il le faut mettre au rang des Gentils-hommes de race; pource que le Roy a purgé & esteint en luy toute macule & vestige de roture, & l'a mis en tel rang & dignité, comme s'il estoit nay de noble race: qui est pourquoy Budée appelle ces lettres *restitutionem natalium*, comme il a esté dit au chap. precedent. 93 Ennoblissement ne se pert par infamie.

Car au surplus ce que la Noblesse de dignité est esteinte par l'infamie, plustost que celle de race, est pour deux raisons particulieres, qui ne conuiennent pas à l'ennoblissement exprés: l'vne, que la Noblesse de dignité est indirecte, accessoire, & accidentale, comme l'appelle la gl. sur la loy 1. *C. De Dignitatibus*, à sça- 94 Pourquoy la Noblesse de dignité se pert par l'infamie plustost que celle de race.

uoir deferée à la perſonne, non à cauſe d'elle-meſme, mais à l'occaſion de ſon Office, ou de ſa Seigneurie : c'eſt pourquoy elle n'eſt pas de ſi forte tenuë, comme celle de l'ennobliſſement, qui eſt conferée directement & immediatement à la perſonne, à cauſe de ſon propre merite. L'autre, que la Nobleſſe de dignité eſt fondée ſur la dignité, qui n'eſt pas compatible auec l'infamie, mais celle qui prouient de l'ennobliſſement, eſt fondée ſur la puiſſance abſoluë du Prince, qui a voulu la conferer à l'ennobly.

95 Si le pere ayant perdu ſa Nobleſſe, ſa poſterité la pert auſſi.

C'eſt encor vne plus grande difficulté, ſi le pere ayant perdu tout à faict ſa Nobleſſe, comme quand le Gentil-homme de race eſt degradé de Nobleſſe, ſes enfans la perdent par meſme moyen. Difficulté qui prouient de la faulſe lecture de la loy *Diuo Marco. C. De quæſt.* dont voicy les mots, *Diuo Marco placuit, eminentiſſimorum quidem, necnon etiam perfectiſſimorum virorum, vſque ad pronepotes, liberos plebeïorum pœnis non ſubÿci: ſi tamen propioris gradus liberos, per quos id priuilegium transgreditur, nulla violati pudoris macula aſpergit. In Decurionibus autem, & filÿs eorum, hoc obſeruari vir prudentiſſimus Vlpianus in publicarum diſputationum libris refert*: où Cujas en

96 Correction de la loy *Diuo Marco C. De quæſt.*

ſon Obſeruation 29. du 20. liu. prouue bien qu'il faut lire, *non obſeruari*, pource que le paſſage d'Vlpian *in lib. Diſput.* eſt rapporté tout au long en la loy 2. §. 2. *D. De Decur.* où il dit, ſuiuant l'opinion de Papinian, que *filius, cuius auus fuit Decurio, patris nota non maculatur.* Ce qui eſt decidé encor plus apertement en la loy *Emancipatum. §. vlt. D. De Senat. Siquis & patrem & auum habuerit Senatorem, & quaſi filius & quaſi nepos Senatoris intelligitur: ſed ſi pater amiſerit dignitatem ante conceptionem huius, quæri poterit, an, quamuis Senatoris filius non ſit, quaſi nepos tamen intelligi debeat: & magis eſt vt debeat: ita vt aui potius ei dignitas proſit, quàm obſit caſus patris.*

97 Contre Cujas.

Toutesfois ie ne puis approuuer tout à faict la raiſon de difference, que rapporte Cujas, pourquoy les enfans des Decurions retenoient le priuilege de leur ayeul, encor que leur pere fuſt tombé en infamie, & que le contraire eſtoit aux petits enfans de ceux qui eſtoient appellez *Perfectiſſimi*, à ſçauoir qu'il eſt requis plus d'integrité *in genere Perfectiſſimorum quàm Decurionum*, qui eſtoient de moindre qualité. Car cette loy *Emancipatum.* en dit autant des Senateurs, *qui erant Clariſſimi*, & partant eſtoient encor en plus haut degré que *Perfectiſſimi*, comme il ſera prouué au penult. chapitre.

98 Vraye raiſon.

Mais il me ſemble, ſauf le reſpect d'vn ſi grand perſonnage, qu'il y a plus de raiſon de dire, que *Perfectiſſimi* eſtoient ceux qui auoient ce tiltre de dignité, à cauſe de leurs Offices. Or il eſt certain que les priuileges des Offices ne paſſent pas aux enfans, comme il ſe iuſtifie par la loy *Et ſi ex empto. C. De malef. & Mathem.* fors celuy-là ſeulement de n'eſtre ſuiects à la torture, ni aux peines populaires: lequel encor n'y paſſoit pas, ſi l'obſtacle d'infamie interuenoit. Au contraire cela eſtoit particulier en l'Ordre des Senateurs & des Decurions, qu'ils transferoient leur dignité preſque entiere à leurs deſcendans, leſquels au pareil demeuroient obligez aux charges d'icelle, comme i'ay touché au 2. chap. de ſorte que c'eſtoit comme vne condition particuliere de leur race.

99 Que les enfans ne perdent la Nobleſſe de race par la faute de leur pere.

Ce qui fait la reſolution de noſtre queſtion. Car comme ainſi ſoit que la Nobleſſe eſt tranſmiſſible aux deſcendans, encor plus que l'Ordre Senatoire ou de Decurion, les enfans, qui ont perdu leur Nobleſſe, auſquels elle eſt acquiſe d'ailleurs que par le moyen de leur pere, ne la perdent point par ſa faute, teſmoin celuy, qui pour iuſtifier ſa Nobleſſe produiſit l'arreſt, par lequel ſon pere auoit eſté condamné à eſtre décapité. Mais quant à ceux qui ne la tiennent que de leur pere, comme ceux des pourueus d'Offices d'éminente dignité, ou bien de ſimples Offices ennobliſſans, qui neantmoins, ceſſant cette perte, euſſent transferé la Nobleſſe à leurs enfans, pource que l'ayeul auoit auſſi poſſedé vn ſemblable Office, encor faut-il diſtinguer, à ſçauoir, que les enfans conceus auparauant le malheur du pere, ne perdent par ſa faute l'Ordre de Nobleſſe, qui leur a apparte-

100 Quid en ceux qui ne tiennent la Nobleſſe de dignité que par leur pere.

nu lors de leur conception, ains ſeulement qui ont eſté conceus du depuis, ſuiuant ce §. dernier de la loy *Emancipatum. De Senat.* & ce §. 2. de la loy 2. D. De Decur. combien que cette opinion ſoit fort douteuſe, à l'eſgard de ceux qui tiennent leur Nobleſſe *à patre & auo*, pource que le reglement de l'an 1600. requiert,

que

que le pere & l'ayeul ayent tousiours vescu noblemẽt, sans déroger à la noblesse.

101 Pourquoy l'exercice des arts mecaniques priue plustost le noble de l'exéption des tailles, que le crime.

Puis donc que la noblesse de race n'est point estainte tout à fait par crime, il s'ensuit à plus forte raison, qu'elle ne le doit estre par l'exercice des arts mecaniques. Et toutesfois (ce qui semble estrange de prime-face) encor que le crime ne priue le Gentil-homme de l'exemption des tailles, neantmoins il est notoire, que les exercices vils & mecaniques l'en priuent: dont la raison est, qu'és commissions des tailles il est porté, que les exempts, & non exempts y seront quotisez, fors, entr'autres, les nobles viuans noblement: de sorte que ce n'est assez d'estre noble, si on ne vit noblement: ioinct que de la surcharge qui reuient au peuple à

102 Noblesse n'est que suspendue par l'exercice des arts mecaniques.

cause de l'exemption des gentils-hommes, il en est recompensé en ce qu'ils ne participent point au gain de la marchandise & mestiers. Mais il faut tousiours reuenir à ce poinct, que la noblesse n'est pas estaincte absolument par tels actes dérogeans, ains est seulement tenuë en suspens, de sorte que le gentil-homme

103 Moyen de la reprendre par apres.

est tousiours sur ses pieds, pour rentrer à sa noblesse, quand il voudra s'abstenir d'y déroger.

104 Lettres de rehabilitation à qui necessaires.

Toutesfois pource qu'on ne cognoistroit pas publiquement son intention, s'il ne s'en trouuoit quelque declaration publique, on a accoustumé en ce cas de prendre lettres de rehabilitation du Roy, qui sont lettres de iustice, qui s'expedient sans cognoissance de cause, & qu'on n'a point accoustumé de refuser, ains seulement sont inuentées, pour faire esclatter d'auantage la puissance du Roy. Encor pourroit-on soustenir, qu'il n'en faudroit point au gentil-homme de race qui a dérogé; ni à ses descendans, pource que c'est vn droict commun, que les droicts de sang & de nature, ne peuuent estre perdus par moyens ciuils. Mais i'estimerois auec Choppin, sur la coust. d'Anjou, contre Bacq. au tr. Des francs Fiefs, chap. 9. que ces lettres sont necessaires absolument à la genti-femme de race qui est veufue d'vn roturier, pource que sans la grace du Prince elle ne peut rentrer à sa premiere condition, qu'elle a perduë, en se mettant par mariage en vne famille roturiere. Comme aussi ces lettres sont sans doute necessaires aux enfans, desquels le pere & l'ayeul ont derogé, pource que comme la Noblesse des descendans est presumée par la noble vie du pere & de l'ayeul, aussi semble qu'elle soit perdue par leur vie ignoble, si le Prince ne la restablit.

105 Quand elle n'est suffisante.

Laquelle rehabilitation M. le Bret en son 37. plaidoyé tient estre suffisante, pourueu que la derogation n'ait continué iusques au septiesme degré, auquel cas il faudroit vn ennoblissement tout nouueau. Ce que ie tien deuoir aussi estre dit du fils de l'ennobly par dignité, qui auoit derogé à sa noblesse, sans auoir esté rehabilité de son viuant. Car i'estime que sa noblesse est du tout estainte, & encor plustost de celuy qui la pretend à cause des Offices ennoblissans du pere & de l'ayeul, par la raison qui vient d'estre dicte n'agueres.

106 Arts & exercices dérogeans à la noblesse.

Les exercices dérogeans à la noblesse, sont ceux de Procureur postulant, Greffier, Notaire, Sergent, Clerc, marchand & artisan de tous mestiers, fors de la verrerie, qui toutesfois n'attribuë pas la noblesse, & n'est pas affectée aux nobles, comme aucuns pensent, ainsi que M. le Bret nous apprend en son 38. plaidoyé. Ce qui s'entend quand on faict tous ces exercices pour le gain; car

107 Limitatiõ.

c'est proprement le gain vil & sordide, qui déroge à la noblesse, de laquelle le propre est de viure de ses rentes, quoy que ce soit de ne point vendre sa peine &

108 Arts qui n'y derogent point.

son labeur. Et toutesfois les Iuges, Aduocats, Medecins, & Professeurs des sciences liberales ne dérogent point à la noblesse qu'ils ont d'ailleurs, ores qu'ils gaignent leur vie par le moyen de leur estat: pource que ce gain (outre qu'il procede du trauail de l'esprit, & non de l'ouurage des mains) est plustost honoraire que mercenaire, *nec propriè merces est, sed honorarium. l. 1. §. Si cui, D. De var. & extraor. cognit.* Dont on n'a iamais douté à l'esgard des Iuges: & quant aux Ad-

109 Si les Aduocats dérogent à leur noblesse.

uocats des Cours souueraines, il y a l'arrest vulgaire de Maistre Anne de Terrieres, sieur de Chappes recité par Luc: & pour ceux des Cours inferieures, Pithou nous en rapporte vn arrest du Conseil priué donné à Paris le 4. Mars 1547. entre les habitans nobles, & les gens du tiers Estat de Rennes, par lequel le Roy casse l'imposition faicte sur les nobles, exerceans Offices de iudicature,

& postulans pour les parties, & en prenans salaire, & déclare qu'ils ne contreuiennent à la noblesse, & partant ordonne que ce qu'ils ont payé leur sera rendu, Ce qui ne doit estre entendu que de ceux qui postulent, comme Aduocats, & non de ceux qui font Office de Procureur, ainsi que font les Aduocats en plusieurs sieges, suiuant l'ordonnance de Roussillon. Car sans doute l'Estat de Procureur, mesme en Cour souueraine, est vil, & déroge à la noblesse, comme prouue Tiraqueau, chap. 30.

110 Labourage & fermes quand derogent à Noblesse. Mais le labourage ne déroge point à la noblesse, non pas comme on estime communément, à cause de l'vtilité d'iceluy; ains, d'autant que tel exercice que faict le Gentil-homme pour soy, & sans tirer argent d'autruy, n'est derogeant. Car s'il prend des fermes à labourer, il n'y a doute qu'il ne déroge, nonobstant le chap. *Ex literis. ext. De iu. patron.* qui s'entend des fermes à longues années, que nous appellons rentes, & que les Anglois, dont parle ce chapitre, appellent fermes, comme i'ay montré au 2. chapitre du dernier liu. *Des Offices*, n'estant defendu aux nobles de prendre des metairies à tousiours, à longues années, ou à vies: pource qu'en ces baux, la seigneurie vtile de la terre est transferée au preneur, *l. 1. D. Si ager vectig. vel emphyt. pet.* de sorte que desormais le Gentil-homme est dit labourer sa terre, & non celle d'autruy.

111 Si les estrãgers sont Nobles en France. Toute la plus difficile question, que ie sçache en cette matiere, & possible la moins traictée, est de sçauoir, si les Gentils-hommes estrangers habituez en France, iouïssent des priuileges de noblesse, notamment de l'exemption des tailles. Il semble de prime-face que non: car n'estans pas citoiens de France, moins peuuent-ils estre nobles: attendu que la noblesse est le second degré du peuple François, lequel presuppose le premier. Mais quand ils seroient faicts citoiens par lettres de naturalité, comme i'ay dit que la legitimation n'includ pas l'ennoblissement, aussi ne font pas les lettres de naturalité. Et comment les estrangers seroient-ils francs & exempts des subsides que payent les naturels citoyens, veu que anciennement ils payoient vn subside particulier, pour la licence de resider en France, qui s'appelloit *Cheuage*, ou *estrayere*, *quasi estrangere*, comme Bacquet nous apprend en son traicté Du droict d'Aubaine.

112 Domi-nobiles. Aussi est-il certain, qu'entre les Romains, la Noblesse ne pouuoit appartenir qu'aux citoyens de Rome: & quant aux estrangers, & mesme les habitans des autres villes, suiectes à celle de Rome, qui estoient nobles en leur païs, ils estoient appellez *Domi-nobiles*, c'est à dire nobles chez eux, ou à leur mode. *Ex multis municipijs & coloniis domi-nobiles* dit Saluste *in Catil.* terme qui se trouue plus de dix fois dans Ciceron, dont i'omets les passages pour cause de briefueté: de sorte que Erasme l'a mis entre les prouerbes, & toutesfois il interprete mal, disant, que *domi nobilis* est celuy, *qui non opibus tantùm & potentia clauus est, sed ex nobilibus nobilis prognatus est.* Car il faut prendre garde que tous ces passages de Ciceron, ramassez par Nizole, où ce terme est vsurpé, parlent d'estrangers, quoy que ce soit d'autres que d'habitans de Rome, & sur tout le passage d'vne epistre *ad Q. fratrem, lib. 2. Epist.* où il luy recommande *M. Orphium hominem domi splendidum, gratiosum etiam extra domum.*

113 Que les estrangers vrayement nobles, sont nobles en France. Mais les François sont si hospitaliers enuers les estrangers (quoy qu'ils ne leur rendent pas le reciproque) que ie tien pour certain, que l'estranger, & notamment celuy qui est des Estats amis & alliez de ce Royaume, estant asseurément noble en son païs, sera tenu pour tel en France, & sera exempt de tous subsides roturiers. Chose certes fort seante & vtile à la societé des hommes, principalement entre les Chrestiens, & sur tout entre les Estats alliez, de recognoistre chez soy reciproquement son voisin en la qualité qu'il ha en son païs: soit que l'estranger ne soit naturalizé, pource qu'en ce cas il demeure en la qualité de son païs, soit qu'il ait esté faict citoyen du Royaume: car il est presumé y auoir esté receu en sa propre & primitiue qualité, posé qu'il puisse faire clairement apparoir d'icelle. Car autrement il a beau mentir qui vient de loin, comme on dit, & d'ailleurs cette preuue est souuent malaisée, de sorte, qu'à mon aduis, la difficulté est plus en faict qu'en droict. Mais s'il en appert par preuue concluante,

114 Naturalisez, ou non.

ou par notorieté de faict, comme au fils d'vn grand Seigneur de païs estrange, qui sera venu s'habituer en France, luy ferons-nous payer la taille, ou bien luy ferons-nous acheter son ennoblissement? veu que la noblesse est vne qualité inherente à la personne, & qui partant se porte par tout, *Cælum, non animum mutant, qui trans mare currunt.*

Quoy que ce soit, j'enten qu'il apparoisse d'vne vraye & parfaite Noblesse, prouenue par les moyens vsitez en France, à sçauoir d'antiquité de race, de concession du Souuerain, ou des grandes dignitez. Car il est bien certain, qu'il n'y a païs au monde, où la Noblesse soit plus aduantagée, qu'en France. Mais presque par tout ailleurs, elle n'est qu'honoraire, n'ayant aucunes franchises particulieres, pource que les tailles n'y sont pas ordinaires sur le tiers Estat seulement, comme en France, ains les subsides s'y leuent indifferemment sur tout le peuple. C'est pourquoy elle y est plus facilement concedée, estant plustost à ornement, qu'à charge au païs, & plus au soulagement qu'à la foule du menu peuple. Comme le discourt fort-bien Thomas Smith, liu. 1. *De Repub. Angl.* où il dit, que *les Gentils-hommes sont faits à bon marché en Angleterre. Car quiconque fait profession des sciences liberales, voire mesme quiconque peut viure commodément de son reuenu, sans trauail manuel, & a le port, contenance & la despense d'vn Gentil-homme, il sera appellé Gentil-homme, & estimé pour Gentil-homme. Et pour l'asseurer dauantage de sa Noblesse, le Roy des herauts luy donnera, pour de l'argent, des armoiries nouuellement forgées, & luy baillera lettres contenantes, que pour ses merites, il luy a donné lesdictes armes: & lors il peut estre appellé Escuyer: telles gens sont souuent appellez par moquerie, Gentils-hommes du premier chef,* & monstre par apres que cette obseruance est fort vtile au païs.

115 Qu'il faut qu'ils soient nobles à la mode de France.

116 Noblesse côment s'acquiert en Angleterre.

Or ie n'estimeroy pas, que tels ennoblis, venans resider en France, deussent iouïr des priuileges de Noblesse. Car comme resoult excellemment Aristote, liure 1. des polit. chap. 4. il y en a qui sont nobles proprement & absolument, ἁπλῶς, & d'autres, qui ne le sont que improprement, & aucunement, κατά τι. Ceux-là, dit-il, sont nobles par tout le monde, & quelque part qu'ils aillent, ils y portent leur noblesse. Mais les autres, dont la Noblesse est particuliere pour leur patrie, & non receuë indifferemment par tout, ne sont recogneus pour nobles en autre pays. Duquel passage Hierosme Orose, *De Nobilit. ciu. lib. 1. cap. 4.* s'est bien sceu seruir, disant que, *Nobilitas alia est ex omni parte absoluta, alia verò domi tantùm locum habet. Illa quidem nunquam loco dimouetur, & vbiuis gentium fuerit, semper altis defixa radicibus hæret, & eandem apud omnes nationes dignitatem suam habet. Hæc verò in solo tantùm patrio & inter suos eminet, magis opinione vulgi, quàm veris dignitatis luminibus illustrata.* Et c'est ceux-là, que les Romains appelloient *Domi-nobiles*, termes qui estans adaptez aux habitans des autres villes suiectes à Rome, signifioient les descendus de ceux qui auoient eu en ces villes les Offices correspôdans aux grands Offices de Rome: & quant aux estrangers, ils estoient pareillement appellez par les Romains, *Domi-nobiles*, c'est à dire, nobles chez eux; pource que les Romains, se pretendans dominateurs de tout le monde, ne vouloient aduoüer que les estrangers eussent aucune souueraineté legitime, mesme dans leur propre païs, pour y establir vne parfaicte noblesse: quoy que ce soit, ils ne permettoient point qu'ils eussent aucune participation, ou communication d'honneur auec eux.

117 Les Estrãgers, qui ne sont parfaictement nobles, ne portent leur noblesse hors leur païs.

118 *Domi-nobiles* des Romains.

Mais toutes ces deux considerations cessent en France. Car d'vne part toutes nos villes sont esgales, & n'ont point de commandement les vnes sur les autres, ains sont toutes suiectes à nostre Roy, & toutes sont partie de nostre Monarchie. Et d'autre part, nous tenons que les Estats souuerains sont limitez, selon les bornes, que Dieu y a mises, & qu'ils sont tous legitimes en leurs limites: de sorte que nous ne faisons point de difficulté de recognoistre pour parfaictement nobles, & ceux du moindre village de la France, & encor ceux des païs estrangers, qui sont reputez nobles en leur pays, principalement si la noblesse y est establie en la forme de France, & ainsi le resoult Bacquet au traicté *Des francs fiefs*, chap. 2.

119 Qu'ils auoyent vne consideration que nous n'auons pas.

SOMMAIRE DV SIXIESME CHAPITRE.

1 *S'il est bien dit, Ie suis aussi noble que le Roy.*
2 *L'Ordre est vne qualité absoluë.*
3 *Noble se peut entendre en deux façons.*
4 *Plusieurs degrez de noblesse.*
5 *Ceux d'Hespagne.*
6 *Ceux d'Angleterre.*
7 *Il n'y a que deux Estats en Angleterre.*
8 *En France le plus petit gentil-homme est de mesme Ordre que les Princes.*
9 *Diuision de nostre noblesse.*
10 *Subdiuision de la haute noblesse.*
11 *Tous ceux de la haute noblesse sont qualifiez Seigneurs & Cheualiers.*
12 *Des Cheualiers.*
13 *Ceremonie à faire les Cheualiers.*
14 *De l'accollée des Cheualiers.*
15 *Autre interpretation de l'accollée.*
16 *Salutation, ou adoration des Empereurs Romains.*
17 *Forme d'icelle.*
18 *Par qui inuentée.*
19 *Origine d'icelle.*
20 *Ceinture des Cheualiers.*
21 *Origine d'icelle.*
22 Ξιφηφορία.
23 *Droict de porter l'espée attribué à plusieurs Officiers.*
24 *Mesme aux dignitez honoraires.*
25 *Explication de la loy 2.* C. Vt dignit. ordo seruet.
26 *Ce qui est à noter en cette loy.*
27 *Origine des Cheualiers.*
28 *Despense à faire les Cheualiers.*
29 *Harnois doré attribué pour marque aux Cheualiers.*
30 *Princes & enfans des Rois faicts Cheualiers.*
31 *Quand estoient faicts les Cheualiers.*
32 *Cheualiers du baing.*
33 *Nul ne naist Cheualier.*
34 *Rois faicts Cheualiers.*
35 *Pourquoy.*
36 *Cheualiers honoraires.*
37 *Cheualier est noble luy & sa posterité.*
38 *Anciens Ducs & Comtes pouuoient faire les nobles Cheualiers, mais non pas ennoblir les roturiers.*
39 *Cheualerie tombée en mespris.*
40 *Inuention des Cheualiers de l'Ordre.*
41 *Collier de l'Ordre.*
42 Equites torquati.
43 *Ordre de l'estoile.*
44 *Ordre de S. Michel.*
45 *Ordre du S. Esprit.*
46 *Ordres de la iartiere, de l'escharpe, du croissant, de la toison d'or, de l'annonciade, du porc espy.*
47 *Cheualiers bannerets.*
48 *Bacheliers.*
49 *Bachelier que signifie proprement.*
50 *Ses etymologies.*
52 *Bachelier signifie le pretendant.*
52 *Bachelier en noblesse se prend en deux façons.*
53 *Bachelier opposé au Cheualier & au Banneret.*
54 *Origine des Parages.*
55 *Office importans haute noblesse.*
56 *Pourquoy les Seigneuries de dignité importent haute noblesse.*
57 Capitanei regis, aut regni, qui verè.
58 *Barons de France.*
59 *Chastellains sont de la haute noblesse.*
60 *Pourquoy.*
61 *Modification notable.*
62 *Grande Seigneurie attribuée par autre que le Roy n'ennoblit le Roturier.*
63 *Si la terre peut ennoblir l'homme.*
64 Paradogium vel potius Paragium.
65 *Le Roy ennoblit en trois façons.*
66 *Comment les fiefs sont dits nobles.*
67 *Possesseur de haute Seigneurie est en possession de haute noblesse.*
67 *Rang de la haute noblesse.*
69 *Officiers en exercice ne cedent à la haute noblesse.*
70 *Interpretation de la loy* Ad personas. D. De iureiur.
71 *Pourquoy du Tillet dit que les Cheualiers n'ont rang.*
72 *Deux classes des Seigneuries de dignité.*
73 *Remarques d'honneur de la haute noblesse.*
74 *Timbre des armoiries.*
75 *Heaume du timbre des Cheualiers.*
76 *Couronne des Ducs, Marquis & Comtes.*
77 *Armoiries des Dames.*

DE LA HAVTE NOBLESSE.

CHAPITRE VI.

LES derniers propos du precedent chapitre me font souuenir d'vne plaisante question que proposent Chassanée & Tiraqueau, si le commun dire de nos Gentilshommes des champs se peut soustenir, *Qu'ils sont aussi Gentils-hommes que le Roy*. Tous deux le reprouuent, tant par les passages de Ciceron & Aristote, qui viennent d'estre rapportez, que sur tout, pource que notoirement il y a plusieurs degrez en l'Ordre de noblesse. 1 S'il est bien dit, Ie suis aussi noble que le Roy.

De moy, ie confesse bien que cette comparaison du suiect auec son Roy est odieuse, insolente, & comme blasphematoire : mais au surplus i'estime qu'elle est veritable en soy ; attendu que qui est Gentil-homme absolument & parfaictement ne le peut estre dauantage, comme ce passage d'Aristote l'énonce clairement. Aussi est-ce la verité, que le vray Ordre est vne qualité substantiue, positiue, & qui ne reçoit le plus & le moins, non plus que la substance de Dialectique : tout ainsi qu'il est vray de dire, que le moindre Prestre est autant Prestre, que le plus grand Euesque ; & le plus petit Euesque, s'il faut ainsi parler, est autant Euesque que le Pape. Qui est la solution de ce fameux passage de S. Cyprian, que ceux de la religion pretenduë reformée alleguent contre nous, *Hoc erant vtique cæteri Apostoli, quod & Petrus, pari consortio honoris & potestatis : scilicet quatenus Apostoli*. 2 L'Ordre est vne qualité absoluë.

Mais ce qui faict la grande difficulté en ce prouerbe est, quand on dit *Ie suis aussi noble que le Roy*. Et lors à la verité, si on entend ce mot de noble, pour vn adiectif, signifiant *excellent*, le prouerbe est apparemment faux : si pour vn substantif, comme est le mot de gentil-homme, signifiant celuy qui ha l'Ordre de Noblesse, le prouerbe est veritable, hors le vice de la comparaison. Tout ainsi qu'il seroit faux de dire qu'vn indocte Docteur seroit aussi docte que le plus docte : mais il est bien vray de dire qu'il est autant Docteur. 3 Noblesse peut s'entẽdre en deux façons.

Comme donc il y a des degrez qui rehaussent l'Ordre de Prestrise, aussi y en a-il qui releuent celuy de noblesse, & combien que les degrez de Prestrise soient conformes par toute la Chrestienté, qui est regie par vn mesme chef, neantmoins les degrez de noblesse sont differens selon la diuersité des Estats ou souuerainetez, dont ils dépendent. 4 Plusieurs degrez de noblesse.

Et pour dire vn mot de ceux qui sont vsitez entre nos principaux voisins, vn Hespagnol, qui a commenté les regles de Chancellerie, rapporte six degrez de la noblesse d'Hespagne : *paruam, minorem, minimam, magnam, maiorem, maximam. Paruam scilicet non habentium dignitatem, sed tantùm iurisdictionem. Minorem non habentium iurisdictionem, sed tantùm sanguine Nobilium. Minimam, eorum qui licet genere sint ignobiles, nobiliter tamen & ex suis reditibus viuunt. Magnam Baronum, Maiorem Ducum & Comitum, Maximam denique Regum & Imperatorum.* 5 Ceux d'Hespagne.

Quant aux Anglois, ils ont les simples nobles, ou gentils-hommes, puis les Escuyers (qu'ils distinguent communément des simples nobles, appellans particulierement Escuyers, ceux qui viuent aux champs, & ne font profession que des armes) les Cheualiers, & finalement les Lords, ou Mi-lords, à sçauoir les Ducs, Marquis, Comtes, Vicomtes & Barons : mais ils ne recognoissent point encor de Princes, non plus que les Hespagnols, au moins pour auoir Ordre fermé, comme en France, n'appellans Prince que le fils aisné du Roy. Et si faut noter qu'en Angleterre, il n'y a que les Lords qui soient de la haute noblesse, mais quant aux gentils-hommes, Escuyers & Cheualiers, ils sont de l'Ordre du commun peuple. Et de faict ils sont meslez auec le peuple en mesme Chambre, aux assemblées de leur Parlement, qui sont leurs Estats gneraux, que nous appellions iadis de ce mesme nom, auparauant que nous l'eussions laissé à la souueraine compagnie de iustice. De sorte qu'en Angleterre il n'y a que deux Estats, ou Ordres, 6 Ceux d'Angleterre. 7 Il n'y a que deux Estats en Angleterre.

à sçauoir la haute Noblesse, & le commun peuple, ainsi qu'au commencement à Rome il n'y auoit que *Senatus, populusque Romanus*: l'Ordre du Clergé ne faisant corps d'Estat en Angleterre, non plus qu'à Rome, ainsi qu'il fait en nostre France tres-chrestienne, ains seulement les Archeuesques ont voix & seance parmy les Lords en la Chambre de la haute Noblesse, & les Euesques y ont entrée, mais non pas voix, comme nous dit Thomas Smith en sa Repub. des Anglois.

8 En France le plus petit Gentil-homme est de mesme Ordre que les Princes.

Mais en France nous faisons bien plus d'Estat de la Noblesse, laquelle nous ne meslons aucunement auec le menu peuple, ains selon la définition de Bartole, rapportée au chap. precedent, nous la tenons pour vn Ordre du tout separé du peuple: voire nous mettons les Princes parmy la Noblesse, & n'y a de present si petit gentil-hôme, qu'vn Prince face difficulté de receuoir à sa compagnie & à sa table. Combien qu'anciennement, lors que nous estions meslez parmy les Anglois, on dist, que *nul ne deuoit seoir à la table d'vn Baron, s'il n'estoit Cheualier*. Bref comme il n'y a Noblesse au monde plus braue & vaillante que celle de France, aussi n'y en a-il point de plus honorée & aduantagée.

9 Diuision de nostre noblesse.

Et neantmoins nous auons encor plus de degrez de Noblesse, qu'il n'y en a en Angleterre. Car outre que nous auons comme eux des Cheualiers & des Seigneurs de plusieurs sortes, nous auons de plus qu'eux, les Princes, à sçauoir, ceux qui sont issus de maison souueraine, qui sont encor de plusieurs especes. De sorte que nous pourrions bien poser autant de degrez de noblesse, que fait ce cômentateur Hespagnol: mais pource que la plus parfaicte diuision est celle de trois especes, i'ay diuisé, ce me semble, plus à propos nostre noblesse en simple, haute, & illustre: entendant par la simple noblesse celle qui n'est rehaussée d'aucun autre degré d'honneur: par la haute, celle qui est esleuée & accreuë de quelque dignité, soit Cheualerie, grand Office, ou Seigneurie, & finalement par la noblesse illustre, celle qui prouient du sang illustre & souuerain, attenant de parenté le Prince souuerain, & habile à succeder en son rang à la souueraineté.

10 Subdiuisiô de la haute Noblesse.

Et pource que cette generale diuision comprend tous les degrez de noblesse, qui sont en beaucoup plus grand nombre que de trois, il est necessaire de subdiuiser encor ceux des plus hauts degrez. Et quant à celuy de la haute noblesse, dont nous auons à traicter particulierement en ce chapitre, on le peut subdiuiser en trois, à sçauoir en Cheualiers, grands Officiers, & Seigneurs, d'autant que la haute noblesse procede de trois diuerses sources, à sçauoir de l'Ordre des Cheualiers, des grands Offices, & des Seigneuries de dignité: mais toutes ces trois especes se rapportent en fin à mesmes tiltres de dignité, dont se qualifient presque indifferemment tous ceux de la haute noblesse, à sçauoir de Cheualiers & de Seigneurs. Car d'vne part ceux qui ont les grands Offices, & les Seigneuries de dignité, se qualifient Cheualiers en leurs tiltres, aussi bien que ceux qui ont l'Ordre de Cheualerie; & d'autre part les Cheualiers & grands Officiers se qualifient aussi bien Seigneurs, ou Messeigneurs, que ceux qui possedent les grandes Seigneuries.

11 Tous ceux de la haute noblesse sont qualifiez Seigneurs & Cheualiers.

12 Des Cheualiers.

Il faut donc expliquer l'vne apres l'autre ces trois sortes de la haute noblesse: & quant à celle de Cheualerie, qui est la moindre des trois, nos modernes la comparent à ces Milices honoraires, que Suetone dit auoir esté inuentées par l'Empereur Claudius, qu'il appelle *imaginarias Militias, quibus titulo tenus absentes fungebantur, vel ostensionalibus illis Militijs, de quibus Lampridius in Alexandro Seuero.* Mais c'est abus de penser tousiours rapporter les façons de Rome aux nostres.

13 Ceremonies à faire des Cheualiers.

Tant y a que l'Ordre de Cheualerie est vne qualité d'honneur, que les Rois & autres Princes souuerains attribuent à ceux qu'ils veulent signaler par dessus les autres Gentils-hommes, comme les plus preux & vaillans. Ce qu'ils font auec certaines ceremonies, afin de les faire esclatter & paroistre dauantage. Ceremonies, que les vieils Romans nous specifient mieux, qu'aucuns bons liures. Qui sont en somme, qu'apres auoir veillé en prieres dans l'Eglise, puis fait faire prieres publiques & solemnelles, le Roy leur bailloit l'accollée, c'est à dire, selon aucuns, qu'il les frappoit sur les espaules du plat de son espée, eux estans à genoux, comme remarque le mesme Thomas Smith & du Tillet au chapitre *Des*

14 De l'accollée des Cheualiers.

Cheualiers, ainsi que les esclaues, ausquels on donnoit liberté à Rome, estoient frappez par le Preteur de sa verge appellée *vindicta*, & qu'en la collation que fait l'Euesque de l'Ordre de tonsure, & qu'on fait aux Vniuersitez du degré de Docteur, on baille vn soufflet ou buffe à celui qui y est promeu : comme le dernier coup, que doit receuoir celui qui entre en vne qualité, qui l'en exempte desormais.

Ou plustost l'accollée est l'embrassement, que le nouueau Cheualier reçoit de son Roy ou Prince souuerain, au moyen duquel il est desormais reputé son amy & fauory, voire comme sorty de son costé, ou plustost comme son conseiller, *lateris ipsius protector*, s'il est Cheualier d'armes, & comme son Conseiller & Assesseur lateral, s'il est Cheualier de loix, ainsi que les Cardinaux s'appellent *à latere Papæ*. Et pour remarque & souuenance de cette accolée du Prince souuerain, ils portent desormais vn collier, ou vne escharpe, afin que ce col, ou ces espaules, qui ont vne fois eu l'attouchement amiable de la Majesté, soient à tousiours ornés de sa liurée. 15 Autre interpretation de l'accollée.

Or à mon aduis, il y a grande apparence, que cette façon d'accollée ait esté imitée de la magnificence des Empereurs Romains, qui admettoient peu de gens à les embrasser & accoller, tesmoin ce que dit Dion de l'Empereur Claudius. Ἐφίλει ὀλιγίστοις τοῖς δὲ πλείστοις καὶ τῶν συμβουλευτῶν, ἢ τὴν χεῖρα, ἢ τὸν πόδα προσκυνεῖν ὤρεγε, qui est à peu pres ce que dit Pline en son Panegyr. *amplexus ad pedes deprimere, atque osculum manu reddere.* 16 Salutation ou adoration des Empereurs Romains.

Et cela s'appelloit *adorare Imperatorem*, *vel adorare purpuram*, comme il se trouue plus de dix fois dans les trois derniers liures du Code, pource que ceux qui saluoient l'Empereur, se mettoient à genoux, ainsi que nous apprend Zonare, tom. 3. *in Iustiniano.* Ἤδη δὲ ἐφθακὼς ἔναντι τοῦ κρατοῦντος, ὁ Βελισάριος πείθει τὸν Γελιμέρα εἰς τοὔδαφος καταβαλεῖν ἑαυτὸν, καὶ οὕτως ἀπονεῖμαι τῷ Βασιλεῖ τὴν προσκύνησιν, ὁ δὲ ἐποίει τὸ προστεταγμένον, καὶ ἀλγούμενος ἐδάκρυσεν. Αὐτὸς δὲ Βελισάριος προσουδίζει ἑαυτὸν, ἐνδεικνύμενος τῷ Γελιμέρι, ὅτι οὐχ ὡς αἰχμάλωτος ἐκεῖνος τοῦτο ποιῆσαι ἀπῄτηται, ἀλλ' ὅτι οὕτω νενόμισται προσκυνεῖσθαι τὸν Ῥωμαίων βασιλέα. 17 Forme d'icelle.

Ce qui fut premierement mis en vsage ordinaire par Diocletian. *Primus, inquit Eutropius, Regiæ consuetudinis formam magis quàm Romanæ libertatis inuexit, adorarique se iussit, cum ante eum Imperatores tantùm salutarentur.* Toutesfois Lampride, *in Alexandro* nous apprend que ce fut Heliogabale, qui le premier se fist adorer. *Ipse, inquit, adorari se vetuit, cum iam cœpisset Heliogabalus adorari more Regum Persarum*: & Capitolin *in Maximino, In salutationibus, inquit, superbissimus erat. Nam & manum porrigebat, & genua sibi osculari patiebatur, quod nunquam passus est senior Maximinus, qui dicebat, Dij prohibeant, vt quisquam ingenuorum pedibus meis osculum figat.* 18 Par qui inuentée.

Tant y a que cela procedoit de l'ancienne façon de faire des Romains, dont les grands Seigneurs estoient iournellemẽt saluëz en ceremonie par leurs cliens & leurs amis: de sorte que ceux qui estoient admis à saluër ainsi le Prince, estoiẽt reputez ses amis & fauoris, & partant cela estoit reputé à grand honneur & priuilege. 19 Origine d'icelle.

Aussi n'y admettoit-on que les gens de marque, & les plus vaillans hommes, notamment ceux qui auoient passé par tous les degrez militaires, soit de la Milice armée, ou Palatine, comme il se voit en la loy 1. *C. De Apparit. Præt. vrbis. Præter eos qui de Officio eminentium potestatum, numero stipendiorum & curriculis euolutis Serenitatis nostræ, annis singulis attingere purpuram venerarique præcepti sunt, nulli prorsus eorum, qui prouincialia Officia peregerint, tranquillitatis nostræ muricem adorare sit liberum, omnium suffragiorum obreptione cessante.* Ce qui paroist encor des loix 1. *De Comit. & Trib. schol.* 4. *C. De Consul.* 1. *De Apparit. Pref. Pret. l.* 3. *De domest. & protect. C. Theod.* que si d'autres s'en ingeroient, ils estoient punis, tesmoin ce que recite Spartian de l'Empereur Seuere, *qui Leptitianum suum municipem, olímque contubernalem fustibus cædi iussit, quòd, cùm plebeius esset, se amplexus fuisset, & eloqui Præconem præcepit, Legatum Pop. Rom. plebeius temerè amplecti nolit.* Mesme Capitolin *in Maximino*, nous apprẽd, qu'estant Tribun il n'estoit pas admis à saluër l'Empereur son predecesseur, *nunquàm ad manum eius accessit, nunquam illum salutauit.*

Mais nos Cheualiers ont encor emprunté des Empereurs Romains vne ce- 20 Ceinture remonie notable, à sçauoir, que le Prince, en leur baillant l'Ordre de Cheualerie, leur donne & leur ceint l'espée, *dat eis cingulum militare, seu Balteum*, que nous appellons proprement *Baudrier*, qui estoit sous les Empereurs Romains, l'enseigne commune des dignitez, soit de la milice armée, ou palatine : & de fait *cingulum* est pris communément dans le droit *pro Dignitate*, & mesme Suidas interprete ζώνιον, τὸ ἀξίωμα : voire le baudrier, ou ceinture militaire, faisoit la distinction du rang ou degré d'honneur de ceux qui auoient les mesmes titres de simples dignitez honoraires, *vt in l. 2. C. Vt Dignit. ord seru.* ce qui sera expliqué tout incontinant.

des Cheualiers.

21 Origine d'icelle. Or voicy à mon aduis comment cela vint à Rome de degré en degré, & de Rome à nous. Il est bien certain, que les soldats Romains estoyent autrement habillez que les citoyens residans aux villes, & notamment leur principale remarque estoit de porter l'espée, ξιφηφορεῖν, *cinctos esse*. Car comme les Romains estoyent particulierement curieux de leur toge, ou habit de paix, il n'y auoit que ceux qui estoient actuellement soldats, c'est à dire enrollez, qui eussent ce droit de porter l'espée ; que Suidas appelle ξιφηφορείαν. Mesme du commencement

22 ξιφηφορεία. tous les Gouuerneurs des prouinces ne l'auoient pas, à sçauoir ceux des prouinces Proconsulaires, qui au partage qu'en feist Auguste, auoient esté laissées au Senat, comme les plus paisibles : ce que Dion liu. 52. a mieux remarqué qu'aucun autre autheur de l'histoire Romaine. Quoy que ce soit, ce droit de porter espée hors la guerre, n'estoit attribué du commencement qu'aux éminentes Dignitez, tesmoin ce qu'escrit Herodian de Plautiane, liu. 3. *Latum clauum perpetuò habebat, ensémque gestabat, cæteráque omnia supremæ Dignitatis insignia.*

23 Droict de porter l'espée attribué à plusieurs Officiers. Toutefois à succession de temps, pource que les priuileges des soldats estoyent tres-grands, chacun y voulut auoir part : de sorte que tous les Officiers de la maison de l'Empereur, & encor plusieurs autres, voulurent porter l'espée, & auoir la ceinture militaire, ores que ce fust l'enseigne du soldat, τὸ τῆς στρατείας παράσημον, dit Zonare *in comment. Nicenæ Synodi* : Et partant leur *cingulum* signifie vn Office ou charge publique, pource que tous ceux qui auoient Offices honorables, portoient l'espée comme gendarmes, ainsi qu'il se voit en la loy 5. *Qui militare poss. lib. 12. Cod.*

24 Mesme aux dignitez honoraires. Mesmement encor depuis que l'Empire eut esté transferé en Grece, l'ambition Grecque, s'estant installée en la Cour des Empereurs, chacun desira de plus en plus des dignitez & rangs d'honneur : & pourautant que ce qu'il y auoit d'Offices ne suffisoit pas à beaucoup pres, pour assortir & appointer tous ceux qui en demandoient, les Empereurs inuenterent les simples dignitez, c'est à dire qu'ils donnoient des titres & qualitez d'Office à ceux qui n'auoient iamais esté Officiers, qui s'appelloient *vacantes siue honorarias dignitates* : & afin que ces Dignitez honorables eussent plus de pretexte & apparence, ils bailloient auec ceremonie, à ceux qu'ils en honoroient, les enseignes de la dignité ou Office, dont ils leur donnoient le titre, & notamment la ceinture militaire, qui estoit lors l'enseigne commune à toutes les dignitez.

25 Explicatiõ de la loy 2. C. *Vt dignit. ordo seruet.* Ce qui est clairement exprimé en la loy 2. *C. Vt Dignit. ordo seruetur.* Où l'Empereur, specifiant le rang des dignitez de mesme titre, met au premier rang ceux qui auoient eu l'exercice actuel de l'Office, puis fait plusieurs rangs ou dignitez de ceux qui n'auoient oncques eu cet exercice, ains estoient simples Officiers honoraires, mettant au second rang ceux ausquels, estans en Cour, l'Empereur auoit baillé la ceinture militaire : au troisiesme, ceux ausquels il l'auoit seulemẽt enuoyée en leur absence : au quatriesme, ceux ausquels cette ceinture n'auoit point esté baillée du tout, ains ausquels, estans en Cour, l'Empereur auoit simplement baillé des lettres de dignité : & en cinquiesme & dernier, ceux ausquels il auoit seulement enuoyé ces simples lettres en leur absence : de sorte qu'entre ces Officiers honoraires, ceux qui auoient eu la ceinture militaire presedoient ceux qui n'auoient que de simples lettres : & entre les vns & les autres, ceux qui en auoient esté honorez en presence, estoient plus estimez que ceux ausquels on auoit enuoyé, en leur absence, soit la ceinture militaire, soit les lettres

lettres de Dignité honoraire. Dont il se collige plusieurs poincts, qui seruent grandement à l'vsage de nos Cheualiers. Premierement que la ceinture militaire estoit baillée en solemnité aux personnes de merite, qui n'auoyent point d'Office ou charge publique, ce qui leur attribuoit le droit de porter continuellement l'espée, & consequemment de iouyr des priuileges des gens-d'armes : secondement qu'estant baillée par l'Empereur mesme, c'estoit plus d'honneur, que si elle estoit simplement enuoyée. Tiercement, que c'estoit plus d'honneur d'auoir la ceinture militaire, mesme par simple enuoy de l'Empereur, que d'auoir de simples lettres de Dignité. 26 Ce qui est à noter en cette loy.

De mesme donc en France, ceux que les Roys recognoissoyent de grand merite, quoy que ce soit, qu'ils vouloyent éleuer en Dignité, lors qu'ils n'auoyent point d'Office à leur conferer, ils les faisoyent Cheualiers, c'est à dire les declaroyent gens d'armes honoraires, pour iouïr des priuileges des gens d'armes, encor qu'ils ne fussent enrollez entre les gens de guerre : & de fait la plus-part de nos autheurs François appellent en Latin le Cheualier *militem*, & non pas *equitem*: Mais notamment ils les declaroient gens d'armes de cheual, pource qu'en France principalement ils sont beaucoup plus estimez, que ceux de pied. Et en signe de ce qu'ils les faisoient gens d'armes, ils leur bailloient de leur main le baudrier ou ceinture militaire, sous ces belles & notables ceremonies que ie vien de rapporter: qui pour estre plus signalées & remarquables, se faisoient auec telle magnificence & despense, qu'on voit en plusieurs coustumes, que pour y fournir les Seigneurs auoient droict de leuer tailles sur leurs vassaux, censiers, & iusticiables, quand eux, ou leur fils aisné estoit fait Cheualier, ainsi que quand ils marioient leur fille aisnée, ou qu'ils payoient leur rançon : ce qui est appellé en nos coustumes, *droict de taille aux quatre cas*. 27 Origine des Cheualiers. 28 Despense à faire les Cheualiers.

Et pource qu'en France, non seulement les soldats enrollez, mais aussi les simples Gentils-hommes, comme soldats nez, & naturellement destinez à la guerre, ont droict de porter l'espée en tout temps, & par tout, voire iusques dans le cabinet du Roy, comme i'ay dit au chap. precedent, il a fallu bailler aux Cheualiers, qui ont vn degré de dignité pardessus les simples Gentils-hommes, vne enseigne ou remarque plus particuliere de leur dignité, qui est d'auoir les esperons dorez, & tout autre harnois ou esquippage de cheual : ce qui n'estoit anciennement permis de porter qu'aux seuls Cheualiers, comme Bouteiller a bien remarqué, & apres lui du Tillet, & c'est pourquoy aucuns de nos escriuains modernes appellent les Cheualiers, *Equites auratos*. 29 Harnois doré attribué pour marque aux Cheualiers.

Mais ces belles ceremonies & magnificences, qui se faisoient à la creation des Cheualiers, notamment que le Roy mesme prenoit la peine le plus souuent de leur ceindre l'espée, furent cause, que non seulement les simples Gentils-hommes, ains aussi les Seigneurs, mesme les Princes, & iusques aux enfans des Rois, voulurent auoir cette dignité de Cheualiers: estimans que ce leur estoit non seulement vn honneur, mais aussi vn bon presage, & mesme vn engagement à la vaillance & proüesse, de receuoir l'espée de la main de leur Prince. Ainsi nous voyons dans nos annales, que le Roy Charlemaigne ceignit l'espée à Louys Debonnaire son fils, estant prest d'aller en guerre contre les Auarrois, & que le mesme Louys Debonnaire en feist autant à Charles le Chauue son fils, dit Aimon, liu 5. chap. 17. Pareillement le bon Roy S. Louys fit Cheualier son fils aisné Philippe III. & cestui-cy ses trois enfans. Et remarque l'histoire, qu'en tels actes les Rois auoient leurs couronnes en teste, & tenoient Cour pleniere, & table ouuerte. 30 Princes & enfans des Rois faits Cheualiers.

Aussi estoit-ce l'ancienne façon de faire les Cheualiers, soit deuant vne bataille ou vn assaut, afin d'encourager les braues Gentils-hommes de s'y porter vaillamment: soit apres la bataille ou prise de la place, pour recompenser ceux qui y auoient bien faict. Dont y a vn bel exemple dans Monstrelet au 155. chap. du 1. volume, & dans Froissart liu. 1. où il fait le conte des Cheualiers du Lieure, que du Tillet rapporte pareillement au chap. des Cheualiers. On en faisoit encor lors des mariages des Rois, ou de leurs enfans, pour honorer les tournois qui s'y 31 Quand estoient faits les Cheualiers.

faisoient, & sont ceux-là, à mon aduis, qui dans les Romans & autres anciens
31 Cheualiers du baing. liures, sont appellez Cheualiers du baing, pource qu'on les faisoit au sortir du baing solemnel, qu'on auoit accoutumé faire auant le mariage: ou bien on peut dire auec du Tillet, que ceux, qui estoient faits Cheualiers hors la guerre, estoient nommez Cheualiers du baing, pource qu'entr'autres ceremonies il falloit qu'ils se baignassent, auant que receuoir l'Ordre de Cheualerie.

33 Nul ne naist Cheualier. Quoy qu'il en soit, combien que les Nobles des deux autres degrez, à sçauoir, les simples Gentils-hommes, & les Princes, ayent leur qualité par nature, au moins dés leur naissance, contre la regle commune des autres dignitez, si est-ce que la Cheualerie retient la regle cõmune des Ordres, d'autant que nul ne naist Cheualier, ains faut que cét Ordre ou qualité soit actuellement conferée à la personne. Et encor que les Princes soient au dessus des Cheualiers, si est-ce que les Princes ne sont pas vrais Cheualiers, s'ils n'ont receu l'Ordre de Cheualerie: mesmemẽt les enfans des Rois ne naissent pas Cheualiers, comme prouue Chopin au 2. liu. *De Domanio*, chap. 29. tesmoin les exemples qui viennent d'estre rapportez de nos Rois, qui en grande solennité ont fait leurs enfans Cheualiers. Et le mesme Chopin rapporte vn ancien arrest du Parlement de l'an 1334. par lequel il est porté, que le Roy a droict de leuer vne taille sur son peuple, quand il fait vn de ses fils Cheualier.

34 Rois faits Cheualiers. Voire on doute, si les Empereurs & les Rois sont eux mesmes Cheualiers, auant qu'en auoir receu l'Ordre: & de fait nous voyons dans *Petrus Vinea. lib.* 3. *epist.* 20. que le Roy Conrad, fils de l'Empereur Federic II. escrit aux habitans de Panorme, qu'il a voulu estre fait Cheualier: *Licet*, dit-il, *ex generositate sanguinis, qua nos natura dotauit, & ex Dignitatis Officio, qua duorum regnorum nos in solio gratia diuina præfecit, nobis militaris honoris auspicia non deessent: quia tamen Militiæ cingulum, quod reuerenda sanciuit antiquitas, nondum Serenitas nostra susceperat, prima die præsentis mensis Augusti, cum solennitate tyrocinij, latus nostrum elegimus decorandum.* Pareillement nous lisons dans Sigebert, que Malcome Roy d'Escosse voulut estre fait Cheualier par le Roy de France Henry I. & nous lisons en nos Annales, qu'apres la iournée de Marignan, le Roy François fut fait Cheualier par le Capitaine Bayart, qui luy ceignoit l'espée. Bref du Tillet nous apprend que le Roy Louys XI. incontinant apres son sacre, se feist passer Cheualier par le bon Duc Philippe de Bourgogne, pourautant dit-il *que c'est vne remarque & éguillon de prouësse és armes, & toute autre vertu & honneur, les Princes souuerains descendent volontiers de leur hautesse & Majesté, pour estre en fraternité & compagnie d'aucuns leurs sujets les plus preux & vertueux: preferans le merite & los de vertu à tous les aduantages de fortune.*

35 Pourquoy. Combien que la verité soit, que la dignité Royale comprend en soy toutes dignitez, voire que toutes dignitez procedent d'icelle, ainsi que toute la lumiere du mõde procede du Soleil: de sorte que ce qu'aucuns Rois ont voulu estre faits Cheualiers, estoit plustost pour honorer l'Ordre de Cheualerie, ou bien la personne de celuy, par les mains duquel ils le receuoient, que pour en auoir eux-mesmes vn accroissemẽt d'honneur. Aussi voyons-nous, que par les institutions des Ordres particuliers des Cheualiers, dont sera parlé tout incontinant, les Princes instituteurs d'iceux ont ordonné, qu'eux & leurs successeurs en leurs Estats, en demeureroient chefs à perpetuité, lesquels pour cét effect n'ont besoin que l'Ordre leur soit conferé.

36 Cheualiers honoraires. D'ailleurs cette regle que les Cheualiers sont *facti, & non nati*, s'entend seulement des vrais Cheualiers, & du vray Ordre de Cheualier. Car comme en toutes dignitez il y en a qui ne sont qu'honoraires, *& titulo tenus*, comme il sera discouru aux deux derniers chapitres de ce liure: aussi il y a plusieurs Cheualiers honoraires & par titre seulement, c'est à dire qui n'ont pas l'Ordre de Cheualerie, à sçauoir tous ceux qui possedent les hautes Seigneuries & les grands Offices: bref tous ceux de la haute Noblesse se qualifient Cheualiers, comme reciproquement les Cheualiers se qualifient hauts Seigneurs, cõbien qu'ils n'ayent point de haute Seigneurie.

37 Cheualier Car comme il a esté touché cy-deuant, quiconque est fait Cheualier par le Roy,

Roy, voire mesme quiconque ha Seigneurie ou Office, auquel le titre de Cheualier appartient, est absolument noble lui & sa posterité, attendu que la Cheualerie est vn degré par dessus la simple Noblesse, & est comparée au Patriciat des Romains, *qui omnem natalium maculam eluebat. l. 5. & vlt. De Consul. lib. 12. Cod.* comme M. Choppin prouue sur le 93. art. de la coust. d'Anjou. Ce que du Tillet discourt elegamment, *Le Roy*, dit-il, *faisant Cheualier vn roturier, l'ennoblit & lui donne Cheualerie tout d'vn temps. Plusieurs voulant prendre nobilitation à part, de peur d'en auoir belle lettre, comme on dit, se font par le Roy faire Cheualiers. Car la lettre de Cheualerie porte Noblesse, sans confesser roture. Mais si c'est autre que le Roy, qui seul a pouuoir d'ennoblir, qui face le roturier Cheualier, tous deux le doiuent amender:* dont en suitte il rapporte quelques arrests.

Distinction qui est fort notable. Car du temps que les Ducs & Comtes de France auoient vsurpé presque tous les droicts de Souueraineté, ils entreprenoient aussi de conferer l'Ordre de Cheualerie: voire les Capitaines & Cheualiers signalez en faisoient d'autres: d'autant que les ieunes Seigneurs reputoient à bon heur d'estre faits Cheualiers de leur main, comme les Romans nous apprennent. Ce qui estoit toleré, pourueu que ceux qu'ils faisoient Cheualiers fussent Nobles de race, pource que la faculté d'ennoblir le roturier, a tousjours esté reseruée aux purs Souuerains: & de fait les ordonnances & les anciens praticiens, qui rapportent les droicts Royaux & cas de souueraineté, n'y mettent pas le pouuoir de faire Cheualiers, ains seulement le pouuoir d'ennoblir, c'est aussi ce que nous apprend le vieil liure intitulé, *Coustume de Paris, Orleans, & de Baronnie. Si aucun*, porte-il, *qui n'est Gentil-homme de par son pere, le fust-il de par sa mere, souffroit estre fait Cheualier, son Seigneur luy peut faire trencher ses esperons sur vn fumier*: & l'ancien arrest du Parlement de Pentecoste, 1280. porte, *quòd, nonobstante vsu contrario ex parte Comitis Flandrensis proposito, non poterat facere de villano Militem, sine auctoritate Regis: secus ergo de Nobili.* Mesme du Tillet & Pithou sur le 1. article de la coust. de Troyes, rapportant vn vieil extraict de la Chambre du Thresor, pourtant qu'en Prouence & à Beaucaire, les bourgeois peuuent estre faicts Cheualiers par les Barons, & mesme par les Prelats Ecclesiastiques.

38 Anciens Ducs & Comtes pouuoiẽt faire les Nobles Cheualiers, mais nõ pas ennoblir les roturiers.

Cette facilité de faire Cheualiers, ioinct que la coustume de nos Rois fut à la fin d'en faire quasi autant qu'il s'en presentoit (iusques-là, que Charles VI. au siege de Bourges en fit cinq cens en vn iour, deuant le gibet d'icelle ville, dit Monstrelet) fut cause que pour releuer l'Ordre & dignité de Cheualerie, qui tomboit en mespris, à cause de la multitude, & du peu de merite d'aucuns qui y estoient admis, il fallut tirer de cette multitude les principaux & plus signalez Cheualiers, & les reduire à vne petite bande ou trouppe: pourquoy faire on inuenta certains nouueaux Ordres ou milices de Cheualiers, esquels on retint seulement ceux de plus grand merite, soit pour la valeur, ou pour le lignage: estant chose remarquable, qu'on n'y reçoit encor auiourd'huy que ceux qui d'ailleurs ont le titre de simples Cheualiers: & pour les rendre plus augustes & venerables, on les astreignit à certaines ceremonies de religion, les reduisant en forme de confrairie: comme aussi, afin de les rendre remarquables & recognoissables parmy les simples Cheualiers, on leur fist porter vn collier d'or, que le Roy leur donnoit & appliquoit en leur cõferant l'Ordre, au lieu de l'accollée des anciens Cheualiers, ou bien comme entre les prix militaires on donnoit des colliers d'or aux signalez gendarmes des Romains, qui desormais estoient appellez *Torquati*, dit Vegece, liu. 2. dont l'inuention vint de ce collier, qui fut donné à Manlius Torquatus, pour auoir heureusement tué en duel ce brauache Gaulois, qui estoit venu défier l'armée Romaine.

39 Cheualerie tombée en mespris.

40 Inuention des Cheualiers de l'Ordre.

41 Collier de de l'Ordre.

Et c'est à cause de ce collier, qu'on appelle vulgairement en Latin nos Cheualiers de l'Ordre, *Equites torquatos*: mais d'autant qu'il leur seroit incommode de le porter continuellement, ils le reseruent pour les actes de ceremonie, & au lieu d'icelui, ils portent iournellement sur leurs habits quelque marque ou enseigne visible de leur Ordre.

42 *Equites torquati.*

Le premier Ordre (au moins qui ait esté de durée, car il y a eu l'Ordre de la

43 Ordre de l'Estoille.

Genette,institué par Charles Martel,qui ne dura point) fut celui des Cheualiers de la vierge Marie,institué en l'an 1351. par le Roy Iean, au Chasteau S. Oüen prés Paris,maintenant appellé Clichy : & pource qu'ils portoient vne estoille en leurs chapperons, puis en leus manteaux, apres l'vsage des chapperons aboly, on les appella Cheualiers de l'estoille.

44 Ordre de S. Michel. Le second fut l'Ordre de S. Michel,institué en l'hõneur de l'Ange tutelaire de la Frãce,par le Roy Louys XI. qui pour l'ennoblir par l'aneantissement du precedent,dõna la marque de l'estoille au Cheualier du guet de Paris & à ses Archers.

45 Ordre du S. Esprit. Finalement le feu Roy Henry III. grand inuenteur & amateur de nouuelles ceremonies, institua l'Ordre & milice du S. Esprit, en souuenance de ce qu'au iour de Pentecoste il auoit esté nay & fait Roy. Et ces Cheualiers,outre la marque de leur Ordre, qu'ils portent sur leurs manteaux,en portent encor vne autre penduë au col à vn ruben de tafetas bleu.

46 Ordres de la Iartiere, de l'Escharpe, du Croissant, de la Toisõ d'or, de l'Annonciade, du Porc espy. A l'exemple des Rois de France, les autres Rois & Princes souuerains, ou pretendãs l'estre, ont fait aussi des Ordres de Cheualiers. Comme les Rois d'Angleterre celui de la Iartiere : ceux de Castille celui de la Bande ou Escharpe : les Rois de Sicile, de la seconde branche d'Anjou, celui du Croissant : les Ducs de Bourgongne celui de la Toison d'or: les Ducs de Sauoye l'Ordre de l'Annonciade: ceux d'Orleans l'Ordre du Porc-espy: & ainsi des autres, que ie ne m'amuseray à rapporter.

47 Cheualiers bannerets. Or auparauant l'inuention de ces Cheualiers de l'Ordre, ceux d'entre les simples Cheualiers, qui auoient moyen de leuer banniere, c'est à dire qui auoient si grand nombre de vassaux releuans de leurs Seigneuries, qu'ils estoient suffisans pour faire vne compagnie complette de gens de cheual, estoient appellez Cheualiers bannerets. Ce qui estoit reputé à grand honneur : aussi leuoient-ils leur banniere auec grande solennité, qui est recitée par Froissart au premier liure. Et quant aux autres Cheualiers, qui n'auoient pas moyen de leuer banniere, & partant estoient contraincts marcher sous les bannieres d'autruy, ils estoient appel-
48 Bacheliers. lez Bacheliers, selon aucuns, notamment selon du Tillet, qui prouue bien, qu'ils estoient opposez aux bannerets ; quoy que ce soit, il est certain que la qualité de Bachelier estoit au dessus de celle d'Escuyer, & au dessous de celle de Banneret. Car il rapporte plusieurs authoritez, desquelles il appert que le Banneret auoit deux payes du Bachelier, & le Bachelier deux payes de l'Escuyer.

49 Bachelier, que signifie proprement. Mais il y a grande apparence, que les Bacheliers estoient les ieunes gens de bonne maison, à sçauoir, issus de Seigneurs ou Cheualiers, qui aspiroient à l'Ordre de Cheualerie: comme estans au bas eschelon de Cheualerie, ainsi qu'il se voit és degrez des sciences, que le Bachelier est celui qui s'est mis au cours, pour estre Docteur, & és arts mecaniques, le Bachelier est celui qui est prest d'estre passé maistre de mestier : mesmement en vieil langage François, que les Picards retiennent encor à present, le Bachelier est le poursuiuant ou amoureux d'vne fille à marier, laquelle aussi est appellée bachelette, c'est à dire aspirant à deuenir maistresse estant mariée.

50 Les Etymologies. Etymologie que i'estime plus vray-semblable, que toutes celles de nos Docteurs de droict, & de nos modernes escriuains François, qui s'y sont fort alembiqué le cerueau: les vns deriuans le Bachelier *à baculo, seu bacillo*, pource qu'on mettoit vn baston en la main de ceux à qui on permettoit de lire publiquement, & que de certains fiefs on estoit inuesty *per baculum*, comme il se voit aux liures Des fiefs. Les autres *à bacca lauri*, & de fait ils le tournent en Latin *Baccalaureum*. Autres encor *à Buccellariis*, qui estoient les costilliers & garde-corps des Seigneurs Visigots, comme il se voit en leurs loix, & en la gl. des Basiliques. Autres, *ab illis Buccellariis*, qui estoient certaines gens de cheual, dont est fait mention en la loy *Omnibus. C. Ad l. Iuliam de vi publica, vbi Godof.* & faut voir ce qu'en rapportent Cujas sur le 1. tit. du 2. liu. *Des Fiefs*. Alciat 3. *Dispunct. cap.* 20. *& Turnebus lib.* 24. *Aduers. cap.* 26. *& lib.* 26. *cap.* 15. Finalement Fauchet en ses Origines dit, que les Bacheliers sont dits, *quasi Bas-cheualiers*, dont il ne rapporte point de preuue: mais on le peut ayder du passage de Froissart, liu. 1. chap. 127. où il vse du mot *Bas-cheualeureux*.

Ie ne me puis neantmoins departir de mon etymologie, que *Bachelier* vient de bas eschelon, signifiant celui, qui estant au plus bas eschelon ou degré, est en train de monter aux plus hauts : & partant que Bachelier signifie celui qui est au chemin de deuenir Cheualier, Docteur, Maistre de mestier, ou pere de famille. Car en toutes vacations il y a ordinairement des poursuiuans ou postulans, qui en ayant l'aptitude & habilité s'attendent d'y estre admis actuellemēt, & ceux-là en Grec sont appellez *μένοντες* dit Budée en ses Commentaires, en Latin *Candidati*, & aux trois derniers liures du Code *Supernumerarij*, & à nous retenus, desquels il sera discouru cy apres au penult. chap. 51 Bachelier signifie le pretendant.

Doncques en matiere de Noblesse, le Bachelier se prend en deux façons dans les liures anciens, l'vne, quand il est opposé au Cheualier, & lors il signifie celui qui attend ou poursuit l'Ordre de Cheualerie. L'autre, quand il est opposé au Seigneur, ou au Banneret, & alors il signifie celuy qui est fils d'vn grand Seigneur, & qui peut succeder à sa Seigneurie, & ce pendant iouït d'vne portion des terres d'icelle, auec mesmes droicts & prerogatiues, que le principal Seigneur. Ce que nous apprennent les coustumes d'Anjou, article 62. & du Maine, art. 72. dont voicy les termes; *Il y a audit pays aucuns autres Seigneurs, qui ne sont Comtes, Vicomtes, Barons, ne Chastelains, qui ont chasteaux, forteresses, grosses maisons & places parties des Comtez, Vicomtez, Baronnies, ou Chastellenies : & tels s'appellent Bacheliers, & ont telle & semblable iustice que ceux dont ils sont partis, & en sont fondez par la loy & coustume.* D'où vient possible l'origine des Pairs de fief, & des Parages, à sçauoir, que c'estoient les puisnez des grandes maisons, ausquels certains membres ou dependances des hautes Seigneuries estoiēt baillées en partage, pour les tenir à pareils droicts & prerogatiues d'honneur, que l'aisné tenoit le chef lieu & membre principal, & neantmoins les releuer de lui en parage. 52 Bachelier en Noblesse se prend en deux façons. 53 Bachelier opposé au Cheualier & au Banneret. 54 Origine des Parages.

Ce qui nous met au train de parler des grandes Seigneuries, & fiefs de dignité, desquels pareillement procede la haute Noblesse, aussi bien que des grands Offices, dōt ayant traitté assez amplemēt au 9. chap. du 1. liu. *Des Offices*, ie ne diray autre chose en ce lieu, sinon qu'à l'enumeration que i'ay faicte des Offices qui produisent la haute Noblesse, il faut encor adiouster les Gouuerneurs des prouinces & bonnes villes, & les Capitaines en chef des compagnies d'ordonnances retenuës en paix & en guerre, & encor leurs Lieutenans selon aucuns, combien que ce ne soient Offices, ains simples commissions permanantes, toutesfois ainsi que nous viuons, & qui n'ont accoustumé d'estre reuoquées : ioint que c'est le propre de la Noblesse de prouenir & d'estre accreuë par la valeur militaire. 55 Offices importans haute Noblesse.

Comme donc les Capitaineries importent haute Noblesse, aussi font les principales Seigneuries, qui de leur premiere origine estoient Capitaineries : pource que les Francs ou Francons d'Allemagne ayans conquis les Gaules, distribuerent presque toutes les terres d'icelles à leurs Capitaines, donnant à tel vne prouince entiere à titre de Duché, à tel autre vn païs de frontiere à titre de Marquisat, à vn autre vne ville auec son territoire adiacent à titre de Comté, bref à d'autres des chasteaux ou villages, auec quelques terres d'alentour, à titre de Barōnie ou Chastellenie selon les merites particuliers d'vn chacun, & selon le nombre de soldats que chasque Capitaine auoit sous lui : pource que c'estoit tant pour luy, que pour ses soldats, & à la charge de leur en faire part à titre de fief, au moyen duquel ses soldats demeuroient obligez d'assister tousiours en guerre leur Capitaine, lequel en outre estoit le chef, Gouuerneur & Iuge du territoire entier à luy attribué, pource qu'anciennemēt les armes & la iustice n'estoient point separez. 56 Pourquoy les Seigneuries de dignité importent haute Noblesse.

C'est pourquoy ces principaux vassaux sont appellez *Capitanei Regis, aut regni*, comme il est contenu tout au 1. titre Des fiefs *Dux, Marchio & Comes, propriè regni vel Regis Capitanei dicuntur. Sunt & alij, qui ab istis feuda accipiunt, qui propriè Regis vel regni Valuassores dicuntur, sed hodie Capitanei appellantur* : passage qui est tres-mal interpreté. Car on a referé ces mots (*ab istis*) *ad Ducem, Marchionem, & Comitem*, combien qu'ils deussent estre referez *ad Regem vel regnum*, cōme i'ay prouué au 6. chap. *Des Seigneuries*. De sorte qu'il signifie, que du cōmencement il n'y auoit que les Ducs, Marquis, & Cōtes, qui fussent Capitaines du Roy ou du Royaume, & que 57 Capitanei Regis aut regni qui verè.

les autres tenans d'eux des fiefs, qui n'auoient ces titres, estoient appellez simplement vassaux du Roy, ou du Royaume, mais non pas Capitaines. Neantmoins à succession de temps, ceux-là furent aussi appellez Capitaines. C'est pourquoy au tit. *Quis dicatur Dux, &c.* apres auoir defini le Duc, le Marquis & le Comte, le simple Capitaine est defini *is qui à principe de plebe, vel plebis parte inuestitus est.*

58 Barons de France. Dont s'ensuit, que ces Capitaines sont proprement ceux, que nous appellions anciennement les Barons de France. Car, comme dit du Tillet, le mot de Baron est general, comprenant tous ceux qui tiennent leur principale Seigneurie immediatement de la couronne en tous droicts, fors la Souueraineté. Et d'autant qu'il y auoit lors plusieurs fiefs releuans de la Couronne, qui n'estoient Duchez, Marquisats ni Comtez, & qui n'auoient autre titre de dignité, sinon le terme general de Baron: de là est venu, qu'à succession de temps ce terme a esté pris pour vne particuliere espece de dignité, principalement lors que les Ducs, Marquis, & Comtes voulans vsurper les droicts de souueraineté, ont cessé de s'appeller Barons, pource que la Baronnie n'est capable de Souueraineté, & qu'au contraire les vassaux releuans, non de la Couronne, mais simplemēt du Roy, à cause des anciens Duchez & Comtez reünis à icelle, ont appetté d'estre appellez Barons, comme il a esté discouru plus particulierement au liure *Des Seigneuries.*

59 Chastelains sont de la haute Noblesse. Et de là semble resulter, que les Seigneurs, qui sont au dessous des Barons, n'estans pas Capitaines, ne doiuent estre du rang de la haute Noblesse, & toutesfois, pour la grande conuenance & affinité, qu'ont les Chastelains auec les Barons, estans les Chastelains petits Barons, & les Barons grands Chastelains, & aussi qu'en matiere de dignité, on monte tousiours à succession de temps, ils ont gaigné ce poinct d'estre de la haute Noblesse. Et partant il faut tenir, que toute Seigneurie ou fief de Dignité, c'est à dire qui a vn nom & titre particulier, comme sont toutes les grandes & les mediocres Seigneuries, importe haute Noblesse. De sorte qu'il n'y a que les simples Seigneuries, ou iustices, qui n'ont pas cét aduantage.

60 Pourquoy. Car combien qu'il y ait apparence, que les mediocres Seigneuries, qui ne releuent pas du Roy, ne deuroient pas importer haute Noblesse, pource qu'il n'y a que ceux-là qui releuent du Roy, qui puissent estre appellez Capitaines, selon la vraye interpretation de cét tit. *Des fiefs*: neantmoins la faulse interpretation que nos Docteurs lui ont baillée, a donné cét aduantage aux mediocres Seigneurs, releuans des Ducs, Marquis, & Comtes, qu'ils ont esté mis au rang des Capitaines, & par consequent de la haute Noblesse.

61 Modification notable. En quoy toutesfois il faut prendre garde, que si le possesseur de la mediocre Seigneurie, comme Vicomté, Vidamé, Baronnie, & Chastellenie releuāt d'autre que du Roy, est noble de race, il entre au rang de la haute Noblesse par le moyen de l'inuestiture, qui lui en est donnée par son Seigneur suzerain, tout ainsi qu'on toleroit anciennement, que les Ducs & Comtes fissent Cheualiers ceux qui estoiēt Nobles, & non pas les roturiers. Mais tāt s'en faut que l'inuestiture de telles Seigneuries, données par autre que par le Roy à vn roturier, le mette au rang de la haute Noblesse, que mesme elle ne l'ennoblit pas, pource que c'est vne regle infaillible, qu'autre que le Roy ne peut conferer la Noblesse: voire mesme quand vn roturier auroit esté inuesti d'vne grande, ou mediocre Seigneurie releuante du Roy par ses Officiers des lieux, ou mesme par la Chābre des Comptes, il n'est pas pourtant ennobli, pource que l'ennoblissement est vn droict Royal, & vn cas de souueraineté, qui est inseparable de la personne du Roy.

62 Grande Seigneurie attribuée par autre que le Roy, n'ennoblit le roturier.

63 Si la terre peut ennoblir l'homme. Mesmement on doute fort, comment il se peut faire, qu'vne terre & Seigneurie puisse ennoblir vn homme, veu que ce seroit plustost l'homme qui deuroit ennoblir la terre appartenante à l'homme, & que Dieu a creée pour le seruice de l'homme: ioint que c'est chose repugnante, que la Noblesse puisse estre acheptée indirectement en acheptant vn fief de Dignité. Et toutesfois on ne peut nier, que selon les coustumes des Lombards, non seulement les fiefs de dignité n'ennoblissent leur possesseur, mais encor tous les anciens fiefs releuans des Capitaines, ou grands vassaux, comme il se collige *à contrario sensu*, de ce que dit

64 *Paradogium vel potius Paragium.*

le titre. *Quis dicatur Dux, &cæt.* que les acquereurs des fiefs nouueaux *plebæi nihilominus sunt*, & que *per ea nullum habent Paragium*, ainsi faut-il lire auec Cujas, & non pas *Paradogium*, ou *Pedagium*, auec le vulgaire. Car les anciens vassaux des Capitaines ou grands vassaux estoient Pairs de leur Cour, assistans leur Seigneur, & à commander en guerre aux moindres vassaux, & à iuger les causes de leurs fiefs, & à l'occasion de ce pouuoir & authorité ils estoient nobles en Lombardie.

65 Le Roy ennoblit en trois façons.

Mais en France nous auons tousiours gardé, que le Roy seul ennoblit par trois façons, sçauoir est, ou par lettres expresses d'ennoblissement, ou par la collation des grands Offices, ou par l'inuestiture des fiefs de dignité. Et lors à bien entendre, ce n'est pas l'argent baillé, pour obtenir les lettres d'ennoblissement, ni aussi l'Office, ou le fief de Dignité qui ennoblit, ains le Roy par sa souueraine puissance, qu'il exerce en baillant les lettres de Noblesse, ou la prouision de l'office, ou l'inuestiture du fief.

66 Comment les fiefs sont dits nobles.

Ce donc qu'en France certains fiefs sont appellez Nobles, n'est pas qu'ils soient dicts tels *ab effectu, sed potiùs à propria qualitate.* C'est à dire que ce n'est pas pource qu'ils ayent pouuoir d'ennoblir leur possesseur, mais plustost pource qu'à cause de leur propre dignité ils sont affectez aux personnes desia Nobles, & ne peuuent estre tenus par gens roturiers. Comme à la verité ce seroit chose repugnãte, qu'vn roturier fust Seigneur d'vn fief de Dignité, qui importe Cheualerie & haute Noblesse. De sorte qu'vn roturier, ayant esté inuesti par autre que le Roy mesme, peut estre poursuiui, soit par le Procureur du Roy, ou par son seigneur de fief, autre toutesfois que celui qui lui a donné l'inuestiture, ou son heritier, & encor mesme par les vassaux de ce fief, d'en vuider ses mains à personne capable. Et c'est ainsi qu'on accommode & refere les choses aux personnes, & non les personnes aux choses, suiuant la loy *Iustissime. D. De Ædil. edicto.*

67 Possesseur de haute Seigneurie est en possession de haute Noblesse.

Toutesfois en consequence de ceste repugnance, que le possesseur d'vn fief de dignité soit roturier, il y a quelque apparence de tenir, que ceux qui possedent ces fiefs sont presumez nobles, & qu'à ce regard ils sont en possession de la haute Noblesse, & partant que si le pere & l'ayeul les ont possedez consecutiuement, la Noblesse desormais est comme prescripte pour leurs descendans, en consequence du reglement des tailles de l'an 1600.

68 Rang de la haute Noblesse.

Or pour parler des droicts & prerogatiues de la haute Noblesse, en premier lieu, il est certain qu'elle ha toute preséance par dessus la simple Noblesse : & par consequent sur tous les Officiers, horsmis ceux qui sont aussi de la haute Noblesse, voire mesme il y a apparence de tenir, que les Cheualiers & Seigneurs doiuent marcher deuant les Iuges & Magistrats, desquels ils sont iusticiables, qui ne sont tout au plus qu'au degré de simple Noblesse, fors seulement quand ils sont en l'acte de leur exercice. Car alors ils representent directement la Maiesté du Roy, pour lequel ils exercent la iustice, voire de Dieu, qui est l'autheur de iustice, & partant ils ne cedent lors à personne. C'est pourquoy ie ne puis adherer aux Docteurs, qui disent que le Iuge doit aller trouuer les Gentils-hommes signalez en leur maison, pour les interroger, suiuant la loy *Ad personas egregias. D. De iureiurando.* Car cette loy ne dit pas qu'il y doit aller lui-mesme, ains seulemẽt y enuoyer. Si donc le Iuge y va lui-mesme & les releue de venir chez lui, c'est par ciuilité, & non pas qu'il y soit tenu. Aussi qu'en cette loy ie ne voudroy pas entendre *per egregias personas* tous ceux de la haute Noblesse, ains seulemẽt les Princes, quoy que ce soit, les Ducs & les Comtes, ou les grands Officiers, qui tiennent rang de Comtes, qui en Latin sont appellez *Magnates, Primores, Proceres.*

69 Officiers en exercice ne cedent à la haute Noblesse.

70 Interpretation de la loy *Ad personas. D. De iureiur.*

71 Pourquoy du Tillet dit que les Cheualiers n'ont rang.

Car en la haute Noblesse il y a plusieurs rangs & degrez subordinez : dont le plus bas est des Cheualiers, que du Tillet resoult absolument n'auoir aucun rang estabili, disant qu'ils sont créez, plus pour tesmoignage de vaillance, que pour rang. Termes qu'il faut referer au sujet de son liure, qui est le traitté du rang des grands, & partant entendre, que parmy les grands, qui sont ceux de la haute Noblesse, ils n'ont point de prerogatiue, de sorte que de deux Cõtes, celui qui sera Cheualier de l'Ordre, ne sera pas fondé, pour ce plustost, à marcher deuant

l'autre : mais vn simple Baron doit marcher deuant celui qui n'ha autre dignité que de Cheualier, tesmoin le dire de ces anciens praticiens, rapporté par Chop-
72 Deux classes des Seigneuries de Dignité. pin, que *nul ne doit seoir à la table du Baron, s'il n'est Cheualier.* Et quant aux Seigneuries, elles ont presque autát de degrez, qu'il y en a de diuerses sortes, & de diuers noms : toutesfois on les peut reduire toutes à deux classes, à sçauoir, les grandes Seigneuries, qu'on peut appeller fiefs ou dignitez Royales, qui participent à certains honneurs de la Souueraineté, & sont capables d'estre Souueraines ; & les mediocres, qui n'ont pas cét aduantage, comme i'ay deduit amplement au liu. *Des Seigneuries*, où i'ay rapporté les droicts & prerogatiues particulieres de chacune d'icelles.

73 Remarques d'honneur de la haute Noblesse. Mais ce qu'elles ont de commun ensemble, est que les possesseurs d'icelles ont tous droict de se qualifier Cheualiers, Seigneurs & Messires : & de faire appeller leurs femmes Mes-dames : ce que i'expliqueray plus amplement cy apres au dernier chapitre. Item ils ont droict d'auoir à leur suitte des personnes Nobles, côme Pages & Escuyers, & leurs femmes des Damoiselles de suitte: droict de porter harnois doré, c'est à sçauoir, esperons, & tout autre esquipage de guerre & de cheual. Chose pourtant que les simples Gentils-hommes, voire mesme
74 Timbre des armoiries. les roturiers entreprennent auiourd'huy sans contredit. Comme aussi ils entreprennent de timbrer leurs armoiries, combien que iadis ce fust vn droict de la haute Noblesse, ainsi que de la simple Noblesse de les porter nuës & sans timbre, car les roturiers n'en portoient point du tout: mais maintenát la simple Noblesse timbre ses armoiries d'vn heaume, qui toutesfois ne doit estre doré, ni ouuert.
75 Heaume du timbre des Cheualiers. Car cela doit estre reserué à ceux de la haute Noblesse, qui l'ont doré, comme Cheualiers, & ouuert comme Capitaines, desquels la visiere est leuée, pour auoir l'oeil sur leurs soldats, & au dessus du heaume ils mettent encor quelque animal, ou autre deuise. Et quant à ceux qui ont les grandes Seigneuries, à sça-
76 Couronne des Ducs, Marquis, & Comtes. uoir, les Ducs, Marquis, & Comtes, ils mettent vne courone en leur timbre, auec le manteau Ducal, ou Comtal & la deuise. Mais indistinctement les femmes de tous ceux de la haute Noblesse peuuent porter leurs armoiries en quarré ou lo-
77 Armoiries des Dames. zange, en signe de ce que leurs marys sont Capitaines, ayans banniere. Ce qu'aussi i'ay expliqué plus amplement au liure *Des Seigneuries.*

SOMMAIRE DV SEPTIESME CHAPITRE.

1 *Importance de cette matiere.*
2 *Etymologie de Prince.*
3 *Fondement de la prérogatiue des Princes.*
4 *Qu'il n'y a Ordre de Prince qu'en France.*
5 *Ancienne acception du mot de Prince.*
6 *Pourquoy Prince a depuis signifié celuy qui a la Souueraineté.*
7 *Fils aisnez des Monarques, appellez Princes.*
8 *Et non leurs parens collateraux.*
9 *Rang des grands reglé iadis selon les Seigneuries.*
10 *Parens collateraux des Monarques ne peuuent estre Princes qu'en France.*
11 *Principauté ne peut venir par les femmes.*
12 *Fondement particulier des Princes du sang de France.*
13 *La Couronne de France est substituée aux Princes du sang.*
14 *Ducs & Comtes se sont les premiers appellez Princes en France.*
15 *Discours historial de l'origine & progrez des Princes du sang.*
16 *Les Princes du sang estoient tous Rois aux deux premieres lignées.*
17 *De mesme.*
18 *Charles de Lorraine exclus de la Couronne.*
19 *Puisnez des Rois exclus des partages en la troisiesme race.*
20 *Aisné estoit sacré dés le viuant du Roy son pere.*
21 *Le Royaume n'auoit lors presque point de domaine.*
22 *Cantonnement & vsurpation des droicts de Souueraineté faicte par les Ducs & Comtes de France.*
23 *Ces Ducs & Comtes se qualifient Princes.*

24 *Foiblesse des puisnez de France.*
25 *Prenoient lors le nom & armes de leurs femmes.*
26 *Le premier puisné qui a pris les armes de France.*
27 *Que du temps de Philippe Auguste ceux de son lignage estoient precedez par les Ducs & Comtes.*
28 *Entrerent en auctorité sous Louys huictiesme.*
29 *Pourquoy s'appellerent Princes du sang.*
30 *Accroissement de leur auctorité sous Philippe de Valois.*
31 *N'eurent encor lors la préseance sur les Ducs & Comtes.*
32 *Exemples.*
33 *Different de préseance entre les Princes du sang & les Pairs de France.*
34 *Ordonnance sur icelui.*
35 *Interpretation d'icelle.*
36 *Princes marchent à present sans difficulté deuant les Ducs & Comtes.*
37 *Grande augmentation de l'auctorité des Princes aduenuë de nostre temps.*
38 *De Monseigneur le Dauphin.*
39 *Pourquoy est appellé Monseigneur.*
40 *Pourquoy il se titre par la grace de Dieu.*
41 *La qualité de fils aisné de France presede celle des Royaumes.*
42 *Roy Dauphin.*
43 *Pourquoy la qualité de Dauphin est mise auant celle de Duc.*
44 *Le Dauphin est presedé par les Rois, & comment.*
45 *N'est besoin qu'il soit sacré du viuant de son pere.*
46 *Honneur rendu à Monsieur le Dauphin estant Regent.*
47 *Des puisnez de France.*
48 *Les titres de leurs Royaumes ne sont mis deuant celui de fils de France.*
49 *Nom qu'ils ont auant qu'estre appanagez.*
50 *Leurs appanages sont tenus en Pairie.*
51 *Des filles de France.*
52 *Princesses du sang ne perdent leur qualité par mariage inégal.*
53 *Officiers des enfans de France sont priuilegiez.*
54 *Declaration de l'heritier presomptif de la Couronne.*
55 *Designation de successeur odieuse.*
56 *Droicts du premier Prince du sang.*
57 *Seconde personne de France.*
58 *Monsieur.*
59 *Premier Prince du sang.*
60 *Princes du sang marchent tous les premiers.*
61 *Du rang des Princes du sang entr'eux.*
62 *Les plus proches de la Couronne marchent les premiers.*
63 *Entre diuerses maisons les plus anciennes marchent les premieres.*
64 *Si les Princes du sang marchent selon les degrez de succession.*
65 *Que l'aisné de l'aisné marche & succede deuant ceux de sa branche, ores que plus proches.*
66 Viuere vel succedere more Francorum.
67 *En succession des maisons priuées on a égard à la proximité.*
68 *Mais non au Royaume.*
69 *Ainesse parmy le peuple de Dieu.*
70 *Ce Royaume est establi à peu pres comme celui d'Israel.*
71 *De mesme.*
72 *Robe d'ainesse.*
73 *Marque de l'ainesse & des branches de la famille consiste aux armoiries.*
74 *Resolution de la question.*
75 *Pourquoy cette questoin a esté traictée plus au long.*
76 *Question de l'oncle & du neueu.*
77 *Rang des Princes du sang entr'eux.*
78 *Degré signifie deux choses.*
79 *Degré de consanguinité que signifie.*
80 *Priuileges des Princes du sang.*
81 *Importance de conseruer la vie des Princes du sang.*
82 *Nul Prince du sang executé à mort.*
83 *Ordre des Princes parfaictement establi en France.*
84 *Rang est mieux estabi selon l'extraction, que selon les Seigneuries.*
85 *Pourquoy iadis le rang a esté establi selon les Seigneuries.*
89 *Bastards de France & leurs descendans mis au rang des Princes.*
87 *Bastards succedoient aux deux premieres lignées.*
88 *Pourquoy n'ont succedé en la troisiesme.*
89 *La race du bastard Amaury.*
90 *Bastards ont esté rangez à l'Eglise.*
91 *Maintenant sont aduouez & mariez.*
92 *Excellence des Bastards de France.*
93 *Issus des Souuerainetez estrangeres mis au rang des Princes en France.*
94 *Princes estrangers fort aduancez en France.*

95 Deux sortes de Princes, outre ceux du sang.

96 Pourquoy le Parlement ne qualifie Princes indefiniement les Princes estrangers.

97 Sont par tout ailleurs qualifiez & recogneus pour Princes.

98 Princes du sang, pourquoy ainsi appellez.

99 Princes du sang sont aussi appellez Princes de la Couronne, à la distinction des Princes naturels.

100 Que ce n'est à la distinction des parens feminins du Roy.

101 Priuileges de ces deux dernieres especes de Princes.

102 Leur rang.

103 Le Roy les qualifie ses parens.

104 Sont Conseillers du Conseil d'Estat.

105 S'ils sont exempts des duels.

DES PRINCES.

CHAPITRE VII.

1 Importance de cette matiere. CICERON au I. *De Oratore*, fait estat d'vne grande cause, qui fut plaidée de son temps deuant les cent Iuges de Rome, entre les Marcels & les Claudes Patriciens, sur le fait de leurs races, où il fallut, dit-il, rapporter ce qui estoit du droict de lignée & de gentilité, *de toto stirpis & gentilitatis iure dicendum fuit*. Mais c'est vn discours plus haut sans comparaison, de traitter, non pas des races Patriciennes, telles qu'estoient les plus Nobles de Rome, descenduës d'vn simple Senateur, ains des races & maisons souueraines des Princes, issuës d'vn Monarque & Prince souuerain. Discours encor plus ardu, voire hazardeux, qu'il n'est haut : & toutesfois mon projet m'y engage absolument, pource qu'ayant entrepris de traitter des Ordres & dignitez, il n'y auroit point d'apparence d'obmettre celle des Princes, qui parmy nous est la premiere & la plus haute de toutes.

2 Etymologie de Prince. Car le supréme degré de nostre Noblesse, est de ceux que nous appellons Princes, leur communiquant par honneur & pour titre de dignité honoraire le nom de Prince, qui par effect n'appartient qu'au seul Souuerain. Attendu que *Prince* selon sa droicte etymologie, signifie le premier chef, c'est à dire celui qui a la souueraineté de l'Estat : & ainsi l'entendons-nous, quand nous parlons du Prince simplement.

3 Fondement de la prerogatiue des Princes. Ce Prince, qui est la viue image de Dieu, εἰκὼν ἔμψυχος θεοῦ, disoit Menandre, est si auguste & plein de maiesté, que ceux qui naissent de lui, ou qui l'attouchent de parenté masculine, meritent bien vn respect particulier, & vn rang au dessus de ses autres subiects. Comme aussi cette Lieutenance de Dieu en terre, & cette puissance absoluë sur les hommes, que nous appellons Principauté ou Souueraineté, est si parfaictement excellente, que quelque approchement ou esperance qu'on y ait, ne peut qu'elle ne soit de grand poids & efficace. Si donc les anciens Empereurs ont bien erigé des Offices ou Dignitez honoraires, dont ils titroient & qualifioient ceux qui n'estoient Officiers, mais meritoient de l'estre, pour leur attribuer rang parmy les vrais Officiers : nos Rois à plus iuste raison ont bien peu communiquer à leurs parens ce titre honoraire de Prince, bien qu'ils n'ayent la ioüissance de la vraye Principauté, qui est la souueraineté, ains seulement l'aptitude d'y paruenir, eux ou leur posterité, en leur degré de succession.

4 Qu'il n'y a Ordre de Princes qu'en France. Ie dy notamment nos Rois. Car il n'y a Royaume au monde, que ie sçache, où il y ait vn Ordre de Prince formé & estably comme en France, soit quant au titre, ou quant au rang.

5 Ancienne acception du mot de Prince. Quant au titre, nous trouuons bien le nom de Prince dans les plus anciens autheurs, notâment en la S. Escriture, mais il n'y signifie que la primauté ou premiere dignité personnelle, & n'est pas referé à l'extraction ; quoy que ce soit, Prince n'y signifie ordinairement que principal, ou premier en dignité, estant par fois

tourné du Grec μεγιστὰν, ou μεγιστᾶνες en plurier, terme duquel ont vsé en Latin Suetone, Tacite, & Ammian Marcellin : & de faict en ces mots du 6. chap. de S. Marc, Ἡρώδης δεῖπνον ἐποίει τοῖς μεγιστᾶσι, Erasme tourne *primatibus*, au lieu que la version commune porte *Principibus*.

6 Pourquoy Prince a depuis signifié celuy qui a la souueraineté.

Mais depuis que les Empereurs Romains se furent qualifiez du nom de Prince, il n'a plus signifié en Latin la simple primauté, ains la puissance souueraine. C'est pourquoy les Princes souuerains, ialoux de leur propre tiltre, ne le communiquent encor à present tout au plus qu'à leur fils aisné. Et si ç'à esté du commencement auec quelque suiect, à sçauoir, en érigeant vne de leurs Seigneuries en tiltre de Principauté, affectée perpetuellement à leurs aisnez, comme en Angleterre la Principauté de Galles, en Castille celle des Asturiez, en Arragon celle de Gironne: de sorte qu'ils n'estoient pas au commencement qualifiez Princes absolument, ains Princes de tel lieu : mais à present c'est vn vsage estably presqu'en toutes les Monarchies de la Chrestienté, que le fils du Souuerain est qualifié le Prince indefiniement, comme son pere est nommé le Roy, ou le Duc, & ainsi que celuy de l'Empereur de Constantinople estoit appellé Δεσπότης, *nimirum quia viuo patre dominus existimabatur*, comme a dit la loy Romaine.

7 Fils aisnez des Monarques appellez Princes.

8 Et non leurs parens collateraux.

Mais quant à leurs parens collateraux, ils ne leur ont point encor communiqué ce tiltre auguste de Prince. Que si par fois nous trouuons en nostre Histoire, qu'il leur soit attribué (comme pour exemple, quand Comines dit, qu'en trois ans il y eut quatre vingts Princes d'Angleterre executez à mort) il faut prendre garde, qu'il parle à la mode de France. Car Camdenus & Thomas Smith, qui ont descrit amplement les Ordres d'Angleterre, n'y mettent point celuy des Princes.

9 Rang des grands reglé iadis selon les Seigneuries.

Voila pour le tiltre : & quant au rang, il est certain qu'és autres monarchies de la Chrestienté, il a tousiours esté & est encor à present reglé selon les dignitez personnelles, à sçauoir les hautes Segneuries ou grands Offices, & non pas selon les maisons, ou races. Vray est, que les souuerains conferent ordinairement les premieres dignitez à leurs propres parens, en vertu desquelles ils prennent les premiers rangs, qui ne leur appartiendroient en vertu de leur seule extraction, ainsi qu'à nos Princes de France.

10 Parens collateraux des Monarques ne peuuent estre Princes qu'en France.

11 Principauté ne peut venir par les femes.

Ce qui ne pourroit aussi estre sans absurdité. Car premierement és Monarchies eslectiues, il n'y auroit gueres de raison, ni principalement de seureté d'establir en rang de Princes les parens du souuerain, veu qu'ils n'heritent point à sa souueraineté. Et au regard des hereditaires, elles changent si souuent de famille par le moyen des femmes, qui y heritent regulierement, comme Bodin prouue bien au penult. chap. de sa Repub. que si on y recognoissoit pour Princes tous les descendus des souuerains par les femmes, ainsi qu'ils sont capables d'y succeder, il s'y trouueroit des Princes de diuers noms & diuerses familles, & notamment en tel nombre qu'ils seroient, & à charge, & à des-honneur à l'Estat, & mesme à leur qualité, ne pouuant qu'il n'y en eust beaucoup de pauures, parmy si grande multitude. Si au rebours on n'y recognoissoit pour Princes du sang, que les descendans des masles (ainsi qu'en bonne iurisprudence les droicts de famille, & les dignitez de race ne doiuent venir que des peres, comme i'ay prouué au 5. chap. & sur tout la Principauté ne se file pas à la quenouille) il en arriueroit vn autre inconuenient, à sçauoir, que se rencontrant ordinairement, que les descendus des filles seroient les plus proches & habiles à succeder à l'Estat, on tiendroit pour Princes ceux qui seroient excluds d'y succeder, & non ceux qui en seroient successeurs : voire il aduiendroit en ce cas, que ceux-là comme Princes marcheroient deuant ceux cy, qui seroient en voye & en esperance de leur commander.

12 Fondemét particulier des Princes du sang de France.

Mais en France nous auons vne raison fort particuliere de donner tiltre & rang de Prince à ceux qui sont de la lignée de nos Rois, à sçauoir, que la couronne est destinée à chacun d'eux en son rang & degré de consanguinité : destinée, dis-ie, non par voye d'heredité, qui transfere le droict du defunct au plus proche heritier, & par consequent le charge de ses faicts & promesses, comme representant sa personne: ains par droict de sang & de son chef, sans droict & tiltre d'heritier, comme le Royaume estant par sa propre nature & establissement particulier, qu'on appelle la loy fondamentale d'iceluy, affecté aux Princes du sang, ainsi que les fiefs, qui par leur condition & premiere inuestiture sont affectez à certaines maisons, ou bien comme les fideicommis laissez aux familles, *de quibus in l. Cum ita. §. vlt. De leg. 2. l. Pater filium. D. Ad l. Falcid. l. Filius Familias. §. Cum pater. De leg. 2.* dont s'ensuit que les masles de la maison de France ont pareil droict, ou pretension à la couronne, que les substituez aux biens chargez de substitution, qui est vn droict beaucoup plus fort, que l'esperance d'vn simple parent à l'heredité de ceux de sa race.

13 La Couronne de France est substituée aux Princes du sang.

Belle inuention certes, qui empesche que le Royaume soit transferé en race estrangere, & quant & quant oblige les Princes, ausquels il est affecté, à se rendre studieux de sa conseruation, pour leur propre interest. Et voila pourquoy particulierement en France, les masles issus de nos Rois, sont appellez Princes, & notamment Princes du sang, comme estans de ce sang, auquel la principauté & souueraineté est affectée, & encor Princes de la Couronne, comme substituez à la Couronne. Ce qui n'est, comme ie croy, en aucun Estat du monde: & partant i'estime, qu'il n'y a point au monde de vrais Princes qu'en France.

14 Ducs & Comtes se sont les premiers appellez Princes en France.

Mesmement i'estime qu'il n'y a pas long temps, qu'ils se qualifient Princes en vertu de leur extraction. Car c'est la verité, qu'ils prirent premierement ce tiltre, à cause des Duchez & Comtez qu'ils possedoient, pource que, comme du Tillet a bien prouué, il a esté vn long temps, que les Ducs & Comtes de France se qualifioient Princes, à cause qu'ils auoient vsurpé les droicts de souueraineté: & partant ils estoient vrayement Princes suiects, qui est l'vne des quatre especes des Princes par Seigneurie, que i'ay rapportée & expliquée au deuxiesme chapitre du liu. *Des Seigneuries.* C'est pourquoy il ne sera hors de propos de reprendre ce discours dés son origine, & d'expliquer le tiltre & le rang, que les Princes du sang ont tenu de temps en temps en ce Royaume.

15 Discours historial de l'origine & progrez des Princes du sang.

En premier lieu il ne faut nullement douter, qu'és deux premieres races de nos Rois, ceux de leur lignée ne fussent en extresme veneration. D'autant qu'ils succedoient tous ensemblément au Royaume, quoy que ce soit, chacun d'eux auoit son partage en parfaicte souueraineté, & à tiltre de Royaume, & partant tous les enfans des Rois estoient desia comme Rois par esperance certaine, dés le viuant de leur pere. Et ce qui les rendoit plus venerables, estoit qu'en la premiere race ils portoient les cheueux longs en signe de domination souueraine, ainsi que les serfs les portoient rasez en signe de parfaicte subiection.

16 Les Princes du sang estoient tous Rois aux deux premieres lignées.

Toutesfois on ne peut pas dire que cette veneration particuliere qu'on rendoit en France pendant les deux premieres races, aux enfans des Rois, ait iamais esté communiquée à leurs parens collateraux. Car il n'y en pouuoit auoir, supposé que les enfans des Rois fussent tous Rois, apres la mort de leur pere. Que si ceux-là eussent eu des enfans, par mesme raison ils eussent encor esté Rois, & y eust eu autant de Rois, ou pour mieux dire, de parts de Royaume en tiltre de Royaume, qu'ils eussent esté de masles descendans des Rois: de sorte que si cela eust continué en la troisiesme race, ceux de la lignée des Rois, que nous appellons maintenant Princes du sang, eussent tous esté Rois.

17 De mesme.

18 Charles de Lorraine exclud de la Couronne.

Mais sur la fin de la seconde race, Charles, fils puisné de Louis d'outre mer (surnommé le ieune, à cause qu'il auoit vn autre frere plus aagé, nommé Carloman) n'ayant peu auoir part au Royaume par l'intelligence qu'auoit la femme de Lothaire son frere aisné auec Hue Capet Maire du Palais, se refugia pardeuers Othon Empereur d'Allemagne son cousin germain, qui luy donna le Duché de Lorraine, ce qui fut cause de l'exclure par apres tout à faict de la couronne, & de la faire transferer à la troisiesme race.

19 Puisnez des Rois excluds de partages en la 3. race.

20 L'aisné estoit sacré dés le viuant du Roy son pere.

Race plus accorte & prudente que les deux precedentes, qui dés son commencement obserua de maintenir le Royaume en son entier, en excluant les puisnez de la succession d'iceluy, suiuant cette derniere pratique de la precedente race, dont estoit venu son aduancement, & donnant seulement aux puisnez des

des appanages, c'est à dire alimens, & entretenemens. A quoy deux choses l'ayderent grandement, l'vne, que les premiers Rois de cette race ne manquerent point à faire, dés leur viuant, sacrer & recognoistre pour Roy auec eux leur fils aisné, qui partant, lors du deceds du pere, se trouuoit tout estably & recogneu par tout le Royaume, ainsi que Lothaire Roy dernier de la seconde race auoit faict à l'endroit de son fils Louis, à mesme intention, à sçauoir, de peur que Charles le ieune son oncle le troublast.

L'autre, qu'au moyen de l'vsurpation des Ducs & Comtes, le Royaume n'a- 21 Le Royaume n'auoit lors presque point de domaine.
uoit quasi plus de domaine, où les puisnez peussent mettre le pied, ains consistoit en vn droict incorporel de superiorité & auctorité, & presque comme vn simple baise-main des Ducs & Comtes. Droict qui n'estoit pas si aisé à partager, ni à enuahir, comme vn domaine solide. Car ces Ducs & Comtes estans liguez estroitement ensemble, pour maintenir leur vsurpation, se portoient tous d'vn bransle à recognoistre pour vnique Roy le fils aisné du Roy decedé, auquel, dés le viuant du pere, ils estoient obligez par foy & hommage : de sorte qu'il est vray de dire que cette vsurpation & cantonnement des Ducs & des Comtes, sauua la France d'vne diuision & démembrement beaucoup plus dangereux, & duquel ineuitablement sa ruine entiere fust aduenuë.

C'estoient sans doute ces Ducs & Comtes, qui lors estoient appellez Princes, 22 Cantonnement & vsurpation des droicts de Souueraineté, faicte par les Ducs & Comtes de France.
& qui ont esté les premiers qualifiez en France de ce tiltre, à cause des droicts de souueraineté, qu'ils auoient vsurpez. Aussi estoient-ils alors les plus grands Seigneurs de France aprés les Rois & leurs fils aisnez, recogneus pour Rois, pendant la vie du pere. Car les puis-nez n'ayans que leur appanage, ou entretien (qui mesme du commencement ne leur pouuoit pas estre baillé en terres, pource que le Roy n'auoit presque aucun domaine pour soy mesme) n'estoient pas bastans pour leur faire teste, & leur contester la préseance : ains au contraire le dessein ordinaire de ces puisnez, estoit de se mettre de leur rang, s'alliant auec eux, & espousant leurs heritieres, par la faueur du Roy, & par la recommendation de leur extraction. Ainsi que fist Hugues, puisné de Henry I. qui espousa la fille du Comte de Vermandois, Robert & Pierre puisnez de Louis le gros, qui espouserent, celuy-là l'heritiere de Dreux, ou de Brenne selon aucuns, & celuy-cy celle de Courtenay. Enquoy faisant ils prenoient le nom & les armes de leurs femmes, dont ils faisoient plus d'estat que de celles de la maison de France, qui leur appartenoient par extraction.

Philippe fils puis-né de Philippe Auguste, dit le Conquerant, fut le premier 23 Les Ducs & Comtes se qualifioient Princes.
qui changea, en partie seulement, cette coustume. Car il prist le nom de Boulogne, pour auoir espousé l'heritiere du Comté de Boulogne : nom que Iehanne de Boulogne sa fille porta apres luy, mais il retint les armes de France, chargées seulement d'vn lambeau. Et ce qui l'enhardit à ce faire, fut qu'alors la maison de France commençoit d'entrer en plus grande auctorité, comme du Tillet a re- 24 Noblesse des puis-nez de France.
marqué, au moyen de ce que cè Roy Philippe Auguste son pere auoit conquis & reüni plusieurs de ces Duchez à la faueur des voyages de la terre saincte, & autres bonnes occasions, dont il s'estoit bien sceu preualoir. Et neantmoins de son temps, ceux de la maison de France ne tenoient encor rang de Princes du sang, & ne marchoient point deuant les Ducs & Comtes, comme il se collige de l'arrest qu'il donna pour l'hommage du Comté de Champagne & Brie, auquel tous 25 Prenoient lors le nom & les armes de leurs femmes.
les Ducs de France & encor Guillaume de Ponthieu (qui n'estoit ni Prince du sang, ni pair de France) sont nommez deuant Robert Comte de Dreux, & Pierre Comte de Bretaigne, qui estoient arriere-fils du Roy Louis le gros.

Mais comme du Haillan à bien remarqué, ce fut principalement sous le regne 26 Le premier puis-né, qui a pris les armes de France.
du Roy Louis VIII. pere de sainct Louis, que les puis-nez de France entrerent en plus grande creance & auctorité. Car ce Roy eut cinq puis-nez, trois desquels furent bien appointez & appanagez, & si eurent ample lignée, & fonderent de grandes maisons. Et ainsi ceux de la maison de France, estans augmentez en nombre & en puissance, & au contraire les Ducs & Comtes estans diminuez, voire presque tous exterminez, ce fut lors que ceux de la lignée Royale prirent

29 Pourquoy s'appellerent Princes du sang, le dessus, & y a apparence aussi que ce fut alors, qu'ils prirent la qualité de Princes du sang, pour remplir la place de ces Princes vsurpateurs: dont les Seigneuries auoient esté reünies à la Couronne, & s'appellerent Princes, pource qu'ils auoient des Duchez & Comtez ainsi qu'eux; & Princes du sang, pource que de plus, ils estoient du sang de France: toutesfois encor ne trouue-on guere en ce temps là qu'ils se qualifiassent Princes, ains seulement les Seigneurs du lignage du Roy.

30 Accroissement de leur auctorité sous Philippes de Valois. Sur tout, lors que Philippe de Valois premier Prince du sang paruint à la Couróne, apres la mort des trois freres ses cousins germains, qui furét Rois l'vn apres l'autre, on recogneut par effect le grand aduantage de cette qualité, qui esclata encore plus par le moyen du contrastre de l'Anglois, à l'occasion duquel il fallut rechercher la loy Salique; & fonder vne fois pour toutes, le droict & preéminences des masles descendus des Rois qui sont nos Princes du sang.

31 N'eurent encor lors la preseauce sur les Ducs & Comtes. Ils ne peurent toutesfois gaigner paisiblement la préseance sur ce qui estoit resté de ces anciens Ducs & Comtes, iouïssans des droicts de souueraineté, ni mesme sur les Pairs de France depuis érigez, comme eux estans les premiers & principaux vassaux de la Couronne, encores qu'ils n'eussent les droicts de souueraineté. Enquoy les Princes du sang se faisoient tort eux-mesmes: car quand il se

32 Exemple. rencontroit deux Princes du sang ensemble, celuy qui estoit le plus esloigné de la Couronne, pretendoit préseance sur l'autre, voire le puis-né sur son aisné, par le moyen de la qualité de Pair, ou de la prerogatiue de sa Seigneurie. Comme fist Philippe Duc de Bourgongne, qui sous pretexte de sa qualité de Pair de France, au banquet du sacre de Charles VI. s'assist au dessus du Duc d'Anjou son frere aisné. Et sous le mesme Roy y eut procez pour la préseance entre le Comte d'Alençon, & le Duc de Bourbon, qui pretendoit le préseder comme Duc, combien qu'il fust plus esloigné de la Couronne: duquel procez le conseil du Roy les appointa, qu'ils marcheroient tour à tour, dont le Comte d'Alençon n'estant contant, fist ériger son Comté en Duché Pairie, & ainsi la difficulté fut vuidée entr'eux.

33 Different de preseance entre les Princes du sang & les Pairs de France. Neantmoins le different general est demeuré à vuider iusques à nostre temps, comme aussi celuy des Pairs pretendans preseance deuant les Princes du sang, du moins és actes de leur Office de Pairie, à sçauoir au couronnement des Rois, & au Parlement. Et de faict, pour l'éuiter apres la mort du Roy Henry II. la feuë Roine mere, lors du sacre de François II. son fils aisné, fist vestir ses puis-nez en habit de Pairs, & ainsi les fist marcher les premiers, comme Fauchet à rapporté en ses Origines: & desormais on a obserué, de faire representer les anciens Pairs supprimez & reünis par les Princes du sang, & ainsi il n'y reste plus gueres de suiect de debat, ou mescontentement.

34 Ordonnance sur icelles. Mais pour vuider tout à faict le different de préseance, entre les Princes Pairs auec les autres Pairs plus anciens, qui tousiours la contestoient contre eux en ces deux actes de Pairie, le feu Roy Henry 3. fist vne notable ordonnance en l'an 1576. dont voicy les mots, *Ordonnons que les Princes de nostre sang, Pairs de France, preséderont & tiendront rang selon leur degré de consanguinité, deuant les autres Princes & Seigneurs Pairs de France, de quelque qualité qu'ils puissent estre, tant és sacres & couronnemens des Rois, qu'és seances des Cours de Parlemens, & autres quelconques solemnitez, assemblées & ceremonies publiques: sans que cela leur puisse estre mis en dispute ni controuersé, sous couleur des tiltres & prioritez d'érection de Pairies des autres Princes & Seigneurs, ou autrement pour quelque cause, ou occasion que ce soit.*

35 Interpretation d'icelle. Ce qui toutesfois ne vuide que le rang des Princes du sang qui sont Pairs, & non de ceux qui ne le sont pas: de sorte qu'à leur esgard, il semble que la difficulté soit demeurée plus grande qu'auparauant. Toutesfois on peut dire que cette ordonnance a esté ainsi conceuë, pource qu'elle n'estoit faicte, sinon pour determiner le rang des Pairs de France entr'eux, qui estoit lors controuersé en ce qui concernoit les actes de leur Office de Pairs seulement, sçauoir si en iceux ils deuoient marcher selon le tiltre & l'antiquité de leurs Pairies, ou selon le rang de leur extraction. Mais qu'on n'a pas eu intention de déterminer par icelle l'autre

grande

grande question, si les Princes du sang non Pairs se trouuans assister comme extraordinaires, & *quasi illecti*, au sacre des Rois, ou au Parlement, doiuent preceder les Pairs, qui en sont les vrais & naturels Officiers.

Quoy que ce soit, maintenant que le rang des Princes du sang est mieux estably que iamais, encores qu'il ne soient ni Ducs, ni Comtes, on ne doute plus qu'ils ne doiuent marcher en tous lieux deuant les Ducs & les Comtes, voire deuant les Pairs, & qu'entr'eux ils ne doiuent pareillement auoir rang selon leur proximité de la couronne, & non selon le tiltre de leurs Seigneuries : mesmement les autres Seigneurs n'entrent plus en comparaison auec eux, depuis qu'on en a tant veu en peu de temps, qui sont venuz à la Couronne quasi inesperément, quoy que ce soit, en ligne collaterale, comme les Rois Louis XII. & François I. les Rois Charles IX. & Henry III. & sur tout nostre grand Roy Henry IIII. qui estoit esloigné de vingt & vn degré de son predecesseur. De sorte que maintenant les Princes du sang constituent sans doute vn corps à part, & vn Ordre de dignité supréme, & surpassent de beaucoup toutes les autres dignitez de France. 36 Princes marchent à present sans difficulté, deuant les Ducs & Comtes. 37 Grande augmentatiõ de l'authorité des Princes, aduenue dés nostre temps.

Le premier de cet Ordre est le fils aisné du Roy, qu'on appelle Monseigneur le Dauphin, pour ce que la Seigneurie du Dauphiné de Viennois luy est attribuée, au moins il est chargé d'en porter le tiltre, d'autant qu'elle a esté vendue, ou comme aucuns disent, donnée à cette condition au Roy Philippe de Valois par Humbert le Dauphin. Et combien qu'aucuns mettent en auant, qu'il le faudroit appeller le Dauphin simplement, & non pas Monseigneur le Dauphin, comme on dit le Roy simplement, & non pas Monseigneur le Roy : neantmoins l'vsage contraire a preualu, prouenant, à mon aduis, de ce que le Dauphiné, estant vne Seigneurie, qu'on pretend separée du Royaume, le tiltre d'icelle n'importeroit aucune recognoissance de souueraineté sur les François, si on ne laissoit au deuant la qualité de Monseigneur, ou Monsieur, qui estoit l'ancien tiltre du fils aisné de France, auant qu'il se qualifiast Dauphin : ainsi qu'en l'Empire de Constantinople le nom de *Δεσπότης*, & és autres Royaumes & Principautez souueraines, celuy de Prince : d'autant que le fils est participant, non pas au pouuoir, mais à l'honneur de la Seigneurie, dés le viuant du pere, *solaque illi administratio deest*, comme disent nos Docteurs, apres la glose sur le canon dernier 24. *quæst.* 1. 38 De Monseigneur le Dauphin. 39 Pourquoy est appellé Monseigneur

Qui est la raison pourquoy Monseigneur le Dauphin se qualifie en ses lettres patentes, *Par la grace de Dieu fils aisné de France, Dauphin de Viennois* : termes dont les seuls souuerains peuuent vser, comme estans seuls vassaux & feudataires de Dieu. 40 Pourquoy il se tiltre par grace de Dieu.

Et faut noter, que la qualité de fils aisné de France est preposée, non seulement à celle de Dauphin, mais aussi au tiltre des Royaumes, comme du Tillet & Belle-forest prouuent par l'exemple de ceux, qui ont esté Rois de Nauarre, auant qu'estre Rois de France, qui mettoient en leurs lettres le tiltre de fils aisné de France, auant celuy de Roy de Nauarre. Et autant en fit le Roy Fraçois II. ayant espousé la Roine d'Escosse, combien qu'il fust porté par le contract de son mariage, qu'il prendroit le nom de Roy d'Escosse : c'est pourquoy on l'appella le Roy Dauphin, pendant la vie de son pere, pource que tous les aisnez de France sont obligez de porter la qualité de Dauphin. 41 La qualité de fils aisné de France precede celle des Royaumes. 42 Roy Dauphin.

De sorte que ie m'esbahy, comme du Tillet trouue estrange, qu'ils mettent le titre de Dauphin deuant celuy de Duc, disant que c'est plus d'estre Duc, que d'estre Dauphin : ce qui pourroit estre vray, si le Duché, dont le fils aisné de France prenoit le nom, estoit vn Duché souuerain. Mais le Dauphiné estant Seigneurie souueraine est sans doute vn plus haut tiltre, que celuy de toutes les subalternes. Et ce qui se faisoit iadis autrement, estoit qu'on n'auoit pas encor bien distingué en France les Duchez & Comtez souuerains, d'auec les subalternes, tous les Ducs & Comtes pretendans la souueraineté. Mais depuis que nos Rois ont pris garde à retrancher leurs entreprises, c'est à bon droit que le Roy Henry II. estant Dauphin, s'intituloit Dauphin de Viennois, Duc de Bretaigne, pour monstrer que le Duché de Bretaigne n'estoit pas souuerain. 43 Pourquoy la qualité de Dauphin est mise deuant celle de Duc.

Or combien que le Dauphin de France mette sa qualité de fils aisné auant cel- 44 Le Dauphin est precedé par les Rois, & comment.

le des Royaumes qu'il tient, si est-ce qu'il cede aux Rois estrangers, comme du Tillet en rapporte les exemples. Ce qui est de deuoir & droict commun hors la France, mais en France ce n'est que par honneur, hospitalité & courtoisie, coustumiere aux François. Car selon la droicte raison nul Prince estranger, fust-il Empereur, ne deuroit marcher deuant luy en France, à cause de la participation qu'il a aux honneurs de la couronne, comme il se voit qu'aux petites Seigneuries nul gentil-homme n'entreprend de marcher deuant le fils du Seigneur du village, qui est vn poinct que i'ay traicté amplement au liure *Des Seigneuries*.

45 N'est besoin qu'il soit sacré du viuant de son pere.

Participation recogneuë par le droict Romain, & qui est seule suffisante pour ce qui concerne le simple honneur, sans qu'il soit besoin, que nos Rois facent de leur viuant sacrer, ou autrement recognoistre leurs enfans pour Rois, ainsi qu'ils faisoient au commencement de la lignée, afin de les establir plus asseuréement. Mais à present qu'ils sont establis par vne si longue succession, le plus seur est de ne leur bailler la qualité du Roy, pendant la vie de leur pere, crainte de l'inconuenient tout contraire : quoy que nos Docteurs ramassez par Tiraqueau, *in tract. Primigen.* 33. tiennent tous que le fils aisné du Roy se peut qualifier Roy pendant la vie de son pere.

46 Honneur rendu à M. le Dauphin estant regent.

Quoy que ce soit, quand le fils aisné de France a l'exercice du souuerain commandement, soit en qualité de Regent du Royaume, ou de Lieutenant General du Roy son pere, il ne cede à aucuns dans le Royaume. Et quand en cette qualité il va au Parlement, on luy rend les mesmes honneurs qu'au Roy, fors qu'il ne sied pas au lict de iustice, ains en la premiere place d'aupres, & que les arrests qui se donnent en sa presence, sont conceus au nom de la Cour, & à elle la parole addressée par les Aduocats, dit du Tillet.

47 Des puisnez de France.

Pour le regard des fils puis-nez de France, qui sont les tiges & autheurs des branches & familles des Princes du sang, du Tillet dit qu'ils portoient anciennement le surnom de France. Mais du Haillan nous asseure, qu'ils ne le portent plus à present. Et de verité comme leur pere n'a aucun surnom, aussi eux n'en peuuent-ils auoir dés leur naissance : & de fait nous voyons, qu'ils ne signent que leur propre nom, & qu'en leurs patentes ils s'intitulent seulement d'iceluy ; auquel ils adioustent immediatement la qualité de fils de France, sans mettre *Par la grace de Dieu*, comme ne participans pas à l'honneur de la souuraineté, ainsi que leur aisné. C'est pourquoy aussi s'ils ont quelque Royaume, ils en mettent le tiltre auant celuy de fils de France, comme il s'est veu en Charles Roy de Sicile frere de S. Louis, qui s'intituloit *Charles Roy de Hierusalem, Naples & Sicile, fils du Roy de France, Comte d'Anion, de Prouence & Foulcaquier*. De mesme vn autre Charles fils puis-né du Roy Philippe troisiesme, ayant esté inuesty par le Pape des Royaumes d'Aragon & de Valence, s'intitula *Roy d'Aragon & de Valence, fils du Roy de France, & Comte de Valois*.

48 Les tiltres de leurs Royaumes sont mis deuant celuy de fils de France.

49 Noms qu'ils ont auant estre appanagez.

Mesmement en propos communs on ne nommoit anciennement les puisnez de France, que par leur propre nom, y adioustant la qualité de Monsieur, comme François Monsieur, Henry Monsieur, au moins auant qu'ils eussent appanage certain, & par apres on les nommoit du tiltre de leur appanage. Mais sous le Roy d'à present, pource qu'on a differé le baptesme de ses puisnez, on leur a baillé les noms d'Orleans & d'Anjou, bien qu'ils ne leur soient encor concedez en appanage : car i'estime que c'est vn erreur de penser, qu'ils leur soient affectez, ainsi qu'est le Dauphiné à l'aisné.

50 Leurs appanages sont tenus en Pairie.

Desquels appanages ie ne parleray point icy, pource que ie ne traicte en ce liure, que des Ordres & rang d'honneur, & non pas des Seigneuries, ou successions. Ie diray seulement, que iadis on érigeoit volontiers en Pairie leur terre d'appanage par les lettres de concession d'icelle. Mais à present que les Princes du sang sont mieux establis qu'ils n'estoient par le passé, on tient qu'il n'en est plus de besoin, & que sans Pairie ils ont tous les mesmes droicts & priuileges que les Pairs de France : & quant à leur appanage, puis qu'il demeure tousiours du domaine de la Couronne, il n'y a nulle doute qu'il ne ressortisse nuëment au Parlement, ce qui s'appelle vulgairement tenir en Pairie, notamment à present qu'on

commence

commence à pratiquer, par vne belle accommodation, que la iustice des terres d'appanage demeure Royale, & s'exerce au nom du Roy, & du Prince appanagé conioinctement, comme i'ay dit au liure *Des Offices*.

Quant aux filles de France, on les appelle toutes *Mesdames*, & portent le surnom de France, ce qui n'est attribué qu'aux filles du Roy. Car celles mesme de Monseigneur le Dauphin sont appellées *Mesdamoiselles*, & portent le surnom de l'appanage, quoy que ce soit, de la principale Seigneurie de leur pere, iusques à ce qu'il soit Roy, & lors elles prennent le tiltre de *Mesdames*, & le surnom de France. Et si y a eu vn temps qu'elles s'appelloient Roines, tant auparauant qu'apres estre mariées: ores que ce fust à moindres que Rois, comme ie diray plus amplement au dernier chap. en traictant des tiltres honoraires. Quoy que ce soit il est tout certain, que ni elles, ni les autres Princesses ne perdent point leur rang & qualité de Princesses, pour estre mariées à gens de moindre qualité; pource que la Principauté est vne qualité par dessus toutes les autres, qui met ceux qui en sont tiltrez en vn rang separé des autres hommes, parmy lesquels ils ne rentrent iamais: & d'ailleurs cette qualité est si illustre qu'elle illumine de sa splendeur ce qui se ioint à elle, plustost que de perdre son lustre & esclat par l'approchement d'vne lumiere moins forte.

51 Des filles de France.

52 Princesses du sang ne perdent leur qualité par mariage inegal.

Or les enfans de France, tant masles que filles, ont d'ordinaire à present vn beau priuilege, que iadis Monseigneur le Dauphin auoit seul, sçauoir est, que leurs Officiers domestiques sont priuilegiez, ainsi que ceux du Roy. Et mesme le Roy François priuilegia en l'an mil cinq cens trente neuf les Officiers domestiques de la Roine de Nauarre sa sœur, bien qu'elle ne fust fille de France, & le Roy Henry deuxiesme ceux de Madame Marguerite sa sœur, en l'an mil cinq cens quarante neuf, & finalement le Roy d'à present ceux de Madame la Duchesse de Bar. Par dessus lequel priuilege Monsieur le Dauphin en a encor vn, qui est d'auoir vn Chancellier & autres grands Officiers. Priuilege que les puisnez de France n'ont pas, sinon qu'ils deuiennent secondes personnes de France.

53 Officiers des enfans de France sont priuilegiez.

Voila pour les enfans des Rois: mais quant ils n'en ont point, ils ont accoustumé, tant pour obuier aux dangereux differens, qui pourroient naistre apres leur mort, touchant la succession du Royaume, que pour gratifier, & esleuer en honneur dés leur viuant le presomptif successeur de la Couronne, de luy bailler lettres de premier Prince du sang, ou comme dit du Tillet, de seconde personne de France; dont il rapporte plusieurs exemples, qui nous apprennent que nos Rois ont telle confiance, tant en la pieté des Princes du sang, qu'en la fidelité de leurs suiects, qu'ils n'entrent point aux doutes, qui retiennent les Princes estrangers de designer leur successeur, ce que la feuë Roine d'Angleterre appelloit, mettre vn bandeau funeral deuant ses yeux. Designation, que mesmement les petits Officiers & beneficiers ont en horreur: & que les Romains craignoient tellement aux successions priuées, que pour en oster l'asseurance, mesme à ceux qui y estoient appellez par nature, ils mirent en vsage ordinaire les testamens, lesquels encor ils cachetoient de telle sorte, que les tesmoins ne sçauoient rien du contenu en iceux, afin que leurs propres enfans fussent en doute s'ils seroient leurs heritiers.

54 Declaratiō d'heritier presomptif de la couronne.

55 Designatiō de successeur odieuse.

En consequence de laquelle declaration ou designation, le premier Prince du sang a droict de bailler vne fois en sa vie vne, deux, ou trois lettres de maistrise de chacun mestier, en toutes les villes de France, mesme en celles des Seigneurs. Priuilege qu'on attribue à present à tous les puisnez de France, mais ils n'en iouïssent pas eux mesme, non plus que Monsieur le Dauphin, ains c'est la Roine qui en iouït, & en baille les lettres au lieu d'eux, incontinant apres leur naissance. Comme aussi les Officiers domestiques du premier Prince sont priuilegiez, ainsi que ceux des puis-nez de France: lequel priuilege il ne pert plus pendant sa vie, ores que le Roy vienne desormais à auoir enfans, comme il s'obserue notoirement à present en la personne de Monsieur le Prince de Condé.

56 Droicts du premier Prince du sang.

57 Seconde personne de France. Que si le premier Prince du sang est fils d'vn Roy de France, il est recognu seconde personne, si tost que le cas y eschet, & en a les priuileges, sans qu'il ait besoin de déclaration du Roy, ainsi qu'ont les autres plus esloignez : au moins en ont-ils besoin pour iouïr des priuileges qui en dépendent. Car pour le tiltre, aucuns tiennent qu'il le peut prendre sans lettres : & font difference entre le premier Prince du sang, qu'ils disent estre celuy qui est le premier de la lignée Royale, apres les enfans de France, & la seconde personne de France, qui est le puisné des fils de France, habile à succeder, quand le Roy son frere aisné n'a point
58 Monsieur. d'enfans. Lequel lors est appellé, Monsieur, absolument, & sans queuë, comme iadis se nommoit le fils aisné de France, & comme luy, peut auoir de grands Officiers, ainsi qu'il s'est veu en feu Monsieur le Duc d'Anjou dernier decedé. Ce que i'estime n'auoir lieu, sinon tant qu'il demeure heritier presomptif de la couronne seulement : pource que ce tiltre de Monsieur, & d'auoir grands Officiers, sont remarques de participation à l'honneur de la souueraineté.

59 Premier Prince du sang. Mais le premier Prince du sang, qui n'est fils du Roy, retient seulement le nom de son appanage, ainsi que les autres Princes du sang, d'autant que c'est vne regle generale, que tous les descendans des puisnez de France, ont le nom de l'appanage de leur pere, & non pas le nom de France, ains seulement les armes : encor non pas pleines, mais chargées.

60 Princes du sang marchēt tous les premiers. Or apres le premier, marchent sans doute immediatement les autres Princes du sang, iusques au dernier, deuant tous les autres suiects du Roy, sans exception aucune, soit enfans naturels du Roy, ou Princes estrangers, ou Prelats Ecclesiastiques, ou Ducs, & autres grands Seigneurs ; voire mesme deuant les grands Officiers, hors mis seulement quand ils sont en l'acte de leur principal exercice. Car alors ils representent directement la personne du Roy, sous l'auctorité duquel ils exercent. Encor lors mesme ils laissent bien souuent la preseance honoraire, voire déferent ce qui se peut bonnement de leur exercice aux Princes du sang. Mais i'estime en ce cas, que ce n'est que par honneur, & non pas par deuoir.

61 Du rang des Princes du sang entr'eux. Et quant au rang, que les Princes du sang ont entr'eux, ie dy en premier lieu que comme leur qualité est la plus honorable & illustre que puisse auoir le suiect d'vn Prince souuerain, aussi elle couure & obscurcit toutes les autres qualitez qu'ils ont d'ailleurs ; de sorte que c'est à present vn poinct resolu, qu'ils ne marchent pas entr'eux, ni selon les tiltres de leurs Seigneuries, ni selon l'antiquité de leurs Pairies, ni selon le rang de leurs Offices, fors comme il vient d'estre dit, en l'acte du principal exercice d'iceux, ains ils marchent selon la prerogatiue de leur sang, & comme parle cette Ord. de l'an 1576. *selon leur degré de consanguinité.*

62 Les plus proches de la couronne marchent les premiers. Et certainement puisque la Principauté consiste en ce qu'ils sont issus des Rois, parens du Roy regnant, & sur tout qu'ils sont capables de succeder au Royaume à leur tour, ou d'engendrer enfans qui y succederont, il est aisé à entendre, que plus ils en sont proches, plus ils sont illustrez des rayons de la souueraineté : combien que le contraire soit en la noblesse, qui est plus estimée, quand elle est plus ancienne, dont la raison de difference est, que la noblesse consiste en l'esloignement de la fange & lie du peuple, & la Principauté en l'approchement de la souueraineté.

63 Entre diuerses maisons les plus anciennes marchent les premieres. Combien que, quand il s'agist du rang des maisons entieres, prouenantes de diuers estoc, & d'ailleurs estans en mesme tiltre de souueraineté, les plus anciennes ont le deuant, par la prerogatiue du temps, *& quia* (comme dit vn Ancien) *propiùs ad Deum immortalem accedunt.*

64 Si les princes du sang marchent selon les degrés de succession. Mais c'est vne grande difficulté, comment doit estre entenduë cette regle de l'ord. 1576. que *les Princes du sang marchent selon leurs degrez de consanguinité.* Car qui entendra par ces mots *degrez de consanguinité* les degrez des personnes, les comptant en la forme de droict, selon l'ordre de proximité, dont ils attouchent le Roy, comme ils semblent signifier à la lettre, & comme il s'obserue aux successions priuées, conclura que le nepueu, fils de l'aisné, sera presedé par son oncle ; attendu qu'il en est plus esloigné que luy, d'vn degré. Ioint que d'ail-

leurs, il ſemble que la parenté ſuperieure donne rang & auctorité à l'oncle ſur ſon nepueu. Et de fait, du Tillet nous rapporte des exemples, comme les oncles des Roys ont preſedé leurs freres: dont s'enſuit, que puiſque cela s'eſt obſerué, quand les oncles eſtoient plus eſloignez que les nepueus, il doit eſtre gardé à plus forte raiſon, quand ils ſont les plus proches.

Neantmoins, il s'obſerue notoirement à preſent, que le nepueu fils de l'aiſné 65 Que l'aiſné de l'aiſné
marche deuant ſon oncle, comme eſtant le chef de la famille, ou branche, & par marche &
conſequent du nom & des armes d'icelle. Voire non ſeulement du nom, mais ſuccede de-
auſſi de la Seigneurie de l'appanage qui luy appartient infailliblement ſelon le uant ceux de la branche,
droict François, comme ſuccedant à ſon pere, ou bien le repreſentant au droict ores que plus
d'aiſneſſe. Car nous obſeruons en France, meſme entre les ſimples Gentilshom- proches.
mes, que les puiſnez & leurs deſcendans deferent touſiours le premier rang à leur
aiſné, & à celuy des ſiens, qui eſt le chef de leur nom & armes, & qui eſt ordinai-
rement le Seigneur de la principale terre de leur maiſon: & de fait, cela s'appelle 66 *Viuere vel*
par maniere de prouerbe vſité parmy nos Docteurs de droict, *viuere vel ſuccedere* *ſuccedere more*
more Francorum, vt not. Andr. Iſerni. in cap. 1. §. Præterea Ducatus. in princ. tit. De probib. Feu- *Francorum.*
di alien. per Federic. & in cap. 1. §. Hoc quoque. col. 2. tit. De ſucceſſ. Feud. & in cap. §. omnis. col.
penult. tit. Si de feudo controu. fuerit inter dom. & agnatum. Philippus Decius Conſil. 445.
Math. de Afflictis. deciſ. Neapol. 119. *Paulus Pariſ. conſil.* 72. *col. vlt. lib.* 4.

Si eſt-ce qu'en France, entre Gentilshommes, les ſucceſſions, meſme des 67 En ſucceſ-
fiefs, qui ſont à preſent patrimoniaux, ſont deferées ſelon la proximité de pa- ſion des mai-
renté, tant aux maſles qu'aux filles, ſauf ſeulement le preciput d'aiſneſſe en ligne ſons priuées on a eſgard à
directe, & qu'en collaterale les maſles excluent les femelles en pareil degré: de la proximité.
ſorte que bien ſouuent la Seigneurie de la maiſon tombe en vne autre famille par le moyen des filles: & bien ſouuent auſſi, celuy qui n'eſt pas chef du nom & armes, ains deſcendu du puiſné, en exclud les deſcendans de l'aiſné, quand il ſe rencontre plus proche qu'eux en degré de parenté.

Mais quant au Royaume, il n'eſt pas deferé ſelon l'ordre des ſucceſſions ordi- 68 Mais non
naires, & ſelon les degrez de parenté, ains ſelon l'Ordre & prerogatiue des bran- au Royaume.
ches & familes deriuées de la maiſon de France: & encores en chacune d'icelles
ſelon la prerogatiue des perſonnes, en preferant touſiours les aiſnez: comme
chefs de la branche ou famille, qui (comme Dieu meſme les qualifie au 6. de l'E-
xode) *ſunt Principes domorum per familias, & Principes familiarum per cognationes ſuas,* 69 Aiſneſſe
& au 4. chap. du 1. *Paralipom.* ils ſont appellez *Principes in cognationibus ſuis, & in do-* parmy le peu-
mo affinitatum ſuarum: & au 5. *Principes domus cognationis ſuæ.* Auſquels paſſages il ſe ple de Dieu.
voit clairement, que la prerogatiue d'aineſſe s'eſtendoit ſucceſſiuement aux chefs de chacune branche. Car le droict d'aiſneſſe eſt eſtably par la loy de Dieu, qui au 27. du Geneſe a dit, que *Primogenitus erit dominus fratrum ſuorum,* & que *filij matris eius incuruabuntur ante eum:* & au chapitre 43. il eſt dit, que *Sederunt primogenitus iuxta primogenita ſua, & minimus iuxta ætatem ſuam.* qui eſt ce que nous tenons maintenant en France pour la ſucceſſion de la couronne, en conſequence de cette ſubſtitution graduelle, eſtablie à perpetuité par la loy fondamentale de l'Eſtat, qui defere la couronne graduellement aux branches, qui en ſont iſſues les dernieres, & qui partant en ſont les plus proches: & en chacune branche, au chef d'icelle, d'aiſné en aiſné ſucceſſiuement, fuſt-ce au millieſme degré, comme Balde a dit nommément de la maiſon de Bourbon. Car le docte Benedicti nous enſeigne, que ce Royaume a eſté eſtably, à peu pres, comme celuy du peuple de Dieu, *in verb. Duas habens filias. num.* 70.

Or eſtoit-ce en cette preéminence perpetuelle ſur les puiſnez, que conſiſtoit 70 Ce Royau-
proprement l'effect de la benediction de l'aiſné parmy le peuple de Dieu, appel- me eſt eſtably
lée par Philon Iuif, τὰ ἀξιώματος καὶ δυνάμεως πρεσβεῖα: Dont la marque viſible eſtoit à peu pres comme celuy
cette robe d'aiſneſſe, appellée particulierement *Primogenita,* qui eſtant parfumée, d'Iſrael.
fut cauſe de tromper par l'odorat le bon Iſaac, quand il donna ſa benediction à 71 De meſme.
Iacob, qui l'auoit veſtue. Robe que ſainct Hieroſme, apres les commentateurs 72 Reſolution
Hebreux, dit eſtre celle de Preſtriſe, pource que la Preſtriſe eſtoit exercée d'aiſneſſe.
par l'aiſné des familles, ſanctifié à Dieu & dedié à ſon ſeruice auant qu'Aaron

eust esté destiné Prestre de tout le peuple: ainsi que mesme parmy les payens, les sacrifices estoient particuliers aux maisons, & residoient pardeuers le chef d'icelles.

73 Marque de l'aisnesse, & des branches de la famille cõsiste aux armoiries.

Et nous partant, qui n'auons point de sacrifices priuez, auons donné vne autre remarque à l'aisné de la race, pour le discerner eternellement d'auec tous les puisnez, sçauoir est, qu'il en porte les armes pleines, qui tousiours passent d'aisné en aisné, au lieu que les puisnez les chargent & distinguent de quelque marque: & autant qu'il y surcroist de nouuelles branches, autant les doit-on charger de diuerses marques, par lesquelles se recognoist à tousiours chacune mutation des branches, & partant se remarque l'aisné de chacune branche: & ainsi est conserué perpetuellement le rang & preéminence de tous ceux de la race.

74 Resolution de la questiõ.

Si donc les simples gentils-hommes déferent & cedent au chef des armes de leur famille, combien que la terre principale de la maison ne luy appartienne pas tousiours par droict successif: à plus forte raison cela doit-il auoir lieu en la couronne, qui tousiours est deferée à l'aisné de la maison, estant demeurée en la nature ancienne de ces plus nobles fiefs, affectez au chef des familles, ou des substitutions graduelles appellans à l'infini l'aisné de l'aisné des maisons, pour la conseruation perpetuelle d'icelles: comme il s'est pratiqué tout fraischement en la personne de nostre grand Roy d'à present, & encor en celle de Monsieur le Prince de Condé, qui a esté declaré premier Prince du sang, comme estant à present chef de la branche de Bourbon, combien qu'il ne soit qu'arriere-cousin de sa Maiesté, & qu'il ait des oncles, qui sont cousins germains d'icelle, & partant plus proches d'vn degré, s'il falloit compter selon les degrez de parenté, comme és hereditez ordinaires.

75 Pourquoy cette question a esté traitée plus au long.

Ce que i'ay discouru plus amplement, à cause de l'importance, & aussi de la difficulté de la question, qui combien qu'elle ait esté traictée par toutes sortes d'esprits au commencement des troubles derniers, pendant la vie de feu M. le Cardinal de Bourbon, qui se pretendoit successeur de la couronne, comme plus proche, selon les degrez des successions ordinaires, au preiudice de nostre Roy, qui estoit l'aisné de la branche: neantmoins ceux qui l'ont traictée, se sont presque tous amusez à la question fameuse de l'oncle contre le nepueu, en laquelle

76 Question de l'oncle, & du nepueu.

Tiraqueau n'a rien laissé à dire, ne prenans pas garde que cette question n'a iamais esté disputée, sinon au dedãs des degrez de representation, qui égale le nepueu à l'oncle, ou qu'on pretend le preferer és choses indiuisibles: & partant n'ont pas touché la vraye & particuliere raison, qui concerne la Couronne de France, à sçauoir qu'elle est affectée à l'aisné de l'aisné. Ce que les Princes du sang, les Officiers de la Couronne, & la meilleure partie de la noblesse de France ont tousiours tenu. Mais sur tout le grand Dieu des armées, par qui les Rois regnent, & les Princes sont maintenus, en a fait la decision, non seulemẽt en establissant nostre inuincible Roy en son throsne, malgré tant d'ennemis & de suiects rebelles, mais le faisant florir & regner aussi paisiblement & heureusement, que iamais aucun de ses predecesseurs ait faict, & outre tout cela, luy ait donné quasi inesperément, vne si belle lignée, *Non hæc sine numine Diuum.*

77 Rang des Princes du sang entr'eux.

Puis donc que le respect, & le rang qui est deferé aux Princes du sang, est à l'occasion de ce qu'ils sont successeurs presumptifs du Royaume à leur tour, il s'ensuit, que le rang de marcher entr'eux doit estre pareil à celuy de succeder: pource qu'il n'y auroit apparence, que les plus éloignez de la couronne marchassent deuant ceux qui sont en aptitude de regner sur eux. Et partant, i'estime que non seulement le chef de la branche doit marcher deuant les puisnez d'icelle, bien que plus proches parens du Roy, selon le compte ordinaire des degrez de parenté: mais aussi que le dernier de la plus proche branche, à sçauoir celle qui est issuë la derniere, & plus fraischement de la maison & famille Royale, doit marcher deuant les chefs de toutes les autres branches, & ainsi consequemment. Et que c'est en cette façon qu'il faut entendre la regle de l'Ordonn. 1576. que les Princes du sang marchent selon leur degré de consanguinité, c'est à dire, selon le rang & aduantage de leur sang.

Car ce mot de degré ha deux significations en droict: attendu qu'outre la vulgaire, qui est de compter chasque personne pour vn degré il signifie souuent l'ordre & rang de diuerses especes, ou qualitez de propinquité, s'il faut ainsi dire. Comme Vlpian *tit.* 28. *regul.* expliquant cette regle de droict, que les successions sont déferées graduellement, *Datur, inquit, bonorum possessio intestati per septem gradus: primo gradu liberis, secundo legitimis hæredibus, tertio proximis cognatis, quarto familiæ &c.* Et en la loy 1. *Si tab. testam. null. ext. Prætor fecit gradus varios succedendi, primum liberorum, secundum legitimorum, tertium cognatorum &c.* & Iustinian en dit autant au tiltre *De bonor. poss.* aux Institutes. 78 Degré signifie deux choses.

D'ailleurs quand cette ordonnance dit, *degré de consanguinité*, elle n'entend pas dire *de parenté masculine, ou agnation*, mais par degré de consanguinité, elle entend l'ordre & prerogatiue du sang, à cause duquel tous ces Princes sont appellez Princes du sang, & partant son intention est, de preferer de degré en degré *Principes domorum per familias, seu Principes familiarum per cognitiones suas.* 79 Degré de cõsanguinité, que signifie.

Voila donc le rang des Princes du sang, & quant à leurs autres priuileges, ie me contenteray de faire ici vne sommaire énumeration des principaux, pource que du Tillet, du Haillan, & autres en ont traicté. Premierement, ils sont Conseillers nais du Conseil priué du Roy, & mesme de son Parlement, qui estoit iadis le conseil d'Estat, sans qu'ils soient tenus d'y faire serment, ainsi que les Pairs. Vray est que sans serment ils n'ont entrée qu'aux audiences du Parlement. Item, & en vn mot, toutes les prerogatiues des Pairs de France, sans exception, leur appartiennent, lesquelles i'ay rapportées particulierement au 6. chapitre du liure *Des Seigneuries*. Ils sont en outre exempts de tous peages, mesme de rien payer des seaux du Roy. Ne perdent leur rang pour estre d'Eglise, ni les filles pour estre mariées à ceux qui ne sont Princes du sang. Assistent & opinent au iugement des Pairs de France, & des autres Princes du sang. Sont exempts des duëls, & par consequent doiuent estre exceptez, apres le Roy, en tous cartels, & deffis: Voire il leur est defendu de combatre aux ioustes & tournois: dont i'ay leu quelque part, que le Roy sainct Louis en fist vne Ordonnance: à l'occasion de ce que son fils Robert Comte de Clermont receut en sa ieunesse tant de coups de masse à vn tournoy, qu'il en cuida mourir, & s'en porta mal le reste de sa vie. Sur quoy nous pouuons bien considerer, quel malheur c'eust esté pour la France, si ce Prince eust lors esté tué, pource qu'en ce cas, la courone eust esté vacante apres la mort du feu Roy Henry troisiesme, sans qu'il y eust eu aucun Prince du sang pour y succeder, d'autant que nostre grand Roy d'apresent, & tout tant qu'il y a maintenant de Princes du sang, sont issus de ce Prince Robert. 80 Priuileges des Princes du sang. 81 Importãce de conseruer les Princes du sang.

Et sur ce mesme propos faut noter, que iusques ici on a tellement espargné le sang de France, que nul Prince d'icelui n'a onc esté executé à mort par iustice, mesme ne s'en trouue qu'vn seul, qui ait esté condamné, sans toutesfois auoir esté executé: qui n'est pas pourtant vn priuilege d'impunité: mais plustost vne remarque de leur vertu & fidelité, ou bien de la bonté & affection de nos Rois en leur endroit. 82 Nul Princes du sang executé à mort.

De ce que dessus, il s'ensuit que l'Ordre des Princes est à present formé & establi parfaictement en France, & à l'esgard du tiltre, que nos Princes ont commun auec le Prince souuerain: & quant au rang, qu'ils ont à present sans controuerse pardessus tous les grands du Royaume: & finalement quant à ces autres grands priuileges, que ie vien de rapporter. Dont resulte que maintenant au rang des grands de France, on a plustost esgard à leur extraction, qu'à leurs Seigneuries. Comme de vrai la dignité prouenante de la race est de plus grand merite, que celle qui procede des Seigneuries, notamment des subalternes, attendu que celle-là subsiste en la personne mesme, & en son sang immediatement, naturellement & inseparablement: & celle-cy reside formellement en vne terre, & n'est communiquée à la personne qu'accessoirement, accidentalement & separablement. Et y a grande apparence, que ce qu'anciennement en France, & encor à present és autres Monarchies, les Seigneurs marchent 83 Ordre des Princes, parfaictement estably en France. 84 Rang est mieux estably selon l'extraction, que selon les Seigneuries. 85 Pourquoy iadis a esté estably selõ les Seigneuries.

selon la prerogatiue de leurs Seigneuries, & non pas de leur maison, a pris son commencement & premier establissement du temps que les Ducs & Comtes iouïssoient des droicts de souueraineté, de sorte qu'ils estoient Princes par Seigneurie: car tousiours le tiltre de Prince a importé la préseance, & les premiers rangs de l'Estat.

Principauté natiue & non pas datiue.

Mais à present c'est vn droict estably en France sans controuerse, que le tiltre & le rang de Prince ne peut prouenir que de race, n'estant la Principauté datiue, ains natiue. Car tant s'en faut que ces petites Seigneuries érigées en tiltre de Principauté produisent l'Ordre & le rang de Prince, qu'au contraire les Duchez & Comtez les deuancent sans difficulté, comme i'ay prouué au liu. *Des Seigneuries*. Et me souuient d'vne rencontre du feu Comte de S. Paul, Prince du sang de la maison de Bourbon, qui dist au Roy François, luy demandant aduis sur l'érection d'vne telle Principauté, que sa Maiesté ne pouuoit faire des Princes qu'à la Royne.

Origine des Princes autres que du sang.

Cette regle estant donc establie parmy nous, que la qualité de Prince, & les premiers rangs sont déferez selon le merite du sang, chacun qui a peu s'est preualu de son extraction, pour s'installer en l'Ordre des Princes. De sorte qu'il s'y est trouué encor d'autres Princes que ceux du sang Royal, chose dont il ne faut plus douter; attendu que l'ordonnance de l'an 1576. cy-dessus rapportée, en énonce expressement d'autres, & mesme la preface des Edicts de nos Rois contient ordinairement, qu'ils ont sur iceux pris l'aduis des Princes du sang, & autres Princes & Seigneurs de leur Cour.

86 Bastards de France, & leurs descendans mis au rang des Princes.

Premierement doncques les enfans naturels de nos Rois, ou des Princes du sang, dont la branche est paruenuë à la Couronne, & leurs descendans ont soustenu, que comme les descendans des legitimes sont Princes legitimes, aussi qu'eux sont Princes naturels du Royaume. Et de verité ie ne craindray point de dire, apres ce fidel rapporteur des secrets de France, du Tillet, qu'és deux premieres lignées de nos Rois, lors que la pluralité d'heritiers estoit admise au Royaume, les bastards y auoient part auec les legitimes, voire qu'ils auoient leur partage en tiltre de Royaume. Car les Annales nous tesmoignent, que Clouis premier Roy Chrestien (aussi bien que Constantin premier Empereur Chrestien) estoit bastard, voire bastard adulterin, nay de Basine femme du Roy de Turinge: & Thierry son fils naturel succeda au Royaume, auec les trois legitimes, & fut Roy de France, au tiltre d'Austrasie. Clotaire le grand estoit pareillement bastard, selon la plus commune opinion: & Sigisbert II. son bastard fut aussi Roy de France en Austrasie. Et en la seconde lignée, dont le tige, qui fut Charles Martel, estoit bastard, Louis & Carloman, bastards de Louis le Begue, furent Rois ensemblément.

87 Bastards succedoient aux deux premieres lignées.

88 Pourquoy n'ont succedé en la troisiesme.

Mais la troisiesme lignée a tousiours obserué tres-iustement, d'exclure les bastards de la succession du Royaume, selon le droict commun, establi de present, comme ie croy, en tous les Estats de la Chrestienté, où la polygamie, & le concubinage sont défendus: combien qu'anciennement les bastards succedassent auec les legitimes, mesme parmy le peuple de Dieu, où ces prohibitions n'estoient pas.

89 La race du bastard d'Amaury.

Encor trouuons-nous au commencement de cette troisiesme lignée, la maison illustre de Mont-fort, descendue d'Amaury, fils naturel du bon Roy Robert, auquel il donna le Comté de Mont-fort prés Paris, encor à present appellé de son nom, Mont-fort l'Amaury, dont sont descendus plusieurs grands Princes & Seigneurs, rapportez par du Tillet, qui en faict vne branche, ainsi que des Princes du sang, entr'autres Baudouin & Amaury, Rois de Hierusalem, Simon de Mont-fort, qui vainquit les Albigeois, vn autre Simon de Mont-fort, Comte de Licestre, beaufrere de Henry III. Roy d'Angleterre, qui le vainquit, & prist prisonnier en bataille rangée.

90 Bastards ont esté rangez à l'Eglise.

Du depuis à la verité nos Rois, craignans que les naturels fissent teste aux legitimes, quoy que ce soit, qu'ils pretendissent quelque iour la succession du Royaume, selon l'obseruance iniuste des deux precedentes races, ont pris couſtume, ie ne ſçay ſi ie doy dire auec du Tillet, de ne les aduoüer, mais bien de les ranger & dedier à l'Egliſe, ainſi qu'en ces races precedentes, on faiſoit moines ceux qu'on vouloit exclure du Royaume; ou bien, pourautant que c'eſtoit vn moyen plus commode & plus aiſé de les aduancer, & enſemble pour leur oſter l'eſperance de lignée. Mais à preſent que cette regle de les exclurre de la Couronne, eſt eſtablie par tant de ſiecles, & par vne ſi lõgue ſuitte de Rois paiſibles, que celui qui la voudroit violer, n'y gagneroit autre choſe, ſinon de ſe rendre ridicule, nos Rois ne font plus de doute, ni d'aduoüer leurs enfans naturels, ni de les laiſſer marier. Voire meſme ils les legitiment en tout & par tout, fors pour la ſucceſſion du Royaume, & ce par lettres expreſſes, qui portent clauſe, qu'ils marcheront immediatement apres les Princes du ſang, lettres qu'ils font verifier au Parlement: de ſorte qu'il ne faut nullement douter, que les enfans naturels des Rois, & tous les deſcendans legitimes d'iceux, n'ayent le titre & rang de Prince. 91 Maintenãt ſont aduoüez & mariez.

Ce qui eſt certainement bien conuenable à l'extreme reſpect & reuerence, que le peuple de France, plus que tout autre, porte à ſes Rois, & à leur ſang; en l'excellence duquel on ne doit imaginer aucune ſoüilleure ni corruption, ains au contraire ce ſang Royal purifie & ennoblit tout autre ſang, auec lequel il ſe meſle. Car il faut aduoüer, qu'il eſt d'eſtoffe & qualité trop plus noble & auguſte que celui des autres hommes: veu que Platon au 3. de ſa Republ. a dit, que ceux qui ſont nais pour commander, ſont compoſez d'autre metail que les autres. Et Ariſtote a dit encor plus à propos, que les Rois ſont d'vn genre moyen entre Dieu & le peuple. Comme donc les Poëtes appellent les baſtards des Dieux Heroës, ou demy-Dieux, auſſi pouuons-nous dire, que les baſtards des Rois ſont demy-Rois, c'eſt à dire Princes, qui eſt la qualité moyenne entre les Rois & les autres hommes. Et puiſque nous les priuons du pouuoir de commander, au moins leur deuons-nous laiſſer l'honneur ou titre honoraire de Prince, & le rang au deſſous des Princes capables du commandement ſouuerain. 92 Excellence de Baſtards de France.

Pareillement la bonté & accortiſe de nos Rois a laiſſé inſtaller en l'Ordre des Princes, les deſcendus des ſouuerainetez eſtrangeres. Ce qui ſ'eſt pratiqué bien à propos: car il en reuient beaucoup d'honneur, d'aſſeurance & d'accroiſſement à ce Royaume. Honneur, en ce qu'on voit en la Cour de France, comme vn recueil & amas des maiſons ſouueraines de la Chreſtienté: aſſeurance, entant que ces princes eſtrangers nous ſont comme des oſtages volontaires & perpetuels des alliances, que nous auons auec le chef de leurs maiſons: accroiſſement auſſi pource qu'ils apportent en France leurs moyens, leur creance & leurs amis, & ſur tout leurs genereuſes perſonnes, qui ſont autant de Capitaines au beſoin: & de verité, il faut aduoüer qu'ils ont fait de ſignalez ſeruices au Royaume. 93 Iſſus des ſouuerainetez eſtrangeres, mis au rang des Princes de France.

Auſſi en ſont-ils fort bien recompenſez: car en la grandeur & opulence de la France, ils n'y demeurent gueres, qu'ils ne ſoient appointez des principales charges, & accreus des principales ſeigneuries, & qu'ils n'y trouuent des mariages auantageux: de ſorte qu'on ne peut nier, qu'ils n'y ſoient aduancez beaucoup plus qu'ils ne pourroient eſtre en leur païs. 94 Princes eſtrangers ſont aduancez en France.

Voila donc deux ſortes de Princes recogneus en France, outre ceux du ſang, à ſçauoir les Princes François & les Princes eſtrangers; ou bien les Princes naturels, & les Princes naturaliſez: qui à la verité ne ſont les vns ni les autres ſi vrayement & proprement Princes, que ceux du ſang, pource que la principale marque du Prince eſt d'eſtre capable de ſucceder à la ſouueraineté, i'enten à la ſouueraineté du lieu, où ils veulent eſtre recogneus pour Princes: car les Seigneuries ſont bornées: & comme le ſouuerain d'vn autre Eſtat n'eſt pas ſouuerain en France, auſſi ſes parens n'y ſont pas Princes parfaictement, & de leur propre qualité; ains ſeulement en tant qu'il plaiſt au Roy les y recognoiſtre pour tels. 95 Deux ſortes de Princes, outre ceux du ſang.

C'eſt pourquoy le Parlement, qui eſt particulierement ialoux de la conſeruation des droicts de la Couronne, & par conſequent des Princes d'icelle, ne 96 Pourquoy le Parlement ne qualifie Princes indefiniement les Princes estrãgers.

97 Sont par tout ailleurs qualifiez & recogneus pour Princes.

leur a point encor passé cette qualité, au moins indefiniement & sans adiection de leur païs, pource aussi que la parfaite proprieté des mots doit estre religieusement gardée en icelui, notamment és matieres de telle importance. Mais i'estime qu'ailleurs on ne peut faillir de les qualifier Princes absolument: puisque le Roy, duquel la simple parole fait loy en telles matieres, les honore iournellement de ce titre, & en communs propos, & és actes serieux, voire mesme les maintient en ioüissance des prerogatiues attribuées aux seuls Princes: ioinct que c'est vne regle de Dialectique, que le nom du genre peut estre énoncé de toutes ses especes.

98 Princes du sang, pourquoy ainsi appellez.

99 Princes du sang sont aussi appellez Princes de la Courõne, à la distinction des Princes naturels.

Et c'est possible l'occasion pour laquelle les Princes capables de la Couronne, pour se distinguer d'auec eux (comme à la verité ils sont d'vn degré beaucoup plus éminent) se qualifient, non pas Princes simplement, mais par vne adiection de dignité particuliere, ils se nomment Princes du sang. Comme au pareil, à la distinction des Princes naturels & leurs descendans, ils se qualifient Princes de la Couronne. Car il n'y a point d'apparence, à mon aduis, en ce que dit du Haillan, qu'il n'y a que les enfans de France, qui se puissent qualifier Princes de la Couronne: attendu qu'ils ne peuuent prendre de titre plus releué, que celui de fils de France: ioint que le titre de Prince de la Couronne, selon sa droicte signification, conuient aussi bien à leurs descendans, qui sont les autres Princes du sang, comme à eux. Aussi Belle-forest, en l'auant propos des Annales de Nicole Gilles, prouue fort bien que tous les Princes du sang se peuuent qualifier Princes de la Couronne.

100 Que ce n'est à la distinction des parens feminins du Roy.

Mais il dit, que c'est à la difference des parens du Roy du costé des femmes: ce qui est encor plus esloigné de raison. Car outre que ceux-là ne sont nullemẽt Princes, il est notoire, qu'en tous cas le titre de Prince du sang ne leur peut conuenir, & partant qu'il est assez suffisant pour les distinguer d'eux. Consequemment, il faut reuenir à cette verité, que les Princes legitimes de France, pour se distinguer des naturels & leurs descendans (sans les vouloir noter en les appellant Princes bastards) se qualifient Princes de la Couronne, c'est à dire, capables de succeder à la Couronne, en quoy gist la vraye proprieté ou perfection de la principauté: pourautant que d'ailleurs le titre de Prince du sang peut aucunement conuenir aux Princes naturels, en tant que le sang concerne l'effect de la nature.

101 Priuileges de ces deux dernieres especes de Princes.

102 Leur rang.

Or tout ainsi que les Princes naturels, & aussi les naturalisez ont obtenu le titre de Prince, qui leur est à present commun auec ceux du sang, aussi ils ont troué moyen d'auoir apres eux plusieurs de leurs autres preéminences. Comme en premier lieu de marcher en rang de Princes, & partant préseder tous les grands Seigneurs, & pareillement tous les grands Officiers, sauf que les grands Officiers ne leur cedent ne deferent nullement aux actes de leur exercice, ainsi qu'ils font par honneur aux Princes du sang. Voire ces autres Princes marchent entr'eux, non selon le merite de leurs Seigneuries subalternes, mais selon leur degré de Princes. Sur quoy ie ne m'amuseray à discourir, lesquels des naturels ou naturalisez doiuent préseder, ni à traitter les autres grandes questions qui escheent au rang des vns & des autres, pource qu'il n'appartient qu'au Roy de les determiner.

103 Le Roy les qualifie ses parens.

Item comme les Princes du sang, qui sont vrais parens du Roy, sont par lui appellez, ou ses oncles, s'ils sont de beaucoup plus aagez, ou ses cousins, s'ils sont d'aage à peu prés égal, ou ses neueux, s'ils sont de plus bas aage: aussi les autres Princes sont appellez tout de mesme par sa Majesté. Voire lors que les Ducs & les Comtes de France ioüissoient des droicts de souueraineté, nos Rois leur firent l'honneur de les qualifier leurs parens: & reciproquement aussi les vrais parens du Roy prirent le titre de Prince, qui auoit esté premierement occupé par ces Ducs & Comtes souuerains de France. D'où vient que sa Majesté defere encor ce mesme honneur aux Ducs d'àpresent, bien qu'ils ne soient plus souuerains: pource qu'en matiere d'honneur on n'abaisse iamais. Ce qui se fait aussi à l'égard des Ducs & Comtes souuerains estrangers: & quant aux autres Rois de la Chreftienté, le noftre, qui eft le fils aifné de l'Eglife, les appelle fes freres.

Pareillement comme les Princes du fang font Confeillers nais du Confeil d'Eftat, auffi les autres Princes ont gaigné cét aduantage d'y auoir entrée, feance, & voix, fans auoir befoin de breuet du Roy à cette fin, comme ont les autres Confeillers d'icelui. Mais ils n'ont point d'entrée au Parlement, comme ont les Princes du fang, s'ils ne font Pairs de France. Et encor en ce cas ils y gardent le rang de leur Pairie, & non celuy de leur principauté, ainfi que les Princes du fang : dont la raifon eft, que les Princes du fang y affiftent comme Princes, & ceux-cy comme Pairs feulement. 104 Sont Cōfeillers du Confeil d'Eftat.

Finalement ils fe pretendent exempts des duels: & de verité comme on tient, qu'vn Gentil-homme n'eft tenu en poinct d'honneur, fe battre contre vn roturier : auffi tient-on qu'vn Prince n'eft obligé entrer en duel contre vn Gentilhomme, fuft-il Cheualier, voire Duc, à caufe de l'inegalité de condition, & qu'en matiere de duel il faut auoir fon pareil. Mais i'eftime, qu'il n'y a point de difficulté que ceffant les ordonnances prohibitiues des duels, les Princes autres que du fang, ne fe puiffent battre en duel les vns contre les autres: bien que cela ne feroit approuué entre les Princes du fang, pource qu'il n'eft pas à beaucoup prés de telle importance à la France, que leur fang foit efpargné, que celui de France. 105 S'ils font exempts des duels.

SOMMAIRE DV HVICTIESME CHAPITRE.

DES ORDRES DV TIERS ESTAT.

CHAPITRE VIII.

1 Tiers Estat n'est vray Ordre.

ENTANT que l'Ordre est vne espece de Dignité, le tiers Estat de France n'est pas proprement vn Ordre: car comme ainsi soit qu'il comprend tout le reste du peuple, outre les Ecclesiastiques, & les Nobles, il faudroit que tout le peuple de France, sans exception, fust en dignité. Mais entant que l'Ordre signifie vne condition ou vacation, ou bien vne espece distincte de personnes, le tiers Estat est l'vn des trois Ordres ou Estats generaux de France: qui neantmoins en l'antique Gaule n'estoit mis en conte, ni tenu en aucun respect ou égard, dit Cesar au 6. liu. *De Bello Gallico. In omni Gallia eorũ hominũ, qui in aliquo sunt numero & honore, genera sunt duo, alterum Druidum alterũ Equitum. Nam plebs penè seruorum habetur loco, quæ per se nihil audet, nullique adhibetur concilio.* Et suiuant cela M. Pasquier au 7. chap. de son second liure des Recherches, remarque fort à propos, qu'és deux premieres lignées de nos Rois, il n'estoit aucune mention du tiers Estat, & que le simple peuple n'estoit point appellé aux assemblées generales, qui se faisoient pour la reformation de l'Estat, qui lors estoient dites Parlemens, & qu'à present nous appellons Estats generaux: ains qu'il n'y auoit que les Prelats, & les Barons, c'est à dire, les principaux du Clergé & de la Noblesse: d'où vient que nos Cours de Parlement d'àpresent sont composées de clercs, & de lais, qui estoient iadis gens d'espée & de courte robe, comme les anciens liures font foy.

2 N'estoit mis en compte en l'anciennè Gaule.

3 Ni en ce Royaume anciennement.

4 Parlement ancien.

5 Origine du tiers Estat de France.

Il adiouste, qu'en la troisiesme lignée, nos Rois ayans pris coustume de demander vn secours ou subside d'argent au menu peuple, pour la necessité des guerres, afin d'en tirer son consentement (sans lequel de ce temps-là ne se faisoit aucune leuée de deniers) ils l'appellerent desormais en ces assemblées, qui à cette cause ont esté appellées Estats generaux. C'est pourquoy on appelle le menu peuple tiers Estat, comme l'Ordre des Cheualiers Romains, est par Pline, liu. 33. de son histoire, chap. 1. appellé le tiers Ordre, pource qu'il fut adiousté aux deux autres, qui estoient instituez long temps auparauant. Et ce tiers Estat de France est de present en beaucoup plus grand pouuoir & authorité qu'il n'estoit iadis, pource que les Officiers de la iustice & des finances en sont presque tous, depuis que la Noblesse a mesprisé les lettres, & embrassé l'oisiueté. La Noblesse, dis-je, du corps de laquelle estoient anciennement choisis les Iuges, & (comme prouue bien Fauchet en ses Origines chap. 1. *Des Cheualiers*) & aussi les principaux Officiers des finances, ainsi qu'à Rome les Cheualiers, furent fort long temps les Iuges, & tousiours les Publicains & principaux financiers furent de leur corps, mesme les Questeurs, ou Intendans des finances estoient le plus souuent pris d'entre les Senateurs.

6 Officiers de iustice, & des finances sont la pluspart du tiers Estat.

7 Bourgeois, bourg, ville.

Car le mot de tiers Estat est plus ample que celui de Bourgeois, qui ne comprend que les habitans des villes, lesquels en vieil François, & encor maintenant en Alleman, s'appellent bourgs, d'où vient que nous appellons fors-bourg, ce qui est hors le bourg, & les villes signifioient anciennement les maisons des champs, ainsi que le Latin *villæ*, d'où procede, que la plus-part des villages de Beausse retiennent encor la terminaison de ville, à la suitte du nom de leur ancien Seigneur, & de present les villageois appellent en plusieurs contrées leurs villages, villes.

8 Bourgeois ne comprend pas tous les habitans des villes.

Encor le terme de bourgeois ne comprend-il pas propremẽt tous les habitans des villes. Car les nobles, ores qu'ils facẽt leur demeure dans les villes, ne se qualifient pas bourgeois, pource que la Noblesse est vn ordre du tout separé du tiers Estat, auquel la bourgeoisie conuient: c'est pourquoy le bourgeois est ordinairement opposé au noble, comme quand nous disons la garde Noble & bourgeoise. Et d'ailleurs les viles personnes du menu peuple n'ont pas droict de se qualifier bourgeois: aussi n'ont-ils pas part aux honneurs de la cité, ni voix aux assemblées, en quoy consiste la bourgeoisie.

Qui plus est, à parler proprement, les bourgeois ne sont pas en toutes les villes, ains seulement és villes priuilegiées, qui ont droict de corps & communauté. Car estre citoyen ou bourgeois, comme Plutarque definit tres-bien *in Solone*, est auoir part aux droicts & priuileges d'vne cité: de sorte que si la cité n'a communauté & corps de ville, Officiers ni priuileges, elle ne peut auoir de bourgeois. Ainsi sont-ils dicts en droict *municipes à muneribus capiendis*, comme le discourt Bodin au 6. chap. du premier liure, soustenant qu'en nostre langue, *bourgeois*, ha ie ne sçay quoy de plus special, que citoyen. 9 Bourgeois ne signifie que les habitans des villes priuilegiées.

Or en France, ainsi qu'à Rome, il y a plusieurs Ordres ou degrez au tiers Estat: & comme les Romains auoient *Tribunos ærarij, scribas, mercatores, apparitores, artifices, opifices, & turbam forensem*: aussi nous auons en France les gens de lettres, les financiers, les praticiens, les marchands, les laboureurs, les ministres de Iustice, & les gens de bras: de tous lesquels il faut parler separément. 10 Ordres ou vacations du tiers Estat.

Pour l'honneur deu à la science, i'ay mis au premier rang les gens de lettres; dont les Romains ne faisoient point d'Ordre à part, ains les laissoient meslez dans les trois Estats: aussi ils n'auoient pas tant de personnes que nous, qui eussent les lettres pour leur profession & vacation speciale, & si peu qu'ils en auoient, ils les reduisoient en milices, qui estoient Offices quasi perpetuels: de sorte qu'ils leur faisoient plus d'honneur que nous, & leur donnoient de tres-grands priuileges, comme il se voit au tit. *De profess. & medic.* Aussi n'y en auoit-il que certain nombre, au lieu qu'en France on en reçoit autant qu'il s'en presente de capables. 11 Des gens de lettres.

Or nos gens de lettres sont diuisez en quatre facultez ou sciences principales, à sçauoir, la Theologie, la Iurisprudence (sous laquelle ie comprend le droict ciuil & canon) la Medecine, & les arts, qui cõprennent la Grammaire, Rhetorique, & Philosophie: & en chacune de ces quatre facultez il y a trois degrez, sçauoir est, de Bachelier, de Licencié, & de Docteur ou maistre. 12 Quatre facultez des gẽs de lettres.

Le Bachelier (dont l'etymologie a esté expliquée au chap. 6.) est celui qui ayant acheué ses estudes, est admis au cours de la faculté, pour aspirer au Doctorat ou maistrise: le Licencié est celuy, qui ayant acheué son cours, & fait tous les actes & espreuues requises, est declaré capable d'obtenir le grade du Docteur, ou maistre; c'est pourquoy il a presque les mesmes aduantages que le Docteur: bref le Docteur maistre est celuy, qui ayant solennellement receu les marques & enseignes de cette dignité, obtient la puissance d'enseigner publiquement les autres, & leur conferer le mesme degré, laquelle puissance n'a pas le simple Licencié. 13 Le Bachelier Licencié & Docteur ou maistre.

Ie ne m'amuseray point à reciter icy les ceremonies qu'on garde à la collation de chacun degré, pource qu'elles sont differentes selon les diuerses facultez, & encor selon les diuerses vniuersitez, esquelles ces degrez se baillent, n'estans ces ceremonies inuentées, que pour maintenir d'auantage l'honneur des sciences par ces apparences exterieures. Tant-ya que tous ces Ordres ou degrez sont dignitez de l'eschole. Mais voicy vn autre Ordre ou dignité de gens de lettres, qui au sortir de l'eschole est conferée publiquement par le Magistrat, sçauoir est celle d'Aduocat, qui ne peut estre conferée qu'à ceux qui ont desia le degré de Docteur, ou pour le moins de Licencié au droict ciuil ou canon. 14 Ceremonies à conferer ces degrez. 15 Des Aduocats.

Les Romains appellent premierement Aduocats, ceux qui assistoient les parties de leur simple presence, lors que leur cause estoit plaidée par ceux qu'ils appelloient *patronos causarum. Qui defendit alterum in iudicio, inquit Asconius, aut Patronus dicitur, si orator est, aut Iurisconsultus, si ius suggerit: aut Aduocatus si præsentiam suam amico commodat: aut Procurator, si negotium suscipit: aut cognitor, si præsentis causam nouit, & sic tuetur vt suam. Sed hodiè his nominibus abutimur, & aduocamus patronum, inuocamus iudicem, prouocamus aduersarium, euocamus testem.* Voire en fin on appella generalement Aduocats, *omnes omnino qui in causis agendis quoque studio operabantur*, dit la loy, 1. §. *Aduocatos. D. De extraord. cognit.* 16 Aduocats qui estoient à Rome.

17 Aduocats plaidans de Rome distinguez des Iurisconsultes. Neantmoins en prenant les Aduocats en leur particuliere signification, ils estoient distinguez d'auec les Iurisconsultes, ceux-là estans les Aduocats plaidans, & ceux-cy les consultans, qui toutesfois estoient à Rome deux vacations du tout differentes. Car les Aduocats ou Orateurs ne deuenoient point Iurisconsultes, comme nos Aduocats plaidans deuiennent consultans, pource qu'à nous ce n'est qu'vne mesme vacation, de sorte que la plaidoyerie les porte à la consultation, par le progrez de l'aage, & merite de l'experience.

18 Des Aduocats plaidans de Rome en l'Estat populaire. Les Orateurs ou patrons des causes estoient les Aduocats plaidans, qui estoit vn exercice si honorable parmy les Romains, que les Senateurs de Rome, & autres grands personnages y passoient leur ieunesse : voire c'estoit le principal moyen en l'Estat populaire des Romains, de paruenir aux grandes charges, que d'estre bon Aduocat : pource que defendant les causes gratuitement, comme ils faisoient, ils obligeoient estroictement à eux infinies personnes, & acqueroient par consequent vn grand nombre de cliens (ainsi appelloient-ils ceux dont ils auoient defendu les causes) & par consequent vn tres-grand support & auctorité parmy le peuple, qui leur seruoit beaucoup pour paruenir aux grands Offices, qui estoit le comble de leur aduancement. Ioinct que ceux qui sçauoient bien haranguer, auoient vn grand aduantage és assemblées du peuple, lequel se mene volontiers par les aureilles : de sorte qu'és Estats populaires les Aduocats sont ordinairement les premiers en puissance & auctorité.

19 Et sous les Empereurs. Mais sous les Empereurs cette auctorité fut fort rabaissée, comme dit l'Autheur du Dialogue *De Oratoribus* attribué à Tacite: pource que la faueur populaire ne seruoit plus de rien, pour obtenir les grandes charges. Et ce fut lors que ne pouuant plus estre recompensez que par argent, ils deuindrent mercenaires. Neantmoins les Empereurs ne les voulant laisser dechoir tout à faict, les reduisirent en Milices, leur attribuant par consequent tous ces beaux priuileges qu'auoient les soldats, & encor d'autres particuliers, notamment cestuy-cy, qu'apres auoir exercé leur charge l'espace de vingt ans, ils deuenoient Comtes, *l. 1. C. De Aduocat. diuers. Iudicum.* Car en leur rang de patronnage ils deuenoient Aduocats du fisque, & ayāt fait cette charge l'espace d'vn an, puis de deux ans, ils n'estoient plus Aduocats, *l. Cum aduocatio. & l. Sancimus. C. De Aduocat. diu. iud.* qui est ce que la loy *Iubemus* appelle *finem professionis.* & c'estoit alors qu'ils deuenoient Comtes, comme estans destinez aux grands Offices : de sorte que c'est ainsi qu'il faut entendre ce traict vulgaire de Tacite *Aduocatorum tum incipere dignitates, cùm finiunt actiones.* Vray-est, que du temps de Valentinian, pour la penurie qu'il se trouua d'Aduocats, ils furent faicts perpetuels, *Nou. Valent de confirm. his qui ad min. vel off. pub. ger.* ce qui fut peu apres corrigé par vn autre belle Nouelle de Valentinian & Martian, rapportée par Cujas *lib 18. Obseru. cap. 22.*

20 Aduocats n'estoient perpetuels.

21 Iurisconsultes. Quant aux Iurisconsultes, ils n'estoient pas pendant la Republique en si grande estime à Rome que les Orateurs, qui leur ostoient le lustre, eux estans alors comme leurs ministres *monitores & suggestores postici*, dit Budée, *qui ius & formulas Patronis agentibus suggerebant*: Mode venuë des Grecs, qui les appelloient πραγματικοὺς comme dit Ciceron *lib. 2. De oratore*, *Quintilian. lib. 3. cap. 8. & lib. 12. cap. 3.* Ils estoient aussi appellez *Formularij* & *Legulei*, pource qu'ils auoient inuenté certaines formules ou cabale incogneuë au reste du peuple; que mesme ils escriuoient en notes ou chiffres, comme font les medecins leurs recipez, afin qu'il n'y eust que ceux de l'Estat, qui les peussent lire & entendre, & neantmoins auoient gaigné ce poinct sur les Iuges, que qui y failloit d'vne syllabe, perdoit sa cause: occasion pourquoy Ciceron les appelle *aucupes syllabarum.* Bref ils ressembloient du tout à nos chicaneurs de Cour de Rome, qui aussi s'appellent praticiens.

22 *Pragmatici, seu Formularij.*

23 Quand ont commencé à estre en honneur. Mais apres que *Cneus Flauius* eut diuulgué & communiqué au peuple leur secret, plusieurs s'estudierent desormais à philosopher plus liberalement sur le droict, dont parmy les beaux esprits de Rome, il se fist incontinant vne belle science, de laquelle ceux qui estoient doüez s'appelloient *Iurisperitos*, *Iurisconsultos*, *seu Iurisprudentes*, ou bien simplement *prudentes*, & *sapientes*, qui en fin paruindrent

drent à vn grand respect, pour le besoin que chacun en auoit. Et sur tout les Empereurs leur donnerent vne grande auctorité, quand ils ordonnerent que les Iuges seroient tenus suiure leur aduis en iugeant, comme il est dit aux Institutes.

Aussi auoient-ils trois functions principales, *cauere, de iure respondere, & iudicare, seu assidere Magistratibus. Cauere*, c'estoit conseiller les parties, qui estoit l'vnique function des antiques praticiens. *De iure respondere*, estoit donner aduis aux Iuges sur le poinct de droict, és procez prests à iuger. *Iudicare denique, seu assidere Magistratibus*, estoit estre Assesseurs, ou Commissaires deleguez des Magistrats pour instruire, & quelquesfois pour iuger les procez, soit auec eux, ou sans eux. 24 Leurs trois functions.

Ils auoient encor vne autre authorité, c'est que quand il suruenoit quelque difficile question dans Rome, ils s'assembloient tous ensemble pour la disputer & concerter, & cette conference estoit appellée *Disputatio fori*, dont Ciceron fait mention *lib.1. Ad Q. fratrem*, & aux Topiques : & ce qu'ils resoudoient en telles assemblées, estoit appellé *decretum, seu recepta sententia*, qui estoit vne espece *Iuris non scripti*, comme discourt fort notablement *Reuardus* en ce docte liure *De auctoritate prudentum, cap 14. & 15.* 25 *Disputatio fori, decretum, seu recepta sententia.*

Bref ils auoient encor cet honneur, qu'ils estoient volôtiers appellez à la suitte & au conseil des Empereurs, comme il se collige de la loy 30. *D. De excus. Iurisperito in consilium Principum assumptos, optimi maximique Principes nostri constituerunt à tutelis excusandos, quia circa latus eorum agerent, ac honor delatus finem certi temporis & loci non haberet.* Et en la loy 11. §. *Ex facto. D. De minor.* il est dit que le Iurisconsulte Menander fut excusé de tutelle, *quia circa Principem erat occupatus*, & est appellé pour cette cause *Consiliarius Menander.* Ce qui commença dés le temps de l'Empereur Adrian, qui comme dit Spartian en sa vie, *Cum iudicaret in consilio habuit, non amicos solùm aut comites, sed Iurisconsultos, præcipuè Iulium Celsum, Saluium Iulianum, Neratium Priscum, aliósque, quos tamen Senatus omnis probasset.* Et Lampride *in Alex. Seuero, Ideo, inquit, summus Imperator fuit, quòd Vlpiani consiliis præcipuè Rempub. rexit*: & peu auparauant il auoit dit, que *nullam constitutionem sacrauit sine viginti Iurisperitis, &c.* 26. Iurisconsultes estoient ordinairemẽt Conseillers des Empereurs.

Mais ce qui commença de leur donner plus de vogue & de lustre fut, qu'Auguste leur enioignit de prendre lettres de luy, & partant ils furent tenus pour Officiers de l'Empereur: dont du depuis l'Empereur Adriã se mocqua à bon droict, disant, que ce n'estoit pas à l'Empereur d'octroyer la capacité requise pour estre Iurisconsulte, côme rapporte Caius en la loy 2. *De orig. iur.* vers la fin. Tant y a que desormais les Iurisconsultes, consultans par l'auctorité de l'Empereur, estoient comme Officiers publics, *& in perpetuo Magistratu*: au moins comme *Manilius* qualifie le Iurisconsulte, 27 Prenoient lettres de l'Empereur pour consulter.

Perpetuus populi priuato in limine Prætor.

Voila comme en vsoient les Romains de temps en temps, mais en France nous n'auons point separé les Orateurs d'auec les Iurisconsultes, ains les comprenons tous sous l'Ordre, & sous le nom d'Aduocats, dont les vns sont plaidans, & les autres consultans, qui est la retraicte d'hõneur de leur vieillesse. Car c'est la recompense du labeur de leur vie passée, que ceux qui ne peuuent plus porter le trauail & contention de la plaidoirie, & ausquels aussi l'aage continué parmy les affaires, a acquis plus de capacité & d'experience, donnent desormais conseil aux plus ieunes. Aussi en l'audience des Parlemens, ces Aduocats ont à part leur banc & seance sur les fleurs de lis, ainsi que les Iuges de prouinces, & ont aussi leur titre à part és anciennes ordonnances de Parlement, où ils sont appellez *Aduocati consiliarij*, comme ils sont titrez en la loy *Consiliarij. D. De offic. assess. l. 3. eod. tit. Cod. Iustin. & l. 1. Cod. Theod.* Titre qui sera expliqué cy apres. Et se voit aussi dans les anciens praticiens François, que iadis les Aduocats estoient Conseillers, pource que c'estoit eux qui conseilloient les Iuges tant à l'audience, qu'au Conseil. 28 Aduocats plaidans de France deuiennẽt consultans. 29 Aduocats consultans, iadis appellez Cõseillers.

Ce qui a donné suject de mettre des Conseillers en titre d'Office au lieu d'eux, lors qu'apres la venalité des Offices establie, on a reduit en Offices toutes sortes de functions honnestes, afin de les vendre. Et ces Conseillers erigez en titre d'Office, ont esté appellez Conseillers Magistrats, à la difference des Con- 30 Pourquoy les Cõseillers Presidiaux sont appellez Conseillers Magistrats.

seillers d'auparauant, qui estoient les anciens Aduocats, non Officiers : dont du Moulin se plaint fort sur les coustumes, disãt qu'il ne se voyoit pas beaucoup près tant d'appellations auparauant, pource que les procez estoient iugez par des anciens Aduocats, au lieu que maintenant ils sont iugez par des ieunes Conseillers ignorans pour la pluspart, n'y ayant gueres d'autres qui achetent ces petits Offices, que ceux qui ne sont capables d'estre Aduocats.

31 Des Financiers. Apres les gens de lettres doiuent, à mon aduis, venir en rang les financiers, qui à Rome tenoient le premier Ordre du menu peuple, estãs appellez *Tribuni, seu Quæstores ærarij*, comme il a esté dit au chap. 2. mesme par la loy *Aurelia* leur fut communiqué le droict de iuger les causes auec les Senateurs & Cheualiers. Ce

32 Estoient fort honorez à Rome. que Dion interpretant dit, qu'ayant esté resolu, que tous les trois Ordres du peuple Romain participeroient aux iugemens, pource que l'Ordre du menu peuple estoit trop ample, on prist seulement les tribuns des finances, comme les principaux & plus honorables d'iceluy, pour estre ceux qui seroient iuges auec les Senateurs & Cheualiers. Et qui plus est, les partisans appellez *Publicani*, estoient de l'Ordre des Cheualiers, comme il sont encor Gentils-hommes à Venise, & en plusieurs autres païs.

33 Finances, quoy proprement. I'appelle financiers tous ceux qui s'entremettent du maniement des finances, c'est à dire des deniers du Roy, soit Officiers, ou non. Car nous parlons icy des Ordres, ou plustost des vacations simples, qui sont compatibles auec les Offices. Mesmement c'est la verité, qu'anciennement les charges de finance n'estoient point Offices, ains simples commissions, comme i'ay prouué ailleurs : & encor la plus part d'icelles estoient deferées par le peuple, lequel, lors qu'il accordoit quelque leuée de deniers au Roy, nommoit quand & quand des gens pour la departir & égaler, premierement par les prouinces, qui s'appelloient generaux,

34 Sont presque tous Officiers à present. puis sur les parroisses qui s'appelloient esleus, & finalement sur les particuliers habitans de chacune parroisse, qui s'appellẽt encor à present Asséeurs. Mais depuis que la venalité des Offices est venuë en vsage, il n'y a si petit exercice de finance, dont on n'ait fait vn Office. Et pource qu'il y a ordinairement peu d'honneur, & peu de pouuoir aussi en ces Offices, on leur a attribué beaucoup de gages: ioint qu'il est raisonnable, que comme celui qui manie la poix, en retient quelque chose en ses doigts, aussi ceux qui manient les finances, en prennent par leurs mains leur part : à quoy volontiers ils ne s'oublient gueres.

Les praticiens ou gens d'affaires vont apres, desquels est fait mention en la loy *Moris. §. Nonnumquam. D. De pœnis*, & par Iuuenal,

——Si contigit aureus vnus
Inde cadent partes in fœdera pragmaticorum.

35 Des praticiens de longue & courte robe. Et sont tous ceux qui outre les Iuges & les Aduocats, gaignent leur vie aux affaires & procez d'autrui. Il y en a de deux sortes, à sçauoir, ceux de longue robe, qui sont à nous les Greffiers, Notaires, Procureurs, & estoient par les Romains appellez Scribes: & ceux de courte robe, qui sont à nous les Sergens trompetes, priseurs-vendeurs, & autres semblables, qui estoient particulierement appellez *Apparitores Magistratuum*, & constituoient vn Ordre distinct de celui des Scribes: car l'ordre des Scribes presedoit celui des marchands, mais celui des appariteurs le suiuoit. Et de mesme en France les praticiens de robe longue marchent deuant les marchands, mais ceux de courte robe marchent apres, & neantmoins les vns & les autres l'ont compris sous le nom de praticiens.

36 Des Procureurs. Quant aux Greffiers & Notaires, il en a esté amplement traitté au second liure des Offices, & quant aux Procureurs, il n'est question icy, que de ceux que nous disons *ad lites*, & non pas de ceux *ad negotia* qui en droict sont appellez *Procuratores & mandatarij*. Mais les Procureurs aux procez estoient, selon Budée, appellez à Rome; *Cognitores. Cic. pro Roscio. Quid interest inter eum qui per se litigat, & qui cognitorem dat? nimirum qui per se litem contestatur sibi soli petit: alteri nemo potest, nisi qui cognitor est fa-*

37 Cognitor & Procurator. *ctus*. Combien que Asconius au passage nagueres rapporté, distingue tout autrement *Cognitorem à Procuratore, vt nimirum Procurator sit, qui absentis negotium suscipit; Cognitor, qui causam præsentis sic tuetur, vt suam.*

Quoy qu'il en soit, c'est chose bien certaine que les Romains auoient l'vsage des Procureurs *ad lites*, comme il paroist *ex l. 86. D. De solut. l. 14. D. De pactis. l. 66. §. Si secundus. D. De euict. l. 1. C. Si tutor vel cur. D. l. Non per alium & ext. & l. 3. C. Eod. l. 4. §. Si quis. D. De alienat. iud. mut. cau. fa.* & de plusieurs autres loix: d'où vient qu'il est dit en la loy 4. §. *vlt.* D. *De appellat.* que *per contestationem Procurator dominus litis efficitur.* Vray est, qu'ils n'estoient pas necessaires à Rome en toutes causes, non plus qu'en la vieille pratique de France, où il falloit obtenir du Roy cette grace & priuilege d'estre receu à plaider par Procureur, comme il se voit au vieil style du Parlement. 38 Les Romains vsoient de Procureurs ad lites.

Mais lors que nostre pratique ou chicanerie s'est accreuë, afin que les parties ne fussent contrainctes, comme au droict Romain, de comparoir en personne à toutes les assignations de la cause, dont à l'entrée d'icelle elles bailloient la caution *iudicio sisti*, que nous disons estre à droict, nous auons trouué cét expedient, de constituer vn Procureur en toutes causes, qui desormais comparoisse pour nous, & ausquels Procureurs nous baillons telle auctorité & les tenons tellemẽt necessaires, que sans eux les parties ne sont pas auiourd'huy receuës à cõparoir en iugement és causes ciuiles, mesme elles ne les peuuent pas reuoquer, apres qu'ils ont vne fois comparu & occupé en la cause, sinon que par le mesme acte de reuocation il en soit constitué vn autre au lieu du reuoqué. 39 Pourquoy les Procureurs sont en France necessaires à tous plaideurs.

L'vsage donc des Procureurs estant deuenu necessaire en toutes causes, & à toutes les parties plaidantes, ce n'est pas de merueille que ce soit auiourd'huy vne vacation particuliere, voire vne vacation fort lucratiue, veu que la loy dit, qu'ils sont les maistres des causes; aussi le sont-ils bien cognoistre. Tant-y a que pour le pouuoir qu'ils y ont, il a esté bien necessaire de n'y pas admettre indifferemment toutes sortes de personnes, ains d'en faire vn vray Ordre de gens triez & choisis, examinez & trouuez capables, & encor les restraindre à certain nombre; pource que la multitude des Procureurs, est la multiplication & allongement des proces: d'autant que ceux qui ont peu de causes desirent ordinairement les multiplier & allonger, & comme ils le veulent, ils le peuuent aisément. 40 Leur pouuoir és causes.

Ie dy doncques, que c'est vrayement vn Ordre, que celui des Procureurs, & non pas vn Office: attendu qu'ils n'ont point de function publique: & combien qu'ils soient limitez à certain nombre, comme estoient les Aduocats en l'Empire Romain: si est-ce que, & les Senateurs de Rome, & les Clercs de la primitiue Eglise, *quorum erat numerus determinatus*, tesmoin la Nou. 8. *Vt sit determinatus numerus clericorum*, ne laissoient pas pourtant d'estre Ordres, & non pas Offices, comme il a esté prouué cy deuant. 41 Que c'est vrayement vn Ordre.

Vray est, qu'en l'an 1572. les Procureurs furent erigez en titre d'Office: mais cét Edict n'a encor esté executé à l'égard de ceux du Parlement, ains fut reuoqué par tout aux Estats de Blois art. 241. & ayant depuis esté renouuellé, il fut derechef reuoqué en l'an 1584. puis restably encor en l'an 1587. & neantmoins ne peut estre executé en ceux du Parlement, lequel à cette occasion demeura fermé plus de 15. iours: ayant tous les Procureurs d'icelui pris resolutiõ de quitter leurs charges, plustost que de les achepter: de sorte qu'en fin il fut reuoqué pour la troisiesme fois. Toutesfois en la pluspart des sieges Royaux on ne laisse pas de l'obseruer, encor que ie ne sçache point qu'il ait esté restabli depuis cette derniere reuocation de l'an 1587. & de leuer les Offices de Procureurs aux parties casuelles, soit qu'ils vaquent par resignation ou par mort. Car en ce lieu-là on ne refuse point la cire pour l'argent. 42 Erigez en Offices, puis supprimez.

Mais és autre sieges, où on n'a point pris coustume de leuer ces charges aux parties casuelles comme Offices, pource que leur nombre est neantmoins limité, quand vn Procureur veut quitter sa place à son fils, son gendre, ou son neueu, il le fait, non par vne vraye resignation, qui n'a lieu és Ordres, mais par vne simple démission: dont a esté parlé au 1. chapitre de ce liure: & toutesfois cette démission a presque pareil effect que la resignation, attendu qu'il a esté iugé par plusieurs arrests, que le Iuge n'en peut admettre d'autre, que celuy en faueur duquel elle est faicte; voire mesme qu'il ne le peut refuser estant capable, 43 Demission des Procureurs.

principalement s'il est personne conioincte à celuy qui se demet en sa faueur: mais il n'y faut point de lettres du Prince, & si celuy qui s'est ainsi démis, ne laisse de garde la qualité de Procureur, bien qu'il n'en puisse plus faire l'exercice, comme il a esté dict au mesme lieu: combien que les Aduocats, qui auoient fait leur temps, ne laissent encor d'estre admis à plaider pour leurs plus proches parens, comme il est dit en la loy 3. & 5. C. De *Aduoc. diuers. Iudicum.*

44 Qualitez necessaires aux Procureurs. Et pour monstrer que c'est vn Ordre, & mesme vne communauté licite que celle des Procureurs, c'est que par l'ord. de l'an 1551. art. 9. il est dit expressément, qu'il faut que celui qui se veut faire receuoir Procureur, soit trouué suffisant par les autres Procureurs du siege, comme c'est l'ordinaire és communautez des Ordres, & non pas aux compagnies d'Officiers: outre est requis, qu'il ait exercé la pratique par cinq ans au moins, & au Parlement par dix ans, puis qu'il soit informé de ses mœurs, & finalement que sa capacité soit examinée, ce qui est commun aux Offices & aux Ordres d'importance. Et combien qu'vn Aduocat puisse estre receu à dixsept ans, suiuant la loy 1. §. *Initium. De postulando.* Neantmoins l'aage de vingt cinq ans est requis aux Procureurs par les ordonnances, pource qu'ils cõtractent iournellemẽt auec les parties, & pour elles en iugemẽt.

45 Des marchands. Apres les principaux praticiens, suiuent & à Rome & en France les Marchands, tant pour l'vtilité, voire necessité publique du commerce, dit la loy 2. *De nundinis*, que pour l'opulence ordinaire des marchands, qui leur apporte du credit & du respect: ioint que le moyen qu'ils ont d'employer les artisans & gens de bras, leur attribue beaucoup de pouuoir dans les villes: aussi les marchands sont les derniers du peuple, qui portent qualité d'honneur, estans qualifiez honorables hommes, ou honnestes personnes, & bourgeois des villes: qualitez qui ne sont attribuées, ni aux laboureurs, ni aux sergens, ni aux artisans, & moins encor aux gens de bras, qui sont tous reputez viles personnes, comme il sera dit tout incontinant.

46 Des laboureurs. Mais quant aux marchands, Aristote, bien que coustumier de les mespriser, neantmoins au 4. liu. des Polit. chap. 3. les met au rang des personnes honorables: & Ciceron *pro lege Manil.* dit *Negotiatorum Ordinem fauore dignum esse*, & Callistrate en la loy *Eos. De Decur.* dit que ceux-là mesme, qui vendent les menuës denrées, *non debent haberi inter viles personas, nec ab honoribus omnino arcendi sunt*, c'est pourquoy i'ay dit qu'ils se qualifient bourgeois, pource qu'ils ont part aux priuileges, & sont capables des Offices des villes, qui ne doiuent estre communiquez aux artisans & gens mechaniques: mesme par les anciennes ordonnances, les marchands semblent estre seuls capables des charges des villes, pource que les Officiers du Roy, & les Aduocats, & encor les praticiens en sont excluds: & c'est possible pourquoy le premier Officier de la ville de Paris est appellé Preuost des Marchands.

47 Des laboureurs. Les laboureurs doiuent à mon aduis, suiure les Marchands, & préseder les praticiens de courte robe, comme à Rome ils présedoient *Apparitores Magistratuum*: veu qu'Aristote au lieu sus allegué les prépose aux Marchands, & veu ce qui a esté dit au 2. chap. de ce liure, qu'à Rome *tribus rusticæ erant honoratiores vrbanis*; comme aussi on voit en France, que la vie rustique est la vacation ordinaire de la Noblesse, à laquelle la marchandise déroge. Vray est, que par les laboureurs, i'enten ceux qui ont pour vacation ordinaire de labourer pour autruy comme fermiers: exercice qui est aussi bien defendu à la Noblesse comme la marchandise. Mais quoy que ce soit, il n'y a point de vie plus innocente, ni de gain plus selon Nature que celuy du labourage, que partant les Philosophes ont préferé à toute autre vacation. Et au contraire en la police de France, nous les auons tant rabaissez, voire opprimez, & par les tailles, & par la tyrannie des Gentils-hommes, qu'il y a suject de s'emerueiller comment ils peuuent subsister, & comment il se trouue des laboureurs pour nous nourrir. Aussi voit-on que la plus-part d'entr'eux ayment mieux estre valets & chartiers des autres, que maistres & fermiers.

Quoy que ce soit, nous reputons auiourd'huy les laboureurs, & tous autres gens de village, que nous appellõs paysans pour personnes viles : & de fait le mot de villain selon Budée vient de *villa & villicus*, non pas de ville ainsi qu'a dit Bodin, sinon entant que ville signifie village, qui est sa premiere signification, comme ie vien de dire. Et c'est dés le temps des Romains, que les plus grands ont assujety à eux les gens de village, qu'ils appelloient *colonos & glebæ addictos*, & qu'en France iadis nous appelliõs *gens de pôte*, gens de mainmorte, ou de suitte. Dont il y a vn beau tesmoignage dans Cesar, au 6. liure *De bello Gallico*. *Plerique è plebe*, dit-il, *dum ære alieno, aut magnitudine tributorum, aut iniuria potentiorum premuntur, sese in seruitutem dicant Nobilibus : in hos eadem omnia sunt iura, quæ dominis in seruos.* 48 Sont personnes viles.

Les artisans ou gens de mestier sont ceux qui exercent les arts mechaniques, ainsi appellez à la distinction des arts liberaux : pource que les mechaniques estoient iadis exercez par les serfs & esclaues. Et de fait nous appellons communément mechanique, ce qui est vil & abiect. Neantmoins, pource qu'à ces arts mechaniques il gist beaucoup d'industrie, on y a fait des maistrises, ainsi qu'aux arts liberaux. Et l'ordonnance veut qu'on soit trois ans apprenty sous vn mesme maistre sans changer, sur peine de recommencer l'apprentissage : puis on deuient compagnon, qu'on appelloit anciennement Bachelier, c'est à dire pretendant & aspirant à la maistrise : & ayant esté encor trois ans compagnon à trauailler chez les maistres, on peut estre receu maistre, apres auoir fait espreuue publique de sa suffisance, qu'on appelle chef d'œuure, & par icelui esté trouué capable. Chose tres-bien instituée, tant afin qu'aucun ne soit receu maistre, qui ne sçache fort bien son mestier, qu'afin aussi que les maistres ne manquent, ni d'apprentifs, ni de compagnons, pour les ayder à leurs ouurages. 49 Des artisans, ou gens de mestier. 50 Bel ordre en leurs maistrises.

Toutesfois ce bel ordre s'en va perdu, du moins aux petites villes, par le moyen des maistrises de lettres, qui sont dispenses tant d'apprentissage, bachelerie, que du chef d'œuure, lesquelles le Roy baille à son aduenement à la Couronne, la Royne apres son mariage, Monsieur le Dauphin, & encor maintenant les autres enfans du Roy, masles ou femelles, apres leur naissance, où la Royne pour eux, & finalement le premier Prince du sang apres sa declaration. Ce qui est prouenu de ce que cõme les Officiers domestiques de ces Princes sont priuilegiez, aussi les artisans qu'ils choisissoient iadis de chascun mestier pour les seruir, estoient presumez dignes d'estre maistres. Et cela s'est augmenté de telle façon, qu'en fin on a toleré que ces Princes donnent vne lettre de retenuë de chascun mestier en chacune ville iurée, mais à present le Roy leur donne pouuoir d'en bailler deux, & quelquesfois trois : & encor on fait naistre tant de nouueaux subiects, pour donner ces lettres, qu'il n'y a pas assez d'artisans pour les leuer dans les petites villes, en la plus part des mestiers. De sorte qu'à la fin tous les artisans deuiendront comme Officiers du Roy, & des Princes, par le moyen de ces lettres, si ce desordre continuë. 51 Lettres de maistrises données par le Roy & les Princes.

Or combien que les artisans soient proprement mechaniques, & reputez viles personnes, il y a toutesfois certains mestiers qui sont mestier & marchandise tout ensemble, esquels, entant qu'ils sont mestiers, on est receu par les mesmes façons des simples mestiers : mais entant qu'ils participent de la marchandise, ils sont honorables, & ceux qui les exercent ne sont point mis au nombre des viles personnes, ains *à digniori parte*, ils se peuuent qualifier honorables hommes & bourgeois, ainsi que les autres marchands : comme les Apotiquaires, Orfeures, Ioüailliers, Merciers, Grossiers, Drappiers, Chaussetiers, & autres semblables, comme il se voit dans les ordonnances. 52 Artisans & marchans ensemble sont bourgeois.

Au contraire il y a des mestiers qui gisent plus en la peine du corps, qu'au trafic de la marchandise, ny en la subtilité de l'esprit, & ceux-là sont les plus vils, comme dit Ciceron aux Offices : *viliores sunt, quorum operæ non artes emuntur* : c'est pourquoy les Romains distinguoient *artifices ab opificibus*. 53 *Artifices & opifices.*

Et à plus forte raison ceux qui ne sont ni mestier ni marchandise, & qui gaignent leur vie auec le trauail de leurs bras, que nous appellõs partant gens de bras, ou mercenaires, comme les crocheteurs, aydes à masson, chartiers & autres gens de iournée, sont tout les plus vils du menu peuple. Car il n'y a point de 54 Des gens de bras.

plus mauuaise vocation, que de n'auoir point de vacation. Encor ceux qui s'occupent à gaigner leur vie à la sueur de leurs corps, selon le commandement de Dieu, sont-ils grandement à maintenir, au prix de tant de mendians valides, dont nostre France est à present toute remplie, à cause de l'excez des tailles, qui contraint les gens de besongne, d'aymer mieux tout quitter & se rendre vagabonds & gueux, pour viure en oisiueté & sans soucy aux despens d'autruy, que de trauailler continuellement sans rien profiter & amasser, que pour payer leur taille. A quoy si on ne donne ordre en brief, il arriuera deux inconuenients, par la multiplication enorme qui se fait iournellement de cette racaille: à sçauoir que les besongnes des champs demeurerõt faute d'hommes, qui s'y vueillent employer: l'autre que les voyageurs ne seront plus en asseurance par les chemins, ni les gens des champs en leurs maisons.

55 Des mendians.

SOMMAIRE DV NEVFVIESME CHAPITRE.

1 *Degradation que signifie proprement.*
2 Καταβιβασμός.
3 Regradatio.
4 *Exẽples de la degradatiõ, ou regradation.*
5 *Autres exemples.*
6 *Autre encor.*
7 Militiæ mutatio.
8 Ignominiosa missio.
9 Exauctoratio, exauguratio.
10 Καθαίρεσις, ἀφορισμός.
11 *Degradation verbale & réelle.*
12 *Deposition verbale, quãd estoit infamãte.*
13 *Conciliation de plusieurs loix.*
14 *Interpretation du* §. Ignominiæ, in l. 1. De his qui not. inf.
15 *Conclusion de la question.*
16 *Si la sentence infamante induit priuation de l'Ordre.*
17 *Ordres qui ne se perdent par l'infamie.*
18 *De la degradation.*
19 *Degradation prattiquée és Offices du Parlement.*
20 *Degradatiõ pratiquée és Offices de Rome.*
21 *Pourquoy regulierement la degradation n'est prattiquée aux Offices de France.*
22 *Degradation prattiquée aux Milices Romaines.*
23 *De mesme.*
24 *Degradation necessaire aux milices.*
25 *Est necessaire aux Ordres.*
26 *Si le Prestre peut estre executé à mort sans estre degradé.*
27 *Interpretation de la loy premiere* C. Vbi Senat. vel clariss.
28 *De mesme.*
29 *Vestales estoient degradées.*
30 *Degradation des Prestres ordonnée par Iustinian.*
31 *Et par les Ord. de France.*
32 *Raison.*
33 Resecrare.
34 Euocatio Deorum.
35 *Conclusiõ qu'il faut degrader les Prestres.*
36 *Deux raisons empeschent la degradation.*
37 *Nombre d'Euesques.*
38 *Interpretation du can.* Si quis tumidus. cum seq. 15. quæst. 7.
39 *De mesme.*
40 *Ancienne iustice Ecclesiastique.*
41 *A present vn seul Euesque peut degrader, & mesme son vicaire general* in spiritualibus.
42 *Que pour degrader le Prestre condamné, ne faut entrer de nouueau en cognoissance de cause.*
43 *De mesme.*
44 *De mesme encor.*
45 *Que la Nou. qui a introduit la degradation doit estre ainsi entenduë.*
46 Curiæ tradere, quid?
47 Curialis conditio tandem fuit pœnæ genus.
48 Curiales tandem fuere alij à Decurionibus.
49 Clerici curiis traditi.
50 Curiales alij à Collegiatis.
51 Iterum de clericis curiæ traditis.
52 *Interpretation de plusieurs canons.*
53 *Pourquoy le Clerc est renuoyé à la Cour seculiere.*
54 *Effect de l'ancienne tradition* curiæ seculari.
55 *Forme & ceremonie de la degradation.*
56 *Forme de la degradation des Vestales Romaines.*
57 *Forme de l'exauguration des Prestres Payens.*
58 *Des effects de la priuation des Ordres.*
59 *Effects de la suspension.*
60 *Suspension de l'Ordre Ecclesiastique.*

DE LA PRIVATION SOLEMNELLE DE L'ORDRE.

CHAPITRE IX.

COMME l'Ordre est different de l'Office, aussi la priuation en est 1 Degradatiõ que signifie proprement.
differente. Celle de l'Office s'appelle forfaicture, celle de l'Ordre est nommée vulgairement dégradation, entant que grade, ou degré est pris pour synonyme de l'Ordre, combien que proprement les degrez soient les rangs d'vn mesme Ordre. C'est pourquoy, à bien entendre, la dégradation, que nos Iurisconsultes appellent *de gradu deiectionem*, & les loix du Code *regradationem* (car *degradatio* n'est pas Latin) n'est pas proprement la priuation absoluë de l'Ordre, comme le vulgaire pense, mais c'est seulement vn reculement, ou priuation d'vn plus haut degré ou rang en iceluy, pour estre reculé & reiecté en vn plus bas degré, demeurant neantmoins tousiours dans l'Ordre ce qui s'appelle en Grec καταβιβασμός, & en Latin *regradatio*, soit que (*re*) soit particule priuatiue, ou qu'il signifie *retrò*. 2 Καταβιβασμός. 3 Regradatiõ.

Ainsi sainct Hierosme *in Chronicis*, dit que *Heraclius de Episcopo in Presbyterum regradatus est*: & en l'epistre *ad Pannachium*, *Finge*, dit-il, *aliquem Tribunitiæ potestatis suo vitio regradatum, per singula militiæ Officia ad Tyronis vocabulum deuolutum &c.* Luy mesme *aduersus Iouin. In volumine*, dit-il, *Ezechielis, sacerdotes qui peccauerunt regradantur in æditues & ostiarios*: lequel passage d'Ezechiel chap. 44. contient ces mots, *Leuitæ qui errauerunt à Domino post idola sua, erunt, in sanctuario Dei, æditui & ianitores portarum.*

Il y a vn exemple notable de cette peine dans Lampride, *in Alex. Seu.* où il dit, que pour eslire vn nouueau Senateur, Alexandre demandoit aduis aux anciens, *quod si qui*, dit-il, *fefellissent, in vltimum reijciebantur locum.* Vn autre dans Ammian Marcellin, *lib. 29. Theodosius Equites, qui ad rebellem defecerant, vt contentum se leuiore supplicio demonstraret, omnes contrusit ad infimum militiæ gradum.* Et la loy *Plerique. De re milit. Cod Theod.* & la loy 1. *De priuil. schol. C. Iustin.* vsent du mot *regradari*: & la loy 3. *Cod. De off. mag. schol.* du mot *degradare*: bref la loy 2. *De cursu publ. C. Th.* du mot *regradatio*, *qui contra hanc sanctionem fecerit, regradationis humilitate plectetur.* 4 Exemples de la degradation, ou regradation.

Mais l'exemple en est bien plus clair, ensemble la difference de la degradation d'auec la priuation de l'Ordre en la loy 3. *De domest. & protect. lib. 12. Cod. Si quis domesticorum* (c'estoient comme à nous les Archers des gardes du corps du Roy) *sine commeatu, per biennium, obsequijs Serenitatis nostræ defuerit, retrorsum in ordinem tractus inferiorem, quinque sequentibus postponatur: si verò triennium eius absentia continuasse monstretur, vsque ad decimum gradum regredietur*, (Cuias lit *regradetur*) *quod si quadriennio tenùs abfuerit, nouissimus collocetur: quinquennio vero si fuerit deuagatus, ipso iam cingulo spoliandus est.* Autant en est dit en la loy 2. *De commeatu eod. lib. Cod. Quicumque sex mensibus supra diem commeatus abfuerit, is in inferiorem locum, quinque antelatis, posterioribus deuoluatur: qui anno, à decem post se militantibus, transcatur: qui quadriennio, quinquaginta se sequentibus postferetur: qui amplius, militantium matriculis auferatur.* Le mesme est encor dit en la loy suiuante du mesme tit. & en la loy 2. *C. de Primicer. & secundicer.* 5 Autres exẽples.

Finalement il y en a encor vn exemple notable dans le vieil decret *can. vlt. 90. distinct.* où pour retrancher la grande contention de presceance, qui a esté autrefois entre les Prestres & les Diacres, il est dit, que le Diacre, qui se voudra esle- 6 Autre encor.

uer doresnauant par dessus les Prestres, *proprio gradu repulsus, vltimus omnium fiet in Ordine suo*. Ce qui monstre que la degradation, telle que ie la descry, a esté pratiquée d'ancienneté en l'Eglise, comme encor elle se pratique auiourd'huy és maisons reformées de religion, notamment entre filles, ou celles qui ont faict quelque faute signalée, perdent leur rang d'antiquité, & quelquesfois sont mises au dessous des nouices, voire apres les sœurs layes.

7 *Militiæ mutatio.* Mais sur tout cette peine estoit ordinaire en l'Estat de Rome parmy les soldats, tesmoin Modestin, qui recitant les diuerses sortes des peines militaires en la loy 2. *De re milit.* y met ces trois icy, *Militiæ mutationem, gradus deiectionem, & ignominiosam missionem*: comme estant trois peines differentes, combien qu'elles se ressemblent. *Militiæ mutatio* estoit, *quando quis ex Equite fiebat pedes, vel pedes in funditorum auxilia transferebatur, vt apud Val. Max. lib. 2. cap. 2.* Et partant quoy qu'en die le docte Faber, *lib. 1. Semest. cap. 17.* cette peine estoit differente de la regradation, tesmoin encor la loy, *Non omnes. §. Qui in pace. De re milit.* qui dit, que *in pace desertor eques militiam mutat, pedes de gradu deijcitur.*

8 *Ignominiosa missio.* *De gradu deiectio, siue regradatio* estoit, quand le Soldat perdoit le grade ou rang qu'il auoit en sa compagnie, *ex Tribuno tyro fiebat*, dit sainct Hierosme à la suitte du passage sus allegué, demeurant neantmoins soldat. *Ignominiosa denique missio* estoit quand tout à fait il estoit priué de l'Ordre militaire, *& ex milite paganus fiebat*: comme en ce passage de Lampride *in Alex. Seuero, Legiones totas exauctorabat, ex militibus paganos appellans*, & dans Lucain;

Cernetis nostros iam plebs Romana triumphos, dit l'Empereur parlant à ses soldats, & en vn autre lieu *Tradite nostra viris ignaui signa Quirites*, qui est comme vn formulaire d'exauthoration d'vne compagnie de soldats.

9 *Exauctoratio, exauguratio.* Car ceste priuation de l'Ordre militaire *per detractionem insignium militarium*, est proprement appellée *exauctoratio*, c'est à dire priuation de l'auctorité & dignité, comme la priuation du sacerdoce estoit à Rome appellée *exauguratio*. Combien que l'exauctoration, en sa plus generale acception signifie toute mission du soldat, *siue honestam, siue causariam, siue denique ignominiosam*: comme le mesme Faber prouue bien contre Valla: vray est que plus communément elle signifie la mission ignominieuse.

10 καθαίρεσις, ἀφορισμός. De mesme *in militia cælesti*, l'exauctoration estoit fort commune en l'antiquité de l'Eglise, & s'appelle en Grec καθαίρεσις, à l'esgard des clers, comme qui diroit demolition ou priuation, & à l'esgard des lais, ils l'appelloient ἀφορισμὸν, comme qui diroit retranchement, qui est nostre excommunication: & l'vn & l'autre estoit different du καταβιβασμός, qui signifie la simple regradation, ou recullement.

11 Degradatiõ verbale & réelle. Pour reuenir à nostre priuation de l'Ordre, comme ainsi soit qu'elle ait esté transferée *ab armata ad cælestem militiam*, dit le chap. 2. *De pœnis, in 6.* tout ainsi qu'il y auoit deux sortes de priuation des gensdarmes; l'vne qui se faisoit de parole, *quando Imperator pronunciabat se ignominiæ causa mittere*; l'autre de fait, *quando insignia militaria detrahebat*, dit la loy 1. *§. Ignominiæ. ff. De his qui not. infam.* Aussi y a il deux sortes de priuation des Ordres, l'vne verbale, qui s'appelle proprement déposition, l'autre actuelle, qui s'appelle degradation.

12 Depoſition verbale, quãd estoit infamante. Et combien que ce §. *Ignominiæ*, dise, que la mission verbale du gendarme n'est point infamante, s'il n'est dit par expres, qu'elle est faicte pour cause d'ignominie: ce neantmoins la verité est, que la déposition verbale des autres Ordres est tousiours infamante, comme il est decidé *in l. Cognitionum. ff. De var. & extraord. cognit. in l. 3. ff. De Senat. & in l. 3. C. Ex quib. caus. infam. irrogatur.*

13 Côciliation de plusieurs loix. Et faut entendre, qu'il y a difference entre la mission des gendarmes, & la déposition, ou priuation des autres Ordres. Car d'autant que la mission des gendarmes ne se fait pas tousiours pour delict, ains quelquesfois pour cause honeste, *vt pote post impleta legitima militiæ stipendia*, ou pour cause tolerable, comme de maladie, estropieure, ou autre semblable,

14 Interpretation du §. *Ignominiæ in l. 1. De his qui not. inf.* quand la mission est faicte indéfiniement, & sans adiection de cause, on ne presume point, que ce soit pour delict: mais si elle est apparemment pour delict, elle est infamante, ores que la cause n'y soit exprimée, *l. Milites 19. §. Missionem. D. De re milit.* qui semble directement contraire à ce §. *Ignominiæ.* de

sorte

ſorte que le docte Ant. Auguſtinus l'a voulu corriger, y mettant vne affirmatiue, au lieu d'vne negatiue, *lib. 1. Emend. cap. 3.* & le Preſident Faber, *lib. 1. Semeſtrium, cap. 17.* l'entend de l'exauctoration réelle, *per detractionem inſignium*, combien qu'il parle expreſſément des trois miſſions verbales, *honeſta, cauſaria & ignominioſa.* C'eſt pourquoy ie dy, que quand il porte, que *qui ſine ignominiæ mentione miſſi ſunt, nihilominus ignominia miſſi intelliguntur*, il faut reprendre les mots precedens, & prendre garde, qu'il parle particulierement de ceux, *Qui propter delictum mittuntur*, & partant veut dire que, *Qui propter delictum mittuntur infames ſunt, licet in miſſione eorum ſolemnis formula addita non ſit, eos ignominiæ cauſa mitti.*

Pour donc concilier clairement ces deux paragraphes, & toutes les loix de cette matiere, faut dire, à mon aduis, que l'exauctoration réelle eſt touſiours infamante *d. §. Ignominiæ.* comme auſſi la depoſition verbale de tous autres Ordres, fors de celuy du gendarme, *d. l. Cognitionum.* Mais que la miſſion verbale du gendarme, faicte ſans expreſſion de cauſe n'eſt infamante, *ibid.* que celle qui eſt faicte pour delict, eſt infamante, ores qu'il ne ſoit point dict qu'elle ſoit faicte *ignominiæ cauſa. d. §. miſſionum.* ainſi qu'il a eſté prouué au 1. liu. des Offices, que toute ſentence criminelle, portant priuation d'Ordre ou d'Office eſt infamante, ores qu'elle ne parle point d'infamie. 15 Concluſion de la queſtion.

Mais tout au rebours, pour ſçauoir ſi toute ſentence infamante induit priuation de l'Ordre, quand elle n'en parle point, i'eſtime qu'il faut diſtinguer les Ordres qui ont vn rang d'honneur eſtably en la police ciuile, d'auec ceux qui n'en ont point : & tenir que les premiers ſont perdus par l'infamie, qui n'eſt pas compatible auec la dignité ciuile & politique, & les autres non ; d'autant qu'il n'y a point d'incompatibilité : ce que ie ne m'amuſeray à confirmer icy, l'ayant amplement prouué au penultieſme chap. 1. de ce liure. Pour exemple, vne infame (i'enten de vraye infamie de droict : comme celle qui eſt irrogée notamment par ſentence) ne peut pas eſtre Aduocat, au moins de Cour ſouueraine, mais bien Procureur, ſuiuant le §. dernier *De exceptio.* aux Inſtitutes. 16 La ſentence infamante induit priuation de l'Ordre.

I'ay dit en la police ciuile, pource que quant aux Ordres Eccleſiaſtiques, ils ne ſe perdent point par l'infamie, à cauſe de la conſecration, qui imprime vn charactere ineffaçable, cóme au pareil les degrez des arts liberaux & mechaniques, qui n'ont point de rang eſtably, ne ſe perdent par l'infamie. Et y a encor, à mon aduis, vne exception és Ordres venans de race & par nature, qu'ils ne ſe perdent point par l'infamie ciuile, comme la qualité de Gentil-homme & de Prince, *quia ciuilis ratio naturalia iura corrumpere non poteſt*, dit la loy, *Eos. D. De cap. minut.* ſi ce n'eſtoit, que par exprés la loy, ou la ſentence du Iuge portaſt que le Gentil-homme ſeroit dégradé de nobleſſe : mais l'Ordre de Cheualerie ſe pert ſans doute par l'infamie indiſtinctement : car toute tache de deſ-honneur y eſt formellement contraire. 17 Ordres qui ne ſe perdent par l'infamie.

Voilà pour ce qui concerne la dépoſition ou priuation verbale : & quant à la réelle, que nous appellons dégradation, elle eſt plus communément pratiquée és Ordres, qu'és Offices, pource que c'eſt choſe plus ordinaire, que les Ordres ayent quelque enſeigne, ou marque viſible de leur dignité, que non pas les Offices, qui eſclattent aſſez par la puiſſance publique, ſans qu'il leur ſoit beſoin d'auoir des ornemens apparens. Car ie ne ſçache point, qu'autres de nos Offices ayent ornemens viſibles, ſinon aucuns de ceux de la Couronne, à cauſe de leur éminence : & les Offices des Parlemens, qui les retiennent comme vn reſte de ce qu'autresfois ce ont eſté des Ordres. Et en ceux-là auſſi nous trouuons que la dégradation ſolemnelle s'eſt autresfois pratiquée. Car i'ay leu quelque part que Maiſtre Pierre Ledet Conſeiller clerc au Parlement, fut par arreſt d'iceluy exauctoré ſolennellement, luy eſtant ſa robe rouge oſtée en preſence de toutes les chambres en l'an 1528. puis fut renuoyé au Iuge d'Egliſe : & ie trouue dans les recueils de feu mon pere, qu'en l'an 1496. vn nommé Chanureux Conſeiller en Parlement ayant eſté priué de ſon eſtat pour auoir falſifié vne enqueſte, fut en l'audience dudit Parlement dépouillé de ſa robe rouge, puis fit amende honorable au parquet, & à la table de marbre. Et de nagueres, lors de l'execution du

18 De la dégradation.

19 Dégradation pratiquée és Offices du Parlement.

Mareschal de Biron, Monsieur le Chancelier, apres luy auoir osté son collier de l'Ordre, luy demanda son baston de Mareschal; mais il fist responce qu'il n'en auoit iamais porté.

20 Degradatiō pratiquée és Offices de Rome. Ainsi Plutarque en la vie de Ciceron recite que le Preteur *Lentulus*, complice de la coniuration de Catilina, fut dégradé de son Office, ayant esté contrainct d'oster en plain Senat sa robe de pourpre, & d'en prendre vne noire. Ainsi Sidonius, *lib. 7. Epist.* rapporte que *Arnandus vrbis Romæ Præfectus, quam per quinquennium repetitis fascibus rexerat, exauguratus, & plebeius factus, & plebeiæ familiæ, non vt additus, sed vt redditus, perpetuo carceri adiudicatus est*, & la loy *Iudices. De Dignit. lib. 12. Cod.* dit que, *Iudices se furtis & sceleribus commaculasse conuicti, ablatis insignibus, & Honore exuti, inter plebeios habeantur, nec sibi post hac de eo Honore blandiantur, quo se indignos iudicarunt. l. Iudices. C. De Dignit.* & souuentesfois en droict *cinguli amissio*, signifie la priuation de l'Office. Il y en a encor d'autres exemples en la loy 3. *C. De domesticis & protect.* en la loy 1. *C. Ne rei dominicæ, vel templ.* & en la loy 2. *C. Vt nemini liceat à contr. spec. se excus.*

21 Pourquoy regulieremēt la degradatiō n'est pratiquée aux Offices de France. I'ay dit notamment, qu'on peut vser de dégradation aux Offices, pource qu'elle n'y est accoustumée, ni necessaire: attendu que la priuation des Ordres & des Offices doit estre reglée par la regle de droict, *Nihil tam naturale quàm vnumquodque eo modo dissolui, quo ligatum est.* De sorte que comme l'habit & ornement de l'Officier ne luy est pas solennellement donné lors de sa reception, aussi n'est besoin de le luy oster solennellement lors de sa priuation. Au contraire, puis qu'en la plus part des Ordres, lors de la collation d'iceux, on en baille publiquement & solemnellement les enseignes, aussi en la priuation on a accoustumé de les oster solemnellement, comme pour exemple, en l'Ordre de Cheualerie, ainsi qu'il s'est pratiqué en la mesme execution du Mareschal de Biron, auquel Monsieur le Chancellier osta son Ordre; c'est à dire son collier de l'Ordre du S. Esprit.

22 Dégradation pratiquée aux Milices Romaines. Pareillement, c'estoit chose accoustumée d'oster aux soldats Romains leur baudrier ou ceinture militaire, auant que les executer à mort. *Decem milites*, dit *Amm.* liu. 24. *ex his qui fugerant, exauctoratos, capitali addixit supplicio.* Pline *lib. 6. Epist. ad Cornelium. Cæsar excussis probationibus Centurionem exauctorauit atque etiam relegauit. Lamprid. in Alex. Seu. Militem, qui aniculam iniurijs affecerat, exauctoratum militia, seruum ei dedit.* Mesme Tite Liue remarque que les Samnites *in clade Caudina* osterent les enseignes militaires aux soldats Romains, auant que les faire passer par dessus les piques.

23 De mesme. Nous en auons aussi des remarques en nostre droict, comme dans la loy *Proditores*. D. *De re milit. Transfugæ proditorésque exauctorati torquentur.* En la loy *Miles*. D. *Ad Iul. l. de adult. Miles cum adultero vxoris suæ pactus, solui sacramento, deportaríque debet.* En la loy *Nemo*, au mesme tit. *Militia exutus pœnas consentaneas luere compellitur.* En la loy *Ad scholam. De agent. in reb. C. Th. Discingendo abijcias punitione coërcendos*, finalement en la loy 1. *De sportulis. Militia exuti pœnas luant corporales.*

24 Dégradation non necessaire aux Milices. I'ay dit qu'és Ordres la dégradation actuelle est ordinaire, mais elle n'est pourtant tousiours necessaire. Car comme pour faire vn gendarme, il n'est pas necessaire de le ceindre publiquement; aussi pour le casser ou chasser, il n'est pas necessaire de le desceindre solemnellement. Et de faict il vient d'estre dit, que *plerumque milites solo verbo ignominiæ causa mittebantur.* Mais és Ordres, en la collation desquels

25 Est necessaire aux Offices. la solemnité est necessaire, elle est aussi necessaire en la priuation, par la reigle qui vient d'estre posée: comme és Ordres sacrez, qui par leur dignité particuliere sont conferez auec mysteres & ceremonies certaines, esquelles consiste la forme de Sacrement: voire on tient qu'en ces Ordres la solemnelle degradation ne peut pas effacer tout à fait le charactere sacré, pource qu'il penetre iusques à l'ame, comme il sera tantost dict.

26 Si le Prestre peut estre executé à mort sans estre dégradé. Doncques à plus forte raison c'est sans doute, que le Prestre, qui n'est que verbalement déposé, c'est à dire priué simplement par sentence de l'Ordre de Prestrise, demeure neantmoins tousiours Prestre, iusqu'à ce qu'il ait esté actuellemēt dégradé. Mais la question est grande, s'il doit estre executé par iustice, sans dégradation precedente. Car on a veu souuent en ces derniers temps les Parle-

mens, voire les simples Preuosts des Mareschaux faire executer les Prestres à mort sans dégradation : & ay ouy dire, qu'il en est de nagueres arriué vne grosse querelle entre le Parlement de Prouence & l'Archeuesque d'Aix.

Ceux qui tiennent que la dégradation des Prestres n'est point necessaire, se fondent sur vne faulse maxime, que *reatus omnem Dignitatem excludit*, tirée de la loy 1. *C. Vbi Senat. vel Clariss. conuen. deb.* où il est dit, que les Senateurs ayans commis rapt, doiuent estre punis au lieu du delit, sans qu'ils puissent vser de leur priuilege d'estre renuoyez à Rome, *quia* dit la loy, *omnem honorem, huiusmodi reatus excludit.* Et partant on voit euidemment que c'est vne decision speciale, à cause de l'atrocité du crime, & vne exception particuliere à la regle de ce mesme titre, qui attribuë des Iuges particuliers aux Senateurs en toutes leurs causes criminelles ; *l. vlt. eod. tit.* — 27 Interpretation de la loy 1. C vbi Senat. vel clar.

Que si on gardoit ce brocard indistinctement, il faudroit conclure que tout priuilege, tout honneur & tout respect des Officiers, & autres personnes priuilegiées à cause de leurs dignitez, cesseroit en matiere criminelle. Et pourquoy est-ce que Messieurs de Parlement auroient ce priuilege de n'estre iugez en criminel, que par le Parlement mesme en corps, & les chambres assemblées, aussi bien que les Princes du sang, & Pairs de France ? Pourquoy est-ce que pour mesme crime, les roturiers sont pendus, & les gentils-hommes sont décapitez : si ce n'est, comme dit Xenophon au deuxiesme liure de sa Cyropedie. ὅσῳ κάλλιον θανάτου εἶδος ἐστί. Et que deuiendroient les priuileges attribuez par le droict à tant de personnes, comme aux nobles, aux Officiers des Villes, & aux soldats, de ne pouuoir estre appliquez à la torture. — 28 De mesme.

Aussi trouuons-nous, que iamais les Vestales n'estoient executées à mort, qu'elles n'eussent esté solemnellement dégradées *à Pontificibus, ablatis vittis cæterisque sacerdotij insignibus*, comme il sera tantost dit, en parlant des ceremonies de la dégradation : & maintenant ie me contenteray du tesmoignage de *Pomponius Lætus, libr. De antiq. Roman.* qui parlant de leur punition *Priusquam hoc fieret*, dit-il, *Sacerdotes cum vestibus sacerdotalibus intrinsecus ante portam auferebant sacra Monialibus*, & de *Festus Pomponius, Virgines Vestales ante pœnam à Pontificibus exauctorabantur.* — 29 Vestales estoient dégradées.

Mais pour parler particulierement de nos Prestres, Iustinian en la Nouuelle 83. a decidé clairement cette question, *Illud palam est, si Præses prouinciæ Clericum pœna iudicauerit dignum, priùs hunc spoliari à Deo amabili Episcopo, sacerdotali dignitate, & ita sub legum fieri manu.* Elle est encor plus autentiquement decidée par vn beau passage du 20. chapitre des Nombres, où nostre Dieu, ayant condamné le grand Prestre Aaron à la mort pour son incredulité, ordonne, qu'auparauant il soit degradé du Sacerdoce. Voicy ce qu'il commande à Moyse, *Tolle Aaron & filium eius cum eo, & duces eos in montem Hor. Cumque nudaueris patrem veste sua, indues ea Eleazarum filium eius, & Aaron colligetur, & morietur ibi : fecitque Moyses, vt præceperat Dominus.* — 30 Degradation des Prestres, ordonnée par Iustinian.

Et n'en faut plus faire de doute en France, y en ayant ordonnance expresse de l'an 1571. article 14. dont voicy les mots, *Les Prestres & autres promeuz aux Ordres Sacrez ne seront executez à mort sans degradation.* Aussi la raison y est toute apparente. Car puisque nous auons prouué, que iusqu'à la dégradation le Prestre demeure tousiours en sa dignité & qualité, est-ce pas faire iniure à l'Ordre, à l'Eglise, voire à Dieu mesme, qu'vn bourreau mette la main sur son Oint ? Certes le peuple Romain estoit bien plus religieux : car lors qu'il estoit question de iuger en assemblée generale, vn simple homme accusé de crime capital, & que le criminel auoit prié & coniuré ses Dieux d'auoir pitié de luy, on n'eust osé par apres le condamner à mort, comme s'estant mis en la sauuegarde des Dieux, qu'au prealable le Magistrat ne l'eust contrainct de reuoquer cette priere & adiuration, ce qui s'appelloit *resecrare*, dit *Festus* sur ce mesme mot. — 31 Et par les ord. de France. — 32 Raison. — 33 Resecrare.

Voire mesme les Romains n'eussent pas osé entreprendre de forcer vne ville assiegée, que premierement ils n'eussent, par certaines ceremonies, attiré & éuoqué les Dieux adorez en icelle, de peur de leur faire iniure. *In oppugnatione* — 34 Euocatio Deorum.

ante omnia solitum à Romanis euocari Deum, in cuius tutela id oppidum esset, promittique illi eundem, aut ampliorem locum apud Romanos, cultúmque, dit Pline liure 28. chapitre 2. Et le formulaire, de ceste éuocation est rapporté dans Tite Liue en l'histoire du siege de Veij, & dans Macrobe liure 3. Des Saturn. chapitre 9. touchant Carthage.

35 Conclusion qu'il faut degrader les Prestres. Ie conclu donc, qu'il est bien plus seant, & pieux de degrader les Prestres, auant que les liurer à l'executeur de haute iustice, veu qu'entant qu'ils sont Oints de Dieu, il est prohibé estroictement de mettre la main sur eux en quelque façon que ce soit. Mais estans dégradez, cette prohibition cesse, veu que l'onction leur est ostée & essuyée, & c'est l'Eglise mesme, qui lors les rend au bras seculier, pour estre traictez selon les loix, comme personnes du commun: n'estant au surplus raisonnable, que pour auoir esté dediez à Dieu, ils soient exempts des loix du monde, & qu'il leur soit permis de mal faire sans hazard de peine: pource qu'au contraire il y a apparence, qu'ils doiuent estre plus seuerement punis quand ils faillent, veu que c'est à eux à monstrer exemple au peuple.

36 Deux raisons qui ont empesché la dégradation des Prestres. C'est pourquoy, afin d'en dire icy franchement mon aduis, ie ne puis que ie ne blasme deux scrupulositez (afin que ie ne die malignitez) qu'aucuns Ecclesiastiques, mais plustost mondains, ont recherché de trop loin, voulans preparer vn asyle & impunité à tout leur Ordre, en rendant la dégradation fort difficile, voire presque impossible: lesquelles ayant esté admises inconsiderément, ont esté cause de faire prendre en fin resolution aux Magistrats seculiers, de negliger & obmettre la dégradation, plustost que laisser les crimes des Prestres impunis.

37 Nombre d'Euesques requis pour la dégradation du Prestre. La premiere est, que Boniface huictiesme (l'autheur est notable) au chapitre 2. De *pœnis in* 6. decide, que pour executer la dégradation, il est requis le nombre d'Euesques définy par les anciens Canons, qu'il a luy mesme eu honte d'exprimer. C'est à sçauoir douze pour dégrader vn Euesque, six pour dégrader vn Prestre, & trois auec l'Euesque du lieu, pour degrader vn Diacre: comme il est dit au can. *Siquis tumidus.* & aux deux suiuants *in quæst.* 7. Dont la raison est renduë au chapitre *Inter corporalia. ext.* De *translation. Episcop. Inter corporalia & spiritualia differentia est: quòd corporalia faciliùs destruantur quàm construantur; spiritualia verò faciliùs construuntur, quàm destruantur.* Mais sauf correction, cette raison ne prouue pas qu'il faille plus d'Euesques à engendrer vn Prestre, qu'à le consacrer, contre la regle *Nihil tam naturale &c.* Bien induit-elle, qu'à cause de la permanence & durée plus grande des Ordres sacrez, la dégradation ne les extirpe pas tout à faict, comme les Ordres politiques, & non Sacrez, ainsi qu'il sera tantost dit.

38 Interpretation du Can. *Siquis tumidus, cum seq.* 15. *quæst.* 7. Et quant à ces anciens Canons, il faut prendre garde, qu'ils ne parlent nullement de la dégradation des Ecclesiastiques, ains seulement du nombre des Iuges requis à faire leur procez. Voicy leurs termes, *Episcopus audiatur, à* 12. *Episcopis, Presbyter à sex, Diaconus à tribus, cum proprio Episcopo.* Encor le 3. de ces Canons adiouste *qui causas ipsorum audiant.* Et d'ailleurs il les faut entendre selon leur temps, pource qu'anciennement l'Estat Ecclesiastique estoit plus Aristocratique que Monarchique: de sorte que les procez, qui tendoient à la déposition des Prestres, ou des Euesques, ne pouuoient du commencement estre vuidez qu'aux Conciles, ou Synodes, comme dit le Canon du Concile d'Hispale, qui au vieil decret est mis immediatement deuant, & encor repeté apres les trois Canons, dont nous parlons, ainsi qu'à present les corrections notables des Religieux és congregations reformées, sont reseruées ordinairement aux chapitres d'icelles.

39 De mesme. Mais pource qu'à succession de temps il se trouua des fautes si frequentes à corriger parmy le Clergé, qu'on ne pouuoit commodément attendre le Synode, il fut arresté au Concile second de Cartage, dont est pris l'vn de ces trois Canons, que *si fuerit nimia necessitas, nec plures Episcopi congregari possent*, les Clers seroient iugez par ce nombre d'Euesques dessus declaré, *ne in crimine manerent.*

40 Ancienne iustice Ecclesiastique. Aussi la iustice Ecclesiastique n'estoit pas lors establie en Cour & iurisdiction ordinaire, ains anciennement les Euesques n'auoient que la simple correction des mœurs sur ceux de leur Ordre, & la punition des crimes Ecclesiastiques seulement,

lement estant les autres delicts delaissez à la iustice seculiere, ainsi que i'ay dit au penultiesme chapitre du liure *Des Seigneuries*. Mais depuis que le regime de l'Eglise a esté estably en forme monarchique, & la iustice d'icelle reduite en Cour ordinaire, ayant ses Iuges certains, & ses degrez d'appellations bien reglez, ainsi que la iustice seculiere, c'est sans doute qu'vn simple Official peut condamner le plus habile Prestre de son Diocese, à estre deposé, ou dégradé de son Ordre. Mais quant aux Euesques, ils ont maintenu cette franchise, de ne pouuoir estre iugez que par le Sainct Siege. Et voila comment ces anciens Canons ne font à propos de la dégradation.

Partant il faut tenir pour certain, que comme vn simple Euesque peut consacrer vn Prestre, aussi qu'il le peu dégrader, & ainsi s'obserue en l'vsage, nonobstant la décretale de Boniface huictiesme, dont il ne faut nullement douter; attendu que le concile de Trente, *sess.* 13. *Decreto de refor. cap.* 4. decide, que non seulement vn Euesque, mais encor son Vicaire general *in spiritualibus*, peut faire la dégradation d'vn Prestre, appellant toutesfois six Abbez, si tant y en a en la ville, sinon six notables personnages constituez en dignité Ecclesiastique. 41 A present vn seul Euesque peut dégrader & mesme son Vicaire general *in spiritualibus*.

L'autre scrupulosité est, que quand vn Ecclesiastique a esté condamné à mort par le Iuge lay pour vn cas priuilegié, il y a des Euesques qui font difficulté de le dégrader, sans luy faire de nouueau son procez, disans que toute déposition, & à plus forte raison, toute dégradation d'vn Prestre, se doit faire auec cognoissance de cause, & que le Iuge lay n'a peu rien ordonner touchant le Sacrement de son Ordre: & par ainsi quand on penseroit auoir iustice d'vn Prestre, ce seroit à recommancer; & si on permettoit cela, la iustice Ecclesiastique seroit vn nouueau ressort, apres le dernier ressort de la iustice laye, & l'Euesque, ou son Official controlleroit les arrests d'vn Parlement. 42 Que pour dégrader le Prestre condamné, ne faut entrer de nouueau en cognoissance de cause.

Or il est bien vray, que toute déposition & dégradation doit estre faicte auec cognoissance de cause: mais est-ce pas cognoissance de cause, quand vn Parlement y a passé? & de dire qu'il n'a rien peu ordonner touchant l'Ordre du Prestre, aussi n'en prononce-il rien, ains seulement il condamne le Prestre à mort, l'ayant déclaré conuaincu du cas capital. Et quand l'Euesque le dégrade auant l'execution de l'arrest, ce n'est pas pour obeïr au Iuge lay, mais c'est de peur qu'en faisant passer vn Prestre par les mains du bourreau, il soit faict iniure à l'Ordre. De sorte que si l'Euesque faict refus de le dégrader, il faict refus d'empescher l'iniure de l'Ordre: car il faut tousiours que le condamné soit executé, soit qu'il soit dégradé, ou sans dégradation: & en ce dernier cas le Iuge lay le deslie de son Ordre, de la mesme sorte qu'Alexandre deffist le nœud Gordian, lequel il coupa, voyant qu'il ne le pouuoit deslier. 43 De mesme.

Mais quand ainsi seroit, qu'vn Prestre ne pourroit estre executé à mort sans dégradation precedente, est-ce pas raison, que ces deux iustices, voire ces deux puissances du monde, l'Ecclesiastique & la seculiere, s'aydent mutuellement? Voit-on pas que le Iuge lay ne dénie point à l'Ecclesiastique d'executer ses sentences par prise de corps & de biens, sans entrer en nouuelle cognoissance de cause, & sans iuger *bis in idipsum*, quand par maniere de commission rogatoire, le Iuge d'Eglise vient à implorer le bras seculier? De mesme donc l'Eglise doit faciliter l'execution des sentences des Iuges temporels, considerant que, comme dit Optatus Mileuitanus, l'Eglise est dans le Royaume, & non le Royaume en l'Eglise: & attendu que c'est vne regle de droict & de pratique, voire du droict des gens que le Iuge, auquel on s'addresse pour l'execution d'vne sentence *non debet de iure sententiæ cognoscere, quæ alioquin lusoria esset*, principalement si elle est donnée contradictoirement, dit la loy, *l. Si Prætor. D. De iudic.* 44 De mesme encor.

De faict le seul passage de nostre droict, qui défend d'executer les Prestres sans dégradation, qui est celuy sus allegué de la Nou. 83. présuppose apertement que cette dégradation se face sans nouuelle cognoissance de cause. Car Iustinian décidant en la mesme periode, par qui les Ecclesiastiques deuoient estre iugez, 45 Que la Nou. qui a introduit la dégradation, doit estre ainsi entenduë.

ordonne qu'és delicts ordinaires ils seront iugez par les Iuges ordinaires, à sçauoir les Presidens des Prouinces, à la charge toutesfois (dit-il comme en passant) qu'ils ne seront executez à mort, auant qu'estre dégradez par l'Euesque: mais qu'és delicts Ecclesiastiques, ils seront iugez par les Euesques & leur conseil, sans que les vns, dit-il, entreprennent sur les autres.

46 *Curiæ tradere quid?* Et neantmoins les Ecclesiastiques, cuidans fonder en l'antiquité, que le Magistrat seculier ne peut iuger les Prestres, qu'ils n'ayent esté renuoyez par l'Euesque à la cour seculiere, ont corrompu ce beau terme *Curiæ tradere*, qui se lit souuent en nos liures de droict: disant qu'à l'instant que les Euesques ont degradé vn Prestre, *eum Curiæ seculari tradunt puniendum*. Ce qui est expliqué au chap. *Nouimus* (fait exprés) *ext. de verb. signif.* & auoit esté auparauant ainsi entendu par Gratian au chap. *Sicut. 1. quæst. 1.* qui est vn erreur signalé, lequel merite bien d'estre découuert en passant.

47 *Curialis conditio tandem fuit pœnæ genus.* Il a esté dit au dernier liure des Offices, en traictant des Officiers des villes, que la condition des Decurions, ou Curiaux des villes de l'Empire Romain deuint si onereuse, qu'elle estoit fuie & euitée d'vn chacun, voire qu'en fin elle fut imposée pour peine, comme il se voit en la loy *Qui intra. De priuileg. eor. qui in sac. Palat. milit. C. Theod. & l. 1. De cursu publ. eod. Cod.* & plusieurs autres loix. Ce qui fut par apres prohibé par Valentinian, l. *In Ordinib. De Decur. eod. Cod.* Et semble que cette prohibition fut restrainte du depuis par Gratian *ad solos Officiales, id est apparitores Præsidum, l. Neque Officialium. De Decur. Cod. Iustin.* ainsi que Cujas l'interprete. Ces prohibitions fondées sur ce qu'il n'estoit raisonnable, disent ces loix, que l'Ordre de Decurion, qui estoit honorable, fust irrogé pour peine, & qu'vn homme fust mis en cet Ordre pour vn suiect, qui l'en eust deu faire déchasser.

48 *Curiales tandem fuere alij à Decurionibus.* Mais croissant tousiours la difficulté de trouuer des Decurions, en sorte qu'il y falloit mettre des hommes par contraincte, on trouua vn expedient, pour continuer à les mettre pour peine, & neantmoins ne point contreuenir à la raison de ces loix, qui fut d'obseruer, que ceux qui y seroient mis pour peine, auroient les charges & incommoditez du Decurionat, mais non pas les honneurs & commoditez: ce que Callistrate trouue compatible en la loy *Relegatorum. §. Solet. De interd. & relig.* & pareillement la loy vnique *De Infamibus. lib. 10. Cod.* laquelle chose Iustinian ordonna pour le regard des Iuifs, Samaritains, & Heretiques par sa Nou. 45.

49 *Clerici curijs traditi.* De mesme l'Empereur Arcadius ordonna, que quiconque seroit chassé du Clergé, fust incontinant pris pour estre Curial, ou Collegiat, c'est à dire, du nombre de ceux, qui en chacune Cité estoient choisis entre les artisans, pour seruir aux necessitez de la ville, qui estoit vne condition & penible & honteuse.

50 *Curiales alij à collegiatis.* *Quemcumque Clericum indignum Officio suo Episcopus iudicauerit, & ab Ecclesiæ ministerio segregauerit, aut si quis professum sacræ religionis sponte dereliquerit, continuo sibi eum Curia vindicet: & pro hominum qualitate, & quantitate patrimonij, vel Ordini, vel Collegio ciuitatis adiungatur.* Ce qui monstre en passant, qu'vn docte moderne s'est trompé, confondant *Curiæ deditum cum Collegiato*: dont la difference est encor mieux esclaircie en la Nou. de Martianus *De Curialibus*, & le mot *Collegiatus* est expliqué par M. Brisson en son Dictionnaire.

51 *Iterum de clericis Curiæ traditis.* Il y a encor plusieurs passages dans les anciens Autheurs, pour monstrer que cette coustume continua, que les Ecclesiastiques chassez de l'Eglise, *Curiæ ciuitatum tradebantur.* Comme dedans sainct Ambroise, *epistol. 29. Ad Theodosium*, dans Ammian Marcellin liure 22. dans Sozomene, liure 6. chapitre 7. dans Nicephore, liure 10. chapitre 13. dans Theodoret, liu. 1. chap. 9. & liu. 7. chap. 7. Dont la raison est renduë en la Nou. 5. chap. 6. *Vt qui sacrum ministerium deseruit, tribunalis terreni obseruet seruitium*: & en la Nou. 123. chap. 29. il est dit, que le Prestre marié, ou concubinaire *amoueri debet de clero secundum antiquos canones, & Curiæ ciuitatis, cuius est clericus, tradi.*

52 Interpretation de plusieurs Canõs. Or les anciens Canons, dont cette Nou. entend parler, peuuent estre ceux qui sont rapportez par Gratian 3. *quæst. 4. can. Clericus. & 11. quæst. can. Si quis sacerdotum &*

can. Statuimus, où il est dit, que le Clerc, qui ne veut pas obeïr à son Euesque, *deponi debet à clero, & curiæ seculari tradi seruiturus, & vt ei per omnem vitam seruiat*: Ce que les Canonistes ont corrompu, & dedans les decretales, & au style de leurs sentences, y mettant *puniendus* au lieu de *seruiturus*: mais en outre ils se sont trompez en l'équiuoque du mot de Cour, qui signifie maintenant iurisdiction, & anciennement signifioit le Conseil, ou Senat des villes de l'Empire Romain, comme i'ay dit ailleurs.

Aussi auiourd'huy on ne dégrade iamais vn Ecclesiastique, qu'il n'ait commis vn crime capital, voire qu'en outre il ne soit tenu pour incorrigible, estant la plus grande peine, que l'Eglise puisse infliger, que la dégradation, *cap. Cum non ab homine. ext. De iudicijs.* C'est pourquoy l'Eglise, *quæ sententiam sanguinis ferre non potest* renuoye à la Iurisdiction seculiere le Clerc qui a commis crime capital, pour y estre puny, la priant neantmoins (selon sa douceur & bonté, & aussi pour éuiter l'irregularité, si elle destinoit à la peine de sang) qu'elle le traicte doucement, & ne le punisse à la rigueur, *cap. Nouit. De verb. signif.* 53 Pourquoy le Clerc est renuoyé à la Cour seculiere.

Mais anciennement le Clerc estoit deposé pour beaucoup moindres causes, à sçauoir, pour simple inobedience, *dd. can. Si tumidus, & Siquis sacerdotum, & Statuimus*. C'est pourquoy il ne luy escheoit par apres autre peine, sinon que au moyen des Ordonnances d'Arcadius & de Iustinian, incontinant qu'il estoit chassé de l'Eglise, il estoit vendiqué pour estre curial: mais ce n'estoit pas qu'il fust renuoyé deuant les Iuges seculiers, pour estre derechef iugé & puny. 54 Effect de l'ancienne tradition *curiæ seculari*.

Pour donc acheuer d'expliquer la forme & les ceremonies de la dégradation des Prestres, il ne faut que transcrire icy le chapitre 2. *De pœnis, in 6. Clericus degradandus, vestibus sacris indutus, in manibus habens librum, vas, vel aliud instrumentum seu ornamentum ad Ordinem suum spectans, ac si deberet in Officio suo solemniter ministrare, ad Episcopi præsentiam adducatur: cui Episcopus publicè singula, siue sint vestes, calix, siue liber, quæ illi, iuxta morem Clericorum ordinandorum, in sua ordinatione ab Episcopo fuerint tradita, seu collata, singulariter auferat, ab illo vestimento, seu ornamento, quod vltimo datum fuerit, inchoando, & descendendo gradatim, degradationem continuet, vsque ad primam vestem, quæ datur in collatione tonsuræ: tuncque radatur caput illius, seu tondeatur, ne tonsuræ vestigium remaneat in eodem. Poterit autem Episcopus in degradatione huiusmodi, vti verbis aliquibus ad terrorem illis oppositis, quæ in collatione Ordinum sunt prolata, dicendo &c.* 55 Forme & ceremonie de la dégradatiō.

Telle estoit à peu pres la ceremonie de la dégradation des Vestales Romaines, que rapportent Plutarque *in Numa, & Alex. ab Alexandro, lib. 5. cap. 12.* à sçauoir que la Vestale condamnée, estant au lieu du supplice, auquel elle estoit menée dans vn cercueil à face découuerte, on luy ostoit les bandeaux sacrez, puis le Pontife, ayant les mains leuées au ciel, prononçoit certaines prieres solemnelles, luy couuroit la teste, & la faisoit porter à l'entrée de l'eschelle, qui estoit posée pour la deualer en la fosse preparée, & en fin l'ayant mise dans icelle, le dos tourné, on retiroit l'eschelle, & ainsi on l'enterroit toute viue. 56 Forme de la degradatiō des Vestales Romaines.

La ceremonie estoit presque semblable en l'exauguration des Prestres Romains, pendant le paganisme, tesmoin ce que dit *Capitolinus in Antonino philosopho*, qu'estant Pontife, auant qu'estre Empereur, *multos inaugurauerat & exaugurauerat, nemine præeunte quod ipse carmina cuncta didicisset*, appellant *carmen*, *solennem illam precationis formulam, quæ à Pontifice pronuntiabatur, aliquo de scripto præeunte, nequid verborum prætereretur, aut præposterum diceretur*, dit Pline, *libri 28. cap. 2.* 57 Forme de l'exauguratiō des Prestres payens.

Finalement pour entendre les effects de la priuation des Ordres Ecclesiastiques, il faut distinguer les trois sortes de priuation, à sçauoir la suspension, la deposition, & la dégradation, & trancher briefuement & resolument les effects de chacune d'icelle, selon la plus commune opinion des Theologiens, sans s'amuser à rapporter les diuersitez d'opinions. 58 Des effects de la priuatiō des Ordres.

La suspension n'est point perpetuelle de sa nature, quand mesme elle seroit faicte sans expression de temps: pource qu'en ce mesme cas, il y a tousiours esperance de la faire clorre, & leuer par droict commun, & sans dispense. Et est à noter, qu'elle défend à l'Ecclesiastique, de faire la function dont il est suspendu, sur peine d'irregularité. Mais il faut exactement considerer ses termes, pource 59 Effects de la suspension. 60 Suspensiō de l'Ordre Ecclesiastique.

qu'il y en a de plusieurs sortes, à sçauoir la suspension de l'Ordre, qui défend l'execution de l'Ordre seulement, & non de l'Office, ni du Benefice; encor si elle est limitée à certain Ordre elle n'a lieu pour les moindres, mais bien pour les plus grands: pour exemple, l'Euesque suspendu de l'Ordre Episcopal peut dire la messe, mesme auec ornemens pontificaux, pour ce qu'ils regardent la dignité, & non pas l'Ordre: il peut aussi exercer sa Iurisdiction, & toute autre administration temporelle de son Euesché, pource qu'il n'est pas suspendu de l'Office & Benefice: mais au contraire, l'Euesque suspendu de l'Office de Prestrise, ne peut pas conferer les Ordres, ni faire tout ce qui est de l'Ordre Episcopal, pource qu'il faut auoir l'Ordre de Prestre libre, pour exercer celuy d'Euesque.

61 Suspension de l'Office. Mais la suspension de l'Office, qu'on appelle autrement suspension *à diuinis*, comprend tant l'Office de l'Ordre, que celuy du Benefice, ou charge Ecclesiastique, & encor quelquesfois elle comprend le Benefice mesme, c'est à dire l'administration du reuenu Ecclesiastique, comme quand elle est irrogée pour crime. Que si elle est ordonnée, ou pour delict leger, ou pour simple contumace, 62 Suspension du Benefice. ou qu'elle soit énoncée auec ce terme restrictif (seulement) elle ne comprend pas l'admistration du Benefice, au contraire la suspension du Benefice ne concerne, que l'administration du reuenu temporel d'iceluy, & non pas de l'Office, ou administration du spirituel, qui n'est pas accessoire au temporel, ains au rebours, c'est le temporel, qui est accessoire au spirituel, & le Benefice à l'Office.

63 Effaits de la deposition ou degradation verbale. Quant à la deposition, *quæ dicitur verbalis degradatio*, elle est perpetuelle de sa nature, & sans esperance de restablissement, au moins de droict commun & sans dispense, laquelle toutesfois l'Euesque peut donner quant à l'Ordre. Car quant au Benefice, il vaque *ipso iure* par la déposition, & est perdu absolument, sans attendre la dégradation, qui ne concerne que la dignité de l'Ordre Ecclesiastique. Et n'est gueres recuperé, pource qu'il n'eschet pas souuent, qu'il n'y soit pourueu, auparauant le restablissement ou dispense du deposé: & encor en tout cas, faut qu'il obtienne nouuelle prouision, pource que la premiere cesse par la deposition. Mais comme l'Ordre est plus inherent à la personne, que l'Office & Benefice, la simple deposition ne priue pas de l'Ordre ny de tout ce qui en dépend, ains seulement de l'execution d'iceluy, de sorte que le Prestre deposé, retient & la Dignité, c'est à sçauoir le rang & le titre de Prestre, & les priuileges, *fori scilicet & canonis*, mais sur tout il n'y a nulle doute, qu'il ne retienne le charactere de Prestrise.

64 Effaits de la degradatiō actuelle. Finalement la dégradation actuelle & solemnelle, selon la plus commune opinion des Theologiens & des Canonistes, n'oste pas l'ordre tout à fait, à cause qu'il est graué & imprimé iusques dans l'ame, & à cause que les choses sacrées sont éternelles & incorruptibles de leur nature: pour donc sçauoir quel effait elle a, il faut distinguer deux diuerses parties en l'Ordre sacré. 65 Deux parties de l'Ordre sacré, à sçauoir la dignité & le charactere. L'vne externe, qui est la dignité & priuileges qui en dependent: l'autre interne, qui est le charactere de la consecration. Quant à la dignité & priuileges, c'est sans doute, que la dégradation les oste, de sorte que le Prestre dégradé ne se peut plus qualifier prestre, ni tenir rang de prestre, & n'est plus de la iurisdiction Ecclesiastique, & qui le frappe n'est point excommunié.

66 Du charactere de l'Ordre Ecclesiastique. Mais quant au charactere imprimé en la consecration, il ne peut estre effacé, *neque ex parte potentiæ*, pource qu'il est sacré, & partant immuable & incorruptible, *neque ex parte subiecti*, pource qu'il est imprimé à l'ame, qui est immortelle & impenetrable. De sorte qu'il n'y a nulle doute, que le prestre dégradé ne puisse efficacement & réellement consacrer, *quin conficiat verum corpus CHRISTI*, qui est la resolution de S. Thomas *in 3. quæst.* 83. *art.* 8.

SOMMAIRE DV DIXIESME CHAPITRE.

1 *Quelles sont les simples dignitez.*
2 *Dignitez honoraires.*
3 *Epithetes de dignitez honoraires.*
4 *Des dignitez honoraires.*
5 *Senateurs honoraires.*
6 *Cheualiers honoraires.*
7 *Citoyens honoraires de quatre sortes.*
8 *Vrais & parfaicts citoyens.*
9 *Citoyens de droict.*
10 *Droict des vrais citoyens Romains.*
11 Municipes.
12 *Citoyens honoraires.*
13 *Leurs droicts.*
14 *Explication d'vn passage* d'A. Gelle.
15 Cerites.
16 Ciuitas cum suffragio, vel sine.
17 *Citoyens imparfaicts.*
18 *Ordres Romains abolis soubs les Empereurs.*
19 *Senateurs comment abolis.*
20 *Et les Cheualiers.*
21 *Et les Citoyens.*
22 Des *Patriciens.*
23 *Ceux de l'Estat populaire.*
24 *Inuention des Patriciens par Constantin.*
25 D'*où dicts.*
26 *Tiltre de Patricien enuoyé au Roy Clouis.*
27 *A qui estoit octroyé.*
28 *Rang des Consuls & Patriciens.*
29 *Conciliation de plusieurs loix & passages.*
30 Des *Patriciens de Gaule.*
31 *Patriciens commandoient souuerainement en Italie.*
32 *Que nos Pairs ne viennent des Patrices.*
33 Des *Comtes Romains.*
34 D'*où dicts.*
35 *Trois degrez de Comtes.*
36 *Comtes, chefs d'Office chez l'Empereur.*
37 *Comte signifiant intendant.*
38 Comites consistoriani.
39 *Comtes par gratification de l'Empereur.*
40 *Comtes gouuerneurs des Prouinces.*
41 *Comtes apres certain temps de seruice.*
42 Comites vacantes.
43 *Comtes du second rang.*
44 *Comtes du 3. rang.*
45 Des *Offices honoraires.*
46 *Consuls honoraires de plusieurs sortes.*
47 Suffecti, seu minores Consules.
48 *Consul d'vn iour.*
49 *Grands Consuls, ou Consuls ordinaires.*
50 *Pourquoy se trouue des Consuls dénommez en nos loix, qui ne sont dans les Fastes consulaires.*
51 *Consuls honoraires, ou imaginaires.*
52 *Femmes Consulaires.*
53 Consulares, Consularitas.
54 Consularis *signifie trois choses.*
55 Consularis *signifiant les gouuerneurs des Prouinces.*
56 Ex-consularis.
57 *Origine de cette derniere Consularité.*
58 *Qu'elle abolit en fin les autres.*
59 *Explication de plusieurs loix.*
60 *Dignité honoraire de ceux qui auoient exercé les Offices.*
61 *Autres dignitez honoraires de trois, ou quatre sortes,*
62 Administratores.
63 Vacantes, Allecti, Ascripti, seu Ascriptitij.
64 Honorarij, imaginarij, seu codicillares.
65 Supernumerarij.
66 Canonici sub expectatione præbendæ.
67 Des *Epithetes.*
68 Super-illustres.
69 *Changement d'Epithetes.*
70 *Autres sortes d'Epithetes, ou classes de dignitez.*
71 Præfectoria dignitas.
72 Proconsularis dignitas.
73 Vicariatus dignitas.
74 Exconsularium dignitas.
75 Equestris dignitas.
76 Perfectissimatus dignitas.
77 *Difficulté de particulariser la rang de toutes ces dignitez.*
78 *Rang des Officiers, exerceans auec les simples dignitez.*
79 *Rang des antiques Officiers.*
80 *De mesme encor.*
81 *Rang des dignitez honoraires.*

DES SIMPLES DIGNITEZ DE ROME.

CHAPITRE X.

1 Quelles sont les simples dignitez.

I'Appelle simples dignitez tous les tiltres & qualitez, dont on se peut tiltrer & qualifier par honneur seulement, sans qu'en effect elles soient vrais Ordres, Offices, ou Seigneuries.

2 Dignitez honoraires.

Or y en a-il de deux sortes, sçauoir est les dignitez honoraires, qui sont simples tiltres d'Ordres, Offices, ou Seigneuries honoraires, *& titulo tenus*, au surplus sans effect, ni exercice, ni verité : & les Epithetes d'honneur, c'est à dire, les qualitez honorables attribuées à chacune dignité,

3 Epithetes de dignitez.

soit Ordre, ou Office, ou Seigneurie. Et y a cette difference entre les vns & les autres, que la dignité honoraire est vn nom substantif attribué à la personne immediatement, & à cause d'elle mesme : & l'Epithete est vn nom adiectif, qui luy est attribué mediatement, & à cause de quelque vraye dignité d'Ordre, ou d'Office, ou de Seigneurie.

4 Des dignitez honoraires.

Commençons selon nostre coustume par celles des Romains, & parlons premierement de leurs Dignitez honoraires, puis de leurs Epithetes. Car comme ainsi soit qu'ils n'eussent que deux sortes de Dignitez, à sçauoir les Ordres & les Offices, n'ayans point eu l'vsage des Seigneuries, c'est la verité qu'ils auoient plusieurs Ordres, & sur tout plusieurs Offices honoraires & imaginaires.

5 Senateurs honoraires.

Quant aux Ordres, ils auoient premierement les Senateurs imaginaires, à sçauoir tous ceux qui auoient exercé les grands Offices, appellez *Magistratus Curules, seu Magistratus Pop. Romani*, qui desormais auoient entrée & voix au Senat, & auoient aussi les ornemens Senatoires, de sorte qu'il ne leur restoit plus rien que le nom de Senateurs. Car ils ne pouuoient estre vrays Senateurs, iusqu'à ce qu'ils eussent esté enroollez par les Censeurs, Consuls, ou Empereurs, comme il a esté dit au deuxiesme chapitre de ce liure.

6 Cheualiers honoraires.

Ils auoient aussi des Cheualiers honoraires, sçauoir est ceux qui ne pouuans estre vrais Cheualiers, pour n'auoir, ou les moyens, ou l'ingenuité requise, obtenoient le droict d'Anneaux d'or de l'Empereur, qui estoit l'ornement & remarque publique des Cheualiers, & par ce moyen auoient rang auec les vrais Cheualiers, & droict de seoir dans le theatre aux quatorze degrez à eux affectez, comme il a esté discouru au mesme chapitre : mais faut noter, que ces deux especes de dignitez honoraires (s'il les faut ainsi appeller) estoient tout au rebours des autres : car elles auoient l'effect de la dignité, & non le tiltre, au lieu que communément les dignitez honoraires ont seulement le tiltre, & non l'effect.

7 Citoyens honoraires de quatre sortes.

Ils auoient pareillement des citoyens honoraires de plusieurs sortes. Car combien que nul ne puisse estre vray & parfaict citoyen d'vne ville, ou cité, s'il n'est actuellement resident & habitué en icelle, neantmoins les Romains, ingenieux à accroistre leur puissance, & quand & quand l'honneur de leur ville, trouuerent l'inuention de donner les droicts & priuileges de citoyen Romain à ceux qui demeuroient hors Rome, mesme és païs bien esloignez. Comme donc Aristote dit, qu'il peut y auoir plusieurs degrez de citoyens, aussi remarquons-nous en l'histoire Romaine quatre sortes, ou degrez de citoyens Romains, à chacun desquels, pour plus facile distinction (car il faut que ie die, que cecy est du plus obscur de l'antiquité Romaine) ie bailleray vn nom particulier de mon inuention : appellant les vns vrais & parfaicts citoyens, les autres citoyens de droict seulement, les tiers citoyens d'honneur seulement, & les quarts citoyens imparfaicts.

8 Vrais & parfaicts citoyés.

Les vrais & parfaicts citoyens, qui *optima lege ciues à Romanis dicebantur*, estoient les ingenus habitans de Rome & du territoire circonuoisin, *qui propriè Quirites vocabantur, iique & domicilium & tribum & honorum potestatem habebant*, qui estoient les trois choses, la concurrence desquelles faisoit le vray citoyen. Le domicile le discernoit d'auec les citoyens de droict. La tribu, ou paroisse d'auec les citoyens d'honneur. Et la capacité des honneurs, d'auec les citoyens imparfaicts.

L'es citoyens de droict estoient ceux qui demeuroient *extra agrum Romanum*, hors le territoire particulier de la ville de Rome: & auoient neantmoins le nom & les droicts des citoyens Romains, soit que particulieremét *ciuitate donati essent*, soit qu'ils fussent demeurans *in iis municipiis aut coloniis, quæ ius ciuitatis Rom. consecutæ erant*. Et ceux-là *habebant tribum & honorum potestatem (nempe in vna ex triginta quinque Populi Rom. tribubus censebantur) & omnia iura Romanæ ciuitatis, nimirum imperij, libertatis, connubiorum, patriæ potestatis, hæreditatum, mancipij, vsucapionis, testamentorũ, tutelarum legitimarum, militiæ, &c.* horsmis qu'ils n'auoient pas ceux qui dependoient particulierement du domicile de Rome, dont voicy les principaux, *nimirum iura sacrorum, ludorum, festorum, suffragiorum curiatorum, & fori. Sacra siquidem, ludi, festa, ac suffragia curiata curias spectabant & sequebantur. Curiæ autem erant tantùm in agro Rom. commorantium. Priuilegium quoque fori, maximè in ciuilibus negotiis, non habebant, nisi qui Romæ degebant.* Ce qui meriteroit bien vn traicté à part, s'il n'auoit esté expliqué tres doctement par *Sigon. lib.* 1. *De antiq. iure ciuium Rom.* Vray est que ces citoyens de droict pouuoient venir demeurer dans Rome quand ils vouloient, & lors ils iouïssoient de tous ces derniers droicts & priuileges: mais tandis qu'ils demeuroient *in municipiis, dicebantur propriè Municipes, non Ciues Romani*, & disoit-on d'eux, qu'ils auoient deux païs, l'vn de nature, l'autre de droict, comme dit Ciceron *lib.* 1. *De legib. Ego municipibus duas esse censeo patrias, vnam naturæ, alteram iuris.*

9 Citoyens de droict.

10 Droicts des vrais citoyens Romains.

11 Municipes.

Les citoyens honoraires estoient ceux des villes libres, qui s'estoient volontairement adiointes à l'Estat Romain quant à la recognoissance de sa souueraineté seulement, & non quant à la cité, ayans voulu auoir leur cité à part, c'est à dire leurs loix particulieres, leurs Officiers d'eux mesmes, & aussi leur liberté: *non enim facti erant fundi populi Rom.* Bref ils s'estoient adioincts, & non pas vnis tout à faict à l'Estat de Rome: aussi estoient-ils citoyens Romains par honneur seulement. Mais n'estans pas vrais citoyens, ni citoyens de droict, *tribum non habebant*, ni par consequent tout ce qui en dependoit, comme le suffrage, & l'aptitude aux Magistrats de Rome, ni particulierement *iura Quiritium, nimirum imperij, patriæ potestatis, legitimi dominij, hæreditatum, vsucapionum, tutelarum*: Mais auoient seulement le droict de liberté, qui estoit de ne recognoistre autre souueraineté que le peuple Romain, la cõmunication des mariages & des testamens auec les vrais citoyens Romains, & sur tout celuy de milice, estans enroollez dans les legions, non parmi les troupes auxiliaires & de secours, ce qui estoit beaucoup estimé: & de cette espece de citoyens Romains faut entendre le chap. 13. du liure 16. d'A. Gelle, où il est dit, que *muneris tantùm cum pop. Rom. honorarij participes erãt, à quo munere capessendo appellati videntur.* Ce que Sigonius interprete, *eos Magistratus Romanos non cepisse, sed munus tantum honorarium obijsse, id est, honoris causa in legione stipendia fecisse vt ciues, non vt socios, in auxiliis.*

12 Citoyens honoraires.

13 Leurs droicts.

14 Explication d'vn passage d'A. Gelle.

Et de fait A. Gelle continuant son discours dit, que les Cerites furent les premiers faicts citoyens de cette sorte, *pro sacris Romanis bello Gallico receptis, custoditisque*: desquels parlant Strabon, dit qu'ils estoient citoyens Romains de nom & non pas de fait, ayans leur republique separée de celle des Romains. Autant en dit T. Liue *de Campanis equitibus, quibus, quòd cum Latiis rebellare noluissent, honoris causa ciuitas sine suffragio data est.* Et ce droict de suffrage estoit ce qui faisoit la principale difference entre les citoyens de droict & ceux d'honneur. Car les vns & les autres estoient appellez *municipes*: les vns *municipes cum iure suffragij*, les autres *sine iure suffragij*, comme l'explique amplement Sigonius, *lib.* 2. *De antiq. iure Italiæ. cap.* 7.

15 Cerites.

16 Ciuitas cum suffragio vel sine.

Finalement les citoyens imparfaicts c'estoient les affranchis, *qui licet ciues Romani essent, & domicilium ac tribum Romæ haberent, tamen Honorum potestatem non habebant*, n'estans capables, ni d'elire, ni d'estre esleus aux Magistrats, comme il a esté dit au chap. 2. Encor sous les Empereurs la plus part des affranchis n'auoient pas *tribum, licet haberent domicilium*, ayans seulement *ius Latinitatis, ex lege Ælia Sentia, & lege Iulia Norbana*, comme il a esté dit au 1. chap. du 1. liure *Des Offices*.

17 Citoyens imparfaicts.

18 Ordres Romains abolis sous les Empereurs. Voilà à peu prés les Ordres honoraires, que les Romains auoient en l'Estat populaire: mais sous les Empereurs tous ces Ordres furent confondus, & en fin du tout abolis. Car en premier lieu l'auctorité ordinaire des Senateurs leur fut ostée, pource que les derniers Empereurs voulurent auoir leur conseil à leur choix & à leur suitte, voire qu'en fin la condition des Senateurs deuint onereuse,

19 Senateurs comment abolis. aussi bien que celle des Decurions, comme il a esté dit en ce chap. 1. Les Cheualiers ne furent plus recogneus, n'ayans desormais aucune function, & n'y ayans plus de Censeurs pour les choisir, & sur tout n'y ayant plus que les affranchis qui fussent de cét Ordre, par le moyen du droict d'anneaux d'or, qui leur estoit trop

20 Et les Cheualiers. facilement donné par les Empereurs. Bref cette difference des quatre sortes de citoyens Romains, voire des citoyens Romains en general, auec les autres subiects de l'Empire fut entierement abolie, par l'Edict de l'Empereur *Antoninus*

21 Et les citoyens. *Pius*, rapporté en la loy *In orbe. D. De statu hom.* qui fist citoyens Romains tous les subiects de l'Empire.

22 Des Patriciens. Lors donc que la dignité des Senateurs fut fort abaissée, on inuenta vn Ordre au dessus d'icelle pour contenter l'ambition des principaux courtisans de l'Empereur, à sçauoir l'Ordre des Patriciés, qui estoit toute autre chose sous les Empe-

23 Ceux de l'Estat populaire. reurs, qu'en l'estat populaire. Car en l'Estat populaire les Patriciens estoient les descendus des cent, ou selon aucuns, des deux cens premiers Senateurs choisis par Romulus, qu'il appella *Patres*: de sorte que le Patriciat lors estoit l'ancienne Noblesse.

24 Inuention des Patriciens par Constantin. Mais la remarque & cognoissance de ces races anciennes estant perduë tout à fait, tant par si longue suitte d'années, que par les grandes mutations qui suruindrent sous les Empereurs, lors notamment que le siege de l'Empire fut transferé en Grece, Constantin le Grand fut celui (dit Zozime liu. 2.) lequel, pour remplacer ces antiques Patriciens, inuenta les nouueaux, qui ne venoient plus de race, ains de sa seule faueur, & en fist vne dignité si haute & si excellente, qu'elle excedoit toutes les autres dignitez, dit Theodoric dans Cassiodore *in formula Patriciatus, Vni tantùm cedens fulgori, quem interdum à nobis constat assumi*, entendant le Consulat, — *qui portus honorum*

Semper erat. — dit Claudian.

25 D'où dits. Et c'est sans doute que ces Patriciens estoient ainsi appellez, non pas comme peres du commun, ainsi que Suidas les a definis πατέρες τῦ κοινοῦ, mais plustost comme peres de l'Empereur, οὓς Αὐτοκράτωρ ἑαυτοῦ πατέρας ποιεῖται, dit Theophile *tit. De patria potest.* Autant en dit la loy derniere *De Consul. lib. 12. Cod. & Nou.* & y en a vne belle rencontre dans Claudian *ad Eutropium Patricium*, où le consolant de sa condemnation & confiscation de ses biens, il luy dit,

Direptas quid plangis opes, quas natus habebit?
Non aliter poteras Principis esse pater.

26 Titre de Patricien enuoyé au Roy Clouis. Ce titre de Patricien, auec les ornemens Consulaires, fut enuoyé au Roy Clouis par l'Empereur Anastase, apres la defaicte des Visigots, & voicy la harangue de ses Ambassadeurs, rapportée par Paul Æmile, *Te Augustus Consulem Patriciúmque salutat, qua tituli Maiestate secũdum Cæsarem, nullum maius, excelsiúsque fastigium. Regium quidem nomen sanctum est, sed tibi cum multis commune: magnitudo verò tua cæteros Reges supergressa, nouam gloriam postulat. Accipe ergo hæc Consulatus insignia, & Patriciatus nomen.*

27 A qui estoit octroyé. Et faut noter, que cette dignité Patricienne n'estoit octroyée qu'à ceux qui auoient esté actuellement ou Consuls, ou *Præfecti*, ou *Magistri militum*, qui estoient les trois plus grands Offices de l'Empire, tous trois egaux en dignité, *l. 5. C. De Consul.* Dont ie collige infailliblement, que le titre de Patricien estoit plus haut, que celui de Consulaire: aussi que cette loy, dit, que *sublimis Patriciatus honor cæte-*

28 Rang des Consuls & Patriciens. *ris omnibus anteponitur.* Et de fait en la Nou. 62. il est dit, que les Patriciens doiuent seoir au Senat deuant les Consuls. Ce qui semble contraire aux passages de Cassiodore & de Claudian sus alleguez, & à la loy vnique *De Consul. Præf. &c. C. Theod.* où il est dit, que *Consulatus præponendus est omnibus fastigiis dignitatum, in omni etiam curiæ Senatoriæ actu, sententia, cœtu*, Lesquels passages ont donné suject au docte Pre-

sident Faber, *lib.1.Semestr.cap.2.* de tenir indistinctement, que la dignité Consulaire estoit plus haute, que la Patricienne.

Mais il n'y a rien si aisé que de concilier ces loix & auctoritez : car il faut sans 29 Conciliation de plusieurs loix & passages.
doute distinguer l'Office de Consul auec la dignité Cõsulaire, c'est à dire, le Consul estant en exercice, auec le simple Consulaire. Et dire que le Consul estant en Office & pendant le temps de son exercice présedoit tous les Patriciens : mais ce temps estant passé, & n'estant plus que Consulaire, & en simple dignité & non en Office, il estoit desormais precedé par les Patriciens, desquels la dignité estoit tousiours permanente, dit Cassiodore au mesme lieu : pourautant principalement qu'auparauant la Nou. 62. il falloit auoir esté Consul, ou auoir eu Office de mesme rang pour estre Patricien, & qu'ainsi deux dignitez iointes ensemble surpassoient celle qui estoit seule, dit cette loy. 1. *C. De Consulib.*

Voyla pour ce qui estoit de la dignité Patricienne, à laquelle aucuns de nos 30 Des Patrices de Gaule.
modernes ont voulu mal à propos referer l'origine de nos Pairies. Car ce que les anciens liures font mention des Patrices, principalement en Bourgongne & en Languedoc, fut qu'en ces contrées-là, il y eut veritablement des Patrices, tels que ceux de l'Empire de Constantinople : où la coustume fut en fin de donner les gouuernemens des Prouinces éloignées aux Patrices. Ainsi ce grand Ætius, qui combatit Attile aux champs Catalauniens est appellé le dernier Patrice des Gaules. Voire que ceux mesme, qui pendant les troubles de l'Empire de Grece
occuperent l'Italie & qui ouuertement n'osoient se nommer Empereurs, s'ap- 31 Patrices cõmandoient souuerainement en Italie.
pelloient Patrices de Rome, comme Auitus, Maiorianus, & autres, iusqu'à Augustule, qui fut chassé par Odoacre Roy des Hetuliens. Tant y a que nos François, lors qu'ils occuperent les Gaules, ayans trouué en plusieurs endroicts d'icelles cette dignité de Patriciat establie, la continuerent par quelque temps, cõme ce fut leur coustume de n'y chãger ou innouer les anciẽs vsages, que le moins qu'ils
peurent. Ce que M. Pasquier a pleinement discouru au 2. liu. de ses Recherches 32 Que nos Pairs ne viennent des Patrices.
chap. 8. & 9. De l'aduis duquel neantmoins ie ne puis estre, entant qu'il veut deriuer nos Pairs de ces Patrices, ains me semble auec du Tillet, que l'inuention de nos Pairies est venuë de l'vsage des fiefs, dont ni les Romains, ni ceux de Grece n'eurent onques cognoissance.

Mais le mesme Constantin, qui inuenta les Patrices, ayant transferé l'Empire
Romain en Grece, nation encor plus vaine & ambitieuse que l'Italienne, se 33 Des Comtes Romains.
voulant, à cette resolution, accommoder à l'humeur de ce nouueau païs, inuenta encor la dignité de Comte, dont il honora ceux qui l'auoient accompagné à ce changement de contrée: & dont à succession de temps furent communément
honorez les courtisans, ou principaux de la suitte des Empereurs, comme aussi 34 D'où dits.
le mot de *Comites* estant referé à l'Empereur, signifie proprement ceux de sa suitte & compagnie, que nous appellons courtisans, à cause que nous appellons la compagnie du Prince la Cour, que les Latins disent *Comitatum Principis*.

Et pource qu'en la maison & suitte de l'Empereur, il y auoit des personnes de 35 Trois degrez de Comtes.
diuers merites & qualitez, les Cõtes ou courtisans furẽt distribuez en trois rangs ou ordres, estans appellez *Comites primi, secundi, aut tertij Ordinis*. Κομίτων (dit Eusebe en la vie de Constantin) οἱ μὲν πρώτου τάγματος ἠξιοῦντο, οἱ δὲ δευτέρου, οἱ δὲ τρίτου. Et toutesfois faut noter, qu'ordinairement le titre de Comte enoncé simplement signifie par excellence les Comtes du premier rang.

Ceux-cy estoient entre autres les chefs d'office de la maison de l'Empereur, 36 Comtes chefs d'Office chez l'Empereur.
appellez *Præpositi, seu Tribuni scholarum*. (Car comme il a esté dit cy-deuãt, les compagnies ou bandes des menus Officiers domestiques de l'Empereur estoient nõmées *Scholæ*.) Et aucuns de ces chefs d'Offices portoient le titre de Comte auec le nom de leur charge, *vt Comites ærarij, domesticorum, horreorum, largitionum, sacræ vestis*, & autres, de sorte qu'à leur égard le mot de Comte signifioit presque ce que
nous disons en France Intendant de telle, ou telle charge. Et quant aux autres 37 Comte signifiant Intendant.
chefs d'Office, dont la charge n'estoit par apres titrée du nom de Comte, ils auoient neantmoins droict de se qualifier Comtes, à cause de leur Office, comme il se voit en infinis passages des trois derniers liures du Code, rapportez cu-

rieusemẽt par M. Brisson en son liu. *De verb. sign.* où ie renuoye le Lecteur curieux.

Mais sur tout les Conseillers d'Estat estoient les vrais, & comme il est à croire, les premiers Comtes: aussi sont-ils appellez communément en droict *Comites*
38 *Comites Consistoriani.* *Consistoriani*: voire mesme auparauant que le nom de Comte eust esté vsité pour vn titre de dignité, il semble que les Conseillers de l'Empereur en estoient qualifiez, tesmoin ce passage de Spartian *in Adriano. Cum iudicaret, in consilio habuit non solùm amicos & Comites, sed Iurisconsultos*, tout ainsi qu'en infinis passages du droict, l'Assesseur du Gouuerneur de Prouince est appellé *Comes*.

39 Comtes par gratification de l'Empereur. Il y auoit aussi d'autres moindres Offices en la maison de l'Empereur, ausquels cette dignité de Comte n'appartenoit pas naturellement, mais estoit quelquesfois deferée particulierement par l'Empereur, pour honorer dauantage ceux qui en estoient pourueus, comme en la loy 14. *De extraord. siue ord. muner. C. Th.* l'Office
40 Comtes Gouuerneurs des Prouinces. de *Magister scriniorum specialiter cum honore Comitis defertur.* Autant en est dit *de Tribuno Militum*, qui alors estoit appellé *Comes rei militaris. l. 1. & c. De Comitib. & Archiatris.* Autant des Gouuerneurs des Prouinces *in l. 1. De Comitib. qui prouincias regunt*: ce qui est fort notable, pource que c'est de là qu'est venu, qu'à succeßiõ de temps la pluspart des Gouuerneurs des prouinces ont esté appellez Comtes.

41 Comtes apres certain temps de seruice. Autres finalement obtenoient le titre & dignité de Comte, apres auoir par certain temps seruy le public en certaines moindres qualitez: comme les Aduocats apres vingt-ans, *l. 1. C. De Aduocat. diuer. iudic.* & aussi les Professeurs de certaines sciences, & notamment de la Iurisprudence *l. 1. De profess. qui in vrbe Constantin. & c. l. 10. Cod.* ce que nos Docteurs Regens des Vniuersitez n'ont pas oublié, mesme le docte Cujas, se faisans accroire qu'ils sont Comtes, apres qu'ils ont enseigné vingt ans: comme si les dignitez de l'Empire de Grece, estoient semblables aux nostres, & les loix & coustumes d'icelui nous obligeoient en France.

42 *Comites vacantes.* Quoy qu'il en soit, du commencement le titre de Comte n'estoit communiqué qu'à ceux qui auoient quelque grand Office, ou qui par vn long tẽps auoient fait seruice au public: mais à la parfin on le donna à ceux qui n'auoient iamais eu de charge, ni fait de seruice, & appelloit-on ceux-là *Comites vacãtes, tit. De Comitib. vacantib. C. Theod.*

43 Comtes du second rang. Quant aux Comtes du second rang, c'estoient certains moindres Officiers de la Cour, qui auoient des chefs pardessus eux, dont est fait mention en la loy 2. *De Comit. rei milit. C. Theod.* en la loy 17. & 18. *De proximis Com. disposit. eod. Cod.* & quelques autres lieux.

44 Comtes du 3. rang. Et finalement ceux du troisiesme rang estoient encor de plus basse estoffe, & en est parlé en la loy 9. & 10. *De suariis, & suscept.* & en la loy 127. *De Decur. eod. Cod.* & en cette mesme loy 17. *De proxim. Comit. disposit.* ce que ie ne m'amuseray à particulariser, pource que ces qualitez de Comtes du second & troisiesme rang, furent en fin tellement mesprisées, qu'elles s'abolirent d'elles mesme, de sorte qu'il n'en est point parlé dans le Code de Iustinian.

45 Des Offices honoraires. Voilà quant aux Ordres honoraires des Romains: mais fut tout en matiere d'Offices ils furent aux derniers temps curieux d'en auoir plusieurs honoraires & imaginaires. Et pour commencer par les Consuls, qui estoit le premier Office
46 Consuls honoraires de plusieurs sortes. de leur Republique, il s'en trouue de plus de quatre, ou cinq sortes. Car dés l'Estat populaire il y en eut d'extraordinaires, quoy que bien rarement, qu'ils appellerent *suffectos, seu minores Consules.* Desordre qui fut commencé par les dix Commissaires appellez Decemvirs, qui apres la dictature de Sylla furent deputez
47 *Suffecti, seu minores Consules.* pour restablir la Republique, lesquels ayans eu pouuoir du peuple, de créer les Consuls de leur année, afin de faire beaucoup d'amis, n'en firent pas seulement deux, comme on auoit accoustumé, ains beaucoup plus, pour estre Consuls les vns apres les autres, pendant certain temps de l'année, dit Dion, liu. 48. Ce que Cesar prattiqua aussi en sa dictature, dit le mesme autheur, liu. 43. tesmoin ce C.
48 Consul d'vn iour. Caninius, qui ne fut Consul qu'vn iour, dont Ciceron dist par gausserie, qu'il auoit esté si vigilant, qu'il n'auoit point dormy pendant son Consulat. Et ce desordre fut continué succeßiuement par les Empereurs, iusques-là que l'Empereur Commodus en fist vingt cinq en vn an.

Parmy

49 Grands Consuls, ou Consuls ordinaires.

Parmy cette diuersité de Consuls, ceux qui l'auoient esté au commencement de chacune année, estoient appellez les grands Consuls, ou les Consuls ordinaires, d'autant que l'année se contoit tousiours par leurs noms, & durant icelle entiere ils s'appelloient tousiours Consuls, & les autres estoient appellez *Consules minores & suffecti*, & ne les cognoissoit-on point hors l'Italie, dit Dion, liu. 48. Ce que Rozinus a fort bien expliqué au 7. liu. des Antiquitez Rom. chap. 9.

50 Pourquoy se trouue des Consuls denommez en nos loix, qui ne sont dans les Fastes Consulaires.

Discours qui sert pour leuer vn grand doute, lequel se presente quelquesfois en nos loix, où il se trouue par fois des Consuls nommez, principalement és Senatusconsultes, qui ne se trouuent point dans les Fastes Cõsulaires, comme pour exemple, ceux qui sont nommez és Senatusconsultes Pegasien & Trebellien ne s'y trouuent point: dont la raison est, qu'és Fastes il n'y a que les Consuls ordinaires, & és Senatusconsultes en nommoit & inscriuoit les Consuls extraordinaires, qui lors d'iceux estoient en exercice.

51 Cõsuls honoraires, ou imaginaires.

Mais outre ces Consuls extraordinaires, qui auoient exercice en quelque partie de l'année, comme pendant deux mois au plus, dit Dion, on trouua encor inuention sous les Empereurs d'en faire des simples honoraires ou imaginaires, qui en nul temps n'auoient fait l'exercice du Consulat, desquels est fait mention en la loy 3. & 4. *C. De Consul.* & en plusieurs autres loix du 12. liu. du Code de Iustinian, & du 6. du Code Theodosien. Voire mesme les femmes de maison illustre estant mariées à gens de moindre qualité, obtenoient des Empereurs le rang & les ornemens Consulaires, comme il se voit dans Lampride en la vie d'Heliogabale en ces mots, *Fiebat conuentus matronalis solennibus duntaxat diebus, & si vnquam aliqua matrona coniugij Consularis ornamentis esset donata, quod veteres Imperatores affinibus detulerant, & his maxime quæ nobilitatos maritos non habuerant, ne in nobilitate remanerent*: dont il y a encor vne belle remarque en la loy derniere *D. De Senat. Nuptæ prius consulari viro, impetrare solent à principe, vt nuptæ iterùm minoris Dignitatis viro, nihilominus in consulari maneant dignitate, vt scio Antoninum Augustum Iuliæ Mammææ consobrinæ suæ indulsisse.*

52 Femmes Consulaires.

53 *Consulares*, *Consularitas*.

Or reuenant aux hommes, ceux qui auoient obtenu les ornemens Consulaires, sans auoir iamais fait exercice du Consul, furent particulierement appellez *consulares*, estans manifestement distinguez d'auec les Consuls en la loy derniere, C. *De Decur. Si quis insulis Consulatus Ordinarij, vel honorarij fuerit ampliatus, vt vel consul, vel Consularis efficiatur, &c.* & encor mieux en la loy 4. C. *De Consul.* où il est dit que *Consulares, posteà Consules facti, ex anteriori prouectione Consularitatis* (ainsi faut-il lire auec Cujas, & non pas *Consulatus*) *ordinem vindicant. Hoc etiam obseruando, vt qui cum esset consularis, centum libras auri aquæ ductibus præbuit, consul posteà factus persoluere denuò non compellatur*: qui fut vn impost qu'on mist sur les Consuls, tant ordinaires qu'extraordinaires & honoraires, pour cuider en retrancher le grand nombre, & en tout cas profiter de l'ambition des courtisans, leur vendant cherement ce vain titre d'honneur.

54 *Consularis* signifie trois choses.

Consularis donc signifie trois choses en nostre droict. Premierement celui qui a esté actuellement Consul, soit grand ou petit, qui est sa premiere signification, en laquelle il est tousiours vsurpé dans les Digestes, *vt in l. 11. De dolo.* l. 3. 5. *Quæsitum. Ex quibus caus. mai. l. vlt. De Senat.* & ainsi est pris en la loy 1. *De consul. lib. 12. cod.* Par apres il signifia, comme il vient d'estre dit, celui qui *honorarium tantùm adeptus fuerat consulatum: sic consularitas est honorarij consulatus dignitas*, dit M. Brisson en son liu. *De verb signif.*

55 *Consularis* signifiant les Gouuerneurs des Prouinces.

Finalement, (& voicy qui est fort à noter pour l'intelligence de plusieurs passages des anciens liures) *Consularis* signifia certains Gouuerneurs de prouinces: & c'est en cette signification que ce mot est pris en la loy vnique, *C. Vt omnes Indices, &c.* en la loy vnique c. *D. offi. Comitus sacri Palatij*, & en la loy penultiesme. De *codicillis honorariis. Cod. Theod.* en la loy vnique *Ne quis in Palatio maneat.* & en la loy vnique, *De consularib. & Præsid. cod.* c. & encor sur tout en la Nou. 8. chap. 1. où rapportant les diuers titres des Gouuerneurs des prouinces, & ayant nommé *administrationes Proconsulares, & Præsidiales*, est adiousté, *quas consularitias & correctiuas dicunt.* Mesme la formule de cette dignité se trouue dans Cassiodore, liu. 6. epistre

20. où on voit quels ornemens, & quelle function elle auoit : Et de là vient que nous trouuons souuent dans le droict *Exconsularis, & Exconsularitas*, pour signifier

56 Excõsularis. ceux qui auoient eu cette dignité: *vt in l. 8. & 9. & 29. De domest. & protect. C. Th. l. 19. & vlt. de Palat. sacr. largit. cod. Cod.* mots qui ne peuuent signifier celuy qui auoit esté Consul honoraire, qui n'ayant iamais esté en exercice, n'a peu estre dit, ni *Exconsul*, ni *Exconsularis*, mais *Consularis* simplement, c'est à dire orné de la mesme dignité qu'auoient les Consuls apres leur Magistrat finy.

57 Origine de cette derniere Cõsularité. L'origine de cette derniere Consularité vient de ce que l'Empereur Adrian institua quatre Officiers, pour rendre la iustice en l'Italie, qu'il appella *consulares*, pource qu'ils estoient pris du nombre de ceux qui auoient esté Cõsuls, dit Spartian en sa vie, & Capitolin en fait mention en la vie d'*Antoninus Pius*, qu'il dit auoir eu l'vn de ces Offices. Inuention qui multiplia depuis de telle sorte, qu'en la Notice de l'Empire Romain, il est rapporté plus de cinquante Gouuernemens regis par des Gouuerneurs, appellez *consulares*, à sçauoir, quinze en Orient, & en occident vingt deux, desquels il y en auoit sept en Gaule.

58 Qu'elle abolit en fin les autres. Dont on collige, que cette espece de Consularité fut en fin si commune, qu'elle abolit entierement les deux autres: de sorte que *Exconsularis*, & à succession de temps *consularis*, ne signifia plus ceux qui auoient esté Consuls, ou qui auoient obtenu le Consulat honoraire, ains signifia celui qui auoit eu tels gouuernemens de prouince, voire que *consularitas* fut en fin vne espece de dignité honoraire, qui

59 Explicatiõ de plusieurs loix. estoit deferée à des gens mediocres, & qui estoit bien moindre que l'ancienne dignité Consulaire. Autrement quelle apparence y auroit-il quand nous lisons en la *l. 7. De prox. com. disposit. cod. Theod.* que *militantes in sacris scriniis* deuenoient Consulaires apres vingt ans, que cela s'entende *de honorario consulatu*, qui estoit la plus grande dignité de l'Empire apres le Patriciat : mesme estoit plus grande que la dignité Prefectorienne? Aussi la loy suiuante l'explique clairement, quãd ayant ordonné qu'apres vingt ans de seruice, les simples *militantes in sacris scriniis consulari honore fulti inter allectos habeantur*, elle adiouste *húncque honorem dignitatis in Senatu habeant, qui exconsularibus deferri consueuit.* Car il est certain, que *Exconsules & exconsularis*, sont diuerses dignitez : *Exconsules*, estans ceux qui *consulatum gesserunt, qui etiam consulares dicuntur in libris Digestorum*. Au lieu qu'*Exconsulares* sont ceux, qui *Officium consularium gesserunt, id est, eiusmodi administratorum prouinciæ, qui consulares vocitabantur.* De mesme en la loy 5. & 6. *De agentibus in reb.* il est dit, que *Agentes in rebus consularibus aggregantur.* Or est-il que leurs chefs, *nimirum Principes agentium in rebus*, n'auoient que la dignité Proconsulaire, qui estoit moindre que l'ancienne dignité Consulaire, *l. 3. C. De Princip. Agent. in rebus.*

60 Dignité honoraire de ceux qui auoient exercé les Offices. Car c'estoit vn ordinaire en l'Empire Romain, où les Officiers estoient temporaires, qu'apres le temps de leur exercice, il demeuroit à tousiours vn rang & vn titre d'honneur à ceux qui les auoient exercez, qui neantmoins estoit moindre d'vn degré, que de ceux qui estoient en exercice. Et ce titre d'honneur se forgeoit en faisant vn deriuatif du nom primitif de l'Office, comme de *consul consularis*: de *Prætor Prætorius*: de *censor censorius* : & ainsi des autres: ou bien en mettant la preposition *(Ex)* deuant le nom de l'Office, comme quand on dit, *Exconsul, Exmagister, Exquæstor*, ou comme les plus anciens autheurs ont parlé, *Exconsule, Exmagistro, Exquæstore.*

61 Autres dignitez honoraires de trois ou quatre sortes. Mais outre cela de tous Offices on en fist d'honoraires & imaginaires : pource que parmy la vanité Grecque, chacun voulãt estre Officier, & n'y ayant des Offices pour tous, les Empereurs s'aduiserent de cõtenter ces ambitieux de certaines dignitez imaginaires des Offices, qu'ils ne leur vouloient pas actuellement conferer, semblables à celles qui demeuroient aux vrais Officiers apres le temps de leur Office : afin qu'outre le titre d'honneur, ils eussent encor par ce moyen le rang, & mesme les priuileges d'iceux. Et ces dignitez sont appellées aussi codicillaires, pource qu'elles consistoient, non en exercice actuel, mais en simples lettres ou prouision de l'Empereur, qui sont appellées *codicilli*, ou *honorarij codicilli*, dont y a vn titre expres au Code Theodosian.

Or y auoit-il trois sortes de ces Officiers de lettres sans exercice, à sçauoir, *vacantes*

cantes, honorarij, & supernumerarij, sans comprendre ceux qui sont appellez *Administratores*, qui sont ceux *qui in actu positi peregerant administrationes*, dit la loy 2. *Vt dignit. ordo seru.* c'est à dire les antiques Officiers apres leur temps expiré. Combien que le nom d'*administratores* s'estend encor plus loin, signifiant & comprenant tous ceux qui auoient eu quelque notable charge publique, en recompense de laquelle ils auoient obtenu des codicilles, ou lettres honoraires de quelque dignité d'autre nom, que l'Office qu'ils auoient exercé, comme il se cognoist de cette loy 2. *Vt dignitatum ordo seruetur*, & de la loy derniere, *De primic. & secundic.* & ceux-là precedoient indistinctement les autres especes de dignitez honoraires, dit cette loy 2. *Vt dignit. ordo seru.* 62 *Administratores.*

Vacantes à vacando dicti (qui signifie tout le contraire de ce qu'en François nous disons vaquer) estoient ceux, dit cette mesme loy 2. *qui nullo merito peractæ administrationis, illustris dignitatis cingulum meruerant*, c'est à dire qui non seulement auoient esté honorez par l'Empereur, du titre de quelque Office par simples titres, mais ausquels les ornemẽs & enseignes d'iceluy auoient esté cõferées actuellement, de sorte qu'il ne leur restoit que l'exercice, *qui etiã adscripti, vel adscriptitij, Allecti, & Interagentes dicebantur*, & partãt ils iouïssoient de tous les priuileges de l'Office, comme prouue Cujas sur cette loy 2. De cette sorte d'Officiers parle Capitolin en la vie de Pertinax, *Cùm Commodus allectionibus innumeris Prætorios miscuisset, Senatusconsultum Pertinax fecit, iussitque eos qui Præturas non gessissent, sed allectione accepissent, post eos esse, qui verè Prætores fuissent.* Tels estoient, ce semble, ceux dont parle Lampride *in Alex. Seuero, Pontificatus & Quindecimviratus & Auguratus Codicillares fecit, vt in Senatum allegerentur*, ainsi faut-il lire, & non pas *allegarentur*, comme on lit vulgairement: & en vn autre endroict il dit, que *Seuerus iurauit, ne quem adscriptum, id est, vagantium, haberet, ne annonis Rempublicam grauaret*, où il faut sans doute lire *vacantium* auec Cujas, & de ce passage il se collige, que *vacantes* auoient des gages, aussi bien que les vrais Officiers. 63 *Vacantes, Allecti, Ascripti, seu Ascriptitij.*

Honorarij, siue imaginarij, qui sont aussi souuent appellez *Codicillares*, ou *Codicillarij*, sont definis en la loy 9. *De metatis, Quibus citra cingulum dignitas pro solo honore delata est*, ou comme dit Ausone, 64 *Honorarij imaginarij, seu codicillares.*

Muneris expertes nomine participes.

Ou finalement comme dit la loy 5. & 6. *De honor. codicill. C. Th. extra Palatium constituti, Officij publici expertes, quos tenent sacratæ quietis vmbracula, quibus honoris species suffragiis magis [illegible] parta quàm merito.* Aussi n'auoient-ils que leurs lettres de retenuë, & [illegible]s les enseignes de l'Office: par consequent n'en auoient ils pas les priuileges, mais seulement le titre & le rang. C'est pourquoy en la loy 7. *C. De Decur.* ils sont appellez *inanes vmbræ & cassæ imagines dignitatum*: & en la Nou. 70. il est dit qu'ils sont appellez honoraires, *quia nihil aliud, nisi purum honorem habent.*

Finalement *Supernumerarij* estoient ceux qui és milices ou places de compagnies *erant extra statutorum numerum*, estans neantmoins retenus pour entrer en la premiere place vacante des ordinaires, & cependant prenoient le titre & qualité de l'Office, *De quibus agitur in l. 7. de prox. sacr. scrin.* & en plusieurs autres loix, & n'en est point parlé en cette loy 2. *Vt dignitatum ordo seruetur*, qui neantmoins est la clef de cette matiere, pource qu'elle ne parle que des dignitez illustres, & que les *supernumerarij* n'estoient qu'aux simples milices, ou bandes des Officiers domestiques de l'Empereur, ou des gouuerneurs des prouinces. Et y a grande apparence que ce sont ceux-là, qu'*Antonius Augustinus, & Lælius Taurellus* ont esté si empeschez de trouuer, pour l'intelligence du passage de Suetone *in Claudio*, chap. 25. *Instituit*, dit-il, *imaginariæ militiæ genus, quod vocatur super numerum, quo absentes, & titulo tenus fungerentur.* 65 *Supernumerarij.*

Ainsi se voit au droict canon, que le Pape crée par fois des Chanoines *sub expectatione prebendæ qui habent stallum in choro & vocem in capitulo, sed prebendam nondum habent. De quibus in cap. Relatum, & cap. Dilectus. 1. ext. De prebend. & dignit.* Ce qui ne se fait plus à present *ad effectum obtinendæ prebendæ primum vacaturæ*, comme anciennement, pource que c'estoit vne espece de reseruation, qui est prohibée generalement par le Concile de Trente, mais il s'en crée 66 *Canonici sub expectatione prebendæ.*

encor *ad effectum obtinendæ dignitatis* pour ce qu'ordinairement les dignitez des chapitres sont affectées aux seuls chanoines, de sorte que pour en estre capable, on se fait faire Chanoine sans prebende par le Pape.

67 Des epithetes. Voila ce qui cócerne les dignitez honoraires visitées parmy les Romains, mais quant aux epithetes, c'est à dire aux titres d'honneur qu'ils attribuoient à chacune de leurs dignitez, soit actuelles, ou honoraires, les voicy selon leur Ordre & rang; *Illustres, Spectabiles, Clarissimi, Equites, Perfectissimi, & Egregij*, dont Alciat a fait vn chap. en ses Paradoxes: mais i'estime qu'on n'en peut parler qu'en deuinant, la parfaicte cognoissance de ces termes estant perie par le laps de temps, & les mutations suruenuës en l'Empire Romain. Toutesfois on peut dire auec Cujas, que les trois premieres epithetes *Illustres, Spectabiles, & Clarissimi*, cóuenoient aux Senateurs selon les diuers Magistrats qu'ils auoient eus. La quatriesme, estoit celle des Cheualiers, & les deux dernieres estoient attribuées aux plebeiens plus notables.

68 Superillustres. Mesmement, dés auparauant Iustinian, il y eut quelques Officiers qui ne se contenterent pas du titre & epithete d'Illustre, ains prirent rang au dessus, à sçauoir les Consuls, Patriciens, & mesme encor les anciens consulaires, neantmoins il ne fut inuenté pour eux autre epithete, ni Grec, ni Latin, sinon que dans nos liures ils sont specifiez par ces mots, *Qui supra illustres sunt*, ὑπερβεβηκότες τοὺς ἰλλουστρίους, comme il se voit au §. *In summa. Instit. De iniuriis. in l. Eos. §. super. C. De vsuris. l. si quando. C. De appellat. & in Græca l. 14. C. De testib.* Comme Cujas a remarqué sur la loy. 1. *De Dignit. lib. 12. Cod.* c'est pourquoy i'ay mis *Illustres*, pour le premier epithete: combien qu'Accurse & les anciens Docteurs à l'occasion de ces textes en ayent forgé vn par dessus, à sçauoir *Superillustris*.

69 Changement d'epithetes. Tels furent du commencement les epithetes des Dignitez, mais pour ce qui est de particulariser à quels Offices chacun d'iceux estoit attribué, outre ce que nous en apprend la notice, cela est au surplus impossible, à cause qu'il a changé de temps en temps, comme il n'y a rien d'arresté en telle matiere, où l'ambition, qui reside en la fantaisie des grands, surmonte toute raison & coustume, entant que chacun tasche tousiours à vsurper les plus hauts titres, si que, quand les petits ont vsurpé les honneurs des grands, force est que les grands en cherchent de plus hauts, pour estre éleuez par dessus ceux qui se sont égalez à eux: & ainsi de degré en degré on augméte tousiours. De sorte qu'en l'ancien Empire il fallut en fin trouuer d'autres epithetes de dignité, outre les six que ie vien de rapporter. Car les grands desdaignerent desormais de se titrer de ces epithetes differents des noms des Offices, ains procréez des titres deriuatifs de ceux des Offices: tellement que dans le 12. liure du Code de Iustinian, & dans le 6. du Code Theodosien, qui traicte des dignitez, lors recogneuës en l'Empire, il n'est gueres fait mention de ces anciens epithetes, non plus que dans Cassiodore.

70 Autre sorte d'epithete ou titre de dignitez. Mais entant que i'ay peu comprendre par vne diligente lecture de ces liures, i'ay trouué que les grandes dignitez estoient lors diuisées en quatre classes ou rangs: à sçauoir *Præfectorum, Proconsulum, Vicariorum, & Exconsularium inter allectos*, dont les trois premieres sont specifiées en la loy 7. *De honor. codicill. C. Theod.* chacune desquelles comprenoit plusieurs Offices, soit actuels ou honoraires, qui partant concurroient en mesme rang & seance, comme portans mesme dignité: & ceux qui en estoient honorez, n'estoient autrement reglez ensemble, que par l'antiquité de promotion.

71 Præfectoria dignitas. Le premier rang donc estoit *Præfectoriæ dignitatis*, qui pour cette occasion est appellée *apex sublimis*, en cette loy 7. *De honor. codicill.* & en la loy suiuante elle est appellée *summum fastigium*, duquel rang estoient *Consules, Patritij, Præfecti, tam Prætorio quàm vrbi, Magistri militum, siue Equitum, siue peditum, & Præpositi sacri cubiculi*.

72 Proconsularis dignitas. Le second rang estoit le Proconsulaire, duquel estoient *Quæstores, Magistri Officiorum, Comites vtriusque ærarij, Primicerus notariorum, Comites Consistoriani, Præpositi & Tribuni scholarum (habentes titulum Comitis, aliàs non) Comites rei militaris, & Principes Agentium in rebus*, aux derniers temps.

Du troisiesme rang, appellé *Vicariatus dignitas*, estoient *Comites Prouinciarum*,

Consulares, Presides, cæterique rectores prouinciarum, Comites vacantes, omnes denique Comites primi ordinis, proximi scriniorum, & magistri depositionum. 73 *Vicariatus dignitas.*

Finalement du quatriesme rang, *nimirum Exconsularium inter allectos, qui etiam Clarissimi dicebantur*, estoient apres leur temps de seruice *Decuriones & silentiarij, Domestici, seu Protectores, Præpositi laborum. Militantes in sacris scriniis*, & en estoient anciennemẽt *Principes agentium in rebus*, ausquels depuis fut octroyée la dignité Proconsulaire par *Honorius* & *Theodosius l. 7. De Princip. agentium in rebus*: & faut noter que ceux qui auoient cette dignité, auoient entrée & voix au Senat de Rome. 74 *Exconsularium dignitas.*

Quant à la dignité de Cheualiers, elle n'estoit baillée qu'aux gens de ville, & non aux courtisans *l. vnica. De Equestri dignit. Cod. Theod.* & finalement *Perfectissimatus dignitas*, ne conuenoit qu'à ceux du menu peuple, qui se mesloient des arts mechaniques, & qui estoient ingenieux, *l. vnica. De Perfectiss. dignit.* 75 *Equestris dignitas.* 76 *Perfectissimatus.*

Or est-il fort malaisé de déchifrer & specifier l'Ordre des dignitez plus particulierement, à cause que la loy de l'Empereur Valentinian, qui faisoit cette specification, & dont est fait mentiõ en cette loy 2. *Vt dignit. ordo seru.* ne se trouue point entiere, ains seulemẽt nous en sont restez quelques fragments, qui sont indiquez par Cujas sur la loy 1. de ce mesme tit. *Vt dignit. ordo seru.* Toutesfois, comme ainsi soit qu'en mesme classe au rang de dignité il y auoit non seulement plusieurs Offices de diuers noms, mais aussi plusieurs de mesme nom, & de diuerse sorte, à sçauoir, les vns actuels, les autres honoraires, de trois, ou quatre sortes qui viennent d'estre rapportez, il est bien à propos, pour le contentement du Lecteur curieux, que ie recite icy quelques regles du rang qu'ils tenoient ensemble. 77 Difficulté de particulariser le rang de toutes ces dignitez.

Il est donc vray en premier lieu, que les Officiers estans en l'exercice, precedoient tous autres de mesme dignité dont l'exercice estoit cessé, voire mesme les Officiers du rang de dignité subsequent, precedoient pendãt le temps de leur exercice, tous les Officiers, tant honoraires qu'antiques du rang immediatement precedent: comme pour exemple les Proconsuls estans en exercice precedoient les Exconsuls ou *Exprefecti*, & à plus forte raison toute sorte de Consuls ou Prefects honoraires *l. vlt. De honor. codicill.* 78 Rang des officiers exerçans auec les simples dignitez.

Apres les Officiers estans en exercice, marchoient les antiques Officiers, c'est à dire, ceux qui autresfois auoient exercé le mesme Office: ou autre de mesme dignité, & entr'eux ils marchoient selon l'antiquité de leur promotion, qui est vne regle generale entre tous Officiers, ores mesme que le dernier promeu eust exercé par deux fois, *Repetiti enim fasces meritum comprobant, non augent*, dit la loy 1. *De Cons. Cod. Iustin.* Vray est, que celuy qui auoit exercé deux Offices de mesme rang, precedoit tousiours celuy qui n'en auoit eu qu'vn, & celuy-là qui en auoit eu trois, deuançoit celuy qui n'en auoit eu que deux, dit la loy vnique *eod. tit. cod. Theod.* 79 Rang des antiques Officiers.

Et apres ceux qui auoient exercé vn Office du premier rang, marchoient ceux qui en auoient exercé vn du second rang, & par ainsi precedoient les trois sortes d'Officiers honoraires du rang precedent. Voire mesme, si ceux qui auoient exercé vn Office du troisiesme rang, auoient obtenu lettres d'Office honoraire du premier rang, ils marchoient concurremment auec les antiques Officiers du second *l. penult. & vlt. De honor. codicill.* 80 De mesme encor.

Finalement apres les antiques Officiers du second rang, marchoient les dignitez honoraires du premier rang en cét Ordre, à sçauoir premierement ceux ausquels estans en Cour auoient esté conferez les enseignes & ornemens de la premiere dignité: puis ceux ausquels en leur absence ils auoient esté enuoyez, tiercement ceux qui estans en Cour auoient obtenu de simples lettres de dignité: & en fin ceux ausquels ces lettres auoient esté octroyées ou enuoyées en leur absence, dit cette loy 2. *Vt dignit. ordo seruetur.* 81 Rang des dignitez honoraires.

SOMMAIRE DU DOUZIESME CHAPITRE.

1 *Exemple des Dignitez honoraires de France.*
2 *Cardinaux honoraires.*
3 *Chanoines appellez Cardinaux.*
4 *Euesques appellez Cardinaux.*
5 *Le Cardinal Abbé de Vendosme.*
6 *Euesques honoraires.*
7 *Prestres honoraires.*
8 *Princes honoraires.*
9 *Cheualiers honoraires.*
10 *Quels Seigneurs sont Cheualiers honoraires.*
11 *Quels Officiers.*
12 *Pourquoy ils sont Cheualiers honoraires.*
13 *Noblesse honoraire.*
14 *Graduels bullaires.*
15 *Maistres de mestier honoraires.*
16 *Difference d'entre les maistres de lettres & de chef d'œuure.*
17 *Offices honoraires.*
18 *Officiers extraordinaires des Rois & Princes.*
19 *Quand iouyssent des priuileges.*
20 *Nagueres Officiers.*
21 *Titres de Conseiller du Roy.*
22 Amici principis.
23 *Titre de Conseiller du Roy, à qui appartient.*
24 *Baillifs & Seneschaux pourquoy s'intitulent Conseillers du Roy.*
25 *Et leurs Lieutenans.*
26 *Conseillers Presidiaux ne sont Conseillers du Roy.*
27 *Thresoriers de France & autres des finances, pourquoy s'intitulent Conseillers du Roy.*
28 *Seigneuries honoraires.*
29 *Membres des grandes Seigneuries.*
30 *Des Parages.*
31 *Vraye etymologie des Pairs de fief.*
32 *Parages iadis obseruez entre les enfans des Rois de France.*
33 *Pourquoy en Allemagne les enfans des Ducs & Comtes s'appellent Ducs & Comtes.*
34 *Filles de France iadis appellées Roynes.*
35 *La Royne Marguerite.*
36 *Enfans des Rois appellez Rois.*
37 *Des Epithetes d'honneur.*
38 *Les Auant-noms.*
39 Κύριος, *Sire.*
40 *Pourquoy le Roy & l'artisan sont qualifiez sire.*
41 *Messire.*
42 Κύριος Dominus.
43 *Empereurs premiers ne vouloient estre appellez* Domini.
44 *Raison.*
45 *Modernes Empereurs appellez* Domini.
46 *Ce titre donné à toutes personnes.*
47 *Maris & femmes s'entr'appellans de ce titre.*
48 *Et les peres par leurs enfans.*
49 Domine frater.
50 *Titre de maistre.*
51 *Des noms de Seigneurie.*
52 *Iadis les terres nommées du nom de leurs maistres.*
53 *Anciens noms des terres de France.*
54 *Abus de prendre le nom des Seigneuries.*
55 *Que c'est contre la saincte Escriture.*
56 *Inconuenient qui en arriue.*
57 *Autre inconuenient.*
58 *Raison de l'imposition des noms & surnoms.*
59 *Des articles* de, & du, *mis deuant les noms.*
60 *De mesme.*
61 *D'où est venu qu'on prend le nom des Seigneuries.*
62 *Du nom de guerre.*
63 *Noms des soldats iadis grauez en leurs armes.*

DES SIMPLES DIGNITEZ DE FRANCE.

Chapitre XII.

IA y souuenance qu'en mon ieune aage, lors du deceds de feu M. le Chancelier de Birague, on disoit qu'il estoit mort Cardinal sans titre, Chancelier sans seaux, Euesque sans Eueschè, Cheualier sans Ordre, & Prestre sans benefices. Ie ne sçay si cela estoit vray, & ne le dy pas pour blasmer sa memoire, ains plustost pour l'honorer, de ne s'estre dauantage accreu par le moyen de telles dignitez : mais tant-y a que ce dire commun nous peut seruir d'vn exemple notable des dignitez honoraires de France. Car bien que nous n'en ayons pas tant à beaucoup pres, qu'il y en auoit en l'Empire d'Orient, si en auons-nous quelques vnes, & aux Ordres, & aux Offices, & mesme aux Seigneuries. 1 Exemple des dignitez honoraires de France.

Pour commencer par les Ordres, & mesme par les Ecclesiastiques, c'est bien la verité, que non seulement il y a des Cardinaux de Rome sans titre, comme i'ay dit au 3. chapitre de ce liure : mais encor il y a certaines Eglises Cathedrales, dont les Chanoines s'appellent Cardinaux, sçauoir est, ceux de Rauenne & de Compostelle, au rapport de Duarein, liu. I. *De sacris Ecclesi. minister. cap.* 13. Vray est que la glos. au can. *Pudor.* 32. *quæst.* 2. dit que les Cardinaux de Rauenne sont dits par mocquerie, comme le Roy d'Iuetot en France. Toutesfois c'est chose vraye que les Prestres habituez des Eglises Cathedrales (lesquels nous appellõs maintenant Chanoines) ont esté autresfois appellez Cardinaux, c'est à dire, principaux, comme il se voit au chap. 2. *De Offic. Archipresb.* aussi sont-ils ès Eglises Cathedrales, ce que sont les Cardinaux de Rome en l'Eglise vniuerselle. 2 Cardinaux honoraires. 3 Chanoines appellez Cardinaux.

Pareillement en plusieurs endroicts du vieil decret les Euesques sont appellez Prestres Cardinaux, *vt in can. Reuelatũ. can. illud.* 21. *quæst.* 1. *can. Pastoralis.* 7. *quæst.* 1. *& can. Fraternitatem.* 8. *distinct.* ce qui se trouue plus de dix fois dans les Epistres de S. Gregoire le Grand : & en tous ces passages i'ay pris garde, qu'alors seulement les Euesques sont appellez Prestres Cardinaux, quand il tiennent en commande vn second Eueschè, comme n'estant licite de les appeller Euesques de deux lieux, ains seulement les appeller principaux Prestres du second Eueschè. 4 Euesques appellez Cardinaux.

Bref nous voyons que l'abbé de la Trinité de Vendosme, se qualifie communément Cardinal Abbé : titre qui conuiendroit mieux aux chefs d'Ordre, qui ont plusieurs Abbez & monasteres sous eux : & toutesfois ie ne sçache que celuy de Vendosme qui prenne ce titre, & en cette qualité il porte au timbre de ses armoiries vn chappeau vert, de la forme de celui des Cardinaux de Rome. Et c'est possible à la difference de tous ces Cardinaux honoraires, que ceux de Rome s'appellent non pas Cardinaux simplement, mais Cardinaux de l'Eglise Romaine. 5 Le Cardinal Abbé de Vendosme.

Quant aux Euesques, il n'y en a point d'honoraires, sinon qu'on vueille tenir pour tels, ceux que nous appellons vulgairement Euesques portatifs, qui sont les pourueus des Euschez detenus par les infideles ou heretiques : ou bien ceux qui ont resigné leur Eueschè, lesquels demeurent neantmoins tousiours Euesques quant à l'Ordre Episcopal, comme il a esté dit cy deuant : ou bien encor les coadiuteurs, qu'on baille aux Euesques vieils ou maladifs : ce qui estoit fort frequent en la primitiue Eglise, ainsi que i'ay dit ailleurs. 6 Euesques honoraires.

Finalement pour le regard des Prestres, Diacres, & Sousdiacres, il ne s'en fait point d'honoraires, pource qu'on en fait tant qu'on veut : vray est qu'on peut dire, que ceux de maintenant ne sont tous qu'honoraires, estans ordonnez sans titre, c'est à dire, sans expression d'aucune charge Ecclesiastique, ainsi qu'il se faisoit en la primitiue Eglise, ains sont quasi tous ordonnez au titre de leur patrimoine, comme i'ay dit en ce mesme chapitre troisiesme. 7 Prestres honoraires.

8 Princes honoraires.

Pour donc venir aux Ordres de Noblesse, le mesme se peut dire de celui des Princes, qu'ils sont tous honoraires: n'y ayant vray & parfaict Prince, que le souuerain, qui aussi est appellé en toutes les langues le Prince indefiniment. Mais encor peut-on dire que les bastards du Roy & leurs descendans, ensemble les parens des Princes estrangers, sont Princes honoraires: n'y ayant en tout cas, que les Princes du sang, qui soient vrais Princes, pource qu'ils sont seuls capables de la vraye principauté & souueraineté. Bref si on veut tenir pour vrais Princes tous ceux qui sont extraits de maison souueraine, on pourra encor trouuer des Princes honoraires, à sçauoir, ceux qui possedent vne Seigneurie erigée en titre de Principauté.

9 Cheualiers honoraires.

Mais c'est sans doute, qu'à l'égard des Cheualiers, il y en a plus d'honoraires, que de ceux qui ont actuellement receu l'Ordre de Cheualerie, lesquels sont les vrais Cheualiers, que nous appellons Cheualiers de l'Ordre, & les autres s'intitulent Cheualiers simplement, & sans parler d'Ordre. Combien qu'il soit certain que nul ne peut estre vray Cheualier, que l'Ordre de Cheualerie ne luy ait esté conferé: veu qu'il a esté prouué cy dessus, que mesmes les fils de Roy ne naissent point Cheualiers.

10 Quels Seigneurs sont les Cheualiers honoraires.

Neantmoins en ces derniers temps le titre de Cheualier est pris ordinairemēt pour vne simple dignité, dont tous ceux de la haute Noblesse se titrent & qualifient, ores qu'ils n'ayent onc esté faits Cheualiers. C'est à sçauoir les grands Seigneurs, comme les Ducs, Marquis, Comtes, Seigneurs de Principauté, Vicomtes, & mesme les Barons & Chastelains l'vsurpent, combien qu'ils ne soient du rang des grands Seigneurs, ainsi que i'ay dit au liure des Seigneuries: en quoy neantmoins il y a quelque apparence pour les Barons, attendu que c'estoit anciennement le titre commun à tous les grands Seigneurs, de les appeller les Barons de France, ainsi que dit du Tillet: de sorte qu'il semble que le titre de Baron est la borne & la derniere dignité de la haute Noblesse, & que partant le Chastelain est du rang des simples Gentils-hommes & non pas des grands Seigneurs, ni par consequent des Cheualiers, s'il n'a receu l'Ordre de Cheualerie.

11 Quels Officiers.

Au pareil les grands Officiers, qui aussi sont de la haute Noblesse, se qualifient Cheualiers, comme les Officiers de la Couronne, les chefs d'Office de la maison du Roy, & tous ceux qui sont du Conseil d'Estat: parmy lesquels partant ie compren les Presidens & gens du Roy du Parlement de Paris, & les chefs des autres Cours souueraines, & quelques autres notables Officiers. Dont voicy ma raison, c'est qu'il y a grande apparence que le titre honoraire de Cheualier se rapporte à celui de *Comes*, ou *Amicus* du droict Romain.

12 Pourquoy ils sont Cheualiers honoraires.

Ainsi donc qu'il a esté dit au chapitre precedent, que les principaux Officiers de l'Empire, & notamment les chefs d'Office de la maison de l'Empereur, & sur tous, ceux du sacré consistoire, c'est à dire de son conseil priué, estoient les Comtes du premier Ordre, c'est à dire estoient les compagnons de l'Empereur: aussi en France, ceux qui sont en semblables charges se peuuent qualifier Cheualiers, c'est à dire honorez de l'acollée & amitié, & comme collateraux du Prince. Car i'ay dit cy deuant que l'origine premiere des Cheualiers a esté, que les Rois accolloient & embrassoient publiquement ceux qu'ils vouloient éleuer en honneur, cette accollée leur seruant desormais d'vn tesmoignage public, pour estre recogneus entre leurs principaux amis & fauoris. Toutesfois par succession de temps ceux qui n'auoient eu cette accollée du Prince, mais auoient receu d'autres tesmoignages publics de sa faueur, comme les pourueus par lui des grands Offices, ou inuestis des hautes Seigneuries, estans recogneus pour principaux Officiers ou vassaux du Royaume, se sont attribué ce titre de Cheualiers.

13 Noblesse honoraire.

Quant à la simple Noblesse, on peut dire qu'il y en a aussi vne honoraire & de nom seulement, à sçauoir, celle dont se qualifient les Officiers de iustice, les Aduocats & autres qui ne sont nobles de race, & n'ont Office ennoblissant. Et cette Noblesse est communément appellée Noblesse de ville, qui n'importe autre chose, que le titre honoraire de Noble homme au mary, & de Damoiselle à la femme, comme il a esté prouué au 5. chap. mais non pas les franchises & priuileges de Noblesse, comme l'exemption des tailles, & autres: combien que Guy Pape en sa question 388. die auoir esté iugé à Grenoble, que les Aduocats n'estoient point taillables.

Quant aux Ordres du tiers Estat, ie n'en cognoy point d'honoraires, sinon que Guy Pape en cette mesme question 388. & Rebuffe au traicté Des nominations, quest. 10. & sur le §. 1. *De collat.* au Concordat, nous apprennent, que de leur temps il y auoit de certains graduez bullaires, ou codicillaires, qui obtenoient le degré de Docteur par simples lettres des Princes & Seigneurs souuerains, desquels la glo. sur la regle de Chancellerie de Iulle II. *in 6. parte*, dit, que *non sunt maioris momenti quàm bulla*, qui est ce que resout le mesme Rebuffe, qu'ils n'ont aucun priuilege ny droict en France, & n'y sont aucunement recogneus; occasion pourquoy il ne s'en veoit plus maintenant. Mesme les Ordonnances de France veulent que les Graduez faicts és Vniuersitez priuilegiées du Royaume, sans la rigueur de l'examen public, & autres solennitez requises & accoustumées (qu'on dit vulgairement passez soubs la cheminée, c'est à dire, en Chambre, & non pas en la salle publique de l'Vniuersité) ne iouissent pas des droicts & priuileges attribuez à ceux qui sont passez publiquement, & auec la rigueur de l'examen. 14 Graduez bullaires.

De mesme entre les artisans, il y a des maistres de lettres, qui sont ceux qui és entrées & mariages des Roys, naissance de Monsieur le Dauphin de France, & declaration du premier Prince du sang, obtiennent lettres pour estre receus maistres des mestiers, sans faire chef-d'œuure, ni festins, ni autres frais, qui se font à la reception des autres maistres, lesquels on appelle maistres de chef-d'œuure, à la distinction de ces maistres de lettres. 15 Maistres de mestier honoraires.

Et anciennement il y auoit grande difference entre les vns & les autres. Car les maistres de lettres, comme simples codicillaires, n'estoient appellez ni admis aux assemblées, enroollez en la confrairie, ni par consequent éleus aux Offices du mestier: mesmement leur veufue & enfans ne iouissoient apres leur mort de l'exercice du mestier, cóme ceux des maistres de chef-d'œuure, ce qui estoit bien raisonnable, afin que l'argent n'eust autant de pouuoir que l'industrie. Toutesfois, par les Edicts modernes ces differences ont esté retranchées en faueur des partisans, qui achettẽt telles lettres de maistrise pour les reuẽdre, de sorte que les maistres de lettres sót auiourd'huy égaux en tout & par tout à ceux de chef-d'œuure. 16 Difference d'entre les Maistres de lettres & ceux de chef d'œuure.

Voila pour les Ordres, & quant aux Offices, à present qu'ils se vendent si cher, on en fait tant d'estat, qu'il n'est pas raisonnable, qu'il y en ait de simples honoraires. Toutesfois, il y en a eu autresfois, tesmoin les maistres des Requestes extraordinaires, qui furent supprimez par l'Ordonn. d'Orleans, art. 33. à la difference desquels, les vrays Maistres des Requestes se qualifient encor auiourd'huy Maistres des Requestes ordinaires: & me souuient, que lors de la reduction des villes de la ligue, plusieurs Officiers de nostre robe y furent trompez, & en eurent, comme on dit, belles lettres, pource que le Roy leur ayant promis qu'il les feroit Maistres des Requestes, afin qu'ils moyennassent lesdictes reductions, ils furent bien esbahis par apres, qu'on ne leur bailla que des lettres d'Offices de Maistres des Requestes *ad honores*. 17 Offices honoraires.

Pareillement és mesmes Offices de domestiques du Roy & des Princes priuilegiez, il y a plusieurs Officiers qui ne sont ordinaires, ni couchez en l'Estat de leurs maisons, ains ont de simples lettres, qu'on appelle retenuës, qui neantmoins sont du tout semblables à celles des Officiers seruans actuellement, fors que le mot d'ordinaire n'y est pas, de sorte que ce sont proprement ceux, qui au droict Romain sont appellez *supernumetarij*, dont i'ay traicté au chapitre precedent. 18 Officiers extraordinaires des Rois & Princes.

Or ces Officiers extraordinaires ne iouissent pas des priuileges qu'ont les vrais Officiers domestiques du Roy & des Princes priuilegiez seruans actuellement & couchez sur l'estat de leur maison, encor par l'ord. d'Orleans n'est-ce pas assez de seruir actuellement, & estre couché sur l'estat; mais faut auoir du moins vingt escus de gages, & en estre payé, & qu'il en apparoisse par le certificat du Thresorier de la maison. Mais par le reglement des tailles fait en l'an 1598. 19 Quand iouyssent des priuileges.

cela a esté changé, pource qu'au lieu de certificat du Thresorier, qui peut estre aisément supposé, le Roy a voulu que les Estats des Princes priuilegiez fussent verifiez à la Cour des Aides. Ce qu'estant fait, ceux qui se trouuent couchez & dénommez en ces Estats, sont desormais exempts par arrest, quelques petits gages qu'ils ayent, & soit qu'ils soient payez, ou non, pourueu seulement qu'ils ayent seruy actuellement, ce qui est tousiours requis pour distinguer les vrais Officiers d'auec les honoraires.

20 Nagueres Officiers. Mais pour le regard des Officiers qui ont resigné leurs Offices, il a esté dit au 1. liure qu'ils ne retiennent plus aucun priuilege d'iceux, ni mesme le tiltre & rang, si ce n'est qu'ils ayent obtenu lettres de Veteran. Et toutesfois entre gens d'honneur, & par courtoisie on leur defere quelque rang en memoire de leur ancienne dignité. En consequence dequoy, & aussi qu'ils se pouuoient qualifier n'agueres Officiers, on les peut mettre au rang des Officiers honoraires.

21 Tiltre de Conseiller du Roy. Encor faut-il remarquer, qu'il y a vn certain tiltre honoraire, qui est attribué à plusieurs Officiers de France, à sçauoir celuy de Conseiller du Roy, qui possible a pris son origine du droict Romain, où nous trouuons que les Iurisconsultes estoient souuent appellez à la compagnie & suitte du Prince, pour estre de son conseil, comme i'ay prouué cy deuant au chap. Du tiers Estat, notamment par l'exemple du Iurisconsulte Menander, qui en la loy 11. §. *Ex facto.* D. *De minoribus.* est appellé *Consiliarius Menander.*

22 *Amici Principis.* Ces Conseillers d'Estat de l'Empereur estoient aussi qualifiez *Amici Principis*, tesmoin ce passage de Spartian *in Adri. In consilio habuit non Amicos solùm aut Comites:* & cette belle sentence de *Marius Maximus* rapportée par Lampride *in Alexandro Seuero, Meliorem esse Rempub. & tutiorem, in qua Princeps malus est, eâ in qua sunt Amici Principis mali*: tiltre, qui pour cette cause est communément attribué dans le droit aux Iurisconsultes: comme il se voit en la loy *Diui fratres.* D. *De iure patron.* en ces mots *Volusius Mecianus Amicus noster* & peu apres *Ipsi Meciano & alijs Amicis nostris iurisperitis abbibitis*: tout ainsi qu'és lettres de Chancellerie le Roy donne volontiers cette qualité d'amy, ou amé à ceux qui portent tiltre de ses Conseillers disant, Nostre amé & feal Conseiller &c.

23 Tiltre de Conseiller du Roy à qui appartient. Dont s'ensuit que ce tiltre de Conseiller du Roy est plus haut qu'on ne pense. Car proprement, & de sa premiere origine il n'appartient qu'aux Conseillers d'Estat: & toutesfois il a esté iustement retenu par les Officiers du Parlement de Paris & du grand Conseil, tant pource que de leur premiere institution ils estoient les Conseillers d'Estat, que pource que le Roy parle en leurs arrests. Et cette derniere raison est cause, que les autres Parlemens l'ont aussi retenu: ioint qu'ils ont esté érigez à l'instar du Parlement de Paris, & aux mesmes honneurs & prérogatiues. Comme aussi les autres compagnies souueraines, qui iugent au nom du Roy, ont pareillement pris ce tiltre: combien que le propre tiltre des Officiers des Comptes ne soit d'estre appellez Cõseillers du Roy, ains Maistres, ou Clercs des Comtes; & que ceux de la Cour des Aydes s'appellassent originairement Generaux.

24 Baillifs & Seneschaux, pourquoy s'intitulent Conseillers du Roy. Pareillement, les Baillifs & Seneschaux ont pris le mesme tiltre de Conseillers du Roy, lors qu'ils auoient le gouuernement des Prouinces, estans lors des personnages signalez, & ordinairement des Cõseillers d'Estat, qui estoient enuoyez tour à tour aux Prouinces, pour les gouuerner & y rendre la Iustice, plustost par forme de commission affectée aux Conseillers d'Estat, qu'en tiltre d'Office: tout ainsi que les Comtes en l'Empire Romain, ainsi appellez *quia comitatu Principis ad regendas Prouincias mittebantur.* C'est pourquoy ils estoient au commencement en France appellez *Missi Dominici*, puis furent appellez Baillifs, c'est à dire, gardiens du peuple, & Seneschaux, c'est à dire, Officiers domestiques du Roy. Et de là vient que les Gouuerneurs des Prouinces, qui ont succedé à la plus noble partie de leurs charges, ont encor auiourd'huy seance au Parlement.

25 Et leurs Lieutenans. Quant aux Lieutenans des Baillifs & Seneschaux, lors que le Roy les fist ses Officiers (au lieu qu'auparauant ils estoient commis par les Baillifs & Seneschaux) pour les distinguer d'auec ces antiques commis, ou assesseurs, & leur donner

ner vne remarque publique d'Officiers & Magistrats Royaux, il voulut qu'ils se qualifiassent ses Conseillers.

Et n'y a point d'autres Officiers de la Iustice, ausquels ce tiltre appartienne vrayement: car les Conseillers Presidiaux, ou des Bailliages & Preuostez ne sont pas, ains ceux des Presidiaux sont appellez seulement Conseillers Magistrats à la distinction soit de leurs chefs, ou des anciens Aduocats, au lieu desquels ils ont esté mis pour conseiller les Baillifs Seneschaux, & leurs Lieutenans. Lesquels Aduocats pour cette cause estoient iadis appellez Conseillers, & au droict, & en France comme i'ay prouué ailleurs. Bien est vray qu'assez de fois on a voulu attribuer pour de l'argent aux Conseillers Presidiaux le tiltre de Conseiller du Roy, mais ils n'en ont point voulu pour le prix, & ont trouué moyen de s'en exempter. 16 Conseillers Presidiaux ne sont Conseillers du Roy.

Quant aux Officiers de finance, sous pretexte qu'anciennement les Thresoriers de France, lors qu'il n'y en auoit qu'vn, puis deux, puis quatre, estoient Conseillers d'Estat, comme estans chefs des finances: quand par apres ils ont esté dispersez par les Prouinces, mesme multipliez en bureaux, establis en chacune prouince, les nouueaux ayans tousiours esté érigez aux mesmes honneurs & prérogatiues que les anciens, ont gaigné ce poinct, non pas d'estre en effect Conseillers d'Estat, mais bien d'auoir ce tiltre honoraire de Conseiller du Roy, qui estoit l'ancien tiltre des Conseillers d'Estat. Et à leur exemple, lors de l'érection des autres Thresoriers, on leur a aussi attribué ce mesme tiltre, lequel à la parfin a esté baillé par force aux esleus moyennant finance, & encor à vn tas de chetifs Financiers (plus capables de dérober que de conseiller le Roy) soit lors de l'érection de leurs Offices (pour les parer afin de les mieux vendre) ou par attribution particuliere qu'on leur a depuis faicte moyennant finance: nos Rois, ayant appris les Empereurs d'Orient de vendre de ces vains tiltres d'honneur, aussi bien que les vrais Offices. Car en effect ce tiltre de Conseiller du Roy n'attribue aucun droict de priuilege, ni mesme aucun rang à ceux qui l'ont, ains est vne simple qualité d'honneur. Encor ces Empereurs ne bailloient-ils les tiltres d'honneur qu'à ceux qui en vouloient acheter: mais en France on les faict acheter à ceux qui n'en veulent point. 17 Thresoriers de France, & autres des finances pourquoy s'intitulent Conseillers du Roy.

Finalement à l'esgard des Seigneuries, ce sont dignitez, qui ne sont presque qu'honoraires, c'est à dire consistantes en seul honneur, sans autre puissance publique, que celle de leur iustice, laquelle puissance reside par effect en leurs Officiers, & non en eux. Et neantmoins, encor y en a-il quelque peu qui sont simples Seigneurs honoraires, à sçauoir les Comtez & Baronies modernes, érigées par lettres du Roy, & qui neantmoins releuent d'autre que du Roy, notamment qui releuent de Seigneurie de moindre tiltre. Comme pour exemple, la Baronie de Lucé, a esté iugée simple Baronie honoraire, par l'arrest de verification de lettres de son érection de l'an 1540. pource qu'elle releue de la Seigneurie de Chasteau du Loir, comme nous atteste Choppin sur la coust. d'Anjou. 18 Seigneuries honoraires.

Il y a encor vne espece de Seigneurie honoraire, qui estoit plus ordinaire anciennement qu'elle n'est à present: l'explication de laquelle seruira pour nous remettre en la memoire plusieurs belles antiquitez de cette matiere. Car comme ainsi soit que le tiltre, & tous les autres droicts des Seigneuries soient indiuisibles & solidaires, & partant qu'ils resident inseparablement en toute la terre Seigneuriale, & en chacune partie d'icelle, iadis les puisnez des maisons, ausquels estoit baillé pour partage quelque membre, ou portion d'vne Baronie, Chastellenie, ou autre terre Seigneuriale, pretendoient auec grande apparence de raison, qu'à cause d'icelle ils estoient Barons, ou Chastellains, quoy que ce soit qu'ils tenoient leurs partage à pareil droict, que leur aisné tenoit le chef-lieu: dót il nous reste vne tres-belle remarque en la coustume d'Anjou, art. 63. & en celle du Maine, art. 72. *Il y a des Seigneurs*, disent ces coustumes, *qui ne sont Comptes, Vicomtes, Barons, ne Chastellains, qui ont Chasteaux, forteresses, grosses maisons, qui sont parties des Comtez, Vicomtez, Baronies, ou Chastellenies: & tels s'appellent Bachcliers, & ont telle & semblable iustice, comme ceux dont ils sont partis, comme il sera dit cy apres au tiltre* Des Parages. 19 Membres des grandes Seigneuries.

30 Des Parages. Aussi est-ce proprement & originairement ce que ces mesmes coustumes, & plusieurs appellent tenir en parage, c'est à dire à pareil droict : & de fait en l'art. 215. de la coust. d'Anjou, il est dit que *Celuy qui tient en parage, a telle & semblable iustice comme son parageur, & tient aussi noblement comme luy.* C'est pourquoy au 10. tit. du 2. liure Des fiefs il est dit, que ceux qui ont vn fief à vie, *non habent paragium* (car ainsi faut-il lire, & non pas *paradogium*, comme les vieils interpretes, ou *pedagium* comme on lit vulgairement) pource que le fief, qui ne chet en succession, n'est sujet à estre partagé. C'est aussi pourquoy parmy les Feudistes, *paragium*, ou comme ils parlent, *paradogium*, signifie par fois la Noblesse, comme apres Isern. dit Tiraqueau chap. 7. *De nobilit.* Et de fait il se trouue des endroits és liures anciens, où parage est pris en cette signification. *Vt in statutis vrbis Romæ, lib. 1. Dotare filiam de paragio. & lib. 3. Const. Neapolit. tit. 26. filiam maritare secundum paragium.* qui est ce que nos coustumes disent *apparager*, ou *emparager* noblement.

31 Vraye etymologie des Pairs de Fiefs. Mais sur tout Cujas, à mon aduis, interprete le mieux ce terme sur ce tiltre 10. du 2. liure Des fiefs disant que ces mots *nullum habent paragium*, signifient *non censentur esse Pares curtis domini, quia Parium Dignitatem soli nobiles habent.* Et de verité il y a grande aparence qu'originairement, & lors de la premiere antiquité, les Pairs de fief fussent ceux qui tenoient à pareil droict que le chef Seigneur, & partant estoient ses Pairs & compagnons. C'est pourquoy ils deuoient estre appellez & conuoquez au iugement des differens des vassaux, comme ayant part à la iustice & Seigneurie du fief ; & qu'à succession de temps parmi ces Pairs ou Parageaux, on mist les principaux vassaux de la Seigneurie, qui ont esté appellez Pairs du fief, ou Pairs de la Cour du Seigneur.

32 Parages obseruez iadis entre les enfans des Rois. L'effect de ces anciens parages estoit apparemment obserué entre les enfans de nos Rois de la premiere lignée, dont l'aisné apres la mort du pere, estoit bien le chef & principal Seigneur du Royaume, ayant tousiours le chef lieu d'iceluy, qui est Paris & les païs adiacens : mais les puisnez auoient leurs partages à pareil droict que luy, à sçauoir en tiltre de Royaume, & en égale souueraineté. Voire nous lisons en nos Annales, que long temps depuis, Charles Roy de Nauarre obtint par force d'armes, de tenir la Normandie en Parage (ainsi faut il lire en nos vieilles Annalles, & non pas en Paroye) ce qui portoit vne maniere de souueraineté.

33 Pourquoy en Allemagne les enfans des Ducs & Comtes s'appellent Ducs & Comtes. Mesme les grands Seigneurs d'Allemagne obseruent encor auiourd'huy les Parages mieux que nous. Car les puisnez de leurs Ducs, Marquis, Comtes, ou autres Potentats pretendent tenir leur partage à pareil tiltre, droicts & prerogatiues que leur aisné. Et c'est pourquoy tous les enfans des Ducs & des Comtes d'Allemagne, se qualifient Ducs & Comtes, non pas auec adiection du nom du Duché & Comté de la famille, comme fait leur aisné, mais auec adiection de leur prénom, ou propre nom, comme l'Archiduc Matthias, le Comte Charles, & ainsi des autres.

34 Filles de France iadis appellées Roynes. Ce qui s'est obserué en France iusques bien auant en la troisiesme lignée à l'esgard seulement des filles de nos Rois, qui estoient qualifiées Roines auec adiection de leur nom propre, tesmoin la Roine Constance, fille du Roy Louis le gros, & femme du Conte de Tolose : & du Tillet dit qu'en l'an 1245. pour preuue de cette coustume, il fut faict vne enqueste, qui est encor au thresor des Chartres du Roy. Coustume qui neantmoins n'a continué, pource que comme il dit, elle tournoit à moquerie : combien que Bartole sur la 1. C. *De Dignit.* dise, qu'elle est fondée en droict. Toutesfois elle a esté renouuellée de nagueres en la

35 La Royne Marguerite. personne de Madame Marguerite de France, qui estant fille de Roy & sœur de trois Rois, porte à bon droict ce tiltre de Royne Marguerite.

36 Enfans de Roys appellez Roys. A ce propos Tiraqueau au 33. chap. de son liure *De nobil.* & en la preface sur la loy *Si vnquam*, faict vn discours, pour monstrer que les enfans des Rois, peuuent estre appellez Rois, alleguant entre plusieurs autres auctoritez, le Canon dernier 24. *quæst.* 1. où vn fils de Roy est par honneur appellé Roy, du viuant de son pere : & ce passage vulgaire de Virgile, parlant d'Ascanius fils d'Eneas, *Regemque requirunt*, où Seruius l'a annoté.

Voila

37 Des Epithetes d'honneur.

Voila pour les dignitez honoraires : mais nous ne manquons en France, non plus que les Romains & les Grecs, d'Epithetes d'honneur, que nous mettons tousiours deuant le nom, au lieu que les Romains & les Grecs les mettoient immediatement apres, ainsi que les vrais Ordres. Ces Epithetes sont que nous appellons les Princes souuerains tres-illustres, tres-puissans & tres-victorieux, & d'autres tels superlatifs d'honneur, qui ont coustume d'estre attribuez diuersement à chacun Monarque : nous appellons les simples Princes, illustres & excellens : les Cheualiers & grands Seigneurs, hauts & puissans Seigneurs : les Cardinaux illustrissimes : les Euesques reuerendissimes : les Abbez reuerends peres en Dieu : les autres moindres Ecclesiastiques venerables & discrettes personnes : les Prieurs & autres, religieuses, ou deuotes personnes : les Officiers, nobles hommes : les bourgeois, honorables hommes, ou honestes personnes : encor aux hommes lettrez, outre l'Epithete ordinaire, on adioustoit anciennement celuy de sage, ou scientifique. Bref c'est la science des Secretaires, de sçauoir discerner les Epithetes, qu'il faut attribuer à chacun Ordre & qualité des personnes.

38 Des auant-noms.

Mais encor, outre les Dignitez honoraires & les epithetes, nous auons en France vne troisiesme espece de simple Dignité, que les Grecs ni les Romains n'auoient point, à sçauoir que nous mettons immediatement deuant les noms des personnes, vn terme honorable, lequel ie ne puis autrement appeller que l'auant-nom ; comme quand nous appellons le Roy Sire : vray est que pour son regard seulement, à cause de l'excellence supresme de sa Maiesté, & pource qu'il est vnique en son espece, nous n'y adioustons point à present de nom, ni de qualité, comme faisoient les anciens, qui disoient Sire Dieu, & Sire Roy. Nous appellons le Prince Monseigneur : le Cheualier Messire : le simple noble Monsieur : l'homme de lettres maistre : le marchant, ou artisan Sire tel, mesmement les Religieux, qui ont renoncé aux vanitez du monde, s'appellent freres, doms, ou dams. Voire que cét auant-nom est cõmuniqué aux femmes. Car la femme d'vn Cheualier, ou autre plus grand Seigneur est appellée Madame : celle du noble Madamoiselle : celle du bourgeois s'appelloit anciennement Dame telle : mais depuis, pour estre distinguée de l'artisanne, qui est pareillement appellée Dame telle, la bourgeoise a voulu estre appellée Madame : de sorte qu'à present il n'y a plus de distinction entre les dames damées & les bourgeoises, quant à l'auant-nom, mais seulement quant à l'habit, au moins és Prouinces de deça : mais en Guyenne, on appelle la bourgeoise Madone, & l'artisane Done telle, pour garder distinction entre elles.

39 Κύριος, Sire.

Tous ces mots, fors celuy de maistre & de frere, ne se peuuent tourner en Grec, que par le mot κύριος, ny en Latin que par celuy de *Dominus*. Dont sans doute vient Dom, Dam, & Damoiselle, qui est le diminutif de Dame : mesme il est à croire que de κύριος vient le mot de Sire, que pour cette cause Robert Estienne orthographie çire, & de là Messire, quasi mon Sire ; ou bien, comme aucuns disent, my-Sire, & selon l'ortographe d'Estienne, mi-çire quasi demi-cire. De là vient aussi, selon aucuns, le mot de Sieur, soit par vne transposition de lettres, ou comme vn diminutif de Sire, & de faict Sire en vieil François signifie Seigneur, comme encor il y a de grandes Seigneuries, qui sont nommées Sireries, ainsi que i'ay dit ailleurs.

40 Pourquoy le Roy & l'artisan sõt qualifiez Sire.

Aussi voyons-nous que de ce tiltre de Sire, nous qualifions, & le plus grand seigneur, qui est le Roy, & les plus vils du peuple, à sçauoir, les artisans : mais c'est à cause que ce ne seroit assez honorer le Roy de l'appeller seulement Monseigneur, ou Monsieur, attendu qu'il pourroit sembler, qu'on ne le qualifieroit que Seigneur de celuy qui l'appelleroit ainsi, ains pour ce qu'il est le Seigneur vniuersel, & de tous, on l'appelle Sire, indéfiniement ἢ κατ' ἀντονομασίαν. Au contraire pource qu'on ne se veut pas tant submettre au marchant, ou artisan, que de l'aduoüer pour son sieur, on l'appelle simplement Sire tel.

41 Messire.

Vray est, qu'il y a grande apparence, que le mot de Sieur vienne du pronom possessif sien, & celuy de Seigneur du mot Latin, *Senior*, cõme i'ay dit au 1. chap.

du liu. *des Seigneuries*, où ie renuoye le lecteur. Tant y a qu'il appert de ce que dessus, que les Prestres de nostre temps se faschent sans suiet, quand on les appelle Messires : car c'est les aduoüer pour ses Seigneurs, & les égaler aux Cheualiers, comme aussi ils sont *Milites sacræ militiæ*. Mais quand on les appelle Messire Iean, ou Messire Guillaume, sans adiouster leur sur-nom, c'est les mespriser & contemner, les parangonnant à l'artisan, qu'on appelle Sire Iean, ou Sire Guillaume. Et certes leur Ordre sacré merite bien qu'on appelle le Prestre Monsieur.

42 Κύριος, *Dominus*. Or pour l'explication parfaicte de ces mots Κύριος & *Dominus*, il faut entendre, que Κύριος ne signifie pas directement *Dominum*, Δεσπότην, ains proprement il signifie le souuerain. De faict en l'Empire Grec l'Empereur estoit appellé Κύριος, & le second en dignité estoit nommé Δεσπότης, ainsi qu'en France Monsieur, comme il se voit dans Codinus. Ce qui se rapporte assez bien à nostre vsage. Car quand nous voulons distinguer le Seigneur direct d'vn heritage d'auec le proprietaire, ou Seigneur vtil, nous appellons celuy-là le Seigneur, τὸν Κύριον, qui a la Seigneurie publique, ou directe, comme la iustice, le Fief, ou la Censiue : & celuy-cy le proprietaire, τὸν Δεσπότην, auquel appartient la proprieté & seigneurie vtile de l'heritage.

43 Empereurs premiers ne vouloient estre appellez *Domini*. Et quant au terme de *Dominus*, tant s'en faut que les particuliers s'en qualifiassent du commencement à Rome, que mesme Suetone rapporte, qu'Auguste ne voulut iamais estre appellé de ce nom, *Dominum appellari se, nec à liberis quidem vel nepotibus suis serio vel ioco passus est, atque eiusmodi blanditias etiam inter ipsos prohibuit*, & dit encor, que Tibere *Dominus à quodam appellatus, denunciauit ei, ne se amplius contumeliæ causâ nominaret* : & Lampride recite qu'Alexandre Seuere fist vn Edict expres, pour deffendre de le qualifier *Dominum*.

44 Raison. Combien que S. Augustin en la Cité de Dieu escriue, que ce qu'Auguste ne voulut estre appellé D*ominus*, estoit vn miracle secret, pource que de son temps fut nay le Seigneur des Seigneurs : si est-ce la vraye raison, que la domination des premiers Empereurs estoit vne forme de simple Principauté, comme i'ay dit ailleurs, & non vne vraye Monarchie Royale, & encor moins Seigneuriale, telles qu'estoient les anciennes Monarchies : qui est la remonstrance que fist Pline à Trajan, *Principis locum obtines, ne sit Domino locus*. Mais les autres Empereurs ne refuserent pas ce tiltre, comme on voit, que Pline, Martial, Symmaque, & autres autheurs du mesme siecle en qualifient tousiours leurs Empereurs. Mesmement Domitian, & apres luy Diocletian, firent des Edicts, pour enioindre de les appeller D*ominos*.

45 Modernes Empereurs appellez *Domini*.

46 Ce tiltre donné à toutes personnes. Finalement l'ambition, ou flaterie fut si grande en l'Empire Romain, qu'on accommoda ce tiltre à toutes personnes, sans distinction de qualitez, & iusques à s'en seruir pour risée. Tesmoin cet Epigramme de Martial,

Cùm voco te Dominum, *nolo tibi, Cinna, placere.*
Sæpe etiam seruum sic resaluto meum.

47 Maris & femmes s'entr'appellãs de ce tiltre. Car c'estoit la coustume en rencontrant les personnes de les saluer de ce tiltre, soit pour les honorer, soit à faute de se souuenir de leurs noms. *Obuios*, dit Seneque, *si nomen non succurrit, Dominos salutamus.* Les maris mesmes & les femmes s'entr'appelloient ainsi : comme nous voyons en plusieurs de nos loix, & est notable à ce ce propos ce passage d'Epictete, qui quote de quand cette coustume a commencé, Αἱ γυναῖκες εὐθὺς ἀπὸ τεσσαρεσκαίδεκα ἐτῶν ὑπὸ τῶν ἀνδρῶν Κύριαι καλοῦνται. Parcillement les enfans appelloient leurs peres D*ominos*, comme on faict encor parmy nous aux grandes maisons : dont Martial se mocque proprement,

48 Et les peres par les enfans.

E seruo genitum te scis, blandéque fateris,
Cum dicis Dominum, *Sosibiane, patrem.*

Nous lisons aussi que les premiers Chrestiens, à la rencontre, s'entr'appelloient freres : mais ceux qui vouloient flatter quelqu'vn, ou le recognoistre pour bienfaicteur, l'appelloient D*omine frater*, comme nous tesmoigne ce ioly quatrain du 1. liure de l'Anthologie.

46 *Domine frater.*

Ἢν ὁ φίλος πλάζῃ ΔΟΜΙΝΕ ΦΡΑΤΕΡ, εὐθὺς ἔγραψα.
Ἢν δέ σοι μή τι λάβῃ, τὸ ΦΡΑΤΕΡ, εἴπομεν.

Εἶτα

Αἴνια γὰρ ϗ ταῦτα τὰ ῥήματα· αὐτὰρ ἔγωγε
Οὐκ ἐθέλω ΔΟ'MINE, οὐ γὰρ ἔχω δόμεναι.

Et en fin le titre de frere est demeuré aux seuls Religieux, & celuy de Monsieur indifferemment à toutés personnes d'honneur.

Finalement quant à celuy de Maistre, il conuient à tous ceux qui ont des disciples, clercs, ou apprentys soubs eux : à la relation desquels ils sont appellez Maistres. 50 Titre de Maistre. Toutesfois les gens de lettres, ou Officiers ont voulu estre distinguez à l'égard de ce titre, d'auec les gens de mestier. Car les gens de lettres se qualifient Maistres *à parte ante*, mettant cette qualité deuant leur nom, comme vn auant-nom : mais les gens de mestier sont appellez Maistres *à parte post*, mettant ce mot de Maistre apres leur nom, & le referant au titre de leur mestier, comme vn Ordre. Au contraire le titre de Noblesse est estimé plus honorable apres le nom, que deuant iceluy, comme quand on dit *Tel Escuyer*, c'est plus que dire *Noble homme tel*, Car celuy-là denote le vray Ordre & la Noblesse de race, & cestuy-cy l'Ordre honoraire, & le simple epithete d'honneur.

Or n'auons-nous pas seulement en France ces Dignitez honoraires, epithetes & auant-noms, mais encor nous auons des noms honoraires, que nous appellons 51 Des noms de Seigneurie. vulgairement, le nom de Seigneurie, ou le nom de guerre. Car sous pretexte que les Gentils-hommes de France ont pris vn titre d'honneur de leurs Seigneuries (chose que ni les Grecs, ni les Romains n'ont fait, comme i'ay dit ailleurs) ils se sont tant pleu à ce titre, qu'on ne les cognoist plus par autre nom; & eux mesme en leurs missiues n'en signent point d'autre : voire la pluspart le prennent és contracts publics, & és actes de Iustice, laissant tout à fait le nom de leurs peres & ancestres, pour prendre celuy de leurs terres; iusques-là, qu'aucuns prennent à mespris quand on les appelle du nom de leurs peres.

En quoy ils font tout au contraire des anciens Romains, qui de leurs noms faisoient des deriuatifs, dont ils dénommoient leurs terres, *cuiusmodi sunt fundus Cornelianus, Sempronianus, Catullianus*, & autres rapportez au long par M. Brisson liu. 52 Iadis les terres nommées du nom de leur maistres. *6. De verb. signif.* Coustume si ancienne entre les Hebrieux, que Dauid la rapporte élegamment au Psalme 48. où parlant des grands Seigneurs de ce monde, *Domus eorum*, dit-il, *in progenie & progenie, vocauerunt nomina sua in terris suis, id est, per Hypallagen, vocauerunt nominibus suis terras suas*, comme Genebrard l'interprete. Ce que 53 Anciens noms des terres de France. faisoient pareillement les anciens François, tesmoin qu'on voit auiourd'huy presque tous les noms des villages & des terres, deriué des noms propres des hommes, en forme de nominatif, y adioustant la terminaison de *Rie, Iere, ou Ac*, selon la diuersité des pays, ou mettant, soit deuant ou apres le nom propre, le mot de ville, bourg, ou cour, pour signifier la ville, le bourg, ou la cour, de N. ce qui estoit certes fort honorable : car c'estoit signe que la terre estoit ancienne en la famille, voire qu'elle auoit esté edifiée & erigée par les ancestres d'icelle, puisqu'elle portoit le nom de la famille.

Mais tout au rebours nos Gentils-hommes d'aprésent sont tellement attachez à la terre, ou possedez par leurs terres, qu'ils ayment mieux en porter le nom 54 Abus de prendre le nõ des Seigneuries. que celuy de leurs peres, lequel ils suppriment indignement, & l'abolissent de la memoire des hommes, ainsi qu'on ordonne quelquefois en Iustice, pour punition signalée de ceux qui ont perpetré quelque horrible forfait. D'ailleurs, il semble qu'en ce faisant ils renient leurs peres, & se recognoissent eux-mesmes pour bastards, puis qu'ils prennent vn nouueau nom, comme s'ils estoient les premiers de leur race. Encor ceux, qui pour estre heritiers d'autruy, se chargent de porter 55 Que c'est cõtre la saincte Escriture. son nom, & armes, retiennent-ils tousiours auec iceluy le nom de leurs peres. & puisque ceux qui n'ont point d'enfans, dõnent leur bien aux estrangers, à condition de porter leur nom, qu'elle iniure est-ce faire aux peres, quand leurs enfans veulent auoir leur bien sans porter leur nom? veu que la saincte Escriture estime à si grand heur de laisser apres nous des enfans, qui perpetuent nostre nom. *Benedictus Deus qui non est passus vt deficeret successor familiæ meæ, & vocaretur nomẽ meum in Israel*, & peu auparauant, *Posteritatem familiæ meæ delere nõn debeo* : & peu apres, *vt suscitem nomen defuncti in hæreditate sua, ne vocabulũ eius de familia sua, ac fratribus & popu-*

lo deleatur. en Ruth chap. dernier. Ie concluray donc, que celuy ne merite pas l'heredité du pere, qui desdaigne de se qualifier son enfant en refusant de porter son nom.

56 Inconuenient qui en arriue.

D'ailleurs est-ce pas grand dommage, que par cette fole fantaisie, l'honneur des beaux faits du temps passé, enregistrez aux histoires, sont esteints & ostez à la famille & posterité des vaillans hommes, à cause de ce changement des noms? Et quant est des beaux faits d'àpresent, l'honneur en demeure aux terres, & non aux familles; si que la terre, soubs le nom de laquelle ils seront chroniquez, ayant changé de Maistre, la posterité d'vn estranger acheteur d'icelle, se les attribue à succession de temps.

57 Autre inconuenient.

Cet inconuenient concerne principalement l'interest des familles particulieres: mais en voicy vn public & fort considerable, à sçauoir qu'au moyen de ceste mutation ordinaire des noms, on ne cognoist plus les races, pour discerner, soit les anciennes, d'auec les nouuelles, soit les nobles d'auec les roturiers, soit pour recognoistre les parens d'auec les estrangers. Pource que le Gentil-homme, qui n'est nommé ni cognu, que par le nom de sa terre, voire qui a approprié ce nom à sa famille, ayant vendu sa terre, veut tousiours retenir ce mesme nom, & sa posterité pareillement: & le roturier, qui l'a achetée, en prend aussi le nom & le titre, & l'approprie pareillement à sa famille, & ainsi à succession de temps la posterité roturiere de cet acheteur se dira estre de la race noble du vendeur: qui est l'inconuenient que les Empereurs ont remarqué en la loy qu'ils ont faite, pour defendre le changement de nom, *ne sordidæ stirpis homines splendidis & ingenuis natalibus audeant subrogari*, *l. vn. C. De mutat. nominis.*

58 Raison de l'imposition des noms & surnoms.

Car en fin comme les premiers noms (que les Latins appelloyent *Prænomina*, & nous propres-noms) seruẽt pour distinguer les personnes d'vn mesme surnom & famille: aussi les seconds noms (que les Latins appellent *nomina*, & nous surnoms) sont imposez pour distinguer les familles & remarquer les parentez.

59 Des articles *De* & *Du* mis deuãt les noms.

Il y a vn peu plus d'excuse en la vanité de nos modernes port'espées, qui n'ayãs point de Seigneurie, dont ils puissent prendre le nom, adioustent seulement vn *De* ou vn *Du* deuant celuy de leurs peres: ce qui se fait en guise de Seigneurie. Car c'est pour faire vn genitif possessif au lieu du nominatif: ainsi que les Italiens nous font bien cognoistre, & pareillemẽt les Gascons és noms des gens de lettres, quils terminent communément en *I*, les mettant au genitif Latin. Comme pour exemple, on appelloit de mon temps à Tolose ce docte President du Faur (qui a si bien escrit) le President Fabri. Or comme Fabri en Latin, aussi du Faur en François est vn genitif, & quand on dit Pierre du Faur, il faut soubs entendre par necessité le nom de Seigneur, ou quelque autre, qui se puisse lier à ce genitif, comme quand au Latin on dit *Petrus Fabri*, il faut suppléer ce mot *Dominus*; autrement ce seroit vne incongruité contre cette regle de Grammaire, qu'on appelle la regle d'apposition.

60 De mesme.

Ceux donc qui mettent ces particules au deuant de leur nom, veulent qu'on croye que leur nom vient de quelque Seigneurie, qui estoit d'ancienneté en leur maison: de sorte que c'est tousiours s'attacher à la terre, & la preferer à l'homme, contre la raison de la loy *Iustissime. D. De Ædil. edicto.* & contre la regle de Ciceron aux Offices, que *non domo dominus, sed domino domus honestanda est.* Mais quoy? nostre nouuelle noblesse ne pense pas que ceux-là soient Gentils-hommes, dont les noms ne sont ennoblis par ces articles ou particules, combien que les chroniques nous tesmoignẽt, que iadis les plus notables familles de ce Royaume ne les auoient. Mais cela est venu de degré en degré, cõme l'ambition croist tousiours.

61 D'où est venu qu'on prend le nom des Seigneuries.

Du commencement il n'y auoit que les Roys, qui quittassent leur surnom, à cause que leur Majesté les esleue au dessus des autres hommes: les Ducs & Comtes voulurent faire le mesme, quand ils vsurperent les droicts de souueraineté: les Barons & autres moindres Seigneurs en ont fait autant à succession de temps; & à la fin cela est venu à ce comble d'absurdité, que les moindres Seigneurs l'ont aussi voulu pratiquer: notamment ceux qui ayant esté pauures, ou estans nez de parens pauures, sont deuenus riches, ont tasché, en changeant leur nom, d'abolir la memoire de leur antique pauureté: comme nous lisons dans Lucian d'vn sauetier, nommé Simon, qui estant deuenu riche, voulut estre appellé Simonides.

Voila pour les noms des Seigneuries: & quant aux noms de guerre, c'est la verité, que le pauure soldat, qui allant à la campagne, ne veut pas laisser ses mains 62. Du nom de guerre.
ni ses pieds à la maison, y laisse bien volontiers son vray nom, se faisant appeller *la Vigne, la Fontaine, la Pierre, la Haye*, ou de tel autre nom de guerre, afin que si par cas fortuit, en passant pays, il demeure accroché à vn arbre, sa race n'en soit des-honorée, & s'il eschappe ce hazard, & rapporte ses oreilles en son pays, reprenant le nom qu'il y auoit laissé, il ne se trouue point soubs iceluy au papier rouge des Preuosts. Ainsi les courtisanes & filles de ioye, dit Plaute *in Pœnulo*,

—— Hodie mutant nomina,
Vt faciant, indignum genere, quæstum corpore.

Chose qui neantmoins deuroit estre estroictement defenduë aux soldats. Car, 63 Que le nõ de guerre deuroit estre defendu.
outre que quand ils meurent en lieu où ils ne sont cogneus que soubs ce nom emprunté, ils laissent en grande incertitude leurs femmes & leurs heritiers, dont il arriue de grands incõueniens; outre encor l'impunité qu'ils se proposent soubs la couuerture de ce faux nom, qui les rend beaucoup moins retenus de mal-faire: il est certain qu'en fait de guerre ils ne sont pas si curieux d'honneur, ni apprehensifs de des-honneur, comme si estans signalez & recognus par leur vray nom, ils se proposoient, que dans leur pays toute leur race, & notamment leur posterité aura part à leur gloire, ou à leur honte.

Aussi lisons-nous dans Vegece liu. 2. chap. 18. que tant s'en falloit que les sol- 64 Noms des soldats iadis grauez en leurs armes.
dats Romains eussent cette licence de changer leurs noms, qu'au contraire ils estoient tenus les faire grauer ou escrire au derriere de leur bouclier: afin que s'ils l'abandonnoient, ils fussent des-honorez: reglement qui fut renouuelé par Iulian, chef de l'armée de l'Empereur Domitian, en la guerre qu'il faisoit en Dace, comme Dion remarque en sa vie. Aussi Festus & Ciceron liu. 2. *De Diuinat.* nous rapportent, que *In delectu militum, primi vocabantur, qui erant pulchri nominis.*

M ij

F I N.

Δόξα Θεῷ. δράσ' αὖ δὲ Θεός με μνήμονα αὐτοῦ,
τοῦ βίου ἔν τε τέλει, βιβλίου ὥστε τέλει.

TABLE ALPHABETIQVE
DES MATIERES PRINCIPALES, CONTENVES EN CE TRAITTE DES ORDRES.

A

B

C

D

E

P

Q

R

rang

S

T

FIN.

www.ingramcontent.com/pod-product-compliance
Lightning Source LLC
LaVergne TN
LVHW020952300926
849160LV00007B/129
* 9 7 8 2 0 1 2 5 3 0 8 8 1 *